ISBN 978-1-334-64456-6
PIBN 10768650

FB &c Ltd, Dalton House, 60 Windsor Avenue, London, SW19 2RR.
Company number 08720141. Registered in England and Wales.

For support please visit www.forgottenbooks.com

NOUVELLE COLLECTION

DES

MÉMOIRES

POUR SERVIR

A L'HISTOIRE DE FRANCE.

PREMIÈRE SÉRIE.

XII.

NOUVELLE COLLECTION

DES

MÉMOIRES

POUR SERVIR

A L'HISTOIRE DE FRANCE,

DEPUIS LE XIIIe SIÈCLE JUSQU'A LA FIN DU XVIIIe;

précédés

DE NOTICES POUR CARACTÉRISER CHAQUE AUTEUR DES MÉMOIRES ET SON ÉPOQUE;

Suivis de l'analyse des documents historiques qui s'y rapportent;

PAR **MM. MICHAUD** DE L'ACADÉMIE FRANÇAISE ET **POUJOULAT.**

PREMIÈRE PARTIE DU TOME DOUZIÈME.

PIERRE VICTOR PALMA CAYET.

A PARIS,

CHEZ L'ÉDITEUR DU COMMENTAIRE ANALYTIQUE DU CODE CIVIL,

RUE DES PETITS-AUGUSTINS, N° 24.

IMPRIMERIE D'ADOLPHE EVERAT ET COMPAGNIE, RUE DU CADRAN, 14 et 16.

—

1838.

CHRONOLOGIE NOVENAIRE,

CONTENANT

L'HISTOIRE DE LA GUERRE

SOUS LE RÈGNE

DU TRES-CHRESTIEN ROY DE FRANCE ET DE NAVARRE

HENRY IV,

ET LES CHOSES LES PLUS MEMORABLES ADVENUES PAR TOUT LE MONDE,
DEPUIS LE COMMENCEMENT DE SON REGNE,
L'AN 1589, JUSQUES A LA PAIX FAICTE A VERVINS, EN 1598,
ENTRE SA MAJESTÉ TRÈS-CHRESTIENNE ET LE ROY CATHOLIQUE DES ESPAGNES,
PHILIPPE II;

PAR Mᵉ PIERRE-VICTOR CAYET,

DOCTEUR EN LA SACRÉE FACULTÉ DE THÉOLOGIE, ET CHRONOLOGUE DE FRANCE.

NOTICE

SUR PIERRE-VICTOR CAYET

ET

SUR SES MÉMOIRES.

Palma Cayet (Pierre-Victor), naquit en 1525, à Montrichard, en Touraine. Sa famille était pauvre; un gentilhomme qui avait remarqué ses heureuses dispositions se chargea des frais de son éducation. Cayet vint à Paris pour suivre un cours de philosophie, la rapidité de ses progrès attira sur lui l'attention de Ramus. Ce célèbre professeur le prit en amitié et l'entraîna par son exemple à embrasser la religion protestante. Le jeune prosélyte se rendit à Genève, *afin de se préparer*, près de Théodore de Bèze, au *ministère* sacré; puis, il alla chercher en Allemagne de nouvelles leçons sous les plus savants ministres. A son retour il fut envoyé comme pasteur à Montreuil-Bonnin, petite paroisse calviniste qui avait pour seigneur François de la Noue.

Ce grand capitaine, qui se délassait par l'étude des fatigues de la guerre, reconnut le mérite de Cayet et le proposa à Jeanne d'Albret pour sous-précepteur de son fils. Dès lors, Cayet partagea tout son temps entre ses fonctions et les travaux qu'il avait commencés. Il acquit une connaissance approfondie des auteurs grecs et latins, et ne fit pas moins de progrès dans les langues orientales. L'éducation du jeune Henri étant terminée, Cayet fut attaché à la sœur de ce prince, Catherine de Bourbon, en qualité de prédicateur; il la suivit à Paris, dès que les portes de cette ville furent ouvertes à son élève, parvenu au trône de France.

L'exemple de Henri IV faisait craindre aux protestants d'autres conversions. Ils éprouvèrent un vif mécontentement lorsqu'ils virent un de leurs plus célèbres ministres disposé à rentrer dans le sein de l'église romaine; ils citèrent Cayet devant un synode, qui le déposa de ses fonctions pastorales. Leur aigreur s'accrut encore quand il reçut l'ordre de la prêtrise en 1595. Cayet, attaqué avec violence dans de nombreux libelles, y répondit avec assez de modération; mais tous ces écrits ne méritaient pas de survivre aux passions qui les avaient fait naître. Il donna quelque prise sur lui en se laissant entraîner comme beaucoup de personnes éclairées de cette époque à la recherche de la pierre philosophale. Ses ennemis ne se bornèrent pas à lui en faire un simple reproche, ils l'accusèrent de magie, et soutinrent que c'était par des moyens surnaturels et blâmables qu'il avait appris tout ce qu'il savait : par cette allégation, ils rendaient un hommage involontaire à ses rares connaissances. Cependant il ne paraît pas que ces tracasseries aient beaucoup troublé sa tranquillité. Nommé en 1596 professeur suppléant d'hébreu au collége de Navarre, il obtint ensuite une chaire de langues orientales au Collége royal, et le titre de chronologue.

Ce savant n'eut pas la douleur de voir assassiner le grand roi qu'il avait élevé, et dont il était devenu l'historien; il mourut deux mois avant cet attentat, le 10 mars 1610, âgé de quatre-vingt-cinq ans.

Cayet a laissé deux ouvrages historiques : comme il a vécu éloigné de la cour, on n'y trouve pas les intrigues et les anecdotes qui plaisent dans les *Économies royales*, mais ils sont précieux sous un autre rapport. Il avait pu étudier à loisir le caractère et les inclinations de son jeune élève : pour en suivre le développement et pour bien connaître Henri IV, il est indispensable de comparer à ce que d'autres en ont dit les observations de son précepteur. A l'aide des matériaux qui étaient à sa disposition, il a rassemblé des extraits de presque tous les écrits politiques de cette époque, les procès-verbaux des conférences entre les royalistes et les ligueurs, les pièces officielles publiées par les deux partis, les principaux discours des orateurs de la Ligue, les plaidoyers prononcés dans le procès des jésuites, et une quantité d'autres documents qu'il importe de consulter, et qu'on ne trouve plus ailleurs, ou séparément. Suivant le témoignage de Langlet-Dufrénoy et de l'abbé d'Artigny, Cayet a fait connaître une multitude de faits et de particularités qui avaient échappé aux autres historiens. Telles sont les raisons qui nous ont déterminé à comprendre dans notre Collection ces deux ouvrages, qui dans un autre format auraient fait un trop grand nombre de volumes.

La *Chronologie septenaire* parut en 1605; l'auteur lui donna ce nom, parce qu'il y rapporte les événements de sept années, depuis le 2 mai 1598 jusqu'à la fin de 1604. La *Chronologie novenaire* ne fut publiée qu'en 1608; l'auteur avait terminé son travail, mais il hésitait à le mettre au jour, parce qu'en retraçant la guerre civile, depuis l'avénement de Henri IV jusqu'à la paix de Vervins, c'est-à-dire une période de neuf ans, 1589 à 1598, sa conscience d'historien ne lui avait pas permis de faire l'éloge de tous ceux qui avaient pris part aux affaires. Ils vivaient encore pour la plupart; malgré son impartialité, leur amour-propre pouvait être blessé. Cayet a cherché à prévenir les objections, dans un avant-propos où il s'exprime avec un bon sens et une netteté remarquables; nous en citerons quelques lignes pour donner une idée de son style: « A quel » propos, pourront me dire quelques-uns, de rememorer à present tout ce que les rois très-chrestiens » Henri III et Henri IV ont faict contre les princes de la ligue des catholiques leurs subjects? C'est » un faict passé; par la paix il est dit qu'il ne faut » plus s'en souvenir. Il est vray; mais il n'est pas deffendu de laisser par escrit à la posterité comme » ces choses sont advenues, car ces princes et les » peuples qui se sont rebellez contre leur souverain » ne le devoient faire s'ils ne vouloient qu'on le dist; » ils ne devoient eux-mesmes le dire et faire publier, » s'ils ne vouloient que la posterité le sceust. La posterité a besoin de sçavoir comme ces choses sont » advenues. »

Nous nous sommes servi, pour la réimpression, des éditions originales dont nous avons indiqué la date. En 1612, deux ans après la mort de l'auteur, il en a paru une autre, qu'on vient de reproduire sans s'apercevoir qu'elle est altérée et tronquée.

Voici la liste des autres ouvrages de Cayet:

La Fournaise ardente et le Four de reverbère pour évaporer les prétendues eaux de Siloé et pour corro'orer le purgatoire contre les hérésies, calomnies, faussetés et cavillations ineptes du prétendu ministre Du Moulin; Paris, 1603, in-8. C'est une réponse à une attaque de Du Moulin contre le jésuite Suarez, intitulée: *Eaux de Siloé pour éteindre le feu du purgatoire, contre les raisons et allégations d'un cordelier portugais*: 1603.

Paradigmata de IV linguis orientalibus præcipuis, arabica, armena, syra, æthiopica; Paris, 1596, in-4.

De Sepultura et Jure sepulchri; 1597, in-8.

Sommaire Description de la guerre de Hongrie et de Transylvanie, de ce qui est advenu depuis l'automne de l'an 1497, jusqu'au printemps de 1598, entre les Turcs et les chrétiens, traduit de l'allemand; Paris, 1598, in-8.

Appendix ad chronologiam Gilb. Genebrard; Paris, 1600, in-fol., *avec la Chronique de Genebrard.*

Jubilé mosaïque de cinquante quatrains, sur l'heureuse bien venue de Marie de Médicis, reine de France; Paris, 1601, in-8.

Liber R. Abraham Peritsol compendium viarum sæculi, id est mundi, lat. et hebr. versus; Paris, 1601, in-12.

L'Heptameron de la Navarride, ou Histoire entière du royaume de Navarre; traduit de l'espagnol (de don Charles, infant de Navarre) en vers françois; Paris, 1602, in-12.

Histoire prodigieuse et lamentable du docteur Faust, grand magicien; traduit de l'allemand en françois; Paris, 1603, in-12.

Histoire véritable, comment l'âme de l'empereur Trajan a été délivrée des tourmens de l'enfer par les prières de Saint Grégoire-le-Grand; traduit du latin d'Alph. Ciaconius; Paris, 1607, in-8. de quatre-vingt-quinze pages.

On lui attribue encore: *Apologie pour le roi Henri IV, envers ceux qui le blâment de ce qu'il gratifie plus ses ennemis que ses serviteurs*; faite en l'année 1596.

Le Divorce satyrique, ou les Amours de la reine Marguerite de Valois.

A. B.

AU ROY.

Sire,

La sentence de Ciceron, parlant des guerres civiles de son temps, est très-veritable à la preuve des sens, qui dit : *La souvenance des perils que l'on a passez donne plaisir quand on en est hors et en seureté.* Voylà pourquoy, Syre, ayant eu l'honneur que Vostre Majesté a receu aggreablement [selon sa bonté accoustumée] son Histoire septenaire de la paix si heureuse de vostre France, sous la protection et providence de vostre sage et divine conduitte, du regne et des affaires dont Vostre Majesté a une singuliere preeminence par dessus tous autres roys et princes, tant anciens que du siecle present ; sur la mesme confiance de vostre bonté, j'ay pris en main ceste recherche curieuse de vos labeurs immenses, et des heureux succez qu'il a pleu à Dieu vous y donner par sa grace, et ce par l'espace des neuf années desdites guerres royales, tant contre les estrangers que contre les mauvaises humeurs et impressions imaginaires, plustost que les personnes, de plusieurs vos subjects s'estans mescognus de leurs devoirs, que vostre invincible magnanimité a surmontez et vaincu vivement, et vostre mesme debonnaireté et clemence a reduicts et ramenez doucement. J'ay aussi rapporté l'Epitome raccourcy des remuëmens precedents vostre regne, là où reduit d'une part vostre très-chrestienne patience à tollerer constamment les efforts despiteux des uns, et les blasmes calomnieux des autres, d'ailleurs aussi vostre generosité impitoyable se roidissant contre le faix de tant d'afflictions. En outre, Sire, j'ay compris la chronologie de toutes les choses advenues par tout le monde, pour les rapporter en vostre eminent theatre de la France, comme un parangon de vos vertus excellentes, dont il ne se trouve en tout l'univers aucun juste paralelle, estant vostre Majeste aussi miraculeuse au maniement des affaires en la paix, que prodigieuse aux exploicts militaires en la guerre : cause pourquoy l'univers, qui l'a veu, admire en Vostre Majesté, Estats et couronnes, la Providence divine, qui s'est eslargie si liberalement envers vostre royale personne, pour la munir d'une si vigoureuse generosité, et si robuste et infatigable valeur de temperature contre froid, chauld, faim et veilles, notes illustres de grands capitaines, πρὸς τὸ ῥῖγος διακαρτερεῖν, πρὸς τὸ θάλπος μὴ ἀπαγορεύειν (1), l'une de vos memorables sentences, avec celle que Vostre Excellence disoit : *Ma sentence que j'ayme le mieux*, ἢ νικᾶν ἢ ἀποθανεῖν (2), que vous avez heureusement apprises dès vostre aage de huict à neuf ans, où j'ai eu l'honneur de vous servir sous le sieur de La Gaucherie, qui vous servoit de percepteur, mais surtout ceste sagacité comme d'esprit prophetique, sans flatterie, de prevoir si clairement à quoy chacun affaire se peut terminer. Ces dons là de Dieu ne sont que pour Vostre Majesté vrayement heroïque, dont nous sommes tous infiniement tenus de louër ce grand donateur d'esprit, et le prier devotement de tous nos cœurs qu'il lui plaise vous conserver, maintenir et augmenter en toute prosperité très-heureuse et longue vie. De Vostre Majesté,

Sire,

Le très-devoüe orateur, très-humble
et très-fidelle serviteur domestique,

P. V. P. C.

De vostre college royal de Navarre, ce 8 decembre 1607.

(1) Endurer le froid avec constance, ne pas se laisser abattre par la chaleur.

(2) Vaincre ou mourir.

AVANT-PROPOS.

Pource que j'ay mis en lumiere la Chronologie septenaire de la paix sous le regne de nostre très-chrestien et très-auguste prince Henry IV, laquelle ne commence qu'en l'an 1598, aucuns seigneurs de qualité m'ont dit que je devois avoir commencé dez le jour qu'il succeda à la couronne de France, qui fut l'an 1589, et qu'il estoit fort utile et necessaire qu'auparavant d'avoir escrit le regne paisible d'un si grand roy, comme il estoit et est aymé de son peuple, les benedictions, vœus et prieres qu'ils font tous les jours pour sa prosperité, et combien il estoit aymé et honoré des roys et princes estrangers ses voisins, que je devois avoir escrit comme il a succedé à la couronne de France, les batailles qu'il a données, les rencontres, les sieges des villes, et bref tout ce qui s'est passé de plus remarquable en la chrestienté durant les neuf premieres années de son regne, suivant l'ordre et pour proceder mon *Histoire* de la paix. Je leur dis que plusieurs roys et princes se trouveroient offensez que j'entreprisse durant leur vie d'escrire comme la bonne ou mauvaise fortune les auroit traictez durant ceste derniere guerre civile. « Au contraire, me dirent-ils, il vaut mieux escrire la vraye histoire des bons roys et princes durant leurs vies, et comme ils ont esté traictez de la fortune (pourveu que ce soit sans flaterie), que non pas de la publier après leur mort : car la passion d'aucuns historiens laisse à la posterité mille choses inventées ausquelles les princes ne songerent jamais, et quelquesfois oublient ou taisent par malice leurs plus beaux faicts. — Il est un peu dangereux, leur respondis-je encor, d'escrire l'histoire d'un prince ou d'un roy durant sa vie. — Non, non, me repartirent ils, nous sommes au temps de l'empereur Trajan, auquel Tacite dit qu'il estoit loisible de juger des choses passées ce qu'il en sembloit, et d'en dire son opinion. Vous sçavez que Tacite a escrit dans son Histoire et dans ses Annales plusieurs empoisonnements et cruautez abominables commises par les empereurs : vous estes exempt d'en escrire sous le regne de nostre roy, lequel a vaincu ses ennemis, tant subjects qu'estrangers, à guerre ouverte et l'espée à la main : jamais il n'a entrepris ny faict entreprendre par assassinat sur aucun de ses ennemis, quoy que ses ennemis ayent souvent attenté par poisons et assassinats sur sa vie. » Ainsi, estant presque contraint d'obeyr à leurs raisons, je leur monstray plusieurs memoires que j'avois recouverts, et d'aucuns desquels je m'estois servy mesmes en mon Histoire de la paix; lesquels memoires traictoient des dernieres guerres civiles, depuis l'an 1589 jusques en l'an 1598. Or tous ces memoires estoient mis d'ordre selon leurs dattes : ils jetterent leur veuë dessus, et y passerent une après disnée. Après les avoir veus, aucuns d'eux, qui ont puissance de me commander, me firent prometre de mettre la main et composer la presente chronologie novenaire de l'histoire de la guerre sous le regne du roy Très-Chrestien de France et de Navarre Henry IV. Je l'ay faict par leur commandement, et non de ma volonté, sur l'assurance qu'ils m'ont donnée que le fruict et l'utilité en seroit grande, pource que les peuples de France ont très-bien recueilly, graces à Dieu, mon Histoire, comme estant le tableau au vray de leur heureuse paix, et que voyant maintenant le tableau de leurs guerres civiles dans ceste presente histoire, qu'ils les joindroient ensemble, pour voir, comme dans un bouclier d'Achiles, la guerre et les maux qu'ils ont enduré, avec la paix et les fruicts d'icelle dont ils jouyssent à present.

Avant que de me resouldre d'entreprendre cest œuvre, j'ai preveu que les uns en feroient une sorte de jugement, et les autres au contraire, ainsi qu'il advient d'ordinaire en un royaume où la plus grand part soustient la religion ancienne, et qu'il y en a d'autres qui ont des opinions nouvelles : mais ce qui m'a le plus confirmé de continuer mon dessein, a esté pour faire voir à la posterité combien sont pernicieux et dommageables les guerres civiles, et combien peu d'occasion a fait de grands maux, afin que les uns et les autres y pensans à bon escient soient sages à l'advenir.

« Le pretexte de la religion et le bien public n'est » pas chose nouvelle (dit l'autheur du *Traicté des causes et raisons de la prise des armes faicte en janvier* 1589, que l'on tient avoir esté faict par un grand prince très-catholique); « car si vous espluchez » les histoires par le menu, vous trouverez qu'une » bonne partie des grands princes s'en sont servis » pour cuider parvenir à leur but, et verrez qu'ils » ont esté plus souvent stimulez et conduits de leur » ambition et interest particulier, que non pas de » zele qu'ils ayent eu à l'honneur de Dieu, d'entre- » prendre la guerre contre les heretiques et infidel- » les. Je ne veux pas faire tort à l'heureuse memoire » de ceux qui ont merité telles loüanges; car, à la » verité, il y en a eu d'aucuns, particulierement » nostre bon roy sainct Loys, qui quitta les commo- » ditez de son royaume pour aller recouvrer la Terre

» Saincte d'entre les mains des Sarrazins et infidel-
» les, comme aussi firent les ducs, comtes, barons
» et prelats qui se croizerent à la guerre faicte con-
» tre les Albigeois, et dernierement le roy de Por-
» tugal contre le roy de Fez. Mais au partir de là,
» l'on en trouvera bien peu ausquels l'on ne re-
» marque plus d'ambition en leur esprit que de zele
» chrestien. »

Voylà l'opinion de l'autheur de ce Traicté, qui, sans alleguer les histoires anciennes, cotte, pour preuve de son dire, les principales guerres advenuës de son temps sous le pretexte de la religion, et de ce qui en est succedé. Il commence par l'empereur Charles le Quint, et dit qu'il n'eust jamais entrepris la guerre contre les princes protestans de la secte de Luther, s'il n'eust eu intention de rendre hereditaire en sa maison la couronne imperiale; mais que, comme il eut perdu l'esperance de parvenir à son dessein, il fit l'interim tant prejudiciable à la religion catholique, et se rapatrira avec les princes protestans par une ligue perpetuelle qu'il fit avec eux pour la maison d'Austriche. Ce qu'ayant faict, il se servit des princes de l'Empire et de leurs subjects jusques aux plus hautes charges de chefs d'armées, sans distinction de religion.

Que le roy Sigismond de Poulongne laissa introduire toute sorte d'heresie en son royaume, cuidant par telle division commander plus absolument en iceluy, auquel il semble que l'authorité royale soit restraincte par certaine forme de conseil d'evesques, palatins et chastelains qui doivent assister à faire les principalles resolutions extraordinaires.

Que le roy Henri VIII d'Angleterre n'eust jamais embrassé l'heresie de Luther, si le Pape luy eust voulu permettre de repudier sa legitime femme.

« Mais, dit le mesme autheur, sans parler des princes circonvoisins, il ne faut que lire sans passion les histoires, tant d'une part que d'autre, de l'origine et continuation des guerres civiles de ce royaume. Les executions à mort que l'on y faisoit de ceux de la religion pretendue reformée alloient cesser sous la clemence du roy François II et la sage conduitte de la royne sa mere Catherine de Medicis; dequoy les princes protestans estrangers et les cantons des Suisses de ladite religion, qui les avoient priez de les faire cesser, en avoient asseurance, lors que les autheurs de l'entreprise d'Amboise, qui estoient de ladite religion, que du depuis on appella huguenotte, vouloient se saisir dudit sieur Roy, et tuër les principaux qui estoient autour de luy, et qui le possedoient; d'autant que par le grand pouvoir qu'ils avoient avec le Roy, qui estoit jeune et aagé seulement de dix-sept ans, ils avoient esloigné non seulement ceux qui tenoient les premiers l'authorité prez du feu roy Henry II son pere, mais aussi tous messieurs les princes du sang, afin de posseder entierement, non pas le Roy seul, mais tout son royaume. Mesmes peu après ils s'efforcerent de vouloir faire tuër le roy de Navarre, et faire trancher la teste à M. le prince de Condé son frere, avec intention de ruiner leurs maisons : ce qui n'advint pour la subite mort dudit sieur Roy à Orleans, auquel son frere Charles IX, aagé de dix ans, succeda. Et lors le gouvernement de la Cour se changea, car ceux qui possedoient François II furent contraints de se retirer de la Cour mal contens. »

Ce n'est icy mon subject de descrire quel fut le regne du dit roy Charles IX, les histoires font assez de mention que la royne Catherine sa mere fut regente au commencement de son regne; que le roy de Navarre, pere du roy Très-Chrestien qui regne à present, prit la charge du maniement des affaires de la guerre comme premier prince du sang; et les autres princes du sang, et ceux qui avoient esté respectez du temps de Henry II, prirent aussi la place de ceux qui avoient gouverné François II; lesquels, se voyans hors de la Cour, ne cesserent de chercher les moyens possibles de rentrer au mesme degré où ils avoient esté, employans pour cest effect le legat du Pape et l'ambassadeur d'Espagne : puis ils firent naistre tant d'occasions par le moyen du colloque de Poissy, qu'ils furent rappellez en Cour, dont M. le prince de Condé adverty, qui ne pouvoit oublier qu'ils l'avoient voulu faire mourir, s'en trouva scandalizé [laissant à part le meurtre de Vassy, contre la liberté de l'edict de janvier]; ce qui fut cause que luy, l'admiral de Chastillon, et plusieurs autres qui s'estoient declarez de la religion nouvelle, entendans qu'ils revenoient, se retirerent de la Cour, s'en allerent à Orleans, et y firent amas de gens de guerre : dont s'en est ensuivy tant de sang respandu en plusieurs batailles données.

Les desseins qu'ils eurent, tant d'un party que d'autre, à se saisir du Roy et de la Royne sa mere, pour estre maistres de la Cour, sont contenus assez au long dans les histoires de ce temps-là, où plusieurs mesmes ont dit qu'aucuns d'entr'eux avoient resolu de les tuër, et principalement la Royne mere, jusques entre les bras du Roy son fils : mais elle sceut si dextrement se conduire, favorisant, tantost les uns, tantost les autres, qu'elle le rendit majeur : de quoy elle a eu un grand honneur de s'estre desvelopée de tant de pieges dont on l'avoit environnée, ayant garanty le Roy son fils de perdre la vie et la couronne.

Le chef des catholiques, qui estoit le duc de Guyse, fut tué devant Orleans, et du depuis n'y eut plus de chef de ce party autre que le Roy. M. le prince de Condé, chef des huguenots, fut tué à la journée de Bassac; après luy, l'admiral de Chastillon fut le seul chef par effect des armées de ce party là, lequel fut depuis tué à la Saint-Berthelemy. Pour quoy il fut tué, on le peut voir dans plusieurs historiens.

Mais il advint à ce roy qu'apres le siege de La Rochelle, et le partement de M. le duc d'Anjou, esleu roy de Pologne, qui s'en alla prendre possession dudit royaume, que soudain il se fit par les plus grands de France une telle entreprise contre sa personne, qu'elle cuyda venir à effect à Sainct Germain en Laye, dont il commença à faire faire de grandes executions; mais ce roy s'estant retiré peu après au bois de Vincennes, y mourut.

Son frere le roy de Pologne luy succeda; mais

... n'y eust sa- ... qui se firent lors ... catholiques que par ... luy en estoit empesché

..., passant à Vienne en ... luy donna con- ... son peuple, et ramener les ... les Venitiens luy en dirent ... le duc de Savoye; mais, ...tion de suivre leur advis, les ... Montmorency eurent tant ... que M. le mareschal d'Am- ... d'entrer en sa bonne ... offensive et deffensive ... quelques villes en Languedoc; si bien que la ...ant contre lui que contre les ..., M. le duc d'Alençon, frere ...ra de la Cour avec plusieurs ... ledit sieur mareschal d'Am- ...om de mal-contents, se joi- ...nots, aucuns desquels com- ... autrement qu'ils n'avoient ... Hotoman, jurisconsulte, ... entreprit d'escrire « que ... une souveraine autho- ... leurs roys, mais aussi ... roys, et eslire des estran- ... subject plusieurs choses, ... bridant la licence de leurs ... raison. Il se jette, après ...ontre *la regence des roynes* ...il faisoit à cause que la royne ... regente en attendant le re- ...ne son fils; bref, il s'escrima ... à droict et à revers, selon sa ...ggreable à quelques reformez ...es unis, lesquels n'aspiroient ...non pas à tous. Je laisseray à ... qui a leu les histoires, et veu ... imprimez en ce temps là, si ...ent pour le bien public et pour ...interest particulier de tant de ... les armes.

...nent du regne de Henry III ... de guerres et de confusions. ...ntans furent cause que les hu- ...d en Poictou et en beaucoup ... que leur party se releva et ...reistres que le duc Jean Casi- ...s comtes palatins du Rhin, ... diligence de M. le prince de ...la paix faicte l'an 1576, par ... un edict fort advan- ... edict fut le pretexte d'une ...rs princes et seigneurs catho- ...n que le chef ne fust nommé, ... duc de Guyse, fils aisné de ... chef des catholiques au com- ... du roy Charles, et qui avoit ...rmy les catholiques, pour les beaux exploicts militaires dont il estoit venu heu- reusement à bout. Si ces princes là firent bien de faire ceste ligue, et s'ils n'avoient autre interest que la religion et le bien public, j'en laisseray juger à ceux qui liront ce qui en est advenu depuis.

Quant aux huguenots, M. le duc d'Alençon n'en fut que peu de temps comme chef, car, aussi tost que le roy de Navarre se fut retiré de Paris et de la Cour vers Saumur, toute la noblesse de ce party là l'y vint trouver, où il reprint la qualité de leur chef; ce qui fut une des occasions que peu après Monsieur, frere du Roy, se rapatria avec son frere: et peu après l'edict de paix estant rompu, il fit une assez rude guerre aux huguenots de La Charité et à ceux d'Yssoire. Mais la paix fut encore peu après refaicte à Poictiers, l'an 1577; car le Roy recognut lors qu'il auroit plus- tost la fin de l'heresie par la paix que par la guerre, bien que Monsieur, son frere, l'asseurast d'aller com- battre le roy de Navarre, avec esperance de le ruy- ner: ce que Sa Majesté jugea ne luy avoir esté pro- posé par ledit sieur duc son frere que pour venir à bout de ses desseins particuliers. Bref, le Roy aima tant la paix, qu'en l'an 1581, il l'eut entiere par tout son royaume, après avoir retranché beaucoup de choses en l'edict qu'il avoit donné aux huguenots l'an 1576. Il commença deslors à faire tenir des grands jours, auxquels par la justice il faisoit punir les mauvais, et asseuroit les bons.

Mais le Roy ayant espousé une chaste et vertueuse princesse, n'ayant point d'enfans d'elle après quel- ques années qu'il fut marié, un bruit courut comme asseuré qu'il n'en auroit jamais: ce ne furent plus que nouveaux desseins. Beaucoup de seigneurs, tant d'une que d'autre religion, pour l'esperance future, suivirent Monsieur, frere du Roy, comme succes- seur de la couronne, et le conseillerent d'aller en Flandres, où le prince d'Orenge et les estats des Pays-Bas l'appelloient. Mais le Roy pensant l'en des- tourner, et se voyant menacé d'une guerre dans son royaume, ne voulant qu'il luy donnast occasion de faire autre guerre ou remuëment, fut contraint de le laisser aller en Flandres.

Pendant qu'il se prepara pour y aller, et durant le temps qu'il y fut, le roy de Navarre se contint, comme chef des huguenots, en son devoir, sans rien remuër. Il advertit le Roy des offres de deniers que le roy d'Espagne lui faisoit s'il vouloit faire la guerre en France, luy promettant de luy ayder à se rendre maistre de la Guyenne. Cet advis fut aggreable à Sa Majesté, qui l'asseura de son amitié pourvu qu'il de- meurast en paix, ce qu'il fit. Aussi, sur ce que au- cuns des huguenots avoient envie de faire un prince protestant allemand leur protecteur, et luy fournir par an certain nombre de deniers pour un entretien ordinaire de plusieurs colonels et capitaines, affin de tirer du secours d'Allemagne quand ils vou- droient, on donna advis audit sieur roy de Navarre de n'endurer qu'autre que luy se dist chef ou protec- teur des huguenots: il practiqua en cela le conseil de la Royne mere; ce que le Roy encor trouva bon.

Au contraire, le duc de Guise, chef secret de la ligue des catholiques, practiqua fort avec le roi d'Espagne, dont le dessein estoit de tascher à faire brouiller en France pour destourner Monsieur d'aller en Flandres, et ce sans en advertir le Roy, comme fit le roy de Navarre; dont depuis il ne luy porta plus de bon œil. Et aucuns ont escrit que si Monsieur, frere du Roy, ne fust point mort à son retour de Flandres si tost, que le duc de Guise n'eust eu d'autre soucy qu'à se deffendre de luy.

Après ceste mort, qui fut en juin 1584, le duc de Guise fit semblant d'en vouloir aux ducs de Joyeuse et d'Espernon, les deux favorits du Roy. Il se vid lors plusieurs vers et pasquils contre les mignons, qui est la premiere fleur que les malcontents jettent d'ordinaire. Mais huict mois après, qui fut sur la fin de fevrier 1585, il se mit en armes, et ceux de sa ligue surprirent plusieurs places, et ce sur plusieurs pretextes, toutesfois sans aucune raison apparente, bien qu'ils n'eussent que la religion et le bien public en leurs bouches.

Pour la religion catholique, le roy Henry III estoit un prince si devôt et ennemy du tout de l'heresie, qu'il ne voulut jurer aux Polonois, lors qu'il fut sacré et couronné, les articles nouveaux qu'ils avoient dressez, portans liberté de conscience à tous les habitants dudit royaume; et bien qu'il fust contrainct, peu après son advenement à la couronne de France, de donner aux huguenots un edict très-advantageux, luy, qui plus qu'homme de son royaume leur avoit fait la guerre, et ne les avoit pu faire changer d'opinion par la force, se proposa de le faire par la paix, dont il fust venu à bout, ainsi qu'il y en avoit bien de l'apparence; car, lors que ledit duc de Guise, comme chef de la ligue des catholiques, prit les armes en plaine paix contre luy, sur le pretexte de faire la guerre aux heretiques, il n'y avoit point vingt ministres en toutes les provinces qui sont entre la Loire et la Flandres, qui est la moitié de la France. Nul de ceste religion n'estoit plus pourveu aux offices, grades et dignitez; les ministres mesmes n'escrivoient plus. Le roy de Navarre, bien qu'il fust de ceste religion, desiroit du tout de rentrer aux bonnes graces de Sa Majesté, et en bref le fust venu trouver. La ruine donc de l'heresie estoit la paix que ce bon roy avoit donnée à ses subjects. La ligue des catholiques ne trouva bon ceste procedure; elle voulut que le Roy y appliquast le fer et le feu, et le contraignit de rompre la paix, et entrer en guerre, en laquelle, comme il se peut voir en la presente histoire que j'ay descrite, ce bon roy et la plus part des principaux chefs de ceste ligue sont morts; ce qui a apporté à la France une extreme desolation, et ruyne au peuple, au lieu du soulagement que lesdits princes de la ligue promettoient luy donner par le manifeste de la prise de leurs armes, qu'ils disoient n'estre que pour le bien public.

Ceste guerre aussi a esté une guerre d'Estat et non pas une guerre pour la religion; et bien que les papes s'en soient meslez, il se pourra cognoistre qu'ils ont esté très-mal informez de l'estat des affaires de la France par les chefs de la ligue, et qu'ils ont esté comme contraints par le roy d'Espagne de suivre sa volonté.

Mais à quel propos, pourront me dire quelquesuns, de rememorer à present tout ce que les roys Très-Chrestiens Henri III et Henri IV ont faict contre les princes de la ligue des catholiques ses subjects? C'est un faict passé; par la paix il est dit qu'il ne s'en faut plus souvenir. Il est vray; mais il n'est pas deffendu de laisser par escrit à la posterité comme ces choses sont advenues : car ces princes, et les peuples qui se sont rebellez contre leurs souverains, ne le devoient faire s'ils ne vouloient qu'on le dist. Ils ne le devoient eux-mesmes dire et faire publier s'ils ne vouloient que la posterité le sceust. La posterité a besoin de sçavoir comme ces choses sont advenues; car, sous ombre d'estre papes, roys, princes, evesques ou docteurs, il n'est pas licite de faire choses indecentes. Tous zeles ne sont pas bons : la saincte Escriture n'advouë ceux qui sont inconsiderez, outrecuidez et desesperez, car Dieu faict ses merveilles luy seul, et a ses jugemens à soy propres.

Aucuns docteurs de la maison de Sorbonne et des autres maisons de la Faculté, qui durant ces troubles ont fait les zelez, lesquels je nomme en mon Histoire, n'en doivent estre faschez, car je n'ay eu intention de les blasmer, ny personne quelconque, n'ayant aucune affection particuliere, sinon d'avoir escrit au mieux qu'il m'a esté possible la verité de ce qui s'est passé durant ces derniers troubles. Et si je dis qu'aucuns d'eux ont mal faict, ils s'en doivent corriger à l'advenir, et croire tousjours les plus anciens docteurs de la Faculté, lesquels jamais n'ont consenty à tout ce qui s'est fait contre le roy Henry III. S'ils eussent bien pris les sages remonstrances que le docteur Camus, doyen de ladite Faculté, le syndic d'icelle Faber, et le penitencier, leur ont plusieurs fois faictes, comme aussi ont faict les docteurs Chavagnac, curé de Sainct Supplice, et Faber, curé de Sainct Paul, et plusieurs autres des plus anciens, entre lesquels estoit le bon et vieil docteur Poictevin, qui, en plaine assemblée et congregation de la Faculté, quand il y en eut de si furieux et insensez que de proposer que Jacques Clement, meurtrier du roy Henri III, estoit martyr, il s'exclama leur disant *Nunquam, nunquam auditum est homicidam esse martyrem* (1) : ils eussent, dis-je, mieux fait que de soustenir leurs faulses propositions, et entretenir le peuple en leur rebellion.

Mais comme j'ay dit qu'ils avoient mal faict, je dis aussi que messieurs les cardinaux, evesques, prelats, docteurs et autres ecclesiastiques qui ont tousjours suivy lesdits sieurs roys, ou qui depuis les ont esté trouver, et principalement ceux qui, à la conversion de Sa Majesté à present régnant, sortirent de Paris pour ce subject sans crainte du peril, comme fit M. Benoist, à present doyen de la Faculté et confesseur du Roy, avec les autres docteurs, sont dignes d'une loüange immortelle pour le grand bien qu'en a receu depuis la chrestienté.

Je ne puis aussi finir cest avant-propos sans dire qu'il y a eu six grands personnages qui meritent toute

(1) On n'a jamais ouï dire qu'un assassin fût martyr.

louange, honneur et gloire de tous les François, pour ce que, sous la bonne conduitte de Sa Majesté, ils ont esté les principaux instruments de remettre la France en la paix dont elle jouyt : sçavoir, trois grands prelats, deux grands princes et un marquis.

Les prélats sont M. le cardinal de Gondy, qui a esté comme l'evangeliste du bon-heur, dont finalement M. le cardinal du Perron a emporté le prix, et ce n'eust esté rien des deux, sans messire Regnaut de Baune, archevesque de Bourges [qui est décédé archevesque de Sens], lequel receut le Roy en l'église nonobstant tout ce que fit et dit le cardinal de Plaisance et tous les ennemis de Sa Majesté qui estoient dans Paris, lesquels envoyerent un jeune garson [qui ne put estre recognu pour sa subite esvasion] à Sainct Denis luy jetter un billet qui prohiboit à tous ecclesiastiques de recevoir le Roy en l'église : lequel billet fut trouvé sur sa chape au mesme temps que le Roy entroit à l'eglise pour y faire sa protestation d'y vivre et d'y mourir ez mains dudit sieur archevesque. Mais ores que la lecture de ce billet rendit comme esbays beaucoup des ecclesiastiques assistans qui s'en remirent à sa discretion, il leur dit : « Ne voyez-vous pas que c'est une simple » escriture privée qui n'est en forme, et laquelle » vient de la part des ennemis de Sa Majesté, qui » veulent empescher le bon-heur de la France? » Quand ceste escriture seroit en forme, elle ne vient » en temps deu. » Aussi ce prelat ne laissa pour ce billet de recevoir Sa Majesté en l'eglise. Et de dire icy le bien que la France en a depuis receu, il est impossible.

Les princes sont feu M. le duc de Nevers et M. le duc de Luxembourg, lesquels ont esté par le commandement de Sa Majesté vers les papes Sixte V et Clement VIII, et les ont instruits vifvement de leurs charges [aussi sont ils dignes de perpetuelle louange], et avec eux M. le marquis de Pisani, qui leur a, comme l'on dit, rompu la glace devant eux.

Pour fin de cest avant-propos je diray que, pour ce que l'histoire est la maistresse de la vie, j'ay tasché de reciter au vray les choses comme elles sont advenues : si je m'estois mesconté en quelque passage, je prie ceux qui le sçauront m'en advertir en particulier, ce que j'auray très- aggreable pour les en remercier ; car mon desir n'est que de profiter à la posterité, affin que si les François tombent à l'advenir en pareils troubles [que Dieu ne veuille pas sa grace], que ce qui est advenu de nostre temps leur serve d'exemple. Adieu.

susdits, par qui que ce soit, seront tenus lesdits associez employer leurs corps, biens et moyens pour avoir vengeance de ceux qui auront faict lesdites oppresses et molestes, soit par la voye de justice ou par les armes, sans nulle acception de personnes.

VI. S'il advenoit qu'aucun des associez, après avoir fait serment en ladite association, se vouloit retirer ou departir d'icelle sous quelque pretexte que ce soit [que Dieu ne vueille], tels refractaires de leurs consentemens seront offensez en leurs corps et biens, en toutes sortes qu'on se pourra adviser, comme ennemis de Dieu, rebelles, et perturbateurs du repos public, sans que lesdits associez en puissent estre inquietez ny recherchez, soit en public ny en particulier.

VII. Jureront lesdicts associez toute prompte obeïssance et service au chef qui sera deputé, suivre et donner conseil, confort et ayde, tant à l'entretenement et conservation de ladite association, que ruyne aux contredisans à icelle, sans acception ny exception de personnes : et seront les defaillans et dilayans punis par l'authorité du chef et selon son ordonnance, à laquelle lesdits associez se soubsmettront.

VIII. Tous catholiques des corps des villes et villages seront advertis et sommez secrettement par les gouverneurs particuliers d'entrer en ladite association, fournir deuëment d'armes et d'hommes pour l'execution d'icelle, selon la puissance et faculté de chacun,

IX. Que ceux qui ne voudront entrer en ladite association seront reputez pour ennemis d'icelle, et poursuivables par toutes sortes d'offences et molestes.

X. Est deffendu ausdits associez d'entrer en debats ny querelles l'un contre l'autre sans la permission du chef, à l'arbitrage duquel les contrevenants seront punis, tant pour la reparation d'honneur que toutes autres sortes.

XI. Si pour fortification, ou plus grande seureté desdits associez, se fait quelque convention avec les provinces de ce royaume, elle se fera en la forme dessusdite et aux mesmes conditions, soit que ladite association soit poursuivie envers lesdictes villes ou par elle demandée, si autrement n'est advisé par les chefs.

XII. Je jure Dieu le createur, touchant cest evangile, et sur peine d'anatematization et damnation eternelle, que j'ay entré en ceste saincte association catholique selon la forme du traicté qui m'y a esté leu presentement, loyaument et sincerement, soit pour y commander ou y obeir et y servir, et promets, sous ma vie et mon honneur, de m'y conserver jusques à la derniere goutte de mon sang, sans y contrevenir ou me retirer pour quelque mandement, pretexte, excuse ny occasion que ce soit.

Voilà des articles qui contiennent de specieux pretextes. Le tiltre porte le nom de la Saincte Trinité : le premier article est pour restablir la loy de Dieu et maintenir l'ancienne religion ; le second est pour conserver les roys de France en leur estat, splendeur et authorité; et le troisiesme est pour restituer au peuple de France ses libertez et franchises. La suitte de cette histoire monstrera ce qui en est advenu : mais deslors plusieurs grands personnages, de la religion catholique mesme cognurent bien que soubs ces articles il y avoit quelque chose de caché, qui n'apporteroit en France que des troubles et divisions.

La premiere de leurs raisons estoit que toute ligue et association offensive et deffensive ne se devoit faire qu'entre princes souverains, et au contraire qu'en ceste ligue tous les princes et seigneurs catholiques qui l'avoient faicte estoient tous subjects du Roy, voire d'un roy très-catholique et en la fleur de son aage, et qu'ils la faisoient sans sa permission ny son consentement.

La seconde; qu'il y avoit plusieurs choses dans les articles de ceste ligue, qui, au lieu *de conserver les roys en leur estat, splendeur et authorité*, tendoit plustost à sapper l'authorité royale, comme il se voyoit en la fin du second article, *avec protestation de ne rien faire au prejudice de ce qui seroit ordonné par lesdits estats* : qui seroit par ce moyen faire l'assemblée des estats en France resolutive, et rendre le roy subject à ce qu'ils resoudroient et ordonneroient : ce que voulant effectuër aucuns des chefs de ceste ligue, il leur a cousté la vie, ainsi qu'il sera dit cy après; car toute assemblée d'estats en France n'a jamais rien resolu ny ordonné, ains seulement deliberé entr'eux leurs requestes et cayers, qu'ils ont presenté en toute humilité au Roy pour en ordonner avec son conseil ce qu'il trouveroit bon et juste. Les roys de France ne sont esleus comme les roys de Pologne et les autres princes qui jurent en leur eslection de garder les loix faictes par ceux qui les ont esleus, mais au contraire ils ont la supresme et absoluë authorité sur leurs peuples : de leur volonté dependent toutes les deliberations de la paix et de la guerre, les imposts et les tributs, la concession des benefices, et la distribution des offices, gouvernements et magistrats. Aussi sont ils roys du premier royaume de la chrestienté, tant en dignité qu'en puissance : en dignite, ils ont esté tousjours libres dez leur commencement, et n'ont jamais recogneu l'Empire comme la Pologne et la Boheme, ny n'ont reco-

tr'eux s'accorderent de supplier Sa Majesté de faire le guerre à l'heresie.

Quelques articles du dernier edict de pacification, qui semblerent au Roy devoir estre retranchez, l'y firent resoudre. Deux armées se leverent; M. le duc d'Anjou, frere du Roy, fut chef de l'une; il la mena à La Charité sur Loire, qu'il reduisit en l'obeyssance de Sa Majesté, et de là alla à Yssoire, qu'il print. De l'autre armée M. le duc de Mayenne fut le general : la prise de Broüage fut le plus beau de ses exploicts.

Quelque guerre qu'il y ait eu en France, il y a tousjours eu quelques negotiations de la paix. Le Roy voyoit que ceste guerre alloit prendre un long traict. Il faict sonder les huguenots pour quitter quelques articles du dernier edict de pacification; il les trouva disposez à sa volonté : ce qui apporta le cinquiesme edict donné à Poictiers au mois de septembre 1577, par lequel la paix fut accordée, avec la liberté de conscience, à ceux de la religion pretenduë reformée, toutesfois avec quelque retranchement d'articles du dernier edict.

Cest edict ne fut encores entretenu pour les pretentions d'aucuns particuliers qui n'en recevoient ce qu'ils s'en estoient promis, si qu'il y eut tousjours quelques troubles en diverses provinces : la conference de Nerac en appaisa quelques uns, et celle de Flex resolut tout à fait la paix, qui fut observée entierement par toute la France l'an 1581.

Monsieur, frere du Roy, qui estoit lors le seul presumptif heritier de la couronne, alla d'un costé faire un voyage en Flandres, où ceux qui avoient envie de remuër les mains, tant d'une que d'autre religion, l'accompagnerent. De son voyage, son entrée et sa sortie, plusieurs en ont escrit, où on peut veoir ce qu'il y fit, comme aussi de celuy de M. de Strossy, qui alla mener une petite armée en Portugal pour soustenir le droict qu'y pretendoit la Royne mere (1) Catherine de Medecis. Leurs entreprises à tous deux n'eurent le succez qu'ils desiroient; car ledit Strossy mourut de mort violente; et Monsieur fut reduit de se retirer de Flandres et revenir en France.

Durant tous ces voyages et entreprises, qui finirent à la mort de Monsieur, qui fut en juin 1584, en son chasteau de Chasteau Thierry, la ligue des princes catholiques n'avoit osé prendre les armes du depuis l'an 1576 jusques à ceste mort : elle se nourrissoit seulement parmy les grands qui l'avoient faicte, et parmy ceux qui s'estoient sous main rengez à leur service : aussi ce leur eust esté une temerité de se declarer lors. Mais si tost que ceste mort fut advenuë, les pacquets, les memoires et instructions pour l'establir et la faire croistre coururent de tous costez : et au commencement de l'an 1585 ils prirent les armes, s'asseurerent en leurs gouvernements des villes de Chaalons, Dijon, Soissons et autres places, publierent une infinité de raisons pourquoy il les avoient prises, lesquelles se reduisoient en trois poincts, sçavoir :

I. Pour restablir l'Eglise de Dieu et tout le royaume, et s'opposer aux heretiques et chasser l'heresie.

II. Pour pourvoir aux differens qui pourroient naistre en la succession de la France après la mort du Roy, puis qu'il n'avoit point d'enfans.

III. Pour faire sortir de la Cour les favorits du Roy, qui abusoient de l'authorité royale, affin de soulager le peuple des impositions nouvellement inventées.

Le Roy fut fort estonné de la levée des armes de ceste ligue : il jugea bien qu'ils avoient mis M. le cardinal de Bourbon [prince tout bon, mais fort vieil et sexagenaire] à la teste de leur manifeste, plus affin que le peuple creust que c'estoit un prince du sang qui estoit leur chef, que de volonté qu'ils eussent de luy obeyr, aussi estoit ce leur vray chef que M. le duc de Guise; et qui tousjours le fut jusques à sa mort.

Les Parisiens eurent commandement du Roy de garder les portes de leur ville, mais avec ceste clause qu'il vouloit que l'on procedast à l'eslection de nouveaux capitaines, et qu'ils fussent ou conseillers ou maistres des comptes, ou advocats de ceux qui demeuroient en chasque quartier; ce que l'on fit. Ce changement fut cause que plusieurs qui estoient lors capitaines, faschez de leur demission; entrerent puis après dans la ligue des Seize, et aucuns d'eux ne furent pas depuis bons serviteurs du Roy.

Sa Majesté aussi manda sa noblesse; plusieurs le vindrent trouver à Paris, et messieurs les princes du sang catholiques se rendirent tous près de luy. Il escrivit au roy de Navarre qu'il voyoit bien que le pretexte que ceste ligue prenoit n'estoit autre chose qu'une entreprise contre sa personne et son Estat; luy commande de se contenir en paix sans prendre les armes, afin que l'on juge aisement qui seront les perturbateurs du repos public.

En mesme temps, par une declaration qu'il feit publier, il respondit aux trois poincts cy dessus dicts, contenus au manifeste de la ligue :

I. Que la paix estoit l'unique moyen de restablir la religion catholique par tout son royaume,

(1) Comme héritière de Robert, fils d'Alphonse III.

la lettre que le Roy luy avoit escrit, et la declaration que Sa Majesté fit contre les rebelles de la ligue, poursuivis comme tels par les cours de parlement, fut cause qu'il se trouva en ce commencement reduit à se mettre sur la deffensive. La protestation qu'il fit alors fut publiée en plusieurs endroicts; il la fit avec le prince de Condé, le duc de Montmorency, mareschal de France et premier officier de la couronne, et plusieurs seigneurs gentilshommes et villes, tant de la religion pretenduë reformée que catholiques qui tenoient son party, et lesquels depuis s'appellerent les catholiques unis (1). Il accuse les princes de la ligue de n'avoir autre dessein que de renverser les loix fondamentales du royaume, et les appelle perturbateurs de l'Estat.

Du depuis le mois de mars, que l'on avoit pris les armes, jusques vers la fin du mois d'aoust, le soldat n'avoit fait que vivre sur le paysant : nul coup d'espée, nul combat, nulle rencontre. Le duc de Mercœur fut le premier qui voulut entreprendre; il sort de son gouvernement de Bretagne avec deux mille hommes, entre en Poictou, tire droict à Fontenay, se loge au fauxbourg des Loges. M. le prince de Condé qui commandoit en ces quartiers, et qui est la province où les huguenots sont les plus forts, en eut advis, qui le chassa de Fontenay et de tout le Poictou.

La ville de Broüage estoit une espine au pied des Rochelois : elle n'est qu'à dix lieuës d'eux. Ils prierent M. le prince de Condé de prendre ceste ville là, et la remettre en leur party. Il l'assiegea; mais l'advis de la surprise du chasteau d'Angers par Roche-Morte, qui estoit dedans, lequel avoit respondu tenir pour le roy de Navarre, luy fait quitter ce siege et traverser tout le Poictou : il avoit d'assez belles troupes, avec lesquelles il s'en vint passer par bateaux la riviere de Loire, entre Saumur et Angers; mais il ne fut si tost passé dans l'Anjou, que Roche-Morte fut tué d'un coup d'arquebuze par les habitans d'Angers qui l'avoient assiegé, et où à leur renfort le Roy avoit envoyé toutes ses troupes : ceste mort fit rendre le chasteau d'Angers au Roy. Le prince de Condé se trouva lors avec ses troupes bien empesché, tout moyen de repasser Loire luy estant osté par la diligence de M. de Joyeuse, toutes les rivieres du pays d'Anjou inguaiables à cause des pluyes, aussi que toutes les forces du Roy le venoient entourer : ainsi toute son armée, qui estoit de huict cents maistres, et de douze cents barquebusiers à cheval, fut contraincte de jouër à sauve qui peut. Elle se divisa toute par petites troupes, et luy s'eschappa et se sauva vers la Normandie, où avec dix des siens il passa en Angleterre, d'où il retourna à La Rochelle, et où il trouva la plus grande part de ses troupes, qui avoient repassé Loire où et comme ils avoient peu, bien-heureux d'y avoir reporté leurs testes, et de n'avoir point veu Paris.

Les huguenots et la ligue des catholiques perdirent à ceste fois, mais diversement, ceux-là leur petite armée [qui eust sans doute emporté Broüage s'ils ne fussent bougez de devant], tout leur bagage, et tout ce qu'ils avoient picoré en traversant le Poictou, et ceux-cy le chasteau d'Angers que le comte de Brissac tenoit pour leur party, et lequel avoit mis dedans ceste place de très-belles richesses qui furent toutes perduës pour luy, parce qu'elles furent emportées suivant la composition par ceux qui en sortirent. A la recommandation des sieurs duc de Joyeuse et du comte de Bouchage, le Roy mit dans ce chasteau le sieur de Puchairic, qui jusques à sa mort a conservé ceste place sous l'obeyssance de Leurs Majestez Très-Chrestiennes : ce fut le premier mescontentement de ceux de la ligue, qui se virent soustraire ceste place d'entre les mains d'un de leur party.

M. le duc de Mayenne, general de l'armée royale designée pour aller en Guyenne contre le roy de Navarre, composée de deux mille chevaux françois, reistres et albanois, dix mille Suisses et six mille hommes de pied françois, passa la Loire durant la desroute du prince de Condé en Anjou, va à Poictiers, et, traversant par le Poictou sans y faire nul exploict de guerre contre les huguenots de ceste province, s'en alla au commencement de l'an 1586 desnicher les huguenots qui estoient dans Montignac, Beaulieu et Gaillac. Comme il revint à Paris nous le dirons cy après.

Le plus grand mal donc que ceste guerre civille apporta en ceste année fut que, quand le Roy chassoit par ses edicts les huguenots de ses villes, le roy de Navarre, par declarations, proclamoit les habitans des villes où estoient publiez tels edicts pour ennemis de son party. Au mois d'octobre 1585, le Roy fit commandement à tous les huguenots de sortir dans quinze jours de son royaume. Le roy de Navarre fit peu après en decembre une declaration, et suivant icelle les huguenots saisirent où ils estoient les plus forts toutes les debtes, rentes, revenus et biens de tous ceux qui n'estoient de leur party, et les firent vendre : bref, ils firent une telle diligence en leurs affaires, qu'en presque toutes le provinces de la Loire ils surprirent tant de

(1) Ils prirent le nom de politiques.

places, que l'on jugea après que, ne se tenans que sur la deffensive, on n'eust sceu dans douze ans les chasser de toutes les places qu'ils tenoient.

Les princes et seigneurs de la ligue avoient, par l'accord faict à Nemours, juré de se departir de toutes ligues et associations; toutes les fois qu'ils l'ont promis et juré au Roy, c'est ce qu'ils ont le moins effectué, car ils continuerent leurs pratiques en toutes les bonnes villes catholiques du royaume beaucoup plus que auparavant, ainsi que nous dirons cy après, mais sur tout parmy les princes catholiques estrangers, qui presumoient tous que ceste ligue estoit plus forte en son commencement qu'elle n'estoit, et ce pour ce qu'elle avoit contraint un roy de France à declarer une guerre civile dans son royaume contre sa volonté.

En ceste année le pape Gregoire XIII mourut : il n'avoit jamais voulu approuver ceste ligue. Sixte V fut esleu pape; aussi tost ceste ligue luy est presentée pour l'authoriser : le cardinal de Pellevé, qui estoit à Rome le protecteur de ceste ligue, l'en sollicita, et l'affaire luy est representée si facile de chasser l'heresie de la France, qu'il fit publier au mois de septembre, dans Rome, une excommunication contre le roy de Navarre et le prince de Condé, par laquelle il les prive et tous leurs successeurs, sçavoir, le roy de Navarre de son royaume, duchez et seigneuries, et le prince de Condé de toutes principautez, duchez et seigneuries, et eux deux ensemblement de tous les royaumes et seigneuries ausquelles ils pourroient succeder à l'advenir, declarant tous leurs subjects absous de tous les serments qu'ils leur auroient juré, faict ou promis. De ce qui fut dit pour et contre ceste bulle d'excommunication nous le dirons cy après. Voyons maintenant comme la ligue des catholiques que l'on a despuis nommé la ligue des Seize s'establit à Paris; il est necessaire de le dire, et sçavoir par qui et pourquoi ceste ligue fut faicte, car nous avons beaucoup à en parler. Voicy ce que l'autheur du Manant et du Maheustre (1) en a rapporté, qui en a parlé comme sçavant. [Aussi tient-on que c'est Cromé, l'un de la ligue des Seize, qui a fait ce livre là.]

« Dieu, dit-il, s'est aydé pour le fondement et commencement de la ligue des catholiques de Paris, de M. de La Roche-Blond, l'un des bourgeois d'icelle ville, homme très-vertueux, de noble, bonne, ancienne et honneste famille, qui, considerant la misere du temps, l'ambition des grands, la corruption de la justice et l'insolence du peuple, et sur tout la perte de la religion catholique, apostolique et romaine, qui ne servoit que d'umbrage au peuple et de pretexte aux grands, et au contraire l'heresie suportée et la tyrannie ouverte : à ces occasions, meu de l'esprit de Dieu, il s'adressa à plusieurs docteurs, curez et predicateurs, pour sçavoir le moyen de s'y gouverner en seureté de conscience et pour le bien public, et entre autres à M. J. Prevost, lors curé de Sainct Severin, M. J. Boucher, curé de Sainct Benoist, et à M. Matthieu de Launoy, chanoine de Soissons, premiers pilliers de la ligue en ceste ville de Paris, qui adviserent par ensemble d'appeller avec eux les plus pieux, fermes et affectionnez catholiques, pour acheminer et conduire les affaires de la ligue des catholiques, tellement qu'eux quatre, après l'invocation du Sainct Esprit, nommerent plusieurs particuliers bourgeois qu'ils cognoissoient, et lors se resolurent de n'en parler qu'à sept ou huit, lesquels ils arresterent et nommerent entr'eux, à sçavoir : ledit de La Roche-Blond nomma l'advocat d'Orleans et le sieur Acarie, maistre des comptes; ledit sieur Prevost, curé de Sainct Severin, nomma les sieurs de Caumont, advocat, et de Compans, marchant; ledit sieur Boucher nomma Menager, advocat, et Crucé, procureur; ledit sieur de Launoy nomma le sieur de Manœuvre, de la maison des Hennequins. A tous lesquels fut parlé et communiqué avec prudence, et trouvez disposez pour le soustenement de la religion et opposition contre l'heresie et tyrannie; et furent les premiers appellez et entremetteurs de la ligue, et parmy eux se mesla le sieur Deffiat, gentil-homme du pays d'Auvergne, de la cognoissance dudit sieur curé de Sainct Severin : et quelque temps après en fut parlé à d'autres, tant ecclesiastiques que seculiers, comme à maistre Jean Pelletier, curé de Sainct Jacques, maistre Jean Guincestre, lors bachelier en theologie, personnes très-affectionnées; aux sieurs de La Chappelle, à Bussi Le Clerc, procureur en parlement, au commissaire Louchart, à La Morliere, notaire, à l'esleu Roland et à son frere; de sorte que peu à peu le nombre creut : mais à fin qu'ils ne fussent descouverts, ils establirent un ordre à leurs affaires, et firent un conseil de neuf ou dix personnes, tant ecclesiastiques que seculiers, des dessus-nommez, et outre ils distribuerent les charges de la ville, pour semer les advis du conseil, à cinq personnes qui se chargerent de veiller en tous les seize quartiers de la ville et faux bourgs d'icelle [à cause de quoy on les a depuis appellez la ligue des Seize], à sçavoir : ledit de Compans en toute

(1) C'est-à-dire : le ligueur et le royaliste.

la Cité; Crucé ès deux quartiers de l'Université et faux-bourgs d'icelle, Sainct Marcel, Sainct Jacques et Sainct Germain ; et les sieurs de La Chappelle, Louchart et Bussi aux quartiers de toute la ville : et rapportoient au conseil, duquel ils faisoient partie, tout ce qu'ils avoient entendu chacun en son destroit, tant en general qu'en particulier, et de tous les corps et compagnies : et sur le recit, l'on deliberoit d'y pourvoir selon les occurrences : et se tenoient ces conseils quelquesfois au college de Sorbonne, en la chambre dudit Boucher, depuis au college de Forteret, où il alla demeurer, qui a esté appellé le berceau de la ligue; quelques autresfois ils se tenoient aux Chartreux, puis au logis dudit sieur de La Roche-Blond et La Chappelle, comme aussi au logis desdits sieurs d'Orleans et Crucé. Et pour fortifier la ligue le conseil donna charge à ces cinq personnes dessus nommées de practiquer le plus de gens de bien qu'ils pourroient, et parler à eux sagement et prudemment : et de fait se hasarderent [avec toutesfois grande modestie et cognoissance] de communiquer et conferer avec plusieurs bons bourgeois les uns après les autres ; et, selon qu'ils les voyoyent disposez, ils se descouvroient à eux, sans toutesfois leur rien dire de leur assemblée, mais seulement sondoient les affections des plus gens de bien qu'ils pouvoient choisir, et les entretenoient sur le discours de la malice du temps, remply de schisme, d'heresie et tyrannie ; et selon qu'ils en tiroient de resolution et cognoissoient leurs volontez, ils la rapportoient à ce petit conseil de docteurs, curez, predicateurs et notables personnes, qui, selon Dieu, leur donnoient des instructions pour conduire cest affaire, selon lesquelles le sieur de La Roche-Blond et ces cinq confederez se gouvernoient et distribuoient leurs instructions aux cœurs de ceux à qui ils avoient parlé selon leur capacité, et les instruisoient de ce qu'ils avoient à faire : à quoy ils trouvoient des volontez bien disposées qui s'y embarquoient sans s'enquerir d'où cela venoit, tant le zele et la volonté des catholiques estoit ardente et bonne ; tellement qu'il n'y avoit que ces cinq personnes, avec le sieur de La Roche-Blond au commencement, qui travaillassent par toute la ville à instituër et establir la ligue, et qui cognoissoient ceux qui en estoient : et si d'avanture quelqu'un des six s'estoit hazardé de parler à quelqu'un qui fut recogneu pour homme mal vivant ou mal affectionné, on le prioit de s'en degaiger et ne luy rien communiquer : tellement que ces six personnes ne communiquoyent avec homme vivant que premierement le conseil n'eust examiné la vie, mœurs et bonne renommée de ceux à qui l'on avoit parlé, comme n'estant raisonnable de commettre la cognoissance de ceste saincte cause qu'entre les mains de gens de bien, sans reproche, fidelles et tres-affectionnez. Et combien qu'il y eust quelque peu de grandes et honnestes familles qui avoient bonne et sainte affection au party, si est-ce qu'ils ne paroissoient et ne vouloient assister aux assemblées, ny parler à beaucoup de personnes, de peur d'estre descouverts, mais sous main faisoient ce qu'ils pouvoient, et animoient ces six personnes de vouloir travailler, et conferoient avec eux à couvert, et subvenoient à la cause de leurs conseils et moyens : de sorte que tout se gouvernoit avec grand zele, grande amitié, grande consolation, grande fidelité et grande prudence.

» C'estoit la premiere resolution du commencement de la ligue que de se resouldre à la mort, et en ceste resolution y entrer : chose qui les rendoit tellement hardis en toutes leurs affaires, que le deffunt roy Henry ny tous ses agens n'y peurent jamais entreprendre ny descouvrir, sinon que par conjectures et en gros, sans certitude aucune; car après que, par le conseil et instruction des docteurs, curez et predicateurs, ces six personnes eurent beaucoup gaigné de gens de bien, et qu'il y avoit apparence de former une bonne ligue contre l'heresie et la tyrannie, les aucuns furent deputez vers feu M. de Guyse pour luy donner à entendre la volonté des bons catholiques de Paris, le zele qu'ils avoient à la conservation de la religion et à l'extinction de l'heresie et tyrannie; lequel les receut avec grande allegresse, et de ce en communiqua à messieurs ses freres, et sur tous à feu M. le cardinal de Bourbon, qui tous loüoient Dieu de cet advertissement, et de ce qu'il luy avoit pleu de disposer les cœurs de beaucoup de catholiques à pareils effects et volontez qu'eux-mesmes avoient. Et des-lors les princes, specialement ledit feu sieur de Guyse, commencerent à entrer en conference avec les catholiques de Paris, et ne faisoient et n'entreprenoyent rien que par le consentement et advertissement les uns des autres, et envoyerent les sieurs de Meneville, Cornard et Beauregard pour conferer et communiquer avec eux, et voir leur disposition et bonne volonté : lesquels furent instruicts de toutes leurs intentions, et comment ils se gouvernoient, jusques à luy representer les projects qu'ils avoient faits, qui tendoient à trois fins : la premiere à la conservation de la religion catholique, apostolique et romaine; la seconde d'expulser et combattre contre l'heresie et sectes contraires à la religion catholique ; et la troisiesme pour reformer les vices, impietez, injus-

sedoient la France en tous
de l'impieté et tyrannie y
et justice. Voylà les trois
et outre ce, ils leur repre-
et à l'œil, la disposition
ville, avec la forme de leurs

ent de quelques bons
gens de cervelle, lesquels
n allerent en plusieurs pro-
yaume pour rendre capa-
plus affectionnez catholi-
es villes de la creation et
, et de l'occasion d'icelle,
gence avec les princes, à fin
rps par une mesme intelli-
ance, sous la conduite des
t conseils des theologiens,
esie et la tyrannie.
ur de Roche-Blond et ces
illoient par toute la ville, à
amis et confederez qu'ils
arty, ayant par leur labeur
mis au party des personnes
affectionnées qu'eux-mes-
n emploioit aux affaires,
rs la ville, les plus zelez et
ue non seulement les six
oubs eux, et par leur ins-
autres : comme au quartier
int pour ayde Hebert, dra-
Crucé print Figneron, Se-
l; le sieur de La Chappelle
ureur, et Beguin; le com-
int Tronçon, colonnel, et
aire; le Clerc Bussy print
les : et Senaut y amena le
ocat en la cour, très-catho-
é et très-resolu homme de
; comme aussi estoient les
t, qui tous travailloient af-
descouvrir ce qui se faisoit
ligion et du bien public. Et
nommez, avec autres bour-
yance aux six personnes,
stre advertir chacun à son
avoient apris par la ville,
enoit, ou des menées que
re les catholiques; et les six
rtissemens ils sçavoient par
i se passoit parmy la ville,
conseil, qui, selon les oc-
de remedes. Et par succes-
ne les affaires, mesmement
catholiques qui avoient esté
ses affidées et envoyées de

Paris pour les advertir de la ligue des catholiques et de leurs intentions, pour les confirmer davantage ils envoyerent à Paris des agents pour s'enquerir de la verité, et s'instruire amplement; et à fin de leur donner contentement il y avoit des catholiques qui estoient commis pour recevoir lesdits agents selon les provinces, les uns de Picardie, les autres de Normandie, les autres de Bourgongne, ceux d'Orleans, de Lyon, et autres villes et provinces, avec lesquels estoit fort amplement communiqué, et s'en retournoient bien instruits, et avec bons memoires et promesses de se secourir les uns les autres pour le soustenement de la religion contre les heretiques et leurs fauteurs : et tout cela se faisoit devant les Barricades. »

Voylà le commencement, le project et l'establissement de la ligue des Seize : vous voyez qu'ils bastissent leur conjuration comme font les publicains leurs paches (1) et associations. Le commencement est au nom de Dieu, mais le diable est à la fin; car d'ordinaire c'est à qui ruinera son compagnon. Aussi les effects de ceste ligue des Seize, que nous suivrons de temps en temps dans ceste histoire, monstreront qu'ils ont basty leur ligue en regnards, comme vous voyez par le recit mesmes de leurs propres livres; et verrez cy après qu'ils ont regné comme lyons, et qu'aucuns d'eux sont morts par la justice des princes de leur propre party; et ceux qui n'ont voulu esprouver la clemence et misericorde du roy Henry IV, contre qui ils avoient basty ceste ligue, vivent encore miserables, bannis hors de la France.

Mais surtout est à considerer que deux grands princes qui s'attribuoient et vouloient representer en France estre, après leurs souverains, les chefs des deux plus nobles et anciennes maisons qui soient aujourd'huy au monde, sçavoir de France et de Lorraine, car M. le cardinal de Bourbon se maintenoit estre le plus proche parent du Roy, yssu de masle en masle de la maison de France depuis le roy sainct Loys jusques à aujourd'huy, et M. le duc de Guyse precedoit en France, soit au conseil, aux assemblées ou aux ceremonies de l'ordre du Sainct Esprit, tous ceux de sa maison, nonobstant que M. le duc de Mercœur pretendist le preceder pour estre fils d'un fils du duc de Lorraine, et que le duc de Guyse n'estoit que fils de François, qui estoit fils de Claude, lequel estoit fils puisné d'un duc de Lorraine; ces deux princes donc, contre ce qu'ils avoient promis au Roy par l'accord de Nemours, de se departir de toutes ligues et asso-

(1) Pactes, conventions.

ciations, ont laissé le plus beau pretexte de leur premiere ligue faicte à Peronne, *de conserver le roy Henry III et son Estat*, en entrant et jurant ceste ligue et association des Seize, qui vouloient ruiner, ce disoient-ils, l'hipocrisie et la tyrannie dont ils accusoient tacitement le roy Henry III, prince très-chrestien, et trop bon et trop doux pour de tels esprits. Mais encore avec quelles personnes estoient ils en association ou ligue? avec des gens la plus-part qui estoient d'entre le simple peuple, des procureurs, des commissaires, des notaires, des drapiers, des cousturiers et des artisans. Des princes s'associer d'une ligue populaire à qui tout chef est incontinent odieux, cela ne leur pouvoit bien succeder; d'une ligue qui a pensé ruiner et la France et leurs propres maisons; d'une ligue à laquelle il n'a pas tenu qu'elle ne fist la France subjecte à la couronne d'Espagne; ce qu'elle eust faict, comme nous dironscy après, sans les vertueuses resolutions de leurs neveux, enfans et freres de ces deux princes.

Avant que de dire les effects de la guerre de l'an 1586, il ne sera hors de propos de voir tout d'une suite quels escrits se publierent en 1585 et 1586, tant d'un party que d'autre.

L'appast avec lequel on attire le menu peuple, ce sont les petits livrets que l'on seme parmy eux, qui, selon que la nouveauté luy plaist, se la forme tellement en son esprit, qu'il est impossible de luy oster, et principalement où il y va de la religion.

Au commencement de l'an 1585 on avoit publié le manifeste de la ligue, qui contenoit les causes et pretextes de la levée de leurs armes; le boute-feu des calvinistes, et le concordat de Magdebourg, pour faire accroire au peuple que le roy de Navarre avoit rescrit à quelque partie des estats de l'Empire, pour troubler la religion et la republique, et rallumer les feux des guerres civiles par toute la chrestienté; et mesmes qu'à Magdebourg il avoit esté faict un concordat entre tous les princes souverains protestans le 15 decembre 1584, par lequel ils promettoient mettre sus une armée de vingt-cinq mille chevaux et quarante-cinq mille hommes de pied de diverses nations, laquelle armée devoit estre employée en France dans le 15 d'avril 1585 : c'estoient toutes belles chimeres pour faire esmouvoir le peuple, et rendre tolerable la prise et la levée des armes de la ligue. Il firent lors aussi en mesme temps publier et courir par tout le discours de ce qui se passa au cabinet du roy de Navarre lors que M. le duc d'Espernon fut vers luy en l'an 1584, affin que le peuple creust que le Roy portoit faveur et amitié au roy de Navarre, et qu'il le recognoissoit pour son seul et certain heritier, et pour faire hair au peuple le Roy et le duc d'Espernon, et luy faire croire que le roy de Navarre ne changeroit jamais sa religion. Mais la premiere œuvre que firent les Seize, ce fut de faire imprimer la bulle de l'excommunication du roy de Navarre et du prince de Condé, et autres petits traitez : ce qu'ils faisoient si dextrement, que l'on ne voyoit les premiers imprimez qu'entre les mains de ceux qui estoient entrez en leur ligue : et comme c'est la coustume en faict de ses petits livrets là que tant plus il sont rares, tant plus ils sont desirez, et tant plustost on y croit, aussi il advint qu'à quelque pris que ce fust chacun en vouloit avoir, si bien que les libraires et imprimeurs s'hazarderent de les imprimer, et en firent de tant de sortes, que tout le menu peuple s'embarqua comme de luy mesme en ceste ligue. Quand ils virent que leur moisson estoit belle, au mois de may de l'an 1586, ils firent imprimer un livre intitulé Advertissement des catholiques anglois aux François catholiques du danger où ils estoient de perdre leur religion, et d'experimenter, comme en Angleterre, les cruautez des ministres, s'ils recevoient à la couronne de France un heretique [marquant par là le roy de Navarre] : ils le publierent au commencement fort en cachette. Or ce livre estoit d'un langage fort naif, plain de vives pointes; il contenoit des flateries et mocqueries du Roy, exaltoit sur tout la valeur du duc de Guise, disoit mille impostures du roy de Navarre et de la feue royne de Navarre sa mere, et sur tout se plaignoit qu'on n'avoit pas bien solemnisé la Sainct Barthelemy 1571 (1), et qu'on avoit tiré moins de deux poilettes de sang [denottant par là que l'on y devoit tuer le roy de Navarre et le prince de Condé]. Beaucoup de gens d'honneur, tant d'une part que d'autre religion, abhorroient alors la malice du temps, auquel le peuple n'avoit autre entretien que la lecture de ces livres, qui n'estoit que le fusil pour allumer le feu de la sedition future et prochaine.

D'un autre costé, nonostant toutes les declarations, toutes les proscriptions faites contre les huguenots et catholiques unis avec le roy de Navarre, un docte jurisconsulte catholique, dans Paris mesmes, au peril de sa vie, entreprit de respondre à tout ce que la ligue des Seize avoit fait publier, et se vid en mesme temps par les boutiques des libraires du Palais une apologie pour la deffence du roy de Navarre contre tous les libelles de la ligue, avec les moyens d'abus contre l'excommunication du roy de Navarre et du prince de Condé.

(1) Lisez 1572.

exprès ledit sieur roy de Navarre son nepveu pour vray fils, heritier, successeur, et representant en tout et par tout l'aisné de ladite maison.

L'excommunication du roy de Navarre et du prince de Condé luy fit faire un traicté fort ample, où il discourt principalement si le pape en excommuniant un prince le peut priver de ses biens temporels, et s'il peut excommunier les roys de France, les princes de son sang, les officiers de sa couronne, ou aucun corps ou ville subjecte au roy de France.

Il soustient que l'excommunication ecclesiastique n'est autre chose qu'une peine exterieure de n'estre point receu à la communion de l'Eglise, ou parmy le commerce exterieur des fidelles, et que le pouvoir de l'Eglise ne touche en rien les biens et choses temporelles, n'estant la puissance des ecclesiastiques autre que spirituelle, concernant le royaume de Dieu, et duquel ils sont dispensateurs et portent les clefs, lequel royaume *non est de hoc mundo*; aussi que l'excommunication n'est que pour servir d'exemple aux chrestiens quand ils jugeront la gravité du forfaict, et mesureront le scandale public, et pour occasionner le condamné à se recognoistre, avoir horreur et contrition de son offense, se voyant livré ez mains de Satan son ennemy mortel, et demander humblement d'estre reconcilié à l'Eglise catholique de laquelle il est banny. Voylà pourquoy il conclud que le pape, ny autre evesque, par sentence d'excommunication, ne peuvent priver aucun de ses biens temporels.

Mesmes que les privileges de la fleur de lys sont tels, que le pape, ou evesque quelconque, ne peuvent excommunier le roy de France, ny ses officiers et subjects en corps ou communauté, suyvant une bulle du pape Martin, et pour les causes y contenuës.

Il allegue plusieurs grandes raisons sur ce subject, et plusieurs exemples : entr'autres il dit que, l'an 1488, le procureur general du Roy appella comme d'abus de l'excommunication jettée par le pape sur les Gantois, par ce qu'ils maltraitoient l'empereur Maximilian leur comte, vassal pour ceste comté du roy de France, auquel seul il se devoit addresser pour luy pourveoir, et non au pape, qui n'a puissance quelconque sur les subjects de ceste couronne. Et dit que l'usage des appellations comme d'abus que l'on fait aux cours de parlement contre les entreprises du pape ont pris leur origine de ce temps là.

Aussi pas une des cours de parlement de France ne voulurent esmologuer ceste bulle d'excommunication. Plusieurs ont escrit que, le 6 de novembre, quelques François estans à Rome afficherent en plusieurs endroits de la ville un appel comme d'abus à un concile libre, interjecté contre ladite bulle par les roy de Navarre et prince de Condé. Le roy de Navarre mesmes s'en plaignit par lettres qui furent lors publiées par toute la France, lesquelles estoient addressées à Messieurs du clergé, de la noblesse et du tiers-estat, comme nous dirons cy-après. Il n'y eut pour lors que ceux de la ligue qui la firent trotter secrettement parmy les leurs, et sans nom d'imprimeur; car les bulles des papes ne sont observées en France si elles ne sont esmologuées et vérifiées en la cour de parlement, et en cela consiste principalement les privileges de l'Eglise gallicane.

Plusieurs, au temps que j'escris [qui est l'an 1605], ont remarqué en ces premiers mouvemens que les deux qui ont esté accusez d'avoir le mieux escrit pour l'un et l'autre party ont couru mesme fortune et mesmes dangers, tous deux encor vivans, et tous deux grands et doctes personnages; tous deux ont faict publier leurs livres sans se nommer : celuy de la ligue plus eloquent, mais calomniateur; celuy du party du roy de Navarre plus docte et françois; celuy de la ligue, au contraire du royal, a eu la recompense de ses escrits premierement, et fut faict advocat general en la cour souveraine du royaume durant la puissance de la ligue; et depuis il a eu beaucoup de peine et de mal : car, le Roy entré à Paris, il fut contraint de s'en aller hors de France, absent de sa famille, et alors luy et les siens furent affligez; apres plusieurs supplications, ses amis obtindrent son retour de la clemence du roy à present regnant. Quelques paroles qu'il dit trop librement furent cause qu'il fut mené à la Conciergerie, où il demeura trois mois, pendant lesquels tous ses amis, et principalement ceux qui luy avoient procuré son retour, eurent de la peine à empescher que l'on n'entrast à la cognoissance de ce qu'il avoit escrit et dit par le passé. Quelques accusations que l'on fist contre luy, quelques calomnies que l'on alleguast qu'il eust escrites, ne peurent rien sur la foy et la clemence du Roy, qui le fit sortir de prison. Depuis il a faict un remerciement à Sa Majesté, qui est un livre digne de son bel esprit, et, continuant en son devoir, il peut avec le temps acquerir autant ses bonnes graces comme il les avoit perduës.

Mais celuy qui a escrit pour la majesté des rois a eu la peine, les prisons et les afflictions au commencement : l'an 1588 il fut enfermé dans la Conciergerie. Après la mort du duc de Guise l'on le changea de logis, la Bastille fut le lieu où il fut très-estroictement tenu plus de deux ans; et ayant trouvé le moyen d'eschapper, s'estant sauvé à Sainct Denis, il trouva M. de Vic, gou-

belles, et poursuivis comme tels aux cours de parlement. Vous vous estes veus commandez, armez et combatans contr'eux, par l'expresse volonté du Roy, sous l'authorité des princes de son sang et des principaux officiers de sa couronne : et tout en un instant, quel changement! je vous vois armez contre le sang de France, commandez par estrangers que vous combatiez comme perturbateurs! Vous sçaurez donc bien juger que les premiers mandements procedoient de la volonté du Roy; ceux qui ont suivy depuys, de la violence des perturbateurs. Je sçay bien que vous ne me pouvez donner le tort, je sçay mesmes qu'en vos ames vous le donnez à mes ennemis. Pour transformer l'Estat comme ils desirent, il n'estoit besoin de vostre main, il n'appartenoit qu'à estrangers à l'entreprendre : pour chasser la France hors de la France le procez ne se pouvoit juger en France, elle estoit par trop suspecte en ceste cause; il falloit qu'il fust jugé en Italie. Ils se sont pris directement à moy, je me suis offert à un duël, je suis descendu au dessous de moy-mesmes, je n'ay desdaigné de les combattre, je l'ay fait, et Dieu m'en est le tesmoin, pour sauver le peuple de ruine, pour espargner vostre sang, de vous, dis-je, de qui principalement il se respand en ces miseres. Messieurs ne pensez que je les craigne; on sera plustost lassé de m'assaillir que moy de me deffendre : je les ay portez plusieurs années, plus forts qu'ils ne sont, plus foible beaucoup que je ne suis. Je plains vostre sang respandu et despendu en vain, qui devoit estre espargné pour conserver la France; je le plains employé contre moy qui me le devez garder, estant ce que Dieu m'a faict en ce royaume, pour, dessous l'authorité du Roy, joindre une France à la France, au lieu qu'il sert aujourd'huy à la chasser de France. »

En celle du tiers estat il dit : « S'il a esté question de la religion, je me suis soubs-mis à un concile; si des plaintes concernantes cest Estat, à une assemblée des estats. J'ay desiré mesme de tirer sur ma personne tout le peril de la France pour la sauver de misere, m'estant esgalé de mon plain gré à ceux que la nature m'a rendu inferieurs; au lieu que de leur propre interest ils ont fait une calamité commune, de leur querelle particuliere une confusion publique. J'aurois à me plaindre de ce que mes justes offres n'ont esté reçeuës; je m'en plains à vous, pour vous toutesfois et non pour moy : je plains les extremitez où l'extreme injure qu'on me faict m'ont reduit de ne me pouvoir defendre sans que le peuple innocent en souffre. Ces gens vous vouloient faire esperer qu'ils reformeroient les abus des finances, qu'ils diminueroient les tailles et subsides, qu'ils rameneroient le temps du roy Loys douziesme ; et desjà, qui les eust voulu croire, ils se faisoient surnommer peres du peuple. Qu'est il advenu ? leur guerre, après avoir rongé estrangement de toutes parts, s'est veuë terminée par une paix en laquelle ils n'ont pensé qu'à leur particulier, et ne s'y est faicte aucune mention de vous : et leur paix, qui pis est, s'est aussi-tost tournée en une guerre par laquelle le Roy est contraint de doubler les imposts, et le peuple exposé en proye aux gens de guerre. Au reste Dieu me fera la grace, après tant de travaux que j'auray, de voir cest Estat purgé de ceux qui le travaillent, de vous voir aussi jouyr d'un repos certain et asseuré qui nous face en peu de temps oublier tous les travaux passez. Je ne vous demande à tous, qui, selon vostre vocation, estes plus subjects à endurer le mal que non pas à le faire, que vos vœux, vos souhaits et vos prieres. »

A Messieurs de Paris : « Je vous escris volontiers, dit-il, car je vous estime comme le miroir et l'abregé de ce royaume, et non toutesfois pour vous informer de la justice de ma cause, que je sçay vous estre assez cogneue, au contraire pour vous en prendre à tesmoin. Vous sçavez quel jugement le Roy a faict des autheurs de ces miseres : tout le changement qui est venu depuis, je sçay que vous l'aurez imputé non à son vouloir, ains à la force qui luy a esté faite. Et de fait je suis bien adverty qu'estant peu après requis de fournir aux frais de ceste guerre, vous avez bien sceu respondre que ces troubles n'avoient onc esté de vostre avis, que c'estoit à ceux qui les mouvoient et non à vous d'en porter les frais : responce que n'avez accoustumé de faire quand vous pensez qu'il est question du service du Roy ou du bien du royaume, car jamais subjects n'ont esté pour ce regard plus liberaux que vous : aussi voyez vous clairement qu'on ne demande pas vos bagues pour fournir à la rançon du roy François ou de ses enfans, ou d'un roy Jean, mais pour esteindre le sang et la posterité de France. Je sçay tresbien que le Roy vous aura sceu gré de vostre responce, et je vous en ay une obligation pour le rang que Dieu m'a donné en ce royaume, et pour estre, puis qu'il luy a pleu, des enfans de la maison. Je me desplais en mon malheur de ne pouvoir deschasser le mal universel de cest Estat sans quelques maux ; je me plairay pour le moins en mon integrité, qui les ay voulu racheter de ma vie, et qui la sentiray tousjours bien employée pour la conservation de cest Estat et de vous tous. »

Il faut que je dise icy que le regret que le roy de Navarre monstra par ces lettres avoir des miseres de la France, les offres qu'il avoit faictes au Roy dez le commencement de la levée des armes des princes de la ligue, lesquelles offres avoient tesmoigné à toute la chrestienté le desir vray qu'il avoit de le servir ; la patience qu'il eut entre les armes de ses ennemis, et la resolution que le Roy et la ligue, après l'accord de Nemours, prinrent de luy courir sus à luy seul desarmé, nud et surprins ; tout cela apporta une si grande lumiere de son innocence, que les estrangers condamnerent ses ennemis ; et plusieurs de la noblesse françoise et beaucoup de gens d'honneur catholiques l'affectionnerent tellement deslors, qu'il a receu depuis de quelques-uns d'entr'eux des services tres-signalez, ainsi que nous dirons à la suitte de ceste histoire, selon les temps.

Le roy de Navarre estoit sur le trente-troisiesme an de son aage. Ses ennemis disoient de luy qu'il n'avoit jamais rien fait de luy-mesmes, qu'il estoit impossible que tant de grands capitaines qui l'alloient assaillir ne le ruinassent du tout. M. de Mayenne manda de Guyenne au Roy qu'il ne luy pouvoit eschaper. Au contraire de toutes ces propositions, Dieu mesnagea de telle sorte ce prince, que tout ce qui se fit ceste année contre luy, ce fut qu'en ne faisant que se deffendre, quatre grandes armées conduites par plusieurs grands chefs de guerre se ruinerent toutes sans faire choses dignes de grande memoire.

De la premiere et plus grande des quatre armées estoit chef, comme nous avons dit, M. de Mayenne, qui, à la fin de l'an 1585, avoit pris Montignac et Beaulieu. Ceste année de 1586, M. le mareschal de Matignon, gouverneur de Bourdeaux, avoit aussi de belles troupes : c'estoient deux grands chefs de guerre en une mesme province. Voicy les exploicts qu'ils firent en ceste année. Le mareschal de Matignon assiegea Castels ; le sieur de Favas, brave et accort capitaine, à qui ceste place appartenoit, la deffend ; mais le roy de Navarre ayant resolu d'aller en Gascongne et en Bearn pour mettre un ordre parmy ses places, part de Montauban avec trois cents maistres et deux mille hommes de pied, faict lever ce siege à M. de Matignon, tire de ceste place le sieur de Favas, et l'emmene quand et luy, donnant le commandement de ceste place au comte de Gurson, gouverneur de Castelgeloux, et qui estoit son parent. Le roy de Navarre n'est si tost hors de ceste place qu'elle est derechef assiegée. M. de Mayenne y vint : peu de jours après le comte de Gurson sommé rendit ceste place par composition au duc de Mayenne ; qui fut le commencement des divisions d'entre luy et M. le mareschal de Matignon, qui avoit envie de s'accommoder de ceste place. L'on tient, et est vray, que deux chefs d'armées ne peuvent durer ensemblement, ce ne sont que jalousies. Il en entra de telles entre le duc de Mayenne et le mareschal de Matignon, que du depuis ils se prindrent garde l'un de l'autre. Les gens d'esprit deslors jugerent bien que tant de gens de guerre ne feroient que ruyner le peuple des bourgades et villages, qui n'auroient le moyen de se deffendre de la picorée de leurs troupes. Voylà une place assiegée par un mareschal, soustenuë par Favas, mais toutesfois renduë au duc de Mayenne *par le comte* de Gurson, qui n'y avoient rien fait ny l'un ny l'autre.

Le roy de Navarre estant au Mont de Marsan, M. Lenoncourt, qui depuis a esté cardinal, et le president Brulart l'y vindrent trouver de la part du Roy : Prevost, curé de Sainct Severin, qui estoit le second de la ligue des Seize, vint avec eux comme pour accompagner ledit sieur de Lenoncourt, car ceste ligue n'estoit encores descouverte ; mais Dieu sçait si les princes de la ligue furent advertis seurement de ce qui se passa en ce voyage : aussi en prindrent-ils de terribles allarmes, quoy que ceste ambassade n'estoit que pour dire au Roy de Navarre que Sa Majesté desiroit *sur tout qu'il fust* catholique, affin que ses *ennemis* n'ayans plus de pretexte, la France eust *cest heur* que d'estre paisible le reste de son regne. Ils eurent pour responce du roy de Navarre qu'il estoit grandement tenu au Roy de la bonne volonté qu'il luy avoit toujours portée, mais qu'il ne pouvoit changer de religion sans estre instruit. Et sur ce qu'ils luy dirent qu'ils avoient charge de luy proposer que s'il vouloit venir en Poictou, que la Royne mere s'achemineroit jusques à Champigny, où elle luy feroit entendre plus amplement l'intention de Sa Majesté, il leur promit qu'il s'y rendroit le plustost qu'il pourroit.

Quelque temps après, M. de Mayenne adverty que le roy de Navarre devoit passer la Garonne a Caumont, il envoya de bonnes troupes en embusches du costé des Lannes, dont il chargea le sieur de Poyane, gouverneur de Dacqs, et luy s'en vint avec toute son armée vers Caumont, par où il estoit asseuré qu'il devoit passer : le duc ayant eu advis que le roy de Navarre estoit arrivé sur le soir à Caumont, resolu d'y souper et d'y coucher, il despescha incontinent vers le Roy, et luy manda qu'il luy rendroit bon compte du Roy de Navarre, et qu'il ne luy pouvoit eschapper : mais Dieu, qui estoit sa garde, en disposa autrement : le roy de Navarre ayant soupé se couche, s'endort ; sur la minuict advis vient du danger où il estoit au sieur de La Combe, qui estoit un sien gentil homme servant, lequel incontinent l'esveilla avec importunité, le fit lever, et seuls passerent la Garonne dans un basteau qu'ils enfoncerent après avoir passé, et, poursuivans leur chemin comme gentils hommes de l'armée du duc de Mayenne, allerent droit passer par le quartier des troupes du vicomte d'Aubeterre, qui estoient logées à Sauvetat près Aymet, où il passa franchement sans estre recognu, et tira droict à Saincte-Foy, où il arriva et où il attendit trois semaines ses gens, qui allerent passer à Saincte Baseille, se sauvans le mieux qu'ils peurent pour eviter la colere de M. de Mayenne, fasché d'avoir perdu une si belle occasion de le prendre; Quelques-uns en voulurent accuser M. d'Aubeterre d'avoir donné cest advis au roy de Navarre, pour ce que c'estoit luy qui s'estoit chargé de prendre garde à ce passage, veu que M. de Mayenne s'en estoit fié à luy, principalement pour ce qu'il luy avoit dit qu'il recognoistroit plustost le roy de Navarre qu'un autre, à cause qu'il avoit esté nourry son page ; mais ce bruit rapporté au vicomte par aucuns, en la presence de plusieurs gentils hommes de l'armée, dit que quiconque le voudroit dire qu'il le feroit mentir. Ce vicomte d'Aubeterre avoit de très-belles troupes de cavalerie en l'armée du duc de Mayenne, et plusieurs ont tenu qu'à la verité il brigua d'avoir ceste garde pour faire ce service au roy de Navarre.

Le duc de Mayenne voyant que les huguenots ne paroissoient en gros d'armée par la campagne, qu'ils s'estoient tous retirez par les places en garnison, il se resoult, pour employer son armée, de prendre Saincte Baseille, ce qu'il fit, et le fit desmanteler. Puis il assiegea Monsegur qui se rendit à composition. Il print aussi Castillon et Puis-Normand. Voylà en quoy il employa toute son armée pendant l'hyver et l'esté de ceste année, jusqu'en autonne qu'il s'en retourna à Paris, ainsi que nous dirons cy après.

Les huguenots voyans que M. de Mayenne assiegeoit des villes en Guyenne [où il n'y avoit pas grand cas à gaigner, et où le vicomte de Turennes, qui avoit logé plus de trois mil harquebusiers dedans les places que le roy de Navarre tenoit sur la Dordongne, luy empeschoit souvent ses desseins], ils recommencerent à entreprendre et surprendre de tous costez : entr'autres le sieur de Plassac, gouverneur de Pons, surprint, au mois de fevrier, Royan, place forte. Le sieur de Laval, dez la fin de l'an passé, avoit faict lever le siege de Taillebourg au mareschal de Matignon, où il tenoit assiegé madame de la Trimouille et mademoiselle sa fille par le commandement du Roy, qui l'avoit chargé de se saisir de leurs personnes. Mais, le 16 de mars 1586,

M. le prince de Condé alla à Taillebourg, où il espousa mademoiselle de La Trimoüille. Le sieur de La Trimoüille et duc de Toüars, que l'on tient estre le plus qualifié seigneur du Poictou, se fit lors de la religion pretenduë reformée; toute la noblesse presque de ses vassaux prit ce party. Plusieurs petites places furent lors surprises, entr'autres Soubize, Mornak en Alvert prez Broüage, Mondevis et Chizay sur la Boutonne. Mais au commencement d'avril, en une charge que fit M. le prince de Condé sur le regiment de Tiercelin qu'il vouloit deffaire, lequel retournoit de Marennes à Xainctes, les deux freres de M. de Laval y furent tellement blessez, que deux jours apres ils moururent : et luy, de douleur de voir tous ses quatre freres morts [le plus jeune estant mort peu auparavant à Sainct Jean d'Angely], mourut aussi huict jours après : si que tous les enfans qu'avoit laissez le sieur d'Andelot de madame la comtesse de Laval sa femme, moururent tous en moins d'un mois. En ce temps aussi le comte de Gurson et quatre de ses freres moururent en une rencontre qui se fit, près de Castelgeloux, contre le sieur de Castelnau, gouverneur de Marmande, dont le vicomte de Turenne dit : « J'ay peur que ceste meschante guerre nous mangera tous, si Dieu n'y met la main. »

Le Roy adverty des exploicts des huguenots en Poictou, pour les resserrer y envoye M. le mareschal de Biron, qui, arrivé à Poictiers avec douze cents chevaux et quatre mil hommes de pied, les empescha de faire leurs courses si librement; puis il alla assieger Marans, dont il leva le siege, ainsi que nous dirons cy après. Voylà donc la Guyenne, le Poictou, la Xaintonge, le Limosin et le Perigort affligez de la guerre, de la famine et de la peste.

Quelques huguenots s'eslevent aussi en la haute Auvergne, surprennent quelques forts; le duc de Joyeuse avec de belles troupes alla les chasser de Merueges, et depuis alla trouver M. le mareschal de Joyeuse son pere, qui avoit pris Montesquiou en Lauraguais : le siege du Mas Sainote Espuelle, où mourut trente-deux capitaines et cinq cens harquebusiers, fut la ruine de leurs troupes. Tandis que toutes ces choses se font, le mareschal de Montmorency ne demeure oisif en Languedoc; il asseure toutes ses places, charge et deffaict des troupes de la ligue à Lodeve et à Sainct Pons, et les faict desnicher le plus qu'il peut de son gouvernement de Languedoc.

La Provence ne fut aussi exempte de la guerre en ceste année : M. de La Valette, qui en estoit gouverneur, travailloit fort les huguenots de ces quartiers là; le nombre en estoit fort petit. M. le duc d'Espernon son frere y fut avec huit cents chevaux et de très belle infanterie : les huguenots furent chassez de toute ceste province : après la prise de Sayenne quelques uns furent pendus. Quand le Roy de Navarre en receut les nouvelles, il dit : « Quoy! le duc d'Espernon donc nous est plus rigoureux que le Roy; ce n'est pas ce qu'il m'avoit promis. » Mais cependant que l'on oste aux huguenots une petite place en Provence, le sieur Desdiguieres, commandant pour le roy de Navarre en Dauphiné, Gouvernet, et autres capitaines, surprennent Montelimar et plusieurs bonnes places. Voylà l'exercice des François en l'année 1586.

Tandis que toutes ces choses se passoient, le Roy estoit à Paris, attendant la resolution de l'assemblée generale du clergé qui se tenoit aux fauxbourg Sainct Germain des Prez, à laquelle il avoit fait demander qu'ils eussent à le secourir d'un million d'or pour entretenir ses armées contre les heretiques, et à continuer de payer treze cents mil livres tous les ans pour les rentes deües à l'hostel de ville de Paris. Après deux remonstrances faites à Sa Majesté au nom dudict clergé, par les evesques de Sainct Brieu et de Noyon, la bulle du Pape pour alliener cinquante mil escus de rente fut verifiée au parlement le 27 de mars, et l'assemblée passa contract avec Sa Majesté, daté du mois de juin, de continuer encor pour dix ans de payer les rentes deuës à l'hostel de la ville.

Mais en ce temps arriva à Paris les ambassadeurs des princes protestans d'Allemagne, lesquels s'estoient assemblez à la poursuite des sieurs de Clervant et de Segur, agens du Roy de Navarre, pour obtenir d'eux la levée d'une armée d'Allemans. Le chef de ceste ambassade estoit de la maison de Montbelliard; les princes qui les envoyerent estoient les eslecteurs de Saxe et de Brandebourg, Jean Casimir, palatin, Jean Frederic, administrateur de Magdebourg, les ducs de Saxe, Pomeranie et de Brunsvic, et le landgrave de Hesse. Ces princes ne vouloient accorder au roy de Navarre aucune levée de gens de guerre sans en avoir premierement adverty le Roy. Quand ils arriverent à Paris Sa Majesté estoit à Dolinville; l'on les faict loger aux fauxbourg Sainct Germain, à l'hostel de Ventadour, là où ils demeurerent plus qu'ils ne pensoient sans avoir audience. Trois semaines se passerent sans que le Roy retournast à Paris : venu, ils s'acquittent de leur charge, et luy disent que le roy de Navarre requeroit la levée d'une armée en Allemagne; que les princes qui les avoient envoyez n'avoient voulu la luy accorder sans l'avoir premierement supplié, comme estans ses bons amis et alliez, de redonner la paix et le re:

[illegible] les edicts de
[illegible] accordé pour
[illegible] pour les differens

[illegible] que les princes es-
[illegible] entr'eux et leurs su-
[illegible] désiré le repos de son
[illegible] princes estrangers se mes-
res et des ordonnances qu'il fai-
[illegible]. Aussi leur respondit-il
[illegible] ils estoient envoyez,
[illegible] pays et seigneuries, soit
[illegible] la police et gouvernement
ce qu'ils avoient trouvé bon,
[illegible] meslé de les contredire;
[illegible] les autres princes souve-
[illegible] pays les edicts qu'ils ont
[illegible] leur semble et le trouvent
[illegible] aussi, ayant trouvé
[illegible] avec son conseil de changer
[illegible] pour la religion; que
ne qui soustiendroient ses sub-
[illegible]ndroient obeyr à ses edits ne
e avec raison, et ne luy pou-
[illegible].

[illegible] Allemans en s'en retour-
[illegible] le mescontentement
ste responce : l'on jugea des-
[illegible] viendroient encores une fois
y [illegible] resoult que s'ils viennent
nt. Ce sont nouvelles armées
es Estats qui sont affligez de
rent subsister sans forces, ny
retenuës sans un grand fonde-
ny les finances estre amassées
ayde et contribution de ceux
n.

lu Roy n'estoit tel qu'il estoit
y en avoit d'alliené pour plus
Les Parisiens venoient tout
er sur eux deux cents mil es-
commandement de Sa Ma-
toute la France estoit assez
es et des gens de guerre. Pour
gent pour faire la guerre, et
d'en avoir le plus prompte-
r de nouveaux officiers; ce
u conseil, le Roy alla luy
nt sur la fin du mois de juin,
ngt et six edits, à la verifica-
à Messieurs de la cour :
peu avoir la paix je vous ay
combien je desirois reduire
r ancienne splendeur : estant
re dont la despence ordinaire
cents mil escus par mois, je
suis forcé, de peur de vous perdre, et moy avec vous, recourir à des moyens extraordinaires, et suis contrainct de faire les edits que je veux estre presentement publiez. M. le chancelier vous fera entendre les occasions qui m'ont convié à les faire. »

M. le chancelier prenant la parole, dit : « Tout ce qui se fait de nouveau en un Estat, et contre l'ordre qui y est estably, est pernicieux et dommageable. L'on n'est à present en ces heureuses deliberations là où, toutes choses estant faisables, l'on n'a qu'à choisir les meilleures, ains au contraire l'on est maintenant en l'option des maux, et l'on n'est empesché qu'à suivre les moindres pour destourner les plus grands : aussi les pilotes agitez d'une tourmente ne craignent, par le gect d'une partie de leur marchandise, soulager leur vaisseau, puis après se rejetter par la loy de la mer sur tous ceux qui en ont receu la commodité : ainsi le Roy, pressé d'une dangereuse tempeste, expose tout ce qu'il peut pour destourner les forces intestines dressées contre le repos de la France, et pour s'opposer à l'armée des Allemans preste à monter dans le royaume : les François ne voudroient que les payens et les barbares emportassent l'honneur sur eux d'exposer plus librement leurs biens et leurs personnes pour la deffence de leurs roys et de leurs pays, ce qu'ils doivent faire, puis que Sa Majesté ne refuse de payer sa part de la perte, employant en ceste guerre les revenus de ses domaines et sa propre personne. »

Les principaux poincts de la harangue de M. le premier president furent :

« Tous les preceptes que l'on peut donner à un bon prince se recueillent en deux mots : juger et combattre. Le dernier est quasi comme oisif et inutile aux republiques qui jouissent du fruit de la paix ; mais le premier est tousjours necessaire, et quasi, comme on dit, tousjours en action. Par la justice les roys regnent, tant en la paix qu'en la guerre, et elle ne se peut administrer que par les officiers qui sont establis par le prince pour cest effect, avec choix pour leur integrité, et certain nombre pour l'ordre. Si une multitude inumerable y est indifferemment receuë, ce que l'on appelle creer offices et ministres de justice, sera mettre les biens et fortunes de vos subjects, Sire, à l'enchere : aussi la justice, qui est le lien du peuple avec le prince, venant à defaillir, la force, qui est l'autre partie de vostre royaume, ne sauroit estre de guere longue durée. Les loix de l'Estat du royaume ne peuvent estre violées sans revoquer en doute vostre propre puissance et souveraineté. Il y a de deux sortes de loix : les unes sont loix et ordonnances des roys, les autres sont les ordonnances du royaume, qui sont immuables et inviolables, par lesquelles vous estes monté au throsne royal et à ceste couronne, qui a esté conservée par vos predecesseurs jusques à vous. Dieu vous a mis, Sire, les fruicts en main, et pourriez, si vous vouliez, faire de nous et de nos biens tout ce qu'il vous plairoit; mais cela ne vous entrera jamais dans l'esprit que vous soyez roy de force et violence : aussi vostre regne est un regne de loyauté et justice, auquel vos subjects vous rendent plus de subjection et d'obeissance de bonne volonté que les Turcs ny les Barbares ne font à leurs princes par la force ny par contrainte ; et cela vient de la loy du pays où ils sont nez, qui les oblige à ne rien tant aymer apres Dieu que le roy, et ne vivre que pour luy. Mais ceste loy publique n'est pas seule, il y en a d'autres aussi dependantes de ceste là, qui concernent le bien public et le repos du peuple à l'endroict de son roy : celle là entre autres est des plus sainctes, et laquelle vos predecesseurs ont religieusement gardée, de ne publier loy ny ordonnance qui ne fust deliberée et consultée en ceste compagnie : ils ont tousjours estimé que violer ceste loy estoit aussi violer celle par laquelle ils sont faicts roys. » La supplication qu'il fit à Dieu de conserver le Roy en sa pietié, devotion et integrité, en luy donnant heureuse et longue vie, fut la fin de sa harangue, qui fut suivie d'une autre pour le procureur general, en ceste substance : « Sire, les volontez des princes sont bien differentes en la guerre et en la paix : ils veulent ce que la raison ou naturelle inclination leur conseille en la paix ; et en la guerre ils veulent ce à quoy leurs ennemis les contraignent. Nous avons veu par la paix derniere six vingts edicts revoquez, un nombre d'officiers inutils en la justice demouré retranchez, et toutes choses avec votre esprit disposées au service de Dieu et reformation de vostre Estat : mais puis que la condition de la guerre force vostre volonté à reprendre ce que vous avez tousjours rejetté, et que vous estes contraint certainement de vous servir des moyens extraordinaires qui contiennent beaucoup de choses contraires aux anciennes loix de vostre Estat, nous qui sommes tesmoins de vostre necessité, qui sçavons ce qu'avez faict devant que d'en venir là, pouvons vous en excuser devant tout le monde, et consentirons que sur le reply des lettres patentes et edits presentement publiez il soit mis qu'elles ont esté leuës, publiées et registrées. »

Voylà une publication d'edits que le Roy fit pour tirer de l'argent de son peuple sans emprunt ou taille, affin de satisfaire aux frais de la guerre. Plusieurs escrivirent pour et contre ceste invention de creer offices : ce fut un pretexte à la ligue des Seize avec lequel ils desbaucherent une infinité de menu peuple de l'obeïssance du Roy. « Car, disoient-ils, à quoy tant d'offices? Ne faut-il pas que ces officiers qui acheteront en gros revendent en destail la justice puis apres? Ne sçait on pas que la vente des offices est la porte ouverte aux ignorans et aux meschans? Qui doute que la multitude d'officiers ne consomme la finance du Roy et mange le peuple? car ils veulent tous vivre et s'enrichir ; tellement que plus y en a, plus il couste à plaider, et se font plus de frais en l'expedition des affaires. » « Il eust donc mieux vallu, leur respondoit-on, ne rompre point les edits de pacification, puis que l'on ne pouvoit faire la guerre sans argent, et que l'argent ne se pouvoit tirer qu'à la foule du peuple, veu aussi que maintenant vous vous plaignez de la moindre foule avec laquelle on tire l'argent du peuple imperceptiblement, qui est la creation et vente de nouveaux offices, pour ce qu'il se trouve tousjours plus de fols acheteurs que d'estats à vendre. »

Le Roy eut advis du duc de Mayenne, par le sieur de Sesseval qu'il lui avait envoyé exprès, que son armée de Guyenne, combatuë de la famine et de peste, se dissiperoit en bref s'il ne la faisoit refraischir de nouvelles troupes, de munitions de guerre et d'argent. Il eut le mesme advis de toutes les autres armées ; toutes demandaient munitions, vivres et argent. La surprise d'Auxonne avoit troublé toute la Bourgogne : celle de Raucroy en Champagne n'avoit pas moins troublé ceste province là, et mesmes que le sieur de Chambery avoit esté tué dans ceste place, lequel estoit fidelle serviteur de Sa Majesté ; laquelle place avoit esté rendue au duc de Guise le 24 decembre, et mesmes que dez le mois de may passé il avait pensé se saisir de Mets, et tenoit tousjours une armée sur ceste frontiere, ruynant le plat pays, s'emparant tousjours de quelque place sous pretexte de faire la guerre à Sedan, comme il avoit fait de Douzy, dez le mois de fevrier, aussi que le duc d'Aumalle s'estoit emparé de Dourlan, avoit levé et faict vivre à discretion ses troupes en Picardie, et mesmes avoit pensé surprendre Boulogne. Sa Majesté pensa que si, avec toutes ces desfaveurs, troubles, divisions et ruines, l'armée d'Allemagne [de la levée de laquelle on faisait courir le bruit] le surprenoit, ce seroit pour combler le boisseau des miseres de la France. Ce fut ce qui le fit prier la Royne sa mere d'aller jusques à Champigny, qui est une belle maison appartenant à M. de Montpensier, scituée sur les marches du Poictou et de la Touraine, affin de trouver un bon moyen, par quelque conference avec le roy de Navarre, de pacifier les troubles de son royaume, et ce suivant mesmes ce qu'il avoit promis de faire à M. de Lenoncourt, quand il le fut trouver au Mont de Marsan. La Royne mere entreprend ce voyage, elle se rend à Champigny; M. de Montpensier va trouver le roy de Navarre, le dispose d'entrer en ceste conference, pourveu que M. le mareschal de Biron leve le siege de devant Marans, où il avait receu une harquebuzade qui luy avoit emporté un doigt de la main gauche et le bout du poulce. Le siege est levé à la charge que l'exercice public de l'une et l'autre religion se fera dans Marans.

Il fut donc arresté entr'eux que la conference se feroit à Sainct Bry près Congnac, chasteau appartenant au sieur de Fors qui estoit du party du roy de Navarre, et où la Royne mere iroit loger, mais que le roy de Navarre aurait les clefs du chasteau.

La Royne mere avoit M. de Nevers et plusieurs seigneurs du conseil du Roy avec elle. Le roy de Navarre avoit avec luy M. le prince de Condé son cousin, et le vicomte de Turenne, et plusieurs seigneurs de son conseil. Il y eut trois entrevuës par trois divers jours. A la premiere entrevuë, tandis que le roy de Navarre y alloit, le prince de Condé et le vicomte de Turenne avec leurs gens de guerre faisoient la garde; de mesme, quand M. le prince y alla, le Roy de Navarre et le vicomte faisoient la garde; et quand le vicomte y entra, le Roy et le prince la firent. Ils avoient peur d'estre surpris, et principalement pour ce qu'il y avoit de grosses troupes de gens de guerre de l'armée de M. de Mayenne qui estoit rompue et desbandée, luy s'en estant allé en diligence à Paris pour representer à Sa Majesté que ceste conference estoit contre son edict, et contre ce qu'il leur avait promis par l'accord de Nemours: bref il en mit toute la ligue des Seize en alarme. Or, en toute ceste conference et à toutes les entrevuës, après plusieurs detestations contre les perturbateurs d'Estat et les inventeurs des nouvelles opinions, la Royne mere exhorta tousjours le roy de Navarre, de sa part et de celle du Roy, d'estre catholique. Il lui respondit [comme aussi firent le prince de Condé et le vicomte de Turenne] qu'il ne vouloit changer de religion s'il n'estoit instruit par un concile libre. A la troisiesme entreveuë on parla de faire une trefve, à la charge que le roy de Navarre contremanderait l'armée estrangere. Le roy de Navarre dit qu'il ne veut point de trefve, mais bien une bonne paix. La Royne dit que, s'il veut promettre de retourner en l'Église catholique, qu'elle accordera une trefve qui amenera la paix, ce qu'elle ne pouvoit faire autrement. Puis elle dit au vicomte de Turenne que resoluement le Roy ne vouloit qu'une religion en France. Il luy respondit: « Nous le voulons bien, madame, mais que ce soit la nostre, autrement nous nous battrons bien: » et ce faisant fit la reverence à la Royne, et se retira sans lui plus rien dire, ce qui fit mettre la fin à ceste conference. La Royne s'en retourna à Paris, et le roy de Navarre et les siens à La Rochelle, où M. le mareschal de Biron avoit pendant la conférence entré par plusieurs fois. Pendant qu'il y fut ce ne furent que festins; mais il fut mandé incontinent par Sa Majesté: si que l'hyver de ceste année les Rochellois furent libres jusques à ce que M. de Malicorne, gouverneur de Poictou, et le sieur de Laverdin, son nepveu, y recommencerent la guerre.

Dez le 20 de mars l'an 1583, le Roy avait estably dans le couvent des Augustins une confrairie ou congregation de l'Annonciation de Nostre Dame que l'on appelloit les Penitens blancs. Sa Majesté estoit de ceste congregation; M. le cardinal de Bourbon en fut le premier recteur, plusieurs princes, prelats et seigneurs s'y mirent. Leurs statuts et leurs reigles furent imprimez. Quand ils estoient dans leur chappelle, ou qu'ils faisoient procession, ils portoient un habit en forme de sac allant jusques sur les pieds, assez large, avec deux manches, et un capuchon cousu sur la cousture du collet par le derriere, assez pointu par en haut, et pardevant allant en pointe jusques à demy pied au dessous de la cinture, n'y ayant que deux trous pour regarder à l'endroit des yeux; le tout d'une toile blanche de Hollande; et estoient ceints d'une cordeliere de filet blanc avec plusieurs nœuds, pendante jusques au dessous des genoux; sur l'espaule gauche de leur habit il y avoit une croix de satin blanc sur un fonds de velours tanné cannelé, qui estoit quasi tout en rond. Le Roy se rendoit fort assidu d'observer les reigles de ceste congregation. La ligue y trouve à redire, dit que tout ce qu'il en faict n'est qu'hypocrisie. Or, au commencement de l'an 1586, plusieurs pasquils et peintures coururent avec dictons, tant avec le portraict du Roy que des princes de la ligue; entr'autres l'on en remarqua deux, celuy du duc de Mayenne, où il y avait, pour son voyage de Guyenne: *Parturient montes et nascetur ridiculus mus*; et sur celuy du Roy, qu'ils habilloient en Penitent ostant le miel et la cire d'une ruche, avec ces mots: *Sic eorum*

quelques autres. Ils vouloient dire que, comme il faut couvrir la face et les mains de quelque sac quand on veut oster le miel d'une ruche, de peur d'estre piqué de l'aiguillon des mouches, ainsi que le Roy se couvroit la face d'un sac de Penitent de peur des aiguillons de la ligue. Cecy n'estoit que peintures qui ne se communiquoient qu'à ceux qui avoient de l'esprit. Mais le premier et le plus hardy predicateur qui commença en preschant en chaire à mettre en execution la volonté des Seize, ce fut M. Poncet, curé de Sainct Pierre des Assis. Il mesdit du Roy et de ceste congregation des Penitents, et en dit tant de choses en ses predications, que le Roy l'envoya querir. Il fut quelque temps detenu comme prisonnier; toutesfois il fut renvoyé après quelques remontrances que le Roy luy fit faire. C'estoit un hardy parleur : on sceut qu'aucuns de ces paroissiens avoient dit : « Le Roy a tancé nostre curé, il parlera bien un autre langage qu'il ne faisoit. » [Car depuis qu'il avoit descouvert quelques privautez, ou que l'on luy avoit raporté quelque chose, il ne falloit qu'aller à sa predication pour en sçavoir des nouvelles.] Il fut adverty lesquels de ses paroissiens avoient dit cela; aussi-tost qu'il fut en chaire il leur demanda s'il avoit changé de langage, s'il parloit le langage d'un perroquet ou d'un sansonnet. Du depuis il continua à blasmer seulement les actions de la congregation des Penitens blancs et leurs habits, pour ce que le Roy estoit de cette congregation là [quoy qu'à l'imitation des blancs deux autres congregations s'estoient aussi establies, vestuës les unes de couleur bleuë, et les autres de noir, desquelles toutefois il ne disoit rien]. Or il advint en ceste année qu'un advocat de Poictiers nommé Le Breton, ayant pris la cause pour une veufve et pour un orfelin, perdit sa cause et à Poictiers et à Paris. Il prend si bien ceste affaire dans la teste, qu'il s'imagine de vouloir et pouvoir reformer tous les abus de la justice. Il se presente au Roy, il luy parle, on le mesprise. Il s'addresse à M. de Guise, qui ne tient conte de lui respondre. Il va en Guyenne trouver M. de Mayenne, qui le desdaigne. Il va à La Rochelle vers le roy de Navarre, qui ne voulut prendre la peine de l'escouter. Après tous ces voyages il retourne à Paris, où il fait imprimer un livre dans lequel tous les griefs qu'il disoit avoir esté faicts à la veufve et à l'orphelin estoient descrits, avec tous ses voyages, et mille injures et calomnies qu'il entremesloit dedans contre le Roy et le parlement. L'on est adverty de l'impression de ce livre; M. Seguier, lieutenant civil, saisit le livre, prend l'autheur et le met dans la Conciergerie, où son procez luy estant fait, il fut pendu dans la cour du Palais, à quelque vingt pas des grands degrez, et son livre bruslé devant luy.

Poncet, adverty de ceste execution, et que l'on punissoit de mort ceux qui escrivoient des invectives contre le Roy, apprehende, luy qui avait continué de parler mal en chaire contre les actions du Roy; il se couche au lit, et peu de jours après il meurt. L'execution à mort du Breton fut un des plus specieux pretextes que prirent les Seize de parler contre le Roy et la justice; aussi que, le mesme jour qu'il fut executé, il fut decapité en Greve un gentil-homme appelé Sainct Laurens, qui, après avoir protesté qu'il estoit innocent, estant sur l'eschafaut, appella sa partie à comparoir dans l'an devant Dieu : ceste partie estoit sexagenaire, qui mourut peu de jours après [toutesfois la mauvaise vie de Sainct Laurens n'estoit que trop cognüe dans le pays Chartrain]; ils en tirent une calomnie, et font couler parmi eux que la justice avoit fait mourir deux innocens en un mesme jour : « Qui n'a veu mourir Le Breton, disoient-ils, avec ces mots à la bouche : *Judica me Deus, et discerne causam meam de gente non sanctâ*, etc.? Qui ne luy a veu soustenir qu'il mouroit pour avoir deffendu la veufve et l'orphelin, et pour vouloir procurer la reformation des abus de la justice? Si le Roy eust voulu, ce vertueux personnage n'eust esté pendu. Mais quoy ! voylà la tyrannie ouverte. Qui demandera maintenant la reformation des abus il se peut asseurer de la mort. » Ils userent aussi d'une finesse la plus subtile que l'on se sauroit adviser : les livres du Breton furent bruslez; le peuple de ce temps estoit curieux de les voir; les portepaniers du Palais sont importunez d'en recouvrer; ils font donc glisser une remonstrance faite dez l'an 1577 pour la reformation des abus, de laquelle on osta le commencement, et la vendoit on pour le livre du Breton. Ainsi le peuple, voyant une remonstrance si bien faite, se pipoit de luy-mesme, et par ce moyen on lui faisoit perdre l'amour, l'honneur et la crainte qu'ils devoient à leur Roy et à sa justice, et on luy enracinoit dans l'ame le mespris, la desobeissance et la rebellion contre son prince et contre Messieurs de la cour de parlements. Je diray encor ce mot sur le subject des Penitents, que ces congregations, tant des blancs que des bleus, noirs et gris, ont fort peu duré à Paris, pource que la ligue fit oster les blancs, et les autres furent deffendus l'an 1594, accusez de n'estre que colonies de seditieux. Et toutesfois ces congregations sont très-belles, très-estimées, et louées à Rome et à Venise, et en beaucoup d'autres lieux d'Italie. Ainsi plu

...en des pays,
...n'estre que tyran-
...tient son inquisi-
...n'en veulent ouyr
...estre tyrannie:
sont differens selon les
...matiere, continuons
...

de ceste année, l'hyver
...re ne se fit que fort peu;
...rent toutes congediées,
...t laissées es garnisons
...er les courses des hugue-
Guyenne, du Languedoc
...blesse se retira de cha-
...isons; et quelques regi-
tant pour vivre ez pro-
...oint de huguenots, qu'af-
...nouvelles cruës pour s'en

...'an, la ceremonie de l'or-
... fit aux Augustins. En ce
...rit aucuns desseins de la
... qui estoit lieutenant du
...ce (1); il sceut aussi que
...it communiqué avec eux
... les Augustins, et que le
...venu à Paris l'esté passé
de vivre et mourir avec
...abandonner, comme fit
... au commencement du
...ste année. Quelques-uns
...t persuader à Sa Majesté
...rocedoit que de l'affection
...eligion catholique, et de
à l'advenir d'estre domi-
..., qu'il despescha encore
...rs le roy de Navarre, pour
...nière fois de se mettre en
...'il estoit resolu de ne souf-
...utre religion que la catho-
...il le roy de Navarre dit
...e dessein de ses ennemis
...que affin que le royaume
...la n'avoient pris les armes
...ix, et pour diviser et par-
...eux; mais que s'il plaisoit
...esler ceste querelle entre
et luy, sans s'en mesler,
... mil hommes dans trois
...l esperoit renger tous les
...sous l'obeyssance de Sa

(1) ..., règne de Henri III,
...de cette collection.

La ligue veut la guerre, le roy de Navarre y est contraint. Ils parlent, comme on dit, à cheval; et le Roy n'a point assez de force pour contraindre aucun de ces deux partis à luy vouloir obeyr. Il est conseillé donc de tourner toutes ses forces contre les huguenots. Il éxecute ce conseil; et le printemps de ceste année la guerre se recommença en deux endroicts: M. de Guise fit la guerre à Sedan et à Jamets, places appartenantes au duc de Boüillon, où les huguenots de l'Isle de France, Picardie et Champagne s'estoient retirez: il n'y eut pas beaucoup d'efforts de ce costé-là, et les trefves qui furent faictes entre les ducs de Guise et de Boüillon aux mois de may et de juin, leur donnerent pour deux mois de repos, jusques à la venuë de l'armée des Allemans et des Suisses.

D'autre costé le roy de Navarre en Poictou commença vivement la guerre; il s'empara des places de Chisay, Sanzay, Sainct Maixent, Fontenay et Mauleon, les unes par assaut, les autres par composition, et ceste derniere par escalade; il prepare en un mois plus de besongne que M. le duc de Joyeuse, avec son armée qui vint en Poictou, n'en eut sceu faire en six. Le duc à son arrivée se rendit maistre de la campagne, reprint Sainct Maixent et Tonnay-Charente, visita de prez les Rochelois, desfit quelques troupes du roy de Navarre à la Mothe Sainct Eloy, et reprit Maillesais; mais la peste travaillant son armée, il revint vers le Roy à Paris. Ses troupes furent mises en garnison en quelques places de Poictou, le commandement desquelles il laissa au sieur de Laverdin son lieutenant. Voylà ce que fit la cinquiesme armée envoyée contre le roy de Navarre.

Cependant que ces choses se passent, le Roy s'exerce en œuvres pieuses, il fait faire des oratoires pour les Jeronimites au bois de Vincennes: comme il est vestu de gris, il en fait aussi vestir les Suisses de sa garde. Il fait bastir les Fueillans aux faux-bourgs Sainct Honoré; il commença un bel edifice pour faire un monastere au lieu où jadis estoient les Tournelles, appellé depuis le marché aux chevaux, et maintenant le Parc royal. Mais quoy! toutes ses devotions furent reputées par les Seize n'estre qu'hypocrisie! Les predicateurs de la ligue feront assez leur devoir de le prescher, comme il sera dit cy-après.

Le duc de Guise cependant le vint trouver à Meaux au mois de may, tant pour l'asseurer de la levée certaine de l'armée des Allemans, affin qu'il luy donnast des forces pour leur resister, que pour se plaindre de plusieurs choses qu'il disoit avoir esté faictes contre l'edit et l'accord de Nemours. Ces plaintes furent veuës de beaucoup de personnes en ce temps-là ; le jugement en fut divers, selon leurs passions. La ligue les soustenoit estre justes, d'autres les tenoient trop hardies pour estre faictes par un subject à son roy. « Quelle apparence, disoient-ils, que le duc de Guise se plaigne qu'on ait saisi les revenus du cardinal de Pellevé, archevesque de Sens, puis que l'on sçait qu'il s'est retiré à Rome, où il mesdit ouvertement contre le Roy? Quelle apparence ce duc a il de dire que l'on laisse les heretiques en leurs maisons jouyr de leurs biens, veu que le duc de Mayenne a baillé en Guyenne une infinité de sauvegardes aux dames de Caumont, de Trans, et à des seigneurs et gentils-hommes de la religion pretenduë reformée, et autres catholiques tenans le party du roy de Navarre, avec deffences à ceux de son armée de les molester à cause qu'ils ne portoient point les armes? Pourquoy veut-il contraindre le Roy de regarder d'un bon œil les seigneurs qui l'ont suivy en ceste derniere levée d'armes? Ne sçait-on pas que le sieur d'Antragues a fait tirer des coups de canon de la citadelle d'Orleans sur M. le duc de Montpensier, que le Roy y envoyoit? Et maintenant il voudroit que le Roy luy en rendist grace et le remerciast. M. de Brissac a laissé surprendre le chasteau d'Angers : Sa Majesté l'a reprins d'entre les mains des partisans du roy de Navarre : et il voudroit contraindre le Roy, s'il pouvoit, de restablir le sieur de Brissac dans ceste place. Quelle apparence? » Ainsi parloient les courtisans.

Le Roy toutesfois eust bien desiré une paix, au contentement des uns et des autres ; il exhorta le duc de Guise d'y adviser, et luy fit faire des promesses particulieres, s'il y vouloit entendre, pour l'advancement des siens; mais ses desseins n'estoient pas à la paix. Il faut donc que le Roy, contre son vouloir, se resolve à la guerre : et pour s'opposer à ceste grande armée d'estrangers, qui vouloient, en traversant la France, aller joindre le roy de Navarre en Poictou, il fit publier un mandement par lequel il fut enjoinct à toutes les troupes, tant de cavalerie que d'infanterie, de se rendre dans le 4 juillet, scavoir : les unes à Chaumont en Bassigny, sous la charge de M. de Guise; à Sainct Florentin, près de Troye, sous la conduite de M. de Montpensier; et à Gyen, où le Roy luy-mesme se trouveroit.

Le conseil de la ligue des Seize à Paris, sur ceste nouvelle qu'il venoit une armée de reistres en France pour le secours du roy de Navarre, se remua plus qu'auparavant, et fit publier parmy ceux de leur faction que c'estoit le Roy mesme qui les faisoit venir, et envoyerent en plusieurs villes de France ce qu'ils avoient resolu pour s'y opposer. La lecture de leurs propres memoires fera aysement juger de leur mauvaise intention, et de leurs calomnies et practiques contre le Roy. Voicy leur premier memoire.

« Sur l'advis asseuré que nous avons receu de la volonté du Roy de faire entrer au royaume de France une grande armée de reistres et Suisses hereticques, avec lesquels il traicte jusques à leur abandonner nos vies et nos biens, sous la conduite du roy de Navarre, qu'il a appellé pour son successeur à la couronne, le tout tendant à la ruine de l'Eglise catholique, apostolique et romaine, et pour l'establissement de l'heresie ; nous avons bien voulu vous adviser de nos resolutions pour nous defendre de cest orage, et resister à si pernicieuses entreprises, où le Roy, à nostre très grand regret, est porté par l'induction de gens malins qui le possedent, pour establir l'heretique en ruinant les catholiques. Et d'autant que telles entreprises ne regardent seulement la ruine de la religion catholique au royaume de France, mais de toute la chrestienté, c'est l'occasion pour laquelle nous nous sommes resolus d'y resister et nous defendre, sans toutesfois rien attenter ny entreprendre du vivant du Roy, mais seulement nous tenir sur la deffensive au cas qu'en soyons contraints, affin de nous mettre en devoir, et n'estre accusez devant Dieu et par nostre posterité d'aucune negligence ou mespris de la religion, pour n'avoir fait nostre debvoir et ce que pouvions, de resister à l'establissement de l'heresie, et empescher la ruine de nostre religion catholique, apostolique et romaine. Pour à quoy remedier nous avons [suivant le bon advis qu'en avons pris avec aucuns de vos deputez] dressé trois memoires, les coppies desquels nous vous envoyons : le premier contenant nos projects et intentions; le second la forme de s'y gouverner; et le troisiesme la forme de nostre serment; affin que les ayans veus vous nous mandiez vostre advis et resolution, ne voulant rien faire ny entreprendre qu'avec vostre bon advis et consentement, comme nos confreres et compatriotes, avec lesquels nous desirons vivre et mourir pour le soustenement de nostre religion : le tout selon que nous vous avons particulierement mandé cy-devant, et qu'avez esté advertis comme nous du peril que la chrestienté court pour les grandes entreprises que l'on fait contre les catholiques. »

Voylà le memoire, et voycy leur premier project :

« Advenant le cas que les reistres et Suisses heretiques se desmarchent pour entrer en France, comme ils se preparent et qu'ils y ont esté appellez, il est de besoin que les ecclesiastiques, gen-

tueux, de la race ancienne des roys de France, qui le rend très-recommandable, non comme heritier et successeur, estant trop remot en degré, mais capable d'eslection et de l'honneste preference pour sa religion et ses vertus.

« Ceste cause est si juste et favorable, que toutes les provinces et villes catholiques de ce royaume, et les gens de bien ecclesiastiques et la noblesse s'y joindront, veu la pureté et sincerité de nostre intention : et par ce moyen la religion catholique et cest Estat, que l'on veut ruiner, seront conservés et maintenus [moyennant la grace de Dieu] sans qu'il soit à la puissance des heretiques et leurs adherans de parvenir à leurs desseins, ny à ceux qui commandent de gaster tout doresnavant, comme ils ont faict par cy-devant.

» Et pour nous asseurer davantage en la deffense et manutention, tant en la religion catholique qu'en l'Estat, que Henry de Bourbon, prince de Bearn, heretique, relaps et excommunié, veut empieter contre tout droict divin et humain, il sera très-necessaire, advenant la mort du Roy sans enfans [que Dieu ne veuille] d'advertir par bonnes et veritables instructions nostre Sainct Pere le Pape et le roy Catholique de toutes nos intentions, affin de les prevenir, et qu'au besoin Sa Saincteté nous assiste de sa saincte benediction, et le roi Catholique de ses forces et moyens pour une si saincte cause qui leur touche de prez, voire où ils y ont interest notable et principale deffense. »

Voylà leurs projects, et voicy la forme comme ils se devoient gouverner.

« Le moyen [sous la conduite de nostre bon Dieu] advisé et resolu de tenir pour essayer en ce grand desordre qui menace de toutes parts la ruine finale de nostre religion et de l'Estat de ce royaume, est de mettre un si bon ordre que nous restablissions ceste monarchie et tous les estats d'icelle selon les anciennes fondamentales loix [sans nous despartir de la deué obeyssance que nous devons au Roy tant qu'il sera catholique, ou qu'il ne se declarera fauteur d'heretiques].

» Premierement, c'est de faire que le plus que l'on pourra de provinces et bonnes villes de ce royaume s'unissent ensemble de force et conseil, et moyens.

» Et pour y parvenir, il faut en icelles practiquer le plus de gens de bien que l'on pourra comme ecclesiastiques, mesmement des predicateurs ausquels le peuple a creance, gentils-hommes vertueux et de bonne vie, des officiers du Roy qui ne sont encores corrompus, bons et notables bourgeois et marchands, tous gens de bien et de bonne conscience, craignans Dieu, sans crime ny reproche, affin que nous ne soyons point bigarrez ; lesquels, n'estans point poussez d'aucune privée passion, mais du seul zele de la religion catholique, se resolvent, quand une juste occasion se presentera, d'employer franchement leurs vies et leurs biens. Pour cest effect est besoin que les gens de bien des bonnes villes voisines ayent communication ensemble, affin qu'es occurrences ils puissent prendre advis de ce qu'ils auront à faire.

» Et parce qu'encores que nostre intention soit saincte et juste, et que l'on ne la pourroit aucunement reprendre, toutesfois en un temps si chatouilleux on la pourroit sinistrement interpreter ; il faut necessairement se comporter avec le secret, et pour ceste occasion est besoin qu'en chacune ville l'on establisse un conseil de six personnes gens de bien, fidelles et prudents, qui communiqueront une fois ou deux la semaine ensemble, et ausquels les lettres de dehors se rapporteront ; car par ce moyen ils auront nouvelles de tout ce qui se passera. Chacun des six pourra pratiquer d'autres de mesme condition, ausquels ils communiqueront les choses qu'ils jugeront dont ils seront capables ; et pour fortifier davantage nostre party, il faudra qu'ils essayent de practiquer en leurs voisinages des gens de bien, de qualité, ecclesiastiques, gentilshommes, officiers de la justice et bourgeois les mieux vivans et de bonne reputation, affin que nostre corps soit composé des plus gens de bien des trois estats.

» Et parce que les princes catholiques sont parus devant nous, et ont declaré leurs intentions et icelles manifestées, par lesquelles l'on cognoist qu'ils ne tendent à autre but que celuy que nous tenons, il nous faut prudemment chercher les moyens de nous joindre avec eux, et qu'eux representans le chef ne puissent agir sans les membres, affin que le corps soit bien uny et qu'il ne se separe, soit de subject, soit d'intention, car de là arriveroit nostre ruine.

» Et pour prudemment pourveoir comme à chose necessaire, faudra qu'en nous joignant avec les princes catholiques, que l'honneur du commandement leur demeure, et que la force et disposition des affaires demeurent aux estats et conseil des catholiques, veu que les villes fourniront et souldoyeront les hommes et feront eslection des chefs particuliers à leur volonté, et que l'on establira cependant un conseil de gens de bien et de qualité des trois estats, par l'advis desquels les affaires se manieront en la justice et finances, dont ils cognoistront souverainement ; et les princes et la noblesse conduiront

tion et publication duquel nous poursuivrons tant qu'il nous sera possible, pour estre unis et incorporez inseparablement avec l'Eglise catholique, apostolique et romaine, qui est la vraye et seule Eglise de Dieu.

« Nous supplions pareillement messieurs de la noblesse catholique de ce royaume, se ressouvenir de ce à quoy la gloire de leurs ancestres les convie, veu qu'ils ont si genereusement et tant de fois combattu pour la deffence de la religion catholique, et se joindre et associer avec nous, à fin que, comme ils sont eslevez d'un degré plus haut, ils nous monstrent aussi le chemin, et nous servent de guide, chefs et conducteurs pour conserver la religion catholique, apostolique et romaine, et la patrie commune contre l'entreprise et violence des heretiques, et empescher leur domination; et en ce faisant nous leur promettons de ne les abandonner jamais, ains nous joindre avec eux et y employer nos vies et nos biens pour l'effect de ceste presente association, que nous continuerons, par la grace de Dieu, jusques à ce que, par une assemblée generalle des estats catholiques, que le Roy sera supplié faire assembler le plustost que faire se pourra, on ait pourveu à ce que ce digne corps de noblesse, appuy principal de ce royaume après Dieu, soit mis et restably en son ancienne splendeur, et maintenu en ses merites, libertez, honneurs, prerogatives et franchises honnestes et vertueuses. A condition aussi que messieurs les ecclesiastiques et nobles nous promettent pareillement de ne nous abandonner jusques à ce que par lesdits estats on ait pouveu à ce que la justice soit affermie et repurgée comme elle doit, specialement les cours souveraines, remplies en la plus-part de corruptions, heresies et tyrannies; et aussi jusques à ce que l'on ait asseuré et restably les corps et communautez des bonnes villes en leurs anciens privileges, libertez, honneurs et franchises; semblablement que l'on ait pourveu aux intolerables miseres desquelles le pauvre et commun peuple, nourricier de tous les autres estats, est aujourd'huy de milles façons barbarement oprimé: le tout sans nous departir de la deuë obeyssance que nous devons au Roy, veu que si nostre intention par l'ayde d'en haut se peut accomplir, au lieu qu'il se peut dire à present le plus pauvre et mal obey roy de la terre, on le verroit estre honnoré et mieux obey qu'autre qui vive. Le grand Dieu du ciel, qui a seul toute puissance sur les empires du monde, et qui est scrutateur des cœurs, benisse nostre saincte intention et la face prosperer à son honneur et gloire eternellement. »

J'ay mis icy tout du long ce memoire et ces projects faicts par le conseil des Seize de la ligue dans Paris, avec la forme comme tous les peuples des villes qui entreroient dans ladicte ligue se devoient gouverner, et leur serment qu'ils devoient faire, affin que le lecteur juge plus aysement de l'interieur de ceux qui ont basty ceste ligue contre leur bon et souverain prince, et comme ils se sont couverts du pretexte de la religion, en protestant *de ne se despartir de l'obeyssance qu'ils devoient au Roy*, avec ceste clause : *tant qu'il sera catholique, ou qu'il ne sera fauteur d'heretique*. Et toutesfois, dez le premier commencement de leur memoire, par ces mots, « sur l'advis que nous avons receu de la volonté du Roy de faire entrer au royaume de France une grande armée de reistres et Suisses heretiques, avec lesquels il traicte jusques à leur abandonner nos vies, etc., » ils l'accusoient desjà d'estre fauteur d'heretiques; et sous ceste calomnie ils bastirent leur ligue dans les villes, tandis que Sa Majesté exposoit sa vie avec sa noblesse pour empescher que les rheistres ne passassent la riviere de Loire. Le lecteur peut aussi remarquer comme ils vouloient changer l'ordre de la succession en ce royaume sous le pretexte de la religion, lorsqu'ils parlent de M. le cardinal de Bourbon en ces mots : « non comme heritier et successeur, estant trop remot en degré, mais capable d'eslection et de l'honneste preferance pour sa religion et ses vertus. » Il failloit bien que les desseins de ces conjurateurs pour mettre l'ordre du royaume de France sans dessus dessous, eussent pour but quelque apparence de bien; aussi ils ne vouloient que l'on receust en leur ligue que les gens de bien. Plusieurs bonnes gens du peuple s'en mirent sous le specieux pretexte de religion; mais les autheurs et gouverneurs de ceste ligue avoient bien d'autres desseins, ainsi qu'il se verra cy-après.

Or suivant ce que nous avons dit, que le Roy avoit donné le rendez-vous à toutes ses troupes, tant de cavallerie que d'infanterie, pour aller au devant des reistres en trois endroicts, sçavoir à Chaumont, à Sainct Florentin près Troyes, et à Gyen, il s'y trouva soixante-huict compagnies de gens-d'armes montans à quelque trois mil cinq cents chevaux, dix mil hommes de pied françois, douze mille Suisses et quatre mille reistres. Ce qui estoit sous la conduite de M. de Montpensier s'adjoignit au Roy, comme nous dirons cy-après : mais les troupes qui estoient sous la charge de M. de Guise tindrent leur corps d'armée tousjours à part, savoir vingt-cinq compagnies d'ordonnances, conduittes par les princes et seigneurs de la ligue, quelques regiments de

leur estant faillie, ils veulent tenter de passer à guay la Loire; mais ils trouverent que les guaiz par où ils pouvoient lors passer estoient tous gastez par le commandement de Sa Majesté : celuy de Sainct Firmin proche de Chastillon sur Loire fut gasté par le sieur de La Chapelle aux Ursins; celuy de Lezé, où il pouvoit y passer cent chevaux de front droict à droict sans se mouiller presque les sangles, fut gasté par M. de Nevers; celuy de Saint Sature par M. de La Guiche, celuy de Pouilly par M. le mareschal de Rets, et celuy du Pas de Fer près Nevers par M. le mareschal d'Aumont.

Ainsi les reistres empeschez, pour ne pouvoir passer la riviere de Loyre, laquelle estoit bordée de l'armée du Roy, se resolurent le 20 d'octobre, estans à Neufvy, de tirer du costé la Beausse. Le Roy se rendit à Gyen le 24, et donna l'ordre requis pour garder ceste ville, qui estoit fort foible. L'armée estrangere alla vers Montargis, le baron d'Othnaw, qui conduisoit les reistres, se logea à Vimory. Les ducs de Guise et de Mayenne s'estoient arrestez avec leurs troupes vers Joigny, Asse et Crevant, à quinze lieuës de Neufvy où estoient logez les reistres, hors d'esperance de les plus revoir, pensans qu'il estoit impossible de leur empescher le passage de la Loire; mais quand ils eurent advis que le Roy les y avoit arrestez tout court, et qu'ils avoient pris le chemin de la Beausse, alors l'esperance leur creut que les reistres ne retourneroient tous en Allemagne. De les attaquer en gros ils n'estoient assez forts : leur dessein fut donc d'enlever quelque quartier de ceste armée. Ils s'acheminent vers Montargis, et s'aydent presque en mesme temps de la finesse et de la force.

Pour la force, le 27 octobre sur le soir ils donnent avec toutes leurs troupes dedans Vimory, pensant enlever de nuict ce quartier; mais les reistres incontinent se rallierent : il y eut là un grand combat où les ducs de Guise et de Mayenne perdirent deux cents quarante des leurs, et les reistres cent cinquante : une partie du bagage du baron d'Othnaw fut pillé, il perdit les deux chameaux qu'il devoit presenter au roy de Navarre, les deux attabales (1) [qui sont petits tabourins de cuivre que les bachas des Turcs estans chefs d'armées font sonner et marcher devant eux], trois cents chevaux de chariots. Les ducs après cest exploict se retirerent avec leurs troupes vers Nemours.

Voilà ce qui se passa à Vimory. Depuis, l'armée estrangere s'advança dans le Gastinois; le duc de Boüillon y prend et bat Chasteau-Landon, le reistre le pille. Le duc de Guise ne dort point, la finesse est aussi utile à la guerre que la force; il s'ayde de d'Escluseaux, qu'il avoit mis dans Montargis, pour faire une entreprise double, et offrir au sieur de Chastillon pour de l'argent de le faire maistre, tant du chasteau que de la ville : il avoit envie de l'y attraper, mais l'entreprise fut descouverte.

Les reistres tirent droict en Beausse; les pluyes les incommodent, la plus-part des Suisses et des lansquenets laissent leurs souliers parmy ses terres grasses, les chevaux des reistres s'y deferrent. Le Roy ne les abandonne point qu'il ne soit ou à leur teste ou à leur main gauche. Le duc de Guise les suit, et les tient contrainets sur leur aisle droite de se tenir serrez. Ainsi les reistres passent auprès d'Estampes, et tirent droict pour aller à Chartres. Ils se logent à Auneau; leurs mescontentements croissent, ils demandent aux François qui les conduisoient argent, munitions et vivres; tout leur manque. Quelques troupes qu'avoit levées M. le prince de Conty au Mayne s'advancent à Prunay près Chartres, où M. le duc de Bouillon luy rend la cornette blanche; tout cela ne contente le reistre ny le Suisse; ils trouvoient bien de quoy vivre, mais l'argent ny l'armée du roy de Navarre ne paroissoit point.

Le dessein du Roy estoit de les separer, et sans perdre les siens trouver le moyen de faire vuider ceste armée estrangere de son royaume. Le duc de Guise, au contraire, voyant que tout luy rioit, ne vouloit qu'ils s'en retournassent à si bon marché; et quoy que le duc de Mayenne estoit retourné en Bourgongne avec ses troupes depuis la charge de Vimory, il continue son dessein de tascher à enlever le quartier du baron d'Othnaw, logé à Auneau, lequel le mesprisoit pour le peu de troupes qu'il avoit. Or M. de Nevers, par le commandement du Roy, avoit faict si bien, que les douze mil Suisses accorderent de s'en retourner en leur pays moyennant de l'argent : par ce moyen ceste grande armée d'estrangers tout à coup se trouve estre affoiblie de la moitié, ce qui fut la seconde cause de la deffaite de ceste armée, laquelle, ne se trouvant plus assez forte pour respondre à l'armée royalle, minuta sa retraite affin d'aller passer à la source de Loire, et gaigner le Vivarais, le Languedoc et la Gascogne, pour voir le roy de Navarre et son argent. Mais le duc de Guise leur dresse une aussi belle entreprise et aussi subtile qu'il se sçauroit imaginer, qui fut telle : Le concierge du chasteau d'Auneau, qui appartenoit à la maison de Joyeuse, estoit avec quelque garnison dans le chasteau, ayant juré sur sa foy qu'il n'entreprendroit rien, le baron d'Othnaw l'y

(1) Lisez arabales.

le Pont Sainct Esprit, sceut qu'ils s'advancent en Dauphiné: il en advertit M. de La Valette, et convie tous les catholiques de prendre les armes pour empescher qu'ils ne joignent le sieur Desdiguieres, lequel avoit aussi amassé toutes ses forces pour les aller recevoir et garentir de tomber sous la puissance des armes des catholiques. Mais si tost que les garnisons de Montelimar furent sorties pour aller trouver le sieur Desdiguieres, les catholiques executent une entreprise qu'ils avoient dez long temps sur ceste place; ils surprennent la ville et non la citadelle: Desdiguieres pour la secourir est contraint de retourner; le sieur de La Valette et le colonel au contraire s'advancent, et executent si bien leur dessein, qu'ils attaquent ces deux mille Suisses et les desfont, si que fort peu se sauverent de la fureur de leurs armes. Cependant les sieurs Desdiguieres, Gouvernet, Poyet et autres, s'advancent vers Montelimar, et à la diane entrent par la citadelle, et donnent si vivement dans la ville, qu'après avoir rompu les barricades et les premiers corps de garde, ils renversent et tuent tout ce qui se presente en armes devant eux. et reprennent ceste place: il y eut en ceste reprise plusieurs seigneurs de marque de tuez. et grand nombre de soldats, pource qu'ils ne se peurent sauver, à cause que le comte de La Baume entendant l'alarme sortit; mais il fut incontinent tué: or il avoit les clefs des portes. pource qu'il estoit le seigneur le plus qualifié qui fust dans ceste place, lesquelles ne pouvant à ceste occasion estre trouvées pour ouvrir les portes, ils demeurerent tous sous la puissance des victorieux, qui en espargnerent fort peu.

Voylà pour le faict des armes, comme la France en a esté tourmentée l'an 1587. Pour la famine, au mois de juin la ville de Paris et les pays où les armées passerent en furent fort affligez. Ce sont les fruicts qu'elle reçoit pour la rupture des edicts de pacification.

Le Roy après l'entiere desroute des reistres retourne à Paris, il y passe son hyver. Il avoit pourveu de l'estat d'admiral de France M. le duc d'Espernon, il luy avoit aussi donné le gouvernement de Normandie, qui estoit les deux plus belles charges qu'avoit feu M. de Joyeuse, duquel les funerailles se firent lors à Paris telles que l'on les faict aux enfans de France: ce fut un nouveau subject de mescontentement aux princes de la ligue, qui portoient de l'envie à ce seigneur d'autant que le Roy l'aymoit. Les malcontents sont tousjours ennemis des favoris des princes; aussi tous les conseils que tenoit la ligue des Seize à Paris, et tout ce qui se fit en l'assemblée tenuë à Nancy [où le duc de Guise se trouva en fevrier 1588, au retour de la course qu'il avoit faite en la comté de Montbelliard], ne fut que pour trouver moyen d'oster le duc d'Espernon d'auprès de Sa Majesté.

L'esmeute de Cruce et de La Haste [que les Seize ont appellé entr'eux l'heureuse journée de Sainct Severin, en laquelle ils prirent la premiere fois les armes, sonnerent le toxin en l'eglise Sainct Benoist, et eurent la hardiesse de repoulser les archers des gardes du Roy, deux commissaires et quelques sergents qui avoient eu commandement de se saisir de quelques predicateurs lesquels avoient presché que le Roy estoit un tyran et fauteur d'heretiques] ayant esté endurée par Sa Majesté, qui n'usa lors de sa force et de son authorité pour punir ceste premiere sedition des Seize, qui ne parurent lors que cent personnes au plus en armes, a esté estimée une signalée faute, et pareille à celle qu'il fit dez le commencement que les princes de la ligue prirent les armes en 1585. Il faut dire la verité: la rebellion et la mutinerie se doit punir dez qu'elle est descouverte, l'on ne la doit point endurer. Aucun prince ne s'est jamais bien trouvé de tolerer les seditieux, car ils deviennent de plus en plus insolens et hardis d'entreprendre contre luy, le peuple les suit voyant qu'ils ne sont chastiez. Les roys doivent user en ces accidents là promptement de leur force et authorité, affin de remedier aux inconvenients qui en adviennent, et non pas dilayer sous ombre de cuyder user de prudence.

Les Seize depuis ceste esmeute devinrent si hardis, et multiplierent tellement, qu'il fut hors de la puissance du Roy de les remettre en leur devoir: ils contre-disoient librement toutes ses actions, publioient mille menteries de Sa Majesté, entr'autres qu'il avoit faict venir luy-mesmes l'armée estrangere des reistres pour ruyner les princes et le peuple catholique, qu'il l'avoit payée de ses deniers, et l'avoit renvoyée et fait reconduire jusques aux frontieres par M. d'Espernon, auquel seul il donnoit tous les plus beaux estats de la couronne; que le duc de Guise et les princes et seigneurs de la ligue avoient seuls combatu l'armée estrangere sans avoir aucune recompense ny bien-faict de Sa Majesté, mesmes que le sieur de La Chastre, mareschal de l'armée du duc de Guise, luy allant porter la nouvelle de la desfaicte d'Anneau, au lieu de luy donner, selon la coustume des roys, une recompense digne d'une telle et si bonne nouvelle, ne l'avoit pas presque voulu voir; que les intelligences secrettes et les faveurs qu'il portoit au roy de Navarre n'estoient que trop cognuës, lequel il avoit envie de faire son successeur.

...bolisent le peuple. Quel-
aussi, avec lesquels ils
r, et se manquoient d'en
provinces avec lesquelles
que nous avons dit, et
articulierement de ce qu'ils
resistoient aux mauvais ef-
du Roy et de son conseil.
nouvelle leur vint de la re-
Guise avoit prise avec les
à Nancy ; ils en advertis-
derez, les articles trotent
sont parmy les principaux
desquels estoit :
rvice de Dieu et la religion
ine splendeur, que le Roy
ublier le concile de Trente,
saincte inquisition ez villes
s ou evesques.
esie et chasser par armes
Roy entretiendroit une ar-
Lorraine, assez forte pour
revenir plus en France ;
sur la frontiere du
des gens de guerre, se-
requerroit, et qu'il seroit
ntreprises de la ligue pour
nt executées] de joindre à
ses desseins avec ceux des

guerre, que les biens im-
ts seroient vendus.
nandes fussent sainctement
ées, que le Roy chasseroit
ques uns qui luy seroient
osteroit les estats et gouver-
oit donnez.
les et purement françoises
que ces articles estoient
qui vouloient commander
pretexte de la religion, et
à leur volonté, et disoient :
le raisons pertinentes pource ny les cours souveraines
le concile de Trente, les-
scrites et publiées par plu-
nsultes ; et principalement
oit aux evesques la cognois-
oses temporelles lesquelles
stice royale ; qui estoit une
sions pourquoy plusieurs
avoient voulu recevoir ce

comme elle est exercée en
estoit qualifiée du tiltre de
e, mesmes que le roy Philippe II l'avoit de nouveau corrigée, à cause qu'elle entreprenoit sur sa justice royale, combien qu'ils avoüoient qu'elle estoit necessaire pour les marranes, moriscats et nuevos christianos de l'Espagne.

De faire la guerre aux heretiques : l'on sçait que le Roy ne parle d'autre chose que du voyage qu'il veut faire en Guyenne pour les exterminer. Mais à quel propos entretenir une armée en Lorraine? L'on descouvre trop ce dessein. Ils veulent envahir et deposseder s'ils peuvent l'heritiere de la maison de Bouillon (1) de ses villes de Sedan et de Jamets, et que l'argent et les forces de Sa Majesté servent à ruyner une orpheline. Cela ne seroit juste. Mais ne sçait-on pas aussi que le duc de Guyse a traité avec le conseil de l'heritiere de Bouillon pour luy donner le duc de Ginville son fils pour mary, et à ceste condition qu'il luy laisseroit son exercice de la religion pretendue reformée libre? Ne sçait on pas que le pape Xiste en ayant esté adverty, a recognu par là l'intention sinistre des princes de la ligue?

Quant à la crainte qu'ils ont que les reistres ne viennent en Lorraine prendre vengeance des bruslemens qu'ils ont fait en la comté de Montbelliard, le Roy leur a il commandé de les faire? Il ne les y a pas envoyez. S'ils font des ennemis de gayeté de cœur, qu'ils trouvent des commoditez de s'en deffendre.

Pour la vente des biens des huguenots ; qui est celuy qui ne sçait qu'elle se faict et poursuit à toute rigueur? mais, quand il a esté question de vouloir proceder à la vente des biens immeubles de la maison de Vendosme appartenant au roy de Navarre, n'a t'on pas ouy dire à M. le cardinal de Bourbon, en parlant au Roy : « Il vous plaira, Sire, qu'on ne touche point aux biens de nostre maison. » N'est-ce pas à dire qu'ils veulent ruyner seulement le petit peuple huguenot, et conserver les biens des grands qui leur appartiennent?

Que le Roy chasse d'auprès de luy ceux qu'il ayme, et qu'il leur oste les bien-faicts qu'ils ont receus de luy ; c'est-à-dire que le Roy chasse ceux qui luy sont obligez par ses bien-faicts de le servir fidellement, et qu'il leur oste leurs charges et gouvernements pour en pourvoir les princes de la ligue ; qu'il se prive de ce qu'il ayme, et cherisse et advance ceux qui l'ont contraint d'entrer en une guerre qui est la ruyne de son peuple et la perte de son sang et de sa noblesse.

(1) Charlotte de La Marck, dont La Noue, comme tuteur, avoit pris la défense.

Et quoy que dans ces articles de Nancy ils ne nommoient par les noms de ceux qu'il vouloient que le Roy chassast, si fut il dèslors conjecturé que c'estoit au duc d'Espernon et au sieur de La Vallette son frere à qui ils en vouloient.

Le Roy est adverty de ceste assemblée, il en voit les articles, il a advis que plusieurs des princes de la ligue viennent à Soissons, qu'ils doivent se rendre à Paris en bref, et le sommer d'embrasser leurs entreprises; il avoit sceu que les Seize avoient esté si hardis que de courir sus au duc d'Espernon ainsi qu'il passoit sur le pont Nostre Dame, qu'ils parloient plus hautement et mesdisoient plus librement de Sa Majesté qu'ils n'avoient fait encor jusqu'à present, et mesmes menaçoient que dans bref, à l'ayde des princes catholiques, ils chasseroient bien tous les mignons de la Cour. Leur entreprise est fort particulierement descouverte au Roy, lequel, ayant receu advis que le duc de Guyse, avec le cardinal de Guyse, et le prince de Giuville son fils, nouvellement revenu d'Italie, estoient arrivez à Soissons, envoya M. de Bellievre vers luy pour luy dire qu'il ne vinst pour le present à Paris; affin qu'il n'eust occasion à l'advenir de l'accuser des malheurs que quelques factieux avoient projetté pour troubler sa cour et son repos.

Toutes les raisons de M. de Bellievre ne peurent retenir ce prince qu'il ne se rendist dans Paris le 9 de may, trois heures après que M. de Bellievre y fut retourné, où il y arriva accompagné de huict gentils-hommes, mais deux jours après tout son train et plusieurs gentils-hommes de son party y arriverent. Il va droict trouver la Royne mere, qui le conduit au Roy : leurs paroles et leurs contenances monstroient assez leurs desfiances.

La faction des Seize, voyant que le duc de Guyse leur avoit tenu son serment de vivre et mourir pour et avec eux, porte toute autre face qu'elle n'avoit fait depuis la semaine saincte de devant Pasques, que le Roy avoit envoyé querir aucuns d'eux, entr'autres le president de Neuilly qu'il avoit menacé de faire pendre et tous ceux qui estoient de sa faction, s'ils ne se comportoient en leur devoir. Bref, les Seize, asseurez de la presence du duc de Guyse, parlent à l'ouvert, et menacent en chantant les cris d'allegresse de sa venuë.

Le Roy fut adverty que le duc de Guyse n'estoit venu qu'avec huict gentils-hommes, mais que l'archevesque de Lyon son confident, et tous les principaux capitaines de la ligue estoient venus sous ombre d'avoir quelques affaires à Paris, et s'estoient logez par tous les quartiers de la ville. La hardiesse du duc de Guyse, qui y estoit aussi venu contre son commandement, luy tenoit au cœur; les conjurations des Seize, qui luy avoient esté descouvertes, le rendent soupçonneux; il se resoult donc de faire sortir tous les gentils-hommes de la ligue qui estoient venus de nouveau à Paris, et de se rendre le plus fort pour chastier quelques factieux des Seize; mais voicy ce qu'il en advint.

Le 12 may à la pointe du jour le Roy fait entrer par la porte Sainct Honoré le regiment de ses gardes françoises et celuy des Suisses : les Suisses furent placez au cimetiere Sainct Innocent, à la place de Greve et au Marché-Neuf; les gardes françoises se rangerent sur le Petit Pont, sur le pont Sainct Michel et sur le pont Nostre-Dame. Le prevost des marchands et les eschevins de la ville estoient advertis de l'intention du Roy; il avoit envoyé mesmes à M. de Guyse luy dire qu'il luy envoyast le nombre de ses gens : mais les Seize, qui estoient en perpetuelle deffiance, se douterent bien que l'on en vouloit à eux. Les gens de guerre du Roy ne commençoient que d'entrer dans la rue Sainct Honoré, que Crucé, procureur du Chastelet, l'un des Seize et l'autheur de leur premiere esmeute, appelée du depuis l'esmeute de Crucé, en receut l'advis; et sur les quatre heures et demie du matin, il fait sortir trois garsons de sa maison, sans manteau, lesquels allerent par toute l'Université crians : *Alarme! Alarme!* Les bourgeois qui n'estoient de la faction des Seize leur demandoient que c'estoit : « C'est Chastillon, respondoient-ils, avec ses huguenots, qui est dans le faux-bourg Sainct Germain; » et sans s'arrester continuoient leur cry *Alarme! Alarme!* Tous ceux de ceste faction sortirent incontinent avec leurs armes; chacun se rend au corps de garde de son quartier, et [comme rapporte le livre du Manant et du Maheustre], suyvant la resolution qu'ils en avoient prise entr'eux plus d'un an devant, ils se barricaderent par toute l'Université, et jusques contre le petit Chastelet : et comme les sentinelles d'un costé de la ruë se posoient par les gardes du Roy, Crucé mit des mousquetaires de l'autre. Aussi tost que quelques uns des Seize qui demeuroient en la Rue Neufve veirent que les Suisses se mettoient dans le marché Neuf, ils firent tendre la chesne de la ruë Neufve Nostre Dame, la font border de muids, et tous ceux de leur faction, dont il y en avoit nombre en ces quartiers là, borderent incontinent ceste barricade de mousquets, et monstrerent, avec leur contenance, aux Suisses qu'ils les feroient bien tost retirer de devant eux. Les mareschaux de Biron et d'Aumont, et plusieurs chevaliers des ordres du Roy

...que le peuple fer-
...roit aux armes, leur
...s pas faire, monstroient
...ple, disoient leur qualité,
...vies qu'aucun tort ne
...avoient charge du Roy de
...les gentils-hommes et ca-
...duc de Guyse, qui se trou-
departis, et qui estoient
disaines, avec les plus re-
disoient au peuple : « Ne
..., ils vous pipent; ces gens-
...ne sont entrez pour autre
mettre en garnison en vos
...s rendre miserables, piller
...ontenter les mignons. » La
...versité fut toute barricadée
..., la ville ne le fut que sur la
...tinuées les barricades si vi-
...elles furent mises à trente
...sé, qui conduisoit ceux de
...les plus ardents; des paroles
...font retirer les gar-
...du petit Chastelet.
...le Roy est adverty de ce
...que l'on face donc retirer
...temps de le dire, car,
...qui fut tiré, ceux qui
...Neufve et du Petit Chaste-
...r les Suisses qui estoient au
...ne se deffendirent point; il
...vingtaine, et vingt-cinq ou
... de Brissac, qui avoit charge
...commander au quartier de
... qu'ils crioient : *Bonne*
...ique! aucuns d'eux mons-
..., fit cesser la tuerie, et les
...s la boucherie du Marché
...mps les gardes du Roy qui
...s furent chargez et renver-
...ez, et contraints de s'enfer-
...maisons; mais sur le com-
...e Guyse, le sieur de Brissac
...les Suisses du Marché Neuf,
...es, jusques au Louvre; le
...al, qui commandoit au quar-
...en mesme temps retirer les
...armes bas et le bonnet au
...qui estoient aux autres places
...pendant les Seize se saisis-
...Ville, de la porte Sainct An-
...places publiques de la ville,
...main à la besoogne. Le len-
...Roy de faire retirer tous
...avoit, et que le peuple
...sortir.

Mais nonobstant cela il est adverty que les Seize ne se contentent, qu'ils veulent passer plus outre, qu'ils ne veulent demeurer en si beau chemin, que tout s'arme de nouveau, qu'ils veulent avoir le Louvre et sa personne, que l'on assembloit mesme dans le cloistre de Sainct Severin les jeunes escoliers, prestres et moynes, qui avoient tous les bords de leurs chapeaux retroussez, et sur le troussis chacun une croix blanche, armez d'espée et de poignard, et que l'on descendoit mesmes quantité de faisseaux de picques d'un logis au carrefour Sainct Severin, lesquelles on leur devoit bailler pour venir droict au Louvre.

Messieurs du conseil remonstrerent lors au Roy quelques exemples de la furie des peuples, lesquelles il vaut mieux esviter qu'attendre; le conseillent de se retirer de Paris, et fonderent leur jugement sur quatre advis qui arriverent coup sur coup d'une resolution prise à l'hostel de Guise de se saisir et du Roy et du Louvre. La Royne mere conteste contr'eux, leur dit : « Hier, je ne cognus point aux paroles de M. de Guise qu'il eust d'autre envie que de se ranger à la raison : j'y retourneray presentement le veoir, et m'asseure que je luy feray appaiser ce trouble. » Elle se trompa; car estant retournée vers luy, l'ayant prié d'appaiser ceste esmotion, et qu'il pouvoit s'asseurer sur sa foy de venir trouver le Roy, duquel elle luy feroit avoir tout le contentement qu'il en pouvoit esperer, il luy respondit fort froidement qu'il n'estoit point cause de l'esmotion du peuple, qu'il ne l'avoit assisté que pour la necessité où il s'estoit trouvé, et que ses amys ne le conseilleroient pour le present d'aller au Louvre, foible et en pourpoint, à la mercy de ses ennemis. La Royne mere cognut lors que les advis que le Roy avoit receus approchoient de la verité. M. Pinart, secretaire d'Estat, estoit avec elle; elle le fit tout soudain retourner en diligence vers Sa Majesté, pour l'avertir qu'elle avoit recognu qu'il y avoit quelque dessein extraordinaire contre luy.

Entre les cinq et six heures du soir le Roy reçoit cest advis; il sort de Paris à l'heure mesme par la Porte Neufve; en se bottant il a la larme à l'œil et l'alarme à l'oreille : ceux qui estoient avec luy le suyvent, aucuns desquels estoient bien estonnez, car tel conseiller d'Estat l'estoit allé trouver au Louvre avec sa robbe longue, qui sans bottes montoit pour le suivre sur le premier cheval de l'escuérie; aucuns le suyvirent ainsi jusques à Rambouillet, d'où il partit incontinent, et se rendit le lendemain matin dans Chartres.

Ainsi que le Roy sortoit par la Porte Neufve, quelque quarante harquebusiers que l'on avoit mis à la porte de Nesle tirerent vifvement sur luy et sur ceux de sa suitte : le menu peuple, qui ne va que comme on le pousse, crioit du bord de l'eau mille injures contre le Roy, et mesmes, comme ils virent que quelques uns passoient le barq des Tuilleries, pensant qu'il fust dedans, ils en couperent la corde.

Si tost que l'advis fut venu au duc de Guise de la retraicte du Roy, il vid bien qu'il ne rendroit pas si bon compte de Sa Majesté qu'il se l'estoit promis; il s'en trouve d'abordade un peu estonné : il void bien que le blasme de toute ceste esmotion tumberoit sur luy s'il n'y donnoit ordre. Ce qu'il n'avoit voulu faire auparavant pour toutes les prieres de la Royne mere, il fut contraint au bout d'une heure de le faire sans estre prié. Il part de son hostel avec le chevalier d'Aumale et plusieurs gentils-hommes de sa suitte; il s'achemine droict au Palais; par tout où il passe il commande que l'on tourne une partie des barricades, affin que le chemin fust libre; il est promptement obey : il envoya aussi M. le chevalier d'Aumale en faire autant sur tous les ponts; ce que l'on fit incontinent.

Ainsi le duc, arrivé au Palais, alla droict au logis de M. le premier president, avec messieurs d'Espinac, archevesque de Lyon, et Brezé, evesque de Meaux, où, après quelques paroles touchant l'esmotion du peuple et comme il s'estoit barricadé, et comme le Roy s'estoit retiré, il luy dit que ses ennemis qu'il avoit prez du Roy estoient la cause de tout ce trouble; que, quelque disgrace qu'il pourroit avoir de Sa Majesté, qu'il continuëroit les services qu'il luy avoit faicts et à la couronne; mesmes qu'il alloit prier le peuple de rompre et oster toutes leurs barricades, affin que le lendemain matin Messieurs de la cour de parlement pussent se rendre librement au Palais pour y continuër la justice, à la manutention de laquelle il s'employeroit tousjours. M. le premier president approuve sa bonne intention pour la manutention de la justice; quelques discours se passerent entr'eux le long de l'allée du jardin du Roy, au bout de laquelle M. de Guise sortit avec lesdits sieurs archevesque et evesque par la petite porte de derriere qui est auprès du Pont Neuf, là où M. le premier president print congé d'eux.

Le duc du Guise passe du Pont Neuf vers les Augustins, et alla voir tous les presidens de la grand-chambre l'un après l'autre en leur logis; les prie de se trouver au Palais le lendemain, affin que la justice se continuë; à tous il s'excuse de l'esmotion du peuple, accuse ses ennemis d'en estre la cause : bref, il est fort prez de minuict quand il se retire chez luy, et est si bien obey des Seize et du peuple, que le lendemain matin il sembloit qu'il n'y eust point eu d'esmotion. La justice alla au Palais, et la Royne mere envoya dire à Messieurs de la cour que, nonobstant l'absence du Roy, qu'ils continuassent leurs charges et offices, et qu'elle esperoit pacifier ce trouble.

Voylà donc la faction des Seize victorieuse, le Roy hors de Paris, les serviteurs de Sa Majesté contraints de le suivre et leur quitter la place; tout à un coup ceste grande ville change de face et perd ce lustre de la grandeur royale qu'elle avoit, et l'authorité tombe entre les mains des factieux et du populaire. M. de Guise est respecté et honoré par les Seize comme chef de la ligue, et luy se gouverne par leur conseil : ils se saisissent de la Bastille, de l'Arsenac et des lieux forts; Bussy Le Clerc, simple procureur à la cour, est mis capitaine de la Bastille; le sieur de Perreuze, prevost des marchands, est arresté prisonnier, et trois des quatre eschevins trouvent moyen de suyvre le Roy; un seul d'entr'eux se trouva du costé des factieux. Deux jours après les Barricades, les Seize se voyants en beau chemin, firent faire une assemblée generale du peuple en l'Hostel de Ville, où ils proposerent qu'il falloit eslire d'autres prevost des marchands et eschevins, mais qu'ils devoient estre esleus, selon la liberté ancienne, par la voix commune du peuple. On procedde à l'eslection : la Chappelle-Marteau fut esleu pour prevost des marchands; Roland, Compan, Coteblanche et Desprez pour eschevins : ce dernier seul n'estoit de la faction des Seize, les quatre autres l'avoient aydée à bastir; toutesfois la Royne mere receut le serment d'eux, et les eut pour aggreables; mais, du consentement du duc de Guise, la premiere chose qu'ils firent, ce fut de changer les colonels, capitaines et quarteniers qui n'estoient de leur faction, et lesquels ils pensoient estre serviteurs du Roy : la Royne mere y contredist fort, et, quelque regret qu'elle en eut, il fallut qu'elle l'endurast. Bref, l'on osta les presidents, conseillers et officiers du Roy qui avoient esté crees colonels et capitaines l'an 1585, et y mit on en leur place, en quelques quartiers, des bourgeois de la faction des Seize; mais en la pluspart l'on en meit de si indignes de ces charges honorables, que le menu peuple mesme les mesprisoit et les appeloit capitaines de la moruë, capitaines de l'aloyau, selon le mestier dont ils estoient. Voylà donc les officiers de toute la ville changez, mesme Brigard fut mis par M. de Guise pour occuper la place de Perrot, procureur du Roy de l'Hostel de la ville.

Voylà les principaux des Seize tous establis,

qu'il mit parmy eux, ils se barricaderent de telle promptitude, qu'en moins de deux heures ils firent entendre aux troupes du Roy qu'elles eussent à se retirer; mais qu'un Suisse ayant blessé un habitant, les habitans chargerent les Suisses, en tuèrent douze ou quinze et en blesserent vingt ou vingt-cinq, et à l'instant que les gardes du Roy furent chargées et renversées; ce qui fut cause qu'il marcha par la ville, et d'abordée delivra neuf cents Suisses prisonniers et les gardes du Roy qu'il fit reconduire au Louvre. Qu'en ceste journée, toute reluisante de l'infaillible protection de Dieu, qu'il alla par toutes les ruës jusques à deux heures après minuit, priant, suppliant et menaçant le peuple, si bien qu'il ne s'en est ensuivy aucun meurtre, massacre ny pillerie, quoy que le peuple fust extremement envenimé, pour avoir sceu qu'il y avoit eu vingt potences prestes avec quelques eschaffaux, et avoir veu les executeurs de justice, pour faire mourir cent ou six vingts personnes. Qu'ayant peu faire tout cela, dequoy l'on l'accusoit; et l'ayant au contraire empesché, qu'il rendoit muëts tous ses ennemis, lesquels avoient tant fait qu'ils avoient persuadé au Roy de s'en aller hors de Paris vingt-quatre heures après qu'il eust peu mille fois l'arrester s'il eust voulu; mais qu'il n'y avoit jamais songé. Qu'après le departement de Sa Majesté, il avoit receu entre ses mains l'Arsenac, la Bastille et les lieux forts, et fait sceller les coffres des finances, pour rendre le tout entre les mains de Sa Majesté pacifique, tel qu'il l'esperoit rendre par l'intercession du Pape et de tous les princes chrestiens. Mais que si le mal continuoit, qu'il esperoit avec les mesmes moyens conserver ensemble et la religion et les catholiques, et les desgager de la persecution que leur preparoient les confederez des heretiques auprès du Roy. Voylà la substance de la lettre avec laquelle il se justifioit de la journée des Barricades. Mais il en escrivit aussi une particuliere au Roy, dans laquelle il luy dit:

« Les ennemis du repos public et les miens, ne pouvans souffrir ma presence auprès de vous, estimans que dans peu de jours elle descouvriroit les impostures dont l'on usoit pour me rendre odieux, et peu à peu me donneroit place en vos bonnes graces, ont mieux aymé, par leurs conseils pernicieux, remettre toutes choses en confusion, et vostre Estat et vostre ville de Paris en hazard, que d'endurer que je fusse auprès de vous. Leur mauvaise volonté s'est manifestement recognuë en la resolution que, sans le sceu de la Royne vostre mere, et contre l'advis de vos plus sages conseillers, ils ont fait prendre à Vostre Majesté de mettre, par une voye inusitée, et en un temps plein de soupçon et de partialitez, des forces en vostre ville de Paris pour occuper les places publiques d'icelle; et la voix commune publie qu'ils esperoyent, après s'estre rendus maistres, pouvoir encores vous induire à beaucoup de choses, toutes alienes de vostre bon naturel, et que j'ayme mieux passer sous silence. L'effroy de cela, Sire, a contraint vos bons et fidelles sujets de s'armer, pour la juste crainte qu'ils ont en ce que par ceste voye on ne voulust executer ce dont on les menaçoit long temps auparavant. Dieu, par sa saincte grace, a contenu les choses en meilleurs termes qu'on ne les pouvoit esperer, et a comme miraculeusement conservé vostre ville d'un très perilleux hazard; le commencement, la suitte et l'evenement de cet affaire a tellement justifié mes intentions, que j'estime que Vostre Majesté et tout le monde cognoist assez clairement par là combien mes deportemens sont eslongnez des desseins dont mes calomniateurs m'ont voulu rendre coulpable. La forme de laquelle je me suis volontairement jetté en vostre puissance monstre la confiance que j'ay prins de vostre bonté et de la sincerité de ma conscience. L'estat auquel on me trouva lorsque j'eus les premiers advis de ceste entreprinse, et dequoy vous peuvent tesmoigner plusieurs de vos serviteurs, fait assez cognoistre que je n'avois ny doubte d'estre offencé, ny volonté d'entreprendre, estant plus seul et desarmé en ma maison que ne peut et doit estre un de ma qualité. Le respect dont j'ay usé, me contenant dans les simples bornes d'une juste deffence, vous tesmoigne assez que nulle occasion ne me peut faire decheoir du devoir d'un très-humble subject. La peine que j'ay prinse pour contenir le peuple et empescher qu'il ne vinst aux effects qu'ameinent le plus souvent tels accidents, me descharge des calomnies que l'on m'a cy devant imposées, que je soulois troubler vostre ville de Paris. Le soucy que j'ay prins de conserver ceux mesmes que je n'ignorois point de m'avoir fait de mauvais offices envers vous, à la suscitation de mes ennemis, fait veoir à chacun clairement que je n'ay jamais eu intention d'attenter aucune chose contre vos serviteurs et officiers, comme l'on m'a faulsement accusé. La façon dont je me suis comporté, et envers vos Suisses et envers leurs capitaines et soldats de vos gardes, asseure assez que je n'ay jamais rien tant craint que de vous desplaire. Si Vostre Majesté a sceu toutes ces particularitez, comme j'estime que plusieurs de vos bons serviteurs aymans le repos public, qui en sont tesmoins, ne les luy auront pas celées, je tiens pour asseuré qu'elle demeure par là esclaircie que je n'ay jamais eu la moindre des mauvaises intentions dont mes ennemis, par faux bruits, m'ont voulu rendre odieux. »

La fin de ceste lettre estoit qu'il esperoit se comporter en telle sorte, que Sa Majesté le jugeroit son très fidelle sujet, serviteur et utille.

Ces lettres ne furent si tost publiées et imprimées, que le duc de Guise eust voulu les retenir en son cabinet: le commissaire Louchart fut employé pour en soliciter la deffence; il meine les imprimeurs et ceux qui les vendoient prisonniers. Il fut toutesfois comme contraint de les laisser vendre, puis qu'aussi bien il ne retenoit pas les copies qu'il avoit luy-mesme avec le conseil des Seize envoyées hors et dedans le royaume. Ces lettres furent bien examinées: il n'y eut mot qui ne fust expliqué par les responces que l'on y fit [aucunes desquelles nous dirons cy-après], et principalement sur le commencement de la lettre qu'il escrivoit au Roy, où il y avoit: *Sire, je suis si mal-heureux*; ce qui fut jugé à un mauvais augure pour luy.

Voylà quelles estoient les lettres du duc de Guise, dans lesquelles il se voit qu'il dit que le Roy a creu des conseils pernicieux, et que si le mal continué qu'il conservera et desgagera les catholiques de la persecution des confederez des heretiques: ces paroles sont un peu trop hardies d'un subject à son roy. Voyons maintenant combien le Roy parle plus doucement que luy.

« Nous estions en nostre ville de Paris, où nous ne pensions à autre chose qu'à faire cesser toutes sortes de jalousies et empeschemens du costé de Picardie et ailleurs, qui retardoient nostre acheminement en nostre pays de Poictou, pour y poursuivre la guerre commencée contre les huguenots, suivant nostre deliberation, quand nostre cousin le duc de Guyse y arriva à nostre desceu le 9 de ce mois de may. Sa venuë en ceste sorte augmenta tellement lesdites deffiances, que nous nous trouvasmes en bien grande peine, parce que nous avions auparavant esté adverty d'infinis endroits qu'il y devoit arriver de ceste façon, et qu'il y estoit attendu par aucuns des habitans de ladite ville qui estoient soupçonnez d'estre cause desdites deffiances, et luy avions à ceste occasion faict dire auparavant que nous ne desirions pas qu'il y vinst que nous n'eussions composé les troubles de Picardie, et levé les occasions desdites deffiances. Toutesfois, considerant qu'il estoit venu seulement accompagné de quatorze ou quinze chevaux, nous ne voulusmes pas laisser de le veoir, pour essayer de faire avec luy que les causes desdictes deffiances et troubles de Picardie fussent ostez. A quoy voyans que nous n'avancions gueres, et que d'ailleurs nostredite ville se remplissoit tous les jours de gen-

es personnes estrangeres qui
tte dudit duc, que les recher-
ous commandé estre faictes
magistrats et officiers d'i-
t qu'à demy, pour la crainte
nt, et aussi que les cœurs et
esdicts habitans s'aigrissoient
s jours de plus en plus, avec
ordinaires qui nous redou-
nt qu'il devoit esclorre quel-
n ladite ville, nous prismes
aire lesdictes recherches plus
quartiers d'icelle que les pre-
cognoistre au vray l'estat de
lder lesdits estrangers qui ne
mme ils devoient estre. Pour
ames de renforcer certains
habitans et bourgeois de la-
avions ordonné estre dressez
ndroits d'icelle, des compa-
e celles du regiment de nos-
it logez aux faux-bourgs d'i-
der aussi à aucuns seigneurs
chevaliers de nostre ordre du
r par les quartiers avec les
s officiers de ladite ville, par
umé de faire faire lesdites re-
authoriser et assister icelles,
ar plusieurs fois; dont nous
ct duc et tous ceux de ladite
onne n'en prinst allarme et
nostre intention en cest en-
mmencement les habitans et
ille firent contenance de rece-
itesfois, quelque temps après
rent de telle façon par l'in-
ui alloient semant et impri-
ts habitans que nous avions
forces pour establir des gar-
ladite ville et leur faire en-
ils les eurent bientost telle-
itez contre icelles, que si
ressement deffendu à ceux
ient de n'attenter aucunes
habitans, et d'endurer et
es les extremitez du monde
croyons certainement qu'il
d'eviter un sac general de
ne très-grande effusion de
nous nous resolusmes de ne
avant lesdites recherches
faire retirer quant et quant
nous n'avions faict entrer
occasion; estant vray sem-
sions en autre volonté, nous
eut estre executée entiere-
ment, selon nostre desir, devant l'esmotion desdicts habitans, et qu'ils eussent tendu les chaines et dressé des barricades par les ruës, comme ils commencerent à faire incontinent après midy, et quasi en mesme temps par toutes lesdites ruës de ladite ville, à ce instruits et excitez par aucuns gentils-hommes, capitaines ou autres estrangers envoyez par ledit duc de Guise, qui se trouverent en bien peu de temps departis et rangez par chacune des dizaines pour cest effect, faisant retirer lesdictes compagnies suisses et françoises. Il y eut, à nostre très-grand regret, quelques arquebusades tirées et coups ruez par lesdits habitans, qui porterent principalement sur aucuns desdicts Suisses que nous fismes retirer et loger ce soir là ez environs de nostre Louvre, à fin de voir ce que deviendroit l'esmotion en laquelle estoient lesdits habitans, et fismes tout ce qu'il nous fut possible pour l'amortir, jusqu'à faire le lendemain du tout sortir et retirer de ladite ville lesdictes compagnies, reservé celles que nous avions devant leur entrée posé en garde devant nostredit chasteau du Louvre, nous ayant esté remonstré que cela contenteroit et pacifieroit grandement lesdicts habitans. Nous fismes aussi arrester quelque reste de compagnies de gens de pied du regiment de Picardie qui estoient toutesfois encores à sept ou huict lieuës de ladite ville, ensemble quelques seigneurs et gentils-hommes nos serviteurs qui nous venoient trouver, voyant que l'on en avoit donné ombrage à ce peuple, et que l'on se servoit de ceste couleur pour esmouvoir davantage lesdicts habitans. Neantmoins, au lieu d'en veoir l'effect tel que nous attendions pour leur propre bien et nostre contentement, ils auroient continué depuis à hausser davantage lesdictes barricades, renforcer leurs gardes jour et nuict, et les approcher de nostredit chasteau du Louvre jusques contre les sentinelles de nostre garde ordinaire, et mesmes se seroient saisis de l'Hostel de ladite ville, ensemble des clefs de la porte Sainct Anthoine, et autres portes d'icelle. De sorte que les choses seroient passées si avant le treiziesme de ce mois, qu'il sembloit qu'il n'estoit plus au pouvoir de personne d'empescher l'effect d'une plus grande esmotion, jusques au devant de nostredit chasteau. Quoy voyant, et ne voulant employer nosdictes forces contre lesdits habitans, pour nous avoir tousjours esté la conservation de ladite ville et des bons bourgeois d'icelle aussi chere et recommandée que celle de nostre propre vie, ainsi qu'ils ont esprouvé en toutes occasions, et très-notoires à un chacun, nous nous resolusmes d'en partir ledit jour, et plustost nous absenter et esloigner de la chose du monde que nous aymions

autant, comme nous desirons faire encor, que de la veoir courir plus grand hasard, et en recevoir aussi plus de desplaisir; ayant supplié la Royne nostre très-honorée dame et mere d'y demeurer pour veoir si par sa prudence et authorité elle pourra faire en nostre absence assoupir ledict tumulte, ce qu'elle n'a peu faire en nostre presence, quelque peine qu'elle y ait employée. Et nous en sommes venus en ceste ville de Chartres, d'où nous avons bien voulu incontinent vous faire la presente, pour vous prier de mettre en consideration la consequence de ce fait, combien il apportera de prejudice et de desadvantage à la cause publique, et principalement à nostre saincte religion catholique, apostolique et romaine, s'il passe plus avant, puis que ceux qui avoient accoustumé de combattre ensemble pour la propagation d'icelle seront par cest accident, s'il n'est reparé, des-unis et contraints de tourner leurs armes les uns contre les autres. Aquoy nous vous prions de croire que nous ferons de nostre costé tout ce qu'il nous sera possible pour n'y tomber, tant a de puissance sur nous le zele que nous portons à notredite religion, que nous avons fait paroistre jusques à present. Et vous prions et exhortons, tant qu'il nous est possible, de faire prier Dieu en vos eglises pour ceste reünion, et que l'obeissance qui nous est deuë nous soit conservée comme il appartient, et ne permettre que les habitans de nostre ville, etc., se desvoyent du droict chemin d'icelle, mais les admonester et confirmer à demeurer fermes et constans en leurs loyautez envers leur roy, en union et concorde tous ensemble, pour se maintenir et conserver sous nostre obeyssance, et ne tomber aux inconveniens qui leur sont preparez s'ils tiennent autre chemin. Et outre que vous ferez chose digne de vostre prudence, fidelité et devoir, qui servira d'exemple à tous nos subjects, nous vous en sçaurons gré, et le recognoistrons à jamais envers vous et les vostres. Donné à Chartres, le dix-septiesme jour de may 1587. »

Les jugements furent divers que l'on fit lors, tant sur les lettres du Roy que sur celles du duc de Guise. Celles du duc furent trouvées plus hardies, comme nous avons dit, lesquelles il finissoit, comme par menace, *que si le mal continuoit qu'il conserveroit et desgageroit ceux de son party*. Celles du Roy au contraire furent jugées tenir trop de la douceur et comme tendantes à crainte et timidité, car *il exhortoit seulement ses subjects de prier Dieu qu'il reunist le duc de Guise et les Parisiens sous l'obeyssance qui luy estoit deue, afin que les catholiques ne fussent des-unis et contraints de tourner leurs armes les uns contre les autres*. Voylà pourquoy le duc de Guise et le conseil des Seize [qui usurperont d'oresnavant et prendront le nom de Messieurs de la ville de Paris] envoyerent des deputez à Chartres ainsi que nous dirons cy-après. Mais que nous ayons dit quelques traits qu'ont remarqué plusieurs beaux esprits sur les lettres du Roy et du duc de Guise.

Le Roy dit que quand le duc de Guise arriva à son desceu, *qu'il ne pensoit qu'à faire cesser toutes sortes de jalousies et empeschemens du costé de Picardie*. Or tous ceux qui ont escrit sur ce subject disent que la cause des jalousies et desfiances estoit que le duc d'Aumalle ayant desiré estre gouverneur de la Picardie, dez le commencement de l'an 1585 il avoit saisi Ruë, laquelle place luy fut laissée pour son asseurance par l'accord de Nemours faict en juillet audit an, entre le Roy et les princes de la ligue, qui, ne pouvans se contenir en leur devoir comme ils avoient promis et juré au Roy, s'emparerent de plusieurs places et continuërent tousjours leur ligue et leurs pretentions. Le duc d'Aumalle surprint Dourlens en 1586, et Pont-dormy au commencement de l'an 1587; du depuis il continua de pratiquer le plus qu'il put de gouverneurs qui estoient dans les places de la province de Picardie, entr'autres il gaigna ceux de Monstr'œil, Han, Abbeville, Peronne, Roy et Montdidier: ce que luy ayant succedé, il jetta ses desseins sur le Boulenois, qui est un petit pays sur le bord de la mer, tirant, au bout de la Picardie, vers le septentrion, dont estoit lieutenant pour le Roy M. le duc d'Espernon, qui avoit mis dans Bologne le capitaine Bernet; en fin toutes les entreprises du duc d'Aumalle sur Bologne ayant esté descouvertes, il se resolut à la forcer; mais il avoit trop peu de gens pour ce faire. Après avoir ruyné le plat-pays, il logea ses troupes comme par garnisons aux environs de Boulogne, et nonobstant tous les mandemens que le Roy luy envoya de les retirer, il n'en voulut rien faire. Après la mort de feu M. le prince de Condé, qui estoit gouverneur de Picardie, et lequel mourut le 5 mars an present à Sainct Jean d'Angely, M. le duc de Nevers avoit esté pourveu de ce gouvernement. Le Roy l'y vouloit envoyer pour pacifier tous les remuëmens faicts par le duc d'Aumalle: c'est ce que veut dire Sa Majesté par ces mots: *Nous ne pensions à autre chose qu'à faire cesser toutes sortes de jalousies et empeschements du costé de Picardie*. Le duc de Guise dans sa lettre s'en veut excuser en disant: *Nous allons rendre le Roy content des garnisons de Picardie*. Mais qu'avoient affaire, disoient-ils, ny le duc d'Au-

... de trembler ceste pro-
... qu'il n'y avoit point de
... de leur maison
... et n'y avoit eu au-
... les ennemis de la
... loisible, puis qu'ils

... puis que M. de Bellie-
... au duc de Guise que le
... vinst à Paris pour ceste
... avoit-il au commandement
... pouvoit, pource que les
... mandé qu'ils estoient tous
... en diligence : plusieurs
... luy dirent : *Bon prince,*
si vous ne fussiez venu;
...ns descouvertes et les ca-
...ement ils disoient du Roy
...s tolerées, l'on avoit resolu
...r il avoit juré de vivre et
... qui estoit le premier ser-
...quoy il ne voulut faillir de
...ence, et pour executer
... avoit esté resolu en l'as-
...quoy qu'il fust bien asseuré
... Seize, si est-ce que, quand
... que la Royne mere le mena
...er le Roy, qu'il luy dit, dez
...cousin, pourquoy estes vous
...tout tremblant : « Sire, me
...re aux calomnies qu'on a
...our me faire odieux à Vostre
...oy luy repliqua : « Ne vous
...ement mandé de ne venir
... si pleine de deffiances, et
... peu? » Le duc ne sçait que
..., l'on ne m'a pas representé
...lle sorte que ma venue vous
...M. de Bellievre, qui estoit là
..., par le commandement du
...e qu'il luy avoit dit à Sois-
... mere, tirant le Roy à part,
...e Bellievre ne continuast de
...ccomply le commandement
...sieurs grands personnages
... Roy fit lors une très-grande
... le duc estoit venu contre
... il le devoit, disoient-ils,
... de Paris, ou bien
... qu'il estoit bien ad-
...arryver de ceste façon, il se
...ur luy faire cognoistre qu'il
... le feroit obeyr comme son

... sa lettre qu'il vouloit faire
...te pour faire vuider les es-

trangers qui estoient dans Paris, lesquels ne se-roient advouez ; c'est à dire les gentils-hommes et autres gens de guerre qui estoient entrez dans Paris et se rallioient à la suitte du duc de Guise. Quoy! douze enseignes de Suisses et huict compagnies françoises pouvoient ils faire cela? non pas deux fois autant. Qu'une faction des Seize, laquelle, depuis deux ans et demy, l'on avoit laissé croistre d'un si grand nombre de factieux, et enduré d'eux une infinité d'insolences, assistée de noblesse et d'un grand chef de guerre, tel que le duc de Guise, ayans descouvert que c'estoit à eux qu'on en vouloit, se fussent ils tous allez cacher dans leurs caves? il n'y avoit point d'apparence de le croire. Et la response est prompte à ceux qui disent que M. le duc de Mayenne, l'an 1591, n'ayant au plus que cinq cents chevaux dans Paris, les avoit bien empeschez de se bouger, et mesmes qu'il en avoit fait pendre quatre des plus factieux : ouy; mais les Seize alors n'avoient plus de chef, plus de noblesse, ils estoient divisez entr'eux, et la noblesse et le chef de la ligue estoient contr'eux. Au contraire, à la journée des Barricades, ils avoient un chef, ils avoient la noblesse de la ligue, et estoient tous d'un accord. Aussi ceux qui conseillerent le Roy et entreprindrent ceste recherche, en la faisant ils devoient estre, comme l'on dit, garnis de fil et d'esguille, tant pour executer leur entreprise que pour resister à toutes les occasions qui y pouvoient survenir.

Un capitaine, très-habille homme, alla dire au Roy qu'avec cinq cents hommes et deux pieces de canon, qu'il vouloit perdre la vie s'il ne rompoit toutes les barricades. Un qui estoit là luy respondit : « Ouy, s'il y avoit moyen de tirer du canon de l'Arsenac ; mais qui entreprendra maintenant de l'aller querir, puis que toutes les ruës sont barricadées? » Au contraire les Seize avoient pourveu et preveu à toutes les occasions qui leur pouvoient advenir; ils s'estoient resolus plus d'un an devant à se barricader, sans que le Roy en eust jamais rien descouvert ; ils avoient faict mettre, en des maisons proches des advenuës des ponts, quantité de picques et quelques petites pieces montées sur rouës portant gros comme un esteuf, dont ils garnirent leurs premieres barricades, et par ce moyen se rendirent incontinent en estat de forcer et non pas d'estre forcez.

Mais l'on disoit : « Le Roy n'avoit fait entrer les Suisses et ses gardes françoises *que pour renforcer les corps de garde des habitans et bourgeois*, affin qu'ils fussent plus forts pour faire faire la recherche qui se devoit faire par les quarteniers et officiers de la ville; et encor le prevost des marchans, les eschevins, les colonels et capitaines qui estoient tous officiers de son parlement et de sa chambre des comptes, en estoient advertis ; il y avoit les deux tiers des habitans et bourgeois qui n'estoient de la faction des Seize : tous ces gens estoient plus que suffisants pour empescher le duc de Guise, tous les siens et tous les factieux. » Il est vray, mais il en arriva des effects tout au contraire de ce que l'on s'estoit proposé.

Les capitaines et colonels qui commandoient aux corps de gardes des habitans que l'on avoit mis dez le soir à l'advenuë de tous les ponts et en quelques places par le commandement du Roy, ne dirent jamais à pas un bourgeois à quel dessein ces corps de garde se faisoient, ny pour quelle occasion : l'on les tint tout du long de la nuict en des quartiers à l'opposite des leurs [car il faut noter qu'à Paris chacun fait la garde en son quartier], sans les advertir qu'il y eust aucune entreprise contre l'authorité du Roy ; bref, il n'y eust jamais rien de si mol, rien de si mal conduit que ces corps de garde. Au contraire, auparavant et depuis la venuë du duc de Guise, les Seize avoient esté tousjours au guet, le menu peuple d'entr'eux avoit intention d'un pillage, et les chefs, de peur d'estre chastiez de leurs conjurations, s'entendoient tous ; durant ceste nuict ils avoient pris des sentinelles de tous ces corps de garde, s'estoient faict bailler le mot. La Ruë, tailleur d'habits, suivy d'une dizaine de factieux, sort sur les trois heures du matin de sa maison, va au corps de garde du pont Sainct Michel : quelques vieux officiers du Roy y avoient passé la nuict : à la seule morgue-mutine qu'il leur fit, les menaçant de les tailler tous en pieces s'ils ne se retiroient, capitaines et habitans retournerent chacun en leur quartier ; si bien que quand les gardes du Roy y arriverent, il n'y avoit personne ; si les autres corps de garde en firent autant, il n'en faut pas douter. Le Roy aussi alors ny du depuis n'osa nommer que le duc de Guise fust son ennemy, sinon qu'après qu'il l'eust fait mourir ; comment eust il voulu donc que ses serviteurs l'eussent deviné, veu qu'ils le voyoient tous les jours parler à luy. L'on voyoit bien que le duc de Guise entreprenoit plus qu'un subject ne devoit sur l'authorité de son prince ; à qui estoit ce à le dire qu'au Roy et à ses officiers ? En telles actions que celles là, et quand les princes veulent ruyner une faction formée dans leur Estat, leurs officiers doivent hardiment s'opposer, dire la volonté du prince au peuple, parler à l'ouvert contre les factieux ; le prince doit aussi de son costé se monstrer à son peuple comme un soleil, affin de dissiper par sa presence tous les brouillons qui veulent empescher qu'il ne luyse et troublent sa puissance. Les bons subjects n'aprouvent en leur ame le tort que l'on veut faire à leur prince, mais ils ne le peuvent pas deviner, il le leur faut dire. Le Roy n'osa dire à qui il en vouloit, et les factieux nommerent si librement qu'il estoit leur ennemy, que toute la racaille, tout le menu peuple, qui les voyoit seuls en armes, se jetterent de leur costé, et les estimerent [par les faulses persuasions qu'ils leur donnerent que le Roy leur vouloit mettre des garnisons dans Paris] les autheurs de leur liberté ; et mesmes ceux qui avoient du jugement pour discerner à quoy toutes ces choses tendoient, de peur d'estre pillez, ce qui advient d'ordinaire en tels accidents, se jetterent du costé des factieux, et tel fit bien du bon serviteur en la barricade de son quartier, qui trois jours après chercha le chemin pour trouver et suivre le Roy.

Quant aux lettres du duc de Guise, dans lesquelles il dict *qu'il estoit venu pour se purger des faux bruits que ses ennemis faisoient courir contre son honneur,* celuy qui a faict le discours libre sur l'estat de France y respond en ces termes :

« On t'accusoit d'avoir mutiné le peuple de quelques villes de ce royaume contre les gouverneurs que le Roy vouloit y establir : tu as effacé ce bruit en mutinant celuy de Paris contre le Roy mesme. On te blasmoit d'avoir à Chaalons, à Reims, à Soissons, et par tout où tu mets le pied, saisi ses deniers : tu t'en es purgé en prenant ceux de son espargne dans sa ville capitale. On te soupçonnoit d'avoir des entreprises contre l'Estat, et d'aspirer à la couronne, et pour cest effet de t'estre desjà emparé de quelques bonnes villes tenuës par toy ou par tes partisans, ausquelles le Roy n'est point obey : tu as faict evanouyr ce faux bruit en venant toy-mesme te rendre le maistre de Paris, et en chassant le Roy après avoir forcé, tué et desarmé les gardes, et faict prendre les armes à la populace contre luy. Tu te vantes encore dans ta lettre *que l'on avoit persuadé au Roy de s'en aller vingt quatre heures après que tu cusses peu mille fois l'arrester si tu eusses voulu.* Retenir un roy de France, c'est une entreprinse bien hazardeuse en un Estat paisible et un royaume tranquille ; ceste seulle parole t'eust cousté la teste.

Ce fut aussi pour ceste libre parole, d'avoir peu retenir le Roy, que le duc de Guise eust veulu estre à rescrire ceste lettre. Chacun sçait aussi que jusques alors que le Roy s'en alla il n'avoit pas songé, ny tous les Seize, qu'à se mettre sur la deffensive ; mais si le Roy fust de-

aussi amener quant et elle les deputez de la ville de Paris, qui avoient à luy presenter une requeste, et qu'il valloit mieux composer doucement ces derniers differents que non pas les aigrir.

Les capucins de Paris allerent tous en procession à Chartres ; un d'entr'eux, quand ils furent prez l'eglise Nostre-Dame, portoit une fort grande croix, comme on peint que nostre Seigneur Jesus-Christ la portoit en le menant au mont de Calvaire, voulans par là representer que le Roy des roys avoit porté sa propre croix, et qu'il avoit enduré d'estre soufleté et batu, et toutesfois qu'il avoit pardonné à ceux qui luy avoient faict ces outrages; toutes ces choses se faisoient par ces bons religieux, pour preparer le Roy à pardonner et à appaiser sa juste colere.

Le cardinal de Bourbon, le duc de Guise et tous leurs amis se trouverent aussi en une procession qui se fit aux faux-bourgs Sainct Germain pour supplier Dieu de destourner les grands maux qui estoient pronostiquez à la France par la conjonction qui se faisoit au ciel de deux grandes planettes. Ils sont bien d'accord qu'il adviendra de grands maux, ils prient Dieu de les destourner, et toutesfois ils ne s'aydent du pouvoir qu'ils avoient entre leurs mains d'en empescher l'evenement, cequ'ils pouvoient faire se contenans dans les bornes de la juste obeyssance qu'ils devoient à leur roy, et qui par ce moyen eust donné le repos à ses subjects, et à eux une plus longue vie.

La Royne mere arrive à Chartres : elle presente au Roy les deputez des princes de la ligue et de Messieurs de la ville de Paris. Ils firent ceste harangue estans prosternez aux pieds de Sa Majesté « Que si, en nostre doleance generale et commune, Vostre Majesté trouve quelque proposition un peu plus libre que de coustume, nous la supplions très-humblement qu'elle se resouvienne de son commandement, du propre interest de son service et du grief de ses pauvres subjets : sa clemence veut que nous disions nostre mal, et le mal qui nous presse le plus, c'est le dommage et le prejudice que ces derniers accidens entr'autres ont apporté au service de Vostre Majesté. De sorte que si nous en parlons autrement que nous ne fismes jamais, nous ressemblerons à celuy qui, ayant esté muet (1) toute sa vie, ne commença point à parler que quand il vid l'espée tirée pour blesser son pere, son seigneur et son roy, car lors la nature rompit les obstacles, et s'escria : « Ne faictes pas mal au Roy. » Sire, la passion que nous avons à

(1) Allusion au fils de Crésus.

vostre service comme de nostre pere, nostre roy, maistre et seigneur, nous fait rompre à ce coup nostre long silence pour faire un semblable cry : Ne faites pas mal au Roy, ne le divisez point de ses bons subjects, de sa noblesse, des officiers de sa couronne, de ses princes, de ses cours souveraines, de ses finances, de sa grandeur. Ne luy ostez point l'honneur de son zele, de sa pieté, de sa justice, de sa clemence, douceur, bonté et humanité tant renommées, tant esprouvées, tant haut louées ; car si quelquesfois par le passé il a esté, certes, par ce dernier accident de Paris, tel danger a semblé plus proche que jamais, et c'est aussi le grief qui faict que nous parlons avec beaucoup de ressentiment, pour ce qu'il nous a touché du mesme peril. Que si Vostre Majesté avoit entendu la chose comme elle est passée, elle auroit desjà veu assez quel subject nous avons de nous en lamenter ; mais, puis qu'elle ne l'a pas sceu, nous pouvons tant plus esperer qu'elle supportera les cris de ses pauvres sujets innocens qui l'appellent et l'invoquent elle seulle en ce monde, après Dieu, contre ceux qui, abusans de son authorité, les ont voulu si honteusement perdre et massacrer. C'est chose, Sire, que j'ay charge de representer à Vostre Majesté de la part des princes comme tellement veritable, qu'ils offrent de le bien verifier quand il luy plaira qu'il en soit informé. En ceste concurrence donc de tant de justes plaintes, nous supplions très-humblement Vostre Majesté de prendre de bonne part nos très-humbles remonstrances, et croire, pourveu que nous puissions vivre asseurez sous sa protection en la religion, de laquelle elle nous donne si bons exemples, qu'il n'est rien advenu qui nous puisse oster la devotion que nous avons à l'execution de toutes ses volontez, et l'entiere obeyssance de ses commandemens, et qu'il n'y a sorte d'humilité, submission et satisfaction que nous ne soyons disposez de luy rendre, non seulement en parole, mais en effect. »

Après que la harangue fut achevée, ils presenterent leur requeste, laquelle contenoit plusieurs demandes, la plus-part tirées des articles faicts à Nancy, et supplioit par icelle le Roy,

I. D'extirper les heretiques, et de joindre ses armées avec celles de la ligue.

II. De chasser le duc d'Espernon et le sieur de La Valette son frere (qu'ils accusoient d'estre autheurs du desordre en tous les bons reiglemens et police de France, d'avoir mis en leurs coffres toutes les finances de France, d'avoir attenté aux principaux offices de la couronne, et faict esloigner d'auprès de Sa Majesté beaucoup de ceux qui le pouvoient bien et fidellement servir), les esloigner de sa personne et de sa faveur, les despouiller de toutes les charges et gouvernements qu'ils tenoient en ce royaume sans les avoir merites, et abolir la pratique des comptans et tous les abus qu'ils avoient introduits.

III. D'oublier les derniers remuëments de Paris.

IV. De confirmer la nouvelle eslection des prevost et eschevins de la ville de Paris, laquelle ils avoient faicte deux jours après les Barricades.

V. Et en fin de restablir les anciennes et belles ordonnances du royaume.

Le Roy respond à ces deputez qu'il feroit assembler les estats generaux de son royaume au mois de septembre prochain, pour y entendre les plaintes en general de tous ses subjects, et regler les desordres qui se sont glissez par tout son royaume, dont il ne desire rien tant que la reformation. Qu'il avoit, durant la paix et durant ceste derniere guerre, donné assez de tesmoignage qu'il ne desiroit rien tant que la conservation de la religion catholique romaine en son royaume. La seule route des reistres en estoit une assez ample preuve, lesquels, sans luy, eussent passé la riviere de Loire où ils estoient venus, mais que les jalousies et les desfiances survenues depuis entre aucuns avoient esté l'occasion que l'on n'avoit tiré contre les heretiques aucun fruict de ceste desroute. Qu'il avoit tasché toujours à oster ces jalousies et deffiances, en ayant cherché tous les moyens ; et mesmes qu'il estoit encor tout prest d'oublier tout ce qui estoit advenu aux barricades de Paris, si les habitans se confioient, comme ses subjects, en sa clemence. Que la plainte qu'ils faisoient contre le duc d'Espernon et La Valette estant particuliere, si elle estoit veritable qu'il prefereroit toujours l'utilité du public à toute autre consideration.

Le duc d'Espernon et le sieur de La Valette firent publier une ample apologie pour responce à la requeste des princes de la ligue, dans laquelle ils rejettoient sur la maison de Guise toutes les causes des miseres de la France. Les uns firent imprimer leur requeste et les autres leur apologie : le lecteur curieux les pourra rechercher s'il veut voir comme ils s'accusent et se deffendent les uns contre les autres ; mais seulement je diray icy quelques raisons qu'un particulier publia lors contre ceste requeste, laquelle le duc de Guise, dans la lettre qu'il escrivoit au sieur de Bassompierre, dit estre presentée *directement à la ruyne du duc d'Espernon, et qu'aussi toute la faction* des Seize n'avoit autre

que les particuliers, tant pour ce que Dieu les a choisis d'entre tout un peuple comme vases d'honneur, qu'aussi il n'y a moment du jour auquel ils ne soyent occupez aux affaires, et qu'ils ne voyent et entendent la vraye pratique et experience de vertu, qui les rend mesmes, dès leur jeune aage, sages, advisez et augustes plus que nuls autres. »

Voylà ce qui fut publié en ce temps-là pour responce à ceux qui pallioient leurs seditions et mutineries du pretexte des grands bien-faicts que le Roy faisoit à ses favorits.

Toutes les bonnes villes du royaume desirerent faire leur profit de la faute des Parisiens: où le Roy fait sa residence ordinaire le peuple s'enrichit. La ville de Tours avoit souvenance de combien de commoditez le pays de Touraine avoit profité durant que les roys Loys XI, Charles VIII et Loys XII avoient fait leur residence aux chasteaux du Plessis les Tours, Amboise et Blois; aussi les habitans de ceste ville despescherent des principaux d'entr'eux vers Sa Majesté à Chartres, le prierent de venir en leur ville, et se souvenir qu'ils avoient esté tousjours très-fidelles aux roys. La ville de Lyon luy envoya aussi faire les mesmes offres et supplications; mais avant qu'aller faire sa demeure ordinaire en ses chasteaux sur la riviere de Loire, il delibera d'aller un tour à Roüen; ce qu'il avoit resolu de faire affin que les Parisiens cognussent par cy après combien de grands biens et commoditez leur avoit apporté la longue demeure qu'il avoit faite en leur ville, voire plus qu'aucun autre de ses predecesseurs, et la faute par eux faite en la journée des Barricades.

Mais devant qu'il partist pour aller à Roüen, les deputez de la cour de parlement de Paris arriverent à Chartres. La substance de la harangue qu'ils firent au Roy fut qu'il les excusast si, en ceste si grande esmotion du peuple de Paris, l'impuissance et la crainte leur avoit fait ployer les espaules; qu'ils avoient un extreme regret de ce qu'il avoit esté contraint de sortir de son Louvre, le suppliant d'y revenir et de destourner sa juste vengeance de la teste de ses subjects, et de leur continuër sa clemence; que son retour en la ville de Paris dissiperoit toutes les divisions qui s'y estoient eslevées. La fidelité qu'ils continueroient tousjours envers Sa Majesté, avec la supplication à Dieu de luy donner un long et heureux regne fut la fin de leur harangue. Le Roy leur respondit:

« Je ne doute point de vostre fidelité et de l'affection que vous avez tousjours monstrée envers mes predecesseurs, et je sçay bien que s'il eust esté en vostre puissance de donner ordre au desordre de Paris, vous l'eussiez fait. Je ne suis pas le premier à qui tels malheurs sont arrivez. Toutesfois je seray tousjours bon pere à ceux qui me seront bons enfans. Je traiteray tousjours les habitans de ma ville de Paris, en ceste qualité de pere, comme fils qui ont failly contre leur devoir, et non comme des valets qui ont conspiré contre leur maistre. Continuez vos charges ainsi que vous avez accoustumé, et recevez de la bouche de la Royne ma mere les commandements et intention de ma volonté. »

Sur ceste responce les deputez prirent congé de Sa Majesté, en intention de s'en retourner à Paris l'apresdinée du mesme jour, mais, comme ils estoient prests à partir, le Roy les envoya querir, et leur dit encores :

« Je suis adverty des propos que l'on a tenu que je voulois mettre garnison en ma ville de Paris; je suis fort esbahy que cela leur est entré en l'esprit : je sçay que c'est des garnisons; on les met ou pour ruiner une ville, ou pour deffiance que l'on a des habitans. Ils ne devoient pas estimer que j'aye eu volonté de ruiner une ville à laquelle j'ay rendu tant de tesmoignages de bonne volonté, et que j'ay bonifiée par ma longue demeure en icelle, pour m'y estre tenu plus que de dix de mes predecesseurs auparavant moy n'avoient faict; ce qui a apporté aux habitans, jusques aux moindres artisans, toutes les commodités qui paroissent aujourd'huy, et dont dix ou douze autres villes se pouvoient ressentir; et où mes officiers ont eu affaire de moy, et autres, comme marchands, je leur ay fait plaisir, et puis dire que je me suis monstré vers eux un très-bon roy. Moins pouvois je entrer en deffiance de ceux que j'aymois, et desquels je me devois asseurer, comme je l'ai creu. Doncques l'amitié que je leur ay tesmoignée devoit leur faire perdre ceste soudaine opinion que j'ay pensé de leur vouloir donner garnisons; et de faict, il ne se treuve point que personne soit entré ny mis le pied en aucune maison, ny prins un pain ny autre chose quelconque; au contraire, leur ay envoyé des moyens et ce qui leur estoit necessaire, et n'y eussent esté vingtquatre heures au plus, qui eust esté jusques au lendemain, sans coucher ailleurs qu'aux places mesmes où ils estoient, comme s'ils eussent esté campez. Je voulois faire une recherche exacte de plusieurs estrangers qui estoient en ma bonne ville de Paris; et, ne desirant offencer personne, j'avais envoyé aux seigneurs de ma cour, mesmes à M. de Guise, afin qu'ils me baillassent un roolle de leurs serviteurs domestiques, et faire sortir le surplus, que j'estois adverty estre en grand nombre, et jusques à quinze mille; ce que je faisois pour la conservation de ma bonne ville de Paris et seureté de mes sujets. C'est pourquoy je veux qu'ils recognoissent leurs fautes avec regrets et contritions; je sçay bien que l'on essaye de leur faire croire que, m'ayant offensé comme ils ont, mon indignation est irreconciliable; mais je veux que vous leur fassiez sçavoir que je n'ay point ceste humeur ne volonté de les perdre, et que comme Dieu, à l'image duquel je suis en terre, moy indigne, ne veut la mort du pecheur, aussi ne veux-je pas leur ruine. Je tenteray tousjours la douce voye, et quand ils se mettront en devoir de confesser leur faute et me tesmoigner par effet le regret qu'ils ont, je les y recevray et les embrasseray comme mes sujets, et me monstreray tel qu'un pere vers son enfant, voire un ami envers son amy. Je veux qu'ils me recognoissent comme leur roi et leur maistre : s'ils ne le font et me tiennent en longueur, fermant ma main en toutes choses, comme je puis, je leur feray sentir leur offense, de laquelle à perpetuité leur demeurera la marque; car estant la premiere et principalle ville, honorée de la premiere et supreme cour de mon royaume, d'autres cours, privileges, honneurs et universitez, je puis, comme vous sçavez, revoquer ma cour de parlement, chambre des comptes, des aydes, et autres cours, et Universitez, et qui leur tourneroit à grande ruine; car, cela cessant, lesdits trafficqs et autres commodités en amoindriroient, voire cesseroient du tout, comme on a veu qu'il estoit advenu en l'année 1580, durant la grand' peste, pour mon absence et la cessation du parlement, s'estant retiré grand nombre de mes conseillers, jusques à ce que l'on veit, en ladite année, la plus part des boutiques serrées, et le peuple, adonné à oysiveté, employer le temps en jeux et berlans par les rués. Je sçay qu'il y a beaucoup de gens de bien en ma ville de Paris, et des quatre parts les trois sont de ce nombre; que tous sont bien marris du mal-heur qui est arrivé. Qu'ils facent donc que je sois content; qu'ils ne me contraignent pas d'user de ce que je puis, et que je ferois à grand regret. Vous sçavez que la patience irritée tourne en fureur, et combien peut un roy offencé. J'employeray tout mon pouvoir, et ne laisseray aucuns moyens en arriere pour me venger, encor que je n'aye l'esprit vindicatif; mais je veux que l'on sçache que j'ay du cœur et du courage autant qu'aucun de mes predecesseurs. Je n'ay point encores, depuis que suis appellé à la couronne par le decez du roy mon frere, et depuis mon retour de Pologne, usé de rigueur et de severité envers personne : vous le sçavez, et en pouvez fort bien

... je pas que l'on abuse ... Je ne suis point ... legitime roy par succession, ... et d'une race qui a ... commandé. C'est un conte ... il faut prendre un autre ... monde prince plus catholi- ... l'extirpation de l'heresie ... ons et ma vie l'ont assez tes- ... ple. Je voudrois bien qu'il ... ras, et que le dernier bere- ... ure en ceste chambre. Re- ... arges, et ayez tousjours bon ... evez rien craindre, m'ayant ... que leur faciez bien entendre ...

... ûtez du parlement retournez ... nt du commandement que le ... t. La responce et les propos ... oit tenus furent imprimez; ... neurs mesmes qui les virent ... alors qu'il leur falloit user ... pas de violence, pour parve- ... desseins : ils sceurent si dex- ... royne mere, qu'ils obtin- ... juillet, ainsi que nous ... un peu ce que le roy ... de Condé et le comte de ... puis la bataille de Coutras, jus- ... es Barricades.

... de Coutras, le roy de Na- ... du, par le sieur de Mont- ... sses avoient composé avec le ... s avoient esté battus, et que ... armée s'en alloit en desroute, ... mula pour quelque temps, et ... armée autre propos que de ... à la source de Loire; mais ... otale desroute divulguée, il ... n trois. Les gentils-hommes ... sons de Poictou, Xainctonge ... etirerent avec M. le prince ... alla à Sainct Jean d'Angely. ... urenne, d'autre costé, alla ... villes de Tulles et de Brive ... roy de Navarre, avec M. le ... les gentils-hommes et trou- ... alla à Pau voir madame ... commun bruit estoit qu'il la ... mariage audit sieur comte; ... rs en furent lors tenus, mais ... etour d'un voyage que ledit ... e alla faire à Montauban.

... née estrangere fut du com- ... e fort à regret par le roy de ... le son party; mais quand il eut advis de l'intention d'aucuns chefs estrangers qui la conduisoient, lesquels, par intelligence secrette, avoient entrepris, s'ils l'eussent joint, de se saisir de sa personne et l'emmener en Allemagne sous le pretexte de leur payement [ce qu'ils avoient comploté par entreprises particulieres avec aucuns des ennemis couverts dudit sieur roy de Navarre, lesquels feignoient estre ses amys], cela luy diminua le regret de la desroute de ceste armée estrangere. Quelques lettres en furent escrites au duc de Bouillon et au sieur de Clervant, et à d'autres qui avoient charge en ceste armée, que l'on tient estre morts de regret de s'estre veu trompez, dont ledict duc, comme nous avons dit, mourut à Geneve, et le sieur de Clervant en Bresse, dans une des maisons du sieur de Chasteau-Vieux, son beau-frere, capitaine des gardes du roy Très-Chrestien.

Je diray encore ce mot sur le subject de ceste armée et du malheur qui la conduisoit : Le duc Casimir envoyoit quelques presents rares au roy de Navarre pour demonstration de l'amitié qu'il luy portoit; tout fut perdu à la charge de Vimory : d'autre costé le roy de Navarre s'estoit preparé de recevoir royalement tous les chefs et colonels de ceste armée estrangere, lesquels il sçavoit principalement estre curieux de presents d'or et d'argent; il fit, pour cest effect, fondre une grande quantité de medailles et autres belles pieces et beaux ouvrages d'or et argent qu'il prit du thresor de la maison de Navarre, qui estoient pieces très-excellentes, dont il fut fait plusieurs chesnes pour donner aux chefs et capitaines des reistres et Suisses; mais comme les presens du duc Casimir tomberent entre les mains de la ligue, d'autre costé aussi il fut fait un tel degast des chesnes qu'on avoit fait pour donner aux reistres, que plusieurs qui estoient lors à la cour de Navarre s'en approprierent, et mesmes aussi de plusieurs desdites antiques, si bien qu'ils ruynerent par leurs practiques et despouillerent de beaucoup de richesses ledit thresor. C'est assez dit de ceste armée estrangere, que les malheurs et les disgraces n'ont jamais abandonné.

Le voyage du roy de Navarre estoit grandement necessaire en Bearn : en y allant il asseura Tarbes, reprit Ayre et quelques bicoques tenuës par quelques voleurs dont il nettoya le pays; et sur la proposition qui fut faite en son conseil que si le duc de Mayenne, après avoir failly de le prendre à Caumont, comme il a esté dit cy-dessus, eust donné droict dans le Bearn, qu'il eust pris madame la princesse sa sœur et gaigné tout le plat pays, ce qui eust apporté un grand desadvantage à ses affaires, il commanda au sieur de Sainct Genies, son lieutenant en Navarre et Bearn, de munir encor certaines advenuës et destroicts où on n'avoit pas pris garde, tant du costé de France que d'Espagne. Il visita aussi sa forteresse de Navarrins, et se pourmena par tous ces quartiers là comme s'il eust esté en plaine paix ; il fut aussi en Chalosse et Agemaux, à Nerac et à Montauban, d'où M. le comte de Soissons vint encor revoir madame la princesse à Pau ; mais, retourné à Montauban, la triste nouvelle de la mort de M. le prince de Condé, advenuë le samedy 5 de mars, remmena le roy de Navarre et ledit sieur comte vers La Rochelle.

Ainsi que le Roy de Navarre donnoit l'ordre requis par toutes les places du pays de Poictou et de Xainctonge où M. le prince de Condé commandoit, la nouvelle luy arrive de la journée des Barricades. M. le comte de Soissons alors print congé de luy pour venir trouver le Roy à Chartres, où il arriva au commencement du mois de juin. Le Roy le vit d'un bon œil, et receut ses excuses d'avoir esté avec le roy de Navarre, non pour le soustien de la religion pretenduë reformée, mais qu'il y avoit esté seulement pour le maintien de la maison de Bourbon, à la ruyne de laquelle tous les princes de la ligue avoient conjuré. Cependant que le Roy va à Rouën, ledit sieur comte de Soissons s'en alla en sa maison de Nogent le Retrou pour se preparer et s'equiper, comme aussi faisoient tous les princes et seigneurs des meilleures et plus grandes maisons de France, qui tous leverent des troupes pour le service de Sa Majesté, laquelle s'estoit resoluë de se venger du duc de Guise.

Tandis que le Roy est receu par les habitans de Rouën avec toutes sortes d'allegresses, la Royne mere, au nom du Roy d'une part, et le cardinal de Bourbon et le duc de Guise, tant pour eux que pour tous les princes, seigneurs, villes et communautez de la ligue, d'autre part, accorderent trente deux articles secrets et dix autres qui devoient estre publiez et verifiez aux cours de parlements sous le nom d'edict du Roy sur l'union de ses sujetcs catholiques.

Le Roy tout d'un coup rejette l'advis de ceux qui luy conseillent de restablir les edits de pacification et de donner une bonne et ferme paix, tant aux huguenots qu'aux catholiques, et de les faire obeyr les uns et les autres par les armes. Il rejette tout à plat ce qu'il fut contraint de rechercher neuf mois après, comme nous dirons cy-dessous. Bref on lui representa qu'il luy estoit plus seur, et qu'il y avoit moins de danger pour luy, de demeurer et s'unir avec ses sujects catholiques, qui s'estoient liguez pour extirper l'heresie, que de faire la paix avec les heretiques. La peur de la grande armée navale d'Espagne qui costoyoit la Bretagne, preste à entrer dans la Manche d'Angleterre, et qui du depuis passa à la veuë du Havre de Grace et d'autres ports de la Normandie qui estoient à la devotion de la ligue, luy firent accorder, à ce que plusieurs ont escrit, tous ces articles, et les signer ; dont la publication s'en fit par tout en ces mots : « Sa Majesté ayant, par la grace de Dieu et sagesse de la Royne sa mere, reunis à luy M. le cardinal de Bourbon, M. le duc de Guise et autres princes, prelats, gentils-hommes, villes et communautez estans avec eux, faict deffences de faire plus aucuns actes d'hostilité, etc. »

Voicy la substance de ce qui estoit contenu dans cest edict d'union, qui fut verifié au parlement de Paris le 21 juillet.

I. Que le Roy jure d'employer jusques à sa propre vie pour extirper l'heresie de son royaume, et de ne faire jamais paix ou trefve avec les heretiques, ny aucun edict en leur faveur.

II. Que tous ses subjects, de quelque qualité qu'ils fussent, feront le mesme serment d'employer leurs vies pour extirper les heretiques.

III. Que le Roy ne favorisera ou advancera de son vivant aucun heretique, et veut que tous ses subjects jurent qu'ils ne recevront à estre roy après son decez aucun prince qui soit heretique ou fauteur d'heresie.

IV. Qu'il ne seroit pourveu aux charges militaires, ny aux offices de judicature et finances, que personnes catholiques.

V. Qu'il conserveroit et traicteroit tous ses subjects ainsi que doit faire un bon roy, et defendroit de tout son pouvoir ceux qui l'avoient servy et exposé leurs personnes par son commandement contre les heretiques et leurs adherans, comme aussi les autres qui s'estoient associez et liguez ensemble contre lesdits heretiques, lesquels il a presentement reünis avec luy : promettant de conserver les uns et les autres de la violence que les heretiques et leurs fauteurs leur voudroient faire.

VI. Que tous ses subjects ainsi unis jureront de se conserver les uns les autres, sous son auctorité, contre les oppressions des heretiques.

VII. Que tous ses subjects jureront de vivre et mourir en la fidelité qu'ils luy doivent et aux enfans qu'il plaira à Dieu luy donner.

VIII. Que tous ses sujects, de quelque qualité qu'ils soient, se departiront de toutes unions, pratiques, intelligences, ligues et associations qu'ils ont, tant dedans que dehors du royaume.

... retomberoient à si... criminels de leze ... desobeyroient à cest ... privileges, graces

... l'union des catholiques ... promet d'ensevelir la ... divisions passées entre ... et qu'il ne se feroit au... les intelligences, asso... que lesdits catholiques ... tant dedans que dehors ... qu'ils luy ont faict enten... ont faict n'avoit esté ... portoient à la conservation ... la religion catholique. Et ... que tout ce qui s'estoit ... may dernier, qui est les ... soit esteint, assoupy et ... et generalement tout ce ... liguez auroient fait et ... pour l'effect desdits trou... jusques au 21 juillet, ... au parlement de Paris. ... tous ses receveurs ... qu'ils feroient apparoir ... susdites depuis le... les mandements, or... sans que ceux qui ... en puissent estre ... à Sa Majesté un estat des ... é ainsi pris.

... contenu dans l'edict d'u... rente-deux articles parti... oit compris, et d'avantage ... et seigneurs de la ligue ... ur propre et particulier in...

... portoit que les articles ac... juillet 1585, et tous les ... faites sur iceux, seroient ...

... l'edit d'union cy-dessus. ... tous ses subjects jureroient ... et personnes, et mes... extirper les heresies de ...

... Sa Majesté, l'on ne ... prince hereditaire ou ... droit ou pretention ...

... roit et ... roit la per... envers tous et contre tous. ... serveroit ... ceux qui en-
treroient en l'union, sçavoir, tant les catholiques qui estoient demeurez sous son obeyssance, que les catholiques associez, et les deffendroit tous de l'oppression des heretiques.

VII. Que les catholiques associez ou liguez se departiroient de toutes pratiques, intelligences, ligues et associations, tant dedans que dehors le royaume.

VIII. Que Sa Majesté, les princes, les cardinaux, tous les officiers de la couronne, et tous les corps des villes et communautez, jureront l'observation de l'edict de l'union.

IX. Que pour extirper les heresies, le Roy dresseroit deux armées, l'une pour aller en Poictou et Xainctonge, commandée par tel qu'il plairoit à Sa Majesté, et l'autre en Dauphiné, dont elle donneroit la charge à M. de Mayenne.

X. Que le concile de Trente seroit publié au plustost, sans prejudice des droicts et authoritez de Sa Majesté et des libertez de l'Eglise Gallicane, lesquels seroient dans trois mois amplement specifiez par aucuns prelats que Sa Majesté deputeroit à cest effect avec quelques officiers de ses cours souveraines.

XI. Que, pour seureté de l'observation des presents articles, la garde des villes delaissées par ceux de Nemours seroit encores accordée aux princes et seigneurs de la ligue pour quatre ans, outre et par dessus les deux termes qui restoient à expirer du terme à eux accordé et pareillement de la ville de Dourlans.

XII. Que les princes et seigneurs de la ligue qui auroient lesdites villes en garde les remettroient ez mains de Sa Majesté dans six ans.

XIII. Et d'abondant le Roy leur accordoit, pour le mesme temps de six ans, les villes d'Orleans, Bourges et Montreuil, et que s'il advenoit que les capitaines et gouverneurs desdites villes decedassent durant le susdit temps de six ans, Sa Majesté n'en pourvoiroit point d'autres que ceux qui luy seroient nommez par lesdits princes, durant ledit temps de six ans.

XIV. Que ledit temps de six ans passé, lesdictes villes seroient remises ez mains de Sa Majesté.

XV. Que le sieur de Gessans seroit remis dans la citadelle de Valence.

XVI. Que le sieur du Belloy seroit reintegré en sa capitainerie du Crotoy.

XVII. Que le capitaine Bernet sortiroit de Bologne, et que sa charge seroit donnée à un gentil-homme de Picardie; et moyennant ce, que les princes de la ligue feroient retirer leurs gens de guerre des environs de Bologne.

XVIII. Que toutes les villes qui se sont declarées du party et se sont unies avec les princes de la ligue jusques au jour du present accord, seront delaissées en l'estat qu'elles sont, sans qu'il y soit rien innové en consideration des choses passées.

XIX. Que d'une part et d'autre les capitaines et gouverneurs des places qui ont esté depossedez y seront reintegrez, et toutes garnisons qui y ont esté mises depuis le 12 may ostées.

XX. Que les biens des heretiques et de ceux qui portent les armes contre Sa Majesté seront vendus.

XXI. Que les regiments de Sainct Paul et de Sacremore seront payez comme les autres qui serviront aux armées.

XXII. Que les garnisons de Thoul, Verdun et Marsal, seront traitées et payées comme celle de Mets.

XXIII. Quand le Roy se servira des compagnies de ses ordonnances, qu'il employera celles desdits princes de la ligue pour estre payées comme les autres.

XXIV. Que le prevost des marchands et eschevins de la ville de Paris nouvellement esleus seroient continuez encor pour deux ans, du jour de la Nostre Dame d'aoust prochain venant.

XXV. Que Brigard, commis par lesdits princes, continuëroit l'office du procureur du Roy de la ville, et que Perrot, qu'ils en avoient osté, et lequel estoit pourveu par le Roy dudit estat, jouyroit seulement des gages jusques en l'an 1590, qu'il en seroit remboursé par celuy qui seroit esleu.

XXVI. Le chasteau de la Bastille sera remis entre les mains de Sadite Majesté pour en disposer ainsi qu'il luy plaira.

XXVII. Sa Majesté fera eslection d'un personnage à elle agreable et à ladite ville, pour estre pourveu de l'estat de chevalier du guet.

XXVIII. Les magistrats, conseillers, capitaines et autres officiers des corps de villes qui ont esté changez ez villes de ce royaume qui ont suivy le party desdits sieurs princes, se remettront pareillement entre les mains de Sadite Majesté desdites charges, laquelle les y fera reintegrer promptement pour le bien et tranquillité d'icelle.

XXIX. Tous prisonniers faits depuis le 12 de may, à l'occasion des presens troubles, seront mis en liberté de part et d'autre sans payer rançon.

XXX. L'artillerie prise à l'Arsenac sera remise avec les autres munitions qui ont esté enlevées, qui resteront en nature.

XXXI. Si, après la conclusion du present accord, aucuns, de quelque qualité ou condition qu'ils soient, entreprennent contre les villes et places de Sadite Majesté, ils seront tenus pour infracteurs de paix, et comme tels poursuyvis et chastiez, sans estre favorisez et soustenus par lesdits sieurs princes, ny par autres, sous quelque pretexte que ce soit.

XXXII. Pareillement aussi, si aucunes des villes et places qui sont baillez pour seureté venoient à estre prises par quelques-uns, ceux qui les auront prises seront punis et chastiez comme dessus, et estans lesdites villes reprises, seront remises entre les mains desdits sieurs princes pour le temps qu'il leur a esté accordé.

Cest edict de l'union des catholiques, et ces articles particuliers accordez entre le Roy et les princes et seigneurs de la ligue, selon l'apparence humaine, devoient estre sans doute la ruine totale des heretiques et de l'heresie. Le Roy de son costé satisfit de tout ce qui fut en son pouvoir pour le faire executer de point en point : de son propre mouvement et de sa seule volonté, comme on luy porta signer les articles, il fit oster ces mots de *la ligue des catholiques*, et y fit mettre *l'union des catholiques*, pour ce, disoit-il, que ce mot de ligue avoit tousjours esté le tiltre que prenoient d'ordinaire les factieux et remueurs d'Estat. Mais le fruict qu'il se promettoit de cest edict estoit que des trois partis qu'il y avoit en France il n'y en auroit plus que deux, et qu'il seroit le seul chef des catholiques de son royaume, lesquels n'auroient plus d'autre dessein que le sien quand ils auroient juré cest edict, ny d'autre volonté que la sienne. Voyons un peu comme cet edict fut observé par le Roy d'un costé, et par les princes de la ligue de l'autre : car ce fut le seul pretexte sur lequel tant de peuples et de villes se revolterent contre le Roy après la mort du duc de Guise, disant que Sa Majesté avoit contrevenu à son edict d'union ; et d'autre costé le Roy et ceux qui ont escrit en sa faveur ont rapporté les causes principales de la mort du duc de Guise à ce qu'il n'avoit gardé les principaux articles dudit edict d'union. Il est donc très-necessaire icy de voir les raisons des uns et des autres, affin de comprendre mieux la cause des troubles de l'an 1589 et des années suivantes, qui est le vray subject de nostre histoire.

Le Roy, après qu'il eut faict rendre graces à Dieu et chanter le *Te Deum* dans la grande eglise de Rouën pour son edict d'union, il s'en retourna à Chartres, et n'alla point à Paris, quoy qu'il en fust très-instamment prié, et s'excusa sur les preparatifs de l'assemblée des trois estats

it rendre au commencement
›yne mere et la Royne par-
avec messieurs le cardinal
de Guise et de Nemours, et
à Chartres, où Sa Majesté
muniquer à tous ses faveurs
affin qu'ils abandonnassent
associations qu'ils avoient,
hors le royaume, et qu'ils
subject de se plaindre.
atentes du dix-septiesme
. le cardinal de Bourbon le
c son sang, luy permettant,
tion, de creer un maistre de
acune ville de son royaume,
serviteurs, domestiques et
leur cardinal jouyroient de
s, exemptions et immunitez
estiques de Sa Majesté. Ces
es en parlement à Paris le
cation desquelles Hotman,
ur cardinal, dit que l'hono-
ie le Roy faisoit audit sieur
oistre pour le plus proche
ité paternel, estoit une belle
descouvert qui refleschiroit
les autres princes de la
urbons, selon qu'ils se trou-
s et vrais imitateurs de la
roy sainct Loys, duquel
ce que toute la France eust
n sa loüange : *Benedictus*
sus est ut deficiat successor

1), par ses lettres patentes,
M. le duc de Guise pou-
thorité de commander en
té sur toutes ses armées, et
us les reiglements faicts
a faire vivre en bon or-
inquans, commettre com-
les monstres, relever les
tres, en bailler ses mande-
l'acquit : bref, il le fit lors
l par toutes ses armées, et
le tiltre de connestable. Il
escriroit à Sa Saincteté en
Guise, pour luy faire avoir

… eut promesse d'estre
… de Lyonnois ; mais
…ées que durant les es-

le Lyon eut l'entrée au

it 1588.

conseil secret, qui ne l'avoit qu'au conseil d'Estat, et mesmes il rescrivit en sa faveur au pape Xiste, pour luy faire avoir un chapeau de cardinal.

M. de La Chastre eut l'estat de mareschal de camp en tiltre d'office, et le sieur de Mayneville fut creé conseiller d'Estat. Bref, il distribua de ses faveurs à tous ceux qu'il pensoit avoir du credit dans la ligue, afin que les effects de sa bonne volonté en leur endroit les fist recognoistre et retirer de tout autre dessein contraire à sa volonté. Il leur ouvre son cœur, il leur communique ses secrets. Il accorde plusieurs demandes aux villes qui s'estoient unies de leur party, et confirma tous les officiers et capitaines qui y avoient esté introduits au prejudice des anciens.

L'estat des gens de guerre pour aller aux deux armées qui se dressoient pour le Dauphiné et le Poitou fut publié par tout. De celle de Poitou la charge en fut donnée à M. le duc de Nevers, qui supplia le Roy de l'en descharger, non pas qu'il voulust s'exempter d'employer sa vie en une telle guerre, en laquelle il promettoit à Sa Majesté de le servir durant trois ans continuels avec cent gentils-hommes armez et payez à ses despens, mais pource qu'il falloit de grandes forces pour accabler les heretiques, et grand nombre de deniers, afin de ne tomber en l'inconvenient, disoit-il, où se trouva plusieurs fois Simon de Montfort contre les Albigeois, lequel fut contraint de lever le siege de plusieurs villes faute de secours. Nonobstant, le Roy chargea ledit duc de Nevers de la conduite de ceste armée; mais, pource que le duc de Guyse avoit esté declaré lieutenant general par toutes les armées, sur quelques devis des incidents qui eussent peu advenir que le duc de Nevers eust esté contraint, si le duc de Guyse fust allé en Poictou, de luy ceder sa charge, le Roy luy en bailla particuliere declaration, et voulut qu'il fust seul son lieutenant general en ceste armée.

Voylà comme le Roy execute ses promesses, et mesmes employa en ses armées les compagnies des gens-d'armes des princes de la ligue, ainsi qu'ils l'avoient stipulé par les articles secrets, et les regiments de Sainct Paul et de feu Sacremore y furent payez comme les autres; et fit d'abondant jurer ledit edict d'union par l'assemblée des estats, ainsi qu'il sera dit cy après. Voyons maintenant comme les princes de la ligue satisfirent à l'edict d'union, cependant que le roy de Navarre se preparoit à la deffensive, ayant chassé les gens de guerre du sieur de Laverdin qu'il avoit laissez dans Marans et dans l'isle de Charon, et mis de bonnes garnisons par toutes ces places.

La galeasse generale de la grande armée navalle d'Espagne fut emportée d'une courante sur le sable prez le port de Calais; le sieur de Gordan envoya vers le Roy à Chartres tous les forçats qui estoient dedans ceste galeasse pour en faire ce qu'il voudroit. Quatre jours auparavant qu'ils y arrivassent, l'ambassadeur d'Espagne estoit party de Paris pour aller dire au Roy l'heureux succez de l'armée de son maistre, comme elle avoit esté victorieuse de l'armée d'Angleterre, dont mesmes il en avoit faict imprimer le discours par Guillaume Chaudiere, libraire à Paris. Cet ambassadeur, arrivé dans l'eglise Nostre Dame de Chartres, devant qu'entrer à l'evesché où estoit logé le Roy, rendit graces à la Vierge Marie de l'heureuse victoire qu'elle avoit donnée à sa nation, avec demonstration de joye. Au sortir de l'eglise, venant pour trouver Sa Majesté, avec une façon toute espagnole, aux gentils-hommes qu'il rencontroit et cognoissoit de la ligue des catholiques il leur disoit : *Victoria! Victoria!* Et ainsi il vint trouver Sa Majesté, à laquelle il monstra une lettre qui luy estoit venuë de Diepe : mais le Roy luy monstra celle du sieur de Gourdan, gouverneur de Calais, par laquelle il luy mandoit que l'armée angloise avoit tellement canonné l'espagnolle, qu'elle l'avoit diminuée de douze vaisseaux et de plus de cinq mille hommes, et qu'il leur estoit impossible de mettre le pied en Angleterre. L'ambassadeur alors eut recours au duc de Guise pour impetrer du Roy que les forçats de la grande galeasse que le sieur de Gourdan envoyoit luy fussent rendus, attendu la paix qu'il y avoit entre l'Espagne et la France, affin d'estre renvoyez et remis aux galleres, et qu'ils ne servissent à la cour du roy de France d'un tesmoignage de la perte de son maistre. Le duc de Guise tasche de l'obtenir : le Roy dit qu'il faut en deliberer au conseil. Cependant tous ces pauvres forçats arrivent au nombre de quelque deux à trois cents; ils se mettent le long des degrez de l'eglise par où le Roy devoit passer pour aller à la messe, où, dez qu'ils le veirent, ils se jetterent tous à genoux, ayant abbatu leur farset et capan, estans nus comme ils sont quand ils tirent la rame, crians *Misericordia! Misericordia!* Le Roy les regarde; le conseil se tient l'apresdinée, où, nonobstant toutes les remonstrances de l'ambassadeur d'Espagne, attendu que c'estoient Turcs, Mores et Barbares que l'Espagnol avoit rendu esclaves par le hazard de la guerre, et lesquels estoient arrivez par autre hazard de guerre aux terres de France, où l'on n'usoit d'esclaves ny de forçats s'ils n'estoient malfaicteurs, il fut dit qu'ils avoient acquis leur liberté, et qu'estans des terres de l'obeissance du Turc, auquel les François avoient alliance, qu'ils auroient renvoyez à Constantinople par la voye de Marseille où ils seroient conduits, et qu'à chacun il leur seroit baillé un escu en les embarquant dans les premieres navires turquesques qui s'en retourneroient en Levant. Le Roy recognut lors les diverses affections de ceux de son conseil; car ceux qui estoient de la ligue ne se peurent tenir qu'ils ne soustinssent la requeste de l'ambassadeur d'Espagne; mais le duc de Nevers et le mareschal de Biron s'y opposerent lors tellement pour la manutention de la liberté de la France, qu'ils furent comme contraints de suivre leur opinion.

Tous les plus clair-voyans et sages politiques voyoient bien que le Roy par l'edit d'union avoit acheté la paix avec ses subjets, et que nonobstant tous les bien-faicts qu'il faisoit aux princes de la ligue, qu'il faudroit qu'il en vinst à une cruelle guerre contr'eux, car voicy ce que plusieurs en escrivirent dèslors :

I. Que l'edict de l'union ne fut si tost juré au parlement de Paris, par lequel il estoit dit que tous les subjects du Roy, de quelque qualité qu'ils fussent, se departiroient de toutes ligues, practiques et intelligences qu'ils avoient, tant dedans que dehors le royaume, que les deputez du Roy d'Espagne se sentans offensez de voir que, par l'edict d'union, les princes, seigneurs et villes de la ligue s'estoient obligez de se departir des traictez qu'il avoient avec eux, et par ce moyen que le roy d'Espagne perdroit, outre les grosses sommes de deniers qu'il leur avoit données depuis le traicté qu'ils avoient faict ensemblement à Oinville au commencement de l'an 1585, l'esperance de recouvrer Cambray par leur moyen, comme ils luy avoient promis, ils reprocherent aux princes et conseils de la ligue qu'il n'y avoit nulle stabilité parmy eux, veu qu'à toutes les deux fois qu'ils avoient faict la paix avec le Roy, ils n'en avoient point adverty le roy d'Espagne leur maistre, comme ils estoient tenus faire par ledit traicté de Ginville; à quoy il fut respondu par les princes et conseil de la ligue des Seize à Paris qu'ils n'entendoient aucunement de se departir de la confederation qu'ils avoient avec le roy d'Espagne, ainsi qu'ils l'approuveroient et reconfirmeroient derechef, et que ce qu'ils en avoient faict n'avoit esté que pour mieux preparer les choses à leur intention.

II. Que les brigues par toutes les provinces à ce que ceux qui seroient esleus et envoyez aux estats fussent de leur party n'estoient que trop descouvertes. Dans Chartres mesmes où le Roy estoit, le sieur de Lignery, de leur party, en estoit venu jusques aux injures contre le sieur de

ues du lieutenant nommé le
ient que trop sceuës, et que
le la ville de Paris pour aller
été esleus des plus remuans
ize, le conseil desquels leur
mples memoires pour saper
royale ; et mesmes que tou-
unautez de la ligue, nonob-
nts de renoncer à toutes lise regloient au conseil des
r prenoient les instructions
ntituloit : Articles pour pro-
faire passer en loy fonda-
. 1. Que le concile de Trente
ice, sans prejudice des droits
, sous l'octroy et confirma-
. 2. Que nul ne seroit receu
'estoit de la religion catholi-
omaine, et recogneu tel par
qu'il en auroit toujours faict.
ces du sang royal, de quel-
gne que ce fust, lesquels se-
fauteurs d'heresie, seroient
de la couronne de France,
n droict qu'ils pourroient al-
les roys de France sont plus
Dieu que par nature. 4. Que
, en cas que le Roy tombast
ustinst ou permist directe-
ent, seroit declaré et tenu
e qu'il devoit au Roy. 5. Que
me de France ne pourroient
, association, intelligence,
u ligue avec les infidelles ou
s roys de France n'useroient
souveraine et royale autho-
t oingts et sacrez, d'autant
eu qui suit leur sacre leur
plus de droict à la couronne
qu'ils ont extraicte de leurs
dant que l'administration et
seroit ez mains de qui de
elle devoit estre. 7. Que la
des roys seroit contenuë et
rmes et termes de la raison,
fondamentales du royaume,
s y contrevinssent, les estats
oient cognoissance, et juste-
oient au droict et practique
urs, usants du pouvoir et de
lle ils ont premierement re-
ui leur seroit devolué. 8. Que
ne se feroit sans l'advis des
aucune levée de deniers sans
9. Que les dons, octrois, es-
ns de pouvoir donnez par le
Roy seroient validez par les estats ou invalidez. 10. Qu'en chacune cour souveraine il y auroit une chambre composée de personnes esleuës par les estats, à laquelle les plaintes du peuple, et les contraventions aux ordonnances des estats generaux seroient rapportées, et en cognoistroit en dernier ressort. 11. Que chacun ordre des trois estats auroit un syndic general à la suitte de la cour qui recevroit les advertissements, memoires et instructions par les syndics provinciaux, et les provinciaux par ceux de chasque baillage, pour procurer au conseil du Roy ce qui concerneroit le bien de l'Estat. Le reste desdits articles estoit pour reformer plusieurs abus touchant la confidence, simonie, ignorance et concubinage d'aucuns de l'ordre ecclesiastique, et pour adviser que les gouvernements des provinces et villes et les estats de judicature ne fussent plus venaux ; aussi que les actions de ceux qui se seroient enrichis par moyens illicites du sang du peuple, fussent examinées pardevant les estats. Voylà la substance des memoires secrets que le conseil de la faction des Seize envoyoit à tous ceux de leur party, et comme ils vouloient faire tomber la souveraine puissance royale entre les mains de l'assemblée des estats, et faire que les roys de France à l'advenir fussent maistres et valets tout ensemble, ce qu'ils penserent faire venir à effect, ains qu'il sera dit cy-après. Aussi en mesme temps ils firent imprimer une remonstrance sur les desordres et miseres de ce royaume, causes d'icelles et moyens d'y pourvoir, qu'ils envoyerent à tous leurs partisans : ils firent courir le bruit que c'estoit l'archevesque de Lyon qui l'avoit faicte ; du depuis il fut sceu qu'ils y avoient tous travaillé, que c'estoit un livre de plusieurs peres et que l'advocat Roland y avoit la plus grand'part. Le Roy remarqua luy-mesme qu'au tiltre de ceste remonstrance ils ne l'appelloient point Très-Chretien, et qu'ils accommodoient ce passage du premier livre des Roys, chap. 12 : *Craignez Dieu et le servez en verité et de tout vostre cœur, car vous avez vue les choses magnifiques qu'il a faictes parmy vous ; que si vous perseverez en malice, et vous et vostre roy perirez ensemble*, affin de rendre Sa Majesté odieuse à son peuple si elle ne vouloit suivre la teneur de leurs remonstrances, pleines de propositions que le temps et la necessité des affaires ne pouvoient permettre, voulans entre autres choses qu'il fist la guerre à l'heresie, laquelle ne se pouvoit faire sans argent, et l'argent ne se pouvoit recouvrer qu'à la foule du peuple ; et toutesfois ils vouloient qu'il soulageast le peuple par la descharge des tailles, et que les estats et offices ne fussent plus vendus. Ainsi, sous le voile

du bien public, la faction des Seize couvroit sa revolte et sa rebellion contre le Roy leur souverain seigneur.

III. Que les Seize avoient faict imprimer à Paris et publier l'histoire de Gaverston, dont le bruit estoit que le docteur Boucher estoit l'autheur, où l'on comparoit le Roy au roy d'Angleterre Edouard II, qui estoit un prince sanguinaire, hypocrite et tyran, et le duc d'Espernon à Gaverston, gentil-homme gascon et favorit d'Edouard : ce livret estoit plein de presumptions et calomnies indignes d'estre dites et leuës.

IV. Que la ligue, nonobstant le vingt-neuviesme des articles secrets de l'edict de reünion, portant qu'ils n'entreprendroient rien contre les villes et places de Sa Majesté, sur peine d'estre punis comme infracteurs de paix, avoit, le 10 d'aoust, fait faire une revolte par le peuple d'Angoulesme, à ce induit par les sieurs de Meré, de Messeliere, de Macquerolle et Desbouchaux, gentils-hommes de leur party, qui avoient entrepris sur la vie du duc d'Espernon, lequel mesmes avoit fait publier l'edict d'union dans Angoulesme, et ce sur certaines impostures et faux bruits qu'ils avoient fait courir que le sieur duc d'Espernon vouloit faire entrer quelques troupes des huguenots dans le chasteau pour piller la ville, et mesmes que pour executer leur conspiration, le maire d'Angoulesme, suivy des plus mutins du peuple, estoit entré au chasteau où estoit le duc d'Espernon, en feignant de luy vouloir presenter des courriers qui venoient de la Cour; sur laquelle feinte il estoit monté en l'antichambre du duc, criant : *Tué! Tué!* et faisant deslacher quelques coups de pistoles; ce qu'entendu par le duc, qui estoit dans sa chambre, et par quelques siens gentils-hommes, ils avoient esté contraints ensemblement de courir aux armes, avec lesquelles ils avoient repoulsé la populace, tué le maire; ce qui avoit donné l'alarme par la ville, dont tout le peuple s'estoit barricadé contre le chasteau et la citadelle, de laquelle ils avoient pris le capitaine prisonnier avec madame d'Espernon, comme elle sortoit de la messe des Jacobins : laquelle entreprise et conspiration eust apporté un estrange trouble en ceste province, si le sieur de Tagens, qui le lendemain arriva au secours dudict duc son cousin, n'eust moyenné l'accord et la paix des habitans d'Angoulesme, avec un oubly de leur mutinerie. Le duc de Guise, au recit que l'on luy fit de ceste entreprise, et comme le duc d'Espernon avoit repoulsé la mutinerie de ce peuple, dit : « Il a monstré en cest acte là ce ce je n'avois jamais creu de luy; sa valeur l'a sauvé, et sa prudence, avec laquelle il a excusé la folie du peuple d'Angoulesme, sera l'establissement de ses affaires en ceste province là. »

V. Que sur ce mot de *fauteurs d'heresie*, contenu au quatriesme article de l'edict d'union, le Roy ayant donné ses lettres d'abolition à M. le comte de Soissons, l'un des princes de son sang et catholique, pour avoir, contre la volonté de Sa Majesté, esté avec quelques troupes secourir de ses armes le roy de Navarre son cousin germain paternel, et M. le prince de Condé son frere, pource qu'alors chacun jugeoit que la ligue n'en vouloit pas tant à l'heresie qu'à la maison de Bourbon, et lequel sieur comte estoit venu trouver Sa Majesté pour le servir contre la ligue après la journée des Barricades mais sur ce qu'ayant, selon l'ordre accoustumé en France, envoyé verifier ses lettres au parlement, tous les mutins de la faction des Seize de Paris s'estoient opposez à la verification d'icelles, avec menaces à la Cour, disans qu'il falloit qu'il eust absolution du Pape aussi bien que s'il eust esté heretique, le Roy trouva ceste hardiesse estrange, et cognut lors que l'on vouloit faire pratiquer l'edict de l'union autrement qu'il ne l'avoit entendu : car, de contraindre les princes de son sang et ses subjects à l'advenir d'aller demander absolution au Pape pour quelque desobeissance particuliere, quant ils n'avoient point esté heretiques, cela n'avoit jamais esté pratiqué : tous les princes et seigneurs qui avoient esté en Flandres avec feu M. le duc d'Anjou, et avoient combattu avec les heretiques de Flandres, et lesquels estoient mesmes à present des principaux de la ligue, n'avoient esté astreints à la rigueur que l'on vouloit estre pratiquée contre iceluy prince : bref, le Roy fut contraint d'en parler au cardinal Morosini, legat en France, et en rescrivit au Pape; et le comte envoya le sieur Jules Richi à Rome en prier Sa Saincteté. La ligue lors remua ce qu'elle peut pour empescher ceste absolution, et employa ses amis au consistoire pour la traverser; mais Richi ayant esté introduit vers Sa Sainctelé, qui estoit lors en sa galerie, il luy dit [de genoux] la supplication de son maistre. Le Pape luy demanda s'il avoit esté à la bataille de Coutras, et s'il avoit tousjours accompagné son maistre cependant qu'il avoit esté avec le roy de Navarre. Richi luy dit qu'il l'avoit assisté par tout où il avoit esté. « Dites moy, dit le Pape, et à la verité, comme ceste bataille se passa, et ce que vous avez connu du naturel du roy de Navarre. » Richi luy dit tout ce qui s'estoit passé à Coutras, et comme le duc de Joyeuse, ayant disposé son armée pour combattre en haye, afin de favoriser la plus-part de ses jeunes capitaines de gend'armes qui vouloient donner chacun avec

[illegible] de Navarre, l'ar-
[illegible] gros batail-
[illegible] d'un [illegible] où il es-
[illegible] l'avantgarde du
route : ce que voyant le
r à ceux qui estoient de-
charge; et, comme il es-
[illegible], les deux generals
[illegible] l'autre, une com-
e du duc fuyant se vint
qui l'avoit empesché d'al-
ainct de faire ferme, re-
roy de Navarre, lequel
laissé une quantité d'ar-
u'il avoit, qu'en un mo-
re la moitié de la cornette
rs fut blessé au petit ven-
mais estant remonté, et
siens ayant pris la fuite,
mesme temps chargea le
droite, lequel après avoir
é de bien peu de gens, vit
levée et celuy qui la por-
devant luy, et à l'instant
avalerie qui le vint char-
lere qui estoit, et pour la
es mousquetades et har-
mpossible de rien recog-
it faire ferme, son cheval
tous ceux qui l'accompa-
insi toute l'armée fut des-
ines presque tuez, blessez
nniers, et pour le traite-
ceu après ceste bataille,
t Luc, de Montigny, de
ils-hommes, porteroient
age des courtoisies qu'ils
rs prinses de la maison de
ie le roy de Navarre avoit
fait rendre leurs cornettes
es leurs equipages et che-
rnez vers le Roy, avoient
où il passoit la generosité
valeur, et la diligence et
n ses exploicts militaires.
inctete, tout cela; mais,
stre a il parlé avec le maley, se sont ils entreveus,
tié ensemble? » Richi, se
devoir, luy dit la bonne
aistre avoit tousjours euë
[illegible], et les caresses et
tié dont ils s'estoient reci-
leur entreveuë en Langue-
lors : Je suis très-aise de
desire que vostre maistre

la continuë; je ne croiray point ceux qui me persuadent de vous remettre à une assemblée generale des cardinaux, qui ne pourroit estre que dans six mois, pour vous donner responce à la suplication de vostre maistre. Je vous feray expedier dans demain vostre demande. » Ceux qui ont escrit sur ceste absolution ont remarqué que l'intention de la ligue estoit double : l'une de gratifier Sa Saincteté et luy faire cognoistre que doresnavant tous ceux qui assisteroient ou porteroient faveur aux heretiques, ores qu'ils fussent catholiques, outre l'abolition que le Roy leur en donneroit, qu'ils seroient contraints d'en avoir son absolution, ce qui n'avoit jamais esté practiqué en France, et d'avantage que, commençant par un prince de telle qualité, cela s'observeroit jusques aux moindres : ce qui n'a esté depuis toutesfois practiqué. L'autre intention estoit de traverser tellement iceluy prince, qu'il ne peust tenir son rang en l'assemblée des estats. Mais le Roy ayant descouvert leur dessein, et que le mariage du prince de Ginville se practiquoit à Rome avec une niepce du Pape, sur l'esperance que le duc de Guise son pere donnoit de le faire grand, mesmes que Sa Saincteté avoit rescrit des lettres au duc de Guise pour seurement communiquer avec le cardinal Morosini, l'on fit faire la proposition du mariage dudit sieur comte de Soissons avec la niepce de Sa Saincteté, ce qui auroit esté une des principales causes que ledit sieur comte obtint si promptement son absolution, nonobstant toutes les traverses de la ligue. C'est assez sur ce sujet. Voyons la sixiesme contravention des princes de la ligue à l'edict d'union.

VI. Que le sieur de Villars, gouverneur du Havre de Grace, le sieur de Corbon, gouverneur de Han en Picardie, et les gouverneurs de Mouson, de Maubert-Fontaine, de Rocroy et de Vitry, ayant envoyé en la ville de Paris pour sçavoir comme ils se devoient gouverner, puis que par l'edict d'union ils avoient juré de se departir de toute ligue, et que, suivant ledit edict, ils se devoient ranger du tout auprès du Roy, le conseil des Seize leur avoit fait response qu'il ne falloit rien changer de l'intelligence et association precedente qu'ils avoient entr'eux, mais qu'il failloit tousjours continuer plus que jamais affin de parvenir à l'effect desiré.

VII. Le sieur de Balagny, estant gouverneur de Cambray pour la Royne mere [comme s'estant portée heritiere de feu M. le duc d'Anjou], au prejudice de ses bienfaicteurs minutoit l'establissement d'une future principauté particuliere dans Cambray pour se faire nommer à l'advenir prince de Cambresis. La Royne mere est advertie de toutes ses practiques, elle prie le Roy d'y donner ordre : le Roy ne s'en veut mesler à l'ouvert, quoy qu'il eust bien desiré tirer le sieur de Balagny de ceste place, lequel peu après descouvrit quelques intelligences et pratiques que M. le duc d'Espernon avoit sur la citadelle de Cambray. Ce fut lors que Balagny eut recours au duc de Guise, qui envoya le sieur de La Fougere à Cambray avec ample pouvoir pour traicter et accorder avec luy, ce qu'ils firent le 15 janvier 1587. Premierement, que le duc de Guise employeroit sa vie et ses moyens, et de tous les princes et seigneurs catholiques alliez avec luy, pour la conservation et deffense du sieur de Balagny, ses biens et honneurs, et particulierement de l'authorité qu'il avoit dans la ville et citadelle de Cambray et pays de Cambresis. 2. Que ledit duc le secourroit envers et contre tous sans nul excepter, soit sous main, ou à visage descouvert. 3. Qu'advenant la mort du sieur de Balagny, ledict sieur duc et tous les princes ses alliez et confederez continueroient les mesmes obligations envers la femme et enfans dudit sieur de Balagny. 4. Qu'en cas que les ennemis dudit sieur de Balagny luy fissent desnier les payements et entretenements de sa garnison, ledict sieur duc luy fourniroit huit monstres par an selon l'estat des dernieres qui s'y sont faites, dont sur et tant moins il luy seroit baillé douze mil escus par advance, desquels il tiendroit compte. 5. Que ledit sieur duc fourniroit six mil escus tous les ans audit sieur de Balagny pour les despences extraordinaires qu'il luy conviendroit faire, et vingt mil escus pour une fois qui luy seroient donnez presentement par ledit sieur duc. 6. Que moyennant les conditions cy-dessus, le sieur de Balagny se joindroit d'amitié et d'intelligence avec ledit sieur duc et les autres princes et seigneurs catholiques, pour resister aux pernicieux desseins des heretiques et de leurs adherens, et qu'il jureroit et protesteroit d'employer sa vie et ses moyens pour un si sainct œuvre, et de tout, specialement de sa place de Cambray, favoriser les sainctes entreprises du duc de Guise, et sur tout qu'il ne se desferoit de l'authorité, charge et pouvoir qu'il avoit dans la ville et citadelle de Cambray. Moyennant cest accord, le sieur de Balagny se declare de la ligue; le duc de Guise satisfaict à sa promesse, et tire trois compagnies de chevaux legers de Cambray pour s'en servir parmy ses troupes. Mais dès que l'edit d'union fut publié, le sieur de Balagny envoya son secretaire au conseil de la ligue à Paris, pour sçavoir leur intention et estre esclaircy de deux choses : la premiere, s'ils avoient intention de rompre le susdit accord qu'il avoit fait avec le duc de Guise et les princes et seigneurs de la ligue, pource que ledit edict pourtoit qu'ils devoient renoncer à toutes ligues, tant dedans que hors le royaume; la seconde, qu'il avoit pressenty une promesse que lesdits sieurs princes de la ligue avoient faicte audit traicté de Ginville, de remettre la ville de Cambray en l'obeissance de l'Espagnol. A la premiere il luy fut respondu que tant s'en faut que l'on eust intention de rompre l'accord faict avec luy, que l'on luy confirmoit, et l'asseuroit on de faire mieux en son endroit que l'on n'estoit obligé par ledit accord. A la seconde, que ce n'estoit qu'une promesse particuliere faicte au roy d'Espagne, qui n'estoit couchée dans le traicté de Ginville ; et quand elle y seroit, qu'ils n'y estoient plus tenus d'y satisfaire, veu mesmes que l'Espagnol ne leur avoit tenu tout ce qu'il leur avoit promis par ledit traicté. Sur ce sujet il fut remarqué trois choses : la premiere, que les princes de la ligue s'estoient obligez au roy d'Espagne de luy faire recouvrer Cambray, qui estoit la seule place restée des labeurs de feu M. le duc d'Anjou, lequel l'avoit laissée à la Royne sa mere, avec charge de la conserver pour la grandeur de la couronne de France ; la seconde, qu'ils avoient promis de conserver le sieur de Balagny en son gouvernement de Cambray envers tous et contre tous, et mesmes sa femme et ses enfans après sa mort; et la troisiesme, qu'ils avoient juré, l'an 1585, l'edict de Nemours, et en ceste année 1588, l'edit d'union, et promis de se departir de toutes ligues, tant dedans que dehors le royaume, et se reünir sous l'obeissance du Roy. Il sera assez aisé au lecteur de juger, à la suite de ceste histoire, lesquelles de ces trois promesses les princes de la ligue avoient envie de mettre à execution.

VIII. Que le susdit sieur de La Fougere avoit aussi esté envoyé vers M. le mareschal de Montmorency pour traicter de nouveau avec luy, et principalement pour luy proposer un mariage d'un des enfans dudit sieur duc de Guise avec une des filles dudit sieur mareschal.

IX. Qu'ils avoient aussi envoyé en Suisse pour y continuer leurs intelligences, et dire au colonel Phiffer qu'ils vouloient entretenir tout ce qui luy avoit esté promis, et qu'ils luy feroient tenir sa pension annuelle et aux autres capitaines suisses, suyvant leur accord.

X. Que M. le duc d'Aumale continuant ses pretentions sur le gouvernement de Picardie; y estoit allé pour s'en faire eslire gouverneur et en deposseder M. de Nevers, qui en estoit pourveu du gouvernement; dont le Roy adverty avoit commandé audict sieur de Nevers de s'y acheminer promptement avec deux maistres des requestes deputez par le Roy pour l'accompagner et pour corriger ceux qui faisoient des brigues pour les estats; mais M. de Nevers estant prest à partir de Paris pour aller en Picardie, le prevost des marchands et eschevins de Paris, qui estoient, comme il a esté dit cy-dessus, les premiers du conseil de la ligue et faction des Seize, le vindrent trouver en son logis, et luy dirent qu'il se donnast de garde de toucher au lieutenant general d'Amiens et à d'autres leurs confederez, par ce qu'ils ne vouloient ny ne pouvoient les abandonner.

Voilà ce que l'on remonstra au Roy pour luy donner à entendre que les princes de la ligue ne s'estoient departis de leurs associations, quelques belles promesses et serments qu'ils eussent faits à Sa Majesté. Mais nonobstant tout ce que l'on luy dit il partit de Chartres après la Nostre-Dame de septembre, et alla coucher à Chasteau-Dun, le lendemain à Marché Noir, et le troisiesme jour de son depart de Chartres il arriva sur les trois heures après midy dans son chasteau de Blois, accompagné de M. le duc de Guise et d'une vingtaine de gentils-hommes.

Toutes les faveurs faictes par le Roy aux princes et seigneurs de la ligue en leur donnant les plus grandes et honorables charges et offices de la couronne, ne les rendoient point encores contents : ils en vouloient au conseil du Roy, et principalement à M. le chancelier de Cheverny, qui en estoit le chef. Le Roy estant à Chartres, toutes leurs remonstrances ne tendoient qu'à ce but, et disoient qu'il n'y avoit rien qui apportast tant de repos et seureté qu'un bon conseil à un roy, et qu'il en failloit establir un prez de Sa Majesté presque de toutes nouvelles personnes de l'une et l'autre robbe, pour ce, disoient-ils, qu'il n'y avoit aucun conseiller du conseil qui n'eust presté l'espaule, ou qui ne fust parrain de quelque nouvel edict de creue d'officiers ou de daces; bref, que le Roy ne prospereroit jamais suivant son conseil accoustumé, et d'avantage, qu'il failloit que d'oresnavant les conseillers du Roy fussent de diverses provinces du royaume, affin que le Roy fust mieux conseillé, sur les affaires et difficultez qui arriveroient de plusieurs et divers endroits, par ceux qui sçauroient la maniere de vivre et façon de gouverner et negocier des pays èsquels ils auroient esté nais et nourris. Le Roy jugea incontinent leur dessein, et vit bien qu'ils luy vouloient oster son conseil, qui estoit ses yeux, et ne le faire plus voir que par ceux de la ligue, et principalement quand ils luy proposerent qu'il devoit bailler les seaux à M. l'archevesque de Lyon, le plus intime confident et conseiller du duc de Guise. Il est donc contraint de donner congé aux principaux conseillers de son conseil pour complaire à la ligue, et de se priver de leur presence et de leur prudence. M. le chancelier de Cheverny se retira en sa maison d'Esclimont, M. de Bellievre, superintendant des finances, messieurs de Villeroy, Pinart et Bruslart, secretaires d'Estat, se retirerent chacun en leurs maisons. Le Roy envoya querir M. de Monthelon, advocat au parlement de Paris, lequel il n'avoit jamais veu ny cogneu; et, sur la seule reputation qu'il avoit d'estre homme de bien, il le fit garde des seaux, et messieurs de Beaulieu Ruzé et de Revol, secretaires d'Estat. En l'eslection de ces personnages, qui n'avoient autre but que le zele de la religion catholique-romaine et le service du Roy, les princes de la ligue, qui pensoient y faire introduire l'archevesque de Lyon et quelques-uns de leurs partisans, se trouverent deceus de leur intention. Voylà ce que fit le Roy dès qu'il fut arrivé à Blois.

Cependant que l'on faict les preparatifs à Blois pour tenir les estats, les deux armées royales se dressent pour aller en Dauphiné et en Poictou. Messieurs du clergé de France, ainsi que nous avons dit cy-dessus, devoient fournir un million d'or au Roy pour faire la guerre à l'heresie, ce qu'ils avoient promis faire dans dix-huict mois dès l'an 1586 qu'ils alienerent de leur bien temporel pour cinquante mil escus de rente : le Roy, suyvant la permission du Pape, veut encor qu'ils en alienent pour cinquante mil escus : ils trouvent que ceste forme d'alienation leur estoit fort onereuse, et aiment mieux faire un contract avec le sieur Scipion Sardini, lequel fourniroit au Roy cinq cents mil escus, à la charge de l'erection d'un receveur alternatif et deux controlleurs des decimes hereditaires en chasque diocese; ausquels cinq cents mil escus le Roy ne voulut nullement toucher, ains ordonna qu'ils fussent baillez et departis, sçavoir : à M. de Mayenne, qui devoit conduire l'armée de Dauphiné, deux cents mil escus, qu'il receut; et mesmes Sa Majesté luy fit delivrer encor toute l'artillerie et l'equipage que ledit sieur de Mayenne luy fit demander; mais ceste armée ne fit que ruyner le plat pays du Dauphiné et du Lyonnois. L'on en attribua la cause a la mort de M. de Mandelot, gouverneur de Lyon, qui advint au mois d'octobre : car M. de Mayenne estoit à Lyon lors qu'elle advint, et M. de Nemours, son frere, avoient este pourveu du gouvernement du Lyonnois; ce qui occasionna ledit duc de Mayenne de ne bouger de Lyon, de peur de quelque remuement en ceste ville là, et jusques à ce que les lettres du duc de Nemours eussent esté verifiées en parlement, qui ne fut que le 22 decembre, où cependant la mort de ses freres arriva à Blois, ainsi que nous dirons cy-après. Les autres trois cents mille escus furent baillez à M. de Nevers, avec toute l'artillerie et equipage necessaire qu'il luy falloit pour l'armée de Poictou, des effets de laquelle nous parlerons cy-après.

Cependant que ces armées se preparoient, le roy de Navarre visitoit toutes ses places du haut et bas Poictou, les fournissoit de ce qui leur estoit necessaire. Le duc de Mercœur, gouverneur de Bretagne, qui ne pouvoit supporter de tels voisins à Montaigu que le roy de Navarre y avoit mis, en attendant que le duc de Nevers viendroit en l'armée, voulut employer huict compagnies du regiment de Sainct Paul et le regiment de Gersay, lesquels estoient passez à Saumur pour aller en Poictou, et à leur ayde chasser le sieur de Colombieres, que le roy de Navarre avoit mis dans Montaigu; et de faict M. de Mercœur fit descendre trois canons jusques à Pontrousseau en intention de battre ceste place; mais, adverty que le Roy de Navarre estoit sorty de La Rochelle en intention de secourir Montaigu, il s'en retourna à Nantes, où il fut poursuivy par le roy de Navarre jusques à deux lieuës prez, et là où il attrapa huict compagnies de deux cents hommes de pied chacune du regiment de Gersay, qu'il desfit, gaigna leurs drapeaux, et en emmena quatre cens cinquante prisonniers. Après cest exploict il s'en retourna vers Nyort, sur laquelle il avoit une entreprise; mais, ne la pouvant faire executer pour lors, il revint encor vers Nantes avec quelques troupes, et ce sur la fin du mois de septembre, tant pour tascher d'entreprendre sur quelques unes des troupes de l'armée du duc de Nevers qui s'advanceroient en Poictou, que pour executer l'entreprise qu'il avoit de prendre Beauvoir sur mer. Le quatriesme octobre il investit Beauvoir et dans trois semaines après il print ceste place à composition. Or, de peur qu'il ne s'emparast de l'isle de Bouing, l'on avoit mis dedans ceste isle deux compagnies du regiment de Sainct Paul; mais le lendemain de la reddition de Beauvoir il donna un tel ordre aux passages de ceste isle, que ces deux compagnies luy envoyerent aussi un tambour, le suppliant de leur donner un saufconduit pour se retirer en seureté; ce qu'il leur accorda, pardonnant aux habitans de l'isle, qui, contre la promesse qu'ils luy avoient faite de ne laisser entrer dans l'isle aucunes garnisons, ains de demeurer neutres, avoient donné ayde ausdites deux compagnies pour y entrer.

Après cest exploict le roy de Navarre distribua ses troupes en garnison par toutes les villes qu'il tenoit en Poictou, et s'achemina à La Rochelle, où il se trouva à l'assemblée generale qu'il y avoit convoquée de tous ceux de la religion pretendue reformée, affin d'adviser aux moyens plus expedients de s'opposer aux deux armées qui se preparoient pour les attaquer, car ils prevoyoient que la conclusion des estats de Blois seroit totalement contre eux. Le 14 novembre l'ouverture s'en fit en la Maison de Ville de La Rochelle, où se trouverent, avec le roy de Navarre, le vicomte de Turenne et le sieur de La Trimoüille, et plusieurs seigneurs et gentils-hommes : les deputez y entrerent et y furent receus à la mode qu'ils gardent en leurs synodes, sçavoir selon les dix-huict provinces ausquelles ils ont reglé leurs eglises. Le 16 ils entrerent en matiere, et, après les contestations accoustumées entr'eux pour leurs contributions, quelques-uns du Languedoc se banderent directement contre les officiers du roy de Navarre pour les imposts des passages et pour les passe-ports, qu'ils disoient ne redonder qu'au profit de quelques particuliers, et aussi encor pour d'autres particularitez. Les beaux et gentils esprits qui estoient avec le roy de Navarre, et qui avoient des nouvelles de ce qui se passoit à Blois, disoient : « Voicy le temps que l'on veut rendre les princes serfs et esclaves. » Quelques ministres mesmes disoient qu'il falloit en chasque province qu'il y eust un protecteur de leur religion, et mesmes aucuns seigneurs de qualité sembloient tenir leur opinion. Le roy de Navarre descouvrant sagement leurs intentions, et ne voulant qu'autre que luy usast de ce tiltre de protecteur en tout son party, leur fit proposer et trouver bon d'establir des chambres particulieres, où se feroient les plaintes et où se rendroit la justice à un chacun, ès villes de Sainct Jean d'Angely, Bergerac, Montauban, Nerac, Foix et Gap en Dauphiné, et que par ce moyen ses officiers seroient contenus en tout devoir, selon les reiglements qui seroient faicts en ceste assemblée. Ceste proposition les appaisa, et suivant icelle ils firent plusieurs reiglements pour ce qui concernoit l'establissement desdites chambres pour les finances, pour les offices, les recompenses et gages, et pour la discipline militaire. Toute ceste assemblée ne dura qu'un mois entier, et la closture en fut faicte le 17 decembre ensuivant. Les longues assemblées ne sont d'ordinaire que paroles au lieu d'effects; mais la diligence et vigilance dont ceux de la religion pretendue reformée userent lors pour faire observer ce qui fut arresté en ceste-cy, fit juger à plusieurs qu'ils

...et on ne leur
...depuis le roy de
...à la couronne de France,
...1580 cassa toutes ces
...avec injonction à tous
...pour faire vuider leurs
...les juges ordinaires et cours
...degrez ordinaires des ju-
...ant toutesfois que ce qui avoit
...s de mesme party demeure-
...valeur.
...oir de seul protecteur de tous
...gion pretenduë reformée en
...roy de Navarre, qui practi-
...Royne mere luy donna aupa-
...s troubles, de se maintenir
...chef et protecteur, et ce à
...emblée tenue à Montauban en
...eneral, quelques-uns avoient
...pour leur protecteur le duc
...e allemand, qui avoit amené
...armées en France, et lequel
...ires de France pour avoir esté
...près du roy Henry II,
...par estat certain deux
...par an pour l'entretien
...lonels et capitaines, et outre
...ds pour le payement des reis-
..., et mesmes que, pour accom-
...Butry, chancelier dudit duc
...t venu en France avec un mi-
...nes, lequel Butry fut trouvé si
...istres qu'ils le desdaignerent,
...pour ce qu'il s'enyvra. Cest
...mere a esté estimé un grand
...i y estoit elle plus intelligente
...Semiramis; car il n'y eust
...que si un tel prince estranger
...du tiltre de leur protection,
...s guerres civiles immortelles
...roy de Navarre eust enduré
...que autre seigneur ou prince
...is ceste qualité, il n'eust ja-
...reuse paix dont il a jouy du
...venu à la couronne de France.
...te matiere. Voyons ce qui se
...nous avons laissé le Roy qui
...iers de son conseil et en met-
...r place.
...que les deputez des provinces
...venir à Blois, le Roy com-
...Marie de faire preparer au
...se tiendroient les seances des
...ne les deputez arrivoient. Sa
...é ordre qu'ils fussent conduits
...r les voir et recognoistre. Et

pour ce qu'au quinziesme de septembre ils n'estoient tous arrivez, le commencement des estats fut prolongé encor pour quinze jours.

Le second jour d'octobre il se fit une procession generale, depuis Sainct Sauveur, qui est dans la basse court du chasteau, jusques à Nostre-Dame des Aydes, qui est au faux-bourg de Vienne delà le pont, là où le Roy, les Roynes et les princes et tous les deputez furent à pied. M. l'archevesque d'Aix portoit le Saint Sacrement sous un poisle porté par quatre chevaliers du Sainct Esprit : messire Renault de Beaune, archevesque de Bourges, dit la messe, et M. de Sainctes, evesque d'Evreux, fit le sermon.

Le lendemain, les chambres des trois ordres furent assignées, sçavoir : celles du clergé aux Jacobins, de la noblesse au palais, et du tiers-estat en la Maison de Ville; les presidens et secretaires de chasque chambre furent aussi esleus ceste mesme journée. Pour le clergé presidoit M. de Bourges en l'absence de messieurs les cardinaux de Bourbon et de Guise, pour la noblesse messieurs le comte de Brissac et le baron de Magnac, pour le tiers-estat La Chappelle Marteau, prevost des marchands de Paris.

La premiere seance fut remise jusques au dix-septiesme dudit mois, tant pource que messieurs les princes du sang n'estoient encores arrivez, que pour vuider le different survenu pour la preseance entre messieurs de Nemours et de Nevers, et autres differens qui survindrent aussi sur les procurations et eslections d'aucuns deputez.

Le Roy, qui desire faire cognoistre à tous les deputez quel avoit esté tousjours son zele à la religion catholique-romaine, leur commande de se preparer à la saincte communion par un jeusne de trois jours entiers : tous s'y preparerent. Sa Majesté receut le Sainct Sacrement en l'eglise Sainct Sauveur, et M. le cardinal de Bourbon communia tous les deputez au couvent des Jacobins.

Le seiziesme jour d'octobre la premiere seance se tint en la grand' sale du chasteau, la description de laquelle a esté imprimée avec la disposition des seances et l'ordre comme furent appellez les deputez, avec leurs noms, où le lecteur qui sera curieux pourra voir et apprendre quels furent les deputez, et l'ordre que l'on tient aux assemblées des estats en France.

Le seiziesme jour d'octobre tous les deputez estans entrez dans la salle, et tous assis selon leur rang et dignitez, sçavoir : cent trente et quatre deputez du clergé, entre lesquels il y avoit quatre archevesques et vingt et un evesques, vestus de leurs roquets et surplis, cent quatre-vingts gentils-hommes, tous avec la touque de velours et la cappe, et cent quatre-vingts et unze deputez du tiers-estat, desquels ceux de justice portoient la robe longue et le bonet carré, et ceux de robe courte avoient le petit bonet et les autres la robe de marchand. Sur les deux heures de relevée, après que messieurs les princes et officiers de la couronne eurent pris leurs places, et que les portes eurent esté fermées, M. le duc de Guise, grand-maistre de France, se leva, et, ayant faict une grande reverence à toute l'assemblée, suivy des capitaines des gardes du corps et des deux cents gentils-hommes portans leurs haches ou becs de corbin, il alla querir le Roy.

Si tost que Sa Majesté fut apperceuë sur l'escalier par où il descendoit droict sur le grand marchepied, toute l'assemblée se leva, et chacun demeura la teste nue jusques à ce qu'il fust assis dans sa chaire; puis il commanda à messieurs les princes et à ceux de son conseil de s'asseoir.

A son costé droict, sur le grand marchepied qui estoit au dessus du grand eschaffaut, estoit la Royne mere, et à gauche la Royne sa femme. Plus bas, sur le grand eschaffaut, estoient messieurs les princes du sang, assis sur le premier banc à la main droicte proche de Sa Majesté, sçavoir : messieurs le cardinal de Vendosme, le comte de Soissons et le duc de Montpensier, et sur un autre banc plus reculé, messieurs de Nemours, de Nevers et de Rets. A costé gauche, messieurs les cardinaux de Guise, de Lenoncourt et de Gondy, et derriere eux messieurs les evesques de Langres et de Chaalons, pairs d'Eglise. M. de Guise estoit devant le grand marchepied sur le grand eschaffaut, assis justement devant le Roy, dedans une chaire non endossée, comme grand maistre de France, le dos tourné vers le Roy, la face vers le peuple. M. le garde des sceaux de Monthelon estoit aussi sur le mesme eschaffaut à costé gauche dans une chaire non endossée, le visage tourné vers messieurs les princes du sang. Au pied de l'eschaffaut estoit une table où estoient les sieurs de Beaulieu-Ruzé et de Revol, secretaires d'Estat. A chasque costé de ceste table il y avoit des bancs où estoient messieurs des affaires du Roy et messieurs du conseil d'Estat. Derriere les bancs de messieurs les conseillers d'Estat de robe longue, qui estoient à main droicte, il y avoit huict bancs où estoient les deputez du clergé. A main gauche, derriere les bancs de messieurs du conseil d'Estat de robe courte, estoient neuf bancs pour les deputez de la noblesse. De travers, près et à costé de tous ces bancs, estoit celuy de messieurs les maistres des requestes, et après eux celuy de messieurs les secretaires de la maison et couronne de France. Et les bancs des deputez du tiers-estat estoient tout à l'entour et dans l'enclos des barrieres. M. le legat et messieurs les ambassadeurs, et plusieurs seigneurs et dames de la Cour estoient sur des galleries fermées de jalousies, faictes exprès pour seoir un grand nombre de personnes.

Tous les deputez estans debout et la teste nuë, le Roy commença une très-longue et grave harangue en laquelle, avec une eloquence admirable, il monstra le grand desir qu'il avoit de restaurer son Estat par la reformation generale de toutes les parties d'iceluy. Puis il leur dit :

« Je n'ay point le remors de ma conscience des brigues ou menées que j'ay faictes, et je vous en appelle tous à tesmoin pour m'en faire rougir, comme le meriteroit quiconque auroit usé d'une si indigne façon que d'avoir voulu violer l'entiere liberté, tant de me remonstrer par les cayers tout ce qui sera à propos pour confirmer le salut des particulieres provinces et du general de mon royaume, qu'aussi d'y faire couler des articles plus propres à troubler cest Estat qu'à luy procurer ce qui luy est utile. Puis que j'ay ceste satisfaction en moy-mesmes, et qu'il ne me peut estre imputé autrement, gravez-le en vos esprits, et discernez ce que je merite d'avec ceux, si tant y en a, qui eussent procedé d'autre sorte, et notez que ce qui part de mes intentions ne peut estre recognu ny attribué, par qui que ce soit, pour me vouloir authoriser contre la raison, car je suis vostre roy donné de Dieu, et suis seul qui le puis veritablement et legitimement dire. C'est pourquoy je ne veux estre en ceste monarchie que ce que j'y suis, n'y pouvant souhaitter aussi plus d'honneur ou plus d'authorité. »

Après avoir protesté qu'il employeroit sa vie, jusques à une mort certaine, pour la deffence de la religion catholique-romaine, et qu'il ne sçavoit point un plus superbe tombeau pour s'ensevelir que les ruines de l'heresie, il toucha les maux qu'avoient apporté en France les blasphemes, la simonie, la venalité des offices, la multiplicité des juges, ausquels maux il protesta que de son propre mouvement il avoit commencé à y mettre ordre, sans le trouble qui commença par les princes de la ligue l'an 1585. Plus, il promit de ne donner plus de survivances, et recommanda l'enrichissement des arts et sciences, le reglement du commerce, le retranchement des superfluitez et du luxe, et le rafraichissement des anciennes ordonnances. Puis, continuant sur la juste crainte que ses subjects avoient de tomber après sa mort sous la domination d'un

... la cause princi-
... edict d'union, il
... monarchie plus stable,
... loix fondamentales
... prochain jour de mardy,
en ceste mesme et notable
es estats, nous le jurions
is nul n'en puisse prendre
... fin que nos saincts desirs
ate de moyens, pourvoyez
vous me donnerez d'un tel
le manquement ne viendra
enne aussi du peu de pro-
ez apporté à ce que les ef-
volonté reüssissent. Par
inion toutes autres ligues
rité ne se doivent souffrir;
it assez clairement porté,
ne le permettent, et sont
es; car toutes ligues, asso-
menées, intelligences, le-
argent, et reception d'ice-
dehors le royaume, sont
ste monarchie bien ordon-
e-majesté sans la permission
nt bien de ma propre bou-
it ma bonté accoutumée,
our ce regard, tout le passé;
obligé et vous tous de con-
ale, je declare aussi dès à
venir, atteints et convain-
-majesté ceux de mes sub-
partiront ou y tremperont
it en quoy je m'asseure que
stre fidelité. »
scours sur l'honneur acquis
çoise quand elle observoit
cienne, dont elle estoit ad-
gers, il convie les François
neur, de regler les finances,
ates des roys ses predeces-
publique les obligeoit; mais
sur lequel ses subjects ap-
r, qu'il establiroit un tel re-
nne et en sa maison, qu'il
n son royaume; puis, pour
ce qu'on pouvoit desirer de
ngue en disant: « Je veux
t solennel sur les saincts
s princes, seigneurs et gen-
ssistent en cest office, avec
mes estats, participans en-
ix mistere de nostre redemp-
tes les choses que j'y auray
t sacrées, sans me reserver
nce de m'en departir à l'ad-

venir, pour quelque cause, pretexte ou occasion que ce soit, selon que je l'auray arresté pour chaque point, et l'envoyer aussi tost après par tous les parlements et bailliages de mon royaume, pour estre faict le semblable, tant par les ecclesiastiques et la noblesse que le tiers-estat, avec declaration que qui s'y opposera sera atteint et convaincu du mesme crime de leze-majesté.

« Que s'il semble qu'en ce faisant je me soubsmette trop volontairement aux loix dont je suis l'autheur, et qui me dispensent elles-mesmes de leur empire, et que, par ce moyen, je rende la dignité royale aucunement plus bornée et limitée que mes predecesseurs, c'est en quoy la vraye generosité du bon prince se cognoist, que de dresser ses pensées et ses actions selon la bonne loy, et se bander du tout à ne la laisser corrompre. Et me suffira de respondre ce que dict ce roy, à qui on remonstroit qu'il laisseroit la royauté moindre à ses successeurs qu'il ne l'avoit receué de ses peres, qui est qu'il la leur lairroit beaucoup plus durable et plus asseurée. »

Après que le Roy eut finit sa harangue, M. le garde des seaux declara plus amplement le bon desir du Roy pour la restauration de l'Estat, et pour la reformation des desordres advenus aux provisions des benefices, et l'ordre requis pour oster la corruption et depravation des monasteres. Puis, s'adressant à la noblesse, ayant loüé leur ordre et la vertu de l'ancienne noblesse françoise, il leur remonstra l'horreur des duëls et deffis dont ils usoient ordinairement, et la mauvaise practique d'aucuns qui tenoient des benefices en commande. Puis, ayant discouru sur l'ordre très requis contre la chicanerie des procez, et le nombre insupportable des officiers, il proposa de beaux advis pour remedier à tous les desordres de l'Estat.

M. l'archevesque de Bourges pour le clergé, M. le baron de Senescey pour la noblesse, et La Chappelle Marteau, prevost des marchands de Paris, pour le tiers-estat, firent chacun, au nom de leur ordre, une harangue à Sa Majesté, le remercians du bon-heur et honneur qu'ils recevoient d'estre par son commandement convoquez et assemblez, sous le nom des estats generaux, pour entendre ses sainctes et salutaires intentions, loüans Dieu d'avoir mis une si bonne volonté au cœur de leur roy, de restaurer l'estat ecclesiastique, soulager son peuple, esteindre les feux des divisions qui estoient dans son royaume, le purger de l'heresie, et le remettre en sa premiere dignité et splendeur; pour à quoy parvenir ils exposeroient franchement, librement et genereusement, sous l'authorité de Sa Majesté, jusques à la derniere goutte de leur sang.

Voilà ce qui se passa en la premiere seance, où chacun sortit fort content, excepté les princes et seigneurs de la ligue, qui en sortirent faschez de ce que le Roy avoit dit en sa harangue : *Aucuns grands de mon royaume ont faict des ligues et associations ; mais, tesmoignant ma bonté accoustumée, je mets sous le pied, pour ce regard, tout le passé.* Le duc de Guise raporte ces paroles à M. le cardinal de Bourbon, qui ne s'estoit peu trouver à la seance pour son indisposition. Il luy fait entendre de quelle importance elles estoient, et de ce qu'en pleine assemblée des estats le Roy les taxoit d'avoir esté rebelles ; que si ceste remonstrance estoit publiée et imprimée, cela importeroit grandement à leur honneur. Ils resoudent d'en parler au Roy : ce qu'ils firent le jeudy ensuivant, sçachant que Sa Majesté l'avoit baillée pour imprimer, et que la feuille où estoient ces mots estoit dejà imprimée. Sur leur plainte, le Roy fut comme contrainct de faire tout rompre et deschirer ce qu'il y avoit d'imprimé, et faire oster ces mots de *aucuns grands de mon royaume ont faict des ligues*, etc.

Suivant ce que le Roy avoit proposé dans sa harangue, toute l'assemblée se trouva le mardy en la mesme sale et au mesme ordre pour jurer d'observer l'edit d'union comme loy fondamentale du royaume. Un des heraults, qui estoient à genoux et testes nuës devant la table de messieurs les secretaires d'Estat, ayant commandé le silence, Sa Majesté dit :

« Messieurs, je vous dis dimanche dernier, en la premiere seance, combien je desire de voir en mon royaume tous mes subjects unis en la vraye religion catholique, apostolique et romaine, sous l'obeissance et authorité qu'il a pleu à Dieu me donner sur eux; et à cest effect, j'ay ordonné mon edit de juillet dernier pour tenir lieu de loy fondamentale en ce royaume. Mais pour nous obliger, et toute la posterité, à l'observer, combien que la plus grande part de vous l'avez dejà juré et promis le garder, affin qu'un tel edict soit à jamais ferme et stable, comme deliberé du consentement de tous les estats de ce royaume, et affin que personne n'en puisse prendre cause d'ignorance, je veux qu'un si sainct edict se lise presentement à haute voix, affin d'estre escouté de tous et juré en corps d'Estat. Ce que je jureray premierement pour vous donner bonne exemple, affin que nostre saincte intention soit cognuë devant Dieu et devant les hommes. »

Le Roy ayant finy sa harangue, il commanda à M. de Beaulieu Ruzé, son premier secretaire d'Estat, de lire la declaration que Sa Majesté avoit faicte ceste mesme journée sur son edict d'union, pour estre tenu en France à l'advenir comme une loy fondamentale du royaume : ce que ledit sieur de Beaulieu Ruzé fit; puis il leut aussi tout l'edit d'union, veriffié en la cour de parlement de Paris. Ce qu'ayant fait Sa Majesté, il pria Dieu de punir ceux qui fausseroient le serment qu'ils alloient faire, et commanda à M. l'archevesque de Bourges de faire une exhortation à ceste assemblée sur ce subject.

Cet illustre prelat, avec une prudente et docte oraison, exhorta toute l'assemblée à suivre l'exemple du Roy au jurement de son edict d'union, loüant Sa Majesté de ce qu'à l'exemple des bons roys d'Israël, il vouloit que l'instruction d'un serment si solemnel fust donnée à son peuple par la bouche de ses prelats, en se conformant au dire du prophete, que les levres des prelats gardent la science et la doctrine, et que le peuple doit rechercher la loy de Dieu de leur bouche. Puis, continuant son discours sur la qualité du jurement qu'ils alloient faire au nom du Dieu vivant, il se tourna vers les deputez, et leur dit : « Jugez, messieurs, et considerez la grandeur de ce jurement que vous allez presentement faire à Dieu, affin de l'observer inviolablement et n'estre point perjures. Souvenez vous que vous allez jurer l'union chrestienne avec Dieu vostre pere, avec l'Eglise son espouse, laquelle est fondée en luy et acquise de son propre sang, et que vous avez esté regenerez par ce sang mesme et lavez d'un mesme baptesme; que vous estes appellez en un mesme heritage au ciel, nourris d'un mesme pain et de mesmes sacrements en la maison de Dieu, qui est l'Eglise catholique, apostolique-romaine. » Puis, ayant declaré quelle estoit l'union de l'Eglise, « Unissons nous donc, dit-il, avec nostre Seigneur Jesus-Christ, sous l'obeissance de nostre Roy, la foy duquel a tousjours esté d'un bon exemple à tous, suyvant en cela la coustume de ses predecesseurs. » Puis, ayant loüé la Royne mere d'avoir nourry et maintenu le Roy pendant son jeune aage en ceste saincte religion, et donné esperance à la Royne espouze du Roy que Dieu ne luy feroit point moins de grace qu'à Anne, mere de Samüel, et qu'il exauceroit ses prieres, luy donnant une heureuse lignée, à la consolation de toute la France, il dit :

« Jurons à nostre prince l'obeissance et submission qui luy est deue de tout droit divin et humain, embrassons la charité chrestienne, delaissons toutes haines et rancunes ouvertes et secrettes, soupçons et defiances, qui jusques icy nous ont divisé et troublé, qui ont empesché, voire rompu de si bons desseins, et sans lesquels

sieur de Pongny, arrivé vers le duc de Savoye, luy dit l'intention du Roy : le duc s'excuse de son entreprise, et dit qu'il ne s'est emparé du marquisat que de peur que le sieur Desdiguieres, chef des huguenots en Dauphiné, ne s'en rendist maistre, lequel on sçavoit assez avoir eu des entreprises sur la forteresse de Pignerol et sur d'autres places, ausquelles mesmes les entrepreneurs avoient esté punis; et mesmes que le sieur de La Valette, frere du duc d'Espernon, qu'il nommoit fauteur et adherent des heretiques, se vouloit aussi emparer dudit marquisat : ce qui l'avoit occasionné de s'en saisir premierement qu'eux, pour l'importance qu'il a de n'avoir de tels voisins au milieu de ses pays; qu'il ne veut toutesfois retenir les places au prejudice des traictez de paix, mais qu'il prie Sa Majesté de conferer le gouvernement des pays que la couronne de France avoit delà les monts, au marquis de Sainct Sorlin, cousin dudict duc, lequel estoit fort affectionné subject et serviteur de Sa Majesté.

M. de Pongny luy respondit qu'il avoit charge de n'accepter aucune excuse, mais au contraire de le sommer de quitter les places qu'il avoit de nouveau surprises sur la couronne de France.

Les responses du duc, qui avoit fait de l'humble jusques à l'entiere conqueste du marquisat, se rendirent incontinent hautaines, et M. de Pongny fut contraint de venir retrouver le Roy à Blois, et luy dire les responses du duc.

Les François assemblez aux estats jugerent incontinent ce qui avoit occasionné le duc de faire telle entreprise. La noblesse françoise offrit son sang au Roy pour faire reparer au duc de Savoye le tort faict à leur nation. Quelques-uns du tiers-estat, et aucuns du clergé qui estoient de la ligue des catholiques, dont ledict duc de Savoye estoit, excusoient, tacitement toutes-fois, l'entreprise du duc, et la pallioient envers les simples de la crainte qu'il avoit euë d'avoir l'heresie pour voisine ; mais tout cela estoit bon à dire à ceux qui ne sçavoient pas que le duc de Savoye avoit et laissoit vivre en paix des contrées et valées toutes entieres où le peuple estoit de la religion pretenduë reformée, et où il n'y avoit nul exercice de la religion catholique-romaine.

Le duc de Savoye aussi advertit le Pape, le roy d'Espagne et tous les princes et republiques d'Italie, lesquels jugeoient que ceste entreprise pourroit troubler la longue paix qu'ils avoient entr'eux, qu'il ne s'estoit asseuré dudict marquisat que pour le repos de l'Italie, et de peur qu'aucun heretique s'en emparast, davantage, qu'il avoit resolu d'assieger Geneve, qu'il appelloit la source de l'heresie. Le Pape et le roy d'Espagne approuverent et louerent ceste derniere entreprise, et mesme le duc receut incontinent du prince de Parme, par le commandement du roy d'Espagne, quinze compagnies de soldats, sous le pretexte de les envoyer hyverner en Bresse et en Savoye.

Le Roy ayant sceu tout ce que dessus, jugea lors ceste invasion du marquisat estre des intelligences des princes de la ligue, et qu'ils le vouloient despouiller devant qu'il eust envie de se coucher, et ce principalement sur les responses du duc de Savoye à M. de Poigny, par lesquelles il supplioit Sa Majesté de conferer au marquis de Sainct Sorlin le gouvernement du marquisat. Or le marquis de Sainct Sorlin estoit frere de mere du duc de Guise, et avoit assisté à la prise du marquisat de Salusse, comme estant cousin germain du duc de Savoye, en la cour duquel il estoit lors.

Sa Majesté eust bien voulu faire resoudre tous les François à la guerre estrangere contre le duc de Savoye, et pacifier la civile en son royaume : c'estoit aussi le desir de toutes les ames purement françoises, et qui ne respiroient que l'honneur de leur patrie et le service de leur Roy, lequel pensoit qu'il n'y auroit aucun en toute l'assemblée des estats qui ne suivist en cela sa volonté; mais il se trouva deceu. Tous les partisans de la ligue qui estoient en l'assemblée des estats parlerent d'un mesme ton : « Il faut premierement pourveoir, disoient-ils, aux entrailles du royaume, et oster l'heresie qui les travaille; puis on chassera bien les estrangers qui auront entrepris sur les frontieres. » Le duc de Guise dit au Roy qu'il devoit asseurer les François du fruit qu'ils s'estoient promis du serment de la saincte union et de la resolution des estats, et que les huguenots extirpez, qu'il seroit le premier prest à passer les monts pour faire rendre gorge au duc de Savoye, si Sa Majesté luy en vouloit donner la commission.

En somme, chacun discouroit diversement de ceste surprise, et la pluspart fondoient leurs raisons plus sur l'apparence et le vray-semblable, qu'en l'essence de la verité, pource qu'aux desseins secrets et intentions des princes, tant plus l'on pense les entendre sur certaines conjectures, tant plus le succez de leurs desseins faict paroistre le contraire de ce que l'on en a pensé.

Le duc de Savoye fait publier par tout qu'il n'a pris le marquisat que pour esviter les grands malheurs que le Sainct Siege et mesmes toute l'Eglise catholique en general, et particulierement tous ses Estats, eussent peu recevoir si les huguenots se fussent emparez du marquisat, et

... entre les
... du marquis de
le la maison de Savoye,
... et subjects du
... Sa Majesté en vou-
rnement : et toutesfois le
... voir dans mon
III et IVe livre) monstre
ay le marquisat que pour

ques en France, pour la
u duc d'Espernon et au
on frere, qui avoit esté
ent du marquisat, desire
urprise, et dit que les
vables, et qu'il faut que
e et qu'il accommode ce
us offre remettre le mar-
le l'un des deux freres
, qui estoient princes ca-
propositions, mais les
car au mesme temps le
arquisat eslever les croix
des fleurs de lys, ehan-
x, et en faisoit sortir tous

d'autre costé receut un
n'avoir plus les François
Milan, et tenoit-on que
it baillé audit duc de Sant gaigné les doubles ca-
voient les roys de France

inces italiens trouverent
oye eust chassé les Fran-
restoit en Italie. Aucuns
a grandeur de ce duc, à
it fort haussé le courage;
ire craignent quand leurs

ontraint de se contenter
luy dire ses plaintes con-
et toutesfois il creut que
sat estoit de l'advis des

escrit sur ce subject rap-
Majesté se resolut de se
e et des princes de la li-
... plus obligé d'obser-
romis par l'edict d'union,
reau encor, et contre tant
... faicte, ils continuoient
..., et que Sa Majesté
... despit qu'il avoit
se, et pensa qu'en conti-
... discerneroient

de sa droicte intention d'avec les desseins dudict duc et desdits princes de la ligue, et qu'ils luy conseilleroient de remedier à toutes les offences qu'ils luy avoient faictes, et à la couronne de France; mais il ne luy succeda pas selon son opinion, ainsi que nous dirons cy aprés. Voyons maintenant quelques uns des progrez que fit l'armée de M. de Nevers au bas Poictou.

Ceste armée estoit composée de François, Suisses et Italiens. Les seigneurs de La Chastre, de Laverdin, de Sagonne, de La Chastaigneraye, et autres seigneurs, tous capitaines de renom, accompagnerent M. de Nevers, lequel, ayant aussi un appareil suffisant pour une telle armée, alla droict assieger Mauleon. Le sieur de Villiers estoit dedans pour le roy de Navarre, lequel, voyant tous les appareils prests pour battre ceste place, demanda à parlementer. Par le commandement de M. de Nevers, le sieur de Miraumont accorda la capitulation avec le capitaine Landebris, qui estoit sorty de dedans Mauleon, à la charge qu'ils auroient la vie sauve et sortiroient sans armes. Nonobstant que la capitulation fust faicte, presque tous les assiegez furent mis au fil de l'espée par quelques troupes qui entrerent par surprise dedans ceste place, faschez que l'on donnoit une capitulation à des gens qui avoient plustost usé de temerité en attendant d'estre assiegez, que de hardiesse et prudence pour se deffendre : toutesfois les sieurs de La Chastre, de Lavardin et de Miraumont, sauverent ce qu'ils en peurent, et les firent reconduire et passer la Seurre pour se retirer ez lieux plus proches de seure retraicte pour eux.

De Mauleon l'armée tira droict à Montagu. Le roy de Navarre avoit mis dedans le sieur de Colombieres avec cinq compagnies d'infanterie du regiment du Preau et deux d'harquebusiers à cheval : par trois jours suyvans que l'on fit les approches, ils s'escarmoucherent si bien les uns les autres, que plusieurs braves soldats et capitaines de part et d'autre y moururent, et y en eut plusieurs de blessez. Mais le canon arrivé, qui pour la saison avoit demeuré plus que M. de Nevers ne pensoit, l'on commença à battre ceste place. Les assiegez, se doutans d'estre forcez, tiennent conseil pour demander composition. Estans sur ces termes, il naist une dispute entre ledit sieur de Colombieres, qui soustenoit qu'il failloit entrer en composition avec les assiegeans, et le sieur du Preau, qui soustenoit que l'on pouvoit soustenir ce siege, ayans munitions, vivres et gens assez pour conserver ceste place au roy de Navarre, auquel ils avoient promis de la deffendre jusques à la mort; mais, aprés plusieurs disputes, Colombieres executa son opinion, et fit sortir La Courbe, son lieutenant, pour traicter la composition qui luy fut accordée par M. de Nevers, sçavoir : que tous les soldats sortiroient avec leurs armes, mesches esteintes, les gentils-hommes avec leurs armes et bagages, et qu'ils seroient conduits en lieu de seureté : ce que M. de Nevers fit executer ainsi qu'il leur avoit promis, et les fit conduire jusques à Sainct Gemme ; mais M. de Sagonne, qui conduisoit en l'armée la cavallerie legere avec une diligence passionnée, alla attaquer quelques-unes de ces compagnies [et ce après que ceux qui avoient eu charge de les conduire jusques à Sainct Gemme se furent retirez], lesquels il chargea, et les ayant desvalizez il les envoya un baston blanc au poing. Quant au sieur de Colombieres, il demeura au service du Roy avec son lieutenant et quelques autres des siens.

Durant le siege de Montaigu, le sieur du Plessis Gecté, qui commandoit dans La Ganache, se doutant que l'armée royale viendroit droict à luy pour l'en chasser, il faict advancer tout ce qu'il pense estre necessaire pour la fortification de ceste place ; il envoye La Sabloniere vers le roy de Navarre, qui estoit lors encor à La Rochelle, luy demander secours de munitions et de soldats. Le roy de Navarre luy envoya par mer deux compagnies de ses gardes, sous la conduite du sieur d'Aubigny et de La Robiniere, avec des munitions ; et par terre il luy envoya aussi le baron de Vignoles avec deux compagnies de gens-d'armes, et cinquante harquebusiers à cheval dont estoit capitaine le sieur de Rufigny. Ce secours arrivé, le sieur du Plessis distribua judicieusement chasque capitaine ès lieux les plus importans. Le 16 de decembre, le sieur de Sagonne avec quelques compagnies d'hommes d'armes et d'harquebusiers à cheval, suivy des regiments de La Chastaigneraye, de Brigneux et de Lestelle, en s'advanceant pour recognoistre La Ganache, donna si vivement dans le bourg Sainct Leonard, qu'il s'en rendit le maistre, nonobstant toute la resistance du sieur de Vignoles, qui y perdit le capitaine Ruffigny. Nous laisserons pour ceste heure le duc de Nevers devant La Ganache, faire ses approches, pour ce qu'il ne commença à battre ceste place que le dernier jour de l'année ; aussi que les exploicts qui y furent faicts et ce qui y advint appartient d'estre dit en l'année suyvante. Voyons cependant ce qui se passe à Blois.

Le Roy se resjoüissoit des exploicts de son armée de Poictou ; mais tout à coup voicy les articles secrets forgez par le conseil de la faction des Seize, dont ils avoient fourny tous leurs partizans, ainsi qu'il a esté dit cy dessus, que l'on veut faire sortir effect : « A quoy servira ceste assemblée d'estats, disent les partizans de la ligue, si les remedes pour restaurer la France que nous presentons en nos cayers ne sont publiez ainsi que nous les resouldrons, sans y rien changer ? Ne sçavons nous pas tous qu'aux estats de l'an 1577, la France esperoit qu'il seroit pourveu sur toutes les remonstrances qui y furent faites, et toutesfois on n'en tira pas le fruict que l'on en avoit esperé, à cause de la longueur que le conseil du Roy tint à en arrester une partie, sans rien ordonner sur la plus-part de nos plaintes ? Le conseil du Roy en pourra faire autant encor à present ; et par ainsi ceste presente assemblée d'estats sera infructueuse aussi bien que celle de 1577. C'est pourquoy il est très-necessaire que les remedes que nous proposerons pour la restauration de l'Estat ne passent par les longues deliberations du conseil du Roy, et que ce qui sera resoult par l'assemblée des estats soit incontinent publié. Ne sont-ce pas, disoient-ils, les estats qui ont donné aux roys l'authorité et le pouvoir qu'ils ont ? Pourquoy donc faut-il que ce que nous adviserons et arresterons en ceste assemblée soit contrerollé par le conseil du Roy ? Le parlement d'Angleterre, les estats de Suede, de Pologne, et tous les estats des royaumes voisins estans assemblez, ce qu'ils accordent et arrestent, leurs roys sont subjects de le faire observer sans y rien changer. Pourquoy les François n'auront-ils pareil privilege ? Et quand bien il faudroit que nos cayers fussent respondus et arrestez au conseil privé du Roy, il y devroit donc au moins assister un nombre de deputez de chacun ordre. »

Le Roy, qui descouvre à quoy tendent ces raisons que l'on fait courir par les chambres des estats, et que l'on veut abbattre tout à faict l'authorité royale et la faire tomber entre les mains de son peuple, et que pour ce faire on se vouloit prevaloir de l'exemple des royaumes voisins, il faict, de l'advis de ses serviteurs, imprimer les estats des Espagnes tenus à Tolede l'an 1559, et achevez l'an 1560, pour respondre et monstrer que les Espagnols mesmes [encores que ce soit une nation du tout dissemblable aux François, lesquels ne cedent à aucuns subjects d'autres royaumes en affection, respect et obeissance qu'ils ont envers leurs roys hereditaires et legitimes successeurs] faisoient leurs remonstrances et leurs requestes en toute humilité par les deputez ou procureurs desdits estats, et qu'ils n'y aucun d'eux n'assiste et n'est appellé aux jugements de leurs remonstrances ou requestes, et que le Roy, assisté des gens de son conseil, fai-

r chacun article, commeil
re expedient au bien de son
e et ses subjects.
ui ont escrit de l'estat de la
oir les estats en France n'est
e le Roy communique, avec
, de ses plus grands affai-
et conseil, oit leurs plain-
leur pourvoit ainsi que de
seul, selon l'ancienne ob-
du royaume, tient et con-
nd il void en estre besoin,
et les interprete, dispose les
oye où les affaires publics le
u'il a toute puissance ab-

princes estrangers se sont
de ceste grande puissance
L'empereur Charles V de-
nçois I combien valoit le re-
les de France par où il avoit
x, dit le Roy; laquelle pa-
pportée à l'empereur Maxi-
toit en un devis particulier
revenu d'un roy de France,
erner ceste puissance abso-
resentoit, lascha ce traict
Je trouve donc, dit-il, *que*
le roy des bestes. Cest Em-
ource que les roys de France
noderé par honnestes et rai-
ur puissance souveraine et
roy, quelque depravé qu'il
onte de les transgresser. Et
te puissance absoluë, ai font-
e sans leur conseil; auquel
de casser, rescinder et re-
oient donné et accordé qui
aux ordonnances faites par
ecesseurs. Ils ne sauroient
pource qu'ils sçavent que
ier prince de leur sang doi-
au contraire des empereurs
maintenir l'empire en leur
sance absoluë beaucoup de
est advenu que quelque roy
se autrement qu'à poinct, il
ié par leurs successeurs re-
les mauvais ministres, sans
feroient à peine mauvaises
is; de sorte que ç'a esté un
qui sont venus après, et
paies de la longue durée de
se.
per ceste puissance souve-
e l'authorité royale, veut changer la forme anciennement gardée en la tenue des estats, veut que les deputez jugent leurs propres requestes et demandes: bref, suivant leurs memoires faicts par le conseil de la faction des Seize, ils veulent que les estats ordonnent de la paix et de la guerre, et veulent declarer le premier prince du sang de France incapable de toute succession, contre le vouloir et authorité du Roy.

Cependant que le Roy pense deffendre son authorité par la plume, la condamnation du roy de Navarre se traictoit par toutes les trois chambres; douze de chacune chambre furent deputez vers Sa Majesté pour luy faire entendre leur resolution, et luy dirent qu'ils avoient advisé que le roy de Navarre seroit declaré heretique, chef d'iceux, relaps, excommunié, indigne de toutes successions, couronnes, royautez et gouvernements.

Le Roy leur respond qu'il trouveroit bon qu'on sommast le roy de Navarre, pour une derniere fois, de se reunir à l'Eglise catholique, apostolique-romaine, et qu'ils advisassent si cela ne seroit pas bon. Ceste procedure de sommer le roy de Navarre fut mise en deliberation en toutes les trois chambres; et depuis, M. l'archevesque d'Ambrun, accompagné comme auparavant de douze de chacune chambre, alla dire au Roy que l'advis des estats estoit de n'employer aucunes poursuittes pour sommer le roy de Navarre. Le Roy luy respondit: « Je me resoudray donc pour satisfaire à vos raisons. »

La prise du marquisat de Salluces, la proposition à ce que les estats fussent resolutifs et non deliberatifs, la condamnation du roy de Navarre demandée par les deputez des estats, et quelques autres incidents sur plusieurs remonstrances et resolutions prises aux chambres des estats, tant sur le reglement des offices de judicature et finances, que pour la vente et suppression d'iceux, fut attribuée au duc de Guise, et mesmes le Roy creut, comme plusieurs ont escrit, qu'il ne se faisoit aucunes remonstrances ny requestes, que premierement elles n'eussent esté resolués en un conseil qui se tenoit au cabinet dudit duc par les principaux de la ligue, qui avoient avec animosité brigué, chacun en la province d'où ils estoient, pour estre deputez aux estats, et qui, dans chacune chambre, poursuyvoient ce qu'ils avoient conclu au conseil du duc de Guise.

Toutes ces choses donc firent que le Roy eut un grand courroux contre le duc de Guise; et sur plusieurs advertissements qui luy vindrent de tous costez qu'il y avoit une grande conspiration contre sa personne et son Estat, et principalement sur un billet qui luy fut envoyé, comme pour un advis, par un des grands de son royaume, contenant ces mots : *Mors Conradini, vita Caroli ; mors Caroli, vita Conradini*, il se delibera de s'asseurer du duc de Guise.

Pour l'execution de son dessein, il fit tenir plusieurs conseils de nuict en son cabinet, et mesmes le duc de Guise receut plusieurs advis de ses amys que l'on entreprenoit de le faire mourir, et qu'il se gardast; ausquels advis il respondoit seulement ce mot : *L'on n'oseroit.* Aussi tant de bruits avoient couru dès le commencement des estats, tantost que l'on l'avoit voulu tuër allant à la chasse, tantost à un souper, tantost en un autre lieu, qu'il ne faisoit point d'estat de tous ces advis.

Le jour Sainct Thomas, à ce que quelques-uns ont escrit, le Roy estant à Sainct Calais, qui est une chappelle dedans le chasteau, où Sa Majesté entendoit vespres, le duc de Guise, qui l'y accompagnoit, se mit de genoux un peu plus haut dans la galerie et assez loin de Sa Majesté, et pendant vespres il leut un petit discours libre fait sur l'estat present de la France, qu'un François, homme d'Estat, estant en Hollande, avoit envoyé à Juste Lipse. Ce discours estoit imprimé. Le Roy avoit tousjours l'œil sur le duc et sur ses actions : au sortir de vespres, le Roy luy dit : Vous avez esté fort devotieux. — Excusez moy, Sire, dit le duc, c'est un livret qu'un huguenot a fait sur l'estat de France : ô que c'est un plaisant compteur ! je vous supplie, Sire, de le voir, et vous en jugerez. » Le Roy lui dit : « L'avez vous tout leu ? — Ouy, Sire, luy respond le duc. — Mais, dites moy, dit le Roy, est-ce un huguenot qui l'a faict ? — Ouy, Sire, repliqua le duc. » Alors Sa Majesté luy dit : « Puis que c'est un huguenot qui l'a faict, je ne le veux pas voir. »

Le duc accompagna le Roy en sa chambre, et de là au jardin, où ils tomberent sur plusieurs propos, entr'autres sur le desir que Sa Majesté avoit que l'on sommast encores une fois le roy de Navarre, et sur la resolution des estats, laquelle le Roy vouloit estre faicte par son conseil, ainsi que l'on avoit accoustumé en France. Le duc dit lors à Sa Majeste quelques paroles un peu trop hardies pour un subject : Sa Majesté, usant de sa prudence, luy laissa continuër tout ce qu'il luy voulut dire. La fin de son discours fut qu'il voyoit bien que les choses alloient de mal en pis, ce qui l'occasionnoit de supplier Sa Majesté de reprendre le pouvoir qu'il luy avoit donné, et luy permettre de se retirer. Le Roy feint de ne s'appercevoir de la hardiesse de ses paroles, et dit au duc que Dieu luy feroit la grace de rendre à l'assemblée des estats tout le contentement qu'elle sçauroit desirer.

Le Roy se retire en son cabinet, et, la porte fermée, il ne se peut tenir qu'il ne dist, dez qu'il fut entré, quelques paroles de colere ; puis, ayant tout seul pensé à ce que le duc de Guise luy venoit de dire, il jetta son petit chapeau qu'il portoit ; puis, peu après revenu à soy, il se resolut, à quelque peril qui en pust advenir, de faire mourir le duc de Guise.

Mais le duc avoit un si bon amy au cabinet, qu'il ne faillit de l'advertir incontinent de ce qu'il avoit veu faire au Roy, et que sans doute on deliberoit quelque chose contre luy.

L'on tient que l'archevesque de Lyon, en un conseil tenu le lendemain chez le duc, où les principaux de la ligue se trouverent pour resouldre aux divers advis que l'on leur donnoit de ne demeurer plus longuement aux estats, luy dit : « Monsieur, monsieur, qui quitte la partie la perd. »

Aussi tous les advis que l'on donnoit au duc n'estoient que conjectures, car celuy qui l'avoit adverty que le Roy avoit de colere jetté son chapeau, n'en avoit pas sceu au vray quelle en avoit esté l'occasion.

Or, comme nous avons dit, depuis la prise du marquisat, et dès que le Roy vid que les princes de la ligue continuoient leurs intelligences et associations, il avoit resolu de s'asseurer du duc de Guise : il avoit demandé conseil à plusieurs comme il s'y devoit comporter ; aucuns luy conseillerent que l'emprisonnement estoit le plus seur, autres luy dirent que *Morta la bestia, morto il veneno.* Bref, il prit conseil de ceux qu'il sçavoit n'estre amis de la maison de Guise, lesquels ne faillirent à luy representer tellement toutes les actions de ce duc, qu'ils ne trouverent à luy dire que trop de crimes de leze-majesté pour luy estre faict son procez. Mais sur tout on luy disoit qu'il se devoit souvenir que, l'an 1584, il avoit fait tuër tous les lyons et bestes farouches qu'il fesoit nourrir au Louvre, pour avoir eu une vision qu'ils le devoroient, et, entr'autres, qu'il se souvinst qu'il luy avoit semblé avoir receu plus de mal d'un lyon le plus furieux de la troupe ; que ceste vision ne se devoit point autrement expliquer sinon que c'estoit la ligue, qui, depuis l'année 1585, par la prise de leurs armes, vouloit abbattre son authorité royale, et que le jeune lyon representoit le chef de la ligue.

Quelques considerations et respects avoient retenu le Roy d'executer ses conseils et sa volonté contre le duc jusques au susdit jour de Sainct Thomas, ainsi que plusieurs ont escrit, et que la nuict de ceste journée le Roy ayant faict venir en son cabinet quelques uns en qui il se fioit, il leur avoit dit qu'il ne pouvoit plus

... bruits luy faisoit, leur
... qu'il avoit aussi après
... le duc l'avoit prié
... avoit, disoit-il, luy
... toutes les brava-
tes. Plus, que le duc l'a-
...ermettre de se retirer des
... quetrop à quel
..., et de combien ceste
...it, laquelle il ne luy avoit
... subject de quelque
reste qu'il estoit resolu de
pas de l'emprisonner, et
...que de resouldre le poinct

...rail fut resolu que l'exe-
...credy matin. Le lende-
...on, le bruit court que le
...stre Dame de Clery prez
...l commanda à M. d'An-
...'Orleans, de se tenir prest
, et qu'il partiroit le ven-

...loit une des villes données
...esme des articles secrets
...princes et seigneurs de la
... d'Antragues estoit gou-
...nstré fort zelé à ce party,
... lettres de luy où, par-
...r, il l'appelloit tousjours
... aussi le tiltre d'honneur
...urs de la ligue honoroient
...luy que font les subjects
...ppellent *Sa Majesté*; car
...ume est le roy. Aussi ce
...ugmenta fort le courroux
...e le duc, et en fut autant
... de ce qu'aux Barricades
: *Vive Guise! vive le pi-*
...puis donc l'edict d'union,
...faict porter parole audict
...l desiroit que M. le prince
...ourveu du gouvernement
...isast quelle recompense il
...s, qui ne vouloit ceder ce
...enoit des biens-faicts des
... Guise, eut recours de re-
...ances de Sa Majesté, dont
...uis l'an 1585, ce qu'il fit
Blois. Or le Roy, par le
Antragues, pensoit pour-
...rleans [pource que ceste
...adelle de France]; ce fut
...anda expressement de se

...lo, fils aîné du duc de Guise.

tenir prest pour partir avec luy le lendemain au matin. Il despescha aussi dez le jeudy au soir en plusieurs endroits où il estimoit estre de besoin pour la seureté des villes qu'il jugeoit estre les plus remplies des partizans de la ligue. Mais nous dirons l'an suivant comme les succez de ses desseins furent merveilleusement esloignez de son attente.

Tous ceux qui ont escrit comme le duc de Guise fut tué se discordent tous : l'autheur qui a compilé le recueil des *Memoires de la Ligue*, et celuy qui a escrit l'*Histoire des cinq Roys*, s'accordent à peu prez, et disent :

« Le 23 de decembre, messieurs les cardinaux de Vendosme, de Guise et de Gondy, M. le duc de Guise, messieurs les mareschaux de Rets et d'Aumont, et autres seigneurs viennent du matin pour tenir le conseil en une chambre proche de celle du Roy, n'y ayant qu'une petite allée entre deux, pour ce que le Roy vouloit partir l'après-disnée pour aller à Nostre-Dame de Clery. Le duc de Guise, voyant que le conseil n'estoit encores commencé, voulut aller à la chambre du Roy, et, ayant passé le long de l'allée qui y conduisoit, entrant en la chambre de Sa Majesté, il apperceut le sieur de Longnac qui estoit assis sur un coffre de bahu, les bras croisez, sans se bouger. De longue-main il avoit soupçon que ledit sieur de Longnac avoit entrepris de le tuër; et estimant qu'il estoit là pour l'attaquer, il luy voulut impetueusement courir sus, et mettant sa main sur son espée, la tira à demy; mais le sieur de Longnac et quelques autres, luy voyans entreprendre un tel effort à la porte de la chambre du Roy, le previndrent et à l'instant le terrasserent et le despescherent à coups d'espées, sans luy donner loisir de gueres parler. » Voylà l'opinion de ceux qui ont escrit ces histoires imprimées à Geneve; mais l'opinion de la ligue est toute contraire à celle-là. Voicy ce qu'ils en firent publier au mesme temps.

« Sur les sept heures du matin on envoya querir monseigneur de Guise pour venir au conseil; un maistre d'hostel du Roy alla querir M. le cardinal son frere sur les sept heures et demie, pource qu'il estoit logé hors du chasteau : on les prie de se haster, disant que le Roy estoit pressé parce qu'il vouloit aller disner à Clery. Estant arrivé en la salle du conseil, et y voyant le sieur de Larchant et tous ses archers, il leur dit : « C'est une chose extraordinaire que vous soyez icy, qu'y a-t-il? — Monseigneur, dit Larchant, ces pauvres gens m'ont prié de supplier le conseil qu'ils demeurent icy jusques à la venue de Sa Majesté, pour le supplier de leur faire payer de leurs gages, et ce à cause que le thresorier leur a dit qu'il n'y a pas un sol pour eux ; et toutesfois ils sortent de quartier dans quatre ou cinq jours, et seront contraints, si le conseil n'y donne ordre, de vendre leurs chevaux pour vivre et s'en retourner à pied chacun en sa maison. » A quoy M. de Guise luy respondit : « Je leur serviray et à vous de tout mon pouvoir; puis s'en alla s'asseoir. Et incontinent se leva M. Marcel, intendant des finances, qui alla dire au sieur de Larchant et à ses archers qu'il y avoit une partie de douze cents escus que l'on leur avoit ordonné. Larchant repliqua que cela estoit trop peu. Sur ces propos, M. de Guise, qui estoit suject à un mal de cœur, prit dedans ses chausses une petite boiste d'argent pour y penser trouver quelques raisins, et, n'y trouvant rien, demanda à Sainct Prix, valet de chambre de Sa Majesté, qu'il luy donnast quelques bagatelles du Roy. Sainct Prix luy alla querir quatre prunes de Brignolles, desquelles il en mangea une, et les trois autres il les mit dedans sadite boite. Au mesme temps, parce que l'œil de son honorable playe pleuroit, cherchant un mouchoir dans ses chausses, et ne le treuvant point, il dit : « Mes gens ne m'ont pas baillé aujourd'huy mes necessitez. » Il pria M. Hotman, thresorier de l'espargne, de veoir à la porte s'il y avoit un de ses pages ou quelqu'un des siens, et leur dire qu'ils luy allassent querir un mouchoir : incontinent que Hotman fut sorty, Sainct Prix, adverty que M. de Guise avoit besoin d'un mouchoir, luy en apporta un.

» Sur les huict heures, M. de Revol, secretaire d'Estat, sortant du cabinet du Roy, vint dire à M. de Guise, qui estoit assis au conseil, que le Roy le demandoit : aussi-tost il part, et estant entré dans la chambre où estoit le cabinet du Roy, tenant son chapeau d'une main, et levant la tapisserie de la porte du cabinet de l'autre, estant panché pour y entrer pource que la porte estoit fort basse, à l'instant six des quarante-cinq, qui estoient gentils-hommes que le Roy avoit depuis quelque temps choisis pour estre auprès de sa personne, avec poignards et grandes dagasses, qu'ils avoient nues sous leurs manteaux, le poignarderent si soudain, qu'il n'eut loisir que de dire : « Mon Dieu, ayez pitié de moy! » et attirant, d'une belle generosité, quelques pas en arriere dans la chambre ceux qui le tuoient, il alla tomber aux pieds du lict du Roy, où sans parler il rendit les derniers souspirs et sanglots de la mort. » Voylà ce que la ligue publia de la mort de M. de Guise. Voyons maintenant ce qu'en ont dit les estrangers.

Les histoires des Italiens et Alemans disent que le roy Très-Chrestien, ou pource que le duc de Guise avoit contraint le Roy de rompre les edicts de pacification en 1585, ou pour ce qui luy estoit advenu aux Barricades de Paris, ou pour la surprise du marquisat de Saluces, delibera de faire mourir le duc de Guise, et que le vingt-troisiesme jour de decembre, de grand matin, le Roy envoya querir quatre conseillers qui luy estoient les plus confidents, et leur ouvrit son cœur, leur disant qu'il avoit resolu de faire mourir le duc de Guise pour plusieurs raisons qu'il leur declara, leur commandant luy donner conseil sur l'execution de sa proposition. Le premier des quatre, obeyssant à son commandement, luy dit qu'il ne doutoit point de tout ce que Sa Majesté disoit du duc de Guise, mais que pour conserver l'honneur de Sa Majesté, et à fin que la felonie du duc, de laquelle il ne doutoit, fust plus cognuë de tout le monde, qu'il le failloit emprisonner en quelque place forte cependant que l'on luy feroit faire et parfaire son procez par des juges non suspects. Le second conseiller approuva et loüa le conseil du premier. Mais leurs conseils ne pleurent au Roy, qui leur dit : « Ne sçavez vous pas la puissance que le duc de Guise a en mon royaume? Qui ne seront les juges qui le voudront condamner à la mort selon ses demerites? Plus, si on le met en prison, il n'y a nulle doute que cela sera occasion de très-grands troubles, car tous les princes de la ligue et tous leurs partisans se joindront et s'armeront pour l'en tirer dehors. L'obeissance qu'ils me doivent ne les retiendra pas, puis que, sans avoir receu aucun desplaisir de moy, ains une infinité de bien-faits, auparavant et depuis mesmes qu'ils ont fait leur ligue, ils n'ont laissé de s'armer et conspirer contre ma vie, contre mon honneur et contre ma couronne, sous pretexte de la deffense de la religion catholique-romaine. La journée des Barricades où le peuple de Paris s'est eslevé si audacieusement contre moy, la deffaicte des regiments françois et suisses de ma garde, le dessein qu'ils avoient de m'assieger dans mon Louvre et me retenir prisonnier, ne sont que trop d'exemples pour conjecturer que, quand j'aurois faict mettre le duc de Guise et les principaux de son party prisonniers, il ne seroit en mon pouvoir de leur faire faire leur procez ; car, par leurs pratiques et factions couvertes du zelle de la religion, ils ont si bien desbauché mon peuple, que je ne suis plus obey comme roy, et je n'en porte plus que le tiltre. D'abondant, je suis bien adverty qu'ils continuent leurs secretes intelligences avec le roy d'Espagne, qui les secourt de deniers. Qui peut douter aussi maintenant que la surprise du marquisat faicte par le duc de Savoye ne soit de l'intelligence du duc de Guise pour faire tomber le marquisat entre les mains de l'un de ses freres de Nemours ou de Sainct Sorlin? Ne voylà que trop de crimes de leze-majesté, que trop de conspirations descouvertes. Il n'est de besoin à un roy, pour chastier les autheurs de tels attentats, proceder par les voyes ordinaires de justice, qui ne sont ordonnées que pour tenir le simple peuple en son devoir. Mais quand les grands d'un royaume ont conspiré contre l'Estat, contre la vie et dignité de leur roy, l'on n'a jamais regardé en ces cas là, à y remedier par les loix et coustumes ordinaires du pays, car aux grands et dangereux maux l'on recourt tousjours aux plus prompts remedes. Je ne doy point douter aussi que les princes mes voisins ne trouvent bonne l'execution qui s'en fera, car chacun d'eux est assez adverty de l'estat miserable auquel la France se trouve maintenant reduite, laquelle est travaillée d'une part par les heretiques, et de l'autre par l'ambition des princes et seigneurs de la ligue des catholiques. Aussi ne doy-je point rendre conte à aucun prince de mes actions, et je croy qu'ils jugeront que j'auray justement usé de mon authorité royale, en chastiant mes subjects seditieux et rebelles. » Après que Sa Majesté eut mis fin à son discours, les autres deux conseillers loüans son intention, luy dirent que l'execution donc en devoit estre prompte et secrette quand le conseil en seroit pris, y ayant un très-grand peril à la dilayer, pour ce que la maison de Guise avoit un grand nombre de leurs partizans en court et aux estats, qui pourroient descouvrir ce que l'on entreprenoit contr'eux. Alors le Roy trouva ce conseil bon, et, ayant donné congé aux quatre conseillers, il manda son aumosnier pour se confesser, ainsi qu'il avoit coustume de faire tous les vendredis. Puis, ayant fait appeler quelques-uns des quarante-cinq, et leur ayant dit sa volonté, il envoya querir, par un secretaire d'Estat, le duc de Guise qui estoit au conseil, mais qu'en venant parler à luy et estant entré en l'antichambre, il vit incontinent, en regardant derriere luy, car il craignoit les embuschés, sortir de derriere la tapisserie un homme armé qui venoit pour le tuer par derriere; et comme le duc estoit d'un grand courage et vaillant, se voyant en tel peril, il luy saulta au collet et le jetta par terre, prest à le tuër, quand sept autres sortirent de derriere les mesmes tapisseries, qui l'entourerent, et où d'abordage un luy donna un tel coup d'espée sur la jambe qu'on le fit tumber par terre; puis incontinent, à coups d'espées, de dagues et de pertuisanes, il fut reduit au terme de la mort, criant en vain : *A l'ayde! l'on m'assassine*. Voylà l'opinion des Alemans et Italiens touchant la mort du duc de Guise.

Plusieurs aussi ont remarqué que le duc de Guise avoit tousjours esté ennemy de tous les favorits et mignons que le Roy avoit aymez et advancez depuis son advenement à la couronne, et qu'il leur avoit suscité une infinité de querelles par des particuliers gentils-hommes jaloux de n'estre les premiers aux bonnes graces du Roy; que quelques-uns mesmes de ces favorits avoient esté tuez en duël, autres d'une autre façon, plusieurs disgraciez par les plaintes qu'il trouvoit moyen de faire faire contr'eux; et mesmes, depuis que le duc d'Espernon s'estoit retiré en Angoulesme, le Roy ayant pourveu de l'estat de premier gentil-homme de sa chambre le sieur de Loignac, que ce seigneur avoit esté comme une butte où, par la persuasion du duc de Guise, tous les princes de la ligue avoient descoché leur envie. Le chevalier d'Aumalle, peu auparavant la mort du duc de Guise, s'en estoit retourné à Paris, et, devant qu'y aller, il avoit dressé audit seigneur de Loignac une querelle sur le subject de quelques passions amoureuses, ce qui advient d'ordinaire entre jeunes seigneurs. Loignac estoit hardy, homme adextre aux armes, et qui s'estoit desgagé de plusieurs duëls; sa qualité de premier gentil-homme de la chambre du Roy l'esgalloit mesme aux duëls avec les grands estrangers, et les lui deffendoit avec ceux qui n'estoient de sa qualité. Ceste simulté donc et seminaire de querelle pour l'amour fit juger à Loignac que le duc de Guise et les princes de la ligue le vouloient oster de la bonne fortune que les bonnes graces du Roy luy donneroient. D'autre costé les quarante-cinq gentils-hommes que Sa Majesté avoit establis pour se tenir prez de sa personne, avec gages pour leur entretien honorable, par l'advis du duc de Guise, devoient, en la supplication que les estats feroient au Roy de reformer sa maison, estre cassez comme n'estans necessaires. Voylà de nouveaux ennemis pour le duc de Guise, à aucuns desquels le Roy n'eut gueres de peine à persuader, après qu'il eut resolut de le faire tuer, d'executer sa volonté.

Sur les huict heures du matin, Sa Majesté fit appeler le duc de Guise pour venir parler à luy : il estoit lors au conseil. Arrivé dans la chambre où estoit le cabinet du Roy, il se trouva si soudainement chargé par sept ou huict avec dagues et espées, qu'il n'eut nul loisir de se deffendre. Aussi tost qu'il fut mort, un tapissier qui estoit dans la mesme chambre, lequel destendoit la tapisserie pour aller apprester le logis du Roy à Clery, par commandement en mit une des pieces sur le corps mort du duc.

Le trepignement et le bruit que firent ceux qui le tuërent estant entendu par le cardinal de Guise et par l'archevesque de Lyon, les fit sortir incontinent du conseil, pensant secourir le duc : ils furent jusques à la porte, là où ils entendirent encor ses derniers souspirs. Aucuns des gardes escossoises qui estoient là leur presenterent la pointe de leurs hallebardes, leur commandant de ne bouger et de les suivre, ce qu'ils firent; et furent mis tous deux dans une petite chambre au dessus de celle du Roy.

En mesme temps le Roy fit arrester tous les princes de la ligue qui estoient logez au chasteau, chacun dans leurs chambres, et leur fit donner des gardes pour s'asseurer de leurs personnes, sçavoir à M. le cardinal de Bourbon, à madame de Nemours et à son fils le duc de Nemours, à M. d'Elbœuf et à M. le prince de Ginville, qui, lors que l'on tüoit son pere, oyoit la messe dans Sainct Calais, au sortir de laquelle il fut aussi arresté prisonnier.

A la mesme heure aussi furent pris Pericard, secretaire du duc de Guise, avec tous ses papiers, dans lesquels on asseure que le Roy trouva les plus secrets desseins du duc. Le sieur de Hautefort fut aussi prins dans la chambre du duc de Guise, et arresté prisonnier avec Bernardin, premier valet de chambre dudit duc.

Le grand prevost, par le commandement du Roy, sortit du chasteau, et alla à l'Hostel de la ville, en la chambre des deputez du tiers-estat, se saisir du sieur de La Chapelle Marteau, prevost des marchands de Paris, du president de Neuilly, de l'eschevin Compan, qui estoient les deputez de la ville de Paris, et du lieutenant d'Amiens, duquel nous avons desjà parlé cy-dessus, lesquels il emmena au chasteau, et furent mis prisonniers en une chambre au dessus de la garde-robbe du Roy.

En mesme temps aussi le Roy fit arrester le comte de Brissac, le sieur de Bois-Dauphin, et quelques seigneurs des plus intimes du duc de Guise.

Cependant que le Roy donne ordre à s'asseurer des plus remuans de la ligue, les princes et tous les seigneurs de qualité, advertis qu'il y avoit du trouble dans la chambre du Roy, s'y rendent incontinent; mais Sa Majesté, estant sortie de son cabinet, fit oster le corps du duc de Guise, leur disant les causes qui l'avoient induit à le faire mourir, et adjousta ce mot : *Voylà comme je puniray à l'advenir ceux qui ne me seront fidelles.*

Devant qu'aller à la messe il alla trouver la Royne sa mere, et luy declara ce qu'il avoit faict faire, dequoy l'on tient qu'elle fut de prime face esmeuë, et luy dit: « Avez vous bien donné ordre a vos affaires? — Oüy, Madame, luy respondit-il. — Faictes advertir donc, luy dit-elle, M. le legat de ce qui s'est passé, affin que Sa Saincteté sache premierement par luy vostre intention, et que ne soyez prevenu par vos ennemis. »

Le legat Morosini ayant esté adverty, de par le Roy, de la mort du duc de Guise, se trouva du commencement estonné, tant pour la familiarité qu'il avoit euë avec le duc, que pour avoir asseuré toute l'Italie de tous contraires evenements à ceux qu'il voyoit: toutesfois il se para d'un visage sans apparence aucune de tristesse, et vint trouver le Roy au sortir de la messe, sur les unze heures, là où Sa Majesté luy dit les occasions particulieres qui l'avoient meu de faire mourir le duc de Guise.

Toute la matinée les portes de la ville furent libres, il n'y eut que les portes du chasteau fermées, et l'on ne sortoit ny entroit que par le guischet de la grande porte du chasteau, laquelle est hors de la ville, proche de la porte de costé. Ceux du party du duc de Guise logez dans la ville furent incontinent advertis de sa mort; chacun d'eux pense à sa seureté : ils presument que le Roy n'arresteroit son courroux sur le seul chef de la ligue; ce qui fut cause que aucuns se retirerent et arriverent dez le soir à Orleans, et le lendemain à Paris. Quelques deputez mesmes du clergé affectionnez au duc s'en allerent, et, par hazard plus que par dessein, ils furent ramenez au Roy, qui seulement les reprint de leur opiniastreté, et leur laissa la liberté de s'en aller ou de demeurer. Toutesfois quelques portes de la ville furent fermées, plus par la volonté du peuple que par commandement qu'ils en eussent. Aussi toute ceste journée il ne fit que plouvoir depuis la pointe du jour jusques au soir, que le vent se tourna tellement à la gelée, que la riviere de Loire fut glacée trois sepmaines durant.

Les hommes ne peuvent remettre d'un moment le temps de leur fin. Le Roy avoit resolu de ne faire mourir que le duc de Guise, pource qu'il estimoit qu'il estoit seul toute la ligue, et que ceux de sa maison tous ensemble n'eussent sceu fournir à la moindre partie de ce qu'il entreprenoit; que luy mort, toute la ligue estoit morte. Il avoit seulement resolu de tenir quelque temps prisonniers aucuns princes et seigneurs de la ligue, affin de leur faire cognoistre la grandeur de leur faute : mais voicy qu'en un instant son dessein se change. M. le cardinal de Guise, d'un courage haut, ne put patienter ny ne se put contenir, que, par paroles bouillon-

il n'eust, en la captivité où
ces contre le Roy, lesquelles
ajesté, les ennemis de la mai-
anquerent de luy representer
aucoup de ses actions passées,
lepuis les Barricades il s'estoit
rs choses peu convenables à
jue, que l'on l'avoit veu armé,
latre cents lances, qu'il avoit
s, qu'il avoit pris aussi les fi-
esté à Chasteau-Tierry et ail-
ce qui estoit bon à prendre
'e, et que quand on luy avoit
equoit trop le Roy, il respon-
té ne marchoit point s'il n'es-
scient; aussi que sur la devise
, *Manet ultima cœlo*, il avoit
s *qui dederat, unam aufert*,
a *tonsori radenda ad claus-*
qu'il desiroit tenir la teste du
s propres jusques à ce que le
st faict la couronne dans les

c prelat de premier pair d'E-
rchevesque de Reims, cardi-
son ordre, retint la resolution
ire mourir jusques au lende-
ant voir s'il changeroit d'opi-
stant tout ce que l'on luy eust
iesmes qu'il pouvoit succeder
n frere, et que les seules me-
en sa captivité monstroient
du danger à le laisser vivre;
rien faire : mais comme on
lemain matin que ledit sieur
t de le menacer, il dit qu'il
ouyr parler et qu'on l'execu-
userent de le tuër; quatre per-
t de le faire : un d'entr'eux (2)
bre où il estoit avec l'arche-
en laquelle ils avoient dormy
qu'estant resveillez, ne sça-
iberoit de faire d'eux, ils s'es-
es, et luy dit que le Roy vou-
S'estant levé, puis embrassé
rtit; mais il ne fut pas à quatre
le la chambre, qu'il fut tué à
s hallebardes. Voylà ce qu'ont
historiens sur la mort de ces
ces du sang illustre de Lor-
'autres particularitez en ont
les passions des autheurs, lesquelles meritent mieux d'estre teuës que di-
tes, car mesmes tous les ennemis de ces deux princes, en parlant d'eux, n'ont sceu taire leurs belles et rares vertus, principalement du duc de Guise, qu'ils loüent d'avoir esté d'une grande prudence, couvrant avec sa sagesse les secrets de son ame, prince digne du premier rang entre les princes, beau, amiable de face, grand de courage, prompt à l'execution de ses entreprises, fort advisé, et, comme recite l'autheur du discours libre, plus que tous les autres princes et seigneurs de la ligue. « Tout le monde, dit-il, a veu cela par les effects, et je l'ay veu par ses escrits, et de sa propre main, en une affaire de grande importance, où le plus grand des siens après luy, sans luy alloit faire une lourde faute. » La deffense des villes de Poictiers et de Sens, assiegées par de si puissantes armées de huguenots, les batailles et les exploits militaires où il s'est trouvé, et d'où il est sorty à son honneur, ainsi qu'il est recité dans plusieurs histoires, ont esté la cause que la pluspart des peuples de la France l'estimoient comme leur pere, et ont monstré un tel ressentiment de sa mort, qu'en plusieurs endroits ils n'ont point craint de s'eslever et de s'armer contre leur propre roy, ainsi que nous dirons cy-après.

A l'heure mesme que l'on tüoit le cardinal le Roy estoit à la messe, au sortir de laquelle il se resolut d'arrester son courroux en la mort de ces deux princes. Et comme le baron de Lux, nepveu de l'archevesque de Lyon, pensant que l'on en deust faire autant à son oncle qu'au cardinal, se fust venu jetter aux pieds de Sa Majesté, le suppliant de sauver la vie à son oncle, après quelques paroles que luy tint le Roy sur les desservices que luy avoit fait l'archevesque, il luy dit : « Allez asseurer vostre oncle de sa vie, et qu'il n'aura d'autre mal que la prison. » Messieurs de Brissac et de Bois-Dauphin furent aussi dèslors mis en liberté, et tous les prisonniers furent asseurez de leur vie; aucuns desquels, peu après, furent renvoyez ès villes d'où ils estoient pour appaiser les seditions qui y estoient esmeuës.

Le Roy fit aussi entendre en toutes les chambres de chasque ordre que son intention estoit que les estats fussent continuez, et qu'ils s'asseurassent qu'en toutes choses il suivroit leurs raisonnables conseils : si bien que sur le soir tout fut à Blois aussi tranquille qu'il estoit auparavant. Il avoit aussi fait diverses despesches par tout où il avoit pensé estre besoin; mais, au contraire de son dessein, tous les princes, seigneurs et villes de la ligue, receurent les nouvelles de ce qui s'estoit passé à Blois premier que

Iontpensier, sœur des Guise, por-
o paire de ciseaux, destinés, di-
· roi.
e des gardes.

les serviteurs de Sa Majesté qui estoient ausdites villes et en ses armées en fussent advertis : ce qui a esté noté pour un grand accident, et qui avoit esté une des principales causes de la revolte de tant de villes, et des maux et afflictions que les serviteurs de Sa Majesté y ont receus depuis ; car les Seize de Paris, dès le soir de la veille de Noël, prirent les armes, se rendirent les maistres et s'asseurerent de ceste grande ville, et en l'armée M. de La Chastre en advertit M. de Nevers. Sa Majesté aussi desiroit sur tout de s'asseurer d'Orleans ; il avoit commandé, comme nous avons dit, au sieur d'Antragues de se tenir prest pour aller à Clery avec luy : dès que le duc de Guise fut mort, il luy commanda d'aller en diligence à Orleans, et s'asseurer de ceste place. D'Antragues s'y achemine, entre dans la citadelle qui n'estoit que le portail de la porte Bannier, où il met le plus de gens qu'il peut, esperant entrer dans la ville et disposer les habitans à l'obeissance du Roy ; mais le sieur de Rossieux, qui estoit d'Orleans et serviteur du duc de Mayenne, partit de Blois, alla aussi tost que luy ; il arriva dans la ville comme d'Antragues entroit dans la citadelle, et faict deux affaires en un mesme temps qui luy reüssirent : l'une, il advertit par un courrier exprès M. le duc de Mayenne de la mort de ses freres avant qu'aucun autre en eust receu nouvelle à Lyon ; l'autre, il fit faire assemblée en la Maison de Ville d'Orleans, et leur dit ce qui estoit advenu à Blois. Or, depuis que le duc de Guise eut envie d'avoir ce gouvernement pour son fils, et qu'il en fut refusé par le sieur d'Antragues, il y avoit, par le moyen des Seize de Paris, practiqué force partizans, qui se liguerent et s'entrecognurent par le moyen de certaines confrairies du nom de Jesus qu'ils y establirent. Plusieurs calomnies y avoient esté sous main publiées contre d'Antragues, pour le rendre odieux au peuple : si qu'en la premiere assemblée de ville qu'ils tindrent sur la nouvelle que leur apporta Rossieux, ils se resouldent de s'opposer contre d'Antragues, qui estoit dans la citadelle, et, cependant qu'ils auroient nouvelles que feroient les Parisiens, d'envoyer vers le Roy à Blois, le prier de leur donner un autre gouverneur. Leurs deputez arrivent à Blois le jour de Noël : introduits vers Sa Majesté, ils le supplient de faire abbattre leur citadelle, pour plusieurs raisons qu'ils luy desduirent au long ; mais ils eurent pour response du Roy : « Je veux que vous obeyssiez à d'Antragues vostre gouverneur ; si vous ne le faites d'amitié, je le vous feray bien faire de force. » Sur ceste response les deputez s'en retournerent, et trouverent leur ville non seulement en estat de se deffendre contre la citadelle, mais qui la tenoit comme assiegée, et les partizans de la ligue resolus de secouër le joug de la puissance royale. Le Roy d'autre costé y envoya M. le Mareschal d'Aumont avec les forces qu'il avoit auprès de luy. Nous dirons l'an suivant ce qui en advint, et comme les meilleures et plus grandes villes de France se revolterent contre le Roy.

Cependant que toutes ces choses se faisoient, le roy de Navarre, depuis la closture de l'assemblée de ceux de son party, qui fut finie, comme nous avons dit, à La Rochelle le 17 decembre, s'en alla à Sainct Jean d'Angely, où il donna le rendez vous à toutes ses troupes, avec intention d'executer quelques entreprises qu'il avoit sur aucunes places d'importance, et par ce moyen faire divertir l'armée de M. de Nevers qui estoit au bas Poictou, d'où elle chassoit les huguenots, et la faire venir au secours des catholiques du hault Poictou et de l'Angoumois. Il faict en mesme temps courir le bruit qu'il vouloit assieger Coignac, mais son entreprise estoit sur Nyort, l'execution de laquelle avoit esté plusieurs fois retardée ; mais en ayant meurement deliberé avec le sieur de Sainct Gelais, qui avoit de longue main manié ceste practique et recognu la facilité ou difficulté de pouvoir prendre ceste place, il se resolut d'en tenter promptement l'execution.

Le lundy vingt-sixiesme decembre, il receut à son lever la nouvelle de l'accident de messieurs le cardinal et duc de Guise ; il deplore leur mort, et protesta qu'il en avoit un grand desplaisir pour ce qu'ils luy estoient parents, et que la France les devoit regretter pour leur valeur ; toutesfois qu'il avoit bien fallu que le Roy eust eu de grandes occasions pour les avoir faict mourir. « Dès le commencement de la prise de leurs armes, dit-il, j'avois tousjours bien preveu et dit que messieurs de Guise n'estoient capables de remuer l'entreprise qu'ils avoient mise en leurs entendements, et en venir à fin sans le peril de leurs vies. »

Ceste nouvelle ne retarda pas son entreprise sur Nyort, ains le jour mesme il fit partir le sieur de Sainct Gelais avec le sieur de Ranques, pour aller joindre sur le soir quatre cents harquebusiers et cent gend'armes conduicts par les sieurs de Parabiere, de Rambure et du Preau, ausquels il avoit commandé de se rendre en un carrefour près le bourg Saincte Plassine, où estans tous arrivez, le sieur de Sainct Gelais conduisit ceste troupe avec le plus grand silence qu'il put. Le sieur de Ranques suivy de quelquesuns, se separa de la troupe, et alla descouvrir de

ffin d'empescher qu'aucun ne don-
sement à ceux de Nyort, de ce qui se
campagne : approchez à une demie
ille, en faict mettre pied à terre à
là laisser leurs chevaux à la garde
ijats ; puis, marchans à travers
ues à un traict d'arc des murailles
ls y deschargerent, proche d'une
re, les mullets qui portoient les es-
petards. Les eschelles furent in-
stribuées à ceux qui s'en devoient
petards preparez et portez à un
e de la muraille, cependant que
gnoissoient le fossé et les lieux où
nter les eschelles, et les portes où
lanter les petards.
ui n'estoit encores couchée, retarda
mps le point de l'execution, ce qui
oit fort la crainte d'estre descou-
e silence qu'ils tirent jusques à son
obscurité qu'elle fait d'ordinaire en
, favorisa beaucoup les assaillans
ber des yeux des sentinelles.
t le sieur de Sainct Gelais, avec ceux
faire jouër les petards, fit appliquer
ntre la porte du ravelin qui couvroit
ainct Gelais, laquelle estoit distante
escalade de cinquante pas, par la-
t esté resolu de faire entrer le plus
pourroit ; mais comme on devaloit
, ceux qui portoient les eschelles ne
descendus dedans, que la sentinelle
l fort furieusement : *Qui va là?* Les
meurerent fermes sans bouger ny rien
mesmes entendirent que quelqu'un
a corps de garde qui estoit à la porte
, et avoit demandé à la sentinelle :
que veux-tu? « Ce n'est rien, dit
je pensois avoir entendu quelque
ruit appaisé, les assaillans s'advan-
les murailles, hautes de trente-six
eds, et y planterent leurs eschelles,
e de l'autre de trois ou quatre pas,
oient emboëstées les unes dans les
rtifice admirable. Aussitost qu'elles
es, ils monterent tous à la file sur
et les premiers montez ayant sur-
elle la tuërent. Le sieur du Preau,
quante, donna droict au corps de
oit à la porte, lequel il surprint et
sdain, que dix ou douze pauvres
isoient la garde pour les riches qui
leurs lits, par le silence qu'ils fi-
t point de mal. Un des soldats qui
ou de peur de se voir dans une si
n autrement, s'escria : *Au petard!*
au petard! A ceste voix l'on faict jouër le petard qui rompit la porte, et à l'instant l'on en mit encor un autre contre le pont de la ville faict en bascule, qui ne fit tant d'effect que le premier pour ce qu'il creva, et toutesfois il ouvrit en deux la porte de la ville, et ne fit ouverture au pont que pour passer un homme ; encores falloit-il descendre par eschelles dans le fossé, et puis avec les mesmes eschelles remonter à l'ouverture du pont. Cependant que les sieurs de Sainct Gelais et Parabiere entrent par ce trou dans la ville, ceux qui estoient montez par l'escalade se coulent serrez le long de la ruë, tirans vers la halle. Le bruit des petards avoit donné l'alarme aux habitans, aucuns desquels pensans sortir furent repoulsez fermement dans leurs maisons, qui, recognoissans que c'estoit une surprise, et oyans crier partout : *Vive Navarre! vive Navarre!* prirent l'effroy, et, au commandement des assaillans, ils mirent du feu aux fenestres et par les ruës. Auprès de l'aumosnerie, le lieutenant de la ville et quelques habitans avec les gardes de M. de Malicorne, qui estoit au chasteau, s'allierent et donnerent courageusement droict aux assaillans, qui tousjours multiplioient et s'advançoient, lesquels ils repoulserent d'abordade ; mais la blessure à mort du lieutenant et de quelques autres firent perdre cœur aux habitans de Niort, et lors chacun pensa à se sauver ; tellement que les assaillans, en moins de trois quarts d'heure, entrerent, vainquirent et demeurerent maistres de Niort, sans perte que de cinq ou six hommes. Des habitans il en fut tué vingt-cinq. Les capitaines firent paroistre en ceste execution combien d'honneur et profit on tire de suivre l'ordre que l'on resoult de tenir en telles entreprises ; et l'obeyssance que leur porterent leurs soldats, de ne se mettre au pillage qu'à la pointe du jour et après estre asseurez d'estre maistres de la place, fut la cause qu'outre la prise de ceste ville, qui est la meilleure de tout le Poictou après la capitalle qui est Poictiers, ils se saisirent de cinq canons de batterie portans demy pied et un doigt d'ouverture, montez et equipez de neuf, prests à mener en l'armée de M. de Nevers, avec vingt milliers de pouldre ; plus ils trouverent aussi dans ceste ville deux coulevrines fort longues que le susdit lieutenant avoit faict fondre, ce disoit-il, pour en salluër le roy de Navarre quand il approcheroit des murailles de Nyort, avec trois autres moyennes coulevrines.

Le roy de Navarre, estant adverty que son dessein avoit reüssi, partit de Sainct Jean d'Angely avec nombre de cavalerie, et se rendit, le jeudy ensuyvant, dans Nyort, où il receut à composition M. de Malicorne, qui estoit encor dans le chasteau de Nyort, et luy permit d'en sortir avec tout son bagage. Les bleds et autres munitions qui furent trouvés dans ceste place, firent alleger à tous ceux du party du roy de Navarre le dueil de la perte de Montaigu, et haulserent tellement leur courage, qu'ils creurent de pouvoir faire lever le siege à M. de Nevers de devant La Ganache, ainsi que nous dirons au commencement de l'an 1589.

J'ay faict cest epitome ou petit recueil de l'origine de la ligue des catholiques en France, de laquelle estoient plusieurs princes, seigneurs, gentils-hommes, villes et communautez, auquel j'ay mis les principaux exploicts et entreprises depuis la prise de leurs armes en l'an 1585, jusques à la fin de l'an 1588, que le Roy fit tuër M. le duc de Guise comme estant le chef de ceste ligue, et ay esté comme contrainct d'amplifier ce recueil de plusieurs particularitez plus que ne devroit estre un epitome, affin de donner plus d'intelligence à beaucoup de matieres que nous traicterons dans les neuf années suivantes, touchant ce qui concernera la France. Regiomontanus Stoffler, Rantzovius, Nostradamus, Turellus, et autres astrologues, par leurs predictions et centuries, disoient qu'en l'an 1588 et années suyvantes, tous les empires et royaumes, mais principalement la France, seroient affligez de très-grandes guerres, et affermoient que si le monde n'abismoit, qu'au moins il y auroit de grands changements en tous les Estats souverains. Les prodiges que l'on vit au ciel en ceste année, et les monstres nays contre l'ordre de la nature en plusieurs lieux, furent comme les messagers de tant de maux et troubles que nous dirons cy-après.

CHRONOLOGIE NOVENAIRE

DE

PALMA CAYET.

LIVRE PREMIER.

uand Dieu lasche la bride à nos mai-
rmet qu'ils nous attaquent, la pre-
maine semble estre inutile aux hu-
oy avoit pourveu, selon l'apparence
is ses principaux officiers et servi-
ncipales villes de son royaume [les-
nsoit estre à la devotion des princes
de la ligue], fussent advertis de la
c de Guise, affin qu'ils donnassent
lis pour maintenir le peuple en son
mais, soit ou par la negligence ou
e des courriers, ou autrement, il
ous les princes et partizans de la li-
dvertis premierement, aux villes où
de ce qui estoit advenu à Blois, que
officiers et serviteurs du Roy; et
nt les duc et chevalier d'Aumalle,
de la faction des Seize à Paris, en
nouvelles premier que Messieurs de
lement et les autres officiers royaux,
ient desjà par remonstrances parti-
mené plusieurs particuliers en leur
, faute d'estre advertis les premiers,
s Seize prit les armes sans attendre
andement, et le soir de la veille de
rmer tout le peuple, s'asseurerent
ieux forts de la ville, et mirent gar-
logis de tous ceux qu'ils penserent
rs du Roy, que vulgairement ils ap-
itiques, et qui ont esté appellez deues royaux, à la difference des ca-
uez, qui se qualifierent du tiltre de
nis, ou de l'union.
nteurs de la faction des Seize, en
tions qu'ils firent le jour de Noël,
llement le peuple à la rebellion, que
nain, contre le gré de Messieurs de
rlement, en une assemblée qu'ils
stel de Ville, ils esleurent M. d'Au-
malle pour gouverneur de Paris, et en attendant que La Chappelle Marteau, prevost des marchands, Compan et Cotteblanche, eschevins, fussent de retour de Blois, ils esleurent Drouart, advocat, Crucé, procureur au Chastelet, et de Bordeaux, marchand, pour tenir leurs places, et gouverner l'Hostel de Ville avec Roland et Desprez, qui estoient les deux seuls eschevins qui restoient pour lors à Paris. Cela fait, ils resolurent d'arrester et de faire arrester prisonniers, par toutes les villes qui tiendroient leur party, le plus de catholiques royaux qu'ils pourroient, sans aucune distinction de sexe ny d'aage: ils firent aussi une merveilleuse diligence de faire advertir tous les princes, seigneurs, provinces et villes qui avoient esté de la ligue du vivant du duc de Guise, de la resolution qu'ils avoient prise de n'obeyr plus au Roy, d'exterminer tous ceux qui le voudroient soustenir, et de se maintenir ensemblement en bonne union catholique.

Madame de Guise, peu auparavant la mort de son mary, estoit partie de Blois pour venir faire sa couche en son hostel à Paris. La ville en corps l'alla asseurer de l'affection de tout le peuple envers elle et ses enfans, et luy firent entendre le regret qu'ils avoient de la mort de son mary; du depuis mesme ils la supplierent que la ville en corps eust cest honneur de tenir le posthume qu'il plairoit à Dieu luy donner. En ses afflictions ceste princesse accepta les offres des Parisiens; et estant depuis accouchée d'un fils, le prevost des marchans et les eschevins de la ville le porterent aux fonds, et fut nommé Paris de Lorraine. Le baptesme fut faict dans Sainct Jean en Greve, où tous les colonels et capitaines de la ville assisterent avec des cierges en leurs mains, tant l'affection de ce peuple estoit grande à la memoire du feu duc de Guise.

Aucuns predicateurs durant les festes de Noël

faisoient à la fin de leurs sermons lever les mains au peuple, et jurer de vivre et mourir pour la saincte union des catholiques [ainsi l'appelloient-ils]; entr'autres Gincestre, preschant dans Sainct Barthelemy, addressa sa parole aux presidents et conseillers qui y estoient, et leur fit lever aussi la main par deux fois. Ceste hardiesse esmeut merveilleusement le peuple, qui se licentia depuis de faire d'eux-mesmes beaucoup de choses contre la raison, et empescha les catholiques royaux de rien entreprendre pour remettre la ville en l'obeissance du Roy.

Le conseil des Seize, sous le nom de Messieurs de la ville de Paris, proposa une question à messieurs les docteurs de la Faculté de theologie, sçavoir: « si le peuple de France pouvoit pas estre armé et uny, lever argent, et contribuer à la deffence de la religion catholique, apostolique et romaine, pour s'opposer aux efforts du Roy, qui avoit violé la foy publique en la convocation des trois estats. »

Aucuns docteurs et curez de Paris, entr'autres Boucher, Prevost, Aubry, Bourgoin et Pigenat, qui estoient mesmes de ce conseil des Seize, et qui avoient esté les principaux inventeurs de ceste question, en baillerent eux-mesmes la conclusion le 7 janvier avec quelques jeunes docteurs, et par icelle ils asseurerent, ainsi qu'ils l'avoient desjà presché depuis le jour de Noël, que le peuple estoit deslié et deslivré du sacrement de fidelité et obeissance prestée à Roy, qu'il pouvoit licitement et en asseurée conscience estre armé et uny, recueillir deniers, et contribuer pour la deffence et conservation de l'Eglise catholique-romaine contre les efforts dudit Roy et de ses adherents, puis qu'il avoit violé la foy publique, au prejudice de la religion catholique et de l'edit de la saincte union.

Voylà une conclusion [que les trois estats de France assemblez n'eussent sceu donner, pource que le royaume de France est successif et non eslectif] qui fut arrestée et publiée sans le consentement des bons et anciens docteurs de la Faculté et curez de la ville de Paris, et autres ecclesiastiques qui y estoient, et mesmes sans en avoir rien communiqué à M. le cardinal de Gondy, evesque de Paris, ny à ses grands-vicaires, ce qu'ils devoient au moins faire, puis que c'estoit un faict de telle importance, et lequel on peut dire avoir esté la seule cause de tant de malheurs que nous dirons cy-après, pource que, quand le pape Sixte eut receu ceste conclusion par les deputez que luy envoyerent le conseil general de l'union, pensant que ce fust un advis de tous les docteurs de la Faculté et de tous les ecclesiastiques de France, donna son monitoire contre le Roy, et fit beaucoup de choses dont puis après il recognut avoir esté surpris, ainsi qu'il sera dit cy-après. D'autre costé aussi ceste conclusion publiée fut cause de la revolte d'une infinité de villes, et que plusieurs familles se perdirent dans la confusion des guerres civiles.

Après que ceste conclusion fut publiée, ce ne fut plus dans Paris que placards attachez par tous les carrefours de la ville, pleins d'injures et de villenies contre l'honneur du Roy. Ils tournerent son nom en anagramme, et l'appelloient en chaire *vilain Herodes*: ils deffendoient de prier Dieu pour luy, pour ce, disoient-ils, qu'il estoit excommunié *ipso facto*, que l'on ne luy estoit plus subject, et crioyent tout haut en chaire: *Nous n'avons plus de roy*. L'on faisoit faire aussi des processions de petits enfans avec des chandelles allumées, lesquelles ils esteignoient avec les pieds marchants dessus, crians: *Le Roy est heretique et excommunié*. Par tout où ils trouvoient de ses portraits ils les deschiroient, rayoient son nom, ostoient les armes de Pologne joinctes avec celles de France, aux lieux de la ville où on les avoit mises. Les tombeaux et effigies de marbre des sieurs de Quelus, Sainct Megrin et Maugiron, que Sa Majesté avoit fait faire il y avoit jà plus de dix ans dans le cœur de l'eglise Sainct Paul, furent rompues, cassées et du tout ostées, pour ce que ces seigneurs avoient esté autrefois des favorits du Roy. Le grand tableau des Augustins, où Sa Majesté estoit peint ainsi qu'il faisoit les chevaliers du Sainct Esprit, fut effacé.

Tandis que le peuple fait toutes ces choses, le duc d'Aumale et le conseil des Seize se resolvent de se saisir des plus apparens de la cour de parlement: ce qu'ils n'oserent faire si soudain. Or ils avoient envoyé le president Le Maistre vers le Roy à Blois, affin de le prier d'eslargir les prevost des marchands et eschevins de Paris qu'il tenoit prisonniers, et qu'il les renvoyast. Le Roy, pensant que ce seroit le moyen d'appaiser ceste revolte, donna la liberté à madame la duchesse de Nemours, mere du feu duc de Guyse, et l'envoya à Paris avec la charge d'enhorter les princes ses enfans, ses parens, et tous autres à son obeyssance. Il commanda aussi aux eschevins Compan et Cotteblanche de l'accompagner et appaiser le trouble de Paris; et quant au president Le Maistre, il le fit porteur de la declaration qu'il avoit faicte, le dernier decembre 1588, sur la mort des duc et cardinal de Guise, afin de la faire verifier en la cour de parlement de Paris. Dans ceste declaration le Roy disoit qu'il avoit pardonné à aucuns de ses sujets, lesquels, ne s'estants desmeus de leurs perni-

[illegible] de nouveau conspiré
[illegible], dont il avoit esté
[illegible] sur les seuls chefs
[illegible] leurs adherens et ser-
[illegible] avoit pardonné sous la pro-
oient faicte d'estre loyaux et
, et de se departir de toutes
hors et dedans le royaume;
it aussi à tous ses subjects ca-
er son edict de l'union.

Nemours, Compan, Cotte-
[illegible] Le Maistre, arriverent
mais nul d'eux ne retourna
rs le Roy. Et au contraire, un
nommé d'Auvergne, ayant
tion, de par Sa Majesté, aux
, ils firent faire à ce herault
ents et de mocqueries par le
nu à Blois, il ne porta pas du
la santé.

se saisir des principaux du
stée par le duc d'Aumale et le
[illegible] avoir receu ceste decla-
l'execution leur en sembloit
[illegible] Clerc, l'un des Seize, qui,
[illegible], dez les Barricades de
[illegible] eur avoit esté mis par le
capitaine dans la Bastille,
executer leur dessein.

e Compan s'assembloit d'ordi-
u Palais. Le jour qu'elle devoit
ui fut le 16 de janvier, elle
presidents et conseillers, qui
iers, voyant ceste compagnie
e heure, demandoient en en-
que faisoient là ces gens ar-
soit qu'on attendoit le dizenier
le la porte, lequel estoit allé à
. Ceste response les faisoit sans
au Palais. Mais, sur les huit
ra dans la grand chambre do-
ing, suyvi des plus remuans
le longues pistoles sous leurs
s'addressa à M. le premier
it lors au siege de justice, et
commandement de s'asseurer
dents et conseillers de la cour
lle, lesquels estoient accusés
rtizans de Henry de Valois
le Roy], et de vouloir entre-
ville. Tous les conseillers es-
[illegible] grand-chambre, voyans
le de ceux qu'il vouloit emme-
[illegible] premier president et les
[illegible] et conseillers, ils luy di-
[illegible] les suivre. Et, s'estans levez, marcherent en corps deux à deux depuis le Palais jusques à la Bastille, au travers de la ville, où Bussi les mena prisonniers. Quelques-uns toutesfois des conseillers, que les Seize estimoient estre de leur volonté et party, ainsi qu'on les menoit furent renvoyez en leurs maisons; et depuis, avec le president Brisson, ils ont tenu le parlement dans Paris. Ce spectacle de voir mener un si venerable et auguste senat comme en triomphe, fit mesmes sortir les larmes des yeux à plusieurs notables bourgeois, qui preveurent bien dèslors que cest orage causeroit la ruine des meilleures familles de leur ville. Les Seize, au contraire, et le menu peuple se resjouyssoient de cest emprisonnement, pour se voir hors de crainte d'estre chastiez par le parlement des entreprises qu'ils faisoient journellement contre le Roy et son authorité, et principalement aussi de ce que toutes les compagnies souveraines et les offices royaux qui tenoient leurs sieges dans Paris, s'exerceroient d'oresnavant par personnes de leur faction, ou qui dissimulerent lors d'en estre, car il y en eut plusieurs qui approuverent la furie des Seize, pour eviter le pillage de leurs biens et d'estre mis en prison dans la Bastille ou au Louvre.

Toutes les places et villes voisines de dix lieuës à l'entour de Paris se gouvernerent et se rengerent à la devotion des Parisiens, excepté les chasteaux de Vincennes et Meleun. Le Roy avoit faict faire dans le parc du bois de Vincennes, autour de l'eglise des Minimes, plusieurs bastiments et oratoires pleins de riches tableaux, d'ornements d'eglise, reliques, croix, saincts, calices et chandeliers d'or, d'argent et de crystal, avec des armaires pleines de plusieurs habits d'escarlate rouge et violette, de breviaires, d'heures, et autres livres d'eglise qu'il avoit fait imprimer. Bref, c'estoit le lieu où il esperoit faire d'ordinaire sa solitude avec les hieronimites, ou confreres de Nostre Dame de Vie-Saine, que l'on nomme Vincennes, lesquels faisoient le service dans la haute eglise des Minimes. Or madame d'Angoulesme(1) avoit mis dans le chasteau du bois de Vincennes, qui estoit une des maisons que le Roy luy avoit donné pour son appannage, un capitaine Sainct Martin, sur lequel toutes les menaces des Parisiens ne peurent avoir aucune puissance, et tint un an durant ce chasteau, qui n'est distant de Paris que d'une bonne lieuë, contre tous leurs efforts, ainsi que nous dirons cy-après. Mais, au commencement de ceste année, aucuns capitaines de la ville qui estoient des principaux de la faction des Seize, avec leurs compagnies, alle-

(1) Sœur naturelle de Henri III.

rent comme pour sommer le capitaine Sainct Martin de se rendre de leur party, ou qu'ils assiegeroient le chasteau. Crucé y fut un des premiers, et, suivy des plus factieux, ils allerent droict aux Minimes, distant du chasteau de Vincennes d'une demie lieuë, où la pillerie fut grande de tout ce qui appartenoit au Roy et aux hieronimites. Les habits d'escarlate furent pillez, et en firent des bault-de-chausses et casaques. Le Sainct Loys d'argent qui estoit dans l'oratoire du Roy fut pris par aucuns, qui du depuis le firent fondre, et partirent l'argent; mais les chandeliers d'argent qui estoient faicts en forme de satyres, d'une très-belle et très-riche façon, servirent à Gincestre pour subject de plusieurs discours, où il les monstroit au peuple, et leur disoit que c'estoit les images des diables que Henry de Valois adoroit qui avoient esté trouvées à Vincennes. On en fit imprimer mesmes un traicté où furent mis les pourtraicts de ces deux satyres. Ce fut une grande calomnie dont les predicateurs de l'union userent contre le Roy, et qui fut cause que le simple peuple des bourgades et des villages s'anima et s'opiniastra sans jugement en sa rebellion contre luy. Mais les Parisiens, après avoir sommé le capitaine Sainct Martin, et le trouvans resolu au service du Roy, n'ayans lors la commodité de battre ceste place, se resolurent de l'avoir par famine. Tous les jours quelques compagnies sortoient de Paris, qui levoient les autres de sentinelle, et ainsi alloient à leur tour empescher que rien n'entrast dans le chasteau, ce qu'ils continuérent jusques à la journée de Senlis. Le degast fut grand dans le parc, lequel contient près de quatre lieuës de tour, enfermé de murailles, et dedans lequel il y avoit un nombre infiny de daims, cerfs et biches: aussi estoit-ce le lieu où les roys de France, et principalement le roy Charles VII, faisoient leur demeure, et où ils prenoient un grand plaisir; mais les assiégeans, d'une volonté populaire, sans obeissance, et sans consideration de ce qu'ils faisoient, tirerent à coups d'arquebuze ces bestes, la pluspart desquelles venoient se rendre blessées et mourir auprès du chasteau; les autres il les poursuivoient et les prenoient, pour ce qu'ils n'eussent sceu sortir du bois à cause des hautes murailles qui l'environnent; si bien qu'ils firent depeupler tout ce parc de bestes fauves. Du depuis mesmes ils ont abbatu et ruiné tous les bois de ce parc, qui estoient les plus beaux pieds d'arbres qui fussent en France, et le l'ont rendu comme une plate campagne. Ce sont des fruicts des guerres civiles.

M. le duc de Mayenne estoit à Lyon lors que les duc et cardinal de Guise furent tuez à Blois; il en receut les nouvelles, ainsi que plusieurs ont escrit, premier que ceux qu'y avoit envoyé le Roy pour s'asseurer de sa personne y fussent arrivez. Ceste nouvelle luy fit incontinent tenir conseil avec ses plus confidents de ce qu'il devroit faire. Il lui fut conseillé qu'il devoit s'en aller et s'asseurer des principales villes de son gouvernement de Bourgogne, où en seureté il pourroit recevoir les advis et nouvelles des autres princes ses parents, et des seigneurs et villes de la ligue, sur lesquels il se resoudroit de ce qu'il feroit. Suyvant ce conseil il partit de Lyon le lendemain de Noël; il passa à Mascon, et se rendit dans Chaalons, où il s'asseura de la citadelle et y mit incontinent gens à sa devotion. De là il passa à Beaune, puis il alla à Dijon, où le chasteau tenoit pour lui, et mit garnison dans celuy de Talent, et tint par ce moyen Messieurs du parlement de Dijon et la ville sous sa puissance, et presque toute la Bourgongne. Je dis presque, pour ce qu'il y eut beaucoup de grands seigneurs de ceste province qui ne voulurent suyvre son party, lesquels se fortifierent dans leurs chasteaux et maisons, et du depuis se rendirent, vers l'Auxois, maistres des villes de Semur et Flavigny pour le service du Roy, où les principaux presidents et conseillers du parlement de Dijon, et autres officiers royaux, se retirerent.

Le duc de Mayenne receut à Dijon les lettres et advis de l'estat des Parisiens que luy envoyerent le conseil des Seize. Ils le prioient de venir en leur ville, et l'asseuroient de se remettre à la discretion de sa conduite. D'autre costé le Roy lui manda un gentil-homme exprès avec lettres par lesquelles il l'asseuroit d'arrester la punition des choses passées à la mort de ses freres, qu'il avoit fait mourir pour s'exempter du danger de sa vie, dont mesmes il l'avoit adverty, et que, pour luy et les siens, il desiroit les maintenir en ses bonnes graces. Mais la douleur qu'avoit le duc de la mort de ses freres, et la mesfiance qu'il eut des promesses du Roy, le firent resouldre à prendre les armes. Il asseura par lettres le conseil des Seize de Paris qu'il se rendroit incontinent avec le plus de forces qu'il pourroit vers eux, et que beaucoup de ses amis luy avoient mandé qu'ils se viendroient joindre à luy, avec lesquels il esperoit bien-tost de se mettre en campagne.

Tous les gouverneurs des villes de Picardie et de Champagne, qui estoient entrez dans la ligue dès auparavant et depuis l'an 1585, si tost qu'ils eurent esté advertis par le conseil des Seize de la mort du duc de Guise, se rendirent maistres de leurs places, et, suivant leur advis, ils

rent s'imaginer de luy faire : par tout où il passoit on lui ouvroit les portes ; nouvelles troupes et nouvelles forces se joignoient tous les jours à luy, et, comme a disertement escrit un poëte de nostre temps,

> Le frere des deux morts, à qui, parmy les larmes,
> La crainte et la douleur ont faict prendre les armes,
> Tient la campagne ouverte ; et, comme aux pieds des monts,
> Ou parmy des costaux destranchez en vallons,
> Plus le flot d'un torrent s'esloigne de sa source,
> Plus il enfle son onde et fait bruire sa course,
> S'enrichissant tousjours de quelques flots nouveaux
> Que luy traine en passant le ravage des eaux ;
> Ainsi plus il s'advance en battant la campagne,
> Plus s'accroit tous les jours le hot qui l'accompagne,
> D'hommes que le desir d'un public changement,
> Ou leur propre courroux, luy donne incessamment.
> Ce courroux, ce desir, luy font ouvrir les portes
> Des bourgs et des chasteaux, et des villes plus fortes.

Aussi le duc de Mayenne, se voyant des forces et des troupes gaillardes pour faire quelque exploict, devant que d'aller à Paris se resolut d'aller à Orleans et s'asseurer de Sens en passant, ce qu'il executa cependant que le Roy estoit à Blois à se travailler avec son conseil pour resoudre les cayers que les estats lui avoient presentez, et à faire les obseques funebres de la Royne sa mere, laquelle mourut au chasteau de Blois le 5 janvier de ceste presente année.

Ceste Royne fut fort regrettée par le Roy son fils, qui luy fit faire ses funerailles dans l'eglise Sainct Sauveur de Blois le plus royalement qu'il put lors, et y mit son corps en depost jusques à ce qu'il auroit la commodité de le faire apporter au tombeau qu'elle avoit faict faire à Sainct Denis en France, près le roy Henry II son mary. Aux ceremonies le Roy y assista vestu de violet, et la Royne sa femme vestuë de tanné. Les crieurs en ceste ceremonie, qui allerent par la ville commander de prier Dieu pour son ame, la qualifierent femme de roy, mere de trois roys et de deux roynes. Elle mourut au temps que la France avoit plus de besoin d'elle qu'elle n'avoit point eu ; car, comme dit le sieur de Bertaut au discours funebre qu'il a faict sur sa mort, elle estoit

> . . . . L'oracle de nos jours
> En qui seule vivoit l'art d'enchanter l'orage
> Par les charmes divins qu'un esprit doux et sage
> Porte dans sa parole ez publiques traictez,
> Où l'on veut, en flatant les esprits irritez,
> Monstrer une prudence ez grands faits exercée,
> Et de deux ennemis estre le caducée.

Aussi, depuis la mort du roi Henry II son mary, l'inimitié qu'il y eut entre les grands pour estre maistres de la cour, et gouverner la France pendant le jeune aage des roys ses enfants, avec la division des François touchant la religion, les uns tenans l'ancienne catholique, apostolique et romaine, les autres favorisans la nouvelle pretendué reformée, travaillerent beaucoup le grand esprit de ceste Royne, tant pour l'interest et la conservation de l'estat de ses enfans que du sien en particulier; et toutesfois elle sceut si dextrement se conduire, faisant semblant de favoriser tantost messieurs les princes du sang, tantost messieurs de Guise, tantost le connestable de Montmorency et l'admiral de Colligny son neveu, qu'elle rendit ses enfans majeurs :

Preservant quatre fois de ruine asseurée
L'empire des François à sa fin conjurée.

En la harangue que le Roy fit au commencement de l'assemblée des estats, le 16 octobre 1588, il dit de ceste Royne sa mere qu'elle avoit tant de fois conservé l'estat de la France, qu'elle ne devoit pas seulement avoir le nom de mere de roy, mais aussi de mere de l'Estat et du royaume. L'autheur du traicté des causes et raisons de la prise des armes au commencement de ceste année 1589, rapporte les quatre principales fois qu'elle a sauvé le Roy et l'Estat contre les entreprises d'aucuns grands, tant de la religion catholique-romaine, que contre les desseins des huguenots. Des grands qui estoient catholiques il dit qu'ils n'eurent pas plustost mis le pied à la Cour et pris une authorité très-grande sur Anthoine roy de Navarre, pour l'esperance, voire assurance qu'ils luy faisoient donner par don Francisco d'Alava, ambassadeur du roy d'Espagne, que l'on luy rendroit son royaume de Navarre, qu'ils resolurent leur estre plus necessaire d'esloigner la Royne mere d'avec le roy Charles IX son fils, parce qu'ils la recognoissoient pour princesse magnanime et sage, laquelle ne permettroit jamais qu'ils prinsent l'authorité qu'ils desiroient sur le Roy; et parce qu'ils ne pouvoient justement ny honnestement trouver occasion propre pour l'en esloigner, ils mirent en avant qu'elle favorisoit les sectaires de Calvin, et que tant qu'elle seroit auprès du Roy il n'y auroit jamais esperance de pouvoir venir à bout d'oster l'heresie ny les fauteurs d'icelle de la France : ce qu'ils resolurent faire; mais, craignant que le Pape ne le trouvast mauvais, ils le communiquerent au nonce de Sa Sainctetê, qui depuis a esté appellé le cardinal de Saincte Croix, la veille seulement de leur entreprise; lequel, si tost qu'il eust ouy un si enorme et pernicieux dessein, en advertit par un petit billet la Royne mere du Roy qui estoit logée au Louvre. A quoy elle mit promptement un tel ordre, qu'elle rompit ceste entreprise. Elle usa lors de sa prudence, et ne dit mot de ce dessein que vers la minuict que tout le monde fut couché et le chasteau fermé; à laquelle heure elle envoya querir M. de Brezé, capitaine des gardes, gentil-homme sage et fidelle à son Roy, auquel elle descouvrit son intention, luy commandant d'advertir toutes les gardes qu'il pourroit avoir de se rendre à la porte du chasteau à la pointe du jour pour accompagner le Roy : ce qui fut executé fort secrettement et à point nommé. La Royne mere fait esveiller et lever le Roy dez le poinct du jour, sous pretexte de l'emmener au bois de Vincennes courir les daims: ce qu'il fit si soudainement, qu'ayant esté à la messe il partit à soleil levant en temps d'esté; de sorte que ceste nouvelle ne parvint aux oreilles des entrepreneurs que Sa Majesté ne fust desjà à cheval sur les remparts de la ville de Paris, par où la Royne sa mere lui avoit fait prendre le chemin pour aller à Vincennes, affin qu'il ne passast prez de l'Hostel de Ville en Greve, où l'assemblée generale se devoit faire le matin, tant pour y resoudre en public que la Royne devoit estre esloignée de son fils, que pour executer ceste resolution à l'heure mesmes, et de là aller en armes se saisir de la personne du Roy. Aucuns des entrepreneurs vindrent rencontrer Leurs Majestez sur les remparts, mais elles avoient une bonne troupe, bien preparée de s'opposer à tous ceux qui les voudroient retenir. Ils tascherent de faire retarder Leurs Majestez; la Royne n'y voulut condescendre, non pas seulement s'arrester l'espace d'une patenostre, de peur qu'ils ne la vinssent attaquer par les chemins : ainsi elle passa outre et se jetta dans le bois de Vincennes. Dès lors elle pourveut tellement à ses affaires, qu'elle ne se voulut plus reduire à tel danger. Voylà pour la premiere fois.

La seconde est : Retournez que les entrepreneurs furent en leur logis, ils resolurent, puisqu'ils n'avoient peu executer leur entreprise, de tenter une autre voye et de tuër ceste Royne jusques entre les bras du Roy son fils. Elle fut de tout cela advertie par Anthoine roy de Navarre, qui l'alla trouver à Monceaux, lequel s'estoit trouvé à ce conseil, où il avoit promis faire ouvrir une porte par laquelle les conspirateurs entreroient pour effectuër leur intention. Mais ensemblement ils recogneurent que les entrepreneurs ne s'attaquoient à elle pour s'arrester en si beau chemin, ains qu'après sa mort ils luy en feroient autant pour se servir du Roy à usurper la France durant son bas aage. Ainsi tous

...s'en allerent à Meaux,
... pour faire pa-
...spiration estoit esventée ;
... furent extremement
... bien telles personnes
... que de vouloir tuer
d'un orfelin, lesquels Dieu
...z, et se saisir de la personne
...sfois cela se faisoit sous pre-
... ceux qui s'estimoient grands
... à leur tour ce que firent
..., après qu'en la premiere
... grand part de ces entrepre-
..., la Royne mere avec le car-
...ouvernerent la France fort
...t voyager le Roy son fils par
... de son royaume, et en fin
...ée de Moulins l'an 1565, où
...urs belles ordonnances pour
...ce de tous estats. L'authorité
...renduë au roy Charles IX, et
...minuée à tous les chefs des
... aux huguenots. Or voicy
..., et la premiere faicte
...apportée audit traicté en

...huguenots, prevoyans que
...uoit, au lieu qu'ils desiroient
...solurent de s'addresser à la
... de la Royne sa mere, et de
...ere, et pour ce attirerent un
...grand volleur, pour les tuer
...que occasion plus commode
... laquelle finalement fut prise
...e avoit mené le Roy soupper
...uilleries, qu'elle a faict bas-
...ainct-Honoré de Paris, pour
...ner à Sainct Maur, parce que
...ient accoustumé d'aller dans
... au galop, et n'avoir auprès
... douzaine d'archers mal mon-
...enoit le devant pour ne ha-
... Le coup se devoit faire proche
... Paris en Greve, cuydant que
...eussent passer. Mais comme
...ettre tel assassinat, il permit
... d'un autre coche, qui s'en
... ville par la porte neufve du
...ed de devant en la fente qui
...vis et le portail, et tomba,
...ut desgager son pied, qu'on
...equel retardement fut cause
... prindrent l'autre chemin de
...oré, et allerent gaigner la
...ine par d'autres petites ruës
...n ruë Sainct Anthoine, par

laquelle la Royne ne vouloit passer, pour y avoir esté le feu Roy son mary blessé d'un coup de lance dont il mourut ; et en ce faisant Leurs Majestez eviterent tel danger, qui fut par après descouvert, et ledict Le May mis prisonnier et depuis executé à mort, lequel en accusa plusieurs. Mais leurs Majestez, craignans d'enfoncer si avant cest affaire qu'il en fust nommé d'autres de plus grande qualité, lesquels pour s'evader fussent cause de nouveaux troubles, firent donner audict Le May juges propres pour l'effect qu'ils desiroient, ausquels feu M. Seguier presidoit. » Voylà la troisiesme.

Pour la quatriesme, il rapporte ce qui s'ensuit : « Après que l'on eut veu ceste entreprise faillie, on en dressa une autre sur l'occasion d'une chasse que Carrouge de Brie, huguenot et grand chasseur, devoit attitrer prez de Valery, où le Roy devoit aller. Mais l'entreprise descouverte, le Roy n'y voulut aller, ce qui fascha beaucoup les autheurs de l'entreprise, et leur donna occasion d'en dresser une autre, laquelle eust esté mise en execution en la ville de Meaux la veille de Sainct-Michel 1567, si le Roy et la Royne sa mere eussent encores retardé deux heures pour se retirer en seureté dans la ville de Paris, comme ils firent par la sagesse de ladite Royne et la dexterité des capitaines des gardes, avec ce que les six mille Suisses firent à l'escorte de Sa Majesté contre les forces de cheval huguenotes qui rodoient perpetuellement tout le long du chemin autour du Roy, n'ayant lors grande troupe de noblesse à sa suitte à cause de la saison, que chacun s'estoit retiré en sa maison pour faire vendanges. »

Voilà quatre entreprises que l'autheur de ce traicté rapporte, lesquelles ayant esté empeschées de venir à effect par la prudence et bonne conduite de ceste Royne, elle en a esté très-dignement appellée mere de nos roys et de l'Estat.

L'ordre aussi qu'elle mit durant sa regence en France, depuis la mort du roy Charles IX jusques à ce que le roy Henry III fust revenu de Pologne, faisant esvanouir les diverses entreprises qu'eurent les plus grands de la France, ainsi que plusieurs historiens ont rapporté, est un digne tesmoignage qu'en ce temps-là elle sauva la couronne du changement qu'ils avoient resolu d'en faire ; et toutesfois elle n'a esté exempte de la calomnie et mesdisance de quelques escrivains de qui les escrits, indignes d'estre leus, ont esté imprimez à Geneve sans nom d'autheur et d'imprimeur. Or, pour ce que ce n'est le subject de mon histoire de verifier les calomnies qu'ils ont escrites de ceste Royne, si est-ce que j'en verifieray ici une pource que c'est la plus grande qu'ils ont jamais inventée contre ceste Royne, laquelle fera aysément conjecturer de la qualité des autres. « La Royne mere, disent-ils, a recours à maistre René son empoisonneur à gaiges, qui, en vendant ses parfums et colets parfumez à la royne de Navarre, trouva moyen de l'empoisonner, de telle sorte qu'à peu de là elle en mourut. » L'*Histoire des Cinq Roys* dit: « Aucuns ont asseuré qu'elle fut empoisonnée par l'odeur de quelques gands parfumez; mais afin d'oster toute opinion de cela, elle fut ouverte, avec toute diligence et curiosité, par plusieurs doctes medecins et chirurgiens experts, qui luy trouverent toutes les parties nobles fort belles et entieres, horsmis les poulmons interessez du costé droit, où s'estoit engendrée une dureté extraordinaire et un aposteme assez gros, mais qu'ils jugerent tous avoir esté [quant aux hommes] la cause de sa mort. On ne leur commanda point d'ouvrir le cerveau, où le grand mal estoit, au moyen dequoy ils ne peurent donner advis que sur ce qui leur apparoissoit. »

Voicy que les uns nomment le nom de l'empoisonneur, et disent que la royne de Navarre, mere du roy Très Chrestien Henry IV, à present regnant, fut par luy empoisonnée avec des colets parfumez; les autres avec des gands. Ils sont d'accord qu'elle fut ouverte après sa mort, mais qu'à cause de la subtilité du poison qui avoit du nez monté au cerveau, l'on ne voulut luy ouvrir la teste affin qu'on ne cogneust la cause du mal. Que de menteries! que d'impostures!

Aucuns officiers domestiques de ceste Royne sont encores en vie, qui sont mesmes de la religion pretenduë reformée, et estoient lors qu'elle fut ouverte par le chirurgien Desneux avec M. Caillart, medecin ordinaire de ceste Royne, lesquels officiers sçavent assez que ces doctes medecin et chirurgien recogneurent, à l'ouverture du corps de ceste Royne, que l'aposteme engendrée dans ses poulmons, et laquelle s'y estoit crevée, avoit esté la seule cause de sa mort, et mesmes que Caillart leur dit: « Messieurs, vous sçavez tous le commandement que m'a plusieurs fois faict la Royne nostre bonne maistresse, que si je me trouvois prez d'elle à l'heure de sa mort, que je ne fisse faute de luy faire ouvrir le cerveau pour veoir d'où luy procedoit ceste desmangeaison qu'elle avoit d'ordinaire au sommet de la teste, affin que si M. le prince son fils et madame la princesse sa fille se sentoient de ce mal, qu'on y peust donner remede en sçachant l'occasion. » Aussitost Desneux luy scia le test, et virent tous que ceste desmangeaison luy procedoit de certaines petites bubes plaines d'eau qui s'engendroient entre le test et la taye du cerveau, sur laquelle elles se respandoient et luy causoient ceste desmangeaison. Puis, ayants tous fort curieusement regardé, Desneux leur dit: « Messieurs, si Sa Majesté estoit morte pour avoir fleuré ou senty quelque chose d'empoisonné, vous en verriez les marques à la taye du cerveau, mais la voylà aussi belle que l'on sçauroit desirer. Si elle estoit morte pour avoir mangé du poison, il paroistroit à l'orifice de l'estomach: rien n'y paroist; il n'y a point donc d'autre occasion de sa mort que l'aposteme de ses poulmons. » J'ay esté contraint de dire ce que dessus, et sortir du fil de mon histoire, pour monstrer le mensonge evident de ceux qui ont faict publier une telle calomnie contre la royne Catherine de Medicis, et laisser juger au lecteur si aux autres calomnies et impostures qu'ils ont mis dans leurs livres il y peut avoir de la verité.

Dez que le roy Henry III fut revenu de Pologne, les guerres civiles recommencerent en France, et ne finirent du tout qu'en l'an 1581. Les edits, les traictez et les conferences ausquelles ceste Royne s'employa pour les appaiser, sont escrits dans plusieurs histoires qui ont esté faictes de ces temps là, et principalement la peine qu'elle print pour accorder ses enfans, sçavoir, le Roy et M. le duc d'Alençon son frere. Elle fit aussi un voyage à Nerac pour conferer avec le roy de Navarre, auquel elle fit si bien, que le cinquiesme edict de paix fut faict. Mais sur tout est digne de loüange le desir qu'elle avoit que les François allassent porter la guerre aux pays estrangers, pour ce qu'elle avoit cognu par experience que, s'ils n'estoient employez hors du royaume, ils s'entreferoient la guerre. La crainte qu'elle eut de revoir ses deux enfans animez entr'eux, et le desir qu'elle avoit de se venger du roy d'Espagne, à cause qu'il s'estoit emparé du royaume de Portugal, contre ce qu'il avoit juré et passé compromis, comme avoient faict aussi tous ceux qui pensoient avoir droict audit royaume, d'une part, avec les estats de Portugal, d'autre, lesquels avoient ordonné qu'un chacun des pretendans envoyassent leurs ambassadeurs desduire, monstrer et declarer leur droict, affin qu'ils adjugeassent la couronne à celuy auquel elle appartiendroit: mais cependant que les pretendans s'amusoient à verifier leurs droits, l'Espagnol s'empara de tout le royaume au prejudice de tous les pretendans, et principalement de ladite Royne, qui, faschée de ceste ruse espagnole, fit dresser une puissante armée navalle sous la conduite du sieur de Strossy, pour tascher par les armes de recouvrer le droict qu'elle avoit en

successeurs de la maison de Bologne, qui n'avoient peu poursuivre leur juste querelle pour l'inegalité qui estoit en puissance entr'eux et les detenteurs, jusques en l'an 1582; que Dieu avoit reservé ladite royne Catherine de Medicis, vraye et seule heritiere dudit Robert comte de Bologne, à qui appartenoit la couronne de Portugal. Voylà ce qui en fut publié alors, qui sert aussi en cest endroict pour monstrer la ligne maternelle de ceste Royne; car pour l'estoc paternel elle estoit fille de Laurens de Medicis, duc d'Urbin, et niepce des papes Leon X et Clement VII. La genealogie de laquelle maison de Medicis nous avons descrite dans nostre Histoire de la paix, en traictant des fiançailles du roy Très-Chrestien Henry IV avec la royne Marie de Medicis, princesse de Florence.

Peu après que l'armee navale de la Royne mere, conduitte par M. de Strossy, fut deffaicte en allant en Portugal, Monsieur, frere du Roy, revint aussi des Pays Bas, et mourut, en l'an 1584, à Chasteau-Thierry, sur l'esperance qu'il avoit de retourner encor en Flandres, ainsi que nous avons dit. Mais l'an 1585, comme plusieurs ont escrit, Philippe II, roy d'Espagne traicta de nouveau par ses agents avec les princes et seigneurs de la ligue des catholiques en France, et les fit armer en ce temps contre le Roy, et par ce moyen il gaigna aucuns princes et seigneurs de ce royaume pour oster le moyen aux François de s'opposer aux entreprises d'Espagne. La grande quantité de milliers de doubles pistolets qu'il fournit lors aux princes de la ligue, fut ce qui fit commencer les dernieres guerres civiles qui ont duré treize ans; durant les quatre premieres années desquelles la sollicitude que ceste Royne prit, sous le bon plaisir du Roy, pour pacifier les troubles, tantost avec M. de Guise, tantost avec le roy de Navarre, tesmoin le voyage qu'elle fit en Poictou et la conference qu'elle eut avec luy à Sainct Bris, monstrent assez l'affection qu'elle avoit à la paix de ce royaume, et que ceux-là se sont trompez qui ont escrit d'elle que, pour maintenir son authorité, elle broüilloit tousjours quelque chose en France, ou s'entendoit avec ceux qui les broüilloient; que c'estoit sa coustume d'opposer les uns aux autres pour commander cependant en ces desordres et divisions, les grands aux grands, les princes aux princes, et ses enfans mesmes à ses enfans. Et toutesfois ils sont contraincts de confesser que, si elle n'eust pourveu sagement lors que le Roy estoit encor en Pologne, les remuements eussent esté tels en France qu'à son retour on luy eust empesché l'entrée. Ces escrivains donc doivent seulement accuser la desobeissance des grands envers leur Roy, et les factions et diversitez de religion, qui ont causé nos mal-heureuses guerres civiles. C'est pourquoy je diray, suivant le proverbe commun, *comme nous avons vescu en ce monde, de mesme est nostre mort,* que la maladie de ceste Royne, ses dernieres paroles et sa mort, monstrent que comme durant sa vie elle a tousjours travaillé pour la conservation de la couronne à celuy de ses enfans qui en estoit le legitime roy, et pour la paix de la France, de mesmes, approchant de sa mort, et ayant faict son testament en la presence du Roy, elle luy dit : « Je vous laisse pour dernieres paroles, lesquelles je vous prie avoir en memoire pour le bien de vostre Estat, que vous aimiez les princes de vostre sang, et que vous les teniez tousjours auprès de vous, et principalement le roy de Navarre : je les ay tousjours trouvez fideles à la couronne, estants les seuls qui ont interest à la succession de vostre royaume. Souvenez-vous que, si vous voulez rendre la paix qui est si necessaire à la France, qu'il faut que vous accordiez la liberté de conscience à vos subjects, ayant observé que les Allemans et plusieurs princes souverains de mon temps n'ont jamais peu pacifier avec les armes les troubles qu'ils ont eus en leurs pays pour la religion. » Voylà les dernieres paroles de ceste Royne, qui dez sa plus tendre jeunesse a esté attaquée par les ennemis de la maison de Medicis, dont Dieu l'a delivrée comme par un miracle, ainsi que mesmes les historiens italiens ont rapporté. Le pape Clement VII, qui l'amena en France, ne pouvoit mesmes croire la bonne fortune de sa niepce, jusques à ce qu'il en eust luy mesmes faict la benediction nuptialle d'elle et de Henry deuxiesme, fils du roy François I. Mais ceste bonne fortune pensa luy tourner le dos à cause de sa sterilité qui dura prez de quinze ans, dont aucuns de ses ennemis estoient deliberez de la faire repudier; mais les princesses du sang, et principalement la royne Marguerite de Navarre, sœur du grand roy François, l'empescherent et y pourveurent sagement : aussi Dieu exauça leurs prieres, et eut du depuis de très-beaux princes, ce qui fit rendre muets tous ses ennemis.

Elle a faict faire aussi plusieurs beaux bastiments qui decorent la ville de Paris, sçavoir, les Tuilleries et l'hostel de la Royne, où elle entretenoit plusieurs architectes, sculpteurs, maçons et ouvriers. Elle a faict bastir aussi la maison de la Royne à Chaliot, laquelle on appelle maintenant la maison de Grandmont. Ses maisons de Sainct Maur, Mousseaux et Chenonceau, ont esté aussi merveilleusement enrichies et embellies de son temps de bastiments, sculptures, peintures, jardins et fontaines. Mais sur tout elle est digne de loüange pour avoir fait rechercher par tous les pays estranges tous les anciens livres manuscrits en toutes sortes de langues, desquels elle a faict augmenter et honorer la bibliotheque royale, qui en cela est aujourd'huy la plus belle du monde, pour la quantité des livres qui y sont lesquels ne se peuvent trouver en autre part. Bref, nous pouvons dire que ceste Royne, durant la minorité des roys ses enfans, a regné comme une vraye royne mere des roys, et ne peut la France que luy demeurer redevable et obligée à sa memoire : aussi l'a elle regrettée en assemblée d'estats, et aucuns François en particulier, pour les malheurs qui ont affligé leur patrie neuf années durant depuis sa mort, lesquels malheurs, si elle eust vescu, sans doute eussent esté plustost appaisez par sa prudence, pour raccommoder les affaires des Parisiens envers le Roy son fils.

Au mesme temps que le menu peuple de Paris [otieux aux spectacles] regardoit mener en prison, par les principaux de la faction des Seize, messieurs les presidents et conseillers du parlement, et aucuns ecclesiastiques et officiers royaux, les uns à la Bastille, les autres au Louvre, le Roy estoit à Blois, et en ceste mesme journée il entendit les plaintes des deputez des trois ordres, et escouta leurs remonstrances. M. l'archevesque de Bourges, president en la chambre du clergé, fit une docte remonstrance sur les miseres et calamitez continuées depuis vingt-huict ans au royaume de France; il toucha les causes d'icelles, et sur chasque desordre il proposa le remede qui seroit convenable d'y apporter, ainsi que le lecteur curieux le peut voir dans sa remonstrance, laquelle a esté depuis imprimée et publiée comme aussi celles que firent M. le comte de Brissac au nom de la noblesse, et M. l'advocat Bernard pour le tiers-estat. Les cayers des trois estats furent presentez à Sa Majesté, qui promit de les examiner et faire resoudre en bref par son conseil : luy mesme y vacqua en personne; mais, sur les bruits divers de l'amas de gens de guerre que faisoit le duc de Mayenne, il voulut mettre en seureté les prisonniers qu'il tenoit à Blois; et, pour ce que le chasteau n'estoit qu'une maison de plaisance, il les mena luy-mesme au chasteau d'Amboise, et les donna tous en garde au sieur du Gast, l'un des capitaines du regiment de ses gardes françoises, qu'il fit gouverneur de ceste place. Mais la mesme matinée qu'il partit pour les y mener, M. le duc de Nemours s'eschappa en habit desguisé, et trouva moyen de se sauver dans Paris. Le Roy ne fut

jours en ce voyage, d'où il retourna à
y pensant continuër l'examen et reso-
s cayers, les deputez en corps d'estats
erent de les congedier, et luy dirent
pouvoient attendre davantage, à cause
les remuëments qui se faisoient en leurs
s. Sa Majesté leur donna congé, ne les
retenir contre leur volonté. Ainsi les es-
nt clos, dont le mandement fut envoyé
is les provinces, avec un edict pour le
quart des tailles, et lettres pour asseu-
ple de la bonne intention du Roy.
oir du vray officier domestique d'un
a consiste de participer à l'une et l'ause de son prince; mais le sieur de Loi-
ort favorit du Roy [duquel nous avons
-dessus], le supplia de luy donner un
ment et une place de seure retraicte, à
l'inimitié que la maison de Guise luy
Sa Majesté luy ayant demandé s'il n'a-
t de plus particuliere occasion que celle
y demander une place de retraicte pour
gnac luy ayant respondu que non, et
mitié de la maison de Guise en estoit une
ande occasion: « Sortez presentement
ourt, luy dit le Roy, et que je ne vous
nais, puis que vous desirez d'autre seu-
d'estre auprès de moy. Vostre humeur
trompé mon jugement; je me doutois
vous tiendriez de l'ingratitude, et ne
viendriez de l'obligation que vous me
ir les biens-faicts que je vous ay faicts.»
ayant receu, contre son esperance, une
ile du Roy, à l'heure mesme sortit de
allant passer par Amboise, se retira en
, où peu après il fut tué d'un coup de
ainsi qu'il sortoit de son chasteau pour
chasse, par un gentil-homme sien voi-
s qui il avoit querelle. Peu de jours
le desfaveur du sieur de Loignac, le
in advis que l'on entroit en composition
lre entre les mains de ses ennemis les
rs qu'il avoit mis à Amboise, ce qui fut
qu'il y retourna pour la seconde fois.
ine Guast luy remit entre ses mains le
le Bourbon, le prince de Ginville [que
noit le duc de Guise depuis la mort de
et le duc d'Elbeuf, lesquels il ramena
t les autres prisonniers, sçavoir, l'ar-
: de Lyon, le president de Neuilly et
des marchans de Paris, furent retenus
capitaine Guast, qui les mit à rançon;
receuë, comme nous dirons cy-après,
na la liberté. Les choses laides sont
laides, quelque couleur que l'on leur
ussi les parolcs que tint Loignac à Sa
Majesté, et l'occasion de ce second voyage qu'il fit à Amboise, furent beaucoup blasmez par les serviteurs du Roy, pource que tout cela apporta une grande incommodité à ses desseins, et haulsa de beaucoup le courage de ses ennemis; car en ce mesme temps le duc de Mayenne estoit arrivé à Sens, comme nous avons dit, pour aller donner ordre et asseurer par sa presence la ville d'Orleans, où le chevalier d'Aumalle, qui estoit party de Paris dez les festes de Noël, s'estoit aussi rendu, plus heureusement que ne firent quelques compagnies de gens de pied que l'on y avoit levées, lesquelles, envoyées pour entrer dans Orleans, furent chargées et desfaictes en y allant par le sieur de Montigny.

M. le mareschal d'Aumont avec la noblesse qui estoit lors à la Cour, le regiment des gardes et celuy des Suisses de Galatis, avoient esté envoyez par le Roy pour soustenir le sieur d'Antragues qui estoit pour lors dans la citadelle d'Orleans, laquelle n'estoit gueres qu'un portail. Ledit sieur d'Antragues avoit promis au Roy de la tenir un mois contre les habitans, mais ils se barricaderent tellement, et remplirent si soudain une eglise pleine de terre, proche de ladite citadelle, dans laquelle ils mirent leur canon, qu'en peu de jours ils le firent tirer si rudement, qu'ils foudroyerent et abattirent à coups de canon tout ce qui paroissoit de ceste citadelle du costé de leur ville, jusques aux casemates. Ledit sieur mareschal, sçachant que M. de Mayenne venoit droict à Orleans, fit retirer ses troupes à Boisgency et à Meun le dernier jour de janvier; et par ce moyen le reste de la citadelle fut laissé à la discretion des habitans d'Orleans.

La nouvelle de ce deslogement vint à Blois ainsi que le Roy estoit allé à Amboise: cela y apporta de la confusion; et plusieurs, comme c'est la coustume en tels accidens, firent courir le bruit que le mal estoit plus grand qu'il n'estoit, et en fit fuir d'aucuns de Blois jusques à Amboise vers le Roy, qui retourna le lendemain à Blois. Plusieurs villes qui s'estoient conservées jusqu'alors en l'obeyssance du Roy, sur ces nouvelles, le tenant pour perdu et sans forces de gens de guerre, se revolterent, comme nous dirons cy après. Ce ne furent plus qu'entreprises jusques aux portes de Blois mesmes.

Le Roy, qui void tous ces evenemens estre contraires à ses desseins, se resoult d'y remedier par les armes. Il despescha M. le mareschal de Retz pour aller faire une levée de Suisses; mais le sieur de Neufvy Le Barrois le prit prisonnier comme il y alloit, et fut amené à Orleans: il fit aussi publier le mandement de sa gendarmerie pour se rendre auprès de luy le 12 de mars, avec deux declarations, l'une contre le duc de Mayenne, les duc et chevalier d'Aumalle et ceux qui les assisteroient, et l'autre contre la ville de Paris et autres qui s'estoient revoltées de son obeyssance.

Dans celle des ducs de Mayenne et d'Aumalle, il dit que les François ont esté remarquez entre toutes les nations du monde pour estre les plus fidelles et les plus loyaux à leurs roys, et qu'un subject ne peut prendre les armes sans l'ordonnance de son souverain ; mais encores, quand il s'arme contre son roy legitime, duquel il a receu plusieurs bien-faicts et gratifications particulieres, qu'il est doublement infidelle et desloyal.

Qu'il avoit envoyé pardevers lesdits duc et chevalier d'Aumalle leur faire entendre sa bonne et saincte intention, comme il estoit prest, non seulement d'oublier les choses passées, ains de les recevoir en ses bonnes graces; neantmoins qu'ils avoient faict comme la chenille, qui se nourrit de la mesme liqueur dont les mouches produisent le miel et la cire, et toutesfois la convertit en venin, ainsi que sa bonté et clemence mises dans leur estomach, abandonnez de l'esprit de Dieu, avoient esté converties en corruption, et non en la substance qu'ils en devoient tirer, et, au lieu de s'humilier comme ils devoient, ils s'estoient enorgueillis, se saisissans de ses bonnes villes, emprisonnant ses serviteurs et pillants leurs biens.

Que la simplicité de ses subjects ne devoit estre abusée, en croyant qu'il eust chastié le duc de Guise pour ce qu'il estoit protecteur de la religion catholique, apostolique et romaine, ou pour l'affection qu'il avoit au soulagement du peuple; mais qu'il l'avoit chastié pour l'ambition insatiable qu'il avoit de regner, dont il avoit esté adverty par homme exprès que luy avoit mesmes envoyé ledit duc d'Aumalle, luy mandant qu'il s'estoit trouvé, de presence et non de volonté, à un conseil tenu à Paris, auquel il avoit esté resolu que ledit duc de Guise se saisiroit de Sa Majesté et le meneroit à Paris.

« Et toutesfois, dit-il, nous ne voulusmes avoir tel esgard a cest advis que nous devions; mais, voyant celuy que depuis nous envoya le duc de Mayenne par un chevalier d'honneur, nous mandant que ce n'estoit pas assez à son frere de porter des patenostres au col, mais qu'il falloit avoir une ame et une conscience, que nous nous tinssions sur nos gardes et que le terme estoit brief: mesmes, voyant qu'il n'y avoit plus de salut pour nous qu'en la prevention de la vie de ceux qui la nous vouloient oster et usurper nostre Estat et couronne, nous fusmes contraints d'en user et faire en leurs personnes, non ce qu'ils meritoient par leur desloyale felonnie, mais, selon la saison, ce que nous devions et ne voulions pas faire. C'est la recompense qu'ils avoient preparée à nos gratifications et bien-faicts, et qui est aujourd'huy suivie par ceux qui durant leur vie faisoient semblant de condamner leurs conseils, et eux-mesmes nous en donnoient advis pour reserver, à ce que nous recognoissons maintenant par leurs œuvres, et à leur profit particulier, le fruict de ce dessein ambitieux d'empire, employant cest ancien proverbe, que si le droit est violable, il doit estre violé pour regner : et faut croire par leurs actions, ou n'avoir point de jugement, que, comme tous ensemble s'accordent maintenant à nous oster la vie et la couronne que Dieu nous a donnée, ils dissiperoient bientost ou debattroient entr'eux à qui auroit celle que injustement ils veulent usurper, s'ils avoient moyen de l'envahir, ayans desjà entrepris authorité de disposer et ordonner, par lettres patentes, des gouvernements de nos provinces et de la levée et distribution de nos finances. Mais, pource que la patience doit estre bornée et reglée de certains limites, outre lesquels elle ne peut estre louable en un prince qui doit la conservation de son honneur, de son authorité et de sa vie, à son Estat et à soy-mesmes,

» Nous, à ces causes et autres bonnes et justes considerations à ce nous mouvans, avons, par l'advis des princes de nostre sang, cardinaux, prelats, seigneurs et autres de nostre sang, cardinaux, prelats, seigneurs et autres de nostre conseil, declaré et declarons par ces presentes, signées de nostre propre main, lesdits duc de Mayenne, duc et chevalier d'Aumalle, decheus de tous les estats, offices, honneurs, pouvoirs, gouvernemens, charges, dignitez, privileges et prerogatives qu'ils ont par cy devant eu de nous et des roys nos predecesseurs, et lesquels nous avons revoqué et revoquons dès à present, et les avons declarez infideles, rebelles, attaints et convaincus des crimes de rebellion, felonnie et de leze-majesté au premier chef. Voulons que, comme tels, il soit procedé contr'eux et tous ceux qui les assisteront de vivres, conseil, confort, ayde, force ou moyen, et contre leur posterité, par toutes les voyes et rigueur des ordonnances faictes sur lesdits crimes, sauf si, dans le premier jour du mois de mars prochain pour toutes prefixions et delais, ils recognoissent leur faute et se remettent en l'obeyssance que justement ils nous doivent par le commandement et l'expresse parole de Dieu, contre laquelle ils ne se peuvent dire chrestiens, à fin que, satisfaisant à nous-

[illegible] une seule beste,
[illegible] peu retirer de
[illegible] devoir. »
[illegible] points de la declaration
[illegible] contre le duc de Mayenne
[illegible] d'Aumalle.
fit contre la ville de Paris et
[illegible] departies de son
rement il leur remonstroit le
ce qu'ils luy devoient, puis il
heval engraissé par le soin et
n maistre et bien-faicteur a
e bien penser, lequel, pour
qu'il est trop gras et qu'il a
té, donne un coup de pied à
veut plus qu'il monte sur luy;
s de Paris, Orleans et Abbe-
sté de luy gratifiées par des-
n royaume et leur avoir trop
nt, par mespris des comman-
t par trop grande ingratitude,
tre Sa Majesté. Mais pource
aucuns desdits habitans pour-
[illegible] par impostures, conside-
[illegible] des autres habitans des-
[illegible] participé en si damnables
[illegible]joinct de recognoistre leur
e mars, sinon qu'il les decla-
se-majesté, cassoit tous leurs
[illegible], enjoignant à tous ses
rs desdites villes de le venir
re la justice à un chacun ez
[illegible].

de janvier plusieurs grands
-hommes et officiers des cours
autres juges royaux, se sau-
à Blois, et esviterent le mieux
umber entre les mains des ca-
n. Peu après la mort du duc
rince de Conty se rendit prez
r il ne s'y estoit point trouvé
M. le duc de Montpensier y
ena M. le prince de Dombes
a premiere fois qu'il salüa le
Angoulesme, M. d'Amville et
s de l'Isle de France, allerent
l'Arche prez de Roüen, et ar-
pres avoir esvité une infinité
ommoditez, à cause du rude
e année. M. le cardinal de Le-
de Bretagne où il estoit allé.
[illegible] arriver tous les jours que
[illegible] de qualité, qui encores
[illegible] abandonné leurs mai-
[illegible] la discretion du party
[illegible] de la prison ou

d'estre tuez de sang froid, comme en ce temps là il advint à plusieurs; toutesfois en chasque province il y eut quelques places qui servirent de bonne retraicte à d'aucuns, ainsi que nous dirons cy après.

Le Roy commença à cognoistre que ceux qui luy avoient dit *Morta la bestia, morto il veneno* (1), ne luy avoient pas donné un seur conseil, veu que la consequence en estoit tout autre en la mort du duc de Guise, laquelle tous ceux de son party estoient resolus de venger. Le sieur de Rambouillet luy dit, en plein conseil, que celuy qui avoit mandé à Sa Majesté *Mors Conradini vita Caroli; mors Caroli vita Conradini* (2), qui fut le conseil donné à Charles d'Anjou, roy de Naples et de Sicile, pour faire mourir Conradin, petit fils de l'empereur Frederic de Suede, qui estoit venu faire la guerre audit Charles, pour les pretentions qu'il avoit ausdits royaumes, et estoit tumbé vif entre ses mains, ne luy avoit tout dit; car il n'y avoit aucun de ceux qui avoient tout leu ceste histoire, qui ne sceussent que la mort de Conradin n'avoit esté la vie de Charles, mais la cause de sa ruine et de sa mort mal-heureuse.

La ville de Blois n'estoit un lieu de seure demeure pour tant de gens de cour qui arrivoient de jour en jour auprès du Roy : il fut arresté que l'on iroit à Bourges, et de là à Moulins; que ce voyage apporteroit deux commoditez : l'une, que l'on seroit plus proche du secours de la levée des Suisses que M. de Sancy estoit allé lever par le commandement de Sa Majesté, et favoriseroit-on plus aysément leur entrée; l'autre, que le Roy, estant si proche de Lyon, empescheroit ceux qui voudroient remuer en ceste ville et aux autres de ces quartiers là; et affin que l'on eust des forces bastantes pour faire ce voyage, que M. de Nevers seroit contremandé avec l'armée de Poictou; car, ainsi que nous avons dit, il avoit commencé à battre La Ganache dez le commencement de ce mois avec quatre coulevrines royales, six canons et deux moyennes. Le succez de ce siege fut tel :

Le changement des batteries que fit le duc de Nevers donna de la peine au sieur de Plessis qui commandoit dans ceste place, à cause du temps froid qu'il faisoit; car la gelée avoit tellement endurcy la terre, que, pour se remparer dedans, les assiegez eussent plus faict de besongne en une heure en un autre temps, qu'ils n'en faisoient alors en dix. Après que le duc eut faict

(1) Morte la bête, mort le venin.

(2) La perte de Conradin est le salut de Charles; la perte de Charles est le salut de Conradin.

tirer huict cents coups de canon, deux bresches furent faictes, où l'assaut fut donné et les assiegeans repoulsez avec perte; mais, ainsi que le duc s'estoit resolu d'emporter ceste place, prest à faire recommencer la batterie, les assiegez parlerent d'accorder. Deux choses les y contraignirent: le peu de vivres qu'ils avoient, et une maladie de flux de ventre dont ils mouroient et ne demeuroient qu'un jour malade. La capitulation fut faicte avec ledit sieur du Plessis-Jesté qu'il sortiroit, et tous ceux qui estoient dans La Ganache, avec leurs armes, chevaux et bagages, si dans huict jours ils n'estoient secourus par le roy de Navarre.

Le roy de Navarre, adverty de ceste capitulation, s'achemina avec les sieurs de La Trimoüille, de La Rochefoucault, de Chastillon, et tout ce qu'il put ramasser de gens de guerre qu'il avoit mis en garnison aux places qu'il tenoit en Poictou, pour tascher à desgager les assiegez de La Ganache; mais il tumba malade le 9 janvier au village de Sainct Pere, si extremement que le bruit courut à Blois qu'il estoit mort. Ainsi La Ganache ne pouvant estre secourüe, le sieur du Plessis rendit ceste place au duc de Nevers, qui peu après, avec l'armée et le canon, reprint le chemin pour venir trouver le Roy à Blois, suyvant ce que Sa Majesté luy avoit mandé.

De ceste armée les compagnies du sieur de Sagonne, qui conduisoit la cavalerie legere, du marquis de Pienne, de La Chastaigneraye avec son regiment, et plusieurs autres [aucuns desquels vindrent mesmes trouver le Roy jusques à Blois, receurent ses commissions, et promirent de luy demeurer obeyssans], allerent se rendre au party de l'union si tost qu'ils eurent passé la riviere de Loire.

M. de La Chastre aussi estoit mareschal de camp de ceste armée. Le Roy avoit tousjours creu qu'il estoit un des principaux confidents du duc de Guise; il avoit mandé à M. de Nevers de s'asseurer de sa personne; mais, comme nous avons dit, ledict sieur de La Chastre receut premier advis de la mort du duc de Guise que ne fit le duc de Nevers, et luy en alla porter les premieres nouvelles, luy disant qu'encores qu'il eust esté tousjours serviteur du duc de Guise, qu'il s'estoit retenu la fidelité qu'il devoit au Roy. Le duc de Nevers advertit Sa Majesté de ce que luy avoit dit ledit sieur de La Chastre, et luy manda qu'il s'estoit mis volontairement entre ses mains pour justifier ses actions. Dez que La Ganache fut renduë, ledit sieur de La Chastre vint trouver le Roy à Blois, et l'asseura de demeurer perpetuellement en son obeyssance. Sur ceste asseurance, le Roy luy commanda de s'en aller à Bourges, et qu'il s'y rendroit en bref pour aller à Moulins, aussi tost que M. de Nevers et le canon seroient arrivez. Ledit sieur de La Chastre va à Bourges, principale ville de son gouvernement; mais le Roy eut advis certain qu'au contraire de tout ce qu'il luy avoit promis, il practiquoit gens affin de se rendre le plus fort dans son gouvernement pour le party de l'union. Cest advis fut cause que le Roy ne fit le voyage de Moulins, et se resolut d'aller à Tours et y transferer le parlement, ainsi que nous dirons cy-après.

Nous avons dit cy-dessus comme la faction des Seize avoit emprisonné les presidents et conseillers de la cour de parlement recognus estre fermes au service du Roy, et avoient renvoyé en leurs maisons ceux qu'ils pensoient estre de leur party, lesquels depuis avoient tenu la justice du parlement dans Paris pour le party de l'union.

Or la premiere chose qu'ils firent, ce fut de faire jurer à tous les officiers du parlement qui s'y trouverent lors une forme de serment pour l'entretenement de ceste union. Des six presidens de la grand chambre il n'y avoit que le president Brisson; des advocats et procureurs generaux du Roy il n'y en avoit aucun, et en esleurent de leur party pour occuper leur place; mesmes en ce temps là M. le procureur general de La Guesle fut arresté prisonnier auprès de Chartres. Voicy l'extraict de ce serment tel qu'il fut lors publié.

« Ce jour, toutes les chambres assemblées en la presence des princes, pairs de France, prelats, maistres des requestes, advocats et procureurs generaux, greffiers et notaires du parlement, au nombre de six vingts six, a esté leuë la declaration en forme de serment pour l'entretenement de l'union qui fut hier arrestée, laquelle tous lesdits sieurs ont juré sur le tableau et signée aucuns de leur sang. Ensuit la teneur.

» Nous, soubs-signez, presidens, princes, pairs de France, prelats, maistres des requestes, conseillers, advocats et procureurs generaux, greffiers et notaires de la cour de parlement, jurons et promettons à Dieu, sa glorieuse mere, anges, saincts et sainctes de paradis, vivre et mourir en la religion catholique, apostolique et romaine, employer nos vies et biens pour la conservation et accroissement d'icelle sans y rien espargner, jusques à la derniere goutte de nostre sang, esperant que Dieu, seul scrutateur de nos cœurs et volontez, nous assistera à une si saincte entreprise et resolution, en laquelle nous protestons n'avoir autre but que la manutention et exaltation de son sainct nom, defence et protection de son Eglise, à l'encontre de ceux qui, ouvertement ou par moyens occultes, se sont efforcez ou efforceront l'aneantir et maintenir l'heresie en ce royaume. Jurons aussi d'entendre de tout nostre pouvoir et puissance à la descharge et soulagement du pauvre peuple. Jurons pareillement et promettons deffendre et conserver envers et contre tous, sans aucun excepter d'aucunes dignité ou qualité de personnes, les princes, prelats, seigneurs, gentils-hommes, habitans de ceste ville et autres qui sont unis ou se uniront cy-après pour si bon et sainct subject, maintenir les privileges et libertez des trois ordres et estats de ce royaume, et ne permettre qu'il leur soit faict aucun tort en leurs personnes et biens, et resister de toutes nos puissances à l'effort et intention de ceux qui ont violé la foy publique, rompu l'edit de la reunion, franchises et libertez des estats de ce royaume par le massacre et emprisonnement commis en la ville de Bloys les 23 et 24 decembre dernier, et en poursuivre la justice par toutes voyes, tant contre les auteurs, coulpables et adherans, que ceux qui les assisteront ou favoriseront cy-après. Et generalement promettons ne nous abandonner jamais les uns les autres, et n'entendre à aucun traicté, sinon d'un commun consentement de tous lesdits princes, prelats, villes et communautez unies. En tesmoin dequoy nous avons signé de nostre propre main la presente declaration. Faict en parlement, le vingt-sixiesme jour de janvier 1589. Signé du Tillet. »

Aucuns signerent ce serment de leur sang qu'ils tirerent de leur main, et quelques-uns ont escrit que la main du sieur Baston dont il tira le sang pour signer demeura estropiée. Il fut aussi noté que par ce serment le parlement, qui est juge, juroit de poursuivre la justice de la mort de messieurs de Guise et de ce qui s'estoit passé à Blois le 23 et 24 decembre : ce sont particularitez que l'on remarqua en ce temps-là.

En ce mesme temps aussi fut publiée et imprimée la requeste que Catherine de Cleves, duchesse de Guise, presenta au parlement de Paris pour informer de la mort de M. de Guyse son mary, dans laquelle elle supplioit ce parlement de considerer qu'il estoit fils d'un prince qui avoit remply toute la terre du renom de ses vertus, si utiles à toute la France, qu'il l'avoit estenduë du costé de l'Allemagne par la conservation de Mets, et l'avoit rejoincte du costé d'Angleterre à la grand'mer, son ancienne borne, par la prinse de Calais; mais qu'en travaillant à purger la France du venin de l'heresie, il avoit esté assassiné par les ennemis de l'Eglise de Dieu, delaissant trois enfans qui s'estoient monstrez vrais heritiers des vertus de leur pere, l'aisné desquels elle avoit espousé, qui avoit esté le dernier duc de Guise, les exploits militaires duquel estoient representez au long dans ceste requeste, avec la façon de laquelle on l'avoit fait mourir aux estats de Blois; suppliant la cour d'octroyer commission pour informer de sa mort, toutesfois sans deroger aucunement et se departir des voyes dont on pourroit user, selon que le requeroit la qualité du faict, qui estoit une injure publique, digne d'estre vengée par la force publique.

Plusieurs ont tenu que ceste requeste, quoy qu'elle ait esté imprimée, n'avoit jamais esté presentée, non plus que beaucoup d'autres choses qui ne furent pour lors imprimées à Paris que pour entretenir le peuple au party de l'union.

En ce mesme temps aussi le duc d'Aumalle fut esleu gouverneur de Paris, et les Parisiens creerent entr'eux un conseil, lequel ils composerent de quarante personnes, pour ordonner et disposer des affaires par tout le royaume : ils les esleurent de chacun des trois ordres. Premierement ledit sieur duc d'Aumalle.

Pour le clergé, messieurs de Brezé, evesque de Meaux, Roze, evesque de Senlis, de Villars, evesque d'Agen; messieurs Prevost, curé de Sainct Severin, Boucher, curé de Sainct Benoist, Aubry, curé de Sainct André, Pelletier, curé de Sainct Jacques, Pigenat, curé de Sainct Nicolas, Launoy, chanoine de Soissons.

Pour la noblesse, M. le marquis de Canillac, les sieurs de Meneville, de Sainct Paul, de Rosne, de Montberault, de Hautefort et du Saulsay.

Pour le tiers estat, les sieurs de Masparraute, de Neuilly, quoy qu'il fust prisonnier à Amboise, Coqueley, Mydorge, de Machault, Baston, Marillac, Acharie, de Bray, Le Beauclerc, de La Bruiere, lieutenant particulier, qui prit la qualité de lieutenant civil, Anroux, Fontanon, Drouart, Crucé, de Bordeaux, Halvequin, Soly, Bellanger, Poncher, Sescaut, Gobelin et Charpentier; pour greffier et secretaire dudit conseil, Pierre Sesnaut, l'un des principaux commis au greffe du parlement. Voylà quel estoit le conseil des quarante esleus par le peuple.

Ce conseil fit aussi-tost courir par toute la France une declaration au nom des princes catholiques unis avec les trois estats, pour la remise et descharge d'un quart des tailles et cruës: ce fut le premier appast avec lequel ils amuserent le peuple de ce rabais imaginaire; et par la mesme declaration ils donnerent asseurance de remettre les tailles au pied qu'elles estoient du temps du roy Loys XII : ce qui fut creu par beaucoup de personnes, et embrassé si vivement, qu'oubliant l'obeyssance deuë au Roy, sous ceste esperance que l'on leur donnoit de les rendre francs d'une grande quantité d'aydes, subsides, daces et contributions, ils se laisserent aller à telles persuasions, et se mirent du party de l'union. Mais, comme il fut remarqué lors par un homme d'Estat, ces promesses ressemblerent celles que l'ennemy du genre humain fait à ceux qui se rengent en sa subjetion, ausquels il promet beaucoup de richesses et contentement, et neantmoins les rend miserables.

La ville de Chartres, qui avoit esté la retraicte du feu Roy après les Barricades, fut la premiere qui se rendit au duc de Mayenne après que M. le mareschal d'Aumont et le sieur d'Antragues eurent quitté la citadelle d'Orleans; car, aussi tost que ledit sieur duc sceut l'intention des Chartrins, il s'y achemina, et eux, le sentans approcher, firent sortir par force M. de Sourdis leur gouverneur, et prierent M. de Mayenne de leur donner le sieur d'Arclainville, lieutenant dudit sieur de Sourdis, qui avoit practiqué ceste entreprise. Je rapporteray en cest endroict ce qui fut remarqué en la revolte de tant de villes contre le Roy pour le party de l'union : c'est que beaucoup de lieutenans des gouverneurs des provinces ou des places particulieres se mirent la plus-part de ce party, sous l'esperance d'estre gouverneurs en chef. Si la noblesse et les gens de guerre se mettoient de l'union pour ceste esperance, il y en eut beaucoup de gens de justice qui pour s'aggrandir se mirent aussi de ce party, car où les lieutenans generaux se tenoient fermes au party du Roy, les lieutenans particuliers, les assesseurs ou les visseneschaux en beaucoup d'endroits se mirent du party de l'union pour estre lieutenants generaux ou seneschaux, et avoir les premieres charges en la justice. Si les prevosts des marchands ou eschevins, consuls ou autres officiers de villes estoient aussi catholiques royaux, d'autres habitans pour occuper leurs charges se mettoient du party de l'union, faisoient souslever le peuple, et ces remuëmens populaires se faisoient eslire aux grades et honneurs auxquels ils n'eussent eu esperance de parvenir par le temps de paix. Ainsi plusieurs se mirent de ce party pour faire leurs affaires et tenir les premieres charges, à quoy ils avoient esté practiquez, dez le commencement de la ligue, par les intelligences qu'ils eurent avec le conseil des Seize de Paris, du vivant du duc de Guise, comme il a esté dit cy-dessus; et de faict, quiconque jugera les choses par le droit chemin, trouvera qu'il estoit impossible qu'il se fust faict un si grand changement en tel moment, si les esprits des personnes n'y eussent esté de longue main preparez, et si on ne les eust journellement maintenus et augmentez en telle resolution, comme avoient esté ceux qui firent revolter Chartres de l'obeyssance du Roy, et receurent M. de Mayenne le 7 fevrier, lequel, comme aux autres villes où il avoit passé depuis son depart de Dijon, il fit jurer en corps de ville de maintenir l'edict d'union, et de plus les trois articles suyvants :

I. Nous jurons et promettons à Dieu d'employer nos vies et moyens pour la manutention de nostre religion catholique, apostolique et romaine.

II. De nous maintenir en nostre saincte union, et nous conserver tous, en general et particulier, contre qui que ce soit, sans reservation de dignité quelconque.

III. Et poursuivrons la vengeance des massacres faicts à Blois, recognoissans que par iceux on a voulu ruiner nostre religion et empescher le soulagement du peuple et la liberté des estats.

Ce dernier article fut la cause pour laquelle Dreux et toutes les places voisines de Chartres envoyerent recognoistre ledit sieur duc de Mayenne.

Rouën, ville capitale de la Normandie, ne fut des dernieres à se sentir de ce remuëment : ceux que la ligue y avoit de longue main practiquez se rendirent les maistres; les officiers du parlement qui se trouverent royaux, se sauverent le mieux qu'ils peurent pour s'exempter de la prison et de la rançon à laquelle aucuns d'eux furent mis; toutes les villes et ponts de la Normandie qui sont sur la riviere de Seine, excepté le Pont de l'Arche, où commandoit le sieur du Rolet, se mirent du party de l'union. Que de revoltes !

M. de Mayenne s'achemine à Paris, non pour conquester, mais seulement pour recevoir et donner ordre à tant de peuples et villes, qui, comme à l'envy les uns des autres, se mettoient du party de l'union, aucuns sous les bonnes esperances qu'ils s'estoient imaginez de vivre à l'advenir à la maniere des Suisses, et d'estre exempts de tailles et de payer les cens et devoirs à leurs seigneurs, d'autres d'animosité, de courroux et de despit, à cause de la bonne opinion qu'ils avoient de feu M. de Guise, et parmy ceux-là quelques-uns affectionnez à la religion catholique-romaine.

Si tost que ledit duc de Mayenne fut à Paris, et qu'il vid l'institution du conseil des quarante, leurs procedures, comme il est prince grand politique et très-advisé, il jugea incontinent que ce conseil et tout leur party ne pouvoit durer sans establir parmy eux quelque apparence d'ordre. Il resolut de se faire creer leur chef, et d'augmenter ce conseil de plus grand nombre de conseillers, gens de qualité en qui il auroit de la fiance, et que ce conseil s'appelleroit *le conseil general de l'union*. Ce fut pourquoy il fit arrester entr'eux que tous les princes catholiques y pourroient assister quand bon leur sembleroit, et auroient voix deliberative à ce conseil, auquel il fit adjouster quinze conseillers, sçavoir : M. Hennequin, evesque de Rennes, M. de Lenoncourt, abbé, M. Janin, president en Bourgongne, et M. Vetus, president en Bretaigne, les sieurs de Sarmoize et de Dampierre, maistre des requestes, le president Le Maistre, le conseiller d'Amours, messieurs de Villeroy pere, et de Villeroy, secretaire d'Estat, de La Bourdaisiere, et du Fay, les presidens d'Ormesson et de Videville, et le sieur L'Huillier, maistre des comptes. Il fut aussi arresté que les presidents, advocats et procureurs generaux du parlement y pourroient assister et avoir voix deliberative avec tous les evesques qui seroient du party de l'union, le prevost des marchands et eschevins, et le procureur de la ville de Paris, et que les deputez des trois ordres des provinces unies y auroient aussi seance et voix. L'establissement de ce conseil general de l'union fut fait et arresté le 17 fevrier par les ducs de Mayenne et de Nemours, duc et chevalier d'Aumalle, le comte de Chaligny, et par Roland, Compan, Cotteblanche et des-Prez, eschevins de la ville de Paris.

Dez que ce conseil fut estably, la premiere chose qu'il fit, ce fut de transgresser ceste maxime d'Estat que l'on a tousjours tenuë en France la plus inviolable, qui est que ce royaume ne peust estre gouverné sous le nom de regence le siege vacant tant qu'il y a des heritiers habiles à succeder, pour ce que le nom du roy y est immortel et perpetuellement renaissant par la loy fondamentalle du royaume; d'avantage, que, s'il y a lieu de regence, elle doit appartenir aux princes du sang plus proches et capables de l'exercer, ainsi qu'il s'est tousjours practiqué; mais, au contraire de tout ce que dessus, ainsi que le duc de Mayenne avoit creé ce conseil, aussi ce conseil luy donna-il toute l'authorité royale et souveraine regence, sous le tiltre de lieutenant general de l'estat royal et couronne de France, et luy limita toutesfois ceste lieutenance jusques à la tenuë des estats generaux, qui se tiendroient au quinziesme juillet prochain dans la ville de Paris.

Les lettres de ceste lieutenance furent scellées des sceaux qu'ils firent fabriquer de nouveau, et la garde en fut donnée à M. de Brezé, evesque de Meaux, à l'inscription desquels il y avoit : *le seel du royaume de France*. Ces lettres furent aussi leuës, publiées et registrées en parlement : et pource que l'on souloit intituler les arrests de la cour, *Henry par la grace de Dieu, roy de France et de Pologne*, ledit parlement ordonna par l'arrest de la verification desdites lettres de lieutenance de M. de Mayenne, que les arrests de parlement seroient d'oresnavant intitulez : *les gens tenans le parlement*, et en la petite chancellerie, *les gens tenans la chancellerie;* et que les graces, remissions, abolitions, et autres lettres plus preignantes, s'intituleroient : *Charles, duc de Mayenne, pair et lieutenant general de l'estat et couronne de France.*

Plusieurs discours furent tenus contre ceste qualité de lieutenant general de l'estat royal et couronne de France :- les catholiques royaux disoient que ceste qualité n'estoit qu'une chimere; qu'il n'y avoit point de lieutenant s'il n'y avoit de chef, et qu'il n'y avoit point de chef sinon le roy; aussi que jamais il n'y avoit eu en France de lieutenant general de l'Estat, mais que l'on avoit bien ouy parler des *estats de France*, et non pas de *l'Estat;* ou si l'on l'avoit nommé, que ç'auroit esté lors que l'on disoit *le Roy et son Estat;* et qu'en ce cas là l'Estat estoit mis pour obeyr et non pour commander. Or tout cela n'estoit qu'escritures, qui n'empescherent pas M. de Mayenne de jouyr de ceste qualité de lieutenant au party de l'union six ans durant.

M. de Mayenne desirant nouër et estraindre par un ordre et reglement toutes les villes qui s'estoient desjà mises du party de l'union, et celles qui s'y mettroient encor à l'advenir, et leur donner le moyen qu'elles ne peussent estre des-unies et desjointes que par la force, fit un reglement avec ledit conseil general de l'union, lequel il fit publier au parlement :

I. Que tous ceux qui sont entrez ou entreront en l'union des catholiques, seront tenus faire et prester le serment, selon le contenu au formulaire enregistré en la cour de parlement de Paris, auquel sera adjousté le serment d'obeyssance aux magistrats, et que les officiers des cours souveraines et des justices ordinaires le jureront en l'assemblée desdites cours et sieges de leurs jurisdictions, et les officiers des corps des villes, ez maisons et hostels de ville; desquels serments registre seroit faict et signé de chasque officier, dont ils en envoyeroient l'acte audit conseil general, affin de cognoistre les villes et communautez qui seront de ladite union.

II. Que tous les ecclesiastiques feroient entr'eux le mesme serment, dont ils feroient dresser actes authentiques qu'ils mettroient ez mains des baillifs et seneschaux ou leurs lieutenans, pour cognoistre ceux qui n'auroient voulu obeyr au present reglement : le tout sans prejudice des exemptions pretenduës par les chapitres et communautez.

III. Que la noblesse fera ledit serment pardevant les baillifs et seneschaux, chacun en leur ressort, et que les gentils-hommes qui seront en l'armée le presteront entre les mains de M. de Mayenne, ou de celuy qu'il commettra : l'acte de prestation duquel serment ils seront tenus envoyer ausdits bailliages pour estre deschargez d'y faire ledit serment.

IV. Que les habitans des villes feront le serment pardevant les officiers d'icelles, ou par les quartiers et dixaines ez mains des capitaines. Et ceux du plat pays le feront publiquement, à l'issue de la messe parrochiale; entre les mains de leurs curez ou vicaires, les procès verbaux desquels sermens seront envoyez aux baillifs et seneschaux.

V. Que tous lesdits habitans de chasque bailliage, tant ecclesiastiques, nobles, que du tiers estat, presteront ledit serment dans quinzaine après la proclamation qu'en auront fait faire les baillifs et seneschaux, laquelle passée, sera procedé à la saisie des biens meubles et immeubles de tous ceux qui se trouveront reffusans de faire ledict serment, lesquels biens meubles seront vendus, et les immeubles baillez à ferme, pour estre les deniers employez aux affaires du party de l'union; et sera faict aussi le mesme des biens des heretiques, tant de ceux qui ont esté saisis depuis l'an 1685, que de ceux qui n'ont encor esté saisis.

VI. Qu'il n'y aura que ceux qui auront faict ledit serment qui seront tenus et reputez du corps de l'union; mais que si quelques-uns venoient à l'enfraindre ou le violer, qu'ils seroient rigoureusement punis et chastiez, sans esperance de pouvoir r'entrer jamais en ladite union des catholiques de laquelle ils se seront une fois despartis.

VII. Que les juges et officiers qui signeront, scelleront ou feront publier des declarations contre le party de l'union, seront declarez ennemis dudict party, leurs biens vendus et leurs estats vacquans.

VIII. Que deffences sont faictes à toutes personnes dudit party de recevoir solde ou pension des ennemis; ny avoir avec eux aucune intelligence, sur peine de la vie.

IX. Que nulle capture, emprisonnement ou saisie et prise de biens, tant aux villes qu'aux champs, ne se feroient plus que par ordonnance escrite des magistrats, excepté contre ceux qui porteroient les armes contre le party de l'union; et qu'à fin d'esviter au mal qui depuis le trouble present estoit advenu par l'impunité des malefices et diminution de l'authorité des magistrats, que toutes personnes leur obeyront en l'execution de ce qui dependroit de leurs charges, sur peine de punition corporelle.

X. Que tous ceux qui auroient saisi des biens meubles, par ordonnance des magistrats ou autrement, appartenans aux ennemis, seroient tenus d'en representer les procez verbaux audict conseil general de l'union, ou aux autres conseils establis ès villes dudict party, pour estre les deniers provenans employez ez affaires de l'union; et, à faute de ce faire, est enjoinct au procureur general et à ses substituts en chasque siege d'en informer, n'estant raisonnable de souffrir que les biens des particuliers soient exposez au pillage et appliquez au profit particulier d'aucuns, mais qu'ils doivent estre employez au secours des affaires publiques.

XI. Que commandement seroit faict aux gentils-hommes du party de l'union qui s'estoient logez dans les maisons des absens par permission, et pretendoient les retenir et s'en approprier, de desloger desdictes maisons, et restituër ce qu'ils y auroient trouvé, pour estre les meubles vendus, et faict bail à ferme desdictes maisons, et les deniers employez aux affaires publiques.

XII. Que tous ceux qui devroient aucune chose aux ennemis dudict party de l'union, et à ceux qui portoient les armes avec eux en quelque maniere que ce pust estre, seroient tenus le declarer pardevant les juges des lieux, à peine du quadruple; avec deffences à toutes personnes de receler ou cacher les meubles, papiers, tiltres et enseignements appartenans ausdicts ennemis; et qu'à ceux qui declareroient lesdicts biens cachez, il leur en seroit baillé un dixiesme; et que, pour l'execution de ceste article, monitions seroient publiées par les paroisses affin de revelation.

XIII. Qu'advenant vacation par mort d'aucuns estats de judicature nouvellement creez, et subjects à suppression par l'ordonnance de Blois faicte en l'an 1577, il n'y seroit aucunement pourveu; et qu'aux autres estats non subjects à suppression, qu'il y seroit d'oresnavant

ilection et nomination, selon la
ir les ordonnances.
it aux estats de finances et autres
'enaux, vacation advenant par
neureront supprimez jusques à
reduits au nombre porté par les
:t quant à ceux qui ne seroient
'ression, qu'ils seroient mis en
iseil general de l'union, et les
vrées; et pour le regard des es-
qui n'auroient faict le serment,
pourveu par commission seule-
tiltre d'office; comme aussi la
seroit baillée ne seroit que par
secours des affaires de l'union,
rembourses auparavant qu'estre

ıx à qui seront resignez des es-
esignans seront de l'union, ne
ıe chose pour le marc d'or, ny
ie que ce soit, sinon le quart de-
ı la taxe qui en sera faicte audict
es que toutes resignations à con-
vance, dont a esté payé finance,
urveu que les resignans et pour-
:t le serment de l'union.
: grand conseil seroit restably et
ınce dans Paris, à la charge que
celuy feroient le serment de l'u-

les requestes qui seront presen-
juer les procez et differens entre
, fondées sur recusations et autres
s par les ordonnances, seront
levers les maistres des requestes
l'hostel, en leur auditoire du pa-
pour en donner advis, sur lequel
pediées lettres patentes scellées du
conseil general de l'union.
toutes lettres de provisions d'of-
lettres de justice qui s'expedioient
es chanceliers et garde des seaux
ront cy après expediées par ledit
l de l'union, sous le seau estably
avec deffences à toutes personnes
illeurs, ny à tous juges y avoir
ot y rendre obeyssance. Et si au-
ı lettres depuis le 24 decembre,
ıu que celuy de l'union, seront te-
ouvelles lettres de provision audit
[illegible] payer finance.
[illegible] seroit suppliée d'advi-
[illegible] nomination des benefices
qui ont vacqué depuis ledit 24 de-
r, et à ceux qui vacqueront cy
ndant que ledit conseil general y

establiroit de bons œconomes, et que les benefices simples qui vacqueroient pendant ledit œconomat seroient conferez à personnes capables, selon la forme ancienne et accoustumée. Aussi qu'aux benefices qui vacqueront en plaine collation ou presentation royale, ou qui vacqueront en regale, y seroit pourveu par M. de Mayenne et ledit conseil de l'union.

XX. Que les estats sont convoquez au 15 juillet dans Paris, attendant laquelle assemblée seront abolis, et ostez dès à present, les receveurs et la recepte du parisis des espices, et les estats et offices de receveurs des consignations, et le quart des tailles diminué, suyvant les commissions cy-devant expediées par les princes catholiques unis avec les trois estats; et pour le surplus des trois autres quarts, ensemble pour tous les autres subsides et impositions, injonction est faicte à tous contribuables de les acquitter. Et que deffences seront faictes aux gentils-hommes et autres, de quelque qualité qu'ils soient, d'en empescher la levée et port ez mains des receveurs establis ez villes du party de l'union, ny de prendre les droicts de gabelle, et autres droicts destinez pour le payement des rentes de la ville de Paris.

XXI. Que les aubeines et autres droicts du domaine de la couronne seront exactement recherchez, pour estre les deniers employez ez affaires de l'union.

Ce reglement fut leu, publié et registré au parlement, à la chambre des comptes et à la chambre des aydes à Paris, sur un mandement que leur fit le duc de Mayenne et ledit conseil en ces termes : « Nous avons faict le reglement cy attaché sous le contreseel de la chancellerie, lequel nous vous prions faire lire, publier et enregistrer; et mandons aux baillifs, etc., le garder et faire garder selon sa forme et teneur. Signé Senault. » Et lesdites cours et chambre enjoignirent aux substituts du procureur general de tenir la main à l'observation de ce reiglement, qui fut publié au commencement du mois d'avril.

Or durant les quatre premiers mois de ceste année, le roy Très-Chrestien de jour en jour recevoit advis, tantost de la revolte de quelque ville, de quelque province toute entiere qui s'estoit mise du party de l'union. Il pensoit avoir assez de serviteurs dans Lyon pour retenir ceste ville en son obeyssance, car presque toutes les bonnes et grandes villes de deçà Loire s'estoient rebellées contre luy. Il avoit envoyé mesme le colonel Alphonse d'Ornano pour commander en Dauphiné, et pensoit aussi que la crainte de ses troupes, qui n'estoient gueres loing de Lyon, feroit maintenir ceste ville en son devoir; mais il en advint tout autrement. Le duc de Mayenne y avoit laissé de ses affectionnez quand il en sortit à Noël dernier. L'archevesque de Lyon y avoit practiqué pour la ligue long temps auparavant, et gaigné quelques volontez. Le sieur de Mandelot, leur gouverneur, qui n'avoit jamais advoué ce party, estoit mort dez le mois d'octobre dernier, et le duc de Nemours, ayant esté pourveu de nouveau de ce gouvernement par le Roy, s'estoit sauvé de Blois à Paris. Sur l'advis que les Lyonnois eurent de sa liberté et de ce qui se passoit, ils firent la mesme faute que font d'ordinaire les peuples, lesquels ne regardent jamais ny ne considerent que les choses presentes. Le 24 fevrier ils se declarerent du party de l'union, chasserent de leur ville les principaux officiers et serviteurs du Roy, et firent serment de se maintenir en bonne intelligence avec les princes, seigneurs et habitans de Paris, capitale du royaume, et autres villes, et de faire tout ce qui leur seroit commandé par le duc de Nemours leur gouverneur, lequel, ayant receu ces nouvelles, peu après s'achemina à Lyon. Quelques-uns des plus remuans et des plus factieux de ce peuple allerent au devant de luy jusques en Bourgongne : la cause fut qu'ils avoient sceu que ledict sieur duc avoit longtemps recherché en mariage Christine, fille du duc de Lorraine, laquelle avoit tousjours esté nourrie en la cour de France prez la Royne mere, sa mere grand, peu auparavant la mort de laquelle elle avoit esté promise à Ferdinand, grand duc de Toscane, auquel, par ambassadeur, elle fut depuis espousée à Blois en la presence du Roy, lequel, ne pensant point qu'il deust advenir une telle revolte de peuples en son royaume, la fit conduire pour aller s'embarquer à Marseille avec une belle compagnie : aussi estoit-il son oncle, et elle estoit fille de sa sœur; mesmes messieurs les princes du sang l'allerent conduire jusques à deux lieuës de Blois quand elle en partit. Il estoit necessaire à ceste grand duchesse espousée de passer par Lyon, où elle arriva au commencement du mois de mars, peu de jours après que ceste ville se fut mise du party de l'union. Si tost que elle y fut, les plus factieux de ce party tindrent conseil s'ils la devoient arrester : les uns soustindrent qu'ils le devoient faire pour le contentement de leur gouverneur, qui l'avoit de si long-temps recherchée en mariage; le plus grand nombre toutesfois fut d'opinion qu'il en falloit sçavoir sa volonté devant qu'entreprendre un tel faict, ce qui fut cause qu'aucuns d'entr'eux allerent le trouver pour en avoir son advis, affin d'executer ce qui leur seroit commandé de sa part. La grand duchesse espousée, sur l'advis qu'elle eut de ce complot, en entra en apprehension; mais le duc de Nemours la fit asseurer qu'elle ne seroit point offensée par les effects de ses pretentions passées, qui n'avoient jamais eu pour guide que l'honneur. Ceste mauvaise volonté de quelques factieux ne doit pas servir de loy pour juger que tous les Lyonnois fussent de ce complot; car le jugement est trop inique, qui pour un petit nombre condamne un general. Puis que nous sommes tombez sur ce discours, voyons tout d'une suitte le voyage de ceste grand duchesse, et sa reception à Florence.

Le dix-huictiesme de mars elle partit de Lyon pour aller à Marseille avec la duchesse Dorothée de Brunsvich sa tante paternelle, qui l'accompagna jusques en Italie. Arrivée à Marseille elle y trouva dom Pierre de Medicis, frere du grand duc son espoux, avec nombre de galeres bien equipées, entre lesquelles il y en avoit une pour elle dont les espaliers estoient vestus de damas cramoisi, et au lieu de simples soldats un grand nombre de chevaliers de Sainct Estienne, armez de corselets et vestus de riches habits sur lesquels ils portoient la croix rouge. Il y avoit aussi quarante pages et quarante estaffiers pour servir Son Altezze, lesquels estoient tous vestus selon la dignité d'une telle espousée. Avec les galeres du grand duc estoient celles du Pape, de Gennes et de Malte, lesquelles, estans toutes ensemblement parties de Marseille, parvindrent heureusement à Genes, où peu auparavant estoit arrivée la royne Christierne de Dannemarck, ayeule paternelle de ladite grand duchesse espousée, qui la receut et vid d'une grande affection; mais à cause de sa vieillesse elle ne la put accompagner jusques à Florence. Les Genevois (1) la recueillirent benignement, avec beaucoup d'honneur et de courtoisie. De Genes elle alla à Pise, et de là à Florence. Estant arrivée à La Tour des Aux le penultiesme d'avril, elle y disna avec le grand duc, et puis quitta le deuil qu'elle portoit à cause de la Royne mere Catherine de Medicis sa grand'mere maternelle, et le dimanche ensuivant fit son entrée dans Florence. Le grand duc, qui estoit rentré le samedy au soir dans la ville, alla au devant de son espouse jusqu'à la porte du Pré avec tout le clergé, et là il luy mit la couronne sur la teste. Puis estant montée sur une hacquenée richement enharnachée, elle entra dans la ville sous un poësle de toille d'or, brodé de perles et entremeslé de pierreries, porté par cinquante jeune citoyens

(1) Les Génois.

Tandis qu'on ne parloit à Rome et à Florence que de nopces et d'esbats, les plus grandes villes de France se mirent du party de l'union et se banderent contre le Roy, qui, estant encor à Blois sur la fin de fevrier, eut advis certain que le peuple de Thoulouse, suivant l'exemple de Paris, s'estoit mis du parti de l'union. Or Paris n'usa que d'emprisonnemens : ceux de Thoulouse le surpasserent en ceste esmotion populaire; car les plus remuans, sur un faux donné à entendre au menu peuple que les plus grands de la cour de parlement avoient rescrit des lettres à M. le mareschal de Montmorency, qui estoit du party du roy de Navarre, et qu'ils avoient intelligence avec luy, allerent prendre M. le president Duranty, qu'ils mirent comme prisonnier en un monastere, où peu après ils le massacrerent, et l'ayant traisné par la ville, le pendirent. M. l'avocat general d'Aphis fut aussi massacré par ces furieux après luy avoir dit une infinité d'injures. Plus, que, continuans leurs actions populaires, à l'exemple de Paris ils avoient envoyé des deputez en toutes les villes voisines pour les faire entrer au party de l'union, aucunes desquelles s'y estoient rengées, les autres non. Ces remuëmens advindrent sur la fin de janvier et en fevrier.

Au commencement du mois de mars, le Roy ayant sceu aussi que quelques habitans de Tours, practiquez par l'union, avoient compioté d'appeller le sieur de La Bourdaisiere et se rendre de leur party, y envoya M. de Souvray, gouverneur de Touraine, qui donna tel ordre que la ville demeura asseurée en l'obeyssance de Sa Majesté, qui partit incontinent de Blois pour s'y rendre.

Le jour de son depart, ainsi qu'il estoit prest à monter à cheval, ayant fait passer le pont à toutes ses troupes pour aller droict à Montrichart, sur quelques advis qui luy furent donnez, les chevaux legers du comte de Sagonne, qui s'estoit allé rendre à l'union, vindrent donner jusques dans le fauxbourg de Bourneuf, et y prindrent des prisonniers, ce qui donna l'alarme; mesmes ceux qui estoient prez la porte du chasteau la fermerent, mais, incontinent ouverte, quelques cavaliers ayant descouvert que ce n'estoit qu'une bravade, Sa Majesté partit de Blois et alla à Montrichart, le lendemain à Chenonceau et à Bleré; le troisiesme jour il se rendit à Tours, et fit mettre les princes prisonniers au chasteau d'Azé le Rideau.

Or, comme quelqu'un a escrit, si le Roy se fust resolu, après la mort de messieurs de Guise, de faire les choses entieres et non à demy, selon sa coustume, et si deux heures après cest effect il fust monté à cheval, et eust adjousté sa presence et ses forces à la frayeur des villes de la ligue, estonnées de ce grand accident, il est vraysemblable qu'il eust empesché la revolte de tant de peuples contre son authorité. Mais ce prince, qui ne manquoit ny de jugement ny de courage, n'eut pas plustost veu le duc de Guise mort, qu'il creut qu'il n'y avoit plus d'ennemy au monde pour luy. Le jour qu'il le fit mourir il dist à la Royne sa mere et à ses familiers : *Aujourd'huy je suis roy*. Ceste confiance qu'il prit le fit aller si lentement en besogne, qu'il laissa perdre Orleans, qu'il eust sauvé en se monstrant seulement, laissa revenir le duc de Mayenne, qui se fortifia d'hommes et de moyens, se fascha contre ceux qui le conseilloient de se servir du roy de Navarre, et mesprisa de faire beaucoup de choses qu'il fut contraint de faire peu après, quand il se vid presque reduit à ne posseder plus de son royaume que les villes de Tours, Blois et Beaugency ; car, au mois de mars, les principales villes du Mayne, de Berry, d'Auvergne, d'Anjou et de Bretagne, se mirent aussi du party de l'union. Et ce qui fascha le plus Sa Majesté, fut que tous ceux qui firent sousiever ces peuples luy estoient obligez par bien-faicts, ou luy avoient promis et juré de nouveau de lui estre fidelles.

La ville du Mans fut la premiere où plusieurs catholiques royaux furent arrestez prisonniers, entr'autres le sieur du Fargis, qui en estoit gouverneur, lequel ils envoyerent à Paris. Le roy avoit fait repasser Loyre à ses troupes de gens de guerre que conduisoit M. le mareschal d'Aumont, et luy avoit commandé de s'advancer vers Le Mans sur l'advis qu'il avoit receu des entreprises des partisans de l'union ; mais ledit sieur mareschal ne put si tost y arriver, que le sieur de Bois-Dauphin, lequel, à la sortie des estats de Blois, s'estoit remis de la ligue, n'y fust receu gouverneur pour l'union. Les villes de Sablé, La Val, Mayenne et La Ferté se mirent de ce mesme party, comme aussi firent plusieurs de la noblesse de ceste province, entre autres les sieurs de Lansac, du Pesché, de Comeronde et de La Mothe-Serrand.

Sur un autre advis que le Roy eut des practiques et grandes intelligences que M. le comte de Brissac avoit dans Angers avec plusieurs habitans, et qu'on avoit induit le peuple à se declarer de l'union, mesmes que l'on avoit proposé à M. de Pichery, gouverneur du chasteau d'Angers, que, s'il vouloit se mettre de leur party, qu'il en demeureroit tousjours gouverneur, et que l'on luy donneroit cent mil escus et l'entretenement d'un regiment de gens de pied, avec offre d'un très-riche et grand mariage s'il se vouloit marier, Sa Majesté envoya commander au mareschal d'Aumont de descendre avec toutes ses troupes en diligence vers Angers, ce qu'il fit, et trouva que M. de Brissac avec les habitans s'estoient desjà barricadez contre le chasteau. Mais le sieur de Pichery luy ayant fait ouverture par la porte du grand pont du chasteau, ce fut au comte de Brissac à se retirer hastivement, en se sauvant avec fort peu d'hommes de sa suite, et laissant son bagage et plusieurs de ses amis prisonniers. Les barricades qu'ils avoient fait jusques sur le fossé contre le chasteau furent rompuës. Les habitans d'Angers, pour avoir esté la sepmaine de devant Pasques du party de l'union, ayderent au Roy de la somme de cent mil escus. Le sieur de Pichery fit en cela un service très-signalé au Roy, et digne d'un gentil-homme. Il a tousjours du depuis gouverné ceste place sous l'obeyssance des roys.

En ce mesme temps le duc de Mercœur, beaufrere du Roy à cause de la Royne, qui estoit sœur dudit duc, se declara aussi en ce mois de mars du party de l'union. Le Roy fut fort fasché de ceste nouvelle contre le duc, pour ce qu'il l'aimoit et luy avoit fait plusieurs bienfaicts. Il luy fit espouser la riche heritiere de la maison de Martigues, et lui donna le gouvernement de Bretagne après la mort du feu bon duc Loys de Montpensier, et le prefera à M. de Montpensier son fils, ce qui ne se fit lors sans mescontentement. Tandis que M. de Nevers fut avec son armée vers La Ganache, il ne se remua nullement, et pensoit-on qu'il se contiendroit en paix : mais si tost qu'il vid les troupes remontées vers la Touraine, il commença, avec le sieur de Sainct Laurent et l'evesque de Dol, à faire sousiever toutes les villes de la Bretaigne, jusques aux communes des villages. Les deux principales villes de ceste province sont Rennes, où est le parlement, et Nantes, où est la chambre des comptes : il desiroit s'en asseurer en mesme temps. Le chasteau de Nantes estoit gouverné par deux capitaines qui y commandoient chacun en leur semestre : le capitaine Gassion, Bearnois, eslevé en la maison de Martigues, y estoit en son semestre ; le sieur de Cambouc estoit sorti du sien peu auparavant, pendant lequel le duc n'eust sceu executer ses desseins. Tout luy venant donc à souhait, il fit amas de plus de gens qu'il put et donna la charge à sa femme et au capitaine Gassion de s'asseurer de la ville de Nantes ; puis, sous une feinte d'aller à Vannes aux estats, estant à Redon il tourna droict à Rennes. L'evesque de Dol, de la maison d'Espinay, et un nommé François Bouteil-

[illegible] parlement et du pre-
[illegible] , donoent courage
[illegible] de prendre les armes; ils
laces, barricadent les ruës, et font
nu peuple que le sieur de La Hu-
[illegible] Rennes, estant lieu-
pour le Roy au pays, vouloit in-
arnisons en la ville. A ce mot de
ple s'anime, se met de leur costé,
le reçoivent le duc avec beaucoup
qui incontinent se rendit maistre
oulon, de Sainct-Georges et de
be. Le sieur de Montbarot, gou-
ville, s'estant retiré dans la tour
[illegible], est sommé de rendre ceste
mains du duc; ce qu'ayant refusé
pointe le canon pour la battre:
ot, estant sans esperance d'un
s, et n'y ayant apparence qu'il
dans ceste tour, se rendit audict
conditions honnorables pour luy
ui estoient avec luy. Ainsi le duc
meura maistre de ceste ville, et
rneur à sa devotion, cependant
e Mercœur sa femme, et madame
sa belle mere, s'asseurerent de
[illegible] desseins, qu'ils execute-
[illegible].

pitaine du chasteau à leur devo-
rentquerir aucuns des capitaines
uelques-uns des principaux habi-
ient porter de l'affection au party
usquels ils dirent que toutes les
anes villes de France s'estoient
it pris les armes contre le Roy
engeance de la mort de messieurs
our la conservation de la religion
ostolique et romaine; qu'à leur
devoient faire autant, et ne pas
s partisans du Roy, dont il y en
dans la ville, se rendissent mais-
ient sur les bons catholiques leurs
prisons et rançons, ainsi que les
[illegible] estoient à present traictez
royaux. « Nous avons eu advis
irent-ils, que quelques habitans
dont nous avons la liste, y veu-
le roy de Navarre avec ses trou-
itent leur dessein, ceste ville ne
sac general et la perte de nostre
[illegible] la prison des bons ca-
[illegible] tous ces mauvais eve-
[illegible] par la prise des armes,
[illegible] personnes, ce qu'il
[illegible] pour ce que
[illegible] est perilleux. Le

capitaine Gassion vous servira de chef pour ceste execution en l'absence de M. de Mercœur. » Ce discours finy, toute l'assemblée approuva ce dessein, et promirent qu'ils s'y employeroient du tout pour l'executer. Suivant l'ordre que le capitaine Gassion leur donna pour le point de l'execution, chacun s'en retourna en son quartier: ils prennent les armes, se barricadent par toutes les ruës, font courir plusieurs bruits afin que le menu peuple se mist de leur costé, ce qu'il fit. En mesme temps ils se saisissent de quelques officiers royaux et autres personnes notables qui furent menez prisonniers au chasteau, entre lesquels furent le sieur Miron, l'un des generaux de Bretagne, le sieur Boutin, docte jurisconsulte, et le sieur de Roques. Leurs maisons ne furent exemptes du pillage, ce qui advient d'ordinaire en tels remuëments. Ainsi Nantes se mit du party de l'union, sous le commandement de M. de Mercœur leur gouverneur, qui prit la qualité de protecteur de la religion catholique-romaine en ceste province.

En mesme temps le sieur de Sainct Laurent s'asseura de Dinan et de Dol pour le party de l'union. Sur l'advis qu'il eut que le baron de Maulac s'estoit mis dans Josselin pour le Roy, il s'y achemina avec quelques troupes qu'il avoit levées: le vendredy sainct il surprint la ville de Josselin; mais ledit sieur de Maulac, retiré au chasteau, contraignit Sainct Laurent d'y tenir un siege, ce qu'il fit, assisté des communes du pays. Il se fit en ce temps là de terribles remuëments en toute la basse Bretaigne: Brest, l'arsenal de la Bretagne, se conserva tousjours pour le Roy par la fidelité du gouverneur. M. de Fontaines maintint Sainct Malo en son devoir jusques à ce qu'il fut tué par les Maloüins, ainsi que nous dirons cy après.

Cependant M. de Mercœur ayant donné à plusieurs capitaines des commissions pour lever le plus de gens de guerre qu'ils pourroient, et envoyé quelques-uns des principaux officiers du parlement de Rennes prisonniers au chasteau de Nantes, pour avoir esté recognus affectionnez au party du Roy, il s'achemina à Fougeres, où il fut bien receu par les habitans: le capitaine du chasteau, après quelque resistance, luy rendit la place, avec les biens du marquis de La Roche son maistre qui estoient dedans, pour la somme de quinze cents escus qu'il toucha. Tous les gentils-hommes de la haute Bretaigne qui ne voulurent prendre les armes pour le party du duc furent contraints d'abandonner leurs maisons à la discretion de ces gens de guerre: ledict marquis de La Roche et plusieurs autres furent menez prisonniers au chasteau de Nantes; mais le sieur du Bordage et quelques autres gentils-hommes se jetterent dedans Vitré, et unanimement avec les habitans asseurerent ceste ville et le chasteau au service du Roy. Le duc de Mercœur en receut les nouvelles à Fougeres, qui n'en est distant que de sept lieües; il y envoya incontinent le sieur de Tallouet avec quelques compagnies de gens de guerre, lequel fit prendre les armes à toutes les parroisses de quatre lieuës aux environs de Vitré, jusques au nombre de plus de six mil hommes, lesquels tindrent un long temps assiegée ceste ville. La longueur de ce siege alentit les boutades de ces paysans, qui avoient remply les chemins creux, qui sont fort communs en ce pays là, d'arbres qu'ils avoient coupés pour empescher le secours que l'on pourroit donner aux assiegez, lequel ne laissa toutesfois de leur estre donné par plusieurs gentils-hommes qui se hazarderent d'y entrer, ce qui fut cause de la levée de ce siege ; aussi que, durant iceluy, les habitans de Rennes, qui s'estoient laissez aller aux persuasions des partisans du duc de Mercœur qui estoit lors à Fougeres, sur des lettres qu'ils receurent du Roy de n'obeir au duc de Mercœur, ains de s'opposer à ses entreprises, estans à ce encouragez par aucuns officiers du parlement et par quelques gentils-hommes de Bretagne, ils prirent les armes et se saisirent du sieur de La Charrovinere que leur avoit donné le duc de Mercœur pour gouverneur, et d'un capitaine Joan, espagnol, et de tous ceux qu'ils penserent estre du party de l'union ; envoyerent appeller M. de Montbarot leur gouverneur pour revenir en la ville, lequel, rentré dans Rennes, a maintenu tousjours depuis ceste ville en l'obeissance des roys. Les seigneurs de La Hunaudaye, le marquis d'Asserac, le baron du Pont et les principaux seigneurs bretons tenans le party du Roy s'y rendirent aussi. La Bretagne fut du depuis divisée presque en deux partis : le duc de Mercœur, les sieurs de Quebrian, de Goulenes et autres seigneurs se retirerent à Nantes, où fus estably une cour des officiers du parlement qui estoient de leur party ; et Rennes servit de retraicte aux catholiques royaux et aux officiers de la chambre des comptes de Nantes. Voylà comme furent les cours souveraines de Bretagne divisées en deux partys, et peu après les officiers royaux firent pendre en effigie ceux de l'union pour cause de rebellion, et ceux de l'union en firent de mesme de ceux qui tenoient les principaux offices royaux. C'est assez traicté pour ceste fois des remuëments de la Bretagne. Voyons ceux qui se firent en Berry.

Bourges est la capitale ville de Berry dont M. de La Chastre estoit gouverneur. Le Roy avoit esté adverty que ce seigneur vouloit se remettre de la ligue, ce qui fut cause que Sa Majesté n'alla à Bourges, comme nous avons dit cy-dessus. Aucuns gentils-hommes de ceste province serviteurs du Roy, qui voyoient son dessein, s'emparerent de Sanserre, et se fortifierent en leurs chasteaux. Quand M. de La Chastre se fut asseuré de Vierzon, de Selles, de Meun sur Yevre, de Dun le Roy et de la tour de Bourges, le 4 avril il fit assembler en corps de ville les habitans de Bourges, et leur dit : « Vous voyez les troubles où nous sommes, ce n'est rien encores au prix des maux qui nous menacent, vous en sçavez assez les causes. Vous voyez toutes les provinces de ce royaume armées, qui pour un party, qui pour l'autre. J'eusse fort desiré maintenir le repos entre les voisins, ce qui ne se peut plus esperer, ny mesmes de conserver les villes que par la force et l'appuy de l'un des deux partis, à sçavoir de celuy du Roy ou de celuy des princes catholiques et villes unies. C'est chose assez notoire qu'il est impossible de demeurer entre les deux sans entrer en l'un ou en l'autre de ces deux partys. Il faut donc se declarer pour l'un ou pour l'autre. J'ay voulu recognoistre quelle seroit la volonté du Roy et ses deportements, pource que j'ay tousjours reveré son nom, sa dignité et la personne qui a regné sur nous jusques à ceste heure ; et ne me voudrois encores departir de ceste affection, ny de l'obeyssance qui nous est commandée luy rendre, si la seule cause de Dieu, son honneur, ma conscience et religion ne m'en dispensoient. Vous sçavez que les huguenots se sont emparez des deux meilleures places et fortes d'assiette de ce gouvernement, qui sont Argenton et Sancerre : en l'une et en l'autre se void l'assistance et consentement qu'ils ont eu du Roy : Arquien, l'un des Montigny, est dans Sancerre parmy eux ; ils sont advoüez du Roy, favorisez et secourus de poudres, munitions, hommes et argent que l'aisné Montigny y a conduits. Nous sçavons aussi comme le roy de Navarre et le Roy ont si bonne intelligence ensemble, que leurs trouppes de gens de guerre logent pesle mesle sans se mesfaire les uns aux autres, mais plustost s'accordent à piller et courre sus aux bons catholiques. Toutes ces considerations, messieurs, m'ont fait ouvrir les yeux et penser que Dieu m'a fait naistre sa creature pour le servir, aymer et honorer sur toutes choses, m'a donné une ame que je desire sauver pour le loüer un jour dans son paradis, et penserois n'y parvenir jamais, si de tout mon cœur, de toutes mes forces et puissances, et de ce qu'il luy a pleu mettre en moy de ses graces et benefices, je ne les

ration de sa gloire et de la
postolique et romaine, et
... je vous trouve dis-
ité et affection que moy,
vous pour vous assister
de tout ce qui depend de
r : si vous prenez autre
de chercher ma seureté et
ux qui combattent pour le
on catholique, ou mourir
...
rsuasion qui ne soit assez
persuade à croire. Ceux
practiquez de longue-main
ommencement de la ligue,
e courroux qu'ils avoient
la mort de messieurs de
reable ceste declaration de
e, et creurent que le Roy
le roy de Navarre, ce qui
fut que sur la fin d'avril,
dvis que le duc de Mayenne
propositions d'accord qu'il
par M. le legat Morosini,
cy après.
ion desiré que l'on se fust
ges comme on avoit faict
a ligue; mais, après le ser-
mourir en leur union, ceux
ire furent chassez : ce qu'ils
rme de justice. M. l'arche-
e retira peu après à Blois;
ques et officiers royaux se
udun, à Vatan, à Aubigny,
steaux les plus proches qui
l'obeissance du Roy. Et le
tres provinces fut divisé en

an, gouverneur pour le Roy
gne, avoit esté des premiers
1585, et avoit, avec mes-
esque de Clermont et l'abbé
atiqué de longue-main en
s de partisans qu'ils avoient
ceu les nouvelles de la mort
ise et de la prise des armes
tre le Roy, il se resolut de
son gouvernement, ce qu'il
noblesse. Plusieurs villes se
arty; les autres se maintin-
ce du Roy: les deux princi-
gouvernement estoient Cler-
ont est le siege de l'evesché.
les thresoriers generaux, qui
à la devotion du sieur de

Les habitans de Clermont, voyant ledit sieur de Randan declaré du party de l'union, et battre le chasteau du Mas de Sainct Jus, qu'il prit peu après, sur les lettres qu'ils receurent du Roy, luy envoyerent dire par le sieur d'Auterac : « Nous avons un roy de l'obeyssance duquel nous ne nous despartirons jamais. » Luy, qui ne pensoit à rien moins qu'à ceste nouvelle, leur envoya ceste response par d'Auterac : « Je vous prie, messieurs, de vous maintenir en la religion catholique-apostolique, romaine. J'espere de conserver ceste province au repos auquel, Dieu mercy, je l'ay maintenue par les troubles passez de ce royaume, et plustost je feray sortir de ceste province et conduiray moy mesme dehors les troupes que j'ay fait lever pour reprendre les chasteaux du Mas de Sainct Jus, etc. » Ceste response ne contenta ceux de Clermont, et jugerent que ce n'estoit que pour les amuser cependant que les partisans de l'union practiqueroient pour faire entrer ledit sieur de Randan le plus fort dans leur ville. Ils ne voulurent estre subjets aux accidents ausquels les neutres qui ne tenoient ne l'un ne l'autre party tumberent; ils firent publier une declaration de vivre et mourir en l'obeyssance du Roy, et plusieurs grands seigneurs du pays se vindrent jetter dans ceste ville comme à sauveté. Ceux que l'on pensoit estre du party de l'union, ou affectionnez au sieur de Randan et à ses freres, en furent chassez. Ils s'asseurerent aussi des lieux forts de la ville, qui n'a du depuis changé de party durant ces derniers troubles.

M. de Randan, voyant que ceux de Clermont et de Montferrant s'estoient bandez contre le party de l'union, convoqua au commencement d'avril, en la ville de Billom, une assemblée en forme des trois estats du pays d'Auvergne. Les partizans qu'il avoit en ceste province s'y trouverent. A l'ouverture de ceste assemblée ledit sieur de Randan leur dit qu'il employeroit tous les moyens que Dieu luy avoit donnez avec la vie pour son service et pour le bien particulier et repos du pays, tant pour l'obligation naturelle qu'il y avoit, que pour celle que luy donnoit le tiltre et honneur qu'il avoit d'en estre gouverneur. M. l'evesque de Clermont le remercia de sa bonne affection au nom de ceste assemblée. Et après son remerciement, M. l'evesque de Castres et les sieurs de Vigneaux et de Caillemels, conseillers au parlement de Thoulouze, deputez de Thoulouze et des villes du pays de Languedoc qui s'estoient declarées de l'union, se presenterent : ledit sieur de Vigneaux, portant la parole, leur dit que la resolution du parlement et de la ville de Thoulouse, avec toutes les villes du pays de Languedoc qui estoient de leur party, avoient juré de vivre et mourir en la religion catholique, apostolique et romaine, et union de tous les bons catholiques, et specialement de ceux de la province d'Auvergne, ausquels ils venoient de leur part offrir et donner asseurance de tous les moyens de ceux dont ils estoient deputez, et qu'en faisant avec eux l'union reciproque, il ne s'en despartiroient jamais, et n'en feroient aucune autre, ny chose qui pust concerner l'interest desdits unis, sans leur advis et consentement.

Les pretextes qui manquent de raison ont besoin de beaucoup de paroles : aussi ceux qui firent les propositions en ceste assemblée ne manquerent de parer le commencement de leurs discours du zele de feu messieurs de Guise envers la religion catholique, et puis tout d'une suitte ils lascherent une infinité de mesdisances contre le Roy. Suivant la resolution dudit sieur de Randan, toute ceste assemblée jura en l'eglise des Jesuistes de Billom, ez mains de l'evesque de Clermont, le serment de l'union, et chacun d'eux promit de luy obeyr comme estant leur gouverneur. Du depuis il asseura lesdits deputez de Thoulouze d'une union reciproque entr'eux, et qu'il les ayderoit de tout ce qu'il luy seroit possible.

Sous le nom de ceste assemblée ledit sieur de Randan fut prié de prendre les armes pour reduire tout le bas pays d'Auvergne du party de l'union, et donner tout l'ordre requis aux affaires de la guerre et de la police. Puis ceste assemblée, à l'instar des republiques libres et souveraines d'Allemagne ou d'Italie, fit publier une declaration contre les villes de Clermont et de Montferrand, les declarant descheuës de tous privileges, privées de tout commerce, de toutes cours et jurisdictions, et de la qualité et pouvoir d'estre des treize bonnes villes du pays bas d'Auvergne ; aussi que la ville de Rion seroit à perpetuité la principale et la capitale ville de la province, et à laquelle ils attribuerent et transfererent toutes les jurisdictions et privileges des villes de Clermont et Montferrand.

D'un autre costé ceux de Clermont eurent recours au Roy, qui, le dix-septiesme d'avril, declara les habitans de Riom rebelles et criminels de leze majesté, et par les mesmes lettres transfera la recepte generale et bureau des thresoriers generaux d'Auvergne establis à Riom, en la ville de Clermont. Voylà en quel estat estoit le bas pays d'Auvergne au commencement de ceste année. Nous rapporterons cy-après les effects sanglans de leurs remuëments.

Cependant que le party de l'union faict souslever tant de provinces contre le Roy, et qu'ils l'entourerent de tous costez, excepté en la province de Poictou, le roy de Navarre, revenu en convalescence de la maladie qui luy print au bourg de Sainct Pere en pensant aller secourir La Ganache, comme nous avons dit, ne demeura de ce costé là long temps sans se rendre maistre de plusieurs places ; et ayant mis ses troupes en campagne, prit Sainct Maixent, Maillezay, Chastelleraut, Loudun, Lisle-Bouchard, Mirebeau, Vivonne et autres places voisines. Un docte personnage, escrivant sur les malheurs de ce temps là, dit : « Ce que la ligue faict souslever tant de peuples contre le Roy est par meschanceté ; ce que les huguenots prennent tant de places est par necessité ; et toutesfois toutes ces choses sont esgales au Roy et à sa couronne : elle est aussi bien dissipée et desmembrée des uns que des autres, son peuple autant foulé par les huguenots que par la ligue ; et n'estoit que ceux-là se deffendent, et ceux-cy attaquent, qu'on poursuit ceux-là, et ceux-cy poursuivent, bref, que ceux-là se soumettent tousjours au Roy, et ceux-cy le veulent tousjours assujettir à eux, on pourroit dire que le mal que les huguenots font par force au royaume, est aussi grand que celuy que la ligue faict pour assouvir le courroux d'aucuns d'entr'eux et l'ambition des autres. »

Or le roy de Navarre, estant à Chastellerault, entendit qu'il y avoit du trouble à Argenton en Berry entre les habitans et la garnison du chasteau. Les habitans, estans supportez de quelques gentils-hommes du pays, vouloient tenir pour le Roy, et le capitaine du chasteau, qui y avoit esté mis par madame la doüairiere de Montpensier, sœur de messieurs de Guise, qui jouyssoit de ceste place à cause de son doüaire, vouloit tenir pour l'union. Sur ceste contestation, ledit capitaine du chasteau attendant secours d'Orleans où il avoit envoyé en demander, et les habitans ayans aussi envoyé vers le Roy, le roy de Navarre, en usant de sa diligence accoustumée, les alla mettre d'accord : il surprend la ville, et dès que le secours qui venoit d'Orleans pour entrer dans le chasteau se fut retiré, le capitaine, qui s'estoit monstré au commencement fort resolu de deffendre ceste place, peu après se rendit, et le roy de Navarre mit dedans le sieur de Beaupré pour gouverneur.

Retourné à Chastelleraut, il fit une declaration assez ample sur les choses advenuës en France depuis la mort de messieurs de Guise, et l'adressa en forme de lettre aux trois estats de la France, où il leur dit :

« S'il eust pleu à Dieu toucher le cœur du

Roy mon seigneur et les vostres, et qu'en l'assemblée que quelques-uns de vos deputez ont faite à Blois près Sa Majesté j'eusse esté appellé, comme certes il me semble qu'il se devoit, et qu'il m'eust esté permis librement de proposer ce que j'eusse pensé estre de l'utilité de cest Estat, j'eusse faict voir que j'en avois non seulement le desir au cœur, les paroles à la bouche, mais encore les effects aux mains, et que je n'ay point des ouvertures à dessein, des propositions conditionnées, de beaux mots ausquels je ne voudrois pas pourtant m'obliger; au contraire, de bonnes resolutions, de l'affection à la grandeur du Roy et du royaume, autant qu'il se peut, voire aux despens de la mienne, et que quand tout le monde y sera disposé, il ne faudra ny traicter ny capituler avec moy, ma conscience m'asseurant que rien ne m'a rendu difficile, sinon sa consideration et celle de mon honneur. Puis que cela ne s'est point faict, ce que peut-estre la France contera pour une de ses fautes, n'y ayant point de si bon medecin que celuy qui aime le malade, je veux donc au moins vous faire entendre à ce dernier coup, et ce que je pense estre de mon devoir, et ce que j'estime necessaire au service de Dieu, du Roy mon souverain, et au bien de ce royaume, afin que tous les subjets de ceste couronne en soient instruits, et que tous, pour ma descharge, sçachent mon intention, et par mon intention mon innocence.

» Dieu a fait voir au jour le fond des desseins de tous ceux qui pouvoient remuër en cest Estat. Il a descouvert les miens aussi. Nul de vous, nul de la France les ignore. N'est-ce pas une misere qu'il n'y ait si petit ne si grand en ce royaume qui ne voye le mal, qui ne crie contre les armes, qui ne les nomme la fievre continue et mortelle de cest Estat, et neantmoins jusques icy nul n'a ouvert la bouche pour y trouver le remede? qu'en toute ceste assemblée de Blois nul n'ait osé prononcer ce sacré mot de paix, ce mot dans l'effect duquel consiste le bien de ce royaume? Croyez, messieurs, que ceste admirable et fatale stupidité est un des plus grands presages que Dieu nous ait donné du declin de ce royaume. Nostre Estat est extremement malade : chacun le void. Par tous les signes on juge que la cause du mal est la guerre civile, maladie presque incurable, de laquelle nul Estat n'eschappa jamais; ou, s'il en est relevé, si ceste apoplexie ne l'a emporté du tout, elle s'est au moins terminée en la perte entiere de la moitié du corps.

» Quel remede? Nul autre que la paix, la paix, qui remet l'ordre au cœur de ce royaume, qui par l'ordre luy rend sa force naturelle, qui par l'ordre chasse les desobeyssances et malignes humeurs, purge les corrompuës, et les remplit de bon sang, de bonnes intentions, de bonnes volontez, qui, en somme, le fait vivre. C'est la paix qu'il faut demander à Dieu pour son seul remede, pour sa seule guerison. Qui en cherche d'autre, au lieu de le guerir le veut empoisonner.

» Je vous conjure donc tous par cest escrit, autant catholiques, serviteurs du Roy mon seigneur, comme ceux qui ne le sont pas; je vous appelle comme François; je vous somme que vous ayez pitié de cest Estat, de vous-mesmes, qui, le sappans par le pied, ne vous sauverez jamais que la ruine ne vous accable; de moy, encores que me contraigniez par force à voir, à souffrir, à faire des choses que sans les armes je mourrois mille fois plustost que de voir, de souffrir et de faire. Je vous conjure de despouiller à ce coup les miserables passions de guerres et de violences qui dissipent et demembrent ce bel Estat, et qui nous distrayent les uns par la force, les autres trop volontairement, de l'obeyssance de nostre Roy; qui nous ensanglantent du sang les uns des autres, et qui nous ont desjà tant de fois fait la risée des estrangers, et à la fin nous feront leur conqueste; de quitter, dis-je, toutes nos aigreurs pour reprendre les haleines de paix et d'union, les volontez d'obeissance et d'ordre, les esprits de concorde par laquelle les moindres Estats deviennent puissans empires, et par laquelle le nostre a longuement fleuri le premier royaume de ceux de la chrestienté.

» Bien que j'aye mille et mille occasions de me plaindre en mon particulier de ceux de la maison de Guise, d'eux, dis-je, mes parens, et parens si proches, que, hors le nom que je porte, je n'en ay point de plus ; bien qu'en general la France en ait encores plus de subjet que moy, Dieu sçait neantmoins le desplaisir que j'ay de les avoir veu entrer en ce chemin, dont le cœur m'a tousjours jugé que jamais ils n'en sortiroient à leur honneur. Dieu me soit tesmoin si, les cognoissant utiles au service du Roy, et, je puis dire encores, au mien, puis que j'ay cest honneur de luy appartenir de si près, et que mon rang precede le leur, je n'eusse esté et ne serois très-aise qu'ils employassent beaucoup de parties que Dieu et la nature leur ont donné, pour bien servir ceux à qui ils devoient service : au lieu que les mauvais conseils les ont poussez au contraire. Tout le monde, hors-mis moy, se riroit de leur mal-heur, seroit bien ayse de voir l'indignation, les declarations, les armes du Roy mon seigneur tournées contre eux. Moy certes je ne le puis faire, et ne le fais pas, sinon autant que des deux maux je suis contraint de prendre le moindre. Je parleray donc librement, à moy premierement, et puis à eux, afin que nous soyons sans excuse.

» Ne nous enorgueillissons ny les uns ny les autres. Quant à moy, encores que j'aye receu plus de faveur de Dieu en ceste guerre qu'en toutes les passées, et qu'au lieu que les deux autres partis [quel mal-heur qu'il les faille ainsi nommer] se sont affoiblis, le mien en apparence s'est fortifié, je sçay bien neantmoins que toutes les fois que je sortiray de mon devoir il ne me benira plus; et j'en sortiray quand, sans raison et de gayeté de cœur, je m'attaqueray à mon Roy et troubleray le repos de son royaume.

» De mesmes eux, qui, depuis ces quatre dernieres années, ont mieux aimé les armes que la paix, qui les premiers ont remué en cest Estat et ont fait ce troisiesme party si indigne de la foy de France, et, je diray encores, de celle de leurs ayeuls, puisque Dieu par ses jugemens leur monstre qu'il n'a pas eu aggreable ce qu'ils ont fait, puis qu'il touche l'esprit de nostre Roy pour les recevoir à sa douceur accoustumée, comme luy-mesme le declare, qu'ils se contentent. Nous avons tous assez fait et souffert de mal. Nous avons esté quatre ans yvres, insensez et furieux : n'est-ce pas assez? Dieu ne nous a il pas assez frappez les uns et les autres, pour nous faire revenir de nostre endormissement, pour nous rendre sages à la fin et pour appaiser nos furies?

» Or si après cela il est loisible que, comme très-humble et très-fidele sujet du Roy mon seigneur, je die quelque bon advis à ceux qui le conseillent : Qui a jamais ouy parler qu'un Estat puisse durer quand il y a deux partis dedans qui ont les armes à la main? Que sera-ce de cestuy-cy, où il y en a trois? Comment luy peut-on persuader de faire une guerre civile, et contre deux tout à un coup? Il n'y a point d'exemple, point d'histoire, point de raison qui luy promette une bonne issue de cela. Il faut qu'il face la paix, et la paix generale avec tous ses sujets, tant d'un costé que d'autre, tant d'une que d'autre religion, ou qu'il r'allie au moins avec luy ceux qui le moins s'escarteront de son obeyssance; et, à ce propos, qu'un chacun juge de mon intention. Voylà comme je rends le mal pour le bien, comme j'entens l'animer contre ses subjets qui ont esté de ceste belle ligue. Et vous sçavez tous, messieurs, neantmoins que quand je le voudrois faire, et en sa necessité luy porter mon service, comme je le feray s'il me le commande, en apparence humaine je traverseray beaucoup leurs desseins, et leur tailleray bien de la besongne.

» Mais quand Dieu benira les desseins de nostre Roy, et qu'il viendra à bout de tous les mutins de son royaume, il est miserable s'il faut qu'il les face tous punir comme ils le meritent. Quoy! punir une grande partie de ses villes, une grande partie de ses subjets! ce seroit trop. C'est un malheur, c'est une rage que Dieu a envoyée en ce royaume pour nous punir de nos fautes. Il le faut oublier, il le faut pardonner, et ne sçavoir non plus mauvais gré à nos peuples, à nos villes, qu'à un furieux quand il frappe, qu'à un insensé quand il se promene tout nud. Soit au contraire, si ceux de la ligue se fortifient tellement qu'ils luy resistent, comme certes il y a apparence, et j'ay peur que sa patience soit leur principale force, Dieu voulant peut estre exercer sur nous des jugemens que nous ne sçavons pas, que ce sera de nous et de luy? que dirons nous des François? Quelle honte que nous ayons chassé nos roys! Tache qui ne souilla jamais la robbe de nos peres, et le seul advantage que nous avons sur tous les vassaux de la chrestienté.

» Cependant n'est-ce pas un grand mal-heur pour moy que je sois contraint de demeurer oisif? On m'a mis les armes en main par force. Contre qui les employeray-je à ceste heure? contre mon Roy? Dieu luy a touché le cœur. Faisant pour luy, il a fait pour moy contre ceux de la ligue. Pourquoy le mettray-je au desespoir? Pourquoy, moy qui presche la paix en France, aigriray-je le Roy contr'eux, et osteray, par l'apprehension de mes forces, à luy l'envie, à eux l'esperance de reconciliation? Et voyez ma peine ; car, si je demeure oisif, il est à craindre qu'ils facent encores quelque accord, et à mes despens, comme j'ay veu deux ou trois fois avenir, ou qu'ils affoiblissent tellement le Roy et se rendent si forts, que moy, après sa ruine, n'auray gueres de force ny de volonté pour empescher la mienne.

» Messieurs, je parle ainsi à vous, que je sçay, à mon très grand regret, n'estre tous composez d'un humeur. Les declarations du Roy mon seigneur, et principalement les dernieres, publient assez qu'il y en avoit entre vos deputez, et quasi la plus grande partie, à la devotion d'autre que luy. Si vous avez tant soit peu de jugement, vous conclurrez avec moy que je suis en grand hazard; aussi est le Roy, aussi est le troisiesme party, aussy estes vous, et en gros et en detail. Nous sommes dans une maison qui va fondre, dans un batteau qui se pert, et n'y a nul remede que la paix; qu'on s'en imagine,

...tres que l'on voudra.
..., plus affectionné, je
...é en cecy que vous
... de tous au Roy mon
... pour moy, pour tous
... : qui la fera autre-
... faite. Je proteste de me
... traictable que je ne fus ja-
... j'ay esté difficile; je veux
... à tous par l'obeyssance que je
...oy.
avoir tant et tant de fois pro-
ce qui est de mon devoir et de
mmun, je declare donc à la fin,
ceux qui sont du party du Roy
que s'ils ne luy conseillent de se
des moyens que Dieu m'a don-
accordent à ceste saincte delibe-
faire la guerre à ceux de Lor-
ris, à Orleans ou à Thoulouse,
empescheront la paix et l'obeys-
ste couronne, qu'ils seront seuls
malheurs qui arriveront au Roy
et moy, au contraire, deschargé
acquitté de la foy que j'ay à mon
j'ay, autant que j'ay peu, em-
scheray le mal, vueillent-ils ou

ceux qui retiennent encores le
de la ligue, je les conjure comme
ur commanderois volontiers en-
ceux qui ont cest honneur de
t de qui les peres eussent receu
ent à beaucoup de faveur, je m'en
est de ceste façon, je le feray au
Roy, comme le premier prince
agistrat de France], qu'ils peu-
ils se contentent de leur perte,
es miennes; qu'ils donnent leurs
querelles, leurs vengeances et
au bien de la France leur mere,
ir Roy, à leur repos et au nostre.
nent, j'espere que Dieu n'aban-
ant le Roy qu'il n'acheve en luy
qu'il ne luy donne envie d'ap-
eurs près de luy, et moy le pre-
ux autre tiltre, et qui, y allant
auray assez de force et de bon
sister, et luy ayder à oster du
oire, et de la France leur party.
e, plus que nul autre, j'aye re-
differens de la religion, et que,
tre, j'en souhaitte les remedes,
ognoissant bien que c'est de Dieu
s armes et de la violence, qu'il
re, je proteste devant luy, et à ceste protestation j'engage ma foy et mon honneur, que par sa grace j'ay jusques icy conservez entiers, que tout ainsi que je n'ay peu souffrir que l'on m'ait contraint en ma conscience, aussi ne souffriray-je ny ne permettray jamais que les catholiques soyent contraints en la leur, ny en leur exercice libre de leur religion. Declarant en outre qu'aux villes qui avec moy s'uniront en ceste volonté, qui se mettront sous l'obeyssance du Roy mon seigneur et la mienne, je ne permettray qu'il soit innové aucune chose, ny en la police, ny en l'Eglise, sinon en tant que cela concernera la liberté d'un chacun. Prenant derechef, tant les personnes que les biens des catholiques, et mesmes des ecclesiastiques, sous ma protection et sauve-garde, ayant de long-temps appris que le vray et unique moyen de reünir les peuples au service de Dieu, et d'establir la pieté en un Estat, c'est la douceur, la paix, les bons exemples, non la guerre ny les desordres, par lesquels les vices et les meschancetez naissent au monde. Fait à Chastellerault le 4 mars 1589.

« Ainsi signé HENRY; et plus bas, DELOMENIE. »

Ceux qui conseilloient lors le Roy luy donnerent de trois sortes de conseils: les uns estoient d'advis que Sa Majesté devoit faire la guerre aux huguenots et à la ligue tout ensemble; les autres, que l'on devoit accorder, à quelque prix que ce fust, avec les princes et villes de la ligue; et, suivant l'edict d'union, continuër la guerre aux heretiques; d'autres soustenoient, par raisons d'Estat, que Sa Majesté se devoit servir du roy de Navarre et de ses forces, puis qu'il s'offroit si librement à luy faire service.

De faire la guerre aux huguenots et à la ligue tout ensemble il fut jugé du tout impossible: mais Sa Majesté resolut de tenter les deux autres conseils en un mesme temps.

Pour traicter d'accord avec les princes de la ligue, le Roy en rescrivit, au commencement du mois de mars, à M. le duc de Lorraine, par le sieur de Lenoncourt, bailly de Sainct Mihel, qui l'estoit venu trouver de la part dudit duc de Lorraine son maistre pour les affaires de Sedan et Jamets; et du depuis, suivant l'offre que luy fit M. le legat Morosini de s'en entremettre, il luy permit d'aller trouver M. de Mayenne, et mesmes lui bailla les mesmes articles qu'il avoit envoyez audict duc de Lorraine. Le succez de ces procedures nous le dirons cy-après.

Pour aller vers le roy de Navarre, madame la duchesse d'Angoulesme en prit la charge, et alla vers luy à Chastelleraut, où elle le trouva du tout disposé au service qu'il devoit au Roy, ce qu'elle rapporta à Sa Majesté.

Cependant que ces allées et venuës se font, le Roy envoye M. de Montpensier en son gouvernement de Normandie. Plusieurs princes et seigneurs aussi allerent lever en diverses provinces leurs compagnies, où il se commença à faire des rencontres qui firent dès lors juger que ces troubles ne se pacifieroient si doucement qu'aucuns pensoient. M. le comte de Soissons estant allé à Nogent le Retrou, sçachant que les compagnies de Sagonne, de Medavid et de Nicolo, pour le party de l'union tenoient les champs, monta à cheval avec sa troupe qui estoit forte, et, les rencontrant à La Croix du Perche, les chargea. Le combat fut opiniastré du commencement. La mort de cinquante liguez fit songer les autres à leur retraicte; aucuns se sauverent, quelques-uns demeurerent prisonniers. Les cazaques noires semées de larmes et de croisettes de Lorraine blanches, ostées aux morts et aux prisonniers, servirent en ce commencement de parade et de trophée aux cavaliers qui se trouverent en ceste rencontre.

Par edict du mois de fevrier, le Roy, estant encores à Blois, avoit transferé la cour de parlement et la chambre des comptes de Paris en la ville de Tours, enjoignant à tous les officiers desdites cours de s'y rendre pour y exercer leurs charges. Le 23 de mars, le lieu pour tenir le siege du parlement estant preparé dans une grand'sale à l'abbaye de Sainct Julien, après que le Roy, assisté de M. le cardinal de Vendosme, de plusieurs evesques, maistres des requestes et conseillers, vestus en robe rouge, eurent tous oüy la messe dans l'eglise Sainct Julien, ils furent de l'eglise audit lieu preparé, là où Sa Majesté, seant en son lict de justice, fit lire, publier et enregistrer ledict edict de translaction et establissement de sa cour de parlement de Paris à Tours. Il pourveut de l'estat de president M. Faye, sieur d'Espesses, qui estoit son advocat general, homme d'une grande prudence et de beaucoup de doctrine, et experimenté es affaires du monde. La chambre des comptes fut establie dans la thresorerie de Sainct Martin de Tours. Ces cours souveraines ont esté à Tours depuis le mois de mars au present 1589, jusques au mois de mars l'an 1604.

Le parlement de Paris, l'an 1594, fut aussi transferé à Poictiers durant les troubles entre les maisons d'Orleans et de Bourgongne, où il fut vingt ans ou environs; et pour memoire de ceste translation, le jour et feste de Sainct Hilaire, qui est le sainct auquel est dedié la grande eglise de Poictiers, messieurs de la cour ne vont point au Palais, et gardent ceste feste : ce qu'ils observent aussi, à cause de ceste derniere translaction, le jour de la feste de Sainct Gatian, qui est le sainct auquel est dedié l'eglise archiepiscopale de Tours. Voylà les deux festes que messieurs de la cour gardent pour avoir esté transferé le parlement deux fois hors de son siege ordinaire.

Le sieur Pasquier, dans ses *Recherches*, a noté qu'à toutes ces deux fois que le parlement a esté transferé, il s'est remarqué comme des presages qui signifioient ces grands changements.

Pour la premiere fois, il dit que l'an 1407, qui fut l'année que commencerent les troubles entre les maisons d'Orleans et de Bourgongne à cause de l'assassinat du duc d'Orleans, frere du roy Charles VI, faict par le commandement du duc de Bourgongne, qu'à l'ouverture du parlement, le lendemain de la Sainct Martin, il ne se trouva aucun des presidents de la grand-chambre, quoy qu'il y en eust lors cinq, qui estoit nombre assez suffisant pour faire que l'un d'eux se trouvast en ceste ceremonie; si bien que, pour recevoir le serment des advocats et procureurs à la mode accoustumée, il fallut que le Roy envoyast ses lettres au sieur du Drac, president aux enquestes, pour presider en la grand-chambre, et recevoir le serment d'eux tous : ce que plusieurs dèslors prirent pour un sinistre presage : aussi commencerent en cest an les divisions de ces deux maisons, qui ruinerent de fonds en comble la France; et peu s'en fallut que la couronne ne fust transportée en une main estrangere.

Pour la seconde fois, il dit qu'il remarqua qu'à l'ouverture du parlement, l'an 1587, on n'apporta point la paix à baiser à messieurs les presidents et conseillers de la cour oyans la messe dans la grand-salle du Palais, avec leurs robbes d'escarlate et chapperons fourrez, combien que de tout temps et ancienneté on n'avoit point failly de l'apporter à baiser après l'elevation du Saint Sacrement de l'autel, et que dèslors plusieurs conjecturerent que ceste oubliance de leur avoir donné la paix à baiser promettoit je ne sçay quoy de mal-heureux à la France; ce qui advint, au mois de may ensuyvant, en la journée des Barricades, où le roy Henry III fut contraint de se retirer de Paris, et la mort des deux princes lorrains au mois de decembre, bref la revolte generale, non seulement de la ville de Paris, mais des principales villes de France contre le Roy, ainsi qu'il se peut voir en lisant ceste histoire.

Le vingt-huictiesme du mesme mois une

trefve fut faicte en Dauphiné entre le colonel Alphonse Bornano, general pour le Roy en l'armée de Dauphiné, qui l'accorda à la requisition des trois estats dudit pays de Dauphiné, par authorité de la Cour, sous le bon plaisir du Roy, et le sieur Desdiguieres, commandant pour le roy de Navarre audit pays, assisté des gentilshommes de son party, qui l'accorda aussi sous le bon plaisir dudit sieur roy de Navarre. Les principaux poiats de ceste trefve furent :

Que tous actes d'hostilité et exploits de guerre cesseroient, tant d'un party que d'autre, pour le temps de vingt et un mois, à commencer du premier jour d'avril an present, jusques en decembre 1590.

Que la liberté de conscience et de l'agriculture seroit restablie par tous les endroicts de ceste province, et que pour le traffic on ne prendroit autre passeport que le benefice de la trefve.

Que les ecclesiastiques rentreroient en la jouyssance de leurs biens, benefices et fruicts d'iceux, du jour de la presente trefve, sans rien demander des fruicts payez ou qui restoient à payer des années precedentes, sauf dix-huict mil escus qui seroient pris par chasque année de la presente trefve, par le sieur Desdiguieres, sur les dixmes que le Roy a accoustumé prendre, pour estre employées en œuvres concernant la pieté, et autres pour le soulagement du peuple.

Que le receveur du Roy seroit restably en la possession et jouyssance de tous les droicts domaniaux de Sa Majesté, sans que ceux qui en ont jouy durant les guerres en puissent estre recherchez.

Que tous les habitans dudit pays, de quelque party qu'ils fussent, ou qui s'en estoient absentes depuis l'an 1585, rentreroient en la jouyssance de tous leurs biens.

Que pour l'entretenement des gens de guerre, tant d'un party que d'autre, seroit levé sur tous les taillables la somme de trente six mil escus, desquels ledit sieur Desdiguieres en prendroit dix-huict mil.

Que la moitié des peages qui se leveroient en ceste province seroient baillez audit sieur Desdiguieres.

Et que, dedans le premier jour de juillet prochain, il se tiendroit une conference pour proceder, s'il estoit besoin, au retranchement des gens de guerre, plus au restablissement de l'exercice de la religion catholique, apostolique et romaine, ez lieux tenus par ledict sieur Desdiguieres, à laquelle conference ledit sieur Desdiguieres rapporteroit sur ce l'intention du roy de Navarre.

Si tost que ceste trefve fut publiée en la cour de parlement à Grenoble, ledit sieur colonel Alphonse mit aucunes de ses troupes en garnison ez prochaines places prez de Lyon pour faire la guerre aux Lyonnois, et envoya au Roy deux des vieux regiments de gens de pied, de l'un desquels estoit maistre de camp le sieur de La Garde, qui pouvoient estre en tout six cents hommes, lesquels passerent depuis les bords du Rosne jusques à Tours, attaquez et poursuivis en Auvergne et en Berry par le party de l'union. Les conducteurs furent fort estimez de leur resolution en ce passage de prez de cent lieuës de longueur sans aucune escorte de cavallerie, et arriverent seurement à Tours sur la fin d'avril. Ainsi le Dauphiné eut un peu de repos jusques à la mort du Roy, cependant que les principales villes de Provence, savoir, Marseille, Aix, Arles, Toulon, et autres, se declarerent du party de l'union par la persuasion des sieurs de Vins et de Carses, seigneurs qui avoient de longtemps practiqué et desiré le gouvernement de ceste province, et ce dez que M. le mareschal de Rets en fut pourveu du gouvernement, auquel ils s'estoient opposez ; car il s'engendra dans ce pays comme deux factions : ceux qui, obeyssans au Roy, suivoient le mareschal de Rets furent appelez les Razez, et les partisans de la maison de Carses estoient surnommez les Carses. Ledit sieur de Vins avoit esté des premiers du party de la ligue, pour l'opinion qu'il s'estoit formée dans l'esprit de n'avoir esté recompensé par le Roy des services qu'il disoit lui avoir faicts, veu qu'à son occasion il avoit receu une harquebuzade au siege de La Rochelle, qui sans doute eust tué Sa Majesté si ledit sieur de Vins n'eust esté au devant de luy. Ce fut aussi luy qui le premier prit les armes contre le sieur de La Valette, gouverneur de Provence pour le Roy. Des exploicts militaires qui se sont passez en ceste province, nous le dirons cy-après.

Les trefves aussi faictes entre le duc de Lorraine et mademoiselle la duchesse de Bouillon, le 26 decembre 1588, pour le terme de six semaines, furent continuées jusques au dix-septiesme de ce mois de mars, et depuis jusques au 13 d'avril, que la guerre recommença entr'eux. Il ne sera hors de propos en ce lieu de dire la cause et l'origine de leurs querelles, et comme ceste trefve fut faicte.

Après que le Roy, par l'edict du mois de juillet qu'il accorda avec les princes de la ligue l'an 1585, eut commandé que tous ses subjects eussent à aller à la messe, ou sortir dans six mois de son royaume, ceux de la religion pretenduë reformée des provinces de Champagne, Picardie, Isle de France, et d'autres endroicts, se retirerent à Sedan et à Jamets, places appartenantes au duc de Bouillon, lequel en estoit prince souverain : mais le terme de six mois fut reduit à trois, et de trois mois à quinze jours.

Les princes de la maison de Lorraine desiroient de n'avoir point de tels voisins auprès d'eux; mesmes le duc de Guise supplia le Roy de luy permettre de faire la guerre aux terres du duc de Bouillon; mais Sa Majesté ne luy voulut octroyer ceste demande. Soit à dessein ou autrement, la prise de Rocroy, faicte le 18 novembre 1586, fut le pretexte de la guerre que ledict sieur duc de Guise fit au duc de Bouillon.

Rocroy est une place du gouvernement de Champagne. Un gentil-homme françois, refugié à Sedan, bien-aymé du duc de Bouillon, en partit avec quelques capitaines et bon nombre de soldats, avec lesquels il prit nuitamment la ville de Rocroy, et tuërent le sieur de Chambery qui en estoit gouverneur. La prise de ceste ville fut l'occasion que le duc de Guise assembla en diligence ses forces, et reprit ceste place par composition le 24 decembre au mesme an.

Le duc de Bouillon fut accusé d'estre autheur de ceste entreprise. Il envoya au Roy ses excuses, et luy manda qu'il n'en sçavoit rien, mesmes qu'il avoit deffendu à tous ses subjects de donner aucun secours à tels entrepreneurs, à quoy ses subjects luy avoient obey; aussi qu'il avoit tasché de faire avec eux à ce qu'ils remissent la place entre ses mains pour la rendre à Sa Majesté, ce qu'ils n'avoient voulu faire, et l'avoient rendué au duc de Guise qui y avoit mis un gouverneur à sa devotion, ce qui donnoit assez à cognoistre que ceste surprise procedoit d'une double entreprise et practique de ses ennemis, qui avoient gaigné tels entrepreneurs dans Sedan pour frapper deux coups d'une mesme pierre, sçavoir : l'un, pour oster le sieur de Chambery de dedans Rocroy, pource qu'il estoit fort serviteur du Roy et n'estoit point de la ligue, et l'autre, pour faire croire à Sa Majesté que tels entrepreneurs, ainsi sortis de Sedan, n'avoient entrepris ceste surprise que par son advis, affin que le Roy commandast au duc de Guise de luy faire la guerre.

Au contraire de ses excuses, le duc de Guise manda au Roy que ceste surprise estoit de l'intelligence du duc de Bouillon, qui vouloit faire la guerre à la France sous main par les ennemis de Sa Majesté qu'il avoit retirez dans ses places, et leur avoit fait surprendre Rocroy et en tuër le gouverneur; que ceste excuse qu'il ne leur avoit donné secours depuis la surprise n'estoit une excuse valable, pource que l'on sçavoit assez que c'estoit une quantité d'hommes qu'il avoit hazardez pour faire ceste execution, lesquels il eust supportez s'ils eussent peu garder ceste place; mais, voyant la diligence du siege et qu'ils estoient contraints de se rendre, ils les avoit desadvoüez.

Le Roy, nonobstant toutes ces raisons, ne veut point qu'on entreprenne la guerre sur les terres de Sedan; toutesfois la garnison de Jamets, nonobstant les deffences qui leur estoient faictes par le duc de Boüillon, ne pouvoit se maintenir en paix : mesmes quelques-uns ayant surprins et pillé une maison d'un gentil-homme de Lorraine, desadvouez, estans pris furent pendus. Toutes ces courses furent cause que le duc de Guise, quoyqu'il ne pust faire condescendre le Roy à ce qu'il luy permist de faire la guerre à Sedan et à Jamets, s'en alla emparer de Raucour et entra dedans les terres de Sedan, où, en quatre mois que ses troupes y sejournerent, il y fut commis une infinité d'actes d'hostilité, pendant lesquels la garnison de Jamets fit aussi la guerre à toute reste aux habitants de Verdun, par le commandement du duc de Bouillon, jusques aux trefves qui furent faictes, à l'instance de la Royne mere, en avril 1587, et depuis continuées jusques au mois de janvier 1588.

Durant ces trefves le duc de Boüillon fut conducteur de ceste grande armée d'estrangers, après la desroute de laquelle, comme nous avons dit cy dessus, il mourut l'unziesme janvier 1588, laissant madamoiselle Charlotte de La Mark sa sœur son unique heritiere, et M. le duc de Montpensier leur oncle, son tuteur.

Plusieurs pensoient que les princes de la maison de Lorraine ne voudroient faire la guerre à ceste pupille, mais il en advint au contraire; car audit mois de janvier la guerre se commença, et le duc de Lorraine envoya le baron d'Haussonville avec trois mille hommes de pied et huict cents chevaux se loger autour de Jamets. Le duc de Guise y envoya aussi une partie de ses troupes, qui firent un grand degast autour de Sedan, contre l'intention du Roy qui avoit accordé à madamoiselle de Bouillon la continuation de la trefve encores pour un an.

Le baron d'Haussonville, tenant Jamets assiegé, somme le sieur de Schelandre de rendre la place au duc de Lorraine, et fait offre qu'il ne seroit rien changé ny en la religion, ny en la police; mais il eut pour responce qu'il avoit affaire à gens d'honneur qui ne sortiroient de ceste place avec des paroles.

Aussi le Roy en ce temps envoya M. de Rieux, chevalier de ses ordres, à Sedan; il proposa au conseil de la duchesse de Bouillon que Sa Majesté prendroit la protection de ses places, à la charge qu'il mettroit dedans tel gouverneur qu'il luy plairoit. Le roy d'Espagne en mesme temps y envoya un agent leur faire des propositions. Mais le comte de Maulevrier, oncle du feu dernier duc de Bouillon, pretendant que Sedan et Jamets luy appartenoient, escrivit à ceux qui y avoient le gouvernement des affaires, et les pria de le recevoir, avec de belles promesses; outre tout cela, on parloit encor de plusieurs mariages pour madamoiselle de Bouillon, tantost d'un des enfants du duc de Guise, puis de l'un de ceux du duc de Lorraine. Bref ces places estoient bien desirées et beaucoup affligées. Quelque travail et peine que M. de Montpensier prinst en la cour de France pour y apporter quelque delivrance et soulagement, il n'en put venir à bout.

Depuis le mois de janvier jusques au mois d'avril, les assiegeans et assiegez en une infinité de sorties et approches s'entremonstrerent leur valeur. La veille de Pasques, le baron d'Haussonville, après avoir fait bresche, fit donner en mesme temps l'assaut et l'escalade; mais les assiegeans, repoulsez avec beaucoup de perte, furent contraints de demander au duc de Lorraine nouvelles forces d'hommes et d'argent. Deux mois se passerent en de sanglantes escarmouches et sorties que faisoient aucunefois ceux de Jamets avec des petites pieces de campagne, et endommageoient fort les assiegeans, qui receurent, le premier juillet, trois mil lansquenets de renfort. Toutesfois, peu de jours après, un pourparler fut accordé entre les sieurs d'Haussonville et de Schelandre. En ce pourparler, d'Haussonville dit qu'un mariage ou une honneste recompense leur pourroit donner la paix. Schelandre luy respondit que le desgast qu'on avoit faict ne se pouvoit recompenser, et que la diversité de religion empescheroit un mariage. Après plusieurs discours, il fut arresté entr'eux que Schelandre advertiroit M. de Montpensier, et d'Haussonville le duc de Lorraine, affin d'adviser s'il y avoit moyen de pacifier. En se disant l'adieu, le sieur d'Haussonville dit : « Monsieur de Schelandre, il vaut mieux, comme dit le proverbe, *laisser son enfant morveux que lui arracher le nez.* » Mais le sieur baron de Schelandre lui repartit : « Monsieur, un bon jouëur ne se retire jamais sur sa perte. » Puis il adjousta : *Quand le vin est tiré il le faut boire.*

Nonobstant ce pourparler, chacun d'eux taschoit à faire reussir ses desseins. Les intelligences que Haussonville pensoit avoir avec quelques-uns de Jamets se trouverent doubles, et les voulant faire venir à effect, plusieurs des siens y perdirent la vie, et luy l'argent du duc de Lorraine, qui servit bien aux assiegez.

La continuation de ce siege resoluë au conseil du duc de Lorraine, le sieur d'Haussonville fit faire neuf forts pour empescher les sorties des assiegez ; mais par la sage conduitte de leur gouverneur, ils ne laisserent de faire encor des sorties, et plusieurs fois rechasserent les assiegeans jusques dedans leurs forts.

Cependant que Jamets estoit pressé par un si long siege, madame d'Aremberg se trouva au mois d'octobre à Sedan pour adviser, avec le conseil de mademoiselle de Bouillon, s'il y auroit moyen de faire quelque accord avec le duc de Lorraine. Le sieur de Schelandre s'y rendit aussi; quelques articles furent dressez, que ledit sieur de Schelandre porta au baron d'Haussonville qui estoit au camp devant Jamets, lequel les envoya au duc de Lorraine à Nancy, se chargeant d'en rendre response dans trois semaines; mais ledit baron se trouvant malade, il quitta la conduicte de l'armée au seneschal de Lenoncourt, qui ayant pris ceste charge resserra d'abordée fort les assiegez. Le 17 novembre le sieur l'Afferté, de la part du duc, ayant apporté la responce, il la communiqua au sieur de Schelandre; mais ayant pris temps pour en deliberer, il advint que la cavalerie de Sedan, qui pouvoit estre de cent bons chevaux, fut deffaicte près d'Estenay; fort peu se sauverent de la mort ou de la prison. Cela recula un peu ceste negotiation, qui fut peu après reprise, et ledit sieur de l'Afferté alla avec le sieur de Marolles à Sedan, où estant arrivé il communiqua la response dudit duc son maistre au conseil de mademoiselle de Bouillon. Ceste response veuë et regardée audit conseil, le sieur de l'Afferté fut chargé de porter leur resolution au duc de Lorraine, de laquelle il promit rendre response dans le cinquiesme decembre. Au lieu de revenir, le duc de Lorraine envoya le sieur de Lenoncourt, baillif de Sainct Mihel, frere dudit sieur seneschal, general de l'armée de devant Jamets, qui mit la derniere main à une trefve qui fut publiée le 28 decembre 1588, pour le temps de six semaines.

Par ceste trefve, la ville de Jamets, ne pouvant plus tenir à cause de la famine et des maladies, fut renduë au duc de Lorraine. Le sieur de Schelandre se retira avec les gens de guerre au chasteau pour madamoiselle de Bouillon, ayant promis de ne mettre de nouveau aucuns vivres dedans ceste place, ny munitions, ny gens de guerre.

Il fut aussi accordé de part et d'autre qu'il ne se feroit aucuns ouvrages en la ville qui pussent nuire au chasteau, ny dans le chasteau qui pussent nuire à la ville.

Que les gens de guerre et habitans de Jamets qui ne voudroient faire serment au duc de Lorraine sortiroient, et seroient conduits seurement.

Que mademoiselle de Bouillon pendant la trefve ne seroit empeschée de recevoir ses droicts et revenus.

Et pour remettre un bon repos ez terres de mademoiselle de Bouillon, que, dedans le 10 de janvier, ses deputez, avec ceux du duc de Lorraine, s'assembleroient à Inaut pour adviser à faire une bonne paix par le moyen d'un mariage, pour le bien et contentement de ladite damoiselle et seureté de ses subjets, sans toutesfois y rien conclurre ny resouldre que premierement chacun d'eux n'eust envoyé vers le Roy et M. de Montpensier pour avoir leur consentement, et obtenir d'eux procuration.

Le 23 janvier 1589, les deputez, tant d'une part que d'autre, se trouverent à Inaut. Plusieurs articles furent dressez, mais pour les faire entendre au Roy on prolongea la trefve jusques au premier jour du mois de mars.

Pendant ceste trefve, les gens de guerre de part et d'autre prindrent party. Le duc de Lorraine, qui ne se vouloit après la mort de ses cousins de Guise declarer ouvertement contre le Roy, licentia une partie de ses troupes, lesquelles furent trouver le capitaine Sainct Paul en Champagne, qui tenoit pour le party de l'union.

D'autre costé, aucuns gens de guerre de Sedan et de ceux qui estoient sortis de Jamets, sçachants que le sieur d'Inteville, lieutenant general pour le Roy en Champagne, levoit des hommes pour s'opposer aux remuëments du capitaine Sainct Paul, vindrent le trouver en Champagne, et se mirent sous la conduitte du sieur d'Amblize et du baron de Terme. Le capitaine Sainct Paul, ayant ramassé le plus de gens qu'il put, sçachant que ledit sieur d'Amblise tenoit les champs, alla pour le deffaire. Les royaux et les liguez se rencontrerent entre Sainct Gevin et Sainct George, où il y eut un grand combat. Du commencement la compagnie d'Amblize prit l'espouvante, et demeura avec fort peu des siens au combat; mais, apres ce premier choc, les sieurs de Chaumont, de Vandy et de Loupes avec leurs compagnies chargerent tellement les troupes de Sainct Paul, qu'ils les rompirent et mirent en fuite, après en avoir tué et pris prisonniers plusieurs, entre lesquels estoient le sieur d'Artigoti, Lorrain, et quinze capitaines. Ceste deffaicte vint bien à propos pour les affaires du Roy, car, si ceux qui tenoient son party y eussent esté desfaicts, il y avoit grande apparence que presque toute la Champagne eust pris le party de l'union; car ceste province fut grandement divisée; mesmes les habitans de Troye vindrent à Paris demander le fils puisné de feu M. de Guise, appellé depuis la mort de son pere M. le prince de Ginville, affin d'estre leur gouverneur; mais, ainsi que tous peuples font d'ordinaire en tels remuëments, les Troyens luy porterent une fort grande affection à ce commencement, et à la suitte de ceste histoire il se verra qu'au declin de la ligue ils le firent sortir si soudainement de leur ville, qu'ils ne luy donnerent le loisir quasi de monter à cheval. Le sieur de Hautefort, qui se qualifioit lieutenant general en Champagne et Brie pour l'union, fut à Troye avec des troupes de gens de guerre, lequel traicta rudement les chasteaux des seigneurs qui s'estoient declarés pour le party du Roy, entr'autres les chasteaux de Chapes, Brienne et Marsac. Il alla faire lever le siege au sieur de Sautour, qui avoit assiegé Mery sur Seine, et le chargea de telle façon que tous les siens furent deffaicts, et luy-mesme eut assez de peine à se sauver au travers des eaux et des marets où il pensa se noyer. Les villes de Reims, Troyes, Meaux, Mezieres, Vitry et autres, se mirent du party de l'union. Chaalons, Langres, Chasteau-Thierry, Saincte Menehoust et autres, tindrent le party du Roy. Voylà comment les villes de ce gouvernement furent divisées en deux partys. Dans Chaalons il fut du depuis estably une chambre du parlement de Paris transferé à Tours, pour rendre la justice aux catholiques royaux des provinces de Champagne, Brie, Picardie et autres pays qui sont enclavez entre la riviere de Seine, le pays de Caux en Normandie, et les frontieres des Pays-Bas, Lorraine et Bourgongne.

Or, pour retourner au discours de ce qui se passoit entre le duc de Lorraine et mademoiselle de Bouillon, pendant leur trefve ledit duc de Lorraine envoya le sieur de Lenoncourt, baillif de Sainct Mihel, pour avoir l'advis et volonté du Roy et de M. de Montpensier touchant le mariage proposé par leurdite trefve, et de la composition à l'amiable de leurs differents : mais Sa Majesté escrivit au duc de Lorraine qu'il vouloit que la trefve fust continuée jusques à son arrivée en Champagne, où il esperoit estre au plus tard dans deux mois, et que luy mesmes vouloit estre sur les lieux arbitre de leurs differents pour les terminer à l'amiable. Ceste responce ne plut au duc, et du depuis, voyant les grands remuëments qui se faisoient en France, il ne voulut continuër la trefve, si bien que le treiziesme d'avril la guerre recommença, et le siege du chasteau de Jamets fut continué, de la reddition duquel nous parlerons cy après.

Après que M. le duc de Mayenne eut juré et fait serment au parlement de Paris, entre les mains du president Brisson, d'employer jusques à la derniere goutte de son sang pour maintenir la religion catholique, apostolique et romaine, et conserver l'Estat royal en son entier, l'authorité des cours souveraines, les privileges du clergé et de la noblesse, de faire garder et observer les loix et ordonnances du royaume et l'obeyssance deuë aux magistrats, de preserver le peuple de France de toute oppression, et d'employer les forces et la puissance qui luy avoit esté octroyée à l'honneur de Dieu et au bien du royaume, il partit de Paris pour aller faire un corps d'armée de toutes ses troupes, lesquelles durant le mois de mars s'estoient renduës en la Beausse. On l'attendoit à Orleans, et les habitans eussent bien desiré qu'il y eust esté pour les delivrer des royaux de Boisgency, lesquels ne bougeoient de leurs portes ; mais l'entreprise de Vendosme et de Tours luy fit prendre le chemin de Chasteaudun, où M. le legat Morosini du consentement du Roy l'alla expressement trouver.

Ledit sieur legat, prenant congé de Sa Majesté sa legation finie, entendant que l'on proposoit au Roy qu'il falloit qu'il appellast prez de luy le roy de Navarre et ses forces pour resister au duc de Mayenne et au party de l'union, le supplia de ne le vouloir faire, mais plustost pacifier son royaume avec les catholiques de l'union, et s'offrit luy-mesme de s'y entremettre : ce que le Roy receut de bonne part, et accepta son offre, et luy permit d'aller trouver M. de Mayenne la part où il seroit pour le persuader à la paix et à un accord, duquel Sadite Majesté avoit desjà escrit à M. le duc de Lorraine, affin qu'il y preparast tous les autres princes de sa maison. Et pour accelerer plustost cest affaire, Sa Majesté bailla audit sieur legat par escrit l'accord qu'il desiroit faire avec ledit duc de Mayenne et avec tous les princes et seigneurs du party de l'union, dans lequel il leur promettoit de delivrer tous les prisonniers qu'il tenoit, de continuër tous les princes et seigneurs de ce party en tous leurs gouvernements, leur laisser les villes de seureté, et les faire payer de leurs pensions : au pied duquel escrit Sa Majesté mit que pour les difficultez qui pourroient advenir sur l'execution de son offre, qu'il s'en remettoit du tout à Sa Saincteté pour en estre amiable compositeur, prenant pour adjoincts messieurs le grand duc de Toscane, le duc de Lorraine, la seigneurie de Venize et M. le duc de Ferrare. Le Roy par ceste proposition fit paroistre audit sieur legat le desir qu'il avoit d'appaiser ces nouveaux troubles : mais, ayant sceu que M. de Mayenne estoit party de Paris pour le venir assaillir, et craignant qu'il ne le prinst à son des advantage, il dit audit sieur legat qu'il le prioit d'effectuer ceste negotiation dans quinze jours, ou de faire faire quelque trefve dans ledit temps ; mais que si cela ne se pouvoit faire qu'il le luy mandast incontinent, affin qu'il pensast à ses affaires.

M. le legat le luy promit, et s'estant hasté pour aller à Orleans, pensant y rencontrer M. de Mayenne, fut contraint de rebrousser chemin et le venir trouver à Chasteaudun, où il luy proposa les articles et les conditions que le Roy luy avoit baillées, et n'oublia rien de ce qu'il pensoit pouvoir apporter advancement à un tel œuvre; mais M. de Mayenne luy dit : « Je ne peux entendre à nul accord qu'auparavant je n'aye advis de tous ceux qui ont interest au party de l'union aussi bien que moy. Quand bien j'aurois accordé toutes ces propositions, Sa Saincteté ne me voudroit contraindre de luy obeyr ; aussi suis-je resolu de plustost mourir que de le faire. » M. le legat se trouva lors bien estonné et loing de son attente; il ouyt des propos que les plus grands de ce party de l'union disoient si librement contre le Roy, avec une infinité d'injures, ne le nommant jamais par roy, qu'il n'osa plus parler de paix au duc de Mayenne, ny à aucun de son conseil, considerant que ce seroit temps perdu. Il en advertit incontinent Sa Majesté suivant ce qu'il luy avoit promis, luy mandant qu'il pourveust à ce qu'il adviseroit estre bon pour ses affaires ; quand à luy, qu'il estoit bien marry de n'avoir peu rien faire de bon avec M. de Mayenne, duquel il avoit pris congé pour s'en retourner à Orleans, et continuer son voyage jusques à Lyon, où il attendroit ce qu'il plairoit à Sa Saincteté luy commander.

Quand le Roy alla de Blois à Tours, M. le legat fut logé durant le caresme de ceste année dans l'abbaye de Marmoustier, où il n'avoit point entendu les termes et paroles dont usoient ceux de l'union ; mais il fut fort estonné, estant à Orleans, de ce qu'ouvertement et affirmativement plusieurs grands de ce party ne vouloient plus recognoistre le Roy pour souverain, et que le clergé, devant qu'avoir eu mandement du Pape, s'estoit emancipé de faire beaucoup de choses nouvelles de leur authorité, obeyssans à la resolution faicte par aucuns docteurs qui prenoient le nom de la Faculté de Paris, par laquelle ils arresterent que ces mots *pro Rege nostro* seroient obmis et passez sous silence par tous les prestres qui chanteroient la messe, comme n'estans de l'essence propre du canon, mais que l'on diroit au lieu : *Pro Christianis nostris principibus.* Ceste resolution portoit aussi que, s'il y avoit aucuns docteurs qui ne fussent de leur opinion, qu'ils seroient privez des prieres et droicts de la Faculté, effacez et rejettez du sein d'icelle, comme coulpables et participans de crime et d'excommunication. Plus, que, sans mandement de Sa Saincteté, ils avoient colligé de nouveau certaines prieres que les prestres de ce party disoient en celebrant la messe. Bref, il vid tant de choses inventées aux eglises des villes qui tenoient ce party, que non seulement luy, mais tous ceux qui n'avoient aucune passion en ces remuëments, les blasmerent comme tenans par trop d'une sedition populaire : car, outre telles prieres nouvelles, ils avoient fait des tableaux ez eglises principales pour animer le peuple contre le Roy, où le duc de Guise estoit peint tué de dagues, avec ces mots : *Prince de force*, et son frere le cardinal de Guise estoit tué de coups d'hallebardes, avec ceste inscription : *Prince de patience.* Ces peintures esmeurent merveilleusement les peuples à se desbaucher de l'obeyssance de leur souverain.

Or, le Roy ayant receu les lettres de M. le legat comme il n'avoit peu faire condescendre le duc de Mayenne à un bon accord, fut contraint de se servir du roy de Navarre, auquel incontinent il manda un gentil-homme pour le semondre de mettre en effect les offres qu'il luy avoit plusieurs fois faictes de luy obeyr. Le roy de Navarre envoya M. de Chastillon à Tours. La necessité où les affaires s'alloient reduire ne requeroit pas grande contestation. Le Roy promit de luy bailler un passage sur la riviere de Loire, et que l'on feroit publier une trefve pour un an, pendant laquelle on traicteroit d'une paix asseurée. Pour la delivrance d'un pont sur la riviere de Loire, le Roy avoit promis le pont de Cé : celuy qui en estoit gouverneur fit quelque difficulté de se desfaire de ceste place; ce que voyant le Roy, il envoya querir le sieur de Lessar, gouverneur de Saumur, qui luy promit de delivrer la ville et le pont de Saumur au roy de Navarre; mais il supplia Sa Majesté de luy faire delivrer dix mille francs, à quoy se montoient quelques reparations qu'il avoit fait faire. Les finances de l'espargne du Roy estoient taries pource que les deniers des receptes generales n'y venoient plus, car le party de l'union en possedoit d'aucunes : les deniers de celles qui estoient encor en l'obeyssance de Sa Majesté ne pouvoient estre amenez à Tours pour la difficulté des chemins; quelques-unes estoient retenues pour les affaires en chasque province : ce qui fut cause que les tresoriers refuserent de payer lesdits dix mille francs au sieur de Lessar faute de finance royale. Un seigneur italien les presta au Roy. Le sieur de Lessar contenté, il delivra la ville et le pont de Saumur au roy de Navarre, qui mit pour commander dans ceste place le sieur du Plessis Mornay.

Or, en ce mesme temps que le Roy estoit en necessité d'argent, le party de l'union ne manquoit point de moyens, et, comme plusieurs ont dit, « les thresors cachez furent lors descouverts pour eux comme si le destin leur eust exprès nourry des gens pour leur faire une espargne et un magasin d'or; » car ils trouverent en un seul endroit dans Paris, au logis du sieur Molan, thresorier de l'espargne, plus d'un milion de livres qu'il avoit fait cacher et enterrer dans sa maison. Ce thresorier estoit à Tours, et avoit de belles seigneuries en Touraine : il se plaignoit plus du temps et du peu de moyens qu'il avoit que nul autre des refugiez. Outre le Roy, beaucoup de ses particuliers amis durant ces calamitez publiques l'avoient requis de leur prester de l'argent : plusieurs sçavoient ses commoditez; il les avoit refusées à tous. Sur la nouvelle qui vint au Roy d'un si grand nombre d'or que ceux de l'union avoient trouvé caché dans sa maison, il le fit mettre prisonnier. Les justes courroux des roys sont excusables. Molan dit que cest argent ne luy appartenoit, ains à des particuliers dont il estoit responsable. Les siens s'employerent pour luy. Pour sortir de peine il bailla encor au Roy trente-mil escus, et perdit son estat, qui valoit bien autant. Une mauvaise fortune suit l'autre : il luy en advint de mesme, car M. de Mayenne prenant Sainct Ouyn, toutes ses terres qu'il avoit en Touraine furent ravagées.

Le 21 d'avril le roy de Navarre, estant à Saumur, fit une declaration sur son passage de la riviere de Loire pour faire service à Sa Majesté. Il dit dans ceste declaration qu'estant premier prince du sang de France, que la loy et son devoir l'obligent de defendre son Roy, et que, quelque pretexte que les chefs de la ligue prennent, qu'ils ne sont que perturbateurs du repos public, et n'ont d'autre but que la vie et couronne du Roy, la dissipation et usurpation de cest Estat;

Qu'il n'a et ne veut tenir pour ennemis que ceux qui se sont rebellez contre le Roy, et deffend à tous ses gens de guerre de rien entreprendre ny attenter sur les bons sujets du Roy, et specialement sur ceux du clergé, pourveu qu'ils se contiennent modestement en leur vocation, priant tous les ordres et estats de ce royaume d'adviser au mal qu'apportera la continuation de ces confusions;

Ceux du clergé, de considerer la pieté estouffée dans les armes, le nom de Dieu en blaspheme, et la religion en mespris, s'accoustumant un chacun de se jouër du sacré nom de foy, lors qu'il void que les plus grands le prennent pour pretexte des plus execrables infidelitez qui puissent estre;

Ceux de la noblesse, de remarquer quelle cheute a prins leur ordre en peu de temps, quand les armes, marques ou de la noblesse hereditaire, ou loyers de vertu, sont comme trainées dedans la fange, mises ez mains d'une populace qui de liberté passera en licence, de licence à l'abandon de toute insolence, sans plus respecter, comme já on le void, ny merites ny qualitez;

Ceux de la justice, de considerer quel brigandage est entré par la porte du bien public, quand en la chambre des pairs de France, où les plus grands laissent leur espée pour la reverence de justice, est entré un procureur armé, accompagné de vingt marauts, portant l'espée à la gorge au parlement de France, l'emmenant en triomphe en robbes rouges à la Bastille; quand un premier president est assommé, trainé et pendu à Thoulouze [zelateur de la religion catholique-romaine, et le plus formel ennemy de la contraire] par le monopole d'un evesque;

Ceux du tiers-estat, qui tout au moins devoient tirer proffit de ces dommages, advisent s'ils sont soulagez des tailles et subsides, s'ils sont deschargez de la gendarmerie, si leurs boutiques ez villes et leurs mestairies ez champs s'en portent mieux.

« Un roy, dit-il, ne peut souffrir d'estre degradé par ses subjects; et pour l'empescher il faudra renger rigueur contre rigueur, et force contre force. Contre l'usurpation des estrangers, il faudra que Sa Majesté soit secouruë d'estrangers, ce qui sera la cause que les champs deviendront en forests, et les guerets en friche: mal qui sera commun au laboureur et au bourgeois, au gentilhomme et au clergé.

« Il seroit bien plus à propos d'abreger tant de calamitez par une paix, en rendant l'obeissance et la fidelité que l'on doit au Roy. C'est pourquoy je prie tous les serviteurs de Sa Majesté de redoubler leur affection et courage à le servir de bien en mieux contre ses ennemis, et exhorte ceux qui se sont laissez aller à une telle rebellion, de n'estre instrumens de leur propre ruine, et de se desister d'un si mauvais party, et recourir à la clemence de Sa Majesté. »

Peu après la publication de ceste declaration, le Roy en fit publier deux en un mesme temps. Dans la premiere il declare tous les biens meubles du duc de Mayenne, et des princes et habitans des villes qui tenoient son party, acquis et confisquez, pour estre les deniers provenans de la vente d'iceux employez aux frais de la guerre, puis que dans le 15 d'avril, terme qu'il leur avoit prefix pour se recognoistre, ils n'estoient venus se remettre en l'obeissance que justement ils luy devoient.

L'autre declaration estoit sur la trefve qu'il avoit accordée avec le roy de Navarre, dans laquelle il dit que l'on avoit de longue-main essayé de seduire la plus-part de ses subjects catholiques par ligues et associations secrettes, sous un faux pretexte de zele et de la conservation de la religion catholique-romaine, contre ceux de la nouvelle opinion qui pourroient pretendre de luy succeder; mais que le but des chefs de telles ligues tendoit à l'usurpation et partage de sa couronne entr'eux, après s'estre formé un party entre ses subjects catholiques, et s'estre appuyez d'intelligences avec les estrangers;

Que les chefs de ceste ligue avoient commencé tels mauvais desseins par detractions et mesdisances de ses actions, pour le rendre odieux à son peuple, et tirer à eux l'affection d'iceluy, sous pretexte de le soulager des charges que l'injure du temps leur auroit apportées, et que tels desseins avoient continué par la levée de leurs premieres armes: ce qui n'avait apporté autre effect, sinon la destruction de ses subjects par les entreprises qu'ils faisoient contre son authorité; mais que si les essays de la prise de leurs premieres armes avoient esté pernicieux, que la suitte en estoit encores plus dommageable, et cause de toutes les inhumanitez et desordres qui se commettoient en la France, telles que l'on n'en avoit jamais veu ny ouy parler de semblables. « Nous avons, dit-il, du commencement recherché tous moyens à nous possibles pour, par douceur, r'amener tous nos sujets catholiques à une bonne et ferme reunion sous nostre obeissance, et par le moyen d'icelle executer ce que à leur instante priere nous leur aurions promis en l'assemblée de nos estats. Mais, tant s'en faut que par ceste voye la dureté de leurs cœurs ait peu estre amollie et fleschie à quelque compassion de tant de maux dont ils sont cause, non contens des desordres passez, mesmes d'avoir souslevé contre nous la pluspart de nos villes, tué, emprisonné ou deposé nos officiers, rançonné les plus aisez de nostre royaume, de quelque ordre, estat, qualité, sexe, condition et aage qu'ils puissent estre, mesmes les personnes ecclesiastiques, rompu nos seaux, effacé nos armoiries, deschiré et ignominieusement trainé nos effigies, estably des conseils et officiers à leur fantaisie, ravy nos finances et exercé contre nous et nos bons sujets tous actes de mespris, derision, hostilité et inhumanité, qu'adjoustans injure sur injure, ils s'apprestent à venir assaillir nostre propre personne avec artillerie tirée de nos arcenaux, et armée composée, tant de nos sujets rebelles que d'estrangers en partie de religion contraire à la catholique, apostolique et romaine, de laquelle neantmoins ils se disent seuls protecteurs, pour avec nous opprimer tous nos bons sujets et serviteurs catholiques, au lieu de s'addresser à ceux de l'opinion contraire, qu'ils laissent en paix et liberté de s'estendre à leur plaisir, comme ils n'en ont perdu l'occasion, ayant le roy de Navarre, pendant que nous estions à nous preparer et fournir de forces pour nous garentir des mauvaises intentions desdits rebelles, prins et saisi nos villes de Niort, Sainct Maixant, Maillezais, Chastelleraut, Loudun, l'Isle Bouchard, Montreuil-Bellai, Argenton et Le Blanc en Berry, et advancé ses forces prez de ceste ville, où nous nous estions acheminez sur le premier advis de ses dits exploits, pour donner tout l'ordre que nous pourrions à empescher qu'il ne les poursuivist plus avant. Ce qu'en fin cognoissant ne pouvoir faire par les armes en mesme temps que nous sommes en necessité de les employer pour la conservation et defense de nostre propre personne et de nos bons serviteurs et sujets, contre la rage et violence des rebelles, apres les avoir recognu inflexibles à aucunes conditions de reconciliation sur les ouvertures que leur en avons fait faire, et considerant qu'ores qu'il n'eust voulu comme eux s'attacher à nostre vie, nosdits bons subjects pouvoient neantmoins estre grandement molestez de ses armes, si nous ne luy ostions l'occasion de les employer selon que l'estat present des affaires de ce royaume luy en donnoit la commodité; d'autre part, estans pressez et interpellez par les clameurs et requestes de nos provinces travaillées de ceux de son party d'y remedier, et plustost par une surceance d'hostilité qu'autrement, sans laquelle, leur defaillant la force de se defendre, et le moyen d'entretenir les gens de guerre, toute esperance de pouvoir plus substanter leurs vies et de leurs familles leur estoit ostée, et qu'aucunes d'icelles, contraintes par la violence du mal, avoient jà accordée d'elles mesmes; toutes les susdites raisons ayant esté par nous mises en deliberation avec les princes de nostre sang, officiers de nostre couronne, et autres seigneurs et personnages de nostre conseil estans près de nous, n'aurions trouvé autre moyen entre ces extremitez que de prendre et donner à nosdits subjects quelque relasche de guerre de la part dudit roy de Navarre. Et pour cest effect luy avons accordé, pour luy et pour tous ceux de son party, trefve et surceance d'armes et de toute hostilité, suivant l'instance qu'il nous en a faite, recognoissant son devoir envers nous, esmeu de compassion de la misere où ce royaume est de present reduit, qui incite tous ceux qui retiennent le sentiment de bons François d'ayder à esteindre le feu de division qui le consume et menace de sa derniere ruine, dont toutesfois nous esperons que Dieu, par sa bonté, le voudra encores preserver, pour sa gloire, contre les machinations et efforts de ceux qui en desirent et pourchassent la dissipation pour leur ambition particuliere. Laquelle trefve et surceance d'armes nous entendons estre generale par tout nostre royaume durant un an entier, à commencer du troisiesme jour de ce mois, et finir à semblable jour, l'un et l'autre inclus, pour tous nos bons et fideles subjets qui recognoissent nostre authorité en nous rendant l'obeyssance qu'ils nous doivent; ensemble pour l'estat d'Avignon et comté de Venisse (1), appartenant à nostre très-sainct pere le Pape, que nous avons voulu y estre comprins, et les subjets d'iceluy en jouyr, comme estans sous nostre protection, etc. Aussi qu'en consequence de ce que dessus, ledit roy de Navarre et ceux de son party auront main-levée de leur biens, pour en jouyr tant que ladite trefve durera; comme aussi reciproquement ils laisseront jouyr les catholiques, tant ecclesiastiques qu'autres nos bons serviteurs, de leurs biens et revenus ez lieux par eux tenus. Si voulons, etc.

En mesme temps aussi le roy de Navarre commanda à tous ceux de son party l'observation de ceste trefve, et dans la publication qu'il en fit il dit: « Comme il soit notoire à un chacun que nous n'avons pris ny retenu les armes en ceste miserable guerre qu'autant que la necessité nous y auroit contraint, aussi avons nous assez tesmoigné par nos actions l'extreme regret que nous avions de nous y voir enveloppez et obligez par la malice des ennemis de ce royaume, le desir au contraire que nous aurions de pouvoir servir Sa Majesté encontre eux, pour le restablissement de son authorité, repos et tranquilité de ses bons subjets; le malheur cependant auroit esté tel que

(1) Comté Venaissin.

nostre bonne intention auroit esté desguisée par plusieurs artifices; la mauvaise volonté desdits ennemis, couverte de pretextes specieux et favorables, si avant, que ce royaume auroit esté reduit jusques sur le bord d'une ruine inevitable, si la prudence du Roy, nostredit souverain seigneur, combatuë toutesfois et traversée d'infinis obstacles, n'eust sceu demesler nostre innocence de leurs calomnies, n'eust veu aussi leur malignité inveterée au travers de leurs couleurs et palliations. Et est evident que ceste guerre, commencée sous ombre de religion, s'est trouvée tout à coup pure guerre d'Estat; que ceux de la ligue ne sont point allez chercher ny attaquer ceux de la religion dont nous faisons profession, ains ont abusé des armes et de l'authorité qui leur avoit esté baillée à ceste fin, pour occuper les villes de ce royaume plus eslongnées et moins suspectes de ladite religion : aussi peu ont-ils employé leurs prescheurs à la conversion de ceux qu'ils pretendoient heretiques; au contraire s'en sont servis, par toutes les villes, à la subversion de ce royaume, comme de boutefeux pour embraser l'Estat, suborner les subjets contre leur prince, les desbaucher de l'obeyssance de leurs magistrats, les disposer à seditions et changements, à confondre sans aucun respect toutes choses divines et humaines; dont seroit advenu, au grand regret de tous les gens de bien, une revolte non croyable en ceste nation contre le Roy nostre souverain seigneur, et en consequence d'icelle une telle confusion en plusieurs villes et provinces, que l'ombre pretenduë de pieté et de justice en auroit du tout aneanty et effacé le corps, la crainte de Dieu et la reverence de sa vraye image, du magistrat legitime et souverain institué de luy. En ces extremitez donc, recognoissans nostredit souverain seigneur, et deplorant au fonds de nostre ame la calamité de cest Estat et de ce peuple, nous nous serions retirez devers Sa Majesté, luy aurions presenté à ses pieds nos vies et moyens pour l'assister, contre ses ennemis, au restablissement de son authorité et de ses bons subjects, protestans, comme ores nous faisons, de n'avoir autre intention que son service, et comme aussi chacun peut juger evidemment que si autre elle eust esté, nous avions l'occasion tout à propos de nous ayder des miseres publiques. Ce que voyant, Sa Majesté nous auroit fait cest honneur de recognoistre et accepter benignement nostre bonne volonté; et, pour nous donner meilleur moyen de la servir, se seroit resoluë à une trefve ou surceance d'armes et de toutes hostilitez, de laquelle nous esperons, avec l'ayde de Dieu, une bonne paix à l'advenir. Pource est-il que nous vous faisons sçavoir, à tous et chacun de vous qui recognoissez nostre authorité et protection, et qui avez suivy et suivez le party que nous soustenons chacun en droit soy, que nous avons traicté, arresté et conclud avec le Roy, nostre souverain seigneur, une trefve et surceance d'armes generale par tout ce royaume pour un an entier, à commencer du troisiesme du present mois d'avril, et finir à semblable jour, l'un et l'autre inclus; en laquelle aussi nous entendons estre comprins l'estat et comté de Venisse, et les subjects d'iceluy, comme estant sous la protection du Roy nostredit souverain seigneur. Deffendons, etc. »

Voilà les declarations que les deux Roys firent contre le party de l'union. Nous dirons cy-après comme leur accord servit d'un specieux pretexte de revolte aux factieux de Poictiers, d'Agen et d'autres endroits. Devant qu'entrer en ce qui se passa au mois de may en France, voyons ce que fit M. de Montpensier en son gouvernement de Normandie au mois d'avril.

Nous avons dit que le Roy avoit envoyé M. de Montpensier en son gouvernement de Normandie, où le party de l'union avoit faict souslever Rouën, qui est la ville capitalle de ceste province, Falaize, Lizieux, Argentan, et tous les ponts et villes de dessus la riviere de Seine, fors le Pont de L'Arche. La ville de Caën, qui tient le second lieu des villes de Normandie, Sainct Lo, Alençon, et autres places et chasteaux, furent maintenus en l'obeyssance du Roy par les catholiques royaux. Diepe, entr'autres places, leur servit bien de retraicte pour le pays de Caux. Ainsi la Normandie fut divisée presque esgalement en deux partys. M. de Montpensier estant arrivé à Alençon, le sieur de Larchan, gouverneur d'Evreux, et le sieur de Bacqueville, le vindrent trouver avec leurs compagnies. Il en partit le 4 d'avril, et s'en alla passer à Sez, où il fut bien receu par M. l'evesque de Sez et par les principaux habitans; et là le vindrent trouver les sieurs de Halot de Montmorency et de Crevecœur son frere, avec leurs compagnies. De Sez il passa à Escouchey, et, en s'en allant à Caën, il rencontra cinquante lances et cent harquebuziers à cheval de la garnison de Falaize, qu'il deffit; la plus-part furent tuez, et le capitaine Touchet qui les conduisoit pris prisonniers.

M. de Montpensier, voyant que le party de l'union s'eslevoit et s'aggrandissoit de plus en plus en ces quartiers là, advisa qu'il estoit necessaire de prendre quelques-unes des places qui s'estoient si soudainement eslevées. La plus grand part de la noblesse du pays l'estoit venu trouver, ce fut ce qui le fit resoudre d'assieger Falaize; et ayant fait partir de Caën deux canons et une coulevrine avec quelques gens de pied, le 20 d'avril il s'y rendit. La batterie fut incontinent dressée, et sur le soir, deux tours ayans esté ouvertes, il fit commander à quelques gens de pied de s'y aller loger pour favoriser le lendemain l'assaut. Ils s'y acheminerent, et plusieurs de la noblesse qui les y vid aller, sans en avoir eu commandement, les suivit, en sorte qu'ils allerent tous donner du ventre contre la muraille, car on ne se put loger dans les deux tours pour estre trop profondes, si bien qu'ils furent contraints de se retirer avec perte de quelques uns.

Or, comme M. de Montpensier deliberoit de continuër le lendemain la batterie et faire bresche, il receut la nuict un advertissement que les sieurs comte de Brissac, Pierre Court, Lonchan, le baron d'Eschaufour, le baron de Tubeuf, le sieur de Roquenval et de Beaulieu, avoient amassé du costé de l'Aigle et Agentan grand nombre de gens, tant de cavalerie que d'infanterie, et mesmes avoient avec eux certaines communes de ce pays, que l'on appeloit les Gauthiers, qui s'estoient dez l'an passé eslevez pour ne payer point de tailles, et qu'ils s'assembloient tous pour luy faire lever le siege. Il advisa que de les attendre audit Falaize, veu le grand nombre d'infanterie qu'ils avoient, il y auroit danger qu'il fust forcé à lever le siege; surquoy il resolut d'aller combattre ce secours : ce qu'il fit le lendemain. Et ayant trouvé en trois villages de cinq à six mille hommes logez, entre lesquels il y avoit de deux à trois cents gentils-hommes et quelques gens d'eglise, les ayant fait recognoistre par le sieur d'Emery, il envoya les sieurs comte de Torigny, Lonquaunay et de Vigues l'aisné, se loger entre lesdits villages et Argentan, et les fit soustenir des sieurs de Baqueville et de Larchan d'un costé, et de l'autre du sieur de Beveron; et luy alla avec tout le reste droit à eux, lesquels le soustindrent pour quelque temps; mais en fin, oyans le bruit d'une coulevrine qu'il y avoit fait conduire, ils commencerent à bransler, puis furent chargez si vivement, que ceux qui estoient au premier village, nommé Pierrefite, furent tous rompuz et taillez en pieces, ou prins prisonniers. De là il fit cheminer droit au second village, nommé Villers, lequel fut forcé, et ceux qui estoient dedans traictez comme les premiers. La nuict estoit proche; il n'y avoit point d'apparence pour ce jour de forcer le troisiesme village, nommé Comneaux. M. de Montpensier les fit sommer de se rendre; mais, voyant qu'ils estoient lents à respondre, il fit attaquer leur fort, et l'un de leurs chefs, nommé Beaulieu, qui en estoit sorty, estant pris et amené, ils se rendirent. M. de Brissac et quelque cavalerie, voyant l'effort fait à Pierrefite, firent leur retraicte à Argentan. Le nombre des morts fut de trois mille; il y eut de mille à douze cens prisonniers, entre lesquels se trouverent environ trente gentilshommes. Les principaux estoient le baron de Tubeuf et Beaulieu. Après ceste desfaicte M. de Montpensier s'en retourna à Caën, où du depuis fut transferé la cour de parlement et les autres cours souveraines de Rouën. M. le premier president de Rouën et plusieurs autres presidents et conseillers tenans le party du Roy s'y rendirent pour y exercer leurs charges et offices.

Le Roy, estant à Tours, receut les nouvelles des exploicts de M. de Montpensier en Normandie, et en rendit graces à Dieu; mais, le mesme jour qu'il en eut l'advis, M. de Mayenne, le 25 avril, desfit le comte de Brienne auprès d'Amboise avec ses troupes, composées de plus de mil hommes de pied et de deux cents chevaux. Ceste desfaicte advint de ceste façon. Nous avons dit que M. de Mayenne ne voulut passer par Orleans, de peur de perdre le temps de l'execution de ses entreprises qu'il avoit sur Vendosme et sur Tours. Dez qu'il fut arrivé à Chartres pour aller à Chasteau-Dun, il fait advancer son advantgarde, conduite par M. de Rosne, vers le Vendosmois; le sieur de Maillé Benehard, gouverneur de Vendosme, practiqué de longue main pour estre du parti de l'union, suivant son intelligence, donne entrée à Rosne dans la ville de Vendosme, où il prit prisonniers aucuns de messieurs du grand conseil estimez serviteurs du Roy. Ceste vendition luy cousta toutesfois depuis la vie, car, ayant esté continué gouverneur dans Vendosme pour l'union, sept mois après le roy Henry IV ayant repris ceste ville, il y fut pris prisonnier en estant encor gouverneur, et voulant implorer pour luy sauver la vie la faveur des grands, l'on luy fit reproche qu'il avoit vendu ceste place à l'union. Il s'excusa qu'il n'avoit des forces pour resister à leur armée; mais il demeura comme un muet à ce qui luy fut dit que, le 2 avril, M. le comte de Soissons, par commandement du Roy, passant à Vendosme, luy avoit offert des gens de guerre, et qu'il luy avoit fait responce qu'il n'en avoit que faire. Ceste objection fut la principale cause qu'il eut la teste tranchée.

La prise de Vendosme par l'union incommoda lors grandement les desseins du Roy; car, outre la prison des principaux de messieurs du grand conseil. M. de Mayenne, estant party de Chas-

d'Auvergne, assisté de messieurs de Sourdis, de Liancourt et autres chevaliers des ordres du Roy, le receurent, et l'accompagnans pour aller vers Sa Majesté, au bruit que les archers firent, crians *place! place! voicy le Roy!* la presse se fendit, et si tost que le roy de Navarre vid Sa Majesté, il s'inclina, et le Roy vint l'embrasser.

Les embrassements et salutations reiterées plusieurs fois avec une mutuelle demonstration d'un grand contentement de part et d'autre, le Roy pensant avec le roy de Navarre faire un tour de promenade dans le parc, il luy fut impossible pour la multitude du peuple, dont les arbres mesmes estoient tous chargez. L'on n'entendoit par tout que ces cris d'allegresse de *Vive le Roy!* Quelques-uns crioient aussi *Vivent les Roys!* Ainsi Leurs Majestez, ne pouvans aller de part ny d'autre, rentrerent dans le chasteau, ou se tint le conseil, et y demeurerent l'espace de deux heures.

Au sortir du conseil ils monterent à cheval, et le roy de Navarre reconduit le Roy jusques au pont Sainct Anne, à my-chemin du faux-bourg de La Riche, et prenant congé de Sa Majesté, il s'en retourna passer la riviere de Loire, et alla loger au faux-bourg Sainct Symphorien, en une maison vis à vis du pont de Tours.

Le premier jour de may il entra à pied sur les six heures du matin dans la ville, et vint donner le bonjour au Roy. Toute ceste matinée fut employée en conseil et deliberations d'affaires, jusques sur les dix heures que le Roy alla à la messe, et fut accompagné jusques à la porte de l'eglise Sainct Gatian par le roy de Navarre, qui de là s'en alla visiter les princesses de Condé et de Conty. L'apresdinée se passa à courir la bague le long des murs du parc du Plessis, où le roy de Navarre et tous les princes et grands seigneurs s'exercerent cependant que le Roy estoit à vespres aux Bons-Hommes. Deux jours se passerent en ceste entrevuë, durant lesquels le Roy resolut de faire une armée forte et puissante pour aller assieger Paris.

Pendant ceste entreveuë le duc de Mayenne et son armée estoit au Vendosmois et sur les marches de la Touraine. L'on a escrit que ledit duc avoit de grandes intelligences dans Tours pour y surprendre le Roy, qu'il y avoit nombre de partizans, plusieurs mesmes desquels furent descouverts et punis au mois d'aoust ensuivant, ainsi que nous dirons cy après, et que par leur moyen il pensoit se rendre maistre de Tours, et prendre le roy sans beaucoup de hazard; plus, que, sur l'advis qu'il receut que le roy de Navarre n'estoit plus à Tours, s'en estant allé à Chinon pour faire advancer son infanterie, et voyant que le Roy n'avoit prez de luy dans la ville que sa noblesse, et qu'au faux-bourg de Sainct Symphorien estoient seulement logez douze cents hommes de gens de pied et quelque cinquante chevaux legers, et au faux-bourg Sainct Pierre des Corps le regiment des Suisses du colonel Galatis, qui pouvoit estre de quelque deux mil cinq cents hommes, il jugea que l'absence dudict roy de Navarre luy faciliteroit l'execution de deux desseins qu'il avoit : l'un avec quelques-uns qui estoient auprès du Roy, lesquels devoient mener Sa Majesté se promener aux champs de là le pont, où il seroit fort facile au duc de le prendre par le moyen d'un embuscade. L'autre dessein estoit qu'en cas que le premier ne reüssist, qu'il meneroit toute son armée pour attaquer le faux-bourg Sainct Symphorien, où estoient logez trois regiments françois, et que l'escarmouche se feroit lentement, affin que le Roy pour les secourir y envoyast sa noblesse et les Suisses, et qu'au mesme temps que ses partizans qu'il avoit dans Tours prendroient les armes et sonneroient le tocsain, que luy donneroit de l'autre costé avec toute son armée dans le faux-bourg, qui seroit aisé à prendre pour ce qu'il n'est nullement fermé, estant au pied d'un costeau, et très-facile à y entrer de tous costez, et que, l'ayant pris, la division des habitans luy faciliteroit la prise de la ville et du Roy. Voylà ce qu'ils disent, et voicy ce qu'il advint :

Le 7 de may le duc de Mayenne fit cheminer toute la nuict son armée, et le lundy au matin, après lui avoir faict faire dix grandes lieues, son avantgarde parut sur les huict heures à la portée d'un mousquet du faux-bourg Sainct Symphorien. Le Roy estoit monté à cheval ce mesme matin, à ce persuadé pour la beauté du temps qu'il faisoit; il passe le pont et va droit monter comme pour aller vers La Membrolle. Proche le corps de garde qui estoit au haut du costeau, il y avoit une barricade à l'endroit où le chemin commence à devenir creux, à trente pas de laquelle il rencontra un homme qui revenoit de La Membrole, lequel, le recognoissant, luy dit : « Sire, où allez-vous? Voylà sans doute des cavaliers de la ligue, retirez-vous; » et, ce disant, les luy monstra de si prez, qu'ils se leverent de leur embuscade à cent pas de luy. Le Roy, qui les vid venir droict à luy, se retire : on crie aux armes au premier corps de garde; les soldats bordent incontinent la barricade, là où les cavaliers de la ligue vindrent tirer le coup de pistolet, et y laisserent mort un de leurs capitaines de chevaux legers nommé La Fontaine. Ils se retirerent ayant ainsi failly à prendre le Roy; et l'alarme estant donnée, tous les soldats se rendi-

leurs corps de garde. C'est ce qui a faict à plusieurs qu'il y avoit intelligence et n particuliere.

'anterie du duc de Mayenne arrivée, l'esiche se continua depuis le matin jusques quatre heures après midy. Le sieur de , maistre de camp du regiment des gar-Roy, le sieur de Rubempré et le sieur de aussi maistres de camp des regiments qui : dans ce fauxbourg, s'y rendirent. Le retira en la ville, et, suyvant un advis fut donné, commanda au mareschal mt de demeurer à la porte du pont, et de er aller personne, de quelque qualité it, de la ville dans le fauxbourg, sans rès commandement; plus, il fit entrer es dans la ville, et les fit mettre en arx principales places et advenuës: tout assa sans qu'aucun habitant se meslast Ayant ainsi asseuré la ville, il manda nce de tous costez, tant vers le roy de que au duc d'Espernon à Blois, et augneurs, pour le venir trouver en dili-'andis que tous ses serviteurs se bastent ndre auprès de luy, le duc de Mayenne, ict entretenir lentement l'escarmouche, atre et cinq heures après midy, entra s endroicts dans le fauxbourg, où il trouver une plus grande resistance qu'il ar il avoit faict eslection à chacun des roicts de deux mille de ses meilleurs et avoit departy sa cavalerie en trois ur les soustenir avec le canon, et les s pour le conduire; bref tout estoit si onné, que les barricades furent incontipuës, les corps de garde gaignez et et en moins d'une demie heure il se aistre du fauxbourg. Si la riviere eust e, comme elle le devint douze jours ause des neiges qui se fondirent en Aupeu de soldats se fussent sauvez; mais nt basse ils eurent moyen de se retirer remiere isle du pont, au travers de la cest exploict le duc de Mayenne perle cent soldats, et le Roy prez de deux ous les trois maistres de camp furent lessez; Gerzé fut tué; Grillon eut un quebuze au travers du corps, dont il a y, et est encores à present en vie, quoy les historiens estrangers escrivent qu'il ; et Rubempré y fut blessé aux deux Un des quarante-cinq (1) gentils-homoy fut recogneu mort : ils le pendirent par les pieds, et lui couperent la nature. Tout ce fauxbourg fut pillé, et s'y commit beaucoup de desordre, mesmes dans l'eglise.

Sur les sept heures du soir l'infanterie du roy de Navarre arrivée, une partie fut logée au fauxbourg de La Riche, l'autre fut logée dans deux isles proches du fauxbourg Sainct Symphorien. Toute la nuict arriverent gens de guerre au Roy. La lune estoit belle et claire : les sentinelles du duc de Mayenne voyoient que les sentinelles qui estoient dans les isles avoient des escharpes blanches; ils jugerent incontinent que les troupes du roy de Navarre estoient arrivées : leur proximité les fit parler les uns aux autres; quelques-uns mesmes de commandement d'une part et d'autre s'en meslerent; ceux de l'union leur dirent mille vilenies du Roy, et leur demanderent s'ils n'avoient point souvenance de la Sainct Barthelemy; les autres leur repartirent qu'il estoit leur roy et à eux aussi, et qu'il n'appartenoit qu'à des femmes à dire des injures et non à des soldats, et que, le jour venu, ils verroient s'ils estoient aussi vaillans que mesdisans.

Le duc de Mayenne, asseuré par ces paroles que les troupes du roy de Navarre estoient arrivées, tint conseil, où il prit la resolution de se retirer. Sur les quatre heures du matin, le bouteselle sonné, ceux qui firent l'arriere-garde mirent le feu aux maisons qui estoient des deux costez de l'entrée du pont, et en brusleront les deux premieres arches. Ainsi le duc de Mayenne partit du fauxbourg Sainct Symphorien, et son armée retourna d'une mesme traicte au mesme lieu d'où elle estoit partie. Le lendemain il la fit passer la riviere du Loir, et tirer droict au Mans, où il fut très-bien receu par les Manceaux : de là il alla à Alençon, qu'il assiegea; et après avoir tenu quelque temps elle se rendit à lui. Par ceste reddition le duc r'asseura tous ceux de son party de ces quartiers là, qui sans sa presence estoient fort esbranlez : mais sur la fin du mois de may il fut contraint de s'en retourner vers Paris sur l'advis qu'il receut de plusieurs choses qui y estoient survenuës, ainsi que nous dirons cy-après.

Le Roy voyant le feu aux maisons du bout du pont de Tours, pensoit que le duc l'eust aussi fait mettre dans tout le fauxbourg; mais incontinent l'advis luy estant venu certain de sa retraicte, il y alla, et fit donner ordre d'esteindre ce feu, et n'y eut que douze maisons bruslées. Il envoya prendre langue quel chemin tenoit le duc. Ceux qui y allerent en amenerent quelques soldats prisonniers, et asseurerent le Roy qu'il n'y avoit pas moyen de le suivre, et qu'il tenoit le chemin comme pour aller à Chasteau du Loir.

-Malin. On l'accusoit d'avoir porté les pre-s au duc de Guise.

Ainsi que le Roy estoit encor à regarder le desordre qu'ils avoient faict en ce fauxbourg, le roy de Navarre y arriva, puis tous deux reatrerent dans la ville, et prirent telle resolution que l'union du depuis ne vid plus les bords de Loire avec une si puissante armée. Je diray aussi que le Roy commanda que l'on enterrast leurs morts, et qu'aucuns de leurs blessez qui se trouverent encore dans le fauxbourg, fussent menez à l'hospital et pensez comme les autres, ce qui fut faict.

L'on fit plusieurs discours, tant d'un que d'autre party, sur cest exploict de guerre que fit M. de Mayenne. Les uns disoient que son dessein estoit judicieux, en ce qu'ayant veu l'esmotion de tant de peuples contre leur roy, il estoit expedient qu'il tournast toute leur furie contre Sa Majesté, et que ce n'estoit assez que l'on luy eut faict son procès à Paris, que l'on l'eust prononcé incapable et desgradé, si on ne luy ostoit son sceptre de ses propres mains; et que ce fut pourquoy ledit duc alla droict à Tours, et que si la fortune n'avoit favorisé son dessein, qu'il ne laissoit d'avoir esté judicieusement pris. Les autres leur respondoient que leur proposition eust esté bonne si le duc, après avoir vaincu le Roy, eust esté capable de tenir sa place; mais qu'en ceste esmotion de peuples, les evenements de son dessein ne pouvoient estre autres que de faire tomber le sceptre de son roy entre les mains du populaire, lequel se fust divisé incontinent par petits cantons ou gouvernements, à la ruine et dissipation de l'heritage des roys de France, et au mespris et des-honneur de la nation françoise, laquelle n'ayant plus de roy ni de chef, eust esté moquée et mesprisée par toutes les autres nations. Aucuns alleguoient qu'en France le nombre de cavalerie est ce qui fait gaigner ou perdre les batailles; que le duc de Mayenne n'eust sceu avoir douze cents chevaux, entre lesquels il n'y en avoit pas huict cents de combat; qu'il avoit un très-grand nombre d'infanterie, peu de vieux soldats et de vieux capitaines, et que c'estoient presque tous gens nouvellement levez parmy l'esmotion du peuple, nul chef de guerre en toute son armée que luy qui fust capable de la conduire, advenant faute de sa personne; qui estoit la cause qu'il avoit tasché de l'employer avant que le Roy eust joinct ses forces, lesquelles dans peu de temps devoient estre grandes; mais que, n'ayant peu faire reussir son dessein, il s'estoit retiré au Mayne, attendant encor des troupes de cavalerie qui lui venoient de Picardie et de Champagne, avec lesquelles il esperoit estre aussi fort que le Roy. Mais ces troupes ayant esté desfaictes par les royaux, ainsi que nous dirons cy-après, il fut contraint de s'en retourner vers Paris.

Au contraire, sur le bruit de sa retraicte, toute la noblesse de France accourut auprès du Roy, qui, de resserré qu'il estoit presque dans la ville de Tours, devint en un moment le maistre de la campagne : ce qui fit que toutes choses se changerent. Sa Majesté despescha en Angleterre et en Allemagne pour avoir des gens de guerre. Il manda au sieur de Sancy qu'il hastast la levée des six mille Suisses, et qu'il s'acheminast droict vers Paris, où il esperoit estre dans un mois. Il fit advancer le roy de Navarre à Boisgency avec toutes ses troupes. Il envoya le comte de Soissons et le sieur de Laverdin en Bretagne; et luy, sur le bruit qu'il eut que les partizans de l'union se vouloient eslever dans Poictiers, il partit de Tours pour y donner ordre et faire advancer les troupes qui luy venoient de Guyenne. Du succez de toutes ces choses nous le dirons, mais que nous ayons dit ce que fit le pape Sixte en ces remuëments de la France.

Le pape Sixte et toute la cour romaine furent fort faschez de la mort de messieurs de Guise, pour ce qu'ils les estimoient estre les fermes colonnes pour soustenir la religion catholique en France, et sur tout ils se sentoient offensez de la mort du cardinal de Guise. Le Roy, d'un costé, et l'union de l'autre, envoyerent leurs agents à Rome pour faire entendre à Sa Saincteté l'occasion des troubles de la France. Le Roy y envoya M. l'evesque du Mans, et ceux de l'union deputerent messieurs le commandeur de Dieu, l'abbé d'Orbays, le conseiller Coqueley, et le doyen de Reims, pour y aller. Ils arriverent tous presque en mesme temps à Rome, et s'addresserent les uns et les autres aux cardinaux de Sainct Severin et de Montalto, qui avoient la charge des affaires de France prez Sa Saincteté.

M. l'evesque du Mans, en l'audience qui luy fut donnée, presenta au Pape la lettre du Roy, dans laquelle estoient les raisons qui avoient meu Sa Majesté de faire chastier les duc et cardinal de Guise d'une façon extraordinaire, comme seditieux; le priant de luy ayder pour renger le reste des rebelles de son royaume en leur devoir et le mettre en paix. Le Pape, à la lecture de ceste lettre, monstra un grand mescontentement de visage et de parole, et, suyvant l'opinion qu'il en avoit prise dez les premieres nouvelles qu'il receut de leur mort, il dit à l'evesque du Mans qu'il n'estoit point question de juger si messieurs de Guise estoient criminels de leze-majesté contre le roy de France, mais si le Roy pouvoit faire mourir un cardinal et en retenir un

autre prisonnier sans son consentement, veu qu'il sçavoit bien qu'il n'y avoit que les papes qui eussent puissance souveraine sur les cardinaux, et que le Roy ayant fait mourir un cardinal sans son consentement, et en tenant un autre prisonnier, il avoit offensé grandement le Sainct Siege, et que si le cardinal de Guise avoit conspiré contre luy, il le devoit faire mettre prisonnier comme il avoit faict les autres princes. L'ambassadeur de France, prenant la parole, remonstra à Sa Saincteté fort particulierement la grande authorité que messieurs de Guise avoient usurpée en France, le danger qu'il y eust eu de les tenir prisonniers, et mesmes que c'eust esté chose impossible au Roy de le faire, et que si pour le faict du cardinal Sa Saincteté jugeoit que le Roy meritast absolution, qu'il la luy demanderoit. Les exemples de plusieurs empereurs et roys qui avoient fait mourir des cardinaux pour avoir entrepris contre leurs Estats furent remonstrées à Sa Saincteté, et mesmes celle de Ferdinand dernier empereur, qui fit tuër le cardinal George en Hongrie, quoy que le consistoire fust fort aigry contre luy, pour ce que peu auparavant il avoit mesmes rescrit en sa faveur pour le faire cardinal, et toutesfois, après que Ferdinand eut faict remonstrer au consistoire les intelligences particulieres que le cardinal avoit avec ses ennemis, il en obtint absolution. Toutes ces raisons ne furent niées par le Pape absolument : aussi n'accordoit-il la demande du Roy, mais il remit la cognoissance de cest affaire aux cardinaux de la congregation de France.

Les agents de l'union à Rome cependant enflammerent et accreurent fort par paroles le desdain que le Pape et les cardinaux avoient contre le Roy pour avoir fait tuèr un cardinal. Ils disoient une infinité de circonstances pour exagerer la gravité du faict, et que le Roy, non content d'avoir fait tuer de tels princes très-utiles serviteurs de la religion et de l'Estat, avoit faict brusler leurs corps après avoir esté estendus deux jours sur la place pour en faire trophée. Ils excusoient feu messieurs de Guise, soustenoient qu'ils estoient innocents, et que le Roy avoit violé la foy publique, et la franchise et liberté des estats generaux.

L'ambassadeur de France se plaignit à Sa Saincteté des paroles et des pratiques dont usoient les agents de l'union, et le supplia de ne les escouter, pour ce qu'ils estoient rebelles au Roy, et qu'il leur devoit desnier toute audience.

Le Pape, ayant entendu les grands remuëments qui se faisoient en France, et voulant voir ce qu'il en adviendroit, luy dit qu'il estoit pere commun, qu'il escoutoit les oppressez, mais que d'embrasser leur cause qu'il ne le feroit pas sans l'avoir meurement advisé.

Les ministres de France à Rome trouverent ceste response de Sa Saincteté estre contraire à la souveraine puissance de leur prince, et qu'elle estoit contre ceste maxime generale observée entre tous les roys et princes souverains, qui est de ne supporter les subjects rebelles les uns des autres pour quelque occasion que ce soit; aussi que de tout temps il a esté observé en France que les subjects ne se peuvent addresser qu'au roy seul pour faire leurs plaintes, et luy seul y peut donner l'ordre tel qu'il trouvera bon par son conseil.

Plus, ils advertirent incontinent le Roy de ceste response du Pape et des practiques des agents de l'union à Rome, et comme ils faisoient courir un bruit que Sa Majesté avoit joinct ses forces avec les huguenots, et qu'il n'y avoit plus de distinction des troupes les unes des autres; *item*, que si Sa Majesté se servoit ouvertement du roy de Navarre, que le Pape sans doute approuveroit, au premier advis qu'il en recevroit, le party de l'union. Ce fut pourquoy quelques-uns du conseil du Roy, au commencement que l'on parloit de faire une trefve avec le roy de Navarre, n'estoient de ceste opinion.

L'union en France receut aussi cest advis, et que tout leur remuëment ne se pouvoit approuver à Rome, si le Roy ne se servoit des heretiques : ce fut aussi une des principales causes qui les fit haster d'aller assaillir le Roy, qu'ils sçavoient estre à Tours sans forces, et par ce moyen le contraindre de se servir des forces du roy de Navarre pour se deffendre d'eux, affin qu'ils obtinssent à Rome leurs intentions.

Le Roy, qui se void en necessité, de deux maux se resoult d'esviter le pire; il accepte le secours du roy de Navarre pour se sauver de la fureur de l'union, ainsi que nous avons dit; et ceux qui le luy persuaderent par raisons d'Estat luy remonstrerent que les derniers empereurs et roys s'estoient servis des heretiques, et mesmes des Barbares et Turcs, pour se deslivrer de l'oppression de leurs ennemis.

Aussi-tost que la trefve fut publiée entre le Roy et le roy de Navarre, les agents de l'union à Rome poursuivirent, envers le Pape et les cardinaux, l'approbation de la levée de leurs armes, et de tout ce qu'ils avoient faict contre le Roy, requerans une bulle d'excommunication contre luy. Le Pape eut à grand courroux ceste trefve, et d'autant plus qu'elle estoit avec le roy de Navarre, contre lequel il avoit fait publier une excommunication, laquelle il avoit tellement prise à cœur, qu'il avoit faict r'imprimer le *Cours-Canon* exprès pour l'y faire inserer, et creut lors tout ce que les agents de l'union luy dirent touchant l'estat de la France, et principalement que le Roy estoit perdu, et que tout son peuple s'estoit revolté, ce qui n'estoit qu'en partie : cela fut occasion qu'il denia toute audience aux ministres de France, et que, le 24 may, il fit afficher dans Rome un monitoire dans lequel il commandoit que, deux jours après la publication de ce monitoire en six villes de France y denommées, que le Roy eust à mettre en liberté M. le cardinal de Bourbon et l'archevesque de Lyon, et l'en faire certain par instrument authentique, sinon qu'il l'excommunioit; et que, dans soixante jours aussi après il eust à comparoir à Rome en personne ou par procureur pour luy, affin de declarer les raisons pourquoy il ne devoit estre excommunié pour avoir faict tuër le cardinal de Guise; aussi qu'il eust à dire pourquoy ses subjects ne devoient estre delivrez du serment qu'ils luy devoient. Plus, il cassoit tous les privileges des roys de France par lesquels ils pouvoient, par d'autres que par Sa Saincteté, estre absous de telle excommunication.

A ce monitoire les catholiques royaux ont faict plusieurs responses depuis la mort du Roy, pour verifier qu'il avoit esté donné contre toutes les formes et considerations en tel cas requises, quand mesmes il n'auroit esté faict que pour un simple particulier : aussi on en appella dèslors comme d'abus à un futur concile et au Pape mieux informé, ce qui se praticque d'ordinaire en France quand les papes entreprennent contre l'authorité des roys et les privileges de l'Eglise Gallicane, ou ordonnent quelque chose qui ne soit conforme aux saincts decrets. Et d'autre part les docteurs de la Sorbonne de Paris, qui estoient de l'union, et qui avoient declaré le Roy absolument excommunié, ne l'appellant plus que Henry de Valois; et mesmes qui avoient declaré les François libres de tout serment de fidelité envers Sa Majesté, ne furent point aussi contens de ce monitoire, pource que dans iceluy Sa Saincteté appelloit le Roy *Très-Chrestien*, et ne le declaroit point absolument excommunié comme ils avoient faict; tellement que leur excommunication n'estant point confirmée par le Pape, ils demeuroient tousjours en qualité de rebelles.

Ce monitoire fut donné à la poursuitte des ennemis du Roy; le pape Sixte le leur bailla pour le faire publier, et leur promit de les assister de biens spirituels et temporels. Nous verrons à la suite de ceste histoire ce qui en advint, et comme Sa Saincteté, ayant recogneu les subtils desseins de ceux de l'union, en eut de grosses paroles avec les ministres d'Espagne à Rome; ce que plusieurs ont escrit avoir esté cause de sa mort.

Nous avons dit que le Roy avoit envoyé pour tirer secours d'Angleterre, lequel n'arriva en France si tost que l'on esperoit, pour l'estat auquel estoient lors les affaires d'Angleterre. L'an passé les Anglois avoient demeuré sur la deffensive contre les Espagnols, et la grande armée navalle d'Espagne se trouva dissipée sans avoir faict aucun exploict memorable, et au mois de may de ceste année les Anglois allerent attaquer les Espagnols en Galice et en Portugal, où leur dessein ne leur succeda pas gueres mieux qu'il avoit faict aux Espagnols. Voicy ce qu'il en advint : Après qu'il eut esté disputé long temps au conseil d'Angleterre sur la requeste qui y fut presentée par les chevaliers Norreys et Drac, par laquelle ils supplioient la Royne de faire quelque entreprise contre l'Espagnol, les uns soustenans qu'il estoit plus seur de n'entreprendre rien et de demeurer cois, les uns disans le contraire, et qu'il falloit tirer raison de l'Espagnol, qui estoit venu pour les attaquer jusques dans leur pays, en fin les Anglois tumberent d'accord de faire une armée de mer. Sur cest accord survint une difficulté pour resoudre quelle route prendroit leur armée. Dom Antoine, qui se disoit roy de Portugal, chassé par celuy d'Espagne, estoit lors en Angleterre. Il proposa au conseil que la noblesse et le peuple de Portugal ne desiroit rien tant que son retour, qu'infailliblement ils luy fourniroient argent, armes et vivres; qu'il ne demandoit autre chose aux Anglois, sinon qu'ils le missent à bord en son royaume. D'autres au contraire proposerent le voyage des Indes. On consulta long temps là dessus. Il fut resolu de faire voile droict en Portugal : leurs raisons furent que, quand on auroit taillé de la besongne au roy d'Espagne en Portugal, il seroit plus aisé de l'assaillir ez Indes, ou dedans l'Espagne mesme. Ceste resolution prise, l'equipage se dressa, les chevaliers Norreys et Drac furent esleus chefs, et le rendez-vous pour faire voile fut donné à Plimouth.

Le dix-huictiesme d'avril, les chefs, capitaines et soldats entrerent alaigrement dans les navires, crians tous : *Espagne! Espagne!* La flotte se trouva composée de six grands navires de charge, de vingt navires de guerre, et de sept vingts autres vaisseaux bien equipez, dans lesquels s'embarquerent de quinze à seize mil hommes de guerre. Outre les deux chefs, s'embarquerent aussi ledit roy dom Antonio, Emmanuël son fils, le comte d'Essex, qui alla en ce voyage sans congé de la Royne, Gauthier d'Evoreux son frere, colonel de la cavalerie, Roger Guillaume, colonel de l'infanterie, Edoüard et Henry de Norreys, et plusieurs gentils-hommes et capitaines anglois et hollandois, lesquels embarquez, la flotte partit du port de Plimouth, et, prenant la route d'Espagne, un vent de traverse la poulsa, le 24 d'avril, vers le port de Crogne (1) en Galice.

Le roy d'Espagne ayant eu advis de la levée de ceste armée, et que leur dessein estoit de descendre en Portugal, il manda premierement au cardinal Albert d'Austriche, qui en estoit gouverneur pour luy, de s'asseurer de tous ceux qu'il estimeroit favoriser le party de dom Antonio, de quelque qualité qu'ils fussent, et aussi qu'il desarmast le menu peuple, affin qu'il ne peust rien entreprendre, ny favoriser son ennemy. Le cardinal obeyt si bien à ces commandements, que l'execution d'iceux fut la seule cause du peu d'effect que fit l'armée des Anglois en Portugal.

Secondement, pour opposer la force contre la force, il fit dresser une armée de laquelle il fit le comte de Fuentes chef et general; mais, comme il estoit un roy prevoyant et advisé, il osta de leurs charges tous ceux qui avoient mal faict en l'armée qu'il avoit envoyé en Angleterre l'an passé, et en leur place y en mit d'autres. Ferrand Lopez fut desmis de sa charge de maistre de camp general, et en sa place il mit François de Padiglia; en l'estat de François de Guevare, qui estoit pourvoyeur general, il en pourveut André d'Alve, et donna la charge de colonel de la cavalerie à Alphonse Vargas, et de l'auditeur à Jean Maldonat. Toute son armée arrivée en Portugal fut mise comme en garnison aux principales places.

Aussi, le long des costes de la Biscaye et de la Galice, ledit roy d'Espagne avoit envoyé advertir ses gouverneurs de garnir tous les ports de mer, et de les faire munir de toutes choses necessaires pour resister aux Anglois. Jean Pacheco, marquis de Cerralvo, gouverneur de Galice, s'estoit rendu à Crogne, qui est un des principaux ports de Galice, et est une ville divisée en deux, sçavoir en haulte et basse ville, chacune desquelles a ses murailles et fossez à part, la basse estant ceinte tout autour de la mer, excepté du costé d'en haut; lequel, voyant que les Anglois avoient pris terre et faisoient descendre dix mil hommes qu'il rengerent incontinent en bataille, fit sortir une troupe d'Espagnols à l'escarmouche; mais, ayans esté contraincts de se retirer, tout le reste de ce jour et le lendemain ce ne furent que sorties et escarmouches à la faveur du canon que l'on tiroit, tant des deux galleres et d'un gallion qui estoient au port, que de la haulte et basse ville et du fort. Les Anglois, en estans incommodez; se resouldent de se rendre maistres de ceste place : le 26 ils se preparent de donner, par terre et par mer, un assaut à la basse ville, ce qu'ils executerent si courageusement qu'ils s'en rendirent maistres en moins d'une heure et demie, et contraignirent les Espagnols qui eschaperent la fureur de leurs armes de se sauver en la haulte ville. Ainsi ceste place fut pillée, les vaisseaux qui estoient au port, gaignez; le galion de Ricalde fut bruslé par ceux qui estoient dedans, affin que les canons, les boulets et tout ce qui estoit dedans ne tumbast entre les mains de leurs ennemis. Les Anglois firent dans ceste basse ville un grand butin de vivres, de munitions de guerre, et de cent cinquante canons de tous qualibres. Les Espagnols qui s'estoient sauvez en la haute ville s'y remparerent, et brusierent quelques maisons qu'ils jugerent les pouvoir incommoder, et par ce moyen les assiegez et les assiegeans se preparerent de se deffendre et d'assaillir.

Le marquis de Ceralvo, sommé par un trompette anglois de rendre la haute ville, respondit qu'il n'en feroit rien ; mais il advint que ce trompette en se retirant fut tué d'une mousquetade. Le marquis à l'heure mesme fit pendre sur la muraille celuy qui avoit tiré le coup, avec un escriteau : ce que les Anglois ayant veu, firent estime de la justice du marquis, et luy proposerent l'eschange de quelques prisonniers. Il leur respondit qu'il n'avoit nulle charge de cela, les suppliant seulement qu'ils traictassent bien le capitaine Jean de Luna qui estoit tombé leur prisonnier, et qu'il en feroit de mesme aux Anglois qu'il tenoit, auxquels il feroit bonne guerre.

Les Anglois, ayant planté leur artillerie, battent la haute ville et font jouër une mine, laquelle ayant remply les fossez, ils se presenterent pour aller à l'assaut; mais ils furent vaillamment repoulsez par les Espagnols. Spencer, maistre de l'artillerie des Anglois, et le capitaine Goodvin, pensant monter à la bresche, furent tuez.

Norreys voulut tenter derechef, pour pouvoir gaigner ceste place, d'y faire donner un assaut; il fait derechef travailler à la mine et recommencer sa batterie; mais, voyant qu'il consumoit le temps et perdoit ses gens en vain, du nombre desquels il s'en falloit desjà plus de mille, se resolut de lever le siege, et de faire rembarquer ses gens, son artillerie et son butin.

Au levement de ce siege les Espagnols fire[illegible]

(1) La Corogne.

une sortie où de part et d'autre il y en eut beaucoup de tuez ; le frere du general Norreys y fut blessé et plusieurs autres. Les Anglois ayans buslé toute la basse ville firent voile le 19 may, et sept jours entiers les Espagnols n'eurent point de leurs nouvelles, jusques au 26 de may que toute la flote fut veuë vers la coste de Portugal, où ils prirent terre prez le chasteau de Peniche, distant de treize lieuës de Lisbone, et y firent descendre quatre mille soldats et quelque cavalerie, avec quelques pieces de canon dont ils battirent Peniche qui se rendit incontinent à eux ; puis ayans faict encor descendre six mille soldats en terre, ils donnerent la chasse à quelque cavallerie espagnole qui estoit venuë pour deffendre ces rivages.

Le general Norreys, ayant laissé la conduite des navires à Drac [lequel, suivant ce qu'ils avoient resolu, s'en alla à Cascais, où il se rendit maistre du chasteau et prit quantité de vaisseaux allemans et bretons qui estoient au port, chargez de plusieurs sortes de marchandises], mena l'armée droict à Lisbone : il avoit avec luy ledit roy dom Antonio. Leur premier logis fut à Lorygna, le lendemain à Torres-Vedras, de là a Sainct Sebastien, et puis ils se vindrent loger aux fauxbourgs de Bonavista de Lisbone. Ils n'approcherent point de si prez sans estre souvent attaquez de la cavalerie du comte de Fuentes, qui, suivant le commandement qu'il avoit, ne hazardoit nullement ses troupes en gros, ains seulement par compagnies particulieres, pour tenir tousjours en cervelle les Anglois, et leur empescher toutes les commoditės qu'ils pourroient tirer des paysans, dont il y en eut quelques uns, mais en petit nombre et sans armes, qui s'en allerent trouver leur roy dom Antonio en l'armée des Anglois.

Le general Norreys, s'estant campé en lieu fort auprès de Lisbone, attendoit quelque remuement dans ceste ville par les partisans de dom Antonio; mais le bon ordre qu'y avoit donné le cardinal d'Austriche, comme nous avons dit, et la punition qu'il fit faire de quelques-uns qui se vouloient souslever, espouvanterent tellement les autres que pas un ne bougea. Sept jours passés, Norreys, voyant les paroles et promesses de dom Antonio estre sans effect, et perdant tous les jours aux escarmouches quelques-uns des siens, entre lesquels avoit esté tué le colonel Beett et autres, se doutant bien que les Espagnols ne taschoient qu'à luy empescher de pouvoir recouvrir des vivres en son armée, et qu'ils ne vouloient hazarder un combat puis qu'ils avoient mis tous leurs gens de guerre dans les forteresses, se resolut de se retirer. Dom Antonio le pria d'attendre encores un jour, ce qu'il accorda ; mais durant ce jour n'y estant rien survenu de nouveau, Norreys avec l'armée se retira vers les navires à Cascais. Le comte de Fuentes ne le voulut laisser retirer sans compagnie : il mande son armée de tous costez pour l'incommoder en sa retraicte; mais l'ordre et la diligence de Norreys fut telle, qu'à la barbe du comte de Fuentes et de l'adelantado de Castille, qui estoit descendu sur le Tage avec quelques vaisseaux armez pour donner sur la queuë de ceste armée, Norreys fit rembarquer ses gens, dont il trouva faute de trois mille, mit le feu dans la forteresse de Cascais, et ainsi fit voile pour retourner en Angleterre, où il arriva au mois de juillet avec dom Antonio.

Les historiens espagnols ont escrit que le plus grand trophée que les Anglois laisserent en Portugal de tout ce grand appareil, fut la ruine qu'ils firent de plusieurs belles eglises. Or les Anglois s'estoient mocquez l'an passé des Espagnols, qui pensoient que l'Angleterre n'eust la force de resister à leur grand'armée, avec laquelle ils vouloient y mettre pied, et, par la prise des armes que feroient les catholiques anglois en mesme temps, se faciliter la conqueste de ceste isle; mais, par la vigilance de la Royne, nul catholique ne s'y remua, et les Espagnols y perdirent leur peine et plusieurs vaisseaux, avec quelques milliers de soldats, dont le mauvais temps qu'ils eurent en mer fut la principale cause. Les Anglois avoient ceste erreur pour se donner garde de faire la mesme faute; mais elle ne leur profita de rien, et allerent broncher à la mesme pierre, qui fut de penser conquester le Portugal sous opinion de faire revolter quelques Portugais du party de dom Antonio ; et, voulans executer leur entreprise, ils furent contraints, après la perte des frais d'une si grande armée, s'en retourner en Angleterre, ayant perdu la moitié de leur armée, plus par maladies qui s'engendrerent parmy eux, que non pas par l'espée, et sans avoir faict aucun effect de profit. Voylà tout ce qui advint ceste année en l'entreprise que firent les Anglois contre les Espagnols. Voyons, devant que retourner en France, ce qui se passa aussi au commencement de ceste année entre ledit roy d'Espagne et les estats des Provinces-Unies de Holande.

Affin de mieux entendre en quel estat estoient les affaires des Pays-Bas en ceste année, il ne sera hors de propos de faire un petit recit de ce qui s'y est passé aux années precedentes. Après la mort, advenuë l'an 1584 à Chasteau-Thierry, de M. le duc d'Anjou frere du Roy, qui avoit esté declaré et receu dans Anvers duc de Brabant

landres, et de celle du prince d'O-
iné un mois après dans Delft, le-
pitaine general et gouverneur des
illes qui avoient secoué le joug de
Pays-Bas, les estats generaux des-
s et villes se trouverent, sur la fin de
bien troublez pour estre destituez de
uverneur. Toutesfois, pour resister
efforts du roy d'Espagne, ils nom-
eur gouverneur et capitaine gene-
aurice, second fils dudit feu prince
gé seulement de dix-huict ans, et
enant le comte de Hohenloo.
le Parme, lieutenant general pour
gne, ayant prins Dendermonde,
ir accord, assiegé Anvers, et estant
campagne, donna merveilleuse-
r auxdits estats, lesquels, après
mblées pour se resoudre à qui ils
lonner, sçavoir : ou à la couronne
'rance, dont la plus-part de leurs
ient de tout temps relevé comme
gneurs et princes souverains, et
comtes de Flandres et d'Artois
urs faict hommage, jusques au
eur Charles V, ou bien de se don-
nne des roys d'Angleterre ; leur
longue, pource que les uns souste-
France, les autres pour l'Angle-
ections d'un party et d'autre es-
s sur plusieurs raisons d'Estat.
lurent de se donner à la France et
terre, pource que la Royne n'a-
uccesseur asseuré, et que la France
it jamais par l'ordre ancien du
quel le premier prince du sang
jours, et aussi que le roy de Na-
it le successeur du roy de France,
religion.
e temps lesdits estats envoyerent
Elisabeth d'Angleterre la supplier
r secours ; mais elle, ayant eu ad-
putez desdits estats s'estoient ache-
nce pour s'offrir au Roy, y envoya
by, prince du sang royal d'Angle-
pur confirmation d'amitié avec le
ur luy apporter l'ordre de la Jar-
r luy recommander la cause des
quelle elle luy conseilloit d'embras-
oup de raisons qu'elle luy fit pro-

er l'an 1585, le prince d'Espinoy,
le comme chef desdits deputez des
ix en l'audience que le Roy leur
it qu'il pleust à Sa Majesté les
eux et leurs provinces et commu-
nautez, comme ses subjects et vassaux qu'ils desiroient estre, et que, sous certaines bonnes conditions, ils estoient prets de s'obliger à luy, sans aucune restriction ny reserve, mesmes de la Holande et Zelande, qu'ils avoient autresfois accordée au prince d'Orenge et à ses hoirs, laquelle reservation ils avoient recognu avoir esté le seul motif de la jalousie conceue contre eux par le conseil de feu Monsieur, frere de Sa Majesté, et leur dernier duc.

Ces deputez furent receus benignement, et donnerent leurs propositions par escrit ; mais le roy d'Espagne, qui vid que le Roy pouvoit en acceptant cest offre reduire sous sa puissance les Pays-Bas, practiqua par intelligences plusieurs princes et seigneurs en France pour faire une ligue sur les pretextes que nous avons dit cy-dessus, et traicta avec eux et leur bailla de l'argent.

Le Roy, qui est adverty de ces practiques faictes par l'Espagnol en son royaume, fut conseillé de ne se mesler nullement des affaires des Pays-Bas, et de n'innover rien en la paix qu'il avoit avec l'Espagne. Ce fut pourquoy il leur fit response qu'il ne les pouvoit recevoir sous sa protection, ny ne leur pouvoit donner secours en aucune façon, et ne vouloit enfraindre la paix entre la France et l'Espagne. Mais quoy que Sa Majesté rescrivist depuis au roy d'Espagne et au duc de Parme, et leur mandast qu'il avoit refusé l'offre des Flamans, les Espagnols ne laisserent de continuer leurs practiques en France, et ont entretenu, par le moyen de leurs doublons, la rebellion d'une partie des François contre leur Roy, qui par ce moyen a tousjours eu du depuis la guerre jusques à sa mort.

Ainsi les Flamans, refusez par le roy de France, eurent recours à la royne d'Angleterre, laquelle, après plusieurs raisons et difficultez disputées en son conseil, ne les voulut recevoir pour subjects et vassaux ; mais elle se declara bien protectrice des Pays-Bas restez en l'union generale, sçavoir de la Holande, Zelande, Utrecht, Frise, et autres pays unis, et ce, sous certaines conditions. Les principales estoient que lesdits estats luy delivreroient, pour l'asseurance des deniers qu'elle desfrayeroit, pour l'entretien de l'armée qu'elle envoyeroit ez Pays-Bas, les places de Flessingue, Rameken et La Briele : ce qu'ils firent le 29 d'octobre. Et ainsi la royne d'Angleterre fut declarée protectrice desdits estats, où elle envoya le comte de Leycestre, fils du duc de Northumbellant, avec une armée, lequel y fut declaré gouverneur general de la part de ladicte Royne. Et ainsi le prince Maurice se desmit de la charge de capitaine general que les estats luy avoient donnée après la mort de son pere.

Le comte de Leycestre fut receu fort magnifiquement par toutes les villes de Holande et des autres Provinces Unies; mais, voulant tenir absolument le gouvernement de toutes leurs affaires, il s'engendra entre luy et lesdits estats une infinité de jalousies, et des desfiances si grandes, que tout alla de mal en pis pour eux. Or le prince de Parme, dez le mois d'aoust en 1585, avoit pris Anvers, et chassé ceux du party des estats hors de Bruxelles et de plusieurs villes qu'ils tenoient. Plusieurs mesmes de la noblesse desdits estats s'estoient raccommodez avec le roy d'Espagne. Et, en l'an 1586, ledit prince de Parme, continuant ses exploicts, avoit reprins Grave, Venloo, Nuys, et plusieurs autres places, cependant que le comte de Leycestre, estant à Utrecht, vouloit executer son premier dessein de cognoistre de toutes choses concernant l'estat des Pays-Bas, et ayant fait mettre prisonniers quelques uns dudit conseil d'Estat des Provinces Unies qui luy avoient esté ordonnez pour conseillers, et ce suivant leurs privileges et libertez qu'ils disent avoir; ce qui fut un commencement de la haine qu'ils luy porterent, et qui continua à cause qu'il donna aux Anglois les principaux estats et charges de la guerre, dont les seigneurs qui avoient tousjours esté affectionnez à la maison de Nassau s'en plaignirent.

Sur la fin de l'an 1586, ledit comte de Leycestre estant mandé par la Royne d'aller en Angleterre, il s'y en retourna. Peu après qu'il y fut, les estats des Provinces Unies escrivirent à la Royne plusieurs plaintes touchant son gouvernement; et du depuis la Royne, pour estre mieux informée de tout, envoya à La Haye en Holande le sieur de Buchort et quelques siens conseillers pour entendre et appaiser ces differents. Mais les plaintes des estats furent augmentées par la perte du grand fort de Zutphen et de Deventer que deux Anglois rendirent à l'Espagnol, lesquels ledit comte de Leycestre y avoit mis pour y commander, ce qui fut suivy par la reddition aussi de la ville de Oueldres par un Escossois que le comte de Leycestre avoit eu envie de desapointer de son regiment. Et pour combler le boisseau de l'infortune des estats, le duc de Parme mit le siege devant l'Escluse.

Or les estats qui s'estoient assemblez à La Haye au mois de fevrier en ceste année 1587, pour remedier à leurs affaires, creerent gouverneur general le prince Maurice en l'absence du comte de Leycestre, avec commandement à tous leurs gens de guerre, et non à ceux de la royne d'Angleterre, de luy obeyr. Le prince Maurice et le comte de Hohenlo, pensant destourner le siege de L'Ecluse, font une course en Brabant, et portent le feu par où ils passent : tout cela n'estoit assez pour faire lever le siege au prince de Parme; les estats avoient bonne volonté, mais ils n'estoient assez forts d'eux mesmes sans le secours d'autruy.

La royne d'Angleterre jugeant, par le siege de L'Escluse, que le duc de Parme avoit ses desseins tournez pour se rendre maistre des villes et ports le long des costes de la mer de Flandres, et que cela luy importeroit de beaucoup, y envoya du secours promptement, lequel y entra; plus, elle fit lever nouvelles troupes, et renvoya aux Pays-Bas le comte de Leycestre, lequel arrivé en Zelande, pensant recouvrir l'honneur que l'on luy avoit interessé par les plaintes qu'aucuns des estats avoient faictes de ses deportements, entreprint de secourir L'Escluse par mer, et d'assaillir le havre occupé par l'Espagnol; mais les capitaines zelandois, mal volontaires en son endroit, furent cause que son dessein ne fut executé : nonobstant ceste desobeyssance, il va à Ostende, et espere secourir par terre L'Escluse. Avec cinq mil hommes de pied il tire vers le fort de Blankeberghe, qu'il assiegea avec deux pieces de campagne. Le duc de Parme en estant adverty, avec une partie de son armée luy vint au devant, et le comte de Leycestre le sentant approcher leva sa batterie, et se retira dans Ostende; mais son arrieregarde fut très mal traictée par le duc de Parme, qui peu après ceste retraicte receut L'Escluse à composition.

Ceste perte augmenta de beaucoup les murmures entre le comte de Leycestre et les estats, et, en l'assemblée generale qui fut tenuë à Dordrecht de toutes les Provinces Unies, pour accorder leurs differents et donner un bon ordre à l'advenir, on luy presenta par escrit quelle estoit l'authorité des estats des Pays-Bas, et quelle devoit estre sa charge de gouverneur general. Mais, au contraire de se pouvoir accorder, le comte de Hohenlo refusa d'obeyr audit comte de Leycestre, et ceste assemblée se finit par apologies et invectives qu'ils firent imprimer les uns contre les autres, et continuerent tellement, que Leycestre se voulut emparer de Leyden pour la royne d'Angleterre. L'entreprise descouverte, et les entrepreneurs, desadvouez dudit comte, furent executez par justice. Mais de plus en plus les divisions et partialitez se continuerent entr'eux, et la Royne fut contraincte de r'appeller du tout Leycestre en Angleterre, lequel, obeyssant à ce commandement, partit le 14 novembre de Zelande, et se rendit incontinent à Londres.

Les estats et la plus-part de leurs gens de guerre, resolus de n'obeyr plus à Leycestre comme à leur gouverneur, se trouvent en nouvelle peine, car les capitaines de plusieurs places fortes ne veulent recognoistre d'autre gouverneur que luy. Ils sont tous à la veille de jouër des cousteaux les uns contre les autres : ce qui eust esté un grand advantage pour l'Espagnol, qui cependant entretenoit la royne d'Angleterre d'un accord, et mesmes les deputez d'une part et d'autre se trouverent à Bourbourg en Flandres : mais n'ayans peu rien faire, l'on ne parla plus en Angleterre que de se preparer à se deffendre contre la grande armée que l'on dressoit en Espagne pour la venir envahir.

Le prince de Parme d'autre costé faisoit fouyr des nouveaux canaux en Flandres, et y faisoit faire une sorte de navires à fond plat, appellés *pleytes*, pour en garnir les villes maritimes de Dunquerke et Nieuport, et aussi affin de s'en servir pour se joindre à l'armée d'Espagne. Bref, les preparatifs de ceste grande armée servirent de beaucoup aux estats des Provinces Unies pour reprendre leur authorité; car quelques-uns ont estimé que le voyage que fit en ce temps là l'admiral Haward en l'isle de Valchren avec dix navires de guerre, n'estoit que pour se saisir du prince Maurice, accusé en la cour d'Angleterre, par le comte de Leycestre et par le sieur de Russel, de s'estre voulu rendre maistre de Flessinghe, et d'estre la cause, avec ceux qui le supportoient, des executions à mort que l'on avoit faictes à Leyden, et de ce qu'ils tenoient comme assiegé Medemblyk, et declaroient ennemis tous ceux qui portoient de l'affection aux Anglois. Mais le prince à l'arrivée de l'admiral se retira vistement à Middelbourg, et en partit à l'instant pour s'en aller en la flotte des navires de guerre que les estats entretenoient devant le fort de Lilloo, où ledit sieur admiral envoya vers luy deux siens parens pour luy dire qu'il avoit charge de la part de la Royne de traicter avec luy, affin de faire mettre bas toutes les deffiances et jalousies. Le prince s'en excusa honnestement d'y aller, et fit response que ces accords se devoient faire avec les estats generaux, et non avec luy. Peu après il rescrivit à la Royne plusieurs plaintes touchant ses terres patrimoniales, occupées par ceux qui se disoient serviteurs de Sa Majesté, et sur tout contre les accusations de Russel, dont il la supplioit luy en faire faire reparation.

La Royne, considerant le danger de toutes ces deffiances, voyant l'armée navalle d'Espagne si proche, et qu'elle ne pouvoit la repoulser et conserver l'estat de ses pays que par une union avec ses voisins, et aussi pour se servir des navires de guerre des estats, respondit fort courtoisement au prince, et desadvoüa tous ceux qui voudroient se couvrir du manteau de son service; et, pour d'avantage appaiser ces partialitez, elle envoya la resignation du gouvernement de Leycestre, qui fut publiée par toutes les villes de l'obeyssance des estats.

Ainsi les estats, ayans repris leur premiere authorité, restablirent aussi le prince Maurice en ses gouvernements de Hollande et de toutes les Provinces Unies, en son admirauté, et en son estat de capitaine general de toute leur gendarmerie; lequel en ceste qualité a mis à fin beaucoup de beaux exploicts militaires, comme il se peut voir à la suitte de ceste histoire.

Après que le duc de Parme, qui estoit à Dunquerke avec une belle armée, pensant se joindre à la grande flote d'Espagne, eut entendu pour certain que les vents et le mauvais temps de la mer se joüoient de toute ceste grande armée d'Espagnols, et que, n'osans repasser dans la Manche d'Angleterre où ils avoient esté si bien canonnez, ils prenoient leur chemin pour, en tournoyant l'Escosse et l'Irlande, reprendre la route d'Espagne, ce prince donc, voyant qu'il n'eust sceu rien executer du dessein que le roy d'Espagne avoit contre l'Angleterre sans ceste grande flote, ny elle sans luy, ramena son armée de Flandres en Brabant, et alla pour assieger la ville de Berg sur le Soom; mais, voulant s'emparer de l'isle de Ter-Tolen, le marquis de Renty et le comte Octavien, conduisans huict cens hommes à la faveur de deux mil mousquetaires qui estoient sur la digue de Berg, furent contraincts de se retirer après y avoir perdu quatre cents hommes. Le duc voyant qu'il n'avoit peu prendre ceste isle, sans laquelle il ne pouvoit empescher le prince Maurice de secourir par mer ceux de Bergh, il voulut tenter d'avoir ceste place par la practique de Batfort, Escossois, qui luy devoit livrer le grand fort qui estoit à la teste de Bergh, ayant lequel il eust facilement peu se rendre maistre de ceste ville. Mais Batfort en ayant adverty les chefs de la garnison, on luy joüa d'une double entreprise, et trois mil soldats choisis de son armée que Batfort avoit introduit dans le fort furent durement traictez par le canon et par les mousquetades que l'on tiroit au travers d'eux, en teste et en flanc; et ceux qui se pensoient sauver furent tellement canonnez à dos par ceux de la ville, que peu s'eschapperent.

Le duc après ceste perte leva son camp, et le

repartit par les garnisons pour le reste de l'hyver. Le comte Charles de Mansfel en ce mesme temps assiegea Vathendonk, qu'il prit, et Bonne se rendit aussi après un long siege : ces deux prises servirent de consolation aux Espagnols de leurs pertes passées.

Cependant le prince et les estats n'avoient autre dessein que de s'asseurer et restablir en leur premiere authorité. Les partisans des Anglois y furent quelque peu plus doucement traictez que ne furent les François à Anvers, quand feu M. le duc fut contrainct d'en sortir, et toutesfois leurs historiens ont mesme escrit que, si les soldats des garnisons angloises, que la force et la presence du prince Maurice fit venir à la raison, ne se fussent voulu contenter, et que Leycestre n'eust bientost remis son gouvernement ez mains des estats generaux, il en fust advenu plus grand mal. Aussi, après que les garnisons angloises de La Vere et d'Arnemuyden furent appaisées par argent, le prince Maurice y alla, et prit possession de son marquisat de La Vere.

Le 7 d'octobre aussi le comte de Mœurs, qui tenoit le party du prince et des estats, se trouva dans la ville d'Utrecht, où un tumulte populaire s'esleva contre les partisans anglois. En ceste esmotion le capitaine Cleerhagen, pourveu du gouvernement de Gorcun par le comte de Leycestre, y fut percé de part en part au travers du corps. Ledit comte de Mœurs se saisit du capitaine Terlo, escoutete (1) d'Utrech, et du bourgmaistre de Deventer, et s'asseura de ceste ville, où depuis il fit rappeller les bourgeois que les partisans du comte de Leycestre avoient bannis de la ville, et reünit tous les Trajectins (2) en l'union avec les Holandois et les autres provinces confederées.

Au commencement de l'an 1589, le prince Maurice desira de r'avoir Gertruydemberghe, ville du domaine de la maison de Nassau, dans laquelle le comte de Leycestre avoit mis un gouverneur et garnison à sa devotion : ils avoient esté appaisez comme ceux de La Vere avec une somme d'argent; toutesfois on ne les sceut tirer dehors comme on avoit fait ceux-là, et prirent pour pretexte qu'ils n'estoient pas du tout payez. A l'instigation d'un d'entr'eux appellé Neus, ils se mirent à courir et piller les navires et les marchands qui trafiquoient.

Le prince et les estats se resouldent, pour monstrer un bon exemple d'obeyssance à toutes leurs garnisons, de chastier ces mutinez, et d'assieger ceste place par mer et par terre : ce qu'ils firent au commencement d'avril, et la battirent de telle furie, qu'en deux jours ils firent breche si raisonnable que ceux de dedans demanderent à composer : ce que leur ayant esté accordé et les articles dressez, le prince pensant le lendemain les signer, l'eau devint en ceste nuict là si haute, que ledit sieur prince fut contraint d'enlever mesmes son canon : ce que voyant les assiegez, ils remparerent la breche et ne voulurent plus de composition, voyant le siege levé à cause des eaux. Les habitans de Dordrecht voisins de Gertruydemberghe, tascherent lors, par belles offres et promesses, de raccommoder ces garnisons mutinées; mais ils aymerent mieux s'accommoder avec le duc de Parme qui estoit venu jusques à Breda, et avoit campé son armée au mesme lieu d'où les eaux avoient faict retirer le camp du prince. Les articles de la composition dressez, tant pour les habitans que pour la garnison, laquelle receut quinze mois de paye, avec permission de se retirer où ils voudroient, ou bien de prendre les armes pour l'Espagnol, Jean Winkelvelde et Charles Honning, chefs desdites garnisons, sortirent et demeurerent au service de l'Espagnol, riches du butin qu'ils avoient faict dans ceste place, laquelle ils livrerent ainsi au duc de Parme; lequel, après ceste reddition, envoya le 23 d'avril une partie de son armée, sous la conduite de Charles de Mansfeld, pour aller s'emparer d'aucuns chasteaux vers Bosleduc et sur la riviere de Meuse, plusieurs desquels il rengea à la devotion de l'Espagnol; mais, estant campé devant la ville de Hesdeim, il fut contraint d'en lever le siege et faire place au secours que leur envoyoit le prince Maurice. Voylà tout ce qui s'est passé de plus remarquable ez Pays-Bas jusques au 8 de may que le prince de Parme s'en alla au pays du Liege boire de l'eau des fontaines de Spa, à cause de son indisposition que l'on disoit proceder de poison par la meschanceté de ses ennemis; car en ce temps il fut contraint d'envoyer le president Richardot en la cour d'Espagne pour se justifier de ce qui avoit esté dit et escrit contre luy au roy d'Espagne par plusieurs Espagnols et par le sieur de Champigny, l'accusans de n'avoir faict son devoir lors que la flote d'Espagne estoit auprès de Calais, ny en la conference de Bourbourg avec les Anglois, et qu'il avoit esté seul la cause de la perte de tant de soldats à Berg sur le Zoom, ayant fait ceste entreprise contre l'advis du conseil de guerre qui estoit prez de luy. Mais toutes ces accusations s'en allerent en fumée. Richardot luy rapporta d'Espagne l'ordre de ce qu'il devoit faire à l'advenir, et la continuation de ses gouvernements. Champigny, pour s'exempter de tumber sous sa puissance, fut con-

(1) Sorte de juge chez les Wallons.
(2) Habitants d'Utrecht.

es Pays-Bas et se retirer en la

ie nous retournions voir ce qui
ince. Nous avons dit qu'après
ayenne se fut retiré du faux-
le Roy fit advancer le roy de
ency avec toutes ses troupes.
fut, il envoya tous les siens à la
dun fut incontinent surpris par
ges; le sieur de Chastillon fut
ec deux cents chevaux et trois
iers pour une entreprise sur
oicy ce qu'il en advint le dix-

e cavalerie de la Picardie que
ir de Saveuze, gouverneur de
aller trouver l'armée de M. de
ient venuës loger à Liplantin,
t demie de Chartres, et à deux
e Bonneval. Sur le bruit que le
voit batu l'estrade le jour d'au-
nneval, le sieur d'Arclinville,
hartres pour l'union, avec sa
it de Chartres pour s'y achemi-
ettre des gens de guerre dans
estant près de Bonneval, il ren-
tils-hommes menez par le sieur
, qui estoient pour coureurs de
. de Chastillon, lesquels sans
hargerent si rudement, que six
lemeurez sur la place, il se re-
auver à Liplantin, où il donna
de Saveuze, qui incontinent
s siens à cheval.
hastillon, poursuivant son che-
vers Chartres, et ayant passé
iés outre Bonneval, descouvrit
ie lieuë le sieur de Saveuze et
s à cheval. Les uns et les autres
chacun des chefs se mit à la
pe. Dans celle de Saveuze es-
ignies des sieurs des Brosses,
à sept vingts gentils-hommes,
eslite de la noblesse de Picardie
tion, en nombre de trois cens
vingt-cinq ou trente harque-

le Chastillon changeoit le pas au
voir. Charbonniere et Haram-
compagnies de chevaux legers
gauche de l'autre costé. Quand
vant ses harquebusiers, et or-
de lanciers en haye, puis vint
er un grand quart de lieuë au
ompettes sonnerent à la charge
et le sieur de Chastillon, ayant fait une petite alte pour attendre son harquebuserie, l'ayant mise en son lieu, et fait deux hosts de ce qu'il avoit de cavalerie, prend la charge, où Saveuze vint fort bravement et print le gallop de trente pas, ses harquebusiers faisant leur salve tout à cheval d'assez près. L'infanterie du sieur de Chastillon les receut, qui, après avoir tiré leurs premieres harquebusades, se mesla durant la charge dedans toute ceste cavallerie, où ils tuërent force chevaux de coups d'espées dedans les flancs, et s'y en perdit trois d'entr'eux seulement. Saveuze, qui d'abordade avoit la teste tournée contre les chevaux legers, print sur la droite, et chargea de telle furie le sieur de Chastillon, que ses premiers rangs furent rompus, luy chocqué et porté par terre, et huict ou dix gentils-hommes des siens coururent ceste mesme fortune. Les sieurs des Brosses chargerent le sieur de Chastillon en flanc tout d'un temps, en sorte que le reste de sa troupe fut fort esbranlée. Tandis que le sieur de Chastillon et ceux qui avoient esté renversez avec lui, s'estans relevez, combattoient à pied, Harambure, qui menoit la compagnie de chevaux legers du roy de Navarre, auprès duquel s'estoit rangé Fouquerolles, chargea Saveuze et les siens de telle furie qu'il les perça. Après que le combat eut esté longuement opiniastré, et que les Picards pensoient tousjours se pouvoir r'allier, ce qu'ils ne peurent faire, ils furent tellement chargez qu'il y demeura plus de six vingts gentils-hommes morts sur la place, et les fuyards furent chassez plus d'une grande lieuë, où il en fut encore tué quelque soixante. Entre quarante gentils-hommes prisonniers se trouva le sieur de Saveuze bien blessé, et le sieur de Forceville, lesquels furent menez par le sieur de Chastillon à Boisgency où estoit le roy de Navarre; mais Saveuze, ayant sceu la mort des sieurs des Brosses et de tant d'amis qu'il perdit en ceste charge, ne voulut endurer que ses playes fussent pensées, dont il mourut.

Le roy de Navarre envoya incontinent ledict sieur de Chastillon au Roy luy porter l'advis de ceste rencontre, avec les deux cornettes qui y furent gaignées; lequel trouva Sa Majesté à Chastellerault, qui receut ceste nouvelle avec joye, et dit aux siens en particulier : « J'ay souvenance d'avoir dit, quand Chastillon ayma mieux se faire voye par les armes en sa retraicte de l'armée des reistres, que non pas de me rendre ses drapeaux, qu'il avoit du courage et de la valeur pour s'estre sauvé de ceste meslée, et que, s'il estoit catholique, j'estimerois un jour qu'il me feroit service. Je voudrois qu'il le fust. Les deux services qu'il m'a faits depuis quinze jours ne sortiront jamais de ma memoire, celuy-cy et cestuy-là qu'il me fit aux faux-bourgs de Tours.» Puis se tournant vers Bellanger, jacobin, il luy dit : « Nostre maistre, taschez à me faire ce service. » Bellanger s'y employa depuis ; il y eut quelques commencements de conferences pour cest effect à Tours, mais rien n'en reüssit, le soing des armes en fut la cause.

La translation du parlement de Paris à Tours fut publiée au commencement d'avril en la ville de Poictiers. Plusieurs habitans pensoient que comme leur ville avoit esté une fois la retraicte du parlement, qu'elle le devoit encor estre à ceste fois cy. L'evesque de Poictiers, de la maison de Sainct Belin, le sieur de Boisseguin, gouverneur du chasteau, le vicomte de La Guierche son gendre ; et un cordelier nommé Protasius, affectionnez au party de l'union, affin de faire esmouvoir le peuple contre le Roy, se servirent de trois subjects : que le Roy ne leur vouloit point de bien, puis qu'il avoit mis son parlement à Tours et non à Poictiers ; qu'il avoit faict trefve avec le roy de Navarre contre son edict d'union, et qu'il estoit excommunié par le Pape, leur ville estant une des six nommées par Sa Saincteté pour faire la publication du monitoire contre Sa Majesté. Ceste ville estoit presque egalement divisée en deux partys. Le Roy y avoit de bons serviteurs qui le supplierent de s'y transporter, et luy manderent que sa presence seroit l'asseurance de leur ville à son service, et qu'ils s'empareroient de quelques portes affin de luy donner plus seure entrée : ce fut ce qui fit acheminer le Roy à Poictiers, et commander au mareschal de Biron, au comte de La Vauguyon, et à plusieurs seigneurs qui avoient levé des troupes en Guyenne, de s'y rendre : ce qu'ils firent et luy aussi. Mais au lieu de trouver les portes ouvertes, estant dans les fauxbourgs, il trouva que ceux de l'union s'estoient rendus maistres de la ville et de toutes les portes. Protasius, sçachant que le Roy estoit dans les fauxbourgs, y fit tirer quelques coups de canon sans effect. Le Roy, voyant ceste rebellion, se retira à Chastelleraut, où plusieurs habitans, tant de la justice qu'autres que l'union mit hors de Poictiers, le vindrent trouver. Du depuis il en transfera le siege presidial, qui est le plus beau de toute la France, à Niort, où ils se retirerent tous ; et le Poictou fut alors divisé en deux partys, comme fut aussi la Guyenne : car en mesme temps la ville d'Agen, l'une aussi des six villes nommées pour la publication dudit monitoire, sur les pretextes de ceux de Poictiers, suivant les intelligences practiquées de longue main par le sieur de Villars, evesque d'Agen, et par le sieur de Montluc, se declara de l'union, et les habitans mirent dehors leur ville le sieur de Sainct Chameran, seneschal d'Agenois, et tous les royaux. Blaye, où commandoit le sieur de Lussan, se declara aussi de ce mesme party. Bourdeaux, la ville capitale où est le parlement de la Gascongne, par la conduite du mareschal de Matignon, fut conservée au service du Roy, lequel, affin de maintenir la ville en paix, en fit depuis sortir les jesuites, lesquels il envoya faire leur demeure à Sainct Macary. La ville de Limoges pensa aussi se mettre de l'union, et en eust esté sans l'ordre qu'y mit M. le comte de La Voûte, fils de M. de Ventadour. Bref, toutes ces provinces furent lors fort affligées en ceste division de partis.

Si tost que le Roy fut à Tours de retour de son peu heureux voyage de Poictiers, il receut les nouvelles de la deffaicte du duc d'Aumalle et de toutes ses troupes qui avoient assiegé la ville de Senlis pour l'union, dont il fit rendre graces à Dieu dans l'eglise Sainct Gatian, où le *Te Deum* fut chanté. Or, affin d'entendre mieux comment Senlis fut assiegé, et par qui, comment il fut delivré du siege, et qui ce fut qui le fit lever, il est besoin de sçavoir comment Senlis se declara du party du Roy.

M. de Mayenne, devant que partir de Paris pour aller en Touraine, avoit donné ordre que toutes les places à dix lieuës autour de Paris eussent faict le serment de l'union : mesmes M. de Rostin, ayant tenu près de deux mois la ville de Melun pour le Roy, la rendit enfin à l'union ; si bien qu'il n'y avoit plus que le chasteau du bois de Vincennes auquel, de tous les seize quartiers de Paris, par chacun jour, ainsi que nous avons dit, estoit envoyé pour la garde des avenues dudit chasteau la colonelle de chacun desdits quartiers avec mille ou douze cents hommes, estimans prendre ceste place à faute de vivres. Et affin que les affaires de l'union fussent plus asseurées, ils resolurent que le duc d'Aumalle demeureroit en l'Isle de France et en Picardie, cependant que le duc de Mayenne iroit contre le Roy en Touraine, pour donner ordre si quelqu'un s'esmouvoit dedans ou autour de Paris, et qu'en ce faisant rien ne pourroit traverser leurs desseins : mais il en advint tout autrement. Le duc de Mayenne ne se fut si tost acheminé vers la Touraine, que les sieurs de Givry, La Grange-Le Roy et autres seigneurs s'esleverent du costé de la Brie : de l'autre costé, en l'Isle de France, sur la fin du mois d'avril, M. de Thoré, frere de M. de Montmorency, par l'intelligence qu'il eut dans Senlis, s'empara de ceste place, ou les sieurs de Fontenay, de Moussy, le baron de Boudy, et bien cent gentils-hommes du pays et quatre cents hommes de pied, se jetterent incontinent, resolus avec tous les habitans de Senlis de tenir pour le Roy.

Senlis n'est qu'à dix lieuës de Paris : la reduction de ceste ville au party du Roy estonna les Parisiens. Trois jours qu'ils furent à se resoudre comme ils devoient reprendre ceste place, donna le loisir au sieur de Thoré de l'envitailler et munir. Celuy qui s'achemina des premiers pour faire les approches à Senlis fut le sieur de Mayneville, gouverneur de Paris pour l'union. M. d'Aumalle s'y rendit presque aussi tost avec quatre mil hommes, tant de cavalerie que d'infanterie. Plusieurs Parisiens y accoururent, et autres de plusieurs endroits des villes proches dudit party de l'union, si qu'il s'y trouva en peu de temps de cinq à six mille hommes assiegeans en bonne conche (1). Le cinquiesme may deux canons et une coulevrine, avec poudres et boulets, partirent de Paris sous la charge de Brigard, procureur de l'Hostel de Ville; mais ne se trouvant gens de guerre pour les conduire promptement, la compagnie colonelle d'Aubret, allant en garde au bois de Vincennes, suivant son ordre, au lieu de tourner par la Greve estant au bout du pont Nostre-Dame, fut conduite droict par la porte Sainct Martin au Bourget, où le canon et les munitions les attendoient; et ainsi, au lieu d'aller à Vincennes, ils allerent conduire le canon à Senlis, où ils arriverent le lendemain samedy au soir. De prime arrivée ils saluerent la ville d'un coup de canon, et les assiegez furent sommez de se rendre, lesquels firent responce qu'ils y adviseroient le lendemain. Sur ceste responce il courut pour nouvelles à Paris qu'ils offroient une quantité d'argent pour sauver leurs vies et le pillage de la ville : ce n'estoit qu'un vau de ville, et estoit ce que les assiegez avoient le moins en intention; aussi leur responce ne fut autre qu'ils conserveroient leur ville pour le service du Roy. Pendant ce pourparler, le sieur d'Armentieres arriva de Compiegne, qui entra dans la ville de Senlis avec quelques chevaux, et y apporta mesmes quelques poudres. Or la ville de Compiegne, qui n'est distante de Senlis que de huict lieuës, s'estoit maintenuë en l'obeyssance du Roy, et, quoy que les principales villes de Picardie se fussent montrées fort affectionnées au party de l'union, il se trouva plusieurs bonnes places qui se tindrent en leur devoir. Du long des costes de la mer, Calais et Bologne servit de retraicte aux royaux de ces costez-là; de l'autre costé, Sainct Quentin sur la Somme, et, sur la riviere d'Oise, Compiegne, Chauny et La Fere, servirent de retraicte à M. le duc de Longueville, au sieur de Humieres, au comte de Chaunes, au sieur d'Estrée, au vicomte d'Auchy, et autres seigneurs. Les places du Castellet et de La Capelle en Tierasche servirent pour faciliter le secours que ces seigneurs et lesdites villes pourroient tirer des villes de la Champagne et des frontieres qui tenoient encor pour le Roy ou favorisoient son party, et avoir entre eux une communication : ce qui succeda fort heureusement alors pour le service du Roy; car M. de La Noué, qui avoit pris en charge la deffence des terres de la duchesse de Bouillon après la trefve accordée avec le duc de Lorraine et ladite duchesse, vint trouver M. le duc de Longueville à Sainct Quentin, suivant le commandement qu'il en receut du Roy, et amena avec lui plusieurs gentils-hommes et soldats qui avoient durant ces troubles tousjours practiqué les armes ez guerres de Sedan et Jamets. Toutes ces choses advinrent assez heureusement en ces pays-là pour le service du Roy. Si bien que d'Armentieres estant envoyé de Compiegne à Senlis, il asseura les assiegez d'un prompt secours : tous les royaux de ceste province monterent incontinent à cheval pour secourir Senlis, et leur rendez-vous leur fut donné à Compiegne, où le sieur de Givry et autres seigneurs de la Brie se trouverent aussi. Cependant le duc d'Aumale, adverty de cest amas de gens de guerre, mande à tous les partisans de l'union de ces quartiers-là de le venir trouver à ce siege. Le sieur de Balagny, avec la cavalerie de Cambray et autres troupes levées promptement ez villes du party de l'union en Picardie, s'y vint rendre avec sept pieces de canon, sçavoir, six qu'il avoit prises à Peronne, et une à Amiens. Les assiegez, sur la nouvelle de sa venuë et de tant de pieces de canon, firent une sortie de cent chevaux, avec cinquante desquels Armentieres reprint la campagne pour advertir le duc de Longueville, qui estoit arrivé à Compiegne, du besoin que les assiegez avoient d'un prompt secours.

Le duc d'Aumale, ayant faict commencer la batterie avec dix pieces de canon le mercredy 17 may au matin, pensoit emporter ceste ville de force devant que le secours fust approché; et quelques gens de guerre, estimans que la bresche fust raisonnable pour un assaut, le donnerent avec telle confusion, sans l'ordonnance dudit duc d'Aumale, qu'ils en furent repoulsez avec perte.

Mais, sur le midy de ce mesme jour, le duc d'Aumale eut advis que le duc de Longueville

(1) En bonne tenue.

estoit party de Compiegne : ses espions lui rapporterent avec asseurance qu'il n'avoit que mille chevaux et trois mille hommes de pied, sans aucune piece de canon. Ils disoient vray; car le duc de Longueville fit faire alte à Verbery, et, sçachant bien que les espions ne manqueroient point de rapporter qu'il n'avoit point de canon, ne le fit partir de Compiegne que quelque temps après luy, affin que le duc d'Aumale l'estimast plus foible qu'il n'estoit. En attendant son canon à Verbery, il fit assembler tous les seigneurs, et leur dit : « Messieurs, quand chacun de vous considerera à quoy tend ceste affaire, et de combien elle importe au Roy et à toute la France en general, je ne doute point qu'il n'y en aura pas un d'entre vous qui n'estimera heureuse la journée en laquelle il respandra son sang pour une si bonne occasion. Toutes choses se doivent faire par conseil. Quoy que je sois vostre general, j'ay commandement exprez de Sa Majesté qu'ez affaires de la guerre j'use du conseil de M. de La Noüe : nul d'entre vous n'ignore les grandes charges militaires qu'il a exercées, et desquelles il est venu heureusement à bout. C'est pourquoy en ceste journée si importante à toute la France, je le supplie de prendre la conduite et la disposition de ceste petite armée. Quand à moy, je luy obeyray comme soldat, et je vous supplie tous de faire ce qu'il ordonnera. »

Tous les seigneurs, sur un refus que fit M. de La Noüe d'accepter ceste charge, le supplierent de la prendre, et d'obeyr à la proposition de M. de Longueville, et que quand à eux, qu'ils ne manqueroient point d'obeyssance, et d'executer son commandement en ceste journée. Ainsi M. de La Noüe, pressé de prendre ceste conduitte, l'accepta, et, le canon arrivé de Compiegne, ayant disposé de l'ordre et comme devoient cheminer toutes les troupes, estant au devant d'icelles, il leur parla en ceste sorte : « Messieurs, les bons chefs ont leur espoir, non en une confuse multitude d'hommes, mais en la vaillance et vertu d'une petite troupe de combattans hardis et courageux. Le nombre de nos ennemis est grand ; nous en avons à combattre deux contre un, pour ce qu'ils sont deux fois autant que nous. Mais je vous voy tous François, et tous en bonne volonté de faire paroistre aujourd'huy le devoir que vous devez au Roy et à la France contre une multitude de rebelles, et contre une armée ramassée parmy la lie du peuple, qui ont changé l'aune de leurs boutiques en lances, se presumans d'esgorger la noblesse et piller leurs maisons à la campagne aussi bien qu'ils ont faict dans les villes en leurs seditions populaires, et, sur ceste presomption ont osé, sous la conduite de personnes qui n'eurent jamais aucun heur à la guerre, assieger Senlis. Senlis, messieurs, qui est une place, affin que je vous parle franchement, en laquelle à present gist le salut de toutes les provinces de France qui sont de deçà la Seine; car, si elle n'est secourue par vous, et qu'il faille que l'ennemy la reprenne, je vous dis que, outre la perte des bons François qui se sont jettez dedans pour la deffendre courageusement, et l'injure grande qu'en recevra nostre Roy, vous vous pouvez asseurer que le peuple des villes rebelles vous fera la guerre plus cruelle qu'auparavant, et qu'il faut que vous facicz estat, ô noblesse, de n'avoir plus de maisons et de chasteaux aux champs que le peuple ne pille et abatte, ainsi qu'ils ont desjà faict en plusieurs lieux. Je vous ay dit que l'ennemy estoit en plus grand nombre que nous, il est vray; mais je voy à vostre gaillardise qu'il n'y a pas un d'entre vous qui eust à combattre deux de ces rebelles en particulier qu'il ne s'en promist d'en avoir la victoire. L'ennemy se fie au nombre de ses hommes ; et j'espere, avec la grace de Dieu, que nous ne serons en peine de combattre homme à homme, mais que, suivans tous l'ordre qui vous sera donné, en combattant à tout oultrance vous vous ferez voye par le milieu des escadrons ennemis, leur passerez sur le ventre, et jouyrez de leurs despouilles, et, outre le profit que vous ferez de vos prisonniers, vous aurez pour butin tout le bagage de ces nouveaux soldats. »

Toute ceste petite armée, voyant l'opinion que leur conducteur avoit d'elle, marcha si allaigrement, que l'on eust dit qu'elle alloit à quelque beau festin. Avec M. de Longueville estoient plusieurs seigneurs et capitaines, entr'autres les sieurs de Humieres, de Givry, de Bonnivet, de Mesvilier et de La Tour. Arrivez à demye lieuë de Senlis, marchans tous en bon ordre pour s'ouvrir le chemin avec les armes, M. d'Aumale, adverty de leur venuë, se resolut d'aller au devant. Il estimoit, selon le rapport des espions, qu'ils n'eussent point de canon ; ce fut pourquoy il prejugea qu'avec sa cavalerie seule il estoit assez fort pour desfaire tout ce secours ; mais il se trompa, car ayant mis d'un costé le sieur de Mayneville avec de belles troupes de cavalerie, de l'autre le sieur de Balagny avec ses cinq compagnies de Cambraisiens et de Walons, et luy tenant le milieu avec plusieurs compagnies de cavalerie marchant en assez belle ordonnance, il alla droict pour deffaire le duc de Longueville. La Noüe, qui le void venir, le contemple, et fait faire alte. Il avoit rengé les troupes royales de ceste façon : le duc de Longueville avec un escadron de cavalerie tenoit la bataille entre deux gros d'infanterie qui avoient chacun deux pieces de campagne, et à l'un de leurs costez estoit la cavalerie de Sedan, avec laquelle se rengea ledit sieur de La Nouë, et de l'autre, les compagnies de cavalerie des garnisons de La Capelle et du Castelet.

Si tost qu'ils eurent veu leur ennemy de loing, ils boüilloient dans l'ame de venir aux mains. La Nouë va d'escadron en escadron leur dire : « Je voy bien, messieurs, que l'on n'a que faire de vous exhorter au combat; mais ayez un peu de patience, vous voyez aussi bien que moy le mauvais ordre que tiennent nos ennemis, vous les voyez bransler; laissez les venir, ils sont à nous, je vous en asseure sur ma vie, et aurons meilleur marché d'eux que je n'eusse jamais pensé. » Aussi, autant que l'ordre et l'obeyssance fut grande de ce costé-cy, autant le desordre et la confusion estoit du costé de l'union, ce qui fut cause de leur desroute. Balagny avec la cavalerie de Cambray alla pour entamer le combat; mais, estant à deux cents pas des royaux, l'infanterie royale s'ouvrit, et l'artillerie, qui estoit au milieu d'eux, perça tout outre son bataillon de Cambresiens, qui, pour le grand nombre qu'elle en renversa, furent contraincts de s'escarter et reculer un peu arriere. Le duc d'Aumale, qui avoit creu qu'ils n'avoient point de canon, fut asseuré du contraire par le son qu'il en ouyt, ce qui fut cause qu'il resolut de le gaigner, et commanda au sieur de Mayneville d'aller à la charge, et au sieur de Balagny de s'y acheminer, et que luy s'y en alloit aussi. Ils donnerent tous en mesme temps. L'infanterie royale s'estant derechef ouverte, le canon fit encor jour au travers de leurs troupes; et nonobstant cela, estant advancez à cinquante pas prez des royaux, ils se trouverent encor saluez d'un nombre de mousquetaires que l'on avoit rengés aux flancs de la cavalerie, ce qui fut cause de la mort d'une grande quantité de chevaux et du renversement de beaucoup de cavaliers, lesquels en mesme temps se trouverent chargez de tous cotez par la cavalerie royale, et alors la meslée fut grande et le combat quelque peu opiniastré; mais les gens du duc d'Aumale incontinent commencerent à prendre l'espouvante; les royaux, la teste baissée, poursuivirent leur pointe, et en mesme temps ceux de la ville de Senlis, qui voyoient le combat de dessus leurs murailles, sortirent et renverserent les premieres barricades : l'espouvante estant au camp de l'union, ce ne fut plus qu'une desroute generale. Le duc d'Aumale et Balagny, ne pouvans retenir les fuyards, furent contraincts de les suivre et se sauver tous deux blessez, d'Aumale à Sainct Denis, et Balagny à Paris. Les dix canons, les boulets, et toutes leurs munitions de guerre furent gaignez ; les sieurs de Mayneville et de Chamois furent trouvez morts au champ du combat avec deux mille autres; plusieurs en fuyant furent mesme tuez par les paysans, et d'autres ne se purent retirer des marescages qui sont auprès de l'abbaye de La Victoire. Les victorieux entrerent dans Senlis, où M. de Longueville fit rendre graces à Dieu dans l'eglise Nostre Dame. Après que l'on fut retourné de la chasse des fuyards, toutes les troupes furent logées aux villages d'alentour. Quelques-uns remarquerent lors de M. de La Noue qu'ayant conduit une telle entreprise à une heureuse fin, et recognu qu'il n'y avoit plus d'ennemis en campagne, il se retira en son quartier, où, ayant en une court fait ranger quelques pierres pour s'asseoir et manger de ce que ses gens avoient aporté dans ses paniers, plusieurs seigneurs et capitaines le vindrent trouver : il les pria de s'asseoir comme luy ; tous le gratifient de l'honneur de ceste victoire; luy s'en excuse, et leur dit qu'elle appartenoit à leur general, et non à luy. Puis, luy ayans demandé que c'est qu'ils feroient, il leur dit : « Messieurs, je m'en vay avec vous à Senlis, où M. de Longueville vous dira, et à vous et à moy, ce qu'il faut que nous fassions. »

Les Parisiens se trouverent merveilleusement estonnez de ceste desfaicte ; l'on leur faisoit accroire que ce n'estoit qu'une petite desroute. Le sieur de Balagny, au lieu de Mayneville, fut estably gouverneur de Paris, et M. d'Aumale receut les fuyards à Sainct Denis, avec resolution de deffendre ceste place en cas d'un siege ; mais le dix-neufiesme de may, cependant que M. de Longueville et le sieur de La Noue allerent renvitailler le chasteau du bois de Vincennes, le sieur de Givry fit saluër la ville de Paris de plusieurs volées de canon, ce qui occasionna madame de Montpensier de rescrire à M. de Mayenne, qui estoit devant Alençon, à ce qu'il revinst en toute diligence : ce qu'il fit. Mais cependant que ledit duc de Longueville et les seigneurs qui l'accompagnoient allerent recueillir les Suisses en Bourgongne, qu'amenoit M. de Sansy, il print en Brie le chasteau de La Grange Le Roy et quelques autres chasteaux, et puis s'en alla assieger Montereau-Faut-Yonne que le duc d'Espernon avoit pris, lequel après ceste prise s'estoit retiré à Blois, et celuy qu'il y avoit laissé dedans rendit Montereau audit duc de Mayenne, qui depuis s'en retourna à Paris pour se preparer à se deffendre contre le Roy, ainsi que nous dirons cy après.

Ces deux grandes disgraces que receut l'union les dix-septiesme et dix-huictiesme de may, hausserent de beaucoup le courage aux royaux. Le roy de Navarre, comme nous avons dit, estoit lors à Boisgency. Le 22 may il en rescrivit à ceux d'Orleans, et leur mandoit qu'il estoit bien marry, en s'approchant si prez d'eux, d'estre contraint de leur monstrer l'effroy et les incommoditez que la guerre apportoit; et, après leur avoir remonstré qu'ils n'avoient point eu encor de crainte ny de necessité qui pussent excuser ny la prise de leurs armes, ny leur rebellion, il leur dit : « C'est vous donner des peurs trop vaines de vous persuader que nostre Roy, le plus catholique qui fut jamais, vous contraigne à quitter vostre religion catholique; trop esloigné de vous menasser que moy je le feray, je ne suis point vostre roy, je ne le seray, s'il plaist à Dieu, jamais. Quand j'y serois appelé, je ne serois pas si peu sage que je ne fuye toutes occasions qui peuvent apporter la guerre civile et division en un royaume. Or je suis bien aise de vous en pouvoir parler de si près et si vostre voisin. Vous avez veu il n'y a que deux jours, mercredy et jeudy dernier, les commencemens de benedictions que Dieu envoye sur nos armes à Senlis et icy auprès de Bonneval, à la veuë des deux plus grandes villes de France : jettez les yeux là dessus. Ce n'est point à vous à debattre, contre vostre Roy, s'il a eu occasion ou non de punir M. de Guise; il y en a eu en France autresfois d'aussi grande maison que luy plus honteusement traictez, pour qui neantmoins les peuples n'ont point pris la mauvaise querelle. Les souverains ne rendent qu'à Dieu seul compte de leurs sceptres, c'est à nous à y obeyr quand les choses sont faites. Jamais vous ne vous trouverez bien d'un si mauvais fondement. Que si vous vous plaignez qu'on vous voulust donner des gouverneurs, ou mettre une garnison qui vous fouleroit, qu'on vous voudroit faire des citadelles et autres telles choses, combien que ce soyent plaintes ordinaires de toutes villes, qui ne sont pas loisibles en un royaume bien paisible et en un Estat bien obeyssant, neantmoins les desordres du nostre les ont rendués plus recevables : quand vous ne desireriez que cela, j'ay peu de credit auprès du Roy mon seigneur ; mais je me fais fort qu'oubliant vos fautes il l'accordera, si vous vous mettez en vostre devoir de le recognoistre et de luy demander pardon, et de ceste façon vous n'aurez point peur qu'autre que vous mesmes vous contraigne à quitter vostre religion qu'autre vous bastisse des citadelles que vous mesmes, qui serez vous mesmes vostre garnison. »

Ainsi le roy de Navarre taschoit par escritures de r'amener ceste ville en son devoir; mais il n'y avoit rien de tel en leur cœur. Deux jours après il partit de Boisgency, et ayant faict vingtcinq lieuës il arriva à Tours. Donnant le bonsoir au Roy, il luy dit qu'il ne failloit plus tarder là, et qu'il failloit suivre M. de Mayenne qui s'en retournoit en haste asseurer les Parisiens de leur estonnement. Sur cest advis le Roy commanda au mareschal de Biron de faire advancer toutes les troupes vers Boisgency, et les faire passer du costé de la Sologne. Tous les royaux s'y rendirent incontinent. Les munitions de guerre y furent conduites avec les six canons qu'avoit r'amenez M. de Nevers de l'armée de Poictou, lequel au commencement d'avril estoit party de Tours pour s'en aller à Nevers, et ne fut point en ceste armée. La Royne fut conduite à Chinon. Messieurs les cardinaux de Vendosme et de Lenoncourt, M. le garde des seaux et autres seigneurs du conseil, furent laissez à Tours pour donner l'ordre requis à tout ce qui s'y pourroit esmouvoir. Ainsi le Roy ayant ordonné à la seureté de quelques provinces de ces quartiers là, prest à partir de Tours, joyeux de tant d'heureux succez, receut encor une traverse de fortune. Il avoit envoyé, comme nous avons dit, M. le comte de Soissons en Bretagne pour y commander, car la ville de Renes s'estoit d'elle-mesme remise du party royal, et plusieurs seigneurs avoient levé des troupes de cavalerie et d'infanterie, lesquelles, amassées et conduites par un chef, et unies en un corps d'armée eussent donné de la peine au duc de Mercœur ; mais il en advint autrement, car M. le comte de Soissons partant d'Angers avec une troupe de trois cents chevaux, accompagné du sieur de Lavardin, du comte d'Avaugour et autres seigneurs, pour aller d'une traicte à Renes, qui en est distant de vingt-deux grandes lieuës, sur l'advis que receut M. de Mercœur de ce voyage, il se resolut de le traverser en ce passage. Il manda tous les partisans de l'union de ces quartiers là, lesquels se rendirent à Angry. Vicques mesmes, qui avoit tant remué en la basse Normandie, s'y trouva avec ses troupes. Ainsi assemblez à huict lieuës d'Angers, ils faillirent de rencontrer ledit sieur comte de Soissons : ce que n'ayant peu faire, ils le suivirent dix grandes lieuës; mais il passoit si roide, que, desesperez de l'aconsuivre, ils advisoient à se retirer, quand le duc fut adverty que ledit sieur comte n'avoit point passé Chasteaugyron, et qu'il y logeoit : ce qui estoit vray, car, sur l'advis qu'on luy avoit donné de loger dans ce bourg pour rafraischir ses gens d'une si grande traicte, et qu'il y pouvoit demeurer en seureté

tant de Renes que de trois lieuës, d'où
des forces bastantes pour empescher
lercœur quand il voudroit entrepren-
: chose, il y logea. Ce que le duc ayant
mmanda à Vicques de prendre la pointe
hasteaugyron, et qu'il le suyvroit. Ils
t si diligemment qu'ils y arriverent,
ié quelques sentinelles, entrerent dans
où le peu de loisir qu'ils donnerent
comte de se r'allier avec les siens, qui
jà tous descendus de cheval et logez,
ue, nonobstant la grande resistance
fit, ils le prirent prisonnier avec le
augour et autres seigneurs : le sieur
n avec quelques-uns des siens se sauva

le Mercœur voyant en sa puissance
u sang de France son prisonnier, avec
Avaugour, l'un des quatre principaux
Bretagne, lesquels il envoya mettre
conduitte dans le chasteau de Nantes,
e ceste deffaicte donneroit de la crainte
Rennes, s'en approcha à demie lieuë,
t envoyé sommer, ils ne luy respon-
coups de canon. Luy, qui n'en avoit
contraint de se retirer, ce qui ne fut
des hostilitez en ces quartiers là.
ant la nouvelle de ceste prise, le Roy
le partir de Tours, et, estant arrivé à
lepescha incontinent M. le prince de
our aller gouverner la Bretagne, où il
rriva sans aucun destourbier, et là où
la guerre se remûa vivement entre les
l'union. Nous dirons en leur ordre le
tant de confusions.
, arrivé à Boisgency, ayant passé le
sté de la Sologne, alla assieger Ger-
ieur de La Chastre s'estoit jetté dans
'où sa cavalerie ayant faict une sortie
inent recognée jusques dans les faux-
: les troupes royales, après en avoir
prisonniers quelques-uns. Il avoit mis
eau le puisné des Jalanges qui vouloit
er ; mais après quelques volées de ca-
rendit à discretion et fut pendu.
, après la prise de Gergeau, où il y a
r Loyre, receut les habitans de Gyan et
, où il y a aussi deux beaux ponts, et
nison. Du depuis ces places ont tous-
royales, et par ce moyen il eut en son
e tous les ponts de dessus la riviere de
cepté ceux d'Orleans et de Nantes.
a prise de Gergeau, l'armée repassa la
: aller en Beausse et en Gastinois, afin
: de Pluviers, où les habitans s'estoient
animez en leur revolte, et mesmes ils avoient pris du bagage de M. d'Espernon lors-qu'il alla surprendre Montereau-Fautyonne ; il leur avoit envoyé redemander avec courtoisie, mais ils luy respondirent des injures, dont ils se trouverent mal : aussi il est dangereux à un peuple de s'attaquer aux grands. Ceste place fut aussi tost emportée de force et pillée que recognuë.

Tout d'une suitte l'armée s'achemina à Estampes. M. de Mayenne y envoya le baron de Sainct Germain, et manda à M. de La Chastre qu'il s'allast jetter dedans Chartres, ce qu'il fit. Ceux d'Estampes, sommez de se rendre, respondirent mille villenies, comme c'est l'ordinaire des peuples mutinez, et crioient que le canon du Roy avoit les gouttes, que l'on avoit creusé des moyaux de charruë pour leur faire peur. Ceste ville est assez grande et à my-chemin d'Orleans et de Paris, située au bord d'une petite riviere fort estroite et creuze. Cependant que l'on parlementoit après quelques volées de canon qui furent tirées, les gens du roy de Navarre trouverent l'invention, par le moyen de quelques arbres coupez, de traverser la riviere, et, en un endroit du costé de l'eau où les murailles estoient fort basses, entrerent dans la ville, crians, pour espouvanter les habitans, que leurs compagnons estoient desjà entrez par la bresche. Ainsi Estampes se vid prins et pillé en une heure, sans qu'en toutes ces prises de villes le Roy perdist un homme. Le baron de Sainct Germain, qui avoit esté nourry page du Roy, devalé du chasteau avec une corde, pensoit se sauver par le moyen de quelques amis qu'il avoit en l'armée royale ; mais, amené à Sa Majesté, il eut la teste tranchée. Bergeroneau, procureur du Roy audit bailliage d'Estampes, fut aussi pendu avec quelques autres. Il avoit usé d'une finesse pour se sauver, et s'estoit fait mettre en la prison dans une basse fosse les fers aux pieds, où il fut trouvé. Amené au Roy, il dit que les mutins l'avoient mis en tel estat pour avoir voulu soustenir le service de Sa Majesté. Plusieurs habitans prisonniers et les gentils-hommes du pays ayans asseuré le Roy du contraire, et qu'il estoit la cause de la perte du pays, Sa Majesté, qui avoit ouy parler de ses comportemens, commanda qu'on en fist justice.

Les habitans de Dourdan, petite ville, mais où il y a un assez bon chasteau, furent plus advisez que ceux d'Estampes, et ne receurent aucune incommodité, car ils vindrent en l'armée du Roy avec la marque royale, qui estoit la croix blanche ou l'escharpe blanche [en quoy ils employerent leurs belles serviettes de lin], au contraire de ceux de l'union, qui portoient des croix de Lorraine ou des escharpes de toutes sortes de couleurs.

D'Estampes l'armée tira droict à Poissy, où il y a un pont sur la riviere de Seine : les habitans sommez s'opiniastrerent, et voulurent voir le canon ; mais en un instant on entra par dessus les murailles dans la ville, et d'un mesme temps ceux qui s'estoient retirez au pont s'estans rendus, six d'entr'eux furent pendus. Ainsi le Roy ayant gaigné ce pont, il y fit passer à son armée la riviere de Seine, et s'alla camper devant la ville de Pontoise qui n'en est distante que de trois petites lieuës. Le duc de Mayenne estoit à Paris, où entendant que le dessein du Roy estoit d'assieger Pontoise, il y envoya deux mille hommes de guerre, et le sieur de Hautefort pour y commander, lequel luy promit de deffendre ceste place contre l'armée royale, ou d'y mourir. Les approches faictes, ceux de Pontoise taschent à se deffendre, et, sommez de rendre la place au Roy, ne respondent qu'injures. Ils avoient logé dans l'eglise Nostre Dame, qui est hors la ville, plusieurs gens de guerre; aussi ce fut de ce costé où il y eut le plus d'effort. Hautefort, du party de l'union, fut tué dans ceste eglise, et du party du Roy le sieur de Charbonnieres fut blessé d'un coup qui en fut tiré, dont il mourut : quand il fut blessé, le roy de Navarre avoit sa main sur son espaule. Le Roy fut contraint de faire pointer son canon contre ceste eglise, et la battit si furieusement qu'elle fut ruinée, ce que voyant les assiegez se rendirent le 25 de juillet. Après ceste reddition, le Roy, ayant passé la riviere d'Oyse, alla voir l'armée des Suisses au devant de laquelle M. de Longueville avoit esté jusqu'à Chastillon sur Seine, ainsi que nous avons dit. Or, devant que de reciter ce qui advint en la mort du Roy, sept jours après la reddition de Pontoise, voyons les effects qu'avoit faict ceste armée de Suisses conduite par M. de Sancy, et comme elle empescha le duc de Savoye d'executer beaucoup de desseins qu'il avoit contre la France, après la surprise qu'il avoit faicte du marquisat de Salusses.

Le sieur de Sancy ayant demandé pour le Roy une levée à tous les cantons des Suisses, l'obtint d'une partie d'eux seulement, les autres cantons ayans accordé gens à l'union. Or les cantons où ladite levée fut faicte estoient ceux de Berne, de Basle, de Soleure, de Valay et des Grisons. Ledit sieur de Sancy, negociant avec messieurs de Berne, conclut avec eux de commencer la guerre ez places que le duc possedoit autour de Geneve, affin que luy ayant là taillé de la besongne, qu'il eust plus de commodité de passer outre, et s'estant facilité les passages, approcher du Lyonnois, et y attendre le commandement du Roy, cependant que de l'autre costé les sieurs Alphonse Corse, Desdiguieres et le baron de La Roche, attaqueroient ledit duc par le Dauphiné, qui seroit le moyen de l'arrester en son pays, sans luy donner la commodité d'executer les entreprises qu'il avoit, tant sur plusieurs places de la couronne de France, que sur Lauzane et autres terres appartenantes audits seigneurs de Berne, et sur la ville de Geneve. Mais affin d'entendre mieux ce que nous avons à dire au recit des exploits militaires qui se passerent lors autour de Geneve, il est necessaire de sçavoir quels pays environnent de tous costez ceste ville.

La ville de Geneve est assise au bout du lac Leman, et a du costé de septentrion ce lac qui luy sert de fossé et muraille ; à l'orient le bailliage de Thonon et Chablais, le pays de Fossigny à deux, trois et quatre lieuës de ses portes ; au midy les montagnes de Saleve et le bailliage de Ternier en une riche plaine d'environ trois lieuës de pays, et la riviere d'Arve à deux portées de mousquet de ses murailles; à l'occident le Rosne qui passe au bout de la ville, la separant par un pont du bourg de Sainct Gervais. Au long du Rosne vers l'occident est le bailliage de Geais (1) contenant quatre lieuës de longueur et deux de largeur, borné du mont Jura, à l'un des bouts est la ville et chasteau de Geais à trois grandes lieuës de Geneve ; à l'autre, tendant à Lyon, est le destroit et pas de La Cluse (2), lieu fort d'art et de nature entre deux montagnes et le Rosne. Thonon est à cinq lieuës de Geneve sur le lac, tendant sur le pays de Valay (3). Par ainsi Geneve est comme ceinte de trois bailliages rendus au feu duc de Savoye par les seigneurs de Berne l'an 1567, sous certaines conditions.

Or, ceux de Geneve estoient grandement pressez par le moyen des grandes garnisons que le duc de Savoye tenoit dans les chasteaux de Geais et de Thonon, au pas de La Cluse, et principalement à cause de celles du fort de Ripaille, proche dudict Thonon, dans lequel il y avoit cinq cents Piedmontois, soldats d'eslite, et au port de ce fort deux galeres bien armées, et deux cents soldats dedans.

Le sieur de Sancy ayant receu advis que le duc de Savoye avoit faict passer sa cavalerie et milice de Piedmont au deçà des monts, qu'il avoit de nouveau faict lever deux regimens, chacun de mil hommes de pied, par les comtes de Martinengue et Ottavio Sanvitali, et que tous les pays dudit duc estoient en armes sur un commun bruit qu'il venoit assieger Geneve, il

(1) Gex.
(2) L'Ecluse.
(3) Valais.

conseilla ceux de Geneve de n'attendre que les forces du duc les tinssent d'avantage à la gorge, qu'il valoit mieux qu'ils commençassent la guerre au duc de Savoye comme les plus proches, et qu'il prenoit sur soy tout le hazard de cest affaire ; à quoy ceux de Geneve s'accorderent aisement pour avoir la vengeance des oppressions qu'ils disoient avoir receuës du duc, et ce aussi suyvant l'advis des Bernois, qui leur promirent de les assister.

Suivant ceste resolution, le 2 d'avril, M. de Quitri, qui commandoit aux troupes de Geneve, avec trois cornettes de cavalerie et six compagnies d'infanterie, qui pouvoient estre en tout douze cents combattans, sortit de Geneve sur le soir, et print le chasteau de Monthou, la ville de Beaune et le chasteau de Sainct Joire, qui furent pillez, et où fut mis garnison, puis fit rompre les ponts de Tremblieres et de Buringe sur la riviere d'Arve, affin de couper les passages de ce costé là ; ce qu'ayant faict, il s'en retourna le 6 d'avril à Geneve.

Le lendemain ledit sieur de Quitry, ayant fait sortir les compagnies de Geneve avec deux coulevrines et trois canons, tira droit à Geais qu'il prit, et le baron de Piobel, qui estoit gouverneur dans le chasteau, se rendit à sa discretion, et demeura prisonnier de ceux de Geneve.

Ainsi Geais estant pris, il s'achemina pour se rendre maistre du pas de La Cluse, mais après quelques escarmouches, et que le baron de Sonas, gouverneur de Remilly pour le duc de Savoye, avec trois cents chevaux et quelques gens de pied, eut donné la chasse aux soldats de Geneve qui s'estoient emancipez de faire quelques courses hors de leur armée, et aussi à cause que M. de Sancy, lieutenant general pour le Roy en l'armée des Suisses, arriva à Colonges, et le colonel d'Erlac avec un regiment de Bernois, lesquels après avoir pris conseil de ce qu'il estoit besoin de faire, il fut resolu de laisser le pas de La Cluse, et d'aller au devant du reste de la levée des Suisses qui venoient de Soleurre, Valais et des Grisons, et de quelques gens de cheval qui devoient venir d'Allemagne ; ce qu'ils firent et s'en retournerent à Geneve, d'où ils partirent le 23 pour aller assieger Thonon, qui, trois jours après avoir esté investy, fut rendu à M. de Sancy, comme aussi se rendirent à luy en mesme temps les chasteaux de Balaison et d'Ivoire.

Le fort de Ripaille fut en mesme temps investy. Or l'armée royale estoit lors composée de dix mille hommes de pied, Suisses et Grisons, de lansquenets et des troupes de Geneve, fort peu de cavalerie. Ce fort de Ripaille estoit important au duc de Savoye, lequel avoit envoyé le comte de Martinengue et le sieur de Sonas avec douze cents lances, cinq cents argoulets et mil hommes de pied, pour empescher les desseins de M. de Sancy, et faire divertir ce siege. Ils vindrent passer à demy quart de lieue de Geneve, et se rendirent à Lullins, pays de montagne, à deux lieues de Thonon, et userent d'une telle vigilance et diligence, que, devant que les Suisses se fussent rengez pour soustenir le choc, un gros de quatre cents lances poursuivit si chaudement la cavalerie de Geneve, qu'elle fut contrainte de se sauver au galop dedans Thonon, où les Savoyards la poursuivirent si vivement, qu'ils vinrent jusques à la barriere contre la porte, là où le fils du baron de Viry fut tué d'une mousquetade tirée de dessus les murailles, lesquelles incontinent furent garnies de harquebuziers ; ce qui fut la cause que les Savoyards retournerent en arriere sans estre suivis.

Mais la cavalerie de Geneve, ressortie de Thonon par une autre porte, avec quelque infanterie allerent pour charger ceux qui les venoient de faire si bien courir : les Savoyards firent semblant de reculer, mais en un instant ils tournerent visage et firent recourir encor la cavalerie de Geneve vers Thonon : une pluye qui survint, accompagnée d'esclairs et tonnerres, fut la cause qu'il n'y en eut gueres de tuez de part ny d'autre. Ledict comte de Martinengue en mesme temps voulut tenter de deffaire le regiment de Soleurre ; mais les Suisses, s'estans rengez et renforcez incontinent de lansquenets et de François, soustindrent le choc avec leurs picques, tellement que ledit comte, se voyant blessé à la jambe, quelques uns des siens tuez et plusieurs chevaux blessez, fut contraint de se retirer aux environs du mont de Sion par chemins bien rudes et difficiles, sans pouvoir secourir ledit fort de Ripaille, que l'on commença à battre le dernier jour d'avril. Mais le premier jour de may les assiegez, voyans leur secours reculé, sommez par M. de Sancy de se rendre, luy demanderent composition, laquelle il leur accorda : puis estans sortis, le troisiesme jour de may on mit le feu par toutes les sept tours de ce fort, et aux galeres et esquifs du duc de Savoye, qui y estoient au port, lesquelles furent aussi brusiées.

Les bailliages de Thonon et de Geais ayans esté ainsi conquis sur le duc de Savoye, M. de Sancy alla en Suisse, pour resouldre avec les Bernois de son acheminement avec l'armée des Suisses en France, et de la conservation desdicts deux bailliages conquis contre l'armée du duc de Savoye, qui s'apprestoit à Remilly et vers le Fossigny. Il fut resolu entr'eux que le colonel d'Erlac, avec cinq enseignes de son regiment, et trois mil Bernois qui seroient levez de nouveau et envoyez, garderoient lesdits deux bailliages conquis, et que les trois cornettes de Geneve, conduites par le sieur de Quitry, avec les six compagnies de gens de pied, et les garnisons de Monthou et de Bonne, demeureroient en ces quartiers-là, et s'entresecourreroient mutuellement contre le duc de Savoye leur ennemy commun, et que, suivant le commandement exprès que M. de Sancy avoit de mener la levée des Suisses en France, qu'il s'y achemineroit par Geneve tirant vers Neufchatel et Montbelliard pour entrer par la Franche-Comté vers Langres, ville frontiere de France en Champaigne, qui s'estoit mainteneuë en l'obeyssance du Roy, et qui s'est toujours depuis conservée au party royal par la conduite du lieutenant Roussard, qui a sceu si dextrement manier les Langrois, qu'il les a conservez contre une infinité d'entreprises; et peut on dire de luy qu'il a maintenu la ville de Langres en son devoir.

Suyvant ceste resolution, M. de Sancy revint à Thonon, et mena toute l'armée vers Geneve, où ayant fort accortement communiqué avec le sieur de Quitry et les principaux de Geneve la resolution qu'il avoit prise avec les Bernois pour acconduire l'armée en France par le commandement qu'il en avoit receu du Roy, il fut advisé entr'eux de faire courir un bruit que l'armée s'en alloit au pays de Genevois comme pour tirer à Chambery, et mesmes quelques uns furent envoyez recognoistre quelques ponts et passages. Ce bruit fut semé par beaucoup de raisons, et principalement affin que les espions ne se doutassent aucunement du chemin que tiendroit ceste armée, laquelle cependant, après un long chemin, avec douze canons, se fit voye par tout, et arriva à Langres, et de là tira vers Chastillon sur Seine, où ayant rencontré M. de Longueville et son armée, ils traverserent ensemblement la Champagne, passerent la Marne, et arriverent sans aucun destourbier en l'armée du Roy à Conflans, à deux lieuës au dessous de Pontoise, où le Roy les receut tous avec beaucoup de demonstration de joye, principalement envers ledit sieur de Sancy, qui fut grandement loüé de plusieurs pour la grande prudence et dexterité dont il avoit usé, amenant un tel secours au Roy après une infinité de difficultez qui se presenterent en ceste negociation, et aussi d'avoir practiqué des affaires pour quatre mois au duc de Savoye et à toutes ses troupes, affin de l'empescher de troubler ses voisins, ainsi qu'il avoit dessigné, ce qui avoit esté descouvert par plusieurs memoires et lettres interceptées. Nous dirons cy après ce qui advint en la guerre du duc de Savoye contre les Bernois et Genevois. Voyons comme le Roy s'achemina ayant receu ceste armée pour assieger Paris, et comme il y fut assassiné, qui estoit cest assassin, et des maux qui en sont depuis arrivez.

Après tant d'heureux succez, tous les vœux des royaux furent tournez pour aller devant Paris, et disoient tous que de la reduction de ceste ville dependoit la ruine de l'union, aussi que l'entrée en seroit facile, veu le grand nombre de serviteurs que Sa Majesté y avoit encores, car toutes les bonnes familles n'avoient, disoient-ils, adheré à l'union que pour sauver le pillage de leurs maisons et la prison.

Le Roy, approchant de Paris, desiroit se rendre maistre des passages sur les rivieres de Seine et de Marne, aussi bien qu'il avoit fait de ceux de la riviere d'Oyse. Il voulut s'asseurer du pont Sainct Clou. Le dernier de juillet, après avoir fait tirer quelques volées de canon, il s'en rendit maistre, et l'advantgarde de son armée, que conduisoit le roy de Navarre, fut logée à Meudon et aux environs.

M. de Mayenne estoit à Paris, et avoit logé toute son armée dans les faux-bourgs: il se doutoit bien que les royaux ne faudroient de faire quelque entreprise pour l'y venir attaquer; ce fut pourquoy il ordonna M. de La Chastre pour commander aux gens de guerre logez aux faux-bourgs Sainct Jacques et Sainct Germain, et luy s'asseuroit qu'il empescheroit bien que l'on ne se viendroit loger dans les faux-bourgs de Sainct Denis et de Sainct Honoré, esperant que M. de Nemours estant venu, qui amenoit des troupes du Lyonnois et les forces de Lorraine, qu'il donneroit bataille, ou feroit retirer le Roy, lequel, au dire de l'union, n'avoit plus de pouldres ni de boulets pour entreprendre un grand effort.

Mais il advint, au contraire de tant de desseins, que, le premier jour d'aoust, entre sept et huit heures du matin, le Roy estant logé à Sainct Clou dans la belle maison du sieur Hierosme de Gondy, un jacobin, sorty de Paris exprès pour le tüer, en luy presentant une lettre, tira un cousteau de sa manche, duquel il luy donna un coup dans le petit ventre. Le Roy, se sentant blessé, tira luy-mesme le cousteau que ce jacobin avoit laissé dans la playe, et l'en frappa d'un coup au dessus de l'œil. Plusieurs gentilshommes, qui à l'instant entrerent dans la chambre du Roy, se jetterent sur ce jacobin et le tüerent, puis le jetterent du haut en bas de la fenestre de la chambre dans la court, où il fut assez long temps, les uns disans que c'estoit un soldat desguisé en jacobin, les autres non, jusques à ce qu'il fut recognu estre d'asseurance un jacobin appellé frere Jacques Clement.

Le Roy, se sentant ainsi blessé, se recommanda tout aussi tost à Dieu, comme au souverain medecin. Il fut porté incontinent en son lict, et, après que le premier appareil luy eut esté appliqué, il demanda à son premier chirurgien quel jugement il faisoit de sa playe, et luy commanda de ne luy celer le mal, affin qu'il ne fust prevenu de la mort sans avoir recours aux remedes de l'ame, et recevoir les saincts sacrements de l'Eglise : lequel luy respondit, avec le jugement qu'il avoit pris de ses autres compagnons, qu'on ne cognoissoit pas qu'il fust en danger, et qu'ils esperoient, avec la grace de Dieu, que dans dix jours au plus tard il monteroit à cheval ; ce qui fut l'occasion que Sa Majesté incontinent fit advertir par lettres tous les princes estrangers et tous les gouverneurs des provinces, et leur mandoit en ces termes ce qui estoit advenu en sa blessure :

« Ce matin un jeune jacobin, amené par mon procureur general pour me bailler, disoit-il, des lettres du sieur de Harlay, premier president en ma cour de parlement, mon bon et fidele serviteur, detenu pour ceste occasion prisonnier à Paris, et pour me dire quelque chose de sa part, a esté introduit en ma chambre par mon commandement, ny ayant personne que le sieur de Bellegarde, premier gentil-homme, et mondit procureur general. Après m'avoir salué, et feignant à me dire quelque chose de secret, j'ay faict retirer les deux dessus nommez, et lors ce mal-heureux m'a donné un coup de cousteau, pensant bien me tuër ; mais Dieu, qui a soin des siens, n'a voulu que, sous la reverence que je porte à ceux qui se disent vouëz à son service, je perdisse la vie ; ains me l'a conservée par sa grace, et empesché son damnable dessein, faisant glisser le cousteau, de façon que ce ne sera rien, s'il plaist à Dieu, esperant que dedans peu de jours il me donnera ma premiere santé. Je ne doute que telle voye ne soit en telle horreur qu'elle merite à tous les gens de bien, et principalement aux princes, pour l'iniquité et mauvais exemple d'icelle. Et d'autant que je vous tiens pour l'un de mes bons parens et amis, je vous ay bien voulu advertir de cest accident, m'asseurant que vous blasmerez l'acte, et ceux desquels il peut proceder. Vous serez bien aise aussi d'entendre l'espoir de ma briefve guerison avec l'aide de Dieu, lequel je prie vous avoir, mon cousin, en sa garde. Du pont Sainct Clou, le premier d'aoust 1589. »

Telles estoient lettres et esperances du Roy, qui fit incontinent aussi mander son chapelain pour ouyr la saincte messe, lequel venu, et ayant fait dresser un autel vis à vis du lict de Sa Majesté et dans sa chambre, commença à la dire, et le Roy l'oüit avec toute l'attention et devotion qu'on sçauroit desirer : au temps de l'eslevation du corps et sang de nostre sauveur Jesus Christ, il dit tout haut, la larme à l'œil : « Seigneur Dieu, si tu cognois que ma vie soit utile et profitable à mon peuple et à mon Estat que tu m'as mis en charge, conserve moy, et me prolonge mes jours, sinon, mon Dieu, prends mon corps et mon ame, et la mets en ton paradis. Ta volonté soit faite. » Puis il dit ces beaux mots que l'Eglise chante en telle action : *O salutaris hostia*. La messe finie, il print quelque rafraischissement pour pouvoir reposer.

Il fut advisé par le roy de Navarre et par les princes et seigneurs qui avoient charge en l'armée que l'on devoit se tenir en armes et prests, de peur d'une surprise du costé de Paris, ce qu'ils firent tous. Leur raison estoit que l'assassinateur en estant sorty, il n'y avoit point de doute que c'estoit un faict premedité dans ceste ville, et que les chefs de guerre qui y estoient estans advertis de la blessure du Roy, presumeroient qu'il adviendroit du trouble en l'armée, sous la faveur duquel, en attaquant quelque quartier, ils pourroient faire quelque effort notable. Mais tout ce jour il ne sortit rien de Paris, et les Seize s'empescherent tous, depuis le matin jusques sur le midy qu'ils ouyrent que Jacques Clement avoit esté tué, à emplir les prisons du grand et petit Chastelet de tous ceux qu'ils pensoient avoir des parens en l'armée du Roy. Plusieurs furent aussi mis dans le Louvre et à la Bastille.

Tout le long du jour le Roy ne parla que de Dieu avec M. Loys de Parade, son aumosnier, et avec plusieurs princes et seigneurs qui ne bougerent de sa chambre depuis qu'il fut blessé jusques à sa mort, entr'autres M. le grand prieur de France, qui depuis a esté appellé M. le comte d'Auvergne, lequel il aymoit fort pour estre fils naturel du feu roy (1) Charles neufiesme son frere, M. le duc d'Espernon, messieurs de Bellegarde, et d'O, les sieurs de Chasteauvieux, de Clermont, d'Antragues et de Manou, capitaines des gardes du corps, de Lyencourt, premier escuyer, et de Beaulieu Ruzé, premier secretaire d'Estat, auxquels il fit plusieurs beaux discours sur l'estime qu'il faisoit de ceux qui mouroient en la grace de Dieu, et combien il les croyoit heureux, qu'il desiroit s'y disposer pour estre plus asseuré, encores que, le 23 de juillet dernier, estant au camp devant Pontoise, il eust receu son Createur.

(1) De Charles IX et de Marie Touchet. Il est plus connu sous le titre de duc d'Angoulême.

Après que l'ordre eut esté donné par toute l'armée, messieurs les princes du sang et autres ducs et princes, les mareschaux de Biron et d'Aumont, et les principaux seigneurs de l'armée, se rendirent au logis du Roy, où ils entendirent qu'il estoit blessé à mort : la tristesse fut alors grande. Le Roy ayant fait aprocher M. Estienne Bologne, chapelain de son cabinet, pour se confesser, et luy ayant demandé l'absolution, il luy dit : « Sire, le bruit est que Sa Saincteté a envoyé une monition contre vous sur les choses qui se sont passées aux estats de Blois dernierement; toutesfois, luy dit-il, je ne sçay pas la clause de ladite monition, et ne peux sans manquer à mon devoir de vous exhorter de satisfaire à la demande de Sa Saincteté; autrement je ne peux vous donner absolution de vostre confession. » A quoy le Roy respondit hautement devant tous les princes et seigneurs : « Je suis le premier fils de l'Eglise catholique, apostolique et romaine, et veux mourir tel. Je promets, devant Dieu et devant vous tous, que mon desir n'a esté et n'est encores que de contenter Sa Saincteté en tout ce qu'elle desire de moy. » Ce qu'ayant dit, ledit Bolongne luy donna l'absolution.

Peu après l'on luy dit que le roy de Navarre estoit là. Or il sentoit desjà quelques douleurs et grandes tranchées, pour avoir esté blessé au petit ventre, ce qui le fit conjecturer qu'il estoit plus blessé que l'on ne luy avoit dit, et que Dieu le vouloit tirer à luy. Il fit appeller le roy de Navarre, auquel il dit : « Mon frere, vous voyez l'estat auquel je suis; puis qu'il plaist à Dieu de m'appeller, je meurs content en vous voyant auprès de moy. Dieu en a ainsi disposé, ayant eu soing de ce royaume, lequel je vous laisse en grand trouble. La couronne est vostre après que Dieu aura fait sa volonté de moy. Je le prie qu'il vous face la grace d'en jouyr en bonne paix. A la mienne volonté qu'elle fust aussi florissante sur vostre teste comme elle a esté sur celle de Charlemagne. J'ay commandé à tous les officiers de la couronne de vous recognoistre pour leur roy après moy. »

Le roy de Navarre s'estant mis de genoux, les yeux pleins de chaudes larmes et le cœur de gros sanglots, ne luy put dire un seul mot, et ayant pris les mains du Roy les baisa. Sa Majesté, voyant qu'il ne luy pouvoit rien respondre à cause de ses larmes, l'embrassa par la teste, et l'ayant baisé lui donna sa benediction; puis, luy ayant dit qu'il se levast, il fit approcher tous les princes et seigneurs qui estoient là presents, et leur dit : « Je vous ay tantost dit que je desire que vous demeuriez tous unis, pour la conservation de ce qui reste d'entier en mon Estat, car la division entre les grands d'un royaume est la ruyne des monarchies, et que le roy de Navarre est le legitime successeur de ceste couronne. Vous n'ignorez pas la juste obeyssance que vous luy devez après moy; et, affin que vous demeuriez tous unis au devoir que vous devez à la couronne, je vous commande à tous presentement de luy jurer et promettre obeyssance et fidelité. » Suivant le commandement du Roy, tous les princes et officiers de la couronne qui estoient là presens mirent à l'instant un genouil en terre, et promirent et jurerent obeyssance et fidelité au roy de Navarre après qu'il auroit pleu à Dieu de faire sa volonté du Roy : ce fait, Sa Majesté commanda qu'on le laissast en repos. Le roy de Navarre se retira pleurant, comme aussi firent tous les princes les larmes aux yeux : les officiers domestiques avec les aumosniers demeurerent seulement dans la chambre.

Sur les deux heures après minuit son mal rengregea si fort, que luy mesme commanda audit Boulogne, son chapelain du cabinet, d'aller prendre le Sainct Sacrement, affin que s'estant encore confessé il le pust adorer et recevoir pour viatique : « Car, disoit-il, je juge que l'heure est venue que Dieu veut faire sa volonté de moy. » Ce qui fut cause que les officiers qui l'assistoient luy dirent plusieurs choses, affin de le consoler pour attendre la mort en patience, et luy leur respondit : « Je recognois, mes amis, que Dieu me pardonnera mes pechez par le merite de la mort et passion de son fils nostre Seigneur Jesus-Christ. » Puis incontinent il leur dit : « Je veux mourir en la creance de l'Eglise catholique, apostolique et romaine. Mon Dieu, pardonne moy, et me pardonne mes pechés. » Et ayant dit *In manus tuas, Domine*, etc., et le psalme *Miserere mei, Deus*, lequel il ne put du tout achever pour ce que l'on luy dit : « Sire, puis que vous desirez que Dieu vous pardonne, il faut premierement que vous pardonniez à vos ennemis. » Surquoy il respondit : « Ouy, je leur pardonne de bien bon cœur. — Ne pardonnez vous pas aussi à ceux qui ont pourchassé vostre blessure? — Je leur pardonne aussi, respondit-il, et prie Dieu leur vouloir pardonner leurs fautes, comme je desire qu'il me pardonne les miennes. » Après s'estre encor confessé audit Boulogne, la parole luy estant devenuë basse, ledit Boulogne luy donna l'absolution, et peu après, ayant perdu du tout la parole, il rendit l'ame à Dieu, faisant par deux fois le signe de la croix, et ainsi mourut, au grand regret de plusieurs de ses officiers et subjects.

Voylà comme mourut le roy Très-Chrestien Henry troisiesme. En ce prince defaillirent les roys de la famille des Valois, après avoir regné en France plus de deux cents soixante ans, depuis le roy Philippes de Valois, fils de Charles, comte de Valois, jusques en ceste presente année. Si, durant la vie de ce prince, ceux qui ont escrit en faveur de ces deux grands partis formés en France, sçavoir de ligueurs et d'huguenots, l'ont attaqué par leurs escrits, ils n'ont encor laissé, après sa mort, de troubler son repos; et toutesfois les uns et les autres en leurs escrits n'ont aucune apparence de verité, car de sa mort chacun d'eux s'en fait accroire un miracle pour favoriser son party. Les huguenots disent : « La mort a emporté ce Roy de ce monde en l'autre, mais, circonstance notable, en la chambre mesme où l'on tient avoir esté prins le conseil de ceste furieuse journée de la Sainct Barthelemy, l'an 1572. » Ces paroles sont couchées dans l'adjonction faicte à l'inventaire de l'Histoire de France par Montliard. Le livre du Recueil des Cinq Roys, imprimé à Geneve, asseure le mesme en presque semblables termes. Et dans le livre de l'Estat de l'Eglise, faict par Jean Taffin, ministre, sont ces mots : « *On a remarqué*, avec providence de Dieu, que cela advint en la chambre mesme en laquelle, l'an 1572, avoit esté prins le conseil de ceste furieuse journée de Sainct Barthelemy. » Voylà des circonstances notables et des remarques de la providence de Dieu, legerement et, j'useray de ce mot, faussement publiées, car, à la Sainct Barthelemy, le lieu où fut blessé le Roy appartenoit à un bourgeois de Paris nommé *Chapelier*, et le possedа encor plus de deux ans après, où Sa Majesté n'avoit jamais entré estant duc d'Anjou, et n'y entra que long temps après son retour de Pologne. Quand la Royne sa mere l'achepta, ce fut après la mort du feu roy Charles, en intention d'y faire bastir; mais comme elle vid que ce lieu estoit trop petit, elle le bailla, l'an 1577, à la femme du sieur Hierosme de Gondy, lequel fit abbattre le logis, et le changer tout de nouveau, l'ayant embelli de grottes et fontaines, et rendu tel, que depuis il a esté frequenté par les princes et seigneurs, ce qu'il n'estoit auparavant. Or celuy qui a compilé le susdit Recueil des Cinq Roys, duquel Montliard et Taffin ont tiré ce qu'ils ont mis dans leurs livres, car il avoit premierement escrit qu'eux, use de ces termes : *On dit qu'en ceste mesme chambre avoient esté prins les conseils des massacres*, etc. Voylà un ouy dire inventé par l'autheur dudit Recueil : son invention est prise dans les memoires et petits discours imprimez l'an 1579 à Geneve, touchant ce qui estoit advenu à la journée de Sainct Barthelemy, où ils disent que les conseils en furent pris à Sainct Clou et aux Tuilleries. Pour les Tuilleries, il a esté ainsi escrit par plusieurs historiens et tenu pour veritable, à cause du jour qu'ils disent que ledit conseil a esté tenu, qui a esté la veille de ceste journée; mais pour Sainct Clou, il a esté et est reputé faux. Les uns n'ont point nommé la maison où fut tenu ce conseil; les autres ont dit qu'il avoit esté tenu dans le logis de Gondy, evesque de Paris, frere du comte de Rets, ce qu'ils escrivoient lors pour l'animosité que telles gens portoient à M. de Rets, favorit et bien-aymé du roy Charles, et affin de mettre sa maison en une haine mortelle de ceux de leur party. *Or*, pour trouver quelque couleur à ceste calomnie, l'autheur dudit Recueil, sur ce que le Roy a esté tué en la maison de Gondy, en tire ceste conjecture, et coule ce mot de *on dit qu'en ceste mesme chambre*, etc. Montliard, qui a escrit depuis luy, passe plus avant, et dit : *On tient* etc. : ce n'est plus desjà un ouy dire, à son compte il y en a qui le croyent; mais le ministre Taffin, plus asseuré, et qui en a escrit le dernier, l'asseure, et dit que c'est une providence de Dieu. *Quel mensonge!*

Aussi M. le procureur general en ayant fait sa plainte à la cour contre Montliard, ces mots furent rayez de son livre avec beaucoup d'autres, et luy en fut en une grande peine, s'excusant sur l'oüy dire; mais depuis son livre estant r'imprimé à Geneve, tout y a esté remis, et passe pour croyance parmy les gens de ce costé là. Voylà quelle a esté la passion de ces escrivains sur la mort du roy Henry III. Et toutesfois ils sont comme contraints, ne pouvant taire la grandeur et bonté de ce Roy, de dire de luy que c'estoit un prince debonnaire et docile, courtois, accort, disert, grave, mais de facile acces, devotieux, aymant les lettres, avançant les gens d'esprit, liberal et remunerateur des hommes de merite, desireux de reformation ez abus et malversations de ses officiers, amy de paix, et capable de conseil.

Si les huguenots ont pensé faire accroire que la mort de ce Roy estoit advenué par une providence divine, les ligueurs ou ceux de l'union, de l'autre costé, ont publié que Dieu mesmes l'avoit commandé par un ange, et qu'une nuict, Jacques Clement estant en son lict, Dieu luy envoya son ange en vision, lequel avec grande lumiere se presenta à luy, et luy monstra un glaive nud, lui disant ces mots : « Frere Jacques, je suis messager de Dieu tout-puissant qui te viens acertener que par toy le tyran de France doit estre mis à mort; pense donc à toy comme la couronne de martire t'est aussi preparée. » Cela dit, l'ange se disparut; et frere Jacques s'estant remis devant les yeux ceste apparition, douteux de ce qu'il devoit faire, s'addressa à un autre religieux, homme docte, auquel il declara ceste vision, lequel luy dit qu'il estoit deffendu de Dieu d'estre homicide; mais, d'autant que le Roy estoit distrait et separé de l'Eglise, qui bouffoit de tyrannies execrables, qu'il estimoit que celuy qui le mettroit à mort, comme fit jadis Judith un Holoferne, feroit chose sainte et recommandable, et que, s'il estoit mis à mort executant un si bon œuvre, il seroit bien-heureux; lesquelles paroles furent si aggreables à frere Jacques, qu'il se proposa dèslors de faire mourir Henry de Valois. Et, après plusieurs jeusnes et abstinences qu'il fit au pain et à l'eau, s'estant confessé et fait communier, fit tant, qu'il eut des lettres addressantes à Henry de Valois; et ainsi, ayans pris congé de qui bon luy sembla, et fait provision d'un cousteau bien long et pointu qu'il mit dans sa manche, s'en alla à Sainct Clou, où il arriva le mardy au matin, premier jour d'aoust, là où estant par son addresse introduit dans la chambre du Roy, il se presenta à genoux; puis ayant baisé la missive en la presentant au Roy, par mesme moyen il tira le cousteau de sa manche, dont il blessa le Roy: ce qu'estant veu par les gardes, il fut par eux à l'instant tué de divers coups; puis, ayant esté recognu estre un jacobin, il fut, tout mort, tiré à quatre chevaux, et bruslé par après; son ame cependant ne laissant de monter au ciel avec les bien-heureux.

Ce discours fut faict et composé mesmes par un jacobin, imprimé, tant à Paris qu'à Lyon, par les libraires et imprimeurs de l'union, sur lequel dèslors on remarqua à la verité comme l'assassinat de ce prince avoit esté comploté, et aux sermons que fit depuis le prieur des jacobins, nommé Bourgoüin, sur cest assassinat, loüant l'acte et le meurtrier, l'appellant enfant bien-heureux et martyr, avec une infinité d'exclamations en sa louange, on presuma que c'estoit luy qui avoit fait ce discours, et aussi que c'estoit luy qui avoit persuadé ce Jacques Clement à commettre ce parricide, et l'avoit deceu, le voyant fort devot et niais, luy faisant boire quelque bruvage pour le faire resver, et puis, estant endormy, luy avoit fait ouïr, par quelque subtil moyen, une voix qui lui auroit commandé de tuer le Roy. Bourgoüin n'a esté le premier qui par une telle ruse a persuadé d'executer de telles entreprises à des niais sous umbre de religion, ainsi qu'il se peut voir en plusieurs histoires, sans prejudice à l'Ordre et autres religieux d'iceluy: aussi l'on a tenu qu'il estoit celuy à qui Jacques Clement avoit esté dire sa resverie, comme estant son prieur, et que ce fut luy qui luy donna le conseil et le moyen de l'executer, ayant faict surprendre les lettres qu'envoyoit M. le comte de Brienne, prisonnier à Paris, à M. le procureur general, et celles que M. le premier president envoyoit au Roy, par les plus factieux qui estoient dans Paris, desquels il estoit, et l'un des principaux predicateurs de la faction des Seize, lesquels, desesperez de la clemence du Roy, resolurent de le faire tuér d'un cousteau empoisonné, affin qu'en quelque endroit qu'il pust toucher Sa Majesté, que le coup fust mortel.

Cependant que Bourgoin practiquoit d'avoir ces lettres telles qu'il les failloit pour faire reüssir leur dessein, Jacques Clement frequentoit les voisins d'auprès les jacobins, et leur disoit tous les jours: « Ayez patience, je tuëray Henry de Valois en bref, Dieu me l'a commandé. » Ils se mocquoient de lüy à cause de sa stupidité, et luy leur respondoit: « Vous ne sçavez pas tout; vous verrez ce qui en sera. »

Les lettres, le passeport, et le cousteau empoisonné prests, Jacques Clement s'achemina asseurement à Sainct Clou, et ayant presenté les lettres à M. le procureur general, et luy ayant dit qu'il en avoit une à donner au Roy de la part de M. le premier president, laquelle il avoit charge de luy donner en main propre, et luy dire quelque chose de grande importance, il le mena parler au Roy.

Par la grande familiarité et accez que le Roy avoit accoustumé de donner aux gens d'eglise qui luy desiroient parler, ce moine eut moyen d'executer son dessein; mais conduit, ainsi qu'il a été dit cy-dessus, tout tremblant en voyant Sa Majesté, il n'eut la force de pousser son cousteau assez avant pour le tuër, quoy qu'il n'y eust que la chemise au devant du ventre du Roy, qui venoit lors de la garderobe; aussi, si le cousteau n'eust esté empoisonné, le Roy ne fust mort de ce coup là, puis que les intestins n'estoient nullement offensez, ce qui fut cause de faire juger à ses chirurgiens, au premier appareil, qu'il n'y avoit point de mal; neantmoins, tout aussi tost le poison parvint aux parties nobles, à cause que la pane qui couvre les intestins estant toute tissuë de fibres et petites veines qui respondent aux veines meseraiques dans le fonds des reins, facilement ladite pane s'enflamba, et incontinent le meserée en estant infecté, renvoya soudain au foye, et le foye l'espandit par tout le draphragme et alla frapper au cœur; ce qui fut cause pourquoy par plusieurs fois le Roy tomba en syncope, et finalement s'en ensuivit la mort sans aucun remede; car les antidotes et contrepoisons ne furent assez suffisans pour contregarder les parties nobles, et aussi que le lieu de la blessure n'estoit capable d'extirpation.

Voylà comme le Roy a esté assassiné par un moyne, avec le fer et le poison, sorty exprès de Paris pour ce faire, à ce solicité par son prieur, lequel toutesfois fut pris trois mois après, sçavoir le premier jour de novembre, à la prise des faux-bourgs de Paris, ayant les armes au poing pour deffendre les tranchées. Il fut conduit et mené au parlement à Tours. Un grand nombre de tesmoins luy furent confrontez, qui luy soustinrent les choses qu'il avoit dictes de Jacques Clement après sa mort. Il ne respondit autre chose, sinon qu'il estoit prisonnier de guerre. De Paris on envoya à Tours offrir pour luy de rendre un homme de lettres prisonnier à la Bastille. Il fut enjoinct au trompette de se retirer. Le prieur, contraint de respondre à la cour, le fit comme en riant: nonobstant il fut condamné à estre tiré à quatre chevaux. Estant conduit pour estre executé au grand marché de Tours, il dit au peuple qu'il avoit esté des plus doux predicateurs, puis pria Dieu d'avoir pitié de son ame pour ses grands pechez. Le greffier, ainsi qu'il avoit desjà un linge sur la face prest à estre tiré, le luy fit oster, et luy dit: « Vous estes prest de monter à Dieu, et sçavez bien que, si nous ne confessons nos pechez en ce monde, nous nous rendons grandement coulpables, et encourons la damnation eternelle. Vous estiez le prieur et comme le pere de Jacques Clement qui a assassiné le Roy; vous sçavez qu'il estoit sorty du couvent dont vous estiez prieur, vous y estant, et, après le malheureux parricide qu'il a commis, vous avez dict qu'il estoit sainct en paradis: vous ne pouvez nier cela. Il n'estoit point question que vous appellassiez les tesmoings devant Dieu, pour ce, dites-vous, qu'ils ont tesmoigné faulx, et que toutesfois les juges vous ont bien jugé: il n'y a celuy qui ait oüy vos sermons qui ne vous ayt entendu approuver et louer tout ce dequoy vous estes accusé et convaincu. Vous vous opiniastrez, et ne voulez confesser le secret de ce parricide, ny ne voulez dire vos complices, et toutesfois vous esperez aller devant Dieu, et desirez qu'il vous pardonne vos pechez: cela est bien douteux pour vous, et devez practiquer en cest endroict ce que vous a appris la theologie depuis le long temps que vous en avez faict profession. » Bourgoin luy respondit lors, comme en colère: *Nous avons bien faict ce que nous avons peu, et non pas ce que nous avons voulu.* Ce furent ses dernieres paroles, car, le linge remis sur sa face, il fut tiré, escartelé, et puis buslé presque en mesme temps. Voylà la fin du prieur et du moyne qui ont commis l'assassinat et le parricide contre le roy Henry troisiesme.

Sur ces dernieres paroles, *nous avons bien faict ce que nous avons peu, et non pas ce que nous avons voulu*, plusieurs discours en furent tenus par les catholiques royaux, desireux de sçavoir ce que le prieur avoit voulu dire; mais la plus grand part jugerent qu'il les avoit dictes pour les deux assassinats resolus en mesme temps, tant contre le Roy que contre le roy de Navarre, car le lendemain que fut prins ce prieur, fut aussi arresté le sieur de Rougemont, lequel, ayant entendu que le roy Henry IV estoit aux fauxbourgs de Paris, s'y estoit rendu, mais, sur un advis que ledict sieur Roy avoit eu de son entreprise, fut pris, mené et conduit en mesme temps que ledit prieur à la Conciergerie de Tours. Interrogé, confesse qu'estant de la religion pretendue reformée, il s'estoit dez l'an 1585 retiré à Sedan, d'où la necessité qu'avoit sa famille l'avoit faict revenir en sa maison en se faisant catholique; mais qu'au mois de juillet dernier estant à Paris, rencontré par le petit Feuillan, après plusieurs paroles qu'il luy dit touchant sa conversion, estans tombez, de propos en autre, sur la necessité et le peu de moyens dudit Rougemont, il luy dit qu'il pouvoit faire un service à Dieu et à l'Eglise, et qu'il luy avoit respondu qu'il seroit très-heureux s'il le pouvoit faire: ledit Feuillan luy dit qu'oüy, en tüant le roy de Navarre, ce qu'executant il se pouvoit asseurer qu'il ne manqueroit de commoditez; mais que, sur ceste proposition, ayant eu plusieurs paroles en diverses fois avec ledit Feuillan comment cela se pourroit aysement faire, enfin ils s'accorderent qu'il s'en iroit en l'armée royale, et que, faisant semblant d'estre derechef heretique, il trouveroit le moyen de tüer le roy de Navarre d'un coup de pistole, et que luy ayant dit qu'il n'avoit point d'argent pour se mettre en esquipage affin d'aller en l'armée, que le petit Feuillan luy bailla quatre cents escus, lesquels ayant receus, il se retira en sa maison prez de Corbeil avec promesse d'executer leur complot, mais qu'au contraire il en fit advertir M. de La Noüe pour le faire sçavoir au Roy; aussi que ledit petit Feuillan, quelque temps après, luy avoit rescrit, et le sollicitoit d'executer leur dessein; mais qu'il avoit gardé ses lettres, et ne luy avoit envoyé que des excuses pour son argent, et n'estoit point venu aux fauxbourgs de Paris que pour faire service au Roy.

Toutes ses excuses eussent esté impertinentes s'il n'eust verifié l'advis par luy donné à M. de La Nouë; et, après une longue prison, par arrest il luy fut faict deffences d'approcher le Roy de dix lieues. Ce sont là de terribles desseins pour gens d'eglise, et, sans mentir, ce fut un des malheurs de ce siecle, auquel il sembloit que tout deust aller sans dessus dessous par le moyen de ces assassinats; car Jessé, cordelier à Vendosme, en mesme temps practiqua un autre jeune cordelier, et le disposa de telle façon, qu'il s'offrit d'assassiner celuy des politiques ou heretiques qu'on luy diroit. Jessé l'envoya à Tours, en habit desguisé, pour l'execution de l'entreprise que nous dirons cy après, avec charge qu'il se logeast au logis d'un nommé Godu; mais entrant dans Tours en habit desguisé par la Porte Neufve, et recogneu pour moyne, confessa ce pour quoy il estoit venu, et qu'il avoit promis à Jessé de tuër M. le cardinal de Vendosme, ou M. le president d'Espesses, selon ce qui luy seroit commandé. Le lendemain de sa prise il fut pendu, et Jessé le fut aussi à la prise de Vendosme, tant pour ceste mauvaise procedure que pour ses deportemens. J'ay esté comme contraint, en parlant de la mort du Roy, de dire tout d'une suitte les assassinats qui furent entrepris en ce temps-là, affin que ceux qui liront ceste histoire voyent combien ce siecle en fut abondant, et la punition qu'ils en receurent. Aussi tous les gens de bien abhorrerent ces procedures, et mesmes il fut lors publié un livre de la deploration de la mort du Roy et du scandale qu'en avoit l'Eglise; car c'est un très-meschant et dangereux exemple aux peuples d'attenter à la vie de leurs princes souverains, pource qu'il est très-expressement prohibé de Dieu de mettre les mains sur l'oinct du Seigneur, et, quelques pretextes que ceux de l'union ayent faict publier en ce temps-là qu'il estoit permis de le tuer pour ce, disoient-ils, qu'il estoit excommunié, tyran et perfide, ils parloient très-mal, et plusieurs catholiques royaux leur firent de tres-amples responces, et monstrerent qu'il n'estoit aucunement entaché de ces vices.

« Car, disoient-ils, quant à l'excommunication, ores que la monition de Sa Saincteté eust esté juste [ce que non], et qu'elle fust venuë à la cognoissance du Roy, et qu'il eust encouru excommunication pour n'avoir relasché le cardinal de Bourbon et l'archevesque de Lyon [cestuy-cy n'estant plus en sa puissance, ains prisonnier dans le fort chasteau d'Amboise que tenoit le capitaine Guast qui en vouloit disposer à sa volonté, et ledit sieur cardinal à Chinon en prison large, la delivrance duquel importoit de la tranquilité de l'Estat du Roy], estoit-il permis de le tuër? Peut-on tuër ou faire tuër impunement et sans peché les excommuniez? Où en sont les passages en la saincte Escriture? Car quand il est dit [1. Cor. 15], en parlant de l'incestueux Corinthien, *Qu'il a esté excommunié pour la destruction de la chair, affin que l'esprit soit sauvé au jour du Seigneur*, la glose de Lyra dit : *A la destruction de la chair*, c'est à dire pour l'affliction de la chair, afin que le pecheur se repente et que la peine luy ramenteive sa coulpe.

« Quant à la tyrannie, chacun sçait bien, disoient-ils, que le tyran est celuy qui usurpe la royauté au prejudice des legitimes successeurs, et contre le gré et volonté des trois ordres d'un royaume, ou qui faict mourir ses subjects pour s'approprier la confiscation de leurs biens. Pour le premier, Henry III estoit roy de France par succession legitime. Pour le second, chacun a cogneu qu'il estoit plustost immense que liberal, et si en chose quelconque il a merité d'estre blasmé, ç'a esté pour avoir benignement pardonné et donné grace et redonné les biens à plusieurs qui avoient merité la mort ou qui y avoient esté condamnez, et est vray que sa trop grande bonté l'a faict mespriser et desdaigner à plusieurs personnes, ce qui a esté cause que l'on s'est si hardiment rebellé contre luy, et que l'on a entrepris si librement contre sa personne. N'eust-il pas eu, disoient-ils, un juste subject de faire punir le docteur Boucher, curé de Sainct Benoist, le premier des predicateurs de la faction des Seize, lequel, l'an 1587, prescha dans Sainct Berthelemy, que la France s'en alloit porter droict à la tyrannie, et que le Roy vouloit empescher les predicateurs de dire la verité, et à cest effect qu'il avoit faict mourir le docteur Hugues Burlart, theologal d'Orleans? ce qu'il imprima tellement en l'esprit de ses auditeurs, qu'ils le creurent fermement, et le rapporterent par tout Paris pour chose très-veritable. Le fit-il punir pour ce mensonge? Non. Sa Majesté se contenta d'envoyer querir plusieurs docteurs et predicateurs de Sorbonne, et entr'autres ledict Boucher, auquel il demanda pourquoy il avoit presché qu'il avoit faict mourir ledict theologal. Boucher luy respondit : « On le m'a asseuré. — L'avez-vous veu mort? dist le Roy. — Non, Sire, respond Boucher; mais il m'a esté affermé pour chose veritable. » Lors le Roy luy repliqua : « Pourquoy voulez-vous plustost croire le mal que le bien, et prescher en la chaire de verité une menterie si evidente? » Boucher, à ces paroles, demeura comme un muët, et le Roy fit venir ledict theologal se portant bien, l'ayant faict fort bien

esté tel que vous l'avez publié et presché, de chanter des *Te Deum* pour son massacre, et d'en louër le meurtrier, et l'estimer estre heureux et en paradis? Quand tout ce que vous en avez dit eust esté vray, tousjours estes vous dignes de la malediction de Cham et de Chanaan, pour avoir descouvert et publié les hontes de vostre superieur et de vostre roy. Où avez vous leu en toute la saincte Escriture qu'il y ait un commandement de se rebeller et user de voyes de faict contre son roy? où est-il escrit? Tous les docteurs de la Sorbonne qui se sont mis de vostre ligue ne nous le sçauroient monstrer. Il n'y a qu'un seul point pour n'obeyr pas au roy; c'est quand par force il contraint ses subjects de faire choses contraires à Dieu : lors et en ce cas nous ne doutons point que sa superiorité ne cesse, pource que la puissance du roy est subalterne à celle de Dieu, comme aussi nos roys de France le recognoissent, se disans roys par la grace de Dieu; car Dieu est leur superieur : aussi nous n'obeyssons aux roys que pour obeyr à Dieu qui le commande et les a instalez, car sa parole nous a dit : *Il faut plustost obeyr à Dieu qu'aux hommes*. Mais comment peut on desobeyr aux roys? *Fugere aut pati*. Desguerpir, quitter son pays et sa terre, ou souffrir et endurer toutes choses. Nostre Seigneur Jesus-Christ nous l'a monstré de faict et de parole : « Si l'on vous persecute, dit-il, en une ville, fuyez en une autre : vous estes bienheureux si vous souffrez pour mon nom ; ainsi ont faict les gens de bien, ainsi nostre createur a faict. » Voylà ce que disoient les royaux à ceux de l'union. Il fut faict beaucoup d'escrits en ce temps-là sur ce subject, tant d'une part que d'autre, chacun soustenant son opinion. A la suitte de ceste histoire l'on verra le fruict de toutes leurs escritures.

Par toutes les eglises cathedrales des villes royales l'on fit le service du roy Henry III, ainsi que l'on a accoustumé à faire aux roys de France, où il fut prononcé de très-belles oraisons funebres par de bons et sçavans docteurs en theologie, lesquels, apres avoir remonstré l'inhumanité d'un tel parricide, et qu'il n'estoit loisible au subject d'attenter à la personne de son roy, ny de le troubler par armes en ses provinces, et que, quiconque estoit si temeraire de l'entreprendre, il estoit heretique, maudit, excommunié et damné comme Judas, « quel opinion disoient-ils, pouvez-vous donc avoir de ceux qui dans les chaires ont alumé le feu des guerres civiles, trompeté les seditions, approuvé les emprisonnements et assassinats des magistrats, et, ce qui surmonte toute impieté, le parricide commis en la personne de nostre Roy legitime, nombrans entre les martyrs l'assassinateur, veu neantmoins qu'il est condamné par tous les conciles comme heretique, maudit, excommunié, et ayant part avec Judas? La posterité croira-elle que l'impudence de tels harangueurs mercenaires se soit jusques là desbordée? Quant bien un roy seroit meschant et inique, si n'est-il pas loisible seulement de murmurer à l'encontre de luy, selon les conciles : que sera-ce donc s'il est tout bon, tout sage, tout debonnaire, comme estoit le feu Roy? car son zele, sa devotion et sa pieté, estoient en luy si extremes, que penser l'esgaler de paroles il se peut plustost desirer qu'esperer.

« Les beaux et superbes monasteres (1) qu'il a bastis, la poussiere desquels, quand bien, par le temps devorateur de toutes choses, ils seroient retournez en leur premiere forme, tesmoignera tousjours quel estoit l'interieur de ceste saincte ame, et comme elle brusloit d'un zele qui n'a eu et n'aura jamais son semblable.

» Ses austeritez et jeusnes (2) qu'il a volontairement pratiqué durant sa vie, et plus austerement que ceux qui se sont confinez dans quelque estroit monastere, ne sont que trop de preuves de sa religion.

» Les processions (3) et pellerinages que tant de fois il a fait à pieds nuds ;

» Les charitables visitations (4) à l'endroict des prisonniers, malades ou autres necessiteux ;

» Les honneurs (5) et carresses qu'il faisoit aux ecclesiastiques, les egalant en telles faveurs à tous les princes, dequoy peuvent porter tesmoignage de cecy infinis docteurs qu'il a retirez

(1) Il a fait bastir plusieurs monasteres au bois de Vincennes, aux faux-bourgs Sainct Honoré, et autres endroicts. Il a faict aussi reparer Nostre Dame de Clery, ruinée par les heretiques. (*Note de l'Auteur.*)

(2) Il vivoit en religieux aux Hieronimites et aux Penitens. (*Ibid.*)

(3) Il alloit en procession à Nostre Dame de Chartres, à Nostre Dame de Clery, et à Nostre Dame de Boulongne. (*Ibid.*)

(4) Il faisoit visiter les prisonniers, et donnoit de l'argent à madame de Boulencourt, et à un nommé Le Gois, drapier à Paris, et à ceux qu'il sçavoit estre charitables, pour le distribuer aux pauvres necessiteux honteux, et aux pauvres malades. (*Ibid.*)

(5) Il advançoit les docteurs en theologie, entr'autres le docteur de Saint Germain, evesque de Cesarée, qu'il pourveut de l'abbaye de Chaly; aussi ce bon evesque docteur l'a tousjours suivy, car il estoit son predicateur, et, depuis la mort de ce prince, il se retira à Tours, et ne ressembla au docteur Rose, aussi predicateur dudict sieur Roy, nommé par luy à l'evesché de Senlis, et à plusieurs autres ecclesiastiques à qui il avoit fait du bien, qui se mirent du costé de ses ennemis. (*Ibid.*)

quoy! la condition des choses humaines porte ordinairement que ce qui est monté à un bien haut degré de felicité n'y peut pas long temps demeurer, et y a je ne sçay quel ennuieux malheur qui cueille les esperances des hommes en leur premiere fleur, de peur qu'ils ne se poussent plus avant qu'il n'est permis à l'humanité.

» Aussi, incontinent après la mort de Monsieur, son frere, à Chasteau-Tierry, commencerent les discordes civiles à s'espandre parmy ce royaume; la guerre plus que jamais s'y alluma par l'ambition de quelques chefs, et sembloit que la fortune, jalouse de nostre bon-heur, voulust triompher de la couronne de France, et quasi comme planter sur nostre front, à la veuë de toutes les autres nations, les trophées de la vicissitude des choses humaines.

» O Dieu immortel! que de choses tristes et funestes! Les villes se diviserent en factions les unes contre les autres; la majesté royale commença à servir de risée dans les chaires; toute raison humaine fut renversée, tous droicts violez, et ne regnoit plus en France que la fureur. Ce fut lors que de l'Allemagne descendit une effroyable armée, laquelle neantmoins fut incontinent dissipée par le conseil et la valeur du feu Roy, lequel paroissant comme un esclair brillant les remplit de frayeurs et terreurs paniques. Toutesfois cest exploict miraculeux ne put rabbattre la malice de ses adversaires, au contraire l'augmenta de telle sorte, qu'ils commencerent à pratiquer toute sorte de gens, molester les magistrats et officiers de la couronne qu'ils recognoissoient fideles serviteurs du Roy, bref, mettre la France en telle confusion, qu'il n'y eut mal qui ne tombast sur nostre chef.

» Le mal fut si grand, que le corps qui de tout temps avoit esté reputé par nos François sacré, sainct, auguste, venerable, inviolable, fut violé par mille outrages et indignitez non croyables. La cour de parlement, lumiere de toute la chrestienté, ame de ce royaume, œil de la France, temple de conseil et d'equité, port et refuge des affligez, fut menée par des faquins, lye du peuple, dans une bastille, pour servir de jouët et de spectacle à une troupe enragée, et d'assouvissement à l'ambition et avarice des mutins; et cest acte fut loüé et approuvé par ceux qui se disoient annoncer la verité de la parole de Dieu, lequel toutesfois ne recommande rien tant à son peuple que l'obeyssance qui est due aux magistrats.

» Le Roy voyant l'opiniastreté des rebelles et le peu de puissance qu'avoit sa douceur à flechir le cœur des mutins, il se resolut d'user du glaive que Dieu luy avoit mis entre les mains, et à ceste fin mit une armée en campagne, et assiegea Paris.

» Tout les pressoit si fort, que les gens de bien avoient esperance qu'il en seroit le maistre, et dans peu de jours. Ce qu'advisans, les ennemis susciterent plusieurs predicateurs qui, avec leurs langues mercenaires, heretiquement et diaboliquement enseignerent qu'il estoit permis de tuër son roy. Sur ces entrefaictes on cherche des gens qui le voulussent entreprendre. Plusieurs, quoy qu'ils eussent très-mauvaise volonté, toutesfois se trouverent tout confus dez la premiere parole, et rejetterent loin un tel dessein, quoy que quelques docteurs et jesuistes les y voulussent induire, jusques à ce qu'il s'est trouvé un miserable moyne qui entreprit l'affaire, sous un habit de pieté couvrant une impieté detestable, et alla trouver le Roy, qui dez la premiere veuë, comme il aymoit affectionnément les religieux, le saluë, le caresse, l'embrasse, le cherit de l'œil et de la main; mais ce meschant moyne mit en oubly toutes ces faveurs et graces royales, s'approche, et tire de sa manche le cousteau dont il frappa le Roy, et si malheureusement, que la mort s'en ensuivit par après; Voylà un catholique, à tout le moins se disant tel, qui frappe un prince Très-Chrestien, un religieux qui attente à la personne du pere et protecteur de la religion; c'est, pour le faire court, un subject [se peut-il dire meschanceté plus grande!] qui assassine son seigneur souverain.

» Ainsi ce prince mourut, et le nom de tant de roys ses predecesseurs, la souvenance du regne très-auguste de son grand pere le roy François Ier, pere des armes, pere des sciences, et pere du peuple, et de Henry II son pere, la fleur des chevaliers, l'ornement de son aage, et le comble de toute perfection, n'ont peu retenir ny arrester les mauvais desseins des factieux qu'ils n'ayent executé leur conspiration contre sa vie et son Estat. Les victoires et trophées que ce prince avoit emportez sur les ennemis de la religion catholique, l'onction dont Dieu l'avoit sacré deux fois roy, la memoire de ses vertus et merites, sa pieté et son zele à l'honneur de Dieu, l'authorité des saincts canons et conciles, l'interest commun de tous les princes de la chrestienté, n'ont peu empescher que la rage de ce moyne perfide ne violast d'un coup funeste son corps, ne respandit son sang, et ne luy apportast la mort. »

Et pour conclusion de tant de beaux discours ils disoient: « Pleure donc, ô France! pleure, et croys que tu n'en eus jamais plus de subject pour perte que tu ayes receuë; et neantmoins rends à ton Roy deffunt le service que tu peux et luy dois rendre, prié Dieu

cœur pour le repos de son ame. »
:grets que les catholiques royaux
trespas du roy Henry III, lequel,
, fut mis en un cercueil, et con-
egne par son successeur Henry IV,
e et de Navarre, pour y demeurer
seureté jusques à ce que la com-
:entast de luy faire faire ses fune-
a grande eglise Nostre-Dame de
itre de là porté à Sainct Denis, où
les roys de France, et où la royne
Medicis sa mere a fait faire un si
e, où repose le roy Henry II son
oivent estre mis tous leurs enfans.
t grand en l'armée royale pour la
n Roy, le lendemain de laquelle,
pplication faicte au roy Henry IV
les princes de Conty et duc de
princes du sang, et par les princes,
aux de France, et autres officiers
s estans en l'armée, Sa Majesté fit
n par laquelle il promit de se faire
six mois en la religion catholique-
e declaration fut verifiée aux par-
enoient pour le party royal, et en-
us les bailliages : ainsi toutes les
lent tenu pour le feu Roy se con-
l'obeyssance de son successeur.
ue de parler plus avant de ce qui
mmencement du regne du roy
France, il sera très-utile de faire
ueil de sa genealogie paternelle et
sa naissance, comme il a esté es-
', et de dire plusieurs choses re-
ui luy sont advenuës auparavant
nt à la couronne de France.

. Saincte Luce, au mois de decem-
Henry de Bourbon, à present roy
de Navarre, et appellé lors de sa
ce de Viane et duc de Beaumont
t né dans Pau en Bearn. Anthoine
uc de Vendosme, et Jeanne d'Al-
e de Navarre, furent ses pere et
é de son pere il est le premier roy
la maison des Bourbons, yssus de
le de sainct Loys, roy de France,
sa mere il a esté heritier des mai-
rre, Bearn, Albret, Foix, Arma-
, et autres principautez et souverai-
mere estoit fille de Henry d'Albret,
re et duc d'Albret, et de Margue-
, sœur du grand roy François, et
cte (1) du comte d'Alençon.
ict roy Henry de Bourbon fut né,
ledict roy Henry d'Albret son pere grand regnoit dans la basse Navarre et en Bearn, et aux autres souverainetez qu'il tenoit le long des monts Pyrenées, car il estoit fils du roy dom Jean d'Albret et de Catherine de Foix, à laquelle estoit escheu le royaume de Navarre par la mort du roy Phœbus de Foix son frere, qui mourut à la chasse auprès de Pau, son cheval s'estant cabré sous luy.

Et le roy dom Jean d'Albret estoit fils d'Alain, duc dominant en Albret, tuteur honorable de ladicte dame Catherine de Foix, qu'il fit espouser audict roy Jean d'Albret son fils. Cet Alain d'Albret estoit un prince grandement respecté de tous les roys et princes de son temps. Il eut aussi la tutelle de la princesse de Bretagne qui estoit sa proche parente. Comme le royaume de Navarre fut envahy par les Espagnols sur le roy dom Jean d'Albret et sur la royne dona Catherine de Foix, et tout ce qui est advenu pour tascher à recouvrer ledit royaume, est amplement escrit aux histoires de Navarre ; cela n'est de nostre subject.

Le roy Henry d'Albret, pere de la royne Jeanne d'Albret, mere du roy Henry IV, vescut cinquante-trois ans ou environ, car il nasquit dans Sangoisse, ville de la haute Navarre, l'an 1503, et n'est mort que l'an 1555. C'estoit un prince de grand courage et d'un esprit vif. Au passage que fit l'empereur Charles le Quint au travers de la France, sous la permission que luy en donna le grand roy François, pour aller mettre ordre aux revoltes des Flamands, il dit, en parlant dudit sieur roy Henry d'Albret, qu'il n'avoit veu qu'un homme en France, qui estoit le roy de Navarre. Aussi estoit-ce un grand prince, qui pour ne jouyr pas de la haute Navarre, n'estoit nullement abbaissé de son courage royal. Or il n'eut que cestedite seulle fille Jeanne, princesse de Navarre, laquelle fut en son jeune aage appellée la mignonne des roys, d'autant que le grand roy François I son oncle la cherissoit d'une amour comme paternelle, et son pere le roy Henry d'Albret ne la pouvoit esloigner de sa presence.

La maison d'Austriche, qui, par mariages et par choses qui luy sont advenuës autres que de leur estoc, s'est accreuë en la grandeur que l'on la void aujourd'huy, eut l'œil sur ceste princesse Jeanne. L'empereur Charles le Quint en fit faire la proposition audit sieur roy Henry d'Albret pour son fils Philippe II, dernier roy d'Espagne, et disoit que c'estoit un moyen pour pacifier les differens de la Navarre. Mais le roy Très-Chrestien François I fut conseillé de ne laisser introduire un tel allié dans le cœur de la France, pource que ledict sieur roy Henry d'Albret y possedoit de belles seigneuries, ce qui eust peu causer de grandes revoltes. Or la princesse Jeanne estant venuë à la cour de France, qui estoit lors à Chastelleraut, avec la royne Marguerite sa mere, ledict sieur roy Très-Chrestien traicta pour la bailler en mariage à Guillaume duc de Cleves, affin de s'ayder de ceste alliance contre lediet empereur Charles le Quint : ce qu'il fit nonobstant l'opposition qu'y faisoit ladicte royne Marguerite, tant en son nom qu'au nom du roy son mary. Il y eut quelque ceremonie pour ce mariage : toutesfois il n'y eut point d'effect, et ne tira à consequence, ladicte princesse ne pouvant avoir encor douze ans.

Ledit duc de Cleves s'estant raccommodé avec ledit sieur Empereur, il se maria du depuis en Allemagne; et, du consentement du roy François et desdits roy et royne de Navarre, ladicte princesse Jeanne fut mariée à M. le duc de Vendosme, Anthoine de Bourbon, premier prince du sang de France, bien-aymé du roy Très-Chrestien pour les belles et rares vertus de ce prince, et les nopces en furent faictes à Moulins l'an 1547, la mesme année que ledit sieur roy François I mourut à Rambouillet.

On tient que par le rapport d'aucuns vieux officiers de la maison de Navarre, que M. le duc de Vendosme et la princesse Jeanne eurent bien-tost lignée, par la grace de Dieu, mesmes deux beaux princes, dont l'un fut nommé duc de Beaumont, l'autre porta le tiltre de comte de Marle, terre de Picardie de l'ancien domaine du comte de Sainct Paul, dont la fille fut mariée à François de Bourbon, ayeul de Charles duc de Vendosme, pere du duc Anthoine dont nous parlons. Mais ces deux beaux princes ne purent estre eslevez, ains par grand inconvenient moururent en bas aage, assavoir : le duc de Beaumont ayant esté mis ez mains de la baillive d'Orleans, qui fut grand'mere du mareschal de Martignon, laquelle faisoit sa residence en ladite ville, estant fort aagée et frilleuse extremement, selon qu'elle, pour sa condition, se tenoit close et tapissée de toutes parts avec un grand feu, elle en faisoit encores plus à l'endroit de ce petit corps de prince, le faisant haleter et suër de chaleur à toute outrance, sans qu'elle souffrist air, vent ny baleine estre donné ny entrer en la chambre; ce qu'elle fit si opiniastrement, quoy qu'on luy en sceust dire, qu'en fin le petit duc de Beaumont estouffa peu à peu dans ses langes, et si tousjours ceste bonne femme disoit : « Laissez-le, il vaut mieux suër que trembler. » La princesse Jeanne, qui estoit à la Cour d'ordinaire pour le rang qu'elle y tenoit, en receut la triste nouvelle de sa mort, s'estant du tout confiée en ceste baillyve comme ancienne servante de la maison de Navarre, et notamment de la royne Marguerite pendant le mariage du comte d'Alençon et d'elle.

Le comte de Marle experimenta une autre affliction, qui fut qu'estant, M. de Vendosme et ladite princesse son espouse, allé voir le roy Henry d'Albret en Bearn, ils le trouverent au Mont de Marsan, là où ils sejournerent; et, y ayans mené le comte de Marle en son maillot, ainsi que ledict sieur Roy l'avoit desiré, ils le luy presenterent, de quoy il receut un merveilleux contentement [lors estoit la royne Marguerite decedée en Bigorre en son chasteau d'Audo, près de Tarbes]. Mais, comme ce prince estoit très-beau, desiré d'estre tenu d'un chacun, un gentil-homme se joüant à luy dans la croisée de la fenestre de sa chambre, luy estant entre les bras de sa nourrice, le gentil-homme et la nourrice se le baillerent plusieurs fois de l'un à l'autre d'une fenestre en l'autre par le dehors de la croisée, quelquefois feignant de le prendre, ce qui fut cause du malheur qui en arriva ; car, le gentil-homme feignant de le prendre, et ne prenant pas de faict, la nourrisse, s'attendant qu'il le prist, lasche prise, et le petit prince comte de Marle tomba de la fenestre en bas sur un perron, où il se froissa une coste. Le gentil-homme saute aussi-tost de la fenestre en bas, car c'estoit du premier estage, et, relevant le prince, il le reporte à la nourrisse toute esplourée, qui l'appaisa du mieux qu'elle put, luy baillant à teter. Le Roy, M. de Vendosme et la princesse estoient allez à la chasse. On teut cest accident. J'ay ouy dire à ses anciens serviteurs valets de chambre que, si la nourrisse eust adverty de cest inconvenient, il y eust eu moyen de le rabiller; mais son mal rengregeant en pis, finalement il mourut au grand regret du Roy, de M. de Vendosme et de la princesse ses pere et mere. Mais advenant puis après que cela eust esté descouvert, le Roy se mit en une grande cholere contre la princesse sa fille, luy reprochant qu'elle n'estoit pas digne d'avoir des enfans puis qu'elle n'y prenoit mieux garde : mesmes, comme elle voulut retourner en France avec son mary, il luy dit que si elle devenoit grosse, qu'elle luy apportast sa groisse en son ventre pour enfanter en sa maison, et que luy feroit nourrir l'enfant, fils ou fille; si elle n'y venoit, et qu'elle ne fist en cela son commandement, qu'il se remarieroit, et qu'il ne vouloit pas mourir sans heritiers. Quelques-uns ont voulu dire que le Roy à present regnant estoit le fils aisné de ladite princesse, et que lesdits sieurs ducs de Beaumont et comte de Marle sont nais depuis luy; mais il se trouve, dans les registres du thresor de la maison de Navarre, que ladite royne Jeanne, depuis ledit sieur Roy à present regnant, n'a eu que deux filles, madame Magdelaine, qui mourut encores jeune, et madame Catherine, qui est decedée duchesse de Bar, ainsi que nous avons dit en son lieu dans nostre Histoire de la paix.

La princesse Jeanne doncques ayant pris congé de son pere avec pleurs et larmes pour la perte de ces deux princes, et voyant que M. de Vendosme estoit appellé par le roy Henry II pour les guerres de Picardie, dont il estoit gouverneur, elle se resolut de le suivre et à la Cour et au camp, dont il advint que Dieu la consola, et qu'au milieu de tant d'exploicts militaires dont son mary vint à heureuse fin contre les ennemis de la France, elle se trouva enceinte; et, quand elle se sentit approcher de son terme et dans le neufiesme mois, elle prend congé de son mary, qui luy voulut difficilement accorder; mais luy representant l'importance et les dernieres paroles du roy Henry son pere, et aussi qu'elle avoit descouvert, par une certaine damoiselle, que le Roy sondit pere avoit faict un testament dont elle desiroit sur tout d'en sçavoir le contenu, à cause qu'une grande dame s'estoit ventée et s'en promettoit une grande faveur; pour ces raisons donc, M. de Vendosme luy accorda de s'en aller en Bearn, où elle fut en quinze jours, traversant toute la France, depuis Compiegne en Picardie, d'où elle partit jusques aux monts Pyrenées dans Pau, ou estoit le roy Henry son pere. Ceste princesse fit ce voyage sur le milieu de novembre, car elle ne demeura au plus que dix jours après son arrivée, qui fut le 4 decembre 1553, qu'elle mit au monde le roy Très-Chrestien à present regnant, par un très-heureux enfantement.

Le Roy son pere estoit un peu malade, mesmes la contagion couroit en ce pays-là; mais la veuë de sa bonne fille, comme il l'appeloit d'ordinaire, luy rendit sa santé parfaicte, et luy osta toute apprehension et crainte du danger.

Ce fut durant ces dix jours à tascher de voir ce testament par tous les moyens qu'il luy fut possible : ce qu'elle obtint sans l'ouvrir. Il estoit dans une grosse boëste d'or, et dessus une grosse chaisne d'or qui eust peu faire vingt cinq ou trente tours à l'entour du col. Elle la demanda; il luy promit, disant en langage bearnois : « Elle sera tienne, mais que tu m'ayes moustré ce que tu portes; et affin que tu ne me faces point une pleureuse ny un enfant rechigné, je te promets de te donner tout, pourveu qu'en enfantant tu chantes une chanson en biarnois, et si quand tu enfanteras j'y veux estre. » Pour cest effect il commanda à un sien valet de chambre nommé Cotin, vieux serviteur, qu'il la servist à la chambre, et, à l'heure qu'elle seroit en travail d'enfant, qu'il le vinst appeller à quelque heure que ce fust, mesme en son plus profond sommeil, ce qu'il luy enchargea expressement.

Entre minuict et une heure, le treiziesme jour de decembre 1553, les douleurs pour enfanter prirent à la princesse. Au dessus de sa chambre estoit celle du Roy son pere, qui, adverty par Cotin, soudain descend. Elle l'oyant, commence à chanter en musique ce motet en langue biarnoise : *Nostre Donne deu cap deu pon, ajuda mi en aquete houre* (1). Cest Nostre-Dame estoit une eglise de devotion dediée à la saincte Vierge, laquelle estoit au bout du pont du Gave en allant vers Juranson, à laquelle les femmes en travail d'enfant avoient accoustumé de se vouër, et en leur travail la reclamer; dont elles estoient souverainement assistées, et delivroient heureusement. Aussi n'eut-elle pas plus-tost parachevé ce motet, que nasquit le prince qui commande aujourd'huy, par la grace de Dieu, à la France et à la Navarre.

Estant delivrée, le Roy mit la chaisne d'or au col de la princesse, et luy donna la boëste d'or où estoit son testament, dont toutesfois il emporta la clef, luy disant : « Voylà qui est à vous, ma fille, mais cecy est à moy, » prenant l'enfant dans sa grand robbe, sans attendre qu'il fust bonnement accommodé, et l'emporta en sa chambre.

Quand ladicte princesse Jeanne nasquit, les Espagnols firent un brocard sur sa naissance, et disoient : *Milagro! la vaca hijò una ovêja* (2). C'estoit une allusion aux armes de Bearn, où il y a deux vaches encornées et clarinées d'or en champ de gueules. Ils appelloient aussi ordinairement ledit sieur roy Henry son pere, *el vaquero* (3), pour la mesme raison. Mais ledit sieur Roy tenant entre ses bras le prince son petit fils, et le baisant d'affection, se rememorant des brocards espagnols, disoit de joye à ceux qui le venoient congratuler d'un si heureux enfantement : *Ahora, mire que aquesta ovêja pariò un leon* (4).

(1) Notre-Dame du bout du pont, aidez-moi à cette heure.

(2) Miracle! la vache a fait une brebis.

(3) Le vacher.

(4) Maintenant, regardez que cette brebis a enfanté un lion.

Ainsi vint ce petit prince au monde, sans pleurer ny crier, et la premiere viande qu'il receut fut de la main de son grand pere ledit sieur roy Henry, qui luy bailla une pillule de la theriaque des gens de village, qui est un cap d'ail, dont il luy frotta ses petites levres, lesquelles il se frippa l'une contre l'autre comme pour succer; ce qu'ayant veu le Roy et prenant de là une bonne conjecture qu'il seroit d'un bon naturel, il luy presenta du vin dans sa coupe; à l'odeur ce petit prince bransla la teste comme peut faire un enfant, et lors ledit sieur Roy dit : *Tu seras un vray Biarnois.* Tous ces propos soient dits avec la reverence deuë à Leurs Majestez; mais c'est aussi pour monstrer que les princes ont des affections semblables aux autres, et neantmoins qui importent principalement quand il y va de l'interest de leurs Estats.

Le baptistere de ce petit prince de Navarre fut faict dans Pau où il estoit né, en la mesme année qu'il nasquit, ainsi que l'on comptoit alors, car l'on commençoit les années à Pasques, depuis le vingt-cinquiesme de mars disant *avant Pasques*, jusques au jour qu'elles estoient chacune année; et après Pasques jusques au vingt-cinquiesme d'avril, l'on disoit *après Pasques*. Mais, selon que l'on compte à present, ce prince fut baptizé en l'an 1554, le propre jour des Roys. Ses parrains furent le roy Très-Chrestien Henry II et le roy de Navarre, et la marrine fut madame Claude de France, qui depuis a esté duchesse de Lorraine, pour la grande amitié qui estoit entre elle et la princesse Jeanne. Le cardinal d'Armagnac le baptiza dans la chapelle du chasteau de Pau; M. Jacques de Foix, evesque de Lescar, qui depuis a esté cardinal, le presenta aux saincts fonds de baptesme pour le roy Très-Chrestien, et la comtesse d'Andouyns servit de marrine pour madame Claude. Ce prince fut nommé Henry; les fonds sur lesquels il fut baptizé furent expressement faicts, et estoient d'argent doré. Une infinité de vers furent faicts sur sa naissance et sur son baptesme, tant en grec qu'en latin, françois, allemand, italien, espagnol, gascon, breton et basque, lesquels tous furent imprimez en ce temps-là en un recueil que l'on en fit à Thoulouze l'an 1554.

Il y en a qui ont voulu dire que ce prince estoit né à La Fleche en Anjou; mais ces vers, qui furent publiez par tout au temps de sa naissance, leur peuvent oster ceste opinion, et les faire certains de la verité.

Bearn, ainsi enrichy sainctement
Par cest enfant, dresse si hautement
Son chef en l'air, qu'il baise jà les cieux.
O Pau heureux! heureusement chanté!
Mais plus heureux qui s'en est contenté
Pour l'esgaler au lieu natal des dieux.

Auger Ferrier, et autres excellens mathematiciens et astrologues, rectifierent la geniture de ce prince, et firent imprimer plusieurs belles choses sur ceste naissance; tous luy promettoient qu'il seroit sauvé d'une infinité d'attentats, et que les deux infortunes joinctes le feroient riche au lieu qu'elles sembloient le destruire : aucunes desquelles predictions furent dediées à la royne Catherine de Medicis, princesse amatrice et fort studieuse des bonnes lettres et des sciences plus exquises.

Ce petit prince fit toutesfois de la peine à eslever, estant passé par les mains de huict nourrisses, dont la huictiesme gaigna le prix, et laquelle aussi il a depuis grandement honorée, et luy a donné recompense honneste de ses labeurs et peines qu'elle avoit prises envers luy, et a eslevé tous ses enfans en offices. La cause principale de telle varieté fut ceste maladie contagieuse qui regna pour lors au pays de Bearn, depuis le mois de septembre jusques à la fin de mars. Le prince eschappé et hors de la mamelle, le Roy son grand pere le mit entre les mains de madame la baronne de Miossans [Miossans est une des premieres baronies de Bearn], qui demeuroit à Coirraze près de la petite et jolie ville de Nay, que les Bearnois disent estre de *todas las villas la may*, là où ce prince fut eslevé et nourry dignement en prince, mais en sorte qu'il estoit duit au labeur et mangeoit souvent du pain commun, le grand pere le voulant ainsi, afin que de jeunesse il s'apprist à la necessité. Tant que vesquit ledit bon roy Henry d'Albret, il ne voulut que son petit fils fust mignardé delicatement, et a esté veu à la mode du pays parmy les autres enfans du village, quelques fois pied descaux et nud teste, tant en hyver qu'en esté, qui est une des causes pour lesquelles les Biarnois sont robustes et agiles singulierement.

Après le decez du roy Henry d'Albret, M. de Vendosme et la princesse Jeanne, luy ayans succedé à la couronne de Navarre, et en toutes ses autres souverainetez et biens, allerent en Bearn après avoir eu de la peine pour obtenir du roy Très-Chrestien Henry II un congé d'y aller.

Car aucuns des grands du conseil de France avoient persuadé audit roy Henry que tout ce qui estoit au deçà des monts Pyrenées devoit estre aux roys de France, aussi bien que tout ce qui estoit au delà estoit de l'Espagne. Plusieurs propos furent tenus sur ce subject par le roy Très-Chrestien aux nouveaux roy et royne de Navarre, avec offre de leur donner en

npense plus grande que ne valoient
souverainetez. La royne de Navarre
expedient pour ne le pas faire, qui
pposer ses subjects au changement
siroit faire, ce qu'ils firent avec re-
dirent qu'ils ne vouloient changer
s. Sur ceste response, et voyant que
nt ne se pouvoit faire sans un grand
ceste proposition fut laissée, non
use d'une arriere pensée contre la
avarre; car du gouvernement de la
ont estoit gouverneur le feu roy
ret, et duquel en fut pourveu le
e son gendre, le Languedoc en fut
n fut faict un gouvernement à part
onnestable de Montmorency en fut
n'a depuis ce gouvernement bougé
son.

hoine, roy de Navarre, et la royne
me, estans arrivez à Pau, et ayans
ces de leurs souverainetez, voulu-
nt les desseins du feu roy Henry
couvrer la haute Navarre. On tient
nce eust vescu encor un mois, qu'il
à son honneur; aussi avoit-il faict
reparatifs et y avoit de grandes in-
L'empeschement que l'empereur
uint avoit contre les princes protes-
s eust favorisé beaucoup ceste entre-
le nouveau roy Anthoine n'estant
recogneu en ces pays là, il ne put
ses desseins; et outre ce que les
es qu'il fit en ceste année empes-
son entreprise, qui fut appellée la
llée, ne reüssist, un sien favorit la
l'Espagnol; qui fut cause que rien
à effect.

a l'arrivée de Leurs Majestez en
it prince de Navarre leur fils n'avoit
asteau de Cousyraze, où il fut es-
rnoise, et devint merveilleusement
ès que le roy et la royne de Navarre
né l'ordre requis à leurs nouvelles
ils retournerent en la Court de
amenerent le prince leur fils avec

t estoit à Amiens, et le roy de Na-
nt par Paris pour y aller, à la re-
ere de la mareschale de Sainct An-
risoit secrettement ceux qui estoient
uvelle opinion, tira de la Concierge-
le La Rochechampdieu, qui estoit
velle opinion, après avoir commu-
faict avec quelques-uns des juges.
s du roy de Navarre firent entendre
y II que ce faict estoit passé d'une
autre façon; si bien que le roy de Navarre arrivé à Amiens, le Roy luy en tint de rudes paroles, et luy dit : « Comment! ne vous ay-je point dit qu'il n'y avoit qu'un roy en France? » C'estoit les propos qu'il luy avoit dits lors qu'il luy vouloit persuader de quitter la Navarre et ses souverainetez. « Sire, dist le roy Anthoine, devant Vostre Majesté mon soleil est en l'eclipse, et ne suis que vostre serviteur en vostre royaume. — Pourquoy donc, dist Henry, ouvrez-vous mes prisons de puissance absoluë? Qui vous a fait faire cela? » Anthoine luy respondit : « Sire, c'a esté à la priere de madame la mareschale de Sainct André, d'autant que ce gentil-homme luy appartient, et ne l'ay faict sans l'advis de vos officiers, ausquels j'ay parlé, ce que je maintiendray estre vray, et aussi que ce gentil-homme ne s'est point trouvé coupable de rien. » Mais le Roy luy repartit : « On me l'a bien dit autrement que vous ne dites; toutesfois je veux qu'il n'en soit plus parlé, gardez vostre rang en France; et vous ferez bien. » Sur ces propos arrive dans la chambre le petit prince de Navarre. Si tost que le roy Henry l'eut veu si esveillé et si gentil, il le print et le baisa, puis luy demanda : *Voulez-vous estre mon fils?* Mais le petit prince luy respondit : *Ed que es lo pay* (1). Le roy Très-Chrestien, prenant plaisir à la naïfveté de sa response, luy demanda encores : *Et bien, voulez-vous estre mon gendre?* Il regarda son pere, et puis luy respondit : *O bé* (2). Du depuis aussi les deux Roys se promirent que, leurs enfans venus en aage, ledict sieur prince espouseroit madame Marguerite de France, plus aagée que luy d'environ six mois.

Après que le roy et la royne de Navarre eurent esté quelque temps à la Court de France, ils s'en retournerent en Bearn, où, cependant qu'ils y furent, le roy Henry II maria M. le dauphin François à la royne d'Escosse, niepce de messieurs de Guise, lesquels devindrent par ce moyen les maistres de la Court; et le furent encor plus après la mort du roy Henry II, lors que le roy François II luy eut succedé. Ce Roy estoit jeune, et se laissoit gouverner par sa mere et par les oncles de sa femme. Les princes du sang, faschez de ce gouvernement, manderent au roy de Navarre que sa presence estoit necessaire en Court. Suyvant leur advis il se rendit à Vendosme, et de là à la Court, où ses ennemis luy firent aussi-tost donner la charge de mener madame Elizabeth, sœur aisnée du Roy, et espousée au roy d'Espagne; ce qu'ils fi-

(1) C'est celui-là qui est mon père.
(2) Oui bien,

rent à deux desseins : l'un, affin de le reculer loing de la Court, l'autre, pour ce qu'il ne pouvoit faire ceste charge sans mescontenter le roy d'Espagne, comme il fit, et par consequent le roy Très-Chrestien ; car le Roy ayant conduit la Royne sa sœur, espouse du roy d'Espagne, jusques à Chenonceau, il print congé d'elle, et elle s'achemina avec le roy de Navarre par la Guyenne, où la royne de Navarre et le prince son fils vindrent au devant, et la receurent fort magnifiquement par toutes leurs maisons où elle passa. Elle alloit en Espagne avec un regret, et mesmes ne faisoit que demander, si tost qu'elle voyoit quelque beau chasteau, ou que l'on luy presentoit quelque chose de gentil : « Y a-t-il d'aussi belles maisons en Espagne ? y a-t-il de cela en Espagne? »

Arrivez en Bearn, le roy de Navarre fit marquer le premier logis pour luy, comme roy absolu, et le second pour la royne d'Espagne, et fut ainsi marqué : quoy que les mareschaux des logis, tant françois qu'espagnols, le contestassent, il leur fallut endurer ; mesmes dedans Roncevaux, qui est terre du roy d'Espagne, le logis dudit sieur roy de Navarre fut marqué absolument *pour le Roy*, et falut que l'archevesque de Tolede et l'evesque de Burgos l'appellassent et recogneussent roy de Navarre auparavant que jamais il leur voulust delivrer ladicte madame Elizabeth, leur royne promise. Son fils le prince de Navarre y estoit tenant son rang près de la royne Jeanne sa mere, et cela fut ainsi enregistré, et ce d'autant que ladite terre de Roncevaux est de l'ancien domaine de la haute Navarre.

La royne Elizabeth estant delivrée en leurs mains, où estoit aussi le duc d'Alve, le Roy, la Royne et le prince la baiserent pour luy dire à Dieu, ce que ledict sieur duc d'Alve faisoit semblant de ne trouver nullement bon ; et ladicte princesse oyant ces mots, que luy dirent l'archevesque de Tolede : *Audi, filia, et vide, inclina aurem tuam*, et l'evesque de Burgos : *Obliviscere populum tuum, et domum patris tui*, elle se pasma entre les bras du roy de Navarre, et de fait aussi elle sortit de France avec un grand regret. Estant revenuë de pasmoison elle partit, et le roy de Navarre, repassant par la basse Navarre, s'en vint à Pau, où il demeura jusques à tant que M. le cardinal de Bourbon son frere et le cardinal d'Armagnac allerent le querir, à cause de la prevention intentée contre M. le prince de Condé son frere, et contre luy-mesmes. Quant audit sieur prince, on luy imputoit d'estre chef muët de l'entreprise d'Amboise, laquelle avoit esté brassée contre le Roy par aucuns soy disans esmeus pour le bien de l'Estat, affin de deschasser les princes de Guise d'auprès du Roy, et y approcher les princes de son sang. On appella ces remuëurs en ce temps-là les friboux, qui est un mot equivalent à libertin.

Or ledit sieur prince estoit lors à Amboise, où son logis fut visité exactement chez un medecin nommé La Gardette. Il fut enquis par le Roy ; mais il s'excusa fort bien, et n'eurent ses ennemis aucune prise sur luy : et depuis il s'en alla en Bearn vers le roy de Navarre son frere. En son absence on fit telle recherche sur luy, qu'il eut assignation à comparoistre devant le Roy.

Quant au roy de Navarre, lequel avoit fait le roy envers la royne d'Espagne, ce qui fut noté, il y en eut divers bruicts ; on presumoit aussi qu'il estoit de l'intelligence susdite. Le point plus important contre luy fut qu'il avoit presté l'oreille à un nommé Bois-normand, surnommé La Pierre, et, par sa persuasion, à Theodore de Beze, qui estoit allé de Geneve en Bearn. Ils vindrent donc pour se justifier, et y eut lors grand danger pour tous les deux.

Le prince de Condé fut arresté prisonnier à Orleans, et, pendant que l'on luy faisoit son procès, le Roy fut conseillé par les ennemis de la maison de Bourbon qu'il failloit se desfaire des deux freres. Pour ce faire, il fut resolu de faire trancher la teste à M. le prince de Condé, et de tuër le roy de Navarre. De celuy-là le procès se faisoit, et n'y avoit plus que le point de l'execution. De celuy-cy la Royne-mere l'empescha, à cause que l'on avoit resolu que le Roy mesme donneroit un coup de dague au roy de Navarre en le faisant venir parler à luy, et qu'incontinent gens attitrez sortiroient pour l'achever. Elle ne put consentir qu'il fist un tel meurtre de sa main propre : elle luy deffend. Le roy de Navarre est adverty de ceste entreprise, et qu'il se gardast, s'il estoit mandé pour parler au Roy, de parler hautement, et que de ses douces paroles dependoit sa vie. Ayant receu cest advis, il dit à Cotin, qui depuis la mort du roy Henry d'Albret le servoit d'homme de chambre, car il estoit un des anciens serviteurs domestiques de la maison de Navarre : « Cotin, si on me tue de sang froid, ainsi que j'ay eu advis que mes ennemis ont resolu de faire, je t'encharge qu'estant tué, tu trouves moyen d'avoir ma chemise avec mon sang, et que tu la monstres à mon fils. »

Ce prince prejugeoit dèslors la valeur et le courage de son fils pour ne laisser un tel acte sans vengeance. Le roy de Navarre fut mandé pour parler au Roy : oultre qu'il estoit courtois et doux naturellement, il se disposa du tout d'estre discret en paroles. Ce ne furent que rudes paroles que le Roy luy tint touchant ce qu'il avoit faict le roy à Roncevaux en la conduite de la royne d'Espagne, et de plus, qu'il avoit retiré en ses pays de Bearn ceux qui estoient infectez de la nouvelle opinion, et qu'il les supportoit. On tient que la modestie dont usa alors le roy de Navarre en ses responces, fut la principale cause que le dessein pris de le tuër ne fut executé. Et peu de jours après le roy François II mourut.

Par son decez le roy Charles IX vint à la couronne en bas aage. Les estats estoient assemblez à Orleans. Anthoine, roy de Navarre, voyant le cours des affaires, ceda par sa prudence à la Royne mere du Roy, Catherine de Medicis, la qualité de regente (1), et luy se contenta d'estre lieutenant general, à la charge qu'ils ne feroient rien, luy ny elle, l'un sans l'autre. Par mesme moyen le prince de Condé fut justifié. La royne Jeanne de Navarre durant ce temps estoit demeurée en Bearn avec le prince de Navarre et madame Catherine ses enfans. Le Roy son mary la manda lors, et ses enfans aussi. C'est la seconde fois que le Roy à present regnant vint en France estant encore enfant.

De ce temps-là il y eut de grands remuëmens à cause des opinions de Calvin et Beze, principaux autheurs de ceste religion que l'on appelle aujourd'huy la religion pretendue reformée. Plusieurs grands et petits suivirent ceste nouveauté. Le Roy de Navarre s'y cuyda embrouiller, de quoy la royne Jeanne l'en destourna du commencement que de Beze et La Pierre furent en Bearn, et ne consentoit point à ces nouvelles opinions, pour une particularité qu'elle disoit avoir veu durant le vivant de la feuë royne Marguerite sa mere, touchant une aumosne de deux mil escus que ladicte Royne avoit baillez pour secourir les affligez de ces nouvelles opinions, dont les ministres qui en eurent la charge en avoient grandement abusé au contraire de son intention : ce qu'ayant sceu elle les en avoit repris ; mais que sa mere, pour ce bienfait, n'avoit receu d'eux que du blasme dans certaines lettres qu'ils avoient envoyées pour se purger de ce fait aux autres ministres de ceste religion. C'estoient lors les raisons de la royne Jeanne : neantmoins elle s'y laissa aller après qu'elle eut veu le colloque de Poisci, et puis l'edict de janvier ; et mesmes aussi la Royne mere, Catherine de Medicis, en ce temps là voulut voir que c'estoit d'une telle doctrine, mais elle ne se departit point de l'Eglise.

(1) Elle en eut l'autorité ; mais elle n'en prit le titre qu'après la mort de Charles IX.

Après que la royne Jeanne eut veu que le roy de Navarre son mary s'estoit resolu de demeurer en France, et qu'il s'accordoit avec le triumvirat, que l'on appella lors ainsi pour-ce que c'estoit une association qu'avoient faicte messieurs le connestable de Montmorency, le duc de Guise et le mareschal de Sainct André, pour faire vuider la France à tous ceux de ladite religion pretenduë reformée [car ceux-là se trompent qui ont compris le roy de Navarre au nombre des trois ; mais il y adhera par le moyen que trouva le connestable de luy faire commander par le roy Charles, dans Meleun, de ne l'abandonner pas]. Lors donc la royne Jeanne se retira en ses pays de Bearn pour y vivre librement en la nouvelle religion, laissant toutesfois, à son grand regret, le prince de Navarre son fils en la court de France près du roy Charles, auquel on le fit retenir, et le Roy son pere le voulut bien aussi ; mais elle luy bailla pour precepteur le sieur de La Gaucherie, fort docte aux langues grecques, qui estoit de l'opinion nouvelle, lequel l'enseigna par forme d'usage sans preceptes, comme nous apprenons nos langues maternelles, et principalement il luy enseignoit des sentences grecques selectes, qu'il luy faisoit dire par cœur sans les escrire ny les lire, et les luy faisoit apprendre par frequente recitation, dont j'ay eu cest honneur en ce temps-là de servir ce prince, en escrivant lesdites sentences pour luy en faire faire les repetitions. Entr'autres il le tint fort long temps sur celle qui dit : δεῖ φυγαδεύειν τὴν στάσιν ἀπὸ τῆς πόλεως, qui est à dire : *Il faut chasser la sedition de la ville*, etc.

Après les prises de Blois, Poictiers et Bourges, tout le royaume estant en armes, le roy de Navarre alla avec l'armée royale, dont il estoit chef, assieger Roüen, où, estant blessé d'une harquebuzade par l'espaule, il mourut fort catholiquement et chrestiennement à Andelis dans quelques jours après sa blessure, ayant de grands regrets de laisser le royaume de France en tels troubles, et ses enfans si petits et en bas aage comme ils estoient.

La royne de Navarre, après son decez, renouvella avec les pays de là les Pirenées leurs pazeries anciennes, qui est de se maintenir les uns les autres reciproquement, en cas que le roy de France et celuy d'Espagne se voulussent faire guerre l'un à l'autre entr'eux, tant deçà que delà les monts. Elle s'entretint aussi en bonne amitié avec le roy de France et la Royne sa mere. Le roy d'Espagne mesmes la rechercha encore après la mort de sa femme la royne Elizabeth ; mais elle se contenta d'estre asseurée de sa bonne volonté.

Cependant le prince de Navarre estoit eslevé près le roy Charles, et monstroit en son jeune aage d'enfance une grande dexterité d'esprit : de toutes les sentences qu'il a apprises, il n'en a affecté pas une tant comme celle qui dit : ἢ νικᾶν εἰ ἀποθανεῖν; *aut vincere, aut mori*, de laquelle il usa en une blancque qui fut ouverte, l'an 1562 et 1564, dans le cloistre Sainct Germain de l'Auxerrois, là où par plusieurs fois ce billet fut leu, et emporta plusieurs benefices. La Royne mere, Catherine de Medicis, vouloit sçavoir de luy mesmes que c'estoit à dire, ce qu'elle ne put jamais obtenir de luy, et ne voulut s'expliquer, quoy qu'il ne fust lors qu'un enfant. Neantmoins elle en sçavoit bien le sens, car elle estoit trop bien assistée; mais elle defendit de luy en apprendre plus de telles, disant que c'estoit pour le rendre opiniastre.

En tout le grand voyage que le roy Charles fit autour de son royaume l'an 1564 et 1565, le prince de Navarre l'accompagna, et se monstra courageux à se representer au rang qui luy appartenoit en toute reverence, si bien qu'on ne le pouvoit vaincre d'honnesteté ny emporter de bravade, prevoyant tousjours le but des actions; et sur tout, estant en ses terres durant ce grand voyage, il se fit admirer des François et redouter des Espagnols dez son bas aage, si bien qu'à Bayonne le duc de Medina de Rioseco, le voyant si gaillard, dit ces mots : *Me parece este principe ó es imperador ó lo ha de ser* (1).

En l'an 1566 la royne de Navarre vint en Court, où le cardinal de Bourbon, son beau frere, luy suscita procès pour sa legitime de la maison de Vendosme, à laquelle toutesfois il avoit renoncé en faveur de son mariage avec le feu roy de Navarre, Anthoine, aisné de ladite maison; mais, pour la hayne qu'il portoit à ceux de la religion pretenduë, dont la Royne estoit, il s'en pretendoit revoqué. Le roy Charles, en son conseil, y interposa son authorité, et elle, sur ces occurrences, requit Sa Majesté d'aller voir ses maisons de Marle en Picardie, là où elle mena le prince son fils, d'où elle revint en Court. Peu après elle prit aussi congé d'aller voir ses maisons de Vendosme, Beaumont, Saincte Suzanne, La Flesche, et autres belles terres en ces quartiers là, appartenantes au prince son fils, qu'elle menoit avec elle; mais aussi-tost qu'elle fut passée en Poictou, elle se retira en ses pays au delà de la Garonne, emmenant son fils avec elle, qui estoit le principal dessein pour lequel elle estoit venuë en la court de France, lequel elle fit depuis instruire par ses ministres en leur religion, et le pourveut d'un autre precepteur que le sieur de La Gaucherie, d'autant qu'il estoit decedé, et luy bailla Florent Chrestien, l'un des anciens serviteurs de la maison de Vendosme, homme versé en toutes bonnes lettres et en la poësie, à quoy la Royne se plaisoit : et, pour instruire madame sa fille, elle luy bailla le sieur de La Roche, fils du docte Salmonée Macrin, compagnon de Budée.

La royne de Navarre, n'ayant pris congé du roy Charles et de sa Court que par lettres qu'elle rescrivit du milieu de son chemin, fit dèslors conjecturer à plusieurs ce qui advint depuis aux troubles de l'an 1567, durant lesquels se donna la bataille de Sainct Denis, où mourut M. le connestable d'une blessure qu'il y receut. Mais la paix faicte durant le siege de Chartres mit fin aux seconds troubles de la France, commencez par ceux de la religion pretenduë reformée.

Les huguenots, qui avoient contraint le Roy et les catholiques de se sauver de Meaux dans Paris au commencement des seconds troubles, et qui avoient les premiers rompu le premier edict de pacification, furent estonnez que les catholiques rompirent le second edict de pacification en septembre l'an 1568, et voulurent avoir leur revanche, pour les faire courir à leur tour, au commencement des troisiesmes troubles. La prise des armes des uns et des autres, et les propos communs qui en furent publiez lors, et ce qui s'y passa, est escrit en plusieurs histoires, et tous s'accordent que les huguenots furent contrainccts de s'esloigner de Paris, et passer la Loire où ils peurent. Orleans qui leur avoit servy de retraicte aux premiers et seconds troubles leur estant osté, ils se retirerent à La Rochelle, qui leur servit de seure retraicte.

Au commencement de ces troisiesmes troubles, la royne Jeanne de Navarre et le prince son fils estoient en leurs pays au delà de la Garonne. Le mareschal de Monluc avoit eu charge d'y prendre garde et de s'en asseurer, avec commandement de les amener tous deux en Cour auprès du Roy. Elle en fut advertie, estant à Nerac, par ledit sieur de Monluc, auquel elle dit qu'elle estoit disposée de faire la volonté du Roy; mais, après qu'elle eut eu advis que M. le prince de Condé, avec madame la princesse sa femme, et messieurs les princes ses enfans, s'estoient sauvez de Noyers, comme avoit fait aussi M. l'admiral de Chastillon et son frere, le sieur d'Andelot, qui estoit lors auprès de Vitré en Bretagne, et qu'ils avoient passé Loire et estoient en Poictou, elle se resolut de les aller trouver, et laisser le mareschal de Monluc avec

(1) Il m'est avis que ce prince est empereur ou doit l'être.

ses pretensions, executant son dessein, elle prit un soir le chemin avec M. le prince de Navarre et madame Catherine ses enfans, laissant tout son train à Nerac comme si elle y eust encore esté, et fut incontinent coulée en trente-six heures jusques à Monlieu en Xaintonge, de là où M. le prince, M. l'admiral et le comte de La Rochefoucault, bien accompagnez, l'allerent recevoir, d'où elle se rendit avec eux à Coignac en Augoumois, et de là à Tonné-Charente en Xaintonge, où elle dedia M. le prince de Navarre son fils à deffendre la religion qu'elle suivoit, et à venger l'honneur des princes du sang dont il tenoit le premier rang, et envoya au roy Charles la declaration des causes et raisons qui l'avoient meuë à ce faire.

C'estoit une royne d'un bel esprit; elle fit ellemesme une deploration, tant en prose qu'en vers françois, de ce que l'on avoit poursuivy à mort et contraint messieurs les princes du sang de se sauver avec leur pere, et mesmes M. le comte de Soissons qui estoit encor au berceau. Ces troisiesmes troubles donc se commencerent sous sa protection, et tout se fit tant en son nom que de messieurs les princes de Navarre et de Condé.

Le Roy fut estonné de cela. M. le prince de Navarre donc estoit chef de toutes les expeditions de guerre, et luy en fut deferé l'honneur par M. le prince de Condé son oncle, comme à luy appartenant de droict d'aynesse, et comme estant fils de roy et royne souverains.

Ce prince avoit esté nourry dès le berceau à la peine; depuis la mort de son pere il avoit receu plusieurs afflictions domestiques, et maintenant le voicy comme à l'eschole sous la conduitte de deux grands chefs d'armées, tels qu'estoient M. le prince de Condé son oncle et l'admiral de Chastillon, affin d'estre instruit à la guerre. Il estoit jeune, mais il avoit beaucoup de valeur, accompagnée d'une naïveté d'esprit et d'un bon jugement. Aux endroicts où il se trouva durant ces troisiesmes troubles, si ce qu'il dit aux plus vieux capitaines de l'armée eust esté suivy, les evenements n'eussent esté tels qu'ils furent depuis, ny ceux de son party n'eussent receu tant de pertes et ruynes comme ils receurent alors. L'on a remarqué que quand les deux armées se voulurent combattre à Loudun, où il faisoit un extreme froid, que ledict sieur prince de Navarre jugea que si M. le duc d'Anjou eust eu dequoy il eust attaqué, ce que ne faisant pas qu'il falloit l'attaquer, et que la victoire leur en demeureroit. Surquoy plusieurs ont depuis tenu que si on l'eust creu, que Monsieur, frere du Roy, estoit en danger d'estre pris.

En la journée de Bassac, quand il vid qu'on se resolut au combat il leur dit : « Quel moyen de combattre? nos troupes sont trop divisées et celles des ennemis sont joinctes, et leur force est trop grande; de combattre à ceste heure, c'est perdre des gens à credit. J'avois bien dit que nous nous amusions trop de voir jouër des comedies à Nyort au lieu de faire assembler nos troupes puisque l'ennemy amassoit les siennes. » Aussi ceste bataille fut perduë par ceux de la religion pretenduë reformée, et M. le prince de Condé y fut tué.

Pour la bataille de Montcontour, tous les hommes qui s'entendent en l'art militaire ont remarqué que l'admiral ne devoit pas faire venir en l'armée ledit sieur prince de Navarre, s'il ne vouloit qu'il combatist, ny M. le prince de Condé dernier decedé, et ont noté que M. l'admiral, en dressant la bataille, les fit tenir avec M. le comte Ludovic sur la coline qui avoit esté gaignée le vendredy precedent, pour contenter ledit sieur prince de Navarre, qui vouloit voir la bataille et s'y vouloit mesler à toute force; et mesmes, quand il vit au commencement du combat que l'admiral, faisant une charge à l'advantgarde de monseigneur le duc d'Anjou, l'avoit enfoncée, le prince, qui voyoit ceste charge, disoit : « Donnons, mes amis, voylà le point de la victoire, ils branslent. » Ce qui estoit vray, car si le comte Ludovic au lieu de se tenir coy, voulant garder lesdits sieurs princes, eust fait une charge avec tout ce hot qui estoit de quatre mil chevaux, il eust merveilleusement esbranlé l'armée de Monseigneur, et Otte Piotte, aleman, qui conduisoit les reistres catholiques pour le comte de Mansfeld, lequel rompit la bataille huguenote, n'eust passé plus outre, et n'eussent eu loisir les sieurs de Biron et Carnavalet de faire mettre bas à l'infanterie, qui se vid incontinent denuée de cavalerie par la belle charge que luy avoit faicte Otte Piotte, qui la bouleversa, dont s'ensuivit la route entiere de la bataille; neantmoins ledit comte Ludovic ne laissa de faire une belle retraite avec son hot.

Ceste nourriture comme à la rustique que le roy Henry d'Albret, pere grand dudict sieur prince de Navarre, luy avoit fait donner en sa jeunesse, fit qu'il supporta avec plus de patience les veilles et la fatigue qu'il endura en ce grand et laborieux circuit du royaume qu'il fit, commandant à l'armée avec la conduitte de l'admiral, jusqu'à tant que la paix fut faicte à René le Duc (1).

Après ceste paix, ce prince revint trouver la

(1) Arnay-le-Duc. C'est à Saint Germain que la paix fut signée le 8 août 1570.

Royne sa mere à La Rochelle, de là où pour la troisiesme fois avec elle il retourna en Bearn, où estant l'an 1571 et 1572, il revint encor par le commandement de ladite Royne sa mere, qui estoit venuë la premiere à Paris. Mais il receut les nouvelles de sa mort dans Chaunay en Poictou, au mesme lieu où son pere le roy Anthoine avoit esté appellé roy.

Ce prince n'avoit que dix-neuf ans quand il fut appellé roy de Navarre, et, lors que la Royne sa mere luy faisoit plus de besoin, Dieu la retira à soy; aussi a on remarqué qu'en ce temps-là il eut trois grands heurts d'afflictions. Le premier a esté lorsqu'il se vid ainsi reduit en orphanité, et tous ses moyens engagez par les conventions de son mariage accordé avec madame Marguerite, sœur du roy Charles IX. Le second fut en ceste calamité publique du jour Sainct Berthelemy, là où il pensoit estre au dernier de sa vie. Le troisiesme fut sa detention, qui advint quand le roy Charles IX mourut. En cest endroict je diray ce qui luy advint le jour que ce Roy mourut.

Le roy Charles, se sentant près de sa fin, après avoir esté long temps sans sonner mot, dit en se tournant, et comme s'il se fust resveillé: *Appellez mon frere.* La Royne mere estoit presente, qui envoya soudain querir monseigneur le duc d'Alençon. Le Roy, le voyant, se retourna de l'autre costé, et dit derechef: « Qu'on face venir mon frere. » La Royne sa mere luy dit: « Monsieur, je ne sçay pas qui vous demandez, voylà vostre frere. » Le Roy se fascha, et dit: « Qu'on aille querir mon frere le roy de Navarre, c'est celui-là qui est mon frere. » La Royne mere, voyant son desir, pour le contenter l'envoya querir. Mais, pour quelques considerations à elle seule cogneuës, elle commanda au capitaine des gardes Nancey que l'on le fist passer par dessous les voustes. L'on alla dire au roy de Navarre qu'il vinst parler au Roy. A ce commandement ce prince a dit plusieurs fois depuis qu'il sentit en son ame une trance et apprehension de la mort, si bien qu'il n'y vouloit point aller. Mais le roy Charles insistant tousjours qu'on le fist venir, la Royne mere le fit asseurer qu'il n'auroit point de mal, dequoy toutesfois il ne se fioit pas trop. Il estoit assisté du vicomte d'Auchy depuis sa detention, qui l'asseura aussi qu'il n'auroit point de mal. Il s'achemina sur sa parole; mais, ayant veu sous lesdites voustes des halebardiers et harquebuziers arrangez, et qu'il falloit qu'il passast au milieu d'eux, il se voulut retirer en arriere; mais lesdicts sieurs vicomte et capitaine des gardes luy dirent derechef qu'il n'auroit nul mal; aussi qu'il voyoit que les soldats luy faisoient la reverence, ce qui fut cause qu'il passa, et, montant par un degré desrobé, l'on le fit entrer dans la chambre du Roy, lequel soudain qu'il le vid se retourna vers luy, et luy tendit les bras. Le roy de Navarre, tout esmeu, pleurant et souspirant, alla de genoux jusques aux pieds du lict. Le roy Charles, l'ayant fait approcher, l'embrassa estroictement et le baisa, luy disant ces paroles: « Mon frere, vous perdez un bon maistre et un bon amy. Je sçay que vous n'estes point du trouble qui m'est survenu: si j'eusse voulu croire ce qu'on m'en vouloit dire, vous ne fussiez plus en vie; mais je vous ay tousjours aymé, je me fie en vous seul de ma femme et de ma fille, je les vous recommande. Ne vous fiez en N..., mais Dieu vous gardera. » La Royne mere interrompit le roy Charles, disant: « Monsieur, ne dites pas cela. — Madame, je le dois dire, et est la verité. Croyez-moi, mon frere, aymez moy, assistez à ma femme et à ma fille, et priez Dieu pour moy. Adieu, mon frere, adieu. » Le roy de Navarre toutesfois demeura là jusques à tant qu'il entrast en l'agonie, ce qu'estant il se retira. Ce fut dans le soir de la Pentecoste, l'an 1574, que mourut le roy Charles et que ces choses advindrent.

La detention du roy de Navarre ne laissa de continuër jusques après le retour du roy de Pologne, et après que monseigneur le duc d'Alençon, frere du Roy, se retira de la Cour.

Le roy de Navarre en ce temps-là, voyant ce qui se passoit, trouva moyen de se retirer hors de la captivité de la Cour. Il avoit esté par deux fois à la chasse vers Villiers-coterests, d'où il estoit revenu à Paris, et, à la troisiesme fois qu'il alla vers la forest de Montfort Lamaurry, il usa d'une telle diligence, qu'il se rendit en peu de jours au delà de la riviere de Loire. Tous ceux de la religion pretenduë reformée se r'allierent incontinent auprès de luy; et, se voyant en liberté, il fit une ample declaration comme il avoit esté contraint par force à la Sainct Berthelemy de se departir de ceste religion, où il avoit esté nourry sans instruction ny aucune disposition precedente qui luy touchast en l'ame.

Monseigneur le duc d'Alençon ayant fait son accord avec le roy Henry III, duquel il obtint un grand accroissement d'appanage, outre l'ordinaire des enfans de France, ledit sieur roy Henry III, voyant le duc Jean Casimir entré en France avec une armée de reistres au secours du roy de Navarre et du prince de Condé, et de ceux de leur party, voulut aussi pacifier les troubles de son royaume, et fit le quatriesme edict de pacification l'an 1576, sur lequel, ainsi que nous avons dit au commencement de ceste histoire, l'origine et conception de la ligue des

avons dit, de se faire instruire dans six mois, ce qu'il fit publier par la declaration qu'il en fit lors.

Ceste declaration fut cause de deux imprimez qui se publierent en mesme temps, l'un dans Paris, l'autre dans La Rochelle. Celuy de Paris estoit une fauise lettre faite au nom du Roy, addressante à messieurs de Berne : ceste fauiseté estoit affin d'entretenir les peuples des villes de la ligue en leurs revoltes, en leur faisant accroire que la susdicte declaration du Roy n'estoit qu'une dissimulation, et qu'il n'avoit d'autre dessein que la ruine de la religion catholique-romaine. Et l'imprimé de La Rochelle estoit un advis au Roy pour ne changer de religion, alleguant quelques raisons d'Estat et les forces du party huguenot ; mesmes l'autheur supplie Sa Majesté qu'il luy dise un mot à l'aureille, et qu'il se souvienne des protecteurs de leur religion que l'on vouloit introduire il n'y avoit pas dix mois. Mais les uns et les autres se sont abusez en leurs opinions : Dieu en avoit disposé autrement pour le bien de la France.

Le dessein du Roy estoit de recouvrer Paris : il mourut lorsqu'il estoit en son option de la prendre par amour ou par force. Henry IV son successeur eust aussi volontiers succedé à ce dessein ; mais ce qui fut possible à l'un ne le pouvoit pas estre si tost à l'autre, de qui l'authorité n'a peu estre si promptement establie qu'elle fut acquise, car les volontez de ceux de dedans affectionnez au feu Roy furent refroidies, lesquelles avoient esté eschauffées par son approchement et par la conduite de ses bons serviteurs, à aucuns desquels il avoit commandé de se tenir auprès du duc de Mayenne, et à d'autres de ne bouger de Paris, affin qu'il fust adverty des desseins de ses ennemis, suyvant en cela l'exemple de David, quand il dit à Chusai Arachite, lors qu'il fut contraint de s'enfuir de Hierusalem pour la conspiration de son fils Absalon : « Allez avec Absalon, et luy dites : O roy, je suis ton serviteur, souffres que je vive ; ainsi que j'ay esté le serviteur de ton pere, ainsi seray-je ton serviteur ; mais toutes les paroles que tu auras ouyes en la maison d'Absalon, tu les diras à Sadoc et à Abiathar prestres, car avec eux sont leurs fils, et envoyerez vers moy, par iceux, toute parole que vous aurez ouye, et dissiperez aussi le conseil d'Achitopel. » Ce que Chusai Arachite fit ; il dissipa le conseil d'Achitopel, et fit advertir David des resolutions d'Absalon par les fils de Sadoc et d'Abiathar : ainsi David, après la mort de son fils Absalon, et de vingt mille hommes qui l'avoient suivy, rentra dans Jerusalem. Ceste histoire est descrite au second livre des *Roys*, chapitres 15, 16, 17, 18 et 19, et en la lisant on void comme en un tableau le succez des choses qui se sont passées en ces derniers troubles. Messieurs les presidents Brisson et de Blanc-Menil, et M. de Villeroy, ont esté les vrays Chusais Arachites qui par leurs prudences ont dissipé le conseil des seize achitophelites, ainsi qu'il se verra à la suitte de ceste histoire; et les prestres qui ont envoyé les paroles ouyes, ont esté M. l'abbé de Saincte Genevielve, gardien de la châsse où sont les reliques de saincte Genevielve, patrone tutelaire des Parisiens envers Dieu [ainsi qu'estoient lesdicts Sadoc et Abiathar prestres, qui avoient en garde l'arche de l'alliance en Jerusalem], assisté de M. Seguier, doyen de Nostre-Dame, de messieurs Benoist, curé de Sainct Eustache, de Chavaignac, curé de Sainct Suplice, de Morennes, curé de Sainct Mederic, et autres bons docteurs et ecclesiastiques, qui aussi, par leurs remonstrances particulieres qu'ils firent aux grandes et honorables familles de Paris, les firent penser à leur devoir, et lesquels depuis embrasserent courageusement l'entreprise de se remettre sous l'obeyssance royale : ce qu'ils firent ainsi qu'il se verra cy-après. Mais en un seul point ces deux histoires se different, car David ne fut point tué par Achitopel, ainsi qu'il l'avoit proposé au conseil de l'aller assaillir subitement avec douze mil hommes, disant que le peuple estant lassé se voyant assailly s'enfuiroit, et que lors il frapperoit le roy desolé; ce qui n'advint, car son conseil fut destourné par celuy de Chusay Arachite, dont de despit il s'alla pendre, et la rebellion du peuple fut appaisée durant le regne de David, au contraire de ce qui est advenu en ces derniers temps icy, car la rebellion du peuple n'a peu estre appaisée que du regne de Henry IV, pource que les ennemis du roy Henry III, ne recognoissans plus autre remede pour eviter la justice de leurs crimes, le firent proditoirement tuër, ce qui fut cause que la penderie et destruction des seize achitophelites n'est advenuë qu'après sa mort, et les villes qui s'estoient ostées de l'obeyssance royale ne s'y sont remises que durant le regne de Henry IV, lequel donc voyant, au commencement de son regne, que les affections de ceux qui estoient dans Paris soustenans le party royal ne luy pouvoient estre si tost transferées, pource qu'il y avoit prez de quinze ans que l'on ne l'avoit veu vers Paris, ny aux provinces de deçà Loire, où presque on ne le cognoissoit que par les proscriptions publiées contre luy, et ce par l'artifice de ses ennemis, par le moyen desquelles ils avoient accoustumé les peuples à ne le recognoistre quasi pas, et aussi que plusieurs seigneurs avoient eu congé du feu Roy pour le long sejour qu'ils avoient faict en l'armée, tant pour aller faire leur recolte, que pour autres occasions qui se presenterent lors, lesquels seigneurs luy ayans demandé congé de se retirer pour aller, comme ils disoient, donner ordre en leurs gouvernements et à leurs affaires, Sa Majesté eut ceste force lors de ne refuser aucun congé à ceux qui le luy voulurent demander. M. d'Espernon s'en alla en son gouvernement d'Angoumois et Xaintonge. Plusieurs autres seigneurs, par le congé de Sa Majesté, s'en allerent en leurs gouvernements et aux provinces d'où ils estoient. Mais comme le sieur de Vitry fut le premier qui, au declin de la ligue, monstra le chemin aux autres gentils-hommes de se remettre en l'obeyssance du Roy après la mort du feu Roy, il fut aussi le seul seigneur de son armée qui s'en alla rendre du party du duc de Mayenne, ce qu'il fit, ainsi qu'il protesta lors, pour le respect seul de la religion. Peu de personnes neantmoins abandonnerent le party royal, quelques declarations et promesses que fist l'union.

Le Roy donc voyant son armée se diminuer, et l'affection d'aucuns de ceux de dedans Paris aucunement refroidy, il jugea prudemment que son entrée dans Paris se devoit deferer à une autre fois, et qu'il suffiroit pour ceste premiere fois d'avoir recogneu, sur les advis qu'il receut des principaux qui tenoient dans ceste ville le party royal, qu'il estoit fort possible d'y parvenir. Or, estant necessaire qu'il occupast son armée à quelque autre exercice, il partit de Sainct Clou pour aller à Compiegne mettre en depost le corps du feu Roy. En y allant il print Meulan, ville où il y a un pont sur la Seine, et un bon fort dans une isle au milieu du pont. De là l'armée s'achemina vers Gisors et Clermont en Beauvoisin, qui se rendirent à luy.

Après que le corps du feu Roy fut mené à Compiegne, le Roy, considerant qu'il ne comparoissoit alors rien à combattre à la campagne, ne voulut pourtant s'engager à un grand siege, affin d'avoir la commodité de se rendre en la ville de Tours à la fin d'octobre, où il avoit faict publier une convocation de tous les princes et officiers de la couronne, pour avec eux prendre une resolution sur les affaires de l'Estat; mais il separa son armée en trois, et en envoya une partie en Picardie sous la charge de M. de Longueville; l'autre fut envoyée en Champagne sous M. le mareschal d'Aumont, et il retint avec luy messieurs le prince de Conty et le duc de Montpensier, le grand prieur de France, colonel de la cavalerie legere, le mareschal de Biron, les sieurs d'Anville, colonel des Suisses, de Rieux, mareschal de camp, de Chastillon, commandant à l'infanterie, et plusieurs seigneurs de son conseil, capitaines, et autres gentils-hommes de qualité. Il pouvoit avoir en son armée douze cents bons chevaux, trois mil hommes de pied françois et deux regiments de Suisses.

La partition et separation de ceste armée en trois se fit à deux desseins: le premier affin qu'en Picardie et en la Champagne les royaux estans tousjours les plus forts à la campagne, ils fissent saouler de la guerre les villes et les peuples de ces provinces-là, qui avoient monstré d'en avoir tant d'appetit et d'envie. La seconde fut que la noblesse de ces provinces desiroit aussi de se retirer chez eux; que si cela fust advenu sans qu'il y eust eu des chefs en un corps d'armée en chacune de ces provinces, il eust esté très-difficile de les rassembler pour s'en servir suyvant l'intention du Roy, laquelle estoit qu'au cas que le duc de Mayenne, qui assembloit à Paris tous ceux de son party, luy vinst sur les bras, que lesdits duc de Longueville et mareschal d'Aumont, avec chacun leur petite armée, peussent rejoindre incontinent Sa Majesté.

Ceste grande armée donc ainsi divisée en trois corps d'armées, le Roy avec la sienne s'achemina vers la Normandie à double fin: l'une pour y conforter ceux de son party, et tirer secours d'Angleterre; l'autre affin qu'en feignant d'entreprendre quelque chose sur Roüen, il attirast en Normandie toutes les forces de l'union, et par ce moyen empeschast ses ennemis pour ceste fois d'attaquer Pontoise, Meulan, Senlis et les autres places qui tenoient pour luy auprès de Paris; lesquelles places eussent peu estre incontinent reprises auparavant que les deux autres parties de son armée se fussent peu rassembler, et secourir assez à temps à leur secours.

Suivant son dessein, l'armée tira droict au pont Sainct Pierre, de là à Dernetal, d'où, avec quatre cents chevaux, Sa Majesté s'en alla à Diepe. Le sieur de Chattes, gouverneur de ceste ville, et tout le peuple, de cœur et de voix, luy tesmoignerent leur fidelité, et à la premiere proposition qu'il leur fit d'assieger Roüen, ils luy offrirent tout ce qui estoit en leur pouvoir. Durant le peu de sejour qu'il fit à Diepe, ayant sceu que Neufchastel, qui n'en est qu'à sept lieuës, incommodoit fort le passage de ceux qui alloient de son armée à Diepe, il l'envoya investir par les sieurs de Guitry et de Halot. Un gentil-homme de ce pays de Caux, nommé Chastillon, assembla une grande quantité de paysans et soldats, en intention de se jetter dans Neufchastel et le deffendre; mais lesdits sieurs de Guitry et de Hallot leur allerent au devant, les deffirent, et en tuërent sur le champ de sept à huit cens. Neufchastel se rendit le lendemain, dont les Diepois furent joyeux.

Le Roy, retourné en son armée, faict continuër le bruit qu'il veut assieger Roüen, pour y faire venir le duc de Mayenne. La plus-part de ceux qui l'approchoient croyoient que ce fust son intention; et, durant les cinq ou six jours qu'il y sejourna, il fit, excepté de la battre, tout ainsi que si la resolution eust esté de l'assieger. Il fit ruyner les moulins, et faisoit incessamment attaquer des escarmouches jusques dans les portes, affin de les presser davantage d'appeller le duc de Mayenne à leur secours: ce que ceux de Roüen firent avec importunité, quoy qu'ils eussent le duc d'Aumale et le comte de Brissac dans leur ville avec nombre de cavalerie.

Le Roy, qui sceut pour certain que le duc de Mayenne s'estoit acheminé à Mante et à Vernon, se retira vers Diepe avec son armée. Il communiqua lors aux siens qu'il n'avoit faict ceste feinte d'attaquer Roüen que pour attirer son ennemy en Normandie. Chacun loüa son dessein. Mais il ne pensoit pas qu'il y deust venir si fort qu'il y vint. Devant que reciter ce qui se passa à Arques et à Diepe entre les royaux et l'union, voyons un peu comment le duc de Mayenne amassa en un mois une armée si puissante, et ce qui se passa au party de l'union après la mort du Roy.

Le deuxiesme d'aoust, derriere les Chartreux, à Paris, se fit un deffy entre le sieur de Lisle Malivaut, du party royal, et le sieur de Maroles, du party de l'union, pour tirer un coup de lance. Le sieur de La Chastre, qui commandoit en ce quartier là pour le party de l'union, le permit. Du premier coup de lance, la visiere du heaume de Lisle Malivaut, n'estant bien cloüée, se decloüa, et luy fut tellement blessé à la teste, que, voulant se retirer vers les siens, il tomba. Suyvant leur accord Maroles le faict son prisonnier; mais on cognut incontinent qu'il estoit blessé à mort, et qu'il avoit plus de besoin de consolation spirituelle que d'appareils. Se voyant ainsi defaillir, il leur dit: « Je n'ay poinct de regret de mourir puis que mon Roy est mort. » A ces paroles ceux de l'union sceurent au vray la mort du Roy. Autant qu'il y avoit de tristesse en l'armée royale, autant ceux de l'union se monstrerent alors estre joyeux de ceste nouvelle, et, au lieu de faire le service et prier Dieu pour l'ame de leur Roy, ils en firent des feux de joye; et, pour monstrer le contentement qu'ils en avoient, ils quitterent leurs escharpes noires, marque de party qu'ils avoient pris depuis la mort de messieurs de Guise, et prindrent le vert en signe de resjouyssance. Plusieurs pourtraits furent faits de ce parricide Jacques Clement, et ce en toutes sortes de façons: cela amusa le meau peuple de Paris un temps. Ce moyne assassin estoit de Sorbon près de Rethel. Peu de jours après sa mere vint à Paris : le menu peuple, par la persuasion des predicateurs et autres, couroit après pour la voir. Les Seize en faisoient une monstre par tout comme d'une merveille, et le conseil de l'union luy fit donner quelque argent pour la recompense d'avoir mis au monde le plus mal-heureux qui fut jamais né en France : aussi dans l'anagrame de son nom fut trouvé la verité de sa naissance : *Frere Jacques Clement* : *C'est l'enfer qui m'a creé.*

Ce parricide, nommé martir par les Seize et leurs predicateurs, qui disoient que le Sainct Esprit l'avoit induit à ce faire, ne fut pas estimé tel par beaucoup d'ecclesiastiques, ny par les bonnes familles de Paris, ny par les politiques, lesquels furent tous contraincts lors de dissimuler leur tristesse, et jugerent bien que c'estoit un faict premedité et une grande conjuration. Leurs raisons estoient : l'une, que c'est chose certaine que nul prince ne se peut garantir d'estre tué par celuy qui l'aura entrepris avec intention de mourir quand et quand ; l'autre, quand le meurtrier à creance de ne mourir point après avoir faict son coup. Pour l'intention de mourir quand et quand en faisant le coup, ils remarquerent bien que l'on avoit fait accroire à ce moyne qu'il seroit sainct en paradis ; mais, pour la seconde, ils disoient que l'on luy avoit aussi persuadé que s'il estoit pris vif qu'il n'auroit point de mal, et que, le mesme jour qu'il partiroit pour aller faire son coup, on feroit emprisonner grand nombre des partisans du Roy qui estoient dans Paris, outre ceux qui estoient dans la Bastille, lesquels, en cas qu'il fust pris vif, on luy auroit promis qu'ils serviroient d'eschange pour luy : ce qui fut executé, car plus de deux cents, que l'on estimoit tenir le party royal dans Paris, furent mis prisonniers le mesme jour que le Roy fut blessé, et incontinent après furent mis en liberté, sçachant la mort du Roy et dudit parricide.

Aussi le duc de Mayenne, le cinquiesme d'aoust, fit publier une declaration avec le conseil general de l'union, mandant à tous les officiers de la couronne, villes et communautez qui avoient suivy le party royal, sous pretexte de quelques devoirs qu'ils estimoient avoir encores à celuy qui avoit cy-devant l'authorité royale, de se reünir avec luy pour la conservation de la religion et de l'Estat contre les heretiques, enjoint aux villes de recevoir tous ceux qui reviendront dudict party royal en celuy de l'union, avec tout respect, honneur et bonne amitié, pour ce que de l'observation de ceste declaration, disoit-il, importoit l'affoiblissement du party royal.

Par toutes les villes du party de l'union cela fut publié et imprimé avec les lettres particulieres du duc ; mais, comme il a esté dit cy-dessus, cela fut pour neant. Ce ne fut pas toutesfois sans faire tenter les habitans des villes royales en plusieurs endroits. Le sieur de la Chastre, retourné de Paris à Orleans, desiroit de faire venir à effect les desseins de quelques habitans, qui, dans Tours, favorisoient le party de l'union. La riviere de Loire, qui estoit lors fort basse et guaiable en une infinité d'endroicts, eust beaucoup favorisé son dessein ; mais il sceut que M. le comte de Soissons, qui s'estoit sauvé du chasteau de Nantes, estoit arrivé à Tours, et que quelques gens de guerre s'y estoient rendus aussi : cela le fit differer son entreprise.

Mais aussi-tost que ledict sieur comte de Soissons fut party de Tours pour aller en l'armée du Roy, un nommé Le Lievre, receveur à Ingrande, qui estoit lors à Tours, et principal entremetteur de ceste entreprise ; Gasnay, capitaine en l'isle Sainct Jacques ; Grigny, conseiller au presidial ; Debonnaire, sergent, et Bourdin, qui par leurs practiques avoient gaigné un bon nombre d'habitans, à ce aydez par un nommé Le Tourneur, chanoine de l'eglise Sainct Martin, allerent voir le sieur de Lessar, qui avoit une compagnie de gens de pied entretenuë dans Tours ; et, tombant de propos en autre sur ce que M. de Monthelon, garde des seaux de France, avoit rendu les seaux, et n'avoit plus voulu exercer cest office depuis la mort du feu Roy, ils tomberent aussi sur ce que le feu Roy avoit osté ledit sieur de Lessar de son gouvernement de Saumur pour le bailler à un heretique. Ce gentil-homme prudent leur accorde ce qu'ils disent, et feignit en avoir du mescontentement : ils s'ouvrent lors à luy, et luy disent qu'il estoit en sa puissance d'avoir un autre gouvernement, et meilleur que celuy de Saumur, et que, le recognoissant bon catholique [comme aussi estoit-il], il pouvoit par leur moyen se rendre gouverneur de Tours. A ce mot il en demande les moyens : ils luy descouvrent toute leur entreprise, et luy font les moyens de l'executer assez faciles, par la mort qu'ils avoient resoluë de tous ceux du conseil du Roy, de la cour de parlement, de la chambre des comptes, et de tous les royaux qui s'y estoient refugiez, le pillage desquels seroit grand, n'ayans toutesfois resolu de tuer messieurs les cardinaux de Vendosme et de Lenoncourt, et qu'ils les mettroient prisonniers seulement en la place de M. de Guise, qui estoit un prince qui seroit obligé audit sieur de Lessar de sa liberté. Lessar escoute ce discours, leur promet de s'employer en un si bon œuvre, disoit-il, mais qu'il vouloit

voir clair en ceste entreprise, en laquelle ils se pouvoient asseurer de luy et d'une quantité de bons soldats de sa compagnie en qui il se fioit, et qui ne tiendroient autre party que le sien ; mais que ceste entreprise ne se devoit executer sans sçavoir quels gens et combien on pourroit estre, affin de n'entreprendre mal à propos. En prenant congé de luy, les susdits entrepreneurs luy promirent de le revenir voir sur l'aprèsdisnée, et luy apporter un memoire signé de plusieurs de leurs compagnons.

Lessar à l'heure mesme va trouver M. le cardinal de Vendosme, et luy dit tout ce que dessus, lequel luy donna des archers du conseil et des hommes fidelles pour ouyr discourir ces entrepreneurs et pour s'en saisir. Les entrepreneurs ne faillent de venir, entrent en paroles, montrent un billet du nombre qu'ils estoient. A un signal, les archers qui estoient cachez dans un antichambre sortent et se saisissent des entrepreneurs et de leurs memoires : les portes de la ville furent incontinent fermées, et plusieurs des conspirateurs pris. Le lendemain, Le Lievre, Gasnay et Debonnaire furent pendus. Ils advint un fort grand tumulte, ainsi que l'on les vouloit pendre, pour un coup de pistolet qui fut tiré. Celuy qui le tira fut tué sur le champ, avec un autre tailleur d'habits qui sortit de sa maison l'espée au poing criant : *Vive Guise!* A ce bruit les habitans se mirent en armes, et la ville de Tours dès lors fut du tout asseurée pour le Roy ; tellement que deux jours après, sans aucun empeschement, le conseiller Grigny, Bourdin et un grenetier furent pendus. Le Tourneur et les autres prisonniers qui estoient de ceste entreprise furent mis en liberté quelque temps après par la clemence du Roy, sur l'occasion des victoires que Dieu luy donna. Du depuis ceste execution à mort, il ne s'est plus descouvert aucune entreprise sur Tours, et ceste ville a servy de refuge à tous ceux du party royal, quoy qu'en ce mesme temps le sieur de Maroles surprist Montrichard, qui n'en est qu'à dix lieuës du costé du Berry, et le sieur de Lansac s'empara du Chasteau du Loir au pays du Mayne. A la reprise que le Roy en fera cy-après nous dirons comme cela advint. Voyons cependant comme tous ceux de l'union s'assemblerent à Paris pour aller querir le Roy en Normandie ou pour luy faire passer la mer. Ce sont les termes dont ils usoient.

Durant le vivant du feu Roy, le Pape, le roy d'Espagne, le duc de Lorraine et le duc de Savoye, ne s'estoient meslez ouvertement des affaires de France en ces derniers troubles que par sous mains, et, bien que le Pape eust faict publier une monition contre luy, M. le cardinal de Joyeuse et autres cardinaux qui lui estoient affectionnez, esperoient pacifier ceste affaire. Pour le roi d'Espagne, quoy qu'il eust esté le principal autheur d'avoir faict faire la ligue des princes et seigneurs catholiques en France, et que son ambassadeur Mendoce se fust retiré à Paris peu après les estats de Blois, si est-ce qu'il n'envoya aucun secours à l'ouvert à ceux de l'union : les occasions pourquoy nous les dirons cy-après. Le duc de Lorraine fut empesché à prendre le chasteau de Jamets, et n'envoya que sous main quelques gens de guerre au secours des princes de la ligue ses parents; et le duc de Savoye eut assez de besongne auprès de Geneve, ainsi que nous avons dit, sans venir à l'ouvert attaquer la France; et quoy que le feu Roy eust resolu, pour la prise du marquisat de Saluces, de le faire attaquer en Savoye par les sieurs colonel Alphonse, Desdiguieres et le baron de La Roche, toutesfois rien ne se remüa. Mais aussitost que la mort du roi Henri III fut advenuë, ce fut encore comme une autre nouvelle revolte en France; car ces quatre grands ennemis, et qui envioyent merveilleusement la bonne fortune du roy Henry IV pour beaucoup d'occasions que nous dirons cy-après, envoyerent incontinent, selon leurs puissances, des forces au secours de l'union, ou entreprirent, selon leurs particulieres pretentions, de se rendre seigneurs des villes et provinces de France les plus proches de leurs pays, et qui estoient à leur bien seance.

Le duc de Lorraine fut le premier qui envoya son fils le marquis du Pont, avec plus de mil bons chevaux et deux mille hommes de pied : il arriva à Paris au commencement du mois de septembre. Ce prince de Lorraine estoit neveu du roy Henri III, et premier fils de madame Claude de France sa sœur, et femme du duc de Lorraine. Plusieurs ont escrit qu'il vint en France sur l'esperance que l'on fit accroire à son altezze de Lorraine que l'on mettroit la couronne de France sur la teste dudict sieur marquis son fils, pour ce qu'il estoit, disoient-ils à Paris, petit fils d'un roy de France. Mais ces gens là s'abusoient, car le royaume de France, dont le Roy est premier fils de l'Eglise, ne tombe jamais en quenoüille, et ne ressemble l'Espagne et l'Angleterre, où les masles yssus d'une princesse du sang royal s'appellent princes du sang, ce qui ne se practique en France, car les princes du sang sont ceux là qui sont descendus de masle en masle d'un roy de France. Le conseil de l'union, après la mort du feu Roy, ne fit pas publier tout aussi-tost pour leur roy M. le cardinal de Bourbon, pour donner occasion ausdits quatre princes ennemys du roi Henry IV de luy envoyer du secours pour renforcer leur armée, affin que tous ensemble ils eussent plus de force de luy faire sortir le sceptre des poings, qu'il avoit relevé comme estant premier prince du sang, et lequel après l'assassinat du feu Roy avoit esté proclamé roy en l'armée royale.

L'occasion que ledit sieur marquis du Pont se trouva si tost à Paris avec tant de gens de guerre, fut que, le 24 juillet, le sieur de Schelandre luy rendit le chasteau de Jamets à composition. Ce siege fut memorable, car il dura près de vingt mois, tant devant la ville que devant le chasteau. Nous avons dit cy-dessus que l'armée de son altezze de Lorraine avoit esté à prendre la ville de Jamets plus d'un an, et si elle ne luy fut renduë que par une trefve. Le chasteau tint du depuis encore plus de sept mois, et ceux de dedans ne se rendirent qu'à l'extremité et faute du secours qui leur avoit esté par plusieurs fois promis. Or le duc de Lorraine avoit eu un extreme desir d'avoir ceste place, à cause du long siege qu'il y avoit tenu; et, quelque chose que le feu Roy luy envoyast dire pour laisser en paix les terres de mademoiselle de Bouillon, il n'en voulut rien faire, et disoit qu'il aymoit mieux perdre sa vie que son honneur, à cause du long siege qu'il avoit tenu là devant: aussi au dernier effort qu'il y fit faire avec vingt deux pieces de canon, il contraignit les assiegez de luy demander composition, laquelle ils eurent dudit sieur marquis du Pont, son fils, à condition qu'ils ne sortiroient qu'avec l'espée et le poignard à la ceinture, et pour les autres armes, enseignes, tambours et bagages, qu'on leur envoyeroit, et les leur feroit on mener jusques à Sedan à leurs frais. Ceste composition, faicte huict jours devant la mort du feu Roy, fut cause que ledit sieur marquis se trouva si tost en armes pour venir au secours de l'union, et qu'il se rendit incontinent à Paris.

En mesme temps aussi le duc de Parme pour le roy d'Espagne envoya au duc de Mayenne cinq cents chevaux et quelque infanterie de Walons. Bassompierre arriva en mesme temps avec trois cornettes de reistres. Le duc de Nemours vint du Lyonnois, qui amena de belle cavalerie et nombre d'infanterie. Balagny d'un autre costé envoya de Cambray tout ce qu'il avoit de forces. Ce fut ce qui fit davantage resouldre le duc de Mayenne de passer la riviere de Seine, et d'aller chercher le Roy, qui ne pensoit pas qu'en si peu de temps ledict duc pust recouvrir tant de forces, et estimoit seulement que s'il venoit au secours de Roüen, qu'il n'y ameneroit toute son armée, et mesmes quand bien il y viendroit en l'estat qu'il l'avoit laissé à Paris, et qu'il passast la riviere, qu'il le combattroit. Mais, sur l'advis que le Roy receut des grandes forces qu'avoit le duc de Mayenne, se montans à plus de vingtcinq mil hommes, et du bruit que ceux de l'union publioient par tout que Sa Majesté ne leur pouvoit eschapper, pource qu'ils avoient plus d'hommes de guerre trois fois que luy, suivant sa constance et resolution accoustumée en tels nouveaux accidents qui portent apparence de peril, comme cestuy-cy en avoit tous les signes, manda incontinent à M. de Longueville et au mareschal d'Aumont l'estat de ses affaires, et qu'ils fissent toute la diligence qu'ils pourroient de se rendre auprès de luy, pource, leur mandoit-il, qu'il y avoit apparence que ceste partie ne se demesleroit sans quelque grand combat qui seroit une crise de la maladie de France.

L'armée royale estant partie de Dernetal prez Roüen, ainsi que nous avons dit, s'estoit acheminée vers Diepe, et le troisiesme logis qu'elle fit fut devant Eu, qui tenoit pour l'union. Le Roy fit sommer le sieur de Launay qui estoit dedans avec quatre cents hommes; il fit semblant de vouloir tenir bon, mais voyant le canon, deux heures après il se rendit.

De là le Roy alla loger à Treport, qui n'en est distant que d'un quart de lieuë, où il receut advis comme M. de Mayenne avoit pris, le septiesme septembre, Gournay, petite ville à huict lieuës de Roüen, laquelle M. de Longueville avoit prise peu auparavant. Le sieur de Rubempré estoit dans ceste ville avec son regiment: estant sommé, il ne se voulut rendre du commencement; mais, la bresche faicte assez raisonnable pour y entrer, il fut contraint de demeurer prisonnier de guerre avec le capitaine Fontaine et le sieur de Sainct Mas, lesquels le duc de Mayenne envoya à Beauvais; quant à ses soldats, ils prirent party dans l'armée de l'union, et les lansquenets qui entrerent les premiers dans Gournay le pillerent. Le marquis de Mainelay y fut mis gouverneur par ledict sieur duc. Ce marquis peu de jours auparavant avoit surpris et deffaict le sieur de Bonnivet et sa troupe. On tient que ce jeune seigneur, de l'une des bonnes maisons de la Picardie, fut miserablement tué de sang froid, estant pris prisonnier de guerre. C'est chose inhumaine de tuër après que la fureur des armes est passée, et Dieu jamais n'a faict descendre en paix au sepulchre ceux qui ont usé de telles voies.

Le Roy voyant donc que le duc de Mayenne après la prise de Gournay tiroit droict vers Diepe, et qu'il n'y avoit plus ny riviere ny autre chose qui peust empescher le dit sieur duc de venir droict à luy, il se resolut d'aller au devant de luy, et de se loger à Arques, qui est un assez bon bourg non fermé, l'assiette duquel il sert icy de descrire. De Diepe sortent deux costeaux au milieu desquels est la petite riviere de Bethune, qui n'est pas longue, mais en laquelle la mer reflue à plus de deux lieuës par delà Diepe : des deux costez de ceste riviere jusques au pied des costaux est une prairie, ou plustost marais, qui n'est jamais qu'il ne soit fort humide, à une lieuë et demie de Diepe : sur ceste riviere, et au bas du costau qui est à main gauche en venant de Diepe, est assis le bourg d'Arques auquel y a un chasteau qui est sur le haut de ce costau, qui commande et void une partie du bourg, qui est au reste fossoyé et assez fort d'assiette, ayant en face de l'autre costé du bourg la plaine de tout le costau, qui est grande.

Le Roy, au premier voyage qu'il fit à Diepe, avoit en passant recognu ce lieu estre fort propre à y faire et dresser un camp retranché et fortifié. Ce fut ce qui le fit resoudre d'attendre là de pied coy le duc de Mayenne : ce qu'il communiqua à M. le mareschal de Biron, qui en fit le mesme jugement ; et soudain eux deux, sans autres ingenieurs, commencerent, sur le plain dudit costau qui estoit au dessus dudit bourg, à tracer la forme du camp avec les flancs et deffences necessaires. A quoy ils firent besongner en telle diligence, qu'à leur exemple tous ceux de l'armée, depuis le plus grand jusques au moindre, y travaillerent tout le long du jour plus ardemment que ne feroit un manoeuvrier qui entreprend de la besongne à la tasche. De sorte qu'en moins de trois jours le camp fut tellement fortifié, que le fossé aux moindres lieux n'avoit point moins de sept ou huict pieds de haut, et on commença dès lors à y loger de l'artillerie, et y faire entrer quatre compagnies de Suisses en garde.

Les avenues de ce camp fortifié estoient veuës du chasteau, où on avait faict mettre bon nombre de pieces, de sorte que pour en approcher il failloit passer à la mercy des canonnades tirées du chasteau. Ainsi, en peu de temps, l'industrie du Roy luy revalut l'advantage que ses ennemis pouvoient avoir sur luy en nombre d'hommes. Cependant le duc de Mayenne, ayant reprins les lieux de Neuf-chastel et d'Eu, cheminoit avec asseurance d'en faire le semblable d'Arques, et d'en desloger le Roy et son armée : mais, en approchant de plus prez, ayant recognu ce que le Roy y avoit faict faire, il fit passer son armée bien plus haut que ceste petite riviere qui separe lesdits deux costaux, et s'alla loger sur l'autre qui est vis à vis de celuy où est ledit chasteau d'Arques. Dont Sa Majesté ayant esté advertie, considerant que, se logeant sur ledit costau, le des [illegible] bas du costé de [illegible] Diepe pour [illegible] nommé Le Pollet qui est du [illegible] bout du pont de la ville [illegible] le duc pouvoit [illegible] la ville, et [illegible] et l'autre, il s'advisa de pourvoir à [illegible] tous les deux, et en mesme temps il fit [illegible] cher le bas du bourg d'Arques [illegible] riviere, qui estoit l'unique lieu par où [illegible] y pouvoit venir, et fit dans le [illegible] mettre deux pieces de canon qui [illegible] de la plaine qui estoit depuis le passage de la riviere par où il failloit necessairement venir, et y logea un de ces regiments de Suisses, et, à mille pas de là aussi, il assit un corps de garde de soldats françois dans une malladerie, pour soustenir quelques soldats qu'il logea à trois cens pas encores de là, quasi sur le bord de la riviere, affin que, quand ses ennemis seroient logez au village de Martinglise, qui est sur l'autre bord de ladicte riviere, comme il ne doutoit point qu'ils n'y logeassent, de les empescher de passer la riviere du costé d'Arques.

Il pourveut aussi au fauxbourg du Pollet, et, l'ayant trouvé ouvert de tous les costez, il resolut de retrancher un moulin qui est à la teste par où le duc pouvoit venir, et comprint audit retranchement des chemins bas qui en estoient proches, fit pallisser et barriquer les autres advenuës, où il y fut faict une diligence incroyable, à quoy les habitans de la ville et des fauxbourgs, de tous aages et de tous sexes, n'espargnerent point leur peine, et de telle affection qu'il n'y failloit aucune contrainte, de sorte qu'en moins de deux ou trois jours toute ceste fortification fut achevée. En ce fauxbourg Sa Majesté mit M. de Chastillon avec une partie de son infanterie. Le 16 de septembre, le duc de Mayenne, ayant mis toute son armée en bataille, commença à paroistre, et, dès les cinq heures du matin, fit cheminer la plus grande partie de son infanterie et bon nombre de cavallerie vers le fauxbourg du Pollet : le reste de son infanterie et la plus grande partie de sa cavalerie legere se logea au village de Martinglise.

Sa Majesté en ayant eu advis, laissa le mareschal de Biron pour commander à Arques, et s'en vint en personne au Pollet, où d'arrivée il s'alla loger en plaine campaigne, loing dudit moulin retranché, avec quelque cavalerie et bonne troupe de gens de pied, par lesquels il fit entretenir plusieurs escarmouches contre ceux de l'union tout le long du jour, à leur honte et perte, car ils ne sceurent jamais faire reculer les royaux d'un seul pas, qui leur tuèrent de leurs capitaines et soldats, et en eurent les corps, et en prindrent plusieurs de prisonniers, par où l'on commença à faire jugement qu'il y avoit grande difference des soldats d'une armée à l'autre. En fin sur les cinq heures, ceux de l'union s'estant les premiers lassez aux escarmouches, logerent quatre de leurs regiments en un village le plus proche dudit fauxbourg, où ils avoient bien faute de couvert, ayant deux jours auparavant esté bruslé en leur presence.

S'ils eurent pour ce jour mauvaise fortune du costé du Pollet, ils l'eurent encores pire de l'autre à Arques, car, après s'estre logez au village de Martinglise, et estans venus à l'escarmouche pour desloger les soldats qui estoient demeurez dans les plus prochaines hayes de la riviere du costé d'Arques, le mareschal de Biron, qui estoit près de la malladerie regardant ce qui se passoit, y fit entretenir l'escarmouche jusques à ce qu'ayant veu sortir un grand nombre de gens de guerre, tant de pied que de cheval, pour enfoncer et venir faucer le corps de garde de la malladerie, il leur fit faire une si furieuse charge par messieurs le grand prieur et d'Anville, que tout ce qui estoit sorty de Martinglise fut mis en route; il en demeura cent cinquante de tuez sur la place, et y en eut encor plus de blessez que de tuez. Le sieur de Mouëstier, cornette de M. de Nemours, le jeune Vieux-Pont et autres, jusques au nombre de vingt gentilshommes, demeurerent prisonniers des royaux.

Le duc, estonné de ce mauvais traictement qu'il receut esdits deux endroits, n'entreprint rien le lendemain; mais ceux du Pollet, impatiens qu'on leur donnast tant de patience, furent chercher l'union jusques dans le village où ils estoient logez, et en tuerent plus de cent, entr'autres le lieutenant de La Chastaigneraye, sans perte que d'un seul soldat de ceux qui firent ceste entreprise; en quoy il parut, comme en tous les autres combats, que la premiere impression qu'ils avoient prinse les uns des autres, en faisoit les uns plus les autres moins vaillans que par raison ils ne devoient estre.

Le mesme jour, ce que le duc n'avoit peu le jour precedent faire du costé d'Arques par la force de ses gens, il le voulut tenter par l'effort du canon, et fit battre de trois pieces ladite malladerie et un petit retranchement qui y estoit; mais il n'y peut porter aucun dommage. Au contraire, Sa Majesté, pour pleger les salves de leurs canonnades, fit mener deux pieces de canon au haut dudit retranchement, dont il fit tirer quelques volées dans Martinglise, lesquelles y donnerent un tel effroy, qu'on en vid incontinent sortir tout le bagage et la cavallerie qui y estoit logée, n'y pouvant plus demeurer en seureté. Du depuis tout l'effort de l'union se convertit sur la malladerie, laquelle ils resolurent de forcer à quelque prix que ce fust, et à quoy s'estant par trois jours preparez et resolus de l'entreprendre, à chaque fois ils y trouverent des defauts qui les empescherent; mais en fin le jeudy, vingt et troisiesme du mois de septembre, ils resolurent de l'executer: ayant, dès la minuict, faict mettre toute leur armée en bataille, ils commencerent à la faire passer la riviere de Bethune sans sonner tabourin ny trompette, pour à la pointe du jour estre prests de donner et forcer ledit retranchement. Sa majesté, en estant advertie, ayant appellé le mareschal de Biron, ils se rendirent ensemble à ladite malladerie dès trois heures avant le jour, ayant ordonné d'y faire venir à la pointe du jour quatre ou cinq cens chevaux seulement, n'estimant point que cela deust attirer un tel combat que celuy qui y fut fait, lequel pour estre remarquable merite d'estre escrit au long; et, pour le pouvoir mieux comprendre, sert de parler de la situation de ladite malladerie qui en fut cause.

Sa Majesté ayant ordonné du retranchement qu'il fit faire à l'advenuë du bourg d'Arques du costé de l'ennemy, elle s'advisa, quasi après coup, de faire à plus de deux mille pas dudit retranchement une tranchée perduë, qu'il fit commencer du haut du costau jusques à la prairie un peu par delà la malladerie, pour se tenir plus près des ennemis, et eux plus loin de sondit retranchement, n'ayant pas faict dessein de l'opiniastrer contre une grande force; toutesfois les y ayant veu venir les jours precedens si mollement, elle print opinion de la disputer davantage, et de la leur faire acheter s'ils la vouloient avoir. Ladite malladerie a par le devant du costé où estoit le duc deux plaines, l'une du costé du bois qui est au haut du costau, l'autre devers la prairie, separées d'un chemin creux planté des deux costez d'une forte haye. Le derriere de ladite malladerie est une autre plaine sur le pendant du costau jusqu'au retranchement de l'avenuë dudit bourg d'Arques, bordée dudit chemin creux, au delà duquel est ladite prairie.

Le poinct du jour venu, ayant Sa Majesté recognu toute l'armée de l'ennemy en bataille, il pourveut premierement, avec l'advis dudit sieur mareschal de Biron, de loger dans ladite malladerie sept à huict cents harquebusiers, et de garnir ladite tranchée de deux compagnies de lansquenets, de deux autres d'avanturiers suisses et de quelque peu de François; il ordonna au dessous de ladite malladerie trois compagnies de

nets, qui emmenerent aussi prisonniers avec eux le sieur comte de Rochefort, qui est à present duc de Montbazon, et le sieur de Rivau, qui estoient demeurez avec eux comme les tenans pour rendus.

Le duc de Mayenne, voyant qu'il perdoit son temps et ses gens devant Arques, delibera de changer son armée de lieu, ce qu'il fit deux jours après, qui fut le vingt-quatriesme de septembre sur la minuict, et, ayant fait un tour de sept grandes lieuës, il arriva le vingt-sixiesme ensuivant auprès du faux-bourg de Dieppe, quasi vis à vis d'où il estoit party. Le Roy, qui avoit esté adverty que le duc ne faisoit que tourneoir le costau pour s'aprocher de Dieppe, laissa au chasteau d'Arques le sieur de La Garde avec son regiment pour le garder, et s'en alla à Dieppe, où il logea son armée au faux-bourg du Pollet, et aux villages les plus proches, et fit retrancher une petite croupe, où il mit une partie de son infanterie et deux canons. Le duc s'estant venu loger dans des villages ausquels le Roy avoit fait mettre auparavant le feu, fit faire aussi des retranchements en tous les logis de son armée : de sorte qu'à voir l assiette des camps, il eust esté mal-aysé de juger quels estoient les assiegez et les assiegeans. Il se fit plusieurs escarmouches où les royaux demeurerent toujours les victorieux. Quelques-uns de l'union allerent se loger au bourg d'Arques : mais ils n'y furent pas plus tost arrivez, que le sieur de La Garde fit sur eux une sortie en plein jour, en tua grande quantité, en desarma plus de cent cinquante, et les fit sortir du bourg d'Arques.

Le premier d'octobre le duc de Mayenne fit tirer d'assez loing contre Dieppe cinq vollées de sept canons, qui ne firent autre dommage que d'un seul homme qui fut tué; mais ceste batterie ne fut pas continuée, car à l'instant le Roy fit faire une contre-batterie, qui tout aussi-tost desmonta l'une des pieces du duc et le contraignit de faire retirer vistement son canon. Le Roy fit mener le lendemain deux canons à mil pas du faux-bourg de Dieppe, avec lesquels il endommagea fort le corps de garde de la cavallerie de l'union.

En fin, après que le duc de Mayenne eut demeuré dix jours devant Dieppe, sur la nouvelle qu'il eut que messieurs le comte de Soissons, le duc de Longueville et le mareschal d'Aumont avec leurs troupes venoient au secours du Roy, il partit de devant Dieppe et en deslogea fort promptement un vendredy matin, sans lever mesmes les sentinelles qu'il avoit fait mettre du costé des royaux.

Sa Majesté, les ayant veu descamper si inopinement de devant son armée, qu'il tenoit hors de la ville de Dieppe, estima que ce fust pour aller au devant dudit secours, et le combattre auparavant qu'il le pust joindre. Ayant depuis esté confirmé en ceste premiere opinion par les trois premiers logis que fit l'armée de l'union, qui ne furent qu'en tournoyant et sans s'esloigner beaucoup de celle de Sa Majesté, il se resolut, sentant ledit secours proche de Dieppe de sept ou huict lieuës, d'en partir avec trois ou quatre cents chevaux seulement, et l'aller joindre, laissant le mareschal de Biron à Dieppe avec toute l'armée; et, combien que le duc de Mayenne ne fust qu'à cinq lieuës du lieu où il joignit ledit secours, il ne laissa à sa veuë, et dès le jour de son arrivée, de prendre et forcer la ville et chasteau de Gamache : depuis il reprint la ville d'Eu, qui estoient de belles occasions par lesquelles il offroit et semonnoit ledit duc de Mayenne au combat; mais, au lieu d'y venir, craignant au contraire qu'après les offres on en vinst aux contraintes, il se retira en Picardie vers Amiens et vers le Pont-Dormy, sur la riviere de Somme, couvrant ceste retraicte envers ceux de son party de plusieurs importans subjects, ainsi que l'union fit lors publier.

Tous ceux qui ont voulu excuser le duc de Mayenne d'avoir si peu faict avec un si grande armée, laquelle on a estimé avoir esté de plus de trente mil hommes, se trouvent de plusieurs opinions. Les uns mettent la faute sur ce que la plus grande part de ceste armée estoient nouveaux soldats, gens levez parmy le peuple, sans valeur et experience militaire; qu'il y avoit fort peu de noblesse françoise, et que les capitaines n'avoient pas de la resolution pour la conduitte de leurs entreprises, au contraire du Roy, de qui les soldats avoient depuis quatre ans continuellement practiqué les armes, et estoient conduits par nombre de noblesse françoise et des plus illustres familles. Les autres la mettent sur les divisions qui nasquirent entre le duc de Mayenne, le marquis du Pont, le duc de Nemours et le duc d'Aumale. Ceste raison icy a beaucoup d'apparence; et, ainsi que dit l'autheur du second discours sur l'estat de la France, comme il advient souvent quand le maistre n'y est pas que tous les valets sont maistres, ce fut qu'eux mesmes s'empescherent les uns les autres, et, accroissans leurs soupçons, s'osterent, par leurs jalousies, le moyen de se servir ny de bien conduire les rages du peuple.

Le marquis du Pont, voyant bien que le duc de Mayenne ne luy avoit deferé l'honneur de la conduite de ceste armée comme estant le premier prince de toute la maison de Lorraine, cognut

cents hommes de ceux qui estoient venus à la deffense, avec perte de quatorze de leurs enseignes, et prinse de treize pieces de canon, tant grosses que petites, sans que fort peu des assaillans s'y fussent perdus; et furent les Parisiens suivis de telle furie, que peu s'en fallut que les royaux n'entrassent pesle-mesle dans la ville; et sans que le canon ne fut pas du tout si diligent à venir qu'il avoit esté ordonné, les portes eussent esté ouvertes et enfoncées auparavant qu'elles eussent esté remparées. Ainsi le Roy entra au faux-bourg Sainct Jacques sur les sept à huict heures du matin. Mais en l'abbaye Sainct Germain se renfermerent quelque cent cinquante harquebusiers de l'union, qui firent un peu de contenance de la vouloir garder; mais sur la minuict ayans esté sommez ils se rendirent, et demeura Sa Majesté maistresse absoluë de tous les faux-bourgs estans de deçà la riviere. A cela et à barricader devant les portes de la ville, et à establir les gardes, se passa toute la journée du premier jour de novembre.

Le sieur de Rosne avoit esté laissé gouverneur pour l'union dans Paris par M. de Mayenne : peu de jours auparavant ceste prise il estoit sorty avec une coulevrine et quelque quantité de gens de guerre, et sçachant que dans Estampes il y avoit peu de gens pour le Roy, il s'y achemina, estant à ce induit par quelques-uns des habitans, et prit ceste ville sans resistance. Tous ceux de la justice qui tenoient le party du Roy furent lors en grande peine : il y fit pendre le prevost, reputé par ses ennemis mesmes homme de bien et bon justicier. Le bailly et plusieurs autres racheterent leurs vies par rançons qu'ils payerent. Mais, comme Rosne eut entendu l'acheminement du Roy vers Paris, il laissa son canon à Estampes, et s'y rendit incontinent, arrivant peu de jours auparavant que le Roy prinst les faux-bourgs. Or il avoit prejugé du dessein du Roy, et avoit mandé à M. de Mayenne à Amiens de venir incontinent avec son armée vers Paris. Le duc y envoya M. de Nemours, qui y arriva le soir du jour de la Toussaincts, avec quelques troupes de cavallerie : mais, sur l'advis que receut ledit duc de Mayenne de la prise des faux-bourgs de Paris, il s'y rendit aussi le lendemain de la Toussaints, et toute son armée, comme à la desbandade, le suivit, et y arriva incontinent aussi après luy. Les plus affectionnez à l'union recevoient les soldats à mesure qu'ils arrivoient dans la ville, et leur presentoient à boire et à manger sur des tables mises expressement au milieu des ruës par où ils arrivoient : ainsi aucuns Parisiens receurent de leur bon gré en leurs logis des gens de guerre, d'autres non.

Sa Majesté, estant donc advertie que le duc de Mayenne estoit avec la plus-part de son armée entré dans Paris, fut bien aise d'avoir obtenu la moitié de son dessein, qui estoit de le retirer de la Picardie. Il voulut essayer de parvenir à l'autre, qui a tousjours plus esté de combattre et desfaire son ennemy en campagne, que non pas d'exercer sa justice contre des murailles, ou contre ses subjets. Il avoit attendu tout le jeudy, deuxiesme du mois, pour voir s'ils feroient quelque sortie, ou s'il ne se remuëroit rien de nouveau dans la ville en sa faveur; mais, voyant qu'il ne paroissoit rien, il se resolut, le vendredy matin, de sortir desdits faux-bourgs, et se mettre en bataille à la veuë de la ville, pour offrir le combat au duc de Mayenne; et, y ayant demeuré depuis huict heures du matin jusques sur les unze heures, sans qu'il parust jamais personne, il en partit, se contentant pour ceste fois d'avoir entrepris et executé sur la ville de Paris ce qui n'y avoit point encores esté faict, laissant ceste honte à l'union de leur avoir tant de fois offert le combat sans y avoir voulu venir. Sa Majesté estant venuë loger au village de Linats sous Mont-lehery, il y auroit à mesme fin voulu sejourner encores un jour entier, estimant que s'estans ceux de l'union reposez et rafraichis trois jours entiers en la ville de Paris, que le courage leur seroit revenu, et voudroient peut-estre sortir pour la y venir rencontrer, estant resolu, s'ils s'en fussent mis en aucun devoir, de faire plus de la moitié du chemin pour aller au devant.

Mais le Roy fut adverty qu'ils ne songeoient nullement pour se preparer à une bataille, et que, pour faire accroire au peuple que la ville estoit en plus grand danger des royaux et politiques qui estoient dedans, que non pas de ceux de dehors, ils prirent prisonniers Blanchet, Rafelin, Regnard et plusieurs autres bourgeois, sur la suspition de quelques billets imprimez qui avoient esté jettez dans le Palais et ailleurs. Ces billets estoient pour donner à entendre au peuple beaucoup de raisons affin de leur faire embrasser le party royal. M. de Blanc-Menil, qui avoit jusques alors manié ce party discrettement, tant du vivant du feu Roy que depuis l'advenement à la couronne de cestuy-cy, fut accusé par les Seize, qui poursuivirent tellement messieurs de la justice, la pluspart desquels favorisoient ce party sous main, que Blanchet, Rafelin et deux autres furent pendus. Le Roy fut fasché de la nouvelle de leur mort : or il avoit mandé, par un trompette à Paris, qu'il tenoit prisonnier Charpentier, qui estoit du conseil de l'union, l'un des quarante premiers esleus par le peuple,

armes qu'ils n'eussent vengé ceste indigne mort du feu Roy leur maistre; et, à voir leur contenance, ce n'eust pas esté advantage à ceux de l'union si ceste requeste fust arrivée la veille d'une bataille.

Le Roy voyant qu'il n'y avoit plus d'esperance de faire venir au combat ceux de l'union que par une extreme necessité, il se resolut de renvoyer M. le duc de Longueville avec les forces qu'il avoit amenées de Picardie se rafraischir en ceste province, et envoya avec luy le sieur de La Noué; il fit le semblable du sieur de Givry, qui l'estoit venu rencontrer au partir des faux-bourgs de Paris avec une fort bonne troupe, et le r'envoya du costé de la Brie; et luy avec le reste qu'il avoit prit resolution de s'acheminer à Tours, où plusieurs occasions l'appelloient, et ce en attendant que la premiere levée de ses forces estrangeres fust plus advancée qu'elle n'estoit lors. Ainsi il partit d'Estampes le samedy, dixiesme novembre, et prenant le chemin de Beausse, estant adverty que la ville de Janville, qui est au milieu d'icelle, fermoit tout ce passage, il voulut la recouvrer en passant, et, y estant arrivé le dimanche, le capitaine qui estoit dedans fit un peu de mine de la vouloir deffendre : mais, ayant veu approcher le canon, il la rendit, et, estant sorty avec deux cents harquebuziers, Sa Majesté y entra le mesme jour, et y sejourna le lendemain, y laissant dedans le sieur de Marroles Longcorme avec une bonne garnison dans le chasteau qui est assez bon.

De là il traversa la Beausse, vint en la ville de Chasteaudun, où, si tost qu'il fut arrivé, il envoya sommer la ville de Vendosme qui est de son ancien patrimoine, et dont ses predecesseurs en portoient le nom; et, combien qu'à ceste occasion estant doublement ses subjects, ils fussent plus coulpables d'estre du party de ses ennemis, toutesfois, ayant plus de soing de les empescher de faillir davantage que de les punir de leur premiere faute, sejourna trois jours audit Chasteaudun pour leur donner loisir de prendre une bonne resolution. Au contraire, devenus plus insolens et opiniastres, ils le contraignirent de les assaillir.

Pendant le sejour qu'il fit audit Chasteaudun y arriverent les capitaines suisses qui avoient esté depeschez, incontinent après la mort du feu Roy, par les colonels des quatre regimens qui estoient au service de Sa Majesté, pour consulter avec leurs superieurs ce qu'ils avoient à faire, ou de continuër de servir, ou de demander congé pour se retirer, lesquels apporterent à Sadite Majesté, outre la responce qu'ils rapportoient à leurs colonels de la part de leurs superieurs, qu'ils avoient charge expresse d'eux de faire en leur nom entendre à Sa Majesté que, non seulement ils commandoient aux colonels et capitaines desdits regiments de continuër à luy faire bon et fidele service, mais qu'ils luy offroient tout tel autre secours qu'il auroit besoin, tenant pour confirmée et jurée avec Sa Majesté la mesme alliance et bonne amitié qu'ils ont eué avec les roys ses predecesseurs.

De Chasteaudun le Roy partit le quatorziesme novembre, et le mesme jour fit investir la ville de Vendosme et le chasteau. Il arriva au village de Mellay le seiziesme, et sans descendre à son logis alla recognoistre entierement Vendosme. Le gouverneur de la place estoit le sieur de Maillé Benehard, lequel, sentant venir le siege, y avoit appellé un bon nombre de gentils-hommes ses amis, et y tenoit garnison ordinaire de quatre compagnies de gens de pied qui pouvoient faire quatre cents hommes, outre ceux de la ville, qui estoient de six à sept cens portans les armes. Dès que le Roy fut arrivé, il fit gaigner tous les faux-bourgs de la ville, et departit les mareschaux de Biron et d'Aumont, l'un du costé de la riviere du Loir, l'autre au deçà, avec les troupes de l'armée; et ayant mis la forme du siege en deliberation, il se resolut de s'attaquer premierement au chasteau, qui estoit le plus fort, pour n'en faire à deux fois, par-ce que le chasteau gaigné, la ville ne pouvoit plus eschapper : où il fust peut estre advenu que commençant par la ville où estoit tout le butin, que les soldats ne se fussent plus gueres souciés de l'honneur de la prinse du chasteau où il n'y eust eu à prendre que des coups, et s'en fust perdu une bonne partie. Tout le vendredy et le samedy se passerent à recognoistre le lieu de la batterie, et à tenir tout l'equipage prest. Cependant ledit Maillé Benehard, qui avoit, dès que Sa Majesté estoit à Chasteaudun, demandé à parlementer au sieur de Richelieu, grand prevost de France, avec lequel il avoit amitié particuliere [mais quand il le fut trouver dans la ville il ne sçavoit quasi qu'il vouloit, sinon qu'il eust desiré que, sans rendre ladite place, l'armée se fust retirée], se sentant encores plus pressé de sa conscience et du peril du siege, redemanda ledit sieur de Richelieu, et y estant retourné, en revint aussi incertain et plus mal satisfait que la premiere fois. Sa Majesté, ayant elle-mesme passé toute la nuict à faire conduire et mettre son artillerie en batterie, fit à la poincte du jour commencer à battre deux tours du chasteau, pour oster les deffences de la bresche qu'elle proposoit de faire. Mais après avoir fait tirer de cent à six vingts coups de canon, et ayant esté fait dans l'une desdictes tours un trou où pouvoient passer deux hommes de front seulement, les soldats, impatiens de l'assaut, combien que quelques-uns d'entre-eux, seulement commandez pour voir s'ils se pourroient loger dans ladite tour, monterent jusques au haut, et de furie se jetterent dans le retranchement. Ainsi suivis de tous les autres, les uns conduits par le sieur baron de Biron, mareschal de camp, et les autres par le sieur de Chastillon, ils donnerent tel estonnement à ceux de dedans, bien qu'ils fussent en très-bon nombre, qu'après avoir par aucuns d'eux esté rendu un peu de combat, ils prindrent l'effroy, et, quittant le chasteau, se sauverent de vitesse dans la ville, où ils furent suivis de si près, que lesdits sieurs avec partie desdits soldats y entrerent pesle-mesle avec eux, et se firent en moins de demie-heure maistres du chasteau et de la ville, où ledit Maillé Benehard et tous les gens de guerre, estans retirez en une maison, se rendirent incontinent audit sieur baron de Biron, à la discretion toutesfois de Sa Majesté; de sorte qu'il ne se vid jamais ville battuë et prinse d'assaut comme elle fut avec moindre meurtre, car il ne s'y perdit un seul soldat de l'armée, et peu de ceux des ennemis, leur ayant Sa Majesté fait grace à tous, excepté audit Maillé Benehard, et à un cordelier nommé Jessé, que tous les habitans mesmes accusoient pour le premier autheur de leur mal, qui furent executez. Il n'y eut ordre de preserver que la ville ne fust pillée, excepté les eglises que Sa Majesté fit soigneusement conserver, de sorte que l'on n'y entra pas seulement. Dès le lendemain il fit sortir tous les gens de guerre de ladicte ville, et permit que les habitans pussent retourner en leurs maisons sans pouvoir plus estre prins et rançonnez, reünit tous les ecclesiastiques en leurs charges ordinaires. L'exemple de ceste justice sauva la vie à plus de mille hommes, car quatre ou cinq petites villes des environs qui protestoient de vouloir tenir, devenus sages aux despens de Vendosme, se rendirent en moins de quatre ou cinq jours, cependant que le Roy s'en alla à Tours où il arriva le 21 novembre, le propre jour que ceux de l'union declarerent au parlement de Paris pour leur roy M. le cardinal de Bourbon. Devant que de descrire pourquoy ils le declarerent roy, voyons ce que fit le duc de Savoye contre la France après la mort du feu Roy, et quelles furent ses pretensions.

Nous avons dit cy-dessus comment le sieur de Sancy amenant la levée des Suisses, passant à Geneve, avoit taillé de la besongne au duc de Savoye ez trois bailliages qu'il tenoit autour de ceste ville. Ce fut ce qui fit haster ledit duc de donner le rendez-vous de toutes ses troupes à Remilly, en intention non seulement de reprendre ses bailliages, mais d'assieger Geneve. Son armée se trouva incontinent estre de sept à huict mille hommes de pied et de deux mille chevaux. Ceux de Geneve avoient basty un petit fort au pont d'Arve, à un quart de lieuë de Geneve. Le troisiesme jour de juin, le duc, après avoir repris quelques chasteaux, faict tourner la teste de son armée contre ce fort qu'il desiroit avoir, ceux de dedans firent une sortie de cinq cents harquebuziers, lesquels furent incontinent attaquez par trois mil hommes de pied et mil chevaux. L'escarmouche dura quatre heures, où les Savoyards furent repoulsez avec perte de deux cents hommes, entre lesquels estoit le comte de Salenove.

Le duc de Savoye cognut dèslors de ne pouvoir avoir ceux de Geneve par force, et qu'il gaigneroit plus de faire dresser des forts aux environs pour leur faire à toute heure la guerre et leur empescher de traffiquer, ce qui les contraindroit de se rendre à luy. Ce fut ce qui le fit resouldre de faire commencer un fort au village de Sonzy, à deux lieuës prez de Geneve, qui fut appellé le fort Saincte Catherine, auquel, après avoir ruyné le bailliage de Ternier, et notamment les villages que ceux de Geneve y avoient, il contraignit tous les paysans d'aller travailler à ce fort, et de là en avant le duc tascha à attirer ceux de Geneve par embuscades et ruses à quelque combat pour les matter un bon coup; mais en ce commencement de guerre ceux de Geneve furent toujours victorieux; aussi que messieurs de Berne leverent incontinent une armée de dix mille pietons, de deux cents argoulets et de deux cents chevaux de combat, dont le sieur de Wateville, advoyer de Berne, fut esleu chef et general, lequel se rendit incontinent avec toute ceste armée à Geneve.

Durant la levée de ces Suisses il y eut trois sepmaines de trefves entre les Bernois et les Savoyards. Les Suisses de dessus les murailles de Geneve virent à plusieurs fois de belles escarmouches entre ceux de Geneve et les gens du duc, et ne s'en meslerent nullement jusques au quatorziesme de juillet, que, le duc et les Bernois ne se pouvant accorder, les trefves furent rompuës, et l'armée des Suisses passa par Geneve, trainant forces pieces moyennes et petites avec un grand bagage, laquelle print le chemin de Fossigny, ayant pour teste et advantgarde trois compagnies de gens de pied et la cavalerie de Geneve. Le principal exploict de ceste armée fut le vingt-cinquiesme de juillet entre Bonne et Sainct Joire, où il se fit une rude charge. Le marquis d'Este, ayant pour lieutenant le comte de Valspergue avec cent cinquante chevaux, et le baron d'Armense avec huict cents hommes de pied, dressa une embuscade en trios endroits forts, pensant empescher le chemin aux Suisses, ou au moins de les bien endommager; mais il ne leur fut possible, car, après un long combat, Wateville se fit faire chemin par les armes. Le comte de Valpergue et le comte Massin avec plusieurs autres furent là tuez. Ceux qui se purent sauver se retirerent dans les hautes montagnes, où ils endurerent beaucoup de necessitez sans boire ny manger l'espace de trente heures. Ainsi les Suisses ayants desfaict cest embuscade, ils se rendirent maistres des forts et prirent quatre pieces de campagne, et ruinerent tout le Fossigny, emmenans le bestail et les moissons.

Le duc de Savoye, renforcé de nouvelles troupes, son armée estant de quinze mille hommes, s'achemina droict à Bonne, petite ville gardée par trois compagnies de pietons de Geneve. Les Suisses, ne se sentans assez forts pour desgager les assiegez, se tindrent cois, tellement que ceste ville fut renduë le 22 d'aoust au duc de Savoye, après avoir enduré deux cents coups de canon. Mais les Savoyards n'observerent la capitulation aux trois compagnies de Geneve, pour-ce, disoient-ils, qu'ils s'estoient opiniastrez de tenir dans une place en laquelle il n'y avoit point d'apparence de resister contre l'armée de leur duc : aussi, au sortir de Bonne, ceux de Geneve estans encor dans le faux-bourg, ils furent entourez par la cavalerie, et taillez en pieces avec leur gouverneur. Le lendemain Wateville et l'armée des Suisses se retirerent. Ceste armée peu après se desbanda toute sur quelque accord traicté entre le duc et les Bernois, tant par le conseil des agents du roy d'Espagne, que pour l'accident de la mort du feu Roy, lequel ayda beaucoup en cest endroict là au duc de Savoye, car il s'engendra quelques difficultez entre les Bernois et ceux de Geneve. Les Bernois vouloient que ceux de Geneve se missent sous leur protection : eux ne le voulurent pas, et leur respondirent : « Vous estes nos alliez, et ne voulons d'autres protecteurs que les roys de France. » Ces paroles furent cause que ceux de Geneve se trouverent abandonnez du secours des Suisses, et se virent incontinent entourez de tous endroicts par les Savoyards, car, après la prinse de Bonne, le duc tourna vers le pas de La Cluse pour entrer au bailliage de Gex, qu'il reprint en un instant pour-ce que les Bernois qui le gardoient le quitterent.

Le duc, qui avoit desir d'avoir sa part de la couronne de France, et s'accommoder de ce qui est entre les Alpes et le Rosne, solicita ceux de Geneve pour tirer d'eux quelque submission affin de n'estre plus empesché de ce costé là; ce que n'ayant peu gaigner sur eux, il se resolut, outre les forts Saincte Catherine et La Bastie, de les tenir encor bridez par un autre fort qu'il fit sur le lac au village de Versoy qui n'est qu'à deux lieuës de Geneve, lequel il fit en diligence fortifier, et mit dedans le baron de La Serra, avec six cents soldats, quatre canons et deux coulevrines. Tenant ainsi Geneve bloqué par lesdits forts de Saincte Catherine, La Bastie et Versoy, il se retira vers Chambery avec ses forces pour entreprendre sur les provinces de Dauphiné et de Provence, selon les occasions qui s'en presenteroient. Pour la Provence, le sieur de Vins se rendit, comme nous dirons, du tout son partizan. Pour le Dauphiné, il y fit lors fort peu de profit. Il avoit envoyé au parlement de Grenoble deux conseillers de son conseil d'Estat, qui estoient le sieur de Jacob, general de son artillerie, et le sieur d'Ance, lesquels y commencerent leurs discours par une doleance de la mort du feu Roy, puis du malheur des guerres civiles de France, et finirent par une persuasion de recevoir le duc de Savoye leur maistre pour roy de France, comme estant le plus proche qui y pust pretendre, estans tous les princes de la maison de Bourbon, disoient-ils, ou declarez inhabiles, ou incapables, ou favorisans les heretiques; aussi qu'il vaudroit mieux que le royaume de France tombast entre ses mains, veu qu'il estoit fils de la fille du roy François I, et mary de la niepce du feu roy Très-Chrestien Henry III, dernier decedé, et fille de sa sœur Elizabeth, royne d'Espagne, que non pas entre les mains de quelque estranger, comme il sembloit qu'il s'y en allast, si le peuple françois ne recouroit aux conseils qui n'estoient moins utiles que justes, pource qu'ils n'avoient pas seulement besoin de se pourvoir d'un roy qui eust droict à ceste couronne, mais d'en eslire un qui peust redimer le peuple de tant de miseres et calamitez, le deffendre de ses ennemis, et mettre la fin aux guerres civiles de France; qu'il se pouvoit assez cognoistre par raisons d'Estat que Son Altezze estant recognu pour roy des François, il ne manqueroit point de faire donner la paix à tant de peuples, et que le puissant roy d'Espagne, voyant une telle bien-veillance des peuples de France envers sa fille, tourneroit tous ses pensers pour la conservation de ce royaume; qu'il ne se pouvoit, entre tous ceux qui pretendoient à la couronne françoise, en eslire un qui

telle tranquillité à l'Estat de
luy leur maistre feroit, pour-ce que
ssion de quelque prince que ce fust
la de nouvelles guerres. » L'huma-
gnité et l'amour de Son Altezze en-
subjects, lesquelles il tient de ses
rs, disoient-ils, tesmoigneront assez
leu vostre roy, il ne conservera pas
s anciens privileges et franchises,
ustera encores d'autres, suivant sa
é ordinaire. » Voylà la substance de
des ambassadeurs du duc de Sa-
els messieurs de la cour de parle-
enoble leur dirent pour responce :
rcions son altezze de Savoye de l'af-
demonstre avoir à la memoire du feu
honnestes offres qu'il nous faict ;
queste estant importante à tout le
France, nous n'en pouvons faire un
gement : cela appartient à une ge-
nblée des trois estats de France, de
s suivrons les advis. Mais nous le
ne trouble le repos dont la province
jouyt durant la trefve faicte entre
lphonse d'Ornano et Desguieres,
bre de soldats que nous sommes
'il veut faire entrer dedans ceste

ne fut pas content de ceste response :
il practiqua fort en ceste province,
pour partizan le sieur d'Albigny,
maison de Gordes, qui est encores
son service, lequel s'empara de Gre-
n de M. de Nemours pour le party
d'où le parlement fut transferé à Ro-
puis après il se voulut declarer sa-
qu'il n'eut moyen de faire, pour-ce
lle fut peu après reprise par le sieur
s, ainsi que nous dirons cy après.
e temps que le duc de Savoye ten-
phinois il envoya au sieur de Vins,
n partizan en Provence, Alexandre
trois compagnies de chevaux legers
agnies d'harquebusiers à cheval, et
bien qu'il se fit declarer protecteur
ce, comme nous dirons en son lieu.
en ce temps là sollicita le roy d'Es-
eaupere pour avoir secours de gens
tant pour poursuivre son entreprise
et entretenir les garnisons des forts
faicts pour les brider, que pour par-
entreprises sur le Dauphiné et la
t restablir le royaume d'Arles en sa
et des successeurs : bref il se servit
de l'occasion des miseres de la
France à s'agrandir. Et si, pour tant de peines et de travaux qu'il a pris douze ans durant, et pour tant de pertes que ses subjects ont receues, il a esté contraint de se contenter de son ancien patrimoine de Savoye. Et peut-on dire aussi que le Roy luy a mesnagé ses affaires en l'accord qu'il fit après la conqueste de Savoye l'an 1601.

Ce prince n'envoya jamais aucun secours aux armées des princes et villes de l'union ; il vouloit faire ses affaires à part, et prendre en France seulement ce qui luy venoit à bien-seance. Le duc de Mayenne, soy disant lieutenant general pour l'union, trouva ses procedures mauvaises, et donna charge au commandeur de Diou, que l'union envoyoit à Rome, de prier, en passant, ledict duc de Savoye de se departir de l'entreprise de Provence, chose que ledit sieur duc de Savoye trouva fort estrange, pour estre contraire, ainsi que plusieurs ont escrit, à ce que les princes de la ligue avoient traicté et accordé avec luy auparavant la mort du duc de Guise, et, pour-ce, respondit audit commandeur qu'il n'en feroit rien, et qu'il ne vouloit quitter sa part de ce royaume.

Des quatre grands princes estrangers ennemis du roy Henry IV, les ducs de Lorraine et de Savoye estoient les moindres. Ils desiroient bien tous deux, selon leurs pretentions, la couronne de France ; mais, trop foibles pour la porter, ils furent contraints de tascher à s'approprier chacun les provinces de France qui leur estoient voisines : et comme le duc de Savoye tendoit d'avoir la Provence et le Dauphiné, aussi le duc de Lorraine esperoit d'avoir la Champagne. Le sieur de Bourbonne, l'un de ses chambellans, en une assemblée faicte à Chaumont incontinent après la mort du Roy, proposa de faire recognoistre ledict sieur marquis du Pont pour roy. Aucuns de l'union de ceste province le receurent pour protecteur, et les habitans de Langres, en ce mesme temps invitez par le duc de Lorraine de l'assister pour chasser le roy de Navarre [ainsi appelloit-il le Roy], luy respondirent qu'ils l'assisteroient volontiers de leurs vies et biens pour tirer la raison de ceux qui avoient massacré leur Roy, que son altezze de Lorraine estoit obligée de poursuivre, estant son beaufrere, et le marquis du Pont, son nepveu. Sur une autre lettre qui leur fut envoyée pour recognoistre ledit sieur marquis pour roy, ils respondirent : « Nous ne recognoissons que la fleur-de-lys, et les princes du sang de nos roys pour legitimes successeurs de ceste couronne. » Le lieutenant Roussart, qui a esté maire de Langres durant tous ces derniers troubles, a maintenu ceste ville en l'obeyssance royale, et le peuple en la religion catholique-romaine, sous le gouvernement du sieur d'Inteville, lieutenant pour le Roy en Champagne; car en ceste ville les maires et l'Hostel de ville se sont conservez en leurs anciens privileges. Si tost que le Roy fut mort, un boiteux, envoyé de Troye par ceux qui y estoient pour l'union, luy en apporta lettres; et, pource qu'il vid qu'il venoit de la part de l'ennemy, il luy dit, avant que de les vouloir ouvrir: «Qu'elles nouvelles y a-il? — Le Roy est mort, luy dit le boiteux.» A ceste parole, le maire luy donna un soufflet, et luy dit: «Sors d'icy, mal-heureux messager:» ce que le boiteux fit vistement. Le maire se tourna vers ceux qui estoient en garde à la porte, et leur dit en pleurant: «Jamais boiteux n'apporta faulses nouvelles; puis, ayant faict allumer du feu, fit brusler les lettres de ceux de Troye sans vouloir voir ce qu'il y avoit dedans. Peu d'heures après, on receut asseurées nouvelles de ceste mort. Il fit faire assemblée en la Maison de Ville, où ils resolurent tous de vivre et mourir en l'obeissance du roy Henry IV: ce qu'ils firent, et ceux qui ne voulurent signer sortirent de la ville avec leurs biens en toute liberté. Ce qui se passa à l'endroit de deux predicateurs qui pensoient faire remuër en ceste ville est de remarque. L'un parloit pour la ligue, l'autre tenoit de l'heresie. Celuy de la ligue tomboit d'ordinaire sur quelque passage de sainct Paul, et en fin il leur dit: «Messieurs, sainct Paul s'offre à vous, recevez-le, embrassez-le.» Cela fut expliqué incontinent qu'il parloit de recevoir le capitaine Sainct Paul, commandant pour l'union en Champagne, et non les preceptes de l'apostre sainct Paul; à quoy quelques-uns qui vouloient broüiller en ceste ville l'avoient practiqué pour dire cela et faire esmouvoir le peuple; mais, au sortir de sa predication, sans luy faire autre peine, les Langrois le firent sortir, et luy envoyerent depuis toutes ses hardes. Quant à celuy qui tenoit de l'heresie, pensant que ce peuple, grand ennemy de l'union, prendroit goust à quelque nouveauté contraire à la croyance de leurs ennemis, en parlant de la puissance des saincts, il dit en son sermon qu'il appelloit pour tesmoignage de leur puissance qu'ils fissent oster la pouldre qu'ils avoient sur leurs images. Il n'eut pas plustost achevé, que l'on le fit sortir à l'heure mesme hors de la ville. «Sachez, luy dirent ceux de Langres, que nous ne voulons estre heretiques ny de la ligue, mais que nous nous maintiendrons en la religion catholique-romaine, sous l'obeyssance de nostre Roy.» Ce dernier fut estimé avoir esté envoyé par le duc de Lorraine; on tenoit mesmes que quelques lettres dudit duc luy avoient esté trouvées en fouillant parmy ses hardes. Et y eut lors en ceste ville là bien des remuëments; mais cela n'est à present de nostre subject. La religion donc a esté le pretexte des ducs de Lorraine et de Savoye pour faire la guerre en France, mais, en effect, c'estoit pour s'approprier de ce qu'ils pourroient. Voyons maintenant ce que firent le Pape et le roy d'Espagne.

La crainte que le pape Sixte avoit, du vivant du feu Roy, que le Roy à present regnant succedast à la couronne de France, luy avoit faict publier une excommunication contre luy, ainsi que nous avons dit; mais, après la mort du Roy, il fut quelque temps irresolu de ce qu'il devoit faire. Les François, tant d'un party que d'autre, envoyerent vers luy.

Messieurs les princes du sang et les princes et officiers de la couronne, qui avoient juré fidelité et obeyssance au roy Henry IV avec les protestations accoustumées, resolurent, au conseil du Roy, d'envoyer un d'entr'eux en leur nom au Pape, pour luy representer le miserable estat de la France, qui desiroit d'estre aydé de Sa Saincteté, mais de telle sorte que ce fust pour unir tous les François, et non pas pour les desunir; ce que faisant, il appliqueroit non seulement les remedes convenables à la monarchie françoise, de laquelle les roys avoient de tout temps merité le tiltre de Très Chrestiens, mais que ce seroit la seureté de toute la chrestienté, qui ne pouvoit que sentir beaucoup de dommages et d'incommoditez des grands travaux dont leur premier et principal membre estoit travaillé. Pour faire ceste ambassade ils esleurent d'entr'eux M. de Luxembourg, duc de Pigney (1), pair de France, conseiller du privé conseil du Roy, qui est un prince lequel est venu à son honneur de plusieurs belles charges ausquelles il a esté employé par les feux Roys, entr'autres par le dernier roy Henry III, au commencement du pontificat du pape Sixte V, pour se conjouyr de son eslection. M. de Luxembourg, arrivé en Italie, y trouva les affaires merveilleusement changées, et s'esmerveilla de la bonne reception que l'on avoit faicte à Rome, au commandeur de Diou et aux agents du duc de Mayenne et de l'union, lesquels avoient faict courir une infinité de faux bruits contre le feu Roy et contre Sa Majesté à present regnant; et luy convint avoir patience pour parvenir au but de son ambassade, ce qu'il fit si dextrement, que, quoy qu'en son commencement il trouvast toutes choses luy estre contraires, si est-ce que, avant la mort du pape Sixte advenuë l'an suivant,

(1) De Piney.

tico re (1), à laquelle ceux de l'union, dez ce commencement ne s'accorderent, car M. le cardinal de Bourbon sans le legat du Pape fut declaré pour roy, M. de Mayenne continué lieùtenant. Il restoit seulement à maintenir et asseurer le royaume pour les pretendans après la mort du cardinal de Bourbon. Nous dirons leurs procedures, mais que nous ayons dit quelle estoit l'intention du roy d'Espagne en ces derniers troubles, laquelle, suivant l'opinion de celuy qui a faict le second discours libre sur l'estat de la France, a esté telle :

« Quant au roy d'Espagne, dit-il, il y a assez de temps que l'on void ses practiques contre la France. Premierement c'est une science en tous les estats de nourrir, si on peut, les voisins en division et en trouble : il y a une reigle de mathematique que ce qui fait mouvoir autruy est necessairement tousjours en repos. Après, le voisin divisé, et par consequent affoibly, est moins à craindre ; et finalement quand deux se sont bien batus et bien blessez, il est bien-aysé au tiers qui les regardoit faire de les despoüiller. Le roy d'Espagne, bien conseillé, n'a pas esté marry de voir le feu de division entre les François, car, cependant qu'ils se sont amusez à courir à l'eau, ils n'ont pas eu le loisir de rejetter le brandon sur luy-mesmes. Or il craignoit tousjours cela, et nonobstant la fraternité, il n'estoit point asseuré que les jeunes roys qui estoient tous vaillans en leur premier feu, faute d'autre occupation, ne s'attachassent à luy. C'est pourquoy de tout temps il a haussé le menton à ceux qui ont entretenu les guerres civiles au party catholique, destinant à cela une partie de l'or de ses Indes, beaucoup plus dangereux pour la France que son fer d'Espagne.

» Mais encores autresfois estant embarrassé par monseigneur et par les François, il desiroit plus la guerre civile en France pour la conservation du sien que pour l'usurpation du nostre. A la fin toutesfois, comme il a veu tous les Enfans de France decedez l'un après l'autre, et que le Roy qui est aujourd'huy estoit venu jusques au plus prochain degré de la couronne, lors, sans doute craignant son demon, et estant fort interessé avec luy de beaucoup de vieilles querelles, il s'est resolu de tourner tous ses efforts, tout son or et tout son fer contre luy, avec double dessein : le premier d'occuper le royaume, s'il se peut, le second de ruiner au moins le Roy qui y regne, et desmembrer l'Estat ou le mettrè en autre main.

» Ce monarque a trouvé tant de contredits en son premier desir qu'il ne se peut dire de plus, et voicy comment. Après la mort du feu Roy, ceux de Lorraine pensoient que le royaume fust entierement à eux. S'il faut faire une description des moyens qu'ils avoient, ils trouverent premierement pour les commoditez de la guerre des montagnes d'or dans Paris. C'est grand cas que l'on fait compte de dix-sept cens mil escus despendus en un an. Quant à la faveur du peuple, il se fit quasi une seconde revolte du royaume à l'advenement de ce nouveau roy, qui demeura presque tout seul dès le premier jour ; de sorte que, qui leur eust parlé en ce temps-là, je ne dis pas d'appeller le roy d'Espagne pour roy, mais de luy mettre entre les mains le moindre village de France, ils se fussent mis en colere ; et je croy, dit-il, sans difficulté, que si le combat d'Arques eust succedé, le duc de Mayenne emportoit tout seul la couronne, sauf à en faire la part puis après à ses compagnons qui luy aydoient.

» L'Espagnol recognut cela : il vid bien que ces gens estoient trop fiers pour leur demander partage, et qu'il les failloit laisser reduire à la necessité et à la faim, comme les faulconniers font leurs oyseaux, autrement ils ne viendroient pas au leurre. Ainsi du commencement il se contenta de leur laisser Mendozze parmy eux pour les entretenir tousjours en bonne intelligence, s'asseurant bien que ces bons mesnagers ne dureroient gueres sans faire provision de saffran, et que lors ils parleroient. Ceux de Lorraine de l'autre costé, tandis que le bon temps leur dura et qu'ils eurent de quoy, ne s'empescherent gueres de faire la cour au roy d'Espagne ; mais après, la fortune se changeant, ils devindrent un peu plus souples, et luy de son costé entra en apprehension des prosperitez de nostre Roy, son ennemy particulier ; de sorte qu'ils commencerent à mieux s'entretenir et les uns et les autres, consentans ceux de Guise, qui desjà avoient perdu l'esperance de conserver le royaume en leur maison, que le pape Sixte envoyast un legat en France qui fust de la faction espagnolle, par lequel il fist faire quelque ouverture aux François, pour les disposer à recevoir un nouveau roy. Et je diray, dit-il, cecy en passant, que tous ces gens icy, ayans divers interests et divers desseins chacun, estoient contraints de donner divers visages aussi à leurs actions, selon les partis à qui ils avoient affaire ; car il est bien certain que la venuë du legat en France n'estoit designée que pour l'avancement des affaires

(1) Pour veiller à ce que la France eût un roi digne du nom de Très-Chrétien, nom justement acquis par tant de services rendus au Saint Siége, et pour s'assurer que le royaume ne tomberoit pas au pouvoir d'un prince hérétique.

..., et neantmoins au mesme ... aux pauvres villes de l'u- ... pour le bien de la France, et ... authorité il retirast tous les ca- ... du Roy.

...é continué d'un costé, de l'autre, la prosperité se monstre. Le roy bien ayse de voir tout doucement à l'aumosne, leur offre là dessus ...s, desquelles il leur fournit peu, ... lentement à fin de ne les saouler : ...voir degoutter son eau, il estoit ...ger qu'il vouloit augmenter leur ...'esteindre. Eux, tout au rebours, ...secours, font leurs pauvretez mille ...les, le menacent sous main de ..., protestent que s'il les abandonne ...nt pas. Cest artifice succede. L'Es- ... de voir le Roy estably, et eux, ... cela, en font courir des bruits ...ont surprendre des pacquets, don- ...es à Mendozze et au commandeur ... c'est en plaisir de voir tout un ...ines, eux pour tirer de l'argent ...itez de luy pour neant, luy pour ...ller que sur bons gages. »

... choses se passoient sur la fin de ...endozze et le commandeur Morée, ... que le party de l'union ne don- ...sible et la division de la France ...ense des frais de leur maistre, et ... qu'il en recevoit encor assez de ... que l'on empeschoit par là la ...establissement du roy Henry IV ...spital, ne se contentoient pas de ...ient bien que, pour parvenir au ... d'Espagne, qui n'estoit pas seu- ...uyne du Roy, mais aussi de la ...oyaume, il seroit malaisé d'y par- ...arçonner le duc de Mayenne et ... Lorrains. Ce fut pourquoy ils prac- ... le conseil general de l'union des ... leur maistre; ils se servirent des ...redicateurs de leur faction qui es- ...nseil de l'union, et, au commen- ...cembre de ceste année, sur l'ou- ...on fit en ce conseil d'asseurer le ... France pour ne tomber en la puis- ... Henry IV, et avec quels moyens ...oustenir la guerre, Mendozze, au ...Espagne, presenta ces propositions. ...tholique, jà vieil et ancien, se con- ... des royaumes, duchez et comtez ...sent sous son obeyssance, et n'a ...y de France.

...r ce qu'il voit la France estre af- fligée des heretiques, et que les catholiques, encores qu'ils soient douze contre un, n'en peuvent estre maistres, il s'est de long temps offert les secourir, et de faict les a secourus, tant aux premiers et seconds troubles, d'hommes et d'argent, qu'à Moncontour, sans que jamais il ait eu volonté d'aucune recompense.

« Nonobstant ce on luy a tousjours fait la guerre couvertement, tant en Flandres que Portugal; neantmoins Sa Majesté ne s'en est jamais voulu revanger, ne faire chose quelconque contre la France, depuis la paix de l'an 1559. »

Ces propositions furent fort louées des Seize et de leurs predicateurs. Mais de quelle maniere le roy d'Espagne donneroit secours au party de l'union, il fut lors tenu plusieurs conseils et discours : aussi estoit-ce un faict de grande importance.

« Le roy d'Espagne a tant de royaumes qu'il n'a besoin de celuy de France; il se contentera, disoient les ministres d'Espagne, du tiltre de *protecteur du royaume de France*, sous certaines conditions. » Mais les esprits françois voyoient une infinité de precipices sous ce nom de protecteur. Affin de le faire trouver plus doux, les Seize et leurs predicateurs qui estoient du conseil de l'union dresserent les conditions cy dessous, qui fut une des subtilitez de Mendozze.

« Premierement, que Sa Majesté aura tiltre de protecteur du royaume de France. Demeurera pour roy monseigneur le cardinal de Bourbon, lequel Sa Majesté fera, par la grace de Dieu, delivrer de captivité et sacrer à Rheims.

« Qu'il se pourra faire alliance d'une sienne fille avec un prince de France, qui, après le decez dudit sieur cardinal, sera couronné roy. Et, en faveur de mariage, donnera Sadicte Majesté le comté de Flandres ou de Bourgongne pour l'unir au royaume de France.

« Que les ministres de l'eglise Gallicane seront reformez suivant le concile de Trente.

« Qu'en ce royaume ne sera pourveu aucun Espagnol au benefices, offices de judicature, ny aux gouvernemens des places frontieres.

« Que les offices de judicature ne seront vendus, ains donnez aux gens de bien qui auront estudié aux barreaux.

« Mais, pour le regard de ceux qui sont à present pourveus de tels estats, gens de bien et catholiques, attendu qu'il les ont acheptez, et que plusieurs en doivent encores rentes, les pourront resigner à gens catholiques et bien renommez, pour ceste seule fois, et en après ne se feront aucunes resignations.

« Que Sa Majesté fera fonds en ceste ville de deux millions d'or pour payer les arrerages des rentes de ladicte ville.

» Qu'elle entretiendra la guerre de ses moyens et de ceux qu'il plaist à notre Saint Pere le Pape donner. Et quant ausdits deniers des tailles et impositions, se recevront pour estre employez à l'acquit des debtes du royaume, et non à autre effect.

» Et lesdictes debtes acquittées, seront lesdictes impositions remises, fors une taille de laquelle sera entretenu un nombre de gens de guerre, tant de pied que de cheval, pour la tuition, defense et conservation du royaume.

» Que les gens d'ordonnance seront gentilshommes, lesquels feront monstres par quartier, et payez de leur solde, tant en temps de paix que de guerre.

» Que le commerce de la marchandise sera ouvert aux François pour aller aux terres de Perou et autres terres nouvellement conquises par Sa Majesté, et se pourront associer avec les Espagnols ou Portugais, ou naviger à part si bon leur semble. »

Toutes ces conditions estoient belles; mais les ames françoises qui estoient encor dans le party de l'union disoient que si l'Espagnol en observoit la moitié ce seroit beaucoup, et jugerent que tout cela n'estoit qu'une finesse espagnole, et que le but du roi d'Espagne estoit qu'ayant ceste qualité de protecteur de la France, il y commanderoit absoluément par le moyen des armées qu'il y envoyeroit, avec lesquelles il s'empareroit à sa volonté des principales places, et qu'ainsi peu à peu, par la division des François, il affoibliroit et ruineroit la monarchie françoise.

Mendozze poursuit d'avoir response. Le conseil se tint chez La Chapelle Marteau, où le duc de Mayenne et le sieur de Villeroy se trouverent avec ledit Mendozze, le commandeur Morée, et Jean-Baptiste Taxis. La proposition derechef de mettre la France en la protection du roi d'Espagne se fit; à quoy il se vid que le duc inclinoit lors, comme ayant volonté de se maintenir sous un grand. Il en demanda l'advis à M. de Villeroy, qui luy dit qu'il ne le trouvoit pas bon, et en particulier, lui en demandant la raison, il lui proposa que, s'il se mettoit sous la protection d'un prince estranger, qu'il couroit un hasard d'estre delaissé de tous ses amis, et principalement de la noblesse, qui n'obeyroit jamais à l'Espagnol; que ceste qualité de protecteur que demandoit l'Espagnol ne luy pouvoit apporter que nuisance et toute incommodité, pour ce que ceste nation estoit de sa nature ambitieuse, qui petit à petit le debuteroit de ses grades et honneurs pour y mettre des personnes de sa creance. « Vous avez, lui dit-il, en vostre puissance la guerre et la paix. Pour la guerre, en l'estat qu'est le party de l'union, vous la pouvez maintenir par les moyens du peuple, des forces de la noblesse et de vostre suite. Pour la paix, vous la pourrez donner au roy de Navarre s'il se fait catholique, et, outre l'honneur que vous aurez d'avoir contraint un grand roy à se ranger à la raison, vous tirerez de luy toutes les asseurances que l'on pourroit souhaitter pour les catholiques, et pourrez aussi avoir de lui les gouvernements et estats que desirerez pour ceux qui vous auront suivy. Au contraire, si vous donnez aucun grade ny qualité au roy d'Espagne en France, c'est l'unique moyen d'y rendre la guerre immortelle, car il n'y en peut avoir aucun qu'il ne soit par dessus le vostre. Si tout depend de sa volonté, les evenements de la guerre sont incertains, et les exemples des grands qui ont jadis tenu contre leurs rois, et qui s'estoient mis sous la protection d'un autre roy, vous doivent servir d'exemple; car, faute de n'avoir moyen de faire leur paix, ils ont esté contraints de finir pauvrement leurs jours en pays estranger après avoir tout perdu. C'est pourquoy je vous conseille de ne ceder vostre qualité de chef de party. » Il y eut plusieurs propos entr'eux deux sur ce subject. Les ministres d'Espagne, voyant que M. de Mayenne ne resistoit point à l'opinion du sieur de Villeroy, qui leur avoit dit qu'il ne trouvoit pas bonne ceste protection, sur quelques raisons qu'il leur allegua, firent semblant de ne prendre point tant à cœur ceste proposition de faire leur Roy protecteur de la France, et n'insisterent pas d'avantage; mais, quoy qu'ils fissent fort les froids en paroles, Mendozze ne se put tenir qu'il ne dist au duc de Mayenne: Monsieur, Dieu vous vueille bien conseiller, je sçay que mon maistre a bonne volonté pour le service de la cause de Dieu et de sa religion; pensez à ce qu'il peut, et à ce que vous estes. » Peu après le commandeur Morée dit: « Il faudra donc que le Roi nostre maistre face une guerre auxiliaire, puisque les François ne veulent point de sa protection. »

Le duc de Mayenne pensa lors à l'importance de ceste protection, mais il en voulut avoir l'opinion du president Brisson et des principaux de la Cour. Il trouva leur advis conforme à celuy du sieur de Villeroy, et luy conseillerent de ne pas endurer qu'il y eust au party de l'union aucun autre chef que luy, et qu'il falloit qu'il eust seul toute l'authorité. Les principaux de la noblesse, ausquels il en parla, se conformerent aussi à cet advis, et tous luy promirent de courir sa fortune.

Les ministres d'Espagne, la faction des Seize et leurs predicateurs, avec quelques jesuistes,

[illegible] protection du roy d'Es-
[illegible] pour se faire de deux
, vint dire à M. de Mayenne qu'il se
[illegible] du sieur de Villeroy et de
l'autre, qu'il falloit que le con-
[illegible] l'union, qui avoit donné audit
[illegible] de lieutenant general, donnast
[illegible] la qualité de protecteur.
[illegible] provincial des jesuistes, porta la
[illegible] de Mayenne, et luy dit beaucoup
[illegible] M. de Villeroy. Le duc luy res-
on pere, je ne crois pas cela, je me
[illegible] jesuiste, estonné de ceste respon-
assez mescontent.
our faire esvanouir les desseins des
[illegible]spagne et des Seize, faict en mesme
[illegible] qui lui reüssirent : l'une, af-
[illegible] parlast plus de ceste protection
[illegible] dit que le Pape ne trouveroit bon
Sa Saincteté fust declaré protecteur
[illegible] catholique en France : il le pro-
[illegible] Caëtan et à plusieurs ecclesiasti-
[illegible]uverent ceste excuse pertinente, et
[illegible] plus parlé. L'autre fut de s'at-
[illegible] l'authorité à luy et casser le con-
[illegible] l'union, qui estoit composé la
[illegible] de la faction des Seize et de
[illegible], et disoit que, puisqu'il y
[illegible] duquel il estoit lieutenant,
devoit estre auprès de luy et le suy-
[illegible]es et par tout, pour ce que ledit
[illegible]nion ne faisoit que representer une
[illegible]ne de republique qui n'estoit cous-
[illegible]bien seante en ce royaume ayant un
[illegible]anqua point de raisons pour faire
[illegible]on intention, qu'il mit aussi-tost à
[illegible]eust resolué ; et, cassant ledict con-
de l'union, il en crea un autre au-
[illegible]pour le suivre par tout. Il changea
[illegible]seaux dudit conseil general, et bailla
M. l'archevesque de Lyon. Il crea
[illegible]taires d'Estat, sçavoir les sieurs de
[illegible]ard, Reyssieux et Desportes Bau-
[illegible]els despeschoient toutes lettres pa-
[illegible]es et provisions d'offices qu'il leur
, sous le tiltre neantmoins d'un pre-
[illegible]harles, qui estoit M. le cardinal de
[illegible]au dessous l'un desdits quatre secre-
[illegible]it : Par le Roy, estant monseigneur
[illegible]ayenne lieutenant general de l'Estat
de France. Ainsi le duc de Mayenne
l'authorité royale sous le nom de
[illegible]al de Bourbon que l'union avoit pro-
au nom duquel il fit convoquer l'as-
estats en la ville de Melun, au len-
[illegible]a Chandeleur 1590.

Voylà le commencement des partialitez qui entrerent au party de l'union. Aussi l'autheur du livre de la suitte du Manant et du Mabeustre dit qu'à un conseil que le roy Henry IV tint pour adviser aux moyens de son establissement et pour ruiner la ligue, M. de La Noue, grand et prudent chevalier, prit la parole avec un maintien grave meslé d'une façon douce et aggreable, comme naturellement il estoit, lequel, après avoir remonstré que les principales parties ausquelles le Roy avoit affaire estoit un peuple qui s'estoit eslevé contre son roy sur le pretexte de leur religion, et que les princes de Lorraine avoient bien fomenté et aydé le peuple en ces esmotions, mais qu'ils n'en estoient point les vrays appuys, « car, dit-il, si, après la mort de messieurs de Guise à Blois, le peuple en un instant n'eust prins les armes et formé leur revolte sur l'apprehension qu'ils avoient de la perte de leur religion, sans doubte ceux de la maison de Lorraine qui restoient en liberté, estans separez comme ils estoient, desnuez de conseil et de moyens, espouvantez de la mort de leurs chefs, n'eussent sceu empescher la domination du feu Roy, et fussent demeurez sans support ny moyens; mais nous avons veu qu'après la mort de messieurs de Guise, le peuple, s'imaginant que tels effects se faisoient à la ruine de sa religion, sans commandement ny conduitte de princes, ils ont prins les armes, se sont revoltez et declarez contre leur roy et les gouverneurs et magistrats qui le soustenoient, ce qui occasionna les princes de Lorraine de reprendre leurs esprits, s'aydans de la faveur du peuple comme d'une matiere formée propre à leur secours et salut. C'est donc le peuple qui est la principale occasion de tous ces remuëments, fondez sur le pretexte de leur religion, duquel les princes de Lorraine se sont servis par intention indirecte, abusans du peuple et de son subject. Or comme l'esmotion d'un peuple est furieuse et subite, ainsi est-elle de peu de durée, d'autant qu'il ne faict que devorer en ses actions, et ne les digere aucunement : occasion pour laquelle je me mocquois au commencement de ces souslevements populaires ; mais, quand j'ay veu que ce peuple se gouvernoit par un ordre qui tendoit à un establissement royal pour le support de sa cause, et qu'il l'appuyoit de forces et aydes estrangeres, j'ay commencé d'apprehender l'issuë de ce remuëment, comme fondé en toutes parties requises pour une stabilité. La cause de la prise de ses armes est la religion ; son ordre, le conseil general de l'union ; son support, le Pape et le roy d'Espagne ; ses chefs, les princes de Lorraine ; et sa fin et son but, l'assemblée des estats pour l'eslection d'un roy; de sorte que ce peuple a observé humainement pour sa conduite et asseurance tout ce qui se pouvoit observer par une forme d'authorité souveraine, ressentant sa democratie meslée de l'aristocratie, qui est une si subtile invention, que je ne trouve point de moyen parmy nous de le vaincre, et serons contraints de le prendre entr'eux mesmes pour rompre leur ordre, et tirer de leur sein leur perte et ruine; car nonobstant tout leur ordre de conseil et institution de chef et supports, il y a un point auquel ils ne s'accorderont jamais, qui est que les membres et les chefs sont differents de volonté, de project et de la fin, car le peuple regarde seulement sa religion et son repos, et les princes de Lorraine et toute leur suitte regardent l'Estat et leurs commoditez particulieres. Et comme leurs intentions sont differentes, ainsi produiront elles divers effects, et de là naistra leur division et confusion, à quoy il faut que nous aydions des moyens pour y parvenir; car, de penser combattre ce party en l'estat et ordre qu'il est, nous y perdrions temps et moyens, mais peu à peu, usant des ouvertures que je feray, vous verrez que ce grand party se dissipera en soy-mesmes, et nous donnera beau jeu sans beaucoup travailler; mais il faut de la patience et de la finesse. Donc, ceste maxime estant veritable, qu'il les faut ruiner par leur division et desordre, il faut adviser des moyens pour y parvenir. Ce peuple, Sire, a quatre sortes d'appuys et fondements qu'il s'est estably pour luy commander et gouverner, à sçavoir: le premier, l'adveu du Pape, qui leur a envoyé son legat pour cest effect; le second, l'appuy et assistance du roy d'Espagne; le troisiesme, le conseil general de leur union, et le quatriesme, les princes de Lorraine, qu'ils ont establys chefs de leur party. Quant au Pape, il ne fleschira de nostre costé que par la force, attendu qu'il a en soupçon vostre religion. Quant au roy d'Espagne, c'est nostre ennemy commun et juré. Quant au conseil general, il ne faut esperer de le pouvoir gaigner, ny juger qu'il soit instrument propre pour engendrer ny soustenir une division; il y a trop de Seizes et gens populaires dans ce conseil. Mais les princes de Lorraine me semblent propres et disposez à l'effect de ceste division et desordre: c'est pourquoy il s'y faut addresser, car, comme la disposition des princes est en la grandeur, et leur affection en leur advancement particulier, il faut, pour ruiner le party general, qui a un autre but et intention, nourrir, entretenir et fomenter ceste disposition et affection des princes. Or donc, Sire, tout nostre but doit tendre à ruiner le peuple et son establissement par la voye des princes, qui ont tousjours un dessein et affection contraire au peuple, qui sans doute les divisera, et ruinera leur party. Et le peuple ruiné et divisé, qui est la baze et fondement de la ligue, sans doute leurs colosses, qui sont leurs princes, tomberont et seront ruinez avec le peuple. Pour exeter ceste ruine il est besoing, Sire, sous vostre obeyssance, observer trois maximes. La premiere est de conduire M. de Mayenne au chemin de se faire grand, avec esperance de pouvoir obtenir la souveraine authorité et luy entretenir, comme il est disposé. La seconde est de conduire les autres princes de sa maison au sentier de jalousie contre luy et les Espagnols. Et la troisiesme est de reduire le peuple aux cavernes de la desfiance et mespris contre les princes, et susciter une division entr'eux, et, sur toutes choses, s'arrester à la grandeur du duc de Mayenne, laquelle persuasion, aisée à faire, le conduira à son particulier, oubliant l'amitié de ses parents et engendrant un mespris contre le Pape et une haine contre le roy d'Espagne et le peuple, et par ceste disposition changer d'ordre et de moyens, et installer la confusion et le desordre pour les acheminer à une totale perte et ruine. Et pour parvenir à l'execution de ces trois maximes, Sire, je suis d'advis que l'on use de six moyens. Le premier est de dissiper le conseil general de leur union qui nous travaille fort, et, au lieu d'iceluy, persuader au duc de Mayenne de former un conseil d'Estat près de sa personne pour sa grandeur, affin de rompre l'ordre et la creance de la ligue par la dissipation de ce conseil general, qui entretient la creance de toutes leurs provinces, laquelle s'esvanouyra. Le second est de ruiner la compagnie et conseil des Seize, et les desauthoriser et abaisser le plus qu'il sera possible, et en leur lieu attribuër toute authorité à la cour de parlement et aux grandes et plus riches familles qu'ils appellent politicques, pour, par ce moyen, vous acquerir de bons serviteurs qui vous feront de bons services, et destruire et ruiner vos plus grands ennemis. Le troisiesme est de faire perdre la creance aux predicateurs et docteurs de Sorbonne par libelles que l'on escriroit contre eux, et praticque de discorde entr'eux pour y faire naistre comme un schisme, les rendant contemptibles envers le peuple, et partialisez entre eux mesmes. Le quatriesme est d'induire M. de Mayenne que, pour sa grandeur, il faut qu'il amuse le Pape par belles parolles et simulations affin de le favoriser à l'Estat, en intention de destourner le Pape de bien faire à la ligue, quand il verra que le duc de Mayenne prend le pretexte de la religion pour s'emparer de l'Estat. Le cinquiesme est de faire

telle espouvante, que plus de deux cents se noyerent se pensans sauver par le pont et par des moulins qui sont sur la riviere du Loir. Ainsi le marquis, poursuivant sa pointe, reprit la ville de La Flesche, dont il chassa Lansac, qui y laissa pour gages trois cents des siens morts, et eust esté entierement desfaict, si ledit sieur marquis eust eu lors avec luy plus grand nombre de cavalerie; car ledict sieur de Malerbe, estant sorty dedans Galerandes avec quelques gentils-hommes du pays pour le suivre, taillerent en pieces trois compagnies de gens de pied dans le village de Mezeray, quoy qu'ils se fussent retirez au presbytere, tant leur espouvante fut grande.

Lansac fit sa retraicte au Mans. Le sieur de Bois-Dauphin, commandant au pays du Maine pour l'union, estant revenu de Paris, alla assieger la petite ville de Saincte Suzanne, où commandoit le sieur de Bourg-Neuf; mais, voyant qu'il n'y faisoit que perdre son temps et ses gens, il se retira au Mans, où ledit sieur de Lansac, par ses praticques, avoient envie de se rendre maistre et d'en chasser ledit sieur de Bois-Dauphin, lequel, ayant descouvert ceste entreprise, se saisit dudit sieur de Lansac, et l'envoya prisonnier au chasteau de la ville du Chasteau-du-Loir, entre les mains du sieur de Riablé qui y commandoit pour l'union; mais il n'y fut pas long temps qu'il gaigna des soldats avec lesquels il se rendit maistre de la place, et mit prisonnier Riablé. Du depuis les regiments de Bourg Le Roy et de Sacetillon se vindrent joindre à luy, et commencerent du costé de la Touraine à faire une infinité d'hostilitez contre les royaux : entr'autres, Sacetillon, pour sa retraicte, se logea à Lucé. La temerité qu'il fit d'y retenir au chasteau mesdemoiselles de Montaffié, filles de madame la princesse de Conty, affin de n'y estre attaqué, et par ce moyen s'y tenir en seureté, luy cousta depuis la vie. Cela doit servir d'exemple pour monstrer combien il est dangereux de s'attaquer aux grands, ausquels nous devons honneur et service.

En ce mesme temps le sieur de Marroles surprint la ville et le chasteau de Montrichard, ville assez deffensable, qui a un chasteau assez fort sur la riviere du Cher, ce qui donna derechef bien de l'incommodité à Tours, pource que ceste prise empeschoit les vivres qui y venoient le long de ceste riviere du Cher. Ainsi, sur l'ennuy que faisoient à Tours, tant ceux de Montrichart que ceux du chasteau du Loir, Messieurs du conseil, à la poursuitte des sieurs de Souvray et de Montigny, resolurent que l'on feroit une forme d'armée dont M. de La Trimoüille auroit la conduitte.

Ledit sieur de La Trimoüille arrivé à Tours avec quelques troupes d'infanterie conduites par le baron de Marconet, suivant l'advis desdits sieurs du conseil, et sur la priere que madame la princesse de Conty en fit, ledit baron de Marconet et le sieur de Malerbe furent envoyez avec un canon pour faire sortir de Lucé Sacetillon et son regiment, qui estoit de plus de mille hommes de pied. Arrivez à Artuis, et y pensant trouver autres troupes qui avoient promis de s'y rendre, se voyans trop foibles pour s'acheminer à Lucé, ils s'allerent emparer du fort et de la petite ville de La Chartre sur Loir, et en firent sortir le sieur de Courtroux. Malerbe ayant laissé sa compagnie en ce fort, qui n'estoit pas mauvais pour y tenir garnison, affin d'empescher les courses de Lansac, ils retournerent à Tours, et les troupes s'acheminerent vers Montrichard, où se rendirent incontinent messieurs de La Trimoüille, de Souvray et de Montigny, qui fut lors que le Roy arriva à Tours, le 21 novembre, ainsi que nous avons dit. Que d'hostilitez s'exercerent en toutes ces provinces durant quatre mois et demy!

Si tost que Sa Majesté fut arrivé à Tours, Montrichard, que l'union avoit resolu de deffendre, se rendit, et le sieur de La Roche des Aubiers fut mis dedans. Montoire, Laverdin et Chasteau-du-Loir, et tous les forts que l'union tenoit le long de ceste riviere, se rendirent aussi en quatre jours, et Lansac s'en alla retirer dans Touvoys.

Les illustrissimes cardinaux de Vendosme et de Lenoncourt, et autres seigneurs du conseil, le jour mesmes que le Roy arriva, luy allerent donner le bonsoir. Messieurs du parlement allerent le lendemain en corps le saluër, et recognoistre Sa Majesté par la bouche de M. le premier president de Harlay, lequel, estant sorty peu auparavant de la Bastille de Paris après avoir payé rançon, s'estoit venu rendre à Tours. La chambre des comptes, la cour des aydes, et les secretaire de la maison et couronne de France, le bureau des finances, et le siege presidial, en firent de mesmes, comme aussi les ecclesiastiques et les maires et eschevins de la ville, tous avec demonstrations de resjouyssance et d'espoir de beaucoup d'heur sous le regne de Sa Majesté. Enquoy ils furent plus confermez par les responces que chacun de ces corps receurent particulierement de luy.

Ce mesme jour l'ambassadeur de Venise fut admis à l'audienee, où il presenta premierement des lettres de la Seigneurie au Roy, et puis fit, de leur part, l'office de conjouyssance envers Sa Majesté pour son heureux advenement à la cou-

Croix Cantereau. M. le comte de Brissac y fut aussi envoyé incontinent après avec deux cents cinquante chevaux, avec les regiments du chevalier Picard et du sieur de Vaudargent, pour tascher au moins de garentir les villes de La Ferté et du Mans, et, arrivé à La Ferté, il tint conseil pour voir s'il luy seroit possible d'entrer dans Le Mans avec ses troupes, ou bien d'y en faire couler une partie; mais il trouva qu'il ne le pouvoit faire sans peril evident. Ceux de l'union, estans ainsi assemblez à La Ferté, desiroient faire quelque exploict. Le sieur de Comnene, qui envoyoit tous les jours à la guerre pour sçavoir ce que l'on faisoit en l'armée du Roy, mit en avant d'enlever le logis des reistres du sieur Thische Schomberg, lesquels estoient logez à Conaré, et qui avoient entrepris de faire la teste de l'armée du costé de Paris, quoy que le Roy en eust esté de contraire opinion. Sur ceste proposition le comte de Brissac fit durant deux jours recognoistre, comme l'on dit, au doigt et à l'œil le moyen d'executer ce dessein. De Comnene, qui en avoit eu de bons advis, perdoit pacience que l'on n'executast sa proposition; mais, après que le comte de Brissac eut recogneu la facilité de ce dessein, le mesme jour que le Roy commença à battre Le Mans, toutes les troupes de l'union assemblées partirent de La Ferté entre minuit et une heure, et, conduites par autre voye que par le grand chemin, ils se rencontrerent, par diverses routes, une demye-heure après que le soleil fut levé, à une mousquetade près de Conaré. Les reistres avoient battu toute la nuict le grand chemin de La Ferté à Conaré, et n'ayants rien descouvert s'estoient retirez : les uns desjeunoient, aucuns après avoir faict la garde la nuict dormoient; si qu'estans en un tel silence, le comte fit approcher l'infanterie, et la fit advancer au mesme temps qu'il entendit que la batterie commençoit contre Le Mans, où, trouvans le pont de Conaré levé, ils prindrent sur la gauche, et, coulans le long de la muraille pour gaigner le costé opposite de Conaré, qui n'estoit point clos, trouverent une petite porte ouverte qui n'estoit point gardée, par laquelle ils se coulerent sans faire bruit, tellement que les reystres, les voyants, pensoient que ce fussent des François du party royal, jusques à ce qu'ils virent mettre la main aux espées, et tirer contre eux des harquebuzades, avec un grand bruit de tambours et trompettes que l'union fit sonner en mesme temps; dequoy les reistres estonnez, les uns coururent aux armes, les autres aux chevaux et sortirent du bourg, autres s'enfermerent aux maisons. Pendant ceste confusion, qui advient d'ordinaire aux gens de cheval qui sont surpris, l'infanterie de l'union pilla les chariots des reistres, emmena trois cents chevaux et plus, print trois drapeaux de leur cornette. Et voyant le comte de Brissac que les reistres s'assembloient tous dans un champ autour de leur cornette blanche, d'où ils pouvoient rentrer dans Conaré, et y charger l'infanterie qui y estoit affectionnée au pillage, fit sonner la retraicte. Les reistres, faschez d'avoir perdu leurs chevaux en ceste surprise, mais fort peu d'hommes, renforcez de quelque secours, poursuivirent un temps le comte, qui toutesfois sans aucune incommodité avec tout le butin se retira dans La Ferté, où ayant sejourné quelque temps, ne pouvant empescher les heureux progrez du Roy, il laissa dedans La Ferté le regiment de Vaudargent, et luy s'en alla avec le regiment du chevalier Picard pour deffendre Falaize contre le Roy, là où il fut pris prisonnier, comme nous dirons cy-après.

Avant que le Roy partist de la ville du Mans, il resolut aussi de prendre la ville et chasteau d'Alençon, et, pendant que son armée s'y achemineroit sous la conduitte du mareschal de Biron, il advisa de faire un petit voyage jusques à Laval, pour y conforter par sa presence la noblesse et les peuples du pays, qui estoient nouvellement reduits à son obeyssance, et aussi pour y faire venir M. le prince de Dombes, que Sa Majesté desiroit voir. Il arriva à Laval le neufiesme, et y sejourna huict ou dix jours. Pendant son sejour arriva le prince de Dombes avec grande quantité de noblesse de Bretagne, aucuns desquels, s'estans desbandez, allerent prendre en venant Chasteaubriant, et en emmenerent le capitaine prisonnier, et plusieurs autres. Ayant Sa Majesté donné quelques jours audit sieur prince de Dombes, et pourveu aux affaires de ceste province, il le renvoya en sa charge; comme aussi il fit partir le mareschal d'Aumont pour aller recueillir ses forces estrangeres, et Sa Majesté partit de Laval pour venir en la ville de Mayenne, où il fut aussi fort bien receu, et s'asseura du chasteau sans vouloir laisser autre garnison dans la ville. De là il vint à Alençon le vingt-troisiesme, ayant eschappé de très-mauvais chemins. Le mareschal de Biron, qui estoit party du Mans le neufiesme, n'y peut arriver, à l'occasion des mauvais chemins, mesmes à cause de l'artillerie, que le quinziesme, et, l'ayant quelques jours auparavant fait investir par le sieur de Herteray, dès qu'il fut arrivé il print d'arrivée les faux-bourgs, et tellement pressa ceux de la ville, qu'ils furent contraints de capituler et se rendre, s'estant le capitaine La Gau, qui en estoit gouverneur, retiré dans le chasteau avec

comte de Carses desfaire le sieur d'Estampes, « pource, disoient-ils, que M. de La Valette pourra aussi par là venir à couvert et nous surprendre. » Ils resolurent qu'il seroit abatu; mais tandis que le peuple y estoit allé pour l'abattre et s'en accommoder pour leur particulier usage, ainsi qu'on leur avoit permis, les royaux de Tarascon supplierent le sieur du Perraut de venir à leur secours pour se rendre, contre le peuple, maistres de la ville pour le Roy : ce qu'il fit, et passa le Rosne avec trois cens soldats. Par ce moyen Tarascon fut asseuré pour le party royal.

Au mois de novembre ledit sieur de La Valette, ayant pris Thoulon, avoit grand desir d'avoir un fort qui estoit là auprès quasi comme pour la garde du port, basty de l'ordonnance du duc de Savoye, dans lequel estoit pour luy le sieur de Berre avec deux compagnies en garnison. Or le sieur de La Valette s'advisa d'un stratageme pour l'avoir qui luy reussit; car, ayant eu grande familiarité avec le sieur de Berre, il rechercha la continuation; et se voyans fort privément plus qu'il ne se devoit par la practique ordinaire de la guerre, La Valette alla, luy deuxiesme, voir Berre en sa forteresse, et Berre, invité de venir dans Thoulon, y vint, où La Valette tombant sur un discours comment ceste forteresse avoit esté bastie, en loua beaucoup le dessein et l'ouvrage, et se tournant vers le sieur de Montaut son cousin, luy dit : « J'ay regret que vous n'estiez l'autre jour avec moy quand je la fus voir. » Montaut fait semblant d'en avoir du regret pour le desir qu'il avoit de la voir. Berre luy dit qu'il la pouvoit voir le lendemain matin s'il vouloit : il s'y accorda. Le lendemain Montaut, accompagné de vingt gentils-hommes armez sous leurs casaques, avec chacun une harquebuze, comme estans des soldats de sa compagnie, s'achemina jusques à la porte du fort, où il leur dit : « Demeurez, et nous attendez icy; » puis, avec deux gentils-hommes, il entra dans la forteresse, où, si tost qu'il y fut entré, il se laissa choir comme mort. Ceux de la garde, estonnez, se mirent autour de lui et l'emporterent dessus un lict. Alors les deux gentils-hommes se lamenterent comme s'il eust esté mort, d'autant qu'il n'avoit plus de poulx ny aleine, et faisans semblant de chercher des remedes pour le faire revenir à soy avec ceux de dedans, qui s'esforçoient aussi de le secourir en ce feint accident, les vingt gentils-hommes qui estoient demeurez à la porte entrerent dedans, et à un certain signal ledict sieur de Montaut saulta en pied, et avec les siens se jetta sur la garnison du chasteau, de telle furie, que, tous estonnez qu'ils estoient, ils ne purent resister que les royaux ne se rendissent maistres de la porte, à laquelle vint incontinent ledict sieur de La Valette avec tel secours, qu'il se rendit à l'instant maistre de ce fort aux despens de Berre, qui servit d'exemple à ceux qui se confient par trop à leurs amis.

Si la Provence estoit affligée de troubles, l'Auvergne ne l'estoit pas moins. Le sieur de Randan, gouverneur de ceste province, estant des premiers de la ligue, ainsi que nous avons dit, après qu'il eut faict revolter presque toute ceste province contre le Roy, et attiré à sa suitte une partie de la noblesse du pays, il se mit à faire une infinité d'hostilitez autour de Clermont et de Montferrand, et les empescha de faire leur recolte le plus qu'il peut. Il ne manqua aussi après la mort du feu Roy de leur envoyer des lettres pour les induire à se rendre à luy, mais il n'y gaigna rien. Ceux d'Yssoire, qui par crainte s'estoient mis de l'union, voyant Randan empesché à l'entour de Clermont, manderent au baron de Millaut d'Allegre, qui tenoit en ces quartiers là le party royal, de venir se retirer dans leur ville, où il vint, et s'en rendit maistre sans aucune resistance, mettant dedans deux compagnies de gens de pied et quelque cavalerie, sous la charge du sieur de Fredeville : cela faict, ledit Millaut se retira pour d'autres entreprises. Randan, adverty, se resoult de r'avoir ceste ville, sçachant qu'il n'y avoit dedans que deux cents soldats avec les habitans, esperant l'emporter avec des petards : ce qu'il fit; car estant party avec toutes ses troupes d'Alnat, prez de Clermont, où il estoit logé, et ayant mandé au sieur de Sainct Heran et au vicomte de Chasteauclou de le suivre vers Issoire, après qu'il eut cheminé toute la nuict, il arriva un peu après la pointe du jour prez d'Issoire, et, ayant fait mettre pied à terre à toutes ses troupes, il les mena à la portée d'une harquebuzade des murailles. Le capitaine La Croix, qui avoit la charge de faire jouër les petards, marcha le premier, accompagné des sieurs de Chalus et Sainct Marc avec leurs troupes; puis ledit sieur de Randan les suivoit avec cent cinquante gentils-hommes, tous l'armet en teste, le commandeur Majet demeurant à cheval avec sa compagnie pour empescher le secours qui pourroit survenir. Tous font leurs charges. La Croix fit jouër trois petards; mais le long temps qu'il fut à faire jouër le troisiesme donna temps à ceux d'Issoire de rembarrer le derriere de la porte. Nonobstant tout ce qu'ils peurent faire, le dernier petard brisa porte et pont-levis, et fit grande ouverture. Randan avec les siens qui estoient tous couchez sur le ventre, voyans l'ouverture telle qu'ils la

coings de la ville, où ils sont demeurez tant qu'à la requeste du marquis de Varambon, gouverneur de Gueldre pour le roy d'Espagne, ils furent ostez et posez en une biere. Voylà la mort du colonel Schenk, à qui la royne d'Angleterre avoit donné l'ordre de chevalerie, et comme il tomba entre les mains de ses ennemis: aussi disoit-il d'ordinaire qu'il avoit esté conceu dans le ventre de sa mere ennemy de ceux de Numeghe. Les relations espagnoles asseurent qu'il se noya avec luy plus de trois cents hommes de guerre. Cinq jours après qu'il fut mort, les soldats qu'il tenoit en garnison dedans Gravenveerd se voulurent mutiner pour la paye qui leur estoit deuë; et disoient qu'ils trouveroient bien qui les payeroit. Le comte de Mœurs pour les Estats s'y en alla, et leur promit de les contenter: ainsi par son moyen ils s'appaiserent.

Le 24 d'aoust les gens du duc de Parme, par le moyen du fort de Creve-cœur, basty à l'embouchure de la riviere de Dise, entrerent en l'isle de Bommel, où ils assiegerent, battirent et prirent les chasteaux de Heel et Rossem. Mais, le 22 septembre, les comtes de Hohenlo et de Mœurs passerent avec leurs troupes en la Betuve pour aller charger les Espagnols dans l'isle de Bommel, dequoy estans advertis ils repasserent la Meuse, et après avoir bruslé le chasteau de Puydroyen et autres places ils s'en retournerent à Bosleduc.

D'autre costé et en mesme temps le comte Guillaume de Nassau, gouverneur de Frise pour les Estats, prit le fort de Rheyde, qui est presque une isle à l'opposite d'Embde, et batit plusieurs autres forts dont il fit sortir les Espagnols.

Durant que le sieur de Balagny envoyoit ses troupes au secours de ceux de l'union en France, le duc de Parme practiquoit une entreprise sur Cambray, laquelle fut descouverte par madame de Balagny. Les entrepreneurs devoient laisser une porte ouverte, et, cependant que l'on feroit une procession generale le 19 septembre, les Espagnols devoient entrer par ceste porte et se rendre maistres de la ville. Le doyen de l'eglise cathedrale et autres ecclesiastiques et bourgeois, accusez de cela, furent executez à mort aussitost que ledit sieur de Balagny fut de retour à Cambray.

Le quinziesme octobre, pour le party des Estats, le comte d'Everstein, le baron de Potlys et le chevalier Veer, avec mille chevaux, deux mille hommes de pied et quelques pieces d'artillerie, s'acheminerent pour renvitailler Bergk sur le Rhin. Ayant premierement battu et pris un fort appellé La Roynette de Coulogne, ils passerent l'eau près le chasteau de Loo, et, estans jà passez Teckenhof, le marquis de Varembom pour l'Espagnol, avec huict cents chevaux et cinq cents hommes de pied, pensant qu'en leur donnant sur la queuë il desferoit quelques troupes de l'arrieregarde, leur alla faire une belle charge; mais ceux des Estats se retournerent incontinent, et chargerent si rudement. Varambon qu'ils le mirent en route, luy tuérent six cents hommes, gaignerent dix de ses drapeaux et trois cornettes, et emmenerent avec eux dans Bergk plusieurs prisonniers et bien deux cents chevaux. Le comte Charles de Mansfeld, sçachant que Varambon estoit aux mains, y accourut en diligence avec soixante et dix compagnies de cavalerie et d'infanterie; mais ceux des Estats, ayant desfaict Varambon, se hasterent avec leur convoy de gaigner Bergk. A leur retour Mansfeld pensoit encor les attraper; mais en estans advertis ils allerent passer le Rhin auprès de Rees, et retournerent en leurs garnisons sans aucun empeschement.

Comme le comte de Mansfeld s'approchoit pour tenir le siege de plus près devant Bergk, le comte de Mœurs, estant dans Arnhem en Gueldre pour les Estats, s'apprestoit aussi pour secourir ceste place; mais, faisant espreuve de quelques feux artificiels, le feu se print à de la poudre, dont une partie de la chambre où il estoit fut emportée, et luy en fut tellement blessé que peu de jours après il mourut. Voylà ce qui se passa de plus remarquable ez Pays-Bas en ceste année, sur la fin de laquelle il y eut plusieurs courses à cause que Mondragon, gouverneur d'Anvers, deffendit les contributions que les paysans faisoient à ceux des Estats, lesquels, par ces contributions s'exemptoient des courses et rançonnements de leurs soldats. Les paysans, obeyssans à Mondragon, ne voulurent plus payer leurs contributions. Les Estats se resolurent de les leur faire payer par la force, et envoyerent le capitaine Marsille qui estoit en garnison à Bergk sur le Zoom avec cent cinquante chevaux et cent harquebuziers, lesquels furent si souvent en campagne, qu'après avoir pris plusieurs paysans des villages refusans de payer, et avoir bruslé le bourg d'Ulrich, ils rendirent les deffenses de Mondragon sans effect. Pendant ces courses ledit Mersille rencontra aussi un convoy de vivres à chariots venant d'Anvers qu'il desfit, où il print le colonel Maldits prisonnier, et fit un très-grand butin, mettant en route deux cents mousquetaires et quatre cents piquiers qui conduisoient ce convoy, et gaigna une de leurs enseignes qu'il envoya au comte Maurice. Voyons ce qui se passa en Allemagne.

En ceste année les affaires d'Allemagne furent

assez paisibles : l'Empereur n'avoit autre soin que la delivrance de l'archiduc Maximilian son frere, qu'il solicita si bien, qu'à la fin elle fut accordée sous certaines conditions qui seront dictes cy-après.

Sa Majesté Imperiale fut aussi importunée des princes protestans, qui luy envoyerent seize ambassadeurs. Entre-autres articles ils demandoient :

Qu'ils ne fust procedé contre le chapitre de Strasbourg par ban imperial pour avoir pris les fruicts des chanoines catholiques, mais que la cause se terminast par juges civils non suspects.

Qu'on moyennast quelque bon accord entre les catholiques et protestans d'Aix la Chapelle.

Que les catholiques ne missent aucunes nouvelles charges sur les eveschez de Salzbourg et de Visbourg.

Finalement qu'il fust licite à tous les protestans de se joindre à telle religion qu'il leur plairoit, avec une plaine liberté de conscience.

De mesme la noblesse d'Austriche demanda liberté de conscience et l'exercice de la nouvelle religion dans Vienne. A tout cela l'Empereur respondit que la response de tant de demandes se devoit faire par une meure consideration, qu'il y adviseroit affin de les rendre tous contents, et ainsi les renvoya chacun chez soy.

Le cinquiesme de mars de ceste année la paix fut faicte entre Sigismond, roy de Pologne, et Maximilian, archiduc d'Austriche, frere de l'empereur Rodolfe. Par le moyen de ceste paix Maximilian fut mis en liberté. Voyons la source de leur querelle.

Le royaume de Pologne est un royaume eslectif et non pas hereditaire. Les roys des Polonois sont esleus, non comme souverains et ayans une puissance absolué, mais seulement comme chefs du royaume, ne pouvans d'eux-mesmes rien faire, soit pour la guerre, soit pour la paix, sans le consentement du senat : toutesfois l'eslection d'un roy ne se peut faire par le senat seul sans le consentement de la noblesse, et principalement quand il est question de creer un roy de quelque nouvelle lignée. Durant l'eslection les nobles se tiennent en armes jusques à ce qu'il y en ait un esleu et couronné : c'est pourquoy on dit que la noblesse polonoise s'eslit des roys tels qu'elle veut, et que ceux qui y pretendent d'estre esleus doivent practiquer plustost la noblesse que le senat.

L'an 1586, Estienne Battory, prince de Transylvanie, que les Polonois avoient esleu pour leur roy, et qui les avoit regis neuf ans durant, mourut sans enfans. Ce fut un prince beaucoup regretté de tous les chrestiens pour sa valeur et magnanimité ; aussi, durant son regne, il n'a pensé à autre chose qu'à tascher de desraciner les querelles intestines que les grands de Pologne ont ordinairement les uns contre les autres, et de deffendre le royaume contre les pretentions du Moscovite, du Tartare, du Turc, du roy de Suede, et d'autres princes leurs voisins. Il reconquesta durant son regne les duchez de Severie et de Smolensco ; et comme il pensoit recouvrer les autres pays que les Moscovites avoient occupez sur les Polonois, le pere Possevin, jesuiste, l'an 1582, practiqua la paix pour quatre ans entre ces deux puissans peuples. Les Tartares, qui avoient accoustumé de passer le Boristene pour saccager la Russie, et lesquels d'ordinaire venoient faire de grandes destructions et ruynes jusques auprès de Leoble, ayans esté desfaicts en des rencontres par ce roy de Pologne, n'y oserent plus retourner. Le Turc luy envoyant demander des gens pour faire la guerre en Perse, à quoy, disoit-il, les Polonois estoient tenus de luy en fournir, ce roy luy fit response que l'aigle de Pologne estoit rajeunie, qu'elle avoit ramassé ses plumes blanches que l'on luy avoit ostées, et aiguisé ses ongles et son bec, et qu'il conseilloit à ceux qui penseroient de la molester de regarder à se deffendre dans leurs propres pays. Aussi, durant son regne, le Turc ne fit aucune entreprise sur la Pologne. Le roy de Suede pretendoit que les Polonois luy detenoient la Lithuanie et Livonie, et qu'ils luy devoient le mariage de la royne Isabelle sa femme, avec une somme d'argent que la couronne de Suece avoit prestée au royaume de Pologne du vivant de Sigismond Auguste. Toutesfois, durant le regne d'Estienne, ce roy de Suece n'en osa faire nulle demande.

Or les Polonois, se voyans privez d'un tel roy sans enfans, s'assemblerent pour en eslire un autre. Mais les discordes qui sont en ce royaume, tant pour la diversité des religions que pour l'esperance que chacun des grands de Pologne a de pouvoir parvenir à la couronne, fut cause qu'il y eut un long interregne. Plusieurs de ceux qui ont escrit de la Pologne disent que c'est plustost une forme de republique qu'un royaume. A l'eslection de leurs roys il y en a tousjours qui proposent d'en eslire un de leur nation, d'entre les piastes ou nobles : ils en firent encores à ceste fois de mesme. Entre ceux que l'on proposa furent le duc Constantin, palatin de Chionie (1), et son fils Janus, palatin de Volinie : mais il fut trouvé qu'ils tenoient l'opinion et religion des Grecs, et qu'ils estoient lithuaniens, l'eslection desquels ne pourroit estre

(1) Kiovie.

supportée des Polonois; les ducs de Sluze, de la famille des Jagellons, outre qu'ils estoient lithuaniens, on disoit qu'ils estoient jeunes et trop liberaux, et puis qu'ils avoient pour ennemy leur beau-pere Radz-vil, palatin de Vilne, ce qui pourroit apporter des divisions; les ducs d'Olica, on disoit qu'ils n'estoient point experimentez à manier les affaires publiques; les palatins de Posnanie, Cracovie et Sendomerie, quoy qu'ils fussent des plus grandes maisons entre les Polonois, ils jugerent que si on en eslisoit un d'entr'eux, que les autres ne s'y accorderoient pour leur interest particulier, ce qui seroit cause de nouveaux troubles; La Zamoiski, grand chancelier, quoy qu'il fust homme de grande experience militaire, on disoit qu'il n'avoit gueres de religion. Ainsi les Polonois, ne trouvant chez eux qui les pust regir, resolurent de s'eslire pour roy un prince estranger: leur principale raison fut que s'ils en eslisoient un d'entr'eux, qu'ils obeyroient à un roy qui leur seroit par nature esgal.

Entre les principaux princes estrangers presentez pour estre l'un d'eux esleu roy de Pologne, furent le duc de Parme, le vayvode de Transylvanie, le cardinal Battory son cousin, l'archiduc Maximilian, et Sigismond, prince de Suece (1). Pour le duc de Parme, le cardinal Farnese son oncle, protecteur des Polonois à Rome, y employa tout ce qu'il put: mais, estant nay italien et nourry à l'espagnole, il ne plut point aux Polonois; car ils veulent qu'outre la valeur leurs roys soient d'une nature qui convienne à l'humeur polonoise, et qu'ils conversent parmy eux avec une familiarité domestique. Le vayvode de Transylvanie et le cardinal Batory, neveux et heritiers de leur dernier roy Estienne, furent trouvez, sçavoir, le vayvode trop jeune, et le cardinal estre hongrois, nation haye mortellement des Polonois; et pour tous ces deux ils disoient, bien que le Roy leur oncle eust esté vaillant et magnanime, qu'il avoit esté durant son regne plus craint qu'aymé, n'ayant en la distribution des dignitez et honneurs pourveu aucun grand du royaume, et mesmes qu'ils estoient princes sans avoir beaucoup de moyens de leur estoc, et n'en pouvans avoir d'autre que celui qu'ils pourroient avoir du chancelier Zamoski leur cousin, l'authorité duquel avoit esté grande du vivant du feu roy Estienne, mais hay pour sa grandeur par la noblesse, et pour avoir mis ses mains dans le sang de la famille des Sboroski, l'une des principales de Pologne.

Restoit Maximilian d'Austriche et Sigismond de Suece. Pour Maximilian, il avoit beaucoup de partisans pour luy. Ses ennemis alleguoient qu'il estoit Alleman, nation haye naturellement en Pologne, mais sur tout ils disoient qu'estant un prince voisin et si puissant, qu'il ne penseroit qu'à abattre la liberté des Polonois, et de faire leur royaume hereditaire comme ses peres avoient rendus la Hongrie et la Boême, qui estoient auparavant purs eslectifs et non successifs, et que l'on se souvinst que, pour ceste seule occasion, l'empereur Maximilian en fut exclus par la noblesse polonoise, à l'eslection que le senat fit de luy durant l'interregne du roy de France; aussi que ce seroit les mettre sans doute à la guerre avec le Turc. Nonobstant, toute la faction austrienne, qui est grande dans la Pologne, l'esleut roy, et se mirent en armes pour soustenir leur eslection; mais ils se trouverent les plus foibles, ainsi qu'il se verra cy-après.

Quant à Sigismond, prince de Suece, bien qu'il fust jeune, la plus grand part de la noblesse et du senat l'esleut: leur raison fut qu'il estoit l'unique heritier de la famille des Jagellons, qui avoient allié à la Pologne ceste grand'-duché de Lithuanie; aussi qu'il estoit petit fils de leur dernier roy Sigismond Auguste et de la royne Anne, et que par ce moyen toutes les pretentions du duché de Lithuanie seroient assoupies; que son pere le roy de Suede l'avoit desjà faict declarer son seul successeur et unique heritier en tous ses royaumes; bref, les grandes commoditez qui devoient provenir de ceste eslection, ainsi que ceux qui firent les harangues de ce prince de Suede aux Polonois remonstrerent, fut cause qu'ils l'esleurent roy. Voilà deux roys esleus en Pologne en l'an 1587.

Le palatin de Posnanie, le Pazzoviski, capitaine de Sniatin, les Sboroski, le capitaine de Sannestadniski, tenans le party de Maximilian, luy manderent de faire advancer son armée, et qu'ils vinst vistement en Pologne. Les Sboroski s'emparerent de Vislizze, place forte.

D'autre costé, Zamoski, grand chancelier, au nom de la royne Anne, assembla une nouvelle armée, et fortifia Cracovie. Les palatins de Cracovie, de Sandomirie et de Lublin s'armerent aussi, et le prince de Suede fut par eux mandé pour venir recevoir la couronne des Polonois: mais il n'y put arriver si tost que Maximilian, car pour venir de Suece en Pologne il avoit la mer Baltique à traverser.

Maximilian, jugeant que sa reception despendoit de sa diligence, entra, avec une armée composée de seize mil hommes, tant de pied que de cheval, dans la Pologne; il s'empara de la ville de Benzin et d'Ileus, à cinq lieuës de la ville de Cra-

(1) Suède.

covie, devant laquelle il arriva en octobre 1587. Le grand chancelier à ce commencement eut de la peine à retenir le peuple de Cracovie en son devoir, car il n'avoit pas encore assez de gens pour combattre Maximilian, qui s'estoit campé devant Cracovie, et qui avoit envoyé sommer de le recevoir, suivant son eslection.

L'armée de Maximilian estant augmentée de deux mille Polonois et de quelques pieces d'artillerie que luy menerent le palatin de Posnanie et le capitaine de Salatin, voyant que ceux de Cracovie l'avoient refusé pour roy, commença à leur user de menaces de sac et de feu, puis après il fit faire un degast aux environs de ceste ville : mais, voulant s'en approcher de plus prez, et les saluër de son artillerie, ayant pour cest effect remué son camp et fait advancer deux mille tant Alemans que Polonois par le chemin d'Ogrokrik, les gens du chancelier, ne les desirant si prez d'eux, s'advancerent pour les empescher. Il y eut là un combat de trois heures, auquel les gens du chancelier demeurerent victorieux après en avoir tué plus de douze cents sur la place, entre lesquels estoient beaucoup de gens de commandement, et pris plus de deux cents prisonniers. Ce combat fut la cause de la ruine des entreprises de Maximilian, et, quoy qu'il fist semblant de vouloir continuër son siege, ayant faict destourner l'eau de Rudausa pour incommoder ceux de Cracovie, les nouvelles qu'il receut de l'arrivée du prince de Suede en Pologne, lequel s'acheminoit droict à Cracovie, et aussi que le dit grand chancelier avoit receu nouvelles forces de toutes parts de la Pologne, le contraignirent de lever son siege, avec intention d'aller combattre le prince de Suede, son competiteur, auparavant qu'il se fust joint avec les forces du grand chancelier.

Les Polonois du party de Maximilian estoient en son advantgarde conduite par les Sboroski; ils prindrent la charge d'aller recognoistre l'armée du prince de Suece : ce qu'ils firent, et allerent jusqu'à Volborzon, où, ayans aussi rencontré l'advantgarde du Suecien, conduite par Olpaniski, grand mareschal de Pologne, il y eut là une rencontre en ces deux advantgardes, où ceux de Maximilian eurent de l'advantage : mais, estans retournez vers luy, et s'acheminants pour presenter la bataille au prince de Suece, ils eurent advis que grand nombre de Polonois estoient arrivez en son camp, lequel estoit de plus de quarante mil hommes. Maximilian, se voyant reduit à laisser le passage libre au prince de Suece, son competiteur, pour n'avoir forces bastantes à le combattre, se retira avec son armée vers les frontieres de Silesie, et s'empara encor du chasteau de Crepiese, où il se retrancha avec son armée, attendant du secours de l'Empereur son frere, et endommageant le plus qu'il pouvoit le pays de ses ennemis.

Cependant le prince de Suece, accompagné du grand chancelier, de tous les palatins et grands seigneurs de la noblesse polonoise, alla à Cracovie, où l'archevesque de Gnesne le couronna roy de Pologne, et où il fut non seulement recognu des Polonois, mais vingt-quatre ambassadeurs de Lithuanie vindrent aussi avec Papilta, vicechancelier, et deux chastellains, luy jurer obeissance au nom de tous les Lithuaniens.

Le 14 janvier 1588, le grand chancelier Zamoski, avec plus de trente mil hommes, tant de pied que de cheval, partit de Cracovie pour aller faire desloger l'archiduc Maximilian d'Austriche des frontieres de Pologne. L'archiduc ayant eu advis de son acheminement, quoy qu'il fust beaucoup moindre que luy en nombre d'hommes, se mit à la campagne, et, le vingt-deuxiesme de janvier, les deux armées se rencontrerent auprès de Velun, où, après un long combat de quatre heures, la victoire ayant balancé, tantost du costé des Alemans, tantost de celuy des Polonois, elle demeura en fin au grand chancelier de Pologne, qui poursuivit l'archiduc jusques en Silesie où il s'estoit retiré dans Pitschem, après avoir perdu toute son artillerie et tout son bagage, parmy lequel il y avoit un grand nombre de richesses que ses soldats avoient butiné dans la Pologne.

Trois jours après la perte de ceste bataille, Maximilian, poursuivy par les Polonois, s'estant deffendu un jour et une nuict dans Pitschem avec sept cents Alemans et quelques seigneurs polonois de son party, voyant que la plus grand part des siens avoient esté tuez en combattant, n'y ayant plus d'apparence de tenir sans estre forcez, se rendit prisonnier aux Polonois avec le palatin de Posnanie, les ducs de Pruinski et de Volinie, André Scaroselli, et l'evesque de Chiovie qui l'avoit nommé roy de Pologne, et beaucoup de grands seigneurs allemans, hongrois, austriens et polonois.

L'archiduc fut receu et traicté fort magnifiquement par le grand chancelier, lequel l'envoya incontinent avec bonne conduite dans Lublin, et les autres prisonniers en divers endroicts. La joye fut grande par toute la Pologne pour ceste victoire, et le roy Sigismond fut dèslors asseuré en son nouveau royaume.

Les princes de la maison d'Austriche furent faschez de la fortune de l'archiduc Maximilian, et employerent tout ce qu'ils purent pour sa delivrance. Sa Saincteté envoya aussi un legat apostolicque, qui fut le cardinal Hypolite Aldobrandin, pour traicter de la paix entre la maison d'Austriche et les Polonois. Premierement l'on fit une trefve à Varsovie; mais, durant l'an 1588, pour beaucoup de difficultez, ils ne se purent accorder.

Au commencement donc de ceste année, l'Empereur ayant redemandé instamment son frere aux Polonois, les deputez, tant d'une part que d'autre, pour traicter la paix, s'assemblerent à Bithonie en Silesie, où le legat du Pape se rendit avec Rosimbergh, commissaire imperial, et pour les Polonois s'y trouverent le vaivode Raski et le Sbriski. Il se proposa du commencement tant de difficultez, que, pour les accorder, ils furent contraints de continuër la trefve, pendant laquelle, le 5 avril, la paix fut faicte, les principaux articles de laquelle estoient :

« Que l'archiduc Maximilian sortiroit libre sans payer rançon. Qu'il renonceroit à ce titre de roy, et le jureroit ainsi, et puis seroit reconduit en seureté jusques dans les confins de Silesie, où il jureroit de ne faire plus la guerre, pour tirer là quelque vindicte de toutes les choses passées jusques à present.

« Que la forteresse de Benzin seroit restituée aux Polonois, et que, si les Hongrois n'y vouloient consentir, ils payeroient pour une fois cent mil talars à la couronne de Pologne.

« Que le roy Sigismond de Pologne envoieroit premierement ses ambassadeurs vers l'Empereur pour luy faire ses excuses des choses passées, et pour approuver le present accord, et puis Sa Majesté Imperiale luy envoyeroit aussi les siens pour faire le mesme.

« Que le roy de Pologne feroit personnellement toute demonstration d'amitié et de parfaite reconciliation avec l'archiduc Maximilian, et reciproquement ledit sieur archiduc envers la personne du Roy.

« Que toutes les confederations, pactions et amitiez seroient renouvellées entre les royaumes de Pologne, d'Hongrie et de Boëme, et mesme avec la maison d'Austriche, se remettant reciproquement les uns aux autres toutes les injures et offenses advenues jusques à l'accord present. »

Tel fut l'accord, pour lequel executer le roy Sigismond de Pologne envoya le comte d'Ostrorogue, son eschanson, vers l'Empereur, lequel l'ouït volontiers, accepta les excuses, et luy fit grande courtoisie.

Après, le roy Sigismond luy envoya encore d'autres ambassadeurs pour confirmer et jurer leur accord. Ce que l'Empereur fit en ces termes : « Chose inaccoustumée, le Rudolphe (1), par la grace de Dieu esleu empereur des Romains, tousjours Auguste et Cesar, promet sur les sainctes Evangiles, de garder et observer inviolablement tous les articles qui ont esté accordez à Bithonie et Rendzon, par l'intervention du reverendissime cardinal Aldobrandin, legat de nostre sainct pere le Pape, et du Saint-Siege apostolique, entre nos commissaires et ceux des serenissimes princes les archiducs mes oncles et freres, d'une part, et le serenissime prince Sigismond III, roy de Pologne, grand duc de Lithuanie, d'autre part : auxquels articles de paix je satisferay, et garderay perpetuellement la paix et amitié avec ledit serenissime prince, le royaume de Pologne, et avec toutes les provinces qui en dependent. Ainsi Dieu m'ayde et ses sainctes Evangiles. »

L'Empereur envoya aussi ses ambassadeurs à Lublin pour recevoir le serment du roy Sigismond, lequel le fit aussi en presque semblables termes que Sa Majesté Imperiale.

Puis le Roy alla à Crafostein, où estoit l'archiduc Maximilian, lequel alla au devant du Roy en la cour du chasteau, et se firent de grandes caresses l'un à l'autre : toutesfois jamais l'archiduc ne le nomma *Majesté*; mais ils s'honorerent l'un l'autre du terme de *Serenité*. Tout cela se passa dans le moys d'avril.

Le treiziesme d'aoust les Polonois tinrent encor conseil dans Cracovie s'ils devoient mettre en liberté l'archiduc Maximilian, pource que tous les limites de la Pologne estoient en ce temps là en troubles, d'un costé par le Moscovite, et des autres par le Turc et par les Tartares, vers les confins de Polodie et de Russie. En ce conseil il fut resolu que Maximilian jureroit et donneroit caution devant que d'estre mis en liberté, pour eviter que cependant qu'ils seroient empeschez à l'un des bouts de la Pologne contre le Turc, qu'il ne recommençast sous quelque pretexte la guerre contr'eux. Maximilian fut asseuré que la recherche de ceste caution ne venoit point du vouloir du Roy, mais de celuy du chancelier et du conseil de Pologne : toutesfois il fut contraint pour avoir sa liberté de promettre de donner caution; ce qu'il fit. Pour le reconduire et le faire jurer d'entretenir la paix, les Polonois deputerent l'evesque Chelmense, le palatin de Cracovie et plusieurs seigneurs polonois pour l'accompagner. Lesquels estans tous arrivez aux confins de Silesie avec l'archiduc, ils voulurent le remener jusques où ils l'avoient pris prisonnier, avec enseignes desployées; mais

(1) Rodolphe.

qui est une place située dans les roches inaccessibles sur la riviere de Smotriki, laquelle il pourveut de tout ce qui estoit necessaire pour soustenir un siege ; car aussi, en ce mesme temps là, le bascha Hadar faisoit semblant de vouloir chasser le palatin de Valachie pour y en metttre un autre ; mais les Polonois jugerent que ce Turc ne faisoit ce voyage que pour tascher à trouver un moyen d'occuper l'une de ces deux places susdictes.

Les Tartares, ayans esté battus et rebatus en plusieurs rencontres par les Cosaques et Russiens ne laisserent pour cela d'entreprendre sur la ville de Rurapotniki ; mais ils en furent repoulsez, comme ils le furent aussi de Sbarazze et de Baccarou, là où ils furent chargez et desfaicts. Dans Baccarou estoit par cas fortuit arrivé, en passant pays, la sœur du grand chancelier Zamoski, laquelle les Tartares taschoient par tous moyens d'avoir entre leurs mains ; mais il leur fut impossible de l'avoir.

Le grand zare des Tartares, ainsi s'appellent les princes souverains des Tartares casaniers [comme qui diroit le grand escarmoucheur], ayant entendu que ses gens estoient mal traictez des Polonois, se resolut de venir luy-mesme à leur secours avec nouvelles et plus grandes forces, lesquelles, par une astuce militaire, estant proche du camp des Polonois, il divisa en deux, et, s'en venant avec une partie, il laissa l'autre derriere une petite montagne, avec intention d'attrapper les Polonois en les enveloppant. Son dessein pour les envelopper reüssit; mais les Polonois, se voyans enveloppez entre les deux troupes, d'autant qu'ils s'estoient advancez dez qu'ils eurent veu la premiere, sans penser qu'il y en eust encor une autre derriere, se recognurent, et se donnerent la foi les uns aux autres de combattre jusques à la mort. En ceste resolution, après avoir rompu l'avantgarde des Tartares, ils enfonserent la bataille, dans laquelle rencontrant le grand zare, ils le blesserent à mort d'une arquebuzade ; mais se voyant blessé, affin de n'estonner ses gens, il fit sonner la retraite. En ceste bataille son fils, nommé Saphigerei, y fut tué, et plusieurs grands de sa suitte. Mille d'entre eux, se cuydans sauver dans un bois, y furent tous taillez en pieces. Les restes de ceste grande armée de Tartares coururent repasser le Boristene, et s'en allerent joindre à l'armée du Turc que conduisoit le bascha Hadar. Alors les Cosaques, après le guain de ceste bataille, donnerent dans le pays des Tartares, pillans, ravageans et mettant tout à feu et à sang.

Le bascha Hadar ayant sceu la desfaicte des Tartares casaniers, au lieu qu'il menaçoit les Polonois il parla de paix avec eux, et leur escrivit que, s'ils vouloient envoyer vers le Grand Turc son seigneur, qu'il s'asseuroit qu'on les recevroit humainement. Les Turcs en ceste année n'eurent pas la fortune prospere, car, outre les guerres qu'ils avoient avec les Perses, les Tartares circassiens se revolterent de leur alliance, et se raillierent avec les Perses : tellement que le bascha Ferat y receut contr'eux une grande desroute, et fut contraint de se retirer. Aussi certains santons, qui sont comme moynes en la loy de Mahomet, firent une revolte au pays de Surie, pour laquelle appaiser Asann, haga, se trouva bien empesché.

Mais ce qui donna le plus de fascherie au grand turc Amurat, fut que les janissaires esmeurent une grande sedition sur le fait des monnoyes, disant qu'elles estoient alterées d'aloy et de poids. Ils en imputoient la faulte à Ebrayn, beglerbey de la Grece [c'est à dire lieutenant general], lequel estoit aymé d'Amurat avec une extreme privauté, jusques à luy permettre qu'il entrast seul dans le serrail, qu'il allast en carroce avec luy, et autres faveurs excessives : tellement qu'environ cinq mille janissaires demanderent sa teste avec importunité. Amurat, estimant que cela luy touchoit à l'honneur, leur offre de raccommoder les monnoyes et leur augmenter leurs payes, et leur donner recompense du dechet qu'ils avoient eu sur les monnoyes. Sur cest offre les janissaires s'escrierent tous qu'ils estoient là pour la teste d'Ebrayn, lequel avoit pour capitaux ennemis un autre Ebrayn, gendre d'Amurat, et de Sciaus bascha, l'un des cousins d'Amurat, lesquels on jugea depuis avoir suscité lesdits janissaires. Or, combien qu'Ebrayn, alterant les monnoyes, en rapportoit le profit aux coffres de son prince, à cause dequoy il le tenoit pour son grand et cher amy, luy estant utile pour estre luy-mesme grandement avare, joinct que tousjours Amurat debattoit qu'il y alloit de son honneur en ce qu'un sien amy fust abandonné à des janissaires, et qu'estant Amurat prince absolu, il ne pouvoit obeyr aux intentions des janissaires pour quelque occasion que ce fust, toutesfois ils trouverent moyen de luy persuader que le beglierbey Ebrayn deust mourir, et que la loy de Mahomet portoit que, pour la seureté de l'empire, les freres mesmes d'un de leurs grands turcs estoient mis à mort, et quant au pouvoir absolu, qu'il estoit ez mains des janissaires. Ces paroles furent la cause qu'Amurat abandonna son Ebrayn, et le vid, estant au dyvan, par une fenestre, ployant le col sous la main du bourreau. C'est un exemple à ceux qui, pensant complaire à l'appetit des princes, changent les loix finement pour opprimer les peuples.

Six jours après ceste emotion, un matin à deux heures avant jour, par toute la ville de Constantinople se prit un grand embrasement, lequel on n'a jamais sceu sçavoir s'il y avoit esté mis à dessein, ou si c'estoit un cas fortuit. Ce feu commença en la maison d'un juif. Les Janissaires firent devoir de l'esteindre : ce qu'ayant fait, ils demanderent surcroist de leur paye, selon la coustume ancienne : ce qui leur fut desnié, et mesmes l'aga se moqua d'eux, leur disant que ce feu avoit esté mis par leur artifice. Mais ils s'en vengerent incontinent, car ils r'allumerent le feu par tout, qui brusla plus de dix mille boutiques, durant lequel ils se mirent à saccager les biens des juifs, qui estoient très-riches, tant pour le trafic qu'ils font, que pour les daces et imposts dont ils sont fermiers d'ordinaire pour le Grand Turc, et pillerent en une journée plus de cinq millions d'or. La perte generale fut estimée à plus de douze millions. En ce pillage et en ce bruslement les janissaires s'opiniastrerent l'espace d'un mois tout entier, sans que le premier visir Sinan, lequel estoit rentré ez bonnes graces d'Amurat par la faveur des soltanes, y peust donner ordre, ny le bascha de Bosne, qui avoit esté faict beglierbey de Grece après la mort d'Ebrayn, d'autant que les janissaires inventoient de jour à autre certains artifices pour entretenir le feu et continuër leur pillage. Tellement que l'on pensoit lors que l'empire turquesque estoit proche de sa ruine, pour les grandes seditions qui s'esmeurent en ce mesme temps, tant en Barbarie que par les Arabes en Egypte et en Judée : si bien qu'Amurat pensoit que son empire s'alloit renverser, et tous ses baschas et vizirs n'avoient autre plus grand soin que de conserver leurs propres maisons, là où ils demeuroient en armes avec leurs gens, n'attendans que l'heure que les janissaires vinssent mettre le feu à leurs portes. Pour appaiser ces seditieux, il leur falut accorder tout ce qu'ils voulurent, avec augmentation de gages. Amurat fut contraint de mettre prix par edict à toutes sortes d'estoffes, et ce à tel prix que les janissaires les voulurent mettre, qui fut un très-grand prejudice à la ville de Constantinople et à tout le pays, par-ce que les marchans, se voyant reduits à cela, transporterent toutes les meilleures pieces de leurs marchandises, et ne leur demeura que le rebut dans leurs boutiques, encores avec grand peril.

Le tumulte appaisé, Assan, aga, tira de Constantinople la plus-part de tous ces rebelles et seditieux, et les emmena avec luy en Barbarie pour appaiser la sedition des Mores de Tripoly de Barbarie, qui en avoient chassé les Turcs, et avoient envoyé au grand maistre de Malte pour luy demander secours d'armes et de munitions, disant ne vouloir plus estre sujects aux Turcs. Le grand maistre pensa que c'estoit une belle occasion pour delivrer la mer Mediterranée des courses qu'y faisoient les Turcs, et principalement aux pays de riviere [c'est à dire ez frontieres de la marine] sujects au roy d'Espagne. Il despescha pour cet effect le chevalier Boucherie, François, pource qu'il estoit mieux informé que nul autre de toutes ces affaires. Mais Assan, aga, après beaucoup de peine, reduisit Tripoli et les Mores en leur obeyssance accoustumée.

LIVRE DEUXIESME.

[1590] La France, en ceste année, fut le lieu du monde où se passa plus d'importantes actions. Après que le duc de Mayenne, sur la fin de l'an passé, eut receu à composition le chasteau du bois de Vincennes, et osté ceste espine hors du pied des Parisiens, le dessein de l'union fut de rendre libre les rivieres de Seine et d'Oise, affin que les vivres fussent amenez à Paris sans empeschement. Il fut resolu, pour cest effect, d'assieger Pontoise et Meulan occupez par les royaux. Suivant ceste resolution, le duc de Mayenne mena devant Pontoise son armée, laquelle estoit lors composée de deux mil chevaux et douze mil hommes de pied. Le premier jour de l'an il commença à battre ceste ville de telle furie, que, le sixiesme de janvier, le sieur de Buby, qui en estoit gouverneur pour le Roy, fut contraint de rendre la place au duc, et en sortir avec ses soldats la vie sauve seulement.

De Pontoise le duc de Mayenne alla vers Meulan. Durant qu'il faisoit ses approches et se preparoit pour assieger ceste place, le Roy, ayant pris Alançon, ainsi que nous avons dit l'an passé, alla avec son armée assieger Falaise, où le comte de Brissac et le chevalier Picard avec son regiment s'estoient jettez dedans. Falaise est situé au fonds d'un vallon et environné de toutes parts de montagnes; la ville est longue et estroite, n'ayant que trois rues, deux desquelles vont d'un bout à l'autre de la ville où est le chasteau, basty sur un roc commandant à la ville, ayant des fossez fort profonds, et environné de deux estangs, l'un desquels ne tarit jamais à cause des sources qui y sont. L'union publioit par tout que ceste place, forte d'assiette et garnie d'hommes de guerre, estant assiegée par le Roy dans le milieu de l'hyver, arresteroit le cours de ses victoires et ruineroit son armée, à cause de l'extreme froid qu'il faisoit alors. Mais il en advint tout au contraire, car, par ce froid la terre estant gelée, le canon de l'armée royale fut plus aisé à conduire; si bien qu'estant arrivé devant Falaise, la breche faicte, les royaux entrerent dedans par assaut. Le comte de Brissac et le chevalier Picard se rendirent prisonniers de Sa Majesté. Autant que ceux de l'union furent estonnez de ceste prise contre leur opinion, autant les royaux, en la Normandie et en d'autres endroits, se rendirent hardis à toutes entreprises.

Le sieur de Lignery, qui commandoit dans Vernueil pour l'union, rendit ceste ville à M. le comte de Soissons par un traicté que le Roy approuva.

Sa Majesté avec l'armée tira droict à Lisieux, où il y avoit cinq compagnies de gens de pied en garnison et nombre de cavalerie; mais, voyans la diligence que l'on avoit fait faire au canon, sans en vouloir ouyr le bruit, prinrent exemple sur ceux de Falaize, et, sans attendre l'extremité, se rendirent au Roy, vies et bagues sauves.

Le 21 janvier les habitans de Ponteaudemer et le gouverneur qui y estoit dedans pour l'union avec quatre cents soldats se rendirent au Roy, lequel fit incontinent cheminer son armée devant Honfleur, petite ville assez forte, où est un bon port à l'emboucheure de la Seine dans la mer. Le chevalier de Grillon commandoit dedans ceste ville pour l'union, avec nombre de soldats. Ceste place estoit fournie de canons et munitions necessaires pour un siege; mais, sept jours après que le Roy fut arrivé là devant, ayant faict battre ceste place de furie, le chevalier, ne s'estant imaginé d'estre si promptement et rudement mené, parla d'entrer en accord. Le Roy escouta ses demandes, et luy accorda que si dans quatre jours Honfleur n'estoit secouru du duc de Mayenne ou du duc de Nemours, que ledit chevalier remettroit ceste place entre les mains de Sa Majesté, ou de celuy à qui il l'ordonneroit, et que les soldats en sortiroient tous vie et bagues sauves. Le duc de Nemours, qui en ce temps-là pretendoit avoir le gouvernement de la Normandie pour l'union, affin d'avoir la faveur de ceux de ce party, se mit en quelque devoir de s'acheminer pour pouvoir secourir Honfleur; mais le degel surviat si grand, que les mauvais chemins l'empescherent de passer outre. Ainsi le chevalier de Grillon rendit Honfleur entre les mains de M. de Montpensier; car, si tost que sa Majesté en eut accordé la capitulation, il partit pour aller secourir le fort de Meulan avec sept ou huit cents chevaux et mil harquebusiers à cheval, commandant à M. de Montpensier qu'aussi tost qu'il auroit secoru Honfleur, qu'il le suivist avec toute l'armée.

Le siege du fort de Meulan cependant se continuoit, et le duc de Mayenne y employoit tout ce que l'on pouvoit faire par la force et par l'invention, car ce fort est en une isle au milieu de la Seine. Pour empescher qu'il n'y entrast aucun secours dedans, le duc avoit divisé son armée en deux des deux costez de la riviere; mais, sentant approcher le Roy près de luy, il retira toute son armée du costé du Vexin, si soudainement toutesfois, que les assiegez, ayans faict une sortie, gaignerent quelques munitions de guerre et bagages.

Le Roy, estant entré dans le fort de Meulan, y mit quelque infanterie; et, voyant que le duc s'estoit logé en lieu fort avec beaucoup de forces, ne voulut entreprendre de l'en faire sortir que toute son armée ne fust arrivée, au devant de laquelle il s'en retourna jusques à Bretueil.

Le duc, sçachant que le Roy estoit sorty du fort, fit repasser la riviere de Seine à sa cavalerie et à la plus grand part de son armée. Il envoya sa cavalerie pour entreprendre sur le Roy, qui s'en alloit rejoindre son armée à Bretueil, jusques sur le bord de la riviere d'Eure; mais elle s'en revint au siege de Meulan sans faire aucun exploit. Cependant ledit sieur duc fit battre le fort furieusement, et fit faire bresche pour aller à l'assaut. Or il avoit fait venir nombre de grands bateaux que vulgairement sur la Seine on appelle foncets, sur lesquels ayant fait passer les soldats comme sur un pont pour aller à l'assaut, ils furent repoulsez si vifvement, que la plus-part de ces foncets furent enfondrez dans l'eau, et y ont esté, comme pour remarque, encor un long temps depuis. Le Roi ayant joinct son armée s'en revint vers Meulan. Dès que le duc sceut qu'il s'y acheminoit, il fit repasser la riviere de bon heure à tous ses gens et à son artillerie, laissant encor le passage libre au roy pour entrer à sa volonté dans le fort de Meulan. De pouvoir attaquer le duc dans le bourg de Meulan, où il s'estoit fortifié du costé du Vexin, il fut jugé impossible; et, quoy que le Roy fist tirer dedans leur logis quelques coups de canon, cela fut sans grand effect.

Pour faire donc sortir le duc de Mayenne et son armée d'où il estoit logé, le Roy resolut d'aller prendre Poissy, que ledit sieur duc avoit reprins peu auparavant, et là où il avoit laissé deux regiments de gens de pied françois pour garder ceste ville et le pont qui y est sur la Seine. Poissy n'est distant de Meulan que de trois lieuës. Sa Majesté s'y achemina, et fit donner l'escalade si oportunément qu'il emporta la ville sans perte d'aucuns des siens. Ceux de l'union qui eschaperent la mort ou la prison en ceste surprise se retirerent dans un petit fort qui estoit au milieu du pont. Aussi-tost que les ducs de Mayenne et de Nemours furent advertis de ceste prise, ils s'y acheminerent avec leur armée et leur canon, avec lequel ils firent une contrebatterie au bout du pont pour empescher les royaux de prendre le fort; ce qui ne leur servit de rien, car le Roy y fit donner l'assaut si vifvement, que peu se sauverent qu'ils ne fussent taillez en pieces ou noyez : l'un des maistres de camp des deux regiments y fut tué, et le sieur de Ligone, qui y commandoit, fut faict prisonnier. Il y avoit desjà une des arches du pont rompuë; mais le duc de Mayenne, pour empescher les royaux de passer la Seine, en fit encore rompre deux arches.

Cependant que le duc de Mayenne tasche d'empescher aux royaux de passer la Seine à Poissy, les victoires et la prosperité des affaires du Roy, qui se publioient de tous costez, firent enhardir ceux qui l'affectionnoient à des entreprises hazardeuses pour son service : toute la Normandie, excepté Roüen et le Havre de Grace et quelques autres petites places, s'estoit remise en l'obeyssance royale. Le marquis d'Allegre, qui avoit sa principale demeure à Blainville prez de Roüen, et qui tenoit le party royal, practiqua quelques uns dans Roüen qui s'emparerent du chasteau le 21 de fevrier. Le capitaine qui estoit dedans se sauva descendant d'une tour avec une corde dans la ville, de laquelle les habitants furent incontinent en armes, et, s'estans retranchez contre le chasteau, pointerent huict canons avec lesquels ils ne cesserent de battre jusques au lendemain midy, que ceux qui estoient dedans demanderent à parlementer. Par la composition les soldats que le marquis d'Alegre y avoit envoyé sortirent la vie sauve : les habitans qui se trouverent dedans ne furent pris qu'à discretion, aucuns desquels furent executez à mort. Du depuis ce chasteau, qui estoit à la porte de Bouvreul, a esté abatu. Si tost que le duc de Mayenne eut la nouvelle de ceste prise, il s'achemina vers Roüen; mais, dez qu'il en eut entendu la reprise, il s'en alla recevoir les forces que le comte d'Egmont luy amenoit de Flandres, ainsi que nous dirons cy après. Le Roy, de l'autre costé, voulant continuer de chasser l'union de la Normandie, alla assieger Dreux.

Les affaires du Roy, s'advançans ainsi en la Normandie, servirent de subjet au duc de Mayenne et à ceux de l'union de demander secours d'hommes et d'argent au roy d'Espagne. Il a esté dit cy-dessus, sur la fin de l'an passé, que c'estoit un plaisir de voir les menées qui se faisoient dans le party de l'union, les chefs duquel vouloient tirer de l'argent et des commoditez du roy d'Espagne sans luy rien bailler, et luy d'autre costé ne leur vouloit rien bailler que sur bons gages. Mais, nonobstant qu'il ne peust obtenir le tiltre de protecteur en France, l'apprehension extreme qu'eurent Mendoze et ses ministres à Paris à cause de la prosperité des affaires du Roy en Normandie, et du bruit que l'on fit courir que l'on vouloit traicter avec le Roy, fut la cause qu'ils luy manderent qu'il ne devoit laisser d'envoyer des hommes et de l'argent en France, tant pour y authoriser ses affaires dans le party de l'union, les chefs duquel se rendoient foibles, que pour le secourir contre le roy Henry IV, afin de luy empescher de s'agrandir.

Or le duc de Mayenne, pour estre plus foible de cavalerie que le Roy, demanda seulement secours aux ministres d'Espagne à Paris, de quinze cents lances et de cinq cents harquebusiers à cheval, affin de pouvoir tenir la campagne et combattre le Roy si l'occasion s'en presentoit. Sur ceste demande le roy d'Espagne commanda au duc de Parme de luy envoyer ce secours: ce qu'il fit sous la conduite du comte d'Egmont. Et, pource que c'estoient les premieres forces qu'il envoya en son nom et à l'ouvert en France durant ces derniers troubles, il fit publier une declaration en forme de protestation, en laquelle il dit: « Nous prions et requerons tous les princes chrestiens catholiques de vouloir se joindre avec nous pour l'extirpation de l'heresie et delivrance du Très-Chrestien roy de France Charles dixiesme, injustement detenu en captivité par les heretiques, à fin que, moyennant la grace de Dieu, le florissant royaume de France estant repurgé d'heresie, nous tournions nos armes unanimement contre des autres provinces commandées par les heretiques, afin qu'iceux estans exterminez les chrestiens puissent arracher des mains des barbares et infideles la Terre Saincte, que l'ancienne noblesse catholique avoit si valeureusement gagnée. Protestant neantmoins devant Dieu et ses anges, que les preparatifs que nous faisons ne tendent à autre but que pour l'exaltation de nostre mere Saincte Eglise catholique, apostolique et romaine, repos des bons catholiques sous l'obeyssance de leurs princes legitimes, extirpation entiere de toutes sortes d'heresies, paix et concorde des princes chrestiens: pour à quoy parvenir nous sommes prests d'y employer non seulement nos moyens, mais aussi nostre propre vie, que nous tiendrons bien employée en ceste saincte cause, où il s'agit de l'honneur de Dieu, de sa Saincte Eglise et du bien general de toute la chrestienté. »

Le lendemain qu'il eut faict publier ceste protestation, il envoya aussi un commandement à l'archevesque de Tolede pour dresser un estat des beneficiers de toute l'Espagne qui pourroient soudoyer les armées qu'il desiroit envoyer au secours de ceux de l'union. Les royaux françois firent plusieurs discours sur ceste declaration et sur ce mandement, pour monstrer que l'Espagnol doroit la pilule qu'il leur vouloit faire avaler du pretexte de la religion, et disoient:

« Si c'est un sainct zele que le roy d'Espagne a d'extirper l'heresie de toute la chrestienté, il n'a pas faute des subjects heretiques en ses Pays-Bas pour employer ses armes et l'argent des ecclesiastiques d'Espagne. Il est plus obligé de conserver le repos de ses pauvres subjects que celuy des François, ausquels il n'a aucune obligation. C'est un abus de croire que le roy d'Espagne procure la grandeur et la conservation de la couronne de France dont le roy precede tous les autres roys chrestiens. Ne sçait-on pas qu'il ne desire que la division de ceste couronne affin qu'il tienne le premier rang entre les roys chrestiens, et qu'à l'advenir nul ne luy puisse plus empescher d'effectuer toutes les entreprises qu'il voudra faire contre les princes de la chrestienté, lesquels il desire ruiner les uns après les autres, ainsi que l'on rompt des flesches separées de leur trousseau? S'il a tant de zele pour l'augmentation de la foy catholique, pourquoy a-t-il fait trefve pour trois ans avec le Turc, moyennant certaine somme de deniers qu'il luy baille, et à la charge qu'il envoyera un ambassadeur residant à Constantinople? Il faut donc croire, disoient-ils, que ce n'est qu'un pretexte qu'il prend d'extirper l'heresie pour ruyner la monarchie françoise.

» Ce qu'il met en avant, que c'est pour la delivrance du pretendu roy Charles X, entendant parler de M. le cardinal de Bourbon, n'est qu'un pretexte; car qui est celuy qui ne void que le roy d'Espagne se veut servir du nom de ce bon prince et cardinal, aagé de soixante et tant d'années, que le Roy son neveu a trouvé prisonnier à son advenement à la couronne, et qui y a esté mis du vivant et par le commandement du feu Roy, pour venir diviser le royaume de France et s'establir en une grande partie d'iceluy? c'est une charité trop suspecte. Et puis, qui ne sçait que le secours d'un grand est tousjours redoutable à un royaume plein de guerres civiles? Qui sera la caution pour le roy d'Espagne que, venant avec des armées en France, il ne s'emparera des places où il se trouvera le plus fort, et principalement des frontieres? Combien de batailles faudra-il qu'il donne devant que ses armées soient arrivées à Fontenay où M. le cardinal est prisonnier? Et d'avantage, qui est celuy qui ne juge que si l'on void approcher une armée de ce costé là qu'il sera mené incontinent dans La Rochelle, là où estant, combien de temps faudra-il aux armées du roy d'Espagne pour forcer ceste ville?

» Le roy d'Espagne veut que l'on croye qu'il n'a aucun particulier interest ny pretension sur la couronne de France, et qu'il n'est poussé à la secourir par ses armes que pour en chasser l'heresie. Pourquoy donc a-t-il fait consulter et escrire le droict et les pretensions que l'Infante sa fille a, disoit-il, en la duché de Bretagne, et ce dez le vivant du feu Roy? Pourquoy maintenant ne dit-il rien dans ceste declaration touchant ceste pretension, veu qu'il s'est donné par cy devant de la peine assez pour faire accroire au monde qu'elle fust bonne? Le but de son dessein est trop aisé à cognoistre; car, si le royaume de France est divisé en portions, il luy sera bien aisé de s'emparer de la Bretagne et de l'oster des mains de M. de Mercœur, s'il la peut avoir pour sa part, car ceux qui tiendront les autres provinces ne voudront pas s'incommoder pour resister à l'Espagnol, lequel ne s'accommodera seulement de ceste province; mais d'autres encor, selon que l'appetit luy en prendra.

» Le roy d'Espagne offre d'employer sa propre vie pour la conservation de la religion catholique en France. C'est chose que l'on croira quand on le verra; car s'il n'a voulu se transporter ez Pays-Bas, bien que ses affectionnez subjets l'en eussent supplié à jointes mains, et qu'il leur eust promis d'y aller, tant dez que le duc d'Albe par ses cruautez espagnoles fut cause de luy faire revolter et perdre tous sesdits pays et y faire establir l'heresie, qu'aussi après la mort du commandadeur major, s'il n'a voulu, disoient-ils, hazarder sa personne pour la deffense de la religion catholique et recouvrement de ses propres pays de Flandres, comment à present qu'il a soixante et quatre ans viendra-il du fonds de l'Espagne en ce royaume pour le seul respect de favoriser la religion catholique? On cognoist trop la charité et l'amour de ce Roy, et sçait-on bien que, quand il voudroit se mettre en chemin pour venir en France, qu'il ne faudroit pas de commencer ses exploicts par la frontiere, selon que son interest et profit particulier le requerroit.

» Le roy d'Espagne faict lever de l'argent sur le clergé d'Espagne pour chasser l'heresie de France. Il devroit, disoient-ils, plustost continuër à fournir des moyens au duc de Parme pour faire la guerre aux heretiques de Flandres. Mais qui ne sçait que, faute d'argent, ce duc n'a peu continuër ses heureuses entreprises, et chasser l'heresie de la Flandres? Qui ne sçait qu'au commencement de ceste année, faute de payement, les Espagnols qu'il a au Pays-Bas se sont mutinez et ont pris la ville de Courtray, vivans à discretion sur le peuple sans faire aucun exploict memorable contre les heretiques, et mesmes que le duc de Parme a esté contraint de l'escrire à ce Roy son maistre et au legat Caëtan par le sieur Camillo Capizuca, qu'il a envoyé exprez à Paris? » Bref, les royaux françois disoient que tout ce que faisoit le roy d'Espagne n'estoit que pour donner courage aux seditieux de s'opiniastrer en leur rebellion contre le Roy, tout ainsi que l'on anime des dogues sur un furieux sanglier pour le desir et plaisir que l'on a de voir sa ruine.

Puis que nous sommes tombez sur le propos des affaires de Flandres, voyons tout d'une suitte ce qui s'y passa en ce temps-là. Au commencement de ceste année le duc de Parme, estant à Bains, fit insinuer un placart à ceux d'Aix la Chapelle, par lequel il declaroit ceste ville n'estre plus neutrale, quoy qu'elle soit l'une des quatre villes capitales de l'Empire et où l'Empereur doit recevoir sa premiere couronne: la cause estoit pour ce que quelques protestans s'estoient de force emparez du magistrat, et avoient mis hors la ville le magistrat catholique. Pour ceste fois ceste declaration ne fit grand effect, et le magistrat catholique n'y fut restabli qu'en l'an 1598, ainsi que nous avons dit en nostre Histoire de la paix.

Nous avons dit l'an passé que le comte Charles de Mansfeld s'approcha pour tenir Bergk de plus prez assiegé; il le fit avec un tel soin et vigilance, qu'il contraignit les assiegez de se rendre à luy, lesquels toutesfois eurent une composition honorable, car ils sortirent tambour battant, enseigne desployée, mesche allumée et balle en bouche. Ainsi retourna Bergk, qui est du diocese de Cologne, sous le pouvoir de l'Espagnol, qui par ceste reprise eut toute la riviere du Rhin à son commandement, jusques à Arnhem en Gueldres.

Cependant que le prince de Parme tasche d'appaiser les Espagnols mutinez qui s'estoient emparez de Courtray, et que les habitans de Bruges et autres lieux se tenoient sur leurs gardes de peur que d'autres mutinez s'emparassent de leurs villes, le prince Maurice vint à bout du long dessein qu'il avoit de se rendre maistre de la ville de Breda, qui est de son patrimoine, par le moyen d'un batelier qui menoit d'ordinaire des tourbes au chasteau de Breda, dans le

faisoient dans le party de l'union, les chefs duquel vouloient tirer de l'argent et des commoditez du roy d'Espagne sans luy rien bailler, et luy d'autre costé ne leur vouloit rien bailler que sur bons gages. Mais, nonobstant qu'il ne pust obtenir le tiltre de protecteur en France, l'apprehension extreme qu'eurent Mendozze et ses ministres à Paris à cause de la prosperité des affaires du Roy en Normandie, et du bruit que l'on fit courir que l'on vouloit traicter avec le Roy, fut la cause qu'ils luy manderent qu'il ne devoit laisser d'envoyer des hommes et de l'argent en France, tant pour y authoriser ses affaires dans le party de l'union, les chefs duquel se rendoient foibles, que pour le secourir contre le roy Henry IV, affin de luy empescher de s'agrandir.

Or le duc de Mayenne, pour estre plus foible de cavalerie que le Roy, demanda seulement secours aux ministres d'Espagne à Paris, de quinze cents lances et de cinq cents harquebusiers à cheval, affin de pouvoir tenir la campagne et combattre le Roy si l'occasion s'en presentoit. Sur ceste demande le roy d'Espagne commanda au duc de Parme de luy envoyer ce secours: ce qu'il fit sous la conduite du comte d'Egmont. Et, pource que c'estoient les premieres forces qu'il envoya en son nom et à l'ouvert en France durant ces derniers troubles, il fit publier une declaration en forme de protestation, en laquelle il dit: « Nous prions et requerons tous les princes chrestiens catholiques de vouloir se joindre avec nous pour l'extirpation de l'heresie et delivrance du Très-Chrestien roy de France Charles dixiesme, injustement detenu en captivité par les heretiques, à fin que, moyennant la grace de Dieu, le florissant royaume de France estant repurgé d'heresie, nous tournions nos armes unanimement contre des autres provinces commandées par les heretiques, afin qu'iceux estans exterminez les chrestiens puissent arracher des mains des barbares et infideles la Terre Saincte, que l'ancienne noblesse catholique avoit si valeureusement gagnée. Protestant neantmoins devant Dieu et ses anges, que les preparatifs que nous faisons ne tendent à autre but que pour l'exaltation de nostre mere Saincte Eglise catholique, apostolique et romaine, repos des bons catholiques sous l'obeyssance de leurs princes legitimes, extirpation entiere de toutes sortes d'heresies, paix et concorde des princes chrestiens : pour à quoy parvenir nous sommes prests d'y employer non seulement nos moyens, mais aussi nostre propre vie, que nous tiendrons bien employée en ceste saincte cause, où il s'agit de l'honneur de Dieu, de sa Saincte Eglise et du bien general de toute la chrestienté. »

Le lendemain qu'il eut faict publier ceste protestation, il envoya aussi un commandement à l'archevesque de Tolede pour dresser un estat des beneficiers de toute l'Espagne qui pourroient soudoyer les armées qu'il desiroit envoyer au secours de ceux de l'union. Les royaux françois firent plusieurs discours sur ceste declaration et sur ce mandement, pour monstrer que l'Espagnol doroit la pilule qu'il leur vouloit faire avaler du pretexte de la religion, et disoient:

« Si c'est un sainct zele que le roy d'Espagne a d'extirper l'heresie de toute la chrestienté, il n'a pas faute des subjects heretiques en ses Pays-Bas pour employer ses armes et l'argent des ecclesiastiques d'Espagne. Il est plus obligé de conserver le repos de ses pauvres subjects que celuy des François, ausquels il n'a aucune obligation. C'est un abus de croire que le roy d'Espagne procure la grandeur et la conservation de la couronne de France dont le roy precede tous les autres roys chrestiens. Ne sçait-on pas qu'il ne desire que la division de ceste couronne affin qu'il tienne le premier rang entre les roys chrestiens, et qu'à l'advenir nul ne luy puisse plus empescher d'effectuer toutes les entreprises qu'il voudra faire contre les princes de la chrestienté, lesquels il desire ruiner les uns après les autres, ainsi que l'on rompt des flesches separées de leur trousseau? S'il a tant de zele pour l'augmentation de la foy catholique, pourquoy a-t-il fait trefve pour trois ans avec le Turc, moyennant certaine somme de deniers qu'il luy baille, et à la charge qu'il envoyera un ambassadeur residant à Constantinople? Il faut donc croire, disoient-ils, que ce n'est qu'un pretexte qu'il prend d'extirper l'heresie pour ruyner la monarchie françoise.

» Ce qu'il met en avant, que c'est pour la delivrance du pretendu roy Charles X, entendant parler de M. le cardinal de Bourbon, n'est qu'un pretexte; car qui est celuy qui ne void que le roy d'Espagne se veut servir du nom de ce bon prince et cardinal, aagé de soixante et tant d'années, que le Roy son neveu a trouvé prisonnier à son advenement à la couronne, et qui y a esté mis du vivant et par le commandement du feu Roy, pour venir diviser le royaume de France et s'establir en une grande partie d'iceluy? c'est une charité trop suspecte. Et puis, qui ne sçait que le secours d'un grand est tousjours redoutable à un royaume plein de guerres civiles? Qui sera la caution pour le roy d'Espagne que, venant avec des armées en France, il ne s'emparera des places où il se trouvera le plus fort, et principalement des frontieres? Combien de batailles faudra-il qu'il donne devant que ses ar-

Mais qui ne sçait que, faute d'argent, ce duc n'a peu continuër ses heureuses entreprises, et chasser l'heresie de la Flandres? Qui ne sçait qu'au commencement de ceste année, faute de payement, les Espagnols qu'il a au Pays-Bas se sont mutinez et ont pris la ville de Courtray, vivans à discretion sur le peuple sans faire aucun exploict memorable contre les heretiques, et mesmes que le duc de Parme a esté contraint de l'escrire à ce Roy son maistre et au legat Caëtan par le sieur Camillo Capizuca, qu'il a envoyé exprez à Paris? » Bref, les royaux françois disoient que tout ce que faisoit le roy d'Espagne n'estoit que pour donner courage aux seditieux de s'opiniastrer en leur rebellion contre le Roy, tout ainsi que l'on anime des dogues sur un furieux sanglier pour le desir et plaisir que l'on a de voir sa ruine.

Puis que nous sommes tombez sur le propos des affaires de Flandres, voyons tout d'une suitte ce qui s'y passa en ce temps-là. Au commencement de ceste année le duc de Parme, estant à Bains, fit insinuer un placart à ceux d'Aix la Chapelle, par lequel il declaroit ceste ville n'estre plus neutrale, quoy qu'elle soit l'une des quatre villes capitales de l'Empire et où l'Empereur doit recevoir sa premiere couronne : la cause estoit pour ce que quelques protestans s'estoient de force emparez du magistrat, et avoient mis hors la ville le magistrat catholique. Pour ceste fois ceste declaration ne fit grand effect, et le magistrat catholique n'y fut restabli qu'en l'an 1598, ainsi que nous avons dit en nostre Histoire de la paix.

Nous avons dit l'an passé que le comte Charles de Mansfeld s'approcha pour tenir Bergk de plus prez assiegé; il le fit avec un tel soin et vigilance, qu'il contraignit les assiegez de se rendre à luy, lesquels toutesfois eurent une composition honorable, car ils sortirent tambour battant, enseigne desployée, mesche allumée et balle en bouche. Ainsi retourna Bergk, qui est du diocese de Cologne, sous le pouvoir de l'Espagnol, qui par ceste reprise eut toute la riviere du Rhin à son commandement, jusques à Arnhem en Gueldres.

Cependant que le prince de Parme tasche d'appaiser les Espagnols mutinez qui s'estoient emparez de Courtray, et que les habitans de Bruges et autres lieux se tenoient sur leurs gardes de peur que d'autres mutinez s'emparassent de leurs villes, le prince Maurice vint à bout du long dessein qu'il avoit de se rendre maistre de la ville de Breda, qui est de son patrimoine, par le moyen d'un batelier qui menoit d'ordinaire des tourbes au chasteau de Breda, dans le basteau duquel il envoya le sieur de Herauguiere avec quelques soldats pour prendre ce chasteau. La surprise se fit de ceste façon.

Le prince, ayant faict courir le bruit qu'il vouloit assieger Gerthruydemberghe, s'achemina avec plusieurs troupes à Clundert cependant que le sieur de Herauguiere, avec soixante et dix hommes qu'il avoit esleus pour l'accompagner en ceste entreprise, partit de Nort-dan, où il estoit en garnison pour les Estats; mais Herauguiere n'ayant trouvé le batelier ny le bateau au lieu où il avoit promis de se rendre, et l'ayant trouvé après l'avoir long temps cherché, l'execution fut remise à une autre fois. Herauguiere, contraint pour ce jour de se retirer avec ses gens à Sevenberghe, rentra le lendemain dans le bateau chargé de tourbes, sous lesquels luy et les siens se cacherent affin de n'estre aucunement descouverts; mais, après avoir esté trois jours sur l'eau, endurans le froid, la faim et le mauvais temps, ils furent contraints de sortir et de se retirer encor à Noort-dan. Le prince, adverty par Herauguiere que le temps estoit contraire à leur entreprise, luy rescrivit d'avoir patience encor un jour; mais, peu après qu'ils furent arrivez à Noort-dan, le bastelier leur vint dire que le temps estoit changé et propre à executer leur dessein, tellement qu'ils s'en revindrent au bateau, et s'acheminerent vers Breda, où ils arriverent le troisiesme de mars devant La Heronniere qui est prez le chasteau de Breda. Arrestez en ce lieu, un caporal vint dans une nacelle visiter le bateau, et entra dans la cabanne du batelier, puis ouvrit le guichet qui regardoit sur la pompe; joignant laquelle estoit Herauguiere et ses compagnons, lesquels il ne vid point à cause d'une planche qui estoit entredeux. Ce caporal, ayant fait sa visite, s'en retourna, et rapporta qu'il n'y avoit rien dans ce basteau que des tourbes pour la provision du chasteau. Le batelier, attendant le retour de la marée pour entrer au chasteau, fut jusques au lendemain sur les trois heures après midy avant que d'y pouvoir entrer. Durant ceste attente, le bateau s'estant pensé perdre sur un banc de sables, les soldats qui estoient cachez dedans eurent de l'eau jusques à my-jambes, et murmuroient contre Herauguiere, qui les rasseura le mieux qu'il put, car le froid les faisoit tousser, cracher, et n'attendoient en ces extremitez que d'estre descouverts et pendus. L'escluse du chasteau ouverte, les soldats de la garnison ayderent à tirer le basteau jusques au milieu du chasteau, où le sergent major commanda qu'incontinent on eust à le descharger, et qu'on fournist tous les corps de garde de tourbes. Un portefais fut mis après pour le descharger, et travailla en telle diligence, qu'il descouvrit jusques aux planches sous lesquelles estoient cachez les soldats; mais le batelier s'advisa d'une finesse, et luy donna de l'argent pour boire, disant qu'il acheveroit le reste au premier jour.

La nuict venuë, affin d'empescher d'estre descouverts à cause que tousjours quelqu'un des soldats crachoit ou toussoit, le batelier fit le plus de bruit qu'il put à tirer la pompe. Sur le minuict, Herauguiere exhorta ses soldats à bien faire leur devoir, puis les fit descendre à la file le plus coyement qu'il put, et leur fit prendre leurs armes à mesure qu'ils sortoient. Estans tous sortis, il les separa en deux troupes, l'une desquelles il bailla au capitaine Lambert pour aller attaquer le corps de garde du costé du havre de la ville, et luy avec l'autre troupe alla attaquer un autre corps de garde qui estoit à la porte vers la ville. Ils donnerent tous si furieusement qu'ils emporterent chacun de leur costé ces deux corps de garde, et tuërent tout ce qu'ils y trouverent. Paul Anthoine Lancavecha, qui commandoit dedans ce chasteau en l'absence de son pere qui en estoit gouverneur, se retira au donjon, d'où il fit une sortie, et y eut là un furieux combat; mais Lancavecha, blessé, fut contraint de se retirer. A ce bruit l'alarme se donna si chaude dans la ville, qu'aucuns mesmes vindrent mettre le feu dans la porte du chasteau, où Herauguiere courut, et ayant là trouvé encor un corps de garde de seize soldats, il les tailla en pieces, et pourveut à la seureté de ce costé là. Le comte de Hohenlo, lieutenant du prince Maurice, et menant son advantgarde, s'estant approché pres de Breda, et ayant entendu le bruit du combat, s'advança si à propos, que, deux heures après la prise, il entra avec grand nombre de gens dans le chasteau par une palissade contre la riviere auprès de l'escluse; à la venuë duquel Lancavecha se rendit et sortit luy et les siens la vie sauve. Peu après le prince Maurice y arriva aussi avec toutes ses troupes, et, comme il mettoit ordre pour faire une sortie du chasteau dans la ville, un tambour vint de la part des bourgmaistres, qui demanda pour parlementer. Dans une heure l'accord fut faict, et les bourgeois payerent deux mois de gages de toutes les troupes qui estoient là venuës avec le prince. Par cest accord ceux de Breda eviterent le pillage. Herauguiere fut pourveu par le prince du gouvernement de ceste place, et Lambert eut l'estat de sergent major.

Le duc de Parme fut grandement fasché de ceste perte; et, pource que la compagnie de cavalerie du marquis de Guast, et cinq compagnies d'infanterie qui estoient en garnison dans la ville de Breda, avoient incontinent abandonné la ville dès qu'ils virent le chasteau pris, ledit duc fit couper les testes à Cesar Buitra, à Julio Gratiano, et à Tarlatino, lieutenant de la compagnie du marquis du Guast.

Dez le mois d'aoust de l'an passé, le connestable d'Escosse, estant allé en Dannemarc, avoit espousé dans Cronebourg, au nom et pour son maistre Jacques, sixiesme roy d'Escosse, Anne, fille de Federic II, roy de Dannemarc, ainsi qu'il est accoustumé de faire entre roys. Mais comme l'admiral de Dannemarc, et autres grands seigneurs danois, conduisoient ladite Royne espouse au roy d'Escosse son mary sur la fin du mois de septembre, il s'esleva de si grandes tourmentes sur mer, que plusieurs navires furent separés de ceste flotte, et la Royne espouse, après avoir esté six sepmaines sur mer, fut par les vents, avec quelques-uns des navires qui l'accompagnoient, jettée sur les costes de Novergue. Le roy d'Escosse, ayant receu ceste nouvelle, après avoir laissé le comte Bothuel pour gouverner l'Escosse en son absence, se mit en mer au mois de novembre affin d'aller trouver son espouse, laquelle il rencontra à Aggershusiane en Novergue, où, après avoir confirmé le mariage promis en son nom par son connestable, et l'avoir consommé, invité par la royne de Dannemarc sa belle-mere et par les grands du royaume de venir en Dannemarc, il arriva au commencement de ceste année dans Cronebourg, où le duc de Medelbourg, oncle maternel de la Royne son espouse, et le duc de Brunsvic, qui avoit espousé en secondes nopces la sœur aisnée deladite Royne espouse, se trouverent avec plusieurs grands princes et seigneurs allemans, là où, par l'espace de trente jours, les nopces furent celebrées avec des magnificences toutes royales. Sur la fin d'avril, le roy et la royne d'Escosse partirent de Dannemarc pour aller en Escosse, là où ils arriverent heureusement au commencement de may, et, suivant la coustume de ce royaume, la Royne fut couronnée et receue magnifiquement par les Escossois.

Cependant que ces peuples septentrionaux se resjouyssent en nopces et en festins, tous les François, armez les uns contre les autres, s'entretüent en des batailles, en des rencontres et en des sieges de villes. Aussi-tost que le duc de Mayenne eut joinct le comte d'Egmont avec les forces estrangeres, il s'achemina pour faire lever le siege que le Roy tenoit devant Dreux, et fit tourner la teste de son armée vers la riviere de Seine, pour la venir passer sur le pont de la ville de Mante qui tenoit pour luy, et qui n'est distante de celle de Dreux que de huict ou neuf lieuës.

Le Roy, ayant eu un advis certain que le duc de Mayenne et son armée estoient entierement passez et advancez jusques au village de Dampmartin, qui estoit deux lieuës en avant vers luy, partit de devant Dreux le lundy douziesme, et commença dèslors de faire marcher son armée en bataille, et vint ledit jour loger en la ville de Nonancourt, qui s'estoit peu de temps auparavant fait prendre par assaut, affin de prendre le gué d'une petite riviere qui y passe. Si tost qu'il y fut arrivé il fit advertir que le lendemain un chacun se tinst prest.

Le soir et la nuict le Roy s'estant retiré, il dressa et traça luy-mesme le plan et l'ordre de la bataille, lequel, dez le grand matin, il monstra à M. de Montpensier et aux mareschaux de Biron et d'Aumont, au baron de Biron, mareschal de camp, et autres principaux capitaines de l'armée, qui tous le trouverent faict avec tant de jugement et prudence militaire, qu'ils n'y changerent rien. Puis, ayant mis ce plan entre les mains du baron de Biron pour advertir chacun de son rang et place, et choisi le sieur de Vicq, l'un des maistres de camp de l'infanterie françoise, pour sergent de bataille, il dit à tous les princes, officiers de la couronne, et autres grands du royaume qui y estoient presents :

« Je ne doute point de vostre foy et de vostre valeur, ce qui me fait promettre une victoire certaine de la bataille comme si elle estoit desjà advenuë. Je ne doute point aussi que vous ne perseveriez tous en l'ancienne reverence que les François ont tousjours porté à leurs roys, et en la promesse que vous avez faicte de venger la mort du feu Roy nostre très-bon et très-honoré seigneur, et en la bonne affection que vous me portez tous en particulier. Je suis certain aussi que vous combattrez tous jusques au dernier souspir de vos vies pour conserver la monarchie françoise, et delivrer la France de la tyrannie de ceux qui ont appellé les anciens ennemis du nom françois affin de leur donner en proye les villes de ce royaume, qui ont esté conservées du sang de vos peres et de vos ayeuls. Les faicts d'armes que vous avez exploictez, tant en campagne qu'en la deffense des villes, où vous vous estes trouvez en moindre nombre que vos ennemis, et desquels vous en avez remporté la victoire par vostre valeur, me fait esperer que, combien que nos ennemis ayent d'avantage de gens que nous, que vous desirerez aussi d'autant plus de demeurer victorieux, affin d'avoir d'avantage de gloire. Dieu cognoist l'intention de mon cœur, et sçait que je ne desire point combattre pour appetit de sang, desir de vengeance, ou par quelque dessein de gloire ou d'ambition : il est mon juge e tesmoin irreprochable ; aussi protestay-je devant luy que la seule charité que je porte à mon peuple pour le soulager de la violence de la guerre me pousse à ce combat. » Puis, eslevant les yeux au ciel, il dit : « Je supplie ce grand Dieu, qui cognoist seul l'intention du cœur des hommes, de faire sa volonté de moy comme il verra estre necessaire pour le bien de la chrestienté, et de me vouloir conserver autant qu'il cognoistra que je seray propre et utile au bien et repos de cest Estat, et non plus. »

Ceste priere ravit tant tous les assistans, que l'on vid aussi tost les eglises de Nonancourt pleines de princes et seigneurs, noblesse et soldats de toutes nations, ouyr messes, se communier, et faire tous offices de vrays et bons catholiques. Ceux de la religion pretenduë reformée, qui y estoient en petit nombre, veu la quantité des catholiques qu'il y avoit lors en l'armée, firent aussi leurs prieres à leur mode.

Le Roy ayant donné le rendez-vous au village de Sainct André, distant de Nonancourt de quatre lieuës, sur le chemin pour aller à Yvri, où il estimoit que le duc de Mayenne avec son armée fust logé, toute l'armée royale s'y rendit. Au delà de ce village de Sainct André il y a une fort grande plaine bordée à veuë de quelques autres villages et d'un petit bois appellé La Haye des Prez ; là le Roy avec les mareschaux de Biron et d'Aumont et le baron de Biron, mareschal de camp, commencerent à dresser les troupes en bataille suivant le plan qui en avoit esté resolu, qui estoit tel :

Le Roy, qui avoit experimenté en d'autres batailles et combats qu'il estoit plus advantageux de faire combattre la cavalerie en escadron qu'en haye, mesmes la sienne qui ne portoit point de lances, departit toute sa cavalerie en sept regimens rengez en autant d'escadrons, et toute son infanterie aux flancs desdits escadrons, qui avoient chacun une troupe d'enfans perdus.

Le front de l'armée estoit quasi en droicte ligne, toutesfois faisant un peu de corne par les deux bouts. Le premier escadron de la main gauche estoit celuy du mareschal d'Aumont, qui estoit de trois cens bons chevaux, et avoit à ses deux costez deux regiments d'infanterie françoise. Le second estoit celuy de M. de Montpensier, qui estoit du mesme nombre de trois cents chevaux, et avoit au costé gauche quatre ou cinq cents lansquenets, au costé droict un regiment de Suisses ; lesdites forces estrangeres couvertes d'infanterie françoise. Un peu devant lesdits deux escadrons estoit celuy de la cavalerie legere en deux troupes : en l'une estoit le grand prieur, coonel d'icelle, et en l'autre le sieur de Givry, mareschal de camp de ladite cavalerie legere, qui pouvoient faire en tout quatre cents bons chevaux. Un peu tirant plus à la gauche estoit l'artillerie, qui estoit de quatre canons et deux coulevrines. Le quatriesme estoit celuy du baron de Biron, qui pouvoit estre de deux cens cinquante chevaux, et en mesme ligne que celuy desdits chevaux legers, un peu plus à la gaulche, et quasi au devant de celuy de M. de Montpensier. Le cinquiesme escadron estoit celuy du Roy, qui faisoit cinq rangs, en chacun desquels il y avoit de front six vingts chevaux, de sorte qu'il estoit de six cens bons chevaux. Il avoit à sa gauche deux regimens de Suisses du canton de Glaris et des Grisons, et à sa droite un autre gros bataillon de deux autres regimens de Suisses, l'un du canton de Soleure, et l'autre du colonnel Baltazard. Ces deux regimens estoient de dix-huit enseignes ; lesdits bataillons ayans chacun aux ailes, à sçavoir, de la main droite le regiment des gardes du Roy et celuy de Brigneux, et de la gauche ceux de Vignolles et de Sainct Jean. Le sixiesme estoit celuy du mareschal de Biron, qui pouvoit estre de deux cens cinquante bons chevaux, ayant aussi à ses costez deux regimens d'infanterie françoise. Et le septiesme estoit celuy des reistres, qui estoit aussi de deux cens cinquante chevaux, et qui avoit, comme les autres, aux costez de l'infanterie françoise. Tout cela fut si bien disposé par la diligence du Roy, de messieurs les mareschaux de Biron et d'Aumont et du baron de Biron, qu'en moins d'une heure tout fut mis en l'ordre qu'il devoit estre,

Pendant que le Roy fit un peu rassoir son armée en cest ordre, qui put estre sur les deux heures après midy, y arriverent M. le prince de Conty avec sa troupe de cavallerie et quelque infanterie, le sieur de La Guiche, grand maistre de l'artillerie, et le sieur du Plessis Mornay, lesquels se mirent dans l'escadron du Roy. Cependant Sa Majesté envoya ses chevaux legers du costé de la main droicte, estimant que l'ennemy fust logé audit Yvry, qui est un grand bourg où y a un pont sur la riviere d'Eure ou de Dure, et en resolution de l'y aller attaquer ; mais ils n'eurent pas faict un quart de lieuë, qu'ils descouvrirent et advertirent le Roy que le duc de Mayenne avoit esté plus diligent que l'on n'eust sceu penser, et qu'il estoit passé tout au deçà ladicte riviere d'Eure, là où son armée estoit en bataille et en bon ordre, marchant pour venir trouver le Roy et le combattre.

Si-tost que ceste nouvelle fut entenduë que le duc de Mayenne paroissoit, l'on entendit une allegresse universelle en toute l'armée royale, à laquelle Sa Majesté fit au mesme temps tourner la teste du costé où il estoit, et n'eut gueres cheminé que l'on commença à descouvrir son armée à veuë, toutesfois fort esloignée; et entre les uns et les autres y avoit un village duquel ceux de l'union s'estoient saisis, lequel Sa Majesté fit incontinent attaquer, et leur fit quitter.

Pendant que l'armée royale estoit ainsi en cest ordre, arriverent les troupes des garnisons de Diepe, Evreux et du Pont de l'Arche, et autres compagnies de quelques seigneurs et gentilshommes de Normandie, qui pouvoient estre de deux cens bons chevaux et plus, lesquels prindrent aussi tost place dans le regiment de M. de Montpensier.

Les deux armées demeurerent ainsi le reste du jour à la veuë l'une de l'autre, sans qu'il s'y entreprist rien d'avantage que quelques legeres escarmouches. La nuict estoit quasi toute fermée qu'elles estoient encores en bataille. En fin elles furent contraintes de se loger. Le logis de la personne du Roy fut à Fourcanville, qui est un petit village un peu à la gauche de ladicte plaine où l'armée avoit esté premierement mise en bataille. Le reste de l'armée fut logé aux autres villages, que ceux de l'union pensoient avoir ce jour là pour eux.

Comme le Roy avoit esté quasi le premier qui s'estoit le matin trouvé au rendez-vous, aussi fut-il le dernier à se retirer au logis, ayant voulu, avant que partir, voir la forme de loger des ennemis, et ordonner de toutes les gardes de son armée.

Quant Sa Majesté arriva à son logis il estoit plus de deux heures de nuict, où, ayant un peu repeu, il envoya advertir un chacun de se tenir prest à la pointe du jour; mais il le fut bien plustost, car, s'estant jetté sur une paillasse, et ayant reposé deux heures, soudain il commença à envoyer querir des nouvelles de l'armée de l'union. L'on luy rapporta premierement qu'il y avoit apparence qu'elle eust repassé la riviere, parce qu'en leur place de bataille il y avoit des feux, mais qu'il sembloit qu'il n'y eust personne derriere. Il y renvoya pour la seconde fois, et luy fut rapporté que sans doute les ennemis n'avoient point repassé la riviere, et qu'ils estoient logez aux villages qui bordent ceste riviere d'Eure, derriere leur place de bataille, et au reste qu'il n'y avoit point d'apparence qu'ils fussent pour repasser, parce que, s'ils l'eussent voulu faire, il y eussent commencé dès la nuict. Ce rapport conforta le Roy, qui sembloit apprehender de perdre ceste occasion. Et encores que ceste nuict eust esté bien rude pour plusieurs, ayans la plus-part esté contraints de camper, toutesfois la confirmation de ceste nouvelle que ce jour là se donneroit la bataille les remplit tous de telle allegresse, que le jour couvrit, avec les tenebres de la nuit, toute la memoire du mal et de la peine qu'ils y avoient receuë et tout le jour precedent.

Sa Majesté se rendit au champ de bataille sur les neuf heures, et peu après s'y rendirent toutes les troupes, lesquelles, à mesure qu'elles arrivoient, estoient desjà toutes sçavantes de leurs places: de sorte que, sur les dix heures du matin, toute l'armée estoit en l'ordre qu'elle avoit esté le jour precedent.

Celle du duc de Mayenne parut en mesme temps en lieu un peu plus relevé, et aussi un peu plus reculé qu'elle n'estoit le jour precedent. L'ordre et disposition de son armée pour la bataille estoit quasi pareille à celle du Roy, excepté que les poinctes advançoient d'avantage, et avoient un peu plus de la forme de croissant. Ainsi que la cornette du Roy estoit au milieu de ses escadrons, aussi estoit celle dudit sieur duc de Mayenne; mais c'estoit au milieu de deux escadrons de lances de celles qui estoient venuës de Flandres, qui pouvoient estre de douze ou treize cents lances. Ceste cornette du duc de Mayenne pouvoit aussi estre de deux cents cinquante chevaux, et bien autant qui estoient de la troupe du duc de Nemours, qui s'y vint joindre, lesquels faisoient un troisiesme escadron au milieu des deux autres, faisant prez de dix-huict cents chevaux qui marchoient tous ensemble. Au costé dudit escadron estoient deux regiments de Suisses, couverts aussi d'infanterie françoise. Il y avoit après deux autres escadrons de cavalerie composez de reistres, Bourguignons et Flamands; celuy de leur main droite estoit de huict cents chevaux, et celuy de la gauche de sept cents, au devant duquel estoient deux coulevrines et deux bastardes, l'un et l'autre escadron pareillement flanquez d'un grand nombre d'infanterie, tant Suisses, François, qu'Allemans. Ainsi que le Roy avoit exhorté les siens, aussi le duc de Mayenne parla aux princes et seigneurs de son armée, et leur dit :

« Messieurs, nous sommes tous grandement obligez à la providence de Dieu pour ceste heureuse journée, en laquelle il luy a pleu, après tant de peines et de travaux que nous avons soufferts depuis tant d'années, de nous faire naistre l'oportunité d'une bataille contre les ennemis de son Eglise et les nostres, et encores de nous la donner avec l'advantage que nous avons maintenant sur eux, tant en nombre de bons soldats que pour le lieu où nous devons combattre; si bien qu'il se peut cognoistre aysement que la justice de Dieu a conduit nos ennemis en ce lieu pour estre punis de toutes les meschancetez qu'ils ont par cy-devant commises. Quoy que Dieu retarde quelquefois son chastiement, la qualité de la peine n'amoindrit pas, au contraire elle augmente. Il y a trente ans que les heretiques persecutent la France par sacrileges, bruslemens et meurdres; Dieu les a mis à ceste heure en vos mains pour en faire le chastiement. Rendez vous donc dignes de ceste gloire, soldats de Christ armez de l'invincible escu de nostre mere Saincte Eglise, et de l'espée de la justice divine, pour deffendre les fermes fondements du Sainct Siege apostolique, et faites recouvrir au royaume de France le nom de tres-chrestien affin qu'il jouysse d'une heureuse paix. Ne pensez pas que la victoire que vous obtiendrez serve seulement pour la France; car la Flandre, l'Allemagne, l'Italie, et l'Espagne mesmes, se sentiront du benefice de vostre valeur. Les *gueux* de Flandres en perdront leur support; l'on ne craindra plus les menaces des heretiques du Piedmont; la Lombardie ne sera troublée en sa longue paix; il ne se trouvera plus personne qui veuille nourrir les sectes de Luther, de Zuingle et de Calvin; l'on ne travaillera plus le Portugal par les armes; les navigations des Indes seront libres; bref, de la valeur que vous monstrerez en ceste bataille despend le repos de toute la chrestienté, et principalement la fin de nos longues miseres. Voicy devant nous tous les chefs des ennemis de Dieu et de son Eglise; mais que vous les ayez vaincus, il ne restera plus rien à combattre, et ne ferez que poursuivre une heureuse victoire. Vous sçavez qu'ils n'ont jamais voulu venir à une juste bataille contre nous, quoy que nous leur ayons plusieurs fois presentée, et que nous n'eussions pas tant de gens de guerre que nous avons à present. Quel triomphe donc desireriez vous plus grand que de respandre vostre sang pour la deffense de la foy? Car, quant à moy, je jure devant Dieu que je n'ay autre passion que celle là, car je n'ay à present aucun subject de combattre pour avoir vengeance de la miserable mort de mes deux freres, assez recognus pour avoir esté durant leur vie deux fermes colonnes de la foy catholique, à cause que celuy qui les avoit faict mourir a esté tué, ainsi que vous avez sceu. Combattons donc, soldats de Nostre Seigneur Jesus-Christ, pour la deffense de la foy, pour l'honneur et la gloire du nom chrestien, et pour venger les communs oultrages et ruines que ces heretiques ont fait en ce royaume. » Les princes, seigneurs et capitaines, ayans entendu ceste exhortation, monstrerent tous à leurs visages le desir qu'ils avoient de combattre, et asseurerent le duc de faire tous leur devoir.

Les deux armées estans ainsi à la veuë et si proches l'une de l'autre, le Roy commença à faire marcher premierement la sienne, et la fit advancer de plus de cent cinquante pas, gaignant par ce moyen là le dessus du soleil et du vent, qui eust peu rejetter toute la fumée des harquebuzades dans son armée, advantage qui n'est pas petit en un jour de bataille. Comme elle fut approchée, le Roy et ses capitaines recogneurent à veuë que les ennemis estoient bien plus grand nombre qu'ils n'avoient estimé, et qu'ils estoient plus de quatre mille chevaux et de dix à douze mille hommes de pied; toutesfois il sembla que ce fust un surcroist de courage qui leur fust survenu.

L'armée de l'union estoit chargée de clinquant d'or et d'argent sur les casaques; mais celle du Roy n'estoit chargée que de fer, et ne se pouvoit rien voir de plus formidable que deux mille gentils-hommes armez à cru depuis la teste jusques aux pieds. Sa Majesté mesmes, comme dit le poëte du Bartas au cantique et en la description qu'il a faicte de la bataille d'Yvry:

> . . . . . . Bravache, il ne se pare
> D'un clinquant enrichi de mainte perle rare:
> Il s'arme tout à cru, et le fer seulement
> De sa forte valeur est son riche ornement.

Et toutesfois peu après il dit:

> De marques dépouillé, laschement il ne cache
> Sa vie dans la presse: un horrible pannache
> Ombrage sa salade. . . . . . .

Le cheval surquoy il estoit monté portoit aussi un pannache, ce qui le rendit fort remarquable de tous les siens. Et, estant ainsi armé, à la teste de son escadron, dont le premier rang n'estoient que princes, comtes et barons, chevaliers du Sainct Esprit, et des principaux seigneurs et gentils-hommes des principales familles de la France, il recommença à prier Dieu, et fit exhorter un chacun de faire le semblable. Puis il fit une passade à la teste de son armée, animant un chacun avec une grande modestie, et neantmoins pleine d'asseurance et resolution.

Retourné qu'il fut en sa place, arriva le sieur de Marrivault [car dez que le Roy fut adverty que le duc de Mayenne avoit receu les forces estrangeres et qu'il s'acheminoit droict à luy, il avoit mandé de tous costez que l'on le vinst trouver], lequel le vint advertir que les troupes de Picardie qu'amenoient les sieurs de Humieres, de Mouy, et autres seigneurs et gentils-hommes du pays, qui pouvoient estre plus de deux cents chevaux, estoient à deux mille pas du champ de bataille. Pour cela il ne voulut pas differer la bataille d'un poinct, et envoya commandement au sieur de La Guiche, grand maistre de l'artillerie, de faire tirer : ce qu'il fit incontinent et avec grande promptitude, dont ceux de l'union receurent beaucoup de dommage. Il avoit fait tirer neuf canonnades avant que ses ennemis

Après trois ou quatre volées de part et d'autre, l'escadron des anciens chevaux legers de l'union, tant François, Italiens, qu'Albanois, qui pouvoient estre de cinq à six cents chevaux, voulut s'advancer pour venir à la charge contre celuy du mareschal d'Aumont, menans avec eux les lansquenets qui estoient à leurs costez ; mais le mareschal voulut entamer le combat, et le leur fit à eux-mesmes si rude et furieux, qu'il les perça de part en part, et aussi-tost ils ne monstrerent plus que le dos et les croupes de leurs chevaux ; et le mareschal les mena battant jusques dans un petit bois qui estoit derriere, où il fit ferme pour venir retrouver le Roy, comme il en avoit eu le commandement.

Au mesme instant que ceux-là fuyoient, le hot des reistres de leur main droicte, qui vouloit venir vers l'artillerie du Roy, y trouvant les chevaux legers qui s'y estoient advancez, leur fit une charge, qui fut si bien receue, que, sans les enfoncer, ils tournerent tout court se r'allier derriere.

Cependant un autre escadron de lances de Wallons et Flamans, voyant les chevaux legers du Roy un peu separez de ce grand effroy qu'avoit mis parmy eux ceste troupe de reistres, les voulut venir faire une autre charge ; mais le baron de Biron s'advança, et ne l'ayant peu [illegible] par la teste, en print une partie de la [illegible] qu'il perça, et y fut blessé au bras et au visage. Au devant du reste M. de Montpensier s'achemina et leur fit une très-belle charge, en laquelle ayant luy-mesmes esté porté par terre, son cheval tué, mais incontinent remonté sur un autre, il s'y comporta avec telle valeur qu'il demeura maistre de la place.

En ce mesme temps le duc de Mayenne avec ce gros escadron, lequel il n'avoit fait si fort que pour combattre avec advantage celuy de Sa Majesté, et dans lequel s'estoient rengez le duc de Nemours, le chevalier d'Aumale et le comte d'Egmont, s'advança pour venir à la charge, faisant marcher à son aisle gauche le vicomte de Tavannes avec quatre cents harquebuziers à cheval estrangers, appellez carabins, qui estoient armez de plastrons et morions, lesquels firent une salve de vingt-cinq pas près de celuy du Roy. La salve achevée, la teste desdits gros escadrons affronta celle de celuy du Roy, du front duquel on le vid partir la longueur deux fois de son cheval avant aucun autre, et se mesler si furieusement parmy ses ennemis, qu'il fit bien recognoistre que si auparavant il avoit, en commandant et ordonnant, bien fait l'office d'un grand capitaine, au combat il sceut bien faire celuy d'un brave et magnanime gendarme.

Ceste rencontre fut très-furieuse, n'ayant neantmoins jamais esté au pouvoir de ceste espouvantable forest de lances de fauiser l'escadron du Roy, lequel, au contraire, fut si bien suivy, qu'il perça celuy de l'union, et fut un grand quart d'heure parmy eux tous-jours combattant. Cependant ce gros corps, duquel les royaux affoiblissoient le fondement en combattant, commença à chanceler, et en moins de rien on vid le dos de ceux de l'union qui estoient si furieusement venus presenter le visage, et employer leurs testes et bras, encores tous armez, à l'aide et au secours de leurs talons qui ne l'estoient point. Du Bartas, parlant de ceste fuite, dit :

> O prince genereux ! hé pourquoy t'enfuis-tu?
> Quelle terreur panique estonne ta vertu?
> Qui grave un pasle effroy sur ton constant visage?
> Le droict manque à tes mains, et non pas le courage.

Ce commencement de victoire ne pouvoit encores resjouyr l'armée, ne voyant point le Roy. Mais aussitost on le vid paroistre couvert du sang de ses ennemis, sans qu'ils eussent veu une goutte du sien, encores qu'il fust assez remarquable par son pannache blanc qu'il portoit et par celuy de son cheval. Dès qu'il fut sorty de la meslée, en s'en revenant, et n'estant accompagné au plus que de douze ou quinze de sa troupe, il rencontra, entre les deux bataillons des Suisses ennemis, trois estendarts de Vallons et quelques autres qui les accompagnoient, portans tous les croix rouges, qu'il chargea si valeureusement que les cornettes lui demeurerent, et ceux qui les portoient et accompagnoient tuez sur la place. Arrivé qu'il fut quasi d'où il estoit party, il se fit de toute l'armée un cry universel de *vive le Roi*.

Incontinent le mareschal d'Aumont, le grand prieur, le baron de Biron et autres seigneurs, avec plusieurs de leurs qu'ils avoient ralliez, vindrent joindre Sa Majesté, qui alla avec eux vers le mareschal de Biron, lequel estoit demeuré ferme avec sa troupe, laquelle sans frapper avoit autant ou plus fait de mal aux ennemis que nulle autre. A leur rencontre le mareschal dit au Roy :

« Sire, vous avec faict le devoir du mareschal de Biron, et le mareschal de Biron a faict ce que devoit faire le Roy. » Sa Majesté lui respondit : « Il faut louer Dieu, monsieur le mareschal, car la victoire vient de lui seul. »

Alors Sa Majesté, voyant que l'union luy laissoit la place toute couverte de leurs morts, et qu'il ne restoit plus que leurs Suisses, lesquels, bien qu'abandonnez de toute leur cavalerie qui à gauche et à droite avoit prins party, ne laissoient de faire très-bonne contenance, proposa une fois de les envoyer rompre par l'infanterie françoise de main droite qui n'avoit point combattu; mais, se resouvenant de l'ancienne amitié et alliance que ceste nation a de tout temps euë avec la couronne de France, il se contenta, les ayant renvoyez au mareschal de Biron, de leur faire grace, et au lieu de leur envoyer la mort, comme il pouvoit faire, il leur envoya la vie et les receut à grace et misericorde; et ayans mis les armes bas passerent du costé des royaux. Ce qui estoit avec eux de François jouyrent de ceste mesme clemence.

Au mesme instant que le Roy se joignit avec le mareschal de Biron, il y fut rencontré desdictes troupes de Picardie. Mais ainsi que premierement Sa Majesté avoit fait l'office de capitaine et de gendarme, il voulut faire celuy de general de l'armée, qui est de poursuivre la victoire avec son gros, et, ayant jetté devant luy le grand prieur avec une troupe à sa gauche, et le baron de Biron à la droicte, ayant avec luy le reste de sa cavallerie qui s'estoit ralliée, et lesdites troupes de Picardie, il se mit à suivre la victoire, estant accompagné des princes de Conty et duc de Montpensier, du comte de Sainct Paul, du mareschal d'Aumont, du sieur de La Trimoüille, et infinis autres seigneurs, capitaines et gentils-hommes de l'armée, laissant le mareschal de Biron avec le corps d'icelle, qui suivoit après.

La retraicte des chefs et capitaines de l'union se fit de deux costez : le duc de Nemours, Bassompierre, le vicomte de Tavannes, Rosne et quelques autres, prindrent la route de Chartres; et le duc de Mayenne et ceux qui se retirerent avec luy prindrent le chemin d'Yvry pour y passer la riviere. Le temps que le Roy arresta à pardonner aux Suisses donna grand advantage au duc de Mayenne et à ceux qui se retiroient : de sorte que, quand il fut arrivé à Yvry, il trouva que le duc de Mayenne estoit pieçà passé et avoit après luy rompu le pont, qui fut cause de la mort et perte d'une infinité des siens, specialement des reistres, dont une grande partie se noya, estans contrains, pour empescher les ruës afin qu'on ne les peust suivre, de couper les jarrets de leurs chevaux et en faire des remparts dans les ruës.

Estant le pont d'Yvry rompu et le gay très-dangereux, le Roy fut conseillé d'aller passer la riviere au gay d'Anet, qui est beaucoup meilleur, qui fut une grande lieuë et demie de destour : toutefois cela n'empescha pas que l'on ne trouvast les chemins bordez de fuyards qui n'avoient peu estre si diligens que les autres, lesquels demeuroient à discretion. Ceux qui se voulurent eschapper dans les bois tomberent à la mercy des paysans, qui leur estoient bien plus cruels que n'estoient les gens de guerre.

Sa Majesté, estant advertie que le duc de Mayenne estoit entré dans Mante, alla loger à Rosny, une lieuë près de Mante, aussi mal garny de bagage pour ceste nuict qu'estoient ceux de l'union. Voilà ce qui se passa en la bataille d'Yvry, où toute l'infanterie de l'union fut ou taillée en pieces, ou se rendit. De la cavalerie il en fut tué ou noyé plus de mille et plus de quatre cents prisonniers. Entre les morts furent recognus pour principaux le comte d'Egmont, chevalier de l'ordre de la la Toison, colonel des troupes envoyées par le prince de Parme; Guillaume, fils du duc Henry de Brunsvic, mais naturel; le baron d'Hurem, le seigneur de La Chastaigneraye, et plusieurs autres seigneurs; des prisonniers le comte Danstefrist, colonel des reistres, et plusieurs seigneurs estrangers, tant espagnols, flamands, qu'italiens; et des François, les seigneurs de Bois-Dauphin, Sigongne, qui portoit la cornette blanche du duc de Mayenne, Mesdavit, Fontaine-Martel, Loncham, Lodonan, Falendre, Henguessan, les maistres de camp Treuzail, La Casteliere, Disemieux, et beaucoup d'autres. Il y fut aussi gaigné vingt cornettes de cavallerie, entre lesquelles estoient la cornette blanche du duc de Mayenne, le grand estendart rouge du general des Espagnols et Flamands, et la cornette du colonel des reistres, avec soixante enseignes de gens de pied, tant françois, flamans, que lansquenets, et les vingt-quatre enseignes des Suisses qui se rendirent. L'artillerie aussi, qui ne put cheminer si viste que le duc, demeura en la possession du Roy.

De ceux de l'armée royale y ont esté tuez le sieur de Clermont d'Entragues, capitaine des gardes du corps, qui mourut bien près de la personne de son maistre; le sieur Tich Schomberg, lequel, ayant commandé et mené de grosses troupes de sa nation, se contenta pour ceste journée d'estre simple gendarme à la cornette de Sa Majesté; les sieurs de Longaulnay de Normandie, aagé de soixante et douze ans, de Crenay, cornette de M. de Montpensier, Fesquieres, et jusques à une vingtaine d'autres gentils-hommes.

Des blessez, le sieur marquis de Nesle, lequel, bien qu'il fust capitaine de gensd'armes, voulut combattre au premier rang des chevaux legers : il mourut peu de jours après au chasteau d'Esclimont; le comte de Choisi, les sieurs Do, le comte du Lude, les sieurs de Montlouët, Lauvergne et Rosny, et une vingtaine d'autres gentils-hommes, dont la pluspart ne furent que legerement blessez.

Ceste journée du quatorziesme de mars fut grandement heureuse pour les affaires du Roy; car, comme plusieurs ont remarqué, outtre qu'il semblast que la terre eust fait naistre des hommes armez pour son service, comme il se vid la veille et le jour du combat, où il arriva de tous costez plus de six cents gentils-hommes, Dieu encore eut soin aussi des affaires de Sa Majesté en deux autres endroits de son royaume, sçavoir, en Auvergne, où le comte de Rendan, tenant assiegé Issoire, fut tué ce mesme jour, et son armée desfaicte; et au pays du Mayne, où le sieur de Lansac, qui luy avoit juré fidelité, ainsi qu'il a esté dit cy dessus, ayant sceu que le duc de Mayenne avoit passé la Seine pour combattre Sa Majesté, se remit derechef de la ligue, et ayant secrettement assemblé plusieurs gens de guerre, s'esforça de surprendre le Mans en ceste mesme journée, d'où il fut repoulsé et ses troupes peu après desfaictes, ainsi que nous dirons cy dessous; mais que nous ayons veu ce que le Roy fit après son heureuse victoire d'Yvry.

Le duc de Mayenne, comme plusieurs ont escrit, estant arrivé de nuict aux portes de Mante, affin d'entrer dedans la ville, dit aux habitans que le Biarnois estoit mort [ceux de l'union appelloient ainsi le Roy]; toutesfois qu'il y avoit eu quelque desroute des siens, mais petite au regard du grand nombre de morts du costé des heretiques. Les habitans de Mante, à l'exemple de beaucoup de villes de l'union, n'avoient receu garnison ny gouverneur qu'à telle condition qu'ils avoient voulu, et n'aimoient pas trop ceux de ce party pour en avoir receu de l'incommodité lors que le feu Roy alla battre Pontoise, parce qu'ils y avoient faict abbattre quelques eglises et maisons dans les faux-bourgs, et mesmes les murailles de leur cymetiere : pour ces raisons ils se mirent en armes aux premieres nouvelles qu'ils receurent de la bataille, et ne vouloient laisser entrer personne dans leur ville. Après plusieurs paroles ils y laisserent entrer le duc, à la charge que ceux qui le suivoient n'entreroient que dix à dix, et passeroient en mesme temps au faux-bourg de Limay delà le pont.

Le duc, entré ainsi dans Mante, receut quelques restes de son armée, puis il proposa de mettre des gens de guerre dans ceste ville, pour arrester là contre les victorieux cependant qu'il donneroit ordre à ses affaires. Le Roy d'autre costé estoit à Rosny, qui, dez la poincte du jour, envoya le vidame de Chartres avec quarante chevaux pour prendre langue et sçavoir nouvelles du duc. Ledit sieur vidame estant proche de Mante s'arresta, et, n'ayant rencontré personne à cause du grand effroy auquel estoient ceux de Mante, commanda au sieur de Villeneufve, gentil-homme du pays de Quercy, lequel estoit auprès de luy, d'aller le plus près qu'il pourroit de la porte de la ville pour apprendre des nouvelles du duc. Villeneufve aussi tost s'advança, et voyant quelques uns qui se sauvoient par dans des vignes pour entrer dans Mante, alla droict à eux pensant les joindre; mais ils coururent si vistement, qu'ils allerent donner l'alarme à ceux de la porte, où il les suivit jusques à trente pas près. Entre la porte, la barrière et le pont-levis, estoient plus de deux cents hommes en armes, la plus-part harquebusiers, qui avoient la meche sur le serpentin prest à tirer. Villeneufve les ayant contemplez, et voyant qu'ils ne le tiroient point, s'advança droict à eux : approché, il leur dit tout haut qu'il estoit là venu exprès par le commandement du Roy, lequel estoit à Rosny, pour sçavoir d'eux ce qu'ils pretendoient faire : puis leur ayant raconté l'heureuse victoire que Sa Majesté avoit obtenue contre le duc de Mayenne, et les avoir asseuré de la clemence de Sa Majesté pourveu qu'ils le recogneussent, et dit plusieurs choses sur ce subject, lesdits habitans s'approcherent plus prez dudict sieur de Villeneufve, et le supplierent de leur dire s'il venoit vers eux exprez de la part du Roy pour leur parler : il leur dit qu'ouy. Incontinent les capitaines desdits habitans commanderent aux mousquetaires et harquebusiers de lever la mesche de dessus le serpentin; ce qu'ils firent, et, ayans mis leurs harquebuzes et mousquets sur l'espaule, le chapeau à la main, ils luy dirent : « Vous pouvez asseurer le Roy que nous ne desirons autre chose que de le recognoistre, et que nous sommes resolus de vivre et mourir à son service : » ce qu'ils protesterent tous de faire, en levant les mains.

Pendant ces discours, qui furent un petit longs, survint un capitaine de la garnison de la ville, lequel, ayant escouté la resolution des habitans, tira son espée, et leur dit de colere que l'on les empescheroit bien d'executer leur resolution; puis, pensant joindre ledit Villeneufve pour le tuër, et se voulant jetter sur luy, il en fut empesché. Alors ce capitaine et Villeneufve se mirent à contester devant ces habitans : chacun d'eux leur disoit l'advantage de son party. Le capitaine, voyant qu'il n'estoit escouté selon son desir, rentre en la ville, et les habitans prierent Villeneufve de dire au Roy qu'il vinst se presenter devant leur ville le plustost qu'il pourroit, affin qu'ils luy rendissent tesmoignage de leur affection.

Villeneufve d'un costé va advertir le Roy de ce qu'il avoit fait; le capitaine, de l'autre, alla trouver M. de Mayenne, et luy dit qu'il y avoit à la porte un gentil-homme de la part du Roy qui parlementoit avec les habitans, lesquels promettoient de rendre la ville au Roy. Le duc, sur cest advis, de peur de se trouver enfermé dans ceste ville, monte incontinent à cheval, et, sans laisser une bonne garnison dans Mante, ainsi qu'il avoit resolu, partit tout aussi-tost pour se retirer dans Sainct Denis.

Les habitans, estans entrez en confusion avec les gens de guerre, envoyerent vers le Roy. Le sieur de Chasteau-Poissy, l'un desdits habitans, practiqua leur accord, et dez le lendemain Sa Majesté fit son entrée dans Mante, et y mit pour gouverneur le sieur de Rosny. La ville de Vernon en mesme temps se rendit aussi : tellement que le Roy eut en sa possession tous les ponts qui sont sur la Seine entre Rouen et Paris.

Avant que de dire comment le Roy se rendit maistre de Corbeil et des ponts qui sont sur la riviere de Seine au dessus de Paris, voyons ce qui advint de plus notable en la journée d'Issoire en Auvergne, puis que ceste bataille fut donnée au mesme jour que celle d'Ivry, et que Dieu voulut en ce jour, et presque en mesme heure, monstrer une liberale profusion de sa faveur et de son assistance au party royal.

Nous avons dit l'an passé comment Issoire fut repris par le sieur de Randan sur les royaux. Ceste ville est une des principales de la province d'Auvergne, tant pour la commodité qu'elle rapporte à tout le plat pays où elle est assise et située comme au milieu d'iceluy, que pour l'artifice de sa forteresse, qui est d'un large fossé plain d'eau et d'un grand terrain dans la ville. En une guerre civile, quiconque en Auvergne est maistre de ceste ville, donne la loy à une grande estenduë du pays, et leve par tout à son plaisir les deniers des tailles. Les royaux estoient merveilleusement faschez de la perte de ceste place. Tissandier, l'un des eschevins de Clermont, ayant par le moyen d'aucuns de ceux d'Issoire qui s'estoient refugiez audit Clermont, fait sonder tous les endroits plus propres pour surprendre ceste ville, et ayant communiqué son dessein à ses autres compagnons eschevins et au sieur Dalmas, president au presidial de Clermont, se resolurent ensemblement d'en faire l'execution : et, ayans conferé avec les capitaines Basset et La Sale de leur entreprise, ils leur donnerent la charge de l'executer.

Le samedy, dixiesme fevrier, lesdits deux capitaines, ayans faict courir un bruict d'estre mal contents des eschevins de Clermont, sortirent sur le soir des faux-bourgs de Clermont avec les compagnies du sieur de La Guesle et du capitaine La Croix, parmi lesquelles se meslerent quelques gentilshommes et aucuns des habitans d'Issoire qui s'y estoient reffugiez. Tous ensemble marcherent en telle diligence, qu'ils aborderent aux murailles d'Issoire sur le matin et un peu devant jour. L'endroit destiné pour planter l'escalade recognu, un desdits refugiez d'Issoire, ayant dressé son eschelle, monta le premier sur la muraille, et fut suivy incontinent des sieurs de Bobiere, Basset et autres, lesquels, après avoir tué quelques rondes sur le couroir de la muraille, donnerent de furie jusques au milieu de la place de la ville, en laquelle quelques uns de la garnison s'y voulans renger furent tuez : le reste de la garnison espouvanté, n'oyant par tout qu'un cry de *Vive le Roy*, se retira dans la citadelle. Les royaux, pensant d'une mesme suitte s'en rendre maistres, allerent planter trois petards contre les trois portes; mais cela ne leur profita de rien, et ne firent pour ce coup que loger cinquante harquebuziers dans les faux-bourgs proche de ladite citadelle, pour empescher qu'elle ne fust secourue par le dehors.

Basset et La Salle ayant donné advis aux eschevins de Clermont de la prise d'Issoire, et demandé forces pour parvenir à la prinse de la citadelle, le sieur de Florat, seneschal d'Auvergne, avec les sieurs de Blot, de Barmonthet, de La Mothe-Arnauld et de Fredeville, monterent incontinent à cheval, et, faisans une troupe de quatre-vingts cuirasses, firent telle diligence qu'ils se rendirent de Clermont en cinq heures dans Issoire, l'unziesme de fevrier. Incontinent le sieur de Florat, prenant le commandement general, disposa à chacun son quartier pour entourer la citadelle; les uns s'employerent aux approches, les autres à la sape, d'autres à la mine, et tous travaillerent sans intermission jour et nuit.

Le comte de Randan, adverty que la citadelle tenoit encor pour l'union, envoya quelques cavaliers affin d'asseurer par quelque signal les assiegez d'un prompt secours : ce qu'ils firent, et sur le soir du douziesme fevrier, quatrevingts chevaux vindrent fort près de la citadelle, lesquels, après avoir fait plusieurs signals, s'en retournerent incontinent. Le lendemain, ils y revindrent encor, mais ils estoient bien cent cinquante, lesquels, en s'en retournant, allerent prendre les munitions et les petards qu'envoyoient ceux de Clermont à Issoire.

Tout le plat pays d'Auvergne, ainsi qu'aux autres endroicts de la France, favorisoit lors fort le party de l'union, qui se preparoit pour assieger et reprendre ceste ville. Les royaux dans Issoire, en ayans eu advis, mirent en deliberation d'abandonner leur prise et de se retirer, ou bien de la conserver au party royal. Il se presenta plusieurs raisons pour l'abandonner, entr'autres le peu de vivres qu'il y avoit dans la ville, tant pour les hommes que pour les chevaux, le manquement de poudres et autres armes propres à la deffence d'une place, et sur tout le peu d'esperance qu'il y avoit d'en recouvrer. Toutesfois, se mettans devant les yeux de quelle importance la conservation de ceste place estoit au service du Roy, ils se resolurent et se jurerent les uns aux autres de perdre plustost la vie que de la quitter. Ils donnerent incontinent advis de leur resolution à ceux de Clermont, les priant de convier tous les gouverneurs des provinces voisines serviteurs de Sa Majesté, pour leur prester assistance et donner secours. Le sieur d'Effiat, agent pour le Roy en Auvergne, avec les eschevins de Clermont manderent et convierent de tous costez la noblesse royale de leur prester assistance, et principalement au sieur de Rostignac, gouverneur du haut pays d'Auvergne, au vicomte de Lavedan, et au sieur de Chazeron, gouverneur de Bourbonnois. Le marquis de Curton, les sieurs de Chaptes, de Rivoire, de Chappes, et autres gentils-hommes d'Auvergne, se rendirent incontinent à Clermont.

Cependant que les royaux s'assembloient à Clermont, le comte de Randan avec ses troupes investit la ville d'Issoire, et envoya prier le sieur de Neufvy, commandant pour l'union en Bourbonnois, et le sieur de Sainct Marc, commandant aussi pour l'union au pays de la Marche, de luy donner aussi assistance. Ainsi les royaux et les ligueurs se mettent tous à la campagne, chacun pour rendre fort son party.

Au lieu que les royaux dans Issoire assiegeoient la citadelle, le comte de Randan, ayant faict entrer du secours dedans, assiegea la ville et desfit deux cents cinquante harquebusiers conduits par les capitaines Orgemont et du Bois, lesquels estoient partis exprès de Clermont pour entrer dans Issoire. Et depuis, le sieur de Neufvy estant venu au secours dudit sieur comte, accompagné de cent hommes d'armes et de deux cents argoulets à cheval, après s'estre emparé des faux-bourgs, il fit battre la ville avec trois pieces de canon de dedans la citadelle, ayant esperance de forcer les royaux par ce costé là; mais les retranchements et fortifications qu'ils avoient faictes rendirent ceste batterie sans effect.

Il se faisoit tous les jours quelque combat ou quelque escarmouche. Les royaux, qui du commencement avoient eu du pire, sur la fin furent plus heureux. Premierement ils receurent cinquante hommes de renfort en une fois, puis de jour en jour ils receurent des poudres, grenades, lances à feu et autres armes pour leur deffence, par le moyen de quelques paysans qui se bazardoient de leur porter. Sur l'advis qu'ils receurent que le secours s'assembloit à Clermont, ils se resolurent des faire de sorties; le sieur de Fredeville en eut la conduitte, et, ayant mis dans les ruynes du faux-bourg du Pontet, nombre d'harquebusiers, luy, avec quinze salades, alla convier les assiegeans de donner coups d'espée à pareil nombre. Le sieur de Neufvy, qui estoit là avec ses troupes, tascha de l'enclorre : Fredeville, s'en prenant garde, fit semblant de se retirer, et par ce moyen l'attira dans son embusdade, laquelle tira si à propos, que ledit sieur de Neufvy et plusieurs des siens furent blessez, quelques uns de tuez et beaucoup de chevaux : ce qui fut cause que ledit sieur de Neufvy se retira avec les siens et abandonna du depuis ce siege.

Le comte de Randan cependant avoit fait changer sa batterie, laquelle fit un grand eschet aux retranchements et barricades : mais, ayant entendu l'acheminement du sieur de Rostignac et du vicomte de Lavedan, il se resolut de les aller combattre devant qu'ils fussent arrivez à Clermont. Le marquis de Curton, qui estoit dans Clermont, en ayant eu advis, s'achemina avec une troupe de cavalerie et d'infanterie au devant desdits sieurs de Rostignac et de Lavedan, et, les ayant joints à trois lieuës de Clermont, ils y revindrent tous ensemble sans aucun empeschement. Randan, retourné à son siege, faict retirer ses canons de dedans la citadelle, et les fit mener dedans le chasteau de Villeneufve appartenant au sieur de Sainct Heran, ne laissant toutesfois de continuër son siege, esperant de combattre tout secours et d'en empescher l'entrée dans Issoire.

En attendant le sieur de Chazeron avec ses troupes, les royaux assemblez dans Clermont entreprirent de se saisir du fort de Neschers pour leur servir de retraicte entre Clermont et Issoire; mais ils faillirent leur entreprise, ce qui fut cause que Randan mesprisa les royaux, et jugea qu'ils estoient sans bonne conduite et sans chef. Aussi tost qu'il eut receu le secours que luy amena le sieur de Sainct-Marc du pays de la Marche, il fit remener ses canons devant Issoire, et recommença à faire dresser une nouvelle battarie. Les assiegez, ayant recogneu son dessein, et estans en peine de ce que le secours qui leur avoit esté promis retardoit tant, resolurent de faire sortir quelqu'un en habit desguisé pour aller à Clermont afin d'y representer l'estat auquel ils estoient reduits. Cependant que le sieur de Florat faisoit desguiser un gentilhomme avec un habit de paysan pour y aller, le sieur de Randan leur presenta une inopinée commodité, qui fut telle : Quelques uns de sa part proposerent aux assiegez qu'il failloit faire une trefve generale dans le pays d'Auvergne, attendant laquelle il seroit bon d'accorder une surseance d'armes. Sur ceste proposition les assiegez respondirent qu'ils ne pouvoient rien faire sans le conseil estably pour le Roy dans Clermont, mais que s'ils vouloient donner seureté à un des leurs pour y aller et revenir, qu'ils esperoient que ledit conseil ne refuseroit le bien du pays. Ceux de l'union n'avoient pas faict ceste proposition pour donner du repos au pays, mais seulement affin que les forces assemblées à Clermont, n'estant promptement employées, s'en retournassent chacun chez eux, d'où puis après il seroit malaisé de les rassembler; et les royaux ne l'accepterent aussi que pour envoyer seurement le sieur du Biot à Clermont affin de sçavoir en quel estat estoit le secours qu'ils attendoient, et pour faire entendre le leur, et aussi pour persuader que l'on fist advancer quelques forces pour favoriser la sortie des chevaux des assiegez, qui mouroient de jour en jour faute de fourrage, ensemble les personnes inutiles qui ne servoient qu'à incommoder les autres. Par ce moyen ledit sieur du Biot alla à Clermont, et retourna à Issoire le treiziesme jour de mars, sur les trois heures après midy, alors que l'assaut se commençoit à donner; car ce mesme jour le sieur de Randan avoit faict tirer six vingts coups de canon, et avoit faict bresche en un endroict où il pouvoit faire aller à l'assaut par le moyen d'une coulevrine qu'il avoit fait mettre dans la citadelle, laquelle commandoit entierement le long de la bresche au dedans de la ville. Du Biot, rentré, asseura les assiegez qu'il avoit veu leur secours de Clermont en ordre de bataille, et qu'ils l'auroient dans le lendemain matin. Ceste nouvelle encouragea tellement les assiegez, qu'ils soustinrent l'assaut de ceux de l'union, et les repoulserent avec perte.

Le quatorziesme de mars, le secours royal partit, sur le point du jour, du Cende, à deux lieuës d'Issoire, et, ayant repris la forme de bataille qu'il tenoit à la sortie de Clermont, s'achemina pour entrer dans Issoire. M. le marquis de Curton en estoit general; M. de Rostignac conduisoit la bataille, et M. de Chazeron l'advant-garde; les sieurs de Rivoire et de Chappes estoient mareschaux de camp. Ce secours estoit de trois cents cuirasses et de cinq cents harquebusiers commandez par les sieurs de Bouquestran et Bertry, ayant pour sa deffence quatre petites pieces d'artillerie et deux chariots d'harquebuses à croc faictes en orgues. Tandis que le sieur de Randan se preparoit d'un costé pour aller combattre ce secours, de l'autre le sieur de Florat se preparoit de sortir de la ville pour l'aller joindre, et, après avoir donné l'ordre necessaire dans la ville, accompagné desdits sieurs de Biot, de Barmontet, de La Mothe-Arnauld, de Basset et autres, jusques au nombre de soixante salades, partirent d'Issoire si heureusement, que l'ennemy mesmes leur fit naistre une occasion de se joindre au secours sans empeschement.

Le sieur de Randan, ayant mis ses troupes en bataille dans la plaine d'Issoire, entre la ville et la montagne de Croz-Roland, qui n'en est qu'à demie lieuë, par où devoit passer le secours royal, logea aussi ses harquebuziers dans un petit bois et en lieu fort advantageux pour eux; mais le sieur de Rostignac, ayant recognu l'advantage que l'union avoit en ce lieu, et que les royaux n'eussent sceu passer par là qu'à la mercy de ces harquebuziers, n'y n'eussent aussi sceu prendre la place ny l'ordre pour le combat qu'ils desiroient rendre, s'advisa de ne faire paroistre qu'une partie du secours cependant qu'il feroit couler et monter le reste du costé de main droite par un valon de ladite montagne. Par ce moyen les royaux, y estans montez, en firent desloger aucuns de l'union qui s'en estoient saisis. Rostignac, ayant de dessus la montagne contemplé l'ordre de l'armée de l'union, leur envoya quatre volées de canon, qui servirent, tant pour advertir les assiegez, que pour faire changer d'ordre à l'armée de Randan. Ainsi les royaux, ayant recognu l'armée de l'union, descendirent de la montagne et marcherent en bonne ordonnance vers Issoire, avec les vivres, munitions et pieces d'artillerie, lesquelles leur servoient comme de barrieres entre eux et leurs ennemis, qu'ils laissoient tousjours à leur main gauche. Randan, qui void que les royaux s'advancent vers Issoire, affin de leur donner à droict ou à dos, monta avec toutes ses troupes sur le mont de Croz-Roland d'où les royaux estoient descendus, ce qui vint lors très à propos pour le sieur de Florat, qui, estant sorty de la ville, ne sçavoit joindre le secours, d'autant que ledit sieur de Randan estoit en bataille au lieu par où il devoit passer. Ainsi le sieur de Florat et sa troupe joints au secours, print place à la teste d'iceluy, entre les sieurs de Rivoire, de Chappes et de Chazeron.

L'ordre auquel cheminoient les royaux fit encor changer de dessein au sieur de Randan, lequel descendit de la montagne et resolut de regaigner la plaine pour les combattre avant qu'ils fussent approchez de la ville : pour ce faire il regaigna le devant diligemment, ayant disposé son armée en trois escadrons, marchans, serrez et en bel ordre, fort furieusement droict contre la teste de la petite armée royale. Le premier escadron de l'union estoit conduit par les sieurs de Chasius, Sainct Marc et Monfan; le second marchoit à vingt pas près du premier, et estoit conduit par les sieurs de Syogheat, Flagheat, Cormilhon et Cons; le dernier marchoit après, et estoit conduit par les sieurs comte de Randan, vicomte de Chasteauclou et Monravel. Ces trois escadrons ainsi ordonnez, d'une brave resolution, commencerent à venir au combat. Le canon et les orgues des royaux les endommagerent fort du commencement. Le premier escadron, s'estant approché comme pour venir au combat, fut salué de cent harquebusiers qui estoient à la teste de l'infanterie royale, ce qui le contraignit de tourner le flanc et passer outre, comme s'il eust voulu choquer la bataille des royaux dans laquelle estoient les sieurs marquis de Curton, de Rostignac, vicomte de Lavedan, Deffiat et autres; mais cest escadron passa à la teste des sieurs de Florat, de Chappes et de Rivoire, qui ne le voulurent charger, craignans d'estre prins en flanc par celuy qui venoit après : ainsi passa ce premier escadron; le second, le voulant suivre, passa aussi outre, et fit jour au troisiesme, où estoit le sieur de Randan, qui vint à la charge contre le sieur de Florat et sa troupe, laquelle fut soustenuë par lesdits sieurs de Rivoire et de Chappes, où, après un long et furieux combat, ils percerent à jour l'escadron du sieur de Randan, et le mirent à vau-de-route. Cependant les deux autres escadrons s'estans joincts ensemble, attaquerent courageusement l'advant-garde conduite par le sieur de Chazeron, et la bataille royale : chascun desiroit avoir l'honneur de son

ledit comte de Randan, que le sieur de La Mothe-Arnauld fit son prisonnier, et le mena dans Issoire, où il mourut, une heure après, d'une blessure qu'il avoit receuë en la bataille, d'un coup de pistolet chargé de deux balles, dans la hanche droicte. Les autres morts du costé de l'union furent les sieurs de Sainct Marc, Sainct Gervasy, seneschal de Clermont, Montfan l'aisné, d'Arbouze, Ronzay, Neuf-ville l'aisné, La Villatte, Sainct Pardoux, Peirisieres, Chavaignac de Dienne, Ville-velours, Bussiere le jeune, Murat, La Salle, Bouschet le jeune, de Lair, Sainct Flour, Le Vernet de Berry, Rochemore et les Vignaux; de prisonniers, le sieur vicomte de Chasteauclou, lequel fut pris par M. de Florat, son lieutenant et enseigne Mont-ravel, les Bravards, le jeune Brezon, Hercules, fils au sieur de Villebouche, Fressinet de Roüargues, La Borde, Le Chay, Verdonnet, La Martre, de Toroques, Sainct Michel, qui depuis est mort à Clermont, et plusieurs autres.

L'armée royale, ayant poursuivy quelque temps la victoire, se rassembla le plus diligemment qu'elle le put, et alla investir la citadelle d'Issoire avec le faux-bourg proche d'icelle, où s'estoit retiré une partie de l'infanterie de l'union. Mais ceux de dedans, estans asseurez de la mort de leur chef, entrerent en composition, et rendirent la citadelle, l'artillerie et les munitions dudit sieur de Randan, ez mains des royaux, et le sieur de La Vort avec le capitaine Barriere et leurs soldats sortirent de ceste place vies et bagues sauves, mesche esteinte.

La remarque est notable que l'on a faict du costé des royaux, en ce qu'il ne fut tué en ce combat que trois gentils-hommes du party royal, et dix ou douze de blessez. Pendant aussi que le sieur de Randan tint le siege devant Issoire, bien que les royaux eussent esté si vifvement attaquez cinq semaines durant, qu'ils n'eurent pas loisir de se desarmer, logeant tousjours dedans leurs corps de garde et dans leurs retranchemens, il n'y fut tué que cinq soldats avec le sieur de Fredeville, lequel, pour ses louables qualitez, fut regretté de tous ceux de son party.

Le jeudy, seiziesme de mars, après que, du consentement de tous les seigneurs, le sieur de Barmontet fut laissé gouverneur dans Issoire, ils s'en retournerent tous à Clermont, et de là che-

duc de Joyeuse à Villemur, ainsi que nous dirons cy-après.

Nous avons dit cy-dessus que le Roy après la bataille d'Yvry se rendit maistre de Mante et de Vernon, et que par ce moyen il tenoit tous les ponts entre Rouën et Paris. Après la reduction de ces deux places, quelques-uns de la noblesse s'en retournerent chacun chez eux aux provinces d'où ils estoient, tant pour s'opposer et garantir des hostilitez et courses que faisoient ceux des villes de l'union, lesquels surprenoient tousjours quelques petits lieux forts qui leur servoient de retraicte en chasque province, d'où ils molestoient grandement les royaux, qu'aussi pour se rafraischir, et pour se preparer de venir au siege de Paris, que le Roy esperoit faire sur l'esté prochain.

Sa Majesté, après avoir demeuré quinze jours vers Mante, se voyant maistre du bas de la riviere de Seine, resolut de faire advancer son armée vers Corbeil pour se rendre aussi maistre des ponts et villes du hault de ladite riviere, affin d'empescher les Parisiens de recevoir des vivres par les rivieres de Seine, de Marne, d'Ionne, de Loing et d'Estampes; mais les historiens qui ont escrit en faveur de la ligue des catholiques disent que si le Roy, au lieu du sejour qu'il fit vers Mante, fust allé droict à Paris, et eust faict exercer les practiques estroittes de la guerre, qu'il estoit impossible que les Parisiens eussent faict aucune resistance, et que dès-lors il se fust rendu maistre de ceste grande ville, et que ce sejour de Mante fut cause qu'ils prirent nouveaux conseils et nouvelles deliberations avec le duc de Mayenne qui s'estoit sauvé à Sainct Denis, distant de deux lieuës de Paris, là où le cardinal Caëtan, legat de Sa Saincteté, le fut trouver avec Mendozze, ambassadeur d'Espagne, l'archevesque de Lyon, lequel estoit sorty quelque temps auparavant de prison par rançon, et plusieurs autres prelats et gens de conseil qui estoient de son party, où ils resolurent entr'eux qu'en s'accommodant du benefice du temps que Sa Majesté leur donnoit sans se presenter devant Paris, denué alors de toutes forces, tant de gens de guerre que d'artillerie et munitions, ils devoient entretenir le Roy par quelque conference et traicté d'accord, pendant lequel on tascheroit à faire entrer des vivres dans Paris et des gens de guerre pour y tenir le peuple ferme en leur party, et que cependant le commandeur Morée, Biarnois de nation, mais grand serviteur de l'Espagne où il a esté nourry, iroit vers le duc de Parme pour obtenir nouvelles forces affin d'empescher Paris de se rendre au party royal, et pour le secourir en cas de necessité; « car sans doute, disoient-ils, si Paris quitte le party de l'union, beaucoup d'autres villes suivront ceste voye. »

Ainsi qu'il advient d'ordinaire ez guerres civiles, que les grands, après une perte notable, ne laissent de raccommoder leurs affaires par des conseils qu'ils prennent en leurs necessitez, lesquels souvent leur reüssissent et les font maintenir en reputation dans leur party, aussi ces conseils que print lors le duc de Mayenne dans Sainct Denis luy conserverent sa reputation et son authorité dans son party.

Pour faire entrer des vivres à Paris devant que le Roy se fust emparé du haut de la riviere, le sieur de Givry, qui tenoit le pont de Chamois pour le party royal, fut sommé de laisser passer la traicte de dix mille muids de vin et trois mille muids de bled et autres grains, moyennant certaine somme de deniers, ainsi qu'il l'avoit accordé auparavant la victoire d'Ivry : ce qui fut executé trop promptement; et il se peut dire que ceste seule action fut cause de faire opiniastrer Paris contre le Roy.

Pour y faire entrer des gens de guerre, le duc de Nemours, qui s'estoit sauvé de la bataille d'Ivry dans Chartres, se rendit incontinent dans Paris avec le chevalier d'Aumale, et fut mis gouverneur dans ceste ville avec douze cents lansquenets [sous la conduite de Bernardin, baron libre d'Erbestain, lieutenant du comte Jaques de Colalte, qui en mesme temps fut aussi envoyé en Allemagne pour y faire une nouvelle levée de lansquenets au nom du roy d'Espagne], cinq cents Suisses et mille hommes de pied françois avec quelque cavalerie. Peu après s'y rendirent le sieur de Vitry et quelques seigneurs de ce party avec leurs compagnies.

Pour plus promptement soliciter le secours du duc de Parme, M. de Mayenne s'en alla de Sainct Denis à Soissons; il despescha aussi incontinent des courriers de tous costez, tant vers le Pape que vers le roy d'Espagne et les autres princes de la ligue, s'excusant le mieux qu'il pouvoit de l'infortune qui lui estoit advenuë à Ivry, leur demandant secours de gens et d'argent. Loys Perron, l'un de ses secretaires, fut le plus infortuné de tous ces courriers, car, passant par Tours, et ayant abusé d'un passeport qu'il avoit du Roy, pour faire quelques affaires pour le party du sel, et luy estant trouvé dans la selle de son cheval des lettres en chiffres que le duc de Mayenne envoyoit au duc de Mercœur, qui contenoient beaucoup de choses contre les affaires du Roy, fut pendu le jour mesme de sa prise.

Pour advancer quelques paroles d'accord avec

le Roy, le legat Caëtan en print la charge *per acquistar tempo, e aver più comodità d'apparecchiarsi alla difesa* (1), disent les historiens italiens. Or, en ce mesme temps, M. le cardinal de Gondy estoit retiré en sa maison de Noësy, à cinq lieues de Paris ; et, quoy qu'il s'y tinst comme neutre, il alloit souvent à Paris voir ledit sieur legat, lequel sçavoit bien que ce prelat estoit affectionné au party royal, et qu'il estoit aymé de Sa Majesté et grandement honoré des princes et seigneurs du conseil du Roy. Il luy demanda s'il n'y avoit point moyen de donner quelque repos aux troubles de la France. Les choses furent si promptement menées, que le legat s'offrit mesmes d'aller au chasteau de Noësy, sous la foy du Roy, pour en communiquer avec M. le mareschal de Biron, qui s'y devoit aussi rendre.

Ledit sieur mareschal de Biron et le sieur de Givry allerent à Noesy trouver ledit sieur legat, lequel estoit accompagné dudit sieur cardinal de Gondy et des prelats italiens qui luy avoient esté ordonnez par le Pape, et qui estoient venus d'Italie avec luy. Or, comme nous avons dit, ce que ledit sieur legat avoit poursuivy ce traicté d'accord n'estoit que pour gaigner le temps, affin que le party de l'union se preparast mieux à la deffensive; aussi il proposa premierement qu'il failloit assembler les trois estats de France affin de donner un bon ordre au royaume; mais, ayant veu que ceste proposition avoit esté rejettée bien loing, il dit qu'il falloit donc faire une trefve pour quelques jours affin d'acheminer les affaires à une paix. On luy respondit que l'on ne vouloit point de trefve, que l'estat des affaires du Roy n'en requeroit point, mais que l'on desiroit une bonne paix. Il fut recognu lors que ledit sieur legat ne cerchoit que des dilayements. Ce fut pourquoy ceste conference fut rompuë, et ledit sieur legat se retira à Paris un peu confus quand il vid que l'on eut jugé de son dessein.

Le Roy, voyant que toutes ces conferences n'estoient que des amusements, fit passer son armée vers Corbeil, à sept lieuës au-dessus de Paris. Ceste ville luy fut incontinent renduë. Lagny sur Marne fut aussi pris en mesme temps. De là l'armée s'achemina à Melun, qui se rendit aussi, et le Roy y mit dedans pour gouverneur le sieur de La Grange Le Roy. De Melun l'armée alla à Provins, où le sieur de Montglas y fut laissé gouverneur. De là on alla à Bray, qui se rendit aussi, et où ledit sieur de Montglas vint trouver le mareschal de Biron, et y acconduit l'evesque de Ceneda avec le secretaire dudit sieur mareschal, lesquels venoient tous deux de Paris; mais, après plusieurs discours entre ledit sieur mareschal et ledit sieur evesque, il ne se put rien accorder, et ledit sieur evesque s'en retourna vers ledit sieur legat. Montereau-faut-Yonne fut aussi en mesme temps remis en l'obeyssance du Roy et beaucoup d'autres places. De là Sa Majesté fit tirer l'armée vers Sens, où le sieur de Chanvallon estoit pour l'union, lequel fut incontinent secouru du marquis de Fortuna avec la compagnie d'hommes d'armes de M. de Nemours, du capitaine Peloso et d'autres, lesquels encouragerent si bien les habitans, que, ny par menaces, ny par belles paroles, ny pour quelque effort que les royaux firent pour les penser avoir de force, ils en furent vivement repoulsez. Le Roy, qui ne vouloit perdre le temps à faire un siege devant ceste ville, fit tourner la teste de son armée droict vers Paris, où desjà rien ne pouvoit plus entrer par eau, car tous les ponts du haut et du bas de la riviere de Seine estoient à la devotion de Sa Majesté. Mais, avant que dire quel fut ce siege, voyons ce qui se passa en plusieurs endroicts depuis la victoire d'Ivry.

Nous avons dit cy-devant que, le mesme jour que le Roy gaigna la bataille d'Ivry, le sieur de Lansac pensa surprendre Le Mans. Voyons quelle fut son entreprise, et tout d'une suitte plusieurs choses notables advenuës en ces pays là et aux autres circonvoisins.

Ledit sieur de Lansac s'estoit retiré à Ballon, chasteau qui appartenoit à sa belle mere madame la mareschale de Cossé, distant de quatre lieuës du Mans, où, après qu'il eust presté serment de fidelité au Roy, il ne laissoit toutesfois d'estre tousjours accompagné de plusieurs personnes tenans ouvertement le party de la ligue. M. de Rambouillet, qui commandoit dans Le Mans en l'absence du sieur du Fargis son frere, lequel estoit en l'armée du Roy, l'en ayant admonesté par lettres, et prié de se gouverner fidellement au service de Sa Majesté, Lansac lui respondit qu'il seroit à jamais bon et fidele serviteur du Roy, et que s'il s'accompagnoit des Touchevaux, habitans du Mans, et d'autres telles gens de la ligue, qu'il faisoit comme le bon charlatan qui composoit le bon tyriaque de viperes. En mesme temps aussi ledit sieur de Lansac convia les sieurs d'Allieres et de Malerbe, qui avoient leurs compagnies en garnison dans Le Mans, de l'aller voir audit Ballon; mais eux, ne se voulans fier à un ennemy nouvellement reconcilié, le remercierent. Il avoit envie de les y attraper, affin d'executer plus seurement son

(1) Pour gagner du temps, et avoir plus de facilité de préparer la défense.

entreprise sur Le Mans. Du depuis, ayant entendu que M. de Mayenne passoit la Seine pour venir rencontrer le Roy à Dreux, il fit secrettement une assemblée de toutes les forces qu'il put avec les sieurs de La Patriere de Beauce, de La Croix-Cotereau, de Pescheray, de Vaux, de La Pierre et autres, et vint, la nuict du quatorziesme mars, se loger avec ses troupes dans le faux-bourg Sainct Vincent du Mans, pensant surprendre la ville à l'ouverture de la porte, par le moyen de quelques soldats desguisez en couvreurs qui devoient feindre de porter des gouttieres pour l'eglise Sainct Julien, et, estans sur le pont, devoient laisser choir lesdites goutieres, et se rendre maistres de la porte. Ce dessein avoit de l'apparence de venir à effect, mais l'ordre que l'on tenoit de baisser la planchette un demy-quart d'heure devant que d'abbaisser le pont, par laquelle on faisoit sortir un sergent avec quelques soldats pour faire la descouverte par tout le faux-bourg, fut la cause que ce sergent et ses soldats, ayant descouvert les gens de Lansac, de prime abord tuèrent un nommé La Rochegovaut, ce qui donna une telle alarme, que ce sergent et quelques-uns des soldats qui estoient sortis pour descouvrir furent aussi tuez par les entrepreneurs, lesquels, voyans leur entreprise descouverte, et que la garnison de la ville sortoit en gros pour les venir charger, se retirerent tous à Memers, qui est un grand bourg en Sonnois, où le sieur de Hertray, gouverneur d'Alençon, les alla attaquer et desfit la plus-part de ces troupes. Lansac fut contraint, avec les mieux montez, de se retirer en Bretagne pour amasser nouvelles forces.

Presque en mesme temps plusieurs gentilshommes de l'union, des pays d'Anjou et du Mayne, entr'autres les sieurs des Chesnayes, du Pin, de La Rocheboisseau, Charles de Biragues, de Corces et autres, lesquels avoient donné la principale charge de leur conduite au sieur de La Saulaye, et qui avoient tous de belles troupes de cavalerie et d'infanterie, surprinrent la ville de Sablé, où ils arresterent prisonniere madame de Rambouillet qui y estoit. Dans le chasteau estoit pour le Roy le sieur de Landebry, qui se defendit fort bien; et toutesfois ceux de l'union luy emporterent la basse-court du chasteau, et firent un trou dans la muraille pour sortir dehors, avec plusieurs forts et barricades pour empescher tout secours que l'on pourroit donner audit chasteau.

Landebry donna advis incontinent au sieur de Rambouillet de ceste surprise, lequel convia de tous costez la noblesse royale de ceste province de se rendre au Mans affin de secourir le chasteau de Sablé. En ce mesme temps le sieur du Fargis son frere, revenant de la bataille d'Ivry, après avoir repris Mondoubleau, petite ville de son gouvernement du Mayne, quoy qu'elle soit de la duché de Vendosmois, et en avoir faict sortir le sieur d'Alleray qui l'avoit surprise pour l'union, arriva au Mans, où il trouva aussi ses autres freres les sieurs de Maintenon, et de Pongny, avec le sieur de Bouillé, gouverneur de Clerac, et de L'Estelle, gouverneur de Mayenne, et beaucoup d'autre noblesse, tous assemblez pour le secours du chasteau de Sablé.

Ceux de l'union s'estoient aussi emparez de Brusion, et s'estoient fortifiez dans le prieuré; le sieur du Fargis, en s'acheminant à Sablé, resolut de les faire sortir de là. Toutes les troupes s'y estant acheminées, conduisans de petites pieces qui portoient calibre comme d'une boulle de mail, ledit sieur du Fargis, voulant luy mesme recognoistre le lieu pour attaquer ledit fort, fut blessé d'une harquebuzade à la jambe, dont il fut contraint de se retirer au Mans. La noblesse et les troupes là assemblées ne laisserent de continuer leur resolution, et, ayans receu ceux du fort de Brusion à discretion, firent pendre le capitaine; ce qu'ayant sceu, ceux de l'union dans Sablé pendirent deux prisonniers du party du Roy. Ce sont des œuvres des guerres civiles : tel en patit qui n'en peut mais.

Le marquis de Vilaines, le sieur d'Achon, avec leurs troupes, s'estans venus rendre aussi à Brusion, les royaux firent lors comme un corps d'armée, il fut faict advantgarde et bataille. Les sieurs de La Patriere d'Anjou et de La Rochepatras furent esleus mareschaux de camp. Le sieur de Beauregard commandoit à l'infanterie de l'advant-garde, et le sieur de Malerbe à celle de la bataille. Ainsi les royaux, allans en ordre de bataille, tirerent droict vers Sablé pour en secourir le chasteau; l'advantgarde marcha par le costé du parc, et la bataille le long du grand chemin droict à la grande porte de la ville. Ceux de l'union, ne les voulant laisser approcher si près d'eux sans les recognoistre, firent une brave sortie, où il y fut bien combatu de part et d'autre : en ce commencement ledit sieur de Beauregard du costé des royaux y fut blessé; de ceux de l'union, de Corces, leur sergent de bataille, y fut tué, et ledit sieur de La Saulaye pris avec beaucoup d'autres, et furent remenez battans jusques sur la contr'escarpe du fossé par le marquis de Vilaines et les sieurs de L'Estelle et d'Achon d'un costé, et à la main droicte par le sieur Pongny, qui leur fit une rude charge. Après, ceux de l'union sortirent par les postes de la ville, et viendrent attaquer le sieur de Malerbe avec son infanterie qui estoit en bataille, et derriere luy M. de Bouillé avec un gros de cavalerie pour le soustenir. La charge se fit tout du long du grand chemin, à travers duquel ceux de l'union avoient faict une barricade, laquelle estoit defenduë de la courtine de la ville, par le moyen de laquelle ils incommodoient grandement les royaux ; ce que voyant ledit sieur de Malerbe, suivy des siens, donna si vivement à ceste barricade qu'il l'emporta, bien qu'il eust esté porté par terre de la force de deux harquebuzades qu'il receut dans ses armes sans estre blessé. Ainsi, ceste barricade emportée, les royaux gaignerent un petit champ où il y avoit une haye, de laquelle ils tenoient un costé et ceux de l'union l'autre ; de façon qu'ils se commencerent à se battre à coups de main. L'escarmouche cependant se renforçoit de tous costez, tant vers le parc qu'au grand chemin. Ceux de l'union firent derechef une autre sortie sur ledit Malerbe et ses troupes, et se fit lors une salve sur le grand chemin de plus de deux mil harquebuzades. En fin, après plusieurs charges et combats, il survint des esclairs et tonnerres si espouvantables, suivis d'orages et de pluye, qu'il fut impossible aux uns et aux autres de s'ayder de leurs harquebuzes, et ne se purent plus battre qu'avec l'espée, ce qu'ils continuerent jusques à cinq heures du soir que les royaux se retirerent à Sainct Denis d'Anjou, sans avoir peu mettre aucun secours dans le chasteau. Ceste escarmouche fut bien maintenuë de part et d'autre, et tient-on que ç'a esté une des belles qui se soient faictes durant ces troubles, car elle dura neuf heures sans cesser.

M. de La Rochepot, gouverneur pour le Roy en Anjou, ayant quitté son entreprise de Brissac pour secourir aussi le chasteau de Sablé, sur la priere que luy en firent les seigneurs susdits, il leur envoya d'Angers deux canons avec quelques troupes d'infanterie et de cavalerie. Si tost que les royaux eurent receu ce secours, ils s'allerent derechef loger auprès de Sablé du costé du parc, affin de battre les forts que les ligueurs avoient de nouveau faicts au dehors du chasteau pour empescher d'y mettre du secours.

Dez le lendemain matin le canon fut pointé contre lesdits forts et retranchemens, et en peu de temps toutes ces fortifications et barricades furent emportées. Les royaux, ayant fait un petit pont d'aix sur des eschelles, passerent le ruisseau pour aller à l'assaut, lequel ils donnerent si furieusement que tout ce qui se trouva dans ces forts fut taillé en pieces ; puis, entrans pesle-mesle avec les ligueurs dedans la basse court du chasteau par ledit susdit trou, tuërent tout ce qui se trouva devant eux. Ceux de l'union entrerent lors en tel effroy, comme il advient d'ordinaire en tels accidents, qu'ils ne songerent plus qu'à se sauver ; ce qu'ils firent en telle confusion, que, sans prendre advis de rompre le pont de la riviere de Sartre pour se retirer en seureté de l'autre costé de la ville, oublians en cest endroict ce qui estoit necessaire pour leur sauver la vie, ils donnerent aux victorieux meilleur marché de leurs vies qu'ils ne pensoient avoir d'eux : presque toute l'infanterie fut taillée en pieces, et en fut tué jusques au nombre de sept à huicts cents. Le sieur des Chesnayes, qui estoit le principal chef de toutes ces troupes, avec plusieurs autres, s'allerent sauver au logis de madame de Rambouillet, où ils ne trouverent que de la courtoisie au lieu de la rigueur qu'ils luy avoient tenuë, car elle leur fit sauver la vie. La Rocheboisseau, conduisant la cavalerie de l'union, se sauva par une des portes de la ville. Peu après, les portes estans ouvertes du costé du chasteau, la cavalerie royale passa au travers la ville pour le suivre : on en glanna quelques-uns sur la queuë ; mais le temps et la diligence de Rocheboisseau en sauva la plus grande partie. Voylà le succez de la surprise et reprise de Sablé pour le Roy.

Les royaux pensoient par ceste prise avoir rendu ceux de l'union sans mouvement dans le pays du Mayne ; mais ils furent trompez, car ils ne furent pas si tost retournez, les uns en leurs garnisons, autres chez eux, d'autres ayans prins le chemin pour aller trouver le Roy qui estoit auprès de Paris, que le sieur de Lansac, qui s'estoit sauvé en Bretagne, revint au Mayne avec des nouvelles forces que M. de Mercœur lui avoit baillées, au nombre de deux mille cinq cents hommes de pied et de deux cents bons chevaux, amenant avec luy les sieurs de Vieques de Normandie, de Guebriant, de La Fueillée, du Bellay, et autres, lesquels, estans tous arrivez aux villages de Gerron et d'Embrieres, estans advertis que le sieur de L'Estelle, gouverneur de Mayenne, estoit allé avec sa troupe trouver le Roy, prirent occasion, par les intelligences que ledit sieur de Lansac avoit avec quelques habitans de Mayenne, de se saisir de la ville, et d'en assieger le chasteau.

M. le prince de Conty estoit lors arrivé à Tours, de retour de la bataille d'Ivry ; car le Roy, voyant qu'il ne pouvoit estre par tout à la suitte de sa favorable fortune, luy decerna une armée, et le fit son lieutenant general en icelle ez pays d'Anjou, Touraine, le Mayne, Poictou, le grand et petit Perche, Berry, Blaisois, Vendosmois, Dunois, Limosin et la Marche. Ledit sieur prince, ayant entendu ceste surprinse et le siege dudit chasteau, envoya en diligence vers le sieur de L'Estelle, qui s'estoit acheminé avec tout ce qu'il avoit de troupes pour aller trouver le Roy, affin qu'il s'en retournast en diligence à Mayenne pour en secourir le chasteau. L'Estelle n'eut plustost receu ce mandement, que, rebroussant chemin et marchant jour et nuit, il arriva à Lassé, quatre lieuës prez de Mayenne, d'où il envoya le sieur du Motet avec quelques soldats pour tascher à se jetter dedans le chasteau; ce qu'il executa si heureusement, qu'après avoir taillé en pieces deux corps de garde et gaigné une enseigne, ils entrerent tous dans le chasteau.

Le sieur de Hertray, gouverneur d'Alençon, eut aussi mandement dudit sieur prince de se joindre avec le sieur de L'Estelle, pour ensemblement adviser à ce qui seroit necessaire pour la reprise de la ville de Mayenne. Suyvant ce mandement, ledit sieur de Hertray se rendit à Lassé avec ses troupes. Par ce moyen ledit sieur de L'Estelle et luy, joincts, faisoient bien deux cents bons chevaux et quinze cents hommes de pied, lesquels s'en allerent droict vers Mayenne se saisir du faux-bourg Sainct Martin, ce qu'ils firent sans avoir trouvé beaucoup de resistance.

Ledit sieur de L'Estelle, voyant que le gué pour entrer dans le chasteau estoit empesché par des harquebuziers qui estoient logez dans des maisons, passa la riviere à la nage, et entra dans le chasteau, d'où il fit promptement sortir du Motet avec six vingts soldats pour gaigner lesdites maisons; ce qu'il fit si courageusement qu'il garda tousjours lesdites maisons, et par ce moyen toutes les troupes eurent moyen de passer au gué vers le chasteau sans incommodité.

Les sieurs de L'Estelle et de Hartray, ayans, le lendemain matin, recognu du haut d'une tour que Lansac et ses troupes avoient esté advertis de leur entrée, et qu'ils vouloient lever le siege, resolurent ensemblement de ne les laisser retourner si à leur ayse, et de sortir sur eux par deux endroicts, sçavoir, le sieur de Hertray et de Montaterre avec soixante cuirasses et cent cinquante harquebuziers, lesquels attaqueroient ceux qui estoient au dessous du chasteau, tandis que ledit sieur de L'Estelle, avec cent hommes armez de toutes pieces et cent harquebuziers, les chargeroit aussi du costé de la ville. Ils sortent les uns et les autres. L'Estelle, ayant rompu trois barricades sur une chaulsée d'estang, lesquelles se soustenoient l'une l'autre, garnies chacune de cent hommes, et faict fuyr devant luy tout ce qu'il rencontra, trouva en teste, au milieu d'une grande place, Lansac avec un gros de cavalerie estant en bataille, et ayant sur sa main droicte un bataillon de deux mille soldats. Après que L'Estelle eut contemplé la contenance de ses ennemis, il alla droict au petit pas attaquer la cavalerie, et d'abordée les fit saluër de vingt-cinq harquebuzades qui tuerent douze chevaux; puis ayant faict redoubler encor de plus près une pareille salve d'harquebuzades, cela fit un si terrible effect que toute la cavalerie se mit à la fuitte. L'Estelle, les laissant fuyr, alla droict aux gens de pied, et les attaqua par le coing de la main gauche de leur bataillon, qui fut occasion qu'ils rompirent leur ordre de bataille : ce qu'ayant recognu, il leur fit faire une salve d'harquebuzades à dix pas prez, puis se mesla avec toute sa troupe parmy eux, et à coups d'espée combatit de telle furie qu'il les rompit et mit en fuitte.

L'Estelle les poursuivant jusques hors la ville, ils se recogneurent estre plus grand nombre beaucoup que luy, et voulurent se r'allier; mais ils n'en eurent pas le moyen, car les sieurs de Hertray et de Montaterre, qui de leur costé avoient chassé devant eux tout ce qu'ils avoient rencontré, arriverent à l'instant, et, s'estans joincts avec ledit sieur de L'Estelle, firent une telle charge qu'ils les empescherent lors de se r'allier : ainsi Lansac et les siens, se mettans à la fuitte, se sauverent à une lieuë de là, où ils trouverent moyen de se r'allier sur une chaulsée d'estang; mais le marquis de Vilaines estant arrivé avec cent cuirasses de renfort aux victorieux, qui poursuivoient tousjours les fuyards, chargerent de telle furie ces nouveaux rallez, que tout fut mis à vau-de-route sans se pouvoir plus rejoindre. Il fut tué du costé de l'union de douze à quatorze cents soldats, et de personnes de remarque le baron de Montezon, les sieurs de La Bezaudiere, de La Chevalerie, de Lurnois, de La Chappelle de Beaumanoir, enseigne colonelle de Guebriant, et plusieurs autres: leurs enseignes et cornettes furent gaignées, avec trois cents prisonniers. Du costé des royaux il y mourut de remarque les sieurs de Charniere, de Perenaut et de Coulonges, avec quelques soldats. Voylà ce qui se passa à Mayenne. Quant à Lansac, il se sauva en Bretagne, et ne retourna plus au Mayne pour faire la guerre.

M. le prince de Conty, ayant sceu ceste desfaicte, se resolut de se preparer pour assieger La Ferté-Bernard, seule place qui restoit au pays du Mayne pour le party de l'union, dans laquelle commandoit le sieur Dragues de Comnene. Ceste ville est assise sur la riviere de Duyne au travers d'un pré, presque en forme de quarré long, laquelle n'a que deux seules advenuës par lesquelles on la peut attaquer, et où on se peut loger, sçavoir aux faux-bourg de la porte Sainct-Barthelemy, et l'autre au faux-bourg de la porte Sainct-Julien; car les deux flancs de ceste ville sont prairies si à descouvert, qu'on n'y peut becher deux pieds au plus sans trouver l'eau.

Après que M. le prince de Conty fut arrivé en sa maison de Bonnestable, qui n'est distante de La Ferté-Bernard que de trois lieuës, et que le sieur de Buignieres, qu'il avoit envoyé à La Ferté pour les exhorter de se mettre en leur devoir sans estre cause de la ruine de tout le pays, fut retourné luy dire qu'il n'avait cognu au gouverneur et aux habitans qu'une opiniastre resolution de tenir pour l'union, il manda aux sieurs du Fargis, de Lestelle, de Hertray et autres, de le venir trouver avec leurs troupes. D'autre costé, le sieur de Comnene se prepara pour se deffendre, et fit entrer dans la ville quatre-vingts bons harquebuziers des environs de La Ferté, avec lesquels il se trouva qu'il avoit deux cents bons hommes de pied et cent bons chevaux, sans les habitans.

La nuict du 30 avril, les troupes royales s'acheminerent pour investir La Ferté. Les sieurs de Malerbe et de Marigny d'un costé, avec la garnison du Mans, allerent se loger à Sainct-Anthoine, proche le faux-bourg Sainct-Julien, et le sieur de La Rainiere se logea dans le faux-bourg Sainct-Barthelemy, d'où il chassa le capitaine Meziere; ce qui ne se fit sans perte d'hommes de part et d'autre.

Comnene, qui ne desiroit avoir de si proches voisins, fit faire une rude sortie en plain midy, et esperoit faire mettre le feu dans tout ledit faux-bourg Sainct-Barthelemy; mais après que les siens eurent forcé quelques barricades et le premier corps de garde, et couru une partie du faux-bourg, ils furent rechassez dans la ville par les royaux, et n'eurent loisir que de mettre le feu aux plus proches maisons des fossez du costé du Mans.

Deux jours après, Comnene voyant qu'il ne pouvoit plus garder le faux-bourg de Sainct-Julien, et que les royaux se preparoient de passer la riviere d'entre eux et ledit faux-bourg, il y fit mettre le feu par tout, et n'y eut rien de sauvé qu'une chappelle, de laquelle les royaux se saisirent incontinent, et par les ruynes des maisons s'approcherent assez prez du Ravelin. L'on a remarqué que tous ceux du party de l'union ont fort usé de ceste voye d'embrasements pour se fortifier, et toutesfois les ruynes qu'ils ont faictes ne leur ont de rien servy. Pleust à Dieu qu'ils eussent eu engravé dans l'ame ceste belle parole dont usa, durant ces troubles, la dame d'Alegre, sœur de M. le mareschal d'Aumont, estant assiegée dans son chasteau par M. de Nemours. « Vous me conseillez, disoit-elle à un capitaine, de faire brusler des maisons pour fortifier mon chasteau; cela seroit bon à dire si nous avions à faire à des estrangers. Apprenez qu'aux guerres civiles aujourd'huy l'on se bat et demain l'on s'appointe, et que chacun trouvant son logis entier, la haine en est moindre et de moins de durée. »

Comnene, en ce commencement de siege, fit tout ce qu'il put pour la deffense de La Ferté. Il s'attendoit d'avoir du secours de M. de La Bourdaisiere, qui commandoit dans Chartres pour l'union, lequel avoit amassé quelques troupes vers Orleans, avec lesquelles il prit Meun sur Loire, qui n'est qu'à deux lieues de Boisgency, et du depuis Chasteaudun; mais il n'en receut point. Il fit aussi faire quelques sorties, ausquelles il n'oublia rien de ce qui estoit de la practique et de la ruse de la guerre.

Le sieur de L'Estelle, avec mille hommes de pied et cent chevaux, le sieur de Hertray, avec aussi cent chevaux et trois cents harquebuziers, et plusieurs gentilshommes et seigneurs, estans arrivez au siege, on commença à faire tirer un canon et une couleuvrine, et deux petites pieces, dont lesdits sieurs de L'Estelle et de Hertray eurent la charge. Le sixiesme may la ville fut saluée d'une vollée de canon, et incontinent après la batterie commença contre le front du ravelin de la porte Sainct-Barthelemy, et continua jusques un peu devant soleil couchant, que les royaux, portans quand et eux des eschelles, se presenterent pour monter par la bresche sur le ravelin, mais ils en furent rudement repoulsez par le bon ordre qu'avoit mis Comnene pour les soutenir.

M. le prince, qui desiroit avoir ceste place, et où il y alloit de son honneur, pource que c'estoit la premiere place qu'il avoit assiegée depuis que le Roy l'avoit creé son lieutenant general en ces pais là, voyant le peu d'effect qu'avoit faict le canon, et le peu de munitions qu'il avoit encor pour contraindre les assiegez à se rendre, envoya à Angers, d'où M. de La Rochepot luy envoya deux gros canons et des munitions. Si tost qu'il eut receu ce renfort, il fit recommencer la batterie contre le susdit ravelin, dont les assiegez estonnez, sans esperance de secours, commencerent à s'espouvanter.

Le sieur de Comnene, pour sa seureté, fit alors lever les ponts du chasteau par dedans la ville, lesquels dez le commencement du siege il avoit fait abattre, et les avoit laissez libres à tous les habitans qui y vouloient entrer, leur disant qu'il ne vouloit point d'autre retraicte que la leur, et qu'il vouloit courir leur mesme fortune. Les femmes, d'autre costé, commencerent à craindre la violence des soldats si la ville estoit prise d'assaut. Le sieur de La Barre Menardiere, sergent major dans La Ferté, faisant sortir sa femme par le moyen du sieur de La Pelletiere Tibergeaut, qui estoit au camp du prince, luy fit ouverture qu'il y avoit moyen de parvenir à une composition si on vouloit. Le sieur de L'Estelle, par le commandement de M. le prince, escouta ledit sieur de La Barre, lequel, rentré dans la ville, rapporta au sieur de Comnene que M. le prince faisoit estat d'entrer par force en La Ferté dans vingt-quatre heures; ce neantmoins qu'il estoit prest d'entrer en composition si on vouloit. Comnene, ayant faict assembler quelques-uns des habitans, envoya, de leur consentement, deux deputez vers M. le prince, lequel leur demanda ce qu'ils vouloient: eux lui dirent qu'ils n'avoient charge que d'entendre les propositions qu'il plairoit à Son Excellence de leur faire. « Je vous accorde, leur dit-il, une suspension d'armes depuis six heures jusques à dix heures; retournez en la ville, et m'apportez vos demandes par escrit. » Les deputez rentrez, il y eut quelque different entre ledit sieur de Comnene et le baillif Gaudin, ce qui fut cause que, dix heures passées, la batterie recommença; mais cessée encor une fois et trefve faicte, ledit baillif dressa par articles les demandes des habitans, qu'il fit signer au greffier de la ville; puis, sans les communiquer audit sieur de Comnene, il les envoya à M. le prince, lequel les receut, et cognut bien qu'il auroit meilleur marché d'eux qu'il n'avoit pensé, puis que le gouverneur et les habitans estoient en discord. Par ce moyen ledict sieur Comnene, se voyant circonvenu, se retira au chasteau et envoya vers M. le prince aussi ses demandes, desquelles il luy en accorda une partie. Ainsi ledit sieur de Comnene, suyvant la capitulation, sortit de La Ferté accompagné de tous les gens de guerre; et de ceux qui le voulurent suivre, avec leurs armes et bagages, et furent conduits par la compagnie de M. du Fargis jusques à Chartres. Les principaux points de ceste capitulation furent: Que les habitans demeureroient paisibles en leurs maisons, et seroient doresnavant fidelles serviteurs du Roy; que, pour toutes choses, les creanciers de la ville, ausquels ledit sieur de Comnene avoit respondu pour les gens de guerre, seroient payez, et luy seroit delivré en outre cinq cents escus pour distribuer aux blessez, ainsi qu'il adviseroit; qu'il emmeneroit les prisonniers de guerre qui n'auroient payé rançon; et que luy, et tous ceux qui sortiroient avec luy, auroient deux mois pour aller et revenir par tout où bon leur sembleroit pour negotier et faire leurs affaires, sans en estre recherchez ny molestez pendant lesdits deux mois. Voylà ce qui s'est passé au siege et en la reddition de La Ferté.

Nous avons dit que le sieur de La Bourdaisiere avoit pris Chasteaudun. Après ceste prise il se retira à Chartres, et laissa le sieur de La Patriere de Beauce dedans. Ceste place incommodoit fort le passage de Tours à l'armée du Roy qui estoit autour de Paris; ce fut pourquoy Sa Majesté commanda audit sieur prince de la reprendre; mais après la prise de La Ferté, les Angevins et les Manceaux avoient remené chacun leur canon en leurs provinces; et le sieur de L'Estelle, avec ses troupes, par le commandement dudit sieur prince, estoit allé pour secourir ledit sieur marquis de Vilaines à Laval, que le duc de Mercœur menaçoit d'un siege, lequel, sçachant que le sieur de l'Estelle y estoit arrivé avec ses troupes, s'en retourna vers Nantes; ce qui donna plus de commodité audit sieur prince de faire revenir ledit sieur de L'Estelle, et d'executer la volonté du Roy pour aller reprendre Chasteaudun, lequel il fit incontinent investir. Les ligueurs qui estoient dedans, se voyants si soudainement investis, s'adviserent de faire brusler les faux-bourgs, qui estoient presque aussi grands que la ville. Cest embrasement fut grand pour ce que la plus-part des maisons en ce pays-là ne sont couvertes que de bardeau et de chaume: tous les biens des habitans y furent perdus; les vins boüilloient dans les caves de la chaleur du feu; les bleds brusloient dans les greniers; c'estoient une grande desolation qui ne revint à aucun advantage à ceux de l'union, car le Roy ayant envoyé de devant Paris M. le mareschal d'Aumont et le sieur de Chanlivaut avec des troupes de cavalerie et d'infanterie, pour renfort audit sieur prince, et le sieur du Fargis avec ses troupes estant venu du Mans audit siege avec un canon et une coulevrine, après quelques volées tirées ils se rendirent. Ledit La Patriere fut conduit en seureté avec quelques-uns, et s'excusa des embrasements. Le capitaine Basque et autres furent pendus. Voylà ce qui se passa en la reprise de Chasteaudun, après laquelle ledit sieur prince s'en alla avec toute ceste petite armée retrouver le Roy devant Paris.

Nous avons dit que le Roy, ayant tenté Sens par quelques efforts, ne voulut perdre l'oportunité du temps pour assieger Paris, et qu'il fi tourner la teste de son armée vers ceste grande ville. Les ponts de Charenton et de Sainct Maur furent incontinent saisis; ceux qui y estoient dans les forts voulant resister, puis s'estans rendus à discretion, furent pendus. Vis à vis de Confians les royaux firent incontinent un pont de barques pour passer la Seine et courir la campagne du costé de l'Université, afin d'empescher que les Parisiens ne receussent aucuns vivres par la terre. Par ce moyen Paris fut investy de tous costez.

Le huictieme de may le Roy fit mettre deux pieces d'artillerie sur le mont de Montmartre, et quatre sur la bute de Monfaucon, desquelles il fit tirer quelques coups pour saluer les Parisiens. Depuis que le duc de Nemours fut esleu gouverneur de Paris, ainsi que nous avons dit, il pourveut le mieux qu'il put d'y faire entrer quelques vivres, de recouvrer des munitions, et de faire reparer les lieux les plus foibles. Il fit abattre les maisons des faux-bourgs qui estoient les plus proches des portes de la ville et des fossez. Il mit les Suisses dans le Temple. Une partie des lansquenets furent mis pour prendre garde depuis la Porte Neufve jusques à l'Arsenal. Les Parisiens gardoient les portes et les murailles. Ceste ville se mit tellement sur la deffensive, que tous ceux qui ont escrit de ce siege ont tenu qu'il y avoit dedans plus de cinquante mil hommes tous en armes, et que le Roy qui la tenoit assiegée n'avoit au plus en ce commencement que douze mil hommes de pied et trois mil chevaux. Et afin que les royaux ne peussent entreprendre quelque effort par la riviere de Seine, les Parisiens tendirent une chesne de la Tournelle aux Celestins, laquelle estoit soutenuë de petits bateaux et deffenduë des deux costez d'une quantité de gens de guerre et de quelques pieces; ils en mirent aussi une vers la porte de Nesle qui respondoit auprès du Louvre, afin de n'estre surpris ny par le haut ny par le bas de ladite rivière. Et pource qu'il n'y avoit pas grand nombre d'artillerie dans ceste ville, pour la perte que le party de l'union en avoit faicte en plusieurs endroits, le duc de Nemours en fit fondre en diligence quelques pieces, et, avec celles qui se trouverent dans la ville, tant petites que grosses, il en fut mis jusques au nombre de soixante-cinq sur les boulevards des portes et aux endroicts qu'ils jugerent necessaires. Toutes ces choses firent juger dèslors que Paris seroit plus difficile à avoir que beaucoup ne s'estoient imaginé.

Paris est divisé comme en trois villes par la riviere de Seine qui passe au milieu. La partie qui est à la main dextre dans l'Isle de France se nomme la Ville, et de ce costé est Sainct Denis et le bois de Vincennes. L'autre partie qui est à gauche de ladite riviere est nommée l'Université; et la troisieme partie, qui est une isle entre la Ville et l'Université, dans laquelle sont les deux magnifiques bastiments de la grande eglise Nostre-Dame et du Palais Royal, où se tient la cour de parlement, siege des pairs de France, se nomme la Cité.

Le duc de Mayenne, devant que partir de Sainct Denis, y avoit donné l'ordre requis en cas d'un siege, et avoit laissé dedans les maistres de camp du Bourg, Vaudargent et La Chanterie, avec une bonne garnison. Ceste ville est en une raze campagne, à deux lieuës de Paris, descouverte de tous costez, de laquelle on ne peut approcher pour l'assieger sans peine et perte. Le chasteau du bois de Vincennes, place forte, est aussi distante d'une lieuë de Paris, dans laquelle le duc de Nemours avoit aussi mis bonne garnison, et avoit contraint tous les villages circonvoisins de porter tous leurs vivres dedans ces places, ou de se retirer dans Paris. Sa Majesté, pour espargner le sang des François qui se fust respandu en forçant ces villes et ses subjects de le recognoistre, resolut de les matter par la necessité de vivres, et les faire devenir sages par la longueur d'un siege : resolution qu'il prit avec double dessein, ou que le duc de Mayenne s'approcheroit pour les secourir, et que, hazardant encore une bataille contre luy, il esperoit en obtenir la victoire pour arracher la racine du mal de son royaume, ou bien que par la necessité il se feroit maistre de ces villes, et qu'il couperoit par ce moyen ces branches de l'arbre de la ligue, qui seroit la cause qu'il ne porteroit plus gueres de fruict.

Le duc de Nemours avoit mis dans les faux-bourgs Sainct-Martin et Sainct-Denis, quelque infanterie françoise sous la conduite des maistres de camp La Castelliere, Dizemieux et Montilly; mais, affin d'empescher que ceux de Paris ne pussent donner secours à ceux de Sainct-Denis, le sieur de La Nouë fut pour se loger ausdits faux-bourgs, où il trouva ceux de l'union bien barricadez. Il y fut là bien escarmouché de part et d'autre. Les Suisses, les lansquenets et aucuns Parisiens mesmes, y furent pour les soustenir. A la troisiesme fois que ledit sieur de La Nouë voulut les forcer, son cheval fut tué sous luy, et luy blessé d'une harquebuzade à la cuisse droicte. Les royaux alors furent contraints de se retirer, et remener ledit sieur de La Nouë à Villepinte où estoit son quartier. Du depuis les royaux brusierent les moulins de ce costé là, et se logerent aux prochains villages autour de Sainct-Denis. Sur la fin de ce mesme mois de may, Poitrincourt rendit au Roy Beaumont sur Oyse, et ce au mesme temps que le legat, l'ambassadeur d'Espagne et tous ceux de l'union consultoient quel pretexte ils prendroient d'oresnavant, puis que M. le cardinal de Bourbon estoit mort à Fontenay en Poictou le 8 de may.

La mort de ce prince advint d'une retention d'urine par une pierre qui luy donna la fievre continuë de laquelle il mourut. Son corps fut mis en un cercueil, et, passant par Tours, fut mené à Gaillon où il avoit ordonné d'estre ensepulturé. Messieurs les princes du sang ses nepveux chargerent tous le dueil de sa mort, et luy firent faire les services et honneurs deus à sa qualité.

Ce prince estoit debonnaire et simple de son naturel, et grandement zelé envers l'Eglise catholique, apostolique et romaine, ce qui luy a faict mesmes quelquesfois delaisser le devoir d'amitié envers ses plus proches, ainsi qu'il se peut cognoistre par le voyage qu'il fit en Bearn pour aller querir ses deux freres le roy de Navarre et le prince de Condé, par les procès qu'il a intentez contre la royne Jeanne d'Albret, et pour s'estre joinct à la ligue des princes catholiques après la mort de monseigneur le duc d'Anjou, ainsi qu'il a esté dit cy-dessus; lesquels princes luy firent apprehender de pouvoir succeder au feu roy Henry III, quoy que ce prince cardinal ne fust que le puisné de la maison de Vendosme, premiere branche de la famille royale des Bourbons, et prestre.

Du commencement qu'il se mit de ceste ligue, ses principaux et fidelles serviteurs luy dirent tout ce qu'ils purent pour l'en destourner; mais il leur fut impossible. Toutesfois, un jour, estant dans l'armée que le duc de Guise avoit levée sous son nom, Vergnetes, qui luy estoit serviteur domestique et qui l'avoit tousjours servy dez son enfance, le trouvant fasché et las d'une cavalcade qu'il luy convint faire en diligence, luy dit : « Monsieur, que pensez vous faire? vous estes icy en une armée, mais vous n'ignorez vostre aage, et vostre foiblesse qui s'abbat tous les jours : si les gouttes vous prennent où vous tiendrez-vous? car il n'y a point de ville assez forte pour vous guarantir contre la puissance du Roy. — Ha! Vergnettes, dit ce prince, j'y suis embarqué, et tout le monde ne sçait pas pourquoy : mais sçache, encor qu'on m'en blasme, neantmoins que je me suis point accordé avec ces gens icy sans raison. Penses-tu que je ne sçache pas bien qu'ils en veulent à la maison de Bourbon, et qu'ils n'eussent laissé de faire la guerre quand je ne me fusse pas joinct avec eux? Pour le moins, tandis que je suis avec eux, c'est tousjours Bourbon qu'ils recognoissent. Le roy de Navarre, mon nepveu, cependant fera sa fortune. Ce que je fais n'est que pour la conservation du droict de mes nepveux : le Roy et la Royne mere sçavent bien mon intention. » Voylà ce que ce prince respondit à Vergnetes. Aussi l'autheur de la suitte du manant et du Maheustre dit qu'il fut expressement accordé à Nancy, entre les princes de la ligue et les ministres d'Espagne, qu'advenant la mort du roy Henry III, l'on recognoistroit M. le cardinal de Bourbon pour roy, et, après luy, son plus prochain neveu qui ne seroit heretique ou fauteur d'heretique, à la condition d'espouser la fille du duc de Guise. Il se peut cognoistre par ce que dessus, et se cognoistra encor plus à la suitte de ceste histoire, combien ledit sieur cardinal, le roy d'Espagne et tous les princes de la ligue, chacun en leur particulier, estoient discordans d'intentions et de desseins.

Il se rapporte dudit sieur prince cardinal qu'il estoit en son cabinet quand on luy vint dire que le roy de Navarre avoit gaigné la bataille de Coutras, et qu'il se tourna vers deux de ses anciens serviteurs, levant son bras droict, et leur disant : « Loüé soit Dieu, le roy de Navarre, mon nepveu, est demeuré victorieux, nostre ennemy est mort : ainsi en prendra-il à tous ceux qui s'attaqueront à nostre maison : *Vive Bourbon!* Dieu donne bonne vie au Roy; mais j'espere que s'il mouroit sans hoirs, que je verray mon nepveu roy : toutesfois je me garderay bien d'en parler en l'estat où sont les affaires. » C'est pourquoy plusieurs ont tenu que ce prince n'estoit point ennemy des siens, et qu'il n'estoit ennemy que de la religion pretenduë reformée.

Jamais aussi il ne print le tiltre de roy depuis la mort du roy Henry III; et, parlant du Roy à present regnant, il ne l'appelloit que *le Roy mon nepveu*. Toutesfois, sous son nom et sous le tiltre de Charles X, le roy d'Espagne prit le pretexte de faire la declaration du huictiesme mars de ceste année, ainsi que nous avons dit, et envoya de ses gens de guerre en France. Les princes de la maison de Lorraine aussi et les villes de l'union firent battre monnoye, et firent expedier toutes les affaires publiques sous son nom; mais la nouvelle de sa mort les mit tous en nouveaux pensers. D'un costé le legat Caëtan, affectionné à l'Espagnol, et l'ambassadeur Mendozze, sçavoient que M. de Luxembourg avoit parlé au pape Sixte, et que depuis la victoire d'Ivry Sa Saincteté avoit cognu que ceux de l'union ne luy avoient dit les affaires de France ainsi qu'elles s'estoient passées. D'autre costé le duc de Mayenne et les grands de son party avoient laissé tomber la puissance entre les mains du tiers-estat et des grandes villes, et se trouvoient en de merveilleuses peines, et craignoient quelque remuëment sur la nouvelle de ceste mort, veu qu'après tant de victoires le Roy tenoit la campagne et la ville capitalle de son royaume assiegée, aussi qu'ils n'avoient plus de subject de tenir contre Sa Majesté pour la preference qu'ils alleguoient de l'oncle au nepveu.

Sur la nouvelle donc de la mort de ce prince cardinal, ils eurent recours à leur premier pretexte, qui estoit l'heresie, affin qu'il ne se remuast rien dans Paris ny aux autres villes de leur party, et s'adviserent de faire presenter une requeste à messieurs de la Faculté par le prevost des marchands, signée de quelques bourgeois, laquelle contenoit trois articles principaux, savoir :

I. Si advenant la mort du [pretendu] roy Charles X, ou qu'il cedast son droict à Henry de Bourbon [roy de France et de Navarre], les François sont tenus ou peuvent le recevoir pour roy, quand mesmes il seroit absous des censures qu'il a encouru.

II. Si celuy qui poursuit ou promet de faire quelque paix avec ledit Henry, la pouvant empescher, n'est pas suspect d'heresie ou fauteur d'icelle.

III. Si c'est chose meritoire de s'opposer audit Henry, et y resistant jusques à la mort, si cela peut estre appellé martyre.

La Faculté de Paris estoit reduicte en ce temps là sous le pouvoir de quelques docteurs qui estoient de la faction des Seize, et qui entreprenoient tellement, qu'eux seuls se disoient la Faculté : aussi, *nemine contradicente*, par acte qu'ils datterent du 7 may, un jour auparavant la mort dudit sieur prince et cardinal, ils declarerent :

« Qu'il est de droict divin inhibé et defendu aux catholiques recevoir pour roy un heretique ou fauteur d'heresie et ennemy notoire de l'Eglise, et plus estroittement encores de recevoir un relaps, et nommement excommunié du Sainct Siege.

» Que s'il eschet qu'aucun diffamé de ces qualitez ait obtenu en jugement exterieur absolution de ses crimes et censures, et qu'il reste toutesfois un danger evident de feintise et perfidie, et de la ruine et subversion de la religion catholique, iceluy neantmoins doit estre exclus du royaume par mesme droict.

» Et quiconque s'esforce de faire parvenir un tel personnage au royaume, ou luy ayde et favorise, ou mesme permet qu'il y parvienne y pouvant empescher, et le devant selon sa charge, cestuy faict injure aux sacrez canons, et le peut-on justement soupçonner d'heresie, et reputer pernicieux à la religion et à l'Eglise, et pour ceste cause on peut et doit agir contre luy sans aucun respect de degré ou preeminence.

» Et pourtant, puis que Henry de Bourbon est heretique, fauteur d'heresie, notoirement ennemy de l'Eglise, relaps et nommement excommunié par nostre Sainct Pere, et qu'il y auroit danger evident de feintise et perfidie et ruine de la religion catholique, au cas qu'il vinst à impetrer exterieurement son absolution, les François sont tenus et obligez en conscience de l'empescher de tout leur pouvoir de parvenir au gouvernement du royaume très-chrestien, et de ne faire aucune paix avec luy nonobstant ladite absolution, et quand ores tout autre legitime successeur de la couronne viendroit à deceder ou quitter de son droict; et tous ceux qui luy favorisent font injure aux canons, sont suspects d'heresie et pernicieux à l'Eglise, et comme tels doivent estre soigneusement reprins et punis à bon escient.

» Or, tout ainsi comme ceux qui donnent ayde ou faveur en quelque maniere que ce soit audit Henry, pretendant au royaume, sont deserteurs de la religion, et demeurent continuellement en peché mortel, ainsi ceux qui s'opposent à luy par tous moyens à eux possibles, meus du zele de religion, meritent grandement devant Dieu et les hommes ; et comme on peut à bon droict juger qu'à ceux là estans opiniastres à establir le royaume de Satan la peine eternelle est preparée, ainsi peut-on dire, avec raison, que ceux icy seront recompensez au ciel du loyer eternel s'ils persistent jusques à la mort, et comme deffenseurs de la foy emporteront la palme de martyre. »

Ceste resolution fut incontinent imprimée, publiée et envoyée par tout avec une lettre sous le nom des bourgeois de Paris, addressante aux habitans catholiques des villes du party de l'union, dans laquelle, après leur avoir dit qu'ils n'estoient ignorans du mal qui les pressoit et de l'estat auquel ils estoient reduits, et plusieurs autres choses sur ce subject, ils estoient exhortez de suivre, d'embrasser et caresser la susdite resolution, et de jamais ne subir le joug d'un prince qui soit heretique ou favorise l'heretique, ou sous la puissance duquel on coure hazard d'heresie, mais d'endurer plustost le feu, le glaive, la famine, et toute autre extremité.

Les Espagnols et toute la faction des Seize dans Paris trouverent ceste resolution saincte : ceux-là pour entretenir la division et le trouble en France affin de venir à bout de leurs pretensions; ceux-cy de peur d'estre chastiez de leur rebellion et de leurs actions passées. Le duc de Mayenne, les princes de Lorraine et la noblesse de son party, la trouverent aussi très-utile pour deux raisons : l'une, affin que le roy d'Espagne, voyant ceste resolution *de ne faire aucune paix* avec le roy de France et de Navarre, son ancien ennemy, les secourust plus volontairement d'hommes et d'argent, car ils estoient sans moyens, hors d'esperance de pouvoir desormais tous seuls se deffendre contre le Roy, ainsi qu'ils avoient fait auparavant, et ne pouvoient faire paix avec Sa Majesté en conservant leur reputation, et obtenir de luy les seuretés qu'ils eussent desirées, ainsi, disoient-ils, que l'on l'avoit recognu à un pourparler qui s'en estoit fait près de Mante entre le sieur de Villeroy et le sieur du Plessis Mornay, et l'autre, affin que les grandes villes du party de l'union, dont le gouvernement estoit tombé entre les mains du tiers-estat, et sur lesquelles ils n'avoient pas assez d'authorité d'en disposer, demeurassent unies en leur party.

Les chefs de l'union dans Paris, voyant le peuple disposé selon leur intention, publierent la mort du cardinal de Bourbon [sans luy rendre l'honneur qu'ils lui devoient après sa mort pour le tiltre qu'ils luy avoient baillé; aussi ne s'en estoient ils servy que pour pretexte], puis firent une procession generale au couvent des Augustins, où se trouverent le legat Caëtan, l'archevesque de Lyon, les evesques de Senlis, de Rennes, de Frejus, de Plaisance, d'Ast, de Ceneda, le predicateur Panigarole, le referendaire comte Porcia, le protenotaire Bianchetti, l'ambassadeur d'Espagne Mendozze, l'ambassadeur de la feüe royne d'Escosse, que l'on nommoit l'archevesque de Glasco, avec celuy du duc de Ferrare, les ducs de Nemours, le chevalier d'Aumale, et autres seigneurs, la cour de parlement, et autres cours souveraines, avec le prevost des marchands, les eschevins, colonels et capitaines de la ville, où, après que la messe fut chantée, et qu'un religieux eut faict une predication pour les exhorter à estre fermes en leur party, ils allerent les uns après les autres jurer sur le livre des Evangiles, qui estoit ouvert devant le legat vestu et seant en pontificat, d'employer leurs vies pour la conservation et defense de la religion catholique, apostolique et romaine, de la ville de Paris, et autres du party de l'union, et de ne prester jamais obeyssance à un roy heretique, et que tout ce qui viendroit à leur cognoissance au prejudice de leur union qu'ils le reveleroient. Il fut fait depuis une forme de ce serment par escrit, que les colonels et capitaines firent jurer au peuple chacun en leurs quartiers. Voylà comment on disposa les Parisiens de ne recevoir le Roy. Ils furent entretenus en ceste creance par plusieurs predicateurs, qui par leurs persuasions eurent tant de puissance, qu'ils prindrent leurs afflictions pour occasions de s'opiniastrer contre Sa Majesté. Il se fit aussi une compagnie de plusieurs moynes, prestres et escoliers, jusques au nombre de treize cents, lesquels firent comme une monstre en armes parmy la ville, de laquelle compagnie estoit capitaine Roze, evesque de Senlis; Hamilton, curé de Sainct Cosme, Escossois de nation, en estoit le sergent; mais il advint qu'en passant ainsi armez auprès du pont Nostre Dame, et voulans saluër le legat qui passoit dans son carrosse, une harquebuzade tüa son secretaire tout auprès de luy. Aucuns attribuerent ceste monstre de moynes et prestres en armes à zele et devotion; d'autres s'en mocquerent, les voyans ainsi armez contre leur profession, et comme estans gens incapables du maniement des armes. Les catholiques royaux en firent aussi des discours où ils disoient que l'on n'avoit point veu les moynes et prestres en armes aux troubles de l'an 1562 et 1567, quoy que les huguenots fussent venus jusques aux portes de Paris. « En quels troubles sommes-nous, disoient-ils, d'avoir veu les ecclesiastiques s'habiller de diverses sortes de couleurs, avec des chapeaux panachez de couleur, portant harquebuzes, corselets et autres sortes d'armes, faisant la garde aux tranchées quand le feu Roy fut assassiné à Sainct Clou, de voir à present les capucins et feuillans porter la cuirasse à nud sur leur habit, avec des armes offensives en la main? Quiconque jugera les choses sans passion, cognoistra que c'est une desbauche generale qui est parmy eux, et non pas une devotion. » Voylà ce que les uns et les autres en disoient. Les religieux de Saincte Geneviefve, de Sainct Victor, ceux de l'ordre de Sainct Benoist, des Celestins et autres, ne se trouverent pas aussi en ces remuëments là. Voyons, cependant que le Roy taschoit d'avoir Paris et Sainct Denis par la necessité, et que le duc de Mayenne alloit demander secours en Flandres au duc de Parme, ce qui se passa à Rome touchant M. de Luxembourg, lequel messieurs les princes du sang et les officiers de la couronne du conseil du Roy avoient envoyé vers Sa Saincteté. Nous avons dit que, dez le commencement de son arrivée en Italie, le pape Sixte ne le voulut voir; il luy defendit mesmes l'entrée dans les terres de l'Eglise. Mais le bruit des victoires d'Arques et de Diepe, et les prises de tant de villes en Normandie, apporterent du changement à la resolution de Sa Saincteté.

M. le marquis de Pisany avoit esté ambassadeur du feu Roy à Rome, et s'estoit opposé, comme nous avons dit, avec M. l'evesque du Mans, aux entreprises des agents de l'union à Rome, jusques-là que le Pape luy dit un jour qu'il luy feroit trancher la teste s'il ne luy verifioit ses pouvoirs. Il s'y offrit de les verifier. Mais la mort du Roy survenuë, il demeura en Italie quelque temps devant que retourner en France. Il estoit lors à Rome quand M. de Luxembourg arriva en Italie. Ledit sieur marquis, sur la deffence que Sa Saincteté fit audit sieur de Luxembourg de venir sur les terres de l'Eglise, employa lors les ambassadeurs de Venise et de Florence, et d'autres grands princes amis de la France, desquels il fut assisté. Il remonstra à Sa Saincteté beaucoup de raisons pour lesquelles il devoit ouyr M. de Luxembourg, et qu'en son ambassade il estoit question du plus grand et du premier royaume de la chrestienté, d'un roy recognu par les princes et principaux seigneurs et officiers de la couronne, d'un prince guerrier, victorieux, suivy d'un grand nombre de catholiques, qui avoit un party grand, assisté de la plus grande part de la noblesse françoise, ayant en son pouvoir de bonnes et fortes villes, lesquelles il estoit impossible d'oster de sa puissance; qu'il y alloit de la salvation de l'ame du premier prince de la chrestienté, et qui devoit estre le premier fils de l'Eglise, lequel desiroit se faire instruire pour se remettre en son devoir de recognoistre l'Eglise et le Sainct Siege; que ceste conversion pourroit ramener les autres heretiques en leur devoir, prenant exemple sur un si grand prince; qu'outre toutes ces choses, qu'il failloit craindre un schisme en la France, et que les princes du sang et autres princes et officiers de la couronne catholiques, se voyans refusez d'estre ouys de Sa Saincteté, se pourroient resoudre de faire eslire un patriarche en France, comme desjà il en avoit esté tenu quelques propos. Ledit sieur marquis fit sa remonstrance d'une telle grace et gravité, que le pape Sixte, qui estoit d'un naturel rude, ramollit son courage, et permit à M. de Luxembourg de venir à Rome, ainsi que les autres princes qui y vont pour leurs affaires particulieres, sans qu'il prinst aucune qualité d'ambassadeur.

M. de Luxembourg contraint de ceder au malheur du temps, arrivé à Rome, et introduit dans la chambre du Pape, et non au consistoire, traicta avec Sa Saincteté avec tant de reverence, que le pape Sixte cognut lors que ceux de l'union ne luy avoient pas tout dit. Les affaires en ce commencement prirent un long traict: le Pape voulut estre informé au vray des affaires de la France, et cependant deffendit au cardinal Caétan de n'user d'excommunication contre les princes et seigneurs catholiques du party royal. Du depuis M. de Luxembourg, ayant esté à Nostre-Dame de Lorette, et revenu à Rome, où le bruit estoit parvenu de la victoire que le Roy avoit obtenuë à Ivry sur l'union, et qu'il alloit mettre le siege devant Paris, il alla voir Sa Saincteté, qui s'enquesta de luy fort particulierement des conditions et des humeurs de Sa Majesté. M. de Luxembourg, qui vid l'occasion née de faire un service à son prince, ne manqua de representer à Sa Saincteté la generosité, la clemence et l'humanité du Roy, et les endroicts où il en avoit monstré les effects. Le Pape, l'ayant long temps escouté, s'enquestant tousjours de la verité de quelques actions que l'on luy avoit dites de Sa Majesté, luy dit en fin: *M'incresce di l'aver scommunicato essendo di tai costumi, ma io che no l'ho fatto perche l'era fatto* (1). Depuis il l'appella roy de Navarre, car auparavant il ne l'appelloit que prince de Bearn.

M. de Luxembourg avoit mené avec luy maistre Hugues de Lestre, homme très-eloquent en la langue latine, et bien versé aux affaires d'Estat. Sa Saincteté l'ayant ouy parler des affaires de la France, il voulut que cest orateur eust audience au consistoire au nom de ceux qui l'avoient envoyé. Le comte Olivarez, ambassadeur d'Espagne à Rome, les agents de l'union, et sur tous le cardinal de Pellevé, sçachans la resolution de Sa Saincteté, taschèrent par tous les moyens qu'ils purent d'empescher ceste audience; mais Sixte V l'ayant resolu, il falut qu'ils passassent par là, car il estoit pape absolu. Après que l'orateur de M. de Luxembourg eut esté ouy au consistoire, les opinions de plusieurs cardinaux, pour n'avoir esté bien advertis des affaires de France, se changerent. Le pape mesme rescrivit à M. le cardinal de Vendosme [lequel depuis la mort de son oncle print le tiltre de Bourbon] et à M. le cardinal de Lenoncourt. L'ambassadeur d'Espagne à Rome et les agents de l'union se trouverent lors esbahys de ce changement d'affaires: ceux-cy font courir contre Sa Saincteté plusieurs calomnies sous main, ceux-là le menacent à l'ouvert.

Le comte Olivarez fut si outrecuydé que de dire au pape que s'il ne chassoit M. de Luxembourg pour le bien de la religion catholique, que son maistre le roy d'Espagne luy feroit la guerre, et le feroit declarer incapable de son pontificat

(1) Je suis fâché de l'avoir excommunié puisqu'il est tel, mais il l'étoit déjà avant que je l'excommuniasse.

par un concile qu'il feroit tenir en ses royaumes et pays. La bravade de cest Espagnol fut cause qu'il sortit de Rome, et le duc de Cesse vint tenir sa place.

Les agents de l'union firent courir lors plusieurs escrits contre Sa Sainctetć, la substance de la pluspart desquels estoit que le cardinal Montalto avoit fait, de la part de Sa Sainctété, promesse à ceux de l'union de leur ayder et secourir de thresors, mais que, pour les affaires du royaume de France, il ne failloit esperer de Sa Sainctété sinon les thresors spirituels de l'Eglise, et non pas les temporels; que quand on parloit à Sa Sainctété des affaires de la France, et qu'il estoit besoin de mettre la main à la bource, qu'il remettoit les agents de l'union de jour en jour, et d'une congregation de messieurs les cardinaux à l'autre subsequente; de quoy que Sa Sainctété dist qu'avant que rien ordonner il desiroit estre bien instruit des affaires de France, et que pour cest effect il avoit envoyé querir Grimaldi en son archevesché d'Avignon pour en avoir plus de lumiere, et qu'il desiroit estre inspiré du Sainct Esprit de ce qu'il auroit à faire, ainsi qu'il le pensoit estre bien-tost par les prieres de plusieurs personnes ausquelles il avoit donné charge de prier Dieu, que tout cela n'estoit que des delais pour ne donner aucune resolution, parce qu'on ne pouvoit offenser plus les oreilles de Sa Sainctété que de luy parler d'argent pour le secours de France; que Sa Sainctété desiroit plustost rendre son comtat d'Avignon tributaire de six mille escus par an au sieur Desdiguieres, chef des huguenots en Dauphiné, affin qu'il fust en paix, que non pas d'employer son thresor pour le defendre de payer tribut en faisant la guerre aux heretiques; qu'il ne failloit donc plus esperer d'avoir de Sa Sainctété aucun secours que sa seule benediction, puis que les cinq millions d'or qu'il avoit ramassez du patrimoine de sainct Pierre et mis au chasteau Sainct Ange n'estoient que pour enrichir ses parens, mesmes qu'il avoit baillé six cens mille escus à Marc Antoine Colomna qui avoit espousé sa niepce, et avoit achepté de belles terres pour l'exercice du sieur don Michel.

Ainsi le pape Sixte entra en l'inimitié de l'Espagnol et de ceux qui supportoient à Rome les ligueurs de France. Le duc de Cesse, nouvel ambassadeur d'Espagne à Rome, y vint exprès pour empescher que l'on ne receust le roy Henry IV au giron de l'Eglise, quoy qu'il s'y reduisist, et pour faire sortir M. de Luxembourg de Rome. Plus, il somma Sa Sainctété de secourir d'argent les princes de la ligue en France, et d'y excommunier tous les catholiques royaux.

tous ses compagnons, et de degré en degré parvint aux licences; et eut charge entre les siens. Ne pouvant plus se tenir en choses si basses, il devint hautain, et tient-on mesmes que le couvent fut comme contraint de le congedier pource qu'il se rendoit du tout incompatible.

Or, estant à Rome, il s'alla rendre au palais du cardinal d'Est, lequel l'employa en maniement d'affaires dont il s'acquitta fort bien. Il advint que Hugues Boncompagne, qui depuis a esté cardinal et pape, appellé Gregoire XIII, fut envoyé en Espagne. Le cordelier Perreti trouva moyen d'aller avec luy, où il prit les affaires si bien, qu'avec Sfondrat, qui depuis a esté pape, appellé Gregoire quatorziesme, il eut l'honneur un jour d'estre festoyé du roy d'Espagne avec ledit sieur cardinal Boncompagne legat.

En la cour d'Espagne il y a tousjours des *locos*, qui font les *nabis*, c'est-à-dire des plaisans ou fols; ces gens-là sont de Barbarie, et contrefont les prophetes. Il advint que l'un de ces *locos*, tandis qu'ils estoient tous à table, s'addressa au roy d'Espagne Philippe II, et luy dit: « Tu ne sçais pas avec qui tu manges. » Enquis par le Roy pourquoy il disoit cela, il luy respondit: « Pource que tu manges avec trois papes. » Ce qu'ayant dit, il alla frapper sur l'espaule du legat Boncompagne, et puis descendit au bas de la table où estoit Perreti, qu'il frappa aussi, puis remonta de l'autre costé, et frappa aussi Sfondrat pour le troisiesme, monstrant l'ordre de leur promotion comme elle est advenuë: ce qui fut lors très-bien noté.

Au retour de là, Perreti, allant et venant par l'Italie, le Piedmont et la France, mania tellement son ordre de Sainct François, qu'il fut esleu general.

Depuis ceste heure là il commença de se figurer le siege papal; et comme, après ses visites dans les provinces, il fut arrivé dans Rome, il regardoit un jour entr'autres le chasteau Sainct Ange, et dit: *Si questo loco avrebbe ben potuto dir la verità, che foss'io fatto papa* (1)! ce qu'il disoit pource que Hugues Boncompagne avoit esté esleu pape qui se nomma Gregoire XIII, lequel Gregoire le fit peu après cardinal à l'instance du cardinal d'Est. Estant cardinal, il se retira dans sa vigne, c'est-à-dire maison champestre, combien qu'elle fust dans la ville, ainsi que les grands ont accoustumé faire dans Rome. Mais on tient que de là il regardoit souvent les tours du chasteau Sainct Ange, esperant un jour d'y parvenir. Et de fait, Gregoire, sur la fin de ses jours, se ressouvenant de ce qu'avoit dit le loco d'Espagne, disoit souvent: *Questo monaco pensa anche d'esser papa dopo la mia morte* (2): ce qui survint, car, advenant qu'il y eut grande contestation entre les partys contendans au papat, on s'advisa, par le moyen dudit cardinal d'Est, de faire Perreti pape, lequel, estant venu à ce sainct degré, se fit appeller Sixte V, car il s'appelloit Felix.

Il se comporta en ceste dignité fort magnifiquement, faisant beaucoup de belles choses; mais en son particulier il estoit hautain et severe; et quant on luy remonstroit, au regard de quelqu'un prisonnier ou en peine de sa vie, que c'estoit un gentilhomme, affin de l'induire à quelque douceur, il disoit: *M'incresce che no sia principe* (3); dequoy il a esté blasmé de quelques-uns, qui, au lieu de le qualifier du tiltre de severe, l'appellerent cruël, superbe, et audacieux. Bref, la justice fut administrée durant son regne avec telle severité ez terres de l'Eglise, que sur la fin de ses jours, en plaidant, on disoit quelquesfois: *Souviens-toy que Sixte est encores en vie*. Plusieurs historiens ont escrit beaucoup de particularitez de sa vie, des beaux bastiments qu'il a fait faire durant qu'il a esté pape, des ordonnances qu'il a faictes pour la creation des cardinaux à l'advenir, des loix qu'il a faict publier et observer ès terres de l'Eglise contre les adulteres et contre les astrologues, des festes qu'il a establies, de ceux qu'il a canonisez, des grands tributs qu'il a faict establir dans Rome, de la punition des bannis, qu'il a chassez durant son pontificat des terres de l'Eglise, et comme il desiroit sur tout de laisser une memoire de ses actions après sa mort, s'estant fait dresser une statuë au Capitole, que quelques Romains après sa mort voulurent abbattre, ce qui ne fut faict; et toutesfois, ce tumulte appaisé, l'on fit un decret ou arrest dans Rome par lequel il fut deffendu à l'advenir d'eslever à aucun pape vivant sa statuë. Après la mort de Sixte, le siege fut vacant dix-huit jours, et fut esleu pape Urbain VII, ainsi que nous dirons cy-après. Retournons voir ce qui se passe en France.

Nous avons dit cy-dessus que le Roy tenoit en un mesme temps comme enclos Paris et Sainct Denis, et avoit logé son armée ès villages plus prochains de ces deux villes. Au commencement du mois de juin, le duc de Nemours fit trois actions dans Paris qui intimiderent merveilleusement ceux qui y eussent voulu entreprendre de faire quelque practique pour le service du Roy. Premierement, il fit que la cour

(1) Ce fou auro't-il dit vrai en prédisant que je serois pape?

(2) Ce moine pense encore qu'il sera pape après ma mort.

(3) J'ai regret qu'il ne soit prince.

de parlement publia un arrest contre ceux qui seroient si hardis que de parler d'aucune composition avec Sa Majesté. Secondement, il eut tellement l'œil sur ceux que l'on appelloit politiques ou royaux, qu'il descouvrit que le sieur de Vigny, receveur de la ville, et beau-frere du president Brisson, avoit quelque intelligence avec le Roy. Ceste entreprise n'estoit pas petite; mais le duc de Nemours et ceux qui le conseilloient s'adviserent de ne rien remuër, pource que l'on trouva que plusieurs personnes notables en estoient : ils le firent sortir en payant douze mille escus pour sa rançon, laquelle rançon tourna au proffit du sieur de La Chapelle Marteau, prevost des marchands, auquel du depuis les Seize reprocherent qu'il avoit eu pour sa part la somme de six vingts mille escus provenus des rançons de quelques uns de messieurs de la cour de parlement, lors qu'ils furent menez prisonniers à la Bastille l'an 1588, outre les susdits douze mille escus, et six mille escus que les ministres d'Espagne luy avoient baillez pour tenir le party espagnol. Si celuy là en a tant eu à luy seul pour sa part, il est facile à considerer combien ceux qui estoient plus grands que luy en ont eu, et combien de rançonnements et de pilleries furent exercées en ceste grande ville. La troisiesme action que fit le duc de Nemours pour avoir promptement de l'argent, fut que, par l'advis du legat et de l'ambassadeur d'Espagne, les ornements d'or et d'argent les moins necessaires qui estoient aux eglises furent vendus pour payer les gens de guerre, à la charge que l'on en redonneroit d'autres dans trois mois : on le promit, mais on n'en fit rien. Oultre tout cela, les anciens joyaux de la couronne de France furent aussi pris, vendus, et l'or fondu et monnoyé. Quelques-unes, et des plus belles pierreries, ont esté depuis recouvrées, lors que le Roy entra dans Paris, l'an 1504, d'entre les mains de ceux qui en ce temps là se les approprierent, et toutesfois, s'en trouvans saisis, ont dit depuis qu'ils n'en estoient que depositaires.

Le chevalier d'Aumalle, le sieur de Vitry et autres seigneurs qui estoient dedans Paris, faisoient journellement plusieurs sorties à la faveur du canon : aucunesfois ils revenoient victorieux, et quelquesfois on les rechassoit plus viste qu'ils n'estoient sortis. Cependant M. de Mayenne ayant esté quelque temps à Soissons et rassemblé quelques troupes de gens de guerre autour de luy, entr'autres le marquis de Menelay et le vicomte de Tavannes, il s'achemina à Cambray, où il fut bien receu de M. de Balagny. Tout leur dessein estoit de trouver la maniere de secourir Paris, assiegé par le Roy. Les forces qu'ils eussent peu amasser de leur seule puissance estoient petites : ce fut ce qui fit resoudre le duc d'aller trouver le duc de Parme à Condé. Celuy qui a faict le second discours sur l'estat de la France dit en cest endroict :

Que le duc de Mayenne y receut des traittemens, non seulement indignes de sa qualité, mais indignes de la majesté du royaume, et qu'il fallut que celuy qui se disoit lieutenant general de tout l'Estat et couronne de France, allast faire la court à celuy qui ne portoit que tiltre de lieutenant de son maistre en une seule province.

> Qui en maison de prince entre, il devient
> Serf, quoy qu'il soit libre quand il y vient,

ce dit Pompée à ses amis, quand après la bataille de Pharsale il s'en alloit demander secours à Ptolomée. Les vaincus qui, les mains vuides, vont requerir les princes leurs voisins, sont subjets à ces affronts là.

Toutes ses prieres neantmoins, toutes ses conjurations, toutes ses offres estoient inutiles, si le propre interest du royaume d'Espagne n'y eust esté meslé; car cependant, sans perdre temps, le Roy pressoit Paris de telle sorte qu'il s'en alloit perdu, et sa perte sans difficulté entrainoit tout le party de la ligue. Cela esveilla beaucoup l'Espagnol, car la continuelle crainte de la prosperité du Roy le gehennoit plus que toutes les considerations qu'il disoit avoir de la religion, ny que les vrayes du danger de ses partisans ne l'eussent sceu esmouvoir. Il voioit bien que ceste ville conquise il conqueroit l'Estat, et, le feu esteint chez nous, qu'il y avoit apparence que ce seroit à luy à recevoir le flambeau : toutesfois, comme bon mesnager avec son interest, il ne laissa de se servir de la peur des pauvres Parisiens, et de deffendre expres à son lieutenant le duc de Parme de ne s'advancer point qu'à leur extreme necessité.

Le Roy d'Espagne, bien-ayse donc de voir le chef de l'union reduit à la necessité de luy presenter presque la carte blanche, se resjouit de voir reüssir ses intentions; car d'un costé il envoya à Rome, ainsi que nous avons dit, affin que l'on ne receust point le Roy au sein de l'Eglise, quand bien il se voudroit convertir, de l'autre il fit lever des gens de guerre en Allemagne et en Flandres pour troubler tellement la France qu'il s'en pust rendre le maistre, ou, pour le moins, la diviser si bien qu'il n'en craignist jamais la puissance. On tient que si ce Roy eust esté aussi bien à Condé comme le duc de Parme, ou qu'il eust peu estre adverty promptement de l'estat de l'union, et aussi promptement leur respondre, qu'ils

fussent tous entrez en de grandes capitulations pour la peur qu'ils eurent à ceste heure là : mais, devant que les couriers fussent allez de Bruxelles à l'Escurial qui est au fonds de l'Espagne, les chefs de l'union, ayans veu les villes rasseurées de ceste premiere peur, jugerent qu'il y avoit encor moyen de se conserver sans se donner si promptement à l'Espagnol. Quelques-uns ont escrit qu'ils luy accorderent toutesfois tout ce qu'il voulut, mesmes de lui donner des places à faire citadelles ; mais cela n'a point d'apparence d'estre creu, veu ce qui est advenu depuis, et est plus facile à croire ce que d'autres ont dit, qu'il luy fut promis seulement quelques places, comme Guise, Peronne et La Fere [veu qu'il a eu La Fere du depuis, ce qui a tant apporté de ruyne à la France pour la r'avoir], que non pas tout ce qu'on pourroit dire. Tant y a que le roy d'Espagne commanda au duc de Parme de secourir Paris avec toutes ses forces de Flandres, nonobstant toutes les remonstrances que ledit duc luy envoya dire que cela ne se pouvoit faire sans desgarnir de forces plusieurs places du Pays-Bas sur lesquelles, en son absence, le prince Maurice ne faudroit d'entreprendre et de s'en rendre maistre : ce qui advint, ainsi que nous dirons cy après. Bref, ce roy d'Espagne, qui au mois de mars protestoit de delivrer le cardinal de Bourbon de prison [lequel il nommoit roy de France], ayant sceu les nouvelles de sa mort, commença à pincer sourdement ceste corde des pretentions de l'Infante sa fille, pour la faire entendre aux aureilles des chefs de l'union. La suitte de ceste histoire donnera à cognoistre toutes ses practiques et ce qui en est advenu.

Paris est tellement pressé de la faim, que ceux qui avoient accoustumé de manger des viandes delicates n'usoient plus que du pain d'avoine, de la chair d'asne, mulets et chevaux, encor ne s'en trouvoit-il que bien peu et bien cherement. Le pauvre peuple ne vivoit que de bouillies faictes de son d'avoine. Le duc de Mayenne envoyoit souvent de Meaux, où il estoit de son retour de Flandres, des messagers pour asseurer les Parisiens d'un prompt secours. Les chefs qui estoient dedans Paris, selon qu'il en estoit occasion, se servoient de ses lettres, ou en faisoient, selon leur intention, d'autres, lesquelles les predicateurs de la faction des Seize lisoient en leurs sermons au peuple, et n'oublioient de l'encourager à endurer *pro aris et focis*, pour Dieu, pour leur religion, et pour leur patrie. Ce sont de specieux pretextes qui ont faict faire des actes esmerveillables par le passé à plusieurs peuples, quand ils ont esté persuadez à ce faire par les predicateurs qui leur devoient dire la verité. Le docteur Boucher et les autres predicateurs de la faction des Seize, avec Panigarole et autres predicateurs italiens de la maison du legat, monstrerent lors combien l'eloquence joincte au pretexte de la religion faict animer un peuple. Bref, ils sceurent si dextrement entretenir les Parisiens par des processions, par des prieres de huict jours, et par des ceremonies qu'ils faisoient selon qu'ils en jugeoient estre occasion, que plusieurs ont fait une comparaison de ce siege de Paris à celuy de Hierusalem pour les extremitez ausquelles les uns et les autres se trouverent reduits : ceux de Hierusalem par les zelotes, et les Parisiens par les zelez. Le docteur Boucher, qui [osté ceste tache d'avoir l'ame toute espagnole bien qu'il soit parisien] est un grand predicateur et docte, s'advisa de faire faire un vœu au nom de toute la ville de Paris. En une assemblée dans l'Hostel de la ville, après une longue harangue qu'il fit, il proposa qu'il failloit se vouër à Nostre-Dame de Lorrette, et qu'en cas que l'on fust delivré du siege, qu'on luy feroit present d'une lampe et d'un navire d'argent pesant trois cents marcs. Ce vœu fut faict le lendemain par le prevost des marchans et les eschevins dans l'eglise Nostre Dame en la presence du legat. Ils firent bien ce vœu, mais, le peril passé, peu se souvindrent de le mettre en effect et n'y eut qu'un bourgeois lequel donna quelque argent à deux religieux feuillans pour aller à Lorette y faire quelques devotions.

Tandis que le duc de Nemours donnoit à ses favorits les biens des politiques ou royaux de Paris qui estoient en l'armée du Roy, le legat Caëtan et l'ambassadeur Mendoze employoient tout ce qu'ils pouvoient pour entretenir le peuple, de peur qu'eux ne tombassent en la puissance du Roy ; ils faisoient aussi quelques aumosnes tous les jours ; leur vaisselle d'argent et leurs bagues mesmes furent employées pour le payement des soldats. Plusieurs dans Paris disoient quelquefois tout haut qu'ils estoient la cause de leur misere. Ceux qui disoient cela voulurent faire une entreprise, mais ils se trouverent si foibles, comme nous dirons tantost, qu'ils ne firent aucun effect.

La ville de Sainct Denis cependant estoit tellement pressée de faim, que ceux de dedans estoient reduits à ne manger chacun jour que quatre onces de pain de son. Le duc de Nemours, estant adverty de ceste necessité, desireux de ne laisser perdre ceste place si importante à Paris, s'advisa de leur donner quelque secours en attendant celuy du duc de Mayenne qui s'assembloit à Meaux. Pour ce faire il choisit trente des siens bien montez, ausquels il fit pendre à chacun un sac de farine à l'arçon de la selle, et

de parlement publia un arrest contre ceux qui seroient si hardis que de parler d'aucune composition avec Sa Majesté. Secondement, il eut tellement l'œil sur ceux que l'on appelloit politiques ou royaux, qu'il descouvrit que le sieur de Vigny, receveur de la ville, et beau-frere du president Brisson, avoit quelque intelligence avec le Roy. Ceste entreprise n'estoit pas petite; mais le duc de Nemours et ceux qui le conseilloient s'adviserent de ne rien remuër, pource que l'on trouva que plusieurs personnes notables en estoient : ils le firent sortir en payant douze mille escus pour sa rançon, laquelle rançon tourna au proffit du sieur de La Chapelle Marteau, prevost des marchands, auquel du depuis les Seize reprocherent qu'il avoit eu pour sa part la somme de six vingts mille escus provenus des rançons de quelques uns de messieurs de la cour de parlement, lors qu'ils furent menez prisonniers à la Bastille l'an 1588, outre les susdits douze mille escus, et six mille escus que les ministres d'Espagne luy avoient baillez pour tenir le party espagnol. Si celuy là en a tant eu à luy seul pour sa part, il est facile à considerer combien ceux qui estoient plus grands que luy en ont eu, et combien de rançonnements et de pilleries furent exercées en ceste grande ville. La troisiesme action que fit le duc de Nemours pour avoir promptement de l'argent, fut que, par l'advis du legat et de l'ambassadeur d'Espagne, les ornements d'or et d'argent les moins necessaires qui estoient aux eglises furent vendus pour payer les gens de guerre, à la charge que l'on en redonneroit d'autres dans trois mois : on le promit, mais on n'en fit rien. Oultre tout cela, les anciens joyaux de la couronne de France furent aussi pris, vendus, et l'or fondu et monnoyé. Quelques-unes, et des plus belles pierreries, ont esté depuis recouvrées, lors que le Roy entra dans Paris, l'an 1504, d'entre les mains de ceux qui en ce temps là se les approprierent, et toutesfois, s'en trouvans saisis, ont dit depuis qu'ils n'en estoient que depositaires.

Le chevalier d'Aumalle, le sieur de Vitry et autres seigneurs qui estoient dedans Paris, faisoient journellement plusieurs sorties à la faveur du canon : aucunesfois ils revenoient victorieux, et quelquesfois on les rechassoit plus viste qu'ils n'estoient sortis. Cependant M. de Mayenne ayant esté quelque temps à Soissons et rassemblé quelques troupes de gens de guerre autour de luy, entr'autres le marquis de Menelay et le vicomte de Tavannes, il s'achemina à Cambray, où il fut bien receu de M. de Balagny. Tout leur dessein estoit de trouver la maniere de secourir Paris, assiegé par le Roy. Les forces qu'ils eussent peu amasser de leur seule puissance estoient petites : ce fut ce qui fit resoudre le duc d'aller trouver le duc de Parme à Condé. Celuy qui a faict le second discours sur l'estat de la France dit en cest endroict :

Que le duc de Mayenne y receut des traittemens, non seulement indignes de sa qualité, mais indignes de la majesté du royaume, et qu'il fallut que celuy qui se disoit lieutenant general de tout l'Estat et couronne de France, allast faire la court à celuy qui ne portoit que tiltre de lieutenant de son maistre en une seule province.

> Qui en maison de prince entre, il devient
> Serf, quoy qu'il soit libre quand il y vient,

ce dit Pompée à ses amis, quand après la bataille de Pharsale il s'en alloit demander secours à Ptolomée. Les vaincus qui, les mains vuides, vont requerir les princes leurs voisins, sont subjets à ces affronts là.

Toutes ses prieres neantmoins, toutes ses conjurations, toutes ses offres estoient inutiles, si le propre interest du royaume d'Espagne n'y eust esté meslé; car cependant, sans perdre temps, le Roy pressoit Paris de telle sorte qu'il s'en alloit perdu, et sa perte sans difficulté entrainoit tout le party de la ligue. Cela esveilla beaucoup l'Espagnol, car la continuelle crainte de la prosperité du Roy le gehennoit plus que toutes les considerations qu'il disoit avoir de la religion, ny que les vrayes du danger de ses partisans ne l'eussent sceu esmouvoir. Il voioit bien que ceste ville conquise il conqueroit l'Estat, et, le feu esteint chez nous, qu'il y avoit apparence que ce seroit à luy à recevoir le flambeau : toutesfois, comme bon mesnager avec son interest, il ne laissa de se servir de la peur des pauvres Parisiens, et de deffendre exprès à son lieutenant le duc de Parme de ne s'advancer point qu'à leur extreme necessité.

Le Roy d'Espagne, bien-ayse donc de voir le chef de l'union reduit à la necessité de luy presenter presque la carte blanche, se resjoüit de voir reüssir ses intentions; car d'un costé il envoya à Rome, ainsi que nous avons dit, affin que l'on ne receust point le Roy au sein de l'Eglise, quand bien il se voudroit convertir, de l'autre il fit lever des gens de guerre en Allemagne et en Flandres pour troubler tellement la France qu'il s'en peust rendre le maistre, ou, pour le moins, la diviser si bien qu'il n'en craignist jamais la puissance. On tient que si ce Roy eust esté aussi bien à Condé comme le duc de Parme, ou qu'il eust peu estre adverty promptement de l'estat de l'union, et aussi promptement leur respondre, qu'ils

fussent tous entrez en de grandes capitulations pour la peur qu'ils eurent à ceste heure là : mais, devant que les couriers fussent allez de Bruxelles à l'Escurial qui est au fonds de l'Espagne, les chefs de l'union, ayans veu les villes rasseurées de ceste premiere peur, jugerent qu'il y avoit encor moyen de se conserver sans se donner si promptement à l'Espagnol. Quelques-uns ont escrit qu'ils luy accorderent toutesfois tout ce qu'il voulut, mesmes de lui donner des places à faire citadelles ; mais cela n'a point d'apparence d'estre creu, veu ce qui est advenu depuis, et est plus facile à croire ce que d'autres ont dit, qu'il luy fut promis seulement quelques places, comme Guise, Peronne et La Fere [veu qu'il a eu La Fere du depuis, ce qui a tant apporté de ruyne à la France pour la r'avoir], que non pas tout ce qu'on pourroit dire. Tant y a que le roy d'Espagne commanda au duc de Parme de secourir Paris avec toutes ses forces de Flandres, nonobstant toutes les remonstrances que ledit duc luy envoya dire que cela ne se pouvoit faire sans desgarnir de forces plusieurs places du Pays-Bas sur lesquelles, en son absence, le prince Maurice ne faudroit d'entreprendre et de s'en rendre maistre : ce qui advint, ainsi que nous dirons cy après. Bref, ce roy d'Espagne, qui au mois de mars protestoit de delivrer le cardinal de Bourbon de prison [lequel il nommoit roy de France], ayant sceu les nouvelles de sa mort, commença à pincer sourdement ceste corde des pretentions de l'Infante sa fille, pour la faire entendre aux aureilles des chefs de l'union. La suitte de ceste histoire donnera à cognoistre toutes ses practiques et ce qui en est advenu.

Paris est tellement pressé de la faim, que ceux qui avoient accoustumé de manger des viandes delicates n'usoient plus que du pain d'avoine, de la chair d'asne, mulets et chevaux, encor ne s'en trouvoit-il que bien peu et bien cherement. Le pauvre peuple ne vivoit que de bouillies faictes de son d'avoine. Le duc de Mayenne envoyoit souvent de Meaux, où il estoit de son retour de Flandres, des messagers pour asseurer les Parisiens d'un prompt secours. Les chefs qui estoient dedans Paris, selon qu'il en estoit occasion, se servoient de ses lettres, ou en faisoient, selon leur intention, d'autres, lesquelles les predicateurs de la faction des Seize lisoient en leurs sermons au peuple, et n'oublioient de l'encourager à endurer *pro aris et focis*, pour Dieu, pour leur religion, et pour leur patrie. Ce sont de specieux pretextes qui ont faict faire des actes esmerveillables par le passé à plusieurs peuples, quand ils ont esté persuadez à ce faire par les predicateurs qui leur devoient dire la verité. Le docteur Boucher et les autres predicateurs de la faction des Seize, avec Panigarole et autres predicateurs italiens de la maison du legat, monstrerent lors combien l'eloquence joincte au pretexte de la religion faict animer un peuple. Bref, ils sceurent si dextrement entretenir les Parisiens par des processions, par des prieres de huict jours, et par des ceremonies qu'ils faisoient selon qu'ils en jugeoient estre occasion, que plusieurs ont fait une comparaison de ce siege de Paris à celuy de Hierusalem pour les extremitez ausquelles les uns et les autres se trouverent reduits : ceux de Hierusalem par les zelotes, et les Parisiens par les zelez. Le docteur Boucher, qui [osté ceste tache d'avoir l'ame toute espagnole bien qu'il soit parisien] est un grand predicateur et docte, s'advisa de faire faire un vœu au nom de toute la ville de Paris. En une assemblée dans l'Hostel de la ville, après une longue harangue qu'il fit, il proposa qu'il failloit se vouër à Nostre-Dame de Lorrette, et qu'en cas que l'on fust delivré du siege, qu'on luy feroit present d'une lampe et d'un navire d'argent pesant trois cents marcs. Ce vœu fut faict le lendemain par le prevost des marchans et les eschevins dans l'eglise Nostre Dame en la presence du legat. Ils firent bien ce vœu, mais, le peril passé, peu se souvindrent de le mettre en effect et n'y eut qu'un bourgeois lequel donna quelque argent à deux religieux feuillans pour aller à Lorette y faire quelques devotions.

Tandis que le duc de Nemours donnoit à ses favorits les biens des politiques ou royaux de Paris qui estoient en l'armée du Roy, le legat Caëtan et l'ambassadeur Mendoze employoient tout ce qu'ils pouvoient pour entretenir le peuple, de peur qu'eux ne tombassent en la puissance du Roy ; ils faisoient aussi quelques aumosnes tous les jours ; leur vaisselle d'argent et leurs bagues mesmes furent employées pour le payement des soldats. Plusieurs dans Paris disoient quelquefois tout haut qu'ils estoient la cause de leur misere. Ceux qui disoient cela voulurent faire une entreprise, mais ils se trouverent si foibles, comme nous dirons tantost, qu'ils ne firent aucun effect.

La ville de Sainct Denis cependant estoit tellement pressée de faim, que ceux de dedans estoient reduits à ne manger chacun jour que quatre onces de pain de son. Le duc de Nemours, estant adverty de ceste necessité, desireux de ne laisser perdre ceste place si importante à Paris, s'advisa de leur donner quelque secours en attendant celuy du duc de Mayenne qui s'assembloit à Meaux. Pour ce faire il choisit trente des siens bien montez, ausquels il fit pendre à chacun un sac de farine à l'arçon de la selle, et

de parlement publia un arrest contre ceux qui seroient si hardis que de parler d'aucune composition avec Sa Majesté. Secondement, il eut tellement l'œil sur ceux que l'on appelloit politiques ou royaux, qu'il descouvrit que le sieur de Vigny, receveur de la ville, et beau-frere du president Brisson, avoit quelque intelligence avec le Roy. Ceste entreprise n'estoit pas petite; mais le duc de Nemours et ceux qui le conseilloient s'adviserent de ne rien remuër, pource que l'on trouva que plusieurs personnes notables en estoient : ils le firent sortir en payant douze mille escus pour sa rançon, laquelle rançon tourna au proffit du sieur de La Chapelle Marteau, prevost des marchands, auquel du depuis les Seize reprocherent qu'il avoit eu pour sa part la somme de six vingts mille escus provenus des rançons de quelques uns de messieurs de la cour de parlement, lors qu'ils furent menez prisonniers à la Bastille l'an 1588, outre les susdits douze mille escus, et six mille escus que les ministres d'Espagne luy avoient baillez pour tenir le party espagnol. Si celuy là en a tant eu à luy seul pour sa part, il est facile à considerer combien ceux qui estoient plus grands que luy en ont eu, et combien de rançonnements et de pilleries furent exercées en ceste grande ville. La troisiesme action que fit le duc de Nemours pour avoir promptement de l'argent, fut que, par l'advis du legat et de l'ambassadeur d'Espagne, les ornements d'or et d'argent les moins necessaires qui estoient aux eglises furent vendus pour payer les gens de guerre, à la charge que l'on en redonneroit d'autres dans trois mois : on le promit, mais on n'en fit rien. Oultre tout cela, les anciens joyaux de la couronne de France furent aussi pris, vendus, et l'or fondu et monnoyé. Quelques-unes, et des plus belles pierreries, ont esté depuis recouvrées, lors que le Roy entra dans Paris, l'an 1504, d'entre les mains de ceux qui en ce temps là se les approprierent, et toutesfois, s'en trouvans saisis, ont dit depuis qu'ils n'en estoient que depositaires.

Le chevalier d'Aumalle, le sieur de Vitry et autres seigneurs qui estoient dedans Paris, faisoient journellement plusieurs sorties à la faveur du canon : aucunesfois ils revenoient victorieux, et quelquesfois on les rechassoit plus viste qu'ils n'estoient sortis. Cependant M. de Mayenne ayant esté quelque temps à Soissons et rassemblé quelques troupes de gens de guerre autour de luy, entr'autres le marquis de Menelay et le vicomte de Tavannes, il s'achemina à Cambray, où il fut bien receu de M. de Balagny. Tout leur dessein estoit de trouver la maniere de secourir Paris, assiegé par le Roy. Les forces qu'ils eussent peu amasser de leur seule puissance estoient petites : ce fut ce qui fit resoudre le duc d'aller trouver le duc de Parme à Condé. Celuy qui a faict le second discours sur l'estat de la France dit en cest endroict :

Que le duc de Mayenne y receut des traittemens, non seulement indignes de sa qualité, mais indignes de la majesté du royaume, et qu'il fallut que celuy qui se disoit lieutenant general de tout l'Estat et couronne de France, allast faire la court à celuy qui ne portoit que tiltre de lieutenant de son maistre en une seule province.

> Qui en maison de prince entre, il devient
> Serf, quoy qu'il soit libre quand il y vient,

ce dit Pompée à ses amis, quand après la bataille de Pharsale il s'en alloit demander secours à Ptolomée. Les vaincus qui, les mains vuides, vont requerir les princes leurs voisins, sont subjets à ces affronts là.

Toutes ses prieres neantmoins, toutes ses conjurations, toutes ses offres estoient inutiles, si le propre interest du royaume d'Espagne n'y eust esté meslé; car cependant, sans perdre temps, le Roy pressoit Paris de telle sorte qu'il s'en alloit perdu, et sa perte sans difficulté entrainoit tout le party de la ligue. Cela esveilla beaucoup l'Espagnol, car la continuelle crainte de la prosperité du Roy le gehennoit plus que toutes les considerations qu'il disoit avoir de la religion, ny que les vrayes du danger de ses partisans ne l'eussent sceu esmouvoir. Il voioit bien que ceste ville conquise il conqueroit l'Estat, et, le feu esteint chez nous, qu'il y avoit apparence que ce seroit à luy à recevoir le flambeau : toutesfois, comme bon mesnager avec son interest, il ne laissa de se servir de la peur des pauvres Parisiens, et de deffendre exprès à son lieutenant le duc de Parme de ne s'advancer point qu'à leur extreme necessité.

Le Roy d'Espagne, bien-ayse donc de voir le chef de l'union reduit à la necessité de luy presenter presque la carte blanche, se resjoüit de voir reüssir ses intentions; car d'un costé il envoya à Rome, ainsi que nous avons dit, affin que l'on ne receust point le Roy au sein de l'Eglise, quand bien il se voudroit convertir, de l'autre il fit lever des gens de guerre en Allemagne et en Flandres pour troubler tellement la France qu'il s'en pust rendre le maistre, ou, pour le moins, la diviser si bien qu'il n'en craignist jamais la puissance. On tient que si ce Roy eust esté aussi bien à Condé comme le duc de Parme, ou qu'il eust peu estre adverty promptement de l'estat de l'union, et aussi promptement leur respondre, qu'ils

fussent tous entrez en de grandes capitulations pour la peur qu'ils eurent à ceste heure là : mais, devant que les couriers fussent allez de Bruxelles à l'Escurial qui est au fonds de l'Espagne, les chefs de l'union, ayans veu les villes rasseurées de ceste premiere peur, jugerent qu'il y avoit encor moyen de se conserver sans se donner si promptement à l'Espagnol. Quelques-uns ont escrit qu'ils luy accorderent toutesfois tout ce qu'il voulut, mesmes de lui donner des places à faire citadelles ; mais cela n'a point d'apparence d'estre creu, veu ce qui est advenu depuis, et est plus facile à croire ce que d'autres ont dit, qu'il luy fut promis seulement quelques places, comme Guise, Peronne et La Fere [veu qu'il a eu La Fere du depuis, ce qui a tant apporté de ruyne à la France pour la r'avoir], que non pas tout ce qu'on pourroit dire. Tant y a que le roy d'Espagne commanda au duc de Parme de secourir Paris avec toutes ses forces de Flandres, nonobstant toutes les remonstrances que ledit duc luy envoya dire que cela ne se pouvoit faire sans desgarnir de forces plusieurs places du Pays-Bas sur lesquelles, en son absence, le prince Maurice ne faudroit d'entreprendre et de s'en rendre maistre : ce qui advint, ainsi que nous dirons cy après. Bref, ce roy d'Espagne, qui au mois de mars protestoit de delivrer le cardinal de Bourbon de prison [lequel il nommoit roy de France], ayant sceu les nouvelles de sa mort, commença à pincer sourdement ceste corde des pretentions de l'Infante sa fille, pour la faire entendre aux aureilles des chefs de l'union. La suitte de ceste histoire donnera à cognoistre toutes ses practiques et ce qui en est advenu.

Paris est tellement pressé de la faim, que ceux qui avoient accoustumé de manger des viandes delicates n'usoient plus que du pain d'avoine, de la chair d'asne, mulets et chevaux, encor ne s'en trouvoit-il que bien peu et bien cherement. Le pauvre peuple ne vivoit que de bouillies faictes de son d'avoine. Le duc de Mayenne envoyoit souvent de Meaux, où il estoit de son retour de Flandres, des messagers pour asseurer les Parisiens d'un prompt secours. Les chefs qui estoient dedans Paris, selon qu'il en estoit occasion, se servoient de ses lettres, ou en faisoient, selon leur intention, d'autres, lesquelles les predicateurs de la faction des Seize lisoient en leurs sermons au peuple, et n'oublioient de l'encourager à endurer *pro aris et focis*, pour Dieu, pour leur religion, et pour leur patrie. Ce sont de specieux pretextes qui ont faict faire des actes esmerveillables par le passé à plusieurs peuples, quand ils ont esté persuadez à ce faire par les predicateurs qui leur devoient dire la verité. Le docteur Boucher et les autres predicateurs de la faction des Seize, avec Panigarole et autres predicateurs italiens de la maison du legat, monstrerent lors combien l'eloquence joincte au pretexte de la religion faict animer un peuple. Bref, ils sceurent si dextrement entretenir les Parisiens par des processions, par des prieres de huict jours, et par des ceremonies qu'ils faisoient selon qu'ils en jugeoient estre occasion, que plusieurs ont fait une comparaison de ce siege de Paris à celuy de Hierusalem pour les extremitez ausquelles les uns et les autres se trouverent reduits : ceux de Hierusalem par les zelotes, et les Parisiens par les zelez. Le docteur Boucher, qui [osté ceste tache d'avoir l'ame toute espagnole bien qu'il soit parisien] est un grand predicateur et docte, s'advisa de faire faire un vœu au nom de toute la ville de Paris. En une assemblée dans l'Hostel de la ville, après une longue harangue qu'il fit, il proposa qu'il failloit se vouër à Nostre-Dame de Lorrette, et qu'en cas que l'on fust delivré du siege, qu'on luy feroit present d'une lampe et d'un navire d'argent pesant trois cents marcs. Ce vœu fut faict le lendemain par le prevost des marchans et les eschevins dans l'eglise Nostre Dame en la presence du legat. Ils firent bien ce vœu, mais, le peril passé, peu se souvindrent de le mettre en effect et n'y eut qu'un bourgeois lequel donna quelque argent à deux religieux feuillans pour aller à Lorette y faire quelques devotions.

Tandis que le duc de Nemours donnoit à ses favorits les biens des politiques ou royaux de Paris qui estoient en l'armée du Roy, le legat Caëtan et l'ambassadeur Mendoze employoient tout ce qu'ils pouvoient pour entretenir le peuple, de peur qu'eux ne tombassent en la puissance du Roy ; ils faisoient aussi quelques aumosnes tous les jours ; leur vaisselle d'argent et leurs bagues mesmes furent employées pour le payement des soldats. Plusieurs dans Paris disoient quelquefois tout haut qu'ils estoient la cause de leur misere. Ceux qui disoient cela voulurent faire une entreprise, mais ils se trouverent si foibles, comme nous dirons tantost, qu'ils ne firent aucun effect.

La ville de Sainct Denis cependant estoit tellement pressée de faim, que ceux de dedans estoient reduits à ne manger chacun jour que quatre onces de pain de son. Le duc de Nemours, estant adverty de ceste necessité, desireux de ne laisser perdre ceste place si importante à Paris, s'advisa de leur donner quelque secours en attendant celuy du duc de Mayenne qui s'assembloit à Meaux. Pour ce faire il choisit trente des siens bien montez, ausquels il fit pendre à chacun un sac de farine à l'arçon de la selle, et

les fit sortir par une porte, tandis que luy, le chevalier d'Aumale et quelques cavaliers, sortirent par un autre endroit pour amuser les royaux et donner moyen à ce secours de s'escouler dans Sainct Denis. Quelques-uns des trente y allerent, les autres ne purent passer. Ce peu de farine que receurent ces assiegez les encouragea; mais, voyant qu'il n'en venoit davantage, ils se rendirent à composition, laquelle ils eurent du Roy telle qu'ils desirerent, pour l'importance de ceste place que Sa Majesté desiroit avoir, d'où ils emmenerent le canon et tout leur bagage.

Ceste sortie du duc de Nemours fut cause du combat qui se fit peu de jours après entre le sieur de Montglas et le baron de Contenant. Leur querelle vint que le sieur de Montglas estant royal, et le baron de Contenant de la ligue, s'estant recognus en ceste sortie comme amis qu'ils estoient, et s'estans donné parole, se retirerent seuls à part pour parler de quelque accord; mais Contenant, ayant aperceu que quelques royaux venoient en courant approcher prez d'eux, se retira vers les siens, et en fuyant laissa tomber son chappeau, ce qui fut cause qu'il usa de quelques paroles contre l'honneur du sieur de Montglas, lesquelles, reportées, firent que ces deux gentils-hommes accorderent de terminer leur querelle en quatre coups, savoir, un de lance, un de pistolet, et deux d'épée. Le jour qu'ils combattirent il se fit une trefve, et un grand nombre de personnes se trouverent, tant d'un party que d'autre, pour les voir combattre hors le faux-bourg Sainct-Honoré. Leur combat finy sans avoir eu aucun advantage l'un sur l'autre, leurs parrains les separerent, et incontinent la trefve fut finie, que l'on signifia par un coup de canon tiré de l'armée du Roy.

M. le cardinal de Gondy estoit dans Paris durant ce siege; il n'y avoit occasion qui se presentast pour trouver quelque moyen de paix ou de reconciliation que ce prelat n'embrassast. Les Seize mesmes ont fait escrire dudit sieur cardinal que le Roy l'avoit envoyé à Paris auprès du legat pour l'advertir de tout ce qui s'y feroit, et pour y disposer le clergé à recognoistre Sa Majesté; ce qu'il executa, disent-ils, d'une telle affection, qu'ayant practiqué la plus-part de son clergé, lequel estoit auparavant de la ligue, il le fit tellement devenir royal, qu'aucuns s'employerent si courageusement pour le service du Roy, que les effects en sont reüssis à son contentement. Or au retour du marquis de Pisany en France, lequel estoit venu en l'armée du Roy se descharger de son ambassade de Rome, le legat Caëtan et ledit sieur marquis, qui s'estoient veus à Rome familiairement, desirerent encor de se voir : ce qu'ils firent par le moyen d'une trefve qu'ils obtindrent de part et d'autre, et s'entrevirent à l'hostel de Gondy au faux-bourg Sainct Germain. En ceste entreveuë ledit sieur cardinal de Gondy s'y trouva aussi. Le legat n'avoit envie que de sçavoir ce qui se passoit à Rome, et le marquis pensoit de l'induire à procurer la paix. Leurs intentions se trouverent bien dissemblables; ils estoient tous deux personnages prudents. M. le cardinal ne vid point de jour en leurs discours pour y apporter de la moderation et trouver un moyen d'accord. Ainsi, après plusieurs paroles sans fruict, leur pourparler finit, et ledit sieur cardinal se retira encor avec le legat dans Paris, et le marquis au camp du Roy.

Le Roy, voyant l'opiniastreté des Parisiens, se resolut de les faire serrer de plus près. Ayant receu les troupes du Languedoc que le sieur de Chastillon luy amena, et celles qui estoient à la reprise de Chasteaudun, ainsi que nous avons dit, tous les faux-bourgs de Paris furent pris en un mesme jour, et fit on approcher le canon fort près des portes de la ville; ce qui fut occasion que le duc de Nemours fit terrasser la porte Sainct Honoré.

La faim et la necessité s'augmenterent alors davantage dans Paris; les chiens, les chats, les rats, les souris, le vieil oing, et les herbes crues sans pain, furent les viandes du peuple, qui n'avoit point d'argent pour acheter du pain de son d'avoine et de la bouillie de son : plusieurs moururent de faim; beaucoup furent deux, trois, quatre et cinq jours sans rien manger, et puis mouroient : il ne s'est jamais rien veu de plus deplorable. Le Roy mesme fut marry du mal qu'ils enduroient, et bien que la raison de la guerre vouloit, puis que la resolution avoit esté de combattre et vaincre l'opiniastreté des assiegez par le jeune et l'abstinence, sans souffrir qu'il y fust porté aucuns vivres pour qui que ce fust, et de faire demeurer dans la ville tous ceux qui y estoient, sans permettre d'en laisser sortir un seul, affin que tant plus il y en auroit, tant plustost les vivres qui estoient dedans fussent consommez, si est-ce toutesfois que les hurlements du peuple, les gemissements des meres qui trouvoient à redire leurs enfans, penetrerent non seulement l'air, mais aussi les murailles, et vindrent jusques aux aureilles de Sa Majesté par les prieres de ceux qui estoient mesmes dans son armée, aucuns desquels avoient dans Paris leurs peres, leurs parens et leurs amis : si que, considerant que tous ces peuples estoient tous ses subjects, et la plus-part innocents, et qu'estans chrestiens il leur failloit oster le moyen de se desesperer et se perdre, conduit de son bon naturel, il rompit luy mesmes la barriere des loix militaires, et ayant accordé premierement de donner des passeports pour les femmes, les filles et les enfans, et pour tous les escoliers, il l'augmenta peu après pour les gens d'eglise, et puis il en fut baillé à d'autres qui avoient mesmes esté des plus remuans. Quelques-uns aussi de son armée se licentierent d'envoyer des vivres aux princes et princesses. Toutes ces choses furent occasion que Sa Majesté ne put entrer dans Paris pour ceste fois, quoy que quelques uns de dedans qui tenoient sous main le party royal y fissent tous leurs efforts.

Leur entreprise se fit sous le pretexte de demander du pain ou la paix; mais ceste menée n'estant faicte que par du menu peuple et par quelques gens de praticque sans beaucoup de conduite, elle fut descouverte incontinent par le docteur Christi, qui en advertit M. de Nemours, lequel mit dedans le logis du bailly du Palais le chevalier d'Aumale, le sieur de Lignerac et bon nombre de gens de guerre, pour ce qu'ils avoient esté advertis que ces remueurs là se devoient trouver dans la salle du Palais, où mesmes quelques-uns avoient caché des espées sous les bancs des procureurs et des marchands, affin de s'en servir à ceste esmotion; mais comme ils estoient sans conduite, aussi firent ils des effects sans apparence de jugement. Quelques femmes, ayant esté gaignées par ces entrepreneurs, firent à l'entrée de messieurs du conseil de grandes plaintes de leur misere, et demandoient la paix ou du pain; mais les entrepreneurs, impatiens, si tost qu'ils virent entrer le capitaine Le Gois dans la salle du Palais, lequel ils sçavoient estre de la faction des Seize, ne se purent tenir de l'attaquer de paroles, puis le blesserent tellement d'un coup d'espée, que peu de jours après il en mourut. A l'instant ils coururent tous aux armes, mais ils se trouverent estonnez que ledit sieur chevalier d'Aumale et Lignerac se rendirent si soudain en armes dans la cour du Palais, de laquelle ils firent fermer incontinent les portes, que chacun d'eux se sauva le mieux qu'il put: plusieurs furent incontinent pris, deux desquels furent pendus puis après. Voilà comme ceste esmotion fut sans effect: toutesfois elle fut cause que messieurs du conseil, qui s'assembloient d'ordinaire dans la chambre Sainct Loys, commencerent à proposer que, pour remede à ceste necessité, il failloit adviser s'il n'y avoit point moyen de traicter quelque paix. On assembla cinq ou six fois le conseil: tous les principaux qui estoient dans Paris s'y trouverent, où en fin il fut resolu d'envoyer vers le Roy pour traicter la paix.

Le legat, le duc de Nemours et l'ambassadeur Mendozze, consentirent que M. le cardinal de Gondy et l'archevesque de Lyon allassent vers le Roy; mais en effect c'estoit *per dar soddisfazione al popolo, sapendo che no si fora concluso niente* (1), et que cela serviroit seulement pour faire passer plus allegrement le temps aux Parisiens en attendant le secours du duc de Parme que Mendozze asseura estre sur la frontiere. Ils deputerent donc ces deux prelats: mais ils sçavoient que ledit sieur cardinal estoit fort aggreable au Roy, aussi se garderent ils bien de luy dire leur intention, et ne la dirent qu'à l'archevesque.

Ces deputez ne voulurent aller trouver le Roy qu'ils ne fussent munis d'une descharge contre l'excommunication du Pape. Le legat, avant que l'octroyer, consulta avec Panigarole Tirius Bellarminus et quelques theologiens sur trois articles: *Utrùm reddentes urbem hæretico principi, ob necessitatem famis, sint excommunicati? Utrùm adeuntes principem hæreticum ut eum convertant, vel ut conditionem Ecclesiæ catholicæ faciant meliorem, incurrant excommunicationem bullæ Sixti Quinti* (2)? Sur ce les susdits docteurs respondirent *negativè, quod non incurrunt*. Lesdits prelats ambassadeurs, munis de ce, demanderent sauf-conduit au Roy pour le venir trouver à Sainct Denis. Il leur manda qu'ils le vinssent trouver à Sainct Anthoine des Champs, où il alla le sixiesme d'aoust, accompagné de mil ou douze cents gentils-hommes du moins. Les deux prelats le vindrent trouver dans le cloistre entre midy et une heure, où ils luy firent la reverence, et luy leur fit un bon recueil. Estans montez en haut, M. le cardinal de Gondy luy fit une harangue, luy representant le miserable estat de la France, et que les gens de bien de Paris, meuz d'un juste desir d'y voir une fin, les avoient despeschez vers Sa Majesté pour le prier d'y apporter un remede, et, affin qu'il fust general, leur donner sauf-conduit pour aller trouver le duc de Mayenne, d'où ils retourneroient dans quatre jours pour l'induire à rechercher Sa Majesté d'une paix generale; que lesdits quatre jours passez, cela fait ou failly, ils prendroient conseil pour Paris. Le Roy luy dit qu'il luy feroit responce, et, ayant pris le-

(1) Pour contenter le peuple, sachant bien que rien n'y seroit conclu.

(2) Ceux qui sont forcés par la famine à rendre une ville à un prince hérétique sont-ils excommuniés? Ceux qui vont trouver un prince hérétique, soit pour le convertir, soit pour obtenir des conditions favorables à la religion catholique, encourent-ils l'excommunication prononcée par la bulle de Sixte-Quint?

dit sieur cardinal pour luy parler à part, et après luy ledit sieur archevesque, ce qui dura deux heures, il s'en alla sommairement deliberer avec ceux de son conseil. Cela fait, il fit venir lesdits prelats, ausquels il demanda leur pouvoir, qu'ils luy presenterent couché en forme d'un arrest, portant que les deputez assemblez en la chambre Sainct Loys avoient ordonné que messieurs les cardinal de Gondy et archevesque de Lyon iroient vers le roy de Navarre pour le supplier d'entrer en pacification generale de ce royaume, et iroient au duc de Mayenne pour l'induire à rechercher ladite pacification. Le Roy leur contredit ceste qualité de roy de Navarre, et leur dit que, s'il n'avoit que ceste qualité, il n'auroit que faire de pacifier Paris et la France, et que toutesfois, sans s'amuser à ceste formalité, pour le desir qu'il a de voir son royaume en repos, il passeroit outre, encores que cela fust contre sa dignité. Puis il dit : « Je ne suis point dissimulé, je dis rondement et sans feintise ce que j'ay sur le cœur. J'aurois tort de vous dire que je ne veux point une paix generale; je la veux, je la desire affin de pouvoir eslargir les limites de ce royaume, et des moyens que j'en acquerrois soulager mon peuple au lieu de le perdre et ruiner. Pour avoir une bataille je donnerois un doigt, et pour la paix generalle deux ; mais ce que vous demandez ne se peut faire. J'ayme ma ville de Paris : c'est ma fille aisnée, j'en suis jaloux. Je luy veux faire plus de bien, plus de grace et de misericorde qu'elle ne m'en demande; mais je veux qu'elle m'en sçache gré et à ma clemence, et non au duc de Mayenne ny au roy d'Espagne. S'ils luy avoient moyenné la paix et la grace que je luy veux faire, elle leur devroit ce bien, elle leur en sçauroit gré, elle les tiendroit pour liberateurs et non point moy, ce que je ne veux pas. D'avantage, ce que vous demandez de differer la capitulation et reddition de Paris jusques à une paix universelle, qui ne se peut faire qu'après plusieurs allées et venues, c'est chose trop prejudiciable à ma ville de Paris qui ne peut attendre un si long terme. Il est desjà mort tant de personnes de faim, que, si elle attend encores huit ou dix jours, il en mourra un très-grand nombre, qui seroit une estrange pitié. Je suis le vray pere de mon peuple. Je ressemble ceste vraye mere dans Salomon : j'aimerois quasi mieux n'avoir point de Paris que de l'avoir tout ruiné et dissipé après la mort de tant de personnes. Ceux de la ligue ne sont pas ainsi; ils ne craignent point que Paris soit deschiré pourveu qu'ils en ayent une partie : aussi sont-ils tous Espagnols ou espagnolisez. Il ne se passe jour que les fauxbourgs de Paris ne souffrent ruine de la valeur de cinquante mil livres par les soldats qui les demolissent, sans tant de pauvres gens qui meurent. Vous, monsieur le cardinal, en devez avoir pitié ; ce sont vos oueilles, de la moindre goutte du sang desquelles vous serez responsable devant Dieu, et vous aussi, monsieur de Lion, qui estes le primat par dessus les autres evesques : je ne suis pas bon theologien, mais j'en sçay assez pour vous dire que Dieu n'entend point que vous traictiez ainsi le pauvre peuple qu'il vous a recommandé, mesmes à l'appetit et pour faire plaisir au roy d'Espagne et à Bernardin Mendozze et à M. le legat. Et comment voulez-vous esperer de me convertir à vostre religion, si vous faites si peu de cas du salut et de la vie de vos oueilles? C'est me donner une pauvre preuve de vostre saincteté : j'en serois trop mal edifié. » Sur ce M. de Lion s'excusa fort, disant qu'il n'estoit point Espagnol. Le Roy luy dit : Je le veux croire ainsi, mais il faut que le monstriez par les effects. Au surplus je vous monstreray une lettre par laquelle le roy d'Espagne mande qu'on luy conserve sa ville de Paris, car s'il la perd ses affaires vont très-mal. »

M. le cardinal, prenant la parole, dit que l'occasion pour laquelle ils demandoient que le traicté fust general avec le duc de Mayenne, estoit par-ce qu'ils sçavoient bien que Paris estant rendu sans une paix generale, il ne seroit point en seureté, parce que tost après le roy d'Espagne et le duc de Mayenne l'iroient assieger et le pourroient reprendre; joinct que, si Paris estoit rendu sans une paix generale, les trois quarts de la ville s'en iroient. Sur ce le Roy, jettant les yeux sur toute la noblesse, dit : « S'il y vient, luy et tous ses alliez, par Dieu nous les battrons bien, et leur monstrerons bien que la noblesse françoise se sçait deffendre. » Puis soudain se corrigea : « J'ay juré contre ma coustume; mais je vous dis encores que par le Dieu vivant nous ne souffrirons point ceste honte. » Sur ce la noblesse, avec une acclamation grande, luy dit qu'il n'avoit point juré sans cause, et que ce qu'il avoit dit valoit bien un bon jurement.

Puis il leur dit que si sa ville de Paris se despeuploit d'aucuns meschans, il la repeupleroit de cent mille hommes gens de bien des plus riches, et nullement seditieux, et que par tout où il iroit il feroit un Paris; qu'il avoit en son armée cinq cents gentils-hommes reünis avec luy qui avoient esté de la ligue, qu'on sceust d'eux s'ils s'y trouvoient mal, et s'ils se repentoient d'estre venus à luy; au surplus, qu'il ne pouvoit trouver bon que sadite ville de Paris fust si soigneuse du bien du duc de Mayenne et du roy ne que de se vouloir rendre arbitre de [illegible] et luy; que si c'estoit [illegible] de Venise ou une autre ville [illegible] seroit tollerable; mais qu'une ville [illegible] se vueille mesler d'estre arbitre en- t ses ennemis, c'est chose qu'il ne peut « Au surplus, l'absurdité est fort grande ville affamée et pleine de necessité en- e de persuader la paix au duc de Mayen- est à son aise; il seroit bien plus à propos ble que le duc de Mayenne, qui n'est e necessité, entreprinst de prescher la [illegible] ville maintenant pressée de toute s, et, à ceste occasion, facile à se laisser er d'en vouloir sortir. »

s l'archevesque de Lyon repliqua que ce uloient traiter la paix generale estoit bien de la France, et affin de la remettre un coup en repos. A quoy tout soudain espondit en ceste sorte : « Et vrayement, vous oster, et à tout le monde, l'opinion ourroit avoir que je vous vueille trop je me viens adviser d'un moyen, sans communiqué à mon conseil, par lequel rendray satisfaits. Vous esperez prompt du duc de Mayenne. Je feray un accord us. Dressons des articles et conditions quelles vous promettrez vous rendre à ces que dans huict jours vous ne serez s du duc de Mayenne, et me donnerez . Je vous accorde qu'en cas que vous ne secourus dans ledict temps, ou que dans le temps ledit duc de Mayenne ne soit l avec moy d'une pacification gene- des articles d'icelle, de vous recevoir, huict jours passez, sous lesdictes con- ; et au cas que dans lesdits huict ous soyez secourus par ledit duc de e, ou qu'il se face une paix generale, vous serez delivrez de ladicte promesse, stages vous seront rendus, pendant les- us pourrez aller voir ledit duc de Mayenne. tout ce que je vous puis accorder : ce que presenterez à ceux de Paris, affin qu'ils ent que je ne leur refuse la paix, et que ends les bras ouverts, desirant leur salut eux-mesmes. S'ils acceptent ceste con- dans huict jours ils seront en repos. S'ils attendre à capituler quand ils n'auront r un jour de vivres, je les lairray disner r ce jour là; mais le lendemain ils seront [illegible] la corde au col : au lieu de [illegible] que je leur offre, j'en osteray la [illegible] auront la corde, car j'y seray con- [illegible] devoir, estant leur roy et leur [illegible] quelques centaines d'eux qui, par leur malice, ont faict mourir plusieurs innocens et gens de bien de faim. Je suis deb- teur de ceste justice devant Dieu. Vous ferez donc, comme je vous ay dit, entendre cecy à mon peuple, et je vous somme et conjure d'ainsi le faire en presence de tous ces princes et de toute ceste belle et grande noblesse, lesquels, au cas que vous y failliez, vous reprocheront tout le temps de leur vie, comme encore je fe- ray, vostre infidelité envers vostre patrie, si vous avez teu et celé à mes subjects le desir que j'ay de leur donner la paix et mettre ce royaume en repos. Et, au surplus, quand vous celerez cela à mon peuple de Paris, vous n'y gaignerez rien; car mes soldats, qui sont aux faux-bourgs et parlent jour et nuict aux vostres et à ceux de Paris, le leur feroient entendre à vostre confu- sion. » Sur ce lesdits cardinal et archevesque promirent solemnellement faire entendre tout ce qu'il leur avoit dit au peuple de Paris.

En ce pourparler on tomba en plusieurs dis- cours : les sieges de Gand et de Sancerre furent alleguez, et la paix faicte l'an 1585. Surquoy le Roy dit que ceste paix avoit esté cause de la ruine de la France et de la mort du feu Roy; qu'il failloit qu'à ce coup ledit sieur de Lyon fist tout au contraire affin de bien faire, et lors qu'il le tiendroit pour homme de bien, autrement ne le tiendroit pour tel.

Sur ce ledit sieur archevesque repliqua qu'il n'avoit fait ladite paix que pour obeyr au feu Roy, et suivant ce qui avoit esté resolu et trouvé bon par tout son conseil. A quoy l'un des pre- miers du conseil du Roy luy respondit : « Tant s'en faut que cela soit, qu'au contraire je vous dis lors que tout ce qu'on faisoit en ladite paix n'estoit que pour exterminer la maison de France, et, sous ce mot d'heretique, priver le plus pro- che parent du Roy, et, sous ce mot de fauteurs, les autres. »

Le Roy après monstra ausdits sieurs de Gondy et de Lyon les lettres qui venoient d'estre sur- prises que Mendozze envoyoit au roy d'Espagne, par lesquelles il se plaignoit que trop tost les theologiens avoient resolu qu'il estoit licite à ceux de Paris d'envoyer vers le Roy [qu'il ap- pelloit le prince de Bearn] pour traicter de paci- fication, et finissoit sa lettre par ce mot : « Dieu sauve Vostre Catholique Majesté, et me vueille consoler! » Et estoit ladite lettre escrite du cin- quiesme de ce mois d'aoust.

Cela fait, la conference se finit, et le Roy, après avoir un peu parlé separement à l'un et à l'autre, monta à cheval pour s'en aller. Les de- putez d'austre costé s'en retournerent à Paris, où du depuis le Roy leur envoya des passeports pour aller trouver le duc de Mayenne à Meaux.

Ceste conference finie, la trefve que l'on avoit faicte pour ce jour le fut aussi. Les assiegez se resolurent à se deffendre, et le Roy d'assaillir : toutesfois, suivant sa premiere resolution, il fit tenter toutes les voyes de pacification, il en rescrivit mesmes à M. de Nemours et à madame de Nemours sa mere par le sieur d'Andelot, frere du sieur de Chastillon, qui avoit esté pris prisonnier par les assiegez, et lequel sortoit quelquefois de la ville au camp du Roy, puis retournoit. Ce fut luy qui porta aussi les passeports ausdits sieurs cardinal de Gondy et archevesque de Lion pour aller trouver M. de Mayenne à Meaux.

Les royaux ne pouvoient croire que le duc de Parme vinst luy-mesme en France au secours de Paris, quelque bruit que ceux de l'union en fissent courir. Leur opinion estoit fondée sur plusieurs considerations d'Estat, entr'autres qu'il n'y pouvoit venir assez fort pour hazarder une bataille sans laisser la Flandre comme en proye aux gens des estats des Provinces Unies, et que le conseil d'Espagne n'approuveroit pas de laisser le certain pour l'incertain.

Depuis la fin du mois de juin, que le Roy avoit esté avec une belle troupe de cavalerie vers la Picardie, et fait une traicte de dix-sept lieues, pensant y rencontrer le duc de Mayenne, qui se renferma dans Laon, on creut aussi que l'union ne recevroit pas grandes forces des Pays-Bas, et qu'il n'y avoit que le regiment de lansquenets du comte de Colalte, le regiment d'Italiens de Capizzuca, avec trois cents chevaux de Valons, destinez pour leur secours; mais il en advint autrement. Aussi le duc de Mayenne ayant receu secours de la cavalerie de Lorraine conduite par le comte de Chaligny, et s'estant joinct avec luy le duc d'Aumale, M. de La Chastre, le marquis de Menelay, le sieur de Balagny, le capitaine Sainct Paul et autres seigneurs, ils s'acheminerent vers Meaux à la faveur des villes qui tenoient pour l'union, pour là y attendre le duc de Parme.

Or, suyvant le sauf-conduit du Roy, lesdits sieurs cardinal de Gondy et archevesques de Lyon furent trouver ledit duc à Meaux, lequel, ayant receu advis que le duc de Parme estoit sur la frontiere de France, et qu'il le joindroit au plus tard dans six jours avec dix mille hommes de pied et trois mille chevaux, dit d'un costé ausdits sieurs cardinal et archevesque qu'il ne desiroit rien tant que la paix, qu'ils s'en retournassent à Paris pour cest effect, et le fissent entendre au Roy affin de traicter des moyens d'y parvenir; et de l'autre il envoya une lettre au duc de Nemours par un sien secretaire qui passoit à la suitte desdits sieurs cardinal et archevesque, auquel il mandoit qu'il ne prinst aucune alarme de ce traicté de paix, et qu'il n'en feroit point, mais qu'il asseurast seulement leurs partisans d'un bref secours, et que le duc de Parme seroit à Meaux dans quatre jours. Ceste lettre fut descouverte; et M. le cardinal de Gondy, ayant recognu qu'il ne pouvoit rien reüssir de bon en cest affaire, se retira en sa maison à Noësy. L'archevesque de Lyon, suivant sa coustume, amusa les royaux d'esperance de paix, et, estant allé et retourné de Meaux en l'armée du Roy, rapporta pour la derniere fois qu'il estoit trop tard de parler d'accord, et que le duc de Mayenne ne pouvoit rien faire ny traicter sans l'intention du duc de Parme qu'on attendoit à Meaux.

M. le duc de Nevers, qui avoit demeuré comme neutre depuis la mort du feu roy Henry III, s'estant declaré royal, vint trouver Sa Majesté en ce mesme temps avec de belles troupes. Il soustint au conseil que c'estoit une faute signalée d'avoir laissé entrer un tel ennemy que le duc de Parme jusques au cœur du royaume sans l'en avoir empesché sur la frontiere. D'autres disoient que c'estoit le moyen d'avoir une bataille de laquelle ils esperoient remporter la victoire, et par ce moyen que l'on termineroit en un seul coup toute ceste guerre; mais ceux-là ne sçavoient pas bien le dessein de l'Espagnol, ny ses finesses accoustumées.

Le lendemain que le duc de Parme fut arrivé à Meaux, l'union publioit par tout qu'ils donneroient bataille, car ce duc avoit amené avec luy plusieurs princes et seigneurs espagnols, italiens et flamans, entr'autres les princes d'Ascoli, de Chasteau Beltran et de Chimay, les comtes de Barlemont et d'Aremberg, le marquis de Renty, le sieur de La Mothe, gouverneur de Graveline, maistre de camp general et de l'artillerie, le sieur Jean Baptiste Taxis, don Alonze Ydiaques, Pierre Caëtan, maistre de camp du regiment des Neapolitains, don Antonio Zagninga, maistre de camp du regiment des Espagnols qui s'estoient mutinez en Flandres, ainsi que nous avons dit au commencement de ceste année, lesquels on avoit appaisez depuis avec de l'argent, et plusieurs autres capitaines.

Peu de jours après l'arrivée du duc de Parme à Meaux, l'armée de l'union commença à cheminer droict vers Paris, et vint loger à Claye et au chasteau de Fresnes. Le Roy, qui s'attendoit à la bataille, partit du village de Chaliot près Paris, et assigna le rendez-vous de toute son armée à la plaine de Bondy, qui est à la teste de la Forest de Livry, sur le droict chemin de son ennemy, et pour estre preparé pour luy aller au devant, s'il prenoit le chemin des costez pour eviter le passage de ladicte forest; ayant ce mesme jour Sa Majesté retiré l'infanterie qui estoit aux faux-bourgs de Paris pour se trouver à la bataille. Son armée demeura tout ce jour et le lendemain en ladite plaine de Bondy en bataille, sans descouvrir celle de l'union; ce que voyant Sa Majesté, il se resolut de les approcher de plus près, et de prendre le logis de Chelles; pour ce faire, il y envoya le seigneur de Laverdin, l'un de ses mareschaux de camp, et le seigneur de Chastillon, lesquels, y arrivans sur le soir, trouverent les mareschaux et fourriers de l'union qui commençoient à y faire leurs logis, d'où ils les deschasserent; et y estant peu après Sa Majesté arrivé, et descouvert quelques sept ou huict cents chevaux de ses ennemis où estoient les deux chefs, il leur fit une charge avec beaucoup moindre nombre, et les remena jusques dans leurs logis.

Le lendemain samedy, premier de septembre, le Roy se tint pour tout asseuré d'avoir la bataille; il donna le rendez-vous à toute son armée à une place de bataille au-dessus de Chelles, qui estoit une plaine qui a derriere deux costes à la teste d'un petit bois separé d'un ruisseau, et dans ledit bois un chasteau nommé Brou, et par delà est un marais separé d'un peu de plaine qui est entre ledit chasteau et ledit marais par un autre petit ruisseau, qui estoit le logis qu'avoit pris l'union. L'armée royale se trouva toute rangée en bataille sur les onze heures. Le duc de Parme gaigna un costau pour la recognoistre, et, l'ayant veuë, il se trouva estonné, et se retourna vers le duc de Mayenne, luy disant : « Ce n'est pas là ceste armée de dix mil hommes que vous me disiez, car j'en voy là comparoistre plus de vingt-cinq mille, et en bonne ordonnance. » Cest estonnement ne luy a pas deu estre reproché pour faute, car il y avoit dequoy s'estonner, et se peut dire veritablement que c'estoit la plus belle armée qui se soit veuë de long temps en France. Il s'y trouva dix-huict mille hommes de pied, dont il y en pouvoit avoir six mille estrangers, et bien cinq à six mille chevaux, entre lesquels il y avoit près de quatre mille gentils-hommes françois, et des meilleures maisons de la France : il y avoit six princes, deux mareschaux de France, et plusieurs seigneurs et capitaines. Il se pouvoit dire qu'ez deux armées il y avoit plus de chefs d'armées qu'il n'y en avoit en tout le reste de la chrestienté. Le duc de Parme, au lieu de venir au combat, vid bien qu'il failloit user de ruse et non de force, tellement qu'ayant faict changer d'armes à tous les siens, et au lieu de lances leur ayant mis des pioches en la main, ils ne firent toute la nuict que se retrancher dans ledit marais, où tant la cavalerie que l'infanterie logea toute au picquet.

Dès l'aprèsdinée du samedy le Roy leur fit quitter le ruisseau, le bois et la maison qui est dans le bois, et se retirerent tous dans ledit marais; et dès lors, au lieu de bataille, ledit duc de Parme ne pensa plus qu'à se retrancher et fortifier, comme il fit très-fortement.

Sa Majesté, la nuict venuë, se vint loger au village de Chelles, et continua tous les jours suivans par tous les moyens qu'il put pour attirer son ennemy au combat, faisant attaquer incessamment des escarmouches, où il en demeuroit tousjours quelques-uns d'une part et d'autre; mais pour tout cela il n'y eut ordre de les faire venir au combat, confessans publiquement que la fantasie de la bataille leur estoit passée dez l'après-disnée du samedy, le duc de Parme ayant dit à plusieurs : « Je n'ay charge du Roy mon maistre que de secourir Paris. »

Les historiens espagnols disent qu'il fit response à un heraut du Roy qui le desfioit et luy offroit la bataille : « Dites à votre maistre que je suis venu en France, par le commandement du Roy mon maistre, pour mettre fin et extirper les heresies de ce royaume, ce que j'espere faire, avec la grace de Dieu, devant que d'en sortir : et si je trouve le chemin plus court pour y parvenir en luy donnant bataille, je la luy donneray, et le contraindray de la recevoir, ou feray ce qu'il me semblera pour le mieux. » Quand le duc auroit faict ceste responce, et en mesmes termes, la suitte de ceste histoire monstrera qu'à toutes les deux fois qu'il est venu en France il a esté contraint d'en sortir, et luy et ses armées, poursuivy l'espée dans les reins jusques en Flandres : ce qui monstre que cela n'estoit qu'une rodomontade espagnole. Plusieurs ont comparé ce duc à Ulisses pour les ruses de guerre dont il est venu à bout; mais toutes ces ruses n'ont servy que d'empescher pour quelque temps les heureuses victoires du Roy.

Les armées ayant donc demeuré sept jours à la veuë l'une de l'autre en bataille, les ducs resolurent d'attaquer la petite ville de Lagny, qui leur estoit proche de demie lieuë derriere eux, et, ayant fait un pont à batteaux joignant quasi ladite ville, le septiesme dudit mois, à la pointe du jour, ils y passerent la plus-part de leur infanterie, et, la faisant battre de neuf pieces, la riviere entre-deux, la bresche fut plustost faite que le Roy n'en fut adverty, parce que le vent estoit tellement tourné, et le broüillard si grand et espais, que les coups de canon ne s'entendoient pas. Il y avoit cinq cents hommes dedans avec le sieur de La Fin qui y commandoit, lequel n'ayant peu estre secouru assez à temps, après s'estre valeureusement deffendu, il fut emporté par un assaut que les ducs firent donner par dessus un pont de batteaux, si furieusement qu'ils emporterent et tuèrent tout ce qui se trouva dedans les armes au poing. Le sieur de La Fin estant blessé fut pris prisonnier avec quelques autres gentils-hommes. Ceste place aussi tost prise, fut aussi tost demantelée; et quoy qu'il y a mille villages en France qui se peuvent mieux defendre, si est-ce que ledit sieur de La Fin et ses soldats vendirent leur sang assez cherement, car il mourut autant des victorieux que des vaincus.

Le Roy, estimant que ceste prise leur auroit peut estre enflé le courage, les attaqua encores le lendemain plus qu'auparavant; mais ils s'en picquerent encores moins. En fin, ayant consideré que la plus-part de sa noblesse, qui estoit accouruë sans equipage sous le bruit de la bataille, cognoissant que l'esperance en estoit perduë, pressoient de se retirer, il estima qu'il estoit temps de penser à faire la guerre d'autre mode avec ses ennemis, puis qu'il ne les avoit pu attirer à un grand combat, dont ils avoient fait cognoistre qu'ils n'en vouloient point taster: toutesfois, avant que d'entrer en ceste deliberation, il voulut tenter encores deux occasions de les y faire venir. La premiere, il se resolut de vouloir faire un effort à Paris, et, pour ceste occasion, il fit partir le sieur de Chastillon dudit Chelles avec une bonne troupe d'infanterie, et luy avec quelque noblesse le suivit incontinent après, pour se rendre tous au point du jour aux portes de Paris du costé de l'Université, et y donner une escalade en certains endroicts qui avoient esté remarquez, affin de se saisir de l'abbaye Saincte Genevieſve et s'y fortifier. La seconde fut qu'il fit partir son armée de Chelles pour retourner en la plaine de Bondy: ce qu'il faisoit affin que les ducs de Mayenne et de Parme, sçachans qu'il auroit donné dans Paris, sortiroient de leur marais, tant pour secourir Paris que pour se mettre à la suitte de l'armée, et que ce seroit une occasion de combattre. Mais ces deux desseins ne reüssirent point, car, ainsi que les royaux arrivoient dans le faux-bourg Sainct Jacques sur les unze heures du soir, ils furent entendus, ce qui donna l'alarme à toute la ville: toutesfois, estans demeurez long temps sans faire bruit, l'alarme s'appaisa, et les Parisiens presumerent que ce n'estoit rien. Or les jesuistes, qui avoient leur college vers ce quartier là, furent les premiers en armes sur la muraille, où ils demeurerent toute la nuict en garde, quoy que les bourgeois s'en fussent retournez en leurs maisons. Sur les quatre heures du matin, les royaux estimans estre temps d'executer leur entreprise, descendirent tout doucement dans le fossé entre la porte de Sainct Jacques et celle de Sainct Marcel, et planterent sept ou huict eschelles. Les jesuistes, qui n'avoient bougé de là en garde, entendans quelque bruit, donnerent l'alarme si chaudement, que les corps de garde voisins accoururent vers eux. Cependant trois royaux monterent avec leurs eschelles sur la muraille, mais ils furent incontinent tuez et renversez dans les fossez à coups d'halebardes et de pertuisanes par les jesuistes et par quelques habitans qui estoient accourus à leur secours. Les royaux, voyans l'alarme estre si grande, se retirerent, et laisserent plusieurs de leurs eschelles dans le fossé. Ainsi ceste entreprise fut descouverte, et ne servit de rien, non plus que le deslogement de l'armée; car les ducs pour cela ne deslogerent de leur marais, craignans tousjours quelque fauise amorce pour les attirer au combat, où ils avoient resolu de ne venir point. C'est pourquoy le Roy estant revenu en son armée dans la plaine de Bondy où elle avoit esté tout le long du jour, attendant si les ducs approcheroient, n'ayant aucunes nouvelles de leur deslogement, il resolut de venir loger ce mesme jour à Gonnesse.

Sa Majesté le lendemain y ayant assemblé tous les princes, officiers de la couronne et autres grands capitaines qui se trouverent près de luy, et ayant amplement esté discouru et traicté que la resolution des ducs de Mayenne et de Parme estoit assez manifeste et declarée de ne vouloir point combattre, que de les y penser forcer avec le temps, se logeant tousjours près d'eux, qu'en cela ils auroient advantage, estant leur armée fresche et sur la solde, composée d'estrangers qui ne se desbandoient point, au contraire de celle de Sa Majesté qui estoit pour la pluspart desjà harassée, et ne recevoit point de payement, il fut advisé que puis que l'Espagnol ne vouloit faire la guerre à la mode des François, qu'il estoit expedient de la faire à la sienne, et qu'il les failloit faire combattre et destruire par la necessité de vivres et autres incommoditez qui ne faisoent point compagnie aux armées qui font l'exercice qu'il faudroit que la sienne fist; que l'on pourvoiroit, aux villes royales sur la riviere de Seine, de vivres et de fortes garnisons, affin de tousjours tenir Paris autant assiegé que par la presence d'une armée; que l'on licentieroit une partie de l'armée, et en feroit on seulement une mediocre, affin que si les ducs attaquoient quelque place d'importance, le Roy peust estre aussi tost sur leurs bras; que l'on renvoyeroit les forces dans les provinces dont elles estoient parties, ce qui seroit grandement consoler lesdites provinces; aussi qu'en y faisant refraischir lesdites troupes, c'estoit leur donner moyen d'y acquerir quelque chose; et mesmes, advenant que l'Espagnol, ou autres forces estrangeres, voulussent par cy après entrer en France, que lesdites troupes, ainsi refraischies en chasque province, se pourroient reünir incontinent auprès du Roy, lequel par ce moyen se trouveroit avoir tousjours plus de forces que ses ennemis, qui seroit le moyen de les contraindre de faire encor pis que de se retrancher dans un marais. Voilà ce que les royaux resolurent au conseil à Gonnesse.

Suyvant ceste resolution, le Roy, voyant que quelques-uns de la noblesse mesmes, usans d'impatience, s'estoient d'eux mesmes licenciez de se retirer aux provinces d'où ils estoient, fit passer son armée au delà de la riviere d'Oyse, après avoir laissé M. de Laverdin dans Sainct Denis pour deffendre ceste place en cas d'un siege. Ce seigneur usa d'une grande diligence à y faire faire les reparations qui y estoient necessaires, et à mettre un ordre au grand desordre qu'il y avoit dans ceste ville à cause des maladies.

Le Roy envoya aussi en mesme temps de bonnes et fortes garnisons ès villes de Melun, Corbeil, Senlis, Meulan et Mante, et retint avec luy une armée mediocre que conduisoit le mareschal de Biron, avec laquelle il reprit Clermont en Beauvoisis, et quelques autres places en ce quartier là. Il renvoya aussi M. le prince de Conty en Touraine, Anjou et le Maine; M. de Montpensier en Normandie, M. de Longueville en Picardie, M. de Nevers en Champagne, et le mareschal d'Aumont en Bourgongne, chacun avec des forces suffisantes pour tenir la campagne en toutes ces provinces là.

D'autre costé les ducs de Mayenne et de Parme, estans venus à bout de leurs desseins par leur temporisement dans le marais où ils estoient campez, desgagerent Paris sans perdre un homme, et arracherent des mains du Roy ceste ville, qui dans quatre jours au plus-tard se fust rendue à luy par l'extreme famine qui estoit dedans. Aussi-tost que le Roy eut retiré son infanterie des faux-bourgs de Paris du costé de l'Université, qui fut le trentiesme d'aoust, le capitaine Jacques, Ferrarois, qui commandoit dans Dourdan pour l'union, fut le premier qui le lendemain matin amena à Paris, par la porte Sainct Jacques, une grande quantité de vivres. Quatre jours après il y arriva encor mille charrettes plaines de bled qui furent amenées de devers Chartres; bref, du costé de l'Université ils receurent beaucoup de vivres de plusieurs endroits : ce qu'ils eurent en ce commencement à assez bon marché, et qui fut cause, ainsi que plusieurs ont escrit, que lesdits sieurs ducs, ayant eu advis de ce renvitaillement, se retrancherent dans le susdit marais, battirent et prirent Lagny afin de tirer commodité de vivres de la Brie pour leur armée, et firent si bien, que, sans se bouger d'un lieu, ils furent cause de la dissipation de l'armée royale. Voyons si leur armée aussi demeura long temps sur pied.

Aussi-tost que les ducs eurent sceu que le Roy et son armée tiroient vers Beaumont, ils sortirent de leur marais, et, au lieu de poursuivre les royaux, ils tournerent à gauche, passerent la Marne, rendirent libres les ponts de Sainct Maur et de Charenton, et firent loger leur armée en Brie. Plusieurs petites places se rendirent de leur party incontinent, comme Provins, Crecy et autres, puis en un coup toute ceste grande armée se tourna, le 24 septembre, droict à Corbeil, distant de sept lieuës de Paris, la divisant en deux, deçà et delà la riviere. Ceste ville est du costé du Gastinois en un angle que faict la riviere d'Estampes entrant dans la Seine; elle est commandée de deux colines comme de deux cavaliers d'où on peut battre les maisons en ruine. Aux approches le marquis de Renty fut blessé, dont du depuis il mourut. Ce siege fut plus long que les ducs ne l'avoient imaginé; car le sieur de Rigaud, avec son regiment que le Roy y avoit envoyé dedans, arresta l'armée desdits ducs cinq semaines durant, quelque sommation et quelque belle composition que l'on luy offrist.

Ainsi que l'on commençoit à battre ceste ville, le legat Caëtan, accompagné de plusieurs des principaux de Paris, s'y achemina le 25 de ce mois, au devant duquel alla ledit duc de Mayenne, et puis celuy de Parme, lesquels luy firent de grands honneurs à leur rencontre. Pour s'en retourner en Italie, il prit excuse sur la mort du pape Sixte V, et sur l'eslection d'un nouveau pape; mais en effect, c'estoit pour ne tomber plus aux fatigues qu'il avoit euës depuis qu'il estoit venu en France, où il ne fit rien de tout ce qu'il s'estoit proposé, et fut peu heureux en son voyage. Dez son entrée il perdit tout son bagage en venant de Lyon à Paris; arrivé à Sens, le plancher de la grand sale de l'archevesché où il estoit logé tomba; il demeura quatre mois assiegé dans Paris, avec une infinité d'incommoditez; bref, toute sa legation ne fut que confusion. Les catholiques royaux en leurs escrits disoient de luy qu'il estoit venu en France pour diviser la France, vendre la noblesse, et esteindre en la France la France, et abolir la maison royale; qu'il s'estoit conjoinct avec ceux du milieu desquels estoit sorty le parricide meurtrier du feu Roy, affin de les encourager en leur rebellion, ruyner le Roy, et mettre en proye tous les gens de bien. Aussi ils ne le nommerent jamais legat, et l'appelloient seulement cardinal. Deux jours après son arrivée, il partit de devant Corbeil, et fut conduit jusqu'en Lorraine par le comte de Chaligny et par le sieur de Sainct Paul, avec nombre de gens de guerre, car il craignoit merveilleusement les royaux, et avoit sceu que M. de Nevers estoit à Chasteau-Tierry avec force troupes : mais il passa sans destourbier; et quoy qu'il receust advis de la creation du pape Urbain VII, il ne laissa de passer oultre, et s'en retourna par le pays des Suisses en Italie.

Ceux de la faction des Seize, durant le siege de Paris, s'estoient montrez ardents et violents avec leurs predicateurs, pour empescher que l'on ne traictast d'aucune paix avec le Roy. Ils se faisoient appeller catholiques zelez, et portoient toute leur affection et tous leurs vœux à l'Espagnol. Les principaux de ceste faction estoient du conseil general de l'union que le duc de Mayenne avoit licentié, ainsi que nous avons dit, lequel conseil ils desiroient estre restably, et pensoient que le duc de Mayenne le leur devoit accorder, tant à cause de ce qu'ils avoient faict au siege de Paris, que pour ce que l'Espagnol avoit esté le principal secours dudit duc. Ils deputerent donc quelques-uns d'entr'eux pour aller vers luy au camp de Corbeil, affin de luy presenter quelques memoires pour à l'advenir maintenir mieux leur party, la substance desquels estoit :

I. Qu'il plust au duc de Mayenne se resouldre de faire la guerre ouverte, sans esperance d'accord ny paction aucune avec leur ennemy commun [ainsi appelloient-ils le Roy].

II. Que si le duc de Mayenne ne se sentoit assez fort de luy mesme, tant pour le peu d'assistance de la noblesse françoise, que pour les necessitez du peuple qui estoit fort atenué, qu'il luy plust cercher et resouldre promptement ayde et secours des potentats catholiques, et specialement du Pape et du roy d'Espagne, qui estoit le plus proche et prompt secours, desquels le legat et l'ambassadeur estoient au camp prez de la personne dudit sieur duc, avec lesquels il pouvoit promptement et facilement composer et faire comme celuy qui est au peril de sa vie en l'eau, lequel tend la main au premier qui se presente pour le sauver, ne se souciant de quelle main il soit pris, pourveu qu'il se sauve : ainsi qu'il falloit que ledict sieur duc en fist de mesme, sans craindre la difficulté de l'obligation qu'il feroit au potentat catholique qui leur donneroit secours.

III. Que ledit sieur duc considerast les actions de son conseil, et en changeast ceux qui avoient usé de propos d'accord avec le Roy, en ostant aussi ceux qui luy demandoient incessamment des recompenses, ceux qui luy conseilloient de n'entendre les plaintes du peuple catholique [ou des Seize] comme chose importune et sans raison, ceux qui ne tendoient à autre chose qu'à restablir l'Estat aux despens de la religion, ceux qui s'estoient approchez de luy en intention de sauver leurs biens, et qui n'estoient parus auprès de luy (1) que depuis la mort de messieurs ses freres, servans auparavant de conseil au feu Roy contre leur party; de toutes lesquelles qualitez ils soustenoient que la pluspart de son conseil estoit composé, ainsi qu'ils luy feroient cognoistre s'il vouloit.

IV. Que pource qu'aucuns des cours souveraines, et principalement de la justice, se ressentoient des desarmements et emprisonnements que l'on avoit faits de leurs personnes contre ceux qui les avoient desarmez et emprisonnez, ce qui engendroit une juste desfiance entr'eux et les catholiques de Paris, de sorte que ceux-là exerçans leurs charges, et vivans en appetit de vengeance contre ceux-cy, c'estoit entretenir un discord entre les uns et les autres; pour à quoy remedier ils supplioient premierement ledit sieur duc de faire publier un edict d'adveu desdits emprisonnements et desarmements, sans qu'il en fust faict à l'advenir aucune recherche par qui que ce fust; secondement, qu'il fist establir une chambre de personnes esleues et choisies pour cognoistre indifferemment et juger souverainement de tous ceux qui contreviendroient à l'union des catholiques, et de toutes les causes des catholiques [ou de la faction des Seize] qui ont faict lesdits desarmements et emprisonnements.

V. Qu'il plust audit sieur duc mander au conseil general de l'union de reprendre leurs seances et y continuer, comme chose necessaire pour la continuation de l'union des catholiques, estant le seul et unique corps souverain de tout leur party, et sous l'authorité duquel il avoit esté fondé, en attendant l'assemblée des trois estats du royaume; la discontinuation duquel corps

(1) Allusion à Villeroy, ancien ministre de Henri III.

leur avoit grandement prejudicié, pource que tout leur party s'estoit desmembré faute de la substance de ce corps, auquel seul toutes les provinces et villes de l'union des catholiques avoient promis obeyssance : si bien que, si ce corps venoit à defaillir, la des-union s'ensuivroit si grande, que tout leur party seroit entierement ruiné. Pour à quoy obvier, disoient-ils, il estoit très-necessaire que ce corps reprinst son authorité, et exerçast ses fonctions le plustost qu'il seroit possible.

Pour porter ces memoires au duc de Mayenne, les Seize deputerent le docteur Boucher, F. Bernard, feuillan, Le Gresle, Crucé, Borderel, et quelques autres d'entr'eux. Arrivez à Choisy, où estoit logé ledit sieur duc, ils allerent luy donner le bonsoir. Ledit Boucher porta la parole pour tous, et presenta les memoires susdits. Le duc les receut avec promesse d'y pourveoir; mais, aussi-tost qu'ils furent partis, le conseil que le duc avoit estably près de luy, ainsi que nous avons dit, s'assembla, où se trouverent les presidents Le Maistre, Vetus et d'Orcey, les sieurs de Rosne, de Vitry et de Videville. L'intention des Seize fut incontinent descouverte, et cognut-on qu'ils ne tendoient qu'à la ruine de la monarchie françoise, qu'ils n'estoient que gens turbulents, lesquels vouloient reduire l'Estat de France en une republique en laquelle ils se promettoient de faire les souverains, et ruyner par ce moyen la noblesse. L'autheur du livre du Manant et du Maheustre dit que plusieurs du conseil du duc dirent qu'il failloit faire des torchons de leurs memoires sans leur rien respondre; d'autres proposerent qu'il failloit mettre en pieces, tant les memoires que ceux qui les avoient apportez : l'orginal toutesfois en fut monstré à l'archevesque de Lyon et à d'autres du conseil dudit sieur duc, tous lesquels s'en mocquerent. Ainsi les deputez des Seize, après avoir esté huict jours à Choisy, s'en retournerent à vuide et mocquez, quoy que Rossieux, l'un des quatre secretaires du duc, leur portast de l'affection. Ces deputez pensoient aussi, comme deputez du conseil des Seize, saluër le duc de Parme, et vouloient contrefaire les ambassadeurs d'une republique libre d'Allemagne ou d'Italie; le duc de Mayenne, ayant descouvert leur intention, leur fit deffendre d'y aller; ce que le duc ne faisoit sans grande prudence, car il voyoit bien que si ces gens là avoient communication ou intelligence à part avec l'Espagnol, que cela apporteroit la ruine des François, et principallement de la noblesse. Nonobstant, le docteur Boucher, sous ombre d'aller voir Sega, evesque de Plaisance, qui depuis fut legat en France, ainsi que nous dirons, ne laissa d'aller au logis du duc de Parme, dont le duc de Mayenne adverty le fit appeller, et luy en tint de rudes propos; mais, comme ce docteur estoit un des principaux pivots de la faction des Seize, il ne tint beaucoup de compte des paroles du duc, et trouva depuis d'autres moyens de communiquer seurement et secrettement avec l'Espagnol, ainsi que nous dirons cy-après, taschant, avec ceux de sa faction, d'oster le duc de sa charge de lieutenant pour porter la domination de la France entre les mains des Espagnols. Les Seize donc cognurent lors que ce que ledit duc avoit licencié pour un temps le conseil general de l'union estoit en effect une vraye cassation d'iceluy, et que ledit sieur duc, avec le conseil qu'il avoit estably près sa personne, vouloit tenir toute l'authorité et souveraineté à sa volonté. Contraints donc de ceder pour ce coup, et de se retirer à Paris, ils ne laisserent encores de poursuivre leurs desseins, ainsi que nous dirons, ce qui fut la cause des divisions et de la ruine de leur party.

Retournons au siege de Corbeil où les ducs de Mayenne et de Parme, ayans trouvé plus de difficulté qu'ils n'avoient pensé pour prendre ceste place, à cause qu'il leur fallut plusieurs fois changer leurs batteries pour les retranchemens dont userent les assiegez, resolurent d'y faire un effort general. Après qu'ils eurent faict faire un cavalier qui commandoit fort à l'endroit où dez le commencement ils avoient dressé leur batterie, et faict emplir une maison plaine de terre dans le faux-bourg au delà du pont du costé de la Brie, sur laquelle ils mirent quatre canons qui battoient en courtine, puis deux coulevrines qui battoient d'une colline dans la ville, et d'autres pieces en d'autres endroicts, ils firent recommencer la batterie si furieusement, que, quelque resistance que s'esforçassent de faire les assiegez, les Espagnols les emporterent par un assaut, et tuërent tout ce qu'ils trouverent dedans ceste place, entr'autres le sieur de Rigaud, auquel du depuis les gentils esprits françois firent plusieurs epitaphes en sa loüange, pour avoir arresté en une si petite et mauvaise place cinq semaines durant une telle armée.

Ceste prise ne se fit pas sans que plusieurs Espagnols et Italiens n'y laissassent la vie, entr'autres Attila Tissin et le proveditor Tassis. Mais ce fut une chose deplorable de voir la cruauté et les violements des femmes et des filles que firent les Espagnols; leurs propres historiens disent : *Quivi fu il sacco notabile più tosto per la molt' avarizia e crudeltà dè soldati, che per la richezza di esso, et a gran fatica dalla loro libidine fu salvata una sorella di*

M. d'Aron, maestro di campo della lega ; il che dava ampia materia a nimici di biasmar gli Spagnuoli, ricifaciendo loro queste, e molt' altre sceleratezze, etc. (1).

Après la prise de Corbeil, le duc de Parme, voyant qu'il ne pouvoit faire aucun effort aux places lesquelles tenoient encores Paris comme assiegé, et que son armée se diminuoit, que l'hyver s'approchoit, que le prince Maurice avoit taillé plus de besongne ez Pays-Bas que ledit duc n'eust sceu en desmesler d'un an, il resolut de s'en retourner en Flandres, et avant son partement de donner ordre le mieux qu'il pourroit, affin que les partisans de l'union eussent moyen de resister aux royaux. Ce ne fut toutesfois, ainsi que plusieurs ont escrit, sans semondre le duc de Mayenne et ceux qui avoient traicté avec luy en Flandres de faire paroistre quelques effects de leurs promesses, et de rendre quelques fruicts à son maistre le roy d'Espagne de toute ceste grande despence qu'il avoit faicte pour les secourir; mais eux, ne pouvans plus desguiser leur foiblesse, la luy firent entendre ouvertement, et luy monstrerent que toute la puissance des grandes villes de leur party estoit tombée entre les mains du peuple. Ce duc recognut lors avec l'ambassadeur Mendozze que le Roy son maistre ne recevroit d'eux aucune utilité evidente que premierement il n'eust mis le pied sur la gorge à tous les partisans de la ligue et à toutes les capitalles villes du royaume, et que d'oresnavant il ne leur failloit fournir de secours que pour resister tellement quellement aux royaux, affin qu'en se consumant en guerres civiles, et s'entretenans en leurs partialitez, ils ne rentrassent en leur bon sens et ne recognussent le Roy; mais que s'il advenoit qu'ils fussent contraints une autre fois de demander secours au roy d'Espagne leur maistre, qu'alors on ne leur en donneroit point qu'auparavant ils n'eussent livré des places et accordé de recevoir l'infante d'Espagne pour royne. En attendant que cela reüssiroit, Mendozze prit la charge de faire practiquer des partisans en chasque ville pour le Roy son maistre, et de plus en plus entretenir à cest effect la faction des Seize dans Paris, la confrairie du Cordon dans Orleans, et de mesmes aux autres villes, en continuant ou augmentant les pensions d'aucuns predicateurs et des factieux.

Pour l'execution de ces desseins, après que le duc de Parme eut envoyé le seigneur Mario Farnese à Paris faire les complimens aux princesses qui y estoient, il fit partir, le premier de novembre, son armée des environs de Corbeil pour s'en retourner en Flandres. Traversant la Brie, il arriva autour de Colomiers, où il receut nouvelles que les sieurs de Givry et de Parabelle avec les troupes qui estoient dans Melun, avoient le dixiesme novembre reprins Corbeil par surprise, et avoient tué Alonzo Teraquas et les Espagnols qu'il y avoit laissez dedans avec deux cents lansquenets. Ceste reprise resjouit autant les royaux que ceux de l'union en furent faschez. Le Roy en eut la nouvelle à Compiegne, où il estoit venu d'Escoüy avec quelque cavalerie sur l'avis qu'il avoit receu que le duc de Parme s'en retournoit en Flandres, lequel il n'avoit envie de laisser retourner sans conduitte, et principalement pour l'empescher d'entreprendre sur quelqu'une des places royales durant son retour.

Sa Majesté, ayant donc laissé dans le pays de Vexin M. le chancelier et les gens de son conseil, avec le mareschal de Biron et l'armée pour l'employer en ce qu'il trouveroit de plus propre, partit de Compiegne avec huict cents chevaux qui s'y trouverent de la noblesse de Picardie, laquelle à son mandement l'y estoit venu trouver, et envoya M. de La Noué avec la compagnie de l'Isle de France se jetter dans Chasteau-Tierry, luy promettant de le secourir et de combattre le duc s'il attaquoit ceste place. Il manda aussi incontinent à M. de Nevers et au sieur de Givry de le venir rencontrer. Tous s'acheminerent vers luy pour luy ayder à reconduire le duc de Parme, lequel, voyant que ledit sieur de La Noué s'estoit mis dans Chasteau-Tierry, y fit sejourner son armée aux environs quelque temps, puis, suivant la resolution qu'il avoit prise avec le duc de Mayenne dez le siege de Corbeil, M. de La Chastre (à qui le duc de Mayenne, comme lieutenant general de l'Estat et couronne de France, fit depuis expedier lettres de mareschal de France, lesquelles furent verifiées au parlement de Paris) fut renvoyé à Orleans avec un regiment de lansquenets conduit par un gentil-homme de la maison des viscomtes de Milan, quatre regiments françois des sieurs de Vaudargent, de Lignerac, du Coudray et de Montigny, avec cinq cens chevaux, pour employer toutes ces troupes contre les royaux vers la Sologne et le Berry, et le long de la riviere de Loire. Le sieur Draguas de Comnene commandoit en ceste petite armée de mareschal de camp; les exploicts qu'elle fit nous le dirons l'an suivant. Dans Paris, le sieur de Belin y fut mis gouverneur au lieu de M. de

(1) Le sac de cette ville fut remarquable plutôt pour l'avarice et la cruauté des soldats, que pour les richesses qu'ils y trouvèrent : on eut beaucoup de peine à sauver de leur brutalité la sœur de M. d'Aron, mestre de camp de la ligue : ce qui donna ample sujet aux ennemis des Espagnols de leur reprocher leur cruauté et beaucoup d'autres excès, etc.

destinées pour demeurer avec le duc de Mayenne, sçavoir, le Terzo des Italiens, et autres compagnies, tant d'infanterie que de cavalerie; puis, ayant faict appeller auprès de luy les capitaines et gens de commandement, il leur dit, devant M. de Mayenne et les seigneurs françois du party de l'union qui l'accompagnoient : « Je ne vous appelle point icy pour vous ramentevoir les grandes louanges que vous avez acquises d'avoir delivré Paris d'un très-grand siege, ny pour tant de braves exploicts militaires dont vous estes venu à vostre honneur, mais seulement pour vous prier de conserver l'honneur que vous avez acquis, en continuant le service que vous devez à Dieu, à l'Eglise romaine, et au roy Catholique, vostre souverain seigneur. Je ne doute point qu'en peu de temps vous ne remettiez la France en liberté, sous l'obeyssance du Sainct Siege apostolique, dont vous recevrez de Dieu et des hommes le juste guerdon de vos labeurs. Mais, si dans le printemps vous n'aviez achevé ceste guerre contre l'heresie, soyez asseurez que vous ne manquerez point de secours, et, s'il est besoin que je revienne encores en personne, je ne feray faute de m'y acheminer, vous asseurant qu'il n'y a chose que Sa Majesté Catholique desire plus que de voir durant sa vie exterminer l'heresie et les heretiques, contre lesquels pour le devoir de sa dignité il est resolu de despendre tous ses moyens, et employer toutes ses forces et toute sa puissance. » Puis, se retournant vers le duc de Mayenne et les seigneurs françois, il leur recommanda ses gens de guerre avec de belles paroles. Il faisoit toutes ces choses à dessein, affin que ceux qui estoient avec le duc de Mayenne, estans retournez aux villes de l'union, asseurassent ceux de leur party que l'Espagnol ne les secouroit que pour la seule occasion de la religion, et que par ce moyen ils se rendissent plus opiniastres contre leur roy, car il ne vouloit pas en ce commencement publier les plaintes des promesses que l'on luy avoit faictes, de peur que toutes les villes de l'union, recognoissans la charité de l'Espagnol, et avec quels desseins il avoit entendu les secourir, ne songeassent à eux; mais on tient qu'en traictant à part avec M. de Mayenne, il luy conseilla d'entretenir le Roy tousjours par quelque ouverture de paix ou de trefve, et l'amuser par ce moyen, affin de rendre les efforts de ses armes inutiles durant l'hyver. « Car j'ay recognu, luy dit-il, au prince de Bearn qu'il use plus de botes que de souliers, et que l'on le ruynera plustost par dilayemens et temporisements que non pas par la force. » Le duc de Mayenne fit practiquer depuis ce conseil, et fit ouvrir plusieurs paroles de paix, ce qui luy servit bien à rasseurer et mettre ordre en beaucoup de villes de l'union. Ceux qui s'en meslerent pour luy luy furent fidelles; les royaux qui confererent avec eux les blasmerent de peu de verité et d'affection à leur patrie, et eux trouverent leur excuse sur ce que ceux qui traictoient avec eux estoient de la religion pretenduë.

Ainsi le duc de Parme s'achemina droict à Bruxelles, où il trouva que le prince Maurice avoit en plusieurs endroicts des Pays-Bas surpris plusieurs places fortes. Affin de mieux entendre ce qui se passa en ces pays-là, il est besoin de sçavoir ce qui s'y estoit passé depuis la surprise de Breda par ledit sieur prince, ainsi qu'il a esté dit cy-dessus.

Après la reddition de Bergh, le comte Charles de Mansfeldt vint à Anvers, d'où il partit le 10 de mars, six jours après la surprise de Breda, affin d'empescher les courses que faisoient les gens des Estats en la campagne de Brabant; ce qu'ayant fait, il tourna droict avec toutes ses troupes vers Sevenberghe, jugeant qu'en prenant ce lieu là il pourroit recouvrer Breda, pour ce que Gertruydemberghe tenoit pour l'Espagnol.

Sevemberg estant peu fort, il luy fut incontinent rendu à discretion, et Mansfeldt, suyvant son naturel, comme plusieurs ont escrit, fit tailler toute la garnison en pieces, et ses soldats commirent là dedans une infinité de cruautez et de meschancetez. De là il alla assieger un fort dans une isle à l'orée de la mer, et à la teste de l'emboucheure de Steembergh, lequel pouvoit estre secouru à toutes marées par les Hollandois. Mansfeldt, ayant battu ce fort cinq jours durant depuis le 8 de may, et voyant qu'il n'advançoit rien pour pouvoir donner un assaut, voulut passer le canal et y conduire de l'artillerie sur des barques qu'il fit très-bien armer pour cest effect; mais son dessein ne luy reüssit, à cause du flux de la mer qui laissoit les environs de ceste isle, qui ne sont que de très-dangereux marescages, comme à sec. Toutesfois Charles de Mansfeldt, ne se contentant de la premiere fois qu'il y avoit envoyé, voulut derechef tenter de faire reüssir son dessein; mais estant entré en une marée trois cens soldats holandois dans ledit fort, avec deux pieces d'artillerie, les Espagnols, qui s'approcherent avec leurs barques prez dudit fort, furent si bien saluez avec une infinité de canonnades et de feux artificiels, qu'il y en demeura plus d'une centaine de morts, entre lesquels estoient plusieurs capitaines de commandement. Mansfeldt, contraint de se retirer, cognoissant qu'il perdoit là son temps, abandonna Sevembergh, changea son camp, et vint aux environs de Breda, faisant semblant de l'assieger; mais, en effect, c'estoit pour la prendre par une intelligence qu'il avoit dedans, laquelle descouverte, il resolut de se retirer du tout. En sa retraicte la garnison de Breda voulant l'attaquer par une sortie qu'ils firent sur sa cavalerie, luy, ruzé, les fit entretenir en une escarmouche cependant qu'il les faisoit entourer, ce qui lui reüssit tellement, que tout ce qui estoit sorty de Breda, au nombre de plus de deux cents, furent taillez en pieces. De là Mansfeldt s'en alla ez duchez de Cleves et de Juilliers, où les siens firent une infinité d'hostilitez, et se fortifierent en plusieurs endroicts pour y faire leurs courses plus à leur aise. De l'autre costé, Verdugo, gouverneur de Groninghe, avec nombre d'Espagnols, travaillerent infiniment le diocese de Cologne. Toutes ces hostilitez faictes par les Espagnols sur les terres de l'Empire furent occasion d'une journée que les princes allemans tinrent à Cologne où il ne fut rien resolu. Du depuis il fut tenu encor une diete à Francfort pour y remedier, ainsi que nous dirons cy-après.

Cependant le prince Maurice avec les Estats qui ne vouloient point demeurer oisifs font leurs aprests pour assieger Numeghe; le prince, desirant plustost la surprendre que de l'assieger, entreprit de la faire petarder; et s'estant rendu secrettement à Tiel, il s'achemina de nuict à Numeghe, et mit à la porte de Hezel un petard long de deux brassées, faict de bois et entouré de fer; puis les siens s'estans retirez dix pas en arriere, il fit mettre le feu à la trainée de la poudre qui devoit le mettre à la queuë du petard, ce qui ne reüssit selon leur desir, car, soit pour l'humidité de la terre, ou pour autre occasion, il n'y eut que la poudre de la trainée qui prit feu alors. La flamme en estant veuë par les sentinelles, toute la ville fut incontinent en armes: ce que voyant le prince et les siens se retirerent. Peu après leur retraicte le petard prit feu, et fit tel effect qu'il mit la porte par terre: dequoy les habitans estonnez se preparerent à deffendre l'entrée; mais, ne voyans personne dehors que le petard, ils l'allerent querir, et repararent incontinent la ruine qu'il avoit faicte, puis rendirent graces à Dieu de les avoir delivrez de ce peril, et changerent leur crainte en allegresse, qui ne leur dura gueres, car le prince, cinq jours après, ayant faict monter contremont le Rhin toutes ses forces, avec trente pieces d'artillerie, fit descendre ses gens en terre sans beaucoup d'empeschement, et battit ceste ville de treize pieces d'artillerie. Le duc de Parme, qui estoit encor à Condé, manda incontinent au comte Charles de s'acheminer avec toutes ses troupes vers Numeghe, ce qu'il fit en diligence. Devant qu'il y fust, le prince fut encor un mois sans discontinuër son siege, où il faisoit tirer des bailes qui portoient du feu artificiel, lesquelles, en tumbant sur le toict des maisons, y mettoient un tel feu qu'il ne se pouvoit presque esteindre, ce qui causa de grandes ruines; bref, ils canonnerent si bien la tour Sainct Estienne à coups de canon qu'elle fut toute ruinée. Ledit comte Charles, arrivé près de Numeghe, renvitailla seulement la place, et y mit bonne garnison, car le combat luy estoit deffendu par le duc de Parme. Le prince Maurice, voyant la longueur de ce siege, se resolut d'avoir ceste ville d'une autre façon, et, ayant faict passer son armée en la Betuve vis à vis de Numeghe, il fit dresser le fort de Knotzembourg, qu'il munit de bonne artillerie, d'où il faisoit tirer continuellement contre la ville. Ce fort, ayant esté achevé par le prince Maurice sans aucun empeschement depuis qu'il eut commencé à le bastir, a esté cause que l'Espagnol perdit Numeghe, ainsi que nous dirons cy-après; car il ne faut point douter que si on ne ruine ces forts dez leur commencement, que peu à peu ils ne deviennent imprenables, et produisent des effects qui ne pourroient estre creus. Or le comte Charles avoit assez de forces pour empescher le prince Maurice de le bastir; mais le president Richardot, revenu d'Espagne apportant commandement exprès au duc de Parme de passer en France, fut la cause que le duc defendit audit comte Charles de ne hazarder aucun combat, mais de renvitailler seulement Numeghe; ce faict, qu'il le vinst trouver en diligence: ce qu'il fit.

Le prince et les Estats, qui voyoient que l'Espagnol tournoit toutes ses forces contre la France, resolurent de ne laisser passer une si belle occasion pour eux sans profiter. D'un costé par mer ils envoyerent au roy Très-Chrestien quelques munitions de guerre sous la conduite de cinq de leurs navires, lesquelles arriverent à Diepe; mais, sçachant que le navire du sieur de Villars, gouverneur du Havre de Grace pour l'union, estoit en mer, ils se mirent à la voyle du long des costes de la Normandie, où ils rencontrerent ledit navire monté de vingt-quatre pièces d'artillerie, de cent matelots et de cent soldats. Après avoir longuement combattu contre luy, et l'ayans gaigné, le feu s'y printsi promptement, que les Holandois n'eurent autre loisir que d'en sortir, car le navire et tout ce qui estoit dedans fut si hastivement bruslé que l'on n'en put rien sauver. Ils ne firent ce voyage sans butiner aussi quelques navires des villes du party de l'union.

De l'autre costé le prince Maurice, voyant que le comte Charles de Mansfeldt avoit passé la Meuse avec son armée pour aller trouver le duc de Parme, lequel laissoit le comte Pierre Ernest de Mansfeldt pour commander ez Pays-Bas en son absence sans beaucoup de forces, passa incontinent le Vahal, pensant attraper l'arriere-garde dudit comte Charles; mais ce dessein ne luy ayant succedé, il tourna à droict, et le premier d'aoust il alla assieger Doddedael, qu'il battit si furieusement que les assiegez furent contraincts de se rendre à luy et à sa discretion. Il pardonna à tout ce qui estoit dedans, et ne voulut pas que l'on y fist aucun tort : toutesfois il fit pendre le gouverneur qui estoit dans ceste place.

Le prince ayant laissé une bonne garnison au fort de Knotzembourg vis à vis de Numeghe, il se mit en campagne avec toutes ses troupes, et alla le long du Rhin et de la Meuse, où il reprint plusieurs chasteaux et forts que les Espagnols y tenoient, entr'autres, en l'isle de Bommel, les chasteaux de Heel et de Hennel, en la duché de Cleves, la ville et le chasteau de Burich à l'opposite de Vezel, et le fort de Grave où souloient estre les chartreux de Vezel, au diocese de Coulogne, Lutkenhoven, puis fit razer tous les forts que l'Espagnol avoit faicts le long du Rhin sur les terres de l'Empire. Ayant passé son armée en Brabant, il print le fort de Terrheyden à l'embouscheure de la riviere de Breda, celuy de Roosendaël, et la ville de Steenberghe.

En ce mesme temps les garnisons de Breda et de Bergh sur le Zoom firent plusieurs courses dans le pays de Campeine, prirent par escalade Tillemont en Brabant qu'ils pillerent, puis l'abandonnerent.

En ce temps là aussi l'Espagnol avoit faict un fort joignant la ville de Hoy au pays du Liege pour tenir la Meuse en leur puissance, ce qui empeschoit fort le trafiq : le prince et les Estats pour mettre ce fort par terre envoyerent huict cents soldats, lesquels ayant sommé le capitaine Grobendonc, qui estoit dedans avec cent soldats, de se rendre à composition sans attendre d'estre forcé, sinon qu'il n'y demeureroit homme en vie, Grobendonc, voyant l'ennemy si proche, sans esperance de secours, se rendit la vie sauve, et sortit avec les siens un baston blanc au poing. Les Holandois, après avoir abbatu le fort, s'en retournerent chargez d'un grand butin.

En mesme temps les *Zelandois* eurent aussi une entreprise sur Dunkerke qu'ils pensoient prendre d'escalade; mais, estans partis trois mille hommes de pied et cent chevaux pour l'execution, le vent leur fut tellement contraire, que, demeurant plus long temps en mer qu'ils ne devoient, ils furent descouverts par les Flamans; toutesfois, estans descendus en terre, l'entrepreneur voulut monstrer au comte de Solms et au chevalier Veer la facilité de son dessein : tous trois s'estans approchez du fossé, ils receurent chacun une harquebuzade, et furent contraincts de se rembarquer.

Les Espagnols d'autre costé penserent aussi surprendre Lochem avec trois chariots chargez de foin : le premier chariot estoit desjà dans la ville, quand le portier, voulant prendre du foin pour son droit, tira le pied d'un soldat, ce qui le fit à l'instant crier : *Trahison! trahison!* auquel tous les soldats sortirent des chariots, et avec les chartiers, qui estoient aussi des soldats deguisez, se ruèrent sur les corps de garde, qu'ils taillerent en pieces. Mais l'alarme estant donnée vivement par la ville, toute la garnison fut si diligente de se rendre à la porte, que les Espagnols furent repoulsez dehors, le pont levis levé, auparavant que l'embuscade de la cavalerie et de l'infanterie espagnole y pussent arriver. L'entrepreneur y fut le premier tué.

Les bourgeois de Venloo en Gueldre, se sentans oppressez de leur garnison, qui estoit d'Italiens et d'Alemans, resolurent de s'en delivrer, et, voyans que le sieur Bentink leur gouverneur estoit absent, ils dirent aux Allemans qu'ils vouloient chasser les Italiens pour leurs insolents deportements, et qu'ils ne desiroient avoir que lesdits Allemans, lesquels ils entretiendroient mieux qu'ils n'estoient. Les bourgeois, ayans asseurance des Allemans qu'ils ne se banderoient contr'eux et qu'ils ne les empescheroient de chasser les Italiens, se mirent en armes, commanderent aux Italiens de sortir, sinon qu'ils les tailleroient en pieces: les Italiens, pour estre foibles, et voyants les Allemans ne se remuer point, obeyssent et sortent; mais, quand le peuple les eut veus sortir, ils se tournerent aussi vers les Allemans, lesquels ils firent desloger à l'heure mesme avec la femme et toute la famille de Bentink. Se voyans libres de leur garnison, ils firent par lettres leurs excuses au comte Pierre Ernest de Mansfeldt et au conseil d'Estat à Bruxelles, s'excusans qu'ils avoient esté contraints de ce faire pour les insolents deportements des gens de guerre, desirans toutesfois vivre tousjours sous l'obeyssance de l'Espagne.

La garnison d'Ostende aussi en mesme temps surprint la ville d'Oudembourg près Bruges, où

pied une quantité de jeunes gentils-hommes vestus de plusieurs livrées. Il estoit accompagné de grand nombre de prelats et de cinquante gentils-hommes romains, les chevaux desquels estoient couverts de velours noir. On luy dressa aussi un arc triumphal à l'entrée du Capitole, avec plusieurs belles inscriptions. Sa Saincteté fut incontinent circonvenuë des ministres d'Espagne et des agents de l'union, tellement que durant son pontificat les catholiques royaux en France ne le recognurent point, et disoient de luy qu'il estoit partial et non pere, bien qu'il fust milanois. Ce qui en advint nous le dirons l'an suyvant. Voyons maintenant les entreprises que fit le duc de Savoye en ceste année.

Nous avons dit que ce prince vouloit faire ses affaires à part, et prendre en France ce qui luy venoit à bienseance, et que pour cest effect il avoit retiré toutes ses troupes des environs de Geneve, et avoit bloqué ceste ville par les trois forts de Saincte Catherine, Versoy et La Bastie, affin d'employer ses forces en Provence et en Dauphiné; mais ceux de Geneve prindrent peu après le fort de Versoy avec cinq canons qui estoient dedans, et celuy de La Bastie, lesquels ils bruslerent et desmolirent: tellement qu'il ne luy resta que celuy de Saincte Catherine. Peu après il perdit aussi le fort du pas de La Cluse que ceux de Geneve receurent à composition.

Pour empescher les heureux progrez de ceux de Geneve, le duc envoya le sieur dom Amedée, bastard de Savoye, avec de belles troupes, lequel reprint incontinent ledit fort de La Cluse, et les contraignit de se retirer vistement en leur ville, puis reprint tout le bailliage de Gez, et, poursuivant sa pointe, se logea ez environs de Geneve en intention de la reduire à l'extremité. Il se fit entr'eux plusieurs charges et rencontres ausquelles les Savoyards furent quelquefois victorieux, d'autresfois vaincus: bref, ce n'estoit que bruslements et hostilitez barbares, tant d'une part que d'autre.

Dom Amedée, ayant resolu d'avoir Geneve par la famine, se tint durant le mois de juillet dans le bailliage de Gez avec cinq cents chevaux et deux mille fantassins, et posa ses corps de garde à une lieuë de Geneve en divers villages sur les advenuës pour avoir tout le pays libre afin d'en recueillir toutes les moissons, et fit venir pour cest effect plusieurs païsans de divers endroicts. Or il y avoit dans Geneve assez de bons soldats, mais ils n'avoient point de chef experimenté au faict de la guerre, car le sieur de Lurbigny et son sergent major, qui avoient accoustumé de les y mener, estoient au lict blessez, si bien que les Savoyards y faisoient ce qu'ils desiroient. Le septiesme juillet, dom Amedée sçachant que ceux de Geneve estoient prompts aux sorties, il mit plusieurs escadrons de cavalerie et d'infanterie en embuscade à demy quart de lieuë de leur ville, en un lieu fort advantageux pour sa cavalerie. Aussi tost qu'il y fut il fit investir une compagnie de pietons qui estoit sortie pour favoriser quelques-uns qui alloient moissonner, et quand et quand fit approcher quelques cavaliers à descouvert qui allerent enlever du bestail et tirer chacun un coup de pistolet fort proche de la ville, dont ils tuèrent trois habitans. A ce bruit l'alarme se donna, et les Savoyards se retirerent en leur embuscade. Ceux de Geneve, advertis que leur compagnie de pietons estoit investie, sortirent pour les secourir, les uns à pied, les autres à cheval, tous à la desbandade et sans beaucoup de conduite, comme font ordinairement les peuples d'une ville. Quelques heureux succez qu'ils avoient eus les jours precedents sur les Savoyards leur faisoient ceste temerité. Ainsi toutes les troupes sorties de Geneve s'arresterent à l'entrée de la plaine qui estoit entre les Savoyards et la ville, et, sans considerer la difficulté du retour, coururent droict contre leurs ennemis, lesquels, les ayans attirez au bout de la plaine, firent durer l'escarmouche quelques trois quarts d'heure, jusques à ce qu'ils eurent veu qu'il estoit temps de les charger, ce qu'ils firent en un instant, et toute la cavalerie de Savoye vint fondre sur celle de Geneve, laquelle, se voyant trop foible, fut contraincte de prendre la fuite et se retirer, abandonnant les gens de pied, qui furent incontinent rompus: ceux qui se peurent sauver dans la ville s'estimerent heureux, car il en demeura plus de trois cents sur la place, entre lesquels il y avoit six vingts bourgeois, un grand nombre de blessez qui moururent presque tous, et fort peu de prisonniers. Ceste desfaicte fit que les Savoyards acheverent les moissons tout à leur ayse, ruinerent tout les pays circonvoisins de Geneve, et eurent esperance de se rendre bien-tost maistres de ceste ville et reduire les habitans de Geneve à la disette et à la mort continuelle.

Après qu'Amedée eut faict faire la moisson dans le bailliage de Gez, et qu'il y eut faict faire un degast general, il alla passer le Rosne avec toutes ses troupes plus bas que le fort de La Cluse, et se vint loger en l'autre estenduë de pays entre Sessel et Geneve, où, après que ses troupes y eurent sejourné quelque temps, il les mit en garnison, et laissa le baron d'Armanse, lieutenant du duc ez pays de Thonon et de Chablais, pour leur commander et endommager ceux de Geneve le plus qu'il pourroit.

lais ceux de Geneve, se voyans si fort pres-, et ayans receu coup sur coup tant d'infor-tes, eurent recours à leurs alliez : ils ne man-ient point de courage, mais ils avoient besoin personnes experimentées à la guerre. Le pre-er qui fut à leur secours ce fut Guillaume de gny, baron de Conforgien, lequel y arriva 13 aoust. Peu après son arrivée ils firent quel-s sorties par terre, et sur le lac avec leurs gates, escumans quelques proyes, et asseu-s le commerce aux barques et bateaux qui oient d'ordinaire en leur ville.

Rasseurez peu à peu sous la conduite de ce ron, ils entreprirent de faire vendanges, puis 'ils n'avoient peu faire la moisson. Les Sa-yards, qui ne manquoient point d'espions dans te ville, en furent incontinent advertis. Le ron d'Armanse convoqua toutes les garnisons isines affin de les empescher. D'autre costé le ron de Conforgien fit preparer ceux de Ge-ve pour sortir à la campagne et faire ven-nges à main armée.

Le dixseptiesme septembre, entre sept et huict ures du matin, les compagnies de Geneve rtirent de la ville conduisans quantité de ton-aux et charettes, et menerent avec eux force ysans et les domestiques de l'hospital. Tous s aucune rencontre arriverent jusques à un noble à demy lieuë de Bonne, où ils emplirent irs tonneaux et chargerent leurs charettes; is, ainsi qu'ils se disposoient à la retraicte, le ron d'Armanse, qui avoit esté adverty de ir sortie, vint avec ses troupes si à couvert 'il se saisit des advenuës, logea dans un mou- quatre-vingts mousquetaires, disposa ses s en plusieurs embuscades, et se plaça sur costeaux pour empescher la retraite de ceux Geneve que le baron de Conforgien condui-it, lequel, estant adverty que les Savoyards roissoient en trois escadrons de lanciers, mit ordre sa troupe qui estoit de cent cinquante ntassins et de cent trente cavaliers, et, les ant exhortez au combat, envoya attaquer le oulin par quelques escarmoucheurs suivis de quante bons soldats, lesquels donnerent à te baissée vers le moulin à travers les harque-sades, et firent si bien qu'ils le gaignerent et rent tout ce qui se trouva devant eux. Cepen-nt Conforgien avoit envoyé trente cavaliers ur recognoistre ce qui estoit au dessus du cos-au; mais aussi-tost qu'ils eurent descouvert la valerie des Savoyards, ils tournerent vers nne : le baron d'Armanse les laissa fuyr les ans comme perdus, et cependant il fit advan-r une troupe de lanciers pour rompre une mpagnie d'argoulets : la meslée fut lors grande et en divers endroicts, car ces trente cavaliers de Geneve, revenus au combat pour soustenir les argoulets, enfoncerent par les flancs un esca-dron de Savoyards; d'autre costé Conforgien, ayant disposé des mousquetaires en une embus-cade, fit faire une salve si rude à un autre esca-dron de lanciers qui le venoit charger, que ceux-cy s'escarterent incontinent après en avoir veu tomber nombre d'entr'eux; puis les deux gros de cavalerie, tant de party que d'autre, se vin-drent à rencontrer fort furieusement; mais les Savoyards sans beaucoup s'opiniastrer plierent et se retirerent, laissans leurs fantassins à la discretion de leurs ennemis, ausquels ils trouve-rent peu de misericorde. Ce combat dura depuis midy jusques à trois heures : trois cents Sa-voyards y demeurerent tuez sur la place, plus de cent blessez, dont peu reschaperent. Ceux de Geneve, estans demeurez victorieux, emmene-rent ce qu'ils avoient vendangé avec les des-poüilles des Savoyards dans leur ville. Aussi l'on disoit lors qu'ils avoient esté victorieux en leurs vendanges, et avoient perdu en leurs mois-sons.

Cela pourtant les encouragea beaucoup, et firent depuis plusieurs petites sorties où ils de-meurerent quelquefois victorieux et gaignerent quelques butins. Mais la cherté durant cest hy-ver y fut grande, et les paysans qui s'y estoient retirez endurerent beaucoup d'incommoditez jusques sur la fin de ceste année, que M. de Sancy alla par le commandement du Roy pour lever des Suisses et faire la guerre en Savoye. Ce qui en advint nous le dirons l'an suyvant.

En Dauphiné, ceux de Grenoble s'estans de-clarez du party de l'union, le sieur Desdiguieres fit fortifier le chasteau de Montbenault, qui n'en est qu'à une lieuë, et quelques autres petits forts pour tenir Grenoble comme assiegée; mais cependant que ledit sieur Desdiguieres s'estoit esloigné des environs de Grenoble pour d'autres entreprises, ceux du parlement, qui estoient demeurez dedans avec les habitans, furent soli-citez par les partisans du duc qui estoient dans ceste ville de se ressouvenir des offres et pro-messes qu'il leur avoit envoyé faire après la mort du Roy, ce qui fut cause qu'ils l'envoye-rent prier de les venir delivrer de la subjection de Montbenaut, et qu'ils l'assisteroient d'ar-tillerie, munitions et vivres. Le duc, à leur priere, envoya Anthoine Olivera avec nombre de cavalerie et infanterie, lequel, assisté de ceux de Grenoble, batit et prit Montbenault, et l'ac-commoda très-bien, et y mit bonne garnison pour ledit duc de Savoye : tellement que ceux de Grenoble, qui pensoient que ce duc les secou-

pied une quantité de jeunes gentils-hommes vestus de plusieurs livrées. Il estoit accompagné de grand nombre de prelats et de cinquante gentils-hommes romains, les chevaux desquels estoient couverts de velours noir. On luy dressa aussi un arc triumphal à l'entrée du Capitole, avec plusieurs belles inscriptions. Sa Saincteté fut incontinent circonvenuë des ministres d'Espagne et des agents de l'union, tellement que durant son pontificat les catholiques royaux en France ne le recognurent point, et disoient de luy qu'il estoit partial et non pere, bien qu'il fust milanois. Ce qui en advint nous le dirons l'an suyvant. Voyons maintenant les entreprises que fit le duc de Savoye en ceste année.

Nous avons dit que ce prince vouloit faire ses affaires à part, et prendre en France ce qui luy venoit à bienseance, et que pour cest effect il avoit retiré toutes ses troupes des environs de Geneve, et avoit bloqué ceste ville par les trois forts de Saincte Catherine, Versoy et La Bastie, affin d'employer ses forces en Provence et en Dauphiné; mais ceux de Geneve prindrent peu après le fort de Versoy avec cinq canons qui estoient dedans, et celuy de La Bastie, lesquels ils bruslerent et desmolirent : tellement qu'il ne luy resta que celuy de Saincte Catherine. Peu après il perdit aussi le fort du pas de La Cluse que ceux de Geneve receurent à composition.

Pour empescher les heureux progrez de ceux de Geneve, le duc envoya le sieur dom Amedée, bastard de Savoye, avec de belles troupes, lequel reprint incontinent ledit fort de La Cluse, et les contraignit de se retirer vistement en leur ville, puis reprint tout le bailliage de Gez, et, poursuivant sa pointe, se logea ez environs de Geneve en intention de la reduire à l'extremité. Il se fit entr'eux plusieurs charges et rencontres ausquelles les Savoyards furent quelquefois victorieux, d'autresfois vaincus : bref, ce n'estoit que bruslements et hostilitez barbares, tant d'une part que d'autre.

Dom Amedée, ayant resolu d'avoir Geneve par la famine, se tint durant le mois de juillet dans le bailliage de Gez avec cinq cents chevaux et deux mille fantassins, et posa ses corps de garde à une lieuë de Geneve en divers villages sur les advenuës pour avoir tout le pays libre afin d'en recueillir toutes les moissons, et fit venir pour cest effect plusieurs paisans de divers endroicts. Or il y avoit dans Geneve assez de bons soldats, mais ils n'avoient point de chef experimenté au faict de la guerre, car le sieur de Lurbigny et son sergent major, qui avoient accoustumé de les y mener, estoient au lict blessez, si bien que les Savoyards y faisoient ce qu'ils desiroient. Le septiesme juillet, dom Amedée sçachant que ceux de Geneve estoient prompts aux sorties, il mit plusieurs escadrons de cavalerie et d'infanterie en embuscade à demy quart de lieuë de leur ville, en un lieu fort advantageux pour sa cavalerie. Aussi tost qu'il y fut il fit investir une compagnie de pietons qui estoit sortie pour favoriser quelques-uns qui alloient moissonner, et quand et quand fit approcher quelques cavaliers à descouvert qui allerent enlever du bestail et tirer chacun un coup de pistolet fort proche de la ville, dont ils tuèrent trois habitans. A ce bruit l'alarme se donna, et les Savoyards se retirerent en leur embuscade. Ceux de Geneve, advertis que leur compagnie de pietons estoit investie, sortirent pour les secourir, les uns à pied, les autres à cheval, tous à la desbandade et sans beaucoup de conduitte, comme font ordinairement les peuples d'une ville. Quelques heureux succez qu'ils avoient eus les jours precedents sur les Savoyards leur faisoient ceste temerité. Ainsi toutes les troupes sorties de Geneve s'arresterent à l'entrée de la plaine qui estoit entre les Savoyards et la ville, et, sans considerer la difficulté du retour, coururent droict contre leurs ennemis, lesquels, les ayans attirez au bout de la plaine, firent durer l'escarmouche quelques trois quarts d'heure, jusques à ce qu'ils eurent veu qu'il estoit temps de les charger, ce qu'ils firent en un instant, et toute la cavalerie de Savoye vint fondre sur celle de Geneve, laquelle, se voyant trop foible, fut contraincte de prendre la fuite et se retirer, abandonnant les gens de pied, qui furent incontinent rompus : ceux qui se peurent sauver dans la ville s'estimerent heureux, car il en demeura plus de trois cents sur la place, entre lesquels il y avoit six vingts bourgeois, un grand nombre de blessez qui moururent presque tous, et fort peu de prisonniers. Ceste desfaicte fit que les Savoyards acheverent les moissons tout à leur ayse, ruinerent tout les pays circonvoisins de Geneve, et eurent esperance de se rendre bien-tost maistres de ceste ville et reduire les habitans de Geneve à la disette et à la mort continuelle.

Après qu'Amedée eut faict faire la moisson dans le bailliage de Gez, et qu'il y eut faict faire un degast general, il alla passer le Rosne avec toutes ses troupes plus bas que le fort de La Cluse, et se vint loger en l'autre estenduë de pays entre Sessel et Geneve, où, après que ses troupes y eurent sejourné quelque temps, il les mit en garnison, et laissa le baron d'Armanse, lieutenant du duc ez pays de Thonon et de Chablais, pour leur commander et endommager ceux de Geneve le plus qu'il pourroit.

rust pour le seul subject de la religion catholique, et qu'après avoir pris ce fort il le leur remettroit entre les mains, se trouverent deceus et reduits comme une gaufre entre deux fers, assavoir entre les Savoyards et le sieur Desdiguieres, et demeurerent près de huict mois en cest estat.

Durant ceste année il se fit aussi plusieurs entreprises en Dauphiné, tant par le marquis de Sainct Sorlin qui gouvernoit Lyon pour l'union en l'absence de son frere le duc de Nemours, que par le colonel Alfonse d'Ornano et par le sieur Desdiguieres pour le party royal. La ville de Vienne tenoit pour le Roy : le marquis de Sainct Sorlin pensoit la surprendre; mais, son entreprise estant descouverte, il se retira vers Lyon. Le colonel et Desdiguieres accoururent à Vienne advertis de l'entreprise; mais ledit sieur marquis retiré, ils allerent desnicher ceux de l'union qui estoient dans le Pont de Beauvoisin et dans Sainct Laurent du Pont. Ledit sieur colonel, voulant recognoistre les troupes dudit marquis, tomba en une embuscade que luy avoit dressée le baron de Senescey, où, après un long combat, il demeura prisonnier dudit baron, et luy paya depuis quarante mil escus de rançon. Desdiguieres, poursuivant la guerre, s'empara de Briançon et d'Exilles, entreprit sur la Savoye, et chassa du Dauphiné le party de l'union, fors de Grenoble, laquelle toutesfois il receut à composition au commencement de l'année suivante, ainsi que nous dirons.

Le duc de Savoye en ceste année jetta ses principaux desseins sur la Provence, où, comme nous avons dit, M. de La Valette estoit gouverneur pour le Roy et y tenoit quelques places fortes, et non pas les principales villes. Au commencement de ceste année il se fit plusieurs courses, surprises et rencontres, auxquelles, comme il advient aux guerres civiles, ceux qui estoient victorieux en une charge estoient deffaicts en une autre puis après. Mais il faut noter que la Provence fut la premiere province qui se divisa en trois partys, sçavoir, celuy du Roy que tenoit le sieur de La Valette, celuy du party de l'union qui se separa en deux, les uns tenans pour M. de Carses, qui avoit espousé la fille de madame la duchesse de Mayenne, et les autres pour le duc de Savoye, qui estoit soustenu de madame la comtesse de Saux et de plusieurs Provençaux ses partisans. Or le duc de Savoye, qui desiroit surtout s'impatroniser de ceste province, s'en approcha, et envoya, comme nous avons dit, à ses partisans quelque secours. Le gouverneur d'Antibe, qui en estoit l'un, mit ses troupes à la campagne sous la conduitte de son fils, affin d'endommager les royaux; mais le sieur de La Valette dressa une embuscade à toutes ses troupes, lesquelles furent mises en pieces avec leur conducteur.

Au commencement d'octobre le duc de Savoye fit surprendre la ville de Frejus où il y a evesché, et est située sur le bord de la mer de Provence. Anciennement ceste ville s'appelloit *Forum Julii*. Le duc l'ayant surprinse, il y fit mettre une bonne garnison d'Espagnols. Les sieurs de La Valette et Desdiguieres, qui avoient esté advertis qu'il venoit en Provence, s'acheminerent incontinent, tant pour luy en empescher l'entrée que pour secourir ceste ville, mais ils y arriverent trop tard. Ayans esté advertis que le duc de Savoye estoit à la campagne, ils allerent le rencontrer, et chargerent si rudement ses troupes, qu'ils luy taillerent en pieces sept cents fantassins et deux cents hommes d'armes. Tout ce que le duc put faire fut de se sauver à Nice, d'où il manda en Piedmont nouvelles forces, qu'il receut incontinent avec plusieurs compagnies d'infanterie, tant Espagnols que Neapolitains; puis, estant sorty de Nice, il entra dans la Provence pour y faire la guerre aux royaux. En ce temps-là il advint que M. de Carses, assiegeant Salon de Craux, fut desfaict par M. de La Valette et contraint de se sauver à Aix, où le parlement et plusieurs du clergé, de la noblesse et du peuple, voyans son infortune, se resolurent de prendre pour leur protecteur le duc de Savoye qui avoit de longuemain practiqué ce tiltre : les infortunes du sieur de Carses luy servirent de planche pour l'obtenir. Carses et aucuns de la noblesse voyans que ceux d'Aix avoient envoyé l'evesque de Ries, le sieur Dampus et l'advocat Fabrique, prier le duc de s'acheminer en leur ville, ils se retirerent en leurs chasteaux et forteresses, resolus de n'obeyr au duc de Savoye.

Sur le commencement du mois de novembre le duc ayant receu lesdits deputez d'Aix, et leur ayant dit qu'il n'avoit pris les armes que pour conserver la religion catholique-romaine en ceste province-là, il leur promit de s'acheminer à Aix. Ayant assemblé ses troupes, il partit de Morti et vint à Frejus, où il fut deux jours. De là il arriva à Draguignan, où ce peuple le receut comme s'il eust été leur roy, et luy firent deux arcs triumphaux où ils luy mirent pour luy complaire des inscriptions suivant ses pretentions. Au premier il y avoit : *De fructu matris tuæ ponam super sedem tuam*, affin de donner à entendre qu'il estoit fils de la fille du roy François premier, et qu'à cause de sa mere il seroit leur souverain seigneur. En l'autre il y avoit : *Non est alius qui pugnet pro nobis*. Cestuy-cy fut mis pour monstrer qu'ils ne vouloient point du comte de Carces qui se disoit gouverneur pour l'union en ceste province ; mais du depuis, sur le succez des affaires, les royaux en firent une allusion, et dirent que les ligueurs avoient prophetizé, que Dieu n'estoit point pour eux, et qu'il n'y avoit que ce duc, lequel ne garda pas aussi long temps la bienveillance de ce peuple volage et subject à changer selon les occurrences. En ceste entrée ils firent crier aux petits enfans : *Vive la messe, vive Son Altezze, et soit chassé La Valette!*

Le duc, party de Draguignan, alla recevoir Lorgere qui fut abandonnée par les royaux, puis, le quatriesme novembre, il arriva à Aix, où le parlement, le clergé, la noblesse et la Maison de Ville allerent au devant de luy : il y fut receu avec des harangues, tous l'appellerent le deffenseur de la religion; mais, quand ils luy presenterent le dais pour le porter sur luy, il le refusa ; car il cognut, comme il est prince prudent, que tout cela n'estoit qu'une violence du peuple, et que, les affaires se changeans, cela luy pourroit tourner à derision ; bref, ceux d'Aix le receurent avec un grand honneur, le firent passer sous un arc triumphal, et fut conduit jusques à la grande eglise avec une grande multitude de peuple. Le troisiesme jour après son entrée il alla au parlement, où l'advocat general fit, selon le desir dudit duc, une harangue en sa loüange et de ses predecesseurs ducs de Savoye, après laquelle il fut declaré protecteur de toute la Provence. Du depuis tous les ordres de la ville, chacun en particulier, l'allerent saluër et luy baiser les mains. Plusieurs villes envoyerent aussi le recognoistre. Les Marseillois deputerent de leurs citoyens pour le prier de venir aussi en leur ville; mais le sieur de La Valette et les royaux, qui tenoient la campagne, l'engarderent de ne sortir d'Aix tout le reste de l'année et jusques à ce qu'il eust receu du renfort que luy envoya le duc de Terranova, gouverneur de Milan. Nous dirons l'an suyvant son arrivée à Marseille et son voyage d'Espagne.

Le Roy avoit envoyé en Auvergne M. le grand prieur bastard de France, où il arriva au mois de juillet. Il se fit appeller comte d'Auvergne et de Clermont, suivant une donation que luy en avoit faicte la royne Catherine de Medicis peu de jours auparavant sa mort. Il mit le siege devant Vicy; mais le marquis de Sainct Sorlin s'y acheminant pour le secourir, il se retira, et depuis ils firent une trefve entr'eux pour quatre mois.

M. le prince de Conty, estant de retour à Tours du siege de Paris, suyvant le commandement du Roy, alla attaquer Savigny sur Bray dont le sieur de Pescheray s'estoit saisi, qu'il reprit incontinent. De là il fit investir la ville et le chasteau de Lavardin, dont Le Vignau s'estoit encor emparé pour l'union. Les sieurs de Souvray, de La Rochepot, de Pouilly et plusieurs autres seigneurs, se rendirent incontinent auprès dudit sieur prince. Les pieces estans en batterie, l'on fit bresche, laquelle ne se trouva raisonnable, et, faute de munitions, il falut tenir ce siege en longueur. M. du Fargis, qui y avoit amené trois compagnies de sa garnison du Mans, voulant recognoistre une tour où les siens avoient faict leurs approches, fut blessé d'une harquebusade en la mesme jambe où il avoit esté blessé à Brusion, qui luy fracassa tous les os. Il fut conduit au Mans dans un brancard, mais il lui fallut couper la jambe, en laquelle la gangrene se mit, dont il mourut. C'estoit un brave et vaillant seigneur, et qui estoit pour parvenir par les armes aux plus grandes dignitez. Le Roy donna son gouvernement du pays du Mayne à M. de Laverdin, à present mareschal de France, qui estoit lors gouverneur dans Sainct Denis en France. Le siege de Laverdin continuant, Le Vigneau et les siens se deffendirent fort bien : la batterie recommencée contre le chasteau, comme on estoit prest d'aller à l'assaut, les assiegez capitulerent de se rendre s'ils n'estoient secourus dans un temps : ce temps expiré ils sortirent armes et bagues sauves, et furent conduits en lieu de seureté. Ceste place fut desmantelée, comme aussi les chasteaux de Montoire et de Savigny. De là M. le prince mena son armée en Poictou, ainsi que nous dirons l'an suivant.

En divers autres endroicts de la France, comme en Bretagne, en Languedoc et en Gascongne, il se fit plusieurs entreprises et exploicts militaires où ceux qui estoient un jour victorieux estoient le lendemain vaincus, ainsi qu'il advient aux guerres civiles. Le roy d'Espagne, qui desiroit mettre la guerre aux quatre coings de la France, envoya aussi en Bretagne sur la fin de ceste année trois mil Espagnols au duc de Mercœur, lesquels arriverent à Nantes où ils estoient de long temps attendus, car, dez le mois d'aoust, s'estans mis à la voile pour y venir, plusieurs navires anglois, les ayans rencontrez sur la coste de Biscaye, les attaquerent et les contraignirent de s'en retourner à Goraga. Du depuis rembarquez, et le duc de Mercœur les ayant receust, il asseura ses places, reprint la campagne, et se mit à faire la guerre aux royaux. Plusieurs ont escrit que l'Espagnol et le duc avoient tous deux des pretensions sur la

Bretagne, celuy-là à cause de sa fille, et celuy-cy à cause de sa femme, et qu'ils s'accordoient bien ensemble pour en deposseder le Roy qui en estoit le vray seigneur, mais que quand il fust advenu que les royaux eussent esté chassez de ceste province là, que puis après les Espagnols et le duc fussent venus aux mains l'un contre l'autre pour sçavoir à qui elle demeureroit, et qu'il estoit impossible que la foiblesse du duc ne fust emportée par la force de l'Espagnol.

Dez le commencement de ceste année, le Roy avoit declaré par edict la guerre au duc de Lorraine, et faict saisir ce qui luy appartenoit en France avec le revenu de l'evesché de Mets qui appartenoit à son fils. Les garnisons de Mets et les royaux de Langres firent en ceste année une infinité de courses, emmenant le bestail jusques aux portes de Nancy. Le peuple de Lorraine regrettoit infiniement que leur duc se fust laissé aller à se partialiser contre le Roy; toutesfois il leur falut souffrir. Pour faire la recolte le duc de Lorraine et le sieur de Soboles qui commandoit dans Mets firent une trefve pour trois mois, pendant laquelle le capitaine Sainct Paul, qui alla reconduire le legat Caëtan sur la frontiere, surprit Ville-Franche. M. de Nevers y alla en diligence de Chaalons pensant la reprendre; mais Sainct Paul s'y estoit tellement fortifié, qu'il fut contraint de s'en revenir à Chaalons.

L'Allemagne fut assez pacifique en ceste année, excepté ez circles de Westphalie et ez duchez de Juillers et de Cleves, où les Espagnols d'un costé, et les gens des Estats de l'autre, travailloient ces pays là par prises de villes, surprises de chasteaux, constructions de forts, courses et hostilitez. Au mois de may lesdits circles s'assemblerent à Cologne, mais il n'y eut nulle resolution. Du depuis l'archevesque de Mayence, le comte Palatin, le duc de Juilliers, et autres princes d'Allemagne, envoyerent leurs ambassadeurs, tant au duc de Parme à Bruxelles, qu'aux Estats à La Haye en Hollande. Ils demanderent, tant aux Espagnols qu'aux Hollandois, la conservation de leurs anciennes alliances et amitiez, que les uns et les autres quittassent tout ce qu'ils tenoient et occupoient aux terres de l'Empire, et les rendissent à leurs vrais seigneurs, et qu'ils n'eussent plus à rien entreprendre ny faire aucunes hostilitez sur les terres de l'Empire. De ce que leur respondit le duc de Parme il ne s'en est rien veu escrit; mais la responce des Estats fut imprimée, dans laquelle ils s'excuserent qu'ils n'estoient point les motifs de ces desordres, ains l'Espagnol, qu'ils estoient tous prest de rendre tout ce qu'ils occupoient de l'Empire chacun à leur vray seigneur, ne desirans que bonne paix et amitié avec tous les princes leurs voisins; mais qu'ils les prioient de joindre leurs forces avec les leurs pour ensemblement chasser l'Espagnol des terres de l'Empire. Les Allemans promirent de se mettre en armes pour ce faire; mais, selon que ces princes là ne sont ordinairement trop prompts de se mettre en campagne, les choses demeurerent comme ils estoient, et les entreprises se continuerent de part et d'autre jusqu'à ce qu'estans piquez d'avantage, ils furent contraincts de s'armer, encor assez lentement, ainsi qu'il se peut voir à la suitte de ceste histoire et en l'histoire de la paix.

Le marquis de Baden, en une conference qui se fit entre les peres jesuistes Pistorius et Busæus d'une part, et Smidelinus, lutherien, d'autre, ayant recognu en ceste conference que Smidelinus avoit allegué que les catholiques enseignoient qu'un homme ne pouvoit estre sauvé par la seule mort de Christ, et disoit que cela estoit, mesme dans le concile de Trente, lequel luy fut à l'instant apporté affin qu'il monstrast le lieu où cela estoit, mais il ne put trouver aucun endroict pour prouver son dire; puis ayant aussi allegué quelques passages du Maistre des sentences et d'autres docteurs, lesquels les peres jesuistes verifierent estre par luy faulsement alleguez à la seule lecture des livres, de quoy il devint si confus, que, sur une excuse qu'il trouva, il fit rompre la conference: ce qu'ayant bien recognu le dit sieur marquis, il se fit instruire par les susdit peres jesuistes, et abjura le lutheranisme, puis envoya demander absolution à Sa Sainctteté, qui fit rendre loüanges à Dieu dans Rome pour la conversion de ce seigneur.

En ceste année mourut l'archiduc Charles d'Austriche, fils du feu empereur Ferdinand, et oncle de l'empereur Rodolphe. Durant sa vie il avoit, tant par ces procedures que par sa valeur, entretenu les frontieres voisines du Turc en paix; mais après sa mort toutes choses changerent en la Styrie et Carinthie, ainsi qu'il sera dit ez années suivantes. Ce prince avoit espousé Marie de Baviere, de laquelle il eut unze enfans, desquels il y en avoit quatre masles, Ferdinand, Maximilian, Lupold et Charles. Sa fille aisnée, aagée de dix-sept ans, fut mariée depuis à Sigismond, roy de Pologne, pour confirmer d'avantage la paix entre les familles d'Austriche et de Suece; car les princes polonois estoient resolus d'avoir la raison de ce que l'archiduc Maximilian n'avoit voulu jurer la paix de Bithonie, et en vouloient venir aux armes; ce qui fut cause que l'Empereur envoya depuis en Pologne l'evesque de Vrastislavie et Richard Saitner, lesquels furent receus fort favorablement du Roy, et leur ayda en ce qu'il put pour faire modifier quelques articles dudit traicté de paix, et practiquerent tant avec quelques princes amys des deux costez, qu'ils unirent depuis ces deux puissantes familles par la susdite alliance de mariage, affin d'oster entr'eux toute source de guerre et querelles.

On delibera aussi de renouveller l'alliance du Turc : le baron Volfang, Henry de Strein, luy fut porter le present accoustumé, ce que du depuis, pour quelques occasions, on n'observa plus, et qui a esté la cause que les subjects de l'Empereur ont depuis eu de si grandes guerres contre les Turcs.

La guerre entre le Turc et le Persan ayant duré long temps, tous deux desirans de donner quelque repos à leurs subjects de tant de ruines et de miseres qu'ils avoient souffertes, par la praticque de quelques-uns, le sophi envoya un prince persan à Constantinople, lequel fut honorablement receu d'Amurath, où après plusieurs difficultez la trefve fut accordée entre les Turcs et les Persans pour dix ans.

LIVRE TROISIESME.

[1591.] C'est honneur que d'entreprendre, mais, quand il en succede quelque chose de sinistre, on en est blasmé, ainsi qu'il advint de l'entreprise que ceux de l'union firent sur Sainct Denis. Le sieur de Belin, gouverneur de Paris, voulant s'ayder de la commodité du temps, entreprint avec le chevalier d'Aumale de faire surprendre Sainct Denis durant la grande froidure qu'il faisoit en ce temps-là. Il sembloit que tout rioit à leur dessein, car ils avoient faict recognoistre que l'on pouvoit passer les fossez par dessus la glace et entrer aysément dans Sainct Denis; aussi que deux jours auparavant M. de Laverdin avoit quitté le gouvernement de ceste ville au sieur de Vic. Ils trouverent tant de facilité à leur entreprise, que le chevalier voulut luy-mesme l'executer avec la garnison qui estoit dans Paris. Pour ce faire ils s'acheminerent la nuict du troisiesme janvier, et arriverent prez de Sainct Denis sans que les royaux en eussent esté advertis : tout d'un temps trois à quatre cents hommes descendirent dans le fossé, passerent par dessus la glace, et entrerent aysément dans la ville, car les murailles en d'aucuns endroicts n'y sont pas de la hauteur d'une toise : en mesme temps ledit chevalier avec plusieurs hommes garnis de pinces, tenailles et autres ustancilles, ouvrirent la porte de la ville du costé de Paris, et entrerent tous dedans, cheminans droict vers l'abbaye. Au premier bruit la guette qui estoit au clocher sonna si fort l'alarme, que les royaux furent incontinent sur pieds. Le sieur de Vic, estant à cheval devant l'abbaye, et ayant sceu que la porte de Paris estoit ouverte et que ceux de l'union la tenoient, commanda aux lansquenets de se couler le long des murailles et tascher à la regaigner cependant que luy avec les siens iroit le long de la ruë droict à ceste mesme porte; mais il n'eut pas cheminé cinquante pas, qu'il trouva le chevelier d'Aumale en teste suivy des siens crians *Tuë, tuë!* Or la ruë est fort estroitte en cest endroict là, où la valeur y estoit plus requise que le nombre d'hommes. De Vic vient aux mains, aucuns habitans sortirent aussi avec des espées à deux mains et autres armes pour le secourir; mais, cependant que le combat s'opiniastroit en cest endroict là, les lansquenets qui estoient allez le long de la muraille regaignerent la porte, et repoulserent la cavalerie des Parisiens ainsi qu'elle y entroit la trompette sonnante. Aussi tost ce bruit courut parmy ceux de l'union que la porte estoit regaignée par les royaux, dont ils prirent telle espouvante, que chacun d'eux ne songea plus qu'à se sauver par dessus les murailles par où ils estoient entrez. Le chevalier d'Aumale, ne se voyant suivy, commença aussi à se vouloir retirer en combattant, mais il fut poursuivy de si près, qu'il fut renversé mort en la chaleur du combat avec quelque vingtaine des siens sans pouvoir estre recognu. Le sieur de Vic ayant ainsi repoulsé ceux de l'union, en fit rendre graces à Dieu, et, se voulant enquester de quelques prisonniers comment ceste entreprise avoit esté faicte, ils l'asseurerent que ledit sieur chevalier d'Aumale estoit entré dans la ville, et avoit long temps combattu à pied, et ne sçavoient qu'il estoit devenu. Aussi-tost il fit aller recognoistre les morts, lesquels avoient esté desjà despouillez : les blessures du chevalier furent cause du commencement que l'on ne le recognoissoit point; mais, estant apporté à l'*Espée royale*, il fut recogneu. A la pointe du jour son trompette vint à Sainct Denis pour le recommander s'il estoit prisonnier : son corps luy estant monstré, il alla reporter les tristes nouvelles de sa mort aux Parisiens. Depuis le sieur de Vic le fit porter dans l'abbaye Sainct Denis, et fut mis dans la chapelle Sainct Martin, où, faute de cercueil, un rat luy rongea le bout du nez, dont le sieur de Vic, fasché du peu de soin des Parisiens, leur manda que s'ils n'envoyoient un cercueil qu'il le feroit enterrer ainsi qu'il estoit. Le cercueil apporté, il fut mis dedans, et fut assez long temps dans ceste chappelle, couvert d'un poyle de damas blanc aux armes d'Anjou que les moynes mirent sur luy.

Le Roy fut incontinent adverty de cela, car il arriva en ce temps-là à Senlis du retour de la retraicte du duc de Parme, où l'on luy communiqua aussi un dessein de surprendre Paris. Ny luy ny quelques-uns de son conseil n'estoien point d'opinion de l'entreprendre, mais on fit les choses si faciles, que l'on en tenta l'execution, laquelle ne se put faire sans que les Parisiens en fussent advertis. Sa Majesté donc ayant mandé au duc de Nevers qui estoit en Brie, au duc d'Espernon qui estoit en Picardie, et à toutes les garnisons voisines, de le venir trouver, tous se rendirent en la France entre Senlis et Sainct Denis la nuict du vingtiesme janvier, et s'acheminerent droict à Paris du costé de la porte Sainct Honoré. Le dessein des royaux estoit de se saisir de la porte Sainct Honoré par intelligence ou facilité, et de donner en mesme temps en bas le long de la riviere, laquelle estoit lors petite et ne donnoit jusques à la muraille de la Porte Neufve, estant facile d'y passer dix ou douze de front sans mouiller le genouil; plus de donner aussi l'escalade en divers lieux. Tout ce qui estoit necessaire pour une telle entreprise ne fut oublié à la maison, car ils avoient eschelles, ponceaux, mantelets, clayes, maillets et autres instruments, avec deux pieces de canon pour rompre les barricades que les Parisiens voudroient faire.

Pour l'execution il y avoit soixante capitaines couverts d'habits de paysans conduisans des chevaux et charettes. Après eux marchoit la premiere troupe conduite par M. de Lavardin avec cinq cents cuirasses et deux cents barquebusiers. La seconde troupe estoit de quatre cents hommes armez de cuirasses et huict cents harquebusiers conduits par le baron de Biron. Celle là estoit suivie d'autres grandes troupes conduites par le sieur de La Noué, et après luy marchoient les Suisses et le canon. Le Roy estoit au bout du faux-bourg avec M. de Longueville, le duc d'Espernon et autres, tous à pied, et n'y avoit que M. de Nevers à cheval, accompagné de cinquante ou soixante.

Toutes ces troupes estans ainsi disposées, et ayans faict un silence admirable, arriverent sur les trois heures du matin dans le faux-bourg Sainct Honoré. Douze capitaines des soixante desguisez, conduisans chacun un cheval chargé de farines, s'advancerent jusqu'à la porte de la ville, les autres estans demeurez vis à vis des Capucins, où arrivez, demanderent qu'on eust à les faire entrer; mais les Parisiens, ayans esté advertis qu'il y avoit une entreprise sur leur ville, estoient en continuelle alarme. Le sieur de Tremblecourt, qui estoit à la porte Sainct Honoré, laquelle on avoit terrassée dez le soir avec de la terre et du fumier, enquesta ces aporteurs de farines s'ils avoient point veu les ennemis; mais ils luy respondirent si nayfvement en langage ordinaire de paysans qu'ils avoient veu quelque quinze chevaux qui battoient les chemins, desquels ils s'estoient cachez et craignoient qu'ils ne les vinssent coutelasser et voler dans les faux-bourgs, qu'aucuns qui estoient là en garde, bien qu'ils sceussent l'entreprise des royaux, leur dirent que la porte estoit terrassée, et qu'ils allassent passer le long de la riviere où on les recevroit par un bateau. Ayans ouy ceste nouvelle, ils se retirerent dans le faux-bourg, et rapporterent au Roy ce qu'ils avoient entendu. Sa Majesté ayant cognu que ceste entreprise estoit descouverte, toutes les troupes eurent commandement de s'en retourner en leurs garnisons, et luy se retira à Senlis, sans y avoir rien eu de perte de part ny d'autre. Voylà ce qui se passa en ceste entreprise, en laquelle les Parisiens, n'ayans receus qu'un alarme, ne laisserent d'en faire chanter le *Te Deum*, et ordonnerent qu'à perpetuité en un tel jour ils en feroient une feste qui s'appelleroit la journée des Farines. Ceste feste estoit la cinquiesme qu'ils inventerent, car ils en avoient faict auparavant quatre autres, sçavoir, la journée des Barricades, la journée du Pain ou la Paix, de la Levée du siege et de l'Escalade : toutes ces festes furent depuis abolies à la reduction de Paris, ainsi que nous dirons cy-après.

M. de Mayenne, qui estoit en Tierasche, où il batit et print quelques chasteaux sur la frontiere, estant adverty de ceste entreprise, despescha soudain le sieur du Pesché avec nombre de soldats choisis ez regiments des Espagnols et Neapolitains, qui en amena une partie dans Paris, et l'autre fut mise dans Meaux sur un bruit qui courut que le Roy vouloit l'assieger.

Les Seize de Paris se resjouyrent de cette garnison et continuerent leurs poursuittes pour le retablissement de leur conseil general de l'union. Voicy la requeste qu'ils envoyerent à M. de Mayenne au mois de fevrier.

« Monseigneur, les habitans catholiques de la ville de Paris vous remonstrent très-humblement que, ayans dès il y a plus de six ans descouvert tous les artifices dont on usoit pour dresser et applanir aux heretiques le chemin de la couronne, ils ont commencé à faire des assemblées et tenir des conseils où rien ne manquoit que l'authorisation du souverain qui nous estoit contraire, comme pouvez sçavoir, monseigneur, et combien de salutaires advertissements et secours vostre maison en a receus, et comme à cest exemple ont esté dressez des conseils par toutes les villes catholiques, desquelles venoient ordinairement divers advis audit conseil general de tout ce qui se passoit en chacune province, defferans à ceste ville de Paris comme à leur premier patron et exemplaire; ce qui a duré jusques au mal-heureux jour 23 decembre 1588, auquel, voyant que le masque de toute impieté estoit descouvert et qu'on attaquoit les catholiques avec forces, lesdits supplians ont jugé estre expedient s'opposer ouvertement à ceux que l'on avoit laissez en ceste ville pour l'execution des conseils de Blois, tellement que les catholiques, par le moyen de tels conseils, se rendirent les plus forts en ceste ville, tindrent les portes ouvertes à ceux qui eschapperent peu à peu des embusches des ennemis et de leurs mortelles prisons; ce qu'ils ont continué jusques à vostre venuë très-desirée, après laquelle a esté le conseil general estably de tous les corps de la ville, et l'establissement emologué et verifié ès cours souveraines, recogneu et approuvé par les provinces et villes catholiques, loué et advoué par le Sainct Siege, princes et potentats chrestiens, et par lequel vous auriez esté volontairement esleu lieutenant general de cest Estat et couronne de France, depuis laquelle eslection le conseil, se tenant tous les jours, a conservé ceste ville et donné pied ferme à la forme et domination sous lesquelles les catholiques vivent maintenant; et a esté ce conseil à cest effect estably par un très-sage advis pour assoupir le desir de vengeance causé des entreprises et hardies executions necessaires en si grand changement; et a ceste compagnie servy de barre entre les officiers et le peuple pour empescher la violence des uns et les practiques et menées des autres, les bons se reposans volontairement, et les meschans par force, sur le jugement dudit conseil, lequel estoit composé de gens de diverses qualitez, tellement que quiconque y avoit affaire y trouvoit de ses semblables, qui les recevoient avec bon visage et expedioient avec diligence. Enquoy faisant, vous, monseigneur, et le peuple, estiez servis franchement et rondement, et les affaires s'expedioient à la lumiere et devant les yeux de tous, et vous aydoient ceux dudit conseil de leurs moyens, credit et authorité, laquelle estoit si bien estimée, que toutes lesdites provinces y envoyoient leurs deputez avec procuration, et les princes chrestiens leurs agents avec memoires et instructions : les ecclesiastiques, la noblesse et tous les catholiques, y estoient bien venus et promptement expediez; tellement que ceux qui commandoient ez places prochaines de la ville, ne refusoient d'y venir rendre conte de leurs affaires et desportements. Mais comme desiriez estre assisté de conseil en vos armées, vous eussiez tiré près de vous quelques-uns dudit conseil, aucuns faisoient quelque doute si, durant le regne de Charles dixiesme, ils pouvoient sans confirmation exercer leurs charges, lesquelles d'ailleurs leur estoient très-onereuses pour les avoir fort long temps exercées sans aucune remise ny relasche, se sont resolus de prendre quelque temps de vacations, et ainsi different de s'assembler jusques à present, suivant un arrest qui en auroit esté par eux donné, sans toutesfois que ledit conseil ait esté revoqué, attendu qu'il a esté estably pour servir jusques à l'assemblée des estats. A ces causes, et que de l'intermission dudit conseil sont ensuivis plusieurs grands et infinis desordres ausquels il n'est possible de remedier sinon par la continuation dudit conseil, lesdits suppliants requierent très-humblement ladite continuation, affin qu'eux et tous autres catholiques unis y puissent faire leurs plaintes desdits desordres, et y trouver le remede pour le bien et advancement de la religion catholique, conservation de l'Estat sous vostre authorité, et en particulier de ceste ville et desdits supplians, lesquels continueront leurs prieres pour l'accroissement de vostre grandeur et de vostre prosperité. »

Ceste requeste estoit accompagnée de memoires presque semblables en substance à ceux qu'ils presenterent au siege de Corbeil audit sieur duc de Mayenne, où ils disoient :

Qu si peu qui restoit de princes catholiques estoient si mal accompagnés de la noblesse et assistez de conseil, que, pour parler humainement, l'on ne pouvoit esperer qu'une prochaine ruyne de leur party, le salut duquel dependoit de la ville de Paris, qui avoit esté si cruellement traictée par les grands et ses superieurs, que ses ennemis mesmes ne luy eussent sceu faire pis, et que l'on voyoit bien que la tyrannie de la noblesse et l'injustice des chefs de la justice ruinoient l'authorité et puissance des ecclesiastiques et la liberté du peuple s'il n'y estoit promptement remedié; qu'aucuns mesmes des magistrats que le peuple avoit instituez avoient connivé au mal, tolleré et souffert l'execution d'une infinité d'injustices, consenty l'eslargissement des gentils-hommes prisonniers contraires au party de l'union et des chefs de justice, lesquels maintenant se vengeoient contre les catholiques, et avoient baillé passeport pour faire sortir les biens des heretiques, ce qui avoit enflé le party contraire de forces et de moyens au detriment du party de l'union des catholiques, qui estoit demeuré seul chargé dans Paris de toutes les charges de la guerre, et de toutes les levées ordinaires et extraordinaires que l'on y faisoit, et les deniers si mal mesnagés, qu'il n'en estoit rien tourné au bien de la ville, qui estoit de-

possibles, et nos magistrats faict leur devoir de vous en remercier. Nous autres, qui sur tous sommes en horreur à l'ennemy et le but auquel fort souvent les foibles catholiques lancent les traicts de leur impatience, devons très-humbles remerciements à Vostre Sainctété, à laquelle nous osons tesmoigner combien l'excez d'allegresse et de contentement que nous en avons receu nous oblige et donne force et courage de perseverer, voire d'autant plus que nous esperons que, prenant Vostre Sainctété nos affaires en protection, sous laquelle nous nous rengeons et la supplions nous y recevoir, elle nous tirera de nos miseres et nous donnera par ses prieres envers Dieu un roy très-chrestien, qui sçaura bien comme fils aisné luy rendre l'obeyssance deue, par le moyen de laquelle la saincte religion pourra estre conservée en ce desolé royaume, l'Estat d'iceluy maintenu en son entier, et le pauvre peuple catholique jouyr du repos qu'il doit desirer pour servir à Dieu et à son eglise. Et d'autant que c'est le seul remede pour mettre fin à nos calamitez et nous delivrer de l'entiere ruine de laquelle nous sommes menacez, nous supplions Vostre Sainctété s'y vouloir employer, et nous et nostre posterité luy serons infiniment tenus, et luy en dirons à tousjours louanges et remerciements. Très-Sainct Pere, après avoir baizé très-humblement vos pieds sacrez, nous prions le Createur donner à Vostre Sainctété très-parfaicte santé, très-bonne, très-longue et très-heureuse vie. A Paris, ce 24 fevrier 1591. De Vostre Sainctété les très-humbles, très-devots et très-obeyssans subjets et serviteurs, ceux du conseil des seize quartiers de la ville de Paris, qui ont prié huict d'entre eux souscrire pour toute la compagnie. Signé : Genebrard, Boucher, Aubry, de Launoy, de Bussy, de La Bruiere, Crucé, Senault. »

Sa Sainctété leur fit une ample responce, ainsi que nous dirons cy-après en son lieu. Voyons cependant plusieurs exploits militaires qui se firent en plusieurs endroicts de la France au commencement de ceste année.

Nous avons dit l'an passé que M. de La Chastre, après le siege de Corbeil, fut renvoyé vers Orleans et le Berry avec une petite armée. On luy avoit promis de luy envoyer encor quelques troupes, en attendant lesquelles, peu après qu'il fut arrivé à Orleans, il resolut d'aller assieger Aubigny près de Sanserre en Berry. Ayant donné ordre que l'on luy amenast de la grosse tour de Bourges trois canons et une coulevrine avec des munitions, il partit d'Orleans avec encor deux coulevrines et quantité de munitions, et s'achemina droict à Aubigny qu'il fit incontinent investir. Les royaux, qui avoient descouvert son dessein, renforcerent la garnison d'un regiment, et se resolurent de se bien defendre, et luy de les bien attaquer; ce qu'il fit avec telle diligence, que la seconde nuit qu'il eut faict investir ceste ville, il fit mettre son canon en batterie. Les sieurs de Chastillon, de Colligny, de Montigny, de Requien, de Tannerre, et autres seigneurs du party royal, s'assemblerent incontinent vers Gyan (1) pour faire lever ce siege. M. de La Chastre, ayant esté adverty de ceste assemblée, et qu'ils estoient resolus d'aller à luy dans six heures, fit assembler les capitaines de son armée. Les uns furent d'opinion que l'on ne devoit commencer la batterie que l'on ne se fust esclaircy de la puissance des royaux, pour entreprendre plus ou moins, affin de ne recevoir quelque honte ou ruyne : leur raison estoit que, pour tenir ceste ville assiegée, l'armée estoit contraincte d'estre separée à cause d'une petite riviere et d'un estang, et qu'il estoit aisé à juger que les royaux y venant forts pour la secourir, ils leur feroient quitter du moins un costé et jetteroient dedans la ville des forces bastantes pour leur resister. Nonobstant ces raisons, M. de La Chastre voulut essayer d'emporter Aubigny devant que la noblesse royale y fust venuë au secours, disant qu'il ne pouvoit croire qu'ils fussent si tost prests. Son opinion estant suivie de quelques capitaines, il fit armer soudain et monter à cheval tous les siens, assigna à chacun sa place de combat, donnant au sieur de Comnene, mareschal de son armée, la garde du dehors; et luy et le baron son fils se rendirent si soigneux de la batterie, qu'en peu de temps il y eut breche, laquelle fut rendue aux soldats en tel estat qu'elle se pouvoit gaigner. Vaudargent, luy ayant demandé la pointe de l'assaut, y alla avec son regiment assez bravement, mais sans nulle execution; car les royaux le repousserent si vifvement d'entre les poultres, soliveaux et masures des maisons abattuës, qu'il fut contrainct de se retirer avec perte. Le viscomte avec son regiment de lansquenets, pensant estre plus heureux, alla donner droict à la bresche pour l'emporter, mais il en fut repoulsé si rudement, qu'il n'eut loisir de s'y loger ny autour de là, non plus que Vaudargent. Après plusieurs conseils, M. de La Chastre, sçachant que la noblesse royale tenoit la campagne, leva son siege et alla loger à une lieuë d'Aubigny, et le lendemain à La Chapelle d'Angiron, d'où trois jours après il renvoya les trois canons à Bourges, ne retenant que les coulevrines avec lesquelles il s'achemina

(1) Gien.

à petites traictes vers Sangoing qu'il assiegea à la faveur des troupes du sieur de Neuvy Le Barrois, lequel vint le joindre du costé de Bourbonnois : ceste ville estant sans garnison, les habitants se rendirent incontinent. De là l'armée s'achemina au Chastelet; mais M. de La Chastre, ayant dressé sa batterie, receut advis que les sieurs de Chastillon, de Montigny, et les susdits seigneurs royaux, avec six cents cuirasses, devoient loger à quatre lieuës de luy, ce qui luy fit encor lever le siege de devant ce chasteau, jugeant qu'ils ne s'estoient ainsi assemblez pour le quitter soudain, et qu'il luy seroit impossible de là en avant de suivre en leur presence aucune entreprise d'importance. Ayant donc levé encor ce siege, il s'alla loger à Chasteau-melian, d'où deux jours après il partit, et tira droict entre Moulins et Dun le Roy, faisant tousjours marcher son armée en estat de combattre. Les royaux, ayant peu d'infanterie et point de canon, ne laissoient toutesfois de le costoyer, et pensoient l'attraper aux passages de quelques rivieres; mais luy, qui avoit bonne cognoissance de son gouvernement et de l'estat des royaux, se fit faire voye et passage avec ses coulevrines, et fit si bien qu'il arriva à Dun le Roy où il separa son armée et la mit en garnison en plusieurs villes du Berry : quant à luy il se retira à Bourges, où il ne fut gueres qu'il luy falut aller à Orleans sur l'advis qu'il receut que le Roy estoit en la Beausse pour assieger Chartres, ainsi que nous dirons cy-après, là où aussi ledit sieur de Chastillon et les seigneurs royaux qui avoient empesché ledit sieur de La Chastre de rien faire avec son armée en Berry, ayant repassé Loire, allerent le joindre. Voylà ce qui se passa en Berry sur la fin du mois de decembre de l'an passé et au mois de janvier de la presente année.

En ce mesme temps M. le prince de Conty et son armée passerent Loire pour aller reprendre Moleon dont ceux de l'union s'estoient emparez sur le capitaine Chalenton : ceste ville assiegée et batuë, les surpreneurs furent contraints de se rendre audit sieur prince vies et bagues sauves.

De là ledit sieur prince s'achemina à Chemillé, ville sur les marches de Poictou et d'Anjou, dans laquelle estoit le sieur de La Perraudiere pour l'union, lequel, après avoir valeureusement soustenu trois assauts, capitula et rendit ceste place à composition de vies et bagues sauves.

Après ces effects ledit sieur prince repassa Loire et vint à Duretail (1) en Anjou, où il receut les nouvelles que le vicomte de La Guierche qui commandoit pour l'union dans Poictiers, ayant amassé de cinq à six cents chevaux, quatre mil hommes de pied et trois canons, avoit prins plusieurs chasteaux aux environs de Poictiers, s'estoit saisi de Mirebeau dont ceux de Poictiers avoient pillé le chasteau appartenant à M. de Montpensier, et qu'il tenoit assiegé dedans Belac messieurs d'Abin.

Ledit sieur prince, ayant redressé son armée, en laquelle M. d'Amville, à present admiral de France, tenoit le second lieu, accompagné de messieurs de Rambouillet et de La Rochepot, desirant secourir Belac, partit de Duretail, print en chemin le chasteau de Vaux et en chassa l'union, et de là s'en alla passer Loire, mandant à M. de La Trimoüille, qui estoit à Touars, et à M. de Malicorne, gouverneur de Poictou, de le venir trouver avec le plus de forces qu'ils pourroient. Cestuy-cy n'y faillit point, et, accompagné des sieurs de La Boulaye, de Sainct Gelais, des Roches Baritaut, de Parabelle et de Choupes, se vint rendre auprès dudit sieur prince à Latilly, lequel s'en alla delà loger à Vivonne. Mais le sieur de La Trimoüille, ayant assemblé quelques troupes, quoy que M. le prince luy eust mandé de le venir trouver, n'y vint point, ains s'en alla droict à Belac, affin d'avoir l'honneur d'en avoir luy seul fait lever le siege. Le vicomte de La Guierche, le voyant venir, pensant que ce fust toute l'armée dudit sieur prince, quitta son siege et se retira à Montmorillon, ville sur la riviere de Guartempe, là où il laissa son infanterie et son canon, et se retira dans Poictiers. M. d'Anville sur ceste retraicte tint de rudes paroles audit sieur de La Trimoüille après qu'il se fut joint à l'armée [car il estoit son oncle], et luy fit cognoistre sa faute, luy monstrant comme sans doute ledict sieur vicomte eust peu estre entierement deffaict audit siege s'il ne se fust point advancé seul pour secourir Belac, et qu'il se fust rendu en l'armée ainsi qu'il luy estoit commandé; aussi ceste deffaicte eust contraint Poictiers de se rendre, et eust apporté la paix en toute ceste grande province.

M. le prince, sans s'arrester à Belac, fit passer son canon au travers de la riviere à Lussac, et alla à Montmorillon qu'il fit incontinent investir. Il y fut bien combattu dans un des faux-bourgs qui fut prins et reprins par plusieurs fois; en fin, estant demeuré aux royaux, et les approches faictes, on commença en mesme temps à battre la ville, tant par le costé d'une eglise dont le dessus de la voute fut incontinent gaigné, que par le chasteau qui en est à la main droicte. Après un long combat les royaux entrerent en mesme temps dans le chasteau et dans toute l'eglise, où ils mirent un drapeau blanc au haut

(1) Duretal.

du clocher; puis toutes les troupes donnerent de telle furie qu'ils emporterent toute la ville. Plusieurs, se pensans sauver, se noyerent, et ceux qui eschapperent l'eau tomberent sous les armes du sieur de Choupes qui estoit en bataille de ce costé-là, tellement qu'il fut tué à la prise de ceste ville de douze à quinze cents soldats, tous les capitaines pris, dont quelques-uns furent pendus, entr'autres Bel-arbre et La Forge : le sieur de Boisseguin les pensa suivre sans quelques-uns qui intercederent pour luy. Ledit sieur prince fit faire ceste execution pour les cruautez que le sieur vicomte de La Guierche avoit fait faire peu de jours auparavant à la prise de l'abbaye Sainct Savin, où il fit pendre le capitaine Taillefer [qui estoit un vaillant soldat, et après avoir soustenu deux assauts et s'estre rendu à composition], et tailler en pieces tous ses soldats, contre la capitulation, qui portoit qu'ils se pourroient retirer vies et bagues sauves. En ceste prise ledict sieur prince gaigna les trois canons dudit vicomte et quinze enseignes, lesquelles il envoya au Roy. Sainct Savin, Le Bourg Archambault, Le Blanc en Berry et Angles se rendirent; toute ceste contrée devint royale. L'armée dudit sieur prince s'achemina du depuis à Chavigny, à Mirebeau, et jusques aux faux-bourgs de Poictiers, ainsi que nous dirons cy après. Retournons voir ce que fit le Roy après l'entreprise des Farines sur Paris.

Le fait de Paris ayant succedé, comme nous avons dit cy dessus, sans perte de part ny d'autre, le Roy, retiré à Senlis, print son chemin vers la Brie, et se rendit à quatre lieuës de Prouvins, accompagné du duc de Nevers, chacun estimant qu'il voulust assieger ceste place. Il en fit semblant; de sorte que l'union y envoya promptement cinq ou six cents pietons et deux cents chevaux. Mais voyant qu'il ne faisoit point d'approches, ils crurent qu'il en vouloit à ceux de Troyes ou de Sens, et furent confirmez en ceste opinion entendans que le Roy marchoit vers Montereau-faut-Yonne. Là dessus fut semé un autre bruit que Sa Majesté alloit à Tours remedier à une querelle survenuë au conseil entre M. le cardinal de Bourbon et M. le cardinal de Lenoncourt; mais il se tint caché dix ou douze jours avec le duc de Nevers, ayant mandé au mareschal de Biron [lequel estoit avec l'armée vers Mante de retour de Normandie, d'où il amenoit les poudres et les boulets que l'on avoit envoyez d'Angleterre, qu'il receut à Diepe, après avoir pris Caudebec, Harfleur, Fescamp et autres places, bref, reduit toute la Normandie à l'obeyssance du Roy, hors-mis Le Havre, Roüen, Pontoise, Louviers, et deux ou trois autres places] qu'il feignist de traverser la Beausse pour le venir joindre, mais que soudain il tournast la teste vers Chartres pour l'investir avant qu'il y pust entrer aucun secours, d'autant que la ville n'avoit que peu de garnison avec les bourgeois encores divisez, plusieurs y estans affectionnez au party du Roy, nommement l'evesque qui estoit de la maison de Thou : ce que le mareschal executa si promptement et tant à propos, que Chartres fut investy le 9 fevrier. Le Roy se rendit le lendemain à Estampes, où il receut nouvelles que le regiment du capitaine La Croix Cautereau, composé de soixante cuirasses et de deux cens harquebusiers, sorty d'Orleans pour entrer dans Chartres, avoit esté entierement desfait, et n'en estoit eschappé que cinq montez à l'advantage, dont La Croix en estoit l'un.

Tous les gouverneurs des villes de l'union avoient bien preveu que ce que le Roy tournoioit ainsi estoit pour se jetter tout à coup sur quelque place, ainsi, disoient-ils, que faict un oyseau de proye pour empieter quelque gibier. Pontoise, Meaux, et plusieurs autres villes, avoient renforcé leurs garnisons; mesmes M. de La Chastre, ayant receu advis que Chartres estoit investy, s'achemina en diligence de Bourges à Orleans sur la fin de fevrier, cognoissant que les divisions des habitans de ceste ville avoient besoin de sa presence, et mesmes le Roy estant si proche d'eux, et aussi pour tascher de donner quelque secours à ceux de Chartres. Si tost qu'il fut arrivé à Orleans, il envoya battre l'estrade par des chevaux legers jusques dans l'armée du Roy, qui luy rapporterent de quelle façon Chartres estoit assiegé; surquoy il se resolut de faire jetter deux cents hommes de pied, conduits par le capitaine Larchenau, qui se devoient couler en deux nuicts parmy l'estenduë de l'armée du Roy, feignans estre royaux, et, en la troisiesme traicte, qu'ils penetreroient jusques sur les fossez et aux portes. Ce secours party avec guides et signal pour estre receus dans Chartres, fut descouvert incontinent, car le Roy avoit donné ordre sur tout que l'on prinst garde du costé d'Orleans; si que, poursuivis, la plus-part fut taillé en pieces, les autres, ayans gaigné une maison, capitulerent, et demeurerent prisonniers.

Cependant ceux de Chartres, qui avoient pour gouverneur le sieur de La Bourdaisiere, se deffendirent si courageusement qu'ils repoulserent par plusieurs fois les royaux du ravelin de la porte des Espars que l'on avoit attaqué, quoy que les assiegez n'eussent pas beaucoup de garnison et peu de noblesse, outre les sieurs de Grammont et du Pescheray, qui s'y estoient jettez sur la nouvelle d'un siege : cestuy-cy fut tué d'une harquebusade à la conservation de ce ravelin où il avoit acquis de l'honneur.

Ce siege tira en longueur, et le camp y ayant sejourné près de deux mois et demy, le Roy fit faire bresche du costé de Galardon, où M. de Chastillon, ayant trouvé l'invention d'un pont de bois couvert qu'il fit dresser dans le fossé par où on eust esté sans danger jusques au pied de la bresche, fut cause que les Chartrins, prevolants leur ruine, entrerent en capitulation qu'ils accorderent le vendredy sainct, laquelle contenoit que, si dans huict jours ils n'estoient assistez par le duc de Mayenne, ils se rendroient au Roy. Ils envoyerent des deputez vers ledit duc, lequel envoya Faucon, son maistre d'hostel, et le sieur de Jange, maistre de camp, avec dix ou douze chevaux pour tascher d'entrer dans la ville, avec intention et charge de faire opiniastrer les assiegez. Mais ayans esté pris, le vendredy, dix-neufiesme jour d'avril, sur les quatre heures du soir, le Roy entra en armes dedans Chartres, et y coucha trois nuicts. Le samedy matin, lesdits sieurs de La Bourdaisiere et de Grammont, suivis des soldats de la garnison et de sept ou huict cents personnes, sortirent avec les armes, et soudain le mareschal de Biron y entra avec douze cents harquebusiers et trois cents chevaux, garnison y assignée, et en fut le gouvernement redonné au sieur de Sourdis, lequel paravant y commandoit. Il sortit aussi force dames et damoiselles en carrosses et chariots, qui se firent conduire à Orleans. Chartres estoit tellement retranché et fortifié par dedans, qu'il fut jugé plus fort qu'Orleans; aussi le Roy ne voulut rien hazarder, autrement il eust perdu la plus-part de ses forces. Tous les retranchemens estoient beaux et bien faicts. Du depuis l'on y fit bastir une citadelle. Les royaux ne perdirent en ce siege personne de qualité que le sieur de Belesbat. Le Roy ayant tiré quelques sommes de deniers des habitans, et après avoir reduit Auneau et Dourdan à son obeyssance, partit incontinent pour aller secourir Chasteautierry que le duc de Mayenne avoit assiegé pour penser faire divertir au Roy le siege de Chartres; mais, en chemin, Sa Majesté receut les nouvelles que le vicomte Pinard, ayant abandonné la ville, s'estoit retiré au chasteau, où il avoit capitulé avec le duc, ce qui fit retourner Sa Majesté à Senlis. Quiconque perd une place est subject à divers jugemens: ce vicomte n'en fut exempt, et plusieurs disoient qu'il eust pu et deu faire mieux qu'il n'avoit faict, et que le marché de la reddition de ceste place en estoit fait long-temps auparavant. Le duc donna le gouvernement au sieur du Pesché. Ceste prise fit que ceux de l'union porterent plus patiemment la perte de Chartres, et disoient qu'elle leur demeuroit comme par forme de represaille, mais il y avoit à dire plus de la moitié. Le duc de Mayenne, voyant que le Roy repassoit la Seine, mit ses gens en diverses garnisons, n'estant assez fort pour tenir la campagne, et mesmes M. de La Chastre luy envoya encor ses lansquenets avec le regiment de Vaudargent, pour-ce que les villes de l'union en Berry ne pouvoient plus endurer de leurs deportements.

Peu après ce siege M. de Chastillon, estant allé en sa maison qui est sur la riviere de Loin, devint malade, dont il mourut. Il estoit de la religion pretenduë reformée, en laquelle il avoit esté instruit par son feu pere l'admiral de Coligny; toutesfois, estant d'un esprit noble et grand, on esperoit de luy oster ceste opinion par instructions dociles, ainsi que l'on avoit faict à son frere le sieur d'Andelot l'an passé: sa mort empescha ce bon dessein. C'estoit un seigneur brave et vaillant, et sur tout bien entendu aux mathematiques, science que les nobles qui veulent parvenir aux plus grandes charges militaires doivent curieusement sçavoir. Il en monstra aussi des effects audit siege de Chartres en l'invention du pont qu'il fit faire pour aller à l'assaut.

Durant aussi ce siege M. de Luxembourg, revenu de Rome, y vint trouver le Roy: or il avoit donné charge à un gentil-homme qu'il avoit laissé à Rome de bailler une sienne lettre à celuy qui seroit esleu pape, laquelle contenoit amplement l'estat de la France; ce que le gentil-homme fit, et le pape Gregoire quatorziesme luy promit du commencement d'y respondre, mais du depuis il ne le voulut faire estant diverty par les ministres d'Espagne; dequoy ayant eu advis leditsieur duc de Luxembourg, il luy rescrivit ceste lettre que nous avons mise icy au long, pource qu'elle donne à cognoistre beaucoup de choses qui se sont passées à Rome, aussi que l'on y void le respect que messieurs les princes du sang, ducs, pairs, mareschaux et officiers de la couronne, ont porté au Saint Siege durant ces troubles, et comme il a esté preoccupé des ennemis de la France.

« Très-Sainct Pere, de ce que j'ay creu estre de mon devoir et de la charge que j'ay euë de tous les princes du sang, ducs, pairs, mareschaux, officiers de la couronne de France qui suivent le Roy, je pense m'en estre acquitté le mieux qu'il m'a esté possible, tant que j'ay esté à Rome de leur part du vivant du feu pape Sixte, y ayant apporté non seulement ce que j'ay cogneu estre propre pour la tranquilité de ce royaume, mais encore veritablement ce que j'ay sceu estre pour le bien et advancement de la religion catholique, apostolique et romaine, et le repos universel de toute la chrestienté. Incontinent après mon depart de Rome, j'en escrivis fort amplement au college des cardinaux, et, pour ce que la passion d'aucuns d'entr'eux empescha que mes lettres ne fussent veuës ne receuës au conclave, je m'advisay d'en laisser une pour celuy qui par la divine inspiration seroit eslevé en la dignité pontificale. Celuy qui avoit charge de la presenter m'a fait entendre que Vostre Saincteté l'avoit humainement receuë, et que mesme elle estoit disposée d'y respondre et pourvoir en ce qu'elle jugeroit estre à propos; mais, entendant qu'elle a esté divertie de me faire cest honneur, et me doutant bien que ceux qui ont gaigné cest advantage s'efforceront de luy persuader de faire encore pis contre la France, j'ay voulu prevenir ce mal, adjoustant ceste mienne lettre à mes precedens advertissemens, et remonstrer, en toute humilité, à Vostre Saincteté, que ceux qui ne nous veulent point de bien, et qui fondent leur ambition sur nos ruines, ne cerchent, sous le pretexte de religion, qu'à embarquer tout le monde avec eux et le sousiever contre nous; et, pour faire croire que c'est pour la religion ce qu'ils en font, ils voudroient bien que Vostre Saincteté prestast son authorité et son adveu à la guerre qu'ils nous brassent, affin que cela donnast d'autant plus de couleur à leurs pernicieux desseins; mais en effect ils n'en feroient pas grand conte, si l'esperance d'en tirer de l'argent ne les convioit d'avantage que le zele de la religion; et, pour parvenir à ce point, ils promettront, quant à eux, d'y fournir de leur part beaucoup plus qu'ils ne demanderont à Vostre Saincteté, affin de l'engager plus aysement en une guerre de laquelle elle ne se puisse après facilement retirer, et en laquelle ils espuiseront les finances de Vostre Saincteté, qui pourroient bien mieux servir autre part qu'à nous ruiner : ils sont d'ailleurs assez subtils pour le desirer à fin de ne laisser en son entier un fond de deniers si notable et si proche du royaume de Naples qu'on sçait bien estre du domaine de l'Eglise. La consideration de tout cela ne me travaille point: les menaces de la guerre ne me troublent point l'esprit, j'en ay accoustumé le bruit, et la noblesse de France y est tellement aprise, qu'elle, avec l'appuy de ses amis, n'en peut craindre une nouvelle, de quelque part qu'elle vienne. Mais ce qui me trouble, ce qui me passionne, et qui peut apporter beaucoup d'esbahissement aux bons François, vrais catholiques, fils de ceux qui ont maintenu le Sainct Siege envers tous et contre tous, qui l'ont augmenté de richesses et de grandeurs, sera de voir Vostre Saincteté, en laquelle pendant cest orage de guerre ils esperent trouver un port de tranquillité, non seulement s'y abandonner à la mercy des vents, par maniere de dire, mais quasi les exposer en proye à leurs cruels ennemis. Le pape Sixte, d'heureuse memoire, circonvenu par les artifices de nos adversaires, avoit au commencement en la mesme volonté, et avoit commencé de s'y employer à bon escient; mais, depuis qu'il eut recogneu la verité de nos affaires, et descouvert l'ambition de ceux qui, depuis fort long temps, ont commis les maux qu'on void maintenant esclorre, il changea de resolution, et, ce qu'il avoit projetté avec violence, il resolut de l'executer avec la douceur : ce qu'il avoit voulu faire comme ennemy, il commença à le faire comme pere. Aussi ay je ceste ferme croyance que Dieu permettra que les ennemis de la memoire de ce Sainct Pere, et qui en veulent obscurcir la souvenance en blasmant ceste sienne saincte intention, seront ceux qui la rendront plus illustre et plus belle par le contraire evenement de ce qu'ils pensent, attendu que les gens de bien cognoistront que Sa Saincteté estoit vrayment conduite de l'esprit de Dieu au chemin qu'elle tenoit pour appaiser nos troubles. Dieu est juste, et, comme tel, ne voudra que la justice de la cause des bons François soit foulée aux pieds, ains qu'elle sera prudemment considerée par Vostre Saincteté. La France a eu premierement recours à la divine bonté, et puis, par mon entremise, au Sainct Siege, duquel jusques icy elle n'a receu aucun desplaisir que ce qui est procedé de la mauvaise volonté de certains ministres qui se sont portez, non comme juges equitables, mais comme parties passionnées, non pour y faire luire la paix, mais pour y allumer la guerre. Je supplie treshumblement Vostre Saincteté penser que les François devront faire maintenant, s'ils se treuvent non seulement abandonnez d'elle, mais aussi poursuivis ouvertement. Il y auroit à craindre que là où ils ne pourront apporter assez de resistance d'eux-mesmes, ils n'en cherchent ailleurs pour se deffendre de leurs ennemis par leurs ennemis, et que pour dernier refuge ils ne s'allient plustost avec qui que ce soit, que de se sousmettre à nulle autre domination qu'à celle que les loix du royaume ont establie pour legitimes successions de la couronne françoise, ce que je dis d'apprehension du mal que je prevois inevitable, dont l'ennuy me redouble quand je considere que deviendra la religion, et en quel danger elle sera exposée. Et si elle venoit à se perdre [Dieu me retire plustost de ce monde, affin de ne voir un tel malheur en mon vivant], qui en sera coulpable, sinon ceux qui, sous le faux pretexte de religion, et qui, aveuglez d'ambition et d'avarice, favorisent l'injustice d'une telle guerre ?

» On nous veut faire entendre que Vostre Sainctelé envoye de l'argent aux Parisiens, et qu'elle promet beaucoup d'assistance à leur party. On dit d'avantage qu'elle envoye un prelat en France pour y voir les affaires et en estre advertie par luy selon la verité. Je ne puis croire le premier, ne me pouvant persuader tant de precipitation de sa part, que de nous vouloir condamner sans nous ouyr, comme cela seroit un prejugé. Quant à la venuë du prelat, j'en louë la resolution, mais il est à desirer qu'il ne face comme ceux qui y sont venus devant luy, qui, ayans charge de voir l'estat de la France et en donner advis, se joignirent au party des rebelles, et qu'il ne vienne avec volonté de nous ruiner, mais d'apaiser la guerre, qu'il n'ait l'esprit preoccupé de passion, l'ame aveuglée d'avarice, d'ambition et des pensions d'Espagne ; en somme, que, ne penchant ny d'un costé ny d'autre, il vueille tenir la ballance juste, et rapporter à Vostre Sainctelé la verité de nos divisions. Mais je ne doute point que, par son extreme prudence, elle ne face eslection d'un personnage pourveu de si bonnes qualités qu'elle soit hors de crainte d'en estre trompée comme le Sainct Siege l'a esté ci-devant, et nous exempte des dangers où par tel inconvenient nous nous sommes trouvez. Car, quant à moy, quelques advis qu'on me donne de beaucoup de lieux, quoy que plusieurs personnes vueillent dire que Vostre Sainctelé se laisse aller aux persuasions des ministres et pensionnaires d'Espagne, toutesfois je ne l'ai jamais voulu croire, opposant tousjours à leurs advertissements ce qu'elle me daigna dire quand je la rencontray en Toscane auprès de Torniceri, comme elle s'acheminoit à Rome pour se trouver à l'eslection d'un pape après la mort de Sixte cinquiesme; car, entr'autres choses, elle me fit cest honneur de me dire qu'il estoit necessaire que le roy de France fust roy de France, et celuy d'Espagne roy d'Espagne, et que la grandeur de l'un servist comme de barriere à l'ambition de l'autre. Par ce peu de mots j'ay fermé la bouche à plusieurs, et descouvert en meilleure part la creance qu'ils avoient de Vostre Sainctelé. M'estant tousjours reservé de luy faire entendre, comme je fais, la suppliant très-humblement que toutes les fois qu'il sera question de traicter de nos affaires, qu'elle se daigne souvenir et croire que l'intention de tous les princes du sang, ducs, pairs, mareschaux, officiers de la couronne, de toute la noblesse, et de tous les bons François, et de n'estre jamais autres que très-catholiques, esperans, par leurs services, de pouvoir obliger leur roy de recognoistre la verité de la religion catholique, apostolique-romaine, pour en faire la profession comme tous ses predecesseurs ont fait. Et quant aux autres François qui suivent le party contraire, ce sont personnes corrompues par l'ennemy, qui, pour se maintenir, ont attiré le pauvre peuple, et l'ont abusé sous le pretexte de religion. Là dessus considerera, s'il luy plaist, que, pendant une telle guerre, le moyen d'instruire le Roy et le ramener à la cognoissance de la vraye foy nous est osté, et le repos des chrestiens et catholiques d'autant retardé. Le zele que j'ay à ma religion, et la cognoissance que j'ai de ces affaires pour les avoir maniées à Rome, et mesme pour obvier et prevenir les subtilitez dont nos ennemis usent à l'endroit de ceux qu'ils veulent circonvenir, font que tant plus librement j'ay osé prendre la hardiesse d'en escrire à Vostre Sainctelé, et accompagner par ceste mienne lettre celle qui sera presentée par ce gentil-homme de la part des princes et noblesse qui sont en ceste armée, lequel ils ont expressement depesché vers Vostre Sainctelé en attendant que les autres princes et noblesse, maintenant dispersés par le royaume, y envoyent tous ensemble de leur part pour se conjouir avec elle de son assomption au pontificat, et luy faire plus amplement entendre l'estat auquel maintenant nous sommes, comme sans doute ils feront bien-tost, et principalement s'il plaist à Vostre Sainctelé me tant honorer que de m'advertir, par ce mesme gentilhomme, comme elle aura agreable ceste ambassade, et ensemble me faire cest honneur de prendre en bonne part ce que je luy escris, croyant que mes paroles ne procedent que d'une extreme sincerité de conscience et d'affection que j'ay au bien, en ma religion, et au repos de ma patrie, de laquelle je ne seray jamais deserteur, comme je n'oublieray aussi l'obeissance et le service que je luy dois; de laquelle baisant très-humblement les pieds, je prie Dieu, Très-Sainct Pere, vouloir assister et conduire par son Sainct Esprit, et luy donner très-heureuse et longue vie. Au camp devant Chartres, le 8 avril 1591. Vostre très-humble et très-obeyssant fils et serviteur, François de Luxembourg. »

Avant que de dire comme le Pape, au lieu d'embrasser la cause de tant de princes françois qui le supplioient d'estre pere et non partial, envoya secours d'hommes et d'argent à ceux de l'union, et de ce qui en advint, voyons ce qui se passa au commencement de ceste année en Dauphiné, en Provence, et en d'autres endroicts.

Le sieur d'Albigny, commandant dans Grenoble pour l'union, se trouvant pressé par le sieur Desdiguieres, et se voyant sans esperance d'estre secouru ny du duc de Savoye qui estoit assez empesché en son entreprise de Provence et en la guerre de Geneve, ny du marquis de Sainct Sorlin qui commandoit à Lyon, rendit Grenoble audit sieur Desdiguieres, auquel les habitans par la composition payerent soixante mille escus. Ceste ville s'appelloit jadis *Accusion* : depuis on la nomma *Cullarone;* mais, ayant esté aggrandie par l'empereur Gratian, il la fit appeller *Grationopolis,* et en françois *Grenoble.* Elle est presque en figure d'ovale, située en une plaine fertile, arrousée du fleuve d'Isere qui descend des Alpes, commandée d'un haut costau, au pied duquel est le faux-bourg de Sainct Laurens, et enceinte de vieilles murailles. Le roy François I avoit proposé d'accroistre ceste ville, mais son dessein après sa mort ne fut poursuivy. Ledit sieur Desdiguieres, y ayant restably le parlement et la chambre des comptes qui en avoient esté transferez, comme nous avons dit, mit le sieur de La Boisse pour y commander avec trois cents hommes de guerre, fit faire plusieurs belles fortifications, et ceste ville du depuis par sa vigilance a esté maintenuë en l'obeyssance du Roy. Ceste reddition ayant pacifié le Dauphiné, ledit sieur Desdiguieres s'achemina avec toutes ses troupes en Provence pour secourir M. de La Valette, qui avoit sur les bras le duc de Savoye, lequel, à la faveur de la comtesse de Saux et de ses partisans, estoit entré dans Marseille le second jour de mars, où les habitans luy jurerent obeyssance et fidelité comme à leur gouverneur et protecteur de la Provence.

Ces choses là ne plaisoient point au duc de Mayenne ny au comte de Carses, ny à beaucoup des habitans de Marseille. Ils jugerent incontinent des desseins de ce duc, suyvant ce qui a esté dit cy-dessus, lequel, ne se voyant assez fort de son estoc pour se faire maistre de ceste province, et resister, tant aux royaux qu'au comte de Carses et à ses partisans, se resolut d'aller en Espagne pour avoir secours d'hommes et d'argent. Son pretexte fut que le Turc, disoit-il, levoit une grande armée en faveur du Roy pour se jetter en la Provence. Pour y resister, les Provençaux ses partisans, assemblez à Marseille, envoyerent aussi six deputez avec luy en Espagne pour demander secours, sçavoir, deux du parlement d'Aix, deux consuls de Marseille, et deux au nom de toute la province.

Le duc, avant que d'aller en Espagne, pourveut à ce qu'il jugea necessaire pour la conservation de son party en Provence, et y laissa pour y tenir la campagne le comte de Martinengue avec mil chevaux et deux mille hommes de pied, puis il partit environ la my-mars, et arriva heureusement à Barcelone. Le prince d'Espagne, aujourd'huy roy, son beaufrere, l'y receut avec toute demonstration d'amour. De là il s'achemina à Madrid, où les deputez provençaux cognurent que toute la determination de leur secours dependoit du roy d'Espagne seulement.

Cependant que ce Roy et le duc conferoient pour trouver les moyens de s'asseurer de la Provence, voicy un revers de fortune qui survint à l'armée du Savoyard à Esparon de Palieres le 15 d'avril.

Les sieurs de La Valette et Desdiguieres, s'estans joincts au village de Vivon dez le quatorziesme avril, faisans ensemble neuf cents maistres et deux mil harquebuziers, se resolurent d'attaquer les Savoyards et d'avitailler Berre qu'ils tenoient assiegé. Or, estans advertis que les Savoyards avec quelques Provençaux, au nombre de mille maistres et de dix-huict cents harquebuziers, estoient logez en trois villages, leur advant-garde audit Esparon de Pallieres, la bataille à Rians, et l'arriere-garde à Sainct Martin de Pallieres, distans les uns des autres de demie lieuë, et à deux lieuës de Vivon, resolurent d'attaquer les Savoyards et aller droict à eux; ce qu'ils firent en cest ordre : les troupes du Dauphiné conduites par le sieur Desdiguieres faisoient l'avantgarde, à la teste de laquelle estoient aussi les sieurs du Poët et de Mures; le sieur de La Valette conduisoit le gros de la bataille, et le sieur du Buous faisoit l'arrieregarde avec cent maistres. Les royaux, cheminans en cest ordre, arriverent sur un costau près d'Esparon, justement à l'opposite où les Savoyards s'estoient rangez aussi en bataille, non toutesfois si avant dans la plaine que les royaux eussent desiré, car ils avoient fait advancer à la faveur de quelques fossez et hayes leur infanterie au devant de leur cavalerie.

Cependant que l'armée royale s'advançoit dans la plaine, l'arrieregarde des Savoyards, logée à Sainct Martin, joignit ceux d'Esparon; ainsi rangez, et estans advancez à la portée du mosquet, le sieur Desdiguieres leur envoya un regiment en flanc, qui à la premiere salve leur fit quitter leur champ de bataille, et se retirerent sur un petit costau qui estoit au dessus du village, dont le derriere leur estoit libre. Tout aussi-tost l'avantgarde royale gaigna ce champ, où elle fit ferme cependant que l'infanterie escarmouchoit d'une part et d'autre celle des Savoyards logée au village dont la royale essayoit de la chasser. Mais, voyant qu'il ne se pouvoit faire qu'avec

neve, prompts à la picorée, estans allez jusques auprès de La Roche où ils s'estoient assemblez, furent cause qu'ils monterent tous à cheval pour courir après eux, les uns armez, les autres non, et suivirent si vistement la piste de ces coureurs, qu'ils se trouverent à demy lieuë de Buringe où estoit le quartier des Italiens, lesquels ils eussent surprins s'ils n'eussent faict tant de bruit et de huées qu'ils faisoient, ce qui donna occasion à Braccioduro et à vingt-cinq de siens de monter à cheval fort promptement, sans cuirasses pour la plus-part, car les lanciers savoyards ne leur donnerent pas loisir de les prendre, et, sans s'espouvanter, il alla les recognoistre et leur fit une charge assez furieuse, d'où il retourna incontinent en une place de combat qu'il avoit choisie, et là où il y trouva encor soixante cavaliers françois qui s'y estoient rendus. Ayant de tout fait deux troupes de cavalerie, il dit tout haut à un des siens : « Allez dire à tels et tels, qu'il nomma, qu'ils s'advancent avec leurs compagnies, et qu'ils aillent couper le chemin en un tel endroit. » Ceste parole, qui n'estoit qu'une feinte, fut occasion qu'un Milanois du party savoyard se mit à crier : *Volta che siamo in mezzo* (1); ce qu'ils firent à l'instant. Braccioduro, qui les vid tourner, donna si à propos et leur fit une si rude charge, qu'ils se mirent à la fuite, pensans devoir estre assaillis par devant et par derriere, et furent ainsi poursuivis jusques aux portes de La Roche. En combattant et en fuyant, il y en eut quatre-vingts de tuez avec leur conducteur Guevara : plusieurs y demeurerent aussi prisonniers. Les victorieux gaignerent trois cornettes et quarante bons chevaux.

Le lendemain ceux du chasteau de Buringe, ayant esté batus de soixante douze coups de canon, demanderent à parlementer ; mais, voyans que l'on ne les vouloit recevoir qu'à discretion, sortirent par une porte de derriere, gaignerent le pont que les assiegeans ne pouvoient garder pour estre commandé trop à descouvert du chasteau, et se sauverent en assez de desordre à Bonne prez de là, fors huict qui furent tuez en s'enfuyant, et trois de pris, dont l'un servit de bourreau pour pendre les autres deux. Ce chasteau fut peu après desmoly ; mais les Savoyards depuis le racommoderent et terrasserent, et le rendirent aussi fort qu'il estoit auparavant.

Sur la fin de janvier le sieur de Quitry arriva avec quelque cavalerie et infanterie à Geneve. Le premier de fevrier, l'armée se trouvant estre de trois mille hommes, tant François que Suisses, et de quatre cens chevaux, on entra dans le baillage de Thonon avec cinq canons, où il y eut beaucoup d'hostilitez exercées. Compois, qui commandoit pour le Savoyard dans Thonon, se voyant n'avoir que deux cents cinquante hommes pour en deffendre la ville et le chasteau, après avoir fait semblant de s'y vouloir opiniastrer, abandonna la ville, et se retira avec quatre-vingts des siens au chasteau, envoyant le reste à Esvian. Quitry, ayant fait tirer quatre-vingts coups de canon sans beaucoup d'effect, fit travailler à la mine en telle diligence, que, le 8 de ce mois, il fit jouër deux mines, lesquelles firent quelque ouverture, et donnerent la mort à trente des assiegez, ce qui les occasionna de se rendre à composition la vie sauve seulement, excepté à Compois et à trois des siens, qui sortirent avec la dague et l'espée seulement. On trouva dans ceste place force butin.

De Thonon l'armée s'achemina à Esvian, où commandoit le capitaine Bonvillars. Ceste villette est au bord du lac à deux lieuës de Thonon. Les Savoyards en voulurent deffendre l'entrée des fauxbourgs, mais l'on fit jouër le canon si rudement qu'ils furent contraints de l'abandonner; puis, tout d'une suite, on planta un petard à la porte de la ville, laquelle estant enfoncée, et quelques autres endroits gaignez, en mesme temps toute l'armée entra dans la ville, en laquelle tous actes d'hostilité furent exercez. Bonvillars, s'estant retiré au chasteau qui est assez bon, et hors de sape et de mine pource qu'il est en lieu marescageux, fit mine d'y vouloir mourir plustost que se rendre ; mais, après quelques volées de canon, ayant tenu quatre jours, il se rendit vies et bagues sauves, et fut conduit en seureté.

L'armée, ayant fouragé les bailliages de Thonon et d'Esvian, sur la fin de fevrier retourna vers Bonne. Les pluyes et les chemins rompus empescherent de pouvoir plus trainer le canon ; toutefois l'on en mena deux pieces dont on battit le chasteau de Polinge, qui se rendit ; mais l'advis que receut M. de Sancy que dom Amedée, Olivares et Sonas avoient assemblé leurs troupes, qui estoient de six cents maistres, quatre cents argoulets à cheval et de cinq mil pietons, lesquels venoient droict à luy, fut cause qu'il fit remener ses cinq canons dans l'arcenal de Geneve. Et, ayant envoyé recognoistre l'armée savoyarde, et prins un Savoyard qui servoit de guide à dom Amedée, duquel il tira une partie des desseins dudit Amedée, il resolut, avec les sieurs de Quitry et de Conforgien, de faire mettre le feu dans quelques chasteaux et en retirer les soldats qu'il y avoit mis pour les garder, puis de se camper en lieux advantageux pour y at-

(1) Tournez, nous sommes entre deux feux.

tendre les Savoyards : ce qui fut fait, et l'armée, quittant le logis de Buringe, se vint loger à une lieuë de Geneve, où la place de la bataille fut prise sur le haut de Monthou.

Dom Amedée, estant arrivé à Buringe le vendredy douziesme de mars, y fit en diligence redresser le pont, sur lequel ayant faict passer son infanterie, il se vint loger en plusieurs villages autour de Bonne. Les sieurs de Sancy et de Quitry, qui dressoient leurs bataillons, pensoient que ce jour là, pour ce qu'il estoit plus de midy, les uns et les autres ne feroient rien autre chose que de faire monstre de leurs forces ; mais il en advint autrement. Or ils avoient campé leur armée sur la coline de Monthou, entre Geneve et Bonne, au pied de laquelle est une petite vallée de soixante pas qui a à ses deux bouts deux chemins qui conduisent à Monthou : pour en empescher la venue aux Savoyards, on avoit mis d'un costé le sieur d'Arimon dans quelques maisons qui y sont proches de là, avec deux compagnies d'infanterie, et de l'autre costé proche d'un bois le regiment du baron de Santanne. Les quatre compagnies d'Italiens servoient d'advantgarde. Le sieur de Sancy, avec les Suisses et l'infanterie françoise, faisoit le corps de la bataille, ayant à costé droit la cavalerie de Geneve, et de l'autre costé deux compagnies d'infanterie proches d'une maison avec quelques fauconneaux. Et pour l'arrieregarde estoit la cavalerie françoise du sieur de Quitry. Ceste armée rengée de ceste façon et en lieu advantageux, fit juger dèslors qu'elle valoit bien celle des Savoyards, encores qu'elle fust moindre de moitié, tant en cavalerie qu'infanterie.

Aussi-tost que les Savoyards furent arrivez à La Baigue, leur chef, dom Amedée, se resolut de faire taster la valeur de ses ennemis, et, quoy qu'il en eust recognu l'ordonnance et la disposition estre bonne et forte, il commanda à cinq cents harquebusiers et mousquetaires de gaigner le bois et les maisons où estoient le regiment de Santanne et le sieur d'Arimon : ce qu'ils firent fort bravement, et en chasserent les François ; puis, suivis d'Olivares, espagnol, avec huict cents autres harquebusiers, ils gaignerent tous les bois, fossez et hayes jusques auprès du bataillon des Suisses. Sonnas, qui les suivoit avec quatre cents chevaux pour les soustenir et passer outre suivant le progrès qu'ils feroient, s'advança de passer la derniere haye pour entrer en la plaine ; mais si tost que le baron de Conforgien, qui conduisoit la cavalerie de Geneve à la main droicte du bataillon des Suisses, le vid à demy passé, car le chemin y estoit estroit, et n'y pouvoit entrer qu'à la file, le chargea si à propos, que Sonas et tous ceux qui estoient passez avec luy furent renversez morts par terre, le reste print la fuitte, et se sauva jusques au gros de la bataille où estoit dom Amedée. L'infanterie qui avoit gaigné les hayes et les bois, se voyant abandonnée de la cavalerie, et que l'on les venoit charger, commencerent à se retirer à la faveur de leur gros qui estoit proche, ce qui ne se fit sans confusion, et sans la mort de plusieurs. Les sieurs de Sancy et de Quitry, ayans rallié leurs gens, non sans peine, se retirerent et se joignirent en un corps, après avoir entierement despouillé les morts, qui se trouverent au nombre de trois cents, entre lesquels il y avoit, outre Sonas, près de cent gentils-hommes. Les deux armées ayans demeuré encore à la veuë l'une de l'autre demie-heure, la nuict survenuë, chacun commença à desloger. Dom Amedée repassa l'Arve, et alla loger à La Roche et à Bonneville, et M. de Sancy à Geneve.

Tous ces pays-là estoient si ruinez de la guerre que les deux armées furent contrainctes de s'en esloigner. Dom Amedée se retira vers Chambery, et les François, le vingt-troisiesme de mars, prindrent le chemin de la Franche-Comté par Romon-Monstier, après avoir laissé le sieur de Chaumont et le capitaine Craon pour faire la guerre dans Geneve. Voylà ce qu'il advint en la guerre de Geneve et de Savoye le long de ceste année ; car du depuis ceste journée tout se passa en courses, tant de part que d'autre, et ne s'y fit rien de memorable outre l'ordinaire. M. de Sancy fit cest exploict affin, comme disent les historiens italiens, d'empescher *il duca di Savoya ne suoi paesi, divertendogli le forze con le quali faceva progressi importanti in Provensa* (1). La deffaicte des Savoyards à Esparon de Pallieres, ainsi que nous avons dit cy-dessus, donne assez à cognoistre au lecteur en quel estat devindrent les affaires du duc de Savoye en ce temps là.

Sur la fin de ce mesme mois de mars, M. de Brion fut surpris en sa maison de Mirebeau en Bourgongne par le sieur de Guyonvelle, lequel l'emmena prisonnier après avoir tué huict de ses serviteurs, pillé vingt mille escus en argent, cent cinquante chevaux, force bleds, et une grande quantité de precieux meubles et armes. Ce seigneur, de l'une des plus nobles et anciennes familles de la Bourgongne, se tenoit, à cause de son aage, comme neutre en sa maison, où, tant d'un party que d'autre, chacun y estoit bien

(1) D'occuper le duc de Savoie dans son propre pays, et d'empêcher ses forces de faire des progrès en Provence.

venu; mais ses richesses furent cause que Guyonvelle, qui se declara du depuis espagnol sur un pretexte que le marquis fils dudit sieur de Brion estoit avec le Roy, le surprit, et ruyna de meubles ceste belle maison. Si nous mettions icy toutes les surprises, pillements, meurtres et hostilitez qu'aucuns, tant d'un que d'autre party, commirent en ce temps là, aucuns desquels ont esté punis, d'autres non, cela meriteroit un trop gros volume. Voyons maintenant ce qui se passa au commencement de ceste année en Italie.

Toutes les provinces d'Italie furent tellement affligées de la famine, que les potentats et les republiques pour le soulagement de leurs peuples, chacun en sa souveraineté, firent plusieurs provisions. Les uns envoyerent acheter des bleds en Sicile, les autres presterent de l'argent aux communautez des villes qui envoyerent acheter des bleds où ils pensoient qu'il y en eust à commodité, affin de sustenter le pauvre peuple. Mais Rome sur toutes les autres villes fut la plus affligée, car on fut contraint d'y faire nombrer le peuple au commencement de fevrier, où il s'y trouva cent dix-sept mille ames après que l'on en eut faict sortir tous les pauvres et toutes les bouches inutiles, pour lesquelles nourrir, par la recherche qui fut faicte, il ne se trouva que trente mil *rubio* de bled, qui est une mesure un peu plus grande que le septier de Paris, dont il en estoit consumé tous les jours quatre cents, quoy que l'on ne distribuast que dix-huict onces de pain par jour pour chaque teste. Le Pape, ayant envoyé de tous costez pour avoir des bleds, et nulle navire ne revenant à bon port, fut contrainct de prier le grand duc de Florence de secourir Rome. Ce prince, qui, prudent, en avoit fait bonne provision, en envoya plusieurs vaisseaux chargez, mais, à cause des tempestes qui regnerent en ce temps là sur la mer, ils ne purent entrer si tost dans la bouche du Tibre pour monter à Rome. Ce mauvais temps continuant jusques au mois de mars, les Romains furent contraints de ne manger que dix onces de pain par jour, d'où il advint que l'observance du caresme ne se fit dans Rome ceste année; et, pour ce que le *rubio* valoit trente-deux escus, affin de sustenter le menu peuple, Sa Saincteté leur permit de manger de la chair de bufle, qu'il fit vendre à cinq quadrins la livre : ce qui continua jusques au commencement de may, que les galeres de Sa Sainctété arriverent aussi chargées de quantité de bleds, lesquels abbaisserent lors de pris *per mancamento di molte migliaia di persone già morte per la necessità del vivere* (1), et par les maladies de fievres pestilentieuses qui regnerent principalement en l'Abbruze, en la Marque (2), en l'Umbrie et en la Romagne, où la mortalité fut si grande, qu'en beaucoup d'endroicts les terres y demeurerent sans estre labourées.

A ceste affliction de famine l'Italie en avoit encor une autre qui la travailloit beaucoup. La terre estoit plaine de bannis, et les costes maritimes de corsaires. Ceux-cy, avec sept fustes, prindrent plusieurs navires chargez de grains, et fallut que les galleres du Pape usassent de grande diligence, allant tantost le long d'une coste, tantost de l'autre, pour asseurer la navigation. Et pour remedier à ceux-là, le pape Gregoire quatorziesme commença son pontificat par un bannissement qu'il fit contre Alfonse Picolomini, bien qu'il fust son parent, et contre quinze seigneurs et cinq cents de leurs complices, lesquels il declara criminels de leze-majesté, confisca leurs terres et biens, et donna la comté de Montemarcian, qui est un petit lieu en la Marque, appartenant audict Picolomini, à Hercules Sfondrate, nepveu de Sa Sainctété; laquelle comté il erigea depuis en duché, ainsi que nous dirons tantost. Picolomini qui s'estoit resjouy de l'assomption au pontificat de son parent, et qui avoit fait un present à celuy qui luy en apporta les nouvelles, se voyant avec les autres bannis poursuivy, tant par le Pape que par le grand duc duquel il avoit esté fort favorit, et qui avoit obtenu une fois sa grace du pape Gregoire treiziesme, partit de la Campagne avec Sciarra et ses autres compagnons après qu'ils y eurent fait une infinité d'embrasements et de cruautez, et s'acheminerent par bois et deserts vers Narvi, et de là vers Foligni, tousjours poursuivis, ou des gens du Pape, ou de ceux du grand duc, que conduisoit le colonel Bisaccione, et d'un autre colonel Pierconte qui le poursuivoit avec cent cinquante Albanois pour se venger en une si belle occasion d'une querelle qu'il avoit contre luy. Lesdits bannis se voyans ainsi poursuivis, Sciarra se separa de Picolomini avec tous ses complices, et s'en retourna vers la Campagne et vers les confins du royaume de Naples, laissant Picolomini peu accompagné, lequel prit son chemin vers la Marque pour s'embarquer et sauver par la mer Adriatique; mais, feignant d'aller à Jesi, il tourna court à main droite, esperant trouver quelque barque sur laquelle il se mettroit. Ce dessein ne luy ayant reüssi, il tourna derechef à main gauche, pensant mieux se sauver, mais il tomba sous les armes de Bisaccione auprès de Cesenatico, lequel le conduit incontinent à Imola pour le mener à Florence. Le gou-

(1) Par la diminution du nombre des habitants qui étoient morts de faim par milliers.

(2) La Marche.

verneur d'Imola s'y opposa, disant qu'il estoit justiciable du Pape pour les maux qu'il avoit commis aux terres de l'Eglise. Bisaccione, se voyant reduit en ces termes, et cognoissant que ses labeurs ne tourneroient point à l'honneur de son seigneur le grand duc si ceste affaire se disputoit civilement, il se resolut d'enlever d'Imola son prisonnier par la force, et laisser après le fait le soing au grand duc d'y remedier. Pour ce faire il mit à une des portes de la ville quelques-uns des siens, et luy avec le reste s'en alla enlever de la prison Picolomini : ce qu'il fit, et le mena à Florence, où peu de jours après il eut la teste tranchée. Aucuns autheurs disent que l'on le fit mourir *appicato al ferro di rebelli* (1). Bisaccione fut depuis en peine pour l'avoir enlevé des prisons d'Imola, et ses biens qu'il avoit sur les terres de l'Eglise furent saisis; mais le grand duc ayant fait remonstrer l'importance de cest affaire à Sa Saincteté, et excusé ce faict, Bisaccione rentra aux bonnes graces du Pape. Marco Sciara avec les autres bannis, bien qu'ils fussent poursuivis de Virginio Ursino, ne laisserent de faire une infinité de massacres, de brusiements et de pilleries. Bref, plusieurs ont escrit que l'Italie fut en ce temps là autant affligée de la famine et des bannis, que la France et la Flandre le furent des guerres civiles.

Quelques-uns des princes et republiques qui doivent obeyssance au Pape, à sa nouvelle eslection, envoyerent incontinent leurs ambassadeurs à Rome; mais Sa Sainctetė manda à quelques-uns qu'ils retardassent de venir faire ceste ceremonie jusques à un autre temps. Cependant il ne laissa de faire traicter le mariage de son nepveu le comte Hercules Sfondrate avec la fille du prince de Massa, et sa belle sœur Sigismonde, mere dudit Hercules, arriva incontinent à Rome avec ses deux autres fils, à l'un desquels Sa Sainctetė donna son chapeau de cardinal avec le tiltre de Saincte Cecile, et l'autre, nommé François, fut faict chastellain du chasteau Sainct Ange.

Au commencement de mars, après que le mariage eut esté consumé d'Hercules Sfondrate et de la princesse de Massa en une maison de Paul Sforza, Sa Sainctetė crea, aux quatre temps de caresme, quatre cardinaux, sçavoir : Odoard Farnese, Octavien Acquaviva, fils du duc d'Atri, Paravicin, evesque d'Alexandrie, et Plato, auditeur de la rote. Peu auparavant ceste creation moururent les cardinaux de Caraffe et de Sainct George, tous deux grands prelats.

Le Pape, ne se ressouvenant plus des paroles qu'il avoit dites, estant cardinal, à M. de Luxembourg en leur rencontre à Torniceri, qu'il estoit necessaire que le roy de France fut roy de France et celuy d'Espagne roy d'Espagne, et que la grandeur de l'un servist comme de barriere à l'ambition de l'autre, se rengea du tout du party de l'Espagnol, par le moyen duquel, ainsi que plusieurs ont escrit, il avoit esté esleu pape. Le vingtiesme du mois de may il fit partir de Rome Laudriano avec tiltre de nunce, pour faire publier en France un monitoire contre messieurs les princes du sang, ducs, pairs, mareschaux, et autres officiers de la couronne qui suivoient le Roy, lequel de nouveau il aggrava de nouvelles censures. Et sur ce que Desportes, secretaire du duc de Mayenne, estoit allé à Rome luy demander du secours d'hommes et d'argent au nom de la ligue, il leur promit de payer six mil Suisses qui seroient levez pour leur secours aux cantons catholiques, et qu'il leur envoyeroit son propre neveu (2) avec mille chevaux italiens et deux mille hommes de pied. Ceux de l'union en France ne manquerent de faire publier par tout la nouvelle de ce secours et de ce monitoire. Le cardinal de Lorraine, estant arrivé à Rome sur la fin de mars, requit Sa Sainctetė que ce secours fust envoyé en Lorraine pour s'opposer à l'armée allemande que le prince d'Anhalt levoit pour le roy Très-Chrestien à la diligence du vicomte de Turenne, et de secourir son pere le duc de Lorraine d'un prest de deux cents mil escus : ce qu'il ne put obtenir de Sa Sainctetė. Les agents de l'union à Rome, qui luy demandoient aussi permission d'alliener en France du temporel de l'Eglise, en furent esconduits.

Le Pape au printemps de ceste année se trouva assez mal disposé, estant malade de la pierre, mais, ayant eu soulagement par quelques medecins au commencement du mois de may, il s'employa du tout pour executer son dessein et envoyer des gens de guerre en France. Il envoya le colonel Lusi pour faire la levée des Suisses, mais du commencement il y trouva de la difficulté, pour ce que le frere du colonel Phifer estoit à Rome, solicitant le cardinal Caëtan de luy faire delivrer cent mille ducats que l'on leur devoit à cause des services qu'ils avoient faict l'an passé. Le thresor temporel de l'Eglise qui estoit dans le chasteau Sainct Ange, amassé avec tant de soing par le feu pape Sixte, estoit merveilleusement mugueté, avec desir de plusieurs officiers du Pape d'y toucher et y faire leurs affaires. L'Espagnol desiroit sur tout de le voir dissipé, car il craint tousjours que les papes, ayans des deniers en reserve, ne les employent

(1) Sorte de supplice.

(2) Hercule Sfondrat, duc de Monte-Marciano.

pour effectuer les pretensions qu'ils ont sur le royaume de Naples. Pour ce faire il commanda à son ambassadeur le duc de Sesse de demander à Sa Saincteté permission d'allicner du bien des ecclesiastiques par tous ses royaumes pour luy ayder à supporter la guerre qu'il avoit en plusieurs lieux contre les heretiques. Cest affaire estant disputé au consistoire, il y fut resolu que l'on ne permettroit point d'aliener le bien de l'Eglise, et que l'on prendroit plustost des deniers au chasteau Sainct Ange. Voylà l'Espagnol qui obtint, non ce qu'il demandoit, mais ce qu'il desiroit, bien ayse de voir les deniers reservez au chasteau Sainct Ange, qu'il craignoit à cause de son royaume de Naples, employez pour luy preparer la voye de s'emparer de la France. Campana, qui a escrit en faveur de l'Espagnol, dit : *Facesi conto nondimeno ch' in si pochi mesi erano stati spesi vicino à tre milioni di ducati, la maggior parte per l'occasion delle guerre di Francia, essendo pero commune opinione, che dà suoi ministri fosse in cio Sua Santità non ben servito, per la natura facile, et per li troppo candidi costumi di esso pontifice, che non sapeva giudicar quelle malote qualità in altrui, che cognosceva non essere in se stesso* (1). Ceste nature facile de Sa Saincteté a bien apporté des maux à la France, car les ministres d'Espagne luy faisoient faire ce qu'ils vouloient, et, au lieu de respondre à la lettre de M. de Luxembourg qu'il luy avoit envoyé, ny de vouloir escouter le marquis de Pisani, deputé de messieurs les princes du sang, ducs, pairs et officiers de la couronne, pour luy representer l'estat de la France, on luy fit escrire la lettre suivante au conseil des Seize de Paris, pour response à celle qu'ils luy avoient escrite en fevrier dernier, ainsi que nous avons dit :

« Gregoire Pape, quatorziesme, à mes fils bien aymez les gens du conseil des seize quartiers de la ville de Paris.

» Bien-aymez, le salut et benediction apostolique vous soient donnez. Nous avons receu vos lettres, et volontiers les avons leües; car autre nouvelle ne pourroit plus aggreable parvenir jusques à nous, que d'entendre comme, soubs la protection de Dieu, vous avez esté delivrez de ce long et fascheux siege, et qu'ayants beaucoup travaillé, beaucoup souffert, et porté de mesayses et autres charges et incommoditez pour la deffence de la foy catholique, vous estes maintenant soulagez et eschappez du danger. Mais il faut craindre faire naufrage quasi dans le port et sur le bord de la prosperité ; car qui sçait si Dieu peut estre vous auroit delaissé pour quelque temps, lors que vous estiez affligez et tourmentez des miseres passées comme de tempestes pour vous esprouver, feignant passer outre, ou, pour mieux dire, afin qu'esmeus à penitence [car l'homme n'a parfaicte cognoissance de ses fautes, souvent elles nous sont cachées, et celles d'autruy quelquesfois imputées], vous vous approchiez de luy et luy adheriez de plus près, jusques à ce que le recognoissiez en la fraction du pain ?

» Vostre cœur donc doit estre ardent, et devez perseverer en ce soing continuel qu'en rememorant les choses magnifiques que Dieu fait entre vous ; que, avec le repos des corps et prosperité des biens, il vous munisse et fortifie du don spirituel de foy, de son amour et de sa crainte. Voylà comme vous, qui vous estes joincts ensemble les premiers pour la paix et tranquillité de l'Eglise et union de la foy catholique en ce royaume, ayans les premiers experimenté le peril, vous en estes eschappez ; et non seulement vous estes delivrez, mais aussi par vostre delivrance vous avez acquis salut à ceux lesquels, estans unis avec vous, se reposoient en vostre constante resolution et vigilance.

» Nous nous esjouissons grandement en Dieu par l'occasion que nous en donnez en ce que, recognoissans tenir de luy tout ce bien, et que ne luy en pouvez rendre graces condignes de satisfaction, les luy rendiez par une humble recognoissance et confession. Ceste confession est salutaire, de laquelle nous devons user entre les adversitez pour subir entre nous, attendant la correction, et nous doit estre engravée dedans le cœur entre les prosperitez pour en faire profit et salut. Par ce moyen il n'y auroit point d'orgueil, d'autant que de don nous confessans l'avoir, nous ne serons point aussi coulpables d'ingratitude, pour ce que, le recognoissant, nous luy en rendons graces ; finallement, comme telle confession, par une pieuse et devote intention, a satisfait au deu d'action de graces du passé, consequemment elle dispose le donateur à nous eslargir d'avantage à l'advenir. Desormais, vous qui avez fait un si beau commencement et tant louable, perseverez constamment et ne defaillez avant qu'estre parvenus au but de la course ; car, dit Nostre Seigneur, non celuy qui aura bien commencé, mais qui aura perseveré jusques à la

(1) « On calcule néanmoins que, en si peu de temps, » il fut dépensé près de trois millions de ducats, principalement pour subvenir aux frais des guerres de » France. On pense généralement qu'en cela Sa Sainteté ne fut pas bien servie par ses ministres. Le caractère trop facile et la trop grande candeur de ce pontife l'empêchaient de soupçonner en autrui des vices dont il étoit exempt. »

fin, sera sauvé. Ce n'est donc point assez de la resolution et courage presenté, mais il faut adjouster et affermir ceste premiere vertu d'une constance, perseverer sans regarder derriere vous, de peur qu'il ne sourde une statue ridicule au mesme lieu d'où le salut estoit esperé. Entre les longues tristesses que nous avons receu de vostre tribulation, estant soigneux de vostre salut, nous avons premierement eu recours à Dieu par supplications pour vostre delivrance; en après, divinement inspirez, nous avons advisé de pourvoir de remedes necessaires aux maux lesquel de toutes parts vous avoient accueillis et comme ensevelis. Premierement nous vous avons assigné un secours de deniers, voire mesme par dessus nos moyens et plus que nos coffres ne permettent; et, oultre plus, conformement au devoir d'un bon pontife, universel et pere commun à tous, lequel doit hayr non les hommes, mais les pechez d'iceux, nous avons esleu nostre cher fils, maistre Marcillius Landrianus, nostre notaire du Sainct Siege apostolicque, homme prudent, discret et fidelle, et l'avons envoyé nostre nunce du Sainct Siege au royaume de France, avec lettres et monitoires, affin qu'il s'employe de tout son possible à convier de nostre authorité tous les devoyez à revenir avec vous en mesme union pour la paix et repos de ce royaume, et pour faire correspondre les effects aux promesses, nous avons envoyé, quoy que avec grands frais et charge de l'eglise de Rome, nostre cher fils et neveu, fils de nostre frere Hercules Sfondrate, homme noble, duc de Mont-Martian, avec secours d'hommes, tant de cheval que de pied, pour, avec les armes, les employer à vostre deffence et conservation. Que si, oultre cela, vous avez encores besoin de quelque chose cy après, nous y pourvoirons, affin qu'on ne puisse nous objecter que nous ayons rien obmis de nostre devoir.

» Nous avons fort aggreable ce que nous escrivez des louanges de nostre bien aymé fils Henry, cardinal Caetan, en partie pour la consideration de ses merites, s'estant fort bien et louablement acquitté de la charge apostolicque qui luy estoit commise du Sainct Siege, en partie en contemplation et faveur de tout le royaume, lequel, avec instance merveilleuse, il continue nous recommander.

» Quant au digne, vous resjouyssans, vous nous congratulez de nostre promotion au supreme pontificat, c'est avec raison, veu que Dieu, pere des misericordes, lequel departit à tous egallement avec abondance ses graces, ne nous a pas esleus à ceste souveraine dignité de l'apostolat à cause de l'humilité qui soit en nous, mais pour le bien et salut de ceux qui se confient en luy. Autresfois du fort il a tiré la viande et fait distiller la douceur du miel desirée. Que sçait-on si d'un infirme et foible doit issir une vertu non esperée, et d'un imbecille et cassé une vigueur et force non attendue? Quelquesfois Dieu choisit le plus debile pour terrasser le plus robuste et puissant, et exalte le petit et humble pour deprimer et ravaller le plus orgueilleux et superbe.

» Si vous comprenez et goustez ces choses, en souhaittant le bien, humiliez-vous, rompez vos cœurs et affligez vos ames, affin que de la contrition et repentance prenne fin la persecution que vous souffrez.

» Que si nous bruslons pour l'amour de vous, si pour vous nous sommes en angoisses, si pour vostre salut et conservation nous sommes travaillez et en detresses, ne cerchans autres choses en cela que de vous veoir garantis du mal et en repos, à la louange et gloire de Jesus-Christ et pour le salut commun à tous, que devez vous faire, vous, le procès desquels est sur le bureau où il s'agit de vos biens? Vous devez à la verité despouiller toutes affections terriennes, mettre en arriere tout appetit et esperance de gain et proffit particulier, ne respirer en vos ames, ne porter en vos cœurs, ne vous proposer devant les yeux, que la religion de la foy et de l'Eglise catholique, de laquelle depend toute vostre prosperité, voire tout vostre bien estre; composer toutes divisions, accorder tous discords particuliers, ou pour le moins les deposer et remettre jusques à ce qu'ayez obtenu un roy tres-chrestien et vrayement catholique, sous l'umbre duquel vous puissiez jouyr d'un heureux repos, et sous la conduite duquel vous puissiez simboliser en mesme affection et volonté. Et, afin que parveniez au fruit de telle esperance, nous n'y cesserons de le vous procurer par tous les moyens à nous possibles, et par nos humbles requestes et prieres à Dieu. Cependant nous vous donnons la benediction apostolique, prians Dieu vous faire prosperer en toutes vos affaires. Donné à Rome, au Mont Quirinal, sous l'anneau du pescheur, ce jourd'huy 12 may 1591, et de nostre pontificat le premier. M. Vestrius Barbianus. »

Voylà la response que manda Sa Saincteté au conseil des Seize. Tous ceux de ceste faction en firent grand'estime, se voyans ainsi asseurez de la bonne volonté du Pape, et sollicitez sous main par les ministres d'Espagne à Paris. Ils dresserent encor plusieurs memoires et instructions pour parvenir au but de leurs desseins, qui estoit de brouiller tellement les affaires en France, que les guerres civiles y fussent entretenuës sans esperance de reconciliation. Pour representer leurs plaintes à M. de Mayenne, ils deputerent l'advocat Oudineau et trois d'entr'eux pour l'accompagner. Voicy la coppie des instructions que l'on leur bailla, par laquelle on cognoistra mieux leur intention.

« En premier lieu, remonstrer à Monsieur que les deux colomnes du royaume sont la pieté et la justice, lesquelles sont tellement courbées en ce royaume de France, qu'elles se voyent quasi abbatuës.

» Que, pour y remedier, il est besoin les redresser et restablir, et à ceste fin commencer à l'ordre ecclesiastique, lequel est le conservateur de la pieté.

» Qu'en ceste ville de Paris ceste colomne est grandement esbranlée par schismes qui naissent et prennent accroissement, tant en l'eglise cathedrale de Nostre-Dame de Paris qu'autres communautez ecclesiastiques, et jà entre quelques cures.

» Que ce mal procede du defauit de prelat et evesque, lequel est non seulement absent de son clergé, mais tient et suit notoirement le party contraire à la religion et union des catholiques, et seme et fait semer par les siens schismes et divisions, tant en ceste ville de Paris que par tout son diocese.

» Que, pour redresser ceste premiere colomne en ceste ville et diocese, sera ledit sieur supplié d'escrire à Sa Sainctеté à ce qu'il lui plaise nous pourvoir d'un autre evesque, et cependant qu'il plaise à Monsieur escrire à messieurs du chapitre de ladite eglise d'user de leurs privileges et authorité permise par les decrets pour pourveoir aux charges et dignitez ecclesiastiques qui sont vacantes, tant par mort que par absence de ceux qui tiennent le party contraire, ou retirez ez villes et pays de l'obeyssance de l'ennemy.

» Pour le regard de la seconde colomne, qui est la justice, remonstrer à Monsieur que le peuple de Paris est jusques à maintenant obeyssant sans justice, fort vexé de l'injustice, laquelle depuis quelques années a regné, comme elle faict encores de present. Pour ceste cause, qu'il plaise à mondit sieur parachever la purgation du parlement selon les memoires qui lui ont esté baillez et seront encores; remplir de gens de bien les places des absens, et ce jusques au nombre ancien, comme aussi les chambres des comptes et des monnoyes. Et d'autant que la declaration faicte par mondit sieur pour appeller et recevoir toutes personnes dans les villes de l'union en faisant le serment et autres submissions y contenues, pourroit estre mal interpretée et practiquée par aucuns, qu'il plaise à mondit sieur en amplifiant ladite declaration, et à ce que les juges, gouverneurs et magistrats n'en puissent douter, et que leurs jugements soient resolus sans ambiguité, il soit ordonné que tous ceux qui ont porté les armes ou servy de conseil, ayde d'argent, ou en intelligence avec ceux du party contraire, et qui se sont retirez ez villes et pays d'obeyssance de l'ennemy, ne seront admis en l'exercice d'aucuns offices, soit publics ou particuliers, mais seulement pourront habiter ès villes et parmy les catholiques, et jouyr de leur bien librement comme leurs concitoyens, en faisant par eux le serment de l'union des catholiques avec les submissions y contenuës et abjuration du party contraire. Et pour le regard de ceux qui se sont retirez en leurs chasteaux, maisons fortes et fermes, sans avoir fait aucun acte d'hostilité ny en intelligence avec l'ennemy, qu'ils seront receus ès villes de l'union, sans toutesfois exercer aucun estat qu'un an après qu'ils auront fait les submissions requises entre les mains des magistrats, et fait apparoistre par suffisante information de leurs desportements et actions. Et pour le regard de ceux qui se sont retirez ès villes de l'union pour la necessité, avec permission et passeport des magistrats, seront admis ès villes de l'union, en faisant par eux le serment et submissions, si fait ne l'ont, et toutesfois ne pourront entrer que six mois après la submission faicte en leurs estats et offices.

» Qu'il plaise à mondict sieur rendre à la ville de Paris l'authorité ancienne que les roys ne luy ont jamais ostée, sçavoir est, en temps de guerre le conseil d'Estat et le grand seel, et en temps de paix, quand les roys se sont esloignez hors d'icelle ville, l'ont tousjours honorée d'un conseil, encore qu'ils n'y emmenassent leur conseil d'Estat et le seel, affin que les citoyens n'allassent point chercher le secours de la justice hors de leurs murs; et pour ce faire qu'il plaise à Monsieur, dès à present, commander par lettres patentes à ceux qui sont du conseil d'Estat de faire leur seance en la ville de Paris, de leur envoyer le seel pour en user selon que l'on a fait ès dernieres années.

» Qu'il luy plaise avoir plus grand soin de la ville de Paris que par le passé, et luy donner autre secours qu'il n'a faict, et, à cest effect, desboucher les passages occupez par l'ennemy pour la commodité de dehors, et, pour l'asseurance du dedans de la ville, redoubler les garnisons estrangeres, et outre icelles y mettre deux cents hommes de cheval, et ne la plus laisser mespriser et non plus honorablement traicter comme simple bicoque, mais la reco-

fut cause que le plat pays du duché de Milan, quoy qu'il n'y eust point de bannis, ne laissa d'estre aussi bien affligé que les autres provinces d'Italie où il y en avoit; car, outre l'assemblée que l'on y fit des gens de guerre que le Pape envoyoit en France, le gouverneur d'Alexandrie de La Paille, et le sieur de Sassuolo y assembloient aussi des troupes au nom du roy d'Espagne pour aller en Flandres, lesquelles, comme rapportent les historiens italiens, traicterent les paysans de ceste duché *con ricattamenti tirannici, à con più che barbare insolenze* (1). Dix compagnies du Terzo de Sicile, où il y avoit deux mille vieux soldats espagnols conduits par Loys Velasco, estans arrivez par mer à Vai, sejournerent aussi quelque temps au Milanois, et s'estans joincts avec les troupes de Capizucca et Marescotti, levées en la Romagne, s'en allerent en Flandres. En ce mesme temps aussi furent levez en ce mesme duché, pour le service du duc de Savoye, deux mille hommes de pied, sous la conduite des comtes de Beljoyeuse, de Rangon et Stampa, et des sieurs Annibal, visconte de Landriano, lesquels, s'estans joincts avec huict vingts cuirasses que le comte François Villa avoit levez au Ferrarois, s'acheminerent pour venir en France, où ils furent desfaits par le sieur Desdiguieres, ainsi que nous dirons cy-après. Voilà l'Italie toute en armes pour porter la guerre en la France et en la Flandres. Voyons comme l'Allemagne aussi d'un autre costé n'en faisoit pas moins.

Le roy Très-Chrestien, affin de resister à tant de forces que l'Espagne et l'Italie preparoient pour l'assaillir, eut recours à ses alliez, et envoya, dez le commencement de ceste année, M. le vicomte de Turenne, à present mareschal de France, et appellé le mareschal de Bouillon, en Angleterre, demander secours d'hommes, d'argent et de munitions. La royne Elizabeth luy promit tout secours, ce qu'elle fit, et mesmes permit à quelques particuliers anglois de prester leurs deniers au roy de France. Ledit sieur vicomte partant d'Angleterre pour s'en aller en Hollande, et de là en Allemagne, ladite Royne luy donna aussi lettres aux princes protestans d'Allemagne, les priant de s'esforcer de secourir le roy de France d'hommes et d'argent contre le Pape, l'Espagnol et les ligueurs, leurs ennemis communs. En l'assemblée que les princes protestans allemands firent à Altemburg, ils promirent audict sieur vicomte de Turenne de secourir le Roy son maistre de dix mille reistres et de seize mille lansquenets. Christian, prince d'Anhalt, y fut esleu conducteur de ceste armée d'Allemands; la description de laquelle, avec le nom des princes, seigneurs, reit-maistres, colonels et capitaines qui devoient la conduire en France, fut incontinent imprimée et publiée par tout; mais comme le fer d'Allemagne ne se remue point sans or et sans argent, ce secours fut long à lever; ce qui fut cause que ledit sieur vicomte de Turenne, estant à Francfort le 10 d'avril, en l'assemblée qui s'y fit des deputez des princes protestans qui avoient promis ce secours, il leur remonstra que si l'Espagnol et les princes de la ligue demeuroient victorieux du roy de France son maistre, qu'ils ne pouvoient douter de les avoir sur les bras, et qu'ils ne tournassent toutes leurs armes contre l'Allemagne, pour y contraindre les princes protestans de recevoir le concile de Trente; ce qui estoit toute l'intention du Pape, du roy d'Espagne, et de tous les princes de la ligue; et, si cela advenoit, que lesdits princes protestans ne perdroient pas seulement leur religion, pour laquelle maintenir ils avoient donné tant de batailles, mais aussi leurs Estats et seigneuries. « Bref, leur dit ledit sieur vicomte, du secours que vous donnerez d'hommes et d'argent au Roy mon maistre despend la liberté de vostre religion, le repos et la tranquilité des Estats des princes vos seigneurs et maistres. »

Les deputez des princes allemans, après s'estre plusieurs fois assemblez, et mesme qu'il eut couru un bruit [faux] que l'eslecteur de Brandebourg, le plus vieil des princes eslecteurs laicques de l'Empire, ne vouloit nullement ayder d'argent par prest ny autrement, et que plusieurs vouloient suivre son opinion, nonobstant, par la diligence dudit sieur vicomte, ils arresterent, et luy promirent de donner secours au Roy son maistre; mais l'ordre qui avoit esté resolu à Altembourg fut changé, et d'autres colonels et reit-maistres allerent en divers endroicts de l'Allemagne assembler leurs troupes, tant en Saxe, Thuringe, Misne et Silesie, qu'au Palatinat. Le prince d'Anhalt, ayant convenu avec les autres princes combien les gens de guerre payeroient de toutes sortes de vivres qu'ils prendroient, toutes les troupes s'acheminerent et se rendirent auprès de Francfort sur le Mein, et, le 11 d'aoust, ils firent monstre en une plaine proche de Hochlein, où il se trouva six mille huict cents reistres et dix mille lansquenets, lesquels jurerent tous de venir en France et y combattre pour le Roy trois mois durant; après lequel serment ils s'acheminerent pour gaigner les bords du Rhin, qu'ils passerent près de Vallauff sur soixante et dix bateaux. Comme ceste

(1) D'une manière tyrannique et barbare.

[illegible] France, et comme le Roy alla [illegible] la plaine de Vandy le neufiesme [illegible], nous le dirons cy-après en son lieu.

[illegible] que le Roy practiquoit ainsi ses al- [illegible] d'eux du secours, le duc de [illegible] envoyoit vers tous ceux de qui il [illegible] secours. L'armée du Pape, comme [illegible], estoit loing et tardive à venir. [illegible] estoit merveilleusement tra- [illegible], nonobstant tous les convois de vivres [illegible] entrer venans de Soissons, de [illegible] de Pontoise, les Parisiens estoient [illegible] extreme necessité, car les practiciens et ceux de la justice n'y gaignoient rien, [illegible] estoient sans trafic, et le menu [illegible] rien faire. La necessité et les mala- [illegible] la levée du siege rendirent ceste ville [illegible], que, pour la soulager, le duc de [illegible] envoya, au commencement de ceste [illegible] de Brissac [qui, après avoir esté [illegible] et demeuré sept mois prisonnier, [illegible] libre] en Flandres vers le duc de [illegible] le prier de retourner en France. Le [illegible] arrivé à Bruxelles, et ayant dit sa [illegible] duc de Parme, il eut de luy pour res- [illegible] le roy d'Espagne ne luy avoit pas commandé de retourner en France, aussi qu'il [illegible] laisser la Flandre en l'estat auquel à [illegible] elle estoit reduite; qu'il attendoit le [illegible] d'Espagne de ce qu'il devoit faire, et que d'hommes il n'en avoit pas lors assez pour resister aux Hollandois; toutesfois, ce qu'il pourroit qu'il le feroit. Le comte de Brissac, voyant qu'il ne pouvoit avoir secours de gens de guerre, requit au moins secours d'argent, ce qu'il obtint, et receut deux cents mille florins, qui ayda à ceux de l'union pour s'entretenir jusques au secours qui leur vint ez mois de juillet et d'aoust. Puis que nous sommes tombez sur les affaires de Flandres, voyons ce qui s'y passa depuis que le duc de Parme y fut de retour de son voyage de France.

Nous avons dit qu'il n'avoit pas trouvé les affaires des Pay-Bas en tel estat qu'il les avoit laissées, et que le prince Maurice luy avoit en son absence bien preparé de la besongne. Plusieurs ont escrit qu'outre cela il y avoit du mescontentement de quelques grands Espagnols contre luy. Ce duc, pour reparer les pertes de l'an passé, practiqua au commencement de ceste année de reprendre par intelligences Breda; mais, son dessein descouvert, les entrepreneurs furent executez à mort. Au contraire, ceux de Breda surprirent, le deuxiesme d'avril, le chasteau de Turnhout par le moyen d'un vallet de brasseur de biere qui, estant arrivé à la porte du chasteau avec sa charrette, jetta la sentinelle dans le fossé, tua encor un autre soldat, et tint bon dans ceste porte jusques à ce que l'embuscade de ceux de Breda, qui estoit en une maison fort proche, s'y rendit incontinent, qui gaigna ceste place.

Au printemps de ceste année, le prince Maurice et les Estats, cognoissans la foiblesse du duc de Parme, se delibererent de ne le laisser à repos, et de se prevaloir du temps et de l'occasion, employans, pour l'execution de leurs desseins, la ruse, la vigilance, la diligence et toutes leurs forces; tellement qu'après avoir assemblé leurs compagnies, tant de cavalerie que d'infanterie, le prince fit courir un bruit qu'il vouloit avec quarante gros canons, qu'il avoit fait exprès embarquer, assieger les villes de Bosleduc et de Gheertruydemberghe, et envoya mesme des gens de guerre pour se saisir de quelques digues du costé de Bosleduc, lesquelles il fit semblant de faire percer pour y faire passer ses navires, et fit aussi loger ses troupes auprès de Breda. Le duc de Parme, n'ayant pas grandes forces en Flandres pour assieger et tenir la campagne, envoya seulement renforcer la garnison de ces deux places, et les fournit de toutes sortes de munitions. Mais le prince, qui le vid empesché de ce costé là, partit avec cent navires, et feignit vouloir entrer dans la Meuse, puis tourna son chemin, remonstant le Rhin vers Arnhem, et entra dans la riviere d'Yssel, où, poussé d'un vent de bize, en peu de temps il se rendit à Doësbourg auprès de Zutphen, d'où, le 22 de may, il fit partir quinze ou seize soldats accoutrez en paysans et paysanes, les uns chargez de paniers de beurre, les autres d'œufs, de fromage et d'herbes, lesquels, au point du jour, arrivez à la porte du grand fort qui est sur le bord de la riviere vis à vis de Zutphen, ils s'reposerent quelque temps, attendans qu'elle fust ouverte; mais ainsi qu'ils l'avoient prejugé il advint, car une partie de la garnison de ce fort, ayant ouvert la porte, s'en alla passer l'eau vers la ville, si bien que les soldats du prince, accoutrez en paysans, s'advancerent pour entrer dans le fort; mais estans dans la porte, chacun s'addressa à un des soldats du corps de garde qu'ils tuerent. Au bruit le colonel Veer, qui estoit en embuscade, y accourut incontinent, se saisit de la porte, se rendit maistre du corps de garde, et puis de tout le fort, où le prince arriva incontinent après de Doësbourg avec toute son armée et son artillerie, et investit la ville de Zutphen, faisant le lendemain dresser un pont sur des bateaux pour y passer cinq chevaux de front. Aux approches le comte d'Everstein y fut tué d'une harquebusade. Mais la diligence dont le prince usa pour affuster, mener et pointer son canon par des matelots forts et habiles qu'il avoit choisis, fut cause que ce mesme jour, après quelques canonnades tirées, les assiegez demanderent à parlementer. La ville estoit grande et forte, mais il y avoit dedans peu de gens de guerre, de munitions et de vivres ; ce qui fut cause que le gouverneur et les habitans, jugeans qu'ils n'estoient capables pour soustenir un assaut, et voyans qu'ils ne pouvoient estre promptement secourus, accorderent, par capitulation, que le gouverneur et ses soldats sortiroient avec l'espée et la dague, et autant de bien qu'ils en pourroient emporter sur leurs dos. Ainsi fut pris le fort et la ville de Zutphen, dont la prise en fut plustost divulguée que le siege.

Ce mesme jour le prince envoya toute sa cavalerie investir la ville de Deventer, qui n'est qu'à deux lieuës de Zutpheu, et à l'instant il s'y achemina avec toute son armée et son canon; puis, ayant divisé son armée en deux, fit deux ponts pour aller d'un camp à l'autre, et commença le neufiesme de juin à l'aube du jour de faire jouër vingt-huit doubles canons contre ceste ville. Le comte Herman de Berg, qui y commandoit pour le roy d'Espagne, sommé par un trompette de se rendre, luy respondit : « Dites à mon cousin le prince Maurice que je luy donne le bon-jour, mais que je garderay la ville au Roy mon maistre tant que l'ame me battra au corps. » A ceste responce ce ne furent plus que canonnades, et, sans aucun relasche, il fut tiré quatre mil coups de canon. Pendant ceste furieuse batterie le prince fit amener quelques navires sur lesquelles fut dressé un pont dans le havre pour aller à l'assaut; mais le pont s'estant trouvé court, cela fut sans effect. Les assiegez, s'estans trouvez avec sept enseignes à la bresche, en repousserent quelques Anglois, lesquels marchoient à la pointe et s'estoient jettez du haut en bas du pont, et avoient franchy le cay, mais, ne se voyans suivis, quelques-uns d'eux furent tuez, et les autres se retirerent. Le prince, voyant la contenance des assiegez, fit soudain tirer deux volées de canon dans la bresche, qui en tüa quantité, et y fut mesmes blessé le susdit comte Herman ; ce qui fut occasion que le lendemain, ainsi que l'on recommençoit la batterie, les assiegez demanderent à parlementer. Le prince, qui desiroit d'avoir ceste ville, leur accorda incontinent la composition, et permit aux soldats assiegez d'en sortir vies et bagues sauves.

Le prince, poursuivant sa bonne fortune, passant outre, entra au pays Groëningeois, où il assiegca la forteresse de Delfziel, qui se rendit à luy le deuxiesme juillet, puis il prit, aux environs de Groëningue, les forts de l'Oslach, d'Immentil et de Dam, et se prepara pour assieger les Groëningeois. Aussitost que le duc de Parme eut receu nouvelles du siege de Deventer, ne pensant pas que le prince Maurice deust emporter ceste ville en si peu de temps, il assembla tout ce qu'il put de troupes pour y aller au secours; mais, estant arrivé à Marienboom au pays de Cleves, où il avoit deliberé de passer le Rhin pour attaquer en campagne le prince et les Holandois, il en entendit la reddition; ce qui fut cause qu'il n'alla pas plus avant et demeura quelque temps en ce pays-là, où le sieur de Glem, gouverneur de Numeghe, et quelques habitans le vindrent prier de les delivrer du fort de Knotzembourg dont nous avons parlé cy dessus, et lequel estoit à l'opposite de leur ville. On luy en fit l'expedition si aysée qu'il resolut d'y aller, et fit passer le Rhin à toute son armée le quinziesme de juillet, sur les barques, bateaux et pontons qu'il put recouvrer. Le duc, ainsi entré en la Betuve, envoya investir ledit fort de Knotsembourg, où il fit tout ce qu'un chef de guerre tel qu'il estoit devoit faire pour assieger une place si près de son ennemy, tellement que la batterie commença le vingt-deuxiesme juillet avec neuf pieces de canon; mais ce fort n'estant que de terre, tout ce qu'il y fit fut sans effect.

Aussi-tost que le prince Maurice sceut que le duc de Parme estoit entré dedans la Betuve, il quitta Groëninghe, et vint passer le Rhin à Arnhem en Gueldre sur un pont de bateaux qu'il fit dresser en toute diligence. Ses troupes passées, il dressa une embuscade, tant de cavalerie que d'infanterie, sous la conduite de Solms et du chevalier Veer, colonel des Anglois, laquelle il mit proche le Rhin; puis il envoya recognoistre le camp du duc par deux cornettes, lesquelles, estans descouvertes, furent aussi-tost chargées par Pierre François Nicelly, grand cavallerizzo, et capitaine de la compagnie de la garde dudit duc, lequel commandoit en ce quartier là avec quatre cents chevaux. Ces deux cornettes, ayant quelque peu opiniastré le combat, se mirent en un instant à la fuite. Nicelly, ne se souvenant du commandement que le duc de Parme luy avoit fait le jour d'auparavant en faisant la reveuë de son armée, où il luy commanda expressement que quelque attaque que l'on luy vinst faire de ne s'engager au delà du premier pont qu'il luy monstra, fit tout le contraire de ce commandement, et, ne pensant à l'embuscade que le prince luy avoit dressée, il passa ce pont poursuivant ces deux cornettes dont il en print une et quelques prisonniers, ce qu'il faisoit pour acquerir de l'honneur : mais aussi-tost qu'il eust passé l'embuscade, les fuyards s'arresterent court et tournerent teste. Nicelly, se voyant attaqué par les flancs de nombre de mosquetaires, voulut retourner pour venir regaigner le pont; mais il trouva la cavalerie du prince en teste qui le vint charger si rudement, que toute la sienne, estant environnée de tous costez, fut entierement desfaicte, Nicelly pris avec Alfonse d'Avalos, frere bastard du marquis du Guast, Desiderio Manfredi, Senigaglia, Arnatucci et Padiglia, tous capitaines de cavalerie; ces deux derniers, blessez à mort, moururent peu après. En ce combat, outre les morts, parmy lesquels il se trouva plusieurs gentils-hommes italiens et espagnols, les victorieux gaignerent deux cents cinquante chevaux et deux cornettes, sçavoir, celles de Nicelly et de Jerosme Caraffe, lequel, estant blessé à la teste, trouva moyen de se sauver. Ceste desfaicte fut en partie cause que le duc de Parme fut contraint de lever le siege de devant Knotsembourg, ce qu'il fit toutesfois en plein midy, le vingt-cinquiesme juillet, pour monstrer au prince Maurice, ainsi que plusieurs ont escrit, qu'il ne levoit ce siege par contrainte, ains par obeyssance et suivant les lettres du roy d'Espagne, qui luy mandoit *che senza dilata di tempo passasse con quel più di gente ch' assembrata avesse a soccorrer le cose di Francia, lasciando però gli Stati Bassi in quella miglior sicurezza che potesse* (1).

Plusieurs firent des discours sur la levée de ce siege : ceux qui escrivoient en faveur du prince Maurice et des Estats disoient qu'ils avoient chassé le duc de devant Knotzembourg et des environs de Numeghe, et que s'il eust attendu d'avantage, qu'il estoit certain qu'avec les navires de Holande qui devaloient pour le venir comme enfermer, ledit duc eust esté entierement desfaict; car, disoient-ils, il estoit tellement contraint de lever ce siege, qu'il laissa deux pieces d'artillerie en la puissance des Hollandois, lesquelles il ne put emmener, et quelques pontons que l'on mit au fond de l'eau, et mesmes que le duc sortant de Numeghe, les habitans se brocarderent tout haut de luy. Aussi le prince Maurice dèslors fut maistre de la campagne, tant en Gueldres qu'en Frise, les Espagnols n'y osans paroistre hors de leurs garnisons; ce qui fut cause que le prince n'ayant point d'ennemis à combattre en campagne, il s'en alla assieger Hulst en Flandres au pays de Vaës, qui se rendit à luy par composition, d'où il s'en revint assieger Numeghe, ainsi que nous verrons cy-après.

Ceux qui escrivirent en faveur de l'Espagne disoient que la retraicte que fit le duc de Parme de devant Knotsembourg estoit digne de grande louange, pource qu'il la fit en plain jour, et à la barbe de son ennemy qui estoit plus fort beaucoup que luy, sans perdre un homme, passant un large fleuve avec son artillerie, sa cavalerie et tout son bagage, en cinq heures. Toute retraicte d'armée qui se fait de jour au devant d'une autre armée ennemie ne s'est jamais gueres faicte sans une desroute et sans confusion, et toutesfois ce duc fit ceste-cy sans perte, par le moyen des tranchées qu'il fit faire, avec des forts, où, cependant qu'il faisoit passer l'eau à son canon et à sa cavalerie, il y amusa son ennemy; puis, ayant fait retirer les siens de la premiere tranchée qu'il avoit fait faire entre le Vahal et la levée du costé d'où venoit le prince Maurice, il fit faire ferme au premier fort cependant que ceux de la premiere tranchée se retiroient en la seconde, et que son infanterie passoit l'eau avec tout le bagage; il fit retirer ses troupes de tranchée en tranchée jusques à la derniere et au dernier fort, où il fit faire ferme à mille fantassins qui passerent les derniers. Le prince son fils, qui estoit venu d'Italie pour le veoir, quoy qu'il fust bien jeune d'aage, se trouva en ceste retraicte. Le duc, le voyant actif à faire passer les troupes suivant ce qu'il avoit ordonné, luy dit : *Non vi affannate tanto, ranucchio, ch' essai fa presto chi fa bene* (2). Il luy vouloit monstrer qu'il n'estoit point contraint de se retirer par la force, et qu'ez actions telles que celle là, il falloit que l'asseurance et la patience dominassent sur la crainte du danger et sur la hastiveté. Il monstra à ce coup là au prince Maurice, qui pensoit le contraindre au combat, qu'un advisé chef d'armées comme il estoit n'y peut estre contraint s'il ne veut. Il l'avoit assez donné à cognoistre aux François quand il se retrancha au marais près de Chelles, ainsi que nous avons dit l'an passé, et le leur monstra encor depuis à Caudebec, ainsi que nous dirons l'an suyvant.

Le duc de Parme s'estant retiré dans Numeghe, il tint un conseil où il fut ordonné que Verdugo avec trois cents chevaux et deux mille hommes de pied demeureroient en Gueldre pour y deffendre les places que le prince Maurice y attaqueroit; que trois compagnies de lansquenets seroient laissées dans Numeghe, pour ce que les habitans ne voulurent souffrir d'avantage de garnison; et que tandis que ledit duc iroit prendre les eaux de Spa, *per divertir la podagra*,

(1) Que, sans délai, il marchât, avec le peu de troupes qu'il pourroit rassembler, au secours des catholiques de France, prenant toutefois les mesures les plus efficaces pour la sûreté des Pays-Bas.

(2) Ne vous tourmentez pas tant, mon fils; celui-là qui fait bien fait toujours assez vite.

sagionatagli parte dal bever lungo tempo acqua; parte dell' estreme fatiche sofferte nell' assedio di Anversa, nei cui loghi humidi naturelmente stando spesso anche nell' acqua fin' al ginocchio, per volersi trovar presente à tutte quelle attioni militari (1), comme dit Campana, que l'on feroit advancer au secours du duc de Mayenne et de ceux de l'union en France don Charles, prince d'Ascoli, fils naturel du roy d'Espagne, qui n'avoit bougé de la frontiere de Flandres et de France, avec quelques troupes; que l'on tascheroit aussi d'appaiser les mutinez de Diest, Herental et Lieve, pour s'acheminer en France dez que ledit duc seroit de retour de Spa, suivant la volonté du roy d'Espagne. De ce qui advint de toutes ces choses nous le dirons cy-après. Voyons ce qui se fit en France depuis le siege de Chartres.

Après le siege de Chartres nous avons dit que le Roy alla à Senlis, et, voyant que le duc de Mayenne, ayant repris Chasteautierry, s'estoit retiré sans tenir la campagne, Sa Majesté separa aussi son armée, et les troupes qui resterent auprès de luy furent logées en divers endroits de l'Isle de France. Quant à luy il s'en alla à Compiegne, pensant faire reüssir la resolution que le marquis de Menelay avoit prise de luy rendre La Fere en Picardie et de se remettre à son service; mais ceste practique ne sceut estre si secrettement menée qu'elle ne fust descouverte; dont s'ensuivit l'assassinat dudit sieur marquis de Menelay par des gens qu'aposterent aucuns de ceux de l'union, la plus-part desquels ont esté depuis pendus, après que le Roy fut rentré dans Paris. Ceste place avoit esté surprise par ledit sieur marquis sur le sieur d'Estrée, qui estoit royal, dez l'an 1589, et l'avoit tousjours tenuë pour la ligue. Ce marquis, qui avoit sceu que ceste place estoit demandée par le duc de Parme à ceux de l'union pour servir de retraicte aux armées du roy d'Espagne, ne vouloit que ses labeurs fussent pour l'Espagnol, tellement que, par l'admonition que M. de Pienne son pere luy fit [qui estoit fort affectionné au party royal], il s'estoit resolu de se remetttre, luy et sa place, en l'obeyssance du Roy; mais il en advint tout au contraire, car ledit sieur marquis fut assassiné, et la place, dont le vissenechal de Montelimar fut pourveu du gouvernement par ceux de l'union, tomba sous la puissance de l'Espagnol. Sur ce que le prince d'Ascoli vint au secours de ceux de l'union, les relations italiennes disent que pour sa retraicte *il Farnese aveva ottenuto da principi della lega La Ferra* (2), qui est une forte place en Picardie, située dans des prairies où se joignent les rivieres d'Oyse et de Serre, qui environnent et rendent ceste place fort aisée à deffendre et malaisée à assaillir. Le long siege que le Roy fut devant en l'an 1596, ainsi que nous dirons, doit servir d'exemple à l'advenir aux François de ne donner jamais de place aux estrangers qu'ils appellent à leur secours en leurs divisions. Les chefs de l'union aussi *malagevolmente s'indussero a dar quella piazza* (3), pour beaucoup de considerations et de respects que le duc de Parme ne trouvoit pas bons; aussi ne voulut il faire advancer aucun secours que cette place ne fust livrée à ceux qu'il ordonneroit : ce qu'ayant esté fait, il y envoya une bonne garnison d'Espagnols et de lansquenets, lesquels, affin que les habitans ne fissent quelque entreprise contr'eux, y firent une citadelle pour mieux conserver ceste place au roy d'Espagne.

Durant le susdit siege de Chartres, M. d'Espernon estoit allé avec ses troupes en son gouvernement de Boulenois, là où en une rencontre il desfit la cavalerie qui estoit en garnison dans Montreuil, print le gouverneur et son gendre prisonniers, et quelques autres capitaines; puis, ayant donné l'ordre requis au Boulenois, il revint pour trouver le Roy; mais, passant auprès de Pierre-Fons, et ayant assiegé ce chasteau, il advint qu'il fut blessé d'une harquebusade qui lui perça la joüe et lui abattit quelques dents, la balle estant sortie au dessous du menton; ce qui fut cause que ses gens leverent le siege, voyans leur chef blessé.

Après que le Roy fut retourné des environs de La Fere, il vint retrouver son armée à Villepreux, où il se fit une grande assemblée de princes et seigneurs. L'execution de ce qui y fut resolu se verra cy-après. Le 29 de may, Sa Majesté en partit et vint loger à Montfort Lamaulry, d'où M. de La Noüe partit pour aller trouver M. le prince de Dombes, pour l'accompagner à faire la guerre en Bretaigne contre le duc de Mercœur et les Espagnols. Le lendemain le Roy alla à Mante, où les chevaliers du Sainct Esprit y firent la solemnité de cest ordre dans l'eglise Nostre Dame le jour de la Pentecouste, là où assisterent messieurs de Nevers, de Luxembourg, de La Guiche, et autres chevaliers dudit ordre. Le lendemain ledit sieur duc de Nevers partit pour

(1) Pour calmer la goutte qu'il avoit prise, soit pour n'avoir bu long-temps que de l'eau, soit par suite des fatigues qu'il avoit éprouvées au siége d'Anvers, se tenant souvent dans l'eau jusqu'aux genoux, afin d'être présent à toutes les opérations de ce siége.

(2) Farnaise avoit obtenu des princes de la ligue la ville de La Fère.

(3) Difficilement se prêtèrent à livrer cette place.

[illegible] en son gouvernement de Champagne [illegible] guerre; et le Roy s'en alla à Vernon [illegible] l'entreprise sur Louviers, laquelle [illegible] le sixiesme jour de juin.

[illegible] entreprise fut tramée par un nommé le capitaine Marin, homme fort accord, lequel, [illegible] mis dans le chasteau de Vaudreuil par le sieur du Raulet, gouverneur pour le Roy au Pont de Larche, prit tant de cognoissance et familiarité avec les gentilshommes et autres gens de guerre de ces quartiers là, qu'après que ledit sieur du Raulet l'eut mis hors de Vaudreuil pour quelques paroles qu'il y eut entr'eux deux, il ne laissa pas de demeurer au pays chez ses amis, et depuis print cognoissance d'un habitant de Louviers, qui estoit caporal à la porte par où l'on sort de Louviers pour aller à Rouën, qui estoit fort catholique, quoique son pere eust esté de la religion pretendue reformée. Marin sceut si dextrement manier ce caporal en [illegible] des conditions des habitans de Louviers, de leur rudesse et des cruautez qu'ils avoient exercées le temps passé, tant contre les huguenots de leur ville et des environs, que contre les catholiques royaux, que ce caporal, de parole en parole, luy ouvrit son cœur et luy dit qu'autres-fois ceux de Louviers avoient fait mourir son pere pour sa religion, après l'avoir traisné sur une claye et fait mille indignitez, mais que pour cela il n'en vouloit d'autre vengeance. Le capitaine Marin, luy ayant repliqué qu'il en devoit avoir toutesfois du ressentiment, et que, s'il vouloit, il pouvoit en tirer la raison en faisant prendre Louviers pour le service du Roy, qui luy en donneroit recompense, ce caporal luy dit que cela meritoit bien d'y penser, et qu'une autresfois ils en traicteroient. Sur cela l'un et l'autre se separerent. Mais Marin solicita tant, que le caporal le vint retrouver en une maison auprès de Louviers, où, ayans devisé de plusieurs manieres pour pouvoir remettre ceste ville en l'obeyssance royale, le caporal luy dit qu'il luy feroit faire la surprise sans perte d'hommes, pourveu que l'on luy promist que l'on n'y feroit aucun pillage ny aucune rançon. Marin desirant en sçavoir la maniere, l'asseura qu'il ne s'y feroit aucune hostilité. Alors le caporal luy dit qu'il avoit moyen de tenir la porte ouverte et faire entrer tant de gens de guerre qu'il voudroit dans Louviers, pourveu que l'on y vinst à l'heure qu'il diroit, mesmes que le prestre qui estoit à la guette dans le clocher estoit de ses amis, et qu'il le feroit condescendre à son dessein, et qu'il ne sonneroit point quand il descouvriroit les royaux. Marin ayant jugé ce moyen pour le meilleur, dit qu'il vouloit parler au prestre, et qu'il leur falloit encor gaigner un tiers affidé pour s'entredonner les advertissemens necessaires. Le caporal luy dit : « Ne vous souciez de cela, j'ay un amy qui est huillier, et duquel ceux de Louviers on faict mourir le pere de mesme façon que le mien, qui fera ceste charge. » Marin, qui veut voir clair en ceste affaire, voulut parler au prestre et à l'huillier, ce qui fut fait, et banqueterent deux ou trois fois ensemble, où il leur fit promesse de dix mille escus de recompense. Les voilà tous quatre d'accord, il n'est plus besoin que de l'execution. Or, cependant que Marin brassoit ceste surprise, il s'addressa à M. de Larchan, gouverneur d'Evreux pour le Roy, affin de luy donner des gens pour l'executer ; mais, ne luy en voulant declarer le secret, ce seigneur ne voulut rien entreprendre. Du depuis il s'addressa au sieur de Sainct Bonnet, neveu de M. de Pontcarré, qui luy conseilla d'en parler au sieur du Raulet. Marin, pour le mescontentement qu'il avoit de luy, n'y vouloit condescendre ; mais ledit sieur de Sainct Bonnet, luy ayant asseuré qu'il le feroit rendre content et satisfaict, practiqua entr'eux une entreveuë où ils resolurent tous trois d'en aller parler au Roy : ce qu'ils firent à l'instant, et le vindrent trouver vers Mante, là où, suivant la promesse du capitaine Marin, les dix mille escus furent promis aux trois entrepreneurs, et à luy autres dix mille. Pour executer ceste entreprise toute l'armée s'achemina vers Louviers. Le baron de Biron fut chargé d'y conduire les gens de pied, et le sieur du Raulet et quelques-uns des siens de se tenir en une embuscade proche de la ville pour se rendre maistres de la porte en attendant ledit sieur de Biron. Tout se prepare pour l'execution. Le prestre qui estoit à la guette du clocher de Louviers descendit et se vint rendre à la porte avec le caporal. Sept soldats determinez entrerent dans la porte de Louviers avec les escharpes noires, et s'amuserent à parler au caporal pour se saisir du corps de garde. L'huillier va advertir le sieur du Raulet de s'advancer : ce qu'il fit, accompagné du prevost Morel et du capitaine Saincte Catherine et de quelques autres, lesquels se rendirent maistres de la porte où ledit caporal fut mesmes blessé, n'ayant assez tost pris son escharpe blanche, et eust esté tué si le prevost Morel ne l'eust recognu. Ceste execution ne se put faire sans que l'alarme ne fust incontinent donnée par toute la ville. Ce que voyant ledit sieur du Raulet, il resolut de donner jusques aux halles avec le prevost Morel et quelques autres : ce qu'ils firent, crians *Vive le Roi!* mais ils trouverent les habitans, qui dez le premier bruit avoient couru aux armes, rangez en trois escoüades, là où il y eut longuement combatu, tant que Fontaine-Martel eut loisir de rentrer dans la ville, d'assembler ses gens et de repoulser ledit sieur du Raulet jusques auprès de la porte par où il estoit entré. Le prevost Morel estant retourné à la porte, il la trouva abandonnée, n'y ayant plus qu'un soldat qui avoit mis un drap blanc qu'il avoit trouvé dans le corps de garde pour signal au baron de Biron, lequel, depuis l'entrée du sieur du Raulet demeura plus d'une grande demie heure à venir, ce qui cuida rendre l'entreprise sans effect. Du Raulet, estant ainsi contraint de se retirer dans la porte, se vid poursuivy de soixante harquebusiers, et Morel, estant descendu d'une guerite où il estoit allé pour voir si le baron de Biron ne venoit point, receut tant d'harquebuzades dans sa cuirasse, sans que pas une ne le blessast, qu'il en branla. En ce peril il s'advisa de crier : «Çà, çà, compagnons, c'est icy, à moy, à moy ! » ce qui fut cause que les habitans se retirerent un peu, pensans qu'il y eust là quelque embuscade ; mais à l'instant entra le baron de Biron avec ses troupes qui les repoulserent jusques aux halles. Alors il y eut bien combatu l'espace de pres de deux heures, où en fin les royaux demeurerent maistres de la ville, après avoir perdu trente des leurs, et ceux de l'union quelque quarante. Fontaine-Martel demeura prisonnier du Roy, avec M. de Sainctes, evesque d'Evreux, qui fut mené à Caën où il mourut peu de jours après. Les soldats incontinent se mirent au pillage. Le Roy y estant arrivé, le fit deffendre ; mais, aussi-tost qu'il fut party pour s'en retourner vers Gaillon, le mareschal de Biron, qui y estoit arrivé avec la cavalerie, souffrit que ceste ville fust entierement pillée, qui estoit fort riche pour ce qu'elle n'avoit jamais esté prise pour sa force, et tout le bien du plat pays avoit esté porté là dedans comme en lieu inexpugnable pour y estre en seureté. Entr'autres choses il y eut grande quantité de toiles prises. Ledit sieur du Raulet y fut laissé gouverneur. Voylà ce qui se passa en la surprise de Louviers.

Quatre jours après le Roy alla coucher à Andely, d'où il partit le quatorziesme dudit mois de juin pour aller à Dieppe y recevoir cinq cents Anglois et des munitions ; puis il revint à Gisors le vingt-quatriesme trouver son armée que le mareschal de Biron conduisoit. De Gisors Sa Majesté se rendit à Mante, et, le vingt neufiesme dudit mois, il alla au devant de madame de Bourbon sa tante, abbesse de Soissons, que ceux de l'union avoient mise dehors de son abbaye, quoy qu'elle fust plus que sexagenaire : c'estoit une princesse très-vertueuse. M. le cardinal de Bourbon, M. l'archevesque de Bourges, et plusieurs autres evesques qui avoient demeuré à Tours depuis la mort du feu Roy, tenans le conseil d'Estat, estans mandez par le Roy de le venir trouver, vindrent premierement à Chartres, où ils trouverent M. le chancelier de Chiverny avec l'autre partie du conseil, lequel depuis ne fut plus divisé ; et toute ceste compagnie vint avec madame de Bourbon et ledit sieur cardinal à Mante. Ceste arrivée se passa en toutes les honnestes receptions que l'on peut imaginer entre de si proches parens.

Le Roy toutesfois avoit tousjours l'œil sur ce que faisoient ses ennemis. Il eut advis, ceste mesme journée, que le vicomte de Tavannes, le sieur de Villars, et les autres chefs de la ligue en Normandie, lesquels estoient dans Rouen, avoient une entreprise sur le Pont de l'Arche ; ce fut ce qui le fit partir dez le lendemain pour s'en aller à Magny, où ayant joinct quelques troupes il retourna sur le soir à Vernon, d'où il partit incontinent avec huict cents cuirasses et douze cents harquebuziers à cheval et mil hommes de pied, et arriva en ceste sorte à Louviers, justement au poinct du jour. De là, ayant fait armer un chacun, il fit cheminer droict au Pont de l'Arche ; mais ceux de l'union furent advertis que les royaux battoient les champs en deliberation de les attraper, ce qui fut cause que rien ne parut. Les troupes retournerent trouver le mareschal de Biron en l'armée, et le Roy revint à Mante, d'où il envoya, le huictiesme juillet, M. de Luxembourg en Italie vers les Venitiens pour les maintenir en son alliance, ainsi qu'il avoit esté arresté au conseil tenu à Villepreux, dont il a esté faict mention cy-dessus. En ce temps plusieurs choses qui furent deliberées en ce conseil furent executées, entr'autres deux edicts, l'un pour le restablissement des edicts de pacification, par lequel le Roy cassoit, revoquoit et annulloit les edicts de 1585 et 1588 que le feu Roy avoit esté contraint de faire par l'importunité des princes de la ligue, et tous les jugements, sentences et arrests donnez en consequence desdits edicts, voulant que les derniers edicts de pacification advenus entre les roys de France et ceux de la religion pretendue reformée fussent entretenus, gardez et observez par toute la France, ainsi qu'ils estoient du vivant du feu Roy : le tout par provision, jusques à ce qu'il eust pleu à Dieu luy donner la grace de reünir tous ses subjects par l'establissement d'une bonne paix en son royaume, et pourvoir au fait de la religion, ainsi qu'il l'avoit promis à son advenement à la couronne.

L'autre edict contenoit deux clauses. Par la premiere le Roy promettoit de maintenir la religion catholique, et la seconde estoit contre le nunce Landriano, envoyé, comme nous avons dit cy dessus, par le pape Gregoire XIV pour fulminer contre les catholiques qui suivoient Sa Majesté, car, auparavant que ce nunce fust entré en France, il avoit fait publier une patente que s'il y venoit qu'il vinst vers luy, et qu'il seroit honorablement receu; mais que, s'il se retiroit vers ceux de l'union qui estoient ses ennemis, il commandoit que tous ses subjects n'eussent aucunement à luy obeyr. Les mots dudit edict que j'ay adjoustez icy, donneront assez à cognoistre son intention et ce qui se passa en ce temps-là.

« Cest ardent desir que nous avons cy-devant porté, premierement comme prince chrestien et soigneux par bonnes œuvres d'en meriter le tiltre, et puis pour le rang que nous avons tousjours tenu en ce royaume, et l'interest que nous avons à la conservation de ce qui est de la dignité d'iceluy, s'est en nous augmenté et accreu autant qu'il est comprehensible depuis le funeste accident de la perte du feu Roy dernier, nostre très-honoré seigneur et frere, qu'il a pleu à Dieu, par le droict de legitime succession, nous appeller à ceste couronne, et que nous nous sommes sentis chargez et responsables de la conservation de tant de peuples, et avec pouvoir et authorité d'ordonner nous-mesmes de ce qu'auparavant nous ne pouvions qu'interceder envers les autres. Ce fut aussi le premier acte que nous voulusmes faire en ceste dignité souveraine que declarer solemnellement que nous ne desirions rien plus que la convocation d'un sainct et libre concile, ainsi qu'il est plus particulierement porté par l'acte de ladite declaration signée de nous, et qui a esté veuë et registrée en toutes nos cours de parlement. Ce qu'ayant esté ainsi cognu et notoire à un chacun, devoit suffire pour amortir et esteindre ceste guerre de rebellion, si le pretexte qu'en ont pris les autheurs d'icelle eust esté veritable, et qu'il fust, comme ils le publient, sur le fait de la religion, pour le bien de laquelle la convocation dudit concile, et nostre submission particuliere à une nouvelle instruction, estoit le meilleur achemimement qui s'y pouvoit desirer. Mais eux, qui craignent et abhorrent le plus ce qu'ils veulent persuader de desirer le mieux, qui fuyent la lumiere pour demeurer dans les tenebres, lesquelles tiennent en protection les crimes, pressez de leurs consciences qui leur en sont autant de juges irreprochables, ayans plus de soin de se parer contre la justice des hommes que contre celle de Dieu, quand ils ont veu plus de disposition à l'ordre, c'est lors qu'ils se sont precipitez en la plus grande confusion, et, par leurs seuls deportements, ils se sont eux-mesmes convaincus comme malicieusement ils ont abusé d'un sainct nom de religion pour couvrir leur insatiable ambition. Les premiers mouvemens et le temps de leur sousievation les manifeste assez, s'estans rebellez sous le nom et pretexte de ladite religion contre le feu Roy, nostre très-honoré seigneur et frere, qui a tousjours esté très-catholique, et lors que plus il faisoit la guerre pour la religion catholique. La continuation de leurs procedures a tousjours depuis confirmé le premier jugement que l'on en a deu faire, tant que, sans qu'il ait esté besoing de plus particuliere infor-

repentant d'avoir esté par eux abusé, bien resolu de fulminer contre eux rigoureusement, et plus qu'à leur instigation il n'avoit auparavant fait contre d'autres. Ils ont depuis acquis en ceste dignité un sujet pour eux plus convenable, pour le moins jusques icy ; sa trop facile credulité et la violente et precipitée condamnation qu'il a faite contre ceux qui n'ont esté ouys ny defendus, fait presumer qu'il soit plustost partial en ceste cause que pere commun et esgal à tous, tel qu'il devroit estre. Ayans esté advertis que, sur la simple declaration qui luy a esté faicte de la part desdits rebelles que nous avions conjuré contre la religion catholique, que nous rejections toute instruction, il nous a tenu pour incapable d'icelle, et, par un nunce envoyé exprès, il a faict jetter des monitions en aucunes villes de ce royaume contre les princes, les cardinaux et officiers de la couronne, archevesques, evesques, prelats et tous autres, tant du clergé, de la noblesse, que du tiers-estat, qui sont à nostre service et nous ont gardé la fidelité et obeyssance que naturellement ils nous doivent, estant ledit nunce entré en cestuy nostre royaume sans nostre congé et permission, ny nous avoir donné aucun advis de son voyage ny de sa charge, s'estant au contraire addressé ausdits ennemis et aux villes qu'ils usurpent pour y recevoir d'eux les instructions de ce qu'ils voudroient qu'il fist, comme estant plus leur ministre que de celuy de qui il est envoyé. En quoy nous recognoissons avoir à rendre graces à Dieu de ce qu'il a permis que nosdits ennemis et rebelles soient reduits à ceste necessité que leurs plus fortes raisons, et sur lesquelles sont fondées leurs principales inductions, se puissent si aisement convaincre de faulseté et recognoistre pour impostures et calomnies, comme ils n'en pouvoient alleguer une plus grande que d'imposer que nous rejettions l'instruction que nous avons promis de recevoir, laquelle au contraire nous recherchons et desirons avec entiere affection, et l'aurions desjà receuë sans l'exercice violent et continuël auquel les affaires que nous donnent lesdits rebelles nous tiennent, sans y avoir encores eu un seul jour d'intermission et de repos ; et l'autre n'est pas moindre, de dire que nous ayons rien innové ou alteré au faict de la religion catholique, apostolique et romaine, dequoy nous les voulons bien tous pour tesmoings, s'ils peuvent remarquer que nous ayons souffert ou permis, depuis nostre advenement à ceste couronne, qu'il y ait esté attenté aucune chose. La seule disposition aussi du gouvernement de cest Estat les peut convaincre de faulseté, estant les princes de nostre sang, les officiers de la couronne, les gouverneurs et lieutenans generaux de nos provinces, nos principaux conseillers et ministres, et ceux qui manient et expedient nos plus importans affaires, tous de la religion catholique, ayans en nostre conseil d'Estat les cardinaux et principaux prelats de ce royaume, nos parlements tous remplis d'officiers catholiques : qui sont, avec la conviction de leurs impostures, toutes bonnes et suffisantes cautions de l'accomplissement de la promesse que nous avons faite pour la conservation et manutention de ladite religion catholique, apostolique et romaine ; laquelle desirant inviolablement effectuer, et à ce que tous nos bons et fidelles sujets catholiques en soient informez et asseurez.

« Nous declarons derechef par ces presentes, et, conformement à nostredite precedente declaration, protestons devant Dieu, que nous ne desirons rien tant que la convocation d'un sainct et libre concile, ou de quelque assemblée notable, suffisante pour decider les differents qui sont au fait de la religion catholique, pour laquelle nous recevrons tousjours en nostre particulier toute bonne instruction, ne reclamant rien tant de sa divine bonté, sinon qu'il nous face la grace, si nous sommes en erreur, de le nous faire cognoistre, pour nous reduire au plustost à la meilleure forme, n'ayant autre plus grande ambition que de voir de nostre regne Dieu servy unanimement de tous nos subjects selon sa loy et commandement, affin que la France soit tousjours l'asseurance du nom chrestien, et en nous se conserver aussi legitimement ce tiltre qu'en aucun autre de nos predecesseurs.

« Promettons cependant et jurons de vouloir conserver la religion catholique, apostolique et romaine, et tout l'exercice d'icelle, en toutes ses authoritez et privileges, sans souffrir qu'il y soit rien changé, alteré ou attenté, aussi peu que nous ne souffririons qu'il fust fait à nostre propre personne, selon qu'il est plus amplement porté par nostredite precedente declaration, laquelle nous avons de nouveau confirmée, approuvée et ratifiée, confirmons, approuvons et ratifions par ces presentes.

« Et pour le regard de l'entreprise faicte par ledit nunce, combien que les fautes qui sont en la cause, au jugement et en l'execution qui en a esté faicte soient telles et si evidentes qu'elles rendent toute sa procedure nulle et de nul effect et valeur, toutesfois, par ce que cela regarde non seulement nostre personne et ceux qui y sont à present interessez, mais aussi nos successeurs et les dignitez et authoritez de cest Estat, ne voulant que de nostre regne il y soit rien attenté ou entrepris, ny aussi peu que nostre nom ait peu servir d'y faire aucun prejudice, recognoissans aussi que les privileges de l'Eglise Gallicane y peuvent estre interessez, à la protection et conservation desquels nous nous sentons particulierement obligez par nostre susdite promesse, comme à chose dependante de la dignité et du fait des ecclesiastiques de ce royaume, nous voulans que cela soit publiquement reparé sans y rien prononcer de nostre seule authorité, nous avons resolu de remettre tout ce fait à la justice ordinaire, pour y proceder selon les loix et coustumes du royaume, la garde et conservation desquelles appartenant naturellement à nos cours de parlement, nous leur en avons delaissé et remis toute la jurisdiction et cognoissance. A ces causes, nous mandons et enjoignons aux gens tenans nos courts de parlement qu'ils ayent, incontinent ces presentes receuës, et sans intermission et delay, à proceder contre ledit nunce et ce qui a esté par luy executé en ce royaume, sur les requisitions qui en seront faites par nos procureurs generaux, et selon qu'ils verront estre à faire par raison et justice.

» Exhortons aussi les cardinaux, archevesques, evesques et autres prelats de ce royaume, d'eux assembler promptement, et adviser à se pourvoir par les voyes de droit, et selon les saincts decrets et canons, contre lesdites monitions et censures induëment obtenues et executées, et à ce que la discipline ecclesiastique ne soit aucunement intermise ny les peuples destituez de leurs pasteurs et des saincts ministeres et offices qu'ils doivent attendre d'eux. A quoy ceux desdits prelats qui defaudront, comme ils s'accuseront deserteurs desdits privileges de l'Eglise Gallicane, aussi ils demeureront indignes de la jouissance d'iceux et de tous autres. Mandons en outre, etc. Donné à Mante, le quatriesme jour de juillet, l'an de grace mil cinq cents quatre-vingts et onze, et de nostre regne le deuxiesme.

Signé Henry. »

Cest edict estant envoyé à tous les parlements, il y fut leu, publié et enregistré. Celuy de Tours, qui estoit la cour et le siege des pairs de France, fit publier l'arrest cy-dessous sur la remonstrance faicte pour le procureur general, touchant les libertez de l'Eglise Gallicane et les nullitez desdites monitions et censures données par le pape Gregoire XIV, publiées en France par son nunce, où fut allegué la sentence que sainct Hierosme escrivoit *ad Theophilum : Christus non fulminans et non terrens, sed vagiens in cunnis, sed pendens in cruce Ecclesiam redemit.* La conclusion estoit qu'il falloit honorer le Sainct Siege apostolique, et le pape seant en iceluy, quand il seroit pere et non partial. Ce fut pourquoy, après la lecture desdites bulles monitoriales, la cour ordonna que sur le reply des lettres sera mis : *Leuës, publiées et enregistrées, ouy et ce requerant le procureur general du Roy.* Et ayant esgard au surplus des conclusions par luy prises, a declaré et declare les bulles monitoriales données à Rome le premier jour de mars mil cinq cents nonante, nulles, abusives, seditieuses damnables, pleines d'impietez et impostures, contraires aux saincts decrets, droits, franchises et libertez de l'Eglise Gallicane; ordonne que les copies scellées du seau de Marcelline Landriane, soubssignées Sesteline Lampineto, seront lacerées par l'executeur de la haute justice, et bruslées à un feu qui pour cest effect sera allumé devant la grand porte du Palais; a fait inhibitions et deffences, sur crime et peine de leze-majesté, à tous prelats, curez, vicaires et autres ecclesiastiques, d'en publier aucunes copies, et à toutes personnes, de quelque estat, qualité et condition qu'elles soient, d'y obeyr, d'en avoir et retenir; a declaré et declare Gregoire, se disant Pape quatorziesme de ce nom, ennemy de la paix, de l'union de l'Eglise catholique, apostolique et romaine, du Roy et de son Estat, adherant à la conjuration d'Espagne, et fauteur des rebelles, coulpable du très-cruel, très-inhumain et très-detestable parricide proditoirement commis en la personne de Henry III, roy de très-heureuse memoire, très-chrestien et très-catholique ; a inhibé et defendu, inhibe et defend, sur semblable peine, à tous banquiers respondre ou faire tenir par voye de banque à Rome or ny argent pour avoir bulles, provisions, dispenses et autres expeditions quelconques, et si aucunes sont obtenuës, aux juges d'y avoir esgard. Ordonne la cour que Marcelline Landriane, soy disant nunce dudit Gregoire, porteur des bulles, sera prins au corps, et amené prisonnier en la conciergerie du Palais, pour là procez luy estre fait et parfait, et si prins et apprehendé ne peut estre, adjourné en trois briefs jours au plus prochain lieu de seur accez de la ville de Soissons. Enjoinct à tous gouverneurs de villes et capitaines des chasteaux et places fortes de l'obeyssance du Roy, de donner confort et aide au susdit decret. Et, pour rendre la saincte et juste intention du Roy notoire à ses subjets, ordonne que copies collationnées, tant des lettres patentes que du present arrest, seront mises et affichées par les carrefours et principales portes des eglises de ceste ville, et envoyées aux bailliages et seneschaussées de ce ressort, pour estre leuës, publiées, registrées et affichées comme dessus, et aux archevesques et evesques, pour estre par eux notifiées aux ecclesiastiques de leurs dioceses. Enjoint aux baillifs et seneschaux, leurs lieutenans generaux et particuliers, proceder à la publication, et aux substituts du procureur general, de tenir la main à l'execution, informer des contraventions, et certifier la cour de leurs diligences au mois, sur peine de privation de leurs estats. A Tours, en parlement, le cinquiesme d'aoust mil cinq cens nonante un. Signé Tardieu.

Cest arrest futexecuté le mesme jour de relevée. Peu après, plusieurs particuliers firent imprimer des livres pour response à ces commonitoires et excommunications du Pape, dans lesquelles ils remarquoient vingt-six nullitez. Sur la remonstrance que l'on fit au parlement de Chaalons pour le procureur general, la cour fit lacerer en pleine audience ces deux monitoires, si tost qu'ils furent publiez ez villes de la ligue en Champagne, et ordonna que le procureur general du Roy auroit acte de l'appel par luy interjecté au futur concile legitimement assemblé. François de Claris, jurisconsulte, fit aussi imprimer quatre livres qu'il intitula les *Philippiques contre les bulles et autres factions d'Espagne*. Dans sa troisiesme, qu'il ne put mettre en lumiere qu'après la mort du Pape, qui fut le 15 d'octobre de ceste année, il dit :

« Il faut donc, si le Siege romain nous destitué en ceste cause, et veut rompre nostre alliance pour perdre ce riche royaume au profit de l'Espagnol, que, pour la deffence des droicts de France, pour la vengeance de nos injures, et pour la conservation commune de leurs dignitez et empires, tous les princes se donnent icy la main, se joignent et lient chrestiennement, comme ez temps des Henrys d'Allemagne, de Federic, de Sigismond, de Maximilian et Loys XII, pour la tenuë d'un concile general; remede salutaire, non seulement à la France, mais très-necessaire et très-important au repos et asseurance de tous les royaumes, tant pour la resolution et esclaircissement des poincts contentieux en la foy, que pour nettoyer sainctement de mille taches mille rides et tares difformes, la discipline de l'Eglise que Dieu a logée en leurs mains, et pour renverser vigoureusement d'un effort uny et concerté l'insupportable audace espagnolle si violante et si croissante, masquée du voile emprunté de religion et de la fauce deffence de l'Eglise. A quoy si les peres qui se serront legitimement sur la chaise de sainct Pierre apportent une ame reposée et non tachée des restes de l'envie de Gregoire, s'ils ne retiennent rien de son injustice et violence, successeurs seulement de sa place, non pas de ses violentes humeurs, je desireray plus que tout autre de leur y voir retenir le rang honorable de leur ordre, que nostre amitié et alliance leur conserverent au concile de Vienne, convoqué pour la justice de pareilles injures; sinon il faudra que les princes qui tiennent le gouvernail du monde, vice-rois et saincts lieutenans de l'Empire de Dieu, après avoir ordonné à tous les pasteurs de leurs eglises d'y apporter leurs justes et genereux suffrages, selon la dignité et antiquité de leurs sceptres, prennent en main la moderation de ceste celebre assemblée, sur les pas chrestiens et les pieuses traces de Constantin, Theodose, Martian, Justinian II, Charlemaigne, et Otton I.

» Il est temps que tous les princes et toutes les eglises se disposent à contribuër leurs authoritez et prudences à l'effect de ce renommé concile, l'asseurance de leurs Estats comme du nostre. Que si Dieu nous favorise tant de voir reluire ce jour de bonheur, comme nous l'esperons et attendons de sa grace, ces saincts comices de l'Eglise seront nostre confort, les juges de nostre fidelité comme de nostre religion, et de l'infamie et honte de tant de conspirations estrangeres. En ceste grande et saincte compagnie de tant de dieux; en ceste troupe esleuë de tant d'evesques et oingts du Seigneur, consacrée et authorisée de la presence des roys et pasteurs de toutes les eglises; en cest abregé de la pieté du monde; en la face de toute l'Eglise parée et mise à son jour, tenant son lict de justice, assise en majesté ouverte, nos insolens ennemis et tous les protecteurs de ces bulles outrageuses trembleront d'horreur et d'effroy; la seule veuë de tant de sainteté et de grandeur les accablera d'estonnement, les esclats des vertus de tant de princes et de saincts peres esclairant comme estoilles, comme les vives lampes et soleils de la chrestienté, les esblouyront de rencontre et d'abord, et les rempliront de confusion et de crainte; leurs injustices paroistront à descouvert et à nud, esclairées des yeux religieux de tant de graves personnages, la fleur et l'eslite de toute la grandeur, saincteté et justice du monde. Là où au contraire l'Eglise Gallicane, comme une des filles aisnées de l'Eglise, glorieuse de l'honneur de ce celebre jugement desployé pour sa conservation et pour la gloire de sa constante fidelité et religion, reprendra son premier cœur, et regaignera ses authoritez anciennes, animée et fortifiée de l'assistance de tant de puissans roys et d'un si grand nombre de sainctes eglises ses sœurs germaines, toutes interessées et offencées en la douleur de ceste cause si commune et si conjoincte. »

point jusques à ce qu'ils l'eussent ramené dans l'Eglise catholique-romaine, resistans courageusement aux entreprises que vouloient faire ceux de ladite religion pretenduë de s'instaler où il ne leur estoit permis par les edicts des feux roys, ont esté actes dignes de loüange, et sont d'eternelle memoire, veu l'heureux succez qui en est advenu en la paix dont la France jouyst à present.

Le 8 d'aoust, ceux du parlement qui estoient demeurez à Paris pour le party de l'union, par arrest, declarerent que ce qui avoit esté faict au parlement de Chaalons estoit nul, avec deffences à toutes personnes de recognoistre ny obeïr aux arrests dudit parlement. Voylà comme en ce temps là se banderent les parlements contre les parlements, et les autels contre les autels. Celuy qui fit imprimer le Discours de l'estat de la France en ceste année là dit toutesfois que si le Roy et sa noblesse n'eussent eu à faire qu'aux princes et seigneurs de l'union, et aux villes et à la populace qui en estoient, et que personne ne se fust meslé de la querelle des François, que les royaux fussent demeurez les maistres; mais que ceux de l'union, secourus du Pape et de l'Espagnol, et les royaux d'Angleterre, d'Allemagne et des Suisses, qu'ils mirent le uns et les autres la France aux derniers hocquets; « Car, dit-il, ceux qui venoient au secours de l'union, ne pouvans recevoir autre rescompense des villes et des peuples que de s'en rendre les maistres, n'y demeuroient qu'avec une extreme insolence et un desir de les ruiner, de les picorer et de les conquerir: et ceux qui assistoient le Roy luy donnoient ceste incommodité qu'il les falloit payer. » Voicy les propres mots de cest autheur, qui donneront mieux à cognoistre en quel estat estoit lors la France.

« Or, encores qu'au party du Roy tout y soit plus reglé et asseuré qu'en celuy de la ligue, il n'a pas esté possible neantmoins que, parmy tant de desordres que tantost la diversité de la religion, tantost les estranges advantures du Roy et de son predecesseur, ont apportées, il n'y ait eu de la corruption icy aussi bien qu'en celuy de la ligue, je dy de telle sorte que ceste corruption s'en va en gangrene qui n'y pourvoira. Les corps malades ont tousjours quelques cacochimies, et la plus saine partie n'est pas exempte de venin. Car, comme dans le party populaire les villes ont des desseins de division, de liberté, de mutinerie, de republique; comme ceux de la ligue, par le mespris qu'ils ont introduit de l'ordre et des magistrats, par la confusion qu'ils ont receuë, se sont trouvez à la fin au royaume de grenoüilles où le plus grand criard est maistre; aussi, dans le party de la monarchie et parmy les nobles, les desordres ont fait naistre une certaine monstruosité, une certaine bosse qui ne se redressera de long temps si Dieu n'y met la main.

» Ce sont les gouverneurs des provinces et des places, qui sont tels aujourd'huy que le plus sage et le meilleur d'entr'eux n'estime rien plus à luy que son gouvernement, que sa ville, que sa place [il n'y a regle si generale qui n'ait son exception]; le plus sage et le meilleur, vingt-trois heures le jour, seroit peut estre bien marry que la paix fust en France, que l'authorité du Roy fust recognuë, que la justice regnast, et qu'il ne fust besoin de garnison. Ceste douceur de commandement absolu leur plaist tant, il y a tant de friandise à disposer des deniers du Roy, des corvées et de la suëur du peuple, que plustost le royaume de leur consentement ira ç'en dessus dessous, qu'ils laissent jamais de leur bon gré ceste vie. De trois paroles vous leur orrez dire *la conservation de ma place :* sous ce tiltre toutes les violences du monde passent sans replique. Cependant si le Roy les mande, bien, pour quinze jours, ils y meneront jusques à leurs valets armez; mais cela ne leur part pas tant de bon zele comme de vanité, pour dire : « C'est un homme de creance, il a une belle troupe. » Le terme est il passé, on a beau parler de bataille, beau voir le duc de Parme, beau crier, si vous en allez au lieu que nous sommes à la fin de la guerre, que Paris s'en va prins, que desormais après ce petit labeur on vivra en repos, tout cela ne sert de rien. M. le gouverneur veut aller pourveoir à sa place; et, tout content, sont-ils prests à partir, c'est à messieurs les secretaires d'Estat à travailler brevets de toutes sortes, abbayes, confiscation des ligueurs, entretenement de nouvelles compagnies, c'est à dire entretenement de la cuisine, pensions sur le vieil et nouveau domaine, dons, engagemens; il faut en somme que sur le champ on leur forge un autre royaume, car, en cestuy-cy il n'y a pas assez à donner. Là dessus, si vous les oyez plaindre en l'antichambre, c'est merveille. Ils ne sont payez, on ne leur donne rien; ils ont tous les jours quarante ou cinquante hommes à nourrir. Le Roy qu'ils ont pillé, de qui ils devorent le bien, tiennent les tailles et les deniers, encores leur est beaucoup obligé. Sangsuës, dequoy voulez vous qu'il vous paye? Faictes donc comme ce philosophe qui s'imaginoit tant de mondes : faites luy un autre royaume. D'où luy viennent les deniers que de ses receptes generales? Et vous sçavez qu'en la plus riche il n'y a pas assez de fonds pour payer les garnisons.

« Que luy valent les decimes aujourd'huy ? Que luy valent les equivalens, les aydes, les en-[illegible] et les [illegible], les partis du sel, veu qu'il n'est pas maistre des principales villes? Que luy valent les parties casuelles, quand elles sont plustost demandées qu'eschuës? Quand il seroit seigneur paisible de son royaume [on vous ve-[illegible] sur l'estat de ses finances], il s'en faudroit plus de quatre millions d'or qu'il n'y eust assez de fonds pour vous payer tous, et neantmoins il ne jouyst aujourd'huy pas du quart. Dequoy luy servent donc ses conquestes? S'il gaigne aujourd'huy une province ou une ville, ce n'est pas à demy pour l'entretenement du gouverneur qu'il y mettra; car il ne lui en reviendra non plus que si les ennemis la tenoient.

« Il n'y a remede; il faut que je die que ce mal devient insupportable, et, s'il n'y est pourveu, il n'y a moyen que le royaume puisse durer. Ce pendant ils se servent la plus part des miseres publiques, du mespris de l'authorité royale, pour se bastir des chasteaux en Espagne. Il n'y a pas un qui ne forge un comté ou un duché de sa place, et qui, au pis aller, ne dise: « Après que j'auray fait ma main, si je ne suis bien venu d'un costé, je me jetteray de l'autre. » C'est le mal qui le plus, à mon jugement, presse le party du Roy : cela entretient la haine du peuple contre la monarchie, incite par exemple la plus-part de la noblesse à n'aymer pas la paix; car, à l'imitation de ces gros gouverneurs, il y a tant de picoreurs, tant de gens qui [illegible] la guerre dans le pays, et qui font de leurs maisons des villes de frontiere, que, quand il faut que le Roy dresse une armée, personne ne s'y trouve, si ce n'est à trois pas de leur fort pour aller au butin, et, dès qu'elle s'eslongne, revenir chargé de despoüilles. »

Voylà l'opinion de cest autheur, qui semble [illegible] veritable. Et si aucuns des gouverneurs des places qui tenoient pour le party du Roy disoient: « Après que j'auray faict ma main, si je ne suis bien receu d'un costé, je me jetteray de l'autre, » ceux du party de la ligue n'en disoient pas moins, aucuns desquels practiquerent assez cela.

Nous avons dit cy-dessus que le party de la ligue estoit plein de divisions, que les uns se vouloient jetter sous l'obeyssance de l'Espagnol, d'autres s'estoient mis sous la protection du Savoyard, et que le duc de Mayenne, comme chef de ce party, vouloit estre recognu seul avoir toute l'autorité et disposer de tout. Outre toutes ces divisions entre les chefs, dans toutes les villes de l'union, il y avoit aussi grand nombre de partisans pour le Roy qui y practiquoient avec affection. Bref, il y avoit en ce party bien du desordre et de la confusion, au contraire du party du Roy qui estoit sans aucune division : ce qui fut entretenu jusques au temps de la publication des bulles monitoriales du pape Gregoire XIV, que d'aucuns voulurent engendrer un tiers-party, et le former des catholiques qui estoient dans le party royal. Ils firent imprimer comme un advis ou remonstrance au Roy, dont la substance estoit que l'Eglise avoit sa droicte succession de sainct Pierre, aussi bien que la couronne de Sa Majesté qui regnoit, de son predecesseur sainct Louis; qu'il falloit aussi peu changer une vieille doctrine pour une nouvelle, comme un vieil prince pour un nouveau; que le Roy avoit esté baptisé à l'Eglise, et qu'il y devoit mourir; que tous les roys jusques à luy avoient esté catholiques; que sainct Loys n'avoit pas esté canonisé à Geneve, mais à Rome; que si le Roy n'estoit catholique, qu'il ne tiendroit pas le premier rang des roys en la chrestienté; qu'il n'estoit pas beau que le Roy priast Dieu d'une sorte, et ses officiers, les princes et les seigneurs, d'une autre; que le Roy ne pourroit estre sacré, et qu'il ne pourroit estre enterré dans Sainct Denis, s'il mouroit sans se faire catholique.

Les parlements jugerent incontinent à quel dessein on avoit fait publier toutes ces choses, et que tels imprimez sont signes qui ont accoustumé preceder un plus grand mal : d'avoir envoyé toutes ces raisons en particulier au Roy, bien ; mais de les avoir publiées au vulgaire, que l'intention de ceux qui l'avoient fait faire estoit mauvaise. Ce fut pourquoy le parlement de Tours enjoignit à tous les imprimeurs, sur peine de la vie, de n'en vendre ny d'en imprimer [car il n'en fut faict que deux cents copies à Angers]: ce qui fut très-estroictement observé. Plusieurs de la religion pretendue reformée firent imprimer des responces à cest advis, en ce qu'ils pensoient que cela leur touchoit. Quelques catholiques royaux y respondirent aussi, et mesloient tousjours en leurs escrits quelques mots contre l'authorité du Pape, ne laissans toutesfois d'y entremesler des choses belles et doctes. Le Francofile, imprimé en ce temps là, finit son discours par ces mots :

« Je dis que de conseiller simplement au Roy de se faire catholique c'est mal parler en la religion, mais bien d'essayer par devotes prieres d'obtenir cela de Dieu, ou de luy conseiller de souffrir une instruction. Je dis davantage que par la guerre le christianisme ne peut s'augmenter ny s'entretenir, et que la religion par les armes ne peut florir ny s'accroistre; que ce grand schisme, qui trouble aujourd'hui la republique des chrestiens, estant tel qu'il la my-partit presque en deux parts egalement, qu'il ne peut plus estre reprimé par les armes, ny par le glaive du magistrat legitime, mais par un concile general de toute la chrestienté; que Dieu nous commande très-estroictement l'obeyssance à nos roys et au magistrat souverain; que quand mesme le Roy seroit heretique, que, selon Dieu, nous ne le pouvons mescognoistre ny luy denier l'obeyssance, pourveu qu'il ne nous commande rien contre l'honneur de Dieu; qu'il ne nous est, selon Dieu, nullement loisible de nous armer ou eslever contre luy, sous quelque pretexte et pour quelque juste cause que ce puisse estre; que si le Pape nous commande le contraire nous ne le devons escouter, ny en ce cas luy obeyr; qu'il ne peut selon Dieu le faire; que s'il procede pour cest effect par censures contre nous, que cela ne nous peut selon Dieu blesser, et que telles procedures, selon la doctrine de l'Evangile, sont nulles et de nul effect.

« Ce sera aussi à vous, Sire, à qui j'addresseray mes derniers vœus, et en qui je finiray ce discours, pour supplier très-humblement Vostre Majesté de se disposer, comme elle a tousjours faict par le passé, à recevoir ce remede public de l'Eglise, pour reunir sous une mesme bergerie et dans un mesme troupeau tous ses subjects incontinent que Dieu luy en aura mis les moyens en main, et de se rendre de tant plus prompt à recevoir ceste instruction, que sur la premiere apparence, et sur le front de toutes ces questions de conscience, il peut juger et recognoistre l'antique succession de l'Eglise catholique, apostolique et romaine, continuée sans vuide, sans espace et sans intermission, depuis sainct Pierre jusques à nous, marque infaillible et irreprochable de sa constance et de sa verité. »

Ainsi le premier imprimé que fit faire le tiers-party se vid tant combattu dez sa naissance, que ceux qui en vouloient estre les parrains furent contraincts de l'entretenir secrettement de douces viandes dans leurs cabinets, jusques à l'heureuse conversion du Roy qu'il fut tout esteint, ainsi que nous dirons l'an 1593. C'est assez sur ces matieres ; retournons trouver le Roy à Mante où nous l'avons laissé cy-dessus qui envoyoit M. de Luxembourg à Venise.

Le Roy ayant resolu avec ceux de son conseil ses principaux et importans affaires, il partit de Mantes le 16 juillet, avec resolution de s'en aller en Champagne pour, en attendant que son armée qui lui venoit d'Allemagne, ainsi que nous avons dit, s'y acheminast, employer ses forces contre les places qui y tenoient pour l'union, et advisa par mesme moyen de prendre son chemin par la Picardie pour, en y passant, distribuër des pouldres et des munitions à aucunes des villes de ceste province qui en avoient besoin, sans dessein d'y faire aucun sejour. Sa Majesté estant arrivé à Sainct Denis, le mareschal de Biron alla à Conflans sur Oyse qui se rendit, et y laissa dedans le sieur de Chemon. Le 19 les Anglois entrerent dans Cormeille, où les habitans s'opiniastrerent tellement à leur ruyne, s'estans retirez dans leur eglise et y voulans tenir bon, que l'on mit le feu au pied du clocher pour enfumer ces pauvres miserables, qui, se sentans pressez de la fumée et du feu, aimerent mieux se precipiter du haut en bas que de se rendre à la volonté du Roy. De là le Roy alla à Gerberoy, à Beaumont, à Senlis, à Compiegne, d'où il revint à Creil retrouver son armée. Sur l'advis qui luy fut donné de la foiblesse de la garnison de Noyon, à la requeste de la noblesse de Picardie, il resolut d'assieger ceste place, pource qu'elle incommodoit fort le passage de Compiegne à Chauny, Sainct Quentin et Corbie, et fit partir le baron de Biron pour l'aller investir : ce qu'il fit le 24 de ce mois, le Roy estant allé à Compiegne, d'où il se rendit le lendemain devant Noyon; mais estant malaisé de l'investir si tost de tous endroicts, pource que ceste ville est environnée de divers ruisseaux d'un costé et d'autre, et d'une montagne couverte de vignes, Rieux, qui commandoit dans Pierrefons, sçachant très-bien les advenuës pour estre du pays, y entra avec quarante chevaux et autant d'arquebusiers qu'ils avoient en croupe. Ce secours encouragea les habitans et le sieur de Villes qui y estoit gouverneur ; de sorte qu'ils s'opiniastrerent de tenir sur l'asseurance que leur envoya dire le vicomte de Tavannes qu'il leur donneroit secours ; car le duc de Mayenne l'avoit envoyé en ceste province avec quatre ou cinq cents chevaux et quatre regimens de gens de pied pour y secourir ceux de l'union qui en auraient besoin.

Le premier qui voulut entreprendre d'y entrer avec son regiment fut le sieur de La Chanterie; mais il fut chargé si à propos de la garnison de Chauny, qu'une partie de ses soldats furent taillez en pieces, le reste se sauva le mieux qu'il put, et n'y eut que La Chanterie et le capitaine Brouilly, suivis d'une douzaine d'autres, qui y entrerent. Le regiment de Tremblecourt, ayant esté commandé pour y entrer, aussi fut rencontré par les garnisons du Castelet et de Corbie, et fut entierement desfaict.

Sur ces deux desfaictes le vicomte de Tavannes resolut luy mesmes de mener quatre cents harquebusiers au secours des assiegez de Noyon, et, ayant assemblé dans Roye trois cents cuirasses pour leur faire escorte, il en partist le premier d'aoust, ayant fait recognoistre son chemin dans les bois, où il marcha si à couvert qu'il se rendit, à une heure après minuict, à une mousquetade des assiegez sans avoir receu aucune allarme ny destourbier; mais ayant rencontré en garde les chevaux legers du Roy, et la garnison de Corbie, tout ce secours prit une telle espouvante, que, sans rendre grand combat, chacun s'enfuit qui çà qui là, et, se sauvans à la faveur des bleds qui n'estoient pas encor coupez, laissant ledit sieur vicomte engagé au combat, où il fut blessé et pris avec quelques-uns des siens.

Le duc d'Aumalle, accompagné des sieurs de Belleglise, Lonchan, Gribouval et autres, se vint rendre à Han, distant de quatre lieues de Noyon, où, ayant assemblé trois cents bons chevaux et trois cents harquebusiers, et desirant reparer la perte du vicomte de Tavannes par quelque bel exploit, il entreprit de faire enlever le logis des chevaux legers du Roy et faire entrer trois cents harquebusiers dans Noyon, s'il en voyoit l'occasion. Ayant faict partir de Han toutes ses troupes, ils arriverent le 8 d'aoust à la pointe du jour près du logis desdits chevaux legers, et, les trouvans en garde, ils n'oserent rien attaquer, mais attendirent qu'ils fussent sortis de garde, affin qu'estans desarmez, et leurs chevaux à l'estable, ils en eussent meilleure raison; ce qui fut executé comme ils l'avoient deliberé, car ils donnerent si à propos, que deux logis furent forcez, et quelque resistance que firent les chevaux legers de Sa Majesté, il en fut tué une quinzaine avec le mareschal des logis. Ceux des royaux qui n'estoient pas encores desarmez monterent incontinent à cheval, et tindrent en alarme ceux de l'union, tandis que leurs autres compagnons s'armerent. Les sieurs de Largerie et de Launay y estans arrivez avec leurs compagnies au bruit de l'alarme, il y eut là bien combatu de part et d'autre : toutesfois à la longue les royaux eussent pu avoir du pire, n'estans bastans contre le nombre de leurs ennemis; mais le baron de Biron, adverty, monta promptement à cheval avec cinquante cuirasses et cent argoulets. Les royaux l'apercevans venir reprirent courage, et, se jettans au mitan de ceux de l'union, crierent : « Voicy le Roy, voicy le Roy. » Ces paroles espouvanterent tellement leurs ennemis, que, voyans ce renfort venir, ce ne fut plus d'eux qu'une desroute : la poursuite se fit jusques auprès de Han. Ce combat fut grand, et s'y fit plus d'une douzaine de charges. Dom Francesco Guevara, capitaine de chevaux legers, et soixante autres, demeurerent morts sur la place, et Lonchan avec quatre-vingts des siens, entre lesquels il y avoit quelques gens de commandement, demeurerent prisonniers.

Cependant on ne laissoit de faire les approches devant Noyon. Le 13 de ce mois six pieces furent menées devant l'abbaye Sainct Eloy qui est en l'un des faux-bourgs, laquelle n'estoit pas moins forte que la ville, estant bien flanquée et fossoyée; trois pieces furent tirées en batterie, et les autres aux deffences de l'eglise. Mais, aussi-tost qu'il y eut un trou fait dans la muraille par où on pouvoit passer, les Anglois s'enfournerent incontinent dans ceste eglise, et firent quitter la place aux assiegez, qui, en se retirant, mirent le feu aux bastiments de l'abbaye, puis se coulerent dans le fossé, et de là dans la ville, et ne perdirent que deux des leurs et quarante de prisonniers. Ceste eglise prise donna un grand espouvantement à la ville.

Le duc de Mayenne estant à Roüen, où il estoit allé pour y donner ordre à quelques remuëments qui s'y vouloient faire, eut advis que le Roy et son armée passoient en Picardie; cela fut cause que de Roüen il vint à Beauvais assez bien accompagné; mais, voyant le Roy resolu de s'arrester devant Noyon, il manda audit duc d'Aumale et au vicomte de Tavannes d'y donner le secours qui y estoit necessaire, et luy retourna vers Mante pour y executer l'entreprinse que le sieur d'Alincourt, gouverneur de Pontoise pour l'union, avoit sur ceste place, et pour cest effect vint à Pontoise, reprint Conflans sur Oyse, et passa la Seine pour executer son dessein. Les sieurs de Belin et de Vitry luy amenerent les gens de guerre qu'il y avoit dans Paris : la garnison de Dreux le vint trouver aussi. Avec ces troupes, qui estoient de cinq cents bons chevaux et six cents hommes de pied, il arriva à une heure après minuict à cinquante pas de Mante, où il fit mettre pied à terre à toute sa cavalerie, en intention d'executer son intelligence; mais le sieur d'Alincourt receut à l'heure mesme advis que l'execution ne se pouvoit faire pour ce jour. Le duc, estant ainsi contraint de se retirer avec les siens sans rien faire, sur la pointe du jour, fut descouvert par les sentinelles qui donnerent l'alarme par la ville. Les sieurs de Buhl et de Rosny firent incontinent saluër de quelque pieces les troupes du duc qui se retiroient, mais sans grand effect. Depuis ils pourveurent à la seureté de la ville.

Le duc de Mayenne, ayant failly ceste entreprise, s'approcha de Houdan, qui est à cinq lieuës de Mante, pour y desfaire huict cents Suisses du regiment de Soleure qui y estoient attendants quelque argent que le Roy leur avoit promis pour s'en retourner; mais il les trouva si fortement logez qu'il ne put rien entreprendre sur eux. Ayant receu l'advis de la deffaicte et prise du vicomte de Tavannes, et des secours qui vouloient entrer dans Noyon, il resolut de secourir luy mesme ceste place, et despescha incontinent vers le sieur de Rosne, qui conduisoit son armée [laquelle estoit bien avant en la Champagne pour aller au devant du secours du Pape, qui se devoit rendre en Lorraine], de le venir rejoindre et s'approcher de Han pour le secours de Noyon. Ceste armée, ayant aussi joint le prince d'Ascoli avec les forces qu'il conduisoit du Pays-Bas, se trouva estre de sept à huict mil hommes. Bref, sur la promesse que le duc de Mayenne avoit faite de secourir Noyon, il repassa la Seine, prit et ruyna L'Isle Adam sur Oyse, assembla toutes les garnisons des villes de son party en Picardie et du long de la riviere de Marne, qui, s'estans joinctes ensemble, arriverent à La Fere le jour mesme que le Roy y avoit failly une entreprise, qui eust reussi sans une femme qui descouvrit une mesche de l'un des soldats royaux. De La Fere le duc, ayant joint son armée, alla à Han, mettant tousjours entre le Roy et luy une riviere ou des marests; puis, ayant faict passer son armée de là la Somme, voulut y attendre l'opportunité de faire lever le siege au Roy, ou de luy donner bataille.

Toutes les villes de Picardie avoient les yeux tendus sur l'evenement de ce siege, voyans les deux armées si proches l'une de l'autre, et mesmes celle du duc de Mayenne plus forte que celle du Roy, qui n'avoit en ce siege que de six à sept mil hommes de pied, treize cents cuirasses et quatre cents reistres, et que le duc de jour en jour recevoit quelques troupes de cavalerie, si qu'il se trouva avoir deux mil cinq cents chevaux et dix mil hommes de pied.

Le Roy, qui void son ennemy si proche de luy, manda toutes ses forces qui estoient aux provinces les plus prochaines. Au bruit d'une bataille chacun y accourut. Les sieurs de Bouteville, de Chermont et de Bethune avec leurs compagnies s'y rendirent incontinent. Sa Majesté avoit resolu que si le duc s'approchoit plus près que Han avec son armée d'aller au devant de luy une lieuë et demie pour luy donner bataille, et qu'il laisseroit deux mille hommes seulement pour tenir la ville assiegée; mais, voyant que le duc vouloit user de longueur, et ne s'efforçoit pas seulement de luy faire enlever un logis, il resolut de mettre fin à ce siege; de sorte qu'ayant faict pointer huict pieces sur la contrescarpe du fossé pour tirer en batterie entre les faux-bourgs des Roys et de Dame-Jour, quatre autres près de l'abbaye, lesquelles battoient en courtine, et trois petites pieces au haut du portail de l'abbaye pour favoriser les assaillans qui iroient à la bresche, il envoya M. le mareschal de Biron avec cinq cents chevaux jusques aux portes de Han pour le tenir adverti de ce que feroit le duc. Le samedy 17 d'aoust, la batterie ayant commencé assez furieusement, à la troisiesme volée les assiegez demanderent à parlementer. Combien que le Roy les eust peu forcer aysement suivant le bon ordre qu'il avoit mis par tout, toutesfois il ayma mieux les recevoir à composition, laquelle fut accordée ceste mesme journée, à la charge que le sieur de Villes remettroit Noyon entre les mains de Sa Majesté dans le lundy ensuivant, heure de midy, avec l'artillerie, munitions de guerre et vivres qui y estoient, si, dans le lendemain dimanche, dix-huictiesme dudit mois, pour tout le jour, le duc de Mayenne ne donnoit bataille à Sa Majesté, et ne luy faisoit lever le siege, ou jettast pour le moins mil hommes de guerre dans ladite ville.

Le lundy les assiegez n'estans secourus, suyvant la capitulation, la garnison et tous les gens de guerre sortirent avec leurs armes, chevaux et bagages. En ceste sortie il arriva un accident pitoyable, qui est que, comme les royaux passoient sur le pont de la porte par où l'on va à Han, par laquelle ils devoient entrer et ceux de l'union sortir, les deux gardefous du pont, qui estoient de grosses pierres de tailles quarrées, tumberent et ceux qui estoient appuyez contre, lesquels en tumbant happerent les plus prochains d'eux pensans s'arrester; ceux cy, pour se retenir, s'agrafoient à d'autres qu'ils entrainerent quand et eux; de sorte que tous ceux qui estoient sur le pont tumberent pesle-mesle parmy les pierres, les uns dessus les pierres, les autres dessous : neuf moururent en ceste cheute, plusieurs eurent les jambes rompuës, les autres les bras; peu de ceux qui tumberent furent preservez sans avoir du mal. Le Roy n'entra que le mardy vingtiesme dans Noyon. Les habitans furent cottisez à trente mil escus, et eurent pour gouverneur M. d'Estrées, combien que plusieurs pensoient que ce dust estre le sieur de Rumesnil. De personnes de marque le Roy ne perdit en tout ce siege que M. du Fourny, maistre camp, qui fut tué le jour que la ville fut investie.

Le lendemain le Roy se resolut d'aller avec la moitié de sa cavalerie voir la contenance de son ennemy, et alla jusques auprès de Han, où il demeura deux heures entieres à la portée du canon, duquel on tira sur luy plusieurs volées, toutesfois sans faire dommage, et n'y eut autre chose que des paroles : ce qui fut cause que les royaux reprocherent depuis aux ligueurs qu'ils estoient peu courtois et incivils, et qu'ils avoient laissé retourner Sa Majesté à Noyon sans le reconduire, puis qu'il avoit pris la peine de les venir voir toute leur armée estant en bataille.

Deux jours après la prise de ceste ville, M. d'Humieres, gouverneur de Compiegne, investit Pierrefons, et M. le mareschal de Biron y alla depuis avec l'armée, ce que plusieurs conseillerent de faire pour ce que le capitaine de Rieux, qui commandoit dans Pierrefons, fit du malcontent contre M. de Mayenne quand il sortit de Noyon, et dit qu'il n'estoit plus deliberé de luy faire service puis qu'il ne l'estoit pas venu secourir : ce qui n'advint, car ce siege reüssit très mal. Or le Roy, ayant sejourné quelques jours dans Noyon, vint à ce siege, où le comte d'Essex, avec soixante gentils-hommes anglois, luy vint baiser les mains, et luy offrir quatre mil Anglois et cinq cents chevaux que la royne d'Angleterre sa maistresse luy envoyoit pour son service.

Le Roy, estant adverty de sa venuë, envoya le comte de Chaune à Compiegne pour l'y recevoir le vingt-neufiesme d'aoust. Quand à la personne dudit comte d'Essex et de ceux de sa suitte, il ne se pouvoit rien voir de plus magnifique, car, entrant dans Compiegne, il avoit devant luy six pages montez sur de grands chevaux, habillez de velours orangé tout en broderie d'or, et luy avoit une casaque de velours orangé toute couverte de pierreries ; la selle, la bride, et le reste du harnois de son cheval accommodé de mesme ; son habit et la parure de son cheval valoient seuls plus de soixante mil escus : il avoit douze grands estaffiers, et six trompettes qui sonnoient devant luy. De Compiegne il vint au camp de Pierrefons le dernier jour d'aoust trouver le Roy, d'où ils s'en allerent à Noyon, là où Sa Majesté le festoya trois jours durant avec tout son train.

En ce mois d'aoust le Roy receut advis de plusieurs choses qui estoient advenuës en divers endroicts de la France, entr'autres comme M. de Guise s'estoit sauvé du chasteau de Tours, la mort de M. de La Noué au siege de Lambales en Bretagne, la deffaicte de ceux d'Orleans auprès de La Magdelaine, et de la deffaicte du vicomte de La Guerche. Voyons, avant que de voir ce qui se passa dans le mois de septembre, comme toutes ces choses advindrent.

Nous avons dit cy dessus comme le prince de Ginville fut arresté prisonnier à Blois à l'heure mesme que l'on tua son pere, après la mort duquel il prit le tiltre de duc de Guise, et comme le feu Roy l'avoit faict changer de divers lieux avant que de le faire mettre dans le chasteau de Tours sous la garde du sieur de Rouvray, lieutenant de l'une des compagnies des archers de la garde du corps, lequel en eut tel soin, avec quelques archers et Suisses de la garde, que les entreprises que quelques-uns voulurent faire pour sauver ledit sieur duc furent sans effect et les entrepreneurs executez, jusques au 15 d'aoust de ceste année, que, nonobstant toute l'estroite garde et toute la diligence de ceux qui le gardoient, il se sauva. Les grands qui sont prisonniers trouvent tousjours des inventions pour se mettre en liberté, lesquelles auparavant ne se peuvent juger devoir estre faictes pour ce qu'elles sont sans exemple du passé : les deux fois que s'est sauvé M. de Nemours durant ces dernieres guerres, une fois du chasteau de Blois affinant ses gardes, l'autre du chasteau de Pierre-sise à Lyon, en servent assez de preuve ; comme fait aussi l'invention que M. le comte de Soissons trouva pour se sauver du chasteau de Nantes. Or le duc de Guise, ne pouvant sortir du chasteau de Tours par le seul moyen de ses gens, en ceste longue prison gaigna, par promesse d'advancement, deux personnes en qui le sieur de Rouvray se fioit, l'un luy appartenant de parenté, et qui estoit destiné à l'eglise, l'autre estoit un joueür de luth nommé Verdier, que ledit sieur de Rouvray laissoit aller joueër du luth devant ledit sieur duc, car il l'avoit veu domestique de M. le cardinal de Bourbon, et sçavoit que quoy qu'il allast à la messe, que son pere estoit de la religion pretenduë reformée, qui, à la Sainct Berthelemy dans Paris, avoit receu vingt-neuf coups d'espée, et laissé pour mort : bref, il ne se doutoit nullement de ce joueür de luth. Ce duc, ayant souvent et secrettement des nouvelles de M. de La Chastre, qui, pour l'amitié qu'il avoit porté à feu son pere, s'offroit de travailler et de s'employer de toute affection pour favoriser sa delivrance, luy manda que l'ordre que les habitans de Tours avoient estably pour la garde des portes de leur ville luy ouvroit un moyen de se sauver de sa prison, pource que, depuis unze heures jusques à une heure après midy, cependant que l'on disnoit, toutes les portes estoient fermées, et les clefs portées chez le maire ; durant lequel temps il trouveroit moyen de descendre avec une corde par des fenestres qui sont en une galerie au plus haut du chasteau du costé de la riviere qui estoit lors fort basse, par où il pouvoit aisement se sauver le long de la greve. Sur cest advis M. de La Chastre envoya de Bourges à Selles son fils le baron de Maison-fort, lequel, ayant sceu le jour que ceste deliberation se devoit executer, partit de Selles, et se rendit avec soixante bons chevaux à Sainct Avertin, une lieuë près de Tours, où il y a un pont sur la riviere du Cher qui y passe, laquelle se va jetter dans la Loire, quatre lieuës au dessous de Tours. Verdier, ayant donc porté au duc de Guise, dans la panse de son luth, une corde qui estoit nouée d'un assez gros nœud de demy pied en demy pied, sortit de Tours pour aller au devant dudit baron; et le duc, qui avoit accoustumé de s'esbattre avec ses gardes, inventant tousjours quelque exercice nouveau pour passer le temps, ainsi qu'il avoit faict quelques jours auparavant, s'advisa de jouër encor avec eux à qui monteroit le plus vistement à clochepied les degrez, depuis le pied de la montée jusques en haut de la gallerie qui regardoit sur l'eau. Les gardes, sans se douter de rien, font de mesmes luy; et, montez, le duc, estant en la gallerie, advisa que la porte du pont de la ville estoit fermée, ce que voyant, il leur dit: « Allons recommencer. » Ainsi qu'il descendoit, deux de ses domestiques qui estoient dans le chasteau, et ausquels il avoit baillé la corde, monterent à la gallerie, et l'attacherent diligemment à une des croisées des fenestres. Le duc cependant recommença à monter à clochepied les degrez; ses gardes le suyvirent; mais luy, qui est d'une belle disposition, devançant ses gardes, monta si diligemment qu'il gaigna le devant de beaucoup, et, entré dans la gallerie, ferma la porte après luy, et devala par la corde avec ses deux domestiques ainsi qu'ils avoient deliberé. Cependant les gardes qui s'esbatoient avec luy, arrivez à la porte de la gallerie, après avoir dit plusieurs fois: « Monsieur, ouvrez, ouvrez la porte, » voyant qu'il ne leur respondoit rien, commencerent à frapper rudement, et, se doutans lors du fait, descendirent en une chambre où par une fenestre ils adviserent que le duc se sauvoit; ce que voyans, ils se prirent à crier si fort: « Arrestez, arrestez M. de Guise qui se sauve, » que le dernier qui descendoit par ladite corde se laissa tomber de vingt pieds de haut, lequel, tout estourdy de la cheute, ne laissa de se relever, et se mit à courir sans chapeau, qui luy estoit tombé de sa cheute, pour ratraper M. de Guise, qui passa par dessous la premiere arche du pont de la ville où il n'y avoit point d'eau, et de là, continuant de courir sur le cay de le ville, passa le long du faux-bourg de La Riche, puis, prenant son chemin tousjours courant vers le chasteau du Plessis, maison des roys de France, distant d'un quart de lieuë de Tours, monta sur un cheval qu'on promenoit là à cest effect, puis, passant le canal là où les rivieres de Loire et du Cher quand elles sont grosses s'assemblent, remonta pour gaigner le pavé des ponts de Sainct Avertin, là où il trouva ledit sieur baron de La Chastre avec sa troupe qui l'attendoit, avec laquelle ledit sieur duc, ravy d'ayse, et sollicité de doute que ceux de Tours ne le poursuivissent [ainsi qu'ils firent après que la porte Neufve fut ouverte; mais le long temps qu'ils demeurerent à l'ouvrir, pource qu'il failloit aller querir les clefs chez le maire et revenir ouvrir la porte, fut cause que leur course ne leur servit de rien], ne tarda gueres à gaigner Selles, et de là Viarzon, puis à Bourges où il fut receu par M. de La Chastre, qui luy alla bien avant à la rencontre, avec beaucoup de joye. Ainsi M. de Guyse reprint sa liberté après avoir esté deux ans sept mois et vingt et deux jours prisonnier. Ceste nouvelle sceuë à Rome, le Pape s'en resjoüit fort, et en fit rendre graces à Dieu par toutes les eglises; toutesfois les relations italiennes disent que les beaux esprits jugerent incontinent *che quella uscita del signor duca di Ghisa fuori di prigione era la ruina della lega* (1), pour les diverses intentions de luy et du duc de Mayenne son oncle: l'on verra ce qui en advint à la suitte de ceste histoire. Le Roy, qui en receut les nouvelles à Noyon, dit à celuy qui les luy apporta: « Plus j'auray d'ennemis, et plus j'auray d'honneur à les deffaire; » mais, quand en ce mesme jour là on luy eut apporté les nouvelles de la mort de M. de La Nouë, il en fut fort triste, comme aussi furent M. de Longueville et plusieurs autres seigneurs.

Le Roy avoit envoyé M. de La Nouë en Bretagne pour accompagner M. le prince de Dombes à resister aux efforts du duc de Mercœur et des Espagnols, ausquels ledit sieur duc avoit baillé le port de Blavet pour leur retraicte et de leurs navires. Ils fortifierent en peu de temps si bien ceste place, qu'ils donnerent à cognoistre que l'on ne les en tireroit pas dehors quand on voudroit. Le Roy ayant demandé secours à la royne d'Angleterre, outre ce qu'elle avoit ordonné de luy envoyer par Dieppe, elle envoya aussi trois mille Anglois en Bretagne, lesquels se joignirent à l'armée de M. le prince de Dombes auparavant que ledit sieur de La Nouë y arrivast; ce qui fut cause de quelques jalousies contre luy par quelques seigneurs qui estoient en ceste armée, car il avoit charge du Roy d'y tenir le second lieu. Ceste armée s'achemina vers Lamballe qui tenoit pour l'union, laquelle fut incontinent investie: les approches faictes, le

(1) Que cette délivrance du duc de Guise était la ruine de la ligue.

canon, ayant tiré quelques volées, ledit sieur de La Noué delibera d'y faire donner un assaut et de l'emporter; mais, ayant envoyé quelques uns pour recognoistre ce que faisoient les assiegez, et ne luy rapportant point selon son intention, il y alla luy mesmes, où, estant monté à une eschelle, et considerant ce que faisoient les assiegez, qui ne songeoient qu'à abandonner la muraille de la ville, et se retirer dans un fort qu'ils y avoient faict au mitan pour leur servir de retraicte, il se descouvrit plus qu'il ne devoit, et une mousquetade qui donna contre une pierre en fit rejaillir des esclats si rudement contre le front dudit sieur de La Noué, que ce couple fit tumber à la renverse de dessus l'eschelle, dans laquelle sa jambe où il avoit esté blessé aux faux-bourgs Sainct Martin durant le siege de Paris, ainsi que nous avons dit, demeura empeschée, ce qui luy fit recevoir de grandes douleurs, pource qu'elle n'estoit pas encores bien guarie. Relevé et porté en son logis, estant pensé très-mal de la blessure qu'il avoit receuë à la teste par l'esclat de ceste pierre, il s'y engendra une contusion dont il mourut peu de jours après. Les assiegez sçachans sa blessure reprirent cœur, et, au lieu qu'ils songeoient d'abandonner la ville, ils s'encouragerent tellement à la deffence de leurs murailles, que les royaux furent contraincts de lever ce siege. Ainsi mourut messire François de La Noue, que les Espagnols, les Lorrains et les ligueurs qui l'avoient cognu, ont tenu pour un grand et prudent chevalier. Le roy d'Espagne mesmes le tenant son prisonnier long temps, et estant comme contrainct de le rendre en eschange du comte d'Egmont qui estoit l'un des principaux seigneurs du Pays-Bas, ne voulut consentir sa liberté qu'il ne luy eust juré de ne porter les armes contre luy, et qu'il n'eust les ducs de Lorraine et de Guise pour cautions de ceste promesse. Ce Roy, que ses historiens disent avoir esté plus puissant d'hommes et plus grand terrien que le Turc, ne ressembla pas en cela à Bajazet, lequel dit au comte de Nevers, fils du duc de Bourgongne, et aux autres grands seigneurs de France, lesquels il avoit pris à la bataille de Nicopoli, et s'en vouloient revenir en France après avoir payé leurs rançons : « Jean, si je faisoie doute et je vouloie, avant ta delivrance, je te feroie jurer, sur ta foy et sur ta loy, que jamais tu ne t'armeras contre moy, ne tous ceux qui sont en ta compagnie ; mais n'ennil, ce serment à toy n'à eux ne feray jà faire ; mais je vueil, quand tu seras venu et retourné par delà, et il te vient à plaisance que tu assembles ta puissance, et viennes contre moy, tu me trouveras tousjours tout prest, et appareillé à toy et à tes gens recueillir sur les champs par bataille. Et ce que je di, di l'ainsi à tous ceux à qui tu auras plaisance de parler, car assez suis je pour faire armes et tousjours prest, et de conquester avant. »

Le roy d'Espagne n'en fit pas de mesme à l'endroit du sieur de La Noué, car, auparavant que de consentir sa liberté, il voulut des cautions affin qu'il ne portast plus à l'advenir les armes contre luy. Celuy qui fit l'epitaphe de ce vaillant chevalier dit

> Qu'il brava ses prisons, et, parmy ses catenes,
> Qu'il orna de lauriers les horreurs de ses peines...

Aussi deux heures auparavant sa blessure devant Lamballes, ainsi qu'il passoit dans un jardin, il prit deux petites branches de laurier, et, estant monté dans sa chambre, sans autre compagnie que de ses domestiques, s'approchant de la table sur le bout de laquelle estoient ses armes, il print un cousteau, et, ayant amenuisé l'une de ces branches, il la mit à son armet au lieu de pannache. Cependant qu'il faisoit cela le sieur de Mont-Martin, gouverneur de Vitré, entra dans la chambre pour parler à luy ; mais, le voyant seul près de la table, pensant qu'il fist quelques desseins, ne le voulant destourber, il print un des domestiques dudit sieur de La Noué avec lequel il s'approcha de la cheminée, et entrerent en devis. M. de La Noué, ayant paré son armet de lauriers, se tourna, et, advisant ledit sieur de Mont-martin, s'advança vers luy et luy dit : « Qui vous pensoit là, mon cousin? — J'attendois vostre commodité pour vous parler, dit le sieur de Mont-Martin, ne voulant vous interrompre. — A ce que je faisoy, replique le sieur de La Noué, vous y pouviez bien. » Puis, s'approchants de la table, il luy monstra son armet entouré de lauriers, et luy dit : « Tenez, mon cousin, voylà toute la recompense que vous et moy esperons, suivant le mestier que nous faisons. » Belle parole, et digne d'un gentil-homme qui avoit le courage magnanime. Aussi ceux qui sont nais à l'honneur n'ont point de souhaits plus ardents ne plus ordinaires que d'employer leurs vies en de belles et vertueuses actions, affin que leur nom demeure à la posterité immortel dans les histoires.

Durant sa longue prison, luy, qui n'avoit autre subject pour ses devis ordinaires que la recherche de ce qui pouvoit restablir l'Estat de la France, et mesmes de la chrestienté, en sa premiere dignité, composa plusieurs beaux discours politiques et militaires, lesquels on mit en lumiere peu après sa liberté, affin que les princes chrestiens, delaissans leurs divisions, prissent resolution de s'unir ensemble pour faire la guerre contre les princes mahumetistes, à la fin desquels discours il faict aussi de très-belles observations sur plusieurs choses advenues en France aux trois premiers troubles où ce seigneur s'estoit trouvé. Les journées de Lusson et de Senlis, desquelles il eut la conduitte, tesmoignent assez l'experience militaire qu'il s'estoit acquise. Messire Odet de La Nouë son fils, estant sorty, au mois de fevrier en ceste année, de sa longue prison du chasteau de Tournay où il avoit esté depuis l'an 1584 qu'il fut pris par les Espagnols en allant d'Anvers à Lilloo, pensant venir voir son pere en Bretagne, receut les nouvelles de sa mort en Anjou, et, au lieu qu'il pensoit se conjouyr avec luy pour sa liberté, il n'arriva que pour luy faire faire les derniers offices qu'il luy devoit.

Quant à la desfaicte des habitans d'Orleans au commencement de ce mois d'aoust, elle advint de ceste façon. Nous avons dit que M. de La Chastre, après le siege de Chartres, voyant que le Roy repassoit la Seine, avoit renvoyé les lansquenets et le regiment de Vaudargent au duc de Mayenne pour leurs insolences. Ces deux regiments partis, ledit sieur de La Chastre retourna en Berry, et laissa le sieur Dragues de Comnene à Orleans, et quelques gens de pied logez aux villages à une lieue près. Le sieur du Coudray avec son regiment, estant logé sur le bord de la riviere de Loire du costé de La Magdelaine, se trouva investy en un matin par les sieurs d'Antragues et de Montigny qui avoient assemblé leurs garnisons de Blois, de Boisgency et de quelques endroits de là autour. Ceste nouvelle venuë au maire d'Orleans, il la porta soudain au sieur de Comnene, lequel ne se voyant pour lors aucunes forces de cavalerie, les uns estans avec ledit sieur de La Chastre en Berry, les autres estans allez par diverses petites troupes de quinze ou vingt chevaux courir par la Beausse, le Mayne, La Touraine et autres provinces voisines, pour y prendre des prisonniers et des butins, où ils s'estoient desjà affriandez; tout ce que ledit sieur de Comnene put faire, ce fut de faire monter à cheval cinquante volontaires pour avec eux donner une alarme aux royaux, tascher de les attirer à luy, et bailler moyen audict sieur du Coudray de sortir, couler au long de la riviere, et gaigner la ville à sauveté, que cependant on luy envoyeroit trois ou quatre batteaux pour le faire passer l'eau, ou s'en servir ainsi que bon luy sembleroit. Ledict sieur de Comnene mesmes, pour favoriser sa retraicte, fit border de ce costé là la courtine de mousquetaires et harquebusiers, et fit pointer quelques canons sur son chemin; puis, ayant mené quand et luy cinquante harquebusiers des mieux aguerris des habitans, il alla plus de la moitié du chemin où estoit logé Le Coudray; mais ses coureurs luy ayant rapporté que les royaux les avoient descouverts et s'estoient mis à les suivre, il logea ses harquebusiers derriere une haye le long du grand chemin, et, s'advançant luy mesmes pour recognoistre, il vid la cavalerie royale venir droict à luy, qui estoit ce qu'il desiroit. Estans approchez les uns et les autres d'un tir de pistolet, les royaux ne s'advancerent, ayans entreveu au travers du plus clair des hayes lesdits harquebusiers qu'ils pensoient estre en plus grand nombre; ce qui les fit tourner visage affin de les attirer hors de cest endroict. En ces entrefaictes grand nombre des habitans d'Orleans sortirent avec leurs armes, et, suivans sans commandement ledit sieur de Comnene, arriverent à La Magdelaine. Comnene, jugeant de l'evenement de ceste sortie d'habitans, leur manda qu'ils eussent à se retirer, et leur envoya protester que s'ils ne s'en retournoient il les tenoit pour perdus. Il eut beau les advertir de leur salut, ils respondirent au capitaine Duneau qu'ils vouloient voir les maheustres [ainsi appeloient-ils les royaux] aussi bien que les autres. Ces habitans s'advançans à grands pas, arriverent où estoit ledit sieur de Comnene à la teste d'un grand champ, d'où ils virent à l'autre bout les royaux à descouvert, et, les ayans apperceus descocher à eux, ils changerent si bien d'advis et de contenance, que, pensans regaigner La Magdelaine pour y tenir ferme, les royaux leur passerent sur le ventre, tuerent les uns, firent prisonniers les autres, et ledit sieur de Comnene et sa cavalerie, avec quelques-uns des habitans des moins advancez, furent contraints de prendre la course pour se sauver à toute fuite dans Orleans. Voylà comment l'opiniastreté de ces habitans fut cause de leur ruyne et de la desroute du sieur de Commene : ainsy qu'il adviendra tousjours à quiconque se meslera à la guerre avec les habitans des villes hors de leurs murailles, et toute autre sorte de menu peuple, par ce qu'estans sans experience, crainte et obeyssance en la discipline militaire, ils se persuadent de loin des rodomontades et chimeres estranges et ridicules; mais, incontinent qu'ils voyent arriver le moindre evenement contraire, la peur leur saisit tellement les esprits, qu'ils ne peuvent plus concevoir de raison ny n'ont recours qu'à la fuite, laquelle ils s'imaginent leur estre aussi loisible et asseurée que de se retirer quand bon leur semble de la ruë ou d'une place publique.

Ce succez apporta de la tristesse et du dueil dans Orleans, où le peuple se mit à exclamer contre le maire d'Armonville, quoy qu'il leur eust defendu de sortir; et, au contraire, les royaux emmenerent en leurs garnisons grand nombre de prisonniers dont ils tirerent plusieurs rançons, et quitterent là le regiment du Coudray. Voylà ce qui s'est passé en ceste desfaicte à La Magdelaine près d'Orleans.

Pour la desfaicte et mort du vicomte de La Guierche, elle advint de ceste façon. Nous avons dit que toute son infanterie fut taillée en pieces dans Montmorillon. Tandis que M. le prince de Conty prit plusieurs petites places aux environs de Poictiers, et qu'il assiegeoit Mirebeau, ledit sieur vicomte receut le secours que luy envoya M. de Mercœur pour tascher à traverser les heureux progrez dudit sieur prince. Parmi ce secours estoit nombre d'Espagnols. Mais, sur l'advis que ledit sieur vicomte receut que le sieur de Salerne, gouverneur de Loches, avoit pris son chasteau de La Guierche au pays de Touraine, duquel on enlevoit tout ce qu'il y avoit dedans, il se resolut de reprendre son chasteau et d'y attraper ceux qui l'avoient pris; et, pour cest effect, il s'achemina de Poictiers si diligemment avec toute sa cavalerie et la plus-part de son infanterie, qu'il eust executé son dessein si messieurs d'Abin et de La Rochepousé, avec plusieurs gentils-hommes de ce pays-là, serviteurs du Roy, au nombre de plus de cinq cents chevaux, ne se fussent rendus à La Guierche quand ils le virent tourner de ce costé là. Le vicomte avec les siens le lendemain pensans y entrer rencontrerent les royaux en teste, et y eut là un grand combat qui fut tellement opiniastré de part et d'autre, que le vicomte, voyant par terre plus de trois cents des siens, et entr'autres plusieurs gentils-hommes, et le reste bransler, print la fuite pour se sauver des premiers, et passer la riviere de la Creuse au bac; mais, ainsi qu'il advient d'ordinaire en ces fuites qui se font de jour, les siens ne le virent pas plustost aller, que chacun en fit de mesme, et la confusion fut telle pour entrer dans le bac, que plusieurs à la foule y estans entrez avec ledit sieur vicomte, tous pesle mesle, le bac estant trop chargé, quand il fut hors du bord, il coula à fond, où ledit sieur vicomte avec ceux qui estoient dedans se noyerent: de sorte que toutes ces troupes de cavalerie et d'infanterie tumberent sous la puissance des royaux, ou se noyerent. Cinq cents Espagnols perirent en ceste desfaicte, et plus de deux cents de la cavalerie. Voylà comme le gouverneur du haut Poictou et de la Marche pour l'union perdit ses troupes et sa vie.

Puis que nous sommes tumbez sur le Poictou, voyons ce qui s'y passa en l'armée de M. le prince de Conty depuis la prise de Montmorillon. Après ceste execution et la reddition de quelques places l'armée marcha à Chauvigny: la garnison du chasteau estant sommée se rendit vies et bagues sauves. De là l'armée s'achemina à Dissay, chasteau appartenant à l'evesque de Poictiers, là où son bastard demeura prisonnier en rendant ce chasteau, et fut eschangé du depuis avec le sieur du Plessis La Roche prisonnier à Poictiers.

De là on alla à Mirebeau qui fut incontinent investy. Aux approches il y eut de belles escarmouches, en l'une desquelles fut blessé le sieur de Chastelieres Portaut d'une harquebuzade au bras. La ville battue et bresche faicte, les royaux voulurent donner un assaut, d'où ils furent repoulsez avec perte, et contraints de sejourner en ce siege en attendant des munitions pour faire bresche plus raisonnable, et des forces nouvelles qu'amena audit siege M. de Sainct Luc, à sçavoir, les regiments des sieurs de Vibrac et de Sainct Georges. Celuy du sieur de La Forest Bourdesaute s'y rendit aussi, et peu après le marquis de Besle-isle et sa troupe, qui venoit demander secours à M. le prince pour conserver sa place de Machecou, laquelle M. de Mercœur se preparoit d'assaillir.

Ainsi ces munitions et ces forces venuës devant Mirebeau, la batterie de nouveau recommença, et, la bresche faicte, les royaux donnerent l'assaut si furieusement cependant que le sieur de Choupes, gouverneur de Loudun, faisoit donner l'escalade par un autre endroict, que le sieur de La Jovaigniere mit une enseigne sur la muraille: la ville emportée de force, tous les assiegez qui ne purent gaigner le chasteau furent taillez en pieces. En une sortie que firent ce mesme jour ceux du chasteau, ils tuërent le sieur du Plessis d'Ansay, gouverneur de la Ferté Bernard. Après cela ledit chasteau fut assiegé de tous costez, et mit on une bonne garde de cavalerie vers Poictiers pour empescher le secours qui pourroit venir de ce costé là. Les assiegez, sommez de rechef, respondirent qu'ils estoient resolus de mourir dans ceste place; mais la batterie ayant commencé à jouër, ils demanderent à parlementer, et se rendirent armes et bagues sauves. Ceste place appartient à M. le duc de Montpensier; il y eut bien des brigues pour en avoir le gouvernement, en fin M. de La Rochepot, pource que le Mirebalois depend de son gouvernement d'Anjou, y fit establir le sieur de Villebois pour gouverneur, dont beaucoup eurent du mescontentement. Ledit sieur de Villebois depuis [sçavoir l'année suivante] print le party de l'union, et se mit luy et ceste place en la protection de M. de Mercœur, et appella le sieur de La Perraudiere qu'il logea dans la ville, et firent fort la guerre aux serviteurs du Roy, et l'a tousjours tenuë jusques à ce que ledit sieur de Mercœur se soit rendu au service de Sa Majesté. Ledit sieur de Villebois se couvroit de quelques mescontentements qu'il disoit avoir receus, qu'il n'est besoin d'escrire, car ceste excuse ny autre, telle qu'elle soit, n'est bonne ny recevable pour faire chose prejudiciable au service que nous devons naturellement au Roy.

Après la prise de Mirebeau M. le prince et son armée allerent loger à Vouillay en approchant de Poictiers pour deux occasions, l'une, que l'on avoit intelligence avec quelques-uns de dedans qui devoient livrer une porte, ce qui ne reussit; l'autre, que le sieur de Pichery, durant le siege de Mirebeau, donnant avec sa troupe jusques dans les faux-bourgs de La Cueille dudit Poictiers, y reput, et les siens firent butin, sans que ceux de la ville fissent grande deffense; ce qui fit penser audit sieur prince qu'ils estoient estonnez pour les pertes qu'ils avoient receuës, ainsi qu'il a esté dit cy-dessus. En partant de Chasseneuil on fit marcher l'armée en bataille avec une coulevrine droict à Poictiers : ce qui fut fait; mais les royaux y trouverent dans les faux-bourgs ceux de l'union qui s'y estoient bien barricadez, là, où il s'attaqua une belle escarmouche, l'infanterie de ceux de l'union conduite par le sieur de Cluseaux, et la cavalerie par le sieur des Roches Baritaut. Les royaux voyans qu'au lieu de leur livrer une porte, l'on ne leur tiroit que des coups de canon de la ville, et que les faux-bourgs estoient si bien gardez qu'il n'y avoit esperance de les emporter, ils se retirerent à Chasseneuil avec perte de quelques soldats; mais, pensans avoir le lendemain meilleure fortune, l'armée vint loger au pont d'Ozence, de l'autre costé de Poictiers, où M. le prince, ayant receu advis, par quelques-uns de la ville, qu'il n'y avoit point de moyen de faire reüssir leur intention, retourna loger à Mirebeau, et de là à Montcontour [ou la noblesse de Poictou print congé de luy, non sans quelques disputes, voyans que ledit sieur prince emmenoit hors de leur province les canons qu'il avoit gaignez à Montmorillon], et puis à Montreuilbellay, d'où il partit au mois de septembre pour aller assieger Selles en Berry, à la supplication de M. de Montigny qui estoit gouverneur pour le Roy en Berry et au Blezois.

Au commencement du mois d'aoust les gens de guerre que nous avons dit que l'on levoit en Italie passèrent les monts : les Espagnols et les Italiens destinez pour la Flandre les avoient passez les premiers, et demeurerent quelque temps en Savoye pour le service du duc, lequel, nonobstant la route que les siens receurent à Esparon de Pallieres, ne laissa, estant de retour d'Espagne, de faire continuër le siege de Berre, qui se rendit aussi au commencement de ce mois au comte de Martinengue, dit Malpaga, les seigneurs de La Valette et Desdiguieres ne pouvans secourir ceste place pour les diverses occurrences qui arriverent en ce temps là, car ledit sieur Desdiguieres fut contraint d'aller recognoistre l'armée du Pape que conduisoit le duc de Montemarcian, laquelle passoit les monts, ce qu'il fit afin de l'empescher de ruyner la valée de Graisivodan, ny de s'y loger, et principalement pour recognoistre ceste armée, et en donner advis au Roy; ce qu'il fit, et la recognut en une prairie auprès de Montmelian, où, avec trois cens chevaux, il les fit attaquer, et les recognut s'estans mis en bataille, l'advantgarde conduitte par Pierre Gaëtan, la bataille par le duc de Montemarcian, general de ceste armée, et l'arriere-garde par Apio Conti. En ceste escarmouche il fut tué d'une part et d'autre vingt-cinq soldats. Mais un vent et une tempeste s'estants eslevez, l'armée du Pape s'achemina pour passer le pont de Lizere, sur lequel la violence du vent fut si grande qu'elle enleva plus de cinquante soldats dans l'eau qui s'y noyerent, et de là elle s'alla loger à Chambery et aux villages des environs, où elle demeura quelque temps pour se refraischir. Aussi les Suisses que l'on avoit levez pour le Pape l'y vinrent joindre, affin d'estre plus forts si on les vouloit attaquer en leur passage; puis tous ensemble, avec les forces cy-dessus dites que l'on envoyoit en Flandres, allerent passer le pays de Bresse, et entrerent en la Franchecomté pour se rendre en la Lorraine, ainsi que nous dirons. Mais quant au sieur Desdiguieres, n'ayant forces bastantes pour les forcer, les ayant seulement recognus, il s'en retourna vers la Provence, où la prise de Berre pour le duc de Savoye, lequel avoit mis dedans pour gouverneur Alexandre Vitelly, fut cause du mescontentement de la comtesse de Saux contre ledit duc, car elle desiroit y en mettre un à sa devotion, pour jouyr à sa volonté du profit des salines, ne pensant pas que ledit duc luy deust refuser cela, veu l'obligation qu'il luy devoit à cause qu'elle avoit pourchassé l'establissement de ses affaires en la Provence. Ce mescontentement fut en partie cause de la ruyne des affaires du duc de Savoye en ces quartiers là.

Cependant que le sieur de La Valette assiegeoit Gravaison, M. Desdiguieres alla surprendre Lus, et de là s'en alla emparer de Corbon qui est à deux mousquetades de Dignes, qu'il desseignoit d'assieger quand il receut advis que le duc de Savoye, avec les nouvelles forces d'Italie qu'il avoit receuës, conduites par les comtes de Beljoyeuse et Rangon, assembloit un armée de sept mille harquebusiers et de huict cents maistres, et se preparoit pour assieger Grenoble; mesmes que desjà don Amedée, don Olivera et le marquis de Trevic avoient assiegé Morestel, qui estoit un fort que ledit sieur Desdiguieres avoit fait faire depuis peu pour couvrir Grenoble du costé de Savoye.

Sur cest advis ledit sieur Desdiguieres, changeant de deliberation, au lieu d'assaillir Dignes se resolut de secourir Morestel, et, pour cest effect, le vingt-cinquiesme d'aoust, partit de Provence affin d'assembler les royaux du Dauphiné : ce qu'il fit en telle diligence, que luy se trouvant à Grenoble le douziesme septembre, il y assembla deux mille sept cents harquebusiers et trois cents maistres qu'il logea aux environs; ce qu'ayant esté sceu par les Savoyards, ils se retirerent d'autour de Morestel, et se logerent à Pontchara, une demie lieuë, plus loing, où ils se retrancherent et barricaderent en intention de s'y deffendre.

Le sieur Desdiguieres, n'ayant pu partir de Grenoble que le seiziesme de ce mois à cause d'un caterre qui l'y retint quatre jours malade, estant arrivé en la petite armée royale, et luy ayant esté rapporté que le jour d'auparavant le sieur de Bellier, avec quelques harquebusiers à cheval, avoit enfoncé la garde d'une compagnie de cavalerie de Savoyards, laquelle il avoit entierement desfaicte, et mesmes que les sieurs de Mures et de Morges, en voulant recognoistre la garde de l'armée savoyarde, estoient entrez pesle-mesle dedans et l'avoient jettée sur les bras de ceste armée, en toutes lesquelles deux charges on avoit gaigné de bons chevaux, il voulut lui-mesme recognoistre leur logis et considerer l'assiette du lieu; ce qu'il fit le lendemain avec une telle experience militaire, que, le soir mesme, il fit le dessein sur une feuille de papier comme il devoit renger les siens suyvant ce qu'il avoit prejugé que ses ennemis ordonneroient leur armée, laquelle, à cause du lieu, se trouva rengée le lendemain dix-huictiesme ainsi qu'il l'avoit premedité; l'ordre en estoit tel : Sa teste estoit tournée vers Grenoble; à la main gauche estoit son infanterie sur un costau de vignes, en rond, au dessous du chasteau de Bayard; à sa main droite la riviere de l'Isere, et, entre ladite riviere et le costau, sa cavalerie en trois escadrons dedans les prez proches de la maison du sieur de Bernin, et, au devant de ceste cavalerie, environ quarante maistres advancez en un champ plus relevé que les prez, ausquels on ne pouvoit aller dudit champ qu'à la file, y ayant un vallon ou precipice qui empeschoit les royaux d'aller à eux en bataille.

Les Savoyards s'estoient mis en cest ordre par ce que de loing ils avoient descouvert la troupe dudit sieur Desdiguieres venir à eux. Les royaux estans arrivez à deux mousquetades du champ de bataille de leur ennemy, on fit faire alte en un bas près la riviere où ils estoient couverts d'arbres à fin de n'estre recognus. Cependant le sieur de Prabaud, avec quinze cens harquebusiers, suivoit le costau à main droite, en deux troupes, dont l'une tenoit le haut pour faire deloger ceux qui occupoient le costau, et l'autre suivoit le chemin au bas pour faire quitter l'infanterie qui favorisoit la cavalerie de Savoye; et, en attendant que ledit sieur de Prabaud s'advançast, le sieur Desdiguieres fit paroistre quelque infanterie et cavalerie sur le champ où estoit la garde de l'ennemy, et peu de temps après, ceste cavalerie, qui n'estoit pas plus de vingt maistres conduits par le sieur de Verace, lieutenant de la compagnie du sieur de Briquemaud, alla droit à ladite garde qui ne voulut point attendre, mais quitta sa place pour se jetter au gros.

Le sieur Desdiguieres voyant ceste contenance, et que d'ailleurs son infanterie avoit commencé à esbranler celle de son ennemy qui estoit sur ledict costau, il fit monter ses troupes sur le champ de bataille qu'il avoit choisi, qui estoit celuy mesme où la garde des Savoyards estoit auparavant posée et sur le champ rangea son armée en ceste façon. L'infanterie, conduitte par le sieur de Prabaud, tenoit la main droicte, comme il a esté dit; le sieur de Mesplais, avec un bataillon d'infanterie, la main gauche sur le bord de la riviere; la cavalerie au milieu, rangée en trois escadrons se suivans l'un l'autre, sans comprendre les coureurs en forme d'avant-garde, commandée par le sieur de Briquemaud; l'escadron qui le suivoit de près, conduit par les sieurs de Mures et de Morges; le deuxiesme, la cornette dudit sieur Desdiguieres conduite par le sieur de Poligni; et le dernier, c'estoit la cornette blanche accompagnée de cinquante-deux maistres couverts, et toutesfois paroissoient pour cinq cents maistres, parce qu'il y avoit à la queuë six vingts harquebusiers à cheval, et les valets ayans tous l'espée à la main, ce qui donna beaucoup d'effroy aux Savoyards. A la main gauche il y avoit un bataillon d'infanterie pour favoriser la dite cornette blanche qui servoit d'arriere-garde.

Ainsi rangez en mesme temps que l'escarmouche s'eschauffoit entre l'infanterie d'une part et d'autre, et que celle des Savoyards commençoit à quitter son logis, les royaux chargerent la cavalerie savoyarde, qui au premier abbord fit assez belle contenance et soustint ceste charge, puis poussa un peu l'advantgarde royale, qui, se voyant souteuë, rompit les Savoyards qui avoient mis tous leurs escadrons en un pour faire mieux leur retraicte ; toutesfois ils firent encor un tour dedans les prez de la maison du sieur de Bernin, et attendirent l'advantgarde royale de la longueur de la lance ; mais peu après ils commencerent à fuir, et continuerent, estans poursuivis, jusques à Montmelian, où les fuyards ne se retirerent tous, parce que les uns furent tuez sur la place, et les autres s'en allerent à vau de route vers La Rochette, Aiguebelle, Miolans, et dedans les bois.

Le nombre des morts fut de deux mil cinq cents. Les royaux y gaignerent plus de trois cents chevaux, plusieurs capitaines, lieutenans et enseignes prisonniers. Dix-huict drapeaux portans la croix rouge et une cornette y furent aussi prins.

Le sieur Amedée se sauva à Miolans. Les sieurs marquis de Trevic et Olivera furent perdus dedans les bois l'espace de trente-six heures, et depuis se sauverent à Montmelian. Les bagages demeurent aussi pour butin aux royaux.

Le 19, deux mil Romains et Milanois qui s'estoient sauvez dans le chasteau d'Avalon avec le comte Galoette de Beljoyeuse leur chef s'estans rendus à discretion, la furie des soldats ne put pardonner à six ou sept cents d'iceux qui furent taillez en pieces, et le reste, avec le baston blanc, mis en lieu de seureté par le sieur Desdiguieres, sous les promesses qu'ils firent de se retirer en leurs maisons sans jamais faire la guerre contre le Roy.

Ceste victoire fut signalée pour ne s'y estre perdu aucun homme de marque des royaux. Et, après la recerche faite par les compagnies, il se trouva un cheval leger du sieur de Briquemaut et deux soldats morts, le sieur de Vallouze et deux soldats blecez.

Le butin que firent les royaux se monta à plus de deux cents mil escus, la plus grande partie en chaines, bagues, or, argent monnoyé, vaisselle d'argent, riches accoustremens, et en chevaux et en armes.

Les royaux disoient qu'il sembloit que la memoire de ce grand capitaine, le chevalier de Bayard, en son temps si affectionné à la France, n'avoit voulu permettre que ses anciens ennemis receussent autre traictement à la veuë d'une maison que luy-mesme avoit fait bastir.

Si ceste infanterie italienne fut si mal traictée en Savoye par les armes, les incommoditez du temps et les maladies ne ruinerent pas moins celle de l'armée du Pape, laquelle estant arrivée à Lion le Saunier (1) en Franchecomté, le duc de Monte-marcian, general d'icelle, et Pierre Gaëtan, son lieutenant, se prirent tellement de paroles, que, sans l'archevesque Matteucci, qui faisoit l'office de commissaire general en icelle, ils en fussent venus aux mains l'un contre l'autre; tellement que Gaëtan, pour le respect du Pape, fut conseillé de se retirer de ceste armée : ce qu'il fit, et prit son chemin pour s'en retourner en Italie par le pays des Suisses, là où il fut arresté à Toffano par quelques colonels suisses, sur le pretexte qu'il leur estoit deu nombre de deniers pour le service qu'ils avoient fait l'an passé en France, dont le cardinal Gaëtan son oncle, y estant legat et chambellan de l'Eglise, leur avoit respondu, et fut contraint, avant que d'estre mis en liberté, asseurer lesdits colonels de leur deu. Du depuis le depart de Gaëtan l'armée du Pape se diminua de jour en jour. De la Franchecomté elle vint à Verdun où le duc de Mayenne, après l'evenement du siege de Noyon, s'estoit venu rendre avec le duc de Lorraine pour tascher d'empescher l'armée du Roy qui luy venoit d'Allemagne d'entreprendre sur la Lorraine.

Le duc de Monte-marcian arrivé auprès de Verdun, les ducs de Lorraine et de Mayenne, avec Camille Capizzucchi, qui conduisoit lors les gens de guerre du roy d'Espagne lesquels estoient au party de l'union, allerent, bien accompagnez, le rencontrer, et fut receu d'eux avec beaucoup de demonstrations de contentement. La monstre de ceste armée fut faicte à trois lieuës de Verdun : pour la cavallerie, elle estoit en belle ordonnance, et pouvoit estre mille bons chevaux ; mais pour l'infanterie, elle estoit en si pauvre estat, que les chefs desiroient qu'elle pust estre en Italie; car la plus grand part estoient affligez de flux de sang, d'autres de fievres pestilencieuses, dont ils moururent la plus-part, ces maladies leur estant procedées de manger des fruicts qui n'estoient pas meurs, car ils avoient eu necessité de vivres. Après ceste monstre, l'on fit passer ceste armée au travers de Verdun, et la fit on loger en des bourgades proches de là, où chasque soldat receut deux escus pour teste, et y demeurerent jusques sur la fin d'octobre, que les nouvelles de la mort du Pape furent venuës, ce qui acheva de ruiner du tout ceste armée. Cependant qu'elle estoit logée au-

(1) Lons-le-Saulnier.

près de Verdun, le Roy, qui estoit venu à Sedan, les alla convier de venir à l'escarmouche ; ainsi que nous dirons, mais que nous ayons dit comment le Roy alla recevoir le prince d'Anhalt et son armée d'Allemans aux plaines de Vandy.

Nous avons laissé le Roy, sur la fin du mois d'aoust, qui festoyoit le comte d'Essex dans Noyon pendant qu'il se preparoit pour aller recevoir l'armée des Allemans, ce qu'il pensoit faire avec toute son armée ; mais le siege de Pierrefons tirant en longueur, il fut necessité de l'y laisser sous la conduite du mareschal de Biron, auquel il commanda que si tost qu'il auroit pris ceste place, qu'il s'acheminast en Normandie pour faire la voye au siege de Rouën qu'il avoit resolu de faire ; mais il advint du siege de Pierre-fons tout autrement qu'il ne pensoit ; car, après que ledit sieur mareschal de Biron eut esté trois semaines devant ce chasteau, et tiré huit cents coups de canon sans y avoir pu faire breche d'un pied seulement, il leva le siege, et s'en alla vers la Normandie, ainsi qu'il sera dit cy après. Quant au capitaine de Rieux, il devint si insolent pour avoir soustenu ce siege, qu'il se mit à executer de telles cruautez sur les royaux, qu'estant pris quelque temps après par ceux de Compiegne, ils le pendirent. Il estoit parvenu de peu, n'estant au commencement de sa fortune qu'un petit commis aux vivres ; mais il devint depuis capitaine de gens de cheval et redouté : ce que je dis affin que ceux qui liront ceste histoire à l'advenir ne pensent pas que ce capitaine de Rieux fust de la noble maison de Rieux en Bretagne, ny parent de M. de Rieux qui estoit mareschal de l'armée royale, non plus que ceux qui ont aussi appelé le capitaine Sainct Paul M. de Sainct Paul, car on ne doit penser que ce capitaine fust de l'ancienne maison des comtes de Sainct Paul dont porte aujourd'hui le nom le puisné de la maison de Longueville, mais estoit fils d'un qui avoit eu charge de la despense du feu sieur de Beauvais Nangis, lequel s'estoit advancé par les armes du vivant du feu duc de Guise, ainsi que celuy qui a faict le Traité des causes de la prise des armes en janvier 1589 le rapporte.

Le cinquiesme de septembre, M. de Montpensier arriva à Noyon. Nous avons dit qu'après la levée du siege de Paris le Roy le renvoya en Normandie, là où il tint long temps assiegé Avranches qui en fin se rendit à luy. D'autre costé le chevalier de Grillon, pour l'union, pendant ce siege, surprint Honfleur sur la fin de fevrier. Bref, tant d'un party que d'autre, ce n'estoient qu'entreprises, que surprises, que rencontres, où ceux qui estoient victorieux un jour estoient quelquesfois deffaicts le lendemain. Ledit sieur duc de Montpensier, ayant laissé son armée en la Normandie vers Caën pour y empescher les entreprises de ceux de l'union, vint trouver le Roy seulement avec son train, en compagnie d'hommes d'armes et ses gardes, affin de l'accompagner en son voyage de Sedan.

Le quinziesme dudit mois le Roy partit de Chauny pour aller recevoir ses reistres. Les compagnies qui estoient avec luy estoient sa cornette, ses chevaux legers sous la conduite du sieur de Givry, celles du sieur de La Curée, de Pralin, de Malivaut et de Largerie, avec celle dudit sieur duc de Montpensier ; tout cela pouvoit faire huict cents bons chevaux et trois cents harquebusiers à cheval, tant des gardes du baron de Biron que des garnisons de Picardie et le regiment de Sainct Ravy qui s'y joignirent. Ainsi le Roy, laissant le mareschal de Biron devant Pierrefons avec la plus grande part de son armée, partit de Chauny, et vint passer si près de La Fere par la faute de la guide, que ceux du dedans tirerent sur luy plus de soixante coups de canon sans que nul des siens en fust offensé ; puis, laissant Laon à la droicte, il vint coucher à Crecy, et le lendemain à Poilot en Tierasche, d'où le Roy alla à La Capelle tandis que ses troupes s'advancerent à Rumesnil, et de là à Maubert-fontaine où il les vint retrouver, et changea dans ceste place ceux qui y commandoient, qui estoient trois soldats lesquels avoient tué leur gouverneur qui tenoit pour l'union, pour-ce qu'il ne s'asseuroit pas beaucoup de leur fidelité. Le 20, le Roy logea à trois lieuës de Mezieres, et le lendemain à La Cassine, maison forte appartenant à M. de Nevers, où il estoit lors, et assiegeoit le fort chasteau de Hautmont, lequel luy appartenoit, distant d'une lieuë de La Cassine et de quatre de Sedan. Si tost que M. de Nevers sceut que le Roy venoit, il alla au devant de luy avec tous les seigneurs de son armée, et, l'ayant accondult dans La Cassine, il y traicta magnifiquement Sa Majesté et tous les princes et grands seigneurs de sa suitte. Au souper le Roy estoit seul à sa table servy comme de coustume ; en l'autre table, qui faisoit un angle droict, estoient d'un costé messieurs les ducs de Montpensier et de Nevers, les seigneurs de La Guiche, le baron de Biron et de Larchant ; de l'autre estoient messieurs de Longueville et comte de Sainct Pol, les seigneurs de Grandmont, comte de Brienne, vicomte d'Auchy, La Chapelle aux Ursins, et autres seigneurs.

Le vingt-troisiesme, le Roy entra dans Sedan où il fut honorablement receu par madamoiselle de Bouillon et par les habitans ; toutes les pieces, tant du chasteau que de la ville, furent deslachées en signe de resjouyssance, puis firent jouër une infinité de petards. Le lendemain M. le vicomte de Turenne arriva à Sedan, et alla trouver le Roy au jeu de paulme où il jouoit, auquel il asseura que son armée estrangere estoit à une journée prez.

Cependant ceux de Mouzon, qui est à deux lieuës au dessous de Sedan vers la Lorraine, et qui s'estoient tousjours tenus neutres, furent sommez de se rendre : le gouverneur qui estoit dedans les y vouloit contraindre, mais ils le mirent dehors, et envoyerent leurs deputez vers le Roy le supplier qu'ils demeurassent neutres, ce qu'ils obtindrent moyennant dix mil escus.

En mesme temps ceux d'Attigny, petite ville qui appartient au chapitre de l'eglise de Reims, dans laquelle y avoit forte garnison qui s'entretenoit de courses et de picorées, tenans tout le pays en leur subjection, intimidez de l'armée estrangere qui n'estoit qu'à une lieuë d'eux, et du Roy qui estoit prochain, abandonnerent ceste ville, les uns se sauvans à Rethel qui n'en est qu'à quatre lieuës, les autres à Rheims. Les premiers de l'armée du Roy qui y entrerent furent le sieur de Huart et sa troupe, lesquels y trouverent bien de quoy gaigner. Ceux de l'union abandonnerent aussi un autre fort nommé Givry. Du depuis toute l'armée alla loger à Attigny. Le Roy mesmes y fut le vingt-septiesme pour aller voir son armée d'Allemans, où il vid un beau mesnage dans ceste ville, car, après avoir esté pillée, les soldats mirent la plume de tous les lits au vent. Ce qui y estoit demeuré entier estoit quantité de bleds, d'avoines et de foins, desquels, oultre le degast que l'armée fit, M. de Nevers en fit serrer quatre cents muids de grain dans La Cassine.

Le dimanche 29, jour de Sainct Michel, l'armée estrangere parut aux plaines de Vandy en bataille rangée, qui faisoient nombre de seize mil combattans, tant reistres que lansquenets, sous la conduitte du prince d'Anhalt avec quatre pieces de canon et plusieurs autres petites pieces. Le Roy, accompagné de sa noblesse, les alla recevoir, où, en signe de resjouyssance, les estrangers firent jouër toutes leurs pieces par plusieurs fois avec une si grande dexterité qu'un coup n'attendoit pas l'autre, tant ils estoient prompts à les recharger. Les reistres paroissoient en quatre gros osts, et les lansquenets en quatre autres, et avoient leurs pieces devant eux. La forme de leur battaille estoit en demy croissant. Le prince d'Anhalt avoit son bataillon composé de cinq cornettes et sa colonelle, desquelles sa colonelle estoit de cinq cents reistres, et les autres chacune de trois cents, qui revenoit en tout à deux mil cent chevaux. Le baron d'Otthnaw avoit son bataillon composé de trois cornettes, desquelles sa colonelle estoit de cinq cents chevaux, les deux autres chacune de trois cents, qui revenoient à unze cents chevaux. Le comte de Creange avoit semblablement trois cornettes et pareil nombre d'hommes. Roquendolf, leur mareschal de camp, avoit semblables troupes, qui faisoient cinq mil cinq cents reistres. Oultre ce y avoit huict cornettes de gentils-hommes messins qui estoient venus avec la permission des princes d'Allemagne sous la conduitte de deux colonels Frenc et Istinke, qui faisoient quelques cinq cents hommes, ayants leurs cornettes estroittes, ressemblantes aux guidons des François, sinon qu'elles n'estoient pas fenduës, armez à la françoise, et quelque soixante-dix maistres sous chasque cornette. L'infanterie estoit conduitte sous quatre colonels, sçavoir : il y avoit le regiment du comte d'Huicq, qui depuis est mort de maladie au siege de Roüen, composé de neuf enseignes, chasque enseigne de trois cents cinquante hommes ; de sorte qu'ils faisoient monstre de trois mil cinq cens hommes ; le regiment de Lanty qui estoit de pareil nombre d'enseigues et d'hommes, qui joincts revenoient à sept mil hommes. Outre ce il y avoit deux regiments sous la conduitte de Rebours et du Temple, qu'ils avoient amenez à leurs propres cousts et despens, qui estoient de quelque neuf enseignes, et, joincts ensemble, faisoient quelque deux mil cinq cens hommes ou trois mil.

Le Roy alla d'escadron en escadron pour les recognoistre mieux, aussi affin d'estre veu d'eux, et, après avoir embrassé les colonels, tant des reistres que des lansquenets, et les avoir bienveigniez et remercié de leur bon office envers Sa Majesté, descendit en la tente du prince d'Anhalt où la collation luy fut preparée. Cependant l'armée demeura en bataille jusques à une heure avant la nuict.

Le lendemain Sa Majesté voulut esprouver si les ducs de Lorraine, de Mayenne et de Montemarcian avec sa cavalerie italienne, qui estoient à Verdun, avoient envie de faire quelque escarmouche, et pour cest effect prit quatre mille chevaux, tant des reistres nouvellement arrivez et des vieux reistres qui estoient sous la conduite de Dammartin, que des François ; avec ceste troupe il alla jusques auprès de Verdun où les Italiens estoient logez. Le Roy s'estoit mis avec les chevaux legers qui marchoient les premiers, et rencontrerent dans un village en un fonds une compagnie de gens-d'armes italiens, lesquels, appercevans les royaux, s'enfuirent vers Verdun, et donnerent l'alarme à toutes les autres troupes. Sept de ceste compagnie d'Italiens ne voulurent fuir avec leurs autres compagnons, ou pour le moins avant que ce faire ils eurent envie de tirer le coup de pistolet. Sa Majesté, les voyant deliberez, envoya contr'eux les sieurs de Pralin et de La Curée avec deux chevaux legers de leurs compagnies, puis après le sieur de Largerie qui faisoit le cinquiesme, lesquels firent si bien qu'ils tuerent chacun leur homme, et emmenerent les deux autres Italiens prisonniers et blessez. Le Roy voyant que ses ennemis s'estoient retirez dans Verdun, il retourna de ceste corvée à Attigny le 2 d'octobre et le sixiesme il alla pour voir la batterie et l'assaut que M. de Nevers vouloit faire donner à Hautmont qu'il tenoit tousjours assiegé. Après que l'on eut tiré quelques coups, Sa Majesté voulut luy mesme pointer le canon, et fit donner au mitan du portail : ce coup fut si heureux, que le capitaine, le lieutenant et l'enseigne en furent tuez, ce qui bailla une telle espouvente aux assiegez, qu'ils montrerent un chapeau sur la muraille pour signal qu'ils vouloient parlementer. La composition fut qu'ils rendroient la place, et que ceux qui voudroient prendre le party du Roy auroient leurs armes, et les autres qui ne voudroient le prendre s'en iroient avec un baston. On tenoit que s'ils eussent enduré l'assaut, que le Roy y eust bien perdu des hommes, pource que ce lieu est du tout inaccessible.

L'unziesme de ce mois Sa Majesté retourna de Balonville, où il estoit logé, à Sedan, là où il fit accorder le mariage d'entre M. le vicomte de Turenne et de madamoiselle Charlotte de La Mark, duchesse de Bouillon, et princesse souveraine de Sedan. Nous avons dit cy dessus comme, après la mort du duc de Bouillon et du comte de La Mark ses freres, le duc de Guise, luy faisant la guerre, esperoit la faire avoir à son fils pour femme, mais qu'après les Barricades de Paris, le duc de Lorraine ayant tenu longuement assiegé Jamets, par la trefve qui fut faicte, en decembre 1588, entre luy et ladite princesse, madame d'Aramberg, de la part dudit duc, proposa le mariage de M. le marquis du Pont et de ladite damoiselle de Bouillon, mesme que le sieur de Lenoncourt, baillif de Sainct Mihel, fut, au mois de mars de l'an 1589, de la part dudit sieur duc, vers le feu Roy, pour le supplier de l'avoir pour aggreable : ce que M. de Montpensier, qui estoit lors prez de Sa Majesté, estant oncle de ceste princesse, et son tuteur, ne voulut consentir, esperant la faire avoir à son fils M. de le prince de Dombes. La response que fit le feu Roy audit de Lenoncourt, sçavoir qu'il esperoit aller luy mesme à Sedan dans trois mois et pacifier tous ces differents entre le duc de Lorraine et madamoiselle de Bouillon, fut cause que ledit duc de Lorraine, prenant cela pour un refus, assiegea, batit et prit à composition le chasteau de Jamets, et fit faire beaucoup d'hostilitez sur les terres de Sedan, et continua jusques à ce voyage icy dont nous parlons, auquel Sa Majesté, ayant promis à M. de Montpensier d'avoir le soin du mariage de M. le prince de Dombes, donna ladicte duchesse de Bouillon à M. de Turenne, affin de donner un homme au duc de Lorraine qui le tinst tousjours en cervelle, et l'empeschast d'entreprendre rien sur ses voisins : ce que ledit sieur vicomte de Turenne executa très-bien, ainsi qu'il se pourra voir à la suitte de ceste histoire, et commença, le jour de devant ses nopces, par la surprise de Stenay dont il vint heureusement à bout, preferant, en ce faisant, l'honneur et la gloire à ses plaisirs particuliers. Ceste surprise de Stenay ne fut plustost sceuë du duc de Lorraine, qu'il envoya en diligence ses troupes autour de ceste ville pour tascher à la reprendre ; mais ledit sieur vicomte de Turenne, que le Roy avoit fait mareschal de France, et que d'oresnavant nous appellerons M. le mareschal de Bouillon, ayant fait un gros de ses gens qu'il avoit amassez pour aller retrouver le Roy vers la Normandie, fit lever ce siege, et fortifier ceste place qu'il avoit conquise, laquelle depuis incommoda fort les Lorrains.

Dez que le Roy eut accordé ce mariage, le 19 d'octobre il vint à Bargerolles où toute l'armée estoit, et pensant aller coucher à Aubanton, petite ville, les habitans fermerent les portes au mareschal de l'armée ; de sorte que Sa Majesté fut contraint de retourner coucher à Rumesnil ; mais le lendemain, ayant fait advancer les lansquenets aux faux-bourgs d'Aubanton, la ville incontinent se rendit à discretion, et fut pillée pour peine de leur temerité et d'avoir voulu attendre toute l'armée. De là le Roy, traversant tousjours pays, arriva le 26 à Origny en Tierasche, d'où il envoya investir Vervins, capitale du pays, et le 29 vint coucher à Fontaine-Chasteau, à un quart de lieuë dudit Vervins, puis l'armée repassa la riviere d'Oise à deux lieuës près de sa source.

Ceste pauvre ville de Vervins fut beaucoup affligée en ceste année ; car après que M. de Longueville l'eut battuë et prise, le duc de Mayenne pendant le siege de Noyon, pensant que le Roy deust lever son siege pour secourir ceste ville, l'assiega, la batit, et la reprint, et le Roy en ce passage l'ayant fait investir, le 29 de ce mois, entra dedans, en chassa ceux de l'union, et y mit pour commander le sieur de Monceaux, lieutenant du sieur de Maley, gouverneur de La Capelle.

Le dernier d'octobre l'armée royale se separa en quatre. Le Roy alla d'une traicte à Noyon, M. de Montpensier, avec toute la maison du Roy et la suitte de la Cour, alla à Crecy, et de là s'en alla en Normandie ; M. de Nevers demeura avec ses troupes à Vervins pour s'en retourner en Champagne, ce qu'il ne fit ; et le baron de Biron, conduisant le gros de l'armée, prit son chemin entre les rivieres de Somme et d'Oise, passant près Sainct Quentin. Mais, le jour de ce despartement, il advint que les lansquenets, qui estoient en plus grand nombre que les François, et qui avoient pensé que toutes les forces royales fussent allées au devant d'eux pour les recevoir sur les frontieres, après avoir faict une infinité de maux par où ils avoient passé, pour ce que ce pays n'estoit pas beaucoup frumenteux, et qu'ils avoient eu disette de pain, conclurent entr'eux, au desceu de leurs chefs, de s'en aller, ce qu'ils tramerent sur l'indignation qu'ils avoient conceuë de ce que l'on leur vouloit faire observer les loix militaires, et bien que generalement tous les lansquenets ne fussent pas de ceste opinion, si est-ce que tout le regiment de Lanty, et une bonne partie de celuy d'Huicq, au lieu d'aller au quartier qui leur estoit donné, rebrousserent chemin et tirerent vers Guyse, où ils fussent entrez avant qu'on les en eust pu empescher, n'eust esté deux compagnies qui avoient esté commandées d'entrer en garde au quartier de M. le baron de Biron, lesquelles, y estant entrées deux heures avant jour, plierent leur bagage, arracherent par force des mains de leurs capitaines enseignes leurs deux drapeaux, et s'acheminerent après leurs compagnons. On jugeoit bien qu'ils avoient quelque mauvaise intention dans l'esprit, mais on ne pouvoit juger que c'estoit. M. le baron de Biron, adverty de ceste fuite, fut toute la nuict en armes, et manda, le jour de la Toussaincts avant jour, au prince d'Anhalt et au colonel Lanty, ce qui estoit passé, les priant de luy assister pour faire retourner ces lansquenets, ou bien, s'ils ne vouloient retourner, luy ayder à les tailler en pieces afin que l'ennemy ne s'en servist. Eux, fort estonnez de cecy, se joignirent incontinent audit sieur baron, et coururent après ces lansquenets : ils rencontrerent premierement les deux compagnies qu'ils firent retourner, puis poursuivirent le gros qui estoit party le jour precedent au soir, et les rencontrerent à une lieuë de Rocroy, ville du party de l'union. Si tost que ces lansquenets eurent aperceu que l'on couroit après eux, ils se mirent en bataille. Ledit sieur baron les vouloit forcer; mais leurs chefs les ayans gaignez, partie par menaces, partie par douces paroles, ils retournerent en l'armée royale. Ils avoient desjà creé des capitaines et conducteurs à leur guise, et avoient chassé tous ceux qui leur commandoient. Et fut on contraint de porter patiemment ceste escorne, et faire encor bonne mine, comme si on leur eust esté beaucoup obligé de ce qu'ils estoient retournez. Du depuis ledit sieur baron, pour les empescher de jouër derechef un semblable tour, les fit passer Sainct Quentin, pour gaigner tousjours pays et les faire reculer de la frontiere ; et le Roy revenu en l'armée commença à faire cheminer tous les reistres et ces lansquenets en la bataille, Sa Majesté avec les troupes françoises menant l'avantgarde, et M. de Nevers l'arrieregarde, ce qui les empescha de faire beaucoup de meschancetez qu'ils eussent fait s'ils n'eussent esté ainsi serrez. Voylà tout ce qui se passa en ceste armée jusques au mois de novembre. Nous dirons cy après comme elle alla au siege devant Rouën. Voyons une chose remarquable qui se passa à Louviers cependant que le Roy alla recevoir ceste armée estrangere.

Nous avons dit cy-dessus comme Louviers fut surprins par les royaux, et que le Roy donna le gouvernement de ceste place au sieur du Rolet. Les ligueurs avoient un extreme regret de l'avoir perdue, et tenterent plusieurs entreprises pour la r'avoir par surprise. Le frere du sieur de Fontaine-Martel avoit resolu d'en executer une le seiziesme d'aoust ; mais, sçachant que ledit sieur du Rolet estoit adverty de son dessein, et qu'il avoit mis bon ordre pour le recevoir, ne voulut se hazarder de l'executer. Toutesfois, en ceste nuict, il advint dans Louviers un cas esmerveillable et digne d'estre icy recité, qui fut tel :

Devant le portail de la grande eglise l'on avoit mis un grand corps de garde. Sur la minuict un grand bruict s'entendit en une maison qui estoit en une petite ruë vis à vis dudit portail. Le capitaine Diacre, commandant audit corps de garde, y accourut, pensant que ce fussent quelques ennemis qui se fussent retirez dans ceste maison. L'alarme se donna fort chaude par toute la ville, cependant que les tables, bancs, chaires, landiers de cuivre, et autres meubles, estoient jettez par la fenestre sur ledit capitaine Diacre et ses compagnons, sans qu'ils vissent personne : ce qui les contraignit de jetter quelques pierres dans la chambre, dont ils firent appaiser le bruit; puis deux femmes se presenterent aux fenestres, qui crierent à l'ayde, se voulans jetter du haut en bas, disans que c'estoit un esprit qui les avoit tourmentées, et avoit tout renversé sans dessus [illegible] les meubles de la maison. Diacre et ses compagnons les rassurerent, et leur baillerent par la fenestre une lanterne avec une chandelle allumée dedans, et une hallebarde, et leur commandèrent d'ouvrir la porte, ce qu'ils feirent; et, entrans en la chambre, virent les licts, couches et buffets tous renversez sans dessus dessous: ce que voyant ledit Diacre, il en advertit le sieur du Rolet qui s'estoit mis en armes avec quelques gens de pied et de cheval, lesquels s'estoient rendus diligemment en son logis. Voyant ceste alarme appaisée, il se resolut le matin d'aller voir luy-mesmes ce que c'estoit avec M. l'abbé de Mortemer, le sieur Seguier, grand maistre des eaux et forests, et le sieur Morel, prevost general de la mareschaussée en la province de Normandie, et plusieurs autres. Ils trouverent ces deux femmes fort esbahyes, deschevelées, et tout le mesnage renversé; les ayant interrogées, ils luy dirent que sur la minuict un esprit estoit descendu par la cheminée comme un brandon de feu, qui s'estoit adressé à leur servante, l'avoit poursuivie en la ruëlle du lict, l'avoit battuë d'une hallebarde, dont elle avoit le visage meurtry, et avoit fait tous les brisements et tout le desordre qu'ils voyoient. Le sieur du Rolet se doute incontinent qu'il y avoit en tout cela du faict de la chambriere, et commanda au prevost Morel de s'en saisir et de descouvrir la verité. Elle fut incontinent menée prisonniere, et, interrogée, l'on la trouva fort variable en ses responses, ce qui fit douter qu'il y avoit de la sorcellerie en son faict : toutesfois, suivant le dire commun, on crut que le diable n'avoit nulle puissance sur les sorciers estans entre les mains de la justice. Ceste servante fut laissée en prison quelques jours, pendant lesquels ledit prevost fut contraint de monter à cheval et assister à certaine occasion pour le service du Roy, et ne revint à Louviers que le dernier jour d'aoust; mais, comme il s'alloit mettre à table pour disner au logis dudit sieur du Rolet, le geolier arriva tout effrayé, et leur dit qu'il leur remettroit et rendroit les clefs des prisons s'ils ne faisoient sortir ceste chambriere, laquelle estoit possedée du malin esprit, et que, pour les choses espouvantables qu'elle faisoit, tous les prisonniers vouloient rompre les prisons pour s'enfuyr. Le prevost Morel, ayant quitté le disner, va avec ses archers à la prison, où les prisonniers luy asseurerent qu'ils avoient veu tomber une porte [qui estoit tout ce que sept ou huict hommes pouvoient porter] sur ladite chambriere, nommée Françoise Fontaine, et que, comme ils s'estoient ef- d'oster ceste porte de dessus ladite Fontaine, qu'ils avoient veu un cuvier à lessive et des poinçons qui estoient dans le cachot où elle estoit s'eslever en l'air avec un grand bruit, et que du depuis elle estoit demeurée comme esvanouye, ayant la gorge enflée, ainsi qu'il la voyoit. Alors le prevost Morel la fit lever et emmener dans le parquet où se tenoit la jurisdiction pour l'interroger; mais, comme le greffier commençoit à escrire le procez verbal, ils virent ladite Fontaine enlevée en l'air deux pieds de haut sans que personne la touchast, et aussi tost tomber à terre sur son dos, tout de son long, les bras estendus comme une croix, et, après, icelle se traisner, la teste devant, sur son dos, le long dudit parquet, dont ledit prevost Morel et plusieurs personnes qui estoient là furent fort estonnez.

Le curé de Louviers, un medecin, un apoticaire et un barbier, furent incontinent envoyez querir par le dit prevost, lequel, en attendant leur venuë, voyant ladite Fontaine derechef tourmentée, s'advisa de dire l'evangile sainct Jean *In principio erat verbum*, remede que l'on tient estre très-utile pour appaiser la peine des maniaques; mais, tout aussi tost qu'il l'eut commencée, voilà ceste chambriere, qui estoit encor contre terre, la face en haut, qui commença à se trainer de ceste façon, toute descoiffée, les cheveux herissonnez, et aussi-tost fut eslevée hors de terre de trois à quatre pieds de haut, de son long, la face en haut, et portée le long de ladite jurisdiction sans toucher rien, ny que l'on vid aucune chose qui la tinst; et ce corps, ainsi eslevé en l'air, vint droit pour toucher le prevost Morel, qui se retira dans le parquet, fermant la porte sur luy, contre laquelle ce corps, estant tousjours en l'air, vint fraper de la plante des pieds, et en ceste façon fut encore remportée, la teste devant, hors de ladite jurisdiction, et s'arresta en l'allée de la prison, entre la porte et celle de la ruë. Le prevost Morel, qui s'estoit enfermé seul dans le parquet pendant toute ceste action, demeura fort estonné. Quelques prisonniers ayans ouvert la porte de la prison le vindrent trouver, et luy promirent de l'assister. Mais ayant trouvé Françoise couchée en la mesme façon que dessus proche la porte de la prison, il s'advisa [suivant ce qu'il avoit autresfois ouy dire que pour empescher un sorcier de faire mal qu'il le faut battre d'un ballay neuf de bois de bouleau] de la faire frapper d'un ballay neuf par dessus ses habits, dequoy elle revint comme hors de pasmoison; et, à l'ayde de plusieurs, il la fit remener dans la jurisdiction, où un medecin, nommé du Roussel, qui estoit de la religion pretenduë reformée, avec un chirurgien, arriverent; mais, comme ledit prevost conferoit avec eux de ce qu'il estoit besoin de faire, elle tomba derechef sur le dos, et se traina encore de la mesme façon que dessus, ayant la gorge fort enflée. Le medecin dit qu'il ne sçavoit donner ordre à cela, et qu'elle estoit possedée du malin esprit. Le curé de Louviers, nommé Belet, arriva peu après avec un clerc et de l'eau beniste : le prevost le requit et pria d'exorciser ceste chambriere. Il luy jetta de l'eau beniste, ce qui la fit revenir à soy, se plaignant de sa debilité et lassitude. Le prevost, la voyant revenuë, luy fit plusieurs remonstrances, et luy monstra l'image du crucifix, à la veuë duquel elle souspira ; mais nonobstant, interrogée, ne voulut rien recognoistre de la verité : ce que voyant le prevost, il la menaça de lui faire couper les cheveux, auquel elle respondit qu'elle voudroit desjà que c'en fust faict ; toutesfois le prevost pria le curé de la vouloir ouyr particulierement, et tirer d'elle la verité, s'il pouvoit. Le curé la print par la main, et la mena dans le parquet, où elle luy dit plusieurs choses, entr'autres qu'elle avoit esté violée par quelques soldats de la garnison de Louviers, dont elle s'estoit desesperée, et avoit quelque chose dans le corps. Le curé, ayant appellé le prevost dans le parquet, luy dit ce qu'il avoit tiré d'elle par forme de devis, et que du surplus, qu'il advisast à faire ce qu'il trouveroit bon de faire, mais que pour luy qu'il s'en alloit retirer. Le prevost Morel luy fit commandement de par le Roy et à tous les assistans de l'assister, et derechef procedant à l'interrogation de ladite chambriere, et ayans pris le serment d'elle de dire verité, elle luy fit un recit comme elle avoit esté violée par trois soldats, comme elle s'estoit desesperée et n'avoit peu entrer en l'eglise de Louviers d'où elle se seroit depuis retirée en une ferme appartenante au sieur Le Guay, dont sa femme l'avoit ramenée en la ville, en sa maison, où elle avoit esté prise prisonniere. Cet interrogatoire fut fort long : ce n'estoient que menteries qu'elle disoit. Mais, comme le prevost et le curé la virent fort foible, advertis mesmes qu'il y avoit trois jours qu'elle n'avoit mangé, le prevost et le curé firent venir du pain et du vin que le curé benit ; mais, ayant refusé de boire et manger, pressée, elle print le vin qu'elle mit en sa bouche, et vuida le verre ; mais, si tost qu'elle eut remis le verre sur le bureau où le greffier escrivoit, le vin et le pain se retrouverent entierement dedans, ce qu'elle fit plusieurs fois ; dont le prevost entra en telle colere qu'il luy dit que, si elle ne beuvoit ledit vin et mangeoit ledit pain, il l'offenseroit. Elle print derechef le verre, et avalla fort peu dudit vin, ce qu'elle fit avec une très-grande peine, en suant à grosses goutes par le front, la gorge fort enflée, et les yeux qui luy sortoient à demy de la teste.

Derechef, en continuant l'interrogatoire, elle confessa qu'un grand homme noir depuis quelque temps s'estoit apparu à elle par plusieurs fois, luy disant qu'elle s'estoit donnée à luy quand les trois soldats la violerent, et qu'il luy avoit monstré de l'argent. Mais à chasque coup elle se jettoit à deux genoux, et s'escrioit les mains joinctes : « Je suis morte ! si je vous dis la verité ce grand homme noir me tuera. » Mais, asseurée par le prevost qu'elle n'eust point de crainte estant entre ses mains, et que les autres esprits n'avoient aucune puissance sur la justice ny sur ceux qui estoient entre leurs mains, elle confessa que ce grand homme noir l'avoit tant importunée qu'en fin il avoit eu sa compagnie par plusieurs fois, ce qu'il avoit continué toutes les nuicts, reservé à la nuict passée, qui estoit la cause pourquoy ce grand homme noir l'avoit tant tourmentée.

Or toutes ces interrogations furent fort longues, si que la nuict survenuë, et le prevost, voulant faire rediger par escrit ce qu'elle confessoit, fit allumer des chandelles, l'une desquelles qui estoit fort grosse fut mise sur le bureau où le greffier escrivoit ; et ladite chambriere, interrogée derechef, confessa que tout ce qu'elle avoit dit estoit veritable, et, d'abondant, que ce grand homme luy avoit demandé pour gage premierement un de ses doigts, puis un poulce, ou bien seulement un ongle, mais qu'elle n'en avoit jamais rien voulu faire, ains pour gage luy avoit donné de ses cheveux qui tomboient lorsqu'elle se peignoit : ce que ledit grand homme avoit receu pour gage, et d'avantage qu'il luy avoit faict prendre deux ans de terme pour s'en aller avec luy sans plus revenir. Mais, ainsi que Françoise racontoit toutes ces choses au prevost, estant devant lui à deux genoux, elle tomba le visage contre terre, comme si l'on l'eust jettée du haut en bas, et les chandelles qui estoient dans les chandeliers esteintes, reservé celle qui estoit sur le bureau, qui fut soufflée par plusieurs fois sans qu'elle fust esteinte ny veu aucune personne la souffler ; mais on la vid à l'instant enlever du chandelier tout allumée, puis froter contre terre pour l'esteindre, laquelle en fin esteinte, il fut ouy un grand bruit sans avoir veu aucune chose ny personne qui eust pris ladite chandelle ; ce qui estonna tellement le curé, le greffier, le geolier, les archers et plusieurs autres qui estoient presens, qu'ils se retirerent tous fuyans hors ladite jurisdiction, et y laisserent seul le prevost Morel avec ladite Françoise. Il estoit bien lors près de neuf heures du soir. Le prevost, se trouvant seul, se recommanda à Dieu, et commanda au diable que, par la puissance qu'il avoit comme juge, qu'il eust à laisser le corps de ceste Françoise, et luy dire ce qu'il demandoit. A l'instant le prevost se trouva saisy par les jambes, corps et bras : ce qui le tenoit par le bas des jambes avoit de la chaleur, mais pour le reste il ne sentoit aucune chaleur, ains seulement une grande pesanteur et entortillement comme d'un grand vent, entendant frapper plusieurs coups sur ladite Françoise, dont elle crioit; puis tout aussitost ledit prevost se sentit fraper par le mollet des jambes avec quelque chose qui estoit dur comme bois, et receut un grand coup sur le visage, du costé dextre, qui luy escorcha et enleva la peau jusques au sang, depuis le dessus de l'oreille jusques au menton le long de la machoire. Le prevost alors mit la main droicte à son espée pour la tirer; mais, sans avoir senty aucun attouchement de personne, le bras droict luy fut saisi, ce qui luy empescha de tirer soudainement son espée, ayant receu un coup au poignet de la main droicte, dont il fut fort offencé jusques au sang : de ce coup la peau luy fut enlevée de la largeur de quatre poulces, de la façon d'un grand tiret à fermer une lettre, la peau luy estant demeurée attachée au poignet aussi tenue que la peau d'un gand. Nonobstant tous ces empeschemens, le prevost tira son espée, et la mania parmy le parquet, commandant tousjours au diable de parler à luy. De tous ceux qui s'en estoient fuys de la jurisdiction, nul ne voulut y rentrer, sinon le curé qui se hazarda d'y rentrer, et saisit par le corps le prevost pour l'enlever; mais, luy estant impossible, le prevost le pria de se retirer et faire venir en diligence des torches et flambeaux. Cependant le prevost avoit l'espée nuë en la main, et continuoit de commander au diable de parler à luy, et luy dire ce qu'il demandoit; mais il sentit soudain saisir sa main droicte dont il tenoit son espée nuë, et comme un pesant fardeau sur son dos, sans avoir nul sentiment qu'il fust tenu d'aucune personne, reservé par le bas des jambes où il y avoit de la chaleur, qu'il pensoit estre ladite Françoise sur laquelle il entendoit frapper de grands coups. Peu après, le prevost se sentant deschargé, et le bras dont il tenoit son espée libre, ayant remué son espée autour de luy, et voyant que personne n'apportoit de la clarté, il commença à avoir frayeur pource que son manteau luy estoit tombé à terre; ce qui le fit de sortir d'une traitte, hors d'aleine et fort eschauffé, jusques dans la rue; mais, à l'aide de plusieurs et de grand nombre de torches et flambeaux, ledit prevost rentra dans ladicte jurisdiction, et trouva à l'entrée du parque ladite Françoise esvanouye et blessée, d'où il la fit incontinent tirer et lever : elle avoit tout le visage esgratigné comme si c'eust esté des ongles d'un chat, dont il sortit plus de deux pots de sang. Il estoit tard et bien entre neuf et dix heures du soir quand le prevost commanda qu'elle fust emmenotée de peur qu'elle ne s'offençast, et la laissa en garde au geolier et à aucuns des prisonniers qui se chargerent de la garder la nuict.

Le prevost Morel, s'estant retiré en son logis, manda le curé le lendemain, avec lequel il resolut que ladite Françoise seroit le lundy matin menée à l'eglise. Comme ils parloient, le geollier arriva, qui dit au prevost qu'il ne pouvoit plus garder ladite Françoise, pour ce que les prisonniers luy avoient dit qu'ils romproient les prisons et s'en iroient si on ne l'ostoit, à cause de la peur qu'ils avoient, suppliant le prevost de s'y transporter, où il verroit ladite Françoise la teste en bas dans un puits, tenant la corde avec ses deux mains emmenotées, là où elle avoit esté transportée sans que l'on eust veu personne l'y transporter, et s'y fust precipitée sans luy, ses serviteurs et huict prisonniers qui l'avoient arrestée par les pieds et par ses habits, dont ils ne la pouvoient retirer, les suppliants d'y venir donner ordre. Le prevost luy dit qu'il n'y pouvoit aller pour son indisposition, et pria le curé Belet d'y aller : ce qu'il fit; et ayant trouvé encor ladite Françoise dans le puits, la teste en bas, les pieds en haut, que sept ou huict hommes tenoient par les pieds pour la retirer, ce qui leur estoit impossible, ledit curé, après l'avoir exorcisée et jetté sur elle de l'eau beniste, aussi-tost les hommes la retirerent, ayant toutes les jambes gastées, meurtries et offensées.

Le curé derechef la laissa en garde au geollier et aux prisonniers jusques au lundy matin, deuxiesme de septembre, qu'il revint avec le prevost pour l'emmener à l'eglise. Après qu'il l'eut ouye en confession et baillé de l'eau beniste, on la mena à l'eglise Nostre-Dame en la chappelle de la Trinité, où un chapelain de ladite eglise, nommé Buisson, dit la messe, pendant laquelle Françoise parut tousjours assez tranquile; mais, Buisson estant à l'action de graces, le curé ne voulut pas qu'il la parachevast qu'il n'eust premierement administré le saint sacrement de l'eucharistie à ladite Françoise. Buisson s'estant arresté, le curé s'approcha de Françoise, laquelle il ouyt derechef en confession, puis exorcisa et conjura le malin esprit. Françoi ayant declaré publiquement qu'elle renonçoit au diable, le curé s'approcha d'elle pour la communier après luy avoir faict dire son *Misereatur* et son *Confiteor ;* mais, luy ayant presenté la saincte hostie devant la bouche pour la recevoir, tout aussi-tost il s'apparut comme un ombre noir hors l'eglise, qui cassa une losenge des vitres de ladite chapelle, et souffla le cierge qui estoit sur l'autel, dont il esteignit tellement le lumignon, qu'il sembloit, à le voir, qu'il y eust plus de dix ans qu'il n'avoit esté allumé, et tout aussi-tost ladite Françoise, qui estoit à deux genoux, fut enlevée si espouvantablement, que ce fut tout ce que purent faire six personnes que de la ramener à terre, sans toutesfois veoir ny appercevoir aucune chose. Plus de douze cents personnes virent cela, entre lesquels estoient les sieurs abbez de Morte-mer, de Rate, les sieurs de Rubempré, les barons de Neuf-bourg, des Noyers, le sieur Seguier, grand maistre des eaux et forests, et plusieurs autres.

Derechef le curé, luy ayant faict abjurer le malin esprit, luy presenta pour la seconde fois la saincte hostie ; mais elle fut alors levée de terre plus haut que l'autel, comme si on l'eust prise par les cheveux, d'une si estrange façon, que, sans plusieurs hommes qui se jetterent à ses accoustrements et l'abbatirent à terre en se jettant sur elle, le malin l'eust enlevée. Les yeux sortoient de la teste de ladite Françoise, et les bras et jambes luy estoient tournez ç'en dessus dessous. Ce que voyant le curé, il s'approcha d'elle, luy ayant encor jetté de l'eau beniste et exorcisé, et conjuré le malin, et, la voyant le visage contremont, il fit allumer un autre cierge. Alors elle revint à soy et reprint ses esprits, et cria mercy à Dieu, et renonça au malin. Ce que voyant le curé, il luy presenta encor la saincte eucharistie ; mais tout aussi-tost elle fut enlevée par dessus un banc qui estoit devant l'autel, et fut emportée en l'air du costé où la vitre avoit esté cassée, la teste en bas, les pieds en haut, sans que les accoustrements fussent renversez, au travers desquels, devant et derriere, il sortoit une grande quantité d'eau et de fumée puante ; et, ayant esté ainsi quelque temps transportée en l'air sans qu'on la peust reprendre, en fin sept ou huict hommes, s'estans jettez à elle, la reprindrent et mirent contre terre. Tous ceux qui estoient presents, tant catholiques que de la religion pretenduë reformée, se mirent lors tous à genoux, pleurans et prians Dieu pour le salut de l'ame de ceste pauvre Françoise.

Le curé, après avoir exorcisé le malin, et que Françoise, revenuë à soy, eut dit tout ce qu'elle luy avoit veu faire, le sieur Ratte, abbé, dit au curé qu'il supercedast de vouloir bailler le sainct sacrement à ladite Françoise, laquelle n'estoit en estat de le recevoir ; et toutesfois, s'estant mise à genoux, le curé luy presenta l'hostie qu'elle adora et baisa sans empeschement. Plusieurs soldats et autres, qui estoient de la religion pretenduë reformée, ayans veu tout ce que dessus, firent dès-lors leur renonciation, et protesterent d'aller à la messe et vivre catholiquement à l'advenir.

Françoise estant remenée à la prison, le prevost se souvint qu'elle luy avoit dit la premiere fois qu'il l'interrogea : « Je voudrois que vous m'eussiez jà faict couper les cheveux. » Ce fut pourquoy il delibera l'apresdinée de les luy faire couper. Pour cest effect il se transporta à la prison avec le procureur du Roy, le greffier et ses archers, où se trouverent aussi le sieur abbé de Mortemer, le sieur du Rolet, madame de Larchant, le curé et plusieurs autres, et la trouva sur un lict blessée au front. L'ayant interrogée qui luy avoit faict cela, elle dit que c'estoit le malin esprit, pource qu'elle ne luy avoit plus voulu donner de ses cheveux. Si tost que le medecin Roussel et Gautier, chirurgien, furent arrivez, ledit prevost fit amener Françoise à la salle de la cohuë où elle demeura à l'entrée, et, interrogée derechef par luy sur ce qu'elle avoit dit qu'elle eust voulu que l'on luy eust coupé ses cheveux, le confessa, mais en pleurant dit qu'elle ne vouloit que l'on luy couppast, pource que le malin luy avoit dit qu'elle se gardast bien de les faire couper, et qu'il ne la tourmenteroit plus. Le prevost, nonobstant ses cris, ordonna qu'ils luy seroient presentement coupez et bruslez. Le chirurgien ayant mis une nape à l'entour du col de Françoise, de laquelle il avoit lavé les cheveux qui n'estoient grands que d'un pied, et faict faire un grand feu à l'un des coings de la salle de la cohuë, commença à razer les cheveux de ladite Françoise par le devant de la teste, estant tenue de dix archers par les jambes, corps, cuisses et bras, lesquels pour ce faire avoient quitté leurs armes ; mais, au troisiesme coup de razoir que le chirurgien bailla venant sur l'os coronal de la teste, Françoise fut enlevée en l'air d'entre les mains de tant de gens qui la tenoient, lesquels, contraints de courir après pour la reprendre ainsi en l'air, l'attraperent par ses accoustremens, et la mirent à terre en se jettant sur elle, pource qu'elle se debatoit de telle sorte qu'il ne se pouvoit voir chose plus espouvantable, ayant la bouche ouverte et les yeux gros et renversez en la teste. Le curé luy jetta de l'eau beniste, exorcisant et conjurant le malin esprit. Aussi-tost qu'elle fut revenuë, le chirurgien la fit reprendre par les archers, et, continuant à luy razer les cheveux, on la vit en un instant enlevée en l'air fort haut, la teste en bas, les pieds en haut, sans que ses accoustrements se renversassent, au travers desquels il sortoit, par devant et par derriere, grande quantité d'eau et fumée puante. En fin estant reprinse, et tous les archers s'estant jettez sur elle de peur que le malin ne l'enlevast, le curé, le procureur du Roy, tous les assistans, et ceux mesmes qui estoient aux fenestres, en la voyant si horrible, se mirent lors à genoux tous en prieres : le prevost aussi entra dans le parquet de la jurisdiction, et se mit à genoux sur le degré au bas de la chaire du juge au dessus de laquelle y avoit un crucifix, là où estant en priere, le curé ayant jetté de l'eauë beniste à ladicte Françoise et exorcisé le malin esprit, elle reprint ses esprits, et demanda à parler au prevost, que l'on alla querir comme il estoit en prieres ; mais en se relevant de dessus ledit degré, il trouva que tout le bas et le long d'iceluy il y avoit grande quantité de cheveux qui estoient dans le plastre et sortoient dehors demy pied, de la longueur de plus de six pieds et de demy pied de large, qui l'estonna ; mais ledit prevost venu à ladite Françoise qui estoit contre terre la face en haut, et luy ayant demandé ce qu'elle luy vouloit, elle luy dit par trois fois : « Faictes les couper vistement, monsieur le prevost, tous les cheveux : » ce qu'ayant entendu le prevost, il commanda au chirurgien de les luy razer vistement, ce qu'il continua de faire ; mais, nonobstant qu'elle fust tenuë par lesdits archers, elle fut encore ostée de leurs mains et enlevée en l'air le long de la cohue, les pieds en haut, la teste en bas, hurlant et criant estrangement, continuant de jetter de l'eau et de la fumée qui passoit au travers du bas des accoustrements ; mais, estant reprise et aspergée d'eau beniste, le chirurgien luy paracheva de razer ses cheveux, non sans grand peine. Le prevost Morel, voyant qu'elle avoit la teste razée, appella tous les assistans, et leur monstra les cheveux qu'il avoit trouvez au bas des degrez de la chaire du juge, dequoy ils demeurerent tous estonnez ; Mais Françoise, interrogée, dit que c'estoit ses cheveux qu'elle avoit baillez au malin esprit qui les avoit là rapportez, comme elle avoit veu. Le prevost fit confronter par le chirurgien les cheveux razez avec ceux là, qui se trouverent semblables ; et ayant interrogé le geollier et tous ses serviteurs si jamais ils avoient veu ces cheveux, dirent tous que non, et mesmes qu'ils avoient baillié l'auditoire la mesme matinée, et n'y avoient rien veu. Le prevost, ayant faict apporter un pic et une pelle pour oster ces cheveux, lesquels estoient plus de trois doigts dedans le plastre, les fit tous brusler avec les autres cheveux razez. Nonobstant, Françoise estoit tousjours tourmentée, ce qui occasionna le prevost d'ordonner que le poil de dessous les aisselles et celuy des parties honteuses luy seroit aussi razé ; mais Françoise voulant se despouiller et obeyr au commandement du prevost, voylà à l'instant, sans voir personne luy toucher, que ses deux bras luy furent renversez par derriere le dos, et icelle jettée contre terre et traisnée sur le dos de vistesse, la face en haut dans le feu où brusloient ses cheveux, et, sans le secours du curé, du chirurgien et des archers qui la reprindrent par les pieds la retirant avec grande peine du feu, elle y eust sans doute esté estouffée. Retirée, le curé continua les exorcismes en luy jettant de l'eau beniste, et cependant que les archers la tenoient elle fut despoüillée, et le chirurgien luy raza soudain le poil, et le jetta incontinent au feu.

Françoise lors commença à dire au prevost qu'elle estoit allegée, se jetta à deux genoux, commença à regarder le crucifix, demanda pardon à Dieu, le supplia de recevoir sa priere, renonça au malin esprit, et monstra les blessures que le diable lui avoit faictes à la teste et aux bras tandis que l'on luy faisoit ses cheveux. Ledit prevost la voyant assez paisible ne luy voulut faire razer le poil de ses parties honteuses, ains la fit revestir et remener en l'eglise, où maistre Pierre Haudemarre, l'un des curez de Louviers, eut charge de l'oyr en confession, et tirer d'elle plus avant que ce qu'elle avoit dit. Confessée, elle supplia qu'elle fist le lendemain ses pasques. La nuict elle ne bougea de dedans une chapelle avec quelques gens d'eglise, et le lendemain le prevost, estant venu en l'eglise Nostre-Dame, s'enquesta encor de ladite Françoise, laquelle luy dit que depuis qu'il luy avoit fait razer et brusler son poil, qu'elle n'avoit plus eu de vision et se trouvoit bien. Le curé Haudemare par le commandement du sieur du Rolet, qui y estoit venu avec M. de l'Archant, gouverneur d'Evreux, et plus de huict cents personnes, chanta une messe basse, et à la fin d'icelle fit recevoir à ladite Françoise son Createur, dont tous les assistans louerent Dieu. Du depuis elle a demeuré à Louviers et autour de Louviers assez long temps, et après la reduction de Rouen, l'an 1594, elle alla à Rouen servir, et n'a esté du despuis aucunement tourmentée de l'esprit. Avant que de finir ceste histoire, il ne sera hors de propos de dire qui estoit ceste fille Françoise Fontaine, et ce qu'elle confessa après avoir esté delaissée du malin.

Sur ce qu'un prisonnier de guerre, qui estoit de la ville de Bernay, laquelle tenoit pour l'union, dit à *Louviers* qu'il avoit veu ladite Françoise à Bernay, et qu'elle y avoit esté possedée et tourmentée ez presence de plusieurs personnes et de quelques cordeliers du lieu, ledit prevost Morel, sans que ladite Françoise sceust rien de ceste deposition, derechef se transporta à la chapelle où elle estoit encores, et, le 5 de septembre, luy dit qu'elle ne luy avoit pas dit la verité, et qu'elle avoit esté tourmentée ailleurs. Alors elle se jetta de genoux, et, protestant qu'elle luy diroit la verité, confessa qu'il y avoit deux ans dez la Sainct Jean derniere que, demeurant à Paris en la ruë de Champ-fleury, il se presenta la nuict à elle comme un pigeon, puis comme un chat, et par après comme un homme, ce qui l'avoit fort tourmentée, et fut cause que l'on la chassa, comme l'on fit aussi de plusieurs endroicts qu'elle nomma, où elle alla demourer puis après, entr'autres, chez un homme nommé Olivier, prez l'eglise Sainct André des Arts, où, ledit malin esprit la poursuivant tousjours, il advint un jour qu'estant ledit Olivier malade, le malin esprit descendit par la cheminée comme un brandon de feu, ce qui espouvanta tellement ledit Olivier, que, tout malade qu'il estoit, il se leva, et appella par la fenestre ses voisins à son ayde, sans le secours desquels il se fust jetté par la fenestre, car le malin esprit s'estant adressé à elle, ledit Olivier l'avoit veuë jetter contre terre, puis traisner à la cave, où les voisins furent pour la retirer, ce qui leur fut impossible, et falut aller querir aucuns cordeliers, lesquels, estans venus avec la croix et l'eau beniste, la retirerent de ceste cave; qu'estant chassée de ceste maison, personne n'en voulut plus, pour le bruit et l'importunité dudit esprit, aussi que quelques curez de Paris avoient esté importunez de l'exorciser, mais qu'ils ne luy avoient sceu que faire ny bailler aucun allegement, entr'autres M. Hervy, curé de Sainct Jean en Greve, et M. Benoist, curé de Sainct Eustache. Plus, elle dit que la femme d'un tailleur de court demeurant près Sainct André des Arts l'avoit retirée, disant qu'elle ne craignoit point les diables; mais que le malin ne l'abandonnoit jamais, et plusieurs fois s'estoit presenté à elle, tantost en la forme d'un sien oncle mort, luy enchargeant d'accomplir quelques vœus; ce qu'ayant dit à sa maistresse, elle la mena à M. le penitencier de Nostre-Dame, auquel elle confessa tout ce que dessus, qui luy enchargea de faire lesdicts vœus; ce que s'estant mis en devoir d'accomplir et d'aller à Nostre Dame des Vertus sans parler, envelopée d'un drap, des soldats de la ville, l'ayans rencontrée, la prindrent, luy disant que c'estoit quelque grande dame desguisée qui s'enfuyoit : sa maistresse, qui l'accompagnoit, leur dit que c'estoit une fille possedée du malin, et les pria de ne la importuner; nonobstant il falloit qu'elle passast; que ces soldats les ayant quittées, elle et sa maistresse poursuivirent leur chemin, et allerent aux Vertus où ils firent chanter messe, laquelle elle ne peut ouyr, ayant tousjours un bourdonnement à ses oreilles; cela faict, qu'ils s'en revindrent par Sainct Laurens à leur maison, et, peu de jours après, ainsi que sa maistresse estoit allée à la messe et qu'il n'y avoit personne à la maison, ledit malin s'estoit presenté à elle estant entré par la fenestre, lequel luy dit qu'il estoit un marchand de l'autre monde qui estoit amoureux d'elle, puis la baisa, et, après plusieurs allechements, qu'elle luy avoit accordé de faire ce qu'il voudroit d'elle, et qu'elle s'estoit donnée à luy, pensant que ce fust quelque riche marchand, veu les bagues qu'il avoit aux doigts, et qu'il la deust prendre à femme et luy faire du bien, qui fut l'occasion qu'elle s'abandonna lors à luy et eut sa compagnie, laquelle toutesfois n'estoit nullement aggreable, avec mille villenies indignes de referer; *bref*, que ledit malin la poursuivit tant, que pour gage elle luy donna de ses cheveux, et, pour s'en aller avec luy tout à faict en l'autre monde, qu'elle avoit pris deux ans de terme qui expiroient dans trois sepmaines; et que le malin lui avoit dit qu'il la viendroit querir pour l'emmener avec un courtaut noir; que depuis ce temps ledict malin avoit tousjours continué d'avoir sa compagnie une fois le jour, et qu'il estoit devenu tant jaloux d'elle, que s'il la rencontroit parlant à quelqu'un il la battoit et outrageoit estrangement, et aussi qu'elle par continuation de temps estoit devenuë amoureuse de luy; mais que le legat Gaëtan durant le siege de Paris, ayant esté adverty qu'elle estoit possedée du malin, avoit fait faire une procession generale où elle fut menée et tourmentée par le malin qui l'avoit enlevée de terre par plusieurs fois durant la procession; mais que ledit sieur legat ne luy ayant sceu donner aucun allegement, on l'avoit chassée hors de Paris, d'où elle estoit venuë droict à Poissy, là où elle avoit rencontré la femme d'un tailleur nomme Quatre-marcs qui l'avoit amenée avec elle à Bernay, où ledit malin l'avoit tousjours poursuivie et tellement tourmentée, que l'on l'avoit aussi chassée de Bernay, et s'en estoit de Bernay venue à Louviers, où tousjours le malin l'avoit tourmentée jusques à ce que, par la grace de Dieu, le prevost luy avoit faict couper ses cheveux; que ceste sienne derniere deposition estoit la pure verité, que s'il se trouvoit au contraire que l'on la fist mourir, et qu'il ne se trouveroit qu'elle eust jamais faict mal à personne, ny autre chose que ce que dessus. Interrogée sur ce qu'elle avoit dit que le malin esprit avoit crainte de la justice, pourquoy c'est qu'il a offencé le prevost Morel, et dequoy c'est qu'il l'avoit offensé, elle respondit que le malin, ayant crainte que le prevost ne retirast ladite Françoise de ses mains, pour ce qu'il la vouloit emporter, après avoir soufflé les chandelles, avoit prins le banc sur lequel ledit prevost estoit assis, dont il luy en auroit baillé plusieurs coups sur les jambes pour les luy rompre, ce qu'il n'avoit sceu faire: ce que voyant le malin s'en estoit retourné, et avoit apporté un grand cousteau pointu qui avoit le manche noir, avec lequel il s'estoit efforcé de couper la gorge audit prevost, ce qu'il n'auroit aussi sceu faire, et estoit ce qu'il avoit escorché au dessous de la maschoire du coup qu'il luy avoit baillé dudit cousteau; plus, que le malin voyant que le prevost vouloit mettre la main à l'espée, qu'il luy avoit voulu couper le poignet de la main droicte, ce qu'il n'avoit sceu faire, et luy en avoit seulement enlevé la peau: ce que voyant le malin, et qu'il n'avoit nulle puissance sur ledit prevost pource qu'il estoit juge, il auroit baillé le cousteau à ladicte Françoise pour tuer ledit prevost, ce qu'elle n'avoit voulu faire, qui estoit pourquoy il l'avoit tant batuë et outragée, s'esforçant de l'enlever, ce qui l'auroit occasionnée d'avoir prins le prevost par les jambes avec ses mains pour empescher que le malin ne l'enlevast; mais que le malin ayant veu que le prevost manioit son espée toute nuë autour de luy, il s'en seroit allé. Après toutes ces confessions le prevost ordonna, veu qu'elle n'avoit plus que trois sepmaines de temps pour estre emportée du malin, qu'elle demeureroit encor un mois dans ladicte chapelle avec les prestres et les archers qui la gardoient, pendant lequel temps et du depuis, comme nous avons dit, elle n'a plus esté tourmentée du malin.

Cette histoire est notable, d'autant que par icelle on void que Satan abuse des humains en toutes sortes, quelquesfois sous le pretexte des vœus, et d'autresfois sous l'habitude des personnes decedées, et par ce moyen pretend de les mettre en erreur de devotion; tellement que mesmes les docteurs en sont quelquesfois surpris pensant bien faire; dont il est bien besoin que nous prenions garde à nous, comme dit sainct Paul, *Sçachant que les ruses de Satan sont grandes*, II Corinth., 7. Or ceste histoire est tellement veritable, que tous les actes en sont escrits et signez authentiquement par plusieurs gens d'eglise qui ont veu tout ce que dessus, par ledit sieur prevost, par les substituts de messieurs les gens du Roy, et plusieurs tesmoings.

Au reste, d'autant que ledit prevost, après le temps passé que ladite Françoise eust deu craindre son enlevement et transport par ledit malin, voyant qu'au contraire elle estoit d'un bon sens rassis, et qu'estant mise entre les mains d'une bourgeoise du Pont de l'Arche, elle s'estoit fort long-temps gouvernée sagement; qu'aussi il ne se trouvoit point qu'elle eust jamais fait mal à personne, ny voulu faire; et quant à ce qu'elle avoit esté violée ou deceuë du commencement, comme il a esté dit en ceste miserable histoire, tout cela estoit comme ce qui pourroit advenir à une simple fille par la violence de quelques meschans hommes, en quoy une pauvre fille auroit plus besoin de compassion que non pas qu'elle fust digne de punition;

Pour ces causes et raisons ledit sieur prevost, par l'advis du conseil, relascha du tout ceste pauvre Françoise Fontaine, et est advenu que quelques années après, que ledit sieur prevost estant à Rouën, ladite Françoise se vint jetter à ses pieds, et, luy ne la recognoissant pas, elle luy dit: « Monsieur, je suis ceste pauvre femme à laquelle vous avez sauvé la vie dans Louviers; maintenant, par la grace de Dieu, je suis mariée avec un tailleur d'habits, et vivons, graces à Dieu, en tout bien et honneur. — M'amie, luy dit le prevost, Dieu vous fasse la grace de vivre en femme de bien, et priez bien Dieu qu'il vous assiste. »

Ceste histoire sert pour instruire ceux qui ont la vie des hommes en leur pouvoir d'en user moderement, à l'exemple de la cour de parlement de France, qui est le throsne souverain de la justice sous le sceptre des roys Très-Chrestiens, lesquels inclinent tousjours volontiers plustost à la justification des pauvres delinquans et coulpables qu'à la condamnation, mesmement en tels cas de surprinses violentes des malins esprits envers les pauvres personnes qui s'en trouvent affligées, d'autant que souvent autrement *summum jus* seroit *summa injuria*.

Le 15 d'octobre mourut le pape Gregoire XIV, ayant tenu le pontificat dix mois et quelques jours. Il avoit esté toute sa vie valetudinaire, et depuis l'aage de dix-huict ans il n'avoit beu que de l'eau, ce qui fut cause, comme plusieurs ont escrit, qu'il fut fort affligé de la pierre, pour ce qu'il n'y a nulle eauë, tant pure sçauroit elle estre, qui n'ait quelque excrement terrestre. Il fut en son temps d'une admirable abstinence, et fut l'exemple de la pieté; mais, comme plusieurs ont escrit, sa trop grande facilité fut cause que la France fut fort affligée. Estant mort et ensevely, les cardinaux entrerent au conclave, où ils esleurent pape, le 29 octobre, Jean Antoine Fachinetto, bolognois, cardinal de Sainct Martin du Mont, lequel se fit nommer Innocent IX. Il avoit soixante onze ans et quelques mois quand il fut esleu; il estoit de petite complexion : ce qui fit juger dèslors à plusieurs qu'il ne tiendroit gueres le pontificat, comme il advint, car il mourut le dernier jour de ceste année, et ne fut que deux mois pape.

Ce pape, ayant en sa jeunesse faict toutes les affaires de la maison du cardinal Farnese, et ayant esté advancé par son moyen aux plus hautes dignitez, favorisa aussi le party de l'Espagne et de la ligue en France contre le roy Très-Chrestien, ainsi qu'avoit faict Gregoire quatorziesme; et aussi tost qu'il fut esleu il manda au duc de Parme, par un courrier exprès, que s'il pensoit qu'il retournast en France pour tout le mois de decembre avec l'armée du roy Catholique, qu'il feroit payer pour six mois l'armée du duc de Mortemarcian; autrement, qu'il entendoit que ceste armée fust licenciée; plus, il promit cinquante mil escus par mois pour le secours de la ligue en France, et crea deux cardinaux, sçavoir : l'evesque de Plaisance, nommé Sega, bolognois de nation, auquel il envoya le chapeau de cardinal en France avec bulles pour y estre legat, et Anthoine Fachinetto, petit nepveu de Sa Saincteté. Ce pape fit fort peu de choses memorables pour le peu de temps qu'il tint le siege. Quant à ce que fit le legat Sega, nous le dirons en son lieu.

Nous avons dit que M. le prince de Conty s'acheminoit sur la fin de septembre pour aller assieger Selles en Berry. Ceste nouvelle vint à M. de La Chastre ainsi qu'il s'apprestoit pour conduire M. le duc de Guise, lequel, après s'estre sauvé de Tours, et recreé quelque temps à Bourges, desiroit aller trouver son oncle le duc de Mayenne et madame de Guise sa mere, et se rendre à Paris. De Bourges ils s'acheminerent à Orleans, d'où le sieur de La Chastre envoya son gendre le sieur de Lignerac avec forces suffisantes dans Selles pour le defendre en cas d'un siege; puis il mit dans Orleans le sieur Dragues de Comnene pour gouverner ceste ville, ce qu'il refusa du commencement à cause des grandes partialitez qu'il y avoit entre les habitans, les uns tenans le party des politiques ou royaux, dont estoit l'evesque, une partie des plus riches du clergé, une bonne partie des juges, des capitaines, et des principaux de la ville. Les autres estoient de la faction du Cordon, qui se disoient zelez à la religion : de ceste-cy estoient le maire qui estoit lors, les eschevins, quelques [illegible] religieux des Mendians, et presque [illegible] peuple : ils s'entendoient avec la faction des Seize de Paris pour l'Espagnol; entrans en ceste faction, ils juroient de n'espargner leurs propres freres ny enfans qui s'opposeroient à [illegible] federation, et d'estre prests d'[illegible] armes au mandement de ceux qui estoient deputez leurs chefs. Ces factions furent cause du commencement que ledit sieur de Comnene refusa ce gouvernement, pour ce, [illegible] de La Chastre, « si vostre presence et [illegible] authorité n'ont peu faire [illegible] de ceux d'Orleans, quelle apparence y a il que je le face ? » Mais, nonobstant ses [illegible], ledit sieur de La Chastre luy dit que quand bien les affaires d'Orleans seroient parvenues au plus grand mal, qu'il faudroit faire en tel cas tout ainsi qu'à un malade abandonné des medecins, lequel pour cela on ne laisse d'[illegible], et d'en avoir soin jusqu'au dernier [illegible]; et puis que l'occasion l'appeloit à telle charge, qu'il ne la pouvoit refuser, estant obligé d'[illegible] pour le bien de son party tout ce qui [illegible] sance. Ceste remonstrance eut tant de force que Comnene se resolut d'accepter ceste charge, et de s'ayder mesme de la division et des factions des habitans d'Orleans, et en tirer son authorité et sa seureté, en contrebalançant, ores d'un costé, ores de l'autre, jusques au retour dudit sieur de La Chastre, lequel eut ceste resolution fort aggreable, et incontinent donna l'ordre pour l'entretenement dudit sieur de Comnene, sur le droict casuël du quint que les gens de guerre payoient durant ces troubles aux gouverneurs, provenant des rançons des prisonniers et des butins declarez de bonne prise; ce qui se montoit tous les mois à grand nombre de deniers, car les gens de guerre qui estoient dans Orleans, depuis la sortie des portes, couroient cinquante lieuës loing jusques au Maine, Anjou, Touraine, le Perche, et par tous ces quartiers là, passans toutes les rivieres à gué, butinans et rançonnans tousjours en pays qui leur estoit ennemy, et n'y avoit que les garnisons royales de Gergeau, de Boisgency et de Janville, qui souvent les attrapoient en leur retour, et sauvoient seulement les rançons aux prisonniers; car, pour les [illegible] qu'ils recouroient, ils estoient aussi bien [illegible] pour ceux à qui on les avoit pris, et jugez de bonne prise, comme estans pris sur l'ennemy qui l'emportoit. C'estoit le regne de ce temps là.

M. le duc de Guise et M. de La Chastre avec ses troupes estans partis d'Orleans pour [illegible]

Paris, le sieur de Comnene fit incontinent faire monstre à sa compagnie de cavalerie qui estoit en garnison à Orleans, et à celle de chevaux legers du capitaine La Croix Cautereau, et les mena battre la campagne vers le Blaysois, où, trouvans tout le plat pays ennemy, ils rapporterent force butins et prisonniers, par lesquels ils sceurent que M. le prince de Conty avoit assiegé Selles et estoit logé à L'Avernelle, petit village à un quart de lieuë dudit Selles, et toute son armée à l'entour de la ville.

Selles est une petite ville sur la riviere du Cher dont le capitaine du Bois s'estoit emparé peu après la mort du feu duc de Guise, d'où il avoit fait une infinité d'hostilitez en la Touraine. Ceste ville est petite, et n'y a que deux portes : celle du costé du Berry est appellée la porte Grosset, et l'autre est au bout du pont vers la Sologne qui traverse toute la riviere du Cher, lequel est fort beau et les arches de pierre. Au chasteau il y a une grosse tour à une encognure du costé du Berry, laquelle bat du long du pont et de la riviere.

Dans ceste place, ainsi que nous avons dit, le sieur de Lignerac y estoit entré pour gouverneur et pour soustenir le siege, accompagné des sieurs de La Saulaye, des Angis et du baron du Chesne, et autre noblesse de l'union, et quantité d'infanterie, outre les habitans, tous fort affectionnez à la ligue.

M. le prince, ayant en son armée messieurs d'Amville, de La Rochepot, de Souvray, de Montigny, d'Arquien, de Valencé, de Vatan, et beaucoup d'autres seigneurs de ces quartiers-là, ayant fait recognoistre Selles et faict faire les approches, les pieces furent mises en batterie, qui firent bresche du costé de la riviere du Cher en une encoigneure de la ville sur le bord de ladite riviere, sur laquelle les royaux avoient fait un pont pour la commodité de l'armée qui estoit logée d'un costé et d'autre de ladite riviere; mais la bresche recognuë, et n'estant trouvée raisonnable pour y donner l'assaut, aussi que les assiegez avoient faict derriere ladite bresche un grand retranchement bien flanqué, cela fut cause que ledit sieur prince fit loger des pieces de l'autre costé de l'eau affin de battre en courtine et essayer de voir derriere ledit retranchement. Ce siege fut assez long sans que les assiegez fissent aucunes sorties. La riviere du Cher estoit lors fort petite ; tellement que le sieur de Lignerac, se voyant pressé pied à pied, fut contraint de capituler et promettre de rendre audit sieur prince la ville de Selles avec toutes les pieces de fonte et munitions de guerre qui estoient dedans, s'il n'estoit secouru dans douze jours.

Pendant ce siege ceux de l'union, tant d'Orleans que du Berry, firent tout ce qu'ils purent pour y donner secours; mais, voyans que ce qui estoit en leur puissance y serviroit de peu, s'adviserent de supplier M. de Nemours de les secourir puis que le secours du duc de Mayenne ou de M. de La Chastre, qui estoient de là la Seine assez empeschez pour traverser le Roy en son dessein d'avoir Roüen, leur estoit hors de toute esperance.

Nous avons laissé sur la fin de l'an passé ledit sieur duc de Nemours, qui, après avoir deffendu Paris durant le siege, se preparoit pour aller en son gouvernement de Lyonnois, où il arriva avec de belles troupes sur la fin du mois de mars : par son credit il les augmenta de beaucoup, et, aymant d'estre tousjours avec la cavalerie, en peu de temps il se trouva assisté de mille bons chevaux avec lesquels il tenoit la campagne ès provinces de Lyonnois, d'Auvergne et Bourbonnois. En ceste année il print Espoisse par composition, le chasteau de Bressy par force, il s'assubjetit plusieurs places en Dombes; ceux d'Annonay en Vivarais se sauverent d'estre pillez en luy donnant douze mil escus; et eust donné de la peine à ceux de Clermont en Auvergne, si le mareschal d'Aumont qui estoit en Bourgogne n'eust faict tourner la teste à son armée pour luy aller empescher ses progrez en ces quartiers là. Or, durant le siege de Selles, ledit duc de Nemours avec son armée assiegeoit Sainct Poursain, à cinq lieuës de Moulins en Bourbonnois, ce qui fut cause que tous ceux de l'union, tant d'Orleans que du Berry, par l'advis dudit sieur de Comnene qui avoit esté nourry en la maison de Savoye, lui rescrivirent pour le supplier de leur donner secours et d'apporter ce bien à leur parti; mesmes ledit sieur de Comnene luy en escrivit en particulier, cognoissant que ce duc estoit assez convoiteux de gloire pour entreprendre ce secours. Sur les advis particuliers dudit sieur de Comnene ledit sieur duc se resolut de secourir Selles aussi tost qu'il auroit pris Sainct Poursain, ce qu'il fit deux jours après, où ayant estably un gouverneur, il passa du Bourbonnois avec toutes ses troupes dans le Berry, lequel il traversa, et vint jusques à Viarzon, là où ledit sieur de Comnene le vint trouver avec tout ce qu'il y avoit de gens de guerre au gouvernement d'Orleans; le sieur de Richemont, qui commandoit aussi au Berry en l'absence du sieur de La Chastre, s'y rendit avec le plus de troupes qu'il put, esperant tous faire lever le siege de Selles audit sieur prince de Conty; mais il en advint tout autrement, car, le jour expiré de la capitulation, ledit sieur prince, ayant eu advis de la venuë dudit duc de Nemours à Viarzon et de l'assemblée qu'il y faisoit, fit mettre toute son armée en bataille, et, après que le sieur de Lignerac et tous les gens de guerre furent sortis de Selles et conduits en lieu de seureté, et que M. de La Rochepot, qui faisoit l'estat de mareschal de camp en ceste armée, eut mis, par la poterne du costé de Berry, dedans le chasteau de Selles le sieur de Malerbe, capitaine des gardes dudit sieur prince, pour y commander avec la garnison y assignée, l'armée royale s'advança de deux grandes lieuës sur le chemin de Viarzon par où devoit venir le duc de Nemours, lequel, ayant veu arriver ledit Lignerac, fasché que son voyage ne serviroit de rien, licentia les troupes qui estoient venuës d'Orleans et du Berry, et luy s'en retourna en son gouvernement de Lyonnois : ce qui ne se fit sans faire des reproches audit Lignerac, lequel verifia qu'il ne pouvoit faire mieux pour estre fort pressé des royaux, et qu'il avoit baillé sa parole et ses ostages auparavant que de pouvoir croire que ledit duc pust venir le secourir ; mesmes que, s'il n'eust composé, les royaux l'eussent peu forcer auparavant l'arrivée d'aucun secours.

Ces choses passées en la façon que dessus, peu de jours après, M. le prince fit cheminer son armée vers Menethou sur Cher, à six lieuës de Selles et à quatre de Viarzon ; la ville et le chasteau se rendirent incontinent. M. le prince, voyant qu'il n'y avoit point d'autres ennemis à battre à la campagne, et que c'estoit la saison de l'hyver, il se retira à Tours, d'où il alla sur le printemps de l'an suivant assieger Craon, ainsi que nous dirons.

Quant à Selles, il ne demeura gueres du party royal, car le sieur de Malerbe estant allé à Tours solliciter l'establissement du payement de sa garnison, et aussi pour avoir des munitions, le capitaine du Bois, qui y avoit, comme nous avons dit, esté toujours gouverneur pour l'union, par sa practique, le surprint la premiere semaine de caresme, et y entra par le chasteau, duquel il se rendit maistre et de la ville aussi. Voyons les preparatifs du siege de Roüen.

Nous avons dit que durant le mois de juillet, lors que le Roy alla assieger Noyon, le duc de Mayenne fut à Roüen pour donner ordre à quelques remuëmens qui s'y vouloient faire, là où il laissa pour commander le sieur de Villars, qui estoit gouverneur dans Le Havre de Grace, et le fit lieutenant general au gouvernement de Normandie pour l'union, ayant pourveu le prince Henry de Lorraine son fils du tiltre de gouverneur en ceste province. Ce seigneur de Villars estoit de la maison d'Oyse en Bretagne, descendu de la famille des Brancas, et non point celle des marquis de Villars qui sont descendus de Honoré, bastard de Savoye. Il avoit pratiqué dedans Le Havre de Grace par le feu duc de Joyeuse, auquel il estoit parent, quand ce duc fut pourveu du gouvernement de Normandie par le feu roy Henry III. Il avoit pareillement auprès de luy Philippes Desportes, abbé de Tyron, docte personnage, qui tenoit sa fortune dudit feu sieur Roy. Ce seigneur de Villars estoit un gentil-homme brave et vaillant, et qui desiroit s'advancer par les armes aux plus hautes charges des militaires. Il avoit tiré de grandes pensions de ceux de la ligue depuis la mort du duc de Joyeuse pour demeurer ferme en ce party, par le moyen desquelles pensions il avoit recherché et entretenu des hommes. Le profit des butins qu'il avoit faict sur mer depuis qu'il estoit au Havre de Grace le faisoit pecunieux : tellement que, se trouvant hommes, argent et conseil, il se resolut de poulser sa fortune plus hautement. M. de Mayenne luy ayant accordé ceste qualité de lieutenant general en ceste province et de commander dans Roüen, il s'estudia en tout et par tout pour l'estre en effect. Un bruit ayant couru que le Roy, ayant receu son armée d'Allemans, assiegeroit Roüen. A ce bruit il ne songea plus que de faire faire des fortifications, faire entrer des compagnies de gens de guerre pour la seureté de la ville, publier des ordonnances pour y conduire des vivres, avec injonction aux habitans de se pourvoir de vivres pour endurer un long siege, faict abbattre les faux-bourgs, mit des gens à sa devotion aux lieux forts ; bref, il s'establit et se rendit maistre de Roüen. Il fit le sieur de La Londe, qui estoit maire, son lieutenant, le sieur du Mesnil Bauquemare, capitaine du vieil palais, et laissa le sieur de Gessens dans le fort de l'abbaye Saincte Catherine, après la mort duquel, qui advint durant le siege, il y mit le capitaine Boniface, homme qui luy estoit fort affidé. Quelques-uns ont escrit que, cependant qu'il faisoit ces preparatifs, il ne laissoit de faire entretenir M. le cardinal de Bourbon qui presidoit au conseil du Roy [lequel estoit en ce temps là, tantost à Chartres, tantost à Mante], et ce par le moyen dudit sieur Desportes qui en confera avec le docteur Beranger, jacobin, abbé de Sainct Augustin, et en furent les paroles si avant, qu'il fut parlé audit conseil de donner mainlevée des abbayes et benefices dudit sieur Desportes occupées par les royaux : mais ceux qui en jouyssoient firent rejetter ceste proposition si loing que ceste practique fut rompue, avec mespris dudit sieur Desportes, lequel depuis monstra que peut un homme de conseil quand il rencontre un homme d'execution.

M. le mareschal de Biron, après avoir levé le siege de devant Pierrefons, ainsi que nous avons dit, s'achemina avec l'armée du Roy pour aller joindre les Anglois qu'avoit amenez le comte d'Essex ; ce qu'ayant fait, plusieurs de la cavalerie françoise et angloise s'approcherent de Roüen, et vindrent sur le mont aux Malades devant la porte Cauchoise avec une coulevrine, dont ils tirerent trois coups sur la ville affin de voir la contenance des gens de guerre qui estoient dedans. Ce bruit en fit sortir nombre avec plusieurs bourgeois conduits par le sieur de La Londe, lesquels en escarmouchant tuërent le comte de Dreux, nepveu du comte d'Essex, et plusieurs autres. Ceux de Roüen en ceste escarmouche perdirent peu de gens. Les royaux se retirerent à Pavilly, à trois lieuës de Roüen, d'où ledit sieur mareschal, affin de ne laisser rien derriere qui pust incommoder au siege que le Roy desiroit mettre devant Roüen, alla attaquer Gournay qui luy fut incontinent rendu. De là il alla aussi à Caudebec que le sieur de Courcy, lequel ledict sieur de Villars avoit mis dedans, rendit incontinent. Ceste ville est entre Roüen et Le Havre de Grace sur la riviere de Seine, laquelle durant ces troubles a esté prise et reprise beaucoup de fois, tant d'un party que d'autre, pour n'estre deffensable.

Le sieur de Villars, voyant que ledit sieur mareschal de Biron s'estoit saisy de ces deux villes, jugea lors que l'intention du Roy estoit d'attaquer Roüen, quelque bruit que l'on fist courir qu'il en vouloit à Reims : ce fut lors qu'aydé de son conseil, il fit mettre premierement dehors de Roüen ceux qu'il pensoit y favoriser le party royal, et, faisant reiterer les ordonnances sur la provision de vivres, il fit une telle diligence pour faire entrer dans ceste ville des munitions et des gens de guerre, qu'en moins de quinze jours il y fit venir cinquante pieces d'artillerie, tant de fonte que de fer, et nombre de pouldres et balles, avec tant de gens de guerre, qu'il se trouva, oultre le grand nombre des habitans, six cents cuirasses, trois cents argoulets à cheval, douze cents hommes de pied françois, trois cents lansquenets, parmy lesquelles troupes il y avoit nombre de noblesse, entr'autres les sieurs chevaliers d'Oyse, de Quitry, le baron de Nonant, de Mathonville, de Morgny, de Sainct Arnoul, le capitaine Perdrier, le capitaine Jacques, et autres bons capitaines de cavalerie. Parmy l'infanterie estoit le chevalier Picard avec son regiment, le capitaine Boniface avec le sien, ledit capitaine Jacques avec son regiment, le chevalier d'Oignon, le capitaine Boirozé, et plusieurs autres. Toutes ces troupes furent logées par quartiers sur chacun bourgeois pour les nourrir, payer et loger : ce que ledit sieur de Villars fit avec tel ordre, tel apparat et puissance absoluë, que la ville de Roüen se vid incontinent reduite sous sa volonté, sans qu'aucun habitant, quelque affectionné royal eust-il pu estre, eust osé se descouvrir. Ainsi, ayant pourveu aux gardes de la ville, tant de nuict que du jour, où il faisoit assister nombre de gentils-hommes et gens de toutes qualitez, tant de la ville que des refugiez, il mit dans le fort du bout du pont le capitaine Marc, et ordonna que le capitaine Anquetil commanderoit sur le pont et à tout ce qui se feroit sur la riviere, le commandeur de Bourgoult dans la galere, et le capitaine Bontemps aux petites barques de guerre.

Ainsi le sieur de Villars se prepara pour deffendre Roüen, et le mareschal de Biron, ayant receu le commandement du Roy, alla le jour de la Sainct Martin l'investir. Sur les huict heures du matin l'armée royale se presenta sur le mont de la Justice, regardant la porte Beauvoisine. Le sieur de Villars, la voyant si proche, fit une sortie, et là y eut bien escarmouché de part et d'autre jusques sur les unze heures, que, les quartiers de l'armée faicts, ledit sieur mareschal se logea à Dernetal, et chacun se retira en son quartier.

Ledit sieur mareschal commença ce siege en voulant oster aux assiegez la commodité des fontaines et des rivieres qui faisoient moudre les moulins dans Roüen, et fit couper la riviere de Robec, sur laquelle tournoient unze moulins dans la ville, qu'il rendit inutiles ; mais il ne put destourner le cours de celle d'Aubette, ny de quelques fontaines. Aussi le sieur de Villars, se doutant de cela, avoit fait faire grand nombre de moulins à bras par tous les quartiers ; et, desirant en ce siege acquerir de l'honneur en la deffence, il se resolut d'attraper les royaux, tant par doubles practiques et intelligences, ainsi que nous dirons cy après, que par escarmouches et sorties, où les siens, estans bien conduits, endommageoient souvent les assiegeans. Le quinziesme de novembre, ceux du vieil fort Saincte Catherine firent une sortie sur ceux qui estoient logez et barricadez dans la ferme du Plant, et leur firent quitter leur logis, butinerent quatre-vingts chevaux, et mirent le feu dans une grange, où ceux qui s'y estoient retirez furent bruslez ou tuez. C'estoit l'exercice en laquelle s'employoient les assiegez journellement.

Villars, qui desiroit se faire signaler par ce siege [sur quelques lettres qu'avoit escrit le comte d'Essex au chevalier Picard, portant que, hors mis la cause qu'il soustenoit, il luy estoit amy pour l'avoir cogneu avec M. de Marchemont en Angleterre, mais qu'en ceste guerre il seroit très-ayse de le trouver à la teste de son regiment la picque au poing], manda pour responce au comte d'Essex qu'il trouveroit tousjours prest le chevalier Picard pour luy en faire passer l'envie seul à seul, ou avec tel nombre qu'il seroit arresté, et qu'il s'offroit de faire ceste partie pour luy. A laquelle offre le comte d'Essex respondit : « Quant est de vostre offre de faire une partie pour moy, je responds que j'ay commandement d'une armée en laquelle se trouvent beaucoup de la qualité du chevalier Picard, et suis lieutenant d'un souverain absolu. Mais si vous voulez combattre vous-mesmes à cheval ou à pied, armé ou en pourpoint, je maintiendray que la querelle du Roy est plus juste que celle de la ligue, que je suis meilleur que vous, et que ma maistresse est plus belle que la vostre ; que si vous refusez de venir seul je meneray avec moy vingt, le pire desquels sera une partie digne d'un colonel, ou soixante, le moindre estant capitaine.

» Signé Essex. »

A ceste lettre le sieur de Villars respondit : « Pour venir à l'article de vostre lettre par laquelle vous me desfiez au combat, vous sçavez assez qu'il n'est en ma puissance de l'accepter pour le present, et que la charge où je suis employé m'oste la liberté de pouvoir particulierement disposer de moy. Mais, lors que M. le duc de Mayenne sera par deçà, je l'accepte très-volontiers, et vous combattray à cheval avec armes accoustumées aux gentils-hommes, ne voulant cependant faillir de respondre à la conclusion de vostredite lettre par laquelle vous voulez maintenir que vous estes meilleur que moy ; surquoy je vous diray que vous en avez menty, et mentirez toutes les fois que vous le voudrez maintenir, aussi bien que vous mentirez lors que vous voudrez dire que la querelle que je soustiens pour la deffense de ma religion ne soit meilleure que de ceux qui s'efforcent de la destruire. Et quand à la comparaison de vostre maistresse à la mienne, je veux croire que vous n'estes non plus veritable en cet article qu'aux deux autres : toutesfois, ce n'est pas chose qui me travaille fort pour le present.

» Signé Villars. »

Ces lettres coururent de main et main en ce temps là, sur lesquelles plusieurs firent divers jugements, selon l'affection des partis qu'ils tenoient : on remarquoit en l'une le naturel ancien des vieux chevaliers anglois qui couroient le monde pour maintenir la beauté de leurs maistresses ; et en l'autre, un [illegible] tement, pour lequel maintenir on s'[illegible] l'absence de M. de Mayenne. Aussi toutes ces choses ne furent que des paroles.

Cependant le Roy, que nous avons laissé au commencement de ce mois en Picardie, achemina avec son armée d'Allemans pour venir au siege de Roüen. Ayant fait un tour jusques à Noyon, il passa par Corbie, et revint joindre l'armée à Folleville le 15 dudit mois de novembre, et, passant par Blanc-Fossé, Crevecœur et Granvillier, il arriva le 21 à Oisemont, où il receut nouvelles asseurées que M. de Rubempré estoit venu à bout de l'entreprise qu'il avoit fait sur Sainct Esprit de Ruë, et qu'il estoit maistre de la citadelle et de la ville qu'il avoit surprise justement à la diane avec beaucoup de peril, les siens ayans esté contraincts, pour faire ceste surprise, de se mettre en l'eau jusques au dessous des aisselles pour s'approcher des murailles. Les surpreneurs s'accommoderent du pillage de ceste ville, et leur servit bien pendant le long siege de Roüen, où le Roy arriva le 24 dudit mois à Dernetal, grand bourg qui estoit de quinze cents feux, à demie lieuë de Roüen, et proche du fort Saincte Catherine, sans toutesfois qu'il y pust estre incommodé, ny du fort ny de la ville, pour estre en un vallon et couvert de tous costez de hautes montagnes. M. le comte de Soissons arriva le lendemain avec ses troupes, et fut logé de là l'eau à Sainct Estienne. Les Anglois estoient logez au mont aux Malades. M. du Hallot avoit ses troupes logées un peu au dessus de Croisset, où se logea M. le duc de Montpensier et les troupes qu'il amena en ce siege, et n'y vint qu'au mois de janvier, après qu'il eut pris en y venant le chasteau de Harcourt. Voylà ce qui tenoit la ville assiegée. Quant au fort, les regimens de [illegible], Pilles, Verdun et Vignolles, en estoient logez à un demy quart de lieuë, à Bouville, et les Suisses au Mesnil ; et aux villages au delà, tirant au Pont de Larche, estoient logez la cornette du Roy et autre cavalerie. Les lansquenets que le Roy avoit laissez à Granvillier pour venir en ce siege à petites journées sous la conduite du sieur de La Bastide, en passant près Blainville, chasteau appartenant à M. d'Allegre, duquel ceux de l'union s'estoient emparez, Sa Majesté voulut qu'ils prissent ce chasteau, et envoya M. de Rieux pour commander à ce siege, lequel après avoir faict tirer deux cents coups de canon, les assiegez luy rendirent la place à condition qu'ils sortiroient, sçavoir les capitaines montez sur des bidets, et les soldats avec l'espée, mais, estans sortis à demy lieuë de là, les lansquenets les taillerent en pieces; et, quoy que c'est une chose belle que de garder la foy promise, pource que c'estoient tous gens cognus pays qui surprenoient tousjours quelque place, puis voloient les environs, on estima que la mort de telles gens estoit plustost profit que dommage.

Après ce siege, les lansquenets du regiment de Lanty vindrent loger à Neufvillette, et celuy d'Hulcq à La My-voye. Le regiment des gardes du Roy estoit aux Chartreux, qui sont justement au pied du mont Sainte Catherine; depuis on y logea les Anglois, et les gardes allerent loger au bois Guillaume. M. de La Trimouille fut logé à Martinglise, et le mareschal d'Aumont et ses troupes prit son logis à Blainville. Voylà comme l'armée royale fut logée aux environs de Roüen. Devant que de dire ce qui se passa en ce siege, voyons comme M. de Mayenne [qui donnoit ordre aux villes de Picardie et de Champagne, affin que le Roy avec son armée estrangere n'en attaquast quelqu'une à despourveu en son passage, et sollicitoit aussi les ministres d'Espagne et le duc Parme pour avoir du secours] fut contrainct en ce mois de novembre de courir en diligence à Paris pour donner ordre aux executions tragiques que les Seize firent de M. le president Brisson, de Larcher, conseiller au parlement, et de Tardif, conseiller au chastelet.

M. de Mayenne, comme estant chef du party de l'union, se vouloit maintenir en son authorité, et vouloit ordonner absolument de tout ce qui dependoit de l'Estat, et ne permettre qu'il fust empieté sur luy par qui que ce fust. Ceste volonté s'augmenta en luy sur l'advenement de deux occasions, ainsi que plusieurs ont escrit : l'une, à cause de la liberté de son nepveu le duc de Guise, que les Seize vouloient de toute leur affection porter au throsne royal, tant pour la memoire de feu son pere, que pour la haine qu'ils avoient conceuë contre ledit duc de Mayenne, qui n'avoit tenu compte de leurs memoires et requestes qu'ils luy avoient presentez, ainsi que nous avons dit cy-dessus; l'autre, à cause des entreprises desdits Seize, lesquels, par une lettre qu'ils escrivoient par le pere Mathieu au roy d'Espagne [laquelle luy fut surprise par le sieur de Chazeron, gouverneur pour le Roy au Bourbonnois : qui l'envoya au Roy, et le Roy au duc de Mayenne], luy mandoient qu'ils le desiroient pour leur roy, sinon qu'il y establist quelqu'un de sa posterité [entendans l'Infante sa fille], et qu'il se choisist un gendre [entendans M. de Guise] auquel ils obeyroient, et le recevroient pour roy. Voicy la teneur de ceste lettre, où leur intention se pourra mieux cognoistre.

« Si Vostre Majesté Catholique nous ayant esté tant benigne que de nous avoir fait entendre par le très-religieux et reverend pere Mathieu, non seulement ses sainctes intentions au general de la religion, mais particulierement ses bonnes affections et faveurs envers ceste cité de Paris, nous esperons en bref que les armes de Sa Saincteté et de Vostre Majesté Catholique joinctes nous delivreront des oppressions de nostre ennemy, lequel nous a jusques à present, et depuis un an et demy, bloquez de toutes parts, sans que rien puisse entrer en ceste cité qu'avec hazard, ou par la force des armes, et s'efforceroit de passer outre s'il ne redoutoit les garnisons qu'il a pleu à Vostre Majesté Catholique nous ordonner. Nous pouvons certainement asseurer Vostre Majesté Catholique que les vœus et souhaits de tous les catholiques sont de voir Vostre Majesté Catholique tenir le sceptre de ceste couronne et regner sur nous, comme nous nous jettons très-volontiers entre ses bras, ainsi que nostre pere, où bien qu'elle y establisse quelqu'un de sa posterité. Que si elle nous en veut donner un autre qu'elle mesme, elle luy soit agreable qu'elle se choisisse un gendre, lequel, avec toutes les meilleures affections et toute la devotion et obeyssance que peut apporter un bon et fidelle peuple, nous recevrons pour roy ; car nous esperons tant de la benediction de Dieu sur ceste alliance, que ce que jadis nous avons receu de ceste très-grande et très-chrestienne princesse Blanche de Castille, mere de nostre tres-chrestien et très-religieux roy sainct Loys, nous le recevrons, voire au double, de ceste grande et vertueuse princesse fille de Vostre Majesté Catholique, laquelle par ses rares vertus arreste tous les yeux à son object, pour en alliance perpetuelle fraterniser ces deux grandes monarchies sous leur regne à l'advancement de la gloire de nostre Seigneur Jesus-Christ, splendeur de son Eglise, et union de tous les habitans de la terre sous les enseignes du christianisme, comme Vostre Majesté Catholique, avec tant de signalées et triomphantes victoires sous la faveur divine, et par ses armes, a faict de très-grands progrez et advancemens, lesquels nous supplions Dieu, qui est le Seigneur des batailles, continuer avec tel accomplissement que l'œuvre en soit bien-tost accomply, et pour ce faire prolonger à Vostre Majesté Catholique en parfaicte santé la vie très-heureuse, comblée de victoires et triomphes de tous ses ennemis. De

Paris, ce deuxiesme jour de septembre 1591. Et plus bas à costé: Le reverend pere Mathieu, present porteur, lequel nous a beaucoup edifliez et bien instruit de nos affaires, suppleera au defaut de nos lettres envers Vostre Majesté Catholique, laquelle nous prions bien humblement adjouster foy à ce qu'il luy en rapportera. » Ceste lettre estoit soussignée de huict des principaux des Seize, entr'autres des docteurs Genebrard et Martin.

Il advint en ce mesme temps que Brigard [qui avoit esté dez les Barricades commis par feu M. de Guise pour exercer l'office de procureur du Roy de l'Hostel de la ville de Paris, et confirmé en ceste commission par le vingt-cinquiesme article des articles secrets de l'edict d'union faict en juillet 1585, ainsi que nous avons dit] envoyoit par son lacquais une lettre à Sainct Denis, laquelle estoit en mots obscurs [ainsi que les amis d'un et d'autre party s'entr'escrivoient en ce temps là], pour bailler à un sien oncle qui estoit du party royal, laquelle fut descouverte par aucuns de ceste faction des Seize, lesquels estoient lors en garde à la porte Sainct Denis, qui arresterent ce laquais ainsi qu'il passoit par ceste porte tenant une bouteille en sa main; auquel, après avoir demandé où il alloit, et leur ayant respondu qu'il alloit querir du vin dans le faux-bourg, ils commencerent à douter de luy, et jugerent qu'il portoit quelques lettres à Sainct Denis: estant fouillé, et ne luy estant rien trouvé sur luy, on cassa sa bouteille, et fut trouvé au milieu du bouchon qui estoit d'estoupes, la lettre dudit Brigard. A ceste descouverte on alla prendre Brigard, et fut mené prisonnier à la Conciergerie. Toute la faction des Seize s'empescha lors contre luy, et solliciterent à ce qu'il fust puny de mort, pour ce qu'ils l'avoient tousjours tenu pour estre un des premiers de leur faction. Mais la cour, ayant cognu que ce n'estoit qu'une certaine animosité entr'eux, declara par arrest Brigard absous et sortit de prison: ce qui fut cause que les Seize firent une infinité d'assemblées particulieres entr'eux.

En celle qui se tint le deuxiesme de novembre en la maison de Boursier, rue de la Vieille Monnoye, où de Launay presidoit, qui fit quelques propositions pour s'opposer à certaines daces et imposts que le duc de Mayenne vouloit faire lever à Paris, Cromé, premier opinant, dit: « Il ne faut point s'arrester à choses si legeres, vous disputez *de lana caprina*; il se presente à present des choses de plus grande importance ausquelles il est besoin de remedier, car vous sçavez l'injustice qui a esté faicte au procès de Brigard que la cour de parlement a absous en haine de ceste compagnie et pour leur faire despit, et ont dit que c'estoit pour obvier à l'importunité que l'on leur faisoit. » Après ces paroles chacun commença à dire son opinion, comme il advient d'ordinaire en telles assemblées de peuple, les uns voulans que l'on resolust sur le champ ce que l'on feroit de cest affaire, les autres disans qu'il falloit en deliberer plus amplement avec quelques-uns de leur compagnie qui estoient absens, que l'on advertiroit de se trouver en l'assemblée prochaine qui se feroit le cinquiesme dudit mois.

Pelletier, curé de Sainct Jacques, voyant que l'on ne vouloit rien resouldre, prit la parole, et dit: « Messieurs, c'est assez connivé, il ne faut pas jamais esperer d'avoir justice ny raison de la cour de parlement: c'est trop enduré, il faut jouer des cousteaux. » Ausquelles paroles les deux tiers de ceste assemblée se teurent. Durant ce silence Gourlin se leva de sa place et alla parler à l'aureille dudit curé de Sainct Jacques, puis, retourné en sa place, ledit curé se leva, et dit encores: « Messieurs, je suis adverty qu'il y a des traistres en ceste compagnie, il faut les chasser et en jetter à la riviere. » Quelques-uns s'estans trouvez scandalizez de ces paroles, ceste assemblée se despartit, et la deliberation pour le faict de Brigard fut remise à un autre fois.

Cependant Cromé, qui avoit cest affaire à cœur, travailloit à faire imprimer le faict du procez de Brigard affin de faire esmouvoir d'avantage ceux de ceste faction des Seize en le voyant imprimé; mais M. Molé, qui exerçoit la charge de procureur general au parlement, en estant adverty, envoya deux huissiers pour faire saisir ce qui s'imprimoit. Cromé, survenant dans l'imprimerie, leur arracha de leurs mains la copie qu'ils en avoient prise, et les huissiers de la cour furent contraints de s'en retourner sans l'emporter, et se contenter de faire leur procès verbal de ceste rebellion; et Cromé, continuant en ses hardiesses, alla querir quelques harquebuziers et hallebardiers de la compagnie de Crucé, lesquels il mit en garde dans la maison de l'imprimeur, et fit achever d'imprimer ce qu'il vouloit.

Le cinquiesme dudit mois l'assemblée des Seize se tint au logis de La Bruiere le pere, et s'y trouverent bien soixante de ceste faction. Launay, continuant sur ce qui avoit esté proposé du faict de Brigard, dit: « Messieurs, il nous faut deliberer sur deux points très-necessaires: le premier, d'eslire dix bourgeois de ceste compagnie, bien asseurez et affidez, pour le conseil secret, desquels l'on advouëra les actions et deportemens, après toutesfois les avoir communiquez à la compagnie si besoin en est. L'autre point est de reiterer le serment de l'union plus que jamais, attendu la necessité des affaires et le nombre effrené des traistres desquels le parlement fait si peu de cas de faire justice, tesmoin le gouverneur de ceste ville auquel l'on devroit avoir toute fiance, et lequel neantmoins, à la derniere sortie qui fut vers Sainct Denis, en la presence de tous les estrangers, alla embrasser le sieur de Grillon en plaine campagne, recognu toutesfois ennemy capital de ceste ville, ainsi qu'il le fit paroistre le jour des Barricades. »

Ces propositions font assez cognoistre la passion des principaux de ceste faction. A quel propos blasmer de trahison le sieur de Belin leur gouverneur, pour avoir en plaine campagne embrassé M. de Grillon son ancien amy, joyeux de le voir bien porter et guary de ceste grande harquebusade qu'il avoit receuë au travers du corps aux faux-bourgs de Tours, quand le duc de Mayenne les print, car ledit sieur de Belin, du vivant du feu Roy, avoit esté capitaine des gardes dont ledit sieur de Grillon estoit maistre de camp? De vouloir faire mourir Brigard pour avoir rescrit à son oncle, quelle apparence y avoit il que ce ne fust une injustice de le faire? « Mais, disoient les Seize, tous bons catholiques [un de leur faction] ne doivent traicter, conferer, ny avoir aucune intelligence ny frequentation à ceux qui se sont opposez à la ligue, ains les poursuivre et travailler comme ennemis de Dieu et de son Eglise, fussent ils leurs propres freres et leurs propres enfans, ainsi que le serment de la ligue le portoit, et que ceux d'entr'eux qui avoient juré leurdite ligue lesquels faisoient le contraire estoient refractaires, et comme tels, suyvant le sixiesme article de leur ligue, devoient estre offensez en leurs corps et biens en toutes sortes qu'on se pourroit adviser. » Quelles paches de ligue! Si ce serment estoit equitable, j'en laisseray le jugement au lecteur.

Or, sur les deux propositions de de Launay, il fut resolu sur la derniere que le serment de l'union seroit reiteré en la façon accoustumée, et plus estroictement si faire se pouvoit, et qu'à ce faire tous ceux de leur confederation y seroient invitez.

Quant au premier, touchant l'eslection des dix pour le conseil secret, ils resolurent d'y proceder par balotage, et qu'à ceste fin le lendemain chacun d'eux apporteroit son billet, auquel il escriroit les dix qu'il esliroit pour estre de ce conseil secret.

Le lendemain l'assemblée se fit en la maison de Bourcier, sur l'après-disnée, où chacun apporta son billet. En ceste assemblée de Launay et Martin y faisoient les presidents. Il en fut deputé un d'entre-eux pour contreoller les billets, lesquels estans ouverts et rediges par escrit par un nommé Lochon qui leur servoit de greffier, il fut trouvé que Sainction, Le Gresle, du Bois, Hameline, Louchard, Thuault, Borderel Rosny, Durideau, Rainsant et Besanson, eurent le plus de voix. Ce faict, l'affaire de Brigard fut mise en avant par ledit de Launay; mais, sur la diversité qu'un chacun en parloit, ils resolurent que les dix du conseil secret adviseroient comme on pourroit tirer raison du procez de Brigard à l'encontre de la cour de parlement, et qu'ils en advertiroient la compagnie si besoin estoit; et d'abondant, qu'oultre ces dix esleus, que Cromé, qui estoit plainement instruict de l'affaire dudit Brigard, les assisteroit, comme aussi feroient lesdits de Launay, Martin, S..., et les curez de Sainct Jacques et de Sainct Cosme, si bon leur sembloit. Et sur ce que quelques-uns dirent qu'il failloit procder en cest affaire avec les plus douces voyes que l'on pourroit: « Non, non, ne craignons point, dit Cromé, nous avons de bons bras et de bonnes mains pour venger l'injustice que l'on nous a faite au procès de Brigard. »

Pour faire derechef le serment de l'union, ils arresterent qu'il se feroit au logis dudit La Bruiere le pere, là où ils s'assembleroient le vendredy huictiesme dudit mois, et que chacun d'eux y appelleroit le plus de ceux de leur confederation qu'ils pourroient: ce qu'ils firent sur les unze heures du matin, où se trouva Bussy Le Clerc avec sa compagnie ordinaire, assisté de Hamilton, curé de Sainct Cosme. Le serment de l'union mis derechef en deliberation, tous s'accorderent de le jurer et de le signer. Sur cest accord, Bussy, assisté de dix de ceste assemblée, estant monté en la chambre haute dudit La Bruiere pour, comme il disoit, rediger par escrit les articles dudit serment, peu après redescendit tenant un grand papier blanc, et dit: « Messieurs, nous serions trop long temps à rediger par escrit les articles du serment, et craindrions que la compagnie s'ennuiast; mais, s'il vous plaist signer ce papier après moy et plusieurs autres gens de bien qui signeront les premiers tout presentement, ce sera autant de temps gaigné. Nous laisserons de l'espace par dessus les signatures, où après nous redigerons les articles dudit serment. »

Plusieurs s'y accorderent, et à l'instant de Launay pressa un chacun de signer: un seul d'entre-eux dit qu'il seroit raisonnable que ce que l'on entendoit signer fust escrit auparavant, que cela n'estoit point si pressé que l'on n'attendist bien encores un jour, et que dedans deux heures les articles pourroient estre escrits; auquel de Launay respondit : « Si vous avez peur et entrez en desfiance, ne signez pas; toutesfois vous n'en devez faire difficulté après tant de gens de bien. » Aussi-tost les dix du conseil secret firent mettre deux hommes à la porte de la sale pour empescher qu'aucun ne sortist qu'il n'eust signé. Et pour donner à entendre que tout ne se faisoit que pour le serment de l'union, La Bruiere apporta sur la table un Messel pour jurer sur iceluy. Et ainsi chacun se prepara à signer. De Launay faisoit mettre la main sur l'Evangile, disant ces mots : « Vous jurez et promettez à Dieu le Createur de garder et observer inviolablement les articles que vous allez presentement signer pour la conservation de la religion catholique, apostolique et romaine. »

Mais d'autant que ceste assemblée ne sembloit encor assez grande aux dix du conseil secret, ils la remirent au dimanche ensuyvant, en la maison d'un chanoine de Nostre Dame, auquel lieu Bussy Le Clerc, avec sa compagnie d'ordinaire, garny de son grand papier auquel il n'y avoit encore rien d'escrit que les signatures, se presenta avec un Messel à un bon nombre de bourgeois qui n'en avoient ouy parler, lesquels signerent tous en voyant tant d'autres qui avoient signé auparavant eux : ce que fait, il serra le papier en son sein. Surquoy aucuns de ceux qui avoient signé dez la premiere assemblée, voyant que le papier n'estoit pas remply, soupçonnerent quelque chose de mal là dessus, et un d'entr'eux dit tout haut : « M. de Bussy nous vient voir à ceste heure en nostre compagnie bien souvent, il a la reiteration du serment de l'union en recommandation; mais nous trouvons fort estrange que l'on nous faict signer un papier sans savoir ce que c'est. »

Bussy, ayant tant de signatures, fut l'après-disnée au conseil secret des dix, lequel se tint chez de Launay, là où Cromé et les autres quatre esleus avec luy se trouverent. Lochon y servoit encor de greffier. Il fut discouru de la maniere et comment on se saisiroit du president Brisson et autres gens de justice, comme on les feroit mourir, des accidents qui en pourroient advenir, de l'ordre qu'il faudroit tenir en leur entreprise; ce qu'ils ne purent resouldre que le lendemain, aux conseils qu'ils tindrent encor au mesme lieu le matin et l'après-disnée.

Le mardy douziesme, l'assemblée des Seize se trouva chez ledit La Bruiere, où il fut proposé generallement qu'il se falloit bien unir les uns avec les autres. Bussy, assisté tousjours du curé de Sainct Cosme et autres ses adherans, presenta encor son papier à signer. Un nommé Morin, nouveau commis pour procureur de la ville en la place de Brigard, s'y trouva avec plusieurs autres qui signerent tous encor le papier dudit Bussy. Cest office de procureur de ville avoit esté fort brigué par les Seize affin qu'il n'y eust point d'autre en ceste charge que de leur faction; et mesmes à l'eslection des eschevins qui se font à la Nostre Dame en aoust, ils avoient fort desiré que le commissaire Louchard qu'ils avoient esleu y demeurast. Mais M. de Mayenne, qui s'estoit reservé l'aggreation de l'eslection desdits eschevins [ainsi que font les roys de France], ayma mieux que Roland fust encor continué eschevin que d'y mettre ledit Louchard: ce qui augmenta de beaucoup la haine des Seize contre ledit sieur duc, et les divisions entr'eux s'en augmenterent fort; car ils attribuerent ce faict à la practique du sieur de La Chapelle Marteau, secretaire d'Estat de la ligue, et audit esleu Roland, aussi grand audiencier de la ligue, et publierent par escrit que tous deux adheroient à la volonté et aux conseils du duc de Mayenne pour ruiner les Seize, et qu'ils n'avoient jamais tendu qu'à faire leurs affaires aux despens de la ligue; que tous deux s'estimoient comme chefs de la ligue, et avoir plus de conseil et de cervelle que tout le reste des ligueurs, mesprisoient le conseil des predicateurs, se mocquoient d'eux, et tendoient à la ruyne de leur party. Nous avons dit cy dessus comme lesdits La Chapelle et Roland avoient esté des premiers à faire bastir la ligue ou faction des Seize, et comme ils se firent introduire aux plus grandes charges de la ville de Paris; et voicy qu'aussi-tost qu'ils virent que le duc de Mayenne eut cassé le conseil de l'union pour se conserver son authorité, comme nous avons dit, non seulement lesdits La Chapelle et Roland, mais toutes les grandes familles commencerent à se retirer de ceste faction des Seize, et voulurent despendre de la volonté dudit sieur duc, et du conseil qu'il avoit estably près de luy, où ils eurent tous des charges. Voylà comme et pourquoy ils se diviserent. Aussi, pour revenir à l'histoire de ce qui se passoit ez assemblées des Seize, en celle qui fut tenuë le jeudy 14 au logis dudit La Bruiere pere, sur ce qu'ils resolurent de donner tous leurs voix à Borderel pour estre receveur de la ville, Bussy y estant arrivé, à la proposition que l'on fit de deputer deux personnes de ceste assemblée pour aller supplier le lieutenant La Bruiere de favoriser ledit Borderel en l'eslection qui se feroit d'un receveur de la ville, il dit ces mots : « Messieurs, nous deussions souhaitter que ceux de ceste compagnie eussent les principales charges de la ville; ce seroit un grand bien et grand advancement pour nostre religion. » A quoy Hameline repliqua ces mots : « Je pense que je n'ay point receu tant de graces de Dieu au jour de mon baptesme comme je reçois d'avoir cest honneur d'estre de ceste compagnie; et, partant, messsieurs, je prie un chacun d'estre ferme et stable à la manutention d'icelle, à nous entre-secourir les uns les autres, et Dieu nous fera sentir le fruict de ses benedictions. » Plusieurs de ceste assemblée prejugerent lors qu'il se feroit quelque chose d'extraordinaire qui apporteroit du mal-heur, voyant ledit Bussy Le Clerc, suivy du curé de Sainct Cosme, de Crucé, Nicolas, Le Normant, Drouart, Mongeot et le peuple, qui ne faisoient qu'aller et venir, tantost montans en haut à la chambre dudit La Bruiere, puis descendans, se chuchetoient aux aureilles les uns aux autres : ce qu'ils avoient fait pareillement aux assemblées du mardy et mercredy auparavant.

Quant au conseil secret des dix, il se tenoit tous les matins à la chambre de de Launay, et se tint encor ceste matinée, au sortir duquel ledict de Launay alla disner chez le lieutenant La Bruiere, où on tient qu'il luy communiqua l'entreprise.

Toutes ces assemblées ne se faisoient point si secrettement que le president Brisson n'en fust adverty, car du commencement, audit conseil secret, ils avoient resolu de le faire tuër dans sa maison, et de faire aussi tuër dans leurs maisons cinq des principaux de la cour par quelques soldats determinez que l'on gaigneroit pour de l'argent. Suivant ceste resolution un d'entr'eux practiqua un nommé L'Evesque, luy fit de belles promesses s'il vouloit entreprendre de tuër ceux que l'on luy diroit. Ce L'Evesque estoit un bon soldat qui avoit esté pris et repris plusieurs fois aux Porcherons, ayant tousjours esté du party royal, mais ruiné tout à faict de sa derniere prise. Si tost que l'on luy eut fait ceste proposition, il dit qu'il l'entreprendroit, et qu'il en viendroit à bout, ne demandant qu'à gaigner. Il fit de prime abord tant de belles promesses, que l'on luy nomma ceux que l'on vouloit faire tuër; mais luy, qui demandoit qu'à sortir de Paris et se retirer à Sainct Denis, alla chez son procureur nommé Le Merquant, et luy donna charge d'advertir ledit sieur president de toute ceste entreprise : ce que ledit Merquant fit faire par un greffier de la cour, familier dudit sieur president. Sur cest advis ledit sieur president voulut mesmes parler audit L'Evesque, lequel alla le trouver de nuict en sa maison, et l'asseura que ce qu'on luy avoit dit estoit vray, et luy raconta sa derniere prise, et comme on l'avoit tiré de nuict de la prison de Sainct Eloy pour le poignarder et jetter dans la riviere, comme il avoit entrepris de le tuër, et avoit eu du depuis liberté d'entrer et sortir dans Paris, entretenant les Seize, et leur disant qu'il attendoit quelques soldats determinez en qui il se fioit pour l'assister en ceste entreprise. Après quelques paroles que luy dit ledit sieur president sur la haine que luy portoient les Seize, L'Evesque luy dit : « Monsieur, croyez moy, sortez de Paris, et vous ferez bien : pour moy, si vous voulez, j'entreprens sur ma vie de vous rendre dans Sainct Denis. — Je vous remercie de voste advis et de vostre bonne affection, luy dit le president, mais cela ne se peut faire pour beaucoup de raisons. » L'Evesque, ayant pris congé dudit sieur president, dez le lendemain matin sortit de Paris, et se retira dans Sainct Denis, et est encores à present en vie.

Aussi ledit jour de jeudy, quatorziesme de ce mois, ledit sieur president estant allé au college de Navarre, à la grande ordinaire que faisoit le jeune Benoist de Limoges, M. l'abbé de Saincte Genevïefve, qui y estoit, luy dit : « Monsieur, songez à vous; Poquart, en disnant avec moy, m'a asseuré que l'on entreprenoit sur vostre vie. » Mais ledit sieur president negligea tellement tous ces advis, et en tint si peu de compte, que le lendemain ses ennemis n'eurent aucune peine de le prendre et de le faire mourir.

Toute ceste journée, les dix du conseil secret des Seize, avec Bussy, Crucé et leur suitte, disposerent de l'ordre de leur entreprise. Crucé et Anroux allerent au petit Chastelet, et ayans parlé à Dantan qui en estoit geolier, et lequel estoit de leur faction, et luy ayans communiqué leur entreprise, l'asseurerent qu'ils le feroient geolier de la Conciergerie du Palais. Sur l'esperance de ceste recompense, il leur promit qu'il feroit ce qu'ils voudroient.

La nuict entre le jeudy et le vendredy, qui estoit le quinziesme du mois, l'assemblée se tint chez le curé Sainct Jacques. Ouitre tous ceux qui estoient en conseil, il se trouva grand nombre de personnes du menu peuple qui estoient avec leurs espées devant ce logis. A la pointe du jour, ledit curé avec La Bruiere le pere et quelques autres en sortirent, et allerent porter, tant aux capitaines des Espagnols que des Napolitains, un papier signé de Bussy, Sainction, Louchart, Crucé et Soly, contenant les causes pour lesquelles ils prenoient les armes. En mesme temps Bussy, Louchart, Le Normand et Anroux, suivis de plusieurs autres, se rendirent au bout du pont Sainct Michel, où, si tost qu'ils virent venir le president Brisson qui alloit au Palais, Le Normant et Anroux luy mirent la main sur le collet, puis le firent destourner par le Marché-Neuf, et le menerent dans le petit Chastelet, où, ayant veu à la porte du Bois [qui estoit un peintre, lequel estoit dez quatre heures du matin entré dans le petit Chastelet avec Crucé pour faire apprester tout ce qui estoit de besoin á leur entreprise], luy dit ces mots : « Monsieur du Bois, je me recommande à vous, vous representez M. Oudineau ; je ne sçay pourquoy l'on m'a amené icy. » Ce du Bois ne fit semblant de l'ouyr.

Ledit sieur president fut incontinent mené à la chambre du conseil par un des guichetiers, où un nommé Cochery faisoit le juge. Cromé luy fit quelques interrogations, sçavoir, premierement, s'il n'avoit pas escrit depuis peu de temps au roy de Navarre : à laquelle demande ledit sieur president respondit que non ; secondement, s'il ne luy avoit pas baillé sa vaisselle d'argent : à quoy il dit que non, et qu'elle luy avoit esté volée ; tiercement, pourquoy c'est qu'il n'avoit pas fait mourir Brigard : « Je n'ay pas esté son juge, dit le president ; il a esté envoyé absous par arrest de la cour. »

Alors Hameline [qui avoit un roquet de toile noire sur lequel il y avoit une grande croix rouge, comme aussi avoient ceste journée plusieurs de ceste faction] alla frapper sur l'espaule dudit sieur president, et luy dit ces mots : « Le Seigneur t'a aujourd'huy touché de luy rendre l'ame et as une grande faveur que tu ne mourras point en public comme traistre à la ville. »

Cependant que l'on faisoit ces demandes audit sieur president, Choulier, qui se disoit lieutenant du grand prevost de l'union, et n'estoit que clerc du greffe de la cour des aydes, suivy d'une troupe de factieux qui avoient des pistoles sous leurs manteaux, print M. Larcher, l'un des conseillers de la cour, ainsi qu'il entroit dans la court du Palais, et l'amena aussi audit petit Chastelet.

En mesme temps le curé de Sainct Cosme, suivy de quelques prestres et autres gens de faction, allerent au logis du sieur Tardif, conseiller au Chastelet, où ils le prindrent, et l'amenerent aussi audit petit Chastelet.

Crucé cependant envoya querir l'executeur de justice, et s'empara des clefs de la porte, et y mit quatre hallebardiers de sa compagnie les plus affidez qu'il eust, et leur deffendit de ne laisser entrer personne. L'executeur Jean Rozeau venu, le geolier le fit monter au lieu destiné pour faire mourir lesdits sieurs president et conseillers ; mais Jean Rozeau luy ayant demandé que c'estoit qu'on vouloit executer là dedans, disant que ce n'estoit pas la forme de justice de faire des executions dans une prison, luy dit : « Viens avec moy, et tu le verras : regarde seulement si ceste place est commode pour faire une execution et y pendre trois hommes. »

Le geolier ayant mené l'executeur à la chambre du conseil, où estoient Cromé, Hameline, Cochery, Le Normand, du Bois, Crucé, Saintyon, Anroux, et autres leurs complices, et leur ayant dit que la place estoit commode pour y faire une execution, Cromé luy dit : « Allez donc prendre dans ceste chambre le president Brisson, et l'y allez pendre. — Je ne le sçaurois faire, luy dit l'executeur, si vous ne me monstrez un jugement ou ordonnance de justice. » Sur laquelle response on luy dit : « Si tu ne le fais promptement, on te pendra toy-mesme. » L'executeur voyant que c'estoit un faire le faut, leur dit : « Je n'ay point de cordes, il faut que j'en aille querir. — Va, luy dit-on, et n'arreste point. » Mais, ainsi qu'il estoit prest à sortir le guichet, le geolier dit à Crucé : « Il vaut mieux retenir cest executeur, et luy fournir de cordes ; » ce qui fut cause que Crucé l'arresta, et luy dit : « Tu ne sortiras point de ceans, je te fourniray de cordes. » Crucé ayant demandé et commandé à son caporal, qui s'estoit rendu à son mandement avec ses armes dans le petit Chastelet avec quelques hommes de sa compagnie, de luy bailler sa mesche, il la luy refusa : surquoy le geolier bailla de l'argent à un guichetier pour aller acheter des cordes, ce qu'il fit incontinent, et les alla porter droict au lieu où se devoit faire ce massacre. Cependant on alla dire audit sieur president qu'il falloit qu'il descendist. Ce fut lors qu'il apprehenda la mort, car, advisant dans la petite salette où on fait les escroües des prisonniers plusieurs personnes qui avoient leurs manteaux à l'entour de leur nez, « Helas, mes amis, dit-il en parlant à Cochery qui, le suyvant, faisoit le juge, où me voulez-vous mener? Laissez-moy en la chambre où j'estois, et me baillez des gardes à mes despens si vous avez peur que je m'envoise ; je n'ay garde, je ne me sens coulpable de rien. »

Mais sa mort estant conjurée, l'on le fit monter viste en la chambre où on le vouloit faire mourir. L'executeur s'estant saisy de luy, l'ayant lié, luy presenta une croix de bois que l'on a accoustumé de bailler aux patiens que l'on meine au gibet, laquelle il refusa de prendre, et luy dit : « Ceste croix est pour des malfaicteurs, ouvre moy mes boutons, j'ay une croix penduë à mon col, qui est contre ma chair, laquelle est de la vraye croix que j'adore : c'est celle-là que je veux baiser. » L'executeur, luy ayant destaché quatre boutons, la trouva et la luy bailla, et la baisa par plusieurs fois. Il demanda fort à parler à un advocat nommé d'Alençon qu'il tenoit en son logis pour songner à l'impression de ses œuvres; mais, voyant que l'on ne luy faisoit que dire plusieurs calomnies et le pressoit-on de mourir, il dit : « Je vous prie donc de luy dire que mon livre que j'ay commencé ne soit point broüillé, qui est une tant belle œuvre. » L'executeur, aydé par un guichetier et par Logereau, postulant à la justice du prevost Oudineau, qui se trouverent là, ayant pendu ledit sieur president à une poutre, on alla querir ledit sieur Larcher, lequel, s'estant trouvé mal, on avoit fait desjeuner. Il avoit donné au geolier un anneau qu'il avoit au doigt, le priant de le bien traicter, et pensoit n'estre que prisonnier; mais quand il fut monté, et qu'il eut veu ledit sieur president mort, il leur dit : « Despeschez, bourreaux, je n'ay point regret de mourir puisque je vois le plus grand homme du monde mort innocent. » Après qu'ils l'eurent pendu, ils allerent querir ledit sieur Tardif, qu'il firent aussi mourir de la mesme mort.

Tandis que les principaux des Seize faisoient ceste tragedie, aucuns d'entr'eux se mirent en armes. Duchesne assembla sa compagnie, et fit un corps de garde proche le petit Chastelet. Ce n'estoient qu'allées et venuës, que mots à l'aureille que l'on se disoit les uns aux autres. Les uns prejugeoient le mal-heur qui leur adviendroit, et, quoy qu'ils fussent affectionnez au party de l'union, ils detestoient ceste entreprise. Plusieurs bonnes familles parisiennes, au premier bruit qui courut de la mort de ces personnages, penserent que le dessein des Seize tendoit au sac de leur ville : beaucoup en particulier rescrivirent à M. de Mayenne qui estoit à Laon, et le supplierent de venir en diligence mettre ordre à ceste sedition. Bref, ceux que l'on estimoit politiques et royaux dedans Paris eurent en ceste journée de la peur. Le fils dudit sieur Larcher fut aussi amené prisonnier audit petit Chastelet, et quelques autres. Les quatre hallebardiers que nous avons dit que Crucé y avoit mis à la garde de la porte prirent la robbe dudit sieur president, et le frippier Poteau, qui estoit l'un des quatre, l'acheta, et firent bonne chere de ceste vente. Le sieur Picart, maistre des comptes, et Bechu, audiencier du Chastellet, et autres, furent amenez par quelques-uns des Seize dans la chambre où estoient les corps morts, ausquels on disoit à chacun d'eux en particulier : « Regarde, l'on ne t'en fera pas moins qu'à ceux-là, pense à toi, car tu es mort; que nous veux-tu donner? » Ainsi ils tirerent quelque argent de ceux-cy et les laisserent aller, attendans tous le lendemain de faire mieux leurs affaires. Ceux qui demeurerent en garde audit petit Chastelet se mirent à faire bonne chere; et, sur la resolution que le conseil secret des Seize prit de faire pendre les trois corps morts à la place de Greve le lendemain matin, après qu'ils eurent soupé, Charles du Sur, espicier, dit Jambe de Bois, de la compagnie de Crucé, fit des escriteaux où estoient en grosses lettres escrits les noms desdits trois sieurs morts.

Le samedy matin, sur les quatre heures, deux cents de ceste faction des Seize se rendirent au petit Chastelet. Crucé ayant faict venir trois crocheteurs avec leurs crochets, l'executeur mit sur chacun d'eux un desdits sieurs morts, tout debout, nuds en chemise, ayans chacun leur escriteau pendu au col. Ceux qui virent ceste action la trouverent merveilleusement piteuse et espouvantable. Sur toutes les advenuës des ruës, depuis le petit Chastelet jusques à la Greve, ils avoient mis des gardes. Premierement marchoient quelque centaine de personnes, les uns avec des hallebardes, les autres avec harquebuses, et aucuns n'ayans que leurs espées avec leurs manteaux dont ils se bouschoient le nez, et nombre de lanternes sourdes. A quinze pas de ceste troupe, sans aucune lumiere, suivoient les trois crocheteurs qui portoient, ainsi qu'il est dit cy-dessus, les trois corps morts desdits sieurs que l'executeur et ses valets accompagnoient; et quinze pas après, suivoit une autre troupe de cent personnes armez comme la premiere, avec force lanternes sourdes. En ceste façon ils allerent faire mettre lesdits sieurs en une potence en la place de Greve.

Les principaux des Seize pensoient que ce spectacle feroit esmouvoir le peuple; mais ny les Espagnols ny le peuple ne s'en esmeurent point : chacun alloit les voir, aucuns haulsoient les espaules sans dire mot, d'autres blasmoient ceste acte, tellement que, sans y avoir eu aucun remuëment, la nuit du dix-septiesme de ce mois, l'executeur osta les corps, les vendit aux veufves et aux enfans desdicts sieurs morts pour les faire enterrer; ce qui fut cause en partie que depuis ledict executeur fut pendu, comme nous dirons en son lieu.

Aucuns ont escrit que la garnison espagnole abhorra ce faict, et que si les ministres d'Espagne l'eussent approuvé, qu'ils se fussent pu rendre maistres de Paris, mais, au contraire, que Diego de Ibarra rescrivit au roy d'Espagne en ce temps-là en ces mots : « La faute si grande de faire justice, de leur authorité, de ce president et conseillers, est procedée d'ailleurs que des ministres de Vostre Majesté. »

Or le duc de Mayenne, ayant receu les nouvelles de ces tragedies, partit incontinent de Laon, et à grandes traittes s'en vint à Paris, et amena avec luy le sieur de Vitry et sa compagnie, et quelque peu de forces estrangeres. Il arriva par la porte Sainct Antboine. Quand les Seize sceurent qu'il venoit ils s'assemblerent. Le docteur Boucher estoit revenu de Soissons où il estoit allé, et n'avoit point de part à ce qu'avoient faict les Seize en son absence. Ils se douterent bien que ledit sieur duc ne venoit à Paris que pour ceste occasion; ce fut pourquoy la pluspart des Seize avec ledit docteur Boucher, qui devoit porter la parole, furent au devant dudit sieur duc jusques au petit Sainct Anthoine, où ils avoient envie de luy faire une remonstrance sur ce qui s'estoit passé. Mais, aussi-tost que Boucher eut dit au duc qu'il desiroit luy parler, au nom de plusieurs bons bourgeois, sur ce qui s'estoit passé le 15 de novembre à Paris, ledict sieur duc luy dit: « Monsieur nostre maistre, ce sera pour une autre fois; adieu; » et ainsi passa viste et entra dans Paris. Les Seize cognurent lors à son visage qu'il estoit fasché contr'eux, car on luy avoit rapporté qu'ils s'estoient assemblez dans la chambre dudit Boucher, où on avoit proposé s'il le falloit laisser entrer dans Paris et des moyens de luy fermer les portes, et qu'en fin ils avoient resolu de le poignarder, et qu'un d'entr'eux avoit dit qu'il vouloit avoir l'honneur de luy bailler le premier coup.

Le duc à son arrivée trouva les choses fort douteuses, pour l'apparence qu'il y avoit que les Seize et le menu peuple, qui estoit de ceste faction, ne fussent favorisez des garnisons espagnoles. Patientant pour quelques jours, il escouta un chacun, et descouvrit le cœur de plusieurs qui estoient mal-contents des desportements furieux des Seize. On a escrit que les quatre freres de la maison des Hennequins, le president d'Orcey, le conseiller d'Amours, le colonel d'Aubray, et plusieurs autres, luy dirent qu'il failloit exterminer trois sortes de gens dans Paris, sçavoir: les predicateurs de la faction des Seize, qui ne preschoient que la guerre; les principaux des Seize, qui estoient des voleurs et sanguinaires, lesquels ne demandoient qu'à ruyner les bonnes familles de Paris; et les garnisons d'Espagnols, qui ne venoient en France que pour piller et ravager, comme ennemis de toute ancienneté, ce qui seroit aysé à faire audit sieur duc s'il vouloit y interposer son authorité, et qu'il seroit assisté de toutes les cours souveraines et de toutes les bonnes familles.

En fin le duc resolut de faire chastier les principaux des Seize. Il eust bien desiré avoir Bussy le Clerc, mais il ne sortoit plus de la Bastille. En l'assemblée generale qui se fit en l'Hostel de Ville, où tous les principaux des Seize se trouverent, sur la proposition qui fut faicte d'appaiser ce qui s'estoit passé en la mort du president Brisson, ledit sieur duc en demanda advis mesme à ceux qu'il cognoissoit estre de ceste faction, les tançant seulement de ce qu'ils l'avoient faict, et qu'il n'y falloit plus retourner. Eux luy respondirent diversement, chacun selon leur passion; mais plusieurs des bonnes familles de Paris qui se trouverent en ceste assemblée le supplierent que ce faict ne demeurast point impuny. Les principaux des Seize recevoient divers advis de leurs amis que l'on devoit entreprendre contr'eux et en pendre d'aucuns; mais la bonne face que leur monstra en ceste assemblée ledit sieur duc leur fit oster toute sinistre opinion; mesmes aucuns furent soupper avec luy, et ne tint on en souppant que des devis et paroles joyeuses, tellement qu'ils se retirerent ce soir chacun chez eux, fort contents dudit sieur duc.

Le duc, qui avoit resolu de faire punir nombre de ces factieux, jugea que l'execution ne luy en seroit si difficile que l'on luy avoit proposé. Le sieur de Vitry ayant entrepris d'en prendre les plus mutins, on resolut de les faire pendre dans le Louvre. On va querir l'executeur cependant que sur les quatre heures au matin le sieur de Vitry va reveiller Anroux, Emonot et Hameline, lesquels, amenez au Louvre, furent incontinent pendus. Le sieur de Congis, ayant fait esveiller Louchart et monté en sa chambre, luy dit que M. de Mayenne vouloit parler à luy pour une affaire de consequence, et qu'il s'habillast vistement; sa conscience le jugeant, à chasque coup il demandoit: « Mais que me veut-il? » Habillé, sa femme luy donna un mouchouër, et luy, la baisant, luy dit: « Adieu, ma femme, je doute de ne te revoir jamais. » Ledit sieur de Congis alors le consola, et l'asseura que M. de Mayenne vouloit seulement parler à luy; mais, passez qu'ils furent l'hostel de la Royne où ledit sieur duc estoit logé, et Louchart ayant recognu qu'aux advenues des rues il y avoit des gens de guerre, il dit: « Monsieur, vous me menez à la mort. — Je vous meine, luy dit le sieur de Congis, parler à M. de Mayenne qui est au Louvre, » où, estans arrivez et entrez dans la basse salle, il advisa les trois autres pendus à une grosse solive. M. de Vitry, qui estoit là, commanda incontinent à l'executeur de se saisir de luy. Louchart luy dit que M. de Mayenne l'avoit mandé pour parler à luy et non pour le faire mourir. L'executeur et son valet voulans se saisir de luy, il commença à se deffendre tellement d'eux qu'ils tumberent à terre les uns sur les autres, sans qu'il fust possible à Jean Rozeau de luy mettre la corde au col, ny de le lier. M. de Vitry, voyant que l'executeur n'en pouvoit venir à bout, luy dit : « A quoy vous sert ceste resistance? il vous faut mourir. — Ha! monsieur de Vitry, luy dit Louchart, je ne crois point que M. de Mayenne vueille que je meure; je vous prie de sçavoir encor de luy sa volonté, et luy dire que je le prie que l'on ne me face point mourir. — Bien, dit le sieur de Vitry, j'y vay ; mais s'il dit qu'il le veut il faudra que vous y obeyssiez. — J'y obeyray, dit Louchart. » Le sieur de Vitry estant sorty et demeuré un bon demy quart d'heure à revenir, il luy dit : « M. de Mayenne commande que l'on vous face mourir. » A ces mots, Louchart, gemissant et n'en pouvant plus mesmes, se laissa saisir à l'executeur qui le pendit auprès des trois autres.

De Launay, Cromé et Cochery furent bien cherchez : advertis, ils se sauverent en Flandres, d'où ils n'ont bougé du depuis. Crucé fut prins ; mais le docteur Boucher fit tant envers M. de Mayenne, qu'il se contenta de ce qu'Anroux, qui estoit son lieutenant, avoit esté pendu. Le chanoine Sanguin, Thierée, Poteau, Regis, La Mothe, Renault et quelques autres, furent aussi emprisonnez. Bref, les principaux de ceste faction, qui avoient assisté ou consenty à la mort ignominieuse desdits sieurs president et conseillers, furent en ceste journée bien recerchez.

Bussy Le Clerc, qui faisoit le fendant dans la Bastille, et qui s'y devoit faire enterrer pour ceux de sa faction, à la premiere sommation que ledit sieur duc de Mayenne luy fit faire de luy rendre ceste place, comme il estoit homme né parmy le peuple, ayant sceu la mort de ses confederez, ne songea qu'à demander sa vie au duc, et permission de faire sortir ses biens meubles de dedans la Bastille, ce qui luy fut accordé; mais, en ayant faict sortir tout ce qu'il y avoit, et les ayant mis en un logis proche la Bastille, aussitost que le duc eut mis la garnison qu'il desiroit dans ceste place et que Bussy en fut sorty, plusieurs gens de guerre entrerent dans ce logis, pillerent tous ces biens et tout ce qu'il avoit volé et rançonné depuis les Barricades jusques au commencement de ce mois ; tellement que tout ce qu'il put faire fut de se sauver de peur d'estre tué, sortir de France et gaigner Bruxelles, là où depuis il a vescu fort miserablement, gaignant sa vie à estre prevost de sale, se nourrissant des bien-venues qu'il pouvoit attrapper des escoliers qui vouloient apprendre à tirer des armes ; et sa femme, qui fit tenir si long temps prisonnier à la Bastille l'abbé de Fayoles, chanoine de la Saincte Chappelle, pour avoir une bague de quinze mil escus qu'il avoit en despost d'une dame sienne parente, s'est veue bien changée de condition. Ce sont des jugements de Dieu très-grands. Je diray encor sur ce subject que non seulement ledict Bussy, mais tous ceux du peuple qui se sont meslez durant ces derniers troubles d'emprisonner ou tuer les presidents et conseillers des autres parlements, sont tous peris miserablement. L'exemple est memorable d'un capitaine Desarpens, que l'on a veu à Paris, à l'Escole Sainct-Germain, s'espouiller sur le bord d'un batteau, et ne vivre d'autre chose que de ce que l'on luy donnoit pour y prendre garde, après avoir, au commencement de ces troubles, fait tant des siennes dans Rouen, où il ne cheminoit qu'avec gardes par la ville, somptueusement vestu, rançonnant les officiers royaux selon sa volonté.

L'autheur du livre du Manant et du Maheustre dit que M. de Mayenne fit pendre ces factieux pour le seul subject d'avoir communiqué avec l'Espagnol, sous un pretexte qu'il emprunta, encores que la verité fust que la vraye occasion estoit la lettre que les Seize avoient escrite au roy d'Espagne comme à leur vray roy [la copie de laquelle nous avons mise cy-dessus], ainsi que madame de Montpensier le sceut bien dire le lendemain de l'execution, le jour de laquelle, dit cest autheur, l'on faisoit courir un bruit contre les Seize qu'ils avoient voulu attenter à la personne du duc de Mayenne, le second jour que c'estoit parce qu'ils estoient espagnols, et à ceste fin la dame de Montpensier representa une copie de ladite lettre envoyée par les Seize au roy d'Espagne, qu'elle monstra à toutes personnes pour les animer contre les Seize, et en despit des Espagnols; et le troisiesme jour on fit courir le bruit que c'estoit à cause de la mort du president Brisson et ses deux compagnons : de sorte qu'en trois jours l'on fit courir trois divers subjects contre les Seize; mais le second estoit le plus veritable, comme mesmement le duc de Mayenne ne put se retenir qu'il ne le dist à l'ambassadeur d'Espagne, que l'on vouloit porter la couronne de France à son maistre par les membres, mais qu'il luy failloit porter par les chefs; joint que par plusieurs fois le duc de Mayenne a dit que les Seize luy avoient gasté ses affaires, mais qu'il s'en vengeroit, et l'a rescrit à tous les gouverneurs de l'union pour leur faire trouver bon l'execution qu'il avoit faict faire contre les Seize, les appelans, par ses lettres, gens turbulens et violens ausquels il ne se fieroit plus, et qu'il se remettroit du tout à la volonté et bon conseil du parlement de Paris.

Voylà l'opinion de l'autheur de ce livre. Il estoit de la faction des Seize. Il dit cela affin de faire croire que ceste journée du quatriesme decembre avoit esté seulement faicte en haine des Espagnols, concluant que ledit sieur duc de Mayenne ne souffriroit jamais aucune intelligence entre le peuple et l'Espagnol. Mais, quoy que ce livre ait esté escrit plus d'un an après ceste journée, si est-ce que ledit sieur duc, bien qu'il eust pu faire punir tous ceux de la faction des Seize, tant pour avoir consenty à la mort dudit sieur president Brisson, que pour leurs autres attentats, il fut conseillé que puis que la justice avoit eu quelque cours en l'execution de quelques-uns, de faire une abolition generale de tout ce qu'ils avoient faict, et, par icelle, les empescher seulement que d'oresnavant par assemblées ils pussent faire pareilles entreprises. Son intention se pourra mieux cognoistre par la lecture de ceste abolition que parce que l'on en pourroit escrire. En voicy la teneur.

« Charles de Lorraine, duc de Mayenne, lieutenant general de l'Estat et couronne de France, à tous presens et à venir, salut. Comme en la capture et emprisonnement injurieux, meurtres et assassinats commis, en ceste ville de Paris, ès personnes des deffuncts les sieurs Brisson, president en la cour de parlement, Larcher, conseiller en icelle, et Tardif, conseiller au chastelet, le quinziesme jour de novembre dernier passé, et exposition ignominieuse de leurs corps faicte en place publique le seiziesme et dix-septiesme dudit mois, deux sortes de personnes se sont trouvées coulpables, les uns, poussez de mauvaise volonté, se couvrant de quelque pretenduë entreprise et conspiration qu'ils publioient avoir esté faicte sur cestedite ville, et les autres s'y estans laissé aller par simplicité et ardeur de zele, estimans bien faire, sans sçavoir au vray les causes d'une telle violence ; en quoy les loix de justice divine et humaine ont esté violées, au grand estonnement des gens de bien, qui craignoient que semblable chose tollerée ne donnast licence à chacun d'entreprendre ce qu'il voudroit en ceste ville capitale du royaume qui doit servir de lumiere et de guide à toutes les autres, et de seureté et de repos à tous ceux qui y resident et vivent sous l'obeyssance des loix et des magistrats. Ce qu'estant venu à nostre cognoissance, nous nous y serions promptement rendu, tous autres affaires cessans, pour pourvoir à ce mal par le chastiment des principaux autheurs d'iceluy sur lesquels nous avons advisé de restraindre la peine, et, usans de douceur à l'endroit des autres, les contenir en devoir, et relever la justice, l'un des principaux liens de l'Estat, qui sembloit aucunement alterée par un si funeste accident advenu en la personne de son chef. Sçavoir faisons qu'après avoir faict punir le commissaire Louchart, Barthelemy Auroux, Nicolas Hameline et Jean Emonnot, desirans empescher un plus grand mal et pourvoir à la seureté publique, nous avons, pour le regard des autres qui ont participé à ceste entreprise, soit en la deliberation ou execution d'icelle, ou qui y ont presté conseil, confort et aide, en quelque sorte et maniere que ce soit, aboly et esteint, abolissons et esteignons par ces presentes, en vertu de nostre pouvoir, le faict et cas dessusdits. Voulons et entendons que tous en general, et chacun d'eux en particulier, en soient et demeurent quittes et deschargez, comme ayant esté leur simplicité circonvenuë par les inductions et artifices des autres, et ne s'en estans entremis que sur la crainte du peril qu'ils estimoient present, et le desir qu'ils avoient de se conserver en ladite ville, sans qu'ores ny à l'advenir ils en puissent estre aucunement inquietez, travaillez ny recerchez ; et quant à ce, avons imposé et imposons silence perpetuel au sieur procureur general et à tous autres, fors et excepté le conseiller Cromé, Adrian Cochert, et celuy qui a servi de greffier, lesquels nous n'entendons jouyr de l'effect de la presente abolition, et les en avons, comme estans principaux autheurs de cest attentat, pour plusieurs considerations exceptez et reservez, afin que la justice en soit faicte. Et par ce que le mal est provenu des assemblées privées qui se sont cy-devant faictes en ceste ville sans authorité et permission des magistrats, et que tels accidents pourroient encores à l'advenir produire de plus dommageables effects s'il estoit permis aux particuliers de ladite ville de tenir conseils et faire lesdites assemblées, nous faisons très-expresses inhibitions et defences à toutes personnes, de quelque qualité ou condition qu'elles soient, et sous quelque pretexte ou occasion que ce soit, mesmes à ceux qui se sont cy-devant voulu nommer le conseil des Seize, de faire plus aucunes assemblées pour deliberer ou traicter d'affaire quelconque, à peine de la vie et de rasement de maisons èsquelles se trouveront lesdites assemblées avoir esté faictes, enjoignant à toutes personnes, sur ladite peine de la vie, qui sçauront les lieux où se seront faictes lesdites assemblées, de les indiquer promptement au gouverneur, procureur general, ou prevost des marchands et eschevins de cestedite ville; et si aucuns des habitans, bourgeois, ou autres particuliers habitans de ladite ville, ont quelque chose à proposer concernant le salut et repos d'icelle ville, ils s'en addresseront audit gouverneur, procureur general, ou prevost des marchands et eschevins, ausquels le soin de la seureté et conservation de ladite ville doit appartenir : ce que nous les exhortons de faire, avec promesse de les recognoistre de tout nostre pouvoir, selon le merite de leur affection. Aussi deffendons, sous la mesme peine, à toutes personnes de ne faire cy après aucune mention ny reproche les uns aux autres pour raison des choses passées, que nous voulons demeurer en perpetuel oubly comme chose non faicte ny advenuë; semblablement de ne parler au mespris et desavantage de ce sainct party, ains qu'à l'encontre de toutes personnes generalement quelconques qui voudront troubler le repos et seureté publique, et semer divisions entre les catholiques, ou qui favorisent les heretiques, il soit procedé à l'encontre d'eux par les rigueurs de justice, sans exception d'aucune personne. Si prions messieurs de la cour de parlement, etc. Donné à Paris au mois de decembre 1591. Signé Charles de Lorraine, et sur le reply, par monseigneur, Beaudouyn, et à costé visa et scellée de cire verde sur de la soye rouge et verde. Leuë, publiée et registrée. Ouy sur ce le procureur general du Roy, ce requerant. A Paris, en parlement, le dixiesme jour de decembre 1591, et publié à son de trompe et cry public par les carrefours de ceste ville de Paris ledit jour. Signé Boucher. »

Ainsi le sieur duc cassa les assemblées du conseil des Seize; toutefois du depuis ils ne laisserent de continuër sous main leurs practiques avec l'Espagnol, et leurs predicateurs presenterent encores quelques requestes audit sieur de Mayenne, s'attribuans le nom de la Faculté en theologie, comme nous dirons au temps qu'ils les presenterent. Ceste abolition deffendoit bien de semer des divisions entre les catholiques, et toutesfois du depuis il y eut tousjours trois partis formez dans Paris jusqu'à la reduction en mars 1594, sçavoir, celuy du duc de Mayenne, celuy des politiques ou royaux, et celuy des Seize et Espagnols. La suite de ceste histoire monstrera comme celuy des Seize et des Espagnols fut du tout ruyné, comme celui du duc de Mayenne se reünit dans le royal, et comme celuy des royaux est demeuré le maistre des deux autres.

Le parlement de Paris estant sans president en la grand-chambre par la mort du president Brisson, les quatre autres presidents estans du party royal, ou à Tours, ou à Chaalons, ledit sieur duc en pourveut quatre de ceste dignité, sçavoir : le sieur Chartier, qui estoit fort vieil et le plus ancien conseiller de la cour, pour premier president, mais il se deporta de luy mesmes d'exercer ceste charge, les sieurs de Neuilly, de Hacqueville et Le Maistre. Voylà comment les Seize, par leurs violentes et sanglantes tragedies, pensans s'instaler aux principales charges de la ville de Paris, n'en ont receu que de la desolation. Quatre ont esté pendus, aucuns bannis, et le reste desauthorisez. M. de Vitry, dans son manifeste, dit que M. le duc de Mayenne n'a jamais faict acte si genereux et honnorable pour luy que celuy-là, faisant prendre et pendre ces mutins au milieu de la ville de Paris et parmy leurs amis.

Il fut fait plusieurs vers qui coururent en ce temps là sur ce subject, entr'autres ceux-cy :

> De seize ils sont réduits à douze,
> Et faut que le reste se bouze,
> Pour après les quatre premiers
> Estre perchez comme ramiers.

Celuy qui composa ces vers pensoit qu'ils ne fussent en tout que seize factieux, mais il se trompoit, car ils estoient plus de quatre mil. Un autre poëte, pensant mieux dit sur ce qu'il avoit veu escrit *le conseil des seize quartiers de la ville de Paris*, fit ces vers, prenant quarteniers pour quartiers :

> A chacun le sien, c'est justice :
> A Paris seize quarteniers,
> A Montfaucon seize piliers,
> C'est à chacun son benefice.

Celuy cy se trompoit fort, car, des seize quarteniers de la ville de Paris, il n'y en avoit que cinq de ceste faction, comme ils le monstrerent bien à la reduction de la ville de Paris; mais ce dernier rencontra plus heureusement, disant :

> Seize, Montfaucon vous appelle;
> A demain, crient les corbeaux :
> Seize piliers de sa chapelle
> Vous seront autant de tombeaux.

Les faire mourir tous, c'eust esté trop. Aussi M. de Mayenne ne crut qu'en une partie ceux qui luy avoient conseillé de ruiner trois sortes de personnes : les Seize, leurs predicateurs, et les garnisons d'Espagnols. Pour les predicateurs, il n'a jamais voulu que l'on touchast aux ecclesiastiques qui avoient practiques et intelligences avec l'Espagnol, ny à ceux mesmes qui depuis furent descouverts estre affectionnez au party royal, et qui faisoient des practiques dans Paris pour l'establissement du Roy. Quant aux Espagnols, il avoit affaire de leur secours pour desengager Roüen que le Roy tenoit assiegée.

Aussi il n'y avoit point d'apparence qu'il suivist ces conseils.

L'autheur de la suitte du Manant et du Maheustre, contre toute apparence de verité, veut faire accroire que le sieur comte de Brissac avoit esté envoyé à Paris par ledit sieur duc pour advertir M. de Belin qu'il se falloit desfaire dudit president et ses compagnons, voire d'une grande partie du parlement, pource qu'ils traictoient avec le Roy et promettoient de luy donner entrée dans Paris, et qu'en cas que ledit sieur de Belin ne voulust l'entreprendre, que les Seize y tinssent la main pour l'executer; plus, que plusieurs du parlement en estoient consentans, et leur avoient requis main forte pour ce faire. A quel propos publier toutes ces menteries, puis que l'on a veu le duc de Mayenne, le sieur de Belin et le parlement, pourchasser leur punition pour avoir faict mourir ce president, estimé un des doctes hommes de son siecle? Voicy ce qu'escrit Scevole de Saincte Marthe de la vie de ce president.

« M. le president Brisson, natif de Fontenay en Poictou, lieu fort fertile à produire des hommes d'excellent esprit, estoit fils d'un pere, homme honnorable et riche, lieutenant dudit Fontenay qui est un très-beau siege. Par le moyen et conduite de son pere, il fit heureusement le cours de ses estudes, tellement qu'en peu de temps il parvint à un souverain degré de science en toutes sortes, et en acquit un los non accoustumé, laquelle science il ne tint pas cachée dans son estude pour s'y amuser en oisiveté, mais il la fit paroistre à descouvert, avec un très-grand lustre, à la veuë du public, parmy les grands personnages, car, presque dès sa prime jeunesse, il fit une très-belle monstre de son sçavoir au barreau de la cour de parlement entre les advocats les plus celebres, usant d'une façon de parler remplie d'eloquence et toutesfois non affectée, mais claire et facile, d'un langage pur et net, fluide comme un ruisseau coulant doucement. En laquelle profession d'advocat ayant fait de grands progrez, il s'acquit un tel bruit, qu'il fut incontinent promeu par ce grand roy Très-Chrestien Henry troisiesme de pieuse memoire, premierement à l'office d'advocat general, puis après de conseiller d'Estat, et finalement il le fit president de ce grand parlement, sans beaucoup differer d'un temps à l'autre; et lors mesme Sa Majesté luy fit tant d'honneur de dire qu'il n'y avoit prince au monde qui eust homme à luy qu'il pust mettre en parangon avec ledit sieur Brisson; tellement qu'il l'envoya en ambassade en Angleterre pour de très-grandes affaires. Et ayant Sa Majesté proposé de faire un recueil de tous ses edicts et ordonnances de ses predecesseurs, [illegible] qu'il estoit l'unique suffisant de luy en [illegible] contentement, veu la grandeur de l'entreprise contenant tout le droict par lequel la France se gouverne; lequel œuvre ledit sieur Brisson [illegible] avec une diligence et promptitude [illegible] incredible, et le nomma du nom de [illegible] *le code Henry*. En outre il a escrit un [illegible] docte volume de la signification des [illegible] droict françois; *item*, un autre des [illegible] et du style usité au droit civil entre les [illegible] qu'on appelle droict escrit, et plusieurs [illegible] opuscules, partie desquels il a mis en [illegible], et d'autres qui y ont esté mises après sa [illegible], laquelle le prince et chef du party de [illegible] mesmes n'a voulu laisser impunie. » Voylà ce que dit Scevole de Saincte Marthe de la vie et mort de ce president.

« Si ceste mort eust esté advouée et passée sous silence par le duc de Mayenne, dit l'autheur du livre du Manant et du Maheustre, le Roy n'eust plus eu d'agens dans Paris pour luy, et eussent tous perdu courage; mais qu'après la journée du 4 decembre la cour de parlement se restablit en sa premiere authorité; [illegible] coup d'Estat pour l'establissement du [illegible] ce qui advint en ceste journée [illegible] tifia le party formé en la cour de parlement et les politiques de Paris contre les Seize et les predicateurs. »

Ce mesme autheur dit en son dialogue plusieurs choses sur ceste journée, la [illegible] quelles icy referées feront aysement juger [illegible] tout s'est passé en ce temps-là.

« C'est la maxime des princes, dit-il, de se servir du peuple au commencement de leur establissement; mais estant fait il n'en faut plus parler. Auparavant les Barricades et la mort du duc et cardinal de Guise, on trouvoit bon que les Seize se remuassent, qu'ils s'opposassent et servissent de rampart contre tous les efforts et desseins du feu Roy et des siens, exposans leurs vies et biens contre la puissance de Sa Majesté, et de là est venu ce grand changement qu'on a veu en France, car alors les princes communiquoient avec les Seize, tout se faisoit par une mutuelle intelligence, et les princes de la ligue ne faisoient rien sans en advertir ledit conseil des Seize, et en fut descouvert plusieurs memoires et missives que le feu duc de Guise leur envoyoit. Mais, depuis que le duc de Mayenne a esté estably, et que les Seize luy ont donné l'authorité sur eux et le souverain commandement, et qu'il a gousté d'iceluy, il ne l'a voulu depuis demordre aucunement, ains s'en est accommodé en proprieté, encor qu'il n'eust ceste authorité qu'en depost, en attendant la resolution des estats; et de là, dit-il, est venu tout malheur au party de l'union; car le duc de Mayenne, sentant la volonté des Seize affectionnez au roy d'Espagne pour luy oster son authorité, les a eus depuis tellement à contrecœur, que dèslors leur ruine fut complotée. Il rompit premierement l'authorité du conseil general de l'union, qui estoit l'establissement et conduite des affaires de la ligue, et en fit un particulier auprès de luy, qu'il composa de personnes qui luy estoient affidées, qui a esté le plus grand traict d'Estat que jamais ledict sieur duc de Mayenne ait faict pour son particulier, ayant par ce moyen forme son establissement et ruyné les Seize et leur faction; car, par la rupture de ce conseil, toutes les provinces et villes de la ligue qui se trouvoient joinctes et liguées ensemblement, tant du vivant du duc de Guise qu'après sa mort, et qui avoient communication avec ledict conseil des Seize, et depuis avec ledict conseil general de l'union [qui, après la mort dudict duc de Guise, fut composé de tous ceux qui avoient esté dudit conseil des Seize], se trouverent des-unies sans plus conferer ensemble, et chasque ville advisa lors à son profit particulier; mesmes les grands qui y estoient gouverneurs pour l'union leur osterent en plusieurs endroicts le maniement des affaires. Et par ainsi les Seize de Paris demeurerent seuls, desnues de moyens, secours et intelligences.

» Plus, que ladite execution du quatriesme decembre despouilla lesdits Seize de toutes forces, authorité et puissance, jusques à n'oser parler, et furent dèslors abandonnez de plusieurs des grands du party de l'union, entr'autres du duc de Guise, luy qui auparavant leur avoit envoyé le sieur de Jauge leur porter toute creance d'assistance, faveur et ayde, qui au contraire se mocqua aussi d'eux, mesmes que le simple peuple, subject à vaciller, les commença à avoir en mespris, et devindrent en horreur à toutes les provinces et villes de l'union à cause des lettres que ledit sieur du duc de Mayenne y avoit escrites contr'eux, lequel, pour establir son authorité et s'asseurer d'avantage en sa qualité de chef de l'union; fit promettre les cinq conditions suivantes à tous les grands et gouverneurs de ce party:

I. De ne l'abandonner jamais, ny de se bander contre luy pour quelque occasion que ce fut.

II. De ne favoriser la nomination d'un roy que par son consentement.

III. De consentir tous les accords qu'il feroit avec le Roy ou autre.

IV. De ne favoriser les Espagnols ny conferer avec eux que par sa licence et selon son instruction.

V. De resister et contredire, par parole, conseil et effect, contre ceux qui favoriseroient le peuple et empescheroient ses desseins, et de faire en sorte que l'authorité entiere luy demeurast audit party de l'union, pour y disposer de tout selon sa volonté. »

Cest autheur, qui estoit un des principaux desdits Seize, après avoir dit que l'ordinaire des grands est de hayr ceux de qui ils tiennent leur advancement et ceux qui n'adherent à leur volonté, mesmes que le duc de Mayenne avoit introduit aux villes de leur party ceux qu'il avoit voulu, et en avoit osté les ligueurs qui luy avoient baillé telle authorité, il s'exclame et dit:

« Où est ce nœud d'union d'entre les princes de Lorraine et nous? Où est ce secours mutuël qu'ils nous ont juré tant de fois et promis? Où est ceste amitié tant de fois jurée aux Barricades et à l'instant d'icelles? Où est la forme de nostre union? Où est l'intelligence et confederation tant belle et serieuse que nous avions practiquée avec les principales provinces et villes de France, qui, à nostre sollicitation, vigilance et frais, s'estoient joinctes à nostre party, que les princes et ceux que nous avons esleu au magistrat nous ont ravies et perduës tout ensemble? Où sont les agents des provinces qui de toutes parts nous venoient voir et prenoient de nos mains les instructions necessaires pour l'advancement du party de l'union? Où est nostre retraicte? Où est nostre asseurance? »

Voilà la plainte que fait cest autheur pour les Seize. Plus il dit: « Je sçay pour vray que le duc de Mayenne n'a cherché qu'occasion de ruiner les Seize, ayant à ceste fin introduit à Paris ses agents contre les predicateurs, les curez et les Seize, par la faveur et support d'aucunes princesses, specialement de madame de Monpensier, du sieur de Belin, gouverneur, du prevost des marchands, et du corps de la cour de parlement, avec le support des politiques qui se sont joincts ensemble à cest effect à la ruyne des Seize; car, encores que les politiques n'ayment le duc de Mayenne, et au contraire ils taschent à le ruiner pour introduire le Roy dans Paris, si est-ce que, pour nuire et destruire les predicateurs, et les Seize, et le peuple, qui resistent resoluëment à l'establissement du Roy, ils se sont rengez du party du duc de Mayenne, non pour quelque faveur ou amitié qu'ils luy portent, mais en despit des autres, et pour les diviser et ruiner l'un l'autre, et par ce moyen faire les affaires du Roy et l'establir. En une assemblée faicte en la maison de d'Aubray, où le conseiller d'Amours et le doyen Seguier estoient à la fin du mois de decembre 1591, il fut advisé qu'il falloit faire contenance d'embrasser le party du duc de Mayenne en indignation du duc de Guise et des autres princes, affin de les mettre en discord les uns envers les autres, pour sur ceste division bastir les affaires du Roy; et ont tous ces corps complotté la ruine des predicateurs, des Seize et des estrangers : estant la verité que le duc de Mayenne, au partir de Paris audit mois de decembre, donna charge à tous ces corps de faire du pis qu'ils pourroient contre les predicateurs, les Seize et les Espagnols; et deux jours après qu'il fut party pour aller à Soissons, et de là à Guise pour conferer avec le duc de Parme de ce qu'ils devoient faire pour le secours de Rouen, les colonels de Paris, qui estoient politiques, resolurent de desarmer les Seize, et de faire deffendre à tous bourgeois de porter armes ou les prendre sans le congé desdits colonels et de leurs capitaines, pour quelque occasion que ce fust; mesme le quatorziesme janvier 1592, de la part de la cour de parlement, de la chambre des comptes, de la cour des aydes, des generaux et des politiques, il se fit une assemblée où ils jurerent un support et commun ayde entr'eux, comme aussi firent lesdits colonels et capitaines de la ville qui se recognurent ensemblement, et depuis ruinerent le party des Seize, et firent tout ce qu'il leur sembla bon pour le service du Roy. » Bref, cet autheur dit que la resolution de la cour et de la chambre des comptes et de toutes les cours souveraines a esté, auparavant et depuis la mort du feu Roy, de se rendre les souverains gouverneurs de l'Estat pour se sousmettre au Roy.

Ceux qui escrivirent contre les Seize pour M. de Mayenne disoient que ledit sieur duc avoit bien faict de punir la temerité de ces Seize, pource que cela estoit sans exemple que les particuliers eussent mis la main sur les magistrats, et que la consequence en estoit dangereuse; qu'Aod, Jehu, Phinées et Mathatias, alleguez par les Seize en leurs deffences d'avoir mis les mains sur les magistrats, sans charge ny adveu, mais poussez seulement de l'honneur de Dieu, n'estoient pas à propos, car Dieu a beny les nommez cy-dessus particuliers, et a permis que leurs actions ayent profité au peuple et rendu leur liberté; mais, au contraire, les actions des Seize n'avoient de rien profité, ains tout estoit tourné à la perte et ruyne de leur party et d'eux-mesme; tellement que ce faict estoit abominable, et Dieu ne les avoit favorisez et advoüez; aussi la forme dont ils avoient usé estoit tellement de consequence, que si ledit sieur duc ne l'eust reprimée ils en eussent abusé avec violences. J'ai mis icy ces opinions de divers escrivains, affin que le lecteur juge mieux de l'estat des affaires de ce temps-là.

Tandis que les choses cy dessusdites se passoient en France, voyons ce qui se faisoit aux Pay-Bas. Nous avons dit que le prince Maurice se rendit maistre de Hulst le vingtiesme de septembre, où, ayant laissé le comte de Solms pour gouverneur, et assubjetty tout le pays de Vais, il fit rembarquer toute son armée sur cent vaisseaux, envoyant sa cavalerie en toute diligence vers le pays de Gueldre, où il avoit resolu de faire voile et remonter par la riviere de Vahal.

Le sieur de Mondragon, gouverneur de la citadelle d'Anvers, entendant la perte de Hulst, amassa incontinent une armée de quatre mil fantassins et mille chevaux, à laquelle se joignirent les Espagnols mutinez qui s'estoient saisis de Diest, Herental et Lieve, lesquels l'on avoit appaisez en leur donnant quelques payes, et substituant pour leur maistre de camp Alfonse de Mendozze au lieu de Vega. Ceste armée s'acheminant à Hulst, Mondragon trouva ceste place si bien garnie d'hommes de guerre et de munitions, et quelques digues rompuës, qu'il fut contraint de se retirer après avoir faict un fort proche de Hulst pour empescher les courses de ceux de dedans.

Le prince Maurice, remontant le Vahal, fit desbarquer toute son armée devant Numeghe, et l'assiegea par eau et par terre, ayant fait dresser un pont sur la riviere pour aller d'un quartier à l'autre à la faveur du fort de Knotzembourg. Ceux de Numeghe en ce commencement de siege se monstrerent très-courageux, et tirerent fort de la tour Sainct Hubert; mesmes d'un coup de coulevrine ils rompirent ledit pont, dont le prince fut contraint de le faire mettre plus bas qu'il n'estoit. Six jours s'estans passez à faire les approches et les tranchées, et à dresser quarante deux pieces de canon en batterie prestes à tirer, plusieurs des habitans qui avoient, par la practique d'un secretaire des Estats, nommé Christian Hugues, lequel estoit prisonnier de guerre dans Numeghe, esté gaignez pour le party des Estats, et entr'autres un des bourguemaistres qui avoit esté jusques à La Haye communiquer de leur entreprise, commencerent à parler de se rendre, et donnerent tellement la peur aux autres habitans du grand apparat que le prince faisoit de les assieger en blasmant les desportements et gouvernement de l'Espagnol, ainsi que l'on faict d'ordinaire en telles actions, loüant le bon ordre des Estats, que tous d'une voix ils ne parlerent plus que de se rendre et composer avec le prince : ce qu'ils disoient devoir faire promptement avant que Verdugo eust jetté des gens de guerre dans leur ville, qui pourroient lors les contraindre d'endurer un siege. Ainsi les habitans de Numeghe, ayans communiqué leur resolution aux chefs des trois compagnies qu'ils avoient en garnison, envoyerent quatre deputez vers le prince Maurice, et fut tant exploicté, que le 21 la composition fut arrestée, et, ce mesme jour, le prince mit dedans la ville quatre cents hommes, et, le vingt-deuxiesme, le sieur de Gheleyn, les capitaines Snater et Jean de Verden, sortirent avec leurs compagnies, les enseignes desployées, avec leurs hardes et bagages, et furent conduits jusques auprès de Grave. Les habitans, qui eurent si haste de composer, perdirent l'exercice libre de la religion catholique-romaine, et celle des calvinistes ou pretenduë reformée y fut establie. Les eglises, qui y estoient très-belles et bien ornées, se virent incontinent vuides d'images, de reliques et d'ornements.

Le comte Philippe de Nassau fut mis gouverneur dans ceste ville avec une garnison de six compagnies d'infanterie et de deux de reistres. Le cadavre du colonel Martin Scenck, dont nous avons parlé cy dessus en l'an 1589, et dit qu'après s'estre noyé en voulant surprendre Numeghe il fut mis en quatre quartiers sur les ramparts de ceste ville, et que depuis il fut mis en une biere dans une tour, à la requeste du marquis de Varambon, fut après ceste reduction enterré dans la grande eglise. En la pompe funebre militaire qui luy fut faicte, le prince Maurice y assista, suivy de tous les colonels et capitaines de son armée, et de touts les magistrats de la ville de Numeghe. La reddition de ceste ville fut le comble des heureux succez qu'eut le prince Maurice en ceste année ; car, après qu'il y eut donné l'ordre requis, il s'en retourna avec son armée passer les froidures de l'hyver en Hollande.

Le roy d'Espagne, qui avoit jetté tous ses desseins sur la France, et croyoit estre impossible de trouver une si belle occasion pour s'en pouvoir rendre le maistre qu'en ce temps-icy, à cause de la division des François, ne laissa rien derriere pour prendre ceste occasion par les cheveux. Nous avons dit qu'il avoit fait lever plusieurs troupes en Italie, qu'il avoit mandé au duc de Parme qu'il entrast en France avec les gens de guerre qu'il avoit en Flandres, et qu'il laissast les Pays-Bas avec plus de seureté qu'il pourroit. Outre ces deux choses, il avoit encor donné ordre à deux autres qui ne luy reüssirent selon son desir. La premiere, il avoit fait lever en Espagne douze mille hommes de pied et deux mille chevaux sous la conduite d'Alonzo de Vargas qu'il avoit deliberé d'envoyer en France par la Navarre ; mais la revolte qui fut faicte en Arragon à l'occasion d'Antonio Perez, ainsi que nous dirons, fit que ceste armée fut employée pour favoriser l'execution qu'il fit faire de quelques Arragonnois, tellement qu'elle ne vid point la France. La seconde estoit de tascher à faire la paix avec le prince Maurice et les Holandois, qu'il appeloit ses rebelles, affin que, n'ayant à faire qu'à la France, il luy fust plus aysé de venir à bout de son dessein. Son ambassadeur près l'Empereur, qui estoit dom Guillaume de Sainct Clement, mena ceste practique, et fit que Sa Majesté Imperiale envoya en ambassade, aux despens du Roy son maistre, les seigneurs Jean Baron de Pernestein, les comtes d'Isenbruch et de Lippe, le seigneur de Rhede, et le frere de l'evesque de Virtzembourg, avec quelques docteurs. Ces seigneurs arriverent à Cologne au mois d'octobre, et de là ils vindrent à Namur où le comte d'Aremberg les fut recevoir par le commandement du duc de Parme, et les conduit jusques à Bruxelles où ils arriverent le premier jour de decembre, et y furent receus avec toutes sortes de carresses, et menez au logis que l'on leur avoit apresté de la meilleure forme et maniere que l'on avoit peu. Trois jours après le duc de Parme, qui estoit à Valentienne et y faisoit ses apprests pour entrer en France, s'estant mis en un coche pour ce qu'il estoit empesché de ses goutes et ne se trouvoit gueres mieux de sa maladie pour avoir beu des eauës de Spa, se rendit aussi à Bruxelles. Et le cinq, six et septiesme de ce mois, lesdit ducs de Parme, ambassadeurs de l'Empereur, et le conseil d'Estat, resolurent plusieurs choses entr'eux touchant cest affaire ; mais lesdits ambassadeurs ayans envoyé demander un passeport pour aller à La Haye en Hollande, les estats generaux des Provinces Unies les prierent de vouloir espargner ce travail, veu qu'ils ne trouvoient nulle asseurance au traicté qu'ils pourroient faire avec le roy d'Espagne, ainsi qu'il se pouvoit aysement juger par les lettres interceptées que ce roy escrivoit audit sieur de Sainct Clement son ambassadeur. Nonobstant ceste response, lesdits seigneurs ambassadeurs ne laisserent d'envoyer un d'entr'eux, le sieur de Rhede, à La Haye, où il arriva sur la fin de l'année, et y fut environ trois mois, et s'en retourna avec une responce par escrit que luy baillerent lesdits sieurs des Estats, contenant les causes pourquoy ils ne pouvoient traicter avec le roy d'Espagne, et les raisons des deffiances qu'ils avoient de luy. Ainsi ceste pratieque fut sans aucun effect. Quant au duc de Parme, ayant demeuré quatre jours à Bruxelles à conferer avec lesdicts ambassadeurs, il s'en retourna à Landrecy pour s'acheminer en France.

Pour la revolte d'Arragon à l'occasion d'Antonio Perez, secretaire d'Estat d'Espagne, et personne de grande authorité, où fut empeschée l'armée qu'avoit levée don Alonze de Vargas, elle advint, ainsi que rapportent les historiens espagnols, à cause qu'Escovedo, secretaire de dom Jean d'Austriche, bastard de l'empereur Charles le Quint, mandé de Flandres en Espagne durant le vivant de son maistre, estant arrivé à Madrid, fut assassiné de nuict, en plaine ruë, par Garzia d'Arzes et autres complices, à l'induction d'Antonio Perez. La vefve et les enfans d'Escovedo ayans accusé Perez de cest assassinat, le secretaire Mathieu Vasques en presenta la plainte, et soustenoient que Perez et la princesse d'Eboly l'avoient faict faire pour une haine particuliere qu'ils avoient contre Escovedo. Perez, estant mis prisonnier, et craignant d'estre puny, se sauva de prison et s'enfuit en Arragon, où il fit revolter le peuple sous un faux donné à entendre, et fut cause des afflictions que receurent les Arragonois en ceste année.

Ceux qui ont escrit en la defense dudit Perez disent que dom Jean d'Austriche, desireux de parvenir à une grandeur superlative, à ce poulsé par un sien secretaire, Jean Soto, se promit un temps de se pouvoir faire roy de Tunes en Afrique. Du depuis, ce secretaire ayant esté rappellé en Espagne, et envoyé en sa place ledit Escovedo, dom Jean, peu après estant pourveu du gouvernement des Pays-Bas, eut dessein de e faire roy d'Angleterre sans le sceu du Roy d'Espagne, à quoy ledit Escovedo l'entretenoit et faisoit toutes les menées et practiques secrettes de ce dessein; mais, tout cela n'ayant rien reüssy pour plusieurs occasions, dom Jean fit encores plusieurs practiques, tant en Flandres qu'avec le duc de Guise en France, sans le sceu dudit roy d'Espagne, dont Jean de Vargas, ambassadeur en la cour de France, advertissoit ledit Perez qui le rapportoit audit Roy; mesmes que lesdits dom Jean et Escovedo ayant rescrit plusieurs lettres audit Antonio Perez comme à leur amy, touchant le mescontentement dudit dom Jean, il en avoit communiqué aussi les secrets au Roy, ce qui fut cause qu'Escovedo fut mandé en Espagne, et fut resolu par le Roy de s'en depescher par poizon ou autrement, tant à cause de sa grande licence, de sa hardiesse dont il usoit en escrivant, et d'aucunes de ses paroles du tout desplaisantes audit roy d'Espagne, que pour ses menées et practiques. Luy [illegible] estre dangereux de le renvoyer [illegible] près de dom Jean, il advisa, [illegible] Velez à qui il communiqua son [illegible] faire tuër, et resolurent que si les [illegible] noient à estre prins, que Perez, [illegible] la coulpe pour soy, s'enfuyroit en [illegible] roy d'Espagne le pourroit mieux [illegible] Castille.

Escovedo ayant esté assassiné, sa [illegible] ses enfans firent informer contre Perez. Le roy d'Espagne reçoit leurs plaintes en son [illegible] d'Estat, et, au lieu de les renvoyer [illegible] justice ordinaire, donna luy-mesme tout le faict à cognoistre au president de Castille, avec charge de parler aux enfans d'Escovedo et au secretaire de Vasques affin de les faire taire; mais toutes les admonitions du president ne firent que d'avantage les aigrir : ce qui fut l'occasion que Perez conseilla au Roy de laisser venir ce faict en droict, avec une lente poursuitte, sans neantmoins y faire rien ordonner, ou bien qu'il luy donnast congé de se retirer de la Cour. Le Roy print de mauvaise part ceste demande de se retirer de la Cour, et promit à Perez, en foy de cavalier, de ne l'abandonner jamais.

Après la mort du marquis de Velez, qui estoit le tesmoing vif et cathegorique de [illegible] choses, la plainte de la mort d'[illegible] menta, et fut presenté au Roy [illegible] sieurs plaintes, tant contre la [illegible] que contre Perez, sur lesquelles le [illegible] rien; au contraire, il commanda à [illegible] de reconcilier la princesse et Perez avec Vasques; à quoy ladite princesse d'[illegible] entendre, pource que Vasques, [illegible] toit de sa qualité. Perez eust bien [illegible] l'eust faict, mais il ne luy en osa rien [illegible] fut contrainct, sur les continuelles [illegible] poursuittes que Vasques faisoit, de [illegible] Roy encore une fois de luy permettre de se retirer.

Le Roy, qui se sentit offensé de ceste demande et de la princesse d'Eboly qui n'avoit [illegible] reconcilier avec Vasques, ayant pris [illegible] son confesseur et du comte de Barayas, [illegible] de Castille, il les fit en sa presence tous deux mettre prisonniers, où Perez fut quatre mois, durant lesquels il fut visité souvent par le confesseur, et mesmes le Roy envoya voir la femme de Perez pour la reconforter, et luy fit dire qu'elle ne se mist en peine de son mary.

Après ceste prison de quatre mois, Perez fut renvoyé avec gardes en sa maison, et fut contraint par le commandement du Roy de donner sa promesse, en foy de gentil-homme, ez mains de dom Rodrigo Manuël, qu'il seroit amy de Vasques; et ainsi demeura en sa maison depuis l'an 1580 jusques en l'an 1585 [supportant les frais de l'estat d'icelle sans recevoir aucun traictement ny gages], qu'il fut mis avec plusieurs autres secretaires à la *visita*, qui sont juges lesquels recherchent les secretaires et autres qui ont mal versé en leurs charges.

Perez, voyant que l'on l'interrogeoit sur une accusation de dix mille ducats, en advertit le confesseur, et luy monstra pour sa descharge l'escrit propre de la main du Roy. Sur ce, ledit confesseur luy deffendit de s'en purger par l'escriture du Roy: à quoy Perez obeit pour ne divulguer les secrets de son prince, et se laissa condamner en l'amende de trente mil ducats, suspension de son office, de tenir prison deux ans, et d'estre banny huict ans. Perez mené de sa maison au chasteau, ce jugement luy ayant esté insinué, on luy dit qu'il ne se mist point en peine, et qu'il ne satisferoit à ce jugement; mesmes il eut main-levée de ses biens saisis auparavant, et ledit Perez bailla entre les mains du confesseur le billet escrit de la main du Roy, portant descharge desdits dix mille ducats dont il estoit accusé, lequel billet ledit confesseur a nyé depuis luy avoir esté baillé. Plus, on demanda à Perez qu'il delivrast tous les papiers et escritures que le Roy luy avoit escrit, et celles qu'il avoit escrit au Roy. Perez l'ayant refusé, on vint pour executer ledit jugement, et nonobstant qu'il se fust sauvé en une eglise, on ne laissa de l'en tirer: mais pour ce coup l'execution fut differée. Toutesfois, peu de jours après, le confesseur, nommé frere Diego Chaves, voulant avoir lesdits papiers, sçachant de combien ils importoient à l'honneur du Roy, Perez fut reprins et mené au chasteau de Turnegano, là où il fut tenu quatre-vingts et dix jours prisonnier, les fers aux pieds, par le licentié Torres d'Avila. Sa femme, Jeanne Cuello, et ses enfans, furent aussi mis prisonniers au mesme temps. Pendant ceste prison l'on demanda à ceste femme qu'elle eust à bailler les papiers de son mary, ce qu'elle refusa. Perez, de l'autre costé, en estoit aussi sollicité, et tellement affligé, qu'il fut contraint d'escrire, de son sang propre, une lettre à sa femme, luy mandant qu'elle eust à les delivrer, ce qu'elle fit en partie; mais, comme femme advisée, elle en retint aucuns; les autres elle les envoya audit confesseur [qui estoit lors en la ville de Mouson, dans deux coffres avec les clefs, lesquelles furent baillées ez mains propres du Roy. Moyennant la delivrance de ces papiers, ladite Jeanne Cuello fut mise en liberté, et son mary Perez fut mis dans Madrid, un peu plus au large, l'espace de quatre mois, ayant congé d'estre visité par les siens et d'ouyr messe.

Peu après le fils d'Escovedo estant venu renouveller ses vieilles plaintes contre Perez, on le remena de rechef en prison au chasteau, et tost après fut mandé en cour, où, estant interrogé sur le faict d'Escovedo, il ne voulut rien declarer du secret du Roy, et fit advertir Sa Majesté de la façon que l'on procedoit contre luy. Perez, n'ayant eu que dix jours pour respondre sur les points principaux d'un procès qui avoit duré dix ans, fut conseillé par ledit confesseur de confesser l'assassinat d'Escovedo sans en declarer les vrayes raisons: ce que Perez n'ayant trouvé bon, s'advisa d'accorder avec les parties interessées en leur baillant vingt mil ducats, qui furent payez content.

Le president Rodrigo Vasques, parent d'Escovedo, après cest accord, escrivit au Roy qu'il pesast bien ceste affaire là, pour ce qu'un chacun jugeroit à l'advenir que Sa Majesté l'avoit faict faire, et qu'il failloit qu'il fist declarer à Perez pourquoy il avoit faict faire cest accord, tant affin de fermer la bouche à ceux qui en voudroient parler à l'advenir, que mesmes pour la descharge dudit Perez. Sur ceste lettre le Roy escrivit un billet à Perez qu'il eust à declarer les raisons pour lesquelles il avoit par son commandement faict tuër Escovedo. Ce billet fut occasion que plusieurs dirent dèslors: « Si le Roy luy a commandé de faire mourir Escovedo, quelle raison ou quelle amende en pretend-il? Est-il temps, au bout de douze ans, de luy faire demander les raisons pourquoy Sa Majesté le luy a faict faire? » Quelques grands tindrent ces paroles audit confesseur, qui leur respondit qu'ils s'en tinssent à repos, et que ce qui en avoit esté faict n'estoit que pour donner contentement audit president Vasques, et que tout se porteroit bien. Nonobstant, Perez fut peu après examiné sur le billet du Roy, sur lequel, ne voulant estre estimé d'avoir creu legerement, il ne voulut rien dire. De là le juge print occasion de luy faire donner la question ordinaire et extraordinaire jusques à effusion de sang. Perez, par ces tourments qu'il enduroit, jugea que sa mort estoit resoluë, et, voulant faire paroistre la lumiere de son innocence, confessa comme le faict d'Escovedo estoit passé et tout ce qui a esté dit cy-dessus, produit pour preuve un tesmoin encor vivant, et allegua les lettres originales de Sa Majesté.

Perez, adverty qu'il y alloit de sa vie, et qu'en son procès, ny le billet du Roy, ny sa derniere deposition, ny aucune chose qui servist à sa justification, n'estoient produits au procès, ne pensa plus à avoir d'autre recours qu'à s'eschapper de la prison et se sauver en Arragon; ce qu'il fit, par l'assistance de sa femme et de Gilles de Mesa, gentil-homme Arragonois et son parent, la nuict du jeudy absolut, et courut la poste trente lieuës sans se reposer, jusques à ce qu'il fust arrivé aux confins d'Arragon d'où il estoit natif, où, tout cassé et rompu qu'il estoit de sa torture, il se retira dans un monastere à Callatajud. Le Roy, après avoir fait mettre la femme et les enfans de Perez prisonniers avec un de ses amis, manda incontinent à un chevalier du pays d'Arragon de se saisir dudit Perez : mais les religieux de ce monastere s'y estans opposez, il fut laissé dans une cellule de ce monastere pour prison.

De Callatajud Perez escrivit au Roy; mais derechef, par exprès commandement de Sa Majesté, il fut enlevé de ce monastere, quelque resistance que les religieux et le peuple fissent, et fut mené à Sarragosse, où, nonobstant tout ce qu'il escrivit au Roy, cognoissant qu'il y alloit de sa vie [pour ne tomber en l'inconvenient que Piso fit, lequel ne se voulut justifier de la mort de Germanique par le commandement par escrit que luy en avoit fait Tybere], il fit un recueil bien ample de tout ce qui est dit cy dessus, avec les lettres et billets du Roy servans à sa justification, lesquels par l'industrie de sa femme luy avoient esté conservez, et en forma un livre qu'il exhiba en justice.

Le marquis d'Almenare, de la maison de Mendozze, que le Roy avoit envoyé à Sarragosse, voyant que la justice souveraine d'Arragon ne procedoit contre Perez selon l'intention du Roy, voulut que ce procès fust traicté devant la justice des enquestes d'Arragon où le Roy estoit juge et partie. Perez y fut accusé de se vouloir sauver en Hollande ou en Bearn; mais, nonobstant toutes ces procedures, ladite justice des *dix-sept* d'Arragon, qui est la souveraine par dessus toutes les autres, declara que la justice de l'enqueste ny le Roy n'avoient nulle action contre Perez. Voylà bien des contradictions de justice; ce qui fut cause de la grande revolte qui advint, car le marquis d'Almenare, ayant veu mesmes que le salmedine de Sarragosse, qui est le premier juge de ceste ville, avoit esté mis prisonnier par l'ordonnance de ladite justice d'Arragon, à cause qu'il avoit receu la deposition de quelques tesmoins qui asseuroient contre Perez qu'il se vouloit sauver ausdits pays de Hollande ou en Bearn, practiqua les officiers de l'inquisition, lesquels, le vingt-cinquiesme de may, enleverent Perez de la prison comme estant tenu de respondre devant eux, puis qu'il estoit accusé de s'estre voulu sauver en des pays tenus par heretiques.

Quatre heures après que Perez fut enlevé par ceux de l'inquisition en leur prison, un tumulte populaire s'esmeut dans Sarragosse à l'instigation des amis de Perez, prenans leur pretexte que l'on vouloit rompre les privileges d'Arragon. En ce tumulte ceux de l'inquisition furent contraints de remettre Perez en la prison d'où ils l'avoient transporté. Le peuple, non assez satisfaict à leur gré, estant en fureur, sçachant que ledit marquis d'Almenare estoit celuy qui sollicitoit dans Sarragosse contre Perez, alla aussi où il estoit logé, et commença à mettre le feu en quelques maisons; mais Jean de La Nuça le vieil, qui tenoit la qualité de *el justicia*, alla droict au logis dudit marquis, et, pensant le sauver de la furie de ce peuple, feignant de le mener en prison, se trouva tellement entouré, que, quoy qu'il fust accompagné de plusieurs seigneurs arragonnois, ledit marquis, après avoir esté injurié et battu par la lie du peuple, fut tellement blessé qu'il mourut huict jours après.

Quoy qu'en ceste premiere esmotion il n'y eust que le menu peuple qui s'en meslast, si est-ce qu'ils estoient soustenus de plusieurs ecclesiastiques et de la noblesse, et disoient que Perez estant fils d'un Arragonois, il ne pouvoit estre jugé que par *el justicia*, qui est juge souverain d'Arragon par dessus le Roy, puisqu'il estoit question, suivant la loy de manifestation, de la conservation du droict de Perez contre les oppressions que lui vouloit faire le Roy.

Les Arragonnois, s'estans affranchis des Mores qui occuperent l'Espagne sept cents ans, et ayans demeuré quelque temps en ceste liberté, desirerent d'avoir un roy, et en demanderent l'advis au Pape, qui leur conseilla, puis qu'ils en vouloient un, de luy prescrire des loix, et par dessus luy un juge souverain avec des censeurs, afin qu'ils ne tumbassent en quelque tyrannie. Croyans ce conseil, premier que d'eslire un roy ils erigerent la dignité de *el justicia* avec dix-sept deputez, et firent plusieurs loix pour la manutention desquelles ils en firent deux, l'une portant que si le Roy vouloit rompre leurs loix ils seroient delivrez de leur serment et en pourroient creer un autre; l'autre, que les seigneurs du royaume pourroient faire alliance et confederation contre leur roy en cas d'oppression ou d'infraction de leurs droictures. Voylà pourquoy les roys d'Arragon, à leur advenement à la couronne, se mettent de genoux devant le juge souverain qui est *el justicia*, et, à teste nuë, jurent d'observer toutes les loix du pays; puis, après qu'il a juré, les Arragonois luy prestent le ser-

quelques-uns qui se voulurent remuër en ce commencement furent empeschez ; le vice-roy en blessa mesmes quelques-uns. A l'heure du conseil, les inquisiteurs y allerent demander que l'on eust à leur mettre entre leurs mains Perez et Majorini : ce que le conseil leur accorda, nonobstant les requestes que presenterent aucuns Arragonnois affectionnez au party de Perez, et obtinrent *fiat*. En mesme temps plusieurs seigneurs et officiers allerent en la prison pour y recevoir les inquisiteurs, lesquels y vindrent peu après avec deux notaires affin que toutes choses se fissent selon l'ordre de la justice : plusieurs gens de guerre aussi les accompagnerent pour tenir main forte ; mais, cependant qu'ils faisoient descendre Perez, et voulans observer toutes les ceremonies sur ce qu'il protestoit de l'infraction des privileges d'Arragon, et tandis que l'on luy mettoit les fers aux pieds et à Majorini aussi, en un instant on vid accourir tout le peuple de Sarragosse à grands troupes crians : *Libertà! libertà!* Ce n'estoit du commencement que quelques gaigne-deniers et la menue populace, dont peu estoient armez, qui se jetterent en la place de *Justicia*. A ce bruit toute la ville se mit en armes. Le sieur Gilles de Meza, qui avoit aydé à sauver Perez du chasteau de Madrid, estoit lors à Sarragosse : requis du peuple d'estre leur chef pour maintenir leur liberté, et ayant mis quelque ordre parmy eux, avec les amis de Perez et les siens il attaqua si furieusement la cavalerie du vice-roy, qu'il mit tout ce qui se voulut opposer devant luy en fuite. Ledit vice-roy et autres seigneurs, s'estant sauvez dans une maison, n'eurent autre loisir que de s'en retirer de peur d'y estre bruslez, car, sur quelque resistance qu'ils y penserent faire, le peuple mit le feu dans cette maison. Les mulets des coches dans lesquelles Perez et Majorini devoient estre menez en Castille furent sur le champ tuez et les coches bruslés. Ledit Jean Loys de Muriano et Pierre Jerosme de Baradix, ennemis de Perez, furent aussi tuez et quelque soixante personnes, et bien autant de blessez. Le peuple, criant sans cesse *Libertà! libertà!* alla à la prison où ils trouverent les inquisiteurs qui avoient desjà mis les fers aux pieds à Antonio Perez, lesquels ils luy firent oster par les officiers de ladite inquisition, et le menerent au logis de dom Diego d'Eredia, puis allerent encor tirer de prison Majorini, et mirent plusieurs autres prisonniers en liberté.

Perez et Meza dez le soir de ceste journée sortirent de Sarragosse, et furent trois jours sur une montagne, où advertis que le vice-roy et le gouverneur de Sarragosse les cherchoient, ils r'entrerent dans la ville, et y furent cachez quarante jours chez leurs amis. Pendant ce temps le roy d'Espagne, fasché de ceste revolte, manda à dom Alonzo de Vargas de tourner teste avec son armée et entrer dans l'Arragon. Perez et Meza, avec quelques gentils-hommes de ses amis, entendans que Vargas s'acheminoit à Sarragosse, en sortirent, et cheminerent par rochers et montagnes, et firent tant qu'ils arriverent à Sala, d'où Perez envoya Meza prier madame Catherine, sœur unique du roy Très-Chrestien, et gouvernante pour le Roy son frere en Bearn, laquelle estoit à Pau, de les recevoir sous sa protection et sauvegarde. Ceste princesse, qui estoit d'un bon naturel, luy manda qu'il pouvoit venir asseurement avec ceux de sa compagnie, et qu'il trouveroit toute seureté et franchise en son endroict, et mesmes luy envoya quelques chevaux pour l'amener chez elle.

Les Sarragossans, voyans Vargas et son armée entrez dans le pays d'Arragon, presenterent une requeste à Jean de La Nuça le jeune qui avoit nouvellement succedé à son pere à l'estat de *el justicia*, contenant qu'il n'estoit point permis au Roy de faire entrer une armée dans le royaume sans le consentement des estats, et qu'il eust à prendre les armes, suivant leurs privileges, pour repoulser Vargas et son armée. Sur ceste requeste, par un decret qu'ordonnerent les dix-sept deputez, on courut aux armes pour repoulser Vargas. Les predicateurs en leurs sermons animerent le peuple à maintenir leurs libertez; commission fut donnée à dom Jean de La Nuça pour estre general de l'armée, laquelle commission fut signée par l'abbé de Piedra, Louys Navarra, Jean Loys de Marcuello, dom Jean de Luna, Hierosme d'Oro et autres, et seellée de *el justicia*. Incontinent on mit l'estendart Sainct George au vent. Les Arragonnois sortirent de Sarragosse environ trois ou quatre mille; mais aussi-tost les capitaines et gens de guerre qui estoient parmy eux se retirerent file à file, tellement que ceste armée fut en un rien devenue à neant. Vargas qui la vid ainsi fondue par le moyen des lettres qu'il avoit escrites aux grands seigneurs et gens de guerre qui s'estoient mis avec ce peuple, en leur mandant que Sa Majeste ne se vouloit ressouvenir de tout ce qui s'estoit passé, et qu'il n'avoit charge que de faire tenir un chacun en paix; mesmes, quand on luy parloit des privileges d'Arragon, il leur disoit : « Je ne pense pas qu'il y ait un meilleur Arragonnois que moy. »

Ces lettres et ces douces paroles firent qu'il entra, luy et son armée, dans Sarragosse sur la fin de novembre. Ayant logé ses gens, il commença, suyvant le [illegible], à faire faire de grandes executions [illegible] nombre de quatre cents de toutes [illegible], chevaliers, gentils-hommes, [illegible], laboureurs et marchands, mesmes sur [illegible] ecclesiastiques et officiers de la [illegible] qui s'estoient aussi bandez avec les [illegible] pour la liberté d'Arragon. Plusieurs dames, [illegible] et autres femmes, furent prisonnieres. [illegible] juges furent depossedez de leurs [illegible]. [illegible] dom Jean de La Nuça estant pris, on luy monstra ce petit billet escrit de la main du Roy: *Leyda esta, muera Juan de La Nuça e [illegible] cortada la cabeza. Yo el Rey* (1).

Ce seigneur, ayant veu ce [illegible], se prepara à la mort, et fut à la [illegible] esgouzillé, luy estant la gorge [illegible] à un mouton : ils appellent ceste mort [illegible], qui est une maniere de supplice [illegible]. Voylà comme le Roy d'Espagne [illegible] seigneur qui estoit le souverain [illegible] par dessus luy comme roy d'Arragon, et [illegible] en Arragon estoit assis cinq degrez au [illegible] luy. Après que l'on eut ainsi faict [illegible] plus grands, on en fit aussi condamner [illegible] plusieurs des petits aux galleres. Il y [illegible] lors des rigueurs exercées contre [illegible] nois. Dom Jean de La Luna, [illegible], se sauva aussi pour un temps en [illegible], ainsi fit aussi le duc de Vilhermouza, [illegible], sur une pragmatique et pardon general [illegible] publier Vargas au nom du Roy, s'en [illegible]; mais ils se trouverent incontinent [illegible] et executez à mort, et leurs corps furent [illegible] la Rache, c'est à dire limite d'Arragon et Castille.

Martin de La Nuça, Diego d'Heredia, François d'Ayerbe, et autres Arragonnois qui [illegible] en Bearn avec Perez durant que ces executions se faisoient à Sarragosse, envoyerent un d'entr'eux monter en Arragon pour recognoistre leurs amis, afin de leur ayder et recevoir à l'entrée des montagnes, d'où estant revenu ils se presenterent à Madame, sœur du roy Très-Chrestien, et en toute humilité la requirent de leur vouloir donner des gens pour monter en Arragon, luy promettans faire merveilles. Madame, par [illegible] conseil, ayant pris d'eux le serment en tel cas requis, leur donna cinq cents hommes sous la conduite de quelques capitaines biarnois, avec promesse de plus, selon le succez des affaires. Son Altesse fit garder le droict des [illegible], qui est que d'une terre à l'autre les habitans des [illegible]

(1) Qu'après la lecture de cette lettre Jean de [illegible] meure, et que la tête lui soit coupée. Moi le Roi.

tagnes s'entr'advertissent de la guerre, afin qu'ils advertissent le prince, si bon leur semble, et aussi que rien ne courre risque quant à eulx, laissant cependant faire la guerre aux gens de guerre. Avec ces cinq cents il en monta beaucoup d'autres. Ils passerent par Jaque, ville premiere au-dessus d'Oleron, et gaignerent incontinent toutes les montagnes, chasserent la justice d'Arragon, c'est à dire le magistrat superieur au Roy mesme dans ce pays-là, et cestuy-cy n'estoit que substitut du general justice d'Arragon. Ils prirent la vallée de Tonte, riche au possible en grains, en argent et en bestail, et forte d'advenues. Incontinent ils renvoyerent vers Son Altesse, et la supplierent de leur envoyer du secours. Par son conseil elle ordonna mille bons soldats, le tout encor sous la conduite des capitaines de Bearn. Estans prets à monter, le sieur de Salettes, gouverneur d'Oleron, qui les devoit conduire, supplia Son Altesse de luy permettre de ne partir jusques au lundy prochain à cause d'un sien enfant à baptiser le lendemain qui estoit le dimanche; mesmes Son Altesse luy fit cest honneur d'estre la marraine. Or il advint un malheur qu'une petite fille se noya, niepce dudit sieur de Salettes, ce qui le fit demeurer encor deux jours à Pau : tellement qu'à ceste occasion ce secours ne s'estant advancé, il ne put passer, car ceux de Jaque regaignerent le pas; et d'ailleurs en la vallée de Tonte y eut dissension entre les capitaines arragonnois et biarnois, d'autant que les uns et les autres vouloient commander absolument, et aussi qu'il arriva qu'un soldat biarnois desroba un calice dans une eglise, qui fut cause que tous les gens de la vallée leur devindrent ennemis, qui auparavant leur estoient amis; tellement que les cinq cents Biarnois, sous la conduite du capitaine La Vacque et autres, furent contraints de s'evader, avec grand peine et difficulté, par dessus le pas de Saincte Helene, au travers des neiges, et faillirent à se ruiner du tout. Dom Alonzo de Vargas en print quelques-uns qu'il renvoya ayant sceu que c'estoit par le commandement du prince et manda à Son Altesse que c'estoit *obra de mugeres* ce qu'elle avoit entrepris.

Heredia, d'Ayerbe, et les Arragonnois qui y furent pris en vie par ledit Vargas, furent executez à mort. Quant à Perez, ne l'ayant peu avoir, l'inquisition luy fit son procez comme à un heretique, et le condamnerent à estre bruslé. Du depuis quelques Espagnols ont attenté plusieurs fois à sa vie; mais Dieu l'en a tousjours preservé jusques à ce jourd'huy. Voylà ce que j'ay peu recueillir en diverses relations de ce qui s'est passé en la revolte d'Arragon, pour laquelle les Arragonnois perdirent leurs privileges en voulant cognoistre du fait d'Antonio Perez après que le Roy leur eut mandé que la cognoissance de ce faict luy appartenoit à luy seul, ou à ceux à qui il bailleroit commission d'en cognoistre, à cause de l'importance et des secrets dont il estoit question; que l'accusation contre Perez n'estoit point un fait particulier commis par un Arragonnois dans le pays d'Arragon, mais par un de ses principaux officiers [bien que fils d'un Arragonnois] en sa cour à Madrid, qui n'est pas en Arragon, mais en Castille; que non seulement luy, mais tous les autres rois commettoient, en affaire de pareille consequence, tels juges qu'il leur plaisoit pour en cognoistre. Aussi, après le faict, les Arragonnois ne demeurerent sans se repentir de s'estre opiniastrez contre la volonté de leur Roy.

Au mois de septembre de ceste année, don Alonzo de Baza, frere du marquis de Saincte Croix, admiral de la flote qui revenoit des Indes Occidentales, rencontra six grands navires anglois dont le milord Thomas Havard estoit admiral, lequel, aussi-tost qu'il eut veu les Espagnols qui estoient bien cinquante navires, gaigna le vent et se sauva à la voile. Son vice-admiral Richard Grenevelt, estant sur un navire appelé *la Revenge*, plus près que luy de l'isle de La Fleur, ne le pouvant suivre, et se trouvant entre la flote espagnole et l'isle, pensant passer par force au travers des Espagnols, se trouva tellement environné d'eux, qu'ayant combatu quinze heures durant, receu huit cents coups de canon, et tiré toute sa poudre à un caque près, commanda à son maistre canonier, voyant qu'il estoit prest de tomber entre les mains des Espagnols, de percer et faire enfoncer son navire qui estoit à la royne d'Angleterre, plustost qu'il tombast en la puissance de ses ennemis. Mais le contre-maistre, ayant entendu la resolution de Grenevelt, s'y opposa, et dit qu'ayans tous faict leur devoir, qu'il valoit mieux ayder à sauver la vie aux blessez et à ceux qui restoient encor sains; puis aussi-tost se mit en l'esquif, et tira vers l'admirale espagnole, où dom Alonzo, l'ayant escouté, craignant qu'à l'extremité les Anglois ne missent le feu dans leurs pouldres, ce qui les eust peu faire voler en l'air les uns et les autres, accorda audit contre-maistre que les matelots anglois retourneroient en Angleterre, que les autres demeureroient prisonniers et seroient mis à rançon, et que la navire royale luy seroit rendue : ce qui fut faict. Grenevelt, trois jours après, mourut des playes qu'il avoit receuës en ce combat. Mais ceste flote espagnole se voulant refraischir aux isles Açores, elle fut agitée de telles tempestes que plusieurs navires y perirent, et entr'autres ceste vice-admirale d'Angleterre. Peu après le comte de Comberland, Anglois qui s'estoit mis en mer pour butiner sur l'Espagnol, rencontra près la Tercere deux navires espagnols qui revenoient des Indes Orientales, l'un desquels fut bruslé après avoir long temps combatu ; l'autre, appellé *Madre di Dios*, du port de quinze cents tonneaux, fut pris et mené en Angleterre, dans laquelle il fut trouvé plus d'un milion d'or vaillant.

Le cinquiesme d'octobre, Christian, duc de Saxe et eslecteur, aagé seulement de trente-cinq ans, mourut à Dresden, et laissa, de soy et de Sophie de Brandebourg sa femme, deux masles, assavoir, Christian et Jean George, le premier de huict ans, et l'autre de six. Les obseques en furent faictes au commencement de novembre avec une grande pompe, premierement à Dresden, et puis à Friberg, là où il fut ensevely le cinquiesme de novembre. Plusieurs grands princes furent presens à ses funerailles pour l'honorer, partie personnellement, partie par ambassadeurs, assavoir : Federic-Guillaume de Saxe, arriere-nepveu dudit deffunt duc, comme estant fils du fils de Jean Federic qui fut prisonnier de Charles le Quint ; Jean-George, electeur de Brandebourg, son beau-pere, et Jean Casimir, palatin, Jean Casimir de Saxe, cousin du susdit Federic Henry, Jule, duc de Brunsvic, les trois lantgraves de Hesse, assavoir, Guillaume, Loys et George, et Jean Federic, duc de Pomeranie. Ledit Federic Guillaume fut esleu tuteur. Depuis il chassa les calvinistes, lesquels le deffunct duc avoit approchez de luy voulant faire quitter à son peuple le lutheranisme, ce qui causa une grande alteration dans le pays, tellement que le chancelier de Saxe, Paul Grisle, fut mis prisonnier, et aussi les professeurs du calvinisme Urbain Pierius et Christofle Grunderman, et autres calvinistes. Il y eut aussi à Strasbourg quelques remuëments. Les habitans de ceste ville imperiale sont lutheriens. Il y avoit encores proche ceste ville un monastere de chartreux là où quelques religieux faisoient le service divin : ils resolurent de le ruiner, et prirent un pretexte que l'evesque de Strasbourg, qui ne leur estoit pas amy, avoit esté là quelques jours avec le fils du duc de Lorraine comme incognus, et disoient qu'ils n'y estoient pas venus que pour entreprendre contre leur ville : tellement qu'ils ruinerent tout ce monastere. La bibliotheque, qui estoit très-belle, fut pillée, et plusieurs choses sacrées et prophanées.

En ce mesme temps le cardinal Ratzivil, estant envoyé de la part du roy de Pologne, arriva à Gratzen pour espouser au nom du Roy son maistre la fille du feu archiduc Charles : ce qu'il fit au desir dudit Roy. Les Polonois se resjouissent de ceste alliance, mais leur resjouissance ne dura gueres à cause des courses des Turcs, lesquelles ils firent de nouveau dans la Pologne ; et, nonobstant que le sieur de Creutz eust esté expedié par l'Empereur pour porter au Turc le present accoustumé pour le royaume d'Hongrie, selon leurs capitulations, neantmoins Sinan bascha ne laissa point de molester tous les confins de la Hongrie et Croatie, tellement que plusieurs villages furent mis à feu et à sang, et fut faict un commencement de guerre fort lamentable, d'autant que quelques lieux voisins de Canise ayans esté fourragez par quinze mille Turcs qui firent diverses courses en ce pays-là, le baron de Nadaste et le comte de Sumuschi amasserent le plus de gens qu'ils purent, tant de pied que cheval, et se mirent franchement en campagne à l'encontre. D'ailleurs le bascha de Bosne et les Turcs r'assemblez en Bagnoluc mirent sur la riviere de Save deux ponts pour passer l'armée et trente pieces d'artillerie ; mais, combien qu'ils fussent plus grand nombre que les chrestiens, neantmoins tout ce qu'ils peurent faire fut de faire un degast à l'entour de Canise, et d'emmener des prisonniers de Croatie, *Stirie* et Carnie : ce qu'ils ne firent sans recevoir plusieurs chasses et desroutes par le seigneur d'Uvan et par les barons Palfi et Nadaste.

L'occasion de ceste guerre fut que le bascha Ferat, estant retourné de Perse, practiqua la paix avec le vieux sultan Mehemen surnommé Codoban, qui est un puissant prince asien qui possede plusieurs provinces le long de l'Euphrates, et ce par le moyen du premier visir Sinan. Affin que les accords de ceste paix s'observassent mieux, Codoban envoya à Constantinople un petit enfant son nepveu d'environ sept ans. Ainsi, la guerre de ce costé là finie, et la paix faicte en Perse, Sinan conseilla à Amurath d'envoyer toute son armée en quelque guerre qui luy fust profitable. C'estoit la seule cause qu'il avoit lors de faire la guerre, ne se souciant pas mesmes quand il eust perdu toute ceste armée, pourveu qu'il donnast crainte de sa grandeur aux princes chrestiens, d'autant que, pour la multitude de femmes permise aux Turcs, il trouveroit tousjours assez d'hommes pour remettre sus une autre armée. Suivant le conseil de Sinan, Amurat escrivit au roy de Pologne qu'il eust à luy estre subject ou à luy payer tribut, autrement qu'il luy declaroit la guerre, et, sans attendre la responce, fit passer Ibrahim, beglierbey de la Grece, c'est à dire lieutenant general, dans le pays de Silistrie, qui est la haute Esclavonie, avec bon nombre de gens de guerre, spachis et timars.

Pietrasque, despost de Bogdanie, subject du Turc, qui estoit limotrophe de ces deux princes, craignant d'estre ruiné par telle occasion et de tomber en la puissance de l'un ou de l'autre, selon que la victoire seroit à l'un ou à l'autre, s'advisa de les accorder, qui fut par le moyen de Barthelemy Brutti de Dulcine, trucheman de Venise, qui fit si bien qu'il y eut pourparler de capitulation de paix entre le roy de Pologne et le Turc, sous condition que le Polonois payeroit pour cens la quantité de cent cimbals [c'est à dire quintals] de martes sublines, ce qui fut comme accordé au mois de juin. Mais depuis le Turc voulant en avoir quatre mille par an d'ordinaire tribut, cela empescha l'execution dudit accord, si bien que le Turc fut sur le point de vouloir entrer par armes en Pologne : ce que le bogdan voyant, et que toutes choses tournoient à la guerre, espouvanté de l'infelicité de son nepveu le prince de Valachie qui avoit esté contraint de se faire turc, s'enfuit avec ce qu'il avoit de plus exquis en Allemagne.

En ce temps les ambassadeurs de France et d'Angleterre eussent bien desiré qu'Amurath eust tourné ses armes contre le roy d'Espagne, leur ennemy commun, pour laisser en paix le roy de Pologne, et fut proposé à Amurath une très-grande facilité d'emporter les Espagnols s'il les attaquoit par l'Andalouzie et le Portugal; que le roy de Portugal dom Anthonio, chassé dudit Portugal, luy donneroit entrée dedans. Amurat prestant l'oreille à ceste proposition, et se fiant aux prognostications d'Assan, astrologue, ennemy des chrestiens, qui luy promettoit grand advantage, il escrivit de sa main à Sinan bascha qu'il dressast la plus puissante armée qu'il pourroit par mer, et qu'il armast trois cents cinquante galeres legeres, dix-huict maons, qui sont gros vaisseaux moitié guerre et moitié marchandise, et trois cents, tant galions, navires, que caramouschials, qui sont pour conduire les munitions [ce sont chaloupes]. Mais, pource que ceste entreprise requeroit une grande despence, il consulta long temps comment il pourroit faire trouver de l'argent sans qu'il en sortist rien de sa bourse ou de ses mains. Pour ce faire il ordonna donc qu'on mist en reserve les payes des soldats pour fournir à ceste armée; et ainsi prit l'occasion de faire deux choses : l'une de faire son profit en espargnant la despence, l'autre de mettre son Estat en repos, parce que le nombre des janissaires estoit cru, à cause de la guerre de Perse, jusques à vingt-trois mil hommes, au lieu qu'en tout temps il ne passoit pas douze mille; car pour telles cruës jamais les payes n'en sont augmentées, ce qui est la cause que souvent les janissaires se revoltent, comme il advint lors qu'Amurath fit mourir le susdit Ibraim, beglerbey de la Grece. On faisoit estat que par ce moyen Amurath profitoit de huict cents mil soltanins par an, qui, par succession d'an en an, monteroit à une somme très-importante de millions, principalement pource qu'il fit encore doubler certain impost pour chacune teste de ses subjects, ce qui se faict d'ordinaire dans Constantinople quand le Turc veut dresser une armée. *Item*, il fit revoir les comptes de toutes les mosquées, et, tant des pensions que quelques soldats ont sur icelles, que de celles qu'y ont les hommes privez, il print tout ce qui estoit de restant les charges payées : ce qui luy revint à la valeur de cinq cents mille ducats. Il fit aussi un extraict de tous les debteurs du public en tous les endroicts de son domaine, et voulut que tous les baschas, sangiacs et beys des lieux où lesdits debteurs demouroient, payassent toute ladite somme deuë de leurs deniers, à la charge qu'ils le devroient puis après reprendre des particuliers debteurs avec le gain de dix pour cent: ce qu'ils accepterent et firent promptement; mais ils avoient intention de prendre cent pour cent, au lieu de dix pour cent. Il se declara aussi l'unique heritier de tous ceux qui mouroient à la Porte [c'est à dire à sa cour dans Constantinople] à la poursuite des affaires, et que cela fust observé à l'advenir perpetuellement de tous les biens de quiconque mourroit en ceste condition, encore que les mourans eussent des enfans, et que tout cela revinst de bon, tant aux soldats qui seroient lors près de sa personne, que pour estre employez à dresser les armées. Ces successions se monterent incontinent à une somme excessive d'or, pource que cela croissoit de jour à autre.

Il surchargea aussi le bogdan de cinquante mil soltanins, et le prince de Valachie d'autant, avec provision d'envoyer certaine quantité de rouzine de palmiers par chacun an. Quant à l'impost du Transsilvain, il le doubla assavoir de cent mil soltanins et de tous les canevas qu'il faudroit pour les voiles des vaisseaux de l'armée qu'il pretendoit faire. Puis il crea un thresorier exprès [que les Turcs appellent testandar] pour recevoir tous ces deniers là et payer son armée. Il ordonna aussi que tous seigneurs, tant le long de la mer que dans la terre, eussent à dresser galeres à leurs despens, que ceux qui seroient pauvres se missent deux à deux pour en faire une, et aux autres qui estoient dans le plat pays il leur ordonna un impost de six mille soltanins. Pour faire observer tout ce que dessus il bailla charge expresse au bascha Sinan et au susdit astrologue Assan, lequel estoit beglierbey de la Grece, et au capitaine Assan, Venitien, qui commandoit à la mer. Il fit semblablement entendre aux ambassadeurs de France et d'Angleterre, et au roy dom Antheine de Portugal, que tout cela estoit pour attaquer l'Espagnol, leur ennemy commun.

Il s'estoit eslevé en ce temps-là un certain negre nommé Marabut, qui sous pretexte de religion avoit faict un grand amas de negres, et, pour le reprimer, Amurath commanda au bascha Ferat qui estoit à Tunis qu'il eust à le prendre, ce qu'il fit, et, estant escorché, envoya sa peau plaine de paille à Constantinople, qui fut mise en la place publique et empalée, et puis enchaisnée, et ainsi laissée en spectacle pour la plus grande infamie.

Cependant l'armée turquesque s'advançoit avec grand diligence. Les bois estoient pris des forests de la mer Majour, les ferrures tirées des mines de Xamaco près de Philipopoli, là où il y force mines de fer, et aussi sur la mer Noire. Plusieurs vaisseaux de charge pleins de lames de fer furent amenez à Scheiri vers Sinople, et, oultre ce, on fit fondre plusieurs pieces d'artillerie dans le Tossan devers Galata, vis à vis de Constantinople. Plus, on fit venir d'Alexandrie, sur six galeres, grande quantité de sel nitre qui se tire en Egypte en très-grande abondance. Bref, les Turcs faisoient une provision très-grande de toutes choses necessaires pour une grande armée.

Tous les potentats chrestiens craignoient cet appareil. Les Venitiens doutoient qu'ils attaquassent leur isle de Candie, et principalement à cause que le capitaine Assan, Venitien, ennemy de leur republique, avoit en partie la charge de la disposition de ceste armée. L'empereur Chrestien, de l'autre costé, avoit eu advis secret de Constantinople que l'on avoit deliberé d'assaillir la Croatie pour se venger des corsaires uscochiens qui, contre la foy des princes souverains, faisoient une infinité de pilleries dans le goulfe de Venise et dans les rivieres de Croatie, dont les Turcs, les marchands juifs et les Venitiens mesmes faisoient une infinité de plaintes, et se retiroient sur les terres d'Austriche, et que quelque bruit que l'on fist courir, et que l'on vouloit à Vienne en Austriche, qui est maintenant le boulevard de la chrestienté de ce costé là. Et ce qui fit croire cela à l'Empereur, ce fut que les Turcs ne faisoient provision que de bois de maom, qui est plus propre à faire des barques de passage que des vaisseaux de guerre. L'Espagnol et les princes d'Italie craignoient aussi ce preparatif d'armée, et disoient que le roy de France avoit promis aux Turcs le port de Toulon en Provence pour reposer, rafraischir et hyverner leurs vaisseaux : c'estoient conjectures, car l'Espagnol traittoit secrettement pour avoir une suspension d'armes avec le Turc, ce qu'il obtint fort facilement sur les nouvelles qui vindrent à Constantinople de ce qui se passoit en Perse, qui furent telles :

Mehemet, sophy de Perse, se sentant vieux et cassé, ceda son empire entre les mains de son fils second nommé Emirencé Merisé, pour ce que les enfans de l'aisné estoient trop jeunes. Or ce Merisé estoit un brave prince, lequel estoit reveré de tous : sa premiere resolution fut d'attaquer Usbec, prince de plusieurs pays sur les bords de la mer Caspie, lequel avoit entrepris sur les Persans durant la guerre qu'ils avoient eu à l'encontre des Turcs, et lequel avoit particulierement occupé le royaume de Corazan, et s'en estoit faict seigneur de la plus grande partie à l'instigation du Turc et de ses ambassadeurs. Ce fut la cause que Merisé entreprit de luy faire la guerre pour retirer le royaume de Corazan. Usbec, se voyant attaqué, demanda secours au Turc, qui luy refusa, disant qu'il n'avoit rien à desmesler avec les Perses qui estoient par la paix devenus subjects de l'empire des Ottomans. Usbec, n'estant secouru du Turc, perdit incontinent le royaume de Corazan sans combattre, à cause que tous ses peuples se remirent volontairement à l'obeyssance du Persan. Ce que voyant Usbec, il pourveut lors à sa seureté par un abouchement qu'il fit avec ledit Merisé, et luy rendit tout ce qu'il tenoit du royaume des Perses, et espousa une sienne sœur. Par le moyen de ceste alliance, Usbec, devenu amy de Merisé luy monstra la lettre du Turc par laquelle il luy avoit mandé que les Perses estoient devenus subjects des Ottomans. Ceste lettre anima tellement Merisé, qu'il se resolut de faire la guerre au Turc, mesmement sur ce que l'on luy dist que Imaculi, ambassadeur du Persan, s'estoit laissé corrompre au bascha Ferat à la paix de Cosbin, d'autant qu'il luy avoit accordé que Tauris, Gengé, Sirvan et Cars [qui sont quatre grandes villes et puissantes forteresses] demeureroient entre les mains du Turc avec forte garnison, et tous les pays des environs. Merisé, desirant de ne laisser cest honte aux Perses, assembla promptement une armée de quatre-vingts mille chevaux, et avec Usbec son allié, qui se declara aussi ennemy du Turc, traverserent la Perse, et vindrent dans Ardovil au mois d'avril [qui est une cité très-ancienne de Perse, et où sont les sepulchres des sophis]. Merisé à son arrivée fit trancher la teste à Imacul, celuy qui avoit faict la paix avec le Turc, nonobstant qu'il fust grand seigneur et qu'il alleguast beaucoup d'excuses. Puis après il fit brusler tout vif un sien frere; et quatorze autres grands seigneurs leurs parens eurent la teste tranchée pource qu'ils s'estoient voulu eslever contre luy. De là il envoya un mandement au bascha Giaffer dans Tauris [chef de tous les beglierbeys de Turquie qui estoient dans la Perse] à ce qu'il eust à luy rendre lesdites quatre places susnommées, sinon qu'il luy livroit la guerre à feu et à sang, et qu'il n'espargneroit mesmes les mosquées. Giaffer, estonné de ce souslevement de guerre si subit, luy respondit qu'il ne le pouvoit faire sans en avoir le commandement du Grand Seigneur; et, usant de belles paroles comme advisé qu'il estoit, il obtint quelque temps pour ce faire, et envoya advertir le Turc en diligence par courriers exprès qui arriverent à Constantinople à la my-may.

Le Grand Seigneur se trouva esbahy de ces nouvelles. Or il n'avoit sorty de son serrail il y avoit trois ans, depuis le sedition que firent les spachis pour leur paye, et qu'ils le contraignirent de faire mourir Hibraim son mignon, à cause qu'Assan l'astrologue luy avoit dit qu'il estoit en danger d'estre tué d'un cousteau la premiere fois qu'il en sortiroit, et que les astres l'en menaçoient; neantmoins ceste nouvelle des Perses l'en fit sortir, et alla par la ville gratifiant le peuple le plus qu'il pouvoit, et leur monstroit bon visage. Peu après les spachis et tout le peuple luy firent plaintes accoustumées, qu'ils appellent entr'eux *ras* et *rocca* en leur langue, qui est de se pouvoir plaindre de tous les gouverneurs, et les deposer de leurs charges: tellement qu'Amurath s'en alla retirer à un chiosque, c'est à dire une maison de plaisance champestre voisine de la mer, où il fut contraint d'oster plusieurs gouverneurs, et mesme de chasser Assan, qui fut confiné dans une petite ville nommée Chiourdouque, près de Sallinique. Il rescrivit incontinent au bascha Giaffer à Tauris à ce qu'il eust à conserver les forts qu'il avoit en charge en attendant qu'il luy envoyeroit du secours. Il rescrivit aussi au bascha Cigalla general en Caraemit, à ce qu'il assemblast en toute diligence la cavalerie de Bagadet et des provinces voisines des Perses, pour au premier advis se rendre où il luy seroit mandé. Amurath fut long temps mesmes à se resoudre s'il devroit aller en personne à la guerre contre les Perses, ou s'il y devoit envoyer un capitaine general. Sa resolution fut longue de ce qu'il feroit, et cependant Merisé avec ses Perses tuoit tous les Turcs qu'il rencontroit sortis de leurs forts, et faisoit de grands ravages sur eux : ce qui fit beaucoup murmurer à Constantinople contre Amurath.

Outre ceste guerre des Perses, Amurath receut encor d'autres advis: c'est que le plus jeune fils du prince de La Mecque [qui est un prince tributaire des Ottomans comme est le prince de Valachie et de Bogdanie et autres, lesquels sont subjects à estre aggreez par le Turc, et ne se peuvent qualifier princes de leurs pays qu'ils n'ayent receu l'estendart turquesque] avoit faict une grande souslevation d'armes en l'Arabie Heureuse et au royaume de Gemen, desirant emporter la principauté contre son frere aisné à qui le prince leur pere avoit remis ses Estats pour sa vieillesse. Ceste nouvelle fascha fort Amurath, sçachant bien que tous peuples sont desireux de nouveauté.

Ainsi les guerres de Perse et de La Mecque firent qu'Amurath changea de volonté d'envoyer sa grande armée navalle qu'il faisoit esquiper pour travailler l'Espagne, et fut contraint d'adviser à ce qui estoit de besoin pour la deffense de ses Estats. Toutesfois les bachas dans Constantinople dissimulans, affin de faire paroistre la grandeur de leur prince, faisoient tousjours courir le bruit qu'ils ne s'armoient que pour venir en Espagne. Les beglierbeys, qui estoient ez confins des terres de l'Empire, de Hongrie et de Pologne, faisoient une infinité de courses sur les chrestiens affin de tascher de les faire desirer et ratifier de payer le cens et les presens ainsi qu'ils avoient promis; mais, nonobstant toutes ces courses, ny les Polonois ny l'Empereur ne renvoyerent à Constantinople.

Assan bascha, capitaine de la mer, envoya aussi quelques galeres dans le golfe de Venise pour recognoistre les ports de la Dalmatie et de la Pouille. Ils prirent quelques vaisseaux chargez de marchandises, et firent plusieurs butins sur ceux de Raguze. Mais Assan ne put pas se resjouyr des heureux succez de ses galeres, car il mourut au commencement du mois de juillet, non sans soupçon de venin. D'autres asseurent qu'il mourut du mal de Naples qu'il avoit laissé trop enraciner sur luy.

Cest Assan avoit plusieurs enfans, tant de la royne de Fez sa femme, que de plusieurs autres femmes ses esclaves. Ayant laissé dans ses coffres trente six mille sequins d'or, Amurath, le sçachant, les envoya saisir et faire apporter en son serrail, et s'empara mesmes de tous ses autres biens sans rien laisser à tous ses enfans. Le bascha Sinan, premier visir, estant tombé en discours sur ce subject avec Ferat qui estoit second bascha, luy dit : « C'est une impieté qu'Amurat exerce envers ses fidelles esclaves d'oster les biens à leurs enfans après leur mort, puis qu'ils ont toute leur vie servy fidellement l'Islan, » c'est à dire la couronne ou l'empire.

Le bascha Ferat, qui aspiroit il y avoit si long temps après l'estat de premier visir, et qui en avoit offert un million d'or, fit son profit de ses paroles, et les rapporta à Amurath, lequel, irrité, sans avoir esgard que Sinan avoit executé vingt-deux entreprises dont la derniere estoit celle de La Goulette, et qu'il avoit desjà si long temps tenu ceste grande et souveraine authorité de premier visir plus grande que n'avoit eu le bascha Mehemet le grand, qui après avoir servy trois des Ottomans fut finalement tué par un fol dans le divan ; ne se souvenant point aussi que ç'avoit esté Sinan qui avoit appaisé la mutinerie des spachis en faisant accroire qu'Amurat avoit esté trompé par certaines personnes ; bref, sans avoir esgard à rien, il le fit soudain *masul*, c'est à dire homme privé et sans charge, et par ce moyen le bascha Ferat fut fait le premier visir, et le bascha Cigala fut fait capitaine de la mer, qui est ce que l'on appelle en France admiral, au lieu dudit Assan susnommé. Ainsi ces deux baschas devindrent très-puissans, et gouvernerent l'empire des Turcs, faisants de grands dons à chacun, et firent rompre toutes les deliberations precedentes pour avoir experimenté le danger des guerres loingtaines, et se contenterent de faire la guerre aux pays voisins, comme en la Pologne, Hongrie, Croatie et autres confins.

LIVRE QUATRIESME.

[1592] Si en lisant les livres precedents il ne s'y void que morts, assassinats, massacres, revoltes de peuples, batailles, prises et ruynes de villes, je suis encores contraint de continuër d'escrire ceste miserable malice du temps ès années suyvantes.

Au commencement de ceste année mourut la royne doüairiere Elizabeth, vefve du roy Charles IX. Ceste royne a esté en son temps l'exemple de pieté et de charité. Après la mort de sa fille unique qu'elle eut dudit roy Charles, elle se retira de la France et s'en alla à Vienne en Austriche, car elle estoit fille de l'empereur Maximilian, et sœur de Rodolphe à present encores regnant, où elle fit bastir un monastere de religieuses proche son hostel, auquel elle pouvoit entrer sans estre veuë, et là vescut jusques à sa mort comme religieuse, en veilles, jeusnes et continuelles prieres pour la paix entre les princes chrestiens. Les aumosnes et œuvres de charité qu'elle fit durant qu'elle fut en France, donnerent occasion à plusieurs pauvres d'en regretter son partement. Du depuis son veufvage elle fut recherchée en mariage par le roy d'Espagne, mais elle n'y voulut entendre. Après sa mort le Roy assigna sur le Bourbonnois dont elle jouyssoit pour son doüaire, celuy de la royne Loyse de Lorraine, veufve du roy Henry III, là ou ceste Royne, qui estoit aussi un miroir de sainctété et de modestie, ainsi que nous avons dit en nostre histoire de la paix, alla peu après faire sa demeure, et où elle mourut dans Moulins.

Le 16 de ce mesme mois de janvier mourut aussi le duc Jean Casimir, de la maison des comtes palatins du Rhin, administrateur du Palatinat, et curateur de son neveu Frederic, fils de son frere Loys, eslecteur et comte palatin. Ce prince estoit de la religion de ceux que l'on appelle en France pretendus reformez, en Angleterre puritains, et en Allemagne calvinistes ou protestans reformez. Aucuns des lutheriens alemans, qui sont ministres suivant la confession d'Ausbourg, que les calvinistes, leurs ennemis mortels, appellent martinistes à cause que Luther s'appelloit Martin, ne furent point faschez de ceste mort ny de celle du duc de Saxe qui mourut sur la fin de l'an passé, comme nous avons dit, et prescherent mesmes que Dieu les avoit delivrez de deux grands tyrans des consciences. Ils s'attendoient que Richard, duc de Simmer, grand oncle dudit prince eslecteur Frederic, deust avoir l'administration du Palatinat, et qu'il deust faire restablir la confession d'Ausbourg de laquelle il estoit, et changer l'estat de la religion en ces pays-là, ainsi que l'eslecteur Loys son neveu l'avoit faict après la mort de son pere en chassant les calvinistes et y mettant les lutheriens, et comme avoit faict ledit duc Casimir si tost qu'il fut pourveu de l'administration du Palatinat, d'où il osta la confession d'Ausbourg et y restablit la protestante reformée. Mais il en advint tout autrement; car, bien que l'Empereur eust conferé l'administration du Palatinat audict duc de Simmer, les estats de tous les pays dudict prince Frederic son petit neveu s'y opposerent, et soustindrent que leur prince estoit en aage competant pour les gouverner, ayant dix-huict ans passez, et qu'il devoit administrer le Palatinat son patrimoine, et l'Eslectorat quand et quand, suivant les privileges octroyez par la bulle d'or de l'empereur Charles IX aux princes eslecteurs de l'Empire. Le duc Richard, ne se contentant de ces raisons, voulut user de la force, et se saisit de quelques bailliages au haut Palatinat. Le jeune prince eslecteur Frederic se mit en armes contre son grand oncle. Tout s'en alloit porter droict à la guerre; mais les princes voisins firent tant qu'ils les accorderent. Par cest accord le duc Richard remit les pays dont il s'estoit emparé entre les mains du jeune prince eslecteur. Ainsi le calvinisme fut continué au Palatinat, et ce trouble qui y estoit advenu après la mort dudit duc Jean Casimir fut appaisé.

Ce duc fut durant sa vie fort affectionné à ceste religion, et fut un temps qu'il s'attendoit d'estre declaré protecteur de ceux de France, où il avoit amené à leur secours par deux fois deux grandes armées. Il en mena aussi en Flandres au secours du prince d'Orenge, et un autre au secours de l'eslecteur archevesque de Cologne Truchses qui s'estoit declaré de ceste religion. Les armées qu'il amena en France, sans combattre, furent en partie cause de deux

cours sur ce subject avec Ferat qui estoit second bascha, luy dit : « C'est une impieté qu'Amurat exerce envers ses fidelles esclaves d'oster les biens à leurs enfans après leur mort, puis qu'ils ont toute leur vie servy fidellement l'Islan, » c'est à dire la couronne ou l'empire.

Le bascha Ferat, qui aspiroit il y avoit si long temps après l'estat de premier visir, et qui en avoit offert un million d'or, fit son profit de ses paroles, et les rapporta à Amurath, lequel, irrité, sans avoir esgard que Sinan avoit executé vingt-deux entreprises dont la derniere estoit celle de La Goulette, et qu'il avoit desjà si long temps tenu ceste grande et souveraine authorité de premier visir plus grande que n'avoit eu le bascha Mehemet le grand, qui après avoir servy trois des Ottomans fut finalement tué par un fol dans le divan ; ne se souvenant point aussi que ç'avoit esté Sinan qui avoit appaisé la mutinerie des spachis en faisant accroire qu'Amurat avoit esté trompé par certaines personnes ; bref, sans avoir esgard à rien, il le fit soudain *masul*, c'est à dire homme privé et sans charge, et par ce moyen le bascha Ferat fut fait le premier visir, et le bascha Cigala fut fait capitaine de la mer, qui est ce que l'on appelle en France admiral, au lieu dudit Assan susnommé. Ainsi ces deux baschas devindrent très-puissans, et gouvernerent l'empire des Turcs, faisants de grands dons à chacun, et firent rompre toutes les deliberations precedentes pour avoir experimenté le danger des guerres loingtaines, et se contenterent de faire la guerre aux pays voisins, comme en la Pologne, Hongrie, Croatie et autres confins.

LIVRE QUATRIESME.

[1592] Si en lisant les livres precedents il ne s'y void que morts, assassinats, massacres, revoltes de peuples, batailles, prises et ruynes de villes, je suis encores contraint de continuër d'escrire ceste miserable malice du temps ès années suyvantes.

Au commencement de ceste année mourut la royne doüairiere Elizabeth, vefve du roy Charles IX. Ceste royne a esté en son temps l'exemple de pieté et de charité. Après la mort de sa fille unique qu'elle eut dudit roy Charles, elle se retira de la France et s'en alla à Vienne en Austriche, car elle estoit fille de l'empereur Maximilian, et sœur de Rodolphe à present encores regnant, où elle fit bastir un monastere de religieuses proche son hostel, auquel elle pouvoit entrer sans estre veuë, et là vescut jusques à sa mort comme religieuse, en veilles, jeusnes et continuelles prieres pour la paix entre les princes chrestiens. Les aumosnes et œuvres de charité qu'elle fit durant qu'elle fut en France, donnerent occasion à plusieurs pauvres d'en regretter son partement. Du depuis son veufvage elle fut recherchée en mariage par le roy d'Espagne, mais elle n'y voulut entendre. Après sa mort le Roy assigna sur le Bourbonnois dont elle jouyssoit pour son doüaire, celuy de la royne Loyse de Lorraine, veufve du roy Henry III, là ou ceste Royne, qui estoit aussi un miroir de saincteté et de modestie, ainsi que nous avons dit en nostre histoire de la paix, alla peu après faire sa demeure, et où elle mourut dans Moulins.

Le 16 de ce mesme mois de janvier mourut aussi le duc Jean Casimir, de la maison des comtes palatins du Rhin, administrateur du Palatinat, et curateur de son neveu Frederic, fils de son frere Loys, eslecteur et comte palatin. Ce prince estoit de la religion de ceux que l'on appelle en France pretendus reformez, en Angleterre puritains, et en Allemagne calvinistes ou protestans reformez. Aucuns des lutheriens alemans, qui sont ministres suivant la confession d'Ausbourg, que les calvinistes, leurs ennemis mortels, appellent martinistes à cause que Luther s'appelloit Martin, ne furent point faschez de ceste mort ny de celle du duc de Saxe qui mourut sur la fin de l'an passé, comme nous avons dit, et prescherent mesmes que Dieu les avoit delivrez de deux grands tyrans des consciences. Ils s'attendoient que Richard, duc de Simmer, grand oncle dudit prince eslecteur Frederic, deust avoir l'administration du Palatinat, et qu'il deust faire restablir la confession d'Ausbourg de laquelle il estoit, et changer l'estat de la religion en ces pays-là, ainsi que l'eslecteur Loys son neveu l'avoit faict après la mort de son pere en chassant les calvinistes et y mettant les lutheriens, et comme avoit faict ledit duc Casimir si tost qu'il fut pourveu de l'administration du Palatinat, d'où il osta la confession d'Ausbourg et y restablit la protestante reformée. Mais il en advint tout autrement; car, bien que l'Empereur eust conferé l'administration du Palatinat audict duc de Simmer, les estats de tous les pays dudict prince Frederic son petit neveu s'y opposerent, et soustindrent que leur prince estoit en aage competant pour les gouverner, ayant dix-huict ans passez, et qu'il devoit administrer le Palatinat son patrimoine, et l'Eslectorat quand et quand, suivant les privileges octroyez par la bulle d'or de l'empereur Charles IX aux princes eslecteurs de l'Empire. Le duc Richard, ne se contentant de ces raisons, voulut user de la force, et se saisit de quelques bailliages au haut Palatinat. Le jeune prince eslecteur Frederic se mit en armes contre son grand oncle. Tout s'en alloit porter droict à la guerre; mais les princes voisins firent tant qu'ils les accorderent. Par cest accord le duc Richard remit les pays dont il s'estoit emparé entre les mains du jeune prince eslecteur. Ainsi le calvinisme fut continué au Palatinat, et ce trouble qui y estoit advenu après la mort dudit duc Jean Casimir fut appaisé.

Ce duc fut durant sa vie fort affectionné à ceste religion, et fut un temps qu'il s'attendoit d'estre declaré protecteur de ceux de France, où il avoit amené à leur secours par deux fois deux grandes armées. Il en mena aussi en Flandres au secours du prince d'Orenge, et un autre au secours de l'eslecteur archevesque de Cologne Truchses qui s'estoit declaré de ceste religion. Les armées qu'il amena en France, sans combattre, furent en partie cause de deux

royaume, avec condition qu'elle y viendroit resider dedans six mois, et de là à autres six elle se marieroit selon l'advis des conseillers et ministres de la couronne, disant que lors qu'elle parviendroit à ce point qui est d'estre royne souveraine, qu'elle pourroit peut estre choisir tel mary qu'il luy plairoit sans ce que personne s'y pust opposer; adjoustant à ces conditions qu'il faudroit continuër les loix et coustumes de ce royaume, et de les conserver en son entier, et qu'il ne faloit pretendre de mettre des gouverneurs et des garnisons aux places d'autre nation que de la leur, et, puis que le royaume estoit divisé, qu'il n'y avoit apparence de pouvoir si tost ny si facilement chasser le de Bearn bien puissant comme il est, ny appaiser les autres qui se voudroient opposer à ceste resolution; que, devant toutes choses, il estoit necessaire que Vostre Majesté despendist dans le propre royaume, premierement ils dirent huict, puis après ils vindrent à monter à dix millions, pour le moins en deux ans, affin d'appaiser et asseurer le royaume, et le reduire du tout à l'obeyssance de la serenissime Infante, et que la despense de ces deniers se fist par les officiers et ministres du royaume, à la forme et maniere qu'ils ont accoustumé, adjoustant, pour corroborer leurs raisons, qu'estant cette declaration faicte, la porte leur est du tout serrée pour se pouvoir jamais plus accommoder avec le de Bearn, ny parler d'aucun autre expedient, et leur semble, pour parvenir à ceste fin, que, moyennant lesdits dix millions que l'on despendra en deux ans, lesquels commenceront dès-lors que la serenissime Infante sera declarée pour leur royne, et non auparavant, ils feront un grand effect. Outre ce, ils concluent qu'il est force de s'accommoder avec ceux qu'ils appellent princes, et avec les gouverneurs des provinces en particulier et plusieurs autres de la noblesse, tant de ceux qui suivent le party que de ceux qui suivent le party contraire, qui se voudront reduire, attendu que par le moyen de ceux-cy on doit prendre et establir l'affaire en l'assemblée des estats, car autrement on ne le sçauroit faire par les moyens que nous pretendons, et que ces princes et les bien affectionnez de la noblesse desirent : nous disans librement que, pour y parvenir et gagner ces volontez, il faudra une grande somme d'argent, qui toutesfois sera desduite desdits dix millions, outre les charges, proprietez et recompenses qu'on leur fera dans le propre royaume, lesquels aussi ils disent qu'il faudra moderer, pource qu'il ne seroit raisonnable qu'elles fussent telles qu'elles divisassent l'Estat, qu'ils pretendent plus que jamais conserver en son entier, et le font ainsi entendre toutes et quantesfois qu'il vient d'en parler.

« Lesdits dom Diego de Ibarra et Richardot ont respondu à ces propositions ce qui leur a semblé convenable, et particulierement qu'il ne failloit douter qu'engageant Vostre Majesté sa fille en ce royaume, Vostre Majesté ne la voudroit abandonner jusques à ce qu'il fust entierement reduit, comme il est raison, puis qu'à present, sans autre dessein particulier, sinon le general de la conservation de la religion et bien de la chrestienté, Vostre Majesté despend, comme ils sçavent très bien, peu moins de quatre millions par an; que, partant, ils se pourroient bien tenir asseurez pour les deux premieres années de la royauté de la serenissime Infante, et que, voulant venir à ceste promesse, on croit qu'aussi peu voudroient ils obliger Vostre Majesté qu'elle mist en leurs mains toute ceste somme à la fois, mais qu'on la fournira à mesure qu'on la despendra; dequoy il semble qu'ils se devroient contenter, aussi bien que des huit millions qu'ils proposerent au commencement, et non aux dix sur lesquels ils s'arresterent. En fin ils demeurerent sur ce qu'ils dirent qu'ils me feroient response de ce discours et sur ce qui s'estoit proposé entr'eux pour leur donner la resolution que justement on leur devoit bailler, et est ainsi qu'ils me la donnerent hier en presence de Jehan Baptiste de Tassis, qui, au moyen de ce que je luy avois escrit est revenu de Bruxelles icy; et, pour ce que c'est un affaire de poids et consideration telle qu'on peut estimer, nous demeurasmes un peu pour y bien penser et le resoudre tard; car, l'ayant bien regardé, consideré et pesé avec toutes ses circonstances et dependances, nous fusmes unanimement d'opinion qu'il ne failloit, en quelque sorte que ce fust, leur faire cognoistre que nous n'avons nulle charge de pouvoir passer avant et conclurre ceste negociation sans nouvel advis de Vostre Majesté, attendu les inconveniens qui en peuvent reüssir, desquels le differer l'assemblée des estats en est le moindre, comme il semble qu'ils veulent faire. Neantmoins ils les tiendront, quelque dilation qu'il y ait, et ne sont encore de moindre importance que les propos de la paix qu'ils tiennnent tousjours en estat qui, par le moyen des mauvais instrumens que de Mayenne a prez de soy, se pourroit faire lors que moins nous y penserions: outre ce, l'ombrage et soupçon qu'ils ont de Vostre Majesté, de quelques potentats, et l'opinion que plusieurs du royaume se sont imprimez que Vostre Majesté pretendoit plustost par le moyen d'une longueur ruiner ledit royaume, et par ce donner occasion à la division. De sorte que n'ayant, comme je n'ay, aucun advis de promettre ceste somme pour Vostre Majesté, et qu'il faut se resoudre premierement sur tout sans lascher de la main le discours de la serenissime Infante ma maistresse, qui est ce que pour ce fait nous pourrions desirer, nous conclusmes qu'il se rassembleroient ce jourd'huy, et avec eux Jehan Baptiste de Tassis, et que, sans prometlre ny refuser la somme de huit millions, on poursuivroit l'affaire, leur disant que puis qu'on a commencé de parler de cecy, qu'il faut venir au point de la pretention des princes et des autres particuliers de la noblesse, avec d'autres pretensions s'il y en a, afin d'accelerer l'assemblée desdits estats, et parvenir, moyennant l'ayde de Dieu, à la bonne fin qu'eux et nous pretendons de cest affaire, estimant que pendant que nous en traitterons et de la seureté des deniers que l'on doit despendre, outre ce qui a esté employé pour le benefice de la couronne, et de la seureté de la serenissime Infante ma maistresse, lorsqu'elle sera mise dans le propre royaume, et qu'il sera meilleur que la somme qu'ils pretendent soit employée, comme elle est à present, en une armée estrangere et avec des François, et non le tout par leurs mains; qu'il y aura moyen d'avoir response de Vostre Majesté avec declaration de sa royale volonté sur ce point; mesmement l'on ne doit venir à l'execution jusques après le fait de la serenissime Infante, pour laquelle il semble que ladite somme seroit bien employée, veu que Vostre Majesté, sans aucun gage en main, a bien despendu tout ce qu'un chacun sçait, et peut estre luy en faudra despendre autant pour n'abandonner ceste saincte cause, sans aucun autre interest particulier. Lesdits Jean Baptiste de Tassis, dom Diego de Ibarra, et le president Richardot, s'en allerent avec ceste resolution au quartier du duc de Mayenne, et s'estans assemblez avec les susdits M. de La Chastre et president Janin pour guider l'afffaire de la sorte que nous l'avions conclu; mais cela ne servit de rien, pour-ce qu'ils leur respondirent que, traicter des particularitez et des pretensions, ce seroit un affaire trop long, et qu'il ne s'y falloit arrester qu'au prealable et devant tout on n'eust conclu le point des millions sur lequel on devoit fonder le reste, qui estoit l'eslection de la serenissime Infante pour leur royne. Estans retournez à moy avec ceste response, ores qu'ils fussent d'advis que je ne pouvois refuser de faire la promesse au royal nom de Vostre Majesté pour lesdits quatre millions pour les raisons susdites et plusieurs autres qu'on peut bien entendre, et nous obligent à ne differer ceste resolution pour estre neanmoins l'affaire si grand et de telle importance et si fragile, n'estant bien seant qu'un serviteur prenne la hardiesse d'offrir chose quelconque qu'il ne soit au prealable bien asseuré qu'elle sera aggreable à son maistre, je leur dy que, puis que nous estions sur nostre partement, ils pourroient s'assembler le jour subsequent, qu'ils pensassent bien ce que je leur disois, afin que tous eussions meilleur moyen de penser aux frais et au service de Vostre Majesté. Et nous estans attendus l'un l'autre, et chacun y ayant pensé de son costé pour parvenir à nostre intention et satisfaire à nos obligations, après avoir bien pensé et repensé sur les inconveniens qui adviendroient s'ils sçavoient que nous n'avons pouvoir de le conclurre, et sçachant la response que Vostre Majesté fit faire au president Janin, par laquelle j'estois asseuré de vostre royale volonté, et touchant avec les mains que, par faute d'y condescendre, on pourroit non seulement effacer l'affaire de la serenissime Infante en tout point, mais aussi tomber en mil inconveniens sans estre asseurez de voir exclus le de Bearn de ceste couronne, mais, qui plus est, nous l'establirions; or, en une affaire si precise et contrainte, nous avons, d'un commun consentement, fait election du party qui nous a semblé meilleur pour toute la chrestienté et le royal service de Vostre Majesté, presupposant qu'elle recevroit plus de desplaisir, après avoir tant travaillé et employé tant d'argent et respandu tant de sang, qu'on vinst à perdre de tout poinct une affaire de telle importance, nous ayant esté offert ce qu'ils pretendent, puis que pour l'un, estant une fois rompu, il n'y avoit plus aucun respect, et pour l'autre, ne l'ayant Vostre Majesté agreable, il sera en sa main de le refuser sans consentir ny venir à ce qu'ils proposent et offrent. Et ainsi nous avons conclu, non de leur offrir l'argent net, mais jusques à vingt mil hommes de pied et cinq mil chevaux estrangers payez par Vostre Majesté, avec l'artillerie, vivres et attirail, et douze cens mil escus à la disposition de la serenissime Infante ma maistresse, pour un an, affin d'entretenir ceux du royaume qui nous sembleront propres, taschant auparavant de les contenter de seize mil hommes de pied et quatre mil chevaux, et d'un seul million en deniers pour ce que dessus, affin qu'ils se contentent de ceste assistance pour un an seulement, et y faire toutes les diligences qu'on pourra sans rien rompre; et quand on ne pourra mieux faire, et pour ne venir à un poinct si pernicieux comme est celluy de la perte de toute la chrestienté, nous sommes aussi resolus de nous estendre jusques aux deux ans qu'ils pretendent, persistans toutefois à ce qu'il y ait une armée estrangere entretenuë par Vostre Majesté, pour ce qu'il nous semble que, pour plusieurs respects, il le faut ainsi, afin que plus promptement nous appaisions les choses du propre royaume, et pour plus grande seureté de la serenissime Infante ma maistresse lors qu'elle entrera et residera; surquoy, et sur le remboursement de l'argent despendu et qui se despendra, et les autres poincts qui concernent ceste matiere, on les traictera par le moyen desdits Jean Baptiste de Taxis, dom Diego de Ibarra, et president Richardot, avec le soin, diligence et autorité que Vostre Majesté peut se confier de chacun d'eux, et de moy qui vous suis tant veritablement obligé sujet. C'est donc à ceste heure à Vostre Majesté à se resoudre en cest affaire, et à nous commander faire la necessaire prevention et provision, tant d'hommes que d'argent, afin qu'elle s'en ensuive, sans oublier quelques sommes particulieres pour les extraordinaires, lesquels sans doute seront très grands, et pour les volontez qu'il faudra secrettement et separement gaigner, et aussi ce qui sera necessaire pour les Pays Bas, pour leur entretenement et conservation, à quoy il faut aussi pourvoir; et, se resolvant Vostre Majesté d'embrasser ceste negotiation et ceste chrestienté par le chemin que proposent et pretendent le duc de Mayenne et ces François, il me semble, selon mon petit jugement, que, sus toutes choses, on ne doit manquer d'un seul poinct de ce qu'il leur sera promis, et qu'il n'y ait aucun retardement, tant à pourvoir ce qui sera necessaire et conclurre en ces affaires, puis qu'avec ces humeurs, quelque que ce soit de ces deux choses peut non seulement prejudicier, mais la destruire sans espoir de la faire jamais revivre.

» Car, ores que je voye bien que pour parvenir à nostre intention se presenteront une milliasse de difficultez, et telles que ce sera plustost une grace de Nostre Seigneur de les vaincre que non d'industrie humaine, et par ainsi il semble que la crainte surmonte l'esperance d'y pouvoir parvenir, toutesfois, s'il y a moyen aucun, c'est celuy de la particularité et celerité en tout, et, les cognoissans comme nous les cognoissons, nous qui sommes icy, nous hastons le plus que nous pouvons la convocation et assemblée des estats, et tout ce qui nous semble plus propre à ceste fin.

» Et d'autant qu'il n'y a doute qu'ils voudront voir le pouvoir que nous avons de Vostre Majesté pour conclurre l'affaire, comme de raison, je supplie Vostre Majesté de l'envoyer au plustost à celuy qu'il vous plairra pour conclurre et mettre fin, à ce que nous ne demeurions pas faute de l'avoir au plus beau du chemin; car je crains fort qu'ils le nous demandent à l'assemblée des estats et sur le point de declaration que nous pretendons qu'ils facent en faveur de la serenissime Infante ma maistresse, veu que ils sont si curieux en toutes leurs choses : et certes il y auroit du danger de dire qu'il n'y en a point encores, et que d'autre part nous pretendissions leur donner toute satisfaction.

» C'est à la verité une affaire grave et de grand poids, et qui a esté, est et sera de grands frais, lesquels pourveu qu'ils ne passent les huict millions en deux ans qu'ils pretendent qu'il montera pour appaiser la tyrannie, nous nous pourrons contenter. Et quant à moi, je crains qu'il en faudra davantage et pour plus long-temps. Mais d'autre part, venant à considerer qu'il s'en ensuivra que la serenissime Infante sera declarée royne proprietaire de ce royaume, qui est ce que Vostre Majesté pretend et desire, et que, comme il semble, il luy vient si bien à propos, non seulement pour le propre royaume et la religion catholique en general, mais aussi pour les royaumes et Estats de Vostre Majesté en particulier, cela me fait estimer que l'on doit prendre cœur d'aider et procurer de passer outre en ces affaires le plus promptement que faire se pourra.

» J'ay esté très-ayse que Sa Saincteté se soit resoluë de faire cardinal l'evesque de Plaisance, et qu'elle l'ait declaré son legat en ce royaume, pour les raisons que j'escry particulierement en une lettre qui sera avec celle cy, pource que sans doute il aydera avec toute celerité à faire succeder nostre affaire comme nous pretendions; mais, ayant presentement entendu, par un courrier du duc de Sessa qu'il m'a depesché le 30 du passé, la mort du bon pape Innocent qui si bien entendoit ces affaires, et si prudemment les guidoit, je confesse qu'il m'a mis en un grand soucy, non tant pour le regard de ma maison pour l'affection qu'il luy portoit, comme pour le service de Vostre Majesté sur ce que nous avons en main, et pour toute la chrestienté, puisque, par son sainct zele chrestien et prudence, dont il estoit doué, on peut presupposer qu'il eust faict de bons effects.

» Je dy bien que ceste perte nous oblige d'accelerer plus que jamais cest affaire, et condescendre plus facilement à ce que proposent et pretendent ces François, afin que, si le sort tombe sur quelqu'un qui n'entende ces affaires comme les deux papes passez, il nous trouve si avant et si bien establis en iceluy, qu'il ne puisse empescher nostre bon succez. J'espere en Dieu qu'il le nous donnera bon et fort conforme à son sainct service, à celuy de Vostre Majesté qui luy est si conjoint, et qui aura commandé faire les preventions necessaires, et telles qu'on peut esperer de son sainct zele, etc. De Libone ce 18 janvier 1592. »

Voylà ce que mandoit le duc de Parme au roy d'Espagne touchant la negociation qui se traictoit pour faire l'infante d'Espagne royne de France. Quelques autres lettres furent aussi surprises : dans les unes ledit duc de Parme demandoit audit sieur Roy provision d'argent, et qu'il ne se failloit fier d'en pouvoir recouvrer sur la place d'Anvers, pour le grand nombre qu'il en failloit, tant pour ceste negociation que pour l'entretenement des gens de guerre en Flandres et en France. « Je ne sçay, dit-il, ce que ce sera de nous, ny comme nous pourrons faire vostre royal service en aucun lieu, puis que le tout sera exposé au benefice de la fortune, et que, sans un evident miracle, il n'y a point d'apparence d'obtenir ce qui se pretend avec nul bon succez. »

D'Ibarra dans ses lettres faict les mesmes plaintes, et advertit ledit sieur roy d'Espagne que le payeur general de l'armée avoit baillé cent trente deux mil escus à M. de Mayenne d'une part, que la seule paye de l'armée du duc de Parme se monteroit à cent vingt mil escus d'autre part, et qu'il en failloit bailler encor onze mille au duc de Mayenne; tellement que ledit payeur general de l'armée, qui avoit apporté deux cent cinquante huit mil escus, ayant fourny ces sommes, le duc de Parme demeureroit sans argent. « Car ces François, dit-il, en la proposition de l'eslection de madame l'Infante, font tousjours l'affaire difficile, et le remede, de l'argent. »

Or, nonobstant le manquement d'argent, il y avoit aussi des jalousies entre les ducs de Parme et de Montemarcian. Celuy-cy vouloit preceder cestuy-là, et monstroit une lettre escrite de Rome au mois d'aoust, portant commandement au nom de Sa Saincteté de preceder le Parmesan, ainsi qu'il avoit esté conclu à la congregation de France à Rome, à cause qu'il estoit general de l'armée qu'envoyoit le Sainct Siege, et le duc de Parme ne l'estoit que du roy d'Espagne. Il y avoit toutesfois bien de la difference entr'eux deux, car le Parmesan estoit un vieux et experimenté capitaine, n'y ayant point d'apparence ny de raison qu'il deust permettre qu'un qui n'avoit jamais mené vingt chevaux à la guerre le deust preceder, veu mesmement que toutes ses troupes ne montoient plus qu'à cinq cents chevaux et trois mille Suisses. Montemarcian, pour suivre le commandement qu'il avoit receu de Rome, n'alloit point voir ne conferer avec le Parmesan que rarement, encor c'estoit de nuict, et s'en retournoit tout aussi-tost de peur d'offencer sa qualité : ce qui continua entr'eux, et mesmes, quand ils marcherent en corps d'armée, la bataille fut conduitte par les ducs de Mayenne, de Parme et de Montemarcian, ainsi qu'il sera dit cy-après.

Il y avoit aussi de grandes jalousies entre le duc de Mayenne et le duc de Guyse : ce que les Espagnols entretenoient tout à propos pour afin que le neveu servist d'un contrepoix à l'oncle, ainsi que d'Ibarra le manda au roy d'Espagne. Le duc de Parme fit mesme bailler audit duc de Guise dix mille escus en deux fois à fin de l'attirer à suyvre la volonté dudit Roy.

Toutes ces choses se faisoient fort accortement par les ministres d'Espagne; mais les royaux, qui surprenoient tousjours quelques uns de leurs pacquets, les envoyoient au Roy, et trouvoit-on moyen d'en faire tenir les copies au duc de Mayenne, et quelques-fois on luy en a faict voir les originaux. On luy fit voir celle d'Ibarra dans laquelle ces mots estoient : « J'ay faict toutes les diligences que bonnement j'ay peu faire sans chausser aucune jalousie à de Mayenne qui en prend des moineaux qui volent. » Ceste forme d'escrire n'estoit pas bien seante à un homme d'Estat tel qu'estoit Ibarra.

Mais en un autre il y avoit : « Si le duc de Mayenne, comme il doit et dit, est resolu qu'on face ce que Vostre Majesté commande, il ne devroit estre marry qu'on mist Vostre Majesté en possession de quelque place sous quelque couleur qui puisse estre. Partant, j'ay dit au duc de Parme qu'il seroit bon traicter secrettement avec quelques gouverneurs d'icelles pour gaigner ce que l'on pourroit. » Ceste-cy estoit contre l'authorité absoluë que ledit sieur duc avoit en son party, et de ce qu'il avoit faict jurer à tous les gouverneurs en particulier « de ne conferer avec les Espagnols, ny les favoriser, que par sa licence et selon son instruction. »

En un autre il y avoit : « Et encores que nous ouvrions tard les yeux, je pense qu'il seroit bien fait de renforcer l'armée de sorte que le de Bearn se retirast et ne peust empescher ce que l'on intenteroit, envoyer aussi quelque somme d'argent à part pour moyennant ce gaigner les volontez, et non par les mains de de Mayenne, mais par celles du capitaine general de Vostre Majesté, ou des ministres dont elle sera servie, pour mettre le pied aux places d'importance par intelligence ou par force. » Voylà une belle charité espagnolle.

En voicy une autre : « On a opinion que le de Mayenne n'est hors de se conserver avec le de Bearn, et qu'il s'y attend, et M. de Villeroy y estoit sur cela quand nous vismes de Paris ; mais je ne le puis croire du duc, ores que je confesse qu'il me scandalize, voyant la jalousie qu'il a des personnes qui traictent avec le duc de Parme et les autres qui sommes icy, et qu'il void estre affectionnez au service de Vostre Majesté, et estre si ardent à son interest qu'il prefere tousjours à tout le reste. »

Ceste jalousie des personnes qui traictoient avec le duc provenoit à cause des Seize de Paris, de ceux du Cordon d'Orleans, du maire Godin de Beauvais, et autres de ceste faction qui sollicitoient pour avoir des garnisons espagnoles. Voicy ce que d'Ibarra en mandoit audit roy d'Espagne : « Il est necessaire de renforcer promptement la garnison de Vostre Majesté, de telle sorte que les politiques de ladite ville de Paris de la garnison françoise qui y est pour de Mayenne ne puissent opprimer les catholiques en quelque occasion de revolte, ny traitter à se remettre à de Bearn, et envoyer particulierement garnison à Orleans puis qu'ils la demandent, et demonstrent la mesme bonne devotion au service de Vostre Majesté les catholiques qui y sont que ceux de Paris, et sont avec le mesme soupçon que les politiques ne leur facent un mauvais tour, aydez des mesmes conseillers qui firent le dommage aux autres. »

C'estoit tacitement taxer ledit sieur duc de Mayenne de l'execution qu'il avoit faict faire le 4 decembre l'an passé ; mais on luy fit voir ceste-cy aussi pour luy monstrer l'intention des Espagnols. « Par ainsi j'ay dit au duc de Parme qu'il face instance avec de Mayenne à ce qu'il assemble les estats ; mais, comme c'est celuy qui les doit convoquer, il pourra en cela ce qu'il voudra si on ne luy baille quelque autre trait, en quoy j'employeray et mettray le soucy que je doy au service de Vostre Majesté. »

Quand le roy Loys unziesme voulut faire hayr le connestable de Sainct Paul au duc Charles de Bourgongne, il fit ouyr au sieur de Contay, serviteur dudit duc, ce que les agents dudit connestable disoient de son maistre et comme ils le mesprisoient : ce qu'il faisoit afin qu'il le luy reportast, pour faire naistre une haine mortelle entre ledit duc et le connestable. Aussi les royaux avoient soucy de faire veoir au duc de Mayenne en quelle estime les Espagnols le tenoient, en luy monstrant les lettres que les ministres d'Espagne rescrivoient de luy au roy leur maistre, afin de luy faire cognoistre le peu d'occasion qu'il avoit de se fier en ceste nation. D'Ibarra, rescrivant audit roy d'Espagne sur ce que le duc de Mayenne avoit faict pendre quatre des Seize, dont ils disoient que la cause en estoit, non pour avoir faict mourir le president Brisson, mais pour ce qu'ils avoient escrit ceste lettre au roy d'Espagne dont nous avons parlé cy-dessus. « La faute en doit estre, dit-il, au soucy qu'on prend de surprendre les pacquets. » Et le duc de Mayenne mesmes, en la lettre qu'il envoya au roy d'Espagne pour response aux calomnies que le duc de Feria avoit escrites de luy, ainsi que nous dirons en son lieu, la commença par ces mots : « Sire, j'ay receu par les mains des ennemis la copie, puis l'original, d'une lettre et advis du duc de Feria à Vostre Majesté, pleines d'injures et medisances contre moy, qu'ils m'ont envoyé et fait voir, non pour me faire plaisir, mais pour m'exciter, par le tesmoignage de la mauvaise volonté qu'on me porte au lieu d'où je dois esperer mon appuy et secours, à chercher ma seureté vers eux. » Ainsi, par la surprise des pacquets d'Espagne, le Roy entretenoit le duc de Mayenne en desfy et soupçon avec l'Espagnol, et luy faisoit on cognoistre le peu de profit qu'il en pouvoit tirer puis que mesmes le roy d'Espagne avoit ordonné que ce fussent ses payeurs qui payassent les gens de guerre dudit duc, et que l'on ne luy baillast plus l'argent entre ses mains ny à son thresorier. L'estat auquel les affaires estoient au commencement de ceste année fit que pour un temps toutes ces jalousies et desfiances demeurerent couvertes, et unanimement s'accorderent pour aller secourir Rouen en attendant l'intention du roy d'Espagne sur les propositions cy-dessus dites. Voyons tout d'une suitte ce qui se passa en ce siege.

L'an passé nous avons dit comme le sieur de Villars avoit donné l'ordre requis pour deffendre Rouen, et comme le Roy avoit logé toute son armée aux environs, et que l'exercice auquel s'employoient les assiegez journellement estoit à faire des sorties.

Plusieurs ont escrit que si le mareschal de Biron se fust logé à son arrivée entre la ville et le fort, qu'il eust faict un grand service au Roy, et eust pu s'en rendre maistre, mais que ceste faute donna loisir au sieur de Villars de se recognoistre, qui mit dedans le vieil fort le capitaine Bois-rosé, lequel, à la veuë de l'armée royale, y fit travailler avec telle diligence jour et nuict jusques à quinze cents personnes, qu'en moins de trois semaines il le fit munir et fermer de tous costez.

Sur la lettre que le Roy avoit envoyé par un heraut dans Rouën à ce qu'ils eussent à le recognoistre et luy rendre l'obeyssance qu'ils lui devoient, sinon qu'il seroit contraint de tenter la force et se servir des moyens que Dieu luy avoit mis en main, assemblée de ville se tint, où, le 2 décembre, fut respondu de bouche audit heraut qu'il dist à son maistre qu'ils estoient tous resolus de plustost mourir que de recognoistre un heretique pour roy de France, et qu'ils n'avoient moins de cœur à soustenir leur antique religion que les calvinistes à soustenir leur heresie.

En la procession generale qui y fut faicte depuis l'eglise Nostre Dame jusques à celle de Sainct Ouën, où le sieur de Villars, gouverneur, toutes les cours souveraines et la Maison de Ville estoient, l'evesque de Bayeux dit la grande messe, et le penitencier de l'eglise de Rouën fit une predication interpretant ce texte de l'Escriture : *Nolite jugum ducere cum infidelibus*, à la fin de laquelle il fit lever la main à tous les assistans et protester de plustost mourir que de recognoistre le Roy (qu'il nommoit Henry de Bourbon, pretendu roy de France). En ceste procession il y avoit trois cents bourgeois, tous pieds nuds, avec chacun un flambeau de cire blanche, et, au devant d'eux, un estandard où il y avait un crucifix : ceux-cy marchoient les premiers, puis les suyvoient quinze cents jeunes enfans, tous vestus de blanc.

Il y eut en ce commencement de siege beaucoup de brouillements en ceste ville, car il y avoit aussi des catholiques zelez qui se mesfioient dudit sieur de Villars, et disoient que luy et l'abbé Desportes s'entendoient avec le Roy, et fondoient leur dire sur ce que ledit sieur de Villars avoit eu du duc de Mayenne le gouvernement de Rouën comme par force, pource que, quand il en fut pourveu, ç'avoit esté pour ce qu'il estoit monté du Havre de Grace avec une galere et quinze vaisseaux armez en guerre dans lesquels il y avoit bien quinze cents soldats, mille desquels il avoit faict descendre et cabaner à une petite isle à la portée du canon de Rouen, ce qui fut la cause du voyage qu'y fit le duc de Mayenne en juillet 1591, où arrivé, et ayant conferé avec le vicomte de Tavannes, lieutenant pour l'union en ceste province, l'evesque de Rosse, escossois, suffragant de Rouen, le president de La Porte et le sieur de La Londe, touchant ce qui estoit à faire pour appaiser ledit sieur de Villars, il envoya un gentil-homme le trouver pour sçavoir quel subject il avoit eu de venir en armes si près de Rouen. Villars fit response que l'on l'avoit trompé de toutes les promesses qu'on luy avoit faictes, et, jugeant qu'on ne luy feroit pas mieux à l'advenir, estoit venu là, d'où il ne partiroit point si on ne luy donnoit le gouvernement de Rouën et la lieutenance generale au gouvernement de Normandie, et que si M. de Mayenne ne luy accordoit cela, qu'il se rendroit du party royal. Ce qu'ayant esté rapporté audit sieur duc, il fut contraint de se resouldre de luy donner tout ce qu'il demandoit, et prendre le plus d'asseurance de luy qu'il pourroit pour afin qu'il demeurast ferme au party de l'union. Ce que dessus, proposé par quelques catholiques zelez, et sur un advis qu'ils eurent de la practique qu'avoit eu ledit sieur abbé Desportes avec le docteur Bellanger, ainsi que nous avons dit, fut occasion de faire comme une esmotion populaire devant le logis dudit abbé, et faisoient courir un bruit que deux evesques du party royal estoient entrez dans la ville deguisez, et traictoient avec luy pour rendre la ville au Roy par le consentement dudict sieur de Villars, et qu'il falloit les mettre tous deux dehors la ville. Ce bruit estant trouvé faux, ceste esmotion fut incontinent appaisée. Le succez des sorties et escarmouches leur fit peu après changer d'opinion.

Cependant tout cecy les royaux mirent deux canons à la coste de Turinge et deux à la plaine du fort, et commencerent à tirer tellement qu'il fut impossible à ceux du fort de travailler plus le jour à descouvert. L'on a escrit que si le mareschal de Biron l'eust plus-tost fait faire, comme il pouvoit, il eust empesché la fortification du fort, et le siege n'eust tiré en la longueur qu'il fit.

Le sieur de Bois-rozé, qui estoit dans le vieil fort, fit une sortie avec cinq cents soldats qu'il separa en trois troupes, ce qu'il fit en plain jour sur les deux heures après midy, et donna si furieusement qu'il fit abandonner aux royaux les deux premieres tranchées, et les contraignit de se retirer vers le canon, où ils firent un gros pour venir aux mains. Bois-rozé les envoya encor attaquer par deux cents des siens, lesquels d'abordade firent quitter la troisiesme tranchée aux royaux; mais ils en furent rechassez si chaudement qu'ils n'eurent plus d'envie d'y retourner. Cependant le baron de Biron arriva avec la cavalerie et l'infanterie qui estoit logée au Mesnil, où, après que la tranchée fut gaignée et regaignée par deux fois des uns et des autres, il fit faire une si rude charge qu'il contraignit Bois-rozé de songner à sa retraicte; mais, comme Bois-rozé voulut faire emporter le corps d'un soldat qui avoit esté tué auprès de luy, et ne le laisser en la possession des royaux, ledit baron, qui vit ce soing de faire emporter ce corps, fit faire une charge où ils s'y opiniatrerent tous si bien que ce corps fut pris et repris par cinq fois; mais Bois-rozé fut enfin contraint de le quitter, ayant luy-mesme receu une harquebuzade qui luy avoit emporté tous les os de la jambe gauche, et fit sa retraicte au pas, faisant tousjours combattre ses soldats, allant sur une jambe, appuyé sur deux des siens, jusques à ce qu'il fust sur le bord du fossé. Il y eut en ce combat quantité de blessez de part et d'autre, mais toutesfois plus des assiegez que des assiegeans. Du depuis Bois-rozé fut mené dans la ville pour se faire plus aysement penser, là où il medita la grande sortie dont nous parlerons cy-dessous, et en sa place fut mis le chevalier Picard.

Le capitaine Boniface fit aussi peu après une sortie par la porte Cauchoise sur le sieur de Sainct Denis Mailloc, qui s'estoit voulu accommoder de l'eglise de Sainct Gervais presque desmolie et ruinée. Ceste sortie fut faicte si promptement et legerement qu'il demeura cent ou six vingt royaux sur la place, et les autres furent contraints de se retirer aux corps de garde de la vallée d'Yonville et au mont aux Malades.

Plus, dans Rouën on fit esquiper en guerre quelques petits bateaux et barques, lesquels tous les jours butinoient, tantost d'amont vers Le Pont de l'Arche, tantost d'aval vers Caudebec, emmenans quelquesfois des bateaux chargez de foins, avoines, mornés et autres munitions, d'autresfois des prisonniers et des bestiaux.

Le 27 decembre, le sieur du Rolet, ayant practiqué avec Langonne, lieutenant du capitaine Marc, qui commandoit au chasteau du bout du pont de Roüen, pour le faire introduire dans ledit chasteau, l'intelligence estant double, tramée et continuée à dessein par le sieur de Villars, fut pris prisonnier par Langonne, qui, feignant aller parler à luy, et luy ayant donné assignation de se trouver seul auprès des Emmurées, y alla; mais Langonne, ayant fait mettre quinze soldats dans l'une des caves des maisons ruinées qui estoient là, sortit du chasteau avec un soldat, tous deux armez de jacque de maille. Le sieur du Rolet, qui se fioit en sa parole, ayant laissé quelques siens harquebusiers sur la ruyne d'une muraille des Emmurées, s'advança pour parler à luy. Se saluans, Langonne, pensant se saisir de du Rolet et l'empoigner au collet, ne put. Du Rolet, jugeant de son intention, tira son espée et luy en donna d'un revers pensant luy couper la teste, mais il rencontra la jacque de maille qui destourna le coup. Aussi-tost l'embuscade sortit de la cave, et tous ensemble se jetterent sur ledit sieur du Rolet, le saisirent et emmenerent dans le chasteau, et de là dans Roueu, nonobstant les efforts que firent les siens de tirer des harquebuzades de dessus la muraille des Emmurées. M. de Villars le fit mettre prisonnier dans le vieil Palais. Cecy doit servir d'exemple à ceux qui veulent faire de telles entreprises, de ne se fier jamais que les plus forts à leurs ennemis.

Villars, qui se doutoit aussi des politiques qui estoient dedans la ville, par le conseil de l'abbé Desportes, practiqua un advocat nommé Le Clerc, qui contrefaisant le royal les hantoit, et les mit en deliberation de quelque entreprise pour le service du Roy. Il feignit si bien d'estre royal que l'on luy descouvrit une entreprise qui se devoit faire sur la porte Cauchoise par laquelle on devoit faire entrer les royaux. Un huissier des comptes, un procureur et un enseigne de la compagnie du capitaine [illegible], aussi accusez par luy, furent pris, et, après avoir esté apliquez à la torture, furent pendus et estranglez le samedy 4 de janvier par arrest de la cour, laquelle, pour faire craindre à l'advenir ceux qui voudroient entreprendre quelque chose, fit aussi publier par tous les carrefours de Rouën un autre arrest du 7 janvier, en ces mots :

« La cour a faict et faict très-expresses inhibitions et deffences à toutes personnes, de quelque estat, dignité et condition qu'ils soient, sans nul excepter, de favoriser en aucune sorte et manière que ce soit le party de Henry de Bourbon, ains s'en desister incontinent, à peine d'estre pendus et estranglez.

» Ordonne ladite cour que monition generale sera octroyée audit procureur general, nemine dempto, pour informer contre tous ceux qui favoriseront ledit Henry de Bourbon et ses adherans; et, d'autant que les conjurations apportent le plus souvent la ruine totale des villes où telles trahisons se commettent, est ordonné que, par les places publiques de ceste ville et principaux carrefours d'icelle, seront plantées potences pour y punir ceux qui seront si mal-heureux que d'attenter contre leur patrie, et à ceux qui descouvriront lesdites trahisons, encor qu'ils fussent complices, veut ladite cour leur delict leur estre pardonné, et outre ce leur estre payé la somme de deux mille escus à prendre sur l'Hostel de Ville.

» Le serment de l'union faict le 22 janvier 1589, et confirmé par plusieurs arrests, sera renouvellé de mois en mois en l'assemblée generale qui pour cest effect se fera en l'abbaye Sainct Oüen de ceste ville. Est enjoint aux habitans de l'observer inviolablement de poinct en poinct selon sa forme et teneur, à peine de la vie, sans aucune esperance de grace.

» Enjoint très-expressement ladite cour à tous

les habitans d'obeyr au sieur de Villars, lieutenant de M. Henry de Lorraine en ce gouvernement, en tout ce qui leur sera par luy commandé pour la conservation de ceste ville, comme aussi aux soldats entretenus par ladite ville qui seront tenus d'obeyr promptement aux mandemens dudit sieur, à peine de la vie.

» Faict à Rouen, en parlement, le 7 janvier 1592.

Signé de LA COUSTURE. »

Voylà les procedures que tint Villars pour se rendre maistre absolu de Rouën.

Le dernier jour de l'an les royaux commencerent leur batterie contre le vieil et nouveau fort avec onze pieces de gros canon estant rangez en la plaine Saincte Catherine, et trois autres placées au bois de Thuringe, et continua ceste batterie depuis une heure après midy jusques à cinq heures du soir, sans faire beaucoup d'exploict.

Le premier jour de l'an la solemnité de l'ordre du Sainct Esprit se fit dans l'eglise de Dernetail, là où, par le commandement du Roy, M. le mareschal de Biron, comme le plus ancien des chevaliers qui se trouva en ceste ceremonie, donna l'ordre à M. l'archevesque de Bourges et à M. le baron de Biron son fils.

Le troisiesme janvier, les royaux, pensant au changement du guet surprendre le vieil fort, firent entrer dans le fossé, par trois divers endroicts, de quatre à cinq cents soldats, et tuérent ou prirent prisonniers tous ceux qui y estoient qui leur resisterent, et se firent maistres d'un petit logis prochain d'une casemate; mais, sur les huict heures du matin, le capitaine La Riviere-Harel sortit du vieil fort, entra dans le fossé, et en fit sortir les royaux, où plusieurs demeurerent.

Le lendemain arriverent à Croisset, sous la conduitte du comte Philippes de Nassau, plusieurs vaisseaux de guerre de Holande dans lesquels il y avoit trois mil hommes de pied, entre lesquels estoit la compagnie des gardes du prince Maurice, avec huict canons et quelques coulevrines et beaucoup de munitions de guerre, qui estoit le secours qu'envoyoient au Roy les Estats des provinces confederées, lesquels, à leur arrivée, tirerent jusques à cinquante coups de canon pour saluër la ville. Les historiens holandois disent qu'estans arrivez devant Roüen, ledit comte y prit son quartier, et se retrancha à la façon des Pays-Bas, et y eut volontiers faict telle guerre qu'ordinairement se faict ès sieges de villes audit pays, sans y espargner son canon qu'il fit jouër d'une vollée ou deux en ruine sur la ville, mais que cela fut pris en mauvaise part par le mareschal de Biron, maistre de l'ost, qui le luy envoya deffendre; dont ledit sieur comte ne fut pas trop content, et ne se sceut tenir qu'il n'en dist quelque mot de travers.

Les jours suivans ce ne furent à l'accoustumée qu'escarmouches et canonades tirées d'une part et d'autre. Le treiziesme dudit mois, vingt-sept vaisseaux de guerre, tant navires que heuz, approcherent du vieil palais, et tirerent quelques quatrevingts coups de canon contre la ville; mais, ayans esté aussi saluez dudit vieil palais et du boulevard de la porte Cauchoise, ils se retirerent un peu plus loing vers Croisset, pour ce que l'un d'iceux fut percé à eau d'un coup de canon tiré du vieil palais.

Depuis ce temps il ne fut faict grand exploict, fors que de tirer les uns sur les autres à la maniere accoustumée, le canon se faisant ouyr des deux costez. Il y avoit tousjours quelques escarmouches où de part et d'autre quelqu'un y demeuroit. Il ne se passa un seul jour ny une seule nuict que ledict sieur de Villars ne montast de la ville au fort Saincte Catherine; bref, il usa durant ce siege d'une telle vigilance et soin, soit à commander et ordonner à chacun ce qu'il devoit faire, soit à faire penser et medicamenter les soldats blessez, donnant à chacun de l'argent selon son merite, qu'il gaigna tellement le cœur des gens de guerre, qu'il estoit entierement obey. Il demanda au chevalier Picard et aux capitaines Perdrier et Jacques qui estoient dedans le fort s'ils vouloient avec leurs troupes se rafreschir dans la ville, mesmes il y fit monter le capitaine Boniface avec son regiment affin de prendre leur place; mais, comme ils estoient gens de guerre et soldats, ils ne voulurent en sortir pour ce que c'estoit le lieu le plus attaqué et où ils esperoient acquerir de l'honneur, tellement que tous ensemble y demeurerent.

Les royaux, voyans que leur canon ne faisoit telle execution qu'ils desiroient, firent eslever les terres en quelques lieux en forme de cavalier affin de donner droict au pied des corps de garde dressez dedans le vieil et nouveau fort, ce qui fut faict si promptement que le jour mesme il y en eut dix ou douze hommes de tuez; mais le sieur de Villars pour y remedier usa de telle diligence à faire travailler nombre de pionniers, qu'il fit dresser une espaule haute, suffisante et massive assez pour arrester les balles et la furie du canon. S'il eust esté attaqué en une petite place il n'eust pas peu faire cela, mais en une grande ville, où on ne manque point de gens pour travailler, cela luy estoit facile; car, comme disoit le feu admiral de Chastillon, les grandes villes sont fournies de tant d'hommes qu'elles sont ordinairement les sepultures des armées, et principalement quand il y a des gens de guerre dedans.

Le vingt-sixiesme dudit mois, les lansquenets qui estoient dans les Capuchins sortirent aussi pour escarmoucher les royaux jusques aux tranchées et barricades qui estoient vers les Chartreux. Après qu'ils eurent tiré quelques harquebuzades, ils se virent en un instant comme enveloppez de trois cents hommes de pied et de deux cents chevaux, ce qui les fit songer à leur retraicte, les uns vers les Capuchins, les autres, plus chaudement poursuivis, passerent la riviere d'Aubete, et entrerent dans la prairie; mais, aussi-tost que l'alarme fut donnée, ceux du mont Saincte Catherine sortirent pour les secourir si à point, les uns donnans en teste aux royaux, les autres donnans en flanc, qu'ils empescherent de poursuivre plus oultre lesdits lansquenets. M. de Villars y accourut aussi au bruit de l'alarme, accompagné de nombre de cuirasses, ayant donné ordre que le sieur de La Londe assemblast le plus de gens de cheval et de pied qu'il pourroit, et le suivist; mais, si tost qu'il fut arrivé hors la barricade des Capuchins, ayant veu que quelques-uns des siens s'estoient advancez pour secourir le jeune Brebion dit Plumetot, abbatu de son cheval d'un coup de mousquet voulant les rallier près de luy, picqua droict à eux; mais il se vid incontinent entouré par de la cavalerie royale où il se trouva en grand danger et poursuivy de prez par un cavalier, et y fust demeuré sans le secours que luy donna le jeune baron de Mailloc et autres gentils-hommes et capitaines qui le suivoient, lesquels, en combattant, la plus-part d'eux, aux despens de leur vie, luy donnerent moyen de faire retraicte vers le gros des siens qui d'autre costé aussi estoient aux mains avec les royaux, et estoient si bien meslez, tant cavalerie qu'infanterie, que le cheval dudit sieur de Villars fut tué sous luy; mais, soudain remonté, et la cavalerie de la ville estant venuë, il la rengea en quatre escadrons, et se prepara de combattre à la faveur du canon qui commençoit à tirer, quand le baron de Biron, qui conduisoit les royaux, voyant qu'il estoit tard, fit sonner la retraicte; car ceste escarmouche et combat dura depuis midy jusques à quatre heures et demie. Le sieur de Villars y perdit cinq de ses capitaines et plusieurs soldats. Du costé des royaux il en mourut nombre, et ledit baron eut aussi son cheval tué sous luy. Tout le reste de ce mois de janvier se passa en canonnades qui se tiroient de part et d'autre, avec tousjours quelques escarmouches qui se faisoient à la porte Cauchoise, vers Sainct Sever, et en d'autres endroits.

Le 2 fevrier le chevalier Picard, estant au vieil fort, fut blessé d'une balle d'artillerie à la cuisse, dont il mourut quatre jours après, bien qu'il fust pensé fort soigneusement par le sieur de Bailleul, gentil-homme du pays de Caux. Beaucoup de ceste maison des Bailleuls ont esté très-experts en l'art de chirurgie, et mesmes dans Paris, pour le grand soulagement qu'ils y ont donné à plusieurs impotens; encores à present, quand quelqu'un s'est demis quelque membre ou qu'il a la jambe rompuë, l'on dit par commun proverbe : *Il le faut mener au Bailleul*, tant ces personnages ont esté souverains et [illegible]bles en l'art de chirurgie. Ledit chevalier Picard fut enterré après sa mort dans l'abbaye Saincte Catherine.

Ceux de Roüen devindrent si constumiers de faire des sorties et aller à l'escarmouche de leur propre volonté, que le sieur de Villars fit estroictement deffendre d'en faire plus sans son consentement. Les royaux aussi pour la seconde fois s'estans logez dans le fossé du vieil fort, et couverts d'aiz et clayes plastrées et couvertes de terre et gazon à ce que le feu n'y pust penetrer ny les offenser, ne laisserent d'en estre deslogez le 8 fevrier par un grand nombre de feux artificiels qui furent jettez par dessus le parapet du bastion regardant le bois de Thuringue, et leur falut encor abandonner de nouveau leur logis, ce qui ne se fit sans que quelques-uns n'y demeurassent.

Cependant que toutes ces choses se passoient devant Roüen, le Roy eut advis que le duc de Parme estoit arrivé à La Fere, ainsi que nous avons dit, et qu'il avoit amené avec luy dix mille hommes de pied et trois mille chevaux, et s'estoit joint avec les troupes du duc de Mayenne, composées de quinze cents chevaux et de quatre à cinq mil hommes de pied, et aussi avec les troupes de Sfondrate, duc de Montemarcian, qui avoit encor trois mille Suisses et cinq cents chevaux, lesquels tous ainsi assemblez faisoient un corps d'armée de cinq mille chevaux et dix-huict mille hommes de pied.

Les ducs avec leur armée s'acheminerent à Peronne ou, au conseil qui y fut tenu de ce qu'ils devoient faire, George Baste fut d'advis qu'il failloit surprendre le Roy, ayant opinion que l'armée royale devant Rouen estoit petite, et que plusieurs se seroient retirez en leurs maisons à cause des fatigues de l'hyver, et par ce moyen qu'ils feroient aysement entrer du secours dans Rouen.

Le duc de Parme inclinoit à cest advis; toutesfois il ne fut rien deliberé sur cela pour ce qu'ils ne sçavoient au vray quelles estoient les forces du Roy ; et, pour ce que le succez du secours qu'ils vouloient donner à Rouen dependoit de l'occasion qui s'en presenteroit, ils firent advancer leur armée de ce costé-là.

Le Roy, qui desiroit luy mesme les recognoistre, estoit party du siege de Rouen avec quinze cents cuirasses et quinze cents argoulets, et marcha avec telle diligence qu'auparavant que les ducs eussent aucune nouvelle de luy, il enleva le quartier du duc de Guyse qui estoit à leur avantgarde, lequel fut pillé, et y eut nombre de prisonniers et de morts.

Cest exploit fut cause que le duc de Parme fit depuis marcher son armée en bataille de peur des surprises que le Roy eust pu faire, n'ayant avec luy que de la cavalerie. Il departit doncques son infanterie en trois escadrons : les deux premiers marchoient de front, mais de telle sorte qu'il restoit un grand espace entre les deux, tellement que le troisiesme, qui les suivoit, en un besoin se fust pu ranger au milieu des deux autres. Il mit au devant de ces escadrons, par maniere d'avantgarde, quelques compagnies d'harquebusiers à cheval. Les chariots de l'armée marchoient à la file, tant à droict qu'à gauche des escadrons de l'infanterie. Entre les chariots et l'infanterie marchoit le canon. Après les chariots suivoient deux bandes de cavalerie qui marchoient sur les aisles, puis un gros hot de cavallerie qui servoit d'arrieregarde.

En ceste ordonnance l'armée des ducs s'achemina à Aumale pour y venir loger. Le Roy aussi y pensoit faire son logis. Les coureurs de part et d'autre s'y rencontrerent et commencerent l'escarmouche. Le Roy, qui se vid si près de son ennemy avec forces du tout inegales, sans aucune infanterie ny sans canon, fit mettre pied à terre à deux cents harquebuziers à cheval que l'on appelloit en ce temps-là dragons, pour l'amuser tandis qu'il feroit passer ses troupes au delà d'une petite riviere qu'il desiroit mettre entre eux et luy. Cependant que la cavalerie royale passoit sur un pont le Roy faisoit luy mesme la retraicte. Le duc de Parme, avec toute l'armée estant en bataille, ne voulant rien faire dont on le pust accuser de temerité, et ne croyant point que le Roy se fust là acheminé avec si peu de forces, faisoit ferme, et, sans y penser, donna au Roy ce benefice du temps pour la retraicte qu'il faisoit; mais, l'ayant recognu un peu tard, il fit faire une charge si rude aux dragons qui avoient mis pied à terre, que peu se sauverent : le Roy mesmes en ceste charge receut un coup d'harquebuze au defaut de la cuirasse, qui luy brusla sa chemise et luy meurdrit un peu la chair sur les reins.

Sa Majesté ayant passé de là le pont, et rengé en ordre toute sa cavalerie, le duc de Parme ne voulut s'hazarder de passer l'eau, tant à cause de la nuict qui estoit proche, que pource que ce pays est montûeux et plein de bois où il n'avoit jamais passé. Du depuis il alla prendre Aumale, qui ne fut pas seulement saccagé et pillé, mais presque ruyné et destruit.

Sur ceste rencontre plusieurs discours furent faicts. Le Roy estant retourné à Dernetail, le mareschal de Biron, jaloux du salut et de la santé de son prince, luy en tint de grosses paroles, luy remonstrant que ce n'estoit point aux roys de France à faire les mareschaux d'armées. Sa Majesté print tout ce que l'on luy en dit de bonne part.

Or le Roy avoit mis dans la ville de Neuf-chastel M. de Givry avec la cavalerie legere, qui pouvoient estre trois cents bons chevaux. Le duc de Parme, ne voulant rien laisser derriere luy qui luy pust empescher ce qu'il pretendoit faire pour le secours de Rouen, et principalement en sa retraicte, s'il en avoit besoin, ou au secours qui luy pourroit venir de La Fere, là où il avoit mis la plus-part de ses munitions de guerre, resolut d'avoir ceste place qui estoit et de nature et d'art fort foible et sans aucuns remparts. Le 11 fevrier, qui estoit le jour de mardy gras ou caresme-prenant, il y fit acheminer en un instant toute l'armée et son artillerie. M. de Givry, sommé, quoy qu'il eust commandement exprès de Sa Majesté de se gouverner avec dexterité en cest affaire, suivant l'occasion, et de ne perdre point en ceste place les troupes qu'il luy laissoit en sa conduite, fit response qu'il tenoit la place pour le roy de France et non pour le roy d'Espagne. Sur ceste response le duc de Parme, estimant que cela luy estoit faire un affront, sçachant bien que M. de Givry cognoissoit bien la foiblesse de Neuf-chastel et la puissance de son armée, fit battre de furie ceste ville, resolu d'y faire donner l'assaut et de la forcer. M. de Givry, se voyant mener si rudement, jugea qu'il falloit parler de composition, ce qu'il fit entendre au duc de Parme, lequel fit semblant de n'y vouloir entendre : toutesfois il commit cest affaire au sieur de La Motte, et le duc de Mayenne à M. de La Chastre, beau-pere dudit sieur de Givry, lesquels accorderent ceste composition à la charge que ledit sieur de Givry et tous ses gens de guerre sortiroient tous avec leurs armes et bagages. Pour ce jour, à cause de la proximité de la nuict, ceste composition ne put venir à execution. Le lendemain, dez le ma tin, ils observerent les uns et les autres ce qu'ils avoient promis. Les Espagnols, voyant sortir ceste cavalerie qui estoit très-belle et en bonne conche, se repentirent de la composition, et eurent envie de ne la pas garder; mais la foy de leur general et les seigneurs françois qui estoient en ceste armée furent l'occasion qu'elle fut observée, de peur aussi que cela ne tirast à consequence.

Ainsi M. de Givry sorty de dedans Neuf-chastel, le gouverneur de la ville, qui s'estoit retiré au chasteau, n'ayant voulu entendre à aucune composition sur le peu de seureté qu'il jugea estre pour luy à cause de quelques particuliers ennemis qu'il avoit en l'armée des ducs, qui luy mettoient à sus qu'il estoit de ceux qui avoient tué feu M. de Guise à Blois, se prepara à se deffendre, et les ducs à l'assaillir, et principalement le duc de Parme, lequel, fasché de ceste resistance, qu'il appelloit temerité, fit travailler incontinent à la mine et à la sappe, fit dresser ses batteries et tirer si furieusement que la breche estant faicte il vouloit donner l'assaut, quand, par le moyen de quelques entremetteurs, l'accord de la reddition fut arresté à condition que ledit gouverneur seroit conduit en lieu de seureté; mais il fut, ce dit l'historien Campana, *ucciso da poi ch' accompagnato da buona scorta fu condotto sicuro à confini palutti* (1).

Depuis ceste reddition de la ville et chasteau de Neuf-chastel les ducs s'advancerent jusques à sept lieues près de Rouen; mais, advertis que le Roy estoit à cheval pour les recevoir, il tindrent plusieurs conseils sur ce qu'ils devoient faire. Or, aux choses de la guerre, les resolutions secrettes sont les plus seures guides pour venir à une heureuse fin de ce que l'on desire faire. Les ducs voyoient bien en effect qu'il n'y avoit point de moyen lors de secourir Roüen en aucune façon, quelque volonté qu'ils en eussent. Ils firent courir divers bruits, tantost d'assieger Diepe pour faire divertir celuy de Roüen: ils allerent mesmes loger à Bomerville; mais, sur leur irresolution, le 27 fevrier, ils receurent la nouvelle de la sortie que ceux de Roüen avoient faicte. Ceste sortie, pour avoir esté la plus memorable qui se soit faicte durant ces dernieres guerres, est digne d'estre icy recitée un peu au long.

Nous avons dit que quand le capitaine Boisrozé fut blessé à la jambe gauche, à la sortie qu'il fit du vieil fort, qu'il se fit conduire dans la ville pour se faire mieux penser, et qu'attendant le temps de sa guerison il meditoit comme il pourroit faire quelque digne exploict avant qu'il pourroit monter à cheval, et qu'il travailloit de l'esprit puis qu'il ne pouvoit rien faire du corps. Or journellement, depuis sa blesseure, il envoyoit une barque de dix-sept à dix-huict tonneaux, equippée en guerre, faire des courses sur la riviere, qui luy ramenoit tousjours quelques prises. Par le moyen de ceste barque il faisoit descendre quelques soldats, gens advisez, à deux ou trois lieues de Rouën, qui, feignans estre de l'armée du Roy, s'y en alloient courans, recognoissoient quels regiments estoient en garde aux tranchées, combien de compagnies, quel nombre de soldats il y avoit à chascune d'icelles, quelles troupes estoient logées aux plus proches villages, et quelle quantité d'hommes il y pouvoit avoir. Ils travaillerent tant en plusieurs voyages qu'ils y firent, retournans tousjours vers la barque (car ils sçavoient le lieu et le temps qu'elle les devoit reprendre), qu'ils rapporterent audit Bois-rozé l'estat au vray du quartier du Roy, jusques au nom de tous les capitaines et officiers des compagnies, et le lieu de tous leurs logements.

Bois-rozé, sur leurs rapports, ayant faict un dessein en soy-mesmes de ceste sortie, et l'ayant premedité assez long-temps, sort du lict, se faict monter à cheval, et va trouver le sieur de Villars qui estoit à disner au vieux palais, lequel il trouva sur le pont-levis sortant pour aller à son logis. Villars, voyant Bois-rozé, luy dit:

« Je m'estonne de vous voir icy en l'estat en quoy vous estes; vous devriez vous tenir au lict jusques à ce que soyez guery. » Bois-rozé luy fit responce: « Le desir que j'ay de vous communiquer un dessein que j'ay en l'esprit m'a faict oublier mon mal affin d'en pouvoir resoudre avec vous: si vous voulez ensuivre mon conseil, et me faire l'honneur de le croire, je vous feray faire le plus brave et genereux acte qui fut jamais faict en ceste place assiegée. » Villars, qui avoit toute sorte de creance en luy, et desireux de faire quelque acte signalé pour accroistre sa reputation, le print par la main, et luy dit: « Mon amy, il ne tiendra pas à moy que ne facions quelque genereux exploict; j'ay faict durant ce temps passé plusieurs desseins et resolu de les executer, mais j'en ay esté tousjours destourné par mes capitaines. » Bois-rozé luy dit: « C'est à ce coup que vous ne les debvez croire, et tenez pour tout asseuré qu'il n'y a que Dieu seul qui peut destourner ce dessein, et croie fermement qu'il le permettra, car, executant ce que je desire, proposez-vous que l'orage tout tumbera sur les huguenots. Monsieur, depuis que j'ay esté blessé j'ay faict toutes sortes de di-

(1) Il fut tué après avoir été conduit sous bonne escorte au lieu convenu.

ligences pour apprendre les nouvelles de l'estat de l'armée, et ay faict en sorte que j'ay eu un estat au vray du nombre des hommes qui y sont, et particulierement de ceux qui entrent en garde aux tranchées, combien de regiments entrent en garde chacun jour, quel nombre de compagnies, et quelle quantité de soldats y a à chacune; en voilà mesme l'estat que je vous baille, voyez-le. » Villars le print et le leut. Bois-rozé lors luy dit : « Tout cela vous peut il pas asseurer de faire une sortie sur vos ennemis, tuer, prendre et razer toutes les tranchées, prendre et enlever les canons des batteries, acte qui ne s'est jamais faict par des assiegez? » Villars se print à rire, et luy dit : « Mon amy, ostez vous cela de l'esprit; » comme voulant dire : Cela ne se peut faire. Bois-rozé luy dit encor : « Monsieur, je le feray. Si vous vous resolvez à faire demain une sortie, la faisant, l'escarre tumbera sur les regiments huguenots de Pilles et Boisse qui entrent ce soir en garde, et ne peut avoir en ceste garde plus de huict cents hommes. Vous en pouvez faire sortir deux mille pour les combattre, faire vostre execution et retraicte devant qu'ils puissent estre secourus. Vous pouvez loger vos troupes la nuict dedans le fossé sans alarme, à dix pas de leurs logements, et par ce moyen ils seront aux mains premier qu'ils ayent loisir de prendre les armes; et, pour moy, j'yray avec ma compagnie droict au canon de la premiere batterie; cela faict, si j'ay le temps, j'yray à l'autre, et y feray le semblable. » Villars ne se put empescher de rire de voir Bois-rozé si passionné et comme il parloit. Mais Bois-rozé, le voyant rire, luy dit : « Vous vous mocquez de m'ouyr parler de l'artillerie; j'auray revanche; mais que le coup soit faict, et je m'asseure que vous m'en sçaurez gré. » Villars luy dit : « Si vostre jambe ne vous faict trop de mal, je serois bien ayse que vous vinssiez avec moy au fort affin de vous faire veoir le lieu où sont logez les ennemis, et sur le champ resouldre avec vous de ce qui se peut faire. » Bois-rozé luy dit : « Allons, monsieur, là où il vous plaira, je ne sens nul mal. Le desir que j'ay de voir l'execution de ce brave dessein me fait tout oublier. » Ils montent au fort. Par les chemins ils discourent quel nombre d'hommes il conviendroit faire sortir, en combien de troupes, les lieux où il les falloit loger, dont ils demeurerent d'accord du tout. Estans arrivez au fort, Villars luy monstra les tranchées, les logemens des royaux de la poincte du bastion de Thuringue, et generallement tout ce qui s'estoit faict depuis sa blessure. Cela fait, ils se retirerent à part dans une chambre où ils discoururent de toutes les difficultez qui pouvoient arriver, qui furent soudain resoluës : de maniere que Villars resolut d'entreprendre la sortie, voyant à l'œil la facilité qui y estoit, et mesme que ce dessein se pouvoit executer sans peril. Il faict appeler les sieurs de Guitry (1), La Lande Pericard, Canonville, Grosmenil, Perdrier, Boniface, et quelques autres, ausquels il fit entendre le desseing que luy avoit proposé Bois-rozé sans leur dire la resolution qu'il avoit prise. Tous en general y contredisent, les uns disans une raison, les autres une autre : « Quel besoin avez vous, monsieur, luy dit un d'entr'eux, de hazarder aucun combat? vous estes à la veille d'estre secouru : tous combats sont doubteux. Vous estes plein d'honneur d'avoir soustenu un si long siege. Si vous faictes ceste sortie, et que les ennemis en soient advertis, ils se rendront si forts que, se meslans avec vos hommes, ils entreront peslemesle, et prendront vostre place. » Bois-rozé prit la parole et dit : « Monsieur, si vous croyez tels advis vous ne ferez jamais rien qui vaille la peine d'en parler. Que s'est-il fait en ce siege digne de memoire? Vous avez gardé un rampart et le fossé de vostre place : n'y a il eu que vous au monde qui aye faict cela? Pour le hazard de la sortie, il n'y en peut avoir en se gouvernant comme l'on le peut faire. La faisant, il se fera ce que jamais assiegez n'ont faict jusques à present. Tout ce qui s'est jamais faict par des assiegez aux sorties qu'ils ont faictes, ç'a esté de faire abandonner les tranchées, et tuer et prendre ce qui leur a faict resistance, prendre les enseignes, enclouër quelques pieces d'artillerie, et brusler les pouldres qu'ils ont trouvées. Il faut faire d'avantage, il faut prendre le canon, je l'ay promis, et je le feray. » A ces mots, ils se prirent tous à rire, comme croyans que cela estoit impossible. Bois-rozé, s'ennuyant d'estre si long temps là [pour sa playe qui luy faisoit extremement mal], dit à Villars : « Monsieur, permettez moy que je me retire à mon logis, et ne croyez, je vous supplie, tels advis. Je vous conjure au nom de Dieu de ne changer de resolution. » Villars le prend par la main, et luy dit tout bas : « Mon amy, je le feray quoy qu'il puisse arriver; si tout reüssit selon nostre intention, vous et moy en aurons seuls l'honneur. » Bois-rozé luy dit :

(1) Ce sieur de Guitry s'appelle Guitry Fours, qui, ayant espouzé femme de la famille de Guitry, en porte le nom par la convention de son mariage; ce qu'il faut icy noter, pource qu'ès guerres de Savoye nous avons parlé du sieur de Guitry, qui est le chef de la maison, et se nomme Guitry Bertichères, et a esté tousjours du party royal.

(*Note de l'auteur.*)

« Monsieur, tout l'honneur vous en demeurera, je me contenteray que l'on die que je suis autheur du dessein et seul de vostre advis, et d'avoir pris le canon. » Ce discours finy, Bois-rozé se retira chez luy, et Villars envoya tous ses capitaines en leur logis pour souper, et leur enjoignit de le venir trouver sur les trois heures après minuict avec leurs armes, et leur dit qu'il estoit resolu, si l'occasion se presentoit, d'executer ceste entreprise.

Une heure avant le jour le sieur de Guitry vint trouver M. de Villars, auquel il fit entendre qu'il avoit opinion que les royaux estoient advertis de son entreprise, d'autant qu'à chasque moment ils demandoient à ceux qui estoient en garde quelle heure il estoit, et qu'ils s'estonnoient que l'on ne faisoit point de sorties, et s'il seroit bien tost jour. Ce rapport mit de Villars en quelque doubte que son entreprise ne fust descouverte; ce qui le fit envoyer le sieur de Fel sur la poincte du bastion vers Thuringue pour apprendre s'il y auroit apparence ou quelque verisimilitude que les royaux se doutassent de leur entreprise. De Fel, ayant demeuré quelque espace de temps, entendit un des soldats de l'union qui se mit à parler avec un de ceux du Roy, car ils estoient si proches l'un de l'autre qu'il n'y avoit qu'un sac de toille plain de terre entr'eux, et, entr'autres propos, ils en tenoient de pareils à ceux qui avoient esté rapportez par Guitry. Lors de Fel, prenant la parole, dit au soldat royal: « Pour le present on n'a pas moyen de faire des sorties, veu les fatigues supportées par les gens de guerre depuis quatre mois; mais, si nous estions aussi gaillards comme au commencement du siege, on ne vous laisseroit si long temps à repos, et vous iroit on veoir plus souvent. » A quoy le soldat royal ne fit aucune response. Dequoy de Fel print bonne opinion, et s'en revint trouver de Villars, et luy dit qu'il n'y avoit aucune apparence que les royaux eussent advis de son entreprise. Sur ce rapport Villars commença à faire preparer un chacun; il envoya dire à Bois-rozé qu'il se tinst prest pour satisfaire à ce qu'il luy avoit promis de prendre le canon. Il donna charge au maire La Londe d'advertir les douze capitaines de la ville de tenir quelque nombre de leurs bourgeois prests de marcher au lieu et heure qu'il leur seroit ordonnée, ce qu'il fit sur les cinq heures du matin, leur faisant commandement de conduire à heure presente vingt-cinq harquebusiers à la porte Sainct Hylaire, auquel lieu il se trouveroit affin de commander ce qui seroit à faire, à quoy chacun d'eux obeyt.

Au bruit qui courut dans la ville que l'on vouloit faire une sortie generale, non seulement tous les gens de guerre, mais les bourgeois se mirent tellement en armes, qu'il s'en compta plus de deux mille au fort, et le sieur de Villars fut contraint d'envoyer dire au capitaine qui estoit en garde à la porte Martinville de ne laisser passer aucuns bourgeois et de les renvoyer chacun en son quartier. Le maire La Londe, en ayant faict sortir quelques-uns par le guichet de la porte Sainct Hilaire, renvoya les autres border les murailles.

Sur les sept heures du matin, après que le sieur de Villars eut faict tirer un coup de canon pour signal à chacun de donner où il avoit ordonné, le capitaine Boniface avec son regiment de gens de pied, soustenu des compagnies du chevalier d'Oize, la Bracquetiere et La Riviere, estans à pied avec la cuirasse et le casque en teste, sortirent du fort par le fossé du costé de la riviere regardant Thuringue; le capitaine Jacques avec son regiment de pied, et compagnie de gens de cheval estans aussi à pied, par le costé regardant les Chartreux et Dernetail; et le sieur de Bois-rozé avec sa compagnie de gens de pied, le capitaine Pericard, dit La Lande, avec son regiment, par le flanc du vieil fort, soustenus par Canonville et Guitry avec deux compagnies de cavalerie, estans aussi à pied avec la cuirasse et casque en teste, et le capitaine Perdrier seul avec sa compagnie de gens de cheval, ordonnée pour tenir ferme à ce que la retraicte fust plus aisée.

Le sieur de Bois-rozé, tirant droict à l'artillerie plantée au front du vieil fort, commença à renverser gabions et barricades, et à chasser les royaux qui y estoient en garde. Ayant tué tout ce qui voulut resister, cependant qu'il poursuivoit ceux qui fuyoient, les autres qui le suivoient tuerent tout ce qu'ils rencontrerent, et gaignerent cinq grosses pieces de canon qu'ils amenerent [aydez de quelques gens de travail], avec cordes et à force de bras, jusques sur le bord du fossé du vieil fort, et en enclouërent deux autres. Cependant les capitaines Boniface, Jacques et La Lande, de leur part, tuoient tout ce qu'ils rencontroient dedans et dehors les corps de garde et trenchées, renversans et culbutans par la plaine les gabions et barricades, et mettans le feu à la plus grande partie des logemens. Ils furent depuis les sept heures du matin jusques sur les neuf heures en cest exercice, qu'ils furent forcez de se retirer par le mareschal de Biron qui estoit logé à Dernetail, et lequel, sur l'alarme qui se donna, arriva au secours avec nombre de cavalerie et infanterie. Ce combat fut long et furieux. Les royaux, outre la perte de cinq canons, perdirent une enseigne et cinq cens hommes tuez sur la place. Entre les morts se trouverent de remarque le marquis d'Espinay et le frere du sieur de Piles, de prisonniers, les maistres de camp de Boisse et de Piles. Les assiegez n'y perdirent que quarante hommes. Sur l'aprèsdinée une trefve de deux heures fut accordée pour recognoistre de part et d'autre les morts, laquelle finie les royaux recommencerent à tirer quelques volées de canon contre le vieil fort, ce qu'ils continuerent quelques jours suivans.

L'advis de ceste sortie, porté aux ducs de Mayenne et de Parme, leur fit tenir plusieurs conseils : les uns y soustenoient qu'il falloit donner teste baissée au secours de Rouen, et que l'armée royale estoit à demy deffaicte et estonnée d'un tel succez, qui estoit l'opinion du duc de Parme. Mais, comme dit Campana, M. de Mayenne voyant que c'estoit son advis, il luy dit qu'il le suivroit en toute entreprise, quelque difficile et dangereuse qu'elle fust, en la qualité de Charles de Lorraine, mais que comme lieutenant general du royaume de France, qu'il ne luy seroit jamais reproché d'avoir fait une telle faute, laquelle ne pourroit avoir d'autre fruit que la perte de leur armée et de leur party. « Quelle victoire par la force pourrions nous esperer, car, luy dit-il, nos ennemis ont au Pont de Larche, qui n'est qu'à quatre lieuës de Rouën, une bonne retraicte pour tous accidents? Posons le cas qu'ils demeurent fermes dans leurs retranchemens : y a-il apparence de les y forcer maintenant sans que nous en soyons repoulsez veu leur grand nombre? Je suis d'opinion, pource que nostre cavalerie a besoin de se rafraischir des fatigues passées, que nous la conduisions en un lieu où l'on trouve des vivres à commodité pour la nourrir, et là où l'on se puisse camper seurement jusques à ce que l'on voye clair dans le dessein de nostre ennemy, lequel sans doute avec le temps luy mesme nous fera naistre quelque occasion pour mettre fin à ceste guerre, et que cependant on hazarde de faire entrer quelques secours de gens de pied et de cheval dans Roüen, avec quelque argent. » Après que le duc de Parme y eut pensé, et receu advis que les royaux pressoient Roüen plus qu'auparavant, et cogneu que le sieur Villars leur avoit rendu par escrit les royaux plus estonnez qu'ils ne l'estoient en effect, il commença, comme dit ledit Campana, à estre *più cauto che primo* (1), advoüant l'opinion de M. de Mayenne. Aussi, après qu'ensemblement ils eurent choisi huict cents hommes de pied pour s'aller jetter dans Roüen, lesquels y entrerent le huictiesme mars, ils resolurent de se retirer sur la riviere de Somme, ce qu'ils firent, et le bruit fut que le duc de Parme vouloit assieger Ruë; mais, sur une plainte qu'il fit courir contre ceux de l'union, qui luy avoient rendu ceste entreprise facile en faisant oster l'eau des fossez de ceste ville, ce qu'il disoit ne pouvoir estre faict, il dispersa son armée au delà de ladicte riviere, comme s'il eust voulu la renvoyer en Flandres, et demeura là quelque temps attendant d'executer son dessein, comme nous dirons cy-après.

Le Roy n'estoit lors de ladite grande sortie au siege devant Roüen, car il estoit monté à cheval quelques jours auparavant avec la plus grand part de sa cavalerie, pour à toutes occasions recognoistre luy mesmes ce que faisoient ses ennemis et les entreprendre; mais, quand il eut veu qu'ils estoient repassez la Somme, il revint au siege de Roüen le 15 de mars. Desirant de le continuer et d'emporter ceste ville avec le temps, il fit venir du Pont de L'Arche trois grands basteaux du port de huict cens muids, couverts et remparez de gazons, garnis d'artillerie, et quelques barques esquipées en guerre. Il fit aussi dresser, des deux costez de la riviere, deux forts sur lesquels il fit mettre dix pieces de canon, qui fut cause que les assiegez ne tirerent plus aucune commodité de ce costé-là, qui est le dessus de la riviere de Seine.

Villars, dans Roüen, continua de faire plusieurs petites sorties, et avec quelques-uns de ses capitaines, à la faveur de son canon, il tira mesmes quelquesfois la bague hors de la ville à la veuë des royaux. Il bravoit la fortune qui luy sembloit rire à son dessein [que plusieurs ont escrit avoir esté de se rendre maistre de la Normandie, bien que d'autres ayent escrit le contraire]. Il desiroit tousjours sçavoir l'estat des assiegeans, chose qui luy estoit facile, et qui se fait plus d'ordinaire aux sieges qui se font ès guerres civiles qu'aux estrangeres, car pour ce faire il faisoit sortir quelques-uns de ses capitaines, lesquels ayans passé l'eau alloient repasser au Pont de L'Arche, et revenoient en l'armée royale portans l'escharpe blanche. Un nommé le capitaine La Vigne, qu'il avoit envoyé à cest effect, fit plus, car, ayant eu quelque accez vers le sieur du Fayl Belesbat, chancelier de Navarre, il fit dire au Roy qu'il s'offroit de luy livrer le boulevert de la porte Cauchoise, et en vint si avant en paroles, que moyennant dix mil escus il promit de le faire. Sur cest offre il eut liberté d'entrer dans la ville et d'en sortir quand il vouloit. Mais, fidelle à Villars, et luy ayant descouvert son dessein, qui estoit de pren-

(1) Plus rusé qu'au commencement.

dre prisonnier ledit sieur du Fayl et tirer quelque argent du Roy, il entretint quelque temps ceste practique, descouvrant par ce moyen tout ce qui se faisoit au siege. Or, voyant qu'il ne la pouvoit plus continuer, il manda audit sieur du Fayl qu'il desiroit parler à luy, lequel y ayant envoyé un de ses freres qui estoit de robe longue, après quelques paroles qu'ils eurent, La Vigne, accompagné d'un second, se saisit de luy et l'emmena prisonnier dedans Roüen.

Le Roy, qui pensoit que ce siege tourneroit en longueur, congedia la pluspart de sa noblesse, et envoya refraischir aux provinces voisines et aux proches garnisons plusieurs regiments, ne se doutant pas que ses ennemis deussent espier ceste occasion et s'en servir comme ils firent peu après; car, aussi tost qu'ils en eurent eu advis, et qu'ils sceurent que l'armée royale estoit par ce moyen diminuée de plus de moytié, et mesmes que le Roy estoit allé à Diepe pour rompre une entreprise que lesdits ducs de Parme et de Mayenne avoient sur ceste ville là, ils ressemblerent en un jour leurs troupes, et firent un corps d'armée de cinq mille chevaux et douze mille hommes de pied. Ayans tous passé la Somme au Pont Dormy, et en quatre jours fait trente lieuës et passé quatre rivieres, le vingtiesme d'avril au matin, n'estans qu'à trois lieuës de Roüen, ils commencerent à cheminer en ordre de bataille, qui estoit du tout pareil à celuy de leur premiere venuë à Aumale, et arriverent ce soir là mesme à une lieuë près de Roüen.

Le mareschal de Biron, qui estoit logé à Dernetail, ayant dès le jour d'auparavant eu advis de l'acheminement de l'armée des ducs et de leurs desseins, alla en personne en advertir M. le cardinal de Bourbon et M. le chancelier qui estoient aussi à Dernetail, et en envoya à l'instant advis au Roy, lequel arriva de Dieppe la nuict mesmes. Cependant ledit sieur mareschal fit conduire sept pieces d'artillerie à Bans, village au dessus et à une lieuë de Dernetail, tirant vers le Pont de L'Arche, là où il se mit en bataille et separa son canon en trois parts pour recevoir le duc de Parme qui venoit coucher dans la vallée de ce costé là de Dernetail, ce qui occasionna tous les marchans de se retirer dudit camp toute la nuict au Pont de l'Arche. Les navires de guerre se retirerent aussi en mesme temps, après avoir tiré quelques coups de canon vers la ville. Le Roy demeura toute la nuict en un moulin près de Bans, et fut en bataille presque trente heures, faisant tousjours escarmoucher les plus advancez de ses ennemis.

Le duc de Mayenne ayant pris son logis au Bosc-guillaume, et le duc de Parme à Neufville, ils mirent en conseil s'ils devoient, avant qu'entrer à Roüen, aller presenter le combat au Roy qui les attendoit en bataille rangée audit Bans. Pour les diverses opinions il ne fut rien resolu; et sur le soir les ducs de Mayenne, de Guyse et d'Aumale, avec le cardinal de Plaisance, qui se disoit legat, et autres seigneurs, entrerent dans Roüen, et allerent assister au *Te Deum* qui se chanta dans la grande eglise.

Après avoir prins leur refection ils se retirerent tous en leurs quartiers. Au conseil qu'ils tindrent le soir, après plusieurs discours s'ils devoient aller attaquer le Roy, le duc de Parme et les Espagnols, qui estoient de ceste opinion, soustenoient *che dovessero, senza di mora, tener dietro à Re, ne lasciarlo di posta fin che arrivato no l'avessero, e combattutolo, mentre egli si trovasse debole di forze, poiche rinvigorito avrebbe loro apportato nuovo e importante travaglio* (1). Mais le duc de Mayenne et les seigneurs françois leur dirent : « Sçavez vous ce que vous voulez faire? Vous voulez que nous poursuivions un prince qui tient tous les ponts qui sont sur la riviere de Seine, qui peut se retirer en beaucoup de places fortes qu'il a en sa puissance, et passer tantost d'un costé de la riviere, tantost de l'autre, et qui nous amusera pendant que ses forces luy arriveront de tous costez pour nous faire changer de condition; car, au lieu que nous le poursuivrions, nous serions de luy poursuivis, pour ce qu'il peut, à cause des places qu'il tient, reduire nostre armée à disette de vivres : ce que cognoissant bien, il ne faudra pas à trouver quelque opportunité pour puis après nous forcer au combat. Nous n'avons en ceste armée au plus que pour quatre ou cinq jours de vivres; Roüen n'en a esté aucunement secouru. Il est donc meilleur et plus seur d'aller assieger Caudebec où il y a plusieurs bleds : aussi ce sera le vray moyen de desboucher le bas de la riviere et la rendre libre jusques au Havre, d'où ceux de Roüen et nostre armée pourront tirer plusieurs commoditez. »

Le duc de Parme, qui cognoissoit la verité de ce qu'ils disoient, et qu'il ne se pouvoit executer autre chose que leur proposition, ne voulut les laisser sans une repartie sur son opinion, et leur dit que la plus grande faute que pouvoit commettre un general d'armée estoit de ne sçavoir

(1) Qu'on devait sans retard marcher droit au Roi, et ne lui laisser aucun relâche, afin de le combattre pendant qu'il avoit peu de forces, parce que s'il parvenoit à les réunir, il leur donneroit fort à faire.

pas vaincre en se servant du temps et de l'occasion, principalement de l'espouvante et de la fuitte de son ennemy, et que s'il estoit creu maintenant, qu'il esperoit en moins de quatre jours mettre leur ennemy commun en tel estat que jamais il ne s'en pourroit relever. Quelques seigneurs françois se sousrirent de ceste rodomontade, et luy dirent qu'il avoit oublié le proverbe commun, *Doversi fare il ponte dell'oro à nimico che fugge* (1). « Nous cognoissons, luy dirent-ils, celuy contre qui nous sommes armez pour combattre, il est tousjours à cheval pour nous chercher, croyez que nous l'aurons sur les bras plustost que beaucoup ne pensent. »

Après plusieurs autres propos ils resolurent d'aller assieger Caudebec. Le duc de Parme dez le lendemain changea de logis, et commença à faire tourner la teste de son armée de ce costé là. Ceste petite ville fut investie le vingt-quatriesme de ce mois par l'infanterie valonne, laquelle eut de la peine à se loger aux environs à cause que les vaisseaux de guerre que le Roy avoit devant Roüen y estoient à l'ancre, lesquels tiroient force canonades sur eux. Le duc de Parme, ayant le prince son fils auprès de luy, avec le sieur de La Motte Gravelines, devisans du lieu où ils dresseroient la batterie, receut une mousquetade au bras doict entre le coude et la main, dont la baille demeura dans le bras. C'a esté la premiere et derniere fois que ce duc ait esté blessé, bien qu'il se soit trouvé en beaucoup de hazards en executant de grands exploicts militaires. Tout blessé qu'il estoit, il considera le flus et le reflus de la Seine et les environs de Caudebec, puis s'alla faire penser. Le lendemain il commença à dresser ses batteries, faisant tirer sur les vaisseaux des Holandois qui estoient venus au siege de Roüen, lesquels incontinent leverent l'ancre avec les autres qui y estoient aussi, et s'en allerent mettre devant Quillebeuf. L'admiralle, pour sa pesanteur, demeura devant Caudebec aggravée, et fut contraincte de demeurer à sa discretion.

Le lundi 26 on commença dez le matin à battre Caudebec. Il y avoit dedans quelque cinq cents hommes pour la deffendre, ausquels le Roy avoit mandé qu'il leur donneroit secours dans le mardy; mais il n'y avoit point d'apparence qu'ils pussent tenir dans ceste place, à laquelle en moins de deux heures le duc pourroit faire bresche, donner l'assaut, et les tailler tous en pieces. Les chefs aymerent mieux aussi sortir à composition, emporter leurs armes et bagages, et estre conduits en lieu de seureté, que de se perdre. Les Espagnols et les Italiens vouloient toutesfois les tailler en pieces, et soustenoient que l'on ne les devoit recevoir à composition, mais que la place et ceux qui estoient dedans devoient estre mis à feu et à sang pour la blessure de leur general. Le duc leur dit que s'il faisoit cela il se monstreroit barbare. « Dites moy, leur dit-il, peut-on estre bon soldat sans se bien deffendre, et peut-on se deffendre sans offencer? On ne peut faire aucune distinction des personnes en tel acte. » Ainsi Caudebec rendu au duc de Parme, on mena la pluspart des vivres qui y estoient dedans à Roüen. Mais ceste mesme journée le duc receut advis certain que le Roy estoit à cheval pour le venir trouver et luy presenter la bataille. Alors les François luy dirent : « Vous avons nous pas bien dit que nous n'avions que faire de le poursuivre, et que nous ne l'aurions que trop tost sur les bras? Où serions nous si nous l'eussions poursuivy? » Aux conseils qu'ils tindrent sur cest advis, ils resolurent de chercher un lieu pour s'y fortifier, là où ils l'attendroient pour le combattre ou pour voir ce qu'il voudroit faire, et cependant qu'ils s'ayderoient du temps et de l'occasion. « Car de s'en retourner, disoient-ils, d'où nous sommes venus, il n'y a plus nulle apparence ny aucun moyen. »

Ils estoient bien d'accord de choisir un lieu pour s'y fortifier, mais ils furent fort discordans en l'eslection. Le duc de Parme proposa d'aller à l'Islebonne, lieu assez fort, et disoit, pour fortifier son opinion, qu'ils auroient Le Havre de Grace derriere eux, dont ils tireroient toutes les commoditez dont l'armée auroit besoin. Les autres disoient : « Si l'armée s'achemine à l'Islebonne, le Roy se mettra entre Caudebec et l'Islebonne, et ayant repris Caudebec, Roüen se trouvera plus resserré qu'auparavant. Enfin ils resolurent de se camper à Ivetot. Voyons pendant qu'ils tenoient ces conseils ce que le Roy faisoit.

Aussi tost qu'il fut adverty à Diepe que les ducs venoient très-forts donner la teste baissée droict à Roüen et le secourir, il manda de toutes parts que l'on le vinst trouver. Voyant que les ducs ne l'avoient esté attaquer à Bans, et qu'ils estoient allez prendre Caudebec, il s'en alla au Pont de L'Arche. En six jours son armée estant accruë de trois mille chevaux et six mille hommes de pied, il en partit le vingt-huictiesme d'avril avec vingt pieces de canon, et fit advancer son armée vers Fontaine Le Bourg.

Le 29 d'avril le Roy et toute son armée arriverent à une demy-lieuë d'Ivetot où il prit son champ de bataille. Il se fit ceste journée plusieurs charges et combats : c'estoit des deux cos-

(1) Qu'on doit faire un pont d'or à l'ennemi qui fuit.

tez à qui feroit paroistre le plus sa dexterité et sa valeur.

Le lendemain le Roy voulut luy mesme recognoistre Ivetot où le duc de Mayenne estoit logé, et lequel disposoit lors de l'armée pour la blessure du duc de Parme auquel il avoit fallu incizer le bras pour luy oster la balle qui y estoit demeurée : il en sortit tant de sang dont il devint si foible qu'il ne pouvoit monter à cheval. Il se fit en ceste recognoissance une charge où les royaux poursuivirent les ligueurs jusques dans leur logis d'Ivetot, et en tuérent quelques-uns et prinrent quarante-cinq prisonniers.

Les deux jours suivans se passerent en legeres escarmouches de part et d'autre. Aucuns ont escrit que les charges qui se firent furent plustost pour s'entremonstrer leur façon militaire que de s'entre-endommager judicieusement.

Le troisiesme de may le Roy, ayant envie de se rendre maistre d'un tertre qui faisoit le milieu du logis de ses ennemis, d'où il les eust peu endommager beaucoup, y envoya nombre d'infanterie pour s'y retrancher : mais incontinent le duc de Mayenne y fit aller le maistre de camp Capizuca avec son regiment et quelques Espagnols qui le leur firent quitter, et du depuis y mirent quatre pieces d'artillerie pour plus asseurer leurs logemens : de part et d'autre ce n'estoit que canonnades.

Le Roy voyant que ses ennemis n'avoient autre soin que de se retrancher sans vouloir sortir que peu de leurs logemens, bien qu'il les invitast au combat par toute raison de guerre, il resolut de changer de champ de bataille et de s'aller mettre entre ses ennemis et l'Islebonne, et les tenir comme assiegez, ce qu'il fit. Alors ceux de la ligue patirent beaucoup à cause des vivres qui commencerent à leur manquer, n'en pouvans recevoir de nulle part : et au contraire le Roy en avoit en abondance, qui luy venoient de Diepe et de Sainct Valery. Il se fit alors plusieurs charges en divers endroicts où il mourut de bons soldats de part et d'autre. En un soir il se fit presque une bataille entre les deux armées. Ceux de la ligue furent très-mal menez, car, outre qu'il y en demeura sur la place beaucoup de tuez, et aucuns de qualité, il y eut aussi beaucoup de blessez, et d'autres qui coururent hazard de la mort et de la prison, mesmes les principaux, entr'autres les ducs de Mayenne et de Guyse qui se trouverent presque environnez des royaux, et eurent bien de la peine à se sauver. Le fils du duc de Parme, d'un autre costé, ayant voulu s'advancer avec quelques lances, fut rechassé si soudain jusques dans son logement qu'il laissa plusieurs des siens sur la place et ne se sauva qu'à peine, son cheval estant tué sous luy.

Le Roy tenoit tellement ses ennemis [illegible] assiegez dans leurs logemens, que le bruit [illegible] par toute la France qu'ils n'en [illegible] sans prendre passe-port de luy. La cherté estoit extreme parmy eux; le pot de vin y valoit un escu et haulsoit de jour en jour de prix, la livre de pain dix sols, et ainsi de toutes autres choses; il n'estoit pas jusques à l'eau dont ils avoient beaucoup de disette. Les pluyes continuelles qu'il fit lors incommodoient grandement leurs gens de pied. Plusieurs chevaux et de grand prix leur moururent faute de foin. L'argent ne leur manquoit pas moins que toutes les autres choses. Au contraire, l'armée du Roy croissoit tous les jours, et abondoit de toutes sortes de vivres.

Le 14 de may le Roy desirant gaigner la pointe d'un petit bois où ils s'estoient retranchez, lequel estoit proche de leur champ de bataille, et où estoient en garde six cents Espagnols et Valons, sur la pointe du jour il les fit assaillir si promptement, que, leur retranchement gaigné, la plus grande partie fut taillée en pieces, et ne s'en sauva que bien peu qui à toute fuitte se sauverent au gros de leur armée. Ce fut lors que le duc de Parme, bien que beaucoup incommodé pour sa blessure, se fit porter par leur armée, encourageant les siens au combat, pensant que les royaux deussent pousser plus outre et le forcer à la bataille : tout du long du jour ce ne furent que diverses charges et escarmouches. Il fit venir auprès de luy tous les seigneurs du conseil de guerre, et, sur la proposition qu'il leur fit qu'il failloit ou regaigner le bois perdu et empescher les royaux de s'y fortifier, ainsi qu'il sembloit qu'ils vouloient faire, ou mourir tous les armes au poing, ils furent tous de son opinion, et pour ce faire il fit advancer six mil hommes de pied en deux escadrons, ayans un petit escadron volant au front avec mil chevaux legers pour les soustenir, puis il fit mettre quelques pieces de canon sur une montagnette pour les favoriser. Le Roy d'autre costé s'advança tellement avec une partie de son armée, qu'il n'y avoit entre luy et ses ennemis qu'une petite campagne raze sans bois ny riviere. Des deux costez ils commencerent à s'entre-saluër à coups de canon; mais, bien qu'ils s'escarmoucherent fort de part et d'autre, et que plusieurs bons soldats furent là tuez, si ne vinrent-ils point à un combat general : tant d'un costé que d'autre il fut bien tiré trois cents coups de canon, puis sur le soir chacun se retira en son logement.

Les ducs, se voyans si mal menez, et le Roy qui

de forcer leur place d'armes à Ivetot, resolurent de changer de logis, et aller camper à un quart de lieuë de Caudebec, ce qu'ils firent la nuict du 18 dudit mois, le plus secrettement qu'ils purent, sans sonner tambour ny trompette : les derniers mirent le feu dans leurs logis. Ceste retraicte, bien qu'ils la firent en très-bon ordre, leur fut honteuse ; mais ils l'aimerent mieux faire de nuict que de jour de crainte d'estre desfaicts, ainsi qu'il est advenu jadis à plusieurs grands capitaines qui vouloient se conserver la reputation : encores le temps qui estoit pluvieux et obscur y ayda beaucoup. Ils perdirent toutesfois quelque peu de leur bagage.

Le duc de Parme se mit au lict estant à Caudebec, et le duc de Mayenne, ayant donné l'ordre requis pour la seureté des logements de leur armée, devint aussi un peu malade. La cherté de vivres s'augmentoit. Plusieurs chefs de leurs gens de guerre ne songeoient qu'à trouver les moyens de se pouvoir retirer à sauveté. Le Roy, qui ne laissoit escouler aucune occasion pour les endommager, estant adverty que le quartier de leur cavalerie legere que conduisoit George Baste et Charles de Croy estoit logée à Ranson, à un trait d'harquebuze de leur champ de bataille, resolut de leur enlever ce quartier là, ce qui luy succeda comme il avoit projetté ; car, s'estant presenté avec le pluspart de sa cavalerie vis à vis où estoit logée l'armée des ducs qu'il entretint en escarmouches, il envoya d'un autre costé le mareschal de Biron, lequel en mesme temps donna dans Ranson, tailla en pieces tout ce qui s'y trouva les armes au poing : quelques-uns se sauverent à la fuitte, et entr'autres Baste, laissant pour butin aux royaux grand nombre de beaux chevaux, leurs mulets, leur vaisselle d'argent, quelques milliers d'escus et tout leur bagage.

Les ducs, ayant perdu leur cavalerie legere qui estoit de dix-sept cornettes, ne penserent plus qu'à pouvoir eschapper de tomber sous les armes du Roy, qui leur tenoit à toute heure, comme on dit en commun proverbe, l'espée dans les reins. Ils ne le pouvoient faire qu'en passant la riviere de Seine, et se retirer le plus diligemment qu'ils pourroient vers Paris : ce qu'ils resolurent faire. Le Roy ny tous les François ne croyoient point que le duc de Parme et les Espagnols, qui se disoient estre du tout curieux de leur reputation, voulussent se retirer de la façon, et que plustost ils se feroient voye par la force pour s'en retourner en Flandres ; mais ils furent deceus de la bonne opinion qu'ils avoient d'eux, et l'advis vint à Sa Majesté, sur le soir du 22 may, que les ducs, ayans fait venir quantité de barques de Rouën, avoient fait un pont sur lequel avoit passé la pluspart de leur armée, et qu'il ne restoit à passer que le fils du duc de Parme et l'arrieregarde, laquelle passa en bel ordre le lendemain matin, et sans perte abandonnerent ainsi Caudebec. Le Roy, ayant mis le sieur de La Garde avec son regiment dedans, print sa cavalerie et s'en alla passer au Pont de L'Arche, pensant atteindre les ducs au passage de la riviere d'Eure ; mais ils cheminerent à si grandes journées, que Sa Majesté se desista de les poursuivre et renvoya son armée se refraischir en diverses provinces. Les Espagnols en ce passage mirent le feu en plusieurs lieux, et le duc de Parme ne dormit point de bon œil qu'il ne fust repassé la Seine à un autre pont de barques qu'il fit dresser à Charanton, d'où il passa en Brie, s'en alla à Chasteautierry, et de là retourna en Flandres, comme nous dirons cy-après.

Alors que le Roy faisoit passer et repasser par force la Seine au duc de Parme, et que les royaux se resjouissoient d'avoir contrainct un si puissant ennemy de retourner en Flandres, il advint en ce mesme mois de may en divers lieux qu'ils firent de grosses pertes, entr'autres devant la ville de Craon que messieurs les princes de Conty et de Dombes tenoient assiegée.

Ceste ville est située dans les marches d'Anjou, entre la Bretaigne et le Mayne, sur la riviere d'Oudon. Le sieur du Plessis de Cosme commandoit dedans pour l'union. Elle servoit de seule retraicte à ceux de ce party du pays du Mayne et d'une partie de l'Anjou, qui faisoient une infinité de courses sur les royaux en toutes ces provinces là. Ce fut ce qui occasionna M. le prince de Conty, qui estoit lieutenant general de l'armée qu'avoit le Roy ez pays de Touraine, Anjou et le Mayne, d'aller assieger ceste ville, et pourquoy le Roy aussi manda à M. le prince de Dombes de s'y rendre avec toute l'armée qu'il avoit en Bretagne. En ce siege il y avoit quantité de seigneurs et gentils-hommes qui avoient troupes, entr'autres messieurs le duc de Montbazon, d'Amville, de Rambouillet, de Bouillé pere et fils, le marquis de Vilaines, d'Avaugour, de L'Estelle, de Pichery, et autres. Les mareschaux de camp estoient le sieur de Racan pour l'armée de M. le prince de Conty, et le sieur de Pruneaux pour celle de M. le prince de Dombes, dans laquelle il y avoit de belles troupes d'Anglois et quelques compagnies de lansquenets.

M. de Mercœur, qui commandoit seul en ces provinces là pour l'union, considerant l'importance que ce luy seroit de perdre ceste place qui luy servoit de frontiere, resolut à quelque peril que ce fust de la secourir. Or il avoit gaigné de son party le marquis de Belle-isle, fils du mareschal de Rets, avec sa place de Machecou, et plusieurs gentils-hommes, lesquels quitterent l'escharpe blanche, prenant leur excuse sur ce qu'ils avoient demandé plusieurs fois audit sieur prince de Conty secours contre le duc de Mercœur et les Espagnols qui endommageoient grandement leurs terres. D'autre part, M. de Boisdauphin avec la noblesse du Maine qui estoit du party de l'union s'estoient retirez auprès de luy, ce qui luy faisoit avoir de belles troupes de cavalerie. Son infanterie espagnole, commandée par dom Jean d'Aguila, estoit en bonne conche (1). Ayant amassé toutes ses troupes et tous ses amis, avec quatre canons, il se resolut de faire lever le siege de Craon ausdits sieurs princes, ou de les combattre et de les desfaire, ce que deslors il s'asseura de faire à cause de la longueur de ce siege où les soldats avoient paty, et tout le plat pays des environs leur estant ennemy pour la perte qu'ils avoient faicte de leurs bestiaux. Ainsi le duc de Mercœur fit marcher son armée vers Craon en belle ordonnance, où il arriva le vendredy au soir d'après la Pentecoste, et fit tirer trois coups de canon pour monstrer aux assiegez qu'il estoit là pour leur secours, et, dez le lendemain matin à soleil levant, il alla attaquer le chasteau de Bouchedeuxheures qui est sur le bord de la riviere, dans lequel estoit le commandeur de Thorigny.

Le sieur de Lestelle fut commandé par M. d'Anville d'aller audit Bouchedeuxheures avec cinquante chevaux pour considerer la contenance du duc de Mercœur et en rapporter nouvelles certaines ; mais, y arrivant, il trouva que l'assaut se donnoit au chasteau, et fut cause de sauver ledit commandeur et quelques-uns des siens qui voyans la place emportée s'estoient jettez dans la riviere à nage.

Après la prise de ce chasteau, M. de Mercœur, sans faire en cest endroit là passer le gué de la riviere à son armée pour aller attaquer M. le prince de Conty qui estoit dans le champ de bataille, fit marcher les siens la teste baissée droict au quartier de M. le prince de Dombes, ledit sieur de Lestelle les costoyant tousjours, la riviere entre deux, jusques à ce qu'ils fussent à un petit pont que l'on avoit faict pour la communication des armées desdits sieurs princes, où il trouva desjà le tiers de l'armée de l'union passée par ledit pont pour venir au champ de bataille où s'estoient joincts les princes et leurs armées. Ce que voyant Lestelle pria les sieurs de Sainct Fal, de Beauvais et de [illegible] dits sieurs princes ce qu'ils [illegible] leur ennemy, et qu'à son advis il [illegible] de combattre ce qui estoit passé, [illegible] seroit taillé en pieces, et [illegible] auroit meilleur marché du reste. [illegible] posé au conseil que [illegible] princes, fut trouvé bon par eux [illegible] ville ; mais plusieurs [illegible] traires, M. le prince de Dombes [illegible] dit sieur de Lestelle qu'il se retirast [illegible] blanche, ce qu'il fit.

Cependant le duc de Mercœur [illegible] pont à toute son armée, print sa [illegible] entre l'armée royalle et la ville [illegible] taqua lors une escarmouche qui [illegible] heures sans y recognoistre grand a[illegible] part n'y d'autre. M. de Montbazon [illegible] combat, où il fut porté par terre, et, [illegible] remonté, il retourna encore à la [illegible] perdit quelques gentils-hommes. Le [illegible] chery fit aussi une autre charge où [illegible] et quelques-uns des siens tuez et [illegible] messieurs les princes assemblerent [illegible] gneurs et capitaines de l'armée au [illegible] taille pour demander leur advis de [illegible] à faire, d'autant que le champ de [illegible] estoit fort desavantageux. Le sieur [illegible] opinant le premier, dit qu'il n'estoit [illegible] de parler de cela, ny de retraicte, [illegible] veniens qui s'en pourroient suivre, [illegible] que les coups d'espées ou la nuict les [illegible] du champ de bataille, ce que le [illegible] mareschal des logis de l'armée de M. [illegible] de Dombes, approuva et fut de cest [illegible] tout le reste opina le contraire, [illegible] les princes et M. d'Anville qui [illegible] battre à quelque prix que ce fust, [illegible] se laisserent aller à la pluralité des [illegible] conseil, et fut commandé au sieur [illegible] qui portoit la cornette blanche, de se [illegible] petit pas, et au sieur de Lestelle de [illegible] avec luy. Ainsi M. le prince Conty [illegible] après la cornette blanche, et estant [illegible] que mil pas, M. le prince de Dombes, [illegible] retraicte, l'envoya prier de se retirer. [illegible] traicte se fit par lesdits sieurs princes [illegible] grand regret et les larmes aux yeux, [illegible] l'un à l'autre : « Dites à mon cousin [illegible] sommes trahis. » Aussi tost que ledit sieur [illegible] de Conty fut descendu en un vallon [illegible] chemin, il trouva à deux cents pas de là, [illegible] mée de ceux de l'union en teste, et toute [illegible] de M. le prince de Dombes en desroute, la [illegible] part de ceux qui l'accompagnoient [illegible] fuitte. Ce prince, se voyant [illegible],

(1) En bon état.

après avoir fait tout ce que l'on peut faire par les armes, et ayant diverses fois combattu, ne luy restant plus que trente chevaux, fut contraint et forcé par les gentils-hommes qui estoient près de luy de se retirer, comme avoit faict M. le prince de Conty avec pareil desplaisir, n'ayant auprès de luy lors de sa retraicte que vingt-cinq chevaux. Ils se retirerent à Chasteaugontier, tous deux par divers chemins, tournant toutesfois tousjours la teste, et donnans coups d'espées et de pistolets.

En ceste journée il se perdit beaucoup de gens de bien et bons soldats, et y fut tué en combattant le sieur de Bascon, capitaine des gardes de M. le prince de Dombes, et de prisonniers furent pris les sieurs de La Rochepot, de Racan, d'Apchon et de Lestelle, lesquels furent menez à Nantes. Tous les canons, plusieurs cornettes et enseignes de gens de pied, demeurerent aux victorieux. Voylà l'effect de ceste journée, qui fut fort prejudiciable au service du Roy en ces provinces là, car dez le lendemain, lesdits sieurs princes ne trouvans personne qui voulust demeurer pour garder Chasteaugontier et soustenir la premiere furie de ceux de l'union, M. le prince de Conty se retirant vers Angers, et M. le prince de Dombes à Vitré en Bretagne, le duc de Mercœur se saisit de Chasteaugontier, et tout d'une main de la ville de Laval où les habitans contraignirent le marquis de Vilaines de se retirer, ce qu'il n'eust fait s'il eust eu des gens de guerre pour reprimer la volonté des habitans, dont les deux tiers estoient affectionnez au party de l'union.

Le duc de Mercœur, estant venu non seulement à chef de secourir Craon, mais aussi ayant desfaict une telle armée et pris ces deux villes, voyant que ceux de Mayenne et de Saincte Susanne, qu'il fit sommer, estoient resolus de se bien deffendre, retourna en Bretagne, et passa auprès de Vitré. Ceux de dedans, pensans qu'il les deust assieger, avoient faict abbatre leurs faux-bourgs; mais sans s'y amuser il tourna à gauche, et s'en alla passer par Chasteaugyron, et se retira à Nantes.

Plusieurs ont escrit et parlé diversement de ceste journée, et que lesdits sieurs princes y ont esté ou trahis, ou très-mal servis par ceux qui avoient les charges en leurs armées.

Premierement, pour le peu d'ordre que l'on avoit donné d'amunitionner les soldats de bales, car au fort du combat ils furent contraints de tirer sans balles, et de mettre des pierres dans leurs harquebuzes, et en telle necessité il falllut aller parmy la cavalerie querir des balles de pistolets. Voylà une grande faute et desordre dont quelques-uns ont tenu que le duc de Mercœu avoit eu advis.

Secondement, en l'eslection du champ de bataille pris trop près de la ville, et en lieu du tout desadvantageux pour la cavalerie, ayant laissé la place advantageuse au duc, qui avoit la ville de Craon à son dos. Car, disoit-on, dez que l'advis fut venu de l'acheminement du duc avec son armée, il failloit faire recognoistre les forces qui eussent esté suffisantes pour donner bataille, faire retirer la plus-part du canon à Chasteaugontier, n'en retenir que ce qui eust esté necessaire pour la bataille, et marcher droict au devant du duc pour le combattre et le contraindre de se retirer.

Tiercement, on remarquoit la faute de n'avoir pas creu l'advis du sieur de Lestelle, qui estoit de combattre l'armée du duc demie passée: car si cela se fust faict il n'y avoit doute que messieurs les princes eussent gaigné la journée.

Mais la derniere et plus grande faute fut de n'avoir suivy ce qu'avoit opiné ledit sieur de Lestelle, de ne partir du champ de bataille, quelque desadvantageux qu'il fust, et y maintenir le combat jusques à la nuict: car si cela se fust faict l'on eust faict la retraicte sans peril ny perte de canon; car, disoit-on, c'est une maxime generale, que jamais armée qui faict sa retraicte de jour, à la teste d'une armée ennemie, n'a encouru que perte et dommage: les exemples en sont infinis, et les raisons y sont toutes apparentes; car l'armée qui se retire ne peut, estant suivie, combattre en ordre de bataille à cause des tournetestes qu'il faut faire à toute heure, aussi que les soldats n'entendent qu'à leur retraicte, et non à combattre, le vulgaire pensant tousjours estre une fuite, et non une retraicte, ce qui oste le courage aux gens de guerre, et au contraire l'augmente aux autres qui suivent, croyans plustost aller à la victoire et au pillage qu'au combat. Voylà ce que plusieurs ont escrit sur ceste journée. Du depuis M. le prince de Conty s'estant retiré à Angers et refaict son armée, le Roy y envoya messieurs les mareschaux d'Aumont et de Laverdin, et mit on le siege devant Rochefort, ainsi que nous dirons cy-après. Voyons maintenant ce qui se passa en ce temps-là en la vendition de Ponteaudemer et au siege de Quillebeuf.

Le siege estant devant Roüen, le Roy fit recognoistre la place de Quillebeuf; en ayant consideré l'assiette, il resolut de s'en saisir, et en donna le gouvernement à M. le grand escuyer de Bellegarde le douzieame jour de may, avec pouvoir de la fortifier; et pour son lieutenant M. du Fayl-Belesbat, chancelier de Navarre, fut nommé et envoyé pour commencer la fortification, à laquelle ayant travaillé quinze jours ou trois sepmaines, et recognu l'importance de ceste place, il se resolut de s'en faire gouverneur, et eut pour le soustenir en son dessein M. le mareschal de Biron, de quoy le baron de Byron son fils advertit M. le grand, qui se resolut par sa presence de rompre ce dessein, et partit de l'armée avec sa maison seulement. Estant à Lizieux il voulut tenter la volonté dudit sieur du Fayl; mais il recognut que l'advis qu'on luy avoit donné estoit veritable. Il despescha au Roy, et l'advertit de l'affaire, il en escrivit à M. de Montpensier, gouverneur de Normandie, et rechercha ses amis pour l'ayder à une entreprise qu'il fit sus ladite place. Le Roy sur cet advis depescha les sieurs du Plessis Mornay, de Janbeville, Marcel et Vienne, conseillers du conseil d'Estat, lesquels, estans arrivez à Quillebeuf, firent changer d'advis audit sieur du Fayl, qui promit d'obeyr et de se retirer : mais il se saisit tellement, soit de regret ou autrement, que deux jours après il mourut, et fut enterré sur un boulevart auquel il avoit donné son nom. Il estoit fils de la fille unique de ce grand chancelier Michel de L'Hospital, lequel luy avoit laissé par testament sa bibliotheque ; aussi estoit il homme de lettres. Le jour mesme qu'il mourut M. le grand entra dans Quillebeuf, et fut accompagné du sieur d'Haqueville, gouverneur de Ponteaudemer, et d'autres qui se retirerent le lendemain, qui estoit le premier de juillet, et entr'autres ledit sieur du Plessis qui alla retrouver le Roy. L'on employa un ou deux jours à voir le dessein dudit sieur du Fayl que M. le grand vouloit retrancher, et, comme il en discouroit avec l'ingenieur Erard, il eut advis que M. de Mayenne, qui estoit à Rouen, envoyoit des troupes du costé de Ponteaudemer, dont il donna advis audit sieur d'Haqueville.

Après que le duc de Parme, comme nous avons dit, eut repassé la Seine auprès de Charenton, il tira droict à Chasteauthierry. Le legat Sega et le duc de Guise s'enfermerent dans Paris, et M. de Mayenne s'en retourna pour donner ordre à Roüen, craignant un nouveau siege. Il mena avec luy deux mille Suisses, douze cents que François que Lorrains, et nombre de cavalerie. Plusieurs ont escrit que cependant il ne laissoit d'entretenir le Roy d'un traicté de paix, et que les deputez d'une part et d'autre s'assemblerent à Dernetail pour cest effect, mais que ce qu'il en faisoit n'estoit que pour entretenir Sa Majesté cependant qu'il feroit donner l'ordre requis dans Roüen. Les Seize de Paris en prindrent l'alarme, et firent courir une infinité de

faux bruits pour augmenter les
ledit duc de Mayenne et la
tr'autres que le duc de Mayenne
avec le Roy, et luy avoit
rendre toutes les villes de l'Isle de
charge qu'il auroit pour luy, outre
ment de la Bourgongne, celuy de G
madame de Mayenne avoit desiré
cause des terres qu'elle y avoit, et
auroit le gouvernement de Champ
voit appartenir à M. de Guise.
que fit le duc de Mayenne depuis
tre le contraire de tous ces faux br
bourg de Dernetail, lequel avoit esté
sement conservé par les royaux, fut
ceux de l'union afin qu'ils ne s'y vi
loger; et, pour rendre libre la nav
Roüen au Havre de Grace, et pour
mors que l'on leur dressoit à Quill
resolut, voyant que l'armée du Roy
sée, une partie estant vers Caën, et
conduisoit le mareschal de Biron, q
le prince de Parme pour l'empescher
treprendre à son retour, de se rend
de Ponteaudemer et de Quillebeuf.

Pour Ponteaudemer il gaigna led
Hacqueville par argent, ainsi que pl
escrit, lequel alla le 3 juillet à Quille
avec M. le grand, et, après avoir visit
les commencements des fossez faicts
sieur du Fayl, il se retira, et la
il mit ledit sieur de Mayenne dans
Ponteaudemer, en laquelle se trouve
sieurs Marcel, Jambeville, Vienne,
qui furent arrestez prisonniers.

Ce mesme jour sur le vespre l'armé
Mayenne investit Quillebeuf du cost
teaudemer. Elle estoit composée d'
mil hommes, tant en cavalerie qu'
lesquels se vindrent loger à la portée
quet des fossez. Du costé de la mer
temps les assiegez apperceurent de
vaisseaux, ce qui leur fit croire que
bon escient.

Quatre des vaisseaux hollandois
estoient au siege de Roüen estoient
port de Quillebeuf : voyans ceste
manderent congé. Ceux qui estoient
M. le grand luy conseillerent de les
moins les vaisseaux, canons et
estoient dedans, mais il les laissa
toute sorte de courtoisie, disant qu'il
à propos que le mal fust au dehors
Cependant que ceux-cy s'en vont les
prochent, et, voulans passer devant la
aller gaigner le dessus, ils furent

coups de canon, et l'un des vaisseaux, percé de canonnades, prit eau et demeura sur le sable. Ceux qui estoient dedans se sauverent, et le laisserent le reste de ce jour et une partie de la nuict, jusques à ce que le reflus le ramena avec les autres, ayant esté rabillé. Ainsi Quillebeuf fut investy, et ne demeura libre aux assiegez que le haut de la riviere du costé de Caudebec et de Roûen. Quillebeuf estoit un village habité de gens rudes qui vivoient sans juges et sans police, où les matelots y sont experimentez et hazardeux; mais le plus fort y donnoit la loy au plus foible; il ne s'y payoit point de tailles; peu ou point de religion parmy le commun de ce rude peuple. La ville, si ville se peut nommer, est en un fonds, bastie de petites maisons sur le bord de la Seine; à l'entour il y a des montagnes ou falaizes plus hautes d'un costé que d'autre : ce qui fait qu'il y a une longue ruë au milieu. Le flus et reflus de la mer apporte des commoditez à ceste petite ville. Le destroit est dangereux, et peu ou point de matelots l'osent passer sans avoir des Quillebois qui les conduisent seurement. Il n'y avoit ny fossé ny muraille quand M. du Fayl-Belesbat y entra, qui avoit deliberé de la faire nommer Villenry; et pour faire sa fortification il enferma beaucoup de terre, et voulut la faire monter jusques au haut de la montagne. Il laissa ceste falaise qui alloit de la ville jusques au haut sans fossé ny palissade. Au haut de la montagne il fit les fossez d'un bastion, et, continuant le fossé de cent pas en cent pas, il laissa la marque des bastions à faire. La place avoit une lieuë françoise de rond. Le fossé quand le siege commença estoit en largeur et hauteur de quatre pieds.

M. le grand, se voyant assiegé, fit aussi tost une reveuë de tout ce qu'il y avoit dans Quillebeuf : il s'y trouva quarante cinq soldats et dix gentilshommes avec luy, et fort peu d'habitans; mais il la trouva garnie de bonnes coulevrines et canons, et de trente ou quarante pieces de fer qu'il fit tirer des vaisseaux appartenans à des marchans de Quillebeuf. Il y trouva aussi qu'il y avoit trois milliers de pouldre, une piece de vin, cinquante de cidre, douze caques de biscuit, toutesfois sans aucun pain pour le souper du soir qu'il fut assiegé, ny farine, ny bled, ny moulins, et fallut que luy et les siens eussent recours au biscuit pour ce premier repas. Il donna incontinent advis du siege et de l'estat de la place au Roy, et en escrivit aussi au sieur de Chatte, gouverneur de Dieppe, et au sieur de La Garde, gouverneur de Caudebec. La nouvelle portée à M. le comte de Thorigny, il se jetta dans la place avec six gentilshommes, un page et un valet de chambre. Ledit sieur de La Garde fit aussi incontinent embarquer le sieur de Flassac, son neveu, avec cinquante soldats, tout le pain cuit et toute la farine qui estoit dans Caudebec, du bled, des moulins à bras, de la pouldre, des armes et des vivres, ce qu'il en put trouver. Ce secours arriva le matin, et quinze heures après que Quillebeuf fut assiegé, où il n'y avoit ny pain, ny farine, ny bled; et ce jour là sans ce secours les assiegez se fussent couchez sans souper.

Les assiegeans le sixiesme juillet gaignerent le dessus de la riviere, ce que le jour d'auparavant ils avoient essayé de faire; et, nonobstant les coups de canon que l'on leur tira de Quillebeuf, ils passerent, et occuperent de ce jour là le haut et le bas de la riviere pour empescher les vivres et le secours. Mais pour tout cela on ne laissa d'apporter souvent des nouvelles aux assiegez par le flus et reflus; et mesmes le septiesme jour du siege M. de Grillon y entra avec deux de ses amys, et apporta quelques vivres dans son batteau. Ceux qui tenoient le chasteau de Tancarville, qui estoit de l'autre costé de l'eau vis à vis de Quillebeuf, ne faisoient point la guerre. La nuict suivante le baron de Neufbourg y entra avec six gentilshommes, qui tesmoigna un grand regret de ce qu'avoit faict son frere d'Haqueville à Ponteaudemer. Mais toute ceste noblesse, ny les soldats ny les habitans, ne paroissoient point en une place de si grande estenduë.

Les assiegeans, ayans employé quelques jours à faire des tranchées qui estoient autant profondes que les fossez de la ville, envoyerent sommer M. le grand; mais le trompette fut renvoyé sans estre escouté. Il n'y avoit pas grande apparence d'opiniastrer la garde de ceste place, qui n'estoit autre chose qu'une grande campagne environnée de fossez qui n'estoient en quelques endroits que de quatre pieds de largeur et autant de hauteur; en d'autres les advenuës en estoient libres. Les quatre et cinquiesme jours du siege les assiegeans tirerent cinquante ou soixante vollées de canon. Les assiegez ne quitterent jamais le dehors, et principalement la nuict ils y jettoient des sentinelles. Les jours ensuyvans se passerent sans aucun effect de part et d'autre. Il y eut quelques coups de canon tirez dans la ville qui firent peu de mal. Le seiziesme juillet la batterie fut plus rude. Il y eut un bastion qui endura trois ou quatre cents coups de canon; mais la terre que le boulet faisoit tomber estoit rejettée au dedans par les soldats qui n'abandonnerent jamais les fossez. Le canon cessé, les assiegez se preparerent à l'assaut, et mesmes les seigneurs souperent contre la breche tous armez. Ce jour et les deux suyvans se passerent en l'attente de l'assaut.

Cependant le Roy ayant commandé à messieurs le comte de Sainct Paul, d'O et de Fervaques de secourir la place, ils userent de telle diligence qu'ils assemblerent en dix jours douze cents chevaux et nombre d'infanterie, dont les assiegeans advertis se resolurent de faire un dernier effort, et de faire donner un assault general avant que d'estre contraincts de lever le siege; et le dixneufiesme juillet, à neuf heures du soir, les assiegeans tirerent deux coups de canon, qui estoit leur signal pour l'assaut general. En cest assault le sieur de Vitry donna à la breche, où se rencontra M. le grand avec quelques uns des siens. Au commencement ils combattirent avec la pique quelque temps de part et d'autre. Les assaillans estoient en grand nombre; mais, après avoir longuement disputé et tué quatre des assiegez, ils se retirerent avec perte. Tremblecourt donna au hault de la falaize, et monta sur le boulevart, armé de toutes pieces, mais il ne fut suivy de personne; il descendit et retourna, puis remonta pour la seconde fois sur le mesme boulevart où estoit accouru le sieur de Serrecane, lieutenant de M. le grand, qui le repoulsa du hault en bas du boulevart dans le fossé. Le sieur de Villars fit donner les siens entre la riviere et la falaize, où ils ne trouverent ny eau ny barricade, de sorte qu'il leur fut aisé d'entrer de ce costé là. Ils se jetterent, les uns dans les maisons, les autres dans les navires, pour piller; mais le comte de Torigny, accourant là avec un sien page et un valet de chambre, empescha le reste d'y entrer. Le lieu estoit estroit, et y avoit un grand vaisseau qui servoit de baricade. Les Quillebois qui gardoient ce costé l'ayans abandonné, y revindrent avec M. de Grillon qui accourut au bruit de ceste allarme chaude. Ceste troupe ferma le passage à ceux qui estoient dehors, et enferma ceux qui estoient dedans, la plus-part desquels furent tuez ou prisonniers. Ainsi de tous costez ceux de l'union estans repoulsez, et le combat cessé, ils se resolurent de lever le siege, ce qu'ils firent de bon matin, et se retirerent à Ponteaudemer. Voylà comme le siege fut levé de devant Quillebeuf, lequel dura trois semaines, où ceux de l'union perdirent de bons soldats, et tirerent trois mil cinq cents coups de canon sans rien faire. Des assiegez il n'y eut que cinq soldats de tuez et vingt de blessez.

Le jour que le siege se leva il arriva dans Quillebeuf force munitions de guerre et des vivres que le commandeur de Chatte envoyoit de Dieppe, et le lendemain le secours parut. Messieurs de Sainct Pol, d'O et de [illegible] terent la place, et y [illegible] vivres, s'esmerveillans qu'[illegible] pas une ville avoit resisté plus par [illegible] bonne mine que par raison.

L'issué en fut bonne, et se fit [illegible] la temerité des assiegez d'avoir, [illegible] raison, opiniastré la garde d'une [illegible] garnie d'hommes, de munitions, [illegible] fossez et de palissades; laquelle [illegible] esté munie, a incommodé ceux de [illegible] que le fort de Gournay fit les Parisiens, [illegible] que nous dirons cy après.

Les susdits seigneurs, ayans [illegible] jours dans Quillebeuf, partirent avec [illegible] troupes, et M. le grand aussi, pour [illegible] le Roy qui batoit la ville d'Espernay, [illegible] de Parme avoit pris pendant le sejour [illegible] Chasteauthierry en s'en retournant [illegible]

En ce siege fut tué d'un coup de [illegible] reschal de Biron. C'estoit un valeureux [illegible] et aussi entendu general d'armée qu'[illegible] qui ait esté de son temps. De descrire [illegible] tailles où il s'est trouvé, les armées [illegible] duictes, et les actions militaires qui [illegible] son nom immortel, cela se trouve [illegible] historiens qui ont escrit depuis l'an 15[illegible] à present.

Espernay estant rendu au Roy à [illegible] il y mit dedans le baron de Vignoles, [illegible] gedia le prince d'Anhalt et ses reistres, [illegible] lansquenets qu'il avoit de reste. [illegible] mareschal de Bouillon les avoit [illegible] accompagna aussi jusques sur la fr[illegible] ainsi que quelques uns ont escrit, ils [illegible] tous les vivandiers des troupes [illegible] reschal, et mesmes ils proposerent [illegible] de sa personne pour l'asseurance de [illegible] pouvoit estre deu. Aussi-tost qu'ils [illegible] sez la Meuse ils commencerent à se [illegible] cent d'un costé, qui plus qui moins [illegible] pour s'en retourner le plus promptement [illegible] pourroient en leurs provinces. Quand [illegible] d'Anhalt, il demeura encor ceste année [illegible] Rhin avec quelques troupes, et fit la [illegible] ceux de Strasbourg contre le cardinal de [illegible] raine. Ceste guerre procedoit à cause de l'[illegible] tion de deux evesques de Strasbourg, ainsi [illegible] nous dirons cy après. Ceux qui ont escrit [illegible] l'utilité qu'apporta ceste armée de [illegible] en France, s'accordent tous qu'elle avoit [illegible] *di più gravezza a gli amici che di danno [illegible] nimici* (1).

Avant que de dire comme le sieur de Maugi-

(1) Plus à charge à ses amis que nuisible à ses ennemis.

ron livra Vienne au duc de Nemours, des prises et reprises d'Antibes, et de ce qui s'est passé en Provence, Dauphiné et Languedoc, voyons ce que fit le prince Maurice pendant le voyage que le duc de Parme fit en France en ceste année, et de ce qui se passa au Pays-Bas jusques à son retour.

Aussi-tost que le duc de Parme en fut party pour entrer en France, ce ne furent que plaintes, tant des gens de guerre qu'il y laissa, lesquels n'estoient point payez, que pour les foulles qu'ils faisoient aux provinces où ils hyvernoient.

Le prince Maurice, desirant se prevaloir de son absence, par l'intelligence qu'il eut avec le baron de Pesch, dressa une entreprise au mois de mars sur la ville de Mastricht, et amassa en la Canpeigne quelques quatre mille hommes, tant de pied que de cheval, et, avec certains bateaux qu'il avoit sur la riviere de Meuse, il pensoit entrer du costé de Vyck, qui est une partie de la ville située à l'autre rive, tandis que l'escalade se donneroit en un autre endroict. Mais, comme les eschelles se trouverent trop courtes, au bruit que l'on fit l'alarme se donna en la ville, qui intimida ceux des bateaux à ne faire leur devoir, ce qui fit faillir l'entreprise; et s'en retourna le prince sans rien faire, fasché du peu de devoir que ses gens avoient faict du costé de la riviere. Ledit sieur de Pesch, estant descouvert d'avoir esté de l'entreprise, se retira avec le prince en Hollande, où depuis il eut charge d'une compagnie de cavallerie. En retournant de ce voyage par la Canpeigne ils prindrent en passant le chasteau de Berkeyck. Les Espagnols pour le recouvrer y accoururent et l'assiegerent, mais les Estats y envoyerent quelques troupes qui les empescherent de le reprendre.

Il y avoit en ce temps-là deux factions en la religion pretenduë reformée dedans la ville d'Utrecht : les consistoriaux et les jacobites. Ceux-cy ainsi appellez à cause d'un ministre d'un de leurs temples appellé Sainct Jacques, et l'autre à raison d'un autre ministre qui disoit que la discipline et censures ecclesiastiques ne se pouvoient exercer sans consistoire. Les consistoriaux, quatre ou cinq ans auparavant, le comte de Leycestre estant gouverneur, duquel ils estoient caressez et favorisez, avoient chassé de la ville aucuns des plus notables jacobites qui mesdisoient du consistoire, lesquels estoient de grand parentage et les mieux venus entre la commune. Or, un jour que les consistoriaux s'en doutoient le moins, quelques bourgeois se mirent de grand matin en armes, et s'addresserent aux logis de ceux qui avoient le plus soustenu le consistoire qu'ils prindrent prisonniers, et en mesme temps les menerent vers la porte et les mirent hors la ville, puis rappellerent ceux qui auparavant en avoient esté chassez.

Quand le prince Maurice prit Zutphen, Deventer et Delfziel, il avoit resolu de se rendre maistre et de Groëningue et de Stenvich; mais le siege que mit le duc de Parme devant Knotzenbourg, luy fit quitter pour un temps son entreprise. Le succez de toutes ces choses nous l'avons dit cy-dessus. Les Groëningeois escrivirent au comte Pierre Ernest de Mansfeld, lieutenant en l'absence du duc de Parme aux Pays-Bas, et mesmes au roy d'Espagne, pour les supplier de donner ordre affin de les faire delivrer de l'estat miserable où ils estoient reduits par les garnisons voisines des gens des Estats que le prince Maurice avoit mis en plusieurs forts aux environs de leur ville. Ils envoyerent aussi leurs deputez à l'Empereur qui le supplierent d'avoir le soin qu'une telle ville que la leur, qui s'estoit volontairement et librement donnée dez l'an 1536 à la maison d'Austriche à la charge que l'on les maintiendroit contre tous ennemis, ne tombast sous la puissance des ennemis de ceste maison, et que pour leur secours il estoit besoin, non d'une armée de cinq ou six mille hommes, mais d'une armée royale forte pour reconquester une partie de la Frise occupée par les garnisons du prince Maurice et des Estats. L'Empereur, ne pouvant de luy beaucoup en ceste affaire pour les empeschements nouveaux qui luy estoient survenus en Hongrie, en escrivit au roy d'Espagne, en leur recommandation, lequel manda audit comte de Mansfeldt que, sur toutes choses, il donnast ordre à la Frise, et mist les Groëningeois hors de doute. Mansfeldt leur avoit jà envoyé neuf mil florins pour soulager leur pauvre commune; il despescha aussi incontinent Verdugo avec six mil hommes, tant de pied que de cheval, qui alla en Frise; mais il n'y fit pas grand exploict, sinon que d'y reprendre quelques petits forts et quelques tranchées.

Le prince Maurice cependant ayant assemblé les estats particuliers de Zelande à Mildebourg, et requis secours d'hommes et d'argent pour attaquer les Espagnols l'esté prochain, afin de dresser une armée pour assieger les places qui incommodoient ceux de leur party en Frise et en Overyssel, et entr'autres Steenvich, où le capitaine La Coquielle, walon de nation, qui y commandoit avec seize enseignes de gens de pied, y avoit retiré tous ceux qui avoient vendu Gertruydemberghe au duc de Parme, ainsi que nous avons dit cy-dessus l'an 1589, et ceux de la garnison de Deventer qui avoient promis de ne porter point les armes d'un an contre le prince et les Estats, tellement que tous ces gens de guerre ramassez et determinez endommageoient fort par courses ceux du party des Estats, les estats de Zelande ayant accordé au prince Maurice ce qu'il leur demandoit, il s'en retourna en Holande, et, sur l'advis qu'il eut que le duc de Parme estoit assez empesché en France, il amassa toutes ses troupes des garnisons où ils estoient, dressa son armée, et le 20 may alla investir Steenvich.

La Coquielle, se voyant investy, fit assembler toute sa garnison, et leur dit ces mots : « Je desire, mes compagnons, qu'en ce siege que nous voyons s'apprester, vous et moy acquerions l'honneur que desirent acquerir ceux qui font le mestier que nous faisons en deffendant bien une place assiegée, laquelle est forte et d'art et de nature, car toute la campagne qui l'environne ce sont marais où l'ennemy ne se peut camper que malaysément. Pour l'artifice, elle est enceinte de bonnes murailles bien remparées, bien flanquées, avec de bons fossez. Mais toutesfois, pour ce qu'il advient beaucoup d'accidens aux sieges de villes, et mesmes qu'il n'y a aucune valeur ny generosité d'hommes qui peust resister dans une place, bien qu'elle fust inexpugnable, assiduellement combattue sans secours, c'est pourquoy je desire vous representer quelques particularitez qui peuvent advenir, affin qu'ayant vostre opinion je face une resolution de ce qu'il nous faudra faire jusques à la fin de ce siege; car les perils que l'on a preveus de longue main sont plus aisez à supporter quand ils adviennent. Il n'est pas vray semblable que nos ennemis puissent accroistre de beaucoup leurs forces qu'ils ont en ce siege, pource qu'ils sont contraincts de laisser leurs places garnies de gens de guerre, de peur des entreprises et surprises que les braves soldats et serviteurs de Sa Majesté Catholique y pourroient faire; bref, nous voyons maintenant tous ceux à qui nous avons affaire. Pour le secours que nous pouvons esperer, bien que je ne vueille faire aucun fondement sur celuy que nous devons attendre du duc de Parme, duquel nous avons eu advis qu'il a faict lever le siege de Rouen, si vous diray-je qu'il n'a eu charge de Sa Majesté Catholique d'entreprendre ce voyage avec les forces qui estoient en ces Pays-Bas que pour faire ce seul exploict, sans s'obliger à aucune autre nouvelle entreprise, et de retourner incontinent de deçà. Mais bien, quand il ne reviendroit pas si tost, il ne faut pas penser que le comte de Mansfeld nous laisse perdre icy, ny Verdugo, tant pour son interest que pour son honneur, car ceste place est de son gouvernement. Or, posons le cas que nos ennemis croisent à [illegible], et que [illegible] esperance de secours : je ne [illegible] fois qu'usant moderement [illegible] guerre que nous avons [illegible] facions recevoir une honte à [illegible] le contraignions de lever son siege [illegible]ment. Pour tout cela je ne desire point [illegible]traindre de soustenir un siege dans cette ville, mais je vous prie que vous me disiez un chacun de vous ce qu'il pense estre besoin de faire, comme il se faudra gouverner, et jusques à quel temps l'on peut juger que nous pourrons [illegible] soustenir ce siege. »

La Coquielle n'eut plustost achevé ce mot, que les capitaines tous d'une voix luy dirent qu'il leur faisoit tort, et qu'il sembloit qu'il doutast de leur fidelité, ce qu'il ne devoit [illegible], levans les mains, luy protesterent que jusques à la derniere goutte de leur sang ils deffendroient ceste place pour Sa Majesté Catholique. [illegible] La Coquielle, bien ayse d'avoir cogneu [illegible]fection, se promit une bonne yssue du siege, ce qui ne luy advint pour avoir eu affaire à un courageux ennemy, lequel s'estoit logé dez le commencement au village de Havelt, du costé de l'orient de la ville, et trois jours après il fit loger sa cavalerie à Giethoorn, et de pas en pas, par le moyen des tranchées qu'il fit, il osta la campagne aux assiegez, et le huictiesme jour du siege, après que toutes les approches furent faictes et le camp bien retranché, ils commencerent à dresser la batterie de vingt-quatre pieces de canon, qu'ils firent tirer de telle furie qu'à plus d'une lieuë de là la terre en trembloit, et furent tirez ce jour plus de sept mille coups de canon, le sieur de Famas, general de l'artillerie, n'y espargnant balles ny poudres, de sorte qu'il fallut sur le soir faire cesser la batterie parce que le canon, trop eschauffé, donnoit par dessus la ville au quartier du comte Guillaume de Nassau, où il tua quelques soldats. La bateria cessée, les assiegez ne s'en firent que moquer, balliant leur rampart, comme si cela ne leur eust esté non plus nuy que des coups de balets et non de boulets, avec beaucoup de propos de gausseries qu'ils disoient aux assiegeans.

Le treiziesme du mois la batterie recommença, plus furieuse qu'auparavant, depuis les quatre heures du matin jusques à six heures du soir, où il fut tiré douze mil coups de canon; et, combien que la bresche ne fust suffisante, si est-ce que le prince fit approcher cinq esquadrons comme pour donner un assaut, mais on ne passa pas plus avant pour ceste fois.

Les assiegez faisoient souvent des sorties bien furieuses, tantost sur un quartier, tantost sur l'autre du camp des Estats, où ils prenoient tousjours quelques prisonniers, dont ils en pendirent aucuns hors du rempart. Entre autres ils firent une camisade le dix-septiesme dudit mois avec environ cinq cents hommes, et, gaignans les trenchées, se ruërent sur la compagnie du capitaine Olthoven qu'ils deffirent et taillerent en pieces.

Le capitaine Cornput, du regiment des estats de Frise, inventa certaine machine de bois en forme d'une petite tour à trois estages, qui se montoit et desmontoit par vis si haut que de là on pouvoit descouvrir tout ce qui se faisoit en la ville, à chacun desquels estages y avoit quelques mousquetaires qui empeschoient que nul ne se pouvoit trouver ny par les ruesny au rempart : ce qui fut cause que les assiegez percerent les maisons de l'une en l'autre sans qu'il leur fust besoin d'aller par les ruës, et descouvrirent toutes les maisons qui s'y trouverent couvertes de paille, affin que les assiegeans n'y pussent tirer du feu. Et comme cest engin de bois leur empeschoit le plus l'accez à leur rempart, ils bracquerent quelques pieces d'artillerie pour l'abbatre, et, combien qu'il fust tout à jour, si est-ce qu'ils en emporterent de tels esclats avec perte d'hommes, qu'en fin, ny pour promesses, ny pour menaces, les chefs n'y purent plus faire entrer les soldats, et ainsi ceste machine devint inutile depuis.

Environ la fin du mois de juin, le gouverneur Verdugo, sçachant bien que les assiegez dedans Steenvich avoient faute de poudre, envoya deux cents cinquante soldats avec chacun un sac de dix ou douze livres faire une espreuve s'ils pourroient entrer en la ville, et, pour plus grande asseurance, envoya un homme les advertir à quelle heure ils viendroient, affin que les assiegez faisans au mesme temps une sortie de ce costé-là, il leur fust tant plus aysé d'y entrer. Mais cest homme ayant esté pris par ceux du camp du prince, et bien interrogé, il descouvrit le secours qui devoit venir, lequel ne faillit à l'heure que le gouverneur avoit mandé, lequel bien attendu au passage, il y en eut deux cents qui furent taillez en pieces, le surplus se sauva qui put. Ce qu'entendans les assiegez, et que de plus en plus leurs gens se diminuoyent, ayans perdu le comte Ludovic de Berghe, les capitaines Blondel, Hessel, les lieutenans de Steenbach et de Camega, et plusieurs autres, voyans aussi qu'il n'y avoit point d'espoir de les pouvoir delivrer, et que tant leurs vivres qu'autres munitions leur deffailloient, penserent de parler de composition ; mais, pource que le prince Maurice vouloit avoir tous ceux qui avoient livré Gheertruydemberghe au duc de Parme, afin d'en faire ce qu'il voudroit, il ne fut rien fait pour ceste fois, alleguans que dès le commencement du siege ils avoient tous juré de vivre et mourir egalement, à raison dequoy la condition de l'un ne devoit pas estre pire que l'autre, aymans mieux mourir en combattant, qu'estans prisonniers après la ville renduë et estre pendus.

Sur ce le prince fit redoubler sa batterie jusques à soixante pieces de canon qui foudroyoient tout dans la ville, outre les trois mines qui jouërent le quatriesme de juillet, et firent un tel eschec des soldats qui estoient dessus et au pied du rempart, qu'on n'y voyoit qu'hommes voller en l'air, et y donna telle ouverture qu'on fust bien allé à cheval à l'assaut. L'effect desquelles mines le prince Maurice voulant recognoistre, s'en estant approché, receut une harquebusade de dedans la ville en la jouë gauche, mais sans danger, dont il guerit tost après. Les assiegez, bien estonnez de tels foudroyemens, desesperans de se pouvoir maintenir plus long temps, craignans en si belles et spacieuses bresches d'estre emportez d'assaut, consentirent tous d'un commun accord de parlementer et traitter d'apoinctement, ce que le prince leur accorda ; et le lendemain, cinquiesme de juillet, fut conclu et arresté que les assiegez sortiroient avec l'espée, et jureroient de ne porter les armes outre le Rhin de demy an contre les Estats.

En ceste sorte fut la ville de Stenvich renduë au prince Maurice après avoir enduré vingt-neuf mille coups de canon, et que ledit sieur y eut perdu environ quinze cents hommes et beaucoup de blessez, entr'autres le colonel François Veer et Horatio son frere, le colonel du regiment de Vest-Frise, Guillaume de Dorp, dont il mourut, et plusieurs autres. La ville rendue, le capitaine Berestein y fut mis en garnison avec quatre compagnies. Le camp des Estats y demeura si longtemps ès environs, que les remparts furent reparez, les fossez nettoyez et relevez, et tous les retranchemens applanis. Ceux qui avoient livré Gheertruydemberghe n'estans comprins en l'accord, autant qu'il en fut attrapé furent pendus. La Coquielle et tous les siens, avec les blessez, les malades et les bagages, furent conduits jusques en la comté de Benthen, ez frontieres de Vestphale.

Le duc de Parme estoit allé prendre des eauës de Spa quand Stenvich fut rendu au prince Maurice, ainsi que le raportent plusieurs relations qui s'accordent en cela, et disent qu'après que ledict sieur duc eut repassé la Seine à une lieuë au dessus de Paris sur un pont de bateaux qu'il fit faire exprès, il s'en alla à Chasteauthierry, où il sejourna quelque temps pour attendre de l'argent de Flandres afin de payer son armée, ayant entretenu ses soldats depuis son entrée en France, en leur baillant seulement deux escus par mois, et que, leur ayant faict donner une paye, il s'estoit retiré pour aller aux eauës de Spa, *per esser molto indebolito, uscitogli gran quantità di sangue del braccio, e però debile, e afflitto più dalla sua vecchia indispositione* (1).

Le duc de Parme, estant donc malade à Spa, rescrivit au comte de Mansfeldt qu'il eust à secourir Stenvich, puis solicita par escrits, commanda et menaça les Espagnols qui estoient aux garnisons de se joindre audit sieur comte : mais ils n'en voulurent rien faire qu'ils ne fussent satisfaicts de ce qui leur estoit deu. Il commanda aussi au colonel Mondragon, gouverneur de la citadelle d'Anvers, d'entrer avec cinq mille hommes et cinq pieces d'artillerie au pais de Chanpeigne, ce qu'il fit, et assiegea le chasteau de Vesterloo, lequel se rendit le 18 juillet par composition. Passant oultre, il alla devant Tournhout qui se rendit pareillement le 20, et celuy de Bergheve le 21, qui estoient trois places par lesquelles les gens des Estats travailloient tousjours le pays de Brabant et autres lieux circonvoisins ; ce que l'on faisoit affin de tascher à faire destourner le prince Maurice de ses desseins ; mais tout cela ne servit de rien, car l'armée ne se pouvant assembler promptement pour secourir Stenvich, ils le laisserent ainsi perdre, et l'Espagnol put encor cognoistre la verité de ce vieil proverbe françois : *Qui trop embrasse mal estreint.* Pensant envahir la France, il se trouva n'avoir pas assez dequoy seulement pour dompter les Estats, ce qui fut cause qu'il perdit ceste année les deux plus belles forteresses qu'il eust au pays d'Overyssel et au pays de Tuente ; car le prince Maurice, tout d'une suite poursuyvant la victoire de Stenvich, envoya son armée devant la ville et fort chasteau de Covoerden au pays de Tuente ; et luy, ayant tiré de son armée douze cents hommes et cinq pieces d'artillerie, il marcha vers la ville d'Otmarson dans laquelle commandoit Alphonse de Mendosse, lequel voyant qu'avec sa cavalerie il n'y pouvoit faire aucun service durant le siege, il en sortit avec soixante chevaux, et passa au travers des troupes du prince, promettant à ceux d'Otmarson de faire tant envers le colonel Verdugo qu'il leur ameneroit du secours. Le sieur de Famas, general de l'artillerie, ayant [illegible] la nuict mesme [illegible] la ville, au son de sa parole, [illegible] zade en la teste, duquel [illegible] le prince le regretta fort, [illegible] peux conseillers au faict de la guerre, [illegible] experimenté au faict de l'artillerie. [illegible] après quelques volées de canon, [illegible] s'ils s'opiniastroient le prince se vengeroit [illegible] sur eux de la mort dudit Famas, [illegible] composition qui leur fut accordée. [illegible] temps que la garnison espagnole sortoit, [illegible] nison y assignée de la part des Estats y [illegible], et ce mesme jour le prince vint [illegible] son armée devant Covoerden.

Le Drossart, entendant la venue [illegible] prince, brusla la ville et abatit tous [illegible] et hayes d'alentour pour ne rien laisser [illegible] ennemis se peussent mettre à couvert. [illegible] obstant, le prince Maurice se retrancha [illegible] jusques au bord du fossé du chasteau qui [illegible] d'assiette, de nature et d'artifice, et [illegible] timé imprenable. Il y avoit un ravelin [illegible] porte qui garantissoit le pont, lequel [illegible] continent par terre. Ce nonobstant, les [illegible] ne laissoient de faire des sorties [illegible] Ils en firent une en plein midy où ils [illegible] en pieces toute une compagnie, [illegible] tenant et enseigne, et ne s'en [illegible] qu'unze soldats. Pour empescher [illegible] ties le prince fit dresser quelques [illegible] afin de rompre le pont, ce qui fut [illegible] esté estoit du commencement fort [illegible] cause que tant plus aysement il [illegible] place tout à l'entour, voire mesmes [illegible] rescageux ; et, comme les fossez du [illegible] estoient profonds et larges, après qu'il [illegible] escouler le plus qu'il put les eaux, il [illegible] à pied remplir en roulant terre à [illegible] geur de dix ou douze pieds tant [illegible] à mesure que le fossé se remplissoit, [illegible] toit remply se couvroit de nuict avec [illegible] ches posées sur des estançons, [illegible] sous une forme de galerie qui se [illegible] à petit si long temps qu'elle vint au pied [illegible] part. Les planches par dessus estoient [illegible] de terre et de gazons, affin que les [illegible] pussent jetter le feu ; car autrement [illegible] voient ils offenser de leur artillerie. [illegible] ceste gallerie vindrent les premiers à la [illegible] rempart, sans que rien les pust empescher. [illegible] comme ce rempart estoit armé de [illegible] d'arbres et membres de bois, tant [illegible] couchez à droit, la terre et quelques [illegible] entre-deux, ceste terre ostée il [illegible] mettre le feu.

(1) Parce qu'ayant perdu une grande quantité de sang par suite de sa blessure au bras, il étoit fort affaibli, et souffrait davantage de son ancienne indisposition.

Le duc de Parme, sçachant de quelle importance estoit Couvoerden, comme la clef de tout le pays de Frize, Drenthen et Groninghe, envoya quatre mil hommes de pied et quinze cents chevaux sous la conduite de Verdugo, gouverneur de Groningeois, pour tascher à en faire divertir le siege; mais s'estant approché, et trouvant le prince bien retranché, il alla se camper à Enlichom pour couper les vivres qui venoient au camp des Estats du costé de la ville de Zwol, et fit faire force signals pour faire entendre aux assiegez qu'il estoit là pour leur secours. Après y avoir sejourné quelques jours, voyant qu'il en venoit en abondance par autres endroits, il delibera d'attaquer les tranchées : ce qu'il fit faire du commencement bien à propos par le comte Fregnano Sessa avec cent braves soldats esleus qui, ayans passé la premiere tranchée, se mirent à crier *Victoire!* mais ils furent au mesme instant repoulsez par le comte de Hohenloo qui y accourut en toute diligence, et en fit demeurer plusieurs sur la place; puis le canon du prince donnant au travers de quelques escadrons, Verdugo fut contraint de faire faire retraitte, toutesfois tousjours escarmouchants et marchans en gens de guerre, comme s'ils eussent resolu d'y retourner encor une autre fois.

Les assiegez, voyans leur secours retiré, quittans tout espoir, sentans leurs rempars tellement sappez qu'il ne restoit qu'à y mettre le feu, leurs deffenses et parapets entierement abbatus, et qu'il n'y avoit homme si hardy qui s'y ozast monstrer s'il n'estoit las de vivre, aymerent mieux rendre la place par capitulation.

Verdugo s'estant ainsi retiré avec ses troupes, et Covoerden tombé en l'obeyssance des Estats, le prince Maurice, qui durant le siege n'avoit voulu sortir hors de son camp pour le combattre, craignant de perdre une si belle occasion qu'il avoit en main pour se faire maistre de ceste place, après y avoir mis garnison et donné ordre à la reparation des remparts et ruines et à l'applanissement de ses trenchées, partit avec toute son armée et poursuivit les Espagnols tirans vers le Rhin et voulans le repasser à l'endroict de la ville de Berck. Mais comme le prince les talonnoit de si près, Verdugo, sentans ses gens descouragez qui se retiroient à la file passant à costé de la ville de Vezel, le prince tousjours le poursuivant, s'alla camper à l'abry d'une petite ville en Vestphale nommée Bocholt, où le prince ne l'osa attaquer, car il n'y avoit qu'un chemin assez estroit pour y aborder, au reste une grande fondriere et plaine marescageuse entre-deux. Ce qui fut cause que le prince, sans le vouloir poursuivre plus avant, comme l'automne estoit jà fort avancé et que les pluyes et mauvais temps de l'hyver approchoient, s'en retourna en Holande, et mit son armée en garnison aux villes jusques au printemps, ainsi que nous dirons l'an suivant.

Cependant aussi que Verdugo se retiroit de l'autre costé au pays du Liege pour y faire hyverner ses troupes, le duc de Parme faisoit ses preparatifs pour entrer la troisiesme fois en France; mais la mort l'en empescha, ainsi que nous dirons sur la fin de ceste année. Retournons voir en France ce qui s'y faisoit.

Au mesme temps que le duc de Mayenne gaigna le gouverneur de Ponteaudemer, ainsi qu'il a esté dit cy-dessus, le duc de Nemours aussi qui estoit à Lyon, et toutesfois divisé de volonté d'avec ledit duc de Mayenne, voulant, ainsi que plusieurs ont escrit, s'y establir une souveraineté particuliere, comme il se pourra plus aysement juger à la suitte de ceste histoire, practiqua le sieur de Maugeron, lequel, contre la fidelité qu'il devoit au Roy, prenant pour plainte et subject que l'on luy avoit refusé un brevet de quelque benefice qu'il avoit demandé pour un des siens, nonobstant tout le bon accueil que luy avoit faict Sa Majesté peu de jours auparavant, entra en practique avec le duc de Nemours, et luy promit de luy livrer les forts qui sont dans Vienne, appellez Pipet, Saincte Colombe et La Bastie, moyennant, ainsi que plusieurs ont escrit, nombre de deniers. Le jour de l'execution assigné entr'eux au dixiesme jour de juillet, le duc de Nemours fit sçavoir son entreprise au duc de Savoye son cousin, et sur la proposition faicte entr'eux qu'il estoit facile, en joignant leurs forces et gaignant Vienne à leur devotion, de conquester tout le Dauphiné en l'absence du sieur Desdiguieres qui estoit lors en Provence, le duc de Savoye laissa sa deliberation qu'il avoit d'envoyer ses troupes aux environs de Geneve pour y faire rebastir le fort de Versoy et autres forts afin de boucler encor ceste ville, à quoy le poussoit fort dom Olivares (1), et fit assembler ses troupes auprès du lac du Bourget, où se trouverent de sept à huict mil hommes espagnols, savoyards et italiens, lesquels sous la conduitte dudit dom Olivares se rendirent tous à Lyon, où ils passerent le Rosne et la Sosne, et s'en allerent loger à Sainct Saforin d'Ozon.

La trefve entre le Lyonnois et le Dauphiné avoit esté jurée solemnellement par les chefs, tant d'une part que d'autre, dez le vingt-cinquiesme de may : mais quiconque veut rompre une trefve ne trouve que trop d'occasions. Le

(1) Aucuns disent Olivara. (*Note de l'auteur.*)

duc de Nemours en print une sur un homme d'armes qu'il disoit estre retenu prisonnier dans Sainct Marcellin, et de quelques damoiselles à Grenoble, contre les conventions de ladite trefve. Ce fut le subject qu'il fit publier pour la rompre, et pour lequel, disoit-il, il reprenoit les armes. Ainsi les troupes de Savoye et les siennes joinctes ensemble, faisans bien dix mil hommes de pied et plus de quinze cents maistres, s'acheminerent vers Vienne. Maugeron, suivant son accord, luy livra lesdits forts qui commandent du tout à la ville, tellement que les habitans furent contraints de changer de party et recevoir M. le marquis de Saint Sorlin pour gouverneur, et le sieur de Disemieux pour lieutenant.

Le duc de Nemours, pensant que la surprise de ceste ville occasionneroit quelque remuement aux autres places du Dauphiné voisines, se tint trois jours dans Vienne et son armée aux environs; mais tous les gouverneurs des places qui tenoient pour le Roy blasmerent l'acte de Maugeron, et delibererent tous de se bien deffendre s'ils estoient attaquez. Le duc voyant que rien ne bransloit, il mena son armée dans le Dauphiné, et, pour contenter l'armée de Savoye, alla assieger le fort des Eschelles, qui est entre la Savoye et le Dauphiné, lequel le sieur Desdiguieres avoit auparavant pris sur les Savoyards affin d'avoir un passage à Chambery. Ayant battu ce fort de six pieces de canon, le quatriesme jour d'aoust, la bresche estant faicte, le marquis de Trevic et de Treffort firent donner l'assaut si furieusement qu'ils entrerent dans le fort, tuerent quatre-vingts harquebusiers, mais ils y perdirent beaucoup de leurs meilleurs hommes. Le reste des royaux s'estans retirez dans une eglise qui estoit encor bien fortifiée au milieu du fort, le duc de Nemours, voyant qu'il ne les eust peu tirer de là sans perte, les receut à composition.

Sur la nouvelle de la prinse de Vienne et entrée du duc de Nemours en Dauphiné, le sieur Desdiguieres, qui estoit au fin fonds de la Provence là où il estoit allé, y accourut. Mais avant que de dire comme le colonel Alphonse d'Ornano et luy joignirent leurs troupes ensemble pour empescher les desseins du duc de Nemours, voyons pourquoy il estoit allé en Provence.

M. de La Valette, gouverneur pour le Roy en la Provence, ayant assiegé Roquebrune au mois de fevrier de ceste année, fut tué d'une harquebuzade. C'estoit un seigneur prudent, valeureux, et fort affectionné au service du Roy, qui fut une grande perte. Le sieur Desdiguieres prejugeant que le duc de Savoye ne faudroit jamais de se prevaloir de ceste mort, et que les villes et

y a evesché, et dans laquelle il y avoit une bonne garnison ; mais, ainsi que l'on faisoit les approches, et qu'il s'apprestoit de battre ceste ville de six pieces de canon, les nouvelles cy dessus dites luy furent apportées, sçavoir que le sieur de Maugeron avoit livré Vienne au duc de Nemours, et que le duc avoit rompu la trefve et estoit entré avec une puissante armée en Dauphiné, ce qui fut cause qu'il ne continua ce siege ; et, ayant donné ordre le plus promptement qu'il put aux affaires de la Provence en attendant que M. le duc d'Espernon, qui s'y acheminoit avec une armée, y fust venu, il print en toute diligence la route du Dauphiné avec toutes ses troupes, et y arriva sur la fin de juillet. On a escrit que ceste rupture de trefve et ceste armée jettée dans le Dauphiné n'estoit que pour faire faire une revulsion des forces dudit sieur Desdiguieres qui pressoit par trop le duc à Nice.

Pendant le siege dudit fort des Eschelles, les sieurs colonel Alfonse et Desdiguieres, ayants joints leurs forces, vindrent attaquer Sainct Marcellin qu'ils emporterent d'abord par composition. Ils pensoient inciter par là le duc de Nemours à quelque secours, et à quitter le Pont de Beauvoisin pour les venir voir : ce qui n'estant pas arrivé, ils marcherent à luy, et prindrent le logis de La Coste Sainct André. M. de Nemours, au contraire, reculant de combattre, laissa le Dauphiné, et alla prendre pour logis Sainct Genis et les retranchements que dom Olivarez y avoit faits l'année precedente en trois sepmaines qu'il y sejourna, pendant lequel temps toutes ses troupes avoient remué force terre. Alphonse et Desdiguieres, voyans la difficulté qu'il y avoit de venir à un combat, veu le lieu où le duc s'estoit retiré, et l'incommodité que c'estoit de tenir si grandes troupes ensemble et les nourrir sans esperance de les employer, prindrent pour conseil de se separer, le sieur Alphonse pour faire gros à Moras et le fortifier, comme il fit aussi Beaurepaire et Seteme, Desdiguieres pour se retirer aux garnisons en attendant quelque meilleure occasion. L'armée du duc de Nemours sejourna quelque temps audit Sainct Genis sans bouger ; en fin elle fit semblant de prendre le chemin de Seteme, comme si elle eust voulu assieger ceste place ; mais tost après ceste grande armée se desbanda et ruina d'elle mesme sans autre effect, et le duc de Nemours se retira à Lyon.

Or le duc de Savoye, ayant receu nouvelles forces de cavallerie et d'infanterie, voyant ledit sieur Desdiguieres empesché dans le Dauphiné, rentra avec ses forces dans la Provence par dessus un pont de barques qu'il fit faire sur la riviere de Pallon, et son lieutenant general, Cæsar d'Avalos, assiegea La Cagne qui se rendit incontinent à composition. Ceux du dedans furent conduits à Antibe, où il fit faire, comme rapportent les relations italiennes, *il guasto ò la campagna, tagliando non pur le biade presso che mature, ma gli arbori ancora, e le vigne* [le desgast aux environs, coupant non seulement les bleds qui estoient murs, mais les arbres et les vignes]. Ainsi ceux d'Antibe, se voyans menassez d'un siege, firent souvent des sorties à la faveur du canon. En quelques escarmouches ils furent victorieux, en d'autres ils eurent du pire. Cela dura quelques jours, pendant lesquels ils esperoient secours de M. d'Espernon que le Roy envoyoit en ceste province avec une armée. Mais le duc de Savoye, ayant receu encor de nouvelles troupes, fit investir de plus près Antibe, et se saisit du chasteau de Canne afin d'empescher le secours qu'ils pourroient avoir de ce costé là, mit bonne garnison dans Grasse, qui est une cité episcopale dont Antibe est du diocese, et fit venir douze pieces d'artillerie de Nice, qui furent amenées par mer, avec lesquelles il fit commencer une rude batterie du costé de Sainct Sebastien, où, ayant faict breche, il fit donner l'assaut le dernier jour de juillet. Les siens entrerent de force dans une partie d'Antibe que l'on appelle La Borgade, et les François se retirerent, les uns dans la vieille ville là où est le chasteau, les autres au fort qui est sur le bord de la mer, et les femmes et les enfans aux eglises. En ceste journée les Savoyards firent un grand butin dans ceste ville. Le duc, voulant avoir le chasteau, y fit faire bresche avec trois pieces de canon, où il fit promptement donner l'assaut ; mais les siens furent si rudement repoulsez avec le canon et des feux d'artifices, qu'il y en eut grand nombre de tuez, et luy mesmes pensa l'estre d'un coup de canon. Pour avoir perdu de ses meilleurs soldats en cest assault, il ne laissa de faire recommencer la batterie, et fit faire une grande bresche du costé de Nice. Mais, voyant que les François ne discontinuoient leurs sorties, où ils faisoient mourir force Savoyards, et se presentoient resolus à la bresche pour la soustenir, le duc leur fit remonstrer qu'ils estoient hors d'esperance de secours, et que les siens avoient taillé en pieces trois cents François que l'on leur envoyoit pour les secourir, et qu'ils ne pouvoient eschapper de tumber à la longue sous sa puissance. Les assiegez, se voyans reduits à deux cents cinquante de cinq cents qu'ils estoient, accepterent la composition de sortir vies sauves, et ceux du fort, où estoit le frere du comte de Bar et le sieur de Canaus, s'estans rendus aussi le septiesme d'aoust à composition de sortir armes et bagages, furent tous desvalisez et la plus-part tuez. Ceste ville fut entierement pillée et saccagée par le duc de Savoye. Le pillage se monta à plus de trois cens mille escus, outre qu'il fallut que les habitans rachetassent leurs maisons de trente mille escus. Les Savoyards trouverent dans ceste place dix pieces de canon de fonte et dix-sept de fer, deux galeottes et trois navires. Le duc, estant ainsi maistre d'Antibe, mit le comte de Martinengue dedans pour gouverneur avec une garnison d'Italiens et d'Espagnols, et depuis il s'en retourna avec la duchesse sa femme sur ses galeres à Nice, là où il receut les nouvelles que le sieur Desdiguieres estoit entré dans le Piedmont : ce qui le contraignit de tirer la plus-part de ses forces de la Provence, là où le duc d'Espernon alla reprendre Antibe ainsi que nous dirons cy après, et d'aller deffendre ses propres pays.

Le sieur Desdiguieres, comme nous avons dit, à son depart d'avec le colonel Alphonse, mit toutes ses troupes aux garnisons; mais ce ne fut pour y estre long temps, car il leur donna assignation de se trouver trois semaines après à Briançon pour l'execution d'une entreprise bien haute et difficile qu'il desiroit faire sur le Piedmont. Ce seigneur ne fit pas ceste entreprise sans l'apprehender beaucoup pour une infinité de grandes considerations, principalement d'autant qu'il sçavoit assez que le Roy avoit tant d'affaires ailleurs, qu'il ne s'en osoit promettre si tost l'assistance et secours qu'il en eust tiré en quelque autre saison. Neantmoins l'utilité qu'il prevoyoit en pouvoir redonner à la France luy fit passer toutes difficultez.

L'armée doncques du Roy, sous la charge et conduitte du sieur Desdiguieres, passa le mont Genevre le 26 septembre, et se mit en gros à Sezannes et autres lieux circonvoisins. Le mesme jour ceste armée se separa en deux sur le matin, dont une partie print le chemin vers Pragela, tirant à La Perouse et à Pignerol pour faire entreprise sur ces deux places, l'autre vers Suze, où il y avoit esperance de faire quelque exploict. De ces trois entreprises l'une seulle succeda, qui fut celle de La Perouse, car la ville fut prise la nuict mesme à une heure après minuict; et quant à Pignerol, l'escallade fut presentée au chasteau, et de quatre eschelles il n'en fut dressé que deux, dont l'une se trouva courte, et l'autre fut renversée et rompuë. Les faux-bourgs de Suze furent pris, mais la garde d'iceux leur eust apporté si peu de commodité qu'ils furent quittez, et les troupes qui y estoient s'allerent re-

Ceste desfaicte apporta grande terreur à tout le Piedmont. Ceux des valées de Lucerne, Angrongne et La Perouse, presterent incontinent le serment de fidelité en corps, et ceux des trois ordres en particulier, comme d'un peuple et pays nouvellement conquis, à la charge que le Roy confirmeroit leurs privileges.

Le duc, qui estoit à Nice, se trouva estonné de ces nouvelles, tant parce que le Piedmont estoit desgarny des forces qu'il avoit faict descendre en Provence pour le siege d'Antibe, comme nous avons dit, que pour se voir attaqué dans sa propre maison, au lieu qu'auparavant il assailloit celle d'autruy. Cela fut cause qu'il s'y rendit incontinent avec le plus de forces qu'il put; mais, n'estant encor assez fort, il fit naistre dextrement quelque apparence de traicté par l'entremise du comte Morette, offrant aux François de remettre Berre, Grace, Sallon de Craux, Antibe, et ce qu'il tenoit en Provence. On jugea soudain que c'estoit pour gaigner un peu de temps et prendre le logis de Saluces : dequoy le sieur Desdiguieres l'eust bien prevenu s'il n'eust resolu de fortifier Briqueras, l'assiette duquel estoit belle, en la plaine et au meilleur lieu du Piedmont; joint qu'il ne vouloit pas entreprendre tant de besongne à la fois, ayant cela pour maxime qu'il vouloit voir clair et marcher pied à pied aux affaires.

Ceste fortification de Briqueras fut continuée avec une diligence incroyable, et telle que la place fut mise en deffense tost après. Nul n'estoit aussi exempt du travail; les chefs monstrerent l'exemple à porter les gazons, et l'infanterie, au lieu d'autres vicieuses occupations, y travailla continuellement et comme par emulation l'un de l'autre. On fit venir des pionniers des valées de Luzerne, d'Angrongne, Ours, Pragela et La Perouse. Bref, en moins de trois semaines ou un mois, ceste place fut revestuë de six ou sept bastions grands et forts pour resister à une grande armée. C'a esté une grande hardiesse et gloire au sieur Desdiguieres d'entreprendre de passer les monts avec cinq cents chevaux et trois mille hommes de pied françois, à la veuë d'un prince tel qu'est le duc de Savoye, assisté des forces du roy d'Espagne son beaupere, et ce dans le cœur de son pays. Voylà à quoy le sieur Desdiguieres employa son armée depuis le 26 septembre jusques au 10 novembre. Pendant le temps de ladite fortification, la cavallerie françoise alla souvent à la guerre bien avant dans le pays sans trouver aucune resistance.

Le duc cependant faisoit son gros à Saluces, ayant appellé ses forces de toutes parts. Le Milanois arma soudain. Une partie des troupes que le duc avoit en Provence repasserent le col de Tende pour le joindre, comme aussi firent toutes les forces qu'il avoit deçà les monts, que don Olivares et autres chefs luy menerent en toute diligence. Don Amédée s'y rendit aussi, et en son lieu le marquis de Trefort fut pourveu du gouvernement de Savoye. Tandis que le duc apprestoit ses forces, les François faisoient tousjours quelques courses sur son pays. Ayans eu advis que ceux de Dormesan se barricadoient et vouloient discontinuer de payer leur contribution, le 11 novembre, le sieur du Poët y fut envoyé avec deux cents chevaux, le regiment de Bearnon et six compagnies de Languedoc. Aussi tost qu'il y fut arrivé, il les envoya sommer avant qu'attaquer les barricades pour n'exposer ce pauvre peuple au pillage. Comme ils se virent investis et les François prests à donner, ils mirent les armes bas et se rendirent à composition. Les gens de guerre qui se trouverent dans ce bourg se retirerent à Rivalte, à un mil de là, et les François ayans repeu dans ce bourg l'espace de deux heures, du Poët fit battre aux champs afin d'eviter les excez que les soldats y eussent pu commettre, car on vouloit soulager les gens du plat pays comme amys, et les traicter doucement pour s'en servir à un besoin.

Le sieur Desdiguieres avoit donné ordre de faire venir de l'artillerie que jà dès long-temps il avoit mis aux Eschilles, ancienne frontiere de la France du costé du pas de Suze, place qu'il avoit prise quelques années auparavant. La conduitte dudit canon est chose remarquable, ayant esté transporté à force de bras par le chemin de La Perouse, et, à mesure qu'il arrivoit dans une vallée ou paroisse, tout le peuple le trainoit jusques à la prochaine vallée ou paroisse voisine qui l'alloient recevoir sur leurs limites, le convoioient sur leurs voisins, et ainsi de main en main le canon acheva de passer les monts, et le 13 de novembre il arriva dans Briqueras : ce qui donna une allegresse aux François de voir encor un coup les fleurs de lis en bronze delà les monts. On fit tirer une volée à toutes ces pieces, qui estoient trois canons et deux coulevrines, calibre de Roy : le bruit en put estre entendu jusques dans Thurin et autres lieux bien esloignez.

Ce mesme jour le duc vint loger avec son armée à Ville franche, et le lendemain arriverent aussi les sieurs de Gouvernet et de Buous, ledit sieur de Gouvernet conduisant deux cents maistres et cent harquebusiers à cheval que le colonel Alphonse envoyoit du Dauphiné, et le sieur de Buous deux cents maistres, cinquante carabins et quatre cents harquebusiers à cheval que le duc d'Espernon envoyoit aussi de Provence, où il estoit arrivé, audit sieur Desdiguieres.

Le seiziesme du mesmes mois le sieur Desdiguieres, estant monté à cheval avec partie de l'armée, alla recognoistre le logis de Cavours qu'il deliberoit prendre le lendemain. C'est une petite villette close de murailles de brique, au pied d'une petite montagne, laquelle il semble que nature ait voulu planter tout au milieu de la plaine de Piedmont pour servir comme de guette et de citadelle à tout le pays des environs. Sur le haut du rocher il y a un chasteau presque inaccessible, dans lequel ceux de la maison de Raconis, à un puisné de laquelle maison Cavours estoit escheu en partage, souloient tenir leurs titres et ce qu'ils avoient de plus precieux pour l'asseurance qu'ils avoient en ceste place, où de tout temps y avoient une paye morte de dix ou douze soldats. La ville est située au bas de ladite montagnette, fermée de muraille de brique, et où y peut avoir environ trois cents maisons. On peut faire le tour, tant de ladite montagnette que de la ville, dans une petite heure, en se pourmenant et allant le pas. Voylà sa grandeur; sa hauteur est d'environ demy mille. La ville regarde la descente des Alpes droit à Briqueras qui est située au pied d'icelles, et en est distant environ de quatre mille, qui font deux petites heures, distant aussi de Pignerol quatre mille, trois mille d'Ausasq, autant de Barge et de Lucerne qui est plus avant que Briqueras dans la valée d'Angrongne, et n'approche Cavours ladite montagne de plus près que de deux mille, qui est à l'endroit de Bubiano. Ceste lieuë de plaine est garnie d'utins, prairies et terres labourables, des plus fertiles de tout le pays. De l'autre costé, tirant vers le Po et la grande plaine de Piedmont, est Vigon et Ville-franche tout joignant le Po, où nous avons dit que le duc s'estoit logé avec son armée, estant esloignée ladite ville de Ville-franche de Cavours d'environ quatre mille.

Au depart de Briqueras, qui fut le 17, le sieur Desdiguieres resolut de marcher en bataille si d'avanture le duc vouloit venir aux mains, comme il y avoit apparence à cause du voisinage du logis qu'il alloit occuper, et importance d'iceluy, si d'avanture il estoit forcé, joint que son armée surmontoit en nombre d'infanterie et cavallerie celle du Roy, que ledit sieur Desdiguieres rengea en quatre escadrons de cavalerie et deux bataillons de gens de pied. Les sieurs de Gouvernet et de Buous estoient à l'advantgarde, ayant chacun un escadron de deux cents chevaux et plus, et un bataillon de gens de pied au milieu, composé des regiments de La Vilette, de Montmorin et de six compagnies de Languedoc, lequel bataillon estoit commandé par le sieur d'Auriac, qui devoit disposer des enfans perdus selon l'occasion et assiette des lieux. A la bataille marchoit ledit sieur Desdiguieres avec la cornette blanche, sa compagnie de gens d'armes, qui estoit grande et forte, et celles des sieurs de Morges, le sieur du Poët à la main gauche, et dans son escadron sa compagnie, celles du baron de Briqueras, de Blagnieu, de La Buisse, et trois autres; entre les deux escadrons, un gros bataillon de gens de pied garny de grande quantité de piques et mousquetaires, commandé par le sieur de Ravaut. L'armée en telle ordonnance approcha ledit Cavours, où on eut l'advis que le duc s'avançoit avec ses forces.

Les François se logerent tard à Cavours, et on demeura long temps en la place de bataille sur les faulses alarmes qu'on eut; mais le duc ne parut point. Le 18, le sieur Desdiguieres recognut le chasteau où estoient entrez plusieurs gens de guerre savoyards, et jugea que ce seroit un grand advantage de se loger sur une croupe de roc opposée à une tour qui deffend ledit chasteau, bien qu'elle en soit separée de cent ou six vingts pas. Ce logis fut gaigné avec une grande difficulté, et falut apporter par un chemin très-aspre et très-rude grande quantité de sacs pleins de terre et de fumier sur ladite croupe de roc: à quoy furent taxez par billets, tant les gens de cheval que de pied, qui tous firent si grande diligence et s'y employerent d'un tel courage, que l'execution fut presque aussi prompte que le commandement. L'artillerie arriva de Briqueras le 19. Ce mesme jour le sieur Desdiguieres eut advis comme le duc se remuoit pour ne laisser perdre ceste place à sa veuë. Le 20, on mit le canon en batterie contre ladite tour, nommée Bramesan, qui a esté construite pour occuper un endroit qui se treuve seul le long de la creste de ladite montagne, dont on peut regarder le chasteau à droicte ligne, le reste n'estant qu'un roc taillé en forme de croissant. Après beaucoup de coups perdus, on efleura seulement les machecoulis de ladite tour, et, pour ne rien perdre à faute de n'entreprendre, les François essayerent à l'entrée de la nuict de s'y loger, mais ils trouverent qu'il n'estoit encores temps.

Le 21 le sieur Desdiguieres, ayant eu advis que le duc devoit secourir les assiegez, assembla dez le matin les chefs de l'armée pour adviser si on devoit continuër le siege ou aller au devant du duc pour le combattre. Ceste question, qui n'estoit petite, fut bien tost vuidée par une rencontre d'opinions de continuer l'un et ne laisser eschapper l'autre; et pour cest effect chacun print sa tasche, qui à choisir la place de bataille, qui à faire clorre les advenués de palissades, qui à la batterie : bref ils employerent tellement la journée, qu'après avoir battu ladite tour depuis les deux heures du matin jusques à cinq heures du soir, on l'emporta de force nonobstant qu'elle fust proche du chasteau.

Le 22, à cinq heures du matin, les sentinelles des François qui estoient en garde sur le haut du rocher, d'où l'on pouvoit voir à clair le fort de Briqueras, ouyrent une salve d'harquebuzades de ce costé là, dont ils advertirent à l'instant le sieur Desdiguieres. Or c'estoit le duc qui, estant party de Vigon à l'entrée de la nuict, estoit allé à Briqueras donner une camisade, pensant y surprendre les François; et tint à peu que les Savoyards n'emportassent la place, car ils rompirent les palissades et monterent jusques sur la poincte d'un des bastions; mais ils en furent chassez et renversez à coups de main, de crosse d'harquebuze et à coups de pierre, et furent contraints de laisser nombre de morts et leurs eschelles dans le fossé.

Sur cest advis ledit sieur Desdiguieres monta à cheval avec sa cavalerie, et alla prendre sa place de bataille à deux harquebuzades de Cavours sur le chemin de Briqueras, incertain de ce qu'on rapporteroit dudit Briqueras. Il s'advança, et ledit sieur du Poët quand et luy, au devant de ceux qu'on y avoit envoyez à toute bride; et, dès qu'on sceut la faillite, ledit sieur Desdiguieres jugea que les Savoyards se retirans après ceste desfaveur pourroient faire beau jeu. Il se mit donc à les suivre le grand pas sur le chemin de leur retraicte avec sa cavalerie et environ trois cents harquebusiers à cheval, laissant le sieur d'Auriac pour commander le reste de l'armée qui estoit demeurée au siege. Il aborda les Savoyards sur les neuf heures du matin à un village nommé Grezlliane, dans un pays couverts d'utins, où il luy fut très-malaysé d'y dresser des escadrons pour combattre. Les Savoyards avoient un ruisseau devant eux, une chaussée, et, à l'une et à l'autre main, des jardins et chemins couverts et très-propres pour eux qui avoient là toute leur infanterie, et au contraire le sieur Desdiguieres n'avoit que trente ou quarante carabins, et environ deux ou trois cents harquebusiers à cheval. Ceux de l'advantgarde françoise, portez de l'ardeur de combattre, firent des charges, et receurent celles des Savoyards qui donnerent jusques sur le bord du ruisseau. En mesme temps le sieur du Poët, s'advançant avec son escadron, se mesla parmy la cavalerie savoyarde, et leur fit une rude charge en laquelle le chevalier de La Mante, qui la menoit, y fut pris, et quelques morts demeurerent sur le champ. Le sieur du Poët retourné en sa place, n'ayant commandement de passer outre, les harquebusiers à cheval françois qui s'estoient advancez, ayants mis pied à terre, coururent après les Savoyards, cuidans que toute la cavalerie suivist; mais l'ordre de l'advant-garde n'estant pas bien disposé, cela provoqua les Savoyards à faire encore une autre demie charge pour tousjours donner temps à leur infanterie de tirer pays. Ledit sieur Desdiguieres se trouva lors de ladite charge sur le bord du ruisseau, où il fit un tourne bien à temps et à propos avec fort peu de gens qui le suivoient, comme il alloit departant les commandemens de lieu à autre, et ramena ses ennemis d'où ils estoient venus. En chemin faisant il fit placer quelques harquebusiers dans les clostures des jardins du village, que les Savoyards abandonnerent du tout sans oser donner la bataille : il y eut bon nombre de morts abandonnez aussi. Après que ledit sieur Desdiguieres eut sejourné quelque temps dans le village, et consideré la contenance de son ennemy qui se retiroit par un pays advantageux pour l'infanterie, il s'en retourna à Cavours pour continuër son siege.

Les assiegez avoient peu aisement voir une partie de ce combat, et, jugeans par la contenance du retour des assiegeans quelle en avoit esté l'issuë, firent quelque demonstration de vouloir parlementer. Le sieur Desdiguieres y envoya un trompette qui les trouva assez ployables, mais divisez entr'eux, de sorte qu'ils remirent à faire response le lendemain. Depuis le 23 novembre les assiegez s'estans rasseurez rompirent le parlement du jour precedent. Ce mesme jour on continua à battre une partie du corps de logis du chasteau qui regardoit vers la ville. Le 26 le sieur Desdiguieres resolut de faire mettre sur le plus haut de la montagne deux canons pour faire la sommation de plus prez. Les soldats les tirerent à force de bras depuis le pied de la montagne jusques autant qu'il se trouva de terre pour affermir leurs pas : ce fut la premiere stance. On alla après assoir sur le roc vif, à demy la montagne, deux argus, ou autrement deux tours, avec lesquels on les tira avec deux cables l'un après l'autre tout affustez. Mais la difficulté se trouva à les placer à ceste moitié de chemin attendant que les argus fussent remuez à la sommité du roc pour leur faire faire le saut entier, et qu'on eust dressé les appans comme des rabats de jeu de paulme, pour suppleer à l'inegalité du rocher, dentelé et creusé en maints endroits par où le canon devoit passer, lequel se fust indubitablement caverné et accroché en chemin sans ce remede. On s'employa depuis ledit jour vingt sixiesme novembre jusques au premier decembre à mettre les pieces en batterie sur le haut de ladite montagne, dont on battit à plomb une terrasse qui couvroit l'entrée dudit chasteau, et effleura on quelques tours sans autrement faire bresche qui fust suffisante.

Le mercredy, deuxiesme decembre, au poinct du jour, le duc de Savoye essaya de jetter environ cent cinquante hommes de secours dans le chasteau, portans chascun un sachet de douze à quinze livres de farine. Le commencement et le milieu de son entreprise luy succedda, car, avec une resolution bien grande, ledict secours fut conduit jusques dans le milieu de l'armée françoise, et monta une partie du rocher. Mais ils crierent trop tost *Vive Espagne!* Les corps de garde des François, s'estans entendus et entresecourus l'un l'autre, les rencontrerent comme ils passoient une pointe du roc. Il en demeura de morts sur la place soixante-six et vingt-deux de prisonniers, entr'autres deux capitaines, l'un arragonnois et l'autre milanois : le reste se sauva à la fuitte. Hierosme de Versel, maistre de camp, qui commandoit dans ladite place, demanda encor à parlementer ce jour mesme tandis que l'on continuoit la batterie, monstrant n'avoir faute d'asseurance et de courage, mais apprehendant sur tout le reproche et le rigoureux chastiement de son maistre. En fin la necessité où il se vid reduit, et la difficulté d'estre secouru, luy firent passer par dessus ces considerations.

Le lundy, deuxiesme decembre, ils firent faire une chamade pour retirer leurs morts, ausquels les François voulurent rendre ce charitable office de leur donner sepulture. C'estoient la plus-part soldats d'eslite tirez cinq pour compagnie de toute l'infanterie de l'armée savoyarde, sçavoir : cinquante Espagnols, cinquante Milanois et cinquante Neapolitains; lesquels le duc et dom Olivares avoient conduit environ deux mil par deçà Vigon, sur le chemin de Ravel. Le vendredy quatriesme les assiegez, se sentans obligez du soin qu'on avoit voulu avoir de leurs morts, envoyerent un alfier espagnol pour en remercier le sieur Desdiguieres, et le prier de plus de permettre audict alfier de faire faire les ceremonies funebres à ses compagnons, mesmes à ce capitaine espagnol qui conduisoit leur secours : ce que ledit sieur octroya volontiers, et recognut lors deux choses : l'une qu'ils estoient près de leur fin, l'autre que Hierosme de Versel et le comte de Lucerne estoient bien ayses de faire jetter la premiere planche du parlement à un Espagnol.

Le samedy 5 au [illegible] pitulation par escrit, [illegible] toutes les ceremonies [illegible] che ladite capitulation [illegible] Emanuel de Lucerne et [illegible] tirent avec cinq cents [illegible] enduré six cent cinquante [illegible] passerent tout à travers de l'[illegible] laquelle estoit en bataille, et [illegible] par les sieurs de Villars et [illegible] compagnie du sieur Desdiguieres, [illegible] le chemin de Vigon où estoit le duc, [illegible] dre ceste place à sa veuë, n'y ay[illegible] lieuës françoises. Voylà comme ceste [illegible] forte d'elle mesme, après avoir soustenu [illegible] jours le siege, fut en fin prise par [illegible]

Environ ce mesme temps le [illegible] fort, qui fut après le despart du [illegible] pourveu du gouvernement de Savoye [illegible] nous avons dit, ayant assemblé [illegible] pes en Savoye, et estant bien [illegible] mauvaise garde que faisoient ceux [illegible] près de Grenoble, surprint ceste place [illegible] par ce moyen servir de quelque [illegible] tirer les forces du sieur Desdiguieres [illegible] ce que ledit sieur ne fit, ains donna ordre [illegible] qui fut expedient, tant pour la garde [illegible] que des autres places qu'il avoit [illegible] Piedmont; et, voyant qu'il ne pouv[illegible] duc à un combat, il retira son armée [illegible] Briqueras, Cavours, et de six ou sept [illegible] tites places, et distribua en outre [illegible] pagnies de gens de pied sur la fronti[illegible] phiné et du Piedmont : quoy fait, il [illegible] Dauphiné avec partie de sa cavalerie. [illegible] mesme separa son armée, qui de jour [illegible] s'amoindrissoit, aux garnisons, se [illegible] pour le printemps, de sa part, de faire [illegible] grand effort du costé de la Savoye.

Aussi-tost que le duc d'Espernon [illegible] Provence avec ses troupes, et qu'il [illegible] le pouvoir que luy avoit donné le Roy [illegible] mander en ceste province, il y trouva [illegible] inclination et affection à la noblesse [illegible] pays là, à beaucoup de la justice et [illegible] Le traictement qu'avoit faict le duc de [illegible] Antibe et aux environs fit penser mal à [illegible] de l'union de l'intention dudit duc, et [illegible] du depuis en haine. Il y en eut mesmes [illegible] uns qui quitterent le party de l'union et [illegible] se rendre à M. d'Espernon. Le sieur [illegible] et plusieurs de la noblesse et des bonnes [illegible] quoy que devenus ennemis du duc de [illegible] ne laisserent de continuer la guerre aux [illegible] mais ledit sieur duc d'Espernon, ayant [illegible] les mesmes intelligences qu'avoit ledit [illegible]

Quelques jours après M. d'Espernon s'achemina en Gascongne, laissant la meilleure partie de ses forces ez mains du sieur de Themines. Or il y a en la plaine de Montauban une maison champestre nommée La Court dont le sieur de Themines se voulut rendre maistre. Pour executer son dessein il y conduit ses troupes et l'artillerie; mais M. de Joyeuse ayant advis de la mauvaise garde que faisoient les royaux, il les chargea de nuict si à propos qu'il en tua environ quatre cents et en fut blessé grand nombre: plus, il se saisit des deux coulevrines de Montauban, et prit prisonniers quelques habitans qui leur servoient de conduite. Mais sans la valeur du sieur de Themines, qui fut comme la barriere qui garentit le reste des troupes, ceux de l'union eussent emmené aussi bien le canon que les deux coulevrines : mais il le conserva et remena seurement à Montauban. Ceste desfaicte advint le 19 juillet.

Depuis que M. d'Espernon se fut acheminé en Provence, M. de Joyeuse, mettant ses troupes aux garnisons, donna loisir de moissonner et faire la recolte en ce pays là. Toutesfois il avoit tousjours Villemur pour son principal dessein, et pour en faciliter l'issuë il se campa devant le dixiesme septembre.

Ledit sieur de Reniers laissant sa place au baron de Mauzac, assisté du sieur de Chambert et du capitaine La Chaize, il se retira à Montauban en intention d'assembler du secours et de faire lever le siege. Sur ces entrefaictes le sieur de Desme arriva à Montauban avec quelques forces, lequel alla s'enfermer dans Villemur.

Or M. de Joyeuse avoit pour ses principaux confidents les sieurs d'Onous et de Montberaut. Par leur advis il rangea tellement l'estat de son armée, qu'en l'assiette et ordonnance d'icelle on n'eust sceu rien remarquer qui ne portast tesmoignage d'un bon sens et grande suffisance au mestier de la guerre. Sa diligence fut grande à faire les approches, non toutesfois bastantes à surmonter les empeschements, où d'heure à autre l'active prevoyance des assiegez luy donnoit de nouveaux embarassements.

S'estant advancé pied à pied, il commença à faire sa batterie de huict pieces de canon et deux coulevrines. Comme il estoit sur le poinct de renforcer la batterie le sieur de Themines retourna à Montauban, où, ayant mis l'affaire sur le bureau, il se resolut de conduire à Villemur un si bon renfort qu'il pourroit suppleer, tant à la foiblesse des murailles qu'aux autres incommoditez de la place.

Le dixneufiesme de septembre, environ les neuf heures de nuict, il s'achemina à Villemur,

Roy aux provinces voisines. Pour M. le mareschal de Matignon, il s'excusa sur l'estat de la Gascongne, qui ne luy permettoit de desmembrer son armée; mais M. de Missillac [ou Rostignac, gouverneur de la haute Auvergne, celuy duquel nous avons parlé cy dessus en la journée d'Issoire] se disposa d'y mener luy mesmes ses troupes.

M. de Joyeuse en ayant eu advis, desirant avant sa venuë combattre lesdits sieurs de Chambaut et de Lecques qui estoient campez à Bellegarde, les alla recognoistre avec sa cavalerie, et les surprit tellement au despourveu à Bellegarde, que la cavalerie royale tourna le dos pour un temps, et se mit en desordre, qui eust esté beaucoup plus grand sans la resolution des sieurs de Chambaut et de Lecques, qui, faisans ferme, firent tirer quelques coups de canon avec lesquels ils arresterent ledit duc. Il se fit alors quelques charges, et, après que ledit duc eut cogneu que les royaux estoient en lieu fort, il se retira.

Peu de jours après le vicomte de Gourdon et le sieur de Giscart se rendirent à Montauban avec leurs compagnies. Mais, aussi-tost que ledit sieur de Missillac y fut arrivé avec cent maistres et bon nombre d'harquebusiers à cheval, la matiere estant mise en deliberation, les royaux se resolurent à la bataille. Ceste resolution prinse, l'armée se mit en campagne, repartie en trois : le sieur de Missillac conduisoit l'avantgarde, la bastaille estoit commandée par le sieur de Chambaut, et l'arrieregarde par le sieur de Lecques.

Sur l'advis qu'ils eurent que le duc avoit escarté sa cavalerie et fait loger aux quartiers, ils prirent party de ne laisser eschapper si belle occasion, et, laissans l'artillerie à Sainct Leophaire, on fit advancer l'armée sous le voile obscur de la nuict. M. de Joyeuse avoit quelques jours auparavant fait loger au picquet sa cavalerie, et, combien que les sieurs d'Onous et de Monberaut, se craignans que les royaux leur donnassent quelque extrette au despourveu, lui conseillassent de continuer ceste procedure, il n'en voulut toutesfois rien faire, s'asseurant d'estre à point nommé adverty du delogement des royaux par une damoiselle voisine de Montauban, laquelle toutesfois, pour quelque diligence qu'elle employast pour advertir ledit sieur duc, si ne le put elle faire si à temps que les royaux ne luy fussent sur les bras.

Or son armée estoit composée de six cents maistres et quatre mil hommes de pied, comprins quatorze cents lansquenets. L'armée royale estoit de cinq cents maistres et deux mil cinq cents harquebusiers. Les royaux firent advancer cinq cents harquebusiers conduits par le sieur de Clouzel pour garder la forest de Villemur, et pouvoir à la faveur d'icelle parquer leurs forces en lieu advantageux. Estans au bout de la forest ils eurent divers advis, les uns disans que le duc estoit en champ de bataille, les autres au contraire asseurans qu'il se tenoit coy, ce qui cuyda les mettre en confusion : mais le sieur de Chambaut leur dit, sans entrer en plus longs propos, qu'il se failloit resoudre à vaincre ou mourir. A ceste parole le sieur de Pedoué s'offrit audit sieur de Missillac de se saisir du champ de bataille moyennant l'assistance de dix soldats : ce qu'il executa, et tout soudain retourna devers ledit sieur de Missillac pour l'advertir de l'advantage dont il s'estoit prevalu.

La damoiselle dont nous avons parlé cy dessus avoit, mais tard, donné advis à M. de Joyeuse du progrez des royaux. Aussi-tost qu'il l'eut receu, il fit appeller sa cavalerie par le signal de trois coups de canon : ce que les royaux ayans entendu, jugerent incontinent de l'estat de son armée, et aussi-tost le sieur de Missillac s'achemina au champ de bataille avec son advantgarde, flanquée et favorisée des cinq cents harquebusiers dont nous avons parlé cy-dessus. Il n'y fut plustost parqué qu'on fit alte pour adviser comme on pourroit attaquer le premier retranchement que le duc avoit dressé le long du chemin qui tire de la forest à Villemur. La resolution fut que les sieurs de Clouzel et Montoison feroient ceste attaque avec leurs regiments.

Ainsi que le soleil se levoit, le dix-neufiesme octobre, le premier retranchement, où M. de Joyeuse avoit laissé deux cents soldats, fut attaqué par lesdits sieurs de Clouzel et de Montoison, qui se rendirent bien tost maistres de ce premier retranchement, et ceux qui le gardoient s'estans retirez au second y furent promptement poursuivis. Ce fut là où il fut le plus combattu.

Les ennemis mesmes du duc de Joyeuse ont escrit de luy que, se voyant ainsi surpris sans avoir eu advis de l'acheminement des royaux, il fit de necessité vertu, et monstra tant de haut courage et de bon sens, usant d'une telle diligence à envoyer renforcer la garde des autres forts, que, si sa brave resolution eust esté secondée des siens, l'honneur de la victoire eust esté contesté plus longuement. Toutesfois le second retranchement fut disputé une demie heure durant par quatre cents harquebusiers que ledit duc y avoit envoyez ; mais, survenant tout d'un mesme temps le reste de l'armée royale, et le sieur de Themines estant sorty de Villemur, qui, donnant à dos, avoit renversé desjà les premieres barricades, ce fut audit sieur duc de Joyeuse à songer à se retirer aux Condomines où estoit son camp et son artillerie. Ceste retraicte toutesfois se fit avec de l'esbahissement que les siens prindrent de se voir si chaudement poursuivis des royaux, tellement qu'ils se mirent tous generalement à la fuitte vers le Tar pour se sauver par dessus le pont qu'ils y avoient basty : mais les royaux ayans gaigné le gué et coupé le pont, grand nombre de ceux qui pensoient traverser le Tar s'y noyerent.

Ledit sieur duc voyant tous les siens l'abandonner, et que les royaux avoient jà gaigné son camp et l'artillerie, pensant traverser le Tar pour se sauver, accompagné de deux gentils-hommes, il fut entraîné par la violence de l'eau, et se noya, au grand regret des siens et de tous ceux de son party.

La cavalerie royale, ayant passé le gué, donna sur ceux qui estoient en l'eau, et poursuivit long temps les fuyards, et tailla en pieces tout ce qu'elle rencontra. Le Tar se vit lors, l'espace d'une grande harquebusade, tout plain et jonché des corps de tous ceux qui avoient eu recours à cest element. En ceste deffaicte, outre ledit duc, ceux de l'union perdirent deux mille hommes. On avoit auparavant faict retirer cinq pieces de canon des huict dont on avoit faict breche, et n'y en eut que trois de prises avec les deux coulevrines que ledit duc avoit gaignées à La Court, comme nous avons dit cy dessus. Vingt-deux enseignes furent prises. De prisonniers, le nombre ne passa point quarante-trois. Les royaux y perdirent dix hommes seulement. Et quant à Villemur, ayant enduré deux mil coups de canon, les assiegez n'y perdirent que dix-sept soldats. Le corps de M. de Joyeuse fut tiré de l'eau le mesme jour et porté à Villemur, et du depuis rendu aux siens pour luy faire les derniers devoirs.

Voylà ce qui s'est passé en la desfaicte et mort dudit sieur duc de Joyeuse, dont les Thoulousains et la noblesse du party de l'union en ceste province furent pour un temps bien estonnez.

Ledit sieur illustrissime cardinal de Joyeuse estoit revenu de Rome à Thoulouse sur le commencement de cest esté; ledit comte de Bouchage, que l'on nommoit pere Ange, y estoit aussi aux Capucins, et la maison de Joyeuse se vid lors reduicte sans y avoir aucun d'eux qui portast l'espée (1). La noblesse dudit party et les Tholosains prierent ledit sieur cardinal de prendre la charge de leur conduitte, ce qu'il ne voulut jamais accepter. Le sieur du Bouchage, estant capucin, en fit le mesme refus; mais, après plusieurs conseils tenus sur ce subject, par dispensé du Pape et par le congé de son general, il quitta l'habit de capucin, et fut declaré gouverneur pour l'union au pays de Languedoc.

Il s'estoit passé plusieurs remuëments en ces quartiers là touchant ce gouvernement de Thoulouse. Le marquis de Villars, beau-fils de M. de Mayenne, en disoit estre pourveu par l'union, et avoit une fois chassé la maison de Joyeuse et tous ceux de leur party hors de Thoulouse. Mais du depuis les Joyeuses en firent sortir ledit sieur marquis de Villars et ceux de son party, qui se retirerent en quelques villes et chasteaux vers le Limousin et Perigord, là où mesmes ils firent lever le siege aux royaux de devant Sainct Yriez La Perche qu'avoit assiegé M. le comte de La Voûte, à present duc de Ventadour, où plusieurs grands seigneurs royaux furent tuez, entr'autres messieurs le comte de La Rochefoucaut et La Coste de Mezieres. Durant mesme ledit siege de Villemur plusieurs ont escrit que ledit sieur marquis de Villars fut supplié de joindre ses troupes avec ledit sieur duc de Joyeuse, ce qu'il ne fit, et que leur division aporta plus de commodité aux royaux de desfaire ledit duc. On a recognu que les partialitez entre les grands de ce party ont esté cause de sa ruyne. Le comte du Bouchage, reprenant donc l'habit de seculier (2), prit le nom de duc de Joyeuse, et se comporta avec grande prudence pour appaiser une infinité d'esmotions populaires des Thoulousains, jusques à la reduction de leur ville, ainsi que nous dirons en son lieu.

Au mesme mois que ledit duc de Joyeuse fut ainsi desfaict devant Villemur, M. le mareschal de Bouillon desfit aussi le sieur d'Amblize, grand mareschal de Lorraine, devant la petite ville de Beaumont, à trois lieuës près de Sedan; ce qui advint en ceste façon.

M. le mareschal de Bouillon allant reconduire les reistres, comme nous avons dit, outre ses troupes particulieres, le Roy le renforça des regiments du sieur de Chambaret et de Montigny et de quelque cavalerie. Après le despart des reistres il avoit donné le rendez-vous desdites troupes audit Beaumont. Un capitaine qui estoit dans ceste petite ville, peu forte de murailles et de fossez, leur ferma les portes, et dit que M. de Nevers l'avoit mis dedans ceste ville, et non le mareschal de Bouillon, avec autres responces aigres : toutesfois, ayant depuis recognu sa foiblesse, pensant venir parler audit sieur mareschal

(1) Cela s'entend des enfans dudit feu sieur mareschal de Joyeuse, car le comte de Beaupré porte aussi le mesme nom et armes de Joyeuse. (Note de l'autheur.)

(2) Henri de Joyeuse étoit entré dans l'ordre des Capucins en 1587, après la mort de son épouse.

chal, il fut pris et pendu pour sa desobeissance. Les susdites troupes s'allerent loger dans Beaumont, que ledit sieur mareschal resolut de faire du tout desmanteler, et avoit jà faict conduire des gens de Sedan pour ce faire, quand il eut advis que ledit sieur d'Amblize amassoit toutes les forces des garnisons de Verdun, Clermont, Dun, Ville-franche, et autres lieux, et avoit fait un gros d'armée de huict cents chevaux et deux mille hommes de pied, avec quelques petites pieces : ce qui le fit changer de volonté, et au contraire envoya incontinent à Beaumont susdites troupes de la poudre, de la mesche, des picques et autres choses necessaires qu'il jugea y estre de besoin pour se deffendre s'ils y estoient attaquez.

Le huictiesme jour d'octobre d'Amblize brusla le fort et le village de Marq, et vint loger le dimanche unziesme devant Beaumont. Le lendemain ayant faict sommer ledit sieur de Montigny, qui estoit un vaillant gentil-homme du pays de Picardie, et les autres capitaines qui estoient dedans Beaumont de se rendre à luy, sinon qu'il les feroit tous tailler en pieces, ils dirent au trompette : « Dites à vostre maistre que s'il nous veut donner son canon, et à chacun de nos soldats cent escus, que nous quitterons ce logis. » D'Amblize, fasché de ceste response, dit : « Foy de gentil-homme, je leur donnerai à chacun un cordeau, puis qu'ils sont si temeraires. » Tout aussi-tost il fit tirer quelques coups de ses pieces, et fit faire ses approches. Les royaux firent quelques sorties pour l'en empescher, et y eut ceste journée forces escarmouches. Mais le mardy, dez le grand matin, il commença à faire jouer deux gros canons qu'il avoit faict venir en diligence de Ville-franche, et continua tellement sa batterie le long du jour, qu'il esperoit y faire donner l'assaut et l'emporter.

Le bruit du canon estant entendu à Sedan par ledit sieur mareschal, qui avoit mandé aux gouverneurs et aux gentils-hommes voisins de l'assister, resolut avec ce qu'il avoit d'aller secourir Beaumont, et partit de Sedan ce mesme jour sur le midy avec trois cents bons chevaux, et arriva si à propos auprès de Beaumont, que, s'estant advancé avec environ cent chevaux, il parut avec ce nombre seulement jusques devant les murailles, se contentant, après avoir attaqué une bonne escarmouche et quelques coups de pistolets donnez, d'avoir asseuré ceux de dedans, par quelques cavaliers qu'il y fit entrer, qu'il estoit là pour leur secours, empeschant d'Amblize à faire donner l'assaut où il se preparoit à l'heure mesme, la bresche estant raisonnable; et par ce moyen aussi il donna loisir aux assiegez de remparer la bresche toute la nuict.

Après cela il se retira à une lieuë et demie de là dans Raucourt, où estant, et se representant la perte toute evidente, faute de secours, non tant de la place que des regiments de Chambaret et de Montigny, et des compagnies des chevaux legers des sieurs de La Tour et Flavigny, et en suitte la perte de Mouzon, qui estoit le principal dessein des Lorrains, sur ces considerations, il jugea estre besoin de hazarder un combat. L'ayant resolu, le lendemain au matin il monta à cheval, fortifié encor de quatrevingts bons chevaux amenez de Maubert par le sieur de Rumesnil qui y estoit gouverneur, et de quelques deux cents harquebuziers de ses subjects, et avec cela il alla droict vers Beaumont, au mesme lieu qu'il avoit recogneu le jour de devant. Ayant faict advancer deux gros de cavalerie, il fit repoulser les Lorrains qui s'advançoient pour lui trancher le passage d'un vallon et favoriser la retraicte à quelques uns de leur infanterie logez dans des censes qui estoient à leur main gauche. Il se fit là une rude charge.

Cependant ledit sieur d'Amblise, ayant à sadite main gauche ses lansquenets, et son infanterie lorraine qu'il avoit assemblée en un gros bataillon près de son artillerie, fit advancer trois gros pour gaigner une montagne dont ledict mareschal de Bouillon se vouloit prevaloir; mais le mareschal, qui avoit rangé sa cavalerie en quatre gros, en fit advancer deux si tost qu'il vit remuer les Lorrains, lesquels se meslerent incontinent au combat, comme aussi fit en mesme temps ledit sieur mareschal avec son gros, suivy du sieur de Rumesnil qui menoit le quatriesme. Au commencement de ce combat, le sieur d'Amblize, ayant rompu son bois, receut une harquebuzade dans sa visiere qui lui transperça la teste, dont il mourut à l'instant. Il fut lors bien combatu de part et d'autre; mais la cavalerie de Lorraine, voyant leur general mort, voulut se retirer auprès du bataillon de leur infanterie et du canon qui tiroit, tant contre ceux de Beaumont que contre le secours du dehors; mais, aussi-tost qu'elle eut essayé à le faire, les François la poursuivirent si chaudement qu'elle fut toute mise à vau de route, abandonnant leur infanterie à la misericorde des victorieux.

En ceste charge ledit sieur mareschal fut blessé de deux coups d'espée, l'un au visage, sous l'œil droit, et l'autre au petit ventre; ce qui l'empescha de poursuivre la victoire, et donna la charge au sieur de Rumesnil et de Betancourt de donner sur ceste infanterie : ce qu'ils firent avec un tel heur, qu'aidez d'une sortie que firent ceux de dedans ils la mirent en pieces. Les Lorrains perdirent leur chef, leur artillerie, et toutes leurs cornettes et enseignes, plus de sept cents morts sur la place, et nombre de prisonniers, entre lesquels estoient plusieurs capitaines, avec leur maistre de camp le sieur d'Esne. Quatre cents lansquenets du regiment du colonel Scheaw, estans pris prisonniers, furent renvoyez avec la baguette blanche, sous leur foy de ne porter les armes d'un an contre le Roy, contre ceux de Strasbourg, et contre ledit sieur mareschal sur ses terres de Sedan. Les royaux perdirent en ceste desfaicte fort peu de gens, sans aucune personne de marque.

Après que ce siege fut ainsi levé, les troupes assiegées eurent commandement de revenir en France et de se rendre au siege de Rochefort en Anjou, ce qu'ils firent. Pour les Lorrains, ils furent fort estonnez de ceste perte, qui leur vint très-mal, car ils avoient aussi en ce temps là une nouvelle guerre contre ceux de Strasbourg, ainsi que nous dirons cy après. Quant au mareschal de Bouillon, après avoir emporté l'honneur d'une telle victoire, où il avoit esté blessé, il se retira à Sedan, et mit ses troupes, que le Roy entretenoit en garnison, une partie audit Sedan et l'autre à Stenay. Ce ne furent depuis que courses sur la Lorraine et sur le Verdunois, et le duc de Lorraine cognut dèslors que le Roy luy avoit donné un homme de guerre en teste qui la luy portoit dans son propre pays, et que le succez que les princes de la ligue s'estoient proposez de la prise de leurs armes ne seroit tel qu'ils se l'estoient imaginé.

Cependant que le mareschal de Bouillon se faisoit penser de ses blessures, son esprit ne songeoit qu'à nouvelles entreprises sur le duc de Lorraine. Il fit recognoistre la ville de Dun sur la riviere de Meuze, à huict lieuës de Sedan, par Noël Richer, homme advisé et de valeur, lequel ayant rapporté l'estat de ceste ville, et comme il y avoit moyen d'y entrer avec des petards, après plusieurs discours qu'ils eurent ensemble, il se resolut d'executer ceste entreprise la nuict d'entre le dimanche et le lundy, sixiesme et septiesme jours de decembre, et pour ce faire il partit de Sedan le dimanche, sur les trois heures après midy, assisté d'une belle troupe de cavalerie, ayant donné aux autres troupes des garnisons de Sedan et Stenay le rendez-vous à sept heures du soir du mesme jour au village d'Inaut, une lieuë près de Stenay; car ces troupes estoient lors logées en trois villages près de Dousi, à trois lieuës ou environ de Sedan, revenans, après la prinse du chasteau de Charmoy près Stenay, de faire une course en Lorraine et sur le Verdunois; lesquelles troupes se trouve-

purent plus passer que par dessous une des pieces dudict rateau, et si ce passage estoit si dangereux, que de vingt qui s'hasarderent d'y passer il y en eut quinze de blessez.

Ainsi les assaillans se trouverent fort peu dedans, et au contraire ceux de Dun, ralliez en divers lieux, en grand nombre, y ayant dans ceste ville deux compagnies de cavalerie et une d'infanterie, outre quatre autres qui estoient dedans la ville basse qui ne peurent secourir la ville haute, leur ayant la poterne ou petite fausse porte qui descend en bas esté fermée par ceux qui estoient jà entrez, lesquels se purent trouver environ six vingts dans la ville, où le combat dura depuis les trois heures jusques à sept au matin, sans que ledit sieur mareschal, qui estoit dehors, pust sçavoir des nouvelles de ceux de dedans, sinon par les assaillis qui estoient sur la porte où il faisoit toujours faire de l'effort et y entrer file à file, quoy qu'ils criassent que tous les royaux estoient perdus. Bref, les combats furent si divers et la chose si douteuse, que le sieur de Caumont après avoir esté blessé, et retiré en un logis avec trois ou quatre, les assaillis le prindrent et le garderent plus d'une heure. Autant en advint d'un autre costé à Betu et à du Sault, auxquels le gouverneur Mouza, voyant les choses tournées à son desadvantage, se rendit leur prisonnier. Environ une demie heure après la pointe du jour, le sieur de Loppes, en sondant la muraille par le commandement dudit sieur mareschal, et ayant trouvé que ceux de dedans travailloient à ouvrir la poterne qui descend à la ville basse, et voyant qu'elle ne pouvoit estre ouverte de quelque temps, se fit apporter une eschelle où luy et quelques-uns monterent, et, après la porte ouverte, donna passage à ceux qui le suivirent, lesquels firent retirer tous les assaillis dedans une forte tour proche de la premiere porte. En ces combats, qui durerent plus de quatre bonnes heures, la plus-part des royaux qui estoient entrez dans Dun furent blessez : ledit Tenot, le capitaine Camus et Folquetiers y furent tuez. En fin, sur le midy, ceux qui s'estoient retirez dans ladite tour se rendirent prisonniers de guerre, de sorte que la ville haute fut toute reduite. Ceux qui estoient en la basse ville, estonnez de tel effect, y mirent le feu, et, saisis d'effroy, s'enfuyrent. Voylà comme M. le mareschal de Bouillon surprint Dun au commencement de decembre.

En ce mesme temps le roy d'Espagne, desirant du costé des Espagnes faire entrer des forces en France par terre, et faire la conqueste de la Guyenne, qu'il estimoit aisée tandis que le Roy estoit aux environs de Paris, essaya de s'emparer de Bayonne, à l'ayde de deux armées, par mer et par terre. De longue main le gouverneur de Fontarabie avoit practiqué une intelligence avec un medecin nommé Blancpignon, lequel recevoit souvent des lettres de luy en termes couverts et prins de la medecine, pour acheminer leur entreprise sur Bayonne.

Ce medecin s'entendoit avec un Espagnol habitué d'assez long temps dans Bayonne, et ces deux avoient acheminé leur entreprise si avant, qu'une flotte de quelques vaisseaux et une armée par terre estoit preste à l'execution, quand un lacquay, envoyé de Fontarabie avec lettres parlant de mediciner et saigner le malade, fut surprins par le seigneur de La Hilliere, gouverneur de Bayonne, lequel, ayant faict prendre le medecin et l'Espagnol, en peu d'heures descouvrit tout leur dessein. Il delibera de donner une extrette aux Espagnols entrepreneurs, ce qu'il ne put executer à cause de la resolution de l'Espagnol prisonnier, lequel ne voulut escrire les lettres qu'il luy vouloit faire escrire, ains aima mieux mourir que de servir de piege pour faire attraper le gouverneur de Fontarabie, et fut decapité publiquement avec le medecin. C'est assez traicté de ce qui s'est passé sur les frontieres de la France ; voyons ce qui se passoit en la ville capitale et aux environs.

Après la reprise d'Espernay le Roy, ayant renvoyé les reistres, retint auprès de luy une petite armée que conduisoit le baron de Biron, et s'en vint vers Paris. Il envoya vers M. d'Espernon à ce qu'il luy remist entre les mains l'estat d'admiral de France, ce qu'il fit, et Sa Majesté en pourveut ledit sieur baron de Biron.

Le Roy estant à Sainct Denis, desirant bloquer Paris tout autour par des forts, afin qu'il n'entrast nuls vivres dedans que par sa volonté et sur ses passeports, il fit dresser de nouveau un fort à Gournay, distant de trois lieuës de Paris. Ce fort fut fait dans une isle qu'entouroit la Marne au lieu de fossez ; les bastions n'estoient que de terre. M. de La Nouë y fut mis gouverneur dedans avec une forte garnison, six pieces de canon et les munitions necessaires, pour empescher de ce costé là tout ce qui eust peu venir à Paris par la Marne. Corbeil et Sainct Denis tenoient comme bouclez le haut et le bas de la riviere de Seine. Ceux de Chevreuse, Porché-Fontaine, et autres chasteaux des environs du costé de l'Université, faisoient tant de courses et si souvent jusques dans les fauxbourgs, que peu de chose pouvoit entrer dans Paris sans les passeports des gouverneurs des places pour le Roy.

ses, il failloit que aux eslections des offices et charges de la ville empescher à l'advenir que nul desdits Seize n'y fust pourveu, et n'endurer plus qu'aucun eust authorité dans la Maison de Ville qu'il ne fust de la qualité requise.

III. Et que, comme les Seize avoient tiré leur nom de l'establissement qu'ils avoient faict d'un conseil des seize quartiers, qu'aussi il failloit que les seize colonels de Paris fussent les chefs pour s'opposer, chacun en son quartier, aux entreprises des Seize, et practiquer sous chasque colonelle le plus de capitaines et de bourgeois que l'on pourroit, affin de se rendre forts, et d'ayder par ce moyen à M. de Mayenne, qui avoit si bien commencé en faisant pendre quatre desdits Seize, exterminer du tout ceste faction, dont il en reüssiroit ce bien que l'on pourroit chasser aussi les Espagnols de Paris qui n'estoient soustenus que par eux, et par ce moyen il y auroit esperance d'avoir un jour la paix, de restablir le trafic, de sortir des malheurs où ils estoient à present, et de jouir de leurs maisons des champs, de leurs rentes et de leurs heritages.

Ceste practique fut si bien menée et conduitte, que des colonels de Paris il y en eut treize qui se declarerent ennemis des Seize, tous les quarteniers de la ville, excepté quatre, grand nombre de capitaines et bourgeois, lesquels estoient sous main soustenus par toute la cour de parlement, excepté cinq qui favorisoient encor les Seize, et de toutes les autres cours souveraines.

Ce party dedans Paris devint incontinent fort. En ce commencement on ne parloit que de ruyner les Seize, et de tascher à chasser les Espagnols et empescher qu'il n'en entrast en garnison dans la ville plus grand nombre que ceux qui y estoient, et mesmes, quand le duc de Parme, après le siege de Roüen, repassa la Seine à Charenton, lesdits colonels furent tousjours en armes, firent faire doubles gardes à la porte de Bussy, et le colonel Passart, avec le grand Guillaume, capitaine, y menerent leurs compagnies ensemblement pour s'y rendre plus forts, et ne cesserent de s'y tenir jusques à ce que ledit duc fust esloigné de la ville. Plusieurs parloient à l'ouvert contre les Seize. Aucuns particuliers mesmes userent de voye de faict. Un gentil-homme françois, vestu à l'espagnole, fut battu en qualité d'Espagnol; et mesmes il fut pendu par authorité de justice quelques particuliers des Seize pour leurs crimes. Quelques uns aussi s'enfuirent de peur de punition. Bref, il se passa plusieurs particularitez contre eux depuis le commencement de ceste année jusques sur la fin de septembre, qu'il fut tenu une assemblée au logis dudit sieur abbé de Saincte Genevievfve en laquelle se trouverent plusieurs personnes de qualité, et là fut commencé de parler [sur le subject du fort que l'on bastissoit à Gournay] qu'il failloit entendre à la paix avec le Roy, et y fut dit que les guerres seroient perpetuelles, à faire comme l'on faisoit; que tout estoit ruiné; qu'il valloit mieux, pour aquerir paix et soulager le pauvre peuple, se jetter entre les bras du Roy, qui estoit prince remply de clemence, qui sans doute les recevroit humainement, et vivroit on sous luy en paix en l'exercice de la religion catholique-romaine; qu'il estoit le vray heritier de la couronne de France; que jamais la race des princes de Bourbon ne laisseroit Paris en paix si la maison de Lorraine ou autre estranger entroit à la couronne; qu'infailliblement il falloit recognoistre le Roy et se sousmettre à luy, et qu'il n'y avoit autre moyen de repos et salut qu'en le recognoissant; que si on ne le faisoit de gré à gré, aussi bien qu'il emporteroit Paris de force, tellement qu'il valloit mieux traicter avec luy en temps opportun, que d'attendre pour y estre portez par la corde au col; et, pour conclusion, qu'il falloit necessairement faire la paix et recognoistre le Roy, autrement que tout seroit perdu; qu'il ne falloit plus attendre secours du Pape pour resister à la force du Roy, ny aux armes des princes de Lorraine, ny aux doublons d'Espagne, et que tout cela estoit des chimeres; et, pour parvenir à la recognoissance du Roy, il failloit d'oresnavant veiller et faire tout ce qu'il seroit possible pour son advancement, et ruiner tous ceux qui y voudroient contredire. Après ceste proposition il fut long temps devisé des moyens et ordre pour y parvenir. Il fut leu aussi un memoire de l'ordre qu'il failloit tenir d'oresnavant pour leur assemblée, pour sçavoir des nouvelles, pour prendre le signal et le mot du guet, et les endroits où l'on se devoit addresser. Ils disposerent quatre maisons des colonels où tous les jours, à certaines heures, ils iroient conferer de ce qu'il faudroit dire et faire : pour l'Université et Cité, au logis de d'Aubray; au quartier du Louvre, en la maison de Passart; au quartier de Greve, au logis de Marchand; au quartier des Halles, au logis de Villebichot.

En ce mesme temps que les politiques de Paris tramoient la reduction de ceste ville en l'obeyssance du Roy, M. Rose, evesque de Senlis, alla trouver le colonel d'Aubray qu'il estimoit chef de ce party; il luy dit qu'il failloit que tous les catholiques des deux partis qu'il voyoit à present dans Paris entrassent en quelque conference et se reconciliassent les uns avec les autres, et qu'il failloit tous s'unir contre les heretiques. Mais il n'eut pour responce de luy que quand tous les Seize auroient esté punis de leurs crimes, qu'il adviseroit à ce qu'il auroit à faire. Les docteurs Genebrard et Boucher en parlerent aussi à quelques autres colonels qu'ils cognoissoient, et ceste affaire fut si avant menée, que les politiques, pour ne donner aucun subject de croire qu'ils ne vouloient entendre à aucune reconciliation, trouverent bon, pour descouvrir les desseins des Seize, que le colonel Marchand, et Lambert, quartenier, de la part des politiques, en traictasent avec l'advocat Le Gresle de la part des Seize, lesquels, ayans parlé ensemblement, promirent chacun de leur part de faire comparoir les principaux d'entr'eux en un logis proche de la maison du sieur L'Huillier. De la part des politiques s'y trouverent les colonels L'Huillier, Marchand et Pigueron ; de celle des Seize, Acarie, Le Gresle, Bordereuil Rosny et Senault.

L'Huillier, prenant le premier la parole, leur dit : « M. le colonel Marchand nous a faict entendre que vous nous avez recerchez pour vous reconcilier et joindre avec nous ; c'est chose qui se pourra faire, moyennant que chacun s'humilie, obeysse et recognoisse ceux qu'ils doivent honorer par honneur. »

Acarie, pour les Seize, dit : « Messieurs, nostre intention est que ceux qui se disent catholiques le facent paroistre par bonnes actions, qu'ils considerent bien que la division produit ordinairement les mesdisances et calomnies, et les mesdisances des intentions irreconciliables, et que, pour eviter les maux qui en pourroient ensuivre au prejudice de la religion catholique, apostolique et romaine, et de la ville environnée des ennemis, il est très à propos en ce temps assoupir et esteindre telles divisions et s'unir tous ensemble pour resister à l'heretique et à ses fauteurs. Pour ces considerations, nous avons tenté tous moyens pour y parvenir et en conferer avec vous, non en qualité de colonels, mais comme estans catholiques. »

Plusieurs propos furent tenus d'une part et d'autre, recognoissant chacune part le dommage et nuisance qu'apporteroient telles partialitez. Senaut dit que, pour l'effect d'une bonne reconciliation, il luy sembloit, sauf meilleur advis, qu'il seroit bon que les uns et les autres se submissent à leurs peres spirituels, et que, comme ledit Le Gresle leur en avoit communiqué, en estans quasi demeuré d'accord jusques à estre entrez à la nomination, il estoit bien seant leur rendre cest honneur.

Que de la part des Seize, ils avoient advisé de supplier messieurs Genebrard, archevesque d'Aix, Rose, evesque de Senlis, Boucher, curé de Sainct Benoist, et de Cueilly, curé de Sainct Germain de Lauxerrois, d'en prendre la peine. « De vostre part, dit-il en parlant à L'Huillier, vous pouvez faire le semblable envers ceux que le colonel Marchant et le quartenier Lambert avoient choisis, qui estoient les sieurs abbé de Saincte Genevielve, Seguier, doyen de l'eglise de Paris, Benoist, curé de Sainct Eustache, et Chavagnac, curé de Sainct Sulpice, et que l'on adviseroit du jour pour les assembler. » Ils trouverent tous cest advis bon : toutesfois depuis il fut changé. Pour ce jour il ne fut faict autre chose.

Le bruit de ce pourparlé estant venu jusques aux oreilles du prevost des marchands et autres magistrats, lesquels, jugeans diversement ce qui en pourroit arriver, se voulurent mesler de ceste affaire, et furent les politiques et les Seize mandez le lundy ensuyvant, et prevenus par le president d'Orcey, prevost des marchands. Il loua l'intention de ceux qui avoient promeu et commencé cest œuvre, leur fit entendre qu'il y vouloit avoir part et y apporter tout ce que doit un magistrat de ville qui n'a point plus de repos et contentement que de voir et cognoistre une bonne union entre les citoyens, et que pour cest effect il en communiqueroit avec le gouverneur, lequel il sçavoit tendre au mesme but, et tiendroit advertis les uns et les autres pour se trouver à l'heure et au lieu qui seroient choisis.

Ayans eu commandement les uns et les autres de se trouver le mercredy suyvant chez le sieur de Belin, gouverneur de Paris, en nombre de cinq ou six, il advint que, tant d'un party que d'autre, ils delaisserent les ecclesiastiques pour l'animosité qui estoit entre aucuns d'eux, et les magistrats civils servirent en leur place.

De la part des politiques se trouverent les sieurs L'Huillier, Passart, Marchant, Villebichot, du Fresnoy, Feullet, de La Haye, Santeuil et Le Roy, tous colonels ; et de la part des Seize, Acarie, Le Gresle, Alvequin, Bordereuil Rosny, Senault, Messier et de Sauss.

Là fut proposé par le sieur de Belin (1), et après par le prevost des marchands, combien ils loüoient ceste reconciliation et en desiroient voir l'accomplissement, admonesterent chacun d'y apporter ce qu'il pourroit, et à ceste fin qu'on leur fist entendre le commencement et le progrès de l'affaire.

L'Huillier pour les politiques, et Acarie pour les Seize, les ayans chacun remercié et fait entendre comme tout s'estoit passé jusques à ce jour, et mesmes ledit L'Huillier comme en les

(1) François de Faudoas d'Averton, comte de Belin.

en avoit recherchez, ils monstrerent tous avoir un extreme desir de voir l'effect d'un si bon œuvre, dont ils auroient supplié les magistrats d'y tenir la main. Lors arriva d'Aubray, auquel fut fait recit par ledit sieur gouverneur de ce qui avoit esté desjà dit, et que le meilleur moyen estoit d'eslire certain nombre de part et d'autre pour ensemblement et en leur presence conferer et adviser aux remedes, et le prierent d'en estre l'un et d'y assister, ce que pareillement firent ses compagnons et les Seize aussi. Mais il dit que quant à luy il n'avoit besoin de reconciliation, ne vouloit mal à personne, qu'il estoit bon catholique, et n'assisteroit point à la conference, bien tiendroit-il ce qui y seroit conclud et arresté.

Nonobstant son refus, le prevost des marchans fit une liste de cinq de chacune part, en laquelle fut d'Aubray nommé avec L'Huillier, Passart, Marchant et Pigneron, lequel arriva à l'instant, tellement qu'ils se trouverent là unze colonels, et de la part des Seize furent nommez Acarie, Le Gresle, Senault, Alvequin et Bordereuil Rosny, à tous lesquels fut dit qu'ils se trouvassent le lendemain jeudy au mesme lieu pour entrer en matiere, et adviser aux moyens et remedes pour esteindre ces partialitez; et pour l'heure ne furent tenus autres propos.

Le jeudy ils se trouverent tous au mesme lieu en la presence dudit sieur gouverneur et du prevost des marchands. Ceste assemblée commença par la plainte que fit le colonel Marchant de ce qu'aucuns des predicateurs des Seize avoient desjà presché que les politiques recerchoient les Seize d'accord. Il en fut faict un grand bruit, lequel cessé, un des Seize dit que les remedes convenables pour esteindre la division estoient de ne recognoistre jamais le roy de Navarre, quelque catholique qu'il se fist. Lors d'Aubray dit : « Messieurs, je ne voy pas qu'on ait parlé de ce pourquoy on nous a fait entendre qu'estions assemblez. Quant à nous, nous sommes tousjours demeurez en l'union de la ville, en l'obeyssance de M. de Mayenne, de la cour de parlement, de M. le gouverneur et des magistrats; si vous autres [parlant aux Seize], qui vous estes joincts avec le Pape et l'Espagnol, voulez entrer en nostre union, nous procurerons pour vous envers M. de Mayenne, la cour de parlement et les magistrats, qu'il vous y reçoivent, et n'est besoin d'autre reconciliation pour mon particulier, n'ayant querelle à personne. »

Après quelques reparties et disputes à qui avoit esté de tous eux le premier de la ligue, et qui y avoit le plus fourny, d'Aubray dit encores : « Nous avons occasion de nous plaindre de ce qu'on baille aux predicateurs des memoires et billets sur lesquels, sans discretion, ils preschent et taxent plusieurs gens d'honneur jusques à les monstrer au doigt. Il faut deffendre cela, et n'appartient aux predicateurs de se mesler de l'Estat, ains seulement de reprendre les vices. » Un des Seize luy respondit que les predicateurs n'estoient point indiscrets pour prescher à l'apetit d'aucun, et que ce n'estoit à luy de leur prescrire ce qu'ils avoient à dire, et qu'ils preschoient la verité. A quoy repliqua d'Aubray : « Tout leur est permis, ce semble, puis qu'ils ne recognoissent point la cour pour leurs juges. »

Sur ce luy fut dit par ledit sieur gouverneur que, pour le regard des predicateurs, ce n'estoit à eux de leur faire leur leçon, mais que luy et le prevost des marchands parleroient à M. le legat, qui les manderoit et leur feroit entendre ce qu'ils auroient à faire, et, s'il advenoit qu'ils y contrevinssent, qu'il y avoit moyen de chasser ceux qui feroient le contraire. Et par ce que ces propos sembloient empescher ce qu'ils esperoient de la conference, ils furent rompus, et chacun admonesté de parler modestement et sans collere ny reproche des choses passées. Puis le prevost des marchans fit lecture de ce qu'il avoit escrit pendant leur contestation, estimant, disoit-il, qu'il estoit bon de dresser des articles pour leur reconciliation, et les faire publier.

Et par ce qu'en ces articles il avoit mis que les predicateurs seroient priez de ne plus prescher sur memoires et billets, aussi que la cour de parlement seroit suppliée d'oublier le passé, et que d'oresnavant l'on n'useroit plus de ces mots, *Politiques* et *Seize*, un des Seize luy dit, quand aux predicateurs, qu'il n'estoit besoin d'en parler, puis que ledit sieur gouverneur avoit remis ce qui les concernoit à M. le legat.

Pour le regard des mots *Politiques* et *Seize*, qu'il ne les failloit supprimer, d'autant que celuy qui feroit les actions d'un politique meriteroit porter ce nom; et quant aux Seize, que c'estoit un nom honorable, et que l'on ne faisoit aucun deshonneur à ceux qui en estoient de les appeller ainsi; toutesfois, si pour eviter les noises et contentions on les vouloit oublier, on le pourroit consentir : mais si on le vouloit esteindre par ignominie, il ne se pourroit souffrir, et falloit qu'il leur demeurast.

Quand à la cour de parlement, qu'il n'estoit aucunement necessaire qu'ils la suppliassent d'oublier les choses passées, et que sur ceste priere d'oblivion elle se voudroit prevaloir et dire que les Seize ne se pourroient plus pourvoir, et seroient exclus et forclos de les recuser; que la recusation estoit de droict, et encores qu'il ne fust raisonnable qu'un qui se pretendoit offensé d'avoir esté emprisonné, comme toute la cour le pretend avoir esté par les Seize, fust le juge de celuy qui l'auroit mené en prison, ou qui y auroit presté ayde et conseil, si est-ce qu'aucuns de la cour avoient assisté au jugement des procès de Michelet, du Jardin et autres que l'on avoit animeusement et par vengeance poursuivis et recerchez pour choses assoupies, et que l'on pouvoit aussi remarquer plusieurs autres poursuittes faictes en haine contre les Seize depuis le 4 decembre.

Mesmes que l'on avoit usé de plusieurs reproches des choses passées et calomnies, desquelles l'on avoit demandé justice au conseil de M. de Mayenne, en la cour et au chastelet, et neantmoins on ne l'avoit peu obtenir; que quand on s'addressoit à un commissaire pour informer, il remettoit la partie au lieutenant criminel, et le lieutenant criminel à la cour de parlement : tellement que l'on voyoit à veuë d'œil que c'estoit partie faicte contr'eux.

Qu'il y avoit encor plusieurs dez leurs lesquels estoient absens pour les animeuses recherches que l'on faisoit contr'eux sans partie civile, pour raison de quelques pretendus meurtres d'heretiques ; et que si on vouloit oublier, il falloit les faire revenir en seureté, et entr'autres Thomasse, Jacquemin et Desloges, lequel avoit tué un soldat huguenot qu'il avoit prins à une sortie de la ville pendant le siege, dont toutesfois il estoit recherché.

Sur ce fut respondu par L'Huillier aux Seize : « Vous ne voulez donc point recognoistre la cour, ny qu'on face justice? Qui seront doncques nos juges? — Est-il raisonnable, dit Marchant, que ceux qui ont tué de sang froid un Flamang de bon lieu, et quelques autres qui ont desrobé, demeurent impunis, et qu'on les laisse parmy nous? Et quant à ceux dont vous parlez, ils ont esté bien jugez, et avoient commis beaucoup d'autres crimes que ceux dont il y a preuve au procès. »

Les Seize continuant leurs discours sur les occasions qu'ils soustenoient avoir de recuser le parlement : « Mais, disoient-ils, si par zele de religion s'est commis indiscrettement acte qui se doive excuser, nous supplirons M. de Mayenne avec cognoissance de cause de le remettre et abolir? Et pour le regard de ceux qui ont esté condamnez à la mort, nous disons seulement que les poursuittes ont esté animeuses et par vengeance, et n'estimons pas que les juges de la cour de parlement qui ont voulu souiller les mains au sang innocent n'en soient punis, et remettons le tout à Dieu qui en sera le dernier juge. »

Ces paroles sonnerent très-mal aux oreilles des magistrats et des politiques qui les reprirent aigrement, et jugerent qu'il n'y avoit point moyen de desopiniastrer ces gens-là. Ledit sieur gouverneur, lequel avoit fait sortir ses gens afin de n'en rien ouyr, leur dit qu'il ne falloit plus qu'ils tinssent telles paroles, et que le tout seroit tenu sous le secret, et mesmes que les uns et les autres ne se souviendroient aucunement de qu'ils s'estoient reprochez en particulier.

Le lendemain le prevost des marchans envoya querir Senault, auquel il bailla quelques articles escrits de sa main, contenans en substance que, pour appaiser les divisions et partialitez qui estoient en la ville, provenans de ce qu'aucuns bourgeois avoient des affections et inclinations contraires à celles que doivent avoir bons et naturels François, il estoit necessaire d'admonester tous les bourgeois de la ville de lever telles opinions qu'ils avoient conceuës les uns des autres, quitter toutes divisions et partialitez, rendre l'obeyssance et reverence aux ecclesiastiques et magistrats, s'unir plus estroittement pour la deffence de la religion et de la ville contre l'heretique et ses fauteurs, conformement aux sermens de l'union cy-devant faits : deffences de soy provoquer par injures et reproches passées, ny user de menaces, et admonester chacun de veiller et observer si aucuns de fait ou de parole aydoient et favorisoient l'ennemy, pour en advertir le magistrat et en faire faire justice exemplaire.

Par ces articles les Seize se trouverent taxez d'avoir eu des affections contraires à celles que doivent avoir les naturels François, les trouverent bons en ce qui estoit dit qu'il falloit s'unir plus estroittement contre l'heretique et ses fauteurs, conformement aux sermens de l'union cydevant faicts. Cela fut cause qu'ils presenterent encor des memoires audit prevost des marchans, à ce que dans lesdits articles il fut aussi adjousté que deffences seroient faictes à toutes personnes de plus nommer le Roy [en parlant du roy de Navarre], ny d'injurier les garnisons espagnoles, et que les commissaires du chastelet, sans demander permission au lieutenant criminel, ny le lieutenant criminel à la cour, informeroient contre les contrevenants aux sermens de l'union. Ledit sieur prevost des marchans ne tint beaucoup de compte de ces memoires. Et en l'assemblée qui se tint chez ledit sieur de Belin après que M. de Mayenne fut arrivé à Paris, M. le president Janin, de la part dudit sieur duc, s'y trouva et tous les deputez des politiques et des Seize. Là ledit prevost des marchans fit lecture de tout ce qu'il avoit mis par escrit : mais les politiques ny les Seize n'en voulurent demeu-

nissement et proscription des autres, l'audace des ennemis de la religion catholique et partizans du roy de Navarre s'est de tant augmentée, et leurs practiques tant advancées dans la ville, où ils entrent, sortent, traictent, parlent et font ce qu'ils veulent, que l'on ne peut attendre qu'une ruine evidente de la religion et l'establissement de l'heresie, si Dieu, par sa toute bonté, ne previent les desseins de nos ennemis, et que de brief l'on y pourvoye. Et d'autant que le conseil des bons catholiques, qui estoit celuy qui espouvantoit l'ennemy et dissipoit ces entreprises, a esté interdit et leurs assemblées deffendues, de sorte que l'ennemy fait maintenant ce qu'il veut par l'intelligence des politicques ses adherans ausquelles l'on a baillé toute authorité, que l'on a arrachée des mains des bons catholiques, iceux suppliants sont contraints, à leur grand regret, d'entrer à present aux solicitations, prieres et requestes, et embrasser le soin et la vigilance qu'avoient les catholiques, et qu'ils exerçoient par leurs assemblées et conseils maintenant rompus et dissipez, et se mesler des affaires seculieres, en tant qu'elles peuvent servir pour la manutention de la religion catholique en ce royaume de France, qu'ils voyent perdre à veuë d'œil faute de conduite et commandement, et pour avoir negligé les requestes cy-devant faictes de la part des catholiques, qui, au lieu d'estre exaucez, advouez et maintenus, ont esté refusez, negligez, dissipez et injustement tourmentez; qui a esté et sera la ruine du party de la religion catholique, si Dieu, de sa toute puissance, n'y met ordre, et que ceux qui ont le commandement au party, mesmement M. de Mayenne, qui y tient le premier rang, n'amende ce qu'il a fait faire, et pourvoye aux affaires par les moyens qui ensuivent, que les suppliants luy representent pour leur descharge envers Dieu et les hommes, et qu'il ait, s'il luy plaist, à y remedier promptement, attendu la necessité des affaires.

« En premier lieu, d'ordonner que le serment de l'union des catholiques soit reiteré entre les mains de M. le legat, representant Sa Saincteté, chef de ceste union catholique, afin qu'il n'y ait plus qu'un party, avec peine ordonnée contre les contrevenants, desquels, comme des heretiques, politiques, detracteurs de nostre Sainct Pere et de son authorité, du roy d'Espagne et des princes catholiques chefs d'icelle union, ecclesiastiques et predicateurs, soit faicte diligente recherche et punition, suivant les saincts canons et ordonnances de nos roys Très-Chrestiens. »

Le serment soit reiteré devant les magistrats, qui donneront ordre contre les contrevenants. Et pour la [illegible] sera faict edict s'il [illegible] lieu.

« Qu'il soit faict deffences [illegible] en composition avec le roy de [illegible] que, relaps et excommunié, [illegible] ce par edit qui soit [illegible]. »

Ce sont paroles vaines qui ne [illegible] esgard ny en faire cas.

« Que les catholiques [illegible] exilez et bannis soient revoquez [illegible] et deffences faictes à messieurs du [illegible] ne cognoistre des causes desdits [illegible] suivant l'arrest du conseil general de [illegible] aussi de cesser les poursuites [illegible] un grand nombre desdits catholiques [illegible] en peine pour certains heretiques [illegible] les troubles, que lesdits sieurs du [illegible] timent crime, encores qu'ils ayent [illegible] comme ennemis, et en temps et [illegible] guerre. »

Monsieur r'appellera les absens [illegible] gera estre expedient et que son [illegible] conservée. Et quand à la cour de [illegible] un corps auquel il ne peut toucher, [illegible] cessaire pour l'exercice de la justice, [illegible] plus capable pour cognoistre ce qui [illegible] ou non.

« Qu'il luy plaise ordonner que, [illegible] suitte que en ses armées, il y ait [illegible] chapelains et confesseurs, selon l'[illegible] donnance de la discipline militaire, et [illegible] aux gens de guerre de loger ny leurs [illegible] ez lieux desdiez au service de Dieu. »

C'est chose que Monsieur desire [illegible] pourra appointer; et au surplus qu'il [illegible] mettra que les saincts lieux soient [illegible].

« Que tous benefices soient distribuez [illegible] sainct concile de Trente, et non à gens de [illegible] ny laicques. »

L'injure du temps ne peut permettre un ordre lequel il fera avec le temps.

« Qu'il luy plaise lever le soupçon et [illegible] touchant le voyage de M. le cardinal de [illegible] à Rome. »

Il ne sçait que c'est de ce voyage et ne l'advoue.

« Que convocation generale soit faicte à Paris des estats de France sans plus differer, pour proceder à l'eslection et nomination d'un roy Très-Chrestien et catholique. »

Il procurera, si faire se peut licitement, que l'assemblée soit dans un mois.

« Qu'il soit donné secours promptement à la ville de Paris, et les garnisons estrangeres augmentées, et oultre icelle y mettre trois cents hommes de cheval pour deffendre la ville des incursions ordinaires de l'ennemy. »

Que les ministres du roy d'Espagne baillent à Monsieur ayde et moyens, et il y advisera d'y mettre des forces telles qu'il luy plaira.

« Que le parlement soit purgé des partisans du roy de Navarre, ensemble les magistrats de la ville, colonels et capitaines, lieutenants et enseignes, qui ont adheré et adherent à l'ennemy; et en leur lieu y establir et commettre de bons catholiques, et ce plustost que faire se pourra. »

La saison ne requiert aucun remuement, et partant les choses demeureront en l'estat qu'elles sont.

« Qu'il luy plaise d'approfondir la conspiration laquelle, par la grace de Dieu, s'est descouverte le jeudy 26 du present mois, pour pourveoir aux maux qui en adviendront s'il n'en est faict bonne et briefve justice, et, pour mettre la religion et la ville en seureté, ne perdre ceste occasion. »

Monsieur a esté informé que telle entreprise ne procedoit de mauvaise intention, mais du desir qu'aucuns bourgeois avoient de trouver quelque prompt remede pour sortir de leur misere, ce que l'on doit plustost excuser que punir.

« Faict au conseil d'Estat tenu près Monsieur, à Paris le 12 decembre 1592. Signé Baudouin. »

Voylà les requestes des predicateurs des Seize, et la response qui leur fut faicte par le conseil d'Estat du duc de Mayenne. Je laisseray le jugement libre au lecteur pour considerer comme ceux-là vouloient changer l'ordre accoustumé de la France, et comme ceux-cy le desiroient conserver sous l'authorité des magistrats accoustumez. Bref, les Seize en vouloient aux politiques, demandoient et procuroient que l'on fist justice de ceux qui avoient dit qu'il failloit envoyer vers le Roy [de Navarre], comme il a esté dit cy-dessus, pour avoir le traffic et commerce libre. Mais, voyans les susdites responses du conseil de M. de Mayenne estre contre leur intention, ils entrerent, comme l'on dit d'ordinaire, de fievre en chaut mal, et se mirent tellement à detracter mesmes de M. de Mayenne, qu'il les eut en horreur comme aussi eurent tous les gens de bien du party de l'union. La suitte de ceste histoire le donnera assez à cognoistre.

Quant aux politiques, ils se mirent tous sous l'appuy de M. de Mayenne pour un temps, et firent si bien que le susdit sieur L'Huillier, qui estoit maistre des comptes, fut esleu puis après prevost des marchands. Les principaux d'entr'eux advertirent le Roy de leurs desseins. Ledit sieur abbé de Saincte Genevielfve luy faisoit sçavoir par lettres tout ce qui se passoit, lesquelles lettres le Roy recevoit par M. de Nevers; auquel abbé Sa Majesté faisoit rescrire ce qu'il devoit faire pour son service. Le sieur Langlois, qui estoit eschevin de la ville, luy rescrivoit aussi. Ils travaillerent tous beaucoup pour la reduction de Paris, ainsi que nous dirons cy après.

Si dans Paris les politiques s'opposoient aux Seize, ceux de ce party dans Orleans n'en faisoient pas moins à ceux du Cordon (1). Au commencement de ceste année le sieur de Sigongne, de Marché-noir, dont nous avons parlé cy-dessus, qui portoit la cornette du duc de Mayenne à la bataille d'Ivry, s'estant retiré dans Orleans, practiquoit des reffugiez qui y portoient les armes, et s'y estoient retirez de toutes parts des prochaines villes royales, lesquels, pour leur entretenement ordinaire, alloient fort loin de tous costez à la guerre avec un grand hazard: ce que descouvert par le sieur de Comnene qui y commandoit en l'absence de M. de La Chastre, entra en opinion dudit sieur de Sigongne, principalement sur la despence qu'il faisoit, excedant de beaucoup son ordinaire. Il en advertit M. de Mayenne, qui manda au maire et eschevins d'Orleans qu'ils eussent à se saisir de sa personne. Mais les partialitez des politiques et de ceux du Cordon furent occasion que lesdits gouverneur, maire et eschevins resolurent, de peur de remuëment, de le faire sortir de leur ville: dont adverty de leur resolution, il ayma mieux les prevenir que d'attendre leur commandement; et ainsi sortit d'Orleans, puis print l'escharpe blanche avec quelques gentils-hommes qui le suivoient. Ceux d'Orleans publierent que ledit sieur de Sigongne s'entendoit avec quelques habitans politiques, et practiquoit lesdits refugiez gens de guerre, affin de se rendre maistre d'Orleans pour le Roy, mais que son dessein fut sans effect.

Nonobstant ceste sortie du sieur de Sigongne, les politiques et ceux du Cordon continuërent de part et d'autre leurs assemblées pour l'eslection nouvelle de leurs maire et eschevins, et s'y faisoit de grandes menées et brigues des deux costez. Ceux du Cordon briguoient, tant pour estre continuez, craignans que les politiques, qui estoient des meilleures familles de la ville et leurs capitaux ennemis, y parvinssent, que pour l'authorité et le profit qu'ils faisoient en leurs charges; les politiques, pour sortir du joug de ceux du Cordon, et tascher à conserver leur ville libre et françoise sans avoir des garnisons d'Espagnols dont on les menaçoit, qui

(1) On nommoit ainsi les ligueurs orléanais.

estoit l'intention de ceux du Cordon. Ceste eslection fut quelques mois retardée et differée par la discretion dudit sieur de Comnene, lequel fit attendre le retour de M. de La Chastre qui devoit sur ce apporter l'intention du conseil de M. de Mayenne. Durant ce temps la resolution qu'il avoit prise du commencement luy servit de beaucoup, car, quand il voyoit les politiques oppressez par ceux du Cordon, il les favorisoit pour ne leur donner occasion d'entreprendre un remuëment avec desespoir, et quand il advenoit que les politiques vouloient abuser de sa faveur contre ceux du Cordon, il faisoit tourner la chance à la faveur de ceux-cy : de façon que les uns disoient qu'il estoit politique, et les politiques qu'il estoit du Cordon, sans que les uns ny les autres peussent juger qu'il faisoit ce qui estoit expedient pour lors, usant ainsi de prudence, moyennant laquelle il contrepesa les affaires et partialitez. Si les gouverneurs des places de l'union, qui demeurerent fermes en ce party sous l'authorité de M. de Mayenne, n'eussent usé de ceste prudence par le commandement particulier dudit sieur duc et de son conseil, ce n'eust esté dans toutes les grandes villes que meurdres, massacres et exils, et la faction la plus forte eust executé sa passion sur l'autre avec telle animosité qu'il s'en fust ensuivy la perte generale de la monarchie françoise. Or ce n'estoit pas leur intention de la perdre, comme ils ont protesté et juré plusieurs fois entr'eux, mais seulement de ne recognoistre point le Roy s'il n'estoit catholique, et de ne traicter point avec luy d'aucune paix qu'en general, et non separement. Du depuis ils y adjousterent ceste clause, de ne le recognoistre point, mesmes estant catholique, sinon que ce fust par le commandement de Sa Saincteté. Mais le succez des affaires leur fit à tous changer de volonté, excepté audit sieur duc et à trois ou quatre des grands de ce party, lesquels, suivant leurdit serment, ne recogneurent Sa Majesté qu'après qu'il a eu l'absolution de Sa Saincteté. Entre les catholiques politiques et les catholiques zelez il n'y pouvoit avoir de milieu ; aussi beaucoup de catholiques qui n'estoient des zelez, ne voulans comme eux estre espagnols, demeurerent fermes pour un temps dans le party de l'union sous l'authorité de M. de Mayenne ; mais ils furent comme contraints de le quitter à la fin, et de se jetter dans le party politique, qui ne ressembloit à celuy des zelez [lesquels ne respiroient que sang, et avoient protesté de n'espargner jusques à leurs propres freres qui leur seroient contraires, usans de ce mot d'ordinaire, que qui n'estoit pour eux estoit contre eux], ains se conformoient à la volonté des gouverneurs des villes, et ne respiroient que la tranquilité et l'utilité publique. J'ay mis ces distinctions afin que le lecteur discerne mieux quel estoit l'estat des villes du party de l'union.

M. de La Chastre, estant de retour à Orleans, establit des maire et eschevins à sa devotion, et priva de ces charges ceux de la faction du Cordon : ce ne fut sans luy en garder une arriere-pensée; puis il sortit d'Orleans avec quelques pieces de canon et les troupes qu'il avoit auprès de luy, et s'en alla prendre Chasteau Neuf sur Loire, auprès de Gergeau, qui luy fut incontinent rendu. Retourné à Orleans, il s'en alla en Berry, où peu après il commença à faire traicter du mariage du baron de La Chastre son fils avec la fille du feu comte de Montafier et de madame la princesse de Conty qui avoit espousé en premieres nopces ledit sieur comte. Ce mariage fut consommé à Maisonfort en Berry, sur la fin de ceste année.

Cependant M. d'Antragues, qui desiroit rentrer dans Orleans, et qui tenoit ses garnisons à Boisgency et autres places de ce duché dont il estoit gouverneur pour le Roy, practiquoit avec les politiques d'Orleans [que l'on appelloit *francs-bourgeois*], et tenoit tellement sa practique asseurée, qu'il manda au Roy, s'il luy plaisoit s'approcher d'Orleans, qu'il se promettoit de le faire entrer dedans par le moyen de ses bons amys les francbourgeois. Le Roy, qui estoit tantost à Melun, tantost vers Mante, et qui faisoit rafreschir une partie de ses troupes vers Estampes et au Gastinois, voulut, ne desdaignant cest advis, luy mesme recognoistre le comportement des Orleannois en une cavalcade qu'il y fit en une nuict ; mais, ayant bien consideré les corps de garde par les feux qu'ils faisoient, les rondes par les lumieres, et les sentinelles par le bruict, il dit au sieur d'Antragues : « Voylà des gens qui n'ont envie de se laisser surprendre, ny de faire rien pour vous. » Et sur ceste parole Sa Majesté se retira, et s'en alla depuis au devant du duc de Parme, qui s'apprestoit d'entrer en France pour la troisiesme fois.

M. de La Chastre, ayant sceu que le Roy s'estoit approché si près d'Orleans, s'y rendit incontinent, et y mit l'ordre qu'il jugea necessaire pour tenir ceste ville à sa devotion, puis, ayant amassé des forces, s'achemina avec des pieces moyennes au bailliage de Dunois pour contraindre quelques vilotes et bourgades closes au payement des tailles, et vint jusques à Cloye. Aussitost le sieur de Lierville, qui commandoit dans Chasteaudun, advertit tous les royaux des places voisines et la noblesse, lesquels monterent à

diligemment à cheval, qu'en deux jours ils s'assemblerent assez forts pour combattre ledit sieur de La Chastre, lequel, s'advançant en sa retraicte, et ayant sceu l'amas des royaux, se diligenta d'aller loger à Bacon pour s'y prevaloir d'un gay qui n'en est qu'à un quart de lieue; ce qui luy servit à propos, car le lendemain matin il n'eut faict si tost passer l'eau aux siens, que les royaux qui les poursuivoient parurent; mais luy, s'advançant vers Orleans, cheminant en bon ordre et en pays advantageux pour son infanterie, fut la cause que les royaux se retirerent chacun chez eux.

Après la prise de Chartres le chasteau d'Auneau fut rendu au Roy. Celuy qui estoit dedans se retira à Orleans. Sur la fin de ceste année il fit une entreprise sur ce chasteau, qu'il executa, et s'en rendit maistre, ce qui incommoda fort les Chartrins: toutesfois au commencement de l'an suivant ceste place fut reprise et quelques autres chasteaux qui furent desmantelez par M. de Nevers, ainsi que nous dirons l'an suivant. Voylà ce qui se passa de plus remarquable en ces quartiers là durant ceste année.

Dans la susdite requeste presentée par les predicateurs des Seize, ils demandoient au duc de Mayenne qu'il luy pleust lever le soupçon et crainte touchant le voyage de M. le cardinal de Gondy à Rome, et M. de Mayenne leur fit responce qu'il ne sçavoit que c'estoit de ce voyage. Nous avons dit aussi cy dessus comme les Seize, dans leurs memoires de l'an 1591, avoient supplié M. de Mayenne qu'il luy pleust escrire au Pape de leur pourveoir d'un autre evesque que dudit sieur cardinal, mais que le conseil dudit sieur duc n'avoit tenu compte de leurs memoires. Or le Roy voyant que les ambassades qu'il avoit envoyées à Rome, sous le nom de messieurs les princes de son sang, et des ducs, pairs et officiers de la couronne, avoient esté tant traversées par les agents d'Espagne à Rome et par ceux de l'union, qu'il n'en estoit reüssy aucune utilité, il delibera d'y envoyer M. le cardinal de Gondy (qui s'estoit retiré comme neutre à sa maison de Noësi), non pas comme son ambassadeur, mais qu'en allant comme un cardinal de saincte Eglise à Rome, lors que les Venitiens envoyeroient pour prester l'obedience à Sa Saincteté; qu'en traictant d'autres affaires ils mettroient celles de France en avant; et qu'en fortifiant leurs raisons ledit sieur cardinal, qui s'y trouveroit lors, diroit à Sadite Saincteté la vraye intention de Sa Majesté touchant sa conversion à l'Eglise catholique-romaine.

Ledit sieur cardinal, pour le bien de la religion et de l'Estat de la France, et pour le service qu'il devoit au Roy, entreprit ce voyage. Mais, dez qu'il fut aux frontieres d'Italie, les agents d'Espagne, qui avoient sceu son acheminement, circonvenants Sa Saincteté, le persuaderent de mander audit sieur cardinal que s'il venoit à Rome, et qu'il pretendist luy parler en aucune façon des affaires du prince de Bearn (ainsi appelloit-il le Roy), des heretiques ny de leurs fauteurs, qu'il demeurast en France. M. le cardinal de Gondy, sans entrer aux terres ecclesiastiques, s'achemina jusqu'à Florence, où, par la persuasion desdits agents d'Espagne, qui estoient merveilleusement allarmez de ce que ledit sieur cardinal s'acheminoit à Rome, Sa Saincteté luy envoya encor un jacobin, qui sans aucun respect du lieu où il le trouva (qui estoit à l'Ambrosiane), ne sans en parler à M. le grand duc qui y estoit, il luy fit deffences d'entrer dedans l'Estat de l'Eglise, usant mesmes de quelques paroles rudes; ce qui ne fut pas trouvé bon de beaucoup de personnes. Quelques-uns ont escrit que ce que Sa Saincteté en fit lors estoit pour monstrer et donner à cognoistre qu'il gouvernoit du tout son pontificat. Le grand duc, qui est prince souverain, ne voulant rien aigrir, ne fit pas semblant de tout ce que fit ce jacobin, et les choses se traicterent par obeyssance avec prudence, tellement que ledit sieur cardinal puis après obtint de Sa Saincteté de l'aller voir à Rome.

Après qu'il y eut été quelque temps, il entra un jour en devis assez familier avec Sa Saincteté, et, après luy avoir dit l'intention de Sa Majesté touchant sa conversion, il luy dit en ces termes: « Mais, Pere Sainct, voyant la submission très-devote du Roy, quelle difficulté faictes-vous? n'avez-vous pas la puissance de le recevoir? » Le Pape lors luy respondit: « Qui en doute? mais il est requis que je laisse frapper à ma porte plus d'une fois, afin de cognoistre mieux si l'affection est telle qu'elle doit estre. » Ledit sieur cardinal insistant, luy dit encores que donc il luy plust ouvrir le sein de l'Eglise pour y recevoir son fils premier né. « Je le feray, dit le Pape, quand il sera temps. » Ledit sieur cardinal ayant adverty le Roy de ce que luy avoit dit Sa Saincteté, et de toutes les difficultez et autres empeschements qui se pourroient presenter à Rome pour la conversion du Roy, il y fut procedé de la façon que nous dirons cy après.

Nous avons dit au commencement de ceste année les conferences entre les ducs de Mayenne et de Parme avec leurs agents sur la volonté que le roy d'Espagne avoit que sa fille fust esleuë royne de France, et ce que le duc de Parme avoit mandé audit sieur Roy sur ce subject, et des millions d'or qu'il conviendroit y despendre pour parvenir à son intention. Le roy d'Espagne ayant receu ses lettres et celles de Diego d'Ibarra, il leur envoya premierement, pour la grande plainte qu'ils faisoient de n'avoir point d'argent, ny pour France, ny pour Flandres, pour quinze cents mil escus de lingots d'or et d'argent, qui furent apportez d'Italie sur deux cents mulets, lesquels, après avoir traversé la Savoye, la Franche-Conté et autres provinces, arriverent à Namur où ils furent monnoyez. Mais cela ne dura rien, et n'estoit pas seulement suffisant pour payer une partie de ce qui estoit deu à la gendarmerie : tellement que les agents d'Espagne se trouverent incontinent aux mesmes necessitez qu'ils estoient auparavant.

Dans la lettre que Diego d'Ibarra rescrivit à dom J. d'Idiaques, conseiller d'Estat d'Espagne, il luy mandoit : « Pour parvenir à la fin que nous desirons pour les affaires de France, j'eusse tenu pour plus asseuré que les armes et la negociation eussent esté du tout en la puissance du duc de Parme, et crains fort que, les divisant, il n'en advienne la conformité qui est necessaire pour acheminer le tout d'un mesme pas et à mesme temps, etc. » Puis après, « Car venant le duc de Feria pour maistre de la negociation, il ne voudra en rien dependre de l'authorité du duc de Parme, ny le duc de Parme s'esforcer de faciliter avec les armes les bons succez. Et pour un tel cas eust esté fort à propos le marquis du Guast, qui est venu pour servir en ceste journée, qui a cognoissance de ceste charge, etc. » Ceste lettre estoit l'intention du duc de Parme, qui eust desiré que le marquis du Guast, Italien, eust eu la charge du duc de Feria. Mais le roy d'Espagne en disposa tout autrement, et envoya le duc de Feria pour la negociation, et le comte de Fuentes pour les armes.

Cependant que ceux cy s'acheminoient pour se rendre en Flandres, le duc de Parme, revenant de prendre les eaux de Spa, arriva le unziesme octobre à Bruxelles. Les historiens italiens disent que ce duc avoit donné advis au roy d'Espagne de son indisposition, laquelle estoit telle que les medecins n'avoient nulle bonne esperance de sa santé, ny qu'il deust encor beaucoup vivre, et qu'il supplia ledit sieur Roy qu'il peust au moins reveoir encor une fois l'Italie pour donner l'ordre requis après sa mort pour la seureté de ses deux principautez à sa posterité. Dequoy ledit Roy ayant esté bien informé par medecins espagnols, et tenant sa vie pour desesperée, il envoya en diligence ledit comte de Fuentes, beau frere du duc d'Albe, avec am-

ples instructions et commissions pour l
de France et de Flandres : mais il ne
ver assez à temps pour parler audit sie
Parme, lequel estoit party de Bruxelle
à Arras le 16 novembre pour se tr
estats de ceste province qui s'y devoi
et y faire l'assemblée de ses troupes
la troisiesme fois en France. Ce du
faire paroistre qu'il n'estoit point si ma
l'estimoit, montoit tous les jours à ch
promenoit sur les fossez d'Arras, c
quinze jours durant. Le 2 de decem
fait encor cest exercice et retourné à s
il se trouva las, car il n'y avoit que se
qui resistoit à la foiblesse de ses me
un de ses vieux serviteurs domestiques,
descendre de cheval, le regarda d'u
pleine de compassion, ce qu'advisant,
« Mon amy, il n'y a plus de remede,
je finisse. » A ceste parole son secreta
Massi luy dit, pour luy donner courag
semble le contraire, et que Vostre
meilleur visage que de coustume. —
dit le duc, *son finito* (1); allons songe
peditions ausquelles je puis encor donn
Ayant fait escrire beaucoup d'affaire
tance, il se coucha le soir au lict, s
estre si près de sa mort, et se mit com
mir; mesmes les siens pensoient qu'il
Sur la minuict ceux qui le veilloient
bays qu'il s'estoit tourné à la mort. I
tous ceux de sa maison accoururen
chambre. Jean Sarrasin, abbé de Sa
d'Arras, y vint, et luy donna le sac
l'extreme-unction. Mais le duc, ayan
parole, ouvroit seulement les yeux et
un chacun, et à la poincte du jour i
ceste vie en l'autre. Voylà comment
son lict Alexandre Farnese, duc d
après s'estre trouvé en tant de batail
ges de villes et de rencontres, n'aya
esté blessé que devant Caudebec, ains
avons dit. Le 3 decembre, sur la
corps estant porté dans l'abbaye Sai
accompagné de trois cents torches, l
de toute la ville sonnantes, après que
furent chantées par les moynes, il fu
une sale où il fut embausmé. Son
yeux, sa langue et ses entrailles fu
rées dedans ladite abbaye. Le lende
fut faict un service fort honorable
grands seigneurs italiens, espagnols
assisterent; puis fut conduit par la I
Italie, suivy de huict vingts cheva

(1) Non, non, c'en est fait.

dueil. Plusieurs services funebres luy furent faicts aussi en beaucoup de villes d'Italie, et principalement à Rome, lieu de sa naissance, comme estant grand gonfalonnier hereditaire de l'Eglise ; et le peuple romain luy fit dresser une statuë taillée en marbre, laquelle fut mise au Capitole.

Au mesme temps de ceste mort le Roy s'estoit acheminé avec deux mille chevaux vers Corbie, et avoit mandé à toutes les garnisons de la Picardie de le venir trouver, esperant de combattre ledit duc, ou de le charger à toutes propres commoditez, quoique son armée fust composée de sept à huict mil hommes de pied et de cheval ; mais Sa Majesté ayant sceu sa mort, il revint vers Senlis et à Sainct Denis, puis alla à Chartres, où il se resolut d'aller à la rencontre de Madame, sa sœur, qui estoit partie de Bearn pour le venir voir, et de faire un voyage en Touraine et en Anjou : ce qu'il fit, ainsi que nous dirons l'an suivant.

Quand à l'armée du duc de Parme, après sa mort elle n'augmenta : aucuns se mutinerent encor et s'emparerent de quelques places, entr'autres de Maulbuge, et firent plusieurs hostilitez. Le comte de Fuentes eust desiré de prendre la charge du gouvernement des Pays Bas ; mais les grands de ces pais allegueront que le roy d'Espagne leur avoit promis qu'advenant la mort du duc de Parme, ils ne seroient gouvernez que par un seigneur flamang. Pendant ceste contention, et que les couriers alloient en Espagne pour en rapporter l'intention du Roy, le comte Pierre Ernest de Mansfelt, qui avoit esté designé encor lieutenant èsdits Pays Bas durant que le feu duc de Parme eust esté en France, continua ceste charge, et depuis y fut confirmé par lettres du roy d'Espagne, attendant la venuë de l'archiduc Ernest d'Austriche, frere de l'Empereur, qui fut pourveu de ce gouvernement ; mais il ne put arriver à Bruxelles qu'en l'an 1594, ainsi que nous dirons en son lieu.

Cependant que ledit comte Pierre Ernest de Mansfelt gouvernoit les Pays Bas, son fils, le comte Charles, fut declaré lieutenant general de l'armée espagnole qui estoit sur les frontieres vers la Picardie, avec laquelle il entra en France, assiegea et prit Noyon, comme nous dirons aussi l'an suivant. Quant au comte de Fuentes, quoy qu'il n'eust la qualité de gouverneur des Pays Bas, il l'estoit en effect, et, sçachant l'intention du roy d'Espagne, il ordonnoit avec d'Ibarra de toutes les finances, et ne se faisoit rien que par leur advis.

La premiere chose que le comte de Fuentes fit, ce fut de faire rechercher ceux qui avoient manié les deniers royaux. Le secretaire du feu duc de Parme fut arresté prisonnier, et, ayant rendu compte de ce qu'il avoit eu en maniement des deniers publics au nom de son maistre, il fut mis en liberté ; mais plusieurs autres furent punis, les uns par la corde, les autres par la bourse. Il travailloit suivant l'intention dudit roy son maistre de trouver de l'argent pour les affaires de France et de Flandres, mais cela fut peu, eu esgard à l'entreprise que les Espagnols s'estoient imaginez de pouvoir gaigner les gouverneurs de chasque place par argent ; aussi le succez n'advint pas suivant leur dessein.

Plusieurs aussi ont escrit (1) que le duc de Mayenne, lequel du vivant du duc de Parme se laissoit mener à certaines conditions de paix avec le Roy par la practique du sieur de Villeroy, lesquelles estoient grandement advantageuses pour luy, changea de volonté aux nouvelles de sa mort, esperant estre par cy après le seul lieutenant aux armées du roy d'Espagne en France, et de ne recevoir plus les traverses et rebuts qu'il avoit senties aux voyages dudit feu duc de Parme, et que cela fut la principale cause que l'on ne parla plus au party de l'union que de tenir leurs estats pour l'election d'un roy, que l'on ne vid plus que bulles publier par toutes les villes de ce party, et plusieurs mandements du duc de Mayenne sur ceste assemblée. En ce theâtre ils jouërent tous divers personnages : les Espagnols et les Seize esperoient faire perdre l'authorité que ledit duc de Mayenne avoit en son party, et luy pensoit se la conserver et l'augmenter par leur moyen, en tenant lesdits pretendus estats.

Nous avons dit qu'il avoit fait expedier des lettres de mareschal de France à M. de La Chastre ; mais, affin qu'il y en eust quatre, suivant le nombre accoustumé en France, il delibera d'en faire encor trois, sçavoir, les sieurs de Rosne, de Boisdaufin et de Sainct Paul. Pour l'estat d'admiral, il en fit expedier lettres au sieur de Villars, gouverneur de Rouën, et ce affin qu'au party de l'union ils eussent des mareschaux et un admiral, et que par ces tiltres leur pretenduë assemblée d'estats eust plus d'apparast.

Le veille de Noël mesmes, l'arrest donné à Chalons contre le rescrit en forme de bulle du Pape portant pouvoir et mandement au cardinal Sega, qui se disoit legat en France, d'assister et authoriser ceux de l'union à l'eslection d'un roy, fut bruslé sur les degrez du Palais : ce qui fut faict par le commandement dudit duc. J'ai mis icy cest arrest de Chaalons, à la lecture duquel

(1) Entre autres Villeroy, qui donne beaucoup de détails.

on cognoistra mieux l'intention de ceux qui l'ont donné que ce que j'en pourrois escrire.

« Sur ce que le procureur general du Roy a remonstré à la cour que les rebelles et seditieux, pour executer les meschans et malheureux desseins qu'ils ont de longue main projettez pour usurper ceste couronne sur les vrais et legitimes successeurs d'icelle, non contens d'avoir remply le royaume de meurtres, massacres, brigandages et pilleries, et avoir d'abondant introduit l'Espagnol, tres-cruel et tres-pernicieux ennemy de la France, voyans que les habitans des villes rebelles commençoient, comme d'une longue lethargie et pasmoison, à retourner à soy et reprendre le chemin dont Dieu et nature les obligent envers leur roy legitime, pour du tout amortir et reboucher les pointes et aiguillons de la charité vers leur patrie qui se resveilloient en eux, et remettre ce royaume en plus grand trouble et division que devant, se disposent de proceder à l'eslection d'un roy, pour à laquelle donner quelque couleur ils ont faict publier certain escrit en forme de bulle portant pouvoir et mandement au cardinal de Plaisance d'assister et authoriser ladite pretendue eslection, en quoy lesdits rebelles et seditieux descouvrent apertement ce qu'ils ont jusques icy tenu caché, et qu'ils n'ont fait que prendre le pretexte de la religion pour couvrir leur malheureuse et damnable conjuration, chose que tout bon François et catholique doit detester et abhorrer comme directement contraire à la parole de Dieu, aux saincts decrets, conciles et libertez de l'Eglise Gallicane, et qui ouvre la porte à l'entiere ruine et eversion de toutes polices et societez humaines instituées de Dieu, mesmement de ceste tant renommée et florissante monarchie, la loy fondamentale de laquelle consiste principalement en l'ordre de la succession legitime de nos rois, pour la conservation de laquelle tout homme de bien et vray François doit exposer sa vie plustost que souffrir qu'elle soit alterée et violée, comme le fond sur lequel tourne la certitude et repos de l'Estat, requerant y estre pourveu.

» La cour, en enterinant la requeste faicte par le procureur general du Roy, l'a receu et reçoit appelant comme d'abus de l'octroy et impetration de ladite bulle et pouvoir y contenu, publication, execution d'icelle, et tout ce qui s'en est ensuivy, l'a tenu et tient pour bien relevé, ordonne que Philippes, du tiltre de Sainct Onuphre, cardinal de Plaisance, sera assigné en icelle pour defendre audit appel, et vaudront les exploits faicts en ceste ville de Chaalons à cri public, et seront de tel effect et valeur comme si faits estoient à personne ou domicile. Et cependant exhorte ladite cour tous prelats, evesques, princes, seigneurs, gentils-hommes, officiers et subjets du Roy, de quelque estat, condition et qualité qu'ils soient, de ne se laisser aller ou gaigner aux poisons et ensorcellements de tels rebelles et seditieux, ains demeurer au devoir de bons et naturels François, et retenir tousjours l'affection et charité qu'ils doivent à leur roy et patrie, sans adherer aux artifices de ceux qui, sous couleur de religion, veulent envahir l'Estat et y introduire les barbares Espagnols et autres usurpateurs, faict tres expresses inhibitions et deffences à toutes personnes de tenir ny avoir chez soy ladite bulle, icelle publier, s'en ayder, ou favoriser lesdits rebelles, ny se transporter aux villes et lieux qui pourroient estre assignez pour ladite pretendue eslection, sur peine aux nobles d'estre degradez de noblesse et declarez infames et roturiers, eux et leur posterité, et aux ecclesiastiques d'estre descheus du possessoire de leurs benefices et punis, ensemble tous contrevenans, comme criminels de leze majesté et perturbateurs du repos public, deserteurs et traistres à leur pays, sans esperance de pouvoir obtenir à l'advenir pardon, remission ou abolition ; et à toutes villes, de recevoir lesdits rebelles et seditieux pour faire ladicte assemblée, les loger, retirer ou heberger.

» Ordonne ladite cour que le lieu où la deliberation aura esté prise, ensemble la ville où ladicte assemblée se fera, seront rasez de fonds en comble, sans esperance d'estre reedifiez, pour perpetuelle memoire à la posterité de la trahison, perfidie et infidelité; enjoinct à toutes personnes de courir sus à son de tuxain contre ceux qui se transporteront en ladite ville pour assister à icelle assemblée, et sera commission delivrée audit procureur general pour informer contre ceux qui ont esté autheurs et promoteurs de tels monopoles et conjurations faictes contre l'Estat, et qui leur ont aydé ou favorisé. Et sera le present arrest publié à son de trompe et cry public par les carrefours de ceste ville, et envoyé par tous les sieges de ce ressort pour y estre leu, publié et enregistré à la diligence des substituts du procureur general, dont ils certifieront la cour dans un mois, à peine de suspension de leurs estats. Faict en parlement, le 18 novembre 1592. »

Nonobstant le susdit arrest, tous les deputez des villes de l'union monterent à cheval pour s'acheminer à Paris, là où leursdits estats se devoient tenir. Le cardinal de Pellevé, qui n'avoit osé retourner en France durant le vivant du feu roy Henry III, et duquel le revenu de ses benefices avoit esté saisi en plaine paix, vint en ceste année de Rome à Reims en son nouveau archevesché duquel il avoit esté pourveu par le Pape, et de là à Paris pour y tenir le premier rang de pair ecclesiastique. Le duc de Feria s'y achemina aussi pour y faire entendre l'intention de son Roy. Et les Seize et tous les faciendaires d'Espagne se remuërent pour tascher à faire oster à M. de Mayenne son authorité de lieutenant general de l'Estat. L'an suivant nous dirons ce qui se fit en ceste assemblée, et ce qui en advint.

Durant le mois de novembre et de decembre plusieurs places furent prises. Les ligueurs mesmes s'entresurprenoient les places les uns des autres, prenans pour pretexte quelques mescontentements. Entr'autres, le sieur de Bois-rozé, dont nous avons parlé cy dessus, surprint le fort de Fescamp au pays de Caux avec soixante soldats sur le sieurs de Villars, par une escalade composée d'un artifice admirable qu'il planta le loug du rocher du costé de la mer, lequel est de trois cents toises de haut, la marée courant au pied de six en six heures, n'y ayant qu'une marée de nuict en l'année en laquelle on eust peu executer ce dessein, luy convenant deux heures à faire une lieuë de chemin, planter ses eschelles et monter, le dernier desquels en montant eut de l'eau jusques à la ceinture. Il desarma et mit hors de ladite place quatre cents soldats qui se deffendirent assez vaillamment. Le sieur de Villars, fasché de ceste perte, alla incontinent assieger Bois-rozé dans ce fort; mais, hors d'esperance de l'avoir par force, il le tint assiegé comme par forme de blocus; toutesfois il n'eut aucun advantage sur luy, quoy qu'il le tinst ainsi investy treize mois durant.

Peu après ledit sieur de Villars fit faire une entreprise sur le Pont de l'Arche, qui n'est distant de Rouen que de quatre lieuës. Le chasteau qui est au bout du pont estant surpris, ceux de l'union, pensans traverser par sur le pont et se rendre maistres de la ville, en furent empeschez par les royaux. Le Roy, ayant receu l'advis de la surprise de ce chasteau, y envoya incontinent plusieurs troupes pour le reprendre. Mais le tout fut sans effect, et la ville et le chasteau furent ainsi de deux divers partis jusques à ce que ledit sieur de Villars se mist en l'obeyssance du Roy.

En Anjou M. le prince de Conty et le mareschal d'Aumont ayans assiegé le fort de Rochefort sur la riviere de Loire, distant de trois lieuës d'Angers, où commandoient les sieurs de Heurtaut Sainct Offange freres, ils logerent leur canon sur une vieille ruyne d'un chasteau nommé Dieusy, d'où ils battirent fort furieusement une des tours de Rochefort; mais, nonobstant trois mille coups de canon qu'ils tirerent, on ne fit point de bresche qui fust raisonnable de prendre ceste place par assaut : tellement qu'après un long siege on fut contraint de le lever.

En ce temps-là le sieur de Boisdaufin, qui commandoit dans Chasteau-gonthier pour l'union, fit surprendre le chasteau de Sablé, et le sieur de Landebry, qui estoit dedans, y fut tué avec quelques-uns des siens. La ville fut aussi prinse en mesme temps : tellement que ledit sieur de Boisdauphin, qui au commencement de ceste année n'avoit aucune ville de retraite, fut maistre de Laval, de Chasteau-gonthier et de Sablé, d'où il incommodoit fort les royaux du Mayne et d'Anjou. Voylà les choses les plus remarquables qui se sont passées en France durant ceste année.

La mort de Jean, comte de Manderscheit, evesque de Strasbourg, advenuë le premier jour de may, troubla tout cest evesché, car les chanoines, à qui appartient l'eslection ou la nomination de leur evesque, se trouverent autant divisez de volontez que de religion, les uns estans catholiques-romains, les autres protestans lutheriens. Le trentiesme de may les chanoines protestans, avec la faveur et support que leur firent les magistrats de Strasbourg, esleurent pour evesque Jean George de Brandebourg, agé de dix-sept ans, fils de Joachim Federic, administrateur de l'evesché de Havelberg et de l'archevesché de Magdebourg, de la maison des marquis de Brandebourg, tous deux protestans lutheriens. Aussi-tost que ceste eslection fut faicte, le troisiesme de juin il vint à Strasbourg, et, ayant amassé quelques troupes, il se mit en campagne avec dix-sept pieces de canon pour renger sous son obeyssance tout le diocese de Strasbourg. Il attaqua premierement Kochersbergh, qui est un chasteau appartenant à l'evesque, dans lequel il n'y avoit que quatorze soldats, lesquels après avoir enduré quelques coups de canon se rendirent : après leur reduction ils furent tous taillez en pieces, et le capitaine, estant mené à Strasbourg, y eust la teste tranchée. De là il alla assieger et prendre Dacstein et quelques autres lieux dudit diocese, appartenans à l'evesque.

Le doyen et les chanoines catholiques qui faisoient la plus grande partie du chapitre, estans sortis de Strasbourg pour ce que le magistrat leur estoit ennemy, s'assemblerent en la maison episcopale à Zaberen, et esleurent, le 9 juin, Charles, cardinal de Lorraine et evesque de Mets, pour evesque de Strasbourg, quoy que l'Empereur leur eust mandé qu'il vouloit que son oncle l'archiduc Ferdinand, comte de Tyrol, fust l'administrateur de cest evesché. Le cardinal de Lorraine, ayant sceu son eslection, rescrivit le 10 juin à messieurs de Strasbourg par un trompette, se plaignant d'eux de la prise de leurs armes et des hostilitez qui avoient esté faictes à Kochersbergh et à Dacstein, et autres lieux du diocese dont il avoit esté esleu evesque, sans que luy ny aucun de ses confreres les chanoines leur en eussent donné aucune occasion, les priant de faire sortir incontinent leurs soldats des places prises, et les luy restituer, sinon qu'il seroit contraint d'implorer le secours de ses amis pour repoulser la force par la force, et conserver un diocese duquel il avoit pris la charge.

Ces lettres portées au magistrat de Strasbourg, ils firent ceste response : « Vostre Altesse n'ignore de quelle fidelité et integrité nos majeurs ont secouru vostre predecesseur en la bataille de Nancy contre le duc de Bourgogne. Pour nous, nous n'avons jamais rien entrepris contre l'ancienne famille de Lorraine, et ne desirons enfraindre aucunement la paix que nous avons avec elle. Quant à l'eslection qui a esté faicte de Jean George de Brandebourg pour nostre evesque, elle a esté faicte suivant ce que l'on a accoustumé d'eslire les evesques de Strasbourg; car par les canons il est expressement porté que nul ne sera esleu evesque, si ce n'est du consentement du magistrat, et mesme qu'il doit estre esleu dans l'evesché ; ce qui a esté practiqué en l'eslection de Jean George, marquis de Brandebourg. C'est pourquoy nous vous prions de nous tenir pour excusez si nous soustenons en cela la maison de Brandebourg, et de nous laisser en nostre ancienne paix et tranquillité en ce diocese. Que si vous ne voulez avoir esgard à la priere que nous vous en faisons, ne doutez point que nous ne nous deffendions, et que Dieu ne nous face la grace de faire retomber les injures qui nous seront faictes sur les testes de ceux qui nous les feront. »

Après plusieurs lettres escrites tant de part que d'autre, le cardinal voyant que ceux de Strasbourg demouroient resolus de soustenir le party du marquis de Brandebourg, et qu'il n'avoit point d'autre voye pour se rendre possesseur de cest evesché que par la force, il se delibera d'avoir recours aux armes. Ayant prié tous ses amys de luy ayder de gens de guerre, il mit en campagne une armée de dix mille hommes, tant de pied que de cheval, et, ayant faict fortifier Zaberem et Moltzheim, son armée s'achemina à Dacstein qui se rendit à composition, d'où le capitaine Bubenoffer sortit avec sa garnison vies et bagues sauves, laissant quatre canons aux armes de Strasbourg en la puissance du cardinal. De là l'armée s'achemina à Kochersbergh qui fut pris de force, et tous ceux qui n'y moururent à l'assaut furent pendus.

Peu après arriverent les ambassadeurs de l'archiduc Ferdinand, qui avoit esté esleu par l'Empereur pour gouverneur du chapitre de Strasbourg jusques à ce que l'on eust faict une autre election d'evesque, lesquels supplierent ledit sieur cardinal de mettre les armes bas, et que ce different fust accordé civilement : ce que ledit sieur cardinal trouva bon, et y condescendit; mais ceux de Strasbourg n'en voulurent rien faire, disans que cest affaire ne dependoit pas seulement de l'Empereur, mais aussi de tous les eslecteurs de l'Empire.

Sur ceste response le cardinal, faisant continuer plusieurs hostilitez jusques aux portes de Strasbourg, s'empara encor de Vasselin, place qui appartenoit mesmes à ceux de Strasbourg. Bref, il se fit durant les mois de juin et de juillet plusieurs rencontres entre les Lorrains et ceux de Strasbourg, où les uns estoient un jour victorieux, et le lendemain quelquesfois vaincus.

Ceux de Strasbourg envoyerent demander secours à tous leurs amis. George Frederic de Brandebourg, burgrave de Noremberg et duc de Pomeranie, leur envoya deux cents chevaux, et ce en faveur seulement de l'eslection qu'ils avoient faicte de son parent pour leur evesque. Toutesfois Joachim Frederic, pere de l'esleu evesque, ne voulut ouvertement favoriser l'eslection de son fils, pour ce que par les conditions de ceste eslection le gouvernement de l'evesché demeuroit en grande partie au magistrat de Strasbourg : aussi ce fut pourquoi ils furent contraints de soustenir les frais de la guerre de leurs propres deniers, avec lesquels ils amasserent bon nombre de cavalerie et d'infanterie.

Le 3 d'aoust trois mille Suisses estans venus au secours de ceux de Strasbourg, ils se trouverent avoir plus d'hommes de guerre que le cardinal de Lorraine, et, ayans assemblé toutes leurs troupes en une armée auprès d'[illegible], ils allerent droict mettre le siege devant [illegible]. En y allant ils firent brusler Fegersheim et [illegible]naw. Aux aproches fut tué le comte Albert de Tubinge et plusieurs autres. Le duc Joachim Charles de Brunsvic arriva en ceste armée le 9 aoust, et pensoit on que dèslors ce trouble devoit estre appaisé, pource que quelques deputez des Suisses et de l'archiduc s'estoient assemblez en Alsace pour le pacifier, bien que l'on eust amené de Strasbourg au camp sept pieces d'artillerie et toutes les munitions necessaires pour commencer la batterie.

Le cardinal de Lorraine avoit fait retirer les siens à la faveur des places qui tenoient pour son party. Le duc de Lorraine son pere luy ayant envoyé de nouvelles troupes sous la conduite du comte de Vaudemont, il se delibera de faire lever le siege de devant Moltzeim : mais, ainsi que les Lorrains s'y acheminoient, ils eurent advis qu'il estoit party le 15 d'aoust de Strasbourg cent cinquante chevaux et six cents hommes de pied qui conduisoient l'argent pour payer l'armée. Vaudemont, sur ceste nouvelle, avec nombre de cavalerie leur alla dresser une embuscade auprès de Dippichen, et chargea ce convoy si à propos qu'il le mit à vau de route, gaigna les dix-huict mille tallars que l'on menoit en l'armée, prit prisonnier le thresorier de Strasbourg et Jean de Noremberg, conducteur des gens de pied avec leurs drapeaux.

Cependant l'on battoit Moltzeim. Ceux de Strasbourg, ayant faict bresche, allerent à l'assaut, d'où ils furent repoulsez avec perte. Pensans faire recommencer la batterie, sur la nouvelle qu'ils eurent de ce qui s'estoit passé à Dippichen ils leverent le siege et se retirerent aux environs de Strasbourg.

Le prince d'Anhalt, comme nous avons dit, ayant esté congedié par le Roy après le siege de Rouen avec tous ses reistres et lansquenets, arriva en ce mesme mois d'aoust aux confins du Palatinat, où il licencia la plus grand part de ses troupes. Là il fut prié par ceux de Strasbourg de venir à leur secours : ce qu'il leur promit faire, desirant avant que retourner en Saxe faire quelque effect militaire. Estant arrivé à Strasbourg le 26 d'aoust avec cinq cents chevaux et le regiment du colonel Lanty, il fut declaré general de l'armée de ceux de Strasbourg.

Au commencement de septembre, ayant pris quelque cavalerie, il alla jusques dans l'armée des Lorrains leur enlever un logis où il en fit demeurer deux cents sur la place. Les Lorrains en eurent depuis leur revanche, car tout ce mois et celuy d'octobre ne se passa qu'en courses, tant d'une part que d'autre, et furent exercées une infinité d'hostilitez aux environs de Strasbourg et partout le diocese.

Le prince d'Anhalt, ayant resolu d'assieger Moltzeim, partit de Strasbourg le 5 novembre avec Otton et François, ducs de Lunebourg, Charles, duc de Brunsvic, le baron d'Othnaw, et quantité de noblesse allemande ; mesmes le susdit Brandebourg, esleu evesque de Strasbourg, ou administrateur qu'ils appellent, l'accompagna jusques au camp, mais il s'en revint en la ville avec plusieurs jeunes seigneurs. On fit partir encor à mesme temps dix-sept pieces de canon de Strasbourg, outre les vingt-six pieces qui estoient desjà en l'armée, et force munitions. Les Lorrains qui estoient dans Zaberen [qu'aucuns appellent Elzabern] pensoient que l'on en voulust à eux, et se preparerent au siege; mais, après que le prince eut fait faire quelques tournoiements à son armée, il vint investir Moltzeim, et mit du costé de Dacstein de bonnes gardes pour engarder les Lorrains de rien entreprendre sur son camp durant ce siege.

Les approches faictes, la batterie fut commencée le jour Saincte Catherine. On fit bresche de vingt-trois pas, là où le prince d'Anhalt ayant fait donner l'assaut, les siens furent si rudement repoulsez qu'il y en demeura quelques centaines, et entre autres des principaux chefs le colonel Jean Ulrich, baron de Hohensaxe, le comte de Mussen, le lieutenant du colonel Lanty, et autres personnes de marque. Deux jours après la batterie fut recommencée et continuée deux heures durant fort furieusement : cessée, le prince d'Anhalt envoya un tambour aux assiegez les sommer derechef de se rendre : eux, qui manquoient desjà de munitions de guerre, et qui voyoient qu'ils ne pouvoient esviter d'estre forcez, envoyerent leur demande par escrit au prince, qui leur accorda certains articles, tant pour les gens de guerre que pour les ecclesiastiques et les habitans. Il sortit de ceste place trois cents soldats, et ne s'en perdit au siege que dix-huict. Les assiegeans y perdirent bien cinq cents hommes. Voylà comment le prince d'Anhalt print Moltzeim. Il conduit du depuis l'armée aux environs de Dacstein, mais ce fut sans faire aucun effect de remarque. Ernest Federic, marquis de Bade, arriva en ce mesme temps auprès de Strasbourg avec mil reistres et deux mil lansquenets pour leur secours aussi. Ayant passé le Rhin sur le pont de Strasbourg, il alla loger ses troupes en la comté de Hanovie, où ils exercerent tant d'hostilitez que le comte s'en alla plaindre à Spire, où il eut un mandement imperial, et fit citer ledit marquis de Bade et ceux de Strasbourg de comparoir à la chambre imperiale à Spire dans le 30 janvier, pour luy reparer les torts que leurs gens de guerre avoient faicts dans son pays.

Le 17 de decembre le prince d'Anhalt ayant eu advis que certains deputez de l'Empereur arrivoient à Strasbourg pour pacifier ce trouble, il delibera de s'y rendre, et partit de son armée qui estoit encor aux environs de Moltzeim. Estant en chemin, accompagné de cent chevaux et deux cents hommes de pied, peu s'en fallut qu'il ne fust pris par deux cents Lorrains à cheval qui fortuitement revenoient de la guerre. Là il fut bien combatu, et, sans le secours qui vint de

Moltzeim, il estoit en danger d'estre pris. Il fut tué auprés de luy un comte Frederic de Mansfelt, duquel le frere qui se nommoit David fut aussi fort blessé, et plusieurs autres. Les Lorrains furent contraints en fin de se sauver, et perdirent en ceste rencontre quinze des leurs.

Le 19 decembre les ambassadeurs de l'Empereur arriverent à Strasbourg, et deux jours aprés un herault imperial, tenant un baston doré en sa main, publia en la place publique un mandement imperial portant injonction qu'ils eussent à mettre les armes bas, et qu'ils se rapportassent de leur different à des arbitres. Ces mesmes deputez de l'Empereur en allerent autant faire et dire au cardinal de Lorraine et aux chanoines catholiques qui estoient à Zaberen. Ils firent tant que les deux parties convindrent d'arbitres et mirent les armes bas, ainsi que nous le dirons l'an suivant. Voylà ce qui s'est passé ceste année en la guerre de Strasbourg.

Nous avons dit l'an passé qu'après la mort de l'electeur Christian, duc de Saxe, que le calvinisme fut chassé de toute la Saxe, et que les deux professeurs de ceste religion, qui estoient Pierius et Gunderman, furent mis prisonniers. Or Gunderman, voyant la longueur de sa prison, se delibera de chanter la palinodie du calvinisme. Il en conféra avec quelques hommes doctes qui le furent voir. Il demanda des livres de Luther et autres livres faicts par les protestans lutheriens. Après les avoir leus il dissimula tellement pour avoir sa liberté, qu'il presenta requeste au magistrat, confessant qu'il n'avoit pas bien entendu jusques à ceste heure ce qui estoit contenu en la confession d'Ausbourg, aux articles de Smalcalde, dans le symbole de sainct Athanase, et dans la formule de la concorde saxonique; plus, qu'il estoit tout prest, de bouche et de cœur, de revoquer, et par escrit et en chaire, ce qu'il avoit enseigné au contraire des susdits livres, suppliant le magistrat de luy donner liberté, et de luy permettre de retourner à Cale avec sa famille, et y achever ses jours en homme privé. Le magistrat sur ceste requeste, après que ledit Gunderman eut signé sa profession de foy, le mit en liberté. Mais du depuis quelques Allemans ont escrit que ce fait n'estant qu'une dissimulation, il en est devenu alienė d'esprit.

Cependant les pasteurs lutheriens dresserent des articles, et commencerent à faire leur visite par toute la Saxe, affin de chasser ceux qui voudroient soustenir les opinions de Calvin. Ceste visite se commença dans l'université de Vittemberg le 12 juillet, où quatre docteurs de l'Université, deux professeurs, deux du conseil du prince et deux du magistrat, furent depossedez de leurs charges pour n'avoir voulu signer lesdits articles qu'ils avoient redigez en quatre points principaux, sçavoir: de l'eucharistie, de la personne de nostre Seigneur Jesus Christ, du baptesme et de la predestination, lesquels les lutheriens croyent presque de mesme que l'on faict en l'Eglise catholique, apostolique-romaine, excepté la transubstantiation. La maniere dont ils procederent en ceste visite estoit que par forme d'antithese d'un costé estoit escrit la croyance des lutheriens, qu'ils faisoient affirmer et jurer de tenir et observer, de l'autre estoit escrit l'opinion des calvinistes sur les quatre poincts susdits, laquelle ils faisoient soubs-signer estre chose detestable de croire. De Vittemberg les visiteurs lutheriens allerent à Lipsic le 2 d'aoust, où ils en trouverent six tenans l'opinion de Calvin, lesquels ils depossederent aussi de leurs charges, et puis s'en allerent par toute la Saxe faire le mesme. Voylà comme le calvinisme fut chassé de Saxe.

Les calvinistes au commencement de ceste année en firent autant aux lutheriens dans les terres du Palatinat, et mesmes surprindrent Numarck d'où ils osterent le lutheranisme. Ils en pensoient faire autant dans Amberghe; mais les habitans prindrent les armes, se rendirent maistres de leur ville, puis du chasteau, d'où ils firent sortir leur gouverneur, un docteur calviniste et quelques autres des principaux. Ce sont les fruits qu'apportent les diverses religions.

En ce mesme temps aussi un François Filidin voulut en Allemagne faire renaistre les erreurs de Pelagius, et fit imprimer plusieurs paradoxes en la preface desquels il avoit mis: *François, serviteur de Dieu, et de Christ, appellé pour annoncer le jugement de Dieu, et auquel a esté donné le sainct esprit de discretion pour interpreter la parole de Dieu à tous les hommes qui ont l'usage de raison.* Nicolas Serrarius luy fit une response fort docte où il luy monstra toutes ses erreurs. Ceste secte dez son origine fut estouffée.

Nous avons dit que le cardinal Ratzivil estoit venu de Pologne à Gratzen pour accomplir le mariage entre le roy de Pologne et la fille aisnée du feu archiduc Charles. L'evesque de Vladimirie estoit avec ledit sieur cardinal, et prés de trois cents chevaux et trente coches ou carrosses, la plus-part desquelles estoient tirées par six chevaux. Toute ceste ambassade, qui estoit bien equipée et en fort bonne couche, vint, le unziesme de mars à Prague où estoit l'Empereur, qui les fit recevoir fort honorablement. Ayant esté resolu que les espouzailles se feroient dans Vienne en Austriche, les ambassadeurs de Pologne et la future Royne s'y rendirent au commencement du mois de may. Les ceremonies se firent le quatriesme de ce mois, en l'eglise des Augustins qui est proche le palais des archiducs, par l'evesque de Vienne, entre quatre et cinq heures du soir. Ledit sieur cardinal Ratziuil l'espousa au nom du Roy son maistre, et luy donna un anneau ez presence de la mere de la Royne espouzée, des archiducs Ernest et Mathias, et d'un grand nombre de princes et de noblesse. Après le banquet royal, qui fut faict le soir mesme audit palais des archiducs, on mit la Royne espousée au lict, où un des ambassadeurs se coucha tout armé auprès d'elle, ainsi que les Polonois ont accoustumé faire, lequel, au lever de ladite Royne, luy presenta au nom du Roy son maistre un collier de pierreries de grande valeur.

Après ceste ceremonie elle fut menée en Pologne. Le Roy, sçachant sa venuë, se delibera d'aller à sa rencontre avec toute sa court. Il envoya jusques sur les frontieres de Pologne dix mil chevaux pour la recevoir, qui la conduirent jusques à Cassovie, là où fut consommé ce mariage. En signe du contentement qu'il en recevoit il fit battre plusieurs pieces d'argent dont il fit largesse au peuple. De l'un des costez sortoient deux palmes de dedans des ondes marines, lesquelles par le haut s'inclinoient comme se joignans ensemble, et pour l'ame de ceste devise estoit escrit autour : *Amor disjuncta conjungit*; de l'autre costé estoient trois armoiries, l'aigle de l'Empire à droict, et celuy de Pologne à gauche, au milieu desquels pour les joindre estoit une bande blanche en champ de gueule, qui sont les armes d'Austriche, et pour devise : *Post animos sociasse juvabit*.

En ce temps duroient encor les simultez (1) ou querelles entre le roy de Pologne et le grand chancelier, lesquelles estoient tellement accreuës qu'il y avoit doute d'une guerre civile, l'un et l'autre faisant amas de gens de guerre. Le grand chancelier, qui avoit espouzé en premieres nopces la sœur du feu roy Estienne Battory, après sa mort avoit espouzé une des grandes dames de Pologne, et bien apparentée. Ce support luy faisoit contredire à beaucoup de choses que le Roy eust bien voulu faire : toutesfois, en une diette qui se tint au mois d'octobre, les palatins du royaume firent tant qu'ils les accorderent.

Le 25 de novembre Jean, roy de Suece (2), pere dudit roy de Pologne, mourut. Ce Jean estoit fils de Gostave Ecrison, premier roy de ceste famille en Suece. Il avoit fait emprisonner son frere aisné Henry, et s'estoit emparé du royaume contre tout droict, en se declarant lutherien. Or il avoit un plus jeune frere nommé Charles, duc de Sudermanie et Finlandie, lequel, après la mort dudict Jean, s'empara du gouvernement du royaume, et depuis s'est faict declarer roy, et en a privé Sigismond, roy de Pologne, son neveu, et fils de son aisné, à cause qu'il estoit catholique romain. Du succez de toutes ces choses nous en dirons une partie à la suitte de ceste histoire, selon les temps qu'elles sont advenuës. Dans nostre histoire de la paix nous en avons aussi traicté, où le lecteur pourra voir ce qui est advenu pour ce subject entre les Sueces et Polonois.

Nous avons dit au livre precedent que les baschas Ferat et Cigale, pour avoir experimenté le danger des guerres loingtaines, persuaderent au Turc de faire la guerre à Rodolphe, empereur des chrestiens, et à tous ses subjects, prenans une legere occasion sur les hostilitez faictes par quelques corsaires uscochiens. L'Empereur, adverty des desseins du Turc, et que le bascha de Bosne (3) avoit intention de se jetter dans la Croatie, envoya de tous costez demander du secours aux princes ses voisins. L'archiduc Ernest s'estant rendu à Gretz (4), qui est la ville capitale de la Styrie, avec cinq mille hommes, et se joignant à luy de jour en jour nouvelles troupes de la Carinthie et d'autres endroicts, pensant s'opposer aux forces du bascha, eut advis qu'il estoit entré dans la Croatie avec cinquante mil hommes, et qu'il avoit entouré et taillé en pieces six mille soldats chrestiens, dont il avoit envoyé six chariots pleins de leurs testes à Constantinople. Cest exploict espouvanta fort les chrestiens.

Ledit bascha, poursuivant sa victoire, vint jusques aux bords de la riviere de Culpe, sur laquelle il fit dresser un pont de bateaux pour passer son armée, puis fit bastir un fort à Petrine qu'il garnit d'artillerie, et y mit une grosse garnison pour la deffence de ce pont qu'il vouloit luy servir pour se retirer, s'il en estoit contraint par les chrestiens. Ayant faict cela, il alla prendre Castrovis, et, contre la coustume ordinaire des Turcs, qui est de ruiner les forteresses après qu'ils les ont prises, il mit par toutes les places qu'il conquit en Croatie de bonnes garnisons, et fit faire un grand degast par toute ceste province. La rigueur de l'hyver n'empescha pas le progrès desdits Turcs, dont l'armée se montoit à cent cinquante mille hommes, ains exer-

(1) Inimitié.
(2) De Suède.
(3) Bosnie.
(4) Gratz.

cerent de grandes hostilitez en plusieurs endroicts de la Hongrie. L'archiduc Ernest, lieutenant general de l'Empereur en ces quartiers là, ayant assemblé une armée de quelque soixante mille hommes, empescha que les Turcs ne prinssent Canise, Taggay et autres lieux, lesquels il fit munir pour resister à leur premiere violence. En Italie et Allemagne ce ne furent qu'assemblées pour trouver les moyens de leur resister. Nous dirons l'an suivant ce qui en advint. Tous les historiens ont escrit en diverses façons comment ceste guerre fut commencée. Ceux qui soustiennent la maison d'Austriche disent que le roy de France et la royne d'Angleterre solliciterent, par leurs ambassadeurs, le Turc d'attaquer la maison d'Austriche, tant par mer sur les rivieres d'Espagne, que par terre du costé des pays subjects à l'Empereur vers la Hongrie. Et les autres ont escrit que l'ambition qu'avoient ceux d'Austriche pour dominer seuls toute la chrestienté fut la cause qu'ils aymerent mieux faire continuër les guerres civiles en France, et faire ruyner par ce moyen, s'ils pouvoient, la premiere monarchie chrestienne, que non pas de s'unir tous pour le bien commun de la chrestienté affin de porter la guerre contre les infidelles : mesmes le roy d'Espagne s'excusa de secourir l'Empereur sur la guerre qu'il entretenoit en France et en Flandres. Les princes d'Italie disoient qu'ils ne pouvoient se desgarnir de leurs commoditez pour la jalousie qui est entre eux, et principalement sur la grandeur des Espagnols en ceste province. Bref, le peu d'intelligence et l'animosité qu'il y avoit entre les empereurs, roys et princes chrestiens, furent l'occasion que tant de milliers d'ames furent emmenées esclaves par les Turcs, tant en Hongrie qu'ès provinces voisines.

Dans la cité de Candie y eut une grande peste ceste année, laquelle mescogneuë et negligée par aucuns medecins, fors que d'un juif medecin, il en mourut plusieurs milliers de personnes. Ceste isle est de la seigneurie de Venise, là où ils tiennent un podestat et plusieurs officiers avec une forte garnison, pour ce qu'elle est voisine de plusieurs pays de l'obeyssance du Turc. Les officiers venitiens, sur plusieurs advertissements qu'ils eurent que la maladie seroit grande, donnerent et establirent l'ordre requis pour faire penser les malades. Il mourut en ceste cité vingt mil personnes, depuis le mois d'avril jusques en aoust qu'elle s'appaisa. Tous les medecins en moururent, excepté le susdit juif et un seul autre medecin.

Plusieurs braves capitaines moururent de ceste maladie, lesquels furent grandement regretez,

nalongue. Mais ce ne fut qu'une espouvante, car Cigale mesme se trouvoit si empesché en ce destroit, que, pour sortir de l'archipelague, il envoya à un roberge anglois, dit Le Breton, demander de grace un maistre pilote, ce que luy refusa l'Anglois. Depuis Cigale se retira vers Zante pour se rafraischir. Il fut veu lors des feux prodigieux en l'air et sur la mer, qui donnerent une grande crainte; et n'y eut autre remede, sinon d'enfermer les malades en leurs propres logis, leur pourvoyant de vivres tout le long de l'hyver. Et ainsi le mal s'appaisa du tout au printemps.

Le roy Echebar, empereur de Mogor, qui est un grand empire entre les deux grands fleuves d'Inde et de Ganges, se fit instruire au christianisme par le pere Pierre Tavier et pere Julian Perriera, portugais. Ils disent entr'eux qu'autresfois ils ont esté chrestiens jusques à un roy nommé David qui fut vaincu en guerre par les Parthes, et que ce peuple se destourna de la foy. Iceluy David se disoit estre descendu de la race de sainct Barthelemy. Contre Echebar, devenu chrestien, se rebellerent les Vengalans, et appellerent Cahul son frere pour leur estre roy; mais Echebar le contraignit de se retirer. Il a treize royaumes sous soy, Mogor, Coronan, Torquimac, Boloch, Guzzarath, les Parthes, les Indhustans, les Vengalans, les Seres [selon aucuns], et quatre autres estats de Mores noirs. Ainsi a esté achevée ceste année de la catastrophe de nostre tragicomedie histoire françoise. S'ensuivent les années plus heureuses, comme par epilogue de nos miseres, où nous verrons l'heureux retour de la France à elle mesme, avec la conversion du roy Très-Chrestien.

LIVRE CINQUIESME.

[1589] L'autheur du second discours [illegible], descrivant quel estoit l'estat de la France, addressant sa parole au roy sainct Louys, dit:

Rejoins l'Acheron, ô pere du pays,
De nos princes l'honneur, sage et vaillant Louys,
[illegible] nos villes furieuses
Arracher de leurs tours tes fleurs victorieuses,
Et, au lieu du beau lis sans honte et sans honneur,
Arborer laschement la marranne couleur!
Viens voir que maintenant, au centre de la France,
Tes enfans mescognus n'ont plus d'obeyssance,
Que Paris est frontiere, et que dans les palais
Le tyran d'Arragon a logé ses valets.
Non, non, ne t'enquiers point qui fut ce vaillant prince
Qui osa par le fer conquester ta province;
Il est encor à naistre, et, sans la trahison,
Jamais le basané n'eust surpris ta maison:
Son fer n'y faisoit rien sans l'ayde coustumiere
De son or indien, dont la jaune lumiere
Esblouit des François et les yeux et le cœur,
Et du front leur traça la fidelle blancheur.
Eux mesmes insensez, à leurs maistres rebelles,
Yvres de la boisson des civiles querelles,
Et ne souspirant rien qu'un mutuel venger,
Eux-mesmes ont receu le soldat estranger.
Regarde par pitié les lievres de Lorraine,
Et le dain de Piedmont qui rogue se pourmene
Autour du grand Lyon que le mal intestin
Et le poison brusiant reduisent à la fin.
Jadis d'un seul regard, d'une menace fiere,
Quand tu le gouvernois, loin, loin de sa barriere,
Il les eust rechassez, pasles de froide peur,
Jusqu'aux monts renommez d'eternelle blancheur.
Et traistres, maintenant qu'il ne se peut deffendre,
A luy, qu'ils craignoient tant, ils osent bien se prendre.
L'un luy tire la barbe et l'effroyable front,
L'autre luy mort la queuë, et un autre luy rompt
Sa griffe aux crocs d'acier, autrefois redoutée
De tous les animaux de la terre habitée:
Luy couché les regarde, et tirant à la mort,
De se venger encor fait il tout son effort:
Il herisse sa jube, et, d'une horrible plainte,
Monstre que de despit il a son ame atteinte,
Et que, s'il peut jamais r'avoir sa guerison,
De Nice, et de Nancy il aura sa raison.

Voylà comme cest autheur descrit le miserable estat de la France, disant que la continuation des maux qu'il a enduré depuis le commencement des guerres civiles, et principalemet la foiblesse qui luy arriva après la mort du duc de Guise, luy a osté le pouls, la cognoissance, la memoire, la parole et presque la vie; qu'il n'y avoit point [illegible] pour sa guerison que de luy donner la paix; qu'elle estoit plus necessaire au Roy qu'à aucun autre de son royaume; mesmes quand Dieu luy auroit fait tumber tous ses ennemis entre ses mains, luy auroit donné autant de victoires qu'il y avoit de jours en l'an, toutesfois que la paix luy estoit necessaire pour ramener ses subjects à une obeyssance volontaire, plustost que de les dompter par le fer, ce qui ne se sçauroit faire que par violence; que la paix avoit cest advantage, que necessairement les subjets apportoient leur volonté et leur consentement en l'obeyssance du prince, autrement il n'y auroit pas de paix, la guerre et la force ne pouvant faire cest effect là: aussy le vray obeyr depend du libre vouloir, et non du forcé. Ce sont les raisons que l'autheur de ce discours allegue pour persuader au Roy de recercher la paix. Puis, s'addressant aux villes du party de l'union, il les exhorte de prendre garde quel restablissement ils ont apporté à l'Estat depuis la prise des armes l'an 1585, et leur demande quel soulagement en a eu le peuple, en quelle seureté ils ont mis la religion, quel ordre a esté estably au royaume, et quel repos ont eu les familles particulieres. « Vous voyez, dit il, Paris, la capitale du royaume, celle qui devoit estre la plus secouruë, celle à qui tous ceux de la ligue avoient plus d'interest, remplie maintenant d'effroyables marques de tous les fleaux de l'ire de Dieu tumbez l'un après l'autre sur ceste belle et autresfois florissante ville, sçavoir, la guerre et la famine en un temps, puis la peste et les longues maladies, après le froid sans remede, la pauvreté extreme à la veuë de l'abondance, les cruautez, les divisions, les forces, le deshonneur de plusieurs femmes et filles ausquelles la necessité [illegible] honte, les ruynes, les feux, la desolation [illegible] et dehors les murailles, par les amis et les ennemis, sur tant de beaux bastiments que l'opulence, la grandeur, le lustre et le luxe de tant d'années avoient eslevez à l'entour de ceste troisiesme Babel, de ceste seconde Rome. Que toutes ces choses, dit-il, vous facent sages, et vous rendent desireux de recercher la paix. Si vous songez à vous, il ne faut point d'autre chose pour vous esmouvoir à ceste recerche, sinon que de considerer la peine que prennent les estrangers à vous entretenir en guerres civiles, et la crainte qu'ils ont que l'on parle seulement de ce mot de paix ; ce qui vous doit estre une marque certaine que c'est vostre bien que la paix, et vostre ruyne totale que la continuation de si pernicieuses guerres. »

Quant au duc de Mayenne, chef du party de l'union, il luy dit : « Pense, prince, que tu auras tousjours meilleur traictement de ton roy que d'un estranger. Songe à ta condition : si le Roy est victorieux, tu ne peux esviter, s'il te denie sa clemence, ou d'estre fugitif un jour et errant par le monde, ou prins et desfaict et conduit à un spectacle public. Puis que tu dis n'aspirer aucunement à la couronne de France, il faut ou que tu travailles à la dissiper, ou à la conquerir. De la dissiper, jà ne t'advienne ! De la conquerir, qui t'en pourra mieux recompenser de la conqueste, que celuy à qui elle appartient? Tu es prince françois de par ta mere, yssu de la legitime race des roys de France, germain du Roy à present regnant, et toutesfois nul n'ignore les bravades que tu as receuës du duc de Parme, petit prince d'Italie, valet du roy d'Espagne. Qu'est-ce que te fera son Roy mesmes, quant, banny et chassé de la France, peut estre tu seras contraint de te trouver en sa Cour pour mendier, non plus le secours, mais le vivre? Si les affaires estoient aujourd'hui aux termes qu'elles estoient après la mort du feu Roy, tu pourrois esperer, de beaucoup de divers succez, l'esperance d'une grande fortune. Mais où en es-tu? Les peuples, et sur tout la France, perdent encores plustost l'opinion d'un homme qu'ils ne l'ont conceuë. Il faut aucunefois le labeur de tout une vie pour y acquerir de la creance, et deux malheurs de suitte la font perdre : principalement quand le peuple cognoist que celuy en qui ils avoient mis leur esperance est si foible qu'il est contraint de recourir à un plus grand, soudain ils laissent le premier pour aller à l'autre. La raison, c'est que les peuples ignorans ne se gouvernent que par l'apparence ; dez que cela leur manque, et qu'ils ne voyent plus auprès de toy d'armée, de canons, de Suisses et de lansquenets, et que tu as ton seul recours au roy d'Espagne, ils estiment que tout est perdu pour eux, et que tout leur secours ne despend que de ce Roy : ce qui a causé en ton party tant de desobeyssances contre tes intentions, que tu n'as peu mesmes trouver aucune forme de justice entr'eux, car chasque ville, ayant son dessein à part, a fort bien sceu retirer toute l'authorité et s'en faire croire, sans vouloir estre contraints par toy à rien qui ne leur plaist de faire. Qui te demanderoit maintenant ton opinion sur ce que le feu admiral de Chastillon [ayant esté chef de part aux premieres guerres civiles, et obtenu le troisiesme edict de pacification] respondit à celuy qui luy conseilloit de sortir blessé de Paris, le vendredy d'auparavant ceste funeste journée de la Sainct Berthelemy où il fut tué, luy disant : *Mon amy, je n'en puis sortir sans rentrer en la guerre, et j'ayme mieux mourir que de retourner jamais là*, il est aysé à juger que tu louërois ceste response, pour la peine qu'il y a de conduire ceste confusion de peuples, ce qui t'a empesché souvent de dormir à ton ayse. Le duc d'Aumale, dez l'an 1589, lors qu'il vint en Touraine, voulut commander en l'armée de l'union à son tour, ce que luy ayant esté refusé, il s'en retourna pour commander luy seul en Picardie. Devant Diepe le marquis du Pont voulut commander absolument comme estant l'aisné de la maison de Lorraine : ce qui en advint, et comme ledit le marquis s'en retourna mescontent en Lorraine est sceu d'un chacun. Les jalousies du duc de Nemours et ses desseins qu'il a de se faire seul chef de part dans le Lyonnois n'est que trop veritable. Le peu d'obeyssance que le duc de Mercœur vous a rendu comme au chef du party de l'union n'est que trop cogneuë. La division d'entre les gouverneurs des villes de ce party, et le peu d'obeyssance et secours que vous avez tiré des grandes villes, vous doit faire desirer, ô prince, la paix, qui est le seul moyen de restaurer l'Estat françois. » Voylà comment cest autheur discouroit sur la necessité que les François avoient de la paix. Voyons maintenant ce qui en advint.

L'Espagnol, ayant esperance parmy tant de confusions de se rendre maistre de la couronne françoise, ne songea pas tant à la conquester par le fer et par la force, que de l'avoir par la pratique et par intelligences. Voicy ce qui en a esté escrit. Don Diego d'Ibarra et les ministres d'Espagne, avant l'arrivée du duc de Feria en France, avoient pour maxime en leur conduite qu'il falloit diviser tous ceux du party de l'union les uns des autres, et persuader aux particuliers qui avoient quelque pouvoir et authorité dans ce party de n'avoir intelligence qu'avec eux et non point avec le duc de Mayenne ; dequoy le sieur de Villars, gouverneur de Rouën, en advertit ledit duc de ce que l'Espagnol avoit voulu traicter avec luy de ceste façon ; ce qui fut cause que non seulement ledit sieur de Villars, mais les autres gouverneurs qui avoient l'ame françoise, trouverent mauvais que les Espagnols les vouloient ainsi separer les uns les autres de leur chef. Ledit dom Diego, continuant tousjours ses pratiques, proposa aussi au duc de Guyse de se faire chef du party de l'union, faire bande à part et amis à part, et que c'estoit sa grandeur que de ne despendre que du roy d'Espagne, luy promettant mille belles esperances s'il suyvoit ce conseil ; plus, il luy remonstra sa ruyne s'il s'attachoit d'amitié avec le duc de Mayenne, et passa si avant que de luy conseiller d'entreprendre sur la vie de ce duc son oncle. Ce mauvais conseiller eust esté plus retenu, s'il eust bien consideré que le sang et l'interest de la maison de ces deux princes les tenoit trop conjoincts, et que les dissentions qui naissent entre parens de telle qualité pour la conduite des affaires, trouvent tousjours du remede pour les assoupir, et passent peu souvent jusques à ceste fureur de se vouloir desfaire l'un l'autre.

Or le duc de Mayenne fut adverty des pratiques des Espagnols. Il se vit lors entre deux puissans roys, sans se pouvoir resoudre d'embrasser à bon escient le party de l'un ou de l'autre. Il eust bien desiré de demeurer comme neutre, et conserver son authorité de chef dans le party de l'union, mais il ne le pouvoit faire sans se rendre ennemy de tous les deux. Ce fut pourquoy il se resolut, affin de maintenir son authorité de lieutenant de l'Estat, d'user de dilayements, tant envers le Roy qui le faisoit tousjours soliciter d'ayder à faire donner la paix à sa patrie, qu'envers le roy d'Espagne qui desiroit que sa fille l'Infante fust declarée royne de France ; mais les agents d'Espagne, qui avoient practiqué en toutes les provinces de France, resolus de le demonter de sa dicte authorité de chef de ce party, pensans avoir assez de partisans pour empieter l'Estat tout d'un coup, le presserent fort de faire publier une convocation d'estats affin de proceder à l'eslection d'un roy. Le Pape, suyvant en cela la volonté du roy d'Espagne, en avoit fait publier une bulle. Ils estoient entr'eux deux d'accord que l'eslection de ceste royauté devoit tumber sur l'infante d'Espagne et sur l'archiduc Ernest (1) d'Austriche qui la devoit espouser ; tellement que, suyvant l'opinion de l'autheur de la suitte du livre intitulé le Manant et le Maheustre, le duc de Mayenne estant pressé par le Pape, par le roy d'Espagne et par les Seize, qui l'en importunerent, il fut contraint de faire publier ceste declaration suivante.

« Charles de Lorraine, duc de Mayenne, lieutenant general de l'Estat et couronne de France, à tous presens et advenir, salut. L'observation perpetuelle et inviolable de la religion et pieté en ce royaume a esté ce qui l'a faict fleurir si long temps par dessus tous autres de la chrestienté, et qui a faict decorer noz roys du nom de Très-Chrestiens et premiers enfans de l'Eglise, ayans les uns, pour acquerir un tiltre si glorieux et le laisser à leur posterité, passé les mers et conduit jusques aux extremitez de la terre avec grandes armées pour y faire la guerre aux infidelles, les autres combatu plusieurs fois ceux qui vouloient introduire nouvelles sectes et erreurs contre la foy et creance de leurs peres. En tous lesquels exploicts ils ont tousjours esté assistez de leur noblesse, qui très-volontiers exposoient leurs biens et vies à tous perils, pour avoir part à ceste seulle vraye et solide gloire d'[illegible] conserver la religion en leur pays ou à [illegible] ès pays loingtains èsquels le nom et l'adoration de nostre Dieu n'estoit point encore cogneu, qui auroit rendu leur zele et valeur recommandable par tout, et leur exemple esté cause d'exciter les autres potentats à les ensuivre en l'honneur et au peril de pareilles entreprises et conquestes, ne s'estant point depuis ceste ardeur et saincte intention de nos roys et de leurs subjects refroidie ou changée jusques à ces derniers temps que l'heresie s'est glissée si avant dans le royaume et accreuë par les moyens que chacun sçait et qu'il n'est plus besoin remettre devant les yeux, que nous sommes en fin tombez en ce malheur que les catholiques mesmes, que l'union de l'Eglise devoit inseparablement conjoindre, se sont par un exemple prodigieux et nouveau, [illegible] les uns contre les autres, et separez au lieu de se joindre ensemble pour la defence de leur religion : ce que nous estimons estre advenu par les mauvaises impressions et subtils artifices dont les heretiques ont usé pour leur persuader que ceste guerre n'estoit pour la religion, mais pour usurper ou dissiper l'Estat, combien que nous ayons pris les armes, meus d'une si juste douleur, ou plustost contraincts d'une si grande necessité, que la cause n'en puisse estre attribuée qu'aux autheurs du plus meschant, desloyal et pernicieux conseil qui fut jamais donné à prince, et la mort du Roy advenuë par un coup du ciel et la main d'un seul homme, sans l'ayde ny le sceu de ceux qui n'avoient que trop d'occasion de la desirer ; nous ayons encores tesmoigné que nostre seul but et desir estoit de conserver l'Estat et suivre les loix du royaume, en ce que nous aurions recogneu pour roy monseigneur le cardinal de Bourbon, plus prochain et premier prince du sang, declaré tel, du vivant du feu Roy, par ses lettres patentes verifiées en tous les parlements, et, en ceste qualité, dési-

(1) Troisième fils de l'empereur Maximilien II.

gné son successeur où il viendroit à deceder sans enfans masles ; qui nous obligeoit à luy deferer cest honneur et à luy rendre toute obeyssance, fidelité et service, comme nous en avions bien l'intention, s'il eust pleu à Dieu le delivrer de la captivité en laquelle il estoit. Et si le roy de Navarre, duquel seul il pouvoit esperer ce bien, eust tant obligé les catholiques que de le faire, le recognoistre luy-mesmes pour son roy, et attendre que la nature eust faict finir ses jours, se servant de ce loisir pour se faire instruire et reconcilier à l'Eglise, il eust trouvé les catholiques unis disposez à luy rendre la mesme obeyssance et fidelité après la mort du Roy son oncle. Mais, perseverant en son erreur, il ne nous estoit loisible de le faire, si nous voulions, comme catholiques, demeurer sous l'obeyssance de l'Eglise catholique, apostolique et romaine, qui l'avoit excommunié et privé du droict qu'il pouvoit pretendre à la couronne; oultre ce, que nous eussions, en le faisant, enfraint et violé ceste ancienne coustume si religieusement gardée par tant de siecles en la succession de tant de roys, depuis Clovis jusques à present, de ne recognoistre au throsne royal aucun prince qui ne fust catholique, obeyssant fils de l'Eglise, et qui n'eust promis et juré à son sacre et en recevant le sceptre et la couronne d'y vivre et mourir, de la deffendre et maintenir, et d'extirper les heresies de tout son pouvoir : premier serment de nos roys, sur lequel celuy de l'obeyssance et fidelité de leurs subjects estoit fondé, et sans lequel ils n'eussent jamais recognu, tant ils estoient amateurs de nostre religion, le prince qui se pretendoit appellé par les loix à la couronne : observation jugée si saincte et necessaire pour le bien et salut du royaume par les estats generaux assemblez à Blois en l'année 1576, lors que les catholiques n'estoient encores divisez en la deffense de leur religion, qu'elle fut tenue entr'eux comme loy principale et fondamentale de l'Estat, et ordonné, avec l'authorité et approbation du Roy, que deux de chacun ordre seroient deputez vers le roy de Navarre et prince de Condé pour leur representer, de la part desdits estats, le peril auquel ils se mettoient pour estre sortis de l'Eglise, les exhorter de s'y reconcilier, et leur denoncer, s'ils ne le faisoient, que, venant leur ordre pour succeder à la couronne, ils en seroient perpetuellement exclus comme incapables. Et la declaration depuis faicte à Rouen en l'année 1588, confirmée en l'assemblée des derniers estats tenuz au mesme lieu de Blois, que ceste coustume et loy ancienne seroit inviolablement gardée comme loy fondamentale du royaume, n'est qu'une simple approbation du jugement sur ce donné par les estats precedans, contre lesquels on ne peut proposer aucun juste soupçon pour condamner ou rejetter leur advis et authorité. Aussi le feu Roy la receut pour loy, et en promit et jura l'observation en l'eglise et sur le precieux corps de nostre Seigneur, comme firent tous les deputez des estats en ladicte derniere assemblée avec luy, non seulement avant les inhumains massacres qui l'ont rendu si infame et funeste, mais aussi depuis, lorsqu'il ne craignoit plus les morts et mesprisoit ceux qui restoient, qu'il tenoit comme perdus et desesperez de tout salut ; l'ayant fait pour ce qu'il recognoissoit y estre tenu et obligé par devoir comme tous les souverains sont à suivre et garder les loix, qui sont comme colonnes principales ou plustost bases de leur Estat.

« On ne pourroit donc justement blasmer les catholiques unis qui ont suivy l'ordonnance de l'Eglise, l'exemple de leurs majeurs, et la loy fondamentale du royaume, qui requiert au prince qui pretend droict à la couronne avec la proximité du sang, qu'il soit catholique, comme qualité essentielle et necessaire pour estre roy d'un royaume acquis à Jesus-Christ par la puissance de son evangile, qu'il a receu depuis tant de siecles, selon et en la forme qu'elle est annoncée en l'Eglise catholique, apostolique et romaine. Ces raisons nous avoient fait esperer que si quelque apparence de devoir avoit retenu plusieurs catholiques près du feu Roy, qu'après sa mort la religion, le plus fort lien de tous les autres pour joindre les hommes ensemble, les uniroit tous en la defence de ce qui leur doit estre le plus cher. Le contraire seroit toutesfois advenu, contre le jugement et prevoyance des hommes, pour ce qu'il fut aisé en ce soudain mouvement de leur persuader que nous estions coulpables de ceste mort à laquelle n'avions aucunement pensé, et que l'honneur les obligeoit d'assister le roy de Navarre qui publioit en vouloir prendre la vengeance, et qui leur promettoit de se faire catholique dedans six mois : et y estans une fois entrez, les offenses que la guerre civile produit, les prosperitez qu'il a eues, et les mesmes calomnies que les heretiques ont continué de publier contre nous, sont les vrayes causes qui les y ont depuis retenu et donné moyen aux heretiques de s'accroistre si avant, que la religion et l'Estat en sont en peril. Quoy que nous ayons veu de loin le mal que ceste division devoit apporter, et qu'elle seroit cause d'establir l'heresie avec le sang et les armes des catholiques, que nostre reconciliation seulle y pourroit remedier, et que pour ceste raison nous l'ayons soigneusement recherchée, si n'a il jamais esté en nostre pouvoir d'y parvenir, tant les esprits ont esté alterez et occupez de passion ; qui nous a empesché de veoir les moyens de nostre salut. Nous les avons faict prier souventesfois de vouloir entrer en conference avec nous, comme nous offrions de le faire avec eux, pour y adviser ; faict declarer, tant à eux qu'au roy de Navarre, mesmes sur quelques propositions faictes pour mettre le royaume en repos, que s'il delaissoit son erreur et se reconcilioit à l'Eglise, à nostre Sainct Pere et au Sainct Siege par une vraye et non feinte conversion, et par actions qui peussent donner tesmoignage de son zele à nostre religion, que nous apporterions très-volontiers nostre obeyssance et tout ce qui dependroit de nous pour ayder à faire finir nos miseres, et y procederions avec une si grande franchise et sincerité, que personne ne pourroit doubter que nostre intention ne fust telle, ces ouvertures et declarations ayans esté faictes lors que nous avions plus de prosperité et de moyens pour oser entreprendre si ce desir eust esté en nous, plustost que de servir au public et cercher le repos du royaume. A quoy chacun sçait qu'il auroit tousjours respondu qu'il ne vouloit estre forcé par ses subjects, appellant contraincte la priere qu'on lui faisoit de retourner à l'Eglise, qu'il devoit plustost recevoir de bonne part, et comme une admonition salutaire qui luy representoit le devoir auquel les plus grands roys sont aussi bien obligez de satisfaire que les plus petits de la terre; car quiconque a une fois receu le christianisme, et en la vraye Eglise, qui est la nostre, dont nous ne voulons point mettre l'authorité en doute avec qui que ce soit, il n'en peut non plus sortir que le soldat enrollé se departir de la foy qu'il a promise et jurée, sans estre tenu pour deserteur et infracteur de la loy de Dieu et de son Eglise. Il a encores adjousté à ceste response, après qu'il seroit obey et recogneu de tous ses sujects, qu'il se feroit instruire en un concile libre et general, comme s'il falloit des conciles pour un erreur tant de fois condamné et reprouvé de l'Eglise, mesmes par le dernier concile tenu à Trente, autant authentique et solemnel qu'aucun autre qui ait esté celebré depuis plusieurs siecles. Dieu ayant permis qu'il ait eu de l'advantage depuis par le gain d'une bataille, la mesme priere lui fut encores repetée, non par nous qui n'estions en estat de le devoir faire, mais par personnes d'honneur desireux du bien et repos du royaume, comme aussi, durant le siege de Paris, par prelats de grande qualité priez d'aller vers luy de la part des assiegez pour trouver quelque remede en leur mal; auquel temps s'il s'y fust disposé,

suivre soit le vray moyen de ruiner la religion, neantmoins, entre les catholiques qui l'assistent, plusieurs se sont laissé persuader que c'estoit rebellion de s'y opposer, et que nous devions plustost obeyr à ses commandemens et aux loix de la police temporelle qu'il veut establir de nouveau contre les anciennes loix du royaume, qu'à l'ordonnance de l'Eglise et aux loix des roys predecesseurs de la succession desquels il pretend la couronne, qui ne nous ont pas appris à recognoistre des heretiques, mais au contraire à les rejetter, à leur faire la guerre, et à n'en tenir aucune plus juste ny plus necessaire, quoy qu'elle fust perilleuse, que celle là. Qu'il se souvienne que luy-mesme s'est armé si souvent contre nos roys pour introduire une nouvelle doctrine dans le royaume, que plusieurs escrits et libelles diffamatoires ont esté faicts et publiez contre ceux qui s'opposoient et donnoient conseil d'estouffer de bonne heure le mal qui en naissant estoit foible, qu'il vouloit lors qu'on creust ses armes estre justes pour ce qu'il y alloit de sa religion et de sa conscience, et que nous defendons une ancienne religion aussitost receuë en ce royaume qu'il a commencé, et avec laquelle il s'est accreu jusques à estre le premier et le plus puissant de la chrestienté, que nous cognoissons assez ne pouvoir estre gardée pure, inviolable et hors de peril sous un roy heretique, encor qu'à l'entrée, pour nous faire poser les armes et le rendre maistre absolu, on en dissimule et promette le contraire. Les exemples voisins, la raison, et ce que nous experimentons tous les jours, nous devroient faire sages et apprendre que les subjects suivent volontiers la vie, les meurs et la religion mesme de leurs roys pour avoir part en leurs bonnes graces, honneurs et bien-faicts qu'eux seuls peuvent distribuër à qui il leur plaist, et qu'après en avoir corrompu les uns par faveur, ils ont tousjours le moyen de contraindre les autres avec leur authorité et pouvoir. Nous sommes tous hommes, et ce qui a esté tenu pour licite une fois, qui neantmoins ne l'estoit point, le sera encores après pour une autre cause qui nous semblera aussi juste que la premiere qui nous a faict faillir. Quelques considerations ont faict que plusieurs catholiques ont pensé pouvoir suivre un prince heretique et ayder à l'establir : l'aspect des eglises, des autels, des monuments de leurs peres, plusieurs desquels sont morts en combatant pour ruiner l'heresie qu'ils soustiennent, et le peril de la religion present et à venir, ne les en ont point destourné. Combien devrions nous donc plus craindre ses faveurs et sa force, s'il estoit estably et devenu nostre maistre et roy absolu, lors qu'un chacun, las et recreu, ou plustost du tout ruiné par ceste guerre qui leur auroit esté si peu heureuse, aymeroit mieux souffrir ce qu'il luy plairoit pour vivre en seureté et repos, et avec quelque espoir de loyer et recompense, obeissant à ses commandemens, que de s'y opposer avec peril! On dit que les catholiques seroient tous unis lors, et n'auroient plus qu'une mesme volonté pour conserver leur religion, par ainsi qu'il seroit aisé d'empescher ce changement. Nous devons desirer ce bien, et toutesfois nous ne l'osons esperer si à coup. Mais, soit ainsi que le feu esteint il n'y ait à l'instant plus de chaleur dans les cendres, et que, les armes posées, nostre haine soit du tout morte, si est-il certain que nous ne serons pourtant exempts de ces autres passions qui nous font aussi souvent faillir, que nous aurons tousjours le peril sur nos testes, et serons subjects malgré nous aux mouvemens et passions des heretiques, qui feront quand ils pourront, par conduicte ou par force, et avec l'advantage qu'ils auront pris sur nous, ayant un roy de leur religion, ce que nous sçavons desjà qu'ils veulent. Et si les catholiques vouloient bien considerer dès maintenant les actions qui viennent de leurs conseils, ils y verroient assez clair, car on met les meilleures villes et forteresses qui sont prises en leur pouvoir, ou de personnes qui sont recogneues de tout temps les favoriser. Les catholiques qui y resident sont tous les jours accusez et convaincus de crimes supposez, la rebellion estant le crime duquel on accuse ceux qui n'en ont poinct. Les principalles charges tombent desjà en leurs mains : on est venu jusques aux estats de la couronne. Les bulles de nos saincts peres les papes Gregoire quatorziesme et Clement huictiesme, qui contenoient leurs sainctes et paternelles admonitions aux catholiques pour les separer des heretiques, ont esté rejectées et foullées aux pieds avec mespris par magistrats qui s'attribuent le nom de catholiques, combien qu'ils ne le soient en effect; car, s'ils estoient tels, ils n'abuseroient la simplicité de ceux qui le sont par les exemples tirez des choses advenuës en ce royaume lors qu'il estoit question d'entreprise contre la liberté et les privileges de l'Eglise Gallicane, et non de faict semblable au nostre, le royaume n'ayant jamais esté reduict à ce malheur, puis le temps qu'il a receu nostre religion, de souffrir un prince heretique ou d'en veoir quelqu'un de ceste qualité qui y ait pretendu droit. Et si ceste bulle leur sembloit avoir quelque difficulté, estans catholiques, ils y devoient proceder par remonstrances et avec le respect et la modestie qui est deuë au Sainct Siege, et non avec si grand

mespris, blaspheme et impieté comme ils or
faict : mais c'est avec dessein, pour apprendr
aux autres qu'ils sçavent estre meilleurs catho
liques qu'eux, à mespriser le chef de l'Eglise
fin qu'on les en separe plus aisement après. I
y a des degrez au mal : on faict tousjours com
mencer par celuy qui semble le moindre ou n
l'estre point du tout ; le jour suivant y en ad
jouste un autre, puis enfin la mesure se trouv
au comble. C'est en quoy nous recognoissons qu
Dieu est grandement courroucé contre ce pauvr
et desolé royaume, et qu'il nous veult encore
chastier pour nos pechez, puis que tant d'action
qui tendent à la ruine de nostre religion, et d'au
tre costé tant de declarations par nous faictes e
si souvent repetées, mesmes depuis peu de jours
d'obeir et nous remettre du tout à ce qu'il plai
roit à Sa Saincteté et au Sainct Siege ordonne
sur la conversion du roy de Navarre, si Dieu lu
faisoit la grace de quitter son erreur, qui de
vroient servir de tesmoignage certain de nostre in
nocence et sincerité, et justifier nos armes comm
necessaires, ne les emeuvent point, et qu'on n
laisse pourtant de publier que les princes unis pou
la defense de la religion ne tendent qu'à la ruin
et dissipation de l'Estat, combien que leur con
duicte et les ouvertures faictes du commun con
sentement d'eux tous, mesmes des souverains qu
nous assistent, soient le vray et plus asseur
moyen pour en oster la cause ou le pretexte à qu
en auroit la volonté. Les heretiques s'attachen
là-dessus au secours du roy Catholique qu'il
voyent à regret, et nous tiendroient pour meil
leurs François si nous nous en voulions passer
ou, pour mieux dire, plus aisez à vaincre si nou
estions desarmez. A quoy nous nous contente
rons de leur respondre que la religion affligée e
en très-grand peril dans ce royaume a eu besoi
de trouver cest appuy, que nous sommes tenu
de publier ceste obligation et de nous en souve
nir perpetuellement, et qu'en implorant le se
cours de ce grand Roy, allié et confederé d
ceste couronne, il n'a rien requis de nous, et n'a
vons aussi faict de nostre costé aucun traict
avec qui que ce soit dedans ou dehors le royaum
à la diminution de la grandeur et majesté d
l'Estat, pour la conservation duquel nous nou
precipiterons très-volontiers à toutes sortes d
perils, pourveu que ce ne soit pour en rendr
maistre un heretique, mal que nous avons e
horreur, comme le premier et le plus grand d
tous les autres. Et si les catholiques qui les fa
vorisent et assistent se vouloient despouiller d
ceste passion, se separer d'avec eux, et joindr
non point à nous, mais à la cause de nostre re
ligion, et rechercher les conseils et remedes e

st Estat, n'ont assez de pouvoir sur eux pour exciter de prendre soin du salut commun, et e nous soyons contraincts, pour estre abannnez d'eux, de recourir à remedes extraordiires contre nostre desir et intention, nous protons, devant Dieu et devant les hommes, que blasme leur en devra estre imputé, et non aux tholiques unis qui se sont employez de tout ir pouvoir, pour, avec leur bien-veillance et itié, mesmes conseils et volontez, defendre conserver ceste cause qui leur est commune ec nous : ce que s'ils vouloient entreprendre pareille affection, l'espoir d'un prochain res seroit certain, et nous tous asseurez que les tholiques ensemble, contre les heretiques leurs ciens ennemis qu'ils ont accoustumé de vain-, en auroient bien-tost la fin. Si prions mesurs les gens tenans les cours de parlement de royaume de faire publier et enregistrer ces esentes à fin qu'elles soient notoires à tous, et e la memoire en soit perpetuelle à l'advenir à stre decharge, et des princes, pairs de France, ilats, seigneurs, gentils-hommes, villes et comnautez qui se sont unis ensemble pour la conrvation de leur religion. En tesmoin de quoy us avons signé cesdites presentes de nostre in, et y faict mettre et apposer le scel de la ancellerie de France. Donné à Paris au mois decembre l'an mil cinq cens quatre-vingts uze. Signé Charles de Lorraine. Par monseieur, Beaudouyn. Et scellées du grand seau las de soye de cire verd. Leuës, publiées et gistrées ez registres de la cour, ce requerant procureur general du Roy, et publiées à son trompe et cry public par les carrefours de la le de Paris, le 5 janvier 1593.

« Signé du Tillet. »

Conformement à ceste declaration le cardinal Plaisance, qui se disoit legat de Sa Saincteté du Sainct Siege, fit publier une exhortation catholiques, de quelque preeminence, estat et idition qu'ils eussent peu estre, qui suivoient arty du Roy [qu'il appelloit l'heretique]. Dans te exhortation, après avoir protesté qu'il avoit ir de rendre à tout le monde une preuve cerne de sa bonne affection en ce qui regardoit charge et dignité qu'il avoit pleu à Sa Sainc-luy donner en France, estimant très-heusement employer son sang et sa propre vie y pouvoit en quelque maniere servir, il dit il ne failloit pas penser que le chef de l'Eglise estienne voulust aucunement accorder ou sentir à la ruine et dissipation de ceste très-estienne couronne, ains que, tout ainsi que pape Sixte V avoit envoyé le cardinal Caëtan, non comme un herault ou roy d'armes, mais comme un ange de paix, non pour esbranler les fondements de cest Estat, ny pour alterer ou innover aucune chose en ses loix ou police, mais bien pour ayder et maintenir la vraye et ancienne religion catholique, apostolique-romaine; aussi que le pape Gregoire XIV avoit faict paroistre, incontinent après son eslection, qu'au souverain pontificat est inseparablement conjoincte une particuliere et extresme solicitude de la conservation de ceste très-chrestienne monarchie, ainsi qu'il avoit apparu par le bref qu'il luy pleut luy envoyer au mois de janvier 1591, et autres bulles et brefs apportez au mois de mars ensuivant par M. Landriano, nonce dudit Pape, quoy que les heretiques disoient le contraire, contre lesquelles bulles et brefs l'on avoit commis un grand crime de n'y avoir voulu prester l'oreille, et encor plus grand de les avoir osé calomnier et traicter si contumelieusement que chacun sçavoit, tant à Tours qu'à Chaalons, non pas seulement un papier insensible, mais en iceluy le nom et l'authorité du chef de l'Eglise, et par consequent du mesme Sainct Siege apostolique; et toutesfois la grandeur de ces fautes et de celle qui sur ce mesme subject fut commise par les ecclesiastiques assemblez à Chartres [qu'il appelle conciliabule], avoit esté jusques icy dissimulée par ceux qui en auroient peu faire quelque juste ressentiment. Plus, que le pape Clement VIII n'avoit si tost esté eslevé au supreme degré de l'apostolat, que l'heresie avoit de nouveau faict esclorre à Chaalons un pretendu arrest contre les bulles de Sa Saincteté concernant le faict de la legation d'iceluy cardinal, et estoit cest arrest donné par gens qui se manifestoient plus esclaves d'heretique que ministres de justice.

« Il est impossible, dit-il, de voir jamais la France jouyssante d'une paix et tranquilité asseurée, ny d'aucune autre prosperité, tandis qu'elle gemira sous le tyrannique joug d'un heretique. C'est une verité si claire, que tous tant que vous estes la voyez et cognoissez bien, dont nous ne voulons autre juge ou tesmoing que vos propres consciences. Combien que vos actions exterieures donnent encore assez evidemment à cognoistre ce que vous en pensez en vos ames, puis que vous recognoissez par vos ordinaires protestations et remonstrances que l'obeyssance que rendez à l'heretique n'a autre fondement que ceste vaine esperance de conversion et rehabilitation, nous sommes à la verité très-aises de voir que le crime de recognoistre pour roy d'un royaume très-chrestien un heretique, relaps et obstiné, vous semble trop atroce et enorme pour vous en confesser coulpables. Mais,

legement obligez, lesquels avec ce devoir ont tousjours eu pour but principal la conservation de la religion catholique, et se sont d'autant plus roidis avec leurs armes et moyens en la deffence de la couronne sous l'obeyssance de Sa Majesté, quand ils ont veu entrer en ce royaume les estrangers, ennemis de la grandeur de ceste monarchie et de l'honneur et gloire du nom françois, parce qu'il est trop evident qu'ils ne tendent qu'à le dissiper, et que de la dissipation ensuyvroit une guerre immortelle qui ne pourroit produire avecques le temps autres effects que la ruine totale du clergé, de la noblesse, des villes et du plat pays, evenement qui seroit pareillement infaillible à la religion catholique en cedit royaume. C'est pourquoy tous bons François et vrayement zelateurs d'icelle doivent tascher à empescher de tout leur pouvoir le premier inconvenient dont le second susdit est inseparable, et tous deux inevitables par la continuation de la guerre. Le vray moyen pour y obvier seroit une bonne reconciliation entre ceux que le malheur d'icelle tient ainsi divisez et armez à la destruction les uns des autres; car sur ce fondement la religion catholique seroit restaurée, les eglises conservées, le clergé maintenu en sa dignité et biens, la justice remise, la noblesse reprendroit sa force et vigueur pour la defense et repos de ce royaume, les villes se remettroient de leurs pertes et ruynes par le restablissement du commerce et des arts et mestiers nourrissiers du peuple, et qui y sont presque du tout abolis, et mesmes les universitez et estudes des sciences, qui ont par cy-devant fait florir et donné tant de lustre et ornement à ce royaume, et qui maintenant languissent et perissent peu à peu; les champs se remettroient en culture, qui en tant d'endroits sont delaissez en friche, et, au lieu des fruicts qu'ils souloient produire pour la nourriture des hommes, sont couverts de chardons et d'espines qui en rendent mesme la face hideuse à voir. En somme, par la paix, chasque estat reprendroit sa function, Dieu seroit servy, et le peuple, jouissant d'un asseuré repos, beniroit ceux qui luy auroient procuré ce bien, où, au contraire, il auroit juste occasion d'execrer et maudire ceux qui l'empescheront, comme n'y pouvant avoir autre raison que leur ambition particuliere. A ceste cause, sur la demonstration que ledit sieur de Mayenne fait par son escrit, tant en son nom que des autres de son party assemblez audit Paris, que ladite assemblée est pour adviser au bien de la religion catholique et repos du royaume, dont, par le seul moyen des lieux, où il n'est loisible ny raisonnable à autre que de leur party d'intervenir, ne peut sortir

Voylà quelle fut la proposition des princes, prelats et officiers de la couronne, et autres seigneurs catholiques du conseil du Roy, laquelle fut portée a Paris par un trompette, et baillée au sieur de Belin, gouverneur de Paris, lequel la bailla au duc de Mayenne qui la communiqua à ceux de ladite assemblée. Des diverses opinions qu'ils eurent entr'eux sur ceste proposition nous le dirons cy après. Voycy la déclaration que le Roy fit aussi publier au mesme temps.

Henry, par la grace de Dieu, roy de France et de Navarre, à tous ceux qui ces presentes lettres verront, salut. Ayant pleu à Dieu nous faire naistre de la plus ancienne race des roys chrestiens, et par droict de legitime succession parvenir à la couronne du plus beau et florissant royaume de la chrestienté, il ne nous avoit pas donné moins de pieté et de devotion, ny moins de valeur et de courage pour estendre et la foy chrestienne et les bornes et limites de ce royaume qu'aux roys nos predecesseurs, et n'a defailly à nostre bon-heur sinon que tous nos sujets n'ayent pareillement succedé a la vertu et fidelité de leurs ancestres; mais nous nous sommes rencontrez en un siecle que beaucoup en ont degeneré, ayant converty cest amour qu'ils portoient à leurs roys, et dont ils excelloyent sur tous les peuples, en conspiration, et leur fidelité en rebellion; de sorte que nostre labeur et nostre plus bel aage, qui estoit pour illustrer la gloire du nom françois, est, à nostre très-grand regret, consommé à en publier la honte, n'ayant peu evister d'estre depuis nostre advenement à ceste couronne en continuelle guerre contre nos subjets rebelles; dont nous avons tant de desplaisir et de compassion des malheurs qu'en souffre tout le royaume, que, si nous eussions cognu que leur haine eust esté à nostre seule personne, nous aurions souhaitté de n'estre jamais parvenus à nostre dignité. Mais ils ont bien monstré que c'estoit contre l'authorité royalle qu'estoit leur conspiration, l'ayant premierement commencée et depuis reiterée contre le feu Roy dernier, nostre très-honoré seigneur et frere, pour lequel le pretexte de la religion, dont ils se parent tant, ne pourroit valloir, ayant tousjours esté très-catholique, et faisant mesme la guerre contre ceux de la religion dite reformée peu auparavant que lesdits rebelles le vindrent assieger en la ville de Tours. Et si ladite cause pretendue de leurdite rebellion fut recognuë fauise dès son commencement, elle ne l'a pas esté moins depuis, quoy qu'ils la magnifient plus que jamais, et que ce soit l'unique justification à tous leurs crimes. Mais la lumiere que la verité porte sur le front surmonte en fin les tenebres qu'y opposoyt leur obscurité, et l'admirable sagesse de Dieu dispose tellement toutes choses, que mesmes les plus mauvais servent à la perfection de son œuvre, tant qu'il contraint bien souvent ceux qui directement se bandent contre leur propre conscience, lors qu'ils s'en doutent le moins, de lascher quelque trait qui fait la confession de leur faute si expresse qu'il leur est impossible de s'en plus desdire. La preuve en est bien claire et manifeste aux procedures de ceux qui, sous le nom de la ligue, se sont eslevez en armes à la ruine et dissipation de cest Estat, et se voit que tant plus ils ont voulu pallier leur fait, plus ils ont mis en evidence leurs mauvaises intentions. Et comme la vraye et seule cause de leur souslevation est principalement en trois points, en la naturelle malice de leurs chefs, de tout temps mal affectionnez à cest Estat, à laquelle s'est joincte l'ambition de l'envahir et partager entr'eux l'intervention des anciens ennemis de ceste couronne qui ont voulu profiter à leur advantage ceste occasion, et, pour les peuples, l'envie des plus miserables sur les plus aisez, la cupidité des richesses et l'impunité de leurs crimes, ceste ordonnance de Dieu qui fait au peché malgré luy descouvrir son peché, s'execute maintenant au fait du duc de Mayenne, encores plus qu'il n'avoit esté cy-devant, par l'escrit qu'il a nouvellement mis en public pour la convocation generale qui se fait en la ville de Paris. Bien que sa faute soit insuportable et plus inexcusable qu'aucune autre qui ait jamais esté commise de ceste qualité, elle pouvoit neantmoins estre, sinon excusée, au moins trouvée moins estrange de ceux qui sçavent ce que peut la convoitise du commandement souverain en une ame ambitieuse. Mais, non content d'avoir tantost fait tous les bons François miserables, de leur vouloir encores crever les yeux et les rendre stupides en leurs miseres, leur ostant ce qu'il leur reste de consolation, qui est la cognoissance certaine qu'ils ont de la source et premiere cause de leurs malheurs, et sçavoir à qui ils s'en doivent prendre, Dieu ne l'a pas voulu permettre: l'ambition dudit duc de Mayenne s'est tellement enflée, qu'en fin elle a crevé le voile duquel il l'avoit voulu couvrir. Tout le plus grand artifice dudit escrit est de faire croire en luy un bon zele, une grande simplicité, et qu'il est vuide de toute presomption. Et elle ne se pouvoit accuser plus grande que par ce mesme instrument estant faict en forme d'esdit, scellé du grand seau, addressé aux cours de parlement, et avec toutes les autres formes et marques dont les roys et princes souverains ont privativement à tous autres accoustumé d'user. Il fait, par sadite deliberation, une convention generale des princes, officiers de la couronne, et de tous les ordres du royaume, pour deliberer sur le bien de l'Estat, chose jusques icy inouie sous autre nom que celuy des roys, comme par toutes les loix toute authorité leur est seulement reservée, et jugée en crime de leze-majesté pour tous autres. Il veut monstrer de vouloir rendre quelque respect aux princes du sang, et neantmoins il les convoque, les appelle et leur promet seureté, qui est bien les traicter comme inferieurs à luy. Ce sont toutes marques d'une imagination qu'il a en l'esprit de la puissance souveraine, de laquelle Dieu permettra qu'il s'en trouvera aussi esloigné comme injustement il y aspire. Si la forme dudit escrit est vicieuse et reprouvée, la substance d'iceluy ne l'est pas moins, estant pleine de fausses suppositions, et neantmoins si foibles que les plus simples jugements la peuvent sans aucune ayde facilement recognoistre. La vraye et certaine loy fondamentale du royaume pour la succession d'iceluy est la loy salique, qui est si saincte, parfaite et si excellente, qu'à elle, après Dieu, appartient le premier et le plus grand honneur de la conservation d'iceluy en l'estat qui a si longuement duré, et est encor à present. Elle est aussi si nette et claire, qu'elle n'a jamais receu aucune interpretation et exception. De sorte que Dieu, la nature et ladite loy nous ayant appellé à la succession legitime de ceste couronne, elle ne nous peut estre aussi peu disputée qu'à aucuns autres de nos predecesseurs, au pouvoir desquels n'a point esté de changer ou alterer aucune chose en ladite loy, de tout temps reverée en France comme une ordonnance divine à laquelle il n'est permis aux hommes de toucher, ne leur estant demeurée que la seule faculté et gloire d'y bien obeir. Et si rien n'y a deu estre innové, moins l'a-il peu estre par la declaration faite par le feu Roy, nostre très-honoré seigneur et frere, aux estats tenus à Blois en l'année cinq cents quatre-vingts huict; car, outre que c'est aux loix et non aux roys de disposer de la succession de ceste couronne, il est trop commun et notoire qu'au lieu que l'assemblée desdits estats devoit estre une deliberation libre, que ce ne fut qu'une conjuration descouverte contre l'autorité dudit feu Roy, duquel ladite declaration fut extorquée par force et violence, comme tout ce qui y fut traitté ne fut que pour l'establissement de ce qui s'en est depuis ensuivy en faveur de la rebellion qui dure encor à present : et n'est pas à presumer que ledit feu Roy eust voulu sciemment rompre et enfreindre ladite loy, par laquelle le feu roy François I son ayeul, et par consequent luy mesmes, estoient venus à ceste couronne. Aussi ainsi que ladite declaration fut injuste, elle n'a point esté observée par ceux mesmes qui l'avoient bastie, et en faveur desquels elle estoit faite, car, si ledit duc de Mayenne eust recognu le feu cardinal de Bourbon nostre oncle pour vray roy, comme il luy en a donné quelque temps à

general de l'Estat comme il a tousjours fait, estimant que ceste qualité luy en acquerroit quelque possession. Ils eussent aussi recognu nostredit oncle dès qu'ils entreprirent de priver le feu Roy, nostredit feu sieur et frere, de la dignité royale, ou pour le moins incontinent après sa mort; mais ils y consulterent plus de trois mois après s'y estre resolus, non en intention de la luy conserver, mais pour prendre par ledit duc de Mayenne loisir et force de s'y establir luy mesmes, s'introduisant cependant dans toutes les autoritez qui en dependent. Et c'est imposture de dire que ladite declaration faite à Blois n'est que la confirmation d'une autre pareille faite aux estats precedens tenus audit Blois en l'année 1577. Il peut bien estre qu'elle fust dèslors par eux designée, mais leur force ne fut pas encores assez grande pour la faire resoudre, ne s'y estant faite sur ce autre demonstration que, par une simple legation de la part desdits estats, nous faire exhorter, et feu nostre cousin le prince de Condé, à prendre la religion catholique. Quant aux ceremonies qui doivent suivre la promotion à la dignité royale, que lesdits rebelles nous imputent de n'avoir point, combien que cela ne doive pas valoir pour nostre exclusion et nous denier l'obeissance qui nous est deuë, parce que la royauté subsiste de soy-mesme, se pouvant bien interposer plusieurs choses et obstacles entre ladite royauté et les ceremonies d'icelle, comme nous ne serions pas le premier roy qui auroit quelque temps regné avant que d'estre couronné et prins les autres solemnitez, mais rien ne s'interpose entre la personne du roy et ladite royauté, de laquelle l'autorité est inseparable, toutesfois nous estimons avoir assez fait cognoistre, comme nous ferons tousjours, qu'ainsi qu'il n'a point tenu à nous jusqu'icy, qu'il ne tiendra aussi jamais que nous n'ayons toutes les marques et caracteres qui doivent accompagner ceste dignité, et que nous ne retirions à nous toute l'affection de nos sujets, comme nous leur donnons toute la nostre, mesme, en ce qui est du fait de nostre religion, que nous ne faisons cognoistre n'avoir aucune opiniastreté, et que nous [illegible] bien preparés à recevoir toute bonne instruction, et nous reduire à ce que Dieu nous conseillera estre de nostre bien et salut. Et ne doit estre trouvé estrange de tous nos sujets catholiques, si, ayant esté nourris en la religion que nous tenons, nous ne nous en voulons departir sans premierement estre instruits, et qu'on ne nous ait fait cognoistre que celle qu'ils desirent en nous est la meilleure et plus certaine, ceste instruction en bonne forme estant d'autant plus necessaire en nous, que nostre exemple et conversion pourroit beaucoup à esmouvoir les autres. Ce seroit aussi errer aux principes de religion, et monstrer n'en avoir point, que de vouloir sous une simple semonce nous faire changer la nostre, y allant de chose si precieuse que de ce en quoy il faut fonder l'esperance de son salut, et n'avons pas pensé faillir de desirer la convocation d'un concile, comme nous imputent lesdits rebelles, et que ce seroit mettre en doute ce qui a esté conclu par les autres, parce que ceste mesme raison condamneroit tous les derniers, esquels ce qui avoit esté deliberé aux premiers n'a pas laissé d'y estre derechef traité : toutesfois, s'il se trouve quelque autre meilleur et plus prompt moyen pour parvenir à ladite instruction, tant s'en faut que nous la rejettons que nous le desirons et l'embrassons de tout nostre cœur, comme nous estimons l'avoir assez tesmoigné par la permission que nous avons donnée aux princes, officiers de la couronne, et autres seigneurs catholiques qui nous assistent, de deputer vers le Pape pour faciliter et intervenir en ladite instruction. Et non seulement par ce moyen, mais auparavant par plusieurs nos declarations generales, et encores par legations particulieres, nous les avons voulu induire à venir à quelque conference pour trouver les moyens de parvenir à ladite instruction, qui est incompatible avec le bruit des canons et des armes. Mais ils n'y ont voulu entendre qu'au temps et autant qu'ils ont estimé leur pouvoir valoir à donner jalousie aux ministres d'Espagne pour en tirer des conditions meilleures, et est supposition de dire qu'ils nous en ayent jamais fait aucune semonce en forme qu'il se pust juger que ce fust pour avoir effect; au contraire, il n'en a jamais esté parlé de leur part que comme craignans de persuader ce que pour la faveur de leur pretexte ils estoient contraints monstrer de desirer; et encor maintenant, par ledit escrit, ils veulent tenir la chose pour desesperée avant qu'elle ait jamais esté proposée; dont ils ont tant d'aprehension qu'il en puisse advenir ce qui leur est aussi formidable dans le cœur qu'il semble leur estre plausible sur les levres, qu'aussi-tost qu'ils entendirent que lesdits catholiques qui nous assistent depescherent par nostre permission vers le Pape nostre amé et feal conseiller en nostre conseil d'Estat, chevalier des deux ordres, le marquis de Pisani, ils firent partir en diligence deux de leurs ambassadeurs, qui maintenant remuënt toute Rome avec les ministres d'Espagne pour empescher et faire que l'audience luy soit desniée, encor qu'il soit deputé de la part des meilleurs catholiques de ce royaume, qu'il ne s'en pourroit pas choisir un qui le fust d'avantage que luy, et qu'il est bien à presumer que sa charge n'estoit que pour le bien et la conservation de la religion catholique. Ce sont effects certains et solides qui ne conviennent pas aux paroles qui se respandent maintenant dans leurs escrits pour surprendre les plus simples : et neantmoins les uns se traittent à Rome au mesme temps que les autres se publient par deçà; qui est ce qui leur faisoit si hardiment dire qu'ils se remettoyent, pour ce qui est de nostre religion, à ce qui en seroit ordonné par le Pape, que nous voulons esperer qui sera si judicieux et equitable qu'il en sçaura bien discerner la verité. Ces contrarietez si manifestes, ces artifices si descouverts, sont mauvais moyens auxdits rebelles pour esbranler la constance des bons catholiques qui nous assistent, et les attirer en societé de leurs fautes, comme il semble que ce soit une des principales intentions dudit escrit en les invitant ou plustost adjournant de se trouver à ladite assemblée. Il seroit bien plus juste et plus convenable qu'eux, qui sont les catholiques desunis, se vinssent rejoindre au corps des bons catholiques et vrays François, et se former à leur patron et exemple. Et si le corps est où est la meilleure et plus noble partie, il ne peut estre ailleurs que où sont tous les princes du sang, tous les autres princes, excepté ceux de la maison de Lorraine qui ne sont que princes de maison estrangere, tous les officiers de la couronne, les principaux prelats, les ministres de l'Estat, tous les officiers des parlements, pour le moins tous les chefs, quasi toute la noblesse, qui sont tous demeurez fermes en leur fidelité envers nous et leur patrie, car nostre cause est celle de l'Estat, pour lequel nous combatons comme les autres font pour le destruire. Ce seroit bien à eux à jetter les yeux sur les monumens de leurs ancestres, qui ont souvent exposé leurs vies pour fermer les portes de ce royaume à ceux ausquels il les ouvrent et livrent maintenant, trafiquant à prix d'argent le sang de leurs peres et le bien et l'honneur de leur patrie. Ce seroit bien à eux à faire dueil et penitence du detestable parricide commis en la personne du feu Roy, nostre très-honoré seigneur et frere, et ne vanter plus pour trophée ny pour faveur de ciel le plus lugubre accident qui arriva jamais en France, et dont elle est plus diffamée, n'estant pas descharge suffisante de n'en estre point coulpable et de dire ne l'avoir pas sceu. Il n'eust pas falu aussi s'en resjouir publiquement, en rendre graces à Dieu et honorer la memoire de l'executeur, si on vouloit estre creu en avoir esté du tout innocent. Ce seroit bien à eux à considerer l'estat present de la France, leur premiere mere nourrice, qui, les ayant si tendrement nourris et allaictez, les a, des moindres qu'ils estoient de leur condition, eslevez et appariez aux plus grands du royaume, et gemir et souspirer de regret de la voir maintenant deschirée par leurs propres mains, remplie de nouveaux habitans, regie par nouvelles loix, et y parler nouveau langage. Si ces considerations ne servent à leur amollir le cœur, pour le moins nous sommes bien asseurez qu'elles eschauferont et animeront tousjours davantage celuy des bons catholiques qui nous assistent, que nous voyons plus resolus que jamais d'achever de dependre le reste de leurs vies et de leurs moyens pour une si juste et saincte cause. De quoy ils nous seront bons tesmoins que nous leur donnons le premier exemple, ne mesnageant aucunement ny nostre santé, ny nostre propre sang, au pris duquel nous voudrions avoir acquis le repos en ce royaume. Ils tesmoigneront aussi pour nous quels ont esté nos deportements envers la religion catholique et tous les ecclesiastiques, si nous avons eu soin non seulement de ceux qui se sont maintenus en leur devoir, mais de ceux mesmes desdits rebelles qui ont esté avec nous, qui avoüeront avoir receu meilleur traictement de nous, et avoir veu, pour leur regard, la discipline bien mieux observée en nostre armée qu'en celle desdits ennemis. Lesdits bons catholiques qui nous assistent, et qui ont eu moyen de considerer et examiner de près nos actions, nous seront aussi bons tesmoins si nous avons esté soigneux observateurs de la promesse à eux par nous faite à nostre advenement à la couronne, et si nous y avons eu rien manqué et defailly de ce qui a peu dependre de nous. Et estant tousjours en ceste intention et ferme resolution de l'accomplir et religieusement observer toute nostre vie, combien que nous n'ayons jamais donné occasion d'en pouvoir douter, toutesfois, parce que lesdits ennemis taschent par tous moyens d'en donner de contraires impressions, et que nous ne voudrions qu'il en demeurast le moindre scrupule ès esprits de nosdits bons subjects, nous reiterons icy volontiers ladite promesse, attestant le Dieu vivant que du plus interieur de nostre cœur nous faisons encores presentement à tous nosdits subjets la mesme promesse que nous leur fismes à nostre advenement à cestedite couronne, selon qu'elle est enregistrée en nos cours de parlement; promettans la garder et inviolablement observer et entretenir jusques au dernier souspir de nostre vie; et au reste qu'il ne tiendra jamais à nous que les difficultez et empeschemens qui peuvent despendre de nostre personne ne prennent fin par les bons moyens qui y doivent estre tenus, lesquels nous esperons que Dieu favorisera tellement de sa benediction, que tout reüssira à [illegible] au bien et repos de cest Estat. Et quant à la declaration dudit duc de Mayenne cy-dessus mentionnée, à ce que nul ny puisse estre [illegible] ny pretende cause d'ignorance de ce qui est [illegible] de nostre intention, après avoir eu la [illegible] deliberation en nostre conseil, nous, [illegible] d'iceluy, où estoient les princes, tant de nostre sang qu'autres, les officiers de la couronne et autres grands notables personnages de nostre conseil, avons dit et declaré, disons et declarons par ces presentes, ladite pretendue assemblée tenuë ou à tenir en ladite ville de Paris, mentionnée en ladite declaration dudit duc de Mayenne, estre entreprise contre les loix, le bien et le repos de ce royaume et des subjets d'iceluy, tout ce qui y est ou sera fait, dit, traicté et resolu, abusif, de nul effect et valeur; [illegible] dons à toutes personnes, de quelque qualité et condition qu'ils soient, d'y aller ou envoyer, y avoir intelligence aucune directement ou indirectement, ny donner passage, confort ou aide à ceux qui iront, retourneront ou envoyeront à ladite assemblée; avons, tant celuy qui fait ladite convocation que tous les dessus-dits, [illegible] audit cas attaints et convaincus de crime de leze-majesté au premier chef, voulons qu'en ceste qualité il soit procedé contre eux, à la diligence de nos procureurs generaux, que nous chargeons particulierement d'en faire les poursuites. Et neantmoins, parce que plusieurs villes, communautez et particuliers pourront avoir esté surpris en ladite convocation, qu'ils n'auront pas estimé estre si illegitime et prohibée comme elle est, ne nous voulans point departir de nostre naturelle clemence que nous avons tousjours pratiquée et presentée à tous nos sujets, mesmes en ce fait particulier excuser la simplicité de plusieurs qui y peuvent avoir esté seduits, nous, de nostre grace speciale, avons dit et declaré, disons et declarons que tous, tant villes, communautez que particuliers, de quelque qualité et condition qu'ils soyent, qui se seront acheminez pour se trouver à ladite assemblée, s'y seront jà rendus, ou y auront envoyé, que, s'ils se retirent ou revoquans leursdits envoyez, et recourans à nous avec les submissions en tel cas requises, ils y seront benignement receus, et obtiendront de nous la remise de ceste faute et des precedentes faites pour l'adherence qu'ils auront eué avec lesdits rebelles, pourveu qu'à cela ils satisfacent quinze jours après la publication de ceste nostre presente declaration au parlement du ressort duquel ils seront. Si donnons, etc. Donné à Chartres le vingt-neufiesme jour de janvier, l'an de grace 1593, et de nostre regne le quatriesme. Signé Henry. Et plus bas, par le Roy estant en son conseil, Forget. Et sellée sur double queuë en parchemin de cire jaune. Leuës, publiées et registrées, ouy et ce requerant le procureur general du Roy, et ordonné que coppies collationnées seront envoyées aux bailliages et seneschaussées de ce ressort pour y estre leuës, publiées et registrées, et outre affichées aux carrefours, places publiques, et principales portes des eglises. Enjoinct aux baillifs et seneschaux ou leurs lieutenans generaux proceder à la publication, et aux substituts du procureur general du Roy faire proceder à l'execution et informer des contraventions, et certifier la cour de leurs diligences au mois. »

Voylà quelle fut la declaration que le Roy fit publier pour response à celle du duc de Mayenne.

Or Sa Majesté, ayant esté quelques jours à Chartres avec plusieurs des princes et des officiers de la couronne qui avoient envoyé la susdite proposition au duc de Mayenne et à ceux de son party assemblez à Paris, voyant qu'il s'estoit jà passé huict jours sans en avoir receu aucune nouvelle ny response, sur l'advis que l'on receut que ledit duc de Mayenne estoit allé au devant de l'armée espagnole qui entroit en France, conduite par le comte Charles de Mansfeldt, avec lequel estoit le duc de Feria, fils du duc de l'Infantasque, envoyé par le roy d'Espagne pour son ambassadeur en ceste assemblée de ceux de l'union, et pour y negotier son intention sur la reception qu'il desiroit y estre faicte de l'Infante sa fille pour royne de France, le Roy congedia la plus-part desdits princes et seigneurs, qui s'en allerent en divers endroits là où les occasions de la guerre les appeloient, et luy, avec son armée, qui n'estoit pas grande lors, conduitte par M. l'admiral de Biron, s'en alla le long de la riviere de Loire. Cependant qu'il envoya assieger Meun, qui n'est qu'à cinq lieuës d'Orleans, il s'achemina à Blois, à Tours, puis à Saumur pour voir Madame, sa sœur, qui y estoit arrivée le premier jour de ceste année. Il ne sera hors de propos de dire comme ceste princesse partit de Pau en Bearn, et de quelques choses notables qui advinrent en son voyage, traversant tant de provinces depuis les Pyrenées jusques sur les bords de Loire.

Ceste vertueuse et genereuse princesse s'estoit tousjours attenduë de revoir encore une fois le Roy en ses pays de la basse Navarre et de Bearn où il l'avoit laissée regente depuis l'an 1585, comme il luy en avoit donné esperance par plusieurs lettres; en fin elle se resolut de venir trouver Sa Majesté en France : dequoy le Roy en estant aussi bien content, manda à tous les gouverneurs des pays où elle devoit passer de luy faire escorte en leurs gouvernemens. Tellement qu'ayant mis ordre aux affaires du royaume de Navarre deçà les monts Pyrenées, qu'on appelle basse Navarre [car l'Espagnol tient la haulte Navarre, comme nous avons dit ailleurs], en Bearn, et autres souverainetez et regalles qui estoient sous sa regence le long des Pyrenées jusques en Foix, elle partit de Pau le 25 octobre 1592, et s'en vint passer à Sainct Sever, Agemaux, Mont de Marsan et Bazas, en tous lesquels lieux le mareschal de Matignon donna ordre qu'elle fust receuë comme la propre personne du Roy, suivant son commandement, avec entrées qui furent belles et magnifiques, selon la necessité du temps. A Bazas ledit sieur mareschal la vint recevoir à my-chemin du fort de Captieux, et luy rendit les devoirs et honneurs d'un bon et ancien serviteur de la maison et couronne de Navarre en son particulier, comme ayant esté nourry enfant d'honneur de la royne Marguerite de Valois, sœur du grand roy François. De Bazas Son Altesse alla à Castres, où elle sejourna quatre ou cinq jours pour attendre que les Bourdelois eussent fait leurs preparatifs de l'entrée qu'ils lui vouloient faire : ce qu'ayans faict, elle s'y achemina. Elle fut rencontrée sur la riviere par toute la Maison de Ville de Bourdeaux en corps avec toute la noblesse, au lieu mesme où autresfois la feuë royne Catherine de Medicis avoit pris son rafraischissement, lors qu'aussi elle fit avec le roy Charles son entrée en ladite ville, l'an 1564. Le premier capitou de Bourdeaux luy ayant fait une harangue, elle entra dans une barque de parade, pinte, dorée, couverte et tapissée de velours de ses couleurs; et, accompagnée de plusieurs autres barques chargées de seigneurs et gentils hommes, dames et damoiselles, elle fut conduitte à la rame par des espalliers accoustrez de mesme livrée que la barque, jusques à l'endroit de La Bastide, avec toutes sortes d'instrumens de musique. A l'abordage de sa barque sur le cay de la ville fut incontinent dressé un grand pont fait exprès, couvert de drap de pied, pour la mettre à terre. En mesme temps la cour de parlement en corps la vint saluër à la sortie de sa barque, et luy fut faicte une belle harangue par M. d'Affis, premier president de Bourdeaux, en laquelle il loüoit Dieu de ce bon heur de voir en leur ville la perle des princesses, sœur unique de leur Roy. Durant que ces choses se passoient on n'oyoit que canonnades, tant des chasteaux Trompette et du Ha que des navires, avec une joye et applaudissement du peuple, et fut Son Altesse ainsi conduitte et suivie de toute la noblesse et bourgeoisie jusques en la maison du thresorier general de Pontac, qui estoit le logis que l'on luy avoit preparé. Messieurs du clergé de Bourdeaux allerent aussi au devant, et luy firent une harangue à laquelle Son Altesse respondit fort dignement, les remerciant de la bonne affection qu'ils luy monstroient en faveur du Roy. Elle eut aussi cest honneur de faire ouvrir les prisons, comme il se fait de droit et de coustume aux entrées royales, pour la compassion des pauvres miserables.

Durant le mois de novembre que Son Altesse demeura à Bourdeaux ce ne furent que festins, balets et resjouyssances publiques et particulieres. Mais, comme en tels temps et occurrences il est malaysé qu'il n'arrive du desordre parmy du peuple, aussi il advint que, plus par curiosité qu'autrement, aucuns des habitans de Bourdeaux allerent au logis de Son Altesse, la plus part pour voir que c'estoit que le presche; d'autres, qui y avoient esté autresfois, pensoient que ce libre accez leur serviroit d'une ouverture d'y avoir à l'advenir le presche. Mais, au contraire de leurs intentions, y estant advenu en une presse quelques querelles, les Bourdelois prirent cela pour une revolte de l'Eglise que faisoient tous ceux-là qui alloient ouyr le presche des ministres : et craignans que cela causast quelque nouveau trouble, messieurs du parlement furent requis de faire publier à son de trompe par toute la ville et devant le logis mesmes de Son Altesse des deffences à tous les habitans de n'aller plus ausdits presches; et ausquelles deffences quelques-uns ne voulans obeyr furent mis prisonniers par l'authorité de la cour, quoy qu'ils dissent pour leurs excuses : et combien que Son Altesse s'y employast par prieres, messieurs du parlement deputerent vers elle pour la supplier ne trouver mauvais leur arrest, qui n'estoit que pour contenir le peuple, et non pour le subject de sa personne, maison et suitte, qu'en cela ils gardoient l'ordre que Sa Majesté avoit eu aggreable, et qu'il vouloit estre gardé en vers sa propre personne, quand mesmes il y seroit present.

La [illegible] blesse luy [illegible] quelles ce [illegible] province et [illegible] Roy, sur les [illegible] Bourdeaux à Son [illegible] tant au nom du [illegible] M. d'Espernon en [illegible] ceux de la religion pretendue [illegible] province, il luy [illegible] main, ce qu'elle fit, et la [illegible] son gouvernement. [illegible] dite Altesse fit à Bourdeaux [illegible] quelques anabaptistes [illegible] y charger des vins, avoient [illegible] vres de leur secte qu'ils [illegible] vulguer sous main; mais, descou[illegible] bien reprimez par ledit sieur mar[illegible] tignon, de peur de plus grand ma[illegible] de ceste secte plusieurs en [illegible] encores à present quantité en [illegible] quelques pays des Estats. On [illegible] ils vont sur mer, ils n'ont aucun[illegible] mes offensives ou deffensives da[illegible] seaux, et disent qu'ils n'ont besoi[illegible] dre puisque dez leur naissance ils [illegible] nez ce qu'ils doivent devenir, et [illegible] ils doivent mourir.

Madame donc poursuivant son [illegible] à Vaytes, lieu fort sur la Dordogn[illegible] y avoir de l'inconvenient d'une p[illegible] clata, et faillit à tomber de la sall[illegible] toit Son Altesse à souper avec g[illegible] gnie : toutesfois promptement on [illegible]

Le sieur de Massés, estant venu [illegible] Altesse, accompagné de grand n[illegible] blesse et en bonne conche, la con[illegible] Xaintonge et par le pays d'Angou[illegible] là où elle sejourna, et où, de la p[illegible] Malicorne, gouverneur de Poictou, [illegible] nombre de gentils-hommes pour [illegible] service de tout son gouvernement [illegible] Poictou, horsmis Poictiers, estoit [illegible] nac elle alla à Beauvais sur Matha, [illegible] de Malicorne la mena loger, puis à [illegible] de là à Nyort, où Son Altesse fit [illegible] delivra les prisonniers. Il faisoit [illegible] partir de Nyort que tout cuyda dem[illegible] moins ceste princesse, pleine de co[illegible] desir de voir le Roy, son frere, s'[illegible] rien craindre, estant mesmes adve[illegible] de l'union qui estoient dans Poict[illegible] dressé des embuscades, [illegible] elle ne laissa pas de passer, et arri[illegible] thenay peu avant Noël, auquel lie[illegible] séjourné quatre jours, elle partit

soient, que sur des desseins ambitieux et particuliers interests; plus, que l'estat des affaires du party de l'union, la necessité du peuple et principalement de la ville de Paris, le peu d'espoir qu'il y avoit d'estre secourus d'une armée estrangere, et l'offre que M. de Mayenne avoit fait par sa declaration de les ouyr, contraignoient d'entrer avec eux en conference; que si on ne le faisoit, que cela n'apporteroit qu'un blasme à tout le party de l'union; mais qu'en ceste conference on pouvoit essayer de distraire les catholiques d'obeyr plus au Roy, et que s'ils ne le vouloient faire, en leur remonstrant d'amitié et par raisons le tort qu'ils avoient de suyvre un tel party, que ce seroit le vray moyen qu'un chacun jugeroit que l'intention du party de l'union n'avoit esté autre que de recourir aux armes pour sauver leur religion; après plusieurs difficultez proposées, ceste assemblée resolut :

I. Que l'on ne confereroit directement ou indirectement avec le roy de Navarre, ny avec aucun heretique, ny de chose qui concernast son establissement, ny de l'obeyssance [qu'on luy devoit], ny de la doctrine de foy.

II. Que l'on pouvoit conferer avec les catholiques suivant son party pour les choses qui touchoient la conservation de la religion de l'Estat et repos public, en laquelle conference on remonstreroit et desduiroit on les raisons pour lesquelles les François ne devoient recognoistre un heretique pour roy, ny personne qui fist profession autre que de la religion catholique romaine.

III. Que la response que l'on feroit seroit en termes les plus doux et gracieux que faire se pourroit, et sans aucune aigreur; le tout après que l'on en auroit conferé avec le M. cardinal de Plaisance, legat.

Ceste resolution communiquée audit sieur cardinal, legat, il l'approuva, à l'envis (1) toutesfois, comme nous dirons cy après; et, suivant icelle, il fut dressé la response suyvante, qui fut envoyée par un trompette à Chartres.

Responce du duc de Mayenne, lieutenant general de l'Estat et couronne de France, princes, prelats, seigneurs et deputez des provinces assemblez à Paris, à la proposition de messieurs les princes, prelats, officiers de la couronne, seigneurs, gentilshommes, et autres catholiques estant du party du roy de Navarre.

« Nous avons veu il y a desjà quelques jours la lettre qui nous a esté escrite et envoyée par un
trompette sous vostre nom. Nous desirons
vienne de vous et du zele et affection q
fait paroistre autresfois et avant ceste d
misere à conserver la religion et rendre
pect et l'obeissance qui est deuë à l'Eg
nostre sainct pere le Pape et au Sainct
Nous serions bien-tost d'accord, joincts
ensemble contre les heretiques, et n'aurie
besoin d'autres armes pour rompre et b
nouveaux autels qu'ils ont eslevez contre
tres, et empescher l'establissement de l'h
qui, pour avoir esté soufferte et tolerée,
tost honorée de loyer et recompense lors
devoit chastier, ne demande pas seulem
jourd'huy d'estre receuë et approuvée, m
devenir maistresse et commander imperieu
sous l'authorité d'un prince heretique.
qu'il n'y ait personne denommé en partic
ceste lettre, et qu'elle ne soit soubscrite
cuns de ceux dont elle porte le nom, et q
soyons par ce moyen incertains de qui ell
ou plustost trop asseurez que elle a esté
ment faite du mouvement d'autruy, et qu
tholiques n'ont à present, au lieu où vous
liberté qui seroit necessaire pour sentir, d
et resoudre avec le conseil et jugement d
propres consciences ce que nostre mal et
commun des catholiques requiert, nous
sions pourtant differé si long temps à y fa
ponse, n'eust esté que nous attendions q
semblée fust plus remplie et accreuë d'u
nombre de personnes d'honneur des trois
qui estoient en chemin pour s'y trouver,
pluspart estans arrivez, de crainte que
trop long silence ne soit calomnié, nous
sons aujourd'huy, sans plus user de remi
attendre les autres qui restent à venir, et
rons, en premier lieu, que nous avons to
mis et juré à Dieu, après avoir receu son p
corps et la benediction du Sainct Siege
mains de M. le legat, que le but de nos co
le commencement, le milieu et la fin de
nos actions, sera d'asseurer et conserver l
gion catholique, apostolique et romaine,
quelle nous voulons vivre et mourir, la v
qui ne peut mentir, nous ayant apris qu'e
chant avant toutes choses le royaume et l'h
de Dieu, les benedictions temporelles s'y
veront conjoinctes, entre lesquelles nous m
au premier lieu, après nostre religion, l
servation de l'Estat en son entier, et qu
autres moyens pour en empescher la ruine
sipation, fondez sur la seule prudence hu
sentent l'impieté, sont injustes, contrai
devoir et à la profession que nous faison
tre catholiques, et sans apparence d'avoir

(1) Malgré lui.

aucun bon et heureux succès. Estans delivrez des accidens et perils que les gens de bien prevoyent et craignent, à cause du mal que l'heresie produict, nous ne rejetterons aucun conseil qui nous puisse aider pour amoindrir ou faire finir nos miseres, car nous recognoissons assez et sentons trop les calamitez que la guerre civile produict, et n'avons besoin de personne pour nous monstrer nos playes : mais Dieu et les hommes sçavent qui en sont les autheurs. Il nous suffit de dire que nous sommes instruicts et enseignez par la doctrine de l'Eglise que nos esprits et consciences ne peuvent estre en tranquillité et repos, ny jouyr d'aucun bien, tant que nous serons en crainte et soupçon de perdre nostre religion, dont le danger ne se peut dissimuler ny eviter si on continue comme on a commencé. C'est pourquoy nous jugeons comme vous que nostre reconciliation est très-necessaire. Nous la desirons aussi de cœur et d'affection; nous la recherchons avec une charité et bien-veillance vrayment chrestienne, et vous prions et adjurons, au nom de Dieu, de nous l'octroyer. Ne vous arrestez point aux reproches et blasmes que les heretiques nous mettent sus. Quant à l'ambition qu'ils publient estre cause de nos armes, il est en vostre pouvoir de nous voir au dedans et descouvrir si la religion nous sert de cause ou de pretexte. Quittez les heretiques que vous suivez et detestez tous ensemble. Si nous levons lors les mains au ciel pour en rendre graces à Dieu, si nous sommes disposez à suivre tous bons conseils, à vous aimer, honorer, rendre le respect et service à qui le devrons, louez nous comme gens de bien qui ont eu le courage et la resolution de mespriser tous perils pour conserver leur religion, et de l'integrité et moderation pour ne penser à chose qui fust contre leur honneur et devoir. Si le contraire advient, accusez nostre dissimulation et nous condamnez comme meschans. Vous mettrez, en ce faisant, la terre et le ciel contre nous, et nous ferez tomber les armes des mains comme vaincus, ou nous laisserez si foibles que la victoire sur nous sera sans peril. Blamez cependant plustost le mal qui est en l'heresie qui vous est cogneu, craignez plustost ce chancre qui nous devore, et gaigne tous les jours pais, que ceste vaine et imaginaire ambition, qui n'est pas ou qui se trouvera seule et mal assistée quand elle sera despouillée de ce manteau de religion. C'est aussi une calomnie sans raison de nous accuser que nous introduisons les estrangers dans le royaume. Il faut souffrir la perte de la religion, de l'honneur, de la vie et des biens, ou opposer la force aux heretiques ausquels rien ne peut plaire que nostre ruine. Nous sommes contraints nous en servir, puisque vos armes sont contre nous. Ce sont les saincts peres et le Sainct Siege qui ont envoyé à nostre secours ; et encores que plusieurs ayent esté appellez à ceste souveraine dignité depuis ces derniers mouvements, il n'y en a un seul qui ait changé d'affection envers nous; tesmoignage asseuré que nostre cause est juste. C'est le roy Catholique, prince allié et confederé de ceste couronne, seul puissant aujourd'huy pour maintenir et deffendre la religion, qui nous a aussi assisté de ses forces et moyens, sans autre loyer ny recompense que de la gloire que ce bon œuvre luy a justement acquis. Nos roys, en pareille necessité et contre la rebellion des mesmes heretiques, avoient eu recours à eux ; nous n'avons faict que suivre leur exemple sans nous engager non plus qu'eux à aucun traicté qui soit prejudiciable à l'Estat ou à nostre honneur, combien que nostre necessité ait esté beaucoup plus grande que la leur. Representez vous plustost que les Anglois, qui vous aident à establir l'heresie, sont les anciens ennemis du royaume, qu'ils portent encore le tiltre de ceste usurpation, et ont les mains teinctes du sang innocent d'un nombre infini de catholiques, qui ont constamment enduré la mort et la cruauté de leur Royne pour servir à Dieu et à son Eglise. Cessez aussi de nous tenir pour criminels de leze-majesté pource que nous ne voulons obeir à un prince heretique que vous dictes estre nostre roy naturel, et prenez garde qu'en baissant les yeux contre la terre pour y veoir les loix humaines, vous ne perdiez la souvenance des loix qui viennent du ciel. Ce n'est point la nature ny le droict des gens qui nous apprend à recognoistre nos roys, c'est la loi de Dieu et celle de l'Eglise et du royaume, qui requierent non seulement la proximité du sang à laquelle vous vous arrestez, mais aussi la profession de la religion catholique au prince qui nous doit commander, et ceste derniere qualité a donné nom à la loy que nous appellons fondamentale de l'Estat, tousjours suivie et et gardée par nos majeurs, sans aucune exception, combien que l'autre, pour la proximité du sang, ait esté quelquefois changée, demourant toutesfois le royaume en son entier et en sa premiere dignité. Pour venir donc à ceste si saincte et si necessaire reconciliation, nous acceptons la conference que demandez, pourveu qu'elle soit entre catholiques seulement et pour adviser aux moyens de conserver nostre religion et l'Estat. Et pour ce que vous desirez qu'elle soit faicte entre Paris et Sainct Denis, nous vous prions avoir pour agreable le lieu de Montmartre, de Sainct Maur ou de Challot, en la maison de la Royne, et d'y envoyer, s'il vous plaist, vos deputez dans la fin de ce mois, à tel jour qu'adviserez; dont nous advertissant, ne faudrons d'y faire trouver les nostres, et d'y apporter une affection sincere et exempte de tout mauvaise passion, avec priere à Dieu que l'issuë en soit si bonne que nous y puissions trouver tous ensemble la conservation de nostre religion, celle de l'Estat, et un bon, asseuré et durable repos. En ce desir, nous le prions aussi de vous conserver et donner son esprit pour cognoistre et embrasser le plus utile et salutaire conseil pour vostre bien et le nostre.

« Signé MARTEAU, DE PILLES, CORDIER. »

Telle fut la response que fit le duc de Mayenne aux princes catholiques du party du Roy par la deliberation de l'assemblée de ceux de son party. La replique que lesdits princes luy firent nous la dirons cy dessous.

Quant au siege qu'avoit mis le comte de Mansfeldt devant Noyon, le Roy estant arrivé en diligence à Sainct Denis avec quelque cavalerie, et ayant mandé à la noblesse des provinces voisines de le venir joindre en diligence pour faire lever ce siege, il y receut les nouvelles que les assiegez s'estoient rendus. Ceste place fut battuë fort furieusement, et les historiens qui ont mesmes escrit en faveur de l'Espagnol disent qu'après la reddition de Noyon, d'où les gens de guerre sortirent par composition après avoir soustenu un rude assaut *con danno gravissimo* (1) des assiegeans, ledit comte de Mansfeldt se retira sur les confins vers la Flandre; et, tout le long de ceste année, *s'udivanno di giorno in giorno poco liete novelle delle militie del re di Spagna* (2), pour ce que la pluspart des Espagnols se mutinerent pour la paye. Les Italiens qu'entretenoit le Pape en ceste armée se desbanderent aussi presque tous après la mort d'Apius Contius qui les conduisoit [car le duc de Monte-marcian s'en estoit retourné en Italie et luy avoit cedé sa charge]. Ce Contius fut tué par sa faute par un colonel de lansquenets aux approches devant Noyon, car, ayant commandé à ce colonel de se saisir d'un certain endroit, sur la response qu'il luy fit que ce seroit mettre ses soldats à la boucherie, il descendit de son cheval, et, pensant tuër le colonel, il fut tué par luy d'une estocade qu'il luy donna dans le corps. C'est une faute remarquable à un conducteur de gens de guerre de vouloir luy mesmes chastier les desobeyssans, veu qu'ils ont assez de moyens de la faire punir; et ce qu'aucuns qualifient du nom de courage fut estimé en cestuy-cy temerité.

Le 29 de mars les princes catholiques du party du Roy, s'estans assemblez encor par sa permission, firent publier la replique suivante, et l'envoyerent au duc de Mayenne.

« Après l'envoy et reception de ladite proposition à Paris, le desir que l'on a de ceste part d'en voir reüssir le fruict auquel elle tend, retint encores quelques jours en ceste ville de Chartres Sa Majesté et les princes et seigneurs qui avoient assisté à la deliberation d'icelle, pour attendre s'il y seroit fait response; mais, ayant passé huict jours sans en estre venu aucune nouvelle, les affaires et les demonstrations dudit sieur de Mayenne de vouloir entreprendre quelque chose avec l'armée estrangere, qu'il estoit allé trouver à ceste fin, donnerent occasion à Sadite Majesté et ausdits princes et seigneurs de se departir et separer en divers endroits où les occasions de la guerre les appelloient; de sorte que, lors que ladite response fut apportée et receuë en ceste ville de Chartres, qui fut le huictiesme de ce mois de mars, il ne s'y trouva que petit nombre desdits princes et seigneurs, et ne se sont encor depuis peu rejoindre pour resoudre des personnes, moyens et lieux de la conference. Toutesfois, ayant ceux d'entre-eux qui estoient demourez icy adverty où il a esté besoin de la reception de ladite response, l'ordre a esté donné de se r'assembler à Mante, où se retrouvera dans peu de jours compagnie suffisante pour entendre à vacquer à cest affaire. Et à fin que le temps qui a couru avant qu'en donner quelque nouvelle à ladicte assemblée de Paris ne puisse estre tiré en autre argument que de la vraye cause qui a apporté ceste longueur, les princes et seigneurs qui sont encore à present en cestedite ville de Chartres l'ont, avec nouvelle permission de Sa Majesté, voulu faire entendre par cest escrit à ladicte assemblée de Paris, et que, dans le quinziesme jour du mois prochain, ils leur feront plus particuliere declaration de ce qui depend d'eux pour l'acheminement et resolution de ladite conference, tant en ce qui touche les seuretez que autres choses qui y escherront pendant lequel temps s'il plaisoit ausdits sieurs qui sont en ladite assemblée d'advertir lesdits princes et seigneurs des noms ou de la qualité et nombre des personnes qu'ils voudront à ceste fin [illegible]ter, cela ayderoit à advancer d'autant [illegible] conclusion, laquelle Dieu, par sa grace, [illegible] ciproquement addresser au seul but de la [illegible]vation de la religion catholique et de [illegible], comme c'a esté le principal motif, et [illegible] [illegible]

(1) Avec grande perte.

(2) On n'apprenoit chaque jour que des nouvelles peu favorables des armées d'Espagne.

jours l'intention des princes et seigneurs catholiques qui recognoissent Sadite Majesté. Faict au conseil d'icelle tenu à Chartres, où lesdits princes et seigneurs se sont à ceste fin assemblez avec sa permission, comme dit est, le 29 de mars 1593.

«Signé Revol.»

En ce mesme mois de mars le duc de Feria entra dans Paris. Le second fils de M. de Mayenne alla au devant de luy le recevoir avec toute la noblesse du party de l'union. Ceste reception se fit avec apparat et magnificence. Le second jour d'avril il alla à ladite assemblée qui se tenoit dans la chambre royale du Louvre, en laquelle il fit ceste harangue (1) :

« Très-illustres et très-reverens seigneurs, et vous, très nobles personnes, estant, par speciale faveur de Dieu, establie la paix entre le serenissime roy Catholique, mon très-debonnaire seigneur et le serenissime roy de France Henry II d'heureuse memoire, et icelle confirmée par le mariage de la serenissime Elizabeth, sa fille, si que dèslors nous nous promettions, moyennant la grace de Dieu, tout heureux succez et felicité, se sont glissées dans ce royaume, jà dès plusieurs siecles très-chrestien, des heresies pestilentielles, lesquelles y ont tellement prins pied et accroissement, partie par les armes et force de plusieurs personnages de grande authorité et pouvoir, partie par les menées et artifices de beaucoup de gens cauts et rusez, qu'on a juste occasion de craindre un naufrage et ruine totale de la religion, mon Roy, par sa bonté et clemence, n'a rien obmis pour declarer l'integrité de son amitié, et a monstré par effect autant de zele en la conservation de la foy chrestienne, qu'on sçauroit desirer d'un roy très-catholique. La mort soudaine du Roy son beau-pere, tant regretté d'un chacun, luy a ravy le moyen de faire cognoistre l'honneur et affection qu'il luy portoit; ce qu'à la verité il eust faict s'il eust vescu. Il a honoré sa belle-mere, il a aymé et chery ses beaux-freres, et n'a rien oublié de ce qui concernoit leur bien et commoditez; ne s'estudiant à autre chose qu'à rendre perpetuel et indissoluble le lien de paix jà contracté, et faire que l'un et l'autre royaume, voire [ce qui dependoit de là] toute la republique chrestienne, demeurast ferme en la religion, avec tout heur et asseurance. Et, pour parler plus en particulier, il n'y a personne qui ne sçache que, pendant le regne de François II, aussi-tost que la necessité se presenta, le roy Catholique luy envoya d'Espagne de grandes armées sous la conduitte du duc de Carvajale : à Charles IX il envoya de Flandres le comte d'Arenberg avec grand nombre de gens de cheval, et en autre temps le comte de Mansfeldt conduisant plusieurs troupes, tant de cavallerie que d'infanterie; lesquels tous ont fait la guerre en France avec autant de zele et de valeur que si c'eust esté pour leurs propres maisons et patrie; chose qui vous est tellement notoire et asseurée qu'il n'est besoin d'en discourir plus amplement. Or, pour passer outre, je ne sçay vrayement que c'est qu'on pourroit trouver de plus grand, de plus genereux ou de plus loüable en un roy puissant, que la patience du roy Catholique parmy tant et de si grandes injures qu'il a receuës de vos roys. La Royne mere, sous Henry III, son fils, s'oubliant [car ainsi suis-je contrainct de parler] des bien-faits et courtoisies passées, a par deux fois agacé le roy Catholique, dressant armée navale contre nostre estat de Portugal. Le duc son beau-frere s'est emparé de Cambray, et a empieté tout ce qu'il a peu de Flandres. Henry prestoit la main à l'un et à l'autre, ou pour le moins ne leur contredisoit, quoy que ce fust de son devoir et en son pouvoir de le faire. Et nonobstant cela, mon Roy a constamment perseveré en son amitié, non pour n'avoir les moyens de se venger, comme tout l'univers peut tesmoigner, ains par une bien-veillance chrestienne, et, provoqué par les mesfaits de ses beaux-freres, a mieux aymé ceder aucunement de son droict que de leur oster l'occasion de se recognoistre et donner entrée à une calamité universelle. Je toucheray briefvement le reste. Estant le duc d'Alançon trespassé, et ayant le prince de Bearn dez ce temps-là commencé à aspirer au sceptre de ce royaume, le roy Henry fit voir par signes evidens qu'il favorisoit à ses desseins : de sorte que les seigneurs de Guise, freres, qu'on ne sçauroit assez haut loüer, adviserent qu'il estoit necessaire de penser au remede d'un si grand malheur. L'affaire requeroit de grandes forces et moyens. Le traicté d'union fut accordé, quoy qu'il apportast grande charge à mon Roy. Vous en avez la copie, lisez ce qui y est couché; vous n'y trouverez rien qui ne sente sa pieté, rien qui puisse estre reprins de gens de bien et zelateurs de leur religion. Sa Majesté Catholique a voulu pourveoir de bonne heure à vos affaires, de peur que, venans à nonchaloir son aide et conseil, vous ne vinssiez un jour consequemment à vous perdre et ruiner de fonds en comble, comme il sembloit totalement devoir advenir. Elle a foncé grande somme de deniers; et vostre Roy a esté contrainct de se tourner du party de la religion : ce que s'il eust faict avec sincerité de

(1) Il la prononça en latin.

cœur et bon zele, il y a jà long temps que les flammes de l'heresie seroient entierement estainctes en ce royaume. Mais le malin esprit luy a tenu son cœur fiché ailleurs; de maniere qu'au lieu de nous voir à la fin de ces maux, nous y sommes entrez encores plus avant. Il a fallu derechef fournir argent; et en fin, mesprisant tout danger, on est entré en guerre ouverte. Il est bien vray que nos troupes ont esté battues à la bataille d'Ivry; mais aussi nostre armée conduitte par le très-vaillant capitaine Alexandre Farnese, duc de Parme et de Plaisance, a delivré des mains de l'ennemy ceste noble cité de Paris, où presentement nous parlons, sur le point qu'elle se voyoit jà perduë, après avoir esté long temps conservée par ses loyaux citoyens, avec un très-grand travail, une constance merveilleuse, une vertu et valeur nompareille. Autant en a esté faict à Rouén. J'adjousteray à ce que dit est un traict et exemple d'amitié non moins admirable que rare : c'est que le roy Catholique, pour vous donner secours, a laissé ses affaires propres à son grand prejudice et desadvantage. Il a tousjours eu par devers vous ses serviteurs pour vous assister de toute aide et soulas (1) au milieu de vos difficultez et destroicts. Il y a encores maintenant et jà dès long temps eu gens de guerre qui n'attendent que d'exposer leur vie pour vostre delivrance, pour vostre repos et salut, la soulde desquels excede jà six millions d'or, sans que mon Roy s'en soit prevalu d'aucune commodité. Iceluy neantmoins, non content de cela, n'a cessé de penser et adviser par quel autre moyen il pourroit vous donner ayde et secours; et en fin [qui est le principal] il a fait tout devoir et instance pour la convocation et assemblée de ces très-celebres estats. Il a sollicité nos saincts peres de vous cherir et espouser vostre cause, et m'a envoyé à vous, tant pour vous faire entendre de sa part quel est son advis et conseil en tels affaires et de si grande consequence, que pour vous assister en tout et par tout ce qui touchera vostre bien et advantage. Tous lesquels offices et courtoisies semblent estre si belles, si magnifiques, si asseurées, si signalées, que je ne sçay si ou la France ou autre royaume quelconque en a jamais experimenté de semblables en son extreme necessité. Au reste, nostre roy Catholique estime que vostre conservation et salut consiste en ce que par vous soit esleu et declaré un roy tellement zelé à la religion que il aye aussi le moyen et puissance de mettre ordre à vos affaires, de vous defendre, conserver et garantir de vos ennemis; si qu'estant declaré chacun [illegible] de voir bien tost, moyennant la grace de Dieu, remis sus le culte et service de sa Divine Majesté, de voir l'Estat revenu à son antique beauté et premiere splendeur, de voir toutes choses restituées en leur entier. Iceluy toutesfois vous prie en premier lieu, et sur toutes choses, d'effectuer et accomplir le tout sans delay et retardement, lequel ne pourroit faillir d'estre accompagné de très-grand danger; et, pour vous oster toute occasion de delayer et prolonger les affaires, promet, selon son ancienne amitié, de vous continuer la mesme ayde et secours, voire plus grand s'il est de besoin.

« C'est à vous donc, très-illustres et très-reverends seigneurs, et vous, très-nobles personnes, c'est à vostre pieté, à vostre noblesse, à vostre vertu et prudence, de vous employer constamment de tout vostre pouvoir au restablissement et conservation de vostre religion et royaume, et de vaquer à une chose si importante, si saincte, et si necessaire à toute la chrestienté, avec un cœur vrayement religieux, vrayement chrestien, et tel que desirent de vous tous les chrestiens de l'univers. Quant à moy, je ne vous manqueray en chose quelconque à moy possible; et par experience vous donray toutes les preuves d'amour, de solicitude et travail qu'on sçauroit desirer de moy en tout et par tout où il s'agira de vostre profit et bien commun. En foy et tesmoignage très-asseuré de quoy je vous presente avec toute amitié ces lettres que mon Roy m'a commandé vous presenter de sa part, lesquelles ayant leuës, si vous voulez sçavoir de moy quelque autre chose, et quelle charge et commission m'a esté donnée, je vous le feray entendre plus à plein quand il en sera de besoin. »

Le duc de Feria, ayant fini sa harangue, presenta au cardinal de Pellevé, president pour le clergé en ceste assemblée, les lettres du roy d'Espagne, qui les bailla à de Pilles, secretaire de ceste assemblée, lequel les leut tout haut. La teneur estoit telle :

« Dom Philippes, par la grace de Dieu, roy d'Espagne, des deux Sicilles, de Hierusalem, etc. Nos reverends, illustres, magnifiques et bien aymez, je desire tant le bien de la chrestienté, et en particulier de ce royaume, que, voyant de quelle importance est la resolution qu'on traite pour le bon establissement des affaires d'iceluy, jaçoit qu'un chacun sçache ce qui a esté cy devant procuré de ma part, et quelle assistance j'ay donné et donne encor à present, je ne me suis neantmoins contenté de tout cela, ains ay voulu en outre deleguer par devers vous un per-

(1) Soulagement.

sonnage de telle qualité qu'est le duc de Feria pour s'y trouver en mon nom, et de ma part faire instance que les estats ne se dissolvent qu'on n'aye au preallable resolu le poinct principal des affaires, qui est l'election d'un roy lequel soit autant catholique que le requiert le temps où nous sommes, à ce que par son moyen le royaume de France soit restitué en son ancien estre, et de rechef serve d'exemple à la chrestienté. Or, puis que je fay en cecy ce qu'on void, la raison veut que ne laissiez par delà escouler ceste occasion et opportunité, et que par ce moyen j'aye le contentement de tout ce que je merite à l'endroit de vostre royaume, en recevant une satisfaction, laquelle, quoy qu'elle vise purement à vostre bien, j'estimeray neantmoins estre fort grande pour moy-mesme. Et pourtant j'ay voulu vous admonester tous ensemble, vous qui marchez pour le service de Dieu, de faire voir maintenant et monstrer par effect tout ce dequoy vous avez jusqu'à present fait profession, attendu que ne sçauriez rien faire qui soit plus digne d'une si noble et si grande assemblée, comme plus particulierement vous dira le duc de Feria, auquel je m'en remets. De Madrid, le 2 de janvier 1593. »

Et à la superscription estoit escrit : « A nos reverends, illustres, magnifiques et bien aymez les deputez des estats generaux de France. »

Après la lecture de ceste lettre ledit sieur cardinal de Pellevé fit la response suyvante audit duc de Feria.

« Très-excellent et très-noble duc, toute ceste assemblée des trois estats de France congratule à vostre arrivée très-desirée et très-agreable à un chacun d'icelle, et recevons non seulement avec joye et liesse, mais encores avec honneur et reverence, tant les lettres royales de Sa Majesté Catholique; que les mandemens plains de douceur, bienveillance et charité, que Vostre Excellence par sa harangue dorée nous a exposés de sa part, estimant que de plusieurs grands personnages qu'il y a au royaume d'Espagne on n'eust peu en choisir un autre qui nous eust plus agreé que Vostre Excellence, ou qui eust esté de plus grande adresse et suffisance pour traitter affaires. Et, pour ne m'arrester à nombrer les vieux pourtraits et tableaux enfumés de vos ancestres, je diray seulement que vostre mere, estant issue d'une des premieres et plus illustres familles d'Angleterre, employe très-liberallement, comme une autre Heleine, mere de Constantin, ses moyens pour ayder, entretenir et eslever les Escossois, Anglois, Hybernois, et autres affligez et fugitifs qui se sont retirez en Espagne pour ne perdre la religion. Or toutes choses sont sujettes à vicissitude et changement, et n'y a ès affaires humaines rien de perpetuel, rien de stable, ains semble qu'ils vont et viennent comme par flux et reflux, de sorte que les richesses, la gloire, le sçavoir, les domaines, bref toutes commoditez ou incommoditez, sont à fois transportées des uns aux autres par la divine Providence : ce que nous touchons au doigt en ce royaume de France, jadis autant florissant qu'il est à present affligé. Car telle a autrefois esté la vertu de nos roys, tandis qu'ils ont embrassé de cœur et de corps la protection de la religion chrestienne, qu'ils ont donné la loy à plusieurs nations, extirpé les sectes contraires à la foy de nostre eglise, porté bien au loin leurs estendards victorieux, et de beaucoup amplifié le pourpris de la chrestienté. Et de faict, c'est chose trop averée et manifeste que ce sont les François qui ont les premiers prins les armes en main contre les ennemis de la foy catholique, et n'y a celuy de nous qui ne sçache qu'il y a environ mille et cent ans que Clovis, lequel de tous nos roys a esté le premier baptizé et le premier oinct d'huile sacré envoyé du ciel, desconfit à la bataille donnée en Poictou les Visigots, très-obstinés fauteurs de l'heresie arienne, qui occupoyent tout ce qui est entre Loire et les monts Pyrenées, faisant de Thoulouse leur siege royal, et, ayant occis de sa propre main Alaric leur roy, ramena toutes ces provinces-là au giron de la foy et de l'Eglise ; laquelle victoire causa à nos François un ardent desir d'establir la religion en Espagne, où Almaric, fils d'Alaric, après la deffaite de son pere s'estoit retiré vers les Ariens. Ce qui fut valeureusement effectué par Childebert, fils de Clovis, imitateur de la pieté et vertu de son pere ; car, après avoir fait paix avec Almaric, et luy avoir donné à mariage Clotilde sa sœur, avec ceste esperance et condition qu'il se feroit catholique, voyant qu'il perseveroit neantmoins en l'heresie de son pere, et faisoit à sa femme plusieurs mauvais traittemens et outrages à cause de la religion, et ne pouvant supporter cela, non seulement le deffit, mais en outre retira de l'arianisme les sujets d'iceluy, et, outrepassant derechef les monts Pyrenées, se transporta une et deux fois en Espagne, où il restablit la foy que l'apostre saint Jacques y avoit semé, jà flotante, et par la malice des temps presque submergée, en son ancien lustre et pristine vigueur. Et, estant de retour, en memoire des guerres qu'il avoit conduites à si heureuse fin, il dressa et consacra à sainct Vincent un monastere qu'on nomme aujourd'huy Sainct Germain des Faux-bourgs, lequel il enrichit de la precieuse coste du mesme sainct et d'autres reliques apportées d'Espagne. L'on void encor l'institution du monastere escrite de la main propre de Childebert, en la presence de sainct Germain, evesque de Paris, lequel après donna le privilege d'exemption avec le consentement du metropolitain et de tous les evesques de la province. D'avantage, les annales font foy que Charles Martel, lequel, s'abastardissant la vertu de nos roys, print la charge du royaume, et, en ayant depossedé Chilperic, mit son fils au chemin de la royauté, en un seul combat donné près Loire, mit à mort un nombre innombrable de Sarrazins qui avoient subjugué, non seulement l'Orient et l'Afrique, mais en outre l'Espagne, et une autrefois fit tout passer au fil de l'espée, les Visigoths et Sarrazins, lesquels, unis ensemble, avoient commencé à empieter le Languedoc. Mais d'où est-ce que Charlemagne a acquis ces beaux tiltres de grand, sainct et invincible, si ce n'est pour avoir heureusement fait la guerre pour la foy et religion, quand, ayant dompté les Sarrazins qui habitoient l'Espagne, il les a contraints de se contenir, et laisser en repos les habitans catholiques? C'est pourquoy Alphonse le Chaste, roy de Galice et des Estures, se disoit et s'inscrivoit propre de Charlemagne. Outre ce, ayant Charlemagne prins en sa sauvegarde et defendu des Mores et Sarrazins les isles de Majorque et Minorque, il establit roy de Guienne Louys le Pieux pour assister de plus près aux chrestiens d'Espagne à l'encontre des Sarrazins. Je ne puis passer sous silence ce que tesmoignent les histoires d'Espagne de Bertrand Guescelin, general des armées en France, lequel, estant appellé en Espagne, et illec s'estant acheminé par le commandement de Charles cinquiesme, nommé le Sage, dejetta de son throsne Pierre, roy de Castille, surnommé le Cruel, condamné de nostre sainct pere Urbain cinquiesme, et haï d'un chacun pour sa cruauté qui favorisoit aux Juifs, et mit en sa place Henry de Transtamare, auquel se sont volontiers sousmis les Castillois et Leonois, disans qu'à l'exemple des anciens Gots ils pouvoient s'emanciper de l'obeissance d'un roy qui avoit changé son regne en tyrannie, et en establir un autre sans avoir esgard à la succession. De maniere qu'on ne doit trouver nouveau si de nostre temps on voit quelque chose de semblable. Plusieurs tels tesmoignages de bien-vueillance ont donné aux Espagnols les roys de France, voire souventesfois ne se sont-ils contentez de s'unir à eux du lien d'amitié, mais en outre se sont estroictement liez par l'union d'affinité en plusieurs mariages. Mettons nous au devant des yeux les trois familles de nos roys Clovis, Charlemagne, Hugues Capet, et en chacune d'icelles nous trouverons des exemples qui donneront suffisante preuve de mon dire. Prenons à tesmoin sainct Louys, qui est nay d'une mere espagnole. Prenons l'un et l'autre Philippe, à sçavoir Philippe premier et Philippe Auguste. Prenons François premier, lequel de nostre temps a eu pour femme Alienor, sœur de Charles cinquiesme. Prenons Henry second, qui a donné sa fille en mariage à Philippe vostre roy Catholique, lequel il a si affectionnement chery qu'il sembloit luy porter plustost amour de vray pere à un fils unique, que de beaupere à son beaufils. Prenons finalement Charles neufiesme, qui a espousé Elizabeth d'Austriche, fille de l'empereur Maximilian, et niepce de Philippe vostre roy, laquelle par l'innocence et sainctété de sa vie a tellement ravi le cœur des François qu'ils ne pourront jamais l'effacer de leur memoire, et qui a encores sa mere, pleine de pieté et religion, vivante en Espagne. Et maintenant, estant le cours des affaires changé, et toute la France troublée et esbranlée par l'impieté et rage des heretiques, nostre Seigneur, nous regardant de son œil de misericorde et compassion, et nous mettant la main dessous pour empescher nostre cheute et pour repousser nostre encombre total, a esmeu votre roy à ce qu'en contreschange il nous secourust en ceste si grande necessité, comme de faict nous avons esté delivrez de plusieurs grands perils et dangers eminens par le roy Catholique, très-digne à la verité du nom de catholique. Car vrayement catholique doit estre appellé celuy qui faict florir la religion catholique universellement par toutes les Espagnes, desquelles pas un de ses devanciers, ny mesmes des empereurs romains, n'a oncques jouy avec telle paix et repos; vrayement catholique celuy qui a prins en main la protection et defense de la foy chrestienne, non seulement en ses terres, mais encor ès royaumes estrangers, contre tous les efforts des Turcs et heretiques, et qui a le premier enseigné aux chrestiens par son exemple comme c'est qu'ils pourroient se rendre victorieux du Turc; vrayement catholique celuy qui a faict annoncer la parole de Dieu et semer l'Evangile jusques aux plus esloignées parties du monde, lesquelles n'estoient encor venues à la notice de nos predecesseurs. Qui est cil qui ne loüangera, n'aymera, n'admirera ses rares vertus, l'ardeur incroyable du zele qu'il a de conserver et amplifier la foy? Qu'on loué l'empereur Trajan, issu de parens espagnols; qu'on luy donne le beau titre de pere de la patrie pour avoir monstré ès affaires de guerre une diligence signalée, ès choses civiles une douceur merveilleuse, au soulagement des citez une grande largesse, et avoir acquis les deux qualitez qu'on requiert ès bons princes, qui sont la sainceté en la maison et la force en guerre, ayant toutes deux la prudence pour flambeau. Qu'on loué ce grand Theodose, sorty encor de sang espagnol, et qu'on le proclame amplifiquateur et protecteur de la republique pour avoir vaincu en plusieurs batailles les Huns et les Goths, lesquels l'avoient molestée et travaillée sous l'empereur Valent, pour avoir mis à mort non seulement le tyran Maxime près Aquilée, qui avoit tué Gratian et usurpoit les Gaules, mais en outre Victor son fils, qui avoit esté en son enfance constitué Auguste par son pere, pour avoir obtenu la victoire d'Eugene le Tyran et d'Arbogaste, et deffait dix mille combattans qui les suyvoyent. Qu'on estime roy valeureux Ferdinand pour avoir contrainct les Mores et les Juifs qui luy estoient sujects, ou de vuider l'Espagne, ou d'embrasser la foy chrestienne. Qu'on chante le los et proüesse de Maximilian, pere du bisayeul de Sa Majesté Catholique, qui a eslevé, augmenté, et orné merveilleusement le christianisme. Qu'on rende immortelle la gloire et renom de Charles son pere, qui a tant de fois prins et porté les armes pour la manutention de l'Eglise, exterminé tant d'heresies et veu la fin de tant d'ennemis de Dieu et de la religion, qui a assujetty les Allemans, empestez du venin de Luther et alienez de l'obeissance du Pape, au joug de Jesus-Christ et de l'Eglise.

» Mais à tous ceux-là sera à bon droit preferé Philippe vostre roy, qui a tant et tant fait de guerres pour maintenir l'honneur et authorité de la religion catholique, apostolique et romaine; qui a employé tout son aage, non tant à estendre les bornes de son empire et domaine, quoy qu'il enceigne une bonne partie de la terre, qu'à defendre et amplifier la foy de Jesus-Christ et combattre les heretiques; qui s'est si charitablement employé pour delivrer ce royaume de la tyrannie de l'heretique, principalement ès deux sieges qu'il a fait lever, ayant envoyé secours à temps sous la conduite du très-sage et très-preux duc de Parme; qui n'a onc de son vivant preferé l'Estat ou desir de regner à la religion, ains, comme un autre Jovinian [lequel, après la mort de Julian l'Apostat, estant declaré empereur par la commune voix et acclamation de toute l'armée, protesta qu'il ne vouloit ny accorder aucune condition de paix, ny commander à ceux qui ne se rangeroient à la foy catholique, ce qu'incontinent ils advouerent de faire], a monstré de fait qu'il ne vouloit regner en aucun royaume ou province s'il n'y voyoit consequemment regner Jesus-Christ par son Evangile, se souvenant trop mieux de la belle sentence d'Optat Milevitain, qui a esté du temps de sainct Augustin, qui disoit qu'il falloit que la religion fust en la republique et que la republique fust en la religion, comme s'il eust dit que de tant plus que l'ame excelle le corps, de tant plus doit estre prisée la religion par dessus l'Estat : ce que devroyent se persuader tous princes vertueux. Ainsi l'estimoit François premier nostre roy, lequel, estant conseillé de faire passer son ost par l'Alemagne, et, ayant à soy unies les forces des Alemans, assaillir l'Empereur, car ainsi le pourroit il plus aisement surmonter, ne voulut acquiescer à cest avis, d'autant qu'il cognoissoit que cela touchoit la religion, laquelle il ne vouloit nullement estre interessée.

» Autant en a fait son fils Henry second, non moins heritier des vertus de son pere que du royaume ; car, au temps qu'on traittoit à Cambray les articles de pacification entre luy et son gendre le roy Catholique, estant admonnesté de regarder plus soigneusement à tout et pourvoir à ses affaires, il respondit qu'il y auroit assez pourveu s'il pouvoit recueillir de cest accord le fruict qu'il esperoit, qui estoit d'arracher l'yvroye des heresies qui germoyent en son royaume, et qu'il ne mesuroit tant la grandeur et amplitude de son royaume à la multitude des peuples et provinces qu'au salut des ames, n'ayant rien plus à cœur que de maintenir la religion en son integrité et pureté. Auquel honneur et louange ont eu leur bonne part les princes de la maison de Guyse, ou plustost universellement de celle de Lorraine, lesquels, comme autres Machabées et vrayes lumieres de la nation françoise, en tous endroits où il a esté question de la foy et religion ont très-liberalement employé et leurs moyens et leur vie, endurant plustost qu'on leur espuisast du cœur le derniere goutte de leur sang que de voir faire outrage à leur mere l'Eglise. Mais je reviens à vostre roy Catholique, lequel, après Dieu, la France recognoit comme pour son garant et liberateur. Je pourrois raconter sept ou huict papes continus lesquels durant ces orages d'heresie et de guerre, ayant prins le party des François catholiques, nous ont secouru de plusieurs armées et grandes sommes de deniers, entre lesquels principalement nostre sainct pere Clement huictiesme nous a faict sentir et nous fait journellement de plus en plus experimenter le soin particulier et solicitude incroyable de sa paternelle bien-vueillance; mais ce neantmoins vostre roy Catholique, comme il les surpasse en richesses, aussi les a il devancé par la liberalité et munificence qu'il a exercé en nostre endroit, qui est la cause que, pour cest immortel et presque divin benefice, nous rendons à Sa Majesté Royale et à Vostre Excellence, qui a entreprins ceste ambassade, action de graces, non telle qu'il seroit requis, mais la plus grande et plus affectueuse qu'il nous est possible, offrans tout office, et promettans de jamais ne tomber en oubliance d'un bien-faict tant signalé, et vous prians instamment de continuer à nous ayder et remedier de bonne heure à l'ardeur de nostre embrasement, car ainsi nous esperons de voir nos affaires reussir heureusement, au grand honneur et gloire perpetuelle de vostre Roy; et c'est par ces degrez que Sa Majesté Catholique se frayera le chemin du ciel où elle jouyra en fin de la vision de Dieu, en laquelle gist nostre beatitude, avec les esprits bien heureux, aux tabernacles desquels, quand elle sera eslevée de la main de Dieu, remunerateur des peines et travaux qu'elle a soufferts pour la religion, non seulement luy viendront au devant mille milliers d'anges qui assistent et servent au Roy des roys, mais en outre une infinité de peuples qu'elle a retiré, les uns des espesses tenebres d'infidelité, les autres de l'opiniastreté et meschanceté de leurs heresies, se presenteront à elle avec liesse, portans en main leurs couronnes qui causeront un nouveau lustre à celle que Dieu luy a preparé. »

Ainsi discourut le cardinal de Pellevé, gratifiant et louangeant le roy d'Espagne et son ambassadeur le duc de Feria pour ce qu'il avoit esté, comme plusieurs ont escrit, espagnolisé à Rome, y vivant pensionnaire d'Espagne, joyeux de voir calomnier celuy qui avoit esté son prince, le roy Henry troisiesme, et la royne-mère Catherine de Medicis, par un Espagnol dans leur propre chambre, de laquelle il avoit esté chassé de leur vivant et privé du revenu de ses benefices et de son bien.

Nonobstant ces deux harangues, le 5 d'avril, au nom de ladite assemblée, fut envoyé ceste responce à la replique des princes catholiques royaux.

« Messieurs, par vos lettres du mois passé vous demandez que nostre conference soit remise jusques au 16 de ce mois. Nous eussions plustost desiré de l'advancer, tant nous l'estimons necessaire pour le bien commun des catholiques; mais, puis qu'il ne se peut faire autrement, nous attendrons vostre commodité et le temps qu'avez pris, pourveu que ce soit sans plus differer, comme nous vous en prions de toute nostre affection. Nous deputerons douze personnes d'honneur et de qualité qui ont de l'integrité, du jugement
aux affaires, et sont très-desireux de voir l
ligion catholique, apostolique et romaine en
reté, et le royaume en repos. Vous avez
le lieu pour la conference entre ceste vi
Sainct Denis, et nous l'avons accepté, co
nous faisons encor, soit en l'un de ceux qu
nommez par nos precedentes lettres, ou tel
qu'aurez plus aggreable. Quant aux scure
passeports, ils seront donnez en blanc po
remplir du nom de vos deputez, s'il vous
faire de mesme pour les nostres. Ne langu
plus, messieurs, en l'attente de ce bien,
jouyssons en tost s'il nous doit arriver, ou
contraire advient, que le blasme en deme
ceux ausquels il devra estre imputé. Nous p
Dieu cependant qu'il vous conserve, et nou
la grace que l'issue de ceste conference soi
que tous les gens de bien la desirent. Fai
nostre assemblée tenue à Paris le cinqui
jour d'avril 1593. Signé Pericard, de P
Cordier, Thiellement. » Et à la superscripti
toit escrit: « A messieurs, messieurs les pri
prelats, officiers de la couronne, et autres s
catholiques suivans le party du roy de Nava

Ainsi donc la conference fut acceptée,
mercredy, vingt-uniesme de ce mois, quel
deputez, tant d'une part que d'autre, all
recognoistre les lieux autour de Paris, q
trouverent la plus-part ruinez et inhabit
en fin ils choisirent le bourg de Suresne po
plus commode.

Les royaux et ceux de l'union procede
lors chacun de leur part à l'eslection des dep
qu'ils y devoient envoyer. Quant à ceux de
nion, le 23 de ce mois, ils esleurent en
assemblée messieurs d'Espinac, archevesqu
Lyon, Pericard, evesque d'Avranches, de B
abbé de Sainct Vincent et à present evesqu
Laon, les sieurs de Villars, gouverneur
Roüen, de Belin, gouverneur de Paris, le
sident Janin, le baron de Talme, les sieur
Montigny et de Montolin, le president Le M
tre, l'advocat Bernard, et Honoré du Laur
advocat general au parlement de Provence,
quels furent baillez amples memoires et inst
tions de tout ce qu'ils devoient faire et dire.

Ceste conference ainsi resolue, le lieu ar
et les deputez de l'union esleus, mit les Seiz
Paris et leurs predicateurs en une merveill
inquietude. Pensans la faire destourner ils
cherent, le 25 de ce mesme mois, par quel
carrefours de Paris, une protestation et de
veu de l'accord de la conference requise pa
catholiques royaux. Dans ceste protestation
disoient que, pour remedier et mettre fin
miseres de la France, il n'y avoit que deux p

cipaux moyens, le premier d'appaiser l'ire de Dieu par penitence et acquerir sa misericorde par grace, le second d'eslire un roy catholique pour maintenir la religion et conduire l'Estat, contre lesquels moyens les politiques royaux, tant ecclesiastiques que seculiers, disoient-ils, avoient usé d'une infinité de pratiques pour en destourner les catholiques affectionnez: 1° ayant gaigné quelques predicateurs qui preschoient publiquement contre le party de l'union; 2° mis en mauvais mesnage les Seize et les predicateurs avec les princes et princesses de Lorraine; 3° desbauché beaucoup de peuple de la volonté qu'ils portoient aux Seize et à leurs predicateurs, leur disant que la guerre ne se faisoit pour la religion, mais pour l'Estat, et qu'il n'y avoit que les Seize qui empeschoient la reception du roy de Navarre, craignans d'estre recherchez pour leurs larcins, et leurs predicateurs pour les seditions qu'ils avoient preschées; 4° que tant que le roy de Navarre vivroit et ceux de la maison de Bourbon, qu'ils ne cesseroient de faire la guerre, concluans qu'ils estoient invincibles, tellement que pour mettre la France en paix il failloit les recognoistre; 5° que le roy de Navarre se feroit catholique et qu'il maintiendroit les catholiques en leur religion; 6° que c'estoit un prince vertueux et qui ne desiroit que se convertir et estre instruit par un concile, lequel il failloit faire tenir, et l'y semondre de se faire catholique; que l'on luy devoit rendre ce devoir pour le mettre à son tort s'il le refusoit, et, le promettant, qu'il le faudroit recognoistre; 7° et qu'il failloit entrer en conference avec les catholiques royaux: toutes lesquelles choses n'estoient que pour parvenir à une paix, affin de rendre le roy de Navarre maistre de la France; ce qu'ils avoient encores poursuivy quand ils avoient veu que ceux de l'union vouloient proceder à l'eslection d'un roy, pour laquelle empescher ils avoient envoyé plusieurs ambassadeurs et agents, tant ecclesiastiques que seculiers, vers Sa Saincteté, affin qu'il envoyast des cardinaux pour instruire ledit roy de Navarre qui desiroit se convertir; mais que le pape avoit recogneu que toutes leurs ambassades n'estoient que desguisements, tesmoin les arrests de Tours, Chaalons et Chartres; tellement que, se voyans ainsi rebutez de Sa Saincteté, ils s'estoient advisez, par les practiques des politiques de la ville de Paris, de proposer ladite conference.

» Les catholiques, disoient-ils, à l'exemple des choses passées et de l'estat present des affaires, ne la peuvent bien gouster se faisant avec personnes affidées et favorisans un heretique, et qui n'ont faict et ne font demonstration de l'abandonner; au contraire ils usent de sa puissance, authorité et appuy pour faire ceste conference, qui ne peut estre que prejudiciable aux catholiques en la forme et en la matiere.

» En la forme, en ce qu'elle se fait avec personnes incapables qui s'advouent et s'authorisent d'un chef heretique; en ce qu'elle se fait sans avoir parlé à tous les princes catholiques chefs de l'union; en ce qu'elle se fait contre l'exemple de Sa Saincteté et contre les saincts decrets qui ne permettent de conferer avec un heretique relaps, ny ses adherans.

» En la matiere, en ce qu'ils demandent à conferer sur ce que les estats catholiques sont assemblez pour eslire un roy catholique, comme n'ayans jamais advoüé le roy de Navarre, comme encores ils ne l'advouent et n'entendent le recognoistre, attendu qu'il est heretique, relaps et excommunié, et encores que ceste intention soit cogneuë à ceux qui se disent catholiques à la suite du roy de Navarre, si est-ce qu'au lieu d'ayder à ceste action, et se joindre sans luy en demander congé ny conferer soubs son authorité et puissance, ils la destournent par une demande de conference sur une chose qu'ils ne peuvent ignorer ny en doubter s'ils sont catholiques comme ils disent: mais le fondement de leur qualité les desment, veu qu'ils s'advouent subjects du roy de Navarre, et soubs son nom, congé et licence, veulent conferer avec les catholiques, que, s'ils avoient bonne intention d'avoir un roy catholique, ils commenceroient par quitter l'heretique, par ce que ce fondement de liaison avec l'heretique, sans doubte, ne peut produire qu'une contrarieté avec les catholiques, tellement que la conference qu'ils demandent estant liée comme elle est avec l'authorité du roy de Navarre, sans doute il y a defaut en la forme et en la matiere.

» Et au fonds de la cause, oultre que leur intention est très-captieuse et attachée à l'obeyssance du roy de Navarre, et que tout ce qu'ils font n'est que pour parvenir d'attirer les catholiques à sa domination, comme les parolles et effects le font paroistre, si est-ce que leurs propositions le tesmoignent assez, estans fondées sur une repugnance de la verité, et desguisée ignorance de choses certaines et occulaires, car tous leurs discours, intentions, propositions et raisons sont:

» De sçavoir les causes pour lesquelles l'on ne veut recevoir le roy de Navarre, pourquoy l'on se bande contre luy, et les declarer et justifier en public, à ce que la posterité n'en soit recherchée ou offencée, et que l'on ne dise qu'il a esté depossedé sans raison, mais par injure et tumulte populaire ou ambition des grands, dequoy il se faut purger [comme s'ils ignoroient qu'il est heretique, relaps et excommunié], en après adviser des moyens dont il faut user tous ensemble pour y remedier et le rendre catholique, et s'asseurer avec luy de la religion catholique et de la conservation de l'Estat des François, luy qui est le vray heritier de la couronne; et en fin, après avoir usé de tous moyens honnestes, prieres et remonstrances humbles envers luy, tant de semonce, interpretation que protestation, et que l'on voye avec le temps qu'il ne se vueille faire catholique, lors et après tous ces devoirs rendus, faudra adviser d'en eslire un autre de sa race et ligne qui ne soit si opiniastre que luy, et qui face demonstration de catholique pour asseurer la religion, et cependant ne rien alterer des affaires, faire suspension d'armes, renvoyer les estrangers, et que les François se recognoissent et soulagent l'un l'autre comme compatriotes, affin d'en parvenir à un bon accord. Voylà en sommaire le vray et seul dessein, intention et but de la conference que demandent les catholiques de la suitte du roy de Navarre, afin de parvenir à leur intention par finesse et desguisement, ce qu'ils ne peuvent avoir par force, qui est, pendant ces questions et conferences, praticquer des hommes, surprendre des villes, empieter tousjours la domination, matter et ruiner les catholiques de tous moyens et courage, rompre le neud de l'union, desbaucher le secours des princes catholiques, tant françois qu'estrangers, bref, rendre les catholiques si foibles et attenuez et despourveus de forces, de moyens et de secours, qu'ils soient contraints se prostituër entre les mains et puissance de l'heretique et ses fauteurs et adherans, qui est chose très-asseurée, la preuve en estant toute evidente, les effets asseurez et la disposition toute notoire; occasions pour lesquelles nostre sainct pere le Pape cognoissant telles perverses intentions, apparentes et recognues, et desquelles le ciel et la terre sont tesmoins, il ne les a voulu ouyr ny entendre, et messieurs de la Sorbonne ont declaré, par l'Escriture Saincte et vives raisons, que les propositions sur lesquelles l'on veut conferer sont heretiques, schismatiques et prejudiciables à la religion catholique, apostolique et romaine, et que l'on ne doit aucunement entrer en conference avec l'ennemy heretique, ny ceux de sa suitte et qui luy obeyssent, servent et recognoissent.

» Que si quelqu'un dit que la conference pourra apporter quelque conversion et appointer les affaires, et qu'il y a douze heures au jour pour changer la volonté, à cela l'on respond qu'ils sont en affection de se convertir ou non : s'ils sont resolus à la conversion, il ne faut pas qu'ils commencent leur conversion par l'Es
par la resolution de l'Eglise qu'ils ont
à la suitte et recognoissance d'un her
chef de laquelle ils se doivent addres
tants dispensez de luy, alors ils pourr
ferer avec les membres pour se reünir
cilier par l'influence et action du c
commencer par les membres et quitte
c'est conferer en monstre et avec imp
comme, à la verité, il ne peut rien sor
de telle conference, veu que le che
nostre sainct pere le Pape, l'a refusée
çon qu'ils la veulent faire, la demanda
thorité et adveu d'un heretique relap
par l'humilité ny par penitence, n'ay
Sa Saincteté les ouyr ny permettre le
entrer sur ses terres. Que s'ils n'ont la
se convertir, comme ils en font demo
il n'est besoin conferer. Que si quelq
dire que la conference est necessaire po
de retirer nos freres, au moins les me
tort, la conference chrestienne est per
ceux qui sont en l'Eglise; mais avec
que, relaps et excommunié, comme
qui l'advouent et le suivent, qui sont
couru excommunication majeure, D
expressement deffendu par l'Escritur
et au contraire commandé le laisser c
etnicque et publicain, et ne se peut
conference, sans offencer et irriter D
telles personnes qui s'advouent, suive
risent, obeyssent et servent à un heret
laps et excommunié, et eux mesmes
mesmes censures, si premierement il
penitens en quittant l'heretique, et a
censures qu'ils ont encourues.

» Le salut des catholiques ne dep
volonté, conference et instruction d'
que ny de ses adherans; au contrair
moyen de ruiner la cause des catholiq
bien plus seant, utile et honneste aux
ques d'obeyr et suivre leur chef, qui
sainct pere le Pape, et user du secou
et conseil de nos princes catholiques,
ment du roy Catholique, que d'esperer
soulagement de l'ennemy et de ses
par une conference incertaine et mal

» C'est l'ordinaire des heretiques et
herans d'user des peaux de lyon et de
afin qu'en manquant l'une ils ayent r
l'autre, et de fait, jamais ils n'ont den
conferer avec les catholiques, sinon q
ont veu qu'ils manquoient de forces, et l
ferences ont esté tousjours en regard,
celles qu'ils ont faictes cydevant, le
quelles est pour tromper les pauvres ca

ou dissiper leurs forces ; tellement que quiconque desire, accorde ou advouë telle conference en la forme qu'elle est demandée, il fait les affaires du roy de Navarre et ruine celles des catholiques; occasion pour laquelle il vaut mieux se purger et s'ayder de soy-mesmes, et s'appliquer les remedes propres à nostre salut, qui est d'eslire un roy catholique, non heretique, sous le bon plaisir de Sa Saincteté, du roy Catholique et des princes catholiques, que d'en attendre par la conference industrieuse des ennemis, lesquels s'ils sont catholiques, comme ils disent, qu'ils rentrent au bercail de l'Eglise par la porte et moyens ordinaires, qui est la penitence et abjuration de l'heresie et sujette d'icelle, et la porte leur a esté et sera tousjours ouverte pour les recevoir benignement, gracieusement et avec asseurance; mais de conferer avec eux comme unis au corps d'un heretique, cela est indigne, infructueux, et contre le commandement de Dieu et de son Eglise, protestans les catholiques que si au pardessus de leurs remonstrances et empeschements telle conference se fait, et que par le moyen d'icelle indubitablement leur cause en soit empirée ou retardée, de demander, comme dez à present, comme lors ils demandent à Dieu vengeance de tels inconveniens et de toutes les miseres du peuple, desavouant ladite conference comme inutile, non necessaire, dangereuse, importante, scandaleuse et deffenduë, sommans au surplus messieurs les deputez des estats, sans s'arrester à telle conferance ny à la corruption du conseil, d'instamment et sans aucune retardation passer outre en l'execution de leur charge, qui est d'eslire et nommer un roy qui n'ait esté et ne soit heretique, fauteur ny adherant, ains catholique, puissant et debonnaire, pour conserver la religion et maintenir l'Estat sous le bon plaisir de Sa Saincteté, du roy Catholique et des princes catholiques, suivant la resolution faite en l'assemblée generale faite en ceste ville de Paris en juin 1591, laquelle il plairra à messieurs les deputez veoir et considerer comme conforme à la volonté de tous les bons catholiques, et contraire à l'intention de tous les heretiques, politicques, schismatiques et leurs adherans. »

Voylà ce que firent les Seize contre l'accord de la conference, et disoient que l'archevesque de Lyon la desiroit pour emporter quelque fruict de gloire et d'honneur par son beau parler et subtilité d'esprit. Le succez qui en advint nous le dirons cy après. Quant est de ce qu'ils faisoient mention de la resolution prise en juin l'an 1591, en l'Hostel de Ville de Paris, pour proposer en l'assemblée de leurs estats qui s'y devoient tenir, c'estoient certains memoires par articles qu'ils avoient faicts en ce temps là, lesquels ils donnerent à tous les catholiques affectionnez de leur faction : aussi estoient ils semblables en substance à ceux que nous avons aussi dits cy dessus avoir esté baillez par eux à ceux qui furent aux estats de Blois l'an 1588. Ils avoient seullement adjousté :

Que, sans s'abstraindre à aucun pretendu droict de succession, il seroit procedé à l'eslection d'un roy qui fust de la religion catholique, apostolique et romaine, et qui n'eust esté heretique, ny nourry, instruict et eslevé parmy les heretiques, qui n'eust esté fauteur, adherant, ou faict acte d'heretique.

Que le roy qui seroit esleu iroit se faire sacrer à Reims, jureroit de ne faire paix, alliance ny confederation avec princes, villes ou communautez faisans autre profession que la religion catholique romaine, ny de les ayder ou favoriser directement ou indirectement, ny les prendre en sa protection, si ce n'estoit par l'advis des estats ; plus, de ne faire aucune alliance avec le Turc et autres infidelles; sur peine de descheance du droict de la couronne, et absolution des subjects du serment de fidelité.

Que le roy esleu ny ses successeurs ne pourroient entreprendre aucune guerre contre les princes catholiques sans l'advis des estats deuement assemblez.

Qu'ils ne pourroient faire aucunes levées extraordinaires, ny mettre subsides sur le peuple, ny faire alienation de leur domaine ou creation de nouveaux offices, sans le consentement desdits estats, à peine de nullité et de repetition sur les receveurs et sur ceux au profit desquels les deniers seroient tournez, et au quadruple.

Que les estats seroient tenus et convoquez de cinq ans en cinq ans, en telle ville qu'il plairoit à leur roy de les assigner; et, afin d'en conserver la liberté, que les roys à l'advenir s'en esloigneroient de dix lieues pendant la tenue et assemblée, et après les deliberations achevées il y viendroit approuver et confirmer leur resolution.

Et d'autant que les estats generaux ne se pouvoient despouiller du droict qui leur appartenoit, tant en l'establissement des loix pour le bien du public, qui est la souveraine loy et à laquelle toutes les autres se rapportent et nulle autre loy ny acte ne peut desroger, que pour y obliger mesme celuy en qui volontairement et de leur bon gré ils se seroient fiez du gouvernement souverain de la chose publique, et avec lequel pour cest effect auroient sainctement et de bonne foy contracté, seroit tenu ledit roy esleu et ses suc-

Le Roy estoit lors à Mante, où se trouverent aussi nombre de princes et seigneurs qui par sa permission esleurent en son conseil pour aller à ladite conference M. messire Renault de Beaune, archevesque de Bourges, messieurs de Chavigny, de Bellievre, à present chancelier de France, de Rambouillet, de Chombert, de Pont-carré, d'Emeric de Thou, à present president à la cour de parlement, et de Revol, tous conseillers au conseil d'Estat.

Après ceste eslection M. d'O se chargea de sçavoir la volonté du Roy sur sa conversion. Il y eut entr'eux deux de longs discours sur ce subject, et principalement sur ce qu'aucuns vouloient faire voir le jour au tiers-party des catholiques royaux dont nous avons cy dessus parlé. Ce party eust esté grand : on y mettoit un nombre de princes, de prelats et de seigneurs royaux qui en estoient, et que plusieurs ecclesiastiques et seigneurs du party de l'union, qui ne desiroient tenir le party de l'Espagnol, s'y fussent joints aussi. C'eust esté pour mettre la France au dernier souspir de son bonheur, et luy faire perdre du tout le nom de la monarchie. Quelle confusion c'eust esté !

Dieu, qui dez long temps avoit touché le Roy sur la realité au sacrement de l'eucharistie, et qui toutesfois estoit encores en doute sur trois points, sçavoir de l'invocation des saincts, de la confession auriculaire et de l'authorité du Pape, luy dit : « Vous sçavez la declaration que j'ay faicte à mon advenement à la couronne de me laisser instruire en la religion catholique romaine. Vous sçavez aussi l'intention pour laquelle j'ay permis que les princes et seigneurs catholiques ayent envoyé des ambassadeurs et des agens vers les papes pour adviser au moyen de mon instruction et de ma conversion. Vous sçavez les mespris qu'ils ont fait desdites ambassades, contre l'honneur de la France, et le peu d'esperance qu'il y a de pouvoir tirer aucun secours de ce costé là pour mettre la paix en mon royaume. Toutesfois, aux choses quelquesfois desesperées, Dieu, qui sçait l'intention de nos cœurs nous y donne des remedes par sa grace et nous faict naistre des occasions contre nostre esperance. Or, puis que Leurs Sainctetez ont esté preoccupées de la passion de mes ennemis, et que ceste voye nous est interdicte pour mon instruction, j'ay resolu de faire assembler bon nombre de prelats de mon royaume, et la prendre d'eux, et j'espere que Dieu nous regardera de son œil de misericorde, et donnera à mon peuple le fruit de la paix tant desirée. Je sçay que les roys qui ont plus de pitié de leurs peuples s'approchent aussi plus prez de Dieu, qui fera reussir mon dessein à sa gloire. Or mon dessein a esté, depuis qu'il luy a plu de me donner le commandement souverain de tant de peuples, de preparer les moyens, au milieu de tant de troubles, pour leur faire avec le temps jouyr d'une paix. J'ay usé pour tascher à l'obtenir de divers moyens. Nul ne peut douter que quand mesmes je me fusse declaré catholique dez mon advenement à ceste couronne, que pour cela mon peuple n'eust pas eu la paix ; ceux de la religion eussent peu desirer un protecteur particulier, et y eust eu du danger de ce costé, veu ce qui s'en est passé autres fois ; et mesmes les escrits qu'ils ont publié de peur de ma conversion n'estoient point hors de conjecture. Les chefs de la ligue avoient trop de forces en main pour me prester l'obeyssance qu'ils me doivent. Les peuples demandoient la guerre, et n'en avoient encor assez senty l'incommodité. Nous ne sommes plus en ces termes, car j'ay donné ordre à m'asseurer et appeller auprès de moy tous ceux de la religion qui pourroient remuer. Pour les chefs de la ligue, ils n'ont point maintenant de forces bastantes pour me resister sans le secours de l'Espagnol. Quant aux peuples de ce party là, je sçay que l'incommodité qu'ils ont sentie de la guerre leur faict desirer la paix. M'estant donc asseuré de ceux de la religion qui eussent pu remuer en mon royaume, je suis resolu de faire perdre entierement le tiers-party par ma conversion à la religion catholique-romaine, ce que j'espere faire par l'instruction que me donneront les prelats françois, lesquels je feray assembler dans trois mois au plus tard. Il ne restera que ceux de la ligue, où par la conference qu'ils ont accordée, si les deputez s'y gouvernent selon leur devoir, j'espere donner à mon peuple la paix qui leur est si necessaire. Donnez parole à M. de Bourges de mon intention, et qu'il gouverne cest affaire par sa prudence. »

M. d'O alla aussi tost dire ce que luy avoit dit le Roy à M. de Bourges, car ce prelat estoit sur son partement avec les autres deputez pour se rendre à Suresne. Il receut ceste nouvelle avec un joignement de mains et une joye indicible, prenant un bon augure que la peine que luy et les deputez prenoient tourneroit à leur honneur. Avant que de dire ce qui se passa en ceste conference, pour ce que j'ay dit cy-dessus que dez long temps le Roy croyoit la realité au sacrement de l'eucharistie, je rapporteray icy quelques particularitez qui se sont passées sur ce qu'il a esté quelquesfois requis de se convertir.

Environ l'an 1584, M. de Bellievre, estant venu de la part du feu roy Henry III vers le

Roy d'à present [lors appellé roy de Navarre] dans Pamyes, luy dire qu'il eust à remettre la messe par tout le comté de Foix et en d'autres pays qu'il tenoit sous la souveraineté de la couronne de France, eut pour response qu'il faudroit donc y faire venir d'autres nouveaux habitans qui fussent catholiques, et que tous les peuples depuis trente ans avoient esté gaignez par les ministres, tellement que tous ceux qui estoient d'aage et commandoient aux affaires des villes et bourgades estoient de ceste religion, toutesfois qu'en l'assemblée qui se devoit tenir à Montauban qu'on y apporteroit le meilleur remede qu'on pourroit. Ceste assemblée fut tenue à dessein par l'ordonnance du feu Roy et du conseil de la Royne-mere, afin de rompre l'intention d'aucuns ministres qui vouloient appeler le duc Casimir pour leur protecteur, ainsi que nous avons jà dit ailleurs. Le roy de Navarre ayant communiqué ceste demande de M. de Bellievre aux ministres de sa maison qui servoient lors en quartier, ils luy dirent qu'il estoit raisonnable que les catholiques eussent la mesme liberté qu'ils pretendoient, et fut advisé que l'un d'entr'eux iroit en ces pays-là sonder la volonté de chasque ministre s'ils vouloient entendre à quelque bonne reconciliation. Mais il les trouva resolus de ne vouloir estre assignez sur la rente des escholiers, qui est *pelo* [ainsi en parloient-ils], mais requeroient chacun pour soy quelque bon appointement dont ils pussent vivre et demeurer à couvert. On conseilla lors audit sieur roy de Navarre de rechercher les moyens de se reconcilier avec le Sainct Siege. Le sieur de Segur, un de ses principaux conseillers, en communiqua mesmes avec quelques ministres qu'il jugeoit estre traictables pour adviser aux moyens de se reünir à l'Eglise catholique romaine, ce que l'on desiroit faire doucement et sans en faire grand bruit. Sa Majesté s'y trouva tellement portée qu'en un discours particulier il dit à un des ministres de sa maison : « Je ne vois ny ordre ny devotion en ceste religion ; elle ne gît qu'en un presche, qui n'est autre chose qu'une langue qui parle bien françois ; bref, j'ay ce scrupule qu'il faut croire que veritablement le corps de nostre Seigneur est au sacrement, autrement tout ce qu'on fait en la religion n'est qu'une ceremonie. »

Or du depuis les remuëments de la ligue commencerent. Ledit sieur de Segur [qui estoit allé en Allemaigne, où il avoit porté le thresor de la maison de Navarre, et lequel il a rapporté depuis, accreu de trois belles pieces, contre l'opinion de ceux qui le tenoient pour perdu] manda à Sa Majesté qu'il n'estoit pas temps de parler de conversion, et, quoy qu'il le roy eust esté conseillé, qu'il ne failloit pas qu'il le fist encor, pour ce qu'estant prince souverain dans ses pays, il ne devoit ployer sous la volonté de ses ennemis, ains devoit s'esvertuer de maintenir sa liberté et deffendre sa religion, jusques à tant que par bonne instruction paisiblement et volontairement il fust satisfaict de tous doubtes. A cet advis se conforma celuy de tout son conseil. On ne trouva que trop de raisons d'Estat pour le luy persuader; toutesfois on a tenu que, sans l'advis d'un opinant en son conseil, ceste conversion

la trouver le Roy, et qu'il n'y eust pas eu tant de sang respandu en France comme il y a eu depuis. Les autres sont de contraire opinion, et disent que les princes de la ligue n'eussent pas laissé de prendre les armes, et qu'ils n'en vouloient pas tant à la religion qu'à la couronne.

Du depuis que ce prince eut esté contraint de prendre les armes, il ne laissa toutesfois, au plus fort mesmes de ses affaires, de conferer particulierement avec ceux qu'il jugeoit doctes des poincts principaux de sa religion, et se rendit tellement capable de soustenir des points debatus par les ministres, selon leur façon de faire, que plusieurs fois il en a estonné des plus entendus d'entr'eux. On dira que c'estoit pour le respect de Sa Majesté ; mais je diray que c'est de la seule vivacité de son esprit et l'exact jugement qu'il fait de toutes choses, en quoy il ne reçoit aucune comparaison avec prince ou philosophe qui ait jamais esté ; car je compare aussi les uns aux autres en ce regard de dispute, mesmement en ce qui concerne l'anacrise des esprits, dont il en est un vray et très-parfait anatomiste, si bien qu'il cognoist les affections à la mine et les pensées au parler.

Il continua tousjours ceste forme d'instruction ; mesmes, estant venu à la couronne de France, il m'envoya [à moi qui escris] mandement par bouche, et lettres que me rendit en main M. Constans, à present gouverneur de Marennes, à ce que j'eusse à luy en dire mon advis sommairement ; ce que je fis en trois grandes feuilles de papier, lesquelles le sieur Hesperien, ministre, luy porta, et se les fit lire durant qu'il assiegeoit sa ville de Vendosme. Du depuis Sa Majesté a tousjours continué ceste recherche d'instruction par escrits et en devis particuliers avec gens doctes, jusques à ce temps icy qu'il donna sa parole audit sieur d'O d'embrasser du tout la religion catholique, et, pour quelques difficultez qu'il avoit encores, de s'en faire resouldre par les prelats.

M. de Bourges et messieurs les deputez de

party du Roy, arrivez à Poissy le 28 d'avril, se rendirent au jardin du logis assiné à Suresne le lendemain sur les deux heures après midi, où estoient desjà arrivez M. de Lyon et les deputez de l'union, qui estoient dans le logis. Ils commencerent à s'entresaluer et embrasser avec beaucoup de courtoisie et bon accueil, au grand contentement de ceux qui estoient presens, aucuns desquels on voyoit jetter larmes de leurs yeux, de joye et espoir de quelque heureuse issuë de ceste conference; et, après avoir eu quelques devis et propos communs ensemble, monterent en la sale, se rendans les uns aux autres tout le respect qu'il estoit possible.

Après ils commencerent de prendre seance, les royaux du costé droict, les autres de l'autre, chacun selon leur rang et degré, et parler des seuretez, communiquer les passeports; et d'autant que le sieur de Villeroy n'y estoit comprins, lequel toutesfois avoit charge de se presenter de la part du duc de Mayenne; ledit sieur de Lyon pria les autres deputez de trouver bon qu'il y fust joint; comme aussi, de la part du Roy, M. de Bourges remonstra que le sieur de Vic, gouverneur de Sainct Denis, n'estoit nommé au leur, qu'ils prioient de trouver bon qu'il y assistast; ce qui fut accordé de part et d'autre, et advisé que les passeports seroient expediez en lettres patentes avec le seau pour plus d'authorité et de seureté.

Le sieur de Bourges remonstra qu'en leur passeport ils n'avoient voulu exprimer aucuns tiltres et qualitez, prioit ceux de l'union d'en vouloir faire de mesme pour eviter toute jalousie, à quoy il ne fut contesté, et fut advisé de les reformer et ne mettre que les noms des deputez d'une part et d'autre.

Quant aux seuretez, fut arresté en premier lieu de se donner la foy les uns aux autres, comme ils se la donnoient et prenoient reciproquement en protection et sauvegarde, disans aucuns d'eux qu'ils signeroient les passeports de leur sang si besoin estoit, et mourroient plustost que permettre qu'il fust fait aucun desplaisir au moindre de la suitte.

Que, attendant de plus grandes seuretez de chacune part, on tiendroit douze Suisses de garde de jour et de nuict aux deux portes du lieu.

Fut mis en avant qu'il seroit bon de faire cessation d'armes et intermissions d'actes d'hostilité quelques lieues à la ronde, et advisé de mander où il appartenoit pour en avoir les despesches, et ne fut passé plus outre ce jour là.

Les deputez royaux demeurerent ce soir à Suresne, et ceux de l'union se retirerent à Paris, d'où le lendemain ils retournerent environ sur les une heure. Or ils ne cherchoient pour ce jour là que le moyen de n'entrer point en matiere, à cause qu'ils attendoient la venuë de M. de Mayenne et de plusieurs princes de sa maison qui estoient allés à Reims où estoit venu M. le duc de Lorraine, et s'estoient là entreveus et pris les resolutions ensemblement pour leurs affaires, telles qu'il leur avoit semblé bon. Ce fut pourquoy, en les attendant, ils trouverent moyen de faire passer ceste journée sur quelques paroles qu'ils avoient dites le jour d'auparavant à quelques-uns des deputez royaux en particulier, sçavoir, qu'ils eussent bien desiré que M. de Rambouillet se fust excusé de prendre telle charge, veu les choses qui s'estoient passées à Blois; consideré que M. Roze, evesque de Senlis, qui avoit esté deputé de leur part, ayant sceu qu'on ne l'avoit pour agreable, s'en estoit deporté volontairement. Les deputez royaux leur respondirent que ce n'estoit à eux d'en resoudre et deffendre au sieur de Rambouillet de s'y trouver; quant au sieur de Senlis, ne sçavoient pourquoy il s'en estoit absenté, asseurans qu'il eust esté très bien venu, et avoient charge de recevoir tous ceux qui se presenteroient, sans aucune difficulté; prioient de ne s'arrester pour telles particularitez et passer outre. Mais ceux de l'union firent response qu'ils ne le pouvoient faire qu'ils ne fussent satisfaicts sur ce poinct, puis se retirerent à une chambre à part, comme firent les royaux. M. de Rambouillet, desirant se purger de ceste calomnie devant la compagnie, fit dire à ceux de l'union qu'il desiroit leur parler, ce qu'ils accorderent; tellement que toute ceste journée se passa sur plusieurs discours des choses passées à Blois, dont pour conclusion ledit sieur de Rambouillet leur dit que l'on sçavoit bien que tels conseils ne furent pas prins tout à coup, ny en public, ny de jour, ains à plusieurs fois, au cabinet, et de nuict, où l'on sçavoit qu'il ne se trouva jamais; que messieurs de Lyon et Pericard, secretaire, se souviendroient qu'il les avoit assistez en ce qu'il avoit peu durant leur retention, priant lesdits sieurs de le vouloir faire entendre à madame de Guise, et la supplier de le recevoir en ses justifications; et si elle avoit quelque particuliere charge et indice contre luy, en luy faisant cest honneur de le luy faire entendre, qu'il mettroit peine de s'en purger, et n'estoit raisonnable de le charger de ce dont il estoit innocent pour le perdre luy et sa posterité, comme il sembleroit qu'il se tinst pour convaincu s'il se retiroit de la compagnie, et s'asseuroit que madame de Guyse pourroit temperer ses regrets et ses plaintes quand elle auroit entendu ses raisons.

Nonobstant, ceux de l'union le supplierent de rechef de vouloir donner cela à la compagnie et au public, de se vouloir excuser de ceste deputation comme avoit fait M. de Senlis. Il leur respondit que si cela ne regardoit que son particulier il le feroit volontiers, mais qu'il avoit charge des princes, prelats et seigneurs, et s'en remettoit à eux pour en ordonner.

Après, le sieur de Schombert dit qu'ils feroient ce qu'il seroit possible pour leur donner tout contentement, et en escriroit là où il appartenoit. Cependant il les pria instamment qu'on ne laissast la journée sans donner quelque commencement aux affaires; qui fut cause que, s'estans assemblez et assis à l'accoustumée, on proposa de parler des pouvoirs; mais ceux de l'union cercherent tousjours moyen de n'y entrer.

Aussi il ne s'y accorda rien autre chose, sinon qu'en attendant de resoudre la surseance d'armes, on manderoit aux garnisons de ne faire aucunes courses, qu'on expedieroit des passeports pour ceux qui seroient employez à aller et venir aux occurrences necessaires; et pour en obtenir les depesches, et pour rapporter response du fait du sieur de Rambouillet, fut depesché vers le Roy le sieur de Gesvre, secretaire.

Le lundy, troisiesme may, M. l'archevesque de Lyon s'estant trouvé malade, les autres deputez de l'union partirent le matin de Paris, et, estans sur le bord de l'eauë, entre l'abbaye de Long-champ et Suresne, adviserent encor de n'entrer en l'affaire principal des ouvertures jusques au mercredy prochain; qu'on pourroit ce pendant resoudre les seuretez et surseances d'armes et d'hostilité, et communiquer les pouvoirs. S'estans donc assemblez à l'accoustumée, les royaux leur dirent, avant qu'entrer en affaires, qu'on n'avoit peu obtenir de faire revoquer la deputation du sieur de Rambouillet pour plusieurs grandes considerations, et principalement pour ne rien remuër de ce qui estoit passé à Blois.

Après cela on exhiba les passe-ports au grand seau d'une part et d'autre, et, venans au traicté de la surseance d'armes, il y eut quelque contention et difficulté sur la limitation ou estenduë des lieux et personnes, lesquelles ne s'estans peu resoudre, fut dit que messieurs de Belin et president Janin en confereroient avec messieurs de Revol et de Vic, et rapporteroient après disné à la compagnie; qu'il estoit temps d'entrer en affaires.

M. l'archevesque de Bourges commença à dire qu'en toutes actions il failloit premierement regarder à la qualité des personnes qui negotioient, et le pouvoir qui leur estoit donné, car les jurisconsultes mesmes disoient qu'il n'y avoit
defectuosité plus grande que de pouv
thorité, et qu'à ceste cause ils propo
commission.

M. l'evesque d'Avranches,
qu'il recognoissoit le fondement de
tiation dependre de pouvoir, et qu'il
mencer par là, exhibant à cest effect
avoient de leur part; et, après s'e
pour deliberer sur lesdits pouvoirs, M
ches dit qu'ils avoient veu le pouvoi
tez royaux, le tenoient en la forme
appartenoit, et n'avoit rien à y contr

M. de Bourges dit qu'ils avoient a
luy de ceux de l'union, qui leur sem
nement manque et defectueux, n'esta
ouyr, rapporter, et non pour conclur
ter; neantmoins qu'ils avoient affair
nes de telle marque et authorité, qu'
loient faire aucune difficulté de tr
eux, sçachant aussi qu'ils avoient tant
en leurs compagnies qu'on ne les des
jamais en telle negociation; joinct qu
si proches de ceux desquels ils avoie
qu'ils pourroient, sur toutes occur
avoir approbation et ratification, co
requerroient aux choses qui se presen
consequence.

M. l'evesque d'Avranches, pour c
nion, repliqua que leur pouvoir en
sembloit plus specieux et estoit plus
apparence, mais qu'en effect ils est
blables et de pareille authorité, d'au
sçavoit assez qu'ils ne resoudroient rie
res si importans sans la communicati
qui les avoient envoyez, et ne manq
comme ils avoient desjà commencé, d
ter leurs oracles, comme de leur part il
bien marris d'avoir entrepris d'en u
ment; que leur compagnie leur avoit
honneur, et estoit disposée de leur b
ample pouvoir; mais ils estimerent est
devoir et modestie de ne l'accepter, so
sideration qu'ils estoient si proches
de temps et sans retardation ils pouvo
resolus.

Ce mesme matin le sieur de Belin
de quelque accident survenu entre d
près de La Chappelle, où il y en avoit e
blessez et prisonniers; et fut arresté q
vosts d'une part et d'autre informeroie
les informations rapportées en la co
y estre pourveu ainsi qu'il seroit à
raison.

Après disné les articles de la surse
mes furent resolus et accordez en ceste

Premierement, affin que la confer

terminée en toute seureté, et pour oster toute occasion d'inquieter les sieurs deputez en quelque façon que ce fust, qu'il y auroit surseance d'armes et de toute hostilité, non seulement pour leurs personnes, leurs gens, train, suitte et bagaige, mais pour toutes autres personnes, de quelque qualité et condition qu'ils fussent, à quatre lieuës à l'entour de Paris, et autant à l'entour dudit Suresne, à sçavoir, depuis Paris jusques aux lieux cy après nommez, l'enclos d'iceux et l'estenduë de leurs paroisses comprins ensemble de l'un à l'autre, tirant à droicte ligne, et pour toute l'estenduë du pays qui est entre ladite ville de Paris, Chelle, Vaujour, Aunay, Villepinte, Roissy, Gonnesse, Sarcelles, Mont-morency, Argentueil, et, ayant passé l'eau, tout ce qui est jusques à Sainct Germain en Laye, Roquencourt, Choisy aux Bœufs, Palayseau, Lonjumeau, Juvisy, et tout ce qui est au delà la riviere, qui va de l'une à l'autre, et de là à Ville-neufve Sainct Georges, passant la riviere de Seine, Sussi, Boissy, Amboille, Noisy, et là passant la riviere, Nully sur Marne, et de là à Chelles, sans qu'il fust loisible à aucuns d'un party et d'autre entrer dans les villes et places où y avoit garnison, sans avoir passeport exprès de ceux qui auroient authorité d'y commander, et ce pour le temps de dix jours à commencer du deuxiesme jour de may, sauf à le renouveller et prolonger si besoin estoit; que defense seroit faite à tous gens de guerre, de quelque qualité et nation qu'ils fussent, de faire aucunes courses, ny actes d'hostilité, injures ny outrages, de faict ou de paroles, à quelque personne que ce fust en l'estenduë des lieux cy-dessus designez, pour ledit temps, sur peine de la vie; neantmoins, que les droicts et impositions qui se levoient sur les vivres et marchandises seroient payez ès lieux accoustumez sans abus ny fraude; et toutesfois, pour le regard des minotiers (1) estans trouvez dans l'estenduë de la surseance, ne pourroient estre recerchez à faute d'avoir acquité lesdits droits; mais, si autres que ceux accoustumez faire ledit train de minotiers s'ingeroient d'en user en fraude de l'accord, il y seroit pourveu et donné reiglement par lesdits sieurs deputez en la susdite conference; et pour le regard des charrettes, combien qu'elles fussent trouvées dans ladite estenduë de la presente surseance sans avoir payé, en seroit fait raison en icelle assemblée à ceux ausquels seroit fait la fraude.

Que pour l'observation desdits articles seroient expediées lettres patentes sous l'authorité des chefs des deux partis, et publiées affin qu'on n'en peust pretendre cause d'ignorance.

Ce qui fut fait, et les patentes envoyées aux gouverneurs et capitaines des places prochaines, à ce qu'ils eussent à l'observer et faire garder et entretenir, avec injonction à eux et aux officiers des lieux de faire faire punition exemplaire des contrevenans, à peine d'en respondre en leurs propres et privez noms.

Le mercredy matin s'estans les deputez assemblez, après quelques propos communs, M. l'archevesque de Bourges, avant que venir aux ouvertures qu'il avoit à faire, dit qu'il louoit Dieu de ce qu'il luy plaisoit, parmy tant de troubles et les tenebres d'un siecle calamiteux, faire reluire une si heureuse journée en laquelle on commençoit à s'entre-voir pour rechercher ensemble quelque remede à nos maux, et empescher l'issuë funeste de nos divisions.

Le remercioit aussi de ce qu'il avoit fait la grace de choisir telles personnes qu'il voioit doüées de tant de prudence et d'affection au bien de cest Estat, et qui apportoient en cest affaire toute ingenuité et de si droictes intentions, esperant qu'on ne se despartiroit point de ceste assemblée sans quelque bon effect, et qu'il ne seroit reproché à tant de gens d'honneur ce que le prophete disoit : *Contritio et infelicitas in viis eorum, et viam pacis non cognoverunt* (1).

Qu'il n'y avoit bon François qui ne fust touché de compassion, considerant nos miseres et se ressouvenant d'avoir veu ceste monarchie si florissante, ne regrettast de la veoir en telle desolation.

Ne vouloit rafraischir nos playes et renouveller nos douleurs, mais si les failloit-il toucher avec le doigt pour en chasser l'ordure et y apporter la guerison.

La noblesse, qu'on avoit veu si puissante et bien unie, estoit aujourd'huy si affoiblie et diminuée qu'elle s'en alloit perduë du tout, et le royaume privé de son appuy et plus bel ornement.

La justice, autresfois tant honorée et redoutée, et exercée avec l'admiration des nations estrangeres, estoit mesprisée parmy les armes et du tout abattuë, et ne pouvoit exercer ses functions.

Les villes riches et opulentes estoient desertes, tout commerce et marchandise y cessoit, tout y estoit plein de desordre et confusion.

Ceste belle et grande ville de Paris monstroit

(1) On appeloit ainsi les ligueurs pauvres auxquels Mayenne faisoit donner un minot de blé par semaine.

(1) Malheureux dans leurs voies, ils n'ont pas connu celle de la paix.

par la seule ruine de ses fauxbourgs combien sa face estoit pitoyable à voir, tous les ordres y perissoient et estoient du tout abolis, mesmes ceste Université tant renommée; qui nous presageoit à l'advenir un siecle de barbarie et d'ignorance, et la jeunesse à faute d'instruction abandonnée à tous vices et desbordemens.

Le tiers-estat, qui estoit abondant en commoditez, et les laboureurs heureux lors qu'ils jouyssoient du fruict de leurs labeurs, aujourd'huy estoient exposez à l'insolence et cruauté des gens de guerre, et reduits au desespoir.

La terre mesme nous monstroit ses cheveux herissez, et demandoit d'estre peignée pour nous rendre les fruicts accoustumez.

Et l'Eglise, qu'il avoit oublié de mettre la premiere, estoit très-mal servie, la religion s'en alloit perdué, toute charité et devotion s'en alloit esteinte, les eglises estoient profanées, les autels demolis, et pouvoit dire que, durant ces derniers troubles et remuémens, il s'estoit plus perdu de ce qui estoit deu d'honneur et service à Dieu, d'obeyssance à l'Eglise, de discipline aux bonnes meurs, qu'il n'avoit fait de long temps auparavant; qu'il ne falloit esperer de remettre la religion entre les blasphemes et sacrileges, parmy nos dissensions et animositez, qui ne produiroient en fin que toute infelicité et malheur, et la destruction de la plus belle et florissante monarchie de la terre.

Que le seul moyen de se relever de ces miseres, et pourvoir à tant de desordres et calamitez, estoit une bonne paix, qui estoit la mere de la pieté et religion, l'establissement de la justice, la vraye source du repos et soulagement du peuple, et par le moyen de laquelle on pouvoit esperer de remettre toutes choses en meilleur estat, et faire recouvrer à ceste couronne son ancienne splendeur et prosperité.

Qu'il estoit temps de mettre quelque fin à nos tragedies si nous estions bons François et amateurs de nostre patrie, qu'il n'y avoit que les estrangers qui faisoient profit de nos malheurs et taschoient de nous y nourrir.

Qu'il estoit temps de chercher quelque repos pour le reste de nos jours, et nous employer tous à sauver cest Estat, et que par le moyen d'iceluy la religion seroit conservée, et non par les armes et continuation des guerres.

Prioit et conjuroit d'embrasser et courir après ceste paix, suivant le conseil du prophete : *Inquire pacem, et persequere eam.* La nature mesmes, par la conformité de nos visages, nous invitoit à la paix, et pervertissions nostre naturel, qui estoit enclin à la douceur et societé, lors que nous suivions les tumultes et les discordes. Ne vouloit user de plus grand discours, parlant à ceux dont ils cognoissoit la bonne volonté, mais les prioit que s'ils avoient quelques bons advis et expediens pour parvenir à un si grand bien d'en faire les ouvertures; qu'il ne vouloit croire qu'en leur assemblée, et entre tel nombre de deputez des provinces, ils ne se trouvassent quelques memoires et instructions pour trouver le remede qu'on recherchoit et qui estoit si necessaire, et que de leur part on les trouveroit tousjours très-bien disposez.

M. l'archevesque de Lyon, prenant la parole pour ceux de l'union, dit qu'ils n'apportoient de leur part aucune passion, mais une pure et sincere volonté pour trouver quelque bon et salutaire conseil à la conservation de la religion et de l'Estat; esperoit que, ayans ce commun desir et reciproque affection, Dieu beniroit l'issué de cest acte, et feroit succeder à son honneur et au souhait de tous les gens de bien et bons catholiques; que leurs desseins et actions n'avoient jamais visé et ne tendoient à autre but qu'à la manutention de ladite religion catholique, apostolique et romaine, en laquelle ils estoient baptisez et instruits, pour la deffense de laquelle ils avoient les armes, et estoient resolus de consacrer leurs biens, leurs moyens et leurs vies, avant que la voir perdre ou exposer en danger; religion qui avoit donné naissance, accroissement et grandeur à ceste monarchie, en laquelle nos roys avoient esté nourris et y avoient perseveré depuis si long temps si heureusement, et sans laquelle elle ne sçauroit subsister; religion qui avoit esté conservée si cherement par leurs peres, et qu'ils desiroient, voire au prix de leur sang, transmettre seure et entiere à la posterité.

Qu'il n'estoit besoin de representer nos malheurs et les extremes afflictions de cest Estat, qu'ils n'experimentoient que trop, et que les estrangers mesmes ploroient et deploroient en les oyant reciter; mais qu'il failloit adviser de trouver de bons conseils et remedes pour guerir les playes dont il estoit ulceré, et pour reparer les ruines et desordres dont il estoit accablé, et ne regarder point seulement d'apporter quelque allegement present à ceste ardeur et inflammation, mais rechercher plus avant les causes d'une si aspre maladie, pour l'oster, et remettre l'Estat en sa convalescence; que nous n'avions que trop recongneu, par l'exemple des plus florissans empires, et par l'experience propre, que l'heresie en estoit la source et origine, laquelle avoit allumé le feu de nos troubles, dont ce royaume estoit embrasé et presque reduit en combustion; que c'estoit l'heresie, qui ne cessoit depuis trente ans d'esbranler ses fondements, qui avoit excité les orages de rebellions, de conjurations et perturbations dont il estoit horriblement agité, et avant qu'elle y fut introduitte on n'avoit jamais veu nation plus obeyssante et mieux unie, et ne falloit penser, tant qu'elle y seroit entretenuë, de faire cesser ces desordres et confusions. C'estoit à l'heresie qu'il falloit imputer le saccagement de nos temples, les demolitions des autels, le degast de nos champs et la necessité de nos villes. Et combien qu'ils en eussent un vif sentiment, si est-ce qu'ils regrettoient bien encores plus la perte de tant d'ames qu'on voyoit tous les jours, et qui estoient sur le point de perdre ce qui leur estoit le plus cher et precieux, que la religion, laquelle demeurant sauve et entiere, ils n'apprehendoient ny la ruine de leurs fauxbourgs, ny la pauvreté et necessité de leurs villes.

Quant à la paix, c'estoit une chose si saincte, et le seul nom si doux et aggreable, qu'elle n'avoit besoin d'autre loüange et recommandation; que les catholiques la demandoient, pourveu que ce fust paix de Dieu et de l'Eglise, qui apportoit après soy le repos et la prosperité de l'Estat; et que le fils de Dieu mesme, qui estoit venu annoncer la paix, et qui en estoit l'autheur et luy mesme la vraye paix, nous enseignoit qu'il falloit bien monter plus haut pour parvenir à la vraye paix qui estoit le zele de son honneur, et pour lequel il estoit venu diviser le pere d'avec le fils, et commandoit de quitter biens, parens et alliances pour la querelle et defense de la religion; que si les guerres entreprinses et soustenues pour ceste occasion estoient blasmées, il falloit par mesme moyen condamner tous ceux que l'Eglise nous commandoit d'avoir en saincte et eternelle memoire.

Que c'estoit au moins le contentement et consolation qui leur demeuroit, que la guerre qu'ils soustenoient estoit juste, et n'avoient regret d'employer leurs vies pour un si sainct subject que la conservation de leur religion; la seureté de laquelle leur estant proposée par conditions bien certaines et non douteuses, ils feroient tousjours voir n'avoir autre ambition, interest ou respect particulier, quel qu'il pust estre.

Et combien que les deputez ne fussent venus en intention de traicter et conferer, et que en leurs cayers et instructions on ne trouvast aucun article de paix, n'ayant peu prevoir les declarations et propositions faictes, toutesfois qu'ils aymoient tant le repos du royaume, qu'ils ne rejetteroient point les ouvertures qui seroient faictes, si l'honneur de Dieu et leur devoir à la religion et à l'Eglise le pouvoient permettre.

Ne pouvoient dissimuler et leur taire que, pour jetter les fondemens d'une heureuse et solide paix, il falloit que les catholiques fussent unis de volonté et de conseil pour maintenir et asseurer leur religion, et pour s'opposer aux armes et desseins de l'heresie, qui ne pouvoit bastir son establissement que de nos ruines, et n'avoit autre force pour nous vaincre que nos mutuelles divisions et discordes; que c'estoit là le but où les catholiques devoient viser et employer tous leurs labeurs et solicitudes, comme au vray chemin pour acquerir bien-tost une ferme et asseurée tranquillité, pour faire revivre l'ancienne gloire et reputation de ceste nation très-chrestienne, et remettre en nostre posterité la religion aussi entiere et le royaume aussi grand et florissant qu'il avoit jamais esté; que nos peres avoient veuë ceste paix, nos ancestres avoient jouy de ce repos, et ne tenoit qu'à nous de commencer à revoir la serenité d'un siecle si heureux. C'estoit ce qu'ils desiroient de leur part; c'estoit le fruit de la conference qu'ils attendoient, comme l'unique remede de nos maux, et le port et azyle asseuré pour empescher le naufrage de la religion et de l'Estat. Prioit Dieu de disposer les cœurs à un si sainct effect, et dresser la voye pour y parvenir; que le merite en seroit très-grand, et la loüange eternelle à la posterité.

Après ces harangues, prononcées par ces deux prelats avec une très-belle eloquence, comme ils en estoient naturellement doüez, les deputez royaux se retirerent à part en une chambre pour consulter; et, après s'estre r'assemblez et assis, M. l'archevesque de Bourges commencea à haranguer derechef comme s'ensuit : Que l'on avoit discouru de la paix, et que de sa part il n'en avoit parlé qu'en termes generaux; que ce n'estoit assez, et falloit venir aux moyens plus particuliers; en quoy il vouloit user de peu de langage et avec toute simplicité de parolles et de volonté, à fin qu'on traitast avec plus de candeur et de confiance.

Que les philosophes nous aprenoient que la paix n'estoit autre chose qu'un ordre bien estably en l'Estat, et une conformité d'esprits et de volontez entre les hommes.

Que Dieu, autheur et conservateur de toutes choses, les avoit tellement disposées, que, par un ordre singulier, les inferieures obeyssoient aux superieures, et s'entretenoient en accord par une admirable harmonie et convenance.

Que, ores que les choses humaines et l'estat des polices et gouvernemens fussent subjects à continuelles vicissitudes et alterations, si falloit-il qu'à ce modelle souverain elles fussent contenuës en quelque ordre et reglement;

ordre ne se pouvoit dresser que par la mutuelle concorde des subjects et recognoissance d'un chef et souverain, qui estoient les liens et les plus fortes joinctures pour retenir et conserver l'estat des choses publiques, et les rendre heureuses et invincibles, estans d'accord que, sur toutes choses, il falloit pourvoir à la seureté de la religion, et concurroient avec eux en mesme desir de la maintenir, n'ayants moins de regret qu'eux des partialitez et divisions qui empeschoient son entier restablissement.

Mais que si l'obeissance d'un roy et prince souverain, et ceste concorde entre les subjects, n'estoient premierement establis pour asseurer et affermir l'Estat, qu'en vain on parloit de sauver la religion qui y estoit comprise et contenuë.

Que ce chef ne pouvoit estre autre que celuy qui estoit donné de Dieu et de la nature, et qui avoit le droit par l'ordre de la succession et les loix anciennes du royaume, estant yssu du tige royal et de la famille de sainct Loys.

Prioit de considerer combien ceste reconnoissance des puissances ordonnées de Dieu estoit recommandée en l'Escriture Saincte, et jetter les yeux sur l'exemple des premiers chrestiens, lesquels, avec tant de patience et humilité, avoient tousjours embrassé l'obeyssance de leurs princes souverains, quoy qu'ils fussent payens et idolatres, ennemis et persecuteurs de leur foy et religion, levant les yeux au ciel, et supporté avec mesme respect et modestie leurs actions et qualitez, priants pour eux, leur faisans service, recognoissants que selon sa volonté il disposoit des sceptres et des coronnes. Qu'après tant d'enseignemens et exemples des saincts peres, il ne falloit faire difficulté de rendre obeyssance à son roy legitime et ordonné de Dieu, et sans s'enquerir de ses actions et de sa conscience.

Qu'il ne leur presentoit point un prince idolatre, ou faisant profession de la loy de Mahumet, mais qui estoit, par la grace de Dieu, chrestien, et qui croyoit avec nous un mesme dieu, une mesme foy, un mesme symbole, et separé de nous seulement par quelques erreurs et diversités touchant les sacrements, dont il falloit essayer de le retirer après l'avoir recognu et à iceluy rendu ce qui luy appartenoit.

Que s'il n'estoit tel qu'on le desiroit il le falloit inviter et poursuivre de l'estre : les prioit et conjuroit de s'y employer tous par communs vœux et intercessions. « Joignez-vous, disoit ce prelat, avec nous et nous avec vous. Nous aurons tous l'honneur de l'avoir ramené au bon chemin, et avoir fait un œuvre si signalé et remarquable. »

Que l'on avoit beaucoup d'occasion d'esperer ce qu'on desiroit de luy; qu'il en avoit fait les promesses à l'advenement à sa couronne, et par après beaucoup de fois reiterées; et quelquefois encore on voyoit sa bonne volonté, laquelle il avoit tesmoigné par plusieurs propos et demonstrations; que la legation de M. le marquis de Pisani par devers nostre sainct pere le pape à ses despens en faisoit assez de foy, avec la permission qu'il leur avoit donnée de venir en ceste conference; et aussi que, se trouvant dernierement à Mante, il vit de la fenestre passer la procession, et leva son chapeau et se tint longuement descouvert; en somme, qu'il y estoit, par la grace de Dieu, desjà tout disposé; qu'ils l'esperoient ainsi, et osoient bien dire qu'ils se le promettoient; et ne restoit plus que d'avancer un si grand bien, et s'employer tous ensemble à l'accomplissement de ceste belle action; que cela le toucheroit au cœur quand il verroit ses bons subjects l'en requerir et supplier d'un commun accord; et, comme il auroit ce contentement de recevoir d'eux le devoir auquel ils estoient obligez, aussi leur voudroit-il donner ceste satisfaction de se resoudre promptement et se flechir à leurs prieres, et d'autant plus qu'il jugeroit telle resolution estre necessaire pour la tranquillité de son royaume. Il adjousta qu'il y avoit quelques autres particularitez qui pourroient estre representées à la compagnie par M. de Bellievre, qui promettoient une bonne preparation à sa conversion.

Le sieur de Bellievre ayant dit qu'il ne pouvoit rien adjouster au discours du sieur de Bourges, qui avoit très-dignement touché tout ce qui se pouvoit dire sur ce sujet, l'heure de disner estant advancée, on se retira, et, après le disner, les deputez de l'union consulterent sur la response qu'ils vouloient faire, et fut par eux tous particulierement discouru et opiné sur la proposition faite par M. de Bourges sur la recognoissance du Roy, et par commun advis resolu de luy respondre que quant à la recognoissance du roy de Navarre, qu'ils n'en vouloient point ouyr parler, et protestoient mourir plustost que jamais obeyr à un heretique; que là dessus l'archevesque de Lyon pourroit mettre en avant la disposition du droit divin et humain, les ordonnances de l'Eglise, les conciles, et les lois fondamentales de l'Estat; pour le regard de l'inviter à estre catholique, qu'on ne pouvoit ny devoit le faire par plusieurs raisons qui furent avancées, et que ledit archevesque de Lyon depuis rapporta et representa.

S'estant donc r'assemblez après le disner au lieu et en l'ordre accoustumé, M. l'archevesque de Lyon dit :

Qu'il feroit la response avec tout le respect et modestie qui luy seroit possible; prioit ceux ausquels il parloit l'excuser si le matin en son discours il y avoit eu quelque parole qui les eust offencez, et considerer qu'il en avoit charge de ceux qui les avoient commis, et qu'il ne pouvoit que user de la liberté requise en affaire si ardu et si jaloux que celuy de la religion, telle neantmoins qui se rapporteroit plustost à la juste defense de leur cause que à l'injure de personne.

Recognoissoit et confessoit avec eux que la paix et prosperité des Estats despendoit principalement de l'obeyssance que l'on doit au prince, et de la concorde des sujets, mais que ceste concorde ne se pouvoit former s'il y avoit diversité de religion, car l'experience, depuis trente ans, avoit assez monstré qu'elle n'apportoit que troubles et remuemens, qu'elle rompoit le lien de toutes societez les plus sainctes et inviolables, faisoit ouverture à l'atheisme, et combloit l'Estat public de toute sorte de desordres et confusion, où, au contraire, l'unité de foy et du service de Dieu à la vraye religion produisoit ce bel ordre qu'on recherchoit, et ceste belle rencontre et embrassement de la paix avec la justice qui amenoit la vraye tranquillité et l'abondance de toutes benedictions spirituelles et temporelles; que toutes autres paix n'en estoient que des ombres, et en portoient bien le nom, mais l'effect n'estoit qu'une guerre avec Dieu, et un seminaire de discordes eternelles.

Que, pour tirer cest Estat du peril où il estoit, falloit premierement y establir le royaume de Dieu et asseurer la religion; que par après toutes autres choses seroient abondamment adjoustées; car c'estoit elle qui faisoit florir et prosperer les royaumes; c'estoit à elle, comme maistresse, que toutes polices devoient estre rapportées; et, en ceste intention, on pouvoit bien dire que la religion estoit en la republique, mais comme l'ame au corps, pour luy donner vie et mouvement.

Quant à la recognoissance d'un chef souverain, ils le desiroient et requeroient tous les jours: c'estoient les vœux des provinces, les charges et memoires de leurs deputez, pourveu que ce fust un roi tres-chrestien de nom et d'effect, digne de la pieté de ses ancestres. Mais de recognoistre et advoüer un heretique pour roy en ce royaume très-chrestien, qui estoit l'aisné de l'Eglise, et ancien ennemy des heresies, quoy qu'on eust mis en avant de l'authorité de l'Escriture Saincte, et exemples des anciens chrestiens, c'estoit chose contraire à tout droit divin et humain, aux canons ecclesiastiques et conciles generaux, à l'usage de l'Eglise, et aux lois primitives et fondamentales de cest Estat.

Car, premierement, la loy de Dieu estoit expresse, qui defendoit d'establir pour roy aucun qui ne fust du nombre des freres, c'est à dire de mesme religion, qui est la vraye fraternité procedant de la conjonction de religion : et la raison de la loy le monstroit encore mieux, à fin qu'il ne ramenast le peuple en l'Egypte, c'est à dire au precipice de l'infidelité et de l'heresie. Suyvant lequel commandement les prestres et sacrificateurs d'Israël, et les mieux instruits en la crainte de Dieu, s'estoient distraits de la subjection de Jeroboam pour avoir prevariqué en la vraye religion, et soubmis à l'obeyssance du roy de Juda; les villes d'Edon et de Lobna, du domaine des prestres et sacrificateurs, où estoient les plus sages et religieux du royaume, avoient delaissé Joram, sixiesme roy de Juda, pour ceste mesme occasion, qui estoit mort miserablement, au souhait de tout le peuple, sans avoir esté ensevely au sepulchre de ses peres, ne receu aucun honneur et obseque royal. Amazias, ayant quelque temps suyvi le service de Dieu, s'en estoit après destourné; aussi son peuple s'estoit rebellé contre luy, estant contraint s'enfuir à la ville de Lachis, où il avoit esté poursuyvi par ceux de Hierusalem, assiegé et mis à mort par un conseil general. La royne Athalia, par l'authorité de Joiada, grand prestre, et le consentement de tout le peuple, avoit esté ostée de son throsne, après avoir regné six ans, et punie exemplairement.

Que le mesme avoit esté ordonné en la loy de l'Evangile. Que celuy qui ne voudroit obeyr à l'Eglise seroit tenu pour ethnique, profane et publicain, tant s'en faut que celuy qui en est retranché peust estre roy en l'Eglise. Et comment pourroit-il estre receu, veu que sainct Jean mesme defendoit de le salüer, qui n'est qu'un office de courtoisie, de le recevoir en la maison, de converser et communiquer avec luy ? Et sainct Paul reprenoit aigrement les chrestiens de ce qu'ils plaidoient devant des juges payens et infideles, voulant plustost qu'il esleussent les plus indignes d'entre eux, monstrant combien les infideles estoient incapables d'avoir aucune authorité et commandement sur les chrestiens et catholiques, et que l'heresie et infidelité deslioit tous les liens les plus estroits, mesmes la femme du joug et obligation de son mary.

Tous les conciles prononçoient pareils arrests d'interdiction et d'anatheme contre les heretiques, et les declaroient indignes de toute domination et principauté sur les catholiques. Celuy de Latran, fait sous Innocent III, pape plein de pieté et sans aucun reproche, avec grand nombre de prelats, ordonnoit que tous princes jureroient d'exterminer les heretiques denoncez par l'Eglise, et purger leurs royaumes, terres et jurisdictions de ceste ordure d'heresie, autrement qu'ils estoient excommuniez, et leurs vassaux et subjects declarez absous du serment de fidelité et de leur subjection et obeyssance; que ce concile avoit esté receu et usité par toute la chrestienté, et particulierement en France; ce qui se veyoit par le serment faict par nos roys en leur sacre, qui estoit tiré de mot à mot du texte dudit concile. Au concile de Tolede estoit escrit qu'un roy ou prince ne pouvoit estre receu qu'il n'eust juré de ne souffrir aucun en son royaume qui ne fust catholique; s'il venoit à estre infracteur de ce serment, qu'il fust en execration et anatheme. Si on dit que ce concile est faict pour l'Espagne, ce seroit chose honteuse que les François leur cedassent au zele de la foy et religion.

Que si le droict divin y estoit si exprès, l'usage et la pratique des peres et anciens chrestiens y estoit conforme, comme on pouvoit monstrer par plusieurs exemples: que Mattathias et ses enfans les Machabées estoient louez par l'antiquité, et recommandables à la posterité, comme serviteurs de Dieu, pour n'avoir voulu souffrir et s'estre opposez à la tyrannie d'Antiochus, leur prince souverain, pour la defense de leur foy et religion. Licinius et Maxence, qui estoient les deux premiers princes apostats de l'Empire, avoient donné occasion aux catholiques de s'eslever contre eux et recourir à Constantin, qui les avoit vaincus et desfaits tous deux sur ceste querelle. Constance, arrien, fils de Constantin, ayant chassé sainct Athanase de son siege, les catholiques avoient imploré le secours de Constans, son frere, qui l'auroit contraint à faire cesser ces persecutions et violences. Qu'il y avoit une infinité de semblables exemples qu'il obmettoit; prioit seulement de regarder avec quelle liberté les anciens evesques, ces colonnes de l'Eglise, sainct Athanase, sainct Hilaire, sainct Chrysostome, sainct Gregoire Nazianzene et saint Cyrille, parloient aux empereurs et monarques de leurs temps lors qu'ils estoient heretiques et ennemis de l'Eglise, les appellans loups, chiens, serpens, tygres, dragons, lyons ravissans, antechrists, et usoient de plusieurs autres paroles contumelieuses, et sur tout Lucifer, evesque de Sardaigne, par ses livres et escrits addressez contre Constance; qui estoit bien loing de les recognoistre et conseiller de leur rendre obeissance, car autrement ils eussent parlé d'eux avec honneur, qui est une [illegible] ques de l'obeyssance.

Venant après au droit humain, [illegible] qu'il y avoit plusieurs decrets [illegible] ecclesiastiques, plusieurs loix [illegible] pereurs Constantin, Theodose, [illegible] nian, par lesquels, entre autres [illegible] heretiques et leurs fauteurs [illegible] indignes de tous biens, honneurs, [illegible] et charges publiques, voire des plus [illegible] moins importantes. « Comment donc, [illegible] seroient-ils capables de la plus [illegible] lente dignité du monde? »

Pour les loix de la monarchie de [illegible] dit qu'il ne vouloit repeter ny le [illegible] lemnel de sainct Remy, ny les [illegible] nos roys, les reglemens et [illegible] Estat; car le seul serment qu'ils [illegible] de prester à leur sacre et [illegible] defendre la religion catholique, [illegible] romaine, et exterminer les heretiques, [illegible] lequel ils recevoient celuy de [illegible] subjects, et non autrement, [illegible] combien ceste qualité estoit [illegible] mentale; aussi que, aux premiers [illegible] Blois, avoit esté proposé que le roy [illegible] et le prince de Condé seroient [illegible] ser leur heresie, autrement qu'ils [illegible] gnes de jamais succeder à ceste [illegible] telle avoit esté recognue la volonté [illegible], conforme à la proposition des estats. [illegible] derniers estats, avec quels serments [illegible] solemnels, quels contentements et [illegible] ments de tout le peuple françois, [illegible] et juré ceste loy pour fondamentale de l'[illegible]; et ne falloit dire qu'elle eust esté [illegible] artifice, ou extorquée par violence, [illegible] pelloit force l'instante requisition de [illegible] ordres; et quoy que la fin d'iceux estats eust esté funeste et tragique, et qu'il [illegible] voir esté libres, si est-ce qu'ils n'avoient [illegible] d'insister, jusques aux dernieres [illegible], que ladite loy fust authorisée et [illegible] le Roy mesmes en auroit fait particuliere [illegible] ration qu'il n'entendoit rien changer en [illegible], ains vouloit qu'elle fust ferme, stable et [illegible] cable.

Dit qu'il n'estoit besoin de s'estendre [illegible] guement en la deduction des loix [illegible] humaines; que la seule raison et [illegible] monstroit assez quel danger il y avoit de se soubmettre sous la domination d'un prince de contraire religion, car, tenant la sienne pour vraye, il ne falloit pas doubter qu'il ne s'employast de tous moyens à l'avancement d'icelle et à l'aneantissement de celle qui seroit contraire; et outre que sa volonté servoit de loy plus forte et plus puissante que celle mesme qui estoit escrite, l'authorité royalle lui fournissoit mille moyens pour l'execution de tels desseins, mais deux principalement : le premier estoit l'exemple, qui avoit tel pouvoir sur les subjects qu'ils se laissoient aysement aller à l'imitation des vices ou des vertus de leurs souverains, et sur tout les François, que l'on disoit estre singes de leurs roys. Sous les bons roys David, Ezechias, Josias, le peuple se trouvoit avoir esté fort religieux. Quand Jeroboam choisit une autre religion, tout le peuple y avoit couru après. En la chrestienté, par l'exemple du grand Constantin, tout le monde avoit embrassé la foy, sous Constance l'arianisme, et l'atheisme sous Julian l'Apostat. De nostre temps, Henry huictiesme d'Angleterre, combien avoit-il trouvé de sectateurs de son schisme? Edoüard, son fils, avec quelle facilité avoit-il changé la religion? La devote Marie n'avoit-elle pas chassé en bien peu de temps l'heresie, et en aussi peu de temps Elizabet introduit le calvinisme? Nouvellement n'avoit-on pas veu le duché de Saxe tenir la doctrine de Luther sous un prince lutherien, embrasser le calvinisme et bannir la precedente par la volonté du mesme prince, et depuis, à l'appetit du tuteur de ses enfans, la doctrine de Luther restablie, et celle de Calvin condamnée et rejettée? Et ne falloit aller rechercher des histoires et reciter des exemples estrangers; qu'on experimentoit desjà avec trop de regret ce que pouvoit l'exemple et l'authorité du prince heretique, s'il estoit estably et recognu par les catholiques, qui voyoient de leur vivant saper les fondemens de leur religion; et ny les demolitions des autels, les ruynes de leurs eglises, ny les blasphemes et indignitez commises contre le Sainct Siege et l'authorité de l'Eglise, ny l'insolence des ministres de l'heresie, dont il ne vouloit parler plus aigrement, ne les pouvoient retenir. L'autre moyen que les princes heretiques avoient quand ils estoient recognus pour roys, estoit la force et authorité d'avancer aux honneurs, dignitez et charges publiques, ceux qu'il leur plaisoit, et les obliger par ce moyen à dependre de leur volonté, et deprimer, par la severité et terreur de leur sceptre, ceux qu'ils n'avoient peu corrompre par faveur et bien-faits, s'ils vouloient faire empeschement et resistance à leurs mandemens; qu'il ne falloit autre tesmoignage que les persecutions que les catholiques avoient souffert sous Constance, Valent, Genseric, Hunneric, Trasimonde et autres princes arriens, qui avoient esté si cruels, que, si ces peres anciens, qui s'estoient trouvez parmy les feux et flammes de telles violences, sainct Athanase, sainct Gregoire Nazienzene, Ruffin et Victor d'Utique, ne les eussent laissées par escrit, elles sembleroient incroyables. Et qui y voudroit, disoit-il, adjouster foy, oyant reciter à la posterité les inhumanitez et tourments que la royne d'Angleterre avoit fait souffrir aux catholiques de son royaume? Qui n'auroit horreur se ressouvenant des cruautez innumerables que l'heresie avoit exercé en la France, laquelle ayant eu ce credit lors qu'elle estoit battuë et combattuë par nos roys, quel traictement en pourroit-on esperer estant fortifiée de l'authorité royale, et devenuë maistresse et souveraine? Que, ayant tant d'exemples voisins et domestiques, l'experience et la raison, il ne falloit penser qu'ils fussent si lasches, ny si peu jaloux d'un joyau si cher et precieux que la religion, de la vouloir engaiger au pouvoir d'un heretique, et luy mettre ceste haute et absoluë authorité comme un glaive en main pour la destruire. Ne vouloient faire ce des-honneur au peuple françois, très-chrestien et tant renommé pour sa pieté, de consentir qu'il eust un chef heretique et retranché du corps de l'Eglise, et, avant que voir cela, ils estoient resolus de tenter plustost toutes sortes de conseils, pour extraordinaires qu'ils pussent estre, jusques à leurs propres vies, qu'ils ne pouvoient, disoit-il, sacrifier pour un plus sainct et honnorable subject. Trouvoient estrange d'ouïr dyre qu'à un prince de telle qualité on se disoit estre naturellement obligé comme donné et ordonné de Dieu, veu que ez royaumes chrestiens tout ce qui estoit de la nature, du droict de gens, et des polices temporelles, devoit ceder à la grace de Dieu, par laquelle seulle ils regnoient, et à Jesus-Christ, naturel roy des royaumes de la terre, qui avoit le peuple de Dieu pour son heritage, et qu'il avoit soubmis aux puissances subalternes pour l'advancement de sa gloire et service de son Eglise, les autres ne venants point de sa main et n'estans avouez pour ses ministres et lieutenans. Que telles loix estoient bien autres que les loix de la succession et proximité du sang dont on avoit parlé, lesquelles quand on voudroit accorder avoir lieu, il faudroit joindre pour essentielle et necessaire qualité la profession de la religion catholique et la capacité de succeder, et oster l'inhabilité et incapacité, qui ne pouvoit estre plus grande que de l'heresie, que des condemnations de l'Eglise et exclusion des loix et ordre inviolable de cet Estat, comme il disoit avoir monstré. Que le foy estoit preferable à la chair, au sang qui estoit souillé par l'infection de l'heresie, et la vraye succession estoit celle de la foy et imitation des œuvres et de la pieté de ceux dont on se disoit estre extraict. Que saint Loys, prince de très-heureuse memoire, et sanctifié pour ses vertus et pieté singuliere, n'avoueroit jamais pour ses successeurs les protecteurs des heresies, dont il estoit si grand profligateur et adversaire. Et sur ce qu'on avoit dit ne parler d'un prince qui fust payen ou idolatre, mais qui croyoit un mesme dieu, une mesme foy et symbole, la verité de leur foy les asseuroit que la contrarieté, voire en tous les points principaux, ne pouvoit estre plus grande, et que les uns reputoient abus, superstition et idolatrie, ce que les autres tenoient pour appuy de leur salut et creance; la mesme verité apprenoit à tenir, non pour simple erreur, mais pour heresie, ce qui avoit esté ainsi declaré et jugé par l'Eglise et par les conciles generaux et ecumeniques; et, croire autrement, c'estoit faire chose indifferente de la foy, et ouvrir la porte à l'atheisme. Que si elle sembloit approcher de plus près de la religion catholique que le paganisme, c'estoit en quoy elle estoit plus dangereuse et plus dommageable à l'Eglise, qui avoit tousjours esté plus opprimée par ses ennemis domestiques que par les estrangers, et le mal d'autant plus contagieux qu'il s'insinuoit plus aysement par telle conformité.

Il vint apres à l'invitation et sommation, et dit aussi qu'ils n'y pouvoient entendre, par plusieurs raisons très-pertinentes : premierement, que la conversion à la foy estoit un œuvre de Dieu, qu'on n'y parvenoit pas par sommation et protestation, mais par une impulsion et mouvement du Sainct-Esprit, et en se disposant à recevoir ceste grace avec humilité et pureté de vie et de conscience; que le roy de Navarre avoit esté invité et sommé de retourner à l'Eglise par les premiers estats de Blois, avec une legation et deputation honnorable par devers luy; que, après la mort du deffunct Roy, il leur avoit promis de se faire catholique dans six mois; que si pour eux il ne l'avoit voulu faire, encores moins le feroit-il pour ses ennemis, et ne seroit honnorable qu'il fust dit que sesdits ennemis l'eussent fait catholique; que M. le duc de Mayenne luy en avoit fait parler par des personnes d'honneur et d'authorité, qui n'y avoient peu rien advancer; mais, qui plus estoit, ce seroit entrer en quelque forme de recognoissance, ce qu'ils n'entendoient et ne pouvoient faire, violer les serments par eux solemnellement prestez, avec un public perjure, et outre ce offencer l'authorité de nostre Sainct Père, qui, par ses bulles l'ayant excommunié et retranché de l'Eglise, defendoit de traicter avec luy, ny d'avoir aucune communication et commerce.

Touchant les indices de sa future reduction, ils estoient fort foibles et sans apparence; car, quant à la legation du sieur marquis de Pisany, elle estoit faicte sous autre nom que le sien, qui n'estoit pas la submission et humilité requise en tels actes, ny le respect deu à Sa Saincteté : que, s'il avoit levé le chapeau à la procession, d'une fenestre, ce n'estoit pas pour faire honneur à la croix et aux saincts, ny recognoistre les ceremonies de l'Eglise, mais plustost pour saluër les princes, seigneurs, dames et autres qui y estoient. Mais qu'ils avoient bien des raisons plus grandes pour croire le contraire : les promesses faictes solemnellement de n'abandonner jamais sa creance, les actions subsequentes de perseverer en l'exercice de l'heresie, favoriser ceux qui en faisoient profession, mettre les charges et les places plus importantes en leurs mains, distribuër les ministres par provinces comme officiers à gaiges, faire verifier les edicts de janvier et juillet, et deffendre d'informer de la religion de ceux qui seroient pourveus d'offices, comme on avoit faict ces jours passez à Tours. Icy fut ledict sieur de Lyon interrompu par M. de Chavigni, qui dit qu'il n'avoit esté verifié par la cour de parlement, combien qu'il eust esté presenté. Ledit archevesque de Lyon, poursuivant son discours, dit que c'estoit au moins un tesmoignage de sa volonté, ayant ordonné de le publier et verrifier, et adjousta les lettres interceptées des ambassadeurs d'Angleterre, par lesquelles il dit qu'on pouvoit juger de l'intention du roy de Navarre sur ladicte promesse de conversion, qui n'estoit qu'à dessein, pour entretenir et engager les catholiques qui l'assistoient, et faciliter la voye de son establissement à la royauté : aymoit mieux s'en taire qu'en parler plus avant.

Pour la fin, dit qu'il avoit esté un peu long en son discours, mais que ce avoit esté pour monstrer combien juste estoit la resolution que leur party avoit prinse de ne souffrir jamais la domination d'un heretique; et qu'après avoir tant enduré et supporté pour ceste querelle, qui concernoit l'honneur de Dieu et conservation de la foy, il ne failloit penser les en demouvoir, ny trouver aucuns expediens pour y parvenir.

Prioit lesdits seigneurs deputez des princes catholiques royaux de considerer avec eux quelle injure ce seroit faire à Dieu, quel prejudice à son Eglise, quel tort à la posterité, de laisser tomber le sacré sceptre françois ès mains d'un heretique, qui apporteroit par son establissement la ruine de la religion de ce royaume, et de l'estat universel de la chrestienté. Estans catholiques et enfans de l'Eglise, ne devoient souffrir que l'ennemy conjuré d'icelle en fust le protecteur; estans si bons François, devoient estre jaloux de la dignité et splendeur de ceste couronne, et luy conserver son principal fleuron, qui estoit la religion, et ceste possession qu'elle avoit gardé jusques à present, de n'avoir eu autres roys que très chrestiens et grands ennemis des heresies. Que ce leur estoit un extreme regret de voir la religion catholique opprimée par les catholiques, qui la devoient defendre avec eux. Et ne falloit douter que l'heresie ne se vengeast des uns et des autres, et de ceux mesmes par l'appuy desquels elle auroit esté establie. Les prioit de se joindre ensemble contre les ennemis communs de leur religion, se separer de leur societé, et prendre ce salutaire conseil que Dieu donnoit à Moyse et aux enfans d'Israël : *Recedite à tabernaculis impiorum, ne involvamini peccatis eorum* (1), et se reünir tous pour la manutention de la gloire de Dieu et de la religion catholique, apostolique et romaine, et repos de cest Estat.

M. le comte de Chavigny, qui avoit une ame toute françoise et catholique, avoit voulu rompre ce discours plusieurs fois, fasché d'ouyr un qui se disoit François tenir tels propos. Il ne vit plustost jour pour parler qu'il dit : « Ce sont discours, de dire que nous combattons contre la religion catholique, laquelle nous avons tousjours deffendue sans y espargner nos vies : dequoy nous avons donné de très-signalez tesmoignages, et garderons bien, avec l'ayde de Dieu, qu'elle ne se perde en France ; car nous combattons seulement pour l'Estat contre ceux qui le veulent usurper, lesquels vous soustenez contre tout droict et vostre devoir. »

Après ces paroles, M. l'archevesque de Bourges demanda de communiquer avec messieurs ses condeputez, et ayant consulté quelque temps, environ sur les quatre heures on se rassembla, puis il dit que, le matin ayant discouru de l'obeyssance qui estoit deuë aux roys, et renduë par les anciens chrestiens, quoy qu'ils fussent payens et ennemis de leur religion, il ne s'estoit proposé d'user là dessus de plus grande production d'authoritez et d'exemples; mais, puis qu'on y estoit entré, il ne pouvoit qu'il n'en touchast quelque chose le plus briefvement qu'il luy seroit possible. Et premierement advoüa la loy avoir esté donnée au peuple de Dieu, que quand il constitueroit un roy il le choisist du nombre des freres, et qu'on ne peust mettre sur eux un homme estranger; et adjousta qu'il estoit dit que le roy escriroit le Deuteronome de la loy, selon l'exemplaire qu'il prendroit de la main des prestres, comme fit Josias, à son advenement à la couronne, d'Elchias grand prestre; mais qu'on ne trouveroit point qu'il y eust commandement ou conseil de s'y opposer par revoltes et rebellions : au contraire l'Escriture ne recommandoit rien tant que l'obeyssance deuë aux roys et princes souverains, et estoit pleine d'exemples du respect que les prophetes et anciens chrestiens leur portoient.

Que Sedechias, roy de Juda, estoit très-aigrement reprins pour s'estre destourné de l'obeyssance du roy des Chaldéens, qui n'estoit seulement payen, mais très-meschant, neantmoins estoit appellé serviteur de Dieu : et iceluy Sedechias avoit esté puny très-rigoureusement, et le peuple pour avoir suivi sa rebellion mené en captivité : au contraire le peuple d'Israël n'avoit fait difficulté de luy obeyr.

Qu'on ne lisoit pas que les anciens prophetes s'opposassent et rebellassent aux roys, mais les honnoroient, leur assistoient, et estoient de leur conseil ; tout ce qu'ils faisoient estoit de les reprendre de leurs fautes avec beaucoup de liberté, comme Samuel faisoit à Saül, Ahias à Hieroboam Nathan à David, Elie à Achab, qui estoit son conseiller d'Estat.

Et les chrestiens du premier siecle en leurs actions, deportemens et paroles, ne respiroient que douceur, mansuetude, obeyssance; et lors qu'on les accusoit de conspirations contre les empereurs et leur Estat, ils s'excusoient, monstroient au contraire, comme disoit Tertullian, que leur doctrine n'enseignoit que de craindre Dieu, honorer et respecter la majesté des princes souverains, qu'ils appelloient la premiere personne après Dieu, en parloient avec tout honneur et respect. Et s'il se trouvoit qu'ils eussent quelquefois parlé contre eux, ce n'estoit de leur vivant, mais après leur mort; et ne sçauroit-on remarquer qu'ils se fussent jamais souslevez, mais leur resistoient par prieres et par patience, et non par armes.

Que si aucuns avoient voulu tenter autre voye, elle n'avoit jamais bien succedé, ny mesmes le conseil des Machabées, qui avoit esté suivy de malheur et infelicité, quoy qu'ils fussent poussez d'un très-grand zele à l'observation de leur loy.

Quant aux lieux alleguez du nouveau Testament, singulierement pour les defences de la compagnie et conversion des heretiques, tels commandemens pouvoient avoir lieu lorsqu'ils estoient en petit nombre, et que cela se pouvoit faire sans detriment et avec quelque utilité de l'Eglise et advancement de la religion, mais non quand ils estoient en si grand nombre que la separation ne s'en pouvoit faire sans beaucoup

(1) Éloignez-vous des tentes des impies, pour n'être pas souillés de leurs pechés.

de scandale, et sans la ruine mesme de l'Eglise et de la religion; et que telle estoit la doctrine des saincts peres : et mesme sainct Paul, qu'ils avoient allegué, le disoit expressement : *Scripsi vobis, ne commisceamini fornicariis, non utique fornicariis hujus mundi, alioquin debueratis de hoc mundo exiisse.*

Pour le regard des conciles, confessoit celuy de Latran quatrieme avoir esté un des plus celebres qui eust jamais esté tenu en l'Occident, et une très-belle compagnie d'empereurs, princes, patriarches, prelats, et en très-grand nombre, et en iceluy avoir esté faits de très-beaux reglemens et sainctes constitutions; mais quant à ce qui regardoit les princes souverains, et pour le fait des erreurs et heresies qui estoient en leurs principautez, estoit dit seulement qu'ils seroient exhortez : c'estoit le mot porté par le concile, *moneantur*, et que c'estoit le chemin qu'il failloit tenir, d'admonester et non de condamner, d'exhorter et non de proscrire, et commencer des procez par l'execution, des remonstrances par les anathemes. Que, pour un simple archidiacre d'Angers, Berangarius, on avoit tenu quatre conciles pour le convaincre et condamner son heresie, comme attestoit mesmes M. Genebrard en sa Chronologie, et qu'un prince de telle dignité et authorité que le roy de France meritoit bien qu'on prinst la peine de tenter tous moyens pour le retirer de son erreur, ce qui n'avoit esté fait.

Et, pour respondre à ce qui avoit esté mis en avant de l'usage de l'Eglise et pratique des anciens peres, outre ce qu'il avoit desjà dit, adjoustoit que, par exemples de la mesme histoire ecclesiastique, et tesmoignages de l'antiquité, les chrestiens avoient paisiblement souffert la domination des princes payens et heretiques. Neron, Diocletian, Domitian, estoient tyrans et persecuteurs de l'Eglise, toutesfois n'avoient perdu leur authorité ny l'obeyssance de leurs peuples. Constance, Julian l'Apostat, Valent, Zenon, Anastase, Heraclius, Constantin IV et V, Justinien I et II, Leon III et IV, estoient heretiques; neantmoins l'obeyssance ne leur avoit esté desniée par les chrestiens; et sainct Ambroise mesme n'avoit pas trouvé mauvais ceste obeyssance et le service que les soldats chrestiens rendoient audit Julien l'empereur; les admonestoit seulement de ne rien faire contre l'honneur et commandement de Dieu : le dire duquel sainct Ambroise estoit enregistré au canon *Julianus* 11. q. 3.

Que subsecutivement un Theodoric, Atalaric, et tant d'autres roys des Vandales en Afrique, Goths en Italie, avoient esté recogneus par les chrestiens et catholiques, combien qu'ils fussent arriens, et mesmement par le prelats et evesques de leurs temps, voire mesmes par les papes, comme Jean premier et second, Boniface et autres, qui leur avoient rendu toute sorte d'honneur et de reverence.

Venant aux loix civiles et canoniques, sans entrer en plus grandes responses, se contentoit de dire qu'elles n'avoient lieu que contre les heresiarches et autheurs des heresies, et non contre les sectateurs. D'avantage, que telles loix et canons n'appartenoient [illegible] princes souverains, qui tenoient [illegible] immediatement de Dieu, sans [illegible] aux constitutions humaines, [illegible] hommes privez et particuliers, les [illegible] cessions desquels estoient subjectes [illegible] tiques des magistrats. Qu'en [illegible] pouvoit estre dit heretique, ayant [illegible] et imbu de ses premiers ans en ceste [illegible] n'y avoit aucune opiniastreté et [illegible], mais avoit tousjours esté prest et [illegible] voir instruction et se departir de [illegible], la verité luy ayant esté remonstrée, [illegible] cela on ne le pouvoit tenir pour heretique, suivant la doctrine de sainct Augustin [illegible] mesmes sçavoit bien alleguer] et des [illegible] ne tenoient pour heretiques ceux-là [illegible] *qui sententiam suam nulla pertinaci* [illegible] *tale defendunt, quam à parentibus* [illegible], *quærunt autem multa sollicitudine* [illegible], *corrigi parati, cùm invenerint* (1).

Respondoit aux lois fondamentales [illegible] estats ny le Roy mesme n'avoient [illegible] loy de succession de ceste couronne, [illegible] perpetuelle, et ne pouvoient oster [illegible] ture et la loy avoient acquis, et que [illegible] estoit appellé ne le tenoit que par le [illegible] ladite loy et establissement de [illegible] luy falloit parler de la declaration des [illegible] Blois, car il sçavoit comme toutes [illegible] toient passées, *et quorum* [*inquit*] [illegible] *fui*, et n'y vouloit toucher plus avant; [illegible], quant il auroit esté fait de la franche [illegible] Roy et consentement de tout le peuple, [illegible] pouvoit nuire et prejudicier au successeur.

Et sur ce qu'avec tant d'exemples et [illegible] fondées sur la force, les faveurs et [illegible] princes, on apprehendoit et tenoit on [illegible] changement de religion en ce royaume, il [illegible] tra qu'il y avoit bien difference des [illegible] tats dont on avoit fait mention à cestuy-cy [illegible] religion catholique estoit fondée de si longue

(1) Qui soutiennent sans opiniâtreté les opinions qu'ils ont reçues de leurs pères, qui cherchent ardemment la vérité, prêts à s'y soumettre s'ils la trouvent.

main, et que le corps d'un si grand Estat n'estoit susceptible d'une si prompte mutation, où y avoit tant de grandes et puissantes villes, tant de princes, prelats, officiers et noblesse, qui pourroient bien aysement empescher tel dessein si on le vouloit entreprendre, et que l'exemple des princes arriens et novatiens n'avoit pas corrompu la pureté des gens de bien et catholiques qui s'estoient trouvez sous leur regne.

Touchant l'invitation qu'ils requeroient, ores qu'elle eust esté faicte, cela n'empeschoit qu'on ne la fist encores à present, et qu'il ne se failloit lasser de faire une œuvre telle et si desirée, qui seroit le bien de toute la chrestienté; qu'on ne luy avoit donné loisir, durant les troubles et continuation des guerres, et parmy le bruit des tambours et trompettes, d'entendre à sa conversion, et qu'on n'en avoit parlé que avec les armes au poing, comme pour le forcer et violenter; mais que à present l'invitation ne seroit inutile, comme ils pouvoient asseurer, et qu'on auroit ce contentement, et l'honneur de la reduction du Roy, et toute la chrestienté et la posterité mesme nous en auront, disoit-il, obligation. Que ce qu'ils requeroient leur adjonction estoit pour autant qu'ils sçavoient quel credit ils avoient à Rome, et que cela rendroit fructueuse la legation du sieur marquis de Pisani, laquelle avoit esté empeschée et traversée par beaucoup d'artifices.

Ainsi ledit sieur archevesque de Bourges finit sa response, et, parce qu'il estoit desjà tard, on remit la partie au jour ensuivant.

Le jeudy, cinquiesme may, une partie de la matinée fut employée en divers discours particuliers, tant sur l'arrivée du duc de Mayenne et de quelques princes de Lorraine à Paris, que sur autres subjects. Après que l'archevesque de Lyon avec ses condeputez eurent consulté ensemblement pour faire la response aux lieux alleguez par ledit sieur archevesque de Bourges, s'estant la compagnie assemblée, ledit sieur archevesque de Lyon commença à reprendre en peu de paroles ce qu'il avoit dit le jour d'auparavant, et puis après il voulut tascher à refuter ce qui avoit esté respondu par M. de Bourges.

Premierement, quant à l'exemple de Sedechias, qu'il y avoit plusieurs particulieres considerations, car luy et son peuple s'estoient assubjettis à la puissante domination de ce roy des Assyriens, et si s'estoient obligez par serment, tellement qu'il y avoit expresse declaration de la volonté de Dieu, signifiée par les prophetes, mesmes par Hieremie, que les Juifs fussent assubjettis aux Chaldeens et que la ville de Hierusalem leur fust rendué, Dieu l'ordonnant et permettant ainsi, ou pour la translation de l'Empire par luy decretée, ou pour la juste punition et obstination de ce peuple qui en fut après puny luy mesmes, après avoir servy de fleau de l'ire divine, et en ceste intention estoit appellé serviteur de Dieu, pour estre ministre et vengeur de sa justice, comme Job appelloit Sathan serviteur de Dieu.

Mais tànt s'en faut qu'il y eust promesse et serment d'obeyr au roy de Navarre, que le serment solemnel faict par ceux de l'union estoit au contraire de ne le recognoistre jamais; tant s'en faut qu'il y eust declaration de la volonté de Dieu et de ses prophetes, que nostre Sainct Pere, qui estoit nostre prophete, ange de Dieu, et qui estoit assisté de son esprit, le nous avoit très-expressement deffendu, et non un seul, mais six tout de suitte, par mesmes et conformes jugements souverains du Sainct Siege apostolique, de Gregoire treiziesme et quatorziesme, Sixte cinquiesme, Urbain septiesme, Innocent neufiesme de très-heureuse memoire, et Clement huictiesme, aujourd'huy regnant en l'Eglise, un des plus grands pasteurs et de la plus saincte et exemplaire vie qui eust esté de long temps, outre les autres rares vertus et perfections de prudence, de doctrine, de clemence et justice qui estoient en luy, avec une admirable sollicitude au salut et grandeur de ce royaume, et qui estoit florentin de nation, tel qu'il sembloit avoir esté desiré de beaucoup, sous espoir qu'il ne suivroit la mesme voye, comme si la verité, qui estoit inseparablement conjoincte audict Sainct Siege, s'y pouvoit trouver differente et contraire.

Quant aux exemples des prophetes, qu'on disoit ne s'estre jamais opposez aux roys par voye de faict et par seules remonstrances, ce n'estoit pas simple remonstrance ce que Elie a faict d'assembler les estats pour faire mourir tous les prophetes de Baal, faire mourir ceux qui estoient de la part du Roy pour le venir querir, et autres semblables traicts remarquez en l'Escriture, dont il estoit loué d'avoir ainsi resisté à Achab et Jezabel, et estoit dict de luy par honneur en l'Ecclesiastique, *Qui dejecisti reges ad perniciem, etc.*, qui as faict tomber les roys en ruyne et les glorieux de leur siege, et as brisé leur puissance : et derechef estoit dict de luy qu'en ses jours il n'avoit point craint les princes, et n'avoit encores ouy dire qu'il eust esté conseiller d'Estat du roy Achab.

Estoit-ce remonstrance ce que Elisée avoit faict, conseillant et commandant à Jehu d'exterminer Achab et toute sa famille, et ne faire aucune paix avec luy, et sans aucun respect et consideration de la dignité royale, et lors que

Joram luy presentoit la paix, il avoit respondu : *Quæ pax? adhuc durant fornicationes Jezabel matris tuæ, et veneficia ejus multa vigent* (1)?

Estoit-ce respect et recognoissance que Elisée portast au roy Joram, quand il ne luy voulut pas seulement parler, luy disant que si ce n'eust esté pour le respect de la presence de Josaphat, qu'il n'eust daigné le regarder?

A ce qu'on disoit que les saincts peres n'avoient parlé avec mespris et deshonneur des princes de leur temps qu'après leur mort, on pouvoit bien voir ce qui en estoit par leurs livres et invectives; et mesme sainct Hilaire, à fin que ceste liberté d'en parler ainsi ne fust mal prinse, disoit que *non erat temeritas, sed fides; non inconsideratio, sed ratio; non furor, sed fiducia; non contumelia, sed veritas* (2). Qu'on n'avoit respondu aux defections d'Edon, de Lobna et autres exemples, et que la responce à celuy des Machabées estoit un peu estrange, estans les chrestiens trop asseurez que les evenemens bons ou mauvais n'estoient certains argumens de la justice de la cause, et que si un Pharaon, un Antioche et autres tyrans avoient eu quelquefois du meilleur, qu'il ne s'ensuivoit pas que Dieu approuvast leur party; qu'il se failloit humilier à supporter tout ce qui venoit de la main de Dieu, fust-ce perte ou victoire, mais ce pendant que l'acte estoit loué et representé à la posterité pour exemple. Au lieu allegué de l'epistre des Corinthiens respondit qu'il ne se pouvoit trouver un lieu plus exprès en l'Escriture en leur faveur; car sainct Paul monstroit qu'en la defense qu'il avoit fait de converser et s'entremesler parmy les idolatres et mal vivans, il n'entendoit pas y comprendre tous les payens, et qui n'avoient faict profession de la foy chrestienne, tant pour estre lors chose malaysée, que par ce que telle hantise et conversation n'estoit si dangereuse et defenduë : *Quid enim mihi* [*inquit*] *de his qui foris sunt judicare?* Mais, quand à ceux qui avoient donné la foy à l'Eglise, il defendoit de ne manger pas seulement avec eux, et les exterminer et retrancher du milieu d'eux; joint que les princes chrestiens recevoient leurs sceptres, à la charge de les soubsmettre au service et obeyssance de l'Eglise. Et ce lieu pouvoit servir encores de response aux exemples tirez avant des roys et empereurs qui avoient esté recogneus par les premiers chrestiens, qui ne pouvoient estre tenus pour deserteurs de la foy, laquelle ils n'avoient encores point receuë. Davantage, que si leurs par après ils avoient souffert telles dominations, voire mesme des princes heretiques, comme Constance et Valens arriens, Julian apostat, Anastase eutychien, Heraclius, Constantin Copronime et autres, ce n'estoit faute de droict et d'authorité à l'Eglise, mais faute de force et puissance temporelle, estant plustost disposée au martyre qu'à s'opposer aux princes, [illegible] qu'elle estoit en sa naissance et en [illegible] se lamentoit, disant : *Quare fremuerunt gentes, et adstiterunt reges terræ, etc.* Mais, quand elle avoient veu quelque lieu ouvert à leur puissance, ou avec le profit et utilité de l'Eglise, ou sans la ruyne et detriment du peuple catholique, elle n'avoit point manqué à son devoir, et avoit accompli le surplus de la prophetie, *Reges eos in virga ferrea; et nunc reges intelligite, etc.*, comme les evenemens le monstrent assez. Mais que pouvoit-elle faire lors qu'elle voyoit les Ostrogots en Italie, les Visigots en Espagne, les Vandales en Afrique? Et encores, [illegible] foiblesse et au feu des persecutions, les catholiques n'avoient jamais manqué de [illegible] que tesmoignage de leur volonté et [illegible] contre les princes ennemis de l'Eglise. [illegible] n'estoient en ces termes, et les forces du roy de Navarre n'estoient si grandes qu'ils fussent contraints de ployer sous le joug de sa domination, ny eux destituez de moyens pour luy faire resistance.

L'authorité de sainct Ambroise qui estoit rapportée au canon Julianus portoit sa [illegible] à sçavoir que les chrestiens obeyssoient aux empereurs, pourveu qu'il n'y allast de l'honneur de Dieu, et que ceste obeyssance ne prejudiciast à celle qui estoit deuë à Dieu, comme pour le faict de la religion ou autre chose commandée de Dieu. Aussi quand il leur estoit commandé de faire la guerre aux chrestiens, ils n'avoient garde d'y obeyr, comme font aujourd'huy les catholiques, qui, sans aucune difficulté, se sont armez contre leurs propres freres qui s'opposoient, suivant le commandement de Dieu, à la domination de l'heresie. Le concile de Latran contenoit admonition aux princes d'exterminer les heretiques de leurs terres; mais n'y ayant esté satisfaict après la denonciation de l'Eglise, les peines contenues en iceluy estoient declarées. Icy non seulement il y avoit denonciation de l'Eglise, mais condemnation, non exhortation de fuir un heretique, mais declaration de ne le

(1) Quelle paix! les débauches de votre mère Jézabel durent encore, et les poisons qu'elle répand ont conservé toute leur force.

(2) Il n'y avoit point de témérité, mais de la bonne foi; point d'imprudence, mais de la raison; point de fureur, mais une noble confiance; point d'injures, mais la vérité.

tenir pour leur chef et protecteur. Que si Berengarius avoit esté condamné souvent, ce n'estoit pas que les conciles fussent assemblez pour luy, car on sçavoit bien que l'Eglise n'avoit pas de coustume de convaincre les heretiques en particulier, et suffisoit que leurs heresies fussent generalement condamnées. Mais en autant de conciles qui avoient esté tenus de son temps, son heresie, que depuis Calvin a suscité, estoit tousjours detestée comme celuy de Rome et de Verceil tenus sous Leon neufiesme, celuy de Tours sous Victor second, le dernier à Rome sous Nicolas deuxiesme, auquel de son mouvement il avoit abjuré ses erreurs et allumé un feu pour brusler ses livres, et encores estoit-il revenu à son vomissement; qu'en ce crime d'heresie, qui estoit de leze-majesté divine, tout privilege et acception de personnes cessoit, voire estoit plus considerable aux princes, d'autant qu'ils estoient plus obligez à la defence de l'Eglise, et pour le danger plus grand que la suitte de leur crime apportoit, qu'à une personne privée et sans authorité; moins encores doubter si celuy qui en estoit attaint et convaincu devoit estre tenu pour heretique, vu que, après le jugement de l'Eglise et condemnation d'une heresie, elle ne pouvoit estre suivie sans obstination et pertinacité, estant vray heretique celuy qui croit contre la foy et determination de l'Eglise catholique, apostolique et romaine, ou qui revoque en doute ce qu'elle a defini, comme dit le mesme sainct Augustin; ce que le roy de Navarre ne faisoit seulement, mais defendoit ceste heresie par armes, et en estoit depuis long-temps le chef et protecteur; que si les loix civiles mesmes reputoient heretiques ceux *qui vel levi argumento, à judicio et recto tramite catholicæ religionis deflectunt* (1), que diroient-elles de ceux qui en tout et par tout contredisent à l'Eglise catholique, lesquels, selon le jugement des anciens peres, ne pouvoient mesmes estre appellez chrestiens? Et, pour le regard de l'instruction, il n'avoit jamais eu et n'avoit encores faute de prelats et docteurs pour se faire instruire et recevoir les enseignemens necessaires.

La response aux lois civiles et canoniques, qu'elles n'avoient lieu que contre les heresiarques et ne comprenoient la personne des princes, estoit contre le texte et la teneur d'icelles, qui non seulement condamnoient les autheurs, mais les fauteurs, adherans et complices, et affectoient les princes aux mesmes peines, sans respect de qualité, dignité et condition quelconque, comme le danger y estoit beaucoup plus grand, et que les subjets audit cas estoient absous de l'obligation et serment de fidelité, et ne se trouvoit qu'il y eust autre voye de salut pour les roys que pour les autres personnes privées; que la loy qui regardoit la conservation de la religion catholique, apostolique et romaine en ce royaume estoit la souveraine, qui avoit jetté les fondements de sa grandeur, et l'avoit fait reluire par dessus tous autres empires, de consequent que les autres loix luy devoient ceder comme inferieures, mesmement estant inseparablement conjointe avec la loy et ordonnance de Dieu, et les autres temporelles et humaines, qui, pour beaucoup moindre occasion, avoient souvent esté changées, voire en cest Estat. Aux dangers du changement de religion repliquoit qu'il estoit d'autant plus à craindre en France que l'authorité royale y estoit plus reverée, et que les François, legers et amateurs de nouveautez, s'y laisseroient aysement aller, et sur tout les courtisans, qui pour avoir credit seroient tousjours de la religion du Roy et de la cour. Pour ce qui estoit de l'invitation, ou pour n'avoir esté bien entendu, ou faute de n'avoir eu la grace de se bien expliquer, repeteroit encores les raisons pour lesquelles ils n'y pouvoient ny devoient entendre : premierement, pour ne se departir des mandemens du Sainct Siege et bulles de Sa Saincteté, qui estoit un des fondemens de leur cause, autrement leur seroit imputé qu'ils s'en servoient ou la rejettoient selon qu'elle leur sembloit utile; d'avantage, pour ne contrevenir à leur serment s'ils entroient en aucun traicté et conference avec l'heretique, et pour ne faire aucune ouverture de recognoissance, à quoy ils avoient souvent protesté ne pouvoir ny vouloir entrer en aucune sorte. Qu'il y avoit eu cy-devant beaucoup d'occasions, qui les eust voulu embrasser, pour penser à la conversion qu'on avoit negligé, mesmes au temps de grandes prosperitez, et avoit-on bien pris loisir d'entendre à choses qui n'estoient si importantes que le salut de l'ame. Et quant aux derniers estats, cela avoit déjà esté resolu de n'user plus de telles semonces et invitations. Les prioit de croire qu'ils ne s'estoient meslez de la legation du sieur Pisany pour l'avancer ny pour la traverser, et que les memoires des sieurs evesque de Lisieux et des Portes n'en avoient esté aucunement chargez, mais que Sa Saincteté, pour le grand zele qu'elle avoit à l'honneur de Dieu, et jalousie à ce qui pouvoit apporter prejudice à la cause de la religion, de son propre mouvement avoit usé de la procedure qu'on avoit veu, qui estoit un bel exemple et

(1) Qui même, par un léger sophisme, s'écartent de la voie tracée par la religion catholique.

une vive exhortation aux catholiques pour leur faire apprehender le peril où ils estoient, donnans faveur et assistance aux heretiques.

M. de Bourges, avec ses condeputez, se retira à part pour conferer avec eux de la response qu'il faudroit faire, et demeura jusques environ les trois heures; et après, estans revenus en l'assemblée, ledit sieur archevesque leur dit que chacun allegoit divers exemples, et se servoit de l'authorité des Escritures pour preuve de ses opinions, et la retorquoit en divers sens, mais qu'on en pouvoit avoir l'intelligence, invoquant l'esprit de Dieu, qui le donnoit à ceux qui le demandoient, et imprimoit en leur ame la cognoissance de la verité: *Intellectum bonum dat petentibus eum* ; comme au sujet qui se traictoit de la recognoissance ou rejection des princes; car la voix de Jesus-Christ et de ses apostres estoit evidente, et la predication continuelle des chrestiens qu'il falloit craindre Dieu, honorer le Roy, rendre à Dieu ce qui luy estoit deu, et à Cesar ce qui luy appartenoit; que toute ame devoit estre sujette aux puissances ordonnées de Dieu, autrement que c'estoit resister à sa volonté et troubler l'ordre et tranquillité publique; que les desobeyssances avoient toujours esté suivies de vengeances et punition de Dieu, et de toute sorte de malheurs et infelicitez, et allegua plusieurs autres lieux semblables qui recommandoient expressement l'honneur, obeyssance et respect envers les roys et magistrats, ores qu'ils fussent payens et meschants, consideré que Dieu les establissoit selon son bon plaisir et selon les merites ou demerites des peuples. Aussi il dit qu'ils ne se vouloit arrester plus longuement à contredire les lieux et exemples alleguez, qui ne pouvoient empescher de se resoudre à ce qui estoit commandé par l'expresse parole de Dieu; mais en ce qu'on leur avoit opposé l'authorité et le jugement des papes, c'estoit un rocher auquel il n'avoit voulu heurter. Et quant à luy [qui parloit], ores qu'en absence il baisoit en toute humilité et reverence les pieds de Sa Saincteté, si est-ce qu'il croyoit que les papes estoient longtemps y a possedez par les Espagnols, et, quoy que leur intention fust bonne, ils estoient si craintifs et avoient telle peur d'offenser le roy d'Espagne, qu'ils estoient contraints de se laisser emporter aux passions qu'il avoit de nous troubler: que cela se pouvoit bien voir par les procedures par eux faictes sur les affaires de France, et par les bulles par eux envoyées et publiées, sans garder l'ordre et formalité qui y estoit necessaire, pour favoriser les desseins d'Espagne. Ce n'estoit pas le moyen de ramener les princes qui estoient desvoyez au sein de l'Eglise. Les anciens papes alloient [illegible] devant les rechercher avec tout respect, comme le pape Anastase, qui estoit allé [illegible] Justin. Jean estoit allé jusques à Constantinople trouver Justinian pour le retirer de quelque erreur eutichienne. Que telles rigueurs et censures implacables ne servoient qu'à mettre le feu en la chrestienté, perdre et ruyner les royaumes, comme de nostre temps on avoit veu ceux d'Angleterre et de Hongrie. Esperoit de voir le saint Siege remis en tel estat qu'il se comporteroit comme mediateur et pere commun de la chrestienté, et monstreroit l'effect de la bien-veillance qu'il a toujours portée à ceste couronne.

Au demeurant, que le Roy estoit un grand prince et genereux, en la fleur de son aage, qui estoit non seulement pour gouverner son royaume et le defendre contre les estrangers, mais se rendre redoutable à ses voisins, et si on avoit remedié à ce defaut, seroit un grand appuy pour la defense de l'Eglise. Au contraire, de faire fortune sur le secours et promesses du roy d'Espagne, c'estoit s'appuyer *parieti inclinato et materiæ depulsæ*, estant vieux et caduque, qui lairroit au milieu de la tempeste ceux qu'il auroit embarquez. Et, pour respondre plus particulierement aux bulles, disoit qu'elles n'avoient jamais esté signifiées, et pouvoit dire n'en avoir eu aucune notice; pouvoit bien aussi mettre en avant le privilege de ceste couronne, qui ne touchoit seulement les roys de ne pouvoir estre excommuniez, mais encores, pour leur respect, les princes, leurs domestiques et officiers du royaume.

Touchant les lettres de l'ambassadeur d'Angleterre mentionnées, ce pouvoient estre choses supposées par des ennemis particuliers de Sa Majesté, et pour calomnier la droite intention de ceux qui avoient envoyé le sieur marquis de Pisani.

Revint à l'invitation, et dit que leur intention n'estoit pas que cela tirast long traict, mais qu'aussi tost demandé, aussi tost seroit il accordé: *modò constat, modò agatur;* toutesfois n'y vouloit plus insister, les voyant tout alienez de ce chemin. Entra en quelque response sur les lieux alleguez, et dit, quand aux exemples d'Edon et Lobna, que c'estoit de petites defections et de peu d'importance, mais qu'on ne voyoit point de revoltes generales de tout l'Estat, comme pouvoit estre celle de Jeroboam et des dix tributs, laquelle aussi n'estoit approuvée. Confessoit veritablement qu'il y avoit eu quelques mouvemens en Grece contre les empereurs iconoclastes, mais qu'il y en avoit bien au contraire en plus grand nombre conforme à l'authorité de l'Escriture et aux enseignemens des saincts peres. Sur ce qu'on avoit dit de Joram, qu'il n'avoit esté ensevely au sepulchre de ses peres, c'estoit contre le texte du livre des Roys, et demenda qu'on apportast le livre. L'archevesque de Lyon respondit lors n'avoir allegué ledit lieu, mais l'authorité de Josephe qui l'attestoit ainsi. Et voulant reprendre son discours pour repliquer à ce qui avoit esté dit par M. de Bourges, disant que c'estoient des oppositions vulgaires ausquelles il vouloit y apporter les responses accoustumées, il fut interrompu par ledit archevesque de Bourges et ses condeputez, disant que c'estoit assez disputé, et qu'il faudroit d'oresnavant prendre quelques resolutions. Et toutesfois la fin de ce discours fut un commencement d'une grande dispute entre eux sur ce qui avoit esté dit de l'obeyssance des roys, de l'authorité et puissance des papes, des libertez et privileges de l'Eglise Gallicane, mesmes sur celuy qui exemptoit les roys, princes et officiers de ce royaume, de pouvoir estre excommuniez, les uns soustenans d'une façon, les autres d'autre. Puis après on tomba sur les arrests de Tours et de Chaalons, dont lesdits deputez de l'union s'en plaignoient, disans qu'ils avoient apporté de grands scandales à toute la chrestienté, et que ce n'estoit la pieté des anciens François, et la reverence qu'ils avoient tousjours portée au Sainct Siege. Les royaux leur respondirent que c'estoient choses ordinaires, et que ce n'estoient pas les premiers arrests qu'on avoit veus de ceste sorte; que l'occasion en estoit parce que le Pape parloit de proceder à l'eslection d'un roy, qui estoit ouvrir la porte aux estrangers pour l'usurper, et y mettre le feu pour le perdre et consommer, et que ce n'estoit point en France qu'il falloit parler d'eslire ou rejetter des roys. Ceux de l'union repliquerent qu'il ne falloit trouver cela si nouveau, qu'il avoit esté si souvent practiqué pour beaucoup moindre occasion que pour le fait de la religion en tous les royaumes de la chrestienté, et fort souvent en Grece pour l'heresie, et que c'estoit la cause de la translation de l'Empire en Occident, et mesmes en France qu'il y en avoit quelques exemples qu'on pouvoit voir en l'histoire, mesmes aux mutations des trois races, mais qu'il seroit bien plus nouveau de voir un heretique recognu pour un roy de France. Les royaux leur repliquerent que les exemples de Chilperic, de Pepin, Loys, Carloman, Eudes, Hues Capet, c'avoient esté menées et practiques, et qu'aucun ne doutoit que la couronne de France ne fust hereditaire. « Messieurs, leur dirent-ils, advisez bien avant que faire vostre pretendue eslection, car le Roy ne s'enfuira point pour faire place à celuy que vous aurez esleu, et ne manquera ny de courage ny d'amis pour defendre ce que Dieu et la nature luy ont acquis. » Le discours et debat eust esté suivy plus avant si l'heure qui estoit dejà ford tarde ne les eust interrompus.

Le 10 de ce mesme mois se tint la sixiesme seance; mais les deputez de l'union ne purent arriver à Suresne que sur le midy, pour ce que, le matin de ceste journée là, ils firent le rapport de ce qu'ils avoient faict en ladite conference à M. de Mayenne, qui fut ce jour là tenir son rang en leur pretendue assemblée d'estats. L'autheur qui a descrit ceste assemblée dit qu'elle se tenoit dans la chambre royale du Louvre, en laquelle M. de Mayenne estoit sous un dais de drap d'or, et à ses costés, dans des chaires de velours cramoisy avec passements d'or, estoient le cardinal de Pelvé, les ducs de Guyse, d'Aumale, d'Elbeuf, les ambassadeurs des ducs de Lorraine et de Mercœur, les sieurs de La Chastre, de Rosne, de Villars, de Belin, d'Urfé, et autres seigneurs, les deputez des trois ordres des villes de ce party-là, ceux de la cour de parlement et de la chambre des comptes qui restoient à Paris, et le conseil d'Estat dudit duc de Mayenne, lesquels estoient tous assis selon leur rang; et au devant dudit sieur duc estoient à une table ses secretaires et ceux de ladite assemblée. On remarqua lors que, se voulans dire l'assemblée des estats generaux de France, il n'y avoit nul prince du sang, nul officier de la couronne, ny nul premier president des cours souveraines pourveus du vivant des feux roys, ains ceux qui y estoient et se disoient officiers de la couronne avoyent esté creez par M. de Mayenne, comme eux l'avoient creé lieutenant general de l'Estat. Aussi ce fut pourquoy M. l'archevesque de Bourges, dez le premier jour de ladite conference à Suresne, prit avec ses condeputez le costé droict, disant à ceux de l'union : « Nous sommes catholiques comme vous, mais nous avons de plus que nous sommes deputez de tous messieurs les princes du sang et de tous les anciens officiers de la couronne qui ont maintenu le droict de la succession et l'Estat royal. » On remarqua encores que, suyvant l'ordre accoustumé en France ez assemblées d'estats, les princes sont tousjours assis sur des bancs endossez et couverts de velours violet semez de fleurs de lys d'or, les piliers de la sale couverts de mesme, bref, qu'on n'y voit de tous costez que fleurs de lys, et au contraire en ceste cy il ne s'y en voyoit point; ce qui donna depuis subject à quelques-uns de faire des livrets de risée de ladite assemblée, qui ont assez couru par la France.

Ledit dixiesme jour donc après midy, les deputez de la conference s'estans mis en ordre pour traicter, M. de Bourges dit qu'il estoit temps d'ouvrir les cœurs et monstrer franchement ce qui estoit dedans par les paroles, indices de l'ame et tesmoins de nos intentions, et partant que s'estant eux assez ouverts, prioient lesdits deputez de l'union d'en faire de mesme. M. l'archevesque de Lyon respondit qu'ils s'estoient assez clairement interpretez, que leur seul but et sujet en ceste conference ne tendoit que par une bonne reunion entre les catholiques asseurer la religion et conserver l'Estat, et le restablir en son ancienne pieté et tranquillité, et en tout et par tout se conformer à l'advis et authorité de nostre Sainct Pere, ne se voulans jamais despartir de l'alliance du Sainct Siege. « Mais, dit M. de Bourges, que nous respondez-vous sur la conversion du Roy? ne nous voulez vous pas ayder à le faire catholique? — Pleust à Dieu, respondit l'archevesque de Lyon, qu'il fust bien bon catholique, et que nostre Saint Pere en pust estre bien satisfait! nous sommes enfans d'obeyssance, et ne demandons que la seureté de nostre religion et le repos du royaume. — Messieurs, repliqua M. de Bourges, ne nous faites pas faire de si longs voyages; il y a tant de montaignes à passer, tant de remores pour arrester le navire, que ceste voye nous seroit trop longue et trop perilleuse. Toutesfois, puisque je vois que vous en estes logé là, je vous prie de me permettre que j'en consulte avec messieurs mes condeputez. » Ce qu'ayant fait, et tost après revenus à la salle commune, il leur dit : « Nous ne pouvons vous faire de plus amples ouvertures sans avoir communiqué avec ceux qui nous ont envoyez; c'est pourquoy nous demandons quelques jours pour les en advertir. » Ceux de l'union remirent cela à leur arbitre, et par ensemble s'accorderent de se retrouver le vendredy prochain audit Suresne, et que cependant la surceance d'armes seroit continuée.

Les sieurs de Scombert et de Revol [deux desdits sieurs deputez royaux] eurent la charge d'aller à Mantes au conseil du Roy faire rapport de tout ce qui s'estoit passé en ceste conference, et de leur apporter l'intention de Sa Majesté et de son conseil. Ils furent un peu plus long temps qu'ils ne pensoient, pour ce que le Roy declara lors son intention sur sa conversion. Lesdits sieurs de Scombert et de Revol retournez à Suresne, l'assemblée fut assinée au lundy dix-septiesme. Ceux de l'union s'y rendirent. En ceste seance M. l'archevesque de Bourges, ayant un visage joyeux, dit avec beaucoup d'affection :

« Messieurs, nous avons donné compte là où

d'adviser par ensemble aux moyens d'asseurer la religion catholique et l'Estat. Nous vous avons dit que nous n'en cognoissons autre selon Dieu et l'ancienne et continuelle observance du royaume, ny par raison d'Estat, qu'en la personne du roy appellé à la couronne par droict successif qui est sans controverse, et lequel ne nous aviez nyé, comme aussi nous croyons que vous jugez que personne n'en peut debattre ne disputer avec luy. Vous y arguez seulement le defaut d'une qualité que nous desirons comme vous pour reunir les cœurs et volontez de ses sujets en un mesme corps d'Estat sous son obeyssance. Nous ne l'avons seulement desiré pour le zele et devoir que nous avons en nostre religion, mais aussi tousjours esperé, veu son naturel où nous n'avons jamais cognu aucune opiniastreté, que Dieu luy toucheroit le cœur, et l'inspireroit à donner ce contentement au commun souhait de tous catholiques. Si le temps a esté long, le malheur des continuelles guerres où l'on l'a tenu occupé en est l'excuse trop legitime: toutesfois nos vœux et prieres n'ont en cela esté ce pendant du tout vaines; il est fleschy jusques là d'en vouloir prendre les moyens, et mesme tels que ses principaux serviteurs luy ont voulu conseiller. En quoy ils ont voulu faire l'honneur à nostre sainct pere le Pape qui convient à sa dignité, pour rendre sa personne et son pontificat remarquable du plus grand heur qu'ayent eu de plusieurs siecles aucuns de ses predecesseurs: et, pour maintenir ce royaume tousjours uny avec le Sainct Siege et les autres Estats catholiques, chacun sçait l'ambassade qui a esté envoyée vers Sa Saincteté pour cest effect. Ce n'est pas qu'on ne sçache qu'il y a autres voyes pour y proceder, et de cela nous n'avons esté discordants en opinions avec vous. Et puis que l'on void l'attente du remede desiré et recherché de Sa Saincteté, trop longue et consequemment prejudiciable au bien de ce royaume, joint que nul ne peut pas ignorer les traverses et empeschemens qui y sont donnez, ny de quelle part, pour rendre nostre mal plus long, qu'il pourroit en fin devenir incurable, les mesmes qui avoient donné ce conseil de prendre la voye de Rome l'ont tourné de prendre le remede à nos maux qui est dans le royaume, en ce qui touche la conversion de Sa Majesté, ne laissant toutesfois d'avoir tousjours intention de rendre l'honneur et la submission à Sa Saincteté qui luy appartient. Et comme Sa Majesté s'estoit fleschie au premier advis, elle a volontiers embrassé ce second. Ayant resolu de convoquer auprès de soy un bon nombre d'evesques et autres prelats et docteurs catholiques pour estre instruict et se bien resoudre avec eux de tous les points concernans la religion catholique, les despesches en ont esté faictes avant que lesdits sieurs de Schombert et Revol soient partis de Mantes. Elle a outre ce resolu de faire en mesme temps une assemblée du plus grand nombre que faire se pourra des princes et autres grands personnages de ce royaume, pour rendre l'acte de son instruction et de sa conversion plus solemnelle et tesmoignée dans le royaume et parmy toutes les nations chrestiennes. Ainsi, messieurs, ce que nous vous avons cy devant dit que nous esperions touchant sadite conversion, nous ozons et le pouvons à present asseurer, comme le sçachant par si exprez, par la declaration que Sa Majesté a fait aux princes, officiers de sa couronne et autres seigneurs catholiques qui sont près d'elle, et eux à nous, par ce que lesdits sieurs Schombert et Revol nous ont apporté de leur part, qu'il ne nous peut plus demeurer aucune occasion d'en douter, y estant Sa Majesté resolue, non comme à chose qui depend du succez et evenement de ceste conference, mais pour avoir cogneu et jugé estre bon de le faire. Nous sommes très-ayses de vous pouvoir donner ceste nouvelle, croyans que vous la recevrez pour bonne, selon ce que nous avons cogneu de vos cœurs et intentions, et esperons aussi que vous ne ferez plus de difficulté de traicter des conditions et moyens de la paix, avec la seureté de la religion catholique et de l'Estat, qui est la fin pour laquelle ceste assemblée a esté faicte et accordée. Nous n'entendons vous presser d'entrer pour ceste heure en traicté avec Sa Majesté; mais il nous semble que vous le pouvez et devez faire sans scrupule avec les princes et seigneurs catholiques que nous representons; autrement seroit en vain que vous avez accepté l'offre et semonce qu'ils vous en ont faicte, et le pouvoir que nous en avons de leur part, après en avoir eu coppie et communication d'iceluy. Ce sera pour gaigner temps et commencer de se rapprocher de la reunion à laquelle il nous faut venir, si nous n'aymons mieux rendre les estrangers maistres de nos biens et moyens que les posseder nous mesmes. Et neantmoins, pour ne vous engaiger plus avant que ce que vous voudrez en ce qui touche le Roy, vous pourrez reserver, s'il vous semble, que rien ne sera effectué de ce qui seroit accordé jusques à ce qu'il soit catholique. Et, à fin que son instruction ne soit interrompue ny empeschée pour les occupations de la guerre, Sa Majesté est contente d'accorder une treve generale pour deux ou trois mois, encores qu'elle cognoisse bien qu'elle puisse porter beaucoup de prejudice à ses affaires; ce que nous estimons devoir estre d'autant plus volontiers embrassé de vostre part, que, avec le bien que apportera ce bon œuvre, chacun pourra faire sa recolte en liberté, et sera un grand heur pour tous s'il plaist à Dieu nous donner la paix, et qu'elle nous trouve pourveus des fruicts que l'on aura serré par le moyen de ladite treve : ce qui n'adviendra si l'on ne met ce temperament au desordre de la guerre. »

Après que M. de Bourges eut dit ce que dessus, l'archevesque de Lyon respondit qu'il pensoit que messieurs ses condeputez le dispenseroient de dire qu'il estoit bien aise de la conversion du roy de Navarre, et en loüoit Dieu, et desiroit qu'elle fust vraye et sans fiction, et pria de trouver bon qu'il prinst advis de sa compagnie pour faire response : ce qu'ayant fait, et, après avoir long temps consulté et deliberé, ledit archevesque de Lyon, avec plus de vehemence que de coustume, dit aux royaux qu'il leur rendoit nouveau tesmoignage, et pour ses condeputez et pour luy, du plaisir et contentement qu'ils avoient de la conversion du roy de Navarre, desirans qu'elle fust bonne et saincte, mais qu'ils leur laissoient juger quelles asseurances et conditions on pouvoit prendre en affaire de telle consequence; qu'il ne vouloit entrer en discours des moyens que les princes, une fois recognus, avoit de se desmeler des promesses qu'ils avoient données, et des maximes d'Estat qui estoient receuës sur ce subjet; que l'histoire ecclesiastique n'estoit qu'une narration du succez de pareilles promesses et evenemens, ce qui leur devoit servir de miroir et exemple pour en faire certain jugement; mais que, pour leur monstrer ce qu'ils pouvoient esperer de telles conversions, promesses et seuretez, ils leur vouloient bien monstrer ce qu'ils avoient receu depuis deux jours en çà, avec extreme regret. C'estoient des lettres patentes expediées par le roy de Navarre, portans assignation de six vingts mille escus pour l'entretenement des ministres et escholiers en theologie, avec l'estat de la distribution, et qu'ils estoient fort esbahis comme ceux qui estoient catholiques pouvoient veoir cela, et y participer sans apprehension d'en estre grandement coulpables devant le jugement de Dieu; que c'estoit pour envenimer non seulement le royaume, mais pour infecter toute la chrestienté du venin de l'heresie, à la perte d'un nombre innumerable d'ames. Ceux de l'union, parlant lors presque tous ensemble, estimans avoir trouvé un grand subject, dirent beaucoup de paroles sur cela. Les royaux pour leur respondre requirent d'en conferer ensemble; ce qu'ayant faict, ledit sieur archevesque de Bourges demanda à ceux de l'union d'estre ouy, et leur dit que veritablement ceux de ceste religion [illegible] partuné le Roy d'accorder [illegible] en avoit esté parlé au conseil, [illegible] de Revol et autres sçavoient bien [illegible] dinal de Bourbon et luy qui [illegible] empesché, et remonstré au Roy [illegible] seroit prejudiciable à son service, et [illegible] solu de ne l'accorder, et ne sçavoit comme depuis il estoit passé, et croyoit que lesdites patentes estoient de l'année 1591. Alors [illegible] l'union luy repliquerent qu'il y en avoit [illegible] de l'année presente, qui estoient signées, [illegible] n'estoient encore scellées. A ces paroles [illegible] cognurent qu'ils n'avoient faict ceste question que pour trouver quelque subject pour [illegible] la conversion de Sa Majesté; ce que [illegible] leur remonstrerent qu'il falloit [illegible] dier à cela tous ensemble pour ne [illegible] malheurs et crainte de veir encore pis, [illegible] aussi de faire que la susdite proposition [illegible] considerée en leur assemblée de Paris. Sur le point du depart, le sieur de Revol la donna [illegible] mesmes par escrit à un desdits [illegible] nion pour la communiquer à ses autres condeputez.

De ceste proposition ainsi faicte par M. de Bourges touchant la conversion du Roy, [illegible] lée par escrit à ceux de l'union, plusieurs copies en furent divulguées par toute la France. En mesme temps le Roy rescrivit aussi à [illegible] prelats et docteurs ecclesiastiques, [illegible] qui tenoient son party que de ceux [illegible] Voicy la teneur de la lettre.

« Monsieur, le regret que je porte des miseres où ce royaume est constitué par aucuns qui, sous le faux pretexte de la religion duquel ils se couvrent, ont enveloppé et traisnent lié avec eux en ceste guerre le peuple [illegible] mauvaises intentions, et le desir que [illegible] cognoistre envers mes bons subjects [illegible] la fidelité et affection qu'ils ont [illegible] continuent chaque jour à mon service, [illegible] les moyens qui peuvent dependre de moy, m'ont fait resoudre, pour ne leur laisser aucun scrupule, s'il est possible, à cause de la diversité de ma religion, en l'obeyssance qu'ils me rendent, de recevoir au plustost instruction sur les differens dont procede le schisme qui est en l'Eglise, comme j'ay tousjours fait cognoistre et declaré que je ne la refuseray, et n'eusse tant tardé d'y vacquer sans les empeschemens notoires qui m'y ont esté continuellement donnés. Et, combien que l'estat present des affaires m'en pourroit encores justement dispenser, je n'ay toutesfois voulu differer d'avantage d'y entendre. Ayant à ceste fin advisé d'appeller un nombre de prelats et docteurs catholiques par les bons enseignemens desquels je puisse, avec le repos et satisfaction de ma conscience, estre esclaircy des difficultez qui nous tiennent separez en l'exercice de la religion, et d'autant que je desire que ce soient personnes qui, avec la doctrine, soient accompagnez de pieté et preud'hommie, n'ayant principalement autre zele que l'honneur de Dieu, comme de ma part j'y apporteray toute sincerité, et qu'entre les prelats et personnes ecclesiastiques de mon royaume, vous estes l'un desquels j'ay ceste bonne opinion, à ceste cause je vous prie de vous rendre près de moy en ceste ville le quiziesme jour de juillet, où je mande aussi à aucuns autres de vostre profession se trouver en mesme temps, pour tous ensemble rendre à l'effect les efforts de vostre devoir et vocation, vous asseurant que vous me trouverez disposé et docile à tout ce que doit un roy Très-Chrestien, qui n'a rien plus vivement gravé dans le cœur que le zele du service de Dieu et manutention de sa vraye Eglise. Je le supplie, pour fin de la presente, qu'il vous ait en sa saincte garde. Escrit à Mantes, ce dix-huictiesme jour de may 1593.

« HENRY. »

Ceste lettre receuë par ceux ausquels le Roy l'envoya, ils se rendirent incontinent auprès de Sa Majesté. Entr'autres sortirent de Paris les docteurs Benoist, curé de Sainct Eustache, Chavignac, curé de Sainct Suplice, et de Morenne, curé de Sainct Merry, lequel depuis est mort evesque de Sez, et ce, nonobstant les deffences que fit publier le cardinal de Plaisance, ainsi que nous dirons cy après.

Or cependant ceux de la religion pretenduë reformée qui estoient lors en la cour, ayant, dez le commencement de ce mois de may, augmenté la crainte qu'ils avoient eu de long temps que le Roy quitteroit leur religion, firent plusieurs discours familiers sur ceste conversion et sur la conference qui se faisoit à Suresne, ce qu'ils faisoient par assemblées particulieres; quelques ministres en parlerent en leurs presches. Sa Majesté, advertie de cela, fit appeler lesdits seigneurs de ceste religion et les ministres qui estoient en cour, et les fit assembler par trois fois devant luy : M. le mareschal de Boüillon s'y trouva aux deux premieres fois. A la derniere, le Roy leur ayant dit la resolution de sa conversion, le ministre La Faye luy dit assez timidement: « Nous sommes grandement desplaisans, Sire, de vous voir arracher par violence du sein de nos eglises : ne permettez point, s'il vous plaist, qu'un tel scandale nous advienne. » Le Roy luy fit responce : « Si je suyvois vostre advis, il n'y auroit ny roy ny royaume dans peu de temps en France. Je desire donner la paix à tous mes subjets et le repos à mon ame ; advisez entre vous ce qui est de besoin pour vostre seureté, je seray tousjours prest de vous contenter. »

Sur la plainte qu'ils firent que l'on pourroit traiter à la conference de Suresne quelque chose contr'eux ou à leur prejudice, les princes et seigneurs catholiques du conseil du Roy leur firent la promesse suyvante :

« Nous princes, officiers de la couronne, et autres sieurs du conseil du Roy sous-nommez, voulans oster à ceux de la religion dite reformée toute occasion de doubter qu'au traicté qui se fait de present à Suresne entre les deputez des princes, officiers de la couronne, catholiques recognoissans Sa Majesté, par sa permission, et les deputez de l'assemblée de Paris, soit accordé aucune chose au prejudice de ladite religion dite reformée, et de ce qui leur auroit esté accordé par les edicts des defuncts Roys, attendans la resolution qui pourra estre prise pour le restablissement et entretenement du repos de ce royaume, avec l'advis des princes, seigneurs, et autres notables personnages, tant de l'une que de l'autre religion, que Sa Majesté a advisé faire venir et assembler en ceste ville de Mante au 20 juillet prochain, promettons tous, par la permission de Sadite Majesté, qu'en attendant ladite resolution il ne sera rien fait et passé en ladite assemblée, par lesdits deputez de nostre part, au prejudice de la bonne union et amitié qui est entre lesdits catholiques qui recognoissent Sadite Majesté et ceux de ladite religion, ny desdits edicts ; promettons aussi d'advertir lesdits deputez estans à Suresne de nostre presente resolution et promesse par nous faite, comme jugée necessaire pour eviter toute alienation entre les bons subjets de Sadite Majesté, à fin que de leur part ils ayent à leur y conformer. En foy dequoy nous avons signé la presente le seiziesme jour de may, l'an 1593. Signé François d'Orleans, comte de Sainct Pol, Hurault, chancelier, Charles de Montmorancy, Meru, Roger de Bellegarde, François Chabot, de Brion, Gaspart de Schombert et Jean de Levis. »

Nonobstant cela, aucuns de ceste religion ne laisserent de faire publier plusieurs livrets contenant, ce disoient-ils, les raisons d'Estat pour lesquelles il n'estoit pas bien seant à Sa Majesté de changer de religion. « Je me contente, dit l'autheur de ces raisons d'Estat, de parler politiquement à ces politiques, à ces barbes grises qui sont autour de Vostre Majesté, et leur dire que comme tous changements ez affaires du monde sont très dangereux, qu'il n'y en a point de plus chatoüilleux et de plus sensible que celuy de la religion, et qu'au vostre qu'ils veulent precipiter, vos reputation, Sire, y recevra une tasche signalée d'inconstance, et que chacun croira très-aisement qu'il ne logea jamais zele quelconque de religion dans vostre ame, que vos deportemens passez n'ont esté qu'hypocrisie pour establir vos affaires particulieres dans vostre party, que vous avez esté nourri aux blasphemes detestables des machiavelistes, qui se masquent de toutes sortes de religions favorables pour regner, qu'il ne vous chaut en fin nullement de Dieu, lequel vous servez à la poste des hommes et de vous-mesmes, comme par risée et mocquerie de chose que vous ne croyez point. Si c'est pour vostre utilité particuliere, Sire, que voulez vous rendre catholique romain, vous l'interessez entierement, et vous coulez, comme sans y penser, dans la ruine non seulement de vos asseurances presentes, mais aussi de toutes vos esperances à venir. Premierement, ne doutez point qu'abandonnant vostre ancien party des reformez, ils ne vous abandonnent tout aussi-tost. Vous cognoissez leur promptitude et leur resolution. Un royaume plus fleurissant et plus fort que le vostre ne les a jamais esbranlez; et croyez-vous qu'ils en craignent la fletrisseure et les machures? Combien de peuple, combien de villes, avec peu de peuple, avec peu de villes, aurez-vous à combattre? Mais quel peuple, Sire, mais quelles villes! Peuple aguerry sous vos estendards, sous vos conduites, sous vostre magnanimité; villes fortifiées, munies, rasseurées à outrance par vostre soin merveilleux, par une longueur de temps suffisante, par un artifice assez curieux et travaillé. Vous perdrez tout cela en perdant ce party. Avec quoy le voulez-vous reposseder de leurs mains? Quelle ressource trouvez-vous dans cest Estat tary de catholiques? Estat divisé, Estat incertain, mais plustost haillons d'un Estat, pourris et deschirez au possible. Avez-vous ville catholique bien asseurée à vostre devotion qui tienne longuement en cervelle une puissante armée, comme feront les moindres bicoques terrassées des reformez? Et quand vous en auriez quelcune, c'est si peu et si mal à propos, que vostre sain jugement ne vous permettra jamais d'en faire estat. Une en Picardie, une en Normandie, une en Touraine, une en Xaintonge, une en Guyenne, quelle communication attendez vous de choses si esloignées et si mal appointées ensemble? C'est quelque chose pour se deffendre, et tout y sera bien besoin; mais ce n'est rien pour attaquer cinquante ou soixante places remparées à toutes preuves et d'hommes et de boulevers, tels que vous mesmes sçavez. Ainsi vous aurez fort aisement gaigné ce que vous ne sçauriez regaigner qu'avec un monde de difficultez, qui se peuvent esgaler à une impossibilité. Car quelle fidelité voulez-vous que vos subjets vous rendent si vous leur rompez la vostre, vous, Sire, qui avez acquis ce bon los d'estre le plus entier et le plus veritable prince qu'on aye jamais veu? Voylà donc un dommage et une perte bien signalée, qui seule encore, selon le monde, devroit arrester tout court ceux qui vous hastent si fort, s'asseurant que, s'ils vous despeschent de la besogne d'un costé, ils vous en taillent beaucoup plus de l'autre, et ne font par ce moyen qu'entrechainer vos encombres d'un continuel desespoir. Un mot à l'oreille, Sire: plusieurs voudroient, et il vous en souvient, que vous eussiez faict ce saut pour leur laisser la carriere franche. Vous n'aurez pas si tost desrobé vostre espaule à ce ciel que quelque nouveau Hercule ne luy presente la sienne; et Dieu en feroit plustost naistre de ces pierres, dont la dureté viendroit facilement à bout de vostre mollesse. Les factions assoupies par vostre prudence, vostre imprudence les resveillera: ces hydres repousseront un nombre de testes qui vous engloutiront ou lasseront à tout le moins si fort, que vous serez contraint de leur presenter une tardive repentance pour vostre accord. Je vous donne encore, Sire, que vous en veniez à bout; mais quand? Au bout de tout cela estes vous bien asseuré qu'il vous reste beaucoup d'années pour vous baigner dans ceste conqueste? Et jusques là quel profit aurez vous dans vostre peine? Car il vous faudra sans doute beaucoup de peine à racquerir ce repos que vous aurez laissé. Ce changement vous coustera bon, et ceux qui le vous auront conseillé seront ceux qui en repandront les premiers les sanglantes larmes si la pitié de vostre estat les espoinçonne en aucune sorte. »

Après que cest autheur s'est dilaté à monstrer que les ligueurs ne rendroient pas à Sa Majesté l'obeyssance qu'ils luy devoient pour avoir esté à la messe, non plus qu'à son predecesseur qui n'avoit jamais eu faute de ceste devotion, il conclud :

« Cependant, Sire, consultez, consultez longuement ces actions qui ne sont pas d'une journée, et ne dependez pas de trois ou quatre personnes en chose qui touche à tant de millions de vos subjects. Jettez l'œil tout à l'entour de vostre royaume, et considerez tant de puissans voisins qui jettent l'œil sur vous, gardez de les offenser par vostre inconstance soudaine, ne vous privez point du secours que vous en pouvez esperer, s'ils peuvent rien esperer de vostre perseverance, et croyez que les ligueurs ne se fieront pas mieux à un nouveau et incertain catholique qu'à un vieil et asseuré huguenot. »

Voylà les propres termes dont use l'autheur de ces raisons d'Estat. Tous les huguenots n'approuverent pas son dire. Il y en avoit toutesfois qui se repaissoient de ces discours; mais les prudents d'entr'eux rejetterent ceste forme d'escrire comme trop presomptueuse, et dangereuse d'estre republiée durant le regne d'un prince qui portoit lors pour sa devise : *Quæro pacem armis* (1). Aussi ce qui arriva de toutes ces choses ne fut que quelques conferences entre M. du Perron, depuis evesque d'Evreux, et à present cardinal et archevesque de Sens, et quelques ministres, ainsi que nous dirons cy-après; tellement que Sa Majesté appaisa, par le moyen de la declaration de son instruction pour sa conversion, toutes les divisions qui se preparoient dans le party royal.

Au contraire ce ne fut plus qu'augmentation de divisions au party de l'union, car, aussi-tost que l'archevesque de Lyon eut leu en leur assemblée à Paris, le 24 dudit mois de may, la proposition faicte par l'archevesque de Bourges à la conference de Suresne, l'autheur du livre intitulé *le Discours de la conférence* dit qu'en la lisant il s'arresta sur quelques points pour informer ceste assemblée de la verité des choses passées, particulierement sur la qualité des paroles qu'ils disoient *avoir trouvé bien aigres*, qu'il expliqua n'estre que pour avoir tousjours soustenu que ceux de l'union ne vouloient avoüer et recognoistre un heretique pour roy, et qu'ils ne vouloient user d'aucune priere ny semonce envers le roy de Navarre pour le faire catholique; et aussi, sur ce qu'ils disoient *qu'on estoit demeuré d'accord*, c'estoit qu'on leur avoit dit qu'il avoit peu se faire instruire s'il eust voulu, n'ayant eu faute de prelats et docteurs. Plus, ledit archevesque dit qu'il avoit ouy d'aucuns qui se plaignoient de luy, que c'estoient des fruicts de la conference, et qu'elle avoit conduit les affaires en l'estat qu'on les voyoit; mais que ce n'estoit pas là qu'il le falloit rapporter, ny l'imputer à la conference, car on n'y avoit traicté que par l'advis et suivant l'intention de l'assemblée; mais que le roy de Navarre avoit resolu de faire ceste promesse et declaration, comme il estoit aysé à voir, pour retenir les catholiques de son party, desquels il craignoit estre abandonné, et aussi pour empescher les divisions secrettes qui croissoient insensiblement, et estoient sur le point d'esclorre quelque grand effect et changement, et n'eust laissé de le faire sans la conference, sçachant dequoy cela luy importoit, et eust apporté plus grand prejudice, l'ayant fait sans aucune responce et consideration de leur part; et qu'il falloit bien y adviser et deliberer, et non se plaindre.

M. de Mayenne, prenant la parole, dit que ledit archevesque de Lyon et ses condeputez n'avoient rien fait que ce qu'on pouvoit attendre de personnes très-dignes de la charge qui leur avoit esté commise, et qu'on leur avoit beaucoup d'obligation; qu'il falloit y remedier, et penser de faire quelque bonne response, comme l'importance du faict le requeroit, et prioit leur assemblée d'y bien adviser; que de sa part il en confereroit avec les princes, la cour de parlement et son conseil d'Estat, et feroit entendre le jour qu'on se pourroit r'assembler pour resoudre ladite responce.

« Or, dit ledit autheur, comme ez affaires plus grands et plus ardus les bons conseils sont plus necessaires, ceux de l'union jugerent qu'en cestuy-cy qui se presentoit, il estoit requis d'y apporter beaucoup de circonspection; car aucuns prevoyoient de loin où tendoit ceste proposition, et estoient d'avis de rompre la conference de Suresne, pource que les catholiques qui estoient du party du roy de Navarre monstroient n'avoir autre but que son establissement à quelque prix que ce fust, et qu'on recognoissoit bien par effet que quelques desseins secrets que eussent les uns et les autres, que les enfans de lumiere estoient tousjours vaincus en la prudence humaine. Toutesfois ils estimerent que c'eust esté trop d'avantage aux royaux si leur proposition demeuroit sans response. Ce fut pourquoy ils resolurent de continuer la susdite conference, et d'y respondre, à la premiere fois qu'ils s'assembleroient, ce qui s'ensuit.

Que, pour la conversion du roy de Navarre, les royaux eussent à se pourvoir par devers Sa Saincteté, à qui appartenoit de l'absoudre et remettre au giron de l'Eglise.

Qu'on ne pouvoit toucher aux seuretez de la religion avant qu'estre esclaircis de la volonté du Pape.

Et quant à la treve, qu'ils remettroient à en faire la response après avoir sceu leur intention sur ce que dessus. »

Cependant les deputez royaux, qui demeuroient à Suresne, s'ennuyoient des longueurs et retardemens de ceux de l'union, et mesmes manderent qu'ils s'en alloient, ce qu'ils firent, et allerent à Sainct Denys, où ceux de l'union leur firent entendre qu'on leur rendroit response au

(1) Je cherche la paix les armes à la main.

premier jour, et furent priez de se trouver au lieu qu'ils adviseroient entre Paris et Sainct Denys, ce qui fut fait, ainsi que nous dirons cy-dessous.

Cependant la faction des Seize ne pensoit qu'à empescher la continuation de la conference avec les royaux, et de descouvrir les desseins des politiques dans Paris. Pour empescher la continuation de la conference ils firent encor affiger par les carrefours de Paris une seconde protestation et desadveu. Et c'estoit aussi à cause d'eux que l'archevesque de Lyon avoit dit qu'on se plaignoit de lui, car publiquement ils en detractoient. L'autheur de la suite du Maheustre et du Manant dit que tel se pensoit mocquer ou surprendre autruy, qui a esté pris luy-mesme au piege, ainsi qu'il en estoit arrivé à l'archevesque de Lyon, qui avoit esté le premier attrappé et mocqué de ceste conference, et qu'il failloit confesser et dire que les ecclesiastiques et justiciers du party du Roy l'avoient si fidellement servy en cest affaire, que leur fidelité et prudence luy avoient autant valu que ses forces. Voilà comme cest autheur en parle. Quant à la deuxieme protestation des Seize, après un long discours addressé à l'assemblée de leurs estats sur les demandes que les royaux avoient faictes en la conference, toutes tendantes à la recognoissance du Roy, ils concluoient :

« Les catholiques et politiques demandent tous deux la paix, mais fort diversement ; les catholiques demandent la paix pour exterminer l'heresie et avoir un roy catholique, et les politiques demandent la paix pour recognoistre et faire regner un heretique, et par ce moyen introduire et maintenir l'heresie ; de sorte que les politiques abusent grandement de ce mot de paix, parce qu'en introduisant un heretique ils forment une guerre cruelle contre les catholiques, qui ne peuvent avoir paix avec un heretique ou hypocrite. C'est pourquoy les catholiques affectionnez vous supplient pour la seconde fois de rompre ceste conference avec l'ennemy de Dieu et de son Eglise, comme infructueuse et damnable, plaine de tromperie et hipocrisie, et la plus dangereuse invention que l'on eust peu inventer pour la ruine de la religion catholique et de l'Estat, et laquelle conference tous les bons catholiques ont desavoüé et desavoüent encores d'abondant et pour la seconde fois, et au contraire faire deffences à toutes personnes, de quelque estat et qualité qu'ils soient, de ne parler à l'advantage et recognoissance du roy de Navarre et des siens, ny de faire paix, treve, traicté ou conference avec eux, comme estant le roy de Navarre notoirement heretique, relaps et excommunié, et les siens et ceux de sa suitte en mesmes censures, comme l'advouans et favorisans. Au surplus vous supplient d'eslire promptement et sans dilation ny interruption quelconque un roy catholique, plein de pieté et justice, fort et puissant, qui puisse, moyennant la grace de Dieu, rompre les desseins du roy de Navarre heretique et ses adherans, maintenir les catholiques en leur religion, les deslivrer des peines et travaux où ils sont plongez, les mettre en pleine liberté et repos, et, vous acquittant de la charge que vous avez pour le bien de la religion et repos du peuple, que nous puissions à ceste prochaine feste de Pentecoste en toute joye et allegresse rendre graces à Dieu, louër son sainct nom, et crier vive le roy catholique, à la confusion des heretiques, politiques, etc. » Voylà ce que firent encor les Seize contre la continuation de la conference.

Quant à leur practique pour descouvrir les desseins des politiques dans Paris, dez l'arrivée du cardinal de Plaisance en ceste ville là, ils luy conseillerent d'aller se loger dans l'abbaye Saincte Genevieſve. L'abbé, qui, comme nous avons dit, avoit l'ame toute françoise, n'en fut pas beaucoup joyeux ; il cognut incontinent que cela s'estoit fait tout exprès ; mesmes il descouvrit qu'il y avoit un dessein d'attenter sur sa vie, que ledit sieur cardinal avoit escrit d'une mauvaise ancre contre luy à Rome, et qu'un sien nepveu, italien comme son oncle, avoit envie de se rendre maistre de ceste abbaye. Ledit sieur abbé se tint toutesfois tellement sur ses gardes par le moyen de ses amis, que, s'estant plaint audit sieur cardinal de ce que quelques soldats l'avoient failly à tuer de dessus les murailles de la ville, il n'eut autre response de luy, sinon qu'il ne savoit que c'estoit. Mais peu après ledit sieur cardinal changea de logis, tant pour s'approcher du Louvre, au quartier duquel estoient logez tous les deputez de leur assemblée, que pour autre occasion. Dom Diego d'Ibarra, escrivant au roy d'Espagne touchant ce cardinal au commencement que le Pape luy envoya le chapeau, luy mandoit en ces termes :

« L'on a dit icy pour chose certaine que Sa Saincteté a fait cardinal l'evesque de Plaisance, et legat en ce royaume. Je n'en ay toutesfois lettre aucune. C'est un homme bien entendu, et qui tousjours monstre avoir grand desir de servir Vostre Majesté. Si l'affaire passe en avant il l'accomplira et aydera beaucoup à la brieveté de l'assemblée des estats, car il a tousjours esté de cest advis. Il est partial du duc de Guise, et par consequent non trop confident à son oncle. Les recognoissances et offices qu'on luy fera de la part de Vostre Majesté pourront beaucoup avec luy, car il a des fins et pretentions et peu de biens. »

Voylà l'opinion d'Ibarra de ce cardinal. M. l'abbé de Saincte Genevielve, bien-ayse d'estre delivré d'un tel hoste, n'osoit toutesfois sortir gueres de son logis, principalement sur la nuict, et se trouva deux fois en danger de sa vie; mais, comme il estoit homme liberal, et qui tenoit sa table ouverte jusques aux plus fermes ligueurs, tant qu'il put avoir dequoy ce faire, aucuns d'entr'eux mesmes empescherent l'execution du mauvais dessein des autres.

Or le docteur Boucher mesmes alloit quelquesfois manger à sa table, et fit tant qu'il gaigna un des religieux de ceste abbaye, et luy persuada de demander congé audit sieur abbé d'aller à Nostre Dame des Vertus, et qu'il yroit de là à Sainct Denis, pource que, durant la surceance d'armes, plusieurs Parisiens y allerent assez librement, ce qui ne se faisoit point sans dessein, et s'il luy plaisoit y mander quelque chose. Ce prelat, qui ne se doutoit point de son religieux, auquel il avoit fait mesmes beaucoup de bien, ne pensant à ceste trahison, luy donna congé d'y aller et deux memoires cachetez pour bailler au sieur Seguier, lieutenant civil, qui estoit lors à Sainct Denis. Aussi-tost qu'il eut ces memoires, il les alla porter au docteur Boucher dans le college de Forteret, proche de ladite abbaye. Les principaux des Seize s'y assemblerent incontinent. A l'ouverture du premier ils y trouverent escrit : «Monsieur, advertissez le M. et sçachez de luy à qui c'est qu'il veut que je parle pour son procès. » Dans l'autre il y avoit : « Monsieur, je vous prie de m'envoyer les passeports du Roy pour les robes rouges que sçavez. » A la lecture de ces billets escrits de la propre main dudit sieur abbé, ils pensoient avoir assez dequoy pour l'accuser; toutesfois, à cause qu'ils estoient en mots couverts, ils s'adviserent que pour descouvrir d'avantage son intention qu'il falloit avoir la response. Le religieux leur dit qu'il s'asseuroit de la rapporter. Mais ils eurent beaucoup de difficulté à se resouldre s'ils devoient envoyer les originaux, ou seulement des copies : en fin ils adviserent que l'on copieroit le premier des deux memoires, et qu'ils ne retiendroient que l'original du second. Ainsi le religieux s'en alla à Sainct Denis porter l'original du premier et la copie du second, et les rendit audit sieur Seguier, qui luy dit pour responce seulement de bouche : « Dites à M. de Saincte Genevielve que je luy rescriray. » Ce religieux estant ainsi revenu à Paris sans responce, le docteur Boucher alla trouver le cardinal de Plaisance avec les principaux des Seize, et tous ensemble allerent chez M. de Mayenne, auquel ils firent diverses plainctes contre ledit sieur abbé, disans qu'il estoit le support des partisans du Roy dans Paris, luy monstrerent l'original du memoire qu'ils avoient retenu, et la copie de l'autre.

M. de Mayenne, sur leur plaincte, envoya querir ledit sieur abbé par le sieur de Forces, qui commandoit lors de sergent-major dans Paris, lequel le mena au logis dudit sieur duc, où il fut un long temps au bas du degré à attendre. Il voyoit plusieurs allées et venuës et les Seize fort eschauffez ; il descouvrit que le cardinal de Plaisance y estoit aussi : cela le fit douter que c'estoit une maniere de faire pour s'asseurer de sa personne. Finalement appellé pour monter, M. de Mayenne le prit par un degré desrobé et l'emmena avec luy dans un petit grenier où il luy dit : « Monsieur de Saincte Genevielve, je suis en combat pour vous, qu'avez vous faict à ces gens icy? ils sont fort eschauffez à l'encontre de vous; vous traictez avec les ennemis, à ce qu'ils disent. » L'abbé luy respondit : « Monseigneur, je ne fay rien que bien, et ne traitte point avec les ennemis. — Vous le dictes, luy dit M. du Mayenne, mais voylà des memoires que vous avez escrits qu'ils vous mettent en avant. » L'abbé lors se trouva avoir esté trahy, et, pressé par M. de Mayenne de luy respondre, il luy dit : « C'est la verité que j'ay escrit ce memoire là. — Et bien, luy dit-il, pour quelles *robes rouges* demandez vous passeport, car ces gens icy qui vous ont accusé soustiennent que ce mot là se doit entendre pour des conseillers de la cour de parlement? » L'abbé s'estant un peu r'asseuré, luy dit : « Excusez moy, monseigneur ; ayant esté dernierement à Sainct Denis, sous vostre passeport, pour r'avoir quelques charrettes et chevaux chargez de bled qui m'appartenoient, lesquels m'avoient esté pris par les gens du Roy, et qui me furent rendus, M. Seguier me supplia, et quelques autres conseillers, de trouver moyen de leur faire tenir leurs robes rouges pour assister à la ceremonie qui se devoit faire à la conversion du Roy, et que pour le certain il se rendoit catholique. » A quoy M. de Mayenne luy demanda, sans luy repliquer sur le tiltre de roy : « Cela est-il bien vray, en estes vous certain? » L'abbé lors luy dit : « Le Roy le m'a dit luy mesme. — Avez vous parlé à luy? dit le duc. — Ouy, monseigneur, respondit l'abbé, et aussi je sçay que tout y est preparé. — A la mienne volonté, dit lors le duc, qu'il le fust desjà, et que ce fust au contentement de nostre Sainct Pere. Mais que voulez vous dire à cest autre memoire là? » L'abbé, l'ayant regardé, luy dit : « Je n'ay point escrit cela. — Je sçay bien, dit le duc, que vous ne l'avez pas escrit, mais ces gens cy disent qu'il a esté pris sur un pareil que vous aviez escrit. — Si c'estoit, dit l'abbé, de mon escriture, je la recognoistrois; mais, n'ayant jamais escrit cela, je ne vous sçaurois respondre autre chose. » Sur ces paroles le duc de Mayenne redencendit en la chambre ou estoit ledit sieur cardinal et plusieurs des Seize, ausquels il dit ce que luy avoit respondu l'abbé, lequel estoit demeuré dans ce grenier seul avec le sieur de Magny, que ledit abbé sçavoit avoir assisté à la mort du marquis de Mainelay. Il apprehenda lors beaucoup; mais, r'asseuré par ledit Magny qu'il n'auroit point de mal, et qu'il se resolust à respondre à ce que l'on luy demanderoit, on le fit puis après descendre là où estoit M. de Mayenne, ledit cardinal et les principaux des Seize. Après plusieurs propos rigoureux que luy tint ledit duc, il le donna en garde audit sieur de Forcez, qui le mena en sa maison, où il fut quelque temps. La trefve faicte depuis, ainsi que nous dirons cy après, il se retira en sa maison d'Auteuil pour obvier à tous inconveniens : estant finie, il se retira auprès de Sa Majesté jusques à ce qu'il rentra dans Paris. Voylà comme cest abbé eschappa de la trahison que luy avoient tramée les Seize, qui importunans M. de Mayenne d'aprofondir, disoient-ils, ceste conspiration et de faire faire le procez audit abbé, leur dit : « Si je vous croyois, il faudroit mettre la ville de Paris hors de ses murailles, c'est à dire qu'il en faudroit chamer tous les habitans qui ne sont de vostre opinion. Je sçay quel est cest abbé, il a esté tousjours bon catholique et de conversation pacifique; ne m'en parlez plus. »

Du depuis aussi ledit duc fit cognoistre audit cardinal que les Seize n'estoient que gens populaires et seditieux, qui vouloient que tout se fist suyvant leur opinion, vouloient non seulement le contredire, mais aussi toute leur assemblée, et que les placards qu'ils avoient faict affiger contre la conference n'en estoient que trop de preuves. Ce cardinal commença lors à detester telles procedures, et, de peur qu'il ne luy fust reproché d'avoir broüillé le party de l'union, il se joignit aux intentions de M. de Mayenne plus estroictement qu'auparavant, et ce après que ledit duc eut juré entre ses mains de ne recognoistre jamais le Roy, quand mesmes il se feroit catholique, si ce n'estoit par le commandement du Pape : ce que firent aussi plusieurs princes et seigneurs de ce party-là. Ainsi, nonobstant tout ce que firent les Seize, la conference que l'on pensoit rompuë fut recontinuée.

Le 5 de juin, au lieu qu'elle s'estoit tenuë à Suresne, elle se tint à la [illegible] maison aux champs hors la [illegible] theine, où estans les deputez [illegible] tre, l'archevesque de Lyon [illegible] excuse du retardement [illegible] faire response, print de sa [illegible] vaise part, ny entrer en soupçon [illegible] artifice ou mauvaise volonté, [illegible] de soy estoit très-grand, ayant [illegible] de conferer avec beaucoup de [illegible] ils pouvoient conjecturer, et [illegible] amis qu'on ne vouloit offenser, ny se separer d'eux en aucune façon; aussi que [illegible] tion notoire avoit esté en partie cause [illegible] longueur.

La response qu'il avoit charge de leur faire estoit, quant à la conversion du roy [illegible] qu'on desiroit la voir vraye et [illegible] tion; mais diroit librement que tant s'en faut qu'on la peust esperer telle, que au [illegible] avoient grande occasion de croire et [illegible] tainement que ce n'estoit que [illegible] tise, car, si elle procedoit de [illegible] recherché tant de dilations et [illegible] touché de quelque inspiration, il [illegible] roit point en son heresie, il n'en [illegible] l'exercice public, ne presteroit l'[illegible] nistres, il blasmeroit et detesteroit [illegible] son erreur, il les chasseroit loing de [illegible] roit des fruicts dignes de penitence; [illegible] mier degré pour se disposer à la [illegible] à recevoir le don de la foy, c'estoit de [illegible] mal et abandonner son erreur : *[illegible] et fac bonum*. On ne lisoit pas que [illegible] soient les premiers chrestiens [illegible] longuement, et que ce pendant ils [illegible] aux idoles, et que, soudain que Dieu les avoit touchez, ils abandonnoient leurs [illegible] tesmoin l'eunuque que sainct Philippes [illegible] tit, et ce qui s'estoit passé en la conversion de sainct Paul, lesquels n'avoient remis leur conversion à six mois. Toutesfois que ce [illegible] luy ny à ceux de son party d'approuver [illegible] prouver ladite reduction, mais en laissoient le jugement au Pape, qui seul avoit l'authorité d'y pourveoir et le remettre au sein de l'Eglise.

Et, pour le regard des traictez de paix [illegible] retez de la religion, ils n'y pouvoient entrer pour plusieurs grandes considerations, car ce seroit traicter avec le roy de Navarre qui estoit hors de l'Eglise, et à laquelle ils ne le pouvoient tenir pour reuny et reconcilié qu'on n'eust sceu la volonté du Sainct Siege; que s'ils n'avoient peu accorder de le sommer ou inviter pour les raisons qui avoient esté deduites, beaucoup moins devoient ils traicter de chose qui peust faire ouverture à sa recognoissance et establissement directement ou indirectement; que ce seroit prevenir le jugement de Sa Saincteté, à laquelle ils estoient resolus de se conformer en ce fait, où il estoit question de la religion, et, qui plus estoit, quand il faudroit entrer aux seuretez proposées, ne voudroient y toucher sans l'advis de Sa Saincteté.

En ce qui estoit de la treve, après avoir esté satisfaicts sur les deux premiers poincts, ils leur feroient response.

M. l'archevesque de Bourges consulta avec sa compagnie, et après, estans retournez, dit qu'ils recognoissoient la bonne volonté que lesdits deputez de Paris apportoient au bien de cet Estat, recognoissoient le contentement qu'ils avoient de la conversion du Roy, comme c'estoit chose dont dependoit le bien universel de ce royaume, et le seul moyen de le mettre en repos, que c'estoit les vœus, les souhaits, les prieres de tous les gens de bien et vrays François, et à quoy devoient tendre tous ceux qui desiroient la grandeur et avancement de l'Eglise, et croire que cest insigne et remarquable exemple de la conversion du Roy en rameneroit beaucoup à son imitation, et seroit le moyen d'oster les heresies, les schismes et les troubles qui y estoient.

Qu'ils leur avoient donné asseurance qu'il y vouloit proceder bien-tost, et si solemnellement que toute la chrestienté cognoistroit son intention et sincerité, mais qu'ils en pouvoient à present donner de plus grandes asseurances, ayans veu, depuis leur derniere entreveuë, expedier les recharges et mandemens aux prelats et autres notables personnes de son royaume pour l'assemblée qu'il avoit convoquée, et pour le desir qu'il avoit d'executer sa promesse; qu'il n'y manqueroit point, estant prince franc, libre, qui n'avait aucune dissimulation, et ne l'eust dit s'il n'en eust eu la volonté.

Quand à ce qu'ils avoient dit n'avoir pas beaucoup d'occasion d'adjouster foy à ses promesses en voyant les effects si contraires, les prioient de considerer que Sa Majesté avoit affaire avec beaucoup de personnes qu'elle desiroit contenter si faire se pouvoit, tant dedans que dehors le royaume, avec ses amis et alliez; aussi qu'en acte si important il n'y vouloit estre mené par force ou par precipitation, mais vouloit apprendre, estre instruit, et après avoir ouy les raisons, faire sa declaration publique et solemnelle; autrement il faudroit qu'il eust esté touché d'une miraculeuse et extraordinaire conversion comme sainct Paul et celles dont ils avoient parlé, et qu'il falloit bien qu'en acte si solemnel de la conversion d'un roy, on y observast quelque autre respect et ceremonie que celle d'une personne privée.

Que, s'il ne monstroit encores les effects de ce mouvement dont il avoit son ame touchée, et de la cognoissance qu'il avoit de nostre religion catholique, cela n'estoit ny nouveau ny sans exemple; car on lisoit de l'empereur Constantin, dans Nicephore, Eusebe et l'Histoire *Tripartite*, qu'il avoit demeuré long temps avant que faire publique profession de foy, voire qu'il avoit sacrifié aux idoles, comme, en passant par Vienne en Dauphiné le jour de Pentecoste, il sacrifia aux idoles en public, quoyqu'en secret il fust catholique; et Gregoire de Tours a escrit de Clovis, nostre premier roy chrestien, qu'il avoit demeuré long temps, après avoir eu cognoissance de nostre foy, d'en faire declaration publique, *in morâ modici temporis non fit præjudicium :* ce n'estoit que pour peu de temps, et ils en verroient bien-tost les effects, et d'une façon ou autre il y estoit resolu; ils sçavoient que ce ne seroit au contentement de tous, mais falloit que ceux qui n'y prendroient plaisir se grattassent la teste.

Au surplus avoient deliberé de se retirer à Sa Saincteté, et desiroient de luy donner toute satisfaction, luy rendre tout respect et submission, et prester l'obedience qu'avoient de coustume les princes chrestiens, et telle que ses predecesseurs avoient fait, voire plus amples si besoin estoit, recognoissant combien il importoit d'en donner asseurance à Sa Saincteté pour la deffiance qu'elle pourroit avoir de ses actions passées et soupçon à l'advenir. Mais en ce qui concernoit l'Estat, si Sa Saincteté cuidoit y toucher aucunement pour la connexité des censures, et declaration de la capacité ou incapacité du royaume, ils les croyoient trop bons François pour pretendre que les estrangers s'en pussent aucunement mesler, et qui sçavoient assez les droicts et les loix du royaume, et libertez de l'Eglise Gallicane; et que les estrangers mesmes, qui n'avoient moindre jalousie à la souveraineté de leurs Estats, ne vouloient souffrir que les papes entreprinssent aucune cognoissance sur leur temporel, et, sans en rechercher des exemples de plus loing, le roy d'Espagne, qui est tant catholique, n'avoit pas voulu souffrir que le Pape ny les legats qu'il avoit envoyés en Portugal se meslassent aucunement des affaires dudit royaume. Ce n'estoit pas qu'il entendist parler du roy d'Espagne qu'avec honneur, c'estoit un grand prince, et si grand qu'il ne luy manquoit pour sa monarchie d'Occident que ceste pauvre couronne qu'il avoit desjà devorée en esperance; mais, s'il estoit leur adversaire à present, il pourroit estre amy, bon frere et allié, comme ils l'avoient veu de leur memoire.

Pour la difficulté qu'on faisoit de vouloir entrer au traitté de la paix et seureté pour la conservation de la religion, ils les prioient leur pardonner s'ils leur disoyent librement n'y voir ny sçavoir aucune raison ou scrupule qui les en deust empescher, car, estant le Roy resolu, et ayant donné parole d'estre catholique, comme ils voyoient qu'il s'y disposoit, c'estoit beaucoup avancé d'employer le temps qui se presentoit, attendant son assemblée, à faire ledict traicté et donner une bonne odeur à tout le royaume de ceste negotiation, et faire concevoir esperance de quelque repos et soulagement; et puis que ce n'estoit avec le Roy qu'ils conferoient, mais avec eux qui estoient catholiques et envoyez de la part des princes catholiques, et qui avoient tousjours estimé n'estre moins obligez d'affectionner et rechercher les moyens de la seureté de la religion que eux-mesmes; et, si quelque scrupule les arrestoit pour les considerations par eux representées, que M. le legat leur en pouvoit bailler dispense pour n'empescher l'avancement d'une si bonne œuvre; et outre, qu'ils avoient tousjours protesté que tout ce qu'on traiteroit seroit nul et de nul effect si le Roy ne satisfaisoit à sa promesse. Et, pour conclurre, il ne voyoit autrement qu'il eust esté besoin d'estre venu en conference si on ne vouloit entrer en ces moyens.

Quant à la treve, elle estoit fort prejudiciable aux affaires du Roy, et toutesfois qu'ils l'avoient presentée pour faciliter lesdits traitez de paix et moyens de seureté, et, pour tesmoignage de leur affection au soulagement du peuple, s'en remettoient à eux et en protestoient, requerans, consideré combien importoit ce qui se traitoit à present, et que tout ce qui s'estoit passé n'estoit que discours et disputes, que tout fust mis par escrit, au moins les conclusions, car ce n'estoit rien fait si on ne demeuroit d'accord.

M. l'archevesque de Lyon, après avoir consulté avec sa compagnie, repliqua que tout ce qui estoit avancé touchant l'espoir et promesse de conversion n'estoient que raisons humaines et considerations d'Estat, qui n'estoient moyens capables de recevoir la foy et grace de Dieu; que si tel acte devoit donner contentement et satisfaction à la royne d'Angleterre et autres ennemis de l'Eglise et ses alliez, qu'est-ce que les catholiques en pouvoient esperer? quelle plus certaine conjecture de la fiction et simulation? Aussi avoient-ils eu quelque advis des ambassades mandées en Angleterre et Allemagne sur ce sujet, et [illegible] avoient pas [illegible] estoit, que le roy de [illegible] de se faire instruire, qu'il y [illegible] qu'il le demandoit, et qu'il estoit [illegible] promettre que ceux qui l'instruiroient [illegible] induire par leurs remonstrances; [illegible] qui estoit scrutateur des cœurs, [illegible] de l'interieur et de l'advenir. [illegible] des exemples mis en avant, [illegible] tablement Constantin avoit eu [illegible] mens de la foy chrestienne, mais, [illegible] en fut vrayement touché, il en [illegible] declarations et les actions [illegible] n'abatit soudain les idoles, ne n'avoit [illegible] de volonté, comme il le monstra après, mais attendant l'occasion plus propre pour la propagation de la foy et religion. Et quant à Clovis, on lisoit bien qu'il estoit [illegible] et sollicité par la royne Clotilde sa [illegible] qu'il n'avoit peu estre esmeu et [illegible] à ce que, au milieu de la bataille, il [illegible] d'implorer l'ayde de Dieu, et, ayant [illegible] miraculeuse assistance en bataille, [illegible] la victoire, avoit fait soudain une [illegible] sion de foy, accompagnée d'une [illegible] contrition de cœur et abondance de [illegible], estant admonesté par sainct Remy, [illegible] de Reims, d'abolir les idoles et les [illegible] payennes, avoit respondu qu'il [illegible] et alloit exhorter son peuple, [illegible] au mesme instant; mais, avant que [illegible] avoit esté prevenu par les acclamations [illegible] ques de tout le peuple renonçant à [illegible] et paganisme, et l'avoit tellement [illegible] s'en estoit servy pour combattre et [illegible] les heretiques arriens. Que le mesme [illegible] escrivoit que l'evesque Avitus, [illegible] debaut, roy de Bourgongne, se vouloit faire sacrer en cachette pour crainte du peuple qui estoit pour la plus part infidele, l'avoit [illegible], usant de ces mots : *Si verè credis, quod* [illegible] *edocuit exequere, et quod corde te dicis credere, ore profer in publicum* (1). Trouvoit bonne l'offre qu'on faisoit de rendre le respect et submission à Sa Saincteté qui luy appartenoit, mais qu'il failloit que ce fust en effet et par une vraye humilité chrestienne et filiale obeyssance, remettant entierement la conversion à son jugement, non avec les conditions et modifications qu'on proposoit, qui estoient les ouvertures d'un schisme pernicieux et dangereux. Confessoit

(1) Si vous croyez sincèrement, faites ce que Jésus-Christ a enseigné, et déclarez en public ce dont vous dites avoir une conviction intime.

qu'en ce qui estoit du pur temporel, ceste couronne ne dependoit que de Dieu seul et ne recognoissoit autre; que comme François, et nourris à la cognoissance des loix du royaume, ils sçavoient ce qui estoit de la dignité et souveraineté d'iceluy, mais que là où il estoit question de la foy et religion, comme d'estre reconcilié à l'Eglise, d'estre absous des censures ecclesiastiques et excommunications, et ce qui en dependoit, c'estoit au pasteur de l'Eglise universelle d'en avoir la cognoissance, comme celuy auquel Jesus Christ avoit commis le gouvernement de son Eglise, qui peut lier et deslier, et qui a ceste divine prerogative, *ne fides ejus unquam deficiat* (1).

Pour les autres points ne vouloit repeter les raisons cy-devant advancées, qu'il estimoit estre de tel poids qu'il n'y pouvoit avoir aucune response suffisante. Bref, ledit archevesque de Lyon dit aux royaux que tout le fruict qui se pourroit tirer de la conference qu'ils avoient faicte, ce seroit qu'ils se reünissent avec eux à mesme volonté et à l'obeyssance de l'Eglise catholique, apostolique-romaine, pour la conservation de leur religion et extirpation de l'heresie, estant impossible de bastir autrement aucune solide paix, comme ils avoient dit au commencement. Ayant finy son discours, on entra confusement en plusieurs disputes sur la puissance du pape, du reglement et distinction des puissances spirituelles et temporelles, des libertez de l'Eglise Gallicane, des bulles d'excommunication, par ce qu'aucuns des royaux leur dirent que ce n'estoient que monitions ou simples declarations.

Après avoir tous disné ensemble on se retira pour consulter chacun à part. Le sieur de Belin vint rapporter à ses condeputez qu'il avoit parlé avec le sieur de Vic comme d'eux-mesmes, et non au nom de la compagnie, qu'ils tenoient tout pour rompu, et prioit qu'on ne trouvast mauvais, sçachant la necessité de la ville de Paris, s'il procuroit de leur bailler quelque soulagement, et qu'on advisast le malheur qui arriveroit si à leur retour on publioit la rupture de la conference, mesmes sur l'offre qui estoit faite de la trefve. Surquoy fut advisé qu'on se rassembleroit pour arrester à quoy on demoureroit d'accord : ce que ayant esté fait, ledit sieur de Lyon repeta sommairement les trois points, et sur tout qu'il ne se pouvoit faire autre chose que de remettre le jugement de la conversion du Roy au Pape, que faire autrement c'estoit introduire un schisme très-dangereux en ce royaume, et dit plusieurs autres choses sur ce subject.

(1) Pour que la foi ne s'éteigne jamais.

M. de Bourges luy respondit qu'il entendoit qu'on mandast au Sainct Siege, mais ne se vouloit obliger si c'estoit avant ou aprés, et qu'il se vouloit expliquer plus avant et faire ouverture de luy mesme, laquelle il cuidoit que messieurs ses collegues ne desadvoueroient, c'estoit que le Roy se feroit absoudre *ad futuram cautelam*, et iroit à la messe, et, après avoir eu l'absolution, manderoit une ambassade à Rome pour demander la benediction du Pape et luy faire l'obedience accoustumée, pour user du mot usité en cour de Rome; car, pour parler librement, ils ne vouloient pas mettre le Roy en ceste peine et hazard, et sa couronne en compromis au jugement des estrangers, et, sous pretexte de connexité et dependance de l'excommunication, luy bailler cognoissance de l'incapacité pretenduë, combien que ce n'estoit proprement excommunication, mais declaration; et qu'il y avoit des remedes domestiques et ordinaires, sans courir aux estrangers et extraordinaires, qu'il monstreroit quand il seroit besoin, par droict commun, par raisons et par exemples, que les evesques pourroient bien y pourvoir en France, et qu'on sçavoit assez quels estoient les privileges de l'Eglise Gallicane. Car, si le Pape vouloit *repellere eum à limine judicii*, dire qu'il est relaps, impenitent, condamné, ou entrer en autres et semblables considerations, où en seroit-il, quelle faute auroit faict son conseil, en quel estat seroit ceste couronne, qui seroit le curateur aux biens vacans? Aux personnes privées on pouvoit user de ces termes là, mais non aux personnes illustres et de si haute et eminente dignité, mesmes aux roys et aux princes souverains qui portoient leurs couronnes sur la pointe de leurs espées, et n'estoient attachées aux loix et constitutions vulgaires; que, pour parler bon françois, ils n'estoient resolus d'engager la couronne de là les monts.

A ces mots tous les deputez de l'union se mirent à demander que l'on eust à produire les canons et les exemples des evesques qui eussent revoqué et retracté les jugemens des saincts peres.

« Vous ne demandez qu'à disputer, leur dit M. de Bourges; et toutes ces allegations d'exemples seroient sans utilité : traictons seulement de remedier aux maux de la France. Qu'y ferons nous donc? Trouvez nous quelque moyen, asseurez nous, joignez vous avec nous, prions le Pape qu'il face ce bien à la France. M. de Mayenne nous y peut beaucoup ayder, se rendre garent envers Sa Saincteté de la bonne volonté du Roy, et moyenner qu'elle mande un bref à M. le cardinal de Plaisance, qui a protesté, par son exhortation, d'aymer tant le bien de ce royaume, avec nombre de prelats ecclesiastiques, que de s'employer à une si saincte et si bonne œuvre. »

M. de Lyon respondit que ce n'estoit à eux qu'il se falloit addresser pour tel affaire, qu'ils ne pouvoient ny devoient y toucher, c'estoit à eux à se pourvoir comme ils devoient et comme ils l'entendoient, c'estoit à nostre Sainct Pere seul auquel il se failloit addresser pour juger de ladite conversion et de ce qui en dependoit, et ordonner la penitence à eux tous d'entendre ses mandemens et intentions, comme enfans de l'Eglise; que M. de Mayenne estoit par trop informé du devoir qu'il devoit à l'Eglise et respect à Sa Saincteté pour entreprendre chose qu'elle peust trouver mauvaise, ou apporter quelque prejugé à son intention en affaire de telle importance, qui regardoit la religion et l'estat de la chrestienté : bien les pouvoit il asseurer que M. de Mayenne embrasseroit tresvolontiers les moyens que Sa Saincteté jugeroit estre propres pour le bien du royaume, voyant la religion hors de tout peril et danger, n'ayant autre but et interest.

Sur ce on entra en longue dispute les uns contre les autres, et avec telle contention, qu'on jugeoit tout estre rompu, et qu'il ne falloit attendre autre issuë de la conference, jusques là que M. de Bourges dit : « Messieurs, nous nous retirerons donc avec vos congez » ; et, comme on se levoit, parlants avec M. de Bellievre, aucuns dirent qu'il ne failloit se despartir ainsi, et abandonner un si bon œuvre; en fin M. le comte de Schomberg dit qu'il prendroit la peine de faire encore un voyage vers les princes et seigneurs dont ils estoient deputez, et en feroient entendre la response le vendredy suyvant.

Et par ce que le terme de la surceance d'armes estoit expiré, ceux de l'union demanderent de le proroger : les deputez du party du Roy respondirent n'y pouvoir consentir et en avoir expresses deffenses, recognoissans fort bien que tout ce qui se faisoit n'estoit que pour gaigner le temps et faire advancer les forces estrangeres, outre qu'il se commettoit beaucoup d'abus au reglement, et qu'on faisoit entrer grande quantité de vivres à Paris. Ceux de l'union leur dirent qu'on sçavoit bien qu'ils avoient une entreprise sur une place de consequence; que si c'estoit pour cela la mine estoit esvantée, et qu'ils ne devoient faire difficulté de continuër la surceance durant les festes de Pentecoste prochaines : en fin de part et d'autre fut mandé aux garnisons de se contenir pour trois jours.

Estans sur leur depart, ainsi que le sieur de Revol en la derniere conference avoit donné par escrit la proposition de M. de Bourges, ainsi ss des deputez de l'union luy donna ceste response par escrit :

« Messieurs, vous nous avez dit et depuis escrit que le roy de Navarre se doit faire instruire et rendre bon et vray catholique dans peu de jours, que ce vœu et desir estoit en luy, ou, pour mieux dire, qu'il estoit catholique en l'interieur de son ame il y a desjà long temps, mais que le malheur de nos guerres l'avoit empesché de l'effectuer. Nous invitez sur ceste asseurance de traicter avec vous des moyens de bien asseurer la religion, et mettre le royaume en repos, luy se faisant catholique, et, pour arres de sa bonne volonté, offrez en son nom une surceance d'armes pour deux ou trois mois.

» Ceste proposition nous est autant aggreable que celle que vous fistes à l'entrée de nostre conference, de le recognoistre dès maintenant sous espoir de sa future conversion, nous fut deplaisante et ennuyeuse. En quoy si nostre response vous sembla aigre, excusez, ou plustost louez nostre zele, et confessez qu'il estoit juste, et que ne le pouviez esperer autre de nous, qui sommes tousjours demeurez sous l'obeyssance de l'Eglise, du Sainct Siege et des commandements des saincts peres.

» Nous desirons ceste conversion que promettez, prions Dieu qu'elle advienne, qu'elle soit vraye et sincere, et que les actions qui doivent preceder, accompagner et suivre ce bon œuvre, soient telles que nostre Sainct Pere, auquel seul appartient d'en faire le jugement et de le reconcilier à l'Eglise, en puisse demeurer satisfaict, et la religion asseurée, à son contentement et des catholiques, qui, après avoir souffert tant de miseres, ne desirent rien plus que de jouyr d'un bon et durable repos, sans lequel ils prevoyent et jugent bien la ruyne inevitable de cest Estat.

» Nous ne pouvons toutesfois vous celer que ne voyons encores rien en luy qui nous puisse donner cest espoir. Celuy qui veut faire le bien doit premierement laisser le mal; qui veut entrer à l'Eglise, et recevoir l'instruction par les mains des evesques, prelats et docteurs, comme vous le publiez desjà par tout, les doit approcher de luy, esloigner les ministres, discontinuer l'exercice de la religion qu'il commence à blasmer; et neantmoins chacun sçait qu'il est tousjours luy mesme en ses paroles et actions, et en sa conduitte.

» Nous nous estonnons bien d'avantage de ce que nous avez dit et repeté si souvent qu'il estoit catholique en son ame dès long temps, quand nous considerons quelles ont esté ses actions du passé. Car, s'il est vray, comme se pourroit-il faire que ceste affection cachée en l'ame d'un prince qui a peu tousjours en ceste action ce qu'il a voulu, eust produict des effects si contraires, et tendans du tout à l'establissement de son erreur et à la ruyne de nostre religion, comme chacun l'a veu et cogneu ? Ou bien, s'il est conduit ainsi, estant desjà catholique en son ame, que devons nous craindre de l'advenir?

» Il vaudroit mieux dire qu'il ne l'estoit pas lors, tel au moins que les catholiques qui recognoissent l'Eglise catholique, apostolique et romaine, le veulent et desirent, mais que Dieu lui en donne aujourd'huy le mouvement et la volonté : c'est luy seul qui le peut faire aussi quand il luy plaist. Et ce discours nous satisferoit d'avantage que de mettre encores en avant, comme vous faictes, qu'il s'est fleschy à la priere des siens ; car les considerations temporelles et les raisons humaines peuvent bien changer l'exterieur, mais nostre ame ne peut estre teinte et rendue capable de ceste doctrine que par la grace du Saint Esprit.

» Vous estes assez instruicts, messieurs, de la forme et des moyens que l'Eglise a prescrit pour venir à une vraye conversion : nous vous exhortons et prions de luy en donner le conseil. Il se peut bien faire instruire par des bons evesquès, prelats et docteurs, et c'est ce que nous vous avons dit, conferant avec vous ; il peut aussi faire voir à chacun par ses actions que ceste instruction l'aura changé ; mais c'est à nostre Sainct Pere et au Sainct Siege d'y mettre la premiere et derniere main, comme estant celuy seul qui a le pouvoir et l'authorité d'approuver sa conversion et luy donner l'absolution, sans laquelle il ne peut estre tenu pour converty et reconcilié à l'Eglise parmy nous.

» Quand il se presentera et envoyera de sa part, le recognoissant chef de l'Eglise, avec la submission et respect qui luy est deu, nous nous promettons tant de la pieté, integrité et prudence de Sa Saincteté, que, sans aucune passion ou consideration de l'interest de qui que ce soit, elle y apportera tout ce qui sera jugé estre de son devoir et soin paternel, pour conserver et mettre, s'il est possible, ce royaume en repos, dont il a desjà monstré que la conservation luy estoit, après la religion, plus chere que toute autre chose.

» Vous ne devez faire aucun prejugé de sa volonté sur le refus qu'il a fait cy-devant de recevoir et ouyr M. le marquis de Pisany ; car il estoit envoyé de la part des catholiques qui assistent le roy de Navarre et non de la sienne, qui fut un mespris duquel il se pouvoit tenir offensé, et un tesmoignage aussi que la volonté de celuy de la conversion duquel on luy donnoit quelque espoir en estoit du tout esloignée, puis que luy-mesme n'y envoioit en son nom ; outre ce, qu'au mesme temps que le voyage se fit, les magistrats qui tiennent lieu de parlement en son party donnoient des jugemens diffamatoires contre la bulle et authorité du Pape et du Sainct Siege. Or nous voulons croire qu'on y procedera à l'advenir d'autre façon et avec plus de respect et consideration de la dignité du Sainct Pere et du devoir que nous avons au Sainct Siege.

» C'est donc ce que nous pouvons respondre sur l'ouverture que nous avez faite de sa conversion, que la desirons vraye et sincere, mais qu'elle se doit faire avec l'authorité et consentement de nostre Sainct Pere, qu'il se doit adresser à luy, et non à nous. Tout ce que nous y pourrions apporter d'avantage, seroit d'envoyer de nostre part à Sa Saincteté, pour luy representer l'estat deploré et miserable de ce royaume, le besoin qu'il a d'un bon et asseuré repos, et neantmoins que sommes deliberez de souffrir tout, moyennant la grace de Dieu, plustost que de laisser nostre religion en peril, entendre là dessus son intention, recevoir ses commandemens, et y obeyr ; en quoy nous procederons avec telle foy et integrité, qu'un chacun cognoistra qu'avec la religion nous aymons et voulons recercher de tout nostre pouvoir le bien et repos de ce royaume, qui ne peut faire naufrage et perir que n'y trouvions nostre ruine, comme vous la vostre.

» Avant que ceste conversion soit advenue, et qu'elle soit ainsi receue et approuvée, nous vous prions prendre de bonne part si nous differons de traicter avec vous ; car, ne le pouvant faire sans approuver dès maintenant ceste conversion, dont le jugement doit neantmoins estre remis à Sa Saincteté, nous desirons d'avantage, quand l'approbation en seroit faite, prendre l'advis de nostre Sainct Pere sur les seuretez requises pour conserver en ce royaume la seule et vraye religion, qui est la catholique, apostolique et romaine. Avec ce nous considerons que quelques difficultez pourroient naistre sur le traicté desdites seuretez, qui empescheroient ou retarderoient l'effect de ce bon œuvre, au blasme de ceux qui en seroient peut estre les moins coulpables, où après la conversion elles pourront estre demandées publiquement et comme à la face de toute la chrestienté, qui y a très-grand interest aussi bien que nous, chacun demourant obligé d'y apporter ce qu'il doit.

» Pour le regard de la surceance d'armes, après que seront esclaircis de vostre [illegible] sur les deux precedens articles, nous y ferons responce qui tesmoignera que ne desirons rien plus que le bien, descharge et soulagement du peuple. »

Le vendredy, unziesme jour de juin, la conference se tint à La Villette, au milieu du chemin de Paris et Sainct Denis, en la maison du sieur d'Emeric de Thou, l'un des deputez royaux, où arriverent lesdits sieurs deputez de part et d'autre en mesme heure, environ le midy; et ne fut possible d'empescher qu'il ne s'y trouvast un grand nombre d'hommes venus de Paris, attentifs de sçavoir l'issue de la trefve proposée

Après s'estre assemblez M. de Bourges pria la compagnie de se resouvenir de ce qui avoit esté fait en la precedente conference, et adviser si on y avoit rien oublié, et dit que les sieurs de Schombert et de Revol, estans allez vers les princes catholiques qui les avoient deputez, leur avoient representé ce qu'il falloit, dont ils s'estoient dignement acquitez, comme il apparoistroit promptement par bons effects. Ne pensoit estre besoin d'user de plus long discours, car leur intention estoit de ne traitter plus que par escrit; et d'autant qu'on avoit insisté de y rediger tout ce qui s'estoit passé entre eux dès le commencement, ils l'avoient fait, sans y avoir rien oublié de ce qui estoit de la substance, comme on verroit par la declaration suivante, laquelle ils baillerent à ceux de l'union après avoir esté leuë par le sieur de Revol.

« Messieurs, en nos premieres conferences nous vous avons prié, sur les differens qui empeschoient nostre reconciliation, et sur le commun desir et besoin de la paix, qui ne peut estre que sous un roy legitime, ny sous un autre que celuy qui en a le droict par la loy du royaume, de vouloir considerer avec quelle patience et modestie les anciens chrestiens ont toujours obey aux princes souverains et magistrats par eux ordonnez, bien qu'ils fussent payens, ennemis et persecuteurs de ceux qui faisoient profession de la religion chrestienne, ceste leur patience procedant, non de leur petit nombre ou foiblesse, mais des enseignemens qu'ils avoient en la Saincte Escriture, exhortations et exemples des saincts peres. Nous vous avons neantmoins remonstré, pour le regard du roy qu'il a pleu à Dieu nous donner, que nous estions en trop meilleure condition qu'eux, et que ce que nous desirons tous pour le regard de la religion, nous l'esperons par la grace de Dieu, selon la promesse que Sa Majesté auroit faite à son advenement à la couronne, et par plusieurs demonstrations et declarations subsequentes d'en vouloir prendre les moyens; [illegible] pesche de M. le [illegible] sainct pere le Pape, [illegible] sous autre nom que de [illegible] toutefois sans son nom [illegible] avions occasion de l'esti[illegible] mesmes. A cela se conformoit [illegible] volonté de nostre deputation [illegible] conference. Surquoy nous vous [illegible] et conjurez, au nom de Dieu, et pour [illegible] que vous avez à la religion catholique [illegible] et repos de cest Estat, de vouloir [illegible] vœux avec les nostres, estimans que [illegible] supplice d'un commun accord de ne [illegible] differer l'effect et execution d'une si [illegible] solution que nous croyons qu'elle [illegible] cœur, seroit d'autant plus incitée [illegible] contentement à ses bons subjects, [illegible] cognoistroit que cela peut faciliter [illegible] nous jugeons si necessaire pour la [illegible] de la religion catholique, et pour [illegible] troubles et calamitez dont ce royaume [illegible] serablement affligé.

« C'est en somme la priere que [illegible] avons faicte en premier lieu, et non [illegible] autres conditions; et, pour ce que [illegible] sceu que ce qui vous a esté dit de [illegible] esté en plusieurs lieux pris et interpreté [illegible] ment que n'a esté nostre intention, [illegible] bien voulu derechef representer en [illegible] mots, et estimé estre à propos de le [illegible] par escrit, pour ne laisser aucun [illegible] prit de personne de la sincerité avecque [illegible] nous avons voulu et voulons tousjours [illegible] en ce faict.

« Nous ne pouvons aussi moins faire [illegible] plus claire intelligence de ce qui est [illegible] entre nous, que de dire que n'avons [illegible] de vous autre responce, si ce n'est que [illegible] siriez comme nous la conversion de [illegible] et vous en resjouissiez, mais que ne [illegible] trer en aucun traicté avec nous qui fust [illegible] profit que n'eussiez sur ce l'advis de Sa [illegible] teté, alleguant, avecque quelque [illegible] de l'Escriture, des raisons d'Estat qui regardent, comme vous dites, la conservation de vostre party, par lesquelles soustenez ne vous pouvoir plus amplement declarer sur ladite priere.

« Cela ayant esté rapporté aux princes et seigneurs de la part desquels nous sommes icy venus par deux d'entre nous, et le tout representé à Sa Majesté, elle auroit prins la bonne et finable resolution que nous vous avons baillée par escrit dès le dix-huitiesme jour de may, portant l'asseurance de ce que auparavant nous disions esperer, à laquelle, pour briefveté, nous nous remettons, ny voulans et ny pouvans adjouster aucune chose.

» Il reste maintenant à vous dire que, après avoir entendu ce que M. l'archevesque de Lyon nous a dit au nom de vous tous à nostre derniere entreveuë, en response de nostredit escrit, nous en avons pareillement donné compte à Sa Majesté et aux princes et seigneurs qui sont prez d'elle; estans deux d'entre nous allez faire cest office au nom de tous.

» Vostre responce consiste principalement en deux points : au premier, vous continuez à declarer le contentement que ce vous sera de veoir la conversion du Roy sincerement effectuée, affoiblissants neantmoins ce tesmoignage par quelque deffiance que vous monstrez sur ce que, depuis ladite declaration, vous avez entendu que Sa Majesté a continué l'exercice de sa religion comme elle faisoit auparavant.

» Messieurs, quand on vous accordera ce que pour ce regard vous dites, il ne se trouvera toutesfois qu'il y ait aucune contrarieté à ce que nous avons baillé par escrit, ny aussi aucune contravention ez promesses de Sa Majesté, lequel est d'ailleurs cognu pour prince de bonne foy, nourry en la simplicité militaire, qui n'a point de fard ny en ses porolles ny en autres choses.

» Que quelques-uns ont voulu calomnier ses actions : s'il en estoit ainsi qu'il eust dans le cœur autre volonté que d'effectuer et observer ce qu'il a si expressement promis et asseuré, de se vouloir faire inscrire et contenter ses bons subjects catholiques au fait de la religion, au lieu de ce qu'il fait, il n'eust pas eu faute de conseil et d'invention pour faire quelques actes exterieures à fin de faire croire qu'il est alliené de ladite religion.

» Mais la façon esloignée de tout artifice avecque laquelle il a procedé jusques à présent peut asseurer un chacun que ce qu'il aura une fois promis il l'observera sainctement et de bonne foy. Ny le roy Clovis, ny l'empereur Constantin le Grand, ne declarerent pas au premier jour ce à quoy ils s'estoient resolus en leurs cœurs touchant la religion chrestienne : ce que combien qu'il ne convienne en la personne de Sa Majesté, d'autant qu'ils tenoient la loy payenne, et elle la chrestienne, seulement séparée de nostre foy et religion par quelques erreurs dont l'on doit tascher de le retirer, toutesfois il semble n'estre hors de propos de la mettre en consideration, pour monstrer que les changemens où il va non seulement de la conscience, mais aussi de l'exemple, mesmement des personnes de si grande dignité, ne se peut faire en un moment, et faut que les formes qui y sont requises precedent.

« L'autre point de vostre reponse contient que vous ne pouvez traitter d'aucun accord avec nous si ce n'est par l'advis du Pape, remonstrant que vous n'approuveriez en aucune sorte la conversion de Sa Majesté si ce n'est après qu'elle aura esté jugée et approuvée par Sa Saincteté.

» A cela nous respondons que nul n'a monstré plus que les princes et seigneurs de la part desquels nous conferons de ces affaires, et avec lesquels nous sommes joints, desirer qu'il soit deferé à Sa Sainctetè et au Sainct Siege apostolique; et encores que nous n'ayons veu jusques à present de sa part que toute faveur, secours d'hommes, de conseil et de toutes autres choses à vostre party en ceste guerre, et nous au contraire en avons senty et receu toute defaveur, est-ce que cela n'a point changé ceux que nous representons, ny fait perdre le desir extreme qu'ils ont tousjours eu, et auquel ils continuent de regaigner la bonne grace de Sa Sainctetè.

» Le refus ou plustost rigueur, si ainsi nous l'osons dire avecque la revérence que nous luy devons, qui a esté usée à M. le marquis de Pisany de ne le veoir et ouyr la charge qu'il a eu de leur part, n'a rien diminué de leur bonne affection et observance envers Sa Saintetè et le Sainct Siege; aussi ont-ils entendu et croyent cela estre advenu, non par mauvaise volonté qu'elle leur porte, mais pource que aucuns de vos minstres s'y sont tellement opposez et avec telle importunité et protestation, que Sa Sainctetè, violentée avecque cela de la tyrannie des Espagnols, a esté retenuë de faire le recueil et traictement audit sieur marquis que méritoit sa légation et qualité, et que nous esperons neantmoins qu'elle se resoudra en fin de luy octroyer.

» Pour le regard de Sa Majesté, si sa conscience et sa ferme resolution de se bien unir avecque Sa Sainctetè et ledit Sainct Siege, et l'opinion qu'elle a du bon naturel de Sadite Sainctetè, qu'elle estime aussi prince très-vertueux et amateur du repos de la chrestienté, ne l'asseuroit de la trouver favorable au bien de ce royaume, les apparences et procedures passées fourniroient assez juste argument pour s'excuser et justifier envers le monde, si elle demeuroit retenuë de s'addresser à Sa Sainctetè; mais, par nostre escrit precedant, nous vous avons dit ouvertement la saincte intention de Sa Majesté, qui est de contenter au fait de la religion ses bons subjects catholiques, et se comporter, pour le regard de l'obeïssance et respect qui est deuë à Sa Saincteté, ainsi que doit un roy de France, premier fils de l'Eglise, très-chrestien et très-catholique : nous le vous confirmons derechef, comme sçachant bien que Sa Majesté continuë en ceste volonté, et ne devez douter qu'ayant ce desir de se bien unir avec Sa Saincteté, il ne le face par les moyens que l'on doit parvenir à ceste bonne reconciliation.

» Pour cest effect Sa Majesté a mandé et convoqué, ainsi que desjà vous avons declaré, les princes de son sang, autres princes, un bon nombre de gens d'eglise et docteurs en la Faculté de theologie, les officiers de sa couronne, et plusieurs autres grands seigneurs de ce royaume, ensemble aucuns des principaux et plus notables officiers de ses parlemens, esperant, moyennant la grace de Dieu et le bon conseil qui luy sera donné par une si notable assemblée, il sera prins une si bonne et si sage resolution touchant le fait de sa conversion et absolution, que Sa Saincteté et tous les autres potentats catholiques auront occasion d'en estre bien contents et satisfaits; et tenons pour asseuré que nul desirant la conservation de la religion catholique et la prosperité de cest Estat, n'y pourra ny voudra contredire.

» Au demeurant, la ruyne que nous voyons en ce royaume, et souffrons tous avecque infiny regret des gens de bien, et que nul bon François ne peut regarder à yeux secs, doit faire chercher tous les moyens, autant qu'il est au pouvoir des hommes, de haster les remedes pour empescher la totale ruyne de nostre patrie. C'est à ceste fin que Sa Majesté vous a fait dire par nous sa bonne resolution touchant la treve, à laquelle si vous ne voulez entendre, sinon en tant que serez plus avant satisfaits que ne pouvons et ne devons par raison de ce que desirez pour vostre response, Dieu, qui est le juge des uns et des autres, fera que tout ce royaume cognoistra et voira clairement d'où vient et à qui devra estre imputé le retardement du bien et soulagement qui adviendra par le moyen de ladite treve, qui nous pourroit avec l'aide de Dieu acheminer à une bonne et perdurable paix.

» Faict le onziesme jour de juin. Ainsi signé, R., archevesque de Bourges, Chavigny, Bellievre, Gaspart de Scomberg, Camus, de Thou et Revol. »

Comme les deputez de l'union s'assembloient et retiroient à part pour deliberer, arriverent les sieurs de la Chastre et de Rosne, qui furent priez par eux de leur assister et bailler leurs advis sur ce qui se presentoit, et sur la difficulté si ils recevroient ladite declaration, de laquelle

lecture derechef faite par [illegible]
par commun advis entr'eux [illegible]
avec les qualitez et [illegible]
archevesque de Lyon [illegible]
il fit, qu'il y avoit eu [illegible]
tion du changement, et pour [illegible]
avoit usé et pour la substance
soient-ils, qu'il en [illegible]
Quant à la treve, ils dirent qu'
comme on leur en faisoit [illegible]
le siege de Dreux qu'en avoit [illegible]
M. le duc de Mayenne avoit
comte Charles de ne passer out
qu'ils feroient tousjours recogn
le soulagement du peuple leur se
dable.

M. de Bourges leur repliqua
fire de leur avoir monstré les pri
sions redigées en escrit; que, du
ils en diroient bien les justes c
Roy avoit de l'assieger s'ils vo
quant au comte Charles, que l'
que luy et les chefs espagnols est
peschez pour pacifier les muti
gens de guerre.

Ceste mutinerie commença à
teau, sur la riviere d'Authie qui s
d'avec l'Artois. Le comte Cha
Noyon, comme nous avons dit, il
son pere, le comte Pierre Ernest,
à luy afin de faire lever au prin
siege qu'il avoit mis devant Ge
ghe; mais, voulant faire justice
espagnol qui avoit forcé une fill
l'instant tous les Espagnols s'ele
lui et contre tous les soldats wallo
en fuite, pillerent ses meubles e
rent un chef d'entr'eux qu'ils no
et, s'estans mutinez, s'empareren
Sainct Pol, qu'ils fortifierent, et d
sujet et rançonnerent tout ce qu
qu'on appelle *le haut pays*, entr
paulmes, Arras, Bethune, Aire et
qu'ils contraignirent leur apport
maines argent et vivres, laquelle
ra un an entier devant qu'on les s
à l'exemple desquels les Italiens
estoyent au pays de Hainaut se m
après, et se fortifierent au Pont s
ils rançonnerent le pays d'alenvir
florins par chacun jour qu'il falu
Mons leur fournissent toutes les s
de la garnison de la ville de Ber
n'en firent pas moins; et comme
viron est du diocese de Cologne
Juilliers, n'ayans moyen de le ra

assirent, outre le peage ordinaire, de grandes impositions sur tous navires et marchandises qui devoyent necessairement passer par là, dont ils repartissoient l'argent chacun mois entr'eux.

Puis que nous sommes tombez sur les affaires des Pays-Bas, voyons tout d'une suite ce qui s'y passa jusques au commencement de ceste année. Le gouvernement des Pays-Bas estant remis, après la mort du duc de Parme, au comte de Mansfeldt, le 5 janvier il fit publier des deffences de payer certaines contributions que les gens du plat pays s'estoient cottisez de payer aux receveurs des Estats, affin de demeurer en paix en leurs maisons des champs. Plus, il fit declarer la mauvaise guerre, et que doresnavant les gens de guerre eussent à plustost mourir que se rendre en combattant, defendant toutes sortes de rançons et eschanges de prisonniers. Mais pas une de ces deux choses ne fut observée à cause des plaintes faites par les gens du plat pays, qui ne laisserent de continuër de payer leurs contributions. Quant aux gens de guerre, ils commencerent à murmurer, pour ce qu'ils aymerent mieux tirer rançon de leurs prisonniers que non pas de les delivrer ez mains d'un bourreau, et de courir eux-mesmes fortune d'estre pendus aussi s'ils estoient pris par ceux des Estats.

Or le prince Maurice, ne doutant pas que le comte de Mansfeldt n'eust bien deliberé de luy empescher ses desseins durant l'esté de ceste année, le voulant prevenir avant qu'il eust moyen de s'advancer, hasta au commencement du printemps son armée, et le 28 de mars se trouva avec toutes ses forces, tant par mer que par terre, devant la ville de Gheertruydenberghe pour l'assieger, et, par un siege long ou court, l'emporter. A une mousquetade de ceste ville il y avoit un fort nommé Stelhoff, qui est à dire jardin de voleurs, qui luy empeschoit de faire les approches de ce costé-là, et tenoit le passage ouvert au ravitaillement du costé d'Oosterhout; pour l'empescher le prince advisa de leur coupper ce chemin et separer ce fort de la ville. Ce qu'ayant fait, il eut par après bon marché du fort, lequel se rendit le 7 d'avril, et sortirent ceux de dedans, bagues sauves tant seulement. Ce fort estant rendu, le prince s'approcha plus près de la ville, et pied à pied gagna la contrescarpe du fossé, où ses soldats, comme enfouys en terre, se logerent à couvert du canon de la ville du costé d'occident, assignant le quartier au comte de Hohenloo, son lieutenant, avec ses troupes du costé d'orient par delà l'eau, au village de Ramsdone, environ demie heure de chemin de la ville, où s'estans retrenchez, y fut fait un pont pour passer l'eau d'un quartier à l'autre, afin de s'entresecourir au besoin. Le prince retrancha son camp d'une promptitude et habileté incroyable, et, pour bien petit salaire, les soldats, faisans office de pionniers, chose rare, acheverent, comme chacun à l'envis et en peu de temps, tous les retranchemens du camp, qu'un bon pieton n'eust peu qu'à peine cheminer en quatre heures. Les tranchées estoient reparties par ravelins, flanquans et respondans les uns aux autres, comme si c'eust esté une ville forte, chacun ravelin muni de pieces d'artillerie, selon la necessité du lieu. Au devant de ces tranchées y avoit un fossé d'environ trente pieds de large. Et, jaçoit qu'en plusieurs endroits ce fussent lieux aquatiques, marescageux et plains de fondrieres qui n'estoient aisement cheminables, si est-ce qu'au lieu de contrescarpe ausdits fossez il y avoit des pieux fichez de la hauteur d'environ quatre pieds hors de terre, à chascun desquels y avoit en haut une longue pointe fichée pardevant, qui au plus grand homme y heurtant de nuict à despourveu eust peu donner en la poitrine, et qu'il n'estoit possible d'arracher (estans enchainez l'un à l'autre) sans faire grand bruit; tellement que les assiegeans se tenoyent plus asseurez en ce camp qu'en une forte ville. La discipline que tenoit le prince et l'obeyssance du soldat y fut si grande, que les paysans des villages circonvoisins se vindrent loger dedans ce camp à refuge, non seulement avec leurs femmes et enfans, mais avec leurs chevaux, vaches, brebis et autre bestail, jusques aux poulets, vendans aux soldats, comme en plain marché de ville, leurs œufs, lait, beurre, fromage et autres denrées. Mesmes à ceux qui avoient des terres labourables dedans l'enclos du camp fut permis de les labourer, chose qui sembleroit presque incroyable, et toutesfois veritable.

Le camp du prince Maurice et des Estats estant ainsi bien fermé, garanty et disciplíné devant Gheertruydenberghe du costé de la terre, la ville fut pareillement serrée par mer avec environ cent navires, tant grandes que moyennes, pour empescher que rien n'y entrast de ce costé-là. Quant à la cavalerie, le prince l'envoya ez villes de Bergh sur le Soom, Breda et Heusden, pour coupper les vivres à l'Espagnol qui commençoit à s'amasser à Turnhout. Il en retint quelques compagnies qui furent campées à l'escart, entre le quartier du prince et celuy du comte de Hohenloo, en lieu mal accessible pour l'Espagnol à cause des eaux, mais à toute heure preste, par le moyen des ponts, pour secourir l'un et l'autre des deux quartiers du camp.

Le comte Pierre Ernest de Mansfeldt, deliberé

de faire lever ce siege, s'approcha avec son armée qui estoit de douze mille hommes, tant de cheval que de pied, jusques à Oosterhout, distant demye lieuë du camp du prince, où il se tint retrenché dix jours. Mais, comme de ce costé là qui regardoit le quartier du prince il n'y voyoit nul moyen d'entreprendre, tant pour les marescages que pour les retranchemens et fortifications du camp, il changea de place, et alla camper, du costé d'orient, aux villages de Waesbeke et Cappelle, assez proches du quartier du comte de Hohenloo, auquel fut envoyé de renfort le chevalier Veer avec six cents Anglois et environ mille Frisons, Mansfeldt estant là campé, sans monstrer aucun semblant de vouloir forcer le camp des Estats, mais tousjours attendant quelque opportunité, car, d'y aller par force, il n'eust peu sans se perdre pource que le camp des Estats estoit aussi suffisant au plus foible endroit que mainte forte place, et ne se pouvoit attacquer sans batterie ny sans hazarder beaucoup, avec peu d'espoir d'y acquerir honneur : aussi Mansfeldt, comme vieil capitaine prudent et avisé qu'il estoit, et qui ne vouloit rien mettre à l'avanture, demeura en ce lieu environ trois semaines, voyant de ses yeux tout ce qui se faisoit devant la ville sans y pouvoir remedier, ny donner autre empeschement que de bonne volonté. Et cependant, outre la batterie qui foudroyoit le rempart de la ville en trois divers endroits, le prince fit dresser des galleries pour venir à la sappe, l'une desquelles fut tant avancée qu'elle vint à approcher le rempart à quatorze ou quinze pieds près, jusques où le fossé estoit presque rempli de la ruyne de la bresche qui y estoit tombée. Aussi le 24 de juin, qui estoit le jour de Sainct Jean Baptiste, un soldat du camp du prince s'advantura de passer le fossé de la ville de Gheertruydenberghe, environ une heure après midy, et de monter tout doucement par la ruine de la bresche jà faite au ravelin de la porte de Breda, tant qu'estant en haut il considera la contenance des soldats assiegez qui y estoient en garde, dont les uns disnoient, d'autres dormoient. Ce soldat fit signe à deux compagnies qui estoient là prez en garde de le suivre. Au mesme instant ils se jetterent à la foule dedans le fossé, franchirent ce ravelin, le gaignerent, tuèrent une partie des soldats, et chasserent les autres qui y estoient, qu'ils poursuivirent jusques dedans la ville, où y en eut un attrapé qui fut amené au prince.

Sur cest alarme le sieur de Gisant, gouverneur de la ville, estant en armes pour venir au rempart, comme l'artillerie du camp ne cessoit, fut tué d'un coup de pierre tirée d'un mortier, et plusieurs autres [illegible], entr'autres le sergent major. Les [illegible] ravelin gaigné, leur gouverneur [illegible], qui estoit le troisieme gouverneur qui devant [illegible] furent tuez, et qu'au quartier des [illegible] n'estoit gueres moins advancé [illegible], qu'ils craignoient la nuict suivante [illegible], et ainsi pouvoir estre chargez par [illegible] endroits, envoyerent leurs [illegible] pour traitter d'accord. Sur ce [illegible] des ostages pour eux dans la ville, tandis que ceste nuict ils demeureroyent au camp à traitter la composition, qui fut faite à certaines conditions lesquelles le lendemain furent confirmées, et sortirent avec leurs armes et bagages le 25 dudit mois, prenans le chemin d'Anvers.

Estant toute la gendarmerie de la garnison sortie, la plus part hauts Bourguignons et Alemans venans au dernier pont où le prince, accompagné des comtes de Hohenloo, Solms et autres, les voyoit passer, chasque [illegible] remit son drapeau entre les mains dudit prince, suivant la composition, et en receut [illegible] qu'il envoya à La Haye.

Ce jour mesme que ceste ville se rendit, le comte de Mansfeldt envoya quelques troupes d'infanterie pour recognoistre le quartier du comte de Hohenloo; mais ils furent chargez par la compagnie de cavalerie du comte, et par le chevalier Veer et sa cornette, et quelques autres qui desfirent ceste infanterie, et en amenerent au camp deux capitaines wallons prisonniers qui furent bien estonnez, voyans que la ville estoit renduë, car Mansfeldt n'en sceut rien que sur le soir, lors qu'il vid les feux de joye dedans la ville et parmy le camp des Estats, avec les salves du canon et de l'escopeterie. Ainsi fut ceste ville, que l'Espagnol estimoit imprenable, prinse après avoir enduré quatre mil cinq cents coups de canon de cinquante quatre pieces de batterie, à la barbe de l'armée du roy d'Espagne commandée par un si brave et vieil capitaine.

Mansfeldt, entendu qu'il eut la reddition de la ville, fit quant et quant marcher son armée en toute diligence au quartier de Boisleduc, et s'alla camper devant le fort de Crevecœur, situé sur la riviere de Meuse, à l'emboucheure du canal qui s'appelle la Dise, allant vers la ville de Boisleduc, pour par le moyen de ce fort tenir la ville sujette que rien n'eust peu descendre vers Heusden, Gorrichom et Dordrecht, ny de là remonter en haut. Le prince, entendant qu'il avoit la teste tournée de ce costé là, despescha tout aussi tost le frere du sieur de Brederode avec son regiment, et l'envoya par ladite riviere à ce fort de Crevecœur, faisant suivre ses navires de guerre et pontons avec l'artillerie, qui singlerent avec un vent d'ouest si ferme, que rien ne les peut empescher qu'ils ne vinssent ancrer droit au devant du fort, à l'une et à l'autre rive. Et comme on eut asseuré le prince que Mansfeldt avoit commencé à y planter son canon, deliberé de le battre, il y alla luy-mesme avec le reste de son armée qu'il fit entrer en l'isle de Bommel, s'allant camper au village de Heel, à l'opposite du fort qu'il renforça d'artillerie, avec laquelle les assiegez firent tel devoir, que Mansfeldt, veu l'inondation du quartier où il estoit, par l'accroissement des eaux, fut contraint retirer la sienne et aller camper demie lieuë arriere. Tandis le canal estoit tellement bouché que rien n'y pouvoit entrer ne sortir. Finalement, après que Mansfeldt y eut sejourné quelque temps, il ramena son armée en Brabant, en laquelle il n'y avoit pas sept mille hommes au plus, le reste s'estant desbandé qui çà qui là. Voylà le peu d'heur qu'eurent les Espagnols aux Pays-Bas.

Nous avons comme enchassé ce discours de l'estat des Pays-Bas parmy le recit de ladite conference qui se faisoit entre les royaux et ceux de l'union aux environs de Paris, et ce à cause que ceux de l'union y dirent, par forme de plainte, que le Roy assiegeoit Dreux, et que cependant M. le duc de Mayenne avoit mandé au comte Charles de cesser d'assieger et prendre places; ce qui ne pouvoit estre pour la mutinerie cydessus dite, qui advint en l'armée dudit comte Charles de Mansfeldt, et pour la necessité de tous les gens de guerre qui estoient ausdits Pays-Bas. Aussi le duc de Mayenne, en la response qu'il fit au duc de Feria, lequel l'accusoit envers le roy d'Espagne d'avoir laissé perdre Dreux, descouvre assez la necessité qui estoit lors en leur party, en ces termes :

« Ce calomniateur dit que j'ay laissé perdre la ville de Dreux assiegée par l'ennemy, afin d'intimider les estats et les induire à consentir la trefve. Ose-il bien si effrontement escrire à Vostre Majesté le contraire de ce qu'il sçait, et me contraindre à dire que je le pressay tous les jours, luy et les autres ministres de Vostre Majesté, de faire retourner l'armée, qui tost après la prise de Noyon s'estoit retirée sur la frontiere et dissipée pour la plus-part? Je leur remonstray qu'en ayant une portion d'icelle, avec ce que nous meitrions ensemble des forces françoises, elle suffiroit pour faire lever ce siege, d'autant que l'armée de l'ennemy estoit fort foible. S'ils ne l'ont pas voulu, la coulpe en est à eux; s'ils ne l'ont peu pour la mutinerie qui arriva parmy les troupes, comme il est vray, souffrons et excusons ensemble ce mal sans rejetter la coulpe sur celuy qui est innocent. J'en recevray pour tesmoin M. le legat, le sieur de Taxis et le sieur don Diego, de ce qui se passa lors en cest affaire. Je n'ay jamais pensé depuis à la perte de ceste ville tant affectionnée que les larmes aux yeux. Aurois-je aussi peu oublier leur genereuse resolution de vouloir mourir et souffrir tout ce qui rend les hommes miserables plustost que de se rendre à l'ennemy victorieux, lors qu'il retournoit de la bataille d'Yvry, ayant apprins aux autres, par cest exemple de leur constance et vertu, d'en faire autant? » Ainsi le duc de Mayenne deploroit la perte de la ville de Dreux, qui advint de ceste façon :

Le Roy voyant que le duc de Mayenne et ceux de l'union ne taschoient, par la surceance d'armes accordée par la conference, qu'à l'amuser, tant afin que les chefs de l'armée d'Espagne pussent appaiser leurs mutinez et remettre sus un corps d'armée pour soustenir l'eslection d'un pretendu roy qu'ils vouloient eslire, que pour faire entrer le plus de vivres qu'ils pourroient dans Paris, il manda aux deputez royaux de ne continuer plus la surceance d'armes, et, suyvant la resolution qu'il avoit prise avec M. d'O d'assieger Dreux, place qui empeschoit la libre communication de Chartres à Mante, sur l'advis qu'il eut que le sieur de Vieuxpont, gouverneur de Dreux pour l'union, estoit à l'assemblée de Paris, il manda à M. l'admiral de Biron, qui conduisoit son armée, d'investir Dreux; ce qu'il fit si diligemment que dans quinze jours le Roy s'en rendit maistre par la force. La ville ainsi gaignée fut pillée à cause de l'opiniastreté des habitans, la plus-part desquels s'allerent confusement retirer dans le chasteau avec leurs femmes, enfans et bestail, où en peu de temps ils furent reduits à de grandes necessitez faute de vivres et principalement de l'eau. D'autres se retirerent dans une tour que l'on appelle la tour grise, où Gravelle, homme de justice et officier du Roy en ceste ville, s'opiniastra tellement dedans, que l'on fut contraint de miner ceste tour et la faire sauter. Plusieurs des royaux, qui entrerent les premiers pour butiner si tost que la premiere mine eut joué, se trouverent accablez dans les ruines que fit la seconde mine. En fin Gravelle se pensant sauver fut pris avec huict autres, et furent tous incontinent pendus à des arbres vis à vis de la bresche par où la ville avoit esté prise. Or le Roy avoit accordé trefves à ceux qui estoient dans le chasteau et parloient de se rendre; mais, aussi tost qu'ils virent la tour grise sauter, ils commencerent à tirer sur le Roy qui estoit proche dudit chasteau avec Madame, sa sœur, madame de Rohan et ses filles, et plusieurs autres dames et demoiselles. C'estoit trop hazarder, car les balles passerent si près de leurs personnes, que quelques officiers de leurs maisons en furent blessez. Peu de jours après ceux du chasteau furent contraints de se rendre à Sa Majesté vies et bagues sauves : ce qu'ils obtindrent du Roy, qui par ce moyen se rendit maistre de ceste ville, et y mit dedans pour commander le sieur de Manou, frere de M. d'O.

Durant ce siege Madame, sœur du Roy, estoit logée à Bus, où madame de Nevers et madame de Guise, sœurs, avec mademoiselle de Guise, à present princesse de Conty, la vindrent trouver. Le Roy leur fit cest honneur de s'y rendre au disner, là où il fut parlé de mariages de princes et princesses, tant de celuy de M. de Montpensier [qui peu de jours auparavant avoit receu une harquebuzade dans la gorge] avec Madame, sœur de Sa Majesté, que de celuy de M. de Guise avec l'infante d'Espagne, ainsi que le bruit en couroit lors. Il fut parlé aussi des armées estrangeres de l'union, et le Roy leur dit : « Je vous asseure, s'ils y viennent, je les renvoyeray en leurs logis sans trompette. »

Pendant le siege de Dreux on traicta fort à l'assemblée de Paris de l'eslection d'un roy. Or ils avoient, le douziesme may, faict une procession pour prier Dieu que leur assemblée eust un succez heureux en la nomination qu'ils en desiroient faire. Il y avoit en ceste procession trois archevesques, un françois, un italien et un escossois, avec neuf evesques, lesquels portoient les chasses des saincts martyrs et apostres de France, sainct Denis, sainct Rustique et sainct Eleutere. La chasse où est le corps du roy sainct Loys fut portée par treize conseillers de la cour, et la vraye croix par deux religieux de l'abbaye Sainct Denis, lesquels, dès le commencement de l'an 1589, lors que l'on apporta le thresor de Sainct Denis à Paris, y estoient demeurez pour y prendre garde. Ces religieux estoient pieds nuds sous un riche poile que ceux de la noblesse de l'union soustenoient. Tous les princes et seigneurs de ce party y estoient. Le cardinal de Pelvé dit la messe dans l'eglise Nostre Dame, et le docteur Boucher y fit la predication.

Après cette procession, le reste de ce mois de may et le commencement de juin, chacun attendoit de jour en jour que les ambassadeurs d'Espagne deussent exposer leurs charges et instructions touchant ceste eslection d'un nouveau roy. Avant que de le vouloir faire en pleine assemblée ils en tindrent plusieurs devis particuliers par forme de conseils avec ledit sieur cardinal de Plaisance et le duc de Mayenne, et, continuans en leur premiere demande qu'ils avoient faicte audit duc de Mayenne au commencement de l'an 1592, à ce que l'Infante d'Espagne fust receuë au premier grade et declarée royne de France, ils proposerent aussi le mariage d'elle et de l'archiduc Ernest d'Austriche, frere de l'Empereur, qui devoit venir de la Hongrie gouverner les Pays-Bas. A ceste proposition, qui ne se faisoit qu'en particulier, tous ceux de l'union, tant le duc de Mayenne, les autres princes de sa maison, que les Seize mesmes qui en ouyrent parler, y contredirent; et, suyvant la premiere responce qui leur fut faicte lors, on leur dit encores que l'on pourroit rompre pour ceste fois la loy salique, avec condition que l'Infante se marieroit en France à un [illegible] de leur party, et par l'advis des [illegible] leur assemblée d'estats.

Les ministres d'Espagne, voyans que leur proposition n'avoit point esté trouvée [illegible], s'adviserent d'une autre subtilité, et [illegible] qu'il n'estoit pas raisonnable qu'autre [illegible] leur maistre choisit un mary pour sa [illegible] l'on luy en devoit laisser l'eslection, [illegible] toutesfois il ne feroit que d'un prince [illegible], et qui seroit du party de l'union. A ceste [illegible] sition les grands de ce party s'accorderent [illegible] diverses pretensions toutesfois, ainsi qu'on pourra cognoistre cy après.

Messieurs les deputez royaux pour la conference, estans toujours à Sainct Denis, attendans la responce que ceux de l'union leur [illegible] faire à leur derniere proposition du 1[illegible], et ayans eu advis des propositions cy-dessus faites par les ministres d'Espagne, rescrivirent la lettre suivante à l'archevesque de Lyon et à ses condeputez.

« Messieurs, ayant sceu par M. de Talmet [illegible] l'on desiroit de vostre costé que nous prinsions en bonne part ce que differez de faire responce à ce que dez l'unziesme de ce mois vous a esté par nous proposé, et que dans dimanche prochain nous sçaurions vostre resolution, nous avons estimé, s'agissant du bien et repos commun de cest Estat, de vous devoir faire la response qu'aurez desjà sceuë par ledit sieur de Talmet. Et toutesfois, messieurs, nous sommes contraints de vous dire que les princes et seigneurs de la part desquels nous sommes icy venus se trouvent en bien grande peine de ce qu'en chose qui concerne si avant la religion catholique et le salut du royaume, ils n'ont veu jusques à present qu'il y ait esté donné l'avancement qu'ils jugent estre si necessaire pour faire cesser nos miseres et remettre nostre patrie en quelque meilleur estat; qui est la cause que nous vous prierons, avec toute affection, de vouloir considerer avec vos prudences que nous avons à rendre compte ausdits princes et seigneurs, non-seulement de nos actions, mais aussi d'une si longue demeure et retardement qui advient en ceste negotiation, pendant laquelle ce royaume se consume, nous ne dirons pas à petit feu, mais d'une violente flamme, avec un furieux embrasement qui ne tardera [s'il ne plaist à Dieu par sa saincte grace de nous inspirer meilleurs conseils] d'aneantir et reduire en cendres et les uns et les autres.

» Ce qui nous fait craindre que nous ne soyons aux derniers jours de la maladie; est que nous voyons que de jour en jour, d'heure à autre, il se met en avant de nouvelles inventions pour avancer et precipiter nostre ruine. Si l'ambition insatiable de ceux de la part desquels elles sont proposées n'estoit cognuë à un chacun de vous comme à nous mesmes; si l'on ne sçavoit, à nostre grand dommage, la violente passion que de tout temps ils ont monstrée de subjuguer nostre patrie et fouler aux pieds la dignité du nom françois, nous nous estendrions à le vous escrire, mais vos prudences n'ont besoin de nostre instruction; il nous suffira de vous dire que, depuis la venuë de ces deputez du roy d'Espagne, ils ont assez fait cognoistre par leur dire et actions le venin qu'ils ont preparé pour empoisonner ce royaume. Ils disent maintenant une chose, maintenant l'autre.

» Ces grands zelateurs de l'honneur de Dieu et de la France ne demandoient au commencement, sinon qu'il fust pourveu à ce qui concerne la seureté de la religion catholique. Vous le nous avez mandé et fait imprimer. Ce zele de religion les a fait entrer en goust de demander le royaume pour un Allemant que presque on ne sçavoit pas en ce royaume s'il estoit au monde, et avec cest Allemant ils veulent, contre la loy salique, loy fondamentale du royaume, mettre le sceptre entre les mains d'une fille. Voyans que leurs finesses n'avoient pas succedé de ce costé là, ils proposent de bailler la fille d'Espagne à celuy que le roy des Espagnols choisira, c'est-à-dire qu'ils vous demandent que vous mettiez l'eslection de ce royaume au jugement et discretion d'un roy qui en a tousjours esté le plus certain ennemy, et le proposent avec tant de finesse, que les aveugles peuvent voir qu'ils n'ont autre but que de perpetuer nos miseres, n'espargnans pour cest effect ny parolles, ny argent, ny promesses, qu'ils sçavent bien ne pouvoir estre contraints d'observer, pour nous tenir tousjours desunis, et nourrir l'inimitié et la zizanie qu'ils ont semé parmy nous. Ils font estat que, sur la deliberation de nommer celuy qui devra espouser madame l'Infante, ils feront aisement couler une couple d'années, et n'estiment pas, attendu la necessité en laquelle ils croyent nous avoir reduits, que le corps de cest Estat puisse subsister si longuement.

» Messieurs, nous sommes contraints d'user de ce langage envers vous, non pour estimer que vous n'y voyez aussi clair et plus clair que nous, mais pour ce que nous desirons que vous et un chacun sçache quelle est en cela nostre opinion; surquoy ne pouvons prendre autre resolution que de nous affermir et roidir de plus en plus à nous opposer aux mauvais et pernicieux desseins des ennemis communs de cest Estat. Ce n'est pas que nous ne cherchions par tous moyens possibles aux hommes qui ont Dieu, l'honneur et la charité de leur patrie devant les yeux, de nous reconcilier et reunir avec vous.

» Nous estimons que le but où doivent tendre les gens de bien est de pouvoir vivre en repos avec dignité. Ce mot de repos comprend l'un et l'autre, consistant en ce qui concerne la conservation de nostre religion, de nos honneurs, vies et biens. Si ceste guerre ne se fait pour autre occasion, nous ne voyons pas chose qui doive empescher que nous ne vivions les uns avec les autres en paix, concorde et toute amitié. C'est le desir commun de tous les gens de bien qui servent Sa Majesté. Ils ne pretendent aucun droict sur vos biens. Ils estiment que le mal qui vous advient est le leur propre, et s'asseurent tant de vos bontez que vous n'estimez pas que leur mal soit vostre bien. Ils desirent vostre conservation, vous tenans pour membres très-honorables et très-utiles au corps de ceste couronne, pour le soustenement et honneur de laquelle ils combattent et combattront jusques au dernier souspir de leurs vies. Quand ils se perdront vous perdrez vos freres et bons amis, qui meritent d'estre tenus pour bons et necessaires appuis de la monarchie françoise. Ils font de vous et de vostre valeur le même jugement.

» Quelle malediction nous peut maintenant conseiller d'aguiser nos cousteaux contre ceux ausquels nous sommes obligez de desirer tout bien et prosperité? Nous desirons sur toutes choses que la religion catholique soit conservée, et que l'ordre ancien en la succession de la couronne soit observé. Dequoy pouvons nous donc estre accusez, si ce n'est de ce que nous ne voulons et ne pouvons consentir de souffrir le joug des anciens ennemis de la France? S'il y a chose que de part ou d'autre soit demandée avec raison, celuy qui s'y opposera sera jugé desraisonnable; il en sera blasmé tout le temps de sa vie, et sa memoire sera honteuse et detestable à la postérité. Au contraire, la memoire de ceux qui s'employeront loyaument à delivrer leur patrie du danger extreme où le malheur l'a precipitée, demeurera perpetuelle et très-honorable aux siecles à venir, et eux vivans seront aymez, respectez et honorez de tous les gens de bien, comme vrays enfans de Dieu et vrays François.

» Nous estimons, à la verité, que nostre maladie est très grande, très-dangereuse et presque mortelle. Mais nous n'estimerons point qu'elle soit incurable, s'il plaist aux gens d'honneur et de valeur, tant d'un party que d'autre, se despouillans de toutes autres passions que de la religion et de l'Estat, considerer meurement les causes et les remedes qui se peuvent apporter à nostre mal. Comme un navire agité des vents et des vagues, s'il donne sur un banc, force est qu'il s'ouvre, tellement que, prenant eau, s'il n'est promptement conduit à quelque port ou radde, il va à fonds et se perd avec les hommes et tout ce qui est dedans, mais, estant arrivé à port, il peut estre secouru et ce qui est dedans sauvé, avec le navire que l'on pourra refaire et remettre en aussi bon estat qu'il estoit auparavant; ainsi nous dirons qu'il adviendroit à ce royaume, qui a donné sur un banc, sur un escueil de sedition qui l'a miserablement ouvert aux estrangers. Il est en un très-evident danger de se perdre et couler à fond si nous tardons de le conduire au port de la paix. Mais nous voulons esperer, avec la bonne ayde de Dieu, que nous serons si heureux que de nous bien resoudre à une bonne reconciliation, que non-seulement nous nous garantirons de la violence de nos ennemis, mais aussi que nous reprendrons nos premieres forces et le mesme degré d'honneur et de preeminence que ce royaume a tenu depuis mil ans en çà sur tous les royaumes de la chrestienté. C'est le but où nous tendons que de continuer ceste monarchie françoise; c'est le but où tend l'Espagnol que de l'abattre, et vous sollicite, pour cest effect, avec une si violente importunité, que vous procediez, nous ne dirons plus à l'eslection d'un nouveau roy, mais que vous luy en donniez la nomination. Nous estimons d'estre bien fondez en nos opinions que l'election qui se feroit en ce royaume d'un autre roy que celuy que Dieu et la nature nous a donné, mettroit les affaires de la religion catholique et du royaume de France au plus miserable estat qu'on l'ait veu depuis mil ans en çà. Aussi n'estimons-nous pas que vous voulussiez ny puissiez, comme aussi il n'appartient à aucun, quel qu'il soit, de violer la loy fondamentale du royaume qui donne la couronne au plus proche en degré en ligne masculine au roy dernier decedé. Les choses à venir sont invisibles, et il n'y a rien de certain que ce qui est de Dieu et du passé.

» Le plus certain jugement que nous pouvons faire de l'advenir est de nous resoudre par ce qui est passé. Ceux qui disent que c'est chose aisée de oster la couronne au Roy, ne se remettent pas assez devant les yeux qu'estant au service du feu Roy tout ce qui est maintenant joint au party dont est chef M. le duc de Mayenne, comme aussi estoient tous les catholiques qui sont demourez fermes et constans au service de Sa Majesté, le Pape, le roy d'Espagne faisans toute assistance audit feu Roy, qui fut aussi favorisé des deniers des Venitiens et du grand duc de Toscane, ce neantmoins tous ces potentats, toutes ces grandes forces, ne peurent abatre ce Roy n'estant lors que roy de Navarre.

» Maintenant que, legitimement et selon les ordres du royaume, il porte sur sa teste la couronne de France, s'estant fait maistre d'un si grand nombre de villes et pays, luy ayant tous les princes de son sang, autres princes, tous les officiers de la couronne, un excepté, et la noblesse en un nombre si infiny, fait une si grande et si expresse declaration de la volonté qu'ils ont de le servir, et luy rendre toute fidele obeyssance; se trouvant aussi fortifié de tant d'amitiez et alliances des potentats estrangers, comme se peut il dire que ce soit chose aisée de luy oster ceste couronne? Il se peut dire avec beaucoup d'apparence qu'il est aisé, avec l'appuy des princes qui soustiennent le party qui luy est contraire, de continuer longuement, ou plustost perpetuer nos miseres et calamitez que ce royaume a souffertes depuis cinq ans en çà, à quoy de vostre part nous desirons de tout le cœur qu'il y soit remedié. Vous prions et conjurons, au nom de Dieu, et par la charité qui est deuë à la patrie, de vous joindre et unir avec nous en ce sainct desir, et nous fortifier de vos bonnes volontez. Il faut que de part et d'autre nous nous efforcions de couper la racine à ce mal de division par tous moyens possibles.

» Nous sçavons assez que nos ennemis ne prennent autre argument pour nourrir entre nous la division, et ne couvrent leurs mauvaises volontez que du manteau de religion: c'est ce qu'ils ont ordinairement en la bouche, et qu'ils ont le moins dans le cœur. En fin chacun a veu et sçait maintenant que l'apostume de leur execrable ambition est crevée. Il n'y a bon François qui ne soit offencé de la puanteur qui en sort.

» Nous accordons avec vous qu'il faut que de

part et d'autre nous soyons prudens; aussi n'est-il pas question de vouloir estre prudent plus qu'il ne faut. Il y en a qui disent que, si les catholiques estoient joints ensemble, il seroit aisé d'oster la couronne au Roy. Qui nous garantira que les catholiques qui entreprendront de luy oster la couronne viennent à bout de leur entreprinse? Il y a trop plus d'apparence que si le Roy eust esté destitué de l'assistance de ses subjets catholiques, et fust venu à bout de ses ennemis, comme toutes choses qui se decident par le jugement du cousteau sont douteuses et incertaines, que la trop grande prudence dont l'on eust voulu user à cercher un autre roy n'eust servy d'autre chose que de haster sans aucune necessité la ruyne de la religion catholique; car, estant ainsi que l'on seroit venu à conseils extremes, il estoit fort à craindre qu'aussi de l'autre part on ne fust venu à conseils extremes.

» Quelle necessité nous a deu ou doit forcer à prendre un conseil si hazardeux, que d'exposer la religion catholique à un si grand et si evident danger, et avec la religion ce beau royaume de France, nostre douce patrie, nos honneurs, nos biens et nos moyens, s'il sera procedé à l'election d'un autre roy? Il se peut dire qu'au lieu d'avoir trouvé le chemin du repos et de la paix l'on aura basty en ce royaume un temple à la discorde, un autel dressé à la continuation et perpetuité de nos miseres, qu'il n'est besoin que nous vous representions parce que vous en souffrez vostre bonne part, comme aussi nous y participons à la bonne mesure; non plus que nous ne pourrions souffrir l'ardeur de deux soleils s'ils estoient au ciel, aussi ce royaume de France ne peut souffrir la domination de deux roys.

» Nous lisons en nostre histoire les sanglantes batailles qui ont esté données entre les François, et ruynes extremes advenuës en ce royaume ès temps des deux premieres races de nos rois, à cause que le royaume se divisoit lors entre les enfans des roys. L'histoire dit qu'en ces batailles il s'y entretuoit un si grand nombre de noblesse françoise, que depuis ce temps-là le royaume n'avoit peu estre remis en sa premiere splendeur. Les roys successeurs de Hugues Capet ont trop mieux advisé à la seureté et repos de cest Estat, laissans la monarchie et souveraineté à leurs fils aisnez, ou au plus proche en degré de leurs successeurs en ligne collaterale. Nous dirons donc que ceux qui auroient consenti à l'election d'un autre roy auroyent esleu la voye de voir en ce royaume, tout le temps de nos vies et celles de nos enfans, tout malheur, ruyne et desolation; car, pour faire jouyr en paix de ceste couronne celuy qui auroit esté ainsi esleu, il faut, ou que le Roy à present regnant luy cede volontairement la place, ou qu'il soit forcé de le faire. Qu'il vueille ceder de son gré une telle dignité, il n'y a homme si fol qui le croye. Aussi peu doit-on croire que ce soit chose aisée de l'en despoüiller. On l'a veu en campagne combattre contre un plus grand nombre et principalles forces des princes qui vous assistent joinctes aux vostres. Vous avez cognu quelle est sa valleur, et m'asseure que ses ennemis, s'ils ne se veulent faire tort, ne diront point que ce ne soit un prince très-genereux et très-valeureux, et le plus digne de bien deffendre la couronne de France qu'homme qui soit sur la terre. Si tost que l'on auroit esleu un autre roy, la necessité contraindra les uns et les autres de se resoudre à conseils extremes. Il n'y aura plus nul moyen, et le Roy qui regne à present, auquel Dieu a donné la couronne, et celuy qui se pretendroit avoir esté esleu, voudront user de puissance royale contre ceux qui leur desobeyroient, qui est de confisquer, bannir et faire mourir ceux qu'ils auront declaré rebelles. Pourquoy est-ce que, sans necessité et comme de gayeté de cœur, nous attirerons sur nos testes ceste calamité avec l'embrazement, ruyne et desolation de notre patrie? Aucuns disent que c'est le zele de religion, la conservation de leurs vies, biens et honneurs, qui les fait prendre ce hazard. Si l'on peut obtenir par la paix ce que l'on desire, il n'est pas question de se mettre si avant au labyrinthe de ceste guerre, que l'on a trouvée plus longue et plus rude à supporter que les uns et les autres n'estimoyent lors qu'elle commença. Ayans donc esprouvé combien la rigueur de la guerre nous a apporté de ruyne, essayons maintenant ce que pourra la raison et la douceur, et ne mettons pas en ligne de compte quelques vaines esperances que l'on propose, que vous trouverez en fin n'estre autres que songes d'hommes malades et inventions de ceux qui ont conjuré nostre ruyne. En fin ceste election n'apporteroit à vostre party que ce qui y est desjà, et qui n'a servy et n'a peu servir jusques à present qu'à vous ruyner, et nous avec vous. Pardonnez nous si nous nous advanceons jusques là que de vous dire que telles inventions ne serviroyent qu'à vous diviser, et, au lieu d'attirer de vostre costé les princes et la noblesse qui sert le Roy, vous les lieriez et affectionneriez davantage à continuër le service de Sa Majesté; estant aussi à croire que plusieurs d'entre vous prendroyent opinion que tels conseils ne sont pas pour finir la guerre, mais plustost pour la perpetuer tant le temps de nos vies. Pour nostre regard, nous protestons, devant Dieu et devant les hommes que nous n'avons obmis chose qui soit au pouvoir pour parvenir avec vous à une bonne et saincte reconciliation, comme vous vous estes declarez, vous conformans à nos desirs, que vous souhaittiez qu'il pleust au Roy prendre une bonne resolution de se reconcilier à l'Eglise. Nous nous y sommes loyaument et fort vivement employez pour le zele premierement que estimons que ce seroit le salut de l'Estat, nostre grand bien, comme aussi nous sçavons que ce seroit le vostre. Et n'avons mis en oubly qu'il y a plus de deux ans que les principaux de vostre party ont fait dire au roy que c'estoit leur principal desir, la seule cause, pour n'estre en cela satisfaits, qui les contraignoit de demourer armez : et de ce que nous nous en remettons à ceux qui en ont porté la parole, qui sont personnages d'honneur; et ne faut pas croire qu'ils ayent mis en avant un tel propos sans en avoir eu charge bien expresse. Les maux que depuis ce temps-là et vous et nous avons soufferts, nous enseignent assez qu'il est maintenant requis plus qu'il ne fut oncques que nous demeurions fermes et constans en la mesme resolution, de laquelle seule, après Dieu, depend la conservation et le repos de cest Estat. Quand nous vous avons proposé en la conference que le Roy contenteroit tous ses bons subjects catholiques au fait de la religion, vous nous avez dit que vous vous en resjouyssiez, le desiriez de tout le cœur, priiez Dieu qu'il inspirast au cœur de Sa Majesté ceste bonne volonté de se reconcilier avec le Sainct Siege; que de vostre part vous envoyeriez par devers Sa Saincteté pour avoir son bon et paternel advis sur l'estat des affaires de ce royaume, feriez tous bons offices, nous prians de nous vouloir comporter en sorte qu'il n'avinst aucun schisme en l'Eglise catholique, et que nous nous emploiassions à contenir toutes choses en douceur et au chemin de la paix et union qui nous est si necessaire. Messieurs, nous n'avons rien obmis de tout ce qui est en nostre pouvoir afin de vous donner tout le contententement que vous pouvez attendre de personnes qui vous ayment et desirent vostre amitié. Le Roy s'est declaré qu'il accordera volontiers une trefve afin de donner quelque relasche à son pauvre peuple de tant de miseres que la guerre luy fait souffrir. Il y a maintenant cinq sepmaines que cela vous a esté proposé de nostre part, et reiteré à nostre derniere conference. Nous avons avec beaucoup de patience et d'incommodités attendu vostre response. Ce n'est pas la necessité des affaires du Roy qui nous en a fait parler. Sa Majesté avoit lors son armée preste, qui a durant ces longueurs executé la prinse de sa pauvre ville de Dreux, qui a souffert ce que les ennemis de ce royaume desirent, au très-grand regret de Sa Majesté et de ses serviteurs, dont il vous peut assez apparoir parce que, sur la nouvelle que l'on eut de l'entreprise de Dreux, nous vous fismes entendre que vous vous deviez haster de nous faire response. Nous en avons escrit à Sa Majesté, qui nous a fait sa benigne response qu'encor qu'elle eust pour asseuré la prinse de ladite ville, si est-ce qu'elle vouloit donner au bien public le dommage qu'elle pouvoit souffrir pour ne l'avoir remise en son obeissance. Messieurs, nous ne pouvons regarder à yeux secs les calamitez de ce royaume, la desolation des bonnes villes, et sur tout de celle de Paris qui a desjà tant souffert. Il ne s'agit pas icy des feux qui se mettent en la Tartarie ou en la Moscovie. C'est nostre patrie qui brusle, qui se perd, qu'on reduit en poudre et en cendres. Nous en pleurons et gemissons dans nos cœurs. Nos miseres font pleurer nos amis et rire nos ennemis, qui est l'extremité des malheurs qui peuvent advenir aux hommes. Nous sommes attendans vostre response que nous avons interest de sçavoir en bref : et comme nous pensons, et pensons le bien sçavoir, la bonne ville de Paris y est plus interessée que nulle autre : elle a desjà que trop souffert, où on ne sçavoit que c'est que de souffrir. Nous n'ignorons pas que les Espagnols vous veulent paistre de l'esperance de leurs armées qui ont esté battues quand elles ont voulu combattre, et depuis ont fuy le combat comme la peste, estimans qu'ils font assez de nous ruyner, consommer nos forces et faire mourir par nos propres armes la noblesse françoise, tant d'une part que d'autre. Quelque armée qu'ils puissent faire venir près de Paris, qui n'en approchera point qu'à leur grande honte et confusion, elle ne servira de rien que d'achever et consommer les vivres qui sont encore en ceste bonne ville pour en faire approcher l'armée du Roy, qui se trouvera lors fortifiée de la grace de Dieu qui aura reüny Sa Majesté à la religion catholique. Ce qui redouble le courage à tous ses bons sujets catholiliques, qui pour rien du monde ne le pourroyent maintenant abandonner; et nul d'eux ne le peut plus faire, si ce n'est en abandonnant son honneur, les ayant Sadite Majesté gratifiez d'un don qui leur est si cher et si precieux que de s'estre declarée de si bonne volonté à se joindre à eux en la religion catholique, et à tesmoigner par tous bons effects à nostre Sainct Pere l'honneur et respect qu'il luy veut porter et à tous ses successeurs au Sainct Siege apostolique. Nous vous disons derechef que ceste saincte resolution de Sa Majesté a redoublé le cœur aux catholiques, que les principaux ont dit que bien qu'il leur aye esté grief de voir cy-devant consommer tous leurs revenus à la suite de ces guerres, que maintenant ils vendront fort volontiers leurs plus beaux heritages pour tesmoigner à leur bon Roy, s'estant fait catholique, l'affection qu'ils ont de s'opposer à tous ceux qui entreprendront contre son autorité. Ils considerent, et nous avec eux, que ceste guerre ruine la religion catholique, apporte toute confusion et desreglement en tous les ordres du royaume, remplit nostre nation de tous vices, corruption de mœurs, mespris de toutes loix divines et humaines, que la justice est foulée aux pieds et sousmise à la violence des plus forts et des plus meschans. Considerent que nous voyons desjà plus d'un million de familles reduites à pauvreté, la plus-part à mendicité, qu'il n'y a presque un seul ecclesiastique qui jouysse en repos de son benefice, la plus-part sont dechassez, le service divin est abandonné; se contristent, voyans qu'une partie des subjets de ce royaume se trouvent sans pasteurs ecclesiastiques et administration des saincts sacremens, que les princes mesmes et principaux seigneurs ne peuvent jouyr de leurs revenus. Considerent par là à quoy est reduite presque toute la noblesse, se representant devant les yeux en quelle decadence, ruyne et desespoir sont tombées toutes les villes de ce royaume, et principalement celles qui suivent vostre party. Mais sur tout ils ont une extreme compassion du pauvre peuple des champs, du tout innocent de ce qui se remuë en ces guerres. Les raisons deduites cy-dessus, et plusieurs autres que nous obmettons pour briefveté, nous font du tout resoudre que nous ne pouvons ny devons avoir, de part ny d'autre, aucune esperance de salut en ceste guerre, la continuation de laquelle pourroit faire perdre la religion, l'Estat, et tous les gens d'honneur et de valeur qui affectionnent la conservation d'iceluy. Nous avons desjà souffert infinies calamitez au desir, au souhait et à la dette de nos ennemis. L'Espagnol a jetté les yeux sur nous, et fait son compte que la perte de cest Estat ne peut advenir au profit de ceux qui s'entrebattent maintenant. C'est pourquoy il favorise si puissamment ceste division, que nous prions Dieu de vouloir bien tost finir par une bonne reconciliation entre nous, à sa gloire premierement, conservation du nom et de la couronne françoise, repos et contentement de tous les gens de bien, tant d'un party que d'autre. Il a pleu à Dieu nous visiter par la rigueur de beaucoup de miseres et calamitez que nous avons souffertes, nous les prendrons pour admonestement d'un bon pere, si nous voulons estre appellez ses enfans. Ce que jusques à present il n'a pas permis nostre entiere ruine, comme il semble que toutes choses y estoient et sont encores disposées, nous le devons recevoir pour un offre qu'il nous fait de sa grande misericorde. Il nous donne temps pour nous recognoistre et suivre meilleurs conseils, ayans esté assez advertis, par l'experience des maux que de part et d'autre nous avons soufferts, que le chemin qui a esté suivy jusques à present est le chemin de la mort de ce royaume. Nous vous prions de nous pardonner si peut estre nous avons parlé de ces affaires avec plus de vehemence que quelques uns ne voudroient. Nous adressons ceste lettre à personnages de grand honneur que nous estimons aymer et affectionner la prosperité de cest Estat; et pensons que si les gens d'honneur qui sont parmy vous se voudront declarer aussi ouvertement de ce qu'ils ont sur le cœur, comme font sans aucune pudeur ceux qui sont contraires à la paix, que le nombre de ces protecteurs de la sedition et guerre civile se trouvera si petit et de si peu de consideration, que nous ne tarderons longuement à voir une bonne et heureuse fin à nos malheurs, et ce beau royaume remis en son ancienne splendeur et dignité. Et sur ce, messieurs, nous prierons Dieu, après nous estre humblement recommandez à vos bonnes graces, de vous donner très-bonne et très-longue vie.

« C'est de Sainct Denis, le vingt troisiesme jour de juin 1593. » Et au dessous estoit escrit : « Vos humbles et affectionnez à vous faire service, R., archevesque de Bourges, Bellievre, Chavigny, Gaspard de Schomberg, Camus, A. de Thou, et Revol. » Et à la subscription estoit aussi escrit : « A messieurs, messieurs les deputez de la part de M. le duc de Mayenne et de l'assemblée estant de present à Paris. »

Voylà ce que manderent les deputez royaux à ceux de l'union qui avoient conferé avec eux, ainsi que nous avons dit cy dessus. Mais l'autheur du dialogue du Manant et du Maheustre dit qu'au mois de juin 1593, les Espagnols ayans receu advertissement certain que le Roy se vouloit faire catholique, suivant la resolution et promesse qu'il en avoit faict à sa noblesse, en la ville de Mante, le 25 (1) de may 1593, et après en avoir conferé avec le legat et leur conseil, considerans la consequence de la conversion du Roy, et d'ailleurs l'opiniastreté des estats tenus à Paris, qui ne vouloient entendre à l'infante d'Espagne seule, ny à l'archiduc Ernest, et après

(1) Lisez le 15.

avoir faict tout ce qui leur estoit possible pour l'advantage de l'Infante et dudit archiduc Ernest, et voyant qu'ils n'y gaignoyent rien, au contraire que les affaires des catholiques affectionnez s'en alloyent terrasser, et les estats rompre, lors, et à temps prefix et necessaire, ils se transporterent en l'assemblée des estats tenue au Louvre, où, après plusieurs remonstrances faictes pour gratifier l'Infante et l'archiduc Ernest, en fin lascherent le mot secret qu'ils avoient, qui estoit d'accorder le mariage de l'Infante avec un prince françois, y comprins la maison de Lorraine, à la charge qu'ils seroient esleus et declarez par lesdits estats et royne de France *in solidum*, et fut ceste offre faicte en plains estats, en la presence du duc de Mayenne, des ducs de Guise, d'Aumalle et d'Elbœuf, et en la presence du legat, du cardinal de Pelvé, et des prelats de leur suitte, qui en furent fort joyeux. Et le lendemain furent deputez quatre de chacun ordre desdits estats pour communiquer avec lesdits Espagnols, en la presence des princes et prelats, en la maison du legat. « Ceste declaration, dit cest autheur, donna martel en teste au duc de Mayenne, parce qu'il avoit ouy le vent qu'ils vouloient nommer le duc de Guise. En fin le president Janin luy donna un conseil de dilayer cest affaire, et ce pendant amuser les Espagnols sur la suffisance ou insuffisance de leur pouvoir, lequel ne pourroit estre vallable, estimant qu'il ne portoit aucune nomination, et que, n'ayans pouvoir de nommer, pendant que le temps de la nomination viendroit, le duc de Mayenne donneroit ordre à ses affaires, envoyeroit en Espagne, à Rome, et autres endroits pour gaigner le cœur des potentats estrangers en sa faveur ou de son fils, et que pardeçà il failloit accorder la treve avec le roy de Navarre, par le moyen de laquelle toutes choses demeureroient en surseance. »

Voylà l'opinion de cest autheur. Mais la cour de parlement de Paris, qui eut l'advis de ladite proposition faicte de transporter la couronne en maison estrangere [eux qui à la procession faicte au mois de may dernier avoient porté les sainctes reliques du roy sainct Loys, dont il y avoit encor tant de braves princes ses nepveux], prevoyans le mal qui adviendroit si on changeoit l'ordre de la loy salique, donnerent et firent publier l'arrest cy dessous.

« Sur la remonstrance cy-devant faite par le procureur du Roy, et la matiere mise en deliberation, la cour, toutes les chambres assemblées, n'ayant, comme elle n'a jamais eu, autre intention que de maintenir la religion catholique, apostolique et romaine en l'Estat et couronne de France sous la protection d'un roy très-chrestien, catholique et françois, a ordonné et ordonne que remonstrances seront faites cete après-disnée par M. le president Le Maistre, assisté d'un bon nombre de ladite cour, à M. de Mayenne, lieutenant general de l'Estat et couronne de France, en la presence des princes et officiers de la couronne estans de present en ceste ville, à ce que aucun traitté ne se face pour transferer la couronne en la main de princes ou princesses estrangers, que les loix fondamentales de ce royaume seront gardées, et les arrests donnez par ladite cour pour la declaration d'un roy catholique et françois soient executez, et qu'il ait à employer l'authorité qui luy est commise pour empescher que, sous le pretexte de la religion, la couronne ne soit transferée en main estrangere contre les loix du royaume, et pourvoir le plus promptement que faire se pourra au repos du peuple, pour l'extreme necessité duquel il est rendu, et neantmoins, dez à present, a declaré et declare tous traictez faits et qui se feront cy après pour l'establissement d'un prince ou princesse estrangere, nuls et de nul effect et valeur, comme faits au prejudice de la loy salique et autres lois fondamentales du royaume de France. Fait à Paris, le 28 juin 1593. »

Sitost que le duc de Mayenne eut eu advis de cest arrest, il envoya M. de Belin au palais le dernier jour de juin au matin, lequel pria le president Le Maistre de vouloir aller incontinent après-disner au logis de M. l'archevesque de Lyon, où ledit sieur duc de Mayenne seroit, et qu'il s'accompagnast de deux des conseillers de la cour, tels qu'ils les voudroit choisir : ce que ledit sieur president fit, ayant pris pour l'accompagner les sieurs de Fleury et d'Amours. Estans arrivez audit logis, ils y trouverent ledit sieur duc de Mayenne avec l'archevesque de Lyon et le sieur de Rosne.

Après que ledit president, assisté [illegible] seillers, eut dit audit sieur duc que M. [illegible] luy avoit dit qu'il desiroit de parler à luy, [illegible] y estoient venus pour sçavoir ce qu'il [illegible] d'eux, M. de Mayenne luy dit que la [illegible] avoit fait un grand tort et affront, et que, [illegible] rang qu'il tenoit de lieutenant general de la couronne, ladite cour avoit usé de bien peu de respect en son endroict d'avoir donné son [illegible] lundy dernier, et que, comme prince et lieutenant general de l'Estat, et pair de France, [illegible] l'en devoit advertir, comme aussi les autres princes et pairs de France qui estoient en ceste ville, pour, si bon leur eut semblé, s'y trouver : à quoy fut respondu par ledit president que, pour le respect et honneur que la cour portoit audit sieur duc, elle l'avoit adverty, dès le vendredy precedent, de ce qui se devoit traitter au parlement, et que, suivant sa priere, ils avoient différé leur assemblée jusques au lundy, mais que, n'ayant eu aucune de ses nouvelles, la cour auroit trouvé bon de passer outre, comme elle avoit fait, et que, si il eust esté present, il eust cogneu que la cour ne parla jamais des princes que avec autant d'honneur et de respect comme elle avoit fait de luy, et que l'intention de la cour n'estoit point de mescontenter personne, ains de faire justice à tous.

Surce l'archevesque de Lyon prit la parole, et, avec colere, dit aussi que la cour avoit fait un grand affront audit sieur duc d'avoir donné un tel arrest qui pourroit causer une division dans le party de l'union à l'advantage de l'ennemy.

Ledit sieur president luy repliqua soudain, et luy dit que M. le duc de Mayenne avoit usé de ce mot d'affront qu'il avoit passé sous silence pour l'honneur et le respect que la cour luy portoit en general et en particulier, mais que de luy il ne le pouvoit endurer pource que la cour ne luy devoit aucun respect, au contraire que c'estoit luy qui le devoit à la cour; que la cour n'estoit point affronteuse, ains composée de gens d'honneur et de vertu qui faisoient la justice, et qu'une autrefois il parlast de la cour avec plus d'honneur, de respect et de modestie. M. de Mayenne lors luy dit qu'il ne trouvoit point cela tant estrange de tout le corps de la cour que d'aucuns particuliers et des plus grands d'icelle, lesquels il avoit advancez aux plus belles charges et dignitez. Alors ledit sieur president luy fit response que s'il entendoit parler de luy, qu'à la verité il avoit receu beaucoup d'honneur de luy, estant pourveu d'un estat de president en icelle, mais neantmoins qu'il s'estoit toujours conservé la liberté de parler franchement, principalement des choses qui concernoient l'honneur de Dieu, la justice et le soulagement du peuple, n'ayant rapporté autre fruict de cest estat en son particulier que de la peine et du travail beaucoup, lequel estoit cause de la ruine de sa maison, et que luy estoit exposé à la calomnie de tous les meschans de la ville. M. de Mayenne leur ayant dit que cest arrest seroit cause d'une sedition et division du peuple, et qu'on les voyoit desjà assemblez par les ruës à murmurer, mesmes que depuis deux jours l'ennemy, estant adverty de cest arrest, s'estoit presenté la nuict près de ceste ville pour voir s'il pourroit entreprendre quelque chose, à cela fut respondu que s'il y avoit aucun qui fust si hardy que de commencer une sedition, on en advertist la cour, laquelle sçavoit fort bien les moyens de chastier les seditieux, et qu'ils s'asseuroient tant du peuple qu'il ne demandoit rien que le restablissement de la justice. Quant aux ennemis, qu'il pensoit que c'estoit un faux donné à entendre par la menée des Espagnols.

L'archevesque de Lyon, prenant la parole, dit que s'il advenoit maintenant de traitter la paix avec l'ennemy, que l'honneur estoit deferé à la cour, et non pas audit sieur duc de Mayenne. A quoy luy fut respondu que la cour estoit assez honorée d'elle-mesme, et qu'elle ne cerchoit point l'honneur ny l'ambition; et prierent ledit sieur duc et les autres de leur dire s'il y avoit quelque chose en l'arrest qui ne fust de justice et qui les ait peu tant offensés, car, quant à eux, ils ne pensoient point que, pour soustenir les loix fondamentales de ce royaume, et pour maintenir la couronne à qui elle appartenoit et exclure les estrangers qui les vouloient attraper, ils ayent fait autre chose que ce qu'ils devoient faire, au contraire que cest arrest pourroit servir pour reconcilier et reünir tous les bons catholiques françois à la couronne; et, quant audit sieur president, il leur dit qu'il souffriroit plustost cent fois la mort que d'estre ny espagnol ny heretique.

Ledit sieur de Rosne, parlant à M. de Mayenne, luy dit que ledit president luy avoit dit, quand la cour faisoit quelques remonstrances aux roys ou aux princes, que ce n'estoit par necessité, ains seulement quand elle trouvoit bon de ce faire. A cela ledit president dit qu'il confessoit l'avoir dit et le soustenoit, et dit audit sieur de Rosne qu'il ne luy pouvoit rien monstrer en sa charge, de laquelle il s'acquittoit aussi bien que luy de la sienne.

M. de Mayenne, pour mettre fin à ces discours, leur dit que, s'il eust esté adverty, et luy et les princes s'y fussent trouvez. A quoy fut respondu que la cour estoit la cour des pairs de France, que, quand ils y vouloient assister, ils estoient les bien venus, mais que de les en prier elle n'avoit accoustumé de ce faire.

Voylà quelles furent les paroles qu'eurent ledit sieur duc de Mayenne et le president Le Maistre sur le susdit arrest. Aussi de tous les quatre presidents de la cour qui avoient esté pourveus par M. de Mayenne, il n'y eut que cestuy-cy auquel le Roy donna, à la reduction de Paris, l'office de president.

Nonobstant toutesfois, le cardinal de Plaisance et les ministres d'Espagne craignans que le duc de Mayenne et ceux de l'assemblée de Paris n'accordassent quelque trefve avec le Roy, ils s'ayderent de toutes les inventions qu'ils purent, tant pour l'empescher que pour faire que cest arrest, qu'ils appelloient pretendu, fust sans effect par le moyen de la nomination d'un roy qu'ils poursuivirent plus qu'auparavant, affin de rendre les François, en une guerre les uns contre les autres, sans esperance de reconciliation. Voyant que la protestation qu'avoit fait faire dez le 13 de juin ledit sieur cardinal de Plaisance comme legat, par le cardinal de Pelvé, qui la fit en toutes les chambres de leur assemblée, pource que ledit sieur cardinal de Plaisance estoit lors malade, et qu'elle n'avoit servy de rien, quoy qu'il la fist publier en ces termes:

« Je veux bien aussi protester, pour mon particulier, qu'estant legat du Sainct Siege en ce royaume, je n'approuveray jamais aucune chose qui repugne tant soit peu aux sainctes intentions de nostre Sainct Pere, mais plustost me retireray incontinent de ceste ville et de tout le royaume, où l'on traitteroit cy-après avec l'heretique de paix ou de treve, ou d'autre chose quelconque qui puisse luy apporter aucun advantage. Plus, et en outre, parce que nostre Sainct Pere cognoist assez que le salut de ce très-noble royaume depend entierement de l'eslection d'un roy très-chrestien, il vous plaira aussi, monseigneur [parlant au cardinal de Pelvé], d'exciter, tant qu'il vous sera possible, messieurs desdits estats, de la part de Sa Saincteté, de vouloir, le plus promptement que faire se pourra, eslire un roy qui soit non seulement de nom et d'effet très-chrestien et vray catholique, mais qu'il ait encore le courage et les autres vertus requises pour pouvoir heureusement reprimer et aneantir du tout les efforts et mauvais desseins des heretiques. C'est la chose du monde que plus Sa Saincteté presse et desire. C'est à quoy tendent tous les vœux des bons catholiques, et ce que principalement requiert la necessité des affaires publiques. C'est en somme l'unique fondement sur lequel cet affligé royaume semble avoir estably l'entiere esperance de son salut, etc. »

Voyans donc que ceste lettre exhortative n'avoit fait qu'arrester pour un temps la deliberation de la trefve avec le Roy, et que la noblesse qui estoit en ceste assemblée de l'union avoit esté d'advis de la faire pour tel temps et à telles conditions que M. de Mayenne trouveroit bon, et qu'il seroit supplié d'y vouloir entendre et la faire trouver juste et raisonnable, tant audit cardinal de Plaisance qu'aux ministres du roy d'Espagne, pour les rendre capables des causes et occasions d'icelle, et que le tiers estat aussi avoit trouvé bon de s'en rapporter audit sieur duc, et qu'il n'y avoit eu que ceux du clergé qui s'y opposoient, ils adviserent que pour rompre tous ces desseins de la trefve, qu'il falloit user d'une finesse, et que les ministres d'Espagne exposeroient que l'intention du Roy leur maistre estoit de nommer M. de Guyse pour roy avec l'infante d'Espagne, pensans qu'à ceste seule nomination tout pourparler d'accord ou de trefve seroit rompu.

Suivant ceste resolution, le samedy, dixiesme jour de juillet, le cardinal de Plaisance pria le duc de Mayenne et tous les princes de sa maison, ledict cardinal de Pelvé et les [illegible] de l'assemblée de Paris, de s'assembler [illegible]. Ils y vont tous. Les agents d'Espagne, [illegible] le duc de Feria, Jean Baptiste de [illegible] Diego d'Ibarra, ambassadeur, s'y [illegible] aussi. Ledit sieur cardinal de [illegible] entré en parole de la nomination d'un [illegible] France et du pouvoir qu'en avoient [illegible] gnols, M. de Mayenne luy dit que [illegible] qu'ils avoient communiquez [illegible] et non particuliers ny speciaux pour [illegible] roy, ce qui estoit necessaire, d'[illegible] corder une royauté sans nomination, [illegible] creer un roy en idée. Lesdits agents d'[illegible] luy repliquerent qu'ils trouvoient fort [illegible] que l'on leur demandoit tant de fois leurs [illegible] voirs, toutesfois que dans mardy [illegible] feroient paroistre le pouvoir qu'ils [illegible] nommer.

Le mardy en suyvant, 13 juillet, au [illegible] logis dudit cardinal, s'estans tous [illegible] agents d'Espagne monstrerent un pouvoir [illegible] avoient de nommer le duc de Guise pour [illegible] avec l'infante d'Espagne. Lors le duc de Mayenne et les plus entendus jugerent que c'estoit un traict espagnol, et qu'ayans divers blancs signez pour s'en servir suyvant les occasions, ils s'en estoient servis en ceste affaire : toutesfois le [illegible] de Mayenne dit qu'il en estoit bien ayse, et qu'il failloit au surplus adviser à le desgager et recompenser, luy qui avoit porté tout le faix et charge, et qui avoit despensé tout son bien pour le party de l'union, et, outre ce, engagé plus qu'il n'avoit vaillant. Son desdommagement luy fut lors promis et accordé par les Espagnols : et à ceste fin ledit duc leur promit bailler par escrit ce qu'il demanderoit dedans quelques jours. Sur ce ceste assemblée se retira, et ne se rassemblerent que jusques au mardy 20 juillet.

En ceste troisiesme assemblée, faite aussi chez ledit cardinal, on ne fit que parler d'accorder les demandes du duc de Mayenne qu'il avoit baillées par escrit, et y fut mis en deliberation, sçavoir, s'ils ne devoient pas passer outre à la nomination d'un roy, suivant le pouvoir exhibé des Espagnols, et, au contraire, refuir la treve

Diego d'Ibarra, et par les Seize et leurs predicateurs, qui, voyans depuis leur bonne intelligence, disoient que le milan avoit pris la perdrix, et que le duc de Guise seroit ruiné par son oncle, qui n'avoit, disoient-ils, autre apprehension d'obstacle que son nevou par sa reputation. Plus, ils se mirent à detracter publiquement contre ledit sieur duc de Mayenne, les uns disans qu'il vouloit estre roy, les autres qu'il vouloit toujours tenir la royauté sous le nom de lieutenant general de l'Estat; entr'autres un des predicateurs des Seize, F. Anastase Cochelet, preschant l'evangile du navire des apostres ou Nostre Seigneur dormant, dit qu'à l'exemple des apostres il failloit exciter Dieu pour ayder à la religion catholique et eslire un roy pour gouverner l'Eglise en France, qui se perdoit et perissoit faute de roy, d'autant que le royaume de France ne pouvoit subsister sans roy, estant un royaume affecté à la monarchie et non à une regence, comme M. de Mayenne vouloit faire, ce qu'il ne failloit souffrir, ains passer outre à la nomination d'un bon roy catholique, à l'exclusion du roy de Navarre. Autant en disoit un F. Guarinus. Ausquels ledit sieur duc fut contraint de faire dire qu'il les feroit chastier s'ils ne se comportoient modestement. Sur ceste menace les Seize prirent occasion de penser calomnier ledit duc par une comparaison qu'ils firent de luy avec le feu roy Henry III.

« Le roy Henry III, escrivirent-ils, et le duc de Mayenne se rencontrent en plusieurs choses.

« Le roy Henry se servoit du sieur de Villeroy, aussi fait le duc de Mayenne.

« Le roy Henry avoit conceu une indignation contre le duc de Guise et les catholiques par ce qu'ils communiquoient avec le roy d'Espagne pour la conservation de la religion contre le roy de Navarre, et empeschoient qu'il ne vinst à la couronne; et, pour la mesme cause, M. de Mayenne a ruyné et perdu les Seize, ayant fait mourir les uns, banny les autres, et desauthoré le reste: tellement qu'approuvant l'acte qu'il a faict contre les catholiques, il approuve par mesme raison la mort de ses freres.

« Après la mort de messieurs de Guise ledit roy Henry fit une declaration pour oublier tout ce qui s'estoit passé, maintenir ses subjets en union, et qu'elle fust jurée de nouveau; M. de Mayenne en a fait de mesme: après la penderie des Seize il a faict publier une abolition sans estre poursuivie des catholiques, se faisant juge sans cognoissance de cause, et l'a fait verifier à messieurs de la cour, ennemis capitaux des Seize; et a fait jurer de nouveau à toutes personnes indifferemment un serment d'union, la forme duquel n'avoit esté approuvée par l'Eglise, à laquelle appartenoit de cognoistre des sermens concernans la religion catholique, comme separement avoit esté faict. Par ce serment M. de Mayenne se confirme en son authorité, outre les termes de son institution qui n'estoit que jusques à la tenue des estats. Il baille toute puissance à la cour sur les Seize, et remet les politiques partisans du Roy en creance et authorité. Par ce serment l'on a cogneu à veuë d'œil qu'il a contraint les catholiques de se departir de l'union avec les autres provinces et villes catholiques, et de toute association avec les estrangers, à l'exclusion du roy Catholique.

« Plus, il a fait faire un [illegible] par lequel il a fait deffenses aux [illegible] mis à la garde des portes d'ouvrir [illegible] trouveront estre portées sans [illegible] le moyen de tenir toutes les [illegible] des ennemis couvertes.

« Davantage, on a fait deffenses à [illegible] geois de porter espée de jour, [illegible] politiques, à cause de leurs charges, [illegible] les armes, et par ainsi les Seize [illegible] la furie et bravade de leurs ennemis, [illegible] l'exemple du roy Henry III, qui [illegible] les ligueurs et armer ses partisans.

« Plus, que l'on devoit considerer [illegible] que M. de Mayenne et ses partisans [illegible] contre les predicateurs et catholiques [illegible] nez, et que l'on trouveroit que c'estoit [illegible] langage du deffunct roy Henry III et [illegible] partisans, car il ne vouloit pas qu'on [illegible] luy et de l'Estat; il vouloit prescrire [illegible] dicateurs ce qu'ils avoient à dire, [illegible] menacez de prison, d'estre bannis, [illegible] dans un sac à l'eau: les mesmes [illegible] aujourd'huy contre les predicateurs [illegible] par M. de Mayenne et ses partisans, et, [illegible] outre, il a donné charge à la cour de [illegible] d'informer contre les predicateurs et [illegible] et corriger. »

Nonobstant toutes ces façons [illegible] ditieuses des Seize, et que les ministres d'Espagne eussent aussi offert au duc de Mayenne cent mil escus tous les mois, outre [illegible] tions qu'il desiroit avoir pour son [illegible] ment, ledit sieur duc ne laissa, suyvant l'advis des principaux seigneurs de son party, d'entendre à une trefve. Il en avoit parlé avec ledit sieur cardinal de Plaisance, qui, faisant le fasché, y contredisoit, et disoit qu'il se vouloit retirer; mais l'archevesque de Lyon, avec quelques deputez de leur assemblée, y estant allé le prier de ne se retirer et de demeurer à Paris, voyant que c'estoit un faire le failloit, il leur dit:

« M. le duc de Mayenne m'a fait cest honneur que de m'en parler, et encor messieurs les ministres de Sa Majesté Catholique et tous les ordres de ceste ville; à present que je vois ceste celebre et iterée intercession, que je prens, non pour importunité, mais pour extreme faveur et obligation, je me vois comme forcé de condescendre à tant de bons advis qui me sont donnez; et d'ailleurs, par les dernieres despesches de Rome, du 11 juillet, que j'ay receuës par un courrier exprès, j'ay un peu plus de liberté de me dispenser touchant ma demeure en ceste ville. »

Ainsi le duc de Mayenne, le cardinal de Plaisance et les agents d'Espagne, quoy que divisez de volontez, s'accorderent en fin de faire une trefve, pour traicter de laquelle ledit sieur duc donna la charge à d'autres deputez qu'à ceux lesquels avoient esté employez à la susdite conference, sçavoir aux sieurs de La Chastre, de Rosne, de Bassompierre, de Villeroy, et aux presidens Janin et Dampierre, laquelle ils accorderent avec les deputez royaux, ainsi que nous dirons cy dessous.

Pendant toutes ces choses le Roy ayant pris Dreux, comme nous avons dit, assina le lieu de son instruction pour sa conversion à Sainct Denis. De toutes les parts de la France, les princes, les officiers de la couronne, les principaux des cours de parlement et les grands seigneurs, s'y rendirent pour assister à un acte si remarquable.

Le jeudy, 22 de juillet, Sa Majesté estant venu de Mante à Sainct Denis, le lendemain il fut, depuis les six heures du matin jusques à une heure après midy, assisté de M. l'archevesques de Bourges, grand aumosnier de France, de messieurs les evesques de Nantes et du Mans, et de M. du Perron, nommé à l'evesché d'Evreux, auxquels il fit les trois questions suyvantes: la premiere, s'il estoit necessaire qu'il priast tous les saincts par devoir de chrestien. On luy fit response qu'il suffisoit que chacun prist un propre patron, neantmoins qu'il failloit tousjours invoquer les saincts selon les letanies, pour joindre tous nos vœux les uns avec les autres, et tous ensemble avec tous les saincts. La seconde question fut de la confession auriculaire: car ce prince pensoit pouvoir estre subject à certaines considerations qu'il leur dit, lesquelles ne sont point communes. Surquoy luy fut dit que le juste s'accuse de soy mesme, et toutesfois que c'estoit le devoir d'un bon chrestien de recognoistre faute où il n'y en avoit point, et que le confesseur avoit ce devoir de s'enquerir des choses necessaires, à cause des cas reservez. La troisiesme fut touchant l'authorité papale: à quoy on luy dit qu'il avoit toute authorité ès causes purement spirituelles, et qu'aux temporelles il n'y pouvoit toucher au prejudice de la liberté des roys et des royaumes. Il y eut encore d'autres questions sur plusieurs incidents dont on le resolut. Mais, quand se vint à parler de la realité du sacrement de l'autel, il leur dit: « Je n'en suis point en doute, car je l'ay tousjours ainsi creu. » Les resolutions de ce qu'il devoit croire luy estans declarées par M. l'evesque du Mans, il leur promit de se conformer du tout en la foy de l'Eglise catholique, apostolique et romaine.

Le cardinal de Plaisance, comme legat du Sainct Siege, pensant empescher ceste instruction et ceste conversion, fit ce mesme jour publier une exhortation imprimée, laquelle il addressoit à tous les catholiques de France, où il asseuroit que tout ce qui seroit faict sur ceste conversion seroit du tout nul, de nul effect et valeur; exhortoit les catholiques de l'union de ne se laisser decevoir en chose de si grande importance; aux catholiques royaux, de n'accumuler erreur sur erreur; et défendoit aux ecclesiastiques dudit party de l'union de se transporter à Sainct Denis, ville qu'il appelloit estre en l'obeyssance de l'heretique, sur peine d'encourir sentence d'excommunication, avec privation de benefices et dignitez ecclesiastiques qu'ils pourroient obtenir.

Nonobstant ceste exhortation, dont les royaux ne firent beaucoup d'estat, ny mesmes aucuns de ceux de l'union, la prejugeans avoir esté faicte à dessein à la persuasion des ministres d'Espagne, qui ne craignoient que ceste conversion, le dimanche, vingt-cinquiesme juillet, sur les huit à neuf heures du matin, le Roy, revestu d'un pourpoint et chausses de satin blanc, bas à attaches de soye blanche et souliers blancs, d'un manteau et chapeau noir, assisté de plusieurs grands princes et seigneurs, officiers de la couronne et autres gentils-hommes en grand nombre, convoqués par Sa Majesté pour cest effect, des suisses de sa garde, le tambour battant, des officiers de la prevosté de son hostel et ses autres gardes du corps, tant escossois que françois, et de douze trompettes, tous marchans devant luy, fut conduit depuis la sortie de son logis jusques à la grande eglise dudit Sainct Denis, très-richement preparée de tapisseries relevées de soye et fil d'or pour le recevoir; les ruës estoient aussi tapissées et plaines de jonchées et fleurs. Le peuple, venu exprès de toutes parts et en nombre infiny pour voir ceste saincte ceremonie, crioit d'allegresse: *Vive le Roy! Vive le Roy! Vive le Roy!*

Sa majesté arrivée au grand portail de ladite eglise, et de cinq à six pieds entrée en icelle, où M. l'archevesque de Bourges l'attendoit assis en une chaire couverte de damas blanc, où sur les deux bouts du dossier estoient les armes de France et de Navarre, aussi M. le cardinal de Bourbon, accompagné de plusieurs evesques et de tous les religieux dudit Sainct Denis, qui là l'attendoient avec la croix et le sacré livre de l'Evangile, ledit archevesque de Bourges, qui faisoit l'office, luy demanda quel il estoit. Sa Majesté luy respondit : « Je suis le roy. » Ledit archevesque repliqua : « Que demandez-vous? — Je demande, dit Sa Majesté, estre receu au giron de l'Eglise catholique, apostolique et romaine. — Le voulez-vous? » dit M. de Bourges. A quoy Sa Majesté fit response : « Ouy, je le veux et le desire. » Et à l'instant, à genoux, Sadite Majesté fit profession de sa foy, disant :

« Je proteste et jure, devant la face de Dieu tout puissant, de vivre et mourir en la religion catholique, apostolique et romaine, de la proteger et deffendre envers tous au peril de mon sang et de ma vie, renonçant à toutes heresies contraires à icelle Eglise catholique, apostolique et romaine. » Et à l'heure baille audit archevesque de Bourges un papier dedans lequel estoit la forme de sa profession signée de sa main.

Cela faict, Sa Majesté, encores à genoux à l'entrée de ladite eglise, baisa l'aneau sacré, et ayant receu l'absolution et benediction dudit archevesque, fut relevé, non sans grand peine pour la grande multitude et presse du peuple espars en icelle, et jusques sur les voutes et ouvertures des vitres, et fut conduit au cœur de ladite eglise par messieurs les evesques de Nantes, de Seez, de Digne, Maillezais, de Chartres, du Mans, d'Angers, messire René d'Aillon, abbé de Chastelliers, nommé à l'evesché de Bayeux, messire Jacques d'Avi du Perron, nommé à l'evesché d'Evreux, les religieux et convent de ladite eglise de Sainct Denis, les doyens de Paris et Beauvais, les abbez de Bellozane et de la couronne, l'archidiacre d'Avranche, nommé à l'abbaye de Sainct Estienne de Caën, les curez de Sainct Eustache, Sainct Supplice; docteurs en théologie, frere Olivier Beranger, aussi docteur en theologie et predicateur ordinaire du Roy, les curez de Sainct Gervais et de Sainct Mederic de Paris; presens lesquels Sadite Majesté, estant à genoux devant le grand autel, reitera sur les saincts evangiles son serment et protestation cy-dessus, le peuple criant à haute voix : *Vive le Roy! Vive le Roy! Vive le Roy!*

Et à l'instant Sa Majesté fut relevé derechef par M. le cardinal de Bourbon et par ledit archevesque, et conduit audit autel, où ayant fait le signe de la croix, il baisa ledit autel, et derriere iceluy fut ouy en confession par ledit sieur archevesque. Ce pendant fut chanté en musique ce beau et très-excellent cantique *Te Deum laudamus*, d'une telle harmonie que les grands et petits pleuroient tous de joye, continuant de mesme voix à crier : *Vive le Roy! Vive le Roy! Vive le Roy!*

Confessé que fut Sa Majesté, l'archevesque de Bourges le ramena s'agenoüiller et accouder sur l'oratoire couvert de velours cramoisi brun, semé de fleurs de lis d'or, qui là estoit preparé sous un dais ou poësle de mesme velours et drap d'or. Et là, ayant à main droicte ledit sieur archevesque, et à la gauche M. le cardinal de Bourbon, et tout autour estoient aussi tous lesdits sieurs evesques et autres cy dessus nommez, et au derriere tous les princes, M. le chancelier et les officiers de la couronne, messieurs des cours de parlement, du grand conseil, chambre des comptes, presens, ouyt en très-grande devotion la grand messe, qui fut celebrée par M. l'evesque de Nantes, s'estant en signe de ce Sadite Majesté, durant icelle, levée lors de l'Evangile, et baisé le livre qui luy fut aporté par ledit sieur cardinal. Il fut aussi à l'offrande très-devotieusement, conduit par ledit archevesque et M. le cardinal de Bourbon, accompagné de M. le comte de Sainct Paul qui alloit derriere. A l'elevation de la saincte eucharistie et calice, il se prosterna les mains jointes, en battant sa poitrine. Après l'*Agnus Dei* chanté, il baisa la paix qui luy fut aussi apportée par ledit sieur cardinal.

Ladite messe finie, fut chanté melodieusement en musique *vive le Roy!* et largesse faicte de grande somme d'argent qui fut jettée dedans ladite eglise, avec un applaudissement du peuple. Et de là Sa Majesté, accompagnée de cinq à six cents seigneurs et gentils-hommes, de ses gardes, Suisses, Escossois et François, officiers de la prevosté de son hostel, fut reconduite, le tambour battant, trompette sonnant, et artillerie jouant de dessus les murailles et boulevarts de la ville jusques à son logis, avec continuel cri du peuple, disant : *Vive le Roy! Vive le Roy!* Et avant son disner fut dit *Benedicite*. Après le disner furent chantées *Graces* en musique : le tout selon l'usage de l'Eglise catholique, apostolique et romaine,

Après le disner Sa Majesté assista aussi d'une devotieuse affection à la predication qui fut faite par ledit archevesque de Bourges en ladite eglise de Sainct Denis, et, icelle finie, ouit vespres aussi devotieusement.

Et à l'issuë desdites vespres, Sa Majesté monta à cheval pour aller à Montmartre rendre graces à Dieu en l'eglise dudit lieu, où, au sortir d'icelle, fut faict un grand feu de joye, et, à cet exemple, ès villages de la vallée de Montmorency et ès environs dudit Montmartre, et de là Sadite Majesté retourna à Sainct Denis avec une resjouissance de tout le peuple qui l'attendoit, en criant encores plus qu'auparavant : *Vive le Roy! Vive le Roy! Vive le Roy!*

La lettre suyvante fut envoyée aussi par Sa Majesté par tous les parlements.

« Nos amez et feaux, suyvant la promesse que nous fismes à nostre advenement à ceste couronne par la mort du feu Roy, nostre très-honoré seigneur et frere dernier decedé, que Dieu absolve, et la convocation par nous faite des prelats et docteurs de nostre royaume pour entendre à nostre instruction par nous tant desirée, et tant de fois interrompuë par les artifices de nos ennemis, en fin nous avons, Dieu mercy, conferé avec lesdits prelats et docteurs, assemblez en ceste ville pour cest effect, des poincts sur lesquels nous desirions estre esclaircis, et après la grace qu'il a pleu à Dieu nous faire, par l'inspiration de son Sainct Esprit, que nous en avons recherchée par tous nos vœux et de tout nostre cœur pour nostre salut, et satisfaits par les preuves qu'iceux prelats et docteurs nous ont renduës par les escrits des apostres et des saincts peres et docteurs receus en l'Eglise, recognoissant l'Eglise catholique, apostolique et romaine estre la vraye Eglise de Dieu, pleine de verité, et laquelle ne peut errer, nous l'avons embrassée, et nous sommes resolus d'y vivre et mourir. Et pour donner commencement à ce bon œuvre, et faire cognoistre que nos intentions n'ont eu jamais autre but que d'estre instruits sans aucune opiniastreté, et d'estre esclaircis de la verité et de la vraye religion pour la suivre, nous avons ce jourd'huy oüi la messe et joint et uni nos prieres avec ladite Eglise, après les ceremonies necessaires et accoustumées en telles choses, resolus d'y continuer le reste des jours qu'il plaira à Dieu nous donner en ce monde; dont nous vous avons bien voulu advertir, pour vous resjouyr d'une si aggreable nouvelle, et confondre par nos actions les bruits que nosdits ennemis ont fait courir jusques à ceste heure que la promesse que nous en avions cy devant faite estoit seulement pour abuser nos bons sujets et les entretenir d'une vaine esperance, sans aucune volonté de la mettre à execution. De quoy nous desirons qu'il soit rendu graces à Dieu par processions et prieres publiques, affin qu'il plaise à sa divine bonté nous confirmer et maintenir le reste de nos jours en une si bonne et si saincte resolution. Donné à Sainct Denis en France, le dimanche 25 juillet 1593.

« Signé HENRY. Et plus bas, POTIER. »

Ceste lettre ayant esté receue, on ne fit aux villes royales que chanter *Te Deum*, faire feux de joye et processions generales pour actions de graces envers Dieu de ceste heureuse conversion; mais les Seize, leurs predicateurs et les partisans d'Espagne, dans les villes de l'union, publierent et prescherent une infinité de calomnies à l'encontre. Le docteur Boucher entr'autres se monstra fort violent, et comme il avoit presché dès le commencement de l'assemblé de Paris sur l'eslection d'un roy, et avoit pris ce texte : *Eripe me de luto fæcis*, lequel il avoit expliqué et interpreté : *Seigneur, desbourbez nous, ostez nous celte race de Bourbon, il n'en faut plus parler, ils sont tous heretiques ou fauteurs des heretiques*, aussi ce docteur commença dans Sainct Mederic à prescher contre la susdite conversion, où il dit une infinité de choses fauses du Roy, entr'autres que de jour Sa Majesté avoit esté à la messe, et la nuict suivante au presche, et que la saincte messe que l'on chantoit devant luy n'estoit qu'une farce. Du depuis il fit imprimer ces sermons ou plustost invectives contre le Roy, lesquels furent bruslez à la Croix du Tiroir, le lendemain de la reduction de Paris. L'autheur du livre du Catholique anglois fit aussi imprimer un livret intitulé *le Banquet du comte d'Arete*, dans lequel, après avoir dit une infinité d'impostures touchant ceste conversion, il asseuroit que ce seroit le salut de la France si on bailloit tous les ministres de la religion pretendue reformée aux Seize de Paris, pour les attacher comme fagots depuis le pied jusques au sommet de l'arbre du feu de la Sainct Jean, pourveu que le Roy fust dans le muid où on mettoit les chats, et que ce seroit un sacrifice agreable au ciel et delectable à toute la terre. Ceste forme d'escrire si satyrique fut blasmée de beaucoup de gens du party mesmes de l'union, et l'autheur de ce livret, ayant depuis eu besoin de la clemence du Roy, s'est repenty d'avoir ainsi parlé de son prince. Aussi le Roy ressemblant en cela à Auguste, ayant tousjours eu autant de volonté de pardonner à ceux qui ont entrepris contre luy que les entrepreneurs ont eu d'envie de luy nuire, les a laissé vivre pour porter tesmoignage de sa clemence au regne heureux de la paix dont jouyt la France en ceste année que j'escris ceste histoire, 1606. Aussi lors que l'on a pensé parler à Sa Majesté qu'il falloit punir tels escrivains : « Je ne le veux, dit-il, pas, c'est un mal que Dieu a envoyé sur nous pour nous punir de nos fautes; je veux tout oublier, je veux tout pardonner, et ne leur en doit on sçavoir plus mauvais gré de ce qu'ils ont fait, qu'à un furieux quand il frappe, et qu'à un insensé quand il se pourmene tout nud. »

Or, quatre jours après que le Roy eut esté à la messe, les deputez du Roy et ceux de l'union, s'estans plusieurs fois assemblez pour accorder une trefve generale par toute la France, signerent en fin les articles suivans.

I. Qu'il y aura bonne et loyale trefve et cessation d'armes generale par tout le royaume, pays, terres, seigneuries d'iceluy et de la protection de la couronne de France pour le temps et espace de trois mois, à commencer, à sçavoir, au gouvernement de l'Isle de France le jour de la publication qui s'en fera à Paris, et à Sainct Denis en mesme jour, et dès le lendemain que les presens articles seront arrestez et signez, ez gouvernemens de Champagne, Picardie, Normandie, Chartres, Orleans et Berry, Touraine, Anjou et Maine, huict jours après la datte d'iceux; ez gouvernemens de Bretagne, Poictou, Angoumois, Xaintonge, Limosin, haute et basse Marche, Bourbonnois, Auvergne, Lyonnois et Bourgongne, quinze jours après; ez gouvernemens de Guyenne, Languedoc, Provence et Dauphiné, vingt jours après la conclusion dudit present traicté; et neantmoins finira par tout à semblable jour.

II. Toutes personnes ecclesiastiques, noblesse, habitans des villes, du plat pays, et autres, pourront, durant la presente trefve, recueillir leurs fruits et revenus et en jouyr, en quelque part qu'ils soient scituez et assis, et rentreront en leurs maisons et chasteaux des champs, que ceux qui les occupent seront tenus leur rendre et laisser libres de tous empeschemens, à la charge toutesfois qu'ils n'y pourront faire aucune fortification durant ladite trefve. Et sont aussi exceptées les maisons et chasteaux où y a garnisons employées en l'estat de la guerre, lesquelles ne seront rendues; neantmoins les proprietaires jouyront des fruicts et revenus qui en dependent, le tout nonobstant les dons et saisies qui en auroyent esté faits, lesquels ne pourront empescher l'effect du present accord.

III. Sera loisible à toutes personnes, de quelque qualité et condition qu'elles soient, de demeurer librement en leurs maisons qu'ils tiennent à present avec leurs familles, excepté ès villes et places fortes qui sont gardées, èsquelles ceux qui sont absens à l'occasion des presents troubles ne seront receus pour y demeurer sans permission du gouverneur.

IV. Les laboureurs pourront [illegible] faire leurs labourages, [illegible] coustumes, sans qu'ils y puissent [illegible] ches ny molestez, en quelque [illegible] sur peine de la vie à ceux qui [illegible]

V. Le port et voiture de toutes [illegible] vres, et le commerce et traffiq de [illegible] chandises, fors et excepté les [illegible] de guerre, sera libre, tant par eau que [illegible] ès villes de l'un party et de l'autre, [illegible] les peages et impositions comme [illegible] present ès bureaux qui pour ce [illegible] suivant les pancartes et tableaux [illegible] vant arrestez, excepté pour le regard [illegible] de Paris, qu'ils seront payez suyvant [illegible] particulier sur ce fait. Le tout sur [illegible] fiscation en cas de fraude, et sans [illegible] les y trouveront puissent estre [illegible] prendre et ramener les marchandises [illegible] qui les conduiront au bureau où ils [illegible] d'acquitter. Et où il seroit usé de [illegible] lence contr'eux, leur sera fait justice, [illegible] la confiscation que de l'excez, par ceux [illegible] ront commandement sur les [illegible] ront commis. Et neantmoins ne pourront [illegible] arretez lesdites marchandises, chevaux [illegible] ny ceux qui les porteront, au dedans de la [illegible] lieue de Paris, encores qu'ils n'ayent [illegible] lesdites impositions; mais, sur la plainte et [illegible] suitte, en sera fait droict à qui il [illegible]

VI. Ne pourront estre augmentées lesdites impositions ne autres nouvelles mises sus durant ladite trefve, ne pareillement dressez autres bureaux que ceux qui sont desjà establis.

VII. Chacun pourra librement voyager [illegible] tout le royaume sans estre adstraint de [illegible] passe-port, et neantmoins nul ne pourra [illegible] ès villes et places fortes de party [illegible] autres armes, les gens de pied que l'espée, et les gens de cheval l'espée, la pistole ou harquebuse, ny sans envoyer auparavant advertir ceux qui y ont commandement, lesquels seront tenus bailler la permission d'entrer, si ce n'est que la qualité et nombre des personnes portast juste jalousie de la seureté des places où ils [illegible] dent; ce qui est remis à leur jugement et [illegible] tion. Et si aucuns du party contraire [illegible] entrez en aucunes desdites places sans [illegible] declarez tels et avoir ladite permission, ils [illegible] ront de bonne prise. Et pour obvier à toutes [illegible] putes qui pourroient sur ce intervenir, ceux qui commandent ès-dites places, accordans ladite permission, seront tenus la bailler par escrit, sans frais.

VIII. Les deniers des tailles et taillon seront levez comme ils ont esté cy-devant, et suivant

n'en soit ensuivie, sera loisible au chef de l'autre party de faire la guerre à celuy ou ceux qui feroient tels refus, sans qu'ils puissent estre secourus ny assistez de l'autre part en quelque sorte que ce soit.

XIV. Ne sera loisible prendre de nouveau aucunes places durant la presente trefve pour les fortifier encores qu'elles ne fussent occupées de personne.

XV. Tous gens de guerre, d'une part et d'autre, seront mis en garnison, sans qu'il leur soit permis de tenir les champs à la foule du peuple et ruyne du plat pays.

XVI. Les prevosts des mareschaux feront leurs charges et toutes captures aux champs et en flagrant delict, sans distinction de partis, à la charge de renvoy aux juges ausquels la cognoissance en devra appartenir.

XVII. Ne sera permis de se quereller et rececher par voye de fait, duels et assemblées d'amis, pour differens advenus à cause des presens troubles, soit pour prinses de personnes, maisons, bestail, ou autre occasion quelconque, pendant que la trefve durera.

XVIII. S'assembleront les gouverneurs et lieutenans generaux de deux partis en chacune province, incontinent après la publication du present traicté, ou deputeront commissaires de leur part, pour adviser à ce qui sera necessaire pour l'execution d'iceluy, au bien et soulagement de ceux qui sont sous leurs charges; et où il seroit jugé entr'eux utile et necessaire d'y adjouster, corriger ou diminuer quelque chose pour le bien particulier de ladite province, en advertiront les chefs pour y estre pourveu.

XIX. Les presens articles sont accordez, sans entendre prejudicier aux accords et reglemens particuliers faits entre les gouverneurs et lieutenans generaux des provinces, qui ont esté confirmez et approuvez par les chefs des deux partis.

XX. Aucunes entreprises ne pourront estre faictes durant la presente trefve, par l'un ou l'autre party, sur les pays, biens et subjets des princes et Estats qui les ont assisté. Comme au semblable, lesdits princes et Estats ne pourront de leur costé rien entreprendre sur ce royaume et pays estant en la protection de la couronne; ains lesdicts princes retireront hors d'iceluy, incontinent après la conclusion du present traicté, leurs forces qui sont en la campagne, et n'en feront point rentrer durant ledit temps. Et pour le regard de celles qui sont en Bretagne, seront renvoyées ou separées, et mises en garnison en lieux et places qui ne puissent apporter aucun juste soupçon. Et quant aux autres provinces, ès places où y a des estrangers en garnison, le nombre d'iceux estrangers estans à la solde desdits princes n'y pourra estre augmenté durant la presente trefve. Ce que les chefs des deux partis promettent respectivement pour lesdits princes, et y obligent leur foy et honneur. Et neantmoins ladite promesse et obligation ne s'estendra à M. le duc de Savoye; mais, s'il veut estre compris au present traicté, envoyant sa declaration dans un mois, il en sera lors advisé et resolu au bien commun de l'un et l'autre party.

XXI. Les ambassadeurs, agents et entremetteurs des princes estrangers, qui ont assisté l'un ou l'autre party, ayans passe-port du chef du party qu'ils ont assisté, se pourront retirer librement et en toute seureté, sans qu'il leur soit besoing d'autre passe-port que du present traicté, à la charge neantmoins qu'ils ne pourront entrer ès villes et places fortes du party contraire, sinon avec la permission des gouverneurs d'icelles.

XXII. Que d'une part et d'autre seront baillez passe-ports pour ceux qui seront respectivement envoyez porter ladite trefve en chacune des provinces et villes qui de besoin sera.

Faict et accordé à La Villette, entre Paris et Sainct Denis, le dernier jour de juillet 1593, et publié le premier jour d'aoust ensuivant èsdites villes de Paris et Sainct Denis, à son de trompe et cry public, ès lieux accoustumez. Et est signé en l'original : Henry et Charles de Lorraine. Et plus bas, Ruzé et Baudouyn.

Ceste trefve, publiée à Sainct-Denis et à Paris, fut observée incontinent par tous ceux du party royal. Quant à ceux de l'union, quelques-uns en firent au commencement difficulté. Le duc de Mercœur en Bretagne ne la voulut accepter pour un temps, et fit mine de vouloir battre Montfort; mais voyant les royaux, partis de Rennes en corps d'armée, aller droict à luy pour le contraindre de lever son siege, il l'accorda. Quant au duc de Nemours, nous dirons cy après le peu d'obeyssance qu'il portoit au duc de Mayenne, chef de ce party, et ce qui lui advint à Lyon. En fin les Espagnols, les Lorrains, et les Savoyards mesmes, l'accepterent, non pas en esperance d'une paix [qui estoit l'intention des royaux], mais c'estoit pour prendre nouveaux conseils et nouveaux desseins pour remettre sus leurs armées, et recommencer la guerre, ainsi qu'il se pourra mieux conoistre par ce qui sera dit cy après.

Après la publication de la trefve, et que le Roy eut faict donner ordre aux environs de Paris pour recevoir les taxes et impositions accordées qu'il levenoit, [illegible] sçavoir : pour chasque [illegible] et demy, pour chasque muid [illegible] pour chasque bœuf cinq [illegible] mouton un escu, et ainsi [illegible] autres marchandises, outre [illegible] trois sols six deniers pour [illegible] payées par les marchans [illegible] et deux escus pour chasque muid de [illegible] seroit à Corbeil, et à Bray sur Seine [illegible] de chasque septier de bled, et vingt [illegible] muid de vin, à Montereau deux [illegible] pour chacun septier de tout grain, [illegible] reaux de Chevreuse, Dourdan et [illegible] ziesme denier et dix-huict deniers [illegible] tout outre la taxe ordinaire, les [illegible] royaux establirent leurs receptes aux [illegible] villages de la banlieuë de Paris, [illegible] n'y entroit du tout rien sans payer. Les [illegible] pour ces grandes charges, ne laisserent [illegible] ver bonne ceste trefve, et en retirer [illegible] modité pour le grand nombre de [illegible] y allerent acheter une infinité de [illegible] manufacturées, dont ils eurent en [illegible] ment bon marché, et aussi de la [illegible] eurent de trafiquer; et tel sortit de [illegible] toit ligueur tout outre, que, quand il [illegible] et avoit veu ce qui se faisoit aux [illegible] il changeoit son opinion de ligue.

Le duc de Mayenne, ayant preveu [illegible] trefve pourroit apporter quelque [illegible] party de l'union, advisa de faire deux [illegible] l'une, de faire renouveller le serment [illegible] ceux de son party; l'autre, de faire [illegible] concile de Trente pour contenter le [illegible] ecclesiastiques qui le demandoient. [illegible] serment, le 8 d'aoust, ainsi qu'il [illegible] cordé en leur assemblée tenuë deux [illegible] ravant, il fut faict après que M. de [illegible] asseuré un chacun que ses intentions [illegible] justes, et qu'elles ne tendoient à autre [illegible] l'advancement de l'honneur de Dieu, et [illegible] de ce royaume, et dit qu'il avoit [illegible], puisque pour plusieurs grandes [illegible] on ne pouvoit prendre si promptement [illegible] lution des principaux affaires, de [illegible] cuns des deputez pour informer au vray [illegible] vinces de tout ce qui s'estoit passé, [illegible] le corps des estats demeurast en son entier; [illegible] exhorta de demeurer tous en bonne union [illegible] corde, si on vouloit voir reüssir les [illegible] desirs à quelque bon effet, et jugeoit très à [illegible] pos la forme du serment qui avoit esté [illegible] cest effect; adjousta le contentement qu'il recevoit de la resolution desdits estats sur la publication du sainct concile de Trente, et, après avoir finy, commanda au secretaire de ladite assemblée de faire lecture à haute voix de la forme dudit serment.

« Nous promettons et jurons de demeurer unis ensemble, et de ne consentir jamais, pour quelque accident ou peril qui puisse arriver, qu'aucune chose soit faite à l'avantage de l'heresie et au prejudice de nostre religion, pour la defence de laquelle nous promettons aussi d'obeyr aux saincts decrets et ordonnances de nostre Sainct Pere et du Sainct Siege, sans jamais nous en departir. Et d'autant que nous n'avons encores pu, pour beaucoup de grandes considerations, prendre une entiere et ferme resolution sur les moyens pour parvenir à ce bien, a esté ordonné que lesdits estats continuëront icy ou ailleurs, ainsi qu'il sera par nous advisé. Et neantmoins, si aucuns des deputez demandoient leur congé pour causes qui soient trouvées legitimes et justes, qu'il leur sera accordé, pourveu qu'ils promettent par serment, avant leur depart, de retourner, ou procurer par effet que autres soient envoyez et deputez en leur place au lieu de ladite assemblée dedans la fin du mois d'octobre prochain; lequel temps passé, sera procedé à la resolution et conclusion entiere des principaux points et affaires. »

Laquelle lecture faicte, le duc de Mayenne presta le premier le serment, après le cardinal de Pelvé, puis les autres princes, prelats, seigneurs et deputez de ladite assemblée, mettans les mains sur les evangiles, et baisans le livre.

Ce fait, ils allerent au devant du cardinal de Plaisance, qui, comme legat du Sainct Siege, se vouloit trouver à l'acte qu'ils avoient resolu de faire de la publication du concile de Trente.

Dez le commencement de ceste assemblée, ledit sieur cardinal de Plaisance avoit demandé la publication dudit concile. Il y eut plusieurs seances pour cela, et, dez le vingt-troisiesme avril, il fut ordonné par ladite assemblée que les oppositions seroient enregistrées, et que copie en seroit baillée à ceux des deputez qui la demanderoient, laquelle a esté depuis imprimée sous ce tiltre : *Extraict d'aucuns articles du concile de Trente qui semblent estre contre et au prejudice de la justice royale et liberté de l'Eglise Gallicane*. Il y avoit vingt-trois articles avec les responses au dessous de chacune d'iceux. Mais, nonobstant ces oppositions, aussitost que ledit sieur cardinal de Plaisance fut entré en l'assemblée, et que chacun eut pris sa place, le duc de Mayenne commanda de lire sa declaration, ce que l'un des secretaires fit, la fin de laquelle estoit en ces termes :

« Avons dit, statué et ordonné, disons, statuons et ordonnons que ledit sainct sacré concile universel de Trente sera receu, publié et observé purement et simplement en tous lieux et endroits de ce royaume, comme presentement en corps d'estats generaux de France nous le recevons et publions. Et pour ce exhortons tous archevesques, evesques et prelats, enjoignons à tous autres ecclesiastiques, d'observer et faire observer, chacun en ce qui depend de soy, les decrets et constitutions dudit sainct concile. Prions toutes cours souveraines, et mandons à tous autres juges, tant ecclesiastiques que seculiers, de quelque condition et qualité qu'ils soient, de le faire publier et garder en tout son contenu selon sa forme et teneur, et sans restrinctions ny modifications quelsconques. »

Et après ceste lecture, le silence estant fait, ledit cardinal de Plaisance dit :

Que c'estoit la coustume des sages mariniers, voyans leur vaisseau trop furieusement battu par l'impetuosité des vagues et vents contraires, de caller la voile et jetter l'ancre pour affermir et asseurer iceluy du mieux qu'ils pouvoient contre les perils de l'orage, taschans à reprendre cependant un peu d'haleine, et à donner quelque relasche à leurs travaux passez, pour, aussi tost qu'ils verroient la tormente cessée et les vents adoucis, rehausser la voile et poursuivre heureusement leur route. Que de la mesme prudence luy sembloit-il ce jour là avoir usé ceste assemblée, indubitablement assistée, disoit-il, de la grace du Sainct Esprit. Car, ayant recogneu que, parmy les tempestes de tant de partialitez et discordes que les horribles vents de l'heresie avoient excité en France, il leur estoit comme impossible de conduire quant à present ceste grande nef, qui comprent en soy la religion catholique et l'Estat, et dont ils sont les nochers, jusques au vray port de salut où tendoient tous leurs vœux et desirs, craignant l'exposer à plus grand peril, ils auroient jugé necessaire d'abbaisser la voile pour quelque temps, et quant et quant auroient bien voulu affermir leur vaisseau avec deux nouveaux ancres, dont il ne s'en pouvoit imaginer de plus fermes, qui estoit la reception du concile de Trente et le serment de l'union ce mesme jour renouvellé. Qu'en tel estat ceste assemblée s'estoit resoluë de respirer un peu en attendant qu'il pleust au souverain moderateur de la terre et des ondes luy rendre la tranquillité que plus elle desiroit pour continuër le voyage qu'elle avoit entrepris pour la gloire de Sa Divine Majesté. Et que comme ceste presente action de ceste assemblée seroit louée à jamais de tous ceux qui desiroient veoir remise sus en

France l'ancienne pieté et discipline qui l'avoit jadis si glorieusement fait fleurir, aussi vouloit-il bien presentement les en remercier de tout son cœur et affection, tant au nom de Sa Saincteté que du sien propre. Protestant au surplus que, comme il tenoit pour asseuré que M. de Mayenne là present n'abandonneroit le gouvernail que Dieu luy avoit mis en main, ains le guideroit tousjours avec son accoustumée constance et invincible courage, aussi pour ne les frustrer de sa part de l'effect de leurs prieres et de la confiance qu'ils avoient tousjours monstrée avoir en luy, il vouloit demeurer très-constant dans le mesme navire avec eux et y travailler comme eux, se tenant en la hune à fin de prevoir et pourvoir, en tant qu'il luy seroit possible, à tous les dangers, jusques à ce que, venans à descouvrir le feu Sainct Herme, asseuré indice d'une saison plus calme, il peust derechef les exciter à mettre la main à la voile, à fin que, moyennant l'air favorable du Sainct Esprit, tous ensemblement peussent arriver au port où tous bons catholiques devoient esperer.

Le cardinal de Pelvé puis après fit la response au nom de l'assemblée, et dit que à la verité il recognoissoit un ouvrage de la main de Dieu, lequel, au jour qu'on celebroit la memoire de la transfiguration de nostre Seigneur Jesus-Christ, avoit tellement transfiguré le cœur de l'assemblée de bien en mieux, et inspiré d'accepter unanimement ledit sainct concile; jour auquel nostre Seigneur avoit tenu ses estats, y assistans le Pere, le Fils et le Sainct Esprit pour le ciel; Jesus-Christ et ses apostres pour la terre; Helie pour le paradis terrestre; Moyse pour ceux qui estoient aux limbes; les apostres encore pour les vivants; Moyse de la part des deffuncts; Helie pour les prophetes; Moyse pour la loy naturelle et escrite; sainct Pierre, sainct Jean et sainct Jacques pour la loy evangelique; l'un pour l'Eglise romaine, maistresse et souveraine des autres, l'autre pour celle de Hierusalem, et l'autre pour l'Eglise grecque, pour le salut universel de tous les hommes. Avoit particulier sujet de contentement et resjouyssance de voir les bons François, bons catholiques, vrays zelateurs de la foy chrestienne et de l'ancien honneur de leur patrie, embrasser avec toute obeissance les saincts decrets et belles constitutions de ce concile, qu'il pouvoit dire estre un des plus celebres qui eust esté tenu en l'Eglise. Sçavoit bien qu'en ce qui concernoit la foy et doctrine, les François catholiques n'avoient jamais faict difficulté, mais avoient seulement apprehendé le changement de quelques coustumes et abolition de privileges, qu'ils s'imaginoient plustost par une vaine apprehension que pour estre appuyés sur aucun fondement de verité; mais à present, se soubmettans aux ordonnances de l'Eglise par une vraye obeissance, comme vrays et legitimes enfans, pouvoient à bon droit se vendiquer le titre de très-chrestien, hereditaire et proprietaire aux roys de France et à la nation françoise; qui luy faisoit concevoir une meilleure esperance des affaires que jamais, ayant tousjours estimé que la plus-part des calamitez que ce royaume avoit souffertes depuis longtemps procedoit pour avoir esté refractaire aux ordonnances du Sainct Esprit et de l'Eglise universelle; si bien que justement on eust peu reprocher aux François ce que sainct Estienne reprochoit aux Juifs : *Semper Spiritui sancto restitistis.*

Après qu'il eut dit encor plusieurs choses sur ce subject, et qu'il eut finy sa harangue, toute ceste assemblée s'en alla en l'eglise Sainct Germain de l'Auxerrois, où fut chanté le Te Deum pour ceste publication. Mais depuis, comme ceste assemblée ne l'avoit consentie qu'avec asseurance que si aux immunitez et franchises du royaume il y avoit chose qui meritast d'estre entretenue, que Sa Saincteté estant requise d'y pourvoir il n'y feroit aucune difficulté, aussi les exemptions de la justice ecclesiastique et seculiere n'ayant esté reglées avant ceste publication, elle demeura sans effect. Toutesfois elle servit, avec le susdit serment, tant au duc de Mayenne que à ceux de son party et aux Espagnols, pour faire croire au Pape que ceux de l'union estoient les vrays arcs-boutans de la religion catholique romaine en France; et mesme il creut tout ce qu'ils luy manderent touchant la conversion du Roy, et mesprisa M. de Nevers, envoyé depuis par le Roy vers Sa Saincteté, tellement que les guerres civiles furent continuées en ce royaume, ainsi qu'il se pourra voir cy-après.

Or le Roy ayant donné de son costé l'ordre requis pour l'entretenement de la trefve, il ne pensa qu'à satisfaire à la promesse qu'il avoit faicte à messieurs du clergé qui luy avoient donné absolution à la charge qu'il envoyeroit vers Sa Saincteté le requerir d'approuver ce qu'ils avoient fait : ce qu'ils voulurent estre enregistré où besoin seroit pour leur descharge, principalement à cause des deffences dont nous avons parlé cy-dessus, que le cardinal de Plaisance, comme legat, avoit faict publier, et affin qu'il ne semblast à Sa Saincteté que lesdits sieurs du clergé qui avoient assisté à ceste conversion eussent entrepris par dessus son authorité ou du Sainct Siege; mais que ce qu'ils en avoient faict estoit selon les libertez anciennes de l'Eglise catholique, apostolique et romaine. Sa Majesté envoya premierement vers Sa Saincteté le sieur de La Clielle avec ceste lettre.

« Très-Sainct Pere, ayant, par l'inspiration qu'il a pleu à Dieu me donner, recognu que l'Eglise catholique, apostolique et romaine est la vraye Eglise, plaine de verité, et où gist le salut des hommes, conforté encores en ceste foy et creance par l'esclaircissement que m'ont donné les prelats et docteurs en la saincte Faculté de theologie, que j'ay à ceste fin assemblez, des points qui m'en ont tenu separé par le passé, je me suis resolu de me unir à ceste saincte Eglise, très-resolu d'y vivre et mourir, avec l'ayde de celuy qui m'a fait la grace de m'y appeller. Et pour donner commencement à ce bon œuvre, après avoir esté receu à ce faire par lesdits prelats avec les formes et ceremonies qu'ils ont jugé estre necessaires, ausquelles je me suis volontiers sousmis, le dimanche 25 juillet j'ay ouy la messe et joinct mes prieres à celles des autres bons catholiques, comme incorporé en ladite Eglise, avec ferme intention d'y perseverer toute ma vie et de rendre l'obeyssance et respect deu à Vostre Saincteté et au Sainct Siege, ainsi qu'ont faict les rois Très-Chrestiens mes predecesseurs. Et m'asseurant, Très-Sainct Pere, que vostre Saincteté ressentira la joye de ceste saincte action, qui convient au lieu où il a pleu à Dieu la constituer, j'ay bien voulu, attendant que sur ce je luy rende plus ample devoir, comme dans peu de jours je deputeray à cet effect vers elle une ambassade solemnelle et de personnage de bonne et grande qualité, luy donner par ce peu de lignes de ma main ce premier tesmoignage de ma devotion filiale envers elle, la suppliant très-affectueusement l'avoir agreable et recevoir d'aussi bonne part comme elle procede d'un cœur très-sincere et plain d'affection. Et sur ce, Très-Sainct Pere, je prie Dieu qu'il vueille longuement maintenir Vostre Saincteté en très-bonne santé au bon gouvernement de sa saincte Eglise. De Sainct Denis, ce dix-huitiesme jour d'aoust 1593. »

Et plus bas estoit escrit : « Vostre bon et devot fils,

HENRY. »

Pour l'ambassade mentionnée dans ceste lettre, M. le duc de Nevers y fut envoyé par le Roy. Et pour rendre compte à Sa Saincteté de ce qui s'estoit passé en la conversion de Sa Majesté, trois prelats furent deputez pour cest effect, qui accompagnerent ledit sieur duc à Rome. Avant leur partement le cardinal de Plaisance envoya le sieur de Chanvalon vers M. de Nevers à Sainct Denis, luy dire qu'il desiroit parler à luy, lequel luy fit response, avec la permission du Roy, qu'il estoit content de retarder son partement pour parler audit sieur cardinal auprès de Paris, où il se transporteroit : « Mais, luy dit le duc, s'il ne desire de parler à moy pour autre chose que pour me divertir d'aller vers Sa Saincteté, il n'a que faire de s'incommoder. » Ledit sieur cardinal, sçachant ceste resolution, ne parla plus de ce pourparler : au contraire il rescrivit plusieurs calomnies dudit sieur duc au Pape, et tascha par tous les moyens qu'il put de traverser son voyage.

En ce mesme temps plusieurs docteurs et grands personnages ecclesiastiques, qui avoient assisté à la conversion du Roy, firent publier les causes et raisons pour lesquelles ils s'estoient trouvez à ceste conversion. M. Benoist, curé de Sainct Eustache, et à present doyen de la Faculté de Paris, en fit faire un imprimé. M. de Morenne, curé de Sainct Mederic, et qui a depuis esté evesque de Sez, en fit aussi un autre. Mais il en fut imprimé un intitulé : *Raisons par lesquelles est monstré que les evesques en France ont peu de droit donner absolution à Henry de Bourbon, roy de France et de Navarre, de l'excommunication par luy encourue, mesmes pour un cas reservé au Sainct Siege apostolique.*

Dans ces raisons, après avoir dit que tous ceux qui se trouvent excommuniez pour cas reservé au Sainct Siege apostolique, estans empeschez de se pouvoir aller presenter au Sainct Pere par empeschement canonique, c'est à dire approuvé pour tel par les saincts canons, peuvent recevoir absolution d'un autre, en leur enjoignant toutesfois, au cas que l'empeschement ne dure pas tousjours, et lors qu'il sera cessé, d'aller vers le Sainct Siege pour recevoir ses commandemens en toute humilité.

Que ce mot d'excommunication se distingue en celles qui viennent *ab homine*, et en celles qui sont de droit, et que les excommunications *ab homine* sont celles qui sont fulminées par bulle du Sainct Pere ou sentences des evesques et autres ayans jurisdiction ; *a jure*, que ce sont celles que l'on encourt en commettant cas pour lesquels y a excommunication par les constitutions canonicques.

Et que combien que des chapitres alleguez pour verification de ceste maxime, quelques-uns parlent seulement de ceux qui sont excommuniez pour avoir mis la main violente sur les gens d'eglise, toutesfois les autres parlent generalement et pour quelque cas que ce soit, et qu'il y a semblable raison de le juger et decider ainsi en toute autre excommunication pour cas reservé au Sainct Siege.

Et qu'il ne se trouve point que, de ceste regle et proposition generale, il y ait aucune exception particuliere pour l'excommunication à cause d'heresie, au contraire elle y est expressement et nommement comprise par Didacus Covarruvias, docteur espagnol, en ses Commentaires sur la constitution de Boniface VIII, qui se commence : *Alma mater*.

Au reste, que ceux qui ne peuvent aller vers Sa Saincteté ne sont nullement obligez par le droict canon d'y envoyer pour eux, encores qu'ils le puissent faire et obtenir par ce moyen leur absolution ; mais bien est il dit qu'ils seront absous à la charge et en leur enjoignant comme dessous d'y aller en personne lors et aussi tost que l'empeschement, s'il n'est que pour quelque temps, sera cessé.

Or, de tous les empeschemens portez et advouez pour tels par les canons, celuy cy est le plus celebre et très-experimenté par iceux, c'est à sçavoir lors que quelqu'un est en l'article de la mort, auquel cas ne se trouve aucune reservation ; qui est cause que lors, non seulement les evesques, mais tous autres prestres, peuvent donner absolution de tous pechez et de toutes censures, comme il est porté par le concile de Trente, session XIII, chap. 7. § dernier, et en beaucoup d'autres lieux.

Puis ayant allegué plusieurs authoritez pour prouver que l'article de mort ne s'entendoit pas seulement au temps et au moment auquel une personne est proche de rendre l'esprit, mais tout autre temps auquel vray-semblablement il y a crainte de mort, tant à cause des inimitiez, des voleurs, d'une longue navigation, des sieges où l'on se trouve, et autres tels accidents. D'avantage, que les evesques en France avoient bien recognu que le Roy n'estoit pas seulement en peril de mort à cause des sieges de villes et des combats où il se trouvoit journellement, mais aussi pour les attentats qui se faisoient journellement sur sa personne, tant par poison que par assassinats, mesmes qu'aucuns assassinateurs avoient deposé qu'ils avoient entrepris de le tuër au milieu de ses gardes, ainsi que l'on avoit assassiné le feu roy Henry III. Après toutes ces raisons il poursuit en ces mots :

« Or c'est chose assez notoire combien grandes sont les inimitiez capitales qu'on porte au Roy, et le sçavent mieux que nuls autres ceux qui s'offencent tant de ceste absolution, recognoissans assez en leur conscience combien et quelles grandes imprecations ils ont faictes et font encores tous les jours contre luy.

» L'on met encores au nombre des empeschemens canonicques la grandeur des personnes

de la France et aussi pour leur conservation propre, deputerent vers Sa Saincteté le marquis de Pisani pour luy representer comme l'on estoit sur les termes de ceste conversion, et tout plein d'autres choses appartenantes à ce subjet, et pour la supplier en toute humilité trouver bon de donner son conseil et commandement sur chose si importante, afin qu'au faict d'icelle conversion toutes choses se passassent selon la volonté et mandement de Sa Saincteté, et rien ne fust obmis de ce qu'elle auroit aggreable y estre observé; et toutesfois, encores que Sa Saincteté ne voulust oncques ouyr ledit marquis, et que l'audience eust esté attendue presque un an entier, si est-ce que les evesques, en donnant l'absolution au Roy, laquelle ne se pouvoit plus long temps differer, n'ont laissé de luy enjoindre, selon leur pouvoir spirituël, et prendre promesse et asseurance qu'il envoyeroit vers Sa Saincteté pour recevoir ses commandemens en toute humilité, comme à cest effect il a envoyé le duc de Nevers et quelques prelats quant et luy avecques amples instructions, procez verbaux et actes authenticques de tout ce qui seroit passé et intervenu au faict de sa conversion. Or que l'absolution se puisse donner quand il y a danger en la demeure, laquelle ne se donneroit autrement, outre les lieux precalleguez, il est aussi verifflé par autres passages du droict canon.

» Outre le danger de mort, tant corporelle que spirituelle, que couroit le Roy, dont il a esté jà parlé cy-dessus, et dont les saincts decrets ont tant fait d'estat qu'en tel cas ils ont donné toute puissance d'absoudre de tous pechez et de toutes censures à tous prestres, et pareille à celle du pape, il y avoit encores beaucoup d'autres inconveniens à craindre, en cas mesme que l'on eust esté asseuré de plus longue vie, et deux principaux entr'autres.

» L'un, que, le Pape continuant à refuser tousjours audience aux catholiques en chose qui regardoit le sauvement de l'ame d'un prince penitent, et les heretiques taschans par tous artifices de le destourner de ce sainct propos, l'on vinst à perdre en fin ceste tant belle et heureuse occasion de conserver la religion catholique et tout le royaume très-chrestien, en ramenant à la foy et au giron de l'Eglise catholique un prince que le droict du sang et la necessité de la conservation de l'Estat de France et de celuy d'un chacun en particulier avoit donné pour chef aux catholiques lors que le feu roy Henry troisiesme fut si miserablement tué. Or, en semblables occasions, il faut advancer les choses et accourcir le temps.

» L'autre grand inconvenient estoit le danger auquel se retrouvoient les ames d'infinis catholiques, lesquels, combattans sous luy pour la conservation de l'Estat et couronne de France, et aussi pour leurs vies, leurs honneurs et leurs biens propres, estoient par ce moyen forcez à une necessaire participation aveeque luy; laquelle consideration a esté de si grand poix envers beaucoup de docteurs grands en sçavoir et en pieté, qu'ils ont laissé par escrit que, quand une excommunication ne profite point à celuy qui est excommunié, et au contraire nuit à toute une communauté, il faut absoudre mesme l'impenitent, encores que ce fust malgré luy.

» Pour toutes ces raisons les evesques maintiennent, à la dignité et authorité de Sa Saincteté, qu'ils ont demandé le conseil et commandement d'icelle, et l'ont attendu plus long temps qu'il n'est prescrit par le droict en cas où il y a peril en la demeure; et quand à l'absolution, qu'elle a esté donnée sur causes très-vrayes et très-justes, et qu'elle ne peut estre aucunement revoquée en doute, de tant moins que mesmes une absolution injuste et donnée sur cause fauise ne laisse de tenir, pourveu que celuy qui la donne ait l'intention d'absoudre, combien qu'en tel cas et celuy qui donne et celuy qui reçoit l'absolution pechent tous deux.

» Et ne se peut remarquer y avoir eu aucun manquement de la part du penitent, soit en l'instruction, soit en la recognoissance ouverte de son erreur et publique abjuration d'iceluy, après instruction suffisante, soit en la profession de la foy catholique, apostolique et romaine, soit en la promesse d'obeyr au commandement et rescrit du pape et ordonnances de l'Eglise, soit en quelque autre circonstance de ceste conversion tant desirée de tous les gens de bien, et tant necessaire au bien de la religion catholique et conservation du royaume très-chrestien, et bref y avoir eu aucune cause pour laquelle ils deussent doubter de luy oster le lien de l'excommunication, de luy faire part des sacremens de l'Eglise, et le reünir à la communion des fidelles. »

Voylà ce qui fut publié pour la juste absolution du Roy.

Tandis que les ecclesiastiques, tant d'un party que d'autre, s'esforçoient par escrit, les uns à prouver la validité, les autres l'invalidité se ceste absolution, le Roy s'en alla à Melun, où le 27 d'aoust fut pris Pierre Barriere, qui avoit resolu de tuër Sa Majesté. Avant que de dire comme il fut executé, voyons comme son entreprise fut descouverte.

Au mois d'aoust de ceste année le pere Seraphin, de l'ordre de Sainct Dominique ou des Jacobins, advertit le Roy, par le sieur de Brancaleon, à present gentil-homme servant de la Royne, que ledit Pierre Barriere estoit en volonté de tuër Sa Majesté, et estoit party exprès de Lyon pour ce faire.

Ce jacobin descouvrit ceste entreprise dans la ville de Lyon en ceste maniere. Barriere voulant prendre plus ample conseil de son entreprise, il se delibera d'en parler à quelques gens d'eglise, auquel conseil se trouva un docteur, un prestre et ledit pere Seraphin, jacobin. Et ayant proposé qu'il estoit resolu de s'acheminer à Paris, et là où il trouveroit le Roy de le tuer, les trois escoutans commencerent à en dire chacun leur advis. Le docteur dit que, pour quelque occasion que ce fust en matiere de religion, il ne falloit attenter à la vie de personne, mesmes des roys, qui sont personnes sacrées. Le prestre, au contraire de cestuy-là, dit qu'il ne faisoit difficulté d'approuver l'intention de Pierre Barriere, et que ce seroit un acte meritoire. Le pere Seraphin dit qu'il n'approuveroit jamais un attentat sur la vie d'un homme, quel qu'il fust, et qu'il n'appartenoit qu'aux superieurs, comme sont les roys et princes, d'user du glaive, et encore faudroit-il que ce fust en justice.

Mais, voyant que Barriere, nonobstant l'advis qui luy fut donné, avoit dit qu'il ne changeroit de resolution, ledit pere Seraphin en fit donner l'advis cy-dessus à Sa Majesté par ledit sieur Brancaleon, qui l'ayant recognu à Melun le 26 d'aoust devant le logis du Roy, et voulant le faire arrester, il luy disparut, et ne peut estre apprehendé jusques au lendemain 27 qu'il fut recognu et arresté à l'une des portes dudit Melun rentrant à la ville. A l'instant il fut mis ès mains de Lugoly, lieutenant de la prevosté de l'hostel, et conduit aux prisons dudit lieu, où estant, il declara à la geolliere et à un prestre lors prisonnier qu'il ne mangeroit point tant qu'il seroit prisonnier, mais qu'on luy baillast du poison et il en mangeroit. Interrogé à plusieurs et diverses fois par ledit Lugoly, en ses premieres responses dit estre aagé de vingt-sept ans, natif d'Orleans, de son premier mestier batellier et de present soldat, estoit sorty d'Auvergne pour aller faire la guerre en Lyonnois sous la charge du sieur d'Albigny; confessa avoir sejourné un mois en la ville de Lyon, et que, passant depuis par la Bourgougne, il seroit arrivé à Paris, de là à Sainct Denis, puis à Melun, en intention d'y chercher et trouver maistre. Derechef interrogé, dit que, dès qu'il partit d'Auvergne, il avoit intention de venir tuër le Roy, dont, estant arrivé à Lyon, il le communiqua à quelques personnes ecclesiastiques. Enquis de quelle façon il vouloit executer une telle entreprise, dit que c'estoit avec un [illegible] prochant du Roy à [illegible]

Et sur ce que [illegible] Barriere avoit [illegible] chausses et sa chemise, [illegible] mains dudit prestre prisonnier, [illegible] monstrer, enquis par [illegible] il le denia ; mais à l'instant [illegible] cousteau representé, lequel [illegible] grandeur, trenchant des deux [illegible] et fraichement esmoulu et [illegible] dit cousteau estre le sien, qu'il [illegible] qu'il fut arresté prisonnier, et [illegible] coustelier ou mercier à Paris.

Le Roy, adverti des charges et [...] cez, deputa des presidents de s[...] veraines, conseillers en son cons[...] maistres des requestes ordinaires [...] jusques au nombre de dix, pour p[...] gement dudit procez, au rapport d[...] Lugoly. Tous lesquels assemblez [...] et ledit Barriere mandé et ouy au[...] ses premieres confessions dit qu'e[...] Lyon, il avoit volonté de tuër le R[...] qui l'avoit induit à cela, dit que la [...] pression luy en estoit venuë de son [...] et enquis comment et de quelle fa[...] executer ceste mauvaise volonté, [...] c'estoit avec un pistolet chargé de [...] un carreau d'acier, qu'il esmorcer[...] fricassée et seichée sur le feu, da[...] mesleroit du soulfre afin qu'elle [...] prendre feu.

Et comme le cousteau cy-dessu[...] table de la chambre du conseil p[...] monstré, avant qu'il en fut enqui[...] cousteau qu'il voyoit sur la table est [...] teau, et qu'il l'avoit lorsqu'il fut arr[...] aux prisons, qu'on le luy donnast [...] verroit ce qu'il en feroit. Et enqui[...] voudroit faire, respondit qu'il se [...] l'instant que l'on le verroit, et que [...] tast ce qu'il avoit dit si on vouloit.

Plus, dit qu'après avoir acheté le [...] il ne demeura qu'une heure à Paris [...] Sainct Denis, et vid le Roy en l[...] Sainct Denis oyant la messe en gr[...] Interrogé en quelle volonté il estoit [...] à Sainct Denis, respondit que ce n'[...] intention que pour trouver quelq[...] hommes qui luy prestassent argent [...] dre capucin à Paris ; que n'ayant [...] qu'il cherchoit, il avoit suivy le Roy [...] coucher à Champ sur Marne, puis à [...] Robert, où il se confessa et commu[...]

Aux responses de Barriere se tro[...]

veraines en France, qui tiennent qu'il y a des causes et raisons de reveler licitement les confessions, *tam factorum quam faciendorum, aut volitorum* (1), quand il est question du crime de leze-majesté au premier et second chef, veu que mesmes en tels cas, *sola suspicio crimen facit* (2), et que les personnes qui ne revelent telles confessions en doivent estre justement punies comme adherans et fauteurs sous pretexte de pieté, qui seroit une impieté encore plus detestable.

Le vingtiesme article de la trefve generale cy-dessus dite porte que le duc de Savoye seroit compris envoyant sa declaration dans un mois. Or nous avons dit l'an passé comme le sieur Desdiguieres avoit pris Briqueras et Cavours, et luy avoit porté la guerre dans le Piedmont, ce qui fut cause que le duc, aussi-tost que la saison le luy put permettre, ayant receu unze compagnies d'Italiens, quatre mille Suisses, vingt-quatre compagnies de Neapolitains, quelques compagnies d'infanterie espagnole conduittes par Manrico di Lara, avec nombre de cavalerie du duché de Milan, il assembla toutes ses forces, et fit un corps d'armée de dix mille hommes de pied et quinze cents chevaux. Avant que de rien entreprendre il delibera de s'asseurer des passages des monts par où ledit sieur Desdiguieres estoit passé, et alla assieger le chasteau d'Eschilles du costé du pas de Suze, qu'il print; puis assiegea le fort de Mirebouc qu'il print aussi par force. Ce qu'ayant fait, il fit bastir un fort dans la valée de la Perouse, qu'il nomma Sainct Benoist, pour empescher le secours des François qui pourroit venir par là, puis il s'en alla reprendre la Tour de Luzerne et assieger Cavours dont il print la ville; mais, ayant tenu quelque temps le siege devant le chasteau, et les François qui estoient dedans luy ayant donné plus de peine qu'il ne pensoit, bien qu'il eust receu encor trois mille Espagnols sous la conduitte d'Augustin Messia, et voyant que pour lors il n'eust pas beaucoup exploicté, il leva son siege et accepta ladite trefve generale, renvoya les troupes italiennes sur le duché de Milan, et mit les autres en divers lieux de son pays en garnison.

Le jour Sainct Matthieu, 21 septembre, les Lyonnois se barricaderent contre le duc de Nemours leur gouverneur, coururent aux armes, se saisirent de toutes les places de la ville, et menerent le canon devant le logis du duc de Nemours, lequel fut en fin contraint de se rendre leur prisonnier avec beaucoup des siens, entre lesquels estoient les marquis de Sainct [illegible] et de Bommercat, les sieurs de [illegible], d'Albigny, de Dont, de La Buttoniere, de [illegible]soches, de Teraut, et plusieurs autres. Quant audit sieur duc, ils le mirent prisonnier dans le chasteau de Pierre-Ancise.

Plusieurs discours furent imprimez en ce temps là sur ce suject. Les Lyonnois publierent un manifeste sur la prise de leurs armes. Ils disoient

Qu'après le devoir qui les obligeoit à la religion, ils n'avoient rien de plus cher que le soin de leur conservation : ce qui estoit naturellement emprainct en l'affection de toute creature.

Que bien que le feu Roy eust donné le gouvernement du Lyonnois audit duc de Nemours, qu'il leur en devoit la seule jouyssance puis qu'au peril de leurs vies, et sans y estre obligez, ils avoient pris les armes pour l'y maintenir.

Que ledit duc n'avoit jamais donné coup d'espée pour chasser les ennemis de leur ville, mais qu'ils luy avoient rendue en un estat paisible, esloignée de factions, plus riche et plus frequentée cent fois qu'elle n'avoit esté depuis.

Qu'il n'avoit pas engagé ses terres pour acquerir le pays de Dombes et Vienne, ny ce qu'il tient en Auvergne et Bourbonnois, mais qu'ils avoient espuisé leurs moyens pour l'en rendre maistre.

Et toutesfois, qu'oubliant d'estre sur eux comme un pere sur ses enfans, il s'estoit [illegible]tué de les traicter comme serviteurs, voulant les contraindre de changer l'obeissance volontaire en un service forcé, pour cimenter une espece de souveraineté au sang de leurs concitoyens.

Que la verité estoit telle : Que ledit sieur duc ayant laissé son frere, M. le marquis de Sainct Sorlin, sur la fin de l'année 1689 et durant l'an 1590, pour son lieutenant à Lyon, que l'ancienne forme de leur gouvernement n'avoit point esté alterée; mais qu'à son retour de Paris, jaloux de ce que ses serviteurs luy attribuoient tout l'honneur de la delivrance de ceste ville, il ne s'estoit pu tenir de dire qu'il vouloit faire son faict à part, et qu'il n'endureroit jamais ny maistre ny compagnons, ce qui luy avoit fait casser la plus-part des conseillers et secretaires du conseil d'Estat qui avoit esté estably près de luy, et en avoit fait un autre de deux ou trois personnes, lesquels, accommodans leurs consciences à ses humeurs, luy avoient fait croire que ce qui luy plaisoit luy estoit permis; que, pour la grandeur de sa maison et de ses merites, il pourroit faire son propre du gouvernement du Lyonnois.

Que le manteau de la pieté estoit assez grand pour couvrir l'hypocrisie; qu'il ne failloit qu'une contenance exterieure de devotion pour se faire

(1) *Volitorum*. Ce mot n'est pas latin. Tant de ce qu'on a fait que de ce qu'on doit faire, ou que l'on veut faire.

(2) Le soupçon seul est réputé crime.

admirer au peuple. Que la vaillance et l'humilité chrestienne ne marchoient jamais ensemble. Que la crainte de Dieu affoiblissoit la generosité de l'ame et estouffoit l'ardeur d'un cœur haut et courageux. Aussi que depuis on n'avoit veu autre chose sur le tapis de ce conseil que la conference des principautez estrangeres, que l'histoire Florentine et le prince de Machiavel, que le plan de vingt et deux citadelles, les memoires des dix-huict sortes d'inventions pour trouver argent sur le peuple, et le roolle des citoyens qu'on devoit proscrire.

Qu'il avoit appris en ce conseil à mespriser, puis à violer la foy publique, à rompre les trefves, à s'affubler tantost de la peau du renard, tantost de celle du lion, pour venir au dessus de ses conceptions, à entreprendre indifferemment tout ce qui pouvoit advancer sa grandeur, au mespris de ses superieurs et au prejudice de ses voisins, et que de là estoient venuës les entreprises qu'il avoit vainement tenté sur Bourg en Bresse, sur Lourdon et sur Mascon.

Qu'il avoit pris ceste maxime de ne se servir de la noblesse du pays, avoit licentié les capitaines lyonnois, non pour autre raison que pour estré de Lyon, fait venir des estrangers qu'il enrichissoit des ruines des subjects, afin que, recognoissans leur fortune dependre de luy, ils demeurassent plus obligez à courir la sienne, avoit bafoüé et bavardé outrageusement les gentils-hommes qui n'estoient de ses humeurs pour les esloigner de luy, n'y ayant rien plus insupportable à un cœur genereux qu'une trop aspre et mordante gausserie.

Qu'autant de places qu'il avoit prises il en avoit fait autant de citadelles pour dompter les Lyonnois, qu'il encernoit par les forteresses de Toissei, Belleville, Tisi, Charlieu, Sainct Bonnet, Mont-Brison, Virieu, Coindrieu, Vienne et Pipet.

Que le cercle de ceste tyrannie estant achevé, il ne luy restoit que de tirer à Lyon, comme au centre de l'establissement de sa souveraineté; qu'il proposoit, pour en venir à chef, de bastir deux citadelles, et disoit n'en avoir point qui n'en avoit qu'une.

Qu'on ne luy parloit jamais de l'authorité de M. le duc de Mayenne qu'il ne donnast quelque evidente demonstration, ou de jalousie, ou mespris, et qu'il avoit usurpé le pouvoir d'instituer les officiers, de nommer aux benefices, rompoit les trefves faictes sous le bon plaisir de ses superieurs. Bref, qu'il donnoit la succession des naturels françois comme par droict de main-morte quand ils decedoient sans enfans, et quelquesfois avant leur decez, et disposoit de toutes choses, mesmes des finances et du domaine royal, beaucoup plus absoluëment que jamais les roys n'avoient faict.

Que le mespris qu'il avoit faict du commandement du Pape et de l'advis des princes catholiques pour se trouver aux estats ou d'y envoyer, n'ayant fait ny l'un ny l'autre, n'estoient que trop de conjectures pour dire que n'estant avec eux il vouloit estre contre eux, qu'il se rendroit tousjours le chef d'un party contraire à ce qu'ils resoudroient.

Puis ils disoient, voyans sous ceste grandeur de courage qu'il couvoit une dangereuse convoitise de ne recognoistre aucun superieur, de fouler le public pour avantager son particulier, et qu'il aymoit mieux conserver Lyon par force que par douceur, qu'il vouloit faire sur eux ce qu'il avoit fait sur leurs voisins, sur Vienne, Toissey, Montbrison et Chastillon; qu'au lieu de les laisser jouyr de la trefve il emplissoit leur province de gens de guerre, lesquels, ne pouvant sous le benefice de la trefve faire effort autre part, accouroyent au bruict de leur sac comme corbeaux à la voirie; que tant plus ils les poursuivoient pour les faire esloigner, tant plus ils s'approchoyent; qu'en mesme temps il leur donnoit lettres pour les faire desloger, et sous main les faisoit advancer; que par ainsi, toutes leurs plaintes et leurs protestations estans inutiles et leurs remonstrances sans effect; qu'ils n'avoit peu faire autrement que de prevenir ceste execution qui se devoit faire sur leurs vies, sur leurs familles, sur leurs femmes et enfans, à leur grand malheur et de leur posterité.

Que comme sans conduite le peuple en tels actes se precipitoit souvent avec temerité et fureur, que Dieu, par sa providence toutesfois, avoit voulu que leur archevesque, retourné de l'assemblée de Paris, s'estoit trouvé en leur ville fort à propos, et que le second jour de leurs barricades ils le supplierent d'embrasser leur cause, de leur assister de sa prudence à la conservation de leurs vies et moyens sous l'obeissance de Sa Sainctetė et de M. de Mayenne.

Que leur archevesque, qui les aymoit comme un bon pasteur son bercail, leur avoit representé le mal-heur qui arriveroit de ces divisions, et les vouloit dissuader de passer outre; mais, considerant les justes occasions qui les forçoyent à un salutaire changement, et voyant que ceste resolution estoit formée, et que le peuple s'opiniastroit de ne quitter ses barricades qu'il ne fust asseuré de son salut et repos, qui est la souveraine et plus equitable des loix humaines, qu'il avoit mis la main aux affaires avec tant de prudence et moderation, qu'il avoit empesché, sans coup donner et sans effusion de sang, une entreprinse qui ne pouvoit estre que cruelle et sanglante.

Que les preuves de tout ce que dessus estoient très-certaines par la confession mesme du chef et des membres qui participoyent à ceste entreprinse, et qu'ils n'avoient prevenu ny devancé leurs ennemis que d'un jour, ou plustost d'un soir; car, à peine estoit parvenu le bruit de leurs barricades aux faux-bourgs, que les gens de guerre, affamez de leur sac, y estoient desjà comme à leur rendez-vous, les uns pour se couler par le chasteau de Pierre-Ancise et forcer les portes de Veize, les autres pour donner l'allarme et le petard à la porte du pont du Rhosne, pensant que ces remuëmens estoient faits par leurs complices.

Tant y a, disoient-ils, que leur exemple apprendroit leurs voisins qu'ez matieres qui touchent l'Estat il faut user de prevention, non pas d'attente; qu'il faut remedier au commencement de la maladie, et n'attendre que la vigueur naturelle soit esteincte au patient. Aussi qu'ils ne devoient attendre qu'un soldat impitoyable vinst planter une sentinelle aux pieds de leur lict, qu'il leur rostist les pieds, qu'il leur fist sortir les yeux sanglants de la teste, leur fist souffler en sa pistolle pour les rançonner et priver de l'usufruict de leurs justes labeurs et de ceux de leurs peres; qu'ils ne devoient attendre que ceux desquels l'affinité et le voisinage leur avoit tousjours esté suspect, fussent les maistres de leurs familles; que le Gascon et le Dauphinois, desquels ils avoient tousjours craint l'alliance, prinssent le velours à l'aune de leur pique comme ils disoient. Que vrayment ils eussent bien merité ce traictement qu'on leur apprestoit, si, faisans les sourds aux advis de leurs voisins, aux nouvelles des estrangers d'Espagne et d'Italie, aux menaces de leurs ennemis qui se vantoient desjà de vivre parmy eux à leur discretion, ils eussent creu tant d'esclairs estre sans tonnerre, tant de bruicts sans effects, tant d'indices sans verité. C'est pourquoy ils avoient franchi ce pas, mis la main aux armes, et renouvellé les barricades qu'ils avoient fait cy-devant pour establir celuy qu'ils prioient maintenant de deposer volontairement le soin de leur gouvernement, pource que c'estoit trop peu de chose pour luy. Et qu'afin qu'il fust separé de son mauvais conseil pour s'y resoudre, qu'ils l'avoient supplié de se retirer au lieu auquel autrefois il avoit logé les lieutenans de roy, et où M. Dandelot, pour n'avoir approuvé le dessein de ses citadelles, a demeuré jusques à ce qu'il luy a cedé la place.

Que c'estoit là les causes qui les avoient armé à leur deffence, lesquelles ils n'avoient peu celer pour tesmoigner, tant dedans que dehors le royaume, la sincerité de leurs actions, à la confusion de ceux qui, par envie, par foiblesse ou malignité de jugement, les desguisoient autrement qu'ils ne les entendoient, protestans, devant Dieu et ses anges, que ce qu'ils avoient fait estoit pour demeurer plus fermes que jamais en la deffence de leur religion, pour s'exposer à toutes sortes d'efforts affin que ce royaume très-chrestien ne fust ny schismatique ny heretique, pour s'unir comme auparavant à la saincte union, pour ne se desmembrer du corps de ceste belle et puissante monarchie, pour restablir l'honneur et la dignité des loix fondamentales de ce royaume, pour retrancher et reformer les abus et excez qui s'estoient glissez en la police, pour faire respirer leur ville après tant d'oppressions, bref, pour le service de la religion et de l'Estat, et par consequent pour rendre à M. de Mayenne, en leur ville et province, la puissance et l'authorité qu'il y devoit avoir, en attendant qu'il plust à Dieu leur donner un roy vrayment catholique, aggreable au pape et aux estats de ce royaume.

Voylà ce que les Lyonnois publierent touchant la prise de leurs armes, protestans de brusler plustost leurs mains que de les employer contre la religion et l'Estat.

Or l'archevesque de Lyon qui se trouva lors de retour de l'assemblée de Paris, bien que ceste prise d'armes fust faite sans son advis, si fit-il semblant du depuis de l'approuver. On faisoit courir dans plusieurs petits livrets à Lyon que ledit archevesque estoit un des plus asseurez pilotes qui s'estoit employé au gouvernement du navire françois; qu'il avoit des dons qui n'estoient communs à un chacun; qu'il estoit doüé d'une grande generosité; que les Lyonnois se devoient jetter entre ses bras pour leur conduitte, pource qu'ils avoient besoin d'un très-bon et fidelle conseil et de le suivre, n'ayans pas entrepris une petite besongne. « Gardez-vous bien, leur disoit-on, de vous desmarcher et chanter une palinodie. Vous n'avez laissé aucun lieu de calomnie entre vous. Le serment de l'union que vous avez renouvellé ferme la bouche à ceux qui vous accusoient d'avoir donné le coup d'Estat en faveur des heretiques. Ne doutez point que M. de Mayenne n'advoüe et approuve vostre resolution, car il seroit bien marry qu'on peust lire un jour dans l'histoire de France que sous son gouvernement, du temps qu'il a tenu le rang de lieutenant general de ceste couronne, on eust despecé cest Estat. C'est ce qu'il a tousjours craint, et à quoy il a jusques icy très-prudemment obvié; car son intention est de conserver

peut donner aucun subjet de me calomnier ; car celuy qui fit l'entreprise en avoit esté mis dehors par M. mon frere, et monstroit tousjours depuis de vouloir faire tout ce qu'il pourroit pour y rentrer, ayant failly mesmes deux entreprises avant que d'executer ceste derniere. Or il est trop difficile de contenir un chacun en devoir, et ce que peuvent les chefs, c'est de remedier au mal quand il est advenu. »

Voylà ce que M. de Mayenne manda au roy d'Espagne touchant la prison de M. de Nemours, disant aussi qu'il avoit resolu d'aller à Lyon pour le faire mettre en liberté, mais que son voyage fut rompu par les empeschemens de ceux qui le devoient desirer, et que l'on sçavoit bien que lors Paris estoit en si miserable estat, les courages d'un chacun estans si fort affoiblis et les soupçons si grands, que l'on n'y attendoit plus autre remede que le changement. Ce qui le fit aussi changer de dessein.

Cependant les Lyonnois garderent ledit duc prisonnier à Pierre-Ancize jusques au 23 de mars de l'an suyvant qu'il se sauva de sa prison, comme nous dirons en son lieu. Ainsi ce prince, qui, selon le rapport de plusieurs qui ont escrit de ce temps-là, avoit depuis deux ans faict trembler le pays d'Auvergne, de Bourbonnois, de Forests et du Dauphiné, de qui la belle ambition [ainsi que dit mesme maistre Honoré d'Urfé en ses Epistres] ne pouvoit estre remplie de l'univers, aspiroit d'estre esleu roy en l'assemblée de Paris, ainsi qu'il se peut voeir dans certains memoires et instructions que ledit sieur duc avoit baillées au baron de Tenissé, lequel fut deffaict à deux lieuës de Dijon, au mois de novembre l'an passé, par le sieur de Vaugrenant, qui y gagna dix-sept drapeaux et tout le bagage. Ces memoires furent lors imprimez, et contenoient que ledit baron de Tenissé estant de retour prez de M. de Mayenne, il luy feroit toute instance à ce qu'il peust tirer de l'argent de luy pour l'entretenement des gens de guerre dudit duc de Nemours, sçauroit de luy s'il estoit lié en quelque sorte avec les Espagnols, et ce qu'il desiroit faire pour eux ; et qu'entrant en propos avec luy sur l'eslection d'un roy, et, luy ayant fait entendre qu'il n'en voyoit aucun plus reüssible que luy pour beaucoup de raisons, si ledit sieur duc de Mayenne luy respondoit qu'il ne pensoit point à ceste grandeur, il luy repliqueroit que faisant donc entendre à un chacun qu'il n'avoit desiré jamais la couronne, qu'il la donnast à quelqu'un des siens, et qu'entr'eux il n'en cognoissoit point aucun que ledit duc de Nemours lequel il peust eslever à ceste grandeur, et lequel luy porteroit plus de confiance ; qu'il n'auroit jamais amour de

estats, et que par force il convient luy ... qu'ils s'y trouveroient avec nombre de ... et personnages d'authorité desquels ... de Mayenne pourroit s'asseurer qu'... tout ce qu'il voudroit, et qu'il y mene... en dix-huict cens chevaux et quatre ... mes de pied. Plus, que ledit duc d... estoit un jeune prince qui n'avoit le c... armes et à la guerre, qui ne vouloit ... d'affaires que quand la necessité s'y ... et les laissoit toutes à deux ou trois ... près de luy, lesquels ne luy pourroient ... grand despit que de luy en communiq... pourveu qu'on luy donnast des moye... tretenir la campagne et gratifier s... M. de Mayenne retiendroit sa lieuten... rale et le maniement de toutes les af... couronne, pour en disposer, comm... sembleroit, avec ses principaux ser... quels on donneroit les principales ch... sant seulement audit duc de Nemours ... roy et la conduite des armées.

Ce sont là les propres termes des ... trouvez parmy le bagage du baron de ... qui donnent assez à cognoistre les haut... de ce jeune prince : mais, comme plu... escrit, la continuation des deffiances e... qui furent entre le duc de Mayenne ... cause des entreprises qu'il avoit faict ... ville et le chasteau d'Aussonne, et sur ... Mascon, qui estoient du gouvernement ... gongne, lequel appartenoit au duc de M... et qu'il avoit chassé le marquis d'Urfé ... brison, et s'estoit approprié ceste plac... aussi de celle de Brioude en Auvergne, ... casion qu'il ne se trouva ny envoya en ... blée de Paris. Ainsi le duc de Nemou... assubjettir les Lyonnois, il se trouva le ... nier avec les principaux des siens, et, p... avoir sur eux la supreme authorité, il ... reduit en leur puissance.

Nous avons dit cy dessus comme ... Pierre Ernest de Mansfeld, ne pouvant ... Geertruydemberghe, et empescher q... ville ne tombast entre les mains d... Maurice, qu'il se retira en Brabant, e... armée ne montoit pas à sept mille hom... tant le reste desbandé : cela fut au co... ment de juillet. La trefve generale qui en France ayda beaucoup aux Espagnols à rassembler nouvelles forces pour reparer leurs pertes passées; car, après la prise de Geertruydembergbe, le prince Maurice fit passer le comte Everard de Solms pour faire la guerre dans le comté de Flandres, où il arriva le 24 juillet avec huict cents chevaux et deux mille cinq cents hommes de pied, avec lesquels il entra dedans le pays de Vaës, chassa les Espagnols du fort de Sainct Jean de Steyn, de là mena son artillerie devant le fort Sainct Jacques qui luy fut aussi rendu, puis fit ravager tout ce pays de Vaës sur le pretexte qu'ils avoient refusé de payer les contributions à quoy ils estoient taxez. Ledit comte de Mansfeld manda, pour y remedier, au colonel Mondragon d'assembler le plus de forces qu'il pourroit, et qu'il lui envoyoit dix cornettes de cavalerie; mais, avant que Mondragon fust party d'Anvers avec deux mille hommes de pied et mille chevaux, le comte de Solms avoit fait sa retraite, ayant emmené quatre mille testes de bestail, razé les forts qu'il avoit gaignez, et contraint le pays de Vaës à payer les contributions aux Estats.

Depuis, les Espagnols, à cause de la trefve generale en France, n'ayant plus affaire que contre les Estats, ils les empescherent de faire aucune entreprise le reste de ceste année; et, bien que le comte Guillaume Loys de Nassau, leur gouverneur en Frise, se fust mis aux champs avec six pieces d'artillerie, et qu'il eust prins Gransberghe, Vedde et Vinschoten, se faisant maistre de tout le passage de la Boerentanghe, toutesfois, aussitost que Verdugo, gouverneur de la Frise pour le roy d'Espagne, eut receu douze cents chevaux, deux mille cinq cents hommes de pied, huict pieces d'artillerie et deux cents chariots que le comte de Mansfeldt luy envoya au commencement de septembre, avec plusieurs gens de guerre qui vindrent le trouver du costé de Namur, il se mit aux champs avec le comte Herman de Berghe, et assiegerent Otmarson au pays de Tuentes qu'ils battirent tout un jour, puis receurent ceste place à composition, d'où les soldats sortirent sans armes et bagages, avec promesse de ne servir de six mois contre le roy d'Espagne: quant aux capitaines, ils demeurerent prisonniers de guerre.

De là ils allerent devant le fort chasteau de Wedde qu'ils gagnerent d'assaut, puis prindrent les forts d'Auwerzyel, Schloncheteren, Grysemincken et Gransberghe, où ils tuërent tout. Ce fait, ils approcherent de Covoerden, place très-forte, bien fournie de vivres et de toutes munitions requises, qu'ils bloquerent, et dresserent à l'environ sur toutes les advenues des forts, pour à la longue les mater et contraindre par necessité de se rendre.

Le comte Guillaume de Nassau, sçachant que le comte Hermann, son cousin, et le colonel Verdugo estoient si forts en campagne, tint ses troupes dans ses retranchemens auprès le puissant fort de Boërenthanghe, attendant le secours que luy envoyoit le prince Maurice par le chevalier Veer. Verdugo, pensant l'attirer au combat, l'alla attaquer jusques dans ses retranchemens; mais, voyant que c'estoit chose qui ne se pouvoit faire, il se retira, après une escarmouche de sept heures, au siege de Covoërden, où il fit dresser nombre de forts aux environs, et fut en ce siege près de sept mois jusques à ce que le prince Maurice le vint faire lever, ainsi que nous dirons l'an suivant.

M. le duc de Nevers, envoyé par le Roy pour rendre le respect deu au Sainct Siege, ainsi que nous avons dit cy-dessus, accompagné de M. l'evesque du Mans, de l'abbé de..., et d'un religieux de Sainct Denis nommé Gobelin, avec cinquante gentils-hommes, tous de grandes et nobles familles, estant arrivé à Poschiavo, terre des Grisons, le 14 octobre, fut fort estonné de voir arriver de Rome le pere Poussevin, jesuiste, qui luy donna le bref cy dessous de par Sa Saincteté:

Clemens papa VIII. *Dilecte fili, nobilis vir, salutem et apostolicam benedictionem. Exponet mandato nostro dilectus filius Antonius Poussevinus, sacerdos ordinis societatis Jesu, vir gravis et prudens, ea quæ tibi per eum significanda judicavimus: ejus verbis fidem tribues. Datum Romæ apud Sanctum Marcum sub annulo piscatoris, die* 19 *septembris anno* 1593, *pontificatus nostri anno secundo* (1). *Ant. Buccapadulius.* Et au dessus estoit escrit: *Dilecto filio, nobili viro, duci Niverniæ.*

Après que ledit sieur duc eut leu ce bref, le pere Poussevin luy dit que Sa Saincteté ne le pouvoit recevoir comme ambassadeur de son Roy, toutesfois qu'il seroit bien venu à Rome comme Loys de Gonzague, duc de Nevers; puis adjousta que Sa Saincteté se resjouyssoit de la conversion qu'il avoit entendu que Sa Majesté

(1) Clément VIII, pape. Notre cher fils, salut et bénédiction apostolique. Antoine Poussevin, notre fils, prêtre de la société de Jésus, homme grave et prudent, vous expliquera par notre ordre ce que nous croyons devoir vous faire signifier. Vous pouvez prendre confiance en tout ce qu'il vous dira. Donné à Saint-Marc, sous l'anneau du pêcheur, 19 septembre de l'année 1593, et de notre pontificat la seconde.

avoit faicte, suppliant Dieu qu'elle fust telle qu'il appartenoit. Ces paroles ne pleurent guères audit sieur duc; neantmoins il se resolut de continuer son voyage, priant le pere Poussevin de faire entendre à Sa Saincteté l'importance de l'affaire dont il s'estoit chargé, et qu'il luy pleust luy envoyer quelque bonne resolution dont il eust occasion de se contenter.

Arrivé que ledit sieur duc fut à Mantoue, ledit pere Poussevin luy monstra la lettre du cardinal de Sainct George, qui estoit nepveu du Pape, dattée du vingt-cinquiesme octobre, contenant que Sa Saincteté, persistant en sa resolution, ne vouloit recevoir ledit duc de Nevers comme ambassadeur, quoy qu'il se peust asseurer d'estre bien aymé de Sa Saincteté. Ce qu'ayant veu M. de Nevers et bien consideré, il delibera d'achever son voyage ; et, pour faire paroistre au Pape que le Roy ne l'avoit despesché que vers luy seulement, il ne voulut visiter aucun des potentats d'Italie, affin de luy tesmoigner combien le Roy faisoit grand estime du Sainct Siege et de sa propre personne; mais, estant arrivé le quinziesme novembre à La Moucha, à cinq journées de Rome, ledit pere Poussevin l'y vint trouver, et luy monstra une autre lettre dudit cardinal Sainct George du sixiesme novembre, par laquelle il le chargeoit d'advertir ledit sieur duc que l'intention de Sa Saincteté estoit qu'il vinst à Rome avec moindre apparat de compagnie qu'il pourroit, pour ne donner aucun ombrage que ce fust comme personne publique ou chargée d'affaires publiques, afin qu'aucun ne pust faire par sa venue jugement different de la droicte et saincte intention de Sa Saincteté, et que ledit duc eust agreable, venant à Rome, d'y venir resolu de ne s'y arrester plus de dix jours : ce qui estonna derechef ledit duc, et principalement recevant en mesme temps advis que le Pape avoit deffendu à tous les cardinaux que lors qu'il seroit à Rome de le visiter et ne se laisser visiter par luy, considerant que ce n'estoit la coustume de traicter si indignement les personnages de sa qualité, et mesmes envoyez par un roy de France. Neantmoins il se resolut d'achever son voyage et satisfaire au commandement de Sa Saincteté; tellement qu'il arriva à Rome le dimanche 21 novembre, presque de nuict et en carrosse, accompagné seulement de cinquante gentils-hommes et de son train ordinaire, entrant par la porte *Angelica*, laissant celle *del Populo* où grand nombre de personnes l'attendoient, et vint descendre à son logis *della Rovere* qui est près de ladite porte; puis ce mesme soir alla baiser les pieds de Sa Saincteté, le priant de ne le vouloir restraindre à demeu-

rer [illegible]
tré de visiter [illegible]
avoit chargé de [illegible]
lettres que [illegible]
les informer de l'[illegible]
avec Sa [illegible] A [illegible]
qu'il y [illegible]
estans [illegible]
affaires de France [illegible]
le Pape dit qu'il ne le [illegible]
in foro conscientiæ. A [illegible]
lut respondre, et [illegible]
teté que l'ambassadeur [illegible]
de la ligue estans à Rome [illegible]
qu'il luy parleroit, et qu'il [illegible]
sister nombre de cardinaux, [illegible]
teté prinst la resolution qu'[illegible]
affaires de France, [illegible]
dire en confidence, ainsi qu'il [illegible]
tre, par la confession [illegible]
deurs d'Espagne et agents de la
veritable : ce que le Pape ne vo[illegible]
corder audit sieur duc, et le rem[illegible]
suyvant pour luy donner audien[illegible]

Ce jour là M. de Nevers, a[illegible]
Pape, fut accompagné de soixa[illegible]
tils-hommes françois, et, [illegible]
ler, dit à Sa Saincteté :

Qu'il estoit venu pour l'inform[illegible]
de France, et luy descouvrir l'i[illegible]
fondement des iniques et mau[illegible]
tions que l'on luy en avoit faict p[illegible]
de luy donner juste occasion de
leure resolution que celle qu'il
prise, après toutesfois qu'il auroit
et la surprise qu'on luy avoit vo[illegible]
blable à celle que l'on avoit faic[illegible]
cesseurs, particulierement au [illegible]
ce qu'il le supplioit vouloir [illegible]
quia periculum est in mora, [illegible]

Qu'il le supplioit de croire [illegible]
si foible que l'on l'avoit fait, ni [illegible]
ser de son royaume que l'on l'[illegible]
Sa Saincteté, et qu'il avoit [illegible]
pour le moins les deux tiers de [illegible]
de dix mil gentils-hommes qu'il [illegible]
mil à son service, et plusieurs bo[illegible]
bien resolus d'employer leurs [illegible]
authorité, à soustenir la religion [illegible]
couronne de France.

Que tous les princes de la F[illegible]
sang royal que autres, et [illegible]
couronne, et quasi tous les [illegible]
vinces et leurs lieutenants, [illegible] le[illegible]
taires d'Estat, et les principaux [illegible]
des finances, estoient à son servi[illegible]

tre luy il n'y avoit que les princes de la maison de Lorraine et de Savoye, chefs de la ligue, et quelque peu d'autre qualité, estant mort le sieur mareschal de Joyeuse, et que des huict parlemens qui estoient en France il lés avoit presque tous, car il n'estoit resté à Paris que le president Brisson des six presidens dudit parlement, lequel en fin avoit esté par eux mesmes pendu.

Que les deux advocats et procureurs du Roy audict parlement estoient sortis, et quasi tous les conseillers, lesquels Sa Majesté avoit establis, partie à Tours et l'autre partie à Chaalons; que du parlement de Rouen le premier president, le procureur du Roy, avec d'autres conseillers, estoient sortis de ladite ville pour ne vouloir recognoistre autre superieur que le Roy; que trois presidens des six du parlement de Dijon, et plusieurs autres conseillers, en avoient faict de mesme; qu'à Toulouze le premier president Duranty et l'advocat du Roy d'Afis, très-bons catholiques, ayans esté massacrez dès le commencement de l'année 1589, parce qu'ils pretendoient chacun d'obeyr à leur roy, ceste cruauté avoit fait sortir beaucoup des presidents et conseillers dudit parlement, lesquels estoient allez trouver M. de Montmorency, et tenoient le parlement à Castel Sarrazin; que les presidents et conseillers du parlement d'Aix en avoient autant faict; et, pour le regard du parlement de Grenoble, qu'il estoit du tout en l'obeyssance du Roy, comme estoit aussi ladite province, de mesme que le parlement de Bourdeaux, comme estoit aussi ladite ville, et celle de Rennes où estoit le parlement de Bretagne. Que toutes ces choses pouvoient faire cognoistre à Sa Saincteté que l'authorité du Roy n'estoit si petite que l'on la luy avoit fait entendre, ce qui se pouvoit d'autant plus verifier puis qu'il avoit reduit la ville de Paris en estat tel qu'elle avoit besoin chacune année d'estre secourue pour l'empescher de se perdre, au lieu qu'elle avoit secouru en toutes les guerres passées les roys et tout le royaume. Que la ville d'Orleans estoit aussi bloquée de tous costez, et par souffrance s'entretenoit au mieux qu'elle pouvoit; que ceste ville seule servoit de passage à ceux de la ligue sur la riviere de Loire, qui traversoit, voire divisoit presque tout le royaume de France, tous les autres ponts et passages qui estoient sur ladite riviere jusques à Nantes estans en l'obeyssance de Sa Majesté, de sorte que ceux de la ligue n'avoient que le pont seul d'Orleans pour traverser d'une part à l'autre de la France, qui estoit peu, et beaucoup incommode pour se secourir les uns les autres quand la nécessité le requerroit : ce qui sembloit audit duc devoir estre bien consideré par les grands capitaines qui sçavoient les moyens que l'on tenoit à usurper un royaume. Ce qui demonstroit assez que, si Sa Majesté n'estoit plus fort que ceux de la ligue, il ne pourroit tenir bloquées lesdictes deux villes, ny faire ce qu'il faict tous les jours : enquoy l'on pouvoit cognoistre son authorité, et la force très-grande qu'il avoit en son royaume toute autre que l'on l'avoit desguisée à Sa Sainctеté.

Qu'au contraire ceux de la ligue n'ayant point de moyen de se soustenir d'eux-mesmes et empescher que le Roy ne les chassast de son royaume, ils avoient esté contraints de s'appuyer au secours du roy d'Espagne et mesme recherché celuy des papes, pour ne tomber par terre, comme ils estoient prests de faire, et le feroient toutesfois et quantes que tel secours leur manqueroit, ainsi que Sa Saincteté le pourroit cognoistre par les lettres originales que le duc de Mayenne avoit escrites au roy d'Espagne, lesquelles ledit duc de Nevers luy monstra. Aussi que d'ailleurs on jugeoit clairement par leurs actions qu'il n'estoit point croyable qu'ils se voulussent mettre entre les bras du roy d'Espagne et luy bailler des villes, ou plustost des fleurons de la couronne de France, comme le duc de Mercœur avoit faict Blavet, port de mer très bon en la Bretagne, et le duc de Mayenne La Fere en Picardie, et voulu faire d'autres en ladite province. Que la foiblesse des chefs de la ligue parroissoit assez en ce qu'ils avoient permis que le duc de Parme vinst commander en France, où il avoit fait arrester le duc de Mayenne en son antichambre fort long temps, avec les autres gentils-hommes, avant que de luy permettre d'entrer en sa chambre, et quelquesfois l'avoit renvoyé sans vouloir parler à luy, en luy faisant dire par l'un de ses cameriers que Son Altesse estoit un peu empeschée. Que, à la verité, tels traits estoient fort prejudiciables à l'auctorité que le duc de Mayenne se donnoit de lieutenant general de l'Estat et couronne de France, parce qu'il sembloit qu'il devoit commander à l'armée espagnole estant entrée en France, puisque le duc de Parme n'estoit pas de plus grande maison que celle de Lorraine, ny ayant de son roy plus grande charge que ledit duc de Mayenne pretendoit d'avoir. Parquoy Sa Saincteté pouvoit cognoistre que, si le duc de Mayenne avoit enduré telles indignitez, si difficiles à un cœur genereux de souffrir, il l'avoit fait en son corps deffendant et malgré luy, se voyant reduict à telle extremité, ou de les endurer, ou bien de se voir terrasser par le Roy.

Et pource que telle foiblesse n'estoit que trop cogneue à ceux qui vouloient tenir les yeux ouverts, ceux de la ligue avoient pensé de la fortifier par rodomontades, disant que si l'on avoit une fois esleu un roy, et accompagné d'une bonne et forte armée, qu'en peu le Roy [de Navarre] seroit accablé et les François qui le suivoient, et l'esleu estably en possession paisible du royaume. Ce qui luy donnoit occasion, dit le duc de Nevers, de faire entendre à Sa Saincteté que tant s'en faut que cela pust estre, qu'il ne serviroit que de ruiner une grande quantité du miserable peuple catholique et innocent, et une infinité de beaux monasteres, et apporter du desordre très-grand en la discipline ecclesiastique, pource qu'il ne se pouvoit justement eslire un roy de race estrangere au prejudice des princes du sang, vrais heritiers et successeurs de la couronne, ainsi que le reste du parlement demeuré à Paris l'avoit faict cognoistre, ayant interpreté ce mot *d'eslection* contenu au pouvoir donné par Sa Saincteté au cardinal de Plaisance, à declarer un roy catholique; et depuis, par autre arrest du 28 juin dernier, donné sur la pretendue eslection de l'infante d'Espagne et de l'archiduc Ernest, et puis du duc de Guise *in solidum* marié avec ladite Infante, proposée par le duc de Feria, et favorisée par le cardinal de Plaisance au nom de Sa Saincteté, il avoit esté ordonné par ledit parlement qu'il ne seroit point esleu de prince estranger, et que la loy salique seroit gardée; ayant faict paroistre par ces deux arrests qu'il n'estoit loisible de proceder à aucune eslection, et moins en la personne d'un prince ou princesse estrangers, auquel mot estoit compris de tout temps les princes sortis des maisons estrangeres, bien qu'ils fussent habituez en France et faicts regnicoles.

D'autre costé, quand bien l'on voudroit proceder à telle eslection, il conviendroit assembler les estats generaux de tout le royaume, ce que ceux de la ligue ne pouvoient faire, tenant le Roy en son obeyssance les deux tiers d'iceluy, ainsi qu'il s'estoit peu cognoistre en l'assemblée de leurs pretendus estats à Paris, où il ne s'y estoit trouvé la moitié des deputez qui ont accoustumé de se trouver aux estats generaux convoquez par les roys : ce qui avoit faict bien paroistre la foiblesse de ceux de la ligue, et l'invalidité de l'assemblée de leurs pretendus estats. Outre, que telle assemblée ou convocation ne se pouvoit vallablement faire, parce qu'il n'appartenoit qu'au Roy seul de convoquer les estats, et, en defaut de luy, au regent, qui estoit ordinairement le premier prince du sang capable de gouverner lors que le Roy estoit prisonnier ou absent, et les enfans mineurs, lequel, avec l'advis des autres princes du sang,

pairs et [illegible]
les estats et [illegible]
nement du royaume.

Qu'au contraire il n'y [illegible]
gue aucun prince du sang [illegible]
ronne pourveus par les [illegible]
quant à l'authorité que le duc de [illegible]
toit peu à peu usurpée, [illegible]
bonne, ny ne se pouvoit [illegible]
gent, et par consequent ne [illegible]
estats generaux, pour ce que [illegible]
dit sieur de Mayenne avoit [illegible]
cinquante quatre personnes, [illegible]
indignes, qui le luy avoient don[illegible]
1589, après qu'il les eut luy me[illegible]
19 de fevrier 1589 et creez consei[illegible]
seil general de l'union, ores qu'il [illegible]
la pluspart fussent très-ignorans d'[illegible]
tat, parce qu'il les avoit seulement [illegible]
ville de Paris, et non des provinces [illegible]
et triez grande partie parmy des m[illegible]
quiers, procureurs, curez, theol[illegible]
Sorbonne, et autres de semblable [illegible]
estre gens fort factieux et propres à [illegible]
intention; sur la preud'hommie [illegible]
avoit beaucoup à redire, luy suffisa[illegible]
pour ce coup de dire à Sa Saincteté [illegible]
dit sieur de Mayenne le fit très-sag[illegible]
roir, quand luy-mesme les cassa [illegible]
coup et foula aux pieds comme des [illegible]
mois de novembre ensuivant, ap[illegible]
tiré d'eux ce qu'il en vouloit, à cau[illegible]
rance très-grande accompagnée d'u[illegible]
dance malicieuse qu'il recognut en [illegible]
soudain refit un autre conseil de ge[illegible]
bles à manier affaires d'Estat. « [illegible]
Saint, disoit M. de Nevers, la vray[illegible]
pouvoir de M. de Mayenne. » Et q[illegible]
thorité, qu'elle ne luy avoit esté do[illegible]
dits cinquante quatre que pour com[illegible]
lement aux armées de la ligue, e[illegible]
attendant ce qui seroit ordonné par [illegible]
generaux, que dèslors ils avoient [illegible]
tenir bien-tost : ce que neantmoins [illegible]
jamais faict qu'en l'année derniere, [illegible]
toute force, ausquels toutesfois il [illegible]
point esté parlé; ce qui descouvroit [illegible]
ment les collusions qui estoient parm[illegible]

Quant à ce que ceux du parlement [illegible]
resté à Paris avoient verifié ledit [illegible]
lieutenant trois jours après qu'il fu[illegible]
les susdits cinquante quatre potirons [illegible]
voit esté lors que le parlement n'est[illegible]
lement, ains seulement l'idée d'iceluy [illegible]
estre que gens assemblez pour execu[illegible]
nesies des seditieux, car il n'estoit d[illegible]

dit parlement que ceux qui estoient juges et parties, et quelques autres si fort estonnez et intimidez qu'ils n'osoient rien dire pour crainte d'estre mis prisonniers dans la Bastille et le Louvre par un nommé Le Clerc, simple procureur dudit parlement, comme il avoit faict le 16 janvier precedant, assisté d'un grand nombre de factieux, plusieurs des presidents et conseillers dudit parlement. Que ladite verification ne donnoit plus d'authorité au duc de Mayenne, qu'il estoit declaré au pouvoir des cinquante quatre susdits, l'ayant limité seulement pour les armées, et jusques à ce qu'il seroit autrement ordonné par lesdits estats generaux, lesquels ayans esté tenus sans qu'il en ait esté rien parlé, il s'ensuivoit qu'il n'estoit bon et valable, et partant que ledit duc de Mayenne en avoit abusé en la convocation qu'il avoit faite desdits estats, et en plusieurs ordonnances, mesmes en dons, confiscations de plusieurs seigneuries et duchez appartenans à divers princes et parsonnages d'honneur, donation de gouvernemens de provinces et des estats et offices de la couronne, combien qu'ils ne fussent vacans et eussent esté donnez quasi tous par le feu Roy auparavant ces dernieres seditions à princes et seigneurs catholiques de grande qualité et merite, pretendant qu'ils fussent vacans par felonnie, pour n'avoir voulu ceux qui les tiennent l'aller servir : « ce que j'ay, disoit le duc de Nevers, tousjours offert à Vostre Saincteté de faire apparoir par pieces autentiques que j'ay apportées avec moy, ne pretendant de mettre en avant chose que je ne puisse prouver, affin d'oster l'occasion que l'on ne die de moy avec verité ce que l'on dict qu'un philosophe escrit de Moyse : *Multa dixit, et nihil probavit.* »

Que Sa Saincteté pouvoit par là cognoistre que ledit sieur de Mayenne et les siens pour luy l'avoient aussi abusé en luy nommant les personnes aux benefices vacans de la France comme s'il avoit ce droict, qui n'appartenoit qu'au Roy en vertu du concordat faict et gardé seulement entre les papes et les roys de France.

Que la convocation d'estats ne se pouvoit autentiquement faire par ledit sieur de Mayenne, au prejudice des lois et statuts de tout temps observez au royaume de la France qui y estoient formellement contraires, et consequemment que l'eslection qui se voudroit faire d'un roy nouveau par telles personnes assemblées sans legitime pouvoir, et contre les formes ordinaires gardées et observées en tel cas, estans en si petit nombre, ne seroit bonne ny valable, mesme estant faicte par un prince estranger au prejudice des princes du sang royal, vrays heritiers de la couronne, et contre les arrests du parlement mesmes de la ligue; neantmoins, que, posé le cas qu'elle se pourroit faire, cela ne serviroit de rien, et ores qu'on esleust pour roy le duc de Guise ou le duc de Mayenne, ou tel autre que l'on voudroit, l'on sçavoit bien que ceste eslection ne luy donneroit plus d'argent et de moyen qu'il en avoit pour s'entretenir, se conserver, et pour chasser le legitime roy, ains qu'elle luy augmenteroit la despence qu'il luy conviendroit faire pour entretenir honorablement l'authorité et la prosopopée royale, de sorte qu'il failloit dire que ceste eslection apporteroit à ce nouveau roy Bertault ou Regulus plus d'incommodité que de proffit, et que ce ne seroit qu'un fantosme pour estre porté devant l'armée espagnole, afin de penser assubjectir la France aux Espagnols, au prejudice de la grande liberté que les François ont eu de tout temps sous leurs legitimes roys; et devoit on croire que les vrays et bons François ne permettroient jamais d'estre reduits sous les princes estrangers, ains qu'en fin ils feroient comme leurs predecesseurs avoient faict sous Charles VII pour s'estre par trop legerement donnez en la subjection des roys d'Angleterre, desquels ils se delivrerent en moindre temps qu'ils ne s'y estoient donnez, et retournerent sous l'authorité et liberté de leur roy naturel.

Plus, que ceux de la ligue avoient mis en avant que le roy d'Espagne accompagneroit ledit roy qui s'esliroit d'une armée de vingt mil hommes, laquelle chasseroit le legitime roy en trois jours. Ce dire là estoit sans jugement, disoit le duc de Nevers, car non seulement on leur accorderoit qu'il en envoyast vingt mil, mais trente mil, parce qu'il ne seroit en son pouvoir avec telles forces de terrasser et de chasser le Roy, ains, au contraire, que, tant plus de soldats il auroit, plus il en perdroit et feroit plus de despence inutile, comme tous capitaines, pour peu experimentez qu'ils fussent, le jugeroient ainsi, sçachans qu'il n'estoit au pouvoir d'un general d'armée de donner la bataille à l'autre general s'il ne l'avoit agreable; ce qui adviendroit maintenant, car, si le Roy ne jugeoit luy estre expedient de la donner pour ne hazarder son Estat tout en un coup, il se logeroit en assiette très-advantageuse, et, quand bon luy sembleroit, il mettroit une riviere non gayable entre son armée et celle de ses ennemis, qui les empescheroit de le combattre contre son gré, voire les contraindroit de s'en aller possible attaquer quelque forteresse à laquelle Sa Majesté, s'approchant cinq ou six lieuës en assiette forte, les contraindroit de rechef de lever le siege à cause de plu-

sieurs incommoditez qu'il leur feroit recevoir; de sorte que, ne pouvant forcer aucune ville, ils seroient finalement reduits à aller quelques mois vagans par le plat pays, ruynans le miserable et innocent paysant catholique, et destruisant les beaux et devotieux monasteres qui estoient à la campagne, aneantiroient leur armée, tant par la faute des vivres que d'autres necessitez que la saison apporteroit, et puis se retireroient en Flandres pour la quatriesme fois, bien-heureux encores s'ils n'estoient battus comme ils l'avoient cuidé estre par deux fois.

Que par là donc il se pouvoit assez cognoistre qu'il n'estoit au pouvoir du roy d'Espagne, bien qu'il vescust encores cinquante ans, de terrasser et chasser le Roy, ains seulement d'embraser de plus en plus la France, et apporter un desreiglement incroyable à tous les gens d'eglise, et une ruine extrême au peuple, et non pas à un seul huguenot.

Que le cardinal de Plaisance, auquel Sa Saincteté avoit donné sa legation pour assister à ladite eslection, et qui cognoissoit fort bien les affaires de la France autant que nul autre, pour y avoir esté bon tesmoin oculaire depuis quatre ans en çà des evenemens qui y estoient survenus, avoit deu advertir Sadite Saincteté qu'il estoit du tout impossible, comme il le sçavoit bien, de chasser le Roy par l'eslection d'un autre nouveau et avec une armée, ores qu'elle fust formidable; qu'il devoit avoir ouvert à Sadite Saincteté quelque bon expedient pour luy donner le moyen d'appliquer le remede salutaire aux miseres de la France, afin d'eviter les maux qui y avoient esté faicts et ceux qui adviendroient; mais, au contraire, que ledit cardinal, par les lettres qu'il avoit escrites le mois d'aoust dernier au nonce de Sa Saincteté en Espagne, crioit incessamment *fuoco! fuoco!* comme s'il vouloit embraser la France, et la ruyner tout en un coup par la rage des soldats, suyvant d'autres lettres precedentes qu'il avoit escrites à Sa Saincteté, à ce que l'on esleust l'infante d'Espagne ou un prince estranger, et que l'on eust à exclure les princes du sang royal de la succession de la couronne, et que l'on excommuniast les princes, prelats et seigneurs catholiques qui assisteroient le Roy, sans avoir faict à Sa Saincteté entendre qu'ils le suivoyent pour conserver la religion catholique, et empescher que la division de la couronne ne se fist.

Outre toutes ces choses, qu'il representoit encor à Sa Saincteté que l'ordinaire des ligues estoit de se deslier et ne durer longuement, comme l'experience en faisoit ample foy, et, partant, que celle-cy, qui estoit mal fondée, ne se pouvoit maintenir pour la division et deffiance qui estoit parmy les chefs, lesquels ne s'accordoient ensemble, sinon à dissiper la couronne et en prendre chacun une partie, et en fin à usurper et ravir l'un sur l'autre les places qu'ils tenoient, affin d'assujettir en leur particulier pouvoir les meilleures villes de la France, quoy qu'elles fussent de leur ligue, cuidans en demeurer cy après seigneurs proprietaires, ou plustost tirans comme l'experience s'en estoit veuë et se voyoit tous les jours, bien que telle tyrannie avoit commencé à faire ouvrir les yeux aux sages habitans d'aucunes villes, qui s'estoient resolus de se maintenir libres comme ils estoient du temps qu'ils obeyssoient aux roys.

Au contraire, que l'on ne voyoit point que les catholiques royaux usurpassent des villes les uns sur les autres comme les ligueurs faisoient, pour ce que leur but ne tendoit qu'à les conserver à la couronne de France sous l'authorité de leur roy, et pour ce prenoient en bonne part tout le mal qu'ils souffroient et enduroient par telle guerre, pour l'esperance seule qu'ils avoient de laisser une heureuse et loüable memoire à jamais à leur posterité d'avoir empesché les deserteurs de leur patrie à effectuer un si pernicieux desir.

D'avantage, que les catholiques royaux estoient obligez à soustenir la couronne par leur serment qu'ils avoient faict, et d'autant plus maintenant que Dieu avoit exaucé leurs prieres et larmes, pour avoir ramené le Roy en son Eglise, et qu'à bonne et juste cause ils seroient blasmez si maintenant ils l'abandonnoient entre les mains de ceux de la ligue, ses seuls ennemis, veu qu'il s'estoit jetté entre les bras de l'Eglise catholique.

Le Pape alors dit audit duc de Nevers : « Ne parlez pas que vostre Roy soit catholique; je ne croyray jamais qu'il soit bien converty, si un ange du ciel ne me le venoit dire à l'aureille. Quant aux catholiques qui ont suivy son party, je ne les tiens que pour desobeyssans et deserteurs de la religion et de la couronne : ils ne sont qu'enfans bastards de la servante; et ceux de la ligue sont les vrays enfans legitimes, les vrays arcs-boutans, et mesmes les vrays piliers de la religion catholique. »

» Je vous supplie très humblement, Pere Saint, dit M. de Nevers, de ne nous tenir pour enfans bastards et deserteurs de la religion et de la couronne, et ceux de la ligue pour legitimes; il y a autant de difference de nous à eux, qu'il y a de ceste ville de Rome à un petit chasteau. Il plaira à Vostre Saincteté de se divertir de les favoriser par dessus un si grand nombre de princes et of-

officiers de la couronne, seigneurs et autres personnages catholiques qui suivent le Roy, et de considerer les actes vertueux qu'ont fait lesdits princes et catholiques royaux pour le service des roys Très-Chrestiens et de leur patrie, comme aussi pour le soustenement de la religion catholique, parce que vous les trouverez fort grands, heroïques et louables. »

Après ceste repartie il y eut entr'eux deux plusieurs propos sur divers incidents où ils tomberent touchant les affaires de France, le Pape supportant ceux de la ligue et loüant toutes leurs actions. En fin le duc de Nevers, qui desiroit avoir une prolongation du terme des dix jours qui luy avoient esté limitez pour sa demeure à Rome, supplia encor Sa Saincteté de revoquer son ordonnance pour la restrinction de son sejour. Le Pape luy respondit qu'il y adviseroit, toutesfois que le jeudy ensuivant il pourroit encor luy parler. Mais, ayant veu que M. de Nevers estoit venu parler à luy, accompagné de soixante et dix gentils-hommes françois, il luy envoya dire, par le maistre de sa chambre, qu'il n'amenast que fort peu de gentils-hommes, s'il retournoit ledit jour de jeudy pour luy parler. Ce fut pourquoy ledit sieur duc n'introduisit en l'audience qu'il eut ce jour là que deux prelats italiens, lesquels residoient mesmes à Rome.

Après que M. de Nevers eut supplié Sa Saincteté de luy declarer s'il avoit en fin trouvé bon de luy prolonger ledit terme des dix jours prefix ausquels il avoit restraint son sejour à Rome, le Pape luy ayant derechef dit qu'il y adviseroit, le duc luy respondit qu'il luy sembloit qu'il avoit eu assez de loisir depuis le dimanche 21 pour se resoudre, et qu'il luy avoit donné prou d'occasion d'accorder sa supplication, le priant de nouveau très-humblement de luy declarer sa volonté sans le remettre plus à une autre fois, par ce qu'il ne vouloit que les dix jours passassent auparavant que d'avoir executé la charge que le Roy luy avoit donnée. Ce que le Pape n'ayant voulu faire, et remettant tousjours à y adviser, ledit sieur duc, se voyant hors d'esperance d'avoir une audience en consistoire, se resolut de ne attendre d'avantage à luy presenter la lettre suivante, que Sa Majesté avoit escrit de sa main, avec la traduction d'icelle en langue italienne.

« Très-Sainct Pere, après qu'il a pleu à Dieu nous appeller à la cognoissance et communion de sa saincte Eglise catholique, apostolique et romaine, et la protestation que nous avons faicte d'y vivre et mourir, rien ne nous peut estre plus [illegible] de plus grande consolation en nostre esprit pour parfaire nostre contentement de ceste saincte action, que de la voir approuvée et authorisée de la benediction de Vostre Saincteté, en luy rendant de nostre part le devoir qui luy appartient; dont desirant nous acquitter avec tout l'honneur et respect envers Vostre Saincteté que nous pouvons, nous avons à cest effect choisi la personne de nostre très-cher et bien aimé cousin le duc de Nevers, pour l'esperance que nous avons que les excellentes et vertueuses qualitez qui sont en luy, specialement illustrées de singuliere pieté et devotion à la religion catholique, rendront ceste nostre eslection, et la charge qui luy est par nous commise, d'autant plus aggreables à Vostre Saincteté, l'un des principaux points de sadite charge estant de prester à Vostre Saincteté et au Sainct Siege apostolique, en nostre nom, l'obedience que nous luy devons comme roy de France très-chrestien, qui ne desire moins imiter l'exemple des roys nos predecesseurs à meriter le tiltre et rang de premier fils de l'Eglise par nos actions, qu'ils ont esté soigneux de l'acquerir et conserver. A ceste cause, Très-Sainct Pere, nous supplions très-affectueusement Vostre Saincteté que le bon plaisir d'icelle soit accepter et recevoir cest office et devoir qui luy sera de nostre part rendu par nostredit cousin avec les submissions deuës et accoustumées, comme s'il estoit par nous faict en personne, et adjouster foy et creance à tout ce qu'il luy dira et fera entendre de nostredite part, tant pour ce regard que d'autres choses, tout ainsi qu'il luy plairoit faire à nous mesmes. Sur ce nous prions Dieu, Très-Sainct Pere, etc. »

M. de Nevers, en luy presentant ceste lettre, luy dit : « Le Roy mon maistre m'a envoyé pardevers Vostre Saincteté pour vous faire entendre sa conversion, et me prosterner de sa part à ses pieds, pour se congratuler avec vous de la joye et consolation qu'il ressent en son ame de s'estre reüny en l'Eglise catholique, apostolique et romaine, hors de laquelle il recognoist n'y avoir point de salut, et en laquelle il proteste de vivre et mourir, et de rendre au Sainct Siege toute l'obeyssance filiale et assistance que les roys ses predecesseurs ont fait, et en particulier à la personne de Vostre Saincteté, qu'il honnore et respecte grandement, et vous supplie très-humblement de recevoir en gré le devoir qu'il vous rend par moy, et quant et quant de luy departir vostre benediction et l'absolution qui luy convient, vous asseurant que, si les guerres qu'il a contre les rebelles ne l'eussent retenu de par de là, il fust luy mesme venu en personne tesmoigner à Vostre Saincteté ceste sienne sincere affection et volonté, comme il en avoit très-grand desir : ce que ne luy ayant esté permis, il m'a choisi pour la plus honnorable ambassade qu'il eust après messieurs les princes du sang royal, affin de faire apparoir à Vostre Saincteté qu'il desire l'honnorer de tout son pouvoir. Et, pour informer Vostre Saincteté du devoir que Sa Majesté a faict en sa conversion, il a aussi envoyé avec moy trois prelats garnis de lettres et pouvoir, lesquels ont esté choisis par le clergé qui s'est trouvé à sa conversion, affin de vous faire entendre comme le tout s'y est passé, lesquels je supplie Vostre Saincteté avoir agreable que je les luy amene à la premiere audience, l'asseurant qu'il recevra très-grand contentement d'entendre le respect que l'on a porté au Sainct Siege et à vostre personne, et qu'ils ne sont point venus avec un esprit de contradiction, ains plain d'humilité. »

Le Pape luy respondit : « J'y adviseray, et vous feray sçavoir ma resolution. »

L'ambassadeur d'Espagne, pour faire une bravade à l'espagnole audit sieur duc de Nevers, en allant à l'audience le samedy en suivant, mena après luy soixante dix carrosses, à cause que ledit sieur duc avoit mené septante gentilshommes françois en l'audience qu'il eut le mardy. De ce qu'il traicta avec Sa Saincteté pour empescher qu'il n'aprouvast la conversion du roy Très-Chrestien, il est assez aysé à conjecturer par le commandement que fit à M. de Nevers le lundy en suivant le maistre de la chambre du Pape, lequel luy dit que s'il vouloit encore parler à Sa Saincteté il l'escouteroit benignement, et qu'au reste il eust à se despescher pour partir au plustost, parce qu'il le convenoit ainsi, pource que le Pape ne vouloit donner ombrage de sa bonne volonté, par le sejour plus long que ledit sieur duc feroit dans Rome, à ceux qu'il devoit justement supporter ; plus, que ledit sieur duc estant venu comme personne privée, il n'avoit que faire de visiter les cardinaux ; et pour le regard des trois prelats qui estoient venus avec luy, que Sa Saincteté ne vouloit aucunement leur permettre de luy baiser les pieds auparavant qu'ils eussent esté se presenter au cardinal de Saincte Severine, chef de l'inquisition et grand penitencier.

M. de Nevers cogneut à ce commandement que l'advis que l'on luy avoit donné de France estoit veritable, sçavoir, que l'on avoit escrit au cardinal de Plaisance et au duc de Feria qu'ils ne se donnassent point de peine de sa venuë à Rome, parce que son sejour y seroit fort court, et qu'il ne remporteroit aucune resolution sur l'absolution du Roy, et qu'ils en asseurassent tous ceux du party de la ligue, affin qu'ils n'en prissent aucun ombrage pour se precipiter entre les bras de Navarre [ainsi appelloient-ils le Roy]. Il cognut aussi que l'on luy vouloit fermer la bouche contre les formes de tout temps introduites, sçavoir, affin qu'ils ne fist entendre aux cardinaux les raisons que le Roy son maistre luy avoit commandé de leur dire, et que l'on vouloit mettre les prelats qu'il avoit amenez dans un labyrinte, en les renvoyant parler au chef de l'inquisition. Ce fut pourquoy il pria ledit maistre de la chambre du Pape de luy bailler par escrit ce qu'il luy avoit dit affin de le considerer et y faire response ; mais il s'en excusa, disant n'en avoir commandement. Lors ledit sieur duc le pria de vouloir le recevoir de Sa Saincteté, et de l'excuser s'il remettoit à luy faire response jusques à ce qu'il eust receu cest escrit.

Le soir de ce mesme jour le cardinal de Toledo vint trouver M. de Nevers de la part du Pape, et luy dit, touchant lesdits prelats, qu'il n'estoit convenable à la qualité de la personne de Sa Saincteté, ny aussi raisonnable, qu'ils se presentassent devant luy auparavant que d'avoir esté par devers le cardinal de Saincte Severine, afin d'eviter le debat et dispute qu'ils pourroient faire avec Sa Saincteté pour soustenir leurs actions estre bonnes : auquel le duc fit pareille responce qu'audit maistre de la chambre, et supplioit Sa Saincteté de luy envoyer sa volonté par escrit, affin de la pouvoir exactement considerer, et l'effectuer de tout son pouvoir : lequel cardinal luy dit qu'il ne falloit pas qu'il s'attendist d'avoir aucune responce par escrit, et qu'il auroit aussi-tost faict d'aller à l'audience de Sa Saincteté que de s'arrester à rechercher rien par escrit ; et pour le regard de la visite des cardinaux, qu'elle ne luy serviroit de rien qu'à luy donner de l'incommodité. Ledit sieur duc luy dit que telle visite luy estoit fort necessaire, parce qu'il avoit à parler à eux de l'affaire pour lequel il estoit venu trouver Sa Saincteté, et qu'estans conseillers des papes, il les devoit informer de cet affaire. Ledit cardinal luy respondit que Sa Saincteté n'estoit obligée à demander l'advis des cardinaux, et qu'il avoit desjà faict sa resolution sur ce qu'il luy avoit parlé. A quoy le duc repliqua que Sa Saincteté ne pouvoit encores avoir faict sa resolution, parce qu'il n'avoit entendu la creance des sieurs prelats qu'il avoit amenez quant et luy, qu'il estimoit estre très necessaire d'estre introduits devant Sa Saincteté pour l'esclaircir de leur charge. Lors ledit sieur cardinal dit qu'il n'estoit nullement juste et raisonnable que lesdits prelats allassent baiser les pieds de Sa Saincteté auparavant que d'avoir justifié l'action qu'ils avoient faicte en la conversion de Navarre [ainsi appeloit-il le Roy], et que, refusant de le faire, l'on le trouveroit bien mauvais. Le duc luy respondit que lesdits sieurs prelats ne pouvoient faire un seul pas sans son congé, et que tel acte ne dependoit point de leur volonté, ayans esté envoyez sous sa charge pour les presenter seulement à Sa Saincteté, afin de luy rendre conte du devoir que ledit clergé avoit faict, et Sa Majesté aussi à sa conversion, et comme le tout s'estoit passé conformement aux saincts decrets et constitutions canoniques, et avec le respect qui est deu au Sainct Siege, et s'asseuroient que Sa Saincteté trouveroit le faict estre tel qu'elle jugeroit que le clergé ne s'estoit point desvoyé de son devoir envers le Sainct Siege; et neantmoins que si Sa Saincteté trouvoit que lesdits sieurs prelats eussent en quelque chose failly, qu'ils s'humilieroient devant luy, et luy demanderoient tel pardon qu'il conviendroit, parce qu'ils n'estoient nullement venus là avec un esprit orgueilleux pour contredire ni disputer avec Sa Saincteté, ains du tout humble et obeyssant pour se remettre au jugement qu'il en donneroit, et partant qu'il n'estimoit pas qu'il fust aucunement besoin ny raisonnable qu'ils allassent se presenter au cardinal de Saincte Severine.

Il y eut beaucoup d'autres propos sur ce subject, ledit cardinal persistant en son opinion, et ledit duc en la sienne; mais, aux paroles du cardinal, le duc jugea que l'on desiroit d'envelopper lesdits sieurs prelats, veu le commandement qui luy avoit esté faict de s'en aller; et pource il dit audit cardinal que luy ayant esté lesdits prelats baillez en charge par le Roy son maistre pour les conduire seulement pardevant Sa Saincteté, aussi que lesdits sieurs prelats avoient commandement exprès de ne faire sinon ce qu'il leur diroit, qu'il estoit resolu de ne leur faire faire chose de laquelle ils peussent recevoir de la honte, et luy du blasme de la leur avoir conseillée; que s'il avoit de propos deliberé voulu endurer les affronts et indignitez qui luy avoient esté faicts, qu'il l'avoit faict pour tesmoigner à Sa Saincteté la grande humilité du Roy son maistre et sa patience, et afin de luy donner occasion d'estre benin et gracieux en son endroict, et qu'il estoit resolu de ne permettre jamais de tout son pouvoir que lesdits prelats receussent aucun desplaisir, et que plustost il se laisseroit trancher la teste et mettre son corps en quatre quartiers que d'y consentir.

Le cardinal, voyant le duc si ferme en sa resolution, promit de faire entendre à Sa Saincteté tout ce que dessus. Mais le duc pensant avoir quelque response favorable, ledit maistre de la chambre revint le trouver le lendemain, et luy dit que Sa Saincteté persistoit en sa resolution de ne recevoir point lesdits sieurs prelats auparavant qu'ils fussent allez pardevant le cardinal de Saincte Severine, parce qu'il convenoit ainsi à sa qualité; et pour la visite des cardinaux, que le duc n'avoit que faire de prendre telle peine pour si peu de temps qu'il avoit à demeurer à Rome, joinct que Sa Saincteté estimoit qu'il n'eust aucun affaire à traicter avec luy, pour n'estre venu que comme personne privée et non chargée d'affaire quelconque pour Navarre, et si le pere Poussevin ne luy avoit pas declaré que Sa Saincteté ne vouloit aucunement qu'arrivant à Rome il eust à luy parler des affaires de Navarre. A quoy le duc respondit que non, et que si Sa Saincteté luy eust faict faire ce commandement, qu'il eust advisé à faire aussi ce qu'il eust estimé luy convenir; et par tant qu'il le prioit de supplier Sa Saincteté de luy accorder sa demande comme chose juste et raisonnable, et par mesme moyen oster le terme des dix jours.

Ledit maistre de la chambre ayant rapporté à Sa Saincteté tout ce que dessus, le pauvre pere Poussevin, jesuiste, fut contraint de sortir de Rome. Aucuns ont escrit qu'il s'en estoit fuy pour avoir dit au Pape et à aucuns cardinaux partie des moyens qu'il failloit tenir pour faciliter la reconciliation du Roy avec le Sainct Siege, remettre la France en paix, et esviter tant de maux qui y adviendroient.

Les prelats françois furent aussi contraints de se sauver dans la chambre de M. de Nevers: leurs bagages et mulets furent mesmes arrestez. Le religieux Gobelin, envoyé par les religieux de Sainct Denis pour rendre aussi conte à Sa Saincteté de ce qui s'estoit passé dans leur eglise à la reconciliation du Roy, en prit une telle fievre qu'il en mourut peu après à Ferrare.

M. de Nevers, estonné de toutes ces choses, craignant que le lendemain auquel expiroient les dix jours ne passast à son prejudice, envoya vers ledit maistre de la chambre pour sçavoir la volonté de Sa Saincteté, mais il n'eut autre responce sur tout ce que dessus, sinon qu'il auroit audience le 5 decembre: ce qu'il fut contraint d'accepter.

Suyvant ce commandement il alla ledit jour se presenter devant Sa Saincteté, qui d'abordée se plaignit à luy dequoy lesdits prelats ne vouloient aller trouver le sieur cardinal de Saincte Severine, suyvant ce qu'il luy avoit faict entendre, et puis luy dit que s'ils avoient quelque doute d'aller devant luy, qu'il se contentoit qu'ils allassent par devant le cardinal d'Arragonne, chef de la congregation de France, adjoustant qu'il trouvoit fort estrange qu'ils ne luy voulussent obeyr. A quoy le duc respondit que lesdits sieurs prelats ne pouvoient faire rien d'eux-mesmes, ains seulement ce qu'il leur diroit, ainsi qu'il avoit dit au cardinal de Tolede, et qu'il ne pouvoit aucunement permettre que lesdits prelats, estans soubs sa charge, fissent chose prejudiciable à leur qualité, de crainte qu'il n'en receust luy-mesme le des-honneur, et que s'il avoit souffert des indignitez, que cela estoit provenu de sa seule volonté, pour l'esperance qu'il avoit prise par telle humilité de donner occasion à Sa Saincteté d'embrasser avec douceur et clemence l'affaire qu'il luy vouloit presenter; et qu'il estimoit ne luy estre aucunement licite et honnorable de conduire lesdits prelats ailleurs que par devant Sa Saincteté, à laquelle seule ils avoient esté deleguez; neantmoins, s'il plaisoit à Sa Saincteté de trouver bon de les admettre une fois seule à ses pieds, et puis, sans leur donner longue audience, les renvoyer par devant l'un de messieurs les cardinaux ses nepveux, comme ses ministres et representans sa personne, assisté du cardinal d'Arragonne et de tels autres cardinaux qu'il luy plairoit, que ce seroit chose plus tolerable que non pas de les renvoyer par devant l'une des deux congregations. Le Pape, n'ayant trouvé ceste responce bonne, luy dict: « Si ce n'estoit pour l'amour de vous, je les eusse desjà mal traictez; neantmoins avant que de le faire j'y adviseray. »

M. de Nevers se voyant frustré en ceste audience de pouvoir introduire à Sa Saincteté lesdits sieurs prelats, et veu peu auparavant precipiter son partement au lieu de le prolonger, et, qui plus est, ayant recogneu Sa Saincteté, en toutes les audiences precedentes, fort resolu de n'absoudre le Roy, se voyant reduit à traitter avec Sa Saincteté par autre moyen qu'il ne convenoit à la qualité d'un roy Très-Chrestien duquel il estoit ambassadeur, neantmoins, pour ne deffaillir en rien qui fust en sa puissance pour tascher de rendre son Roy contant et satisfait en son ame, et esclaircir le monde qu'il n'avoit tenu à luy de faire tout ce qui estoit possible pour obtenir de Sa Saincteté la requeste de Sa Majesté, il resolut de ne laisser passer l'occasion de la susdite audience, craignant qu'elle fust la derniere, sans effectuer au moins mal qu'il pourroit le commandement de son Roy. Et pource, afin de fleschir la volonté du Pape à accorder plus facilement sa très-humble requeste, il s'agenoüilla devant les pieds de Sa Saincteté, et le supplia très-humblement de vouloir commander à son Roy penitent ce qu'il auroit à faire pour effectuer ce qui luy avoit esté ordonné par messieurs les prelats au mesme temps qu'il fit l'abjuration et qu'ils luy donnerent l'absolution, et en tout evenement, et pour plus grande asseurance de sa conscience, luy donner absolution et tout autre remede pour le salut de son ame, comme le vray vicaire de Jesus-Christ qu'il recognoissoit en terre.

M. de Nevers se voyant interrompu par les negatives que Sa Saincteté faisoit incessamment, disant que le Roy n'estoit point catholique, il commença à l'interpeller, tenant les mains joinctes, d'accorder ladite absolution à son Roy au nom de Jesus-Christ et du precieux sang qu'il auroit espanché en l'arbre de la croix pour racheter le genre humain, voire les payens et infideles, et le supplia très-humblement d'imiter le berger contenu en l'evangile, qui alloit chercher la centiesme brebis, et le pere de famille qui estoit allé au devant de son enfant prodigue. Puis il le conjura, par le nom de Clement que Sa Saincteté avoit voulu prendre à l'advenement du pontificat, de vouloir se rendre clement et misericordieux en l'endroit du roy Très-Chrestien et premier fils de l'Eglise. Et luy ayant fait voir et toucher toute ouverte la procuration que le roy luy avoit donnée pour ce faire, signée de luy, scellée de son seel, et contresignée Revol, l'un de ses secretaires d'Estat, il se prosterna à terre, luy baisant les pieds pour n'oublier aucun devoir d'humilité, pensant de le fleschir à interiner sa requeste. Mais, voyant que Sa Saincteté continuoit à la refuser tout à plat, il fut contraint de luy representer le malheur auquel il seroit reduit rapportant telles negatives si contraires à l'attente des bons François; et en telle action il se trouva le cœur si fort saisy et oppressé de douleur, que les larmes luy en vindrent aux yeux, ainsi que le Pape mesmes s'en apperceut les luy voyant essuyer, et la voix changée de son ordinaire. Ce que voyant, il luy commanda par plusieurs fois et le contraignit de se lever et de [illegible] que finablement le duc ayant faict, [illegible] sant que Sa Saincteté demeuroit [illegible] sa rigoureuse resolution, il se delibera de luy donner un memorial signé de sa main, qui contenoit en substance ce qu'il luy avoit dit de bouche parce qu'il ne vouloit accepter [illegible] rigoureuse responce; ains, pour donner [illegible] Sa Saincteté de considerer ledit memorial et d'adoucir sa resolution, il le supplia de le voir, et puis de luy faire sçavoir sa volonté; [illegible] le Pape dit au duc qu'il verroit et considereroit ce memorial, et puis qu'il luy feroit sçavoir sa resolution: et en tel estat le duc print congé du Pape.

Nonobstant que le terme des dix jours que le duc devoit seulement demeurer à Rome ne luy fust prolongé si est-ce que tacitement il luy fut permis d'y demeurer d'avantage, et jusques au commencement de l'année suyvante, ainsi que nous dirons. Or le Pape fut en ce temps là fort travaillé de la goutte. Les bruits dans Rome estoient divers, les uns soustenans que Sa Saincteté devoit approuver l'absolution du Roy, les autres non : mesmes quelques cardinaux furent faschez de ce que telle affaire, et de telle consequence, se traictoit seulement avec les cardinaux de la congregation de France, et avec quelques autres que Sa Saincteté avoit esleus ; ce qui occasionna le Pape en plein consistoire, le lundy 20 de decembre, après s'estre plaint de l'opinion de ceux-là, et qu'ils n'entendoient point l'importance de cest affaire, de dire : « J'ai communiqué de temps en temps à ceux avec lesquels estoit besoin de communiquer d'une telle matiere, et ay avec eux pezé toutes les raisons de ceux qui ne demandent pas l'absolution de de Navarre, et de ceux lesquels aussi desirent que nous luy la donnions : ce que j'ai faict, non moins secrettement que judicieusement et sagement. Je ne nommeray point particulierement ceux qui m'ont assisté à la resolution, et qui m'ont donné conseil de n'approuver point ce qui s'estoit faict en France sur la pretenduë absolution de de Navarre, contre laquelle resolution s'il y a aucun qui ose par cy après en parler, je leur feray cognoistre par demonstration rigoureuse qu'ils m'auront offencé. »

Ceste nouvelle ayant esté portée à M. de Nevers, il se trouva plus affligé qu'auparavant, et mesmes sur l'advis qu'il eut que l'un des prelats qui assistoient le cardinal de Plaisance à Paris, nommé Montorio, estoit venu de la part dudit cardinal et du duc de Mayenne, et avoit proposé au Pape, en leur nom, qu'estans asseurez que l'on n'accorderoit point la requeste du Roy, qu'il seroit expedient d'amuser dans Rome ledit duc de Nevers : ce que l'on avoit resolu faire pour beaucoup d'occasions. Mais ledit duc, resolu de ne se laisser muser, envoya ce petit memorial au maistre de la chambre pour le presenter à Sa Saincteté :

« Très Sainct Pere, le duc de Nevers pour moins ennuyer Vostre Saincteté, les festes estans si proches, au lieu d'une audience il la supplie très-humblement, par ce peu de lignes, qu'il plaise à Vostre Saincteté donner response sur le memorial qu'il luy presenta le cinquiesme de ce mois; et ce d'autant plus que le bruit est commun qu'au consistoire de lundy dernier Vostre Saincteté declara au sacré college la resolution qu'elle avoit prise sur ce tres-important affaire, et à celle fin que ledict duc puisse rapporter au Roy son seigneur, à la vraye verité et clairement, la volonté de Vostre Saincteté. Et, pour sa plus grande descharge, il la supplie en toute humilité que ce soit son plaisir de luy faire donner ladite response par escrit. Et ledit duc prie Dieu qu'il donne à Vostre Saincteté les bonnes festes, et très-longue et très-heureuse vie.

» Signé Ludovico Gonzague. »

M. de Nevers pensant avoir response par escrit de ce memorial, l'eut seulement de bouche par ledit maistre de la chambre, qui luy dit que Sa Saincteté luy donneroit audience le deuxiesme de janvier, ce qu'il ne pouvoit faire plustost à cause des services qu'il estoit tenu de faire à Noël, et de quelques autres interruptions : ce qu'il falut que le duc acceptast. Nous dirons l'an suyvant ce qui se passa en ceste audience. Retournons voir en France ce qui s'y passoit.

Les trois mois de la trefve generale estans finis, ceux de l'union rechercherent le Roy pour la continuer, ainsi qu'il se peut aisement recognoistre par la declaration que Sa Majesté en fit en ces mots : « Le premier terme de la trefve estant prest à expirer, ils nous firent rechercher d'en accorder une prolongation de deux mois, avec protestations, confirmées par sermens et par legations particulieres, que ce n'estoit que pour attendre la response de Sa Saincteté et avoir loisir de conclurre la paix, comme ils asseuroient de la vouloir resoudre dans la fin du present mois, nous conjurant, au nom du bien et repos public, de ne leur denier point ladite prolongation, laquelle, bien qu'elle nous fust suspecte et desadvantageuse, toutes fois nous voulusmes bien leur accorder pour justifier tousjours à tous nos subjects que tout nostre principal soin et desir estoit de parvenir à la paix, et que nous avons tant les yeux ouverts à tout ce que l'on nous propose y pouvoir servir, que nous les avons plus clos et fermez aux advantages que nous pouvons recouvrer par la guerre, à laquelle nous ne pouvons retourner que avec extreme regret et desplaisir. »

Or, en ces deux derniers mois de prolongation de trefve, plusieurs de la ligue voyans que les principaux chefs avoient des intentions particulieres, ils commencerent à rechercher aussi particulierement de rentrer aux bonnes graces du Roy, puis que le pretexte de la religion estoit levé. Celuy qui a faict le Banquet du comte d'Arete dit que, si tost que la trefve fut faicte, les conseillers d'Estat de l'union allerent recognoistre Sa Majesté à Sainct Denis, et que les evesques l'allerent depuis saluer à Moret, et n'estoit pas mesmes que quelques-uns des deputez de leurs estats ne pratiquassent d'autres de leurs condeputez, et ne taschassent de leur faire trouver aggreable de recognoistre le Roy. La verité est qu'il y eut plusieurs pourparlers de paix, tant à Sainct Denis qu'à Fontainebleau, Moret et Monceaux, mais sans effect, car le duc de Mayenne ne voulut jamais traicter publiquement et par personnes publiques cest affaire, tant pour contenter le cardinal de Plaisance que les agents d'Espagne : tellement, que, comme il fut escrit en ce temps-là, chacun recognut qu'il ne poursuivoit la continuation de la trefve que pour attendre des forces et dresser mieux ses intelligences à Rome et en Espagne, et vers aucuns du peuple, pour faire durer la guerre et accommoder ses affaires particulieres.

Le premier de l'union qui alla recognoistre le Roy dans Sainct Denis, ce fut le sieur de Boisrozé. Depuis la surprise qu'il avoit faicte de Fescamp sur le sieur de Villars, qui fut vers la fin de l'an 1592, quoy qu'ils fussent tous deux d'un mesme party, ils s'estoient faict une cruelle guerre treize mois durant; mais Bois-rozé, entendant la conversion du Roy, vint offrir à Sa Majesté son service et les places de Fescamp et l'Islebonne où il commandoit. Le Roy, allant à Diepe vers le mois de novembre, fit discontinuer le siege qu'y tenoit Villars nonobstant les trefves.

Sa Majesté estant dans Diepe, un soir bien tard, ainsi que je sortois de sa chambre, madame de Balagny me pria de dire au Roy qu'elle estoit là : ne la cognoissant point, je luy demanday qui elle estoit; elle me dit son nom. Je fus esmerveillé de la voir sans aucune suitte et à ceste heure là. Aussi tost je l'allay dire au Roy, et soudain Sa Majesté commanda que l'on la fist entrer. Je ne doute point qu'elle n'eust d'autres en cour à qui elle se fust pu addresser pour la faire parler à Sa Majesté; mais c'estoit de l'industrie de ladite dame, qui vint ainsi sans apparat et sans se vouloir faire recognoistre à d'autre qu'au Roy, affin de faire leur accord avec Sa Majesté plus promptement. Depuis j'appris qu'elle obtint la continuation de la trefve, en attendant que l'on dresseroit l'accord que M. de Balagny desiroit faire avec le Roy, sçavoir : qu'il mettroit la ville de Cambray et le Cambresis sous la protection du Roy, aux conditions que ledit sieur de Balagny seroit fait mareschal de France, auroit luy et les siens Cambray et Cambresis en tiltre de prince souverain, comme est Sedan et autres principautez, à la charge d'estre maintenus par le Roy ; et aussi qu'il devoit recognoistre Sa Majesté d'un droict de baise-main pour le devoir de [illegible] [illegible], [illegible] pensions à luy promises.

Depuis, le Roy monta sur mer et alla à Calais et à Boulogne sur certaines occurrences de la royne Elizabeth d'Angleterre, [illegible] manqua, qu'on n'a point sceues plus particulierement. Il demeura là assez long temps, puis revint à Mante, là où les deputez de ceux de la religion pretenduë reformée s'estoient [illegible]. En l'audience que le Roy leur donna [illegible] presenterent les cahiers de leurs plaintes, et il leur dit :

« Je vous ay mandé pour trois raisons : la premiere, pour vous faire entendre de ma propre bouche que ma conversion n'a apporté aucun changement à mon affection envers vous, [illegible] estant vostre roy ; la seconde, pource que mes subjects rebelles faisoient contenance de vouloir entendre à quelque paix, je n'ay voulu que ce fust sans vous appeller, afin que rien ne se fist à vostre prejudice, comme vous en avez esté asseurez par la promesse que firent [illegible] princes et officiers de ma couronne, [illegible] jurerent, en ma presence, qu'il ne seroit rien traitté en la conference de paix contre ceux de vostre religion ; la troisiesme, qu'ayant esté adverty des plaintes ordinaires de vos eglises en plusieurs provinces de mon royaume, je les ay voulu entendre volontiers pour y pourveoir.

» Au reste, vous croirez que je n'ay rien plus à cœur que de voir une bonne union entre tous mes bons subjects, tant catholiques que de vostre religion. Je m'asseure que personne ne l'empeschera. Il y aura bien quelques [illegible] malicieux qui le voudront empescher ; mais j'espere les chastier. Je vous asseure que les catholiques qui sont auprès de moy maintiendront ceste union ; et je seray caution que vous ne vous desunirez point d'avec eux. J'ay ce contentement en mon ame, qu'en tout le temps que j'ay vescu j'ay fait preuve de ma foy à tout le monde. Nul de mes subjects ne s'est fié en moy que je ne me sois encor plus fié en luy. Je reçoy donc vos cahiers, et vous ordonne de deputer quatre d'entre vous pour en traicter avec ceux que je choisiray de mon conseil ausquels je bailleray ceste charge. Cependant si quelques-uns d'entre vous ont affaire de moy, ils pourront me venir trouver en toute liberté. »

Dans leurs cahiers il y avoit tant de demandes, que le conseil du Roy, pour les affaires qui survindrent lors, n'eut le moyen d'y vacquer à faire les responces : ce qui fut cause de l'assemblée qu'ils firent à Chastelleraut, ainsi que nous dirons cy-après.

Parmy ces deputez de ladite religion pretenduë il y avoit nombre de ministres, entr'autres un nommé Rotan, grison de nation, lequel s'estoit vanté, estant encor à La Rochelle, qu'il vaincroit tous docteurs catholiques en dispute, et se le persuadoit; mesmes, pour faire paroistre que telle estoit son opinion, il avoit faict charoyer un nombre de livres depuis La Rochelle jusques à Mante. A cela luy ayda beaucoup le sieur du Plessis, gouverneur de Saumur.

Or les ministres de ladite religion pretendue ayans entendu que le Roy prestoit l'oreille aux discours du sieur du Perron, ils s'attaquerent à luy par des bruits qu'ils semerent entre les gentils-hommes, que ledit sieur du Perron n'eust osé entrer en matiere contre aucun d'eux, et en fin mesme, ou susciterent le sieur de Favas, brave capitaine, ou bien il se suscita de luy-mesme pour luy en porter la parole : ce qu'il fit, moitié par bravade, et moitié par une maniere de courtoisie. Un soir qu'il se trouva au cabinet de Madame, sœur du Roy, dans le chasteau de Mante, où ledit sieur du Perron estoit, il le deffia de telle façon, que ce que les ministres disoient de luy il luy imputa comme s'il se fust vanté que les ministres n'eussent osé comparoistre devant luy. Ledit sieur du Perron s'en excusa modestement, et luy dit qu'au contraire il estoit prest d'entrer avec lesdits ministres en conference amiable, pourveu qu'il pleust bien ainsi à Sa Majesté. A ces mots le sieur de Favas prit sur luy que Sa Majesté le permettroit. Depuis le Roy, en estant supplié par ledit Favas, tant pour les uns que pour les autres, accorda la conference. Les reglemens en furent faicts au conseil du Roy, après les avoir communiqués à M. de Bourges, grand aumosnier de France, et aux autres prelats qui se trouverent lors à Mantes, afin que les catholiques n'en fussent scandalizés :

1° Que la conference se feroit chez M. de Rosny, Salomon de Bethunes, gouverneur de Mantes; 2° que choix seroit faict des ministres pour conferer; 3° que le tout se feroit par modestie et sans invectives de part ny d'autre; 4° que la conference seroit par forme d'arguments formez en syllogismes; 5° qu'il ne se proposeroit rien que par la parole de Dieu, et se resoudroit-on selon icelle; 6° qu'il y auroit des notaires ou scribes, nommés de chacune part, pour recueillir tout ce qui seroit dit, et le representer à Sa Majesté; 7° que ledit gouverneur representant Sa Majesté, feroit tenir l'ordre exactement, et que personne n'y entreroit que ceux qui avoient esté ordonnez : ce que ledit sieur gouverneur fit observer soigneusement.

Le jour assigné, ledit sieur du Perron et le ministre Rotan, après certains preambules de deffy et de respect tout ensemble, protestans, de part et d'autre, n'estre meus que du zele de la verité, entrerent en matiere *sur la suffisance de la parole de Dieu*.

Rotan allegua le passage de Sainct Paul à Timothée, II. ch. II. vers. dern., où il est dit que « toute l'Escriture Saincte est divinement inspirée, est suffisante pour rendre l'homme sage, afin qu'il soit parfait en toutes bonnes œuvres. » Par ce passage Rotan vouloit dire que l'Escriture est suffisante à salut.

A quoy fut respondu par le sieur du Perron que l'Escriture dont parloit Sainct Paul estoit le vieil Testament, d'autant que l'Escriture du nouveau n'estoit encore ainsi qu'elle est à present; partant, auroit falu se contenter donc du vieux Testament, et que le nouveau ne fust necessaire. Mais cela, dit-il, seroit totalement absurde, veu que le nouveau est la mouëlle du vieux, et sans lequel le vieux n'est qu'une Escriture morte, et mesmes que le nouveau n'estoit point encore; ce qui se pouvoit prouver aysement, veu que les Epistres de Sainct Paul en font parties, qui n'estoient pas encore au moins toutes recognuës; l'evangile Sainct Jean, les Actes, l'Apocalypse, et autres livres dudit nouveau Testament, n'ont esté que long temps après.

On tumba lors par incident sur les versions des bibles de Geneve, où il y a : « Toute Escriture est divinement inspirée et profitable, » là où le texte ne portoit point de verbe substantif. Et de faict, ils n'avoient pas discerné que c'estoit une epiphoneme des sentences precedentes, et s'il y failloit adjouster quelque chose, ce que non, les ministres devoient mettre seulement ces mots *à sçavoir*; et ce terme eust referé l'epiphoneme à ce qui precede τὰ ἱερὰ γράμματα, les sacrées lettres, lesquelles l'Apostre dit estre δυνάμενα σοφίσαι, puissantes de rendre sage, etc. Après ces remarques Rotan eut recours à pallier et desguiser sa proposition qu'il avoit faicte, *que l'Escriture soit suffisante*, car le mot *utile*, en grec ὠφέλιμος, ne peut estre pris pour ἱκανὸς, *suffisant*. Mais il s'excusa sur ce qui suit, ἵνα ἄρτιος ᾖ ὁ τοῦ θεοῦ ἄνθρωπος. *afin que l'homme de Dieu soit parfaict*. Il vouloit inferer de la perfection du fidele chrestien, qui est l'homme de Dieu selon les ministres, la suffisance de l'Escriture. A quoy le sieur du Perron respondit premierement, que ceste perfection ne despendoit de l'Escriture, qui n'estoit que la forme d'instruction.

Secondement, que la cause finale est tousjours en tous subjects hors d'iceux subjects, et depend du premier agent en chacun subject. En cestuy-cy qu'elle dependoit de Dieu, autrement tout homme lisant l'Escriture seroit parfaict, *ipso facto*. « Mais, dit-il, sainct Pierre redargue ceux qui abusent des escrits de sainct Paul. Et sainct Jude dit que les heretiques la corrompent en ce qu'ils n'entendent pas. Et le voyle est sur les enfans d'Israël lisans Moyse. Et nostre Seigneur dit aux Scribes et Sadduciens : *Vous errez ignorant les Escritures et la vertu de Dieu.* »

Tiercement, que cest homme de Dieu n'est pas un chacun particulier, mais un Timothée; lequel aussi l'Apostre appelle homme de Dieu, 1. Tim. VI, vers. 2, comme les prophetes Elie et Elizée sont appellez *hommes de Dieu*.

Et de fait, ces termes que l'Apostre refere à l'utilité de l'Escriture Saincte, d'instruire, reprendre, corriger et convaincre, ne peuvent appartenir qu'à ceux qui ont authorité en l'Eglise y estans legitimement appellez. Et en cela mesme il appert que l'Escriture Saincte n'est pas mesme utile qu'en soy, sans proffit à d'autres, sinon qu'elle soit appliquée à son droict usage par le droict ministere de l'Eglise, que ledit sieur du Perron soustint n'estre pas aux pretendus reformez. Rotan se trouva lors un peu confus, et se mit sur les loüanges dudit sieur du Perron, puis fut l'assemblée congediée pour ce jour-là.

Depuis Rotan ne se trouva plus en la conference. En sa place vint Berault, ministre de Montauban, lequel, dans les six jours suivans, fut pourmené par ledit sieur du Perron, *per omnes locos dialecticæ*, sur le mot σοφίζει, *faire sage*. Il fut allegué des histoires, des poësies, des mathematiques, de la philosophie, physique, morale, metaphisique, scholies et commentaires; dont ledit Berault s'escrima à droit et à revers : mais, en tout ce qu'il fit pour prouver que ce mot signifioit ou comprenoit *suffisance*, il ne le put prouver. Aussi, après avoir loüé ledit sieur du Perron, il dit, en paroles couvertes, qu'il n'estoit venu preparé pour disputer.

Ainsi finit ceste conference, et les ministres de la religion pretenduë reformée s'en retournerent chacun aux provinces d'où ils estoient.

Cependant que ces choses se passoient sur la fin de ceste année et au commencement de l'an suyvant, le Roy se resolut si tost que la trefve seroit finie de recommencer la guerre. Or M. de Vitry (1), gouverneur de Meaux, dez que le Roy eut esté à la messe, disoit ouvertement qu'il estoit son serviteur, et qu'il vouloit quitter le party de la ligue. M. de Mayenne tascha de l'en empescher, mais il n'y gaigna rien. Voyant que la trefve s'en alloit expirer sans paix, et qu'il falloit retourner à la guerre, il communiqua son dessein aux principaux habitans de Meaux, lesquels s'y conformerent, et prirent tous l'escharpe blanche le jour de Noël. Le Roy depuis leur accorda quelques articles qu'ils luy presenterent quelques jours après leur reduction, par lesquelles il donna au sieur de Vitry l'estat de bailly, capitaine et gouverneur de Meaux, et à son fils aisné la survivance desdits estats, et ce à la requeste desdits habitans, ainsi que le portent lesdits articles. Puis ils firent publier une declaration addressée à messieurs de Paris sur ce qu'ils avoient quitté le party de l'union, dans laquelle ils disoient que sans avoir aucune garnison, après les pertes des batailles de Senlis et d'Ivry, quoy que les autres villes [illegible] la leur se rendissent à l'armée [illegible] toutesfois ils avoient non seulement [illegible] secouru depuis l'armée du duc de [illegible] quel, sans la retraicte de leur ville, [illegible] le duc de Parme n'eussent jamais [illegible] secourir Paris durant le siege qu'y [illegible] Roy; mais que depuis qu'il avoit pleu [illegible] faire descendre son Sainct Esprit sur le Roy, petit fils de sainct Loys, aux prieres [illegible] duquel ils rapportoient ce grand [illegible] estimoient, s'ils ne luy rendoient [illegible] qu'ils luy devoient, que leurs armes [illegible] aussi injustes qu'elles leur sembloient [illegible] paravant sa conversion. Qu'ils avoient [illegible] que les trois mois de la trefve ne s'escouleroient point sans voir publier la paix; mais, tout au contraire, qu'ils avoient cogneu qu'on s'estoit voulu servir de ceste surceance pour reprendre haleine, et faire, non des ligues et unions des catholiques, mais des conjurations à l'advantage des estrangers contre ceste monarchie, laquelle ils avoient divisée entr'eux par partages [illegible] qu'ils vouloient faire mettre à execution; voulans changer la couronne françoise, [illegible] de gloire et de liberté, en plusieurs petites tetrarchies, ou plustost tyrannies, pour rendre les François esclaves miserables des Espagnols leurs anciens ennemis, et qui n'avoient autre but en leurs conseils que l'usurpation de la France. Après avoir dit aux Parisiens que Dieu n'advoueroit point ceux qui combattroient contre leur roy catholique et chrestien et successeur legitime, ils concluent en ces termes : « Neantmoins, par faute de courage vous n'osez vous mettre en liberté et en vostre devoir tout ensemble, d'autant que vous vous imaginez tousjours que l'un de ces seize bourreaux vous attache à une potance. Mais si vous voulez seulement trancher le mot avec resolution, nul d'entr'eux ne comparoistra non plus que leurs supposts

(1) Louis de L'Hospital, d'une famille différente de celle du chancelier.

perte ou rançon, ils ayent recompensé un seul homme d'honneur, tant vertueux et recommandable fust-il, et employent plustost leur argent à quelques maraux pour faire des brigues dedans une ville, ou à quelque predicateur qui ne sçaura gueres de latin, mais sera bien sçavant en injures et invectives quand il est dedans la chaire : à ceux-là ne s'espargne point la recompense qui se donne fort peu aux gens de guerre.

» M. de Mayenne me blasme, comme j'ay appris par quelques lettres que j'ay veuës, de ce que je l'ay quitté, m'ayant faict beaucoup d'honneur et d'avantage, comme il dict, et aussi dequoy j'ay apporté Meaux au service du Roy. A cela je responds que j'ay receu de mondict sieur de Mayenne tous les biensfaicts que je represente dedans ce discours ; et si vous trouvez qu'il m'ait grandement obligé, je confesseray avoir tort. Je ne l'ay point quitté et abandonné sans l'en avoir adverty. Et se souviendra qu'au mois de novembre dernier estant à Paris, je luy dis franchement que je ne le voulois plus servir, ny suyvre le party de la ligue, et qu'estant le Roy catholique, je ne pouvois estre autre que son serviteur. Quant à la ville de Meaux, je n'ay forcé ny violenté les habitans à faire ce qu'ils ont faict. Prenant congé d'eux, je leur deduisis les causes pourquoy je quittois le party de la ligue et embrassois celuy du Roy, leur remonstray le danger qu'ils pourroient courir rentrant à la guerre avec leurs pertes et dommages, qu'ils advisassent à leurs affaires, les laissant en leur pleine et entiere liberté. Je remis les clefs de leur ville en leurs mains, et, partant de là, je m'en allay chez moy. Et croy certainement qu'ils ont très-bien et prudemment faict de se remettre en la bonne grace de Sa Majesté, s'estans acquittez de leur devoir et exemptes d'une ruyne inevitable.

» Pour fin et conclusion, je vous repeteray, comme j'ay dict au commencement, que je ne suis point entré au party de la ligue par aucuns biens-faicts que j'aye jamais receu de messieurs de la maison de Lorraine : aussi ne les ay-je pas quitté par temerité, mal-veillance ou mespris que je fasse de leurs vertus, les estimans princes valeureux et pleins de grands merites ; et, en ce qui ne concernera point le service du Roy, je demeureray leur serviteur tant qu'il leur plaira, et qu'ils ne chercheront point de me blasmer ny vituperer pource que j'ay faict, n'estant point leur subject ny vassal. Ils ne me peuvent accuser de faute pour avoir pris le service du Roy lors et après qu'il s'est faict catholique, n'estimant plus qu'il y ait cause legitime et valable pour luy faire la guerre ; et, si nous y rentrons,

Roy. Durant les estats de Blois il avoit dextrement descouvert et appris les principaux desseins du feu sieur duc de Guise par un sien secretaire, dont il advertissoit le Roy, et luy mesme luy fut porter jusques à Nyort les nouvelles de la mort dudit duc et du cardinal son frere. Durant que le duc de Mayenne se presenta avec son armée devant Diepe, il alla querir en Champagne le mareschal d'Aumont, et en Picardie le duc de Longueville, et executa heureusement tout ce que le Roy luy avoit commandé, avec une grande diligence, nonobstant qu'il fust pris prisonnier par ceux de Soissons, dont il fut delivré par rançon que le sieur Zamet paya pour luy. Depuis il fut encor envoyé vers la royne d'Angleterre, où il se comporta si bien qu'il obtint le secours qu'il demandoit. Or, le Roy se ressouvenant de toutes ces choses, il se resolut de l'envoyer au roy d'Espagne porter le pacquet au lieu de celuy qui le devoit porter, qu'on retint prisonnier bien estroitement. Ledit sieur de La Varenne, sur la proposition que le Roy luy fit de faire ce voyage, offre de le faire, se prepare, et s'achemine en Espagne, où il rendit ses despesches. On le faict parler au roy d'Espagne, auquel il representa l'estat des affaires de la ligue en France, suyvant les memoires et instructions que l'on avoit données à Paris au susdict courrier arresté prisonnier. Il luy parla si privement, que le roy d'Espagne luy dit qu'il ne failloit point craindre que le Pape approuvast la conversion du prince de Bearn [ainsi appeloit-il le Roy] s'il n'alloit luy-mesme à Rome demander son absolution; que s'il y alloit, qu'il donneroit si bon ordre à ce qui seroit necessaire, qu'on ne le laisseroit aisement retourner. Que ceux de l'union ne devoient point douter de luy, et que de son costé il leur assisteroit de tous ses moyens aux conditions portées entr'eux. Qu'ils se guardassent bien de recognoistre le prince de Bearn nonobstant qu'il allast à la messe et fist semblant d'estre catholique, mais qu'il failloit espier ses actions, et que les predicateurs devoient dire en leurs sermons qu'il estoit tousjours heretique entant qu'il favorisoit aux heretiques et entretenoit leurs ministres. Après plusieurs autres propos, il luy dit qu'il luy feroit expedier sa response par escrit.

Ledit sieur de La Varenne alla aussi parler à l'infante d'Espagne, qui, s'enquestant de luy des affaires de la France, et, tombant sur le prince de Bearn [ainsi appelloient-ils le Roy], luy demanda quel il estoit, et en quel estat estoient ses affaires, sa taille, ses actions. Ledict sieur de La Varenne fit tomber ses propos si dextrement, qu'il cogneut qu'elle eut bien desiré voir le pourtraict de ce prince : il le luy monstra [car il en avoit un]; elle le regarda assez long temps, un peu esmeuë au visage, à ce que put recognoistre ledit sieur de La Varenne, qui, comme il est de condition libre, laissa s'eschaper quelques mots d'un mariage pour la paix de la chrestienté. Elle ne luy respondit rien, et retint seulement ce pourtraict.

Ayant retiré son expedition, il alla prendre congé de ladite Infante; et, comme il vouloit l'aller prendre du roy d'Espagne, il fut adverty par des François qui estoient mesmes en la cour d'Espagne que le duplicata du paquet qu'il avoit aporté estoit venu de Flandres, avec advis que le premier qui avoit esté envoyé par la voye de France avoit esté surpris. Sur cest advis il se hasta de reprendre par la poste le chemin de France, ce qu'il fit si heureusement, que le Roy par ce moyen descouvrit l'intention de ses ennemis. Ledit sieur de La Varenne, pour ses services, a receu en recompense aussi plusieurs bien faits du Roy; il eut l'estat de controlleur general des postes, et est à present gouverneur de la ville et chasteau d'Angers.

Le Roy, par ce moyen estant du tout asseuré de l'intention du roy d'Espagne et de ceux de l'union à la continuation de la guerre, bien que prié par M. de Mayenne de continuer la trefve encor pour quelques mois, en attendant la responce de leurs deputez qu'ils avoient envoyé à Rome, qui estoient le sieur cardinal de Joyeuse et le baron de Senecey, fit publier, le 27 decembre, une declaration des causes pour lesquelles il ne leur vouloit plus accorder aucune prolongation de trefve, en ces termes :

« Maintenant que nous sommes sur la fin du cinquiesme mois qu'a duré ladite trefve sans qu'il y ait aucun advancement à la fin pour laquelle elle avoit esté faicte, ils nous font rechercher d'une nouvelle prolongation de trois mois. Mais tant s'en faut qu'ils ayent apporté quelque nouvel advantage ou persuasion pour la paix, que, au contraire, s'en monstrant plus esloignez que jamais, ils offrent seulement qu'un mois auparavant ladite prolongation expirée, ils declareront s'ils traiteront de la paix ou non; et que pour nous oster l'aprehension que les forces estrangeres qui sont sur la frontiere n'entrent en ce royaume pendant ladite prolongation, qu'ils nous donneront leur foy qu'elles n'y entreront point, ou, si elles y entrent, qu'ils se joindront a nous pour les empescher de faire aucun progrez pendant ladite trefve. Et combien que lesdites propositions soient si impertinentes qu'elles ne meritent aucune responce, puis qu'il se voit qu'ils ne sont pas seulement incertains sur les conditions de la paix, mais qu'ils le sont encores s'ils la doivent vouloir ou non, et puis le peu d'apparence qu'il y a que nous devions commettre sur leur force nostre vie et nostre Estat, nous tenant desarmez pour demeurer à la discretion de leurs estrangers, toutesfois nous n'avons laissé de leur faire ceste responce : que, combien que par toutes raisons nous ne devions plus accorder aucune nouvelle prolongation, neantmoins, pour monstrer qu'il n'y a pris de peine et de patience que nous n'acceptions pour recouvrer la paix s'il nous est possible, que nous continuerions encores ladite trefve pour un mois, à la charge de resoudre la paix dans ledit temps, et aussi qu'il fust pourveu au soulagement du pauvre peuple pour le payement des tailles : ce qu'ils n'ont voulu accepter; qui est un evident tesmoignage que leurs intentions n'ont jamais esté bonnes au faict de ladite trefve, et qu'ils ne l'ont recherchée que pour gaigner temps, pour se mieux preparer à l'invasion ou dissipation de cest Estat, ayant aussi de nostre part consideré quelles sont leurs procedures, et par les dernieres fait le jugement de ce qui estoit incertain des premieres, mesmes comme ils abusent du nom de Sa Saincteté, et que ceste consultation qu'ils publient luy vouloir faire avant que de traicter de la paix, et laquelle ils lui veulent faire valoir pour un honneur qu'ils luy deferent, est au contraire un opprobre à sa dignité; car, puis que le principal point est de sçavoir si elle approuvera nostre conversion, quel plus grand blaspheme luy pourroit estre fait que d'en doubter? Si le premier soin et la plus grande gloire qu'il puisse recevoir en ceste dignité est d'augmenter et croistre l'Eglise catholique; si les Turcs et mescreans y sont tousjours admis avec joye et allegresse de tout le sainct consistoire, et font de leur admission une feste solemnelle, comme d'un precieux butin et thresor acquis à l'Eglise de Dieu, que doit-on esperer de ce Sainct Pere, qui est recommandé de toute integrité et saincteté de vie, sinon qu'il aura receu la nouvelle de nostre conversion et de la reconciliation avec elle et le Sainct Siege du fils aisné de l'Eglise, avec le plus grand contentement qu'il eust sceu desirer? qu'il nous y confortera et s'en conjouira avec nous, et se tiendra offencé que sa volonté ait esté sur cela tenuë en incertitude? Il a aussi bien paru que lesdits chefs de la ligue ont plus craint en cela que desiré son jugement; car, s'ils le vouloyent sçavoir, ils ont d'ordinaire près d'elle plusieurs agents qui les en pouvoient bien esclaircir; mais tant s'en faut que ce fust leur charge, que c'est au contraire d'y opposer le plus de tenebres d'obscurité qu'ils

pouvoit, pour l'empescher d'y [illegible]
Et quand ils eussent voulu fair[illegible]
legation expresse, comme ce a[illegible]
leur principale excuse, cinq m[illegible]
duré ladite trefve leur en avoy[illegible]
temps et du loisir assez. Mais [illegible]
ville de Lyon, qui estoit le prin[illegible]
l'instruction desdits deputez, et
lir le fruict de la sedition qu[illegible]
meuë. Aussi est ce là où ils se s[illegible]
dont le plus confident desdits [illegible]
tourné de deçà au lieu de passe[illegible]
faict bien cognoistre qu'il a tenu [illegible]
vée en ce qu'il a fait pour [illegible]
Lyon; et, si les autres [illegible]
y a assez d'occasion d'en [illegible]
qu'il y en a qui font ledit voyage [illegible]
roy d'Espagne, comme les [illegible]
en font foy, qui est une [illegible]
n'en feroit pas la despence [illegible]
pour son service. Voyant d'[illegible]
dant le temps de ladite trefve [illegible]
pratiquer, tant dedans que de[illegible]
pour y enflammer tousjours le [illegible]
au lieu que nous portons tout [illegible]
vons pour l'estaindre; que pend[illegible]
de leur faction ont suscité des [illegible]
tenter à nostre personne, l'un [illegible]
esté, pendant que nous estions à [illegible]
de septembre dernier, miraculeu[illegible]
et confessé par qui et comment
practiqué à ce faire, fut executé aud[illegible]
que lesdits chefs ayent jamais fa[illegible]
monstration de vouloir sçavoir et
les complices et conseillers d'un [illegible]
sont parmy eux; que les advis n[illegible]
tous les jours qu'ils hastent et pres[illegible]
estrangeres qui leur sont promises
peuvent; que desjà il y en a un[illegible]
quantité de prestes qui se sont si a[illegible]
nostre frontiere qu'en deux jours
estre dans ce royaume, et que tout
but est de se retrouver tellement
puissent eux-mesmes ordonner de [illegible]
trent vouloir remettre en conferen[illegible]
mesmes tout ce qui en seroit or[illegible]
Saincteté, et qui ne doit estre que [illegible]
raison et à la justice, inutile et sa[illegible]
si, ayant clairement recogneu que,
tous nos desirs et cogitations sont [illegible]
nous prions Dieu incessamment de
ner, et, en les destournant des [illegible]
continuër à mal faire, nous delivre[illegible]
sité de nous en ressentir, eux, au
lieu de se servir de la trefve pour
paix, ils ne s'en servent qu'à se pr[illegible]

nir pour une nouvelle guerre ; que ce pendant, sous le nom de ladite trefve, les partialitez et la rebellion s'asservissent tousjours d'avantage ; que nos subjects en sont plus chargez et opprimez par les tributs, subsides et impositions que les ennemis ont eu permission de prendre et lever sur eux à l'esgal de nous, dont ils font encores les exactions si violentes et si cruelles, que le soulagement que nous pensions leur donner par ladite trefve leur est pire et plus insupportable que la guerre mesme ; et puis qu'ils n'ont point voulu comprendre l'intention de Dieu en l'effet de nostre conversion, du premier jour de laquelle les armes leur devoyent tomber des mains ; puis que aussi l'ambition et l'avarice sont en eux plus puissantes que la nature, ayans en faveur des estrangers, et sur l'appas des commoditez qui leur en sont promises, conjuré contre leur propre patrie, nous avons resolu, avec advis des princes, officiers de la couronne, et autres seigneurs de nostre conseil qui sont près de nous, pour ne nous rendre plus coupables de ces maux et indignitez en les endurant, et que la coulpe d'autruy ne soit à nostre blasme et reproche, de ne leur accorder plus aucune prolongation de trefve, ne l'ayans voulu accepter aux conditions que leur aurions proposées pour la reconciliation generale de ce royaume et le soulagement de nos subjets, ce qui nous contraint recommencer à leur faire la guerre. Et combien qu'elle nous soit contre eux juste et necessaire, puis que la raison et la justice n'a plus de lieu envers eux, nous protestons toutesfois, devant Dieu et les hommes, que c'est avec un extreme regret qu'il nous en faut venir à ceste extremité, et une très-grande commiseration que nous avons des ruines et oppressions que nos pauvres subjets en pourront souffrir, et mesmes du prejudice et scandale qui en adviendra à la religion catholique, encores que nous estimions en estre suffisamment justifiez, ayans fait envers eux tout ce que nous avons deu et peu, et plus que nous ne devions pour eviter ce malheur. »

La conclusion de ceste declaration estoit une exhortation à tous ceux de l'union de se departir de toutes ligues et associations, et de se reünir dans un mois sous l'obeyssance de Sa Majesté, qui les recevroit avec oubliance perpetuelle des choses passées : ce qu'il protestoit de faire, leur promettant qu'ils seroient restituez en tous leurs benefices, offices, dignitez et biens. Et, à faute de ce faire, il mandoit aux cours de parlements et à tous ses officiers de proceder contre ceux qui se rendroient opiniastres et indignes de ceste presente grace, comme contre criminels de leze majesté au premier chef.

M. de Mayenne, voyant que le Roy luy avoit refusé la prolongation de la trefve, se resolut de mettre ordre dans Paris pour conserver ceste ville sous son authorité : le faict de Meaux luy faisoit conjecturer que d'autres villes en pourroient faire autant ; il avoit descouvert que Pontoise bransloit, que les deputez de plusieurs villes demandoient, ou la continuation de la trefve, ou la paix : à tous il leur donnoit quelques excuses, nonobstant lesquelles ils ne laisserent pas de quitter son party, ainsi que nous verrons l'an suyvant. Il desiroit asseurer Paris : il en communiqua fort avec les ministres d'Espagne, qui luy proposerent qu'il y devoit mettre M. de Guise pour gouverneur, et en oster le sieur de Belin [ce qu'ils disoient à la suscitation des Seize], et qu'il devoit aussi en chasser plusieurs des politiques dont ils luy baillerent un catalogue. De chasser les politiques il s'y accorda ; mais il leur dit que l'on n'en devoit mettre dehors que les principaux, desquels fut fait un catalogue particulier, et depuis leur envoya à chacun un billet portant commandement de sortir de la ville. Le colonel d'Aubray ayant receu le sien avec injonction de s'en aller promptement, il n'y voulut obeyr pour le premier, et supplia par lettres M. de Mayenne de luy en mander les occasions. Le duc luy rescrivit ceste lettre :

« Je vous prie croire que je n'ay jamais rien creu de vous que ce que je dois croire d'un gentilhomme d'honneur, et qui a autant merité en ceste cause que nul autre, un chacun sçachant assez le devoir qu'avez rendu au siege, et depuis à toutes les occasions qui se sont presentées, et en mon particulier, je le cognois et le confesseray tousjours vous avoir obligation. C'est pour quoy vous ne devez entrer en opinion que je voulusse penser seulement à chose qui vous deust importer à la reputation, ny des vostres, vous conjurant que vouliez vous accommoder à la priere que je vous faicts pour quelque temps de prendre du repos chez vous, n'estant ce que je faits qu'au dessein que j'ay tousjours eu d'empescher la ruine du public en conservant la religion. Ceste lettre de ma main vous en fera foy, et du desir que j'auray tousjours de vous aymer et honorer comme mon pere, n'entendant pour cela pourveoir à vostre charge, ny faire chose qui vous doive offencer. Vostre plus affectionné et parfait amy, Charles de Lorraine. »

Le colonel d'Aubray, se voyant si doucement contraint d'aller prendre du repos en sa maison de Brieres Le Chasteau, avant que de sortir de Paris fit enregistrer ceste lettre au greffe de l'Hostel de Ville. Les autres politiques qui [illegible] aussi leur billet se retirerent, les uns à Sainct Denis, les autres en d'autres endroicts. Ces procedures estonnerent ceux qui restoient à Paris, et ne sçavoient qu'en prejuger; car, deux ou trois jours auparavant les festes de Noël, les Seize firent courir leur livre du Manant et du Maheustre, dont M. de Mayenne fut fort fasché, et en fit faire de grandes perquisitions pour sçavoir qui en estoit l'auteur. Ce livre estoit plein de plusieurs calomnies contre ledict sieur duc, nommoit les principaux de la ville qu'il disoit estre politiques et s'entendre avec le Roy : tellement que ceux qui estoient nommez dedans, voyans que l'on avoit commencé à faire sortir le colonel d'Aubray, s'attendoient tous que les uns après les autres on leur en feroit de mesmes. M. de Mayenne recogneut encor plus par ce livre la haine passionnée que les Seize avoient contre luy, et que s'il pouvoient redevenir les maistres ils ne luy obeyroient gueres. Peu de jours après on publia une censure de ce livre; mais le duc de Mayenne nonobstant ne pouvoit trouver de milieu entre les politiques et les Seize; car ceux-là luy demandoient la paix, et le prioient de recognoistre le Roy; ceux-cy disoient que le duc avoit pris pour maxime generale de s'agrandir à quelque prix que ce fust, et que pour y parvenir il avoit resolu de tromper le roy de Navarre par un traicté de paix, d'abuser le duc de Guise son nepveu de belles promesses et paroles, en le desarçonnant de l'attente qu'il avoit à la couronne, d'amuser le Pape en discours, de se mocquer de l'Espagnol en prenant son argent, s'aydant de luy, luy promettant beaucoup et ne luy tenant rien, et de ruyner le peuple en le tenant en aboy, sans secours, sans moyen et sans aucune liberté.

Ces discours faschoient fort le duc, qui prevoyoit la ruine inevitable de son party et la perte de Paris pour luy puisque l'on rentroit à la guerre. Ce fut pourquoy, estant contrainct par les ministres d'Espagne de changer de gouverneur à Paris [lui ayans nommé le comte de Brissac, comme nous dirons l'an suivant], il renforça les garnisons françoises, et se resolut de s'ayder de la division des politiques et des Seize, contrebalancer ores d'un costé, ores de l'autre; de favoriser quelquefois ceux-là pour empescher les Espagnols et les Seize de se rendre maistres de Paris, et de ceux-cy en tirer son entretenement, ne leur accorder qu'une partie de ce qu'ils desiroient, et s'en servir contre les politiques s'ils vouloient entreprendre outre sa volonté.

Ainsi la trefve finie le dernier jour de l'année, dez le lendemain on r'entra à la guerre. M. le duc de Lorraine, desirant en obtenir la continuation pour ses pays, envoya vers le Roy, qui la luy accorda moyennant que l'on traicteroit de la paix entr'eux deux, laquelle fut arrestée l'an suivant, comme nous dirons.

Avant que finir ce livre, voyons ce qui s'est passé en plusieurs endroicts de l'Europe durant ceste année. Nous avons dit l'an passé que le 21 decembre un herault imperial avoit esté à Zaberen enjoindre au cardinal de Lorraine, et à Strasbourg à Jean George de Brandebourg et au magistrat de Strasbourg, de mettre les armes bas et de se rapporter de leurs differents à des arbitres : à quoy les uns et les autres s'estoient accordez. Après beaucoup d'allées et venues de part et d'autre vers l'Empereur, six princes de l'Empire furent nommez, du consentement des deux partys, pour accorder leurs differents, à sçavoir : l'archevesque de Mayence, l'evesque de Visbourg, l'archiduc Ferdinand, l'administrateur de l'eslectorat de Saxe, le landgrave de Hesse et le palatin de Frebourg.

Après que les deux partis eurent par escrit produit leurs differents, au commencement du mois de mars, lesdits six princes arbitres conclurent qu'ils mettroient les armes bas, licentieroient leurs gens de guerre, et y auroit paix et amitié entr'eux; que pour la principale cause de leur different ils en passeroient sur ce qui en seroit ordonné par lesdits six princes; et que ce pendant le cardinal de Lorraine retiendroit le nom d'evesque, mais que le revenu de l'evesché seroit esgallement party entre luy et ledit Brandebourg esleu administrateur de Strasbourg; que ledit cardinal possederoit Zabern, Bensfeld, Bernstein, Kochersberg, Schirmeck et autres lieux voisins appartenans à l'evesché; que ledit administrateur jouyroit de Dachstein, Ventzenovie, Reichstater, Veijersheim, Turn, Marchesheim, Olberkich et autres lieux outre le Rhin; que Moltzeim seroit rendu au magistrat de Strasbourg avec Vasselsheim et l'artillerie qui y avoit esté trouvée dedans par les Lorrains. Voilà ce qui fut accordé le 10 de mars. Ainsi la guerre fut pour un temps appaisée en l'evesché de Strasbourg. Cest accord desplaisoit fort au Pape, voyant ainsi diviser ce bel evesché, et qu'il failloit qu'un protestant en jouyst d'une partie.

Il se vit ceste année en Allemagne plusieurs prodiges au ciel, dont le peuple en fut fort esmerveillé, et qui engendra des craintes de nouveautez et changements, ce qu'aucuns croyoient devoir advenir à cause de la guerre des Turcs en la Hongrie. Au mois de juillet à Marpurg, au pays de Hesse, par trois jours continuels, le soleil fut veu fort obscur avec un cercle tout autour. Au mois de novembre vers le soir le ciel y apparut tout en feu et de couleur de sang; puis tout à coup ceste alteration se restraignit en un cercle que l'on voyoit courir d'un costé et d'autre dans le ciel, tant qu'en fin, cela ayant bien duré deux heures, il se reduisit en rien, laissant le ciel fort serain et plain d'estoilles. Au mois d'octobre l'on vid, sur les villes de Prague, Vienne, Vittemberg, Lipse et autres lieux, le ciel en beaucoup d'endroits de couleur de sang, puis tout à coup ceste alteration se changer en forme d'espées, puis de lances, ores de gens armez, et finalement des hommes s'entrebattre, faisant forces plaintes et d'horribles cris. Il tomba du ciel à Belin quantité de flammes de feu.

Ce ne fut pas au ciel qu'il apparut seulement de tels prodiges, il s'en vit aussi plusieurs en terre. Au bourg de Miusal, distant d'une lieuë et demie de Rostoc en Saxe, dans l'eglise parroichiale, un pied d'estail, estant sous la chaire du predicateur, prit forme humaine peu à peu, commençant par le bas à se faire chair humaine, et prit finalement forme de mains et de pieds, avec doigts, orteils et ongles, comme si c'eust esté un homme, et au haut apparut puis après une figure comme d'une face d'homme, avec yeux, nez, bouche et barbe : la plus grande merveille fut que cela se remüoit souventesfois le long du jour avec tant d'enhan, que du long de la pierre il en couloit de grosses gouttes de ce qui suoit. Et combien que plusieurs personnes doctes recherchassent la cause de cela, toutesfois il ne fut pas trouvé de cause valable pour dire que l'humidité de la pierre pust faire un tel effect, ny aussi que cela fust faict par quelque artifice ou feinte, sinon que l'on a estimé que c'estoit un advertissement pource que ceste chaire avoit esté long temps sans y avoir eu de predication, et qu'il sembloit que les pierres voulussent prescher. En d'autres endroits il y nacquit aussi des enfans avec deux testes et plusieurs autres choses esmerveillables. En la Silesie mesmes, au village de Veicheldrof, les dents d'un petit enfant à l'aage de sept ans luy estans tombées, la maschoire d'embas luy devint d'or tout pur : il y eut un docteur en medecine nommé Jacques Horst, de la ville de Helmestat, lequel en fit la preuve sur la pierre de touche, et fut trouvé estre fin or de depart, dont mesmes il en a faict un petit livret.

Quant à la guerre qui se fit en Hongrie en ceste année, l'Empereur, voyant qu'elle estoit importante à la maison d'Austriche, fit tout ce qu'il peut pour repousser la violence des Turcs. Le baron de Nadaste menoit pour luy huict mille chevaux qui ne cessoient de courir la campagne pour empescher leurs courses. Le marquis de Burgav, fils de l'archiduc Ferdinand, avoit sous sa charge six mille lansquenets et cinq cents reistres. Le comte de Montecuculo avoit aussi quelque infanterie et cavalerie. L'archevesque de Salsbourg luy envoya mille chevaux. Plusieurs princes d'Allemagne, comme ils y estoient tenus, envoyerent aussi diverses troupes de gens de guerre pour affin de resister à un si puissant ennemy que le Turc. Aussi l'Empereur ayant requis ceux de Boheme de luy ayder d'hommes et d'argent, ils tindrent une diette en laquelle ils luy accorderent de continuer pour trois ans les levées, tant d'hommes que de deniers, qu'ils avoient faictes les années passées pour son secours, dont ils s'estoient quelque peu alterez.

En ces entrefaictes le bascha de Bosne faisoit de grandes courses au Durpoln, pays de Hongrie, emmenant à chasque fois grand nombre de prisonniers et butins : ce que voyant ceux de l'Empereur, et doutans qu'ils ne s'advançassent plus outre, munirent les frontieres de costé là du mieux qu'ils purent, car ils avoient faute de deniers ; ce qui causa mesmes qu'un regiment de lansquenets se saisit de leur colonel faute de paye : tellement que, si le comte de Montecuculo avec sa cavalerie n'y fust accouru, lequel leur fit lascher ce colonel et appaisa ceste mutinerie, cela eust apporté beaucoup d'alteration parmy les troupes chrestiennes.

Le comte de Sdrin, sçachant que les Turcs avoient pillé le bourg de Vincovier, les attendit à leur retour avec une brave troupe de cavallerie, et les chargea si furieusement qu'il les desfit, tailla tout en pieces, et regaigna le butin qu'ils avoient pillé.

Hassan, bascha de Bosne, desirant assieger Tsescq, chasteau fort et principal du bailliage de Zagabrie, situé entre les deux rivieres du Save et de Colp, dans une isle, l'investit le treiziesme de juin, et le battit subitement et fort furieusement; mesmes il fit donner quelques assauts où les Turcs furent vifvement repoulsez avec perte. Les assiegez envoyerent incontinent à Robert d'Egemberg, lieutenant du marquis de Burgav en la Zagabrie, lequel en donna incontinent advis au comte de Sdrin, aux barons de Palfi et Nadaste, et aux seigneurs Bottigiani et Montecuculo; lesquels, ayans assemblé toutes leurs troupes, ne faisoient au plus que cinq ou six mille hommes. Ils furent quelque temps avant que de se resoudre au secours, se voyans si peu de gens de guerre, et que les Turcs estoient bien trente mil. Les Italiens alleguoient beaucoup de raisons pour n'entreprendre pas temerairement de faire lever ce siege ; mais les seigneurs hongrois leur respondirent qu'il n'estoit point besoin de tant de consultations, « car, disoient-ils, nous sommes en termes qu'il faut vaincre les Turcs avec nostre valleur, ou bien il nous faut abandonner la Zagabrie si nous laissons prendre Tzesq. » En fin la resolution fut prise entr'eux de secourir ceste place pour l'importance dont elle estoit à tout ce pays, ou, ne la pouvant faire, d'y mourir. Le baron d'Egemberg, declaré chef de ce secours, fit cheminer droit à Tzesq, où il arriva le 22 dudit mois de juin sur le midy. Aussi tost que Hassan, bascha chef des Turcs, fut adverty de sa venuë, il fit mettre en ordre de bataille toute sa cavalerie, laquelle estoit campée au deçà du Save pour attendre les chrestiens de pied ferme. Ce que voyant d'Egemberg, il commanda à Pierre Ardelli et à Montecuculo d'aller gaigner avec leur cavalerie le bout du pont qu'avoient faict les Turcs sur ladite riviere du Save, afin d'empescher la retraicte qu'ils eussent pu faire par dessus ce pont, et d'estre secourus par l'autre partie de leur armée qui estoit de l'autre costé de ladite riviere.

D'Egemberg ayant divisé son armée en cinq escadrons, les hussars, qui sont gens de cheval portant lances et targes, et lesquels estoient à l'advantgarde, commencerent la charge; mais ils furent si rudement soustenus par les Turcs, qu'ils estoient prests de tourner le dos s'ils n'eussent esté secourus par les harquebusiers à cheval de la Carniole conduits par Montecuculo, et par ceux de Carlostat et de Plessle que conduisoit Reder, lesquels portoient de longues harquebuses dont ils tirerent si adextrement à travers la cavalerie turquesque, que les Turcs, se sentans grandement endommagez en la perte de leurs chevaux, se mirent à la fuitte, laquelle ils prirent avec telle espouvante, que, le passage du pont leur estant quelque temps contesté par la cavalerie italienne, la plus grande part se precipiterent dans l'eau et s'y noyerent. Ce ne fut depuis parmy eux qu'une desroute generale : deux heures durant le Save se vit tellement couvert d'hommes et de chevaux qui se noyoient ou estoient noyez, qu'un historien italien, escrivant de ceste desroute, dit *che agevolmente si fora à piedi asciuto sopra essi passato da una ripa all' altra* (1). Ceste victoire fut grandement recogneuë proceder de la bonté de Dieu, pource que, sans avoir beaucoup combattu, quelque six mille chrestiens mirent en route trente mil Turcs, desquels il en demeura bien [illegible] et de noyez ; le reste se sauva à [illegible] combat ledit Hassan, bascha de [illegible] avec neuf autres beys [qui est à [illegible] neurs des places fortes], [illegible] Kliesa, de Rasiazi, de Sourial, [illegible] cha, de Petrina, de Lica, avec [illegible] gens de commandement. Les [illegible] gnerent en ceste journée huict pieces de [illegible] avec nombre de boulets. Auparavant [illegible] chrestiens parvinssent à l'artillerie, [illegible] qui la gardoient mirent le feu aux [illegible] lement que les chrestiens n'y [illegible] l'artillerie et les boulets, que quelques [illegible] et armes; car les Turcs ne ressemblent pas à beaucoup d'autres nations; ils ne vivent point delicieusement, ny ne menent point [illegible] grande suite de bagage.

Toute la chrestienté eut un grand [illegible] ment pour ceste victoire, esperant que [illegible] un moyen d'accorder l'Empereur et le [illegible] cause que le bascha de Bude escrivit [illegible] à l'archiduc Matthias que Dieu avoit [illegible] bascha de Bosne de son arrogance, ayant [illegible] le commandement du Grand Seigneur [illegible] armes et faict une infinité de [illegible] Croatie, et qu'il ne failloit point s'[illegible] avoit esté tué avec une partie de ses [illegible] un petit nombre de chrestiens; mais qu'il [illegible] receu nouvellement de la Porte un [illegible] traicter de la paix avec l'Empereur, et que, [illegible] il plairoit à Son Altesse d'en traicter, il y [illegible] moyen d'y entendre, et d'en faire [illegible] effects. Ceste lettre fut incontinent [illegible] proceder de l'ordinaire tromperie des Turcs, et que ce pourparler de paix n'estoit que [illegible] rester les chrestiens de poursuivre [illegible] leur victoire.

Le comte de Sdrin estant arrivé à l'armée chrestienne, qui s'engrossissoit de jour en [illegible] après ceste victoire, et ayant desfait en y [illegible] quelques Turcs, le colonel d'Egemberg [illegible] d'assieger le fort de Petrine que ledit bascha de Bosne avoit fait bastir l'an passé sur la riviere de Colp. L'entreprise de ce siege estant [illegible] plus par presomption que par jugement, le succez en fut de mesme. Ce fort estant investy par les chrestiens, la batterie fut commencée le 10 d'aoust avec dix grosses pieces de canon; mais le vingt-deuxiesme les chrestiens furent contraints de lever ce siege, ayans cogneu que les assiegez estoient garnis de ce qui leur estoit besoin, et resolus de se bien deffendre, joinct aussi que le beglierbei de la Grece, ayant amassé les restes de l'armée du bascha de Bosne et autres troupes qui leur estoient venues, avoit faict

(1) Qu'on auroit pu facilement traverser la rivière à pied sec en passant sur les cadavres.

un corps d'armée plus fort que celuy des chrestiens, lesquels, divisez de volontez, observans peu l'obeyssance militaire envers leurs chefs, leverent le siege de devant Petrine, et se diviserent tous.

Le beglierbei de la Grece, prenant lors l'occasion par les cheveux sur le levement de ce siege, et ayant eu advis du peu d'ordre qu'avoient mis les chrestiens dans Tsescq, avec une diligence incroyable alla remettre le siege devant ceste place, la battit si furieusement qu'il la prit le septiesme jour de septembre, et fit mourir tous les chrestiens qui y estoient dedans pour la deffence.

Sinan bascha, estant arrivé à l'armée turquesque avec quarante mille Turcs, et ayant pris plusieurs forteresses en l'Hongrie de deçà par la mort de nombre de chrestiens, et par la grande quantité qu'ils firent d'esclaves, assiegea Vesprin : les assiegez, au nombre de mille sous la charge de Ferdinand de Saincte-Marie, se deffendirent assez valeureusement du commencement, mais à la fin ils furent forcez et mis tous au fil de l'espée, excepté ledit Ferdinand et un capitaine allemand et peu d'autres. Ceste ville fut entierement saccagée.

De Vesprin les Turcs allerent investir Palotte : les assiegez, sous la charge de Pierre Ornandi, hongrois, ne se voyans assez forts pour soustenir un tel siege, après avoir soustenu quelques assauts, demanderent à rendre la place à composition, laquelle leur fut accordée et non pas tenue, car, estans sortis, les Turcs se ruerent sus eux et les taillerent tous en pieces.

Sinan eust poursuivy d'assieger des places, mais un flux de sang s'estant engendré parmy les Turcs, le contraignit de les faire separer et de les mettre ez garnisons voisines : toutesfois il ne laissa pas d'en mourir un grand nombre de ceste maladie.

Au contraire les gens de l'Empereur, sous divers capitaines, bien que le gouvernement general de l'armée fust donné à l'archiduc Matthias, firent quelques entreprises sur les places tenues par les Turcs.

Christophle de Tieffembach alla assieger Sabatzca, et battit si furieusement ceste place qu'il l'emporta de force : deux cents Turcs qui estoient dedans y furent tuez.

De Sabatzca il alla assieger Filech, place très-forte ; le bei qui estoit dedans pour les Turcs, ayant donné l'ordre requis dans sa place, sortit la nuict mesme pour aller assembler du secours afin de faire lever ce siege, sçachant qu'il n'y pouvoit avoir au plus que de douze ou treize mil chrestiens assiegeans, tant en cavalerie qu'infanterie. Ce bei ayant si bien solicité qu'il avoit faict assembler dix-huict mille, tant Turcs que Tartares, de toutes les garnisons voisines, estant encor renforcé du bascha de Temesvar et de quelques autres beys, s'achemina en diligence au secours de Filech. Estienne Battori, prince de Transsilvanie, d'autre costé s'y achemina pour joindre Tieffembach, ce qu'il fit sans empeschement; et, ayans eu advis de l'acheminement des Turcs, ils se resolurent de tenir Filech assiegé, et d'aller, avec huict mille hommes de guerre esleus, entreprendre le secours des Turcs à un lieu assez fascheux par où ils devoient passer.

Suivant ceste resolution, Tieffembach et Battori allerent au devant des Turcs, et ayans rengé leurs gens en ordre de combattre, il y eut là entre les chrestiens et les Turcs une telle et si rude bataille, qu'après qu'il fut tombé sept mille Turcs sur la place, le reste prit la fuitte. Les chrestiens, outre les prisonniers de remarque [qui estoient le susdit bei de Filech et le bascha de Temesvar], gaignerent tous les vivres que les Turcs avoient amassé pour ravitailler ceste place, nombre de pavillons, bannieres, des pieces de campagne, des munitions de pouldre, et plusieurs autres choses; et, poursuivant leur victoire, se rendirent maistres de Rouat, lieu fort, que les Turcs espouvantez abandonnerent.

Tieffembach retourna continuer son siege, où vint aussi le trouver Palfi et autres seigneurs hongrois avec quelque six mille chevaux qui s'estoient separez de l'armée près d'Albe-Regale pour les jalousies ordinaires qui sont entre les chefs de ceste nation. Les assiegez dans Filech demandans composition furent refusez par Tieffembach, lequel fit continuer la batterie trois jours durant, et fit faire une assez grande breche pour aller seurement à l'assaut que les chrestiens donnerent le 13 novembre, et emporterent la ville sans beaucoup de resistance ny perte d'hommes, car les Turcs se retirerent au chasteau, qui est situé en un lieu fort et d'art et de nature, où après avoir tenu quelques jours, et ayans demandé composition, le general chrestien la leur accorda, et sortirent au nombre de huict cents avec leurs femmes et enfans, sans pouvoir rien emporter que les vestements qu'ils avoient sur eux, promesse qui leur fut fidellement gardée. La prise de ceste place estant jugée de grande importance, tant pour sa forteresse que pour estre la capitale de huict cents bons villages que l'on delivroit de la tyrannie turquesque, Tieffembach, prejugeant que les Turcs feroient tout ce qu'ils pourroient pour la r'avoir, fit en diligence remparer les bresches, la fit pourvoir de vivres et de munitions de poudre, car, pour l'artillerie il y en trouva un grand nombre.

Ceste forteresse ainsi prise par les chrestiens espouvanta toutes les places voisines tenues par les Turcs, lesquels, en les abandonnant pour se retirer en lieux plus seurs pour eux, mirent le feu par tout; dequoy s'estant douté Tieffembach, usa d'une telle diligence qu'il fut esteint en beaucoup d'endroicts sans qu'il y eust faict beaucoup de ruine; tellement qu'en la fin de ceste année il se rendit maistre de Dyvin, Hatinaschi, Setschein, Plawenstein, Saiech, Dregel, Pallanke, Samasky, Amach, et beaucoup d'autres forteresses, de la prise desquelles l'empereur fit rendre graces à Dieu, et en fut faict à Prague et à Vienne beaucoup de signes de resjouyssance.

Le dernier jour d'octobre, le comte Ferdinand d'Ardech, gouverneur de Comar, ayant une entreprise sur Albe-Regale, et s'estant joinct avec luy Palfy, Nadaste, Sdrin, Pierre Hussar, et autres capitaines, faisans bien dix mil hommes de guerre, s'y acheminerent secrettement, et ne furent point descouverts des Turcs que jusques à ce qu'ils fussent assez proches de la ville, à l'occasion d'un grand brouillas qu'il faisoit ceste journée là. Nonobstant qu'ils fussent descouverts, ils ne laisserent pas de faire donner un assault par quelques endroits foibles desquels ils avoient eu advis; mais, y trouvant plus de difficulté qu'ils ne s'estoient imaginé, ils commencerent à cheminer et se retirer. Pierre Hussar, qui avoit pris un des fauxbourgs, estant entré en esperance d'entrer en la ville, supplia le general d'Ardech de luy donner de l'artillerie : ce qu'il luy accorda avec difficulté; mais, ayant demeuré ce jour et la nuict suyvante sans rien faire, les Turcs le saluerent si furieusement à coups de canon qu'il fut contraint de se retirer, d'abandonner trois pieces de campagne, et cheminer par chemins très-difficiles pour se rejoindre au gros de l'armée chrestienne, les chefs de laquelle tenoient lors conseil de ce qu'ils devoient faire sur l'advis qu'ils receurent que les Turcs les suyvoient en leur retraicte; et que le bascha de Belgrade, ayant eu advis de leur assemblée, avoit amassé tous les beis voisins et faict une autre armée de quinze mil hommes, tant de cavalerie que d'infanterie, et qu'estant accourus au secours du bei d'Albe-Regale, il ne les vouloit laisser retourner paisiblement. Par le conseil de Palfi les chrestiens resolurent d'attendre les Turcs et de se ranger en ordre de bataille. Ayans choisy un lieu advantageux, Palfi avec les siens se rengea à la corne gauche servant d'advantgarde, Nadaste prit la droite,

d'Ardech, Sdrin et Budian tenoient l
la bataille.

Les Turcs, à cause du grand nom
estoient, pensans demeurer victorie
suivent et viennent attaquer les chre
leur champ de bataille, où ils furent
bravement que les premiers assaill
contraints de tourner visage. Ce que
bascha de Belgrade, il commença à fa
cer une grosse troupe de cavalerie co
entourer les chrestiens. D'Ardech l'a
gnu, il commanda à Pierre Hussar q
troupe d'harquebusiers à cheval et d
lansquenets il allast attaquer ceste ca
qu'il executa bravement : tellement q
bat commença à s'opiniastrer de part
et fut un long temps disputé, la victoir
ores d'un costé, puis de l'autre; mai
cavalerie hongroise, se voyant avoi
advantage, poursuivit si chaudement
qu'ils mirent les Turcs en fuite, et obti
eux une signalée victoire. Nadaste all
demain revisiter la campagne où s'est
la bataille, on luy rapporta qu'il y a
mille Turcs de morts sur la place.

Après ceste victoire les capitaines d
chrestienne tenans conseil de ce qu'ils
faire, Palfi et Nadaste furent d'adv
mettre le siege devant Albe-Regale,
rons de laquelle ils demeurerent deux
disoient qu'il estoit aysé à cognoistre q
vantement avoient eu ceux de dedans
bataille, tant par le feu qu'ils avoient
leurs fauxbourgs, que par les fortificat
faisoient aux lieux les plus foibles de
« Au contraire, leur dit d'Ardech,
mesme qui me fait juger qu'ils ne sont
pouvantez, et qu'ils sont resolus de
fendre un long temps, ne nous voula
aucune commodité pour nous can
vant leur ville; et ne faut point d
les gens de guerre qui s'y sont reti
la bataille n'y facent, pour leur bonn
resistance telle, que le siege que nous
nuerions seroit la ruine de nostre armé
voyant que son opinion n'estoit poi
se separa de d'Ardech [qui se retira a
et ses troupes à Javarin], et s'en all
Tieffembach devant Filech, ainsi que n
dit cy dessus. Voylà ce qui s'est pas
remarquable ceste année en la Hongri
fit une infinité de courses et de renco
quelles tantost les Turcs estoient victo
d'autres ils estoient vaincus par les chr
n'y eut que le froid très-aspre qui les
les uns et les autres en leurs garnisons

nouveaux appareils et nouveaux desseins affin de recommencer la guerre au printemps.

En la Boheme, en la Carinthie et en la Goricie, où il y a diverses religions contraires à la catholique romaine, aucuns, se voulant prevaloir de ceste guerre qu'avoit l'Empereur sur les bras contre un si puissant ennemy, pensans par là avoir meilleur moyen d'asseurer ceux de leurs nouvelles opinions, et de se rendre forts pour resister à quiconque seroit qui les voudroit empescher en leur liberté de religion, firent courir plusieurs faux bruits contre l'Empereur, et commencerent à se vouloir liguer. Il estoit grandement à craindre que ces factions intestines apportassent plus de mal que la guerre contre le Turc. L'Empereur ayant donné charge à l'archiduc Maximilian d'appaiser ces rumeurs, le comte Sigismond de la Tour fut deputé pour entendre leurs plaintes, lequel, par une grande dexterité, accommoda si bien le tout que ceux qui avoient envie de remuër furent satisfaits et demeurerent en paix.

Le Turc aussi ne fut exempt de ces rumeurs domestiques, mais ce fut pour un autre subject. Un jour que l'on payoit les spachis dans le divan, selon leur coustume, ils commencerent tellement à se mutiner, que le grand turc Amurath pour les appaiser fut contraint de se faire voir à eux par une fenestre : dequoy estans devenus plus insolens, ils commencerent à luy demander la teste du payeur general : tellement qu'Amurath, de crainte de pis, les vouloit satisfaire pour appaiser leur fureur. Mais le premier vizir luy remonstra que ce seroit un trop dangereux exemple de complaire si promptement à la volonté de quelques audacieux, et qu'il valloit mieux les enseigner d'estre plus obeyssants en les chastiant de leur audace, que non pas de leur en donner recompense et les satisfaire à leur volonté. Suyvant le conseil du vizir, Amurath commanda à mille zamoglians du serrail d'entrer armez dans le divan et d'en chasser lesdits spachis : ce qui fut executé : mais, quoy que les spachis ne fussent point armez, ils se deffendirent si valeureusement avec des pierres, que la continuation de ce combat, où il y en avoit desjà eu plusieurs de morts et blessez, tant d'une part que d'autre, eust peu faire naistre un plus grand trouble dans Constantinople. Ce qu'ayant consideré Amurath, changeant d'opinion il fit retirer les zamoglians, et, pour appaiser la colere des spachis, fit apporter grande quantité de sa s pieces d'argent, dequoy ils furent payez; et, pour leur monstrer que le premier vizir l'avoit mal conseillé, il le priva devant eux de son office, luy laissant seulement la vie; et en sa place il pourveut depuis Sinan bascha, lequel, comme nous avons dit l'an 1591, avoit esté osté de ceste dignité, en laquelle il ne rentra pas que premierement il n'eust donné une bonne somme de soltanins; car maintenant en Turquie, quoy que ceste seconde dignité ny les autres estats ne se donnassent jadis que par merite, ils ont maintenant, aussi bien qu'en d'autres endroits, trouvé moyen de les rendre venaulx sous ce specieux tiltre que ce n'est qu'une rescompense qu'on donne à ceux qui quittent ces charges.

Nous avons dit l'an passé que Jean, roy de Suece, pere de Sigismond, desirant aller se faire couronner en Suece, fut retardé de ce faire par le conseil de quelques seigneurs polonois, pour le besoin que la Pologne avoit de sa presence, et mesmes de par sa femme qui n'avoit point ce voyage aggreable; toutesfois, après avoir promis aux Polonois de retourner en bref, ils luy consentirent ce voyage. Au mois d'aoust s'estant embarqué à Varsovie avec sa femme et sa sœur, accompagné de grand nombre de noblesse polonoise et de cinq cents hussars pour sa garde, il descendit le long de la riviere de Vistule, et fut receu magnifiquement par toutes les villes de la Prusse où il passa, et principalement à Mariembourg, place forte. Estant en fin arrivé à Dantzic, ville de la Pomeranie, il y demeura quelques jours attendant la commodité de se mettre sur mer. Pendant le sejour qu'il y fit il advint que, le second jour de septembre, un Polonois qui estoit de sa maison se pourmenant par la ville, un portefaix chargé le poulsa et luy dit quelques injures : le Polonois, indigné de ces injures, le frappa et le blessa; incontinent le menu peuple de Dantzic se mit en telle rumeur, que d'une injure particuliere ils en firent une generale, et commencerent à prendre les armes et courir sus à tous les Polonois, fermans les portes de la ville. Les Polonois voyans ceste esmotion s'enfermerent dans les maisons, où, se voyans assaillis, ils se deffendirent par les fenestres le mieux qu'ils peurent. Le Roy mesmes, voyant d'une fenestre ce peuple si soudainement armé, voulut leur demander la cause de leur esmotion; mais, quoy qu'il leur criast et leur commandast, il ne fut point obey : ce monstre de peuple estoit lors sans aureilles, et fut ce Roy contraint de se renfermer dans sa chambre, après avoir entendu chiffler les balles de quatre harquebuzades qui luy furent tirées bien près de sa teste. Le vicomte de Giesi et le mareschal de Pologne estoient descendus parmy ce peuple, pensant les appaiser, avec un notable bourgeois de Dantzic, ce qu'ils ne firent pas sans courir risque de leur vie, car en un instant ils virent tumber mort à leurs pieds ce bourgeois; le mareschal, assailly par eux, fut en mesme temps blessé à la main gauche et à la cuisse, et receut un si grand coup de pierre dans le ventre, qu'il fut contraint, en chancellant, de se retirer vistement avec ledit vicomte.

Les magistrats de Dantzic, ayant finalement pris les armes, firent tant par paroles et par menaces qu'ils appaiserent ce peuple; puis allerent trouver le Roy, auquel ils donnerent à entendre que c'avoient esté les Polonois lesquels avoient commencé à user d'injures et propos de gausserie contre aucuns habitans. Sigismond leur dit, avec beaucoup d'humilité et d'excuse, que ceste offense ne pouvoit avoir esté faicte que par personnes viles et ignorantes, remercia les magistrats de la bonne affection qu'ils luy portoient. Du depuis il leur fit plusieurs presents, et, par lettres qu'il fit publier sur ce qui estoit advenu en ceste esmotion, il commanda que la memoire en fust esteinte comme chose non advenuë. Il y eut en ceste esmotion vingt-trois Polonois de tuez et trois habitans de Dantzic : mais il y en eut grand nombre de blessez de part et d'autre.

Le 16 septembre le roy Sigismond, très-bien suivy, entra dans ses navires et fit voile vers la Suece. Estant en mer, il s'esleva une tempeste si violente qu'elle le repoussa sur les costes de la Pomeranie, vers Heel, où il fut huict jours durant à l'anchre. La tourmente appaisée il fit rehaulser les voiles, et, avec quarante-trois vaisseaux continuant son chemin, il arriva en son royaume paternel de Suece, où il fut receu en grand magnificence dans Stocolm.

Ayant faict assembler les officiers de la couronne de Suece, il commença à traicter avec eux de son couronnement, où il se trouva lors eslongné de son dessein, car il est un prince très-devot en la religion catholique romaine, en laquelle il avoit esté nourry dez son enfance, et eux au contraire tenoient tous l'opinion de Luther, selon la confession d'Ausbourg, resolus de ne luy faire aucun serment de fidelité que premierement il n'eust juré quinze articles qu'ils avoient redigez par escrit, tant pour leur seureté, disoient-ils, de leur religion, que pour maintenir la paix en Suece, la substance desquels estoit :

Que le Roy ne permettroit point en tout le royaume de Suece autre exercice de religion que celle qui estoit approuvée par la confession d'Ausbourg. Qu'aucun ne seroit pourveu d'aucun benefice ny office qui ne fust de ceste religion. Qu'il ne s'enseigneroit, ny en public ny en particulier, autre religion que celle-là; avec deffences à aucun, [illegible] contre.

Que le Roy, [illegible] catholique romaine, s'il [illegible] n'auroit auprès de luy que dix [illegible] ques, lesquels ne [illegible] qui eussent autresfois [illegible] et que si tost que Sa Majesté [illegible] que lesdits prestres sortiroient [illegible] Qu'aux universités la doctrine [illegible] roit enseignée et non d'autre, [illegible] droient aux despens du Roy [illegible] estre instruits en ladite doctrine, [illegible] conque iroit ou feroit quelque chose [illegible] desdits articles, de quelque dignité [illegible] fust, en seroit privé comme [illegible]

Ces conditions estans presentées [illegible] le premier jour de decembre, il [illegible] mediocrement esmeu; mais, jugeant [illegible] sans forces et sans aucun moyen [illegible] pescher le dessein de ses subjects, [illegible] ces paroles envers eux, et les [illegible] la religion catholique s'y exerçant [illegible] berté; mais, ayant affaire à des [illegible] nez en leurs opinions, il n'y [illegible] contraint d'approuver leurs demand[illegible] esperance d'y mettre autre remede [illegible] le benefice du temps luy pourroit [illegible] venir.

Le Pape crea aux quatre temps [illegible] quatre cardinaux, sçavoir : Cynt[illegible] Aldobrandin qui estoient ses nepveu[illegible] Toledo, jesuite, celuy dont nous avo[illegible] dessus, lequel traicta avec le duc [illegible] Rome, et Lucius Sasso, romain.

Les Venitiens aussi ceste année, [illegible] tant de preparatifs par mer et par t[illegible] soient les Turcs pour assaillir l'Emp[illegible] tien, cognoissant bien que ceste nati[illegible] soucie des conventions et accords [illegible] qu'autant qu'ils en ont besoin, et que [illegible] Friuli estoit sans forteresse, exposé [illegible] un chacun, afin d'eviter les perils [illegible] peu leur advenir, ils y firent recognoi[illegible] fort d'assiette, qu'ils commencerent [illegible] ceindre de murailles et boulevers, et [illegible] *Palma*.

L'indult general pour les Arragonoi[illegible] au commencement de ceste année à [illegible] et Vargas fit sortir de Sarragosse l[illegible] qu'il y avoit mises.

Bilbao, cité de Biscaie, pensa estre [illegible] des eaux qui tumberent des monta[illegible] perte seule des marchandises qui s[illegible] port fut estimée à plus de six cents m[illegible]

LIVRE SIXIESME.

[1594] Les François, ayans jouy de cinq mois de trefve, pensans à la fin d'icelle avoir la paix, furent derechef contraincts de reprendre les armes et recommencer la guerre le premier jour de ceste année. Les garnisons des villes royales voisines de Paris, reprenant leurs courses ordinaires, firent leur devoir de revisiter les environs de ceste grande ville pour attraper quelques-uns de qui ils pussent tirer leurs estrenes. Ceux de Sainct Denis, sçachans qu'il y avoit quelques compagnies de gens de pied de l'union logez dans Charenton, les allerent desnicher; quelques-uns se sauverent à Paris; il y en eut aucuns de noyez et d'autres prisonniers. Ainsi les Parisiens, resserrez plus que jamais, se trouverent en plus grande peine qu'ils n'estoient auparavant la trefve, n'ayant plus à quinze lieuës à la ronde d'eux aucune ville de leur party; car le sieur d'Alincourt, dans Pontoise, ayant veu que M. de Mayenne ne vouloit entendre à la paix, avoit obtenu du Roy une surseance d'armes pendant laquelle il traitta son accord et celuy de la ville de Pontoise.

Le 2 de janvier les royaux surprirent un paquet envoyé de Pontoise à Paris, où ils trouverent la lettre suivante qu'escrivoit M. de Villeroy, pere dudit sieur d'Alincourt, à M. de Mayenne.

« Monsieur, je vous escrirois souvent si je le pensois faire utilement pour le public et pour vostre service; mais les affaires sont en un estat tel qu'il n'y a plus que la main de Dieu qui y puisse valoir quelque chose. Nous avons perdu toute creance et asseurance des uns aux autres, de sorte que l'on attribuë à art et tromperie les ouvertures que nous faisons de part et d'autre; qui est un mal difficile à surmonter : car où la confiance defaut les paroles sont inutiles, principalement celles qui sont privées et secrettes. C'est pourquoy je vous ay souvent supplié et vous ay n'aguieres escrit que eussiez à faire manier et traitter publiquement et par personnes publiques les affaires generales, estimant n'y avoir autre moyen d'arrester le cours du mal qui va nous accabler que cestuy là. Vous l'avez tousjours rejetté pour diverses considerations qui regardent plus l'interest particulier que la cause publique; et c'est ce qui a fait blasmer vostre procedure et de tous ceux que vous y avez employez, c'est ce qui vous a fait perdre la bienveillance du peuple, qui estoit le principal appuy et fondement de vostre authorité, et qui à la fin destruira vostre party aux despens de la religion et de l'Estat. Vous avez eu crainte d'offenser les estrangers qui vous assistent, lesquels toutesfois vous en ont sceu peu de gré, et si ont eu encores moins de soin de vous secourir et fortifier comme il failloit pour remedier, par la force de vos armes joinctes ensemble, à ces subtils mescontentemens et à ce desespoir public que nous prevoyons devoir naistre du renouvellement de la guerre. Les ennemis voyent que vous ne demandez la continuation de la trefve que pour attendre vos forces et mieux dresser vostre partie à Rome et en Espagne et vers le peuple, pour faire durer la guerre et mieux accommoder vos affaires particulieres. Cela estant descouvert, esperez vous, estant foible comme vous estes, persuader aux princes que vous voulez traitter de bonne foy, et aux autres que voulez et pouvez les sauver autrement que par une negotiation publique et authentique, telle que je vous ay cy-devant escrit, qui authorise et justifie par tout vostre intention ? C'est chose que vous pouvez faire sous le bon plaisir du Pape, affin de rendre à Sa Saincteté le respect que vous luy devez, et satisfaire à vostre parole, laquelle ne peut estre resoluë ny concluë si tost que vous n'ayez encor le loisir d'estre esclaircy de sa volonté [quand bien on entreroit en matiere dès demain] avant qu'elle soit achevée. Vous estimez le chemin trop perilleux et honteux; et je croy pour mon regard, non seulement qu'il ne peut estre que très-seur et utile au general, et à vostre particulier très-honnorable et à vostre très-grande descharge, mais aussi qu'il est unique, et ne vous en reste point d'autres pour arrester le cours du mal qui nous presse. Monsieur, je le vous dis aussi franchement, comme amateur de ma patrie, jaloux de la conservation de nostre religion et de vostre reputation et service. En fin chacun est las de la guerre; et ne sera plus à l'advenir, non seulement question de la religion, mais aussi en vostre puissance de nous deffendre et conserver, ny à vous de faire bien à vous mesmes. Je ne vous diray les raisons sur lesquelles ils se fondent, car vous les sçavez, et mieux que personne. Mais croyez, je vous supplie, qu'il y a peu de gens qui prennent plaisir à perdre de gayeté de cœur, et espouser un desespoir pour le reste de leur vie et de leur posterité. Les bonnes villes et communautez y sont le plus bandées, comme celles qui se trouvent deceuës et decheuës de l'esperance qu'elles avoient conceu de ceste guerre, et qui en supportent plus de tourment que les autres. N'attendez donc les effects de leur desespoir. Vous estes trop foible pour l'empescher, et a desjà passé trop avant pour estre retenu par douceur et par art. Vous l'esprouverez et cognoistrez aussi. Dieu vueille que ce ne soit trop tard pour son service et le vostre particulier! Quiconque a volonté de bien faire ne doit faire difficulté d'agir en public, ny de se bien obliger qui veut bien payer. Sur ce, monsieur, je vous baise très-humblement les mains. De Pontoise, ce 2 de janvier 1594. »

Par ceste lettre le sieur de Villeroy conseilloit M. le duc de Mayenne de faire traicter la paix avec le Roy par une negotiation publique; mais ledit sieur duc ne suivit pas ce conseil, ains se tint ferme au serment qu'il avoit faict, comme nous avons dit cy-dessus, de ne recognoistre point Sa Majesté, sinon par le commandement du Pape. Ce que voyant ledit sieur de Villeroy, prejugeant la ruyne inevitable du party de l'union, quitta peu après ce party et vint trouver le Roy, lequel le remit depuis en son office et dignité de secretaire d'Estat.

Sur la fin de l'an passé, Loyse de Lorraine, royne doüairiere de France, veufve du feu roy Henry III, estant venuë de Chenonceaux en Tourraine jusques à Mante pour supplier Sa Majesté de faire justice des assassinateurs dudit feu sieur Roy son seigneur, et rendre à son corps une sepulture royale, selon la coustume des roys de France, Sa Majesté luy donna audience le lendemain des Roys de ceste presente année dans l'eglise Nostre Dame de Mante. Cest acte se fit avec beaucoup de ceremonies. M. de La Guesle, procureur general du Roy, y fit une docte remonstrance sur les choses qui s'estoient passées touchant l'assassinat dudit feu sieur Roy. Sur quoy il fut respondu et promis par Sa Majesté que la justice seroit faicte de tous ceux qui se trouveroient coulpables dudit assassinat, mais que pour les ceremonies funebres, qu'elles seroient remises à une autre fois, à cause de l'incommodité de la guerre qui estoit de nouveau recommencée.

Deux jours après ceste audience le Roy s'en alla au siege de La Ferté Milon, qu'il avoit fait investir par l'admiral de Biron, lequel conduisoit son armée. Ceux de dedans firent quelque contenance de se vouloir deffendre jusques à l'extremité, mais, se voyant vivement assaillis, ils entrerent en composition et rendirent ceste place au Roy.

Après ceste reduction le Roy s'en alla à Mante pour s'acheminer à Chartres, lieu qu'il avoit designé pour la ceremonie de son sacre au 27 fevrier; et, pour ne tenir en ombrage le duc de Mayenne, les ministres d'Espagne et les Seize dans Paris, pour la proximité de son armée, il envoya la plus grande part de ses gens de guerre vers la vallée d'Aillan [où, pendant le sejour qu'ils y firent, la ville de Joigny et quelques autres places et chasteaux se remirent en son obeyssance], affin d'executer mieux l'entreprise qu'il avoit sur ceste ville là par le moyen des politiques qui estoient dedans.

Nous avons dit l'an passé que les ministres d'Espagne proposerent à M. de Mayenne d'oster au sieur de Belin le gouvernement de Paris, l'ayans recognu très-desireux de la paix depuis la conversion du Roy, ainsi que mesmes ledit sieur duc dans une sienne lettre l'a escrit au roy d'Espagne en ces termes : « Ils me donnerent tous advis [dit-il parlant des ministres d'Espagne] d'oster le sieur de Belin de la charge de gouverneur, lequel, quoy que très-desireux de la paix, n'eust jamais rendu Paris au roy de Navarre, et de mettre en sa place le comte de Brissac, de la foy, affection et preud'hommie duquel ils monstroient particulierement estre asseurez. Je sçay bien qu'ils le faisoient en bonne intention, mais sont eux qui furent plus trompez que moy, car je leur remonstray lors qu'il estoit offencé de ce que M. le duc d'Elbeuf avoit fait à Poictiers. » Ceux du parlement qui restoient à Paris donnerent l'arrest suyvant le 14 de janvier, sur l'advis qu'ils receurent que l'on avoit osté au sieur de Belin le gouvernement de Paris, et que l'on avoit resolu de donner à plusieurs bourgeois des billets et les faire sortir de la ville.

« La cour, ayant veu le mepris que le duc de Mayenne a fait d'elle sur les remonstrances qu'elles luy a faites, a ordonné mettre par escrit autres remonstrances qui luy seroient envoyées par le procureur general du Roy pour y faire responce, laquelle sera inserée aux registres de la cour.

« Ladite cour, d'un commun accord, a protesté de s'opposer aux mauvais desseins de l'Espagnol et de ceux qui le voudroyent introduire en France, ordonne que les garnisons estrangeres sortiront de la ville de Paris, et declare son intention estre d'empescher de tout son pouvoir que le sieur de Belin abandonne ladite ville, ny aucuns bourgeois d'icelle, et plustost sortir tous ensemble avec ledit sieur de Belin; a enjoint au prevost des marchands de faire assemblée de ville pour adviser à ce qui est necessaire, et se joindre à ladite cour pour l'execution dudit arrest, et cessera ladite cour toutes autres affaires jusques à ce que ledit arrest soit entretenu et executé. »

M. de Mayenne, estant adverty que l'on vouloit publier cest arrest, alla au Palais, et, entré en la chambre, fit entendre à la compagnie qu'il venoit pour s'excuser à eux de ce qu'il avoit esté si long temps sans les voir; que ce n'estoit pas faute de bonne volonté; qu'il vouloit bien leur rendre ce tesmoignage qu'il les avoit tousjours grandement honorez, desiroit servir au parlement; au reste les asseuroit que ces impressions qu'on avoit voulu leur donner de luy n'estoient point veritables; qu'il n'avoit jamais eu volonté de capituler avec les Espagnols, comme il n'avoit encor; que, pour le regard du sieur de Belin, c'estoit luy qui vouloit abandonner la ville, et qui avoit demandé d'estre desmis de sa charge; dont ledit sieur de Mayenne estoit fort marri, d'autant que c'estoit un gentil-homme d'honneur, et duquel il avoit beaucoup de contentement. Là dessus il insista que la cour ne deliberast plus avant sur cest affaire.

Ledit sieur duc s'estant retiré, la cour fut assemblée jusques à une heure après midy, où il fut conclud que remonstrances seroient derechef faites au duc de Mayenne pour le supplier de retenir le sieur de Belin. Suyvant quoy certains d'entr'eux deputez allerent trouver ledit sieur duc, lequel leur fit responce qu'ils venoient trop tard, et que le partement du sieur de Belin estoit arresté, à quoy il ne pouvoit remedier.

Le lendemain la cour s'assembla encor pour adviser à ceste response, et arresta que le duc seroit supplié derechef d'arrester ledit sieur de Belin, ou descharger les presidents et conseillers de leurs offices.

Nonobstant tous ces arrests le sieur de Belin, osté de son gouvernement, sortit de Paris, alla trouver le Roy et quitta le party de l'union. Les Seize estimoient lors estre au dessus de leurs desseins, ayans ledit sieur comte de Brissac pour gouverneur de Paris, à cause qu'aux Barricades, l'an 1588, il s'estoit monstré fort affectionné aux remuëmens qui s'y firent du costé de l'Université; aussi qu'oultre les garnisons d'Espagnols, de Neapolitains et de lansquenets, il y avoit encor certains habitans en chasque quartier que l'on appelloit minotiers [et y en avoit bien quatre mille de ces gens là ausquels on donnoit un minot de bled et une dalle de quarante cinq sols toutes les semaines, ce qui leur estoit baillé par certains agents de l'Espagnol, suyvant un certain roolle particulier]: tellement qu'en chasque ruë ils avoient des gens qui tenoient ouvertement et opiniastrement leur party avec beaucoup de personnes, tant ecclesiastiques qu'autres de toutes qualitez, lesquelles l'on entretenoit du zele de religion. Mais nonobstant tout cela les politiques, qui multiplioient de jour en jour dans Paris, principalement encor depuis la conversion du Roy, ne laisserent de poursuivre leur dessein pour remettre ceste ville en l'obeyssance de Sa Majesté; ce qui ne leur reüssit, ainsi que nous dirons cy après.

Les autres gouverneurs des provinces et grandes villes du party de l'union ne s'y trouverent moins empeschez qu'estoit le duc de Mayenne dans Paris; et, quoy qu'en chacune ville il y eust des zelez qui ouvertement disoient ne vouloir jamais recognostre le Roy, publians mille impostures de sa conversion, si est-ce que les politiques parloient à l'ouvert qu'il le failloit recognoistre; le menu peuple mesmes, ennuyé de la guerre, qui avoit veu l'ombre de la paix dans la trefve, se jettoit de ce costé là: ce que lesdits gouverneurs recognoissans très-bien, en advertirent ledit sieur duc de Mayenne, luy mandans que le peril estoit pour eux en la demeure si on ne traictoit de la paix, et que les peuples d'eux-mesmes se disposeroient de se rendre au Roy si on ne les retenoit par une grande force. Ce fut pourquoy, ainsi que dit l'autheur de la suitte du Manant et du Maheustre, M. Desportes, abbé de Tyron, alla de la part du sieur de Villars, gouverneur de Roüen, dire au duc que s'il ne se vouloit autrement resouldre avec l'Espagnol, qu'il ne trouvast estrange qu'il traitast avec le Roy et qu'il fist ses affaires: à quoy le duc de Mayenne luy respondit qu'il fist ce qu'il voudroit. Sur ceste responce ledit sieur de Villars envoya ledit sieur abbé vers le Roy, et fit son accord ainsi que nous dirons cy-dessous.

En mesme temps que le gouverneur de Roüen eut ceste responce de M. de Mayenne, les deputez d'Orleans arriverent à Paris, et remonstrerent audit sieur duc le besoin que leur ville avoit de la continuation de la trefve. Il les pria et les conjura par leur serment de demeurer fermes au party de l'union et sous son authorité; mais lesdits deputez luy dirent qu'ils le supplioient de ne trouver point mauvais que puis qu'il n'avoit peu obtenir de trefve generalle du Roy s'ils en

alloient tascher d'en obtenir de luy une particuliere pour les duchez d'Orleans et de Berry, et, prenans congé dudit sieur duc, s'en allerent à Mante, où ils trouverent Sa Majesté, qui les receut benignement et leur accorda une trefve de trois mois, à la charge que dans ledit temps ils traicteroient de la paix et reconciliation definitive avec Sa Majesté, laquelle trefve commenceroit le premier jour de fevrier.

Peu de jours après, la nouvelle arriva au Roy, qui estoit allé de Mante à Melun, que les Lyonnois avoient pris son party et chassé les principaux de leur ville qui estoient du party de l'union, ce qui arriva de ceste façon.

Nous avons dit qu'ils avoient mis le duc de Nemours prisonnier dans le chasteau de Pierre Ancize, et que le duc de Mayenne avoit envoyé le vicomte de Tavannes et le sieur de Chanvalon pour accorder ce trouble avec le marquis de Sainct Sorlin; ce qu'ils n'avoient peu faire, bien que les Lyonnois eussent protesté de demeurer fermes au party de l'union. Or les principaux autheurs de la prison dudit duc de Nemours, tant par lettres qu'ils surprirent, que par advis qu'ils eurent de divers endroits que les freres s'accorderoient, et que ce que le duc de Mayenne et l'Espagnol promettoient de leur donner secours contre ledit marquis de Sainct Sorlin n'estoit que pour mettre dans leur ville douze cents Suisses que l'on levoit expressement pour la garde d'icelle, affin qu'y estans introduits et supportez d'aucuns catholiques zelez et partisans d'Espagne qui estoient encores dedans, ils se pussent rendre maistres de leur ville, et se venger de ceux qui avoient mis ledit duc prisonnier, quatre des principaux eschevins, resolus de prevenir le peril qu'ils voyoient tumber sur leurs testes, advertirent le sieur colonel Alphonse d'Ornano, lieutenant general pour le Roy au Dauphiné, qu'ils avoient deliberé de faire prendre les armes à tous ceux qu'ils cognoissoient affectionner le party du Roy, et se rendre maistres de la ville pour Sa Majesté, le suppliant de s'approcher de leur ville avec toutes ses troupes pour les secourir s'ils en avoient besoin, et que le jour de l'execution seroit le septiesme fevrier. Suyvant cest advis, ledit sieur colonel se rendit aux fauxbourgs de La Guillotiere le soir d'auparavant.

Entre les trois et quatre heures du matin, les sieurs Jaquet, de Liergues et de Seve, suivis de bon nombre de gens armez du quartier du Plastre, donnerent au corps de garde de l'Herberie, au pied du pont, où commandoit en personne Thierry, homme fort affectionné à l'union, lequel après beaucoup de resistance fut en fin forcé de quitter la place. Au [illegible] l'alarme fut donnée [illegible] rieudes aussi-tost faictes [illegible] tiers par ceux qui [illegible] devoit faire. Sur ceste [illegible] en son cartier cria vive la [illegible] qu'il se falloit delivrer de [illegible] servitude estrangere. L'archevesque [illegible] voyant une si prompte et [illegible] armes, accompagné des sieurs [illegible] de Chaseul, ses nepveux, après avoir [illegible] deux heures avant que de pouvoir [illegible] de la Sauine; se rendit en fin [illegible] Ville, et remonstra en l'assemblée [illegible] estre neutre, attendant la resolution [illegible] le retour de M. de Nevers. Ceste [illegible] receué par ceux qui estoient [illegible]: tellement que, sur leur murmure et mescontentement, ledit archevesque se retira [illegible] son logis; et neantmoins pour ce [illegible] fut parlé que sourdement du service du Roy, [illegible] fait autre execution, sinon que les [illegible] se saisirent de l'Arsenac, et qu'on [illegible] personnes des sept eschevins, de [illegible] nons et autres qu'ils cognoissoient [illegible] party de l'union. Mais la nuict du [illegible] mardy, la vigilance de ceux qui [illegible] cest affaire eut tel pouvoir sur le peuple [illegible] mardy mesme au matin on commença à [illegible] les uns des autres des pennaches blancs, [illegible] de temps après des escharpes blanches, [illegible] heures du matin il ne se trouva plus de [illegible] ny de crespes blancs dedans la ville, tant fut grande l'affluence de ceux, et jusques aux enfans, qui voulurent porter du blanc [illegible] est la marque et enseigne ancienne des [illegible]. Quelques royaux en firent largesse. Le [illegible] cloches, le *Te Deum* que l'on chantoit par toutes les eglises, et la voix du peuple qui crioit vive le Roy, monstrerent la joye et le contentement qu'avoit le peuple de ceste reduction. Il n'y eut rue ny carrefour où l'on ne bruslast les armes et livrées d'Espagne, de Savoye, de Nemours, et l'effigie de la ligue, faicte et peincte en forme de sorciere; et au mesme instant furent les armes du Roy mises et eslevées en triomphe par tout. Sur les deux heures après midy ledit sieur colonel Alphonse entra dedans la ville, à pied, botté et esperonné, accompagné des sieurs d'[illegible], de Chevrieres, de Saint Forjeul, de [illegible], La Liegue, La Baume, de Mures, et plusieurs autres seigneurs et gentils-hommes du pays, tous avec l'escharpe blanche. Ledit sieur colonel estant entré, les Lyonnois adviserent à ce qui estoit pour la seureté de la ville, et desmirent de leur charge sept de leurs eschevins qu'ils esti-

[illegible] estre opiniastres au party de l'union, et [illegible] en leur place sept autres; change- [illegible] quelques capitaines penons, mirent [illegible] les principaux qu'ils cognoissoient avoir [illegible] l'Espagnol ou le Savoyard. Mais ce qui [illegible] en ceste execution, est qu'en- [illegible] que la vie et les biens de tous les partisans d'Espagne fust en la main des royaux, et que, par le droit de la guerre, ils peussent sur eux venger la mort de plusieurs qu'ils avoient injustement fait executer par des boureaux, et la perte des biens par eux pillez, neantmoins ils userent de toute douceur, tant en leurs personnes qu'en leurs commoditez; mesmes leur fut donné seureté et retraicte en leurs maisons aux champs, attendans de les remettre et rappeller quand la ville auroit obtenu pardon et grace du Roy pour eux. L'archevesque de Lyon eut quelque mescontentement de ceste reduction, et, ayant demandé à sortir, fut prié de demeurer, toutesfois, du depuis ils le prierent de se retirer. Les Lyonnois jurerent lors, en pleine assemblée de ville, de n'admettre jamais aux charges publiques aucuns Italiens. L'exemple de ceste ville servit comme d'un clair phanal pour ramener au port de la clemence du Roy plusieurs autres villes.

Du depuis les Lyonnois obtindrent un edict du Roy sur leur reduction, lequel fut verifié en la cour de parlement, chambre des comptes et autres cours souveraines, par lequel le Roy leur promit, pour la sincerité de leur zele et promptitude d'affection qu'ils luy avoient porté [dont ils avoient laissé un exemple à toutes les autres villes de France, ce qui recommandoit et honnoroit à jamais leur memoire], qu'il ne se feroit en leur ville et faux-bourgs aucun exercice de religion que de la catholique, apostolique-romaine; qu'il revoquoit et annulloit tous les dons qu'il avoit faits des biens, benefices et offices de tous les Lyonnois; qu'il ne bastiroit jamais de citadelles en leur ville que dans leurs cœurs et bonnes volontez; qu'ils n'auroient que six cents Suisses de garnison; qu'il oublioit tout ce qui s'estoit passé depuis l'ouverture des derniers troubles contre son authorité, leur quittoit et remettoit tout ce qu'ils avoient pris de ses droits; advouoit l'emprisonnement qu'ils avoient faict du duc de Nemours, dont il promettoit les garentir contre qui que ce fust qui s'en voudroit ressentir; confirmoit tous leurs privileges, approuvoit tout ce qu'ils avoient faict en ce qu'ils avoient mis plusieurs habitans suspects hors de leur ville, et vouloit toutesfois que ceux qui n'estoient absents que pour ceste occasion eussent la jouyssance de leurs biens, benefices et offices. Voylà tout ce qui s'est passé de plus remarquable en la reduction de Lyon sous l'obeyssance du Roy. Voyons maintenant celles d'Orleans et de Bourges.

Nous avons dit cy-dessus qu'il y avoit deux factions dans Orleans, sçavoir les politiques, que l'on appelloit francs-bourgeois, et ceux du Cordon, et que, tant M. de La Chastre, qui commandoit pour l'union dans ceste ville, que ceux qu'il y avoit laissé pour gouverner en son absence, s'en estoient aydez affin de s'y maintenir en leur auctorité. Après la conversion du Roy ledit sieur de La Chastre, qui estoit à l'assemblée de Paris, estant de retour à Orleans, commença à desfavoriser ceux du Cordon et à supporter du tout les politiques; car il desiroit r'entrer aux bonnes graces du Roy, et porter à son service les places où il commandoit. Il estoit asseuré de celles qu'il tenoit en Berry; mais, quant à Orleans, la ville estant en la puissance des habitants divisez en deux factions esgales, il n'y avoit point de difficulté que celle qu'il favoriseroit à bon escient ne ruynast l'autre, ainsi qu'il advint; car, après que la trefve eust esté publiée, comme nous avons dict, il fit, par les mesmes deputez qui l'avoient obtenuë, continuër son accord avec le Roy et celuy des villes d'Orleans et de Bourges, lesquels furent arrestez audit Mantes au mois de fevrier; ce qu'il ne voulut faire publier jusques à ce qu'il eust donné l'ordre requis pour la seureté d'Orleans.

Le dimanche, 13 de fevrier, le theologal Burlat commença à prescher au peuple tout ouvertement, dans la grande eglise Saincte Croix, qu'il failloit porter obeyssance aux roys, et que l'on devoit obeyr au roy que Dieu avoit donné, sans toutesfois le nommer. A la sortie de ce sermon le menu peuple murmuroit de ce qu'il avoit parlé des roys, les uns en parlans d'une façon, les autres d'autre, pour ce que ce docteur avoit tousjours esté des plus avant du party de l'union: cela toutesfois n'estoit que des paroles. Mais ceux du Cordon recognurent aussi-tost que c'estoit à eux que l'on en vouloit, pource que ledit sieur de La Chastre, ayant en mesme temps envoyé s'asseurer des principaux d'entr'eux, en fit sortir aucuns de la ville, et principalement des refugiez des villes voisines qui portoient les armes dans Orleans, et mesmes feit mettre devant sa maison quelques pieces de canon. Ils se trouverent lors estonnez, car, pensans se sauver ou à Poictiers ou à Nantes, les gouverneurs des villes royales faisoient battre de tous costez l'estrade pour les attraper; plusieurs mesmes, qui s'estoient desguisez affin de passer plus asseurement par eau, furent descouverts, et payerent depuis rançon. Bref, on courut tellement sur ceux de ceste faction, que depuis elle fut du tout abolie. Le jeudy ensuyvant il fit faire en son logis une assemblée de tous les principaux de la ville, en laquelle il leur dict :

« Chacun de vous sçait que la cause principale pourquoy nous avons prins les armes a esté pour le soustient et conservation de nostre religion, subject très-sainct et très-honorable qui a convié plusieurs peuples de se joindre ensemble de volonté, qui a donné à ce party le nom et tiltre de la saincte union. Les Espagnols, esloignez de nos mœurs et conditions, se sont uniz à nostre secours, et au commencement se sont monstrez si religieux que ils ont voulu protester n'y vouloir entrer que pour le seul zele de la religion, sans pretendre, disoient-ils, autre chose en cest Estat que la salvation d'iceluy. Pleust à Dieu que leur intention eust esté telle, ou qu'ils ne se fussent poinct faict paroistre poussez d'autre ambition ! Nous avons donc fait la guerre cinq ans durant avec fort peu de progrez à nostre advantage, et presque tousjours sur la deffensive, les ennemis s'estant peu à peu rendu maistres de la campagne et des petites villes abandonnées sans secours et deffense, qui a causé que les grandes et principales des provinces sont tombées en de très grandes necessitez, et le peuple, lassé et matté, a estimé et pensé que leur mal procedoit de l'inter-regne, et que, pour ce que le Roy estoit lors huguenot, il leur convenoit et estoit loisible de nommer et eslire un roy qui fust premierement recognu très-bon catholique, digne et capable de sens et de conditions pour regner sur eux. Et, pour parvenir à l'effet, les estats furent convoquez à Paris au mois de may dernier, où il se trouva une assez notable compagnie des trois ordres; et ce fut lors que les Espagnols commencerent à descouvrir leur ambition, qui firent bien paroistre n'estre plus dans les bornes de ces premieres propositions par eux auparavant faictes de ne pretendre rien à l'Estat, faisant toutes les plus grandes pratiques et menées qu'il leur estoit possible pour s'acquerir des amis, tant en l'ordre ecclesiastique que de la noblesse et du tiers estat. J'en puis parler comme sçavant, pour ce que j'estois present aux assemblées qui se faisoient; comme aussi vous y aviez des deputez de ceste ville, que je puis dire n'avoir esté de ceux, non plus que moy, qui se soient laissez corrompre. Toutesfois la graine qui vient des Indes fut semée en quelques terroirs, qui produisit assez de partialitez parmy les chambres des estats; mais Dieu, qui a tousjours singulierement aymé ce royaume et monstré qu'il ne le veut perdre du tout, faisant paroistre aux plus grandes extremités quelques effects de sa divine bonté pour le relever, accreut tellement le courage des plus gens de bien de ceste compagnie, qu'ils demeurerent beaucoup plus forts que ceux qui avoient esté corrompus; et par ce moyen toutes les propositions qui se firent à l'avantage des Espagnols demeurerent vaines et sans effect.

» Je ne m'amuseray point à vous deduire icy les harangues qu'ils firent ausdits estats en faveur de madame l'Infante et de l'archiduc Ernest, pour les faire recevoir l'un ou l'autre et eslire pour regner sur ceste monarchie, ny la harangue proposée par un docteur de leur nation pour persuader de rompre la loy salique : cela est imprimé dans le livre qui en a esté fait, à quoy je me remettray, et me contenteray de vous dire que toutes ces harangues là ne purent esbranler, quelques partisans qu'ils eussent acquis à leur faveur, la vertu des bons et vrais François, qui genereusement s'opposerent à tout cela, rejectans telles inventions estrangeres, protestans de vouloir demourer sous les loix et coustumes de France, sans permettre ny consentir qu'elles fussent corrompues ny violées, et moins se soubsmettre soubs la domination et regne d'un prince estranger.

» Se voyans messieurs les agens et ministres d'Espagne frustrez de leur dessein par la vertu des bons François, ils s'adviserent d'en faire une autre alternative, soit qu'elle vinst de leur mouvement, ou de la volonté propre de leur maistre, comme ils disent, ou que quelqu'un leur mist en la teste que la memoire de feu M. de Guise fust encores si engravée dans le cœur de ceux de ce party, la presence de M. son fils pleine d'une si belle esperance et digne de recommandation pour le mariage de madame l'Infante, que cela seroit incontinent receu et embrassé d'une telle ardeur et affection, que promptement ils pensoient que l'on prononceroit ceste royauté qu'ils desiroient tant. Aussi de fait il se vid sur l'heure une très-grande mutation en toute l'assemblée, car un seul ne se remua pour s'y opposer, comme l'on avoit fait aux autres precedentes; mais au contraire ils furent remerciez, tant de la part de M. de Mayenne que de chacune chambre, particulierement de la faveur et honneur qu'ils avoient faict à M. de Guise. Mais on ne demeura gueres que les plus avisez et clairs voyans ne recogneussent bien que c'estoit un artifice très-meschant et perilleux pour ce jeune prince, qu'ils ne craignoient point de perdre ny de ruiner, et tous ceux qui eussent consenty de declarer la royauté, pour parvenir à leur but, qui estoit de nous rendre par ce moyen irreconciliables avec le Roy, et nous veoir entrer en une guerre immortelle, qui est le seul but à quoy ils ont.

toujours tenda, comme ils sont encores. Et vous mesmes que ils furent merveilleusement estonnez de trouver plus de prudence et de sagesse en ceste compagnie là qu'ils ne pensoient, jusques à se plaindre des amis et serviteurs de M. de Guyse, qui s'estoient monstrez froids, disoient-ils, au point de sa grandeur et l'eslevation de sa fortune à une si grande dignité, voire à le taxer luy mesme de manquement de courage. Mais le temps et les affaires qui se sont passées depuis ont assez fait cognoistre la verité de cest artifice, pour s'estre escoulé six mois depuis sans que, par lettres, ambassade et nulle autre demonstration, le roy Catholique ait donné aucun indice qu'il eust aggreable ceste proposition. Mais bien plus clairement s'est manifestée l'intention des Espagnols par la lettre que M. le legat escrivoit à Rome peu après la treve accordée au mois d'aoust dernier, par laquelle il discouroit entierement de ce qui s'estoit passé en toutes ces affaires, et, entre autres particularitez, il disoit que les Espagnols avoient esté contraints, se voyans deboutez d'Ernest et de l'Infante, de mettre en avant le mariage d'elle et de M. de Guyse, non pour intention qu'ils eussent d'entretenir leurs promesses, mais pensant par ce moyen empescher la conversion du Roy, et que, quant ledit duc Ernest seroit descendu au Pays Bas avec une puissante armée, ils feroient accorder par force ce qu'ils n'avoient peu obtenir de bonne volonté. Et pouvez par là voir, messieurs, assez clairement quel est le but et dessein des Espagnols, avec leur intention; et prie ceux qui ont pensé que leur desir fust de rechercher nostre bien et nostre salut avec le repos et tranquillité de ce royaume, de se departir de ces opinions, et de croire qu'ils n'en procurent que l'affoiblissement, le desmembrement, et par consequent la ruine.

» Il est tout certain qu'il n'y a rien au monde qu'ils craignent tant que de voir ce royaume bien reüny, et les peuples r'alliez soubs un roy. Je dis un roy legitime, et qui ne soit point creé d'eux, comme un satrape à l'ancienne forme des Perses. Et comme ils ont veu le Roy s'estre faict catholique, et que ceste action a touché le cœur de la pluspart des François, ils ont pensé qu'il n'y avoit moyen de nous retenir sous la misere de la guerre, et par consequent sous leur domination; car il est tout certain que nous ne la sçaurions faire sans l'assistance de leurs forces et de leur argent. Et voyant que le Roy envoyoit une très-notable ambassade à Rome, composée de princes, cardinaux, evesques et gentils-hommes, pour rendre à Sa Saincteté l'obeyssance filiale qu'ont accoustumé faire les roys de France à leur advenement à la couronne, ils ont apporté tous les empeschemens qu'ils ont peu à ce qu'elle ne fust receuë à Rome, et en ont esté si avant, que l'ambassadeur du roy Catholique resident à Rome près Sa Saincteté l'a bien osé menacer, soubs le nom de son maistre, qu'il romproit l'alliance et amitié s'il consentoit à recevoir le Roy à sa conversion; et de plus, luy dit qu'il empescheroit les traites de bleds qui viennent de Naples et de Sicile à Rome pour la nourriture de ce grand peuple. Vous voyez par là, messieurs, de quelle pieté et religion sont touchez ces nouveaux chrestiens.

» Or je vous diray bien encores que le Pape receut ceste indignité là avec tant de regret et desplaisir qu'il s'en mit au lict et en pleura, se plaignant à quelques cardinaux qui estoient autour de luy de se voir forcé en ses volontez et ne pouvoir distribuer ses benedictions sans le gré et consentement des Espagnols; et à la mesme heure il manda à M. de Mayenne qu'il ne se remist point du tout en luy des affaires de la France pour les considerations susdites, mais qu'il luy donnast moyen et ayde par ses advis d'y apporter les remedes necessaires. Cela, messieurs, ne nous doit il pas assez faire juger quelle est l'intention de Sa Saincteté, et que, si elle n'estoit point prevenuë ou retenuë de crainte, elle ne seroit si longue à se resoudre au bien et salut de cest Estat?

» Je vous diray maintenant que M. de Guise est party de Paris assez mal satisfait, pour ce qu'il voulut sçavoir des ministres d'Espagne, devant que de partir, ce qu'il devoit esperer de ceste proposition que l'on avoit faite de l'Infante et de luy, d'autant que six mois s'estoient escoulez depuis, qui estoit temps suffisant pour devoir avoir sceu l'intention de leur maistre. Ils luy respondirent que ceste longueur provenoit de M. de Mayenne, qui avoit mandé au roy d'Espagne qu'il le supplioit de ne faire aucune response sur toutes les affaires de la France qu'il n'eust envoyé une ambassade vers Sa Majesté pour la rendre bien particulierement instruicte et informée des affaires de deçà. Ceste verité ou artifice, tel qu'il soit, prenez le comme il vous plaira, ne doit pas avoir rendu M. de Guise fort contant, ny d'eux, ny de M. son oncle. Vous voyez d'ailleurs comme cest Estat s'en va de toutes parts divisé, soit en la personne des princes et des chefs, soit en la communauté des provinces et des villes. Les uns demandent la paix, les autres veulent la treve, aucuns une neutralité. Messieurs de Mayenne et de Guise sont aux termes que je vous dis. M. de Mercœur faict ses affaires à part et separement. M. de Nemours et son frere ne cherchant que le moyen de se vanger, et les tiens irreconciliables. M. de Lorraine, chef de la maison, a fait la trefve, cassé et retranché toutes ses forces, ou peu s'en faut, sous l'esperance de la paix qu'il fait, si desjà elle n'est faite, tant avec le Roy que ses voisins de Strasbourg, et par ce moyen remet son Estat en neutralité, comme il estoit auparavant ces guerres, se despartant du tout de la ligue. Nous sçavons pour certain que les villes de Rouen, Ponthoise, Peronne, Montdidier et Roye traictent de leur accord, si desjà elles ne l'ont fait, et m'a on asseuré que Abbeville et Amiens ont des deputez à la Court. La Provence et M. de Carces, beau-fils de M. de Mayenne, ont recognеu le Roy, et la cour de parlement mesme qui est à Aix, comme pareillement a fraischement faict Lyon, ceste grande ville, l'une des clefs et entrée de la France.

» Je vous remonstrerai encores que le foible secours que nous ont donné les Espagnols, et les longueurs qu'ils ont apportées et y apportent tous les jours, nous font assez paroistre que leur dessein n'est pas de nous oster des miseres où nous sommes, mais plustost nous y plonger plus avant par les divisions qu'ils causent entre nos princes, et les pratiques qu'ils ont dans les villes, mettans les habitans d'icelles en mesfiance les uns des autres, estimans tousjours que la ruine des François est la grandeur des Espagnols. Tant d'exemples et de tesmoignages que je vous ay icy apportez, me font promettre qu'il n'y a celuy de vous qui ne juge que par necessité il faut tomber soubs ceste domination espagnole, ou recognoistre le Roy; car, de demourer d'avantage soubs l'interregne, cela ne peut plus subsister sans la ruine de l'Estat : de penser vous maintenir en neutralité, ce seroit un perilleux conseil, et qui vous porteroit à une ruine evidente pour servir de proye à l'un ou à l'autre party.

» Quelqu'un pourra objecter et demander : mais que deviendra la religion et le serment que nous avons faict? Quant au premier poinct, je respondray que Dieu m'a faict naistre catholique, receu le sainct sacrement de baptesme en l'Eglise catholique, apostolique et romaine, eslevé et nourry en icelle, et, depuis le commencement de ces guerres civiles, j'ay tousjours fait la guerre contre les huguenots : et si le Roy fust demeuré en son erreur, jamais je n'eusse recherché ny desiré aucune reconciliation avec luy ; et depuis que je l'ay veu catholique, j'ay voulu soigneusement m'informer et enquerir si justement je me pouvois remettre avec luy et entrer à son service, et ay trouvé, par le conseil de très-doctes et suffisans [illegible] de pieté et de religion, qu'il n'y [illegible] cuté ny offense en la conscience. [illegible] du serment, que le [illegible] d'autant qu'il ne s'estoit fait [illegible] lors qu'il estoit huguenot, et que [illegible] estre relevez par sa conversion. Le [illegible] ment que nous avons faict en [illegible] favorable en ceste proposition que [illegible] qu'il n'y est contraire, d'autant qu'il est [illegible] nous ne traicterons point avec l'[illegible] dans ny dehors le royaume.

» Considerons donc maintenant quelle [illegible] et proffit nous pouvons attendre de la continuation de la guerre. N'ayans plus de subject [illegible] religion, qui semble estre failly depuis la [illegible] lication du Roy, soubs quelles [illegible] ferez vous la guerre maintenant? Si M. de [illegible] avoit espousé l'Infante, comme les [illegible] l'avoient proposé, et que la royauté [illegible] ceptée par luy, receué par les estats, [illegible] de la cour de parlement, cela pourroit [illegible] couleur à quelques-uns de passer la [illegible] gaillardement; mais Dieu, qui est [illegible] dent que nous, a eu soin de cest [illegible] l'a pas voulu, nous faisant cognoistre [illegible] des Espagnols est de faire tomber ceste [illegible] en la maison d'Austriche, ou la [illegible] ner et dissiper. Quelques-uns disent et [illegible] nent qu'ils nous doivent amener de [illegible] ces et faire des exploicts merveilleux, [illegible] ils fondent l'esperance de voir la ruine [illegible] Il faut sçavoir quelles sont ces forces [illegible] mettent : vous trouverez que ce sont [illegible] douze mil hommes de pied et trois mil [illegible] estrangers, et donnent à M. de Mayenne, [illegible] cela, cent mil escus par mois pour l'[illegible] ment, tant de lui, sa maison, qu'autres [illegible] et seigneurs qui seront à appoincter, et [illegible] payement d'autant de gens de guerre [illegible] entrer dans le corps de l'armée. Et notez [illegible] n'offrent ce secours là que pour ceste année seulement, et, pour l'année suivante, ils n'entendent en fournir que la moictié d'autant, [illegible] mant, comme ils disent, qu'avec ces [illegible] debiles forces ils auront reduit en deux ans tout le royaume soubs leur domination. Je vous jure et proteste qu'ils ne sçauroient seulement [illegible] pris la moindre des villes de celles que le Roy tient sur la riviere de Seine.

» Je veux que ces gens icy nous tiennent entierement leurs promesses, encores que l'on [illegible] puisse entierement doubter pour le manquement qu'ils ont fait à toutes les precedentes : que devons nous desirer quand nostre armée sera affrontée devant celle du Roy? c'est de donner une bataille, la gaigner, et par ce moyen exterminer le Roy et toute la noblesse qui l'accompagne, qui ne sera pas, comme vous pouvez penser, sans que la victoire demeure bien sanglante, et par avanture avec la perte de tous les princes de son party et de si peu de noblesse qui les assistent. Qui recueillera donc le fruict de ceste victoire? ce seront les Espagnols sans doubte, qui ne vous tiendront plus lors comme amis et compagnons d'armes, mais comme leurs subjets et esclaves, et vous voudront imposer le joug de la servitude, bridans vos villes par de très-fortes et puissantes citadelles, comme ils ont fait par tous les royaumes et provinces qu'ils ont conquis; et, s'il restoit encore par fortune quelque semence des princes et de la noblesse qu'ils ont tant crainte et redoutée, ils s'en defferoient par toutes les voyes ordinaires et extraordinaires qu'ils pourroient s'imaginer, comme ils ont sceu bien faire de ceux du royaume de Naples, dont nous avons veu les uns mendiens et miserables à nos portes, comme ceux de la maison de Melfe, d'Atrys, de Beseignan, de Sainct Severin, prince de Salerne, Brancace et autres. Voilà sans doubte, messieurs, ce que nous devons attendre et esperer de la domination espagnolle, si nous sommes si fols et maladvisez de nous y sous-mettre.

» J'ay cy-devant representé, pour satisfaire à ceux qui disent que l'on doit attendre ce que Sa Saincteté prononcera, combien sa volonté est traversée et son jugement empesché. Il me ressouvient encore qu'estant à Paris lors que le Roy feit sa conversion à Sainct Denis publiquement, il envoya querir et convia par lettres plusieurs docteurs de la Sorbonne pour s'y trouver, lesquels, en nombre de six ou sept, demanderent permission à M. de Mayenne, luy faisant voir les lettres qu'ils avoient receuës, qui les renvoya à M. le legat, qui voulut empescher premierement par parolles et remonstrances d'y aller, y adjoutant les defenses, et mesmes jusques à les menacer des censures ecclesiastiques : surquoy M. Benoist, curé de Sainct Eustache, portant la parolle, tant pour luy que ses compagnons, repliqua fort bien à M. le legat qu'il ne luy pouvoit deffendre et encores moins excommunier pour se trouver à une ceremonie si desirée de tous les gens de bien, voire ordonnée et commandée par les decrets et saincts canons à ceux de sa profession de se trouver en semblables evenemens pour sçavoir juger et discerner, par les signes, indices et autres remarques, si la conversion seroit feinte, simulée ou digne d'estre approuvée d'eux; et dit plus à M. le legat que son estat et office l'obligeoit luy-mesme d'y devoir estre : et, nonobstant toutes ces contestations, ledit sieur Benoist et ses compagnons ne laisserent de s'acheminer en pleine ruë et devant le peuple de Paris, ne celant point le lieu où ils alloient; et, après que ladite conversion fut faicte, ils s'offrirent et manderent à M. le legat qu'ils estoient prests de retourner à Paris pour rendre conte de ce qu'ils avoient veu et recogneu du Roy en ceste conversion, offrans de plus se soumettre ausdits saincts decrets et canons pour disputer contre leurs compagnons de la mesme Faculté; qu'ils s'estoient acquitez de leur devoir sans que l'on les peust blasmer ny calomnier : à quoy on ne les a voulu recevoir; qui me fait croire, quant à moy, que c'est faute d'assez bons moyens pour les convaincre; car, si on l'eust peu faire, je n'estime pas que l'on eust laissé eschapper ceste occasion, veu que l'on cherche tant d'autres petits subtils moyens.

» Je concluray donc par ceste maxime, qu'il faut necessairement tomber sous la domination espagnolle ou sous la legitime du Roy. En la premiere je n'y recognois autre bien ny utilité que ce que je vous ay representé. En la legitime nous serons receus comme enfans de la maison, et non avec moins d'alegresse que celle du pere provide à l'endroit de ses enfans. Nous asseurerons et conserverons la religion, et nous nous acquitterons de nostre devoir. Nous empescherons une ruine inevitable, nous asseurerons nos vies, nos biens, nos femmes et enfans. Chacun rentrera en ses biens, benefices, offices et dignitez, le marchant fera son commerce en toute liberté, le peuple sera soulagé, le plat pays deschargé, le batelier sera libre de naviguer sur la riviere de Loyre depuis Rouane jusques à la mer sans danger, et exempt de tant de daces et subsides; le voicturier par terre aura toute la Beausse libre, et pourra aller jusques à Limoges et Lyon; et croy que par vostre exemple vous apporterez une paix generale en ce royaume; car, aussi tost que l'on verra vostre declaration, croyez qu'elle sera suivie de plusieurs autres. Mais je crains que si vous retardez tant soit peu, que quelqu'autre ville de tant qui traittent leur reconciliation ne vous previenne et leve ceste couronne de dessus la teste. Je ne doute point encore que nostre Sainct Pere recognoisse comme il a esté abusé sur les advis que l'on luy donne de deçà que le peuple ne desire point la paix, ne face au premier jour recognoistre qu'il la veut embrasser et y apporter les remedes necessaires.

» Voilà, messieurs, l'advis que je vous donne, sur lequel je vous prie de prendre une resolution : toutes les villes de Berry, et le pays mesme qui vous est si voisin, utile et necessaire, s'adjoindra à vous au mesme consentement. Je vous diray, pour ce que j'ay appris que quelques-uns estoient en doute qu'après ce traitté resolu je quittasse ceste ville et le gouvernement, je vous asseureray que non, et que je desire me perpetuer avec vous comme un de vos bourgeois mesme si vous sçavez prendre et bien user de mon conseil. Si au contraire vous le rejettez, il ne me seroit pas seur ny honorable de demeurer parmy vous, et vous prirois me permettre que je me retirasse. »

Ceste harangue finie, M. l'evesque d'Orleans, les maire et eschevins, et les principaux de ceste assemblée, qui avoient avec ledit sieur de La Chastre travaillé à dresser leur reconciliation avec le Roy, le remercierent fort de l'amitié qu'il portoit à leur ville, luy rendirent loüange de ce qu'il les avoit conservez par sa bonne conduitte depuis les cinq années dernieres des troubles, le prierent de ne les point quitter, et luy protesterent de vouloir en tout et par tout suyvre le conseil qu'il leur donnoit de recognoistre le Roy, estans tous prests de jurer l'obeyssance qu'ils luy devoient : ce que toute l'assemblée approuva d'une mesme voix.

Les articles accordez par Sa Majesté pour la reduction de leur ville estans leus, les deputez qui les avoient obtenus furent priez d'en aller poursuivre la verification au parlement de Tours, en attendant laquelle ils resolurent de ne plus dilayer à se declarer ouvertement pour le Roy. Suyvant ceste resolution, ledit sieur de La Chastre, qui avoit esté pourveu de l'estat de mareschal de France par le duc de Mayenne, en estant par ceste reduction pourveu par le Roy, reprint le collier du Sainct Esprit qu'il n'avoit point porté depuis l'an 1589, et avec ceux de la maison de Ville alla assister au *Te Deum* qui se chanta dans la grande eglise Saincte Croix. Ce ne fut depuis que canonnades, feux de joye, et crys de vive le Roy par toute ceste ville. Le dernier jour de fevrier les articles accordez, tant pour ladite ville d'Orleans que de celle de Bourges et autres places que ledit sieur mareschal de La Chastre ramenoit au service du Roy, furent veriffiez audit parlement de Tours.

La substance des articles de ceux d'Orleans estoit qu'il ne se feroit aucun autre exercice que de la religion catholique romaine en tout le bailliage et ville d'Orleans, sinon ez lieux et ainsi qu'il estoit porté par les edicts de l'an 1577; que les ecclesiastiques de la ville d'Orleans, le chapitre de Jergeau, le doyenné de Meun, et l'abbaye Sainct Mesmin, seroient deschargez de ce qu'ils devoient de decimes depuis les presents troubles jusques en octobre prochain; que la memoire de toutes choses faictes à l'occasion de ces presents troubles demeureroit esteinte et assoupie; que lesdits habitans d'Orleans demeureroient quittes et deschargez des arrerages du droict des cinq lances, et encores pour trois ans à l'advenir; seroient aussi exempts de tous emprunts et subventions pour le mesme terme de trois ans consecutifs; que Sa Majesté remettoit et quittoit en toute l'eslection d'Orleans ce qui estoit deu pour les tailles jusques à la fin de l'année passée; que lesdits habitans d'Orleans seroient conservez en tous leurs privileges, franchises et libertez; que le Roy à l'avenir n'y feroit bastir aucune citadelle; que tous les subsides et imposts creez au dedans de la generalité d'Orleans depuis ces presents troubles seroient abolis; que la vente et distribution du sel seroit remise en son ancienne forme; que tous actes de justice donnez entre personnes de mesme party sortiroient effect; qu'il ne seroit faict aucune recherche des executions de mort qui auroient esté faictes par authorité de justice, ou par droict de guerre ou commandement dudit sieur de La Chastre, et pour le regard des jugements donnez contre les absents tenans divers partys, soit en justice civile ou criminelle, qu'ils demeureroient nuls et sans effect; que tous officiers de justice, finances et autres estans en ladite ville, pourveus par les feux roys, seroient maintenus en leurs charges et dignitez, en faisant seulement de nouveau serment entre les mains dudit sieur de La Chastre; et que pour le regard des offices qui avoient vacqué par mort ou par resignation de ceux qui estoient dudit party de l'union, et lesquels se trouveroient avoir esté pourveus par M. de Mayenne, que telles lettres de provision n'auroient lieu, mais qu'en baillant le nom de ceux qui avoient obtenu lesdites provisions, il leur seroit faict expedier lettres de provision desdits estats sans payer finance; que le siege presidial et tous autres offices et dignitez, tant de justice que de finances, qui avoient esté transferez de ladite ville pendant les presents troubles, y seroient remis et restablis; qu'après le sieur de La Chastre Sa Majesté ne pourvoiroit au gouvernement d'Orleans que de personne catholique; que l'evesque d'Orleans seroit remis en la possession et jouyssance de ses benefices, en quelque lieu qu'ils fussent scituez; que les comptes rendus à Paris par les comptables ne seroient subjects à revision, et que les parties qui y estoient rayées et tenues en souffrance pour gages ou rentes seroient restablies purement et simplement; que toutes personnes, tant ecclesiastiques, officiers, qu'autres, qui s'estoient retirez des villes du party du Roy en ladite ville d'Orleans, pourroient rentrer aux villes où ils estoient demeurans, et y jouyr de leurs biens et heritages, benefices et dignitez, en declarant leur intention audit sieur de La Chastre deux jours après la declaration qu'il auroit faicte pour le bien du service de Sa Majesté; qu'au benefice de cest edict toutesfois ne seroit compris ce qui avoit esté fait par forme de vollerie, comme aussi en seroient exceptés ceux qui se trouveroient coulpables de l'assassinat du feu Roy ou de la conspiration sur la vie du Roy à present regnant.

Voylà la substance de l'edict faict sur la reduction d'Orleans. Quant à celuy de Bourges, il estoit presque semblable, excepté en quelques articles, entr'autres sur la fin du treizieme, là où Sa Majesté ordonne en ces termes : « Considerant qu'estant à present reduit en nostre obeyssance ladicte ville de Bourges et autres dudit pays de Berry, que nous a apportée ledit sieur de La Chastre se remettant à nostre service, nous avons, pour le soulagement du peuple, advisé d'oster toutes les garnisons de guerre generalement qui sont en toutes les villes, chasteaux et forteresses dudict pays de Berry, d'une part et d'autre, d'y excepter la tour de Bourges, où il y aura d'oresnavant cent hommes, et le chasteau de Meung sur Yevre cinquante, avec l'appoinctement des capitaines et lieutenants. Declarons en outre que pour l'advenir il n'y aura autre gouverneur ny lieutenant general pour nous audit pays de Berry que ledict sieur de La Chastre et le baron son fils, sur survivance l'un de l'autre, revoquans tous pouvoirs et commissions qui auroient cy-devant esté expediées à quelques autres personnes que ce soit, et ordonnons en ce faisant que toutes les villes, places, chasteaux et forteresses qui sont au dedans dudit gouvernement de Berry seront remises soubs l'authorité desdits sieurs de La Chastre pere et fils, et que toutes garnisons estans dans lesdites places en seront ostées, tant d'une part que d'autre, dans huict jours après la publication des presentes, fors et excepté celles qui sont cy-dessus mentionnées.

Devant que de parler du sacre du Roy à Chartres, voyons ce que fit le duc de Nevers à Rome, et comme il prit congé du Pape. Nous avons dit l'an passé que Sa Saincteté l'avoit remis à une audience particuliere au second jour de ceste année. Ce jour venu, qui estoit un dimanche, le duc fut introduit pour parler au Pape, auquel il dit :

Que le desir qu'il avoit de rapporter à son Roy la precise response de la volonté de Sa Saincteté, et n'y faillir aucunement, l'avoit fait l'importuner par plusieurs fois de la luy faire donner par escrit, puis que le Roy luy avoit escrit deux lettres de sa main, une desquelles il luy avoit presentée; aussi qu'il ne pouvoit se charger d'aucune response verbale, puis que Sa Saincteté ne luy donnoit lettre de creance. Le Pape lors luy dit : « Je ne suis resolu de vous donner aucune response par escrit par ce que j'ay sceu que l'on a bruslé à Tours les bulles et autres actes que les papes mes predecesseurs ont envoyé en France : je ne veux pas qu'il en advienne de mesmes de ce que je vous baillerois par escrit. Davantage, je traitte ordinairement d'affaires importans avec l'ambassadeur d'Espagne et autres; ils ne me demandent rien par escrit. J'ay esté en Pologne et autres lieux pour negoces importans pour lesquels on ne m'a rien donné par escrit : il vous doit suffire donc de ce que je vous dis verbalement. » A quoy le duc lui respondit : « Je sçay fort bien qu'en affaires qui se traittent pour simples recommandations et autres semblables negoces, l'on ne se soucie de retirer response par escrit; mais, puis que vous avez receu deux lettres escrites de la main du Roy mon seigneur, et deux memoriaux que je vous ay baillez, et vous ayant parlé bien amplement de la conversion et absolution et des commandemens de l'Eglise que Sa Majesté desire avoir de Vostre Saincteté pour faire le salut de son ame, et par là tesmoigner l'ardent desir qu'il a d'estre reconcilié avec le Sainct Siege, il me semble que vous me devez donner un petit mot de response affin d'esclaircir mon Roy de vostre volonté et de ce qu'il a à faire aussi, pour ne rendre mon voyage inutile. Quant à la doute que Vostre Saincteté a qu'en France l'on face quelque mespris de ce que vous me baillerez par escrit, comme on a faict de la response que le pere Alexandrin Hebrahin avoit donnée de vostre part à M. le cardinal de Gondy, cela ne peut estre, par ce que si Vostre Saincteté estime que la response qu'il vous plaira de me faire est convenable à la qualité de vicaire de Dieu, et par consequent juste et raisonnable, vous ne devez point craindre de me la bailler par escrit pour justifier vos actions à l'endroit de tout le monde; car, estant bonne et saincte, elle ne sera mesprisée et bruslée. Si aussi Vostre Saincteté estime qu'elle ne soit telle qu'il appartient à la qualité de juste juge et pere misericordieux, et doubte qu'elle ne soit trouvée mauvaise, il me semble que vous la devez corriger comme il appartient.

» Le respect et honneur que le Roy mon seigneur vous a porté depuis dix-huit mois en çà, a esté cause qu'il a empesché que les parlemens n'ayent faict quelque grande declaration sur le pouvoir que Vostre Sainсteté a donné à M. le cardinal de Plaisance, pour assister à une eslection de roy si contraire et prejudiciable à son auctorité, ayant voulu postposer son particulier interest au respect qu'il vous porte, et par ce il deffendit au parlement de Tours et à tous les autres de faire aucun arrest, comme est leur coustume, pour soustenir les droits de la couronne; tellement qu'il n'y a eu que celuy de Chaalons qui ait fait quelque declaration auparavant que d'avoir sceu la volonté de Sa Majesté, laquelle luy ayant esté envoyée, il n'a passé outre à faire la grande declaration qu'il avoit arresté par le premier arrest. Enquoy Vostre Sainсteté doit cognoistre la bonté de mon Roy et l'affection qu'il vous a portée, laquelle je vous diray encores qu'il n'a voulu perdre, ores que vous et vostre legat à Paris ayez depuis continué à luy en donner de grandes occasions, comme il se peut voir, outre ledit pouvoir, par les lettres et actes qui ont esté faicts à Paris: ce qui me semble, Pere Sainct, devoir vous induire à addoucir vostre rigueur en son endroict, considerant que la bonne volonté que Sa Majesté porte à vostre personne provient d'un cœur franc et genereux, et non d'aucun sien particulier interest, outre que Vostre Sainсteté feroit un œuvre meritoire que de recevoir un prince de telle importance, qui peut attirer par son exemple et auctorité les milliers d'ames desvoyées. » A ces mots le duc se remit à genoux aux pieds du Pape, le suppliant d'interiner sa requeste.

Sa Sainсteté persistant en sa premiere resolution, et disant ne vouloir croire que la conversion du Roy fust bonne, ledit sieur duc le supplia de luy declarer ce qu'il pretendoit et desiroit que Sa Majesté fist pour la luy tesmoigner estre bonne, et la rende contente de ses actions. Surquoy Sa Sainсteté luy dit : « Qu'il face le contraire de ce qu'il a faict cy-devant. » A quoy le duc respondit : « Il a cy-devant faict des choses qu'il luy est impossible de faire maintenant le contraire; il n'est pas theologien pour sçavoir quelles œuvres il doit faire pour se preparer à meriter la grace de Vostre Sainсteté. » Le Pape repliqua : « Il y a en France des theologiens capables pour le luy dire. » Lors le duc supplia Sa Sainсteté de luy dire si elle se rapporteroit à ce que lesdits theologiens luy diroient. A quoy le Pape ne luy ayant rien respondu, le duc, reprenant la parole, luy dict : « Je ne sçay donc quel conseil donner à mon Roy pour bien faire, puis qu'il ne vous plaist de me declarer les œuvres preparatoires qu'il doit faire pour le salut de son ame, et cela est le jetter en desespoir; ce que jamais n'a voulu faire Jesus-Christ, qui est allé rechercher les pecheurs pour les enseigner et donner occasion de se convertir. » Surquoy le Pape dit au duc : « Je ne suis tenu de les luy declarer. » Puis, ayant allegué quelque exemple de la Saincte Escriture à ce propos, le duc luy respondit : « Avec vostre permission, je vous diray qu'il me semble que les sermons des predicateurs ne tendent qu'à instruire le peuple, et à luy proposer les œuvres preparatoires pour sauver leurs ames; ce que j'estime que Vostre Sainсteté doit faire à l'endroict de mon Roy, pour n'estre pas moins tenu envers luy, sous peine de peché mortel, qu'est le pere d'assister ses enfans de conseil pour le salut de leur ame, ainsi qu'il est declaré par les œuvres de misericorde, qui sont plus notoires à Vostre Sainсteté qu'à moy. » Surquoy le Pape dit au duc : « Navarre sçait bien ce qu'il doit faire sans que je luy die, et ne suis point tenu luy declarer les œuvres preparatoires; j'ay faict consulter cest affaire par des theologiens, et ne veux passer plus avant. » Le duc voyant que le Pape estoit ferme en sa resolution, il luy demanda si Sa Sainсteté entendoit que le Roy son maistre allast cy-après à la messe, comme il avoit faict cy devant, et y receust le precieux corps de nostre Sauveur, ou bien s'il s'en abstiendroit. A ceste demande le Pape ne fit aucune response. Le duc, ayant cognu qu'il l'avoit trouvée de grande importance, affin de donner loisir à Sa Sainсteté d'y penser ne voulut insister d'avantage sur l'heure d'en sçavoir sa resolution. Et, continuant son propos, il luy remonstra aussi qu'il y avoit plusieurs eveschés et abbayes vaccantes, grande partie desquelles estoient dans les villes et pays de l'obeyssance du Roy, et maintenant tenues par des œconomats, sans que l'ordre et regle ecclesiastique y fust gardé comme il appartenoit, et que le desordre estoit encore plus grand aux eveschez, où il n'y avoit personne pourveu, par ce qu'il ne s'y faisoit de cresme ny de prestres, dont la pluspart des paroisses demeuroient sans curez, et que ceux que le Roy avoit nommez à Sa Sainсteté s'estoient disposez d'envoyer vers luy après son retour pour obtenir les bulles, lesquels maintenant differeroient de ce faire, le voyans retourner en France avec une despesche si contraire à leur attente, qui proprement fermoit la porte à tous les François royaux de recourir au Sainct Siege; et partant qu'il plust à Sa Sainсteté de luy dire sur cela sa volonté pour la rapporter en France, à cause qu'il craignoit qu'il ne fust remis en avant et possible embrassé certain reglement qui avoit esté cy-devant dressé touchant l'expedition desdites bulles, pour estre gardé par forme de provision, et jusques à ce que Gregoire quatorziesme eust adoucy sa rigueur et severité à l'endroict du Roy et de tant de bons catholiques qui le servoient, et qu'il fust delivré du très-pernicieux conseil espagnol qui le detenoit enveloppé, et luy faisoit faire ce qu'il vouloit, et consequemment fust mieux conseillé; lequel reglement pour lors avoit esté rejecté par l'advis de plusieurs personnages d'honneur, sur l'esperance que l'on avoit pris que Sa Saincteté embrasseroit la paix de la France, laquelle esperance estant perdue par son retour, seroit cause de faire maintenant effectuer ce reiglement, chose qu'il recognoissoit fort bien qui apporteroit beaucoup de desplaisir à Sa Saincteté et de grands desordres en l'Eglise, lesquels, en son particulier, luy faisoient herisser les cheveux et trembler le cœur à y penser seulement, pour s'en veoir le porteur par ordonnance de Sa Saincteté, et toutesfois sans sa coulpe, le suppliant de luy dire comme il entendoit que l'on eust à se gouverner pour le regard desdictes bulles. A quoy le Pape luy respondit qu'il ne pouvoit les faire depescher à la nomination de Navarre, pour ne l'estimer roy; et neantmoins que sur tout ce qu'il luy avoit parlé il y penseroit, et puis luy feroit sçavoir sa volonté. Avec telle response le duc se licencia d'avec le Pape ledit soir du dimanche deuxiesme de janvier.

Le vendredy ensuivant le cardinal de Toledo vint trouver le duc de la part du Pape, et luy dit que Sa Saincteté ne se tenoit point obligé de luy bailler rien par escrit, par ce qu'il ne pretendoit pas qu'il luy eust dit aucune chose de la part de Navarre, luy ayant mandé, auparavant son arrivée à Rome, qu'il estoit resolu de ne le recevoir comme ambassadeur, et partant qu'il ne vouloit recevoir de la part de Navarre ce qu'il avoit traicté avec luy, ains de la sienne seule, comme par forme d'un propos familier fait entr'eux-deux.

Le duc trouva ceste response fort estrange, et en demeura estonné, et supplia ledit cardinal de luy declarer bien particulierement si l'intention de Sa Saincteté estoit telle, lequel luy dit par plusieurs fois que telle estoit la volonté du Pape. Lors le duc luy dit qu'il trouvoit ceste resolution si estrange et contraire à son attente et à l'occasion de sa venuë, qu'il en demouroit tout confus en son esprit, et qu'il luy sembloit que ce fussent jeux d'enfans, n'ayant jamais ouy dire que l'on deust fermer la bouche aux desvoyez de la religion desirans de se convertir en la recognoissance du Sainct Siege, et que ceste response pour tout certain mettroit au desespoir beaucoup de personnes; pour luy, qu'il souhaittoit de s'estre rompu une jambe avant son partement de France, affin de n'estre reduict d'y porter une response si estrange, considerant le scandale cy-devant advenu en Allemagne et ailleurs pour les occasions que chacun sçavoit, et qu'il estoit contraint de luy dire que si Sa Saincteté vouloit imiter Jesus-Christ, duquel il estoit vicaire, il devroit plustost aller rechercher les ames esgarées pour les ramener en l'Eglise de Dieu, que non pas de chasser au loing celles qui s'y presentoient. A quoy le cardinal luy respondit que Jesus-Christ n'estoit tenu d'aller rechercher les desvoyez, ains au contraire qu'il avoit voulu que l'on s'addressast à ses disciples pour les introduire à luy, comme les gentils firent à sainct André. A ce mot le duc luy dit : « Monsieur, vous prenez sainct André pour sainct Philippes; mais cest exemple-là est seul en l'Evangile. Au contraire il y en a plusieurs autres qui tesmoignent comme l'on s'est addressé tout droict à Jesus-Christ, voire que luy mesmes est allé chercher les pecheurs pour les acheminer à la vraye cognoissance de Dieu et de luy. Mais, puis que Sa Saincteté a pris ceste resolution, et qu'il y veut persister, je n'ay que faire de la debattre d'avantage; mais seulement je deplore la misere qui adviendra à nostre France par la rage des soldats qui est très-grande, et encores plus parmy ceux de la ligue que non pas parmy les royaux. » Le cardinal, en souzriant, dit au duc qu'il ne sçavoit qu'y faire. Ce que voyant le duc, il luy dit : Rions tous hardiment; car dans peu de jours nous serons les premiers à gemir, et puis vous serez contraint d'en faire de mesme. » Le cardinal, s'excusant de tel acte, luy dit qu'il avoit prou de regret des maux qui adviendroient, mais qu'il desireroit les pouvoir empescher. Le duc luy ayant demandé s'il avoit point charge de Sa Saincteté de luy declarer les œuvres preparatoires qu'il entendoit que le Roy son maistre fist pour luy donner esperance de le recevoir au giron de l'Eglise de Dieu, comme aussi s'il iroit à la messe ou non, et quelle estoit son intention sur les expeditions de bulles, ledit sieur cardinal luy dit qu'il n'avoit aucune charge de Sa Saincteté de luy en dire aucune chose, par ce qu'il ne vouloit aucunement se sousmettre à donner conseil à Navarre, ains le laisser faire de luy mesme.

Le duc, voyant qu'il ne pouvoit pour lors avoir autre response, supplia ledit cardinal de rapporter au Pape ce qu'il luy avoit dit : ce qu'il promit de faire. Mais le duc ayant attendu jusques au 9 de janvier la response dudit sieur cardinal, et n'en ayant receu aucune, il cognut bien qu'il n'en auroit point d'autre, et que l'on ne desiroit que l'amuser, selon l'advis apporté de Paris par le prelat Montorio, comme nous l'avons dit. Il envoya le sieur de Nivolon vers le maistre de la chambre du Pape pour supplier Sa Saincteté de trouver bon que le lundy il allast prendre congé de luy et luy baiser les pieds avec son fils et les gentilshommes qui s'en retournoient en France.

Le lundy matin, le maistre de la chambre du Pape ayant envoyé dire audit sieur duc qu'il allast trouver Sa Saincteté, le duc y fut, accompagné de son fils et des gentils-hommes qui estoient venus de France avec luy. Introduit, il dit à Sa Saincteté que son sejour à Rome ne luy pouvant plus donner esperance de rapporter meilleure expedition que celle qu'il avoit plu à Sa Saincteté de luy bailler, qu'il estoit resolu de s'en retourner en France rendre le devoir qu'il devoit à son Roy et à sa patrie, et partant qu'il estoit venu prendre congé de luy pour luy dire qu'il s'en alloit fort bien content de la gracieuse façon de laquelle il lui avoit pleu de traicter avec luy pour son regard particulier, mais très-mal content, voire avec un desespoir incroyable de la rigoureuse et severe resolution qu'il avoit faict sur ce qu'il avoit traicté avec luy touchant la conversion de son Roy, n'ayant voulu recevoir pour asseurances, ce qu'il avoit offert de signer de son propre sang, que son Roy effectueroit de tout son pouvoir les commandemens qu'il plairoit à Sa Saincteté de luy donner pour penitence de son peché, ny prendre pour la caution, qu'il luy avoit offert, son fils unique en ostage, pour le tenir prisonnier dans le chasteau Sainct Ange; qu'il prevoyoit bien que ceste rigueur apporteroit de sinistres accidens et à la France et ailleurs, et qu'il eust plustost desiré d'estre mort en la grace de Dieu, que de se voir reduit à un effect si contraire à son intention; mais, puis que son mal-heur l'y avoit acheminé, qu'il n'y pouvoit faire autre chose, sinon de le prendre en patience. Sa Saincteté luy respondit qu'il voudroit avoir occasion de faire mieux qu'il ne faisoit, et de mettre la paix en France avec l'honneur de Dieu, et que, s'il ne tenoit qu'à se faire coupper les bras et les jambes, il le feroit très-volontiers, mais qu'il ne voyoit rien qui le deust induire à faire ce dont ledit duc l'avoit supplié, et quand il le verroit qu'il le feroit. Surquoy le duc luy dit qu'il pensoit luy avoir cy-devant dit assez de choses pour l'induire à accorder la très-humble supplication qu'il luy avoit faicte, mais, puisqu'il n'avoit voulu y avoir esgard, qu'il ne l'en importuneroit [illegible] Dieu qu'il luy pleust [illegible] leure resolution qu'il n'avoit [illegible] laut, il se donneroit [illegible] ny agent, ny [illegible] des affaires de la France, [illegible] que Sa Saincteté avoit [illegible] qu'il ne l'avoit esté par le passé, [illegible] cardinal de Plaisance, du [illegible] et des princes et seigneurs [illegible] suyvoient; ce qui seroit le vray [illegible] tenir tousjours Sa Saincteté en [illegible] vaise opinion du Roy et de ses [illegible] jects, ainsi qu'il se pouvoit [illegible] telligence grande et secrette entre [illegible] et le patriarche d'Alexandrie qui [illegible] de Sa Saincteté en Espagne, [illegible] plustost ministres du roy Catholique [illegible], chacun d'eux s'entendant bien pour [illegible] faires de ce Roy, ainsi qu'il se pouvoit [illegible] tre par la copie de la lettre dudict [illegible] addressante audit cardinal, en [illegible] la diligence que ledict patriarche [illegible] pourchasser la ruyne de la France, [illegible] employoit l'authorité de Sa Saincteté, [illegible] qu'il ne se pouvoit faire plus grande [illegible] envers le roy d'Espagne pour l'[illegible] France que ce que Vostre Saincteté [illegible] que neantmoins le Roy son seigneur [illegible] voulu croire.

Sur les propos qu'ils eurent touchant [illegible] lettre, le duc verifila à Sa Saincteté que ledit cardinal de Plaisance mesmes avoit escrit à [illegible] plusieurs choses qui s'estoient passées en France au contraire de la verité; plus, il le fit [illegible] venir des lettres que ce mesme cardinal avoit escrites à Sa Saincteté, l'advertissant qu'il falloit excommunier messieurs les princes du sang et tous les catholiques qui servoient le Roy; ce que Sa Saincteté par sa prudence n'avoit voulu faire, luy ayant mandé au mois de may dernier qu'il ne trouvoit bon ny l'un ny l'autre; plus, que ledit cardinal de Plaisance avoit declaré à Paris, au mois de juillet dernier, que l'intention de Sa Saincteté estoit que M. de Guise fust esleu roy, et en avoit presenté un certain escrit qu'il soustenoit venir de la part de Sadite Saincteté, affin de violenter l'eslection qu'eussent voulu faire les deputez de leur assemblée d'estats, suppliant le Pape de n'adjouster plus de foy à tout ce que ledit cardinal luy escriroit des affaires de France.

Sa Saincteté ayant pris la copie de la susdite lettre que le patriarche d'Alexandrie escrivoit audit cardinal de Plaisance, il dit au duc qu'il la verroit et qu'il n'oublieroit de faire tous bons offices pour remedier aux affaires de la France, et que, s'il y envoyoit quelqu'un, il luy donneroit charge de parler à luy, l'asseurant qu'il avoit très-bonne intention de bien faire à la France; plus, que s'il luy escrivoit il l'auroit agreable et lui feroit response.

Ces propos achevez, le fils du duc vint baiser les pieds de Sa Sainctelé, pour se licencier, auquel le Pape donna une croix d'or avec quelques esmeraudes, dans laquelle estoient quelques reliques de la vraye croix, et aussi un chapellet qu'il luy mit au mesme instant au col: la valeur dudit present estoit environ trois ou quatre cens escus, les reliques ostées. Après que ledit prince fils eut baisé les pieds de Sa Saincteté, survindrent les autres gentils-hommes françois qui en firent de mesme, et après eux le duc les baisa pour rendre le dernier devoir de son voyage, et en ce faisant il print congé de Sa Saincteté.

Avant que le duc de Nevers partist de Rome, le Pape le fit visiter par messieurs les cardinaux ses nepveux, et aucuns mesmes ont tenu que M. l'evesque du Mans fut introduit pour parler en secret à Sa Saincteté. Toutesfois le duc s'en alla, fort mal satisfaict du Pape, le quinziesme de janvier. Il rencontra M. le cardinal de Joyeuse et le baron de Senescey qui s'en alloient à Rome de la part du duc de Mayenne et du party de l'union. A leur rencontre les ceremonies de la cour furent oubliées de part et d'autre, les uns passans d'un costé du chemin, les autres de l'autre. Le duc alla à Florence, à Venize et à Mantouë, où il fut receu par tout fort magnifiquement, et de là il retourna en France. Quant au cardinal de Joyeuse, il eut audience le 24 de janvier; mais ayant demandé secours au Pape, tant d'hommes que d'argent, il eut pour response qu'il ne pouvoit de rien resoudre qu'il n'eust eu l'advis du roy d'Espagne sur les expediens pour maintenir la religion catholique en France; pour l'argent, qu'il n'en pouvoit plus bailler à cause de la guerre des Turcs en Hongrie. C'est assez sur ce subject; retournons en France voir ce qui se passa au sacre du Roy.

Sa Majesté se desirant conformer aux loüables coustumes de plusieurs roys ses predecesseurs, et suyvant icelles estre sacré à Rheims, qui est la ville où les roys de France ont de coustume d'estre oingts et sacrez, laquelle estoit lors possedée par ceux de l'union qui persistoient en leur opiniastreté et rebellion, il fut informé qu'il pouvoit licitement, et non sans exemple de ses predecesseurs, se faire sacrer ailleurs, n'estant precisement astrainct de recevoir la saincte onction en l'eglise de Rheims, uy par les mains de l'archevesque du lieu, pour les raisons à plein deduites par Yvo, evesque de Chartres, au sacre du roy Louys le Gros, faict à Orleans par l'archevesque de Sens, et ses suffragans, en l'an 1108. Il choisit sur toutes autres eglises celle de Chartres pour la peculiere devotion que ses ancestres, ducs de Vendomois, comme diocesains et principaux paroissiens, y avoient tousjours porté, et de tout temps eu peculier archidiacre pour la direction spirituelle de leur pays, avec chappelle propre, service divin, et obits annuellement faicts en ladite eglise de Chartres à leur intention au lendemain des cinq festes de Nostre Dame.

Avant l'arrivée de Sa Majesté à Chartres on prepara en toute diligence ce qui estoit necessaire pour une si sacrée ceremonie.

Premierement le chœur fut paré et tendu de très-riche tapisserie, et mise une chaise devant le grand autel pour l'evesque qui officieroit. Vis à vis de ladite chaise, environ neuf ou dix pieds en arriere, fut dressé un haut dais eslevé de demy pied, et deux toises et demie en quarré, couvert de tapis de soye, et posée dessus une autre chaise très-riche, avec un dais et ciel de très-excellente broderie. Entre lesdites chaises estoit un apuy d'oratoire couvert d'un drap de toille d'argent damassée à feuillages rouges, et deux carreaux de mesme, dont l'un, et le plus bas, estoit de longueur d'environ cinq quartiers, pour servir à Sa Majesté et à l'evesque officiant lors qu'il conviendroit se prosterner durant le chant de la letanie. Derriere la chaise preparée pour le Roy fut dressée une escabelle couverte de satin bleu semée de fleurs de lys d'or pour faire seoir celuy qui representeroit M. le connestable. Environ trois pieds plus arriere fut posée une autre escabelle parée comme la precedente pour M. le chancelier. Plus arriere, environ trois pieds, fut mise une selle couverte de mesme pour messieurs les grand-maistre, grand-chambellan et premier gentil-homme de la chambre qui devoient seoir ensemble. A la dextre dudit autel fut preparée une grande forme couverte de tapis pour messieurs les pairs ecclesiastiques, et une autre derriere eux pour les prelats n'estans occupez au ministere du sacre. En mesme endroict estoit un autre banc, tant pour messieurs du conseil d'Estat, de robe longue, que pour messieurs les presidents et conseillers du parlement de Paris transferé pour les troubles à Tours, et qui estoient mandez par le Roy pour assister à ceste ceremonie. Le lieu de la grande chaise pontificale fut reservé pour messieurs les secretaires d'Estat. Au costé senestre dudit autel fut aussi parée une longue selle pour messieurs les pairs laiz. Derriere eux en fut mise une autre pour messieurs les ambassadeurs ; outre ce un pavillon pour ouyr le Roy en confession auriculaire. Au mesme rang l'on dressa un banc pour les seigneurs qui seroient deputez à recevoir la couronne royale et descharger le Roy de son sceptre et main de justice, tant à l'offrande qu'à la communion, et toutesfois que requis seroit. Vers le jubé, derriere ledit banc, furent mis autres sieges pour messieurs les chevaliers du Sainct Esprit et autres seigneurs, tant des affaires que du conseil. Outre ce furent dressez eschaffauts à l'entour du dedans du chœur avec quatre grands escaliers de bois pour y monter par dehors. Le plus prochain de la main dextre fut reservé pour les princesses, dames de la cour et damoiselles de leur suitte, ensemble pour les chevaliers de l'ordre, capitaines, gentils-hommes de la chambre et gentils-hommes servants, et au mesme costé pour messieurs du grand conseil et des finances, et au costé senestre pour les notables personnes ausquelles seroit donnée entrée par les capitaines des gardes et maistres des ceremonies. Les galeries du chœur et de la nef furent delaissées à ceux qui y pourroient trouver place par la licence de ceux qui les avoient en garde.

Au pulpitre et jubé du chœur, au dessous du crucifix, fut dressé le throsne royal en la façon qui ensuit.

Au milieu dudit pulpitre fut faite une plateforme de sept à huict pieds de long et de cinq de large, en laquelle on montoit audit pulpitre par quatre marches. Sur ceste plate-forme fut posée la chaise du Roy, en telle sorte que luy estant assis pouvoit estre veu depuis l'estomach en haut par ceux qui seroient au chœur, et depuis la ceinture par ceux qui seroient en la nef de l'eglise. Au dessus y avoit un dais de veloux violet semé de fleurs de lys d'or. Au devant ladicte chaise fut mis un appuy d'oratoire, au dessous duquel et sur le plan dudit pulpitre fut preparée une selle pour celuy qui representeroit le connestable. A la dextre, sur la seconde marche de ladicte plate-forme, fut pareillement dressé un siege pour M. le grand chambellan. A la senestre, sur la premiere et plus basse marche de ladicte plate-forme, en fut mis un autre pour M. le premier gentil-homme de la chambre. Au devant de la chaise preparée pour Sa Majesté, sur ledict plan, fut à la dextre preparé le siege pour M. le chancelier, et à la senestre pour M. le grand-maistre. Contre l'appuy dudit pulpitre regardant la nef furent mis sieges pour messieurs les pairs ecclesiastiques à la dextre du Roy, et à la senestre pour messieurs les pairs laiz ; le tout paré de riche tapisserie. Et pour

quant à l'enrichissement de ceux des ducs et ceux des comtes.

Après avoir faict leurs prieres et s'estre mutuellement saluez, ils confererent ensemble avec l'evesque de Chartres afin de deleguer deux d'entr'eux qui iroient querir le Roy en son logis et l'ameneroient en l'eglise pour y estre sacré. Et parce que l'ancienne coustume observée ès sacres des rois de France est de commettre à ce faire les evesques de Laon et de Beauvais, et que l'un estoit absent et l'autre decedé, ils deputerent les evesques de Nantes et de Maillezais qui les representoient en cet acte; et à l'instant ils partirent pour y aller, vestus de leurs habits pontificaux, portans reliques des saincts en leur col. Les chanoines habituez et enfans de chœur marcherent au devant d'eux processionnellement avec deux croix, chandelliers, encensiers et benoistiers.

Tous entrerent en la premiere chambre en laquelle estoit un lict richement paré, et sur iceluy le Roy couché, vestu d'une chemise de toille de Hollande, fenduë devant et derrière pour recevoir la saincte onction, et par dessus sa camisolle de satin cramoisi fenduë aussi devant et derriere pour mesme cause, et pareillement d'une robbe longue en façon de robbe de nuict.

Lesdits evesques ayans apperceu le Roy, celuy de Nantes dit une oraison en latin, laquelle finie, lesdits evesques, baissans leurs mains, sousleverent ledit seigneur Roy de dessus son lict, l'un par le costé dextre, et l'autre par le senestre, avec toute exhibition d'honneur comme à leur prince souverain representant en terre la divine Majesté et souveraine puissance, puis le menerent en chantant processionnellement jusques à la porte royale de l'eglise.

Premierement marchoit le sieur de Saincte Suraine faisant aller les archers du grand prevost de l'hostel du Roy, puis le clergé ayant accompagné lesdits deux prelats, les Suysses de la garde, les trompettes, les heraults, les chevaliers du Sainct Esprit, les huissiers de la chambre du Roy avec leurs masses, les archers des gardes, les Escossois près de la personne du Roy. Au devant de Sa Majesté marchoit M. le marechal de Matignon au lieu de M. le connestable, l'espée nué au poing, et revestu de tunique, manteau, et cercle sur la teste en la maniere des pairs comtes laiz. Après alloit seul messire Philippes Hurault, chancellier de France, vestu de son manteau et epitoge d'escarlatte rouge, rebrassé et fourré d'hermines, deux limbes de mesme couvertes de passement d'or sur chacune espaule, et le mortier de drap d'or en la teste; puis M. le comte de Sainct Pol, tenant le lieu de grand maistre et ayant le baston [illegible] en la main; à sa dextre estoit M. le duc de Longueville, grand chambellan de France; à senestre M. de Bellegarde, grand escuyer, tenant le lieu de premier gentil-homme de la chambre. Ces trois seigneurs estoient vestus de tuniques et manteaux comme les pairs laiz; mais M. de Longueville avoit en la teste un [illegible] comme un duc pair, et les autres deux des cercles comme les comtes pairs, et deux [illegible] leurs manteaux.

Si tost que le Roy fut arrivé à la porte [illegible] de l'eglise, le clergé s'arresta, et l'evesque de Maillezais dict une oraison; puis Sa Majesté entra en l'eglise, où les chanoines marchans devant chanterent à faux bourdon le [illegible], commençant: *Domine, in virtute tua lætabitur Rex*.

Le Roy, estant approché du grand autel, fut par lesdits evesques de Nantes et Maillezais presenté à celuy de Chartres preparé à faire l'office du sacre, lequel, en l'accueillant, dit plusieurs prieres: le Roy de sa part en fit aussi pour obtenir de Dieu la grace de gouverner ses subjects.

Après que Sa Majesté eut fait ses prieres, il offrit à Dieu sur ledit autel une chasse d'argent doré pour y mettre reliques de saincts, en laquelle depuis furent posées, par le chapitre de ladite eglise, aucunes de celles du Roy sainct Louys, de la source duquel ledit sieur Roy est descendu. Ladite oblation faite, il fut conduit par les evesques de Nantes et Maillezais en la chaise qui luy estoit preparée vis à vis de celle de l'evesque de Chartres officiant.

Au costé droict de ladite chaise estoit le sieur de Chasteau-Vieux, capitaine de la garde escossoise, et lesdits Escossois près la personne de Sa Majesté; à gauche, le sieur de Pralin, capitaine des gardes françoises. A deux pieds au devant du Roy, du costé droict, estoit le sieur de Chavigny, capitaine de l'une des compagnies de cent gentils-hommes; au gauche, le sieur de Rambouillet, capitaine de l'autre compagnie. Lesdits gentils-hommes estoient confusement près leurs capitaines. Derriere le Roy estoit assis M. le mareschal de Matignon; M. le chancellier estoit derriere luy: chacun d'eux assis sur une escabelle à part; et plus bas, en arriere, estoit sur une selle lesdits sieurs grand-maistre, grand-chambellan, et premier gentil-homme de la chambre.

Tierce dicte, l'evesque de Chartres, adverty de l'arrivée de la saincte ampoulle, alla à l'instant pontificalement au devant, assisté des evesques de Nantes et Maillezais, avec les chanoines et enfans de chœur de l'eglise; mais, avant que les religieux de Marmoustier la delivrassent audit evesque, ils le firent estroitement obliger, en main de notaires, de la leur rendre le sacre parachevé : ce qu'il leur accorda en parole de prelat.

A l'instant des chanoines habituez et enfans de chœur de ladite eglise chanterent une antiphone, et ledit sieur evesque de Chartres dit une oraison, laquelle finie, il entra au chœur de l'eglise avec ceux qui l'assistoient, portant à descouvert la dicte saincte ampoulle, qu'il monstra au peuple, et posa en toute reverence sur le grand autel. A la venuë d'icelle le Roy se sousleva de sa chaise, et devotement la venera ainsi que fit toute l'assistance. Les barons qui l'avoient esté querir entrerent après dans ledit chœur, portans en main les pannonceaux de leurs armoiries, et s'assirent pour ouyr le divin service ès chaises des chanoines au costé gauche.

Après cela ledit sieur evesques de Chartres, assisté de ceux de Nantes et Maillezais, fit la requeste suivante au Roy.

« Nous vous demandons que vous nous octroyez à chacun de nous, et aux eglises desquelles nous avons la charge, les privileges canoniques et droictes loix et justice, et que vous nous defendiez comme un roy en son royaume doit à tous les evesques et leurs eglises. »

A quoy le Roy respondit : « Je vous promets et octroye que je vous conserveray en vos privileges canoniques, comme aussi vos eglises, et que je vous donneray de bonnes loix, et feray justice, et vous defendray, aydant Dieu par sa grace, selon mon pouvoir, ainsi qu'un roy en son royaume doit faire par droict et raison à l'endroict des evesques et de leurs eglises. »

Après ceste response les evesques de Nantes et Maillezais sousleverent Sa Majesté de sa chaise, et estant debout demanderent aux assistans s'ils l'acceptoient pour roy, non que ceste acceptation se prenne pour eslection, ayant le royaume de France esté tousjours hereditaire et successif au plus prochain masle, mais pour declaration de la submission, obeyssance et fidelité qu'ils doivent comme à leur souverain seigneur, de l'expresse ordonnance de Dieu.

Ayant esté, par l'unanime consentement de tous les ordres, recogneu pour leur prince legitime, l'evesque de Chartres luy presenta le serment du royaume [qui est le sainct et sacré lien des loix fondamentales de l'Estat], lequel il presta publiquement en ces mesmes mots, avec invocation de l'aide divin, ses mains mises sur l'Evangile qu'il baisa reveremment :

« Je promets, au nom de Jesus-Christ, ces choses aux chrestiens à moi subjects. Premierement, je mettray peine que le peuple chrestien vive paisiblement avec l'Eglise de Dieu. Outre, je tascheray faire qu'en toutes vocations cessent rapines et toutes iniquitez. Outre, je commanderay qu'en tous jugemens l'equité et misericorde ayent lieu, à celle fin que Dieu, clement et misericordieux, face misericorde à moy et à vous. Outre, je tascheray, à mon pouvoir, en bonne foy, de chasser de ma jurisdiction et terres de ma subjection tous heretiques denoncez par l'Eglise, promettant par serment de garder tout ce qu'a esté dict. Ainsi Dieu m'ayde et ces saincts Evangiles de Dieu. »

Comme les princes, magistrats et personnes publiques exerçans leurs charges et estats usent de certains habits differens des autres pour se rendre plus augustes et venerables au peuple, ainsi furent mis sur l'autel ceux desquels le Roy se devoit parer en son sacre, sçavoir la couronne imperiale close, la moyenne, le sceptre royal, la main de justice, la camisole, les sandals, les esperons, l'espée, la tunique, la dalmatique, le manteau royal et plusieurs autres, refaicts de nouvel au lieu de ceux qui avoient esté religieusement gardez, dez le temps du roy Clovis, au thresor de l'abbaye de Sainct Denis en France, à l'usage du sacre de ses très-chrestiens ancestres, et depuis les presens troubles honteusement brisez, fondus, butinez, dissipez, et partagez avec tous les ornemens et marques de la dignité royale [dont la seule memoire fait herisser les cheveux de ceux qui y pensent].

Les evesques de Nantes et Maillezais ayant conduit le Roy à l'autel, le sieur de Belle-garde, premier gentil-homme de sa chambre, le devestit de sa petite robe de toille d'argent à manches. Et estant en sa camisole de satin, et l'evesque de Chartres ayant faict les benedictions et prieres accoustumées, M. de Longueville, grand chambellan de France, lui chaussa ses botines, et M. le prince de Conty, tenant le lieu du duc de Bourgongne, doyen des pairs laiz, luy mit les esperons, et à l'instant les luy osta.

Après cela ledit sieur evesque de Chartres benit l'espée royale estant au fourreau. La benediction faicte, il la ceignit au Roy, et incontinent la luy deceignit, et tira du fourreau qu'il laissa sur l'autel, et baisa en disant plusieurs prieres cependant que le chœur chantoit quelques antiphones.

Le Roy ayant receu l'espée la baisa et offrit à l'autel, sur lequel elle fut mise en tesmoignage de son zele et affection en la deffense de l'Eglise. Après qu'il eut offert son espée à l'autel, l'evesque de Chartres la luy rendit et remit en sa main : à l'instant Sa Majesté la reprit reveremment à genoux, et bailla à porter au devant de luy à M. le mareschal de Matignon, qui tenoit le lieu de connestable, lequel la porta allegrement en tous les actes du sacre. Ce que dessus faict, l'evesque de Chartres retourna vers l'autel pour y preparer la sacrée onction en la forme ensuivant.

Il tira de ladicte ampoulle, par une esguille d'or, un peu de liqueur de la grosseur d'un poix, et la mesla du doigt avec le sainct chresme preparé à ceste fin. Durant que la susdicte mixtion se faisoit, on chanta plusieurs antiphones, versets et oraisons.

Ladicte onction preparée, les attaches des vestemens du Roy furent deformes devant et derriere par lesdits evesques de Chartres, Nantes et Maillezais, puis Sa Majesté se prosterna devant l'appuy de son oratoire, et l'evesque de Chartres quant et luy, pour requerir l'assistance de la grace de Dieu pour la conservation de la France. Cependant les evesques de Nantes et Maillezais commencerent à chanter la letanie que l'on a de coustume chanter en telle ceremonie, et le chœur leur respondoit.

La letanie finie, l'evesque de Chartres se dressa debout pour dire sur le Roy, demeuré encor prosterné en terre, plusieurs suffrages et oraisons, lesquelles dites, ledit sieur evesque s'assid comme en la consecration d'un evesque, et, avant qu'oindre le Roy, fit encor plusieurs prieres sur luy, après lesquelles, tenant en main l'assiette sur laquelle estoit ladicte sacrée onction, commença du poulce droict à oindre et sacrer le Roy en sept parties, sçavoir : premierement, au sommet de la teste ; secondement, sur l'estomach après que sa camisole et chemise luy furent avalées ; tiercement, entre les deux espaules ; quartement, en l'espaule droicte ; à la cinquiesme fois en l'espaule senestre ; à la sixiesme au ply et joincture du bras dextre ; en la septiesme celle du bras gauche.

Les roys de France ont ce specieux privilege d'estre oingts non seulement du sainct huille en l'espaule et au bras, mais de la celeste liqueur ès susdictes parties, à ce que, fortifiez de la divine assistance, ils executent serieusement ce qui est de leur charge, tant Dieu leur a faict de demonstration de ses graces et faveurs, soit en ladicte liqueur transmise du ciel pour le baptesme et sacre de Clovis, premier roy spirituellement regeneré en la France, octroy des fleurs de lys tant celebrées en la Saincte Escriture, preseance avant tous monarques, et infinies autres prerogatives et grades : outre la miraculeuse guarison des escrouelles, et la conservation de l'Estat par si longue durée et suitte d'années, qu'il semble

» Monsieur l'evesque de Nantes, qui servez pour l'evesque duc de Laon, presentez vous.

» Monsieur l'evesque de Digne, qui servez pour l'evesque duc de Langres, presentez vous.

» Monsieur l'evesque de Maillezais, qui servez pour l'evesque comte de Beauvais, presentez vous.

» Monsieur l'evesque d'Orleans, qui servez au lieu de l'evesque comte de Chaalons, presentez vous.

» Monsieur l'evesque d'Angers, qui servez au lieu de l'evesque comte de Noyon, presentez vous. »

Ladicte convocation ainsi faicte, ledict evesque de Chartres print sur l'autel la grande couronne close, et la sousleva seul à deux mains sur le chef du Roy sans le toucher, et incontinent tous lesdicts pairs y mirent les mains pour la soustenir, et lors l'evesque de Chartres, la tenant en la main senestre, la benit.

Après la benediction ledit evesque seul mit et assit la couronne sur le chef du Roy. Les pairs y mirent tous les mains. Ledit evesque en le couronnant, tenant tousjours la couronne de la main senestre, dit encor plusieurs prieres benissant le Roy, lesquelles achevées, ledict evesque le prit par la manche du bras dextre, et, en la compagnie de tous les pairs, mettans autant qu'ils pouvoient les mains à sa couronne, le conduit depuis le grand autel, par le chœur de l'eglise, jusques audit throne preparé au jubé d'icelle.

En allant, le Roy tenoit tousjours en ses mains le sceptre et verge de justice avec un grave port très-seant à Sa Majesté. Au devant marchoit M. le mareschal de Matignon, l'espée royale nuë en la main : M. le chancelier le suivoit; après, M. le grand-maistre, à la dextre duquel estoit M. le grand chambellan, et à la senestre M. le premier gentilhomme de la chambre. La queuë du manteau royal estoit portée par M. de Sainct Luc.

Au bas de l'escalier, à main droicte, estoit M. le comte de Maulevrier, capitaine des Suisses de la garde, et les herauts teste nuë avec leurs cottes d'armes, de marche en marche desdits escaliers. Sur le haut de l'escalier droict estoit le sieur de Rhodes, à l'autre escalier gauche le sieur de Surenne, avec leurs bastons.

Estans tous arrivez audict throsne et hault siege preparé au pulpitre, le Roy tourna le dos contre la nef, et l'evesque de Chartres le tenant tousjours, luy dit : *Sta, et retine à modò statum, quem huc usque paterna successione tenuisti, hereditario jure tibi delegatum per authoritatem Dei omnipotentis, et per præsentem traditionem nostram, omnium scilicet episcoporum, cæterorumque Dei servorum. Et quanto clerum propinquiorem sacris altaribus prospicis, tanto ei potiorem in locis congruentibus honorem impendere memineris, quatenùs mediator Dei et hominum te mediatorem cœli et plebis constituat* (1).

Ledit evesque de Chartres, tenant le Roy par la main, le fit seoir, priant Dieu de le confirmer en son throsne, rendre invincible et inexpugnable contre ceux qui injustement s'efforçoient de ravir la couronne qui luy estoit legitimement escheuë; puis dit une oraison, laquelle finie, ledit evesque fit au Roy très-humble reverence nuë teste, et le baisa, disant à haute voix par trois diverses fois : *Vive le Roy!* A la derniere il adjousta : *Vive eternellement le Roy!*

Les pairs, tant ecclesiastiques que laiz, luy firent mesme reverence l'un après l'autre, et le baiserent avec pareille acclamation, puis s'assirent ès sieges à eux preparez, les ecclesiastiques à la dextre du Roy, et les laiz à la senestre.

Le peuple qui estoit dans la nef de l'eglise, oyant l'esjouyssance des pairs, commença à crier à haute voix vive le Roy avec une telle allegresse, qu'on fut un long temps sans ouyr qu'une grande acclamation de peuple, qui fut suivie d'un son melodieux de toutes sortes d'instrumens de musique, avec clairons, hautbois, trompettes et tambours. Les herauts commencerent lors à jetter nombre de plusieurs pieces d'or et d'argent, tant de la monnoye courante qu'autres expressement fabriquées et marquées à l'effigie du Roy, avec la datte du jour et année de son sacre et couronnement.

Pendant que l'on chantoit le cantique *Te Deum*, l'evesque de Chartres, revestu de decente chasuble, se presenta à l'autel, assisté de l'abbé de Saincte Genevieſve de Paris et du doyen de l'eglise de Chartres, cestui-cy ordonné pour dire l'epistre, et l'autre l'evangile, ensemble de six chanoines de ladite eglise pour luy ministrer en la celebration de la messe.

A la lecture de l'evangile le roy se sousleva pour y donner devote et attentive audience. A ceste fin luy fut ostée la couronne royale de des.

(1) Arrêtez-vous, et conservez désormais ce rang que jusqu'ici vous avez tenu de vos aïeux, et qui vous est délégué en vertu de votre droit héréditaire, par l'autorité de Dieu tout puissant, par nous, par tous les évêques de votre royaume, et par les autres serviteurs de Dieu. En considérant le clergé si près des saints autels, souvenez-vous de lui rendre tous les honneurs qui lui sont dus, puisque le médiateur entre Dieu et les hommes vous constitue aujourd'hui médiateur entre le ciel et votre peuple.

sus son chef, et mise sur un carreau à l'accoudoir du pulpitre par M. le prince de Conty, representant le duc de Bourgongne.

Après ladite lecture ledit abbé de Saincte Genevielve porta le texte à M. l'archevesque de Bourges, lequel, avant que presenter ledict texte, fit trois humbles reverences à Sa Majesté, sçavoir : l'une au pied de l'eschaffaut du pulpitre, la seconde au milieu, et la troisiesme au plus haut d'iceluy, et en s'en approchant prit ledit texte des mains dudit abbé, et le presenta à baiser au Roy; ce faict, la rendit audit abbé pour le porter à baiser à l'evesque de Chartres officiant, et retourna au siege à luy ordonné au jubé.

Le cantique de l'Offertoire dit, les herauts d'armes et huissiers de la chambre monterent au haut de l'eschaffaut pour aller au devant du Roy, se disposant de venir à l'offrande, et, luy ayant faict les reverences en tel cas accoustumez, descendirent incontinent.

Premierement marcherent lesdits herauts et huissiers.

Puis le sieur de Sourdis, qui portoit le vin en un vaze d'or cizelé, le sieur de Souvré le pain d'argent sur un riche oreiller, le sieur d'Antragues le pain d'or sur un mesme oreiller, le sieur Descars la bourse sur pareil oreiller, laquelle estoit garnie de treize pieces d'or, chacune ayant d'un costé l'effigie du Roy avec ceste inscription : *Henricus quartus, Francorum et Navarræ rex. M. D. XCIV;* et en l'autre costé un Hercules, et en la circonference la devise du Roy en ces termes : *Invia virtuti nulla est via.*

Après eux M. le chancelier, puis M. le comte de Sainct Pol comme grand maistre, et M. le mareschal de Matignon representant M. le connestable.

Le Roy les suivit, environné des pairs, tenant en sa main dextre le sceptre, et en sa senestre la main de justice.

Cependant que Sa Majesté alla à l'offrande, les sieurs grand chambellan et premier gentilhomme de la chambre demeurerent au jubé comme pour garder ledit throsne et siege royal.

Le Roy estant arrivé à l'autel, les herauts et huissiers, ensemble lesdits sieurs de Matignon, chancelier, et comte de Sainct Pol, se retirerent des deux costez et firent place aux sieurs d'O et de Roquelaure, lesquels prindrent des mains du Roy, l'un le sceptre, et l'autre la main de justice, pour l'en descharger; lesdits sieurs, commis à porter les honneurs et presens, les mirent l'un après l'autre en la main du Roy qui les offrit à l'autel et bailla à l'evesque de Chartres officiant. L'offrande faite, le Roy reprit son sceptre et main de justice, et s'en retourna en son throsne, accompagné comme dessus, les chantres et le peuple continuans une grande acclamation de vive le Roy.

Ce faict la messe fut poursuivie selon l'ordinaire du jour, et fut adjousté à la secrette quelques oraisons, et une solemnelle benediction avant que de dire le *Pax Domini*, lequel dit, l'archevesque de Bourges et grand aumosnier de France, qui avoit donné le livre de l'Evangile à baiser au Roy, vint à l'autel recevoir la paix devotement de l'evesque de Chartres en le baisant à la joue, et à l'instant il remonta au jubé et la presenta au Roy par le mesme baiser : ce que tous les pairs firent de leur part chacun en son ordre en signe de mutuelle union, accord et charité chrestienne.

La messe finie, les pairs ecclesiastiques et seculiers, avec la compagnie estant au jubé, amenerent le Roy à l'autel pour communier. Avant la communion il entra en un pavillon dressé de ceste part à costé gauche pour se reconcilier avec ledit docteur Benoist, son premier confesseur; puis se presenta au devant dudit autel, où M. le prince de Conty luy leva sa grande couronne pour la reverence de la saincte communion. Les pairs laiz osterent aussi de leur part leur parement de teste pour mesme occasion.

Le Roy, ayant à genoux dit publiquement son *confiteor*, receut de l'evesque de Chartres l'absolution en la forme de l'Eglise, et par ses mains communia en très-grande humilité au precieux corps et sang de Jesus-Christ, sous les deux especes de pain et vin.

Ladite communion faite, l'evesque de Chartres luy remit sur la teste sa grande couronne royalle, et depuis en son lieu luy en remit une plus legere et moyenne qu'il porta en retournant à l'hostel episcopal, vestu de ses habits et ornemens royaux, en la mesme compagnie, ordre et ceremonies qu'il estoit venu en l'eglise pour y estre sacré.

La grande couronne y fut portée devant Sa Majesté sur un riche oreiller par M. le duc de Montbazon, le sceptre par le sieur d'O, la main de justice par le sieur de Roquelaure, l'espée royale nuë par le mareschal de Matignon marchant le plus près du Roy.

Le sacre parachevé, fut à l'instant ladite saincte ampoulle remenée par lesdicts barons en ladite abbaye Sainct Pierre, et renduë aux religieux de Marmoustier pour la reporter en leur monastere; depuis furent les panonceaux desdits barons posez au chœur de ladite eglise de Chartres, en perpetuelle memoire dudit sacre.

Le Roy, estant de retour, entra en sa chambre pour changer d'habits, laver ses mains et bailler sa chemise et gands à son grand aumosnier, afin de les faire brusler pour se servir des cendres au premier mecredy de quaresme à l'usage ordonné par l'Eglise. Outre ce il commanda que les habits royaux destinez au sacre fussent baillez en garde en la maniere accoustumée aux religieux, abbé et convent de Sainct Denis en France.

Sa Majesté, estant revestuë d'autres très-somptueux habillemens, s'assit à table sur un haut daiz preparé en la salle episcopale ornée d'excellentes tapisseries, sous un grand daiz de singuliere etoffe.

La table où il disna estoit de neuf pieds de longueur, un pied plus haut que celles des pairs, lesquelles furent dressées aux deux bouts de la sienne, estant à sa dextre, et au bout plus prochain de luy, l'evesque de Chartres, et consecutivement les autres pairs ecclesiastiques, en habits pontificaux et selon leur ordre.

A la gauche y avoit une autre table pour les pairs laiz revestus des habits portez au sacre.

Au dessous desdites tables estoit dressée une autre pour messieurs les ambassadeurs estans lors à la suitte du Roy, M. le chancellier, officiers de la couronne, ceux qui avoient porté les honneurs, et autres seigneurs ayans accoustumé de seoir en telle assemblée.

Après que l'evesque de Chartres eut beny la table, selon l'ancienne et loüable coustume des chrestiens, M. le comte de Sainct Pol servit de grand maistre, portant le baston haut, marchans devant luy les maistres d'hostel les bastons bas, le sieur de Rohan de pannetier, le sieur comte de Sancerre d'eschançon, le sieur comte de Torigini de tranchant; les gentilshommes de la chambre porterent la viande. Chacun service fut accompagné du son des trompettes, clairons et haults-bois. Entre les services la musique chanta très-melodieusement. Tant que le disné dura M. le mareschal de Matignon fust tousjours debout au hault de la table du Roy, tenant en la main, sur un carreau de drap d'or, l'espée royale nuë et droicte. La grande couronne aussi y fut mise sur un riche carreau, ensemble le sceptre et la main de justice.

La nappe levée, ledit evesque de Chartres ayant dit graces, le Roy, accompagné desdits pairs, tant ecclesiastiques que laics, ambassadeurs et susdits officiers de la couronne, se retira en sa chambre, le mareschal de Matignon portant devant luy l'espée royale nuë et droite. La grande couronne avec le sceptre et main de justice y furent pareillement portez par les sieurs à ce deputez; puis le Roy, estant retiré en sa chambre, les licentia tous, et leur permit de s'aller rafraischir, et demeura pour le reste du jour en son hostel.

Au soir le Roy, en esjouyssance de ce qui s'estoit passé à ce jour, festoya somptueusement les dames cy-après denommées.

A sa table s'assid Madame, sa sœur, soubs un mesme daiz. Entre Sa Majesté et elle y avoit quelque peu de distance.

A la main droicte seoit madame la princesse de Condé avec madame la duchesse de Nivernois.

A la main senestre, au dessous de Madame, estoit madame la princesse de Conty avec mesdames de Rohan et de Rets.

M. le comte de Soissons y fit son estat de grand-maistre, et devant luy marchoient les herauts et maistres d'hostel. La serviette pour laver les mains au Roy fut presentée audit sieur comte par le sieur de Gouais du Tillet comme plus ancien des maistres d'hostel servans, lequel la presenta à Madame, sœur du Roy, jà assise, qui se leva de son siege pour la donner à Sa Majesté.

M. le prince de Conty servit de grand panetier et porta le premier plat, M. de Longueville servit de grand eschançon, M. de Rohan de tranchant.

A madite dame, sœur du Roy, servit de panetier M. le comte de Maulevrier, M. de Mirepoix d'eschançon, M. le comte du Lude de trenchant.

A chacun service sonnerent les trompettes, clairons et tambours en signe d'allegresse et joye publique. Le souper finy, furent graces dictes en musique, après lesquelles le Roy se retira en sa chambre, suivy de Madame, sa sœur, des princes, princesses, et autres seigneurs et dames qui avoient assisté au souper.

Quelque temps après chacun se retira en son logis.

Le Roy, voulant, suivant les statuts de l'ordre du Sainct Esprit, recevoir au lendemain de son sacre le collier dudit ordre par les mains dudit evesque de Chartres qui l'avoit sacré, vint pour ce faire en ce jour à trois heures de relevée en l'eglise de Chartres pour ouyr les vespres du Sainct Esprit, assisté des officiers, prelats, commandeurs et chevaliers dudit ordre, vestus de leurs grands manteaux, et ayans leurs grands colliers au col, et y furent les ceremonies à ce requises par lesdits statuts exactement observées.

Ledit evesque pontifia, et la chapelle du Roy y chanta au letrain les psalmes en musique. Au chant du cantique *Magnificat* ledict evesque, ayant baisé et encensé le maistre autel, porta l'encens à Sa Majesté en son siege de parade à la premiere chaise du chœur à costé droict. Après l'oraison du Sainct Esprit, et la benediction solemnelle impartie à l'assistance par ledit evesque, le Roy, entre vespres et complies, vint vers ledit autel pour prester le serment dudit ordre, comme chef et souverain grand maistre d'iceluy. Ce qu'ayant faict et juré, entre les mains dudit evesque, sur le texte du sainct Evangile que tenoit messire Philippes Hurault, comte de Cheverny, chancellier de France et dudict ordre, il le signa ainsi qu'ensuit :

« Nous Henry, roy de France et de Navarre, jurons et voüons solemnellement, en vos mains, à Dieu le créateur de vivre et mourir en la saincte foy et religion catholique, apostolique et romaine, comme à un bon roy très-chrestien appartient, et plustost mourir que d'y faillir; de maintenir à jamais l'ordre du benoist Sainct Esprit, sans jamais le laisser dechoir, amoindrir ny diminuer tant qu'il sera en nostre pouvoir; observer les statuts et ordonnances dudit ordre entierement, selon leur forme et teneur, et les faire exactement observer par tous ceux qui sont et seront cy après receus audit ordre, et par exprès ne contrevenir jamais, ny dispenser ou essayer changer ou innover les statuts irrevocables d'iceluy : ainsi le jurons, voüons et promettons sur la saincte vraye croix et le sainct Evangille touchez. »

Ledit serment presté comme dessus, le sieur de Rhodes vestit le Roy du grand manteau dudict ordre, et ledit evesque luy bailla ledit collier en faisant le signe de la croix, au nom du Père, du Fils et du Sainct Esprit.

Le sieur de Beaulieu Ruzé, grand thresorier dudit ordre, mit ès mains dudit evesque une croix pour pendre au col à un ruben de soye de couleur bleuë celeste, avec un chappellet d'un dizain pour presenter au Roy, qui les receut et bailla en garde au sieur de Roquelaure.

Le Roy s'en revint après en sa chaise, où lesdicts prelats, commandeurs, chevaliers et officiers dudit ordre luy allerent baiser les mains.

Complies achevées, Sa Majesté s'en retourna à l'hostel episcopal en la mesme pompe et suitte qu'il estoit venu à l'eglise.

Voilà comme le Roy receut le collier de l'ordre du Sainct Esprit, et comme il fut sacré et couronné. Ces ceremonies, divulguées par toute la France, et sceuës dans les villes du party de l'union, augmenterent fort le courage à ceux que l'on y appelloit politiques ou royaux de hazarder leurs vies pour se delivrer du joug des Espagnols, et de ceux qui demeuroient encor opiniastres et rebelles de ne vouloir recognoistre Sa Majesté : les reductions de tant de grandes villes qui advindrent ez mois de mars, avril, may et juin, en sont de veritables preuves.

Le duc de Mayenne, qui estoit dans Paris, voyant Orleans rendu au Roy, et sçachant que Rouen composoit pour faire le mesme, et qu'il n'estoit gueres aymé des Seize, quelque semblant qu'il fist de se conformer à la volonté du roy d'Espagne, prejugeant que la demeure dans ceste ville ne luy estoit pas trop seure, se resolut de se retirer à Soissons. Dans une sienne lettre il dit que beaucoup dans Paris se disposoient encor de souffrir pour quelque temps, les uns sous esperance de paix [qui estoient, tant les politiques que ceux qui, affectionnez et ayant receu des courtoisies dudit duc, le desiroient voir reconcilié avec le Roy], les autres sur l'attente des grandes forces qu'on leur promettoit [qui estoient les Seize, du tout partizans de l'Espagnol], mais que ces deux moyens venant à manquer, comme ils avoient faict, il n'y avoit plus que les fers et les chaisnes qui les eussent peu retenir comme forçats, rien ne les pouvant conserver qu'une grande et forte garnison, ou bien un exil volontaire ou forcé de la pluspart des habitans qu'on eust faict sortir; que, s'il eust usé de cette voye à l'endroict de plusieurs Parisiens qui avoient tant bien merité du party de l'union, c'eust esté donner une frayeur aux autres grandes villes qui estoient en la main des peuples, et advis de penser à leur salut pour se garentir de pareils inconveniens.

Or la retraitte de M. de Mayenne avec sa femme et son fils aisné à Soissons fut jugée estre très-necessaire parmy ceux de l'union pour aller joindre le comte Charles de Mansfeldt qui avoit rassemblé son armée sur les frontieres de Picardie et de Tierasche, afin qu'au printemps de ceste année, leurs forces joinctes et ramassées ensemble, ils pussent faire un corps d'armée suffisant pour maintenir les villes de leur party en leur subjection, empescher le Roy d'y rien entreprendre, et faire la paix, suyvant les occasions qui s'en presenteroient, à leur advantage. Pour l'execution de ce dessein, ledit sieur duc, ayant osté le sieur de Belin du gouvernement de Paris, et mis le comte de Brissac pour gouverneur par l'advis des ministres d'Espagne, il luy bailla plusieurs blancs signez pour luy servir de lettres quand besoin seroit, afin de faire sortir de Paris les habitans qu'il jugeroit estre mal-affectionnez, et qui voudroient entreprendre en la faveur du Roy. Les politiques dans Paris, se voyans un tel gouverneur, furent presque hors d'esperance de pouvoir faire venir à effect leur si long dessein de remettre ceste ville capitale du royaume en l'obeyssance du Roy.

Nous avons dit aux livres precedents qu'aux conferences qu'ils eurent avec les Seize ils ne parloient que de demeurer en l'union de la ville sous l'obeyssance de M. de Mayenne, de la cour de parlement, du gouverneur et des magistrats, et reprochoient aux Seize de s'estre joints avec l'Espagnol : or ils avoient practiqué si bien ceste maxime d'empescher que nul des Seize ne parvinst plus aux charges de la Maison de Ville, que, des prevost des marchands et quatre eschevins, il n'y eut qu'un eschevin qui ne fust de leur consentement pour remettre ceste ville en l'obeyssance du Roy, bien qu'il ne leur estoit pas beaucoup contraire. Aussi plusieurs ont tenu que le duc de Mayenne favorisoit les brigues qu'ils faisoient pour estre esleus, et aggreoit leur eslection en leur faisant particulierement obliger leur foy de suivre en tout sa volonté ; ce qui se pouvoit, disoient-ils, aisement juger par la lettre qu'il avoit escrite depuis au roy d'Espagne, en ces termes : « L'Huillier fut choisy prevost des marchans pour estre recogneu très-affectionné au party. Il m'avoit particulierement obligé sa foy ; il a esté le dernier qui a consenty à l'entreprise, etc. Mais quand on eust laissé celuy qui le precedoit en sa dignité [qui estoit le president d'Orcey], comme tous les catholiques [c'est à dire les Seize] le demandoient, le choix n'eust pas esté meilleur ; car il a trempé plus avant, et contribué d'avantage du sien pour bastir et executer l'entreprise de Paris, que non pas l'Huillier. » On presuma que ce que ledit duc de Mayenne aggreoit ainsi l'eslection des politiques aux charges de la ville de Paris, estoit affin que le duc de Guise, les Espagnols, les Seize, ou aucun autre du parti de l'union, ne s'en rendissent maistres au prejudice de son authorité : ce qui eust pu advenir si les Seize eussent eu les principales charges et le gouvernement de l'Hostel de Ville ; car, estans du tout enclins et affectionnez de s'assubjettir à la domination de l'Espagnol, il n'y eust point eu de doubte qu'ils n'eussent debuté ledict duc de Mayenne de son authorité, ainsi qu'il se peut aysement cognoistre par ce qui a esté dit cy dessus.

Pour les politiques [qui estoient des meilleures familles de Paris], lesquels gouvernoient lors l'Hostel de la ville, ils s'opposoient bien aux entreprises des Seize, des Espagnols et de leurs garnisons. Ils veilloient sur eux, affin de n'estre assubjectis sous leur tyrannie, et ne parloient à l'ouvert que de maintenir l'authorité de M. de Mayenne. Mais ledit duc se doutoit bien que leur intention estoit de remettre la ville entre les mains du Roy à la premiere occasion qui se presenteroit : ce fut pourquoy il consentit y mettre garnison d'Espagnols, de Neapolitains, Vallons, lansquenets et François, entretenue par l'Espagnol, affin de les empescher de rien entreprendre à son prejudice, et de maintenir son authorité dans ceste ville sous ces deux partys, lesquels estoient comme les deux bassins des balances de Paris, qui avoient tousjours eu pour la languette du milieu un gouverneur à la devotion dudit sieur duc de Mayenne ; mais la necessité en laquelle ses affaires furent reduites lors le contraignit d'y en mettre un à la nomination des Espagnols, qui fut ledict sieur comte de Brissac ; toutesfois ce fut apres qu'il luy eut obligé aussi sa foy en particulier. Les politiques, qui avoient craint la demission du sieur de Belin, et voyant que ledit sieur comte en estoit pourveu, prejugeant que, s'il balançoit du costé de l'Espagnol, ce seroit du tout la ruine des affaires du Roy dans ceste ville, eurent incontinent recours à Sa Majesté, qui, estant party de Chartres quatre jours après son sacre, s'achemina à Sainct Denis, et de là à Senlis où il fut quelque temps.

On a escrit que M. de Sainct Luc, beau-frere dudit sieur comte de Brissac, estoit lors à la Cour, et avoient quelques differens ensemble pour quelques partages. Par le commandement du Roy il eut charge de faire naistre une occasion pour parler audit comte, et de le sommer de son devoir. L'affaire fut si dextrement menée, que, pour terminer leur differens, ils s'accorderent d'en passer par l'advis de quelques gens de justice ; pour le lieu où leur accord se feroit, ils en convindrent d'un proche de Paris, où ils se trouverent. Cependant que les advocats taschoient à vuider leurs differents, le sieur de Sainct Luc dit en particulier audit comte de Brissac la vraye cause de leur entreveuë, et fit si bien qu'il tira de luy promesse d'asseurance qu'il rendroit à Sa Majesté tout le service qu'il luy devoit. On feignit que les advocats ne s'estoient peu accorder, et que les deux beaux-freres s'estoient retirez comme malcontents l'un de l'autre. En cour on faisoit courir le bruit que ledit sieur de Brissac estoit partizan du tout de l'Espagnol, et le Roy mesmes en public ne parloit que de le traicter mal pour ceste occasion. Du depuis, par l'advis du Roy, les sieurs president Le Maistre et conseiller Mollé, qui exerçoit lors la charge de procureur general, et qui est à present president en la cour, les conseillers d'Amours et du Vair, à present premier president en Provence, et plusieurs autres conseillers du parlement, avec ledit sieur L'Huillier, prevost des marchans, les sieurs de Beaurepaire, Langlois et Neret, eschevins, et autres colonels et capitaines, traicterent fort particulierement avec ledit sieur comte de Brissac de la maniere et des moyens de reduire ceste ville en l'obeyssance du Roy.

Or, affin qu'il pleust à Dieu envoyer une favorable assistance du ciel, et donner quelque bon soulagement à ceste ville, le jeudy de la my-caresme, 17 de mars, on fit une procession generale et descendit on la châsse de saincte Genevievfe. Après cette procession il courut un bruit parmy les politiques que les Seize et les Espagnols avoient resolu de courir aux armes et se delivrer des principaux de la ville qui n'estoient de leur party, et piller Paris comme lesdits Espagnols avoient faict Anvers. Les Seize, au contraire, disoient que c'estoit les politiques qui les vouloient exterminer. Les uns et les autres estans en ceste trance, deux jours après ceste procession, ledit sieur comte de Brissac, avec les susnommez, resolut de l'ordre que l'on devoit tenir en la reduction de Paris. Il fut cognu lors, bien que ledit sieur Langlois en ses deportemens n'eust faict aucun semblant de se mesler d'affaires, allant tous les jours d'ordinaire exercer sa charge au Palais, qu'il avoit d'un long temps et dextrement practiqué en tous les quartiers de Paris nombre de personnes de toutes qualitez, et que ceste entreprise reüssiroit à bonne fin. Premierement ils advertirent le Roy que la veille de l'execution ils feroient oster les terres qui bouchoient une partie de la Porte-Neufve, et feindroient de la vouloir clorre de murailles pour n'estre plus en crainte d'une surprise de ce costé là; que la nuict de l'execution ledit sieur comte de Brissac et lesdits eschevins Langlois et Neret se saisiroient avec leurs amys de ladite Porte-Neufve et de celles de Sainct Honoré, Sainct Denis et Sainct Martin, et y mettroient des corps de garde à leur devotion; que les premiers des royaux qui entreroient par la Porte-Neufve, s'estans saisis incontinent des remparts, donneroient droict à la porte Sainct Honoré pour la desboucher et en haster l'ouverture; comme aussi feroient ceux qui entreroient par celle de Sainct Denis, qui se saisiroient des deux costez des remparts, et puis, entrans dans la ville le long de ceste grande ruë, se mettroient comme en barriere contre les Espagnols, qui tenoient deux corps de garde à la Croix Sainct Eustache et près ladicte porte Sainct Denis, et les Valons qui tenoient le leur au Temple; que le capitaine Jean Grossier seroit en mesme temps au boulevert des Celestins avec nombre de bourgeois et basteliers qu'il avoit à sa devotion pour faciliter l'entrée aux garnisons de Melun et Corbeil qui descendroient de ce costé là par basteau, et seroient accueillies par le sieur de La Chevalerie, lieutenant de l'artillerie demeurant à l'Arsenal, pour les employer où besoin seroit; et qu'aux autres endroicts de la ville l'on tascheroit à se

saisir des lieux [illegible]
Le Roy, ayant [illegible]
tion à Senlis, [illegible]
le mardy 22 [illegible]
advertir le comte de [illegible]
de Vic, gouverneur de Sainct Denis
tion, pource que ce seigneur, dep
pourveu de ce gouvernement, [illegible]
avoit eu cognoissance de [illegible]
des politiques dans Paris, et qui p
les avoit tousjours encouragez à se
Espagnols; il donna aussi le rendez-
tes les garnisons voisines pour se tro
tains lieux aux environs de Sainct
arriva aussi luy mesme le lundy au
vant son mandement il s'y trouva
cinq mille hommes, tant de pied qu
Ce mesme lundy au soir le comte de
au capitaine Jacques Ferrarois, qui
ques compagnies de son regiment
dans Paris, qu'il avoit eu advis qu
d'argent que l'on menoit au Roy estoi
Palaiseau, et s'en alloit par Ruel à S
qu'avant qu'il eust passé le bac il es
l'attraper, le priant de prendre tous
d'y aller le plus fort qu'il pourroit af
butin ne luy eschapast. Ce capitain
monta à cheval, et sortit sur le soi
les siens par la porte Sainct Jacques
l'instant refermée, et eut tout lois
toute la nuit sans empeschement. Il
zan de l'Espagnol, et n'eust jamais
vouloir remuer. Le comte inventa
pour se delivrer d'un tel homme. Il
entré nombre de gens de guerre da
dimanche et le lundy, faisans semb
de l'union, et les avoit-on logez par l
en quelques grandes maisons affidées
servir selon les occasions necessaires

Aussi le soir du mesme lundy on f
bruit que la paix estoit accordée entr
le duc de Mayenne, et furent envoy
lets signez Luillier et Langlois aux
des quartiers qu'ils sçavoient estre a
à la paix, par lesquels on les advertis
cord, et les prioit-on de s'armer ave
amis pour tenir main-forte à l'intro
deputez de part et d'autre qui se pre
le lendemain au matin pour faire pub
afin de resister aux Espagnols et à to
s'y voudroient opposer.

Ce soir mesme aussi le duc de F
Diego d'Ibara furent advertis avec ce
y avoit entreprise sur Paris et sur e
qu'elle se devoit executer sans doute
nuit; car, parmy tant de sortes de g

advertissoit comme de main en main, il fut impossible de tenir cela si secret qu'il n'y en eust mesmes d'aucuns qui dirent à leurs voisins, qu'ils cognoissoient estre de ces remueurs des Seize, qu'ils eussent à se tenir coys en leurs maisons s'ils entendoient du bruict la nuict, et que la paix estoit faite entre le Roy et M. de Mayenne. Cela mit tellement en allarme lesdits duc de Feria et d'Ibarra à qui on reporta ces nouvelles, qu'ils firent tenir leurs gens sur leurs gardes, et ayans envoyé prier ledit comte de Brissac de luy parler, ils luy dirent le bruict qui couroit de ceste entreprise. Il leur respondit qu'il ne pouvoit croire cela, toutesfois qu'il y failloit prendre garde, et que presentement il alloit faire la ronde le long des murailles. Eux luy donnerent quelques capitaines espagnols pour l'accompagner : mais, comme il avoient eu advis qu'il estoit mesme de l'entreprise, ils donnerent charge à ceux qui l'accompagnoient qu'au premier bruit qu'ils entendroient au dehors de le tuër. Après qu'ils eurent faict la ronde sans entendre aucun bruit, ainsi qu'ils vouloient se retirer sur les deux heures après minuict, il les conduisit jusques au logis dudit duc de Feria, et l'un d'entr'eux luy disant encor que l'advis estoit certain de l'entreprise, le comte, prenant congé d'eux, secouant la teste, leur dit en espagnol : *Son palabras de mugeres*(1). Avec ceste responce ils se retirerent. En d'autres endroits les Seize aussi avoient veillé toute la nuict en quelques corps de garde, et s'estoient retirez entre les deux et trois heures du matin, qui fut lors que les politiques ou royaux dans Paris, qui avoient, comme l'on dit, la puce à l'oreille, commencerent chacun à se rendre sans bruit aux endroits qui leur avoient esté assignez. Ledit comte de Brissac commanda à un corps de garde prochain du logis du duc de Feria que si on voyoit sortir les Espagnols qu'il y avoit reconduits, que l'on tirast sur eux. Cependant luy et le prevost des marchands, suyvis de plusieurs gens armez, se saisirent de la Porte-Neufve, et ledit sieur Langlois de celle de Sainct Denis. Quatre heures estoient sonnées que le Roy ny ses troupes ne paroissoient point. Langlois, ayant faict abbaisser la bascule, sortit et rentra sans rien veoir ; mais, estant de rechef sorty, le sieur de Vitry, qui avoit charge de Sa Majesté avec plusieurs autres seigneurs d'entrer par ceste porte, s'estant presenté, il la luy livra, et, suyvant l'ordre arresté, il se saisit des ramparts. En mesme temps Sa Majesté estoit près les Tuilleries; et, justement sur le point que la cloche des Capuchins sonna, il commanda à M. d'O, qui estoit à pied à la teste de sa compagnie d'hommes d'armes, de s'advancer à la Porte-Neufve : aussitost que le pont levis fut abbatu, sans avoir patience que la barriere fust ouverte, plusieurs passerent par dessous tous armez, et incontinent tournerent à gauche sur les ramparts droict à la porte Sainct Honoré, suyvant le commandement qu'ils en avoient. Quelques pieces de canon qui estoient sur les remparts, furent incontinent tournées pour tirer le long des grandes ruës, afin d'en saluër ceux qui se presenteroient pour remuër. Cependant les autres troupes royales entrerent, et, s'acheminans le long de l'eschole Sainct Germain, vingt-cinq ou trente lansquenets qui estoient dans un corps de garde, ayant faict contenance de leur vouloir resister, furent incontinent taillez en pieces ou jettez en l'eau, puis sans s'amuser d'avantage ils allerent se saisir du Palais et des advenuës de tous les ponts.

Aussi-tost que le Roy fut entré, le comte de Brissac luy presenta une belle escharpe de broderie : Sa Majesté en l'accolant, l'honnora du tiltre de mareschal de France, et luy donna son escharpe blanche qu'il portoit; puis le prevost des marchans, L'Huillier, luy presenta aussi les clefs des portes de la ville, qu'il receut avec beaucoup de contentement. On avoit fait à Sa Majesté ceste reduction si facile qu'il ne s'estoit point armé; mais, sur le bruict qui advint à cause desdits lansquenets, il commanda que l'on luy apportast ses armes, et prit sa cuirasse et sa salade. Le sieur de Vitry ayant fait retirer quelques-uns des Espagnols qui estoient près la porte Sainct Denis jusques à leurs corps de garde, il donna le long de la grand'ruë, et alla joindre les autres troupes royales qui s'estoient saisies du grand Chastelet. Pour le petit Chastelet, le capitaine Chuby, suivy de plusieurs bourgeois advertis de l'entreprise, estoit descendu de l'Université, et s'en estoit saisi. Les Neapolitains, les Valons et tous les autres Espagnols ne bougerent de leurs logis. Ils firent bien mine quelque espace de temps de vouloir tenir fort ; mais, après que le Roy eut luy-mesmes esté à la porte Sainct Honoré, et veu que l'on travailloit à l'ouvrir, et que le peuple crioit, les uns la paix, les autres vive le Roy, qu'il eut reconu que le Louvre estoit asseuré pour luy, et qu'il eut receu advis qu'en toute la Cité il n'y avoit eu que deux mutins qui estoient sortis les armes au poing, lesquels on avoit tuez, et que le Palais estoit saisi. et les principales places et lieux de la ville, il envoya demander au duc de Feria qu'il eust à luy envoyer le capitaine Sainct Quentin, colonel des Walons, qu'il tenoit prisonnier [accusé

(1) Ce sont des propos de femmes.

quelques jours auparavant de se vouloir rendre du party de Sa Majesté]. Ledit duc l'ayant envoyé incontinent, on luy fit dire qu'on luy donneroit sauf-conduit et à toutes les garnisons estrangeres pour se retirer en Flandres, pourveu qu'ils ne s'en rendissent point indignes en voulant se defendre ; ce que lesdits duc de Feria et dom Diego d'Ibarra, pour eviter le peril où ils estoient, accepterent incontinent, Sa Majesté leur permettant de sortir le jour mesme le tambour battant, les drapeaux au vent, les armes sur l'espaule et la mesche esteinte, et mesmes d'emporter tout leur bagage.

Le Roy, voyant qu'il n'y avoit plus rien à craindre de ce costé-là, ayant osté sa salade de la teste, commanda à un de ses gentils-hommes qu'il allast à Nostre-Dame dire qu'il y vouloit ouyr la messe, et rendre graces à Dieu de ceste heureuse reduction. S'estant tenu quelque temps à cheval, entouré d'une multitude de peuple, aucuns mesmes approchant de luy jusques à l'estrier, les uns crians vive le Roy, les autres faisans mille acclamations de resjouyssance et d'allegresse meslez parmy le son des trompettes et clairons, il s'achemina, accompagné de plusieurs grands seigneurs, les uns à cheval, les autres à pied, vers Nostre Dame, où les grosses cloches commencerent à sonner, faisant aller à pied devant luy de cinq à six cents hommes armez de toutes pieces, trainans leurs picques en signe de victoire volontaire. Estant arrivé à la porte de l'eglise, il mit pied à terre, et, entré dedans, il fut receu par le sieur de Dreux, l'un des archidiacres de ladite eglise, assisté des ecclesiastiques qui y estoient restez; car l'evesque de Paris, qui estoit M. le cardinal de Gondy, messieurs le doyen Seguier, le chantre, et beaucoup des principaux chanoines, estoient absens, et s'estoient retirez ez villes royales, lesquels estans venus au devant de Sa Majesté, ledit archidiacre se prosterna en terre, et, demourant agenouillé, tenant un crucifix en sa main, dit à Sa Majesté :

« Sire, vous debvez bien louer et remercier Dieu de ce que, vous ayant faict naistre de la plus excellente race des roys de la terre, vous ayant conservé vostre honneur, il vous rend enfin vostre bien. Vous devez doncques en ces actions de graces avoir soin de vostre peuple à l'imitation de nostre Seigneur Jesus-Christ, duquel voyez icy l'image et pourtraict, comme il a eu du sien, afin que, par le soin que prendrez de luy en le defendant et soulageant, l'obligiez d'autant plus à prier Dieu pour vostre prosperité et santé, et que, vous rendant bon roy, vous puissiez avoir un bon peuple. » Auxquels propos Sa Majesté respondit : « [illegible] Dieu infiniment des biens [illegible] me recognois estre [illegible] sant en si grande abondance que je ne sçay veritablement comme je l'en pourray assez remercier, mais principalement depuis ma conversion à la religion catholique, apostolique et romaine, et profession que j'en ay dernierement faicte, en laquelle je proteste moyennant son ayde de vivre et de mourir. Quant à la defense de mon peuple, je y employray tousjours jusques à la derniere goutte de mon sang et dernier souspir de ma vie. Quant à son soulagement, je y feray tout mon pouvoir et en toutes sortes, dont j'appelle Dieu et la Vierge sa mere à tesmoins. »

Après ces paroles dictes, le Roy baisa la croix, et entra dans le chœur et s'achemina jusques devant le grand autel, où, s'estant mis de genoux sur un oreiller et pulpitre couvert d'un tapis dressé exprès pour cest effect par l'un de ses aumosniers ordinaires, il se signa du signe de la croix et fit ses prieres, puis il fut dict une [illegible] qu'il ouyt pendant qu'on chantoit le Te [illegible] avec la musique de voix et des orgues. [illegible] crit qu'aussi-tost que le Roy se fut [illegible] noux, il fut veu à son costé un jeune [illegible] comme de l'aage de six ans, beau en [illegible] et proprement habillé, qui [illegible] ment ceux qui arrivoient de moment à [illegible] pour donner advis à Sa Majesté de ce [illegible] faisoit en la ville, et, pour mieux [illegible] le vouloient faire sortir ou reculer ; [illegible] des curieux regardans dit assez haut : « Laissez cest enfant, c'est un bon ange qui conduit et assiste nostre Roy : » ce qu'estant entendu par Sa Majesté, il print de sa main le bras de l'enfant, et, comme les seigneurs et gentils-hommes essayoient de le faire lever, il le retint quelque espace de temps, et l'empescha de sortir jusques à ce que volontairement il se retira sans qu'on s'apperceust de ce qu'il devint.

Cependant que le Roy estoit dans Nostre-Damé, lesdits sieurs comte de Brissac, prevost des marchans, et Langlois eschevin, [illegible] gnez de quelque gens à cheval armez, et de heraults et trompettes, allerent par divers quartiers de la ville, annonçans de rué en rué à haute voix au peuple grace et pardon, commandoient que l'on eust à prendre des escharpes blanches, et ne faire aucun remuëment : ils se separoient suyvant les occasions, les uns allant par une rué, les autres par l'autre, puis se rejoignoient aux grandes places. Un nombre de petits enfans crians vive le Roy suyvoient les trompettes et heraults. Ils semoient par tout, pour faire contenir un chacun en paix, des billets qui avoient esté imprimez le jour d'auparavant à Sainct Denis, dont la teneur estoit telle :

« De par le Roy, Sa Majesté, desirant de reünir tous ses subjets, et les faire vivre en bonne amitié et concorde, notamment les bourgeois et habitans de sa bonne ville de Paris, veut et entend que toutes choses passées et advenues depuis les troubles soient oubliées, defend à tous ses procureurs generaux, leurs substituts et autres officiers, d'en faire aucune recherche alencontre de quelque personne que ce soit, mesmes de ceux que l'on appelle vulgairement les Seize, selon que plus à plain est declaré par les articles accordez à ladite ville ; promettant Sadite Majesté, en foy et parole de roy, vivre et mourir en la religion catholique, apostolique et romaine, et de conserver tous sesdits sujets et bourgeois de ladite ville en leurs biens, privileges, estats, dignitez, offices et benefices. Donné à Senlis le vingtiesme jour de mars, l'an de grace 1594, et de nostre regne le cinquiesme.

Signé HENRY.

Et plus bas,

Par le Roy, RUZÉ. »

Ces billets que l'on se donnoit de main en main pour lire, le bruit qui couroit aux quartiers esloignez que le Roy estoit dans Nostre-Dame, le son des cloches en signe de resjouyssance, changea l'estonnement du peuple, et mesmes d'aucuns factieux, en joye et asseurance, tellement qu'en un moment il se rendit une si grande affluence de monde dans Nostre-Dame, que l'eglise ny le parvis, ny les ruës qui y abordent, n'estoient asses grandes pour les pouvoir contenir. On n'oyoit par tout retentir que ceste acclamation de vive le Roy, comme si Sa Majesté fust venu dans ceste eglise durant une paix asseurée.

Le Roy estoit dans Nostre-Dame auparavant que l'on sceust asseurement en l'Université qu'il fust dans Paris. Quelques-uns des Seize s'y voulurent mettre en armes ; entr'autres, Hamilton, curé de Sainct Cosme, avec une pertuisane, suivy de deux ou trois qui s'estoient armez, voulut s'aller joindre avec Crucé ; mais le conseiller du Vair l'arresta prez l'hostel de Clugny, luy monstra ledict billet du pardon general imprimé, et luy dit qu'il le feroit mettre en pieces avec les siens s'il passoit outre [car il y avoit, dez le soir d'auparavant, nombre de gens armez pour le Roy dans ledit hostel de Clugny et dans les Mathurins], et qu'il s'en retournast prier Dieu et chanter *Te Deum* en son eglise pour l'heureuse reduction de Paris en l'obeyssance de son Roy. Ce curé s'en retourna poser ses armes, et ne le vit on plus du depuis. Quelques-uns vers la porte Sainct Jacques s'armerent aussi, entr'autres celuy qui avoit faict les escriteaux que l'on attacha au col après la mort du president Brisson, ainsi qu'il a esté dit cy-dessus, et alloient de porte en porte faire commandement de prendre les armes ; mais, quoi qu'il y eust en ce quartier-là plusieurs de ceux qui recevoient une dale et un minot de blé par semaine des Espaguols, le bruit que le Roy estoit à Nostre-Dame et le son des cloches les estonna tellement qu'il n'y en eut que quatre ou cinq qui parurent ; et, voulans venir depuis les Jacobins trouver leur capitaine Crucé prez de Sainct Yves, ce faiseur d'escriteaux, qui avoit une jambe de bois, cheut tout à plat au droict des Jesuistes, cassa son mousquet et rompit sa jambe de bois, et fut-on contraint de le reporter à sa maison. Depuis on ne le vit plus, ny les autres aussi, qui s'allerent pour un temps cacher chacun chez soy. Un serrurier, au carrefour Sainct Yves, sortit avec son mousquet et quelques autres aussi, qui se preparoient pour faire une barricade ; mais M. le ministre des Mathurins sortit en son habit, et leur deffendit premierement d'en faire pour ce que ces maisons-là appartenoient aux Mathurins, puis il leur dit que le premier qui remuëroit il falloit qu'il s'asseurast d'estre pendu. La venerable presence de ce religieux les fit retirer, et ce serrurier criant : *Nous sommes vendus*, de despit rompit à l'instant devant le monde son mousquet, et le mit en une infinité de pieces. Peu après passa le long de ceste ruë dix ou douze trompettes sonnantes, suyvies d'une grande quantité d'enfans crians sans cesse vive le Roy. Demye heure après passa un herault du Roy, vestu d'une casaque de velours violet semé de fleurs de lys d'or, suivy d'une millace d'hommes et de petits enfans crians vive le Roy, lequel à chasque carrefour lisoit le billet du pardon general cy-dessus : la lecture faicte, ce n'estoit par tout qu'une acclamation de vive le Roy. Ceste journée estoit toute resplendissante de la faveur de Dieu ; car ce heraut, qui estoit un homme fort gros, estant à cheval, arresté sur le pont Sainct Michel, lisant ledit billet, fut entrepris par un quincailler qui le vouloit tuer par la fenestre de sa chambre avec une longue harquebuze de chasse ; il coucha en joué par trois fois, et par trois fois il le faillit, et print un rat, comme l'on dit d'ordinaire. Dieu seul, selon l'apparence humaine, sauva ce heraut de paix de ce peril ; que s'il fust advenu, cela estoit suffisant pour faire naistre une grande confusion.

Après que ces herauts et trompettes eurent passé, Crucé, qui avoit envoyé advertir les factieux de son quartier, en assembla dix ou douze, puis monta depuis Sainct Yves vers la porte Sainct Jacques, sa pertuisane au poing, en intention de s'aller saisir de ladite porte; mais, estant rencontré auprès de Marmoustier par ledit sieur comte de Brissac qui descendoit de Sainct Estienne des Grecs, après que ledit sieur comte luy eut baillé un desdits billets et dit quelques paroles, Crucé et les siens se retirerent chacun chez soy, et ne les vid-on plus du depuis, toute l'Université demourant par ce moyen pacifique.

M. de Sainct Luc, ayant rangé en bataille, par tous les endroicts necessaires de la ville, les forces qui estoient entrées, alla trouver, de la part de Sa Majesté, les cardinaux de Plaisance et de Pelevé, et les duchesses de Nemours et de Montpensier, les asseurant qu'il ne leur seroit fait aucune disgrace ny desplaisir, et qu'ils pouvoient demeurer asseurement en leurs maisons, pour la conservation desquelles il leur bailla des archers des gardes du Roy, non pour besoin qu'il en fust, mais pour leur contentement; car Sa Majesté, peu auparavant son entrée, avoit pris le serment des capitaines de chasque compagnie de ne faire chose quelconque, sinon à ceux qui se roidiroient à quelque opiniastre resistance: ce qui fut tres-bien observé, ainsi que tous ceux qui ont escrit de ce qui se passa en ceste journée le rapportent.

Ledit cardinal de Pelevé estoit au lict malade quelques jours auparavant: si tost que l'on luy eut dit que le Roy estoit à Paris, soit d'apprehension, ou de la grandeur de son mal, il se tourna à la mort, et à chasque fois il s'escrioit: *Qu'on le prenne! qu'on le prenne!* et mourut ainsi dez le lendemain. Ce cardinal avoit esté en son jeune aage conseiller aux enquestes du parlement de Paris, et l'appelloit on M. des Cornets, du nom d'une cure-prieuré qu'il possedoit en l'evesché d'Avranches; il fut depuis archevesque de Sens, dont le feu sieur cardinal de Lorraine le fit pourveoir pour ce qu'il ne pouvoit tenir l'archevesché de Sens et celuy de Reims tout ensemble: il l'accompagna aussi au concile de Trente l'an 1563, et y fit beaucoup de choses contre la volonté du roy Charles IX; dequoy le president du Ferrier, ambassadeur pour le Roy en ce concile, advertit Sa Majesté et son conseil, lequel eut aggreable la protestation d'opposition que fit ledit president du Ferrier en ce concile, jusques a ce que l'on y eust reformé les articles qui concernoient les droicts, usages, privileges et authoritez des roys de France, et ceux de l'Eglise Gallicane. Ce cardinal a aussi tousjours esté de l'opinion des courtizans de Rome, tou-

et familles, aucune perte, dommage ny desplaisir.

Après que le Roy eut disné au chasteau du Louvre, il monta à cheval, ayant quitté la cuirasse, et vint à la porte Sainct Denis pour voir sortir les garnisons, où il se mit à une fenestre qui est au-dessus de la porte, de laquelle il voyoit de front dans la grande ruë Sainct Denis. Et bien tost après commencerent à passer les compagnies des Neapolitains, au milieu desquelles estoient celles des Espagnols qui enfermoient le duc de Feria, dom Diego d'Ibarra et Jean Baptiste Taxis, montez sur doubles genets d'Espagne, avec le bagage, et derriere tout cela marchoient les compagnies des lansquenets et Vallons, et sortirent en cest ordre de la ville à la veuë de Sa Majesté, qui salüa courtoisement tous les chefs des compagnies selon le rang qu'ils tenoient, mesmes le duc de Feria, Ibarra et Taxis, ausquels le Roy dit : *Recommandez-moi à votre maistre, mais n'y revenez plus.* Ce qui donna occasion de soubs-rire aux seigneurs et gentils-hommes, et aux archers des gardes qui y estoient présens, armez de pied en cap, tenans la pique en la main. Les soldats marchoient quatre à quatre, et, lorsqu'ils estoient au devant de la fenestre où estoit Sa Majesté, advertis de sa presence, ils levoient les yeux en haut, le regardans, tenans leurs chapeaux en la main, et puis, les testes baissées, profondement ils s'enclinoient, et, faisans de très-humbles reverences, sortoient de la ville. Et lors de ceste sortie il tomboit une telle pluye que l'on disoit qu'elle estoit envoyée du ciel sur leurs testes pour monstrer son courroux contre eux, et pour empescher qu'aucun d'eux, quand il eust voulu, n'eust peu malfaire au Roy, qui les regardoit passer. Ils estoient au nombre de trois mille.

Le sieur de Sainct Luc et le baron de Salagnac les allerent conduire jusques au Bourget, et de là ils furent escortez jusques à Guise vers la frontiere de Picardie et des Pays-Bas, après avoir promis volontairement, en recognoissance de la grace qui leur estoit faicte, de ne porter jamais les armes en France contre le service de Sa Majesté, qui retint ledict capitaine Sainct Quentin, colonnel des Vallons, et son frere, pour s'en servir, avec quelques Vallons et Neapolitains qui, ayans quitté depuis ces trouppes là, s'en revindrent à Paris, dont fut faicte une compagnie.

Le docteur Boucher et aucuns predicateurs, avec quelques-uns des Seize, ne se voulans fier en la clemence du Roy, sortirent aussi avec eux sans en estre empeschez, et se retirerent en Flandres, où aucuns ont eu depuis d'extremes necessitez. Après ceste sortie furent faicts sur le soir par toutes les ruës une infinité de feux de joye au tour desquels les uns chantoient le *Te Deum laudamus,* les autres crioient vive le Roy, et ce pour la grande aise qu'ils avoient de se voir, au lieu d'esclaves, avoir recouvré leur liberté, honneurs et magistrats. Voylà ce qui se passa de plus remarquable en ceste memorable journée de la reduction de Paris. Les principaux seigneurs qui y accompagnerent Sa Majesté estoient M. le comte de Sainct Pol, les mareschaux de Raiz et de Matignon, les sieurs d'O, de Sainct Luc, de Bellegarde, grand escuyer, de Humieres, de Sancy, le comte de Thorigny, le marquis de Cœuvre, de Vitry, de Vic, de Belin, de Salagnac, des Acres, de Marsilly, de Haraucourt, de Boudeville, d'Edouville, de Mouchy, de Sainct Angel, du Rollet, de Bellangreville, de Trigny, de Favas, de Chambaret, de Marin et de Manican, avec le colonel des Suisses de Heild, et plusieurs autres seigneurs et gentils-hommes.

Le lendemain M. d'O, gouverneur de l'Isle de France, fut remis par Sa Majesté en son gouvernement de Paris, dont il avoit esté depossedé depuis les Barricades en 1588. Il alla, par le commandement du Roy en l'Hostel de Ville, assisté du sieur Myron, president au grand conseil et intendant de la justice ez armées du Roy, à present lieutenant civil à Paris, recevoir le serment de tous les officiers de la ville.

Trois jours après le sieur de Bourg se sentant foible dans la Bastille, et voyant que le Roy estoit preparé pour la battre furieusement, il accepta ceste composition qu'il sortiroit le lendemain, luy à cheval, et ses soldats avec leurs armes, et seroient conduits jusques à la premiere ville tenant le party de la ligue, en toute seureté : ce qui fut executé le dimanche, 27 de mars, selon qu'il avoit esté promis. Et le mesme jour, à pareilles conditions, fut rendu le chasteau du bois de Vincennes par le capitaine Beaulieu.

Le lundy, 28 de mars, M. le chancelier, accompagné de plusieurs officiers de la couronne, pairs de France, conseillers du conseil d'Estat et maistres des requestes, alla au Palais, et y fit lire l'edict et declaration du Roy sur la reduction de sa ville de Paris, et les lettres de restablissement de la cour de parlement, ce requerans Anthoine Loysel et Pierre Pithou, anciens et celebres advocats de la cour, qui exercerent en ceste seance les charges d'advocat et procureur generaux. Après ce restablissement tous les conseillers et officiers de la cour qui [illegible] à Paris presterent le serment de [illegible] mains de M. le chancelier; ce qui fut aussi faict le mesme jour ès autres compagnies souveraines, sçavoir : en la chambre des comptes, en la cour des aydes et en la chambre des monnoyes. Et pareillement au Chastellet de Paris, le sieur d'Autry Seguier, lors lieutenant civil, accompagné des conseillers qui estoient refugiez à Sainct Denis, tenant ce jour le siege, y fit faire lecture de la declaration de Sa Majesté, et receut le serment des autres conseillers qui estoient demeurez en ceste ville.

Les articles de cest edict faict sur ceste reduction contenoient en substance une abolition generale de toutes les choses advenuës dans la ville de Paris à l'occasion et durant les presents troubles; que dans ladite ville et fauxbourgs, et dix lieuës à la ronde, il ne se feroit exercice d'autre religion que de la catholique-romaine; que, pour le tesmoignage de l'amour et affection que Sa Majesté portoit à ceste ville, il la reintegroit en tous les anciens privileges, franchises et immunitez qui luy avoient esté accordez par les feux roys; que nul des habitans à l'advenir ne seroit recherché de ce qui s'estoit faict, geré et negotié, tant en public qu'en particulier, durant ces presens toubles; deffendant de s'entre-injurier ou reprocher les uns aux autres ce qui s'estoit passé durant lesdits troubles, sur peine de punition corporelle; que tous actes de justice donnez entre personnes de mesme party, et qui avoient volontairement contesté, sortiroient effect; que tous jugemens et arrests donnez contre le comte de Brissac seroient cassez, et, quant aux executions de mort faites pour raison des cas dependans desdits troubles, qu'elles ne prejudicieroient à l'honneur et memoire des deffuncts, sans que les procureurs de Sa Majesté pussent pretendre aucune confiscation de leurs biens; que tous les habitans qui feroient la submission et le serment ordonné rentreroient en tous leurs biens, benefices et offices, nonobstant tous dons qui en pourroient avoir esté faicts; et quant aux dons faicts des debtes deuës ausdits habitans par promesses, cedules ou autrement, ils seroient cassez et revoquez, et les debiteurs contraints de les payer, ainsi qu'ils eussent peu estre auparavant les troubles; que les provisions d'offices faictes par le duc de Mayenne demeureroient nulles; neantmoins ceux qui auroient obtenu lesdites provisions par mort ou resignation de ceux du mesme party [excepté les estats des presidents aux cours souveraines], seroient conservez èsdits offices, en prenant nouvelles lettres de provision du Roy, qui leur seroient expediées sans payer finance; que ceux qui auroient esté pourveus par ledit duc de Mayenne des benefices non consistoriaux estans dans ladite ville vacquez par mort, y seroient aussi conservez, prenant de nouveau du Roy les expeditions necessaires; que les habitans absens de ladite ville jouyroient du mesme benefice que les autres qui s'y estoient trouvez, en s'y retirant dans un moys et faisant les submissions requises; que les habitans qui sortiroient de Paris sous les passeports du Roy et se retireroient ès lieux de l'obeyssance de Sa Majesté, jouyroient de leurs biens; que les debteurs des rentes constituées ne pourroient estre contraints de payer plus de l'année courante par chacun quartier, et que reglement seroit faict pour les arrerages deus des années precedentes; que les comptes rendus à Paris durant les troubles par les comptables devant les officiers des comptes qui estoient restez à Paris ne seroient subjects à revision, sinon ez cas de l'ordonnance; qu'au benefice de cest edict toutesfois ne seroit compris ce qui avoit esté fait par forme de volerie; comme aussi en seroient exceptés ceux qui [illegible] roient coulpables de l'assassinat du feu Roy, et de conspiration sur la vie de Sa Majesté à present regnant, et tous crimes et delits [illegible] entre gens de mesme party.

Le lendemain de la verification de [illegible], qui estoit le mardy, 29 du mesme mois, [illegible] octave de la reduction, pour en rendre graces à Dieu fut faicte une procession generale, dite vulgairement la procession du Roy, à laquelle Sa Majesté assista accompagné des officiers de la couronne et de sa maison, avec les cours du parlement, chambre des comptes, cour des aydes et de ville, nouvellement restablis, et y furent portées la vraye croix, la croix de victoire, la couronne d'espines, et le chef de sainct Loys, avec infinis autres precieux reliquaires qu'on y apporta de toutes les eglises et monasteres de Paris et des environs.

Et le 30 fut verifié en parlement un edict contenant la creation de deux estats de president, l'un de la cour pour le sieur Le Maistre, qui auparavant n'estoit president que par commission du duc de Mayenne, l'autre en la chambre des comptes pour le sieur Luillier, prevost des marchans, et un estat de maistre des requestes pour le sieur Langlois, eschevin, et ce en recognoissance du signalé service qu'ils avoient faict au royaume avec le sieur comte de Brissac, que Sa Majesté dès-lors avoit faict mareschal de France. Ainsi le Roy recompensa ceux qui l'avoient si bien servi et assisté en ceste si grande et notable entreprise.

Le mesme jour aussi la cour fit publier l'arrest cy dessous en ces termes :

« La cour, ayant, dès le douziesme de janvier dernier, interpellé le duc de Mayenne de recognoistre le roy que Dieu et les loix ont donné à ce royaume, et procurer la paix, sans qu'il y ait voulu entendre, empesché par les artifices des Espagnols et leurs adherans, et Dieu ayant depuis, par sa bonté infinie, delivré ceste ville de Paris des mains des estrangers, et reduit en l'obeyssance de son roy naturel et legitime, après avoir solemnellement rendu graces à Dieu de cet heureux succez, voulant employer l'authorité de la justice souveraine du royaume pour, en conservant la religion catholique, apostolique et romaine, empescher que, sous le faux pretexte d'icelle, les estrangers ne s'emparent de l'Estat, et rappeller tous princes, prelats, seigneurs, gentils-hommes et autres subjects à la grace et clemence du Roy et à une generale reconciliation, et repeter ce que la licence des guerres a alteré de l'authorité des loix et fondement de l'Estat, droicts et honneurs de la couronne, la matiere mise en deliberation, toutes les chambres assemblées, a declaré et declare tous arrests, decrets, ordonnances et sermens donnez, faits et prestez depuis le vingt-neufiesme jour du mois de decembre mil cinq cens quatre vingts et huict, au prejudice de l'authorité de nos roys et loix du royaume, mis et extorquez par force et violence, et comme tels les a revoquez, cassez et annullez, et ordonne qu'ils demeureront abolis et supprimez; et par special a declaré tout ce qui a esté fait contre l'honneur du feu roy Henry troisiesme, tant en son vivant que depuis son decedz, nul, et fait deffenses à toutes personnes de parler de sa memoire autrement qu'avec tout honneur et respect; et outre, ordonne qu'il sera informé du detestable parricide commis en sa personne, et procedé extraordinairement contre ceux qui s'en trouveront coulpables. A ladite cour revoqué et revoque le pouvoir cy-devant donné au duc de Mayenne sous la qualité de lieutenant general de l'Estat et couronne de France; fait deffences à toutes personnes, de quelque estat et condition qu'ils soient, de le recognoistre en ceste qualité, luy prester aucunement obeissance, faveur, confort ou ayde, à peine d'estre punis comme criminels de leze-majesté au premier chef. Et, sur les mesmes peines, enjoinct audit duc de Mayenne et autres princes de la maison de Lorraine de recognoistre le roy Henry quatriesme de ce nom, roy de France et de Navarre, pour leur roy et souverain seigneur, et luy rendre l'obeyssance et service deu, et à tous autres princes, prelats, seigneurs, gentils-hommes, villes, communautez et particuliers, de quitter le pretendu party de la ligue de laquelle le duc de Mayenne s'est faict chef, et rendre au Roy service, obeyssance et fidelité, à peine d'estre, lesdits princes, seigneurs et gentils-hommes, degradez de noblesse et declarez roturiers, eux et leur posterité, et confiscation de corps et de biens, razement et demolition des villes, chasteaux et places qui seront refractaires au commandement et ordonnances du Roy. A cassé, revoqué, casse et revoque tout ce qui a esté fait, arresté et ordonné par les precedens deputez de l'assemblée tenuë en ceste ville de Paris sous le nom des estats generaux de ce royaume, comme nul, faict par personnes privées, choisies et practiquées pour la plus-part par les factieux de ce royaume et partisans de l'Espagnol, et n'ayans aucun pouvoir legitime. Fait deffences ausdits pretendus deputez de prendre ceste qualité, et de plus s'assembler en ceste ville ou ailleurs, à peine d'estre punis comme perturbateurs du repos public et criminels de leze majesté. Et enjoint à ceux de ces pretendus deputez qui sont encores de present en ceste ville de Paris de se retirer chacun en leurs maisons pour y vivre sous l'obeyssance du Roy, et y faire le serment de fidelité pardevant les juges des lieux. A aussi ordonné et ordonne que toutes processions et solemnitez ordonnées pendant les troubles et à l'occasion d'iceux cesseront; et au lieu d'icelle sera à perpetuité solemnisé le vingt-deuxiesme jour de mars, et audit jour faire procession generale à la maniere accoustumée, où assistera ladite cour en robbes rouges, en memoire et pour rendre graces à Dieu de l'heureuse delivrance et reduction de ladicte ville en l'obeyssance du Roy. »

Après la publication de cest arrest, le second jour d'avril, ainsi que le Roy estoit dans la chappelle de Bourbon, le recteur et aucuns docteurs et supposts de l'Université, de leur propre mouvement et franche volonté, allerent en corps se prosterner aux pieds du Roy, le suppliant en toute humilité d'estendre sur eux sa benignité, comme à ses obeyssans serviteurs et loyaux subjects. Or, plusieurs ecclesiastiques, theologiens, seculiers et religieux de ladite Université, ayans encor du scrupule en l'esprit que ce n'estoit assez que le Roy eust faict profession de la vraye religion, mais qu'il devoit estre admis par le Pape et recogneu pour le fils aisné de l'Eglise, ayans veu les devotions particulieres de Sa Majesté en la semaine saincte, et qu'ayant touché de six à sept cents malades des escroûelles dont plusieurs receurent guarison, ce qui fut cognu d'un chacun, il n'y eut plus du depuis qu'un mutuel consentement de recognoistre Sa Majesté; ce qu'ils jurerent tous par un acte public, en une assemblée faicte exprès le 22 du mois d'avril dans la salle des escholes des theologiens du college royal de Navarre, où se trouverent, de la part du Roy, M. l'archevesque de Bourges, designé archevesque de Sens et grand aumosnier de France; M. d'O, gouverneur de Paris et de l'Isle de France, et M. Seguier, lieutenant civil et conservateur des privileges de l'Université : en la presence desquels seigneurs, maistre Jaques d'Amboise, recteur de l'Université, les doyens des Facultez, le grand-maistre du college de Navarre, l'ancien du college de Sorbonne, le syndic de la Faculté, et plusieurs autres docteurs de ladite sacrée Faculté de theologie, les prieurs, gardiens, lecteurs des Quatre Mendians, et chefs de plusieurs autres communautez, avec les curez des paroisses de Paris, les docteurs du droit canon et de la Faculté de medecine, les procureurs des Quatre Nations, avec leurs doyens et censeurs, les professeurs du Roy, les principaux des colleges, maistres ez arts, pedagogues, et grand nombre d'escoliers et religieux de tous ordres et couvents, jurerent et signerent de garder foy et loyauté au Roy, avec toute reverence et parfaite obeyssance, et de n'avoir jamais aucune communication avec ceux qui s'estoient eslevez en armes contre Sa Majesté, renonçans à toutes ligues, serments et associations qu'ils pourroient avoir faits auparavant, contraires à leur presente declaration, qui fut publiée en ces termes : « Comme ainsi soit que quelques uns, mal instruits et prevenus des sinistres opinions, se seroient malicieusement efforcez de jetter et semer plusieurs scrupules ès esprits des hommes, pretendans iceux que, jaçoit que le Roy nostre sire ait embrassé fermement et de bon cœur tous les poincts que nostre mere saincte Eglise catholique, apostolique et romaine croit et tient, toutesfois nostre sainct pere le Pape ne l'ayant jusques à present admis publiquement et recogneu fils aisné de l'Eglise, il pouvoit sembler douteux à telles gens s'il faut cependant luy prester obeyssance comme à son prince absolu, seigneur très-clement et unique heritier du royaume : surquoy, après avoir meurement tenu conseil, et rendu humbles graces à Dieu et à toute la cour celeste pour une si manifeste conversion du Roy, et son zele si ardent vers nostre mere saincte Eglise, dont nous sommes vrais tesmoins et oculaires, et pour une si pacifique reduction de ceste ville capitale de la France, nous sommes tous de chasque Facultez et ordres, unanimement et sans aucun contredit, tombez en cest advis et decret : que ledit seigneur roy Henry est legitime et vray roy très-chrestien, seigneur naturel et heritier des royaumes de France et de Navarre, selon les loix fondamentales d'iceux, et que, par tous ses subjects naturels et habitans du pays, et ceux qui demeurent dans les bornes desdits royaumes et dependances, luy doit estre rendue entiere obeïssance d'une franche et liberale volonté, et tout ainsi qu'il est commandé de Dieu, nonobstant que certains ennemis factieux, et du party d'Espagne, se soient efforcez jusques à ce jour qu'il n'ait esté admis du Sainct Siege, et recogneu fils aisné et bien merité de nostre mere saincte Eglise catholique; en quoy il n'a tenu ny ne tient audit sieur Roy, qui s'en est mis en tout devoir, comme il est notoire à tout le monde, de notoirieté de fait permanent. Et puis que, comme dit sainct Paul [ép. XIII aux Romains], nulle puissance ne vient d'ailleurs que de Dieu, il s'ensuit que tous ceux qui resistent à la puissance de Sa Majesté repugnent à l'ordonnance de Dieu et s'acquierent damnation. Partant, pour plus grand tesmoignage des choses susdites, et qu'à nostre exemple chacun puisse esprouver les esprits s'ils viennent de Dieu, nous recteurs, doyens, theologiens, decretistes, medecins, artiens, moines seculiers, reguliers, conventuels, et generalement tous escholiers, officiers et autres susdits, franchement et par inspiration de la grace divine, avons faict et juré de cœur et de bouche, faisons et jurons serment d'obeyssance et fidelité au roy très-chrestien Henry IV, avec toute submission, reverence et hommage, jusques à ne point espargner nostre propre sang à la conservation de ceste couronne et Estat de France, et tranquillité de ceste florissante ville de Paris, et le recognoistre nostre seigneur et prince temporel, souverain, heritier legitime et unique, luy avons promis et promettons à jamais fidelles services, arrestans, entre nous, que nous et tous bons chrestiens devons employer nos assidues oraisons et prieres, actions de graces publiques et particulieres, pour la santé et prosperité du Roy nostredit seigneur, les princes de son sang royal, son bon conseil, les seigneurs et magistrats constituez sous son auctorité. Par ce moyen, avons renoncé et renonçons à toutes ligues, associations et pretenduës unions, tant dedans que dehors le royaume, et avons confirmé et confirmons tout ce que dessus, mettans l'un après l'autre la main sur les sainctes evangiles, et adjoustant chacun de nous sa signature manuelle et les seaux de ladite Université. Que s'il se trouve quelques-uns contraires et refractaires, nous le retranchons de nostre corps comme abortifs, les avons privez et privons de nos privileges, et les destestons comme rebelles, criminels de leze-majesté, ennemis publics et perturbateurs. Donnons conseil et advis, en tant qu'à nous est, à tous vrais François et sinceres catholiques de faire le semblable comme nous. »

Aussi-tost que le Roy fut entré dans Paris il manda aux presidents, conseillers et officiers du parlement transferé à Tours et à Chaalons de retourner à Paris se seoir et exercer la justice en leur ancien throsne et tribunal. Ce ne fut, à la reception de ceste nouvelle, que feux de joye que l'on fit en ces deux villes. Tous les officiers du parlement, suivant le commandement de Sa Majesté, s'acheminerent incontinent vers Paris, et y arriverent la sepmaine de Pasques. M. d'O, plusieurs seigneurs, et grand nombre de bourgeois des meilleures familles parisiennes, furent à cheval au devant d'eux les recevoir jusques auprès Le Bourg La Royne; puis entrerent tous par la porte Sainct Jacques, accompagnans M. de Harlay, premier president, et messieurs les presidents Seguier, Potier Blanc-Mesnil, de Thou et Forget, avec grand nombre de conseillers dudit parlement, M. Nicolai, premier president de la chambre des comptes, et messieurs les presidents Tambonneau, de Charmeaux, et Danez Marly, presidents en ladite chambre, et plusieurs maistres des comptes, auditeurs et officiers, M. de Seve, premier president de la chambre des aydes, et plusieurs autres presidents et conseillers de ladite cour et des monnoies. Lors la ville de Paris recommença à reprendre son bonheur, et, au lieu des ruynes de tant de maisons et de beaux et superbes edifices que l'on y avoit abbatus les cinq dernieres années, ce n'a esté depuis que redressement des bastiments qui estoient à demy ruynez, construction de nouveaux; tellement que ceste ville est maintenant plus belle en bastiments qu'elle ne fut jamais. Et mesmes au lieu que les garnisons d'Espagnols, qui y estoient logez dans les maisons des royaux absens, par leur infection avoient gasté d'escroüelles une infinité de personnes qui avoient gaigné ce mal d'eux par leur frequentation, plusieurs en ayant depuis esté touchez et gueris par le Roy, et les royaux estans rentrez dans leurs maisons, ce mal contagieux, auquel les Espagnols sont subjects, cessa aussi peu après.

Le duc de Feria, estant arrivé aux frontieres d'Artois, y laissa les gens de guerre qui estoient sortys de Paris avec luy, et s'en alla à Bruxelles baiser les mains à l'archiduc Ernest d'Austriche, frere de l'Empereur, qui y estoit arrivé sur la fin de janvier de ceste année, et y avoit fait son entrée accompagné de l'eslecteur Ernest de Baviere, archevesque de Cologne, du marquis de Baden, du duc d'Arschot, prince de Chimay, des comtes de Mansfeldt, Sores et Fuentes, et plusieurs seigneurs, tant allemans, flamans, italiens, qu'espagnols. Ceste entrée se fit fort magnifique, avec autant de despence comme si c'eust esté le propre prince du pays, pour les belles histoires qui y furent representées, arcs triumphaux, pyramides, tableaux, peintures, et autres grandes sumptuositez. Il y eut festin general trois jours durant, au bout desquels cest archiduc fit assembler les estats des provinces obeyssantes au roy d'Espagne, pour leur monstrer sa commission et le pouvoir qu'il avoit dudit Roy au gouvernement desdits pays comme son lieutenant, gouverneur et capitaine general d'iceux. Les lettres en ayans esté leuës publiquement, le comte de Mansfeldt, auquel, par le trespas du duc de Parme, le gouvernement avoit esté commis par provision, se levant de sa place, luy remit sa charge entre les mains. Ce faict, luy et tous les autres seigneurs et estats là presens luy jurerent toute fidelité et obeyssance au nom dudit Roy.

Plusieurs historiens s'accordent que cest archiduc fut pourveu par le roy d'Espagne du gouvernement des Pays-Bas pour ce que ce Roy avoit promis aux seigneurs flamans de ne leur donner plus d'Espagnols ny Italiens pour gouverneurs, et qu'ils n'en auroient à l'advenir plus d'autres que des seigneurs dudit pays, ou bien un prince de son sang, ce qui fut cause qu'il le nomma, affin de ne donner une si grande dignité à un des seigneurs dudit pays; mais aussi qu'il luy donna pour ses principaux conseillers le comte de Fuentes, don Claude de Sainct Clement et Stephano d'Ibarra, tous trois espagnols, avec charge de croire ce qu'ils luy diroient en ce qui concerneroit le gouvernement desdites provinces, et comme on subjugueroit celles qui estoient unies et confederées. Il devoit amener de si grandes forces avec luy, et le roy d'Espagne luy devoit fournir tant de gens, d'argent et de munitions, que le commun bruit estoit qu'il ne subjugueroit point seulement le prince Maurice et les Holandois, mais qu'il feroit accorder par force à ceux du party de l'union en France de luy donner la couronne des François en espousant l'infante d'Espagne [ce que les Espagnols n'avoient peu obtenir d'eux de bonne volonté, ainsi qu'il a esté dit cy dessus]. Mais ces deux grands desseins s'en allerent en fumée, tant par faute de grandes forces, que pour le peu de bonheur dont ce prince fut accompagné pendant treize ou quatorze mois qu'il demeura ès Pays-Bas, où il mourut le 21 fevrier 1595; car, au lieu de subjuguer le prince Maurice et les Holandois, ce prince fit lever le siege de Covoerden, print Groningue à la barbe de cest archiduc, et se rendit maistre de plusieurs places, ainsi qu'il sera dit cy après. Pour la France, il trouva l'estat des affaires si changées au prix de ce que l'on luy avoit dit, qu'ayant sceu, par ledit duc de Feria, que toutes les grandes villes de France recherchoient toutes le moyen de se remettre aux bonnes graces de leur Roy, il se resolut de n'employer ses forces qu'à s'emparer de plus de villes qu'il pourroit sur la frontiere. Bref, les Espagnols commencerent à cognoistre que la couronne de France estoit un trop gros morceau pour l'avaller par esperance tout d'un coup, et, imitans les procedures du duc de Savoye, ne voulurent plus d'oresnavant prendre de places que celles qui estoient prez des frontieres de leur pays, et en leur bien-seance. Ce fut pourquoy le comte Charles de Mansfeldt, sur le commencement du mois d'avril, revint redresser son armée du costé de Landrecy, et attaqua La Cappelle en Tierasche, ainsi que nous dirons.

Tandis que beaucoup de seigneurs et grandes villes de France avoient leurs deputez à Paris en la cour du Roy pour faire leur accord, il advint un grand remuement vers le pays de Limosin, Perigord, Agenais, Quercy et pays circonvoisins, par un souslevement general qui s'y fit d'un grand nombre de peuple, prenans pour pretexte qu'ils estoient trop chargez de tailles et pillez par la noblesse, principalement de quelques gentilshommes du party de l'union qui se retiroient en leurs chasteaux, faisans de grandes pilleries sur le pauvre paysan. Du commencement on appella ce peuple mutiné les *Tard-Avisez*, parce que l'on disoit qu'ils s'advisoient trop tard de prendre les armes, veu que chacun n'aspiroit plus qu'à la paix; et ce peuple appelloit la noblesse, *Croquans*, disans qu'ils ne demandoient qu'à croquer le peuple, mais la noblesse tourna ce sobriquet *croquant*, sur ce peuple mutiné, à qui le nom de *Croquants* demeura.

Il s'est rapporté en diverses façons comme ces peuples se sousleverent. Premierement une multitude de peuple s'esleva vers le Limosin, et faisoient un grand desordre : entr'autres ils arrachoient les vignes, coupoient les bois, brusloient les maisons et granges de ceux qui ne se vouloient renger avec eux; mais, ayans quelque temps rodé ce pays là, le sieur de Chambaret, qui en estoit gouverneur pour le Roy, assembla la noblesse, leur courut sus, et les desfit. Le bruict de ce souslevement estant venu en Angoulmois, plusieurs communes s'esleverent aussi; mais le sieur du Masset, lieutenant pour le Roy en ce pays là en l'absence de M. d'Espernon, assisté des gentilshommes du pays, les escarta tous, et les fit retirer chacun chez soy. En Perigord ce fut où le souslevement fut plus grand, car ils s'unirent avec d'autres communautez de Gascongne et de Quercy, qui se rassemblerent plusieurs fois, bien que le sieur vicomte de Bourdeille, gouverneur pour le Roy au Perigord, en chargea et desfit à diverses fois quelques troupes. On tient pour vray que ce fut un tabellion ou notaire d'une petite bourgade, nommé La Chagne, qui, estant un jour de loisir, s'amusa à faire plusieurs billets en forme de mandement, contenant que les habitans du pays de Perigord eussent à se trouver avec armes à la forest d'Absac, qui est au deçà la riviere de Dourdoigne, distant une lieuë ou environ de la ville de Limeuil, prez d'un lieu appellé Sainct Dreou, au jour Sainct George 23 d'avril, et de le faire sçavoir de parroisse en parroisse, et proche en proche; mesmes que cedit notaire envoya plusieurs de ces billets en diverses parroisses et bourgades, tellement que cela courut jusques aux villes et jurisdictions dudit pays qui sont au delà ladicte riviere de Dordoigne. Tous les habitans de ce pays là, allarmez des ravages qui se faisoient au Limosin, delibererent, pour eviter ces maux, d'envoyer seulement des deputez pour voir ce qui se passeroit en ceste convocation d'assemblée en ladite forest d'Absac; et s'estans bien rencontrez, le vingtdeuxiesme d'avril, au nombre de six vingts deputez desdites communautez de delà la Dordoigne, à la Linde, qui en est au deçà, ils partirent tous ensemble, ayant resolu d'approuver et conformer leurs advis à tout ce que diroit et proposeroit le sieur de Porquery, advocat de la cour de parlement de Bordeaux, l'un des deputez de la ville de Montpasié, distant de Biron d'une petite lieuë. Estans arrivez à ladite forest d'Absac, au lieu assigné, ils y trouverent sept ou huict mil hommes armez, qui d'espées et d'harquebuses, qui d'hallebardes et pertuisanes, et qui de bastons ferrez, les uns à pied, les autres à cheval, selon le moyen et commoditez qu'ils avoient eu de s'armer et monter, entre tous lesquels y en pouvoit avoir de deux à trois mille qui avoient porté les armes durant ces derniers troubles. Ils vindrent tous au devant d'eux avec grand bruict, crians : *Qui vive?* Porquery et ceux qui estoient avec luy respondirent : *Vive le Roy!* puis s'approcherent, leur disant qu'ils venoient à l'assemblée suivant les mandements qu'ils en avoient receus. Après avoir crié tous ensemble plusieurs fois vive le Roy, un qui s'estoit trouvé des premiers en ceste assemblée, nommé Papus dit Paulliac, qui estoit procureur d'office, c'est-à-dire fiscal, de la ville de Dans, dont il avoit esté pourveu par Madame, sœur du Roy, commença

Roy s'achemineroient au plustost, et que cependant chacun se contiendroit chez soy attendant leur retour.

Sur ceste asseurance, ledit Porquery et son condeputé s'acheminerent en la ville de Paris, et y arriverent le dimanche devant la Pentecouste, où ils presenterent au conseil du Roy une requeste attachée à leur procuration, remonstrant à Sa Majesté que lesdites assemblées avec armes n'avoient jamais tendu que au bien de son service, manutention de l'Estat et repos public, se pleignant au surplus de la foulle et oppression qu'ils auroient receu et recevoient tous les jours à cause de la guerre, des grandes tailles qu'ils estoient contraints de payer et à Sa Majesté et au party de la ligue, avec plusieurs plaintes contre les receveurs et autres ayant la charge et maniement des deniers royaux, contre la noblesse qui, pour subvenir à une plus grande despense que ne vaut leur revenu, estoient contraincts de vexer leurs subjects, et contre ceux principalement qui tenoient encore le party de la ligue, et commettoient toutes sortes de maux, detenans prisonniers grand nombre de personnes dans leurs chasteaux, les tourmentans de toutes sortes de gehennes et cruautez pour en tirer plustost rançon, mesmes qu'il apparoissoit, par plainte particuliere, que quelques uns avoient percé les pieds avec un fer chaut à ceux qu'ils tenoient prisonniers. La fin de ladite requeste estoit un pardon pour avoir fait des assemblées avec armes sans permission, la suppression d'un nombre d'officiers superflus, et principalement de ceux qui manioient les deniers du Roy, le rabais de tailles, permission d'eslire un syndic d'entre les habitans dudit plat-pays, et de tenir les champs pour courir sus et contraindre les ennemis de Sa Majesté à se soubsmettre à son obeyssance. Laquelle requeste, en ce qui regardoit le pardon d'avoir faict assemblée avec armes sans permission, fut interinée, avec commandement de poser les armes dans la Sainct Jean : et, sur la suppression requise desdits officiers, il fut respondu que Sadite Majesté y pourvoiroit. La creation dudit syndic fut deniée, la surceance des tailles de ladite année ordonnée; et, sur le surplus des plaintes, le sieur de La Boissize, maistre des requestes, fut deputé pour les entendre.

Pendant que ceste poursuitte se faisoit au conseil du Roy, le peuple et la noblesse, pour les injures receuës les uns des autres, ne se pouvans contenir en paix, le peuple s'assembla derechef, et la maison et chasteau de Sainct Marsal en Perigort, près du pays de Quercy, à une lieuë de la ville de Gourdon, fut environné, et fit on effort de la prendre sous pretexte que le seigneur d'icelle avoit battu ou fait desplaisir à quelques paysans. Ce seigneur eust couru hazard, n'eust esté que quelques gens qui avoient des commoditez et de l'esprit se meslerent parmy ce peuple et arresterent sa fureur. Toutesfois, nonobstant l'asseurance donnée à leurs deputez de se tenir en paix, ils firent deux chefs qu'ils appellerent colonels, sous lesquels fut faict une assemblée de trente-cinq à quarante mil hommes, à une lieuë près de la ville de Bergerac, à un lieu appellé La Boule.

Porquery et son condeputé de retour, ils firent faire lecture et publication, tant de ladite requeste presentée à Sa Majesté, que response dudit conseil, en la ville de Limeuil, en presence des principaux habitans et de plusieurs deputez des villes, jurisdictions et parroisses dudit Perigord, assemblez en ladite ville à ces fins, et il fut arresté que, suivant le commandement et volonté de Sa Majesté, chacun se contiendroit chez soy sans se plus assembler d'avantage. Neantmoins, quelque temps après, ces communes faisans encor semblant de se vouloir soubslever derechef pour les violences qu'ils recevoient d'aucuns de la noblesse, ledit sieur vicomte de Bourdeille fut trouver M. le mareschal de Boüillon qui s'estoit rendu audit Limeuil, pour, avec son advis, pacifier telle sorte de troubles; et fut arresté là avec luy qu'il seroit faict assemblée des communautez dudit pays en la ville de Montignac le Comte, laquelle se fit trois sepmaines après, où ledit sieur mareschal de Boüillon et ledit vicomte de Bourdeille se trouverent avec grande quantité de noblesse, et où assisterent aussi plusieurs deputez des communautez des villes de Perigueux et Sarlat, et Bergerac et quelques autres; en laquelle assemblée ledit sieur mareschal de Boüillon commanda au sieur de Champagnac, qui pour lors suyvoit ledit sieur vicomte de Bourdeille, et qui de present est maistre des requestes ordinaire de la Royne Marguerite, de representer à l'assistance les raisons de leur convocation. Après que lesdites communautez eurent dit leurs plaintes, il fut resolu que supplications très-humbles seroient derechef faites au Roy de pourvoir aux plaintes du peuple, comme depuis Sa Majesté fit en leur remettant les arrerages des tailles et subsides qui leur avoient esté imposez auparavant, et furent par là ces revoltes appaisées.

Aussi en ce mesme temps le mareschal de Matignon estant retourné de la Cour à Bourdeaux, ayant eu advis qu'il y avoit quelques seigneurs qui entretenoient sous-main ces revoltes populaires en Quercy et Agenais, esperans s'en servir avec occasion, il fit incontinent gaigner les gens de guerre qui estoient parmy eux, en fit des compagnies qu'il distribua par regiments, lesquels furent conduits, vers le Languedoc, contre ceux de la ligue; ce qui fut le dernier remede, et qui du tout mit ces pays-là en paix.

Cependant que ces peuples là se remuoient, le conseil du Roy travailloit à accorder les articles de plusieurs seigneurs et grandes villes de France. Le sieur de Villars, gouverneur de Rouën, avoit envoyé l'abbé Desportes vers le Roy auparavant la reduction de Paris. Il fit demander beaucoup de choses qui luy furent accordées : il avoit esté pourveu de l'estat d'admiral de France par le duc de Mayenne, et de lieutenant general en Normandie; le Roy luy accorda qu'il seroit derechef pourveu de l'estat d'admiral par luy, et de lieutenant general ez bailliages de Caën et Rouën. Il y eut quelque difficulté pour executer cest accord, car M. l'admiral de Biron, quoy que le Roy luy eust dit qu'il vouloit qu'il fust mareschal, neantmoins il fut quelque temps qu'il refusa de remettre cet estat entre les mains du Roy pour en disposer. Madame, sœur du Roy, par le commandement de Sa Majesté, luy en parla, et le fit condescendre à le ceder. Sur l'heure elle m'envoya le dire au Roy, qui en fut bien aise pour ce qu'il ne vouloit point mescontenter ledit sieur de Biron. Pour la peine que prit l'abbé des Portes à faire cest accord et reduction de Rouën, il fut encor nommé par Sa Majesté à une bonne abbaye, et eut plusieurs autres bienfaicts du Roy. Le 26 dudit mois d'avril, l'edict faict sur ladite reduction de Rouën, Le Havre de Grace, Harfleur, Montivillier, Ponteaudemer et Verneuil au Perche, fut verifié au parlement de Rouën. Il contenoit en substance qu'il n'y auroit aucun exercice de religion autre que de la catholique, apostolique-romaine, en toutes les villes que ledict sieur de Villars ramenoit en l'obeyssance de Sa Majesté; qu'il n'y auroit aucuns juges ny officiers de justice qui fussent de la religion pretenduë reformée, jusques à ce qu'il en eust esté autrement ordonné par Sa Majesté; que les ecclesiastiques ne seroient point molestez en la celebration du service divin, ny en la jouyssance et perception de leurs benefices et revenus, et qu'ils seroient quittes et deschargez de ce qu'ils eussent peu devoir pour raison des decimes jusques au dernier jour de decembre 1593 : que la memoire de toutes choses passées d'une part et d'autre durant les presents troubles demeureroit esteinte, supprimée et abolie; que tout ce qui auroit esté verifié et ordonné par ceux de la cour de parlement, chambre des comptes et autres jurisdictions desdites villes, demeureroit validé, reservé les alienations en fonds du domaine; que toutes personnes qui avoient demeuré en l'obeissance du Roy, ou qui en avoient esté distraictes, leurs enfans ou heritiers, seroient conservez en la jouissance et perception de tous leurs biens, en quelques lieux qu'ils fussent scituez et assis, et pour les vivans, en leurs benefices, estats et offices, sans pouvoir estre troublez en la possession d'iceux en aucune sorte et maniere; que tous les papiers, cedules, obligations et promesses pris durant les presents troubles seroient rendus d'une part et d'autre à ceux à qui ils appartenoient; que toutes levées de deniers faictes suyvant les commissions ou ordonnances particulieres du duc de Mayenne, dudit sieur de Villars, du conseil de l'union, ou des corps des villes, verifiées ou à verifier, seroient validées et authorisées; que les commissaires et controleurs des guerres commis en ladite province par les chefs du party de l'union à faire les monstres des compagnies des gens de guerre seroient deschargez de tout ce qui regardoit la certification desdites compagnies avoir esté complettes, et du payement qui en auroit esté faict selon les roolles par eux signez, bien qu'il y eust eu du manquement; que plaine et entiere mainlevée seroit donnée de toutes saisies et arrests faicts en vertu des donations faictes, à cause des presents troubles, par Sa Majesté ou par commandement d'autre, quel qu'il fust, sur les biens meubles et immeubles de ceux qui estoient de contraire party; que s'il y avoit aucuns habitans desdites villes que ramenoit ledit sieur de Villars en l'obeyssance de Sa Majesté lesquels n'y voudroient demeurer et rendre le service qu'ils devoient à leur Roy, qu'ils s'en pourroient departir en prenant passeport pour se retirer où bon leur sembleroit, leur permettant de pouvoir disposer de leurs charges, offices et benefices dans deux mois; que tous jugements, arrests et procedures donnez depuis le commencement des presents troubles contre personnes de divers partis, ensemble l'execution d'iceux ès causes civiles, et contre les absens en causes criminelles, demeureroient cassez et adnullez; que tous actes de justice donnez entre personnes de mesme party et qui avoient volontairement contesté sortiroient effect : quant à ceux qui avoient esté pourveus d'offices vacquans par mort ou resignation par le duc de Mayenne, que le roolle arresté par Sa Majesté seroit suivy et effectué pour le regard des pourveus par mort; mais quant aux pourveus par resignation, qu'ils prendroient de nouveau provision du Roy; et que celles dudict duc de Mayenne demeureroient nulles; que toutes cours, corps, colleges, chapitres et communautez des villes, places et vicomtez qui se remettoient en l'obeyssance du Roy par ledit traicté, seroient maintenus en la possession et jouyssance de tous leurs privileges, franchises et libertez, nonobstant tous arrests et declarations faits au contraire; que tous imposts creez à l'occasion des presents troubles au dedans la generalité de Rouën, tant d'un party que d'autre, seroient abolis; que le bailliage d'Alançon et le comté du Perche seroient reünis comme ils estoient auparavant en la generalité de Rouën, et que les generalitez de Rouën et de Caën demeureroient distinctes et separées comme elles estoient auparavant les troubles; que toutes lettres accordées pour descharge de debtes particulieres mobiles des uns aux autres seroient revoquées, si ce n'estoient comptables qui en eussent faict recepte en leurs comptes actuellement et sans fraude, ou que les donataires les eussent touchez; que les susdites villes, ainsi ramenées en l'obeyssance du Roy par ledit sieur de Villars, seroient affranchies et deschargées pour trois ans à venir de tous emprunts et subventions, reservé seulement les droicts domaniaux et anciens; qu'ils seroient aussi conservez en tous leurs octroys, privileges, foires et immunitez, et que particulierement ceux de Rouën ne seroient point recherchez de la demolition du chasteau de ladite ville.

Après la publication et verification de cest edict, toute la Normandie fut paisible, excepté Honfleur, ainsi que plusieurs ont escrit, où commandoit le chevalier de Grillon, et quelques autres petits chasteaux. M. de Montpensier, gouverneur pour le Roy en ceste province, y donna tel ordre que ledit Grillon fut contrainct peu de temps après de composer, quitter ceste place et la remettre entre ses mains. Depuis, les prevosts des mareschaux, favorisez de nombre de cavalerie, firent tant de courses qu'ils desnicherent et nettoyerent une infinité de petites retraictes à voleurs qui estoient en divers endroicts dans ceste grande province.

Les officiers du parlement de Rouën, transféré à Caën par le commandement du Roy, y retournerent tenir leur ancien siege; mais on remarqua que ledit sieur de Villars, au lieu de les honnorer comme il devoit, tint à plusieurs d'eux en particulier des paroles très-rudes : ce fut par un mauvais conseil qu'on luy donna, et ce affin qu'il les intimidast, et qu'il demeurast toujours en sa volonté de commander en toutes choses dans Rouen qu'il tenoit en subjection par le fort Saincte Catherine et autres forts. Mais celuy qui renverse d'ordinaire les desseins humains qui ne sont conformes à la reigle du devoir, renversa cestuy-là, ainsi qu'il se verra cy-après.

Au mesme mois d'avril quelques habitans de Troyes en Champagne, sur les nouvelles de la reduction de Paris, resolurent aussi de se delivrer du prince de Ginville leur gouverneur, et se soubsmettre à l'obeyssance royale. Le Roy en avoit fait semondre quelques-uns qui luy estoient affectionnez, leur donnant advis que le mareschal de Biron, qui conduisoit lors son armée, costoiant les marches de Bourgongne et Champagne, les favoriseroit s'ils avoient bonne volonté. Ceste affaire fut menée si discrettement, que le mareschal de Biron avec quelques forces s'approcha de ceste ville, et envoya un heraut de la part du Roy leur porter une lettre : arrivé à la porte, les gardes menerent ce heraut droict à la Maison de Ville, là où ceux qui avoient practiqué ceste affaire, avec tous ceux qu'ils sçavoient estre affectionnez à la paix, se trouverent : le heraut introduit et les lettres leuës, ils se mirent à crier: *Vive le Roy! vive la paix!* le peuple suivit ce mesme cri. Le mareschal de Biron et quelques-uns des siens entrez, on alla dire au prince de Ginville qu'il failloit qu'il en sortist à l'heure mesme; ce qu'il fut contraint de faire, nonobstant les grosses paroles qu'il usa contre aucuns des habitans, qui, se maintenans en leur devoir, ne luy respondirent rien. Sorty, le menu peuple se monstra aussi affectionné à faire des feux de joye pour leur reduction, et à crier vive le Roy, qu'il s'estoit monstré violent et furieux sur le corps du feu sieur de Sautour et sur plusieurs de leurs citoyens qui en ce temps-là favorisoient le party du Roy. Aussi Sa Majesté, en l'edict qu'il leur octroya depuis sur leur reduction, dit qu'en considerant le tesmoignage de la bonne affection qu'ils avoient monstré en leur reduction, et referant aussi tout ce que la malice du temps leur avoit durant ces guerres permis de faire au prejudice de son authorité, il ne vouloit pas seulement les recevoir sous sa protection, mais les gratifier en beaucoup de choses. Aussi donna-il aux ecclesiastiques, par ledit edict, tout ce qu'ils pouvoient devoir des decimes depuis le commencement des presents troubles jusques en fevrier dernier passé; voulut que la memoire fust ensevelie de tout ce qui s'estoit faict et passé dans Troyes à l'occasion desdits troubles; leur deffendit de s'entre-injurier ou provoquer de paroles les uns les autres, sur peine de punition corporelle; les remit et reintegra en tous leurs anciens droicts, franchises, libertez et immunitez, tant ceux qui estoient dans ladite ville, que ceux qui s'en estoient absentez pour son service; restablit les justiciers qui pendant lesdits troubles en avoient esté transferez; leur promit qu'il ne feroit point bastir de citadelle dans leur ville, et les quitta et exempta de toutes levées et impositions pendant le temps de trois années. Cet edit fut verifié le 29 avril.

En mesme temps ceux de Sens envoyerent leurs deputez à Paris au conseil du Roy. Le sieur de Bellan, qui commandoit dedans pour l'union, fut pourveu de nouveau par Sa Majesté du gouvernement de ceste ville. Les ecclesiastiques obtindrent la descharge des decimes qu'ils pouvoient devoir jusques au dernier de decembre passé. Les officiers de justice furent restablis en ladite ville. Les tailles deuës du passé furent remises au peuple, excepté celles du taillon et l'entretenement des prevosts des mareschaux. La memoire de tout ce qui s'estoit passé durant les presents troubles fut abolie, et obtindrent encor quelques dons et octroys. Voylà le moyen que le Roy tint pour ramener ses subjects desvoyez, en leur donnant la pluspart de tout ce qu'ils luy demandoient, et rescompensant ceux qui s'entremesloient de travailler à ces reductions. L'edict de ceste reduction fut verifié à Paris le 29 avril.

Les deputez du sieur de Montluc, seneschal d'Agenais, qui commandoit pour l'union en ce pays-là, et ceux des villes d'Agen, de Villeneufve et Marmande, arrivez à Paris, obtindrent aussi du Roy tout ce qu'ils desirerent. L'edict sur leur reduction fut arresté au mois de may, et verifié au parlement de Bourdeaux au mois de juin.

Quelques villes mesmes en la province de Picardie, ou le duc de Mayenne et le duc d'Aumale estoient, par le moyen de leurs gouverneurs quitterent leur party, et tous eurent telle composition du Roy qu'ils desirerent, entr'autres Peronne. Ceux d'Amiens et de Beauvais en eussent bien desiré faire de mesme; mais la presence de ces ducs les en empescha pour un temps. Le Roy cependant commanda au mareschal de Biron de faire acheminer son armée vers la Picardie, afin de l'employer durant l'esté, et empescher au comte Charles de Mansfeldt, qui avoit amassé son armée de neuf mille hommes de pied, mille chevaux et douze canons, de rien entreprendre sur les villes frontieres de ce costé là. Mais l'armée du Roy n'y peut estre si tost, que ledit comte, suyvant le commandement de l'archiduc Ernest, ne se feust rendu maistre de La Cappelle en quatorze jours. Ceste place est en Tierasche, assez forte d'assiette et bien flanquée, ayant quatre grands boulevards et des cassemates, les fossez pleins d'eauë hault de trois piques, contrescarpes, fausses brayes et ravelins. Les Espagnols s'estans emparez incontinant des fausses brayes, ils attaquerent et prirent un ravelin, puis, ayans fait escouler les eauës, Mansfelt dressa sa batterie de sept pieces contre le fort, et trois autres contre une cassemate : tellement que les François assiegez estans descouverts par le dedans au long des courtines, et n'osans se monstrer, ils se rendirent à composition le 9 may, n'ayant Mansfelt perdu à prendre ceste place [estimée forte] que deux cents hommes et cent de blessez. L'armée françoise arriva pensant y donner secours; mais, voyant que c'en estoit fait en si peu de temps, et trouvant Mansfelt logé à l'avantage et retranché, le Roy manda audit sieur mareschal de Biron d'aller investir Laon, ce qu'il fit, et alla passer près de Guise, donnant le degast sur les frontieres pour affoiblir tousjours ses ennemis.

Aussi-tost que le duc de Mayenne eut advis que l'armée du Roy tournoit vers Laon, luy, qui y avoit son fils dedans, le president Janin, et plusieurs de ses serviteurs et amis qui s'y estoient trouvez enfermez, s'en alla trouvez le comte de Mansfelt à La Cappelle. De ce qu'il fit en ce voyage pour avoir du secours pour Laon, il se cognoistra mieux par ce qu'il en a escrit au roy d'Espagne que ce que j'en pourrois dire du mien. Voicy les termes de sa lettre.

« Aussi tost qu'eus advis qu'on vouloit assieger Laon, je m'en allay en l'armée de Vostre Majesté qui avoit pris La Cappelle peu de jours auparavant; priay M. le comte Charles de Mansfeldt m'accorder quelque nombre de gens pour jetter dedans, y ayant desjà laissé ce que j'avois peu de François : il me donna deux cents Neapolitains qui y furent aussi-tost envoyez, et ne se voulut deffaire d'un plus grand nombre, par ce que l'ennemy marchoit droit à l'armée, et monstroit avoir intention de la combattre; aussi qu'il ne luy sembloit pas, ny aux capitaines qui furent appellez à ce conseil, qu'il deust et peust faire ceste entreprise ayant une armée ennemie si proche de luy : il le fit toutesfois. Je sçavois que la ville n'estoit forte, qu'elle estoit peu munie de pouldres, qu'il y avoit fort peu de gens de guerre, et neantmoins qu'elle estoit grande. Ce dernier estoit difficile à cause de l'assiette de la place et des advenues d'icelle : la premiere encores plus, d'autant que l'armée de l'ennemy en ce siege estoit de cinq mille cinq cents Suisses, six mille hommes de pied françois et trois mille cinq cents bons chevaux, et la nostre, après avoir assemblé tout ce qu'on peut, de sept mille hommes de pied et fort peu de cavalerie. Avec ceste troupe on approcha l'ennemy, on essaya jetter des forces dans la ville, et en fin la necessité des vivres [par ce que deux convois furent desfaicts] nous contraignit de faire retraicte et de laisser les assiegez au desespoir, qui endurerent depuis trois assaults en un jour, et furent contraints, après avoir attendu nostre secours un mois entier, de se rendre, pressez par les habitans, desquels la garnison foible ne se pouvoit aisement rendre maistre, et par la faute de pouldre. Qui eust voulu sauver la ville par autre moyen, on le pouvoit à l'entrée du siege, et avant la venuë de nostre armée pour le faire lever; car l'ennemy, considerant l'assiette d'icelle et le deffaut des balles, pouldres et artillerie [dont il se pourveut après avec quelque loisir], et ayant aussi apprehension de nostre armée qui estoit proche de luy, eust très-volontiers consenty et accordé une conference pour adviser aux moyens de faire la paix, et là dessus retirer son armée. Il en fit parler au sieur president Janin qui estoit dedans, et à d'autres de mes serviteurs qui s'estoient trouvez enfermez en ladite ville. J'en eus aussi-tost advis : mais c'estoit crime que de proposer cest expedient à vos ministres, Sire; cela leur accroissoit le soupçon qu'ils monstroient avoir desjà de moy, car je craignois aussi, en le faisant, de reculer ou empescher du tout le secours : ainsi je laissay ce premier moyen qui estoit certain, sans peril et sans dommage, pour m'attacher à l'autre qui fut inutile. »

On peut juger par ceste lettre le peu de forces qu'avoit lors le duc de Mayenne, et de l'estat auquel il estoit reduit : aussi les historiens espagnols disent qu'il avoit esté abandonné des autres princes et seigneurs de son party, mais que le comte de Mansfelt prié par luy, et ayant eu commandement de l'archiduc d'aller avec son armée secourir Laon, qu'il s'y estoit acheminé avec sept mille hommes, sous la promesse que ledit archiduc luy avoit fait de luy en envoyer encor autres sept mil incontinent après; ce qu'il ne fit pas.

Mansfeldt, ayant fait courir un bruit que son armée estoit composée de vingt mil hommes pour espouvanter l'armée françoise qui estoit devant Laon où le Roy estoit arrivé, s'en approcha à la faveur des villes de Guise et La Fere.

Aussi-tost que le Roy fut adverty que l'armée espagnolle estoit hors les bois Sainct Lambert, en champ de bataille sur une colline, avec huit pieces de canon, en un lieu fort advantageux pour leur infanterie, il fit tourner la teste à son advantgarde de ce costé là, et mener sept pieces de canon sur une autre petite montagnette : là il fut bien canonné et escarmouché de part et d'autre; mais il fut impossible d'attirer l'Espagnol à un combat general. Les deux armées ayans demeuré quelques jours à la veuë l'une de l'autre, les Espagnols, ne taschans qu'à jetter dans Laon

des forces, des vivres et des mu
solurent d'y faire entrer deux co
Roy en estant adverty, ils furent
tierement desfaits. Le premier esto
hommes de pied, lesquels, estans
furent taillez en pieces le 17 juin
rante qu'Espagnols qu'Italiens qui
Laon. Le second fut desfaict le len
sur l'advis que le Roy avoit eu qu
dans La Fere, il donna charge au
Biron de prendre huict cents Suiss
fanterie françoise, avec les chevau
Majesté, et qu'il allast les attendre
par où ils devoient passer sur le
Fere à Laon. Ledit sieur mareschal
tendus une nuit et un jour tout
sur les cinq heures au soir, les Esp
eu certain advis aussi que les Fran
doient, ne laisserent toutesfois de
treprise, et en bon ordre s'achemi
baissée le grand chemin de la for
tion de passer sur le ventre à qui
debattre le passage. Premieremen
treize cents hommes de pied en tr
che, puis deux cents quatre-vingt
après lesquelles suyvoient trois c
qui faisoient l'arriere-garde. Com
fut à demy entré dans la forest, l
ayans descouvert assez avant dedan
ques mesches d'harquebuses de l'en
François qui estoient couchez su
commencerent à leur mode à crier
te ! puis, tirant quantité de mousq
vers le bois, dont ils couperent pl
ches d'arbres, continuerent leur
furieusement; mais, rencontrant
sieur mareschal avec nombre de n
çoise et une partie des chevaux leg
terie françoise leur donnant en fla
arrestez court, et là y fut bien ce
fanterie espagnole soustint ce pre
bravement, que ledit sieur mares
que le combat avoit duré près d'u
aucun advantage, mit pied à terre
noblesse, et en mesme temps que
vry, qui commandoit au reste de
françoise, se leva de son ambusca
la cavalerie espagnole qui restoit
ladite forest; aussi ledit sieur ma
siens donnerent si courageuseme
d'eux en crians *Tue! tue!* comm
les Suisses et les François, que t
fanterie espagnole fut incontiner
entierement desfaicte. Quant à l
plupart ayans esté tuez ou noye
sauverent furent poursuivis jusque

de La Fere par ledit sieur de Givry. Ceste desfaicte fut grande, et y eut de sept à huict cents hommes morts sur la place, le reste se perdit par la forest, et n'y eut que deux capitaines prisonniers : le plus grand butin qu'eurent les François fut les douze cents chevaux des charettes qui furent prises avec les vivres et munitions.

Ceste desfaicte sceuë par le comte de Mansfelt, dez la nuict mesmes il se resolut de quitter son camp retranché, et en deslogea avant la minuict pour se retirer à la faveur de La Fere. Le Roy adverty de son deslogement un peu tard, prit mille chevaux de son armée avec cinq mil hommes de pied ; mais le comte et ses Espagnols cheminerent si diligemment et en bonne ordonnance, qu'ils se retirerent à sauveté vers La Fere, et de là en Artois, là où ceste armée fut du tout ruynée pour les maladies qui s'engendrerent parmy les soldats, dont la plus-part moururent ; tellement que Mansfelt demeura un temps au territoire de Douay avec bien peu de gens ; et par pitié les bourgeois d'Arras en ayant receu plusieurs en leur ville qui s'y venoient faire penser, tous les hospitaux mesmes en estans plains, le menu peuple fut infecté de ceste maladie, et en mourut plusieurs.

Le Roy, sans poursuivre plus outre son ennemy, revint au camp devant Laon, là où il fit continuer le siege. M. de Givry, estant aux tranchées, fut tué d'une mousquetade tirée de la ville. Ce fut un grand dommage, car c'estoit un brave seigneur, et qui estoit en ces derniers troubles venu à son honneur de plusieurs beaux exploicts militaires.

Or Sa Majesté ayant receu des munitions de plusieurs endroits, entr'autres celles que M. de Balagny luy envoya de Cambray avec cinq cents chevaux et trois mille hommes de pied, l'on commença à battre si rudement Laon, qu'après qu'ils eurent enduré trois assaults, les assiegez se voyans sans esperance d'estre secourus, ils accorderent la capitulation suyvante :

« Le vingt-deuxiesme jour de juillet mil cinq cents quatre-vingts quatorze, Charles Emanuël fils du duc de Mayenne, assisté du sieur Du Bourg, gouverneur de la ville de Laon, des maistres de camp, gentils-hommes, capitaines estans en icelle, officiers et principaux habitans de ladite ville, tant pour eux que pour les ecclesiastiques, gentils-hommes, capitaines, soldats qui sont à present dans ladite ville de Laon, françois et estrangers, que pour tous les manans, habitans et refugiez en icelle, ont promis de remettre ladite ville entre les mains de Sa Majesté, ou de celuy qu'il luy plaira, avec l'artillerie et munitions de vivres et de guerre estans ès magazins publics qui sont en icelle, dans le deuxieme jour du mois d'aoust prochain, si, dans le premier jour dudit mois d'aoust, iceluy comprins, ils ne sont secourus par le duc de Mayenne ou autres avec une armée qui face lever le siege à Sadite Majesté, ou qu'il mette à un mesme jour ou nuict de vingt-quatre heures mil hommes de guerre dans ladite ville pour le secours d'icelle. Auquel cas eux dessus dicts promettent qu'ils ne leur assisteront, ne favoriseront leur entrée en quelque sorte que ce soit, que de leur ouvrir la porte ou les portes par lesquelles ils devront entrer, et ne les leur ouvriront et ne les recevront point s'ils sont moins de cinq cents à chacune fois. Et s'ils y estoient entrez sous couleur que ledict nombre y fust, et que toutesfois il n'y fust pas, les susdits promettent de les mettre dehors, et Sa Majesté leur donnera seureté et passeport pour retourner dont ils sont venus.

» Et durant ledit temps ne se fera aucun acte d'hostilité d'une part et d'autre, ny aucune poudre dans ladite ville.

» Que tous les habitans, soit ecclesiastiques, gentils-hommes, refugiez et autres, de quelque lieu, qualité et condition qu'ils soient, y pourront demeurer si bon leur semble avec leurs familles, et seront chacun d'eux conservez en leurs charges, honneurs, dignitez et biens meubles et immeubles, sans que pour raison des choses passées pour le fait de la guerre, aucune poursuitte se puisse faire à l'encontre d'eux, en faisant par eux ce que bons subjets doivent à leur roy legitime et naturel. Et moyennant ce tous arrests, saisies et jugemens donnez contre lesdits habitans ou aucuns d'eux demeureront nuls.

» Et si aucuns d'eux vouloient sortir de ladite ville pour se retirer ailleurs, le pourront faire et emmener avec eux leurs biens meubles et autres commoditez, sans qu'ils puissent estre retenus ny empeschez de ce faire, pour quelque cause que ce soit, en quelque lieu qu'ils veulent aller : et pour le regard de leurs heritages et biens immeubles, n'en pourront jouyr s'ils ne resident en lieu qui soit sous l'obeyssance du Roy.

» Seront tous les ecclesiastiques de ladite ville deschargez des decimes qu'ils doivent jusques à ce jourd'huy ; et, pour le regard des debtes creées pour leur party, elles seront esgallées sur tous les benefices consistoriaux et prieurez, tant en ladite ville que du diocese de Laon, de leur mesme party seulement, dont ils bailleront un estat, pour avoir commission de Sa Majesté pour lesdits esgallement.

» Tous deniers pris et levez extraordinairement ou dans les receptes pour estre employez par les ordonnances du duc de Mayenne, ceux de son conseil, gouverneurs et magistrats de ladite ville, depuis les presens troubles, et soit avant et durant le siege, seront allouez, les comptables, et ceux qui les ont receus deschargez, et les assignations restans à acquitter payées des deniers qui se trouveront entre leurs mains.

» Si quelques maisons ont esté demolies pour la deffence et fortification de ladite ville, ou deniers et denrées prises appartenans aux serviteurs de Sa Majesté, les interessez n'en pourront faire poursuitte à l'encontre des magistrats ny autres que par leur commandement, s'ils sont employez et les ont receus.

» S'il a esté pourveu par le duc de Mayenne à quelque office vaccant par mort ou resignation de mesme party, les pourveus en jouyront en prenant lettres de Sa Majesté.

» Les frais faits par les habitans durant le present siege seront esgallez sur eux tous en la forme accoustumée, par commission de Sa Majesté.

» Semblablement sera baillé passe-port audit Charles Emanuël, avec escorte pour le conduire en toute seureté jusques à Soissons ou La Fere, à son choix, ensemble ceux du conseil, officiers et domestiques dudit duc de Mayenne qui sont en ladite ville, sans qu'aucuns d'eux, pour quelque sujet et occasion que ce soit, puissent estre retenus et empeschez de se retirer en tel lieu que bon leur semblera, eux, leurs serviteurs, chevaux, armes et bagages.

» Auront pareille seureté, conduite et escorte jusques à l'un desdits lieux les gentils hommes, maistre de camp, capitaines, soldats et tous autres gens de guerre, soit françois ou estrangers, estans en ladite ville, et sortiront avec leurs serviteurs, chevaux, armes, equipages et bagages, enseignes desployées, tabourins battans, mesches allumées, comme aussi tous habitans qui se voudront retirer avec eux, ou en après dans un mois, sans que l'on les puisse arrester ny saisir leurs meubles, pour quelque cause que ce soit, en voulant sortir de ladite ville.

» Et pour l'execution de ce que dessus bailleront pour ostages à Sadite Majesté le sieur evesque de Laon, le maistre de camp de Fresnes, Bellefons, et Lago, et pour les habitans, Claude Le Gras et Nicolas Branche.

» Pourra Sadite Majesté envoyer si bon luy semble deux capitaines ou autres pour voir dans ladite ville s'il ne se fera rien contre et au prejudice de ce qui est promis cy-dessus.

» Donnera Sa Majesté passe-port et un trompette à une ou deux personnes pour aller jusques vers le duc de Mayenne l'advertir de la capitulation, et retourner en ladite ville. Signé Henry. Et plus bas, Ruzé. »

Ceste capitulation fut faicte le 22 juillet, et, le mesme jour qu'elle fut accordée, le prince Maurice aussi, assiegeant Groeninghe en Frise, capitula avec les Groeningeois, qu'il contraignit en moins de deux mois quitter le party du roy d'Espagne et de prendre celuy des estats generaux de Hollande. Avant que de dire comme Laon, ne pouvant estre secouru, fut remis, suyvant la capitulation, entre les mains du Roy, et comme plusieurs autres grandes villes se rendirent aussi à luy ou furent forcées de quitter le party de l'union, et de plusieurs choses qui advindrent en France en ce temps-là, voyons comme les Espagnols furent aussi peu heureux en leurs desseins dans les Pays-Bas que le susdit comte de Mansfelt le fut au secours qu'il pensoit donner à Laon.

Nous avons dit l'an passé que le colonel Verdugo et le comte Herman de Berghe avoient estroitement bloqué, au nom du roy d'Espagne, le fort de Covoërden sur la fin du mois de septembre. Le prince Maurice, ne voulant perdre ceste place, mais la desgager avant que de rien entreprendre en ceste année, se mit en campagne avec une gaillarde armée pour attaquer les forts qu'avoient faicts les Espagnols aux environs de ce fort, ou pour leur livrer bataille si l'occasion s'en presentoit; mais Verdugo et ledit comte, sentans approcher le prince, abandonnerent leurs forts qu'ils avoient tenus près de sept mois, et se retirerent, laissant Covoërden en liberté, qui incontinent fut rafraischy d'hommes et de vivres.

Ce siege levé, aussi-tost le prince fit marcher toute son armée, qui estoit de cent vingt-cinq compagnies d'infanterie et de vingt et six cornettes de cavallerie, avec son artillerie et tout l'attirail, conduit, tant par terre que par les rivieres qui sont dedans ce pays là, et alla se camper le 21 de may devant la ville de Groëninghe, ès environs de laquelle, après avoir bien retranché tout son camp en grande diligence, il fit dresser six grands forts sur toutes les advenuës, bien munis d'hommes et d'artillerie.

Ceux de Groëninghe s'estoient preparez pour se deffendre et soustenir un long siege, en sorte qu'il ne leur manquoit ny vivres ny munitions de guerre : vray est qu'ils n'avoyent point de garnisons dedans la ville, mais elle n'estoit que devant leur porte [du costé de la tour de Drentelaer par où on va au Dam et à Delfziel] au fort de Schuytendyep, qui est un faux-bourg de la ville servant d'un petit havre, pource qu'il y vient d'Emden par dedans le pays, et pouvoyent recevoir ladite garnison dedans leur ville toutes et quantes fois qu'il leur plaisoit.

Le prince, ayant gagné le fort d'Auverderziel et fait tailler en pieces tout ce qui se trouva dedans, fit ses approches de plus près, et ayant fait sommer la ville de se remettre sous l'union des Estats, ils respondirent qu'il devoit attendre encore un an à faire une telle demande; que lors ils y pourroient aviser, mais non plustost. Sur ceste response, trente-six pieces de canon commencerent à jouër en toute furie, tant contre la tour du Drentelaer, qui ne dura gueres sans estre mise bas, que contre les autres endroits au devant desquels le prince avoit fait dresser lesdits six grands forts : tellement qu'en peu de jours il fut compté dix huict mille coups de canon. Les assiegez se trouverent lors espouvantez, car, pensans avoir la nuict quelque repos, les assiegeans les incommodoient encore avec des balles à feu et autres matieres artificielles qui se tiroient avec des mortiers en l'air, puis tomboient dans la ville sur les maisons, dans les places et dans les ruës; si bien que ceste ville n'estoit remplie que de bruslement et d'espouvantement.

Les Groëningeois, se trouvans si rudement traitez, ne laisserent pas de faire quelques sorties : ils en firent une en une nuict, et se ruerent sur le quartier des Anglois, dont ils en tuerent bon nombre, gaignerent deux de leurs enseignes, puis se retirerent avec la perte du fils d'un de leurs bourgs-maistres. Pour empescher ces sorties le prince fit retrancher les advenuës des portes, et commença à faire miner, principalement sous la porte de Heerport; ce qu'il fit advancer si diligemment, que la mine se trouva en peu de temps estre plus de vingt pas sous le ravelin.

Cependant que ces choses se passoient, ceux d'Anvers firent une magnifique entrée à l'archiduc Ernest le 14 juin. Il sollicitoit fort le comte de Fuentes, qui avoit la charge de conduire le secours requis à Groëninghe, de s'advancer; mais, comme disent les historiens italiens, *uno picciolo exercito à cio non si giudicava sufficiente, é l'assembrarlo grande non si poteva per molte difficottà* (1), principalement pour faute d'argent, sans lequel les vieilles bandes ne voulurent aucunement se bouger; tellement que tous les jours, faute de paye, l'on n'oyoit que nouvelles mutineries, pour lesquelles, et de peur des entreprises que l'on eust peu faire du costé de la France, le conseil espagnol en Flandres fit mettre la pluspart des troupes en garnison ez places frontieres.

Les Groëningeois, ne voyans aucune apparence de secours, et que le prince les alloit pressant avec sa continuelle batterie qui avoit ruiné tous leurs boulevars et rempars, commencerent à desesperer et à parler entr'eux d'appoinctement, principalement ceux qui tenoient secrettement le party des Estats, car il y en avoit beaucoup d'habitans qui eussent plus volontiers suivy ce party là que non pas celuy des Espagnols; ceux-là envoyerent quelques deputez vers le prince pour entendre à quelque accord; mais ceux du party du roy d'Espagne, entre lesquels estoient les plus notables de la ville, les prelats et autres ecclesiastiques, plus forts en nombre et en authorité, pour eviter tous ces murmures et contenir les autres bourgeois, firent, non sans tumulte, entrer le capitaine Lankama, lieutenant du colonel Verdugo, en la ville, avec les compagnies qu'il avoit au faux-bourg de Schuytendyep, et se promirent les uns aux autres de s'entr'ayder et tenir bon jusques à ce qu'ils auroient eu du secours de l'archiduc. Ce qu'estant entendu par les deputez qui s'estoient acheminez vers le prince, ils s'en retournerent sans rien accorder, et fut tiré en peu de jours plus de quatre mille coups de canon par les assiegez contre les assiegeans.

Le 15 de juillet, la mine du ravelin de l'Osterporte estant preste à sauter, la batterie du prince recommença à donner fort furieusement contre ce ravelin, pour abattre tout ce que les assiegez avoient remparé. Il y avoit dessus huict pieces d'artillerie, lesquelles renduës inutiles, avec quelque apparence de bresche, le prince fit mettre ses gens en ordre de bataille par esquadrons, comme pour aller assaillir ce ravelin : ce que voyant les assiegez, ils renforcerent la place d'hommes qui se presenterent pour deffendre la bresche. Cependant le feu fut mis à la mine, qui sauta, et grand nombre des assiegez volerent en l'air, dont plusieurs furent ou jettez dans les fossez, ou furent noyez. La mine ayant fait telle ouverture, le prince fit donner l'assaut, lequel fut soustenu; mais l'effroy fut si grand que les assiegez, quittans la place, se sauverent par l'Osterporte, couverte de ce ravelin, dedans la ville. Ce pied gaigné, les assaillans se retrancherent contre la ville, après avoir trouvé quatre pieces d'artillerie de bronse et deux de fer enfouyes en la terrasse que la ville avoit fait eslever et les avoit couvertes.

(1) On ne croyoit pas qu'une petite armée pût faire ce mouvement; et plusieurs obstacles empêchoient d'en réunir une grande.

Les assiegez, ayans perdu ce ravelin et quelques cent quarante hommes dedans, commencerent à perdre courage, avec ce qu'ils n'esperoient plus de secours. Le lendemain ils furent d'advis, d'un commun consentement, tant les bourgeois que les soldats, d'envoyer un de leurs bourgmaistres avec un tambour vers le prince pour luy offrir la ville, à condition toutesfois qu'il la feroit le jour ensuivant sommer encor une fois à son de trompette de se rendre. Estant venu au camp, le prince, ayant ouy sa demande, après avoir eu les opinions de son conseil de guerre, luy respondit qu'il l'avoit assez sommée, et qu'il ne la sommeroit plus, la tenant desjà sous son pouvoir; mais que si les Groëningeois trouvoient bon d'envoyer quelques deputez pour traitter des conditions de l'accord, que faire ils le pourroient, ou, s'ils aymoient mieux esprouver leurs forces à luy resister plus longuement et attendre les extremitez d'un assaut general, qu'ils sentiroient avec un tard repentir ce qui leur en adviendroit.

Les assiegez, intimidez de ceste response, envoyerent au camp du prince, le neufiesme du mois de juillet, plusieurs de leurs deputez. Les conditions de l'accord furent quelque temps debatuës; en fin les assiegez, voyans que c'estoit un faire le faut, s'accorderent de rendre la ville, et de la mettre en la puissance du prince sous plusieurs conditions, entr'autres :

Que ceux du magistrat et les habitans de Groëninghe promettoient se remettre en l'union generale des Provinces Unies et d'adherer aux estats generaux desdites provinces, comme estans un des membres, et feroient leur devoir de repousser et chasser hors des Pays-Bas les Espagnols; que Guillaume Loys, comte de Nassau, seroit gouverneur de Groëninghe et du pays groëningeois; qu'il n'y seroit fait autre exercice que de la religion pretenduë reformée; qu'ils auroient dans la ville pour garnison cinq ou six compagnies de gens de pied; que le regime de la ville demeureroit au magistrat, reservé que ledit magistrat et les jurez de la commune seroient pour ceste fois establis par ledit prince Maurice et ledit sieur comte Guillaume, avec l'advis du conseil d'Estat; et de là en avant l'eslection de ceux de la loy se feroit selon l'ancienne coustume, moyennant qu'au lieu de la repartition des feves, ledit sieur comte, comme gouverneur, pourroit choisir cinq cents hommes entre les vingt-quatre jurez, lesquels procederoient à l'eslection de ceux de la loy; selon l'ancienne institution. Plus, que toutes provisions, soit d'argent, de munitions de guerre, vivres, artillerie et autres, envoyez en la ville de Groeninghe, ou appartenans au roy d'Espagne, ce qui autrement durant ceste guerre y avoient esté amenez, seroient delivrez à la generalité ou à leurs commissaires.

L'accord des gens de guerre qui fut fait avec le capitaine Lankama, lieutenant du colonel Verdugo, les capitaines et officiers, tant pour eux que pour leurs soldats ayans tenu garnison en la ville de Groëninghe et à Schuyten-Dyep, fut que tous les gens de guerre sortiroient avec leurs armes, en rendant à la sortie leurs drapeaux audit sieur prince Maurice : ce fait, qu'ils seroient conduits seurement au camp du colonel Verdugo la part où il seroit, et de là outre le Rhin, sans pouvoir servir de trois mois au deçà; que le prince presteroit quatre-vingts chariots pour la conduitte des blessez et autres jusques à Otmarson; que les blessez qui ne pourroient sortir demeureroient encor dans la ville jusques à ce qu'ils fussent raisonnablement gueris; que tous prisonniers du party du prince estans dans la ville, en payant leur despence, sortiroient sans payer rançon; que tous les biens du sieur gouverneur Verdugo estans dedans la ville sortiroient librement et franchement, et seroient menez au lieu où ceux qui en avoient la charge trouveroient convenir, ou bien pourroient demeurer en seureté dedans la ville tant que ledit sieur gouverneur en eust disposé; que tous chevaux et bagages des officiers du roy d'Espagne qui estoient absens passeroient librement et seroient conduits avec les autres gens de guerre; que tous ceux qui estoient dans Groëninghe, de quelque nation ou condition qu'ils fussent, officiers, ecclesiastiques, et les deux peres jesuites, qu'autres qui voudroient sortir avec les gens de guerre, leurs femmes, enfans, familles, bestiaux et biens, jouyroient du mesme convoy et seureté que dessus; et si aucuns des habitans, soit homme ou femme, pour la multitude de leurs affaires, ne pouvoient sortir avec lesdits gens de guerre, il leur seroit accordé le terme de six mois du jour de l'accord, durant lequel ils pourroient sejourner, faire leurs negoces, puis se retirer avec leurs biens et familles, soit par eau ou par terre, la part qu'il leur sembleroit bon; que ledit lieutenant, colonel, capitaines, officiers et soldats, cest accord estant signé, sortiroient quant et quant et sans plus long delay de la ville de Groëninghe et de Schuyten-Dyep. Fait au camp à Groëninghe le 22 de juillet 1594. Voylà comment ceste puissante ville fut forcée et reduite en moins de deux mois de temps.

Après que les remparts de la ville de Groëninghe furent reparez, toutes les trenchées du camp applanies, et que la loy et le magistrat fut renouvellé, le prince Maurice, ramenant son armée, entra victorieux en la ville d'Amsterdam, où il fut magnifiquement receu du magistrat avec toute demonstration d'honneur, de caresse et d'allegresse. Le mesme luy fut fait ès autres villes par où il passa en retournant à La Haye.

Le reste de ceste année il ne se passa rien de remarque aux Pays-Bas, sinon le procez et l'execution à mort de quelques uns qui avoient entrepris d'assassiner le prince Maurice, de quoy nous parlerons cy-dessous. Depuis, une partie des troupes de cavalerie dudit prince traversa les Pays-Bas, et, sous la conduitte du comte Philippes de Nassau, alla faire la guerre au Luxembourg. Retournons en France voir ce qui s'y fit après la capitulation de Laon.

Ceste capitulation signée, les habitans de Chasteauthierry et le baron du Pesché, leur gouverneur, qui avoient des deputez au camp devant Laon pour traicter de leur reduction, obtindrent du Roy un edict qui contenoit que la memoire de tout ce qui s'estoit fait en ladite ville de Chasteauthierry et en tout ce gouvernement-là durant les presents troubles, qui pouvoit toucher ou touchoit ledit sieur du Pesché, ses gens, les habitans d'icelle ville et autres qui y auroient demeuré, seroit du tout abolie; que les ecclesiastiques rentreroient en la possession et jouissance de leurs benefices, leur faisant don de ce qu'ils devoient de decimes depuis l'an 1589 jusques à la fin du payement escheant en fevrier passé; que ledit sieur baron du Pesché seroit continué en l'estat de gouverneur, capitaine et bailly de Chasteauthierry, sous le gouverneur et lieutenant general pour Sa Majesté ès provinces de Champagne et Brie; que toutes les jurisdictions qui auroient esté distraictes et transferées de ladite ville y seroient restablies; que lesdits habitans de Chasteauthierry seroient remis et establis en la jouyssance de tous leurs anciens privileges, concessions et octroys, maintenus et conservez en tous leurs offices et benefices, ensemble en tous leurs biens meubles et immeubles, nonobstant les dons qui en auroient esté faicts durant ces derniers troubles. Et, ayant esgard à l'extreme necessité du peuple et à la ruyne que le plat pays avoit souffert durant ces troubles, Sa Majesté leur fit encor don et remise des arrerages des tailles qu'ils devoient depuis le commencement de l'an 1589 jusques au mois de juin de ceste presente année.

Par cest edict, ceux de Chasteauthierry, qui craignoient d'estre assiegez après que Laon seroit rendu, se remirent en l'obeyssance du Roy, et esviterent par ce moyen le peril qui alloit tomber sur leurs testes.

Au mesme mois de juillet ceux de Poictiers, ayant envoyé leurs deputez vers le Roy, obtindrent un edict sur leur reduction, lequel fut verifié au mesme mois par le parlement de Paris. Depuis que ceste ville se fut declarée du party de l'union en l'an 1589, comme nous avons dit, il y avoit eu plusieurs gouverneurs : M. le duc d'Elbœuf l'estoit lors de ceste reduction; mais comme ceste ville est fort grande, et que les habitans y avoient tousjours esté les maistres des garnisons, ayans toute leur creance en leur evesque, au cordelier Protasius et en quelques autres, à qui le Roy donna quelques rescompenses particulieres, ils eurent une abolition de tout ce qui s'estoit passé en leur ville durant ces derniers troubles, et le siege presidial, transferé à Nyort, y fut restably; tellement qu'en tout le Poicton il n'y eut plus que le chasteau de Mirebeau qui tinst pour le party de l'union.

Le deuxiesme jour d'aoust, suyvant la susdite capitulation, le fils de M. de Mayenne et le sieur Du Bourg sortirent avec les gens de guerre de dedans Laon, où le Roy mit pour gouverneur le sieur de Marivault avec une forte garnison. Aussi-tost que plusieurs grandes villes de Picardie virent que le duc de Mayenne ne pouvoit empescher que Laon ne tombast par force sous la puissance du Roy, elles regarderent toutes à leur seureté; et, bien que le duc allast de ville en ville pour les asseurer, tout ce qu'il leur disoit et faisoit toutesfois ne put les persuader de s'opiniastrer d'avantage. Voicy ce qu'en a escrit ledit duc de Mayenne au roy d'Espagne.

« Pour ce que le duc de Feria m'accuse de n'avoir bien faict mon devoir pour secourir Laon, sans exprimer neantmoins quelles ont esté les fautes, aussi que la perte de ceste ville advenuë a beaucoup aydé à celle d'Amiens, dont on veut faire à croire que j'en suis cause, à quoy je diray, Sire, que ça esté un mescontentement general que tous les habitans de ladite ville d'Amiens prindrent d'un serment qu'on leur avoit pressé de faire peu de jours auparavant, qui les mit en soupçon et crainte d'un changement qui ne leur estoit agreable. Vos ministres sçavent que c'est. Je fus quelque temps après en ceste ville, et fis ce que je peus pour mettre hors les mal affectionnez, et pour m'en asseurer, mais le mal estoit desjà trop grand, et fut contraint de sortir pour n'y pouvoir plus demeurer sans le peril de ma vie, et sans la precipiter assez au mesme instant : ce qu'ils ont faict depuis, et qu'on pensoit tousjours destourner en gaignant le temps. J'avois bien dit aux ministres de Vostre Majesté que s'ils vouloient employer de l'argent à l'endroit de quelques-uns, tant en ladite ville d'Amiens que de Beauvais, quelques jours avant que les pratiques des ennemis y fussent si advancées, qu'on les conserveroit. J'en avois autant remonstré pour Peronne, qui temporisa à se declarer contre nous jusques à ce qu'ils virent Laon hors d'espoir d'estre secouru. Mais mes prières ne servirent de rien, pour ce que vos ministres ne pouvoient satisfaire lors, pour une maxime que le sieur Diégo tient et a dit plusieurs fois, qu'il ne failloit rien donner sinon à ceux qui voudroient mettre les places entre leurs mains. Et toutesfois trente mil escus bien employez et en saison eussent suffi pour retenir et conserver ces trois villes au party, que deux millions d'or ne sçauroient conquester avec la force.

Ceux d'Amiens ayans contraint le duc de Mayenne et le duc d'Aumale de sortir de leur ville, ils envoyerent à Laon prier le Roy de venir faire son entrée en leur ville. Aussi-tost Sa Majesté s'y achemina, et arriva à Corbie le 18 d'aoust. Le lendemain il vint disner à Sainct Fussien, à une lieuë d'Amiens, où les roys ont accoustumé faire leur sejour quand ils y veulent faire leur joyeuse entrée. Aussi-tost que le Roy eust disné, il s'achemina vers la ville, accompagné de plusieurs princes et de grand nombre de noblesse. Pour le recevoir à la campagne, premierement sortit quinze cents bourgeois bien armez et en bonne conche, avec soixante cavaliers, à la teste desquels il y en avoit un qui portoit une cornette blanche ; puis suivoient les sergens à cheval, ayans quatre banderolles semez de fleurs de lis. Après, marchoient le majeur, prevost et eschevins, à la teste desquels estoit un homme à cheval ayant devant luy un petit coffre dans lequel estoient les clefs de la ville enfilées de taffetas blanc : cest homme estoit revestu d'un accoustrement semé de fleurs de lis ; et marchoient sur les aisles, tant du costé droit que du gauche, les archers de la ville, puis suivoient les officiers de la justice, tous à cheval et en fort bon ordre.

Ayans joincts Sa Majesté, ils se mirent à pied, puis à genouil pour faire leur harangue ; laquelle finie, ils presenterent les clefs au Roy, qui les receût et les bailla à un exempt de ses gardes escossoises. A l'instant ils se mirent tous à crier plusieurs fois : *Vive le Roy! vive le Roi!* Les gens de pied qui s'estoient rangez à quartier, assez esloignez de Sa Majesté, commencerent à tirer lors, et firent une brave escopeterie. Cela faict ils s'en retournerent tous en mesme ordre à la ville. Sa Majesté estant proche d'entrer, il fut tiré quelques cinquante coups de canon et plusieurs boettes ; puis les joueurs d'instrumens, qui estoient sur un ravelin proche la porte, commencerent à jouër de leurs hauts-bois.

Le Roy estant entre la barriere et le pont-levis, il s'arresta près d'un portail ou arche d'alliance bien enrichy, faict de bois, sur lequel estoient trois jeunes filles d'Amiens habillées en nymphes, tenans chacune en leurs mains un panier plein de fleurs qu'elles jetterent sur luy après que l'une d'entre elles eut prononcé quelques vers en sa loüange.

Puis Sa Majesté entra dans la ville, qui estoit tenduë par chacune maison de tapisseries jusques à son logis ; et luy fut presenté un daiz sous lequel il se mit estant à cheval, puis s'achemina vers la grande eglise, le peuple criant de toutes parts : *Vive le Roy!* En cheminant il s'arresta en quatre endroicts où y avoit quatre arches d'alliance ou portails de bois bien peints et enrichis de plusieurs histoires et devises ; dans ces portails il y avoit de jeunes filles habillées en nymphes, qui toutes luy dirent plusieurs vers en sa loüange. Prez la grande eglise, au coin d'une maison, estoit un tableau auquel estoit depeint un arc en ciel et plusieurs animaux dessous, et au dessus dudit arc estoit ceste devise : *Si cælo et collo, et duello* ; et au dessous quatre vers :

> Si dans le ciel on void un bel arc d'alliance
> Courbé pour dignement recevoir un grand Roy,
> Pourquoy, ô terre, ô mer, voyant sa ferme foy,
> Ne luy rendez-vous pas fidelle obeyssance?

Sous le portail de l'eglise estoient ces vers :

> Le temple reveré, de Salomon l'honneur,
> Decoré de lis d'or jusqu'aux lampes ardentes,
> Prophetisoit en soy que les fleurs triomphantes
> En France maintiendroient l'eglise en sa splendeur.
> Ainsi pouvons nous voir par la suite des ans
> Le bien-heureux effect de ceste prophetie ;
> Car la France a produit en chacune partie
> Des nourrissons qui sont en la foy [illegible]
> Le Roy, qui tient le lis, de son [illegible]
> Nous donne un asseuré espoir que [illegible]
> Trop plus qu'aux siecles vieils [illegible]
> La foy qui nous conduit sur l'autel [illegible]

Ce n'estoient sur le portail de l'eglise [illegible] moiries de France, peintures et devises [illegible] rapportées en l'honneur du Roy, qui, [illegible] ceu par le clergé d'icelle avec une [illegible] du peuple criant vive le Roy, entra [illegible] eglise, où le *Te Deum* chanté, et graces [illegible] à Dieu de ceste reduction, Sa Majesté fut conduitte en son logis, le portail duquel [illegible] remply de peintures et de dictons.

Du depuis le Roy leur accorda plusieurs articles dans un edict de leur reduction, lequel fut verifié au parlement à Paris au mois d'[illegible] ceste année. Il est expressement porté par cest edict que lesdits habitans d'Amiens, postposant la perte eminente de leurs vies et moyens au bien et advancement du service de Sa Majesté, s'estoient de leur propre mouvement, sans aucune promesse, respect ou profit, soubs-mis à son obeyssance : ce que desirant recognoistre Sa Majesté, il ordonnoit que dans l'estenduë du bailliage d'Amiens il ne se feroit aucun autre exercice que de la religion catholique-romaine; promettoit d'y maintenir tous les ecclesiastiques en tous leurs benefices et privileges concedez par les feus roys, et les deschargeoit des arrerages des decimes depuis l'an 1589 jusques au jour de leur reduction; que la noblesse qui s'estoit retirée durant ces troubles dans ceste ville seroit conservée en leurs anciens privileges; que les habitans d'Amiens seroient remis en leurs droicts, privileges et franchises, et que le gouvernement et garde de ladite ville demeureroit entre les mains du majeur, prevost et eschevins, ainsi qu'il estoit accoustumé ; plus, qu'à l'advenir il ne seroit faict aucun fort ny citadelle dans ladite ville d'Amiens; qu'ils seroient exempts du droict de gabelle à l'instar de ceux d'Abbeville, et seroient deschargez de tous imposts et subsides imposez depuis ces presents troubles ; que la memoire de tout ce qui s'estoit passé dans Amiens à l'occasion desdits troubles seroit esteinte et abolie ; que le bureau de la recepte generale y seroit remis et toutes les autres offices de judicature ; que ceux qui avoient esté pourveus d'offices par le duc de Mayenne, soit par mort ou par resignation de ceux qui suyvoient son party, avec dispence des quarante jours, ou autrement, sans payer finance, seroient conservez esdits offices, en prenant lettres de provision de Sa Majesté, sans pour ce payer finance.

Les habitans de la ville de Dourlens, qui avoit esté la premiere place de seureté donnée au duc d'Aumalle par le Roy au commencement de la ligue, ainsi que nous avons dit cy-dessus, voyans que ledit duc ne vouloit recognoistre le Roy, envoyerent, par le consentement de leur gouverneur, vers Sa Majesté à Amiens, qui voulut qu'ils fussent compris dans l'edict de ladite reduction, et leur remit aux uns et aux autres tout ce qu'ils devoient des arrerages de toutes tailles et de la moitié de celles qu'ils pourroient devoir durant les trois autres années suyvantes. Cest edict ne fut verifié qu'au mois d'octobre ensuyvant.

Ceux de Beauvais avaient eu un maire que l'on appelloit Gaudin, lequel avoit esté continué en ceste charge depuis le commencement des troubles : il estoit fort partizan de l'Espagnol ; estant conseillé par deux predicateurs nommez les Lucains, qui entretenoient ce peuple, il taschoit de le faire rendre maistre de ceste ville ; mesmes ce Gaudin avoit deliberé, ayant fait venir loger des Espagnols dans un des faux-bourgs, de leur faire delivrer une forteresse qui y est, laquelle n'a esté jamais gardée que par les habitans ; mais son dessein descouvert, il devint en telle haine d'eux, qu'il fut desmis de sa qualité de maire. Depuis, les Beauvaisins, ayans sceu que le Roy estoit dans Amiens, que son armée après la prise de Laon demeureroit sus pied dans la Picardie, avec resolution d'attaquer les places qui voudroient encores demeurer opiniastres au party de la ligue, firent assemblée de ville, où se trouverent aussi plusieurs ecclesiastiques et le sieur de Sesseval, lequel avoit sa compagnie de gens-d'armes en garnison dans ceste ville, où il commandoit comme gouverneur et capitaine de toute la garnison. Pour eviter le fleau de la guerre qui alloit tomber sur leurs testes, jugeans bien qu'ils estoient hors d'esperance d'avoir secours du duc de Mayenne si le Roy les assiegeoit, ils dresserent quelques articles de leur demande par forme de requeste, et envoyerent des deputez les presenter au Roy, qui estoit à Amiens. Ces articles estans veus au conseil, on mit au dessous de chacune la volonté de Sa Majesté, et furent arrestées le 22 d'aoust. Lesdits deputez retournez à Beauvais ayans rapporté ce qui leur avoit esté accordé, tout aussi-tost ceste ville changea de face ; l'on n'y voyoit plus qu'escharpes blanches, l'on n'oyoit que cris de vive le Roy. Gaudin et les Lucains en furent incontinent chassez ; le doyen et plusieurs autres ecclesiastiques et bourgeois, absens à cause des troubles, retournerent en leurs maisons ; et, affin que ce que le Roy leur avoit accordé fust plus seurement observé, ils envoyerent leurs deputez à Compiegne, où le Roy s'estoit rendu affin de faire advancer le siege de Noyon qu'il avoit resolu, pour obtenir de Sa Majesté des lettres de jussion à ses cours souveraines pour verifier ledit accord ; ce qu'ils obtindrent, et depuis le firent verifier par tout où ils jugerent qu'il estoit necessaire. On a rapporté que ledit sieur de Sesseval, conseillé par de ses familiers à demander au Roy rescompense, comme plusieurs autres qui commandoient aux villes du party de l'union avoient faict, leur dit : « Je ne veux point que l'on me reproche à l'advenir d'avoir esté de ceux qui ont vendu au Roy son propre heritage. »

Durant que le Roy tenoit le siege devant Laon, il se passa à Paris plusieurs choses pour restablir peu à peu la paix en France; entr'autres il y en eut quatre dignes de remarque, sçavoir : le procez qui fut fait à ceux des Seize qui s'estoient trouvez à la mort du president Brisson; le reglement sur le payement des rentes constituées à prix d'argent; l'arrest de la cour contre toutes les provisions de benefices decernées par les cardinaux Cajetan et de Plaisance, durant qu'ils se disoient legats en France, et le procez entre le recteur de l'Université et les curez de Paris contre les jesuistes. Voyons ce qui se passa en ces quatre actions.

Peu après la reduction de Paris, suivant le dixiesme article de l'edict portant que tous les habitans qui sortiroient de Paris sous les passeports du Roy, et se retireroient en autres lieux de l'obeyssance de Sa Majesté, jouyroient de leurs biens en se comportant modestement, sans faire chose contraire à la fidelité qu'ils devoient au Roy, il fut advisé, pour la seureté de la ville de Paris, de donner des billets à beaucoup de ceux de la faction des Seize, avec injonction de se retirer pour un temps en d'autres villes de l'obeyssance du Roy. Aucuns d'entr'eux, qui ne se sentoient avoir commis des actes de volerie et sans adveu, s'y retirerent, ou en des maisons des champs qu'ils avoient, là où ils furent quelques mois, et puis après revindrent demeurer en paix dans leurs maisons; mais ceux qui se sentoient coulpables se retirerent à Soissons et de là en Flandres. Or, dez l'an 1593, le baron de Ruffey, gendre du feu president Brisson, avoit fait arrester à Melun le geolier des prisons du petit Chastelet de Paris, nommé Benjamin Dantan, et luy avoit faict faire son procès, et verifié contre luy qu'il avoit fourny de cordes pour faire mourir ledit sieur president. Nonobstant les recusations que fit ledict Dantan, et l'attestation qu'il eut de l'executeur de Paris et autres de ses complices, affermans qu'il ne s'estoit de rien meslé, toutesfois, atteint et convaincu, il fut pendu et bruslé à Melun le 16 fevrier de ceste presente année.

Peu après que la cour de parlement fut restablie dans Paris, les vefves et enfans des sieurs president Brisson et conseillers Larcher et Tardif y presenterent une requeste, demandans justice contre ceux qui se trouveroient coulpables de la mort de leurs marys et de leurs peres. Plusieurs furent emprisonnez, entre lesquels il y en eut trois condamnez à mort; sçavoir : Jean Rozeau, qui estoit celuy qui les avoit pendus, convaincu d'avoir failly en sa charge d'executeur des causes criminelles dans Paris [que le vulgaire appelle bourreau], et un homme d'eglise nommé Aubin Blondel, avec Hugues Danel, sergent à verge, qui avoient aydé et participé à la capture desdits sieurs. Par arrest du 27 aoust, après qu'ils eurent faict amende honorable sur la pierre de marbre qui est au bas du grand perron, ayans les testes nuës, en chemise, à genoux, la torche au poing et la corde au col, ils furent pendus à la place de Greve. Il y eut aussi avec eux un autre sergent qui fit la mesme amende honorable; mais il ne fit qu'assister à leur mort. Depuis, sçavoir le vingt-neufiesme novembre, huict autres, pour avoir assisté à ladite capture, furent bannis pour certain temps de la vicomté de Paris; trois desquels firent amende honorable en la grand chambre et sur ladite table de marbre. [Il y en eut deux de ces trois là qui furent envoyez aux galeres.] Du depuis, le procès estant faict par defaut à ceux qui s'estoient retirez en Flandres, et trouvez coupables desdits assassinats, il y en eut plusieurs que l'on executa en effigie, sçavoir : Le Clerc, dit Bussi, dont nous avons parlé cy dessus, et qui avoit commandé dans la Bastille; Nicolas Le Normant, Morin dict Cromé, Crucé, Mongeot, Parset, Le Pelletier, Amilton, Cochery, Bazin, Choullier, Soly, Tuault, Le Roy, Du Sur, dit Jambe de bois, et Du Bois, lieutenant d'Oudineau, furent condamnez d'avoir les bras, cuysses, tant haut que bas, et les reims rompus sur un eschaffaut dressé en la place de Greve, leurs corps mis sur des rouës plantées proche ledit eschaffaut, pour y demeurer le visage tourné vers le ciel, tant qu'il plairoit à Dieu les y laisser vivre, et Du Rideau, Rainssant, Godon, Poteau, de Luppé, Loyau, Thomassin, Logereau, Regis et Bourrin, d'estre pendus et estranglez à potences croisées, plantées à cest effect en la Greve, si pris et apprehendez pouvoient estre.

Cest arrest ne fut executé que le 11 de mars 1595. Les effigies des condamnez furent mises en des tableaux attachez à des potences dans la place de Greve. Peu de temps après il y en eut deux de pris, sçavoir : celuy qui s'appeloit Le Roy, qui prouva que bien que les Seize eussent pris le president Brisson devant sa maison au bout du pont Sainct Michel, qu'il n'estoit pas pourtant de la conspiration, et fut absous; mais ledit Du Sur, dit Jambe de bois, dont il a esté parlé cy-dessus, estant pris, convaincu d'avoir escrit les escriteaux que l'on avoit attachez au col dudit president et conseillers, fut pendu et bruslé en ladite place de Greve. Ceste justice rendit les plus remuans si obeyssans, que depuis les factieux entre le peuple n'eurent plus envie de se remuer qu'une seule fois, sçavoir, après qu'Amiens fut surpris des Espagnols, ainsi que nous dirons. Voylà la fin de la faction des

Seize dans Paris, et comme les factieux furent chastiez.

L'on ne travailloit pas seulement à oster les divisions et factions entre les François, mais aussi à restablir un bon ordre parmy eux. Un chacun avoit souffert une perte et diminution extreme en ses biens : la plus grand part se trouvoient obligez par contracts au payement de plusieurs rentes constituées sur eux et sur leurs biens. Il y avoit une infinité de procez à ceste occasion. Le Roy, estans requis d'y pourveoir, fit une declaration sur cela, laquelle il fit verifier au parlement de Paris, ordonnant par icelle :

Que le payement de la rente constituée au denier douze, qui est de huict et un tiers pour cent, sera reduit et moderé, depuis le premier jour de janvier 1589 jusques au dernier jour de decembre 1593, à la raison de cinq escus trente trois sols quatre deniers pour cent, qui sont les deux tiers de ce qui est porté par lesdicts contracts ; et estant la rente constituée à moins que de huict et un tiers pour cent, ne sera neantmoins moderée à moindre somme que de deux tiers. Et quant aux lieux où la rente au denier dix est tolerée, sera aussi ladite rente moderée pour le courant des arrerages ausdits deux tiers seulement, qui sont six escus deux tiers pour cent, et ce pour lesdites cinq années seulement. Et pour le regard des arrerages qui se trouveront deus pour les années precedentes celle de 1589, attendu que le terme du payement estoit escheu auparavant lesdits troubles, ils seront payez à ceux ausquels ils seront deus, suyvant les contracts, sans aucune perte ou diminution, et ce durant les années 1595 et 1596 esgalement et par les quartiers d'icelles, comme aussi tous les arrerages desdites cinq années seront payez avec le courant èsdites deux années suyvantes, 1595 et 1596, et par les quartiers desdites années, à condition expresse que ceux qui manqueront de payement pour le regard desdits arrerages moderez aux termes cy-dessus declarez seront descheus, à faute de payement de toute grace et descharge. Et quant au payement du courant de la presente année, que l'article touchant les rentes contenu en l'edict fait sur la reduction de Paris seroit observé, declarant nul et de nul effect tout ce qui auroit esté faict au contraire. Plus, que le mesme reglement de moderation ausdits deux tiers seroit observé sur le payement des arrerages deus à cause des eschanges avec garentie, comme aussi des arrerages des rentes foncieres et doüaires deus aux veufves, et non les pensions viageres constituées pour les aliments des filles religieuses ; à condition que ce qui aura esté payé par les debiteurs sur lesdites cinq années, pour raison desdits arrerages de rentes, sont reduits et moderez. Et où il se trouveroit qu'aucuns desdits debiteurs eussent plus payé que lesdits deux tiers, estoient reduits et moderez lesdits arrerages de rente desdites cinq années. Que ce qui se trouvera avoir esté trop payé soit precompté, deduit et rabatu sur le courant de la presente année et la suvante ; n'entendant toutesfois comprendre au present reglement et reduction des arrerages desdites rentes, les rentes par Sa Majesté deuës à ses subjets, tant sur les villes de Paris et Rouën, que sur les receptes generales et particulieres, au payement desquels arrerages deus et eschus jusques au jour de la reduction, Sa Majesté pourvoiroit des premiers moyens qu'il plairoit à Dieu luy donner. Voylà la substance de l'edict qui fut faict pour les arrerages des rentes, lequel fut verifié à la cour ledit jour 11 d'aoust.

Ce mesme jour aussi, sur le different qui estoit pour la provision de la chapelle de Sainct Matthieu, en l'eglise de Meaux, que trois differentes personnes plaidoient à qui l'auroit, l'inthimé soustenant, tant contre l'appellant, accusé de porter les armes encor pour le party de la ligue avec le duc de Mayenne, que contre un intervenant qui se disoit estre pourveu par l'ordinaire, qu'il n'avoit interest en la nullité des provisions de ses parties adverses, mais que tout ainsi que les provisions baillées par le duc de Mayenne avoient esté validées, que la provision du benefice qu'il avoit euë du cardinal Cajetan, legat en France, et dont il avoit jouy il y avoit quatre ans, luy devoit demeurer. M. Servin, pour le procureur general, dit qu'il avoit appris, par les pieces de l'inthimé, qu'il se pretendoit pourveu de la chapelle contentieuse par le cardinal Cajetan, soy disant legat du pape Sixte V, mais que le devoir de sa charge l'excitoit de remonstrer à la cour que ceste provision et toutes autres faictes par ce cardinal, soit par prevention ou autrement, bref, tous autres actes par luy faicts en vertu de sa pretendue legation, devoient estre declarez nuls et cassez par defaut de puissance, ayant abusé de la bonté du Roy, qui, par ses lettres patentes de l'an 1590, verifiées en la cour seant à Tours, luy avoit denoncé qu'il eust à luy donner advis des causes de sa venuë, pour, au cas qu'il ne fist aucune entreprise contre l'authorité et dignité royale, Estat, honneur, droicts et libertez de l'Eglise Gallicane et du royaume, estre bien receu, comme les legats qui estoient venus auparavant en France. Et par ce que ledit cardinal Cajetan n'avoit recogneu, ainsi qu'il avoit deu, les faveurs à luy faictes par le Roy, ains estoit entré en France avec force, sans aucune permission de Sa Majesté, ayant remply du sang des chrestiens et les villes et les champs de la France, au lieu d'une sincere paix qu'il devoit y apporter, et sans avoir faict le serment accoustumé faire par les legats, sçavoir est, de ne faire aucune fonction ny user des facultés de legat à luy octroyées par le Pape, sinon en tant que le Roy l'auroit pour aggreable, et de garder tous les statuts et coustumes du royaume, et ne desroger aucunement à l'authorité et jurisdiction royale, droicts et libertez de l'Eglise Gallicane et universitez de France; qu'il falloit maintenant faire son devoir, après avoir patienté fort longuement pour voir quel remede seroit apporté à tant de maux de la part des successeurs du pape Sixte V; et puis que le Roy, pour empescher le schisme, avoit fait des submissions d'obedience filiale, beaucoup plus que ne firent oncques ses predecesseurs, comme son intention estoit, et des vrayes catholiques ses subjects, d'honorer le Sainct Siege et le Pape comme en iceluy, quand il seroit pere et non partial; qu'attendant que ce devoir seroit rendu, que c'estoit aux François à monstrer leurs ames courageuses, à se declarer ouvertement, parler franchement comme leurs peres, et faire paroistre la vigueur d'une magnanime liberté pour deffendre, non les privileges, mais le droict commun de l'Eglise universelle, auquel sont conformes les loix et coustumes de l'Eglise Gallicane; bref, maintenir fermement toutes les loix, tant du royaume, sur lesquelles le Pape ne devoit rien usurper plus avant qu'il avoit esté faict par les bons papes, lesquels n'avoient point entrepris d'estendre leur authorité, appelée par les anciens peres du nom de privilege, qui est son vray tiltre, comme le cardinal Cajetan et le cardinal de Plaisance avoient voulu faire depuis les derniers troubles. Et partant, requeroit toutes provisions et actes faits, tant devant que depuis la mort dudict pape Sixte V, par iceux cardinaux Cajetan et de Plaisance, estre declarez nuls et de nul effect et valeur entre toutes personnes et de quelque condition et faction que ce fust, ne pouvans non plus valoir que les signatures expediées en cour de Rome depuis l'arrest de deffenses d'y aller, solemnellement prononcé au parlement seant à Tours; ce qu'il esperoit que la cour ordonneroit, sans avoir esgard à ce que l'advocat de l'inthimé avoit dit presentement que les provisions desdits cardinaux devoient pour le moins valoir entre ceux qui estoient de leur faction, comme les provisions d'offices baillées par le duc de Mayenne entre ceux qui l'ont suivy, et les procedures faites avec ceux qui estoient à Paris et autres villes à present reduictes en l'obeyssance du Roy lors qu'elles estoient occupées par la ligue, pource que ceste maxime ne se pouvoit proposer par un François, d'autant que ce qui avoit esté accordé par les articles des reductions de Paris et autres villes, que les pretendues provisions baillées par le duc de Mayenne seroient rapportées pour estre bifflées et lacerées, et neantmoins que le Roy bailleroit lettre à ceux qui estoient pourveus d'offices resignez ou vacquans par la mort de ceux qui suyvoient le duc de Mayenne, en prestant par eux serment de fidelité, ne devoit estre tiré à consequence, ayant esté accordé par le Roy pro bono pacis entre ses subjects, comme en quelques constitutions des empereurs romains l'on voyoit que les conventions et actes faicts par Licinius et autres usurpateurs de l'Estat, et les procedures volontaires devant juges intrus, avoient esté validées par l'authorité des princes legitimes après le recouvrement de l'empire; ce qu'il remonstroit en cest endroit sans approbation de la qualité de l'usurpateur qui n'avoit peu donner les charges et offices, quoy que quelques-uns ayent voulu dire, par erreur, *gesta ab eo qui praetura functus erat, licet praetor non fuisset, confirmata esse* (1), ce qui ne pouvoit avoir lieu en cest Estat, et moins encores les actes de ces deux pretendus legats; requerant, veu ce qu'il avoit dict, mesmes en esgard à la qualité des actes et procedures de ces cardinaux Cajetan et de Plaisance, comme ennemis estrangers et pensionnaires de l'Espagnol, qu'il pleust à la cour d'y pourvoir pour l'honneur de l'Eglise Gallicane, pour la dignité du Roy et du royaume, et pour l'authorité de la justice souveraine, et à ceste fin donner un arrest qui servist de loy, par lequel la racine fust couppée à tous differents semblables à celuy qui se presentoit, et à ce que telles causes ne se plaidassent plus.

« La cour, avant que faire droict sur la cause d'appel, ordonne qu'à la requeste du procureur general du Roy et diligence de l'inthimé, qui luy administrera tesmoins, sera informé du faict par luy mis en avant, que l'appellant porte les armes contre le service du Roy; et faisant droict sur les conclusions dudit procureur general, a declaré et declare, tant les provisions du benefice contentieux, que toutes decernées par les cardinaux Cajetan et de Plaisance, soy disans legats, nulles et de nul effect et valeur; fait inhibitions et deffenses aux parties et tous autres

(1) Que ce qui avoit été fait par celui qui remplissoit les fonctions de preteur, quoiqu'il n'en eût pas légitimement le titre, fût confirmé.

rieur, qui estoit tousjours espagnol et choisi par le roy d'Espagne.

Que leur institution n'avoit autre but que l'avancement des affaires d'Espagne ; aussi qu'ils n'estoient à rien plus estroitement obligez qu'à prier Dieu nuict et jour pour la prosperité des armes et pour les victoires et triomphes du roy d'Espagne : tellement que plusieurs personnes d'honneur asseuroient les avoir ouy prier dans Paris *pro rege nostro Philippo*, et qu'il n'y avoit jesuite au monde qui ne fist une fois le jour la mesme priere ; mais, selon que les affaires d'Espagne se portoient au lieu où ils se trouvoient, ils faisoient leurs vœux pour luy en public ou en secret ; que, au contraire, il estoit notoire à un chacun qu'ils ne prioient Dieu en façon quelconque pour le Roy, auquel aussi ils n'avoient serment de fidelité, duquel d'ailleurs ils n'estoient capables, comme n'estant leur corps approuvé en France, et estans vassaux liges, et en tout et par tout obligez, tant à leur general qu'au pape.

Qu'on n'avoit point ouy parler de sectes qui eussent de si estranges vœux qu'avoient les jesuistes, pource que, toutes les fois que les papes s'estoient injustement engagez avec les ennemis de la France, ils avoient de tout temps trouvé de grands et saincts personnages qui avoient resisté vertueusement à telles entreprises ; mais qu'à ceste derniere fois, une partie de gens d'Eglise s'estoient trouvez avoir succé ceste doctrine des jesuistes, que quiconque avoit esté esleu pape, encores que de tout temps il fust recognu pour pensionnaire et partizan d'Espagne, et ennemy juré de la France, il pouvoit neantmoins mettre tout le royaume en proye, et deslier les subjects de l'obeyssance qu'ils devoient à leur prince ; qu'en janvier 1589, lors qu'on proposa en la Sorbonne si on pourroit deslier les subjets de l'obeyssance du Roy, Faber, syndic, Le Camus, Chabot, Faber, curé de Sainct Paul, Chavagnac, et les plus anciens, y resisterent vertueusement, mais que le grand nombre des escoliers des jesuistes, Boucher, Pichenat, Varadier, Semelle, Cueilly, Decret, Aubourg, et infinis autres, l'emporterent à la pluralité de voix, contre toutes les maximes de France et libertez de l'Eglise Gallicane, que les jesuistes appelloient abus et corrupteles.

Que Belarmin, jesuiste, soustenoit que les papes ont puissance de destituër les roys et princes de la terre, alleguant pour raison des attentats et entreprises tyranniques.

Que l'an 1521, les François, voulans faire rendre la Navarre à celuy qui l'avoit perdue à leur occasion, assiegerent Pampelune, et le bat-

Thoulouze, Verdun, et generalement toutes les villes où ils avoient pris pied, excepté Bordeaux où ils avoient esté prevenus, et Nevers où la presence de M. de Nevers et la foiblesse des murailles avoient fait perdre le courage à ceux qu'ils avoient envenimez.

Que par leurs sermons ils avoient esté cause de la revolte de Rennes, qui ne dura que huict jours, et qui importoit de toute la perte de la Bretagne, ainsi qu'eux mesmes l'avoient faict imprimer.

Qu'en l'an 1590 la resolution fut prise en leur maison de faire plustost mourir de famine les neuf dixiesmes parties des habitans de Paris que de rendre la ville au Roy.

Qu'ils avoient presté du vin, des bleds et des avoines sur le gaige des bagues de la couronne, dont ils avoient esté trouvez saisis par le lieutenant du prevost de l'hostel, Lugoly, le lendemain que le Roy fut entré dans Paris.

Que Comolet, Bernard et Odo Pichenat avoient presidé au conseil des Seize; mesmes que ce Pichenat, ayant conceu un crevecœur de voir aller les affaires autrement qu'il ne s'estoit promis, en estoit devenu enragé.

Que le roy Philippes, ayant fait entrer, par les persuasions des jesuistes, sa garnison espagnole dans Paris, voulant avoir un tiltre coloré de ce qu'il tenoit desjà par force, y avoit envoyé le pere Matthieu, jesuiste, portant un nom semblable au surnom de l'autre Matthieu, jesuiste, principal instrument de la ligue en l'année 1585, et que ce Matthieu, en peu de jours qu'il demeura dans Paris logé dans le college des Jesuites, y fit escrire et signer la lettre par laquelle ceux qui se disoient les gens tenans le conseil des seize quartiers de la ville de Paris donnoient non seulement la ville de Paris, mais tout le royaume au roy d'Espagne.

Que le commun proverbe des Jesuistes estoit: *Un dieu, un pape et un roy de la chrestienté*, le grand roy Catholique et universel, toutes leurs pensées, tous leurs desseins, toutes leurs actions, tous leurs sermons, toutes leurs confessions, n'ayant autre visée que d'assujettir toute l'Europe à la domination espagnole. Et d'autant qu'ils avoient veu qu'il n'y avoit point de plus forte digue que l'Empire françois qui empeschoit ceste grande inondation, ils ne travailloient à rien autre chose qu'à le dissiper, desmembrer et perdre par toutes sortes de seditions, divisions et guerres civiles qu'ils y allumoient continuellement, s'efforçans sur tout d'esteindre la maison royale, qu'ils voyoient reduite à peu de princes : et de fait, que pour rendre execrable et abominable à tous les François la race de M. le prince de Condé, Loys de Bourbon, en laquelle consistoit la plus grande partie de messieurs les princes du sang, qu'ils avoient publié qu'il s'estoit fait couronner roy de France, ce qui estoit escrit dans la vie d'Ignace, page 162 [chose notoirement faulse], adjoustans que ledit sieur prince avoit fait battre de la monnoye d'or en laquelle estoit ceste inscription : *Ludovicus XIII, Dei gratia, Francorum rex primus christianus. Quæ inscriptio* (1) *arrogantissima est*, disoient-ils, *et in omnes christianissimos Franciæ reges injuriosa*.

Qu'ils ne s'estoient pas contentez seulement de calomnier les princes de la maison royale qui estoient morts, mais qu'ils avoient voulu massacrer les vivans; que la derniere resolution d'assassiner le Roy avoit esté prise, au mois d'aoust 1593, dans le college des Jesuistes à Paris; que la deposition de Barriere, executé à Melun, estoit sur cela toute notoire, et que Varade, principal des jesuistes, choysi tel par eux comme le plus homme de bien et le meilleur jesuiste, avoit exhorté et encouragé ce meurtrier, l'asseurant qu'il ne pouvoit faire œuvre au monde plus meritoire que de tuër le Roy, encores qu'il fust catholique, et qu'il iroit droit en paradis; et que, pour le confirmer davantage en ceste malheureuse resolution, il le fit confesser par un autre jesuiste, duquel on n'avoit peu sçavoir le nom et qui estoit par advanture encores dans Paris, espiant de semblables occasions; que ledict Barriere avoit communié chez eux, et avoient emploié le plus sainct, le plus precieux et le plus sacré mystere de la religion chrestienne pour faire massacrer le premier roy de la chrestienté.

Que Comolet, preschant à Noël dernier dans l'eglise Sainct Barthelemy, avoit prins pour theme le troisiesme chapitre des Juges, où il est parlé d'un Aod qui tua le roy Moab et se sauva; et qu'après avoir fait mille discours sur la mort du feu Roy, et exalté et mis entre les anges Jacques Clement, il avoit commencé à faire une grande acclamation : « *Il nous faut un Aod, il nous faut un Aod*, fust-il moine, fust-il soldat, fust-il goujat, fust-il berger, n'importe de rien; mais il nous faut un *Aod*, il ne faut plus que ce coup pour mettre nos affaires au poinct que nous pouvons desirer. »

Que c'estoit la pure doctrine des jesuistes de crier qu'il faut tuër les roys; mesmes qu'Allin,

(1) *Louis XIII, par la grâce de Dieu, premier roi des Français*. Cette inscription est très-arrogante et injurieuse pour tous les rois très-chrétiens de France.

principal du college du seminaire à Rheims, en avoit fait un livre exprès, et qu'Annibal Codreto, jesuiste, avoit donné conseil à Guillaume Pari de tuër la royne d'Angleterre.

Que la religion chrestienne avoit toutes les marques d'extreme justice et utilité, mais nulle si apparente que l'exacte recommandation de l'obeyssance des magistrats et manutention des polices; au contraire, que ces gens-là, qui se disoient de la société de Jesus, n'avoient autre but que renverser toutes les puissances legitimes pour establir la tyrannie d'Espagne en tous endroits, et qu'à cela ils formoient les esprits de la jeunesse qu'on leur donnoit pour instruire aux lettres, en la religion et en la pieté, les enseignant à desirer la mort de leurs roys.

Qu'il n'y avoit que trop de plaintes publiques contr'eux pour avoir mesmes separé les enfans d'avec leurs peres, et souvent osté tout l'appuy et soustien d'une maison; qu'il y en avoit une exemple deplorable en ce qu'ils avoient soustraict, dez l'aage de quatorze ans, le fils aisné du sieur Ayrault, lieutenant criminel d'Angers, charge de huict petits enfans en sa vieillesse, et le tenoient caché ou en Italie ou en Espagne, sans que jamais son pere en eust peu sçavoir aucunes nouvelles, quelques monitions ecclesiastiques qu'il eust fait jetter contr'eux, desquelles ils se mocquoient, se contentans d'une absolution envoyée par leur general espagnol; et ce qui causeroit encores la ruine de la maison d'Ayrault, estoit que, venant à mourir, le jesuiste son fils demanderoit droict d'aisnesse en son bien, car jamais les jesuistes ne faisoient vœu de pauvreté que jusques à ce qu'ils n'eussent plus d'esperance de succeder, et, devant que faire ceste profession, ils donnoient leur bien au college : tellement que rien n'en sortoit, tout y entroit, et *ab intestat*, et par les testaments qu'ils captoient chacun jour, mettans d'un costé l'effroy de l'enfer aux esprits proches de la mort, et de l'autre leur proposans le paradis ouvert à ceux qui donnoient à leur societé de Jesus; comme avoit fait Maldonat au president de Montbrun Sainct André, tirant de luy tous ses meubles et acquets par une confession pleine d'avarice et d'imposture, de laquelle M. de Pybrac avoit appellé comme d'abus en pleine audience; que le testament qu'ils avoient fait faire au president Gondran de Dijon, par lequel il avoit donné demy escu à sa sœur qui estoit son unique heritiere, et sept mil livres de rente aux jesuistes, en estoit aussi un veritable tesmoignage, avec celuy du sieur de Baulon, conseiller au parlement de Bourdeaux; et tout recemment qu'ils avoient eu aussi pour le droict d'aisnesse en la maison du president de Large-Baston la terre de Faioles qu'ils avoient venduë douze mil escus, et envoyé l'argent en Espagne pour estre mis en leur thresor, pource qu'ils ne gardoient en France que l'immeuble qui leur estoit legué sans le pouvoir aliener.

Que par l'histoire de Portugal il estoit notoire que le roy Philippe avoit jetté l'œil sur ce royaume voisin il y avoit fort long temps, mais que, sans faire mourir le Roy et la plus grande partie de la noblesse, il ne le pouvoit dompter : ce qui fut l'occasion qu'il employa les jesuistes qui estoient à l'entour du roy Sebastien, et qui se font appeller apostres en ce pays-là, lesquels, par mille sortes d'artifices, luy ayans osté ses anciens serviteurs, mesmes Pierre d'Alcassonne, son secretaire d'Estat, luy persuaderent de passer en Afrique contre des ennemis infinies fois plus forts que luy : ce qu'il entreprit; mais que ce Roy y perdit la vie avec quasi toute la noblesse de Portugal, et que, pendant le regne du roy Henry, qui avoit esté cardinal, et lequel dura peu, les jesuistes firent si bien leurs practiques, qu'incontinent après sa mort ledict roy Anthoine, recogneu par tous les Estats, fut chassé de la terre ferme, luy ayans en un mesme jour fait revolter tous les ports de mer, de sorte qu'il fut contrainct de faire, desguisé et à pied, plus de quatre cens lieuës pour ne tomber ez mains de l'Espagnol, et pour se sauver en pays qui luy estoit estranger. Plus, que les isles de Tercere tenans encore pour ledit roy Anthoine, ce qui rompoit tout le traffic des Indes, les François s'y estans jettez, conduits par le sieur commandeur de Chattes, tous les habitans des isles, tous les religieux, cordeliers et autres, s'y estans monstrez très-affectionnez à leurdit roy, et ennemis jurez des Castillans, les jesuistes tout au contraire avoient fait revolter le reste du royaume, fulminans contre les François et exaltans le roy Philippe; mais qu'au lieu de les chasser hors des isles pour tant de crimes contre leur Roy, on se contenta de les murer dans leur cloistre, ainsi qu'il estoit escrit dans l'histoire imprimée à Genes par le commandement du roy d'Espagne, histoire qui estoit du tout à son advantage, et en l'honneur des jesuistes, comme ayans esté les principaux moyens de l'union de Portugal à Castille; mais quand ils eurent veu qu'il estoit temps, une nuict ils demurerent leurs portes et mirent au devant le Sainct Sacrement de l'autel, se servans de ces sacrez mysteres pour exciter des seditions, puis commencerent à si bien pratiquer le peuple, qu'ils le rendirent froid à se joindre aux François, conduits par le mareschal de Strossy, qui fut rom-

Roy ils avoient envoyé de Paris à Rome du Puy, leur provincial, pour persuader au Pape que sa conversion estoit feinte.

Bref, qu'il ne falloit point douter si l'on devoit chasser les jesuistes de France, puis que, dez l'an 1554, par decret de la Sorbonne, ils avoient esté prejugez très-dommageables et très-pernicieux pour l'estat du royaume et pour la religion; et, tolerez, qu'ils jetteroient infinies querelles, divisions et dissensions parmy les François; et qu'en un mot ils n'estoient ny reguliers ny seculiers, ains vrays espions d'Espagne qui ne pouvoient estre en façon quelconque compris en la declaration du Roy, qui portoit ceste exception en propres termes, « fors et excepté de l'attentat et felonnie commis en la personne du feu Roy, nostre très-honoré sieur et frere, que Dieu absolve, et entreprise contre nostre personne; » ce qui ne se pouvoit mieux rapporter à autres quelconques qu'aux jesuistes, qui avoient envoyé de Lyon et après de Paris l'assassin Barriere pour tuër le Roy; joint que le mesme edict du quatriesme avril 1594 ne pardonnoit qu'à ceux qui renonceroient à toutes ligues et associations, tant dedans que dehors le royaume : or le principal vœu des jesuistes estoit d'obeyr en toutes choses à leur general espagnol et au pape, et ne pouvoient, en façon quelconque, renoncer à ceste association, la plus estroitte qui fust au monde, s'ils ne renonçoient à leur societé. Bref, qu'ils ne pouvoient estre jesuistes et compris en l'edict du Roy, qui portoit ailleurs que dans un mois telles renonciations et le serment de fidelité devoient estre faits : ce qu'encores aujourd'huy les jesuistes n'avoient point executé, et ne pouvoient faire apparoir d'aucun acte qu'ils s'en fussent mis en devoir, comme aussi n'en estoient-ils point capables, d'autant qu'on ne pouvoit estre vassal lige de deux seigneurs.

Voylà la substance des accusations que fit ledict sieur Arnauld contre les jesuistes, concluant son plaidoyé à ce qu'il pleust à la cour, en enterinant la requeste de l'Université, ordonner que tous les jesuistes de France vuideroient et sortiroient le royaume, terres et pays de l'obeyssance de Sa Majesté, dans quinze jours après la signification qui seroit faicte en chacun de leurs colleges ou maisons, en parlant à l'un d'eux pour tous les autres; *alias*, et à faute de ce faire, et où aucun d'eux seroit trouvé en France après ledit temps, que, sur le champ et sans forme ne figure de procez, il seroit condamné comme criminel de leze-majesté au premier chef, et ayant entreprise sur la vie du Roy.

La plus-part des curez de Paris, sur la re-

prendre les conclusions portées par leur requeste, aussi qu'il ne leur appartenoit pas, mais à M. le procureur general; et quand ils l'auroient eu, qu'il seroit revoqué par le moyen du desadveu depuis intervenu de messieurs de Sorbonne, principale Faculté de ladite Université, laquelle, par decret du 9 de juillet 1594, en plaine assemblée, avoit desadvoué ladite poursuitte et conclusions prinses contr'eux, declarant qu'elle ne pretendoit autre chose qu'un reglement. *Se quidem censere prædictos patres societatis Jesu, redigendos et recensendos esse in ordinem et disciplinam Universitatis, regno autem gallico esse nullo modo expellendos* (1). Que la Faculté des arts en avoit fait un semblable, signé de trois des quatre procureurs des Nations. Que le doyen de la Faculté du decret avoit dit qu'il ne vouloit estre ny pour l'une ny l'autre partie. Que celuy de medecine avoit protesté qu'il n'avoit jamais entendu qu'on fist autre poursuitte que pour ledit reglement : de sorte que le recteur demeuroit seul en cause, qui seul ne pouvoit rien. Que de quarante ou cinquante curez il ne s'en trouveroit que trois ou quatre au plus qui eussent donné charge à maistre L. Dolé de plaider contr'eux, lesquels toutesfois ne pouvoient rien sans les autres, ny sans M. le cardinal de Gondy, leur evesque, chef des curez.

La seconde, que leur compagnie estoit receuë et approuvée par l'Eglise universelle au concile de Trente, par les bulles des papes Paul III, Jules III, Pie IV et V, Gregoire XIII et XIV, par l'Eglise et clergé de France en l'assemblée generalle de Poissy, par les lettres patentes des roys très-chrestiens Henry II, François II, Charles IX et Henry III, par les cours souveraines de France, qui avoient receu leurs colleges, speciallement celle de Paris, qui avoit verifié l'acte de reception faicte en ladite assemblée de Poissy et la plus-part desdites lettres patentes, et leur avoient adjugé les fondations de leurs colleges, quand quelqu'un les avoit voulu debattre, avec les legs testamentaires qui leur avoient esté faicts et aumosnez ; par la chambre des comptes, qui avoit verifflé l'admortissement de leurs colleges ; par la ville de Paris, par les universitez de France, où ils avoient des colleges, et finalement par la Sorbonne, suyvant le susdit decret du 9 juillet, qui estoit suffisant pour abroger l'ancien de l'an 1564.

La troisiesme, qu'ils s'estoient offerts et s'offroient de faire toutes les submissions requises au roy très-chrestien Henry IV à present regnant, et le recognoistre pour leur roy et prince naturel et legitime, et desiroient estre ses loyaux et fidelles subjects. Et partant, puis qu'il avoit pleu à Sa Majesté, par sa singuliere clemence, recevoir et prendre en sa grace et bien-veillance tous ceux qui luy auroient esté contraires par le passé, et en faire declaration par son edict d'abolition, qu'ils pretendoient aussi ne devoir ny pouvoir estre exclus de telle faveur et liberalité generale de Sadite Majesté, attendu qu'il ne se trouvoit en eux rien de particulier qui pust empescher plus qu'en beaucoup d'autres que Sadite Majesté tenoit aujourd'huy pour ses bons subjects.

La quatriesme, qu'on feroit un tort notable à plusieurs grands princes, prelats, seigneurs, villes et communautez, qui avoient fondé ou receu des colleges de leur compagnie, lesquels seroient frustrez de leurs sainctes intentions, et seroit malaysé, et peut estre impossible de les recompenser d'ailleurs ; et de faict, que lesdits fondateurs qui estoient dans le ressort du parlement de Paris avoient envoyé des procurations pour s'opposer, joindre et se rendre parties avec eux en ceste cause.

La cinquiesme, que la jeunesse y feroit une perte notable.

Le sixiesme, que l'on feroit aussi un grand prejudice à la religion catholique, laquelle ceux de leur compagnie avoient aydé à conserver par tout où ils avoient esté, et specialement en Languedoc et Guyenne.

La septiesme, qu'ils ne devoient point estre de pire condition que les autres communautez qui pourroient estre recherchées à tant juste occasion qu'eux, et toutesfois qu'on ne parloit de les exterminer comme eux. Qu'ils n'avoient jamais prins de l'argent de l'estranger, ne l'avoient voulu advancer, ne s'estoient liez et obligez par serment pour aucune confederation contre l'Estat, voire mesmes n'avoient presté le serment de l'union, ne s'estoient enroollez sous capitaines et porté armes ordinairement, assisté aux monstres des ecclesiastiques et religieux, n'avoient signé ny escrit aucune lettre envoyée au roy estranger pour se rendre à son obeyssance, ne s'estoient trouvez à aucuns conseils et faits sanguinaires, n'avoient pris et fait prendre le bien d'autruy, n'avoient composé ny mis en lumiere livres contre les roys de France ; au moyen de quoy ils soustenoient qu'on se devoit porter en leur endroict comme à l'endroict des autres communautez. Que s'il s'en trouvoit parmy eux de compris aux cas reservez par l'edict du Roy, que ceux-là seuls fussent punis, sans estendre la

(1) Qu'elle pensoit que les jésuites devoient être soumis à la discipline de l'Université, mais qu'ils ne devoient pas être chassé du royaume.

peine aux autres particuliers innocens, et beaucoup moins à tout le corps.

La huictiesme, qu'il ne falloit craindre qu'à l'advenir qu'ils voulussent ou pussent se mesler des affaires d'Estat et rien troubler, attendu que cela estoit contre leur profession; et de faict, qu'en leur derniere congregation generale tenuë à Rome au mois de novembre 1593 pour en oster tout soupçon et tesmoigner à la posterité combien cela estoit veritable, ils en avoient fait un decret qui commençoit : *Ut ab omni*, etc.

La neufiesme, que l'on feroit tort à plusieurs qui avoient en leur compagnie des enfans, freres, nepveux, cousins et autres parens, qui seroient à jamais privez de la consolation qu'ils recevoient de la presence de leurs personnes.

La dixiesme, qu'ils meritoient autre recognoissance et traictement de la ville de Paris que d'estre chassez, eu esgard à plusieurs bons services qu'elle avoit receu d'eux, et notamment ès années 1580 et 1581, durant la peste; aussi ils pensoient avoir obligé ladicte ville en ce que durant les troubles ils n'avoient jamais cessé d'enseigner leur jeunesse, n'y ayant pour lors autre college en l'Université que le leur auquel il y eust exercice entier, bien qu'il leur convinst pour ce faire grands frais et endurer beaucoup d'incommoditez.

La derniere, que pour faire cesser toute occasion de plainte et interest, qu'ils offroient à leurs parties adverses, comme ils ont tousjours offert, de se submettre ès loix et statuts de l'Université, garder l'ordre et discipline d'icelle, obeyr au recteur, lequel ils supplioient bien instamment les y recevoir et incorporer.

Quant aux objections et accusations faictes par maistre A. Arnauld, qu'elles se pouvoient toutes reduire à quatre chefs : 1. qu'il les accusoit d'estre affectez particulierement au Pape; 2. d'estre espagnols; 3. seditieux, et 4. tuëurs et massacreurs des roys et princes.

Au premier chef, qu'ils respondoient que, s'ils estoient jugez et censez affectez et addonnez au Pape pour le recognoistre pasteur universel et œcumenique, successeur de sainct Pierre, chef de l'Eglise, auquel nostre Seigneur avoit donné les clefs du ciel, lequel il avoit fait pasteur de ses brebis, voire mesme des pasteurs, avec lequel, comme dit sainct Hierosme, *qui non colligit spargit*, ils confessoient qu'ils estoient tels avec tous les chrestiens et catholiques; mais s'ils estoient accusez de recognoistre le Pape temporellement comme leur prince et seigneur, et se tenir comme ses vasseaux et hommes liges, par consequent luy adherer et luy servir contre les autres princes et potentats chrestiens, qu'ils nioient qu'en ceste façon ils fussent aucunement subjects au Pape; car comme ils tenoient et soustenoient pour article de foy la primauté et souveraine puissance et authorité spirituelle du Pape en l'Eglise, laquelle comprend tous les chrestiens, *Neque enim ovis est Christi, qui non ovis est Petri*, aussi ne tenoient-ils pour veritable l'opinion de quelques canonistes, peu en nombre, qui luy avoient attribué une puissance temporelle sur tous les royaumes et principautez, estant ladite opinion rejettée du reste des canonistes et de tous les theologiens universellement, dont Arnauld avoit reproché à tort à Robert Bellarmin d'avoir soustenu ladite opinion, monstrant en cela ou ne l'avoir leu ou ne l'avoir entendu; car de fait, au chapitre IX du livre V qu'il citoit en la marge, auquel Bellarmin traittoit que le Pape pouvoit estre seigneur temporel et spirituel, il estoit manifeste à qui le voudroit lire qu'il parloit des pays de l'Estat du Pape, comme de la Romagne, la Marche d'Ancone, la comté de Boulongne et autres semblables, et non des autres Estats des princes de la chrestienté, où le Pape n'avoit que veoir temporellement. Et quant à ce qu'Arnauld avoit dit aussi qu'ils avoient en leurs livres qu'il falloit obeyr au Pape *in omnibus, et per omnia*, que cela ne se trouvoit veritable, mais seulement qu'en la bulle alleguée ces parolles se rapportoient à leurs superieurs et non au Pape. Et pour le regard du quatriesme vœu qui leur estoit objecté, lequel ils faisoient d'obeyssance au Pape, il failloit noter que toutes les religions avoient en commun les trois vœus de pauvreté, chasteté et obeyssance, qui leur estoient intrinsecques et essentiels, mais aussi presque toutes avoient pour leur particulier un quatriesme vœu; que de mesme les jesuistes avoient un quatriesme vœu d'obeyssance particuliere au Pape; mais *circa missiones tantum*, qui estoit fondé sur ce qu'eux, estans appellez de Dieu en ces temps derniers du monde pour ayder l'Eglise, la defendre contre ses ennemis, qui sont les infideles et heretiques, ayder leur prochain et frere chrestien à se sauver, enseigner et instruire le simple peuple et les petits enfans de la cognoissance necessaire à un chrestien, devoient necessairement estre envoyez par l'Eglise, veu qu'il n'estoit loisible à aucun de s'ingerer à telles functions et ministeres sans lettre de mission et pouvoir; mais que ne pouvant estre plus proprement envoyez que de celuy qui estoit assis en la chaire sainct Pierre et gouvernoit toute l'Eglise, suivant les paroles de leur quatriesme vœu, tirées de leurs constitutions, *Insuper promitto specialem obedientiam summo pontifici circà missiones*, il estoit adveus que les papes les avoient envoyé et envoyoient journellement aux Indes, tant du levant que du ponant, et parmy les heretiques, où ils laissoient à dire à ceux qui en avoient la cognoissance le profit qu'ils y avoient faict, tant à la conversion des payens et idolatres qu'à la conversion des heretiques et schismatiques; qu'ils n'avoient point d'autre vœu envers le Pape, et pretendoient encore ce vœu n'estre si general comme celuy que faisoient les prestres à leurs evesques quand ils estoient consacrez, lesquels, estant interrogez par lesdits evesques: *Promittis mihi et successoribus meis reverentiam et obedientiam?* respondoient: *Promitto:* dont on ne pouvoit toutesfois calomnier les prestres comme subjects et vassaux des evesques, et non du Roy.

Qu'ils respondoient au second chef, d'estre espagnols, qu'ils ne pouvoient pas ensemble estre vassaux et creatures du Pape et du roy d'Espagne, attendu que les papes ne s'accordoient tousjours avec les roys d'Espagne, et pouvoient entrer en guerre avec eux, comme autresfois il estoit advenu; qu'ils n'estoient espagnols, et n'avoient aucun Espagnol entr'eux en toute la France, ains estoient françois naturels, et avoient le teinct françois, et non la couleur basanée et bruslée d'Espagne; adjoustoient que aucuns d'entr'eux estoient parens et alliez de messieurs du parlement, qui ne les vouloient ny pouvoient mescognoistre pour tels; qu'ils aymoient leur pays comme tout homme l'aymoit naturellement, et sçavoit bien comme estoient differentes les humeurs et mœurs des François et des Espagnols, et que l'humilité et gaillardise françoise ne se pouvoit pas aisement accorder avec la gravité et severité espagnole; car, pour le general de leur compagnie, ledit roy d'Espagne ne leur avoit fondé aucun college ny usé de grande liberalité; et pour le particulier de ceux qui estoient en France, ils protestoient, comme devant Dieu, que jamais ils n'avoient receu aucun argent dudit roy d'Espagne, voire durant ces troubles, bien qu'ils eussent eu de grandes necessitez, et que quelquefois on leur en presentast, ne voulant engager et manciper leur liberté et se rendre partisans et esclaves dudit Roy. Plus, qu'ils s'estonnoient grandement de ce qu'Arnauld les avoit taxez presque par tout son plaidoyé d'estre instrumens du roy d'Espagne, ministres de ses intentions et pretentions, ses espions, ses creatures, ses serviteurs, n'avoir autre visée et blanc, autre dessein, autre souhait en ce monde que de l'aggrandir, l'establir par tout, l'enseigneurier de la monarchie de tout l'univers; car c'estoit chose qui avoit esté tousjours fort esloignée d'eux; et de fait, lors que plusieurs villes et particulierement celle de Paris, avoient [illegible] au roy d'Espagne pour luy livrer le royaume [illegible] avoir sa fille, que nul de leur compagnie [illegible] en avoit jamais escrit ny [illegible]; et, [illegible] l'année passée on demandoit le royaume, premierement pour l'Infante, secondement [illegible] l'archiduc Ernest, laquelle demande [illegible] cenė, applaudie et appuyée de plusieurs [illegible] çois, qu'il ne se trouvera [illegible] qu'ils [illegible] eussent esté consentans, mais au contraire, en particulier et en public, qu'ils avoient souvent dict qu'il falloit maintenir la religion [illegible] monarchie, et ensemble demeurer catholiques [illegible] françois; dequoy ils avoient de bons [illegible].

Qu'Ignace de Loyola, premier autheur et fondateur des jesuistes, estoit Navarrois et non pas Espagnol; mais quand bien il l'auroit esté, qu'ils ne devoient pas pourtant estre tenus pour espagnols, attendu que sainct Dominique estoit espagnol, sainct François d'Assise et sainct François de Paule italiens, et pourtant les jacobins, cordeliers et minimes n'estoient tenus pour espagnols et italiens, et Estienne de Citeaux et sainct Bernard, principaux autheurs de l'ordre de Citeaux, dit des Bernardins, estoient françois, et nonobstant les bernardins hors de France n'estoient jugez françois.

Que leur ordre et société n'estoit point née en Espagne, ains avoit pris son commencement et jetté sa premiere racine dans l'Université de Paris, par le moyen de dix maistres ès arts de ladite Université.

Que leur premier general avoit esté navarrois, le second et troisiesme espagnols, le quatriesme liegeois, lequel pays n'estoit subject au roy d'Espagne, mais à l'evesque de Liege qui en estoit souverain; le cinquiesme, nommé Claude Aquaviva, estoit encores en vie et italien, de la maison des ducs d'Atrye qui avoit tousjours esté suspecte aux Espagnols pour avoir [illegible] de la France; davantage, qu'à l'election [illegible] general ils ne s'y gouvernoient par le [illegible] pagne, mais ils nommoient et choisissoient [illegible] qu'ils jugeoient en leur conscience le plus [illegible] pre pour telle charge, de quelque nation [illegible] fust; dequoy ils avoient statut particulier.

Que ce qu'avoit dit Arnauld de la navire [illegible] appelloit le Jesuiste estoit une vraye fable, [illegible] quelle il avoit oublié d'adjouster que [illegible] vire dicte le Jesuiste estoit la mesme navire des Argonautes conservée jusques huy [illegible] ment, qui apportoit ausdits deffendeurs [illegible] son d'or des Indes.

Que ceux de leur ordre prioient pour tous les princes chrestiens, suyvant l'enseignement [illegible] sainct Paul, mais qu'ils prioient tousjours plus particulierement et affectueusement pour les princes et roys desquels ils estoient subjects, et aux pays desquels ils se trouvoient, comme les François et tous les autres en France pour les roys de France. Et quant aux paroles de Ribadenera qu'Arnauld avoit alleguées, elles s'entendoient seulement de ceux qui estoient espagnols et en Espagne, et que les François en diroient tousjours et escriroient autant pour les roys de France, comme avoit de faict escrit Emond Auger en sa Metaneologie et en son Catechisme, exhortant à prier pour les roys de France, et mesmes en ayant dressé un formulaire d'oraisons pour eux.

Qu'il ne se trouvoit en aucune messe oraison couchée en ces termes : *Oremus pro rege nostro Philippo :* et quant au poinct principal, ils estoient contents de perdre leur procez si on pouvoit prouver qu'ils eussent jamais nommé le roy Philippe; seulement pourroit-on trouver que quelques prestres estrangers passants auroient peut estre en la messe prié pour leur roy, encores au desceu desdits deffendeurs, lesquels avoient tousjours nommé le roy de France, et non autre.

Que ceux de leur ordre ne s'estoient meslez aucunement des affaires de Portugal entre le roy d'Espagne et dom Antonio, et qu'il ne falloit adjouster foy à l'histoire imprimée à Genes, qui pouvoit avoir esté plustost imprimée à Geneve, estant chose supposée d'avoir escrit que les jesuistes furent murez dans leur cloistre à La Tercere, veu qu'ils n'y eurent jamais ny cloistre ny maison, ny habitation aucune; et n'estoit vray de dire qu'ils avoient excité les Espagnols à faire mourir tant de seigneurs françois, appartenant plustost aux ecclesiastiques, tels qu'ils estoient, d'interceder pour les criminels et les tirer des mains du bourreau.

Qu'ils avoient environ cinquante ou soixante colleges en toute l'Espagne et Portugal, et quelques trente en toutes les deux Indes, mais qu'ils ne sçavoient que c'estoit que colonie, voire n'en pratiquoient le nom parmy eux.

Que le pere Matthieu, qui portoit les lettres escrites au roy d'Espagne interceptées par M. de Chazeron l'an 1591, estoit espagnol, de l'un des ordres des Quatre Mendiens, et non pas jesuiste, dequoy se trouveroient encore aujourd'huy, sans hyperbole, cinq cents tesmoins dans Paris, et qu'Arnauld avoit esté mal informé de dire qu'il estoit jesuiste.

Que ceux de leur ordre n'avoient jamais eu pour leur devise un dieu, un pape et un roy de la chrestienté, le grand roy Catholique et universel, et qu'ils n'ont ny armoirie ny devise, et que jà pieçà ils avoient laissé ces petites vanitez du monde.

Que l'autheur de la vie de sainct Ignace ne dit pas que feu M. le prince de Condé eust fait battre monnoye, mais que quelques-uns avoient escrit que ceux de la pretenduë religion avoient fait battre monnoye en laquelle ils l'avoient appellé premier roy chrestien, dont on voyoit assez avec quelle conscience et fidelité Arnauld procedoit en ses accusations.

Que les jesuistes en France n'espagnolizoient la jeunesse, mais taschoient bien de ne la pas rendre ny huguenotte ny espagnolle, pour ce que ny l'un ny l'autre ne valloit rien pour la jeunesse de France.

Qu'Arnauld avoit adjousté à son imprimé que c'estoit le roy d'Espagne qui vouloit donner huict cents escus de rente pour bastir un college à Poictiers, ce qui n'estoit pas, mais que la verité estoit que Comolet avoit dit à un des deputez de Poictiers qu'un honneste seigneur luy avoit escrit qu'il avoit vingt-quatre mil livres pour mettre en rente pour ledit college, et qu'en fin il le luy avoit nommé, qui estoit un abbé, frere d'un evesque, et des meilleures maisons d'Auvergne.

Au troisiesme chef, d'estre seditieux, ils respondoient que ceste accusation estoit pleine de severité, mais non de verité, et qu'il y avoit plus de quarante ans qu'ils estoient en Italie, où ils n'avoient jamais esté accusez de sedition; en Allemagne, Pologne et Flandres, jamais aucun roy ny prince ne s'estoit pleint d'eux comme de perturbateurs du repos public; en Espagne et en Portugal, on ne les avoit jamais tenus pour tels; en France, ils avoient vescu sous les roys très-chrestiens Henry II, François II, Charles IX, qui les avoient tousjours cheris comme paisibles et obeyssans aux roys et aux loix. Et quant à ce qu'Arnauld disoit que Claude Matthieu, de l'ordre desdits jesuistes, avoit esté l'autheur et inventeur de la ligue, ils respondoient que Claude Matthieu, lequel avoit passé tout son aage par leurs colleges et avec des enfans, et vescu en escolier, n'avoit peu avoir le jugement, la solerce, l'industrie et l'authorité requise pour faire nouer une ligue si grande et forte; que si ledict Matthieu avoit travaillé à la fortifier, comme aussi ont fait beaucoup d'autres de toutes sortes d'estats, il n'en avoit esté l'autheur, joint que ce n'estoit qu'un seul particulier, et qu'au mesme temps lesdits deffendeurs avoient un autre des leurs auprès du feu roy Henry III, aymé de luy, qui estoit le pere Emond Auger, lequel soustenoit le party du Roy contre la ligue mesmes en ses predications, et n'avoient lesdits deffendeurs autre quelconque qui preschast au contraire, et pas un d'eux ne sçavoit rien au commencement de ce que faisoit ledict Matthieu; et quand bien ils l'eussent sceu ils ne l'eussent peu empescher, attendu qu'il estoit leur superieur; au moyen de quoy ils n'en estoient à reprendre, suivant la reigle du droict: *Culpa caret qui scit sed prohibere non potest.*

Que par toute la France ils n'avoient esté des premiers et principaux fauteurs de la ligue; et qu'après que ledit Claude Matthieu eut esté retenu en Italie, où il mourut à Ancone l'an 1588, et que le feu Roy eut esté asseuré du reste des Jesuistes qui estoient en France, il ne se trouveroit pas qu'ils eussent rien remué pour le commencement; car au jour des Barricades on ne les avoit point veu sortir pour tout de leurs maisons, mais eurent recours aux prieres et oraisons, se souvenans du dire de sainct Ambroise : *Arma sacerdotum sunt preces et lachrymæ.* Et quant aux troubles de janvier après les estats de Blois, ils ne furent les premiers qui s'esmeurent à Paris, mais furent emportez par le torrent du soulevement et trouble general, et ce pour le seul zele de la religion, et non pour autre respect et passion humaine, mais qu'à Bourdeaux ils se tindrent coy; et quant à leur expulsion dudit Bourdeaux qui leur estoit objectée, que la verité estoit qu'ils se retirerent en leur maison de la ville de Sainct Machaire, distante de Bordeaux d'environ sept lieuës, où ils demeurerent et enseignerent et estudierent en seureté, et ce durant les troubles, de quoy faisoient foy les lettres patentes du Roy qui en furent lors expediées; qu'à Lyon le pere Emond Auger fut commandé par ceux de Lyon de se tenir en leur maison pour l'opinion qu'ils avoient qu'il soustenoit le Roy, et par après envoyé en Italie, où il mourut à Come; pareillement, qu'à Tolose M. Duranti, premier president, et M. d'Afis, advocat du Roy, estans massacrez par la fureur du peuple, il ne s'en fallut de rien qu'au mesme instant ladite populace ne se ruast sur la maison et personnes des Jesuistes, n'eussent esté que se trouverent quelques-uns de leurs amis qui les destournerent de ce sanglant conseil, car ils les avoyent pour suspects à cause de l'amitié que leur portoit ledit sieur president, et qu'il ne se trouveroit veritable ce qu'avoit dit Arnauld, que toutes les villes èsquelles lesdits deffendeurs avoient des maisons et colleges se revolterent contre le feu Roy, attendu qu'ils avoient des colleges à Tournon, Nevers et Mauriac, lesquelles villes ne s'estoient revoltées.

Que Comolet et Bernard n'avoient jamais esté du conseil des Seize et n'y estoient entrez; mais, quant à Pigenat, que la verité de ce faict estoit telle, laquelle toutesfois n'estoit cogneuë ou creuë de plusieurs. Le sieur duc de Mayenne, appercevant d'un costé la vehemence des Seize, et de l'autre leur peu d'experience au maniement des affaires, et toutesfois qu'il ne pouvoit encore rompre leur assemblée pour la domination du peuple, s'advisa d'un moyen et remede qu'il jugea propre, qui estoit de mesler parmy eux quelques personnes de jugement et de raison, et qui eussent quelque creance en leur endroit et ne leur fussent aucunement suspects : or estima-il entr'autres que ledit Pigenat pourroit estre propre pour reprimer et addoucir leurs vehemens desseins et conseils, laquelle charge et commission ledit Pigenat, après beaucoup de refus de sa part et instance contraire de la part dudit sieur de Mayenne, accepta finalement et commença à s'asseoir parmy les susdits Seize comme leur moderateur, moderateur l'appelle-on, attendu qu'il ne faisoit autre chose parmy eux qu'addoucir et moderer leurs aigreurs; mais le mal-heur estoit que cela se tenant secretement pour le bien public, on attribuoit audit Pigenat tout ce qui se faisoit par lesdits Seize, iceluy par consequent endurant les calomnies de dehors, et dedans ledit conseil des Seize souventesfois beaucoup de reproches et injures pour ne vouloir condescendre à leurs volontez. Au moyen de quoy, las et ennuyé de ladite charge, par le conseil d'aucuns de son ordre qui estoient à Paris, lesquels n'approuvoient aucunement qu'il se meslast parmy lesdits Seize, il se retira de Paris soubs ombre de quelques affaires; mais, arrivé à Soissons, il fut retenu par le sieur de Mayenne, et, avec importunité de prieres, r'envoyé à Paris, où il ne continua gueres d'assister lesdits Seize qu'à l'occasion des grands travaux de corps et d'esprit il ne tombast en une grosse et longue maladie, non pas de despit qu'il eust de voir le Roy entré dedans Paris, comme a dit Arnauld, mais plus de deux ans auparavant; et fait bien à noter, qu'il ne s'absenta pas si tost du conseil des Seize, que lesdits Seize feirent et perpetrerent l'acte tragique en la personne de messieurs Brisson, Larcher et Tardif, lequel, sans faute, ils n'eussent jamais commis ledit Pigenat estant avec eux, comme maintesfois il les avoit destournez de tels et semblables desseins; et c'est chose asseurée que le sieur president Brisson le prioit souvent de ne se descourager et n'abandonner les Seize, mais continuër de rompre leurs coups et addoucir leurs violences.

Que Comolet avoit pu souvent exceder en chaire, mais que c'estoit un particulier, et toutesfois qu'il n'avoit jamais interpreté ces premieres parolles, *Eripe me, etc.*, comme on luy objectoit, et que tout Paris sçavoit bien qui en estoit le paraphraste; que sur ces mots de freres, non de nation, mais de religion, il avoit bien dit qu'il falloit avoir esgard à l'un et à l'autre, et principalement à la religion; qu'il n'avoit jamais aussi loüé le fait de Jacques Clement ny desiré un autre semblable, moins avoit il dit qu'on avoit un pape espagnol, ne le reputant pour tel; que c'estoit aussi à tort qu'on avoit objecté audit Comolet d'avoir en la Bastille debacqué contre le feu Roy; car ceux de messieurs du parlement qui y estoient sçavoient bien avec quelle modestie et prudence il s'y estoit gouverné.

Qu'Arnauld avoit dit en plaidant qu'un de la compagnie desdits deffendeurs avoit fait imprimer à Rheims un livre contre la loy salique; mais, pour ce qu'il avoit veu qu'il s'estoit trop avancé de parler, il ne l'avoit mis en son imprimé: aussi jamais cela n'avoit esté, pour ce que lesdits deffendeurs, comme françois, avoient tousjours deffendu, receu et loué la loy salique.

Qu'ils n'avoient point fait la response à l'Apologie de Du Belloy sous le nom de Franciscus Romulus, mais qu'ils sçavoient seulement que l'autheur dudit livre estoit italien, lequel l'avoit fait par le commandement secret du pape Sixte cinquiesme.

Que leur provincial n'estoit allé à Rome, accompagné de deux autres, que pour se trouver à leur assemblée et congregation generale qui se tenoit en certain temps, et qui leur avoit esté indicte et signifiée dix mois auparavant la conversion du Roy, de quoy ils avoient de bons et suffisans tesmoins de par deçà qui pour lors estoient à Rome, et que tant s'en falloit qu'ils y allassent pour se mesler des affaires du public, qu'au contraire, comme quelques uns y representerent qu'on calomnioit en beaucoup de lieux ceux de leur ordre qui se mesloient affaires d'Estat, pour en oster à l'advenir toute occasion, qu'ils en firent lors un decret portant deffences.

Que la ville de Perigueux s'estoit soubstraicte de l'obeyssance du Roy avant que les jesuistes y fussent et eussent college.

Que celuy qui fut le principal conducteur au recouvrement et reduction de la ville de Renes en l'obeyssance du Roy avoit les jesuistes logez en sa maison, et les traicta tousjours doucement, et tesmoignera bien, quant besoin sera, qu'ils ne furent point cause que ceste ville fut perduë l'espace de huict jours.

Que Verdun fut pris le jour de Pasques 1585, durant le sermon, par un capitaine de la garnison et par les troupes de feu M. de Guise, sans que les jesuistes en sceussent rien et se remuassent aucunement, et que jamais personne ne les en avoit accusez, ny mesme le gouverneur, M. de Loudieu, qui en fut mis hors.

Qu'Agen se revolta l'an 1589, presque deux ans devant que les jesuistes y eussent entrée, qui n'y estoient que depuis l'an 1591.

Que quant Thoulouse se perdit ils cuiderent estre perdus, comme dessus estoit dit.

Que s'ils eussent cuidé faire perdre Nevers, que M. et madame de Nevers, leurs fondateurs, ne les y eussent endurez, et de nouveau M. de Nevers n'eust pas presenté requeste par deux fois à la cour, et ne se fust joint au procez et fait pour partie pour son college de Nevers et celuy qu'il pretendoit eriger à Retel.

Qu'il ne s'estoit tenu aucunes assemblées ny conseils secrets en leurs maisons par les cardinaux Cajetan et de Plaisance, ny par les ambassadeurs et ministres d'Espagne, lesquels n'estoient venus chez eux que pour assister à quelques disputes ou actions publiques, et pour ouyr messe et faire leurs devotions; qu'il ne se prouveroit point que les Seize eussent tenu conseil chez eux, et qu'il y avoit tel des Seize qui n'avoit jamais esté en leur maison.

Qu'il ne se trouveroit point que la resolution fut prise chez eux de faire plustost mourir de faim les habitans de Paris que de rendre la ville au Roy, ains qu'au contraire, lors que sur la fin du siege on demandoit pain ou paix, M. le cardinal Cajetan, voulant faire traicter avec le Roy, demanda l'advis de plusieurs theologiens, qui presque tous respondirent que cela ne se pouvoit, là où deux des principaux jesuistes, Bellarmin et Tyrius, firent responce et signerent que cela estoit loisible, dont M. le cardinal de Gondy commença à traitter, et que de tout cecy faisoit foy l'imprimé qui en fut fait, que plusieurs avoient encores.

Quant aux bagues de la couronne, la verité estoit que M. le duc de Nemours durant le siege ayant affaire d'argent, et en empruntant de diverses personnes, avoit donné à ceux de qui il empruntoit, pour gage, un ruby, deux saphirs et huit esmeraudes, lesquelles, pour plus d'asseurance, il commanda aux jesuistes de garder comme sequestrez, ne les pouvant, selon qu'il luy sembloit, mieux asseurer: et de fait, si tost que le Roy fut entré dans Paris, et que maistre Pierre Lugoly les leur eut demandé par l'ordonnance du conseil, ils les avoient mis entre ses mains sans autre difficulté, sinon qu'ils en avoient demandé descharge, laquelle ils attendoient encores, comme il avoit promis leur bailler et le conseil l'avoit ordonné.

Qu'il ne se trouveroit veritable qu'ils eussent desnié l'absolution à ceux qui suivoient le feu Roy Henry III dez l'an 1585, bien qu'on l'eust deposé devant ledit feu Roy en son cabinet; car ils avoient maintesfois apperceu que c'estoient des charitez que leur prestoient ceux qui les vouloient mettre en la mauvaise grace dudit Roy, comme aujourd'huy on ne cessoit de tous costez faire de mauvais rapports d'eux et semer de faux bruits.

Que c'estoit un faux bruit de dire que fraischement un prestre de l'ordre des jesuistes à Lyon auroit laissé la messe commencée pour avoir veu un gentil-homme portant l'escharpe blanche, veu que, dès le premier jour de la reduction de ladite ville, leur eglise avoit esté tousjours pleine d'escharpes blanches, estant ordinairement fort frequentée; mais qu'on avoit semé ce bruit et quelques autres sur le point qu'on parloit de les chasser.

Qu'ils avoient offert à la cour de faire les submissions necessaires à Sa Majesté, et ce par requeste presentée; de quoy la cour leur avoit donné acte.

Qu'ils n'avoient jamais appellé les libertez de l'Eglise Gallicane abus et corrupteles, et que jamais telles paroles n'estoient yssuës de leurs bouches.

Que le peuple, lequel ordinairement donnoit le nom aux religions comme il vouloit sans qu'on l'en peust empescher, les avoit appellez jesuistes; qu'ainsi ceux de Sainct Dominique avoient esté appelez jacobins par le peuple, ceux de Sainct François cordeliers et capucins par le peuple, les minimes bons hommes, et à Thoulouse rochets, ceux de la Trinité mathurins, et ceux de leur ordre en quelques lieux d'Italie theatins, et à Bologne la Grasse prestres de Saincte Lucie par le peuple.

Que pour obeyr à messieurs de la cour ils n'avoient plus prins le nom de jesuistes dans Paris, n'ayans depuis esté appellez que les prestres, regens et escoliers du college de Clermont, mais que hors de Paris on devoit trouver estrange s'ils s'appelloient compagnie ou societé de Jesus, et qu'il ne seoid bien aux particuliers de controller l'Eglise, laquelle leur avoit donné ce nom au concile de Trente et en plusieurs bulles des papes; et estoit à croire que les papes et doctes personnages qui estoient audit concile avoient eu assez de jugement et suffisance pour veoir si en ce nom il y avoit de l'irreligion, irreverence ou arrogance.

Que si on les condamnoit pour s'
de la compagnie de Jesus, on co
mesme moyen les chevaliers du
les religieux de la Trinité, les enfa
nité, les enfans du Sainct Esprit,
et autres. Mais quant au nom de c
Jesus, qu'ils n'en avoient jamais u
chose estoit estre de la compagnie
autre estre compagnon de Jesus, co
tils-hommes qui estoient de la c
Roy n'estoient pourtant compagno
seroit un blaspheme d'ainsi parler,
estoit une calomnie de dire que j
deffendeurs se fussent donnez tel

Quand au quatriesme et dernier
tueurs et massacreurs des roys et
si cela estoit vray, il ne se pourroit
plice duquel ils ne fussent dignes
n'estoient et n'avoient jamais esté
paroles de *tyrannos aggrediantur*
roient jamais en aucun de leurs liv
en leurs regles qu'Arnauld avoit cit
de son imprimé, page 308, là où l
leursdites regles plus de trente page
impression qu'ils fussent.

Que leurs generaux ne leur c
rien qui fust contre Dieu, comme
tablement tuer les princes et roys
Saincte Escriture commandoit port
obeyssance; et estoit chose du tout
son et probabilité que les jesuistes
tirés de la conversation commune d
vivre en leur compagnie plus sainc
lussent se ranger à une profession e
feroit estat de meurtrir les prince
qui ne se pourroit faire sans offence
dement, et se mettre tous les jour
d'estre tirez à quatre chevaux; au
premier fondateur Ignace, en l'ep
beyssance qu'il leur avoit laissé,
choses, citoit ces paroles de sain
Sive Deus, sive homo vicarius De
quodcunque tradiderit, pari profec
dum est, cura pari reverentia defer
tamen Deo contraria non præcipit

Que ceux de leur ordre avoient de
roy Sebastien de Portugal de fair
d'Afrique contre les Maures, où il m
que quant ils luy auroient conseillé
seroient pourtant à reprendre [car le
eust esté, non pas sa mort, mais l'ac
de son royaume et de celuy de Jesus
les infideles], si par mesme moyen o

(1) On doit obéir avec le même respect aux ordres de Dieu ou de son vicaire dans ce monde, à moins toutefois que ces ordres, donnés par un homme, r
traires aux lois div

aussi rendre coulpables de la mort de sainct Loys ceux qui luy conseillerent le voyage d'outre mer, auquel il mourut, et reprendre sainct Bernard et tant d'autres saincts personnages qui avoient exhorté les princes chrestiens à recouvrer la Terre Saincte et mener la guerre aux infideles.

Que c'estoit une pure calomnie fraischement et nagueres inventée par ceux de la pretenduë religion de Flandres, de dire qu'un jesuiste avoit voulu de nouveau tuer le prince Maurice, et que, pour ceste occasion ayant esté executé, il avoit deposé qu'en France un autre vouloit faire le mesme en la personne du Roy; mais que ce faux bruit semé en France n'estoit que pour ayder à les en faire chasser; aussi qu'Arnauld l'avoit autrement desguisé en son imprimé qu'il ne l'avoit dit en plaidant.

Que Guillaume Critton, jesuiste, avoit, par une lettre, dissuadé à Parri l'entreprise qu'il avoit faite de tuër la royne d'Angleterre; aussi quand en l'an 1594, allant en Escosse, il fut pris par les Anglois et mené en la tour de Londres, Valsingham, secretaire de la royne d'Angleterre, luy monstra sa lettre qu'il avoit escrite sur ce subject à Parri, et le fit en fin relascher. Quant à Annibal Codreto, qu'il n'avoit jamais donné un tel conseil à Parri, non plus qu'il n'avoit jamais appelé les jesuistes compagnons de Jesus.

Qu'on ne les avoit jamais soupçonnez de la mort du feu Roy, comme sçavoient assez ceux de la cour qui estoient pour lors à Paris; et que c'estoit chose aussi notoirement faulse de dire qu'ils avoient confessé ledit Jacques Clement, veu qu'on sçavoit bien que les jacobins ne se confessoient hors de leur ordre; que ceste accusation avoit esté plaidée par Arnauld, mais qu'il l'avoit laissée en son imprimé, comme aussi ce qu'il avoit dit en plaidant de l'empoisonnement de feu M. le duc d'Anjou et de la mort du prince d'Orange, dont il accusoit les jesuistes, ce qu'il avoit aussi passé sous silence en ce qu'il avoit fait imprimer.

Finalement, que quand il seroit vray que Varade, de l'ordre des jesuistes, auroit conseillé à Barriere de tuer le Roy, l'asseurant qu'il gaigneroit paradis s'il le faisoit, il n'estoit pas raisonnable que les autres jesuistes, innocens de ce crime personnel, en portassent la peine, et que, pour la faute d'un, qu'ils n'auroient peu prevoir ou empescher, toute la communauté en vinst à souffrir; et toutesfois, qu'ils sçavoient que Varade avoit tousjours protesté qu'il n'avoit jamais donné tel conseil à Barriere; mais qu'en luy parlant il l'avoit jugé, à son visage, regard, geste et parole, esgaré de son sens; et que, comme Barriere lui declaroit son intention, il luy respondit qu'il ne luy en pouvoit donner advis, estant prestre, et que, s'il luy conseilloit, il encouroit la censure d'irregularité, et par consequent ne pourroit dire messe, laquelle toutesfois il vouloit dire incontinent; et comme ledit Barriere lui eut demandé de se confesser, il luy dit, pour se deffaire de luy, qu'on ne confessoit point au college, mais qu'il s'en allast à la chapelle Saint Loys, ruë Sainct Antoine. Que Varade avoit protesté ce que dessus estre vray, sçachant les bruits qui couroient de la conspiration dudit Barriere. Plus, que, pour la preuve de l'innocence dudit Varade, il demeura quelques jours après que le Roy fut entré dans Paris, sans se cacher aucunement, jusques à tant qu'il fust adverty que, pour le soupçon qu'on avoit de luy, il seroit en peine, joint que le Roy avoit dit qu'il luy pardonnoit, et qu'il se retirast hors de France, ce qu'il avoit fait.

Voylà les deffences principales que firent publier les jesuistes contre les objections et reproches que leur avoit faicts maistre A. Arnauld, pour l'Université.

Quant à ce qu'avoit dit maistre Loys Dolé, advocat pour les curez de Paris, ils luy respondirent qu'il estoit certain que le Pape estoit chef de la hierarchie de l'Eglise, duquel dependoit toute la jurisdiction qui estoit en l'Eglise; que ceux de leur ordre avoient eu puissance du Pape d'administrer les sacrements de penitence et de l'autel, lesquels toutesfois ils n'administroient jamais qu'avec congé et permission de messieurs les evesques en leurs dioceses, et des curez en leurs eglises parrochiales, et à Pasques n'administroient point le Sainct Sacrement de l'autel, selon la deffence de l'Eglise; dont les curez, pour la plus-part, estoient bien ayses d'estre aydez en cest endroit, en si grande multitude de chrestiens et si petit nombre de prestres, n'estant raisonnable que, lesdits curez ne pouvans y satisfaire, tant d'ames perissent à jamais; que ceste querelle n'estoit pas nouvelle, mais ancienne entre les ordres des Mandians et les curez, comme il se pouvoit voir par quelques constitutions des papes inserées aux Clementines et Extravagantes communes; que les curez en cela n'objectoient rien de nouveau contre lesdits deffendeurs qui n'eust autresfois esté souvent et en divers lieux et temps objecté aux Mandians et autres religieux; que tous ceux de leur ordre s'estoient tousjours monstrez obeyssans à messieurs les evesques, qu'ils les avoient tousjours respectez et honorez comme les successeurs des apostres, *et tanquam columnas Ecclesiæ*, les servoient, s'employans pour eux en ce qu'ils pouvoient, les aydans à porter le fais de leur charge, sans que pour cela ils incommodassent et chargeassent au temporel, ne prenans rien pour leurs ministeres et travaux; qu'ils prenoient d'eux les ordres; qu'ils ne confessoient sans leur approbation et permission, suyvant l'ordonnance du concile de Trente; qu'ils gardoient les ordonnances ordinaires et extraordinaires qu'ils avoient en leur diocese, et se trouvoient tousjours des premiers en la pratique; au reste, qu'ils n'enterroient en leurs eglises, n'avoient point d'obits et fondations en leurs eglises, n'avoient point de troncs en leurs eglises, ne faisoient point de queste, et partant interessoient moins les curez que les autres religieux : c'estoit pourquoy les evesques avoient tousjours fait cas de leur ordre, et plusieurs d'iceux leur avoient fondé des colleges, comme messieurs les cardinaux de Bourbon et Tournon, messieurs les evesques de Clairmont et Verdun, les colleges de Paris, Roüen, Tournon, Billon, Mauriac et Verdun, et avoient beaucoup contribué et fourny pour les autres, comme à Bourges, Rhodez, Auch, Agen, Le Puy, Tholose; que, s'ils n'estoient visitez par lesdits sieurs evesques, cela leur estoit commun avec beaucoup d'autres religions, et d'abondant n'y avoit presque chapitre en France qui fust visité par eux.

Qu'ils avoient souvent et instamment requis d'estre adjoincts et incorporez en l'Université de Paris, mais on les avoit toujours rejettez et refusez, et qu'on n'avoit allegué aucune cause de tel refus, sinon qu'ils estoient moynes, suyvant ce qu'avoit allegué autresfois maistre Estienne Pasquier, et comme il avoit encores de nouveau fait imprimer en citant sainct Hierosme, qui dit: *Alia est causa clerici, alia monachi, etc.*, mais que l'on avoit ignoré, ou fait semblant d'ignorer qu'il y avoit deux sortes de clercs, les uns seculiers, les autres reguliers, et que ceux de l'ordre des jesuistes n'estoient point moynes, mais clercs reguliers, comme les appeloit le concile de Trente.

Qu'il faisoit aussi à noter que les clercs, qui jadis vivoient avec les evesques, vivoient en commun et sous certaine regle, d'où les Grecs les appelloient κανονικούς, les Latins *regulares*, et qu'aujourd'huy le nom grec leur estoit demeuré de chanoines, bien qu'ils eussent esté secularisez pour la plus-part; que tels estoient ceux qui vivoient avec sainct Cyprien, sainct Ambroise, sainct Augustin et autres saincts evesques, lesquels enseignoient le peuple, tenoient escholes et classes, et faisoient profession des sciences, mesmes profanes; et que ce seroit chose trop longue de citer les canons et [illegible] conciles et Peres en cest [illegible] trouvoit bien d'avantage que [illegible] Basile, sainct Gregoire et l'abbé [illegible] mesme que l'Université de Paris [illegible] par deux moines qui commencerent d'y enseigner, et que les religieux Mendians y [illegible] faict profession. Plus, qu'ils [illegible] quelque profit depuis qu'ils estoient [illegible] France, et particulierement en l'Université de Paris, veu qu'ils avoient confirmé la religion, corrigé les mœurs, et fait fleurir l'estude [illegible].

Qu'en premier lieu ils avoient fait un catechisme contre celuy de Geneve, lequel ils [illegible] fait apprendre à la jeunesse et simple peuple; qu'ils avoient commencé à enseigner la theologie, et principalement traitté les questions controverses de nostre temps, dont ne se trouve gueres aujourd'huy homme de qualité et de doctrine en l'estat ecclesiastique qui n'aust esté disciple de feu Jean Maldonat, ou ne se fust servy et serve de ses leçons; qu'ils avoient composé et mis en lumiere beaucoup de livres contre les heretiques de nostre siecle. Quant à la pieté, qu'ils avoient toujours eu soing de corriger les mœurs du peuple, l'excitant par tous moyens à la vertu et crainte de Dieu et observation de ses saincts commandements, s'estudiant de graver és cœurs de la tendre jeunesse la crainte de Dieu et l'amour de la vertu, sçachans bien que de là dependoit le restablissement des republiques desbauchées. Quant aux lettres, ils avoient fait fleurir l'estude de theologie, et remis sus cette partie qui s'appelle scholastique; qu'ils avoient aussi revoqué en usage l'autre partie d'icelle, qui consistoit en dispute morale appellée vulgairement des cas de conscience, l'exercice de laquelle estoit fort abatardy depuis ce grand theologien Jean Gerson. Que depuis quelques années une bonne partie des bacheliers seculiers de theologie, et des meilleurs, avoient fait leurs estudes en leurs maisons. Qu'ils avoient fait fleurir l'estude de la philosophie, qui depuis beaucoup d'années, et particulierement depuis Joannes major, y avoit environ quatre-vingts et dix ans, estoit fort descheu, si qu'on lisoit Aristote comme une epistre de Ciceron, avec quelque glosse interlineaire et annotation marginale. Qu'ils avoient aussi enseigné la langue grecque par toutes les classes, laquelle auparavant ne s'enseignoit qu'au college de Cambray, avec peu de proufit de ceux qui n'y estoient beaucoup avancez auparavant, dont à leur exemple on avoit commencé à faire le mesme aux autres colleges. Au surplus, qu'ils avoient tousjours tenu bon ordre en leur college, y gardant l'ancienne rigueur et observance de

blier pour leurs deffences, protestans qu'ils ne deffendoient que pour eux tant seulement, et n'avoient aucune charge des autres jesuistes de la France, lesquels n'avoient aussi esté assignez, et partant, qu'ils ne pouvoient estre comprins en l'arrest qui interviendroit au present procez. Tellement que, comme on dit en commun proverbe, fut encores derechef pendu au croc le procez entre l'Université et les curez de Paris contre les jesuistes jusques sur la fin de ceste année, ainsi que nous dirons cy après.

Le 28 juillet M. le cardinal de Bourbon, prince très-docte, lequel depuis peu s'estoit fort affectionné à soustenir les jesuistes, mourut d'une difficulté d'urine en son abbaye de Sainct Germain des Prez. Il estoit fils de M. Loys de Bourbon, prince de Condé, et de madame Eleonor de Roye. Il nasquit gemeau dans Gandelu l'an 1561 avec une petite princesse, laquelle mourut peu après estre née, à cause de l'apprehension que la princesse leur mere eut, avant qu'accoucher, de quelques cavaliers sortis de Chasteauthierry, qui la penserent surprendre ainsi qu'elle s'acheminoit pour aller trouver le prince son mary à Orleans.

Le Roy continuant le siege devant Noyon, Desclusеaux, qui y commandoit, voulant s'y opiniastrer, fut conseillé de prendre une capitulation portant abolition de tout ce qu'il avoit fait par le passé; il creut ce conseil, et promit de rendre ceste ville après que les articles de son accord auroient esté verifiez en parlement : ce qu'estant fait, il en sortit, et la remit, au commencement d'octobre, entre les mains de Sa Majesté, tellement qu'en toute la Picardie il ne resta plus que trois places, sçavoir : Soissons, qui estoit á la devotion de M. de Mayenne, lequel y avoit mis dedans Ponsenas, La Fere, à la devotion des Espagnols, et Han, à la devotion du duc d'Aumale; dans toutes lesquelles places il y avoit bonne et forte garnison de diverses nations.

Après ceste reduction, le Roy voyant que l'hyver s'advançoit, qu'il ne luy restoit aucun ennemy pour combattre à la campagne, que les ducs de Mayenne et d'Aumale estoient allez en Flandres avec les gens de guerre qu'ils avoient encor avec eux, où ledit duc de Mayenne fut contraint de mettre la main à la plume pour se deffendre contre ce que le duc de Feria et les Seize avoient dit et escrit contre luy, ainsi que nous dirons cy-dessous, et que le duc de Lorraine le recherchoit de paix, et celuy de Guise d'un accord, il alla, sur la fin d'octobre, en son chasteau de Sainct Germain en Laye, là où le baron de Bassompierre de la part du duc de

en execution du traicté de Nommeny, seront promptement deputez et envoyez personnages notables de la part de Sa Majesté, qui auront pouvoir de traicter amiablement, vuider et decider avec les deputez dudit sieur duc ce qui est en different touchant ladite seigneurie de Pauges et execution dudict traicté de Nommeny.

» Que Sa Majesté, comme garend du dot de feue madame la duchesse de Lorraine, fera bien payer et continuer les rentes constituées pour iceluy dot, et mesmes par preference à tous autres.

» Sa Majesté promet en outre audit sieur duc luy faire payer la somme de neuf cens mil escus, tant à cause de ce qui luy est deub de son chef que de feue madame la duchesse de Lorraine sa belle-sœur et ses enfans des pensions à eux accordées respectivement par les feux roys ses predecesseurs, que pour ayder audit sieur duc à supporter les frais et despences qu'il luy a convenu faire pendant la guerre; et d'autant que les affaires de Sa Majesté ne luy permettent de payer presentement icelle somme comptant, Sa Majesté promet luy faire vente et engagement, à faculté de rachapt perpetuel, de son domaine pour et jusques à la somme de cinq cens mil escus, à raison du denier quarante, et luy payer le surplus en bonnes et vallables assignations sur les plus clairs deniers, tant ordinaires qu'extraordinaires de son espargne; dont elle luy fera depescher tous contracts d'acquisitions et lettres necessaires à la premiere instance qu'il luy en fera faire.

» Que M. le cardinal de Lorraine et tous autres beneficiers subjects dudit sieur duc jouyront, depuis la trefve accordée entre Sa Majesté et ledit sieur duc, des revenus des benefices qu'ils possedoient en France et terres de l'obeyssance de Sa Majesté avant la presente guerre; comme aussi reciproquement les ecclesiastiques françois jouyront des benefices qu'ils avoient ez duchez de Lorraine et Barrois avant ladite guerre.

» Que madame la duchesse de Brunsvich sera remise actuellement en la possession et jouyssance du comté de Clermont, seigneurie de

» Et pource que ladite dame duchesse devoit jouyr de trente mil livres de rente, et que ledit comté de Clermont n'a esté evallué en la chambre des comptes que à dix-neuf mil tant de livres, et le surplus, montant à dix mil cinq cens tant de livres ou environ, luy fut assigné sur la recepte generalle d'Orleans, dont, par discontinuation de payement, les arrerages montent à soixante mil escus, Sa Majesté, luy pourvoyant sur cela, ordonnera aux tresoriers generaux de France à Orleans de veriffier ce qui est deu à ladite dame de l'assignation à elle donnée sur ladite recepte, et d'où procede le deffaut, pour, ce fait, luy estre pourveu d'assignation par Sa Majesté.

» Que tous gentil-hommes et autres François subjets de Sa Majesté, ou des terres de son obeyssance, qui ont fait service audit sieur duc pendant la presente guerre par port d'armes, negotiations ou autrement, seront compris audit present traicté de paix, et selon le benefice d'iceluy jouyront de leurs biens et benefices, comme reciproquement feront tous gentilshommes et autres subjects dudit sieur duc qui ont fait service à Sadite Majesté durant ladite guerre; et toutes praticques, menées, levées de gens et de deniers, et autres semblables faicts, remis et abolis par tous les traictez qui ont esté accordez aux subjects de Sa Majesté quand ils se sont remis en son obeyssance, seront aussi abolis pour lesdits gentils-hommes et autres subjets de Sadite Majesté et dudit sieur duc de Lorraine, qui ont servy l'un ou l'autre durant lesdits troubles : et partant toutes procedures, jugemens, sentences et arrests donnez contre eux pour les causes susdites, seront et demeureront cassez et du tout annullez par le present traicté; dequoy seront expediées, de part et d'autre, toutes lettres generales et particulieres pour ce necessaires.

» Que ledit sieur duc gardera le chasteau de La Fauiche, appartenant à madame la duchesse de Joyeuse, en l'obeyssance de Sa Majesté jusques à ce qu'il en ait esté autrement convenu entre Sadite Majesté et ladite dame de Joyeuse.

» Que l'execution de la justice de Bar et Bar-

entre Sa Majesté et ledit sieur duc, il ne se fera d'oresnavant de la part de Sa Majesté aucun acte d'hostilité ez terres et pays de l'obeyssance dudit sieur duc; comme aussi de sa part il ne s'en fera au royaume de France et terres de l'obeissance et protection d'iceluy, et retournera et demeurera, en ce faisant, ledit sieur duc en son ancienne neutralité.

» Auquel traicté de paix seront compris, de la part de Sa Majesté, messieurs les eslecteurs et princes du Sainct Empire, et specialement M. l'eslecteur palatin, le duc des Deux Ponts et autres princes des maisons palatines et de Baviere, M. l'eslecteur et la maison de Brandebourg, le marquis d'Anspach, l'administrateur et chapitre de Strasbourg, et autres leurs alliez et confederez, le duc de Virtemberg, le marquis de Dourlac et prince d'Anhalt, et pareillement le sieur de Sedan, et la ville, magistrat et bourgeois de Strasbourg.

» Qu'il sera pourveu, par les deputez que Sa Majesté envoyera en Lorraine, aux contraventions faites et advenues aux traictez de trefve entre Sadite Majesté et ledit sieur duc, et toutes choses seront par eux restablies selon le contenu des articles d'icelle trefve.

» Et d'autant que le sieur de Bassompierre s'est entremis de grande affection au fait du present traicté, et a voüé tout service à Sa Majesté, tel qu'il l'a rendu aux roys ses predecesseurs, Sadite Majesté a promis de le faire payer des deniers qui luy seront deubs et ont esté par luy advancez pour le service du feu roy Henry son predecesseur, montant à la somme de cinquante quatre mil six cents escus ou environ, et d'avantage, le faire rembourser de la somme de treize mil quatre cents soixante et quinze escus receuë et levée ès années dernieres par les receveurs generaux de Normandie establis à Caën, ainsi qu'il est apparu par leurs quittances du revenu des terres et seigneuries de Sainct Sauveur le Vicomte et Sainct Sauveur Landelin, et baronnie de Nehou, pour le payement desquelles sommes et de celle de trente six mil cinquante huit escus qu'il doit mettre comptant ès mains du tresorier de l'espargne, Sa Majesté promet luy engager et vendre, à faculté de rachapt perpetuel, la terre et seigneurie de Vaucouleur en Champagne, ensemble tous et chacuns les droits de presentations de benefices et provisions d'offices, avec toutes ses autres appartenances et dependances, sans aucune reservation que de la couppe des bois de haute fustaye, ressort et souveraineté d'icelle terre, et ce pour la somme de quarante mil deux cens escus; outre laquelle neantmoins il sera tenu rembourser en deniers comptans le sieur de Malpierre et autres acquereurs des portions en domaine dudit Vaucouleur, tant de leur principal que frais, mises et loyaux cousts; et pour le surplus dudit deu et desdits treize mil quatre cens soixante quinze escus, et trente-six mil cent cinquante huict escus, revenans à la somme de soixante quatre mil cens, lesdites terres et seigneuries de Sainct Sauveur le Vicomte et Sainct Sauveur Landelain, et baronnie de Nehou, luy seront et demeureront surengagées, sans qu'il puisse estre cy après depossedé d'icelles terres et seigneuries, qu'il ne soit preallablement remboursé desdites sommes de quarante mil deux cens escus, desdits cinquante quatre mil escus, comme de ce qu'il a premierement payé pour les premieres ventes de Sainct Sauveur, et remboursement des acquereurs de ladite terre de Vaucouleur, et de ses frais et loyaux cousts; permettant en outre audit sieur de Bassompierre de retirer lesdites terres de Sainct Sauveur le Vicomte et Sainct Sauveur Landelain et la baronnie de Nehou, nouvellement revenduës, en remboursant aussi lesdits acquereurs de leur principal et loyaux cousts, lequel remboursement tiendra pareillement lieu de surengagement desdites terres audit sieur de Bassompierre; de quoy Sa Majesté luy fera expedier tels contracts, lettres patentes et quittances de ses officiers comptables que besoin sera, pour servir audit sieur de Bassompierre au remboursement desdites sommes et remboursement susdit, quand Sa Majesté ou ses successeurs voudront rachepter lesdites terres et seigneuries.

» Faict à Sainct Germain en Laye, le 16 de novembre 1594.

» Signé HENRY.

» Et plus bas,

» DE NEUFVILLE. »

Quand à l'edict fait sur la reunion du duc de Guyse, de messieurs ses freres et de la ville de Rheims et autres villes que ramena ledit duc en l'obeyssance du Roy, il fut accordé aussi au mois de novembre. Par cest edict le Roy ordonna qu'il ne se feroit aucun exercice que de la religion catholique, apostolique-romaine ez villes et faux-bourgs de Rheims, Rocroy Sainct Disier, Guyse, Joinville, Fismes et Montcornet en Ardenne; que les ecclesiastiques du diocese de Rheims, après avoir satisfait au serment de fidelité, auroient pleine main-levée des benefices qui leur appartenoient, en quelque lieu qu'ils fussent situez, avec injonction à ceux qui s'en estoient emparez depuis les troubles de leur en laisser la libre possession; et que les articles particuliers accordez aussi par le Roy à messire Claude de Guise, abbé de Clugny, seroient verifiez et gardez. Que la memoire de tout ce qui s'estoit passé depuis l'an 1585, et tout ce qui avoit esté geré et negotié, tant par les defuncts duc et cardinal de Guise, ledit duc de Guise, le duc de Mayenne, le prince de Ginville, le feu sieur de Sainct Paul, et autres qui avoient charge ez susdites villes que ledit duc de Guise ramenoit en l'obeyssance du Roy, seroit esteinte et abolie; avec deffences à toutes personnes de faire aucuns libelles diffamatoires ou prescher contre la memoire desdits feu duc et cardinal de Guise, ny de se provoquer par injures et reproches, ains vivre ensemblement en paix. Que les dits ecclesiastiques qui feroient le serment de fidelité seroient quittes des decimes qu'ils pouvoient devoir depuis l'an 1589 jusques au terme d'octobre dernier; et que, pour gratifier ceux qui avoient esté pourveuz des benefices consistoriaux estans èsdites villes, par mort ou resignation, et qui avoient obtenu leurs provisions du Pape, de son pretendu legat, du duc de Mayenne, du cardinal de Pellevé, de l'evesque d'Avranches ou autres, au prejudice de l'authorité de Sa Majesté, en rapportant lesdites provisions [lesquelles comme nulles et abusives seroient rompuës et lacerées], il leur en seroit delivré d'autres, et toutes expeditions necessaires. Que les habitans desdites villes seroient deschargez de ce qu'ils devoient des tailles et taillon depuis l'an 1589, excepté de la solde du prevost des mareschaux; que tous ceux que rameneroit ledit duc de Guise au service du Roy auroient mainlevée des saisies qui pourroient avoir esté faictes de leurs terres pour ne s'estre trouvez à la convocation du ban et arriereban; que les habitans desdites villes seroient maintenus en tous leurs privileges et libertez; et que tous offices de judicature et de finances qui pourroient avoir esté transferés hors lesdites villes y seroient restablis et exercez ainsi qu'ils estoient auparavant les troubles. Que tous subsides qui avoient esté creez pour la necessité des troubles au dedans desdites villes seroient supprimez. Que les prisonniers tenus à l'occasion desdits troubles et autres faicts de guerre seroient mis en liberté en payant la rançon qu'ils auroient accordée; mais, s'ils n'en avoient convenu, que leur rançon seroit moderée suyvant le traité de la treve generale. Sans comprendre audit edict ce qui s'estoit faict, au prejudice des trefves et sans adveu, par forme de vollerie.

Cest edict fut verifié au parlement le 29 novembre, avec ceste clause : Suyvant et aux charges contenues au registre de ce jour.

Voylà comment le duc de Guise se remit en l'obeyssance du Roy avec la ville de Rheims, ce qu'il ne put pas faire qu'avec peine; car ledit sieur de Sainct Pol ayant, comme nous avons obtenu du duc de Mayenne, dez le 8 janvier 1589, commission pour commander en Champagne et Brie, s'estoit saisy de plusieurs villes et places fortes aux frontieres, et entr'autres de Rheims, où il avoit projetté d'y faire des forts pour contraindre les habitans d'endurer sa volonté. Or le feu duc de Guise, qui estoit gouverneur de la Champagne, l'avoit advancé de peu aux grades militaires, cognoissant sa hardiesse : et, après sa mort, le duc de Mayenne luy ayant donné charge en Champagne, avec ceste clause dans sa commission : « Nous, en l'absence de M. le prince de Ginville nostre nepveu, gouverneur èsdites provinces, à cause de la detention de sa personne, vous avons commis et commettons pour avoir l'œil et veiller soigneusement à la conservation des places dudit gouvernement, » il s'y rendit maistre de beaucoup de forteresses : plus, ledit duc luy donna aussi depuis, comme lieutenant de l'Estat, lettres de mareschal de France; tellement que de simple soldat et capitaine il estoit devenu mareschal de France et lieutenant general d'une province. Il n'eust peu, pour le petit estoc de sa maison, quelque accord qu'il eust faict avec le Roy, conserver ces deux tiltres : ce fut pourquoy il jetta tous ses desseins de se rendre espagnol, pour se maintenir en la qualité qu'il s'estoit acquis durant les guerres civiles de France. On tient qu'il estoit devenu si hautain, que s'estant rendu maistre d'une partie des places fortes du duché de Rethelois, qu'il manda au duc de Nevers : « Si vous desirez que les vostres jouyssent en paix du Rethelois, vous avez un fils et une fille à marier, j'en ay autant; en les mariant ensemble nous pourrons nous accorder. » Le duc de Nevers eut tant ceste parole à cœur, qu'il luy dressa plusieurs embuscades pour l'attrapper; mais le tout fut en vain, car il estoit devenu si puissant en ceste province, que mesmes M. de Guise, sous lequel il devoit obeyr, et auquel il devoit rapporter l'heur de son advancement, fut contraint de luy faire perdre la vie pour sa hautaineté. L'occasion fut telle : M. de Mayenne estant au commencement du mois de may de ceste année à Rheims, le lieutenant Rousselet et aucuns habitans firent plainte audit duc de Guise, comme estant leur gouverneur, de ce que ledit sieur de Saint Paul leur avoit faict faire comme une citadelle à la Porte-Mars, et y avoit mis dedans depuis peu de jours, sous quatre capitaines, deux cents estrangers en garnison; ce qu'ils prejugeoient estre un commencement de l'execution de ses desseins pour les assubjettir sous la domination de l'Espagnol. Le duc, qui premeditoit dèslors de se remettre en l'obeyssance du Roy, leur promit de faire tant avec Sainct Pol qu'il feroit sortir les garnisons de Porte-Mars; mais depuis, luy en ayant parlé plusieurs fois, et mesmes en joüant ensemble à la paume, le jour d'auparavant qu'il le tuast, Sainct Pol luy respondit assez hautement : « Mon maistre, ne me parlez point de cela, car il ne s'en fera rien. » Le lendemain matin, le duc ayant ouy messe en l'eglise de l'abbaye Sainct Pierre, et luy ayant esté rapporté que Sainct Pol avoit dit le soir d'auparavant quelques paroles hautaines, aussi-tost que ledit Sainct Pol l'y fut venu trouver, ils s'en allerent au cloistre avec M. de Mayenne, lequel s'estant arresté à parler à quelques-uns, le duc, appuyé de son bras gauche sur l'espaule droicte de Sainct Pol, luy dict : « *Ma taille* (1), je te prie, donne ce contentement au peuple, fais sortir ces garnisons, et tu me feras plaisir. » Sainct Pol luy respondit, en mettant la main sur la garde de son espée comme pour la tirer : « Cela ne se peut faire, et ne se fera point. » Lors le duc, luy ayant veu porter la main à la garde de son espée, tira la sienne, et, d'un seul coup qu'il luy donna dans la mammelle gauche, il le fit tomber mort à ses pieds. Le baron de La Tour et un Suisse qui appartenoit à Sainct Pol mirent aussitost l'espée au poing contre le duc; mais quelques gentils-hommes qui estoient là, s'estans advancez, les empescherent, et contraignirent La Tour de se retirer et passer par dessus les murailles de la ville pour sauver sa vie. Ceste mort ainsi advenuë ne se fit pas sans estonnement, et les gens des deux ducs se rendirent incontinent près d'eux. Le bruit courut que Sainct Pol avoit commandé à toutes ses troupes de gens de guerre de s'acheminer à Reims, et qu'il les y devoit faire entrer sur l'aprèsdisnée, tant pour tenir du tout la bride au col à ceux de Reims, et par ce moyen y faire bastir les citadelles qu'il avoit projettées, que pour empescher le duc de Guise et tout autre d'y rien entreprendre contre sa volonté. Du depuis sa mort le duc ne bougea de Reims jusques à la susdite reduction. Et quant aux places fortes que tenoit Sainct Pol, sçavoir, Vitry, Mezieres et autres, ceux qui y commandoient, après sa mort, firent leur composition chacun à part avec le Roy; tellement que toute la Champagne fut remise en l'obeyssance de Sa Majesté depuis que ledit

(1) Le duc de Guise appeloit le sieur de Sainct Pol *Ma taille*, par familiarité, pour ce qu'ils estoient d'une mesme hauteur et corporence. (*Note de l'auteur.*)

edit de la [illegible] de Reims fut publié.

Pendant que cet [illegible] Germain en Laye, le Roy [illegible] à Dieu, dans l'eglise Nostre-Dame [illegible] les heureux [illegible] venu à bout, durant cest esté, [illegible] duction de tant de villes, il [illegible] Paris du costé de l'Université. [illegible] repaire Langlois, qui avoit [illegible] marchans à la my-aoust, avec [illegible] vins vestus de leurs robes de [illegible] gnez d'un grand nombre de [illegible] chers et arbalestriers de la ville, [illegible] allerent au devant de Sa Majesté [illegible] du fauxbourg Saint Jacques, lequel, [illegible] gné de messieurs les princes du sang [illegible] plusieurs princes, seigneurs et [illegible] en très-grand nombre, entra dans Paris [illegible] l'eglise Nostre Dame. Le *Te Deum* y [illegible] il s'achemina au Louvre, à la lueur [illegible] finité de flambeaux, les ruës et les fenestres des maisons estans pleines de peuple qui [illegible] tir l'air de ce cry de rejouyssance de vive le [illegible]

Nous avons dit aux livres precedens [illegible] avoit envoyé le mareschal d'Aumont en [illegible] pour s'opposer aux entreprises du duc de [illegible] et de don Jean d'Aguila, chef des [illegible] s'estoient fortifiez dans le port de [illegible] Royne doüairiere, Loyse de Lorraine, [illegible] sœur du duc de Mercœur, essayoit par [illegible] moyens de ramener son frere au service du [illegible] et faire sa paix : mais les prosperitez qu'il [illegible] euës sur les royaux aux années precedentes firent cause que les desseins de ceste [illegible] furent sans effect pour lors. Durant l'esté de ceste année, ledit sieur mareschal d'Aumont, ayant receu nouveau renfort d'Anglois sous la conduitte du capitaine Forsbiher, resolut, avec le general Norrys, d'aller assieger Quimpercorentin : ce qu'il fit, et s'en rendit maistre, comme aussi de la ville de Morlais; puis il mena son armée pour desnicher les Espagnols d'un fort qu'ils avoient fait auprès du port de Brest, avec lequel ils tenoient ce port en subjection et en empeschoient l'entrée. Le mareschal fit donner l'assaut si furieusement à ce nouveau fort, que quatre cents Espagnols qui le gardoient furent taillez en pieces: ce qui ne se fit sans perte de beaucoup des assaillans, et entr'autres dudit capitaine Forsbiher.

Ceux de Sainct Malo en ce mesme temps envoyerent aussi des deputez vers le Roy, lesquels le supplierent d'abolir la memoire de tout ce qu'ils avoient fait durant ces derniers troubles, et les recevoir en grace. Ceste ville, très-forte, tient le troisiesme lieu de la Bretaigne, où y a un très-bon port de mer : les habitans sont fort addonnez à la navigation, et ont grand nombre de vaisseaux trafiquans en tous les endroits du monde ; mais, s'estans sous-levez contre l'authorité royale et mis du party de l'union après avoir tué M. de Fonteines leur gouverneur, surpris le chasteau, tué tout ce qu'ils trouverent s'opposer à leur entreprise, ils ne voulurent toutesfois recevoir aucun gouverneur de la part du duc de Mercœur. Ils se disoient bien estre de son party et assemblerent quelques gens de guerre avec lesquels ils firent razer plusieurs chasteaux et maisons nobles des royaux ; mais de vouloir recevoir aucun qui leur commandast, ils n'en voulurent point ouïr parler : tellement que, se retrouvans comme neutres et libres, leurs deputez ayans remonstré au Roy que nonobstant tout ce qu'ils avoient faict, qu'ils n'avoient voulu tolerer les Espagnols en Bretagne et s'y estoient courageusement opposez, et qu'ayant descouvert le but des desseins des chefs de l'union estre très-dangereux, qu'ils le supplioient de mettre sous le pied tout ce qu'ils avoient faict à son prejudice.

Par edict donné à Paris au mois d'octobre, le Roy leur accorda qu'il ne se feroit aucun exercice de la religion que de la catholique-romaine dans Sainct Malo ny trois lieuës à la ronde ; qu'il n'y auroit garnison pour la seureté de ladite ville que la bonne volonté des habitans, lesquels seroient exempts de toutes tailles durant six ans prochains et consecutifs ; que la memoire seroit esteinte, et qu'il ne se feroit jamais aucune recherche de la prinse qu'ils avoient faicte du chasteau de Sainct Malo, ny de la mort du sieur de Fonteines et autres estans avec luy audit chasteau, prise, pillage et butin general des biens y estans, ny des demolitions et demantelements des chasteaux de Chasteauneuf et du Plessis Bertrand, sans qu'ils en pussent à l'advenir estre recherchez ne inquietez sous quelque pretexte que ce fust ; que tous leurs privileges leur seroient confirmez ; que le negoce leur estoit permis en tous pays, Estats, republiques et royaumes quelsconques, suyvant et conformement les traictez faicts par Sa Majesté, ou par les roys ses predecesseurs, avec les autres princes estrangers, Estats, republiques et communautez, et que le Roy leur en rescriroit à cest effect ; qu'il seroit creé un prieur et deux consuls à l'instar de ceux de Rouën, pour juger en premiere instance les procez concernant le traffic ; qu'il leur seroit permis de faire fondre les pieces d'artillerie dont ils auroient besoin pour leur negotiation, et que le grand-maistre de l'artillerie leur en feroit delivrer les pouvoirs sur ce necessaires ; que pour les fatigues et incommoditez qu'ils avoient receues à la garde du chasteau et tour de Solidor, qu'aucun artizan ou gens de mestier estrangers ne se pourroient habituër dans Sainct Malo sans le consentement du corps et communauté de la ville.

Ainsi les Malouins, ayans obtenu cest edict du Roy, qui fut verifié au parlement de Bretagne le 5 de decembre, reprirent le party du Roy, et quitterent celuy du duc Mercœur, qui commença dèslors à s'affoiblir. Cependant qu'ils obtenoient leur reünion, voyons ce que faisoient les ducs de Mayenne et d'Aumalle, et ceux qui s'estoient retirez, comme nous avons dit, en Flandres.

Le fruict que recueillirent ceux de la faction des Seize, et tous les François partizans de l'Espagnol, fut un exil en Flandres ou sur les terres de l'obeyssance de l'Espagne. Ils n'eurent tous plus grand allegement que de se plaindre les uns des autres de leur infortune. Ils avoient esté assis sur la poupe et avoient voulu manier le timon des affaires de France, et maintenant ils ne pouvoient avoir lieu seulement en la quille. Ils en vouloient fort au duc de Mayenne, et disoient mille choses contre luy, le faisans l'autheur de leur infortune. Le duc de Feria en escrivit une lettre au roy d'Espagne, qui portoit en substance que le duc de Mayenne n'avoit rien faict qui vaille, qu'il avoit essayé de perdre la religion sous pretexte de la defendre, qu'il avoit eu tousjours secrette intelligence avec le roy de Navarre, qu'il avoit traicté mal les bons catholiques [les Seize], jusques à souiller ses mains dans leur sang, et faict tout le bien qu'il avoit peu aux politiques ; qu'il avoit espargné le roy de Navarre quant il l'avoit peu ruiner, qu'il avoit laissé perdre Dreux afin d'intimider les estats pretendus [assemblez à Paris] à consentir la trefve, qu'il avoit faict livrer les principalles places du party de la ligue audict roy de Navarre, qu'il avoit fait separer dudict party les sieurs de La Chastre et de Villars, preveu et consenty la perte de Meaux, Paris, Laon, Amiens et Beauvais ; que la seureté et retraicte dudict duc de Mayenne seroit en son gouvernement de Bourgongne, où il se devoit en bref retirer après qu'il auroit assemblé force argent, et y faire publier la paix qu'il avoit faicte il y avoit long temps ; que ledit duc n'avoit jamais pensé qu'a son profit particulier, et qu'il estoit tenu d'un chacun pour meschant, hay et mesprisé ; qu'il ne pouvoit plus rien, que personne ne luy vouloit plus obeyr, et qu'il s'en falloit desfaire, l'arrester prisonnier, et luy faire rendre Soissons. Voylà la substance de ce que le duc de Feria rescrivit au roy d'Espagne contre le duc de Mayenne.

Or il advint que le courrier qui portoit ceste lettre fut pris par les François. On trouva bon d'en faire tenir la copie, puis l'original audict duc de Mayenne, lequel, pour se justifier de ces objections envers le roy d'Espagne, y fit une ample response qu'il luy envoya, la substance de laquelle estoit :

Qu'encores qu'il fust bien certain qu'il recevoit toutes sortes de mauvais offices du duc de Feria, et quasi sceu qu'il desiroit, par ses actions et conseil, de le forcer à prendre des resolutions du tout contraires à son intention et préjudiciables au party de la ligue et au bien et service de Sa Majesté Catholique, pour faire trouver veritables les faux rapports qu'il avoit faits de luy, et couvrir les fautes de sa mauvaise et ignorante conduitte, que toutesfois il n'eust jamais creu que le desir de se venger de celuy qui ne pensa oncques à l'offencer luy eust tellement osté l'usage de la raison, qu'il eust osé feindre et publier contre luy des calomnies et crimes si peu vray semblables, que le recit seul les faisoit cognoistre pour impudens et mensongers ; car en l'un il se monstroit ignorant, vice qui n'estoit point excusable en personne de sa qualité, honnoré d'une grande charge par un grand roy, en l'autre, meschant, en ce qu'il essayoit, contre ce qu'il sçavoit, de diffamer la reputation d'un prince fort homme de bien, crime d'une ame basse et abjecte, qui, ne pouvant imiter la vertu d'autruy, cherchoit son contentement à la blasmer.

Que c'estoit bien l'office de celuy qui estoit employé au maniement des grandes affaires de donner advis à son maistre, non seulement de ce qu'il tenoit pour veritable, mais aussi des bruits et rapports dont il n'estoit encores bien certain, affin de mieux informer son jugement, et le conduire par conjecture à la cognoissance de la verité et des remedes pour entreprendre ce qu'il voudroit, ou se garantir de ce qu'il craindroit ; mais que l'homme de bien et sage assaisonnoit tousjours ses relations et advis de telle prudence, que la verissimilitude faisoit cognoistre qu'il y apportoit du choix et du jugement, et y procedoit aussi avec si grande integrité, qu'il se monstroit juste par tout, et exempt de mauvaise passion contre qui que ce fust, au lieu que ledit duc de Feria parloit sans discretion contre luy comme ennemy ouvert, et monstroit qu'il ne trouvoit rien bon ny veritable que ce qui devoit servir à le faire tenir pour un meschant.

Qu'il auroit bien mal employé le temps, sa peine et ses perils, s'il avoit acquis ceste infamie en ne cherchant que l'honneur, et que le duc de Feria [homme de peu], qui n'en avoit point acquis, et auquel on en avoit peu laissé, ne le luy sçauroit oster, pource que le desir de suivre la vertu estoit descendu en luy par la succession de tant de princes, avoit esté eslevé depuis par une si soigneuse institution, par habitude de bien faire, et par tant d'actions, qu'il devroit plustost mespriser que craindre sa mesdisance. Neantmoins, qu'il luy feroit de l'honneur qu'il n'avoit point merité, qui seroit de le faire mentir avec les armes de sa personne à la sienne, ce qu'il supplioit très-humblement Sa Majesté Catholique luy accorder ; et vouloir excuser sa juste douleur s'il sortoit hors de luy mesme et du respect qu'il luy devoit, en parlant contre un imposteur qui avoit voulu si meschamment deschirer sa reputation, laquelle il desiroit conserver pure, entiere et innocente, comme elle l'estoit en effect.

Que ledit duc de Feria avoit un grand advantage à mesdire de luy, d'autant que la cause de tous les maux qui arrivoient à un party peu heureux, comme avoit esté le leur, estoit tousjours attribuée au chef : c'estoit celuy sur lequel chacun rejettoit les fautes qu'il avoit faictes ; il estoit mesmes appellé à garand des accidens qui tomboient du ciel, sur lesquels la prudence des hommes ne pouvoit rien : et toutesfois il n'y avoit personne, jusques aux plus lâches et meschans, qui ne se voulussent attribuer l'honneur et la gloire de ce qui estoit bien fait. C'estoit pourquoy leur condition estoit tousjours miserable, et leur reputation en doubte, quand les evenements n'avoient esté aussi heureux que la conduite en avoit esté bonne et sage.

Que ses actions avoient esté cognëues de tant de gens, et que le temps avoit si bien fait venir à la lumiere ce qui estoit obscur et caché, que la calomnie n'y pouvoit plus trouver de quoy reprendre, au moins en ce qui estoit d'avoir apporté au public et à la deffense d'une bonne et juste cause les vœux, les conseils et les actions d'un homme de bien. Et si la conduitte n'en estoit point jugée par les evenements, qu'il osoit bien dire [que cela servoit à sa justification] qu'il n'y avoit eu faute commise en la conduitte des affaires plus importantes qui n'eust sa raison ; ne voulant pas neantmoins tant s'asseurer de sa prudence qu'il faisoit de sa candeur et de son integrité, pource que celuy qui faisoit ce qu'il devoit en l'un estoit tousjours loüable et excusable quand il faisoit ce qu'il pouvoit en l'autre.

Qu'il luy suffiroit, à ce que ledit duc de Feria disoit en general contre luy, de respondre qu'il avoit prins les armes avec courage et resolution de mourir pour venger la mort de messieurs ses freres, pour la necessité de sa conservation aussi, et celle d'un nombre infiny de catholiques, que le merite de la maison de Lorraine, en deffendant la cause du general, leur avoit rendus amis; que la religion avoit esté son principal but et object; qu'il n'avoit rien tant honnoré que les bons et vrays catholiques, et avoit reprins et chastié la violence de quelques-uns qui avoient commis un acte qui ne se pouvoit souffrir ny dissimuler sans faire tenir le sejour des villes du party de l'union pour lieux de brigandages et non de retraictes à ceux qui vouloient vivre sous les loix; que c'estoit un acte de justice que le pere avoit deu exercer contre son propre enfant, pour ce que le magistrat devoit avoir les yeux fermez quand le crime n'offençoit seulement un particulier, mais qui pouvoit tourner en exemple contre le public s'il n'estoit retenu par la peine.

Qu'il y avoit des actions èsquelles il failloit tousjours estre sage et juste, et jamais pitoyable; et que celle que le duc de Feria vouloit reprendre, sans l'exprimer [qui estoit de la punition d'aucuns qui avoient fait mourir le president Brisson et deux conseillers du parlement de Paris], estoit de cette nature, et meritoit d'autant plus la severité des loix, que ce n'estoit pas un mouvement soudain et sur une action presente qui l'eust peu transporter, comme il advient quelquesfois aux gens de bien, mais un dessein secret et premedité pour faire un mal qui fust advenu sans remede si ce premier coup eust esté souffert.

Qu'il n'avoit laissé de cognoistre que le chastiement diminueroit peut estre quelque chose de la premiere ardeur d'aucuns catholiques, ausquels on avoit persuadé qu'un assassinat ainsi commis d'authorité privée estoit un acte licite, voire necessaire pour la seureté de la ville, et de craindre que l'authorité de ceux qui avoient peu d'affection au party de l'union, dont la mauvaise fortune faisoit tous les jours croistre le nombre, n'en devinst aussi plus grande: ce qui fut cause qu'il avoit faict tout ce qu'il avoit peu pour descouvrir si ce president et ces conseillers avoient failly, et si quelque grand soupçon avoit peu porter les entrepreneurs à ceste violence, afin que le crime des morts pust faire oublier la faute commise en la forme du chastiement; mais qu'il n'avoit trouvé rien, sinon qu'ils estoient personnes timides qui craignoient le peril et mauvais succez des affaires; or qu'estre tel n'estoit pas crime, mesmes en gens de leur profession; outre que ce president estoit recognu d'un chacun pour le plus rare et capable homme en sa charge qui fust dans le royaume, et peut estre un des premiers de la chrestienté; ce qui avoit rendu le corps du parlement, les autres magistrats, la noblesse, et toutes sortes de personnes qui avoient l'ame pure et innocente, quoy que très-affectionnez au party, aigres et violents à le requerir de faire faire la punition de ce forfait; et n'estoit le moyen de la refuser, remettre ou dissimuler, quand quelques considerations de prudence, non de justice, l'eussent invité à prendre conseil; mais qu'il ne fit faire leur punition qu'avec regret, et qu'il s'arresta sur peu de gens.

Que bien que le duc de Feria n'approuvast ses raisons, ny don Diego d'Ibarra, disans qu'il devoit souffrir tout de ceux qui l'avoient eslevé en ceste dignité de chef de party, il leur respondoit qu'il avoit esté esleu chef du party par le consentement presque universel des catholiques de la France, et que le nombre estoit infiny de ceux qui pouvoient pretendre droict en ceste obligation. « Mais, disoit-il, qui leur a appris que celuy qui est devenu chef et magistrat par l'election d'autruy, soit obligé de tollerer les crimes de ceux qui offençoient tant le publicq, et que le merite de leurs suffrages devoit tousjours servir d'impunité? On peut donner sans blasme quelque grace et faveur à l'amitié, pourveu que ce ne soit au prejudice de l'honneur et de la seureté publique. Si ceste obligation passoit plus avant, il faudroit prendre les magistrats au sort, afin que, n'estans tenus qu'à la fortune, leur choix et jugement à distribuer le loyer et la peine fust plus libre et reglée par la juste mesure des loix. Il n'y a point de vertu, point de conduitte qui vaille, si la justice en est mise hors. Et pleust à Dieu que le desir de la faire, et d'observer avec sincerité l'ordre par tout, eust tousjours esté aussi bien suivy et executé qu'il estoit en la destination de mon esprit, et que je jugeois necessaire; nos affaires seroient aujourd'huy en meilleur estat. Mais je veux en cela accuser ma trop grande facilité, et mettre en avant neantmoins pour excuse et descharge certains respects à l'endroit de ceux qui pouvoient servir au bien du party, et des grands empeschements et difficultez à les contraindre de faire ce qui estoit de leur devoir, pour ce que la grande prosperité à l'entrée leur donna la licence d'oser tout. Et comme on vouloit essayer de les remettre, soit en l'obeyssance des loix et de leurs superieurs, l'adversité vint, qui rendit l'authorité des chefs moindre, et leur osta le pouvoir de chastier ce qui estoit mal faict. »

Quant à ceste objection, qu'il avoit espargné le roy de Navarre quand il l'avoit peu ruyner, il disoit: « Ceste accusation devroit estre limitée d'actions et particulieres circonstances pour en mieux juger. Je n'ay jamais eu forces en main plus grandes que celles du roy de Navarre dont j'eusse pouvoir de disposer que devant Dieppe. Or j'ay rendu compte à Vostre Majesté, au voyage que M. le president Janin fit vers elle en Espagne, de tout ce qui s'y passa, et fait voir qu'on ne pouvoit faire davantage, par les raisons de la guerre, que ce qui s'y fit. Qui croira aussi que j'eusse esté si stupide de vouloir retarder ou empescher la ruyne du roy de Navarre, dont je devois plus que nul autre recueillir le proffit, et luy laisser acquerir des trophées qui ne me devoient servir qu'à deshonneur? Pour la perte de la bataille d'Ivry, dont aucuns me chargent, Vostre Majesté a sceu aussi les raisons qui me forcerent de tenter ce peril, et chacun cognoist que les ennemis ne me desrobent cest honneur que rien ne fut oublié en l'ordre, en la conduitte et au soing et prevoyance que doit avoir un chef le jour d'une bataille: Dieu n'en voulut pas pourtant rendre le succez heureux. Nous n'avons eu du depuis forces suffisantes pour nous presenter en gros devant nos ennemis avec advantage esgal qu'une seulle fois, qui fut à la levée du siege de Paris. Quelque occasion s'offrit bien quand l'armée vint pour faire lever le siege de Rouën, mais elle passa en un moment. Or ces deux armées estoient conduites par M. le duc de Parme, prince sage et grand capitaine : j'y donnay mon advis, et luy faisoit sa resolution aussi : ny la gloire ny le blasme ne m'en peut estre attribué; et si l'on en veut parler aux capitaines qui estoient de la part de Vostre Majesté, et voyoient tout ce qui se passoit, ils diront, je m'en asseure, que je faisois à toutes occasions devoir de capitaine et de soldat, et que je n'ay jamais manqué de representer et faire avec affection, courage et jugement, tout ce que je pouvois apporter du bien ou faire eviter le mal. Voylà doncques comme j'ay espargné des ennemis qui ne se sont peu accroistre qu'à ma ruyne. »

Quand à ce qu'on lui objectoit d'avoir laissé perdre Dreux affin d'intimider les estats assemblez à Paris à consentir la trefve, ce qui avoit esté la ruyne de leur party, et que les peuples, ayans gousté l'aise et la douceur du repos, n'avoient pas voulu retourner à la guerre, il dit : « Le duc de Feria oze il si effrontement escrire à Vostre Majesté le contraire de ce qu'il sçait, et me contraindre à dire que je le pressay tous les jours, luy et les autres ministres de Vostre Majesté, de faire retourner l'armée, qui tost après la prise de Noyon s'estoit retirée sur la frontiere, et dissipée pour la plus-part? Je leur remonstray qu'en ayant une portion d'icelle avec ce que nous mettrions ensemble des forces françoises, elle suffiroit pour faire lever ce siege, d'autant que l'armée de l'ennemy estoit fort foible : s'ils ne l'ont pas voulu, la coulpe en est à eux ; s'ils ne l'ont peu pour la mutinerie qui arriva parmy les troupes, comme il est vray, souffrons et excusons ensemble ce mal, sans rejetter la coulpe sur celuy qui en est innocent. J'accorde qu'il n'eust pas esté expedient de faire trefve qui eust eu des forces pour prendre l'advantage sur l'ennemy, au moins esgales ou approchant les siennes pour l'empescher de rien faire à nostre dommage ; mais n'en ayant point, qu'elle estoit necessaire, et que ce n'est pas la trefve qui nous a ruiné, car tant qu'elle a duré personne n'est sorti du party : mais c'est que la fin d'icelle nous a trouvé sans forces. Elle fut au commencement de trois mois, puis de deux, qui sont cinq mois en tout, et les forces devoient estre prestes dans deux mois. Cest espoir nous ayant failly, chacun pensa à son salut en particulier et commença à gouster les raisons de la paix et de son interest. Aucuns y adjoustent aussi que la conference faicte avec les deputez du roy de Navarre pour adviser aux moyens de venir à la paix y ayda beaucoup. Pleust à Dieu qu'elle eust esté publicque, comme je disois qu'il la failloit faire, car il est certain qu'elle nous eust servy pour justifier la continuation de la guerre, et faire cognoistre à tous les catholiques que la conversion dudit roy de Navarre estoit plus à craindre que son heresie ouverte, par ce qu'ayant promis et obligé la foy aux heretiques de ne rien faire à leur prejudice, il n'eust jamais consenty et accordé les asseurances qu'on luy pouvoit justement demander pour la religion et pour les catholiques; ou, s'il l'eust faict, quelle plus glorieuse issuë pouvions nous attendre de ceste guerre et de nos travaux et perils? et vous, Sire, de quels plus grands trophées couronner la fin de vos jours; et asseurer le repos de vostre successeur? car nous mettions lors, entre nos principales seuretez, la paix avec Vostre Majesté à son contentement. Il nous estoit non seulement loisible de le faire, nous y estions non seulement tenus et obligez, mais il estoit necessaire du tout, pour nostre seureté et conservation, d'y proceder ainsi, et le refus rendoit nos armes justes, et donnoit le moyen de conserver le corps du party entier ; au lieu que ceste conference, n'ayant esté approuvée, sinon pour estre avec peu de gens, a servi aux ennemis pour nous mettre en soupçon et separer les uns des autres, sans que nous ayons tiré aucun fruict. Mais la cause de ce mal n'a pas encores esté en la conference : en soy c'estoit un remede bon pour un

Une violence pour le premier en eust peut estre precipité d'autres desjà preparez à ce mesme conseil. Il estoit en soupçon de moy lors que j'y pouvois remedier; aussi il m'eust esté très-difficille d'y pouvoir desdire. Encores, pour m'en penser convaincre, on dit que je luy ay depuis laissé enlever les bagues qu'il avoit à Paris. C'est un mensonge impudent et chose dont je n'ay jamais ouy parler. Au contraire, j'ay fait revocquer les assignations que luy avois auparavant baillées, dont il estoit prest à toucher l'argent. Pour Paris, c'est le coup principal de nostre cheute; mais qui a plus aydé à la donner que le duc de Feria, le seigneur dom Diego, et les plus affectionnez catholiques de la ville? Je me laissay aller à l'instance qu'ils me firent; et à leurs prieres, d'y mettre le comte de Brissac pour gouverneur, qui avoit si souvent detesté le party contraire, et monstré d'avoir en horreur la paix plus que nul autre. Avoir failly comme eux par erreur n'est pas un crime particulier qui ne doive estre attribué qu'à moy seul, à la descharge mesme du duc de Feria, homme ignorant du tout, et qui veult neansmoins qu'on croye qu'il ne sçauroit faillir. Aucuns ont voulu adjouster que le comte de Brissac avoit seduit et attiré à luy les principaux habitans en vertu de mes lettres. Il me demanda, sortant de la ville de Paris, des blancs avec des souscriptions pour servir de lettres où seroit besoin, et particulierement pour chasser quelques habitants mal affectionnez, ce qu'il desiroit ne vouloir entreprendre sans commandement exprès de moy : je luy en laissay, desquels il s'est aydé pour executer son entreprise. C'est chose que j'ay faict à l'endroit de plusieurs autres, et qui a esté assez ordinaire aux roys et à ceux qui ont eu les principales charges sous eux. La premiere fiance que l'on prent de quelqu'un fait commettre toutes les fautes qui arrivent après, lesquelles sont comme une suitte et consequence necessaire. Il en est advenu autant de tous les advis qui me furent donnez des entreprises de l'ennemy sur ceste ville; car je les luy adressay et au prevost des marchands pour s'en garantir, et ils les estoufoient pour les empescher qu'ils ne vinssent à la cognoissance des gens de bien. Plusieurs qui estoient dans ladite ville lors qu'elle s'est perduë m'ont asseuré que le duc de Feria et dom Diego furent advertis un jour devant de l'entreprise, puis encores, avec certitude, cinq ou six heures avant l'execution; et si on se fust hazardé de la prevenir avec courage, plustost que d'estre retenus, comme ils furent, avec prudence, l'effect en eust esté empesché; et qui en voudroit juger par l'evenement, et l'estonnement qui se vit à l'execution, il les en pourroit aussi bien blasmer que ce grand homme d'Estat faict toutes mes actions, qu'il examine avec ceste regle. Mais j'ay le jugement plus sain, graces à Dieu, que de vouloir les suivre; car celuy qui s'est conduit avec raison est tousjours excusable, encor que le succez ne soit bon. Pour Amiens et Beauvais, les changemens advenus en plusieurs endroits avoient bien refroidy la premiere affection des meilleurs catholiques long temps avant qu'ils se soient perdus; mais le soin que l'on prenoit à les entretenir de diverses esperances, tantost des grandes forces, et tantost d'une conference generalle pour traitter la paix, les conservoit au party. Le siege de la ville de Laon aussi, sur l'esperance de son secours ou de la prise, arresta leurs esprits quelque temps; et n'y a doute que si Dieu nous eust faict la grace de contraindre l'ennemy à lever le siege, qu'elles demeuroient avec nous : mais aussi-tost qu'elles virent ceste ville, si proche de la frontiere, qui endura un long siege, et donna loisir de venir à son secours, perduë par nostre foiblesse, le desespoir chassa leur premiere affection, et n'y eut plus personne ou fort peu de gens contraires à faire souffrir ce changement que l'ennemy y poursuivoit.

» De dire, comme faict le duc de Feria, qu'ay conseillé au mayeul d'Amiens de se rendre, escrit à Gaudin d'en faire autant de Beauvais, avec quel front ose-il mander à Vostre Majesté un si grand et peu vray-semblable mensonge? S'il est ainsi, je serois indigne de regarder la lumiere, et ne pourrois imaginer bestise si grande que la mienne ; car j'aurois procuré moy-mesme ma ruyne pour asseurer la prosperité de l'ennemy, lequel fit tout ce qu'il put dans la ville d'Amiens pour executer une entreprise sur ma personne pendant que j'y estois, plus desireux encor de m'avoir vif que mort, afin d'en user à sa discretion, et me la faire perdre comme il luy eust pleu. Je croy que ce malheur eust esté necessaire pour persuader à cet imposteur que ma conduitte est innocente, et que je ne suis point traistre, et que je n'ay point d'intelligence avec luy. Dieu me conservera pour servir à sa cause s'il luy plaist, ou me la fera perdre si honnorablement que j'en seray plaint et regretté de mes amis, et loüé des ennemis. Je ne sçay comme il n'adjouste encor qu'ay fait perdre par mesme trahison la ville de Mascon, Auxerre et Avalon, trois des meilleures et plus importantes places de mon gouvernement de Bourgongne; ou, s'il croit que ne l'ay pas faict, et que ce mal soit venu de la praticque et de l'intelligence des ennemis, pourquoy n'est-il contraint de confesser que je ne suis pas bien avec eux?

« Quand à ce qu'il dit, que ma seureté et retraicte doit estre en ce gouvernement, et que je m'y veux retirer après avoir assemblé force argent, et lors publier la paix qu'ay faicte il y a long temps, s'il est ainsi, mon soing devoit estre d'en conserver les places, et n'eusse pas permis de gré à gré que l'ennemy s'en fust saisi, et luy n'eust pas voulu offencer, en les prenant, celuy duquel il recevoit tous les jours tant de bons offices. S'il dit encores qu'il me les rendra après que la paix sera publiée, serois-je bien si sot de tenir autant asseurée l'esperance de ceste reddition que de la tenir desjà en effect? Je me pouvoy bien souvenir qu'on promit autresfois par traicté solemnel de rendre Angoulesme à Monsieur, frere du Roy, qu'on fit mesme promesse pour Peronne à M. le prince de Condé, et puis qu'on fit naistre des difficultez à l'execution qui rendirent telles promesses inutiles.

« Toutes ces calomnies finissent par un blasme general, que n'ay jamais pensé qu'à mon profit particulier, que suis tenu d'un chacun pour meschant hay et mesprisé, que je ne peux plus rien, et que personne ne me voudra plus obeyr; donne conseil de se deffaire de moy, de m'arrester prisonnier, me faire rendre Soissons; allegue là-dessus l'exemple de l'empereur Charles le Quint contre le duc de Valentinois. Il est bien de besoin que Vostre Majesté, que Dieu a rendué aussi admirable en prudence qu'en authorité et grandeur, se serve de son bon esprit et jugement pour rejetter le mauvais conseil de cest imposteur, comme il est adveuu desjà, pour ma conservation et le bien de ce party, qu'il ait rencontré M. l'archiduc Ernest, fort vertueux et observateur de sa foy, et quelques ministres et conseillers plus gens de bien que luy, qui en ayent ainsi fait. Qui eust voulu inventer ingenieusement et faire injustement et meschantement tout ce qui pouvoit servir à la ruine du party, ce furieux en avoit trouvé le moyen; car tout le dedans du royaume sçavoit assez mon opiniastreté [si la resolution de ne me point separer des conseils et intentions de Vostre Majesté, et de la foy qu'avois donnée à ses ministres, se doit ainsi nommer], sçavoit encores que je n'estois hay, blasmé et abandonné des catholiques, amys et ennemis, que pour ceste seule cause. Ainsi ceste ingratitude, qui eust offensé tous les gens de bien, leur eust fait avoir pitié de ma mauvaise fortune, et les reliques de nostre naufrage se fussent jointes au corps entier de l'Estat pour en poursuivre la vengeance. Il est homme sans jugement de croire que mes enfans, mes amys et mes serviteurs se fussent tant oubliez que de rendre des places pour me mettre en liberté, ny que je me fusse trouvé si lasche et failly de courage, que de leur donner conseil de s'en despoüiller. Il a aussi peu de soin de l'honneur de ce grand Empereur, quand il veut qu'on croye qu'il ne garda pas sa foy promise au duc de Valentinois [que les princes ne doivent jamais enfraindre quand ils l'ont donnée, quelque utilité qui s'offre pour eux]. C'est trop de rage contre moy quand il me compare au plus meschant qui fut jamais au monde. Je veux maintenant m'addresser à luy, Sire, puis qu'il me descrie pour tel, et ayant toutes les mauvaises conditions qu'il adjouste à la suitte, et comme en foulle, pour en faire aussi juger à chacun. Il doit sçavoir que c'est un pretexte certain en la recognoissance des mœurs des hommes, que celuy qui a tousjours esté homme de bien ne devient pas aysement et tout d'un coup meschant, ny au contraire le meschant tout d'un coup homme de bien. L'ame teinte en la vertu ou au vice, et ayant desjà prins l'habitude de l'un et de l'autre, ne se change qu'avec grande force et du temps. Or mes actions ont esté veuës en public il y a long temps; j'ay eu de grandes et honnorables charges qui m'ont fait recognoistre tel que j'estois au dedans, et dèslors ceste reputation m'est demeurée, comme justement acquise parmy les amis et ennemis, qu'estois d'une foy inviolable, et que suivois plustost, en la conduitte des affaires, le chemin de l'ancienne preud'hommie et simplicité, que la nouvelle et subtille finesse des derniers venus, qu'ay tousjours fuye pour ce qu'elle me semble plustost approcher du vice que de la vertu. Voyons ce que j'ay fait depuis, et si mes dernieres actions ont desmenty les premieres. Que le duc de Feria face cognoistre qu'aye manqué à une seule de mes promesses; qu'il se souvienne et represente sans desguisement les conditions sur lesquelles elles ont esté faictes; et il sera tenu de confesser que je me peux plaindre avec raison, et que personne ne me peut justement accuser. La necessité de ma charge m'a souvent forcé à faire des promesses aux particuliers d'argent ou de commoditez que desirois leur donner, et toutesfois ne l'ay peu. Mais l'impossibilité sert d'excuse à qui que ce soit, comme estant celle qui fait finir l'obligation et le devoir. Ce qui peut rendre les hommes constituez aux grandes charges meschants, et corrompre leur bon naturel, est l'avarice ou l'ambition, les deux plus dangereuses pestes de nos ames. Si j'eusse esté avaritieux j'aurois de l'argent; et chacun sçait ma misere, qu'ay despendu en ces guerres, depuis le commencement de la ligue, cinq cents mil escus qu'avois en argent comptant, qu'ay engagé mon bien, celuy de ma femme et de mes enfans, et puis mon credit et celuy de mes amis et serviteurs de plus d'un million d'or que je dois de reste, de sorte qu'ils attendent tous leur ruyne entiere de la mienne. Et neantmoins ce meschant dit qu'ay faict bourse pour me retirer en Bourgongne. Se moque il ainsi de ma pauvreté, qui doit plustost servir, envers les gens de bien, de tesmoignage à mon innocence, que d'accusation et de blasme contre moy. Tant d'occasions se sont passées depuis un an pour arrester le cours de nostre adversité avec de l'argent, que j'eusse prins sur les autels, et dans l'amas et reserve, ce que j'eusse pensé devoir servir à la necessité et seureté de mes derniers jours, plustost que d'y faillir, si j'eusse sceu où en trouver; car c'est le deffaut et manquement de moyens qui a achevé de nous perdre. Je n'eusse tant de fois mandié, indignement et avec supplication trop abjecte pour un homme de ma condition, les moyens et commoditez pour subvenir aux urgents et pressez affaires qui perissoient pour peu, si j'eusse peu trouver chez moy ce qu'il me falloit emprunter d'autruy. Je dis bien d'avantage, Sire, que quand mon esprit se fust donné à l'avarice, que je n'avois moyen, sinon par violences et larcins, actions trop esloignées de mon naturel, d'assembler argent; car, des deniers et revenus du royaume, tout s'est consommé dans les provinces, et ne se trouvera point qu'il en soit venu un seul à moy pour m'ayder à supporter les charges de l'Estat dont j'estois obligé d'avoir soing: quelque devoir qu'aye faict, quelques remonstrances envers les gouverneurs, officiers, magistrats, ny l'authorité ny les prieres n'ont de rien servy; encores n'y en a il un seul qui n'aye demandé secours de gens et d'argent, et la pluspart en ont eu besoin. S'il y a eu de l'avarice et du mauvais mesnage en aucuns, je l'ay mieux veu que ne l'ay pas pu corriger. On trouva quelque argent au commencement à Paris ez maisons des ennemis, mais il fut à l'instant employé, partie à lever des gens de guerre, partie à la solde et payement de deux monstres que fit l'armée conduitte par moy à la riviere de Loire. Quant à l'argent qui est sorty de la bourse de Vostre Majesté, qui a soustenu la despence presque entiere de ceste guerre, les ministres ont veu les comptes, et s'est justifié qu'il a esté employé, selon qu'il est venu, par les gens de guerre, que rien n'en est demeuré entre mes mains; au contraire, que nous avons tousjours esté en necessité, et que nos armées, faute de solde, sont demeurées inutiles, et en fin se sont perduës et dissipées. D'avantage, il y a tantost quatre ans que n'ay receu aucune chose, sinon dix mil escus par mois qu'il luy a pleu m'accorder pour mon entretenement, lesquels ne me reviennent au plus qu'à sept mil escus, et ne suffiroit à beaucoup près à la despence de ma maison, aux frais des voyages, entretenement de garnisons, et autres extraordinaires despences ausquelles suis sujet, veuille ou non, n'y ayant rien qui m'ait tant fait mespriser et abandonner, sinon que n'y ay pu fournir. Cest expedient avoit aussi esté trouvé par aucuns de mes ennemis pour me faire perdre la creance et l'authorité, qu'ils n'ont pas pourtant acquis à leur maistre, mais luy ont faict perdre du tout en me l'ostant. Considerez, Sire, qu'ay peu faire si mal assisté, et m'excusez, s'il vous plaist, si j'ay laissé perdre souvent les affaires pour n'y pouvoir subvenir. Comme je n'ay point pensé d'assembler argent pour mon particulier, j'ay eu aussi peu de soing de faire quelque establissement pour moy; et ne me peut on dire que l'ambition m'ait saisi l'esprit et faict penser à quelque grandeur qui fust prejudiciable à mon party et à l'Estat. Je ne me suis point cantonné en quelque endroit du royaume. Je n'ay point basty des citadelles pour me rendre maistre de portion d'iceluy: ce sont toutesfois actions de tous ceux qui courent en ceste lice. Mon principal soing a esté de soustenir les affaires et me tenir en lieu où je pourrois rompre et empescher les desseings des ennemis, avec peine et peril, sans espoir d'en tirer autre fruit et utilité que celle en laquelle chacun pouvoit prendre part comme moy; car tous ces labeurs ne devoient servir qu'à iceluy qui seroit maistre de l'Estat; et j'estois assez asseuré que ne le pouvois pretendre, ny par les loix, ny par le consentement de ceux qui me pouvoient eslever à ceste grandeur, de l'intention desquels j'estois adverty, non avec conjecture, mais avec certitude pour n'en point douter. Ceste conduite ne me fera pas peut estre estimer si sage, mais plus homme de bien, en ce qu'ay donné trop peu à moy et trop au public, estant mon travail demeuré inutile, plustost par les fautes d'autruy que par les miennes. Cela doit toutesfois suffire pour respondre à ce calomniateur, qui veut faire accroire que je n'ay pensé qu'à mon proffit particulier. Si je suis mesprisé aujourd'huy, la necessité et nostre mauvaise fortune en sont cause, et vos ministres y ont fort aydé, Sire, ayans aucuns d'eux estimé que ce conseil leur devoit estre utille; mais ils se sont trompez et m'ont ruyné. Je ne laisse pourtant d'estre recognu parmy mon party ce que je suis; et encores osé je dire qu'il n'y a un seul de mes parens qui face refus de me recognoistre pour chef, quoy que die cest ennemy

Je les honnore tous, et n'y en a point à qui je ne vueille bien deferer; aussi suis-je asseuré qu'ils me rendront tous le mesme respect. Je leur cedderay à tous si le voulez, Sire, si quelqu'un d'eux le desire, ou s'il est plus utille pour le public, mais non pas à la passion du duc de Feria, ennemy trop foible pour abbayer contre ma vertu. Faictes-en le jugement, Sire, prenez leur advis devant s'il vous plaist, et, sans aucune consideration de mon interest, commandez vostre intention, et visez à l'utilité du party, à present reduit en si miserable estat qu'il faut faire le choix du meilleur remede, non avec faveur, mais avec raison. Quelque place qu'on me laisse pour servir au bien et advancement de ma religion, je me contenteray, la rendray honnorable et y feray tout ce qu'on doit attendre d'un homme de bien. Chacun jette les yeux sur vous, Sire; nous ne pouvons plus perir qu'on ne vous blasme [quoy qu'à tort]. Pour moy, je supplie très-humblement Vostre Majesté de croire qu'en me plaignant et accusant aucuns de vos ministres, je ne laisse de sentir ce que je dois de l'integrité, grande prudence et bonté de Vostre Majesté; bien certain que toutes ses actions n'ont jamais tendu à autre but qu'à conserver la religion et les catholiques en ce royaume, sans espoir d'en tirer autre proffit que l'affoiblissement d'un ennemy qui ne se peut accroistre et establir qu'au peril de la religion et à son dommage. Et y adjoustant la gloire et loüange qu'une entreprise si vertueuse luy doit justement acquerir, je finiray encor ma lettre par ceste très-humble supplication que luy ay fait au commencement de celle-cy, de trouver bon que je justifie ma vie et mes actions passées, et face mentir le duc de Feria de tout ce qu'il a dit contre mon honneur, par le combat de sa personne à la mienne, qu'accepte dès maintenant en tel lieu et avec telles armes qu'il plaira à Vostre Majesté ordonner; et cependant qu'elle me delivre de ce soupçon, s'il luy plaist, de ne voir plus les affaires en la conduitte et au pouvoir des personnes que je sçay desirer ma ruine, et qui ne font tous les jours que reercher des particuliers que la mauvaise fortune de ce party a banny de leurs maisons et jetté entre leurs bras, pour crier contre moy, m'accuser de tous les maux qui sont advenus, et en dire le pis qu'ils peuvent, pour avoir la grace de vos ministres, qui leur donnent par ce moyen quelque peu d'argent pour vivre et soulager leur misere, dont ils seroient privez s'ils ne faisoient voir qu'ils me sont aussi ennemis qu'eux; mal que je souffre et dissimule tant qu'il m'est possible : mais il me sera en fin insuportable, pour estre sensible comme je dois en ce qui est de mon honneur, et estre tant asseuré de mon innocence, que personne ne me la doit calomnier. Mettez y la main, Sire, vous estes le maistre, vous estes sage, desireux que nos affaires aillent bien, et c'est le seul moyen de l'esperer. Je fay entendre à Vostre Majesté par autre voye quelque remede plus particulier dont les affaires ont besoin; je la supplie très-humblement de le bien considerer et d'en user promptement, ou la saison de se rendre utille se passera, et ne nous restera plus que le desespoir, la ruine et le repentir. »

Voylà ce que le duc de Mayenne respondit aux accusations du duc de Feria. Il ne pouvoit estre sans soupçon que, sous la froide contenance de l'archiduc Ernest et du conseil espagnol à Bruxelles, il n'y eust quelque chose de caché contre luy. D'autre costé il eut advis du president Janin, qui estoit à Soissons, et du president des Barres, de Dijon, que sa presence estoit requise en Bourgongne, et qu'il se hastast d'y aller, autrement qu'il estoit en danger d'y perdre tout ce qu'il y avoit encor de reste qui tenoit pour luy. Sur la proposition qu'il fit à l'archiduc de la necessité de sa presence en Bourgongne, et qu'il failloit qu'il y allast, tant pour conserver ceste province en leur party, que pour ramasser quelques troupes, et avec icelles favoriser l'entrée du connestable de Castille, qui se preparoit au Milanois pour venir en France avec un nouveau secours, et y faire la guerre au printemps de l'année suivante, il sceut si bien faire, qu'ayant laissé le duc d'Aumale et le sieur de Rosne [qu'il avoit fait mareschal de France] en Flandres, lesquels prindrent depuis l'escharpe rouge et se declarerent espagnols, il partit de Bruxelles avec quelques gens de cheval, la compagnie de gens d'armes du sieur de Villaroudan et le regiment de Tremblecourt, avec lesquels il se rendit à Dijon au commencement du mois de novembre. Auparavant qu'il y arrivast, sur l'advis qu'il receut que Jacques Verne, maire de Dijon [et qui depuis six ans avoit esté continué maire pour s'estre fort affectionné au party de l'union], estoit l'autheur d'une entreprise pour rendre celte ville en l'obeyssance du Roy, et que descouvert il avoit esté arresté prisonnier avec quelques autres, il envoya incontinent un nommé Pelissier commander que l'on les fist mourir : ce que ses partisans firent executer deux jours auparavant qu'il entrast dans Dijon; et ledit maire avec le capitaine Gau eurent les testes trenchées sur l'eschaffaut de Morimont. On remarqua qu'à l'instant mesmes que ledit duc entra dans les portes de Dijon, l'air, qui estoit clair et serain, se troubla par une tempeste et orage de pluye, accompagnée d'esclairs, tonnerres et brandons de feu qui tomberent du ciel en plusieurs et divers endroits, tellement que luy ne les siens, qui avoient vestu leurs beaux habits pour solemniser leur entrée, ne purent gaigner leurs logis qu'ils ne fussent tous transpercez de la pluye et de la gresle ; ce qu'on prit pour presage des calamitez qu'endura depuis la Bourgongne. Après que le duc eut sejourné trois ou quatre jours à Dijon, il fut à Beaune, où il fit abbattre les faux-bourgs, ce qui porta perte aux habitans de plus de cinquante mil escus. Il mit tout l'ordre qu'il put par toutes les places qui tenoient encor pour luy en la Bourgongne, afin d'y maintenir son authorité, les faisant revisiter par ses ingenieurs Camille et Carle. On a escrit que son intention estoit de se conserver son gouvernement de Bourgongne et se retirer à Seurre, s'il en pouvoit traicter avec le duc de Nemours, y faire ses jardins, et envoyer son fils aisné vers le Roy pour n'en bouger. Il ne se parloit à Dijon que de faire tournois et courre la bague pour se resjouyr du mariage de sa belle-fille avec le vicomte de Tavannes ; mesmes l'an suyvant il envoya madame de Mayenne à Fontainebleau, où le Roy estoit lors, pour demander la paix ; mais, sur le refus que l'on fit de luy laisser le gouvernement de la Bourgongne, et autres demandes qu'il faisoit, il ne s'y put point faire aucun accord. Depuis, le Roy fit acheminer le mareschal de Biron en ceste province, de laquelle il luy donna le gouvernement, avec une partie de son armée, pour favoriser les villes qui desireroient retourner sous l'obeyssance royale : de ce qui s'y passa nous le dirons l'an suyvant.

Le Roy, qui ne songeoit qu'à porter la guerre dans les pays de l'obeyssance d'Espagne, ne demeura gueres à Paris à repos. Sur la fin de novembre il alla visiter les frontieres de Picardie ; il entra dedans Cambray, où il fut receu fort honorablement dans la ville et dans la citadelle par le mareschal de Balagny, qui, comme nous avons dit cy-dessus, en faisant son accord avec le Roy, estoit demeuré prince souverain de Cambray et Cambresis, à la charge d'estre maintenu sous la protection de Sa Majesté, en le recognoissant d'un droict de baise-main pour le devoir de la protection. Ceste place estoit le reste des travaux de feu M. le duc d'Anjou, qui y avoit mis pour gouverneur ledit sieur de Balagny, lequel par le moyen des troubles s'en estoit ainsi rendu prince. Après que le Roy y eut esté peu de jours, il recognut incontinent que ceste principauté ne dureroit gueres, et que les Cambresiens n'en estoient fort contens. Il fit proposer audit sieur de Balagny qu'il prist recompense en France pour Cambray, qu'il luy mit ceste place en sa puissance, qu'il le creust en cela, et qu'il feroit bien ; mais madame de Balagny, sœur de ce sieur de Bussy d'Amboise qui avoit esté si favorit de feu M. le duc d'Anjou, dame de grand courage, destourna son mary d'entendre à ceste proposition, pource qu'elle estimoit ce commandement souverain beaucoup. Plusieurs ont creu qu'ils eussent mieux faict d'accepter l'offre du Roy, et qu'il leur estoit trop difficile de demeurer paisibles possesseurs d'une si belle ville entre deux si puissans roys, n'ayans point le peuple beaucoup affectionné, et principalement sur ce qui en est advenu depuis. Cependant les garnisons de Cambray firent une infinité de courses et de butins en Artois et en Hainault, tellement que l'archiduc fut contraint d'envoyer le prince de Chimay pour empescher leurs courses, lequel vint hyverner aux environs d'Havrec avec les Espagnols et Valons qui s'estoient mutinez au Pont sur Sambre, que l'on avoit appaisez par argent : ils demeurerent si long temps en ce pays-là, que tous les environs furent ruynez, tant d'un costé que d'autre.

Il se fit durant ce mois plusieurs entreprises et courses par les François sur les places et pays de l'Espagnol, et l'Espagnol en fit aussi plusieurs sur celuy des François, entr'autres sur la ville de Monstrœil sur mer, où l'entreprise estant double, les Espagnols y perdirent ce qu'ils avoient donné d'argent au gouverneur de ceste ville-là, et plusieurs des entreprenans y laisserent la vie. D'autre costé les François entreprirent sur Sainct Omer qu'ils pensoient surprendre avec un petard ; mais descouverts ils ne se retirerent pas aussi sans perte.

En ce mesme temps le Roy conseillé que, pour appaiser la guerre civile, il failloit qu'il entreprist l'estrangere, il commanda aussi au mareschal de Bouillon d'entrer dans le Luxembourg avec des troupes de cavalerie et d'infanterie, là où, suyvant la promesse que les Holandois avoient faicte à Sa Majesté, il devoit estre secouru de deux regiments d'infanterie et cinq cornettes de cavalerie sous la conduite du comte Philippes de Nassau et du chevalier Veer ; mais ces troupes hollandoises s'estans acheminées du pays de Gueldre pour venir au Luxembourg, et sçachans que le comte Charles de Mansfeldt, ayant receu quatre mil Suisses, avoit envie de les combattre en leur passage, ils se separerent, et le colonel Veer s'en retourna en Gueldre, ne laissant que deux cornettes audit comte Philippes, lequel, prenant son chemin par le pays de Treves, vint costoyer Mets, et, nonobstant qu'il fust fort poursuvy dudit comte de Mansfeldt, il joignit le mareschal de Boüillon qui s'estoit saisy de quelques petites places au Luxembourg sur la riviere de Cher, sçavoir, Yvois, La Ferté et Chamency, d'où depuis ils firent plusieurs degasts sur le pays de l'Espagnol.

Le comte de Mansfeldt, ayant donné ordre aux passages et places principales du pays, se delibera d'enlever le quartier des Holandois, ce qu'il fit, et en fut tué soixante sur la place et deux capitaines de cavalerie; ce qui advint pour ce que le mareschal de Boüillon ne les pouvoit secourir à cause des eaux. Deux jours après, le mareschal ayant envie d'en tirer la raison, ayant sceu qu'onze cornettes de cavalerie estoient logées près d'un lieu nommé Virton, il resolut de les desfaire, ce qu'il fit si heureusement qu'en les surprenant sur le point qu'ils deslogeoient, il les mit tous à vauderoute, et en demeura deux cents sur la place. Depuis, ledit sieur mareschal eut plusieurs entreprises sur diverses places, entr'autres sur Thionville; mais cela fut sans effect, et toutes ces courses ne firent que ruyner le plat pays: la rigueur de l'hyver le fit revenir en France; et le comte Philippe de Nassau, ne voulant retourner en Holande par où il estoit venu, sçachant bien qu'il auroit sur les bras ledit comte de Mansfeldt, print son chemin le long des frontieres de Picardie, s'embarqua à Diepe, et depuis arriva en seureté en Zelande.

Le 17 decembre le Roy, estant à Amiens, envoya aux estats d'Arthois et de Hainaut des lettres, la substance desquelles estoit :

Que l'office d'un bon prince estoit d'espargner le sang chrestien et empescher l'oppression des innocents; qu'estant né de la plus illustre famille qui fust au monde, il vouloit suivre en vertu et en pieté les vestiges de ses predecesseurs roys; qu'ils n'ignoroient pas qu'il ne fust par une legitime succession roy de France; qu'il estoit obligé de faire punir ceux qui se trouveroient coulpables de l'assassinat de son predecesseur le feu roy Henry III de bonne memoire, et deffendre son patrimoine contre l'ambition et la rebellion de ceux qui le vouloient envahir; et combien que plusieurs de ses subjects se fussent reünis sous son obeyssance, que le roy d'Espagne toutesfois ne cessoit de luy susciter nouveaux ennemis, ce qui estoit contre les anciennes alliances faictes entre leurs predecesseurs, et ne pensoit qu'à envahir et mettre sous sa puissance les villes de l'obeyssance de la couronne de France, en prenant sous sa protection les François qui luy estoient rebelles; ce que ne pouvant plus longuement supporter, il estoit resolu, en deffendant ses subjects, de repoulser par les armes les injures receuës par les Espagnols; mais que pour l'amour et bien-veuillance qu'avoient porté ses predecesseurs aux provinces d'Arthois et de Henaut, qui devoient sans doute suporter tout le fardeau de ceste guerre, qu'il les avoit voulu admonester à ce que si, dans la fin du mois de janvier prochain, ils n'obtenoient du roy d'Espagne un mandement pour faire retirer son armée et les gens de guerre qu'il tenoit en leurs provinces, et s'ils ne s'abstenoient de faire la guerre à ses subjects et aux Cambresiens qui estoient sous sa protection, qu'il denonceroit la guerre audit roy d'Espagne et à tous ses subjects; protestant devant Dieu et ses anges que le mal qui en adviendroit ne luy en devoit estre imputé, puis que, comme tout bon prince chrestien devoit faire, il avoit recherché la paix et la concorde avec tous ses voisins.

Ceste lettre portée par un trompette, les estats d'Arthois et de Henaut n'y firent aucune response, mais l'envoyerent incontinent à l'archiduc, lequel assembla une forme d'estats à Bruxelles au commencement de l'année suyvante pour ouyr les doleances desdits pays, et s'emploia du tout pour faire contenter les mutinez, tant Italiens que Walons, dont il fut fort traversé en ceste année, aucuns desquels, sçavoir les Italiens, après qu'ils furent chassez de Sichem, avoient commencé de vouloir traicter avec les Holandois, lesquels leur avoient permis de se retirer en la Langhe-Strate, au-dessous de Breda; ce qu'ils firent. Ceste alteration vint bien à propos ausdits Holandois, car cependant ils ne furent molestez ny de ces Italiens mutinez, ny des Espagnols qui estoient demeurez obeyssans à l'archiduc, pour ce qu'ils se faisoient la guerre les uns aux autres. Du depuis l'archiduc ayant accordé avec eux, il les fit loger à Tillemont en Brabant, esperant les faire employer l'an suyvant.

Le 27 de decembre, sur les six à sept heures du soir, comme le Roy retournoit de Picardie à Paris, estant encore tout botté dedans une chambre du Louvre, ayant autour de luy ses cousins le prince de Conty, le comte de Soissons, le comte Sainct Paul, et trente ou quarante des principaux seigneurs et gentils-hommes de sa Cour, se presenterent à luy les sieurs de Raigny et de Montigny, lesquels ne luy avoient encores faict la reverence. Ainsi qu'il les recevoit et se baissoit pour les carresser, un jeune garçon, nommé Jean Chastel, de petite taille, aagé de dix huit à dix neuf ans, nourry et eslevé au college des Jesuistes, fils de Pierre Chastel, drapier, demeurant devant la principale porte du Palais de Paris, lequel s'estoit glissé avec la troupe dedans la chambre, s'avança sans estre quasi apperceu de personne, et tascha frapper le Roy dedans le col avec un cousteau qu'il tenoit. Parce que le Roy s'estoit fort encliné pour relever ces seigneurs qui luy baisoient les genoux, le coup porta dedans la face sur la levre haute du costé droit, et luy entama et coupa une dent. A l'instant ce miserable fut pris; et, après avoir voulu desadvouer le faict, incontinent après le confessa sans force. Le Roy commanda au capitaine des gardes, qui l'avoit attrapé après avoir jetté son cousteau par terre, qu'on le laissast aller, disant qu'il luy pardonnoit; puis, entendant que c'estoit un disciple des jesuistes, dict : « Falloit-il donc que les jesuistes fussent convaincus par ma bouche? » Ce parricide, mené ès prisons du fort l'Evesque, fut interrogé qui il estoit, pourquoy il estoit en prison, s'il n'avoit pas attenté un parricide sur la personne du Roy, comment il l'avoit frappé, et si le cousteau estoit empoisonné. Le serment de luy pris, confessa y avoir long temps qu'il auroit pensé en soymesme à faire ce coup, et, y ayant failly, le feroit encores s'il pouvoit, ayant creu que cela seroit utile à la religion; qu'il y avoit huict jours qu'il auroit recommencé à deliberer son entreprise, et environ sur les unze heures du matin qu'il avoit pris la resolution de faire ce qu'il avoit faict, s'estant saisi du cousteau qu'il auroit pris sus le dressoir de la maison de son pere, lequel il auroit porté en son estude, et de là seroit venu disner avec son pere et autres personnes. Examiné sur sa qualité, et où il avoit faict ses estudes, dit que c'estoit aux Jesuistes principalement, où il avoit esté pendant trois ans, et à la derniere fois sous pere Jean Gueret, jesuiste; qu'il auroit veu ledit pere Gueret vendredy ou samedy precedent le coup, ayant esté mené vers luy par Pierre Chastel son pere pour un cas de conscience, qui estoit qu'il desesperoit de la misericorde de Dieu pour les grands pechez par luy commis; qu'il avoit eu volonté de commettre plusieurs pechez enormes contre nature, dont il se seroit confessé par plusieurs fois; que, pour expier ces pechez, il croyoit qu'il falloit qu'il fist quelque acte signalé; que souventesfois il auroit eu volonté de tuër le Roy, et auroit parlé à son pere de l'imagination et volonté qu'il auroit eu de ce faire : sur quoy sondit pere luy auroit dit que ce seroit mal faict.

Pendant ce premier interrogatoire qui luy fut faict, le bruit courant par la ville que le Roy n'estoit que blessé, et que le cousteau n'estoit empoisonné, graces en furent incontinent renduës à Dieu, et le *Te Deum laudamus* chanté en l'eglise Nostre Dame.

Ce ne fut pas sans que le peuple de Paris ne se mist en alarme : chacun se rendit en son corps de garde. Sur le commandement que l'on eut en l'Université de se saisir à l'heure mesmes des jesuistes qui estoient dans leur college, le conseiller Brisar, l'un des capitaines de ce quartier là eut de la peine à retenir du peuple qui estoit esmeu contr'eux sur ce que l'on disoit qu'ils avoient voulu faire tuer le Roy. Après que le college eut esté entouré de tous costez, afin que aucun n'en pust eschapper, il entra dedans, et, ayant faict assembler tous les peres et principaux jesuistes, il les fit conduire en sa maison, et laissa quelques bourgeois en garde dans ce college. Le pere Gueret, precepteur de ce Chastel, et Jean Guignard, prestre et regent audit college [auquel fut trouvé plusieurs choses qu'il avoit escrites, tant contre le feu Roy que contre Sa Majesté à present regnant], furent depuis menez à la Conciergerie, et les autres à leur maison de Saint Anthoine, où on avoit mis aussi plusieurs bourgeois pour les garder.

Le lendemain Chastel estant mené en la Conciergerie du Palais, il fut interrogé par les principaux officiers de la cour. Il repeta ce qu'il avoit dit par ses responses au premier interrogatoire pardevant le prevost de l'Hostel. Interrogé quel estoit l'acte signalé qu'il disoit avoir pensé devoir faire pour expier les grands crimes dont il sentoit sa conscience chargée, dit qu'il se seroit efforcé de tuër le Roy, mais n'auroit faict que le blesser à la levre, le cousteau ayant rencontré la dent; qu'il l'avoit pensé frapper à la gorge, craignant, pource qu'il estoit bien vestu, que le cousteau rebouchast; plus, qu'ayant opinion d'estre oublié de Dieu, et estant asseuré d'estre damné comme l'ante-christ, il vouloit de deux maux eviter le pire, et, estant damné, aimoit mieux que ce fust *ut quatuor* que *ut octo*. Interrogé si, se mettant en ce desespoir, il pensoit estre damné, ou sauver son ame par ce meschant acte, il dit qu'il croioit que cest acte, estant faict par luy, serviroit à la diminution de ses peines, estant certain qu'il seroit plus puny s'il mouroit sans avoir attenté de tuër le Roy, et qu'il le seroit moins s'il faisoit effort de luy oster la vie; tellement qu'il estimoit que la moindre peine estoit une espece de salvation en comparaison de la plus griefve. Enquis où il avoit appris ceste theologie nouvelle, dit que c'estoit par la philosophie. Interrogé s'il avoit estudié en la philosophie au college des Jesuistes, dit que ouy, et ce sous le pere Gueret, avec lequel il avoit esté deux ans et demy. Enquis s'il n'avoit pas esté en la chambre des *meditations*, où les jesuistes introduisoient les plus grands pescheurs, qui voyoient en icelle chambre les pourtraicts de plusieurs diables de diverses figures espouventables, sous couleur de les reduire à une meilleure vie, pour esbranler leurs esprits, et les pousser par telles admonitions à faire quelque grand cas, dit qu'il avoit esté souvent en ceste chambre des *meditations*. Enquis par qui il avoit esté persuadé à tuër le Roy, dit avoir entendu en plusieurs lieux qu'il failloit tenir pour maxime veritable qu'il estoit loisible de tuër le Roy, et que ceux qui le disoient l'appelloient tyran. Enquis si les propos de tuër le Roy n'estoit pas ordinaires aux jesuistes, dit leur avoir ouy dire qu'il estoit loisible de tuër le Roy, et qu'il estoit hors de l'Eglise, et ne luy failloit obeyr, ny le tenir pour roy, jusques à ce qu'il fust approuvé par le Pape. Derechef interrogé en la grand chambre, messieurs les presidents et conseillers d'icelle et de la Tournelle assemblez, il fit les mesmes responses, et signamment proposa et soustint la maxime, *qu'il estoit loisible de tuër les roys, mesmement le Roy regnant, lequel n'estoit en l'Eglise, ainsi qu'il disoit, par ce qu'il n'estoit approuvé par le Pape.*

Le procès des jesuistes [qui avoit esté, comme nous avons dit cy dessus, encor une fois pendu au croc, bien qu'on se fust efforcé de les accuser qu'ils estoient corrupteurs de la jeunesse, perturbateurs du repos public, et de s'estre efforcez de faire assassiner le Roy par Pierre Barriere] fut à ce coup jugé sur les responses de ce Chastel qui avoit estudié en leur college, et, par le mesme arrest que Chastel fut condamné à estre tiré à quatre chevaux, les jesuistes furent aussi condamnez à sortir hors de la France. Voicy la teneur de l'arrest.

« La cour a declaré et declare ledit Jean Chastel attaint et convaincu du crime de leze majesté divine et humaine au premier chef, par le très-meschant et très-detestable parricide attenté sur la personne du Roy; pour reparation duquel crime a condamné et condamne ledit Jean Chastel à faire amende honnorable devant la principale porte de l'eglise de Paris, nud en chemise, tenant une torche de cire ardente du poix de deux livres, et *illec*, à genoux, dire et declarer que malheureusement et proditoirement il a attenté ledit très-inhumain et très-abominable parricide, et blessé le Roy d'un cousteau en la face; et que, par faulses et damnables instructions, il a dit audit procez estre permis de tuër les roys, et que le roy Henry quatriesme à present regnant n'est en l'eglise jusques à ce qu'il ait l'approbation du Pape; dont il se repent et demande pardon à Dieu, au Roy et à justice: ce faict, estre mené et conduit en un tumbereau en la place de Greve; *illec* tenaillé aux bras et cuisses, et sa main dextre, tenant en icelle le cousteau duquel il s'est efforcé commettre ledit parricide, couppée, et après, son corps tiré et demembré avec quatre chevaux, et ses membres et corps jettez au feu et consumez en cendres, et les cendres jettées au vent. A declaré et declare tous et chacuns ses biens acquis et confisquez au Roy. Avant laquelle execution sera ledit Jean Chastel appliqué à la question ordinaire et extraordinaire pour sçavoir la verité de ses complices et d'aucuns cas resultans dudict procez. A faict et faict inhibitions et deffences à toutes personnes, de quelque qualité et condition qu'elles soient, sur peine de crime de leze majesté, de dire ne proferer en aucun lieu public ne autre lesdicts propos lesquels ladite cour a declaré et declare scandaleux, seditieux, contraires à la parole de Dieu, et condamnez comme heretiques par les saincts decrets. Ordonne que les prestres et escholiers du college de Clermont, et tous autres soy disans de ladite societé, comme corrupteurs de la jeunesse, perturbateurs du repos public, ennemis du Roy et de l'Estat, vuideront, dedans trois jours après la signification du present arrest, hors de Paris et autres villes et lieux où sont leurs colleges, et, quinzaine après, hors du royaume, sur peine, où ils seront trouvez ledit temps passé, d'estre punis comme criminels et coulpables dudict crime de leze-majesté. Seront les biens, tant meubles qu'immeubles, à eux appartenants, employez en œuvres pitoyables, et distribution d'iceux faite ainsi que par la cour sera ordonné. Outre, faict deffences à tous subjects du Roy d'envoyer des escholiers aux colleges de ladite societé qui sont hors du royaume pour y estre instruits, sur la mesme peine de crime de leze-majesté. »

Suivant cest arrest Jean Chastel fut executé aux flambeaux le jeudy 29 dudit mois. Quelques jours après, tous les jesuistes qui estoient encor dans leur college, rue Sainct Jacques, furent amenez en leur maison rue Sainct Anthoine, et là assemblez, sous seure conduitte ils prirent le chemin de la Champagne, et se retirerent vers Verdun et en Lorraine.

Quant à Guignard, il ne put nier qu'il n'eust escrit les neuf propositions suivantes, sçavoir:

I. Que, en l'an 1572, au jour Sainct Barthelemy, si on eust saigné la veine basilique, nous ne fussions tombez de fievre en chaud mal, comme nous experimentions: *Sed quidquid delirant reges*, pour avoir pardonné au sang, ils ont mis la France à feu et à sang, *et in caput reciderunt mala*.

II. Que le Neron cruel a esté tué par un Clement, et le moine simulé despesché par la main d'un vray moine.

III. Appellerons nous un Neron Sardanaple de France, un renard de Bearn, un lyon de Portugal, une louve d'Angleterre, un grifon de Suede, et un pourceau de Saxe.

IV. Pensez qu'il faisoit beau veoir trois roys, si roys se doivent nommer, le feu tyran, le Bearnois et ce pretendu monarque de Portugal dom Anthonio.

V. Que le plus bel anagramme qu'on trouva jamais sur le nom du tyran deffunct, estoit celuy par lequel on disoit : O le vilain Herodes!

VI. Que l'acte heroique faict par Jacques Clement, comme don du Sainct Esprit, appellé de ce nom par nos theologiens, a esté justement loüé par le feu prieur des Jacobins, Bourgoing, confesseur et martyr par plusieurs raisons, tant à Paris, que j'ay ouy de mes propres aureilles lors qu'il enseignoit sa Judith, que devant ce beau parlement de Tours : ce que ledit Bourgoing, qui plus est, a signé de son propre sang, et sacré de sa propre mort ; et ne falloit croire ce que les ennemis rapportoient, que par ses derniers propos il avoit improuvé cest acte comme detestable.

VII. Que la couronne de France pouvoit et devoit estre transferée en une autre famille que celle de Bourbon.

VIII. Que le Bearnois, ores que converty à la foy catholique, seroit traicté plus doucement qu'il ne meritoit si on luy donnoit la couronne monachale en quelque couvent bien reformé, pour illec faire penitence de tant de maux qu'il a fait à la France, et remercier Dieu de ce qu'il lui avoit fait la grace de se recognoistre avant la mort.

IX. Que si on ne le peut deposer sans guerre, qu'on guerroye ; si on ne peut faire la guerre, la cause, mort, qu'on le face mourir.

La cour ayant veu ces escripts, Guignard, autheur, interrogé sur iceux à luy representez, recogneut les avoir composez et escrits de sa main, et pource il fut condamné par la cour de faire amende honnorable, nud en chemise, la corde au col, devant la principale porte de l'eglise de Paris, et illec, estant à genoux, tenant en ses mains une torche de cire ardente du poix de deux livres, dire et declarer que meschamment et malheureusement, et contre verité, il avoit escrit le feu Roy avoir esté justement tué par Jacques Clement, et que, si le Roy à present regnant ne mouroit à la guerre, il le falloit faire mourir, dont il se repentoit, et demandoit pardon à Dieu, au Roy et à justice ; ce faict, estre mené et conduit en la place de Greve, pendu et estranglé à une potence qui y seroit pour cest effect plantée, et après le corps mort reduit et consommé en cendres en un feu qui seroit faict au pied de ladite potence.

Cest arrest fut executé le 7 janvier, et ledit Guignard pendu et bruslé en la place de Greve. Comme on l'eut auparavant mené devant l'eglise Nostre-Dame pour y faire amende honnorable, estant nud en chemise et tenant desjà la torche, il demanda au sieur Rapin, lieutenant de robbe courte, ce qu'on vouloit qu'il fist : il luy dit qu'il failloit qu'il demandast pardon à Dieu et au Roy suyvant ce que luy diroit le greffier. « Je demanderay bien pardon à Dieu, luy dit-il ; mais au Roy, pourquoy? je ne l'ay point offensé. — Vous l'avez offencé, luy dit Rapin, en ce que vous avez escrit contre luy. » Guignard luy repliqua : Ce que j'en ay escrit a esté auparavant que Paris fust remis en son obeyssance. — Vous le dites, luy dit Rapin ; ce qui n'est point ; et quand ainsi seroit, vous estes descheu du pardon et abolition generale que le Roy a octroyé à ses subjects de Paris depuis leur reduction, puis que vous n'avez point ignoré qu'il a esté très-estroictement enjoint de brusler telles escritures, sur peine de la vie : les ayans gardées contre ses edicts, vous l'avez donc offensé, et le public. » Après avoir contesté l'un contre l'autre plus d'un quart d'heure, quelques raisons et menaces que dist et fist ledit sieur Rapin, Guignard ne voulut point faire amende honnorable, et sans la faire il fut mené au supplice.

Ce mesme jour aussi le susdit pere Gueret et Pierre Chastel, pere du parricide, eurent arrest en ces termes :

La cour a banny et bannit lesdits Gueret et Pierre Chastel du royaume de France, à sçavoir, ledit Gueret à perpetuité, et ledit Chastel pour le temps et espace de neuf ans, et à perpetuité de la ville et faux-bourgs de Paris ; à eux enjoinct garder leur ban, à peine d'estre pendus et estranglez sans autre forme ne figure de procès. A declaré et declare tous et chacuns les biens dudit Gueret acquis et confisquez au Roy ; et a condamné et condamne ledit Pierre Chastel en deux mil escus d'amende envers le Roy, applicable à l'acquit et pour la fourniture du pain des prisonniers de la Conciergerie, à tenir prison jusques à plain payement de ladite somme et ne courra le temps du bannissement sinon du jour qu'il aura icelle payée. Ordonne ladite cour que la maison en laquelle estoit demeurant ledit Pierre Chastel sera abbatuë, demolie et rasée, et la place appliquée au public, sans que à l'advenir on y puisse bastir ; en laquelle place, pour memoire perpetuelle du très-meschant et très-detestable parricide attenté sur la personne du Roy, sera mis et erigé un pillier eminent de pierre de taille, avec un tableau auquel seront inscriptes les causes de ladite demolition et erection dudit pillier, lequel sera faict des deniers provenans des demolitions de ladite maison.

Cest arrest fut aussi executé, et ceste maison fut desmolie, en la place de laquelle fut dressé un pillier, aux quatre faces duquel furent gravez sur tables de marbre noir, en lettres d'or, sçavoir, en l'une l'arrest de Jean Chastel et des Jesuistes, et ès trois autres faces des vers et plusieurs autres inscriptions. Ce pillier a esté depuis abbatu, et au lieu on y a fait venir une fontaine, ainsi que nous dirons en la continuation de nostre Histoire de la Paix.

Les Jesuistes qui estoient à Bourges, Lyon, Nevers et Buillon, sous le ressort du parlement de Paris, furent mis hors desdites villes, et se retirerent, les uns en Avignon, les autres es autres villes de la Guyenne qui tenoient encor du party de l'union. Ceux de Roüen et de Bordeaux furent aussi contraints d'en sortir. Ils firent imprimer en Flandres, tant à Douay qu'en d'autres villes, un advertissement aux catholiques sur l'arrest qui avoit esté donné contr'eux, et courut cest advertissement, tant en latin qu'en françois, en divers royaumes de la chrestienté. Les principales plaintes qu'ils faisoient contre ledit arrest estoient qu'au tiltre dudit arrest il y avoit *Jean Chastel, escholier estudiant au college des Jesuistes*, et que dans l'arrest il estoit qualifié *escholier ayant fait ses estudes au college de Clermont*; mais que l'on devoit le qualifier, *avoir esté du passé escholier des Jesuistes*. Plus, que le lecteur noteroit qu'il avoit esté commandé audict Chastel de dire que, *par fauses et damnables instructions, il a dit audit procez estre permis de tuer les roys*, etc. *Jubetur*, disoient-ils, *quidem hæc dicere, sed non additur, quod dixit antea, aut confessus est*; qu'il estoit aussi à croire que Jean Chastel avoit voulu dire et soustenir ce que les docteurs approuvez enseignoient touchant ce subject, à sçavoir : *qu'il estoit licite de tuer, non pas toutes sortes de roys, mais ceux tant seulement qui estoient invaseurs et tyrans, lesquels il estoit bien licite de massacrer, non seulement par authorité de la republique, mais encore par chacun privé*. Quant à ce que ledit Jean Chastel auroit dit que *le roy Henry IV n'estoit en l'Eglise jusqu'à ce qu'il eust l'approbation du Pape*, qu'il n'en pouvoit pas estre reprins, attendu que le pape Sixte V, par le pouvoir donné à sainct Pierre sur tous les royaumes du monde, avoit inhabilité Henry de Bourbon (ainsi appeloient-ils ledit sieur Roy) à toute succession de royaume, et l'avoit declaré relaps. Plus, *que la cour avoit usurpé l'authorité de l'Eglise, voulant juger ce qui estoit heresie et contre les saints canons*, et que tant s'en failloit que les propos cy-dessus dits par Chastel [en tant qu'ils touchoient la personne d'Henry de Bourbon] fussent contre les saincts canons, qu'au contraire ils estoient conformes à la bulle de Sixte V. Finalement, *que les juges lais condamnants les personnes ecclesiastiques, et specialement les religieux immediatement subjets au Pape, estoient excommuniez*. Voylà les principales plaintes des Jesuistes estrangers contre le susdit arrest, lesquelles ne demeurerent pas aussi sans responce, que quelques particuliers firent publier en ces termes :

Que les autheurs de cest Advertissement devoient estre estrangers, ignorans du tout comme on se gouvernoit en France, pour ce que ce n'estoit pas le tiltre d'un arrest ce que les imprimeurs mettoient en la premiere page de leurs imprimez, et qu'aux arrests de toutes les cours souveraines de France, il n'y avoit jamais eu d'autre tiltre sinon : *Extraict des registres de parlement*. Que l'on n'avoit point deu qualifier ledit Jean Chastel « avoir esté du passé escholier aux Jesuistes, » et que ces mots *d'escholier ayant fait le cours de ses estudes au college de Clermont*, couchez dans ledit arrest, estoient mieux et plus veritablement dits, bien qu'en susbstance ce n'estoit qu'une mesme chose, *d'avoir esté du passé escholier, et ayant fait le cours de ses estudes au college de Clermont*; ce qui estoit vray.

Alleguer *que l'on luy a commandé de dire qu'il estoit permis de tuer les roys*, et que l'on ne dit point *qu'il l'avoit dit auparavant*, ou *qu'il l'avoit confessé*, quelle mocquerie! Lisez bien l'arrest, vous trouverez qu'il y a : *Il a dit au procez*; et dans les procedures : *Derechef interrogé en la grand chambre, messieurs les presidents et conseillers d'icelle et de la Tournelle assemblez, il fit les mesmes responses, et signamment proposa et soustint la maxime qu'il estoit loisible de tuër les roys, mesmement le Roy regnant, lequel n'estoit en l'Eglise, parce qu'il n'estoit approuvé par le Pape*. Voudriez-vous plus de tesmoins?

A quel propos de dire qu'il estoit à croire que Jean Chastel n'avoit voulu soustenir sinon *qu'il estoit licite de tuer, non pas toutes sortes de roys, mais ceux qui estoient tant seulement invaseurs et tyrans*, puis qu'il s'estoit efforcé luy-mesmes d'assassiner le roy Très-Chrestien, non invaseur ny tyran, mais né de la plus illustre famille qui soit aujourd'huy en tout le monde, et qui estoit venu à la couronne de France par une legitime succession suivant l'ordre du royaume?

De dire que Chastel ne pouvoit estre reprins d'avoir dit que *le roy Henry IV n'estoit en l'Eglise jusques à ce qu'il eust l'approbation du Pape, attendu que le pape Sixte V, par le pouvoir donné à sainct Pierre sur tous les royaumes du monde, l'avoit declaré relaps, et inhabilité à toute succession de royaume, nommement de celuy de France*, pourquoy dire cela? veu qu'au contraire, dans les deffences que les jesuistes avoient mesmes baillées à la cour, ils s'estoient deffendus de ce *qu'ils ne tenoient pour veritable l'opinion de quelques canonistes, peu en nombre, qui avoient attribué aux papes une puissance temporelle sur tous les royaumes et principautez, estant ladite opinion rejettée du reste des canonistes et de tous les theologiens universellement*; aussi qu'en France, Tanquerel et aucuns theologiens, qui avoient voulu soustenir jadis ceste proposition en la disputant comme problematique et disputable, et non tenuë pour veritable, *quod papa Christi vicarius, monarcha spiritualem et secularem habens potestatem, principes suis præceptis rebelles, regno et dignitatibus privare potest* (1), s'en estoient desdits, et avoient obey aux arrests de la cour, et avoient confessé que ceste proposition avoit esté condamnée après le decez du pape Boniface VIII, qui en avoit faict une constitution; aussi tout le clergé de France ayant recognu le Roy, lesdits jesuistes [comme il estoit escrit dans leurs deffences] *avoient offert à Sa Majesté de luy faire les submissions necessaires, et ce par requeste presentée, de quoy la cour leur avoit donné acte.*

De dire *que la cour avoit usurpé l'authorité de l'Eglise, voulant juger ce qui estoit heresie et contre les saincts canons, et que tant s'en failloit que les propos dits par Chastel, en tant qu'ils touchoient la personne d'Henry de Bourbon, fussent contre les saincts canons, qu'au contraire ils estoient conformes à la bulle de Sixte cinquiesme*, apprens, estranger, qui que tu sois, les droicts, usages, privileges et authoritez des roys de France, et ceux de l'Eglise Gallicane; apprens que la cour n'a rien usurpé sur l'authorité de l'Eglise par son arrest, qui porte expressement que les propos de Jean Chastel sont *condamnez comme heretiques par les saincts decrets*, et non pas qu'elle les ait condamnez; car, quant à ce que la cour les a declarez seditieux et contraires à la parole de Dieu, apprens que *la grand chambre du parlement est le lict et siege de justice du royaume, et que c'est où se jugent par appel tous les attentats qui se font contre les saincts decrets et canons receus en ce royaume, droicts, franchises, libertez et privileges de l'Eglise Gallicane, concordats, edits et ordonnances du Roy, arrests de son parlement; bref, contre ce qui est non seulement de droict commun, divin et naturel, mais aussi des prerogatives de ce royaume et de l'Eglise d'iceluy*; apprens que la bulle de Sixte V n'a point esté receue en France, et que *le Pape ne peut exposer en proye ou donner le royaume de France et ce qui en depend, ny en priver le Roy, ou en disposer en quelque façon que ce soit; et quelques monitions, excommunications ou interdictions qu'ils puisse faire, les subjects ne doivent laisser de rendre au Roy l'obeyssance deue pour le temporel, et n'en peuvent estre dispensez ny absous par le Pape*: apprens, [illegible] *receu en France, qu'encores que le Pape soit recognu pour suzerain ès choses spirituelles, toutesfois en France la puissance absolue et infinie n'a point de lieu, mais est retenue et bornée par les canons et regles des anciens conciles de l'Eglise receus en ce royaume, et* in hoc maximè consistit libertas Ecclesiæ Gallicanæ: apprens *que l'Eglise Gallicane n'a pas receu indifferemment tous canons et epistres decretales, se tenant principalement à ce qui est contenu en l'ancienne collection appellée* Corpus Canonum, *mesmes pour les epistres decretales jusques au pape Gregoire II*: apprens que *les clauses inserées en la bulle de* Cœna Domini, *et notamment celle du pape Jules II, et depuis, n'ont lieu en France pour ce qui concerne les libertez et privileges de l'Eglise Gallicane et droicts du Roy ou du royaume.*

Bref, voy lesdites libertez gallicanes, et tu trouveras que bien que tu dises *que les juges lais condamnans les personnes ecclesiastiques, et specialement les religieux immediatement subjets au Pape, sont excommuniez*, que, *encore que les religieux mendians ou autres, pour ce qui concerne leur discipline, ne puissent s'adresser aux juges seculiers sans enfreindre l'obedience, qui est le nerf principal de leur profession, toutesfois en cas de sedition ou tumulte et grand scandale, ils y peuvent avoir recours par requisition de l'impartition de l'aide du bras seculier, et pareillement à la cour de par-*

(1) Que le Pape, vicaire de Jésus-Christ, ayant la puissance spirituelle et temporelle, peut priver de leurs couronnes les princes rebelles à ses ordres.

lement, quand il y a abus clair et evident par contraventions aux ordonnances royaux, arrests et jugemens de ladite cour, ou statuts de leur reformation authorisez par le Roy et par ladite cour, ou aux saincts canons, conciliaires et decrets, desquels le Roy est conservateur en son royaume.

Voylà ce qui fut respondu à l'Advertissement des jesuistes imprimé à Douay. Plus, on fit courir par la France un imprimé du decret de la seigneurie de Venise contre eux, portant *qu'ils ne liroient plus, sinon entre-eux mesmes et aux leurs, et non aux autres, sans contrevenir en aucune sorte aux statuts et privileges de l'Université de Padoué*. On fit imprimer aussi l'oraison qu'avoit fait le sieur Cœsar Cremonin contre eux au nom de ladite Université.

Tout le recours desdits jesuistes fut à Sa Saincteté, qui, lors que le sieur du Perron, à present cardinal, fut à Rome pour traicter de la benediction du Roy, fit de grandes instances à ce qu'ils fussent restablis en France; mais, voyant la difficulté et l'impossibilité d'obtenir pour lors cest article, il en differa l'instance à un autre fois, laquelle se poursuivit comme nous avons dit en nostre Histoire de la Paix, et alors lesdits jesuistes furent restablis en beaucoup d'endroits de la France, dix ans après qu'ils en avoient esté chassez. Plusieurs villes mesmes où il n'y en avoit point eu leur ont depuis faict bastir et fonder des colleges.

Sur la fin de ceste année les seigneurs Vincent Gradevico, Jean Delfino et Pierre Duodo, ambassadeurs envoyez par les seigneurs de la republique de Venize, arriverent à Paris pour se conjouyr avec Sa Majesté de tant d'heureuses prosperitez dont Dieu l'avoit beny depuis son heureuse conversion. Ils furent long temps par les chemins, et bien qu'ils eussent passeport du duc de Savoye pour les courses qui se faisoient par divers seigneurs de plusieurs partys, eux, qui avoient de l'argenterie et des besongnes precieuses pour paroistre en une telle ambassade, requirent le sieur colonel Alfonse de leur donner escorte, ce qu'il fit, et leur envoya deux cents chevaux et cinq cents hommes de pied, avec lesquels ils arriverent à Lyon. Du depuis le Roy donna ordre qu'ils fussent conduits avec seureté jusques à Paris. Avant que d'y entrer force noblesse alla au devant d'eux. M. de Montpensier, accompagné de plusieurs chevaliers de l'Ordre et grands seigneurs, les receut à la porte Sainct Jacques, et les conduit jusques à l'hostel qui leur estoit preparé. Ils furent fort magnifiquement receus par le Roy, et en public et en particulier. Après plusieurs banquets qui leur furent faicts par plusieurs princes et autres grands, ils prirent congé de Sa Majesté au commencement de l'année suivante. Le seigneur Pierre Duodo demeura ambassadeur resident prez du Roy, les deux autres s'en retournerent à Venize avec Jean Mocenico, qui avoit esté depuis les troubles ambassadeur en France, et qui s'estoit acquitté de ceste charge avec beaucoup d'honneur, au contentement du Roy et des Venitiens.

Nous avons dit l'an passé que le duc de Savoye avoit pris le chasteau d'Eschilles et avoit basty un fort nommé Sainct Benoist pour empescher le passage des monts au sieur d'Esdiguieres, afin qu'il ne pust secourir ce que ledit sieur y avoit conquis dez l'an 1592. Après que le duc eut tout reconquis, excepté Briqueras, au commencement de septembre de ceste année, il resolut, à la faveur de plusieurs troupes d'Espagne conduites par Alfonse d'Idiaques, qui passoient par la Savoye pour s'acheminer en France avec l'armée du connestable de Castille, d'executer son dessein sur Briqueras, et principalement sur ce qu'il eut advis que les seigneurs du party du Roy qui commandoient en Dauphiné et en Provence n'estoient pas bien d'accord. Ayant assiegé Briqueras avec huict mille hommes de pied et quinze cents chevaux, se pouvant ayder encor à une necessité de quatre mil lansquenets du colonel Lodron qui se refraischissoient sur les frontieres du Milanois, il fit investir tellement Briqueras et dresser ses batteries, que, les cinq derniers jours de septembre, il fit faire une si grande bresche qu'elle se trouva raisonnable pour y donner l'assault. Le premier jour d'octobre le cardinal de Plaisance, passant en Piedmont au retour de sa pretenduë legation de France, alla trouver le duc à ce siege pour traicter avec luy de quelques affaires, et voyant que les soldats alloient à l'assault, ce cardinal ayant tousjours esté ennemy des François, voulut faire encor une exhortation aux assaillans, et leur donna sa benediction, ce qui plut merveilleusement au duc affin d'accourager les siens. En mesme temps que l'on donna l'assault, il fit planter l'escalade par un autre costé afin de divertir les forces des assiegez : ce qui luy succeda heureusement; et comme dom Philippes, son frere bastard, avec les Italiens, Savoyards et Espagnols, eut gaigné la bresche, et faisoit retirer les assiegez vers la citadelle, Sancio Salenaz, qui conduisoit l'escalade, entra avec les cuiraces du duc qu'il avoit fait mettre à pied, car il en estoit commissaire general, et cinq cents Piemontois, qui forcerent du tout les François de se retirer dans la citadelle; ce qui ne se fit pas sans qu'il n'y eust un grand nombre de morts de part et d'autre, mais beaucoup plus des assaillans, entr'autres les capitaines Manrique et Cordoua, espagnols. Plusieurs Italiens, avant qu'ils se fussent retranchez devant la citadelle, y perdirent aussi la vie. Les pluyes qu'il fit en ce temps-là empescherent pour un temps les desseins du duc, qui desiroit faire des mines et gaigner pied à pied ceste place.

Le sieur Desdiguieres, estant adverty de la prise de Briqueras, et que le siege estoit devant la citadelle, laquelle avoit besoin de secours, assembla tout ce qu'il put de troupes, dont il fit un corps d'armée de cinq mille hommes de pied et mille chevaux, passa les monts, et arriva le dixneufiesme d'octobre à Bobiana, un mille loing de Briqueras. Il pensoit que le duc leveroit son siege pour le venir combattre, ce qu'il ne fit pas, car il s'estoit tellement retranché qu'il ne laissa de continuer sa batterie et faire travailler sans cesse à la sappe. Ayant tenté trois jours durant plusieurs moyens pour secourir les assiegez, les Savoyards, qui estoient lors forts en cavalerie, luy ayant tousjours empesché de passer la riviere de Peiles, il se resolut d'aller assaillir le fort Sainct Benoist afin de faire divertir le duc de ce siege; et pour cest effect, le 22 de ce mois, il partit deux heures avant jour, et alla passer la riviere à Luserne, et, par la vallée d'Angrongne, entra dans celle de la Perouse, et s'alla camper devant Sainct Benoist qu'il fit investir et battre presque en mesme temps; tellement que la garnison qui estoit dedans fut contraincte de luy rendre la place et d'en sortir la vie sauve seulement, et le gouverneur avec ses armes. Mais les assiegez dans la citadelle de Briqueras n'eurent plustost sceu que leur secours s'estoit esloigné, que le 23 ils entrerent en propos de parlementer. Le duc, qui ne demandoit autre chose, leur accorda de sortir avec leurs armes et bagages, ce qu'ils firent dez le lendemain, et sortirent cinq cents cinquante hommes de pied, deux cents cinquante blessez et malades, avec seulement quinze chevaux, pource qu'ils en avoient bien tué deux cents durant le siege. Ainsi les François furent contraints de sortir du Piedmont. Le duc, bien ayse de ceste reddition, fit cheminer son armée droict au fort Sainct Benoist, qui luy fut incontinent rendu, le sieur Desdiguieres ayant repassé en Dauphiné. Autant que les Savoyards furent faschez de la prise de ces places l'an 1592, ils firent autant de feux de joye et de resjouyssance pour la reprise qu'ils en firent ceste année.

En ceste année aussi les Hollandois descouvrirent le passage et l'entrée de la mer de Tartarie, et qu'il y avoit moyen par cest endroit de naviguer jusques au promontoire Tabin, et de là vers le royaume de la Chine, les isles de Japon et des Moluques. Ceste descouverte se fit par l'advis de Balthazar Moucheron, françois de la province de Normandie, lequel refugié à La Veerre en Zelande pour sa religion, solicita le prince Maurice et les Estats d'executer ceste entreprise. Sur son advis, trois navires partirent le 5 juin de l'isle de Texel audit an 1594, et, voguans au long de la coste de Noortwege, arriverent le 22 du mois à l'isle de Kisdin, qui est de là le cap du Nord : poursuyvans leur route, le 6 de juillet, traverserent en l'espace de vingt-quatre heures les glaces, et, venans à la hauteur de soixante-neuf un douziesme degrez, se trouverent à l'endroit de l'isle de Toxar qui est ez confins de Moscovie, en deçà la riviere de Colcovia, en laquelle ils sejournerent environ deux jours. Partans de là pour chercher la terre de Nova Zembla, ils passerent outre, laissans à main droite les rivieres de Petsana et de Pechora, où ils trouverent deux navires russes en forme des batteaux qu'on appelle au Pays-Bas pleytes, les mariniers desquelles leur donnerent à cognoistre qu'ils passeroyent aisement jusques à la mer de Tartarie si les navires estoient fortes assez pour resister aux glaces et à la multitude des baleines qui se trouvent en ceste mer; sur lequel advis poursuyvant leur voyage, ils arriverent le 22 dudit mois de juillet en ceste terre de Nova Zembla, où, ayans mis pied en terre, ils trouverent un homme sameite, lequel, effroyé de leur veuë, se mit tellement à courir qu'en moins de demy quart d'heure ils en perdirent la veuë, et comme après avoir cherché deçà de là s'il n'y avoit point de moyen de prendre langue, et n'y trouvans personne, partirent delà le 24, et mirent le cap au zud, costoyant Nova Sembla à main gauche, et naviguerent tant qu'ils se trouverent comme en un golphe, où voyans ny avoir moyen de passer, rebroussans chemin, mirent le cap au nord, costoyant tousjours la terre, jusques à ce que, le 25 dudit mois de juillet, ils trouverent l'embouchure du destroit à la hauteur de soixante-neuf et demy degrez, qu'à l'honneur du prince Maurice ils nommerent le destroit de Nassau. Ayans posé l'encre, ils envoyerent deux de leurs chaloupes recognoistre l'issuë du destroit, qu'ils trouverent de la longueur de six lieuës et de la largeur moins d'une lieuë, et au milieu d'iceluy une petite isle, et encore à l'issuë du destroit une autre petite isle. Après avoir descouvert la plaine issuë du destroit, à cause de l'abondance des glaces, ils furent contraints y sejourner jusques au premier d'aoust; que lors, ayant vent propre, franchissans le destroit, et costoyant le continent à main droite, ils trouverent une autre petite isle, qu'ils nommerent l'isle des Estats, où ils sejournerent, à cause de la contrarieté du vent, jusques au neufiesme jour dudit mois. Lors, ayans le vent bon, se mirent encore derechef à la voile, et, ayans navigué quelques cinq ou six lieuës, trouverent comme un banc de glace de la largeur de demy quart de lieuë, lequel neantmoins ils traverserent, et, ayans depuis trouvé la mer large et libre, poursuivirent leur voyage jusques environ cinquante lieuës outre le destroit; puis ayans descouvert la coste de Tartarie, par une contrarieté de temps, furent contraints de retourner; et en retournant, toujours suyvans la mesme coste de Tartarie, trouverent, à environ vingt lieuës du destroit, l'embouchеure d'une grande riviere, laquelle ils crurent pour tout seur estre celle d'Oby, qu'ils laisserent en passant à main gauche. Et comme leur commission ne s'estendoit pas plus avant que de descouvrir ce passage, lequel ils estimoient avoir assez amplement descouvert, repassans le destroit et reprenans la route qu'ils estoient venus, retournerent en Hollande et Zelande, et y arriverent à bon port au mois de septembre ensuyvant.

Durant ce voyage ils trouverent, au milieu du destroit, en une pointe par eux appellée Afgods-Hoeck, c'est à dire pointe des Idoles, environ trois à quatre cents statues de bois faites en forme d'hommes et de femmes, les uns portans glaives, autres arcs et flesches, autres sans armes, aucuns avec deux visages, l'un sur les espaules, l'autre au nombril, aucuns de figure de femme avec quatre mammelles, à jambes courtes et petites, et la teste grosse.

Du costé du sud de ce destroit, dedans le continent, environ l'isle qu'ils appellerent d'Odenbarnavelt, ils trouverent pareillement des hommes, qui s'appellent Sameites, en nombre de trente ou quarante, accoustres de peaux de cerfs et d'autres peaux sauvages, avec lesquels un d'entr'eux parla en langue russe, lesquels, esbahis de leur venuë, firent du commencement semblant de vouloir tirer après eux; mais, comme un Holandois s'approcha d'eux et jetta sa picque bas en signe d'amitié, leur monstrant du pain et du fromage, ils se rasseurerent et le laisserent approcher; et, après plusieurs signes et propos à demy entendus, ils mangerent du pain et du fromage, après toutesfois que le Holandois en eut mangé premier, dont après on ne les pouvoit assez souler. Les Holandois conjecturerent par là qu'ils se nourrissoient de poisson sec au lieu de pain; et, pour mieux cognoistre leur condition, on leur monstra un real d'Espagne, lequel ils sentirent et mordirent; mais, le trouvans sans odeur et non mangeable, ils le rendirent comme inutile. Ces Sameites voulurent mener les Holandois en leur village chez leur superieur : mais, comme ils ne s'oserent fier en eux, ils les laisserent et retournerent en leurs navires. Ils se servent de petits traineaux tirez par des rangers (1), qui sont animaux assez semblables à un cerf, avec lesquels ils voyagent par montagnes et vallées d'une incroyable vistesse.

En ceste année aussi les Venitiens furent en grand doute de rompre la paix avec le Turc, pource que le bascha Cicala, ayant mis en mer cent soixante vaisseaux, avoit envoyé demander port à Raguse, ce qui occasionna les Ragusiens d'envoyer incontinent vers les Venitiens les prier de ne souffrir point qu'ils fussent forcez d'endurer que l'armée turquesque s'emparast de leur port, ny qu'ils entrassent dans le golfe. A ceste plainte les Venitiens, ayant meurement advisé, envoyerent vers le Grand Turc luy remonstrer que si son armée prenoit port à Raguse, que cela ne se pouvoit faire sans enfraindre la paix qu'ils avoient avec luy, et qu'ils ne le pourroient endurer : mais cependant ils ne laisserent, pour le peril qu'ils prejugerent estre voisin, de creer un capitaine general et un proveditor d'armée, faisans estat d'assembler cent cinquante galeres et nombre de galeasses pour s'opposer à Cicala, s'il vouloit entreprendre de venir prendre port à Raguse.

Le grand turc Amurath, ayant consideré que, s'il mescontentoit les Venitiens, ce luy seroit de nouveaux ennemis et un vray moyen d'accroistre les forces de l'empereur chrestien, contre qui il avoit dressé toutes ses armes, changea d'advis, et commanda à Cicala de prendre la route de la Sicile pour mettre en execution une intelligence qu'il y avoit sur Saragoza, et endommager le plus qu'il pourroit les rivieres de ce royaume là et de la Calabre. Pour l'intelligence qu'avoient les Turcs sur Saragoza, elle fut sans effect, car, auparavant que Cicala fust party de Constantinople, une galere turquesque ayant paru proche de ceste ville là, les habitans coururent tous aux armes, et, sur ce qu'ils trouverent l'artillerie enclouée, ils commencèrent à se douter de trahison, et se saisirent de leur gouverneur qui estoit espagnol, lequel ils envoyerent à Palerme : ils firent depuis si bonne garde, que les Turcs, perdans l'opinion de la surprendre, jetterent dèslors l'œil sur Reggio, desirans, à

(1) Des rennes.

l'exemple de Barberousse et de Dragut, qui autresfois ruinerent presque ceste ville là, d'endommager tout ce pays là. Les habitans de Reggio, advertis, ne sçavoient s'ils devoient fuir ou tenir bon dans leur ville, sous l'esperance que l'on leur donnoit que le prince d'Oria venoit avec une armée pour s'opposer aux entreprises des Turcs.

Cependant qu'ils consultoient ce qu'ils devoient faire, le corsaire Mamuth Rais, avec cinq galeres, entra le 8 juin dans la bouche du fare, à six mille de Reggio, et fit mettre pied à terre à plusieurs des siens en un lieu appellé la Catona, d'où ils coururent le plat pays, après avoir pris quelques barques qui estoient dans le fare, bruslerent les bleds qui estoient à la campagne, prirent grand nombre de personnes qu'ils rendirent esclaves, et firent beaucoup d'autres maux; puis, ayant embarqué leur butin, ils se retirerent.

Un mois après, Amurath Rais, avec sept galeres, pensant aussi mettre pied à terre en ces quartiers là, en fut empesché par le grand nombre de gens armez qui estoient arrivez pour deffendre les costes de la marine. Les vicerois de Naples et de Sicile, qui avoient assemblé nombre de gens de guerre, tant à pied qu'à cheval, prejugeans que les Turcs ne pourroient pas faire de grandes entreprises ceste année, puis que l'on estoit sur la fin d'aoust, licentierent leurs troupes pour retrancher l'excessive despence et l'incommodité qu'en recevoit le peuple; mais peu après celuy de Naples ayant eu advis que Cicala avec cent vaisseaux venoit droict vers l'Italie, envoya faire commandement aux lieux foibles le long de la marine de se sauver, et specialement à Reggio : cela s'executa avec l'espouvantement et la confusion accoustumée d'advenir en cas semblables.

Le second jour de septembre Cicala avec son armée arriva à la derniere pointe d'Italie, appellée en italien *Cap dall'arme*, et prit fonds à quatre mille de Reggio, en un lieu appellé la Fosse Sainct Jean, d'où par terre et par mer il envoya gens pour recognoistre les advenuës du pays. On luy rapporta que tous les villages estoient abandonnez, et que les habitans s'estoient retirez bien avant dans le pays avec ce qu'ils avoient de plus precieux. Cicala, qui estoit chrestien renegat, sçavoit qu'il se tenoit en ce temps-là une foire à Reggio où il se faisoit un très-grand traffic de soyes, et esperoit d'y faire un grand butin; ce fut pourquoy il ne se contenta de cest advis, et, voulant luy mesmes recognoistre la verité, il laissa deux galeres pour la garde du fare, et par mer et par terre il fit advancer son armée jusques à Reggio, où il entra dedans, les siens butinans ce que les habitans n'avoient pu promptement emporter. Les Turcs, se voyans privez du grand butin qu'ils esperoient, commencerent à mettre le feu en plusieurs maisons, lequel s'embraza tellement d'un vent de Borée que ce fut une chose fort pitoyable et lamentable, pour estre la sixiesme fois que ceste ville a esté ainsi ruinée. Les Turcs incontinent se jetterent à la campagne, mettans tout à feu et à sang, et coururent jusques aux montagnes les plus voisines où plusieurs s'estoient retirez, lesquels, sçachans les advenuës du pays, et esmus de ce piteux spectacle de voir en feu leur patrie, bien qu'en petit nombre, attaquerent si bravement six mille Turcs qui estoient allez pour ruiner les villages voisins, que l'on jugea depuis que, si le viceroy de Naples eust donné ordre d'envoyer des gens de guerre devers ces costes maritimes là, on eust empesché aux Turcs de faire le mal qu'ils firent, car ils en tuërent beaucoup sans perte d'aucuns d'eux : ce qu'ayans recognu proceder de la bonté de Dieu, ils s'encouragerent tellement qu'il n'y eut pas mesmes jusques aux peres capucins, qui avoient leur convent en une colline près de Reggio, qui userent des armes aussi bien que des prieres, et à l'intercession de Nostre Dame qu'ils reclamerent, au nom de laquelle leur eglise estoit dediée, Dieu leur fit la grace qu'ils contraignirent les Turcs, qui avoient entrepris de forcer leur convent, de se retirer. Cicala, après avoir ruyné ceste ville, fit lever l'ancre à tous ses vaisseaux, et alla donner fonds en la plage de Gallico et Petrenere, où il fit encor descendre plusieurs Turcs pour faire le degast par tout, et prendre le plus de butin et d'esclaves qu'ils pourroient; mais, voyant que rien ne luy reüssissoit à souhait, il commença premierement à faire embarquer le canon qu'ils avoient trouvé, brusler un des navires qu'il avoit pris dans le fare, puis il fit mettre le feu et ruiner du tout quatorze villages et quelques petites villes murées, entr'autres Bianco, Sainct Nicolas, Ardoré, la Motte Boveline et Mont-paon. Le degast qu'il fit en ce pays là fut estimé à plusieurs centaines de mille d'escus. Mais sur tout le dommage fut grand aux eglises qu'ils bruslerent, et leur inhumanité et cruauté s'estendit mesmes jusques sur les os des corps morts estans dans les sepulchres, qu'ils amasserent et bruslerent. S'estans retirez dans leurs vaisseaux, ils allerent mettre leur butin à sauveté; et tous les potentats d'Italie, qui s'estoient armez de peur de plus grande entreprise, licentierent les gens de guerre qu'ils avoient levez.

Au mois de mars de ceste année fut aussi deliberée et concluë à Rome la canonization de sainct Iacynthe, polonois. Dès l'an 1518 elle avoit esté proposée au temps de Leon dixiesme, à l'instance de Sigismond, roy de Pologne, qui estoit de la race des Jagellons. On representa que ledit Iacynthe, natif de Camies, ville de Pologne, estant dès le temps de sainct Dominique et son compagnon il y avoit trois cents ans, avoit fait de grands progrez et advancemens en Pologne au bien de la chrestienté; ce qui occasionna ledit pape Leon d'ordonner quelques prelats polonois d'examiner curieusement cest affaire. Leur relation estant faicte du temps de Clement VII, ce pape accorda aux Polonois qu'ils luy pourroient eriger image sur l'autel, et que l'on en feroit memoire ez offices divins en attendant qu'on pust mieux deliberer de le canonizer tout à fait. Du depuis on le proposa encor durant le pontificat de Paul III et de Paul IV, mais tousjours il fut differé. Du temps de Sixte V le roy Estienne Battory en renouvella l'instance, mais il ne l'obtint pas. Finalement le pape Clement VIII ayant fait revoir l'examen en consistoire secret, il fut rapporté par le doyen des cardinaux, Alphonse Gesualde, que les qualitez requises, verifiées bien et deuëment en la personne du bien-heureux Iacinthe, meritoient qu'il plust à Sa Saincteté de le vouloir canonizer et mettre au catalogue des saincts. Depuis, le Pape estant en consistoire public, où furent appellez les patriarches, archevesques, evesques, et tous les prelats qui estoient lors dans Rome, Cyno Campana, advocat consistorial, fit une harangue sur les loüanges du bien-heureux Iacynthe, recitant ses merites, bonne vie et doctrine, ensemble les miracles bien averés qu'il avoit faits, requerant enfin Sa Saincteté qu'il luy plust le canonizer et mettre au cathalogue des saincts, entherinant la requeste du roy de Pologne, qui ne recercholt sinon l'advancement de la saincte foy chrestienne.

Le Pape, se resjouyssant d'une grande allegresse, rendit graces à Dieu de ce qu'un tel bon œuvre advenoit en son temps, et promit d'entendre volontiers à la priere du roy de Pologne; mais il remit encore l'affaire à un autre temps et à un autre consistoire, où derechef il exhorta tous les prelats presens de se mettre en bon estat pour demander à Dieu la grace de son Sainct Esprit, pour benir et sanctifier toutes leurs actions presentes quant à ce. Or, s'estans tous disposez dignement, et, après avoir meurement le tout consideré, s'estans trouvez unanimes, ils declarerent ledit bienheureux Iacinthe digne d'estre canonizé. Pour en faire la canonization il fut pris jour au 7 avril ensuivant, qui fut en ceste année l'octave de Pasques. Ce jour venu, le Pape et tous les prelats, vestus pontificallement, après avoir fait quelques oraisons dans la chappelle, s'en allerent processionalement à Sainct Pierre, ayant chacun une torche blanche allumée en main, suyvis d'un nombre infiny de peuple; et estoient portez des guidons d'armoisin ausquelles sainct Iacynthe estoit depeint prosterné, priant la saincte Vierge.

Le Pape, estant monté sur l'eschaffaut, alla à l'autel; puis, s'estant assis en son throsne qui y est posé à dextre, tous les cardinaux et prelats luy vindrent baiser les pieds, et rendre l'obeyssance; puis par trois fois s'estant presenté l'ambassadeur du roy de Pologne, suppliant Sa Saincteté de canonizer le bienheureux Iacinthe, alors furent par trois fois chantées les letanies par les prelats pour demander l'assistance du Sainct Esprit en un tel affaire et de telle importance; puis Sa Saincteté, se voyant reduit au point qu'il failloit, selon la coustume ancienne de ses predecesseurs, dit et declara Iacynthe de Pologne sainct, et digne d'estre escrit au catalogue des saincts, et en la letanie au rang des confesseurs non pontifes, et que la feste en seroit celebrée universellement par toute l'Eglise catholique, apostolique et romaine, le seiziesme jour d'aoust. Tout ce que dessus se fit avec les cerimonies requises, et comme il est porté amplement au livre cerimonial, et ce pour l'exaltation de la saincte foy catholique, pour l'augmentation de la religion chrestienne en l'authorité d'icelle, au nom de Dieu tout-puissant, le Pere, le Fils et le Sainct Esprit. Et pour en accroistre la devotion, Sa Saincteté octroya pleniere indulgence tous les ans à quiconque audit jour visiteroit la sepulture dudit sainct Iacynthe, estant vray confez et repentant. Après il fut chanté un hymne pour en rendre graces à Dieu et pour implorer l'ayde de sa divine Majesté avec l'intercession d'iceluy sainct Iacynthe, lequel aussi fut nommé par le Pape en la collecte qu'il en chanta, celebrant solemnellement la saincte messe à l'honneur de sainct Iacynthe : comme aussi, la messe estant finie, il en donna sa benediction au peuple assistant, avec pleniere indulgence à tous et de tous leurs pechez, au nom du Pere, du Fils et du Sainct Esprit. Ainsi fut canonizé sainct Iacynthe.

Voyons ce qui se passa en la guerre de Hongrie en ceste année. Le 11 janvier entra dans Vienne en Austriche, comme en un trophée victorieux, les plus belles despouilles que les Imperiaux eussent gaignez sur les Turcs aux batailles que nous avons descrites l'an passé, entre lesquelles estoient trois beaux chevaux superbement enharnachez, trente pieces d'artillerie de bronze, vingt-deux enseignes, deux masses que les baschas portent d'ordinaire pour signe de leur dignité, et grand nombre de beaux cimeterres, escus, arcs, et autres instruments de guerre. Les canons furent mis dans l'arsenac de Vienne, deux des susdits trois chevaux furent depuis presentez à l'Empereur, et l'autre à l'archiduc Mathias, lequel, ayant la charge et le gouvernement general de la Hongrie au lieu de son frere l'archiduc Ernest qui estoit allé aux Pays-Bas, comme nous avons dit, et ayant entendu le peu d'union qu'il y avoit entre les capitaines et principaux seigneurs qui estoient en l'armée imperiale, partit de Vienne sur la fin de fevrier pour y mettre l'ordre requis et recommencer la guerre aux Turcs. Aussi tost qu'il fut arrivé à Javarin il assembla en peu de temps une armée de trente mille hommes, laquelle desirant employer avant que les forces turquesques, qui s'assembloient sous la conduite de Sinan bascha, fussent en campagne, et lesquelles sans doute luy osteroient, à cause de leur multitude, le moyen de rien entreprendre, il tint conseil, et y fit appeller les principaux capitaines de l'armée imperiale, où il fut proposé d forcer quelque place d'importance pour servir comme d'un siege de guerre, et comme d'une forteresse pour deffendre les pays d'alentour, puis que les villes que l'on avoit acquises l'année passée n'estoient pas bastantes pour pouvoir tenir longuement contre la grande puissance des Turcs. A ceste proposition chacun dit son advis. Les uns proposerent d'assieger Bude, la ville capitale d'Hongrie, et qu'il estoit aysé de l'emporter. Aucuns disoient que l'on devoit tenter Albe-Royale, d'autres Gran [appellé *Strigonium* en latin, *quasi Istri Granium*] et que ces deux places icy n'estans pas fort loing de Javarin, qu'en les acquestant ce seroit le moyen d'unir et asseurer les pays que tenoit l'Empereur en Hongrie. Il y en eut qui proposerent que, pour la reputation de leurs armes, l'on devoit premierement recouvrer Vesprin et Palotte que les Turcs avoient conquesté sur les chrestiens l'année passée : d'autres soustinrent qu'il ne s'y falloit amuser. Après plusieurs raisons alleguées, le plus d'opinions fut d'attaquer Gran à cause du passage du Danube, et que, ceste place acquise, il seroit plus aysé de gaigner les autres villes, et principalement Bude et Peste, villes aussi assises sur le Danube, vis à vis l'une de l'autre; mais qu'il seroit bon, avant que d'y mettre le siege, aller attaquer Novigrade, place assez forte au delà du Danube, et distante d'une journée de Gran, laquelle prise serviroit, tant pour couvrir contre les [illegible] des Turcs les places qui avoient esté gaignées sur eux du costé de Filech, que pour retraitte à un [illegible] durant le siege de Gran. Ceste proposition sembla très-bonne à tous, et fut resolue d'estre executée sur un advis receu qu'il n'y [illegible] beaucoup de garnison dedans ceste ville-là, [illegible] le peu de soupçon que les Turcs [illegible] l'on la deust assieger.

L'archiduc, suyvant ceste resolution, fit passer le Danube à toute son armée, et avec deux pieces de grosse artillerie s'achemina [illegible] Novigrade, là où une partie de son [illegible] le 7 de mars sur le soir, après une [illegible] peines pour les mauvais chemins et à [illegible] la grande quantité de neges dont la [illegible] en ce temps là encor toute couverte. Les [illegible] riaux firent si grande diligence à [illegible] proches, que dez le lendemain matin [illegible] commença à jouër fort rudement. Il [illegible] lors dans Novigrade deux beis [qui est autant à dire comme colonels] avec cinq cents [illegible], lesquels, ayans fait perquisition des vivres, en trouverent pour deux mois. Ceste [illegible] de toute mine, pource qu'elle est [illegible] fossé profond de deux piques de haut, [illegible] la roche vive. Mais aussi-tost que l'archiduc [illegible] arrivé avec le reste de l'armée, les [illegible] voyans si promptement et furieusement [illegible] nez, commencerent à parlementer, bien qu'ils eussent soustenu un assault où plusieurs [illegible] tiens furent tuez. Du commencement l'archiduc ne les vouloit recevoir que pour esclaves; mais les beis ayans respondu qu'ils aymoient mieux mourir valeureusement que de vivre en [illegible] tude toute leur vie, le baron de Palfy, [illegible] general de l'archiduc, eut charge de faire leur accord, qui fut que lesdits soldats turcs [illegible] un baston blanc au poing, que les beis [illegible] seulement le cimeterre au costé, et que l'on leur donneroit cinq chariots pour emmener leurs malades. Suyvant ceste composition les Turcs sortirent de Novigrade, et le baron de Palfy, en recevant les clefs, mena, par courtoisie, les deux beis et une vingtaine des principaux Turcs souper avec luy; il leur fit si bonne chère, qu'il tira et descouvrit en parlant avec eux plusieurs desseins des Turcs, en quel estat estoient leurs affaires, et que toute leur armée ne pouvoit estre assemblée qu'au mois de juillet. Depuis ces Turcs estans conduits en seureté, aussi-tost que le bei de Novigrade fut arrivé vers Sinan il le fit mourir, comme aussi celuy de Filech, pour avoir rendu, disoit ce bascha, ces places aux chrestiens par une trop grande couardise, ayans moyen de tenir d'avantage et donner loisir de

de la riviere de Gran, qui descend des monts Carpatiens, et vient tomber dans le Danube vis-à-vis de Gran, ils avoient aussi fait un fort qu'ils appelloient Cocheren, et l'avoient bien fourny d'hommes, de vivres, d'artilleries et munitions, pour deffendre un pont de barques qu'ils avoient faict pour estre secourus par le Danube quand il leur en seroit besoin.

L'archiduc Matthias estant arrivé avec l'armée imperiale devant Gran, il se logea avec une partie de l'armée aux environs de la vieille ville, et le duc de Lunebourg avec l'autre partie se campa autour de la ville neufve. Le 8 may l'archiduc, ayant faict ses approches, dressé deux batteries et faict bresches, fit aller à l'assaut, dont les Imperiaux furent repoulsez avec perte de trente ou quarante. Mais nombre de ces gens du pays appellez Rasciens, qui s'estoient eslevez en faveur des Imperiaux et estoient dans l'armée imperiale, trois jours après cest assault, trouverent moyen, par une intelligence, de faire entrer les Imperiaux dedans ladite vieille ville, où tous les Turcs qui s'y trouverent furent mis au fil l'espée, bien qu'à la grande resistance qu'ils firent la moitié de ceste vieille ville fust bruslée. Quatre jours après, les Imperiaux attaquerent aussi le fort Sainct Thomas si vivement qu'ils s'en rendirent maistres, et tuërent tout ce qui se rencontra de Turcs à la defense. Depuis ils tournerent toutes leurs forces contre la ville neufve et contre la ville de l'eau; mais ils y trouverent tout autre resistance, tant pour leur situation que pour estre munis de tout ce qui y estoit besoin pour la deffense. Le 23 de ce mois les Imperiaux, voulans de nuict avec des eschelles entrer dans la ville de l'eau, trouverent que les Turcs avoient fait un large fossé au-delà du mur, là où les Imperiaux s'opiniastrans de le gaigner, ils en furent repoulsez par trois fois, avec perte de huict cents chrestiens. Depuis, les Turcs assiegez commencerent à reprendre courage à se bien deffendre, sur l'esperance qu'ils eurent d'estre secourus par Sinan bascha, duquel ils avoient eu advis qu'il estoit arrivé à Belgrade sur les confins de la Hongrie avec une puissante armée, et que d'un autre costé le Grand Turc avoit faict appeller grand nombre de Tartares pour entrer en la Hongrie. Le bascha de Bude faisoit tout ce qu'il pouvoit pour secourir les assiegez; il avoit envoyé plusieurs vaisseaux chargez d'hommes et de munitions, aucuns desquels furent attaquez par les Rasciens, qui les gaignerent et amenerent au camp imperial une partie de l'artillerie, munitions et vivres qu'ils avoient butinez. Mais il y eut un vaisseau chargé de cinq cents Turcs, tous presque janissaires, qui vint à sauveté au fort de Cocheren, et de là par le pont de bateaux passerent le Danube et entrerent au secours des assiegez. Peu apres qu'ils furent entrez, le huictiesme juin, les Turcs firent une sortie, qui estoient bien mille, tant à pied qu'à cheval, lesquels assaillirent le quartier du sieur de Schomberg, gaignerent les tranchées et mirent tout ce qu'ils rencontrerent en desordre; mais aussi tost les Imperiaux y accoururent de toutes parts, firent quitter les trenchées aux Turcs, et les contraignirent de rentrer dans la ville : cela ne se passa point sans qu'il n'y en eust beaucoup de part et d'autre qui y laisserent la vie. Mais ce siege tirant en longueur, y estant jà mort plus de trois mille chrestiens aux factions passées, et entre ceux-là plusieurs personnes de commandement, la cherté des vivres, la mort de vingt-trois canonniers, et dix pieces de canon qui avoient esté renduës du tout inutiles, avec autres dommages importans advenus au camp imperial, firent juger à plusieurs que l'on entretenoit ce siege, plustost par reputation que pour aucun heureux succez que l'on en eust pu esperer. Les Turcs, qui ne dormoient point cependant, passerent en la petite isle proche la vieille ville, où dès le commencement l'archiduc avoit mis un corps de garde avec huict canons, d'où ils chasserent les Imperiaux, en tuerent une partie, et enclouerent les canons, puis se retirerent. Du depuis les Imperiaux firent un fort en ceste isle là où ils mirent derechef bonne guarde.

Les principaux seigneurs du conseil de l'archiduc, sur la proposition que l'on fit de lever ce siege [ce qui leur eust fallu necessairement faire dez que Sinan avec son armée si puissante eust esté approché d'eux], furent d'advis que l'on fist quelque grand effort avant que le quitter. Suivant cest advis, le douziesme juin, apres une rude batterie, les Imperiaux se preparerent à l'assault qu'ils donnerent fort valeureusement; mais, ayans combatu trois heures durant, ils en furent repoulsez par les Turcs avec perte de trois cents hommes, entr'autres du colonel des gens de Magdebourg et du capitaine Gotberghe. Proche de l'archiduc, qui estoit en un lieu eminent d'où il pouvoit voir l'assaut et recognoistre ce qui s'y passoit, un de ses estafiers fut tué, et les mousquetades passerent si pres de ses aureilles qu'il fut contraint de se retirer, non sans danger de sa personne. Les assiegez y perdirent aussi beaucoup des leurs, et entr'autres un des trois beis qui estoient dedans pour la deffense.

Il s'esleva la nuict ensuivant une telle tempeste avec un si grand vent, que beaucoup de tentes et pavillons de l'armée imperiale furent

viere; et ce pont a quatorze belles et grandes arches. Les portes se gardent par les bourgeois, et y a cent bonnes pieces d'artillerie sur les murailles. Ceste ville est gouvernée par un conseil de vingt hommes qui sont esleus tous les ans du nombre de soixante, nombre composé des plus apparens de tous les corps; et d'iceux vingt aussi s'en eslit un qui commande à tous en tiltre de bourguemaistre [nom de magistrat qui est usité par les villes imperiales]. La maison publique de Ratisbone a de rente tous les ans trente mille florins qu'elle reçoit des farines des moulins, des loüages de maisons, des daces et imposts sur le sel, vin, biere et autres marchandises, lesquelles rentes et deniers d'imposts se despendent puis après pour les affaires de la ville.

Ratisbone estant donc choisie exprès pour tenir la diette, tant à cause de la commodité des princes allemans qui ne s'esloignent beaucoup de leurs provinces pour y aller, que pour l'abondance dequoy elle est remplie, et aussi qu'estant habitée, partie de catholiques et partie de protestans, chacun desdits princes y peut estre receu amiablement, le premier qui y arriva fut le sieur Madrucce, cardinal legat, et avec luy les sieurs comte Jerosme de Porcian, nonce en la haute Allemagne, et de Baviere, Octavien Mirti, evesque de Tricheric, nonce de la basse Allemagne resident à Cologne, lesquels accompagnoient ledit sieur legat; puis le nonce ordinaire du Pape, Cesar, evesque de Cremone, avec le sieur de Sainct Clement, ambassadeur ordinaire du roy d'Espagne près l'Empereur, Jean Baptiste Couchine pour le grand duc de Toscane, Thomas Contaren pour la republique de Venise, le marquis Pierre Francisque Malaspine pour le duc de Parme, Ænée de Gonzague pour le duc de Mantouë, l'ambassadeur de Malte, le grand commandeur d'Austriche, Marc-Anthoine Richi pour et au nom du duc de Ferrare, et Lelie Coste pour la republique de Gennes. Peu après arriverent aussi le duc de Chebourg, Jean Casimir de Saxe, Maximilian duc de Baviere, l'evesque de Posne, le marquis de Havré, ambassadeur du roy d'Espagne comme duc de Bourgongne, et avec luy Simon Grimoalde, secretaire du conseil secret dudit roy Catholique; Volfgang, archevesque de Mayence, l'evesque d'Erbstat, Grorge Guillaume, lantgrave de Luchstemberg, Volfgang Guillaume, palatin de Neubourg, Jean, archevesque de Treves, en fin l'Empereur Rodolphe, et après luy Ernest, archevesque de Cologne, et peu après le duc Federic Guillaume, administrateur de Saxe, les procureurs de l'eslecteur palatin du Rhin encore en bas âge, ceux du lantgrave de Hessen, Benedict Alteift, ambassadeur de Dannemarc, [illegible] Cutasse, chancellier de Hongrie, et les procureurs des villes libres, lesquelles sont soixante, outre plusieurs autres princes de l'Empire, abbez et seigneurs de grande qualité. Le duc de Vittemberg y envoya ses procureurs; mais l'Empereur ne s'en contenta pas pour quelque occasion, tellement qu'il y alla depuis en personne le huictiesme de juillet, avec six cents chevaux bien en conche, entre lesquels il y avoit huict comtes et quatre barons. Aucuns ont voulu dire que l'Empereur vouloit traitter en ceste diette dudit fief de Vittemberg, lequel on disoit estre de la maison d'Austriche, et ne devoir tenir d'oresnavant de l'Empire seul, mais il n'en fut point parlé.

L'entrée de l'Empereur fut le dix huictiesme de may. Tous les princes, sçachant qu'il s'approchoit, allerent au devant de luy une bonne lieue d'Allemagne. Il estoit en son carrosse avec le comte Albert de Fustemberg, son grand escuyer, accompagné d'une belle suitte de courtisans et force cavallerie. A la rencontre tous les princes susdits ayans mis pied à terre, l'Empereur les receut humainement, et voulut descendre de son carrosse; mais il luy fut fait la reverence [illegible] de tous par l'archevesque de Mayence, [illegible] precedant tous les autres en dignité; [illegible] pereur monta sur un cheval moreau [illegible] garny de velours noir et d'or, avec [illegible] sieurs princes, et, s'acheminant vers [illegible], il y entra par la porte qui est devers [illegible] [pour aller au palais de l'evesque designé pour son logis], à l'entrée duquel, le long [illegible] il y avoit mille bourgeois armez de [illegible] mille harquebuziers. Les vingt seigneurs gouverneurs l'attendoient sur le dernier pont [illegible] costé de la ville, à cause que de l'autre costé [illegible] est des terres de Baviere. L'ordre de son entrée fut tel :

Premierement entrerent deux cents quatre vingt cinq chevaux du duc de Baviere [illegible] trompettes et dix pages, puis cent chevaux du palatin de Neubourg et six trompettes; en après deux cents cinquante chevaux, avec leurs trompettes, de l'archevesque de Saltzbourg; [illegible] de cent cinquante de l'evesque d'Erbistat, et de cent autres de l'eslecteur archevesque de Treves, et de deux cents de l'eslecteur archevesque de Mayence. Peu après suivoient les six [illegible] de la chambre imperiale à pied, sans armes, [illegible] carrosse avec un dogue roux qui a de coustume de garder la chambre imperiale. Après suivoit le mareschal de la court qu'ils appellent [illegible], accompagné de plusieurs gentils-hommes portant l'espée imperiale, laquelle il bailla au [illegible]-mareschal estant venu à la porte; puis suivoient vingt-quatre trompettes de l'Empereur, avec certains trumpons, quatre-vingt dix gentils-hommes et quatorze pages, deux à deux, sur des chevaux superbes, portant livrée en cazaque de veloux noir et passement jaune, chausses et giuppons de raz jaune; puis les gentils-hommes de la suitte qui vont tousjours avec l'Empereur quand il marche en campagne. En intervalle estoit le maistre d'hostel et après les servans, qu'ils appellent *truchses*, ou porteurs de la viande quand l'Empereur mange en public, puis le sommelier et autres officiers jusques au nombre de trente : ceux-cy estoient suivis de quarante gentils-hommes qui estoient de la maison des eslecteurs et des autres princes d'Allemagne et de Boheme, qui alloient devant les chambellans Perschoschi, Popel, Metich, Berch et Colored; et après eux suivoient deux heraults avec leurs cottes, qui portoient par le devant les armes de Boheme, et au dos celles de Hongrie.

Après ces heraults, suivoient le prince de Baviere, le lantgrave de Laintberg, et les deux fils du duc de Neubourg avec leur père; l'evesque d'Erbstat et l'archevesque de Saltsbourg. Deux heraults aux armes de l'Empire et de l'Austriche marchoient devant Alexandre Pappenheim, rais-mareschal, avec l'espée nue, vestu d'une longue robbe de veloux noir; puis douze estaffiers de mesme livrée que les pages; et finalement l'empereur tout seul, environné de cent hallebardiers, et suivy des deux eslecteurs de Mayence et de Treves : après lesquels suivoient le grand maistres Volfgang Rouf et Albert Furstemberg, qui portoient l'espée, la lance, l'escu et l'harquebuz de Sa Majesté Imperiale; puis le grand escuyer et le grand chambellan Christofle Popel : après lequel suivoient quatre autres pages et cent dix-sept archers vestus des livrées de l'Empereur, avec les carrosses de Sadite Majesté Imperiale; et pour closture de ceste entrée estoient cinq cents gentils-hommes de Boheme, Moravie et Silesie, qui avoient accompagné l'Empereur en ce voyage, suivis de deux coches et de cinq très-beaux chiens.

L'Empereur estant parvenu à la porte du pont où les vingts senateurs l'attendoient, ils se prosternerent de genoux, mais il les fit lever, et luy ayant fait une harangue briefve luy presenterent les clefs : luy leur dit qu'il se confioit bien en eux, et les laissa en leur possession. Aussi-tost quatre desdits senateurs leverent un dais de damas jaune, après qu'il leur eut à tous touché à la main, et alla en ceste façon, ayans à ses costez lesdits senateurs, jusques à l'eglise cathedrale, où le suffragant de l'evesque [qui est le fils puisné du duc de Baviere], receut Sa Majesté Imperiale, et fut chanté le *Te Deum* solemnellement. De là s'estant retiré l'Empereur dans les chambres hautes du logis qui luy estoit preparé [d'autant que son pere estoit mort là-dedans aux chambres basses], il licentia tous les princes et seigneurs avec une grande humanité. Ce mesme jour le susdit legat vint aussi veoir l'Empereur, qui s'advança pour le recevoir jusques au milieu de la sale, et discoururent ensemblement assez long-temps : puis ledit sieur legat se retira.

Le second jour de juin, Sa Majesté Imperiale alla à la messe avant l'ouverture de la diette. En l'eglise estoient deux dais de brocat avec deux chaires couvertes d'or : en l'une s'assit Sa Majesté Imperiale; sa chaire estoit plus haute de deux escaliers que celle du legat, qui estoit du costé de l'evangile, où il estoit desjà assis attendant l'Empereur : au-dessous de Sa Majesté Imperiale estoient les archevesques eslecteurs de Mayence, Treves et Cologne, comme estans les chancelliers de Germanie, Italie et France. Au-dessous du legat estoient les sieges preparez pour les seculiers, à sçavoir le comte Palatin, le duc de Saxe et le marquis de Brandebourg, qui sont l'escuyer, le mareschal et le chambellan de l'Empire, lesquels estoient absens, et aussi leurs procureurs pour eux, à cause qu'ils sont protestans. Aussi manquoit le roy de Boheme, eschanson de l'Empire : mais en suitte de leurs sieges s'assirent l'archevesque de Saltsbourg, l'evesque d'Erbstat et autres prelats.

En la face du chœur, c'est à dire au devant, estoit une longue forme ornée de mesme, où s'assirent le nonce du Pape, l'ambassadeur d'Espagne, celuy de Venise et celuy du grand duc, les autres ambassadeurs s'estans retenus d'y aller pour la dispute qu'ils ont les uns avec les autres pour leurs preseances.

Sa Majesté Imperiale estant entré, et les princes luy faisants escorte des deux costez, il s'agenoüilla en son lieu, et lesdits princes se tindrent tous debout jusqu'à tant que le grand-maistre leur fust allé designer leurs places à chacun, et se tindrent aussi tous testes nuës jusqu'à ce que le mesme grand maistre leur fust venu dire qu'ils se couvrissent par le commandement de Sa Majesté Imperiale.

Le prelat officiant, ayant pris la benediction du legat, commença son introïte, qui fut entonné au chœur en musique de voix et instruments d'orgues, cornets et clairons. Celuy qui faisoit l'office de diacre, avant que chanter l'evangile, alla baiser les mains du legat, et receut de lui la benediction. Après qu'il eut chanté l'evangile, l'archevesque de Mayence s'approchant de l'autel avec trois profondes reverences, puis en ayant faict autres trois à Sa Majesté Imperiale, il luy presenta le messel pour baiser l'evangile en l'endroit que le grand aumosnier luy avoit monstré, l'ayant premier essuyé avec un linge. Ceste ceremonie faicte, ledit sieur archevesque, avec les mesmes reverences, rendit le messel au diacre, et s'en retourna en sa place. Il fit encore de mesme au baiser de la paix. Après la messe tous saluerent humblement l'Empereur, fleschissans le genouil. Le legat estant sorty de l'eglise, Sa Majesté Imperiale s'en alla au Palais pour traicter des affaires de la diete en l'ordre qui s'ensuit.

Au devant de luy marchoient les hallebardiers de l'administrateur de Saxe, comme mareschal de l'Empire, puis les gentils-hommes des princes qui estoient là arrivez; suivoient après la cour de l'Empereur, puis les chambellans, les deux heraults susdits à cheval avec leurs habits accoustumés, puis les deux fils du duc de Neubourg, le duc Jean Casimir de Saxe, le prince d'Anhalt, le landgrave de Luchtemberg, Volfgang Guillaume, palatin, l'ambassadeur du landgrave de Hessen, l'evesque d'Herbstatt, l'ambassadeur de l'eslecteur de Brandebourg, et l'eslecteur de Treves seul; puis il estoit suivy de deux heraults, et après alloit l'ambassadeur de Saxe avec l'espée nuë en la main devant Sa Majesté Imperiale qui estoit sur un cheval moreau, ayant des deux costez sa garde de hallebardiers et d'archers au nombre de deux cents. Après luy estoient les eslecteurs de Mayence et de Cologne, avec l'ambassadeur du comte palatin du Rhin.

Estans arrivez au Palais et montez en la salle, l'Empereur s'assid en la chaire à lui preparée sous un dais, ayant à sa main droite les eslecteurs de Mayence, Saxe et Brandebourg, et à sa senestre l'eslecteur de Cologne, le palatin du Rhin, l'archevesque de Saltsbourg, l'evesque d'Herbstat, le deputé de la maison d'Austriche, le palatin de Neubourg, le landgrave, le marquis d'Avré et autres, estant au-devant et en face l'eslecteur de Treves, hault seul sur un siege, lequel se leva avec une grande reverence vers l'Empereur, puis vers les princes, et les remercia de la prompte obeyssance qu'ils avoient renduë au mandement de Sa Majesté, et les pria de proposer et procurer les remedes necessaires selon l'estat present des affaires. L'eslecteur de Mayence luy fit une responce pour tous, que c'estoit leur devoir d'obeyr à Sa Majesté Imperiale, laquelle il remercia de la faveur qu'il leur faisoit de vouloir s'ayder de leur conseil, et qu'ils ne manqueroient de faire leur devoir en ce qui leur seroit proposé, comme princes chrestiens, membres de l'Empire, et très-affectionnés serviteurs de Sa Majesté Imperiale.

Lors le secretaire de la [illegible] qui s'y devoient proposer. Le [illegible] la guerre contre le Turc, duquel [illegible] telle, qu'ayant traicté paix avec [illegible] periale, et icelle jurée, [illegible] Bosne avoit enlevé dans la Croacie [illegible], Dresnys, Castrovis, et autres places [illegible] laquelle audace et perfidie Sa Majesté Imperiale s'estant plaint par son ambassadeur à la Porte, le Grand Turc, au lieu de punir telle perfidie, pour d'avantage monstrer que le tout estoit faict par son commandement, avoit donné audit bascha un cymeterre et une robbe d'honneur pour le gratifier de ceste entreprise; [illegible]ment que le bascha depuis s'estoit vanté qu'il avoit contraint l'empereur des chrestiens de s'armer pour la garde de ses peuples; aussi que le Grand Turc mesmes, procedant en ceste action fort sinistrement, avoit faict mettre prisonnier son ambassadeur ordinaire, Federic Chrecovis, et avoit fait mourir les nobles de sa suitte, et mis les autres à la cadene, ledit Chrecovis estant depuis mort pauvrement prisonnier à [illegible]: que tout cela monstroit son intention [illegible] de faire une rude guerre à tout l'Empire, qu'il y falloit promptement remedier, et que l'ayde ordinaire que les princes et villes imperiales fisoient en temps de guerre aux empereurs n'estoit pas suffisant pour resister à un tel ennemy, et que, par necessité, il se devoit faire une taxe et levée d'argent par toute l'Allemagne six ans durant, duquel argent Sa Majesté Imperiale offroit de rendre compte de temps en temps en quoy il auroit esté employé; que l'Allemagne devoit accorder ceste demande, puis que le Pape, le roy d'Espagne et les princes italiens, avec le Moscovite et autres, faisoient offre aussi d'un notable secours d'hommes et de deniers.

En second lieu, qu'il failloit appaiser les querelles d'entre les princes d'Allemagne, et confirmer, quand à ce, les traictez sur ce faicts, et observer les ordonnances faictes par Sa Majesté Imperiale; principalement qu'il failloit procurer la paix de la Flandres et de la Vesphale, qui estoient en grande ruyne depuis beaucoup d'années.

Au troisiesme chef fut proposé d'abbrevier la forme des procedures à la chambre imperiale de Spire, pource que tous les estats se plaignoient de la longueur des procez qu'on y rendoit immortels.

Le quatriesme point estoit de la monnoye, et que c'estoit une grande honte que l'Allemagne, riche en metaux, fist de la monnoye qui ne fust pas du poids et de l'aloy ordinaire, ce qui portoit interest et dommage à tous les princes et à leurs subjects.

Au cinquiesme point fut proposé de renouveller la matricule de l'Empire pour soulager les Estats qui se sentoient grevez pour les imposts.

Ce furent là les propositions faictes en ceste diette, sur lesquelles l'archevesque de Mayence s'estant levé pour recueillir les voix des princes, lesquels s'approcherent faisant comme un cercle autour de luy, et avoir esté quelque temps à leur resouldre, chacun d'eux s'estant remis en sa place, il remercia Sa Majesté Imperiale, au nom de tous, de ce qu'avec son incommodité il estoit venu en la diette presente pour procurer le bien de l'Empire et de tous et chacun en particulier; qu'ils delibereroient ensemble et se resouldroient à son desir sur un chacun poinct.

Cela dit, Sa Majesté Imperiale alla disner, et mena tous les princes avec luy, chacun tenant son rang et ordre. Quelques jours se passerent, pendant lesquels l'Empereur aussi visita les princes eslecteurs avec beaucoup de complimens mutuellement les uns avec les autres, selon la coustume des Allemans.

Pendant la diette il y eut aussi deux querelles, l'une entre l'archevesque de Saltsbourg et le duc de Vittemberg. Ce duc mesprisoit l'archevesque pour n'estre pas né prince et pour estre prestre, et, pour ces raisons, ne le qualifioit comme font les Allemans, disans *allerhochste*, etc., très-hault, etc., desquels tiltres cest archevesque usoit bien neantmoins envers ledit sieur duc : mais cela depuis fut accordé entr'eux.

L'autre fut plus grande, meuë par le procureur du fils de l'eslecteur de Brandebourg, lequel, combien qu'il fust marié et protestant, retenoit neantmoins l'archeveschė de Hale en Sueve. Or l'archevesque de Hale doit entrer par ordre en la diette avec l'archevesque de Saltsbourg, l'un après l'autre; mais, estant à present protestant, celuy de Saltsbourg ne voulut endurer qu'il tinst son rang; ce qui fut l'occasion que ledit procureur s'y voulut introduire par force : ce qu'il fit, et, entrant dans la sale où se tenoit la diette, il alla se mettre en la place et au dessus dudit archevesque de Saltsbourg, lequel, voyant que cela tendoit à un grand scandale s'il l'eust contesté, sortit, disant qu'il estoit catholique et imperial. A ceste parole tous sortirent, hors-mis les protestans, lesquels seuls ne pouvoient rien. On accorda depuis ce different, et en fut fait un reglement.

En ce temps fut aussi donné par l'Empereur l'investiture de l'eslectorat de Cologne, le 15 de juillet, en ceste façon : L'Empereur seant comme comme dessus avec l'eslecteur de Mayence et le procureur du Palatin et autres princes ecclesiastiques de l'Empire, et à gauche les electeurs de Treves, de Saxe et le procureur de Brandebourg, avec les princes seculiers en grand nombre, comparurent six ambassadeurs de l'eslecteur de Cologne : le duc Maximilian de Bavieres, Georges Ludovic, lantgrave de Luchtemberg et le comte d'Issembourg, tous trois princes; et après eux le comte Herman de Manderscheit, le baron Conon de Vinemberghe, et le sieur Beristerselt, chancellier de Cologne. Lesquels, s'agenoüillans à la porte de la sale, puis au milieu estans receus du grand-maistre Romf, derechef se mettans de genoux, et à la troisiesme fois devant l'Empereur faisant la mesme submission de genoux, ledit chancellier demandant, de la part de l'eslecteur, l'investiture, avec une harangue brieve sur ce subject, l'Empereur leur fit dire, par le vice-chancelier de l'Empire, le docteur Volff Freimon, qu'ils se retirassent pour affin qu'il en deliberast avec les princes; ce qu'estant faict, et ayant resolu ce qu'ils voulurent, il les fit rentrer [tousjours entrans et sortans de face, sans jamais tourner le dos, et ce avec les mesmes reverences]. Ledit vice-chancellier leur ayant dit la deliberation, ils allerent dire audit eslecteur, lequel attendoit à la porte, qu'il entrast : ce qu'il fit, et entra avec le duc de Bavieres et le duc Auguste de Holsace et autres princes, jusques au nombre de douze. Lors ledit sieur eslecteur exposa plus amplement son intention, et à l'instant, l'Empereur demeurant assis, mais le bonnet en main, tous les princes debout et nuës testes, l'eslecteur de Mayence harangua briefvement au nom de l'Empereur, et fit faire le serment à l'eslecteur nouveau sur le messel que luy presenta Popel, chambellan majeur, lequel messel fut soustenu par les eslecteurs de Mayence et Treves contre l'estomac de l'Empereur, pendant que ledit nouveau eslecteur faisoit le serment; puis l'administrateur de Saxe print l'espée imperiale des mains de Pappenheim, vice-mareschal de l'Empire, lequel la bailla à l'Empereur, qui en fit baiser le pommeau audit eslecteur nouveau, lequel puis après en rendit graces à Sa Majesté Imperiale avec les mesmes reverences; puis, l'Empereur s'estant retiré en son hostel, ledit eslecteur nouveau l'alla encore remercier avec les princes qui l'avoient accompagné.

En la diette les princes allemans arresterent quel secours d'hommes et de deniers ils fourniroient en ceste guerre, selon leur mode, et comment il seroit levé. Il fut ordonné aussi que les pasteurs exhorteroient le peuple à penitence, et qu'aux eglises parrochiales il seroit mis un tronc pour recevoir les dons et aumosnes du peuple affin de subvenir aux soldats chrestiens qui seroient blessez en ceste guerre; que pour entretenir la paix en Allemagne, qu'il ne s'y feroit aucunes levées de gens de guerre, sinon comme il estoit porté par les ordonnances de l'an 1555, 1576 et 1582, avec injunction à tous les princes de l'Empire de se gouverner suyvant ces ordonnances-là ; qu'il seroit envoyé deux ambassades en Flandres, tant vers l'archiduc Ernest que vers le prince Maurice et les Hollandois, pour les admonester d'entendre à la paix les uns avec les autres. Il fut aussi faict plusieurs ordonnances sur la reformation de la justice, des monnoyes et des matricules, lesquelles furent lors publiées et imprimées. Après ceste publication, l'Empereur s'en retourna en Boheme, et tous les autres princes chacun en leurs provinces. Retournons voir ce qui se faisoit en la guerre de Hongrie pendant que ceste diette se tint.

L'archiduc Matthias n'eut plustost retiré l'armée imperiale de devant Gran [qui fut le 14 de juillet], la conduisant vers Komorre, qu'il n'eut les advant-coureurs de l'armée des Turcs sur les bras. Les historiens allemans ont escrit que Sinan Bascha fut tout ce jour là à cheval avec ses Turcs, pensant le contraindre au combat, et qu'il suyvoit l'armée chrestienne d'une lieuë près, laquelle il eust contraint de venir à une bataille si elle n'eust passé le Danube et ne se fust jettée dans l'isle de Schutte, où elle se mit à seureté aux environs et à la faveur des murailles de Komorre.

Sinan, voyant que les chrestiens luy avoient quitté la campagne, ayant en son armée cent mille Turcs [bien qu'il n'y en eust pas la moitié de gens de guerre], ausquels depuis se joignirent, à diverses fois, durant le siege de Javarin, cinquante mille Tartares qui se firent voye par les armes en traversant les confins de la Pologne et de la haute Hongrie, ayant donné l'ordre requis à Gran, fit cheminer la teste de son armée droit à Dotis [appelé par aucuns Tatta]. Ceste ville est scituée entre Javarin et Gran. Durant le siege de Gran les Imperiaux ne songeoient pas d'estre assiegez, et y avoit peu de munitions et de vivres dans ceste ville-là; tellement qu'estant assiegée le 21 juillet, bien que deux jours durant les assiegez fissent devoir de soldats, toutesfois ils se rendirent à Sinan, le 23, comme aussi fit Sainct Martin.

Après cette expedition, Sinan, voyant qu'il ne pouvoit attirer au combat les chrestiens, qui avoient mis le Danube pour barriere entre eux et luy, attendans nouvelles forces de plusieurs princes chrestiens qui avoient promis d'en envoyer, alla loger toute sa grande armée à une lieuë de Javarin, place forte distante de Vienne de quelque trente lieuës françoises. Ceste ville est situće sur un bras du Danube, lequel en cest endroit est divisé en plusieurs bras ou rameaux faisant de très-belles isles, entr'autres celle de Schutte ou Komorne, dans laquelle est la bonne ville de Komorre et celle de Sumarein, et beaucoup de beaux villages bien peuplez ; laquelle on tient estre la plus grande qui se trouve en eau douce, pource qu'elle contient bien quinze lieuës de long et quatre de large. Outre ceste isle il y en a encor quatre autres, mais bien plus petites. Javarin est aussi nommé Rab par aucuns, à cause de la riviere de Raba qui descend des monts près de Graz, et vient se perdre dans le Danube, au dessous du chasteau de Javarin, tellement que ceste ville-là est presque entourée d'eau, et ce qui ne l'entoure pas de nature, on l'a fait par artifice, en creusant les fossez, lesquels sont pleins d'eau en tout temps ; tellement que ceste place est estimée forte et hors d'escalade. Comme un lieu important, elle estoit bien pourveuë de munitions, artilleries et vivres. Le comte d'Ardech en estoit gouverneur avec quinze cens hommes, tant de pied que de cheval, qui estoit en effect peu de gens pour la deffendre contre une si grande multitude de Turcs.

L'archiduc Matthias, qui estoit dans l'isle de Komorre avec l'armée, laquelle pouvoit estre lors de seize mil hommes, se resolut, si Sinan assiegeoit ceste place, de passer en l'isle de Zighet, qui est la plus proche de Javarin, et qui contient près de quatre lieuës de long, mais qui n'est pas beaucoup large, affin d'y donner secours selon que les assiegez en auroient besoin, et ce par le moyen d'un pont de barques que l'on feroit pour faire entrer tant d'hommes que l'on voudroit dedans. Cependant, crainte que le Turc, faisant semblant d'en vouloir à Javarin, n'en voulust à Papa, l'archiduc y envoya deux mille lansquenets; comme aussi il en fit entrer deux autres mille avec trois compagnies de cavalerie dans Javarin, et commanda à d'Ardech et au comte de Sdrin de faire faire tout ce qui seroit necessaire pour soustenir un siege. On ne songe plus dans ceste ville qu'à abattre les maisons qui estoient aux environs, on brusle le grand fauxbourg qui estoit au delà du pont de Raba, on applanit les environs de la ville, on coupe tous les arbres, on oste tout ce qui peut empescher le Turc de se venir camper, on accommode les sorties, on couvre les ruës, on dresse des ravelins sur les contrescarpes des boulevards ; bref les chrestiens se preparent si bien, qu'il ne s'imaginent rien moins que d'arrester devant ceste place ceste innumerable multitude de Turcs, et ruyner leur armée en ce memorable siege.

Le 4 d'aoust, le prince don Jean de Medicis, frere du grand duc de Toscane, arriva au camp imperial avec deux mille hommes de pied et une belle compagnie de noblesse italienne : Palfi en signe d'honneur luy fut à la rencontre. Le lendemain l'archiduc ayant veu faire monstre à ce secours, il fit dire au prince dom Jean qu'il desiroit qu'il entrast dans Javarin pour deffendre ceste place tant importante à la chrestienté. Ce prince, qui n'estoit venu là avec la noblesse adventuriere italienne que pour trouver une belle occasion de se faire signaler par les armes, en rendit graces à l'archiduc, et commanda incontinent à son lieutenant Ferrant Rossi de conduire ses troupes dans Javarin, ce qu'il fit le mesme jour.

Sinan cependant s'avançoit peu à peu vers Javarin, sans toutesfois la serrer de près, recognoissant que la prise de ceste ville dependoit de la prise de l'isle où s'estoit campé l'archiduc. Il fit tenter le moyen s'il n'y pourroit point entrer avec des ponts faicts de barques : mais en ce commencement les Turcs en furent repoulsez avec perte. Cependant la cavalerie turquesque faisoit un degast esmerveillable par le plat pays, mettans le feu par tout. Palfy, valeureureux et accord capitaine, estoit tousjours à cheval avec la cavalerie hongroise, qui estoit de trois mil cinq cens chevaux, pour les endommager : ils en attrappoient tousjours quelques-uns. Ayant faict une charge sur l'arriere-garde turquesque, et tué un nombre de Turcs, il revint en l'armée avec un butin de cent cinquante chameaux et quarante mulets tous chargez de bagage et de ris. Le baron de Nadaste aussi, qui avoit plusieurs terres en ces quartiers-là, estoit tous les jours à cheval pour tascher à empescher les Turcs de faire le degast : en une rencontre qu'il eut contre eux il en fit perdre la vie à plus de deux mille. Ceux qui estoient dans Javarin faisoient aussi tous les jours des sorties à pied et à cheval, et au commencement de ce siege l'advantage demeuroit tousjours aux chrestiens.

Le prince dom Jean estant entré dans Javarin, il trouva que les Turcs s'estoient tellement advancez qu'ils n'estoient qu'à la portée du mousquet, et avoient haulsé un fort de terre sur le bord de la riviere de Raba, du costé de la Tramontane, et s'y estoient retranchez, ayans mis dessus plusieurs gabions et de l'artillerie avec laquelle ils incommodoient beaucoup les assiegez. Le maistre de l'artillerie de l'archiduc fit le jour suivant si dextrement pointer six pieces contre ce fort, qu'il le ruyna en vingt volées de canon. La nuyct suyvante le prince dom Jean fit faire une sortie par son lieutenant Rossi, lequel, ayant faict prendre des chemises blanches à tous les siens, avec force feux artificiels, entra dans les retranchements des Turcs, renversa tout ce qui se voulut opposer à luy, mit tout ce quartier-là en confusion et toute l'armée en alarme ; et, ayant fait perdre la vie à deux mille Turcs, il ramena les siens dans Javarin, tenans chacun une teste de Turc en la main.

Sinan, desirant s'approcher de plus près et saluër les assiegez de soixante canons, prit l'occasion du grand orage de pluye qu'il fit le lendemain matin, prejugeant que les chrestiens ne feroient pas si bonne garde, et qu'ils ne se pourroient ayder de leurs harquebuzes. Ayant donc faict advancer six mille janissaires soustenus de deux grosses troupes de cavalerie vers la porte qui va de Javarin à Tata, il les fit couler si coyement qu'ils s'emparerent d'un ravelin auprès de ceste porte sans aucune resistance. D'adventure Rossi, avec une compagnie de soldats, faisoit lors une reveuë pour voir quelle garde il se faisoit; lequel, ayant descouvert les Turcs sur le pont voisin de la porte, fit donner une telle alarme que le prince dom Jean et tous les Italiens y accoururent. Là il fut assez long temps combatu avec armes courtes, pource que les harquebuzes n'y servoient de rien : et s'estans les assiegez faict faire largue quelque peu sur ce pont, le prince dom Jean envoya faire tirer le canon, qui donnant sur le derriere des Turcs, les fit retirer du tout de dessus le pont; mais poursuivis vivement, ils furent forcez de quitter aussi le ravelin qu'ils avoient surpris, où ils laisserent trois de leurs enseignes et cinq cents morts. Les Italiens perdirent en ce combat soixante des leurs, entr'autres Jacques de Medici, le cavalier Ricasoli et le capitaine Francolini. L'artillerie tirée de la ville fit aussi de telles ruës à travers les esquadrons de la cavalerie turquesque, que l'on ne voyoit que bras et testes voler en l'air. Ceste entreprise des Turcs fit juger aux Italiens qu'il y avoit des traistres dans Javarin pour ce qu'ils trouverent quarante eschelles plantées par dedans la ville, lesquelles le prince dom Jean envoya à l'archiduc ; et ne put on jamais trouver qui les y avoit plantées. Ce soupçon de trahison s'augmenta depuis sur un bruit qui courut que les Turcs disoient qu'ils avoient payé Javarin, et qu'ils ne partiroient point de devant sans l'avoir. D'autres disoient que ces paroles-là n'estoient qu'une finesse de Sinan, qui ne taschoit qu'à semer de la division entre les chrestiens, parmy lesquels il sçavoit y en avoir desjà assez.

En ce temps estoient arrivez bien quarante mil Tartares en l'armée des Turcs. Sinan, qui estoit un vieillard prevoyant, et qui avoit mis à fin tant de hautes entreprises, prejugeant que veu l'abondance des vivres qu'il y avoit dans Javarin, où la livre de pain ne coustoit que deux sols, que l'on y avoit trois œufs pour un sol, et que desjà les vivres manquoient en son armée, mesmes que les Tartares estoient gens qui apportoient autant de ruyne aux amis qu'aux ennemis, et qui apporteroient plustost de l'incommodité pour les vivres en son camp que de la commodité, commença à faire dresser sa batterie en trois endroits qu'il avoit fait relever de terre, à trois cents pas de la contrescarpe de Javarin, nonobstant tout ce que purent faire les assiegez, et fit tirer d'une telle furie seize canons, que ceux de Javarin en furent espouvantez, car ils tiroient le long de quelques ruës, abbatoient les maisons et ruynoient les parapets, et advança tellement ce siege, que le quatorziesme jour d'aoust il se trouva, par le moyen des trenchées qu'il fit faire et de ceste batterie, à vingt pas de la contrescarpe et maistre de quelques ravelins, tellement qu'il ne luy restoit qu'à dresser sa grande batterie et faire donner l'assaut general. Mais ce Turc jugeant que ce ne luy seroit que perdre du temps et des hommes à credit, pource que les assiegez pourroient estre à toutes heures secourus et refraischis du camp imperial qui estoit dans l'isle de Zighet, et lequel pour lors avoit esté renforcé de quelques troupes, y ayant vingt quatre mil hommes de pied et neuf mille chevaux, et où de jour en jour on attendoit encor treize mille hommes de pied et deux mille chevaux d'un costé, et le comte de Sdrin et Nadaste d'un autre avec plusieurs belles troupes, il se resolut d'attaquer ceste isle. Or il avoit fait faire, dez son arrivée en ce siege, une longue trenchée le long du Danube, vis à vis de celle qu'avoient faicte les Imperiaux dans l'Isle, qui estoit gardée par les lansquenets, lesquels estoient continuellement travaillez par les Turcs, tant de jour que de nuict. Ce Turc ayant fait sonder que les lansquenets, pour les fatigues passées, faisoient mauvaise garde en leurs tranchées, le 15 d'aoust, à la pointe du jour, il fit en un endroict passer dans trois barques nombre de janissaires qui gaignerent incontinent la trenchée, d'où ils chasserent ceux qui y estoient en garde, et gaignerent deux pieces d'artillerie. En mesme temps l'armée turquesque parut le long du Danube pour traverser en l'isle, où Sinan avoit donné ordre qu'en sept endroicts, de six cents pas en six cents pas, il fust mené nombre d'artillerie, et que toute ceste grande tranchée qu'il avoit fait faire fust remplie de mousquetaires, tellement qu'entourant presque ceste isle comme un cerne, ils engardoient que nul n'osoit paroistre du costé de l'isle, espouventant merveilleusement, pour leur grand nombre, les lansquenets qui estoient encor dans quelques tranchées, lesquels voyans cest apparat de l'autre bord, et que deux cents Turcs mousquetaires estans dans une barque passoient d'asseurance en l'isle, ils prirent generalement la fuicte. Ces Turcs, passez sans empeschement, s'emparerent des tranchées et du canon qu'ils tournerent contre les Imperiaux. Le prince dom Jean, qui estoit alors en l'isle, à la premiere alarme qui se donna au camp imperial, courut vers ces trenchées là avec Francisco de Monte qui ne faisoit que d'en sortir de garde, suivys de quelques uns des leurs : la cavalerie hongroise s'y rendit aussi en mesme temps; mais, pensans faire retourner teste aux lansquenets, il leur fut impossible, quelque remonstrance qu'ils leur fissent. Aussi tost que les troupes de l'infanterie italienne furent arrivées, le prince dom Jean et François de Monte se jetterent de telle ardeur dans les trenchées perduës, que des deux cents janissaires passez il ne s'en retourna que vingt de l'autre bord ; les autres passez dans les trois barques, voyans ceux-cy si mal traictez, mirent les deux canons qu'ils avoient gaigné dans le Danube, et se remirent sur leurs barques, regaignans leur bord : les tranchées rasseurées par ce moyen et regarnies d'hommes, ce ne fut plus de part et d'autre que coups de canon. Le prince dom Jean, laissant la rive de l'eau, rentra plus avant en terre, environ quatre cents pas, où estoit l'archiduc avec tous les princes et seigneurs de l'armée, et où ils avoient pris champ pour combattre selon les occasions qui s'en presenteroient ; mais, entendans que les Turcs avoient esté rechassez des tranchées, ils en remercierent tous le prince dom Jean avec beaucoup de signes d'honneur.

L'entreprise de Sinan avoit esté d'attaquer ceste isle par plusieurs endroicts. Il sçavoit bien que les Tartares traversoient, par un certain ordre qu'ils tenoient, les rivieres inguaiables ; ce fut pourquoi il les envoya passer en un endroict de l'isle, à une lieuë au dessous de Javarin, où il avoit descouvert qu'il n'y avoit gueres d'eau, affin de surprendre à dos le camp imperial, et, le tenant empesché de ce costé là, avoir plus de moyen de faire entrer son armée dans l'isle; mais ce dessein ne lui reüssit non plus que l'autre, pource que, dez que l'archiduc eut eu advis qu'ils passoient, il y envoya Palfy avec sa cavalerie, lequel en rencontra cinq mille de passez, lesquels avoient mis le feu dans un village. Au lieu de se preparer au combat ils tournerent l'espaule, et se precipiterent tellement dedans l'eau par la peur et la frayeur, que, ne se gouvernans point avec dexterité pour surmonter le courant de l'eau, comme ils avoient faict en passant, il ne s'en retourna pas, de tous ceux qui estoient passez, plus de trois cents à l'autre bord, et furent tous ou noyez ou tuez. Les gens de Palfy y gaignerent plusieurs de leurs chevaux, lesquels sont plustost propres à porter la somme qu'à l'usage de la guerre, aussi bien que leurs maistres, qui sont plustost propres à destruire et ruiner les pays mal gardez qu'à combattre. Tout ce jour là les deux armées furent sus pied, et les chrestiens ne voulurent se retirer que premierement ils n'eussent veu que les Turcs fussent rentrez en leurs pavillons. Plusieurs capitaines d'experience s'esmerveillerent lors que Sinan ne vinst à bout de son entreprise, et creurent qu'il n'y avoit eu que la volonté de Dieu seul qui l'en avoit empesché, veu d'un costé les grandes forces qu'il avoit, et de l'autre le desordre qui estoit au camp imperial pour le peu d'intelligence qu'avoient entr'eux les principaux capitaines, et pour leur peu d'obeyssance. De jour en jour il s'y attendoit de nouvelles forces, selon que les princes et les provinces avoient promis de fournir; mais il y avoit de la difficulté à les assembler, les uns pour estre loing et ayans un long chemin à faire devant que d'estre en Hongrie, et les autres qui n'avoient aucune bonne volonté de servir en ceste guerre; ce qui fut en partie la cause que Sinan vint à bout de son entreprise, ainsi que nous le dirons cy après.

Or en ce mesme mois l'archiduc Maximilian, qui estoit lieutenant general en la Croatie et en la Carinthie pour l'Empereur, voyant que Sinan avoit tiré de ces provinces là le plus de gens qu'il avoit pu pour assembler sa grande armée, et qu'il s'alloit empescher au siege de Javarin, il se mit en campagne en intention de luy faire diviser ses forces pour secourir les places turquesques qu'il travailleroit, et par ce moyen le divertir de continuër ce siege. Ayant assemblé une armée de vingt mille hommes, la plus grand part cavalerie, ayant pour ses lieutenans Lencoviz, gouverneur de la Sclavonie, et Eichemberg de la Croatie, et sceu qu'il y avoit trois mille Turcs logez et retranchez prez Petrine, il fit une cavalcade pour les attraper; trouvant la cavalerie à la campagne, il luy donna une si rude charge qu'elle se sauva à la fuitte par chemins rudes et montueux, desquels il en fut tué quelque deux cents; et, tandis qu'il la poursuivoit, l'infanterie, qui estoit restée au camp, s'aydant de la nuict, se retira à Cartagnavize, laissant leurs pavillons pour butin aux Imperiaux. L'archiduc ayant fait passer à toutes ses troupes la riviere de Culpe, il se resolut d'assieger Petrine, qui est ce fort dont nous avons parlé cy dessus que fit faire le bascha de Bosne quand il commença la guerre contre l'Empereur. L'archiduc fut desconseillé de ce dessein par Eichemberg et par le capitaine Rab pour le peu d'infanterie qui estoit en leur armée, très-necessaire pour un tel siege; mais nombre d'Usochiens l'estans venu joindre, il entreprit en mesme temps et le siege de Petrine et celuy de Crasloviz, qui n'en est distant que de deux lieuës, lequel il envoya investir par Lincoviz, et lesquelles deux entreprises luy reüssirent, car Crustan, qui commandoit dans Petrine, voyant, le jour Sainct Laurens, que les Imperiaux avoient tellement gaigné pied à pied, par tranchées, qu'ils estoient contre la muraille et avoient mis en batterie nombre de pieces de canon en intention de les faire tirer le lendemain matin, desesperé de secours et de pouvoir resister, fit mettre le feu aux maisons du fort, et, ruinant ce qu'il put, se sauva avec les siens à la faveur de la nuict, laissant pour tout butin trente pieces d'artillerie. Ceux de Crasloviz furent receus à composition, et l'archiduc les laissa aller en liberté.

L'archiduc, ayant ainsi pris ces deux places, fit repasser la Culpe à son armée pour venir assieger Sisseg ou Tsescq, qui avoit esté pris et repris l'an passé, comme nous avons dit; mais les Turcs qui estoient dedans en garnison, espouvantez, mirent le feu dans ceste place, jetterent vingt pieces de canon au fonds de l'eau, puis se sauverent à la fuitte. Ceux du chasteau de Gara en firent de mesme, laissans aux Imperiaux la liberté de courir la Bosne, où ils ne s'espargnerent pas. L'archiduc Maximilian ayant donné ordre que l'on fist un fort vis à vis de Petrine pour la seureté du pays de deçà la Culpe, et ayant fait redresser le fort de Sisseg et retirer l'artillerie que les Turcs avoient jettée dans l'eau, il s'en alla demeurer le reste de ceste année dans Varadin.

En ce mesme temps aussi le prince de Transsilvanie prit les armes contre les Turcs. La Transsilvanie est une region montueuse qui a la Valachie à l'orient, la Hongrie à l'occident, la Pologne au septentrion, et le Danube au midy. Sultan Soliman, ayant rendu les princes de Transsilvanie ses tributaires, et estant accordé que, en payant le tribut, les Grands-Turcs laisseroient ce pays-là en paix, depuis ce temps-là il n'y avoit point eu de guerre jusques en ceste année [ainsi que plusieurs ont escrit], que ceste paix fut enfrainte par une perfidie du Turc. Le prince qui regnoit ceste année en ceste region-là s'appelloit Sigismond Battori, neveu du dernier roy de Pologne Estienne Battori; il estoit jeune, d'un esprit vif, et instruit fort curieusement en la religion catholique et romaine. On a escrit qu'il luy eschapa de dire qu'il ne vouloit plus estre subject de payer aucun tribut aux Turcs, et que ce luy estoit une indignité de le payer ; dequoy le Grand Turc adverty pratiqua aucuns Transilvains, et mesmes des principaux des Battoris, parents dudit prince, leur promettant la principauté de Transsilvanie ; mais que comme les Turcs sont naturellement perfides, que le Grand Turc avoit intention de s'emparer luy-mesme de tout ce pays-là. Pour monstrer la perfidie du Turc, on disoit qu'il avoit promis à Baltazar Battory, s'il pouvoit livrer le prince Sigismond son cousin entre les mains des Tartares qui devoient traverser la Transsilvanie pour aller joindre Sinan en Hongrie, qu'il le soustiendroit pour se rendre maistre de la Transsilvanie, et d'autre part qu'il avoit promis au prince qui luy amenoit les Tartares, que si tost que l'on luy auroit mis ledit prince Sigismond en sa puissance, qu'il s'en desfist, et qu'il luy donneroit pour recompence du secours qu'il luy amenoit à son service la Transsilvanie. Voylà de beaux desseins, et voicy ce qui en advint. On avoit pratiqué qu'il se feroit une entreveuë entre ledit prince Sigismond et son cousin le chancellier de Pologne sur les confins de Pologne. Sigismond, s'y acheminant, fut adverty de l'entreprise qui avoit esté faicte de le livrer, dans le lendemain, entre les mains des Tartares qui estoient vers Huste : ce qui luy fut descouvert par aucuns mesmes de ceux qui estoient de la conspiration. Il se trouva à ceste nouvelle si estonné, que ne sçachant à qui se fier, il s'en alla se mettre à seureté dans la forteresse de Cheyer, où, après qu'il y eut demeuré quatre jours, et s'estant un peu asseuré avec ses principaux officiers, il manda à tous ses amys de le venir trouver, et fit publier quant et quant une diette generale à Clausembourg. Ayant assemblé le plus de gens de guerre qu'il put, il resolut d'attaquer les Tartares ; mais eux, voyans leur dessein descouvert, après avoir ruyné et butiné tout ce qu'ils purent en la Transsilvanie, ils s'en allerent traverser la Hongrie, et trouver Sinan au siege de Javarin.

En la diette qui se tint à Clausembourg, le prince Sigismond ayant faict cognoistre la conjuration qui avoit esté faicte contre luy, on en mit quatorze des conjurateurs prisonniers, à quatre desquels la teste fut trenchée, et celuy qui avoit entrepris de le livrer ou tuër fut escartelé vif. Peu après, ledit Baltazar Battori fut estranglé avec un garot, et son frere, le cardinal Battori, se sauva en Pologne. Ceste conjuration, dont on mettoit toute la faute sur la perfidie du Turc, fut ce qui embrasa le cœur des Transylvains à luy declarer la guerre ; ils avoient bonne opinion d'eux, comme sont d'ordinaire les peuples qui ont demeuré long temps en paix, lesquels n'apprehendent point la guerre, pour ce qu'ils n'en ont jamais senty le peril. Le prince Sigismond ayant amassé une assez grande armée de Transylvains et de Rasciens, il les mena le long du Danube, en intention d'empescher tout le secours qui pourroit aller de Constantinople par ce fleuve là au camp de Javarin. Au commencement de ceste guerre ils firent un butin de sept navires chargées de grandes richesses et des deniers pour payer l'armée devant Javarin. Ce butin donna beaucoup de courage aux soldats transylvains, et empescha l'heureux progrez des affaires des Turcs. Mesmes Sinan, qui en receut l'advis après qu'il eut pris Javarin, dit à ses familiers : « Si ces navires fussent arrivées à bon port, et que j'eusse receu l'argent que l'on m'envoyoit dedans, j'eusse pris Vienne en moins de temps que je n'ay faict Javarin. » Retournons à ce siege là, et voyons-en tout d'une suitte la fin ; car la suitte de ceste histoire monstrera assez les grandes pertes des Transylvains et de la maison des Battoris, bien qu'au commencement qu'ils entreprirent ceste guerre ils ayent eu quelques heureux succez : aussi le Grand Turc puis après, pour se venger des pertes qu'il receut d'eux, fit entrer son armée dans ce pays là, où elle fit de grandes desolations. Aucuns blasmoient le prince Sigismond et ses subjects d'infidelité et de legereté à l'endroict des Turcs, pour avoir creu certains peres religieux, que l'on disoit avoir esté employez sous main par l'empereur Rodolphe, lesquels avoient conseillé ce jeune prince de prendre femme en la maison d'Austriche, mais que ces peres là ne luy avoient pas dit qu'en ce faisant son pays, qui estoit à demy enclavé dans les pays du Turc, luy demeureroit en proye, ou à l'Empereur, lequel il seroit necessité d'appeller à son secours [ce qui est advenu], et aussi que, cependant que le Turc seroit empesché en la Transylvanie, les pays de l'Empereur en seroient d'autant soulagez. Voylà l'opinion des uns et des autres sur la prise d'armes faicte par ce jeune prince de Transylvanie.

Sinan, sans s'estonner de la guerre des Transylvains, ny des places prises par l'archiduc Maximilian, ne quitta point le siege de Javarin ; mais, pour ce que le camp imperial en l'isle de Zighet croissoit de jour en jour de quelques troupes, jugeant qu'il luy estoit impossible de prendre ceste ville par assaut, il tourna tous ses pensers pour se rendre maistre de ceste isle, et envoya à Bude et à Gran deux chaoux avec trois mille Turcs pour acconduire quatre-vingts barques et cinq vaisseaux armez qu'ils appellent *nasaiste*, affin de faire trois ponts en divers lieux de l'isle pour assaillir les Imperiaux par trois endroits. En attendant la venuë de ces barques, les Turcs ne cessoient de battre Javarin en ruine : plusieurs des assiegez perdirent la vie des coups de canon tirez au travers des maisons et des ruës; tellement que les chrestiens, privez des parapets et des gabions en plusieurs lieux, avec une grande fatigue, estoient contraints de se tenir derriere les terre-plains.

Sur l'advis que les Imperiaux eurent que les janissaires s'estoient voulu mutiner pour l'extreme disette de vivres qui estoit en l'armée turquesque, et qu'ils importunoient Sinan de faire dresser la grande batterie pour donner l'assaut general, et mesmes que le prince des Tartares menaçoit de se retirer pour le manquement de la promesse que l'on luy avoit faicte de luy donner une province des chrestiens, desquelles plaintes Sinan avoit eu peine à appaiser les uns par douces paroles, leur promettant de satisfaire en peu de jours à leurs desirs, les autres par dons, l'archiduc Matthias delibera de faire une grande sortie sur le camp des Turcs le 28 d'aoust, pour rendre vains tous leurs desseins. La cavalerie fut conduite par Palfy, et l'infanterie par le prince dom Jean. Premierement sortirent six mille haiducs [ainsi s'appelle l'infanterie hongroise] par la porte de Tatta; en mesme temps, sur trois barques, sortirent aussi trois mille lansquenets conduits par Gitzcoffler, avec charge de mettre pied à terre en un certain lieu, puis tourner à droicte, et venir se joindre avec lesdits haiducs, et renverser tout ce qu'ils rencontreroient devant eux; puis sortit le prince dom Jean avec toute l'infanterie italienne et nombre de piquiers et mousquetaires et lansquenets, d'entre lesquels il choisit mille piquiers dont il fit un escadron, faisant cheminer à leur flanc cinq cents harquebusiers d'un costé, et trois cents mousquetaires de l'autre; puis après sortit le baron de Palfy avec quatre mille chevaux hungrois, un gros esquadron de reistres, et la compagnie de cavalerie d'Antonio de Medicis. Palfy, ayant traversé la riviere de Raba, s'en alla mettre en un endroict propre pour secourir l'infanterie, selon le besoin qu'elle en auroit, et selon que la cavalerie des Turcs la voudroit endommager.

Du commencement les haiducs donnerent droict aux trenchées, desquelles ils chasserent ou tuërent tout ce qui se rencontra devant eux, et enclouërent quatre canons : mais, s'estans amusez à butiner, comme c'est leur coustume, ils donnerent le loisir aux janissaires de se recognoistre, lesquels, favorisez de nombre de cavalerie qui estoit accourue en cest endroict là au bruit de l'alarme, donnerent si furieusement qu'ils regaignerent l'artillerie et les tranchées, et tuërent plusieurs haiducs avec leur butin, et en eussent d'avantage tué sans le gros escadron de picques, à la teste duquel estoit le prince dom Jean et son lieutenant Rossi, qui firent retourner les janissaires plus viste qu'ils n'estoient venus. Les trois mil lansquenets sortis par eau eurent bien pire fortune ; car, ayans mis pied à terre, ils ne cheminerent pas trois cents pas que, rencontrans de front nombre de janissaires, ils se mirent à la fuite pour rentrer dans leurs barques : en ceste confusion plusieurs y perdirent la vie, et entr'autres la barque sur laquelle estoit Gitzcoffler coula à fonds, et luy s'y noya et beaucoup des siens. Mais les haiducs, s'estans rassemblez et de nouveau reünis en un escadron, accouragez par le prince dom Jean, qui mit avec eux encor quelques Italiens, regaignerent les trenchées, où il fut bien combatu de part et d'autre un long temps. Trois mil chevaux turcs, accourus encor au secours des janissaires, alloient entourer une bande des haiducs qui s'estoient rangez en un lieu assez advantageux ; mais Palfy avec sa cavalerie leur vint au devant, et leur fit tourner visage. Les Turcs, renforcez encor de pareil nombre de cavalerie, s'acheminerent pour revenir à la charge ; ce qu'ayant veu les reistres et la cavalerie italienne, avec quelques harquebuziers à cheval qui estoient à leurs costez, allerent se joindre à Palfy. Ce fut lors qu'il se fit de belles charges, et où il en mourut plusieurs de part et d'autre, mais les Turcs, augmentans toujours de nombre, ne taschoient que d'investir les chrestiens ; ce que ne pouvans faire à cause dudit escadron de picques favorisé d'harquebusiers et mousquetaires, ils firent mener deux canons sur un petit tertre : à la seconde fois qu'ils firent tirer ces canons, ayans faict une ruë au travers dudit escadron, le prince dom Jean le fit reculer de cinquante pas en un endroit où le canon passoit par dessus leur teste. Ces combats ayans bien duré quatre grosses heures, les Imperiaux firent leur retraicte sans aucune confusion, l'infanterie la premiere, et puis la cavalerie, cependant que l'artillerie de la ville tiroit et endommageoit grandement les Turcs, lesquels perdirent en ces combats bien trois mil hommes, et entr'autres le bascha Carassi, et les chrestiens quatre cents ; de blessez beaucoup, et entr'autres Palfy.

Sinan, pour venger ceste perte, envoya dès le lendemain vingt mille Turcs et Tartares faire le degast jusques aux portes de Papa, où ils firent de grandes ruines, et taillerent en pieces mille soldats de la garnison qui en estoient sortis assez inconsiderement et sans ordre. De là ils coururent tout le pays entre la Raba et la Rabsa, qui est un canal du Danube ainsi appellé; tellement que toutes les terres du baron de Nadaste demeurerent en proye aux Turcs, où furent mises à feu et à sang.

Les janissaires se plaignans aussi que la perte qu'ils avoient faicte en ladicte sortie provenoit du peu d'ordre qu'avoit mis aux tranchées le beglierbei de la Grece, qui estoit leur chef, sur ceste plainte, Sinan, leur voulant complaire, osta de sa charge ce beglierbei [bien qu'il fust son fils], et la donna au bascha de Bude, lequel, estant par ce moyen parvenu à ce degré, commença à resserrer de plus près les assiegez pour les empescher de faire plus de telles sorties : il adjousta de nouvelles tranchées aux vieilles, fit dresser de nouveaux forts, lesquels il fit garnir de bonnes artilleries qui incessamment tiroient au travers des maisons et ruës de Javarin; dont les assiegez se retrouverent plus qu'auparavant en peine, ne se pouvans tenir ny au lict ny à la table, ny cheminer par les rues sans danger. Aucuns medecins et chirurgiens mesmes qui alloient pour penser les blessez se trouverent enterrez dans la ruine des maisons avec ceux qu'ils alloient penser. Le prince dom Jean, pensant gaigner le fort qui les endommageoit le plus, lequel estoit sur le bord de la Raba, fit une sortie le 7 septembre, et esperant le forcer; mais ce dessein fut sans fruict, et ne put faire autre chose que de brusler avec des feux d'artifices les fascines que les Turcs avoient jettez dans les fossez pour les remplir.

Les Turcs, qui ne manquent jamais de trouver quelques subtilitez pour amuser leurs ennemis, et s'en servir à leur advantage, firent que le prince des Tartares escrivit une lettre à Palfy, qu'il sceut avoir esté blessé en la susdite sortie, et ce par un prisonnier chrestien qu'il luy renvoya. Dans ceste lettre il luy mandoit que le Grand Seigneur luy avoit commandé de brusler et ruiner la Hongrie et l'Austriche; mais qu'il auroit regret d'executer de si grands maux, et que pour esviter tant de ruynes, qu'il seroit bon de tenter premierement s'il n'y avoit point moyen de faire quelque traicté de paix, et que si ledit Palfy vouloit prendre la peine de sçavoir la volonté des chrestiens sur ce subject, qu'il traicteroit de son costé cest affaire avec les Turcs. Aussi-tost ceste nouvelle fut envoyée à l'Empereur pour en sçavoir sa volonté; et courut un bruit que l'on devoit faire trefve pour quelques jours; et Palfy mesmes, pour donner quelque repos aux haiducs, qui estoient bien quinze mille, les envoya refraischir hors de l'isle. Deux jours après qu'ils furent partys, Sinan, qui en fut adverty, ne faillit point de se prevaloir de cet advantage; et, ayant sceu qu'il n'y avoit pas grande infanterie au camp imperial dans l'isle, il se resolut de l'emporter.

Le huictiesme septembre, à la poincte du jour, en l'endroit mesme où vingt-cinq jours auparavant les Tartares avoient entré dans ladite isle et en avoient esté repoulsez par Palfy, ainsi que nous avons dit cy-dessus, le bascha de la Natolie, à qui Sinan avoit donné la charge de gaigner ce passage avec les barques qui estoient arrivées de Bude et de Gran, sans aucun empeschement fit descendre bon nombre de janissaires, lesquels se rendirent incontinent maistres de toute la tranchée pour ce que les lansquenets qui la gardoient, les voyant venir avec resolution, l'abandonnerent et allerent donner l'alarme au camp imperial, où il y avoit encor douze mil chevaux et trois cents Italiens seulement, le surplus de l'infanterie estant dans Javarin. Or, bien qu'il estoit impossible sans infanterie de regaigner la tranchée, toutesfois les chefs de la cavalerie chrestienne coururent au lieu où les Turcs estoient descendus, et resolurent de les en chasser avec la cavalerie, laquelle ils diviserent en trois troupes, la premiere conduite par le duc François de Saxe, dom Antonio de Medicis et Virginio des Ursins, duc de Braciano, lesquels, tenans la main droite, allerent le long du Danube; le comte de Sdrin, tenant la gauche, alla comme contremont le Danube; et de front donnerent le marquis de Burgaw, le prince dom Jean, et du Mont; bref, ils firent tout ce qu'ils purent pour chasser les Turcs de la trenchée qu'ils avoient gaignée, mais il leur fut impossible faute d'infanterie; tellement que, considerant que c'estoit une entreprise vaine, qu'ils perdoient beaucoup de leurs chevaux, que les Turcs de l'autre bord tiroient force coups de canon pour favoriser la descente des leurs, d'un desquels avoit esté blessé dom Antonio de Medicis et son cheval tué sous luy, que le duc de Braciano avoit esté blessé de trois harquebuzades, et qu'il estoit passé un si grand nombre de Turcs qu'ils entouroient presque desjà le camp imperial, les chrestiens, se voyans hors d'esperance de pouvoir regaigner lesdites trenchées, l'archiduc Matthias fit appeller auprès de soy, en plaine campagne, ceux du conseil de guerre. Du Mont proposa qu'il failloit faire venir en diligence nombre d'infanterie, et s'esforcer de regaigner la tranchée; mais on luy respondit : « Où prendre ceste infanterie? car elle est logée à trois grandes lieuës d'icy : devant qu'elle soit venue l'armée des Turcs sera passée, et serons contraints de venir aux mains avec trop de temerité, veu la trop grande inegalité de nos forces aux leurs, et par consequent ce seroit nous perdre tous que de suivre ce conseil. » Après beaucoup de propositions il fut resolu que la moitié de la cavalerie feroit ferme contre les Turcs cependant que l'on donneroit ordre à passer tous les bagages et pavillons du camp par le pont dans Javarin, et que les gens de guerre iroient passer dans une petite isle qui est vers le soleil couchant de Javarin, laquelle fut jugée estre aussi commode et seure pour secourir encor les assiegez que celle de Zighet : ce qui se devoit faire la nuict ; mais en ceste nuict ceste resolution ne se put executer, pource que, le Danube estant fort cru en peu d'heures, un moulin emporté de la force de l'eau donna ce mesme jour à travers le pont de barques de Javarin, lequel il rompit, et la plus-part des barques estant desliées se perdirent au courant de l'eau. L'archiduc, necessité pour cest accident de changer de conseil [car il n'y avoit point moyen de raccommoder ce pont si tost], et ayant un si puissant ennemy en teste, qui le jour d'auparavant l'avoit salué de quarante pieces de canon, fit partir les bagages de grand matin pour aller passer au pont à Altembourg, qui est au couchant de la grande isle de Komorre, avec intention de faire tenir tousjours sa cavalerie par escadrons, pour empescher les Turcs de rien entreprendre sur les bagages, et que, les bagages passez, ils se retireroient dans la susdite petite isle. Mais il en advint tout autrement : car le Turc ayant descouvert que l'intention des chrestiens estoit de se retirer vers la petite isle, il alla droict donner à eux, et les contraignit de passer si vistement, qu'il y eut quarante reistres de noyez. Les chartiers, et ceux qui conduisoient le bagage, prirent en mesme temps une telle espouvante, que, coupant les traicts des charrettes, chacun d'eux monta sur ses chevaux pour se sauver vers Altembourg ; tellement que sans resistance les Turcs et Tartares, ayans gaigné les pavillons, les vivres et munitions qui estoient restez au camp imperial, butinerent encor tout le bagage de l'armée imperiale, où y avoit bien des richesses.

L'archiduc, nonobstant ceste perte, estant dans la susdite petite islette, entre un canal du Danube appellé la Rabinize et le Danube, designa de s'y fortifier avec mille haiducs qui luy estoient restez avec luy et toute sa cavalerie, esperant encor empescher les Turcs de prendre Javarin, puis qu'ils ne l'eussent sceu assaillir dans ceste isle qu'à leur desadvantage, pource qu'il y avoit deux bras d'eau entr'eux et luy ; mais ce dessein ne luy reüssit non plus que les autres, pource que neuf mille reistres, qui faisoient lors plus que les deux tiers de son armée, nonobstant ce qu'il leur put dire, se partirent d'avec luy, et s'en allerent droict passer à Altembourg. Ledit archiduc, voyant le pauvre estat des affaires des chrestiens, pour leur peu d'obeyssance, fut contraint de les suivre avec le prince dom Jean et ce peu d'Italiens qu'ils avoient avec eux, pensant encor les arrester à Altembourg, et faire là quelque resistance aux Turcs. Ce ne fut parmy les chrestiens qu'un desbandement general : tellement que, dez le lendemain, l'archiduc se trouva n'avoir avec luy que le marquis de Burgaw, le comte de Sdrin, le prince dom Jean et du Mont, avec quarante cuiraces et autant d'harquebuziers à cheval, et cinquante hommes de pied. Pour n'espouvanter les habitans de l'isle, il fut encor six jours dans Altembourg, non sans courir du danger ; mais, exhorté de se retirer en lieu seur, il s'en alla à Fruch, place forte à quelque sept lieuës françoises de Vienne, située sur la riviere de Lecyta. Les Turcs et les Tartares pensoient l'attraper au passage du Danube ; mais, s'estant joint à luy cinq cents chevaux, il passa sans aucun destourbier.

Après cest exploict, Sinan tourna toutes ses forces pour entrer dans Javarin : il fit premierement un pont de barques dans l'isle de Zighet pour passer vers la porte de l'eau de Javarin ; et ayant commencé à dresser une trenchée pour faire une batterie de ce costé là, le Danube, estant creu, emmena la pluspart de ces barques : tellement qu'il fut quelques douze jours sans beaucoup advancer. Il faisoit toutesfois fort travailler à miner ; mais les mines, descouvertes, furent contreminées et esventées. Il fit encor dresser de nouveaux forts pour battre en ruyne, dont les assiegez estoient très-mal traittez, et commençoient à patir outre cela plus que mediocrement ; car il y avoit plusieurs malades, infinis blessez dont il s'en mouroit quantité tous les jours, et si ils estoient hors d'esperance de pouvoir plus paroistre sur les murailles. Outre tout cela les vivres manquoient. Toutesfois le comte d'Ardech et Rossi firent ce qu'ils purent pour accourager leurs soldats à defendre jusques à l'extremité ceste place. Mais il advint plusieurs petites querelles et dissentions entre les Italiens et lansquenets, estans aucuns d'eux de contraire religion, et mesmes venans, comme dit une relation italienne, *alle mani co' Turchi, di dietro sparavan loco archibugiate, et gli uccidevano fingendo di ritirar a' nimici*. A tous ces revers de fortune l'archiduc Matthias faisoit devoir, pour y remedier, de mander de tous costez gens, afin de jetter du nouveau secours dedans Javarin, et tascher à retirer ceux qu'il sçavoit estre trop fatiguez ; mais il luy fut du tout impossible, pour le peu d'obeyssance que l'on luy portoit, et pour les animositez que les chefs avoient les uns contre les autres. Les Turcs s'employoient cependant du tout à la mine et à la sape ; en quelques endroits ils receurent beaucoup de dommage ; mais dans d'autres, sçavoir au boulevard proche la porte de Raba, une mine y avoit faict saulter seize brassées de mur. Les Turcs perdoient beaucoup d'hommes : mais quand ils en avoient perdu cent, cela ne leur estoit pas si dommageable qu'aux chrestiens quand ils en avoient perdu deux.

Sinan, ayant ainsi pris l'isle de Zighet, et desirant avoir Javarin sans perdre encor les siens en un assault general, fit offrir aux assiegez honneste composition. Les assiegez respondirent qu'ils y adviseroient dans trois jours. Les lansquenets, entr'autres le colonel Perlin, soustinrent qu'il n'y avoit point d'apparence d'estre secouru, et qu'en l'estat où ils estoient, le Turc les pouvoit aysement forcer ; qu'il failloit mieux avoir une composition honorable, puis qu'ils avoient fait leur devoir, que non pas d'attendre à l'extremité, en quoy peut estre ils ne gaigneroient que la mort ou une servitude perpetuelle. Rossi s'y opposa fort, monstrant qu'il y avoit moyen encor de tenir quelque temps : mais le plus de voix l'emporta ; et Perlin, au nom du comte d'Ardech, accorda, le 29 septembre, que les soldats sortiroient avec leurs armes et bagages, enseignes desployées et tambour battant. Le comte d'Ardech ayant le lendemain donné les clefs au bascha de Bude, il fut conduit avec les principaux jusques à Altembourg. Il sortit aussi ce mesme jour deux mille cinq cents soldats de Javarin, de reste de plus de six mille qui y estoient entrez ; entr'autres des Italiens, qui en y entrant furent comptez estre deux mille trois cents, il n'en sortit au plus que cinq cents, le reste y estant mort. Sinan gaigna, en conquestant ceste place, une des clefs de la Hongrie, cent cinquante pieces de canon, quatre cents caques de poudre, cent vingt muids de farine et autres munitions, ce qui luy fit avoir esperance de pouvoir encor conquester la forteresse de Komorre, et, pour la fertilité de l'isle où ceste place est située, y faire yverner son armée, en laquelle il n'y avoit plus que quarante mille chevaux turcs, sept mille janissaires, quatre mille hommes de pied de diverses nations, et trente mille Tartares. Ayant baillé la moitié de ceste armée au bascha de Bude, il la fit passer dans l'isle de Scute sur deux ponts de bateaux qu'il avoit faict faire exprès, et fit investir Komorre. De l'autre partie de l'armée il en mit une forte garnison dans Javarin, et du reste il leur feist faire des courses le long des rivages du Danube, afin d'empescher le secours que les chrestiens pourroient donner à Komorre.

L'archiduc Matthias, ayant eu advis que Komorre estoit assiegé, manda au colonel [illegible] [autres disent Praun], qui avoit deux mille hommes de guerre dans ceste place, qu'il s'asseurast d'estre secouru de luy, et qu'il feroit lever le siege au Turc, ou luy donneroit bataille s'il l'attendoit.

Les Turcs entendans que l'archiduc avoit amassé de grandes forces en Possonie, et que Tieffembac l'ayant joint avec dix mille hommes, que son armée estoit de vingt mille pietons et dix mille chevaux, ils leverent le siege dedevant Komorre, laisserent embourbé un de leurs canons, et les assiegez, leur donnans sur la queue, leur firent abandonner quantité de leur bagage avec si grande confusion, qu'ayans peur d'estre suivis ils rompirent leurs deux ponts apres qu'ils furent repassez, et se retirerent dans Javarin.

Les pluyes et le froid firent retirer pour ceste année les armées, tant des Imperiaux que des Turcs, en garnison ez villes de leur party ; quant aux auxiliaires, ils s'en retournerent chacun en leurs pays, comme firent les Italiens et les Allemans d'un costé ; quant aux Tartares, ils ne s'y en retournerent pas tous, car, passans par la campagne de la haute Hongrie, et ayans bruslé Ventzelot, Gneù, Bul, Rerestreth, Biraldelet, Islac, et beaucoup d'autres petites villes, ruynans et butinans par tout où ils passoient, le prince de Transsilvanie, qui avoit assiegé Temisvar sur les Turcs, leva son siege, et, estant joint avec le Valachin et le Moldave, les attrapa de nuict à un passage estroit où la plus-part fut mis en pieces, leur bagage et tout ce qu'ils avoient butiné, pris ; mille chrestiens qu'ils emmenoient pour estres esclaves furent recouvrés et mis en liberté. Du depuis, ce prince transsilvain, poursuyvant les restes, donna jusques à Casu aux confins de Moldavie, place que les Turcs tenoient, dans laquelle luy et les siens entrerent par force, et tuërent toute la garnison qui y estoit ; puis, revenant encor vers Temesvar, il fit plusieurs desfaictes des Turcs, lesquels, au retour du siege de Javarin, s'en alloient hyverner en diverses provinces. Voilà comme ce jeune prince en ceste année fit la guerre ouverte aux Turcs pour le bien commun de la chrestienté; aussi l'Empereur luy promit en mariage Marie Christierne d'Austriche, fille de son oncle le feu archiduc Charles, et qu'il luy envoyeroit tout le secours qu'il luy avoit demandé pour la seureté de la Transsilvanie, ainsi que nous dirons l'an suyvant, en traictant de la punition que fit faire l'Empereur de ceux qui avoient rendu Javarin.

LIVRE SEPTIESME.

[1595] Le roy Très-Chrestien commença ceste année par une action de grace envers Dieu de ce qu'il l'avoit preservé de l'attentat de Jean Chastel, et alla le dimanche matin, premier jour de l'an, accompagné de plusieurs princes et chevaliers de ses Ordres qui estoient lors en court, avec grand nombre de noblesse, depuis le Louvre jusques à Nostre-Dame, où toutes les parroisses et monasteres de Paris s'estoient rendus, d'où ils allerent en procession generale à l'abbaye Saincte Genevıefve, le Roy et les chevaliers de ses Ordres ayans leurs grands colliers d'or par dessus leurs manteaux, toutes les cours souveraines et les magistrats de la ville y assistans. Le peuple montra lors, par un continuël cry de vive le Roy durant ceste procession, de combien il tenoit à grandes graces de Dieu de ce qu'il avoit preservé leur prince de cest assassinat.

Par les statuts de l'ordre du Sainct Esprit, l'habit et le collier dudict Ordre ne peuvent estre baillez que le dernier jour de decembre après vespres, et ce en l'Eglise où elles auront esté dictes; puis le lendemain, qui est le premier jour de l'an, la feste de l'Ordre se doit celebrer dans l'eglise des Augustins à Paris. Ceste année le Roy, ayant deliberé de donner l'Ordre à plusieurs princes et seigneurs, suyvant lesdits statuts, ne le put faire le dernier jour de decembre à cause de sa blessure, et ceste action fut retardée jusques au samedy 7 janvier, où, en l'eglise des Augustins, après que le Roy eut ouy vespres, il partit de son siege, tous les officiers de l'Ordre marchans devant luy, et s'en alla auprès de l'autel s'asseoir dans une chaire preparée à cest effect, ayant à sa dextre M. le chancellier de France, chancellier de l'Ordre, M. de Beaulieu Ruzé, grand thresorier de l'Ordre, et M. l'archevesque de Bourges, comme grand aumosnier du Roy, et à sa gauche le sieur de L'Aubespine, greffier de l'Ordre. Aussi-tost que Sa Majesté fut assis, M. de Rodes, maistre des ceremonies, l'huissier et le heraut de l'Ordre marchants devant luy, alla advertir messieurs les cardinal de Gondy et evesque de Langres, commandeurs dudit Ordre, d'aller prendre messieurs les evesques de Nantes et de Maillezais, prelats esleus et receus pour entrer audit Ordre, lesquels ils amenerent l'un après l'autre au Roy, et receurent de luy la croix de l'Ordre, après avoir fait le serment ez mains de Sa Majesté, et que le greffier le leur eut faict signer.

Après que ces deux prelats eurent esté ainsi receus, le susdit sieur de Rodes, accompagné tousjours de l'huissier et du heraut, alla advertir messieurs le prince de Conty et le duc de Nevers, commandeurs et chevaliers dudit Ordre, d'aller prendre messieurs les ducs de Montpensier, duc de Longueville et comte de Sainct Paul, princes esleus et receus pour entrer audit Ordre, lesquels ils amenerent aussi l'un après l'autre au Roy. Après que M. le duc de Montpensier eut, de genoux, les deux mains posées sur le livre des Evangiles que tenoit M. le chancellier, leu à haute voix le vœu et serment que luy bailla le greffier de l'Ordre, lequel il signa de sa main, le prevost et maistre des ceremonies baillerent à Sa Majesté le manteau et mantelet dont il vestit ledit sieur duc, en luy disant: « L'Ordre vous revest et couvre du manteau de son amiable compagnie et union fraternelle, à l'exaltation de nostre foy et religion catholique, au nom du Père, du Fils et du Sainct Esprit; » et fit sur luy le signe de la croix; puis le grand thresorier de l'Ordre presenta le collier de l'Ordre au Roy, lequel le mit au col dudit sieur duc, et luy dit: « Recevez de nostre main le collier de nostre ordre du benoist Sainct Esprit, auquel nous, comme souverain grand-maistre, vous recevons, et ayez en perpetuelle souvenance la mort et passion de nostre Seigneur et redempteur Jesus Christ; en signe de quoy nous vous ordonnons de porter à jamais cousuë en vos habits exterieurs la croix d'iceluy; et Dieu vous face la grace de ne contrevenir jamais aux vœus et serment que vous venez de faire, lesquels ayez perpetuellement en vostre cœur, estant certain que, si vous y contrevenez en aucune sorte, vous serez privé de ceste compagnie, et encourrez les peines portées par les statuts de l'Ordre. Au nom du Pere, du Fils et du Sainct Esprit. »

A quoi ledit sieur duc luy respondit : « Sire, Dieu m'en donne la grace, et plustost la mort que jamais y faillir, remerciant très-humblement Vostre Majesté de l'honneur et bien qu'il vous a pleu me faire; » et en achevant il luy baisa la main : autant en firent lesdits sieurs duc de Longueville et comte de Sainct Pol, l'un après l'autre.

Après que lesdits sieurs princes eurent esté ainsi receus, ledit sieur de Rodes, accompagné de l'huissier et du heraut, alla advertir M. le mareschal de Rets et M. de Sourdis, chevaliers de l'Ordre, d'aller prendre les gentils-hommes esleus et receus pour entrer audit Ordre, lesquels ils amenerent et conduisirent au Roy deux à deux, sçavoir : messieurs de Beauvais Nangis et de Laverdin, messieurs de Sainct Luc et de Bellegarde, messieurs de Myocens et de Roquelaure, messieurs de Humieres et de Fervac, messieurs de Dampierre et de La Rochepot, messieurs le comte de Torigny et de Montigny, messieurs de Dunes et mareschal de Brissac, messieurs de Buhy et de Ragny, messieurs de Marivaut et de Pralin, messieurs de Sipierre et de Chazeron, messieurs de Chanlivaut et de La Frette, et M. de La Bourdaiziere; ausquels Sa Majesté vestit et donna le collier de l'Ordre, après qu'ils eurent fait le vœu et serment en la mesme façon qu'avoit fait ledit sieur duc de Montpensier.

Cest ordre du Sainct Esprit a esté premierement estably par le roy Henry III le dernier jour de decembre, l'an 1578. Nul n'est receu en cest Ordre qu'il n'ait protesté de vivre et mourir en la religion catholique, apostolique-romaine, qu'il ne soit gentil-homme de nom et d'armes, de trois races paternelles pour le moins, sans estre accusé d'aucun cas reprochable ny prevenu en justice, et qu'il n'aye vingt ans accomplis. Le Roy seul eslit et nomme ceux qui bon luy semble pour entrer audit Ordre; et, les ayant nommez au chapitre qui se tient pour cest effect, après l'information faicte de leur religion et noblesse, et que les procez verbaux en ont esté receus par le chancellier dudit Ordre, qui les rapporte au prochain chapitre, lesdits nommez sont appelez par le heraut dudit Ordre de venir au chapitre, où le Roy les advertit de son intention et comme il les veut associer audit Ordre, et leur ordonne ce qu'ils ont à faire.

Nul n'est receu audit ordre du Sainct Esprit qu'il n'ait esté fait chevalier de l'ordre Sainct Michel par le Roy, lequel leur donne cest Ordre en son cabinet, la surveille de la chevalerie du Sainct Esprit. Celuy que le Roy fait chevalier de cest Ordre se met de genoux devant luy, et, après quelques ceremonies et le serment faict par le chevalier suivant les statuts de cest Ordre, Sa Majesté luy donne de son espée sur l'espaule gauche, en luy disant : « Je vous fais chevalier, etc.; » puis, tirant celle du chevalier, il la luy met en la main, et le plus ancien chevalier dudict Ordre luy met le collier de l'Ordre au col. Le Roy assis en son siege, le chevalier nouveau luy vient faire une grande reverence et luy baise la main; puis il accompagne Sa Majesté à la messe, et tout le long du jour, tant à l'eglise qu'en tous actes.

Le lendemain ils se preparent pour recevoir l'ordre du Sainct Esprit, et vont trouver le Roy en l'assemblée dudit Ordre, vestus de chausses et pourpoints de toille d'argent. Ils cheminent deux à deux, entre le chancellier de l'Ordre et les chevaliers, quand le Roy va à l'eglise pour ouyr vespres, où, estans arrivez, ils se mettent à genoux, gardans tous leurs rangs, auprès des bancs qui sont à ceste fin posez dans le chœur, de l'autre costé de ceux des officiers dudit Ordre; et après vespres, ainsi que nous avons dit cy-dessus, ils sont appellez pour recevoir les habits et le collier : ce qui se fait avec de très-belles ceremonies, et où les trompettes ne manquent point de sonner.

Le Roy et les chevaliers en ceste journée sont chacun vestus d'un long manteau de velours noir, en broderie tout autour d'or et d'argent, faicte de fleurs de lys et nœuds d'or entre trois divers chiffres d'argent, et au dessus des flambes d'or. Ce grand manteau est garny d'un mantelet de toille d'argent verte, couvert de broderie de mesme façon que celle du grand manteau, reservé qu'au lieu des chiffres il y a des colombes d'argent; ledit manteau et mantelet doublez de satin jaune orengé; et se porte ledit manteau retroussé du costé gauche, l'ouverture estant du costé droict. Quant aux chausses et pourpoints, ils les portent ou blancs ou orengez, avec façon à la discretion du chevalier; le bonnet de velours noir, avec des cordons de pierreries et une plume blanche. Sur les manteaux, ils portent à descouvert le grand collier de l'Ordre, qui est du poids de trois cens escus d'or, faict à fleur de lys, et trois divers chiffres entrelacez de nœuds. Voylà comme sont vestus les chevaliers du Sainct Esprit le jour de la feste de l'Ordre.

Pour les cardinaux et prelats qui sont aussi commandeurs dudict Ordre, assistans aux festes et ceremonies, ils sont vestus, sçavoir, les cardinaux, de leurs grandes chapes rouges, et les evesques et prelats, de soutanes de couleur violette, et un mantelet de mesme couleur, avec leur roquet et camail, portans tous la croix d'or dudit Ordre pendante à leur col, avec un ruban de taffetas de couleur bleuë celeste, et une autre croix dudit Ordre en broderie cousuë au mantelet. Ces cardinaux et prelats, quand le Roy va à l'Eglise ou qu'il en sort, vont après luy, et les chevaliers devant, chacun selon son rang; les officiers de l'Ordre vont devant les chevaliers, mais leur habit est quelque peu different, et ne portent point le collier d'or, ains seulement la croix d'or penduë à un ruban, les uns d'une façon, les autres d'une autre, selon la dignité de leurs offices.

Après que la messe est dite, le jour de la feste de l'Ordre, le Roy, les cardinaux, les prelats, les chevaliers et le chancellier accompagnent le Roy, sont assis et disnent à sa table et à ses despens, en signe d'amour, et en un autre lieu à part les autres officiers de l'Ordre. Après disner le Roy et tous les commandeurs changent d'autres manteaux, mantelets et habits, pour aller aux vespres des trespassez. Le Roy est vestu d'escarlate brune morée, et les chevaliers de drap noir, ayans sur leurs manteaux la croix de l'Ordre cousuë; les cardinaux ont des chapes violettes, et les evesques sont vestus de noir. Après vespres, le Roy s'estant retiré au Louvre, les chevaliers assistent au souper et au coucher de Sa Majesté, de laquelle ils prennent congé les uns après les autres, puis se retirent en leurs hostels jusques au lendemain qu'ils se retrouvent en l'assemblée, et vont en mesme ordre ouyr la messe qui se dit pour les chevaliers de l'Ordre trepassez. A l'offerte ils presentent chacun un cierge d'une livre; après l'offerte le greffier dit les noms de ceux dudict Ordre qui sont trespassez depuis la derniere ceremonie, pour les ames desquels on dit d'abondant un *De profundis* et une oraison des trespassez, et au sortir de la messe, tous les chevaliers vont disner avec le Roy comme le jour d'auparavant. Il se faict, les jours suyvans, encor quelques ceremonies pour les trepassez, et quelques assemblées pour les affaires de l'Ordre; mais cela n'est du subject de nostre histoire. Voyons comme au commencement de ceste année le Roy voyant que, nonobstant la lettre qu'il avoit escrite aux estats d'Artois et de Hainaut, les gens de guerre d'Espagne ne laissoient pas d'endommager et faire une infinité de degast sur les frontieres de Picardie et Thierasche, et aux environs de Cambray qu'il avoit pris en sa protection, ce qui fut cause qu'il declara la guerre à tous les pays et subjects dudit roy d'Espagne. Voicy la declaration qui en fut lors publiée.

« De par le Roy. Personne en ce royaume ny alleurs n'ignore plus que le roy d'Espagne, n'ayant peu, à guerre ouverte, envahir et destruire la France protegée de Dieu, et defendue de ses roys d'heureuse memoire, assistez de leurs bons et loyaux subjects, n'ait suscité et fomenté en icelle les divisions et partialitez qui l'ont cuidé accabler, et qui l'affligent encores de present; car sa hayne et convoitise ont passé si avant, que non seulement il y a mis et consommé plusieurs grandes sommes de deniers, employé et perdu ses principales forces et armées, jusques à abandonner ses propres pays et affaires, mais aussi osé, sous pretexte de pieté, attenter ouvertement à la loyauté des François envers leurs naturels princes et souverains seigneurs, de tout temps admirée entre toutes les autres nations du monde, en poursuivant injustement et publiquement ceste noble couronne pour luy ou pour les siens; ce qu'il auroit commencé à manier incontinent après le decez du feu roy François deuxiesme, que Dieu absolve, et a depuis tousjours continué par divers moyens, triomphant et abusant de la minorité de nos roys, mais principalement manifesté et esclatté sur la fin du regne du feu roy Henry III, de très-chrestienne memoire, l'an 1585, que les François jouyssans par la grace de Dieu, pieté, justice et bonté de Sa Majesté, d'un entier et general repos, lequel elle alloit affermissant et asseurant journellement à leur soulagement, il auroit sous faux et variables pretextes remply le royaume de feu, de sang et d'une extreme desolation, armant les catholiques les uns contre les autres, et contre le plus religieux prince qui regna oncques, dont s'est ensuivie sa mort douloreuse, qui saignera perpetuellement au cœur des vrays François, avec tous les autres meurtres, pilleries, ruynes et afflictions que nous avons depuis souffertes, sous le pesant faix desquelles la France et les François eussent succombé et fait naufrage pour jamais, sans la grace speciale de Sa Majesté divine, qui ne luy a oncques manqué, laquelle a donné à nostre Roy et souverain prince et seigneur la force et vertu, en defendant magnanimement la justice de sa cause, avec nos libertez, biens, vies, familles et honneurs, de renverser les injustes desseins dudit Roy et de ses confederez, à sa honte et à leur confusion; de sorte que la France a maintenant occasion d'esperer de recouvrer sa premiere felicité à la gloire de Dieu, sous l'obeyssance et les commandemens de Sa Royale Majesté, chacun y contribuant à l'advenir la mesme felicité, et Sa Majesté y employant aussi les mesmes moyens et remedes qu'ont prattiqué les roys ses predecesseurs pour defendre le royaume contre leurs anciens ennemis. Quoy consideré par Sadite Majesté, laquelle a, avec la conservation de nostre saincte religion et de sa reputation, la protection et defense de ses subjects plus chere et recommandée que celle de sa propre vie, qu'elle y a souvent et liberalement exposée, comme elle est encores preste de faire, et que sa conversion, bonté et patience depuis cinq ans, ny le peril present qui menace la chrestienté, lequel chacun recognoist proceder de la discorde et juste jalousie que l'ambition dudit roy d'Espagne a excité en icelle, n'ont peu ny peuvent encores moderer sa mauvaise volonté contre ce royaume, la personne de Sa Majesté Très-Chrestienne, ses bons et fideles subjects, et les Cambresiens que Sa Majesté a prins en sa protection, sur lesquels luy et les siens exercent encores tous les jours toute hostilité, continuant à les assaillir à force ouverte par divers endroits, forcer et retenir ses villes, prendre prisonniers, mettre à rançon et massacrer ses subjects, lever contributions et deniers sur iceux, et faire tous autres actes d'ennemy conjuré, jusques à faire attenter à la propre vie de Sa Majesté par assassinements et autres vilains et detestables moyens, comme il s'est veu ces jours passez, et fust pis advenu au grand malheur de la France, si Dieu, vray protecteur des roys, n'eust destourné miraculeusement le coup effroyable, tiré de la main d'un François, chose horrible et monstrueuse, mais poulsé d'un esprit très-inhumain et vrayement espagnol contre la personne de Sa Majesté, laquelle fait sur cela sçavoir à tous ceux qu'il appartiendra, que, ne voulant plus longuement defaillir à son honneur, ny à la protection qu'elle doit à ses subjects et ausdits Cambresiens, comme elle feroit si elle usoit de plus longue patience et dissimulation en la fuite et continuation de tels attentats, voyant mesmes le peu de compte qu'ont faict ceux d'Artois et de Hainault, au grand regret de Sa Majesté, des admonitions qu'elle a voulu leur faire par lettres expresses de luy ayder à destourner l'orage de la guerre suscitée par les Espagnols, non moins à leur ruyne qu'au dommage de ses subjects, auroit arresté et resolu faire doresnavant la guerre ouverte par terre et par mer audit roy d'Espagne, ses subjects, vassaux et pays, pour se revancher sur eux des torts, injures et offenses qu'elle et les siens en reçoyvent, tout ainsi qu'ont faict les roys ses predecesseurs en semblables occasions, avec ferme esperance que Dieu, qui cognoist l'interieur de son cœur et l'equité de sa cause, luy continuera sa divine assistance, et fera prosperer et benir, avec l'ayde de ses bons subjects, ses justes armes; au moyen dequoy Sa Majesté enjoint très-expressement à tous sesdits subjects, vassaux et serviteurs, faire cy-après la guerre par terre et par mer audit roy d'Espagne, ses pays, subjects, vassaux et adherants, comme ennemis de sa personne et du royaume, et, pour ce faire, entrer avec forces èsdits pays, assaillir et surprendre les villes et places qui sont sous son obeyssance, y lever deniers et contributions, prendre ses subjets et serviteurs prisonniers, les mettre à rançon, et traicter tout ainsi qu'ils font et feront ceux de Sadite Majesté, laquelle leur a pour ceste occasion prohibé et defendu, prohibe et defend par la presente toute espece de communication, commerce, intelligence et association avec ledit roy d'Espagne, ses adherents, serviteurs et subjets, à peine de la hart : a revoqué et revoque dès à present toutes sortes de permissions, passeports et sauvegardes, donnez et octroyez par elle ou par ses lieutenans generaux et autres, contraires à la presente ordonnance; les declare de nulle valeur, et defend d'y avoir aucun esgard quinze jours après la publication d'icelle, laquelle elle a, pour cest effect, commandé estre faicte à son de trompe et cry public aux provinces et frontieres du royaume, à fin que nul n'en pretende cause d'ignorance, mais que chacun ait à l'observer et executer, sur peine de desobeyssance. Fait à Paris, le 17 janvier 1595. »

Le 13 fevrier l'archiduc Ernest, pour responce à ceste declaration, fit publier, comme gouverneur des Pays-Bas pour le roy d'Espagne, deux placarts, l'un portant mandement à toutes les provinces obeyssantes à l'Espagnol de se tenir sur leurs gardes contre les entreprises et les armes du prince de Bearn [ainsi appelloit-il le Roy], qu'il disoit estre temeraire envahisseur de l'Estat de France, detempteur de Cambray, et qui avoit declaré la guerre aux Pays-Bas, leur enjoignant de ne repoulser pas seulement la force par la force, mais faire la guerre à feu et à sang aux François obeyssants audit prince de Bearn. L'autre placart contenoit un certain ordre qu'il vouloit estre gardé au commencement de ceste guerre, touchant les François qui s'estoient habituez du passé ausdits Pays-Bas, et de ceux de la ligue qui s'y retiroient encor journellement, ordonnant que ceux-là se presenteroient devant les magistrats ez villes de leurs demeurances, et y feroient nouveau serment de fidelité quatorze jours après la datte dudit placart, sinon qu'ils seroient punis comme rebelles; quant aux ligueurs françois, que quinze jours après qu'ils seroient arrivez en la ville où ils voudroient demeurer, ils se presenteroient aux magistrats, devant lesquels ils declareroient la cause de leur transmigration, et, suyvant le certificat qu'ils auroient d'avoir esté toujours affectionnez au party de la ligue, sans avoir jamais suivy le prince de Bearn, qu'ils seroient conservez et maintenus comme subjects naturels; mais que ceux qui manqueroient à faire ces devoirs seroient apprehendez et punis selon la qualité de leurs personnes.

Après la publication de ces declarations la guerre s'exerça de part et d'autre avec beaucoup d'hostilitez, les François courans journellement jusques aux portes d'Arras et de Mons, et les Espagnols et François ligueurs jusqu'à Amiens et Peronne, la garnison de Soissons leur donnant escorte pour roder par la Picardie. Ceste garnison estoit forte; les soldats venoient courir jusques aux portes de Paris, et furent un jour si entreprenans qu'ils vindrent jusques aux Thuilleries, et entrerent au manaige où ils prirent et emmenerent quelques jeunes seigneurs qui y piquoient leurs chevaux, entr'autres le baron de Sainct Blancard, frere du mareschal de Biron, qui, de bon-heur, estoit lors à Paris, et lequel aussi-tost monta à cheval, suivy de ses amys, et poursuivit de si près ces preneurs qu'il leur fit quitter leur prise pour se sauver plus à leur aise. Le Roy, pour empescher ces coureurs, commanda aux sieurs de Moussy, lieutenant de la compagnie d'hommes d'armes de l'Isle de France, tenant garnison dans Crespy en Valois, de Gadancourt, d'Edouville et de Beyne, qui avoient leurs compagnies ez places fortes proches de Soissons, de battre les chemins si souvent jusques aux portes de ceste ville-là, que ses subjects fussent exempts de leurs courses. Ces seigneurs s'estant assemblez le 3 fevrier, coururent par toutes les traverses des forests, et jusques aux portes de Soissons pour en provoquer la garnison de sortir au combat; mais sans faire rencontre ils revindrent à Crespy. Voulant se separer et retourner chacun en leur garnison, le sieur de Ponsenat qui commandoit dans Soissons, adverty de leur resolution, fit monter deux cents cuirasses, et deux compagnies d'argoulets à cheval, le quatorziesme jour dudit mois sur le soir, et les bailla à conduire au sieur de Bellefont et au baron de Conan, lesquels avec ceste troupe, ayant cheminé le long de la nuict, vindrent dresser un embuscade à un quart de lieuë de Crespy. Le sieur d'Edouville, sur les sept heures du matin, accompagné de trente hommes d'armes de la compagnie du comte de Sainct Pol, pensant s'en retourner à Velly en Laonnois, où il tenoit garnison, descouvrit l'embuscade des ligueurs à un demy quart de lieuë de Crespy; il la sceut si dextrement attirer et amuser, que les coureurs et leur gros le [illegible] dans le faux-bourgs de Crespy, [illegible] railles du parc d'Arragon. La [illegible] clocher Sainct Thomas de Crespy [illegible] l'alarme, les sieurs de Moussy, de [illegible] et de Beyne monterent [illegible] Bellefont et Conan, [illegible] leur entreprise, commencerent à se [illegible] Soissons : mais les royaux les [illegible] brusquement qu'ils les joignirent [illegible] Villers-costerests où, après plusieurs [illegible] part et d'autre, Bellefont et Conan [illegible] prisonniers par les royaux; cinquante [illegible] demeurerent morts sur le champ, [illegible], blessez; le plus grand butin fut en [illegible] et en chevaux; les royaux poursuivirent [illegible] de fuyards jusques dans les barrieres de Villers-costerests. Ainsi pour un temps ceux de Soissons furent destournez de faire leurs courses et hostilitez sur le plat-pays.

Le marquis de Varembon, gouverneur d'Artois, assemblant l'armée d'Espagne sur [illegible] tieres de France, envoya en ce [illegible] sieur de Rosne [qui avoit pris l'escharpe [illegible] avec deux canons et deux mille soldats, [illegible] un grand convoy de vivres et [illegible] guerre dans La Fere, ce qu'il executa : en sa passage il fit de grandes pilleries, et retourna en Artois avec les Espagnols chargez du butin [illegible] Picards.

Au commencement de ceste guerre le [illegible], qui avoit resolu d'en jetter le brandon [illegible] terres du roy d'Espagne, avoit pratiqué [illegible] attaquer d'un costé le Luxembourg, [illegible] nous avons dit, sur la fin de l'an passé, [illegible] mareschal de Bouillon, et par le comte [illegible] de Nassau; mais bien que ceste entreprise [illegible] favorisée d'un heureux commencement en la desroute d'onze cornettes de cavalerie, elle eut toutesfois une peu heureuse suitte, et fut sans fruict.

D'autre costé le Roy ayant faict paix avec le duc de Lorraine sur la fin aussi de l'an passé, ledit duc ayant licentié ses troupes de gens de guerre, Sa Majesté les print à son service, et, au nombre de cinq mille hommes de pied et de mille chevaux qui prirent l'escharpe blanche sous la conduite du sieur de Sainct Georges, baron d'Aussonville, et du sieur de Tremblecourt, ils entrerent au commencement de ceste année dans la Franchecomté, prirent Vezou, place importante sur la frontiere de ceste province là, qu'ils garderent jusques à ce que le connestable de Castille les contraignit d'en sortir, comme nous dirons cy-dessous. Le Roy fit attaquer ces deux provinces de Luxembourg et de la comté de Bourgongne, pour ce que c'est par où passe le secours qui vient d'Espagne par mer en Italie, et qui d'Italie va par la Savoye jusques aux Pays-Bas, prejugeant qu'en leur coupant le chemin par ces provinces là, la longueur qu'il faudroit tenir à traverser par les pays des Suisses randroit leurs gens de guerre du tout fatiguez avant que d'estre parvenus en Flandres.

Le 21 fevrier l'archiduc Ernest, après s'estre preparé, suyvant le mandement du roy d'Espagne, de faire advancer toutes les troupes de gens de guerre qu'il avoit sur les frontieres de France, mourut à Bruxelles, aagé de quarante-deux ans, n'ayant esté que treize mois gouverneur des Pays-Bas. Ceux qui ont escrit de l'humeur de ce prince disent qu'il estoit grave, et que l'on ne le voyoit rire que rarement; qu'il estoit benin, clement, pacifique, sobre et non addonné au fast et à la pompe. Les historiens espagnols disent que la cause de sa mort fut, comme il se put conjecturer à l'ouverture de son corps, à cause d'une pierre de mediocre grosseur qu'il avoit aux lombes, et qu'il luy fut trouvé dans les reims un ver qui estoit en vie, lequel luy avoit tellement rougé les parties internes, qu'en peu de temps son corps fut extenué, et dont il mourut. Les Holandois, au contraire, ont escrit qu'il mourut de regret et de desplaisir de voir aller toutes choses au contraire de ce qu'il s'estoit proposé : premierement, pour le mariage de l'infante d'Espagne que les Espagnols pensoient faire royne de France et luy roy, en quoy il s'estoit persuadé que les ligueurs s'estoient mocquez de luy et du roy d'Espagne son oncle; secondement, pour ce qu'il voyoit que les affaires de l'empereur son frere et de toute la maison d'Austriche se portoient mal contre le Turc par la perte de Javarin; puis pource qu'il se voyoit, luy qui estoit pacifique, hors d'espoir de pouvoir mettre en paix et reünir les Pays-Bas, d'autant qu'il estoit mesprisé des Espagnols qui le taxoient d'estre trop pesant à la guerre, et que d'un autre costé les estats des provinces confederées le tenoient en soupçon pour avoir esté accusé par Michel Renichon, qui confessa et dit avoir entrepris d'assassiner le prince Maurice à la suscitation du comte de Barlaimont, et qu'il avoit entendu que l'archiduc avoit dit audit comte : *Cumulate, et largo fœnore satisfaciam* (1); plus, que Pierre du Four, executé aussi pour pareille entreprise, avoit confessé et dit que le sieur de La Motte l'avoit persuadé de tuër aussi ledit prince, et faict parler audit sieur archiduc devant son lict, lequel lui avoit dict : *Facete quel che m'avete promesso, amazzate quel tyranno* (2); mais toutesfois que, nonobstant ces depositions, ceux qui avoient cognu ce prince soustenoient le contraire, et qu'il falloit que La Motte et Barlaimont eussent supposé quelque personnage ressemblant audit archiduc pour parler à ces entrepreneurs d'assassinats, ce qui pouvoit estre aysé à faire. Voylà l'opinion des Holandois. Mais ledit archiduc, ayant eu advis de la deposition dudit Michel Renichon, envoya à La Haye en Holande les docteurs Hartius et Coëman, doctes jurisconsultes, avec lettres addressantes aux Estats pour les exhorter à la paix : aussi lesdites lettres portoient creance de ce que diroient les susdits docteurs.

Le 16 de may 1594, en l'audience qu'ils eurent, Hartius, en sa harangue, après avoir semond les Estats d'entendre à la paix, et exalté et loüé le bon naturel des princes de la maison d'Austriche, les requit, ou que ledit Michel Renichon, prisonnier, qui avoit dit une si pernicieuse et insupportable calomnie contre Son Altesse et contre le comte de Barlaimont, fust envoyé à Anvers ou à Bruxelles avec commissaires et deputez desdits Estats [sous promesse dudit archiduc de le rendre sain et sauf ausdits Estats], ou qu'il fust mené à Breda, ville sous l'obeyssance desdits Estats, où ledit comte de Barlaimont se trouveroit avec aucuns commissaires au nom de Son Altesse, pour estre confronté audit Renichon, et examiné sur ceste calomnie. Voylà l'offre que fit faire cest archiduc, que plusieurs jugerent proceder d'un bon naturel : aussi sur son portraict, après sa mort, on y a mis :

Auparavant ma mort je fus taxé de blasme,
Dont devant Dieu j'en tiens pure et nette mon ame.

Sa mort n'apporta aucun changement aux provinces des Pays-Bas qui sont sous l'obeyssance d'Espagne.

Cependant que le deuil estoit à Bruxelles pour la mort de cest archiduc, ce n'estoient que nopces en la maison de Nassau ; le comte de Hohenlo espousa, au mois de fevrier, Marie, fille du feu prince d'Orenge, laquelle il avoit eue de sa premiere femme, fille du comte de Buren ; et son autre fille, Elisabeth, qu'il eut en troisiesme mariage de Charlotte de Bourbon, fille de Loys, duc de Montpensier, fut mariée au mareschal de Boüillon (3). Pendant ces mariages

(1) Remplissez votre dessein, et je vous récompenserai avec usure.

(2) Faites ce que vous m'avez promis, et tuez le tyran.

(3) Il avait perdu Charlotte de La Marck sa première épouse, et n'en avoit point eu d'enfans. Elisabeth de Nassau fut la mère du célèbre Turenne.

le prince Maurice et les Estats dresserent une entreprise sur la ville de Bruges en Flandres; mais, à cause de l'obscurité de la nuict, comme il y avoit une longue traitte depuis le lieu où ils estoient desbarquez jusques à Bruges, s'estans les troupes esgarées les unes des autres, et la guide mesmes ayant perdu ses addresses, ils furent contraints, avec de grandes fatigues, de retourner se r'embarquer sans pouvoir rien exploiter.

La surprise de Huy, qui est dans le pays du Liege sur la riviere de Meuse, faicte le 8 fevrier par le gouverneur de Breda, troubla l'archevesque de Cologne qui est aussi evesque du Liege, pour ce que ceste place n'est qu'à cinq lieuës du Liege, où est un beau pont sur la Meuse. Aussi-tost que ledit sieur archevesque eut eu response du prince Maurice et des Estats, lesquels, au lieu de faire punir les entrepreneurs comme infracteurs de la neutralité et bonne voisinance qu'il avoit avec eux, sembloient les advouër, il eut son recours au conseil d'Espagne à Bruxelles, lequel envoya quant et quant le comte de Fuentes [gouverneur par provision des Pays-Bas, en attendant la venuë du cardinal Albert d'Austriche], qui fit tourner la teste de son armée de ce costé là; et le 13 mars, après avoir fait bresche, les siens entrerent d'assaut dans la ville, où ils mirent au fil de l'espée tout ce qu'ils rencontrerent de la garnison, une partie de laquelle se sauva au chasteau, que ledict comte de Fuentes fit incontinent investir et miner. Herauguiere, qui l'avoit surpris et qui estoit dedans, estant sans esperance de secours et prest d'estre forcé, rendit ceste place, et fut contraint d'en sortir avec un seul cheval, ses soldats à pied avec l'espée et la dague.

Nous avons dit sur la fin de l'an passé que le duc de Mayenne, s'estant retiré de Bruxelles en Bourgongne, desiroit surtout de conserver son authorité dans les villes de son gouvernement, et qu'il avoit fait abbattre les faux-bourgs de Beaune, où plus de deux mille maisons furent desmolies, et qu'après avoir mis une bonne garnison dans ceste ville, et estably un ordre pour la garde des portes entre les habitans et les soldats de la garnison, à sçavoir qu'il n'y auroit plus que deux portes ouvertes, dont l'une seroit gardée par les habitans, et l'autre par les soldats [qui pouvoient estre au nombre de trois cents hommes de pied], il s'estoit retiré à Dijon pour y passer les rigueurs de l'hyver. Les habitans qui avoient charge en ceste ville, et qui s'estoient montrez depuis le commencement des troubles toujours plus neutres que tenans party, se voyans reduits sous la volonté d'un capitaine du chasteau et d'une garnison, commencerent à se resouldre de se delivrer du tout de ces nouveaux hostes là. Or, auparavant que le sieur de Mayenne fust venu en Bourgongne, ils avoient desjà eu envie de se remettre du tout en l'obeyssance du Roy, et l'avoient faict proposer à Sa Majesté par un des eschevins qu'ils avoient envoyé exprès vers luy, lequel leur avoit accordé quatre mois de trefve, à condition qu'ils feroient dedans ce temps là paroistre leur affection. Ce qu'ayant esté descouvert par ledit duc, on tient que ce fut l'occasion qu'il fit tout ce qu'il put pour se conserver ceste ville. Au contraire le maire, nommé Bellin, jugeant que l'occasion se presentoit de se pouvoir delivrer de la garnison du duc, par l'approchement de l'armée du Roy conduitte par le mareschal de Biron, dont il avoit eu advis, et auquel le Roy avoit donné le gouvernement de ceste province, ayant faict une assemblée des principaux de Beaune, et entr'autres des ecclesiastiques, pour sçavoir leur intention, il envoya un des eschevins vers le sieur de Vaugrenan, gouverneur de Sainct Jean de Laune, lequel incontinent monta à cheval, et alla trouver ledit sieur mareschal de Biron qui battoit lors le chasteau de l'abbaye du Monstier Sainct Jean, et luy donna à entendre ce qui se passoit à Beaune et l'intention des habitans : « Donnez leur parole, luy dit le mareschal, que je me rendray à eux le cinquiesme du mois de fevrier sur les deux heures après midy, qu'ils prennent les armes à ceste heure là puis qu'ils y sont resolus, et qu'ils chargent les soldats de la garnison; mais qu'ils regardent le moyen de me faire livrer une porte, car je m'achemineray vers leur ville faisant semblant de faire marcher l'armée pour aller battre Chasteau-neuf, mais je tourneray visage et iray droict à eux. » Le maire Bellin, ayant eu ceste response, advertit ceux qu'il sçavoit se conformer à son dessein de se tenir prests avec leurs armes quand l'heure leur seroit ditte, et qu'ils entendroient le signal de la cloche de l'horloge. Le duc de Mayenne, adverty de ceste deliberation, partit de Dijon avec son fils le premier jour du mois de fevrier, et s'en vint coucher à Beaune, accompagné de Guillermé, capitaine commendant à Seurre, et quelques autres. Or tout ce qu'il y fit lors fut qu'il vid l'ordre qui estoit dans le chasteau, changea la garde de la ville, et ordonna qu'il n'y eust plus qu'une porte ouverte, qui seroit gardée au premier corps de garde en dedans par les habitans, et au second en dehors et à la barriere par les soldats; plus, il fit venir quelques quatre-vingts soldats de pied de renfort et une partie de la compagnie [illegible], de Tienges (1) conduite par le capitaine Montillet. Le lendemain, ayant recommandé la garde de ceste ville au capitaine Mont-moyen qui commandoit dans le chasteau, et luy ayant dit jusques à ces mots, que qui luy osteroit ceste ville luy osteroit le cœur du ventre, il s'en alla à Chaalons; mais, en estant à my-chemin, il renvoya Guillermé avec cinquante cuirasses apporter le billet des habitans de Beaune qu'il entendoit estre mis prisonniers. Montmoyen et Guillermé, ayans tenu conseil de ce qu'ils devoient faire, remirent l'affaire au lendemain, qu'ils envoyerent querir les procureur et advocat du Roy au bailliage sur le pretexte de quelques reparations : ils y vont, mais on les detint prisonniers. Il manda de mesme le maire et les eschevins : ceux-cy n'y voulurent point aller; le maire y alla, et fut retenu, ce qui pensa faire faire une esmotion, ce que voyant Montmoyen il le renvoya; mais à l'instant il fit mettre en armes toute la garnison, feignant de vouloir faire moustre, et sous ce pretexte se saisit de quatorze des principaux de ceste ville là, lesquels il fit mettre prisonniers. Le 4 de ce mois le maire Bellin et ceux de son entreprise demeurerent sans rien faire, estans entre la vie et la mort; mais, le jour de l'entreprise venu, en l'assemblée de ville qui se tint le matin, ils resolurent de prevenir l'heure donnée audit sieur mareschal et courir aux armes, et donner pour ce faire le signal de la cloche de l'horloge promptement, affin que chacun eust à prendre les armes, se mettre en place et gaigner ses quartiers.

Aussi-tost que la cloche donna, le maire au second coup fut en la ruë avec son escharpe blanche, l'espée nuë au point, criant vive le Roy, qui fut suivy de tous ceux de son quartier, mesmes des femmes et enfans, qui sortirent courageusement avec les armes qu'ils peurent saisir et avoir. A l'instant celuy qui commandoit au premier corps de garde à la porte et dedans la ville fit fermer la porte qui estoit entre son corps de garde et celuy des soldats, qui pouvoient bien estre quarante, tellement qu'il les enferma dehors, et avec les habitans monta sur les tours, et fit tirer sur eux plusieurs coups d'harquebuses, si qu'il leur fit quitter et rendre les armes : mais se voulans sauver par les champs, recueillis par une flote de paysans qui venoient des villages en la ville, ils furent tous tuez près la contrescarpe. L'eschevin Alexan en mesme temps alla donner au logis du capitaine Guillermé qui disnoit, et avec luy le president de Latrecey, frere du capitaine Mont-moyen; la porte forcée et mise dedans la chambre, il porta de premier abord un coup de pistolet à Guillermé dans le visage, dont il l'atterra. L'ingenieur Carle fit quelque resistance; mais Alexan, secondé de quelques habitans qui survindrent bien armez, le renbarra et se rendit maistre du logis, où furent prins prisonniers Guillermé et Carle avec le president de Latrecey, lesquels furent menez et conduits dans la Maison de la ville, où Guillermé mourut le lendemain des coups qu'il avoit receus. Ce Guillermé estoit un Millannois, gouverneur de Seurre, qui y avoit tué et faict tuer plusieurs habitans et soldats prisonniers de guerre à sang froid. Les soldats, par la prinse de leurs chefs, ne se sçachans rassembler, gaignoient çà et là les lieux esgarez et petites troupes, où, à mesure qu'ils estoient rencontrez, estoient tuez et taillez en pieces par les habitans. Aucuns s'assemblerent en la ruë Dijonnoise en nombre de quarante ou cinquante, mais les habitans de ce quartier là les chargerent si vivement qu'ils en firent tomber sur la place la plus-part, et y fut blessé le capitaine Sainct Paul, qui de ceste blessure mourut depuis. Ce capitaine Sainct Paul, tout blessé, et les capitaines Sauni et Belle-ville, trouverent moyen, à travers quelques maisons, de se rendre vers leurs troupes qui estoient logées proche le chasteau, lesquelles aussi-tost ils firent mettre en bataille, et commencerent à escarmoucher du long de la ruë des Tonneliers; mais ils furent receus mieux qu'ils ne pensoient, et advancerent tellement les habitans leurs barricades sur eux, à la faveur d'une piece de canon de celles que le duc de Mayenne avoit fait placer aux principaux quartiers de la ville pour les empescher d'entreprendre, qu'ils les mirent en fuitte, et leur firent quitter ceste ruë des Tonneliers et se retirer en la ruë des Boissons, où estans, par le commandement qu'ils eurent de Mont-moyen, ils mirent le feu en plusieurs maisons pour cuider estonner les habitans, mais nul ne se divertit pour cela. Un des habitans nommé Jacques Richard, accompagné de quarante ou cinquante, vint donner sur ces soldats, et les chargea en ceste ruë des Boissons qui fut assez de temps disputée, mais en fin il la leur fit derechef quitter, et les contraignit de s'escarter çà et là, et furent tous taillez en pieces, fors ceux de la compagnie du sieur de Tienge qui furent prins à rançon avec Montillet leur conducteur et quelques gens de pied et de cheval qui, s'estans retirez près les tours du chasteau, ne purent si tost estre forcez: tellement que les habitans se rendirent maistres de la ville, fors de la ruë de la Belle Croix proche le chasteau, où s'estoient rengez ces gens de pied et de cheval à la faveur du canon et des barquebusades du chasteau.

(1) Thienges.

Les maire et eschevins, après avoir mis de bonnes barricades tout alentour de ceste ruë de la Belle Croix, et les avoir bien munies de bons arquebuziers et picquiers, à ce que ceux de ceste ruë ne pussent rien gaigner ne entreprendre, et pour les tenir sur eul, s'en allerent avec les serruriers et autres maneuvres qu'ils prindrent, et firent rompre et abbattre les serrures et verroux des portes de la ville, desquelles portes les clefs estoient dans le chasteau : les portes ouvertes, ils firent tirer le canon de dessus la muraille pour donner advertissement audit sieur mareschal de Biron qu'ils estoient aux mains, et depescherent gens pour l'aller trouver et luy dire ce qui s'estoit passé, et le supplier de s'advancer. Ces gens là le trouverent à une demy-lieuë de la ville, où, luy ayant le tout dit, il commença à s'advancer au gallop, dont les maire et eschevins advertis, envoyerent encores au devant de luy le capitaine Monet pour le supplier de leur promettre que la ville ne seroit point pillée ne fourragée, ce qu'il promit et effectua. S'estant rendu à la porte il y fut receu par les maire et eschevins qui tous en corps et en armes l'attendoient. Entré qu'il fut, il meit tout aussi-tost la main à la besongne, fit advancer des carabins qu'il avoit tiré des regimens des sieurs de Sainct Blancard, Sainct Oger et de celuy de Champagne et autres, qu'il logea tout aussi-tost près les gens de pied et de cheval qui s'estoient serrez et retirez en ceste ruë de la Belle Croix en nombre de deux ou trois cents, et par lesquels il les fit attaquer; mais, sur ce point et à la premiere allarme, ils demanderent composition, laquelle il leur accorda à la charge qu'ils sortiroient leurs armes et bagues sauves, l'un de leurs drappeaux ployé, mis et laissé entre ses mains en signe de recognoissance de victoire; puis il feit advancer ses troupes de cavallerie et infanterie, et logea son infanterie, dès la nuict, à l'entour du chasteau. Le president de Latrecey fut depuis relasché pour les quatorze habitans qui avoient esté emprisonnez en ce chasteau. Ceste nuict là mesme entra le capitaine Lago avec six ou sept dedans le chasteau, où il se rendit de la ville de Nuits, ayant entendu les nouvelles de ce qui s'estoit passé. Mais Oudineau, qui exerçoit la charge de grand prevost du duc de Mayenne, s'estant venu presenter sur les onze heures de nuict à la porte Bretonniere, accompagné de douze ou quinze de ses archers, ayant demandé à entrer et qu'il venoit de la part dudit sieur duc, après que ceux de la garde l'eurent recognu, on le fit entrer dans la ville, et fut mené au mareschal de Biron, lequel vit tout ce qu'il portoit : c'estoit un mandement au sieur de Montmoyen, avec une liste des habitans de Beaune que ledit sieur duc vouloit estre chassez hors de la ville, et de ceux qu'il vouloit qu'on mist prisonniers. Car Oudineau estoit aussi chargé d'aller à Dijon et y porter une pareille liste au gouverneur, laquelle ledit sieur mareschal fit tenir depuis à ceux de Dijon affin qu'ils veissent l'intention du duc, et pour les accourager d'en faire autant que ceux de Beaune : ce qu'ils firent, ainsi que nous dirons cy-après. Quant à Oudineau, il fut mis prisonnier.

Le lendemain ledit mareschal commença à se retrancher contre le chasteau de Beaune, et manda les Suisses et le canon pour le battre, lequel arrivé, comme Montmoyen vit qu'il estoit prest à estre placé, il demanda à parlementer, ce qui luy fut accordé, et y eut quelques gentils-hommes ostagers d'une part et d'autre pour la seureté de ceux qui parlementeroient; mais c'estoit une ruze qu'il inventa affin d'avoir moyen d'advertir le duc de Mayenne, et d'avoir des advis de luy et du secours. Sabionniere, capitaine des gardes du fils du duc de Mayenne, et le capitaine Marnay, ayans avec eux quelque quarante ou cinquante soldats, estans entrez dans le chasteau, Montmoyen rompit ce pourparler, et commença à faire tirer aux tranchées, où furent blessez quelques soldats, et à loger sur les tours, affrontant sur la ville les canons du chasteau. Le mareschal de Biron, voyant la resolution de Montmoyen, feit dresser sa batterie, et commença à en saluër les assiegez. Sur le bruict qu'il courut que les ducs de Mayenne et de Nemours faisoient estat de pouvoir assembler de six à sept mille hommes pour secourir ce chasteau, toute la noblesse du pays se rendit à l'armée, et mesmes le Roy y envoya de Paris les sieurs de Tavannes, de Sipierre et de Ragny. Ce siege dura cinq semaines entieres, et y fut tiré plus de trois mille coups de canon, dont il fut faict bresche pour entrer trente hommes de front. Montmoyen, se voyant prest d'estre forcé par assaut, le jour des Pasques flories demanda composition, laquelle luy fut accordée par ledit sieur mareschal à condition que luy et les siens sortiroient avec leurs armes et bagages, enseignes ployées, et sans battre tambour, moyennant cinq mille escus qu'ils payeroient audit sieur mareschal.

Le Roy, qui s'estoit retiré au bois de Vincennes pour y faire ses devotions en la sepmaine saincte, y receut nouvelles de ceste reduction avec beaucoup de joye, et en fit chanter le *Te Deum* dans la Saincte-Chapelle de Vincennes, comme aussi le mardy ensuyvant il fut [illegible] dans l'eglise Nostre-Dame de Paris; [illegible]

duction de ceste place apporta puis après celle de Nuits et d'Authun, et en suitte celle de Dijon et de toute la Bourgongne, excepté Chaalons et Seurre, comme nous dirons.

En ce mesme mois de mars le roy d'Espagne fit publier à Bruxelles un edict pour response au Roy qui luy avoit declaré la guerre. Le commencement de cest edict estoit un grand narré de la paix faicte avec le roy Henry second, son beaupere, laquelle il disoit avoir tousjours bien gardée, et qu'il avoit tousjours assisté aux roys ses beaux-freres, heritiers et successeurs dudit roy Henry II, en leurs plus grandes affaires, lors mesmes que le royaume estoit en danger de se perdre à cause des heresies; que luy roy d'Espagne avoit tousjours maintenu la foy catholique; qu'il entendoit garder la confederation par luy faicte avec les catholiques de France, bien que sur les rebellions de ses subjèts de Flandres il eust receu de grandes incommoditez des François, dequoy la ville de Cambray servoit assez de preuve, laquelle luy estoit encor detenuë par un François; mais bien qu'à present le prince de Bearn [ainsi appelloit-il le Roy] luy eust declaré la guerre soubs certains pretextes ausquels luy roy d'Espagne disoit n'avoir point pensé, qu'il ne vouloit toutesfois laisser d'entretenir la paix qu'il avoit avec la couronne de France, et garder l'association par luy faicte avec les catholiques du party de l'union pour la manutention de la foy; et, nonobstant qu'aucuns d'eux s'en fussent departis, neantmoins qu'il leur vouloit garder la fidelité qu'il leur avoit promise moyennant que dedans deux mois ils se remissent en ladite association, deffendant à tous ses subjects de les offenser qu'après ce terme là. A la fin de son edict il se declaroit ennemy à toute hostilité dudit prince de Bearn et des siens, pour ce qu'il n'avoit point esté declaré, disoit-il, roy de France par le Pape, et en outre que ce qu'il faisoit n'estoit que pour la conservation de la religion catholique, apostolique et romaine, et de l'Estat de la France en bonne paix.

Le Roy qui recognoissoit que toute ceste declaration n'estoit publiée que pour entretenir en France ceux qui estoient encor obstinez du party de l'union en leur rebellion, et qu'une partie de l'effort de la guerre se feroit vers les frontieres de Picardie, il y envoya M. de Longueville, pour ce qu'il estoit gouverneur de ceste province-là afin de revisiter toutes les places et y donner l'ordre requis; mais il advint qu'entrant à cheval dans la porte de Dourlens, et parlant au capitaine Ramelle, homme qui estoit bien entendu au faict des fortifications, la garnison luy fit une salve d'harquebusades pour l'honorer comme il passoit; mais, soit à dessein, ou inscienment, il y en eut un qui avoit laissé son harquebuse chargée, qui tua d'un mesme coup ledit sieur duc et le capitaine Ramelle, sans que l'on ait peu jamais recognoistre qui avoit tiré ce coup là. Ledit capitaine Ramelle mourut sur le champ, et le duc peu de jours après, laissant madame sa femme, fille du duc de Nevers, enceinte, laquelle depuis mit au monde M. le duc de Longueville d'apresent. Son frere, M. le comte de Sainct-Pol, fut pourveu de ce gouvernement, et M. le mareschal de Bouillon eut la charge de l'armée sur ceste frontiere. De ce qui s'y passa nous le dirons cy-après.

Au mesme temps de ceste mort la nouvelle vint au Roy de la reduction de Vienne en Dauphiné, à cinq lieuës au dessous de Lyon, qui estoit la principale retraite du duc de Nemours, et le seul passage qu'il avoit sur le Rosne, et par lequel les places qui tenoient encor en Auvergne, au Lyonnois et en Forests, pour le party de l'union, pouvoient estre secouruës des estrangers. Avant que de dire comme ceste ville fut reduite par la diligence de M. le connestable de Montmorency, voyons comme ledit duc de Nemours sortit de sa prison du chasteau de Pierre-Ancize à Lyon.

Le 26 de juillet, l'an 1594, après que le duc de Nemours eut esté prisonnier dans le chasteau de Pierre Ancize près de dix mois, estant fort entier en son party, bien que le Roy eust envoyé exprès à Lyon pour traicter de son eslargissement s'il se vouloit remettre en son devoir, il s'esvada de sa prison. Il estoit continuellement gardé de jour et de nuict par deux habitans de Lyon. Sur le soir, estant au lict, feignant estre malade, ses gardes se tenans dedans un antichambre, il s'habilla des habits de son homme de chambre, et print le bassin des excrements pour l'aller vuider: en le portant il se contrefit tellement le visage qu'il passa au travers de ses gardes sans qu'ils le recogneussent, et s'en alla sortir avec une corde par un trou qu'avoit faict son cuisinier en un endroict de la muraille du chasteau qui regardoit hors la ville: aussi-tost qu'il fut descendu il trouva deux des siens qui le conduirent sans bruict jusques à une troupe de cavalerie qui l'attendoit près de là, envoyée exprès par son frere le marquis de Sainct Sorlin, et estant monté à cheval, en peu d'heures il arriva à Vienne. Les Lyonnois furent fort faschez de ceste evasion, car ils sçavoient bien que ledit sieur duc n'avoit point dans l'ame de plus grand desir que de se venger de ce qu'ils l'avoient detenu prisonnier. Aussi, dez qu'il eut sa liberté, il rechercha tous ses amys, et en moins de deux mois il assembla nombre de gens de guerre, tant de pied que de cheval, de plusieurs nations : mesmes le duc de Savoye luy envoya trois mille Suisses. Avec ces troupes il faisoit estat de s'emparer et de se rendre maistre de tout le plat pays de Lyonnois, Forests et Beaujollois, y ayant desjà de bonnes erres, et commandant au chasteau de Thoissay en Lyonnois, et ès villes de Feur, Montbrison, Sainct Germain et Sainct Bonnet, villes de Forest, èsquelles y ayant garnison de sa part, estans celles qui restoient de peu de defence, et non suffisantes pour attendre le canon, par ce moyen faisoit estat de se loger jusques sur les portes de Lyon, et fermer le passage aux Lyonnois, tant dessus que dessoubs les rivieres, aux fins de les contraindre, par necessité de vivres et autres incommoditez, de se rendre à luy ou causer quelque tumulte entre le peuple, qui luy eust peu redonner pied et entrée en icelle pour y faire sa volonté. Mais comme il estoit sur ces desseins et sur le point de les executer, M. le mareschal de Montmorency, à qui le Roy en ce temps-là avoit donné l'estat de connestable de France, partit de son gouvernement de Languedoc pour venir trouver Sa Majesté, accompagné de mille chevaux, maistres, et de quatre mil harquebuziers. Estant arrivé au Lyonnois il receut commandement du Roy de sejourner en ceste province pour arrester le progrez des desseins du duc de Nemours. Suyvant ce commandement M. le connestable fit loger ses troupes si proche de Vienne que le duc fut contraint de faire loger une partie de ses soldats à Saincte Colombe, qui est un petit bourg au pied du pont de Vienne, du costé du Lyonnois, favorisé d'une grosse tour carrée qui est sur la venuë du pont, lequel il fortifia, et mit le reste de ses gens en garnison dedans la ville : de sorte qu'en peu de temps les gens de guerre dudit duc de Nemours qui estoient à Vienne commencerent à patir, tant de vivres que d'autres commoditez et choses necessaires qui leur defailloient. Les Suisses, après plusieurs contestations avec ledit sieur duc, commandez par leur colonel, prirent congé, et se retirerent par le Dauphiné au pays de Savoye, où ils se joignirent aux troupes du marquis de Treffort, gouverneur et lieutenant general pour le duc de Savoye en ces pays deçà les monts, lequel faisoit estat de venir loger ses forces et hyverner son armée à Monluel, petite ville en Savoye, proche de trois lieuës de Lyon; mais M. le connestable, prejugeant son dessein, surprit ladite ville de Monluel, et se rendit maistre d'icelle sur le point que ledit marquis de Treffort s'y vouloit loger; dont il luy en reussit deux commoditez, l'une que ses soldats furent logez et accommodez contre le mauvais temps, l'autre que le pays de Lyonnois en fut d'autant soulagé, et les Savoyards frustrez de leur dessein et empeschez de loger aux portes de Lyon. Du depuis, ceste armée du marquis de Treffort fut en partie dissipée par l'injure du temps et par l'incommodité qu'elle receut en allant à la Franchecomté pour s'opposer et empescher le progrez des sieurs d'Aussonville et de Tremblecourt, qui, ayans prins Vezou, Luxul et [illegible] ville, faisoient de grandes hostilitez en ceste province-là.

Or, durant ce sejour que M. le connestable fit à Lyon, il descouvrit qu'il y avoit quelque mauvais mesnage entre les chefs des trouppes estrangeres qui estoient en garnison à Vienne et le sieur de Disimieu, gentil-homme de Dauphiné, qui commandoit dans le chasteau de Pippet, principale forteresse de ceste ville-là, et qui y tenoit lieu de gouverneur. Il feit remonstrer audit Disimieu par plusieurs fois le devoir qu'il avoit au service du Roy, son prince naturel, et l'obligation de laquelle il estoit lié et tenu à sa patrie, ensemble le bien qui reviendroit à tout le pays et à tant de peuples oppressez de calamitez et miseres, par la reduction de la ville de Vienne en l'obeyssance de Sa Majesté. Sur quoy le sieur de Disimieu print resolution, et tomba d'accord, voyant ledit duc de Nemours trop entier au party de la ligue. Pour faciliter ceste reduction, l'absence du duc de Nemours servit beaucoup, lequel, en esperance d'avoir commandement en l'armée estrangere, estoit sorty de Vienne dez le moys de mars, et s'estoit rendu près la personne du connestable de Castille, lequel, au lieu de rapporter ses desseins à ceux du duc, et venir aux environs de Lyon, s'en alla à la Franché-Comté.

Les choses estans passées de telle sorte, M. le connestable donna ordre, dès le dimanche 23 d'avril, dès la minuict, de faire partir et tirer vers Vienne ses trouppes, qui estoient de huict cents harquebuziers et trois cents chevaux, et le lundy matin, 24 dudit mois, partit de Lyon et s'achemina avec les gentils-hommes de sa suitte et bon nombre de noblesse du pays vers Vienne, où se rendit aussi le colonnel Alphonse d'Ornano avec cinq cen's harquebuziers et deux cents maistres, et parurent ès environs de Vienne sur le midy. Cependant Disimieu, resolu de remettre Vienne soubs l'obeyssance de Sa Majesté, avoit faict entrer, dès le point du jour, dedans le chasteau de Pippet le sieur de Monteyson avec bon nombre d'harquebuziers. Il envoya dire au sieur de Cheylart et à Vincentio, colonel des Italiens qui estoient en garnison dans Vienne, qu'il vouloit parler à eux : venus, il leur tint plusieurs propos, entr'autres sur le dessein qu'ils avoient sur sa personne, puis leur fit entendre la resolution qu'il avoit prise de recognoistre le Roy et de remettre la ville de Vienne et le chasteau de Pippet sous l'obeyssance de Sa Majesté : ce qu'il n'avoit fait, leur dit-il, sans penser de leur asseuré et de leurs trouppes, leur monstrant le sauf conduit qu'il en avoit de M. le connestable. Ils firent contenance au commencement de n'y vouloir obeyr : mais à l'instant partit ledit de Monteyson avec sa trouppe, qui feit prendre resolution ausdits de Cheylart et Vincentio d'acquiescer et prendre le party qu'on leur offroit; et leur fut lors commandé de mander à leurs gens qu'ils se tinssent prests et s'apprestassent pour se retirer, et fut ledit Vincentio conduit par ledit Disimieu hors le chasteau vers M. le connestable qui s'estoit arresté à Saincte Blandine, non loin dudit chasteau, où ledit Disimieu offrit et rendit tout aussi-tost obeyssance au Roy en la personne de M. le connestable, et dom Vincentio demanda seureté pour sa retraicte et des siens, qui pouvoient estre environ de huict cents harquebuziers; ce que luy estant accordé, tout à l'instant il fit battre aux champs, et sans sejourner s'en alla à Sainct Genis en Savoye sous la conduite d'une compagnie de chevaux legers qui leur fut donnée pour escorte.

M. le connestable, estant entré dans Vienne par la porte d'Avignon environ les cinq heures du soir, s'en alla droict à la grande eglise rendre graces à Dieu de l'heureux succez qu'il luy avoit pleu luy donner en cest affaire, où se trouva M. l'archevesque de Vienne et beaucoup de noblesse, et fut chanté le *Te Deum*. Il restoit le chasteau de La Bastie, qui est une bonne place où commandoit un capitaine savoisien, lequel voyant le canon la rendit. Le lendemain M. le connestable fit assembler tous les ecclesiastiques en l'eglise de Sainct Maurice, et leur feit là prester le serment de fidelité au Roy, et audit de Disimieu, officiers, consuls et habitans, dedans la maison de la ville. Ceste prinse, qui fut le 24 avril, fut le coup d'Estat qui amena avec soy le repos de tout ce pays-là.

En mesme temps que le Roy receut les nouvelles de la reduction de ceste ville, il receut advis du mareschal de Biron que le connestable de Castille, gouverneur du Milanois, avoit passé les monts et la Savoye, et estoit arrivé en la Franche-comté avec trois mille chevaux et quinze mille hommes de pied, et que les Lorrains avoient esté contraints d'abandonner ce qu'ils y avoient pris, excepté Vezou, où Tremblecourt avec cinq cents des siens estoit assiegé, sans qu'il y eust beaucoup d'esperance que l'on le peust secourir; que la presence de Sa Majesté estoit requise en la Bourgongne affin de s'opposer à ceste grande armée d'Espagne, le chef de laquelle se ventoit, avec des rodomontades espagnoles, qu'il n'entreroit point en France qu'avec des flambeaux qui chemineroient devant luy pour y mettre tout à feu et à sang; aussi que le duc de Mayenne, avec ce qu'il avoit de forces, l'estoit allé joindre.

Le Roy, ayant laissé M. le prince de Conty gouverneur à Paris, s'en alla à Troyes, où il fit son entrée le mardy, trentiesme jour de may, et où il avoit donné le rendez-vous à toutes ses troupes. Le 4 juin, sur les cinq heures du matin, Sa Majesté receut advis dudit sieur mareschal de Biron que les habitans de Dijon, ayans pris les armes contre le vicomte de Tavannes et contre le sieur de Francesche, gouverneur du chasteau de Dijon, qui avoient faict entrer quelques troupes de gens de guerre dans la ville, et vouloient les contraindre par la force de demeurer sous l'obeyssance du duc de Mayenne, l'avoient appellé à leur secours, et estoit entré dans la ville de Dijon le premier jour de may, où, par la grace de Dieu, il avoit rechassé ceux de l'union jusques dans le chasteau, bien qu'ils eussent reduit les habitans en un coin de la ville, et les alloient forcer sans sa venuë, et que ledit vicomte de Tavannes s'estoit retiré dedans le chasteau de Talent. Sa Majesté receut ceste nouvelle avec grande resjouyssance, et à l'heure mesme envoya querir messieurs de Nevers, le chancelier et autres de son conseil, et pourveut aux affaires necessaires avant son partement. Il envoya ledit sieur de Nevers sur les frontieres de Picardie, et commanda aux mareschaux de camp le chemin qu'il vouloit que ses troupes tinssent, et tailla ses journées les plus grandes que les gens de guerre pouvoient faire selon la saison, jugeant bien que l'armée du connestable de Castille, estant libre après la prise du chasteau de Vezou rendu par composition, dont il avoit eu advis, seroit employée par le duc de Mayenne à secourir celuy de la ville de Dijon, auquel consistoit sa principale ressource, et où ses partisans s'estoient retirez; surquoy Sa Majesté bastit à l'heure mesme le dessein qu'il executa depuis, et monta ce jour mesme à cheval sur le midy, et arriva le dimanche ensuivant à Dijon.

Estant à Sainct Seine, distant de cinq lieuës de Dijon, il eut advis que le connestable de Castille faisoit faire un pont de bateaux près de Grey, sur la riviere de Saosne, et accommoder celuy de ville, pour passer son armée sur l'un et son artillerie sur l'autre; et, arrivé à Dijon, il sceut aussi qu'une partie de ladicte armée estoit jà passée, et que le reste devoit suivre le lendemain, pour venir dès le lundy en diligence secourir ledit chasteau : ce qu'ayant sceu, il remonta incontinent à cheval, accompagné du mareschal de Biron, pour recognoistre le chasteau et le fort de Talan, assis à une canonnade de ladite ville, dedans lequel s'estoit retiré ledit vicomte de Tavannes, et toutes les advenuës par lesquelles l'Espagnol pouvoit entreprendre de secourir la place, choisissant les places de bataille propres pour l'en empescher, et les lieux pour dresser des forts, affin de boucler du tout ledit chasteau. Cela ne se peut executer que jusques à la nuict. Cependant Sa Majesté proposa audit sieur mareschal le dessein qu'il avoit projetté, qui estoit de prendre mille chevaux et cinq cents harquebuziers à cheval, et aller prester une estrette aux Espagnols devant qu'ils fussent bien asseurez de son arrivée, et par ce moyen retarder leur venuë d'un jour ou deux, pour avoir plus de loisir de faire un retranchement par dedans la ville pour en separer le chasteau, y laisser mille hommes avec les bourgeois, et prendre le reste de son armée pour aller combattre ledit connestable à trois ou quatre lieuës de ladite ville. Le mareschal de Biron n'approuva pas seulement cest advis, mais le fortifia encores de plusieurs raisons. Sa Majesté, ayant pourveu à ce qui estoit necessaire, tant pour les vivres qu'à envoyer querir de l'artillerie pour battre ledit chasteau, et à cest effect ordonné toutes les escortes necessaires, depescha aux troupes, et leur donna le rendez-vous le lendemain à Lux, à huict heures du matin, maison du baron de Lux, assise sur la riviere de la Tille, estant au milieu des villes de Dijon et de Grey, et distant de l'une et de l'autre de quatre lieuës, et manda à tous ses serviteurs qui estoient sur les frontieres dudit comté de luy donner au mesme temps, audit lieu, les plus certaines nouvelles de ses ennemis qu'ils pourroient.

Le Roy, suivant ceste resolution, partit de Dijon à quatre heures du matin, et y laissa M. le comte de Torigny, l'un des mareschaux de camp de l'armée, pour continuër le siege du chasteau, et se rendit audit Lux à l'heure dite, où, estant né de la contradiction entre les advis qu'il y trouva, il se resolut d'y repaistre deux heures, et le reste de ses troupes en trois villages circonvoisins, pour donner loisir au sieur d'Aussonville, qu'il avoit envoyé avec cent chevaux pousser jusques où il trouverroit les ennemis, de luy mander son advis s'ils marchoient ou s'ils sejournoient, luy commandant d'estre de retour trois heures après midy à Fontaine-Françoise, où, à la mesme heure, Sa Majesté avoit donné son second rendez-vous, et qu'il prinst garde s'ils ne deslogeoient point, et le moyen qu'il y auroit de donner à couvert audict village où ils estoient.

Le Roy partit de Lux à une heure après midy, à fin qu'arrivant le premier il mist les troupes en l'ordre de marcher, menant une compagnie de gens de pied pour jetter dedans deux chasteaux qui sont au village Sainct Seine sur la riviere de Vigenne, pour en deffendre le passage, d'autant que c'estoit le plus beau et le plus droict chemin que les Espagnols pouvoient tenir pour venir à Dijon avec leur armée. A une lieuë de Fontaine-Françoise Sa Majesté receut advis, par trois soldats envoyez par le marquis de Mirebeau, qu'il avoit rencontré trois cents chevaux qui l'avoient ramené plus viste que le pas audict lieu, et qu'il luy sembloit avoir veu des files d'armes derriere, mais qu'ils ne luy avoient pas donné loisir de la bien recognoistre. Soudain Sa Majesté despescha le mareschal de Biron avec la compagnie du baron de Lux, qui estoit la seule qu'il avoit pour lors avec luy, pour recognoistre si c'estoit veritablement l'armée ou une troupe qui fust venue à la guerre, et au mesme temps il fit prendre les armes à sa troupe, et s'achemina au grand trot après ledit mareschal, lequel, ayant passé Fontaine-Françoise, vid soixante chevaux qui estoient sur une colline à my-chemin de Sainct Seine, qui est situé au pied d'une coste, laquelle empesche que les villages ne se puissent voir. Le mareschal jugea qu'il devoit chasser lesdits soixante chevaux pour voir ce que l'ennemy faisoit derriere : ce qu'il fit fort facilement, et recognut que l'armée espagnole descendoit dedans Sainct Seine, et qu'auprès d'un bois proche dudit lieu, il y avoit deux ou trois cents chevaux qui avoient chassé d'Aussonville que Sa Majesté avoit auparavant envoyé pour recognoistre l'ennemy, lesquels debanderent une troupe à main droicte, et l'autre à main gauche, pour recognoistre ce qui estoit derriere ledit mareschal. Auquel il pourveut, envoyant pour les empescher le marquis de Mirebeau à une main, et à l'autre le baron de Lux. Ceste troupe de cavalerie espagnole, sentant approcher toute leur armée, derriere laquelle ce bois empeschoit que l'on ne vist, commença à s'advancer vers le mareschal de Biron, qui ayant recognu ce pourquoy ils s'advançoient [qui estoit pour sçavoir si c'estoit leur armée ou non], se retira : ce que les Espagnols voyant, monstrerent le vouloir presser : mais il en fit peu de compte, bien qu'ils fussent deux fois autant que luy. Le baron de Lux estoit avec dix chevaux derriere luy ; il luy sembla devoir faire une charge à quelques-uns qui s'advançoient devant le gros, ce qu'il fit très-bien ; mais son cheval y fut tué ; de façon qu'il fallut que ledit sieur mareschal tournast avec sa troupe pour le desengager, et fit une charge où il mit en fuitte ce gros qui estoit devant luy.

En mesme instant sortirent du coing du bois sept ou huict gros de cavalerie, qui pouvoient faire avec ce qui estoit devant douze cents chevaux : ce que voyant le mareschal de Biron, il commença à faire sa retraicte au petit trot devers Sa Majesté, tant pour l'advertir que toute l'armée marchoit, que aussi pour luy dire qu'il y avoit moyen, avec toute sa cavalerie, de combattre la leur avant que leur infanterie fust jointe ; mais il ne peut arriver jusques à Sadicte Majesté que les compagnies françoises du baron de Thianges, Thenissé et Villaroudan, qui estoient dans l'armée espagnole des troupes du duc de Mayenne, avec une compagnie de carabins estant jointe avec eux qu'il avoit desjà chassez, ne le contraignissent de tourner : ce qu'il fit avec vingt chevaux seulement, car le grand nombre des ennemis estonna la plus grande partie de ceux qui estoient avec luy, et en ceste charge ledit sieur mareschal fut blessé. Quoy voyant le Roy, il envoya une troupe de cavalerie qui luy estoit arrivée pour le soutenir, laquelle, appercevant venir ceste grande nuée d'ennemis, se renversa sur Sadite Majesté, qui s'advança vers eux, et en fit tourner quelques uns qui se joignirent à sa troupe.

Sur ces entrefaictes la compagnie du sieur de Tavannes arriva, laquelle le Roy fit mettre à sa main gauche, et lesdits cinq cents chevaux qui avoient chargé le mareschal de Biron firent ferme à my-coste, attendans que tout le reste de leur cavalerie qui les suivoit fust arrivée, qui parut aussi-tost sur le haut en cinq escadrons, et jetterent leurs carrabins devant eux.

Dès que les Espagnols eurent faict ferme, le mareschal de Biron vint trouver Sa Majesté pour le supplier de departir sa troupe en deux et luy en bailler une partie, ne luy estant resté des siens que huict ou dix : ce que le Roy voulant faire, une partie de la compagnie du mareschal arriva, et ne print que douze ou quinze hommes de la troupe de Sa Majesté. L'heure du rendez-vous n'estant point encore escheuë, nulle des autres compagnies n'estoit encore arrivée que les susnommez, qui pouvoient faire environ deux cents chevaux. Cela ne fut pas si tost executé, que le duc de Mayenne, estant encores survenu là avec trois cents chevaux, commanda aux autres de marcher droict vers Sa Majesté, contre lequel il envoya trois gros qui estoient à sa main droicte, et deux contre ledit mareschal.

Tous ceux qui ont escrit comme tout se passa en ceste journée, et particulierement en ceste charge icy, la rapportent à une merveille et à une favorable protection que Dieu avoit prise du Roy, lequel voyant advancer ces trois gros, et n'ayant avec luy que soixante chevaux, il donna dedans le premier, composé de trois cents chevaux, et les desfit, puis, avec ce qu'il put rallier, il rompit le second qui estoit près de deux cents, et après, avec vingt ou vingt-cinq chevaux qui luy restoient, car le reste suivoit la victoire, Sa Majesté desfit le troisiesme qui estoit de cent cinquante.

Le mareschal de son costé, tout blessé qu'il estoit d'un coup d'espée sur la teste et d'un coup de lance au petit ventre, qui toutesfois ne faisoit que luy couper la peau, avec environ cinquante chevaux, deffit l'un après l'autre les deux autres escadrons qui venoient à luy, à soixante pas près du duc de Mayenne qui faisoit ferme sur le haut avec son gros, où les fuyards se joignirent, pensans y trouver du salut ; mais ils furent mis à vau de route avec luy-mesme, et furent menez tousjours battans à coups d'espée, pesle mesle, jusques au coin du bois, où le Roy trouva des bataillons de gens de pied et force mousquetaires et harquebuziers departis en files le long d'iceluy, avec quatre cents chevaux frais qui vindrent recevoir ledit duc et ses troupes environ à cent pas des bataillons.

Sa Majesté ayant fait ferme, et les siens s'estans r'alliez auprès de luy, il trouva avoir fait cest exploict avec quatre-vingts chevaux, et lors il commença à se retirer, sans toutesfois estre pressé, bien qu'il fust suivy par toute la cavalerie ennemie jusques sur le haut où il se remit en bataille ; et estant en la place d'où il estoit party pour faire la charge, il retourna derechef, et se remit en deux trouppes avec ledit sieur mareschal, demeurant par ce moyen maistre des corps des ennemis et du champ du combat, accompagné seulement de cent chevaux, en la presence de plus de quinze cents. Là il commença à rallier ceux qui estoient escartez. Sur ce point arriverent le comte d'Auvergne et le sieur de Vitry, la compagnie des chevaux legers de Sa Majesté, celles de Cesar Monsieur, du duc d'Elbeuf, du comte de Chiverny, du chevalier d'Oyse et des sieurs de Rissé et d'Aix ; mais, parce qu'il falloit qu'ils passassent à la file au travers du village de Fontaine-Françoise, si tost que celle de Vitry et des carabins et celle du chevalier d'Oyse furent arrivez, Sa Majesté, sans attendre lesdites compagnies, fit carrabins devant le mareschal de

marchant après vers les Espagnols, comme Sa Majesté fit de son costé, ils tournerent et gaignerent leur infanterie avant qu'on les peust joindre, encores que le Roy, quant tout y fut arrivé, n'eust peu avoir que six cents chevaux, et ses ennemis plus de deux mille, lesquels retournerent loger à Sainct Seine, laissans les François maistres d'un costé et d'autre de la colline, depuis le village de Fontaines jusques au bois dudit Sainct Seine.

Dès le lendemain matin les Espagnols deslogerent dudit Sainct Seine, et allerent repasser l'eau sur les ponts qu'ils avoient dressez. Sur leur retraicte le Roy les suivit avec cent chevaux jusques à deux lieuës de Grey. La perte des François ne fut que de six morts et un prisonnier, et celle des Espagnols de six vingts morts sur la place, soixante de pris et deux cents blessez. Il y mourut cent chevaux d'une part et d'autre. Entre les Espagnols se trouverent morts le capitaine Sanson, lieutenant de dom Roderieq de Binelle, lieutenant de la cavallerie legere du roy d'Espagne, et le lieutenant et la cornette de Montagne, duquel le drapeau fut pris à la derniere charge que feit le Roy, qui feit tous ses combats sans autres armes que sa simple cuirasse. En cette journée le Roy fut toujours accompagné des ducs d'Elbeuf et de La Trimoüille, du marquis de Pizany, des sieurs d'Inteville, Roquelaure, Chasteau-Vieux, Liencour, Montigny, Myrepoix, du marquis de Treynel et autres.

Les François estimerent que ceste victoire estoit une marque de la providence de Dieu, des enseignes de sa faveur, et des effects du soin qu'il avoit de leur Roy et de son royaume, veu que le duc de Mayenne, qui est experimenté chef d'armées, n'avoit pu croire qu'une si petite troupe de François avec leur Roy se fust hazardée au combat sans estre bien suivie; et estimerent aussi que le vieux proverbe françois, *si l'ost sçavoit ce que fait l'ost il le vaincroit*, avoit esté en cest endroit renouvellé. Plusieurs ont escrit que le duc de Mayenne, après ceste journée, se retira à Chaalons sur Saone, le connestable de Castille à Grey en la Franche-Comté, où il fit retrancher son armée aux environs, et que le Roy alla faire continuër le siege du chasteau de Dijon, là où après que le vicomte de Tavannes eut rendu le chasteau de Talent au Roy et eust faict son accord, Francesche aussi, qui estoit dans celuy de Dijon, le rendit à composition. Et par ce moyen Sa Majesté, ayant reduit toute la Bourgongne en son obeyssance, excepté Chaalons et Seurre, après avoir donné l'ordre requis aux places nouvellement reduites, entra avec son armée dans la Franche-Comté, où il se rendit incontinent maistre de toute la campagne, le connestable de Castille s'estant renfermé dans les villes, et, comme disent les relations italiennes, *era trincerato à Grey, e fortificato in modo che' el Rè più volte tentò in vano di disfarlo* (1).

Ceste province fut fort affligée des gens de guerre, tant d'un party que d'autre, depuis le commencement de l'ouverture de la guerre contre l'Espagne, et principalement sur la fin de juin, le mois de juillet et celuy d'aoust. Nonobstant les retranchements du connestable de Castille, le Roy luy fit enlever un de ses logis où estoit logé Alfonse d'Idiaques, qui gouvernoit la cavalerie de Milan depuis la mort du marquis du Guast qui en estoit le general, lequel pensant se retirer au delà d'une petite riviere où estoit logée l'infanterie espagnole, il fut poursuivy de si près, qu'après avoir perdu plusieurs des siens on le contraignit de se rendre prisonnier. Il fut traicté, comme rapportent les Italiens, *humanamente dal Rè mentre fu suo prigioniere* (2), et paya vingt mil escus de rançon. Toutes les petites villes venoient racheter des François leur pillage. Il y en avoit qui se faisoient en ce voyage tout d'or; et le Roy se preparoit d'y forcer les principales villes : mais les Suisses envoyerent leurs deputez à Sa Majesté le prier de retirer son armée et confirmer la neutralité de ceste province qui leur estoit voisine.

Le Roy, à leur requeste, l'accorda moyennant quelque desfrayement de son armée, et s'achemina vers Lyon, tant pour y faire son entrée et accorder une trefve generale avec M. de Mayenne, retiré à Chaalons, qui l'en recherchoit, ce qui estoit le moyen de mettre en paix la Bourgongne, et asseurer les frontieres de ce costé-là, aussi pour envoyer M. de Guise en Provence, à qui il avoit donné le gouvernement de ceste province (de ce qu'il y fit nous le dirons cy après), tant pour cela que pour s'en retourner vers la Picardie où le comte de Fuentes estoit entré avec douze mille hommes de pied, trois mil chevaux et vingt pieces de canon. Voyons donc ce qui se passa sur ceste frontiere auparavant que d'escrire l'entrée du Roy à Lyon.

Han, Soissons et La Fere estoient les trois villes restantes en Picardie qu'y tenoient les ennemis du Roy : La Fere par les Espagnols, Sois-

(1) Il étoit si bien retranché et fortifié que le Roi ne put lui livrer bataille.

(2) Humainement par le Roi pendant qu'il fut son prisonnier.

sons par le duc de Mayenne, et Han par la duc d'Aumale, qui y avoit mis pour gouverneur le sieur de Gommeron dans le chasteau, et dans la ville la garnison estoit de cinq cents Neapolitains sous la charge de Marcel Caracciolo, cinq cents lansquenets, deux cents Espagnols et deux cents cinquante Valons, avec bien autant de François. Pource que ceste place est forte et frontiere, laquelle ouvre le chemin dans la Picardie jusques à Beauvais, et qui n'est distante de La Fere que de cinq lieuës et de Sainct Quentin d'autant, l'Espagnol, s'y voyant le plus fort dans la ville, eut envie de se rendre maistre du chasteau. On en avoit traicté à Bruxelles avec le duc d'Aumale, où le sieur de Gommeron fut mandé : il y alla laissant à sa femme et au sieur d'Orvillier, son beau frere, le commandement au chasteau. Arrivé, les Espagnols luy promirent tant de deniers et de si belles offres, qu'il fut contrainct de mander à son beau-frere et à sa femme de livrer le chasteau de Han aux Espagnols [ce qui estoit toutesfois, à ce que l'on a escrit, contre son intention, car il se voyoit comme retenu jusques à ce qu'il eust fait faire ceste reddition]. Le sieur de Humieres, adverti de ceste practique, fit proposer au sieur d'Orvillier qu'il estoit en sa puissance de faire un service signalé à sa patrie s'il luy donnoit ouverture par dedans le chasteau de Han pour entrer dedans la ville, où il tailleroit en pieces la garnison, retiendroit les chefs prisonniers qu'il luy bailleroit pour retirer ledit sieur de Gommeron d'entre les mains de l'Espagnol, et que le gouvernement de ceste place leur seroit laissé sous l'obeyssance du Roy. La femme de Gommeron et d'Orvillier s'accorderent avec ledit sieur de Humieres, et luy promirent passage par le chasteau pour entrer dans la ville, dont il advertit incontinent M. le comte de Sainct Pol et le mareschal de Bouillon, lesquels s'acheminerent avec toutes leurs troupes vers Han.

La nuict du 20 de juin les François furent introduits par le chasteau pour entrer dans la ville. Les Espagnols, en estans advertis, se barricaderent à l'encontre. Le sieur de Humieres voulant entrer dans la ville, il fut bien combatu de part et d'autre. Les François furent repoulsez par deux fois dedans le chasteau : à la seconde ledit sieur de Humieres fut tué d'une harquebusade. les Espagnols, pour faire quitter les maisons qu'avoient gaignées les François, y mirent le feu. Douze heures durant il y eut un combat aussi opiniastré de part et d'autre qu'il s'en soit passé durant ces troubles, les Espagnols attendans du secours de l'armée qui estoit devant le Castelet, et les François les voulans forcer devant que ce secours fust arrivé. La flamme des maisons qui se brusloient faisoit tres-bucher la victoire, ores d'un costé, ores de l'autre, selon que le vent souffloit. Le mareschal de Bouillon prenant l'occasion de ce que la flamme donnoit d'un costé de la ville, il la traversa avec les siens et alla jusqu'à la porte de Chauny, laquelle il fit ouvrir, par où M. le comte de Sainct Paul entra avec le reste de ses troupes. Alors les Espagnols, se trouvans las et recreus après avoir combatu douze heures durant, tumberent sous les armes des François qui en sauverent peu, à cause de la mort dudit sieur de Humieres, du maistre de camp La Croix, des sieurs de Mazieres, de Bayencourt, de vingt gentils-hommes et cent soldats qui moururent en cest exploict. Il demeura sur le carreau plus de huict cents de ceux de la garnison, et quatre cents prisonniers : peu se sauverent. Voylà comment Han fut remis en l'obeissance du Roy.

Le comte de Fuentes ayant receu quelques forces d'Italie que luy amena le duc de Pastrane [lequel avoit passé les monts avec le connestable de Castille], et laissé le colonel Mondragon avec un armée pour faire teste au prince Maurice et luy empescher de rien entreprendre, il s'achemina le 10 juin de Bruxelles pour se venir rendre en l'armée que conduisoit le prince de Chimay, qui avoit assiegé le Castelet en Vermandois, place entre Sainct Quentin et Cambray, laquelle ville de Cambray on avoit resolu au conseil d'Espagne à Bruxelles d'assieger, et amena quant et quant luy ledit sieur de Gommeron pour se rendre luy-mesmes maistre du chasteau de Han. Aussi-tost qu'il eut receu l'advis des chefs de la garnison de Han du besoin qu'ils avoient de son secours, il s'y achemina de devant le Castelet avec quatre mille hommes de pied et toute l'eslite de sa cavalerie; mais, estant proche de la ville, il receut advis comme la garnison y avoit esté taillée en pieces : dequoy merveilleusement fasché, il fit trancher la teste audit sieur de Gommeron.

Retourné qu'il fut au siege du Castelet [dans laquelle place le sieur de La Grange avec six cents soldats avoit desjà soustenu quelques assauts et se deffendoit vaillamment], il fit dresser une si furieuse batterie que les assiegez, voyans qu'il n'y avoit point d'apparence d'en deffendre la bresche, commencerent à parlementer et se rendirent à composition le 25 juin.

Le comte de Fuentes ayant donné ordre à faire reparer les bresches et mis trois compagnies de cavalerie et quatre d'infanterie dans le Castelet, après avoir envoyé un nouveau convoy dans La Fere, pris Clery, fait piller et brusler quelques maisons auprès de Peronne, il tourner la teste de son armée droict à Dourlei petite ville frontiere du costé d'Artois, size s la riviere d'Authie, dans laquelle, au bruit de siege, se jetterent plus de quinze cents Franço tant de pied que de cheval. Le sieur de Han court commandoit à la ville, et le sieur de R soy dans le chasteau.

Aux approches, comme le sieur de La Mot gouverneur de Gravelines et grand maistre l'artillerie pour le roy d'Espagne aux Pays-B faisoit dresser la batterie, il reçut une harq buzade dans la teste, dont il mourut tost apr Ce seigneur de La Motte a esté un des plus vi et subtils capitaines de son temps: il s'appel Valentin de Pardieu; il estoit François de i tion, et gentil-homme de race, mais peu ri en France. Dez que l'empereur Charles V est devant Teroüenne il se rendit au service de l' pagnol avec son pere mesmes qui l'y mena, du depuis il l'a servy fort fidellement; aussi receut depuis du roy d'Espagne, outre les bie faits du gouvernement de Gravelines, plusie grandes charges militaires, comme colonel, neral de l'artillerie, mareschal de camp et c et conducteur d'armées; mesmes il fut enterr Sainct Omer avec la qualité de comte d'Eick beke, qui est un comté qu'il avoit acheté auparavant sa mort.

Le Roy, qui s'estoit douté que lors qu'il at queroit la Franche-Comté, que ses ennemis faudroient point d'entrer en la Picardie, a mandé à l'admiral de Villars qu'il assemblas plus de noblesse et de gens de guerre qu'il po roit en la Normandie, et qu'il se trouvast en l' mée qu'il vouloit dresser sur la frontiere de cardie: ce qu'il fit, et s'y rendit, comme fir aussi plusieurs gouverneurs des villes de pays-là [cependant que M. de Nevers, à qu Roy avoit donné la lieutenance generale de c armée, s'y acheminoit avec trois cents chev et six ou sept cents hommes de pied du re ment de Champagne]: tellement que toutes troupes jointes avec celles de M. le comte Sainct Paul et du mareschal de Bouillon estoi bastantes d'empescher le comte de Fuentes d sieger aucune place; mais soit, comme les pagnols ont escrit, ou pour le peu d'intellige qu'il y avoit entre les chefs de ceste arm chacun desirant avoir l'honneur de ce qui s'y roit, ou pour le peu d'amitié qu'ils avoient tr'eux, le comte de Fuentes, par les advis François rebelles qui estoient en son armée, porta beaucoup d'honneur durant cest esté.

Deux heures après que M. de Nevers fut rivé à Amiens, les fuyards de la desro

lin. Ledit sieur mareschal luy envoya dire peu après qu'il n'y avoit point d'apparence de s'opiniastrer au combat, et qu'il le prioit d'advancer la retraicte le plus qu'il pourroit. Quand l'admiral receut ceste response il estoit desjà engagé au combat, et avoit fait une charge si rude qu'il avoit fait plier ceste cavalerie qui le poursuivoit: mais pendant ceste charge l'armée espagnole s'estoit advancée, et l'infanterie avoit gaigné le devant; tellement que ledit admiral se trouva comme entouré, et salué d'un nombre infiny d'harquebuzades et mousquetades par les costez, et en teste chargé par les compagnies d'ordonnance des Pays-Bas : la plus-part de sa troupe prit lors la fuitte, et d'une suitte toute la cavalerie françoise qui se retira au grand galop droit à Pequigny, distant de six lieuës de là et ce sans aucun ordre. Aucuns des chefs des compagnies qui ne voulurent abandonner ledit admiral combattirent auprès luy quelque temps, et luy, en voulant secourir un de qui le cheval avoit esté tué, sentit le sien fondre sous luy : contraint de se rendre aux victorieux, il demeura le prisonnier du lieutenant du vicomte d'Estauges : comme aussi furent pris près de luy ledit sieur de Sesseval, le capitaine Perdrier, le sieur de Lonchamp et quelques autres. Quant audit admiral et au sieur de Sesseval, après avoir esté recognus, leur ayant esté reproché d'avoir quitté le party de l'union, et respondu par Sesseval qu'il estoit gentil-homme françois, qu'il avoit servy au party, durant qu'il en avoit esté, fort fidellement, que, s'estant remis au service de son roy, il n'avoit receu pour ce faire aucune recompense de Sa Majesté, mais qu'il l'avoit faict pour son devoir estant né son subject, et que l'ennuy d'estre prisonnier ne luy estoit point tant qu'il trouvoit estrange de voir des François armez contre leur patrie, portans la livrée de leur ennemy, quelques chefs françois qui estoient là, portant l'escharpe rouge, luy repartirent mille injures; mais les Espagnols et eux faisans une feinte querelle à qui ces seigneurs demeureroient prisonniers, ils les tuërent tous deux de sang froid. Les autres prisonniers ne furent pas sans crainte que l'on ne leur en fist autant, mais ils furent menez à Arras jusques au nombre de soixante, le principal desquels estoit le comte de Belin. Les historiens qui ont escrit en faveur de l'Espagne disent que le sieur de Villars *volea rendersi à M. del la Ciapella, luogotenente del visconte d'Estauge, egli fu da altri, che sopraggiunsero ucciso* (1). Voylà ce qui se passa en ceste desroute devant Dourlens.

Le corps de l'admiral, rendu par les Espagnols, fut reconduit à Rouën où il luy fut faict un bel enterrement selon sa qualité. Son frere, le chevalier d'Oyse, qui estoit en Bourgongne avec le Roy, ayant entendu ceste mort, y vint; mais le capitaine Boniface ne le voulut laisser entrer dans le fort Saincte Catherine. Le Roy depuis luy donna le gouvernement du Havre de Grace, et mit ce capitaine Boniface dans le chasteau d'Arques; et, à la requeste des habitans de Rouën, il a depuis faict demolir le fort Saincte Catherine, rendant par ce moyen la liberté aux habitans de ceste ville là, qui l'avoient comme perduë durant ces dernieres guerres. Le Roy leur dit en leur octroyant ceste desmolition : « Je ne veux point d'autre citadelle à Rouën que dans le cœur des habitans. »

Après la desroute des François devant Dourlens, M. de Nevers alla à Pequigny où s'estoient retirez M. le comte de Sainct Paul et le mareschal de Boüillon; et, sur l'advis que les assiegez leur donnerent qu'ils pourroient tenir encores quatre jours, M. le comte de Sainct Pol envoya dans Dourlens le sieur de Sainct Ravy, lequel, y estant entré avec quelques capitaines, luy manda le lendemain que si l'on ne secouroit la place, qu'elle estoit en danger de se perdre, et que les assiegez avoient faict des retranchemens tout au contraire de ce qu'ils devoient faire, faute de n'avoir des hommes entendus en telles affaires, et que le comte de Fuentes faisoit ses preparatifs de battre la ville et le chasteau tout ensemble. Ils recognoissoient tous bien que le sieur de Haraucourt, gouverneur dans Dourlens, estoit plus propre pour faire la charge de mareschal de camp que de deffendre une ville assiegée; mais personne ne s'offrit pour y aller s'enfermer en sa place.

Les François, ayans assemblé leurs troupes, firent un corps d'armée de seize cents chevaux et deux mille cinq cents hommes de pied, et s'acheminerent jusques à deux lieuës de Dourlens, d'où ils envoyerent le sieur de Rinseval, lequel avec soixante cuiraces et vingt mulets chargez de poudres y entra. Les François ne trouvans pas seur de hazarder la bataille, ils renvoyerent l'infanterie à Pequigny, pour eviter un pareil mal-heur qui estoit advenu le lundy d'auparavant, et resolurent de se faire voir seulement aux assiegez pour les accourager, et aller loger au village d'Authie afin d'attaquer le regiment de La Burlotte qu'ils avoient eu advis de venir en l'armée espagnole, et puis qu'ils iroient en Artois pour incommoder ce pays-là

(1) Il vouloit se rendre à M. de La Chapelle, lieutenant du vicomte d'Estauges; mais il fut tué par d'autres Espagnols qui survinrent. Le vicomte d'Estauges étoit fils de Rosne.

françoise se rendroit près des portes de Dourlens pour les recueillir. Mais il advint tout au contraire de ceste proposition, car, le 31 de ce moys, le comte de Fuentes ayant receu des munitions d'Arras et donné la charge de la batterie au capitaine Lambert, dez l'aube du jour il fit battre la pointe d'un bastion du chasteau qui avoit esté estimé le plus fort endroit, et, l'ayant faict continuër assez furieusement, le comte de Fuentes disposa quelques troupes, non pour donner l'assault, mais seulement pour se loger à la pointe dudit bastion, lesquelles s'esforcerent d'y loger; et, après un long combat, les Espagnols qui estoient sur la contrescarpe crierent à ceux qui combattoient audit bastion que les François se retiroient parce qu'ils n'avoient point esté rafraischis comme on leur avait promis, et se trouvoient las, harassez et blessez, de sorte qu'ils ne pouvoient plus se soustenir : ce qui donna occasion aux Espagnols de monter sur le hault dudit bastion et puis de les suivre, comme ils firent de si près qu'ils les attraperent au fossé qui avoit esté fait entre ledit bastion et le chasteau, où ils en tuèrent beaucoup; ce qui donna une telle espouvante aux autres assiegez qui estoient sur la courtine du chasteau, voyant ainsi mal traicter leurs compagnons qui estoient sur ledit bastion, où fut tué le comte de Dinan et plusieurs gentils-hommes, qu'ils quitterent la deffence du chasteau et se retirerent vers la ville, pensant y estre en plus grande seureté, et laisserent M. de Ronsoy tout seul sur la courtine dudit chasteau, où il fut assailly par les ennemis qui monterent dans le chasteau à la queuë des François, et fut par eux bien blessé et pris prisonnier.

Du chasteau les Espagnols entrèrent dans la

moururent prisonniers, et sur six cents hommes de pied, toutesfois cela apporta beaucoup de gloire aux Espagnols qui avoient auparavant l'espouvante accoustumée de la cavallerie françoise, pour en estre battus d'ordinaire. Les cruautez exercées dans Dourlens estonnerent toutes les villes frontieres de Picardie; et la cause de tous ces malheurs fut attribuée aux François qui estoient dans l'armée espagnole, et à leurs chefs, qui estoient le duc d'Aumale et le sieur de Rosne, lesquels, sçachans les advenuës du pays de Picardie et y ayans des intelligences, faisoient faire des courses, prenoient langue et donnoient advis aux Espagnols de ce qui se passoit et de ce qu'il falloit faire. La cour de parlement de Paris, qui, par son arrest du 30 mars de l'an passé, avoit fait injonction au duc de Mayenne et aux princes de sa maison de rendre le service qu'ils devoient au Roy, sur ce que ledit duc d'Aumalle, qui estoit né subject du Roy, avoit esté veu en l'armée espagnole à Dourlens portant l'escharpe rouge, marque d'Espagne comme le blanc l'est de la France, et tous les François qui estoient avec luy, comme leur conducteur, par arrest il fut declaré criminel de leze majesté au premier chef, et son effigie, vestuë à l'espagnole avec l'escharpe et des jartieres rouges, fut, depuis la Conciergerie du Palais, traisnée jusques en la place de Greve, où par l'executeur de justice elle fut mise en quatre quartiers, et ses biens confisquez. Plusieurs presumoient que cest arrest avoit esté donné contre ledit duc pource que il avoit consenty et favorisé l'emprisonnement de messieurs de la cour l'an 1589. Madame de Montpensier, qui estoit sœur du feu duc de Guise, et laquelle lors de cest emprisonnement estoit aussi celle qui gouvernoit tous les remuëmens de ce temps-là dans Paris, eut crainte, voyant ceste poursuitte contre le duc d'Aumale, que la cour procedast à la recherche des choses passées, comme le bruit en couroit fort : elle vint de Paris à Sainct Germain en Laye où estoit Madame sœur du Roy, avec laquelle j'estois encores lors. Elle logea premierement dans le bourg; mais, le bruict continuant, elle supplia Madame de luy donner logis dans le chasteau, ce que madite dame luy permit; et pour ceste courtoisie elle luy fit present de plusieurs beaux ouvrages en linge que ceste vertueuse princesse estima fort pour avoir esté faicts par la royne Anne, femme du roy Loys XII, qui les avoit donnez à sa fille Renée, duchesse de Ferrare, mere de madame de Nemours, qui en avoit faict present à ladite dame de Montpensier sa fille. Voylà un exemple de la vicissitude des choses. Audit an 1589, bien heureux estoient ceux qui pouvoient dans Paris avoir quelque faveur de ladite dame de Montpensier pour se garantir de la rage des Seize, et à present la crainte seule de la recherche des choses passées la faict sortir de Paris, et se mettre comme sous la protection de madite dame qui faisoit profession de la religion pretendué reformée.

Ce bruit fut peu après appaisé, et n'estoit l'intention du Roy qu'on recherchast les choses passées, excepté ce qui estoit reservé par les edicts; mesmes, ainsi que plusieurs ont escrit, il avoit envoyé, auparavant ladite prise de Dourlens, vers le duc d'Aumale le semondre de son devoir et l'asseurer de sa bonne volonté; mais en ce temps là il n'y voulut nullement entendre, et n'a on sceu les particulieres occasions pourquoy, veu que du depuis la lettre suivante a couru entre les mains de plusieurs, laquelle on disoit qu'il avoit escrite au Roy.

« Sire, les choses passées se peuvent plustost regretter qu'amender, ausquelles l'excuse le plus souvent sert de renouvellement, et l'oubliance de remede, la genereuse clemence de Vostre Majesté s'estant plus fait paroistre en pardonnant que la force de ses armes en subjuguant. Si je n'ay plustost merité d'estre reconcilié en l'honneur des bonnes graces de Vostre Majesté, j'espere que le mesme temps qui m'en avoit separé me remettra sous son obeyssance; et comme elle a subject de vouloir bien à ceux qui l'ont fidellement servie, je me promets aussi qu'il plaira à sa bonté d'excuser ceux qui par le mal-heur du temps et violence de la fortune ont esté emportez, qui sçaura considerer que celuy qui quelquesfois arrive le plus tard essaye à recompenser la perte par le merite. Qui fait, Sire, que j'ose aujourd'huy, en portant à Vostre Majesté les arres de ma très-humble et très-devote subjection et servitude, la supplier très-humblement oublier et pardonner les offences passées, et me faire, s'il luy plaist, participant des effets de sa royalle bonté, qui s'est tousjours rendue admirable à tout le monde par le vouloir, et incomparable par le pouvoir, protestant de demeurer perpetuellement, Sire, etc. »

Ceux qui escrivirent en ce temps là en faveur dudit duc disoient que son pere avoit tousjours esté amy d'Anthoine, roy de Navarre, pere du Roy, comme estans cousins germains; et pour le prouver disoient : « Du regne de François II, lors des estats d'Orleans, un soldat de fortune nommé La Pierre [enfant de la matte] ayant entrepris de tuër ledit roy Anthoine avec un coup de pistole qu'il luy donneroit par derriere lors qu'il seroit à la chasse où on le devoit mener prez de Clery [ce qui avoit esté arresté à un conseil secret], le pere dudit duc alla trouver à son logis ledit roy Antboine, lequel on bottoit et s'en alloit à l'assemblée, et, faisant semblant de l'accoler, luy dit à l'oreille l'entreprise que l'on avoit resoluë contre luy, puis se retira sans faire semblant de rien : dequoy ce roy estonné, s'estant tourné et courbé les bras croisez, accoudé sur la table, se mit quelque temps à penser à cest advis; mais une colique à quoy il estoit subject l'ayant saisi incontinent, ce fut tout ce que les siens purent faire que de le coucher au lict; lequel advis ledit sieur roy de Navarre trouva veritable, car à l'instant François II, estant encore jeune roy, accompagné de ceux qui luy avoient conseillé de faire faire ce coup, vint tout à cheval pour le prendre comme en passant; mais, comme on luy eut dit qu'il estoit malade, ceux qui l'accompagnoient luy dirent : « Sire, ce sont feintes; faictes voir par vos medecins ce que c'en est » : ce que François II, qui croyoit du tout leur conseil, fit faire, et envoya querir deux de ses medecins, et ne bougea de là tout à cheval jusques à ce qu'ils fussent venus et luy eussent rapporté que ledit roy Anthoine avoit une grosse fievre, luy estant impossible de monter à cheval : ce qu'entendu par ledit roy François, il dit tout haut à ceux qui l'accompagnoient : « Il faut remettre la partie à une autre fois »; et s'en retourna à son logis sans aller à la chasse. »

Plusieurs historiens ont escrit que si ledit roy Anthoine eust esté tué, que dez le lendemain on eust tranché la teste à son frere, M. le prince de Condé : ce qu'on ne vouloit pas faire tandis que ce roy vivroit. Mais toutes ces tragedies sanglantes ne furent point executées, pour la mort de François II qui fut incontinent après assez subite, comme rapportent les historiens.

Que si le pere dudit duc d'Aumale avoit adverty le roy Anthoine de ceste entreprise faicte contre luy, que ledit duc son fils n'en avoit pas moins faict à l'endroict du roy Henry III, ainsi que ledict Roy l'avoit publié par sa declaration qu'il fit au commencement des troubles de l'an 1589.

Plus, que l'on sçavoit bien que la querelle entre ledit sieur roy Anthoine [n'estant encor que duc de Vendosme] et François, duc de Guise, n'estoit venuë que pour ce que tous deux pretendoient d'espouser la princesse Jeanne de Navarre; car auparavant, comme font jeunes princes, proches parens comme ils estoient, on les avoit veus assez de fois couchez ensemble, et le pere du duc d'Aumale au milieu d'eux; mais que du depuis qu'ils se furent entre-descouverts qu'ils poursuivoient chacun en particulier d'avoir ceste princesse en mariage, et que le capitaine Monins [que le duc de Guise avoit pratiqué prez le roy Henry d'Albret pour luy faire trouver bon ce mariage] fut tué, l'on sçait bien qu'il y avoit eu tousjours une haine couverte entr'eux, à laquelle le duc d'Aumale s'estoit monstré neutre, honorant l'un comme son cousin germain [pour ce que ledit duc estoit fils d'Antoinette de Bourbon, de laquelle il portoit les armes escartelées dans les siennes], et l'autre, l'aimant comme son frere aisné; bref, que les ducs d'Aumale en toutes les guerres civiles n'avoient porté les armes que pour la deffense de la religion catholique-romaine, sans avoir eu aucune querelle ny haine contre aucun des princes de la maison de Bourbon. Voilà ce qu'escrivirent ceux qui desiroient la reconciliation dudit duc d'Aumale avec le Roy. Mais, soit à cause de ce qui se passa à Douriens, ou pour d'autres causes secrettes, il a esté le seul des princes de sa maison qui ait demeuré jusqu'à present avec l'Espagnol (1).

Si les Espagnols avoient fait sonner haut la desroute de Douriens advenuë la veille Sainct Jacques, leurs historiens publierent encor plus la levée du siege de devant Grolle, au pays d'Overyssel, qu'avoit assiegé le prince Maurice. Ils l'intitulerent : *Prince Mauritii Nassovii fuga*, et disoient que ce siege avoit esté levé le jour de Sainct Jacques, bien que plusieurs ont escrit que ce ne fut que le jour Saincte Anne, trois jours après.

Le prince Maurice, ne voulant demeurer sans faire quelque exploict de guerre pendant cest esté, avoit, avec plus de deux cents [illegible] à dessein d'attaquer quelque place de l'obeyssance de l'Espagnol : il faisoit courir le bruit qu'il en vouloit à Bosleduc; mais, ayant [illegible] le Vahal et le Rhin, il tourna droict par [illegible] vers la comté de Zutphen, et mit le siege devant ceste ville de Grolle, n'ayant au plus que cinq mille hommes de pied et mille chevaux, avec vingt-huit gros canons. Ils s'asseuroit [illegible] soin de mander et se servir de toutes les garnisons voisines, et pensoit emporter ceste place comme il en avoit fait d'autres aux années precedentes, tandis que les forces espagnoles estoient empeschées contre la France; mais Mondragon, vieil capitaine et gouverneur de la citadelle d'Anvers, que le comte de Fuentes avoit laissé avec de belles troupes, comme nous avons dit, pour empescher ledit prince de [illegible]

(1) Il ne put obtenir, ni de Henri IV ni de Louis XIII, la permission de rentrer en France. Il mourut à Bruxelles en 1631, à l'âge de soixante-dix-sept ans.

entreprendre pendant qu'il viendroit guerroyer sur les frontieres de France, sçachant que le prince avoit mis ses voiles au vent, il s'en alla en la Campeine ou Champaigne, vers Turnhout, pensant que ledit prince y deust faire sa descente, et avoit en son armée de six à sept mille vieux soldats, tant de pied que de cheval; mais, sçachant que le prince estoit tourné vers l'Over-ryssel, il s'achemina à Vessel, où le comte Herman de Berghe avec plusieurs troupes le vint encor rencontrer. Joincts, ils firent publier leurs forces si grandes, ainsi qu'escrivent les historiens holandois, que le prince et les Estats avec leur armée, sans les attendre, leverent leur siege de devant Grolle, et s'allerent camper à dos de Zutphen. Mondragon s'estant tenu avec son armée quelques jours en ce pays là, rendant le camp du prince infructueux en la plus belle saison de l'an dont il s'estimoit avoir acquis assez d'honneur, sur la fin du mois d'aoust il s'achemina pour repasser le Rhin à Berk, au-dessus de Vessel, et, ayant passé la riviere de Lippe, il fit quelque sejour aux environs de Dinslak, attendant mandement de la volonté du comte de Fuentes qui estoit devant Cambray. De quoy le prince adverty, renforça son camp de quelques garnisons voisines, resolut de l'y aller attaque, et, ayant aussi passé la Lippe le deuxiesme septembre, il envoya le comte Philippe de Nassau, gouverneur de Numeghe, avec cinq cents chevaux, pour recognoistre le camp de Mondragon. Ce comte, en y allant, rencontra quatre-vingts chevaux de l'armée espagnole qui revenoient de la picorée, lesquels prindrent le galop jusques à ce qu'ils fussent au camp où ils donnerent l'alarme. Cependant que Mondragon montoit à cheval avec toute sa cavalerie, le comte Philippe rencontra encor deux cornettes de cavalerie qu'il chargea et desfit; mais il s'amusa tant en ceste charge, que, Mondragon venu, la meslée commença à estre très-rude. Enfin, après avoir bien combattu de part et d'autre, les Espagnols demeurerent victorieux, et peu de leurs ennemis se sauverent qu'ils ne fussent noyez, tuez ou prisonniers. Ledit comte Philippe, son cheval ayant esté tué, luy bien blessé, demeura prisonnier avec le comte Ernest son frere et le jeune comte de Solms, qui fut bien blessé, et furent menez à Berk, là où Mondragon leur fit le meilleur traictement qu'il luy fut possible pour les faire penser, mandant mesmes les chirurgiens du prince; mais peu après ledit comte Philippes et celuy de Solms moururent. Ce fut une petite bataille de jeunes sangs bouillants. Le camp du prince estant aucunement esbranlé par ceste desfaicte, il ne trouva pas bon de poursuivre opiniastrement un ennemy victorieux, tellement qu'il rebroussa son chemin, et s'en retourna mettre son armée ez garnisons. Quant à Mondragon, il reconduit la sienne en Brabant envoyant une partie d'icelle au comte de Fuentes devant Cambray, lequel, sur l'advis qu'il eut de ceste desfaicte, fit en signe d'allegresse tirer tout son canon. Voyons ce qui se passa au commencement de ce siege de Cambray, et pourquoy les Espagnols assiegerent ceste place.

Après que le comte de Fuentes eut fait reparer les bresches de Dourlens, et qu'il y eut mis une forte garnison, il vint faire repasser son armée, qui ne pouvoit estre au plus que de dix mil hommes, contremont ladite riviere de Some, pour voir si quelque place estonnée ne luy donneroit point le moyen de s'en emparer pour se fortifier d'un passage sur ceste riviere; mais l'ordre qu'y mit M. de Nevers luy fit tourner à gauche vers le Castelet pour assieger Cambray, à ce solicité par les estats d'Arthois et de Hainaut, lesquels promirent pour les frais de ce siege, sçavoir : Arras cent mille florins, le Hainaut deux cents mille, et cinq mille hommes de pied, Tournay deux cents mille florins aussi, et l'archevesque de Cambray quarante mille, avec nombre d'artillerie, de munitions et de pionniers : lesquelles promesses firent que ledit comte de Fuentes fit investir Cambray.

Aussi-tost que le mareschal de Balagny se vid assiegé, il supplia M. de Nevers, par lettres des 11, 12, 13 et 14 d'aoust, de le secourir promptement, pour ce que le peuple estoit estonné de ce qui estoit advenu à Dourlens, et qu'il n'avoit pas au plus avec luy que sept cents soldats. Il en fit autant au mareschal de Bouillon et à tous ceux de qui il pensoit tirer secours. Le duc de Nevers y envoya aussi-tost le duc de Rethelois son fils assisté des sieurs de Buhy et de Trumelet, avec trois cents cinquante bons chevaux, lequel mit à la teste de ceste troupe le sieur de Vaudecourt avec quatre compagnies de chevaux legers. Par un grand vent et une pluye ils cheminerent si bien la nuict qu'ils se trouverent à deux lieuës de Cambray, où ils furent contraincts de faire halte l'espace d'une heure et demye pour de l'empeschement qu'ils trouverent à passer un ruisseau et un pont, jusques à ce que toute la troupe fust passée : ce qui donna le loisir aux Espagnols de se mettre en bataille sur l'alarme que les paysans de ce quartier là, qui leur estoient fort affectionnez, donnerent par le son de leurs cloches de village en village : tellement que les François ne purent arriver en la pleine proche de Cambray qu'à une heure de jour; où ils veirent sur le chemin l'armée espagnole en bataille; ce qui fut cause qu'ils cheminerent à quartier, et tirerent droict à un petit corps de garde de vingt-cinq lanciers qu'ils taillerent en pieces à la veuë de la cavalerie espagnole, qui ne les pouvoit secourir à cause d'un chemin creux qui estoit entre-deux; puis, passans outre, ils escarterent un gros de deux cents cinquante chevaux, et se rendirent sur les fossez de Cambray, où, recogneus, ils entrerent le 15 d'aoust dans la ville, et furent receus avec grand honneur par ledit sieur mareschal de Balagny. Le sieur de Vic y entra aussi en mesme temps avec quelques troupes. Le comte de Fuentes voyant que les François n'avoient pas envie de luy laisser prendre ceste place, il manda de tous costez du secours, tellement que de divers endroits il luy arriva plus de huict mille hommes de pied et huict cents chevaux, et se trouva, le 10 septembre, avoir septante deux pieces de canon pour battre Cambray, et cinq mille pionniers en son armée. Avant que de dire ce qui se fit en ce siege, voyons ce qui se passa en ce mesme mois à l'entrée du Roy à Lyon.

Le quatriesme jour de septembre, le Roy fit son entrée dans Lyon, aussi magnifique qu'il en eust encores faict en nulle autre ville de son royaume. Sa Majesté s'estant renduë à La Clare où estoit le theatre des premieres ceremonies, avant son disner les comtes de l'eglise de Sainct Jean de Lyon vindrent se presenter à Sa Majesté. Le doyen, nommé de Chalmazel, luy fit une belle harangue, la fin de laquelle estoit pour le supplier de les maintenir en leurs privileges, à laquelle Sa Majesté respondit : « Je vous promets non seulement de les maintenir, mais de les accroistre et amplifier. »

Après que le Roy eut disné, les Genevois et les Allemans des villes imperiales se rendirent aussi à La Clare pour la contention de la preseance qu'avoient lesdits Genevois avec les Florentins, et les Allemans avec les Suisses et Grisons; et, dans la salle où le Roy avoit disné, ils le supplierent de les maintenir et conserver pour luy en rendre très-humble service : le colonel Alfonse Dornano, que le Roy avoit faict mareschal de France, recommanda les Genevois, et M. de Bellievre les Allemans. Le Roy leur respondit aux uns et aux autres qu'il les cheriroit de la mesme volonté que les roys ses predecesseurs les avoient aymez.

Le Roy estant assis en son throsne royal eslevé sur un eschaffaut de septante pieds de longueur et trente pieds de largeur, dont le dessus estoit couvert de taffetas verd, le parterre de tapisserie, les barrieres d'autour de tapis, avec deux escaliers, afin que ceux qui se presenteroient à luy peussent monter et descendre sans desordre, toutes les communautez des eglises, colleges, parroisses et monasteres de Lyon, allerent vers ce theatre pour luy [illegible] grand obeancier en l'eglise Sainct-Jean [illegible] presenté aux pieds de Sa Majesté [illegible] faire une harangue au nom du clergé [illegible] lever : la harangue finie, le Roy [illegible] comme, des trois ordres dont estoit composé ce royaume, le clergé avoit esté le dernier à le recognoistre, qu'il croyoit aussi qu'il seroit des plus fermes et affectionnez à son obeyssance, et qu'ils ne doutassent point qu'il ne les maintint en leurs privileges et [illegible]; [illegible] baisé la croix avec une grande reverence, [illegible] renvoya.

Après que le clergé fut descendu du [illegible], le prevost des mareschaux du [illegible] de ses archers, se presenta au Roy; [illegible] tions, qui monterent toutes en [illegible] rent chacune leur remonstrance, et [illegible] en particulier le Roy leur dict qu'il [illegible], et qu'il leur feroit paroistre des [illegible] faveur quand ils l'en requerroient. [illegible] monterent les premiers, après les [illegible], puis les Suisses et les Grisons, [illegible] lierement le Roy dit qu'il seroit [illegible] bon compere (1).

Le siege presidial vint après se [illegible] pieds de Sa Majesté. Le president de [illegible] la harangue, la substance de laquelle [illegible] Dieu avoit faict la grace à Sa Majesté de conserver entier son Estat et couronne [illegible] jure du temps et tyrannie des [illegible] repos public : « Vous avez, dit-il, [illegible] chery la justice, qui est le bras dextre des princes, vous avez fuy et detesté l'iniquité; [illegible] ces causes nostre bon Dieu vous a [illegible] saint huile de joye, allegresse et [illegible], choisi et esleu sur tous les seigneurs de la terre pour regir et gouverner ceste monarchie françoise, la plus belle et excellente de la chrestienté. »

Le Roy luy respondit : « J'ay trouvé mon royaume si troublé à mon advenement à la couronne, que je n'y peu procurer à mes subjects tout le repos que j'eusse desiré; mais j'espere, avec l'ayde de Dieu, d'achever ce qui [illegible] bien commencé, pour, par ce moyen, faire revenir le siecle qu'on appelloit doré, à fin que nous jouyssions ensemble de ce bon heur, moy comme vostre roy, et vous comme mes bons subjects. »

(1) C'étoit Louis XI qui avoit ainsi appelé les Suisses.

Le sieur de Seve, capitaine des enfans de la ville [lesquels avoient tous le pannache blanc enrichy de pierreries, l'habit de satin gris tout chamarré de clinquant d'argent, et sous la descoupeure du taffetas vert, le manteau de velours ras doublé de satin incarnat, avec sept bandes de passement d'argent, montez sur des chevaux richement harnachez, tous leurs laquais vestus de blanc et de bleu], monta avec ceux des deux premiers rangs de sa troupe sur le theatre, et offrit à Sa Majesté le corps et les biens de toute la jeunesse de Lyon.

Après le maistre des ceremonies fut appeller les eschevins, lesquels il conduit devant le theatre du Roy. Le plus ancien d'eux fit aussi une harangue à Sa Majesté, et la conclut en ces termes :

« Comme vos fidelles subjects, nous remercions Dieu de la grace qu'il nous fait de voir la face de nostre bon Roy, supplions Sa Majesté Divine d'accepter nos vœus pour vostre longue vie et felicité, et vous, Sire, ce perpetuel et inviolable serment de fidelité que nous faisons très-humblement en vos mains sacrées, de vivre et mourir sous vostre obeyssance, et ainsi le jurons et promettons au nom de tous nos concitoyens et de toute nostre posterité. »

Le Roy leur respondit : « Mes amis, j'ay loüé vostre fidelité, j'ay tousjours creu, quelque desbauche et changement qu'il y ayt eu par mon royaume, que vous estiez François ; vous le m'avez bien monstré, l'honneur vous en est demeuré, et à moy tout le contentement qu'un prince peut avoir du service et de l'obeyssance de ses subjects. Continuez à m'aymer, et je vous feray cognoistre combien je vous ayme, et que je n'ay rien plus à cœur que vostre repos. »

Après ceste responce le Roy sortit de son throsne, et s'advança sur la barriere du theatre pour voir passer l'infanterie. Le sergent-major, ayant mis pied à terre, assisté des premiers rangs des capitaines, monta sur le theatre, et, de genoux, dict au Roy :

« Sire, ce peuple vostre a fait paroistre combien il portoit impatiemment l'usurpation du duc de Nemours et encore la tyrannie de la ligue, et maintenant il fait cognoistre son allegresse pour l'heureuse venue de Vostre Majesté si longuement souhaittée, laquelle lui fait esperer un heureux repos, pour, quittant ses armes, retourner chacun en sa maison et en fermeté inviolable de fidelité, pour laquelle, au nom de tous, nous faisons ce serment solennel en vos mains sacrées, et prosternez à vos pieds, jurons et promettons, pour nous et nostre posterité, vivre et mourir en la subjection, obeyssance et fidelité due à Vostre Majesté et aux successeurs de vostre couronne. »

Le Roy leur dit qu'il se souviendroit tousjours que le peuple de Lyon luy avoit fait service au besoin, et luy feroit voir, avec l'ayde de Dieu, le fruict que sa fidelité a merité envers un bon roy, la grace duquel ne manque jamais à ceux qui ne manquent en leur devoir.

Alors le maistre des ceremonies commanda que l'on marchast pour entrer en la ville. Premierement marcherent ceux du clergé, puis les gardes du Roy aux portes de Lyon, la communauté des sergens, portans des bastons semez de fleurs de lys, le prevost des mareschaux et ses archers, puis l'infanterie de la ville, qui pouvoit estre au nombre de cinq mille habitans bien armez et en bonne conche. Au front de ceste grosse troupe marchoient trente-six serviteurs portans les armes accomplies des capitaines, et ce devant le sieur Laurens, sergent-major, qui estoit à cheval, et vestu de toile d'argent; puis trente-cinq capitaines, tous vestus de satin blanc ou de toile d'argent, ayans tous la picque de Biscaye. Après eux marchoient cent trente rangs de cuirasses avec le pourpoint blanc, la chausse de velours et le bas de soye, portans tous la hallebarde ou la pertuizanne; trente-cinq serviteurs des lieutenans portans les bouclier, couteins et pots de leurs maistres; vingt tambours, trente-cinq lieutenants, quarante-sept rangs de mousquetaires, cinq cents rangs d'arquebuziers, quarante rangs de picquiers avec le corselet blanc de Milan, trente-cinq serviteurs des enseignes portans leurs pertuizannes et leurs armes, trente tambours, trente-cinq capitaines enseignes, cinquante-cinq rangs de picquiers, trente rangs de mosquetaires, trois cents rangs d'arquebuziers, deux cents rangs de cuirasses, avec quatre capitaines de la ville à cheval pour assister le sergent-major à la conduite de ceste grande multitude, qui estoit de telle estenduë que le premier rang estoit desjà à la porte Sainct George quand le dernier entroit par celle du fauxbourg de Veyse. Après l'infanterie de la ville venoient les principaux des nations qui rendent le negoce de Lyon renommé par tout, sçavoir : les Lucquois, les Florentins avec leur consul, les Grisons et Suisses, tous à cheval avec la housse, en habits riches et honnorables. A leur queuë estoient les soldats du guet à pied, les huissiers et officiers de la justice, les juges du siege presidial montez sur mules, portans les bonnets quarrez, revestus de leurs robbes longues; les exconsuls et notables bourgeois de la ville, les gladiateurs et maistres d'escrime, vestus de satin blanc, portant des armes de toutes sortes, dont ils escrimerent devant le theatre du Roy; le capitaine des enfans de la ville, les consuls et eschevins, revestus de robbes de satin violet, la housse de velours, ayant chacun deux laquais de mesme livrée, et devant eux les mandeurs et officiers de la Maison de Ville; le sieur de Roquelaure, maistre de la garderobbe du Roy, avec les cent gentils-hommes de la chambre; plusieurs grands seigneurs et capitaines; la garde des Escossois avec leurs hocquetons et halebardes; le grand prevost de l'hostel avec ses officiers et archers; les Suisses de la garde du Roy; messieurs des affaires portans l'ordre du Sainct Esprit; le sieur de Liancourt portant l'espée du Roy en la place de M. le grand escuyer de France; quatre jeunes gentils-hommes bien parez et bien montez, portans chacun un esperon d'or en main; M. le duc de Montmorency, premier baron, pair et connestable de France, portoit l'espée nuë de France devant le Roy; puis le Roy, vestu de toile d'argent enrichie de perles et de broderies, monté sur un cheval harnaché de blanc, environné des gentils-hommes de la garde de son corps, avec les hallebardes et hocquetons blancs, faicts d'orfevrerie. Sa Majesté, estant suyvie de M. le duc de Guise, du mareschal de Brissac et plusieurs autres grands seigneurs, arriva en cest ordre à la porte du fauxbourg de Veyse, et, passant outre, vint à la porte neufve du pont-levis, où les eschevins l'attendoient pour luy presenter les clefs de la ville et le poisle de drap d'or, enrichi de fleurs de lys, armes, chiffres et devises de Sa Majesté, faites en broderie, lequel estant porté par quatre eschevins, Sa Majesté, estant dessous le poisle, tenant une palme en sa main, approchant de la principale porte de la ville, toutes les cloches commencerent à sonner et l'artillerie à canonner. En faisant le chemin, depuis la porte de Pierre-Ancize jusques à Porte-Froc, à l'entrée du cloistre Sainct Jean, ce n'estoient qu'arcs, statuës, pavillons où estoient grand nombre de musiciens, piramides, colomnes, autels, tableaux et devises en l'honneur de Sa Majesté, avec la representation des diverses victoires qu'il avoit obtenuës sur ses ennemis, ainsi que le lecteur curieux pourra voir dans un livre de ladite entrée qui en fut lors imprimé.

A l'entrée du cloistre les comtes de Sainct Jean avoient faict dresser aussi un arc triomphant d'une très-belle architecture, où il y avoit plusieurs belles statuës avec des devises et inscriptions en l'honneur du Roy. Là Sa Majesté changea de poisle, et quatre desdits comtes luy presenterent le poisle de damas blanc; et l'archevesque de Lyon, celuy dont nous avons assez parlé icy dessus, qui avoit esté des premiers et principaux du party de l'union, revestu de ses habits pontificaux, luy fit une assez longue harangue sur les faveurs que Dieu avoit departies à la France plus qu'à nulle autre nation, et que toutes les fois que l'Estat avoit esté mis en confusion et en danger, il avoit faict naistre quelque moyen extraordinaire et miraculeux pour le restaurer; que Dieu avoit dès long temps destiné Sa Majesté pour estre le restaurateur de cest Estat, et avoit faict par luy des actes si grands, que la posterité, les lisant, à peine le pourroit croire; mais que ceste bien-heureuse conversion que Dieu, par son Sainct Esprit, avoit operé en le rappellant, lors que l'on l'esperoit le moins, dans le giron de l'Eglise, avoit esté la plus grande grace qu'il luy avoit jamais faicte; le supplie de conserver ce precieux joyau, et d'estre; comme il avoit promis et commencé, le protecteur de la religion et foy catholique; et après luy avoir dit que la compagnie des comtes et chanoines de Lyon estoient là avec luy pour luy baiser ses victorieuses mains et tesmoigner la devotion qu'ils avoient à son service, ceste compagnie estant la plus ancienne et premiere de la France, estant toute composée de noblesse de quatre races, et paternelle et maternelle, il fait sa harangue en ces mesmes termes : « Nos peres deffuncts ont employé leurs vies pour le service de ceste couronne, tous nos parens vivants suyvent ceste mesme trace, et nous, selon nostre vocation, avons pareille volonté, et, comme très-fidelles subjects, ne cessons de prier de toute nostre affection la bonté divine qu'il luy plaise prosperer vos saincts desirs, vous faire la grace, après avoir dompté vos ennemis, de rendre la tranquilité à l'Eglise, la paix à vostre royaume, et, après une longue et heureuse vie, couronner vos merites de sa gloire. »

Le Roy lui respondit en ces mesmes mots : « J'ay gaigné des batailles, j'ay eu des victoires, mais ce n'est pas à moy à qui la gloire en appartient, je n'y ay rien apporté du mien, je les tiens de Dieu. Je m'esjouis beaucoup du tesmoignage de vos bonnes volontez, je croy que ceste compagnie estant la premiere de mon clergé, et remplie de gentils-hommes qui approchent des roys plus près que les autres, elle servira d'exemple de la fidelité et de l'obeyssance qu'on doit au souverain. Priez Dieu pour moy, et vous asseurez que je maintiendray la religion catholique, et que j'y mourray. »

Après, le Roy fut conduit à la porte de l'eglise, où il fut creé premier comte de Sainct

Jean, et luy fut donné un surplis qu'il porta jusqu'à l'autel, où il se mit à genoux : et au mesme instant le clergé commença à chanter le *Te Deum laudamus*, lequel achevé, Sa Majesté fut conduite à l'archevesché, qui estoit le logis que l'on luy avoit preparé.

Trois jours après ceste joyeuse entrée, lesquels furent employez en diverses sortes de resjouissances, le Roy monta à cheval, et alla voir les fortifications que M. le connestable avoit faict faire au chasteau de la ville de Montluel en Savoye, à trois lieuës de Lyon, de laquelle ville il s'estoit emparé pour y faire hyverner ses troupes; et ainsi que nous avons dit, le jour mesme, Sa Majesté revint par eau à Lyon. En ce temps-là il y eut trefve pour quelques mois entre le Roy et le duc de Savoye, et le sieur Zamet, de la part du duc, porta quelques paroles de paix à Sa Majesté. Les choses passerent si avant, que le president de Sillery, de la part du Roy, et le president La Rochette, de la part du duc, s'assemblerent plusieurs fois, et tomberent enfin d'accord, moyennant certaines sommes de deniers que le duc bailleroit, avec la restitution de quelques places, et qu'un des fils du duc seroit pourveu du marquisat de Saluces, dont il en feroit hommage au Roy. Sur la forme de cest hommage nasquirent des difficultez. Autres assemblées se firent, tant au Pont Beauvoisin qu'à Suzes, pour les resouldre; mais les deputez du duc dirent que leur maistre ny les siens ne feroient jamais hommage du marquisat au Roy. Ce fut la response qui mit fin à toutes ces assemblées et à la trefve, qui dura jusqu'à l'an suyvant, que la guerre recommença entre Sa Majesté et ledit duc, laquelle dura jusques à la paix de Vervins.

Pendant que Sa Majesté fut à Lyon, il survint plusieurs choses remarquables desquelles nous parlerons les unes après les autres, sçavoir : la mort du duc de Nemours, gouverneur du Lyonnois, duquel gouvernement le Roy pourveut M. de La Guiche, grand maistre de l'artillerie, qui remit ledit estat de grand maistre entre les mains du Roy, qui le donna à M. de Sainct Luc; la reduction de quelques petites places fortes encores occupées au gouvernement du Lyonnois et au Bourbonnois par ceux qui y avoient mis ledit duc de Nemours; la reünion dudit sieur de Bois-dauphin, qui ramena au service du Roy les villes de Sablé et de Chasteaugontier [advis certain que le Pape estoit resolu d'absouldre Sa Majesté] la trefve et le traicté de la reduction du duc de Mayenne, et en suitte celles du marquis de Sainct Sorlin [que l'on appella duc de Nemours depuis la mort de son frere] et du duc de Joyeuse avec la ville de Thoulouse; la resolution des affaires de Provence, où le Roy envoya M. de Guise, et le pourveut du gouvernement de ceste province-là.

Quant au duc de Nemours, que nous avons dit cy-dessus estre allé à l'armée du connestable de Castille, après qu'il eut entendu que le sieur de Disimieu avoit rendu Vienne au Roy, il s'en affligea tellement, pource que c'estoit la seule place de bonne retraicte qu'il avoit en France, qu'il devint si triste, pour voir la fortune contraire à ses desseins, et si foible de ses membres, que, ne pouvant plus monter à cheval, il fut contraint de se retirer à Annecy en Savoye, place que son pere luy avoit laissé, et qu'il tenoit en apanage de la Savoye, comme prince yssu des ducs de Savoye, où, avec quelques-uns de ses familiers, il resolut de se guerir à repos; mais Dieu, qui dispose de nous, disposa de ce duc, et, après une fievre continuë de quatre mois, l'appella à luy. Messire Honoré d'Urfé, comte de Chasteauneuf, dans ses Epistres morales, rapporte que ce duc alloit traçant ses derniers jours de son sang, et que la derniere goutte a esté le dernier moment de sa vie. « O quelle veuë, dit-il, me fut celle-là, car il avoit les yeux haves et enfoncez, les os des joües eslevez, de sorte que la machoire au-dessous, couverte seulement d'un peu de peau, sembloit s'estre retirée et abatuë, car ses mouvemens en estoient si apparens qu'il sembloit qu'elle ne tinst plus qu'à quelques nerfs : la barbe herissée, le taint jaune, ses regards lents, ses soufles abattus, monstroient bien à quel poinct son mal l'avoit reduit. Mais sa main, qui autrefois avoit emporté le prix sur les plus belles, n'estoit du tout point cognoissable, car sa jauneur, sa maigreur, ses rides, ses os eslevez et grossis, ses doigts qu'à peine pouvoit-il joindre, et joints, tenir droits, la rendoyent si dissemblable de ce qu'elle souloit estre, qu'il n'y avoit personne qui ne s'estonnast de tel changement. Ses bras decharnez, dont les tendons parroissoient comme en une anatomie, et ses cuisses, qui estoient de la grosseur dont devoyent estre ses bras, ne pouvoyent que faire esbahir ceux qui les voyoient, qu'une personne sans mourir fust reduite à ceste extremité. « Est-ce là le prince, disoy-je, qui n'aguieres de son nom emplissoit tout le monde, et de qui la belle ambition ne pouvoit estre remplie de l'univers? Sont-ce là ces bras que tant de milliers d'ennemis ont si fort redoutez, et qui ne pouvoyent redouter personne? Et ceste voix que j'oy plaindre, est-ce celle-là qui donnoit tant d'espouvantement aux ennemis, et tant d'asseurance aux siens? »

Et par ce que sa foiblesse estoit si grande, qu'il falloit le tourner quand il s'ennuyoit d'un costé : « Est-ce celuy-là, disoy-je, que je voy tourner dans ce linceul, de qui le courage promettoit de tourner toute la France? » Et lors, comme ravy de ce que je consideroy, le desir de l'oüir qui me portoit d'ordinaire près de luy, de la bouche duquel il ne sortoit desjà plus des paroles humaines, mais des oracles, m'en fit approcher, et voicy ce qu'il me dit :

« Il est vray qu'au commencement de mon mal je me suis moy-mesme esmeu à pitié. Il me faschoit qu'au plus beau de mon aage il me fallust fermer les yeux et laisser mes chers amis. J'avoy veu, disoit-il, le duc de Nemours plain de tout ce qui pouvoit plaire au monde, estimé, honoré et redouté; et, considerant qu'il luy falloit si promptement laisser toutes ces choses sans mentir, j'avoy quelque pitié de tant de chaleurs souffertes, et de tant d'hyvers desdaignez pour ceste gloire; mais depuis, recognoissant qu'en toute façon il faut partir, et que personne ne peut s'en exempter, ô que je l'ay estimé estre favorisé du ciel, puis qu'il luy est permis de s'en aller, non point à la desrobée ou à l'impourveuë, mais tellement disposé à son voyage, que si la fortune luy estoit redevable de quelque chose, par ceste faveur elle sort entierement de ses debtes! Laissons donc, disoit-il, en fin ce desir de mourir en une bataille pour nous signaler; car celui qui meurt comme il doit ne se peut signaler d'avantage. Que s'il est honteux de ne nous vanger de l'injure que l'on nous fait, il est bien plus honnorable d'estre tué de la fievre que d'un soldat, puis que l'on ne peut en estre taxé, ne s'estant encor trouvé personne qui luy ayt peu resister; et mourir de la main d'un soldat, c'est tousjours estre inferieur en quelque sorte à un homme. Contentons-nous d'avoir vescu jusques ici, et de n'avoir pas tousjours vescu en vain, et remercions Dieu de l'eslection qu'il a faite de ceste mort pour moy. »

Dèslors que ce duc se recogneut en danger, il fit promettre aux medecins que quand ils le jugeroyent près de sa derniere heure, qu'ils l'en advertiroyent. Se sentant reduit à l'extremité, et recognoissant à peu près la grandeur de son mal, il leur demanda luy-mesme, sans s'estonner, si sa fin estoit proche; et ayant sceu qu'il estoit en grand danger si la veine se r'ouvroit : « Or sus, dit-il, il ne faut pas attendre l'extremité, il vaut mieux avoir beaucoup de temps de reste que s'il nous en manquoit un moment. » Et alors, après avoir fait ce que nous devons tous comme chrestiens, il joignit les mains, et les yeux tendus au ciel: « J'ay, dit-il, autresfois esté aussi près de la mort que je le sçauroy estre à ceste heure, et la mesme priere que je fis, je la fais encores. C'est, ô mon Dieu, que ta volonté soit faicte. » Après il fit appeller M. le marquis de Sainct Sorlin son frere, et tous ses gentils-hommes qui estoient pour lors près de luy; et, les nommant tous par leurs noms, et leur disant le dernier adieu, les toucha tous en la main, à l'un luy recommandant une chose, et à l'autre le faisant ressouvenir de sa particuliere affection. En fin, d'une voix de temps en temps de la foiblesse interrompue, il leur pria à tous ainsi:

« Dieu me soit tesmoin, mes amis, qu'il n'y a rien que je laisse avec tant de regret que vous. Je sçay que vous avez desdaigné tout ce qui devoit estre de plus cher pour moy, et maintenant je suis contraint de vous abandonner; mais, pour mon contentement, vivez avec ceste asseurance de n'avoir encores peu satisfaire à vos merites est mon plus grand desplaisir. Toutesfois je vous laisse un autre moy-mesme, qui, comme en toute autre chose, heritera particulierement de ma bonne volonté envers vous tous. Je vous supplie de remettre en luy, à ma consideration, toute l'amitié dont vous m'avez obligé; et je m'asseure que la fortune que avec vous j'avoy commencée luy permettra de recognoistre vos services et vos affections. » Lors, reprenant un peu d'haleine, il tourna les yeux languissans sur son frere, et après l'avoir quelque temps consideré : « Mon frere, mon frere, lui dit-il, si vous avez quelquesfois creu que je vous aye aymé, recevez, je vous supplie, à ce coup mes paroles, non seulement comme venant d'un frere, mais d'un frere mourant. Entre les plus chers thresors que je vous laisse, je vous donne mes amis à qui je viens de dire adieu, et plusieurs autres que je sçay qui en vous manqueront. Aymez les et les cherissez, et pour leurs merites, et pour mon amitié, faictes qu'ils ressentent de vous les fruicts de l'esperance qu'ils ont eu de moy, et desquels non moy, mais ma fin precipitée les a deceus. Vous pouvez avec eux vous bastir une très-belle et très-honnorable fortune, qui le seroit desjà si l'envie me l'eust permis : mais je partiroy trop content si je vous eusse laissé vos affaires asseurez. Toutesfois je ne pense y avoir peu advancé en l'acquisition que je vous ay faitte de tant d'honnestes hommes. Puis qu'ils se sont donnez à moy, comme de chose mienne, je vous en fay mon heritier; mais avec ceste condition, que toute autre chose que vous aurez de moy ne vous sera rien à l'esgal de celle-cy.

« Voylà la premiere requeste que je vous fay. La seconde, je l'accompagneray de ceste authorité que l'aage m'avoit donné sur vous, par laquelle je vous adjure de ne vous esloigner jamais de l'Eglise catholique. Et en ceste derniere occasion, qui vous a mis les armes à la main, ne vous separez jamais de nostre Sainct Pere. Quand il n'y aura plus de l'interest de la religion, je remets à vostre discretion de poursuivre vos affaires comme le temps le portera; mais surtout ayez en toutes vos actions Dieu tousjours devant les yeux, et recherchez de lui toutes vos fortunes. N'ostez jamais de vostre memoire le lieu dont vous estes yssu, et quels exemples de vertu vos ancestres vous ont laissez, à fin qu'à leur imitation vous ne fassiez chose indigne d'eux; et vivez tousjours avec un dessein de laisser à ceux qui viendront de vous, plustost de la gloire de vostre memoire que de grands biens de vostre heritage.

» Que si vous avez à observer quelque priere que je vous aye faite, après celle de Dieu, ayez ceste cy en memoire : Vous sçavez, mon frere, que nous avons une mere, à laquelle, outre l'obligation generale, nous sommes particulierement tant redevables, que ce seroit double ingratitude si nous ne le recognoissions. Je vous supplie, puis que je ne puis avoir ce dernier contentement de luy baiser la main et recevoir sa benediction, à la premiere veuë que vous aurez, de la recevoir en mon lieu, et luy faire entendre combien le desplaisir m'est grand de n'avoir peu luy rendre le service que je luy devoy, et que je la supplie que l'affection qu'elle m'a fait paroistre revive en vous, à fin que de vous elle reçoive les services à quoy mon devoir m'obligeoit. Honorez-la, et la servez : et, si vous ne voulez que Dieu vous en punisse, ne sortez jamais de ses commandemens. Et, pour le dernier bien que j'espere recevoir des hommes, promettez moy, mon frere, que mes prieres me soient accordées de vous. » Lors à toute peine il luy tendit la main. Son frere, qui fondoit en larmes, plus par ses sanglots que par les paroles, car ils les luy interrompoient, luy donna asseurance de ne point sortir de ses commandements. Lors, tendant les mains au ciel, il dit : « O mon Dieu, que je meurs content, ayant les trois biens que j'ay tousjours le plus requis : dire adieu à mes amis, voir mon frere et mourir advisé; » et, se tournant à l'evesque, il luy demanda sa benediction, tant pour mourir en l'obeyssance de l'Eglise, que pour luy tenir lieu de celle de sa mere.

La peine qu'il avoit eu à parler luy fit venir une foible suéur par tout le corps. Il se tourna froidement aux medecins : « La sueur de la mort, dit-il, est-elle chaude? » Et luy estant respondu que non : « Nous avons donc, adjousta-il, encores quelque temps à combattre. » Sur cela la veine se vint à r'ouvrir, et le sang luy sortit en si grande abondance, qu'il y en eut mesmes des gouttes qui luy passerent par les yeux. Se cognoissant alors, et pour ses forces affoiblies, et pour ce que les medecins luy en avoient dit, qu'il estoit au dernier moment de sa vie, il fit apporter le crucifix; et après l'avoir baisé, comme il saignoit incessamment : « Mon pere, dit-il, au pere Esprit, nostre Seigneur ne mourut-il pas aussi en saignant? » Et luy ayant respondu qu'ouy: « Or prions-le donc, continua-il, puisqu'il honnore la fin de mes jours de quelque ressemblance de la sienne, que comme il respandoit son sang pour laver la faute d'autruy, que celuy que je respands puisse tellement laver les miennes propres, qu'elles en soyent effacées en sa presence. » Lors, comme ravy en ceste consideration, il aresta de sorte les yeux sur les playes qu'il voyoit au crucifix, que, quelque abondance de sang qu'il perdist, quelques remedes qu'on luy fist, on ne veit jamais qu'il les en retirast : et ainsi ce duc mourut en la fleur de son aage.

Dez son adolescence ce prince avoit esperé espouser la princesse de Lorraine, ce qui ne luy succeda pas, comme nous avons dit. Il avoit soustenu le siege dans Paris, où il avoit parmy ceux de son party acquis beaucoup de reputation. Le peu d'accord qui estoit entre le duc de Mayenne et luy le fit retirer en son gouvernement de Lyonnois [que le feu Roy luy avoit donné durant les estats de Blois], et, par ses armes et practiques, il se fit maistre du pays de Dombes, de Vienne en Dauphiné, de plusieurs places en Lyonnois, Forests, Auvergne et Velay, et au Bourbonnois de Sainct Porsain. Pensant, comme ceux de Lyon ont escrit, se rendre maistre absolu de leur ville, il se trouva leur prisonnier : où estant retenu long temps, s'estant en fin esvadé, et pensant remettre sus ses entreprises sur Lyon, le sieur de Disimieu, à qui il avoit baillé la garde du chasteau de Pipet et de la ville de Vienne, remit ceste place en l'obeyssance du Roy; ce qui luy fut un coup aussi rude à supporter que la perte de Lyon. Le gouverneur de Sainct Porsain, et toutes les places que les siens tenoient au Lyonnois et au pays de Dombes, suivirent peu après, et firent leur accord avec le Roy, et ne luy resta que Montbrison en Forest, Ambert en Auvergne, et quelques petites places que M. son frere ramena sous l'obeyssance du Roy par l'edict de sa reduction. Après la mort de ce duc, ses amis, qui esperoient faire leur fortune avec luy, publierent qu'il avoit esté empoisonné, et en blasmoient le sieur de Disimieu : ce blasme estoit sans preuve et sans apparence; mais la verité estoit telle, qu'il avoit osté le cœur aux desseins de ce duc en se remettant au service du Roy avec la place que ledit duc luy avoit baillé en garde. Au commencement de l'an 1597, ledit Disimieu, estant venu à Paris, le jour mesme qu'il y arriva on luy dressa une querelle d'Alleman : un chevalier de Malte qui avoit esté audit feu duc l'envoya appeller à un duël, luy mandant qu'il se trouvast en un clos de murailles près le Pré aux Clercs : il y alla seul, le pensant aussi trouver seul; mais le sieur d'Arbigny y estoit avec luy. Aucuns de ses amis, entendans qu'il s'alloit battre, monterent incontinent à cheval; mais ils le trouverent estendu sur la place, ayant un grand coup d'espée sur la teste et un coup de poignard dans les reims. Pensans qu'il fust mort, ils le firent enlever : toutesfois, revenu à soy, et depuis bien pensé de ses playes, il en guerit. C'est assez traicté touchant la mort du duc de Nemours.

Quant au sieur de Bois-daufin, l'edict pour sa reünion fut donné à Lyon. Ce seigneur tenoit Chasteau-Gonthier en Anjou, et Sablé au Mayne, qu'il avoit fait surprendre, ainsi que nous avons dit, et du depuis il avoit acheté ceste ville de M. de Mayenne à qui elle appartenoit : il tenoit encor quelques autres chasteaux sur les marches de ces provinces là. En se remettant au service du Roy, par edict Sa Majesté esteignit, supprima et abolit tout ce que ledit sieur de Bois-daufin et tous ceux qui l'avoient assisté en la prise des armes avoient faict, en quelque sorte que ce soit, durant les presents troubles, les declara ses bons et loyaux subjects, cassa toutes les procedures faictes et à faire contr'eux en consequence desdits troubles, les restablit en leurs dignitez, benefices, estats et offices, donna à Martin Ourceau un estat de maistre des requestes, et à François du Breil la reserve d'un estat de conseiller au parlement de Bretagne, pour la peine qu'ils avoient prise à faire ceste reünion. Mais, comme après les troubles du regne de Charles VII, ceux qui avoient esté creez mareschaux de France du party des Bourguignons, en faisant leur reconciliation avec ce Roy-là, prirent nouvelles provisions de luy de leur estat de mareschal, aussi le Roy sçachant l'experience militaire dudit sieur de Bois-daufin, bien que par son edict de reünion il ne l'eust qualifié mareschal, il lui en fit toutesfois depuis expedier les lettres, suivant lesquelles il fit le serment dudit estat entre les mains du Roy.

Ainsi Sa Majesté, desirant de pacifier son royaume et d'en oster les guerres civiles, donnoit liberalement à tous ceux qui luy ramenoient, ou qui s'employoient à luy faire ramener quelques places en son obeyssance, et en advança beaucoup ses affaires par ce moyen-là. D'autre costé, pour les occasions que nous dirons cy après, il avoit envoyé M. du Perron à l'evesché d'Evreux, vers Sa Saincteté à Rome pour obtenir son absolution, affin d'oster du tout le pretexte dont se couvroient encor le duc de Mayenne et quelques autres grands du party de l'union, de ne vouloir le recognoistre que premierement le Pape ne l'eust recognu. Pendant le sejour que Sa Majesté fit à Lyon, il vint advis certain que le Pape s'estoit resolu de l'absoudre. Sur cest advis, le duc de Mayenne, qui s'estoit retiré à Chaalons sur Saosne, ainsi que nous avons dit, prenant encor qualité de chef de party, envoya vers le Roy à Lyon le rechercher d'une trefve generale et surceance d'armes, en attendant que l'on traictast de la paix. Le Roy, qui voyoit bien que l'on ne lui demandoit ceste trefve que pour le besoin que l'on en avoit, jugea qu'il estoit meilleur de retenir en France par ce moyen là ceux qui luy avoient faict la guerre, que non pas, après les avoir chassé du cœur de son royaume jusques sur les frontieres, de les forcer encor d'en sortir, comme il estoit en sa puissance, et de se retirer du tout avec l'Espagnol. Il n'y a que trop d'exemples dans Froissard et autres historiens du mal qu'ont apporté plusieurs grands seigneurs françois estans contraints par la force de nos roys de se retirer en Angleterre pour leurs rebellions, où depuis ils suscitoient toujours les Anglois de venir faire la guerre en France, et donnoient l'advis où on devoit faire les descentes des armées, et de ce qu'il falloit faire; ce qui a esté la cause des victoires que les Anglois ont obtenuës quelquesfois sur les François. Le Roy, se servant en cest endroict des exemples du passé, accorda sous promesse de paix ladite trefve generale au duc de Mayenne, laquelle fut publiée en ces termes :

Le Roy, estant recherché d'accorder une trefve et cessation d'armes generale par tout son royaume, sur l'asseurance qui luy a esté donnée par M. le duc de Mayenne de la pouvoir faire recevoir et observer par tous ceux qui font encores la guerre en iceluy, tant sous son authorité que sous le nom du party de l'union, voulant Sa Majesté soulager ses subjets de l'oppression de la guerre, a accordé les articles qui ensuivent :

I. Qu'il y aura bonne et loüable trefve et cessation d'armes par tout le royaume, pays, terres et seigneuries d'iceluy et de la protection de la couronne de France, pour le temps et espace de trois mois, à commencer, à sçavoir : ar gouvernements de Lyonnois, Forest et Beau lois, où est de present Sa Majesté, et du d de Bourgongne, six jours après que ces presents articles seront signez, dedans lesquels la publication s'en fera aux villes de Lyon, Dijon, Chaalons et Seure; aux gouvernemens de Dauphiné, Provence, l'Isle de France, Bourbonnois, Nivernois, Auvergne, Chartres et Orleans, huict jours après la datte d'iceux; aux gouvernemens de Champagne, Picardie, Normandie, Bretagne, Berry, Touraine et Le Mayne, Limoges, haute et basse Marche, quinze jours après; et ès gouvernemens de Guyenne, Languedoc, Poictou, Xaintonge, Angoulmois, Mets et pays Messin, vingt jours après la datte du present accord; et neantmoins finira partout à semblable jour.

II. Toutes personnes ecclesiastiques, nobles, habitans des villes et du plat pays, et autres, pourront, durant la presente trefve, recueillir leurs fruicts et revenu, et en jouyr en quelque part qu'ils soient situez et assis, et rentreront en leurs maisons et chasteaux des champs, que ceux qui les occupent seront tenus de leur rendre, et laisser libres de tous empeschemens, à la charge de n'y faire aucune fortification durant ladicte trefve; et sont exceptez les chasteaux où il y a garnison employée en l'estat de la guerre, lesquels ne seront rendus : neantmoins les proprietaires jouyront des fruits et revenus qui en dependent. Le tout nonobstant les dons et saisies qui en auroient esté faictes.

III. Les laboureurs pourront en toute liberté faire leurs labourages, charrois et œuvres accoustumées, sans qu'ils puissent estre empeschez ny molestez en quelque façon que ce soit, sur peine de la vie à ceux qui feront le contraire.

IV. Chacun pourra librement voyager par tout ce royaume sans estre adstraint de prendre passe-port; et neantmoins nul ne pourra entrer ès villes et places fortes de party contraire avec autres armes, les gens de pied que l'espée, et les gens de cheval l'espée, la pistolle ou harquebuse, ny sans envoyer auparavant advertir ceux qui ont commandement, lesquels seront tenus bailler la permission d'entrer, si ce n'est que la qualité et nombre de personnes portast juste jalousie de la seureté des places où ils commandent, ce qui est remis à leur jugement et discretion. Et si aucuns du party contraire estoient entrez en aucunes desdites places sans s'estre declarez tels et avoir ladicte permission, ils seront de bonne prise. Et pour obvier à toutes disputes qui pourroient sur ce intervenir, ceux qui commandent èsdictes places, accordans ladite permission, seront tenus la bailler par escrit sans frais.

V. Les deniers des tailles et taillon, et des impositions mises sur les marchandises et denrées, se leveront, durant lesdits trois mois, comme ils font de present, sans pouvoir estre augmentées qu'en vertu des commissions de Sa Majesté, et sans prejudice des accords et traictez particuliers desjà faicts pour la perception et levée desdits deniers, lesquels seront entretenus et gardez.

VI. Ne pourront toutesfois estre levez par anticipation des quartiers, mais seulement le quartier courant, sans la permission de Sa Majesté, et par les officiers des eslections, lesquels, en cas de resistance, auront recours au gouverneur de la plus proche ville pour estre assistez de forces; et ne pourra neantmoins pour ceste occasion estre exigé pour les frais qu'à raison d'un sol pour livre des sommes pour lesquelles les contrainctes seront faites.

VII. Quant aux arrerages desdites tailles et taillon, n'en pourra estre levé, outre ledit quartier courant et durant iceluy, si ce n'est un autre quartier sur ce qui est de la presente année, sans la permission aussi de Sa Majesté.

VIII. Qu'il ne sera, durant le temps de la presente trefve, entrepris ny attenté aucune chose sur les places les uns des autres, ny faict aucun acte d'hostilité; et, si aucun s'oublioit tant de faire le contraire, Sa Majesté fera reparer de sa part tels attentats, et punir les contrevenants comme perturbateurs du repos public, comme sera tenu de faire de la sienne ledict sieur duc de Mayenne, et, où il n'auroit pouvoir de le faire, les abandonner à Sadicte Majesté pour estre poursuivis et punis comme dessus, sans qu'ils puissent estre secourus ny assistez de luy aucunement.

IX. Pareillement, si aucun du party dudit sieur duc refuse d'obeyr au contenu des presens articles, il fera tout devoir et effort qu'il luy sera possible pour l'y contraindre; et, où dedans quinze jours après la requisition qui luy en sera faicte il n'y satisfait, sera loisible à Sadite Majesté de faire la guerre à celuy ou ceux qui feront tels refus, sans qu'ils puissent estre aussi secourus ny assistez dudict sieur duc et de ceux qui dependent de luy, en quelque sorte que ce soit.

X. Ne sera loisible prendre de nouveau aucunes places durant la presente trefve pour les fortifier, encores que elles ne fussent occupées de personne.

XI. Les prevosts des mareschaux feront leurs charges et toutes captures aux champs et en flagrant delict, sans distinction des partis, à la charge de renvoyer aux juges auxquels en devra la cognoissance appartenir.

XII. Ne sera permis de se quereller et rechercher par voye de fait, duels et assemblées d'amis, pour different advenu à cause des presens troubles, soit pour prinse de personnes, maisons, bestial, ou autres occasions quelsconques, pendant que ladite trefve durera.

XIII. S'assembleront les gouverneurs et lieutenans generaux, et autres commandans en chaque province, après la publication des presens articles, ou deputeront commissaires de leur part, pour adviser à ce qui sera necessaire pour l'execution d'iceux, au bien et soulagement de ceux qui sont sous leurs charges; et, où il seroit jugé entr'eux utile et necessaire d'y adjouster, corriger ou diminuer quelque chose pour le bien particulier de ladite province, en advertiront Sadite Majesté et ledict sieur duc de Mayenne.

XIV. Les presens articles sont accordez sans entendre prejudicier aux accords et reiglemens particuliers faits entre les gouverneurs et lieutenans generaux des provinces du commandement de Sadicte Majesté, et du consentement dudit sieur duc de Mayenne et autres qui ont pouvoir de ce faire. Faict à Lyon, le 23 septembre 1595. Signé Henry, et plus bas de Neufville.

Lesdits articles ont aussi esté signez à Chaalons le vingt-troisiesme jour de septembre 1595. Charles de Lorraine, Baudoyn.

Ceste trefve generale estoit beaucoup dissemblable de celle qui fut faicte l'an 1593. Les princes et Estats qui avoient assisté le Roy ou le party de l'union y estoient compris, en ceste-cy non. Et bien que M. de Mayenne se fust faict fort de la faire recevoir par tous ceux de son party, aucuns n'en tindrent compte, et n'y eut que ledict duc de Mayenne et les ducs de Nemours et de Joyeuse qui l'observerent, lesquels, durant ceste trefve, firent les traictez de leurs accords avec le Roy chacun à part, lesquels accords furent publiez au commencement de janvier de l'an suivant, comme nous dirons. Le duc de Mercœur en Bretagne ne s'en soucia qu'autant qu'elle luy fut necessaire. En l'autre trefve on n'avoit point nommé les qualitez, en ceste-cy on nomma le Roy seul, et de plus qu'il ne se devoit lever aucune chose que par les officiers de Sa Majesté. Dez que ceste trefve fut publiée, on jugea que l'on ne devoit plus rien craindre de ce costé-là, et que leur paix estoit autant que faicte. Tellement que le Roy ayant envoyé M. de Guise pour estre le seul gouverneur en Provence, et y mettre ordre aux divers partys qui s'y estoient faicts, Sa Majesté laissant le Lyonnois, la Bourgongne et toutes les provinces de ces quartiers-là en paix, il s'achemina vers Paris au commencement d'octobre, et commanda à M. le connestable de le suivre et conduire son armée vers la Picardie. Il avoit esperance de trouver le comte de Fuentes encor devant Cambray, et de le contraindre à une bataille ou de luy faire lever le siege; mais il receut advis en chemin que les habitans de Cambray avoient contraint les François de se retirer dans la citadelle, lesquels peu de jours après l'avoient renduë aux Espagnols. Voyons ce qui se passa en ce siege depuis le 10 septembre.

Les Espagnols ayant dressé leurs batteries devant Cambray, de quarante-cinq pieces de canon vers la part occidentale de la ville, comme estant le lieu le plus foible, et ayant haussé et dressé une place où il y en avoit [illegible] avec lesquelles ils endommageoient la ville de ce costé-là, le sieur de Vic [duquel les histoires italiennes disent qu'il estoit estimé il primo cavaliere in Francia per difender una fortezza] fit faire une telle contrebatterie, qu'ayant occis et blessé plusieurs Espagnols sur ladite place et desmonté neuf pieces de canon, il les contraignit de changer de batterie et retirer leurs canons de là, et furent dix jours sans canonner les assiegez. Ayans de nouveau redressé leurs batteries en deux autres lieux, l'une où il y avoit quatorze pieces de canon, et en l'autre huict, le sieur de Vic fit encor dresser une autre contrebatterie contre les quatorze, lesquelles il rendit du tout inutiles. A celle de huict il trouva moyen de faire une mine à l'endroict où elles estoient plantées, laquelle, ayant eu quelque effect, en fit fondrer deux, et abbaisser tellement [illegible] la batterie qu'il les rendit inutiles du tout.

Le comte du Fuentes, quasi desesperé de pouvoir prendre Cambray, assembla son conseil de guerre où toutes les difficultez furent deduites, sçavoir : qu'ils recevoient de grands dommages de l'artillerie des assiegez; que les soldats estans aux tranchées estoient assiduellement endommagez des feux d'artifice; bref qu'il n'y avoit moyen de dresser seurement aucune batterie; qu'outre cela, que le duc de Nevers estoit à Peronne, distant d'une petite journée de Cambray, lequel avoit quatre mille hommes de pied et quinze cents chevaux, et que de jour en jour il augmentoit ses troupes; aussi que l'on asseuroit bien que le Roy se devoit rendre en Picardie dans peu de jours; que les soldats de l'armée pour les travaux et fatigues passées, meritoient plustost que l'on les envoyast refraischir que non pas de les faire demeurer en ce siege, et puis que l'automne s'advançoit, qui est d'ordinaire pluvieux, ce qui occasionneroit des maladies et beaucoup de choses contraires à ceux qui desirent assieger places : tellement que plusieurs conclurent qu'il falloit lever ce siege. L'archevesque de Cambray [de la maison de Barlaimont], qui estoit en ceste armée, et qui avoit practiqué de longue main plusieurs ecclesiastiques et bourgeois de Cambray, supplia de patienter encor quelques jours, proposant que si on laissoit ceste entreprise, qu'il seroit impossible d'y recouvrer; que la levée de ce siege mettroit au desespoir les provinces voisines qui avoient aydé d'argent et d'hommes pour les frais du siege, esperant d'estre soulagées des courses des François. Le sieur de Rosne fut de son opinion, et le colonel La Borlote, lequel fit un long discours de tout ce qui s'estoit passé en sept semaines de ce siege, et des fautes remarquables qu'on y avoit faictes, et des dommages receus. En fin il fut resolu de continuer encores pour quelque temps ce siege.

La charge de l'artillerie ayant esté donnée audit La Borlote, le lundy deuxiesme jour d'octobre la batterie commença assez furieuse, de quarante cinq pieces de canon en diverses batteries. Tous ces efforts eussent de peu profité si le dedans eust esté asseuré, et que les habitans eussent autant aymé le mareschal de Balagny comme ils ont monstré depuis qu'ils le haissoient, et principalement depuis le commencement du siege, à cause qu'il avoit fait battre certaine monnoye de cuivre du poix de demy once, où d'un costé il avoit faict mettre les armes du Roy comme protecteur, et de l'autre les siennes comme prince; laquelle monnoye il faisoit valoir vingt sols, et la bailloit pour la paye des soldats, voulant que les habitans de Cambray receussent ceste monnoye d'eux à l'achapt de leurs necessitez, promettant que si tost que le siege seroit levé qu'il feroit retirer toutes ces pieces de cuivre, et qu'il leur en feroit bailler la valleur en bon argent. Cela engendra beaucoup de disputes entre les soldats et les habitans, et, comme disent les historiens italiens, *quindi si cagiono la perdita di Cambray* (1); car le mareschal de Balagny ne voulant la recevoir en payement pour les imposts et autres subsides qu'il avoit mis dans ceste ville, cela les altera tellement qu'ils ne songerent plus qu'à trouver le moyen de se venger; ce qu'ils firent aussitost qu'ils en virent l'opportunité, laquelle se presenta ledit 2 d'octobre; car, cependant que les François estoient tous empeschez pour reparer aux diverses batteries qui se faisoient en divers lieux, et pour s'opposer si l'Espagnol se presentoit à faire quelque effort, ces habitans commencerent à se barricader par toutes les ruës avec des chariots, et, s'estans saisis de la grand place, se rangerent en un gros esquadron, ayans practiqué auparavant la garnison qui y estoit d'ordinaire de deux cents Suisses, lesquels se mirent à l'autre bout de la place avec deux cents chevaux du pays que lesdits habitans y entretenoient pour garnison ordinaire. Aussi-tost que le mareschal de Balagny et M. de Vic eurent advis de ceste rumeur, ils tascherent à l'appaiser par prieres et par promesses; mais cela ne servit de rien à ce peuple alteré, qui, solicité de ceux qu'avoit practiqué l'archevesque, firent entrer par une porte nombre d'Espagnols, et firent publier en mesme temps l'accord, sçavoir: que la ville demeureroit libre en son premier estat, avec confirmation de tous leurs privileges et franchises. A la publication de cest accord les François estoient à la bresche, ayant l'Espagnol devant et derriere; et les habitans, comme font ordinairement les peuples qui changent de seigneurs, pour se monstrer affectionnez à l'Espagnol, s'offrirent tout d'un temps de faire la pointe et de charger les François. Fuentes le deffendit aux siens très-estroictement, prejugeant que le soldat, desireux de proye, ne demanderoit pas mieux que cela advinst, afin de trouver subject de piller la ville, et par ce moyen perdre son armée.

Les François, voyans le peril si evident, se retirerent en la citadelle, abandonnans la bresche et les murailles. Ceste citadelle estoit en effect fort foible du costé de la ville, et n'y avoit point de provisions dedans pour la deffendre long temps, veu le grand nombre de gens qui estoient dedans; tellement qu'estans sommez de la rendre, l'on commença à faire une trefve de vingt-quatre heures, laquelle fut depuis prolongée; et les assiegez ayans receu advis de M. de Nevers de se rendre à honnestes conditions, dez le lendemain la capitulation suivante fut accordée:

Que la citadelle de Cambray seroit remise dans le lundy prochain, qui estoit le 9 octobre, ez mains du comte de Fuentes, avec toute l'artillerie, munitions et vivres qui y estoient; que M. le duc de Rethelois, le mareschal de Balagny, le sieur de Vic, et tous les seigneurs, gentilshommes et soldats, de quelque nation qu'ils fussent, sortiroient en ordonnance, balle en bouche, meche allumée, les enseignes et cornettes desployées, tambours et trompettes sonnants; et mesmes que les enseignes qui estoient demeurées en la ville lors qu'ils s'estoient retirez dans la citadelle leur seroient renduës.

Que tout leur bagage qui estoit resté dans la ville lors de leurdite retraite leur seroit rendu, ou la valeur d'iceluy, selon ce qu'en ordonneroient ensemblement les sieurs de Vic et de Buhy pour les François, et les sieurs de Rosne et Messia pour les Espagnols; que tous les maladeset blesse

(1) Telle fut la cause de la perte de Cambrai.

sortiroient sans aucun empeschement, comme aussi feroient toutes les dames, damoiselles, bourgeois, bourgeoises, leurs serviteurs, avec leurs coches, charettes, bagages, et se pourroient retirer avec toute seureté en France; que pour la seureté et conduitte des assiegez, le comte de Fuentes en donneroit sa parole; qu'aucun ne pourroit estre arresté pour debtes, et pour quelque cause que ce fust, par les habitans ny par autres; que les deputez de Cambray qui estoient en France seroient renvoyez seurement, et que ledit sieur mareschal de Balagny, et tous ceux qu'il avoit employez, ne seroient recherchez par le roy d'Espagne ny par l'archevesque de Cambray de tout ce qu'ils avoient faict, geré et manié en ladite ville.

Voylà comme les habitans de Cambray firent perdre au mareschal de Balagny sa nouvelle principauté. Madame de Balagny, femme de grand courage, voyant la ville perduë, de douleur s'enferma en une chambre dans la citadelle, et mourut deux jours avant la reddition, *affirmando*, ce disent les Italiens, *di morir contentissima, poiche morira principessa* (1). Les François, au nombre de mil hommes de pied et près de cinq cents chevaux, sortirent avec grand nombre de bagage, et furent conduits seurement jusques auprès de Peronne. En ceste sortie le comte de Fuentes avec sa cavalerie fit un honnorable accueil au duc de Rethelois, et l'accompagna un assez long temps, puis donna la charge de le conduire au prince d'Avellino, qui traicta le soir fort magnifiquement et en plaine campagne ledit sieur duc et les principaux seigneurs françois. Ainsi Cambray, ville imperiale où l'Espagnol n'avoit esté auparavant que conservateur de la citadelle, la ville ayant tousjours esté à l'archevesque, tumba sous sa puissance. Plusieurs ont escrit que les habitans n'ont rien gaigné à changer de seigneur.

Peu de temps après mourut M. de Nevers. Ce prince estoit vieil. En son temps il a faict de grands services aux roys de France. Il fut fort fasché que les affaires du Roy n'eurent un heureux succez cest esté sur la frontiere de Picardie, et principalement de la mauvaise foy des habitans de Cambray envers les François.

Le 14 octobre le sieur de Herauguiere, gouverneur de Breda, grand surpreneur de places, dressa une entreprise sur la ville de Lire en Brabant, à deux lieuës d'Anvers, avec quelques troupes de cavalerie et d'infanterie; laquelle ville il surprit par escalade, ayant coupé la gorge à la sentinelle et au corps de garde, fit rompre une des portes par laquelle, sur les cinq heures du matin; il fit entrer sa cavalerie et le reste de son infanterie. Le capitaine Alonso de Luna, gouverneur de la place, fit quelque resistance au grand marché et vers l'Hostel de Ville, mais, s'y voyant trop foible, il se retira en l'une des portes avec ses gens, bien deliberé à la garder et d'y tenir fort tant qu'il auroit secours d'Anvers, où il envoya en toute diligence, et qui le mesme jour y arriva par la mesme porte. Tandis que les gens de Herauguiere s'amuserent au pillage, luy, ne pouvant les r'allier à temps pour estre espars et trop aspres au butin, advisa de se sauver avec ceux qui voulurent le suivre. Ainsi furent ces pillards eux mesmes pillez et desfaits: il en mourut plus de cinq cents, sans les prisonniers et la perte des chevaux.

Pour cest exploict le comte de Fuentes, qui estoit encor à Cambray, fit tirer le canon en signe de resjouyssance; et les Pays-Bas [illegible] à l'Espagnol monstrerent, par les feux de joye qu'ils firent, le contentement et l'aise qu'ils avoient des prosperitez par eux [illegible] esté contre les François et contre le prince Maurice et les Estats.

Le Roy voyant que le comte de Fuentes après qu'il eut pris Cambray, avoit envoyé refraischir son armée en divers endroits du Pays-Bas, et qu'il avoit si bien munitionné les places qu'il avoit conquestées cest été, qu'il n'y avoit point d'aparence de les attaquer en hyver, n'y ayant plus au deçà de la riviere de Somme que La Fere qui tenoit pour l'Espagnol, Sa Majesté resolut de l'assieger, et fit loger son armée aux environs. Estant en son camp à Traversy près La Fere, le 25 de novembre, voulant que l'on rendist graces à Dieu de sa reconciliation avec le Sainct Siege, il rescrivit à tous les gouverneurs de ses provinces qu'ils eussent à en faire publiques resjouyssances. Voicy la lettre qu'il en escrivit à M. le prince de Conty qui commandoit pour lors dans Paris.

« Mon cousin, j'ay tousjours eu telle confiance en la bonté de Dieu et en la justice de ma cause, confirmé par les jugemens qu'il luy a pleu de prononcer en ma faveur en tant de signalées victoires et autres prosperitez qu'il m'a departies sur mes ennemis, que, quelques artifices et oppositions qu'ils puissent apporter pour traverser à Rome la benediction de nostre très sainct pere le Pape et ma reconciliation avec le Sainct Siege apostolique que j'ay depuis ma conversion instamment recherchée, en fin je fleschirois Sa Beatitude par mes poursuittes, non moins que

(1) Disant qu'elle mouroit contente puisqu'elle mouroit princesse.

par la sincerité de mes deportemens, et luy ferois voir clair au travers des impostures de ceux qui avoient juré la ruyne de cest Estat et entrepris l'invasion d'iceluy devant le trespas du feu Roy dernier decedé. Je n'ay point esté frustré de mon attente ; car Sa Saincteté, continuant le soing paternel que ses predecesseurs et ledit Sainct Siege apostolique ont tousjours eu de ce royaume, m'a honnoré de sadite benediction que j'ay si longuement et constamment poursuyvie. Enquoy je puis dire qu'elle a rendu autant de tesmoignage de sa pieté et prudence, comme est grande l'obligation que je luy en ay avec tout mon royaume, recongnoissant combien ceste grace peut affoiblir mesdits ennemis, et est utile et necessaire pour asseurer la tranquilité des consciences de mes subjects, qui n'estoient encores satisfaicts. C'est pourquoy, desirant que chacun congnoisse en quelle reverence je tiens ladite benediction et reconciliation avec ledit Sainct Siege, et combien elles ont esté aggreablement receües en cedit royaume, j'escris à mon cousin le cardinal de Gondy, evesque de Paris, la lettre que je vous addresse pour lui envoyer, affin qu'il ait à en faire remercier Dieu en son eglise. A quoy je vous prie tenir la main de vostre part, et, pour ne rien obmettre qui puisse rendre cest action plus celebre, donner ordre de faire tirer l'artillerie et allumer les feux de joye en ma ville de Paris le jour que mondit cousin le cardinal de Gondy ordonnera les processions et autres loüanges à Dieu pour ceste grace, de laquelle je n'eusse tardé si longuement à vous advertir, si je ne fusse accouru à ceste frontiere pour y arrester les progrez de nosdits ennemis ; à quoy j'ay esté et suis tellement bandé et occupé, que j'espere que mes subjects en-recevront toute utilité, comme je prie Dieu qu'il vous ayt, mon cousin, en sa saincte et digne garde. Escrit au camp de Traversy prez la Fere, le 25 novembre 1595. Signé HENRY. »

Suyvant le mandement de Sa Majesté l'on fit des processions et des actions de resjouyssance par toute la France, pource que ceste nouvelle fut bien aggreable aux François ; car, comme aucuns ont escrit, non seulement en France, mais à Rome mesmes on entendoit des murmures de la rigueur et inflexible volonté du Pape contre le premier et le plus grand de ses enfans, et disoit-on que les miseres de la France ne lui estoient point sensibles, veu que ce royaume estoit le phanal de la foy et l'asyle des papes, qui, pays libre, n'avoit pourtant refusé une obeyssance filiale au premier et souverain siege de l'Eglise. On voyoit naistre le schisme, et on s'estonnoit comme un si sage pilote qu'estoit Clement VIII ne tiroit ce vaisseau de la tourmente et de l'orage, comme un si bon pasteur ne r'assembloit toute sa bergerie en un mesme bercail, comme un prince prudent et advisé politique, consommé en la conduite de grands et importans affaires, ne consideroit le peril que les autres Estats de l'Europe couroient par la discorde des François, comme un si docte theologien ne sçavoit ce tout divin conseil, de pardonner jusques à sept fois septante, comme un pere si saint, si moderé, avoit fait si peu de compte de l'honneur que luy avoit rendu le premier roy du monde par le duc de Nevers, prince autant illustre en la grandeur de ses actions qu'en la splendeur de sa maison.

Plusieurs disoyent aussi que si la cour de Rome souffroit les prodigieuses calamitez qui travailloient la France, si pour ses ayses, ses delices, ses beaux palais, elle voyoit des murailles ouvertes de bresches, des chasteaux foudroyez du canon, la prise et le sac d'une ville, le feu aux maisons, le fer par les ruës, la desolation aux eglises, la licence aux monasteres, l'impunité par tout, elle ne chercheroit tant d'agraffes pour y attacher la resolution d'une si juste requeste que celle du Roy, elle ne se monstreroit si long temps impitoyable et imployable aux publiques douleurs de la France, et, au lieu de soupçonner la conversion de Sa Majesté, elle s'en resjouiroit avec les anges, et le Pape mettroit entre les plus heureux jours de son pontificat celuy auquel il auroit acquis ceste ame très-chrestiennement royale, tant importante à toute la chrestienté ; elle se souviendroit que l'Estat de la monarchie spirituelle s'estoit agrandy par celle des François, qu'il avoit prosperé sous la faveur de leurs roys, s'estoit maintenu et conservé avec les armes de leurs roys ; elle retrancheroit toutes ces longueurs qui exposoient la France à un miserable schisme, et adouciroit l'amertume des formes qu'il luy vouloit estre gardées.

A ces plaintes françoises, un gentil-homme italien fit un discours pour monstrer que le Pape s'estoit montré vray pere commun des chrestiens en tout ce qu'il avoit faict sur la rebenediction du Roy : « Dites moy de grace, dit-il, seigneurs françois, dequoy vous plaignez vous? Sa Saincteté a-elle envoyé des gens de guerre contre vous? nuls. Si le duc de Mayenne et autres princes de la ligue luy ont demandé du secours, lequel d'eux se peut glorifier d'en avoir eu? nul d'entr'eux. Avec quelle bulle a-il declaré que la conversion de vostre Roy estoit nulle? A-il excommunié les prelats qui ont assisté à ceste conversion comme vos ennemis l'en requeroient? non. Qu'a-il donc faict? Il a laissé venir le duc de Nevers à Rome, où il auroit esté receu comme personne privée, et toleré dans Rome outre le terme à luy prescrit. Ce duc se peut-il plaindre de Sa Saincteté qu'il n'ait esté receu comme il convenoit à sa personne en particulier? N'a-il pas eu des audiences lors qu'il les a demandées? N'a-il pas esté visité du cardinal de Toledo et des neveux de Sa Saincteté? Bien que le duc estant adherant de vostre Roy, qu'il n'ignoroit estre relaps, et eust encouru luy-mesmes les censures ecclesiastiques, on ne luy a pas deffendu de faire ses devotions dans Rome, de gaigner les indulgences, et d'y recevoir le sainct sacrement.

» Si Sa Saincteté eust rebeny vostre Roy aussi-tost qu'il l'a demandé, qu'il fust retombé encor en l'heresie, ce qu'il plaise à Dieu que jamais cela n'advienne, toute la chrestienté eust accusé le Pape de legereté et de trop de simplicité, et auroit on dit de vostre Roy qu'il auroit eu un royaume pour une rebenediction, pource qu'il ne faut point doubter que le monde juge des effects qui se voyent et non des choses incognuës. Aux choses douteuses et de grande consequence, il faut estre plustost timide et irresolu que trop ardent et precipiteux. Il n'est pas convenable que Sa Saincteté ayde à vostre Roy à acquester son royaume, puis qu'il l'a desjà acquesté, mais seulement vostre Roy a besoin de sa benediction; il pourra facilement l'obtenir en la recherchant, s'il a l'intention bonne. Rememorez-vous avec quelle patience et avec quelle humilité l'empereur Theodose rechercha la benediction de sainct Ambroise.

» Voulez-vous descouvrir d'avantage la bonne intention de Sa Saincteté? Considerez, je vous prie, s'il a empesché les Venitiens d'avoir envoyé leurs ambassadeurs pour congratuler vostre Roy. En voulez-vous une preuve plus claire de ceste intention qu'en ce qu'il n'a point empesché les religieux de prester le serment de fidelité à vostre Roy et de le recognoistre? A t'il commandé aux generaux et superieurs de chacun ordre qui se retrouvoient lors dans Rome de proceder par censures contre tels religieux? A t'il commandé aux evesques de publier un interdit contre les villes qui ont recognu vostre Roy? Il est certain qu'il n'a point dit qu'on le fist, ny aussi qu'on ne le fist pas. A t'il excommunié ceux qui ont publié dans la chaire de l'Eglise de Dieu que c'estoit leur roy legitime et naturel? non. Et toutesfois vostre Roy a chassé les jesuistes de la France, ce que Sa Saincteté est contrainte de tolerer et de dissimuler, bien que c'est une chose qui l'attriste grandement, ne delaissant toutesfois de faire tout ce qu'elle peut pour eux,

les ayant recommandés au cardi
au duc de Nevers, et à plusieur

» Considerons sans passion t
qui se passent à Rome. Le card
n'y est-il pas arrivé? Ne sçait-
a fait son accord avec vostre R
pas protecteur de la France? I
bien venu et veu de Sa Saincte
cardinaux? En somme, Sa Sai
jouit elle pas quand elle entend
nouvelle de vostre Roy, sçavo
messe et qu'il se monstre devôt

» J'accorde que vous n'avez
harangue que fit Sa Saincteté a
que le duc de Nevers vint à Rom
qu'il ne trouvoit pas bon que
naux demonstrassent trop libe
clins à la benediction de vostre
de verité que c'est une fable con
avez pour croire le contraire de
mais considerons, comme bons
que raison a meu Sa Saincteté
avons desjà presupposé que le
coup de peril en sa conscience,
à l'acte de ceste rebenediction sa
voir ce qu'il en pourroit advenir
Que pouvoit faire le Pape en ce
combattu de divers pensers, et p
inclinations des cardinaux, que
ser silence, et, à leur exemple
qui n'estans pas bien informez,
impatience mettre leur bouche d

» Vous vous plaignez de l'allé
veux de Sa Saincteté vers le roy
dites que ce n'est que pour sçav
l'Espagnol sur la reconciliation
A cela je respondray qu'il y est
coup d'affaires d'importance,
pour proposer au roy d'Espagne
devant les yeux la calamité de la
ril d'Italie, le detriment de la rel
ner à entendre la droitte intentio
teté touchant la rebenediction
pour oster le scandale qu'en a le s
cun sçait aussi que Sa Saincteté
son nepveu de prendre ny recevo
visions et presents de ce Roy.

» La France et l'Espagne sont
fils du Sainct Siege; ce sont d
qu'il ayme esgalement; c'est pou
ne luy en doit point vouloir si Sa
du bien à l'Espagne, ny l'Espagne
estre faschée s'il retient la Fran
et s'il faict dans peu de jours be
jouissances pour la reconciliatio
comme de son très-cher fils aisné

sat, furent que l'absolution donnée par les evesques de France seroit declarée nulle : à quoy fut respondu que l'absolution n'avoit esté donnée qu'à la charge que Sa Majesté envoyeroit vers Sa Sainctété le requerir d'approuver ce qu'ils avoient faict. Il fut repliqué que ladite absolution seroit declarée nulle ; mais que tous les actes catholiques que le Roy avoit faits en execution de ladite absolution demeureroient valides, comme faicts sous bonne foy.

Que lesdits sieurs du Perron et d'Ossat, comme procureurs du Roy, feroient l'abjuration à la ceremonie qui se feroit pour la rebenediction de Sa Majesté.

Que dans un an le Roy retireroit M. le prince de Condé de Sainct Jean d'Angely où il estoit entre les mains des heretiques, et le feroit instruire en la religion catholique.

Que le concile de Trente seroit publié en France; et s'il y avoit quelque chose dans ledict concile qui peust empescher la publication, que Sa Sainctete estant requise d'y pourveoir, qu'elle n'en feroit aucune difficulté.

Que Sa Majesté ne nommeroit aux benefices de France que personnes ecclesiastiques.

Que tous les biens appartenans à l'Eglise seroient rendus par ceux qui les occupoient.

Et que Sa Majesté observeroit les concordats faicts entre les papes et ses predecesseurs roys.

Le Pape desiroit sur tout le restablissement des jesuistes; mais luy estant respondu qu'il estoit impossible pour lors, et comme on luy eut faict cognoistre la difficulté qui y auroit pour le faire, Sa Sainctété ne voulant que ce point particulier retardast le general, se laissa persuader d'en differer l'instance à un autre temps.

On communiqua aussi ausdits sieurs procureurs cinq conditions particulieres que le Roy devroit faire pour penitences, sçavoir : d'ouyr tous les dimanches et festes une messe conventuelle, et tous les jours qu'il ouyst aussi messe, selon qu'ont accoustumé les roys de France; qu'il prendroit la Vierge Marie pour son advocate, diroit quelques prieres et feroit abstinence en certains jours, et qu'il communieroit publiquement quatre fois l'année.

Après que le Pape et lesdits sieurs procureurs furent d'accord des susdites conditions, pour mettre la derniere main à cest œuvre, et faire la ceremonie de la rebenediction, le samedy, seiziesme septembre, Sa Sainctété partit de Monte-Cavallo où il se tenoit plus ordinairement, et alla au palais Sainct Pierre, pour estre plus commodement au matin, afin de parachever en un jour la ceremonie de cest acte; tellement qu'ayant dit messe de bon matin en une chapelle proche de sa chambre, il descendit en la sale du consistoire, là où messieurs les cardinaux l'attendoient; et là, s'estant habillé d'un manteau rouge, ayant la tiare sur sa teste, il fut porté par ses porteurs ordinaires sur sa chaire dans le portique de sainct Pierre, tous les cardinaux marchans devant luy avec leurs chappes violettes, excepté le cardinal Alexandrin qui ne s'y voulut trouver, et le cardinal Arragon qui estoit malade. Au devant des cardinaux marchoient les cameriers du Pape, deux à deux processionalement, vestus d'escarlatte.

Le portique estoit richement orné, et, depuis la derniere porte qui entre en la Basilique vers Nostre Dame de la Fievre, jusques à Nostre Dame du milieu, il y avoit un eschaffaut [illegible] de la hauteur de trois brassées, couvert de draps verds, et au bout estoit levé le throsne pontifical tapissé de toile d'or, là où Sa Sainctété s'alla seoir, et autour de luy s'assirent aussi en leurs sieges lesdits cardinaux après luy avoir rendu l'obeyssance deuë. Derriere eux estoient les auditeurs de la rote et les clercs de la chambre, avec les cameriers secrets. Aussi estoient debout, [illegible] senestre, les douze penitenciers avec [illegible] et baguettes en main, selon leur [illegible] naire, et auprès d'eux tous les [illegible] quisition.

Tout cela estant ainsi disposé, le [illegible] ceremonies alla appeller lesdits [illegible] et d'Ossat, procureurs du Roy, qui [illegible] de là, et les mena vers Sa Sainctété, [illegible] marchant devant eux. Quand ils furent [illegible] l'eschaffaut, ils firent trois reverences, l'une à l'entrée, l'autre au milieu, et la [illegible] degrez du throsne pontifical. Lors le [illegible] ceremonies demanda à Sa Sainctété s'il vouloit avoir pour aggreable que lesdits sieurs procureurs luy baisassent les pieds; ce qu'il leur accorda. Ayants fait ceste ceremonie, ils s'en retournerent là où ils estoient premierement. Les deux cardinaux nepveux de Sa Sainctete estans debout et prez dudict sieur du Perron, [illegible] cureur du saint-office luy vint [illegible] la confession et recognoissance que [illegible] soit par eux d'avoir suivy et creu à l'[illegible] calvin : ceste confession estoit en [illegible] tost lesdits sieurs procureurs se mirent à [illegible]; et ledit sieur du Perron, comme le [illegible], leut ceste confession, dans laquelle Sa [illegible] demandoit, avec toute l'humilité qu'elle [illegible], par le moyen de ses procureurs, très-instamment l'absolution de Sa Sainctété.

Après que ceste confession fut leuë, ledit procureur du sainct office leut le decret de Sa Saincteté par lequel l'absolution qui luy avoit esté donnée à Sainct Denis sans son consentement estoit declarée nulle, toutesfois que les actes catholiques faicts par Sa Majesté en execution de ladite absolution, resteroient valides, comme estans faicts sous bonne foy; outre, que Sa Saincteté ayant bien consideré cest affaire, et principalement la lettre que Sa Majesté avoit jadis escrite au pape Sixte V, dans laquelle il protestoit de vivre et mourir catholique, elle decernoit et ordonnoit que le Roy seroit absous, puis qu'il avoit abjuré ladite heresie, en acceptant la penitence qui luy seroit ordonnée et observant les conditions accordées.

Lesdits sieurs procureurs du Roy ayans promis que Sa Majesté les observeroit, ils firent en son nom la profession de foy, en la forme et selon l'ordre de la bulle de Pie IV.

Les susdictes conditions estans leuës hautement par le procureur du sainct office, les proreurs du Roy en jurerent l'observation, et promirent que le Roy en envoyeroit la ratification.

Après ceste promesse faicte on fit signe aux chantres, et ils chanterent le *Miserere*. Le maistre des ceremonies bailla au Pape une baguette, après luy avoir jetté sur la main un crespe blanc, de laquelle baguette Sa Saincteté frappoit sur l'espaule à chaque fois, tantost du sieur du Perron, et à l'autre fois du sieur d'Ossat. Le *Miserere* finy, le Pape s'esleva, et dit l'oraison *Deus qui proprium*, etc., puis une autre oraison par laquelle il declaroit absous le Roy de toutes choses passées; puis, s'estant r'assis, il dit la troisieme oraison par laquelle il recevoit le Roy au giron de l'Eglise, en nommant le roy de France et très-chrestien. Aussi-tost sonnerent les trompettes et les tambours, et tout le canon du chasteau Sainct-Ange fut tiré en signe de resjouyssance generale. Il se fit lors un grand bruict; ce n'estoient que cris d'allegresse, et tous les assistans monstoient en leurs visages estre joyeux outre l'ordinaire.

Ce grand bruict estant un peu appaisé, et ayant les procureurs du Roy baisé les pieds de Sa Saincteté très-affectueusement, puis s'estans levez, le Pape les embrassa tous deux avec beaucoup de signe d'amour, et leur dit qu'il avoit ouvert les portes de l'Eglise militante au roy Très-Chrestien, qu'il restoit seulement qu'iceluy avec une vive foy et avec les bonnes œuvres s'ouvrist à soy-mesme celles de l'Eglise triomphante, qui est une consideration notable sur toutes, de ce que le Pape recognoist la puissance qu'il a au ministere exterieur de l'Eglise visible, et reserve à Dieu son pouvoir souverain pour le royaume des cieux, combien qu'aussi les clefs de sainct Pierre sont du royaume des cieux : mais c'est à dire que chacun estant receu en l'Eglise se peut à soy-mesme, soubs la benediction de l'Eglise, faire voye de l'entrée du royaume des cieux par la foy et par les bonnes œuvres. Sur ceste parole du Pape le sieur du Perron luy respondit: « Vostre Saincteté a ouvert à mon Roy les portes de l'Eglise militante, et j'asseure Vostre Beatitude qu'avec la foy et les bonnes œuvres, qu'il s'ouvrira à soy-mesme celles de la triomphante. »

Après que les protenotaires eurent faict un acte de tout ce que dessus, et que ledit sieur du Perron l'eut leu, le Pape s'en retourna en sa chambre, et le cardinal de Saincte Severine, par son commandement, comme grand penitencier, assisté des penitenciers de Sainct Pierre, conduit les deux procureurs du Roy dans ladite eglise de Sainct Pierre, à l'autel du Sacrement, où, l'oraison estant faicte sur les corps des apostres, ils firent la procession à l'entour de cest autel; et, après quelques oraisons dites, les procureurs du Roy receurent le baiser de paix, puis sortirent de l'eglise, et prirent congé dudit sieur cardinal, s'en retournans en leurs logis.

Pendant que ceste derniere ceremonie se faisoit, M. le cardinal de Joyeuse, avec les archevesques, evesques, prelats, et tous ceux qui estoient affectionnez à la France, s'en allerent à Sainct Louys, où ils firent chanter le *Te Deum*; comme aussi plusieurs confraternitez dans Rome firent le mesme, demonstrans, par les feux de joye et autres actes d'allegresse qu'ils firent trois soirs consecutifs, combien ils estimoient ceste benediction. M. du Perron aussi, par trois jours durant, monstra sa joye exterieurement, avec magnificence et sumptuosité et incroyable, faisant des presents à tous les beaux esprits qui composoient quelques escrits en l'honneur de ceste benediction, tellement qu'ils ne se voyoit dans Rome que poësies en latin, françois et italien : cest epigramme entr'autres fut trouvé d'une belle invention :

Quem tota armatum mirata est Gallia regem,
Mirata est etiam Roma beata pium.
Magnum opus est armis stravisse tot agmina, majus
Pontificis pedibus succubuisse sacris (1).

Ledict sieur du Perron, après avoir faict le remerciement à Sa Saincteté comme ambassadeur

(1) Ce roi dont toute la France a vu les exploits glorieux, Rome heureuse le voit catholique : c'est un grand mérite d'avoir dispersé tant d'armées ennemies; c'en est un plus grand de se soumettre au Souverain Pontife en fils obéissant.

du Roy, il alla, accompagné fort magnifiquement de prelats et de noblesse françoise, voir tous les cardinaux pour compliment de gracieuseté et courtoisie. Estant près de son partement, le Pape, pour comble de toute satisfaction voulut encor luy-mesme le communier, et tous ceux qui estoient venus avec luy à Rome.

Sa Majesté ayant eu advis de ceste ceremonie, que les Italiens appellerent *ribenedizione* [pource qu'ils disoient que le Roy estoit retumbé encor en l'heresie de Calvin, ayant eu la benediction du pape Gregoire XIII], et les François *reconciliation*, il envoya les lettres à M. le prince de Conty, dont nous avons mis la copple cy devant, et fit rendre graces à Dieu par toute la France, recognoissant, comme ont faict par le passé beaucoup de grands monarques, que le plus grand honneur qu'ils laissent d'eux à la posterité est de s'estre humiliez et d'estre enfans obeissans à l'Eglise. Il manda aussi incontinent à sa cour de parlement de Paris que les causes pour lesquelles il avoit cy devant esté deffendu à ses subjects d'aller à Rome pour la provision des benefices vaccans en France, estoient cessées par sa reconciliation avec le Sainct Pere et le Sainct Siege, et qu'il vouloit que les choses fussent remises en l'estat qu'elles estoient auparavant lesdites deffenses, avec injonction de faire garder et observer cy après les concordats faicts entre les saincts peres et les roys de France.

La cour de parlement ordonna par son arrest sur lesdites lettres: « Leuës, publiées et enregistrées, ouy et requerant le procureur general du Roy, et permis se pourveoir en cour de Rome, comme auparavant les deffences, les provisions qui ont esté obtenues en execution des arrests de ladite cour demeurans bonnes et valables; et seront coppies collationnées envoyées aux bailliages et seneschaussées de ce ressort, pour y estre leuës, publiées et registrées à la diligence des substituts dudit procureur general. A Paris, en parlement, le premier de fevrier mil cinq cents quatre-vingts seize. »

En mesme temps aussi Sa Majesté envoya M. le marquis de Pisany pour gouverneur à M. le prince de Condé, qu'il fit venir de Sainct Jean d'Angely en Xainctonge à Sainct Germain en Laye, où il le fit instruire en la religion catholique.

Depuis la conversion du Roy il se vit plusieurs personnes de qualité et suffisance, tant à la suitte de la Cour qu'à Paris et autres lieux, qui quitterent du tout la religion pretendue reformée, et se reduisirent en l'eglise catholique, apostolique, romaine. La malice des hommes ne cessa point de denigrer et tirer en envie telles reductions, [illegible] les uns [illegible] rice, d'hypocrisie, de [illegible] legereté ou autre vanité, les [illegible] deposez ou chassez pour leurs [illegible], les autres, de quelque autre vilain reproche, que la medisance n'a borne ny limite. De ceux-là il y en eut trois de ceux que le Roy avoit entretenus dès leur jeunesse [illegible], bien qu'ils fussent enfans de maison, sçavoir: le sieur Desponde, lieutenant general de La Rochelle, le sieur Salette, conseiller d'Estat de Navarre, et le sieur de Morlas, conseiller du conseil privé et d'Estat, et surintendant des magazins de France. Les deux premiers decederent long temps après leur conversion, et sont morts constants en la croyance de l'Eglise; mais le sieur de Morlas ne fit sa conversion que sur le poinct qu'il estoit prest de comparoistre devant le throsne de verité et le juge qui ne [illegible] que ceux qui l'ont confessé devant les hommes.

Le vingt-septiesme jour du mois [illegible] de ceste année, à six heures du matin, ledit sieur de Morlas, estant à la suitte du Roy au retour du voyage de la Franchecomté, se [illegible] de la maladie qui l'avoit detenu à Mascon six jours entiers dans le lict, dit aux assistans: « Mes amis, ne me laissez point, il est temps que j'ordonne de mes affaires, et que je dispose mon ame pour aller vers ce grand Dieu qui m'a faict tant de graces: s'il y a quelque theologien de ceste ville, faictes qu'il me vienne consoler. » Puis levant les yeux au ciel, il s'escria tout haut: « Tu m'appelles, Seigneur, et je te respondray. » Peu après arriva le gardien des Cordeliers dudit lieu. M. de Morlas, le voyant, demanda: « Est-ce celuy que vous avez choisy pour me consoler? » Le gardien respondit: « Ouy, monsieur, c'est moi qui vous viens consoler. — Mon pere, dit-il, j'espere que je vous consoleray bientost. Je loué ce bon Dieu et le remercie de tout mon cœur de la grace qu'il m'a faicte de veoir ceste journée si saincte; il est temps d'entrer en compte avec luy. Je pourray librement m'ouvrir et discourir avec vous, mon pere; mais, avant que commencer, je vous veux dire en peu de mots quelle a esté ma vie. J'ay esté nourry dez mon enfance en la religion pretendue reformée; je l'ay suyvie jusqu'à l'aage de trente-trois ans, auquel temps je conferay avec M. d'Evreux: ses discours frapperent un grand coup à mon ame, et je commençay à faire mon profit de ce que j'avois leu, et recognoistre peu à peu l'erreur en laquelle j'estois; mais je ne pouvois tout à coup m'imaginer autre chose que ce que j'avois accoustumé de voir. Commencez à parler, mon pere, car je vois bien que l'heure

tous les jours à Dieu le Pere le sacrifice de la mort et passion de Jesus-Christ son fils pour l'expiation de mes pechez. C'est ceste Eglise que Jesus-Christ presente à Dieu le Pere tous les jours, et met ses playes entre luy et nous : *tam ipse per ipsam, quàm ipsa per ipsum.* » Et le confesseur luy dit : « L'Eglise de Dieu c'est celle qui nous a conceus de Jesus-Christ et nous a enfantez par le sang de ses martyrs pour nous faire vivre eternellement. Je vous exhorte d'aymer une telle mere, hors de laquelle il n'y a point de salut, comme vous mesmes avez dit; elle rappelle ses enfans errans, elle les reçoit avec joye. Aymez la donc et honnorez, affin que son amour vous face joindre avec Dieu : » Ledit sieur respondit, la larme à l'œil : « *Pater mi, nondum amavi, amo et amabo;* mon pere je le vous promets. Arriere de moy, furies infernales, heresies maudites qui m'avez empoisonné de vostre venin, et qui m'avez faict deschirer la robbe de Jesus-Christ! Pires que satelites de Pilate, vous deschirez son Eglise. C'est la mere des croyans qui regenere à la vie ses enfans nais à la mort. Renouvelle toi donc, ô mon ame, et despouille toy de ce vieille Adam pour te mettre en sanctification. » Le confesseur luy demanda : « Puis que vous parlez de sanctification, comment pensez vous estre sanctifié? » Ledit sieur respondit : « Par l'effusion du sang de Jesus-Christ, et par la puissance qu'il a donné à son Eglise et à vous, mon pere, de lier ou deslier. J'ay esté jusqu'à present lié des liens de Satan, desliez moy, mon pere; je vous demande à mains jointes, après que vous aurez ouy ma confession, l'absolution de mes pechez. Je ne veux plus retarder, j'ay trop mignardé mon offence, j'ay dilayé ma conversion de dix-huict mois. C'est pourquoy, ô bon Jesus, tu me visites, mais non pas en ta rigueur. Si aux lieux hazardeux où j'ay passé depuis une harquebuzade me fust venuë par la teste, en quelle peine estoit mon ame! O bonté ineffable de Dieu, qui ne m'as pas voulu prendre par une mort violente, mais par un doux sommeil. Je n'ay pas encores experimenté un assaut trop fort. Je sens un doux repos presque semblable à celuy des saincts peres. Je te remercie, Seigneur, de ce que tu m'as octroyé la requeste que je t'avois faicte, affin que, soudain que j'aurois entierement recognu la verité, il te pleust de ne me laisser plus en ce monde. Appelle moy donc, Seigneur, quand il te plaira; j'ay cogneu la verité. Je veux faire ma confession.

« Retirez-vous, dit-il à M. Parent qui estoit un sien amy, et ne vous contristez point, ce n'est pas aujourd'huy une journée de pleurs : comme mon vray amy, rendez action de graces à Dieu avec moy, et vous resjouyssez de ce qu'estant banny du royaume des cieux, maintenant mon pere me va faire enfant de Dieu, m'incorporant au corps mystique de son Eglise, laquelle je vous prie d'aymer et embrasser comme moy. Mon cher amy, je vous prie croire qu'il n'y a plus de monde pour moy, et que j'y renonce dez à present. Je me depestre de luy : il n'y a rien qui m'y retienne, prenez en, je vous prie, le soing. Mon maistre, dit-il parlant du Roy, vous perdez un fidelle serviteur. Perdre! non, vous ne le perdez pas, car j'espere, après avoir receu le corps de mon Dieu, d'aller chanter avec les saincts : *Sanctus, sanctus, sanctus,* le Seigneur des armées. Là, Sire, je me presenteray devant la lumiere des lumieres, devant celuy qui m'a donné le jour, le jour qui m'a faict veoir ceste grande clarté, ceste cognoissance de verité, son Eglise, son espouse, et le salut de mon ame. Je me jetteray aux pieds de Jesus-Christ, de mon Dieu, de mon Seigneur, devant Sa Majesté Divine, environnée des anges et seraphins. Je prieray mon Dieu qu'il estende vostre royaume sur toutes les nations qui n'ont point encore invoqué son sainct nom. Vous m'avez nourry depuis la douziesme année de mon aage; jà n'advienne que devant mon Dieu je vous oublie, ô mon bon maistre. » Et, se tournant vers le confesseur, il luy dit : « Mon père, le grand fardeau que je vay descharger maintenant! Je me veux accuser et confesser sans feintise mes pechez devant mon Dieu et devant vous. » Ces parolles dictes, il entra en l'examen de sa conscience à la façon des catholiques. Et comme il fut entré en discours, le confesseur luy dit : « Dites vostre *Confiteor,* » que ledit sieur ignoroit; mais il le prononcea mot à mot après ledit confesseur, en frappant coup sur coup sur sa poitrine quand il fut à ces mots, *quia peccavi*, etc. Et après la confession, levant ses yeux et ses mains vers le ciel, il commença à dire : « Je me suis confessé, mon Dieu; vostre sapience a ordonné ce moyen, avec la puissance des clefs, pour l'application de la remission et reconciliation acquise par vostre Fils en la croix. Je vous prie, dites moy, quant bien je n'eusse confessé mes fautes, qu'y auroit-il de caché et secret en moy qui ne fust descouvert devant vos yeux? Toute conscience, quelque profonde qu'elle soit, vous est notoire. Mon Dieu, si je voulois taire mes fautes, je ne me cacherois point devant vous. Vous le sçavez, Seigneur, si je me cache. Vous sçavez si je vous ayme, et si, parmy les affaires du monde où je me suis veu enveloppé, je n'ay prins deux heures chaque jour pour parler à vous, pour m'approcher de vous,

raisonnable. » Il dit sa volonté, et signa son testament : cela faict il commença à crier tout haut : *In manus tuas*; et ses convulsions aussi-tost le prindrent. Il demanda l'extreme-onction, qui luy fut apportée en mesme temps. Quand le prestre eut achevé de la luy donner, il se remit, et, soubriant, s'escria : « Mes amis, que mon ame est contente ! O que je suis heureux d'avoir banqueté avec mon Dieu, et avoir receu mes sacrements. » Le confesseur luy dit : « Et bien, monsieur, vous souvenez vous pas des dernieres paroles que nous avons tenuës ensemble? » Il respondit : « Vos dernieres paroles sont engravées en mon ame, et n'en sortiront jamais : vostre derniere sentence a esté de sainct Augustin, *de resurrectione*. » Les convulsions le reprindrent encores; et, s'estant faict apporter une croix au pied de son lict, il avoit tousjours les yeux dessus. Et, comme il fut prest de rendre l'ame, on l'admonesta de se souvenir des paroles qu'il avoit dictes, et qu'il demandast pardon à Dieu; et, ne pouvant parler, il fit signe qu'il avoit esperance en luy : il jecta une larme, et à l'instant l'ame se separa du corps.

Quant on fut rapporter au Roy la mort dudit sieur de Morlas, il dit à ceux qui estoient près de lui : « J'ay perdu un des meilleurs entendemens de mon royaume. » Aussi estoit ce un des plus prudens et judicieux courtisans et officiers de France. Devant que se resoudre à se reduire en l'obeyssance de l'Eglise catholique, il fut près de trois ans à s'instruire par l'assiduelle lecture de l'escriture des saincts peres, et la conference avec les plus sçavans ministres et docteurs de la France et d'ailleurs; aussi estoit-il un des mieux appris en toutes bonnes lettres et sciences de son temps. Après sa mort la medisance n'eut point de prise sur sa memoire, et ne fut point blasmé, pour s'estre converty, d'ambition, d'avarice, d'hipocrisie, ou autre conception humaine; car il n'y avoit point de courtisan qui fust plus avant en la bonne grace du Roy que luy : aussi il ne pouvoit esperer rien du monde lors qu'il se jugea si proche de sa fin, et si près du jugement de Dieu et de l'autre vie, puis que toute la terre luy estoit moins que rien.

Cette mesdisance se jetta du tout sur moy lors que je quittay ceste belle religion pretenduë reformée, qui fut peu de jours après la mort dudit sieur de Morlas. Je fis imprimer les causes de ma conversion à Paris, et ont esté imprimées en beaucoup d'endroicts de la France. Plusieurs de ladite religion pretenduë y firent des responces; mesmes celuy qui a recueilly les Memoires de la ligue y en a mise une dans ce livre là, sans y mettre ce que j'y avois respondu : ils me font avoir esté amoureux de la baronne d'Ars, laquelle ils disent que je recherchois en mariage en l'an 1588. Quelle imposture! Ceux qui estoient en Bearn lors sçavent assez que Madame, sœur du Roy, princesse vertueuse, au service de laquelle j'estois, me commanda de parler à ladicte baronne, et luy dire qu'elle desiroit qu'elle se mariast avec le baron de Tignonville, gentil-homme, lequel, estant en Bearn du retour de la grande armée des reistres, lorsque l'on n'esperoit jamais de voir ce siecle de paix sous le regne du Roy d'à present, et que ceux de ladicte religion qui estoient alors ne tendoient qu'à asseurer leurs fortunes en lieu de seureté, esperoit qu'espousant ladite baronne, riche, et qui avoit des moyens, il auroit des commodités pour s'entretenir en son refuge. Ceux qui estoient à Pau en ce temps là ont assez sceu les causes pourquoy ceste baronne ne voulut entendre ce mariage, et que ma peine fut sans fruict, et non pas que je me sois de tant oublié que de penser jamais à ce dont ils me blasment, Dieu m'ayant tousjours donné la grace de me comporter avec modestie en la vocation où il m'a appellé. Aussi, dans la responce que je leur fis, je protestay de ne vouloir user nullement de mesdisance contre eux, comme ils faisoient contre moy, ains je protestay de leur garder une vraye et parfaite charité, pour leur monstrer en quoy ils erroient; mais jamais personne d'eux ne mit son nom en ce qu'ils firent publier contre moy, et ne sceu jamais à qui m'addresser en particulier. Sur ce qu'aucuns de mes amys dirent auxdits ministres : « Puisque vous saviez tant de choses de luy dont vous le blasmez, et lesquelles vous l'accusez d'avoir faictes auparavant et depuis l'an 1588, pourquoy l'avez vous dissimulé? — Cela a esté, leur respondirent les ministres, par charité fraternelle. — A quoy peut servir cela de le publier donc un si long temps après? — [illegible] gnage inexcusable de sa vie, leur [illegible] les ministres, et pour monstrer [illegible] composer un livre en latin intitulé [illegible] *pium de componendo religionis* [illegible] autre sur l'establissement des bordeaux [illegible] avoit baillé à R. Estienne pour faire [illegible] « Quelle menterie, que je luy aye [illegible] traicté des bordeaux pour imprimer! [illegible] dit, dans ma response que je fis en [illegible] à un certain advertissement qu'ils [illegible] contre moy, les causes pourquoy et [illegible] ledit Estienne me surprit lesdits deux [illegible] quoy ils n'ont rien depuis respondu, [illegible] aussi il n'y avoit pas d'apparence que je [illegible] baillé ce dernier pour faire imprimer, [illegible] depuis il me dit, en presence de gens [illegible].

tans de Javarin, des femmes, des enfans et les malades, lesquels avoient esté, partie tuez et partie rendus esclaves.

Que pour tout ce que dessus, ledit comte et les colonels et capitaines qui avoient signé la capitulation de Javarin avoient non seulement failly de leur instruction et devoir, mais en la foy et en la promesse qu'ils avoient faicte à l'Empereur.

Contre ces accusations le comte d'Ardech se defendit par escrit, lequel ses parents firent publier. Il rejettoit toute la faute de Javarin sur l'archiduc Matthias et sur Palfy.

Le jugement tirant en longueur, l'Empereur fut prié par plusieurs grands seigneurs, parents et amis des accusez, lesquels se jetterent à ses pieds, et luy demanderent misericorde pour eux. Nonobstant toutes leurs supplications, le 27 may il y eut jugement, premierement contre Anthoine Zin de Zinnenburg, Rudolph Greis et ceux qui avoient souscrit à la capitulation de Javarin, par lequel ils furent tous condamnez d'avoir les testes tranchées, mais que l'execution de ce jugement ne se feroit jusques à ce qu'on eust sceu la volonté de l'Empereur.

Ce jugement estant porté à l'Empereur, il leur remit à tous la vie, et furent seulement privez de leurs grades militaires, à la charge de servir à leurs despens en ceste guerre de Hongrie contre le Turc, excepté à un nommé Mufler, lequel, s'estant sauvé de la prison sans attendre le susdit jugement, fut mis entre les mains du juge criminel qui le fit pendre.

Quant au comte d'Ardech, nonobstant que les comtesses d'Ardech et de Turn se fussent aussi jettées aux pieds de l'Empereur pour obtenir sa grace, estant, oultre le faict de Javarin, accusé qu'en l'an 1593, après la victoire que les chrestiens obtindrent sur les Turcs à Albe royale [dont le capitaine Pierre Hussar avoit pris les fauxbourgs], contre les opinions des colonels Palfi, Nadaste, Buden, Marxen, Becken et autres, ledit comte d'Ardech avoit dissuadé le siege, et avoit emmené l'armée victorieuse comme en desroute, tellement que la victoire, dont les Turcs estoient estonnez, demeura du tout inutile; qu'il avoit aussi conseillé d'abandonner le siege de Gran contre tout devoir.

La forme que l'on usa pour prononcer la sentence audict comte fut que le comte d'Ottinguen, qui presidoit sur tous les deputez pour luy faire son procès, estant au siege judicial, fit appeller et tirer hors des prisons ledit comte d'Ardech et le colonel Perlin, et, ayant commandé au lieutenant general des crimes de faire lire la sentence, ce comte requit qu'il luy fust fait grace comme à plusieurs autres ausquels elle avoit esté faicte, ayant esgard à ses precedens services, et que la sentence ne luy fust point leuë. Mais il luy fut dit que l'Empereur et l'archiduc Mathias avoient commandé qu'elle luy fust publiquement leuë. Il cogneut lors qu'il n'y avoit plus de misericorde pour luy, et, les yeux baissez, sans repartir aucune chose, il ouyt son jugement par lequel il estoit condamné d'avoir la main dextre coupée [dont il avoit signé la reddition de Javarin, et seroit attachée contre un pieu dressé sur les murailles de Vienne pour perpetuelle memoire, puis qu'il seroit pendu, et, après que son corps auroit esté trois jours à la potence, qu'il en seroit osté pour l'ensevelir, tous ses biens acquis et confisquez à l'Empereur. Ayant ouy ceste sentence, il leva les yeux vers les juges, et voulut s'en plaindre; mais le comte d'Ottinguen luy dit que s'il disoit quelque chose à l'encontre, qu'il seroit privé de ce que l'Empereur avoit moderé de ladite sentence, laquelle moderation luy estant prononcée, portant qu'il auroit seullement la main dextre coupée et la teste tranchée, et puis que son corps, sa teste et sa main seroient enterrez. « Quelle grace! dit-il, j'avois esperance que Sa Majesté Imperiale et Son Altezze seroient memoratifs qu'il y a quatorze ans que je les ay servis fort fidellement, et qu'ils me donneroient au moins la vie aussi bien qu'aux autres chefs et capitaines qui estoient dans Javarin. » Puis, ayant dit [appellant Dieu à tesmoin] qu'il avoit tousjours faict son devoir avec fidelité en toutes les charges que l'Empereur luy avoit données, et principalement dans Javarin, il supplia ses juges, pour dernier office d'amitié, de deputer quelques uns d'entr'eux pour representer à l'archiduc Mathias qu'en luy donnant la vie il pourroit encores faire service à Sa Majesté Imperiale et à la chrestienté, et, en quelque place qu'on le mist, qu'il la deffendroit au peril de sa vie et de ses moyens, et que par ce moyen on tireroit plus d'utilité de sa vie que de sa mort; qu'au moins s'ils ne pouvoient obtenir pour luy la vie, que l'ignominie d'avoir la main coupée luy fust ostée. Cependant que trois des juges pour satisfaire à sa supplication allerent vers l'archiduc, on le fit retirer. Le colonel Perlin fut après amené pour ouyr aussi sa sentence, par laquelle il estoit condamné d'avoir la teste trenchée et son corps mis en quatre quartiers, lesquels, avec la teste, seroient mis sur cinq poteaux en cinq divers endroicts des murailles de Vienne, ses gages et ses biens acquis et confisquez à l'Empereur; avant l'execution de laquelle sentence, il seroit appliqué à la question pour tirer confession de luy des entreprises particulieres qu'il avoit avec le bassa

Sinan. Aussi-tost que Perlin eut ouy sa condamnation, il se jetta à genoux, et demanda pardon. On luy leut l'intention de l'Empereur, qu'il auroit la teste coupée, puis seroit enterré. Il pria, comme le comte d'Ardech, que l'on representast ses services passés à l'archiduc; ce qui fut fait. Mais, leur estant rapporté que l'archiduc avoit dit qu'il ne toucheroit nullement à la sentence des juges, ny à ce qu'avoit ordonné Sa Majesté Imperiale, ils leverent les yeux au ciel, et commencerent à deplorer leur fortune. Après qu'ils eurent esté quelque temps avec des theologiens, le juge des causes criminelles rompit devant eux deux verges [selon la mode de ce pays-là], puis commanda à l'executeur de justice de se saisir d'eux : ce qu'il fit.

Conduits au supplice, le comte estoit dans un chariot à quatre rouës tiré par six chevaux couverts de drap noir ; devant et après cheminoient quantité de gens armez; un peu après luy suyvoit le colonel Perlin à pied, exhorté par deux Jesuistes. Arrivez en la place où se devoit faire l'execution, le comte, descendu du chariot, monta avec un homme d'eglise sur l'eschaffaut, qui estoit couvert d'un drap noir, accompagné de quatre de ses domestiques. Ayant salué le peuple, et dit qu'il n'avoit jamais commis aucune trahison, mais que l'on le faisoit mourir pour servir d'exemple à ceux qui deffendroient des places de s'y faire plustost enterrer que de se rendre à l'ennemy, demanda au peuple que chacun dist en son intention un *Pater noster;* ce qu'estant dit, il donna ses gands et sa robbe à ses domestiques, puis se mit à genoux sur un petit oreiller, et ayant mis la main sur un pau [mis là exprès] et son bonnet sur ses yeux, l'executeur avec deux de ses valets monterent sur l'eschaffaut, et, d'un mesme temps que les valets couperent la main du comte, l'executeur, avec une espée dorée que luy bailla un desdits quatre domestiques, luy coupa la teste d'une telle dexterité que l'on ne sceut discerner lequel avoit esté plustost coupé de la teste ou du poing. Aussi-tost il fut mis dans le drap noir qui estoit sur l'eschaffaut, et remis dans ledit chariot, puis mené par ses domestiques enterrer au sepulchre de ses peres. Perlin, estant monté sur l'eschaffaut, demanda pardon à Dieu de ses fautes, et dit qu'il mouroit innocent; s'estant mis à genoux, le bourreau ne luy put trancher la teste qu'au troisieme coup, dont le peuple fit une grande rumeur, et le bourreau ne se sauva qu'avec de la peine. Le corps de Perlin fut aussi pris par les siens, et enterré.

Avant que de dire ce qui s'estoit passé ceste année en la guerre contre les Turcs, j'ay mis ceste justice exemplaire qui se fit de ceux qui avoient rendu Javarin. Or Sigismond, prince de Transsilvanie, qui avoit endommagé les Turcs l'an passé, envoya un ambassadeur à Prague, où il arriva le 12 janvier, accompagné de cent cinquante chevaux. Le pape Clement VIII, qui avoit sous sa main faict faire la practique d'oster les Transsilvains, Moldaves et Valachins de l'alliance du Turc, et les faire allier avec l'Empereur, envoya aussi en ce mesme temps un legat à Prague. Après les receptions accoustumées et les banquets royaux qui leur furent faits, on traicta des articles de leur alliance, lesquels en fin furent accordés, sçavoir :

Que Sa Majesté Imperiale, tant en son nom que au nom des estats de Hongrie, ne traicteroit aucune paix ou trefve avec le Turc, sans que le prince de Transsilvanie n'y fust compris, ensemble les pays de Transsilvanie, Moldavie et Valachie, qui s'estoient ostez de l'alliance du Turc; aussi que le prince de Transsilvanie, taut en son nom qu'au nom des estats de ses pays, promettoit de continuër la guerre contre le Turc, et qu'il ne feroit jamais avec luy aucun accord sans le consentement de l'Empereur.

Que la Transsilvanie et les pays adjacents que les princes transsilvains avoient tenu aux confins de la Hongrie, seroient tenus encor par ledict prince et par ses successeurs masles, descendans de luy en ligne droicte, avec toute souveraineté et libre jurisdiction sur tous ses subjects ; mais avec ceste condition, que Sa Majesté Imperiale, comme roy de Hongrie, et ses legitimes successeurs, seroient recognus par eux pour roys, et leur en rendroient hommage, et leur feroient serment de fidelité sans payer aucun droict feodal ; que ce serment de fidelité se presteroit par les successeurs du prince Sigismond lors qu'ils prendroient possession de la Transsilvanie, et par ledit prince en jurant les presents articles; que s'il advenoit que les princes transylvains ne voulussent faire ce serment, qu'ils seroient privez de leur principauté, et que tout leur Estat et jurisdiction retumberoit en la puissance de l'Empereur, ou de ses successeurs roys de Hongrie; aussi que si la ligne des princes masles yssus du prince Sigismond venoit à defaillir, que la Transsilvanie retourneroit à la couronne de Hongrie ; mais que les Transylvains seroient conservez en leurs privileges, et qu'il leur seroit donné un gouverneur ou vaivode dudit pays, tel qu'il plairoit au roy de Hongrie de le choisir.

Que l'Empereur recognoistroit le prince Sigismond prince libre, luy concederoit le tiltre d'illustrissime, et luy en feroit expedier les lettres pour ce necessaires.

Que Sa Majesté Imperiale procureroit que ledit prince Sigismond eust en mariage une des filles de l'archiduc Charles.

Qu'il procureroit semblablement que le roy d'Espagne luy donnast le collier de la Toison.

Que l'Empereur, pour quelque fortune qui peust advenir, ne delaisseroit de secourir ledit prince Sigismond et ses pays de gens de guerre, de munitions, et de toutes autres choses necessaires pour faire la guerre, aussi que ledit prince donneroit secours aux affaires de l'Empereur en Hongrie, aux lieux qui se trouveroient en avoir plus de besoin.

Que ledit prince Sigismond avec toute sa posterité seroient presentement creés princes de l'Empire, sans attendre les suffrages des estats dudict Empire.

Que toutes les villes et forteresses que le prince Sigismond recouvreroit avec les forces de l'Empereur et les siennes demeureroient à Sa Majesté Imperiale; mais s'il les reprenoit avec ses forces seules, qu'il les retiendroit pour luy, recognoissant toutesfois les tenir sous la feodalité de la Hongrie, ce que feroient aussi les successeurs dudict prince. Quant aux lieux qu'il racquesteroit, dependans de la couronne d'Hongrie, qu'il les rendroit à Sa Majesté Imperiale en luy donnant rescompense en autre lieu.

Que l'Empereur ayderoit ledit prince de tout ce qu'il seroit de besoin pour munir les places qu'il recouvreroit par armes; aussi ledit prince promettroit d'employer toutes ses facultez et forces pour les munir, afin qu'elles se peussent deffendre d'un siege pour le bien de la chrestienté.

Et, pour ce que les evenements de la guerre estoient douteux, Sa Majesté Imperiale promettoit au prince Sigismond et à ses successeurs qu'en cas qu'il ne pussent resister contre les forces du Turc, et qu'ils fussent chassez de leur pays, de leur donner, un mois après ceste mauvaise fortune, autre domaine dans les pays de Sa Majesté Imperiale, conforme à leur dignité, pour les entretenir; ce qu'il feroit aussi aux seigneurs et principaux capitaines transsilvains qui auroient suivy ledit prince Sigismond.

Avec ces articles, l'ambassadeur du Transsilvain s'en retourna, avec presents, à Albe Jules, d'où du depuis le prince Sigismond envoya un autre ambassadeur à Sa Majesté Imperiale le remercier affectueusement, et le prier de luy envoyer promptement du secours afin de s'oposer aux forces des Turcs qui se preparoient, et qu'il estoit de besoin de ne laisser passer sans profit la commodité qu'il y avoit d'assaillir les frontieres du Turc, qui estoient faibles et espouvantées.

Ce prince, qui ne cherchoit qu'à endommager les Turcs, estant adverty par ses espions que trois mille Turcs s'acheminoient par la Moldavie pour s'aller mettre en garnison dans une certaine forteresse, il envoya le colonel Albert Cralli avec nombre de Valches, lesquels, les surprenants à la despourvuë, en tuërent deux mille; peu se sauverent qu'ils ne demeurassent prisonniers.

Le seiziesme de mars, ce prince prit Telestia qu'il brusla, puis, passant le Danube, il alla prendre Brayla; ce qu'ayant fait, il envoya en la petite Valachie son lieutenant general André Barstai, lequel alla attaquer Smil, qui est une place auprès de la riviere de Nester, non loing de la mer Noire, et en peu de temps la força, et tailla en pieces deux mille Turcs qui estoient dedans en garnison, gaigna trente pieces d'artillerie, entre lesquelles il y en avoit qui avoient esté prises du temps de l'empereur Ferdinand et du vaivode Jean Huniade; et pour ce que ceste place estoit forte, il y laissa deux mille Valaches en garnison. Outre cela les Transsilvains joints avec les Cosaques prirent Vesper, Sofie, et beaucoup de petites places, puis allerent faire des courses jusques aux environs d'Andrinopoli, remplissans tout par où ils passoient de miseres et d'espouvantement; ce qui causa que Mahomet III de ce nom, empereur des Turcs, qui avoit nouvellement succedé à Amurath, fit advancer les forces destinées pour la Hongrie plustost qu'ils n'eussent faict; mais ce fut sans fruict.

Le 18 jauvier mourut Amurat III, fils de Selim, aagé de quarante huict ans. Il meditoit de tourner sur l'esté prochain toutes ses forces contre la chrestienté; et il s'en alla hors de ce monde avec une telle tempeste, que, le jour qu'il mourut, ceux de Constantinople pensoient que leur ville deust renverser sans dessus dessous. On le cela mort dix jours durant, jusques à ce que son fils Mahomet, qui estoit en la province d'Amasie, dans la Natolie, où il commandoit, fust arrivé à Constantinople, là où aussi-tost il fut proclamé empereur par les baschas et par les janissaires.

La premiere chose qu'il fit, ce fut de faire inviter dix-neuf freres qu'il avoit pour venir à un banquet royal : eux, pensans que leur pere ne fust pas mort, y vont; mais, venus, il les fit tous estrangler. Craignant que des femmes de son pere il peust naistre encor quelque sien frere, il en fit prendre dix lesquelles il fit noyer. Quant à sa mere, après luy avoir fait plus dons, il l'envoya hors de Constantinople. I bascha fut un des premiers à qui il osta sa g sans avoir esgard à la nouvelle prise de Javarin où il avoit acquesté tant d'honneur. Le bascha Cicala fut son compagnon d'infortune, car le gouvernement de la mer luy fut osté. Au contraire, le bascha Ferat fut envoyé general en Hongrie : mais le peu d'heur qu'il y eut fut cause de sa mort, ainsi que nous dirons cy après. Dans Constantinople alors les courtisans ne faisoient point moins d'estat que de passer leur esté dans Vienne en Austriche ; et Mahomet disoit qu'après l'avoir pris qu'il iroit en Italie et verroit Rome.

Les garnisons turquesques en Hongrie faisoient de grands preparatifs et provisions de toutes choses pour faire la guerre au printemps, et ne reparoient pas seulement les bresches de Gran et de Javarin, mais ils fortifierent ces villes là encores plus qu'elles n'estoient auparavant ; ce qu'ils firent aussi en tous les lieux foibles de leurs places où ils tenoient garnison. Entre Javarin et Komorre ils dresserent deux forts de bois, tant pour faveriser les courses qu'ils faisoient dans l'isle de Komorre, que pour empescher les Imperiaux de faire quelque entreprise sur Javarin. Palfi et Nadaste venoient souvent aux mains avec eux lors qu'ils faisoient leurs courses pour butiner les villages des chrestiens, et en payoient tousjours quelque quantité de leur peine.

L'Empereur fit faire une assemblée à Prague au mois de fevrier, où il demanda secours d'hommes et d'argent aux Bohemes contre les Turcs, ce qu'ils luy accorderent. Il envoya aussi soliciter le Pape, les roys d'Espagne et de Pologne, le Moscovite et plusieurs princes chrestiens, de luy ayder en ceste guerre, ce qu'aucuns firent. Il fut resolu en une assemblée imperiale, où se trouverent plusieurs princes, outre beaucoup d'ordonnances qui y furent faites pour regler les gens de guerre, que les deux freres de l'Empereur seroient les generaux des deux armées chrestiennes en Hongrie contre les Turcs, Maximilian en la Haute Hongrie, ayant pour son lieutenant Tieffembach, et Matthias en la basse, ayant pour son lieutenant le comte Charles de Mansfeldt, qui partit le quatorziesme fevrier de Bruxelles, et mena en ceste guerre deux mille chevaux et six mille hommes de pied, par le consentement du roy d'Espagne. Tandis que son lieutenant le comte de Svartzembourg conduisoit ses troupes à petites journées, il arriva avec dix-huict chevaux à la cour de l'Empereur, qui estoit à Prague, le 17 mars, où il fut receu avec beaucoup d'allegresse, pour ce que l'on n'y manquoit pas tant de gens de guerre que l'on avoit faute d'un homme de commandement. L'Empereur, outre la dignité de lieutenant de son frere, le crea prince de l'Empire. Après les ceremonies accoustumées estre faictes en telle creation, l'archiduc Matthias luy mit dans le col un collier d'or valant mille ducats, où dans la medaille estoit le portraict de l'Empereur.

Les aydes que promirent les citez imperiales en ceste guerre furent de seize mille hommes de pied et quatre mil chevaux, outre les contributions ordinaires, avec cent pieces de gros canon et nombre de munitions. Le prince don Jean de Medicis fut declaré general de l'artillerie, et le marquis de Burgau maistre de camp.

La Boheme, Moravie et Silesie offrirent dix mille hommes de pied et quatre mil chevaux, l'Hongrie six mille de cheval et quatorze mil de pied, et l'Austriche six mille fantassins et deux mil chevaux.

Le Pape, aydé de quelques deniers des republiques de Gennes et de Luques, promit aussi d'envoyer en ceste guerre douze mille hommes de pied et mille chevaux. Le duc de Ferrare pensoit estre declaré general de ce secours et le conduire en Hongrie, mais Sa Saincteté voulut que ce fut son nepveu, Jean Francisque Aldobrandin, qui eust ceste charge.

Des princes d'Italie, le duc de Mantouë fut en ceste guerre comme advanturier avec quatorze cents chevaux. De la Toscane, Silvie Picolomini mena en Transsilvanie cent cinquante cavaliers. Ce secours d'Italiens fut long, et n'arriva à Vienne que sur la fin d'aoust.

Le nunce du Pape en Pologne avoit eu une diette tellement practiqué les seigneurs polonois, et mesmes le chancelier de Pologne, qu'ils estoient prests d'entrer en ligue avec l'Empereur et le Transsilvain ; mais, aussitost qu'ils eurent advis que l'archiduc Maximilian devoit estre general de l'armée en la haute Hongrie, et qu'il venoit estre leur voisin si proche, ils commencerent à soubçonner, et l'interest particulier de ces princes, qui sont voisins, empescha beaucoup le general de la chrestienté ; car, bien que le Pape, qui avoit sur tout envie de voir ceste ligue faite, fist dire à l'archiduc Maximilian que les Polonois desiroient, auparavant que d'y entrer, qu'il renonçast aux pretentions qu'il avoit d'avoir esté esleu roy de Pologne, puis qu'à present le roy Sigismond avoit un fils, il n'en voulut rien faire. D'autre costé le prince de Transsilvanie n'estoit pas content de ce que le chancellier de Pologne se preparoit d'entrer dans la Moldavie avec une armée, pource que les Polonois pretendent que ceste province est sous la jurisdiction de leur couronne ; et le Transsilvain au contraire s'en esperoit emparer. On a veu peu de ces ligues profiter ; car d'ordinaire les grands, en telles affaires, ont plus de soing de l'interest particulier de leurs Estats que du bien du general.

Le vingt-quatriesme janvier mourut l'archiduc Ferdinand, comte de Tyrol. Cest archiduc estoit fils de l'empereur Ferdinand et frere de Maximilian II, lequel ne laissa point d'enfans legitimes après sa mort, car le cardinal André d'Austriche, evesque de Constance, et le marquis de Burgau estoient ses fils illegitimes. L'Empereur et les enfans de l'archiduc Charles furent ses heritiers. Ce prince avoit en reserve beaucoup d'argent, ce qui vint à commodité à l'Emreur, tant pour les frais de la guerre, que pour supporter la despence qui se fit au mariage du prince de Transsilvanie, dans la ville de Gratz en Styrie, au commencement du mois de mars, là où Estienne Pachai, ambassadeur et procureur du prince Sigismond, espousa Marie Christienne d'Austriche; puis elle fut conduitte en Transsilvanie par l'archiduc Maximilian, où ils arriverent environ la fin du mois de may, là où la consommation de ce mariage se fit.

Ce prince transsilvain, pour plusieurs victoires qu'il obtint en peu de temps sur les Turcs, se trouva si fort en campagne, et ses soldats si redoutez, qu'il ne tentoit aucune entreprise dont il ne vinst à bout; et, bien qu'il y eust plus de gens en l'armée des Turcs qu'en la sienne, ils n'osoient pourtant se presenter à la bataille contre luy. Sur une desfaite de quelques Turcs qu'il fit en Bulgarie, toute ceste province, excepté quelques forteresses, se rebellerent contre le Turc.

Le beglierbei de la Grece, qui avoit vingt-cinq mil hommes, tant de pied que de cheval, ayant eu advis que le Transsilvain avoit divisé son armée en trois pour l'incommodité des vivres, delibera d'en attaquer une des parties et la tailler en pieces; mais le prince, s'estant douté de son dessein, ayant fait rejoindre les siens, alla affronter le beglierbei, et le contraignit à une bataille, en laquelle, après un combat de quatre heures, la victoire demeura aux Transsilvains, qui y gaignerent trente pieces d'artillerie, et poursuivirent si chaudement les Turcs que plusieurs se noyerent dans le Danube.

Le vaivode de Valachie, ayant joint ses forces et nombre d'advanturiers Transsilvains, alla passer le Danube, et, ayant rencontré quelques Turcs auxquels il donna la chasse, assaillit le deuxiesme jour de juin Nicopoli, qu'il prit, pilla et brusla. Il y avoit au port de ceste ville, qui est sur le Danube, cinquante huict navires, lesquels furent aussi la plus-part bruslez, le Valachin emmenant le reste chargé de butin. Il envoya faire present au prince Transsilvain de seize pieces d'artillerie, de quantité de cimeterres, poignards, arcs, et autres armes qu'il avoit gaignées en ceste prise.

Mahomet, comme nous avons dit, avoit fait general de l'armée turquesque le baschat Ferat. Ce bascha, desirant bien faire en ceste guerre de Hongrie, sortit de Constantinople au commencement du mois d'avril pour faire l'amas de sa grande armée; mais, soit ou pour la grande cherté des vivres, ou pour ce que Sinan et Cicala, se voyans deboutez par cestuy-cy du maniement des grandes charges, avoient tellement divisé les volontez d'aucuns spachis et d'aucuns janissaires qui leur estoient affectionnez, qu'il n'y eut que des mutineries en l'armée; aucuns capitaines mesmes avec leurs soldats en vinrent les uns contre les autres aux mains : il y en eut qui furent si hardis, comme Ferat estoit logé en la campagne, d'aller couper de nuit les cordes de son pavillon, et le faire tumber sur luy, tellement qu'il fut fort mal-heureux pour le peu de respect que luy portoient les gens de guerre, et ce fut ce qui donna la commodité au prince de Transsilvanie d'attaquer si souvent les Turcs, dont il remporta tant de victoires. Mahomet, passant son temps en delices à Constantinople, adverty du desordre qui regnoit en son armée, redonna à Sinan la charge de general, et envoya des hommes exprès pour tuër Ferat : de ce qui en advint nous le dirons cy-après.

Cependant l'Empereur sollicitoit ceux qui luy avoient promis du secours. Le comte de Mansfeldt, estant arrivé à Vienne, procuroit que les troupes s'assemblassent pour faire un corps d'armée, affin que les chrestiens fussent maistres à la campagne. De Vienne il se rendit à Altembourg, où il commença à faire observer les ordonnances pour le reglement de la gendarmerie, ce qu'il fit avec un tel ordre, que l'on jugea dès lors que les chrestiens auroient plus d'heur en leur conduitte qu'ils n'avoient pas eu l'an passé. Ce ne furent plus que courses jusques aux portes de toutes les garnisons turquesques; et, bien que les forces chrestiennes en Hongrie fussent divisées en deux, et que le plus petit nombre luy estoit demeuré, n'ayant avec les troupes qu'il avoit amenées quant et luy que dix mille hommes de pied et huict mille chevaux que conduisoit Palfy, il commença à cheminer en corps d'armée vers Komorre, où, ayant campé jusques au vingt-sixiesme de juin, il alla passer le Danube et demeura auprès de Dotis ou Tatta, ce qui mit toutes les garnisons turquesques en pensée de ce qu'il vouloit faire, car il avoit laissé Javarin derriere luy; mais, le premier juillet, tout d'une traicte, il s'alla camper devant Gran, et envoya investir par Palfi le fort de Cocheren qui est vis à vis de Gran au delà du Danube, par lequel ceux de Gran l'an passé, lors qu'ils furent assiegez par l'archiduc Matthias, avoient esté secourus.

Le quatriesme de ce mois les chrestiens prirent la vieille ville de Gran : il y mourut peu de Turcs, pour ce que, cognoissant qu'ils ne la pouvoient garder, ils se retirerent au chasteau.

Mansfeldt se fortifia au mesme lieu où s'estoit campé l'archiduc Matthias l'an passé, jugeant que de là il pouvoit faire battre Gran et s'opposer à la campagne à qui voudroit tenter d'y donner secours. Palfi avec sa cavalerie alla courir jusques aux portes de Bude, et, remontant le long du Danube, fit un riche butin dans un navire qu'il prit, lequel descendoit de Gran à Bude chargé de dames qui y pensoient porter à sauveté leurs joyaux et richesses. Le 5, Mansfeldt commença à faire battre Gran à trois endroicts, contre la ville-neufve, le chasteau et le fort Sainct Thomas. Il fit forcer deux jours après ce fort Sainct Thomas; tout ce qui se trouva dedans fut mis au fil de l'espée, mais il y mourut à la prise de bons soldats valons.

Oultre les trois grandes batteries que Mansfeldt avoit faict dresser devant Gran, il fit mettre beaucoup de petites pieces sur des aix joincts ensemble qui estoient sur l'eau, et lesquelles pieces tiroient dans la ville. Il en fit mettre aussi sur le fort Sainct Thomas et en d'autres endroicts; mais les assiegez, resolus de se defendre jusques à la mort, repareront les bresches si diligemment, que Mansfeldt ayant fait donner un assaut general, les chrestiens y receurent une notable perte. Ainsi ce siege tira en longueur, pendant laquelle les Italiens eurent loisir de venir pour assister à la reddition du chasteau.

Le Grand Turc en ce temps là, voyant que ses armées estoient mal menées des chrestiens, il s'ayda de la finesse; et, comme il eut descouvert que, par le moyen des nonces du Pape, la Moldavie, la Transylvanie et la Valachie luy avoient refusé le tribut accoustumé et avoient pris les armes contre luy et fait ligue offensive et deffensive avec l'Empereur, ce qui avoit esté la cause qu'au lieu qu'il avoit pensé porter la guerre aux frontieres de l'Austriche, il l'avoit en la Bulgarie, il fut conseillé de trouver moyen de les des-unir. Il envoya pour cest effect un chiaus au prince de Transylvanie pour traitter de quelque moyen d'accord : ce prince ayant demandé l'advis au nonce de Sa Saincteté, nommé Visconti, s'il le devoit escouter, et luy ayant dit qu'il le pouvoit faire, il escouta ce chiaus, qui luy promit que s'il vouloit delaisser la ligue qu'il avoit faict avec le roy de Vienne [ainsi appelloit-il l'Empereur], qu'il auroit pardon, non seulement des choses passées, mais que son seigneur le Grand Turc le feroit jouyr de la Moldavie et Valachie, et se contenteroit de cinq mil soltanins de tribut tous les ans, au lieu des quinze mil qu'il luy avoit accoustumé de payer, et outre luy donneroit le tiltre de roy d'Hongrie. Le prince Sigismond renvoya ce chiaus sans aucune resolution, et manda à Sa Majesté Imperiale un ambassadeur l'advertir de tout ce que ce chiaus lui avoit dit.

Peu auparavant, ce prince, ayant eu advis que Aaron, vaivode de Moldavie, avoit esté gaigné par le Turc sous belles promesses, et avoit quelque intelligence avec les Battorys, ses parens, qui lui estoient rebelles, et avec les Polonois mesmes, se saisit de luy, de sa femme et de ses enfans, et l'envoya à Prague, mettant en sa place un autre vaivode nommé Estienne. Quant au vaivode de Valachie, nommé Michel, on a escrit que le chiaus que le Turc envoyoit vers luy et vers le roy de Pologne fut tué par les Valachins.

D'autre costé le beglierbei de Grece, par commandement du Turc, fit venir de Belgrade à Bude cinq des serviteurs de Federic Chrecovis, jadis ambassadeur de l'Empereur, lequel les Turcs avoient faict pauvrement mourir prisonnier à Belgrade, ainsi que nous avons dit cy dessus.

Entre ces cinq serviteurs de Chrecovis il y avoit son secrétaire et un nommé Berlinguen, fils d'un des conseillers du duc de Vittemberg. Il commanda à ce secretaire d'escrire à un secretaire de l'Empereur, lequel ledit beglierbei cognoissoit et luy avoit autresfois parlé, pour conseiller l'Empereur d'entendre à la paix sous certaines conditions, et à Berlinguen de porter la lettre et d'en rapporter responce, sinon qu'il feroit mourir ses compagnons. Les principaux poincts de ceste lettre contenoient que la paix se pourroit faire si l'Empereur vouloit rendre Filec, Novigrade et Sissag, delaisser la protection des Transsilvains, Valaches et Moldaves, et ne les secourir point contre le Grand Seigneur, lequel, comme leur souverain, les vouloit chastier de leur rebellion, et envoyer le tribut des années passées à la Porte du Turc, ce qu'il continuëroit cy après tous les ans à certain jour.

Ces conditions estans montrées à l'Empereur, on jugea incontinent de l'intention du Turc, qui estoit de rompre la ligue avec le Transsilvain, faire courir un bruit de paix, affin que le secours promis par plusieurs princes chrestiens à Sa Majesté Impériale, entendant ce bruit, ne se diligentast de s'acheminer. Ce fut pourquoy on fit rescrire audict secretaire pour responce, laquelle Berlinguen reporta au beglierbei, qu'il y avoit moyen de faire paix si les Turcs vouloient rendre toutes les places et pays par eux occupez et envahis depuis la prise de Vichits en Croatie, et tous les chrestiens qu'ils avoient pris esclaves depuis ce temps-là, promettre de laisser sous la protection de Sa Majesté imperiale et des roys de Hongrie ses successeurs les Transsilvains, Moldaves et Valaches, sous laquelle protection ils avoient esté de toute ancienneté, sinon depuis que les Turcs, par l'artifice de quelques rebelles, les en avoient separez; que le tort faict à Federic Chrecovis, ambassadeur de Sa Majesté Imperiale, ne demeurast impuny, et que tous ceux qui l'avoient accompagné, et qui estoient encores à present retenus prisonniers en Turquie, fussent mis en liberté. Voylà la response que les chrestiens firent aux feintes propositions de paix que faisoient les Turcs, lesquels ne furent pas batus en ce temps là seulement en Hongrie et par les Transsilvains et Valaches, mais aussi en la Croatie. Lincovitz, gouverneur de Carlostat, les desfit plusieurs fois, en tua beaucoup et leur osta ce qu'ils avoient butiné en leurs courses. Il surprit Vichits, où, ne pouvant se rendre maistre de la citadelle, il pilla et brusla la ville. Le vaivode de Bobas passant avec quatre cents Turcs la Save sur six barques pour penser surprendre le chasteau de Sainct George, le gouverneur de ce chasteau, en estant adverty, leur dressa une embuscade, dans laquelle estans tumbez, peu se sauverent qu'ils ne fussent tuez, pris et noyez. Le vaivode et son fils furent menez prisonniers à Gratz.

Sinan, estant derechef creé general de l'armée turquesque en Hongrie contre les chrestiens, par le commandement de Mahomet, partit de Constantinople, et, arrivé proche de l'armée, envoya devant luy Mehemet, bascha du Caire, avec charge de faire mourir Ferat auparavant qu'il arrivast au camp. Mais Ferat, qui avoit eu advis du dessein de Sinan, tenant tousjours auprès de luy trois mil chevaux de la Bosne en qui il se fioit, leur dit qu'il ne rendroit jamais sa teste qu'en Constantinople à son seigneur, lequel il supplieroit de juger s'il estoit convenable de faire mourir un sien si fidel esclave tel qu'il estoit, qui avoit, avec tant de travaux, vaincu les Perses, et les avoit contraints de demander la paix; que ce n'estoit point la raison que l'on le fist mourir ignominieusement pour complaire à quelques ennemis de sa gloire, et les prin d'estre compagnons de sa fortune, ce qu'ils luy promirent : tellement que, comme le bascha du Caire descendit de cheval pour presenter aux chefs de l'armée les lettres patentes du Grand Seigneur par lesquelles il avoit creé son lieutenant general Sinan, Ferat en mesme temps monta à cheval, et rencontrant ledit bascha à pied, luy dit : « Vous venez et je m'en vais; » ce qu'il fit, accompagné de ses Bosniens prenans tous le galop. Sinan adverty incontinent de sa fuitte, envoya après luy cinq cents dervis, qui sont cavaliers janissaires de la province de Damas, lesquels estoient montez sur chevaux merveilleusement vistes, avec commandement de le suivre et de le prendre, ou bien de l'amuser tousjours par continuelles charges jusques à ce que toute sa cavalerie, à qui il commanda de les suivre, les eust joinct, affin que Ferat ne pust eschaper de ses mains. Ferat se voyant si vistement poursuivy par ces dervis, qui continuellement en le talonnant, le contraignoient de tourner teste, s'advisa de jetter et faire espandre par les chemins grande quantité de son or, et ce en divers lieux, affin que ces dervis, qui sont naturellement avaricieux, s'amusassent à le ramasser et delaissassent de le suivre; mais cela ne lui profita pas de beaucoup; ce que voyant, il laissa encor derriere luy trois de ses plus belles esclaves, affin que ce que l'avarice n'avoit pu faire, que la paillardise l'effectuast. En partie ce stratageme luy reussit; car, auparavant qu'aucuns des derviz qui s'estoient advancez pour luy empescher passage à un pont où il devoit necessairement passer, y fussent arrivez, il l'avoit passé avec quelques-uns des siens les mieux montez, laissant le gros de sa cavalerie derriere. Les dervix, arrivez à ce pont, pensant que Ferat fust encor dans le gros de sa cavalerie, rompirent le pont; mais, acertenez qu'il estoit passé, ils furent si long temps à le refaire pour passer eux-mesmes, que Ferat eut loisir de se sauver avec quatre des siens qui lui estoient fidelles, et avec lesquels il se tint long temps caché, sans que Sinan pust lors descouvrir où il estoit. Depuis il envoya un sien medecin à Constantinople, nommé Mamuc, pour trouver moyen de le faire rentrer en la bonne grace du Grand Turc, ce qu'il practiquoit dextrement par le moyen des sultannes et des grands presents qu'il faisoit; mais ses ennemis ayant descouvert où il estoit, firent tant qu'il fut pris et estranglé avec un garot : ses deniers, qui se montoient à plus de cinq cents mille soltanins, furent confisquez au Grand Turc.

Cependant Mansfeldt continuoit le siege de Gran, tandis que Sinan estoit retardé par les Transsilvains, qui lui escornoient de jour en jour quelque troupe de son armée. Le 9 juillet mille Turcs vindrent par barques de Bude à Gran, mirent pied à terre et entrerent, malgré l'infanterie hongroise, dans le fort de Cocheren. Cela renforça tellement les assiegez, que les chrestiens furent repoulsez depuis en plusieurs assaults.

Mansfeld, jugeant qu'il failloit nécessairement forcer le fort de Cocheren pour oster tout moyen aux assiegez d'estre secourus, commença le 24 juillet à faire jouer une très-rude batterie contre ce fort. Palfi fit aller ses Hongres si furieusement à l'assaut, qu'ils entrerent dedans, mirent au fil de l'espée trois cents des Turcs qui y estoient; le reste se pensant sauver dans la ville par le pont, la plus grande partie se noya.

Le beglierbei de la Grece, qui estoit lors à Bude, voyant que Gran estoit en danger d'estre pris par les chrestiens, et sçachant de quelle importance estoit ceste place pour les affaires du Grand Turc en Hongrie, manda à toutes les garnisons voisines de le venir trouver. Ayant assemblé douze mille spachis et quatre mille janissaires, et autres gens de guerre jusques au nombre de vingt mille hommes, il s'achemina vers Gran, et le second jour d'aoust, les Turcs parurent en une longue plaine qui est entre deux montagnes, à demie lieuë du camp des chrestiens, où ils se camperent et commencerent à dresser un très grand nombre de pavillons, pour faire estimer par cest artifice d'estre plus grand nombre de gens de guerre qu'ils n'estoient.

Le lendemain, un peu après midy, trois gros escadrons de cavalerie turquesque sortirent de de leur camp pour venir droict donner dans les tranchées des chrestiens. Mansfeldt, qui avoit jugé de leur dessein dez leur venuë ayant donné l'ordre requis de peur des sorties des assiegez, sortit de ses trenchées et alla au devant des Turcs avec sa cavallerie qu'il divisa aussi en trois parts: luy, avec la cavallerie allemande, divisée en deux escadrons, tenoit la corne droicte; Palfi la bataille avec trois mille lances hongroises, et à la corne gauche estoit le marquis de Burgau avec deux escadrons, l'un de reistres et l'autre d'harquebusiers à cheval. Ils marcherent un temps assez serrez; mais approchant des Turcs, ils commencerent à s'eslargir comme pour les entourer. Le bascha de Bude, prejugeant que la partie estoit mal faicte, après quelques charges où il fut bien combatu de part et d'autre, voyant que les chrestiens les traictoient rudement par les flancs, commença à faire faire retraicte. Se voyans poursuivis de prez, ils se mirent à la fuitte jusques dans leur camp. Aux combats et à la poursuitte il y en demeura grande quantité des plus valeureux d'entr'eux.

Le bascha se doutant que ceste retraicte donneroit quelque estonnement aux assiegez et en pourroient prendre une resolution pour se rendre, voyant aussi que les chrestiens se retiroient, il delibera de faire une autre sortie de son camp, mais avec plus de gens, et mener quand et luy quelques pieces de campagne, lesquelles il fit conduire en un lieu qu'il avoit recognu pour son dessein, au devant desquelles pieces il fit mettre un gros hort de cavalerie. Les chestiens qui faisoient l'arrieregarde, ayant lors plus de cœur que de jugement, retournerent charger ce gros de Turcs, lesquels incontinent ne leur monstrerent que le dos, et, fuyans, s'ouvrirent faisant jour pour faire jouër les pieces de campagne, qui donnerent droict au travers des chrestiens avec un tel dommage que les reistres et les Hongres furent contraincts, pesle mesle, de monstrer les espaules aux Turcs, lesquels, rassemblez et ayans retourné face, firent une rude charge aux chrestiens qu'ils menerent battant jusques à la faveur de leurs tranchées, et eussent passé outre et secouru Gran sans Mansfeldt qui, de l'avantgarde où il estoit, retourna à l'arrieregarde, ayant r'allié quelques-uns autour de luy, leur fit quelques charges et les contraignit de s'arrester; toutesfois il recognut à leur contenance qu'à travers de quelques marais ils avoient envie de faire entrer du secours dans Gran, à quoy incontinent il donna ordre, envoyant sur les advenuës de ces marais là quantité de gens de pied. Le bascha, se contentant pour ce coup d'avoir faict cognoistre aux assiegez qu'il estoit là pour leur secours, et qu'il estoit demeuré maistre de la place du combat et des morts, s'en retourna en son camp. Les chrestiens perdirent ceste journée cinq cents reistres et presque bien autant de Hongres. Les Turcs n'y perdirent pas tant d'hommes de la moitié.

Après ce combat les affaires des chrestiens devinrent douteuses, pour-ce qu'il ne se trouvoit lors au camp que sept mille chevaux et dix mille hommes de pied. Le lendemain les deux mille chevaux amenez par Mansfeldt des Pais Bas, que l'on appeloit Valons, furent mis en garde sur le passage des Turcs. Et ce mesme jour les Turcs receurent encor nouvelles forces de spachi et de janissaires, ce qui les fit resoudre de forcer les chrestiens, et de secourir les assiegez.

Le 4 d'aoust, les Turcs ayans sceu qu'il y avoit peu de garde dans le fort Sainct Thomas [dont le prince don Jean de Medicis avoit la charge, et lequel n'y estoit pas lors], ils resolurent d'un mesme temps d'attaquer ledit fort, et par un chemin qui estoit entre ledit fort et la ville de l'eau, jetter du secours dans ladite ville. Ayans divisé pour ce faire sept mille chevaux en quatre escadrons qui faisoient l'avant-garde, ils vindrent droict au fort Sainct Thomas, où ils donnerent furieusement; mais soustenus par six cents soldats qui estoient dedans, et endommagez par l'artillerie, ils en furent repoulsez avec perte. Se voyans ainsi menez, le bascha de la Natolie qui conduisoit ceste avantgarde commença à faire cheminer les siens vers le chasteau pour y entrer par un petit chemin qui y conduisoit; mais mille cuiraces valonnes et six cents harquebusiers, qui estoient près de là, luy allerent couper le chemin si à propos qu'il n'y eut que le bascha qui entra dedans suyvi de cent des siens : le reste fut contraint de plier et se retirer vers la bataille des Turcs, qui estoit venuë près de là, laquelle estoit de huit mil chevaux en deux escadrons, soustenus de l'arriere garde où il n'y avoit pas moins de gens qu'à la bataille.

Mansfeldt, ayant faict sortir les chrestiens de leurs tranchées, les exhorta à la bataille, et les rengea tous en bel ordre pour combattre : il mit son infanterie au milieu de la bataille en cinq escadrons, celuy du milieu de cinq mille, et les deux autres de deux mille chacun, puis marcha en cest ordre, laissant la ville de Gran à gauche et une file de montagnes à droict, lesquelles font une petite valée entre elles et le fort Sainct Thomas, par laquelle les Turcs s'acheminoient. En la corne gauche de l'armée des chrestiens estoit la plus grand part de la cavalerie hongroise et trois escadrons de reistres : en la corne droicte estoient six compagnies de cavalerie hongroise et deux escadrons de reistres, qui faisoient comme l'arriere garde, ainsi que ceux de la corne gauche faisoient l'advant garde.

La bataille des Turcs s'advançoit au possible en belle ordonnance, ayant à sa teste vingt quatre pieces de campagne qui commencerent à saluër les chrestiens, avec peu de dommage toutesfois, pour ce qu'ils s'estoient beaucoup advancez; l'artillerie des chrestiens, au contraire, dont le prince don Jean de Medicis avoit la conduitte, fut plantée si judicieusement, qu'estant chargée de certains artifices faits de fer ployé [lesquels s'eslargissoient en sortant de la bouche des canons], elle fit de larges rues au travers des bataillons des Turcs. En mesme temps Mansfeldt et Medicis donnerent en flanc sur les Turcs, et leur firent tourner visage vers les montagnes en esperance de s'y sauver; mais Palfy les suivit si près avec trois mille chevaux, qu'il les contraignit, après en avoir beaucoup tué, de prendre la fuitte à toute bride, abandonnans leur artillerie et leur camp. La victoire se poursuivit par deux divers endroits, et fut pris en ceste journée peu de prisonniers. Quatre mille Turcs et quinze cents janissaires demeurerent morts sur la place : entre les principaux estoient le bascha de Javarin et son fils, avec cinq [illegible]. Les baschas de Bude et de Caramanie se sauverent à la fuite. Le beglierbei de Grece, qui a esté trois jours errant, se retrouva à [illegible] blessé d'une arquebuzade et de trois coups d'espée. Les chrestiens gaignerent beaucoup de butin, chevaux, sept cents pavillons, aucuns desquels furent vendus jusques à quatre mille talers, trois mille chameaux, grand nombre de mulets, trente six estandarts, trente huict pieces de campagne, avec quantité de munitions.

Après ceste victoire Mansfeldt fit sommer dès le lendemain les assiegez : il y eut quelque parlement entr'eux; mais ceste response des Turcs: « Combien que nous soyons certains de ne pouvoir plus estre secourus, nous ne nous rendons pas pour cela, car nous aimons mieux mourir avec renommée que vivre avec infamie, » rompit tous ces pourparlers.

Les Imperiaux, entendans ceste response, recommencerent leurs batteries en diligence avec trente deux canons, et mirent [illegible] tout ce qu'ils jugerent leur pouvoir [illegible] d'aller à l'assaut, faisant aussi continuellement et avec vigilance faire cinq mines, puis logerent dans les trenchées voisines trois mil hommes de pied pour donner l'assaut dès que les mines auroient faict leur effect. Mais voicy un revers de fortune qui advint en l'armée chrestienne, en Mansfeldt, qui en estoit la teste et la conduitte, ayant en la victoire derniere fait l'office de general et de soldat, luy, qui estoit d'une complexion sanguine et d'une grande et grosse stature, s'eschauffa tellement, que, affligé d'une ardente fievre suivie d'un flux de sang, il se fit porter à Komorre là où il mourut le quatorziesme jour de ce moys, au grand regret de l'armée imperiale.

Le marquis de Burgau, maistre de [illegible] l'armée, demeura comme le general [illegible] depuis que le comte de Mansfeldt fut [illegible] malade à Komorre, ce qui ne fut pas [illegible] que mescontentement de don Jean de Medicis; et, bien qu'il n'y eust pas une parfaicte intelligence entr'eux deux, l'interest toutefois du general surmonta les affections particulieres. Estant arrivé deux mille lansquenets en l'armée, on delibera de donner un assaut general à la ville de l'eau, et, affin de diviser les forces des assiegez, au conseil de guerre il fut arresté que, le matin treiziesme d'aoust, tandis que le marquis de Burgau feroit donner un assaut au chasteau, que le prince dom Jean attaqueroit la ville de l'eau. Ceste resolution fut retardée jusques sur l'après-dinée pour divers accidents.

Les Allemans, qui donnerent à la bresche de la ville de l'eau, furent du commencement rudement repoulsez avec perte des leurs; mais don Jean les faisant soustenir par Charles de Gonzague et Charles de Rossi qui conduisoit les Italiens qui estoient lors en l'armée, peu en nombre toutesfois, tant par la voix que par l'exemple, retournerent à l'assaut, là où cinq heures durant, après que les Valons et les Hongres les eurent aussi soutenus, ils furent encor repoulsez; mais les Valons à la troisiesme fois, tenans la pointe et reprenans courage, suivys des autres nations, donnerent de telle furie sur les Turcs qu'ils gaignerent la bresche: poursuivans leur pointe, tout ce qui se trouva devant eux fut taillé en pieces. En ceste prise furent tuez treize cents Turcs en se deffendant aussi valeureusement que l'on sauroit faire: le reste se sauva au chasteau. Quatre cents chrestiens moururent à ceste prise. Quant à l'assaut que l'on fit donner au chasteau, les chrestiens en furent repoulsez du tout avec perte de plusieurs capitaines et braves soldats. L'on s'estoit douté que les Turcs, à leur façon accoustumée, n'auroient pas failly de faire des mines dans ceste ville ausquelles le feu se prendroit quelque temps après pour faire sauter en l'air la plus-part de la ville, et pour faire perir les victorieux et rendre leur prise inutile: ce fut pourquoi on s'en enquesta de quelques prisonniers, qui l'ayant confessé, Burgau et Medicis firent incontinent sonner la retraicte et ouvrir les portes, tellement que les chrestiens firent sortir cinq cents bons chevaux qu'ils trouverent dans ceste ville, et quelque autre butin, peu de victuailles et peu de munitions, mais grand nombre d'esclaves chrestiens. Peu après le feu prit aux mines, qui ne fit si grand dommage que les Turcs s'estoient promis, et ne s'y perdit que trente Allemands, lesquels, estans addonnez à butiner, ne se voulurent retirer. La prise de ceste ville de l'eau fut le treiziesme d'aoust, et le quinziesme la nouvelle vint en l'armée de la mort du comte de Mansfeldt, qui estoit le jour que l'on avoit resolu de donner l'assaut au chasteau, ce qu'on differa jusqu'à ce que l'archiduc Mathias fust venu en l'armée, où il se rendit peu de jours après avec de belles troupes.

Cependant le prince dom Jean de Medicis fit tirer en ruine vingt-deux mil coups de canon contre le chasteau de Gran, lesquels abbatirent toutes les deffences et la plus grand part des maisons, et contraignit les assiegez de caver dans le roc et s'y faire des demeures; mais, pour tant de coups de canon, il ne se fit point de bresche raisonnable pour donner l'assaut: neantmoins il estoit generalement demandé de tous les soldats. L'archiduc et plusieurs de son conseil n'estoient point de ceste opinion, et pour ce il se resolut d'attendre l'armée d'Italiens qu'envoyoit le Pape au secours de la guerre de Hongrie, pour y faire un dernier effort, laquelle armée estoit aux environs de Vienne. Mais les Allemans, advertis de ceste resolution, commencerent à en murmurer, disans que puis qu'ils avoient pris la vieille ville, les forts et finalement la ville de l'eau, dressé des tranchées, fait des batteries, taillé en pieces tous ceux qui s'estoient presentez pour secourir les assiegez qu'ils avoient reduit maintenant à l'extremité, à quoy ils avoient despendu leurs moyens et espandu leur sang, qu'il n'estoit pas convenable que les Italiens, qui n'avoient eu d'autre peine que de venir d'Italie en Hongrie, receussent et la gloire et le pillage de Gran. Ces paroles furent suivies d'une protestation qu'ils n'endureroient point que les Italiens fussent employez en ce siege. Il fut repliqué qu'ils estoient près de l'armée, et que leur secours estoit necessaire pour les grands preparatifs que faisoit le bascha Sinan, dont on avoit eu advis; que l'honneur et la gloire de tout ce qui s'estoit passé jusques à lors en ce siege ne pouvoit estre ostée aux Allemans et aux Hongres, ny celle là qu'ils gaigneroient à la prise du chasteau, car on ne les mesleroit point avec les Italiens, et chacun auroit son quartier et sa bresche, où la valeur de chasque nation seroit toujours recognuë. Plusieurs autres raisons alleguées furent occasion que les Allemans delaisserent à parler de l'assaut, attendans aussi l'effect d'une grande mine, laquelle fut esventée par les Turcs, et par les chrestiens assez long temps combattuë à la bouche, mais abandonnée avec perte.

Le 17 d'aoust l'armée du Pape, conduitte par son nepveu, composée de douze mille hommes de pied et plus, arriva devant Gran en très-bel ordre et en bonne conche. Des deux batteries les Italiens en choisirent une, et se logerent sous celle avec laquelle Palfi avoit fait bresche au pont de la forteresse auprès du mur qui, descendant du haut en bas, joint le chasteau avec la ville de l'eau; et, comme on pensoit que l'on deust donner l'assaut general le 21, les Allemans leur quitterent le soir d'auparavant les tranchées qui estoient vis à vis de la bresche. Quant aux Allemans, ils entreprirent bresche faicte du mont Sainct Thomas, laquelle estoit très-difficile. Les plus entendus capitaines proposoient que l'assaut à une place de si difficile accez ne pouvoit causer que la mort de plusieurs vaillans hommes, et que la sappe et la mine apporteroient plus d'utilité; mais ceux là ne furent pas creus, et l'advis de ceux qui proposoient l'assaut comme chose plus genereuse fut suivy.

Le lendemain de la Sainct Barthelemy, dez la pointe du jour, dom Jean de Medicis fit recommencer ses bateries, et, ayant faict tirer furieusement plusieurs volées de canon, les Allemans et les Hongres d'un costé se presenterent pour aller à l'assaut; mais, pensant grimper par la roche presqu'inaccessible, les Turcs leur jetterent tant de pierres et de feux d'artifice, qu'ils furent contraints de penser à leur retraicte; ce que recognoissant les Turcs, ils mirent des pieces de canon sur une pointe, et en tirerent plusieurs volées en flanc au travers les escadrons des Allemans, dont ils en tuërent plus de deux cents, entre lesquels estoient quelques capitaines; et pis leur fust advenu sans que dom Jean de Medicis fit incontinent pointer quatre canons en contrebatterie, lesquels dez la deuxiesme volée demonterent les pieces des assiegez.

Quant aux Italiens qui donnerent à l'autre bresche, les chefs ayans entr'eux jetté au sort à qui auroit la pointe, et estant tombé à Mario Farneze, il print vingt hommes de chasque compagnie, et, après qu'un pere capucin leur eut faict une belle exhortation, leur donnant sa benediction, ils firent tous le signe de la croix, et, pleins de courage, commencerent à monter par dessus les ruines, avec une grande difficulté, car ils ne pouvoient tenir leur pied ferme pour la roideur de la montagne et pour la poudre qui estoit procedée des ruines de la bresche. Les arquebuzades, les pierres et les feux d'artifice que les assiegez jettoient en tuoient plusieurs, tellement que ceux de devant en tombant se renversoient sur ceux de derriere et leur ostoient la commodité de passer plus avant. Les Turcs avoient donné la charge des pierres aux femmes, qui en avoient faict de grands amas à l'entour des murailles, et en avoient mis les plus grosses dessus, tellement que deux femmes seules avec une corde, aux lieux de precipices, en jettoient sur les chrestiens une grande quantité et les endommageoient beaucoup : d'autres emplissoient des peaux de chevaux pleines d · moyennes pierres, et les jettoient par dessus les murailles sur les assaillans, qui, à cause de la flamme causée des feux artificiels, ne voyoient goutte : les Turcs à coups d'arquebuzes et de flesches les frappoient en mire, et en tuoient et blessoient beaucoup qui se retiroient de l'assaut; d'autres, à qui les feux d'artifice brusloient leurs habits, s'en couroient boutter dans le Danube pour le desteindre. Mario Farneze, estant bien blessé dez le commencement de l'assaut, se retira aussi, et Marc Pie, à qui estoit escheu le second lieu, alla à l'assaut bravement, et, devant que de parvenir sur la bresche, il fut repoulsé par cinq fois; en fin, y estant parvenu, il s'y logea; car les autres qui le devoient suivre, espouvantez des morts et des blessez, ne monterent qu'à demy le mont et se retirerent. Se voyant près d'estre forcé par les assiegez d'en sortir, il envoya un des siens au general Aldobrandin luy prier de luy envoyer des gens, et qu'il entreprenoit de forcer les Turcs : le general luy manda qu'il trouvast moyen d'asseurer son logement seulement jusques sur le soir; ce qu'il fit avec bien de la peine.

La nuict venuë, Ascagne Sforce l'alla lever de là, et fit porter aux siens nombre de mantelets, avec force instruments pour faire quelques retranchements couverts affin de se sauver des coups d'arquebuzades que les Turcs leur eussent peu tirer à mire, et des coups de pierre que l'on leur eust pu encor jetter d'en haut : il advança fort ce retranchement durant vingt-quatre heures qu'il y fut. Ascagne de La Corgne luy succeda, et, par le commandement du general, qui avoit recognu qu'il valloit mieux gaigner pied à pied et user plustost de la sappe, ce qui estoit plus utile, que de penser forcer par assauts les retranchements, il commença, partie en combattant, partie en cavant, de mettre dessous ce que l'on avoit cavé quelques barils pleins de poudre, qui firent sauter en l'air le plus dur du haut de la roche, tellement que les Italiens gaignerent par ce moyen peu à peu terre. A Corgne succeda François du Mont, et à cestuy-cy Le Baillon. Ces six là estoient les colonels de l'infanterie italienne, lesquels furent chacun jour et à leur tour logez sur la bresche, et qui advançoient tousjours quelque chose. Le dernier jour d'aoust Ascagne Sforze y estant retourné en garde, se retrouvant proche d'une petite tour du chasteau, ayant avec luy Charles de Gonzague et nombre des siens, il l'assaillit si valeureusement, qu'après un long combat, où plusieurs perdirent la vie, il s'en rendit maistre d'une partie d'où il pouvoit descouvrir la place du chasteau. De l'autre costé les Allemans s'estoient, avec beaucoup de perte des leurs, logez aussi auprès de la bresche; tellement que les Turcs, se voyans prests d'estre

leur nation qui eussent commis ceste meschanceté, car sur tout ils avoient en recommandation de garder la foy promise, mais que ç'avoit esté les Tartares. Ceste response fut acceptée par les chefs pour véritable, et fut faicte une estroicte deffence de leur mal faire; tellement que suyvant la composition ils arriverent sans aucun danger à Bude. Auparavant que sortir du chasteau, suivant ce qu'ils avoient promis de ne faire aucune tromperie, ils monstrerent comme ils avoient preparé les mines pour envoyer ceste place en l'air, ce qu'ils n'eussent sceu faire sans se perdre; mais aussi il y eust eu grand nombre de chrestiens ensevelis dans ceste ruine. Ceux qui emporterent de l'honneur d'avoir bien fait en ce siege outre le comte de Mansfeldt, furent le prince dom Jean de Medicis [lequel est à present à la cour du roy Très-Chrestien] et Palfy. Nous avons descrit ce memorable siege tout d'une suitte; mais avant que de dire comme l'armée chrestienne alla à Visgrade, voyons ce qui se passa durant iceluy en plusieurs endroicts.

L'archiduc Maximilian estoit en la haute Hongrie avec une armée, où il esperoit combattre les Tartares, s'ils entreprenoient d'y passer pour aller joindre le beglierbei de Grece à Bude, mais ils ne passerent point la Moldavie. L'occasion fut que le chancelier de Pologne entra dans ce pays-là avec une armée de Polonois pour y establir une vaivode ou hoffodar, ce qu'ils disoient leur appartenir, et non pas au prince de Transsilvanie qui y avoit mis Etienne Zozuan, et luy avoit laissé deux mille chevaux hongrois avec plusieurs belles forces du pays pour s'y maintenir. Or, un baron de Moldavie nommé Hieremie, favorisé des Polonois, avoit pris les armes contre Estienne, et y eut plusieurs combats entr'eux deux : mais le chancelier Zamoski, polonois, estant entré en la Moldavie avec une grande armée, Estienne fut du tout desfait et pris prisonnier, et Hieremie par luy mis en sa place.

En mesme temps le grand cam des Tartares, Cazichiery, vint avec cent mille Tartares sur les frontieres de la Moldavie, et se campa aux bords de la riviere de Pruth, à l'endroict où elle entre dans celle de Cocoza, pour, suivant la volonté du grand turc Mahomet, establir aussi pour vaivode en Moldavie un nommé Sediach Tiniso. Mais après quelques rencontres entr'eux et les Polonois, où ils eurent du pire, ils firent accord que Hieremie, estably par les Polonois, demeureroit vaivode, mais qu'il prendroit l'investiture du Grand Turc, et luy payeroit le tribut accoustumé tous les ans. Suivant cest accord, le cam des Tartares donna l'estendart à Hieremie, qui demeura par ce [illegible]

L'empereur [illegible] fasché contre les [illegible] Pologne que toute la [illegible] son, pourroit se [illegible] ce qui s'estoit passé en Moldavie [illegible] esperoit de luy qu'il feroit [illegible] à l'advenir [illegible] Scites de venir plus faire [illegible] dans les pays et royaumes [illegible] luy; et qu'il se joindroit et [illegible] et avec les autres princes [illegible] Turc; qu'à fin qu'il ne fust [illegible] qu'il avoit envoyé exhorter le [illegible] silvanie de conserver toute [illegible] amitié avec les Polonois; et sans en venir aux armes d'avantage, qu'il luy avoit [illegible] der pacifiquement leurs differents. [illegible] escrivit aussi les mesmes [illegible] mais, comme les roys de Pologne [illegible] puissance absolue sur les Polonois, et [illegible] les principales affaires se [illegible] le chancellier, qui n'estoit [illegible] prince de Transsilvanie pour de [illegible] terests, car le prince de Transsilvanie [illegible] chassé les Battorys qui luy [illegible] outre que la noblesse polonoise [illegible] de conserver la paix qu'ils avoient [illegible] ces lettres ne furent de grand effect.

Bien que les Polonois ne [illegible] verte au Turc, si donnerent ils [illegible] gement à la Hongrie, en ce qu'ils [illegible] Tartares de passer la riviere de Pruth, [illegible] eussent faict, et feussent venus au [illegible] siege de Gran; et aussi qu'ils les [illegible] ligue qu'ils devoient faire ensemble [illegible] guerre aux Cosaques qui sont outre la [illegible] Nester, affin de les empescher de faire plus [illegible] courses et endommager les terres du Grand Turc ny celles des Tartares : tellement que la [illegible] de pouvoir passer en Hongrie estant escoulée, le grand cam envoya un ambassadeur, [illegible] nacmetagre, avec lettres au roy de Pologne, tant en son nom qu'au nom de son frere Leticherty Galga, et de ses conseillers, capitaines et soldats, pour le semondre de faire la guerre audits Cosaques, et luy envoyer quelques dons en signe d'amitié. Cest ambassadeur ayant presenté ses lettres et donné au Roy un cheval et une fleche, il fit instance que l'on envoyast un ambassadeur aussi vers son prince, avec les presents que l'on luy voudroit donner : mais il n'eut sa responce que par lettres scellées, et fut ainsi envoyé avec un present d'une robbe de soye fourrée de martres zibelines.

Cependant que le chancelier de Pologne faisoit la guerre en Moldavie, le prince de Transsilvanie envoya assieger Lippe, qui est une ville forte située aux confins de Hongrie, sur la riviere de Marons, laquelle entre dans le Tibische à Seged. Chierolibet, son lieutenant, l'ayant investie et demeuré quelque temps devant, il fit donner l'assaut à la ville le 28 d'aoust, si furieusement que les siens y entrerent, mirent tout au fil de l'espée, et pillerent ceste grande ville. La garnison, s'estant retirée au chasteau, se rendit trois jours après, et sortit sans armes, vies et bagues sauves. Ceste ville, l'an 1543, fut assiegée un long temps par le vaillant capitaine Castalde, qui avoit une grande armée de diverses nations, où il perdit beaucoup de gens devant que la prendre : à ceste fois elle fut prise en moins de quinze jours et sans beaucoup de perte.

Au mesme temps de ceste reddition le prince de Transsilvanie eut advis que le bascha Sinan passoit le Danube sur un pont de barques pour secourir Lippe, et qu'il avoit en son armée soixante mil hommes, tant de pied que de cheval. Il mit en conseil s'il devoit l'aller combattre : les opinions furent diverses; mais, ayant dans son armée diverses nations, sçavoir : Hongrois, Raschiens, Vallaches, Moldaves, et Transsilvains, en nombre de plus de quarante mille hommes, lesquels, pour les victoires qu'ils avoient obtenuës sur les Turcs, estoient devenus du tout presomptueux, ils demanderent bataille, disans qu'ils vouloient aller rencontrer l'ennemy de la chrestienté pour se delivrer de son joug tyrannique. Les vieux capitaines remonstrerent que c'estoit hazarder en une journée tous leurs travaux passez, et qu'il valloit mieux jetter quelque ville en teste à ceste armée, et y mettre dedans des gens de guerre pour la deffendre, afin que par ce moyen elle se ruinast d'elle-mesme. Ces peuples rejeterent du tout ce conseil, et d'une mesme voix dirent à leurs chefs qu'ils vouloient combattre le bascha Sinan avant qu'il eust joint les Tartares qui estoient lors campez sur la riviere de Pruth, et qu'ils en auroient meilleur marché separez que joincts. Le prince transsilvain prenant bon augure du courage de ces peuples, il les mena avec telle diligence qu'ils arriverent le sixiesme jour de septembre au matin sur les bords du Danube, où ils trouverent que Sinan avoit fait desjà passer la moitié de son armée sur des ponts de barques faits exprès. Ce prince voyant que sa diligence luy apportoit ceste commodité de pouvoir combattre la moitié de l'armée des Turcs, et la deffaire devant que l'autre fust passée, il exhorta et rangea incontinent ses gens à la bataille avec une telle diligence, que sur les neuf heures du matin le combat commença, et fut continué avec une telle animosité de part et d'autre, que, quatre heures durant, on n'eust sceu discerner de quel costé la victoire devoit tomber, bien que toute la campagne fust couverte d'hommes et de chevaux tués. Estant arrivé aux chrestiens six mille chevaux de renfort, ceux qui s'estoient eschauffez au combat s'en retirerent, en ordre toutesfois et comme pour prendre quelque repos, afin de r'allier ceux qui s'estoient separez. Les Turcs de leur costé firent le mesme, et eurent par ce moyen loisir d'estre secourus d'une partie de ceux qui estoient outre le Danube, lesquels on faisoit passer vistement le pont et prendre place de bataille. Après que les armées eurent esté l'espace d'une heure comme pour prendre haleine, le combat se recommença de part et d'autre avec une telle ferocité que l'on ne vit plus incontinent que renfort de tuërie; ce ne fut plus qu'horreur et espouvantement de tous costez jusques sur le soir que les Turcs commencerent à bransler, et puis à fuïr avec une telle confusion, que, peu après que Sinan eust passé le pont pour se sauver, les barques commencerent à se deslacher, et tout ce qui estoit dessus perit dans le Danube, avec ceux-là qui, pensant esviter l'espée des chrestiens, voulurent traverser ce grand fleuve. On a escrit qu'il se perdit en ceste journée plus de vingt-cinq mille Turcs, et des chrestiens dix mille.

Après ceste bataille, le prince de Transsilvanie voyant qu'il n'y avoit point moyen de poursuivre Sinan au delà du Danube, il s'en alla aux environs de Temesvar qu'il esperoit assieger. Ceste ville n'est qu'à sept lieuës françoises de Lippe, et est située sur la riviere de Tenicz, laquelle aussi se va rendre dans la Tibisce, et de là dans le Danube près Belgrade : car ce prince faisoit son dessein de se rendre maistre de tout ce qui est entre la Transsilvanie, le Danube et la Tibisce; mais le nombre des chrestiens qui se perdit en ceste derniere victoire fit qu'il se trouva court pour ceste entreprise. Or, après y avoir sejourné près de six semaines, et ayant eu advis que Sinan, ayant tournoyé en la Bulgarie, avoit ramassé les restes de son armée, passé sur un pont de barques le Danube auprès Giorgiu, et s'en estoit allé à Tergoviste en Valachie, là où il esperoit joindre en bref les Tartares, puis se venger sur la Transsilvanie des pertes qu'il avoit receuës, cest advis fit tenir conseil au Transsilvain de ce qu'il devoit faire : il fut resolu qu'aussi-tost que les reistres qu'envoyoit l'archiduc Maximilian, avec cent cinquante chevaux italiens adventuriers conduits par Silvio Picolomini, seroient joints en l'armée, que l'on cheminoit droit à l'encontre de Sinan; ce que l'on fit le quinziesme d'octobre, l'armée estant de dix mille chevaux et quinze mille hommes de pied. Aussi-tost que Sinan sceut que le prince transsilvain venoit de Valachie, il se resolut de sortir de Tergoviste où il estoit, et s'aller retirer à Burcharest, à deux lieuës de là, lieu fort et advantageux pour se camper; et, pour arrester les Transsilvains victorieux, il laissa dans une eglise près le palais des vaivodes de Valachie, de laquelle les Turcs faisoient une citadelle, quinze cents hommes de guerre sous la charge du bascha de Caramanie et du bei d'Albanie.

Sur ceste retraicte le prince transsilvain tint conseil, où estoit mesmes le nonce de Sa Saincteté qui estoit lors en ceste armée. Il y eut divers advis : la plus grand'part soustenoient qu'il falloit poursuivre les Turcs que l'on disoit estre fort espouvantez, sans s'arrester de vouloir forcer le fort de Tergoviste; « car, disoient-ils, si Sinan est entierement desfaict par nous, il n'y a point d'apparence que les Turcs qui sont dans ce fort veuillent s'y opiniastrer, et par ce moyen il tombera en la puissance des chrestiens sans perte; au contraire, si l'on l'attaque maintenant, et que l'on donne loisir à Sinan de se camper en lieu fort, sans doute en peu de temps il pourra luy venir de nouvelles et grandes forces, donnera secours au fort, nous forcera de lever le siege, et recommencera en ces provinces deçà le Danube les feux de la guerre que l'on y a presque esteints. » Au contraire, d'autres opinerent qu'il falloit assieger et prendre le fort avant que de suivre Sinan, et disoient : « Ou il s'est retiré pour crainte de nous, ou pour trouver un lieu advantageux pour combattre : soit en l'un ou en l'autre de ces deux desseins, puis qu'il a eu advis un jour et une nuict auparavant nostre venuë, il a peu prendre tel advantage qu'il a voulu, et toute nostre poursuitte ne serviroit de rien. Si nous allons après luy nous demeurerons au milieu de deux ennemis, ayant le fort de Tergoviste derriere, d'où on donnera beaucoup de travail à tout ce que l'on amenera de Transsilvanie en l'armée chrestienne, et possible Sinan en teste qui sera campé en lieu advantageux; mais, outre cela, l'armée chrestienne est trop harassée de la diligence qu'elle a fait à venir des environs de Temessvar, et est hors de toute apparence de guerre de l'aller faire affronter contre un ennemy frais et qui s'est reposé : ce seroit trop manifestement la mettre au hasard d'estre entierement deffaite. » En fin il fut resolu de demeurer aux environs de Tergoviste, et envoyer prendre langue de ce qu'estoient devenus les Turcs, à quoy l'on n'arresta gueres; et ceux qui y furent envoyez rapporterent qu'ils s'alloient camper en lieu bien fort de situation non loing de là, et que Assan bascha faisoit l'arriere-garde en bonne ordonnance avec quatre mille chevaux turcs. Sur cest advis, dès le soir du dix-septiesme de ce mois, on resolut d'assieger le fort de Tergoviste, et à l'heure mesme il fut investy, recognu, et la batterie dressée. Dès le lendemain matin elle commença à tonner furieusement; mais, comme on vit que cela apportoit peu de profit, pour ce que le terre-plain faisoit une merveilleuse resistance, les assaillans commencerent en mesme temps à travailler à la sappe, puis à faire force feux artificiels pour faire une ouverture à ce fort qui n'estoit que de bois. Sur le soir ils donnerent un si furieux assaut qu'ils entrerent dedans peslemesle, et taillerent en pieces tout ce qui s'y trouva, excepté le bascha et le bei qui furent envoyez prisonniers à Corone, et trois Turcs qui se jetterent par dessus les murailles, et se sauverent à la faveur de la nuict au camp de Sinan, auquel ils mirent telle espouvante, que, bien que les Turcs eussent commencé à fortifier Burcharest, ils l'abandonnerent et tous leurs retranchemens, le bagage et mesmes de l'artillerie, reprenans le chemin pour aller repasser le Danube à Georgiu et se sauver en la Bulgarie. Ayans passé la riviere de Telez, ils rompirent tous les ponts, et en d'autres endroits aussi, afin de rendre inutile toute poursuitte que l'on leur eust voulu faire. Le prince adverty de ceste fuitte, le dix-neufiesme de ce mois il fit cheminer l'armée chrestienne droict à Burgarest par de très-rudes chemins, et, voyant le desordre que son ennemy, y avoit laissé, il s'advança pour luy couper chemin et tascher à arriver devant luy à Georgiu, qui est un bon chasteau où Sinan avoit mis une garnison de huict cens Turcs pour luy servir d'espaule en un besoin à se sauver par le pont au-delà du Danube; mais le prince n'y put arriver que le vingt-huictiesme de ce mois, et lors que Sinan avoit desjà fait passer la pluspart des siens outre le fleuve, et n'y avoit plus à passer que six mille Turcs de l'arriere-garde, et bien dix mille esclaves chrestiens qu'ils avoient pris en la Valachie, avec la garnison qui estoit dans Giorgiu.

Aussi tost que l'avant-garde des Transsilvains eut recognu que Sinan estoit passé delà le Danube, sans attendre le commandement de leur prince, elle chargea si rudement les six mille Turcs restez, qu'après en avoir tué la plus grand part, les autres se sauverent en foule par dessus le pont, dont plusieurs tomberent et se noyerent dans l'eau. Les Transsilvains recouvrerent aussi ces pauvres ames chrestiennes que les Turcs emmenoient esclaves, entre lesquelles il y avoit grand nombre de femmes et d'enfans : ils firent encor un grand butin d'animaux et de bagage. L'artillerie du chasteau qui deffendoit l'entrée du pont tira si furieusement qu'elle empescha les chrestiens de passer et poursuivre leurs ennemis, et furent par ce moyen contraincts de se tenir en armes le long de la nuict.

Dès le lendemain matin le prince transsilvain fit recognoistre le chasteau qui estoit entouré de bons fossez remplis d'eau, laquelle s'y coule du fleuve, et fit incontinent dresser sa batterie; mais, n'ayant que des pieces qui ne portoient au plus que des boulets du poids de trente livres, on ne put pas faire grande ruine; aussi que Sinan ayant mis la plus part de son armée dans une isle au milieu du Danube vis à vis de Giorgiu, il faisoit donner tel secours qu'il vouloit aux assiegez par le pont qui estoit deffendu de l'artillerie du chasteau et de deux galeres bien armées.

Le prince, jugeant qu'il falloit brusler ce pont avec des feux d'artifice avant que d'entreprendre d'avantage contre le chasteau, pensoit le faire brusler la nuict par Silvie Picolomini; mais il en fut empesché à ceste premiere fois, et y laissa beaucoup de morts de ceux qui l'accompagnerent à ceste entreprise. Mais depuis, sçavoir la nuict du dernier jour du mois, estant mieux garny de ce qui luy estoit necessaire, tentant encor ceste entreprise, il fit brusler une partie de ce pont, tellement que le premier jour d'octobre, dès le matin, on changea la batterie, et fit on bresche de la largeur de quatre brassées. Sur le midy l'assaut se donna si furieusement que les Italiens, qui y estoient peu en nombre, demanderent la pointe; mais, repoulsez, et puis soustenus des Hongriens, après avoir combatu long temps, ils forcerent la bresche, et mirent au fil de l'espée tout ce qui se rencontra devant eux. Cependant que les Hongriens alloient à l'assault, les Turcs qui estoient dans l'isle au milieu du Danube en tuérent plusieurs de coups de mousquet et de pieces de campagne. Des deux galeres qui estoient auprès du port, une fut enfoncée à coups de canon, l'autre fut prise par les chrestiens.

Les chrestiens n'ayant des barques pour faire un pont et passer le Danube pour suivre Sinan, ils demeurerent quelque temps à Georgiu. Sur la proposition que l'on fit d'y laisser garnison pour conserver ceste place pour retraite, et de bastir un fort dans l'isle qui est vis à vis pour empescher les Turcs de passer par là et mener du secours par eau à ceux de Hongrie, après que ceste affaire eust esté long temps disputée, on jugea qu'il seroit plus utile de mettre le feu dans ceste place et la ruyner, ce que l'on fit. Le prince Sigismond, pour passer les rigueurs de l'hyver, s'en retourna à Corone, emmenant soixante et dix pieces d'artillerie, tant grosses que petites, qu'il avoit gaignées en ceste derniere expedition qu'il avoit faicte sur les Turcs, avec quantité de munitions, les siens chargez de riches butins, et principalement de grande quantité de chameaux et de chevaux; puis il repartit les siens en diverses garnisons. Outre cela il trouva que Chirolebiet son lieutenant, qu'aucuns appellent le sieur Kiral, lequel il avoit laissé à Lippe, avoit pris Vilagesvar et Tena, places proches de Temessvar, par composition le 24 d'octobre. Bref, ce prince acquit en ceste année beaucoup d'honneur pour avoir, avec forces du tout inegales, au jeune aage où il estoit, deffaict plusieurs fois et faict courir devant luy Sinan qui estoit le plus vieil capitaine, le plus fortuné, le plus estimé, et le plus grand des Turcs; aussi estoit-il le plus cruel ennemy que eussent les chrestiens. Au contraire, Sinan fut blasmé à la Porte du Grand Turc d'avoir laissé perdre Gran sans le secourir, et d'avoir esté battu par les Transsilvains. Il y envoia ses excuses par escrit, mettant la faute sur l'audace et le peu d'obeissance des gens de guerre, et ne se trouva point lors sans crainte que l'on luy en fist autant qu'il en avoit procuré au bascha Ferat.

Durant aussi les mois de septembre et d'octobre il se passa en l'une et l'autre Hongrie plusieurs choses remarquables. En la haute, l'archiduc Maximilian assiegea et prit à composition Sainct Nicolas le 17 d'octobre; de quoy espouvantez les Turcs qui estoient dans Scandar et dans Bac abandonnerent ces places-là après y avoir mis le feu.

Pendant le siege de Gran, le colonel Herbestein, avec les gouverneurs qui commandoient aux places subjectes à l'Empereur en la Styrie et Vinmarchie, assembla une armée de dix mille hommes, tant de pied que de cheval, et, cependant que les Turcs pensoient secourir Gran, ayant eu advis que dans Bakochza la garnison y estoit foible, il fit tourner la teste de son armée de ce costé là pour l'assieger. Ce que ayant entendu les Turcs qui estoient dedans, ils se chargerent de ce qu'ils avoient de plus precieux, et s'enfuirent à Zighet qui n'en est distant que de quatre ou cinq lieuës, puis mirent le feu dans la forteresse : mais l'advantgarde des chrestiens fit telle diligence, qu'elle y arriva assez à temps pour faire esteindre le feu et empescher cest embrasement. L'on trouva dedans trente six pieces de canon que les Turcs avoient renduës inutiles. Ils abandonnerent aussi plusieurs petites places en ce pays là où ils tenoient garnison, et les chrestiens coururent tout le territoire de Zighet.

Le bascha de Bosne, ayant eu advis que les Imperiaux estoient aux environs de Zighet, assembla douze mille hommes, tant de pied que de cheval, passa la Save, et s'achemina pour empescher le colonel Herbestein de molester ceux de Zighet. En mesme temps qu'il passa par la Croatie, les sieurs Lencovits et l'Echemberg, gouverneurs de la Croatie et de la Sclavonie pour l'Empereur, s'allerent joindre audit colonel Herbestein, puis tous ensemble vindrent presenter bataille au bascha, où, après un combat de deux heures, les Turcs prindrent la fuitte; et entr'autres, le bascha, qui estoit des mieux montez, se sauva estant blessé, laissant cinq mille des siens sur la place.

Après ceste victoire, qui fut le septiesme septembre, cinq jours après que le chasteau de Gran fut rendu, les Impériaux delibererent d'assieger Petrine : le 28 dudit mois ils l'investirent et dresserent leur batterie; mais, comme ils n'avoient que de petites pieces, n'en ayant pu mener de grosses pour l'incommodité des montagnes, après avoir faict une petite bresche et donné un assaut où ils perdirent six vingts hommes, il leverent ce siege. En s'en retournant à Sissag, on les vint advertir que Chrustan, bei de Petrine, autheur de tant de maux et de ruynes que ces pays là avoient soufferts depuis le commencement de ceste guerre, avoit esté tué en deffendant la bresche; dont les Turcs estoient tellement espouvantez, que, si les Imperiaux y retournoient, ils abandonneroient ceste forteresse. Herbestein crut cest advis et le trouva veritable, car au seul bruit qu'il retournoit, les Turcs abandonnerent ceste place, emportans ce qu'ils y avoient de meilleur, puis mirent le feu en la forteresse, lequel fut incontinent esteint par quelques habitans qui ne s'en estoient fuys. Les portes ouvertes, Herbestein se rendit maistre du fort de Petrine, de huict gros canons et de quelques pieces de campagne. Voylà ce qui se passa cest esté aux frontieres de la basse Hongrie et de la Croatie entre les chrestiens et les Turcs. Voyons ce que fit l'armée chrestienne conduitte par l'archiduc Mathias après la prise de Gran.

Le duc de Mantouë, Vincent de Gonzague, que nous avons dit avoir promis d'aller en la guerre de Hongrie comme prince de l'Empire, avec quinze cents chevaux, ayant esté à Prague voir l'Empereur, arriva a Vienne le 3 septembre avec ceux de sa maison seulement, car sa cavalerie estoit passée quelques jours auparavant en l'armée à Gran. Il y fut receu fort royalement par le gouverneur. Après qu'il eut donné ordre à ce qui luy estoit besoin pour se rendre en l'armée, et receu le saint sacrement de l'eucharistie au convent des religieuses de la Royne, il y fit aussi communier tous les siens par l'evesque d'Avila, qui portoit en ceste guerre, avec permission de Sa Saincteté, quelques gouttes du sang de Nostre Seigneur Jesus-Christ, qui avoient esté prises de celuy qui est si soigneusement conservé à Mantoue, et ce dans un vase d'or; ce que Son Altezze faisoit faire à l'exemple des anciens roys de Jerusalem, qui faisoient porter de la vraye croix devant eux quand ils alloient à la guerre contre les infidelles.

Ce prince s'estant embarqué le treiziesme septembre sur le Danube, il arriva trois jours après à Moschi, au dessous de Komorre, où il mit pied à terre, et où Charles de Rossi et toute la cavallerie italienne qui estoit en l'armée le vint trouver. S'acheminant à Gran, l'archiduc Mathias, le marquis de Burgau, Dorie, et tous les principaux de l'armée, luy vindrent une lieuë au devant. En ceste rencontre ce ne furent que demonstrations de courtoisie et d'amitié.

Peu de jours auparavant l'arrivée dudict duc, l'archiduc avoit envoyé Palfy recognoistre Visgrade, jugeant que c'estoit la place que l'on devoit la premiere attaquer, bien qu'elle fust de la le Danube, affin de plus en plus s'approcher de Bude. Quant à la ville, elle n'estoit aucunement forte; mais le chasteau, qui est au coupeau d'une montagne, estoit fort bon et bien garny d'artillerie, d'où on pouvoit empescher les bateaux de monter ou descendre en cest endroict là, à cause que le Danube y est estroit. C'est aussi là le lieu où jadis la couronne des roys de Hongrie estoit gardée.

Après la prise de Gran les Valons se mutinerent faute d'estre payez, puis un regiment de lansquenets, lesquels tous commencerent à faire de grandes hostilitez sur le plat-pays qui estoit amy des chrestiens; mais, l'archiduc les ayant fait asseurer que l'on attendoit en bref de l'argent que Barthelemy Petzen apportoit de Prague et qu'ils seroient payez, ceste mutinerie s'appaisa après qu'ils eurent receu quelques payes. Ce Petzen estoit secretaire de l'Empereur, et avoit esté ambassadeur à Constantinople : sa venuë en l'armée fit soupçonner aux Italiens qu'il brassoit quelques moyens de paix entre l'Empereur et le Turc, pource que l'on le cognoissoit homme de negociation civile, et non pas propre pour les armes; ce que plusieurs autres creurent aussi en voyant manquer beaucoup de choses necessaires pour continuer une grande guerre, et jugea-on dèslors que ceste grande armée, qui montoit à plus de soixante mille hommes, ne feroit pas de grands effects, tant pour la division qui estoit entre les grands, lesquels y avoient charge et commandement, que pour les maladies qui s'estoient engendrées parmy les Italiens, dont plusieurs mouroient. La cause de leur maladie procedoit, outre le changement de climat qui est plus froid qu'en Italie, d'avoir mangé avec voracité des fruits de Hongrie en ceste saison d'automne, lesquels ne sont pas nourris d'une telle chaleur que ceux d'Italie; aussi que dans Bude, qui estoit en apparence la ville que l'on devoit assieger après Gran, il y avoit dix mille vieux soldats pour la deffendre en cas d'un siege. Nonobstant, l'armée imperiale fit, comme l'on dit, un pas d'advance en la Hongrie; le general Aldobrandin et Palfy avec huict mille hommes de pied allerent investir Visgrade. A leur arrivée ils furent saluez de force canonnades tirées du chasteau, et, pensant que les Turcs deussent deffendre la ville, ils se preparerent pour la battre; mais l'espouvante qui se mit parmy les assiegez pour le bruict qui courut que le bascha de Mantouë [ainsi appelloient-ils le duc] estoit arrivé en l'armée avec vingt mil Italiens, fit que tout le long de la nuict ils transporterent tout ce qu'ils peurent au chasteau; d'autres par eau se retirerent outre le Danube en d'autres lieux, puis mirent le feu en quelques endroits de la ville; tellement que le matin les Imperiaux sans aucun empeschement, advertis de la retraicte des Turcs par quarante pauvres chrestiens qui estoient demeurez dans la ville, ils y entrerent et esteignirent le feu.

Deux jours après, l'archiduc Mathias, le duc de Mantouë, celuy de Braciano et plusieurs grands seigneurs, avec le gros de l'armée, arriverent à Visgrade. Le dixseptiesme de septembre la batterie commença avec neuf grosses pieces de canon contre le chasteau. Les assiegez firent tout ce que gens de guerre pourroient faire en la deffence d'une telle place: les Italiens, les pensant avoir d'assaut, en furent si rudement repoulsez, que plusieurs d'entr'eux y perdirent la vie, et entr'autres le chevalier de Sainct Georges. La batterie estant recommencée le 21 dès le matin pour faire plus grande bresche afin de donner l'assaut general, elle fut continuée tout le long du jour jusques sur le soir que les Italiens se logerent sur la porte. Alors les Turcs demanderent à parlementer et à se rendre à composition. Aucuns conseilloient de ne les y pas recevoir: d'autres furent d'advis contraire; en fin, ayant recognu qu'ils avoient faict un large fossé par dedans, où, avant que le gaigner, ils eussent bien faict mourir des chrestiens, la composition fut accordée qu'ils sortiroient sans armes et sans bagage, et seroient conduits en seureté; ce qu'ils firent le lendemain matin, au nombre de trois cents et plus, car ils avoient envoyé leurs femmes et leurs enfans avec ce qu'ils avoient de plus precieux à Bude. Quatre des principaux d'entr'eux demeurerent prez l'archiduc quelques jours pour asseurance qu'ils n'avoient faict aucune mine ny tromperie dans le chasteau. L'utilité de ceste prise fut que l'Empereur eut en sa puissance les mines d'or qui sont près de Visgrade, lesquelles valent de revenu tous les ans plus de deux cents mille escus, outre qu'il se rendit la navigation libre sur le Danube jusques à Bude.

Après ceste prise on mit en deliberation d'assieger Bude; mais, comme nous l'avons dit, la saison de l'hiver qui s'approchoit, le grand nombre des gens de guerre qu'il y avoit dedans, outre les habitans, la continuation des maladies, et le peu de preparatifs et de munitions qu'il y avoit pour faire un grand effort, fit que l'on proposa de r'acquester les places perduës l'an passé, et entr'autres Vaccia, Sainct Martin, Tatta et Pappe. Par ce moyen l'armée se separa: une partie, conduite par Palfy, alla loger aux environs de Vaccia, qui est entre Visgrade et Pest, vis à vis de la grande isle de Vize; l'autre repassa le Danube, et le duc de Mantouë avec les Italiens et les Valons vindrent pour se refraischir en Austriche, et pour refrener le souslevement de quelques paysans entre les rivieres de Heuz et Clus, lesquels avoient assiegé le chasteau d'Efferdinghe. Par l'intercession de plusieurs seigneurs envers l'Empereur, le pardon de ces paysans fut accordé et publié le dix-huictiesme novembre, et par ce moyen ils mirent les armes bas. Mais les maux que firent les Italiens à Erdinbourg, et les Valons qui se mutinerent encor pour leur paye, furent plus grands beaucoup que ceux qu'avoient faict les paysans: ils voulurent mesmes piller les fauxbourgs qui sont près de Vienne, et l'eussent faict sans la justice que l'on fit d'une vingtaine qui furent pendus à un arbre le dixiesme decembre. Ainsi, l'hyver s'advançant, la pluspart des forces chrestiennes furent distribuées par diverses provinces pour se refraischir; les autres furent mises en garnisons en la Hongrie, où ils recommencerent leurs courses ordinaires; et les Turcs firent le mesme, ruynans toute la campagne: tel estoit un jour victorieux, qui le lendemain estoit battu. Voylà ce qui s'est passé de plus remarquable ceste année en la guerre de Hongrie et de Transsilvanie, où les Turcs furent peu heureux.

Pendant que le duc de Mantoue fut à Prague,

les ambassadeurs de Moscovie y arriverent le seizieame d'aoust. L'Empereur voulut faire voir à ce duc sa magnificence lors qu'il reçoit les ambassadeurs des roys estrangers et qu'il leur donne audience: il le fit soir un peu au dessous de luy, toutesfois sous le mesme daix, assistans tous les princes et seigneurs de sa cour.

Le 27 d'aoust au matin les ambassadeurs vindrent au palais: premierement quatre-vingts gentilshommes vestus de robes longues avec des bonnets faits comme une barette, fourrez de très-belles zibelines, portans en une main une peau de zibeline, et en l'autre une piece de soye, toutes de diverses couleurs, et cheminoient deux à deux faisant souner devant eux plusieurs trompettes et tambours. Après suivoient les deux ambassadeurs, qui donnerent à Sa Majesté Imperiale ces lettres de creance de leur prince :

« Vostre Majesté a envoyé vers nous vostre ambassadeur Nicolas Warkotse, et nous a requis de vous donner secours, par une fraternelle charité, contre l'hereditaire ennemy de toute la chrestienté. Desirant perseverer avec vous en une perpetuelle amitié, concorde et alliance, nous vous envoyons, de nostre espargne, secours, par nostre conseiller et gouverneur de Kaschine, Michel Jean Witze, et par Jean Sohne Vlassin, nostre secretaire, ausquels avons donné charge de vous proposer certaines autres choses. Nous vous prions donc de leur adjouster foy du tout. Donné en nostre grande cour à Mosco, l'an du monde 7103, et de la nativité de Nostre Seigneur, 1595, au mois d'avril. »

Après qu'il eut donné ceste lettre, il fit present à Sa Majesté Imperiale de cent cinquante mille florins d'or, de toutes les peaux et pieces de soye que portoient les quatre-vingts gentilshommes, de deux faucons blancs et de trois leopards vivans, en disant que le roy son seigneur, avec ce petit present, demonstroit à Sa Majesté Imperiale avec combien d'affection il desiroit employer toutes ses forces à la destruction des Turcs; qu'il avoit empesché le plus qu'il avoit peu les Tartares de venir au secours du Turc, et qu'il les en empescheroit encores de toute sa puissance. L'Empereur receut ces ambassadeurs avec beaucoup d'humanité, remerciant leur prince de ce qu'il le faisoit visiter par une telle ambassade, et le secouroit d'un si riche present, leur disant que cela jamais ne sortiroit de sa memoire, ny de ceux de la maison d'Austriche, lesquels luy en demeureroient obligez à jamais. Après que ces ambassadeurs eurent esté quelque temps festoyez magnifiquement à Prague, ils s'en retournerent en [illegible] ches presens, et conseillerent à [illegible] voyer un ambassadeur vers le [illegible] Perse, afin de l'esmouvoir de faire aussi la guerre de son costé au Turc, et que s'il vouloit l'envoyer par la Moscovie, qu'ils le feroient conduire jusqu'en Perse.

L'an passé le bascha Cicala [illegible] et endommagea fort les rivieres de la [illegible]. Les Espagnols ayant envie d'en avoir leur raison ceste année, Pierre de Tolede, general des galeres de Naples, en mit vingt-deux en mer, avec lesquelles, faisant courir le bruit qu'il ne vouloit qu'empescher les corsaires et assurer la navigation aux marchans qui viendroient à la foire de Salerne en Sicile, il tourna vers la Morée et il fit mettre ses gens à terre, et entra au mois de septembre dans Patras durant que la foire s'y tenoit, où, après avoir pillé les boutiques des Juifs et des Turcs, tué quatre mille personnes, pris prisonniers quelques riches [illegible] fit mettre le feu en plusieurs endroits [illegible] ville, tellement que elle fut presque [illegible] née : le butin qu'y fit Pierre de Tolede [illegible] timé monter à plus de quatre cens [illegible]

Ceste ville de Patras est la plus [illegible] frequentée de la Morée; car, bien que [illegible] pays là, que l'on appeloit le Peloponese, [illegible] sept grandes republiques, sçavoir : [illegible] senie, Sparte, Argos, Corinthe, Livonie [illegible] et qu'il en soit sorti plusieurs grands chefs d'armées, ainsi que les historiens en ont assez fait de memoire en leurs escrits, à present il ne reste plus de ces puissantes et riches republiques [illegible] le nom d'avoir esté; et en tout ce [illegible] n'y a que quelques villes le long des [illegible] mer, entr'autres Patras, Modon, Corone, Napoli et Navarin, mais privées de toute magnificence et de souveraineté, et reduites sous la domination du Grand Turc, qui ne s'est asseuré de ce pays là qu'en le destruisant; aussi n'y a-t-il qu'en ceste ville de Patras seule où il y a foire publique maintenant, et où il se fait le plus de trafficq.

Quand Tolede entra dans Patras, Cicala estoit à Navarin, qui n'en est distant que de quinze bonnes lieuës françoises, avec trente vaisseaux, et y estoit venu après la mort du bascha Ferat, lors qu'il rentra en sa charge de general de la mer; mais, soit ou pour la grande cherté qu'il y eut en ceste année dans Constantinople, ou pour la peste qui regnoit fort en ce quartier là, l'armée de mer du Turc estant mal pourveuë de mariniers, de soldats et de vivres, Cicala ne bougea de ce port. Après que Tolede eut veu qu'une entreprise qu'il avoit sur Corone ne pouvoit réussir, et qu'il eut pris en ceste mer là quelques corsaires, il s'en retourna à Naples descharger son butin; ainsi les Turcs furent aussi peu heureux ceste année en mer qu'en terre.

Le roy d'Espagne, desirant jetter la guerre en Angleterre et empescher les Anglois le plus qu'il pourroit dans leur pays, sans qu'ils eussent le loisir d'aller attendre ses navires qui luy venoient des Indes, fit secrettement eslever, ainsi que plusieurs ont escrit, en Irlande le comte de Tyron, lequel fit armer plusieurs catholiques demandans avoir la liberté de leur religion, et ce avec promesse de les secourir. La royne d'Angleterre, entendant ceste prise d'armes, envoya le colonel Noriz avec nombre d'infanterie pour renforcer les garnisons qu'elle tenoit ordinairement dans ceste isle; et, pource qu'elle eut advis que le roy d'Espagne armoit plusieurs vaisseaux, elle alla revisiter elle mesme tous les ports les plus foibles de son royaume, les fit munitionner et renforcer les garnisons par tout, puis donna la conduitte de vingt-six vaisseaux à François Drak, dans lesquels il y avoit bien six mille personnes, tant soldats, mariniers qu'autres, lesquels prirent la route de l'isle Espagnole ou Sainct Dominique, esperants se rendre maistres d'une petite isle proche de là appelée Sainct Jean, où il y a un port nommé Porto Ricco, là où d'ordinaire la flotte qui vient du Perou et de Mexico arrive et prend des refraischissemens, auquel port ils esperoient rencontrer ceste flotte, la combattre, la prendre et l'emmener en Angleterre; mais il advint que cinq navires, parties dès le mois de septembre du port de Sainct Lucas en Portugal, sous la conduitte d'un des Gusmans qui alloit au devant de la flotte, rencontrerent deux navires de Drak, lesquelles, par une tourmente, s'estoient esgarées de l'armée angloise. Après peu de resistance qu'ils firent au combat, Gusman s'estant rendu maistre de deux navires anglois, il apprit d'eux l'entreprise de Drak, ce qui le fit en diligence tirer à Porto Ricco, où il trouva la flotte que conduisoit l'admiral Pierre Suarez. Ils envoyerent advertir toutes les isles voisines de l'armée des Anglois, et, pour leur empescher l'entrée à Porto Ricco, ils firent enfondrer, en la bouche de ce port, deux vaisseaux, et firent ficher une quantité de paulx, puis y mirent deux barques en garde avec vingt harquebuziers.

Le 22 de novembre, Drak arrivé à un port de ladite isle Sainct Jean nommé Caimbone du nom de la forteresse qui deffend ce port, il voulut y entrer avec ses vaisseaux; mais le dommage qu'il receut de l'artillerie tirée du fort luy fit le lendemain changer d'avis et aller droit à Porto Ricco, ou arrivé, et voyant que la flotte estoit dedans le port, il se resolut de la forcer. Pour ce faire il fit mettre vingt-cinq petits esquifs en mer, et mit dedans les plus valeureux de ses soldats, lesquels donnerent droit à ce port, arracherent les paulx, et assaillirent courageusement les navires de la flotte, sans crainte de l'artillerie des forts qui tiroit continuellement sur eux, mirent le feu à un navire espagnol appellé la Magdelaine; mais à la fin ces petits esquifs furent par les Espagnols la plus part renversez, et y mourut bien deux cents Anglois, contraignans les autres de se retirer. Le lendemain les Espagnols empescherent d'avantage la bouche du port, y enfondrant encor trois vaisseaux; ce qu'estant veu par les Anglois qui estoient proches de là à l'ancre, estans hors d'esperance de faire là leur profit, ils firent voile vers le port Sainct François, où ils mirent quelques-uns des leurs à terre, lesquels y prirent des bestiaux et autres refraischissemens; et ayans couru par ceste mer jusques au 4 decembre, ils reprirent la route d'Angleterre, où Drak n'arriva qu'en fevrier de l'an suivant, après avoir perdu plus de la moitié de ses gens par maladies. Voylà tout ce que j'ay peu recueillir de ce qui s'est passé de plus notable en ceste année 1595.

LIVRE HUICTIESME.

[1596] Oultre les conditions accordées lors de la reconciliation du Roy avec le Sainct Siege, ainsi que nous avons dit l'an passé, il y en eut deux correlatives, sçavoir : que le Roy escriroit et donneroit advis à tous les souverains princes catholiques de sadite reconciliation, et l'autre que Sa Saincteté feroit instance envers tous ceux qui se disoient du party de l'union en France à ce qu'ils eussent à recognoistre Sa Majesté. Le Roy satisfit à sa promesse, et Sa Saincteté à la sienne; mais ceste-cy fut sans beaucoup de fruict, car le duc de Mercœur qui estoit lors le plus puissant de ceux de ce party, et qui tenoit en Bretagne Nantes, Dinan et plusieurs autres bonnes places où il s'estoit merveilleusement fortifié, et, sous son adveu, le chasteau de Mirebeau prez Poictiers estoit tenu par le sieur de Villebois, Rochefort en Anjou par les sieurs de Heurtaut Sainct Offanges, et Craon par le sieur du Plessis de Cosme, nonobstant les admonitions qu'il receut non seulement de Sa Saincteté, mais de la royne Loyse doüairiere sa sœur, ne laissa, voyant que le Roy estoit empesché en Picardie, de continuër ses intelligences avec l'Espagnol, et commanda aux garnisons qu'il tenoit en ces places-là de faire la guerre plus qu'auparavant aux villes royalles, c'est à dire faire des courses, butiner tout ce qui se meneroit aux villes qui n'estoient de son party, en prendre prisonniers les habitans allans aux champs pour leurs affaires, et en tirer des rançons. Plusieurs ont escrit que le Roy envoya en ceste province le mareschal de Laverdin pour y commander après la mort du mareschal d'Aumont; d'autres ont dit que ce fut le mareschal de Brissac, lequel en des rencontres desfit de ces coureurs, prit Dinan et autres places, ainsi que nous dirons à la suitte de ceste histoire ; tellement que la Bretagne fut un des trois endroicts de la France où la guerre se recommença en ceste année, et où ceux du party de l'union monstrerent qu'ils n'y avoient faict la guerre que sous pretexte de religion, et en effect que c'estoit pour demembrer l'Estat de la France. Le second endroict fut en Provence. Le Roy, estant à Lyon, y avoit envoyé M. de Guyse à qui il avoit donné ce gouvernement, lequel estoit divisé en plusieurs partys. M. d'Espernon s'en disoit avoir esté pourveu par le feu Roy, et y tenoit beaucoup de bonnes places; Casaut et Loys d'Aix vouloient tenir dans Marseille pour l'Espagnol; le duc de Savoye tenoit Berre et quelques chasteaux ; le comte de Carses et plusieurs seigneurs qui avoient esté du party de l'union, s'estans remis au service du Roy, avec la ville et le parlement d'Aix, et autres villes et chasteaux, ne vouloient nullement obeyr à M. d'Espernon ny l'avoir pour gouverneur ; madame la comtesse de Saulx, qui tenoit des places en ceste province aussi, avoit un different sans apparence de reconciliation contre luy : tellement que la Provence estoit divisée en plusieurs partys au commencement de ceste année; mais M. de Guyse, y allant avec l'authorité du Roy, remit toute ceste province en paix, excepté Berre qui ne fut rendu par le duc de Savoye qu'au traicté de Vervins, l'an 1598.

Quand M. d'Espernon alla en Provence, au mois d'aoust l'an 1592, après la mort de M. de La Valette son frere, qui fut tué en fevrier de la mesme année devant Roquebrune, ainsi que nous avons dit, aucuns ont escrit qu'il y fut avec commandement du Roy pour commander en ceste province, d'autres ont escrit qu'il y fut sans son consentement. Neantmoins, aussi-tost qu'il y fut entré avec de belles troupes, il assiegea et prit Montouroux à discretion, où il y avoit dedans de douze à quinze cents harquebusiers, puis assembla à Brignoles les estats de la noblesse de Provence qui tenoit le party du Roy, où suivant la resolution qui y fut prise, il alla assieger et prit Antibe sur le duc de Savoye, envoya de ses troupes au sieur Desdiguieres qui estoit entré en Piedmont et avoit fortifié Briqueras; bref, en ce commencement, il entretint les mesmes intelligences qu'avoit euës M. de La Valette son frere, avec tous les gouverneurs des provinces voisines pour le Roy. Il eut deux entreprises l'an 1593 sur les deux principales villes de la Provence, sçavoir Aix et Marseille, lesquelles ne luy reüssirent pas : il faillit celle-cy la nuict du jour des Rameaux par la faute d'un petardier à qui petards furent desrobez. Quant à Aix, c'es par intelligence, laquelle descouverte, les entrepreneurs furent executez à mort. Il print de force Roquevaire, Oriol et autres places, en ceste année. Mesmes la comtesse de Saulx, qui, l'an 1591, avoit esté mescontentée du duc de Savoye, ainsi que nous avons dit, pour luy avoir refusé Berre après qu'il l'eut pris, joignit pour un temps ses desseins avec les siens; mais cela ne dura pas beaucoup, non plus que la continuation des intelligences qu'avoit eu ledit sieur de La Valette avec le sieur Desdiguieres et les Dauphinois. Les occasions de ces divisions ont esté rapportées par plusieurs, et ce chacun suivant l'affection particuliere qu'ils portoient ausdits seigneurs; mais tant y a qu'ils s'accordent tous que ces divisions furent cause que le duc de Savoye reprit tout ce que les François avoient gaigné en Piedmont l'an 1592.

M. d'Espernon, voyant qu'il n'avoit peu avoir Aix par intelligence, l'esperant avoir par la force, l'assiegea, puis fit bastir une citadelle auprès de la Durance, esperant avoir ceste ville par necessité de vivres. Durant qu'on la bastissoit deux coups de coulevrines tuèrent six gentils-hommes qui estoient auprès de luy, lesquels le renverserent par terre tout couvert de leur sang et de leurs tripailles, dont un bruit faux courut par toute la France qu'il estoit mort; ce qu'ayant esté rapporté à madame d'Espernon sa femme, on tient qu'elle s'en saisit si fort qu'elle en mourut. Estant necessité de retourner en Guyenne après ceste mort, afin de mettre un ordre aux places où il commandoit pour le Roy, il laissa M. de La Fin dans la citadelle d'Aix; mais les habitans d'Aix, au commencement de l'an 1594, avec les sieurs de Carses et d'autres du party de l'union, se remettans au party du Roy, refusans toutesfois ledit sieur duc d'Espernon pour gouverneur, supplierent le sieur Desdiguieres et les Dauphinois de les secourir et leur ayder pour se delivrer de ladite citadelle; ce qu'il fit, et à son ayde ils la prirent et la razerent. Ainsi les royaux furent divisez en Provence. M. d'Espernon y estant retourné et venu à Brignoles, esperant faire la guerre à ses ennemis, on luy dressa un attentat sur sa vie que l'on a tousjours appellé la fougade de Brignoles; ce qui avoit esté practiqué en ceste façon : Un muletier du village du Val près Brignoles, gaigné pour trente escus, fit porter par un gaignedenier un grand sac plein de poudre à canon au logis d'un nommé Roger où estoit logé M. d'Espernon. A l'entrée de la porte, qui estoit estroicte, le Suisse qui la gardoit demanda au porteur ce qu'il portoit; il dit que c'estoit du bled pour le boulenger de Monsieur : on envoye querir le boulenger; sur quelque contestation qu'il y eut entr'eux, le sac fut deschargé dans l'allée entre les deux portes, sur lesquelles on sçavoit bien que c'estoit la chambre de M. d'Espernon. Ce Suisse et le boulenger, sans sçavoir rien de ceste trahison, tirerent les cordes du sac, lesquelles firent jouër le ressort d'un rouët d'harquebuze qui estoit au fonds; aussi tost le feu se print à la poudre, d'une telle violence que la plus part du planché où estoit M. d'Espernon tomba; luy, qui estoit proche de la cheminée, n'eut point de mal, mais le boulenger fut tué, le Suisse, qui s'appelloit Horne, fut blessé, et son mareschal des logis nommé Cardillac eut la jambe rompuë, et n'y eut autre mal que cela. Ceste fougade augmenta beaucoup les divisions dans ceste province. Dès que ledit sieur duc d'Espernon vint en Provence, on luy en avoit pensé faire encor une autre, mais elle fut descouverte : ce fut à Cannes près Antibe, où celuy qui estoit dedans s'estant rendu audit duc, il avoit, avant que d'en sortir, preparé vingt caques de poudre dans une mine laquelle il avoit fait faire dans le chasteau, à l'endroict où il se doutoit bien que le duc viendroit loger, et avoit fait faire une traisnée pour y mettre le feu qui sortoit assez loing hors du chasteau, avec esperance que lors qu'il seroit asseuré que le duc y seroit logé d'y venir en une nuict y mettre le feu, et faire sauter le chasteau et ledit sieur duc en l'air; mais quatre jours après que ceste place fut renduë, ainsi que l'on cherchoit une cache de bled, les gens du duc apperceurent la traisnée, qu'ils descouvrirent jusques aux vingts caques de poudre qui estoient sous le chasteau. Ainsi le sieur duc, outre ce qu'il fut preservé de Dieu en la grande conspiration qui se fit pour le tuer à Angoulesme l'an 1588, il le preserva encor de ceste mine à Cannes et de la fougade de Brignoles.

Le sieur de Fresnes, secretaire d'Estat, estant envoyé par le Roy en Provence, tant vers M. d'Espernon afin qu'il retirast ses gens de guerre hors de ceste province et le vinst trouver, que pour porter le commandement du Roy, qui vouloit que les royaux ses subjects obeissent à M. de Guyse comme à leur gouverneur, M. d'Espernon s'excusa sur les grands frais qu'il avoit faits pour conserver plusieurs places de ceste province de ne tomber entre les mains des estrangers, bref, qu'il n'avoit travaillé pour establir M. de Guyse en ce gouvernement, dont il en avoit esté pourveu du temps du feu Roy.

Sur la fin de l'année passée le duc de Guyse ayant joinct les troupes que le Roy avoit ordonnées quand il partit de Lyon pour l'accompagner, il s'achemina en Provence; incontinent le sieur Desdiguieres l'assista de ses forces, le comte de Carses, le marquis d'Oraison, et presque toute la noblesse de ceste province, se rendirent auprès de luy. Les places qui y tenoient pour le Roy et avoient favorisé le duc d'Espernon envoyerent recognoistre leur nouveau gouverneur. Cisteron obeyt la premiere au commandement du Roy; Riez le fit avec un traicté : ces deux villes, où il y a evesché, receurent M. de Guyse avec beaucoup de contentement. Il s'achemina après à Aix, comme la principale ville de la Provence, et où est le parlement, là où, suivant ce que le Roy luy avoit donné charge sur tout d'avoir l'œil sur Marseille, à ce que Casault et Loys d'Aix, qu'il avoit sceu marchander avec le roy d'Espagne pour luy vendre ceste ville, ne la luy livrassent, il assembla les principaux du conseil estably près de luy, et ouyt avec eux les refugiez de Marseille, qui tous en particulier luy proposoient quelque entreprise de remettre ceste ville en l'obeyssance du Roy. Il escouta les advis d'un chacun, et, bien qu'il recogneust qu'il n'y avoit d'apparence de tenter aucunes de ces entreprises, il promit d'en tenter une, tant pour satisfaire au desir de ceux qui l'en recherchoient; que pour n'attirer sur luy le reproche d'avoir manqué à ce qui estoit du service de Sa Majesté.

Depuis les troubles de l'an 1589 Marseille avoit esté occupée par Loys d'Aix, viguier, et Charles Casault, premier consul, lesquels, par une longue continuation de cinq années en leurs charges, s'estoient acquis une si grande domination et puissance absoluë, que, par raison humaine, ils pouvoient la desmembrer de l'Estat. Une partie des notables habitans estoient dehors, un grand nombre aux prisons pour les cottes excessives. Ces deux tirans avoient les forteresses de Sainct Jean, de Nostre-Dame de La Garde, de Sainct Victor, des portes d'Aix et Realle, avec un fort nouvellement basty à l'emboucheure du port, appellé Teste de More, servant de citadelle à la ville. Ils tenoient deux galeres armées, où, au premier rapport, ils mettoient à la chaisne leurs ennemis qu'ils accusoient de quelque entreprise. Ils ne marchoient qu'avec cinquante soldats mousquetaires pour leurs gardes, habillez de leurs couleurs, avec entretenement de gens de cheval et de pied. Et depuis la fin de decembre ils avoient eu sept galeres au port, sous la conduite du fils du prince Doria dom Charles, avec douze cents soldats espagnols et italiens posez aux maisons du sieur de Mouillon qui sont sur la rive delà le quay, desquels à toutes heures ils pouvoient estre assistez par une porte construite exprès joignant la muraille du plan Fourniguier.

Le duc de Guyse estant sur le point de s'acheminer pour l'execution de la premiere entreprise qu'il avoit resoluë sur ceste ville, il eut advis que plusieurs villes, par quelques practiques que l'on y avoit semées, estoient en rumeur; il commanda au comte de Carces de s'acheminer à Martegues d'un costé, et au sieur de Croze de l'autre, et qu'il les suivroit de près. Ceste entreprise reüssit si heureusement que cesteville là se rendit, et la tour du Bouc qui est l'embouchoure de la mer, la ville de Grasse et la citadelle, les villes d'Hieres, Sainct Tropes et Draguignan, et ce sans aucun coup de canon; il bloqua les citadelles de ces trois villes, aydé des habitans, puis alla mettre le siege devant le chasteau de La Garde où M. d'Espernon aussi tenoit une bonne garnison.

Cependant qu'il s'estoit un peu esloigné de Marseille, pour oster tout ombrage aux deux tyrans qu'il voulust rien entreprendre, un advocat nommé Bausset, qui en avoit esté chassé et s'estoit retiré à Aubaigne, le vint trouver et luy dit qu'un notaire, nommé du Pré, l'estoit venu advertir que le capitaine Liberta (1), qui commandoit à la porte Reale de Marseille, estoit resolu avec aucuns de ses amys de ne se laisser assubjettir sous la domination de l'Espagnol, et que par ceste porte là il pouvoit faire entrer tant de gens que l'on voudroit pour remettre la ville en l'obeissance du Roy. On entre en devis de la façon de l'execution : on promet audit Liberta l'estat de viguier, avec recompense à tous ceux qui s'employeroient en une telle entreprise. Le sieur president Bernard, qui estoit encore intendant de la justice en ceste ville au nom du party de l'union, et qui toutesfois s'y tenoit par commandement du Roy, ayant eu communication de ceste entreprise, manda à M. de Guyse de la tenter, et qu'il avoit offert à Casault et à d'Aix la carte blanche, c'est à dire qu'ils demandassent tout ce qu'ils voudroient de recompense, et qu'il leur feroit bailler par le Roy, suivant la derniere despesche qu'il avoit receuë de Sa Majesté par le sieur de Genebrac le jeune, à quoy ils n'avoient voulu entendre.

Le duc de Guyse, ayant resolu avec son conseil de tout ce qui se devoit faire en ceste entreprise, et donné advis audit Liberta, par le moyen desdits Bausset et du Pré, du jour de l'execution au dix-septiesme de fevrier, partit avec toutes ses troupes du siege de La Garde, où lesdits d'Aix et Casault pensoient qu'il ne deust pas partir de devant qu'il ne l'eust pris,

(1) Pierre Liberta. On croit qu'il descendoit d'une famille noble de Corse.

veu qu'il y avoit fait bresche et donné deux assaults; mais au contraire de leur attente il le leva, et se rendit le quinziesme jour à Toulon, qui avoit aussi bien que les autres villes quitté le party du duc d'Espernon. Le lendemain seiziesme; il arriva sur le soir à Aubagne, donna le rendez-vous sur les dix heures à toutes les troupes à Sainct Julien; deux lieuës près de Marseille, et puis fit advancer quelques troupes de cheval conduites par le sieur de La Manon, pour poser les sentinelles le plus près de la ville qu'il pourroit, afin que suivant le signal qui luy seroit donné, qu'il se presentast au secours des entrepreneurs.

Ceste nuict fut si pluvieuse que Liberta craignoit que la pluye retardast son entreprise, et que le duc de Guyse ne se pust rendre au lieu qu'il avoit promis. L'opinion qu'il en eut le fit prier le capitaine de Riens, sien amy, passer le port à la faveur du corps de garde où il estoit, pour aller recognoistre si les troupes du duc de Guyse estoient arrivées au lieu assigné; ce qu'il executa, et luy en rapporta nouvelles.

Sur ce que Loys d'Aix et Casault avec leurs gardes sortoient tous les matins par la porte Reale dès qu'elle estoit ouverte, Libertat avoit resolu qu'aussi tost qu'ils seroient sortis de baisser le trebuchet qui ferme le pont, et par ce moyen, en les enfermant dehors, que l'embuscade qu'auroient mis le duc de Guyse se leveroit, les attaqueroit et les tailleroit en pieces; ce fait, que s'estant rendu maistre de la porte, que l'on donneroit l'entrée aux troupes du duc, pour, avec les habitans qui se declareroient pour le Roy, se rendre maistre de la ville et la remettre en son ancienne liberté. Voylà la resolution, et voicy ce qui en advint.

Un minime qui venoit d'un monastere proche de la ville, trouvant, à l'ouverture de la porte Reale, Loys d'Aix qui sortoit, lui dit qu'il avoit veu à deux cens pas de la ville quinze soldats qu'il estimoit estre des ennemis. Or Casault et luy avoient eu advis qu'il y avoit une entreprise sur eux laquelle se devoit executer bien tost, qui estoit l'occasion qu'ils avoient renforcé leurs gardes et se faisoient accompagner de ceux en qui ils se fioient le plus.

L'advis du minime donna subject audit Loys d'Aix, sans attendre Casault qui le suivoit d'assez près, de sortir avec vingt mousquetaires de ses gardes pour recognoistre ce qui en estoit, et mesmes Libertat sortit quant et luy; mais, à un signal que l'on luy fit que Casault venoit, il r'entra, puis fit baisser le trebuchet. Aussi tost que Loys d'Aix se vit ainsi enfermé dehors, et qu'il vit lever l'embuscade des gens du duc de Guyse qui venoient à bride abbatuë droict à luy, les siens se separerent en deux, les uns se sauvans à la faveur des murailles, et les autres du costé du port avec ledit Loys d'Aix, qui fut si bien assisté, qu'il eut moyen de se jetter par dessus les murailles qui sont fort basses, et de se rendre dedans la ville avec un petit basteau qu'il trouva fort à propos.

Le duc de Guise fut fort estonné quand il vit qu'au lieu de donner entrée aux siens, on ne les recevoit qu'à coups de canons et d'harquebuzes, dont mesmes il y eut quelques uns de blessez et de tuez par ceux qui estoient sur les murailles, lesquels n'estoient advertis de l'entreprise; tellement que ledit sieur duc pensoit qu'elle fust double, ce qui n'estoit pas; car, aussi-tost que Liberta fut rentré, il mit l'espée à la main, et, venant à la rencontre de Casault, il luy dit, en luy donnant un coup d'espée au travers du corps : « Meschant traistre, tu veux vendre la ville aux Espagnols, mais je t'en empescheray bien. » Cazault aussi tost tira son espée tout blessé qu'il estoit, mais Liberta redoubla si dextrement, et le capitaine Barthelemy, son frere, avec une demie picque, qu'ils le firent tomber par terre, et depuis fut achevé par quelques soldats de la troupe de Liberta.

Lors quatre mousquetaires des gardes de Casault, qui estoient restez avec luy, plus courageux que les autres, entreprennent ledit de Liberta, et le tirent de si près tous quatre, qu'ils luy brusierent son pourpoint en plusieurs endroits. Luy, assisté de ses freres et amis, l'espée à la main, les met en fuitte tous; un autre desdits soldats avec une demie picque s'addresse à luy, le poursuit de si près que, s'il n'eust eu la prevoyance et le courage de mesmes, il estoit en danger de perdre la vie; mais il se deffendit si genereusement, estant seulement un peu blessé au petit doigt de la main droicte, qu'il fit prendre le mesme chemin à ce dernier qu'aux quatre autres. Le reste demeura estonné sans rien dire, voyant un de leurs chefs par terre, l'autre en fuitte. Ledit de Liberta leur promit la liberté et la vie, ce qui les fit resoudre à son assistance. Des habitants qui estoient advertis de l'entreprise de Liberta, les uns estoient avec luy, les autres à l'entrée de la porte du costé de la ville pour resister au premier effort s'il en arrivoit quelqu'un, les autres dessus la porte pour se saisir du corps de garde.

Cependant il fit sortir les capitaines Laurens et Imperial, qui allerent asseurer M. de Guise de la mort de Casault, lequel fit advancer incontinent toutes ses troupes vers la porte. Loys d'Aix, qui estoit rentré dans la ville, assemblant ses amis, donnoit ordre par les corps de garde, et asseuroit un chacun au mieux qu'il pouvoit. Fabio Casault, fils du consul, le suivoit, asseurant aussi tous ses amis et sa mere mesmes que son pere n'estoit que blessé ; tellement que les habitans demeurerent en incertitude, ne sçachant à quoy se resoudre : mesmes ledit Loys d'Aix, accompagné de deux cents hommes, attaqua la porte du costé de la ville ; mais il fut si genereusement receu par Liberta, ses freres et amis, avec l'assistance des troupes du duc de Guise, qu'il fut contrainct de tout abandonner.

Ainsi que les troupes du duc de Guise d'un costé commençoient à entrer dans la ville, le president Bernard de l'autre se mit en campagne, rassembla par son authorité ce qu'il put de bons habitans, et se precipita au hazard ; mais, ayant rencontré les troupes du duc de Guise, il s'addressa premierement au corps de garde qui estoit devant l'Hostel de Ville où s'estoit retiré ledit Loys d'Aix avec cinq cents hommes. Après quelques harquebuzades tirées, d'Aix, voyant quelque rumeur parmy les siens, feignant d'aller aux autres corps de garde, se jetta en mer avec Fabio Casault pour gaigner les forts du dehors ; une partie le suivit, une autre se retira par la ville, et le reste commença à crier vive le Roy et liberté. Leur ayant esté promis la vie, la liberté et toute franchise, on s'advança à un autre corps de garde proche de l'emboucheure du port et près de l'eglise Sainct Jean, où ils estoient pour le moins mille hommes armez ; mais chacun commença à crier encor vive le Roy et liberté, et pareille promesse leur fut faicte qu'aux premiers.

Ces deux troupes asseurées, l'on retourna en trois autres corps de garde très-forts, les uns desquels l'on changea pour l'incertitude de ceux qui y commandoient ; les autres demeurerent en l'estat qu'ils estoient ; de sorte qu'en moins d'une heure et demie ceste ville, qui estoit presque espagnole, redevint toute françoise.

Les bastions et tours occupées par les supposts d'Aix et de Cazault, et la tour de Sainct Jean qui tient l'emboucheure du port, faisoient resistance. La porte de la ville seule estoit gardée d'un costé par ledit sieur de Liberta et ses freres, et de l'autre par le sieur de Beaulieu, comme il luy avoit esté commandé par M. de Guise. Alors le fils du prince d'Orie songea à sa retraicte avec ses galeres, et se trouva si estonné et si surpris qu'il oublia une partie de son equipage. L'on n'oyoit dans le port d'autres clameurs que *coupe le cap, vogue, sye, rame, nos xiamos perdidos*, et sembloit que l'emboucheure du port n'estoit pas assez grande pour sortir le moindre de leurs esquifs, tant la [illegible] leur avoit saisi l'ame.

Celuy qui estoit dans la [illegible] qui pouvoit empescher ou [illegible] estant saisi de mesme [illegible] sçavoit auquel courir pour [illegible] qui estoit dans Teste de [illegible] quelle yssué devoit prendre [illegible] lesdites galeres. Le sieur de [illegible] mandoit au chasteau d'If, [illegible] endommager à coups de canon ; mais, pour [illegible] un peu esloigné, il leur fit peu de [illegible] d'Aix et Fabio Cazault, qui [illegible] fier à la mer qu'à la pointe de [illegible] serent le port : le premier se jetta [illegible] Sainct Victor, qui estoit un des [illegible] et ledit Fabio dans Nostre-Dame de [illegible] si estonnez toutesfois, qu'il ne fut en leur pouvoir de songer à leur deffence et conservation.

Les douze cens Espagnols et [illegible] estoient logez le long du port [illegible] premiere alarme, et, à la faveur des forts et de la coste de la mer, tascherent à se retirer pour se jetter dans les galeres, lesquelles avoient esté si surprises qu'elles ne les avoient peu prendre. M. de Guyse les fit suivre par le baron du Sel, lieutenant de sa compagnie de [illegible] par le sieur de La Pierre, capitaine [illegible] des : une partie s'y sauva, mais [illegible] moururent sur la place avec mille mousquets, harquebuzes ou picques, et autant de fournimens, tout le bagage pris, et pareillement le seul drapeau qu'ils avoient, que l'effroy leur fit laisser.

Cependant les affaires [illegible] ville encores en quelque rumeur, [illegible] Guyse entra avec quelques gentils-hommes pour faire paroistre à tout le peuple la franchise de son affection, l'asseurance qu'il prenoit d'eux, et confirmer par ce moyen toutes choses au service du Roy, et destourner les dessceings des factieux qui restoient en ladite ville. Il fut [illegible] Reale par le president Bernard et par Liberta, qui fut lors declaré nouveau viguier ; [illegible] non tant conduit qu'à demy porté en l'air [illegible] peuple, il fut en l'eglise de La Majour, où les chanoines en signe d'allegresse luy presenterent à baiser la vraye croix et chanterent le *Te Deum*. Sa seule presence estonna tellement tous ceux qui estoient dans la ville, tours et forts, qu'ils se remirent au mesme temps en l'obeyssance du Roy à sa discretion, et n'ouyt on plus autres crys parmy ce peuple que, « vive le Roy, vive M. de Guise, vive le capitaine Liberta, fores Espagnols. »

Les soldats qui estoient entrez se jetterent au

pillage sur les maisons de Loys d'Aix et de Casault, ce que firent aussi les forçats de leurs galleres qui estoient demeurez dans le port, lesquels, se servans de l'occasion, crierent liberté et se deschaisnerent; tellement que ces deux maisons furent pillées, et le plus grand mal arriva de ce costé là.

Celui qui estoit dans le fort de Teste de Maure, se voyant investy, s'envoya offrir audit sieur duc de Guise avec telles conditions qui luy plairoit; mais le duc remit la place entre les mains du peuple pour tesmoignage de sa franchise et de l'asseurance qu'il vouloit prendre d'eux. Le lendemain une parole courut qu'il failloit mettre bas la forteresse des tyrans; aussi-tost tout le peuple y courut, et n'estoit pas fils de bonne mere qui n'y mist la main pour l'abattre, sans avoir esgard à la solemnité du jour de dimanche, auquel il se fit une procession generale au matin, et l'aprèsdinée on proceda à l'eslection de nouveaux consuls et des capitaines ordinaires des quartiers de la ville, lesquels firent tous serment de fidelité au Roy entre les mains de M. de Guise.

Le lundy, Loys d'Aix, qui s'estoit retiré au fort de Sainct Victor, se sauva de nuict, et le lendemain ledit fort se rendit à la discretion de M. de Guise, la vie sauve aux soldats. Et quant au fort de Nostre-Dame de La Garde, où s'estoit sauvé le fils de Casault, appellé Fabio, comme on entroit à traicter la capitulation, laquelle dura quelques jours, M. de Guise eut advis que M. d'Espernon marchoit au secours de la citadelle de Sainct Tropes qu'il tenoit bloquée; ce fut pourquoy il laissa la charge au sieur Liberta de faire la capitulation avec ceux dudit fort Nostre-Dame de La Garde, et partit de Marseille avec toute sa cavalerie, tirant droict à Sainct Tropes. Ce voyage luy fut fort heureux; car il vainquit en deux rencontres plusieurs troupes de M. d'Espernon, et se rendit du tout maistre de la campagne en moins de dix jours; puis, au commencement de mars, il revint à Marseille, où il trouva que ledit fort de Nostre-Dame de La Garde tenoit encor, bien que le fils de Casault et ses parens en fussent sortis et s'estoient sauvez par mer dans un vaisseau. La capitulation fut accordée le troisiesme mars, et la place fut remise entre ses mains pour le service du Roy. Voilà comme Marseille (1) fut reduit en l'obeyssance de Sa Majesté, contre l'intention du roy d'Espagne qui en avoit fait le marché avec les deputez que luy avoient envoyé Casault et d'Aix, et qui lors de ceste reduction s'en revenoient à Marseille avec vingt galeres d'Espagne pour effectuër leur promesse. Les histoires anciennes ayant laissé à la posterité divers exemples de la miserable fin et de la punition divine qui est tumbée sur les rebelles, seditieux et tyrans, devoit servir d'instruction à Casault et à d'Aix; mais l'or d'Espagne ayant esbloüy leur jugement, Casault mourut miserablement, et Loys d'Aix l'a survescu parachevant ses jours en calamité : leurs familles, qui trenchoient des souveraines, se sont veuës reduites à des extremes necessitez, tellement qu'ils serviront d'exemple encor à la posterité, aussi bien que Bussy le Clerc qui faisoit le tyran dans la Bastille de Paris, d'un capitaine des Arpens dans Roüen, et de tant d'autres qui durant ceste guerre civile ont faict des leurs.

Si le roy Henry III, l'an 1585, quand Daries, second consul de Marseille, y fut pendu pour avoir voulu reduire ceste ville du party de la ligue, dit à leurs deputez en les recevant d'une face joyeuse : « Je louë vostre brave resolution, mes amys, je vous accorde ce que vous m'avez demandé, et d'avantage, s'il estoit besoin; ma liberalité ne suffira jamais pour recognoistre vostre fidelité, » à ceste fois que ceste mesme ville, qui avoit esté non seulement de la ligue près de sept ans, mais qui s'en alloit estre du tout espagnole, fut reduitte par la diligence de M. de Guise aux termes de son devoir, et du tout rasseurée à l'Estat de la France, plusieurs ont escrit que, lors que Sa Majesté en receut le premier advis, il dit joignant les mains et levant les yeux au ciel : « Je recognois de plus en plus que Dieu me depart de ses graces, qu'il a pitié de cest Estat, et qu'il le veut retirer des longues calamitez qu'il a endurées. »

Le Roy, ayant desir que ceste province fust pacifique, envoya M. de Roquelaure vers M. d'Espernon luy dire s'il se vouloit rendre son ennemy. Après quelques allées et venuës qui se firent pendant l'esté de ceste année, il y eut une suspension d'armes, et ensuitte M. d'Espernon, estant contenté d'ailleurs, suyvant la volonté de Sa Majesté, il se retira de la Provence, et laissa ce gouvernement libre à M. de Guise. Voylà comme le second endroict où le Roy eut la guerre en ceste année fut, sinon du tout en paix, au moins en repos.

Le troisiesme où la guerre se remüa le plus

(1) On dit que Henri IV, en apprenant la soumission de cette ville, s'écria : *C'est maintenant que je suis roi.* Libertat fut nommé viguier perpétuel, et eut une gratification de cinquante mille écus. Il mourut l'année suivante, empoisonné, à ce que l'on dit, par les ligueurs. On grava sur la porte Reale les vers suivans :

Occisus justi Libertæ Casalus armis.
Laus Christo, urbs regi, Libertas sic datur urbi.

ce fut en Picardie, car le Roy, comme nous avons dit, y avoit assiegé La Fere, esperant que, ceste place prise, il n'auroit plus d'ennemis qu'au delà de la riviere de Somme. Ce siege fut long durant cest hyver qui fut beaucoup pluvieux, et où tant les assiegez que les assiegeans eurent à patir.

Durant le mois de janvier le Roy estoit logé à Folembray, là où M. l'evesque du Mans, assisté de l'evesque de Sarlat et autres deputez de l'assemblée generale du clergé, qui se tenoit lors aux Augustins à Paris, luy vint presenter le cayer de leurs plaintes, et luy fit une très-docte remonstrance, les principaux points de laquelle estoient :

Qu'ils estoient envoyez exprès vers Sa Majesté pour luy tesmoigner l'affection et fidelité de tout le clergé à son service, recevoir ses commandements, et luy faire leurs très-humbles remonstrances et supplications.

« Nous ne pretendons, dit-il, ny entendons exciter ou entretenir par ceste supplication les guerres et dissentions civiles : nous avons deu sçavoir, et ces derniers temps l'ont monstré et apris par experience, que, pendant icelles, la discipline, tant necessaire en nostre Estat, ne peut estre maintenuë ny restablie. Nous avons une autre guerre qui nous est perpetuelle en ce monde contre ce fier dragon ennemy du genre humain, en laquelle, pour nous rendre victorieux, ceste cy ne nous est propre : nous n'y combattons d'espées, lances et autres armes materielles; nostre souverain capitaine les fait changer en socs et coutres de charrué, en faux et autres instrumens de labourage, et pacifiques; nous desirons la paix et tranquillité publique, et la demandons ordinairement en nos prieres à Dieu, le supplians qu'il face cesser les divisions qui ont presque destruit et ruyné le royaume, et nous sont signes manifestes qu'il est courroucé grandement; nous poursuivons et procurons les moyens de l'appaiser et attirer sa faveur et benediction.

» Vous ne voudriez ceder, Sire, en grandeur de courage ny de zele au service de Dieu, à Constantin, lequel, après avoir quitté le paganisme et embrassé la religion chrestienne, convia ses subjects d'en faire de mesmes, et commanda que les temples des idoles fussent fermez; moins encores à Recharedus, roy des Visigots en Espagne, lequel, ayant quitté l'arrianisme, fit convertir de mesme tous ses subjects de l'heresie à la foy de l'Eglise catholique. Vostre exemple en a desjà esmeu plusieurs, et fait rechercher instruction, ayans recogneu leur erreur, l'ont abjuré, et sont retournez à l'Eglise. Il s'en trouve d'aucuns qui, desirans en [illegible], sont retenus de quelque honte, ou autre respect mondain, qu'un advertissement et [illegible] de Vostre Majesté leur sera profitable, et [illegible] sion à tous de ne fermer les aureilles ny esprits à l'instruction que nous leur voudrons donner. Nous desirons leur faire cognoistre leur miserable captivité, les lacqs et seps esquels nostre ennemy commun les tient empestrez et attachez. Nous combattons, non contr'eux, mais pour eux, à fin de les remettre et vendiquer en la vraye liberté des enfans de Dieu. Les bastons dont pretendons combattre en ceste guerre sont la doctrine et le bon exemple, lesquels, aydez d'oraisons et prieres instantes envers Dieu, accompagnées de jeusnes et larmes, qui sont les vrayes armes des ecclesiastiques, auront l'effet plus certain et victoire plus asseurée que toutes autres. La doctrine est de tout temps certaine et infaillible en l'Eglise, contre laquelle les portes d'enfer et les assauts de l'ennemy ne peuvent prevaloir : il essaye bien la corrompre, mais l'esprit de Dieu, qui la gouverne, enseigne et conduit en toute verité, ne permet jamais qu'il ait ceste puissance. Il ne se trouve que trop de personnes que cest ennemy trompe et abuse, et en tous siecles; mais ceste colonne et base ferme de verité n'est jamais esbranlée.

» Pour asseurer d'avantage ceux qui se rangent sous son obeissance, nous supplions très-humblement Vostre Majesté nous octroyer, permettre et trouver bon que fassions publier en nos dioceses le concile de Trente pour nous gouverner cy-après en la discipline ecclesiastique, selon les constitutions d'iceluy, et ordonner à vos juges nous tenir la main à l'execution. S'il se trouve quelque chose en cest establissement de police en quoy les droicts royaux de Vostre Majesté soient alterez, nous n'entendons y toucher, non plus qu'aux anciennes libertez et immunitez du royaume et de l'Eglise Gallicane; dequoy nous nous asseurons que nostre Sainct Pere donnera volontiers les declarations necessaires, comme aussi pour les privileges concedez, ou en general ou en particulier, mesmes les exemptions de plusieurs chapitres des eglises cathedralles et collegiales, et autres communautez, ausquels ne pretendons prejudicier, attendant la declaration de Sa Saincteté.

» Il nous desplaist beaucoup de descouvrir la honte et vergongne de nostre estat; mais il est necessaire que le mal se cognoisse pour y chercher et apporter le remede; et en la cause de Dieu, moins qu'en nulle autre, il ne faut estre prevaricateur. En la bergerie du fils de Dieu nous avons peu de bons capitaines et vrays pasteurs; il se trouvera les trois quarts des bergeries et troupeaux despourveus de legitimes et vrays pasteurs; de quatorze archeveschez, les six ou sept sont du tout sans pasteurs, et s'en peut remarquer tel auquel depuis quarante ou cinquante ans il n'en a esté veu aucun; d'environ cent eveschez, on estime y en avoir de trente ou quarante du tout despourveus de titulaires; et ès autres, y regardant de près, il s'en trouveroit aucuns confidentiaires et gardiens, ou parvenus à ceste dignité par voyes illicites et reprouvées par les saincts decrets; comme aussi d'autres qui ne se donnent pas grande peine d'entendre, sçavoir et faire leurs charges : en quoy, combien que le mal soit grand, et d'autant plus grand que, ces charges estans les principales et ès principaux chefs, il s'estend plus aysement par tout le corps, toutesfois le desordre n'y est encores passé si avant comme ès abbayes et ès troupeaux reguliers, lesquels anciennement apportoient beaucoup de benediction et de faveur divine à ce royaume, tant par la doctrine et bonne vie de ceux qui s'y rangeoient, que par leurs prieres et oraisons, lesquels, d'autant que leur vie et conversation estoit plus saincte et aggreable à Dieu, aussi estoient-elles mieux receuës et exaucées. A present ces bergeries, au lieu de benediction, nous attirent malediction et ruyne, estans la plus grande part despourveuës de pasteurs et legitimes gouverneurs, maniées, pour le temporel [car du gouvernement spirituel, qui est toutesfois le principal, on ne s'en donne plus gueres de peine], par des personnes laiques, qui, du revenu desdié et voüé par les fondateurs au service de Dieu, s'approprient et en jouyssent, et ce par le moyen de quelque œconomat, ou soubs le nom de quelque mercenaire confidentiaire et excommunié. Le commandement et superiorité sur ces maisons, lequel est de droit divin, hors le commerce des hommes, et pour lequel on devroit choisir des personnages recommandables de piété et doctrine, est vendu à beaux deniers contans, baillé en mariage, en troque et eschange de choses temporelles, en recompense, ou de services ou d'autre chose, au veu et sceu de Vostre Majesté et de messieurs de vostre conseil : on ne s'en cache plus. Nous avons apporté un memoire de ce qu'en avons peu sçavoir en vingt-cinq dioceses, et s'en trouve jusques au nombre d'environ six vingts èsquelles ou il n'y a point du tout d'abbé, ou celuy qui en porte le nom n'est legitimement pourveu. Ces bergeries estans ainsi despourveuës de vrays pasteurs, et ces charges venduës, trafiquées et broüillées, les oüailles de Dieu sont dispersées et les troupeaux gastez et ruynez; ce loup ravissant y entre librement, ne trouvant point de garde qui s'oppose; il y fait beau mesnage, perd, gaste, et ruyne tout; et les fautes qui s'y commettent, tant au gouvernement qu'en la conversation des religieux, excitent grandement l'ire de Dieu, lequel non seulement ne preste l'oreille à leurs prieres, mais, qui pis est, le service qu'ils luy font l'offense et luy est mal agreable; et ne nous faut point chercher ailleurs d'où vient qu'après tant de victoires et conquestes, ne pouvez establir la paix en vostre royaume, et ranger vos subjects en vostre obeyssance : ces desordres qui sont en la maison, l'anatheme qui est au milieu de nous, empeschent Dieu d'achever ce qu'il a commencé, que esperons neantmoins, pourveu qu'il vous plaise, voir finir sous vostre authorité et commandement.

« Nous supplierons hardiment Vostre Majesté, continuant les très-humbles supplications faites aux roys vos predecesseurs, desquelles avons resolu ne nous departir jamais jusques à ce que l'ayons obtenu, qu'il luy plaise rendre et restituer à l'Eglise les eslections, pour estre pourveu aux benefices eslectifs vaccans par eslection canonique, selon les saincts decrets et ancien usage du royaume, de personnes capables et suffisans, et y donner commencement par ceux qui sont de present vacans et tenus en œconomat, comme aussi ceux tenus en confidence après la confidence jugée, pour laquelle juger, et afin que cest anatheme et opprobre de confidentiaires soit osté du milieu de nous, et qu'il n'arrive plus, vous supplions trouver bon et nous authoriser de publier par nos dioceses la bulle de Pie cinquiesme, selon qu'elle a esté reformée par Sixte cinquiesme, contre les confidences; mander que, selon icelle, il soit procedé contre lesdits coupables et soupçonnez, et ordonner à vos juges y tenir la main. Ces eslections renduës à l'Eglise rempliront nostre ordre de personnages doctes, capables et suffisans, nous donneront de bons chefs et pasteurs qui feront florir l'Eglise en ce royaume, et Vostre Majesté sera deschargée de ce grand fardeau et compte dangereux à rendre; et ceste constitution contre les confidences, publiée et executée, ostera l'anatheme qui est au milieu de nous, et nous rendra Dieu plus propice et favorable.

« Encores qu'il soit arrivé quelquesfois que nos roys et le royaume n'ayent esté en bonne intelligence avec ceux qui tenoient le siege souverain de l'Eglise et la chaire de sainct Pierre, et que deffences fussent faites d'aller à Rome pour provisions de benefices et autres expeditions, toutesfois le magistrat seculier n'a jamais entrepris ordonner sur le spirituel, sur la provision des benefices, mission aux charges ecclesiastiques, absolutions, dispenses et autres expeditions, soit de grace, soit de justice, tant ils estoient religieux et respectueux envers Dieu et son Eglise. Ces dernieres années èsquelles nous avons veu au gouvernement temporel des choses monstrueuses, et contre le naturel du François, qui est d'estre doux et gratieux, respectueux, obeissant et affectionné à son prince naturel; ces derniers temps, dis-je, nous ont aussi apporté en nostre estat des novalitez estranges, des entreprises sur l'authorité et puissance spirituelle, des œconomats spirituels qui sont sans fondement de loy ou constitution canonique ou civile, sans edict ou ordonnance du royaume, sans usage ny pratique; invention d'esprits qui, aveuglez de leur interest ou de celuy de leurs amis, n'ont par adventure bien consideré le desreiglement qu'ils introduisoient en l'Eglise, ny ceux qui depuis en ont donné sous vostre nom, le tort et injure qu'ils luy faisoient, et le danger auquel ils le constituoient. Nous ne devons point faire difficulté de la dire, puisqu'un evesque du royaume, fort affectionné à vostre service, l'a baillé par escrit, refusant de donner collation sur la presentation de ces œconomes spirituels; que ceux qui vous avoient donné l'advis d'entreprendre cela mettoient Vostre Majesté en danger d'encourir l'indignation de Dieu, comme avoient faict Saül et Ozias, roys des Juifs, pour avoir entrepris sur l'authorité et charge des prestres et serviteurs de Dieu : à l'un il fut dit par Samuël qu'il avoit fait follement, et que pour cela sa succession n'auroit le royaume; l'autre fut soudain frappé de la main de Dieu, et demeura lepreux tout le reste de sa vie. Ce pouvoir de donner l'administration des choses spirituelles, depend entierement de l'authorité et jurisdiction ecclesiastique, qui a esté donnée, non aux roys et princes, ny par consequence à leurs officiers, mais à ceux que Dieu appelle au regime et gouvernement de ceste Eglise. Les roys et roynes sont appellez en Esaïe ses peres nourriciers et nourrices, pour les liberalitez dont ils devoient user envers elle et la deffence qu'ils en doivent prendre; mais les evesques et autres superieurs en l'Eglise sont appellez par David princes sur toute la terre, ainsi que sainct Hierosme et sainct Augustin l'interpretent, par ce que le gouvernement spirituel leur en appartient. Sur ceste authorité et pouvoir donnez de Dieu à son Eglise et aux pasteurs et superieurs en icelle, les entreprises sont de plusieurs sortes : car non seulement messieurs du grand conseil ont baillé ces œconomats spirituels, mais, passant plus outre, sur les simples brevets de nomination, et sans autre provision, ont authorisé et donné pouvoir aux nommez se ingerer de prendre possession des prelatures, les gouverner et administrer au temporel et spirituel; et se trouve que, par ce moyen, plusieurs enfans qui sont encores sous la verge, et ne sçavent presque s'ils sont au monde, et beaucoup moins ce qui est de la religion, sont establis en l'administration des maisons reguliaires et au gouvernement de ceux sous lesquels ils devroient estre; et ceste entreprise a passé jusques aux principales charges, sçavoir des archeveschez et eveschez, èsquelles ils ont donné pouvoir et authorité de prendre possession et s'entremettre du gouvernement, tant spirituel que temporel, comme s'ils eussent eu leur mission legitime. C'est chose entierement contre le droict divin, et prejudiciable aux ames de vos subjects, qui, au lieu d'avoir de vrays pasteurs qui assurent leurs consciences, en ont qui sont entrez, non par la porte, mais par la fenestre, non de la part de Dieu, mais des hommes. Ont aussi lesdits sieurs de vostre grand-conseil, outre-passant les bornes de leur jurisdiction, qui n'est sur les benefices collatifs, fait entr'eux quelque reglement pour le regard desdits benefices, sur l'occasion des deffences d'aller à Rome, comme aussi aucuns des parlemens sur la mesme occasion en auroient arresté; par dessus lesquels reglemens ils se trouvent avoir entrepris de donner, par leurs arrests, pouvoir d'admettre les resignations en faveur, de bailler dispences de tenir plusieurs benefices, et des seculiers aux reguliers; et au contraire, comme aussi des dispences de mariage en degrez deffendus, des absolutions d'irregularitez, et plusieurs autres expeditions qui sont de grace et reservées à la souveraine puissance de notre Sainct Pere; et en confondant les authoritez et jurisdictions qui sont distinctes en l'Eglise [chose qu'ils ne voudroient estre faicte et ne la souffriroient en leurs jurisdictions], ont commis le plus souvent des prelats qui n'avoient aucun pouvoir ne jurisdiction sur les personnes ou benefices dont estoit question, et quelquesfois, qui est encores pis, des ecclesiastiques qui n'en ont aucune; et s'est trouvé des prelats et autres ecclesiastiques lesquels, s'accommodans à ces ordonnances ou concessions de vos juges, ont donné ces provisions et autres expeditions : en quoy il s'est commis tant de choses prejudiciables à l'Eglise de Dieu et au salut de vos subjects, que je craindrois ennuyer trop Vostre Majesté si j'en voulois proposer seulement une partie; et, sans y entrer d'avant nous la supplierons très-humblement que, ainsi qu'elle veut estre rendu à Cæsar ce qui à Cæsar, elle rende aussi à Dieu ce qui est à Dieu, et qu'il luy plaise maintenir et conserver son Eglise et ses serviteurs qui sont appellez au gouvernement d'icelle en l'authorité et jurisdiction qu'il leur a donnée, revoquant tout ce qui a esté faict à leur prejudice, et, pour cest effect, par un edict particulier, declarer que ce que vos juges ont ordonné touchant le spirituel a esté par entreprise sur ladite jurisdiction et puissance de l'Eglise, et toutes leurs ordonnances sur ce faictes nulles faute de pouvoir, les casser et revoquer, comme aussi les provisions des benefices, dispenses, et autres expeditions faictes en consequence reelle; avec deffences à vos subjects de s'en ayder et servir, et à vos juges, quand elles viendront devant eux, d'y avoir aucun esgard, reservant aux parties se pourveoir par les voyes de droict, ainsi qu'elles adviseront.

» Nous ne pretendons toutesfois toucher aux reglemens faicts en vos cours de parlement, en termes de droict, et selon que l'on avoit coustume d'user au royaume en telles occasions, et aux provisions faictes en consequence, mais seulement à ce qui a esté introduit de nouveau.

» Nous vous supplions aussi très-humblement, Sire, vouloir commander, par un edict et ordonnance generale, aux gouverneurs et lieutenans de provinces et de villes, capitaines et conducteurs de trouppes, comme aussi à toutes sortes de gens de guerre, de quelque qualité qu'ils soient, de porter honneur aux eglises et lieux destinez au service de Dieu, leur deffendre, sur grandes peines, ausquelles seront tenus non seulement les conducteurs des compagnies, mais aussi les capitaines en chef, encores qu'ils n'y fussent presens, de ne plus faire corps de garde ès eglises, ne y establer les chevaux, ny les appliquer à usages profanes; semblablement de ne travailler ny molester les ecclesiastiques, et ne loger plus en leurs maisons, tant ès villes qu'aux champs; ne leur prendre ny les spolier de leurs biens, ny vivre à leurs despens, ains les laisser jouïr et user librement de ce qui leur appartient, mesmes de leurs maisons et habitations, et surtout des presbytaires et maisons des curez, affin qu'ils y puissent demeurer, instruire le peuple en la crainte de Dieu, et administrer les saincts sacremens.

» Nous aurions encores à vous proposer et supplier de plusieurs choses importantes à la conservation de nostre ordre, et particulierement remonstrer la pauvreté et le peu de commoditez qu'avons de vivre, qui est telle, qu'en plusieurs quartiers du royaume les prestres et gens d'eglise sont reduits à la mandicité, et trouvent avec peine du gros pain pour appaiser leur faim, de façon que, s'il n'y est remedié, il se trouvera cy après peu de personnes qui veuillent s'addonner à ce salnct ministeré et functions spirituelles; mais ayant desjà longuement retenu Vostre Majesté, je le remetray à quelque autre occasion qui s'en pourra presenter.

» Nous dirons seulement en passant, et quand on voudra le prouverons fort clairement, que les commoditez que Dieu nous avoit données sont depuis trente ans diminuées et amoindries des trois quarts, et par adventure quelque chose d'avantage; et ne peut on justement trouver mauvais que nous en plaignons. Ces commoditez temporelles nous sont necessaires pour passer ceste vie en faisant nos charges, et aussi pour donner courage aux personnes d'entrer en ce joug et honorable servitude; mais ce qui touche le plus au cœur à ceste compagnie qui nous a envoyez, et dont nous avons charge faire plus grande instance à Vostre Majesté, est le restablissement de l'honneur de Dieu presque descheu par tout le royaume, et de la discipline tant necessaire en nostre ordre. Pour cela nous implorons vostre authorité et puissance royale. Adjoustez, Sire, ceste pitié à vos autres vertus; elle seule vous apportera plus d'heur et de prosperité en vos affaires, plus de repos et tranquilité au royaume, que tous les autres, ausquelles elle donnera leur ornement et naïfve beauté, vous comblera d'honneur et gloire, et rendra vostre memoire plus recommandable à la posterité. »

Voylà les principaux poincts de la remonstrance de l'evesque du Mans, laquelle il finit en ces mots :

« Le zele et affection, Sire, qu'avons à vostre grandeur et salut [en quoy nous ne cedons à aucun autre ordre, ny moy, qui porte la parole, à aucun autre de vos subjects et serviteurs] me peut avoir transporté, dont je la suppliray très-humblement m'excuser. Nous avons encores plusieurs autres choses à proposer, desquelles ayant apporté un petit cahier, nous nous contenterons vous le presenter et supplier très-humblement le vouloir faire respondre favorablement. »

Sur ceste remonstrance Sa Majesté, par ses lettres patentes qui furent peu après publiées, revoqua les œconomats dits spirituels, et remit les chapitres des eglises cathedrales en l'administration du spirituel, qu'ils ont de droict durant le siege vacant, lesquelles lettres furent verifiées au grand conseil le 20 may. Inhibitions et deffences furent faites à tous gens de guerre de ne loger ou faire loger leurs troupes ez eglises, ny aux maisons des ecclesiastiques, y faire corps de garde et y mettre leurs chevaux. Pareilles deffences furent faites aux juges ordinaires, thresoriers generaux, maires et consuls des villes, de taxer et imposer lesdits ecclesiastiques en aucuns emprunts, ne les faire contribuer aux munitions, fortifications, subsides et aydes des villes. Les lettres en furent verifiées en parlement le 13 may, comme aussi celles par lesquelles lesdits ecclesiastiques furent exemptez de bailler, par declaration, adveu et denombrement, leurs terres et possessions, avec faculté de pouvoir racheter leurs terres allienées encor pour cinq ans, pourveu qu'il y eust lezion d'un tier de juste pris.

Sur le cahier de leurs plaintes il fut fait un edict par lequel le Roy ordonna que la religion catholique, apostolique et romaine, et le libre exercice d'icelle, seroit remis en tous les lieux et endroicts de son royaume; que les eglises et biens appartenans aux ecclesiastiques leur seroient rendus et restituez par ceux qui s'en seroient emparez durant ces derniers troubles, deffendant à toutes personnes de les y troubler et empescher, sous quelque pretexte que ce fust: pour le regard des biens scituez en Bearn et royaume de Navarre appartenant aux evesques et chapitres d'Acqs, Bayonne et Tarbes, et autres beneficiers desdits dioceses, veut et ordonne pleine et entiere mainlevée leur estre donnée: admoneste les archevesques, evesques et chefs d'ordre qui ont droict de visitation, de vacquer soigneusement à la reformation des monasteres, et enjoint à ses procureurs generaux tenir la main à l'execution des ordonnances qui seront faictes par lesdits prelats ausdites visitations. Cest edict contenoit treze articles où il y avoit plusieurs choses concernant les graduez nommez: pour les hospitaux et maladeries, pour l'enterrement de ceux qui ne seroient morts en la religion catholique, apostolique et romaine, pour la repetition des reliques et ornemens des eglises, et pour les estats de conseillers affectez aux ecclesiastiques.

La principale occasion de ceste assemblée generale fut pour la continuation de la levée de treize cens mil livres par an qui se fait sur le clergé pour le payement et acquict des rentes deues à l'Hostel de la ville de Paris, et aussi pour adviser comme se pourroient payer les restes des decimes qu'ils devoient du passé. Le clergé fit ses protestations accoustumées, suppliant le Roy les descharger, tenir et faire tenir quittes desdites rentes, ou bien leur bailler juges non suspects et non interessez pour juger de la validité ou invalidité des contracts en vertu desquels l'Hostel de la ville de Paris les pretendoit obligez. Au contraire, les prevosts des marchans et eschevins de Paris remonstrerent et dirent que les contracts desdites rentes faicts et passez au proffict de l'Hostel de Ville estoient bons et valables, soustenans que par vertu d'iceux ils pouvoient contraindre au payement lesdits du clergé. Mais le Roy ayant fait entendre par messieurs de son conseil à messieurs de l'assemblée que le temps et la saison n'estoit à propos pour disputer et debattre de telles affaires, et qu'il desiroit estre secouru d'eux pour appaiser les clameurs du peuple qui ont leurs rentes assignées sur ladite nature de deniers du clergé, lesquels se payent à l'Hostel de Ville de Paris, il fut passé contract par lequel lesdits du clergé promirent continuer encor le payement de la susdite somme de treize cens mil livres par an jusques à dix ans consecutifs. Mais, quant aux restes qui estoient deus des années precedentes, le clergé ayant remonstré que par grace Sa Majesté avoit accordé à plusieurs provinces et villes, pour le bien de l'Estat, la descharge desdits restes, et que ceste descharge devoit estre generale, elle leur fut accordée pour les années 1589, 1590, 1591 et 1592 seulement, sans qu'ils en peussent estre inquietez et recherchez à l'advenir par lesdits de l'Hostel de Ville.

Nous avons dit l'an passé que M. de Mayenne, sur l'advis que le Pape avoit resolu de donner sa benediction au Roy, avoit fait rechercher Sa Majesté d'une trefve generale, laquelle il luy accorda pour trois mois, et que dès que ceste trefve fut publiée, que l'on jugea que la paix estoit autant que faite de ce costé là: ce qui advint; car M. de Mayenne ayant adverty ceux qui tenoient encor en quelques provinces de la France sous le nom du party de l'union que la cause pourquoy ils avoient pris les armes estoit cessée par la reconciliation du Roy avec le Sainct Siege, qu'il n'estoit plus question que de les desinteresser, et qu'en luy envoyant leurs demandes par escrit il les presenteroit au Roy et les feroit entrer dans l'accord qu'il esperoit faire avec Sa Majesté comme chef du party de l'union, suyvant les memoires et articles que quelques-uns luy envoyerent, Sa Majesté, estant audit Folembray au mois de janvier, luy accorda les articles suivans, qui furent publiez sous le nom de *Edict du Roy sur les articles accordez à M. le duc de Mayenne, pour la paix de ce royaume*, en ces termes:

« Comme nous avons très-grande occasion de louër Dieu et d'admirer la Providence divine, en ce qu'il luy a pleu faire que le chemin de nostre salut aye aussi esté celuy qui a esté le plus propre pour gaigner et affermir les cœurs de nos subjects et les attirer à nous recognoistre et obeyr, comme il s'est veu bien tost après nostre reünion en l'Eglise, et tousjours depuis continué; mais ce bon œuvre n'eust esté parfaict, ny la paix entiere, si nostre très-cher et très-amé cousin le duc de Mayenne, chef de son party, n'eust suivy le mesme chemin, comme il s'est resolu de faire si tost qu'il a veu que nostre Sainct Pere avoit approuvé nostredite reünion, ce qui nous a mieux fait sentir qu'auparavant de ses actions, recevoir et prendre en bonne part ce qu'il nous a remonstré du zele qu'il a eu en la religion, loüer et estimer l'affection qu'il a monstré à conserver le royaume en son entier, duquel il n'a fait ny souffert le demembrement lors que la prosperité de ses affaires sembloit luy en donner quelque moyen, comme il n'a faict encores depuis qu'estant affoibly il a mieux aymé se jetter entre nos bras et nous rendre l'obeyssance que Dieu, nature et les loix luy commandent, que de s'attacher à d'autres remedes qui pouvoient encores faire durer la guerre longuement, au grand dommage de nosdicts subjects: ce qui nous a fait desirer de recognoistre sa bonne volonté, l'aymer et traicter à l'advenir comme nostre bon parent et fidele subject; et affin que luy et tous les catholiques qui l'imiteront en ce devoir y soient de plus en plus confirmez, et les autres excitez de prendre un si salutaire conseil, et aussi que personne ne puisse plus feindre cyaprès de douter de la sincerité de nostredite reünion à l'Eglise catholique, et sous ce pretexte faire renaistre de nouvelles semences de dissentions pour seduire nos subjects et les porter à leur ruyne, sçavoir faisons que, comme nous declarons et protestons nostre resolution estre de vivre et mourir en la foy et religion catholique, apostolique et romaine, de laquelle nous avons faict profession, moyennant la grace de Dieu, nostre intention est aussi d'en procurer à l'advenir le bien et advancement de tout nostre pouvoir, et avec le soin et mesme affection que les roys très-chrestiens nos predecesseurs ont fait, et par l'advis de nos bons et loyaux subjects catholiques, tant de ceux qui nous ont tousjours assisté, que des autres qui se sont depuis remis en nostre obeyssance, en conservant neantmoins la tranquillité publique de nostre royaume.

I. Cependant nous voulons qu'ès villes de Chaalons, Seurre et Soissons, lesquelles nous avons laissées pour villes de seureté à nostredit cousin pour six ans, ny au bailliage dudit Chaalons dont nous avons accordé le gouvernement à l'un de ses enfans, separé pour ledit temps de celuy de Bourgongne, et à deux lieuës aux environs de ladite ville de Soissons, il n'y ait autre exercice de religion que de la catholique, apostolique et romaine durant lesdits six ans, ny aucunes personnes admises aux charges publiques et offices qui ne facent profession de ladite religion.

II. Et affin que la reünion sous nostre obeyssance de nostredit cousin et de tous ceux qui l'imiteront en devoir soit parfaicte et accomplie de toutes ses parties, comme il convient, tant pour nostre service et l'entier repos de tous nos subjects, que pour l'honneur et seureté de nostredit cousin et des autres qui voudront jouyr du present edict, nous avons revoqué et revoquons tous edicts, lettres patentes et declarations faictes et publiées en nostre cour de parlement de Paris, et autres lieux et jurisdictions, depuis les presens troubles et à l'occasion d'iceux, ensemble tous jugemens et arrests donnez contre nostredit cousin le duc de Mayenne et autres princes et seigneurs, gentils-hommes, officiers, communautez et particuliers, de quelque qualité qu'ils soient, qui se voudront ayder du benefice dudit edict; voulons et entendons que lesdits edicts, lettres patentes et declarations soient retirées des registres de nostredicte cour et autres lieux et jurisdictions, pour en estre la memoire du tout esteinte et abolie.

III. Deffendons à tous nos subjects, de quelque qualité qu'ils soient, de renouveller la memoire des choses passées durant lesdits troubles, s'attaquer, injurier, ou provoquer l'un l'autre de fait ou de parole, à peine aux contrevenans d'estre punis comme perturbateurs du repos public : à ceste fin nous voulons que toutes marques de dissention qui pourroient encores aigrir nosdits subjects les uns contre les autres, introduites dedans nos villes ou ailleurs depuis les presens troubles et à l'occasion d'iceux, soient ostez et abolis, enjoignant aux officiers de nos villes, maires, consuls et eschevins, d'y tenir la main.

IV. Voulons aussi et ordonnons que tous ecclesiastiques, gentils-hommes, officiers et tous autres, de quelque qualité et condition qu'ils soient, qui nous voudront recognoistre avec nostredit cousin le duc de Mayenne, soient remis en leurs biens, benefices, offices, charges et dignitez, nonobstant tous edicts, dons de leurs biens, rentes et debtes et provisions, à d'autres personnes, de leursdites offices saisies, ventes, confiscations et declarations qui en pourroient avoir esté faites, emologuées et enregistrées;

lesquelles nous avons revoquées et revoquons, entendant que dès à present, sans autre declaration, et en vertu du present edict, main-levée entiere leur en soit faicte, à la charge toutesfois que nostredit cousin et eux nous jureront toute fidelité et obeyssance, se departiront dès à present de toutes ligues, practiques, associations ou intelligences faictes dedans ou dehors le royaume, et promettront à l'advenir de n'en faire sous quelque pretexte que ce soit.

V. Ne pourront aussi, tant nostredit cousin que les princes, seigneurs, ecclesiastiques, gentils-hommes, officiers et autres habitans des villes, communautez et bourgades, qui ont, en quelque sorte que ce soit, suivy et favorisé son party, ne nous ayant encores faict le serment de fidelité, et voulant venir à la recognoissance de ce devoir avec luy dedans le temps porté par le present edict, estre recherchez des choses advenuës et par eux commises durant les presents troubles, et à l'occasion d'iceux pour quelque cause que ce soit, voulant que les jugements et arrests qui ont esté ou pourroient estre donnez contr'eux pour ce regard, ensemble toutes procedures et informations, demeurent nulles et de nul effect, et soient ostées et tirées des registres, sans que des cas et choses dessusdictes rien soit excepté, fors les crimes et delicts punissables en mesme party, et l'assassinat du feu Roy, nostre très-honoré seigneur et frere.

VI. Et neantmoins, ayant esté ce faict mis par plusieurs fois en deliberation, et eu sur ce l'advis des princes de nostre sang et autres princes, officiers de nostre couronne, et plusieurs seigneurs de nostre conseil estans lez nous, et depuis veuës par nous, seant à nostre conseil, les charges et informations sur ce faictes depuis sept ans en çà, par lesquelles il nous a apparu qu'il n'y a aucune charge contre les princes et princesses nos subjects qui s'estoient separez de l'obeysssance du feu Roy, nostre très-honoré seigneur et frere, et la nostre, avons declaré et declarons par ces presentes que ladite exception ne se pourra estendre envers lesdits princes et princesses qui ont recognu et recognoistront envers nous, suivant le present edict, ce à quoy le devoir de fidelité les oblige, attendu ce que dessus, plusieurs autres grandes considerations à ce nous mouvans, et le serment par eux faict de n'avoir consenty ny participé audit assassinat; deffendant à nostre procureur general present et à venir, et tous autres, d'en faire contre eux aucune recherche ny poursuitte, et à nos cours de parlement, et à tous nos autres justiciers et officiers d'y avoir esgard.

VII. D'avantage, tous ceux qui ont esté mis hors de nos villes depuis la reduction d'icelles en nostre obeyssance, à l'occasion des presens troubles, et pour causes qui doivent estre remises par le present edict, ou qui lors de ladicte reduction en estoient absens et le sont encores de present pour mesmes causes, qui voudront jouyr du benefice d'iceluy, pourront rentrer èsdites villes, et se remettre en leurs maisons, biens et dignitez, nonobstant tous edicts, lettres et arrests à ce contraires.

VIII. Nostredit cousin le duc de Mayenne, et les seigneurs, gentilshommes, gouverneurs, officiers, corps de villes, communautez et autres particuliers qui l'ont suivy, demeureront pareillement quittes et deschargez de toutes recherches pour deniers publics ou particuliers qui ont esté levez et pris par eux, leurs ordonnances mandemens commissions, durant et à l'occasion des presens troubles, tant des receptes generales que particulieres, greniers à sel saisis, et jouïssances des rentes, arrerages d'icelles, revenus, obligations, argenteries, prises et ventes de biens meubles, bagues et joyaux, soit d'eglise, de la couronne, princes ou autres des particuliers, bois de haute fustaye et taillis, vente de sel, prix d'iceluy, tant de marchands que de la gabelle, decimes, alienations des biens des ecclesiastiques, traictes et impositions mises sur les denrées, vins, chairs et autres vivres, deposts et consignations, cottes sur les particuliers, emprisonnemens de leurs personnes, prises de chevaux, mesmes en nos harats, et generalement de tous deniers, impositions et autres choses quelconques, ores qu'elles ne soient plus particulierement exprimées; comme aussi ceux qui auront fourny et payé lesdits deniers en demeureront quittes et deschargez.

IX. Demeureront pareillement deschargez de tous actes d'hostilité, levées et conduittes de gens de guerre, fabrication de monnoye, fonte et prise d'artillerie et munitions, tant aux magazins publics que maisons des particuliers, confection de pouldres, prises, rançons, fortifications, desmolitions de villes, chasteaux, bourgs et bourgades, entreprises sur icelles, bruslemens et desmolitions d'eglises, et faux-bourgs de villes, establissement de conseils, jugemens et executions d'iceux, commissions particulieres, soit en matieres civiles ou criminelles, voyages, intelligences, negociations et traictez dedans et dehors nostredit royaume.

X. Ceux qui ont exercé les charges des commissaires generaux et garde des vivres sous l'authorité de nostredit cousin et des seigneurs commandans aux provinces particulieres de ce royaume, lesquels nous recognoistront [illegible] le present edict, et dedans le temps porté par iceluy, seront exempts de toutes recherches pour toutes sortes de munitions, vivres, chevaux, harnois et autres choses par eux faictes pour l'execution de leurs charges durant les presens troubles et à l'occasion d'iceux, sans qu'ils soient responsables du fait de leurs commis, clercs et autres officiers par eux employez, et sans qu'ils soient tenus rendre aucun compte de leur maniement et charges, en rapportant seulement declaration et certification de nostredit cousin qu'ils ont bien et fidelement servy en l'exercice de leurs charges.

XI. Tous memoires, lettres et escrits publiez depuis le premier jour de janvier 1589, pour quelques subjects qu'ils ayent esté faits, et contre qui que ce soit, demeureront supprimez, sans que les autheurs en puissent estre recherchez; imposant pour ce regard silence, tant à nos procureurs generaux, leurs substituts, qu'à tous autres particuliers.

XII. Nous n'entendons aussi qu'il soit fait aucune recherche contre le seigneur de Maigny, lieutenant, et les soldats des gardes de nostredit cousin ayant assisté à la mort du feu marquis de Maignelay, advenuë contre la volonté et au grand regret de nostredit cousin, ainsi qu'il a declaré; et demeurera ledit fait pour ce regard aboly, sans qu'il leur soit besoin obtenir autres lettres ni declaration plus ample; mesmement pour le regard de ceux lesquels pour ce subject ont obtenu lettres de nostredit cousin, lesquelles ont esté verifiées par celuy qui a exercé l'office du grand prevost à sa suitte

XIII. Toutes sentences, jugements et arrests donnez par les juges dudit party, entre personnes d'iceluy party, ou autres n'estans dudit party, qui ont procedé volontairement, tiendront et auront lieu, sans qu'ils puissent estre revoquez par nos cours de parlement ou autres juges, sinon en cas d'appel, ou par autre voye ordinaire; et où aucune revocation ou cessation en auroit esté faicte, elle demeurera dès à present nulle et de nul effect.

XIV. Le temps qui a couru depuis le premier jour de janvier 1589 jusques à present ne pourra servir entre personnes de divers partis pour acquerir prescription ou peremption d'instance.

XV. Tout ce qui a esté executé en vertu desdicts jugemens ou actes publics du conseil estably par nostredit cousin, pour rançons, enterinement de graces, pardons, remissions et abolition, aura lieu sans aucune revocation pour les differens qui regardent les particuliers.

XVI. Ceux qui auront esté pourveus par nostredit cousin d'offices vacquans par mort ou resignation ès villes qui nous recognoistront avec luy, comme aussi des offices de receveurs du sel nouvellement creées èsdites villes, y seront maintenus en prenans provision de nous, que nous leur ferons expedier.

XVII. Et pour le regard de ceux qui ont esté par nostredit cousin pourveus desdites offices qui ont vaqué ès villes qui ont cy-devant tenu son party, soit par mort, resignation, ou nouvelle creation de nous ou de nos predecesseurs, lesquels ont depuis suivy nostredit cousin sans nous recognoistre et jurer fidelité suivant nos edicts, revenans à present à nostre service avec luy, lesquels avec autres sont nommez et declarez en un estat et roolle particulier que nous avons accordé et signé de nostre main, seront pareillement maintenus et conservez èsdites offices prenant provision de nous: le mesme sera fait pour les benefices declarez audit estat et roolle.

XVIII. S'il y a quelque dispute et procez sur la provision desdites offices estans dedans les villes qui nous recognoistront avec nostredit cousin, octroyées par luy, entre personnes qui sont encores à present dudit party, ou l'un d'eux, et nous recognoistront avec luy, ceux qui auront obtenu declaration de l'intention de nostredit cousin, seront maintenus pourveu qu'ils apportent ladite declaration dedans six mois après la publication du present edict.

XIX. Et d'autant que ceux qui ont esté pourveus d'offices, soit par mort ou par resignation, creation nouvelle ou autrement, et payé finance pour cest effect ès mains de ceux qui ont fait la recepte des parties casuelles au party de nostredit cousin, pourroient pretendre quelque recours contre luy, ou ceux qui ont receu lesdits deniers, comme dit est, soit pour estre maintenus ausdites offices ou remboursez de leurs finances, nous avons deschargé et deschargeons par ces presentes nostredict cousin et lesdicts thresoriers et receveurs de toutes actions et demandes que l'on pourroit intenter contr'eux pour ce regard.

XX. Tous ceux qui nous recognoistront avec nostredit cousin, qui ont jouy des gages, droicts et profits d'aucuns offices, fruicts de benefices, revenus de maisons, terres et seigneuries, loyers et usufruicts de maisons et autres biens meubles, droicts, noms, raisons et actions de ceux qui estoient du party contraire, en vertu des dons, ordonnances, mandemens, rescriptions et quictances de nostredit cousin le duc de Mayenne, ne seront subjects à aucune restitution, ains en demeureront entierement quittes et deschargez. Ils ne pourront aussi rien demander ny repeter des choses susdites prises sur eux par nostre commandement et authorité, et receuës par nos autres subjets et serviteurs, *fors et excepté*, d'une part et d'autre, les meubles qui se trouveront en nature, qui pourront estre repetez par ceux ausquels ils appartenoient, en payant le prix pour lequel ils auront esté vendus.

XXI. Pareillement le ecclesiastiques qui nous recognoistront avec nostredit cousin, et ne nous ont encores fait serment de fidelité, qui ont payé leurs decimes aux receveurs ou commis par luy, ensemble les deniers de l'alienation de leur temporel, n'en pourront estre recherchez pour le passé, ains en demeureront aussi entierement quittes et deschargez, ensemble les receveurs qui en ont fait le payement.

XXII. Toutes les sommes payées par les ordonnances de nostredit cousin, ou de ceux qui ont charge de finances sous luy, à quelques personnes et pour quelque cause que ce soit, par les thresoriers, receveurs ou autres qui ont eu maniement des deniers publics, lesquels nous recongnoistront avec luy, seront passez et allouez en nos chambres des comptes, sans que l'on les puisse rayer, superseder ny tenir en souffrance, pour n'avoir esté la forme et l'ordre des finances tenuë et gardée. Et ne seront tous les comptes qui ont esté rendus subjets à revision, sinon en cas de l'ordonnance, voulans que, pour le restablissement de toutes parties rayées, supersedées ou tenuës en souffrance, toutes lettres et validations necessaires leur soient expediées. Et quant aux comptes qui restent à rendre, ils seront ouys et examinez en nostre chambre des comptes à Paris, ou ailleurs où il appartiendra ; à quoy toutesfois ils ne pourront estre contraints d'un an. Et ne sera nostredit cousin, ny lesdicts thresoriers, receveurs et comptables, tenus et responsables en leurs noms des mandemens, rescriptions et quittances qu'ils ont expediées pour choses dependantes de leur charge, sinon qu'ils en soient obligez en leurs propres et privez noms.

XXIII. Les edicts et declarations par nous faictes sur la reduction du payement des rentes constituées auront lieu pour ceux qui s'ayderont du present edict, sans que l'on puisse pretendre qu'ils soient descheus et privez du benefice desdicts edicts et declarations pour n'y avoir satisfaict dedans le temps porté par iceux, et ne courra ledit temps contr'eux que du jour de la publication de nostredit edict.

XXIV. Et pource que les veufves et heritiers de ceux qui sont morts au party de nostredict cousin pourroient estre poursuivis et recherchez pour raison des choses faictes durant les troubles et à l'occasion d'iceux par leurs maris et ceux desquels ils sont heritiers, nous voulons et entendons qu'ils jouyssent de la mesme descharge accordée par tous les articles precedens, à tous ceux qui nous feront le serment de fidelité avec nostredit cousin.

XXV. Tous ceux qui voudront jouyr du present edict seront tenus le declarer, dedans six sepmaines après la publication d'iceluy, au parlement de leur ressort, et faire le serment de fidelité, à sçavoir : les princes, evesques, gouverneurs des provinces, officiers et autres ayans charges publiques, entre nos mains, de nostre très-cher et feal chancelier et des parlements de leur ressort, et les autres pardevant les baillifs, seneschaux et juges ordinaires, dedans ledit temps.

XXVI. Sur la remonstrance qui nous a esté faite par nostre cousin le duc de Mayenne pour la ville de Marseille et autres de nostre pays de Provence qui ont tenu jusques à present son party, et nous obeyront et recognoistront avec luy en vertu du present edict, nous avons ordonné et promis qu'ils jouyront du contenu ez articles inserez aux articles secrettes par nous accordées à nostredit cousin.

XXVII. D'avantage, desirans donner toutes occasions aux ducs de Mercœur et d'Aumale de revenir à nostre service et nous rendre obeyssance, à l'exemple de nostredict cousin le duc de Mayenne, et sur la supplication très-humble qu'il nous en a faite, nous avons semblablement declaré que nous verrons bien volontiers leurs demandes quand ils nous les presenteront et s'acquitteront de leur devoir envers nous, pourveu qu'ils le facent dedans le temps limité par le present edict ; et dès à present voulons que l'execution de l'arrest donné contre ledit duc d'Aumalle en nostre cour de parlement soit sursis jusques à ce que nous en ayons autrement ordonné, en intention de revoquer et supprimer ledict arrest si ledict duc d'Aumalle nous recognoist, comme il doit, durant ledit temps.

XXVIII. Recognoissans de quelle affection nostredit cousin s'employe pour reduire en nostre obeyssance ceux qui restent en son party, et par ce moyen remettre nostredit royaume du tout en repos, nous avons eu aggreable aussi que les articles qui concernent nostre très-cher et amé cousin le duc de Joyeuse, les sieurs marquis de Villars et de Montpezat, comme aussi le sieur de L'Estrange qui commande de present en nostre ville du Puy, ensemble les habitans de ladicte ville, les sieurs de Sainct Offange, gouverneur de Rochefort, du Plessis, gouverneur de Craon, et de La Severie, gouverneur de La Ganache, ayant esté veus et resolus en nostre conseil, sur les memoires qu'ils ont envoyez à cest effect, que nostredit cousin nous a presentez de leur part, voulons que ce qui a esté accordé sur iceux soit effectué et observé de poinct en poinct, pourveu que nostredit cousin face apparoir dedans six sepmaines qu'ils ayent accepté ce que nous leur avons accordé, et que dedans le mesme temps ils nous facent le serment de fidélité; autrement nous n'entendons estre tenus et obligez à l'entretenement et observation desdits articles.

XXIX. Ayans esgard que nostredict cousin s'est obligé en son nom, et fait obliger aucuns de ses amis et serviteurs, en plusieurs parties et sommes de deniers declarées en un estat signé de luy montant à la somme de trois cents cinquante mil escus, qu'il nous a remonstré avoir employez aux affaires de la guerre et autres de son party, sans qu'il en soit tourné aucune chose à son profit particulier, ny de ses amis et serviteurs coobligez, de quoy le voulant descharger et tenir quitte, afin de luy donner plus de moyen de nous faire service, nous promettons à nostredict cousin d'acquitter lesdites debtes portées par ledit estat jusques à ladite somme de trois cent cinquante mil escus, pour les arrerages d'aucunes parties desdictes debtes portans rentes, interests, liquidez pour le temps porté par l'estat faict et signé de nostre main et de celle de nostredit cousin, et l'en descharger entierement avec sesdits amis et serviteurs coobligez, et à ceste fin luy faire payer dedans deux ans, en huict payemens, de quartier en quartier, le premier quartier commençant au premier jour du present mois de janvier, la somme de six vingts un mil cinquante escus, que nous avons ordonné estre assiguez sur aucunes receptes generales de nostredict royaume, pour estre employé, tant en l'acquit desdites debtes portans rentes et interests, que des arrerages d'icelles, jusques au temps porté par ledit estat, signé de nostre main et de celle de nostredit cousin, et faire aussi payer à l'advenir le courant desdites rentes et interests, jusques à l'entiere extinction et admortissement d'icelles et des obligations susdites. Et quant aux autres debtes contenuës audit estat signé de nostredit cousin, restans desdits trois cent cinquante mil escus, nous promettons à nostredit cousin d'en retirer et luy rendre les promesses, contracts et obligations de luy et de ses amis et serviteurs coobligez, dedans quatre ans, sans pour ce payer aucuns arrerages et interests, ou bien de luy fournir dedans ledit temps de jugement valable de l'invalidité desdites debtes, de sorte que nostredit cousin, ses amis et serviteurs, en seront du tout quittes et deschargez. Et jusques à ce que lesdites promesses et obligations luy ayent esté renduës, nous voulons et ordonnons qu'il ne puisse estre contraint, ny aussi sesdits amis et serviteurs coobligez, au payement de tout ou partie d'icelle somme de trois cents cinquante mil escus, ny des arrerages et interests desdites rentes, et que toutes lettres de surseances, interdiction et evocation en nostre conseil d'Estat, en soient expediées toutes et quantesfois que besoin en sera sur l'extraict du present article.

XXX. D'avantage, voulans mettre nostredit cousin le duc de Mayenne hors de tous interests envers les Suisses, reistres, lansquenets, Lorrains et autres estrangers ausquels il s'est obligé, tant pour la levée de gens de guerre que pour le service qu'ils ont fait durant le temps qu'ils ont demeuré en son party, nous promettons de l'acquitter et descharger de toutes les sommes ausquelles se peuvent monter lesdites obligations par luy faictes, tant en son nom privé que comme chef de sondit party, et les mettre avec les autres debtes de la couronne, suivant les verifications qui en ont esté faictes par le feu sieur de Videville, intendant des finances, et par les esleux dudict pays de Bourgongne, pour le regard desdits Suisses, reistres, lansquenets et Lorrains, depuis lesdites verifications, revoquans et adnullans dès à present lesdites obligations qu'il a contractées en sondit nom pour ce regard, et particulierement le comte Collalte, colonnel des lansquenets, et autres colonnels et capitaines des Suisses et reistres, sans qu'il en puisse estre poursuivy ni inquieté en vertu d'icelles obligations, attendu qu'il n'en est tourné aucune chose à son profit particulier; dont nous luy ferons expedier toutes lettres et provisions necessaires.

XXXI. Les articles secrets qui ne se trouveront inserez en cedit present edict seront entretenus de point en point et inviolablement observez; et sur l'extraict d'iceux ou de l'un desdicts articles, signé de l'un de nos secretaires d'Estat, toutes lettres necessaires seront expediées.

« Si donnons en mandement, etc. »

Au mesme lieu et au mesme mois que cest edict fut fait, M. le duc de Nemours, frere de mere de M. le duc de Mayenne, ayant envoyé aussi vers le Roy, suivant les admonestemens de madame de Nemours sa mere, obtint sur les articles qu'il fit presenter à Sa Majesté un edict particulier sur sa reduction, où le Roy dit qu'ayant tousjours entendu que son neveu le duc de Genevois et de Nemours n'avoit participé aux troubles de son royaume par aucun desseing prejudiciable à son Estat, il veut que la memoire demeure esteinte et assoupie de ce qui s'est geré et negotié pendant les troubles, tant par luy que par le feu duc de Nemours, son frere aisné, et tous ceux qui les ont suivis et assistez, et que toutes procedures et recherches soient abolies et supprimées de la prise des deniers des receptes generales et particulieres, fonte de la couronne d'or qui fut trouvée pendant le siege de Paris au monastere de Saincte Croix de La Bretonnerie, prise, vendition et distribution pendant ledit siege, et après iceluy, des bagues et joyaux du thresor de Sainct Denis en France, de quelque valeur et estimation que le tout se puisse monter, bref, de tout ce qui avoit esté fait sous l'authorité, et par le commandement et consentement dudit feu duc de Nemours; que tous ceux qui avoient suivy lesdits ducs seroient remis et reintegrez en leurs maisons et biens, charges et honneurs, benefices et offices; qu'il ne seroit fait aucune recherche des executions à mort faites durant ces troubles, par voye de justice, droit de guerre, ou autrement, par le commandement et sous l'authorité desdits sieurs ducs; que ceux qui commandoient dans les places que ledit duc ramenoit au service du Roy y demeureroient, en faisant le serment de les conserver sous ledit sieur duc en l'obeyssance de Sa Majesté; que l'exercice de la justice du bailliage et election de Forests seroit remis dans Montbrison; que les provisions d'offices faictes par ledit feu duc de Nemours, dont la function se faisoit dans les villes qui recognoistroient Sa Majesté avec ledit duc, demeureroient nulles, et neantmoins que ceux qui auroient obtenu lesdites provisions par mort ou resignation jouyroient desdits offices en prenant nouvelles lettres de provision du Roy, lesquelles leur seroient expediées sans payer finance; que les terres et seigneuries qui appartenoient en France au duc de Ferrare, ensemble les greffes desdites terres, luy seroient conservez, et en jouyroit comme il en avoit fait avant la guerre, selon ses contracts. Et à ce que madame de Nemours et ledit duc son fils jouyssent paisiblement des terres qu'ils ont en Savoye, et que leurs sujets fussent soulagez, le Roy par cest edit les prit et mit sous sa sauvegarde, exemptant leurs subjects de toutes sortes de contributions.

Après que ces deux edicts furent ainsi accordez à Folembray, et envoyez au parlement de Paris pour y estre enregistrez et verifiez, le Roy laissa au siege de La Fere M. le mareschal de Rets [pour faire continuer la chaussée qui se faisoit au dessus de ceste ville là afin d'arrester pour un temps l'eau de la riviere d'Oyse; et puis tout d'un coup on devoit rompre ceste chaulsée, estimant que la violence d'une si grande quantité d'eau ainsi retenuë seroit suffisante pour noyer les assiegez], et alla à Monceaux. M. le duc de Mayenne luy ayant mandé qu'il desiroit luy aller baiser les mains, Sa Majesté luy manda qu'il seroit le bien venu. Un matin, ainsi que le Roy se promenoit dans les allées de Monceaux, on luy vint dire que ledit sieur duc estoit là: en se retournant il le vit à dix pas de luy, à la teste d'une douzaine de gentils-hommes. Après qu'à cet abbord ledict duc eut fait le devoir d'un subjet, et que Sa Majesté l'eut receu d'une face joyeuse, le Roy print à part le duc (1) pour parler seuls. Madame la marquise de Monceaux estoit merveilleusement ayse que ceste reconciliation se fust faite en sa maison. Ledit sieur duc fut au disner du Roy. Chacun jugea lors en leurs visages, puis que l'un tenoit Sa Majesté, et que l'autre estoit en son devoir, que les choses passées n'estoient en leur memoire que comme un songe; car on ne vit point cestuy-cy faire depuis du chef de party, et proposer nouvelles entreprises de guerre: il se reünit du tout à la volonté du Roy. Et aussi ne vit-on point le Roy suivre la mode de ces reconciliations feintes dont plusieurs monarques ont usé quand quelques uns de leurs subjects ont levé les armes contre eux, lesquels, du commencement de leur accord, leur donnent tout ce qu'ils demandent; dons, pensions, offices, benefices, ne leur sont refusez, mais la suitte en est tousjours tragique; aussi ces biens-faits là n'ont esté que leurres pour les attraper. Au contraire, le Roy voulut que ce qui avoit esté accordé par les articles secrets fust effectué entierement. Le duc de Mayenne quitta son gouvernement de Bourgongne, et son fils aisné depuis fut receu au parlement pair de France et duc d'Esguillon; il fut pourveu du gouvernement de l'Isle de France, excepté de Paris et à quelques autres conditions, et ce, par la mort de M. d'O qui en estoit gouverneur, lequel mourut sur la fin de l'an passé. Il fut aussi pourveu de l'estat de grand chambellan que ledit sieur duc de Mayenne, son pere, avoit remis entre les mains du Roy. Les mariages depuis se firent du duc de Nevers avec la fille dudit duc de Mayenne, et de la sœur puisnée dudit duc de Nevers avec ledit sieur duc d'Esguillon.

Par le vingt-huitiesme article de l'edict accordé à M. de Mayenne, il devoit faire apparoir dans six semaines que ceux desquels il avoit presenté les articles au Roy les eussent acceptez, selon qu'ils avoient esté accordez et respondus

(1) Les *Œconomies royales* offrent des détails très-intéressans sur cette entrevue, tome III, chapitre Ier.

au conseil; aucuns le firent, d'autres non : entr'autres les sieurs de Sainct Offange et du Plessis de Cosme renouvellerent leurs intelligences avec le duc de Mercœur, et continuerent leur rebellion. Quant à ceux de Marseille, nous avons dit ce qu'il en advint. Messieurs le marquis de Villars et de Mont-pezat, freres, enfans de la femme dudit sieur duc de Mayenne, lesquels elle avoit eus en premieres nopces de M. de Montpezat, suivirent la volonté de leur beau-pere. Quant à M. de Joyeuse, il obtint un edict particulier du Roy, tant pour luy que pour la ville de Tholose et autres places de Languedoc qui tenoient encor ce party, lequel edict fut aussi donné à Folembray audit mois de janvier, et verifié à Tholose le quatorziesme de mars. Par cest edict M. de Joyeuse fut faict mareschal de France et l'un des lieutenans generaux en Languedoc; les habitans de la ville de Tholose et autres villes du ressort de la cour de parlement de ceste ville-là qui avoient suivy le party de l'union, furent conservez en leurs privileges, droicts, offices et dignitez, et furent remis en la possession de leurs biens et offices qui estoient aux villes royalles, furent tenus pour bons subjects et fidelles serviteurs du Roy, à la charge de prester le serment de fidelité; que le parlement qui se tenoit à Castel Sarrazin durant ces troubles retourneroit tenir sa seance à Tholose; que la chambre my-partie seroit renvoyée en une ville de ladite province; que toutes citadelles basties durant ces troubles seroient desmolies, excepté des places frontieres; que la memoire de toutes choses passées en ladite ville et autres lieux qui avoient suivy ledit party seroit abolie, mesmes les meurtres commis en ladite ville de Tholose le 10 fevrier 1589, ès personnes de M. Duranty, premier president, et Daffis, advocat general, et autres, et pareillement tout ce qui avoit esté attenté et executé, tant au Palais qu'en autres endroicts de la ville le 11 avril 1595, et tout ce qui avoit esté fait depuis en suite et consequence; que le duc de Joyeuse et cent de ceux qui l'auroient assisté pourroient recuser en tous affaires, sans expression de cause, trois des presidents et conseillers de chacune chambre du parlement, et, aux jugemens et deliberations qui se feroient chambres assemblées, quinze de ceux qui avoient tenu le parlement pour le Roy au Chasteau Sarrazin et Beziers; aussi que le duc de Ventadour et cent de ceux qui estoient demeurez en l'obeyssance du Roy pourroient pareillement recuser en chasque chambre le president ou un des conseillers de ladite chambre, de ceux qui estoient restez dans Thoulouse depuis le 11 d'avril, ou cinq desdits presidents et conseillers quant les chambres seroient assemblées, attendu le peu de nombre des officiers qui estoient restez dans ladite ville de Thoulouse.

A la verification et publication de cest edict, qui fut le 14 mars, le duc de Joyeuse et les capitouls de Thoulouse, après avoir faict chanter le *Te Deum*, firent faire des feux de joye et de grandes resjouyssances. On a escrit qu'ils mirent un tableau où estoit le pourtraict du Roy en une des principales places de la ville, que le peuple alloit voir et salluër, crians vive le Roy. Par ces reductions tout le Languedoc demeura en paix. Avant que de dire ce qui se passa au siege de La Fere, voyons ce qui se passoit aux Pays-Bas au commencement de ceste année.

Le 4 janvier mourut Christophle de Mondragon, gouverneur de la citadelle d'Anvers, qui fut estimé en son temps un très-experimenté chef de guerre. L'an passé il le fit paroistre au prince Maurice, ainsi que nous avons dit. Il estoit de nation espagnol, et estoit venu aux Pays-Bas avec le duc d'Albe, d'où il n'avoit depuis bougé, ayant faict de grands services au roy d'Espagne.

Le 8 de janvier, le comte de Fuentes, qui gouvernoit par commission les Pays-Bas, sçachant que le cardinal Albert d'Austriche devoit arriver bien-tost au Luxembourg pour prendre possession du gouvernement des Pays-Bas, partit de Bruxelles avec le duc de Pastrane et grand nombre de noblesse espagnole, italienne et valonne, et allerent au devant dudict cardinal jusques à Luxembourg. Ce cardinal estoit party d'Espagne dez le mois de septembre de l'an passé avec nombre de gens de guerre espagnols, quatre millions de ducats, plusieurs grands seigneurs, entre lesquels estoient Philippes prince d'Orenge, qui avoit esté tenu en prison large en Espagne depuis l'an 1569; le duc de Zagarvolo, le prince de Castelvetran, Octavien d'Arragon, Jean Mendozze et autres. Au devant de ce cardinal la republique de Gennes envoya Antoine Grimaldi et Gregoire Barbarin pour le recevoir, comme estans leurs ambassadeurs à Laono, où ils furent advertis qu'il devoit prendre port. Le prince Dorie fut au devant de luy jusques à Villefranche avec trois galeres. Ce cardinal fut receu là fort magnifiquement, et y trouva grand nombre de chevaux et mulets pour porter son bagage à Turin. Il fit quelque sejour en ces quartiers-là, soit pour l'advis qu'il receut de la maladie du roy d'Espagne, ou de quelque autre occasion. Durant ce sejour le prince d'Orenges prit la poste et s'en alla à Rome baiser les pieds de Sa Saincteté, où il arriva avec deux des siens presque comme incongnu; toutesfois le duc de Sesse, ambassadeur du roy d'Espagne, luy fut à la rencontre, et le mena loger en son palais. Ayant visité les lieux saincts, il retourna retrouver l'archiduc, qui arrivé à Turin vouloit passer les monts devant que les neiges fussent plus hautes; ce qu'il fit, et traversant la Savoye, arriva sur la fin de l'an passé en la Franchecomté. En son passage Jules Mazzatosci, qui estoit lieutenant de Virginie des Ursins, lequel s'estoit mis au service du Roy, luy fit une charge sur la queuë, où il prit plusieurs prisonniers des siens, et entr'autres le cavalier Melsi, milanois, desquels il tira grosses rançons. Après beaucoup de travaux, ce cardinal arriva à Luxembourg le 29 janvier, où l'eslecteur de Cologne, accompagné de nombre de noblesse de l'evesché du Liege, et le susdit comte de Fuentes, le furent recevoir. Le jour d'auparavant son arrivée le duc de Pastrane, qui estoit venu de Bruxelles pour le saluër, mourut de maladie. De Luxembourg il s'achemina à Bruxelles, accompagné de la plus-part des grands des Pays-Bas, avec mille chevaux et nombre de gens de pied, où il arriva le 11 fevrier, et où il fut receu fort magnifiquement. Il entra par la porte de Louvain, où le magistrat luy presenta les clefs de la ville. Jusques à son palais il ne rencontra sur son chemin qu'arcs de triomphe, pyramides et theatres, embellis de plusieurs histoires, emblemes et devises en l'honneur de la maison d'Austriche et dudict archiduc; aussi chacun jettoit les yeux sur luy, esperant qu'il deust estre l'autheur de leur repos.

Deux jours après ceste entrée il fut receu gouverneur en l'assemblée generale des estats des Pays-Bas obeyssants au roy d'Espagne; puis il se prepara à la guerre, tant pour secourir La Fere que contre le prince Maurice. Il tenta du commencement de faire quelque paix avec les Holandois, et envoya au prince Maurice et aux estats assemblez à La Haye lettres par lesquelles il leur mandoit qu'il estoit venu aux Pays-Bas, par le commandement du roy d'Espagne, pour appaiser tous troubles, et mettre les Flamans en paix; que s'ils vouloient envoyer de leurs deputez en certain lieu, selon qu'ils adviseroient par ensemble, qu'il ne feroit faute d'y envoyer les siens pour la traicter. Le prince d'Orenge escrivit aussi à son frere le prince Maurice et ausdits Estats en pareille substance, s'offrant en cest affaire d'estre le mediateur. Les lettres de l'archiduc furent sans response. Le prince d'Orenge en receut pour congratulation de sa liberté. Mais ayant requis d'aller parler à son frere le prince Maurice, ou à sa sœur la comtesse de Hohenlo, le conseil desdits Estats ne trouva bon que l'on en vinst à ces pourparlers là, tellement que toutes ces lettres furent sans fruict.

Sur l'advis que ledit cardinal Albert eut que La Fere estoit pressée depuis quatre mois et avoit necessité de vivres, il donna charge à Georges Baste de se rendre avec nombre de cavalerie au Castelet, et de là tascher à faire entrer quelque secours de vivres dans La Fere, et sçavoir au vray l'estat des assiegez et des assiegeans. Baste estant arrivé au Castelet, il en partit le 13 mars, sur les quatre heures après midy, avec deux cents chevaux ayans chacun un sac de farine: il s'achemina avec tant d'heur qu'il entra dans La Fere sans empeschement. Ayant recogneu l'estat des assiegez, et voulant s'en retourner, il eut advis que le Roy estoit à Sainct Quentin avec huict cents chevaux; ce fut ce qui le fit à son retour aller passer par la forest de Bohain, d'où il gaigna le Cambresis sans trouver aucun destourbier, et alla donner au cardinal advis de son voyage.

Or M. de Mayenne, ayant pris congé du Roy à Monceaux, s'en alla à Soissons pour se preparer afin de se trouver au siege de La Fere où le Roy s'en alla. Nous avons dit que l'on y faisoit comme une chaussée avec laquelle on arrestoit le cours de la riviere d'Oyse, et que l'on esperoit, lors que l'on donneroit cours à l'eau, qu'elle pourroit noyer toute la ville à une toise de haut, et par ce moyen faire boire les assiegez tout leur saoul; mais cela ne reüssit selon l'opinion que l'on en avoit prise, car, en la plus basse ruë de la ville, lorz que l'on rompit la chaulsée, l'eau n'y fut pas plus de trois pieds de haut: cela ne laissa de donner beaucoup de fatigue aux assiegez, qui pour un temps furent contraints de se retirer aux premieres chambres des logis. La necessité des vivres commençant à leur venir, et le Roy ayant eu advis que les soldats n'y avoient plus qu'une livre de pain par jour et ne mangeoient plus que de la chair de cheval, il se resolut de les avoir par la famine, sans exposer les siens au peril evident de forcer ceste place, forte d'artifice et de nature [car elle est scituée en un marais, et environnée d'eaux de tous costez], dans laquelle il y avoit une très-forte garnison, esperant aussi que le cardinal d'Austriche, qui publioit par tout qu'il ne laisseroit perdre ceste place, viendroit pour la secourir, et qu'ils pourroient vuider leurs differens devant ceste ville au hazard d'une bataille. Sur le bruict que le cardinal estoit party de Bruxelles et venu à Valenciennes, où on faisoit estat qu'il avoit en son armée quinze mil hommes de pied et quatre mil chevaux, le Roy manda de tous costes ses forces: chacun se rendit près de luy; il se
lut de laisser ses trenchées garnies et alle
devant de son ennemy. Ce bruit que le car

vouloit secourir La Fere fut encor plus grand lors que l'on eut advis que le duc d'Arscot, qui menoit l'advant-garde, estoit venu loger ez environs du Castelet avec quatre mille hommes, tant de cheval que de pied. On ne parloit au camp des François que de bataille, et chacun s'y preparoit. Mais ce bruit ne dura gueres, car il vint peu après autre advis que Ambroise Landrian, avec la cavalerie legere, estoit aux environs de Montrueil sur la mer comme pour l'investir. On jugea lors que le cardinal ne vouloit qu'assieger quelque place pour faire destourner le siege de La Fere.

Un bruit avoit couru peu auparavant que l'Espagnol en vouloit à Calais; on en avoit adverty le sieur de Visdossein qui en estoit gouverneur, et qu'il devoit munir mieux sa place de soldats, et donner ordre à tout ce qui seroit necessaire en cas qu'il y eust entreprise contre luy; mais il n'en tint compte, à son grand dommage. Ce sieur de Visdossein avoit succedé en ce gouvernement après la mort du capitaine Gourdan son oncle, qui y avoit esté mis lors que les François reconquirent ceste place sur les Anglois l'an 1558.

Le sieur de la Motte, gouverneur de Gravelines, que nous avons dit avoir esté tué devant Dourlens, avoit par espions sceu le mauvais ordre que ledit sieur de Visdossein tenoit dans Calais, et avoit dez l'an passé resolu d'executer une entreprise sur ceste ville. Depuis sa mort, le sieur de Rosne, continuant ce mesme dessein par les intelligences qu'il eut avec quelques habitans, promit au cardinal de le rendre maistre de ceste place auparavant que le Roy y peust donner aucun secours. Le cardinal, jugeant de la facilité de l'execution par ce que l'on luy en representa, se fia de ceste entreprise au sieur Rosne, lequel, le cinquiesme d'avril, ayant pris trois cents chevaux et cinq mille hommes de pied, s'achemina diligemment, par le pays d'Artois qu'il traversa, vers Sainct Omer. Augustin Mexie, gouverneur de Cambray, le suivit avec dix-sept compagnies de gens de pied conduisant huict gros canons, puis le gros de l'armée menée par le cardinal. Rosne fit telle diligence qu'auparavant que l'on sceust à qui il en vouloit il entra dans le pays de Calesis et se rendit maistre du pont de Nieule, puis alla s'emparer du fort de Richebanc, proche le port de Calais [c'estoit jadis une superbe tour et forteresse bastie par les Anglois et desmolie quand les François la prirent, laquelle lesdits sieurs de Gordan et Visdossein n'avoient voulu faire redresser]. Rosne, y ayant trouvé peu de resistance, s'en rendit maistre et garnit incontinent ce fort de bonne artillerie affin d'empescher tout le secours qui pourroit venir par mer d'entrer au port. Le cardinal, ayant eu advis de la prise de Richeban, fit cheminer le reste de son armée devant Calais qu'il fit entourer de tous costez. Le Roy, qui estoit devant La Fere, ayant eu advis de ce que dessus, prit une partie de sa cavalerie et se rendit incontinent à Boulongne; mais, auparavant qu'il y fut arrivé, le cardinal, dez le 15 d'avril, fit forcer le faux-bourg appellé le Courguet, qui est le long du havre, et en chassa deux compagnies de Hollandois qui y estoient logées, lesquelles, après la perte d'un de leurs capitaines et de quelques soldats, se retirerent dans la ville.

Le sieur de Visdossein et les habitans s'en espouvanterent tellement qu'ils ne parloient entr'eux, sinon qu'il se falloit rendre à composition à l'Espagnol. En telles places frontieres on ne doit jamais mettre des gouverneurs qui ne soient bien experimentez au fait de siege de villes, et non pas y mettre des neveux ou des enfans en faveur de ceux qui y ont commandé autresfois, lesquels d'ordinaire sont sans experience, comme il est advenu en ceste place; car ledit sieur de Visdossein, au lieu de reprimer les premiers qui parlerent de se rendre à l'Espagnol, il ne songea qu'à se retirer dans le chasteau; et le cardinal ayant commencé à faire jouer son canon contre la ville le 17 dudit mois, les habitans demanderent à parlementer et avoir trefve de huit jours, puis de vingt-quatre heures, ce qu'il leur refusa, ayant esté adverty par ceux qui estoient practiquez dedans la ville de l'espouvante qui y estoit. En fin il leur accorda qu'en luy rendant la ville et l'artillerie qui y estoit, il leur donneroit le choix, ou de demeurer dans la ville avec leurs biens, ou de se retirer dans le chasteau; plus, qu'il y auroit six jours de trefves, pendant lesquels s'ils n'estoient secourus par le Roy, que le chasteau lui seroit livré. Suivant ces conditions les habitans donnerent entrée aux assiegeans; mais, comme ils n'estoient qu'un peuple et gens mal entendus en telle matiere et très-mal gouvernez, ils firent des effects de mesme; car, aussi tost que ces conditions furent accordées, ils se jetterent presque tous en confusion dedans le chasteau, abandonnans leurs maisons remplies de toutes commoditez, ce qui servit beaucoup à l'armée du cardinal qui trouva les logis bien garnis et où tout fut pillé. La trefve fut entretenuë par les assiegeans par ce qu'elle estoit à leur advantage, et eurent loisir de dresser leurs batteries contre le chasteau sans empeschement.

Le Roy, arrivé à Bologne, envoya le sieur de Campagnole, qui en estoit gouverneur, avec deux cents hommes pour se jetter dans le chasteau de Calais, ce qu'il executa sans empeschement, et r'assura le sieur de Visdossein, auquel il representa le mescontentement qu'auroit Sa Majesté de la reddition de ceste place. Visdossein recognut lors sa faute, et luy dit qu'il aymoit mieux mourir que de la rendre ; mais ceste resolution fut trop tardive, et ne luy servit de rien, tant pour ce que l'artillerie estoit mal montée et faute de canonniers, qu'aussi il n'avoit point de preparatifs necessaires pour deffendre une telle place. Le 24 dudit mois, dez la pointe du jour, le cardinal ayant furieusement faict battre le chasteau, les breches estans plus que raisonnables pour aller à l'assaut, il le fit donner environ sur le midy. Après que les assiegez l'eurent soustenu une heure durant, ils furent forcez et passez presque tous au fil de l'espée. Visdossein et huict cens, que soldats que bourgeois, y furent tuez les armes au poing. Campagnoles fut pris prisonnier et peu d'autres. Les François firent lors une grande perte, et les Espagnols un grand butin.

Après ceste prise le cardinal demeura quelque temps à Calais pour faire reparer les breches et y establir la garnison qu'il y avoit ordonnée, faisant venir aussi des navires de Dunkerque pour asseurer le port contre les Anglois et les Hollandois. Le Roy, de l'autre costé, ayant mis renfort d'hommes et de munitions dans Ardres, Montreuil et Bologne, s'en retourna au siege de La Fere, pensant que l'une de ces places seroit suffisante pour arrester un temps l'armée dudict cardinal; mais il en advint autrement; car, après qu'il eut assubjetty sous sa puissance quelques chasteaux vers Guines, il fit investir tout d'un coup Ardres. Le sieur du Bois d'Annebout en estoit gouverneur dez le temps du feu roy Henri III. Les sieurs de Belin, de Monluc et de Rambure; y estoient aussi entrez avec leurs troupes, tellement qu'il y avoit bien dans ceste petite place forte quinze cents hommes de guerre. Le cardinal fit d'abordée attaquer la basse ville, qui n'est qu'un tas de pauvres maisons et jardinages du costé de Guines, où les vaches souloient passer et traverser les fossez et remparts, laquelle il emporta après un long combat : plusieurs de part et d'autre y perdirent la vie. La Bourlotte y fut blessé et mené à Sainct Omer pour estre pensé. Le dix neufviesme jour, le sieur de Monluc fit une sortie sur les regiments de La Coquielle et de La Bourlotte, où d'abordée furent renversez morts ce qui se trouva au devant; mais le sieur de Monluc ayant esté tué, les François furent repoulsez dans la ville, et en ceste sortie il en mourut nombre de part et d'autre.

Le cardinal ayant faict [illegible] vant la ville et commencé à [illegible] lin qu'on appelle le Festin [[illegible] d'un festin qui s'y est faict jadis [illegible] deurs d'un empereur, d'un roy de [illegible] roy d'Angleterre], le gouverneur [illegible] parlementer sans qu'il y eust aucune [illegible] que la muraille ny les parapets et les [illegible] fussent rompus. Plusieurs historiens, [illegible] de ce siege et parlant de la reddition de [illegible] place, s'en estonnent, et disent que [illegible] peut conjecturer la cause, sinon que la femme du gouverneur, laquelle estoit fort avaricieuse, et quelques habitans, l'induisirent, luy qui estoit estimé brave et sage chevalier, à demander à parlementer et à se rendre de crainte qu'estant forcé, comme avoit esté le chasteau de Calais, d'y tout perdre; et qu'estant le plus fort avec les habitans, qu'il avoit contraint ceux que le Roy y avoit envoyés de renfort d'obeyr à la composition qu'il fit avec le cardinal; tellement que le 23 may, jour de l'Ascension, sur les huict heures du matin, les François qui estoient dans Ardres sortirent au nombre de douze cens, le tambour battant, avec leurs armes et [illegible] estans conduits en seureté jusques à [illegible] butin. Les habitans, par la capitulation, [illegible] voient demeurer dans ceste ville avec la [illegible] sance de tous leurs biens en faisant [illegible] fidelité au roy d'Espagne. Voylà comme [illegible] tomba sous la puissance de l'Espagnol.

Pendant ce siege le Roy estoit devant [illegible] Fere. Le 16 de ce mesme mois, le [illegible] Montelimart et don Alvarez Ozorio, ayans enduré dedans toutes les fatigues qu'il est possible de penser, demanderent à parlementer. La composition leur fut accordée qu'ils rendroient [illegible] ville au Roy s'ils n'estoient secourus dans [illegible] jours par une armée qui fist lever le siege à Sa Majesté, et en sortiroient enseignes desployées, tambours battans, avec leurs armes et [illegible] emmenans l'un des canons qui y avoit [illegible] par le duc de Parme, lequel estoit marqué aux armoiries de l'empereur Charles [illegible], et qu'il seroit libre aux habitans de s'en aller avec les soldats, ou de demeurer dans la ville en faisant serment de fidelité au Roy.

Jacques Carleguo, espagnol, estant envoyé par les assiegez vers l'archiduc, qui estoit lors devant Ardres, luy porter ceste capitulation, ayant eu pour responce qu'il ne pouvoit les secourir, le 22 may les Espagnols sortirent de La Fere, et furent conduits seurement jusques au Cambresis ; et, par ceste reddition, le Roy n'eut plus d'ennemis en Picardie qu'au delà de la riviere de Somme.

Le cardinal ayant pris Ardres, et voyant le Roy libre du siege de La Fere, ce qui l'empescheroit de plus faire de sieges, mit de bonnes garnisons aux deux places qu'il avoit nouvellement conquises, et s'en retourna avec le gros de son armée en Flandres, et de là en Brabant, après avoir faict ruyner tout le plat pays de Boulenois et emmené tout le bestail.

Le Roy, d'autre costé, ne voulant infatigablement employer son armée en sieges, envoya plusieurs troupes se refraischir en diverses provinces, et manda au mareschal de Biron, qui estoit en Bourgongne, de le venir trouver, lequel du depuis il envoya en Artois y faire le degast ainsi que les Espagnols avoient fait au Boulenois : de ce qu'il y fit nous en traiterons cy-après; mais que nous ayons dit ce qui se passa au siege de Hulst.

L'armée du cardinal d'Austriche ayant costoyé les costes maritimes de Flandres, on pensoit qu'elle en voulust à Ostende; ce fut pourquoy le prince Maurice y envoya quinze compagnies d'infanterie : mais depuis, ceste armée estant separée en deux; une partie estant allée en Brabant, on jugea que le cardinal avoit un autre dessein.

Autre bruit ayant couru que l'on en vouloit à Hulst qui est dans le pays de Vaës, où mesmes quelques troupes espagnoles y estoient entrées, le prince Maurice y accourut pour mettre ordre par tout; mais aussitost il eut advis que le sieur de Rosne, mareschal de l'armée du cardinal, avec cinq mille hommes, estoit passé au travers de la ville d'Anvers comme voulant tirer vers Berghe sur Zoom ou vers Breda, ce qui fit que ledit prince sortit de Hulst et s'en alla à Berghe. Ce fut une ruze de guerre dont usa de Rosne; car, aussi-tost qu'il eut receu advis que le prince estoit à Berghe, il rebroussa chemin, repassa à Anvers, et s'en alla au pays de Vaës. Ayant commandé au colonel La Borlotte d'entrer au territoire de Hulst, ce colonel, ayant choisy la fleur des soldats de son regiment, passa un canal avec quelques chaloupes à la faveur du fort de La Fleur et de celuy de la grande Rape tenus par les Espagnols, et entra audit territoire nonobstant tout ce que peurent faire les navires des Estats et ceux qui estoient dans le fort de la petite Rape et dans un grand fort nommé le Moervaert, depuis lequel fort jusques à Hulst y avoit une grande tranchée bien garnie de gens de guerre du prince.

George Everard, comte de Solms, commandoit dans ceste place avec trois mille hommes de guerre sous quatre colonels; le prince Maurice, y estant retourné de Berghe, la luy recommanda, puis se retira au fort de Santbergh, d'où il luy envoyoit tout ce qui luy estoit besoin, à mesure qu'il le recevoit par mer. De Rosne ayant faict entrer file à file un très-grand nombre d'Espagnols, ceux de la ville firent une sortie et les allerent attaquer; mais ils furent contraints de rentrer dans la ville; et les Espagnols, estans renforcez à toute heure de gens, prirent, à la veuë des Hollandois, le fort de la petite Rape, et taillerent en pieces trente soldats qui estoient dedans.

Du depuis il se fit de belles escarmouches et sorties entre les Espagnols et ceux qui estoient dans Hulst, dans les forts de Moervaert et de Nassau, et dans la susdite tranchée, où il se perdit de bons capitaines et soldats de part et d'autre. Cependant l'armée espagnole s'augmentoit; de Rosne faisoit passer l'artillerie, ores une piece, tantost une autre; la cavalerie espagnole passoit peu à peu sur des chaloupes, car, en ce commencement de siege, ils ne purent dresser un pont de barquès comme ils firent depuis qu'ils eurent gaigné le Moervaert. Aussi-tost qu'il y eut neuf pieces de canon passées, on en bracqua trois qui donnoient en flanc à ceux de la tranchée, trois qui battoient le Moervaert, et trois qui importunoient et donnoient sur les navires de guerre des Estats.

Le dix-huitiesme de juillet vindrent de Berghe sur le Soom, quatre compagnies de cavalerie des Estats, qui entrerent par l'endroit qu'on appelle Campen, dans le territoire de Hulst, où d'abordée ils desfirent quelques trois cents Espagnols qu'ils surprindrent au plat pays faisans la picorée; puis, ayans bruslé trois moulins pour incommoder le camp du cardinal, ils s'en retournerent.

Les Espagnols, pour se revenger de ceste perte, environ les dix heures de la nuit suivante, donnerent à la contrescarpe de ceste grande tranchée qui estoit entre le Moervaert et la ville, et firent tant, avec forces redoublées, que finalement ils s'en firent maistres, encore que ce ne fust sans grande perte.

Non contents de cela, environ les trois heures avant le jour, de Rosne fit advancer autres nouvelles forces qui donnerent un assaut si furieux à la tranchée, que ceux qui estoient dedans, estonnez de la perte toute fresche de leur contrescarpe, prindrent telle espouvante qu'ils se mirent d'eux mesmes en deroute, prenans la fuitte, qui vers le Moervaert, qui au dessous de la ville.

Rosne, ayant separé par ce moyen le Moervaert de la ville, continua sa batterie de neuf pieces sur ledit fort de Moervaert, taschant y faire bresche, et par ceste trenchée gaignée l'assaillir. De fait, comme il trouva la bresche assez suffisante et que le cœur des soldats du prince commençoit à s'affoiblir, il fit sommer ce fort où commandoit le capitaine Beuvry, lequel ne sceut jamais persuader les gens de guerre de soustenir l'assaut, aucuns esteignans leurs mesches et jettans les armes, tellement que force luy fut de rendre la place par composition, de sortir avec armes et bagages; ce qu'ils firent le 19 dudit mois, se retirans au fort de Spitsenburch pour de là les faire embarquer. Ainsi les Espagnols se rendirent maistres, par la prise de ce fort de Moervaert, de tout le pays de Hulst, et commencerent à approcher de la ville; puis, d'une motte de moulin où furent plantez trois canons, on tira à coups perdus en ruine au travers des rues et maisons, tellement que les assiegez n'estoient nulle part asseurez qu'au pied du rempart et dedans les caves.

Le comte de Solms, ayant receu une barquebuzade en la jambe, ne pouvant aller ne venir pour prendre garde à tout comme il avoit fait auparavant, le colonel Piron fut commis superintendant des autres quatre colonels, et commença à faire faire trois mines par lesquelles les assiegez pouvoient, quand bon leur sembloit, sortir à l'escarmouche; mais six jours après il fut aussi blessé d'une harquebuzade en la jouë au dessous de l'œil, et contraint de sortir hors de la ville pour se faire penser.

Cependant les assiegez firent plusieurs sorties, nonobstant lesquelles les Espagnols ne laisserent de boucher le vieil havre, pensans empescher les navires d'entrer dans la ville, ce qu'ils ne purent faire. Ils s'approcherent tellement de Hulst, que le premier jour d'aoust ils s'advancerent à se fortifier jusques au devant de la porte des Beguines, dedans le fossé du boulevard, et planterent leur artillerie, qui battoit tantost le rempart, tantost les maisons et autres bastimens de la ville en ruine, n'en estant plus esloigné que du trait de la harquebuze.

Mais le sieur de Rosne, qui avoit en ce commencement de siege acquis la loüange d'un chef de guerre très-experimenté, fut tué d'un coup de canon. Les historiens espagnols, parlans de la prise de Hulst, luy portent cest honneur et disent de luy : *Verum laudis hujus fructus Ronæo.* Il y en a qui ont faict un parallele de luy et d'un Godefroy de Harcourt (1) qui fut banny hors de France du regne du roy Philippes de Valois, lequel s'en alla vers le roy Edoüard d'Angleterre, qui avoit assemblé une grande armée d'Anglois pour aller en Guyenne, et luy conseilla de prendre terre en Normandie; ce que ce roy creut, et prit terre au pays de Constantin, et fit ledict Godefroy, qui estoit frere du comte de Harcourt et avoit de belles terres en ce pays là, l'un des mareschaux de son armée et conducteur. Sçachant les advenuës du pays, il mena ce jeune roy anglois, qui ne desiroit fors à trouver les armes, à Cherebourg, à Sainct Lo et à Caen, où les Anglois firent de grands meurtres et beaucoup de maux, ruynans par tout où ils passoient, puis amena l'armée angloise passer la Seine auprès de Paris, et la fit tourner vers la Picardie, là où se donna la bataille de Crecy en Ponthieu que les François perdirent; puis ledict roy d'Angleterre assiegea et prit Calais l'an 1346, que ses successeurs ont tenu près de deux cents douze ans, ceste place leur servant de porte pour entrer en France quand ils vouloient.

Ce Godefroy de Harcourt fut tellement ennemy de sa patrie, qu'il des-herita son neveu, vendit ses terres au roy d'Angleterre, et puis vint faire la guerre en Normandie, où en une rencontre luy et les siens furent tous tuez. Voylà ce que rapporte Froissard de ce Godefroy de Harcourt. Et les historiens de ce temps disent dudit sieur de Rosne que les exploits militaires faicts par les Espagnols en ces deux dernieres années, où ils ont acquis tant de gloire, sont procedez de son conseil et de son execution; que depuis la mort du duc de Parme leurs armées n'avoient fait aucun exploit de merite, jusques à ce que ledit sieur de Rosne fust fait mareschal de l'armée espagnole, ce qu'il accepta pour ce qu'il se vit mesprisé en la cour de France; luy, qui avoit esté comme en apprentissage d'armes sous le feu duc de Guyse, qui avoit conduit ses troupes, esté son lieutenant, et depuis fait mareschal de France par le duc de Mayenne, tourna toute sa haine contre les François, et son ame devint toute espagnole; et bien que l'on attribuë l'honneur de tous les exploicts faits aux armées au comte de Fuentes et au cardinal d'Austriche, comme en ayant esté generaux, si disent-ils tous : De Rosne, mareschal de l'armée, dressa la bataille devant Dourlens, ordonna des assaults; sans son conseil on levoit le siege de Cambray;

(1) Ce seigneur étoit d'une des plus grandes familles de Normandie. Philippe de Valois, instruit qu'il entretenoit des correspondances avec le roi d'Angleterre Édouard III, ordonna, en 1345, de l'arrêter. Il s'échappa, et se rendit près d'Édouard, qui le fit maréchal général de son armée. Il lui rendit les plus grands services, et fit éprouver à la France d'horribles désastres. Ce fut lui qui, après la bataille de Crécy, reconnut le corps de son frère demeuré fidèle à Philippe de Valois : spectacle qui lui inspira des remords momentanés. De Belloy, dans sa tragédie du *Siege de Calais*, a tiré parti de cette [illegible]tion.

Calais, où le roy d'Angleterre fut si longtemps devant, fut pris par son conseil et son execution en quatorze jours; toutes les frontieres de Picardie ruynées; il entra dans le territoire de Hulst à la barbe du prince Maurice et de ses gens qui s'estiment les meilleurs guerriers du monde en leur pays, prit le fort de Moervaert, et concluent tous, *Quæ res, ut Ronæo, cujus hæc potissimum consilio gesta esse diximus, magnam ei attulit laudem* (1). Aussi il ne s'est point veu que les nations estrangeres ayent remporté de la victoire sur les François, si ce n'a esté par le moyen que leur ont donné des François mesmes qui, chassez et comme bannis de la France, ont aydé à vouloir ruyner leur propre patrie. Les hommes de service doivent estre entretenus et appointez. Froissard dit que la haine du roy Philippes contre Godefroy de Harcourt cousta grandement au royaume de France, et que les traces en parurent cent ans après. Retournons au siege de Hulst.

Le second jour d'aoust les Espagnols, ayant continué leur batterie toute la journée avec quatorze pieces, environ les six heures du soir donnerent un assaut fort furieux à la pointe du ravelin, qu'ils emporterent avec grande perte; mais, y estans entrés, les assiegez firent sauter la pointe par une mine qui en fit voler plusieurs en l'air, et aucuns furent enterrez dans les ruines. Environ les dix heures ils donnerent aussi l'assaut au ravelin de la porte des Beguines, où il fut soustenu non sans perte des assaillans.

En moins de vingt-quatre heures on donna quatre furieux assaults à ce petit ravelin de la porte des Beguines; mais à chacun les assiegeans furent valeureusement repoulsez par les assiegez.

En ces assaults on tient que les Espagnols perdirent plus de huict cents hommes. Les assiegez firent embarquer et envoyerent leurs blessez en Zelande à Mildelbourg, La Vere, Flessinghe et Arnemuyde. D'autre costé les hospitaux d'Anvers, de Gand, de Malines et autres, estoient plains d'Espagnols, Walons et Allemans.

Ce fut l'endroict où il fut plus combatu qu'à ce ravelin de la porte Beguine, que les Espagnols gagnerent plusieurs fois, et dont ils furent repoulsez. Les assiegez se deffendoient valeureusement, usans de sorties souvent, et de mines sous ce ravelin, par le moyen desquelles ils faisoient sauter en l'air les Espagnols. Or, ce ravelin ayant esté gaigné, n'y ayant autour de la ville nul autre flanc, il fut aisé à l'Espagnol, ayant long temps batu en toute furie avec environ trente pieces de canon, et fait bresche de plus de quarante toises de mesure, de se venir planter dedans le rempart, et de se loger picque à picque contre les assiegez qui n'avoient plus autre deffense que le feu et les pierres, auquel estat ils se maintindrent un long temps. Ce nonobstant, l'Espagnol n'eust encore rien advancé s'il ne fust venu à la sape et à la mine, laquelle il advança si avant que trois jours après le feu s'y devoit mettre, pour la nuict suivante en faire l'effect à son advantage. Quoy voyans les capitaines, nonobstant leur resolution du jour precedent d'y vivre et mourir, comme ils avoient promis au comte de Solms, trouverent bon d'entrer en communication avec l'Espagnol, veu qu'appertement il n'y avoit moyen de resister long temps avec honneur à ses forces, qui estoient près de vingt mille hommes, et qui en divers endroicts avoit moyen de les forcer par assaut, n'estans plus les assiegez que quinze cens hommes combattans, ou bien, après que les mines auroient faict leur operation, d'entrer à la foule; veu aussi qu'outre la perte de la ville la gendarmerie s'y perdroit. Le comte, ayant consideré et bien pensé tous les inconveniens, donna lieu aux remonstrances des capitaines, et consentit de parlementer le 16 du mois. L'Espagnol, ne cognoissant quel estoit l'estat des assiegez, ny leur extreme necessité, fut très-ayse de les entendre; et le 18 fut l'accord arresté entre le cardinal et le comte de Solms en la maniere qui s'ensuit.

Ayant les comte de Solms avec les colonels, capitaines, officiers et soldats estans en la ville de Hulst, hier envoyé pour entrer en communication, et, moyennant raisonnables conditions, rendre la ville au Roy, Son Altesse, très-encliné à favoriser ceux qui ès actions des armes font leur devoir, accorde et promet, en parole de prince, audit comte de Solms, et generalement à toutes autres personnes, de quelle qualité, nation ou condition qu'ils soient, se trouvans presentement en ladite ville, sans nuls exempter, les poincts et articles qui s'ensuivent.

I. Le comte de Solms, ensemble toute ladite gendarmerie, pourront s'en aller librement et franchement, par eau ou par terre, la part que bon leur semblera, avec drapeaux volans, tambours batans, mesches allumées, bales en bouche, armes, hardes, bagages, chevaux, chariots, harnacheures, basteaux, chaloupes, et generalement tout ce qui leur appartient; et, voulans aller par terre tous ou partie, seront conduits en toute seureté; et, si à cest effect il ont besoing de quelques chariots, on leur en donnera, fournissant de seureté pour le retour d'iceux.

(1) Cet exploit, qui, comme nous l'avons dit, fut dû aux conseils de Rosne, lui acquit une grande gloire.

II. Moyennant quoy ledit comte de Solms sera tenu de rendre la ville au Roy avec le fort de Nassau, et sortir de ladite ville et fort aussi soudain que les basteaux seront arrivez, promettant ledit comte, sur sa foy, de les faire venir tout le plus tost et en la plus grande diligence que faire se pourra ; et dès maintenant fera loger sur la bresche les gens du marquis de Trevic, ausquels sera donné ordre de ne faire aucun dommage ny de passer plus avant durant leur sejour. Et, pour l'asseurance de ce sejour, seront donnez audit comte pour ostage ledit marquis de Trevic et le comte de Sores.

III. Tous prisonniers pris durant ce siege, tant d'un costé que d'autre, de quelle qualité qu'ils soient, n'ayans fait de leur rançon ; seront tous mis en liberté en payant leurs despens tant seulement.

IV. Tous bourgeois et habitans, sans nuls excepter, pourront aussi librement et franchement sortir leurs meubles et biens par eau ou par terre et auront terme d'un an pour vendre, aliener, et transporter leursdits meubles et immeubles, et, ledit terme passé, en pourront jouyr, les faisant administrer par quelque receveur, moyennant qu'ils tiennent leur demeure ou domicile en lieux ou villes neutrales. Et ceux qui voudront demeurer le pourront faire paisiblement, sans estre recherchez ou inquietez, et pourront jouyr de tous leurs biens, estans en la ville et dehors, en tous lieux de l'obeyssance de Sa Majesté, avec remission, abolition, et oubliance perpetuelle de tout ce que jusques à maintenant peut estre advenu, sans qu'il leur convienne avoir autre enseignement que ce present traitté, pourveu qu'ils se conduisent et vivent comme bons subjects de Sa Majesté doivent faire : si seront maintenus en leurs anciens privileges et franchises accoustumées. Et au regard des bourgeois et censiers qui se sont retirez durant ce siege, pourront librement retourner avec leurs femmes, enfans, biens, et jouyr entierement du contenu de ce present traicté. Ainsi fait le 18 d'aoust 1596.

Signé Albert, George Everard,
comte de SOLMS.

Ce traité fut effectué en tous ses poincts. On avoit fait audit sieur cardinal la prise de ceste ville plus aisée qu'il ne la trouva, pensant bien l'emporter aussi tost que Calais et Ardres : mais il y rencontra meilleur ordre qu'en ces deux villes là ; aussi luy cousta-elle durant ce siege, d'environ deux mois, outre la grande despense et environ soixante capitaines, sans les chefs, colonels et gens de marque, plus de cinq mille hommes de guerre. Les assiegez y en perdirent bien quinze cens.

Après que Hulst fut ainsi rendu au cardinal d'Austriche, il separa son armée, et l'envoya refraischir en diverses provinces : le comte de Varax commandoit à une partie des troupes qui demeurerent en Brabant, et le duc d'Ascot à celles qui furent envoyées en Artois contre le mareschal de Biron qui y estoit entré en armes, tellement que ledit cardinal n'entreprit rien le reste de ceste année.

Le jour Sainct Jacques et Sainct Christofle, Alexandre, cardinal de Florence, et legat de Sa Saincteté et du Sainct Siege, fit son entrée à Paris. Il avoit sejourné en la belle maison de Chantelou prez Montlhery, là où beaucoup de prelats françois le furent trouver ; et, s'acheminant vers Paris, messieurs le prince de Condé et duc de Montpensier luy furent au devant, et l'accompagnerent jusques à Sainct Jacques du Hault-Pas, où l'aprèsdinée le clergé et tous les magistrats de la ville avec l'Université furent pour l'accompagner, suivant ce que l'on a accoustumé faire, jusques à Nostre Dame. Il estoit sous un poile de damas rouge porté par des bourgeois ; lesdits sieurs prince et duc le suivoient, puis nombre d'archevesques et evesques vestus de violet, messieurs du parlement et des cours souveraines. Ce legat fut receu avec beaucoup de contentement par tous les François : aussi a il esté l'ange de la paix entre la France et l'Espagne. Il estoit de la maison de Medicis, et a esté depuis Pape nommé Leon XI.

La peste fut fort grande ceste esté à Paris, où plusieurs milliers de personnes en moururent, ce qui fut cause que le Roy y fit fort peu de sejour. Il convoqua une assemblée en forme d'estats, des plus grands et plus capables des trois ordres de son royaume, en la ville de Roüen que l'on appella l'assemblée des notables, et ce affin de pourvoir aux moyens de faire la guerre contre le roy d'Espagne, et donner ordre aux desordres qui s'estoient engendrez durant les troubles. Il envoya aussi le mareschal de Boüillon en Angleterre et en Hollande pour traicter d'une confederation entr'eux et luy pour faire la guerre à l'Espagnol. De ce qu'il fit nous le dirons cy après.

Cependant les garnisons espagnoles et françoises s'entrefaisoient la guerre sur les frontieres de Picardie, Artois, Haynault, et Tierasche. Le mareschal de Balagny, qui tenoit d'ordinaire sa garnison en la comté de Marle, allant à la guerre vers le pays de Haynault, accompagné des sieurs de Montigny, de Gié, marquis Boisy, comte de Charlus, Villiers-Houdan, et quelques harquebuziers à cheval et carrabins qu'il avoit tiré de l'armée du Roy qui estoit sur ces marches là, comme il fut près de Marly, rencontra environ soixante chevaux espagnols, lesquels lesdits sieurs de Montigny, de Gié, de Villiers-Houdan, qui se trouverent à la teste, chargerent si heureusement jusques à La Cappelle, qu'il ne s'en sauva que dix ou douze qui se jetterent dedans après avoir abandonné leurs armes et chevaux.

Au mesme temps le sieur de Mont-martin, mareschal de camp, suivi du baron de Canillac, de Beauverger et du jeune Lignerac, et d'environ quarante carrabins conduits par le capitaine La Croix qui s'estoit avancé avec les mareschaux des logis, eut advis, arrivant audict Marly sur les six heures du soir, que les Espagnols parroissoient sur une montagne proche de là, et à l'instant alla droit à eux, et, ayant recognu qu'ils estoient environ deux cents lances et cent carrabins des compagnies du duc d'Ascot, du marquis d'Avrec, du comte de Sores et du comte de Bossu, toutes des ordonnances du roy d'Espagne et de celles des capitaines Simon Anthoine et de Chaalons, lesquelles toutes en un gros faisoient ferme attendant qu'il vinst à eux, il fit alte, et, feignant de se vouloir retirer, il les attira si dextrement qu'ils luy vindrent en queuë, et avoient aucunement engagez les carrabins françois ; mais ledit sieur comte de Charlus survint à toute bride avec quinze de ses gens d'armes seulement, car les autres n'avoient eu moyen de le suivre à cause du mauvais et marescageux chemin et des guais qu'il falloit passer ; survint aussi ledit sieur mareschal de Balagny, par le commandement duquel le comte de Charlus, estant allé secourir les carrabins, leur fit tourner visage et mettre pied à terre à une partie, puis, prenant à flanc les Espagnols, donna dans le gros qu'il perça jusques au milieu d'eux, bien suivy et secondé des siens, dont il y eust de blessez le baron de Pierrefite d'un coup d'escopete au visage, et autres d'eux qui firent fort bien. Le sieur de Mont-martin et son fils, encores qu'ils n'eussent que le pourpoinct, se meslerent et chargerent avec le mareschal de Balagny tellement les Espagnols, que, par la bonne conduitte dudit mareschal, ils furent mis à vau de routte. Les mieux montez se sauverent dans La Cappelle : il en demeura de morts sur la place jusques au nombre de soixante à quatre-vingts, et de prisonniers six vingts. Ils prirent force eschelles et petards que les Espagnols faisoient porter pour executer une entreprise sur Marlay.

Sur la fin du mois d'aoust le mareschal de Biron, que le Roy avoit envoyé sur les frontieres de Picardie pour r'assembler l'armée qui en diverses troupes tenoit les champs, ayant passé la riviere de Somme avec cinq cornettes de cavalerie et quelque infanterie, entra dans l'Artois le premier jour de septembre. S'estant emparé du chasteau d'Imbercourt, il contraignit plusieurs bonnes bourgades de se racheter par grandes sommes de deniers. Le marquis de Varambon, gouverneur d'Artois, ayant eu advis qu'il tenoit les champs, amassa incontinent les garnisons voisines, et, se trouvant avoir de cinq à six cens chevaux, s'achemina à l'encontre du mareschal, duquel il esperoit avoir bon marché, car il avoit plus de cavalerie beaucoup que luy : estans venus aux mains, le mareschal luy fit une si rude charge, qu'ayant avec les siens tué une partie des troupes du marquis et mis le reste à vau de routte, il le prit son prisonnier et l'envoya à Paris, dont il tira depuis quarante mil escus pour sa rançon.

Ceste deffaite donna une terrible alarme par tout le pays d'Artois, car les François coururent toute la comté de Sainct Paul, la ville fut pillée, et quelques autres places ; le plat pays ne fut pas mieux traicté que le cardinal d'Austriche avoit traicté celuy de Boulenois : drapperie, bestail, et tout ce qu'on y trouva fut pillé. Les paysans, qui vouloient tenir bon dans les tours et clochers de leurs eglises, furent rudement traictez. Ceste course dura huict jours. Le cardinal d'Austriche, adverty de la prise de Varambon, envoya les ducs d'Ascot et d'Aumalle, qui conduisoient une partie de l'armée, vers Artois après la prise de Hulst, à ce qu'ils s'y acheminassent en diligence. Le mareschal, adverty de leur venuë, voulant, auparavant que de leur presenter le combat, faire descharger les siens de leur butin, les ramena vers la riviere de Somme.

S'estans deschargez, les nouvelles de cest exploict, parvenuës à plusieurs troupes qui tenoient encor les champs et reculoient de se joindre audit sieur mareschal, fut la cause que de jour en jour plusieurs compagnies se joignirent à luy, et sur tout sçachant que l'on ne les laisseroit gueres sans remuer les mains, qui est ce que les soldats ayment le plus et qui sert le plus à les tenir en vigueur et contenir en discipline : de sorte qu'en moins de dix jours il se vit assez fort pour retourner sur ses brisées et rentrer encor dans le pays d'Artois. Il fut assisté de messieurs le comte de Sainct Pol, de Sainct Luc, de Chazeron, du vicomte de Chamois, du marquis de Fortuna, et plusieurs autres seigneurs et gentils-hommes, outre ceux qui estoient au premier voyage. Tous ensemble s'advancerent vers Dourlan, et finablement se resolurent de mener ceste petite armée vers Arras; mais, auparavant que s'y acheminer, le mercredi, 25 du mesme mois de septembre, estans logez à Bussoy, près d'Arras, ledit sieur mareschal, accompagné des principaux capitaines, alla le merceredy, 25 de septembre, du costé d'Arras pour recognoistre le chemin par où il feroit passer l'armée; ce qu'ayant fait et s'en retournant, il eut advis que les Espagnols paroissoient près du quartier du sieur de Sainct Luc, et que leurs carrabins estoient à l'escarmouche; ledit sieur mareschal ordonna au sieur de Sainct Luc, qui estoit près de luy, de s'en aller en son quartier et monter à cheval pour suivre les ennemis, et luy donner advis du chemin de leur retraitte. Cependant luy et M. le comte de Sainct Paul s'en allerent au quartier où estoit logé la compagnie du Roy et autres compagnies de cavalerie, lesquelles il fit incontinent monter à cheval, et s'achemina sur le pays d'entre Arras et Bapaume. Ayant marché un quart de lieuë, le sieur de Sainct Luc luy manda que les ennemis estoient retirez à Bapaume [aussi en avoient-ils fait le semblant]; mais ainsi que ledit sieur mareschal s'en vouloit retourner [car ny luy ny M. le comte de Sainct Paul n'avoient point d'armes], il vint à luy quatre harquebusiers à cheval qui luy vindrent dire que les Espagnols qui avoient esté au quartier dudit sieur de Sainct Luc avoient assiegé trois cents soldats françois dans une eglise, et qu'ils y avoient desjà mis le feu; ce qu'ayant entendu il se resolut de s'y en aller au trot avec M. le comte de Sainct Paul; et, estans à mil pas du village, ledict sieur mareschal les vid qu'ils commençoient à faire leur retraicte du costé d'Arras: c'estoient les compagnies de chevaux legers de Contrario, des deux Corradins, de don Francisque, de don Philippes, de don Diego d'Acugna, de don Gabriel Rodriguez et du baron d'Auchi. Incontinent ledit sieur mareschal commanda aux carrabins du Roy, à ses harquebusiers à cheval, à quinze harquebusiers de la compagnie du marquis de Fortuna, de s'advancer et d'engager ces troupes au combat, ayant ordonné au sieur de Fournier de les soustenir, et au sieur de Chazeron après ledit sieur Fournier. M. le comte de Sainct Pol, qui estoit à la teste de la compagnie du Roy, tenoit la main droicte, le sieur de Sipierre avec le vicomte de Chamois la gauche; et ledit sieur mareschal au milieu avec sa compagnie pour les soustenir; la compagnie de M. le connestable et celle du vidame de Chartres venoient après. Lesdits harquebusiers à cheval firent telle diligence qu'ils aborderent les Espagnols, et les engagerent de façon qu'ils donne-

rent temps au sieur Fournier d'y an
les charger, comme il fit, et si rude
prindrent la fuite une lieuë durant et
ce qu'ils eurent joinct les compagnie
nance du comte de Roux et du comte
avec trente chevaux de la compagni
d'Ascot qui les attendoient en un val
en embuscade: les Espagnols fuyans,
que deux compagnies de François les p
reprindrent courage et voulurent reve
bat; mais les sieurs Fournier et de
avec les arquebusiers à cheval, se voy
tenus de près par ledit sieur maresch
nuerent d'aller à eux, et les mirent
fuitte, les poursuivant une bonne lieu
tuant ou prenant des prisonniers, ju
veue de leur camp qui estoit auprès d'
lesdits sieurs Fournier et de Chazer
ferme; et, après y avoir demeuré quel
pour donner haleine à leurs chevaux
mencerent à faire leur retraicte; ce q
les Espagnols, ils les voulurent suivre
tre cavalerie fresche; mais ledit sieur
s'estant advancé, ils ne passerent out
combat fut tué don Gabriel Rodriguez
coup d'autres: de prisonniers cent,
hommes et trois cent chevaux, d'autant
coup mirent pied à terre pour se sauve
bois. Conradin le pere fut pris, mais il

Ledit sieur mareschal ayant eu adv
ducs d'Ascot et d'Aumale avoient dit
auroient la raison, dès le lendemain il le
une embuscade de cinq cens chevaux
mille hommes de pied, et monta à che
voyant à mesme temps le sieur de S
dans leur camp pour leur donner l'alarm
il les trouva retranchez dans les faui
d'Arras, sans apparence aucune de les
attirer au combat. Les François, voy
personne ne leur resistoit à la campagne,
le feu par tout, enlevent plus de butin
ravant, pillent aux environs de Bapaum
buterne, Beavilliers et Courcelles,
course vers Bethune et Therouenne, d'o
menerent force prisonniers et du bestail
retirerent et camperent en la plaine
court.

Le duc d'Arscot, renforcé de quelq
tons du regiment du colonel La Berlott
d'Arras le cinquiesme jour d'octobre av
mille hommes, tant de pied que de chev
vint camper à Sainct Pol; mais le mare
Biron, l'y laissant camper à son ayse,
jours après avec sa cavalerie dedans l'A
suivy de son infanterie, s'arresta à l'ab
mont Sainct Eloy. Le treiziesme jour

seaux de front, et aussi que le reflus estoit lors, et ne purent si bien faire que le Daufin, navire hollandois, n'y demeurast par l'embrasement des pots à feu. Les Espagnols, qui se voyoient trop foibles pour resister de force aux Anglois, brusleront à l'advenuë du port quelques navires, leur laissant en proye, pour les amuser et ruyner, le navire Philippe ainsi nommé du nom du roy d'Espagne, dans lequel ils dresserent une fougade, laquelle, s'allumant par une longue traynée, fit un si horrible eschet, que tout le port sembloit estre en feu et tonnerre esclattant de furie; mais les Anglois en eurent plus de pœur que de dommage, et ne laisserent d'enlever deux navires espagnols entiers de l'emboucheure. En mesme temps le comte d'Essex, seul general pour la terre, fit attaquer la ville de Calis, où estoit entré dedans cinq cents chevaux et six cents hommes de pied du pays circonvoisin pour la deffendre contre les Anglois. Le sieur Loys de Nassau, en une sortie qu'ils firent, leur ayant faict, par le commandement du comte, une rude charge, les mit en routte, et les poursuivit si chaudement que les Anglois entrerent dans la ville pesle-mesle avec les Espagnols, et tuërent tout ce qui se trouva en resistance, et la pillerent. La garnison et plusieurs des habitans s'estans retirez au chasteau, ayans veu que les Anglois avoient aussi pris le pont qui joint ceste isle de Calis à la grand terre, d'où ils eussent peu estre secourus, se voyans sans esperance, se rendirent à condition de payer en certains termes six vingts mille ducats, dont ils bailleroient ostages qui seroient emmenez en Angleterre. Les marchands composerent aussi pour leurs marchandises qui estoient dans les navires, à la somme de deux millions d'escus; mais il vint mandement du duc de Medina Sidonia, lieutenant general pour le roy d'Espagne en ce pays là, de brusler tous les vaisseaux, ce qui fut incontinent executé: trente deux navires chargées de riches marchandises et d'un prix inestimable furent toutes bruslées, sans que les Anglois y pussent remedier, ny les marchands espagnols les garantir.

Les Anglois furent faschez de n'avoir encor eu ce riche butin, et tindrent divers conseils s'ils devoient brusler Calis ou y laisser garnison; mais, ayans resolu de l'abandonner, le quinzieme juillet, après le signal donné qu'un chacun eust avec son butin à se retirer aux navires, estans embarquez, ils se remirent en mer et retournerent droit en Angleterre descharger leur proye, où ils arriverent environ la my-aoust, contre l'opinion du comte d'Essex qui vouloit en faire autant à tous les ports d'Espagne, et mesmes aller au devant de la flotte des Indes qui venoit, ou bien l'attendre. Il ne put estre le maistre à cause des confusions qui adviennent d'ordinaire aux armées où il y a deux generaux.

Au mesme temps que ceste armée retourna en Angleterre, M. le mareschal de Bouillon arriva pour traicter et jurer la confederation d'entre le Roy et la royne d'Angleterre, qui estoit en effect renouveller les anciennes alliances entre ces deux royaumes, s'unir pour faire la guerre à l'Espagnol leur commun ennemy, et inviter tous les princes voisins à entrer en ceste confederation. Aucuns ont escrit que la royne d'Angleterre offrit de faire assieger, battre et reprendre Calais à ses despens, à condition qu'elle nommeroit à l'advenir un François pour en estre gouverneur; mais que le conseil françois ne voulust entendre à ceste proposition, aymant mieux avoir l'Anglois pour allié en son pays, que de l'avoir pour voisin si proche, et le revoir en pied dans la France dont on avoit eu tant de peine à l'en faire sortir. Les principaux articles de ceste confederation furent:

I. En premier lieu, que les precedentes alliances et traictez qui sont encor en vigueur entre les serenissimes Roy et Royne et leurs royaumes, seront confirmez et demeureront en leur premiere force et vertu, desquels ne sera aucune chose retranchée plus avant que par le present traicté il leur sera derogé ou autrement innové.

II. Ceste alliance sera offensive et deffensive entre lesdits Roy et Royne, leurs royaumes, Estats et seigneuries, contre le roy d'Espagne, ses royaumes et domaines.

III. A ceste alliance et confederation de la part desdits Roy et Royne seront conviez et appellez, et en laquelle pourront entrer, [illegible] princes et Estats lesquels ont eu [illegible] garder et garantir des ambitieuses machinations et invasions que le roy d'Espagne pratique à l'encontre de tous ses voisins; [illegible] seront envoyez ambassadeurs ou deputez, de la part desdits Roy et Royne, à tels princes ou Estats que lesdits confederes trouveront estre capables, pour les induire à entrer en ceste alliance.

IV. Le plustost que faire se pourra, et que les affaires desdits Roy et Royne le pourront permettre, se dressera un corps d'armée, tant de leurs forces communes, que des autres princes et Estats qui pourront entrer en ceste confederation, pour assaillir le roy d'Espagne en toutes et quelconques ses seigneuries.

V. Lesdits Roy et Royne ne pourront traitter aucune paix ny trefves avec le roy d'Espagne, ny ses lieutenans ou capitaines, sans consentement mutuel, lequel sera signifié par lettres signées de la main propre desdits Roy et Royne.

VI. Mais pour autant que le Roy a jà fait quelques trefves en Bretagne, ses ambassadeurs promettent que quand lesdictes trefves expirées se renouvelleront, lors le Roy tiendra la main, tant qu'il luy sera possible, que les Espagnols et Bretons s'obligeront de ne rien attenter, ny par mer ny par terre, contre le royaume d'Angleterre ny les subjets de la Royne durant lesdites trefves, et que le Roy ne fera nulles trefves generales avec les provinces ou villes occupées par l'ennemy sans le consentement et adveu de ladite Royne.

VII. Toutesfois, si par cas de necessité les gouverneurs sont contraints faire trefves particulieres avec les gouverneurs des places appartenantes au roy d'Espagne, lesdites trefves ne s'estendront plus avant que de deux mois sans l'agreation desdits princes.

VIII. Lesdits Roy et Royne promettent aussi reciproquement que, si l'un d'eux a besoin d'armes, poudres et autres munitions de guerre, il sera loisible à l'un et à l'autre des contractans de les faire achetter par leurs commissaires, et de les transporter en leur royaume sans aucun empeschement, si avant que cela se puisse faire sans dommage ou prejudice de celuy d'où on les voudra lever; en quoy on s'en rapportera à l'affirmation et conscience, tant dudit sieur Roy que de la Royne reciproquement.

IX. Lesdits Roy et Royne deffendront et maintiendront respectivement les marchans et subjets l'un de l'autre, tellement qu'ils puissent librement et seurement negocier et faire leurs affaires et trafiques ès royaumes et seigneuries de chacun d'eux, comme s'ils fussent subjets naturels, sans permettre leur estre fait ou donné aucun empeschement.

X. Ils permettront aussi reciproquement que les armées et troupes d'un chacun d'eux soyent soulagées et secourues de vivres et autres provisions necessaires, si avant que commodement il se puisse faire.

XI. Le roy Très-Chrestien ny ses successeurs ne souffriront pas que quelque subject ou vassal de la Royne soit, à cause de la religion à present approuvée en Angleterre, en façon quelconque inquieté par les inquisiteurs en ses corps ny biens.

XII. Et si aucun d'authorité privée taschoit de ce faire, le Roy empeschera de son authorité et puissance royale que cela ne se face, et, si quelque chose avoit esté faicte ou attentée, le fera reparer et mettre en son entier.

Voylà en substance les poincts principaux du traicté de ceste alliance et confederation, que la Royne jura devant ledit mareschal de Bouillon, comme ambassadeur du Roy; et du depuis le comte de Salisbery vint à Roüen apporter au Roy la Jartiere, qui est l'ordre d'Angleterre, devant lequel aussi Sa Majesté jura d'observer ladicte confederation.

Ledit traicté ayant par lesdits Roy et Royne esté envoyé aux estats des Provinces Unies assemblez à La Haye en Hollande, et apporté par ledict sieur mareschal, il fut par lesdits estats accepté, et y furent compris le dernier jour du mois d'octobre; comme aussi y entrerent plusieurs princes allemans.

La royne d'Angleterre avoit fait demander ausdits sieurs des estats des Provinces Unies qu'ils eussent à luy rendre quelque partie des deniers dont elle les avoit secourus depuis dix ans en çà. Le comte de Lincolne, qu'elle avoit envoyé vers le lantgrave de Hesse en Allemagne, passant par La Haye, en fit demande; mais eux envoyerent leurs ambassadeurs en Angleterre, qui remercierent ladite Royne de ce qu'elle leur avoit aydé d'hommes et de plusieurs grandes sommes de deniers, la suppliant qu'après tant de peines et de labeurs qu'ils avoient soufferts, elle ne les delaissast pour estre la proye de leur ennemy commun, disans aussi que, s'ils estoient vaincus par l'Espagnol, il ne failloit point douter que toutes les provinces voisines ne receussent de grands dommages d'un si puissant ennemy. La royne leur fit respondre qu'elle n'avoit gaigné à les secourir que la haine des Espagnols, et qu'il estoit bien raisonnable que l'estat de leurs affaires estant à present plus asseuré qu'auparavant, et ayans gaigné plusieurs bonnes villes sur l'Espagnol, qu'ils commençassent à parler de la satisfaire de ce qu'ils luy devoient. « Je n'ay point, leur dit-elle, de pierre philosophale qui me produise de l'or, je n'ay point de Perou d'où l'or et l'argent me puisse venir comme il fait en Espagne; mon seul thresor est la bien-veillance de mes sujets, et l'ayde qu'ils me donnent pour faire la guerre à un si puissant ennemy : aussi il n'est pas raisonnable que je sois tenuë de vous ayder à perpetuité. » Les ambassadeurs des estats luy remonstrerent le secours de navires de guerre qu'ils avoient envoyé en l'expedition de Calis, et proposerent quelques moyens pour rendre ce que la Royne leur avoit presté; mais les Anglois rejetterent ces conditions. En ce temps vint advis que l'armée navale d'Espagne que conduisoit Martin de Padille vers l'Irlande estoit en mer. Lesdicts ambassadeurs des estats ayans promis de faire aller leurs navires de guerre en l'armée d'Angleterre qui se preparoit pour aller attaquer les Espagnols, ils furent congediez de la Royne et s'en retournerent en Hollande. Quant à l'armée d'Espagne qui devoit venir en Irlande, plusieurs ont escrit que quantité de navires firent naufrage au cap appellé *Finibus Terræ*, et qu'elle se dispersa toute sans faire aucun effect.

Si la royne d'Angleterre se plaignoit aux Hollandois du grand nombre de deniers qu'elle avoit despendus, tant à les ayder qu'aux secours qu'elle avoit envoyez en France et à l'armée qu'elle estoit contrainte d'entretenir en Irlande contre ses subjets rebelles, le roy d'Espagne, ayant d'autre costé espuisé ses thresors ez guerres des Pays-Bas et de la France, et engagé ses domaines à plusieurs marchans, fut contraint de faire publier un placart par lequel il se remit luy mesme dans ce qu'il avoit engagé à ceux qu'il appelloit par ledit placart marchans negocians en court. Voicy ce que l'on en a escrit :

« Le 20 de novembre le roy d'Espagne depescha un placart donné à Pardo, par lequel il se plaignoit que ceste grande quantité d'or et d'argent que les Indes luy fournissoient annuellement, et tous ses domaines et finances, estoient espuisez et consumez, et son patrimoine royal quasi despendu, pour les grands frais qu'il disoit porter à la deffense de la chrestienté et de ses Estats; dont il en faisoit cause les grands et excessifs interests courans des levées d'argent à change et d'autres contracts qu'en son nom l'on avoit faits avec les marchans; au moyen dequoy tous ses domaines, aides et revenus ordinaires et extraordinaires, estoient occupez, tant que la chose estoit venuë à ceste extremité, qu'il ne luy restoit aucune substance pour s'en prevaloir et ayder, veu que les marchans et gens de negoces, qui jusques lors luy souloient administrer les changes, s'excusoient et faisoient difficulté de negocier, d'autant qu'ils tenoient en leurs mains et tout en leur pouvoir lesdits revenus et domaines royaux; pour à quoy remedier il ne trouvoit expedient plus convenable, et de meilleure justification, que de faire soulager et reparer ses finances royales des injustices qu'elles avoient receuës à cause de ses rigueurs de changes et interests par luy soufferts au temps des contractations, pour eviter à plus grands perils; que de là estoit venuë la faute affaires de la guerre et de ce q à quoy il entendoit de remedier; n'ayant esté possible sur les c toient effectes d'en user d'autre pour faire cesser et abolir les prevaloir et ayder de toutes les avoit baillées et transportées a negotians, pour quelques finan qu'on avoit fait avec eux, en que ce peut estre, par son ma le decret et moyen general p premier de septembre 1575 e de decembre 1577, jusques au bre 1596; lesquelles assignati tous et quelconques ses domai suspens, et vouloit que les peussent jouyr ny les recevoir, niers qui en precederoient aucuni fres, et que tous contracts d'inte approuvant tout ce qu'en ce re resolu et ordonné les presidens conseil royal et de finances, tout avoit esté fait par son cial. »

Ce placart, signé *yo el Rey*, dement de Sa Majesté, *Gonz* porta grand'alteration entre les bien en Espagne, Italie, Allem vers, Amsterdam et Middelbo suyvirent plusieurs banquerou les lettres de change du card rent renvoyées par protest, ce pour quelque temps son credit desnué d'argent, tant que, fau n'osa rien entreprendre l'espace tre mois.

Le quatriesme novembre le tien fit son entrée dans Roüen crit que ce fut le 20 octobre], grande magnificence. La desp les habitans seulement fut est quatre cens mil escus. Sa M comme nous avons dit cy-dessu assemblée generale des plus c ordres de la France, à l'ouvert leur dit :

« Si je voulois acquerir (1) j'aurois appris quelque belle gue, et la prononcerois avec as mais, messieurs, mon desir te glorieux tiltres, qui sont de m teur et restaurateur de cest Est

(1) Ce discours est rendu d'une manière plus naïve et plus piquante dans l'*Histoire de Henri IV* par Péréfixe. Nous avons cité cette version dans un *mies royales*, tome III, page 20.

parvenir je vous ay assemblez. Vous sçavez à vos despens, comme moy aux miens, que, lors que Dieu m'a appellé à ceste couronne, j'ay trouvé la France non seulement quasi ruinée, mais presque toute perdue pour les François. Par grace divine, par les prieres, par les bons conseils de mes serviteurs qui ne font profession des armes, par l'espée de ma brave et genereuse noblesse, de laquelle je ne distingue point mes princes pour estre nostre plus beau tiltre, foy de gentilhomme, par mes peines et labeurs, je l'ay sauvée de perte; sauvons-la à ceste heure de ruine. Participez, mes subjets, à ceste seconde gloire avec moy, comme vous avez faict à la premiere. Je ne vous ay point appellez, comme faisoient mes predecesseurs, pour vous faire approuver mes volontez. Je vous ay faict assembler pour recevoir vos conseils, pour les croire, pour les suivre, bref, pour me mettre en tutelle entre vos mains : envie qui ne prend gueres aux roys, aux barbes grises, aux victorieux; mais la violente amour que je porte à mes subjects, l'extreme desir que j'ay d'adjouster deux beaux tiltres à celuy de roy, me fait trouver tout aisé et honnorable. Mon chancelier vous fera entendre plus amplement ma volonté. »

Sur la fin de ceste année le commencement de l'hyver fut si pluvieux qu'il y eut maints deluges d'eaux; ce qui causa en plusieurs endroicts beaucoup de ruynes, entr'autres, à Paris, le pont aux Meusniers se fondit en l'eau environ les huit heures du soir, le jour Sainct Thomas. Il estoit basty sur des pieux, à chaque arche il y avoit un moulin, et n'y avoit que des maisons d'un costé de la ruë. En la cheute de ce pont se perdirent plus de trois cents personnes (1) estouffées en l'eau et de l'encombre des bastiments.

Il parut ceste année un jeune homme nommé Charles de La Ramée qu'aucuns firent bruit d'estre fils du roy Charles IX. Il disoit qu'il avoit esté nourry en Poictou, chez un gentil-homme nommé La Ramée, lequel, se sentant près de sa fin, avoit appellé ses enfans, et leur avoit declaré que jusqu'à present le susdit Charles avoit esté nourry au nombre des siens, mais qu'il n'estoit point son fils, partant n'entendoit point qu'il succedast en aucune partie de son bien, mais bien luy donnoit il un cheval et une harquebuze pour s'en aller cercher sa fortune; plus, qu'il luy avoit dit, comme il vouloit contester : « Monsieur, vous n'estes point mon fils, ains du feu roy Charles; j'ay esté chargé par la royne Catherine, mere des roys deffuncts, de vous nourrir et eslever, sans reveler ce qui en estoit qu'elle et les roys ses enfans ne fussent trespassez. » En ceste opinion ce jeune homme partit du Poictou, ainsi qu'il disoit, et vint à Paris, où une dame de qualité le voulut voir; mais ne trouvant du fondement en son discours elle le renvoya. Il s'en alla depuis à Rheims, là où il commença à publier en secret qu'il avoit eu des visions et revelations angeliques, lesquelles l'asseuroient qu'il seroit roy et regneroit. Sur cela il se trouva des gens à sa poste, lesquels disoient qu'il avoit guery plusieurs personnes des escroüelles; tellement qu'ils commencerent à s'assembler autour de luy, et comme luy publioient qu'il estoit fils du feu roy Charles IX. Messieurs les gens du Roy, advertis de cest imposteur, le firent apprehender au corps et mener aux prisons de Rheims, là où aussi quelques prisonniers à qui il conta ces folies se persuaderent qu'il les delivreroit; et mesmes il y avoit des femmes qui, de charité et superstitieuse reverence, le traictoient de vivres et autres moyens fort magnifiquement; si bien qu'enfin, après estre ouy et examiné, il s'enfla de telle presumption, qu'il luy sembloit devoir estre roy par effect et en ceste façon disputa superbement contre ses juges, de par lesquels neantmoins il receut sentence et condamnation de mort. Nonobstant il en appella au parlement à Paris, où, après avoir aussi soustenu ces opinions, il fut condamné par arrest d'estre pendu en Greve, ce qui fut executé après qu'il eut faict amende honorable. Ainsi mourut cest imposteur, et receut le salaire de sa temerité.

De mesme il se presenta en Espagne un pastissier de Madrigal qui se disoit estre le fils de Charles infant fils de la princesse de Portugal, premiere femme du roy Philippes II, lequel don Charles le Roy son pere avoit fait mourir vingt ans auparavant par seignées reiterées, avec un breuvage mortel pour couvrir la violence. Ce pastissier avoit entré dans une abbaye de nonains dont estoit abbesse une fille bastarde de don Jean d'Austriche, bastard de l'empereur Charles le Quint, et sceut si bien couvrir son imposture, que ceste abbesse le creut et plusieurs autres; et, secrettement entretenu de commoditez par elle, il practiquoit gens pour le soustenir en son imposture; mais, estant peu après descouvert et mis en prison, après y avoir esté assez long temps, son imposture estant descouverte, il fut pendu.

Il y eut aussi en ceste année un autre prodige

(1) « On a remarqué, observe Pierre de L'Estoile, « que la plupart de ceux qui périrent dans ce déluge « étoient tous gens riches et aisés, mais enrichis d'usure « et de pillage de la Saint-Barthélemy et de la Ligue. » (*Journal de Henri IV*, tome II, page 528.)

monstrueux d'un homme qui se disoit estre Jesus-Christ et se pretendoit faire des miracles, lequel estant descouvert que sous ceste couleur il dogmatisoit pernicieusement beaucoup d'estranges heresies, il fut par arrest du parlement pendu et bruslé à Paris.

L'an passé nous avons dit qu'après que l'archiduc Matthias eut pris Visgrade que l'armée chrestienne se separa en plusieurs parties, mais que Palfy avec les Hongriens alla loger aux environs de Vaccia, où, apres avoir en une rencontre tué quatre cents Turcs, faict un grand degast sur le pays ennemy, il s'en retourna vers Gran.

Les Turcs d'autre costé faisoient aussi de grands degasts sur le pays des chrestiens. Le 18 de janvier, au commencement de ceste année, les beys de Hatuan et de Vizze, avec leurs garnisons, ayans joincts quelques miliers de Tartares, firent un corps d'armée, mais, estant survenu entr'eux de la division sur la place qu'ils devoient attaquer la premiere, le bey de Vizze proposant le siege de Novigrade, et celuy de Hatuan soustenant qu'il falloit assieger Setscin, que les Hongriens appellent Zeczn, ces deux beys en penserent venir aux mains l'un contre l'autre. Les Tartares approuvans l'advis de celuy de Hatuan, l'autre fut contraint de se retirer vistement avec les siens en sa garnison : tellement que les Tartares s'acheminerent vers Setscin pour y faire le degast à leur accoustumée; mais Tonhaus, gouverneur de Setscin, adverty de leur dessein, ayant assemblé quelques garnisons chrestiennes des places voisines, leur alla au devant, et, ayans pris l'advantage d'un passage où il falloit que necessairement ils passassent, il leur fit une si rude charge qu'ils tournerent teste et prindrent la fuite, laissans plusieurs des leurs morts sur la place et quelques prisonniers.

Le Grand Turc, voyant que les plus grandes pertes qu'il avoit receuës l'an passé, tant en Hongrie, Transsilvanie, Valachie, et mesmes en la Bulgarie, provenoient du prince Sigismond de Transsilvanie, resolut de l'attaquer du tout ceste année et tourner ses forces contre luy dans ses pays. Ce prince, adverty de ce dessein, fit assembler une diette, autrement les trois estats de son pays, où d'un commun advis ils resolurent de continuer non seulement la guerre contre le Turc et ne rentrer jamais sous son joug dont ils estoient sortis, mais contre les Polonois aussi qui s'estoient emparez de la Moldavie. Après ceste conclusion, Sigismond se delibera au cœur de l'hyver, pendant lequel la guerre se fait le moins à cause des rigueurs du temps, d'aller luy-mesme vers l'Empereur à Prague pour sça-

voir sa volonté [illegible] desiroit faire
aux Turcs en ceste année, et du se
luy pourroit donner, tant contre les
contre les Polonois. Avant que parti
deux mille chevaux et deux mille h
pied contre les Sicules, qui se voulois
contre luy à cause qu'en la susdite di
avoit privez de quelques immunitez. C
appellez en leur propre langue Zekle
tains peuples qui sont entre la Tr
la Moldavie, la Russie et les monts C
se disent descendus des Scythes, et ti
cor beaucoup de leurs coustumes et la
tesfois ils sont subjets du prince de
vanie. Entr'eux, ils s'estiment tous no
qu'ils meinent la charruë, ou qu'ils s
deurs de bestail. Leur pays est divisé
gions qu'ils appellent Sieges, où il y a
de villes et de beaux villages. C'est un
tout addonné aux armes, qui est l'occ
quoy les princes de Transsilvanie leur
fois donné de grands privileges, d
voyans privez par ladite derniere diet
fut adverty qu'ils ne songeoient qu'à
sollicitez à ce par le cardinal Battory
ennemy dudit prince Sigismond, esp
les armes deffendre leur liberté. Ce fut
craignant qu'une petite estincelle de r
un grand embrasement et donnast o
casion oportune aux Turcs pendant s
d'entreprendre sur son pays, il envoy
ceux qu'il estimoit les plus remuans
Sicules, et dont il avoit eu advis qu'ils
une rebellion, et s'estoient jà assembl
deux mille. Estans pris, ils furent am
sonniers à Albe Jule le 20 janvier, où l
leur fut fait. Il y en eut depuis plusieu
rent executez de divers supplices : les
mode du pays, furent transpercez avec
lances, et à d'autres on leur coupa l
trois cents, pour marque de leur rebel
rent les narines et les oreilles coupées,
ainsi renvoyez en leur pays. Dez que
eut advis de leur prinse, il s'achemina
en la cour de l'Empereur, ayant ave
nunce du Pape, don Josua, son cham
pere Alfonse Ceryli, son confesseur, et
cipaux seigneurs transsilvains, lesquel
sur unze chariots à quatre rouës, et pou
ayant quelques cavaliers, ils allerent p
la haute Hongrie à Cassovie, et, co
leur chemin, traverserent la Moravie,
trerent en la Boheme, et arriverent
triesme fevrier à Prague, où ce prince
fort magnifiquement : tous les courtisa
riaux luy allerent au devant, et le co

jusques au palais des archiducs, qui estoit le logis que l'on luy avoit preparé.

Lors que le prince transsilvain arriva à Prague, il avoit une fievre; ce qui fut cause qu'il garda le lict jusques au 25 dudit mois, auquel jour il sortit et alla à la messe, le marquis de Burgau l'accompagnant par tout; ils allerent mesme jouer ensemble à la paulme. Les Allemans admiroient fort ce jeune prince qui estoit d'une mediocre taille, d'un corps robuste, la teste à la proportion d'iceluy, les yeux estincellans, le nez aquilin et la barbe noire. Bien qu'il fust gracieux et benin, si avoit-il une face austere à la façon des Turcs. Le lendemain, ayant ouy messe à la grande eglise de Prague, le doyen prononça un panegirique sur les victoires que ce prince avoit obtenuës l'an passé sur les Turcs, et l'enhorta de continuër la guerre contre l'ennemy commun de la chrestienté, puis luy donna la benediction, et pria Dieu qu'il le conservast en prosperité et santé. A laquelle oraison ledit prince respondit en latin qu'il avoit jusques icy employé sa vie, son sang et sa fortune contre l'ennemy des chrestiens, sur lesquels Dieu luy avoit donné de belles victoires; qu'il ne l'espargneroit pas moins en ceste guerre qu'il avoit faict par le passé; aussi qu'il vouloit employer librement sa vie pour la maison d'Austriche, pour l'empire romain et pour toute la chrestienté; qu'il esperoit toutesfois que tous les princes de l'Empire luy ayderoient en ceste guerre, les ecclesiastiques de prieres pour sa prosperité, et les laiques d'argent et d'armes; ce que faisans, il ne doutoit point que Dieu ne luy donnast encor de plus grandes victoires sur les Turcs.

Pendant son sejour à Prague il luy vint advis que le Grand Turc faisoit acheminer vers la Transsilvanie quatre mil Turcs et trente mil Tartares, et qu'ils estoient campez auprès de Tabernize, ayant envie de jetter le plus fort de la guerre, durant cet esté, contre les Transsilvains, Valaches et Moldaves; qu'il envoyoit un grand bascha autre que Sinan pour estre general en la Hongrie, lequel s'acheminoit à Belgrade avec vingt mille Turcs pour y renforcer les garnisons; et qu'il avoit envoyé un nouveau bascha à Temessvar avec une forte garnison; mais que son predecesseur bascha, pensant s'en aller à Belgrade audevant du nouveau grand bascha, avoit esté deffaict, et ses richesses, qu'il faisoit conduire avec luy dans soixante et quinze chariots, pillées par la garnison des Transsilvains qui estoient dans Lippe, lesquels y avoient en ceste deffaicte fait un très-grand butin, et que ledit bascha mesmes y avoit esté tué, et sa teste envoyée à Albe Jule.

L'Empereur ayant eu de plusieurs endroicts advis certains des preparatifs du Turc à la guerre, il envoya vers les princes de l'Empire leur demander secours d'hommes et d'argent : on luy en envoya de Baviere et de Sueve, mais peu de Saxe. Les gens de guerre imperiaux desiroient que l'archiduc Maximilian fust declaré general de l'armée de Hongrie. Le duc de Ferrare s'offrit d'estre son lieutenant, et d'y mener et entretenir à ses despens huict mille soldats un an durant, à condition que l'Empereur obtiendroit du Pape l'investiture du duché de Ferrare pour Cæsar d'Est, son neveu, fils naturel d'un sien frere; outre qu'il donneroit grand nombre de deniers. Mais Sa Sainctelé ne voulut nullement entendre à ceste proposition.

Tandis que le prince de Transsilvanie sejourna à Prague, son chancellier avec le conseil de l'Empereur traicterent de leurs affaires, et entr'autres ils accorderent que Sa Majesté Imperiale entretiendroit en la guerre de Transsilvanie deux mil chevaux et trois mille hommes de pied, et qu'il donneroit audit prince vingt-quatre mille talars tous les mois pour son entretien; plus, que si le Turc conquestoit la Transsilvanie, que Sadite Majesté Imperiale donneroit audit prince deux autres principautez en la Silesie, avec pensions pour son entretenement. Le nonce du Pape luy promit aussi que Sa Saincteté luy donneroit durant ceste guerre quarante mil ducats tous les mois, et luy envoyeroit quelque secours de gens de pied sous la conduitte de Francisque du Mont, de Mario et de Sforze. Ces choses luy estant promises, le 4 mars, il prit congé de l'Empereur qui luy fit plusieurs beaux dons estimez à plus de quarante mil escus. Ainsi qu'il partoit de Prague, il receut advis de la princesse sa femme que dix mille Rasciens avoient derechef quitté le camp des Turcs, et s'estoient venus rendre en l'armée chrestienne; ce fut une partie la cause qui le fit encor plus haster son partement et son retour. Le unziesme dudit mois il arriva à Vienne sur les quatre heures après midy, estant dans un coche tiré par six beaux chevaux dont l'Empereur luy avoit faict present. La noblesse qui estoit à Vienne luy alla au devant. Aldobrandin, neveu de Sa Saincteté, celuy qui avoit conduit l'an passé le secours qu'envoyoit son oncle en ceste guerre de Hongrie, estant lors à Vienne, luy alla aussi au devant, et luy fit present de trois beaux chevaux très-richement enharnachez, puis entra dans le coche du prince, et ensemblement allerent descendre au palais de l'Empereur. Tous ceux de Vienne admiroient ce prince qui avoit en une si grande jeunesse remporté tant de belles victoires sur les Turcs. Les estats du pays d'Austriche luy firent present en corps de plusieurs vases d'or ; et les escoliers des jesuistes de Vienne en son honneur representerent l'histoire de Josué, de laquelle ils firent une parallelle avec les exploicts militaires de ce prince. Le quatorziesme dudit mois, ainsi qu'il pensoit s'acheminer pour aller passer à Gretz, et y voir sa belle mere et les freres et sœurs de sa femme, il receut advis qu'Estienne Battori son parent, qui luy estoit ennemy, s'estoit joinct avec grand nombre de Turcs et de Tartares, et qu'ensemblement ils estoient prests d'entrer dans la Transsilvanie ; ce fut ce qui luy fit changer son voyage de Gretz, et s'en retourner en toute diligence pour s'y opposer.

Palfy ayant donné charge à Bory Michaël, gouverneur de Novisgrade, et au sieur Tonhaus de s'acheminer de nuict à Volza, place qui est sur le bord du Danube, et de surprendre la ville par escalade, ils executerent ceste entreprise avec tant d'heur, que, sans estre descouverts, ils monterent sur les murailles environ les dix heures de nuict, tuerent tout ce qu'ils rencontrerent de Turcs, sans en prendre aucuns prisonniers, et brusierent ceux qui s'estoient retirez dans quelques maisons y voulans tenir bon, avec les maisons aussi. Aucuns se pensans sauver dans une navire qui estoit au port, les haiducs les poursuivirent de si près, qu'ayans, avec des pieces de campagne qu'ils trouverent sur le port, tiré quelques coups, ils la percerent tellement qu'elle coula à fonds, et tous ceux qui s'estoient sauvez dedans furent noyez. Palfy estant arrivé avec ses troupes, voyant que l'on n'avoit peu surprendre le chasteau, qui estoit un lieu fort, fit piller la ville, et fit retirer les siens chargez de butin, chacun en leurs garnisons.

Le 7 avril, les Uscochiens, qui sont certains peuples de la Croatie qui ne vivent que de ce qu'ils pillent en leurs courses, s'assemblerent au nombre de sept cens, et, par intelligence qu'ils eurent avec deux renegats chrestiens, surprindrent la forteresse inexpugnable de Clisse en la Dalmatie. Le gouverneur, que les Turcs appellent sangiac, en estoit lors dehors. Ces deux renegats ayant gaigné quelques-uns de leurs compagnons, sous promesses qu'ils se feroient tous riches, voyans les Uscochiens au pied de la muraille monter avec leurs eschelles, tuerent la sentinelle et ceux qui estoient au prochain corps de garde, lesquels n'estoient de leur entreprise. Cependant les Uscochiens monterent sur la muraille, et donnerent si furieusement, qu'ils taillerent en pieces tout ce qu'ils rencontrerent : l'aga, chef des Turcs qui y estoient en garnison, [illegible] vaillamment. Quelques Turcs seulement, s'estans sauvez avec plusieurs femmes et des enfans dans une mosquée, voulurent s'y deffendre un temps ; mais, après quelque resistance, ils se rendirent vie sauves, et à condition qu'ils pourroient emporter le bagage qu'ils y avoient. Ainsi les Uscochiens, s'estant rendus maistres de Clisse avec peu de perte des leurs, se preparerent à se deffendre en cas d'un siege, et rescrivirent à Lincovits, lieutenant pour l'Empereur en la Styrie, lequel leur envoya deux cens Allemans, outre trois cens autres Uscochiens qui leur estoient venus de renfort. Quant aux deux renegats autheurs de l'entreprise, ils sortirent de Clisse et s'en allerent à Rome où ils furent depuis reconciliez et receus au giron de l'Eglise.

Le sangiac de Clisse, ayant eu advis de la perte de sa place, assembla incontinent le plus de cavalerie turquesque qu'il put, et vint se loger aux environs, d'où journellement il venoit aux mains avec les Uscochiens, lesquels, aux sorties qu'ils faisoient du commencement, se porterent fort vaillamment. Le bascha de Bosne, voyant l'importance de la perte de ceste place, assembla aussi toutes les forces qu'il put, tant de pied que de cheval, et vint avec quelques pieces d'artillerie mettre le siege devant : toutesfois, voyant qu'il luy estoit impossible de la reprendre par force, il ne fit tirer que quelques volées de canon, et se delibera de l'avoir, ou par quelque practique, ou par famine. La practique luy fut inutile, car ceux qu'il avoit gaignez furent descouverts et executez à mort ; mais la famine luy reüssit : le peu de vivres qu'il y avoit dans cette place, et les passages pour y en faire entrer estans par luy soigneusement gardez, les assiegez commencerent à manger les chiens et leurs chevaux, et furent contraints de mander derechef à Lincovits qu'il eust à les secourir en brief, ou qu'ils seroient contraints de se rendre. Lincovits, ayant amassé le plus de gens qu'il put, s'achemina à leur secours, et fit embarquer sur quarante navires quatre mille hommes de guerre. Ayant un bon vent, il arriva auprès de Trav, où il fit [illegible] à terre tous les siens, et en bonne [illegible] chemina vers Clisse, qui en estoit [illegible] de quatre lieuës. Les Turcs, advertis de [illegible] cente et de son acheminement droict à [illegible], prirent l'espouvante du commencement, [illegible] donnerent leur camp. Les Dalmates et les Uscochiens qui estoient avec Lincovits et qui tenoient l'advantgarde, se jetterent en [illegible] au pillage du camp des Turcs ; ce que [illegible] bascha de Bosne qui avoit faict [illegible]

des bourgs appellez Bude Zetsche et Bude Kess, qui sont au dessous de Bude, lesquels, au nombre de sept cens cinquante cinq hommes, avec tout ce qu'ils purent emporter dans quatre-vingts chariots, les uns tirez par douze bœufs, les autres par quatorze, sur lesquels estoient aussi nombre de vieillards, de femmes et d'enfans, emmenerent tout leur bestail, et arriverent en seureté à Gran. Depuis, Palfi envoya tout ce peuple habiter le païs qui est entre Papotz et Gran, lequel les Turcs et Tartares avoient du tout ruyné durant le siege de Javarin.

Le neufiesme de ce mesme mois, les troupes de Palfy rencontrerent grand nombre de Turcs près de Valle sous la conduite du vaivode de Sombok : après un long combat, opiniastré de part et d'autre, les Turcs se tournerent en fuitte, et furent si chaudement poursuivis qu'aucuns des chrestiens allerent jusques aux portes de Valle, et d'autres y entrerent : ce que recognu par les habitans, ils coururent aux armes et les repoulserent, non seulement hors la ville et de la porte, mais des environs de leurs murailles. En ceste rencontre les gens de Palfy butinerent trois cents bœufs, vingt-cinq beaux chevaux et cent quatre-vingts prisonniers qu'il emmenerent à Gran.

En la haute Hongrie et Moldavie plusieurs milliers de Kosaques nisoviens y passerent, et firent de grands degasts, tant sur les Turcs que sur les chrestiens, pillans et ruynans par tout où ils passoient : leur chef estoit appellé Nel-vaico. Jean Zolkevi, avec une armée de Polonois, les rencontra en la Moldavie, où en une bataille ils furent tous deffaicts, et leur chef Nale-vaico, pris, fut executé à mort.

Nous avons dit que le 28 d'aoust de l'an passé les Transsilvains prirent Lippe sur les Turcs. Ce fut aussi la premiere place que le Grand Turc desira de reprendre en ceste année ; et, pour ce faire, il donna la charge au bascha Assan et au beglierbey de Grece, fils du bascha Sinan, de l'assieger avec quarante mille, tant Turcs que Tartares, lesquels se joignirent en corps d'armée auprès de Temessvar. Les Transsilvains qui estoient dans Lippe, desirans, avant que d'estre assiegez, faire une surprise sur quelques troupes de l'armée turquesque, et leur donner à cognoistre qu'ils trouveroient à qui parler, partirent bien six cents combattans en intention de ne revenir point sans jouër des mains et sans butin ; mais les Turcs, ayans esté advertis de leur dessein, les allerent attendre en leur chemin, les entourerent et les taillerent en pieces, quelque resistance qu'ils firent pour vendre cherement leur mort aux Turcs.

Après ceste deffaicte l'armée turquesque, sçachant le peu de gens qu'il y avoit en garnison dans Lippe, s'achemina aux environs, et s'empara d'une isle sur la riviere de Marons, où ils firent un fort distant d'une lieuë de Lippe. Les bourgades voisines en endurerent toutes sortes d'hostilitez ; aucuns furent bruslez : de quoy ayant eu advis le prince de Transsilvanie, il vint de Claussembourg à Albe-Jule, où il receut lettres de Georges Barbeli, gouverneur de Lippe, et de La Baulme son lieutenant, par lesquelles ils luy demandoient secours et qu'ils n'estoient que trois cents hommes de deffense. Le prince, ayant assemblé huict mille hommes de pied et de cheval, s'approcha de Lippe, mit cinq mille hommes de guerre dedans, puis, estant adverty que douze cents Turcs et Tartares estoient sortis de leur camp et avoient pillé et bruslé Charte et Mocho, et qu'ils estoient à Beschen et à Zina où ils en faisoient autant, il y alla et les entoura si soudainement qu'il en demeura huit cens de morts sur la place.

Nonobstant, les Turcs, avec soixante et dix canons et grand nombre de munitions, investirent de tous costez Lippe, esperants emporter ceste place de force ; ce qui n'advint, car le gouverneur de Lippe ayant fait faire des retranchements assez loing des portes de la ville, et mis entre iceux et les murailles ses gens de guerre, et seize pieces de canon sur un haut ravelin qui commandoit aux environs de Lippe, lesquels sans cesse il faisoit tirer chargez de chesnes, de cloux et de diverses pieces de fer, qui emportoient en l'air les corps, bras, jambes et testes des Turcs, dont se voyans si mal traictez ils se precipiterent pour tascher à gaigner ces retranchements ; mais le combat ayant duré neuf heures, auquel moururent le bacha de Temessvar, Hamath, bey de Jules, et Tison, bey de Chimat, avec grand nombre d'autres, ils se retirerent. Ceste retraicte se tourna en une desroute, et leverent du tout le siege ; la cause fut pour un grand embrazement qu'ils virent du costé de Temessvar, ce qui leur donna une telle espouvante qu'ils abandonnerent leur camp, leur artillerie et leur bagage ; tellement que les historiens qui en ont escrit disent qu'il se perdit, tant au combat qu'en la fuitte, quatre mille Turcs.

Ce grand embrazement espouventable à voir estoit de tous les faux-bourgs de Temessvar, où Christofle Pillawic, gouverneur de Lugacs, avoit fait mettre le feu après les avoir entierement pillez. Il pensoit, avec six mille hommes qu'il avoit, qu'en costoiant l'armée des Turcs il en di[...] roit quelques troupes ; mais, ayant eu advis lesdits faux-bourgs de Temessvar, qui est

Aussi-tost que les Turcs eurent investy la ville, les chrestiens, pour la foiblesse des murailles, se retirerent dans le vieil chasteau, mettans le feu dans les maisons voisines.

Les Turcs, estans entrez dans la ville sans perte d'hommes, se logerent sur le bord du fossé du vieil chasteau, et firent trois mines, cependant que de la montagne voisine, où estoit nombre de canons, ils battoient ce chasteau en ruyne. Après que les assiegez eurent soustenu quelques jours, et que le gouverneur eut recognu qu'ils pouvoient estre forcez au premier assault par une grande bresche faicte du costé d'orient, et que de tous ses canonniers il ne luy en restoit plus que trois, il se retira avec les gens de guerre dans le chasteau neuf, où depuis les Turcs par assauts, par mines, et par autres moyens, le reduirent en bref à demander composition. Les Hongriens traicterent sans le consentement du gouverneur de l'accord; ils sortitirent armes et bagages, et furent conduicts jusques à Filech en seureté : mais bien que la composition fust faicte que tous les assiegez sortiroient et seroient conduits en lieu de seureté, le gouverneur et plusieurs seigneurs allemans et boëmiens furent arrestez prisonniers par les Turcs, avec les Vallons; quant aux soldats allemans, les Tartares les tuërent tous, excepté trois cens qui, renians leur religion et leur createur, se firent pour vivre mehometans.

L'archiduc Maximilian, qui ne pensoit pas que le grand turc Mahomet se pust en trois semaines rendre maistre d'Agrie, ayant joinct le prince de Transsilvanie et le baron de Tieffembach, son armée estant de quarante mille hommes, tant de pied que de cheval, après avoir fait ruyner Hattuan, pour n'y pouvoir demeurer assez de temps afin d'en faire redresser les bresches, s'achemina au devant de ceste grande armée de Turcs pour leur empescher de continuer leurs conquestes et presenter la bataille; ce que l'archiduc fit toutesfois contre le conseil du conseiller de Remps et du baron de Svartzembourg qui n'estoient d'avis d'aller affronter un si grand nombre d'ennemis, et luy dirent qu'il falloit encores un peu attendre, et qu'ils avoient eu advis que le Grand Turc, dans trois jours, s'en devoit retourner vers Belgrade; ce que faisant, il emmeneroit avec luy les plus gaillardes forces de son armée pour sa conduitte, et par ce moyen il y auroit plus de commodité de combattre et deffaire l'armée turquesque qui resteroit en Hongrie. Ce conseil ne put empescher que l'archiduc et le prince de Transsilvanie ne fissent tourner la teste de leur armée vers Agrie, où, dès le lendemain, qui estoit le 2 octobre, ils rencontrerent, près du village de Kerestesch, le bacha Giaffer et le beglierbei de Grece avec vingt mille soldats et cinquante pieces de campagne, qui s'estoient rendus maistres du passage d'une petite riviere.

Le baron de Tieffembach, qui menoit l'advantgarde chrestienne, ayant recognu le lieu où estoit campé Giaffer, entreprit de le faire repasser l'eau auparavant que toute l'armée des Turcs l'eust joint, et de faire camper l'armée chrestienne où il estoit campé, et mettre la petite riviere entre les deux armées, laquelle riviere si les Turcs se vouloient hazarder de passer, on leur feroit une si rude charge à demy passez, que l'occasion se pourroit presenter d'obtenir sur eux une victoire entiere. Tieffembach, executant au mesme temps son dessein, fit commencer l'escarmouche contre les Turcs, où, après un long combat, le bacha et le beglierbei furent contraints prendre la fuitte et repasser l'eau, laissant grand nombre des leurs morts sur la place, et quarante de leurs pieces de campagne. Ainsi l'armée chrestienne se campa au mesme lieu où estoit l'advantgarde des Turcs.

Le Grand Turc ayant faict tourner la teste à toute son armée pour donner bataille aux chrestiens, il la mit en ordre de combattre le long de la petite riviere qui faisoit la separation des deux armées, lesquelles il faisoit beau voir pour leur grand multitude, et pour la diversité des armures des gens de guerre qui y estoient de diverses nations. Ce n'estoit toutesfois à qui se hazarderoit de passer la petite riviere le premier : les chrestiens, s'en voulans prevaloir, laisserent passer trois mille chevaux turcs, qui furent à l'instant investis et la plus grande partie taillés en pieces; tellement que les autres Turcs ne se hazarderent plus pour ce jour de la vouloir passer, ains se contenterent les uns et les autres de s'entr'endommager à coups de canon.

Le lendemain ces deux grandes armées demeurerent encor au mesme lieu avec pareille ardeur de combattre; mais ceste journée se passa en legeres escarmouches et en canonnades.

La troisiesme journée, dez la pointe du jour, six mille chevaux turcs, quatre mille Tartares et six mille janissaires, avec quelques pieces de campagne, passerent la petite riviere, et à leur suite devoient passer le Grand Turc et le reste de l'armée. Les chrestiens avoient resolu au conseil de guerre qui s'estoit tenu le soir d'auparavant en la tente de l'archiduc, qu'au troisiesme coup de canon qu'il feroit tirer que chacun rendroit en son quartier, et en le mesme ordre qu'aux deux jours precedents, mais qu'on n'a

nople, et fit on courir le bruit que c'estoit le poison, à cause qu'il ne fut que deux jours malade. Ce prince persan estoit à la Porte du Turc comme pour hostage de paix. Le Grand Turc, craignant que ce bruit qu'il estoit mort de poison le fist rentrer à la guerre contre les Perses, fit embausmer le cadavre de ce prince, et le renvoya en la conduitte d'un ambassadeur à son oncle pour l'asseurer qu'il estoit mort d'une mort naturelle, et non advancée de poison, et aussi pour l'induire à continuër la paix entr'eux, tandis qu'il iroit faire la guerre en personne en Hongrie contre les chrestiens, ennemis de leur commune religion, qui est la mahometane. Le quatriesme d'avril, mourut Frederic IV, duc de Silesie, et le 3 du mesme mois, Philippe, duc de Brunsvic. En may, Sinan, bacha et premier vezir, aagé de quatre vingt quatre ans, alla rendre compte devant Dieu de tant de sang qu'il avoit fait espandre durant ce long aage qu'il avoit vescu. Ce fut luy qui chassa les Espagnols, l'an 1574, du royaume de Tunes. Il devoit ceste année accompagner le grand turc Mahomet en la guerre de Hongrie, et luy promettoit de le faire entrer dans Vienne. Ibrahym bacha, qui avoit espouzé la sœur du Grand Turc, eut sa charge de premier vezir et de general en la guerre de Hongrie. On tient aussi que le capitaine Drack, anglois, mourut le 17 de fevrier. Ce capitaine, bien qu'il ne fust noble, a executé en son temps plusieurs belles navigations : ayant tournoyé le monde, il revint en Angleterre chargé de grandes richesses, et depuis fut vice-admiral d'Angleterre. L'archevesque de Cambray, de la maison de Barlaimont, après avoir esté hors de son archevesché un long temps, y estant restitué, en ayant jouy cinq mois, mourut; et en son lieu fut esleu Jacques Sarasin, abbé de Sainct Vaast d'Arras. Voylà ce qui s'est passé de plus remarquable en ceste année.

[1597] Le 5 janvier, le Roy estant à Roüen, cependant que les plus grands des trois ordres de la France y estoient assemblez par son commandement pour donner ordre aux desordres que la guerre civile y avoit engendrez, et pour pourvoir aux moyens de faire la guerre au Roy d'Espagne, il fit celebrer la feste de l'ordre du Sainct Esprit, où il donna le collier dudit Ordre à messieurs le duc de Mont-morency, connestable de France, et au duc de Mont-bazon, aux sieurs de Bois-Dauphin et d'Ornano, mareschaux de France, au sieur d'Anville, admiral de France, aux comtes de Sanserre, de Chaulne et de Brienne, aux marquis de Mirebeau et de Royan, au vicomte d'Auchy, aux barons de Lus et de La Chastre, et aux sieurs de Vitry, d'Aumont, d'Alincourt, de Botheon, de L'Archant, de Racan, de Themines, de Palaizeau et de Bors.

Sur la fin de ce mois, Sa Majesté receut advis de la deffaite de l'armée du cardinal Albert d'Austriche à Tournhout, conduite par le comte de Varax, frere du marquis de Varambon, où le prince Maurice obtint la victoire. Voici comme cela advint.

Sur le commencement du mois de janvier 1597, ledit sieur prince adverty de divers endroits que ledit sieur cardinal estoit deliberé, soit par secrettes menées, soit par force, d'entreprendre encor ce mesme hiver quelque exploit contre les Provinces Unies, ayant à ceste fin, au mois de decembre, logé son armée au bourg de Tournhout en Brabant, laquelle estoit de quatre regimens de gens de pied, assavoir, de celuy du marquis de Trevic, neapolitain, auquel y avoit cinq cents appoinctez, celuy du comte de Sults, renforcé d'un autre regiment allemand, du colonel La Boriotte, et du sieur de Hachicourt, sous le capitaine La Coquielle son lieutenant, estans ces deux regimens de Valons, et les cinq compagnies de cheval de Nicolas Baste, don Juan de Cordua, Alonse Dragon, Grobbendonc et de Gusman, estant pour commandeur en chef sur toute l'armée ledit comte de Varax, baron de Balançon, auquel ledit sieur cardinal devoit envoyer joindre plusieurs compagnies de cavallerie et d'infanterie, tant espagnoles que d'autres nations, avec les munitions necessaires pour faire un grand exploict de guerre.

Le prince, pour le prevenir, fit venir et assembler en moins de huict jours, le plus secrettement qu'il peut, en la ville de Gheertruydemberg, environ six mille hommes de pied et de cheval, avec tout ce qui estoit de besoin, pour aller attaquer le vicomte de Varax. Le 22 janvier il partit avec ceste petite armée, deux canons et quelques pieces de campagne, qu'il fit marcher en toute diligence jour et nuict vers l'Espagnol, pour, à l'aube du jour, le charger en son logis à Tournhout.

Le prince estoit accompagné du comte de Solms et du chevalier Veer, colonel anglois.

Au mesme jour de son arrivée audit Gheertruydemberg, aborderent, quasi en l'espace de deux heures, tant contremont qu'aval de la riviere, plus de cent cinquante bastaux chargez de gens, d'attirail et de munitions de guerre, où se trouva pareillement messire Robert Sidney, chevalier anglois, gouverneur de Flessingue, avec trois cents soldats d'eslite de son gouvernement, et le lieutenant du gouverneur de la Bryele, avec deux cens soldats anglois.

Le comte de Hohenloo, lieutenant general du prince, qui s'estoit un peu auparavant preparé d'aller vers Allemagne pour ses affaires particulieres, estant retardé quelques jours par l'inconstance du temps, et venu presque aux frontieres des Provinces Unies, sur les nouvelles qu'il eut que le prince faisoit amas de gens de guerre au milieu de l'hyver, postposant son voyage, se voulut aussi trouver à ceste entreprise, et se rendit avec sa compagnie à Gheertruydemberghe.

Ledit sieur prince ayant faict cheminer son armée tout le jour et une partie de la nuict, sur la minuict il arriva à Ravels, petit village à une lieuë de Tournhout, où il fit reposer ses gens pour y attendre les derniers, qui y furent tous devant le poinct du jour.

Le comte de Varax, adverty de l'approche du prince avec ses forces et artillerie, voyant qu'il luy estoit inferieur en nombre, quitta de nuict son logis sans sonner trompette bour, et fit sa retraicte vers Herental, à quatre lieuës de Tournhout, ville tenant le party du roy d'Espagne, où il se pensoit retirer.

Le prince, arrivant à Tournhout à la poincte du jour, et trouvant les Espagnols jà partis, se mit avec sa cavallerie à les poursuivre, commandant aux gens de pied de le suivre en toute diligence.

A un quart de lieuë de Tournhout, quelque infanterie espagnolle, à la faveur d'un certain bosquet, gardoient le passage d'une petite riviere dont le gué estoit fort long et difficile pour la cavallerie qui n'y pouvoit passer qu'à la file, et non moins fascheux pour les gens de pied qui n'y pouvoient traverser que sur une planche assez estroitte.

Le prince, pour leur faire quitter ce passage, commanda au chevalier Veer et au sieur Vander Aa, lieutenant de ses gardes, d'y donner avec deux cents mousquetaires, ce qu'ils firent, et les en chasserent. Ce passage gaigné, le prince atteignit les Espagnols à une lieuë de Tournhout, en une plaine, marchant, regiment pour regiment, à cent pas l'un de l'autre; celuy des Allemans le premier, celuy de Hachicourt après, celuy de la Borlotte le troisiesme, et celuy des Neapolitains le dernier. A la main droicte marchoit là cavallerie espagnolle en trois troupes, estans couverts à la gauche d'un bois, leur bagage ayant gaigné le devant.

Dez que le prince, qui avec la moitié de sa cavallerie divisée en six escadrons, estoit demeuré à la queuë, vid que le comte de Hohenloo qui estoit devant luy avec l'autre moitié de sa cavallerie repartie pareillement en six troupes, estoit advancé, de sorte qu'il pouvoit charger l'Espagnol par le flanc, comme il luy avoit esté commandé, il fit aller le chevalier Veer et le gouverneur Sidney, et l'autre cavallerie de ses troupes, pour donner en queuë; et luy avec son gros demeura ferme affin de les soustenir et refraischir s'ils eussent esté repoulsez. Suivant cest ordre, ledit comte de Hohenlo et le comte de Solms chargerent les Espagnols par le flanc, et les autres seigneurs susdits donnerent sur la queuë avec telle furie, que, nonobstant toute resistance, l'ordonnance de l'Espagnol fut rompuë, sa cavallerie mise en fuite, et les gens de pied et de cheval qui ne se purent sauver de vistesse, tous deffaicts. Ainsi la seule cavalerie du prince desfit toute l'armée espagnolle. En ceste bataille il y mourut plus de deux mille hommes sur la place, avec le comte Varax, general, lequel, pour avoir esté trop simplement accoustré pour un chef, ne fut recognu, pensant celuy qui le tua que ce fust un simple soldat lien.

Le prince gaigna en ceste victoire trente drapeaux d'infanterie et une cornette de ca lerie, cinq cents prisonniers, et entre l plusieurs ayans commandement, et un j comte de Mansfeld. Ce qui combla sa vic fut le peu de perte de ses gens, car il n'y p que neuf hommes, dont le cavallier Dunk mourut quelque temps après, et aussi un g homme flamand nommé ...au, furent nombre, et fort peu de blessez.

Après ceste victoire, le prince alla couch Tournhout où il avoit laissé son artillerie partie de ses gens de pied sous la charge du s de Herauguiere, gouverneur de Breda. Aprè le chasteau eut enduré trois volées de cano garnison le rendit par composition, qui en s vies et bagues sauves : ce fait, ledit sieur prin retira, le huictiesme du mois de fevrier, ver Haye, et renvoya ses gens chacun à sa garni

Ceste perte fut regrettée par le cardina bert pour ce qu'elle luy rompit les desseins avoit, tant sur l'isle de Telen qu'au pay Zuyt-Beveland; mais ses entreprises du cost France luy furent plus heureuses, car il fit prendre la ville d'Amiens le unziesme de m où, sans perte des siens, il se rendit maistr ceste grande ville frontiere, forte, et la me politaine de toute la Picardie: ce qui advin ceste façon.

Hernandes, où Hernantello Portocarr gouverneur dans Dourlens, espagnol, homm petite stature, mais de grande entreprise, et pert en l'art militaire, aydé du conseil et de l vis de quelques François refugiez aux Pays- qui avoient des intelligences avec aucuns p culiers dans Amiens, après avoir donné a audit cardinal que les habitans d'Amiens avo bien receu en leur ville quarante pieces de non, huict cents caques de poudre, grand nom de boulets et autres munitions que le Roy y a envoyés, pretendant y faire son arsenall guerre pour entrer l'esté prochain à main ar dans le pays d'Artois, mais qu'ils n'avoient voulu recevoir quelques Suisses que Sa Maj y vouloit mettre pour un temps en garnison que ce refus faict par les habitans ouvroit moyen d'entreprendre sur ceste ville pour le d'ordre que l'on y faisoit à la garde, à cause le peuple y estoit fort haut à la main, s'asseu sur la forteresse de leurs murailles, et que ville estoit pucelle, toutesfois qu'elle se pou surprendre, s'il plaisoit à Son Altesse luy f donner cinq mille hommes de guerre, que ceste surprise on osteroit aux François seulement leurs munitions de guerre, avec lesquelles ils esperoient endommager les provinces obeyssantes au roy d'Espagne, mais que l'on porteroit la guerre jusques aux portes de Paris.

Le cardinal Albert, ayant fait consulter ce dessein en son conseil, de peur de donner ombrage aux François qu'il eust quelque entreprise sur ceste ville, renforça seulement ses garnisons voisines de la frontiere, et fit mutiner celle qui estoit dedans Sainct Paul pour leur payement, pour laquelle renger en son devoir plusieurs troupes s'y acheminerent; mais le lundy, dixiesme de mars, sur le soir, elles se rendirent toutes aux environs de Dourlens, au nombre de cinq mille hommes de pied et sept cens chevaux. Portocarrero, chef de l'entreprise, les fait acheminer le long de la nuit vers Amiens, où arrivé et ayant dressé son embuscade dans les ruynes proche de la ville, sur les huict heures du matin, à l'ouverture de la porte de Monstrecut, il envoya quarante soldats vestus en paysans, portans sur leurs testes et sur leurs espaules plusieurs fardeaux de diverses sortes de marchandises, et ayans dessous leurs sequenies l'escopette et la dague. Ils arriverent à ceste porte là par divers chemins, et cependant que l'on les interrogeoit d'où ils venoient et s'ils n'avoient point veu ou ouy dire que l'ennemy tenoit les champs, tous respondirent que non, et comme gens lassez ils se reposoient sur leurs fardeaux; mais, aussitost qu'ils virent que le chariot, que quatre soldats vestus en paisans conduisoient, approchoit de la porte, un d'entr'eux qui portoit un sac de noix, faisant semblant de le recharger sur sa teste, deslia la gueule du sac si dextrement qu'une grande quantité de noix tumberent par terre. Ceux qui estoient au corps de garde, qui estoient d'ordinaire pauvres gens, s'amuserent à en ramasser. Cependant le chariot estant dessous la grille, un des soldats qui le conduisoit couppa les traicts des chevaux affin que par ce moyen la grille ne peust estre abbaissée plus bas que de la hauteur du chariot; au mesme instant les autres se jetterent sur le corps de garde, duquel ils se firent maistres et de ladite porte de Monstrecut, puis aussi-tost donnerent le signal à Portocarrero et à l'embuscade, lesquels s'advancerent si diligemment qu'ils entrerent sans aucune resistance dans ceste grande ville, cheminans en foule, tirant droict à la place. En moins de demie heure ils se saisirent de toutes les forteresses, des eglises, de l'arsenal, des canons et de toutes les munitions. La plus-part du peuple, lors de ceste surprise, estoit au sermon; et, comme il vouloit sortir entendant le timbre du beffroy qui sonnoit l'alarme, ils trouverent que les portes de la grande eglise estoient saisies par les Espagnols et Valons. Ceux qui estoient dans leurs maisons, les voyans marcher par les ruës avec les escharpes rouges en bon ordre et equipage, avec resolution de vaincre ou mourir, commencerent à penser chacun pour soy, et, sans songer à aucune resistance, les uns se retirerent en leurs maisons, serrans leurs boutiques, les autres sortirent hors la ville par les portes qui sont du costé de France. M. le comte de Sainct Paul, qui commandoit, non seulement en ceste ville, mais à toute la Picardie, se trouva dedans lors de ceste surprise, avec sa famille seulement; mais, voyant le peu de resistance des habitans, il trouva moyen d'en sortir et de se sauver à Corbie.

Du commencement les Espagnols commencerent à desarmer tous les habitans, *præter paucos sibi addictos*, disent leurs historiens, c'est à dire excepté leurs traistres qui leur avoient donné l'advis comme ils devoient faire ceste surprise. La plus-part toutesfois de ceux qui ne s'estoient voulu remuër et exposer leurs vies pour s'opposer à l'entrée de leur ennemy se trouverent de libres prisonniers : leurs excuses de dire, « nous avons tousjours esté de la ligue, nous en sommes encores, nous sommes catholiques, nous sommes de vostre party, » ne servoit de payement aux surpreneurs, qui exercerent envers eux peu civilement leur victoire; car, après avoir butiné leurs commoditez, ils les rançonnerent tous, tellement que ceux qui en ont escrit disent que la proye trouvée en ceste ville surpassoit l'estimation que l'on en sçauroit faire, d'autant que c'est le lieu où arrivent les marchands de tous endroicts, tant de la France que des Pays-Bas, et ce pour la situation de la ville et pour l'opportunité de la riviere de Somme.

Le Roy, qui estoit de retour de Rouën à Paris avec toute sa cour, laquelle s'y estoit entretenuë aux esbats de la foire Sainct Germain et aux jours gras, tant en ballets qu'en diverses autres sortes de resjouyssances et exercices, receut ceste nouvelle le soir de ceste mesme journée. La tristesse fut grande parmy les François pour la perte d'une telle place; mais Sa Majesté aussi-tost monta à cheval, suivy de la noblesse qui estoit en court, et alla donner l'ordre requis à toutes les places proches d'Amiens espouvantées d'une telle surprise; et, ayant resolu de recouvrer ceste place par la force, il manda de tous costez ses troupes pour l'investir.

Hernantello d'autre costé escrivit au cardinal Albert que Amiens desormais serviroit de borne au pays d'Artois, comme elle avoit fait jadis du temps du bon duc Philippes de Bourgongne. Le cardinal luy manda et l'exhorta de conserver ceste place au Roy son seigneur. Il luy envoya, ainsi que plusieurs ont escrit, l'ordre de la Toison, l'asseurant de le secourir quand il en seroit besoin, et le loüoit infiniment de ce qu'il avoit surpris une telle place, à laquelle lettre Hernantello luy fit responce : « Quant à moy, je ne perdray jamais courage, et suis seur que le monde ne m'ostra jamais tant d'honneur comme Vostre Altesse m'en a donné ; je mourray avec cela, et me sera un assez honorable tombeau. »

Toute la France courut incontinent à ce siege ; et Hernantello, pour se mieux deffendre, fit brusler et ruyner tout ce qu'il put aux environs, puis donna ordre avec une grande diligence à tout ce qu'il estimoit necessaire pour conserver sa nouvelle conqueste : il envoya beaucoup de butin à Arras devant que d'estre assiegé de tous costez.

Pource que ce siege fut de six mois et quelques jours, nous dirons cy-après comme les Espagnols furent contrains de rendre la place aux François, et cependant nous traicterons plusieurs choses advenuës en plusieurs endroicts de la France et de la Flandre.

Au mesme mois de mars les Espagnols dresserent une entreprise sur Steenvic au pays d'Overyssel. Ceste ville, comme nous avons dit, avoit esté renduë au prince Maurice l'an 1592, après avoir enduré vingt neuf mil soixante-douze coups de canon ; mais, le seiziesme de ce mois, les Espagnols la voulurent reprendre par une surprise, dont ils furent rudement repoulsez avec perte de plusieurs des leurs, et ne remporterent de leur entreprise que dix-sept chariots, tant de morts que de blessez.

Au commencement du mois de may, le prince Maurice voulut tenter l'entreprise qu'il avoit sur Venloo au pays de Gueldre, où il se rendit avec quelque cavalerie et infanterie. L'exploict se devoit faire avec deux navires à l'ouverture de la porte de la ville qui donne sur la riviere de Meuse. Le premier et plus petit navire, auquel estoient les conducteurs de ceste entreprise avec le capitaine Matthis Helt et son lieutenant, fit son devoir ; cinquante hommes qu'il y avoit dedans se saisirent à heure dite du quay et de la porte ; mais comme le grand et second navire ne sceut si legerement monter à cause de la roideur du courant de l'eau de la riviere et de l'embarrassement des navires arrivés devant la ville, ne pouvant aborder avec ses gens qui estoient en plus grand nombre, les bourgeois eurent, tandis que les premiers gardoient la porte, loisir de se mettre en armes et de se ruër sur le capitaine Matthis, avec ce que les basteliers liegeois, qui estoient sur leurs navires, tiroient par derriere sur luy [illegible] ses gens ; tellement que n'estant point secouru, les bourgeois remporterent la [illegible] le capitaine Matthis et [illegible] capitaine du navire, furent tuez, et le lieutenant de Matthis, blessé, rapporté sur des picques par quelques soldats anglois ; ainsi le prince faillit son entreprise.

Bien que le cardinal Albert eust recogneu qu'il ne pouvoit secourir Amiens s'il ne laissoit aux Pays-Bas les places proches de celles du prince Maurice et des Estats desgarnies de gens de guerre, toutesfois il escrivit à Portocarrero qu'encore que Bruxelles et Anvers se deussent perdre, et tout ce que le roy d'Espagne tenoit ausdits Pays-Bas, qu'il luy donneroit secours.

Le prince Maurice, d'autre part, n'attendoit pour se mettre aux champs que de voir le cardinal s'acheminer avec son armée vers la France : de ce qu'il en advint nous le dirons cy après. Mais au commencement d'avril le cardinal sollicitoit par lettres le duc de Mercœur de faire la guerre en Bretagne, et le duc de Savoye en Dauphiné, affin que, les forces de France divisées en trois endroits, il pust plus aysement combattre le Roy ou l'empescher de reprendre Amiens.

Celuy qui portoit les lettres en chiffre au duc de Mercœur fut pris à Saumur, et estoit un jeune advocat de Beauvais, lequel, amené à Paris, confessa que c'estoit un autre advocat appellé Charpentier qui les luy avoit baillées, et qu'il alloit à Nantes et à Bruxelles porter et reporter les pacquets d'Espagne. Charpentier pris, et convaincu avec le porteur d'estre traistres à leur patrie, furent par jugement condamnez à [illegible] mort, et menez du grand Chastelet à la [illegible] avec des escritaux pendus à leur col ; ils y furent rompus vifs.

En ce mesme temps quelques-uns du [illegible] peuple qui avoient esté de la faction [illegible] dans Paris, au bruit de la surprise d'Amiens, ayans tousjours du vieil levain de leur [illegible]nerie, s'assemblerent en particulier ; il en fut trouvé quelques-uns à la ruë de La [illegible] dans une taverne, lesquels, s'estans mis dans une chambre à part, après avoir devisé des affaires d'Estat, selon ce qu'ils en [illegible], comme c'est la coustume de telles gens du menu peuple, et dit beaucoup de choses en la louange du roy d'Espagne à un qui estoit avec eux, lequel se feignoit estre au duc d'Aumale, et luy ayant nommé ceux qu'ils pensoient par les quartiers de Paris tenir encor leur party, ils se mirent en table, et beurent à tour chacun à la santé du roy d'Espagne, puis ils se mirent à se dire les uns aux autres : *Vive l'Espagne!* La [illegible]

Rapin, prevost de la connestablie, qui s'estoit mis dans une chambre là proche avec ses archers, se saisit d'eux ; cinq desquels furent pendus dès le lendemain à la place de Greve, deux autres trois jours après à la porte de Paris, et quelques-uns de bannis. Ces executions firent contenir en paix ceux qui eussent voulu remuër, tellement que l'on ne fit que renforcer les gardes aux portes de Paris.

Quant au duc de Mercœur il s'estoit advancé de Nantes à Chasteaubriant sur les frontieres de la Bretagne, du costé de l'Anjou, et pensoit faire là un gros pour entreprendre sur les places qui y tenoient pour le Roy. La cherté et disette des vivres estoit si grande en ce pays là aux mois d'avril, may et juin, que M. le mareschal de Brissac, qui y estoit lieutenant general pour le Roy audit pays et en son armée, fut contraint de separer ses troupes et les mettre en plusieurs parroisses barricadées aux environs de Rennes. Le sieur de La Tremblaye estoit logé à Messac avec les sieurs de La Troche, de Tevy, de Courbe, de Beaumont, de La Pommeraye, et quelque infanterie ; mais, adverty par ledit sieur mareschal de Brissac que le sieur de Sainct Laurens, lieutenant dudit duc de Mercœur, estoit party de Dinan, d'où il estoit gouverneur, avec cent bons chevaux et cinq cents hommes de pied, pour venir se rendre auprès dudit duc à Chasteaubriant, et qu'il estoit logé à Maure, sur cest advis la Tremblaye partit de Messac le 19 juillet sur le soir, et arriva le 20 à quatre heures du matin à Maure, où, pensant trouver ledit sieur de Sainct Laurent et le charger devant qu'il fust deslogé, il trouva qu'il estoit desjà party, et qu'il avoit pris le chemin du bois de La Roche, mais qu'il estoit encor peu esloigné, ayant à dessein de gaigner Messac et y passer la riviere de Vilaine. Sur cest advis le sieur de La Tremblaye commença à le suivre, et, sans perdre temps, fit cheminer ses troupes au mesme ordre qu'il les avoit mises pour attaquer ledit sieur de Sainct Laurens s'il l'eust trouvé dans Maure. Il fit faire telle diligence qu'à trois cens pas de là il apperceut le sieur de Tremereuc, frere du sieur de Sainct Laurens, qui avec son regiment faisoit la retraicte. Aussi-tost il le fit attaquer ; mais les ligueurs se retirerent incontinent à leur gros, et cheminerent en bon ordre plus d'une lieuë et demie ; ce qu'ils ne firent toutesfois sans qu'il n'en demeurast une cinquantaine par les chemins, entre lesquels fut le capitaine Hil. Ainsi poursuivis et pressez, ils furent contraincts de tourner teste, et se mirent dans un champ bien fossoyé, assez advantageux pour eux ; mais, après qu'ils y eurent rendu quelque peu de combat, les royaux leur firent une si rude charge qu'ils se mirent tous à la fuitte. Le sieur de Sainct Laurens avec sa cavalerie ayant faict quelque temps ferme, se sauva vers Dinan, laissant son frere de Tremereuc prisonnier de La Tremblaye, cent cinquante soldats morts sur la place ; et le reste de ses gens de pied pensant se sauver tomberent à la mercy des paisans, qui les assommerent presque tous. Le sieur de Sainct Laurens, retiré à Dinan, rassembla peu après quelques forces des garnisons voisines. Ayant envoyé deux cents cinquante hommes loger en une parroisse nommée Sainct Syriac, proche de Sainct Malo, ils s'y barricaderent dans l'eglise, faisant aux environs beaucoup de degasts, coupans tous les bleds, lesquels ils faisoient transporter à Dinan dans des chaloupes, pour ce que ceste parroisse est sur le bord de la riviere qui va à Dinan. Ceux de Sainct Malo envoyerent prier ledit sieur de La Tremblaye de les assister de ses troupes pour faire desnicher les ligueurs de Syriac. Il leur promit tout secours. Ensemblement ils resolurent qu'il iroit par terre les attaquer avec huict cents soldats, et que ceux de Sainct Malo avec deux galeres armées s'y rendroient par la mer ; ce qui fut executé.

Les galeres ayans foudroyé à coups de canon les barricades, en mesme temps ledit sieur de La Tremblaye les attaqua par terre ; de sorte que de deux cents cinquante il ne s'en sauva un seul qui ne fust tué ou pendu. De là ledict sieur de La Tremblaye, voulant poursuivre sa victoire, alla attaquer Le Plessis-Bertrand, qui estoit un chasteau où les ligueurs faisoient leur retraicte quand ils alloient faire des courses en ces quartiers là ; mais, en faisant les aproches, ledit sieur de La Tremblaye, n'ayant son casque en la teste, fut tué d'une balle ramée. Les capitaines qui l'assistoient, ayans eu advis sur l'heure que le sieur de Sainct Laurens, avec tout ce qu'il avoit peu amasser des garnisons de la ligue, faisoit un gros pour les venir attaquer, leverent le siege pour n'estre pris qu'à leur advantage, et, en s'en allant, rencontrerent le capitaine Chasteau-gaillard avec sa compagnie, qui se hastoit d'aller trouver Sainct Laurens, laquelle fut taillée et mise en pieces, et luy prins, auquel on fit dire, la dague sur la gorge, où estoit le rendez-vous dudit sieur de Sainct Laurens : ce qu'il fit. Cela estant sceu, les royaux luy allerent dresser une ambuscade sur le chemin par où il devoit passer. Sainct Laurens ne faillit point de venir, mais il se trouva plustost chargé qu'il n'eut recognu ceux qui le chargeoient, et, bien monté, se sauva dans Dinan, laissant sur la place trois cents des siens tuez et plusieurs capitaines prisonniers, entre lesquels furent les capitaines Theolet et son frere, Fontaine, le fils de Fonsebon, le gouverneur de Lamballe et plusieurs autres.

Ceste perte fut estimée la plus grande que les ligueurs eussent encor receu en ceste province, pour ce qu'il fut tué en ce dernier exploict plus de six cents soldats. Les royaux, sans la mort dudit sieur de La Tremblaye, qu'ils regretterent fort, eussent eu une victoire entiere. Ces deux desfaictes furent cause que M. de Mercœur ne fit aucune entreprise cest esté, sinon que les garnisons des villes qu'il tenoit endommagerent fort le plat-pays par leurs courses; et, voyant la reprise d'Amiens, il accorda une suspension d'armes, ainsi que nous dirons cy-après, à la fin de laquelle ceux de Dinan furent contraincts de se rendre au mareschal de Brissac Voylà ce qui se passa en la Bretagne.

Quant à la Savoye et au Dauphiné, Sa Majesté prejugeant que le duc de Savoye ne faudroit point, tandis qu'il le verroit empesché en la reprise d'Amiens, de faire fondre ses forces en Dauphiné ou en Provence, et y entreprendre ce qu'il pourroit, il donna congé sur la fin du mois de mars au sieur Desdiguieres, lequel l'estoit venu trouver à l'assemblée de Roüen, et le fit son lieutenant general en l'armée qu'il luy commanda de dresser en Dauphiné, pour avec icelle entrer dans la Savoye, et empescher le duc dans son propre pays, sans qu'il vinst se promener en France. Voicy ce qu'il en succeda.

M. Desdiguieres partit de Grenoble, siege du parlement de Dauphiné, et proche de la Savoye, au commencement du mois de juillet, avec une petite armée composée de quatre à cinq mille hommes de pied et de cinq à six cents chevaux, et s'achemina vers la Morienne, pays des dependances et appartenances du duché de Savoye, grand chemin de Piedmont et d'Italie. Après avoir, non sans grand travail, surmonté les difficultés des chemins et precipices des montagnes et rochers, en fin il gaigna le dessus de la montagne, où il trouva un corps de garde de cinq cents hommes barriquez à l'advantage, lequel fut assailly si vifvement et si furieusement, que, ne pouvants les Savoyards soustenir l'effort des François, ils furent contraincts de quitter la place.

Aussi-tost l'armée se rendit à Sainct Jean de Morienne, principale ville dudit pays, et en mesme temps se saisit de toute ladite valée, jusques au mont Senis, et donna la chasse au comte de Salines qui y commandoit pour le duc de Savoye, lequel, après avoir quitté le chasteau Sainct Michel et abandonné quelques vil-

lages près de là où il s'estoit barri
cadé quelque peu de combat, se
mont Senis en Piedmont, et à la
plus-part de ses soldats laisserent
par les chemins, comme aussi quan
tions de guerre, qui demeurerent
des François. Ainsi le sieur Desdig
dit maistre paisible de toute la Mo
tifia Sainct Jean et le chasteau S
et se saisit de tous les forts qui p
pour la seureté dudit pays.

Peu après le duc de Savoye p
monts par le val d'Aoste, avec tr
liens et bon nombre de cavalerie
tint Jules Cesar, pour empescher l
Suisses, et se rendit vers Cham
Tarantaise, où estoit son armée
six mille hommes de pied et huit
vaux, commandez par le comte M
Nonobstant ce, les François ne
poursuivre leur pointe, et saisirent
place fort commode pour les vivres
et qui fermoit le passage de Savoye e

Pour rendre les chemins plus ass
noble en l'armée, et pour avoir fa
des vivres et munitions de guerre
voient tirer du Dauphiné, M. Desd
tit, le seiziesme jour de juillet, av
bre de cavalerie et les regimens d'
Foste-couverte, tant pour aller à
bourg et chasteau, où il arriva ce j
que pour joindre son artillerie et
Crottes, de Rival et de Velouzes.
fit donner au bourg de La Roch
aussi-tost emporté, et les Savoyard
de se retirer au chasteau, qui le len
la veuë du canon, se rendirent v
ceux qui en sortirent furent condui
jour en lieu de seureté.

Le 20 de juillet l'armée françoise
vers Chamoux, et en chemin se saisi
teau de Villars Sallet, maison des
Mont-majour : elle arriva à Cham
midy. De là, la cavalerie print le
costé de Chamousset tant pour inv
Chamousset, que pour voir la
des Savoyards qui estoient logez
et à Sainct Pierre d'Albigni, qui es
dudit Chamousset. Là, M. Desdig
advis que le duc de Savoye faisoit
l'Isere, de l'autre coste de la riviere
ciliter et asseurer le passage d'icelle à
et pour prendre logis audit Chamo
fort advantageux pour luy, et qui e
ment incommodé l'armée royale
de Dauphiné à icelle. Ce fort avoit

en forme triangulaire sur le bord de la riviere, et, à force de pionniers, mis en defence et relevé de la hauteur d'une picque en une nuit. Le sieur Desdiguieres, l'ayant recogneu, mit le fait en deliberation, et, suivant l'advis et conclusion du conseil qui estoit près de luy, se resolut de l'attaquer par deux costez, et à l'instant fit avancer deux mille harquebuziers commandez par le sieur de Crequy, avec un canon duquel furent tirez six ou sept coups; et tout aussi-tost l'infanterie, soustenuë de la cavalerie, donna dedans si vivement et si furieusement que ledit fort fut emporté, quelque resistance que fit don Philippin, frere bastard du duc, avec six cens soldats et plusieurs gentils-hommes qui estoient dedans; et nonobstant quatre bastardes logées de l'autre costé de la riviere, qui tiroient incessamment du long des flancs dudit fort, il fut forcé par la pointe où le canon avoit fait ouverture. En ceste prinse, le duc de Savoye perdit plus de quatre cens hommes, que tuez que noyez, et plusieurs gentils-hommes de sa cour à sa veuë, luy estant avec son armée de l'autre costé de la riviere. Le baron de Chauvirieu, comtois, y fut tué, et le colonel Just fait prisonnier. La nuit suivante le fort fut desmoli, et le chasteau de Chamousset quant et quant rendu.

Le lendemain l'armée françoise s'achemina avec le canon à Aiguebelle pour achever le siege de La Tour de Charbonniere, place forte d'assiette, et qui couvre Aiguebelle, où il y avoit trois compagnies; laquelle se rendit après quelques volées de canon par composition, y ayant esté tué le chef qui commandoit et deux capitaines au premier abord.

Sans perdre temps ladicte armée alla assieger le chasteau de L'Esguille, place non moins forte d'assiette que de fortification, estant posée sus la croupe d'une montagne qui rend d'un costé l'avenuë inaccessible, et de l'autre costé ayant un double fossé avec un rempart fort espoix entre deux; neantmoins, après y avoir esté tiré deux cens coups de canon, la place fut emportée. Par ceste prinse les François eurent toute la Morienne et tout ce qui est de là l'Isere, depuis le mont Senis jusques à Montmelian.

Cependant le duc de Savoye, estant renforcé de deux mille cinq cens Suisses, et autant de Neapolitains et Espagnols, se vint loger autour du Mont-melian; dequoy M. Desdiguieres averty et ayant eu advis que ledit duc, ainsi fortifié, faisoit estat de le venir voir, pour luy accourcir son chemin, fit marcher l'armée françoise celle part, et se vint loger aux Molettes, à demy lieuë françoise du susdit Montmelian, la riviere de l'Isere entre deux. Peu après, le duc de Savoye fit passer ladite riviere de l'Isere à son armée sus un pont de batteaux qu'il avoit fait dresser près celuy de Montmelian, et se vint loger à Sainct Helene, qui est vis à vis des Molettes, lieux un peu eslevez, et non distans l'un de l'autre plus d'une canonade, un grand pré et un petit marais entre deux. Ce jour se passa en escarmouches; mais le lendemain le duc de Savoye fit paroistre toute son armée, qui estoit de quinze mille hommes de pied et quinze cens chevaux, en bataille dans un grand pré au devant du coustau où il estoit logé; et le sieur Desdiguieres en fit le semblable de son costé. L'escarmouche s'attaqua fort chaude, qui dura cinq heures, où demeurerent de ceux du duc environ cinq cens que morts que blessez, et de ceux du Roy environ quarante de morts et soixante de blessez; et, n'eust esté un fossé qui se trouva entre-deux, de largeur de six pieds, fort profond et plein d'eau, le combat eust esté beaucoup plus general et plus grand. Voilà ce qui se passa jusques au douziesme d'aoust.

Le quatorziesme, le duc de Savoye fit couler, dès les huict heures du matin, trois mille harquebuziers derriere un grand bois tout près des retranchemens de l'armée françoise, et d'un autre costé logea ses Suisses avec un autre gros d'infanterie dans un pré, pensant les forcer. Quand tout fut ainsi logé, et sa cavalerie où il estoit dans un vallon, il fit tirer sur les deux heures un coup de canon, et à l'instant de tous costez s'attaqua l'escarmouche du tout grande, laquelle fut bien receuë; car la cavalerie et infanterie françoise s'estoit à ce bien resoluë et apprestée. La cavalerie soustint tousjours l'infanterie, sans que les canonnades en fissent branler aucuns pour desloger, combien qu'elles tirassent incessamment. A cest effort le duc y laissa sur la place plus de douze cens hommes, que morts que blessez. C'estoit une entreprise où il y avoit plus de passion et d'animosité que de conseil. Il fut en ceste escarmouche tiré plus de cinquante mille harquebuzades: on ne voyoit que morts et sang par la campagne; l'attaque dura cinq heures.

Outre plus, sur les six heures du soir, le colonel Ambroise, avec cinq cens Espagnols naturels, traversa le marais pour forcer un corps de garde qui estoit de ce costé là; mais au bruit y accoururent les sieurs de La Baume et du Poüet avec leurs escadrons, qui les chargerent si rudement qu'ils en firent demeurer cent cinquante sur place, et prirent plusieurs prisonniers; le reste se sauva sans armes par les marais.

Le samedy, seiziesme dudit mois, le duc de Savoye quitta le champ de bataille, et, sur l'aube du jour, se retira par delà la riviere, quitta son logis, et passa vers Montmelian, et de là s'en alla loger aux Barraux, à l'entrée de la valée de Grisvaudan, qui va respondre à Grenoble. Pendant le peu de sejour que firent ces deux armées aux Molettes et à Saincte Helene il y eut plusieurs deffits, mais point de combat general. L'armée du duc s'estant logée aux Barraux, celle du Roy vint prendre logis, de l'autre costé de la riviere, en un lieu appellé le pont Charra, à demy lieuë de celle du duc, la riviere de l'Isere entre deux.

La duchesse de Savoye qui estoit à Turin avoit envoyé en ce mesme temps nombre de soldats, tant des garnisons que de la milice de Piedmont, par la valée de Pragelas, pour entrer de ce costé là en Briançonnois, et fermer le passage d'Eschilles en cas qu'il fust assiegé; mais ces troupes furent rencontrées par des troupes françoises qui en tuerent une partie; plusieurs furent noyez, et partie precipitez dans des rochers; tellement qu'il s'y perdit bien quatorze cens hommes.

Le 8 de septembre, les seigneurs de La Baume et de Sainct Just, par le commandement de M. Desdiguieres, partirent, après minuit, de l'armée avec deux cens maistres et cent carrabins, et se coulerent au long de l'Isere environ demi lieue, où ils passerent deux heures devant le jour dedans un isle qui estoit au milieu de la riviere, non sans grande difficulté et danger, l'eau leur passant jusques par dessus les selles des chevaux, et là se mirent en embuscade. Sur l'aube du jour passerent à leur veuë neuf cornettes de la cavalerie savoyarde, faisant en nombre cinq cens maistres bien couverts en deux troupes qui alloient à la guerre vers Grenoble, commandées par dom Sancho de Salines, general de la cavalerie legere du duc en Savoye. Ceste cavalerie estoit envoyée par le duc au Dauphiné pour faire le degast aux environs de Grenoble, et par ce moyen tascher à faire retirer M. Desdiguieres de la Savoye pour aller secourir le Dauphiné; mais les Savoyards ayans outrepassé environ demi lieuë, le sieur de La Baume sortit de son embuscade, et traversa un autre bras de l'Isere qu'il falloit encores passer pour aller à eux où l'eau ne venoit que jusques aux selles des chevaux, et gaigna la pleine à la veuë du gros de l'armée du duc, puis enfila après Salines, lequel une petite heure après il rencontra au dessous de La Frette.

La Baume avoit dressé ses troupes en ceste sorte: ses avant-coureurs estoient conduits par le sieur de Sainct Just, nepveu de M. Desdiguieres, qui marchoit devant avec quarante maistres et dix carabins à main droicte, autant à gauche; il estoit suivy du sieur d'Aramond avec vingt maistres, et luy estoit à leur queuë avec quatre vingts maistres, vingt carabins à main droite, et autant à gauche. Tout aussi-tost qu'ils furent proches de l'ennemy, Sainct Just fut commandé de charger vivement les premieres troupes ausquelles commandoit Salines: ce qu'il fit bravement, et à l'instant il fut secondé par ledit sieur de La Baume, si ferme, qu'elles furent aussi-tost desfaites; de là ils chargerent l'autre troupe commandée par dom Evangeliste, qui ne rendit pas tant de combat que la premiere. Deux cens morts demeurerent sur la place, qui ne furent ny fouillez ny desarmez, car le sieur de La Baume avoit fait commandement de se descendre de cheval, sur peine de la vie, et n'avoient mené aucuns valets. Ils prirent cent prisonniers, deux cens chevaux de service: il en fut tué plusieurs pour terrasser les maistres; tous les chefs desdites neuf compagnies y demeurerent, ou morts ou prisonniers. Dom Salines, general, fut fait prisonnier, comme aussi dom Parmenion, don Jean de Sequano, premier capitaine de la cavalerie, le seigneur Evangeliste, dom Roario, dom Probio, capitaines de la cavalerie. Du çosté des François il n'y demeura que six hommes.

Cependant que l'armée du duc estoit logée à Barraux, auquel lieu il faisoit faire un fort à bastillons pour couvrir son pays, l'armée du Roy demeura vis à vis à Pontchara, d'où elle partit le dernier octobre, et se retira aux environs de Grenoble.

Au commencement de novembre ledit sieur Desdiguieres envoya quatre regiments vers Barselonnette, lesquels, nonobstant les très-difficiles chemins qu'ils trouverent, prindrent Allost, et sur la fin dudit mois Sainct Genys.

Le duc de Savoye avoit une intelligence grande sur Romans, où estoit lors le parlement du Dauphiné à cause de la contagion qui estoit à Grenoble; mais ceste trahison fut descouverte et fut sans effect. La saison de l'hyver advancée fut cause que les uns et les autres se retirerent en leurs garnisons pour se refraischir ez pays où ils estoient les plus forts. Le duc se retira à Chambery, et le sieur de Crequy avec quelques regiments dans la Morienne. Sur la fin de ceste année le comte de Carraval, avec douze enseignes de gens de pied et deux cornettes de cavalerie, fut rencontré à Sainct André par le sieur de quy, par luy deffaict et pris prisonnier, e drappeaux et cornettes envoyées au Roy.

ce qui s'est passé de plus remarquable en ceste année entre les François et Savoyards.

Avant que de retourner au siege d'Amiens, voyons quel succez eut l'entreprise que fit un soldat de fortune appellé Le Gaucher sur Ville-franche, petite ville frontiere de Champagne. Nous avons dit cy dessus que ceste petite ville avoit esté restituée au Roy par le duc de Lorraine suyvant leur accord. Le sieur de Trumelet fut mis dedans gouverneur, sous M. de Nevers, gouverneur de Champagne, avec trois compagnies de gens de pied et une de gens d'armes. Les Bourguignons [l'on appelle ainsi tous les subjets du roy d'Espagne voisins de ceste frontiere, mesmement ceux du duché de Luxembourg], desirans avoir un pied dans la province de Champagne sur laquelle ils faisoient des courses ordinaires, jetterent l'œil sur Ville-Franche comme place fort propre à leur passage et entrée dans ceste province, et à cest effect s'adresserent à quelques soldats de la garnison, avec promesses de les faire riches à jamais s'ils vouloient livrer ceste ville. Ces soldats ne les rejetterent pas du premier coup, ains les entretinrent; mais ils communiquerent ce secret audit sieur de Tremelet, lequel, ayant bien pensé à cest affaire et à ce qui en pouvoit reüssir pendant cest important siege d'Amiens, mesmes en ayant eu advis des gouverneurs des places voisines, se resolut de commander auxdits soldats de passer outre, et entrer plus à descouvert en paroles avec ledit capitaine Gaucher, qui estoit celuy de la part des Bourguignons qui les recherchoit. Suivant ce commandement, ces soldats parlent au Gaucher, s'accordent avec luy du temps, heure et moyens de luy livrer Villefranche, touchent argent selon leur composition, avec esperance de plus : jour est pris pour l'execution au troisiesme du mois d'aoust, la nuict du dimanche au lundy. Le sieur de Tremelet, embarqué en ceste entreprise hazardeuse, rechercha prudemment et secrettement tous les gouverneurs des places voisines pour luy prester leurs hommes et moyens necessaires, non seulement pour sa conservation, mais pour repousser et deffaire les ennemis. Les sieurs comte de Grandpré, Rumesnil et d'Estivaux, gouverneurs de Mouzon, Maubert et Sedan, luy accorderent sa demande : qui presta sa personne, qui ses hommes et moyens. Ledit sieur de Rumesnil print charge de conduire les troupes ramassées des garnisons; et à poinct et jour nommé s'approcha à Sedan, et en partit sur le soir du dimanche troisiesme aoust, et tira à Villefranche, jettant dedans la ville des gens de pied jusques au nombre requis par le sieur de Tremelet, et qu'il jugeoit necessaire. Avec le surplus des gens de pied et la cavalerie, il s'embusqua à demie lieuë de Ville-franche, là où d'autre costé tiroit Gaucher et ses troupes pour executer son entreprise. Le signal devoit estre au Gaucher, pour entrer après les premiers des siens, un coup de canon, et à M. de Rumesnil aussi un coup de canon pour sortir de son embuscade. L'heure venue, chacun se prepara et employa, Gaucher à faire descendre de cheval toutes ses troupes à un demy quart de lieuë de Ville-franche, et les conduire jusques dans le fossé, et par l'adresse desdits soldats dans la ville; le sieur de Rumesnil à donner à propos par derriere en mesme temps que le jeu se commenceroit en la ville. Ce qui fut dit fut faict. Le signal donné, on vient aux prises, les plus advancez dans la ville et au fossé furent tous mis au fil de l'espée, ou fricassez par les instrumens à feu, ou noyez dans le fossé. Gaucher, qui se bastoit pour suivre ceux qui estoient entrez dans la ville, fut tout estonné que luy et les siens fussent chargez à dos par le sieur de Rumesnil; et, n'eust esté qu'on luy menoit son cheval en main après luy, il y fust aussi demeuré; mais il le gaigna et se sauva à la fuite. Il laissa trois cents des siens morts sur la place et six vingts prisonniers. Tous les chefs et capitaines, fors ledict Gaucher, y demeurerent : tous leurs chevaux furent prins par ledit sieur de Rumesnil; et de cinq à six cents hommes qui estoient là venus avec ledict Gaucher, il ne s'en sauva pas cinquante à la faveur de la nuict. Voyons tout d'une suitte ce qui se passa au siege d'Amiens.

Le Roy, ayant fait le mareschal de Biron son lieutenant en ce siege, alla luy-mesme revisiter toutes les places frontieres; et cependant que de tous les endroits de la France on s'acheminoit pour faire desmordre à l'Espagnol ceste place, Hernantello, qui y avoit dedans plus de quatre mille hommes de guerre, faisoit faire force sorties. Le dixseptiesme juillet il en fit faire une de cinq cents hommes, la moitié menez par le capitaine Durant d'un costé, et par un autre endroict François de Larco menoit l'autre moitié. Ils donnerent de telle furie qu'ils entrerent plus de deux mil pas dedans les tranchées de François, tuans à chasque redoute tout ce qu'ils rencontrerent. Le sieur de Montigny, maistre de camp, y fut tué, et les sieurs de Flessan et Fouquerolle, avec plusieurs autres. Sur ceste alarme nouveau renfort estant venu, les François contraignirent les Espagnols de se retirer en la ville, ce qu'ils firent à la faveur de leur canon et de la cavalerie que fit sortir Hernantello, non toutesfois sans en avoir laissé plusieurs morts sur la place, et entr'autres un des Mendosse. En la lettre qu'Hernantello en escrivit au cardinal Albert, il luy manda :

« Je puis asseurer Vostre Altesse que ce fut la plus honorable sortie que j'aye jamais veuë depuis que je suis soldat. Il en est mort cinq cens de la part de l'ennemy, et entre iceux des maistres de camp et des personnes de plus grande qualité, beaucoup de noblesse et grand nombre de blessez : le canon joua de nostre part de telle sorte qu'il endommagea grandement les ennemis avec peu de perte de nostre costé : toutesfois je la ressens beaucoup pour estre forcé de hazarder tant de bons soldats; et c'est grand dommage que nous perdions un soldat, n'ayant pas deffaict toute ceste armée. L'ennemy a si grand peur, qu'aussi-tost que nous baissons le pont de la ville pour quelque chose que ce soit, il quitte incontinent les trenchées, ou se met en grande garde. Avec tout cela il s'approche en telle diligence que avec des pierres nous nous pouvons faire mal les uns aux autres; et sans doute, quand ceste lettre arrivera en vos mains, l'ennemy sera logé sur le fossé; et, encores que nous ne perdions pas courage, cela nous donnera bien de la peine; car nous avons affaire à toute la France, aux yeux et à la veue de son prince; et, si nous ne craignions un mauvais succez, ce seroit plustost temerité que valeur. Considerez qu'en ce fait ici il s'agit de la seureté de tout ce royaume, de la couronne et sceptre d'un roy, et, qui plus est, de l'authorité de nostre maistre et de Vostre Altesse, et, après tout cela, que ce ne sera pas peu de perdre ceste infanterie et cavallerie qui est icy. C'est ce qui doit donner à Vostre Altesse mille gloires : mesmes, à ceste heure que nous avons nostre esperance sur la venue de Vostre Altesse, et que nous sommes persuadez que vous avez escrit qu'encore que Bruxelles et Anvers se perdent et tout ce que Sa Majesté tient en Flandres, si faut il neantmoins secourir ceste place, comme je l'ay fait entendre. Hastez vous donc, et ne donnez occasion de perdre courage, maintenant que nous commençons à descouvrir qu'il y a des volontez lasches, lesquelles s'asseureront s'ils ont advis de vostre venue. Quant à moy, je ne perdray jamais courage, et suis seur que le monde ne m'ostera jamais tant d'honneur comme Vostre Altesse m'en a donné. Je mourray avec cela, et me sera un assez honorable tombeau : ce qui arrivera sans faute, puis que mes ennemis font estat de ne m'avoir jamais qu'à force de canon. Je ne trouve point moyen de bailler des aisles à Vostre Altesse. Dieu vueille que ces tiedes conseils ne nous apportent de grands mal-heurs. La peste est forte, les morts ne ressuscitent point, les blessez en occupent d'autres qui les secourent, la place est grande, les provisions et munitions moindres qu'on ne s'imagine. Il nous manquera beaucoup de choses tout d'un coup, et de ce coup là beaucoup se ressentiront. »

Le Roy ayant fait mener quarante cinq pieces de canon devant Amiens, il estonna tellement les assiegez par une continuelle batterie, qu'Hernantello fut contrainct d'escrire encor audit cardinal Albert.

« Il est temps maintenant que nous cessions d'escrire, car je travaille avec les soldats et bourgeois au ravelin, auquel, en peu de jours, j'attens la continuation de la batterie de l'ennemy par trois costez. Nos deffenses sont bien visitées de son artillerie; la nostre ne peut jouer qu'avec grande difficulté; elle est offencée de la leur, encores que l'entrée en soit couverte, comme j'escrivis à Vostre Altesse. L'ennemy tient desjà un ravelin de gazons auquel il nous a assaillis avec toute la France : il leur en a cousté plus de cent de leurs plus braves. Il nous demeuren entre les morts et les blessez, et ils nous le firent quitter deux jours après, et nous en chasserent avec le sappe et la mine. Ils donnerent le feu à une mine qui n'offensa personne, et aussi ils nous demeurerent redevables; car quelque Simons Magus (1) volerent la hauteur de six picques en une autre mine. Vous me mandez que je vous donne avis de ce qui importe. Je ne vous veux dire tout ce que vous desirez par vosdites lettres du sixiesme d'aoust. Les discours humains sont faillis. Nostre esperance est en Dieu et en la pressée venue de Vostre Altesse pour donner bataille ou la recevoir. Je le dis afin que l'obeyssance ne perde son merite en moy. Les tranchées de l'ennemy sont extraordinaires et fort profondes, avec des portes et redoutes, pour ne perdre pas un soldat s'il les veut garder. Quant aux sorties, je n'en puis plus faire, parce que je perds des soldats, et vous asseure qu'à l'occasion de la peste, des blessures et autres infirmitez, il ne m'est pas demeuré plus de deux mille hommes avec la cavalerie, et si nous avions ceux que nous avons perdus, ils nous feroient besoin. La diversité des nations eust apporté changement si je n'y eusse remedié par l'experience que j'ay. Je ne dis rien des autres volontez et intentions, pour ne vous dire beaucoup de choses que je pourrois. L'ennemy, suivant ce que je vous ay

(1) Allusion à Simon le magicien qui se vantoit de voir s'élever dans les nues. Cet imposteur vivoit du t[emps] de Néron.

et de Bapaume, et qu'elles se trouvassent prestes quand ils y passeroient; pouvans faire ensemble lesdites garnisons de cinq à six cents chevaux : ce qui fut fort bien executé. Et estans arrivez lesdits mareschaux de camp audit Dourlans le jeudy, 18 d'aoust, sur les six heures du soir, ayant repeu à La Haye seulement sans entrer dans la ville, partirent à la poincte de la nuict avec les susdites garnisons, pouvans faire tous ensemble de neuf cents à mille chevaux; et, ayans cheminé toute la nuict, arriverent à l'aube du jour au dessous du village de Quirieu qui est sur le bord d'un ruisseau et à deux lieuës du quartier du Roy, et commencerent à recognoistre ledit logis. Ils furent premierement descouverts par une troupe de chevaux legers et carabins revenans d'une embuscade qu'ils avoient dressée, lesquels en porterent les premiers advis à Sa Majesté sur les six heures du matin. Tout aussi-tost, encores qu'il n'y eust gueres qu'il se fust mis au lit, parce qu'il avoit esté durant une partie de la nuict debout à cause de deux alarmes qui furent données, il monta à cheval, et, estant pour le commencement fort peu accompagné, n'ayant auprès de luy que M. le grand escuyer et quelques autres de sa noblesse, s'en alla droit au lieu où les ennemis avoient esté recognus, et, passant par le logis des carabins, les fit monter à cheval et quelques-uns des chevaux legers. Cest advis luy ayant encores esté confirmé sur le chemin, il manda à M. le connestable qu'il fist ferme au quartier pour pourvoir à ce qui y pourroit survenir, et au mareschal de Biron qu'il le vinst trouver. Il manda aussi au sieur de Montigny qu'il luy amenast quelque troupe de cavalerie legere, estimant plustost pour lors recognoistre jusques où les ennemis estoient venus et les lieux qu'ils avoient recognus, que non pas qu'ils eussent attendu si tard à se retirer : toutesfois il se trouva qu'ils avoient esté plus paresseux qu'il ne leur convenoit, estans si près d'une armée si esveillée qu'estoit lors celle des François; car le Roy n'eut pas cheminé plus d'une lieuë et demie qu'il les apperceut, ce qui le fit advancer encores d'avantage; et, estant arrivé audit lieu de Quirieu, y arriva aussi-tost le mareschal de Biron, qui y estoit accouru sur un courtaut. Et lors avec luy et les autres seigneurs et capitaines qui s'y trouverent, Sa Majesté resolut incontinent de se mettre à leur suitte avec environ cent cinquante carabins et quelques deux cents chevaux, tant de ladite cavalerie legere que des princes, seigneurs et de la noblesse de sa suitte, et les courut à toute bride jusques à Encre, à sept lieuës de son quartier, où, y ayant là un ruisseau à

passer, les [illegible]
tous [illegible] du Roy, [illegible]
gneusement; dont [illegible]
espouvantés, que, [illegible]
d'eux, qu'ils [illegible]
mencerent à se [illegible]
divers costez; [illegible]
rez pour la [illegible], et qui [illegible]
mieux montez, [illegible]
qui demeura à la [illegible]

Le Roy ne laissa de [illegible]
ayans mis devant soy [illegible]
Biron et ledit sieur de [illegible]
de la troupe qu'il avoit, [illegible]
de luy, ils les coururent [illegible]
Bapaume, diminuans [illegible]
les chemins, et ne les [illegible]
à la veuë de leur retraicte. [illegible]
deux de leurs cornettes, [illegible]
leur rendit inutiles cinq [illegible]
sonniers que morts; car [illegible]
que le plus grand [illegible]
retirerent dans les bois. [illegible]
vingt lieuës, et n'en [illegible]
fust une heure de nuict. Les [illegible]
le soir sçavoir ceste nouvelle [illegible]
resjouyssance generale qui en [illegible]
mée, à quoy il se recognoent [illegible]
noient nul plaisir.

Le Roy faisant continuër sa [illegible]
tello fut tué sur un ravelin le [illegible]
septembre. Après ceste mort [illegible]
Montenegro fut recognu des [illegible]
chef et gouverneur.

Deux jours après, M. de Sa[illegible]
neur de Brouage et grand-mais[illegible]
de France, fut tué dans les tre[illegible]
qui fut tiré de la ville.

Le cardinal Albert ayant [illegible]
chevaux et quinze mille homm[illegible]
que l'on luy eust faict recogn[illegible]
toit des Pays-Bas, que le prince [illegible]
droit pas d'entreprendre sur q[illegible]
son absence, il ne laissa de par[illegible]
rivé à Dourlans avec toutes [illegible]
canons et six cents chariots ench[illegible]
vir de barricade et de closture à [illegible]
blioit qu'il feroit lever le siege d'[illegible]
presenteroit bataille au Roy s'il [illegible]

Le 15 de septembre, sur les d[illegible]
midy, contre l'opinion de la [illegible]
çois, ledit cardinal parut [illegible]
de Long-Pré où le Roy [illegible]
le Roy put faire [illegible]
ment toutes ses [illegible]
qu'il avoit [illegible]

de lieuë arriere la fermeture de son camp retranché pour se garantir des canonades, tant des assiegez que de l'armée du cardinal. Il fit aussi venir le canon; et cependant il laissa auprès de la ville pour la garde des tranchées trois mil hommes.

Le cardinal approchoit tousjours, et venoit avec un fort bel ordre, de sorte que les Espagnols estans à trois cents pas de Long-Pré, on pensoit qu'ils le deussent emporter d'emblée; mais la diligence du Roy, et l'ordre qu'il mit en un moment, les arresta tout court; car le canon des François fit un merveilleux dommage, et effraya tellement l'armée du cardinal, que dès l'heure il fit sonner la retraicte, et se logea à un quart de lieuë de là, au quartier où estoient logez les chevaux legers du Roy, qui estoit le long de la riviere, au village de Sainct Sauveur. Il se fit de fort belles escarmouches, et le canon joüa long temps d'un costé et d'autre. M. Fournier, lieutenant de la compagnie de Cesar Monsieur, y fut tué, et quelques gentils-hommes blessez. Toute la nuict se passa avec beaucoup d'allarmes, et toute l'armée françoise demeura au champ de bataille. Le Roy fit jetter à l'instant deux mille hommes dans Long-Pré, où on se retrancha.

Sa Majesté, voyant le cardinal logé au bord de l'eau, fit passer delà la riviere trois canons, et sur le tard en fit tirer quelques coups sur son armée, de façon qu'il ne sçavoit où bien loger.

Il avoit aussi laissé par delà l'eau, du costé de France, les sieurs de Montigny, de Vic, de la Nouë et d'Escluseaux, avec trois mille hommes de pied et quatre cents chevaux, ayant eu quelque advis que l'intention dudict cardinal n'estoit que de faire couler du secours dedans Amiens de ce costé là : ce qui estoit la verité; car, dez le lendemain matin, il fit dresser, à la faveur de son canon et de son armée, un pont artificiel sur la Somme, sur lequel il commença à faire passer deux mille cinq cents hommes, parmy lesquels il y en avoit huict cents, que capitaines qu'appoinctez, et tous ensemble se devoient aller jetter teste baissée dedans la ville; mais, ayans esté descouverts par lesdits François qui estoient de là l'eau, ils furent si bien attaquez qu'ils furent contraints de repasser promptement et en desordre au gros de leur armée, laissans plusieurs des leurs morts sur la place, et plusieurs noyez, sans avoir loisir de reprendre leur pont qu'ils abandonnerent aux François.

Aussi-tost que le cardinal vid que ce dessein ne luy avoit reussi, au lieu de tourner teste vers la ville, ou vers le Roy qui l'attendoit avec son armée en bataille rengée, il commença à se retirer et changer de logement, ne jettant que l'espaule droicte de son armée sur l'advenuë des François, qu'il fit garnir d'un grand nombre de ses chariots encheanez, faisant advancer, comme en croissant, sa cavalerie, tant à droicte qu'à gauche, et l'infanterie rengée par escadrons departis en trois, cheminans en advant-garde, bataille et arriere-garde, avec pieces de canon à la teste de chacun gros. En ceste forme le cardinal tira sur le haut de la montagne de Vignacour.

Le Roy, qui void la retraicte de son ennemy, le suit, avec quatre mille chevaux et douze mille hommes de pied, plus de deux grandes lieuës, et le recogneut de si prez, accompagné de six ou sept, favorisé de quelques carabins, qu'il put juger de leur nombre, forme et contenance. Ce fut ce qui le fit resouldre de donner bataille si le cardinal y vouloit entendre : mais ce n'estoit pas son intention, car, après que les deux armées eurent esté vis-à-vis l'une de l'autre cinq heures en bataille, et faict beaucoup de petites charges, le canon des François endommageant fort les Espagnols, le cardinal fit passer le bagage et son infanterie par delà la montagne, et les fit mettre en sauveté exempts de la charge pour ce jour, sa cavalerie faisant ferme, tant sur le haut de la montagne que vers Flacelle là où ils faisoient mine de venir à la charge; mais aussi-tost advancez, aussi-tost ils se retirerent. L'on n'avoit point veu de long temps deux grandes et puissantes armées demeurer si long temps et si près l'une de l'autre sans se battre. Le Roy avoit envie d'aller attaquer le cardinal sur le haut de Vignacourt, et ceux qui estoient de son opinion disoient que, bien que les Espagnols se retirassent en bel ordre, toutesfois qu'à leur contenance qu'ils estoient estonnez. Le conseil que le Roy avoit près de luy luy dit qu'il ne failloit rien hazarder, que ce luy estoit une grande gloire d'avoir chassé honteusement ledit cardinal et un si grand nombre d'ennemis, en tenant une ville assiegée, et l'avoir suivy avec le canon à trois lieués de la ville; que par ceste retraicte Amiens ne pouvoit fuyr de retomber sous son obeissance. Le Roy creut cest advis, et, laissant le cardinal se retirer à Dourlens, il retourna à son siege devant Amiens.

Les assiegez, qui avoient veu le cardinal avec son armée estre à demie lieuë d'eux pour les secourir, firent une infinité de feux la nuict d'entre le quinze et seiziesme septembre, et tirerent force canonnade; mais, l'ayans veu reculer, et sceu qu'il s'estoit retiré vers Dourlens, que son armée se desbandoit, et qu'il estoit sans espoir de les pouvoir secourir, ils changerent de langage, et demanderent à parlementer pour avoir une composition honnorable, sans attendre à l'extremité où ils pouvoient estre forcez. Le Roy, qui sçavoit qu'ils n'avoient faute de vivres et munitions, et qu'ils estoient encor deux mille hommes de guerre, leur accorda le 19 septembre les articles suyvants :

I. Premierement Sa Majesté accorde qu'il ne sera touché à la sepulture d'Hernantello Portocarrero et des autres capitaines enterrez aux eglises de ladite ville, ny à leurs epitaphes et trophées, pourveu qu'il n'y ait rien qui soit contre la dignité de la France, et qu'il leur sera permis d'en retirer leurs corps quand bon leur semblera.

II. Que tous les gens de guerre, de quelque nation qu'ils soient, estans en ladite ville, sortiront avec leurs armes, la mesche allumée, les estendars arborez, et tambours battans, avec leurs chevaux et bagage, et tout ce qu'ils pourront emporter qui leur appartient, tant sur leurs personnes que sur leurs chevaux et chariots.

III. Qu'il sera baillé des charrettes pour emporter les blessez et malades jusques à la ville de Dourlans ou de Bapaume, avec bonne et seure escorte, lesquelles charrettes avec leurs chevaux ils renvoyeront en toute seureté; et, pour le regard des malades et blessez qui ne pourront estre transportez, demeureront en ladite ville, où ils seront pensez et traictez jusques à ce qu'ils soient gueris, et lors leur sera permis se retirer en toute seureté.

IV. Tous ceux de ladite ville et autres estans en icelle, de quelque qualité qu'ils soient, qui voudront sortir avec eux, le pourront faire librement et emporter avec eux les biens qui leur appartiennent, sans que personne leur puisse rien demander; et sera permis aux autres qui y voudront demeurer de le faire en toute seureté, et de jouyr de leurs biens comme ils faisoient devant la prinse d'icelle, renouvellans le serment de fidelité à Sa Majesté.

V. Seront deschargez du payement des drogues, medicamens et autres choses par eux prinses pour penser et traicter leurs malades et blessez, et particulierement de douze mille livres de balles d'arquebuzes.

VI. Les subjects et serviteurs du Roy, estans prisonniers dans ladite ville, seront mis en liberté sans payer rançon; le semblable sera fait pour ceux de ladite ville qui seront prisonniers en l'armée de Sa Majesté, et autres qui ont esté pris y voulans entrer.

VII. Sa Majesté accorde que trois d'entre eux pourront aller trouver leur general, accompagnez de dix chevaux pour l'advertir de la presente capitulation; que pour ce faire il sera faite une cessation d'armes pour six jours qui escheront jeudy au matin; à la charge que, s'ils ne sont secourus dedans ledit temps de deux mil hommes qui entrent dedans ladite ville, ils sortiront d'icelle, et la rendront à Sa Majesté, aux conditions susdites, ledit jour de jeudi au matin, sans qu'il soit besoin faire autre traicté et accord.

VIII. Les marquis de Montenegro, capitaines et gens de guerre estans en ladite ville, ne pourront, durant ledit temps de ladite cessation d'armes, favoriser l'armée qui entreprendra de venir à leur secours, demeurans les tranchées garnies de la garde ordinaire, laquelle aussi ne pourra rien entreprendre contre eux.

IX. Ils bailleront à Sa Majesté, pour la seureté et observation des presents accords, quatre ostages capitaines, à sçavoir deux Espagnols, l'un de cavallerie, et l'autre d'infanterie, un Italien et un Walon, et pourra Sa Majesté envoyer et tenir en ladite ville, durant ladite cessation d'armes, une ou deux personnes, telles que bon luy semblera, pour prendre garde s'ils fortifieront ou repareront en icelle, et si le secours qui y entrera sera de deux mille hommes.

X. Leur sera baillé escorte et seureté jusques en ladite ville de Dourlans, et la foy de Sa Majesté, en cas qu'ils n'y treuvent leur armée, qu'il ne sera rien attenté contre eux jusques à Arras.

Le 25 septembre, sur les six heures du matin, le Roy ordonna que son armée fust mise toute en bataille; ce qui fut fait en quatre heures. Et sur les dix heures Sa Majesté commanda à M. le connestable, au mareschal de Biron, au duc de Monbason et au sieur de Vicq, d'aller à Amiens à la porte de Beauvais, là où il avoit desjà fait marcher deux mille soldats, et par laquelle devoit sortir la garnison espagnole; lesquels s'estans presentez à ladite porte, fut incontinent abbaissé le pont, où se presenta le marquis de Montenegro, qui commandoit dans ladite ville depuis la mort de Hernantello, monté sur un beau cheval et très-bien en couche, tout seul, avec l'escarpin, un baton à la main; et, après l'entresaluëment fait d'une part et d'autre, iceux seigneurs mirent le marquis de Montenegro entre eux, et fut conduit, environ demy lieuë loing de la ville, où estoit Sa Majesté, en une grande plaine, accompagné de sa cornette blanche, avec environ dix-sept cens chevaux et cinq cens Suisses. Le marquis de Montenegro avoit à sa suitte environ cent trente chevaux et autant d'harquebusiers à pied tous choisis, qu'il [illegible] pour la garde de sa personne. Après eux noient environ mille femmes de petite qualité, entre lesquelles il y en pouvoit avoir environ quatre cens de la ville qui suivoient volontairement. Après suivoient cent soixante chariots, la plus part couverts de toile, et chargés de toutes sortes de bagages, et sur iceux environ trois cens, que hommes que femmes, malades, ou de peste, ou de blessure. En après marchoient environ quatorze cens harquebuziers et six cens corcelets bien en conche. Et pour la fin suivoient dix compagnies de cavallerie, à sçavoir, six de gendarmes lanciers, et quatre d'harquebuziers à cheval, qui pouvoient en tout faire le nombre de cinq cens chevaux : toutes lesquelles forces passerent au milieu de l'armée françoise. Et lors que le marquis de Montenegro fut proche de Sa Majesté, il mit pied à terre, comme aussi fit M. le mareschal de Biron qui le presenta au Roy, et le marquis luy baisa la botte. Le Roy estoit monté sur un beau coursier moreau, richement harnaché et couvert d'une selle en broderie à fond de couleur incarnadine, habillé très richement, avec un baston royal à la main, environné des princes de Conty, de Mont-pensier, de Nevers, de Nemours, Joinville, et des mareschaux de France, et autres grands seigneurs en bon nombre. Ledit marquis luy dit quelques paroles. Sa Majesté l'embrassa et receut fort humainement, avec une majesté royale, et luy donna congé; lequel prins il remonta à cheval, et fut accompagné, du commandement du Roy, par M. le connestable environ deux lieuës. Tous les capitaines espagnols et autres, tant de cheval que de pied, passans devant le Roy, mirent pied à terre, et luy baiserent la botte avec une grande humilité et reverence; ausquels Sa Majesté usoit de paroles pleines de courtoisie. Ceste feste dura jusques à deux heures après midy, que Sa Majesté alla disner, et sur les quatre heures du soir s'en alla à Amyens, accompagné de mil gentils-hommes à cheval : et alla droit descendre à la grande eglise Nostre Dame, où fut chanté le *Te Deum* par sa musique et gens de sa chapelle, avec un merveilleux contentement et allegresse de tous les assistans, l'eglise remplie de toutes sortes de gens. Après que le *Te Deum* fut chanté, tous crierent vive le Roy. Cela faict, le Roy sortit de la ville, qui fut environ sur les six heures, et fit faire monstre à toute son infanterie, qui estoit environ de dix-huict mille hommes de pied, y compris environ deux mille Anglois et mil Suisses. Ce jour Sa Majesté avoit plus de douze mille hommes à cheval, entre lesquels il y en avoit plus de cinq mille gentils-hommes. Après que les Espagnols furent sortis, il ne demeura pas dedans la ville d'Amiens plus de huict cens personnes des habitans, entre lesquels il y avoit quelque peu de peste. Le Roy mit dans la ville vingt compagnies de gens de pied et trois de cheval en garnison, et pour gouverneur M. de Vicq.

Les beaux esprits firent plusieurs vers sur ceste reprise d'Amiens; entr'autres les suivans furent trouvez d'une belle invention.

I.

Je ne sçay qui des deux est le plus admirable,
D'avoir pris ou repris un Amiens si fort :
Mais je sçay qui des deux est le plus honorable,
De l'avoir pris par fraude ou repris par effort.

II.

On chante en mille façons
Une si belle entreprise;
Mais de toutes ces chansons
Le bon est en la reprise.

III.

Hernantel fut heureux, en si belle entreprise,
De surprendre Amiens, sans force, en un instant :
Plus heureux d'estre mort ains qu'elle fust reprise,
Pour ne mourir après de honte en la quittant.

Voicy le dialogue qui fut fait sur le tombeau de ce capitaine Hernantello Portocarrero.

LA TERRE.

Cesse l'œuvre, maçon, il ne faut que tu tailles
Ce marbre pour dresser un sepulchre à ce corps,
Car je le veux vomir du fonds de mes entrailles,
Et le rendre aux vivans pour se venger des morts.
Responds moy, je te prie : seroit il raisonnable
Que luy, qui vint troubler ma paix et mon repos,
Reposast, honoré d'un tombeau venerable,
Dans mon sacré giron fait butin de ses os?
Non, cela ne peut estre, ainsi qu'en cette vie
L'Espagnol ne se peut accorder au François;
Comme on ne void entr'eux aucune sympathie,
Un tel corps espagnol garder je ne sçaurois.

L'ESPRIT D'HERNANTELLO.

Cruelle, oses-tu bien murmurer ceste injure,
Te forçant de priver mon corps de cest honneur?
Pretends-tu violer le droict de sepulture,
Pour ce que tu n'es plus serve de mon bon-heur?
T'ai-je pas justement par les armes acquise?
Ay-je pas mis ton col soubs le joug de ma loy,
Je suis mort, ouy vainqueur, dans la place conquise :
Voudrois-tu donc nier de n'estre encor à moy?
Trespas advantureux, ô mort bien fortunée,
A qui ma vive gloire a desja survescu,
Vous accomplistes bien l'heur de ma destinée,
En me rendant ainsi plus vainqueur que vaincu!

LA TERRE.

La mort eut bien pouvoir, Esprit, de te distraire
De ton corps qui mourut pour ta temerité;
Mais à ton arrogance elle n'a peu soubstraire
Ce qui ne te peut faire aymer la verité.

Confesse toy vaincu, c'est au plus fort la gloire:
Et te souvienne aussi que celuy n'est vainqueur
De qui la mort aux siens faict perdre la victoire,
Et qu'on ne peut pas vaincre en n'ayant plus de cœur.
Mon grand Roy t'a vaincu : t'eust-il peu prendre envie
De mourir plus heureux qu'estre vaincu par luy?
Tu as eu plus d'honneur en finissant ta vie,
Vaincu d'un si grand roy qu'estre vainqueur d'autruy.

L'ESPRIT.

Puisque Mars et Belone, et la Fortune mesme,
Souffrent d'estre icy bas commandez par ton Roy.
Je me contraincts comme eux, plein d'un regret extreme,
De souffrir que son bras triumphe aussi de moy.
Mais, comme estant forcé, je souffre à leur exemple,
Terre, souffre à la mienne, et permets que mes os,
Dans le centre voulté d'une tombe bien ample,
Jouyssent en ce lieu d'un eternel repos,
Et que mon effigie en porphire eslevée,
Tenant dans sa grand'dextre Amiens peint en or,
Monstre de l'autre main, en ta langue gravée,
Sa prinse, l'an, le jour, et mon beau nom encor,
Pour à l'aage futur monstrer que mon audace
Fit penetrer l'Espagne en France bien avant,
Et que pour mon grand Roy ceste guerriere place
A nul autre qu'à moy ne fut auparavant.

LA TERRE.

Ces colosses vivans qui jadis entasserent
Les monts pour aux grands dieux le ciel faire quitter,
Avecques leurs rochers à la fin renverserent,
Esprouvans sur leurs chefs l'ire de Jupiter.
Pour memoire à jamais d'une si folle guerre,
Et pour rendre à nos yeux l'acte tousjours nouveau,
Ces monts poinctus, servans de bornes à la terre,
Aux geants insensez servirent de tombeau.
Ainsi, chetif Esprit, je veux bien que ta cendre
Demeure icy tousjours, pour tousjours tesmoigner
Qu'estant bien tost monté, tost on te vid descendre
Et que sur les François tu n'as peu rien gaigner.

Toutesfois les habitans d'Amiens ne laisserent gueres entier l'epitaphe d'Hernantello qui estoit dans la grande eglise : aussi y avoit-il plusieurs choses contre la dignité de la France, et ne purent voir tous les jours devant leurs yeux les trophées de celuy qui estoit cause de leur ruine.

Le Roy, pensant trouver le cardinal d'Austriche vers Dourlens, s'y achemina avec dix-huit pieces de canon ; mais il s'estoit retiré vers Arras, et en passant avoit seullement jetté dedans une partie des meilleurs hommes de son armée avec des munitions et vivres, et tout ce qui estoit necessaire pour soustenir un long siege. Sa Majesté, qui ne vouloit si tost se rembarquer à un siege, et principalement à cause de la proximité de l'hyver, passa outre avec sa cavalerie, infanterie et canons, donna aux portes d'Arras, où estoit encores ledit cardinal avec une partie de son armée. Ayant faict tirer vingt-cinq où trente vollées de canon sur ceste ville, attendant quelque sortie des Espagnols, voyant qu'ils ne paroissoient point et s'estoient retirez plus avant dans le pays, Sa Majesté retourna vers Amiens pour donner ordre aux garnisons, au repos de son armée après un si grand et long siege, l'avoisinans les pluyes et rigueurs de l'hyver qu'il alla passer à Paris, ainsi comme nous dirons cy après ; mais que nous ayons dit ce que fit le prince Maurice cependant que ledit sieur cardinal pensoit secourir Amiens.

Nous avons dit cy dessus que le prince Maurice et les Estats voyans que le duc de Parme, pour obeyr à la volonté du roy d'Espagne, menoit toutes ses forces contre la France au secours de la ligue, qu'ils n'en laisserent point passer l'occasion sans profiter. Au premier voyage que fit ledit duc de Parme l'an 1590, le prince prit Doddedaël et plusieurs chasteaux forts en diverses provinces des Pays-Bas, et fit bastir le fort de Knotzembourg près de Numeghe. Le duc de Parme à son retour en Flandres, pensant empescher le prince de poursuivre ses conquestes, pource qu'il avoit encor pris, au mois de may l'an 1591, Zutphen, Deventer et Delfziel, assiegea ledit fort de Knotzembourg, où il fut contrainct par le prince de lever son siege avec perte. Ledit duc de Parme faisant les preparatifs pour son second voyage en France, ledit prince se rendit maistre de Hulst et de Numeghe. L'an 1592, pendant ce second voyage, il print aussi Steenvich, Otmarson et Covoërden. L'an 1594, quand le Roy assiegea et print Laon, cependant que le comte Charles de Mansfeldt pensoit le secourir, le dict prince se rendit maistre de Groëninghe ; et en ceste année, cependant que le cardinal d'Austriche pensoit donner secours à Amiens qu'il avoit faict surprendre, outre qu'il fut contrainct d'abandonner sa prise, ledit prince chassa les Espagnols de toutes les villes et forts qu'ils tenoient en Frise, Overissel et Groëninghe, et leur fit repasser le Rhin avec de grandes pertes. Voyons comme cela se fit.

Tandis donc que le cardinal d'Austriche s'achemina pour secourir Amiens avec toutes les forces du roy d'Espagne, le prince Maurice et les estats generaux des Provinces Unies se mirent en campagne au commencement du mois d'aoust, deliberez de chasser l'Espagnol des bords du Rhin. Le prince fit marcher son armée et tout son attirail, tant par terre que par les rivieres du Rhin et de Wahal, avec trois ou quatre cens navires de toutes sortes, vers la ville de Rhinberg ; et devant que l'aborder, passant près d'Alpen, appartenant à la comtesse de Mœurs, il en approcha avec deux pieces d'artillerie qu'il fit voir à ceux de la garnison que le roy d'Esp y tenoit d'environ soixante hommes, les sommez de se rendre sur promesse de l composition s'il se rendoient devant que le canon fust placé, ne se voulans perdre par opiniastreté, ils se rendirent et mirent ville et chasteau ès mains du prince le huitiesme d'aoust, sortans avec armes et bagages.

Le mesme jour le prince fit avancer toute son armée devant Rhinberg qu'il fit investir par terre et par eau, et saisit les navires des assiegez avec la petite isle qui est au milieu du Rhin à l'opposite de la ville, où il fit dresser quelques pieces de batterie outre celles qui estoient sur les navires de guerre, d'où il fit battre la grosse tour de l'hostel de L'evesque qui commandoit sur ladicte riviere, tant qu'elle fut rendue inutile. Les assiegez firent peu de sorties, mais de leur canon ils importunerent fort les assiegeans; et toutesfois, le dix-neufiesme du mois, le prince ayant dressé sa batterie de trente-six pieces, et fait jouër depuis les dix heures du matin jusques à quatre après midy que la muraille commençoit à aller bas et à faire bresche, les assiegez, qui estoient bien mille hommes combattans, estonnez, requirent ce mesme jour, sur ce qu'ils furent sommez se rendre, de parlementer : à quoy le prince ne refusa d'entendre. La capitulation fut que dans le lendemain les gouverneur, capitaines, officiers, soldats et matelots, sortiroient avec leurs pleines armes, drapeaux, tambour battant, emportans tous leurs meubles et bagages sur certain nombre de chariots, avec bon convoy jusques en la ville de Gueldre, avec lesquels pourroient sortir toutes personnes, tant ecclesiastiques que layes, et tous les officiers du roy d'Espagne; à la charge que tout ce qui appartenoit au Roy, comme aussi les navires et les meubles de la comtesse de Mœurs, estans en la ville, y demeureroient; les bourgeois maintenus et conservez en leurs droicts et privileges.

Le capitaine Suater, qui estoit dedans gouverneur, en fut grandement blasmé d'avoir rendu ceste place à si bon marché, et fut long temps detenu prisonnier, nonobstant ses excuses sur ses soldats qu'il accusoit n'avoir voulu soustenir nul assaut, lesquels au contraire s'excuserent sur luy.

L'archevesque et chapitre de Cologne envoyerent leurs deputez vers le prince estant encore en son camp, et depuis vers les estats generaux à La Haye les requerir de leur vouloir laisser ladite ville, comme estant de leur district, franche, libre et neutrale; mais ils eurent pour response qu'ils ne la pouvoient rendre à si bon marché, veu qu'elle leur avoit tant cousté à la gaigner, et que l'exemple des villes de Bonne et de Nuys, avec le mal que ceste ville là leur avoit fait, livrant passage aux Espagnols au pays de Frise, estoit la raison qu'ils ne la leur pouvoient restituer à present.

La reddition de ceste ville estonna tellement ceux qui estoient en garnison dans le puissant fort situé sur le Rhin, que le capitaine Camillo Sachini, gouverneur de la ville de Mœurs, avoit fait bastir, de son nom appellé le fort de Camille, situé deux heures de chemin loing de Rhinberg, que sans attendre le siege, sur ce qu'ils virent approcher deux navires de guerre, ayans mis le feu dedans, ils le quitterent le 24 dudit mois, y abandonnans deux pieces d'artillerie. Le prince le fit à l'instant desmolir, tandis qu'il faisoit reparer les bresches et aplanir les tranchées du camp de Rhinberg.

Après avoir laissé suffisante garnison de pied et de cheval à Rhinberg sous la charge du capitaine Schaef, il fit marcher son armée le 26 dudit mois vers Mœurs qu'il assiegea; mais, s'apprestant pour la forcer, le second de septembre, les assiegez, voyans douze pieces toutes prestes à donner, estans sommez de se rendre, aymerent mieux capituler avec le prince, qui leur accorda de sortir, le lendemain troisiesme dudict mois, avec leurs armes, chevaux, hardes et bagage, drapeau volant au vent, tambour battant, la bale en bouche et la mesche allumée, et outre ce d'emmener une piece de campagne; ce qui n'avoit jamais esté practiqué durant toutes les guerres des Pays-Bas. D'avantage leur furent encore prestez quelques chariots pour emmener leur bagage, et bon convoy pour les conduire en lieu de seureté. Le prince Maurice leur accorda ceste composition pour gaigner temps et afranchir la navigation du Rhin et oster le passage de Frise aux Espagnols : ce qu'il fit par ce moyen-là.

Après avoir mis ordre en ces trois villes et chasteaux, qu'en un mois de temps il avoit conquis à peu de travail et petite perte de ses gens, il delibera d'aller aux pays de Frise et d'Overyssel, et pour ce faire passa le 8 de septembre le Rhin avec toute son armée à Rhinberg, faisant descendre ses navires de guerre et de munitions à val le Rhin, à Ysseloort en la riviere d'Yssel, jusques à Doesbourg en la comté de Zutphen. La premiere place qu'il attaqua fut Grolle, que, deux ans auparavant ayant assiegée, comme nous avons dit, il quitta, sur ce que les Espagnols, sous la conduite de Mondragon, luy vindrent couper les vivres. Il l'investit l'onziesme de septembre. Il pouvoit y avoir dans ceste place douze cents hommes de guerre, assavoir, dix compagnies d'infanterie et trois cornettes de cavalerie sous le commandement du comte Frederic de Berghe, frere du comte He man, qui se disoit gouverneur de toute la Frise pour le roy d'Espagne.

Le prince trouva moyen, après avoir bien retranché son camp, de faire escouler les eaux des fossez, et de dresser quelques galeries au travers jusques au pied du rempart pour les sapper tout à couvert. Ceste ville estoit moyennement forte, et on ne la pouvoit legerement gaigner sans une rude batterie, tant à rompre les deffenses des assiegez qu'à faire bresche pour venir à l'assaut. Le prince ayant fait placer vingt et quatre pieces de canon, Jean Bouvier, maistre des feux artificiels, fit voler tant de ces petits ardans allumez dedans la ville, que les assiegez eurent du mal assez à esteindre le feu qui s'estoit espris en divers endroits.

Les assiegez ne chomoient pas à se bien deffendre, tirant leur artillerie au travers du camp du prince, sur lequel ils faisoient aucunesfois quelques sorties. Mais, comme le rempart estoit jà miné en sept ou huict endroits, et que les galleries estoient presques toutes achevées pour sapper, et toute l'artillerie bracquée preste à donner, le prince fit sommer le comte de Berghe et les assiegez de se rendre, leur promettant une honneste composition s'ils se rendoient devant qu'attendre le foudre de son canon, autrement que s'il les falloit gagner d'assaut, qu'ils sentiroient la fureur d'un ennemy victorieux. Les assiegez, voyans l'estat de leur ville à demy bruslée, les galeries, les sappes, les mines, la quantité du canon et toutes choses prestes pour les forcer, n'ayans nul espoir de secours, aymerent mieux entendre à un bon appoinctement, sans attendre plus grande extremité : ils furent d'accord de se rendre, et de sortir le lendemain avec leurs armes et bagages, de laisser leurs drapeaux et cornettes, à la charge de ne servir en Frise et Overyssel contre les Estats le terme de trois mois, et qu'ils se retireroient par delà la riviere de Meuse ; aussi que les gens de cheval laisseroient leurs chevaux à la discretion du prince, lequel, usant d'une liberalité et courtoisie, les redonna à un de leurs capitaines italien qui l'en requit, et non pas audit comte de Berghe, combien qu'il fust son cousin germain. Il leur accorda pareillement grand nombre de chariots pour emmener leurs blessez et bagages jusques au delà du Rhin. Ainsi fut la ville de Grolle rendue au prince, au siege de laquelle n'y eut gueres grand'perte de gens d'une part ny d'autre ; mais la perte tourna le plus sur les pauvres bourgeois qui eurent leurs maisons bruslées.

Le prince ayant fait applanir les tranchées de son camp, et mis suffisante garnison dans Grolle, le premier d'octobre il mena son armée vers Brefort, au mesme pays d'Overyssel, place assise en lieu naturellement fort, n'ayans que deux advenuës, l'une devant, l'autre derriere, environnés de tous costez de marescages et fondrieres, et outre ce tellement fortifiée par l'industrie des hommes, qu'elle sembloit imprenable, munie de trois cents bons soldats, qui estoit assez pour la petitesse du lieu, sous la charge d'un capitaine qui estoit lorrain. Le prince, pour mieux faire ses approches et gaigner chemin, fit jetter force fascines, bourrées, clayes et planches aux endroits moins accessibles, sur lesquels de part et d'autre furent des gabions dressez, et vingt canons plantez pour battre les ravelins qui couvroient les deux portes du costé de l'orient et de l'occident, et une tour qui estoit à l'occident ; puis fit faire un longue galerie au travers des fossez, pour en un besoin venir à la sappe. Ce fait, il fit sommer les assiegez de se rendre, sous promesse de bon traictement : n'y voulans entendre, il fit donner trois volées de canon, puis les fit sommer encor derechef ; mais, comme il les vid se roidir à se deffendre, se fians sur la forteresse de la ville et du chasteau, il fit battre les ravelins et portes d'un costé et de l'autre d'une telle furie, depuis les neuf heures du matin jusques environ trois heures après midy, que le ravelin du costé du nord fut bien tost gaigné par les ponts que ledit prince avoit fait dresser en toute diligence. Les assiegez, voyans que leur ravelin alloit bas, et que la bresche commençoit à estre suffisante assez pour donner l'assaut, et que l'armée estoit jà disposée en bataille pour les assaillir, firent signe qu'on cessast la batterie, et qu'ils desiroient de parlementer. Le prince ne voulut les escouter, et fit continuer sa batterie jusques à ce qu'il vid la bresche aisée, et que les femmes et enfans s'y monstrerent à genoux et mains joinctes, crians misericorde : la batterie cessée, les soldats, avides au butin, sans attendre le commandement de donner à la bresche, monterent au haut, et, ne voyans personne pour la deffendre, y entrerent et se ruërent sur les assiegez qui jà commençoient de prendre la fuite et leur retraicte vers le chasteau, dont y en eut quelques soixante-dix des derniers taillez en pieces. La ville pillée, il advint qu'un soldat, cherchant la nuict encor quelque hazard avec une torche de paille allumée faute de chandelle, mit le feu en une maison qui s'espandit par toute la ville sans qu'on y sceust onc remedier, et fut toute bruslée à huict maisons près. Le lendemain les soldats retirez au chasteau se rendirent à la mercy du prince, qui leur donna la vie à en quittant leurs armes et payant rançon venable.

La ville et chasteau de Brefort estans ainsi tumbez en la puissance du prince et des Estats, il tourna la teste de son armée vers la ville d'Enschede : en estant approché avec douze pieces de canon, et l'ayant fait sommer, la garnison qui estoit dedans capitula, avec ledit prince, d'en sortir avec leurs armes et bagages, toutesfois sans chariots ny convoy, et à la charge de retourner pardelà la Meuse.

Le lendemain il fit marcher l'armée devant la ville d'Oldenzeel, en ce mesme pays d'Overyssel, bien peuplée, ayant trois doubles murailles et autant de fossez, en laquelle y avoit six cents hommes de guerre. Les bourgeois, voyans l'artillerie, et qu'on commençoit à tirer l'eau de leurs fossez, persuaderent aux soldats d'entrer de voye commune en un bon accord, et envoyerent par ensemble, le vingt-deuxiesme octobre, un tambour vers le prince luy faire entendre leur intention, sur laquelle, après avoir quelque peu parlementé, il accorda que les soldats sortiroient le lendemain, avec leurs armes et bagages, au mesme appoinctement qu'avoient eu ceux d'Enschede.

Tandis que le prince estoit devant Oldenzeel, il envoya le comte George Everard de Solms assieger la petite ville d'Otmarsom, au mesme pays d'Overyssel, contre laquelle ayant tiré trois volées de quatre pieces moyennes, la garnison qui estoit dedans requit pouvoir sortir au mesme accord que ceux d'Enschede, ce qui leur fut octroyé.

Ceux qui estoient en garnison en la ville et fort de Goor, voyans les heureux succez du prince, ne voulans l'attendre, quitterent d'eux-mesmes la place et l'abandonnerent ; mais le prince fit desmolir le fort par les paysans de ce quartier là, qui furent très-ayses d'estre employez à cest œuvre pour recouvrer leur liberté. Voylà comme tout le pays d'Overyssel fut regaigné par le prince, et mis sous l'obeyssance des Estats.

Le prince et les Estats, ayans resolu du tout de liberer les pays de Frise, d'Overyssel et de Groninghe, et de chasser l'Espagnol, leur ennemy, outre le Rhin, entreprindrent d'assieger Linghen, place de fort grande importance, estant le passage par terre vers les villes de Hambourg, Breme et autre d'Oostlande, avoisinans le pays de Westphale, et les comtez d'Emde et d'Oldembourg.

Le comte Frederic de Berghe, après avoir rendu par composition Grolle, s'estoit retiré dedans le chasteau de Linghen, qui estoit tout le reste de son gouvernement par delà le Rhin, bien deliberé de le garder avec la ville, attendu que ce sont places très-fortes qu'il avoit munies de six cens hommes, la fleur de la gendarmerie du roy d'Espagne en ces quartiers de Frise, avec une cornette de cavalerie, ayans pour se deffendre dix ou douze, que canons que moyenne, sans les pieces de fer. Le comte, s'asseurant d'y estre assiegé, pour tant plus incommoder le camp du prince, fit brusler quelques maisons plus proches de la ville, et en eust fait d'avantage s'il n'eust esté si tost empesché par la venuë de l'armée, l'hyver estant lors sur les bras, et bien apparent de faire du mauvais temps.

Le prince, se retirant du pays d'Overyssel, fit le vingt-huictiesme d'octobre marcher son armée devant Linghen, et le mesme jour l'investit : or, d'autant que de ce costé il n'avoit nuls ennemis à craindre que ceux qu'il assiegeoit, afin de tant mieux accommoder ses gens, il les logea un petit au large, et la plus part dedans des maisons de paysans, dont le pays estoit fort peuplé. Quant à sa personne, il fut logé chez un gentilhomme à un quart de lieuë de la ville, et sa cavalerie assez à l'escart.

Les aproches furent aisées à faire, à cause que ceste ville est environnée de petites collines, tellement qu'en peu de temps, avec ce que la saison se rendit assez gracieuse, ses gens se logerent dedans les contrescarpes, jusques au bord des fossez, d'où l'eau fut bien tost escoulée, puis furent dressées quelques galeries au travers des fossez, principalement du costé du chasteau. Le second de novembre, le prince ayant fait braquer vingt-quatre canons contre le chasteau, il le fit battre de telle furie huict heures durant aux deux ravelins, que le comte Frederic, voyant que c'estoit audit chasteau qu'on en vouloit, fit retirer toute l'artillerie qui estoit dedans la ville pour la mettre en ce chasteau, avec laquelle il fit une contre-batterie, et faisoit souvent sortir ses gens à l'escarmouche avec perte de part et d'autre.

Les galeries estans achevées à l'endroit des deux ravelins, sans que les assiegez peussent en façon quelconque empescher l'ouvrage à cause du foudre continuel du canon et de la scopetterie, et que toutes les deffenses du rempart estoient mises bas, le prince commanda de sapper ces deux ravelins. Le comte Frederic s'en estant apperceu, et sachant la coustume du prince, qui est qu'ayant fait bresche à souhait il se haste d'assaillir, craignant d'estre emporté d'assaut, ayma mieux faire une bonne composition en temps et heure ; et, sur ce qu'il en fut sommé, requit de parlementer et d'entrer en capitulation. Le prince l'eust volontiers, pource qu'il craignoit la saison de l'hyver, qui jusques lors luy avoit esté favorable, aussi pour gaigner temps et ramener son armée. Ainsi, le 12 dudit mois, le comte Frederic accorda de rendre Lingben et d'en sortir avec armes et bagage, en luy fournissant quelques chariots jusques au village prochain ; remettant dès ce jour mesme le chasteau ès mains du prince, qui à l'instant y mit de ses gens, le comte retirant les siens dedans la ville jusques au lendemain qu'il en partit.

Ainsi le prince et les Estats chasserent les Espagnols de tout le pays de Frise, d'Overyssel et de Groéninghe, et leur firent repasser le Rhin. Après la prise de Lingben ils mirent leur armée ez garnisons.

L'année suivante, comme nous avons dit en nostre Histoire de la Paix, après que le cardinal d'Austriche (1) eut quitté son chapeau de cardinal, et s'en fut allé espouser l'infante d'Espagne, l'admirant d'Arragon, son lieutenant, publioit qu'il reprendroit ce que le prince et les Estats avoient conquesté en ceste année. Avec une armée de trente mille hommes il entra dans le pays de Cleves, et le pilla; puis il reprint Rhinberg; mais le prince Maurice s'estant campé dans l'isle de Gueldre, et aucuns princes allemans ayans assemblé une armée pour faire sortir ledit admirant des terres de l'Empire, le prince et les Estats se conserverent en leurs nouvelles conquestes de là le Rhin. De ce qui s'est passé depuis en ces pays-là, qui est venu à nostre cognoissance, nous l'avons dit en nostredite Histoire de la paix. Retournons en France.

Le duc de Mercœur, comme nous avons dit, estoit venu à Chasteaubriant; et, pour ce qu'il n'estoit assez fort pour tenir la campagne, les garnisons des places qui tenoient pour luy couroient par troupes separées, et faisoient de grandes pilleries ez provinces de Touraine, Anjou, le Mayne, Vendosmois, et autres lieux circonvoisins, et vindrent mesmes jusques aux portes de Paris prendre des prisonniers, et avoient, en toutes lesdites provinces, des maisons particulieres qui les recelloient, ce qui apportoit une grande incommodité à tous ceux qui alloient par pays. La cour de parlement, par arrest, ordonna que commission seroit delivrée à M. le procureur general pour informer contre tels receleurs; mais l'execution en eust esté difficile si l'heureux evenement du siege d'Amiens, auquel, comme plusieurs ont escrit, se manioit le destin de la
France, et du succez duquel dependoit
lut et sa perte, n'eust faict changer à pl
de discours, de desseins et de pretent
comme, en la reprise de ceste ville, les
de-lys triompherent de la croix rouge,
gualée victoire fit aussi estouffer beau
desseins de ceux qui avoient envie de
encor en divers endroicts de la France,
vers pretextes nouveaux.

M. de Mercœur, qui voyoit bien qu'il
le premier qui auroit le Roy sur les bra
corder, par ses deputez qu'il envoya à
conferer avec le sieur de Schomberg e
deputez de Sa Majesté, une suspension
d'armes par tout le royaume de France,
fut publiée le dix-septiesme octobre e
finir le dernier jour de decembre. Il
la faire inviolablement observer par l
gnols estans en Bretagne à Blavet, et
tous actes d'hostilité qui se pourroient
tre pendant ladite suspension. Il fut acc
toutes troupes, tant d'une part que d'a
roient licentiées et se retireroient, de
part, ès villes closes ou aux faux-bourg
y demeurer en garnison sans tenir les
que durant ladite suspension il n'entrer
province de Bretagne aucuns estrangers
et d'autre pour y faire la guerre ; que to
tifications et corvées cesseroient sans q
y peust estre contraint. Les autres art
ceste suspension servoient de reglemen
le payement des tailles, pour les receve
decimes et greniers à sel : il y avoit un
contenant que pour proceder au regle
moderation en la levée des subsides de la
de Loire, que les deputez d'une part et
s'assembleroient huict jours après la publ
de ceste suspension.

Le Roy, qui durant le printemps, l'
l'automne de cette année, avoit esté con
lement occupé aux affaires de la guerre
frontieres de Picardie, estoit infiniement
à Paris pour y passer l'hyver : il courut
temps-là quelques stances pour le convi
revenir, entr'autres celles-cy :

Vous qui comme Persée, avec la sage rune
Dont la vertu conduit les genereux projets,
Avez tranché la teste à l'horrible Meduse
Qui changeoit en rochers les cœurs de vos subj
Grand Roy, venez revoir vostre belle Androme
Qui, naguere exposée au monstre du malheur,
Ne doit sa delivrance à nul autre remede
Qu'à vostre seule grace, et prudence et valeur.
Venez revoir Paris, cest antique navire
Qu'un orage, excité par la fureur du sort,
Alloit ensevelir dans les flots de son ire,
Sans vostre heureux secours, son vray phare et s

(1) Albert, archiduc d'Autriche, sixième fils de l'empereur Maximilien II, étoit né en 1559. Ayant quitté la pourpre romaine, il épousa, en 1598, Isabelle-Claire-Eugénie, fille de Philippe II, qui avoit été destinée à être reine de France. Il mourut en 1621, regretté des Flamands qu'il avoit gouvernés avec beaucoup de sagesse et de douceur.

damné à l'amende en plusieurs endroicts pour avoir chanté des pseaumes ou pour en estre trouvez saisis; qu'aux condamnez à mort on les refusoit d'estre consolez par ceux de leur religion; qu'on les contraignoit en plusieurs lieux de se descouvrir devant les croix, de se prosterner devant les chasses et bannieres, d'assister aux processions, et de tendre et parer devant leurs maisons, de contribuer aux bastimens et reparations des eglises et presbyteres, d'aller à la messe, de payer confrairies et d'estre marguilliers; que l'on ne recevoit les juges, advocats et autres personnes de ceste qualité, à prester le serment que sur le *Te igitur* ou sur le crucifix; qu'en plusieurs endroits les enfans de ceux de leur religion n'estoient pas plustost nais que l'on les ravissoit, et malgré les parens que les catholiques les baptisoient; qu'à des enfans, les peres desquels estoient morts en leur religion, on leur avoit donné en plusieurs endroicts des tuteurs et curateurs de la religion papiste [ainsi l'appeloient-ils]; et que ceux qui avoient poussé Sa Majesté d'aller à la messe et qui l'avoient obligé par serment à la ruine de ce qu'ils osoient appeller heresie et heretiques, avoient osté de leur religion et arraché M. le prince de Condé, et que l'on avoit violenté sa conscience en sa jeunesse; que quelques uns des conseillers du parlement de Paris, lors que l'on opinoit sur la verification de l'edict de l'an 1577, avoient dit que c'estoit une moquerie de penser que ceux de ladite religion le rendissent, mais que ceux-là estoient miserables de cognoistre si mal ceux desquels ils se portoient pour juges, et ingrats, s'ils les cognoissoient, de ne se ressouvenir de leurs bons services; que sur les plaintes de toutes ces choses on les payoit en leur disant : Ce sont des considerations d'Estat.

Ils disoient que les plainctes cy dessus estoient seulement pour la religion, et qu'ils n'estoient pas plus paisibles en la possession des choses civiles, que la nature leur avoit acquis, qu'en l'exercice libre de leur dite religion; que les edicts des roys les avoient authorisé en l'instruction de leurs enfans, et vouloient qu'ils fussent receus aux colleges et universitez que la liberalité de Leurs Majestez entretenoit; aussi qu'ils pussent estre installez en toutes charges, honneurs et dignitez, tant de la police que de la justice; toutesfois qu'on avoit banny de plusieurs endroits ceux de leur religion qui enseignoient, et mesmes que le parlement de Grenoble n'avoit voulu verifier les lettres de privilege octroyées à la ville de Montelimar pour y tenir une université ès arts seulement. Ils finissoient ceste plaincte particuliere en ces mots :

« Veut-on donc nous [illegible] barbarie ? Ainsi on faisoit [illegible] Lyon avoient chassé, par un [illegible] qu'ils avoient faict, ceux de ladite religion qui estoient revenus de dehors le royaume [illegible] dans le gouvernement du Lyonnois; et mesme que ce reglement avoit esté confirmé en l'article vingt de leur edict, par lequel Sa Majesté agreoit tout ce qu'ils avoient faict, et approuvoit tout ce qu'ils feroient par cy après en ce subject; surquoy ils s'exclamoient, disans : « Quelle rigueur! quelle indignité! que par une mesme cause le Roy ait esté declaré incapable de la couronne et nous bannis de nos maisons, et maintenant qu'il est par nostre moyen jouissant de la couronne, nous ne soyons pas remis dans nos maisons, et, pour le pis, que sa authorité soit employée à prolonger nostre bannissement! »

Quant aux charges plus honorables [illegible] estoient de tous costez forcloses; qu'en [illegible] villes qu'ils nommoient, on ne les [illegible] recevoir aux honneurs de la [illegible] que ces mesmes rigueurs leur [illegible] aux estats royaux, car après avoir [illegible] le marc d'or et satisfaict à tous [illegible] falloit qu'ils dissimulassent ou [illegible] tout à leur religion, pource qu'en [illegible] aux parlemens on leur faisoit faire [illegible]lemnel de vivre et mourir en la [illegible]que-romaine, et consentir que [illegible]tes qu'ils viendroient à s'en departir, [illegible] estat seroit vacquant et impetrable. [illegible]moient plusieurs endroits où cela [illegible]tiqué et se practiquoit encores.

Qu'en d'aucuns parlemens et en [illegible]ges presidiaux, on avoit souffert en [illegible]dience les appeller chiens, Turcs, [illegible] heteroclites de la nouvelle opinion, [illegible]ques, sectaires, dignes d'estre [illegible] et à sang, et d'estre entierement [illegible] le royaume; qu'on avoit permis de [illegible] reproche contre des tesmoings, qu'ils [illegible] de la religion, sous le tiltre d'heretiques : [illegible] nommoient plusieurs lieux où ils [illegible] cela avoit esté faict; qu'en plusieurs [illegible] aussi, ayant demandé justice de ceux qui avoient tué aucuns de leur religion, elle leur avoit esté refusée; que plusieurs juges, [illegible] avoient eu par leur volonté plus de moyen de leur nuire, qu'ils n'avoient pas eu [illegible] de Sa Majesté trouver de remedes pour les soulager; et surtout que leur animosité se monstroit bien d'avantage quand il estoit question des edicts sur le faict de leur religion et de la verification d'iceux; qu'ils n'auroient jamais

souffrir au moins, s'il ne nous veut aymer. Et pour cela. Sire, demandons nous un edict à Vostre Majesté qui nous face jouyr de tout ce qui est commun à tous vos subjects, c'est à dire beaucoup moins que ce qu'avez accordé à vos transportez ennemis, à vos rebelles ligueurs; un edit qui ne vous contraigne point à distribuer vos estats que comme il vous plaira; qui ne vous force point à espuiser vos finances, à charger vostre peuple : ny l'ambition ny l'avarice ne nous meine. La seule gloire de Dieu, la liberté de nos consciences, le repos de l'Estat, la seureté de nos biens et de nos vies; c'est le comble de nos souhaits, le but de nos requestes. »

Ces plaintes furent imprimées au commencement de ceste année, qui ne furent point advoüées de beaucoup de ceux de ceste religion pour les paroles trop libres qui y estoient contenuës. Le bruit estoit grand qu'ils vouloient lever les armes. Le Roy leur permit de s'assembler à Chastellerant à leur mode, sçavoir, selon le departement qu'ils ont fait des provinces, de chacune desquelles ils deputerent un gentil-homme, un ministre et un ancien pour s'y trouver. M. de La Trimouille y presidoit. Sa Majesté pensoit tirer secours d'eux pour le siege d'Amiens; mais, au lieu de le faire, le bruit courut qu'ils s'armoient pour faire accorder par force leurs demandes; ce qui donna depuis occasion à ceux qui avoient esté de la ligue, et qui firent fort bien leur devoir audit siege, d'assister le Roy à repoulser l'Espagnol hors de France, de leur dire : « Vous avez des premiers servy le Roy, mais nous avons esté des derniers qui l'avons accompagné à chasser son ennemy hors de la France. » Sa Majesté envoya à Chastellerant messieurs le comte de Schomberg et les presidens de Thou et de Calignon pour les escouter et les empescher de remuër, ce qu'ils firent par leurs prudences, bien que le bruit courut que ceux de ladicte religion pretenduë n'eussent pas laissé de faire la guerre au Roy, s'ils se fussent peu accorder; car la noblesse d'entr'eux vouloit manier l'argent qui se leveroit pour faire la guerre, et les ministres et les anciens vouloient que ce fussent certains deputez de leurs eglises qui payeroient les gens de guerre. Sur ceste division plusieurs d'entr'eux penserent à ceste proposition, et virent le precipice où quelques remuans les vouloient jetter en prenans les armes. Après qu'ils eurent veu le Roy victorieux de son ennemy devant Amiens, ce fut à qui advertiroit le premier Sa Majesté de tout ce qui s'estoit passé de plus particulier en ceste assemblée, tellement que Sa Majesté entreprit le voyage de Bretagne au commencement du printemps de l'an suyvant, tant pour renger le duc d[e] coeur en son devoir, que pour escouter l[es] mes les plaintes de ceux de ceste religio[n] pourvoir sur icelles par un edict : ce qu'[il fit] tant à Nantes, ainsi que nous avons dit [en nos-] tre Histoire de la Paix.

Les roys Très-Chrestiens, chacun pre[miers fils] et protecteurs de l'Eglise catholique, e[nvoyent] aux papes esleus pour leur congratuler l[eur pro-] motion, et les recognoistre comme per[es spiri-] tuels et premiers de l'Eglise militante; [ce qu'en] cour de Rome on appelle obedience : [mais] ceste recognoissance ne se fait pas par [les roys] de France comme font plusieurs autres [princes] qui ont quelque special devoir ou obligat[ion par-] ticuliere envers le Sainct Siege de Rome, [comme] vassaux, tributaires ou autrement; mai[s seule-] ment ils se recommandent, et le roya[ume de] France que Dieu leur a commis en souve[raineté,] ensemble l'Eglise Gallicane, aux faveu[rs de Sa] Saincteté; toutesfois ils donnent à leurs [ambas-] sadeurs pouvoir derendre à Leurs Saincte[tez tout] ample tesmoignage de toute reverence e[t devo-] tion. La submission que le roy Loys un[ziesme] à son advenement à la coronne, voul[ut faire] par le cardinal d'Alby au pape Pie secon[d, pour] aucunes particulieres occasions, ne fut [trouvée] bonne par les François, et notamment [par la] cour de parlement qui luy en fit des remo[nstran-] ces; et mesmes tous les trois estats du ro[yaume] assemblez à Tours en firent unanimeme[nt leurs] plainctes. En somme, les roys Très-Chr[estiens] envoyent leurs ambassadeurs recognoi[stre les] papes pour peres spirituels, et pour leur [rendre] une obeissance non servile, mais filiale : *titatem apostolicæ Sedis sic comiter cons[...] tes, quemadmodum principes liberæ [...] si non æquo jure* [comme il faut recog[noistre] qu'en choses spirituelles il y a preemine[nce et] superiorité de la part du Sainct Siege], *ce[...] ut deditios, aut fundos* (1).

Le Roy donc, suivant la louable coust[ume de] ses predecesseurs, avoit envoyé M. de [...] à Rome peu après sa conversion, ainsi qu[e nous] avons dit; mais, pour les empeschemen[ts que] donnerent lors les ennemis de Sa Majesté[, il ne] rendit point l'obeyssance filiale deuë à Sa[inc-] teté et au Sainct Siege, suivant le pouv[oir que] le Roy luy en avoit donné. Du depuis, Sa[inc-] teté ayant donné sa benediction au R[oy, et] ayant envoyé en France son legat et du [Sainct] Siege, le cardinal de Florence, Sa Maje[sté ...]

(1) Reconnoissant, comme il convient à des [...] libres, et dans tout ce qui est juste, la puissance d[u Sainct] Siége, non comme des sujets ou des vassaux.

voya M. de Luxembourg, duc de Piney, à Rome, au commencement de ceste année, avec pouvoir de rendre à Sa Saincteté pour plusieurs particulieres occasions, ample tesmoignage de toute reverence et devotion. Il arriva à Rome le seiziesme d'avril, et fut receu honorablement par ceux que Sa Saincteté envoya au devant luy, lesquels le conduirent jusques au palais où il alla loger, et lequel estoit royalement preparé.

Deux jours après il eut audience, en laquelle Maurice Bressius, gentil-homme dauphinois, grand orateur, que ledit sieur de Luxembourg avoit mené exprès de France avec luy, fit la harangue.

Premierement il commença par un excuse sur la longueur du temps que le Roy avoit mis d'envoyer à Rome depuis sa reconciliation avec Sa Saincteté et le Sainct Siege.

Secondement il rememora les ambassades envoyées à Rome depuis les troubles, sçavoir : la premiere M. de Luxembourg, la deuxiesme le cardinal de Gondy, la troisiesme le marquis de Pisany, la quatriesme M. de Nevers, la cinquiesme M. l'evesque d'Evreux, et la sixiesme mondit sieur de Luxembourg, à present pour la seconde fois.

Troisiemement la royalle reception que Sa Majesté avoit faicte au cardinal de Florence, legat en France.

Quatriemement il loüa Sa Saincteté d'avoir receu et donné la benediction au Roy.

Cinquiemement les cardinaux.

Sixiemement le Roy.

Et septiesmement il dit au Pape : « Par M. de Luxembourg, Sa Majesté baise vos pieds apostoliques. Il vous respecte, non seulement comme le pere commun des chrestiens, mais comme estant son pere spirituel en ce que vous l'avez engendré en Christ. Il recognoist que vous estes le grand pontife, le souverain prestre et successeur très digne de l'apostre sainct Pierre, le vicaire très-vigilant de Nostre Seigneur Jesus-Christ, le chef des chrestiens, l'evesque de tout le monde, et non pas d'une ville ; et en ceste qualité il vous preste, et au Sainct Siege apostolique, la deuë obedience filiale, et vous devouë non seulement ses gens, ses provinces et ses royaumes, mais vous promet qu'il n'espargnera jamais son sang et son esprit pour maintenir la hautesse de Vostre Saincteté et du Sainct Siege. »

Le Pape eut ceste ambassade fort aggreable ; et bien que, dez qu'il donna la benediction au Roy, il s'estoit projetté de faire practiquer la paix entre la France et l'Espagne, ce bon dessein encor s'augmenta, et le fit mettre à execution par Calatagirone, general des Cordeliers, ainsi que nous avons dit en nostre Histoire de la Paix.

L'autheur qui a fait l'Histoire de France du regne de Henry IV, et mis en lumiere depuis mon Histoire de la Paix, dit que le general des cordeliers avoit dit au Roy le commandement que le Pape luy avoit faict de passer en Espagne pour disposer le roy Catholique à une bonne et saincte paix, sous laquelle on peust reunir les forces et les volontez des chrestiens contre le Turc, lequel, faisant son profit de ceste division, avoit rendu inutil ce grand effort que le pape, l'Empereur, le Transsilvain et les princes d'Allemagne avoient faict contre luy, avoit contrainct l'Empereur de lever le siege de Raab, pris et emporté de Force la forteresse de Totis sur le Danube, repoulsé honteusement le Transsilvain de Temesvar, et se promettoit de faire voir à toute l'Allemagne jusques où pouvoit monter sa puissance tant que les roys de France et d'Espagne le laisseroient faire ; que le roy d'Espagne, prevoyant bien et deplorant ce commun mal-beur, luy avoit dit qu'il ne desiroit que la paix, et que pour ce il donnoit tout pouvoir à l'archiduc son neveu, prince desireux de la paix ; et que le Roy avoit respondu audit general des cordeliers qu'il desiroit la paix, et ne luy vouloit donner autre condition que l'honneur et la justice de ses pretensions, etc.

Peu après le mesme autheur dit : « Ces premieres esperances de la paix ne faisoient que poindre quand le Roy fut adverty de la surprise d'Amiens. Ce fut une gelée qui emporta tout l'espoir que l'on avoit de ceste premiere semence, un vent qui souffla les fleurs de ceste jeune plante, etc. »

Il n'y a point d'apparence que le general des cordeliers ayt dit ces paroles là au Roy devant le siege d'Amiens, pource qu'Amiens fut surpris par l'Espagnol le unziesme mars de ceste année, et l'armée de l'Empereur, conduite par l'archiduc Maximilian, n'assiegea point Raab, autrement Javarin, que le neufiesme septembre après, et ne leva ledict siege que le quatriesme octobre ensuivant.

Quant à la forteresse de Totes, autrement Tata ou Dotis, qui est celluy-là qui ne sçait qu'elle fut renduë aux Turcs l'an 1594 sans coup frapper, surprise par les chrestiens en ceste année au mois de may, et derechef assiegée et reprise par les Turcs au mois de novembre de ceste mesme année ? Il n'y a donc point d'apparence que ledict general des cordeliers eust dit au Roy que ceste petite forteresse eust esté empertée de vive force par les Turcs huict mois auparavant que le faict fust advenu.

Quant au siege de Temessvar, toutes les relations d'Allemagne se rapportent qu'après que le prince de Transsilvanie eut conquis les chasteaux de Fellac et Chimad, le neufiesme et le douziesme d'octobre en ceste année, qu'il mit le siege devant Temessvar : mais que, ne pouvant prendre ceste ville là, il fut contrainct de lever son camp sur la fin du mois de decembre de ceste mesme année, qui est trois mois après que le Roy eut repris Amiens.

Quant à ce que ledit autheur dit aussi, à la marge au mesme endroict, que le Pape envoya en Hongrie, au commencement de l'an 1597 [qui est en ceste année], dix mille hommes sous la charge de son neveu Jean François Aldobrandin, et que le duc de Mantouë fut general de ceste armée, la verité est que deux ans auparavant, sçavoir l'an 1595, le Pape envoya sondit neveu en la guerre de Hongrie avec une armée de plus de dix mille hommes de pied et mille chevaux, dont il le fit general d'icelle, et qu'au mesme temps et en la mesme année le duc de Mantouë fut aussi en ceste guerre avec quatorze cents chevaux, sans aucune charge que sur la cavallerie qu'il y mena. Les relations de ce temps là disent qu'il n'y fut que comme adventurier.

Il n'y a donc point de doute que si ledit general des cordeliers a dit au Roy ce que rapporte le susdit autheur, il faut que ce soit esté au commencement de l'an 1598, et non pas auparavant le siege d'Amiens. Je n'ay dit ce que dessus pour reprendre ledit autheur, car son intention a esté de ne rien dire de vray laschement, ny rien de faux hardiment, et mesme je n'ay escrit ce que dessus que suivant ce qu'il a conjuré tous ceux qui sçauront les choses plus au vray que luy, d'en donner ce qu'ils en sçauroient, à la gloire de la verité et au service de la posterité. Ceux qui escrivent les histoires ou chronologies sont contraints d'escrire sur les memoires que l'on leur donne, car ils ne peuvent pas avoir veu tout ce qu'ils escrivent. Les uns peuvent recouvrer des memoires plus veritables les uns que les autres. J'ay peu en avoir dequoy j'ay composé ceste histoire et celle de la paix, où il y auroit quelque chose à redire; mais je prie le lecteur de me faire ce plaisir que de me donner par escrit ce en quoy je pourrois n'avoir pas bien esté adverty, et je les corrigeray à la premiere reimpression qui s'en fera.

Avant que de dire ce qui se fit ceste année en la guerre de Hongrie, voyons quelques particularitez qui se passerent en France au commencement de l'an 1598, jusques à la p[...]
vins.

Le troisiesme janvier la ceremoni[...]
du Sainct Esprit se fit aux Augustins[...]
fit chevaliers dudict Ordre M. le duc[...]
dour, les sieurs de Matignon, le com[...]
sy, le marquis de Resnel, de Che[...]
Sourdiac, de Belin, de La Viéville,
de Villaine, et de Poyane.

Le Roy estant requis par le duc d[...]
de continuer la suspension d'arm[...]
tagne, n'y voulut entendre, et co[...]
mareschal de Brissac de recommen[...]
re, et que dans le mois de mars [...]
mesme en ceste province là. Ces[...]
fit changer de volonté aux habitan[...]
que tenoit le duc de Mercœur ; et,
citez sous main par les royaux, ils
rent à mediter de se delivrer de leurs[...]
Ceux de Sainct Malo solicitoient ces[...]
de se rendre les maistres de leur [...]
chasser la garnison qu'y tenoit le sie[...]
Laurens pour le duc de Mercœur. C[...]
forte; il y a un fort chasteau, comme[...]
clef de la basse-Bretagne; et y a [...]
Les Malouins, suyvant l'entreprise q[...]
avec les habitants de Dinan, envoye[...]
mareschal de Brissac luy communiq[...]
treprise. Il s'y achemina et entreprit l[...]
dont ils vint à bout si heureusement
tant rendu maistre de la ville le 13
capitaines et soldats qui s'estoient reti[...]
teau se rendirent à ceste composition[...]

I. Que tous les capitaines et gens [...]
estans audit chasteau sortiront sans [...]
lez, armes et bagages sauves, la barq[...]
l'espaule, la mesche estainte et tambo[...]
dedans vendredy 13 du mois, à huict [...]
matin, au cas qu'entre cy et là ledit [...]
ou l'armée du Roy qui est devant le [...]
teau ne soit contraincte de lever entie[...]
siege; et ne pourront cependant les as[...]
cevoir aucun secours dans ladite place,
conduits en toute seureté à Lamballe.

II. Toutes les munitions de guerr[...]
pieces, poudres, balles, mesches et a[...]
ses, mesmes les vivres, demeureront a[...]
teau.

III. Tous les tiltres appartenants à [...]
et dame de Mercœur pourront estre [...]
par lesdicts gens de guerre, et condui[...]
mesme seureté; comme en semblable,
pourra recouvrer de ceux qui sont à M.
Laurens; et pour cest effect seulement [...]
fourny de charrettes.

IV. Tous prisonniers de guerre estans audit chasteau sortiront avec les autres, et seront conduits, s'obligeans de nouveau à satisfaire à leurs promesses.

V. Les sieurs d'Argentré, cy devant president au siege presidial de Rennes, et du Pouet, soy disant connestable en ceste ville, demeureront prisonniers de guerre.

Le Roy, ayant eu advis de la prise de ceste place, qui avoit estonné toutes les autres de la Bretagne, partit incontinent de Paris, et s'y achemina avec une grande armée. En y allant, il receut deux advis de la Savoye et du Dauphiné. Le premier fut que le duc de Savoye avoit repris toutes les places que le sieur Desdiguieres avoit conquestées l'an passé en la Savoye, et que le sieur de Crequy y avoit esté deffaict et pris prisonnier; et l'autre fut que ledit sieur Desdiguieres avoit surpris le 15 de mars le fort que le duc avoit faict faire, comme nous avons dit, sur la frontiere du Dauphiné, environ un quart de lieuë dans les terres de France, tirant vers Grenoble sur un coustau relevé au dessus du village de Barrauix.

Or le duc de Savoye avoit mis dans ceste place pour gouverneur le sieur de Bellegarde, gentilhomme de Savoye, avec sept compagnies de gens de pied, de l'artillerie et des munitions de guerre et de bouche; en somme il l'avoit laissée bien pourveuë quand il en deslogea son armée sur la fin de l'année passée pour la faire rafraischir par les garnisons. Ceste nouvelle place mit en nouvelle jalousie le sieur Desdiguieres et les royaux qui en estoient voisins, specialement ceux de Grenoble; et n'y avoit celuy qui ne desirast avoir ceste espine hors du pied, craignant qu'elle engendrast une aposteme qui en fin causast leur perte avec celle de la ville de Grenoble, considerans mesmes que le duc de Savoye faisoit tant d'estat de la place, que la fortification se continuoit de jour en jour avec une incroyable diligence.

Ledit sieur Desdiguieres, qui avoit dispersé son armée pour la faire vivre, ayant faict bien recognoistre ceste place, delibera de la surprendre; et pour cest effect il fit approcher de luy les troupes de cheval et de pied qui estoient les plus voisines de Grenoble, les fait passer sur le pont de l'Izere par dedans la ville, feignant que tout le reste feroit le mesme passage pour aller vers la Morienne où estoit ledit duc de Savoye avec son armée, et cependant fit faire fort secrettement et diligemment trente eschelles de la force et hauteur qu'il les failloit. Estans toutes choses disposées la veille des Rameaux, qui estoit le samedy quatorziesme de mars, il fait mettre les eschelles dedans un bateau, et remonter la riviere, avec quelques petards qu'il jugea necessaires pour ceste execution. Il donna en mesme temps ordre de faire repasser les troupes sur des bateaux qui estoient preparez pour cest effect, pour oster la cognoissance à ceux du fort que ses troupes feussent de leur costé: ce qui les eust tenu en cervelle, et peut estre fait demander des soldats de renfort à Chambery ou à Mont-melian. Les choses ainsi disposées, ledit sieur Desdiguieres partit de Grenoble le dimanche, quinziesme dudit mois, à six heures du matin, et, estant au village de Lombin, sur les huict ou neuf heures, joignit tout ce qui estoit preparé pour ceste execution, faisant environ trois cents chevaux et mil ou douze cents hommes de pied; et sur le mesme lieu appella les chefs à part, et leur dit la resolution qu'il avoit faite d'attaquer ledit fort la nuict ensuivant par escalade, à l'endroit qu'il leur monstra sur le plan qu'il en avoit fait pourtraire; et, pour favoriser ceste escallade, qu'il feroit donner l'alarme par tout, et mesme tirer les petards aux portes, affin de donner tant de besongne tout en un coup à ceux qui estoient dedans, qu'ils ne sceussent de quel costé entendre. Suivant ceste proposition il distribua les billets de ceste execution, où estoient nommez ceux qui avoient la charge des eschelles, et de quelle façon ils devoient estre accompagnez. La premiere troupe portoit huict eschelles; le sieur de Morges, qui la conduisoit, en faisoit porter trois, le sieur de La Buisse une, le sieur de Sainct Just deux, et à chacune eschelle dix hommes armez de cuirasse et salade, de pistolles et d'espées. Les sieurs de Manfalquiers et de Sainct Bonnet, avec chacun vingt harquebusiers de leurs compagnies des gardes, estoient avec ceste troupe, et avoient charge de chacun une eschelle. La seconde troupe, conduite par le sieur d'Hercules, lieutenant de la compagnie de gensd'armes dudit sieur Desdiguieres, portoit six eschelles, dont il en avoit charge de trois, le sieur de Montferrier de deux, et le sieur de Rozans d'une avec des harquebuziers choisis. La troisieme troupe, conduite par le sieur d'Auriac, portoit trois eschelles, le sieur de Beauveuil en avoit une, et le sieur de Buisson deux. La quatriesme et derniere troupe, conduite par le sieur de Marvieu, portoit trois eschelles, dont deux estoient sous sa charge, et la troisiesme sous le sieur de Serre. Ces trois dernieres troupes estoient accompagnées et armées à la forme de la premiere, et à chacune sa guide pour luy faire tenir le droict chemin du lieu de l'execution. Le capitaine Bymart eut la charge de faire jouër un petard à la fausse porte dudit fort qui regarde à

Grenoble, et le capitaine Sage un autre à la porte principale qui est posée vers Mont-melian. Il avoit aussi ordonné à une troupe d'infanterie, conduite par le sieur de Sainct Favel, de donner l'alarme par tous les endroicts du fort, tant que l'execution dureroit, et que cependant tout le reste demeureroit en gros à une mousquetade de là. Et quant à la cavallerie, là où la pluspart des membres estoient demeurez, le sieur du Bar eut charge de la faire passer outre, au dessoubs du fort, par le village de Barraux, aussi-tost que l'alarme se commenceroit, et la conduire jusques hors du bois de Servettes, dans la plaine de Chaparillan; par ce que l'on avoit eu advis qu'il devoit venir de ce costé là cent chevaux savoyards courir dedans la vallée, au mesme chemin que tenoient les troupes dudit sieur Desdiguieres.

Les choses ainsi preparées, les François marcherent en l'ordre dessusdit jusques au lieu où les eschelles se devoient rendre; mais, avant que d'y arriver, il falut faire alte pour laisser passer une heure ou deux de jour, de peur d'arriver de trop bonne heure sur le lieu de l'execution. A l'entrée de la nuict, les eschelles et petards furent distribuez; et, avant que toutes choses fussent rengées, que les gens de cheval destinez à l'execution eussent mis pied à terre, et que l'infanterie eust passé quelques ruisseaux, il fut dix heures. Ce fut à la mesme heure qu'on marcha droict au fort, dont on n'estoit qu'à un quart de lieuë. Et en l'ordre cy-dessus ils arriverent auprès du fort, justement à unze heures de nuict, favorisez de la lune qui estoit sur son neufiesme jour. Tout cest appareil ne pouvoit marcher sans alarme; ceux de dedans le fort l'avoient aussi prinse plus de demy heure devant, pour avoir veu plus de cent feux que les valets laissez aux chevaux avoient allumez aussi tost que leurs maistres furent partis : et encores que ceux destinez à l'execution vissent et oüissent la rumeur de ceste allarme, ils ne laisserent d'aller là où ils devoient planter leurs eschelles; ce qu'ils firent avec une grande resolution. Cependant les petards jouërent, l'alarme se donna par tout comme il avoit esté ordonné, et cela si à propos que ceux de dedans ne sçavoient de quel costé se garder. Ils renverserent quelques eschelles, aussi tost redressées, sans que ceux qui en avoient charge s'esmeussent des harquebuzades tirées de dessus les tenailles et des guerites qui estoient sur chacune poincte. Si bien qu'ayant gaigné le dessus du terrain, et estans aux mains avec ceux de dedans, il falut que le foible cedast au fort. La place estant ainsi forcée, les Savoyards se voulurent r'allier; mais, après quelque foible resistance, il en fut tué une centaine, et le reste se sauva par dessus le terrain et où il n'y avoit point d'alarme.

En cest exploict, les François n'y perdirent qu'un homme, et eurent peu de blessez. De sept drappeaux qui estoient dedans le fort, [illegible] gaigné cinq que le sieur Desdiguieres envoya au Roy, et les deux autres se perdirent. Le sieur de Bellegarde fut pris prisonnier, et quelques autres. Les François gaignerent en la prise du fort neuf pieces d'artillerie montées sur roües, dont y en avoit six de batterie et trois de campagne, deux cens quintaux de poudre, quantité de plomb, beaucoup de mesche, et environ cinq cens charges de bled. Voylà comment le duc de Savoye recueilloit sa part des fruicts de la guerre, et se trouvoit mal à l'aise aux portes de sa maison.

Le Roy ne fut si tost sorty de Paris pour aller en Bretagne, que les sieurs du Plessis de Cosme, de Heurtault Sainct Offange, et de Ville-Bois, qui commandoient dans Craon, dans Rochefort en Anjou, et dans Mirebeau près Poictiers [places que le duc de Mercœur pensoit devoir arrester pour un temps l'armée du Roy, et qu'elles deussent servir de frontieres aux places qu'il tenoit encor en Bretagne], envoyerent vers le Roy, le supplier, tant pour eux que pour les habitans desdites villes, de les vouloir recognoistre et recevoir pour ses très-humbles subjects et serviteurs. Le Roy envoya leurs requestes à son conseil. A Toury en Beausse, les articles presentées pour ceux de Craon furent accordées le 21 fevrier, et verifiées au parlement de Paris le 28 de mars; par lesquelles tous les actes d'hostilité faicts par ledit sieur du Plessis de Cosme et les habitans de Craon ne seroient recherchés, et qu'ils demeureroient en oubliance perpetuelle. A Chenonceaux, le premier de mars, les sieurs de Heurtault et La Houssaye Sainct Offange obtindrent le mesme, et pour tous ceux qui les avoient assistez; comme fit aussi ledit sieur de Ville bois pour ceux de Mirebeau.

Le duc de Mercœur voyant ce commencement, et craignant que toutes les villes qu'il tenoit n'en fissent de mesme, comme il y en avoit bien de l'apparence, aussi tost qu'il sceut que le Roy fut arrivé à Angers, il y envoya madame de Mercœur et des deputez. Ils firent l'excuse de ce que ledit duc avoit demeuré si long temps en armes après la reconciliation de Sa Majesté avec Sa Saincteté et le Sainct Siege, sur des considerations qui regardoient le bien du royaume, dont ils disoient qu'il avoit tousjours desiré la conservation et craint le desmembrement, entr'autres pour garantir la province de Bretagne du peril auquel elle se fust trouvée lors que Sa Majesté estoit au siege d'Amiens empeschée à repousser les Espagnols; et ce à cause des intelligences qu'avoient avec eux les plus grands du pays, qui eussent entrepris dans la Bretagne et faict entrer des forces estrangeres au prejudice du service du Roy et de l'Estat. Ils eurent pour response que le Roy avoit tousjours desiré de mettre fin aux troubles de son royaume, plustost par une obeyssance volontaire de tous ses subjects, que par la force et necessité des armes, et qu'il vouloit faire jouyr les derniers venus des mesmes fruicts que sa bonté avoit produict à l'endroict des autres qui s'estoient cy-devant retournez à leur devoir.

Le duc de Mercœur desiroit se conserver le gouvernement de Bretagne. Le Roy en vouloit disposer. Il le vouloit, et desiroit que ledit duc demeurast à la cour à l'advenir. On faict tousjours des ouvertures qui servent de moyen pour accorder les plus grands differents. Le duc n'avoit qu'une seule fille. Le Roy avoit eu de madame la duchesse de Beaufort un fils que l'on appelle Cæsar Monsieur, à present duc de Vendosme, et qui pouvoit avoir lors quatre ans. La princesse de Mercœur estoit plus agée : toutesfois on proposa le mariage de ce petit prince et de ceste princesse, qui fut accordé par le Roy et madame de Mercœur à certaines conditions à celuy qui ne le voudroit tenir lors qu'il seroit en aage. Le petit prince Cæsar Monsieur fut fait gouverneur de Bretagne, où depuis le Roy mit par tout des lieutenans generaux à sa devotion. Et l'edict sur la reduction du duc de Mercœur et des villes de Nantes, et autres de la Bretagne, fut accordé au mois de mars, et verifié le vingtsixiesme au parlement de Paris. Par cest edict le duc de Mercœur, les prelats ecclesiastiques, presidents, conseillers, advocats generaux et autres officiers du parlement de Rennes qui avoient exercé la justice à Nantes, ensemble les magistrats, gentils-hommes, officiers et autres qui avec luy se remettoient en l'obeyssance du Roy, furent tenus pour ses bons et fideles sujets, à la charge de prester à Sa Majesté le serment de fidelité : ce qu'ayant faict, ils seroient remis et restablis en tous leurs biens, offices, benefices et charges; que tous ceux qui avoient esté pourveus et receus, ou presenté leurs lettres d'estats, de justice et de finance, dont estoient deuëment pourveues personnes estans sous le pouvoir dudit duc de Mercœur, et qui avoient vacqué par mort, resignation ou autrement depuis ces troubles, desquels offices la function se faisoit ès lieux que ledit duc ramenoit en l'obeyssance du Roy, seroient conservez en iceux en prenant lettres de provision de Sa Majesté, que tous ceux qui avoient assisté ledit duc, et qui viendroient à la recognoissance de Sa Majesté avec luy, ne seroient recherchez de choses advenuës et par eux commises durant les derniers troubles et à l'occasion d'iceux, excepté tous crimes et delicts punissables en mesme party, et le damnable assassinat commis en la personne du feu roy, comme aussi tous attentats ou projects contre le Roy; que tous arrests donnez, tant en la cour de parlement de Paris qu'en celle de Bretagne, contre ledit duc et les presidents, conseillers et officiers du parlement de Rennes qui l'avoient assisté et estoient par luy advouez, seroient retirez des registres pour en demeurer la memoire esteinte; avec deffences à toutes personnes de se provoquer à querelles par injures de ce qui s'estoit passé à cause et durant lesdits troubles; que les jugements, sentences et decrets, tant en matiere civile que criminelle, et autres actes ordonnez, jugez et decretez par les presidents, conseillers et officiers du parlement de Rennes que ledit duc avoit establis à Nantes, et par ceux des sieges presidiaux de Rennes qu'il avoit establis à Dinan, d'Angers à Nantes, Rochefort et ailleurs, sortiroient leur plein et entier effect entre personnes qui y auroient volontairement suby; mais, au contraire ce qui s'estoit faict, ordonné et decreté entre personnes de divers party qui n'ont volontairement suby jurisdiction, demeureroit nul, et les parties remises en tel estat qu'ils estoient auparavant; qu'il ne seroit fait aucune recherche de l'establissement du conseil fait par ledit duc pour la direction des finances, ny des assemblées par forme d'estats faictes de son authorité, ny de tout ce qui s'estoit faict ausdites assemblées; mais que dès à present cesseroient tous les susdits establissements de juges et jurisdictions, comme aussi toutes levées de deniers et impositions en vertu des commissions et ordonnances dudit duc ou de ceux qui estoient par luy advouez; que lesdits officiers et juges rentreroient en l'exercice de leurs estats et offices d'une part et d'autre; que les comptes rendus, clos et arrestez à Nantes par les officiers de la chambre des comptes ou autres advoüez par ledit duc ne seroient subjects à nouvel examen; et, pour le regard des comptes à rendre, qu'ils y seroient encor rendus et non ailleurs, et toutesfois que les parties y employées seroient passées et allouées purement et simplement; que les fermiers ou commis par ledit duc ou son conseil au maniement des deniers des tailles, foüages, imposts, billots, ports et havres et autres, qui auront payé le prix de leurs fermes, en demeureront quittes, et ne seront recherchez et contraints à

dre, ainsi qu'il avoit contenté ceux de la ligue, dont lesdits de la religion avoient fait tant de clameurs dans leurs plaintes, il leur octroya quelques deniers à prendre sur son espargne pour ledit entretenement; et, pour la justice qu'ils luy supplioient de leur rendre, il leur accorda beaucoup de choses en un edict qui fut intitulé : Declaration sur les edicts de pacification, et quelques articles secrets. Par ce moyen il donna la paix et aux uns et aux autres.

Pax optima rerum quas homini novisse datum est;
Pax una triumphis innumeris potior:
Pax custodire salutem, et cives æquare potens (1).

Ayant la paix dans son royaume, il l'eut en mesme temps aussi avec le roy d'Espagne, ainsi que nous avons dit en nostre Histoire de la Paix, lequel luy rendit toutes les places qu'il avoit prises sur la France durant ces dernieres guerres; et non seulement avec le roy d'Espagne, mais avec tous les princes ses voisins.

Paix heureuse dont la France jouyt encores à present que j'escris ceste histoire sous le regne auguste de ce prince, qui la luy a donnée par sa valeur, par sa prudence et par sa clemence : prince qui s'est rendu aussi redoutable à ses ennemis, qu'admirable à ses subjects et à toutes les nations de la terre.

J'ay mis dans ceste année 1597 ce qui s'est passé en France au commencement de l'an 1598 jusques à la paix de Vervins; ce que j'ay fait, afin que ceux qui liront mes histoires y voyent mieux la continuation de ce qui est avenu jusques à ladicte paix.

Nous avons dit en l'an 1594 que les Holandois avoient descouvert le destroit du Nord pour aller à la Chine.

L'an 1595, les Estats generaux envoyerent encor sept navires chargés de marchandises et d'argent pour passer du tout ledit destroict et naviger vers le Cathay et la Chine; mais, estant arrivez audit destroict, nommé par lesdits Holandois le destroict de Nassau, ils trouverent les glaces si hautes qu'ils furent contraints de retourner en Holande.

Après ce retour, les Estats voyans qu'ils n'avoient tiré le profit de ce voyage qu'ils avoient esperé, ils resolurent de ne l'entreprendre plus aux frais communs du pays, mais firent publier que si quelques villes en particulier ou quelques marchands vouloient entreprendre ledit voyage, que l'ayant parfaictement accomply, et monstré que l'on pourroit aysement aller à la Chine par ledict destroict, que l'on leur donneroit, aux frais communs du pays, une certaine somme de deniers.

Sur ceste proposition, le conseil de la ville d'Amsterdam fit preparer au commencement de l'an 1596 deux navires, loüerent des pilotes et matelots, et ce à double condition, sçavoir, combien ils leur devroient donner s'ils parfaisoient ce voyage et revenoient à bon port, et ce qu'ils leur bailleroient s'ils retournoient sans pouvoir passer ledict destroict. Et afin que lesdits pilotes et matelots ne fussent destournez de faire ce voyage par aucune affection particuliere, ils ne choisirent que personnes qui n'avoient point de femmes ny d'enfans.

Le cinquiesme de may, les deux navires partirent d'Amsterdam pour aller chercher ledict destroict du Nord; et, costoyant le pays de Nordwege, le premier juin ils n'eurent aucune nuict, et le quatriesme un merveilleux meteore s'apparut au ciel; à chasque costé du soleil il y avoit un autre soleil et deux arcs-en-ciel passant par les trois soleils, puis deux autres arcs-en-ciel, l'un à l'entour du soleil, et l'autre à travers par le grand rond. Ils continuerent leur chemin; mais les vents contraires les en firent destourner, et le 19 juin ils se trouverent en une mer pleine de glaces vers Groentland, à la hauteur du pole de quatrevingts degrez moins unze minutes: toutesfois ils ne trouverent pas le froid si vehement là que depuis ils firent à Nova-Sembla, bien que ce pays ne soit situé que soubs la hauteur de septante six degrez. Ils trouverent en Groentland des herbes et des fueilles, et des rangiferes qui ne vivent que d'herbes; mais à Nova-Sembla il n'y a ny herbes ny fueilles, et ne s'y void pour toutes bestes que des ours blancs fort furieux, et quantité de renards blancs. Or, des deux navires, l'un voyant qu'il n'y avoit point d'apparence de trouver voye par ce costé de Groentland pour aller en la mer de Tartarie, il rebroussa son chemin et s'en retourna en Holande; l'autre, ayant bien tournoyé, le 17 juillet descouvrit Nova-Sembla, et, au lieu de passer par le destroit de Nassau le long des costes de Veygat, il tira au nord si avant, qu'ayant à demy circuy la Nova-Sembla, et pensant s'en revenir passer par le Veygat, en Holande, le navire demeura sur la glace. Ces Holandois, se voyants contraints d'hyverner en un pays où personne n'habitoit, commencerent à y bastir une maison de plusieurs arbres qu'ils

(1) La paix, le plus précieux trésor qu'il ait été donné aux hommes de connoître; la paix, qui doit être préférée à d'innombrables victoires; la paix, qui peut seule conserver l'État et rapprocher les citoyens.

trouverent flottans sur une riviere là proche, et lesquels il avoit fallu que le torrent des eaux eust là amené de bien avant dans le pays [aussi estoient-ils avec leurs racines], pour ce qu'il n'y en avoit point le long de toutes ces costes. Il a esté imprimé en Holande un discours où ce qui leur advint jour par jour est descrit; car ils demeurerent en ce pays desert, sans voir autre chose que neige et glace et des furieux ours, depuis le mois de septembre 1596 jusques au 22 juin de ceste année qu'ils abandonnerent du tout leur navire, et mirent dans leurs deux barques, qu'ils raccommoderent, tout ce qu'ils pourent, et dans icelles commencerent à vouloir retourner par le mesme chemin qu'ils estoient venus. Estants partis du port de glace où ils avoient si rudement hyverné et couru beaucoup de perils, après avoir evité une infinité de dangers, costoyant la terre de Nova-Zembla, et doublé le destroict de Nassau, couru le long de la Russie et bien fait quatre cens lieuës avec leurs barques ouvertes, ils arriverent le 2 septembre à Cola, en Lapenie, où ils trouverent Jean Rip, conducteur de l'autre vaisseau, lequel les avoit laissez dès l'an passé vers Groenland et s'en estoit retourné en Holande, d'où, à la bonne heure pour eux, il estoit allé à Cola. Ces pauvres voyageurs, qui n'estoient restez que onze, car leur conducteur et leur maistre pilote et autres estoient morts de la froidure, après tant de travaux, s'estans quelques jours refraichis à Cola, entrerent dans le navire de Jean Rip, et revindrent à Amsterdam le 20 octobre de ceste année, là où chacun les tenoit pour morts. On fut esmerveillé de ce qu'ils raconterent de ces pays glacez, et des peaux de plusieurs ours blancs qu'ils apporterent, lesquelles avoient treize pieds de longueur, et de celles de plusieurs renards blancs. Voylà ce que les Holandois, estimez gens qui maintenant courent toutes mers, profiterent pour tascher à descouvrir le destroict du nord. Aucuns ont escrit que ce qu'ils descouvrirent l'an 1594, et qu'ils appellent destroict de Nassau, n'est qu'un sin. Si cela est ou s'il n'est pas, à eux la dispute. Voyons quel succez eurent quatre autres navires, encor d'Hollandois, qui partirent du mesme port d'Amsterdam le 4 mars 1595, et allerent vers les Indes orientales pour essayer s'ils y pourroient trafiquer et faire commerce ferme avec les Indiens et insulaires ès lieux où les Portugais n'avoient aucune juridiction et authorité, et comme ils retournerent en ceste presente année de ce long voyage.

Ces quatre navires, ayant attendu quelque temps au port de Texel, et estans armées et ap-

pareillés de ... pour un si long voy... desployées le 2 avril... France et l'Angleterre... ... devant sous la ligne ... de grands dangers; ... deux, ... playes et tumeurs, ... devinrent malades, ... l'extreme chaleur. Le... sous la hauteur du ... tarctique, où ils com... prendre courage, et ... recogneurent à certai... seaux qui flottent su... pres du cap de Bonne... couvrirent deux jour... jetterent l'ancre au g... plusieurs d'entr'eux d... dant que d'autres s'e... fond du goulphe, où ... lerent de chiens de ... appellez pinguyns, ... barques. Le lendemai... en terre vingt et tr... aller chercher le villa... Mores qu'ils avoient ... en rencontrerent plu... troquerent des brebi... que, sans passer outr... res, où le lendemain ... des boeufs et des mou... Ces Mores estoient ... couleur fort brune, ... de leurs membres. P... voient qu'une peau d... façon d'un manteau, ... chair, avec une ceint... dont ils sont ceincts ... des bouts pendant d... portent des planchett... Leurs ornements so... cuivre rouge, et anc... leurs doigts. Ils port... bois, et ont diverses ... chaud en leurs corp... et rongent les os co... mauvais, pource q... graisse. Leur parler ... ils portent des picqu... pointés de fer, mai... sont endurcies qu'a... pieds, les Hollandoi... des moutons, lesque... point de laine, ains ...

chevres. Quant aux oyseaux, il y a force perdrix, cailles et faulcons, et plusieurs autres sortes.

Le 11 d'aoust, les Holandois leverent l'ancre de ce port pour continuer leur chemin. Quelquefois le vent leur fut agreable; mais les frequentes tempestes qu'ils eurent les fit tirer à l'isle Sainct-Laurent ou Madagascar, qu'ils descouvrirent le 3 septembre, et jetterent l'ancre à une petite islette qu'ils appellerent le cimetiere des Holandois, là où plusieurs d'entr'eux moururent.

Après avoir envoyé chercher, avec leurs barques, un lieu propre pour faire leur descente en ladite isle, et leur ayant esté raporté la descouverte d'une riviere d'eau douce, ils y arriverent le 9 octobre. Le lendemain ils entrerent bien avant dans la riviere, et choisirent un lieu pour mettre à terre leurs malades. Plusieurs Madagascares, habitans du lieu où ils descendirent, s'approcherent des Holandois, et les aborderent dès qu'ils furent descendus en terre, leur apportant quantité de vivres, et leur donnant un bœuf pour une cuiller d'estain, ou trois ou quatre moutons. C'estoient gens noirs et robustes, bien proportionnez de membres, tant hommes que femmes. Les hommes estoient vestus tant seulement d'un drappeau de coton à l'entour des parties honteuses, et les femmes de mesme; mais ils en avoient un qui leur couvroit leurs mammelles, et estoit fait comme un corset sans manches. La croyance de ce peuple là est qu'il y a un Createur, mais de le prier ils ne sçavent que c'est, ou de celebrer aucun jour de feste, les jours leur estant esgaux. Ils craignent fort le diable, qui souvent les tourmente, et principalement les hommes. Ils usent pour armes de lancettes ou azagayes. Il y a grande quantité de coton, qui croist en de petits arbres, que les femmes fillent, et puis en font des draps. Les hommes sont grands chasseurs. Leur principale viande est du poisson, des tamarindes, des febves et du laict, et aucunes fois de la chair. Les bœufs, dont ils ont grande quantité, ont une bosse sur le dos, de pure graisse; les moutons y ont la queuë grosse de vingt-trois poulces, et sont sans laine. Ils ont grande quantité de boucs et chevres. Ces peuples ressemblent aux Tartares de l'Asie, car ils meinent leur bestail d'un lieu à l'autre selon la saison, et y font des logettes basses où ils demeurent jusques à ce que leur bestail ait tout mangé l'herbe, puis changent de lieu. Les Holandois ne furent long temps là sans que les barbares ne taschassent de les surprendre pour les tuer et piller, et furent contraints de venir aux mains contre eux; tellement que, considerans qu'ils ne pouvoient recouvrer d'eux aucun refraischissement ny faire amitié, ils commencerent à sortir de ladite riviere, puis firent voile le 11 decembre pour advancer leur voyage vers Java, où ils avoient envie d'aller; mais, après avoir eu plusieurs tempestes, ils furent contraints d'aller moüiller l'ancre, le 3 janvier, à la petite isle de Saincte Marie qui est près de la grande isle de Madagascar; cette petite isle n'est que sous la hauteur de dix-sept degrez du pole antarctique. Ils y allerent principalement à cause de la recheutte de plusieurs malades d'entr'eux, et pour recouvrer quelques refraischissements, ainsi qu'ils firent; car, le lendemain qu'ils en furent approchez, un canoa, ou petit basteau, leur vint apporter du ris, des roseaux de succre, des limons et une poule, qu'ils eschangerent à des mouchoirs et à des chapelets. Ils furent sonder, avec leurs barques par tout s'ils pouvoient approcher leurs vaisseaux près l'isle, et descendirent mesme en divers endroits en terre, où ils virent une grande multitude d'habitans. Plusieurs femmes de ceste isle eschangerent avec eux diverses sortes de fruicts qui croissent en ce pays là, et des poulets contre des chapelets et d'autres denrées.

Entre l'isle de Saincte Marie et Madagascar est un grand canal; les Hollandois avoient envie d'y trafiquer, et trouver un lieu plus commode que celuy qui leur avoit servy de cimetiere : ils envoyerent leur pinasse encor recognoistre s'il y avoit poinct quelque bon port, où ils y peussent approcher avec trois barques, et y troquer avec les habitans : en y allant et costoyant l'isle de Saincte Marie, le seigneur de ceste isle et plusieurs habitans vindrent avec des lacas et des canoas, qui sont comme barques, les aborder : les uns troquerent des brebis, chevres, poules, ris et fruicts, en eschange de petits mirouërs, chapelets et esplingues. Mais ce seigneur, qu'ils appellent *Phulo*, estant abordé en grand silence, monta de son lancas [qui estoit fait en forme de galiote, et auquel y avoit huit rameurs de chasque costé] dans la pinasse. Après quelques paroles qu'il leur dit, il leur fit present de ris et fruicts, et eux lui donnerent des verres, des petites roses, des miroirs et des chapelets; puis se retira en sa galiote. Ce Phulo estoit aussi estonné de voir la pinasse et l'habit des Hollandois, qu'eux furent du sien; car il estoit vestu d'un beau roquet fait de cotton rayé, pendant dès le nombril jusques à terre, et avoit en teste un bonnet de la façon d'une mitre d'evesque, ayant à chasque costé une corne artificielle, de demie aune de long, avec des franges au bout artificiellement faictes. Descendu de la pinasse, il se mit dans un canon, pour aller tout autour la regarder.

Ce jour, ceux de ladite pinasse acheterent tant de refraischissements qu'ils troquerent toute leur mercerie; et le lendemain, continuans leur chemin vers Madagascar, ils arriverent au goulphe d'Antongil. La pinasse ne pouvant entrer dans le goulphe pour le peu de profondeur, les barques y entrerent, où ils trouverent une grande riviere et deux grands villages aux deux costez, où il y avoit de grands edifices et multitude d'habitans, en l'un desquels [qu'ils appelerent Spakenbourg] ils receurent, pour des filets de margaridettes, du ris, des poulets, du miel, du gingembre et orenges, et beaucoup d'autres fruits. Le 26 dudit mois, la flotte ayant levé l'ancre de l'isle Saincte Marie, y arriverent aussi les autres navires. Pour asseurer leur trafic avec ces barbares, ils demanderent des ostages : ce qu'ils obtinrent d'eux; et ainsi ils commencerent à aller par tous les villages, et tellement à troquer, qu'ils enleverent, en peu de jours, plus de deux mille livres de ris. Le Phulo de ceste contrée, de crainte que cela ne leur apportast de la famine ou cherté, fit deffences de troquer plus du ris.

Il fit une si grande tourmente le 3 fevrier que les barques des Holandois furent jettées sur le rivage : les habitans du village Sainct Angelo les rompirent pour en avoir les ferremens; dont les Holandois, advertis par ceux dudit village de Spakenbourg qui les supportoient, ils se resolurent d'entrer dans la riviere et de faire descendre à terre des hommes : ce que ceux de Sainct Angelo voyant, ils se mirent bien cinquante dans leurs canoas, et se sauverent à mont la riviere; soixante seulement d'entr'eux se preparerent avec leurs picques et boucliers pour deffendre la descente aux Holandois, et leur jetterent des pierres si brusquement, qu'ils les en molesterent; mais, après qu'on leur eut tiré quatre ou cinq coups d'harquebuze sans bales, ne voyans personne des leurs blessez, ils s'enhardirent et vindrent en gros sur le bord de l'eau, couverts de leurs rondelles; menaçans les Holandois ils mettoient le bout de leurs picques dans l'eau, voulans leur dire, à leur mode, qu'ils tremperoient ainsi le bout de leurs picques dans leur sang : on leur tira encor quelques harquebuzades chargées, dont y en eut huit que morts que blessez, qu'ils emporterent incontinent avec eux, et s'enfuirent. Les Holandois alors descendirent en terre, et entrerent dans ce village qu'ils saccagerent et bruslerent.

Du depuis, voyans qu'ils ne pouvoient reduire les habitans de ce goulphe d'Antongil à paix et

tranquillité, ils en
continuans leur ch
troict de Sunda, ils c
mars, plusieurs po
rengs, qui voloient e
moüettes grises et a
sant sauver dans l'e
d'autres gros poiss
hors de la mer pou
poissons volans, pe
d'ennemis, se vinre
prins par les matelo
ger fort savoureux.

Le 5 juin ils com
quoy ils furent resjo
avoient, faute d'ea
dirent en l'isle de S
quelques refraischis
voiles et navires de
tions, entrerent da
arriverent le 22 juin
ville en Java où il y
pays bas, au pied d
descendent deux riv
fient et embellissent
bricques, bien ento
quels y a à chacun u
meure beaucoup de
fort : comme aussi
Arrabes, Bengales, M
Du commencement i
et firent plusieurs pr
grand seigneur qui a
lequel avoit comman
ce seigneur fut depui
qui se faignoient est
luy promirent deux r
pour les surprendre e
advertis, se tinrent s
leur entreprise fut sa
long de l'esté, ils co
troquer leurs march
javans contre du po
amas; le long temp
amplette donna suje
seigneurs javans qu
pour espier le pays,
ger : ce qu'ils creur
verneur de Bantan e
Holandois pour le pr
loit bailler en rabat d
prise d'eux, des me
fects; premierement
ter les Holandois qui
quoient leur marcha
Holandois de la flott

cos, qui sont navires dont les Javans usent; ce qui les anima tellement qu'il sortit du Bantan vingt-quatre fustes rengées en forme de croissant, lesquelles attaquerent la pinasse des Holandois, qui les laisserent approcher de près, puis laschant l'artillerie, les fit toutes escarter et en mit une au fonds de l'eau : ce que voyant, les autres se retirerent vers la ville, où ils furent poursuivis par ladite pinasse, qui tira sur la ville quelques coups de canon, puis se retira à la flotte. Cela advint le 8 septembre, et ceste guerre dura jusques au 12 octobre, qu'ils firent un second accord; recommencerent la traffique comme auparavant, achetans beaucoup de poyvre, et ce qui leur estoit necessaire. Ceste traffique dura jusques au 24 octobre, qu'il arriva un ambassadeur au gouverneur de Bantan, de la part des Portugais de Malaca, qui luy donna dix milles realles de quarante sols et plusieurs autres gentillesses afin d'empescher la traffique aux Holandois, et les endommager le plus qu'il pourroit. Les Holandois, contraints, par la rupture de leur accord, d'user de force, prindrent deux joncos chargez de noix muscade et de macis au port de Bantan, et plusieurs autres petits vaisseaux. Entr'autres, le 2 novembre, ils prindrent un assez grand vaisseau qui venoit de Bandermachin, ville située en l'isle de Borneo; du commencement, les barbares, qui estoient au nombre de quarante, leur jetterent avec des sarbatannes grand nombre de petites flesches envenimées qui en navrerent plusieurs, et bien qu'ils n'entrassent point avant dans la chair, toutesfois, pour ce qu'ils estoient petites et foibles, ils se rompoient, et laissoient le bout envenimé dans la chair, qui la putrifioit et y faisoit une playe corrompuë à cause du venin. Après que les Holandois eurent tué huict ou dix de ces barbares, le reste se sauva en une petite chaloupe qu'ils avoient, et quitterent leur junco chargé de ris, de poisson sec et autres marchandises. Depuis ceux de Bantan armerent force fustes pour les venir charger; mais eux, ne laissans de prendre tout ce qu'ils pouvoient attraper, après avoir demeuré aux environs de ceste ville jusques au sixiesme de novembre, ils en partirent pour aller descouvrir les limites orientales de ceste isle de Java; et ainsi se retirerent d'auprès de Bantan, qui est le plus beau et grand port de toute ceste riche et grande isle, et où aussi se demene le plus grand traffic de toutes sortes d'espisseries, et à assez bon marché pour ce qu'elles s'y apportent des environs, entr'autres du poyvre blanc et noir, cloux de girofles, muscades, macis, canelle, comin, gingembre sec, citoar, zerumbet, poyvre long, cubebes, anis, fagara, calambac, garro, bois sandalun, costus indicus, nardus, juncus odoratus, calamus aromaticus, racine de china, rhubarbe, galgan, semence de citoar, semence de fenoil, d'anis, coriandre, bangue, datura, canuapit, cantior, sanparatan, curcuma, benzoin blanc et noir, et plusieurs autres.

Chasque ville de l'isle de Java a son roy particulier; et tient on que les Javans sont descendus des Chinois; car, dans le fond du pays, ils sont encor tous payens tenans la loy de Pytagoras, croyans pour certain que, l'homme mourant, l'esprit soudain entre en un autre corps; c'est pourquoy ils ne mangent chose qui ait eu vie, et ne tuent aucun animal. Aux costes maritimes, dans les villes, ils sont mahometans et gardent diligemment l'Alcoran. Ceux qui sont entr'eux de qualité ne laissent jamais voir leurs femmes. On leur donne en mariage quantité d'esclaves, hommes, femmes et filles, et peu d'argent; et avec ces femmes et filles esclaves ils peuvent coucher, mais ils ne peuvent vendre les enfans qu'ils ont d'elles, car ils sont reputez appartenir à leurs femmes legitimes. Ces peuples sont fort superbes et marchent fort arrogamment: ils sont vestus de certaines toiles entretissuës de fil d'or, ayans en teste un turban de fine toile de Bengales; ils portent tousjours un poignard à la ceinture, et sont fort obstinez, meschants et meurdriers; quand ils sont victorieux ils n'espargnent personne; ils sont si ingenieux à desrober, qu'ils surpassent en cela toutes autres nations : au reste bons soldats, hardis et sans peur, bien qu'ils ne soient nullement propres à tirer de la harquebuze; leurs armes sont picques longues avec fers flamboyans, comme aussi sont leurs poignards, cimeterres et coutelasses; leurs escus sont de bois, ou de cuir tendu à l'entour d'un cercle; leurs harnois sont faicts de plaques de fer joincts ensemble avec des annelets : ils portent leur chevelure longue, leurs ongles longs et leurs dents limées.

Quand aux marchands ils sont ambitieux, trompeurs, dissimulez, et infidelles à tous estrangers et non à leurs compatriotes. Ceux qui sont riches demeurent d'ordinaire à la maison; ils prestent leurs deniers aux maistres des joncos ou navires qui vont trafiquer de port en port à condition de leur en rendre le double, quelquesfois plus et d'autres moins, selon qu'ils vont trafiquer au loing. S'ils font bon voyage, le marchant se fait payer au maistre de navire, selon le contenu de leur contract; si le maistre ne le paye content, il faut qu'il engage sa femme et ses enfans pour payer, et est contrainct à ce faire, si par fortune sa navire ne s'estoit perduë,

FIN DE LA CHRONOLOGIE NOVENAIRE DE PALMA CAYET.

deux rangs assis bien hault, il alla droict à la navire d'Amsterdam pensant la surprendre : eux le voyans approcher, deschargerent sur luy trois pièces d'artillerie, dont l'une estoit chargée d'une lanterne, dequoy le parao du Roy fut entierement desroqué et la pluspart des Maduriens tuez ou blessez ; le reste s'estant preparé avec leurs picques et escus pour sauter dans ledit navire d'Amsterdam, les autres navires holandois y survinrent, qui mirent tout le reste au fil de l'espée, excepté vingt-un prisonniers entre lesquels estoit le fils de ce Roy, aagé de huict ans. Le Roy fut trouvé mort dans le parao, auprès du cheriffe, qui avoit à sa ceincture un joyau d'or enrichy de cinq pierres precieuses. On jetta leurs corps dans la mer, et renvoya-on le fils de ce Roy mort à Madure.

Les Holandois, après cest exploict, partirent de là sur la nuict du lendemain ; et, ayant assemblé leur conseil s'ils devoient retourner en Holande ou aller vers les Molucques, ils navigerent tout le long de ce mois au costé oriental de Java, et, ayant couru plusieurs ports, ils descouvrirent, le 11 janvier 1597, l'isle de Boc, où, pensant trouver de l'eau douce à commodité, et n'en ayant point trouvé, ils deschargerent le navire d'Amsterdam et le brusierent ; puis, ayant descouvert le goulphe de Ballabuan le 27 dudit mois, ils navigerent vers la riche et populeuse isle de Bali où ils arriverent deux jours après. Estans à l'ancre devant ceste isle, qui ne contient que douze lieuës d'Allemaigne, et dans laquelle il y a plus de six cens mille hommes, le roy d'icelle vint sur le bord de la mer pour les voir : il estoit assis dans un chariot bravement taillé et tiré par deux buffles blancs, richement enharnachez : et sa garde, armée de sarbatannes et de picques ayans le fer doré, marchoit devant luy. Ceux que les Holandois envoyerent à terre furent humainement receus de luy, et leur enseigna un lieu en son isle où ils pourroient faire provision d'eau douce tant qu'ils en auroient affaire, et d'autres commoditez : ce qui vint très-à-propos aux Holandois, qui y furent, et l'appellerent le Cap des Porcs, et y arriverent le 12 fevrier. Le peuple de ceste isle [qui est sous la hauteur de huict degrez et demy du pole antarctique] est payen, adorant ce qui leur vient le matin premier à l'encontre. Leur principal exercice est de cultiver et faire de la toile de cotton. Il y a grande quantité de toutes les sortes d'animaux et des fruicts qu'il y a en Java, et est un lieu très-commode à tous navires qui veulent aller aux Molucques pour se refraischir, à cause de l'abondance des vivres qui s'y trouvent à très-grand marché.

Les Holandois, ayans demeuré en ceste isle jusques au 21 mars, et s'y estans pourveus de tout ce qui leur estoit necessaire pour retourner en leur pays, leverent les ancres, doublerent le cap de Bonne Esperance le 7 avril, virent l'isle Saincte Heleine le 25 de may, repasserent le 7 juin la ligne equinoctiale vers le pole arctique, où ils n'avoient esté en deux ans entiers qu'ils furent à faire ce voyage ; puis, tirans vers la Holande, ils y arriverent, au port de Texel, le onziesme jour d'aoust de ceste presente année 1597, chargez d'espiceries, et ayans fait meilleur voyage que ceux qui avoient esté à Nova-Zembla. Du depuis plusieurs autres Holandois ont esté courir vers ces Indes orientales, ainsi que nous avons dit en nostre Histoire de la Paix.

Nous avons dit l'an passé que les Anglois avoient fait de grandes ruynes et de grands butins à Calis, sous la conduitte du comte d'Essex et de l'admiral d'Angleterre. Le roy d'Espagne, ayant envie d'envoyer visiter la royne d'Angleterre jusques en son propre pays, comme elle l'avoit envoyé visiter dans le sien, fit assembler au port de Ferol plusieurs navires, et donna la charge de ceste armée navalle à Martin de Padilla, comte de Gadea. Les Anglois, sous la conduitte dudit comte d'Essex, sçachant cest amas, assemblerent plusieurs navires de guerre au port de Plimouth, ausquelles se joignirent nombre de navires de guerre des Estats ; puis, tous ensemble, partirent dudict port le 27 d'aoust et singlerent vers Espagne, où, après plusieurs tempestes, ils arriverent. En la costoyant, eux, qui estoient lors plus forts en mer que les Espagnols, firent plusieurs stratagemes de guerre pour les attirer au combat, mais ils ne bougerent pour lors dudit port de Ferol : ce que voyant le comte d'Essex, suivant la coustume des Anglois, il fit emplir des vaisseaux de feux d'artifices, et, ayant supputé le temps qu'ils pourroient arriver au milieu de la flotte espagnole, et l'heure que la mesche qui devoit mettre le feu aux pouldres devoit estre consommée, il les laissa aller au gré du vent et du flot de la mer ; mais il advint, contre son dessein, qu'un vent contraire s'estant levé, tout cela fut sans fruict et tout son labeur perdu, ces artifices estans volez en l'air sans faire aucun mal. Les Anglois, voyans qu'ils ne pouvoient tirer les Espagnols de ce port, singlerent vers les isles Açores, où ils esperoient rencontrer la flotte qui apportoit l'or et l'argent des Indes occidentales ; mais ils furent aussi peu heureux en ce dessein, car la flotte espagnole estant arrivée à la Tercere sans rencontrer les Anglois, elle y prit ses refraischissements. Le comte d'Essex, voyant qu'elle estoit en seureté, et que mesmes l'armée d'Espagne, qu'il avoit laissée au port de Ferol, estoit allée vers Lisbone pour joindre plusieurs vaisseaux de guerre et aller au devant de ladite flotte, il alla à l'isle Sainct Michel prendre des refraischissements et de l'eau douce, puis s'en retourna en Angleterre, où il arriva le 5 novembre, ayant pour tout butin trois navires espagnoles. La flotte des Indes arrivée en Espagne, Padilla, avec ses navires de guerre, ayant joint Marc Arambura, general aussi de plusieurs vaisseaux, s'achemina vers l'Angleterre, pensant butiner sur les Anglois; mais les vents et les tempestes, qui adviennent d'ordinaire en ceste saison là, le fit retourner en Portugal sans rien faire de memorable.

Nous avons dit sur la fin de l'an passé que les chrestiens et les Turcs se retirerent pour passer les rigueurs de l'hyver en diverses provinces. Au commencement de ceste année, une grande multitude de paysans du pays d'Austriche s'esleverent contre la noblesse, et ce sous la conduitte d'un George Brunner. Leur plainte estoit celle que font d'ordinaire plusieurs peuples, et principalement durant la guerre, sçavoir, pour les grands tributs que l'on leur contraignoit de payer, pour les oppressions qu'ils recevoient de leurs seigneurs particuliers, et pour la ruyne qu'ils recevoient du passage des gens de guerre qui emportoient tout ce qu'ils avoient en leurs maisons. Du commencement, ils firent plusieurs cruautez contre la noblesse et contre beaucoup de gens de qualité : ils prirent plusieurs chasteaux et maisons nobles. L'Empereur envoya quelques-uns vers eux pour les destourner de passer outre, et leur fit remonstrer qu'ils pouvoient obtenir pardon de luy pour la levée de leurs armes, pourveu qu'ils retournassent chacun en leurs maisons. Ceste proposition ne servit qu'à faire enflammer les peuples qui sont outre le Danube; mais, quant à ceux qui sont du costé de la Boheme, estans mieux conseillez, ils se maintindrent au mieux qu'ils purent en paix. Pour reprimer l'audace de ceux-là, l'Empereur envoya premierement le colonel Colnitz avec quelques troupes de gens de guerre, lesquels, en ayant surpris cinq cents dans le village de Gravenac, il les fit mettre tous au fil de l'espée, puis il alla mettre le feu dans Strasse, où les enfants et les femmes, aussi bien que les maisons, furent reduits en cendre. Cela pour un temps leur donna quelque crainte, mesmes pource que l'Empereur les faisoit solliciter, par plusieurs de ses agents, à ce qu'ils eussent à se contenir en paix, et qu'il donneroit ordre à leurs plaintes. Toutes ces re-

monstrances, ny le
naçoit ne les puren
une plus grande so
faicte auparavant :
liers; et, ayans quel
avoient prises en qu
un corps d'armée, a
pillerent le monaster
Sampelca, où, cep
quelque resistance e
rie, le comte de Thu
cavalerie, en se jeta
siegée, donna une
geans que le lenden
siege; et faisants de
ils se separent et de
blesse et des gens de
peu de pitié. Leur
dans le ventre et se
furent executez de
Ainsi finit ceste sedi

Tieffembach, qui
Filech, en la haut
toit dans Gran, su
Bude, ayans eu di
un convoy de trois
la conduitte de plu
voyoit en garnison
l'autre, furent pour
les ayant rencontre
si rude charge qu'il
sur la place, et em
leurs chariots. Le re
qui avoient eschap
pensants se sauver
trez par Palfi, qui
pieces et gaigna leu

Quelque temps a
tiens voulurent t
avoient eue envie il
ter sur Tota ou D
prise l'an 1594, e
envie de r'avoir, p
luy seroit utile pou
tre devant Javarin.
ceste entreprise est
ils se rendirent to
embarquer leurs g
les petards, et tout
une telle entreprise
du Danube le plus
et, sur la minuit d
port d'Amasie. Aya
suivirent leur che
poincte du jour ils
toient trois Hongri

Lightning Source UK Ltd.
Milton Keynes UK
UKHW031352031218
333390UK00013B/822/P

9 781334 644566